国家社科基金
后期资助项目
GUOJIA SHEKE JIJIN HOUQI ZIZHU XIANGMU

春秋左氏傳舊注疏證

上

Chunqiu Zuoshi Zhuan Jiuzhu Shuzheng

（清）劉文淇　著

郭院林　等　整理

國家圖書館出版社

圖書在版編目（CIP）數據

春秋左氏傳舊注疏證（全三册）/（清）劉文淇著；郭院林，焦霓整理.
— 北京：國家圖書館出版社，2023.12

ISBN 978-7-5013-7579-0

Ⅰ.①春… Ⅱ.①劉…②郭…③焦… Ⅲ.①中國歷史—春
秋時代—編年體②《左傳》—研究 Ⅳ.①K225.04

中國版本圖書館 CIP 數據核字（2022）第 175290 號

書　　名	春秋左氏傳舊注疏證（全三册）	
著　　者	（清）劉文淇 著　郭院林　焦霓 整理	
責任編輯	于　浩	
特約編輯	林　榮	
責任校對	劉鑫偉　李　冰	

出版發行　國家圖書館出版社（北京市西城區文津街7號　　100034）
　　　　　　010-66114536　63802249　nlcpress@nlc.cn（郵購）
網　　址　http://www.nlcpress.com
印　　裝　北京科信印刷有限公司
版次印次　2023年12月第1版　2023年12月第1次印刷

開　　本　710×1000　1/16
印　　張　93
字　　數　1621千字
書　　號　ISBN 978-7-5013-7579-0
定　　價　280.00圓（全三册）

國家社科基金後期資助項目
出版説明

後期資助項目是國家社科基金設立的一類重要項目，旨在鼓勵廣大社科研究者潛心治學，支持基礎研究多出優秀成果。它是經過嚴格評審，從接近完成的科研成果中遴選立項的。爲擴大後期資助項目的影響，更好地推動學術發展，促進成果轉化，全國哲學社會科學工作辦公室按照"統一設計、統一標識、統一版式、形成系列"的總體要求，組織出版國家社科基金後期資助項目成果。

全國哲學社會科學工作辦公室

目　录

整理説明

儀徵劉氏四代共治《左傳》之學，時人常方之吳門惠氏。劉文淇不滿於《十三經》唐宋舊疏，與友朋相約重作新疏，從而開創學林盛事。劉文淇考證《左傳》舊疏、輯録舊注并爲之疏證，開啓了劉氏四代持續的治《左》事業。此後劉毓崧、劉壽曾兄弟及四傳劉師培持續努力，而《春秋左氏傳舊注疏證》仍止於襄公五年，爲學界憾事。對於這樣一個時處激變時代的經學世家，無論其學人交游與學術影響、學術著作豐富性以及經學研究創新性，還是研究方法獨特性，都值得深入研究。

1959年，科學出版社出版《春秋左氏傳舊注疏證》，其後附録的李樹桐《整理後記》肯定了劉氏蒐集材料豐富，而且"釋《春秋》必以周禮明之"注例富於特色；但也指出其凡漢皆好、引而不斷、引書不明等缺點。後來論述劉氏此著，多依據其説。中華書局《十三經清人注疏》計劃收入，而至今未能重新整理。臺灣"中研院"中國文哲研究所"清乾嘉揚州學派研究"計劃有劉氏《春秋左氏傳舊注疏證》，惜至今未見成書面世。

對儀徵劉氏《春秋左氏傳舊注疏證》進行整理，不僅可以梳理《左傳》學史，而且可以發掘學派、學術觀點之間的接受與交流。此書不僅代表劉氏家學水準，而且是清代學者論《左傳》成就之集大成者；不僅提供材料與方法，而且對於整個經學研究也具有重要參考價值與借鑒意義。劉氏學人經歷了經學的繁榮與衰落轉型，對其進行研究，有利於尋繹出我國話語權的轉換以及如何利用經學重建我國特色話語體系。

一、《春秋左氏傳舊注疏證》緣起與長編

道光八年戊子（1828）秋，劉文淇與友人梅植之（藴生）、劉寶楠（楚楨）、包慎言（孟開）、薛傳均（子韻）、柳興恩（賓叔），門人陳立（卓人）等偕赴金陵同寓，應試不第[①]。他們"病十三經舊疏多踳駁，欲做江

---

① （清）梅植之：《步孟瞻別號舍詩原韻》自注，《嵇庵集》卷五。談及參與此事者，
陳立《論語正義·叙》少薛傳均、柳興恩二人，劉恭冕《論語正義·後序》少薛傳均。

氏、孫氏《尚書》，邵氏、郝氏《爾雅》，焦氏《孟子》，別作疏義"①。於
是相約各治一經，加以疏證。劉文淇任《左傳》，劉寶楠任《論語》，陳立
任《公羊》②。這個盟約成就了日後一批經學大師，其著述成就澤被學林③。
道光十年（1830），劉文淇在《與沈小宛先生書》中談及自己作舊注疏證
的想法，其時已經"鑽仰有年，草稿粗就"，則立約之時劉氏疏證想法已
經頗爲成熟。

劉文淇《春秋左氏傳舊注疏證》的步驟與體例，首先做的工作就是資
料長編。劉寶楠的《論語正義》方法是："章比句櫛，疏通知遠，萃秦漢
以來迄國朝儒先舊説，衷以己意，實事求是。"陳立《公羊義疏》亦是鉤
稽貫串④。柳興恩的《穀梁春秋大義述》三十卷，第七部分是《述長編》，
編纂方式就是"於所見載籍之涉《穀梁》者，以經、史、子、集之序，循
次摘録，附以論斷，庶爲之集其大成"⑤。據此可以猜想劉文淇撰長編的方
式也同於此，將先儒《左傳》舊注從典籍輯出，然後按照經、史、子、集
的次序排列，最後加上自己的案斷。

劉文淇認爲《左傳》杜《注》錯謬甚多，其稍可觀者，皆是承襲
賈、服舊説。洪亮吉《春秋左傳詁》一書已多所揭明，然尚未全備。他認
爲："韋昭《國語注》，其爲杜氏所襲取者，正復不少。夫韋氏之《注》，
除自出己意者，餘皆賈、服、鄭、唐舊説。他如《五經異義》所載《左
氏》説，皆本《左氏》先師；《説文》所引《左傳》，亦是古文家説；《漢
書·五行志》所載劉子駿説，實《左氏》一家之學。又如經疏史注及《御
覽》等書所引《左傳》注，不載姓名而與杜《注》異者，亦是賈、服舊
説。凡若此者，皆稱爲舊注而加以疏證"⑥。《春秋左氏傳舊注疏證》"上稽

---

① （清）陳立：《論語正義·叙》，《論語正義》，金陵存古樓書社藏板，上海古籍出版
社 1993 年影印本。
② （清）陳立：《論語正義·叙》，《論語正義》，金陵存古樓書社藏板，上海古籍出版
社 1993 年影印本。
③ 1982 年 5 月，中華書局出版《十三經清人注疏》的擬目 24 種，而這次盟約成就
的《左傳舊注疏證》《公羊義疏》《論語正義》入選其中。
④ （清）陳立：《論語正義·叙》，《論語正義》，金陵存古樓書社藏板，上海古籍出版
社 1993 年影印本。
⑤ （清）繆荃孫：《續碑傳集》卷七四，《清代碑傳全集》，上海古籍出版社 1987 年
版，第 1193 頁。
⑥ （清）劉文淇、劉毓崧、劉壽曾著，吳平等整理：《儀徵劉氏集》，廣陵書社 2018
年版，第 402—403 頁。

先秦諸子，下考唐以前史書，旁及雜家筆記文集，皆取爲佐證。期於實事求是，俾《左氏》之大義炳然著明"。這也表明他當時的工作亦即材料蒐集，然而直到他死時，草創四十年，長編雖具，而《春秋左氏傳舊注疏證》才完成一卷，令人歎惋。

劉文淇針對杜預《注》的不完善，試圖恢復杜預《注》之前的先儒舊注面貌，所以其"注例"明確所謂舊注有：服虔，賈逵，賈、服以爲，賈、服云，賈、服以，劉、賈云①，舊注（諸書引《左傳》注，不載姓名而確非杜《注》者）。可以説劉氏重在輯佚，所以沈玉成這樣評價《春秋左氏傳舊注疏證》：

> 它對《左傳》的漢人舊注進行了集大成的總結，賈服舊説收羅之完備，歸納之清晰都罕有其匹。此外，他還收集其他古文家研究《左傳》的成果，突破了賈、服的局限。他尊崇漢人而不薄後人，對清代學者的成果也擇善而從……此書取材廣泛，而且不乏個人的論斷，但并不因此而抹殺與自己相反或不同的意見，態度客觀……體現了一個考據學者在處理文獻資料上所具有的熟練技能和清晰頭腦。②

劉氏側重名物訓詁、典章制度，認爲"釋《春秋》必以周禮明之"，所以他不言例。劉壽曾論及十三經注疏優劣之時點明了一個標準"其優劣當以所取注爲斷"③，肯定時代較早注本勝於時代較晚注本。其實這反映了乾嘉經學家一個理想的經學觀：經學完美無缺，萬理俱備其中，欲理後世淆亂，必復經學舊觀。劉氏博採材料，先做長編，根據長編做提綱，再按照提綱查編，然後清抄。孫詒讓談到《春秋左氏傳舊注疏證》時説："劉先生孟瞻……依孫氏《尚書疏》例，爲《左氏疏證》。"④孫星衍在《尚書今古文注疏序》中説："今依其例，遍採古人傳記之涉《書》義者，自漢魏迄於隋唐。不取宋已來諸人注者，以其時文籍散亡，較今代無異聞，又無師傳，恐滋臆説也。"同時又採清代王鳴盛、江聲、段玉裁以及王念孫諸家

---

① 此條科學出版社本無，而原稿在旁側添加，翻檢《疏證》，此條成立。
② 沈玉成、劉寧：《春秋左傳學史稿》，江蘇古籍出版社 1992 年版，第 326—327 頁。
③ （清）劉文淇、劉毓崧、劉壽曾著，吳平等整理：《儀徵劉氏集》，廣陵書社 2018 年版，第 787 頁。
④ （清）劉文淇、劉毓崧、劉壽曾著，吳平等整理：《儀徵劉氏集》，廣陵書社 2018 年版，第 770 頁。

說①。而且此書凡例第一條就說"此書之作，意在網羅放失舊聞，故録漢魏人佚說爲多"。孫氏具體做法就是先將古注列出，然後疏證。這與劉氏主張以及做法基本相同。

那麼長編究竟始於何時呢？丁晏、劉毓崧諸人都認爲"草創四十年，長編已具，然後依次排比，成書八十卷"②。劉文淇於1854年逝世，則長編編纂始於1814年前後，絕不會於1828年相約編纂新疏才開始。劉文淇在《左傳舊疏考正序》中提到年已二十，方才讀《毛詩疏》，"後乃得《十三經注疏》，依次校勘，朝夕研究"，并且已經發現問題，"竊見上下割裂，前後矛盾，心實疑之久矣"。陳立在致劉文淇的一封書信中，談到他們共約疏證一經的經歷，當時分工以及自己疏證的思考，請教劉文淇，然後說："前聞孟慈先生稱夫子近治《左疏》，長編已具，明春即可從事編纂。又聞治經之餘，頗留心鄉邦利害，已成《揚州水道記》一書，未知曾刊行否？"③信中提到長編已具和《揚州水道記》一書成書時間相當。孟慈即汪中之子汪喜孫，汪喜孫和劉文淇交好，有書信往來④，汪氏所言當無不確。《揚州水道記》是1836年春李蘭卿留揚候代時，邀劉文淇參與編纂的⑤。1837年劉文淇撰《揚州水道記》，9月，阮元爲《揚州水道記》作序⑥。《揚州水道記》從策劃到成書，時間在1836—1837年間，則《疏證》長編也當在此時已經是草稿粗具。這就證明從1830年"草稿粗就"到1837年，劉文淇《疏證》"長編已具"。

道光十年（1830），劉文淇在《與沈小宛先生書》中談及自己作舊注疏證的想法，其時已經"鑽仰有年，草稿粗就"，并且說"期以十年之功，或可成此"。劉文淇樂觀地認爲此後十年可以寫成《疏證》，但人算不如天算，此後他一直游幕四方，爲糊口而耽誤了《疏證》的工作。他在給劉恭冕的一封信中提到："淇現爲岑氏校刻《輿地紀勝》及朱武曹先生《禮記訓纂》，均約於春夏間可以竣事。終日碌碌，未遑自理舊業，每念英俊

---

① （清）孫星衍：《尚書今古文注疏序》，《尚書今古文注疏》，中華書局1986年版，第2頁。

② （清）劉文淇、劉毓崧、劉壽曾著，吳平等整理：《儀徵劉氏集》，廣陵書社2018年版，第44頁。

③ （清）陳立：《陳卓人上劉孟瞻先生書》，《國粹學報》光緒三十一年（1905）第三號。

④ （清）汪孟慈：《汪孟慈致劉孟瞻書》，《國粹學報》光緒三十一年（1905）第二號。

⑤ （清）劉文淇、劉毓崧、劉壽曾著，吳平等整理：《儀徵劉氏集》，廣陵書社2018年版，第69頁。

⑥ （清）劉文淇、劉毓崧、劉壽曾著，吳平等整理：《儀徵劉氏集》，廣陵書社2018年版，第23頁。

勤於編集，深爲健羨。"①據《通義堂文集》卷七劉毓崧代阮元撰《輿地紀勝序》可知，劉文淇父子爲岑氏校書始于道光二十六年（1845），至道光二十七年（1847）完成《輿地紀勝校勘記》五十五卷。在劉氏生年最後階段（1848—1852）總纂《重修儀徵縣志》，又經歷太平軍之亂。此可證劉氏《疏證》長編自草稿粗具之後，并未有大量時間用於董理舊業。

這就是説劉文淇在1808年二十歲接觸《十三經》并開始研讀之後（約在1814年）已經開始專門研究《左傳》，到1830年爲止，用了將近17年時間才有可能將舊注疏證長編"草稿粗就"，到1837年已經寫好，直到去世之前還不斷修訂。這樣算來，長編確實花了四十餘年時間。

中國科學院歷史研究所《左疏》整理者認爲"長編可能是在1929年到1940年之間散失的"②。依據梅鶴孫所述，劉師培在1904—1905年間曾由揚州將《春秋》長編數十巨册稿本帶至上海，赴日前交鄧實（秋枚）保存，後不知去向。劉師蒼的兒子次羽曾將《左疏》稿一部分補抄。後經梅鶴孫聯繫，由次羽胞弟崇儒親奉《左疏》原稿七册、清抄稿送交上海歷史文獻圖書館，由顧廷龍館長接收，出具收據③。

二、版本與編纂分析

（一）既存版本

1.春秋左氏傳舊注疏證（原稿）

共七册，藏上海圖書館，索書號T46165—71（有光碟），上有印章：上海歷史文獻圖書館、上海圖書館、合衆圖書館藏書印。每册封面題字"春秋左氏傳舊注疏證（原稿）"，其中第一、二、三、四、七册扉頁有題字，第一册扉頁上寫"隱桓已寫""隱公五年至隱公末年卅頁，桓元年至末年七十三頁"，字迹潦草。注例字迹不同，上書"謚法：隱、惠、聲、武、桓、莊、穆、殤、宣、僖"。筆者疑此爲劉師培整理時所作，他檢閱全書，并且核對其中謚法。第二册扉頁書有"僖公元年至十一年，墨蹟""天文、地理、世系、五十凡""國朝諸儒左氏專書、雜著"。字迹與上近似，筆者疑爲劉師培檢閱時記録自己的思考，并且想增入清人《左傳》專書與雜著

① （清）劉文淇：《寄劉叔俛手劄》，橋川子庸藏，轉引自小澤文四郎編：《儀徵劉孟瞻（文淇）先生年譜》卷首，文海出版社有限公司1972年影印本。

② 見《春秋左氏傳舊注疏證》後附《整理後記》，科學出版社1959年版，第5頁。

③ 梅鶴孫：《青溪舊屋儀徵劉氏五世小記》，上海古籍出版社2004年版，第16頁。

研究成果。第三册扉頁上題"僖公十二年至二十二年，墨蹟，五十二頁"。第四册扉頁上題"文公元年至末年一百十九頁"；第七册扉頁上題"襄公元年至五年（上）"。原稿各筆迹明顯不同，《左傳》原文書寫工整，書法近歐體，與每册封面題字相同；而注和疏證字迹則潦草，多用行書，塗抹與眉批很多。

2.春秋左氏傳舊注疏證（副稿）

又稱清抄本，共七册，藏上海圖書館，索書號T46158–64（有光碟）。版式説明：13×21cm，每頁12行，每行22字，無框格，共826頁。存：隱公元年至宣公十八年，此稿分兩部分，隱公元年至四年藍格，其他無框格藏印。第一册隱公、桓公，隱公元年至四年，三十頁；第二册莊公、閔公；第三册僖公元年至十六年；第四册僖公十七年（誤作元年）至二十七年；第五册二十八年至三十三年；第六册文公；第七册宣公。内容截至宣公十八年。有部分提綱稿（僖公元年至二十三年），眉批有後人修改添加的痕迹。

1995年上海古籍出版社《續修四庫全書》據此本影印，入經部126—127册（下稱影印本）。

原稿與副稿内容，比較如下表：

原稿（七册）		副稿（七册）	
存	缺	存	缺
（第一册）隱公（五年至十一年）		（第一册）隱公（元年至十一年）	
（第二册）桓公（元年至十八年）		（第二册）桓公（元年至十八年）	
	莊公（元年至三十二年）	（第三册）莊公（元年至三十二年）	
	閔公（元年至二年）	（第三册）閔公（元年至二年）	
（第三册）僖公（元年至二十二年）		（第四、五册）僖公（元年至十六年經、二十三年至三十三年）	僖公（十六年傳至二十二年，所存爲提綱稿）
（第四册）文公（元年至十八年）	僖公（二十三年至三十三年）	（第六册）文公（元年至十八年）	
（第五册）宣公（元年至十八年）		（第七册）宣公（元年至十八年）	

原稿（七册）		副稿（七册）	
存	缺	存	缺
（第六册）成公（元年至十八年）			成公（元年至十八年）
（第七册）襄公（元年至五年終）	襄公五年以後未作	襄公五年以後未作	襄公（元年至五年終）

3.中國科學院整理本

1959年，中科院歷史研究所第一、第二所將《春秋左氏傳舊注疏證》整理後出版（下稱"科學本"）。依據科學本前所列原稿、提綱稿、清抄稿（題爲副稿）圖版、整理後記等可知，整理者主要依據副稿，副稿缺少部分——僖公（十六年傳至二十二年）、成公（元年至十八年）、襄公（元年至五年終），則據原稿補抄。整理者儘量保持了副稿原貌，但是對諱字都改了，有些眉批缺失；副稿有待填補的空白大都填充，訂正引書錯誤，這就難以看出原始樣貌；對於原稿和副本互相參差之處，整理者大都依據清抄本，這些反映劉氏四代人百餘年從事疏證前後思考的痕迹也就難以顯示。對於《疏證》內容，劉氏并不是一次成功的，有些篇名明顯是當時未注而在旁加"篇"字，這表示他們準備後來填補；有些是先眉批而後已經查添，這些痕迹是"科學本"難以代替原稿和副稿的地方。"科學本"還存在誤認的情況：如"注"誤作"法"、"保"誤作"係"、"此"誤作"比"。同時，"科學本"還有遺漏段落或句子的地方。

日本東京株式會社1979年據科學本影印，僅刪去前面所附圖版。

（二）編纂分析

《春秋左氏傳舊注疏證》的編纂歷時近百年，花費四代人心血，從長編到最後成書，歷經劉氏家族以及編輯之手，所以考察其編撰過程頗爲複雜。在編纂程式上是先做長編，根據長編做提綱，再按照提綱查編，然後清抄。那麼究竟哪些人參與了疏證工作呢？

依據原稿，我們可以看到，《左傳》文字全部用正楷書寫，書法近歐體；而注文和疏證則多用行書，且有粘貼小張，其中有一頁背面寫有書局名單，其中有劉壽曾、張文虎等。另夾有郭階給劉壽曾的信件。筆者分析，整個原稿是劉壽曾在金陵書局校書之餘完成的。至於劉貴曾等附件，則是後來添加。

依據影印本（副稿），仔細辨認文字，字體書寫風格可大致分爲六類：一、顏體，豐腴略扁，美觀耐看，卷首隱公元年（影印本上册第1頁）到莊公七年（第323頁）；二、柳體，書寫扁長，瘦勁俊逸，莊公七年（第324頁）到莊公十年（第342頁），以及第832頁到結尾；三、近於柳體，但是書寫略呈匠體風格，從上册第547頁到第831頁，以及下册第25頁到第40頁；四、字體細小，端正俊秀，影印本下册第1頁到第24頁，以及第760頁到第800頁；五、字體扁平，捺法局促，但尚有可觀之處，莊公十年（影印本上册第343頁）到莊公二十二年（第535頁）；六、書寫機械，橫法波折，字體扁平，全無體式可言，僖公元年（第536頁）開始到第546頁。根據稿本字體顯示，謄抄經過多人之手，因此可以認爲稿本是在不同階段由不同人手書寫而成。

影印本（副稿）上册第745頁到第831頁的内容是僖公元年到僖公二十二年的提綱稿。提綱先抄録《左傳》經傳和注，然後用極少文字將要疏證的内容標出來。如《僖公四年傳》“歸胙於公”疏證下列“洪亮吉云、杜注、晉世家”，對照清抄稿可以看到，疏證内容就依此而作。提綱稿還在將要引用者的右上角標出圓圈或者三角形，圓圈表示贊同意見，三角形則表示反對。如僖公十年“及期而往”條，提綱稿第786頁“顧炎武云”右上角標三角形，“科學本”第300頁作者評定“顧説非”。而同年下面一條“沈欽韓云”右上角標了圓圈，科學本第300頁作者意見是“沈説是”。提綱稿第787頁列“李貽德謂”“洪亮吉云”“沈欽韓云”等，其中李右上角標三角形，在清抄稿中就有否定意見，而洪、沈右上角標出圓圈，清抄稿則予以肯定。與提綱稿相應的清抄稿有的另外添加内容，僖公十三年“自雍及絳相繼”條，提綱稿疏證下列“杜注、秦本紀、詩、按、顧棟高、御覽、本疏、晉語”（第793、794頁），但“科學本”有“洪亮吉”。由所見提綱稿可以看出作者用心謹慎周密，由此也可以看出劉氏疏證工作有全盤考慮：先做長編，根據長編做提綱，然後依據提綱查編，最後進行清抄工作。

副稿從隱公元年到隱公四年所用紙張都有欄格，書寫規範端正，這部分在原稿本缺，這或許就是劉文淇完成的第一卷。但其中用插入號標示有後人添補的痕迹，主要有：1.標示文獻具體出處，如在“隱公”疏證下標出《世本》，在隱公元年“三月，公及邾儀父盟于蔑”疏證《五經異義》旁注“引”字，“科學本”有“《禮記·曲禮》：蒞牲曰盟。《疏》引”諸字；2.僅有篇目的標出書名，如在《謚法》前標出《逸周書》，并在“謚法”下加“解”，在《元命包》上標出《春秋》，在《曲禮》上標出《禮記》；

3.僅有書名的標出篇名，如"祭仲曰：都城過百雉，國之害也"注文"匠疏"上加"《周禮·考工記》"，并在"匠"下加"人"；4.大型類書的標出具體卷數，如在《御覽》下注"卷"，"科學本"有"卷五百五十"；5.注釋作者名稱，如在《禮記·少儀》注前加"鄭"，在《呂覽》注前加"高"。這些插入號大多已經添加了內容，有的僅用一個字表明需要添加的內容，比如"篇""卷""引"。這些補充添加信息表明劉氏家族對《疏證》引用文獻缺陷有充分認識，祇是因爲這是未定稿，所以沒有按照意願加以完善，因此不能據此批評劉氏引用注釋方面的不足。

影印本以按語形式明確標示著作權歸屬的有劉文淇、劉壽曾、劉貴曾。"文淇按（案）"最多，從隱公元年到襄公五年貫穿全書，均有所見。"壽曾曰（謂）"從僖公二年到襄公五年也時有所見。而"貴曾曰"也多達11條以上，且多是注釋古曆。據劉師培所説："訓導公（文淇）治《春秋左氏傳》，作《舊注疏證》，成僅一卷。同知公（壽曾）廣之，府君爲助。"[①]劉貴曾從成蓉鏡學習三統曆法，著有《左傳曆譜》。在影印本下冊中還可以看到眉批寫有"貴曾曰（按）"，但是沒有內容。據此，則劉文淇爲第一作者，劉壽曾、劉貴曾都曾參與疏證編撰。

又，《春秋左氏傳舊注疏證》稿中有些按語內容與劉毓崧的其他文章內容和學術特色相一致。如：《隱公八年傳》"陳鍼子送女。先配而後祖。鍼子曰：'是不爲夫婦，誣其祖矣，非禮也，何以能育？'"那些沒有加人名的按語當有部分爲劉毓崧所作。《春秋左氏傳舊注疏證》先引賈逵舊注，謂："賈云：配，謂成夫婦也。禮齊而未配。三月廟見，然後配。"接着從《左傳正義》中輯出鄭眾、鄭玄義，又從《禮記正義》中引賈、服之義。《春秋左氏傳舊注疏證》引沈欽韓、俞正燮之説駁杜《注》、孔《疏》，然後論證，其云："賈、服'三月廟見成昏'之説，後儒多不謂然。考《列女傳》云：'宋恭伯姬，魯宣公之女，成公之妹也。其母曰繆姜，嫁伯姬於宋恭公。恭公不親迎，伯姬迫於其母之命而行。既入宋，三月廟見，當行夫婦之道。伯姬以恭公不親迎，故不肯聽命。宋人告魯，使大夫季文子如宋，致命於伯姬。'"接着又引述齊孝孟姬"禮不備，終不往"故事。該條意旨見於劉毓崧《通義堂文集》卷三《大夫以上廟見後成婚説》。劉毓崧的兒子劉貴曾説："先考精研三禮，據《列女傳》宋恭伯姬、齊孝孟姬條知大夫以上娶妻，三月廟見始成昏，與昏義所言士昏禮當夕成昏者不

---

① 劉師培：《先府君行略》，《左盦集》卷六，劉師培著，萬仕國點校：《儀徵劉申叔遺書》，廣陵書社 2014 年版，第 3888 頁。

同，著《大夫以上廟見後成婚説》。"①而《舊注疏證》稿按語俱没有寫 "毓崧按"。可證原稿没有加按語者多爲劉毓崧所加。又據原稿顯示，多處 "文淇按" 都是塗抹後在旁側加上。據此可以推斷，除第一卷謄清稿外，有許多劉文淇按語可能都是劉毓崧所作。

提綱稿顯示按語作者，其中題 "先太父案" 或 "先祖案" 的至少有20處，題 "先兄曰" 或 "先兄按" 的有13處，題 "二兄曰" 或 "二兄云" 的也有11處。但也還有幾處按語没有標出作者。據用語可以確定這份提綱稿應該是劉富曾所撰。分析提綱稿字迹，可以發覺這部分書法與第三類相似，都是瘦勁扁長，近於柳體，略呈匠體風格。所以可以粗略認爲劉富曾參與的部分主要在僖公部分，影印本從上册第547頁到第831頁以及下册第25頁到第40頁。從第一卷影印本中添加的文字字體來看，與底本完全不同，而且字體潦草。據前人回憶，認爲劉師培 "字迹荒率"，"字如花蚊脚，忽斷忽續，醜細不成書"，與此相合，故而可以認爲這些是劉師培所添加②。僖公元年（第536頁開始到第546頁），書寫機械，橫法波折，字體扁平，全無體式可言，也可初步認爲出自劉師培之手。另外，影印本顯示有些零星的眉批也是字迹潦草，或可認爲都是劉師培所爲。

現在所見的文本止於襄公五年，那麽與劉恭冕、劉貴曾等所説相差一年。劉師培1910年作《春秋左氏傳時月日古曆考》，在《序》中稱："師培纘承先業，於賡續《疏證》之暇……" 晚年曾與人説："郊居多暇，稍振宿業。"③ 這裏所説可能就是繼續祖、父輩所傳疏證之事。由此可知，劉師培始終不忘賡續家傳之《左疏》，早在1909年（甚或更早）已經開始整理。或許，清抄本就是劉師培在這一時期 "發抄" 的結果。

《春秋左氏傳舊注疏證》歷經四代人心血，有一個不斷添加的過程，署名劉文淇、劉毓崧、劉壽曾，但不全是三人所爲，此後劉貴曾、劉富曾、劉師培等都曾經參與整理。

---

① （清）劉貴曾等撰：《劉恭甫先生行狀》，1912年北平人文科學研究所抄本，藏國家圖書館。

② 《冒鶴亭先生年譜》載冒鶴亭回憶："予中鄉榜，劉申叔尚應小考。揚州府試，知府沈筆香延予閲卷，得申叔考卷，字如花蚊脚，忽斷忽續，醜細不成書，但詩文冠場。如此卷不放府案首，決不能得秀才。予乃將其八股詩賦，密圈到底，竟壓府案。" 學林出版社1998年版，第117頁。

③ 劉師培：《與某君書》，梅鶴孫《青溪舊屋儀徵劉氏五世小記》，上海古籍出版社2004年版，第52頁。

三、體例分析

清代訓詁學家，對於舊《十三經注疏》，尤其是對於唐宋舊疏，意見頗多，遂思作新疏。當時訓詁考據之學大興，音韻小學，超過前人。劉文淇的疏證，就是在這種情況下開始的。清人治學，以求實爲本。劉文淇有感於宋元以來學者好逞臆説以奪舊詁的空談之風，認爲要光大文化遺產，必須從實際工作入手，以改變學風。就《左傳》來説，"注"本杜（預）《注》，"疏"本孔（穎達）《疏》，而杜《注》、孔《疏》都有襲取舊説又加以取捨之弊，必須還其本來面目。劉文淇作《左傳舊疏考正》，是將孔《疏》中應用前人"舊疏"者，一一考出，從中考稽出"舊疏"的真實面貌。作《春秋左氏傳舊注疏證》，則是爲"懲杜氏之失"。杜《注》對待前人"舊注"，有"排擊""剿襲""沿用"三大過失。劉文淇的方法是："凡杜氏所排擊者，糾正之；所剿襲者，表明之；其沿用韋氏《國語注》者，亦一一疏記。"第二步工作是"博採衆長"。第三步工作是"下以己意，定其從違"，最後達到"俾《左氏》之大義炳然著明"的目的。

重新疏證《左傳》，必得體例詳明方可着手。"科學本"卷首有"注例"：

> 服虔，賈逵，賈、服以爲，賈、服云，賈、服以，舊注。（諸書引《左傳》注，不載姓名，而確非杜《注》。）
>
> 一、釋《春秋》必以周禮明之。周禮者，文王基之，武王作之，周公成之。周禮明而後亂臣賊子乃始知懼。若不用周禮，而專用從殷。（公羊家言《春秋》，變周之文，從殷之質，殊誤。）則亂臣賊子皆"具曰予聖"，而藉口於《春秋》之改制矣。（《鄭志》曰："《春秋經》所譏所善，皆於禮難明者也。其事著明，但如事書之，當按禮以正之。"所謂禮，即指周禮。）
>
> 一、《春秋》有事、有文、有義。義雖孔子所竊取，然必依文與事言之。左氏親見策書，所紀事文多可依據。若《公》《穀》之作當戰國時，其所述事文，未能盡確。則其義雖優，亦恐有郢書燕説之患。
>
> 一、襃諱抑損之義，三《傳》所傳《春秋》皆有之。注《左氏》者，惟賈君尚存梗概，後人議其雜入《公》《穀》之説，爲自淆家法。實則《左氏》本有其義，而賈君傳之。非賈君好爲合併也。

但是覆勘原稿與副稿，却發現副稿没有注例，原稿與"科學本"也有區別，原稿"服虔，賈逵，賈、服以爲，賈、服云，賈、服以，舊注"書於另頁，而以小字在"舊注"下附注"諸書引《左傳》注，不載姓名，而確非杜《注》。"另有旁注"劉賈云"，字迹與前不同。《春秋左氏傳舊注疏證》首先必須明白舊注的含義，但據原稿痕迹，似乎當時并没有準確表述，或者這在劉氏看來是最明白的事，所以没有寫下來。從另一個方面表明，"科學本"上的注例并不完善，祇是隻言片語，没有準確陳述，簡單記録了參與疏證者的設想。也就是説，直到出版時，此注例仍非完帙。"注例"很多是從疏證文本中挑出來的。針對賈逵、服虔注經傳方式區別，劉文淇在《隱公元年》"元年春王正月"句下明確疏證方式："服氏不注經文，即有經之傳，即於傳中釋經。今既依賈氏之例疏證經文，凡賈氏所不説者，即取服《注》列於經文之下。其有賈、服連言，亦俱於經中釋之，後皆倣此。"這也就是説，劉氏雖不明言舊注究竟何指，但做法明確，就是要找到賈、服等漢儒舊注的源頭。

　　"注例"中有"釋《春秋》必以周禮明之"。唐初孔穎達等學者，已經承認或論定《春秋》可以當禮書看。蘇軾也認爲："（孔子）因魯史記爲《春秋》，一斷於禮。"（《經義考》引）但《春秋》有三《傳》，經學有古今，孰是孰非？原稿眉批曰："《哀十四年疏》稱賈逵、服虔、潁容等皆以爲孔子修《春秋》，約以周禮。"這一句也就表明了古文經學的立場，因爲"今學主《王制》孔子，古學主《周禮》周公"[1]。劉氏此舉，實是經學家法使然。經學不講家法，則會使人陷入泥沼。所以最初包世臣引導凌曙和劉文淇是首先明立家法。東漢《左傳》學興起與劉歆密不可分，在他的努力下完全實現了《左傳》的傳化，確立了《左傳》學的歷史理論和邏輯理論，所以劉歆當之無愧是《左傳》學的創始人[2]。但是劉歆等研究成果留存極少，而賈、服注釋却在《左傳正義》和其他典籍中保存不少。劉文淇回到了劉歆的立場，也就回到了漢代《左傳》學的起點，對內找到了賈、服等漢儒舊注的源頭，爲其疏證舊注奠定了基礎；對外則與漢代的《公羊》學乃至《穀梁》學劃清了界限[3]。鄭玄《六藝論》早就有"左氏善於禮"之説，漢朝制禮用《左傳》。孔子是因爲禮崩樂壞而作以示褒貶，那

---

① 廖平：《四益館經學四變記》，《四川國學雜誌》1913 年第 6 號。

② 沈玉成、劉寧：《春秋左傳學史稿》，江蘇古籍出版社 1992 年版，第 35 頁。

③ 徐興無：《釋〈春秋〉必以周禮明之——讀劉文淇〈春秋左氏傳舊注疏證·注例〉》，《南京曉莊學院學報》2006 年第 3 期。

麼《左傳》要傳經，必歸於禮。在《左傳》中，有一個明顯而一貫的歷史觀，這就是"禮"。作者把當時一切的興亡成敗的原因都歸結到人與人、國與國間相互交往時有禮或無禮，即是在中國文化中人與人的關係、國與國的關係，以禮爲共同遵守的準繩，并以有禮與無禮爲文明（華）或野蠻（夷）的分别。所以劉氏強調《左傳》的禮學意義，正得其要穴。

　　"注例"接下來論證《左傳》的優點：文、事、義，而其依據則是《左傳》在時間上近於《春秋》。唐朝的劉知幾《史通・六家》云："《左傳》家者，其先出於左丘明。"《史記・十二諸侯年表》説："魯君子左丘明懼弟子人人異端，各安其意，失其真，故因孔子史記具論其語，成《左氏春秋》。"因爲左丘明親見夫子，所述事迹也明顯詳盡，《公》《穀》晚出，那麼《左傳》較之則勝出。在這裏劉氏特别提到事的重要性，而對義反而次之。這也反映了劉氏重樸學而不好義理之學。所以劉文淇在和沈欽韓的交流中還明確《疏證》内容與撰述旨意，他説："文淇所爲《疏證》，專釋訓詁、名物、典章，而不言例。"①《隱公七年》"謂之禮經"疏證按語亦云："今證經傳，專釋訓詁、名物、典章，而不言例。"劉氏認爲典章制度是不可隨意更改的，而所謂例則會言人人殊，這就會造成郢書燕説的惡習。沿着這一思路，劉師培在《讀左劄記》中進一步將《左傳》學的學術源流上推到東周，認爲周末之書多引《左氏》，稱"蓋韓非得荀卿之傳，亦《左傳》之先師"，"《吕覽》一書，多成於荀卿門人之手（自注按：安吴包氏亦有此説）。荀卿爲《左氏春秋》之先師，故《吕覽》一書，多引《左氏》之文"。這樣也就論證了《左傳》的合法性與優越性。

　　最後劉文淇要澄清賈逵雜入《公》《穀》之説。劉氏没有否定《公》《穀》之義，而是和賈逵當初上書皇帝策略一樣，強調《左傳》"同《公羊》者十有七八"②。如果《左傳》没有微言大義，那就會淪爲史學著作。但是學者大都認爲當初賈逵説《左傳》雜入了《公》《穀》，劉氏重新提出《左傳》本有其義。這不能不説是他的宏偉願景。這一思路最後爲劉師培所闡發：

　　　　（《左傳》之）五十凡例，乃《左氏》一家之學，異於《公》《穀》。蓋褒諱抑損之義，三《傳》所同。《左傳》所載凡例，乃丘明

---

① （清）劉文淇、劉毓崧、劉壽曾著，吴平等整理：《儀徵劉氏集》，廣陵書社 2018
年版，第 30 頁。

② 參閲沈玉成、劉寧：《春秋左傳學史稿》，江蘇古籍出版社 1992 年版，第 117 頁。

據師説以釋經旨也。既有此例，則知《左傳》必輔《經》而行，絕非《經》外之書。①

　　綜合來看，《注例》對於具體的疏證方法與步驟似乎并不重視，反而強調了"以禮注《左》"這一宗旨。當時古文《左傳》已經面臨今文經學的攻擊，一場更大規模的今古文之爭拉開帷幕②。對《左傳》學最大的威脅便是劉逢禄，他不僅重新强調《公羊》學義例，還用考據的方法證明了漢儒"以《左傳》爲不傳《春秋》"（《漢書·楚元王傳》）的觀念，而且發明劉歆僞造《左傳》的觀點。講《春秋》的人喜歡講《春秋》書法，即所謂義例。朱熹説"《春秋》之有例固矣"。在《左傳》學面臨這樣的危機下，劉文淇必須要有一個新的方法與策略，這就是"以禮注《左》"。也就是在這樣的背景下，他要指出義例的不可靠。而這一思路恰恰來自劉文淇向今文經學學習而取的策略。其舅父凌曙《春秋公羊禮疏·序》云：

　　　　觀乎古帝王之經理天下也，得禮治，失禮亂，得失之所關，治亂之所本，可不慎與？是以淫辟之罪多，昏姻之禮廢也；爭鬬之獄藩，鄉飲之禮廢也；骨肉之恩薄，喪紀之禮廢也；君臣之位失，朝聘之禮廢也。由是觀之，六經之道同歸，禮樂之用尤急。③

　　凌氏深感宋元以來學者空言虛飾，無益聖訓，無補世道。惟有實事求是，方不失聖賢之垂教，至於經綸世道莫急於禮，因此著《公羊禮疏》十一卷、《公羊禮説》一卷、《公羊問答》二卷，將《公羊》義理援入禮學之中，使其論據有原④。這一思路無疑啓發了劉文淇，既然《公羊》義理可以援入禮學，那麼《左傳》要取得一席之位，也應從禮學意義上進行論證。雖然二者在義理上完全不同，但是採納的方法却是一致的。他的弟子陳立著《公羊義疏》在方法上也基本一致，陳立雖對《公羊》義理并無發

① 劉師培：《讀左劄記》，劉師培著，萬仕國點校：《儀徵劉申叔遺書》，廣陵書社2014年版，第860頁。劉文淇《左傳》隱公七年出現第一個凡例注疏中也有相似論述。
② 徐中舒：《經今古文問題綜論》，王元化主編《釋中國》（第二卷），上海文藝出版社1998年版，第1296頁。
③ （清）凌曙：《春秋公羊禮疏》，《續修四庫全書》第129册，上海古籍出版社2002年版，第333頁。
④ 鄭卜五：《凌曙公羊禮學研究》，高雄師範大學國文系博士論文，第3頁。

揮，然對《公羊》材料之蒐集及訓詁考據，頗有績效。《清儒學案》稱他鑒於徐《疏》空言無當，孔廣森、劉逢禄謹守何氏之説，雖詳於義例而略典章訓詁①。

從凌曙到陳立這三代師徒相授的歷程看，他們共同之處恰在於對典章訓詁的重視，詳於析禮，略於説例。這和沈欽韓爲惠棟《補注》作的序見解一致，其序曰："後之學者，捨禮而言《春秋》。於是以《春秋》爲刑書，以書法爲司空城旦之科。"沈氏對劉氏的欣賞之情，也許正來源於劉氏《疏證》的用心與策略。

由此看來，《春秋左氏傳舊注疏證》不僅是恢復舊注的輯佚之作，其深層意義直接關係《左傳》學存亡興廢。可惜的是劉氏家族連恢復舊注的工作都没有完成就家道中隕，令人歎惋。因爲這是一部未定稿，而且經過多人之手，歷時百餘年，所以必須以歷史發展的眼光來看待這部書稿，不能將其功績歸於某一人名下，而應該看作是劉氏家族四代人共同努力的結晶。

---

① 徐世昌：《清儒學案》卷一百三十一《曉樓學案・附陳立》，世界書局 1979 年版，第 6 册，第 12 頁。

整理凡例

一、《春秋左氏傳舊注疏證》（下稱《疏證》）長編數十巨册不知下落，上海圖書館藏原稿七册、清抄本七册，互有出入。1959年，中國科學院歷史研究所第一、第二所資料室據以整理并在科學出版社出版（下稱"科學本"）。今以清抄本爲整理底本，以原稿參校，酌情參考科學本和其他典籍。底本與其他版本在文字方面有不同的，以脚注形式説明。

二、楊伯峻《春秋左傳注》（中華書局1981年版，下稱"楊本"）爲當今最爲流行的《左傳》讀本。劉氏《疏證》經傳依據版本由於來源差異，與當今定本多有不同。整理時保持劉氏原本原貌而不做修改。爲明確二者區別，免除讀者翻檢、對比之勞，整理中如遇有不同，亦在脚注中説明。

三、科學本已有成果，本次整理予以採納并作説明；其中錯漏也指出，以示對前人成果的尊重。

四、整理格式主要以《古籍校點釋例（初稿）》（《書品》1991年第4期）爲依據而略有變通，并以古籍"定本"格式處理，即：底本文字上的明顯訛誤，均在正文中徑作改定，實在有必要，出注説明。

五、劉氏在疏證時，所收録的資料往往採取節録的方法，尤其是徵引孔穎達《左傳正義》的内容，是根據需要而引用；有些篇名也没有寫全。同時，清抄本有些字句脱略、錯誤，字體繁、簡不一，疑是抄寫不嚴謹致誤。整理時進行改正，并對重要的補充材料予以説明。有些内容爲劉氏爲節省篇幅而有意省略，故不必補足，亦不一一作注。

六、在不影響原意的情況下，整理本對部分字形進行了規範，如羣—群、峯—峰等（以連字號後爲準）；文獻中的避諱字作回改，如"比邱"改"比丘"、"元冥"改"玄冥"、"桑宏羊"改"桑弘羊"等；有常見之誤字者，如"己""已""巳"，"穀""穀"等，往往混淆，兹據其文意及所引原書糾正。以上改動一般不出注。惟古人著作行文有注重文字、修辭者，故其刻意之通假字，亦視具體情況予以保留，不强求一律。

七、各篇均施以新式標點。《春秋左氏傳舊注疏證》徵引書籍丰富，書名號標注尤爲重要，經、傳、注、疏、疏證，能够明確爲書名者，或某一書（篇）注疏，俱加書名號，如《關雎傳》；某人注釋姓名不在内，如毛《傳》。某年傳俱納入書名號中，看作一篇，如《隱公二年傳》；若後有完整書名，則僅標書名，如隱公二年《左傳》。書名略寫，俱標書名，如《漢志》。如書与篇名并舉，中間施以間隔號，如《周禮·載師》。劉氏按（案）語、曰、謂，爲避免歧義，皆不用引號。

八、《疏證》羅列材料豐富，存在引而不斷、隨時割裂的問題。經傳引文録入產生訛脱衍倒，徑改而不一一説明；引用割裂或撮述大意時，也視作原文引用。爲區分引用內容與作者考論文字之差別，對經其删改之引文亦多用引號標示。引號有單雙兩種，整理採取先雙後單。如以後有致力於劉氏此稿研究者，可再以此本與引用書目核校。"科學本"已糾正書名、年代等錯誤之處，予以保留。

九、全書各篇文章，均無分段。今依文意分段，以便閲讀、利用。

十、清抄本、"科學本"與稿本相較，有眉批未被收入者，爲存舊觀，此次整理，將未録眉批內容於脚注中説明。

注　例①

　　服虔，賈逵，賈、服以爲，賈、服云，賈、服以，舊注。諸書引《左傳》注，不載姓名，而確非杜《注》。

　　一、釋《春秋》必以周禮明之。周禮者，文王基之，武王作之，周公成之。周禮明，而後亂臣賊子乃始知懼。若不用周禮，而專用從殷，《公羊》家言《春秋》，變周之文，從殷之質，殊誤。則亂臣賊子皆“具曰予聖”，而藉口於《春秋》之改制矣。《鄭志》曰：“《春秋經》所譏所善，皆於禮難明者也。其事著明，但如事書之，當按禮以正之。”所謂禮，即指周禮。②

　　一、《春秋》有事、有文、有義。義雖孔子所竊取，然必依文與事言之。左氏親見策書，所紀事文多可依據。若《公》《穀》之作當戰國時，其所述事文，未能盡確，則其義雖優，亦恐有郢書燕説之患。

　　一、褒諱抑損之義，三《傳》所傳《春秋》皆有之。注《左氏》者，惟賈君尚存梗概。後人議其雜入《公》《穀》之説，爲自淆家法。實則《左氏》本有其義，而賈君傳之，非賈君好爲合併也。

隱　公

〔疏證〕《世本》："隱公名息姑。"《謚法》："隱拂不成曰隱。"

〔傳〕 惠公元妃孟子。

〔疏證〕《世本》："惠公名弗皇。"《逸周書·謚法解》："愛人好與曰惠。"《春秋元命包》云："元，首也。"《爾雅·釋詁》云："孟，長也。"《世本》："宋，子姓。"則孟子亦宋女也。《北史·張普惠傳》："兼善《春秋》、百家之説。任城王澄遭太妃憂，臣僚爲立碑頌，題碑欲云'康王元妃之碑'。澄訪於普惠，答曰：'謹案朝典，但有王妃，而無元字。魯夫人孟子稱元妃者，欲下與繼室聲子相對。今烈懿太妃作配先王，更無聲子、仲子之嫌，竊謂不假元字以別名位。'"按：張説是也。《爾雅·釋詁》："妃，媲也。"《説文》："妃，匹也。"《國語·齊語》："九妃六嬪。"韋昭《注》："正嫡稱妃。言九者，尊之如一。明其淫侈非禮制。"《禮記·曲禮》："天子之妃曰后，諸侯曰夫人。"則正適稱妃之説，信矣。杜《注》："言'元妃'，明始適夫人。"意猶未誤。《正義》謂："妃者，名通嫡妾。"則誤矣。陳哀公元妃、二妃、下妃，正如齊之九妃，非禮制，不當引爲適妾通稱之證。

孟子卒，

〔注〕服虔云："嫌與惠公俱卒，故重言之。"本《疏》。

繼室以聲子，生隱公。

〔注〕服虔云："聲子之謚，非禮也。"《通典》一百四引。

〔疏證〕《逸周書·謚法解》："不生其國曰聲。"《晉書·禮儀志》："永和十一年，彭城國爲李太妃求謚。博士曹耽之議：'夫婦行不必同，不得以夫謚謚婦。《春秋》婦人有謚甚多，經無謚文，知禮得謚也。'胡訥云：'禮，婦人生以夫爵，死以夫謚。《春秋》夫人有謚，不復依禮耳。'王彪之云：'婦人有謚，禮壞故耳。聲子爲謚，服虔諸儒以爲非。杜預亦云："禮，婦人無謚。"《春秋》無謚之文，所謂不待貶絶自明者也。'"據王彪之所説，則聲子之謚非禮，非僅服虔一人之説矣。杜《注》"聲子"云：

“蓋孟子之姪娣也。諸侯始娶，則同姓之國以姪娣媵。”《正義》謂：“聲子或是孟子姪娣，或是同姓之國媵者姪娣，以其難明，故杜兩解之。”按：《國語·周語》：“王御不參一族。”《注》：“御，婦官也。參，三也。一族，一父子也。故取姪娣以備三，不參一族之女。”《詩·小星疏》云：“妾之貴者，夫人姪娣也，即《喪服》所言‘貴臣貴妾’。《左氏》皆言以夫人之姪娣爲繼室，明其貴也。”《禮記·曲禮疏》云：“《左氏》亦夫人姪娣貴於二媵。何休云：‘夫人無子，立右媵之子；右媵無子，立左媵之子。’以二媵爲貴，與禮不合。故《韓奕箋》獨言娣，舉其貴者，是姪娣貴於媵之義。”杜氏既以聲子爲夫人之姪娣，不當更疑爲二媵之姪娣也。《晉書·禮儀志》：“王愆期議曰：‘案：禮不二嫡，故惠公元妃孟子，孟子卒，繼室以聲子。諸侯猶爾，況庶人乎！《士喪禮》曰：繼母如母，本實繼室，故稱繼母，事之如嫡，故曰如母也。’”沈欽韓《左傳補注》云：“繼室，即《雜記》所謂攝女君也。《史記·年表》：‘魯隱公息姑母聲子。’《白虎通》後説曰：‘嫡死不復更立。明嫡無二，防篡殺也。祭宗廟，攝而已。’大夫而下，繼室有爲嫡者。故《儀禮·喪服》經云：‘繼母如母。’《曾子問》：‘宗子雖年①七十，無無主婦。’天子、諸侯不再娶，故繼室而非嫡。《昭三年傳》：‘少姜有寵而死，齊侯使晏嬰請繼室于晉。’是妾死繼往者，猶謂之繼室。知繼室不得爲嫡也。”

宋武公生仲子。仲子生而有文在其手，曰“爲魯夫人”，故仲子歸于我。

〔疏證〕《逸周書·謚法解》：“剛强直理曰武，威强敵德曰武，克定禍亂曰武，刑民克服曰武，夸志多窮曰武。”《詩·葛覃》毛《傳》：“婦人謂嫁曰歸。”陳樹華云：“《論衡·雷虚篇》《紀妖篇》并作‘文在其掌’，唯《自然篇》仍作‘手’。”《正義》謂：“此《傳》言‘爲魯夫人’者，以宋女而作他國之妻，故特加‘爲’以示異耳，非爲手文有‘爲’字，故‘魯夫人’之上有‘爲’字也。”文淇按：傳文“爲魯夫人”上有“曰”字，則“爲魯夫人”四字，皆指手文。《史記·年表》：“魯桓公允母，宋武公女，生手文‘爲魯夫人’。”與《左傳》同，《正義》之説非也。

---

① 科學本注：阮刻《十三經注疏·禮記·曾子問》作“宗子雖七十”，無“年”字，《校刊記》無説。

生桓公①，而惠公薨，

〔疏證〕《逸周書·諡法解》：“辟土服遠曰桓，克敬勤民曰桓，辟土兼國曰桓。”杜《注》：“言歸魯而生男，惠公不以桓生之年薨。”《正義》謂：“《元年傳》曰：‘惠公之薨也，有宋師，太子少，葬故有闕。’少者，未成人之辭，非新始生之稱。又改葬惠公，而隱公不臨，使桓爲主。若薨年生，則纔二歲，未堪爲喪主。又羽父弑隱，與桓同謀，若年始十二，亦未堪定弑君之謀。以此知桓公之生，非惠公薨之年也。年之長幼，理無所異。杜言此者，欲明慶父爲莊公庶兄，故顯言此，以張本也。”文淇案：《文六年傳》云：“晉襄公卒，靈公少。”《七年傳》云：“穆嬴日抱大子以啼于朝，出朝則抱以適趙氏。”則少者幼小之稱。且《隱元年傳》云：“太子少。”《十一年傳》亦云：“爲其少故也。”相距十年，而年尚少，則所謂少者，非僅未成人之解。《傳》稱“改葬惠公”，但云“公弗臨”，不言使桓爲主；羽父反譖，正欺桓之幼小；況《傳》明言“生桓公而惠公薨”，則桓之生，即在惠公薨年。杜《注》顯與《傳》背。先儒以慶父爲莊公母弟，而杜必云庶兄，故於此《傳》先爲此鑿空之説，以爲桓公應有長庶張本。《正義》曲爲解釋，非也。

是以隱公立而奉之。

〔注〕賈逵云：“隱立桓爲大子，奉以爲君。”鄭衆云：“隱公攝立爲君，奉桓爲大子。”本《疏》。

〔疏證〕杜《注》：“隱公，繼室之子，當嗣世。以禎祥之故，追成父志。爲桓尚少，是以立爲大子，帥國人奉之。”《正義》引鄭、賈二説而駁之，其駁鄭云：“《傳》言‘立而奉之’，是先立後奉之。若隱公先立，乃後奉桓，則隱立之時，未有大子。隱之爲君，復何所攝？若先奉大子，乃後攝立，不得云‘立而奉之’，是鄭之謬也。”其駁賈云：“隱雖不即位，稱公改元，號令于臣子，朝正于宗廟，言立桓爲君可矣。安在其奉以爲君乎？是賈之妄也。”《正義》既駁鄭、賈之説，而云“立而奉之”謂“立爲大子，帥國人奉之”，正謂奉之以爲大子，語意重複，殊爲不辭。洪亮吉云：“杜《注》亦本賈義，《正義》以‘奉以爲君’爲賈之妄，不知賈實依經爲訓，使國人知桓有君道而奉之，非隱以君禮奉桓也。”文淇按：隱之攝位，《傳》於元年發之，見隱之“不書即位”，由於攝位，此《傳》先

---

① 林按：楊本此處不斷句。

經起義。見隱之攝位，由於立桓爲大子。鄭衆以此《傳》“立”字，即爲攝立，義有未安。洪氏亮吉《左傳詁》謂杜《注》亦本賈義，是也。惟謂“使國人知桓有君道而奉之，非隱以君禮奉桓”，語涉含混。按：《禮記·曾子問》云：“‘君薨而世子生，如之何？’孔子曰：‘卿、大夫、士從攝主，北面，於西階南。大祝裨冕，執束帛。升自西階，盡等不升堂，命毋哭。祝聲三，告曰：“某之子生，敢告。”三日，衆主人、卿、大夫、士，如初位，北面。大宰、大宗、大祝皆裨冕，少師奉子以衰。祝先，子從，宰、宗人從，入門，哭者止。子升自西階，殯前北面。’”鄭《注》：“攝主，上卿代君聽國政。”《疏》云：“《士喪禮》：‘朝夕哭，大①夫即位于門外，西面北上。外兄弟在其南，南上。賓繼之，北上。若其門内位②，主人堂下直東序西面。兄弟皆即位，如外位，卿大夫在主人之南。’是朝夕内外哭位，皆在東方也。今乃從攝主北面于西階南，故《注》③云：‘變于朝夕哭位也。’三日之朝，自衆主人以下，悉到西階下，列位如初日子生之儀④也。以子自爲主，故不云攝主也。”按：隱之攝位，雖異于上卿之攝主，然立桓爲大子，必告殯宮。是時隱未即位，其告殯之禮，桓自爲主。當與子生三日告殯禮同。隱當與衆主人北面立于西階南。桓公升自西階，北面告殯。是隱以君道奉桓。故賈云：“隱立桓爲大子，奉以爲君也。”

〔經〕 元年，春，王正月⑤。

〔注〕服虔云：“孔子作《春秋》，於春每月書‘王’，以統三王之正。”本《疏》。

〔疏證〕《漢書·律曆志》引劉歆說：“元典曆始曰元。《傳》曰：‘元者，善之長也。’共養三德爲善。又曰：‘元，體之長也。’合三體而爲之元⑥，故曰元。於春每月書‘王’，元之三統也。三統合於一元，故因元一而九三之以爲法，十一三之以爲實。”又曰：“《經》元一以統始，《易》大極之首也。《春秋》二以目歲，《易》兩儀之道⑦也。于春每月書王，《易》

---

① 科學本注：阮刻《十三經注疏》作“丈”，《校勘記》云：“惠棟校宋本同。閩、監、毛本‘丈’誤‘大’。”

② 科學本注：按《士喪禮》無“若其門内位”一句。

③ 科學本注：據《注疏》，“注”字衍。

④ 科學本注：阮刻《注疏》“儀”作“義”，《校勘記》無說。

⑤ 林按：楊本年、時、月、日不斷句，本書俱有斷句，下同，不注。

⑥ 科學本注：《漢書》作“原”。

⑦ 科學本注：《漢書》“道”作“中”。

三極之統也。于四時雖亡事必書時月，《易》四象之節也。時月以建分、至、啓、閉之分，《易》八卦之位也。象事成敗，《易》吉凶之効也。朝聘會盟，《易》大業之本也。故《易》與《春秋》，天人之道也。"服虔謂"於春每月書王，以統三王之正"，即用劉歆三統之説。《正義》以服虔之意："謂周室之臣民，尊夏、殷之舊主，敬奉前代。"細尋服説，本無此意。《正義》譏之，非也。《宋書・禮志》："青龍五年，詔曰：'仲尼以大聖之才，祖述堯、舜，範章文、武，制作《春秋》，論究人事，以貫百王之列。故於三微之月，每月稱王，以明三正，迭相爲首。'"是亦用劉歆之説也。《隋書・李德林傳》："魏收與陽休之論《齊書》起元事，敕集百司會議。收與德林書。德林復書曰：'即位之元，《春秋》常義。謹案魯君不稱即位，亦有元年，非獨即位得稱元年也。議云受終之元，《尚書》之古典。謹案《大傳》，周公攝政，一年救亂，二年伐殷，三年踐奄，四年建侯衛，五年營成周，六年制禮作樂，七年致政成王。論者或以舜、禹受終，是爲天子。然則周公以臣禮而死，此亦稱元，非獨受終稱帝也。'"據德林之議，周公攝政得稱元年，則隱公即位亦得稱元年矣。又案：《南齊書・陸澄傳》："尋領國子博士。時國學置鄭、王《易》，杜、服《春秋》，何氏《公羊》，麋氏《穀梁》，鄭玄《孝經》。澄謂尚書令王儉曰：'《左氏》泰元取服虔，而兼取賈逵《經》，服《傳》無《經》，雖在注中，而《傳》又有無《經》者故也。今留服置賈，則《經》有所闕。'"據澄所説，則服氏不注經文，即有《經》之《傳》，即于《傳》中釋《經》。今既依賈氏之例，疏證經文。凡賈氏所不説者，即取服《注》列于經文之下。其有賈、服連言，亦俱于《經》中釋之，後皆倣此。

三月，公及邾儀父盟于蔑。

〔疏證〕《禮記・曲禮》："涖牲曰盟。"《疏》引《五經異義》："《左氏》説：《周禮》有司盟之官，殺牲歃血，所以盟事神明。'凡國有疑，盟詛其不信者'，是知於禮得盟也。"許慎所載《左氏》説，皆賈逵、鄭衆之舊説也。《釋名》云："盟，明也。告其事於神明也。"《公羊》昭三十一年《傳疏》："服虔《成長義》云，邾婁本附庸，三十里耳。"惠棟《左傳補注》云："蔑，本姑蔑。《定十二年傳》'費人北，國人追之，敗諸姑蔑'是也。隱公名息姑，而當時史官爲之諱。"按：劉昭《郡國志》云："魯國卞縣南有姑城。""姑"下脱去"蔑"字。沈欽韓云："《一統志》：'姑蔑城在兗州府泗水縣東。'《括地志》云：'縣東四十五里。'"

夏，五月，鄭伯克段于鄢。

〔疏證〕馬融《尚書·大誓篇注》云：“克，勝也。”應劭《漢書注》云：“鄢，一作傿，漢陳留郡有傿，即此是①。”趙匡《集傳》：“鄢，當作郾，鄭地，在緱氏縣西南，至十一年乃屬周。《左氏》云‘王取鄔、劉、蒍、邘之田于鄭’是也。”杜《注》：“鄢，今潁川鄢陵縣。”洪亮吉云：“今考杜《注》既非，趙匡以爲作郾，亦無確據。惟應劭之説，最足依據。傿縣，前漢屬陳留，後漢屬梁國，作傿。陳留郡在春秋時大半屬鄭，且《傳》上云‘至于廩延’，杜《注》：‘陳留酸棗縣北有延津。’廩延至傿，既屬順道，又渡河至共亦便。明克段之地爲陳留傿縣無疑。”按：《寰宇記》：“鄢城在宋州柘城縣北二十九里。”

秋，七月，天王使宰咺來歸惠公仲子之賵。

〔注〕賈逵云：“畿內稱王，諸夏稱天王，夷狄稱天子。”《穀梁·成九年疏》。服虔云：“咺，天子宰夫。”《周禮·大行人疏》。“賵，覆也，天王所以覆被臣子。”本《疏》。

〔疏證〕《禮記·曲禮》：“君天下，曰天子。”《疏》云：“《異義》：‘古《周禮》説：天子無爵，同號于天，何爵之有？許慎謹案：《春秋左氏》云：“施于夷狄稱天子，施于諸夏稱天王，施于京師稱王。”知天子非爵稱，同古《周禮》義。’鄭駁：‘案《士冠禮》云：“古者生無爵，死無謚。”自周及漢，天子有謚，此有爵甚明。云無爵，失之矣。’若杜預之義，天子，王者之通稱。故成公八年，‘天子使召伯來錫公命’，魯非夷狄，稱‘天子’。莊元年冬，‘王使榮叔來錫公命’，魯非京師，而單稱‘王’，是無義例。其許慎、服虔等依‘京師曰王，夷狄曰天子’，與此不同。”文淇案：許慎所稱《左氏》，即賈氏之説。《春秋》所載凡伯、南季、家父、仍叔之子來聘，及求金、求車、歸脤之類，皆稱“天王”。若榮叔、召伯之使，不稱“天王”。賈氏謂榮叔歸含且賵，以恩深加禮妾母，恩同畿內，故稱“王”。成公八年，乃得賜命，與夷狄同，故稱天子。《周禮疏》以杜義難《左氏》古義，非也。服知咺爲宰夫者，《宰夫職》曰：“凡邦之弔事，掌其戒令，與其幣器財用。”既掌弔事，或即充使，故服以宰爲宰夫也。《御覽》卷五百五十引《春秋説題辭》云：“賵之爲言覆也。”是服氏之所本。《大行人》：“致襘以補諸侯之裁。”《疏》：“彼《宗伯》凶禮有五，此

---

① 科學本注：應有“也”字。

唯言弔禮，餘四者不言者，行人唯主弔法，餘禮蓋自有人主之，故此不言也。隱元年‘宰咺來歸惠公、仲子之賵’，服氏云：‘咺，天子宰夫。’是宰夫主賵賵之事，是其別主之類也。”《正義》駁服説云：“《士喪》《既夕禮》，兄弟所知，悉皆致賵，非獨君之賵臣。以賵爲覆可矣，其言‘覆被臣子’，則非也。”案：服氏謂“覆被臣子”，即據此經“歸賵”而言。《正義》駁之，誤矣。杜《注》以“歸”爲“不反之辭”。按：《廣雅·釋詁》：“歸，遺也。”《國語·晉語》：“敢歸之下執政。”韋《注》：“歸，饋也。”《儀禮·聘禮》：“君使卿韋弁，歸饔餼五牢。”鄭《注》：“今文‘歸’作‘饋’。”歸賵、歸脤皆當訓爲饋遺。杜謂歸爲不反之辭，非也。沈欽韓云：“《雜記》：‘上介賵，執圭將命，曰：“寡君使某賵。”相者入告。反命曰：“孤某須矣。”陳乘黃、大路于中庭。’此諸侯相賵之制。天子賵諸侯，亦如是也。”

九月，及宋人盟于宿。

〔疏證〕司馬彪《續漢志》云：“東平國無鹽，本宿國，任姓。”杜《注》同此。沈欽韓云：“《一統志》：‘無鹽故城在東平州東二十里，春秋宿國。’”杜又云：“客主無名，皆微者也。”《正義》云：“《公羊傳》曰：‘孰及之？内之微者也。’《穀梁傳》曰：‘及者何？内卑者也。宋人，外卑者也。’卑、微，言非卿也。”文淇案：《禮記·王制》：“其有中士、下士者，數各居其上之三分。”《注》：“謂其爲介，若特行而并會也。”《疏》言：“謂其爲介者，若《聘禮》‘上介四人’是也；若特行，則隱元年‘及宋人盟于宿’是也。本國出使，其行至他國，與諸國并會也。”據《禮疏》之説，則所謂微者，蓋謂士也。

冬，十有二月，祭伯來。

〔疏證〕《國語·周語》：“祭公謀父諫曰。”韋《注》：“祭，畿内之國，周公之後，爲王卿士。”杜《注》：“祭伯，諸侯爲王卿士者。”蓋用韋説。

公子益師卒。

〔疏證〕《禮記·曲禮》：“天子死曰崩，諸侯曰薨，大夫曰卒。”《爾雅·釋詁》：“卒，終也。”孫炎《注》云：“卒，病之終也。”《釋名》云：“大夫曰卒，言卒竟也。”《説文》云：“大夫死曰捽，從歺卒聲。”洪亮吉云：“經典皆作‘卒’，蓋古文省。”

〔傳〕元年，春，王周正月。不書即位，攝也。

〔注〕賈、服云："公實即位，孔子修經，乃有不書。不書即位，所以惡桓之篡。"本《疏》。

〔疏證〕《漢書·律曆志》引劉歆說云："《經》曰'春王正月'，《傳》曰'周正月'，'火出，于夏爲三月，商爲四月，周爲五月。夏數得天'，得四時之正也。"《公羊·隱元年疏》引賈逵《長義》云："《公羊》以魯隱公爲受命王，黜周爲二王後。名不正則言不順，言不順則事不成。今隱公人臣，而虛稱以王，周天子見在，而黜公侯，是非正名而言順也。如此，何以笑子路率爾？何以爲忠信？何以誨人？何以爲法？何以全身？"按：《春秋》用周正，《左氏》云"周正月"，所以明《春秋》用周正也。王謂周王，《公羊》以隱公爲受命王，故賈氏駁之。《說文》："攝，引持也。"《禮記·明堂位》鄭《注》："周公攝王位。"《疏》："攝訓爲代。"隱、桓、莊、閔四公，不書即位。《正義》云："舊說賈、服之徒，以爲四公皆實即位。孔子修經，乃有不書。"又引穎氏說："以爲魯十二公，國史盡書即位，仲尼修之，乃有所不書。"是先儒皆以隱公實即位，孔子修經不書也。杜預云："假攝君政，不修即位之禮，故史不書于策。"杜意《傳》言攝，謂攝政非攝位。按《明堂位疏》引鄭《發墨守》云："隱公攝位，周公攝政，雖俱相幼君，攝政與攝位異也。"是隱公攝位非攝政，況《傳》明云"公攝位而欲修好于邾"。攝位即行即位之禮，杜預之說非也。《正義》既知隱公之攝爲攝位，而又謂攝位不行即位之禮，曲護杜氏，謬矣。或疑鄭《發墨守》謂隱公攝位，周公攝政。而鄭注《明堂位》云："周公攝王位。"《疏》云："成王年幼，周公代之居位。故云'攝王位'。"又以周公爲攝位。二說不同。按鄭《箴膏肓》云："周公歸政就臣位乃死，何得記'崩'？隱公見死於君位，不稱'薨'云何？"蓋據其初而言之。周公實亦攝位，其後歸政，復就臣位。故鄭以攝政言之。

三月，公及邾儀父盟于蔑。邾子克也。未王命，故不書爵。曰"儀父"，貴之也。公攝位而欲求好於邾，故爲蔑之盟。

〔注〕賈、服以爲："儀父嘉隱公有至孝謙讓之義，而與結好，故貴而字之，善其慕賢說讓。"經《疏》。[1]服又云："爵者，醮也，所以醮盡其材也。"《傳疏》。

〔疏證〕《釋文》：“一本無‘故’字。”杜《注》：“附庸之君，未王命，例書名。能自通于大國，繼好息民，故書字貴之。”《正義》云：“傳文唯言‘貴之’，不説可貴之狀。”又駁賈、服云：“《傳》言‘公攝位而欲求好于邾’。是公先求邾，非邾先慕公，復何足貴？且書曰‘儀父’，乃是新意。仲尼以事有可善，乃得書字善之。不是緣魯之意以爲褒貶，安得以其慕賢，便足貴之？又桓十七年‘公及邾儀父盟于趡’。桓公不賢不讓。彼《經》亦書‘儀父’，故知‘貴之’之言，不爲慕賢説讓也。”文淇案：蔑之盟，雖公先求邾，而邾與公結好，即是慕賢説讓。孔子所以貴之，非緣魯意以爲褒貶。桓十七年，《經》書“儀父”，亦君子與人有終之意，不得以彼難此[1]。《禮記·禮器疏》引《異義》：“爵，盡也，足也。”《白虎通》：“爵者，盡也，各盡其職，盡其才也。”

夏，四月，費伯帥師城郎。不書，非公命也。

〔疏證〕杜《注》：“費伯，魯大夫。郎，魯邑。高平方與縣東南有郁郎亭。”洪亮吉云：“《説文》：‘郎，魯亭也。’杜本此。”沈欽韓云：“《方輿紀要》：‘費亭在魚臺縣西南。’《一統志》：‘郎城在兗州府魚臺縣東北八十里。’”

初，鄭武公娶於申，曰“武姜”。

〔注〕賈云：“凡言初者，隔其年後，有禍福將終之，乃言初也。”本《疏》。

〔疏證〕杜以爲“凡倒[2]本其事物皆言初”，亦用賈説。《史記·年表》：“武公十年，娶于申。”《漢書·地理志》：“南陽郡宛，故申伯國。”沈欽韓云：“《方輿紀要》：‘申城在南陽府北二十里。’《括地志》：‘南陽縣北二十里。’”按《一統志》：鄭都今新鄭縣。

生莊公及共叔段。

---

① 林按：原稿圈注：“賈、服以北杏之會邾人在列，故謂北杏之會，時已得王命。杜此《注》云：‘其後儀父服事齊桓以獎王室，王命以爲邾，故《莊十六年經》書邾子克卒。’杜氏遠引邾子克卒，不引北杏之會，是不從賈、服之説。洪氏謂杜氏亦用賈、服舊説，誤矣。《正義》駁賈、服云：‘列與不列，在于主會之意，不由有爵與否。’案附庸不得列于會盟，其得列于會盟者，皆已爵爲諸侯。《正義》之説，非也。”

② 科學本注：阮元《校勘記》云：“宋本、毛本‘倒’作‘例’。”林按：此處作“倒”爲是。

〔注〕賈、服以“共”爲謚。本《疏》。

〔疏證〕《史記·年表》：“武公十四年生寤生，十七年生大叔段。”《逸周書·謚法解》：“叡通克服曰莊，兵甲亟作曰莊，勝敵志彊曰莊。”杜《注》：“段出奔共，故曰共叔。猶晉侯在鄂，謂之鄂侯。”《正義》駁賈、服説云：“作亂而出，非有其德可稱。翩口四方，無人與之爲謚。”洪亮吉云：“今考魯之穆伯、晉之欒懷子，皆出奔見殺，得有謚。叔段，莊公母弟，雖出奔，得有謚可知。”文淇案：洪説是也。大叔出奔共，杜《注》以共爲國名，則不得以他人之國爲段號矣。

莊公寤生，驚姜氏，故名曰“寤生”。遂惡之。

〔疏證〕杜《注》謂：“寤寐而莊公已生。”《風俗通》：“不舉寤生子。俗説兒墮地未可開目便能視者謂寤生。舉寤生子，妨父母。”劭引此《傳》，謂：“武公考終，姜氏亦然。安有妨其父母乎？”然生而能視，世亦多有，何至于驚？《南燕録·慕容德傳》：“德母晝寢而生德。父錦曰：‘此兒易生，如鄭莊公。’”蓋用杜説。然易生亦何可惡之有？沈欽韓云：“如杜解，則寤寐中便已生子。較后稷之先生如達，文王之溲于豕①牢，殆又易之。姜氏當鍾愛，何爲惡之乎？‘寤’與‘啎’同。《説文》：‘啎，逆也。’今生子有足先出者，難産，謂之逆生。”黃生《義府》云：“‘寤’與‘牾’通。牾，逆也。凡生子，首出爲順，足出爲逆。至有手及臂先出者，此等皆不利于父母，或其子不祥，故世俗惡之。莊公寤生，是逆生也。逆生則産必難。其母之驚且寤也宜矣。”文淇案：《史記·鄭世家》：“生太子寤生。生之難，及生，夫人弗愛。後生少子段，生易，夫人愛之。”則寤生爲難産也信矣。

愛共叔段，欲立之。亟請於武公，公弗許。及莊公即位，爲之請制。公曰：“制，巖邑也。

〔疏證〕《爾雅·釋言》：“婁，暱，亟也。”《注》：“亟，亦數也。”《禮記②·少儀》：“亟見曰朝夕。”鄭《注》：“亟，數也。”《史記·年表》：“母欲立段，公不聽。”《漢書·地理志》：“河南郡成皋，故虎牢。或曰制。”師古《注》：“《穆天子傳》：‘七萃之士生捕獸，即獻天子。天子畜之東虢，

---

① 科學本注：沈原書作“少”。

② 林按：原稿多處無書名，或篇名不詳，科學本俱已加上。此處《禮記》，與下文《漢書》《史記》《周禮·考工記》等俱是。下文不一一注明。

號曰獸牢。'”《説文》：“巖，岸也。從山，嚴聲。”《廣雅·釋詁》：“巖，高也。”《水經·河水注》：“成皋之故城在伾上，縈帶伾阜，絶岸峻周。高四十許丈。城張翕險，崎而不平，即東虢也。”然則制邑倚山爲城，險崎不平，故公以爲巖邑。沈欽韓云：“《一統志》：‘在開封府汜①水縣西北。’《元和志》：‘汜水縣，古東虢國。’”

“虢叔死焉。佗邑唯命。”

〔疏證〕《説文》：“命，使也。”《禮記·内則》：“不敢并命。”鄭《注》：“命謂使令。”《吕氏春秋·貴生篇》：“又况于他物乎？”高《注》：“他，猶異也。”《竹書紀年》：“平王四年，鄭人滅虢。”《檜譜》：“此與檜鄰者，謂東虢耳，猶自别于西虢。”洪亮吉云：“《鄭語》史伯云：‘虢叔恃險。’此即虢叔恃巖邑之證。”

請京，使居之，谓②之京城大叔。

〔注〕賈云：“京，鄭都邑。”《史記·鄭世家集解》。

〔疏證〕《漢志》：“河南縣有京縣。”沈欽韓云：“《方輿紀要》：‘京城在鄭州滎陽縣東南三十里。’”按：謂之京城大叔者，莊公謂之也。《鄭世家》：“鄭莊公元年封弟段於京，號之爲大叔也。”《詩·叔于田》毛《傳》：“叔，大叔段也。”《疏》云：“《左傳》及下篇皆謂之大叔，故《傳》辨之，以明叔與大叔一人，其字曰叔，以寵禄過度，時呼爲大叔。《左傳》‘謂之京城大叔’，是由寵而異其號也。”杜《注》：“謂之‘京城大叔’，言寵異於衆臣。”

祭仲曰：“都③城過百雉，國之害也。

〔注〕賈云：“雉長三丈。”本《疏》。服云：“天子城高九雉，隅高七雉。侯伯之城高三雉，隅高五雉。都城之高，皆如子、男之城高。”《周禮·考工記·匠人疏》。

〔疏證〕《史記·鄭世家》：“祭仲曰：‘京大於國，非所以封庶也。’莊公曰：‘武姜欲之，我弗敢奪也。’”杜《注》：“祭仲，鄭大夫。”《正義》云：“注諸言‘大夫’者，以其名氏顯見於傳，更無卑賤之驗者，皆以大

---

① 林按：“汜”，科學本多處誤作“氾”。

② 林按：“謂”，科學本誤作“請”。

③ 林按：科學本此處及以下多斷句，原稿不斷。斷句可看作制度，以斷句爲好。

夫言之。其實是大夫以^①否，亦不可委知也。"按：賈、服及杜氏注《春秋》時大夫，大約皆據《世本》。賈、服有注者，則載賈、服，無者則直載杜説，後倣此。其有異同，須辨論者，隨條解之。《正義》又云："許慎《五經異義》、《戴禮》及《韓詩》説，八尺爲板，五板爲堵，五堵爲雉。板廣二尺，積高五板爲一丈。五堵爲雉，雉長四丈。古《周禮》及《左氏》説，一丈爲板，板廣二尺。五板爲堵，一堵之牆長丈、高丈。三堵爲雉，一雉之牆長三丈、高一丈。以度其長者用其長，以度其高者用其高也。諸説不同，必以雉長三丈爲正者。以鄭是伯爵，城方五里，大都三國之一，其城不過百雉，則百雉是大都定制，因而三之。則侯伯之城，當三百雉，計五里，積千五百步。步長六尺，是九百丈也。以九百丈而爲三百雉，則雉長三丈。故杜依用之。"此《疏》詳釋《左氏》"雉長三丈"之舊説也。《周禮·典命》："其國家、宫室、車旗、衣服、禮儀皆以九爲節。"《注》云："公之城，蓋方九里，宫方九百步。侯伯之城，蓋方七里，宫方七百步。子、男之城，蓋方五里，宫方五百步。"《疏》云："按《書·無逸》傳注云：'古者百里之國，九里之城。'玄或疑焉。《周禮·匠人》'營國方九里'，謂天子之城。今大國與之同，非也。然大國七里，次國五里，小國三里之城，爲近可也。或者天子實十二里之城，諸侯大國九里，次國七里，小國五里。如是，鄭自兩釋不定。鄭必兩釋者，若案《匠人》營國方九里，據周天子而言，則公宜七里，侯伯宜五里，子、男宜三里爲差也。若據此文，九命者，以九爲節；七命者，以七爲節；五命者，以五爲節。又案：《文王有聲箋》云：'築城伊淢，適與城方十里等。小于天子，大于諸侯。'以其雖改殷制，仍服事殷，未敢十二里。據此二文而言，則周之天子，城方十二里，公宜九里，侯、伯宜七里，子、男宜五里也。若周天子十二里，則《匠人》九里，或據異代法，以其匠人有夏、殷法故也。鄭不言異代者，以其無正文，不敢斥言也。是以隱公元年，祭仲云：'都城不過百雉。'雉長三丈，百雉五百步，大都三之一，則鄭是伯爵，城方千五百步，爲五里，是公七里，侯伯五里，子、男三里矣。此賈、服、杜君等義，與鄭玄一解也。鄭又云：'鄭伯之城方七里，大都三之一，方七百步，實過百雉矣。而云都城不過百雉，舉子、男小國之大都，以駁京城之大。其實鄭之大都，過百雉矣。'又是天子城十二里而言也。"此《疏》備載鄭氏兩説，而以大國七里，次國五里，小國三里爲主。明鄭伯之城方

---

① 科學本注：阮元《校勘記》云："閩本、監本、毛本'以'作'與'。"

五里也。《匠人》："王宮門阿之制五雉，宮隅之制七雉，城隅之制九雉。門阿之制，以爲都城之制。宮隅之制，以爲諸侯之城制。"《注》："諸侯，畿以外也。其城隅制高七丈。"《疏》云："按《異義》：'古《周禮》説云："天子城高九雉，隅高七雉，公之城高五雉，隅高七雉。侯伯之城高三雉，隅高五雉。都城之高皆如子、男之城高。"'隱元年服《注》云與古《周禮》説同，其天子及公城，與此《匠人》同。其侯、伯以下，與此《匠人》説異者，此《匠人》'門阿之制，以爲都城之制'，高五雉，亦謂城隅也。其城高三雉，與侯、伯等，是以《周禮》説不云子、男及都城之高，直云'都城之高，皆如子、男之城高'。有此《匠人》相參，以知子、男皆爲本耳，亦互相曉，明子、男之城不止高一丈、隅二丈而已。如是，王宮隅之制，以爲諸侯城制者，惟謂上公耳。以此計之，王城隅高九雉，城高七雉。上公之城隅高七雉，城高五雉。侯、伯已下城隅高五雉，城高三雉。"此《疏》言城隅與城身差降之數也。沈欽韓云："《管子·霸言》：'國小而都大。'故云國之害。"

"先王之制：大都不過參國之一，中五之一，小九之一。今京不度，非制也。君將不堪。"

〔疏證〕《廣雅·釋言》："參，三也。"惠棟《補注》云："《周書》[①]云：'大縣城方王城三之一，小縣立城方王城九之一。'不舉中者從可知。"《正義》云："定以王城方九里，依此數計之，則王城長五百四十雉。其大都方三里，長一百八十雉。中都方一里又二百四十步，長一百八雉也。小都方一里，長六十雉也。公城方七里，長四百二十雉。其大都方二里又一百步，長一百四十雉也。中都方一里又一百二十步，長八十四雉也。小都方二百三十三步二尺，長四十六雉又二丈。侯、伯城方五里，長三百雉，其大都方一里又二百步，長百雉也。中都比王之小都，其小都方一百六十六步四尺，長三十三雉又一丈也。子、男城比王之大都，其大都比侯、伯之中都。其中都方一百八十步，長三十六雉也。"《匠人》："門隅之制，以爲都城之制。"《疏》云："都城據大都而言，其小都及家之城。都當中五之一，家當小九之一。爲差降之數，未聞。"彼《疏》據王有大都、小都、家邑而言，《左傳》就諸侯之都而言，故不同也。《説文》："度，法制也。"《國語·周語》："念前之非度。"韋《注》："度，法也。"《爾

---

① 科學本注：惠書在"周書"下有"作雒"二字。

雅·釋詁》：“堪，勝也。”

公曰：“姜氏欲之，焉辟害？”對曰：“姜氏何厭之有？不如早爲之所，無使滋蔓！蔓，難圖也。蔓草猶不可除，況君之寵弟乎？”

〔注〕服云：“滋，益也；蔓，延也，謂無使其益延長也。”《群經音義》。

〔疏證〕《廣雅·釋詁》：“焉，安也。”《吕氏春秋①·懷寵》：“求索無厭。”高《注》：“厭，足也。”《一切經音義》二引《三蒼》：“所，處也。”杜注“不如早爲之所”云“使得其所宜”，殆爲不辭。顧炎武《補注》云“言及今制之”，是也。《説文》：“滋，益也。”“曼，引也。”《詩·閟宫》：“孔曼且碩。”《傳》：“曼，延也。”②是正字。服《注》：“蔓，延。”及《野有蔓草傳》：“蔓，延也。”是假借字。《説文》：“蔓，葛屬。”《常棣》“是究是圖”。《傳》：“圖，謀也。”《説文》：“圖，畫計難也，從啚。啚，難意也。”《曲禮》：“馳道不除。”《注》：“除，治也。”《斯干》：“風雨攸除。”《釋文》：“除，去也。”

公曰：“多行不義必自斃，子姑待之。”

〔疏證〕《釋文》：“斃，本作‘弊’。”襄二十七年“以誣道蔽諸侯”，服《注》本作“弊”，云：“弊，踣也。”韋昭《國語·晉語注》：“斃，踣也。”《説文》：“弊，頓仆也。”《卷耳》：“我姑酌彼兕觥。”《傳》：“姑，且也。”

既而大叔命西鄙、北鄙貳於己。公子吕曰：“國不堪貳，君將若之何？欲與大叔，臣請事之；若弗與，則請除之。無生民心。”公曰：“無庸，將自及。”大叔又收貳以爲己邑，至于廩延。

〔疏證〕杜《注》：“公子吕，鄭大夫。”《説文》：“貳，副益也。從貝，式聲。弍，古文二。”《説文》又云：“二，地之數也。從偶一。”經典“貳”字作“副益”解者，多引伸之爲“疑貳”之貳。《爾雅·釋詁》：“貳，疑也。”洪亮吉云：“《周語》：‘百姓携貳。’韋昭《注》：‘貳，二心也。’此‘貳於己’，義亦當然。杜《注》云‘兩屬’，蓋望文生義。”文淇按：《禮記·坊記》：“孝以事君，弟以事長，示民不貳也。唯卜之日稱二君。”鄭《注》：“不貳，不自貳於尊者也。自貳，謂若鄭共叔者也。‘二’當爲

① 林按：吕氏春秋，稿本原作“吕覽”，後改此。
② 科學本注：《注疏》作：“曼，長也。《箋》云：‘曼，脩也，廣也。’”

‘貳’。唯卜之時，辭得曰‘君之貳某’爾。晉惠公獲于秦，命其大夫歸立
君，曰：‘其卜貳，圉也。’”《疏》云：“公子呂曰‘國不堪貳’，謂除君
身之外，國中不堪更有副貳之君，是段之自貳於君也。”如鄭氏之説，則
“貳”當爲“副益”之“貳”，“使西鄙、北鄙貳于己”者，謂使西鄙、北
鄙之人以己爲副貳之君。故子封云“國不堪貳”，謂不堪更有副貳之君。
又“收貳以爲己邑”者，前此但令尊之爲君，邑猶不屬；至是乃以爲己
之屬邑也。《詩·瞻卬》：“女反收之。”《傳》：“收，拘收也。”《廣雅·釋
詁》：“收，取也。”沈欽韓云：“按：二五尊卑，大《易》之明文；別嫌明
疑，《春秋》之大法。故公子呂云‘國不堪貳’，《疏》謂‘兩屬則賦役倍
而國人不堪’，以長慮爲淺見矣。《一統志》：‘酸棗故城，在衛輝府延津
縣北十五里。’按《水經·河水注》：‘河水又東，逕滑臺城北，城即故鄭
廩延也。’據文，廩延即今滑縣，唐之滑州，漢、晉爲白馬縣。杜預謂酸
棗縣之延津，遠矣。《元和志》：‘滑州西南至鄭州三百里，大叔段所侵之
界如此。’”

子封曰：“可矣，厚將得衆。”公曰：“不義①不暱，厚將崩。”

〔疏證〕杜《注》：“子封，公子呂也。不義於君，不親於兄，非衆所
附，雖厚必崩。”《周禮②·考工記·弓人》：“凡昵之類不能方。”《注》：“故
書‘昵’，或作櫱。杜子春云：‘櫱讀爲不義不昵之昵。或作䵑，黏也。’”
《疏》云：“按隱元年，鄭太叔爲不義。莊公曰：‘不義不昵，厚將崩。’彼
不昵，爲不親兄，則昵爲親近，不相捨離。”沈欽韓云：“此言所爲不義，
則無人肯親附。與下京叛叔段相應，杜《注》非是。”《爾雅·釋言》：“䵑，
膠也。”邵晉涵《正義》云：“《釋詁》：‘膠，固也。’言不義者，不能堅
固。故下云‘厚將崩’。”洪亮吉云：“今考‘不䵑’之義，正與‘將崩’
相屬。自當以䵑黏爲長。”文淇按：上文“多行不義”，此就不義而申言
之。見不義則不䵑，四字不平列，自當以邵氏諸説爲長。杜《注》謂“不
義於君，不親於兄”，強爲分配，殊失《傳》義。林堯叟謂“不義之人，
不爲衆所親暱”，則已不從杜説。又案：《説文》：“䵑，黏也。”引《傳》
作“不義不䵑”，是《左傳》古本作“䵑”，杜子春引作“昵”字，雖假
借，猶用“黏”義。杜預改作“暱”，解爲親暱，遂失古訓。《宋書·檀
道濟傳》：“不義不暱之心，附下罔上之事。”《竟陵王誕傳》：“不義不暱，

---

① 林按：楊本此處斷句。
② 林按：原稿加注篇名至此而止。

人道將盡。”《梁元帝紀》：“不義不暱，若斯之甚。”《隋書·柳或傳》：“不義不暱，《春秋》載其將亡。無禮無儀，詩人欲其速死。”辭皆對舉，則沿杜預之謬也。

大叔完聚，繕甲兵，具卒乘，將襲鄭，夫人將啓之。

〔注〕服云：“聚禾黍也。”

〔疏證〕《史記·鄭世家》：“段至京，繕治甲兵，與其母武姜謀襲鄭。”杜《注》：“完城郭，聚人民。”《正義》曰：“服虔以聚爲聚禾黍也。段欲輕行襲鄭，不作固守之資。故知聚爲聚人，非聚糧也。完城者，謂聚人而完之，非欲守城也。”按：《正義》第駁服氏“聚”字之訓，而不駁服氏“完”字之訓，則服注“完”字，必以爲完城郭。杜於“完”字即用服說，“聚”字自爲一解。故《正義》但駁服氏“禾黍”之說，而不及“完”字之解也。《疏》中凡似此者，皆當以此意求之。洪亮吉云：“按：‘完聚’以服說爲長。杜云‘城郭人民’，失之。”則又不知服氏“禾黍”之訓止解“聚”字，不連“完”字解也。《說文》：“完，全也。”趙岐《孟子注》云：“完，治也。”《一切經音義》七引《三蒼》：“繕，治也。”《曲禮》：“獻甲者執冑。”鄭《注》：“甲，鎧也。”《說文》：“兵，械。”高誘《呂氏春秋注》云：“步曰卒，載曰乘。”《晉語》：“楚令尹子木欲襲晉軍。”《注》：“襲，掩也。”又“則啓戎心”，《注》云：“啓，開也。”

公聞其期，曰：“可矣。”命子封帥車二百乘以伐京。京叛大叔段。段入于鄢。公伐諸鄢。五月，辛丑，大叔出奔共。

〔注〕賈云：“共，國名。”《鄭世家集解》。

〔疏證〕《鄭世家》：“莊公二十二年，段果襲鄭，武姜爲内應。莊公發兵伐段。段走，伐京。京人畔段，段出走鄢。鄢潰。段出奔共。”《說文》：“期，會也。”《司馬法》云：“兵車一乘，甲士三人，步卒七十二人，炊家子十人。固守衣裝五人，廐養五人，樵汲五人，輕車七十五人，重車二十五人。故二乘兼一百人爲一隊。”《楚辭》：“信中塗而叛之。”王逸《注》：“叛，倍也。”《漢志》：“河内郡共，故國。”《一統志》：“共，今輝縣城。”杜《注》以“共”爲國名，蓋用賈說。《史記·年表》：“莊公立二十二年，段作亂，奔。”

書曰：“鄭伯克段于鄢。”段不弟，故不言弟；如二君，故曰“克”；稱“鄭伯”，譏失教也；謂之鄭志，不言出奔，難之也。

〔注〕服云："公本欲養成其惡而加誅，使不得生出。此鄭伯之志意也。"本《疏》。

〔疏證〕杜《注》："不早爲之所，而養成其惡，故曰'失教'。段實出奔，而以'克'爲文。明鄭伯志在於殺，難言其奔。"所謂養成其惡，志在於殺，與服氏同。故洪氏謂杜《注》本此。《正義》謂："此時始有殺心，往前則無殺義。"又駁服説，謂："《傳》止責鄭伯失於教誨之道，不得謂鄭伯元有殺害之心。"非惟不明服義，抑且昧于杜説之本于服氏也。服謂"公本欲養成其惡而加誅"，即據上文"必自斃""將自及"及"厚將崩"等語知之。《正義》强爲辨駁，非也。

遂寘姜氏于城潁，而誓之曰："不及黄泉，無相見也！"

〔注〕賈云："鄭地。"本《疏》。服云："天玄地黄，泉在地中，故曰黄泉。"《鄭世家集解》。

〔疏證〕《鄭世家》："於是莊公遷其母武姜於城潁。誓言曰：'不至黄泉，毋相見也。'"《詩·卷耳》："寘彼周行。"《傳》："寘，置也。"《文七年傳》："將焉寘此。"服《注》："寘，置也。"《水經注》："洧水南有鄭莊公望母臺。"則城潁在洧水之北矣。沈欽韓云："張守節《正義》：'潁，許州臨潁縣是也。'"《説文》："誓，約束也。"《後漢書·何敞傳》云："上不欲令皇太后損文母之號，陛下有誓泉之譏。"杜《注》："地中之泉，故曰黄泉。"即用服説。

既而悔之。潁考叔爲潁谷封人，

〔注〕賈云："潁谷，鄭地。"《鄭世家集解》。

〔疏證〕阮氏《校勘記》云："《水經注》'潁水'條注云：'陽乾山之潁谷，潁考叔爲其封人。'然則'潁'當從水明矣。稱潁考叔者，猶言儀封人也。而《廣韻》於從禾之'穎'下云：'又姓，《左傳》穎考叔'，似未安。"沈欽韓云："《一統志》：'潁谷在河南府登封縣西南。'"《史記·年表》"公悔思母"，在二十三年。

聞之，有獻於公。公賜之食。食舍肉。公問之。對曰："小人有母，皆嘗小人之食矣，未嘗君之羹，請以遺之。"公曰："爾有母遺，繄我獨無。"

〔注〕舊注："肉有汁曰羹。"《御覽》八百六十一。服云："繄，發聲也。"僖五年《正義》。

〔疏證〕《説文》:"舍,釋也。嘗,口味之也。"《廣雅·釋詁》:"舍,置也。""遺,予也。"杜《注》未解"羹"字,《御覽》所引當是舊注。凡諸書所引《左傳》注,不載姓名而確非杜《注》者,皆稱爲杜[①]《注》,後倣此。杜《注》:"食而不啜羹,欲以發問。宋華元殺羊爲羹饗士,蓋古賜賤官之常。"《正義》:"《禮·公食大夫》及《曲禮》所記大夫、士與客燕食,皆有牲體殽烝,非徒設羹而已。此與華元饗士唯言有羹,故疑是古賜賤官之常。"文淇案:《爾雅》:"肉謂之羹。"《字林》:"臛,肉有汁也。"《鄉飲酒》《鄉射》皆言"羹定"《公食大夫禮》亦云"羹定"。鄭《注》云:"定,猶熟也。"《公食大夫禮》又云"魚腊飪。"《注》:"飪,熟也。食禮宜熟。"《聘禮·記》:"賜饔惟羹飪。"《疏》:"飪,一牢也。肉汁有菜曰羹。"飪不止於羹,舉此以示其概。然則食禮宜熟,故以羹爲主。鄭莊賜考叔食,雖非禮食,然亦不止於羹。況公食大夫,亦有鉶羹。杜《注》以羹爲"賜賤官之常",非也。顧炎武云:"《爾雅》:'肉謂之羹。'故下云'未嘗君之羹'。"沈欽韓云:"若賜賤官,則以肉體取盡飽,所謂賤者取賤骨《周語》'戎狄則有體薦',何得只啜羹也《禮經》自《鄉飲酒》至《少牢饋食》曰'羹定',曰'羹飪',《注》謂:'飪一牢也。'豈可盡以盛鉶者當之乎?若然,則穎考叔'食舍肉'一語爲贅矣。"

穎考叔曰:"敢問何謂也?"公語之故,且告之悔。對曰:"君何患焉?若闕地及泉,隧而相見,其誰曰不然?"

〔注〕賈云:"闕地通路曰隧。"《國語注》。舊注:"闕,穿也。墜,埏也。"《御覽》四百十二。

〔疏證〕賈氏注内外《傳》,《内傳》無注者,取《國語注》補之,後倣此。《御覽》引作"墜而相見"。杜不解"闕"字,其解"隧"字云:"若今延道。"《御覽》引《注》:"闕,穿也。墜,埏也。"當是舊注。《廣雅·釋詁》:"鑿、斋、欨、掘,穿也。"王念孫云:"《玉篇》:'欨,掘也。'隱元年《左傳》:'闕地及泉。'《逸周書·周祝解》:'貚有爪而不敢以撅。'字并與'欨'同。"《周禮·冢人》"以度爲丘隧",《注》:"隧,羨道也。"《疏》云:"按僖二十五年《左傳》云:'晉文公請隧,不許。王曰:"未有代德,而有二王。"'則天子有隧,諸侯已下有羨道。隧與羨異者。隧道則上有負土,謂若鄭莊公與母掘地隧而相見者也。羨道上無負土。若然,

---

隧與羨別。而鄭云'隧，羨道'者，對則異，散則通，故鄭舉羨爲況也。"
文淇案：《昭十七年傳》："楚大敗吳師，獲其乘舟餘皇，使隨人與後至者
守之，環而塹之，及泉，盈其隧炭。"《莊子》："子貢南游於楚，反於魯，
過漢陰，見一丈夫，方將爲圃畦，鑿隧而入井，抱甕而出灌。"是"闕地
及泉"者，必有隧道也。《年表》："思母不見，穿地相見。"《鄭世家》："居
歲餘，已悔，思母。潁谷之考叔有獻於公，公賜食。考叔曰：'臣有母，
請君食賜臣母。'莊公曰：'我甚思母，惡負盟，奈何？'考叔曰：'穿地至
黄泉，則相見矣。'於是遂從之，見母。"

**公從之。公入而賦："大隧之中，其樂也融融！"姜出而賦："大
隧之外，其樂也泄泄[①]。"**

〔注〕服云："入言公，出言姜，明俱出入互相見。"本《疏》。

〔疏證〕闕地及泉，隧而相見。蓋兩邊俱爲隧道，上有負土。公與姜
各從隧道入，及泉相見。故服《注》云"入言公，出言姜，明俱出入也"。
《文選·思玄注》："展洩洩以彤彤。"舊注："洩洩、彤彤皆和貌。"李善
《文選注》引《左傳》："其樂也彤彤。""彤"與"融"古字通。

**遂爲母子如初。君子曰："潁考叔，純孝也，愛其母，施及莊公。
《詩》曰：'孝子不匱，永錫爾類。'其是之謂乎？"**

〔疏證〕《爾雅·釋詁》："純，大也。"杜訓"純"爲"篤"，非。《喪
服傳》："絶族無施。"服《注》："在旁而及曰施。"《董仲舒傳》："施乎方
外。"《注》："施，延也。"《詩·既醉》毛《傳》："匱，竭也。"鄭《箋》：
"永，長也。孝子之行，非有竭極之時，長以與女之族類，謂廣之以教道
天下也。"鄭氏箋釋此詩，即引《春秋傳》曰："潁考叔，純孝也，施及莊
公。"是《傳》意與《詩》意恰相比附。杜《注》謂："詩人之作，各以情
言。君子論之，不以文害意。"《正義》謂："《詩》注意，類謂子孫族類。
此《傳》意以爲事之般類。"謂《詩》意與《傳》不同，非也。又按：《北
史·魏澹傳》："澹别成《魏史》，以爲：'司馬遷創立紀傳已來，述者非
一，人無論善惡，皆爲立論。計在身行跡，具在正書，事既無奇，不足懲
勸。再述乍同銘頌，重叙唯覺繁文。案：丘明亞聖之才，發揚聖旨，言
"君子曰"者，無非甚泰。其間尋常，直言而已。今所撰史，竊有慕焉，

① 林按："泄"，楊本作"洩"，楊伯峻有説明，"泄"爲本字，"洩"爲避諱字。

可爲勸戒者，論其得失，其無益者，可不論也。’”據澹所説，則《左傳》所稱“君子曰”者，皆左氏自爲論斷之詞。

秋，七月，天王使宰咺來歸惠公、仲子之賵。緩，且子氏未薨，故名。

〔疏證〕《雜記》：“上介賵，執圭將命。”《疏》云：“《釋廢疾》云：‘天子于諸侯，諸侯于士，如天子於諸侯、諸侯使臣，襚之，賵之；天子于二王之後，含爲先，襚則次之，賵爲後。諸侯相於，如天子於二王後。’鄭知天子於二王後含、襚、賵者，爲約此《雜記》兩諸侯相敵，明天子于二王後亦相敵也。”《疏》又云：“凡此，於其妻亦如其夫。知者，約‘宰咺來歸惠公、仲子之賵’，又約魯夫人成風之喪，‘王使歸含且賵’，以外推可知。”又《雜記》：“含者，坐委于殯東南，有葦席；既葬，蒲席。”《疏》：“《左氏》《公羊》，皆譏其緩，云‘無譏’者，取《穀梁》之義。”

天子七月而葬，同軌畢至；諸侯五月，同盟至；大夫三月，同位至；士踰月，外姻至。

〔注〕服云：“軌，車轍也。”本《疏》。

〔疏證〕《説文》：“軌，車轍也。”《荀子·禮論篇》：“天子之喪動四海，屬諸侯；諸侯之喪動通國，屬大夫；大夫之喪動一國，屬修士；修士之喪動一鄉，屬朋友；庶人之喪合族黨，動州里。”《注》：“屬，謂付託之，使主喪也。通國，謂通好之國也；一國，謂同在朝之人也；修士，士之進修者，謂上士也；一鄉，謂一鄉内之姻族也。《春秋傳》曰：‘天子七月而葬，同軌畢至；諸侯五月而葬，同盟至；大夫三月，同位至；士踰月，外姻至。’”文淇案：《荀子》所云“通好之國”，即《傳》之“同盟”也；“一國”謂同在朝之人，即《傳》之“同位”也；“一鄉内之姻族”，即《傳》之“外姻”也。《王制》：“大夫、士三日而殯，三月而葬。”《疏》云：“按《左傳》大夫言三月，士言踰月，此總云大夫、士三月而葬者，此記者許以降二爲差，故總云三月。《左傳》細言其別，故云大夫三月，士踰月。其實大夫三月者，除死月爲三月；士三月者，數死月爲三月，正是踰越一月，故言‘踰月’耳。按《膏肓》，休以爲士禮三月而葬，今《左氏》云‘踰月’，於義爲短。玄箋之曰：‘禮，人君之喪，殯葬，皆數來月來日[①]。

---

① 科學本注：鄭康成云：“人君殯數來日，葬數往月。”此處“殯葬皆數來月來日”句與《左傳正義》孔疏文不合。

士殯葬，皆數往月往日。尊卑相差之數也，大夫、士三月，其實不同，士之三月，乃大夫之踰月也。'鄭《箴膏肓》以正禮而言，故云'人君殯葬，數來月來日'。若春秋之時，天子、諸侯之葬，皆數死月，故文八年八月'天王崩'，九年二月'葬襄王'。又成十八年八月'公薨'，十二月'葬我君成公'。《傳》云'書順也'，是皆數死月也。故鄭又云'殯數來月，葬數往月'，據《春秋》爲說。'《荀子·禮論篇》：'三月之殯，何也？曰：大之也，重之也，所致隆也，所致哀也。將舉錯之，遷徙之，離宮室而歸丘陵也，先王恐其不文也，是以緜其期，足之日也。故天子七月，諸侯五月，大夫三月，皆使其須足以容事，事足以容成，成足以容備，曲容備物之爲道矣。'《注》云：'此殯謂葬也。'《禮論篇》又云：'故雖備家，必踰日然後能殯，三日而成服。然後告遠者出矣，備物者作矣。故殯，久不過七十日，速不過五十日。'《注》：'此皆據《士喪禮》首尾三月者也。'《周禮·大司徒》：'孝友睦姻任恤。'《注》：'姻，親於外親。'《疏》：'《左傳》云：'士踰月，外姻至。'亦據外親之等。外親者，則妻族母族是也。'又按：《說文》：'姻，婿家也，女之所因。婚，婦家也。'然對文則異，散文則通。《昭九年傳》：'王有姻喪。'服《注》：'婦之父曰姻。'

贈死不及尸，弔生不及哀。

〔疏證〕《曲禮》：'在棺曰柩。'《疏》：'《春秋左氏傳》'贈死不及尸'，是呼未葬之柩爲尸。'《荀子·大略篇》云：'賻、賵所以佐生也，贈、襚所以送死也。送死不及柩尸，弔生不及悲哀，非禮也。'《注》：'皆謂葬時。'又云：'故吉行五十，犇喪百里，賵、贈及事，禮之大也。'《注》：'既說弔贈及事，因明奔喪亦宜行速也。'杜解'弔生不及哀'云：'諸侯已上，既葬則緷麻除，無哭位，諒闇終喪。'《正義》曰：'既葬除喪，唯杜有此說。'又《晉書·杜預傳》預引此傳'弔生不及哀'，以爲'既葬除喪諒闇'之證。沈欽韓云：'《士喪禮》下篇：'既窆，主人及弔，賓弔者升自西階，曰：'如之何？'主人拜稽顙。'蓋前乎此皆營死者之事，反而亡焉，失之矣，於是爲甚，故弔之。《經》又云：'就次，猶朝夕哭。'猶者，猶既殯之。朝夕哭也。'《喪服疏》云：'既殯以後，卒哭祭以前，阼階之下，爲朝夕哭，在廬中思憶則哭。'按：其時雖不代哭，其[1]哀未殺，故爲哭三無時之一也。傳文所謂'及哀'者，即是此時，在卒哭祭

---

① 科學本注：沈原書"其"字刻作"甚"，劉氏改定爲"其"。

前也①。《喪服疏》又云：'凡喪服，以冠爲受斬衰，裳三升，冠六升。既葬後，以其冠爲受衰，裳六升，冠七升。小祥又以其冠爲受衰，裳七升，冠八升。'又②卒哭祭畢，'丈夫説經帶於廟門外，婦人説首経，不説帶'。所謂卒哭後，變麻服葛，只是男子易腰経以葛，婦人易首経以葛。男子重首，婦人重腰，猶不易也。其負版衰裳，練祭猶服，大祥祭畢，始焚之耳。三年之喪，天下之達禮。杜預謂天子、諸侯既葬無服，非聖無法，古今之罪人也。"

豫凶事，非禮也。

〔疏證〕"豫"與"預"同。《一切經音義》十八引《蒼頡篇》："預，安也，又先辦也，逆爲之具，故曰預。""非禮也"，承上三事言之。

八月，紀人伐夷，夷不告，故不書。

〔疏證〕應劭《漢書注》："劇縣，故紀侯國。"《世本》："夷，妘姓。"沈欽韓云："《山東通志》：'紀本在東海贛榆，後遷劇，亦稱紀城。有臺高九尺，俗曰紀臺城，旁有劇南城。'《青州府志》：'紀臺城在壽光縣東南三十里。'《一統志》：'壯武城在萊州府即墨縣西六十里，古夷國。'"

有蜚，不爲災，亦不書。

〔疏證〕《異義》云："非常曰異，害物曰災。"《説文》："蜚，臭蟲，負蠜也。"《五行志》："莊二十九年'有蜚'。劉歆以爲負蠜也。"杜《注》："蜚，負蠜也。"即用劉説。《正義》曰："《釋蟲》云：'蜚，蠦蜰。'舍人、李巡皆云：'蜚蠦，一名蜰。'郭璞云：'蜚即負盤③。'"經傳皆云"有蜚"，則此蟲直名"蜚"耳，不名"蜚蠦"。《爾雅》所釋，當言"蜚"，一名"蠦蜰"。説《爾雅》者言"蜚蠦"，一名"蜰"，非也。此蟲一名"負盤"，《漢書》及此注多作"負蠜"者，《釋蟲》云"草螽，負蠜"。彼則時時常有，非災蟲也。焦循《補疏》云："負蠜之名，《説文》有二，蟲部云：'蠜，臭蠜也。'此《爾雅》之'草螽，負蠜'也；《蟲部》云：'蠦，臭蟲，負蠜。'此《爾雅》之'蠦蜰'，即此'蜚'也。郭璞注'蠦蜰'作'負盤'，'盤'與'蠜'音同，可通用。"

---

① 林按：科學本作"以卒哭祭爲限也"。
② 林按：科學本增"虞禮記"。
③ 科學本注：阮刻《注疏》郭璞云："蜚即負盤、臭蟲。"

惠公之季年，敗宋師于黃。公立而求成焉。九月，及宋人盟于宿，始通也。

〔疏證〕杜《注》：“黃，宋邑。陳留外黃縣東有黃城。”沈欽韓云：“《漢志》：‘山陽郡有黃縣。’王応麟《地理通釋》：‘《春申君傳正義》“故黃城在曹州考城縣東二十四里”，此河南之黃城也。’按：此即山陽之黃，惠公敗宋師宜在此，不當遠在陳留之外黃。考城，今屬歸德府。”

冬，十月，庚申，改葬惠公。公弗臨，故不書。

〔注〕賈云：“①改，備禮也。葬，嗣君之事，公弗臨，言無恩。《禮》曰：改葬，緦也。”《御覽》五百五十三。

〔疏證〕《説文》：“臨，監臨也。”《昭六年疏》：“臨、涖，一也。”《傳》云：“公攝位而欲求好于邾。”攝位者，攝君位也。既攝君位，即宜爲喪主，故賈云：“葬，嗣君之事。弗臨，言無恩。”杜《注》謂“隱公讓而不敢爲喪主”，非也。賈云“《禮》曰‘改葬緦’”者，《儀禮·喪服傳記》曰“改葬緦”，《注》：“謂墓以他故崩壞，將亡尸柩。”不可修整，故須改葬也。見柩不可無服，故主人服緦。按《儀禮》所言，謂除喪之後，有改葬之事，猶用緦服；若未除喪而改葬，其衰裳或用六升，或用七升。《喪服疏》所謂“既葬後，以其冠爲受衰，裳六升；小祥又以其冠爲受衰，裳七升”，不用十五升之緦麻。惠公葬月，雖無可考，然隱公元年十月，緦未除服。賈引“改葬緦”者，見除服後改葬，尚用緦服，則公之弗臨，無恩可知，非謂此時當服緦也。

惠公之薨也，有宋師，大子少，葬故有闕，是以改葬。

〔注〕服云：“宋師，即黃之師也。是時，宋來伐魯，公自與戰。”本《疏》。賈云：“言是以明禮闕故。”《御覽》同上。

〔疏證〕杜氏無注②。《正義》謂：“上云‘惠公之季年，敗宋師于黃。公立而求成焉’。則隱公未立之前，惠公敗宋師也。今云‘惠公之薨也，有宋師’，蓋是報黃之敗，來伐魯也。隱公將兵禦宋，委葬事于大子，故有闕也。”《正義》又駁服説，謂：“隱自敗宋，還自求成。《傳》何當屬敗于惠公，而別言公立也？且薨之與葬，相去既遠，豈有宋師薨時已來，葬

---

① 林按：科學本此處增“改葬”二字。
② 林按：科學本此處誤作“法”。

時未去？”文淇案：天子諸侯皆踰年而後即位，即位而後改元。上文言公立而求成者，謂踰年改元之後，其敗宋師時，尚未改元；既未改元，故其事皆上繫先君之年。惠公之薨，與惠公之季年，其辭一也。雖繫于惠公之季年，實非惠公敗之，繫于惠公之薨，亦非薨時始來。《正義》駁之，誤矣。

衛侯來會葬，不見公，亦不書。

鄭共叔之亂，公孫滑出奔衛。衛人爲之伐鄭，取廩延。鄭人以王師、虢師伐衛南鄙。

〔疏證〕杜《注》：“公孫滑，共叔段之子。”《漢志》：“宏農郡陝，故虢國。”此西虢也。《一統志》：“西虢，今陝州。”

請師于邾，邾子使私于公子豫。豫請往，公弗許。遂行，及邾人、鄭人盟于翼。不書，非公命也。

〔疏證〕杜《注》：“公子豫，魯大夫。”《賈子·道術》：“反公爲私。”《一統志》：“翼，今鄒縣地。”

新作南門，不書，亦非公命也。

十二月，祭伯來，非王命也。

衆父卒。公不與小斂，故不書日。

〔注〕賈云：“不與大斂，則不書卒。”本《疏》。

〔疏證〕《鄉射禮》：“賓不與。”《注》：“古文‘與’爲‘豫’。”《穀梁·僖十九年傳》：“因邾以求與之盟。”《注》：“與，厠豫也。”《喪大記》①：“君于大夫、世婦，大斂焉。爲之賜，則小斂焉。”《疏》云：“按隱元年，‘公子益師卒，公不與小斂，故不書日’者，熊氏云：‘彼謂卿也。’”賈知不與大斂，則不書日者；《傳》言“不與小斂，故不書日”；明不與大斂，不僅不書日也。杜《注》謂“至于但臨大斂，及不臨其喪，亦同不書日”，顯與《傳》背。《正義》謂：“在殯又不往者，復欲何以裁之？”按：大斂既不書卒，則在殯不往，亦不書卒。可知《正義》申杜而難賈，非也。

① 科學本注：《喪大記》係《喪服大記》之誤。

〔經〕 二年，春，公會戎于潛。

〔疏證〕焦循云："《管子·小匡篇》：'桓公曰："吾欲南伐，何如？"管仲對曰："以魯爲主，反其侵地常、潛。"'常、潛二地名，常爲《詩》'居常與許'之常，潛即此潛也。"沈欽韓云："《一統志》：'戎城在曹州府菏澤縣西南。'《竹書紀年》：'屬王十一年，西戎入于犬丘。'犬丘，漢爲太丘，在歸德府永城縣西北三十里。"文淇案：戎居中國，自屬王始，其後散處各國，故魯亦有戎。

夏，五月，莒人入向。

〔疏證〕《傳例》："弗地曰入。"《世本》："莒，己姓。"《地理志》："城陽莒，故國，盈姓，三十世爲楚所滅。"又云："琅邪郡計斤，莒子起此，後徙莒。"師古曰："即《春秋左傳》所謂介根也，語音有輕重。"沈欽韓云："于欽《齊乘》：'今沂州西南一百里有向城鎮。'《方輿紀要》：《春秋》向之名四見。杜預解爲二地。'承縣在今繹縣境内，龍亢今鳳陽府懷遠縣。'《寰宇記》：在莒州南。説皆未核，惟沂州之向城爲近之。蓋向先爲國，後并于莒，而或屬莒，或屬魯，以攝乎大國間也。按：莒亦小國，南至沂州二百二十里，去沂州尚遠。知向國非沂州之向城鎮也。《寰宇記》：'向城，在密州莒縣南七十五里。'當從之。"

無駭帥師入極。

〔注〕賈云："極，戎邑也。"本《疏》。

〔疏證〕杜《注》："極，附庸小國。"《正義》駁賈説云："極爲戎邑，《傳》無文焉。戎之于魯，本無怨惡。言修惠公之好，則是求與魯親。公未信戎心，故辭其盟耳。秋即與盟，復修戎好。若已與戎會，故不與盟；旋令師入其都，然後結好，其爲惡行，亦不是過。"文淇案：戎性無常，公之不與盟者，正以未信戎心。迨入極之後，戎已受創，秋復請盟，其誠乃見，故公遂與之盟。賈氏尋檢上下，故爲此説。《晉書·地道記》："高平國湖陸縣西有極亭①。"《方輿紀要》："在兗州府魚臺縣西。"戎城在菏澤西南，去魚臺亦不甚遠，況所盟之唐亦在魚臺，又何疑極之爲戎邑耶？《正義》駁之，非也。洪亮吉云："高誘《淮南子注》：'展無駭，柳下惠之

---

① 科學本注：《漢學堂叢書》王隱《晉書·地道記》："高平國，縣西有費亭城。"文無"極亭"。

父也。'佹、駭古字同，《穀梁傳》正作‘佅’。"

秋，八月，庚辰，公及戎盟于唐。

〔疏證〕《後漢書·郡國志》："山陽郡方與有武唐亭。"《方輿紀要》："武唐亭，在魚臺縣東北二十里。"杜《注》："八月無庚辰，庚辰七月九日也，日月必有誤。"按：杜氏强排日月，造爲《長曆》，多不足據。後凡似此者，更不悉載。其必須辨論者，乃復載之。

九月，紀裂繻來逆女。

〔疏證〕《公羊傳》云："何以不稱使？昏禮不稱主人。然則曷稱？稱諸父兄師友。宋公使公孫壽來納幣，則其稱主人何？辭窮也。辭窮者何？無母也。然則紀有母乎？曰：有。有則何以不稱母？母不通也。"杜《注》："裂繻，魯大夫。逆女或稱使，或不稱使，昏禮不稱主人，史各隨其實而書。"即用《公羊》之説。《晉書·禮儀志》："穆帝升平元年，將納皇后何氏。太常王彪之大引經傳及諸故事以定其禮，深非《公羊》不稱主人之義。又曰：‘王者之于四海，無非臣妾，雖復兄弟之親，師友之賢，皆純臣也。夫崇三綱之始，以定乾坤之儀，安有天父之尊，而稱臣下之命，以納伉儷？安有臣下之卑，而稱天父之名，以行大禮？遠尋古禮，無王者此事；近求史籍，無王者此例。'"文淇案：史文有詳略。宋公使公孫壽來納幣，言宋公使，則壽爲君納幣可知。裂繻來逆女，不言使，故《傳》申之曰："卿爲君逆。"杜氏以《公羊》解《左氏》，非也。

冬，十月，伯姬歸于紀。無《傳》。

〔疏證〕《曲禮》："男女異長。"《注》："各自爲伯、季也。"《疏》："知女子亦各自爲伯、季者，《春秋》隱七年‘叔姬歸于紀’是也。《禮緯》：‘文家稱叔，質家稱仲。’又云：‘嫡長稱伯，庶長稱孟。’"

紀子帛、莒子盟于密。

〔疏證〕《郡國志》："北海國淳于有密鄉。"沈欽韓云："《一統志》：‘密鄉故城，在萊州府昌邑縣東南十五里。’即此密。"杜《注》："子帛，裂繻字。"按：《禮記·內則》："男鞶革，女鞶絲。"鄭《注》："鞶，小囊，盛帨巾者，男用韋，女用繒。有飾緣之，則是鞶裂歟？《詩》云‘垂帶如厲’，紀子帛名裂繻，字雖今異，義實同也。"以裂繻爲紀子帛名，蓋《左氏》家舊説。馬宗璉《左傳補注》云："《水經注·淮水篇》：‘游水又東北巡紀郱故城南，故紀子帛之國。’是酈道①元以帛爲紀子名也。”

十有二月，乙卯，夫人子氏薨。 無《傳》。

〔注〕賈云：“日月詳者，弔贈備；日月略者，弔有闕。”《釋例》。

〔疏證〕此由“衆父卒，公不與小斂，故不書日”推之，見日之詳略，由於恩有輕重也。

鄭人伐衛。

〔疏證〕《傳例》：“有鐘鼓曰伐。”

〔傳〕 二年，春，公會戎于潛，修惠公之好也。戎請盟，公辭。莒子娶于向，向姜不安莒而歸。夏，莒人入向，以姜氏還。司空無駭入極，費庈父勝之。

〔疏證〕杜《注》：“庈父，費伯也。前年城郎，今因得以勝極。”此節無疏。文淇案：郎，魯地，在魚臺縣西南；極，戎邑，在魚臺縣西，相去甚近。城郎，亦所以禦戎，《傳》所以歸功于庈父也。

戎請盟。秋，盟于唐，復修戎好也。

九月，紀裂繻來逆女，卿爲君逆也。

〔疏證〕《哀公問》：“冕而親迎。”《疏》：“昏禮迎婦，二《傳》不同。《春秋公羊》說：自天子至庶人皆親迎。《左氏》說：天子至尊無敵，故無親迎之禮。諸侯有故，若疾病，則使上卿迎，上公臨之。許氏謹案：‘高祖時，皇大子納妃，叔孫通制禮，以爲天子無親迎。從《左氏》義也。’駮之云：‘大姒之家在渭之涘，文王親迎於渭。即天子親迎明文也。’引《禮記》：‘“冕而親迎”，“繼先聖之後，以爲天地、宗廟、社稷之主”，非天子則誰乎？’如鄭此言，從《公羊》義也。又《詩》說云：‘文王親迎于渭，紂尚南面，文王猶爲西伯耳。’以《左氏》義爲長，鄭駮未定。”

冬，紀子帛、莒子盟于密，魯故也。

鄭人伐衛，討公孫滑之亂也。

---

① 林按：底本無“道”字，據科學本增補。

〔經〕 三年，春，王二月，己巳，日有食之。無《傳》。

〔疏證〕《史記·年表》：“三年二月，日蝕。”《漢書·五行志》：“隱三年二月，己巳，日有食之。《左氏》、劉歆以爲正月二日，燕、趙之分野也。凡日所躔而有變，則分野之國失政者受之。人君能修政，共御厥罰，則災消而福至；不能，則福息而禍生。故經書災而不紀其故，蓋吉凶無常，隨行而成禍福也。周衰，天子不頒朔，魯曆不正，置閏不得其日月，大小不得其度。史記日食，或言朔，而實非朔；或不言朔，而實朔，或脱不書朔與日，皆官失之也。”

三月，庚戌，天王崩。

〔疏證〕《晉書·司馬孚傳》：“魏明悼后崩，議書銘旌。或欲去姓而書‘魏’，或欲兩書。孚以爲：‘經典正義皆不應書。是以《春秋·隱公三年經》曰“三月庚戌，天王崩”，尊以稱天，不曰周王者，所以殊乎列國之君也。“八月庚辰，宋公和卒”，書國稱名，所以異乎天王也。《襄公十五年經》曰“劉夏逆王后于齊”，不云逆周王后姜氏者，所以異乎列國之夫人也。至于列國之夫人，則曰“夫人姜氏至自齊”，又曰“紀伯姬卒”，書姓，此所以異乎天王后也。’”

夏，四月，辛卯，君氏卒。

秋，武氏子來求賻。

八月，庚辰，宋公和卒。

〔疏證〕杜《注》：“稱卒者，略外以別内也。”下“葬穆公”，杜《注》：“魯使大夫會葬，故書。始死書卒，史在國承赴，爲君故，惡其薨名，改赴書也。書葬則舉諡稱公者，會葬者在外，據彼國之辭也。”《雜記》：“君訃於他國之君，曰‘寡君不禄，敢告於執事’。夫人，曰‘寡小君不禄’。”鄭《注》：“君、夫人不稱薨，告他國君，謙也。”《疏》：“《異義》：‘今《春秋公羊》説諸侯曰薨，訃于鄰國，亦當稱薨。經書諸侯言卒者，《春秋》之文王魯，故稱卒以下魯。古《春秋左氏》説，諸侯薨，赴于鄰國，稱名，則書名稱卒。卒者，終也。取其終身，又以尊不出其國。’許君謹案：‘《士虞禮》云：“尸服，卒者之上服。”不分別尊卑，皆同言“卒”者，卒，終也。是終没之辭也。’鄭駁之云：‘案《雜記上》云：“君薨，訃于他國之君，曰：寡君不禄。”《曲禮下》曰：“壽考曰卒，短折曰不禄。"今君薨而云"不禄"者，言臣子于君父，雖有考終眉壽，猶若其短折然。若薨而赴者曰"卒"，卒是壽終矣，斯無哀惜之心，非臣子之辭①。鄰國來赴，書以"卒"者，言無所老幼，皆終成人之志，所以相尊敬也。'如《異義》所論，是君稱'不禄'之意。若杜元凱注《左氏傳》，則與此異。案：隱三年，聲子卒，《傳》云：'不赴，故不曰薨。'杜云：'鄰國之赴，魯史書卒者，臣子惡其薨名，改赴書也。'如鄭此云不禄，謂赴者口辭矣。《春秋》所云'薨'，謂赴書之策。所以不同者，言壽考曰'卒'，短折曰'不禄'。杜以爲《禮記》後人所作，不正與《春秋》同，杜所不用也。"文淇案：《公羊》之説，諸侯薨訃于鄰國，亦當稱薨。《春秋》之文王魯，故稱卒。《左氏》説，謂赴于鄰國稱名、稱卒，以尊不出其國。所謂古《左氏》説者，即賈、服舊説也。許君從《左氏》説。案：隱七年，滕侯卒。《傳》："凡諸侯同盟，于是稱名，故薨則赴以名，告終稱嗣也。"告終，即稱卒之謂。卒者，終也。是其赴書稱卒，《傳》有明文。《雜記》所云"不禄"，謂赴者口辭。鄭氏之意，直以赴者口辭爲赴書之辭，非也。至謂鄰國來赴，書以卒者，所以相尊敬，其説亦無所據。杜氏則因《公羊》之説，而小變之，皆不如《左氏》舊説之確。據《左氏》説，則鄰國來赴，本自稱卒，非因惡其薨名，改赴書也。《雜記》"君訃于他國之君，曰寡君不禄"者，赴書稱卒。其答主人之問，則曰不禄。卒與不禄之辭，皆義主謙退，皆以尊不出其國故也。杜謂惡其薨名，而改赴書，其説不經。

冬，十有二月，齊侯、鄭伯盟于石門。

〔疏證〕《水經注》引京相璠云："石門，齊地。今濟北盧縣故城西南六十里，有故石門，去水三百步。"杜《注》："石門，齊地，或曰濟北盧縣故城西南濟水之門。"洪亮吉云："濟北盧縣，春秋時即齊地。杜《注》分爲二地，誤。"《一統志》："石門在濟南府長清縣西南，今圮于河。"

癸未，葬宋穆公。

〔疏證〕《謚法》："布德執義曰穆，又中情見貌曰穆。"《魏書·張普惠傳》："時靈太后父司徒胡國珍薨，贈相國、太上秦公。普惠以前世后父無'太上'之號，表曰：'《春秋傳》曰：葬稱公，臣子辭。明不可復

---

① 林按：底本無此五字，據《禮記正義》增補。

加上也。’”

〔傳〕 三年，春，王三月，壬戌，平王崩。赴以庚戌，故書之。

〔疏證〕杜《注》：“實以壬戌崩，欲諸侯之速至，故遠日以赴。”文
淇案：杜氏亦意爲之説。襄二十八年，《經》書：“十有二月甲寅，天王
崩。”《傳》於十一月云：“癸巳，天王崩，未來赴，亦未書，禮也。”于
十二月，“王人來告喪，問崩日，以甲寅告，故書之，以徵過也”。《傳》
發此例，明《經》之所書，皆據赴者告辭直書之，以徵其過。其日之或先
或後，《傳》既不言其故，不得强爲之説。

夏，君氏卒。聲子也。不赴于諸侯，不反哭于寢，不祔于姑，故
不曰“薨”。不稱夫人，故不言葬。

〔疏證〕杜《注》：“既葬，日中自墓反，虞於正寢，所謂反哭于寢。”
《正義》曰：“《禮·檀弓》記葬禮云：‘既封，有司以几筵舍奠于墓左。反，
日中而虞。’《士喪禮》：‘既葬，乃反哭于廟，遂適殯宮而虞。’是既葬，
日中自墓反，虞于正寢。正寢，即殯宮也。”沈欽韓云：“杜預云：‘自墓
反，虞于正寢。’《疏》依和其謬，不能正之。按：《既夕禮》：‘反哭，入
升自西階，東面立。婦人拾踊，送賓于門外，遂適殯宮。’于賓出後，乃
云‘適殯宮’。明上文‘升西階’爲廟，所以先反哭于廟者，當尸柩遣奠
時，已在廟，朝廟先禰而後祖，故反哭就其最後行者。鄭云‘反哭者于
其祖廟’是也。《檀弓》‘日中而虞’，‘反哭升堂’，‘主婦入于室’。孔
《疏》恐人仞堂與室爲正寢，故云‘此皆謂廟也’，是《禮經》皆謂反哭于
廟。《傳》云‘哭于寢’，寢即廟耳。杜演爲正寢，不知寢、廟同舉則一之
義也。”文淇案：定十五年，“姒氏卒”，《傳》曰：“不稱夫人，不赴，且
不祔也。”又“葬定姒”，《傳》云：“不稱小君，不成喪也。”哀十二年，
“昭夫人孟子卒”。《傳》曰：“昭公娶于吳，故不書姓；死不赴，故不稱
夫人；不反哭，故不言葬小君。”與此《傳》參差不同者，定姒《經》不
書“薨”，《傳》不云“不稱薨”，但以“不赴”“不祔”解“不稱夫人”。
“夫人”與“薨”連文，不稱夫人，則不書“薨”可知，故不言也。夫人
之喪，以赴同祔姑[1]爲重，定姒雖反哭書葬，而不赴、不祔，即謂之不成
喪。至于書葬與否，繫于反哭不反哭，故哀十二年《傳》云“不反哭，故

---

① 科學本注：“姑”疑應作“始”。

不書葬"，"不稱夫人"。兼不赴、不祔二義。《疏》謂"由不赴，故不曰薨；由不祔，故不稱夫人"，義猶未備。其實《傳》舉三事，疏言聲子不成夫人之禮，下云"故不曰薨，不稱夫人"，專釋經文書"卒"不書"薨"及"不稱夫人"之義；"故不言葬"，釋《經》書"卒"不書"葬"之義也。至《正義》謂"初死即赴，葬乃反哭，反哭之後始祔，三者依事之先後爲文。至書于《經》，則夫人與薨共文。故先言不稱夫人，後言不書葬，順經之先後爲文"，是也。至謂"赴祔，但行一事，即稱夫人"，顯與《傳》背。

不書姓，爲公故，曰"君氏"。

〔疏證〕《傳》於上文舉三事以明聲子不成夫人之禮，此云"不書姓，爲公故，曰'君氏'"，言聲子雖不成爲夫人，而以其子爲君之故，變其文曰"君氏"，見所以不書姓之故也。杜《注》："謂不書姓，辟正夫人。"非也。

鄭武公、莊公爲平王卿士。王貳于虢。

〔注〕賈云："卿士之有事者，六卿也。"《御覽》四百八十。
〔疏證〕《周語》："榮公爲卿士。"《注》："卿士，卿之有事者。"亦用賈說。《後漢書·伏湛傳》："徙封不其侯，遣就國。後南陽太守杜詩薦湛曰：'古者遷擢諸侯以爲公卿。'"《注》引《左傳》"鄭武公、莊公爲平王卿士"。俞正①燮《癸巳類稿》云："《左傳》隱公三年，'王貳于虢'。貳，欲兼任兩用之。文十四年，'周公將與王孫蘇訟于晉，王叛王孫蘇'。叛者，初與合而後相背也。古語上下共之，秦、漢以後始合于一。今讀古書多險詞，當知古今之所以異。"

鄭伯怨王，王曰"無之"。故周、鄭交質，

〔疏證〕《說文》："以物相贅。"《晉語》："而賜之盟質。"《注》："質，信也。"

王子狐爲質於鄭，鄭公子忽爲質於周。

〔注〕賈云："王子狐，周平王之子。公子忽，鄭莊公太子忽也。"《御覽》。
〔疏證〕《說文》："曶，出氣詞也。從日，象气出。《春秋傳》曰：'鄭太子曶。'"《說文》所引，蓋賈氏舊本也。

---

① 林按：底本無"正"字，據科學本增補。

王崩，周人將畀虢公政。

〔疏證〕《釋文》：“畀，與也。”《爾雅·釋詁》：“畀，予也。”《説文》：“畀，相付予之。”《詩·簡兮傳》：“畀，予也。”

夏，四月，鄭祭足帥師取溫之麥。秋，又取成周之禾。

〔注〕賈云：“溫，周地名。蘇氏邑也。”《御覽》。

〔疏證〕《鄭世家》：“莊公二十四年，侵周取禾。”《漢志》：“河內郡溫，故國，己姓，蘇忿生所封也。河南郡洛陽，是爲成周。”《方輿紀要》：“溫城在懷慶府溫縣西南三十里，周畿內國。”杜《注》：“四月，今二月也；秋，今之夏也。麥、禾皆未熟，蓋芟踐之。”洪亮吉云：“四月及秋皆舉夏令而言，杜《注》非也。”

周、鄭交惡。君子曰：“信不由中，質無益也。明恕而行，要之以禮，雖無有質，誰能間之？苟有明信，澗、谿、沼、沚之毛，

〔疏證〕《淮南·原道》：“以中制外。”高《注》：“中，心也。”《釋言》：“明，朗也。”《周語注》：“明，顯也。”《一切經音義》引《事類》云：“以心度物曰恕。”《吕覽·審應篇》：“而人主之所執其要矣。”《注》：“要，約也。”《書·禹貢》“要服”《疏》：“要者，約束之義。”《小爾雅·釋詁》：“間，隙也。”《爾雅·釋山》：“山夾水曰澗，山瀆無所通曰谿。”毛《傳》：“沼，池也。沚，渚也。”《廣雅·釋草》：“毛，草也。”王引之云：“莽之轉聲爲毛。隱三年《左傳》云：‘澗、谿、沼、沚之毛。’《召南·采蘩傳》云：‘沼、沚、谿、澗之草。’是也。”

“蘋、蘩、薀、藻之菜，

〔疏證〕毛《傳》：“蘋，大蓱。蘩，皤蒿。藻，聚藻也。”洪亮吉云：“毛《傳》‘藻，聚藻也’。杜《注》：‘薀藻，聚藻。’非毛《傳》義。《顏氏家訓·書證篇》引郭注《三蒼》云：‘薀，藻之類也。’則薀亦水草，不可空訓作‘聚’。且尋上下文義，澗、谿、沼、沚、筐、筥、錡、釜，皆四者并舉，況‘薀’字從草，何得空訓作‘聚’？杜氏之説疏矣。”文淇案：毛《傳》以“藻”爲“聚藻”，即用《傳》“薀藻”意；《蜀郡賦》“雜以薀藻”；劉淵林注亦訓“薀”爲“叢”。古人行文，不必拘拘對偶，況下文“潢汙行潦之水”，亦非四者并舉；與此“薀藻”句，正隔句對也。洪説未可從。

"筐、筥、錡、釜之器，

〔疏證〕毛《傳》："方曰筐，圓曰筥，有足曰錡，無足曰釜。"杜用毛說。

"潢、汙、行潦之水，

〔注〕服云："畜小水謂之潢，水不流謂之汙。行潦，道路之水。"本《疏》。

〔疏證〕《廣雅·釋詁》："蕁、濼、洿、緫，聚也。"王念孫云："洿者，聚也。《眾經音義》引《三蒼》云'亭水曰洿'，'污'與'洿'通。"文淇案：《說文》：'潢，積水也。洿，濁水不流也。潦，雨水大貌。"《洞酌傳》："行潦，流潦也。"《周語》："猶塞川原以爲潢、汙。"《注》云："大曰潢，小曰汙。"

"可薦於鬼神，可羞於王公，

〔疏證〕《說文》："羞，進獻也。"《庖人》："與其薦羞之物。"鄭《注》："薦，亦進也。備品物曰薦，致滋味乃爲羞。王言薦者，味以不褻爲尊。"

"而況君子結二國之信，行之以禮，又焉用質？《風》有《采蘩》《采蘋》，《雅》有《行葦》《洞酌》，昭忠信也。"

武氏子來求賻，王未葬也。

〔疏證〕《宰夫》："凡邦之弔事，掌其戒令，與其幣器財用，凡所共者。"《注》："凡喪，始死，弔而含襚，葬而賵贈，其間加恩厚，則有賻焉。"

宋穆公疾，召大司馬孔父而屬殤公焉，

〔疏證〕《謚法》："短折不成曰殤。"《呂覽·貴公篇》："寡人將誰屬國？"《注》："屬，謂付託之。"

曰："先君舍與夷而立寡人，寡人弗敢忘。

〔疏證〕《宋世家》："穆公九年，病。召大司馬孔父，謂曰：'先君宣公舍太子與夷而立我，我不敢忘。我死，必立與夷也。'"

"若以大夫之靈，得保首領以没，先君若問與夷，其將何辭以對？請子奉之，以主社稷。寡人雖死，亦無悔焉。"對曰："群臣願奉馮也。"

〔疏證〕《晉語》："若以君之靈。"《注》："靈，神也。"《楚語》："若得保其首領以殁。"《注》："保首領，免刑誅也。"《宋世家》："孔父曰：'群臣皆願立公子馮。'"

公曰："不可。先君以寡人爲賢，使主社稷，若棄德不讓，是廢先君之舉也。豈曰能賢？光昭先君之令德，可不務乎？吾子其無廢先君之功。"使公子馮出居于鄭①。

〔疏證〕《宋世家》："穆公曰：'毋立馮，吾不可以負宣公。'于是穆公使馮出居于鄭。"

八月，庚辰，宋穆公卒，殤公即位。君子曰："宋宣公可謂知人矣。立穆公，其子饗之，命以義夫。

〔疏證〕《謚法》："聖善曰宣。""饗"與"享"同。《晉語》："享一名于此。"《注》："享，受也。"《哀十五年傳》："其使終饗之。"杜《注》亦訓"受"。杜此《注》云："命出於義。"《疏》云："宣公之立穆公，知穆公之賢，必以義理，不棄其子。今穆公方卒，命孔父以義事而立殤公。是穆公命立殤公，出于仁義之中，故杜云：'命出於義也。'"文淇案：《宋世家》："宋宣公可謂知人矣，立其弟以成義，然卒其子復享之。"即用《左氏》之説。謂"立其弟以成義"，則是宣公之立穆公爲義，命謂天命。杜《注》非。

"《商頌》曰：'殷受命咸宜，百禄是荷。'其是之謂乎！"

〔疏證〕此《玄鳥》之卒章。毛《傳》："何，任也。"《箋》云："言殷王之受命，皆其宜也。百禄是何，謂當擔負天之多福。"《疏》云："成湯既受天命，子孫克循其道，則殷之受命皆得其宜，故百衆福禄于是宜擔負之。"杜《注》但言"殷湯、武丁受命皆以義"，既非《詩》旨，亦失《傳》意。

---

① 林按：底本無此句，據科學本增補。

冬，齊、鄭盟于石門，尋盧之盟也。

〔注〕服云："尋之言重也，溫也。"哀十二年《正義》。

〔疏證〕《論語疏》引《哀公十二年傳》："請尋盟。"賈《注》："尋，溫也。"《廣韻》作"燖"，《説文》："燖，繹理也。"《有司徹注》引《左傳》"若可尋也"作"燖"。《漢志》："泰山郡有盧縣。"《方輿紀要》："盧城在長清縣西南二十五里。"

庚戌，鄭伯之車僨于濟。

〔注〕服云："僨，仆也。"

〔疏證〕《釋言》："僨，僵也。"舍人《注》："僨，背蹢意也。"《水經注》："濟水出河東垣縣東王屋山爲沇水，至鞏縣北入于河。"沈欽韓云："《方輿紀要》：'大清河在長清縣西南二十里，自平陰縣流入境。又東北入齊河縣界，即濟水也。"鄭伯之車僨于濟"，蓋在縣界。'《元和志》：'劉公橋架濟水，在鄆州盧縣東二十七里，又北去齊州長清縣十里。'"杜《注》："既盟而遇大風，《傳》記異也。"《正義》曰："車蹢而入濟，是風吹之墜濟水，非常之事。"文淇按：傳文無風吹事，杜《注》意爲之説。

衛莊公娶于齊東宮得臣之妹，曰莊姜。

〔注〕服云："得臣，齊世子名，居東宮。"《詩·碩人疏》。

〔疏證〕《碩人》"東宮之妹"，《傳》："東宮，齊太子也。"此服説所本，杜亦即用服説。《詩疏》謂："太子居東宮，因以東宮表太子。"是也。

美而無子，衛人所爲賦《碩人》也。

〔疏證〕《詩·碩人序》："《碩人》，閔莊姜也。莊公惑于嬖妾，使驕上僭。莊姜賢而不答，終以無子，國人閔而憂之。"《衛世家》："莊公五年，取齊女爲夫人，好而無子。"

又娶于陳，曰厲嬀。生孝伯，早死。

〔疏證〕《世本》："陳，嬀姓。"《謚法》："暴慢無親曰厲。"《漢志》："淮陽國陳，故國，舜後所封。"《燕燕疏》："《衛世家》云：'莊公娶齊女爲夫人而無子，又娶陳女爲夫人。'禮，諸侯不再娶。且莊姜仍在。《左傳》唯言'又娶于陳'，不言爲夫人。《世家》云'又娶陳女爲夫人'，非也。

然《傳》言又娶者，蓋謂媵也。《左傳》曰：‘同姓媵之，異姓則否。’此陳女得媵莊姜者，春秋之世不能如禮。”文淇案：《傳》雖不言娶爲夫人，然謂之曰娶，則非媵也。春秋之世，妃匹之際，不能如禮者多，又何疑于莊姜在而又娶陳女爲夫人乎？

其娣戴媯，生桓公，莊姜以爲己子。

〔疏證〕《謚法》：“典禮無愆曰戴。”《衛世家》：“又取陳女爲夫人，生子，蚤死。陳女女弟亦幸於莊公，而生子完。完母死，莊公令夫人齊女子之，立爲太子。”杜《注》：“雖爲莊姜子，然太子之位未定。”《正義》云：“石碏言：‘將立州吁，乃立之矣。’請定州吁，明太子之位未定。《衛世家》言立完爲太子，非也。”《日月疏》云：“《左傳》：‘將立州吁，乃定之矣；若猶未也，階之爲禍。’是公有欲立州吁之意，故杜預云：‘完雖爲莊姜子，然太子之位未定。’是完未爲太子也。”文淇案：石碏所謂“將立州吁，乃定之矣”，與公子吕謂鄭莊公曰“欲與太叔，臣請事之”語意正同，皆激辭也。《注》《疏》説非。

公子州吁，嬖人之子也。有寵而好兵，公弗禁，莊姜惡之。

〔疏證〕《釋文》：“賤而得愛曰嬖。”當是舊注。《一切經音義》引《謚法》：“賤而得愛曰嬖。”杜《注》但以“親幸”解“嬖”，義猶未備。《衛世家》：“莊公有寵妾，生子州吁。十八年，州吁長，好兵，莊公使將。”

石碏諫曰：“臣聞愛子，教之以義方，

〔注〕賈云：“石碏，衛上卿。”《衛世家集解》。

〔疏證〕《論衡·氏姓篇》：“石碏，衛公族。”《樂記》：“樂行而民鄉方。”《注》：“方，道也。”

“弗納于邪。驕奢淫佚①，所自邪也。四者之來，寵禄過也。將立州吁，乃定之矣；若猶未也，階之爲禍。

〔注〕服云：“言此四者，過從邪起。”本《疏》。

〔疏證〕杜不解“所自邪”也。《疏》引服虔説，劉光伯駁之，而謂“四者所以自邪己身。邪，謂惡逆之事”。文淇案：《後漢書·班彪傳》：“時東宫初建，諸王國并開，而官屬未備，師保多闕。彪上書曰：‘《春秋》

---

① 林按：“佚”，楊本作“泆”。

"教子，教以義方，不納于邪。驕奢淫佚，所自邪也"。'"玩彪語意，"自"字亦作"從"字解。服説是也。《周語》："夫婚姻，禍福之階也。"《注》："階，梯也。"

"夫寵而不驕，驕而能降，降而不憾，憾①**而能眕者，鮮矣。**

〔疏證〕《釋文》："'憾'，本又作'憾'。"《石經》作"憾"。《説文》："夆，服也。從夊牛，相承不敢并也。"《草蟲》："我心則降。"《傳》："降，下也。"鄭玄《禮記注》云："憾，恨也。"《説文》："眕，目有所恨而止也。"黃生《義府》引《説文》"恨"作"限"，云："眕爲田界，故從眕省爲義。《左傳》'憾而能眕'，言能自限止不爲惡。又《爾雅·釋言》云：'眕，重也。'杜《注》'不能自安自重'，即用其意，不若《説文》爲長。"

"且夫賤妨貴，少陵長，遠間親，新間舊，小加大，淫破義，所謂六逆也。君義，臣行，父慈，子孝，兄愛，弟敬，所謂六順也。

〔疏證〕《説文》："妨，害也。"《一切經音義》引《蒼頡》："陵，侵也。"《周語》："新不間舊。"《注》："間，代也。"《內則》："不敢以富貴加于父兄宗族。"《注》："加，高也。"《説文》："破，石碎也。"《廣雅·釋詁》："破，敗也。""六逆"，杜惟解"小加大"，云："小國而加兵於大國，如息侯伐鄭之比。"《正義》因以"公子申偪子重、子辛"爲"賤妨貴"，"邾捷菑欲奪兄位"爲"少陵長"，"東郭偃、棠無咎侮崔成、崔彊"爲"遠間親"，"胥童、夷羊五去三郤"爲"新間舊"，"陳靈、蔡景姦穢無度"爲"淫破義"。文淇案：《管子·五輔篇》："是故聖王飭此八禮，以導其民。八者各得其義，則爲人君者中正而無私，爲人臣者忠信而不黨；爲人父者慈惠以教，爲人子者孝弟以肅；爲人兄者寬裕以誨，爲人弟者比順以敬；爲人夫者敦懞以固，爲人妻者勸勉以貞。夫然，則下不倍上，臣不殺君，賤不踰貴，少不陵長，遠不間親，新不間舊，小不加大，淫不破義。凡此八者，禮之經也。"與《左傳》略同，當是古語。尋《管子》語意，以下八句配上八句。"下不倍上，臣不殺君"指君臣言；"賤不踰貴，少不陵長"指父子言；"遠不間親，新不間舊"指兄弟言；"小不加大，淫不破義"指夫婦言。石碏所言"六順"，唯言君臣、父子、兄弟，不言夫

---

① 林按：楊本此句兩處"感"俱作"憾"。

婦。而所謂“六逆”者，亦不正與“六順”相配。蓋引有詳略，故語有參差。《晉書·荀勖傳》：“時帝欲省吏，勖議曰：‘重敬讓，尚止足，令賤不妨貴，少不陵長，遠不間親，新不間舊，小不加大，淫不破義，上下相安，遠近相信。’”又以此爲用人之法，蓋猶《詩》之斷章取義也。

“去順效逆，所以速過也。君人者，將禍是務去而速之，無乃不可乎？”弗聽。其子厚與州吁游，禁之，不可。桓公立，乃老。

〔疏證〕《説文》：“效，象也。速，疾也。”《晉語》：“離民且速寇。”《注》：“速，召也。”《曲禮》：“自稱曰老夫。”《注》：“七十曰老。”《晉語》：“爾從二三子以承君命，唯敬乃老。”《注》：“乃老，乃告老也。”據《衛世家》，桓公立於惠公之三十七年，事在春秋前。桓公立二年，州吁驕，桓黜之，出奔。

〔**經**〕 **四年，春，王二月，莒人伐杞，取牟婁。**無《傳》。

〔疏證〕《傳例》：“書取，言易也。”杜《注》：“杞國本都陳留雍丘縣。推尋事跡，桓六年，淳于公亡國，杞似并之，遷都淳于。僖十四年，又遷緣陵。襄二十九年，晉人城杞之淳于，杞又遷都淳于。牟婁，杞邑，城陽諸縣東北有婁鄉。”沈欽韓云：“春秋時，杞已遷東國，故牟婁爲杞之別邑。按：杜以爲杞即都淳于，然州公亡國後，僖十四年，杞爲淮夷所病，遷緣陵，始在齊東境，淮夷在徐方。若杞先都淳于，無由爲淮夷所病，疑杞此時尚在雍丘，此莒人伐杞，‘杞’乃‘紀’之誤。”文淇案：《世本》：“杞，姒姓。”《漢志》：“陳留郡雍丘，故杞國也。”又云：“武王封禹後東樓公。先春秋時，徙魯東北，二十一世簡公，爲楚所滅。”據《志》所言，則杞在春秋前已遷魯東北。杜氏謂桓六年杞遷都淳于；沈謂僖十四年遷緣陵，始在齊東境，説皆非也。杜以牟婁爲一邑。《一統志》：“牟城在青州府壽光縣東北二十里；婁鄉城在諸城縣西南四十里。”

戊申，衛州吁弑其君完。

〔注〕賈云：“不稱公子，弑君取國，故以國言之。”《釋例》。
〔疏證〕《正義》曰：“州吁實公子，而不稱公子者，傳文更無褒貶，直是告辭不同，史有詳略耳。《釋例》：‘州吁，無知，不稱公子、公孫，賈氏以爲弑君取國，故以國言之。’《釋例》又引‘公子商人亦弑君取國，而獨稱公子’，以駁賈氏。”洪亮吉云：“州吁、無知二條，亦《春秋》之始例。《正義》言諸弑君者，莊公以上皆不書氏，成公以下皆書氏，足申

明賈義。"文淇案：洪説是也。惟諸弒君二句，亦杜氏《釋例》文，洪以爲《正義》語，誤。

夏，公及宋公遇于清。

〔注〕劉、賈云："遇者，用冬遇之禮，遇禮簡易。"本《疏》。

〔疏證〕杜《注》："遇者，草次之期，二國各簡其禮，若道路相逢遇也。清，衛邑。濟北東阿縣有清亭。"《正義》云："《曲禮》稱'未及期而相見'，指此類也。《周禮》'冬見曰遇'，則與此別。劉、賈以遇者用冬遇之禮，故杜難之。《釋例》曰：'遇者，倉卒簡儀，若道路相逢遇者耳。'《周禮》'諸侯冬見天子曰遇'，則與此別。劉、賈因此名以説《春秋》，自與《傳》違。按：《禮》'春曰朝，夏曰宗，秋曰覲，冬曰遇'，此四時之名。今者《春秋》不皆同之於《禮》。冬見天子，當是百官備物之時，而云遇禮簡易；《經》書'季姬及鄫子遇于防'，此婦呼其夫朝，豈當復用見天子之禮？於理皆違。"文淇案：《周禮》鄭《注》："朝，朝也，欲其來之早。宗，尊也，欲其尊王。覲之言勤也，欲其勤王之事。遇，偶也，欲其若不期而俱至。"《疏》云："此鄭解其名也。四方諸侯來朝覲天子，豈有別乎？明各舉一邊，互見爲義耳。"鄭以"不期俱至"解"遇"，即用《曲禮》"未及期相見"爲説。劉、賈謂用冬遇之禮，亦謂"偶，遇也"。杜以爲"草次之期"，轉爲無據。沈欽韓云："《水經注》：'濟水自魚山北逕清亭東。京相璠曰："東阿東北四十里有故清亭，即《春秋》之清也。是下濟水通得清水之目。"'按：今在泰安府東阿縣西北。"

宋公、陳侯、蔡人、衛人伐鄭。

秋，翬帥師會宋公、陳侯、蔡人、衛人伐鄭。九月，衛人殺州吁于濮。

〔注〕賈、服云："濮，陳地。"《索隱》《集解》。劉、賈、許、潁以爲："君惡及國朝，則稱國以弒，君惡及國人，則稱人以弒。"宣四年《傳》引《釋例》[1]。

〔疏證〕杜《注》："濮，陳地，水名。"《正義》云："弒之于濮，謂死于水旁也。《釋例·土地名》此'濮'下注云'闕'。《哀二十七年傳》'濮'下注云：'濮自陳留酸棗縣受河，東北經濟陰，至高平鉅野縣入

---

[1] 林按："劉、賈、許、潁……引《釋例》"三十三字爲底本眉批內容，增入。

濟。'彼'濮'與此名同實異，故杜于此不言闕，直云：'濮，陳地，水名。'"《索隱》曰："賈逵云：'濮，陳地。'按：濮水首受河，又受汴，汴亦受河。東北至鉅野入濟，則濮在魯、衛之間。賈言陳地，非也。據《地理志》，陳留封丘縣，濮水受濟，當言陳留水。"沈欽韓云："按《水經注》：'濮水一出封丘縣者，首受濟。別出酸棗縣者，首受河。'《方輿紀要》：'濮水在大名府開州南六十里。'"焦循云："杜《注》本賈、服，而係以水名，乃《說文》：'濮，水，出濮陽，南入鉅野。'鉅野爲魯地。《水經》：'瓠子河出東郡濮陽縣北河，東至濟陰句縣爲新溝，又北東過廪丘縣爲濮水。'然則陳無濮水矣。哀二十七年，齊陳成子救鄭，及濮。自齊至鄭須涉濮水，亦非陳地。《釋例·土地名》'闕'，疑爲是。"文淇案：賈、服但云"濮，陳地"，不言水名。杜《注》云"陳地"，而係之以"水名"。此乃杜氏之誤。《索隱》既引賈說，指爲陳地，而又言濮水不在陳，是沿杜氏水名之說，而誤以賈氏爲指水名也。知"水名"二字爲杜所增，則不必致疑于賈、服矣。《魏志·文帝紀》："評曰：文帝天資文藻。"裴《注》引《典論·自叙》曰："兼董卓凶逆，家家思亂，人人自危。山東牧守，咸以《春秋》之義，'衛人討州吁于濮'，言人人皆得討賊。"

冬，十有二月，衛人立晉。

〔傳〕 **四年，春，衛州吁弑桓公而立。公與宋公爲會，將尋宿之盟。未及期，衛人來告亂。夏，公及宋公遇于清。宋殤公之即位也，公子馮出奔鄭，鄭人欲納之。及衛州吁立，將修先君之怨于鄭，**

〔注〕服云："先君，莊公也。"本《疏》。

〔疏證〕《廣雅·釋詁》："修，治也。"杜《注》："謂二年鄭人伐衛之怨。"《正義》曰："二年伐衛，見《經》，故以屬之，未必往前更無怨也。《衛世家》稱：桓公十六年，乃爲州吁所弑。則隱之二年，當桓之世。服虔以先君爲莊公，非也。"《詩·擊鼓疏》云："《左傳》'鄭人欲納之'，欲納于宋以爲君也。'先君之怨'，服、杜皆云'隱二年，鄭人伐衛'，是也。《譜》依《世家》，以桓公爲平王三十七年即位，則鄭以先君爲桓公。服虔云'莊公'，非也。"沈欽韓云："孔《疏》只據杜二年之文耳。惠云：'州吁弑桓，而稱先君，無是理也。'先君之怨在春秋前，明矣。"文淇案：惠、沈之說是也。服虔既以先君爲莊公，則所謂修怨者，必不指隱二年鄭人伐衛之文。莊公卒于春秋前，服氏無容不曉。《詩疏》云"先君之怨，服、杜皆云隱公二年鄭人伐衛"，誤矣。《詩譜》依《世家》，以桓公爲平王三十七年即位，而先君之怨鄭，亦不定指桓公。《詩疏》謂鄭以先君爲桓公，其説亦無所據。杜謂"二年鄭人伐衛之怨"，則杜以先君爲桓公耳。

而求寵於諸侯，以和其民。

〔疏證〕《擊鼓疏》引此傳，逐句皆引服虔説，惟此句引杜預《注》："諸篡立者，諸侯既與之會，則不復討，故欲求此寵。"則服氏無注可知。杜氏創爲"既與會，則諸侯不復討"之例，而以州吁求寵，證成其説，殊覺謬誤，辨詳成十六年。

使告於宋曰："君若伐鄭，以除君害。

〔注〕服云："公子馮將爲君之害。"《擊鼓疏》。下同。

〔疏證〕服云："將爲君害者，以公子馮在鄭，若不早除，將爲宋害。"杜亦用服説，而云"害謂公子馮"，殊爲不辭。《宋世家》："殤公元年，衛公子州吁弑其君完，自立。欲得諸侯，使告于宋曰：'馮在鄭，必爲亂，可與我伐之。'宋許之，與伐鄭，至東門而還。"

"君爲主，敝邑以賦與陳、蔡從，則衛國之願也。"

〔注〕服云："賦，兵也。以田賦出兵，故謂之賦。"

〔疏證〕《詩疏》引服《注》，申之云："正謂其以兵從也。"《論語》："可使治其賦也。"鄭《注》："賦，軍賦也。"《説文》："賦，斂也。"服謂以田賦出兵，鄭以賦爲軍賦，亦賦斂之義也。

宋人許之。於是陳、蔡方睦於衛。

〔疏證〕《地理志》："汝南郡上蔡，故蔡國，周武王弟叔度所封。度放，封其子胡，十八世徙新蔡。"又云："汝南郡新蔡，蔡平侯自蔡徙此，後二世徙下蔡。"

故宋公、陳侯、蔡人、衛人伐鄭，

〔注〕服云："衛使宋爲主，使大夫將，故叙衛于陳、蔡下。"

〔疏證〕《擊鼓疏》云："《春秋》之例，首兵者爲主。今伐鄭之謀，州吁爲主，所以衛人叙于陳、蔡之下者。"下即引服虔此注。《衛世家》：

"州吁自立爲衛君，爲鄭伯弟段欲伐鄭，請宋、陳、蔡與俱，三國皆許州吁。"

圍其東門，五日而還。公問於衆仲曰："衛州吁其成乎？"

〔疏證〕《擊鼓》："于嗟闊兮，不我活兮。"《箋》："軍士棄其約，離散相遠。"《疏》云："《左傳》：'圍其東門，五日而還。'則不戰矣。而軍士離散者，以其民不得用，雖未對敵，亦有離心，故有'闊兮''洵兮'之歎也。"《潛夫論·氏族篇》："魯之公族有衆氏。"

對曰："臣聞以德和民，不聞以亂。以亂，猶治絲而棼之也。

〔疏證〕《釋文》云："棼，亂也。"當是舊注。《説文》："棼，複屋棟也。紛，馬尾韜也。"《廣雅》："紛紛，亂也。"凡從分得聲者，皆有亂義。《楚辭》："紛逢尤以離謗兮。"王逸《注》："紛，亂貌也。"杜《注》："絲見棼縕，益所以亂。"按《説文》："縕，紼也。"《玉藻》："縕爲袍。"《注》："縕，謂今纊及舊絮也。"《廣雅》："縕，饒也。"《楚辭·橘頌》："紛縕宜修。"《注》："紛縕，盛貌。"杜以"紛縕"解"棼"義，無所取，不若《釋文》之善。

"夫州吁，阻兵而安忍。阻兵，無衆；安忍，無親。衆叛親離，難以濟矣。

〔疏證〕《擊鼓》："于嗟闊兮。"《箋》云："州吁阻兵安忍，阻兵，無衆；安忍，無親。衆叛親離，軍士棄其約，離散相遠。"杜《注》："恃兵則民殘，民殘則衆叛，安忍則刑過，刑過則親離。"《後漢書·應劭傳》："安帝時，河南人尹次、穎川人史玉皆坐殺人當死。劭議曰：'今次、玉公以清時阻兵安忍，僵尸道路。'"《注》："阻，持也。"按："持"當爲"恃"。章懷《注》多用杜説。《文選·西征賦注》引杜《注》正作"阻，恃也"。今本脱。洪亮吉以爲服《注》，非也。"阻"不訓"恃"。《晉書·羊祜傳》："上疏請討吳，曰：'今不于此平吳，而更阻兵相守，征夫苦役，日尋干戈，經歷盛衰，不可長久。'"祜言阻兵者，謂沮止不前，老師相守。《閔二年傳》："狂夫阻之。"服《注》："阻，止也。"《儒行》："沮之以兵。"《注》："沮，謂怒怖之也。"《釋詁》："阻，難也。"《家語》："沮之以兵。"《注》："阻，難也。"

"夫兵，猶火也，弗戢，將自焚也。夫州吁弒其君，而虐用其民，

於是乎不務令德，而欲以亂成，必不免矣。"

〔疏證〕杜氏無注，《正義》亦未申釋。按：《漢書·武五子傳》："贊曰：故曰'兵猶火也，弗戢必自焚'。"師古引此《傳》云："言兵不可妄動，久而不戢，則自焚燒。戢，斂也。"又按：《淮南子·原道訓》："故兵強則滅，木強則折，革強則裂。"高《注》："兵猶火也，強則盛，盛則衰，故曰'則滅'，以火諭也。"《魏書·崔光傳》："光上表曰：'司寇行戮，君爲之不舉，陛下爲民父母，所宜矜恤，國重戎戰，用兵猶火。'"《周語》："夫兵戢而時動。"《注》："戢，聚也。"《說文》："戢，藏兵也。"《掌戮注》："焚，燒也。"

秋，諸侯復伐鄭。宋公使來乞師，公辭之。羽父請以師會之，公弗許。固請而行。故書曰"翬帥師"，疾之也。

諸侯之師敗鄭徒兵，取其禾而還。

〔疏證〕《擊鼓序》："衛州吁用兵暴亂，使公孫文仲將，而平陳與宋。"《疏》："古者謂戰器爲兵《左傳》曰：'鄭伯朝于楚，楚子賜之金，曰："無以鑄兵。"'兵者，人所執，因號人亦曰兵。《左傳》'敗鄭徒兵'，此《箋》云'將者，將兵'，是也。"杜《注》："時鄭不車戰。"沈欽韓云："《傳》第言敗鄭徒兵，見鄭之未大創也，杜何以知其不車戰乎？"

州吁未能和其民，厚問定君于石子。石子曰："王覲爲可。"

〔疏證〕《釋詁》："覲，見也。"《大宗伯》："秋見曰覲。"《說文》："諸侯秋朝曰覲。"石碏此語，正在秋時，故以覲言之。

曰："何以得覲？"曰："陳桓公方有寵於王，陳、衛方睦，若朝陳使請，必可得也。"厚從州吁如陳。石碏使告於陳曰："衛國褊小，老夫耄矣，無能爲也。此二人者，實弒寡君，敢即圖之！"陳人執之，而請蒞于衛。

〔疏證〕《說文》："褊，衣小也。"《楚辭·初放》："淺智褊能兮。"《注》："褊，狹也。"《曲禮》："大夫七十而致仕，若不得謝，則賜之以几杖，行役以婦人，適四方，乘安車，自稱曰老夫。"《注》即引此傳。《疏》云："言己是老大夫也。必稱老者，明君貪賢之故，而臣老猶在其朝也。《注》引《春秋傳》者，證對他國人自稱老夫也。"然則對他國人稱老夫，禮所宜然。杜《注》稱"國小己老，自謙以委陳"，非。《曲禮》又云：

"八十九十曰耄。"《注》："耄，惛忘也。"《士冠禮》："吾子將涖之。"《注》："涖，臨也。"《鄉師》："及窆，執斧①以涖匠師。"《注》："涖，臨視也。"《年表》："陳桓公二十六年，衛石碏來告，故執州吁。"

九月，衛人使右宰醜涖殺州吁于濮。石碏使其宰獳羊肩涖殺石厚于陳。

〔注〕服云："右宰醜，衛大夫。"《衛世家集解》。

〔疏證〕《衛世家》："州吁新立，好兵，弑桓公，衛人皆不愛。石碏乃因桓公母家於陳，詳爲善州吁。至鄭郊，石碏與陳侯共謀，使右宰醜進食，因殺州吁于濮。"按：《世家》與《左傳》略同，唯以州吁至鄭郊及右宰醜進食爲異。按：鄭乃州吁讐國，必不至鄭郊也。

君子曰："石碏，純臣也。惡州吁而厚與焉。'大義滅親'，其是之謂乎！"

〔疏證〕《後漢書·梁統傳》："疏曰：'《春秋》之誅，不避親戚。'"《注》："《左傳》曰：'大義滅親。'"《清河孝王慶傳》："帝遂廢太子慶，乃下詔曰：'皇太子有失惑無常之性，不可以奉宗廟，爲天下主。大義滅親，況降退乎！今廢爲清河王。'"《北史·王劭傳》："劭上書曰：'叔向戮叔魚，仲尼謂之遺直；石碏殺子厚，丘明以爲大義。'"如劭所説，則《左傳》中所稱"君子曰"者，皆丘明自謂也。

衛人逆公子晉于邢。冬，十二月，宣公即位。書曰"衛人立晉"，衆也。

〔注〕賈云："邢、周公之允②，姬姓國。"同上。

〔疏證〕《正義》云："賊討乃立，自繼前君，故不待踰年也。"《注》《疏》皆不言公子晉爲桓公何人。按《衛世家》："迎桓公弟晉于邢而立之。"《詩譜疏》引《世家》，作"迎桓公子③晉于邢而立之"。

---

① 林按：底本無"執斧"二字，據科學本增補。

② 科學本注：《十三經注疏》"允"作"胤"。《大事表》作"子"。梁履繩《補釋》云："周公之第四子受封于邢。"

③ 科學本注：《校勘記》稱："案：浦鏜云'弟誤子'，是也。"

〔經〕 五年，春，公矢魚于棠。

〔注〕賈云：“棠，魯地。陳魚而觀之。”《史記·魯世家集解》引。

〔疏證〕①《廣雅·釋詁》：“戾，陳也。”王念孫云：“《爾雅》：‘矢，陳也。’《釋文》作‘戾’。《春秋》隱五年，‘公矢魚於棠’。‘矢’與‘戾’通。”《校勘記》云：“《史記》作‘觀漁於棠’。《漢書·五行志》亦作‘漁’，此古字假借也。”杜《注》云：“今高平方與縣北有武唐亭，魯侯觀魚臺。”《正義》引《釋例·土地名》云：“棠在魯部內，云本宋地，蓋宋、魯之界上地。”沈欽韓云：“唐與棠自爲二地，唐亭在魯境內，地亦非遠。《寰宇記》：‘棠水在宋州楚丘縣北四十五里，從單州成武縣入界，南行五里，合泡溝。’即此棠也。”按：沈説是也。《土地名》即云“魯部內”，又云“本宋地”，游移無據。《正義》又引《釋例》云：“舊説：棠，魯地。”所謂“舊説”，即賈注也②。

夏，四月，葬衛桓公。

秋，衛師入郕。

〔疏證〕《釋文》：“郕，國名。”《管蔡世家》以成叔武爲文王子，武王同母弟。臧壽恭云：“《左氏》及《穀梁》國名作郕，邑名作成。《公羊》國名作盛，邑名作成。”沈欽韓云：“《水經注》：‘瓠河之北有郕都城。隱五年，郕侵衛。京相璠曰：東郡廩丘縣南三十里，有郕都故城。’按：《漢志》‘郕都’作‘城都’，不云‘郕都’。《一統志》③：‘成縣故城在兗州府寧陽縣北，本周時郕國。’然《一統志》依倣杜氏‘剛父縣西南’之文，在寧陽東北者，乃孟氏邑，非郕國。《一統志》所引成縣，乃泰山郡之肥成縣。《續志》誤脱‘肥’字。劉昭《注》因而附會，不知肥成云‘本國’者，乃承前志應劭肥子國之文也。”《方輿紀要》：“郕城在東平州汶上縣西

---

① 林按：原稿眉批：“就注釋經，當順注文解之，如無注則依經順釋云：‘陳魚而觀之。’皆據下傳文。《爾雅·釋詁》：‘矢，陳也。’《釋文》作‘戾’。《廣雅·釋詁》：‘戾，陳也。’戾與矢同，故《注》云‘陳魚’。《史記》作‘觀漁’，亦謂陳而觀之也。作‘漁’與《五行志》合。阮氏《校勘記》謂古字假借，是也。凡地名須補出今地在何府何縣。山東濟寧魚臺縣自以魯事得名，不可忽略。棠水縣見《寰宇記》□□，查□□地志。”

② 林按：原稿眉批：“李貽德《賈服注輯述》此條引《魯世家注》，‘陳魚’上多‘矢魚’二字，查。”

③ 林按：底本“統志”，少“一”字，據科學本增補。

北二十里，古郕國。”

九月，考仲子之宮，初獻六羽。

〔注〕服云：“宮廟初成祭之，名爲考①。將納仲子之主，故考成以致其五祀之神以堅之。”本《疏》。

〔疏證〕杜《注》云：“惠公以仲子手文娶之，欲以爲夫人。諸侯無二嫡，蓋隱公成父之志，爲別立宮也。婦人無謚，因姓以名宮。”按《宋書·臧燾傳》：“孝武帝追崇庶祖母宣太后，議者或謂宜配食中宗，燾議曰：‘《陽秋》之義，母以子貴，故仲子、成風咸稱夫人。《經》云“考仲子之宮”。若配食惠廟，則宮無緣別築。’”又《禮志》：“大明七年，有司奏：‘故宣貴妃加殊禮，未詳應立廟與否。’太學博士虞龢議：‘據《春秋傳》，仲子非魯惠元嫡，尚得考彼別宮。今貴妃是秩，天之崇班，理應立此新廟。’右丞徐爰議：‘宣貴妃既加殊命，禮絕五宮，考之古典，顯有成據。廟堂克構，宜選將作大匠。’參詳以龢、爰議爲允，詔可。”據燾等所言，是仲子之宮爲別宮，乃古《左氏》説，杜氏沿之也。《正義》釋“初獻六羽”云：“初，始也；往前用八，今乃用六也。獻者，奏也。”義本無誤，而復云：“言‘初獻六羽’者，謂初始而獻，非在後恒用。知然者，按宣十五年‘初稅畝’，杜云：‘遂以爲常，故云初。’杜於此不解初義，明不與彼同。故《春秋》之經，有文同事異，如此之類是也。”今按《經》書“初獻六羽”，與書“初稅畝”例同。《傳》申之云“始用六羽也”，正謂遂以爲常，杜氏僅漏釋初字，而《正義》牽就以傳其説，非也。《釋詁》：“考，成也。”故服以考爲宗廟初成之祭。宮猶廟也。《正義》云：“《雜記》云‘成廟則釁之’，‘路寢成則考之而不釁’，以廟則當②釁，寢則當考。此廟言考者，考是成就之義。廟者鬼神所居，祭祀以成之。寢則生人所宅，飲食以成之。廟成釁之者，尊而神之，蓋木主未入之前，已行釁禮也。此言考宮獻羽，自爲主已入廟，則祭以成之，非釁禮，與彼異也。”又引服説駁之云：“其意謂考即釁也。按《雜記》，釁廟之禮，止有雞羊；既不用樂，何由獻羽？言將納仲子之主，則是仍未入宮。然則作樂獻羽，敬事何神？考仲子之宮，唯當祭仲子耳，又安得致五祀之神乎？”李貽德云：

---

① 科學本注：抄本眉批：“按：考中子之宮，乃非禮之禮，故不言釁而言考，其爲非禮自見。若《雜記》所言：‘考釁不同，《斯干》考室釁廟，亦是兩事。’服云：‘宮廟初成祭之名爲考。’似依經文訓釋，非古義也。”

② 科學本注：抄本眉批：“查焦疏‘釁鐘’説。”

"時宮廟新主尚未入，考宮一時事，獻羽又一時事，服祇言礿廟之事，不及用樂。《正義》不得合併經文以妄規之也。"按：李説極辨，足破《正義》"主已入廟"之説①。《正義》之駁服説者，蓋泥《雜記》之文，以考、礿爲二事。然《斯干序》云："宣王考室也。"《箋》云："考，成也。德行國富，人民殷衆，而皆佼好，骨肉和親，宣王於是築宮廟群寢，既成而礿之，歌《斯干》之詩以落之，此之謂成室。宗廟成，則又祭祀先祖。"彼《疏》云："《雜記》之文，廟成則礿，寢成則考，此序言'考室'，《箋》得兼云礿廟者，此考之名，取義甚廣，乃國富民殷，居室安樂，皆是考義，猶《無羊》云'考牧'，非獨據一燕食而已，故知考室之言，可以通礿廟也。"是考、礿義得通，故服以考爲礿也。《白虎通·宗廟篇》②："祭所以有主者何？言神無所依據，孝子以主繼心焉。"《説文》："内，入也。"《周禮·小子》："珥於社稷，祈於五祀。"後鄭《注》："珥，讀爲衈。祈，讀爲刉，刉、衈者，釁禮之事也。用毛牲曰刉，羽牲曰衈。衈、刉社稷五祀，謂始成其宮兆時也。"《白虎通·五祀篇》："五祀者，何謂也？謂門、户、井、竈、中霤也。所以祭何？人之所處出入、所飲食，故爲神而祭之。"又云："祭五祀，天子、諸侯以牛，卿、大夫以羊，因四時祭牲也。一説：户以羊，竈以雞，中霤以豚，門以犬，井以豕。"《釋詁》："堅，固也。"《淮南·時則訓》："堅致爲上。"《注》："堅致，功牢也。"

邾人、鄭人伐宋。

螟。

〔疏證〕《釋蟲》云："食苗心，螟。"李巡《注》："食苗心者爲螟，言其姦冥冥難知也。"《説文》："螟，蟲食穀葉者，吏冥冥犯法即生螟。"《五行志》："董仲舒、劉向以爲時公觀魚於棠，貪利之應也。劉歆以爲又逆臧僖伯之諫，貪利區霿，以生嬴蟲之孽也。"

冬，十有二月，辛巳，公子彄卒。

宋人伐鄭，圍長葛。

---

① 科學本注：原稿注云："《正義》主已入廟之説，而駁釋未入室之説。已入未入，前後并未互歧。惟《正義》前云：'廟者鬼神所在，祭祀以成之，廟成礿之者尊而神之，蓋木主未入之先已行礿禮也。'後云：'未入室敬事何神爲互歧耳。'"旁注："此語申《雜記》之説，非《正義》文，《正義》不主礿廟也。"

② 林按：底本"篇"前留二空格，意謂待補，今據科學本增補。

〔疏證〕《水經注》引京相璠云："長社北有長葛鄉。"《漢書·地理志》："潁州郡長社。"應劭《注》："長社，宋之長葛也。其社中樹暴長，故名長社。"沈欽韓云："《方輿紀要》：'長社故城，在許州長葛縣一里。'"

〔傳〕 五年，春，公將如棠觀魚者。臧僖伯諫曰："凡物不足以講大事，

〔疏證〕《世本》："臧僖伯彄，孝公之子。孝公生僖伯彄，彄生哀伯達，達生伯氏瓶，瓶生文仲辰[1]。"《謚法》："有伐而還曰釐，質淵受諫曰釐，小心畏忌曰釐。"《齊世家集解》云："釐，僖也。"蓋古字通用。《正義》云："諸侯之子稱公子，公子之子稱公孫，公孫之子不得祖諸侯，乃以王父之字爲氏。計僖伯之孫始得以臧爲氏，今於僖伯之上已加臧者，傳家追言之也。"《成十三年傳》云："國之大事，在祀與戎。"故杜《注》"大事"云："謂祀與戎。"

"其材不足以備器用，則君不舉焉。

〔疏證〕杜《注》云："材謂皮革、齒牙、骨角、下毛羽也。器用，軍國之器也。"《周語》："阜其財求而利其器用。"《注》："器，兵甲也。用，耒耜之屬。"《師氏》："王舉則從。"《注》[2]："舉，猶行也。"[3]《魯語》："君爲是舉。"《注》："舉，動也。"

"君將納民於軌、物者也。故講事以度軌量謂之軌，取材以章物采謂之物。不軌不物，謂之亂政。亂政亟行，所以敗也。

〔注〕賈云："軌，法也。"《華嚴音義》引《國語注》。
〔疏證〕《賈子》："緣法循理謂之軌。"高誘《淮南注》："軌者法度之名。"《周語》："度之於軌儀。"《注》："軌，道也。"《禮運》："月以爲量。"《注》："量，分也。"《周語》："釐改制量。"《注》："量，度也。"《周語》："亦唯是死生之服物采章。"《注》："采章，采色文章也。"此節傳文極明顯，杜《注》謂"不入法度則爲不軌不物"，意猶未誤。《正義》謂"政不在君，則亂政所由起也"，《傳》無此意。

---

[1] 林按：抄本眉批："'孝公生僖伯彄'至'瓶生文仲辰'似可删。"

[2] 林按：底本無"注"字，據科學本增補。

[3] 林按：抄本眉批："'猶行也'句上疑脱'經'字，此句下當補云：'言君不舉行此事也。'《魯語》可不引。"

"故春蒐、夏苗、秋獮、冬狩，

〔疏證〕《釋天》：“春獵爲蒐，夏獵爲苗，秋獵爲獮，冬獵爲狩。”《大司馬》：“中春教振旅，遂以蒐田；中夏教茇舍，遂以苗田；中秋教治兵，遂以獮田；中冬教大閱，遂以狩田。”按《公羊》謂春苗、秋蒐、冬狩，《穀梁》謂春田、夏苗、秋蒐、冬狩，皆與《左氏》違。惟《爾雅》《周禮》與《左氏》合。《禮記疏》引：“何休云：‘《運斗樞》曰：“夏不田。”《穀梁》有夏田，於義爲短。’鄭君云：‘四時皆田，夏、殷之禮。《詩》云：“之子於苗，選徒囂囂。”夏田明矣。’”此《傳疏》云：“《公羊傳》三名，既與《禮》異，又復夏時不田。《穀梁傳》與《禮》異者，良由微言既絕，曲辨妄生。丘明親受聖經，故獨與《禮》合。”又謂：“《白虎通》所說四時之獵，用《穀梁》義，於義不通，故先儒皆依《周禮》《左傳》《爾雅》之文，而爲之説。”是賈、服舊説用《爾雅》《周禮》，不取《公》《穀》也。《大司馬》鄭《注》云：“春田爲蒐，夏田爲苗，擇取不孕任者，若治苗去不秀實者。秋田爲獮。獮，殺也。冬田爲狩，言守取之，無所擇也。”彼《疏》云：“其以春夏爲陽，主其生長，故春田爲蒐，搜取不孕任者。夏田爲苗，若治苗去不秀實者。”詳《疏》意，鄭蓋以蒐、苗并解，其“擇取不孕任”一句，當解春蒐。《爾雅》李巡《注》亦云：“蒐，索取不孕任者；狩，圍取之無所擇也。”可證杜《注》此傳，全用鄭義。惟《注》夏苗云：“爲苗除害也。”此《疏》云：“《爾雅·釋天》四時之獵名與此同，説者皆如此注，故杜依用之。”是杜《注》本於《爾雅》古注。鄭之釋苗，與《爾雅》注異義者。《説苑·修文》引《春秋傳》“夏田爲苗，擇取不孕任者，治苗去不秀實者”，是鄭又本於劉向。向治《穀梁》，此當係《穀梁》義。然因獵名苗，而謂取譬於苗之秀實，未免望文生義，不若爲苗除害之確。邵晉涵云：“鳥獸孚乳多在春時，則夏獵當以爲苗除害，故謂之苗。《月令》：‘孟夏之月，驅獸無害五穀，無大田獵。’是夏苗之事也。”《周語》：“蒐於農隙，獮於既烝，狩於畢時。”《注》：“春田曰蒐。蒐，擇也。禽獸懷妊未著，秋乃取之。秋田曰獮，獮，殺也。冬田曰狩，圍狩而取之。”《周語》未及夏田，故注空而不説。其注三時之獵，皆與杜《注》所用《爾雅》義同，疑《左傳》舊注本如此。即爲苗除害，亦舊注也。《王制》“則歲三田”，《疏》：“春秋四時田獵，皆曰蒐者，以春蒐之禮行之故也。”此可證春秋時僅用蒐禮。僖伯所述四時之獵，乃《周禮》也。

"皆於農隙以講事也。

〔疏證〕《周語》：“蒐於農隙，獮於既烝，狩於畢時。”《注》：“農隙，仲春既耕之後。隙，間。烝，升也。《月令》：‘孟秋乃升穀，天子嘗新。’既升，仲秋也。畢時，時務畢也。”《楚語》：“四時之隙，於是乎成之。”《注》：“隙，空間時也。”杜《注》各隨時事之間，隱襲《國語注》。《説文》：“隙，壁際孔也。”《漢書·刑法志》：“春振旅以蒐，夏拔舍以苗，秋治兵以獮，冬大閲以狩。皆於農隙以講事焉。”師古曰：“隙，空間也。講，和習之也。”

“三年而治兵，入而振旅。

〔疏證〕《大司馬》：“仲春教振旅，遂以獀①田。仲秋教治兵，遂以獮田。”鄭《注》：“凡師出曰治兵，入曰振旅，皆習戰也。振，收也。兵入收衆。”《釋詁》：“旅，衆也。”《齊語》：“春以獀振旅，秋以獮治兵。”《注》：“振，整也。旅，衆也。”杜此注振旅與《齊語》同。按：“振”之訓“整”，不若鄭訓“收”爲長。《後漢書·主父偃傳》：“《司馬法》曰：‘國雖大，好戰必亡。天下雖平，忘戰必危。’天下既平，天子大愷。春蒐秋獮，諸侯春振旅，秋治兵。所以不忘戰也。”應劭曰：“大愷，《周禮》還師振旅之樂也。”《宋書·禮志》：“兵者，守國之備。孔子曰：‘以不教民戰，是謂棄之。’兵，凶事，不可以空設。因蒐、狩而習之。而凡出曰治兵，入曰振旅，皆戰陳之辨。鼓、鐸、鐲、鐃之用，以教坐、作、疾、徐、疏、數之節，遂以蒐田，獻禽以祭社。仲夏教茇舍，如振旅之陳，遂以苗田。獻禽以享礿。仲秋教治兵，如振旅之陳，遂以獮田。如蒐之法，致禽以祀方。仲冬教大閲，遂以狩田。獻禽以享烝。”《隋書·禮儀志》：“古者三年大②兵，入而振旅。至於春秋蒐獮，亦以講其事焉。梁、陳時依宋元嘉二十五年蒐宣武場。獵訖，宴會享勞，比較多少，戮一人以懲亂法，會畢，還宮。”③按：杜《注》云：“雖四時講武，獨復三年大習。”《漢書》但言春振旅，秋治兵，而未申言三年治兵振旅之禮。《宋志》所述本於《周禮》。《周禮》雖僅言春教振旅，秋教治兵之禮，而三年大習之禮，亦可類推而得④也。但三年之治兵振旅，容在一時，故傳文不以“春振旅，秋治兵”爲説。《漢書》於春秋下略去“教”字，非也。《隋志》以三年大兵與

---

① 科學本注：阮刻本作“蒐”。
② 科學本注：《隋書·禮儀志三》作“古者三年練兵，入而振旅。”“大”作“練”。
③ 科學本注：抄本眉批：“梁、陳至還宮，擬節。”
④ 科學本注：原稿“得”下有“或謂大習之禮已亡非”九字。

春秋蒐獮講事析言，最得經意。《正義》云："雖每年常四時講武，猶復三年大習，猶如四時常禮，三年而復爲禘祭，意相類也。《周禮》'春教振旅，秋教治兵'者，四時教民，各以其宜。春即止兵收衆，專心於農。秋即繕甲屬兵，將威不軌。故異其文耳。"

"歸而飲至，以數軍實。

〔注〕鄭氏云："軍所以討獲曰實。"《文選注》。舊注："飲至於廟，以數車徒所獲也。"《御覽》三百廿七引。

〔疏證〕《傳例》："凡公行告於宗廟，反行飲至，舍爵，策勳焉，禮也。"《説文》："數，計也。"《禮記·儒行》："遽數之不能終其物。"《老子》："善數者不用籌策。"《獸人》："及弊田，令禽注於虞中。"鄭司農云："虞中，謂虞人萊所田之野，植虞旗於其中，致禽而珥焉。珥焉者，取左耳以致功，若斬首折馘。故《春秋傳》曰：'以數軍實。'"《疏》："襄二十四年，'楚蒍啓彊如齊聘，齊侯祭社，蒐軍實，使客觀之'。《注》云：'蒐，數軍實兵甲器械，與隱公傳三年而治兵數軍實一也。'引之者，證斬首折馘爲軍實。若然，《注》《傳》兵甲器械與斬首折馘不同者，兵甲器械自爲軍實；至於斬首折馘亦是軍實，仍於生執仇俘，亦爲軍實。是以僖公三十三年，晉捨秦囚，先軫曰'墮軍實'是也。"文淇按：《周禮疏》所引《襄二十四年傳注》，蓋鄭司農注也。知然者，杜襄二十四年《注》云："軍器"不言"兵甲器械"，與《疏》所引不同。《大司馬》"讀契"注"以薄校録軍實之凡要"，《疏》："凡軍實有三種：或以俘囚爲軍實；或以戈盾弓矢爲軍實；或以禽牲爲軍實。"可與鄭氏軍所討獲之義相證成。《楚語》："榭不過講軍實。"《注》："講，習也。軍實，戎士也。"第舉戎士，義非。杜注此云"飲於廟[1]以數車徒、器械及所獲也"，與舊注詳略稍殊，而兼言車徒器械，則旁襲《襄二十四年傳注》也。《正義》謂宣十二年、襄十二年[2]兩注軍實并云軍器，不言"車徒"及所獲者，彼無獵事，故不言。是未達軍實所該不僅軍徒，亦不僅獲禽也。

"昭文章，

〔注〕服云："中秋教治兵，辨旗物之用。王載太常，諸侯載旂，軍吏載旗，師都載旃，鄉遂載物，郊野載旐，百官載旟。遂以獮田。"本

---

① 林按：底本無"廟"字，據科學本增補。
② 科學本注："襄十二年"疑爲"二十四年"之誤。

《疏》。

〔疏證〕①服氏此《注》用《大司馬職》②文。鄭《注》云："軍吏，諸軍帥也。師都，遂大夫也。鄉遂，鄉大夫也。或載旜，或載物。衆屬軍吏，無所將也。郊，謂鄉遂之州長、縣正以下也。野，謂公邑大夫。載旗者，以其將羨卒也。百官，卿大夫也。載旟者，以其屬衛王也。凡旌旗有軍旅者畫異物，無者帛而已。"此節《正義》既引《大司馬職》文，又引《司常職》云："'及國之大閱，贊司馬頒旗物。王建太常，諸侯建旂，孤卿建旜，大夫士建物，師都建旗，州里建旟，縣鄙建旐。道車載旞，斿車載旌。'計大閱治兵，俱是治兵。而旌旗之物，所建不同者。鄭玄云：'凡頒旗所③。以出軍之旗則如秋，以尊卑之常則如冬。大閱備軍禮，而旌旗不如出軍之時，空辟實。'然則，大閱所建，尊卑之常。治兵所建，出軍之禮。此'三年治兵'與'秋教治兵'，其名既同，建當不異，故服虔解此，亦引《司馬職》文，明是旌旗所建，用秋辨旌旗之法。"按：《正義》所引鄭説，見《大司馬》"仲冬教大閱"注，其謂"三年治兵"與"秋教治兵"旗物相同，最得鄭、服義。杜《注》此節云"車服旌旗"，《正義》以三年治兵之車服，禮無明文，引《周禮·巾車職》"革路建大白以即戎"、《司服職》"凡兵事服韋弁"，謂"天子蓋乘革路，服韋弁。在軍君臣同服，蓋亦乘兵車，服兵服也"。亦意爲之説，不如服之但説旌旗爲慎。

"明貴賤，辨等列，

〔疏證〕《小爾雅·廣詁》："列，次也。"《周語》："夫翟無列於王室。"《注》："列，位次也。"《説文》："𠛱，分解也。"

"順少長，習威儀也。

〔疏證〕《釋天》云："出爲治兵，尚威武也；入爲振旅，反尊卑也。"孫炎《注》云："出則幼賤在前，貴勇力也。入則尊老在前，復常法也。"杜《注》云："出則少者在前，還則在後，所謂順也。"蓋用孫説。

---

① 林按：稿本眉批有："李氏本'中秋'上有'大司馬曰'四字。"
② 林按：稿本眉批："查《周禮·大司馬疏》。"
③ 科學本注：阮刻《十三經注疏》作"物"。《校勘記》云："閩本、監本、毛本'物'作'所'。非也。"

“鳥獸之肉，不登於俎。皮革、齒牙、骨角、毛羽不登於器。

〔注〕服云：“登，升也，成也。”本《疏》。

〔疏證〕《說文》：“革，獸皮治去其毛，革更之。”《掌皮》：“秋斂皮，冬斂革。”皮、革，散文則異，對文則通。《廣雅》：“俎，几也。”杜《注》“俎”云“祭宗廟器”，注“器”云“謂以飾法度之器”，而未釋“登”字。《正義》云：“服虔以上‘登’爲‘升’，下‘登’爲‘成’。二登不容異訓。且云‘不成於器’，爲不辭云。又器以此物爲飾，甯復待之乃成。”李貽德云：“《周禮·羊人》：‘登其首。’《注》：‘登，升也。’《儀禮注》：‘升，當爲登。’是升、登同也。《詩·崧高傳》《周禮·小司徒注》并云‘登，成也’。服於上爲升，下爲成者，以骨角毛羽飾器之物，不得言升，故據成義以釋，言飾之而後成矣。若以不成於器爲不辭，《詩·皇矣》‘誕先登於岸’《箋》：‘成也。’《昭三年傳》‘以登於釜’《注》：‘登，成也。’鄭、杜并釋爲‘成’，皆孔氏所疏，何以云不辭乎？”《隋書·禮儀志》[①]：“後齊春蒐禮，甄常開一方，以令三驅。圍合，吏奔騎令曰：‘鳥獸之肉，不登於俎者不射。皮革、齒牙、骨角、毛羽，不登於器者不射。’”據此則古《左氏》説，謂此爲田獵上殺之禮，故後齊蒐禮著以爲令也。説詳下文[②]。

“則公不射，古之制也。

〔疏證〕洪亮吉云：“公當作君。”此節杜無注。《正義》於上節引“《獻人》：‘凡祭祀，共其魚之鮮薧。’”特牲、少牢之禮，皆有魚爲俎實，謂肉登於俎，則公射之，而以觀魚爲非禮者，此言不登於俎者，謂妄出游獵，雖取鳥獸，元不爲祭祀，不登於器，亦謂盤游，元不謂取材以飾器物。今公觀魚，乃是游戲，故以非之。”案：僖伯諫辭，自因觀魚而通論田獵。《正義》必引《獻人》薧、少牢魚俎爲説，未免太泥。惠棟云：“此指祭祀射牲。《夏官·射人》云‘祭祀則贊射牲’，《司弓矢》‘共射牲之弓矢’，《外傳》左史倚相曰‘天子禘郊之事必自射其牲，諸侯宗廟之事必自射其牛、刲羊、擊豕’是也。朱子據《傳》曰：‘“則君不射”，是以弓矢射魚，如漢武親射蛟江中之類’，恐未然。”按：朱子“弓矢射魚”之説，係誤仞矢魚之矢爲弓矢之矢。惠氏駁之，是也。但上文明言“蒐苗獮狩”，

自是田獵上殺之禮。雖田獵亦以供祭，然不得徑指爲祭祀射牲①。《王制》："天子諸侯無事，則歲三田，一爲乾豆，二爲賓客，三爲充君之庖。"《正義》指乾豆爲上殺，賓客爲中殺，充君之庖爲下殺。《穀梁》桓四年，范甯解云："上殺中心，死速，乾之以爲豆實。""次殺射髀骼，死遲，故爲賓客。""下殺中腸污泡，死最遲，故充庖厨。"《車攻》毛《傳》云："自左膘而射之，達於右腢，爲上殺。射右耳本，次之。射左髀，達於右髃，爲下殺。"乾豆即俎實，不登於俎，公所不射也。

"若夫山林、川澤之實，器用之資，皂隸之事，官司之守，非君所及也。"

〔疏證〕《正義》云："山林之實，謂材木樵薪之類。川澤之實，謂菱芡魚蟹之屬。"杜《注》："士臣皂，皂臣輿，輿臣隸。"《昭廿年傳》："晏子對景公曰：'山林之木，衡鹿守之。澤之萑蒲，舟鮫守之。藪之薪烝，虞候守之。海之鹽蜃，祈望守之。'"

公曰："吾將略地焉。"

〔疏證〕杜《注》："遜辭以略地。略，總攝巡行之名。"《説文》："略，經略土地也。"《廣雅·釋詁》："充，略，行也。"王念孫云："隱五年《左傳》'吾將略地焉'，杜《注》云云，《宣十一年傳》：'略基趾。'《注》云：'略，行也。'《漢書·高帝紀注》云：'凡言略地，皆謂行而取之。'"是"略地"謂正經界。杜《注》"總攝"，義非。《小爾雅·廣詁》："略，分界也。一曰遠界爲經略也。"《僖九②年傳》"東略之不知，西則否矣"，又《十六年傳》"謀鄶且東略也"，與此"略地"義同。

遂往，陳魚而觀之。僖伯稱疾不從。書曰："公矢魚於棠。"非禮也，且言遠地也。

〔疏證〕杜《注》："陳，設張也。"《詩·潛疏》："《白虎通》云：'王者不親取魚以薦廟。'故親行非此則不可。故隱公五年③'公矢魚於棠'，《春秋》譏之是也。"《魯世家》："隱公五年，觀魚於棠。君子譏之。"

---

① 林按：抄本眉批："查《王制》、毛《傳》。"
② 林按：底本作"元"，據科學本改。
③ 林按：底本此句無"五"字，據科學本增補。

曲沃莊伯以鄭人、邢人伐翼。

〔疏證〕《世本》：“曲沃武公稱者，穆侯曾孫[①]。穆侯生桓叔成師，始封曲沃。桓叔生曲沃莊伯鱓。鱓生曲沃武公稱，伐晉侯緡，滅之，更號曰晉武公。”《地理志》：“河東郡聞喜，故曲沃。晉武公自晉陽徙此。河東絳，晉武公自曲沃徙此。”《郡國志》：“河東郡絳邑有翼城。”《晉世家》：“翼，晉君都邑也。”沈欽韓云：“《元和志》：‘故翼城在絳州翼城縣東南十五里。’《方輿紀要》：‘故翼城在平陽府翼城縣東南。’”

王使尹氏、武氏助之，翼侯奔隨。

〔疏證〕《世本》：“尹氏，周王族。尹佚為周太史。武氏，周平王少子，生而有文在手曰武，遂以為氏。”《史記索隱》云：“翼本晉都，自孝侯已下，一號翼侯。”韋昭《國語注》：“隨，晉邑。”沈欽韓云：“《一統志》：‘隨城在汾州府介休縣東，後為士會食邑。’”

夏，葬衛桓公。衛亂，是以緩。

四月，鄭人侵衛牧，

〔疏證〕杜《注》：“牧，衛邑。”惠棟云：“《詩·靜女》云：‘自牧歸荑。’王質以為即《春秋》之牧邑。”[②]沈欽韓云：“《續漢志》衛公國有河牧城。《水經注》：‘浮水故瀆東逕河牧城。’”洪亮吉云：“《爾雅》：‘郊外謂之牧。’非邑名，與下‘伐宋入其郛’同。前年伐鄭，圍其東門，故鄭亦侵其牧地以報之。又衛地無名牧者。若云朝歌之牧野，則亦不可僅名為‘牧’。明杜《注》非也。”按《靜女》毛《傳》：“牧，田官也。”亦兼用《爾雅》義。河牧亦不可僅名為牧。洪說是也。

以報東門之役。衛人以燕師伐鄭。

〔疏證〕《漢志》：“東郡南燕，本南燕國，姞姓，黃帝後。”

---

① 科學本注：抄本眉批：“‘曲沃武公稱者，穆侯曾孫’，似可删。‘鱓生曲沃武公’至‘晉武公自曲沃徙此郡’，亦可删。”
② 林按：抄本眉批：“惠説删。”

鄭祭仲①、原繁、泄②駕以三軍軍其前，使曼伯與子元潛軍③軍其後，燕人畏鄭三軍，而不虞制人。

〔疏證〕顧炎武云："子元疑即厲公之字。昭十一年④，申無宇之言曰：'鄭莊公城櫟而寘子元焉，使昭公不立。'杜以爲别是一人，厲公因之以殺曼伯而取櫟，非也。蓋莊公在時即以櫟爲子元之邑，如重耳之蒲、夷吾之屈。故厲公於出奔之後取之特易，曼伯則爲昭公守櫟者也。九年，公子突請爲三覆以敗戎。桓五年，子元請爲二拒以敗王師。固即厲公一人，而或稱名，或稱字耳。"惠棟云："《荀子·議兵篇》：'王者不屠城，不潛軍，不留衆。'潛軍之法。《公羊》所謂詐戰，非偏戰也。"《詩·雲漢》鄭《箋》云："虞，度也。"《周語》："以待不庭不虞之患。"《注》："虞，度也。不度，不億度而至之患。"

六月，鄭二公子以制人敗燕師於北制。君子曰："不備不虞，不可以師。"

〔疏證〕杜《注》："二公子，曼伯、子元也。"《説文》："備，慎也。"《郊特牲》鄭《注》："備，具也。"《華嚴經音義》引顧野王説："備謂預早爲之也。"《大戴記·小辨》："事戒不虞曰知備。"

曲沃叛王。秋，王命虢公伐曲沃，而立哀侯於翼。

〔疏證〕《年表》："桓王二年，使虢公伐晉之曲沃。"《晉世家》："周平王使虢公將兵伐曲沃莊伯，莊伯走保曲沃。晉人共立鄂侯子光，是爲哀侯。"

衛之亂也，郕人侵衛，故衛師入郕。

九月，考仲之子宫，將萬焉。

〔疏證〕《簡兮》毛《傳》云："以干羽爲《萬》舞，用之宗廟山川。"彼《疏》曰："《萬》者，舞之總名，干戚與羽籥皆是，故云'以干羽爲

---

① 林按："仲"，楊本作"足"。
② 林按："泄"，楊本作"洩"。
③ 科學本注：抄本眉批："潛軍疑係制人之誤，須考有作制之本，或前人有是説，始可采入。"
④ 林按：抄本眉批："昭十一年。"字迹潦草。

萬舞’。”杜《注》云：“萬，舞也。”即用毛義。《公羊傳》云：“萬者何？干舞也。籥者何？羽舞也。”《正義》引之，謂“萬與羽不同。今《傳》云‘將萬焉’，‘問羽數於衆仲’，又萬與羽爲一者。萬、羽之異，自是《公羊》之說。今杜直云‘萬，舞也’，則萬是舞之大名也。何休云：所以仲子之廟，唯有羽舞無干舞者，‘婦人無武事，獨奏文樂’也。①”按：此節係六朝舊疏原文。舊疏蓋以萬、羽爲一，而引何休說以明此考宮第有羽舞。然據毛氏之說，則干舞、羽舞皆曰萬。舊疏知《公羊》之說不可釋《左氏》，而仍據何休說，謂考宮第有羽舞，是仍用《公羊》說也。《正義》又引劉炫說，謂“羽者爲文，萬者爲武。此《傳》將萬問羽，即似萬、羽同者，以當此時萬、羽俱作。但將萬問羽數，非謂羽即萬也”。此徒欲合《公羊》《左氏》之歧，而强生分別，不足規杜也。

公問羽數於衆仲。對曰：“天子用八，諸侯用六，大夫四，士二。

〔注〕服云：“天子八八，諸侯六八，大夫四八，士二八。”《宋書》。

〔疏證〕杜《注》云：“八八六十四人，六六三十六人，四四十六人，二二四人。”《正義》云：“何休說如此。服虔以‘用六’爲六八四十八，大夫‘四’爲四八三十二，士‘二’爲二八十六。”《宋書·樂志》：“宋文帝元嘉十三年，司徒彭城王義康於東府正會，依舊給伎。總章工馮大列：‘相承給諸王伎十四種，其舞伎三十六人。’太常傅隆以爲：‘未詳此人數所由。惟杜預注《左傳》佾數云諸侯六六三十六人，常以爲非。夫舞者，所以節八音者也。八音克諧，然後成樂，故必以八八爲列。自天子至士，降殺以兩，兩者，減其二列爾。預以爲一列又減二人，至士只餘四人，豈復成樂？按：服虔注《左傳》云：“天子八八，諸侯六八，大夫四八，士二八。”其義甚允。今諸王不談舞佾，其總章舞伎，即古之女樂也。殿庭八八，諸侯則應六八，理例昭然。又《春秋》鄭伯納晉悼公女樂二八，晉以一八賜魏絳，此樂以八八爲列之證也。若如議者，唯天子八，則鄭應納晉二六，晉應賜魏絳一六也。自天子至士，其文物典章，尊卑差級，莫不以兩。未有諸侯既降二列，又列輒減二人，近降大半，非惟八音不具，於

---

① 科學本注：抄本眉批：“按：魯禘樂本有萬舞。《閟宮》之詩曰：‘籩豆大房，萬舞洋洋。’是也。《書·益稷》夔所作之樂即龠舞。又見《呂氏春秋》。據《春秋傳》‘萬入去籥’之文，則龠舞即萬舞，萬以龠爲主也。有羽必有籥。凡舞，羽、籥一類爲文舞，干戚一類爲武舞，故《詩》傳以龠舞當文舞。文舞既主籥，必兼主羽。故因將萬而問羽數，何氏說最確。”

兩義亦乖。杜氏之謬可見矣。'"按：傅隆之議，可見江左服氏之學，尚未
爲杜氏所汩。《正義》申杜氏云："杜以舞勢宜方，行列既減，即每行人數
亦宜減，故同何說也。或以襄十一年，鄭人賂晉侯以'女樂二八'，爲二
佾之樂，自上及下，行皆八人，斯不然矣。彼《傳》見晉侯減樂之半以賜
魏絳，因'歌鍾二肆'，遂言'女樂二八'，爲下半樂張本耳，非以二八
爲二佾。若二八即是二佾，鄭人豈以二佾之樂賂晉侯，晉侯豈以一佾之樂
賜魏絳？"詳《正義》之說，似曾見隆議者，其謂舞勢宜方云云，蓋駁隆
降殺以兩之說也；其謂二八非二佾云云，蓋駁隆八人爲列之說也。沈欽韓
云："《論語》馬融《注》云：'佾，列也，八人爲列。'是大夫以下亦以八
人爲列。《疏》以爲舞勢取方，殊不知士之四人，趨得方勢，於何見綴兆
行列耶？"李貽德云："《白虎通・禮樂篇》：'八佾者何謂也？佾，列也，
以八人爲行列。'《楚辭・招魂》：'二八接舞。'王逸《注》：'二八，二列
也。'《國語》：'女樂二八。'韋昭《注》：'八人爲佾，備八音也。'若然，
即二八亦八人爲行列矣。服說是也。"

"夫舞，所以節八音，而行八風。

〔注〕賈云："兑爲金，爲閶闔風也。乾爲石，爲不周風也。坎爲革，
爲廣莫風也。艮爲匏，爲融風也。震爲竹，爲明庶風也。巽爲木，爲清
明風也。離爲絲，爲景風也。坤爲土，爲涼風也。"昭二十年《傳疏》。服云：
"八卦之風：乾爲石，其風不周。坎音革，其風廣莫。艮音匏，其風融。
震音竹，其風明庶。巽音木，其風清明。離音絲，其風景。坤音土，其風
涼。兑音金，其風閶闔。"本《疏》。

〔疏證〕[1]《釋名》："節，有限制也。"此節，賈、服義同。賈以八音言，
服以八卦言。故次第殊別，皆注此傳之文。《正義》於昭二十年引賈說，
今移於此。杜《注》云："八音，金、石、絲、竹、匏、土、革、木也。
八風，八方之風也。"係用賈、服說。《周語》："以遂八風。"《注》："遂，
猶順也。傳曰'所以節八音，而行八風'也。正西曰兑，爲金，爲閶闔。
西北曰乾，爲石，爲不周。正北曰坎，爲革，爲廣莫。東北曰艮，爲匏，
爲融風。正東曰震，爲竹，爲明庶。東南曰巽，爲木，爲清明。正南曰離，
爲絲，爲景風。西南曰坤，爲瓦，爲涼風。"當亦用賈義，而言方位加詳。
《律書》："不周風居西北，主殺生。廣莫風居北方，廣莫者言陽氣在下，

---

① 林按：抄本眉批："疏於此節似宜以簡出之。"

陰莫陽廣大也，故曰廣莫。條風居東北，主出萬物。條之言條治萬物而出之，故曰條風。清明風居東南維，主風吹萬物之西之軫①。景風居南方。景者，言陽氣道盡，故曰景風。凉風居西南維，主地。地者，沈奪萬物氣也。閶闔風居西方。閶者，倡也；闔者，藏也。言陽氣道萬物，闔黃泉也。”《淮南·天文訓》：“何謂八風？距冬至四十五日，條風至。”《注》：“艮卦之風，一名融，爲笙也。”“條風至四十五日，明庶風至。”《注》：“震卦之風也，爲管也。”“明庶風至四十五日，清明風至。”《注》：“巽卦之風也，爲柷也。”“清明風至四十五日，景風至。”《注》：“離卦之風也，爲弦也。”“景風至四十五日，凉風至。”《注》：“坤卦之風也，爲塤也。”“凉風至四十五日，閶闔風至。”《注》：“兌卦之風也，爲鍾也。”“閶闔風至四十五日，不周風至。”《注》：“乾卦之風也，爲磬也。”“不周風至四十五日，廣莫風至。”《注》：“坎卦之風也，爲鼓也。”按：《律書》《淮南子》之述八風，惟“融風”作“條風”，與賈、服異。《易緯通卦驗》作“調風”，《吕覽》作“炎風”。錢塘云：“條風即炎風，融與炎聲相轉。條者調也，調即融矣。”李貽德②云：“乾之爲石者，《易·說卦》：‘乾爲玉。’《爾雅·釋樂》：‘大磬謂之馨。’郭《注》：‘以玉石爲之。’是石即爲玉之義也。坎之爲革者，《樂記》：‘鼓鼙之聲讙。’《疏》引崔氏説：‘鼓鼙爲坎。’故《詩·宛丘》‘坎其擊鼓’，毛《傳》：‘坎坎，擊鼓聲。’蓋諧音以應象也。艮之爲匏者，《説卦》：‘艮爲果蓏。’《儀禮·既夕疏》：‘蓏，瓜瓠之屬。’《論語·陽貨集解》《廣雅·釋草》并云：‘匏，瓠也。’是匏屬艮也。震之爲竹者，《説卦》：‘震爲蒼莨竹。’《九家易》云：‘蒼莨，青也。震陽在下，根長堅剛。陰爻在中，使外蒼莨也。’故竹屬震也。巽之爲木者，《説卦》‘巽爲木’是也。離之爲絲者，《白虎通·禮樂篇》：‘琴在南方。’《爾雅·釋樂》‘大琴謂之離’，猶古義也。坤之爲土者，《莊二十二年傳》《國語·晉語》并云：‘坤，土也。’兌之爲金者，《禮運疏》引《異義》云：‘西方兌。’《白虎通·五行篇》‘金在西方’，是兌爲金也。”

“故自八以下。”公從之。於是初獻六羽，始用六佾也。

宋人取邾田。邾人告於鄭曰：“請君釋憾於宋，敝邑爲道。”

〔疏證〕杜《注》：“釋四年再見伐之恨。”《釋文》：“道，音導，本

---

① 林按：《史記·律書》此句作“主風吹萬物而西之軫”。

② 科學本注：抄本眉批：“李説當刪。”

亦作‘導’。”按：《楚辭》：“道濟天下。”《釋文》引鄭《注》：“道，當作‘導’。”《釋名》：“道，導也。所以通導萬物也。”

鄭人以王師會之，伐宋，入其郛，以報東門之役。

〔疏證〕《廣雅·釋言》：“報，復也。”《說文》：“郛，郭也。”《初學記》二十四引《風俗通》：“郭亦謂之郛。郛者，亦大也。”韋昭《國語注》：“郛，郭也。”杜《注》同。

宋人使來告命。

公聞其入郛也，將救之，問於使者曰：“師何及？”對曰：“未及國。”

〔疏證〕杜《注》云：“忿公知而故問，責窮辭。”顧炎武曰：“按：此非人情。改云：使者未知公之聞入郛，諱之不以實告。”

公怒，乃止。辭使者曰：“君命寡人同恤社稷之難，今問諸使者曰‘師未及國’，非寡人之所敢知也。”

〔疏證〕《釋詁》：“恤，憂也。”《說文》：“恤，憂也，收也。”

冬，十二月，辛巳，臧僖伯卒。公曰：“叔父有憾於寡人。

〔疏證〕顧炎武曰：“按：僖伯，孝公之子，惠公之弟，故曰叔父。杜解：‘諸侯稱同姓大夫，長曰伯父，少曰叔父。’此乃通稱之辭。當移在莊十四年‘上大夫之事，吾願與伯父圖之’之下。”按：顧說是也。《正義》亦云：“僖伯者，孝公之子，惠公之弟。惠公立四十六年而薨。則子臧此時非幼少，呼曰叔父者，是隱公之親叔父也。此注自言呼臣之大法耳。”則《疏》亦知此處叔父之稱，不當就同姓大夫說。杜《注》係用服義，詳見莊十四年《疏證》。《哀二十九年傳》：“美哉猶有憾。”服《注》：“憾，恨也。”杜《注》此云：“有恨，恨諫觀魚不聽。”亦襲服義。

“寡人弗敢忘。”葬之加一等。

〔疏證〕《說文》：“加，語相增加也。”《鄉射禮》：“乃復求矢加於楅。”《注》：“增，故曰加。”《楚語》：“祀加於舉。”《注》：“加，增也。”

宋人伐鄭，圍長葛，以報入郛之役也。

〔經〕 六年，春，鄭人來渝平。

〔疏證〕杜注《傳》“渝平”云：“渝，變也。”《釋文》同。惠棟云：“渝讀爲輸，二《傳》作‘輸’。《廣雅》曰：‘輸，更也。’與憚、悛、改同釋。《秦詛楚文》‘變輸盟刺’，謂變更盟刺耳。渝，更也。平，成也，故《經》書‘渝平’，《傳》曰‘更成’。杜《注》自明，而獨訓‘渝’爲‘變’，必俗儒傳寫之訛。服虔曰：‘公爲鄭所獲，釋而不結平。於是更爲約束以結之，故曰渝平。’是服亦訓渝爲更。”《文選·西京賦注》：“漢載安而不渝。”薛《注》：“渝，易也。”《説文》：“渝，變汙也。”皆更革義，然杜《注》訓“變”，自用《釋言》文，不關傳寫之譌。《説文》：“亏，語之舒也，從丂從八。八，分也，又正也。”《穀梁·宣四年傳》：“平者成也。”《魯語》：“齊侯乃許爲平。”《注》：“平，和也。”杜《注》云：“和而不盟曰平。”

夏，五月，辛酉，公會齊侯盟於艾。

〔疏證〕沈欽韓云：“《寰宇記》：‘艾山，一名臨樂山，在沂州新泰縣東北三十里。’新泰縣，今屬泰安府。”

秋，七月。

〔注〕賈、服之義，若登臺而不視朔，則書時而不書月。若視朔而不登臺，則書月不書時。若雖無事，視朔登臺，則空書時月。《禮記·中庸疏》。

〔疏證〕《漢書·律曆志》引劉歆三統説云：“經於四時，雖無事必書時月，時所以記啓閉也，月所以記分至也。啓閉者，節也；分至者，中也。節不必在其月，故時中必在正數之月。”賈、服蓋用歆説也。《禮記·中庸》“上律天時”。《注》：“謂編年，四時具也。”《疏》云：“《春秋》四時皆具，桓四年及七年不書‘秋七月’‘冬十月’，成十年不書‘冬十月’。桓十七年直云‘五月’不云‘夏’，昭十年直云‘十二月’不云‘冬’。如此不具者，賈、服之義云云。若杜元凱之意，凡時月不具，皆史闕文。各爲曲説，今略而不取也。”按：杜《注》此云：“雖無事而書首月，具四時以成歲，皆倣此。”係用《公羊》義[①]。

冬，宋人取長葛。

〔注〕賈、服以爲長葛不繫鄭者，刺不能撫有其邑。

〔疏證〕杜《注》：“秋取，冬乃告也。上有‘伐鄭，圍長葛’，長葛，鄭邑可知，故不言鄭也。”《正義》駁賈、服説云：“凡邑爲他國所取，皆是不能撫有之，何於此而獨爲惡鄭？”按：《傳例》：“書取，言易也。”① 服意以上年冬宋人已圍長葛，而《經》仍書取，則鄭無戒備可知，故以刺爲言。《正義》駁之，非也。《周禮·天官注》云：“繫，聯綴②也。”《正義》又云：“杜知長葛不繫鄭，非大都以名通者。以前年云‘伐鄭，圍長葛’，長葛之文繫於鄭也。劉炫以大都通名而規杜氏，非也。”據此則劉炫謂長葛非鄭邑，與服異。

〔傳〕 六年，春，鄭人來渝平，更成也。

〔注〕服云：“公爲鄭所獲，釋而不結平，於是更爲約束以結之，故曰渝平。”

〔疏證〕《説文》：“更，改也。”《吕覽·開春論》：“請弛期更日。”《注》：“更，改也。”杜《注》：“公之爲公子，戰於狐壤，爲鄭所獲，逃歸，怨鄭。鄭伐宋。公欲救宋，宋使者失辭而止。忿宋則欲厚鄭，鄭因此而來。”按：杜説既謂因忿宋而厚鄭，則魯當請成鄭人，何緣自來渝平？未得當時情事。《正義》云：“更成，謂復狐壤以前之好也。”又駁服説云：“按《傳》‘公貽尹而與之逃歸’，非鄭所釋，安得釋而結平也？”李貽德云：“計公立時，鄭人當有求成之舉。《經》不書者，如宋人之求成也。是時鄭以公舊怨雖釋，非約束無以徵信，故來渝平。服自以釋解公之釋怨，非言鄭之釋公也。所以知公釋怨者，《四年傳》諸侯復伐鄭。宋公使來乞師，公辭之，則公之怨解矣。羽父請以師會之，非公意也。”按：李説是也③。《魏志·劉繇傳》④：“王朗遺孫策書曰：‘劉正禮昔初臨州，未能自達，實賴尊門爲之先後，用能濟江成治，有所處定。後以袁氏之嫌，稍更乖刺。更以同盟，返爲仇敵。原其本心，實非所樂。康甯之後，常念渝平更成，復踐宿好。一爾分離，款意不昭，奄然阻隔，可爲傷恨。’”其謂渝平，在康甯之後，即服氏釋而不結平之意。

---

① 科學本注：原稿注：“書取例。”
② 林按：底本此處空兩格，據科學本增補。
③ 林按：原稿用紅筆批注“李氏”，據此可知用紅筆爲肯定意見，他處也多此種狀況。
④ 科學本注：抄本眉批：“《魏志》似可不引，或少引亦可。”

翼九宗，五正，頃父之子嘉父，逆晉侯於隨。

〔疏證〕杜《注》云：“唐叔始封，受懷姓九宗。職官五正，遂世爲晉强家。五正，五官之長；九宗，一姓爲九族也。頃父之子嘉父，晉大夫。”《正義》云：“周成王滅唐，始封唐叔，以懷氏一姓九族，及是前先代五官之長子孫賜之。言五官之長者，謂於殷時爲五行官長。今褒寵唐叔，故以其家族賜之耳。”按：嘉父自係翼大夫，非晉大夫。杜《注》誤①。

納諸鄂，晉人謂之鄂侯。

〔疏證〕《晉世家》：“孝侯十五年，曲沃莊伯弑其君晉孝侯於翼，晉人攻曲沃莊伯。莊伯復入曲沃，晉人復立孝侯子郤爲君，是爲鄂侯。”杜《注》：“鄂，晉別邑。”《世本》：“唐叔虞居鄂。”宋忠《注》云：“鄂，晉地，今在大夏。”惠棟云：“《釋例》云‘晉、大鹵、大原、大夏、參虛五名’，然則大夏即晉地，故杜以爲晉別邑。”馬宗璉云：“按：大夏在晉陽縣，唐叔始封之地。《史記·晉世家》：晉哀侯九年，曲沃武公於汾旁虜哀侯。是鄂地在汾旁之證。計其地去故絳都亦不甚遠，故鄂侯之子仍號爲翼侯，亦鄂近翼城之證。”②

夏，盟於艾，始平於齊也。

五月，庚申，鄭伯侵陳，大獲。往歲，鄭伯請成于陳。

陳侯不許，五父諫曰：“親仁善鄰，國之寶也。君其許鄭。”

〔疏證〕杜《注》：“五父，陳公子佗。”詳桓五年《疏證》。

陳侯曰：“宋、衛實難，

〔注〕賈云：“難，畏憚也。”《國語注》。

〔疏證〕《釋文》：“難，乃旦反。”此《注》見“屯，剛柔始交而難生”《釋文》。杜《注》“難”云：“可畏難也。”係用賈説，而改“憚”爲“難”。非也。《典瑞》：“穀圭以和難。”鄭《注》：“難，仇讎。”

“鄭何能爲？”遂不許。君子曰：“‘善不可失，惡不可長。’其陳

---

① 林按：原稿批注用三角形標注“杜注”，表明杜注誤。
② 林按：原稿眉批用紅筆：“馬氏。”表明馬氏意見正確。

桓公之謂乎？長惡不悛，從自及也。

〔疏證〕杜《注》：“悛，止也；從，隨也。”按：《周語》：“其有悛乎？”韋《注》：“悛，止也。”①《説文》亦云：“悛，止也。”《魯語》：“夙之事君也，不敢不悛。”韋《注》：“悛，改也。”《廣雅》：“悛，更也。”王引之《經義述聞》云：“按：‘隨自及也’，殊爲不辭。從，疑當作徒。言長惡不悛，無害於人，徒自害而已。隸書‘從’字作徔，形與徒相似，故徒訛作從。”按：《詩②·既醉》鄭《箋》云：“從，隨也。”《傳》意以有惡而不知悛止，則害隨之至。“從”之訓“隨”，本自可通，無所謂不辭。

“雖欲救之，其將能乎？《商書》曰：‘惡之易也，如火之燎於原，不可鄉邇，其猶可撲滅？’

〔疏證〕《商書·盤庚》文，今《盤庚》無“惡之易也”四字。杜《注》云：“言惡易長，如火焚原野，不可嚮邇。”王念孫云：“杜讀‘易’爲難易之‘易’，而以‘長’字增成其義，殆失之迂矣。按：易者，延也，謂惡之蔓延也。《大雅·皇矣》篇‘施於孫子’，鄭《箋》云：‘施猶易也，延也。’《爾雅》：‘施，易也。’郭《注》曰：‘相延易。’惡之延易，禍及於身而不可救正，如火之燎原而不可撲滅。”文淇按：王説是也。《哀十一年傳》：“無俾易種於兹邑。”《注》：“易種，轉生種類。”轉生即延義。《魯語》：“子叔聲伯如晉。歸，鮑國謂之曰：‘子何辭苦成叔之邑？’對曰：‘譬之如疾，余恐易焉。’”疾謂疫癘。彼“易”亦當訓爲“延”，猶俗所謂傳染也。《説文》：“燎，放火也。”《爾雅》：“高平曰原。”《釋文》：“鄉，本又作嚮。”《校勘記》云：“鄉，正字。嚮，乃衛包所改。”《經籍纂詁》：“扑，亦作撲。”《史記·刺客傳》“舉筑③撲秦皇帝”，《索隱》云：“扑，擊也。”《一切經音義》引《通俗文》：“爭到曰撲。”《釋詁》：“滅，絶也。”《楚辭》：“賢者滅息。”《注》：“滅，消也。”

“周任有言曰：‘爲國家者，見惡，如農夫之務去草焉，芟夷蘊④崇之，絶其本根，勿使能殖，則善者信矣。’”

---

① 林按：抄本眉批：“是書中無實據而疑杜襲舊注者，似可删。”
② 林按：原稿多空兩格，擬填入書名，下文《廣雅》亦同。
③ 林按：底本此處空格，據科學本增補。
④ 林按：楊本及通行本皆作“藴”。

〔疏證〕馬融《論語注》："周任，古之良史。"《稻人》："凡稼澤，夏以水殄草而芟夷之。"《注》："鄭司農説芟夷以《春秋傳》曰'芟夷藴崇之'，今時謂禾下麥爲夷下麥，言芟刈其禾，於下種麥也。玄謂將以澤地爲稼者，必於夏六月之時，大雨時行，以水病絶草之後生者。至秋水涸，芟之，明年乃稼。"《疏》引隱六年"芟夷藴崇之"《注》云："芟，刈。夷，殺。藴，積。崇，聚也。"引之者，見"芟夷"爲"刈殺"之義也。按：先鄭《注》"芟夷"，雖引《左傳》爲説，然《傳》言去草，不關刈禾。後鄭雖言去草，未及芟夷之别。《薙氏》："夏日至而火①之，秋繩而芟之。"後鄭《注》云："夷之，以鉤鐮迫地芟之也。含實曰繩，芟其繩，則實不成熟。"是謂芟夷所别在長短。按：《説文》："嫛，以足蹋夷草也。"引《詩》作"嫛夷藴崇之"，是賈氏本作"嫛"，異於先、後鄭之作"芟"。許君當用賈義。《廣雅·釋詁》曰："夷，滅也。"是"嫛"爲"足蹋"，"夷"謂"刀刈"也。杜《注》統釋爲"刈殺"，非。《廣雅·釋詁》："藴，積也。""崇，聚也。"《説文》："殖，脂膏久殖也。"《周語》："財蓄殖。"《注》："殖，長也。"《釋文》："信如字，一音伸。"《東觀漢記》杜林《疏》引周任語"則善者信矣，作畏其易也，即延易義矣"②。

秋，宋人取長葛。

冬，京師來告饑。公爲之請糴於宋、衞、齊、鄭，禮也。

〔疏證〕③《説文》："糴，市穀也。"《廣雅·釋詁》："糴，買也。"杜《注》云："告饑不以王命，故《傳》言'京師'，而不書於《經》也。"按：《經》不書周告饑，或簡策之佚脱。《傳》又未言不書之故，不必强爲之辭。杜又云："己國不足，旁請他國。"《傳》亦無此意。《正義》云："宋、鄭輸粟，不復告魯，故不書。"何以知宋、鄭輸粟，而衞、齊不輸粟？尤謬。

鄭伯如周，始朝桓王也。王不禮焉。

〔疏證〕《周本紀》："桓王三年，鄭莊公朝，桓王不禮。"《年表》：鄭莊公二十七年"始朝桓王，王不禮。"文淇按：桓王怒鄭取禾，故弗禮也。

---

① 林按：底本作"火"，《周禮正義》作"夷"。

② 林按：此句與稿本正文字體有别，疑是别人新加。

③ 林按：原稿紅筆眉批并用三角形標注："杜注，正義。"

周桓公言於王曰：「我周之東遷，晉、鄭焉依。

〔疏證〕杜《注》：「周桓公，周公黑肩也。周，采地，扶風雍縣東有周城。」而不解「焉」字之義。《周語》：「凡我周之東遷，晉、鄭是依。」《注》：「東遷，謂平王也。」《玉篇》：「焉，是也。」是焉是義得通。《周語》又云：「周乃東遷。」《注》：「東遷謂平王遷於洛邑。」《晉語》「鄭先君武公，與晉文侯，戮力一心，股肱周室，夾輔平王」是也。《詩·那傳》：「依，倚也。」《論語》皇《疏》：「依，恃也。」

「善鄭以勸來者，猶懼不蔇。

〔疏證〕杜《注》云：「蔇，至也。」莊九年，盟於蔇。《公羊》《穀梁》作「暨」。《校勘記》：「蔇、暨古今字。」《周語》：「上求不暨。」《注》：「暨，至也。」焦循云：「杜以『蔇』通『暨』，故訓『至』。《爾雅》：『逮、及、暨，與也。』『暨』訓『至』，不若訓『及』善。鄭以勸來，猶恐不及，於義爲達。訓『至』，於上下兩來字均複矣。」按：《一切經音義》十二引此《傳》作「不暨」。又卷七引《字林》云：「暨，及也，亦至也。」是「暨」有及、至二訓。及，猶至也。焦説似泥。

「況不禮焉，鄭不來矣。」

〔經〕 七年，春，王三月，叔姬歸於紀。無《傳》。

〔注〕賈云：「書之者，刺紀貴叔姬。」本《疏》。
〔疏證〕《二年經》書「紀伯姬歸於紀」。何休、范甯説《公》《穀》皆謂叔姬待年父母國。《異義》曰：「姪娣年十五以上，能共事君子，可以往。二十而御。」《穀梁集解》引之以證叔姬不與嫡俱行，是古《左氏》説，亦謂叔姬待年父母之國也。《集解》下文又云：「《易》曰：『歸妹愆期，遲歸有待。』《詩》云：『韓侯取妻，諸娣從之，祁祁如雲。』娣必少於嫡，知未二十而往也。」彼《疏》云：「一解引《易》者，證待年于父母國，與嫡俱行也。」是「《易》曰」以下，非《異義》語。陳壽祺《異義疏證》轉引爲《異義》文，非也。《解詁》謂「婦人八歲備數，十五從嫡，二十承事君子」。其言姪娣之年，與許君合。《正義》引賈説駁之曰：「魯女嫁於他國之卿，皆書之。夫人之娣，尊與卿同，其書固是常例。賈云：『書之者，刺貴叔姬。』傳無其事，是妄説也。」按：《春秋》書姪娣之歸他國，惟此《經》紀叔姬一見，不得謂常例應書。李貽德云：「劉、賈云《春秋》之序，

三命以上，乃書於《經》。內外相比，不得書歸明矣。今紀侯既貴重之，故《經》特變其例以書於策，蓋所以刺之也。"按：李說是也。賈義指爲刺貴叔姬者，蓋以莊二十九年十二月《經》書叔姬卒，三十年八月《經》書叔姬葬。然紀既告卒、告葬，則紀侯平昔之貴叔姬可知。貴之，故特書以刺之。此經《公羊》無《傳》，《穀梁》但解不言卿逆，則賈義當係古《左氏》說，不得斥爲妄①。

滕侯卒。

〔疏證〕《世本》："滕，姬姓。文王子錯叔繡之後。"《地理志》："沛郡公丘，故滕國。周懿王子叔繡所封。"與《世本》異。洪亮吉云："蓋傳寫誤。"沈欽韓云："滕，今兗州府滕縣。"

夏，城中丘。

〔疏證〕沈欽韓云："《一統志》：'中丘城在沂州府蘭山縣東北三十一里。'"

齊侯使其弟年來聘。

秋，公伐邾。

冬，天王使凡伯來聘。

〔疏證〕《詩·板箋》云："凡伯，周同姓，周公之允②也，入爲王卿士。"《疏》："《春秋》隱七年，'天王使凡伯來聘'。世在王朝，蓋畿內之國。"杜預云："汲郡共縣東南有凡城。"共縣於漢屬河內郡。蓋在周東都之畿內也。按《郡國志》："河內郡共。"《注》云："有汎亭，凡伯國。"《方輿紀要》："凡城在衛輝府輝縣西二十里。"《詩·節南山序》："凡伯刺幽王也。"《疏》云："《瞻卬箋》引隱七年'天王使凡伯來聘'。自隱七年，上距幽王之卒五十六歲。凡國，伯爵，爲君皆然。亦不知其人之同異也。"

戎伐凡伯於楚丘，以歸。

〔疏證〕杜《注》："楚丘，衛地，在濟陰成武縣西南。"顧炎武云：

---

① 林按：原稿眉批："劉、賈說須查出處。"
② 科學本注："允"《注疏》作"胤"。

“此非僖二年所城之楚丘。《解》曰‘衛地’，非也。其曰‘在濟陰成武縣西南’，則是也。春秋時爲曹地。”沈欽韓云：“此爲曹之楚丘。《紀要》：‘楚丘城，在曹州曹縣東南四十里。’《水經注》亦誤以成武之楚丘爲衛文公所居。程①公説《春秋分紀》曰：‘戎州己氏邑，在今拱州楚丘縣。’天王使凡伯聘魯，由雒邑道楚丘至仙源。楚丘在河南，宜爲周、魯往來之地。以其逼近宋都，故漢、晉屬梁國。文公徙居楚丘，在澶之南，衛地，在河北。凡伯安有踰河北道衛而南使於魯耶？欽韓按：《漢志》云：‘山陽郡成武縣有楚丘亭，齊桓公所城，遷衛於此。’由此展轉致誤。”江永曰：“《彙纂》：‘今兗州府曹縣東楚丘亭是也。’今按曹縣今屬曹州府。”二年戎城，亦在曹縣。則此楚丘爲戎邑，非衛邑也。按：顧、沈之説是也。春秋時，戎入處中國，曹亦可有戎，第江氏徑指楚丘爲戎邑，非。《虎賁氏》：“若道路不通。”《注》：“不通，逢兵寇若泥水。《春秋》隱七年‘冬，戎伐凡伯于楚丘以歸’。”《淮南子・泰族訓》：“周之衰也，戎伐凡伯於楚丘以歸。”《注》：“凡伯，周大夫，使於魯，而戎伐之楚丘。”

〔傳〕 七年，春，滕侯卒。不書名，未同盟也。凡諸侯同盟，於是稱名，故薨則赴以名。

〔疏證〕杜《注》云：“盟以名告神，故薨亦以名告同盟。”

告終、稱嗣也，以繼好息民，

〔疏證〕告終，即稱卒之謂。義見三年《經》“宋公和卒”《疏證》。杜《注》謂“告亡者之終”，殊爲不詞。《釋詁》：“嗣，繼也。”《説文》：“嗣，諸侯嗣國也。從册，從口，司聲。孠，古文‘嗣’，從子。”

謂之禮經。

〔疏證〕杜《注》云：“此言凡例，乃周公所制禮經也。十一年不告之例。又曰不書於策，明禮經皆當書於策。第仲尼修《春秋》，皆承策爲《經》。丘明之《傳》，博采衆記，始開凡例。”按：杜氏《自序》云：“其發凡以言例，皆經國之常制，周公之垂法，史書之舊章。仲尼從而修之，以成一經之通體。”《正義》云：“杜言發凡五十，皆是周公舊法。先儒之説《春秋》者多矣，皆云丘明以意作《傳》。説仲尼之《經》，凡與不凡，

_____

① 林按：科學本誤作“徐”，據底本与沈書回改。

無新舊之例。"所謂先儒，即賈、服諸儒說也。《正義》蓋不以杜說爲然，故於此《傳》云："凡例是周公所制，其來亦無所出。"而又云："以《傳》言'謂之禮經'，則是先聖謂之，非丘明自謂之也。"仍强從杜說，非也。《太宰》："掌建邦之六典。"《注》："典，常也，經也，法也。王謂之禮經，常所秉以制天下也。邦國官府謂之禮法，常所守以爲法式也。"是禮經即周典。五十凡乃周典中史例，不關周公創制。趙子常曰："春秋之後，周典散失。左氏采合殘缺，傅以己意，略示凡例凡五十條。杜氏一定爲周公所制，而不考其不通於經，則亦陋矣。"丁晏《杜解集證》曰："《左傳·昭二年傳》：晉韓宣子來聘，觀書於太史氏，見《易象》與《魯春秋》，曰：'周禮盡在魯矣。'杜氏依此傳文，遂附會五十發凡，爲周公禮典，臆說無據。"按：趙、丁之說是也。此五十凡，乃《左氏》一家之學，異於《公》《穀》。賈、服間以《公》《穀》釋《左傳》，是自開其罅隙，與人以可攻。杜氏既尊五十凡爲周公所制，而其《釋例》又不依以爲說，自創科條，支離繚繞。是杜氏之例，非左氏之例也。今證經傳，專釋訓詁名物典章，而不言例。另爲《五十凡例表》，皆以《左氏》之例釋《左氏》。其所不知，概從闕如[①]。

夏，城中丘。書，不時也。

齊侯使夷仲年來聘，結艾之盟也。

〔疏證〕《年表》："夷仲，僖公同母弟。"《說文》："結，締也。"《釋名》："結，束也。"[②]《廣雅》："結，續也。"《秦策》："不足以結秦。"《注》："結，固也。"杜《注》云："艾盟在六年。"

秋，宋及鄭平。七月，庚申，盟於宿。公伐邾，爲宋討也。

初，戎朝於周，發幣於公卿，凡伯弗賓。

〔注〕服云："戎以朝禮及公卿大夫，發陳其幣。凡伯以諸侯爲王卿士，不修賓主之禮，敬報於戎。是以冬，天王使凡伯來聘。還，戎伐之楚丘以歸。"《儀禮疏》。

---

① 林按：原稿眉批："此當修改。"現有文字當是改後，劉壽曾有《五十凡例表》，此段文字當爲劉壽曾新作。

② 林按：原稿眉批："《釋名》似可不引。"此或爲審閱者識語。

〔疏證〕《大宗伯》：“春見曰朝。”杜《注》謂“朝而發幣^①於公卿”，《正義》謂“發陳財幣於公卿之府寺”，均未解“發”字之義。王引之曰：“發幣，猶致幣也。《吕氏春秋·報更篇》‘因發酒於宣孟’，高誘《注》曰：‘發，猶致也。’”按：王説是也。《廣雅·釋詁》：“發，開也，舉也。”《周語》：“定王八年，使劉康公聘於魯，發幣於大夫。季文子、孟獻子皆儉。叔孫宣子、東門子家皆侈。”^②《注》：“發其禮幣於魯大夫。”又“晉羊舌肹聘於周，發幣於大夫及單靖公。靖公享之，儉而敬。賓禮贈餞，視其上而從之。”《注》：“發其禮幣於周大夫。”《魯語》：“吳子使來好聘，且問之仲尼，曰：‘無以吾命。’賓發幣於大夫，及仲尼，仲尼爵之。”《注》：“發所齎幣於魯大夫，以及仲尼也。”以上《國語》所述，皆係《聘禮》發幣。此節服《注》見《覲禮疏》。《疏》云：“聘禮享君，尚有幣問卿大夫。此諸侯覲天子，享天子訖，亦當有幣問公卿大夫。”下即引服氏此《注》，以證諸侯朝天子，亦有聘及公卿大夫之事。沈欽韓云：“《聘禮》：‘歸饔餼之明日，“賓朝服向卿。卿受於祖廟。庭實設四皮。賓奉束帛入，致命，降出。又請面，如覲君之幣。畢，乃餼賓。”此所謂發幣於公卿。“主人朝服，迎外門外，再拜，賓升一等。大夫從升，再拜，受幣。”此敬賓之禮。而凡伯不然。故戎嫌之。’”按：沈氏之説發幣是矣。其言弗賓，僅及拜受之禮，似未盡。《大東》“行彼周行”《箋》云：“因見使行周之列位者而發幣也。”“既往既來”《傳》云：“既，盡也，言譚人自虚竭餼送而往。周人則空盡受之，曾無反幣復禮之惠。”是賓發幣之後，主人又有反幣之禮。可補《禮經》之缺。《虎賁氏》：“若道路不通。”《疏》云^③：“按：《左氏傳》云：‘初，戎往朝周。周大夫皆有發禮禮戎，唯凡伯不禮。後凡伯至魯，戎則要而伐之。’”《疏》所引當係古《左氏》説。其云“有發禮禮戎”，即毛氏所謂反幣復禮也。凡伯於戎無反幣之禮，是爲弗賓。李貽德云：“《聘禮》有大夫餼賓禮，有大夫饗食賓介禮。今凡伯不行此禮，是弗賓。”按：餼饗無關發幣之事，李説非。《説文》：“賓，所敬也。”凡伯爲王卿士，詳經文《疏證》。

冬，王使凡伯來聘。還，戎伐之於楚丘，以歸。

---

^① 科學本注：抄本眉批：“鄭玄《禮記注》：‘幣，帛也。’”

^② 林按：原稿眉批：“‘季文子……侈’似可删。是書凡此類似皆可删。”類似語句或爲審閲者識語。

^③ 林按：底本誤作“疏”，據科學本及文意改。

陳及鄭平。十二月，陳五父如鄭涖盟。

壬申，及鄭伯盟，歃如忘。

〔注〕服云：“如，而也。臨歃而忘其盟載之辭，言不精也。”本《疏》。

〔疏證〕《異義》：“古《春秋左氏》説云：‘《周禮》有司盟之官。殺牲歃血，所以盟事神明。’”①《曲禮》“涖牲曰盟”《注》：“坎用牲。盟②而讀其盟書。”《疏》：“盟之爲法，先鑿地爲方坎，殺牲於坎上，割牲左耳，盛以珠槃。又取血，盛以玉敦，用血爲盟，書成，乃歃血而讀書。”《釋文》：“歃，血也。”“楚人固請先歃”《注》：“歃，飲血也。”《説文》：“歃，歠也。《春秋傳》曰：‘歃而忘。’”惠棟曰：“古如、而皆通用。莊七年，‘星隕如雨’。《昭六年傳》‘火如象之’，皆讀爲而。”按：惠説是也。許氏依用賈義，蓋賈本作“而”，服本作“如”。杜《注》“歃如忘”云：“志③不在於歃血也。”《正義》引服説駁之云：“盟載之辭，在於簡策。祝史讀以告神，非歃者自誦之，何言忘載辭也？且忘否在心，五父終不自言己忘，洩伯安知其忘而譏之？”按：服謂忘其載辭，係就忘意間言之，并未言涖盟當誦載辭。杜《注》謂“志不在歃”，正用服《注》“不精”之意。《正義》駁之，非。

泄④伯曰：“五父必不免，不賴盟矣。”

〔疏證〕杜《注》云：“泄伯，鄭洩駕。”而不解“賴”字。按：《楚語》：“賴子之善，善之也。”《注》：“賴，恃也。”《周語》：“先王豈有賴焉？”“賴，利也。”

鄭良佐如陳涖盟。辛巳，及陳侯盟，亦知陳之將亂也。

〔疏證〕杜《注》：“良佐，鄭大夫。”

鄭公子忽在王所，故陳侯請妻之。鄭伯許之，乃成昏。

---

① 林按：稿本此爲眉批内容，整理本加入。
② 林按：《禮記正義》作“臨”。
③ 林按：科學本誤作“忘”，據底本及《左傳正義》回改。下文同。
④ 林按：“泄”，楊本作“洩”。

〔疏證〕《士昏目録》：“士娶妻之禮，以昏爲期，故以焉。”①

〔經〕 八年，春，宋公、衛侯遇于垂。

〔疏證〕《郡國志》：“濟陰郡句陽有垂亭。”《水經注》：“瓠瀆又東逕垂亭②。京相璠曰：句陽城③。小成陽東五里。”《方輿紀要》：“句陽城在曹州曹縣北三十里。”

三月，鄭④伯使宛來歸祊。庚寅，我入祊。

〔疏證〕杜《注》：“宛，鄭大夫。不書氏，未賜族。”《郡國志》：“泰山郡費有祊亭。”《一統志》：“費縣故城在今沂州府費縣西北二十里。劉宋移縣理祊城，即古祊邑。”《方輿紀要》：“祊城，今費縣治。”《校勘記》云：“祊，《漢書·五行志》作‘邴’。”按：《公羊》《穀梁》作“邴”。臧壽恭云：“‘祊’爲古文假借字，‘邴’爲今文正字。《左氏》爲古學，故作‘祊’。二《傳》爲今學，故作邴。”

夏，六月，己亥，蔡侯考父卒。無《傳》。

〔疏證〕《管蔡世家》：“宣侯措父立。宣侯二十八年魯隱公初立。三十五年宣侯卒。”按：考父即措父也。杜《注》云：“蔡未與隱盟。蓋春秋以前與惠公盟，故赴以名。”

辛亥，宿男卒。無《傳》。

〔疏證〕杜《注》云：“元年，宋、魯大夫盟於宿。宿與盟也。晉荀偃禱河，稱齊、晉君名，然後自稱名。知雖大夫出盟，亦當先稱己君之名，以啓神明，故薨皆從身盟之例，告以名也。《傳例》曰：‘赴以名，則亦書之，辟不敏也。’今宿赴不以名，故亦不書名。”《正義》引衛冀隆難杜云：“周人以諱事神，臣子何得以君之名告神？又荀偃禱河，一時之事耳，非正禮也。何得知大夫盟先稱君名乎？”臧壽恭云：“案：衛冀隆爲服氏學者。據此難，知賈、服之例，凡諸侯未嘗身自同盟者，皆從未同盟不書

---

① 科學本注：《儀禮·士昏禮疏》作“鄭《目録》云：士娶妻之禮，以昏爲期，因而名焉。”

② 科學本注：《水經注》原文“垂亭”下有“北”字，始爲句。

③ 科學本注：“句陽城”一本作“今濟陰句陽縣”。

④ 林按：科學本誤作“陳”，據《左傳正義》回改。

名例。此宿男亦未嘗身與魯同盟者，故不書名。”按：臧氏言服義，亦揣測之辭。《傳例》“赴名則書”，義自明盡。宿君與魯盟，或在春秋前。無由知僅元年一盟也。杜《注》：“大夫出盟，從身盟之例。”《傳例》無此義。

秋，七月，庚午，宋公、齊侯、衛侯盟于瓦屋。

〔疏證〕杜《注》：“瓦屋，周地。”沈欽韓云：“《一統志》：‘瓦屋頭集在大名府清豐縣東三十五里。或謂盟於瓦屋即此。’《紀要》：‘瓦岡在滑縣東。’《水經注》：‘濮渠東逕滑臺城南，又東南逕瓦亭南。’當是此瓦屋。杜預謂周地，非也。”

八月，葬蔡宣公。

九月，辛卯，公及莒人盟于浮來。

〔疏證〕《郡國志》：“琅琊郡東莞有邳鄉，有公來山。或曰古浮來，莒邑。”江永云：“浮來，莒邑，非紀邑。”《大事表》云：“今山東沂州府蒙陰縣西北有浮來山，與莒州接界。”

螟。無《傳》。

〔疏證〕《五行志》：“劉歆以爲八年九月螟。鄭伯以邴將易許田，有貪利之心。”

冬，十有二月，無駭卒。

〔傳〕 八年，春，齊侯將平宋、衛，有會期。宋公以幣請於衛，請先相見。衛侯許之，故遇於犬丘。

〔疏證〕杜《注》：“犬丘，垂也。地有兩名。”《曲禮》：“諸侯未及期相見曰遇。”《説文》：“遇，逢也。”《王制疏》引《異義》：“卒而相逢曰遇。”《大宗伯》：“冬見曰遇。”《注》：“遇，偶也，欲其若不期而俱至。”

鄭伯請釋泰山之祀而祀周公，以泰山之祊易許田。

〔注〕舊注：“今有魯故城，在長社縣。”《御覽》百五十九。
〔疏證〕《寰宇記》：“魯城在許州潁昌縣南四十里。鄭伯易許田，即此城也。”

三月，鄭伯使宛來歸祊，不祀泰山也。

〔疏證〕《御覽》引舊注：“在許田下，今仍之。”杜《注》云：“許田，近許之田。”《正義》云：“杜言近許之田，是用《公羊》爲説。劉君更無所憑，云別有許邑。邑自名許，非由近許。國始名爲許，以規杜氏，非其義也。”是劉炫不從近許之説也。《魯頌》：“居常與許，復周公之宇。”鄭《箋》云：“許田，魯朝宿之邑也。”《異義》云：“《公羊》説：‘諸侯朝天子，天子之郊皆有朝宿之邑。從泰山之下，皆有湯沐之邑。’《左氏》説：‘諸侯有功德於王室，京師有朝宿之邑，泰山有湯沐之邑。魯，周公之後；鄭，宣王母弟，此皆有湯沐邑。其餘則否。’許慎謹案：京師之地，皆有朝宿邑。周千八百諸侯，京師地不能容之，不合事理之宜。”《王制疏》云：“許慎不從《公羊》之説。鄭無駁，當從許説。”本《疏》云：“定四①年，祝佗言康叔之受分物，云：‘取於有閻之土，以供王職；取於相土之東都，以會王之東蒐。’有閻之土，猶魯之許田也。相土之東都，猶鄭之祊邑也。鄭近京師，無假朝宿；魯近泰山，不須湯沐。各受其一。衛以道路遠，故兩有之。《禮記·王制》曰：‘方伯爲朝天子，皆有湯沐之邑於天子之縣内。’然則朝宿之邑，亦名湯沐。但向京師，主爲朝王。從王巡守，主爲助祭。祭必沐浴，隨事立名，朝宿、湯沐亦互言之耳。”是舊説謂許田爲魯朝宿邑，祊爲鄭湯沐邑。《疏》則以朝宿、湯沐義得通也。《異義》謂此皆有湯沐，亦通稱之證。杜《注》云：“成王營王城，有遷都之志，故賜周公許田，以爲魯國朝宿之邑。後世因而立周公別廟焉。鄭桓公，周宣王之母弟，封鄭。有助祭泰山湯沐之邑在祊。”按：《穀梁·桓元年傳》：“許田，魯朝宿之邑也。邴者，鄭伯所受命而祭泰山之邑也。”《集解》云：“朝天子所宿之邑謂之朝宿。泰山非鄭竟内，從天王巡狩受命而祭也。”《疏》云：“先儒解《左氏》者，皆以鄭受天子祊田，爲湯沐之邑。後世因立武公之廟，故謂之泰山之祀。”據此《疏》引古《左氏》説，是泰山之祀，謂鄭立武公之廟，不關助祭。杜氏獨取《穀梁》，與古義違。而《疏》云“鄭家廢此助祭泰山之事”，仍曲祖杜説，非也。經文《疏》引劉炫云：“言祀泰山之邑者，謂泰山之旁有此邑。邑内有鄭宗廟之祀，蓋祀桓、武之神。”本《疏》亦云“祊邑内亦有鄭君別廟”，皆舊義之僅存者。由鄭立武公別廟推之，則杜謂魯立周公別廟之説，當亦古《左氏》説。《穀梁疏》未引及耳。許與祊同爲別廟者，魯、鄭本固各有周公、武公廟也。鄭伯以易地之

---

① 科學本注：此《定四年傳》之事，原稿誤作六年。

故，輟其先君之祀，而請祀魯先君。故《傳》言歸祊之後，鄭不祀泰山以譏之。若謂祊爲助祭泰山之邑，則春秋以前天子即不巡狩，泰山之祀，廢墜久矣，何待易地始廢？本《疏》亦明知之，而牽於杜說，謂其實廢來已久，今始云已廢者，欲爲魯祀周公，故云已廢耳，殊非事理。《周本紀》云："桓王三年，鄭莊公朝，桓王不禮。五年，鄭怨，與魯易許田。許田，天子之用事太山田也。"《魯世家》："魯隱公八年，與鄭易天子之太山之邑祊及許田，君子譏之。"《鄭世家》："莊公怒周弗禮，與魯易祊、許田。"《年表》："魯隱公八年，易許田。君子譏之。鄭莊公二十九年與魯璧，易許田。"

夏，虢公忌父始作卿士於周。

四月，甲辰，鄭公子忽如陳，逆婦嬀。辛亥，以嬀氏歸。甲寅，入于鄭。陳鍼子送女。先配而後祖。鍼子曰："是不爲夫婦，誣其祖矣，非禮也，何以能育？"

〔注〕賈云："配，謂成夫婦也。《禮》，齋而未配，三月廟見，然後配。"《正義》。鄭衆云："配，謂同牢食也。先食而後祭祖，無敬神之心，故曰誣其祖也。"《正義》。鄭康成云："祖，祓道之祭也。先爲配匹，而後祖道。言未去而行配。"《正義》。賈、服之義，大夫以上，無問舅姑在否，皆三月見祖廟之後，乃始成昏，故譏鄭公子忽，先爲配匹，乃見祖廟。《禮記正義》。

〔疏證〕杜《注》云："鍼子，陳大夫。"《樂記》："誣上行私，而不可止也。"《注》："誣，罔也。"《表記》："故其受祿不誣。"《注》："不信曰誣。"《說文》："誣，加也。"《廣雅·釋詁》："誣，欺也。"《華嚴經音義》引《國語》賈《注》："育，生也。"杜氏於先配後祖，不用諸儒義，《注》云："禮，逆婦必先告祖廟而後行。故楚公子圍稱告莊、共之廟。鄭忽先逆婦而後告廟，故曰'先配而後祖'。"蓋以祖爲出告祖廟。沈氏欽韓"先配而後祖"解云："若杜預之言，乃似是而非者也。貴爲國君之世子，且爲有禮之莊公，乃不如楚之公子圍乎？且鍼子已在鄭，必灼然於耳目者，乃鹺咨於誣祖耳。胡爲追按前此之過舉，成事後之清議？若先未告廟，《左氏》豈不能出一語貶絕，而待鍼子之定論也。"[1]俞正燮云："杜言後告廟，忽出國，無不告廟禮。《白虎通》言娶不先告廟。據士禮言之，若世

子及卿大夫出疆，必告廟也。”按：沈、俞説是也。《正義》駁賈説云：“按：
《昏禮》：‘親迎之夜，衽席相連。’是士禮不待三月也。禹娶塗山，四日
即去，而有啓生焉，亦不三月乃配。是賈之謬也。”其駁先鄭説云：“按：
《昏禮》：‘婦既入門，即設同牢之饌。’其間無祭祀之事。先祭乃食，《禮》
無此文。是鄭之妄也。”其駁後鄭説云：“按《傳》既言‘入於鄭’，乃云
‘先配而後祖’，寧是未去之事也？若未去先配，則鍼子在陳譏之，何須云
送女也？此三説皆滯。”按：《正義》但駁賈《注》而未及服《注》者，以
賈、服誼同也。賈、服、兩鄭君説，師授各異，理宜兼存。《正義》橫生
辨駁，殊非説經之慎。

今舉三説勾疏之。賈謂“配謂成夫婦”者，《爾雅·釋詁》：“妃，匹
也。”妃、配義同。《詩·皇矣》“天立厥妃”，《傳》：“妃，媲也。”“齊而
未配”者，《郊特牲》“壹與之齊”，鄭《注》謂：“共牢而食，同尊卑也。
齊或爲醮。”是齊指同牢也。“三月廟見，然後配”者，《白虎通·嫁娶篇》
云：“三月一時，物有成者。人之善惡，可得知也。然後可得事宗廟之禮。”
賈、服謂“大夫以上”者，蓋別士言之。《曾子問》：“三月而廟見，稱來
婦也。擇日而祭於禰，成婦之義也。”《王制》：“士一廟。”《祭義》：“上
士二廟。”禮舉卑者爲例。士一廟，乃常制。一廟則不得有祖廟矣，知廟
見之禮，當屬大夫以上也。謂“無論舅姑在否，皆三月見祖廟已後，然後
成昏”者，《白虎通·嫁娶篇》：“婦入三月，然後祭行。舅姑既殁，亦婦
入三月，奠采於廟。”是無論舅姑在否，婦皆當見於廟，與《士昏禮》“舅
殁則奠菜，舅存則否”異也。“譏鄭公子先爲配匹乃見祖廟”者，公子忽
先成昏、後廟見，不待三月也。禮經大夫以上昏禮亡。賈、服“三月廟見
成昏”之説，後儒多不謂然。考《列女傳》云：“宋恭伯姬，魯宣公之女，
成公之妹也。其母曰繆姜，嫁伯姬於宋恭公。恭公不親迎，伯姬迫於其母
之命而行。既入宋，三月廟見，當行夫婦之道。伯姬以恭公不親迎，故不
肯聽命。宋人告魯，使大夫季文子如宋，致命於伯姬。”又云：“齊孝孟姬，
華氏之長女，齊孝公之夫人也。好禮貞壹，齊中求之。禮不備，終不往。
齊國稱其貞。孝公聞之，乃修禮親迎於華氏之室，遂納於宮。三月廟見，
而後行夫婦之道。”伯姬、孟姬位皆諸侯夫人，則賈、服所謂大夫以上三
月廟見成昏，容爲古禮，春秋時猶有行之者矣。成九年書“伯姬歸宋”，
又書“季孫行父如宋致女”。服《注》“致女”，亦謂成昏也。《詩·葛履正
義》引《駁異義》云：“‘昏禮之暮，枕席相連。’是當夕成昏也。”《曾子
問正義》引熊氏云如鄭義，則從天子以下至於士，皆當夕成昏。“舅姑殁
者，三月廟見。”《異義》之文，今不可考。以鄭駁推之，許君當用三月廟

見成昏之説也。此賈、服義之可證者也。《尚書》“禹娶塗山，辛、壬、癸、甲”。鄭《注》：“登用之年，始娶塗山氏。三宿而爲帝治水。”是娶後始受治水之命。即如某氏傳，以爲己當治水，輟事成昏，或不待三月廟見，亦變禮而非經常之道。《正義》據以駁賈説，非也。先鄭謂“配爲同牢食”者，《牛人注》：“牢禮謂殷饗也。”《昏義》：“共牢而食，合巹而酳，所以合體同尊卑，以親之也。”《疏》：“共牢而食者，同食一牲，不異牲也。”謂“先食而後祭祖，無敬神之心”者，譏公子忽先行同牢之禮，而後祭祖也。婦入門先祭祖，《士昏禮》無之，《正義》據爲言，宜乎鑿枘。

　　嚴蔚云：“《左傳》不與《儀禮》合，未可援《昏禮》以駁賈、鄭二誼，多見孔氏之不知量也。”按：嚴説是也。先鄭説蓋與賈同，“同牢”即賈之言“齊而未配也”，“祭祖”即賈之言“廟見也”，特未言“三月成昏”，爲小異耳。後鄭謂“祖爲祓道之祭”者，《校勘記》云：“宋本《正義》‘祓’作‘軷’。《生民》‘取羝以軷’，毛《傳》云：‘軷，道祭也。’字或作‘祓’。《説文》云：‘出，將有事於道，必先告其神，立壇四通，樹茅以依神，爲軷。’”是祓即五祀之行也。“先爲配匹而後祖道，言未去而行配”者，《聘禮》：“出祖，釋軷。”《注》：“祖，始也，爲行始也。”彼《疏》云：“此見出行時祭軷。按：《韓奕》詩云：‘韓侯出祖，出宿於屠。顯父餞之，清酒百壺。’是韓侯入覲天子，出京城爲祖道。又《左氏傳》：‘鄭忽逆婦嬀於陳，先配而後祖。陳鍼子曰：是不爲夫婦，誣其祖矣。’《鄭志》以祖爲祭道神，是亦將還而後祖道。此聘使還，亦宜有祖。但文不具。”如《疏》言，是公子忽由陳還鄭，行祖道之禮也。《曾子問正義》云：“隱八年，鄭公子忽先配而後祖。鄭以祖爲祖道之祭，應先爲祖道，然後配合。今乃先爲配合，而後爲祖道之祭。”此鄭義之別見者，詳略互異，旨則同也。俞正燮“先配後祖”義云：“計忽在陳三日，則配已三日矣。辛亥日行，乃祖祭。陳鍼子不忠君命，不樂此行，言忽不當成昏於陳，當以親迎日即行，苟辭詈之，以誣道神爲誣其祖。春秋時占驗家多斷章展轉生義。陳鍼子説祖、史朝説元、史趙説歸，不可爲典要，一也。”俞氏謂公子忽成昏於陳，與鄭意合。其謂鍼子詈忽，斷章説祖，則注無此義，不足爲鄭義之證也。如鄭意，則《傳》先言入於鄭，乃終事之辭。接叙在陳之事，於文宜爾。先配後祖云云，正是鍼子在陳譏之，因送女而有辭耳。《正義》駁之，亦非也。沈欽韓《補注》云：“《聘禮》：大夫之出，既釋幣於禰；其反也，復告至於禰。忽受君父醮子之命於廟，以逆其婦。反而不告至，徑安配匹，始行廟見之禮。是爲墮成命而誣其祖。”又“先配後祖”解云：“蓋禮有制幣之奉，《春秋》有告至之文，彼受命出疆，循必告必面之義。况昏禮之大者乎？然則子忽之失，失在不先告至，將傳宗廟之重於嫡，而惜跬步之勞於祖。已即安伉儷焉，是爲誣其祖也。”又云：“鍼子曰‘不爲夫婦’，是則孔子未成婦之義也。”沈氏不用賈、服、二鄭君義而言廟見，言未成婦，仍賈、服義所有也。其説禮意甚精，附著之[①]。

齊人卒平宋、衛于鄭。秋，會于温，盟于瓦屋，以釋東門之役，禮也。

〔疏證〕《大事表》：“温在今河南懷慶府温縣西南三十里。”

八月，丙戌，鄭伯以齊人朝王，禮也。

公及莒人盟于浮來，以成紀好也。

冬，齊侯使來告成三國。

〔疏證〕謂告平宋、衛於鄭。

公使衆仲對曰：“君釋三國之圖，以鳩其民，君之惠也。寡君聞命矣，敢不承受君之明德。”

〔疏證〕《爾雅》：“鳩。聚也。”《晉語》：“可以鑑而鳩。”趙宗平《注》：“鳩，安也。”

無駭卒，羽父請謚與族。

〔注〕舊注：“無駭始爲卿，未賜族也。”《御覽》五百六十二引。

〔疏證〕《説文》：“謚，行之迹也。”《藝文類聚》四十引《五經通義》：“謚之言列其所行。身雖死，名常存，故謂謚也。”《表記》：“先王謚以尊名。”《舜本紀集解》引鄭《駁異義》：“天子命氏，諸侯命族。族者，氏之别也。”顧炎武《日知録》云：“氏、族對文爲别，散則通也。故《左傳》云‘問族於衆仲’，下云‘公命以字，爲展氏’，是也。”

公問族於衆仲。衆仲對曰：“天子建德，因生以賜姓，

〔疏證〕《論衡·詰術篇》：“因其所生，賜之姓也。若夏吞薏苡而生，則姓苡氏。商吞燕子而生，則姓子氏。周履大人跡，則姓姬氏。”當是古《左氏》説。《魏書·官族志》：“姓則表其所由生，氏則記族所由出，其大

---

① 林按：此段文字見于劉毓崧《通義堂文集》卷三。

略然也。至於或自所居，或以國號，或用官爵，或用事物，雖緣時不同，俱其義矣。”其上文約引傳文所述，當爲古義。《大傳》：“同姓從宗，合族屬。”《疏》：“天子賜姓賜氏，諸侯但賜氏，不得賜姓，降於天子也。故隱八年《左傳》云云。以此言之，天子因諸侯先祖所生，賜之曰姓，故鄭《駁異義》云：‘炎帝姓姜，太皞之所賜也。黄帝姓姬，炎帝之所賜也。故堯賜伯夷姓曰姜，賜禹姓曰姒，賜契姓曰子，賜稷姓曰姬，著在《書傳》。’如鄭所言，是天子賜姓也。”按：《異義》説賜姓無可考，以鄭駁推之，許或以諸侯亦得賜姓，鄭《駁》當引此傳文也。杜《注》云：“因其所由生以賜姓，謂若舜由嬀汭，故陳爲嬀姓。”《大傳疏》引杜預云：“若舜生嬀汭，賜姓曰嬀。封舜之後於陳，以所封之土命爲氏。舜後姓嬀，而氏曰陳。”杜舉舜爲例，是以賜姓爲所生之地。如上所説，則姓之例甚廣，不盡關所生之地也。《堯典》“平章百姓”，《疏》云：“隱八年《左傳》云：‘天子建德，因生以賜姓。’謂建立有德，以爲公卿。因其所生之地而賜之，以爲其姓。令其收斂族親，自爲宗主。”與杜義同。

“胙之土而命之氏。

〔疏證〕《校勘記》云：“《文選·陸士衡詩注》引‘胙’作‘祚’，‘土’上有‘以’字。按：胙者，祚之俗。”《釋文》：“胙，報也。”《齊語》：“反胙於絳。”《注》：“胙，報也，一作‘祚’。”杜《注》：“報之以土，而命氏曰陳。”《正義》曰：“胙訓報也。有德之人，必有美報。報之以土，謂封之國名，以爲之氏。諸侯之氏，則國名是也。按：《周語》：‘帝嘉禹德，賜姓曰姒，氏曰有夏。胙四岳國，賜姓曰姜，氏曰有吕。’”《正義》引之，謂與賜姓曰嬀，命氏曰陳事同。然賜姓命氏，不必一時之事，《正義》説近泥。《舜本紀》引鄭《駁異義》云：“姓者，所以統繫百世，使不别也。氏者，所以别子孫之所出。故《世本》之篇，言姓則在上，言氏則在下也。”其言姓氏之别極分明。《異義》説姓氏亦無考，以鄭駁推之，《異義》或謂姓、氏義通也。

“諸侯以字爲謚，因以爲族。

〔注〕服云：“公之母弟，則以長幼爲氏。貴適統，伯、仲、叔、季是也。庶公子，則以配字爲氏，尊公族，展氏、臧氏是也。”本《疏》。

〔疏證〕杜讀“字”絶句。顧炎武云：“陸氏按：鄭康成駁許叔重《五經異義》，引此傳文云‘諸侯以字爲氏’，今作謚者，傳寫誤也。”惠棟云：“今此以氏作謚者，傳寫誤也。杜考之不詳，乃妄斷其句，而强解之。”洪亮吉云："按：據服《注》及《五經駁義》，則'謚'爲'氏'之誤甚明。第承謬已久，未敢更定。"按：柳芳《姓系論》云："左丘明傳《春秋》，亦言諸侯以字爲氏，以謚爲族。"《魏書·官氏志①》云："諸侯則以字與謚。"兩書皆檃括傳文，而以字謚連言，或疑今本傳文有奪字。然《正義》引劉炫説，稱"以謚爲族，全無一人"。是劉氏所見本無謚字矣，莫能明也。《傳例》："凡稱弟，皆母弟也。""適"與"嫡"通，《江有汜序》釋文："嫡，正夫人也。"《乾·大象》"乾乃統天"，馬、鄭《注》并云："統，本也"。《説文》："庶，屋下眾也。"《燕禮》"有庶子官"，鄭《注》："庶、眾也。"《白虎通·姓名篇》："嫡長稱伯，庶長稱孟。"是適、庶異長。服意以嫡、庶對言，故止稱伯、仲、叔、季，不言孟也。展即無駭之字。《世本》："臧僖伯彄，孝公之子。"展氏、臧氏皆魯之公族，所謂以字爲氏，因以爲族也。《大傳疏》云："諸侯賜卿、大夫以氏。若同姓，公之子曰公子，公子之子曰公孫。公孫之子，其類已遠，不得上連於公，故以王父字爲謚。若適夫人之子，則以五十字伯仲爲氏。若魯之仲孫、季孫是也。若庶子妾子，則以二十字爲氏，則展氏、臧氏是也。"與服《注》略同，疑亦古《左氏》説。《正義》引服《注》駁之云："按鄭子人者，鄭屬公子之弟。桓十四年，鄭伯使其弟語來盟，即其人也。而其後爲子人氏，不以仲、叔爲氏，則服言'公之母弟以長幼爲氏'，其事未必然也。杜以慶父、叔牙與莊公異母，自然仲、叔非母弟族矣。"按：鄭子人固爲屬公母弟，其命氏不稱仲、叔，或有司之失，非常典也。慶父、叔牙爲莊公母弟，先儒之説皆然。以爲異母，乃杜氏一人之説。辨詳莊公二年。《正義》之駁服説，非也。杜氏《釋例》引舊説，以爲"大夫有功德者則生賜族"。《大傳疏》云："凡賜氏族者，爲卿乃賜。有大功德者，生賜以族，若叔孫得臣是也。雖公子之身，若有大功德，則以公子之字賜以爲族，若仲遂是也。其無功德，死後乃賜族，若無駭是也。若子孫不爲卿，其君不賜族，子孫自以王父字爲族也。"此言有功德生賜族之事，而舉無駭以證其異。《釋例》所謂舊説，疑指此，當亦古《左氏》説也。《正義》謂華督之賜族爲非禮，又以祭仲之祭爲仲舊氏，皆非。

"官有世功，則有官族，邑亦如之。"

〔注〕服云："謂異姓。"又引宋司城、韓、魏爲證。本《疏》。

---

① 林按：底本作"官族"，查原書當作"官氏志"。

〔疏證〕《詩·文王》：“凡周之士，不顯亦世。”《箋》云：“凡周之士，謂其臣有光明之德者，亦得世世在位，重其功也。”《疏》云：“《異義》：‘卿得世不①。’《公羊》《穀梁》說，卿、大夫世則權并一姓，妨塞賢路，專政犯君，故經譏尹氏、齊崔氏也。《左氏》說卿、大夫得世祿，不得世位。父爲大夫，死，子得食其故采，而有賢才，則復升父故位。故《傳》曰：‘官有世功，則有官族。’”《王制疏》引《異義》謂：“‘許君從《左氏》義，鄭氏無駁，與許同。’其諸侯之大夫不世爵祿。故隱八年無駭卒，《左傳》云：‘官有世功，則有官族。’《論語》云：管氏奪伯氏駢邑三百，以無功而奪之。若有功，則不奪也。”《禮運》：“諸侯有國以處其子孫。”《疏》謂：“諸侯子孫封爲卿、大夫，若其有大功德，其子孫亦有采地。”下引此傳。《詩·干旄傳》：“古者臣有大功，世其官邑。”《疏》引此《傳》證之云：“是有功之臣，得世官邑也。有功世邑，則宜爲卿，故舉旄言之。”按：如上所説，則舊説蓋兼同姓、異姓言之。服《注》文不完具，其止謂異姓，或兼言同姓，今不可考。杜《注》云：“謂取其舊官舊邑之稱以爲族。”《正義》云：“此謂同姓異姓皆然也。”又引服《注》駁之云：“韓與司城非異姓，司城又自爲樂氏。不以司城爲族也。”李貽德云：“《春秋》有兩稱氏者，如知罃一人也，又稱荀罃。趙午一人也，又稱邯鄲午。士會一人也，《傳》稱范武子，《檀弓》又稱隨武子。如此類者，不可枚舉，則樂氏可別爲司城也。樂氏爲宋之同姓，韓、魏爲晉之同姓。而服云異姓，當是傳寫之誤。”按：《大傳疏》云：“若異姓則以父祖官及所食之邑爲氏。以官爲氏者，則司馬、司城是也。以邑爲氏者，若韓、魏是也。”《大傳疏》此節次“若同姓”下，則此“異姓”二字非誤文，所舉較服《注》多司馬氏、趙氏。司馬、司城雖宋同姓，而趙爲嬴姓，非魯之同姓。服《注》及《大傳疏》文皆不完也。《御覽》三百六十二引《風俗通》云：“以官司馬、司徒、司寇、司城也。”《楚語》：“王公之子弟之質，能言能聽徹其官，而物賜之姓。”《注》：“物，事也，以功事賜之姓，官有世功，則有官族，若司馬、太史之屬是也。”可補服義。

公命以字爲展氏。

〔疏證〕《少牢》：“用薦歲事於皇祖伯某。”《注》：“伯某，且字也，大夫或因字爲謚《春秋》曰：‘魯無駭卒，請謚與族。公命之以字爲展氏。’是也。”《疏》：“隱八年《左氏傳》云：‘諸侯以字爲謚，因以爲族。公命

---

① 林按：查《毛詩正義》無“不”字，疑科學本誤讀。

以字爲展氏。'彼無駭之祖公子展，以展爲諡。在《春秋》前，其孫無駭
取以爲族，故公命爲展氏。若然，無駭賜族不賜諡。引之者，大夫有因字
爲諡，諡'伯某'某或且字，有字者，即某爲諡也。"據是，則展氏以字
爲諡，因以爲無駭之氏。杜《注》："無駭，公子展之孫，故爲展氏。"

〔經〕 九年，春，天子使南季來聘。無《傳》。

〔疏證〕《校勘記》云："《石經》、岳本，'子'作'王'。"杜《注》
云："南季，天子大夫也。南，氏；季，字也。"《五經異義》："天子聘諸
侯。《公羊》說'天子無下聘義'。《周禮》說'間問以諭諸侯之志'。許慎
謹按：禮，臣疾，君親問之。天子有下聘之義。從《周禮》說。"《王制正
義》引之，謂"鄭無駭，與許慎同"。孔廣林曰："《春秋》王使宰周公聘
於魯。經無貶辭，知《周禮》固成周制也。鄭君《注》：'間問也。王使臣
於諸侯之禮。'是與許君同也。"[1]

三月，癸酉，大雨，震電。庚辰，大雨雪。

〔疏證〕杜《注》："三月，今正月。"《御覽》卷十二："'庚辰大雪'
《注》："三月，今正月。大雪，失時也。"當是舊注。《春秋元命包》："陰
陽激爲電。"《五行志》引此《經》云："大雨，雨水也。震，雷也。劉歆
以爲三月癸酉，於曆數春分後一日，始震電之時也，當雨而不當大雨。大
雨，常雨之罸也。於始震電，八日之間而大雨雪，常寒之罸也。"常雨常
寒，即恒雨恒寒。《晉書·五行志》："庶徵恒雨。劉歆以爲《春秋》大雨。"
《年表》："九年三月震電。"臧壽恭云："按：是年入甲申統九百二十九
年，積月一萬一千四百九十，閏餘五。積日三十三萬九千三百九，小餘
五十一，大餘九。命如法，得正月癸巳朔。大，小餘十三，二月癸亥朔，
小。小餘五十六。三月壬辰朔，大，小餘十八。四月壬戌朔，十一日壬申，
十二日癸酉，十九日庚辰，又是年冬至，積大餘四千八百七十七，以六十
去之，大餘十七，小餘六百十七。三乘小餘，得小餘一千八百五十一，
纍以一氣，大餘十五，小餘千一十，加之得春分。大餘四十八，小餘
三千二百九十四，命如法，得壬申春分，四月十一日也，明日癸酉。故曰
癸酉於曆春分後一日。"

挾卒。無《傳》。

---

[1] 林按：《疏證》所引《五經異義》以下文字爲（清）陳壽祺《五經異義疏證》內容。

〔疏證〕杜《注》云：“挾，魯大夫，未賜族。”

夏，城郎。

秋，七月。

冬，公會齊侯于防。

〔疏證〕杜《注》：“防，魯地，在琅邪華縣東南。”沈欽韓云：“《一統志》：‘華縣故城，在沂州府費縣東北六十里。’”

〔傳〕 九年，春，王三月，“癸酉，大雨霖以震”，書，始也。

〔疏證〕《釋文》：“《爾雅》云：‘久雨謂之淫，淫雨謂之霖。’”杜《注》：“書癸酉，始雨日。”

“庚辰，大雨雪”，亦如之。書，時失也。

凡雨，自三日以往爲霖，平地尺爲大雪。

〔疏證〕此《傳例》也。《校勘記》云：“《月令》鄭《注》云：‘雨三日以上爲霖。’《正義》云：‘隱公九年《左傳》文。’”鄭氏所見本，或與今本異。杜《注》：“此解經書‘霖’也，而經無‘霖’字，經誤。”《正義》云：“是經脱‘霖以’二字，而妄加‘電’也。”按：此經文，《公羊》《穀梁》并同《左氏》。《五行志》再言“震電”，是劉歆所見本，有“電”字，杜《注》非。

“夏，城郎”。書，不時也。

宋公不王。

〔疏證〕《大行人》：“凡諸侯之王事。”《注》：“王事，以王之事來也。《詩》云：‘莫敢不來王。’”《小行人》：“凡諸侯入王，則逆勞於畿。”《注》：“鄭司農云：‘入王，朝於王也。’故《春秋傳》曰：‘宋公不王。’又曰：‘諸侯有王，王有巡守。’”隱九年，宋公不王，不宗覲於王。莊二十三年，“諸侯有王”《注》云：“有王，朝於王。”①《周語》：“荒服者王。”又云：“有不王，則修德。”《注》：“王，王事天子也。”王念孫云：

① 林按：自“隱九年”至此，部分引文爲《周禮正義》文字。

“諸侯見於天子曰王，王之言往也，往見於天子也。”杜《注》謂：“不共王職。”非。

鄭伯爲王左卿士，以王命討之，伐宋。宋以入郲之役怨公，不告命。公怒，絶宋使。

秋，鄭人以王命來告伐宋。

冬，公會齊侯於防，謀伐宋也。

北戎侵鄭。鄭伯禦之，患戎師，曰：“彼徒我車，懼其侵軼我也。”

〔疏證〕《廣雅·釋言》：“侵，凌也。”杜《注》：“徒，步兵也。”高誘《淮南·覽冥訓注》：“自後過前曰軼。”《文選·西都》引《三蒼》：“軼，從後出前也。”

公子突曰：“使勇而無剛者嘗寇，而速去之。

〔疏證〕杜《注》：“公子突，鄭厲公也。”《檀弓》：“盍嘗問焉？”《注》：“嘗，猶試也。”《文七年傳》：“兵作於外爲寇。”

“君爲三覆以待之。

〔疏證〕《説文》：“覆，覂也。一曰蓋也。”《莊十一年傳》：“覆而敗之，曰取某師。”服《注》：“覆，隱也，設伏而敗之。”杜《注》云：“覆，伏也。”用服義。

“戎輕而不整，貪而無親，勝不相讓，敗不相救。先者見獲必務進，進而遇復必速奔，後者不救，則無濟[1]矣。

〔注〕服云：“先者見獲，言必不往相救。各自務進，言其貪利也。”本《疏》。

〔疏證〕《説文》：“整，齊也。”《月令》：“整設於屏外。”《注》：“整，正列也。”《後漢書·吳漢傳》：“漢令軍中曰：‘賊衆雖多，皆劫掠群盜，“勝不相讓，敗不相救”，非有仗節死義者也。’”《注》：“此兩句在《左傳》，鄭大夫公子突之辭也。”是先儒舊説，不謂公子突即厲公，與杜

---

[1] 林按：“濟”，楊本作“繼”。

《注》異。《晉書·載記·李雄傳》：“雄行軍無號令，用兵無部隊，戰不相讓，敗不相救，攻城破邑，動以虜獲爲先。此其所以失也。”杜氏此節無注。《正義》引服《注》駁之云：“其言見獲者，嘗謂戎被鄭獲也。鄭人速去以誘之，安得獲戎也？在先者已被鄭獲，重進者將復爲虜，各自務進，欲何所貪，而云貪利也？此則不言可解，無故以解亂之。”李貽德曰：“今尋繹服意，‘言必不往相救’，自釋上文‘敗不相救’。‘先者見獲，各自務進’，自述傳文，‘言其貪利也’，乃釋‘見獲務進’之旨。兩稱言字，是分詁上下文。可證孔氏所見本，‘先者見獲’句，誤倒於‘言必不往相救’之前，因滋疑義。今爲更正，知服氏所釋，未爲訛也。”按：李說是也。因注文相承已久，仍其舊。

“乃可以逞。”

〔疏證〕《方言》：“逞，解也。”杜《注》同。《廣雅·釋詁》：“蔵、呈，解也。”王念孫云：“僖二十三年《左傳釋文》云：‘呈，勑景反，本或作逞。’是‘呈’與‘逞’通。”焦循云：“杜於他處‘逞’字皆訓‘快’。此訓解者，北戎侵鄭，鄭伯患之，則公子突以爲可逞，亦以爲可以解免北戎之患也。”按：《成九年傳》“乃可以逞”，《注》亦訓“解”。

從之。戎人之前遇覆者奔，祝聃逐之，

〔疏證〕杜《注》：“祝聃，鄭大夫。”《鄭世家》“聃”作“瞻”。

衷戎師，前後擊之，盡殪。

〔疏證〕《晉語》：“衷而思始。”《注》：“衷，中也。”《說文》：“衷，裏褻衣。”是正訓引申。凡表別外之辭皆曰“衷”。《文選·五君詠注》引《蒼頡》云“衷，表別外之辭”是也。此謂以兵衝戎之中堅也。杜《注》謂：“戎前後及中三處受敵，故曰衷戎師。”非《傳》意。《說文》：“殪，死也。”杜《注》同。

戎師大奔。十一月，甲寅，鄭人大敗戎師。

〔經〕 十年，春，王二月，公會齊侯、鄭伯於中丘。

夏，翬帥師會齊人、鄭人伐宋。

六月，壬戌，公敗宋師於菅。

〔疏證〕杜《注》云：“菅①，宋地。今地無考。”

辛未，取郜。

〔疏證〕《漢志》：“郜國屬山陽郡。”《一統志》：“郜城故城在曹州府城武縣東南十八里。”

辛巳，取防。

〔疏證〕《方輿紀要》：“防城在兗州府金鄉縣西六十里。”

秋，宋人、衛人入鄭。宋人、蔡人、衛人伐戴。鄭伯伐取之。

〔疏證〕《釋文》云：“‘載’音‘再’。《字林》作‘戴’。”《校勘記》云：“陳樹華云：‘昭二十三年《正義》引亦作“戴”。《石經》初刻作“戴”，後改“載”。’與《釋文》合。《公羊》《穀梁》同。”沈欽韓云：“戴，《説文》作‘𢧵’。《釋文》作‘載’，即𢧵之誤。”《地理志》：“梁國甾縣，故戴國。”《注》：“應劭曰：‘章帝改曰考城。’”《郡國志》“考城故甾”《注》引《陳留志》云：“古戴國。”《水經注》：“汳水東逕濟陽考城，周之采邑，於春秋爲戴國。”《大事表》：“戴國，在今河南歸德府考城縣東南五里，考城故城是。”《年表》：“宋殤七年，諸侯敗我師，與衛人伐鄭。”

冬，十月，壬午，齊人、鄭人入郕。

〔傳〕 十年，春，王正月，公會齊侯、鄭伯於中丘。癸丑，盟於鄧，爲師期。

〔疏證〕杜《注》云：“鄧，魯地。”沈欽韓云：“與桓二②年會於鄧同。非魯地。”

夏，五月，羽父先會齊侯、鄭伯伐宋。

六月，戊申，公會齊侯、鄭伯於老桃。

〔疏證〕杜《注》云：“老桃，宋地。”《郡國志》：“任城縣有桃聚。”沈欽韓云：“《紀要》：桃鄉城在濟寧州東北六十里。”

---

① 科學本注：原稿眉批：“《春秋地名考略》云：‘單縣北境。’”
② 林按：沈欽韓《春秋左氏傳地名補注》作“十”。

壬戌，公敗宋師於菅。庚午，鄭師入郜。辛未，歸於我。庚辰，鄭師入防。辛巳，歸於我。

君子謂鄭莊公"於是乎可謂正矣，以王命討不庭，

〔疏證〕杜《注》："下之事上，皆成禮於庭中。"洪亮吉云："《爾雅》：'庭，直也。'按：謂諸侯之不直者，杜《注》殊屬曲説。韋昭《周語注》即云：'庭，直也。不直謂不道。'"按：洪説是也。《周語》云："以待不庭、不虞之患。"義與此傳"不庭"同。《詩·大田傳》："庭，直也。"

"不貪其土，以勞王爵，正之體也。"

〔疏證〕《爾雅》："勞，勤也。"杜《注》："叙其勤以答之。"即用《雅》訓。又云："諸侯相朝，逆之以饗餼，謂之郊勞。魯侯爵尊，鄭伯爵卑，故言以勞王爵。"《正義》謂："《聘禮》'用束帛勞'，《覲禮》'用璧勞'，皆不言以饗餼勞。杜意蓋以勞客於郊，必有牲饌，故以饗餼言之。非謂大禮之饗餼也。"又云："沈依《聘禮》注其郊之遠近，上公遠郊五十里，侯伯三十里，子、男十里，近郊各半之。"按：此沈文阿舊疏，是舊説以"勞"爲"郊勞"，杜特小變之。然傳文本未言郊勞，文阿説亦未安。沈欽韓云："傳義謂諸侯有功則加地進爵。鄭能推功於魯，以王爵勞之，合於正體。《尚書大傳》：'命諸侯得專征，而歸其地於天子。'"按：沈説是也。

蔡人、衛人、郕人不會王命。

〔疏證〕杜《注》："不伐宋也。"

秋，七月，庚寅，鄭師入郊，猶在郊。宋人、衛人入鄭，蔡人從之伐戴。

〔疏證〕杜《注》："從宋、衛伐戴也。"

八月，壬戌，鄭伯圍戴。癸亥，克之，取三師焉。

宋、衛既入鄭，而以伐戴，召蔡人。蔡人怒，故不和而敗。

九月，戊寅，鄭伯入宋。

冬，齊人、鄭人入郕，討違王命也。

〔經〕 十有一年，春，滕侯、薛侯來朝。

〔疏證〕《正義》引干寶云：“‘十盈則更始，以奇從盈數，故言有也。’經備文，傳從略，故傳不言‘有’。”臧壽恭云：“按：《隋書・經籍志》云：干寶獨美左氏以三十卷之約，囊括二百四十二年之事。其所述當亦是《左氏》舊説。”《世本》：“薛，任姓。”《郡國志》：“魯國薛。”《注》引《地道記》云：“夏車正奚仲所國。”《定元年傳》云：“薛之皇祖奚仲居薛，以爲夏車正。”《一統志》：“薛縣故城在兗州府滕縣城四十里。”

夏，公會鄭伯於時來。

〔疏證〕臧壽恭云：“夏，《公羊》《穀梁》曰‘夏五月’，《左氏》經無‘五月’。《正義》《釋文》俱無説。疑經文本有，《唐石經》以下諸本誤奪也。”時來，《傳》作“郲”。《水經注》引《左傳》“郲”作“釐”。《説文》無“郲”字。釐、來同部。京相璠云：“滎陽縣東四十里有釐城。”杜《注》同。《一統志》：“在開封府滎澤縣東。”

秋，七月，壬午，公及齊侯、鄭伯入許。

〔疏證〕《漢志》：“潁川郡許，故國，姜姓，四岳後，太叔所封。二十四世，爲楚所滅。”

冬，十有一月，壬辰，公薨。

〔疏注〕詳隱元年傳《疏證》。

〔傳〕 十一年，春，滕侯、薛侯來朝，爭長。

〔注〕服云：“爭長，先登授玉。”《儀禮疏》。
〔疏證〕《司儀》：“凡諸公相爲賓。及廟，賓三揖三讓，登。再拜授幣。賓拜送幣。”鄭《注》云：“授幣，當爲受幣。主人拜至，且受玉也。”按：《小行人》：“合六幣，圭以馬，璋以皮，璧以帛，琮以錦，琥以繡，璜以黼。”鄭謂拜至有受玉以此。此授玉，謂賓未登階以先也。《觀禮》：“諸侯前朝，皆受舍於朝。同姓西面北上，異姓東面北上。”《注》：“《春秋傳》曰：‘寡人若朝於薛，不敢與諸任齒。’則周禮先同姓。”《疏》：“引《春秋》者，隱十一年，彼服《注》云：‘爭長，先登授玉。’此位在門外，引之者以其在先，即先登，外內同，故引以爲證。”

薛侯曰："我先封。"

〔疏證〕此謂薛之先爲夏車正也。

滕侯曰："我，周之卜正也。

〔疏證〕杜《注》云："卜正，卜官之長。"

"薛，庶姓也。我不可以後之。"

〔疏證〕《司儀》："詔王儀，土揖庶姓。"鄭《注》："庶姓，無親者也。"《釋詁》："庶，衆也。"

公使羽父請於薛侯曰："君與滕君，辱在寡人。

〔疏證〕《釋詁》："在，存也。"《聘禮·記》："子以君命在寡人①。"鄭《注》："在，存也。"王引之曰："《周官·大行人》：'歲徧存。'《大戴禮·朝事篇》'存'作'在'。"

"周諺有之曰：'山有木，工則度之。賓有禮，主則擇之。'

〔疏證〕《釋文》："諺，俗言也。"《大學》鄭《注》："諺，俗語也。"《越語注》："諺，俗之善語。"《廣雅·釋詁》："劇，分也。"王念孫云："劇者，《說文》：'劇，判也。'《爾雅》：'木謂之劇。'郭《注》引隱十一年《左傳》'山有木，工則劇之'。今本作'度'。邵氏二雲引《魯頌·閟宮》篇'是斷是度'，'度'與'劇'同。"《校勘記》云："張參《五經文字》云：'劇音度。'見《周禮注》及《爾雅》。不云見《春秋傳》，知唐時已作'度'，不作'劇'也。"

"周之宗盟，異姓爲後。

〔注〕賈云："宗，尊也。"服云："謂同宗之盟。"孫毓云："宗伯屬官，掌作盟詛之載辭，故曰宗盟。"本《疏》。

〔疏證〕杜《注》不釋宗盟，但云："盟、載書皆先同姓。"《正義》引賈、服、孫三說，而駁賈、孫說，其駁賈云："盟之尊卑，自有定法，不得言尊盟也。"其駁孫云："《周禮》司盟之官，乃是司寇之屬，非宗伯也。惟服之言，得其旨矣。"沈欽韓云："《大宗伯》：'夏見曰宗。'鄭云：

---

① 科學本注：阮刻《十三經注疏》作"子以君命在寡君"，無"記"字，"人"作"君"。

‘宗，尊也。欲其尊王。’同盟亦是尊王之事。宗、尊字古本通。《字林》：
‘宗，尊也。亦主也。’宗盟亦謂主盟，賈義是也。”按：沈以宗盟爲主盟，
足申賈説。《儀禮·喪服傳》云：“大宗者，尊之統也。”《白虎通·宗族篇》：
“宗者，尊也，爲先祖主者，宗人之所尊也。”則宗盟以同姓爲重，舉其重
者曰宗盟。服説亦非不可通。《曲禮》：“諸侯西面而朝。”《疏》：“就爵同
之中，先受同姓之朝。周之盟會，亦先同姓也。故定四年祝佗稱踐土之盟，
載書云：‘晉重、魯申、蔡甲午、鄭捷、齊潘、宋王臣。’鄭雖小國，而在
齊上，故《隱十一年傳》云：‘周之宗盟，異姓爲後。’若其餘盟，分國大
小爲次。故襄二十七年宋之盟，晉、楚稱先，楚人先歃是也。”此亦盟先
同姓之證也。孫氏以宗盟爲掌於宗伯，未免望文生義。《正義》云：“孫毓
難服云：‘同宗之盟，則無異姓。何謂先後？若通共同盟，則何稱於宗？’
斯不然矣。天子之盟諸侯，令其同奬王室①，未聞離逖異姓，獨與同宗盟者
也②。但周人貴親，先叙同姓，以其篤於宗族，是故謂之‘宗盟’。魯人之
爲此言，見其重宗之義。執其宗盟之文，即云‘無與異姓’。然則公與族
燕，則異姓爲賓，復言‘族燕’，不得有異姓也。孟軻所云説詩者‘不以
辭害義’。此之謂也。”其説得之。

“寡人若朝於薛，不敢與諸任齒。

〔疏證〕《世本·姓氏篇》：“任姓：謝、章、薛、舒、呂、祝、終、
泉、畢、過。”《大司寇》：“不齒三年。”《注》：“不齒者，不得以年次列
於平民。”《吕覽·直諫》：“不穀免衣襁褓，而齒於諸侯。”《注》：“齒，
列也。”

“君若辱貺寡人，則願以滕君爲請。”薛侯許之，乃長滕侯。

〔疏證〕《説文》：“貺，賜也。”《宋書·王弘傳》：“弘上表曰：‘臣
聞異姓爲後，宗周之明義。親不在外，有國之所先。故魯長滕君，《春秋》
所美；楚出棄疾，前史垂戒。’”是古《左氏》説，以魯之長滕侯爲合禮
也。

---

① 林按：底本無“分其同奬王室”六字，據科學本增補。“分”字當作“令”字，
據《左傳正義》改。

② 科學本注：原稿有“者”字，無“盟”字。抄本有“盟”字，無“者”字，玩文
意似可并存“盟者”二字。

"夏，公會鄭伯於郲"，謀伐許也。

〔疏證〕洪亮吉云："《唐石經》初刻作'於時來'，後刊去'來'字。"①

鄭伯將伐許。五月，甲寅②，授兵於大宮。

〔疏證〕杜《注》云："大宮，鄭祖廟。"

公孫閼與潁考叔爭車，

〔疏證〕杜《注》云："公孫閼，鄭大夫。"

潁考叔挾輈以走，

〔注〕服云："考叔挾車轅，箠馬而走③。"本《疏》。

〔疏證〕《齊語》："挾其槍刈耨鎛。"《注》："在掖曰挾。"《釋名》："挾，夾也，在傍也。"《考工記》："輈人爲輈。"《注》："輈，車轅也。"《方言》："轅，楚、衛間謂之輈。"《詩·小戎疏》云："轅從軫以前稍曲而上，至衡而嚮下勾之。"杜《注》用之。《正義》云："廟內授車，未有馬駕，故手挾以走。"又引服説駁之云："古者兵車一轅，服馬夾之。若馬已在轅，不可復挾，且箠而走，非捷步所及。子都豈復乘車逐之？"按：《正義》既謂授車時未有馬駕，則無疑於馬已在轅矣，前後矛盾。其實爭車事出倉卒，或轅未駕而挾之，或轅已駕脱而挾之。挾轅而兼箠馬，正見其欲速。觀考叔傅許先登，其能捷步可知。毋庸執常情以相難也。《説文》："箠，擊馬也。"

子都拔棘以逐之。

〔注〕舊注："棘，戟也。都，閼字也。"《御覽》三百十一引④。

〔疏證〕杜《注》云："子都，公孫閼。棘，戟也。"《御覽》所引，當是舊注。王引之《周秦名字解故》云："《説文》：'閼，遮擁也。'《夏書·禹貢》'滎波既豬'，《史記·夏本紀》作'滎播既都'。《禮記》鄭《注》：'豬，都也。'《説文》：'拔，擢也。'《一切經音義》三引《蒼頡篇》：

---

① 林按：洪亮吉《春秋左傳詁》"來"作"郲"，刊去之字爲"時"字。
② 林按：底本作"甲寅"，楊本作"甲辰"。
③ 林按：原稿與科學本此處未注明注文歸屬何人，據《左傳正義》此注作者爲服虔。
④ 林按：底本作"三百十一"，科學本作"三百五十二"。

‘扮，引也。’《官人》‘爲壇壝宫棘門’，《注》：‘鄭司農云：棘門，以戟爲門。’”《疏》：“知棘是戟者，見左氏《隱十一年傳》‘子都與鄭考叔爭車，子都扮棘以逐之’，故知棘即戟也。”《明堂位》：“越棘大弓。”《注》：“棘，戟也。《春秋傳》曰：‘子都扮戟。’”扮之爲扮，棘之爲戟，皆《左氏》異文。《斯干》鄭《箋》云：“棘，戟也。”

及大逵，弗及，子都怒。

〔疏證〕杜《注》云：“逵，道方九軌也。”《釋文》云：“《爾雅》云：‘九達謂之逵。’”杜云“道方九軌”，此依《考工記》。《正義》引劉炫《規過》，“以逵爲九道交出”。又以爲“國國皆有逵道”。炫説雖不可盡見，然以意逆之，當是引《爾雅》以駁杜《注》九軌。《説文》：“馗，九達道，似龜背。”馗即逵，許君亦用《爾雅》説①《詩·周南·兔罝疏》亦謂“《周禮》‘經涂九軌’，不名曰逵。杜《注》與《爾雅》不合。”疑亦《述議》之文也。此《疏》既謂説《爾雅》者，皆以爲四道交出，復有旁通，是《雅》注無九軌之説矣。而又謂“李巡注《爾雅》亦取并軌之義”。考巡注《爾雅》《釋文》及他經疏不見，係作疏者偽假以難炫者，詳《舊疏考正》。沈欽韓云：“此云大逵，當從《爾雅》。《宣十二年傳》‘至於逵路’，或是《考工記》之‘經涂九軌’耳。”洪亮吉云：“以軌訓逵，殊誤。下桓十四年等《傳》并同。”按：洪説是也。同一鄭國之逵，未可兩解。《淮南·説林》：“道九達曰逵。”《文選·思玄賦》舊注：“九交道曰逵。”皆九道交出之證。《釋名·釋道》：“九達曰逵。齊、魯謂道多爲逵。師此形然也。”齊、魯亦稱逵，則劉炫“國國有逵道”之説信矣。《正義》謂“唯鄭城之内獨有其涂，故《傳》於鄭國每言逵”，是妄説也。

秋，七月，公會齊侯、鄭伯伐許。庚辰，傅於許。

〔疏證〕《晉語》：“未傅而鼓降。”《注》：“傅，箸也。”《漢書·韓延壽傳》晉灼傅云：“傅，著也。”著猶箸也。《淮南·兵略訓注》：“傅，守也。”《高帝紀注》云：“傅讀曰附。”

潁考叔取鄭伯之旗蝥弧以先登。子都自下射之，顛。

〔疏證〕杜《注》云：“蝥弧，旗名。”《正義》謂“諸侯之旗”，亦望文生義之説。又云：“其名當時爲之，其義不可知。”疑舊注“蝥弧”無解。

---

① 林按：此引《説文》内容爲稿本後來添加。

按《漢書·景帝紀》："侵牟萬民"。李奇《注》："牟，食苗根蟲。"是"蝥"與"牟"通。《吕覽·謹聽》："牟而難知。"《注》："牟，猶大也。"《説文》："弧，木弓也。"《覲禮》："載龍旂弧韣。"《注》："所以張繒之弓也。"《明堂位》："載弧韣。"《注》："弧，旌旗所以張幅也。"蝥弧，猶言牟弧，弧之大者耳。弧爲張旗之器，不關旗名。杜《注》非。毛《傳》："顛，仆也。"杜《注》云："顛，隊而死。"《傳》無此義。

瑕叔盈又以蝥弧登，周麾而呼曰："君登矣。"

〔疏證〕《説文》："周，密也。"《檀弓》："四者皆周。"《注》："周，帀也。"《崧高》"周邦咸喜"《箋》："周，遍也。"杜《注》用之。《説文》："麾，旌旗所以指麾也。"《文選·思玄賦》"前祝融使舉麾兮"，舊注："麾，執旌以指撝也。秦、漢以來，即以所執之旌曰麾，謂麾幢曲蓋者也。"《詩·宛丘箋》："舞者所持以指麾。"《釋文》："麾，本作'撝'。"王逸《楚辭章句》："舉手而麾。"《一切經音義》引《字詁》："手指曰麾。"杜《注》訓"麾"爲"招"，非。

鄭師畢登。壬午，遂入許。許莊公奔衛。

〔疏證〕《釋詁》："畢，盡也。"沈欽韓云："杜云：'奔不書。兵亂遁逃，未知所在。'按：國君出奔，寧有不知蹤跡者？若實不知所往，傳又何以言之？知經不書，實是史文略之耳。"

齊侯以許讓公。公曰："君謂許不共，故從君討之。

〔疏證〕《釋文》："共，本作'供'。"杜《注》云："不共職貢。"

"許既服其罪矣，雖君有命，寡人弗敢與聞。"乃與鄭人。鄭伯使許大夫百里奉許叔以居許東偏，

〔疏證〕《繫辭》："古者庖犧之王天下也。"《釋文》引孟京説："伏，服也。"杜《注》云："許叔，許莊公之弟。"又《世族譜》云："許桓公，鄭莊公弟也。《世本》無許叔，疑鄭即是。"杜《注》又云："東偏，東鄙也。"沈欽韓云："《元和志》：'東偏城在許州長葛縣東北五里，許叔所居即此城。'按：西偏、東偏，當即許之國都。漢爲許縣，魏爲許昌。宋省入長社縣，在今許州東三十里。長葛本是鄭地，在州西北五十里。地勢闊遠，何得謂之居許東偏？"

曰：“天禍許國，鬼神實不逞於許君，而假手於我寡人。

〔疏證〕《晉語》：“無必假手於武王。”《注》：“假，借也。”杜《注》云：“借手於我寡德之人以討許。”即用《國語注》。

“寡人唯是一二父兄，不能共億，其敢以許自爲功乎？

〔疏證〕《周禮》鄭《注》：“共，猶給也。”《楚語》：“億其上下。”《晉語》：“億寧百神。”注均云：“億，安也。”杜《注》用之。王念孫云：“共億，猶言相安也。言寡人尚不能安同姓之臣，而況敢以許爲己有乎？”沈欽韓云：“《説文》：‘意，滿也。’言不能共事滿其意。”兩説均通。

“寡人有弟，不能和協，

〔疏證〕杜《注》云：“弟，共叔段也。”《正義》云：“莊公之弟，逃於四方，故知唯是共叔段也。”《爾雅》：“協，和也。”《周語》：“和協輯睦。”《注》：“協，合也。”

“而使餬其口於四方。

〔疏證〕杜《注》：“餬，饘也。”《釋文》云：“‘饘’本作‘粥’。”《正義》云：“《説文》云：‘餬，寄食也。’以此傳言‘餬口四方’，故以‘寄食’言之。”是《説文》本於《左氏》。如杜義，粥其口，殊不詞。《正義》謂餬是饘、饘別名，非也。《廣雅·釋詁》：“餬、佀，寄也。”王念孫云：“《方言》：‘齊、衛、宋、魯、陳、晉、汝、穎、荆州、江淮之間曰庇，或曰寓。寄食爲餬。’”

“其況能久有許乎？吾子其奉許叔以撫柔此民也。吾將使獲也佐吾子。

〔疏證〕《説文》：“撫，安也。一曰循也。”《釋詁》：“柔，安也。”《周語》：“以懷柔之。”《晉語》：“和柔萬民。”《注》：“柔，安也。”杜《注》云：“獲，鄭大夫公孫獲。”

“若寡人得没於地，天其以禮悔禍於許？無寧兹許公復奉其社稷。

〔疏證〕襄二十九年：“無寧夫人而焉用老臣。”服《注》：“無寧，寧也。”杜《注》移以釋此之“無寧”。《説文》：“寧，願詞也。”徐鍇曰：“今人言寧可如此，是願如此也。”

"唯我鄭國之有請謁焉，如舊昏媾，

〔注〕賈云："重昏曰媾。"《晉語注》。

〔疏證〕《王制》："墓地不請。"《注》："請，告也。"《一切經音義》七引《廣雅》："請，問也。"《釋詁》："謁，告也。"《聘禮》："乃謁閽人。"鄭《注》："謁，告也。"請、謁對文異，散文通。杜《注》用《釋詁》文。《釋親》："婦之父曰昏。"杜《注》亦用之。其注"媾"，用賈義。《釋文》云："媾與昏同。故先儒皆以爲重昏曰媾。"其謂先儒，即斥賈說也。《易·屯》："求婚媾。"《釋文》引馬《注》："媾，合也。"

"其能降以相從也。

〔疏證〕杜《注》："降，降心也。"

"無滋他族，實逼處此，以與我鄭國爭此土也。吾子孫其覆亡之不暇，而況能禋祀許乎？

〔注〕賈云："偪，迫也。"《文選·思玄賦》引《國語注》。

〔疏證〕《說文》："滋，益也。"逼處，杜《注》無說。《周語》："不可逼也。"《注》："'偪'亦訓'迫'。"疑亦賈《注》，而韋襲之。《小爾雅·廣詁》："逼，近也。"《釋詁》："禋，祀也。"舍人《注》曰："禋，絜敬之祭。"杜《注》略用之。《說文》："禋，潔祀也。一曰精意以享爲禋。"《周語》："精意以享，禋也。"

"寡人之使吾子處此，不唯許國之爲，亦聊以固吾圉也。"

〔疏證〕《釋詁》："疆、界、邊、衛、圉，垂也。"《疏》引孫炎曰："'圉，國之四垂也。'舍人曰：'圉，拒邊垂也。'"又《釋言》："圉，禁也。"舍人曰："圉謂未有而預防之也。"《周書·謚法解》："威德剛武曰圉。"《注》："圉，禦也。"杜《注》用《釋詁》舍人《注》，而删"拒"字，非。拒，猶禦也。

乃使公孫獲處許西偏，曰："凡而器用財賄，無寘於許。我死，乃亟去之。吾先君新邑於此，

〔疏證〕《釋文》："寘，置也。"詳隱元年《疏證》。又云："亟，急也。"《詩·北門》"既亟只且"，《傳》："亟，急也。"《地理志》："河南郡新鄭。《詩》鄭國，桓公之子武公所國。"應劭曰："《國語》云：'鄭桓公爲周司徒，王室將亂，寄孥與賄於虢、會之間。幽王敗，桓公死之。其子武公與平王東遷洛邑，伐虢、會而并其地，而邑於此。’”按：杜《注》云：“今河南新鄭，舊鄭在京兆。”是用《地理志》説也。

“王室而既卑矣，周之子孫，日失其序。

〔疏證〕杜《注》云：“鄭亦周之子孫。”《詩》“繼序思不忘”，《傳》：“序，緒也。”《公羊·文七年傳》：“諸侯何以不序。”《注》：“序，次也。”《周語》：“不失其序。”《注》：“序，績也。”王念孫云：“‘序’與‘叙’同。《爾雅》曰：‘叙，緒也。’‘緒，業也。’”

“夫許，太岳之胤也。

〔注〕賈云：“四岳官名，太岳也，主四方之祭焉。”《國語注》。

〔疏證〕杜《注》云：“太岳，神農之後，堯四岳也。”即用賈義。《周語》云：堯命禹治水，“共之從孫四岳佐之，祚四岳國，命爲侯伯。”《正義》引之，釋云：“以其主四岳之祀，尊之，故稱太岳。”按：據賈義，太岳即官名。《釋詁》：“胤，繼也。”舍人《注》：“胤，繼世也。”杜《注》用之。《説文》：“胤，子孫相承續也。”

“天而既厭周德矣，吾其能與許爭乎？”君子謂鄭莊公於是乎有禮。禮，經國家、定社稷、序民人、利後嗣者也。許，無刑而伐之，服而舍之。

〔疏證〕《詩·大雅·思齊》毛《傳》：“刑，法也。”杜《注》用之。《漢書·衛青傳》：“上曰：‘票騎將軍得單于單桓、酋涂王及相國、都尉以衆降下者二千五百人，可謂能舍服知成而止矣。’”“舍服”即服而舍之之義也。

度德而處之，量力而行之，相時而動，無累後人，可謂知禮矣。

〔疏證〕《後漢書·賈彪傳》：“彪曰：‘傳言“相時而動，無累後人”。’”《注》：“相，視也。《左傳》之文也。”“相”訓爲“視”，疑是舊注。《齊策》：“皆以國事累君。”《注》：“累，屬也。”《秦策》：“此國累也。”《注》：“累，憂也。”《吕覽》：“主無所避其累矣。”《注》：“累，猶負也。”

鄭伯使卒出豭，行出犬雞，以詛射潁考叔者。

〔疏證〕《司馬法》：“百人爲卒。”杜《注》用之。《説文》：“豭，牡豕也。"《廣雅·釋畜》："豭，豕也。"《國語注》："行，行列也。"杜《注》云："二十五人爲行。"又云："行亦卒之行列。"是兼用《國語注》也。《詩·何人斯》"出此三物，以詛爾斯"，《傳》："三物，豕、犬、雞也。民不相信，則盟詛之。君以豕，臣以犬，民以雞。"《疏》："鄭伯使卒出豭，行出犬、雞，所得三物并用者。時[1]考叔爲子都所射，鄭伯不誅子都，而使諸軍詛之。百人爲卒，出一豭，詛之。二十五人爲行，或出犬，或出雞，以詛之。每處亦止用一牲，非一處而用三物也。如此傳，君乃用豕，彼百人即得用豭者，於時鄭伯使之詛，故得用君牲也。以行之人數少於卒，自爲等耳。"按：《詩疏》所引，疑係古《左氏》説，故杜《注》全依之。《正義》云："《周禮·夏官》叙制軍之法，'百人爲卒'，'二十五人爲兩'。此言'二十五人爲行'者，以傳先卒後行，豭大於犬，知行之人數少於卒也。"《序官·詛祝注》："詛謂祝之使沮敗也。"《詛祝注》："盟詛主於要誓，大事曰盟，小事曰詛。"《疏》："盟者，盟將來。春秋諸侯會有盟無詛。詛者，詛往過，不因會而爲之，故云大事曰盟，小事曰詛也。"《司盟》："盟萬民之犯命者，詛其不信者亦如之。"《注》："盟詛，欲相與共惡之也。"

君子謂鄭莊公失政刑矣。政以治民，刑以正邪。既無德政，又無威刑，是以及邪。邪而詛之，將何益矣！

王取鄔、劉、蔿、邘之田於鄭。

〔疏證〕《郡國志》："河南緱氏縣有鄔聚。"《地理志》："河南郡緱氏劉聚，周大夫劉子邑。"沈欽韓云："《一統志》：'鄔聚在河南偃師縣西南，劉聚在故緱氏縣城南十五里。"杜注"蔿、邘"云"鄭二邑"，不著何地。邵晉涵云："周大夫有蔿國，蓋食邑於蔿。"《校勘記》云："《石經》'邘'作'邗'，誤。"《説文》："邘，周武王子所封，在河内野王是也。"《郡國志》："河内郡野王有邘城。"《水經注》："邘城，故邘國也。"沈欽韓云："《紀要》：'邘城在懷慶府城西北三十里。'"此蓋鄭武公以來，入爲卿士，食采於周者也。莊公之世，亦爲卿士，及身而奪之。故君子譏之。

而與鄭人蘇忿生之田：

温、原、

---

[1] 林按：科學本作"詩"，據《毛詩正義》改。

〔疏證〕《地理志》：“河内郡温，故國，己姓，蘇忿生所封也。”《郡國志》：“河内郡軹有原鄉。”沈欽韓云：“《一統志》：‘温縣故城在懷慶府温縣西南三十里，亦曰蘇城，原城在濟源縣西北。’《紀要》：‘西北十五里，今名原鄉。’”

絺、樊、

〔疏證〕《説文》“絺”作“郗”。《地理志》“河内郡波”《注》引孟康曰：“今有絺城。”《郡國志》：“河内郡修武，有陽樊、欑茅田。服虔云：‘樊仲山之所居，故名陽樊。’”杜《注》云：“一名陽樊。”用服義也。洪亮吉云：“按：《圖經》引舊《説文》云：‘仲山甫所封之樊，在今南陽。’疑在修武者，仲山甫所居。在南陽者，則其封國也。”沈欽韓云：“《一統志》：‘絺城在河内縣西南。《紀要》作“府西南三十二里”。樊城在武陟縣西南四十里。’”

隰郕[1]、

〔疏證〕《郡國志》：“河内郡懷有隰城。”洪亮吉云：“按：《僖二十五年傳》作‘隰城’。劉昭引此《傳》亦作城。”按：洪説是也。杜但注“隰”云“在懷縣西南”，而不及“郕”，是郕非邑名。王引之云：“古城字多作成，蓋古本作隰成，後人因與上文温、原、絺、樊連讀，而誤以‘隰成’爲二邑名，遂於成旁加阝。不知成爲城之借字。隰成猶言京城、亳城，非邑名也。”[2]《校勘記》云：“郕省作成，成誤爲城。”是也[3]。沈欽韓云：“隰城在武陟縣西南十五里。《紀要》：‘期城在府城西三十里，故隰城也，今名覆背郕。’”

欑茅、

〔疏證〕《釋文》云：“欑，木官名。”沈欽韓云：“《一統志》：‘欑城在修武縣西北二十里。’《地理通釋》：‘欑茅，今爲大陸村。’按：《正義》引《括地志》有茅亭，在懷州獲嘉縣東北二十里，則欑、茅本兩邑，而杜預誤合之也。”

---

① 科學本注：抄本眉批云：“郕疑係邑名，須考前人有是説，始可采入。”
② 林按：抄本中明顯可見爲後人添加。
③ 林按：原稿作“非”，後改。

向、盟、

〔疏證〕京相璠曰：“或云今河内軹西有城名向上。”闞駰《十三州志》：“軹縣南山西曲有故向城，即周向國也。”《禹貢》：“導河又東，至於孟津。”洪亮吉云：“盟、孟古字通，即孟津也。”沈欽韓云：“《寰宇記》：‘向城在孟州河陽縣西北二十五里。’《一統志》：‘向城在濟源縣南，孟津在孟縣南十八里。’”

州、陘、

〔疏證〕《地理志》：“河内郡州。”《水經注》云：“周以賜鄭昭公。”洪亮吉云：“按：昭當作莊。”沈欽韓云：“《一統志》：‘州縣故城在河内縣東南。’《紀要》：‘武德縣在府東南五十里，本周之州邑。’”杜《注》闕“陘”。洪亮吉云：“按：《元和郡縣志》：‘太行陘在河内縣西北三十里。連山中斷曰陘。《述征①記》曰：“太行山首始於河内。自河内北至幽州，凡有八陘：第一曰軹關陘，第二曰太行陘，第三曰白陘。”’今考此上三陘，皆在河内左近。疑此《傳》之陘，即指太行等陘而言。或又以密縣陘山當之。今考密在河以南，非是。”

隤、懷。

〔疏證〕京相璠曰：“河内修武縣北，有故隤城實中。”《郡國志》：“河内修武有隤城。”《地理志》：“河内郡懷。”沈欽韓云：“《一統志》：‘隤城在衛輝府獲嘉縣西北。’《紀要》：‘在修武縣西北。’‘懷縣故城在武陟縣西十一里。’”杜《注》云：“凡十二邑，皆蘇忿生之田。”按：杜以爲十二邑者，蓋斥隰郱、欑茅爲二名。如沈氏説，茅別於欑，則十三邑。沈氏《注》下節仍云十二邑，誤。

君子是以知桓王之失鄭也。恕而行之，德之則也。己弗能有，而以與人，人之不至，不亦宜乎？

〔疏證〕沈欽韓云：“上十二邑，本非王地。王弗能有，虛以優鄭。鄭亦弗能有，而空失故采地。此其八柄之政已失，不能服人之一端也。假令鄭假王命，興師以與蘇氏爭地，是教其相賊害。豈足以鎮撫宇内？”

---

① 林按：科學本作“證”，據洪亮吉《春秋左傳詁》改。

鄭、息有違言。息侯伐鄭。鄭伯與戰於竟，息師大敗而還。

〔疏證〕《釋文》：“息，一作‘鄎’。”《世本》：“息國，姬姓。”《説文》：“息，姬姓之國，在淮北。今汝南新鄎。”《地理志》：“汝南郡新息，孟康曰：‘故息國，徙東，故加新焉。’”《正義》云：“若其後東徙，當云故息，何以反加新字乎？蓋本自他處而徙此也。”沈欽韓云：“《一統志》：‘新息故城在光州息縣東，古息國。’”

君子是以知息之將亡也。不度德，不量力，不親親，不徵辭，不察有罪，犯五不韙而以伐人，其喪師也，不亦宜乎！

〔疏證〕沈欽韓云：“《説文》云：‘德，外得於人，内得於己也。’《釋名》：‘德，得事宜也。’鄭莊能自用其威福以令人，故息之德不如鄭。”按：沈説是也。杜云“鄭莊賢”，非傳意。《襄二十六年傳》“加書徵之”，服《注》云：“徵，驗也。”《釋文》引《蒼頡篇》：“韙，是也。”杜用之。《莊子·天下篇》：“其所謂道非道，而所言之韙，不免於非。”《釋文》：“韙，亦是也。”

冬，十月，鄭伯以虢師伐宋。壬戌，大敗宋師，以報其入鄭也。宋不告命，故不書。凡諸侯有命，告則書，不然則否。師出臧否，亦如之。雖及滅國，滅不告敗，勝不告克，不書於策。

〔注〕服云：“古文篆書一簡八字。”《儀禮疏》。

〔疏證〕此告例也。《禮運》：“命降於社，謂之殽地。”《注》：“命者，政令之命。”杜《注》：“命者，國之大事政令也。”服《注》見《聘禮》“百名以上書於策”《疏》。彼《注》云：“策，簡也。”疑服《注》古文上本有“策簡也”三字。《疏》乃節引。《説文》：“冊，符命也。諸侯進受於王也，象其札一長一短，中有二編之形。笧，古文，從竹。”“策，馬箠也。”後借策爲册。《釋名》：“策，書教令於上，所以驅策諸下也。”

羽父請殺桓公，將以求太宰。

〔疏證〕杜《注》云：“太宰，官名。”《正義》云：“魯之三卿無太宰。羽父名見於經，已是卿矣，而復求太宰，蓋欲魯特置此官以榮己耳。以後更無太宰，知魯竟不立之。”按：《年表》：“大夫翬請殺桓公，求爲相。公不聽，即殺公。”《魯世家》：“公子揮諂，謂隱公曰：‘百姓便君，君其遂立，吾請爲君殺子允，君以我爲相。’”據此則羽父未爲卿也。

公曰：“爲其少故也，吾將授之矣。使營菟裘，吾將老焉。”

〔注〕服云：“菟裘，魯邑也。營菟裘以作宮室，欲居之以終老也。”《魯世家注》。

〔疏證〕《説文》：“營，市居也。”《黍苗》：“召伯營之。”《箋》：“營，治也。”《淮南·時則訓》：“營丘隴之大小高庳。”《注》：“營，猶度也。”《郡國志》：“泰山郡梁父，有菟裘聚。”杜《注》同。《魏書·地形志》“梁汶”自注：“二漢、晉屬，有羌裘澤。”文淇按：“汶”當作“父”，“羌”當作“菟”，即《郡國志》之菟裘聚也。《元和志》：“菟裘故城，在兗州泗水縣北五十五里。”張雲璈曰：“今山東泰安府泰安縣東南九十里，近梁父，有菟裘城。”《荀子·成相》：“治之道，美不老。”《注》：“老，休息也。”《世家》：“隱公曰：‘有先君命，吾爲允少，故攝代。今允長矣，吾方營菟裘之地而老焉，以授子允政。’”

羽父懼，反譖公於桓公，而請弑之。

〔疏證〕《説文》：“反，覆也。”《公羊·莊元年傳注》：“加誣曰譖。”《一切經音義》：“《廣雅》：‘譖，毀也。’亦讒也。一云旁入曰譖。”《魯世家》：“揮懼子允聞而反誅之，乃反譖隱公於子允曰：‘隱公欲遂立，去子。子其圖之。請爲子殺隱公。’子允許諾。”

公之爲公子也，與鄭人戰於狐壤，止焉。鄭人囚諸尹氏，

〔疏證〕杜云：“狐壤，鄭地。”《郡國志》：“潁川潁陰縣有狐宗鄉。”沈欽韓云：“潁陰故城在開封府禹州東南四十里。”杜又云：“内諱獲，故言止。”文淇案：僖十五年，“梁由靡御韓簡，虢射爲右，輅秦伯，將止之”。彼無所諱，而亦言“止”。杜《注》非也。《鄭語》“與止之”，《注》：“止，留也。”《晉語》：“遂止於秦。”又云：“將止不面夷。”《注》：“止，獲也。”

賂尹氏，而禱於其主鍾巫。

〔注〕賈云：“鍾巫，祭名也。”《魯世家注》。

〔疏證〕杜云：“尹氏，魯大夫。”《詩·泮水》毛《傳》：“賂，遺也。”《周禮·喪祝注》：“求福曰禱。”杜又云：“主，尹氏所主祭。”而鍾巫無注。其謂所主祭，蓋同賈義。賈知鍾巫爲祭名者，因下文公祭鍾巫言之。祭名，猶神名也。焦循云：“《楚語》觀射父曰：‘古者民神不雜。民之精爽，不

攜貳者。其明能光照之，其聰能聽徹之。如是則明神降之。在男曰覡，在女曰巫。是使制神之處位次。’又云：‘九黎亂德，民神雜揉，不可方物。夫人作享，家爲巫史。’蓋巫能降神，神物憑之，即巫以爲神，故即名其神鍾巫。尹氏主之，所謂家爲巫史也。”

遂與尹氏歸，而立其主。十一月，公祭鍾巫，齋於社圃，館於寪氏。

〔注〕服云：“館，舍也。寪氏，魯大夫。”

〔疏證〕焦循云：“隱公禱而得歸，遂亦信而立其主。”《説文》：“齋，戒潔也。”杜云：“社圃，園名。”其注“館於寪氏”用服義。李貽德云：“《易·屯》釋文：‘舍，止也。’《漢書·高帝紀注》：‘舍，息也。’言止息於寪氏也。”《魯世家》：“十一月，隱公祭鍾巫，齋於社圃，館於蒍氏。揮使人弒隱公於蒍氏。”寪作蒍，與《傳》異。《校勘記》云：“錢大昕云：蒍、蓮古通用。孟僖子有蓮氏之篷。其即寪氏之後乎？”

壬辰，羽父使賊弒公於寪氏。立桓公而討寪氏，有死者。

〔疏證〕弒，毛本作“殺”，今從宋本。《説文》：“討，治也。”杜《注》云：“欲以弒君之罪加寪氏，而復不能正法誅之。《傳》言進退無據。”按：杜釋“有死者”義未明晰。顧炎武云：“言非有名位之人，蓋微者耳。如司馬昭族成濟之類。”沈欽韓云：“言僅有死者，又非首惡也。”二説均得《傳》義。

不書葬，不成喪也。

〔注〕賈、潁云：“君弒不書葬，賊不討也。”《釋例》。

桓　公

〔疏證〕《世本》：“桓公名軌。”《諡法》：“辟土服遠曰桓。”

〔經〕　元年，春，王正月，公即位。

〔疏證〕《小宗伯》：“建國之神位。”鄭《注》云：“故書‘位’作‘立’。鄭司農云：‘“立”讀爲“位”。古者立、位同字。古文《春秋》經“公即位”爲“公即立”。’”臧壽恭云：“據此知《春秋》古經‘位’作‘立’。”惠棟云：“古鼎銘‘位’皆作‘立’。”沈欽韓云：“此人旁是俗師①所加。”按：《鄉師》“及窆，執斧以立匠師”鄭司農《注》云：“‘立’讀爲‘涖’。”《史記·范睢蔡澤傳》：“明主立政。”《索隱》云：“立，涖也。”《説文》：“立，住也。從大立一之上。”皆古文從立之義。《曲禮正義》云：“準《左傳》之義，諸侯薨，而嗣子即位，凡有三時：一是始死，即適子之位；二是踰年正月，即一國正君臣之位；三是除喪而見於天子，天子命之，嗣列爲諸侯之位。”此當是古《左氏》説。桓公之即位，蓋用踰年正月之禮。杜《注》謂：“桓公篡立，而用常禮。”是也。

三月，公會鄭伯于垂，鄭伯以璧假許田。

〔注〕麇信云：“鄭以祊不足當許田，故復加璧。”《史記集解》。

〔疏證〕垂地已見。本《疏》云：“沈以爲公迎鄭伯於垂。”是沈文阿舊疏，謂桓公迎鄭伯於垂而爲會也。《魯世家》：“桓公元年，鄭以璧易天子之許田。”《集解》引麇氏説。按：《傳疏》云：“祊薄於許，加之以璧，易取許田，非假借之也。今《經》乃以璧假爲文，故《傳》言爲周公、祊故，解經璧假之言也。”《疏》言今《經》以璧假爲文，是古文經“假”作“加”。杜氏云：“以璧假爲文，時之所隱。”失之。《孟子》趙注引《假樂》，“假”作“嘉”。“嘉”有加聲，故麇云“加璧”，猶言以璧加許田也。

夏，四月，丁未，公及鄭伯盟于越。

---

①　林按：沈欽韓《春秋左氏傳補注》“俗師”作“杜預”。

〔疏證〕《正義》云："成會禮於垂。既易許田，然後盟以結之，故先會，次假田，然後書盟也。"杜《注》："越，近垂，地名。"《大事表》："越，當在山東曹州府曹縣附近。"

秋，大水。

〔疏證〕《五行志》："《傳》曰：'簡宗廟，不禱祠，廢祭祀，逆天時，則水不潤下。'桓公元年'秋，大水'，劉歆以爲桓易許田，不祀周公，廢祭祀之罰也。"

冬，十月。

〔傳〕 元年，春，公即位，脩好于鄭。鄭人請復祀周公，卒易祊田。公許之。

"三月，鄭伯以璧假許田"，爲周公、祊故也。

〔疏證〕"假"當作"加"。杜於《經》既不從古義，故《傳》亦改作"假"，以《公》《穀》二《傳》皆作"假"。《注》謂："稱璧假，言若進璧以假田，非久易也。"亦用《公》《穀》義。沈欽韓云："《詩傳》：'許，魯西鄙。'《晏子·雜篇》：'景公伐魯。傅許，得東門無擇[①]。'即此許也。據彼文，則魯亦自有許。"按：沈說是也。《詩傳》指《閟宮》詩，鄭《箋》以許爲許田，與毛異。知魯有兩許則無疑。閟宮之居常與許矣，《疏》謂"僖公時復得之"，臆度無據。

"夏，四月，丁未，公及鄭伯盟于越"，結祊成也。

〔疏證〕《說文》："結，締也。"杜《注》："《傳》以《經》不書祊，故獨見祊。"祊已見八年《經》，《經》言許田，意自明。杜《注》非《傳》意。

盟曰："渝盟，無享國。"

〔疏證〕杜《注》："渝，變也。"《公羊·僖十一年傳》："桓公之享國也長。"《注》："享，食也。"

"秋，大水。"凡平原出水爲大水。

---

① 科學本注：或作"澤"。

〔疏證〕此大水例也。《釋地》："廣平曰原。"杜《注》用之。《疏》引李巡曰："謂土地寬博而平正,名之曰原。"《疏》又云："《洪範》云:'水曰潤下。'言雨自上而下,浸潤於土。陂鄣下地,可使水潦渟焉。平原高地,則不宜有也。凡平原出水則爲大水。平原出水,言水不入於土,而出於地上,非湧泉出也。"

冬,鄭伯拜盟。

宋華父督見孔父之妻于路,

〔注〕服云："督,戴公之孫。"《史記集解》。

〔疏證〕《世本》云："宋督是戴公之孫,好父説之子。華父是督之字。"杜《注》用服義。又云："孔父嘉,孔子六世祖。"孔父,鄭玄《儀禮注》作"孔甫",云:"甫字或作父。"又《士相見禮注》:"今文'父'爲'甫'。"父、甫字通。《左氏》稱人之字,字皆作"父"。父當爲古文。《世本》云:"正考父生孔父嘉,爲宋司馬。華督殺之,而絕其世。其子木金父,降爲士。木金父生祁父,祁父生防叔,防叔生伯夏,伯夏生叔梁紇,叔梁紇生仲尼。"是爲孔子六世祖也。

目逆而送之,曰:"美而豔。"

〔注〕服云："目者極視,精不轉也。"《史記集解》。

〔疏證〕《世家》:"大司馬孔父嘉妻好。出,道遇太宰華督。督説,目而觀之。"《廣雅·釋詁》:"目,視也。"《後漢書·郅惲傳》:"目擊,謂熟視之也。"《釋言》:"逆,迎也。"《方言》:"逆,迎也。自關而東曰逆。"《太叔于田疏》:"送謂逐後。"《楚詞·大司命注》:"極,窮也。"《淮南·主術訓注》:"睛,目童子也。"《説文》:"睞,目精。""睛"古作"精"。《莊子》司馬彪《注》:"轉,運也。"《詩》毛《傳》:"色美曰豔。"杜《注》用之。《説文》:"豔,好而長也。從豐,豐,大也,盍聲。《春秋傳》曰'美而豔'。"《釋文》:"豔,美色也。"而爲助辭。《疏》謂:"美,言形貌;豔,言顏色。"非。

〔經〕 二年,春,王正月,戊申,宋督弒其君與夷。

〔注〕賈云："督有無君之心,故去氏。"《隱四年疏》《釋例·氏族例》。

〔疏證〕賈謂"督有無君之心",據傳文,氏受於君,督無君,故去氏,不稱華督也。杜《注》:"稱督以弒,罪在督也。"未得《傳》意。

及其大夫孔父。

〔疏證〕杜《注》：“孔父稱名者，内不能治其閨門，外取怨於民，身死而禍及其君。”《疏》引《釋例》曰：“經書‘宋督弒其君與夷及其大夫孔父’，仲尼、丘明唯以先後見義，無善孔父之文。仇牧不警而遇賊，又死無忠事。晉之荀息期欲復言，本無大節。先儒皆隨加善例，又爲不安。”《疏》又云：“按《公羊》《穀梁》及先儒皆以善孔父而書字。”是孔父之書字，古《左氏》説有二義：一爲君先死書字，一爲善之書字也。杜皆隱之。劉炫《規過》駁杜氏稱名，見本《疏》。其文無考。惠棟云：“孔父，孔氏之先也。《傳》曰：‘孔父嘉爲司馬。’是嘉名，孔父字。古人稱名字，皆先字而後名，祭仲足是也。鄭有子孔，名嘉。《説文》曰：‘孔，從乙，從子。乙，請子之鳥也，乙至而得子。嘉，美之也。古人名嘉字子孔。’《説文》此訓，蓋指宋、鄭兩大夫。故先儒皆謂善孔父而書字。杜《注》輒爲異説，不可從也。”沈欽韓曰：“孔父字謚也，顧云：‘《家語·本姓篇》：“考父生孔父嘉，其後以孔爲氏。”然則仲尼氏孔，正以王父之字。而楚成嘉、鄭公子嘉皆字子孔，亦其證也。’按：若以孔父爲名，則夫子得氏之始，不應以所諱爲氏。杜預因《公》《穀》兩家皆美孔父，故欲立異而稱名罪之。非。”按：惠、沈説是也。《疏》祖杜説，援齊侯禄父、蔡侯考父、季孫行父、衛孫林父爲比。彼自以父爲名，與孔父之書字異。孔父之書字者，《曲禮》“不敢與世子同名”，《疏》：“《異義》：《公羊》説臣子先死，君父猶名之。孔子曰：‘鯉也死。’是已死而稱名。《左氏》説既殁而不名。桓二年，‘宋督弒其君與夷及其大夫孔父’。先君死，故稱其字。《穀梁》同《左氏》説。”

滕子來朝。

三月，公會齊侯、陳侯、鄭伯于稷，以成宋亂。

〔注〕鄭衆、服虔云：“成就宋亂。”本《疏》。

〔疏證〕杜《注》：“稷，宋地。”《春秋輿圖》：“稷①在河南歸德府商丘縣境。”《詩·樛木傳》：“成，就也。”《説文》：“成，就也。”《穀梁》：“桓内殺其君，外成人之亂。受賂而退，以事其祖，非禮也。”亦以成亂爲成就宋亂。李貽德云：“宋亂由華納賂立之，昧討賊之義。《經》特書之，以成

宋亂實由公也。"杜《注》："成，平也。宋有弑君之亂，故爲會以平之。"
與鄭、服異。《穀梁》此年《集解》江熙曰："按：宣四年，'公及齊侯平莒
及郯'。《傳》曰：'平者，成也。'然則成亦平也。"杜據之説《左氏》，非。

夏，四月，取郜大鼎於宋。戊申，納于大廟。

〔疏證〕《郡國志》："濟陰郡成武有郜城。"即此郜，非郜國也。《傳》：
"取郜大鼎。"杜《注》云："郜國所造器也。濟陰城武縣東南有北郜城。"
彼《疏》引劉炫難杜云："'郜國，濟陰城武縣東南有北郜城。'郜，宋
邑。濟陰城武縣東南有郜城，俱是城武縣東南，相去不遠。"劉意蓋以郜
城當此郜，北郜當郜國。《疏》駁炫，謂"劉以南郜、北郜并宋邑"，非
也。《地名考略》："今曹州府城武縣東南二十里有郜城。"杜《注》："大廟，
周公廟也。"《疏》云："《禮記·明堂位》稱魯君'季夏六月以禘禮祀周
公於大廟'。文十三年《公羊傳》曰：'周公稱大廟。'故知大廟，周公廟
也。"《禮儀志注》："蔡邕《明堂論》曰：'《春秋》因魯取宋之姦略，則
顯之大廟，以明聖王建清廟明堂之義。'"

秋，七月，杞侯來朝。

蔡侯、鄭伯會于鄧。

〔注〕服云："鄧，曼姓。"《楚世家集解》。賈、服云："鄧，國名。言蔡、
鄭會於鄧之國都。"本《疏》。

〔疏證〕《世本》："鄧，曼姓。"《説文》："鄧，曼姓之國。今屬南陽。"
《地理志》："南陽郡鄧，故國。"應劭曰："鄧，侯國。"杜《注》云："潁
川召陵縣西南有鄧城。"《疏》引賈、服説，駁之云："以鄧是小國，去蔡
路遠，蔡、鄭不宜遠會其都。且蔡、鄭懼楚，始爲此會，何當反求近楚小
國，而與之結援？故知非鄧國也。"沈欽韓云："按：《傳》言始懼楚，鄧
國在南陽，逼楚境尤切，故兩國至其都，當從賈、服。許州之鄧，是隱
十年所盟地。"按：沈説是也。蔡、鄧相鄰，《疏》謂"蔡去鄧遠"，尤謬。

九月，入杞。

公及戎盟于唐。冬，公至自唐。

〔傳〕 二年，春，宋督攻孔氏，殺孔父而取其妻。公怒，督懼，
遂弑殤公。君子以督爲有無君之心，而後動於惡，故先書弑其君。

〔疏證〕《年表》："華督見孔父妻好，悦之，華督殺孔父，及殺殤公。"《宋世家》："華督攻殺孔父，取其妻。殤公怒，遂弑殤公。"《後漢書‧張綱傳》："少明經學。漢安元年，上奏大將軍冀、河南尹不疑，謹條其無君之心十五事。"當本《左氏》説。《疏》云："督不臣之迹，在心已久，非爲公怒，始興毒害。若先書孔父，後書弑君，便似既殺孔父，始有惡心。今先書弑君，後書孔父，見其先有輕君之心，以著不義之極也。"

會于稷，以成宋亂，爲賂，故①立華氏也。

〔疏證〕《疏》云："今定本有'故'字。檢晉、宋古本，往往無'故'字者，妄也。"杜《注》云："《傳》言'爲賂，故立華氏'，明《經》本書平宋亂，爲公諱，諱在受賂立華氏也。督未死而賜族，督之妄也。"惠棟云："立，立證，周法也，立華氏爲證，乃佐成孔父之罪。"沈欽韓曰："督有弑君之罪，無以自立，故爲此會以湔洗之。《經》言成宋亂者以此。惠氏言立華氏爲證，此《公羊》家言，非也。《傳》言華氏，是史文追稱，猶諸侯預稱謚也。杜言督未死而賜族，義亦乖②戾。"按：沈説是也。杜《注》經文"成宋亂"爲"平宋亂"，故牽就爲諱惡之説，非《經》意也。《傳》稱殤公，亦諸侯預稱謚也。

宋殤公立，十年十一戰，

〔注〕賈逵云："一戰，伐鄭，圍其東門；二戰，取其禾；三戰，取邾田；四戰，邾、鄭伐宋，入其郛；五戰，伐鄭，圍長葛；六戰，鄭以王命伐宋；七戰，魯敗宋師于菅；八戰，宋、衛入鄭；九戰，伐戴；十戰，鄭入宋；十一戰，鄭伯以虢師大敗宋。"《史記‧微子世家集解》。服虔云："與夷，隱四年即位。一戰，伐鄭，圍其東門；再戰，取其禾，皆在隱四年；三戰，取邾田；四戰邾、鄭，入其郛；五戰，伐鄭，圍長葛，皆在隱五年；六戰，鄭伯以王命伐宋，在隱九年；七戰，公敗宋師于菅；八戰，宋、衛入鄭；九戰，宋人、蔡人、衛人伐戴；十戰，戊寅，鄭伯入宋，皆在隱十年；十一戰，鄭伯以虢師大敗宋師，在隱十一年。"本《疏》。

〔疏證〕杜《注》："殤公以隱四年立。十一戰皆在隱公世。"蓋隱括服《注》，服與賈同。賈無年分，服補記之耳。

---

① 林按："故"字應上屬，劉氏斷句有誤。
② 林按：科學本"乖"作"了"，據沈欽韓《春秋左氏傳補注》改。

民不堪命。孔父嘉爲司馬，督爲太宰，故因民之不堪命，先宣言曰："司馬則然。"

〔疏證〕《周語》："厲王虐。召公告王曰：'民不堪命矣。'"《注》："言民不堪暴虐之政令。"《秦策》："宣言之於朝廷。"《注》："宣，徧也。"《禮運》："宣祝嘏辭說。"《注》："宣，猶揚也。"《宋世家》："督乃使人宣言國中曰：'殤公即位十年耳，而十一戰，民苦不堪，皆孔父爲之。'"焦循曰："此杜預據以定孔父之罪案也。乃'司馬則然'，《左氏》明指爲華督之言。督誣孔父之言，而可據乎？"

已殺孔父而弑殤公，召莊公于鄭而立之，以親鄭。以郜大鼎賂公。

〔疏證〕《宋世家》："迎穆公子馮於鄭而立之，是謂莊公。"杜《注》："莊公，公子馮也。隱三年出居於鄭。"《詩·泮水》："大賂南金。"毛《傳》："賂，遺也。"《說文》同。

齊、陳、鄭皆有賂，故遂相宋公。

〔疏證〕杜無注。《疏》亦未釋"相"字。按：《宋世家》："莊公元年，華督爲相。"是"相宋公"指華督言。自攻孔父至此，皆敘華督之事，其行賂懼討且求位也。

夏，四月，取郜大鼎於宋。戊申，納于大廟，非禮也。

〔疏證〕郜鼎，以取於宋，言郜爲宋邑也。《年表》："宋賂以鼎，入於太廟。君子譏之。"

臧哀伯諫曰："君人者，將昭德塞違，以臨照百官，猶懼或失之，故昭令德以示子孫：

〔疏證〕《世本》："孝公生僖伯彄，彄生哀伯達。"《鹿鳴》："德音孔昭。"《箋》云："昭，明也。"《漢書·淮南憲王欽注》："塞，猶補也。"《荀子·大略篇》："故塞而避所短。"《注》："塞，掩也。"《說文》："臨，監臨也。"[1]

"是以清廟茅屋,

〔注〕賈云:"肅然清静,謂之清廟。"《詩疏》。

〔疏證〕杜注《清廟》用賈説。《詩·清廟箋》云:"清廟者,祭有清明之德者之宫也,謂祭文王也。天德清明,文王象焉。"《疏》云:"賈逵《左傳注》云:'肅然清静,謂之清廟。'鄭不然者,以《書傳》説《清廟》之義云:'於穆清廟,周公升歌文王之功烈德澤,尊在廟中,嘗見文王者,愀然如復見文王。'説清廟而言功德,則清是功德之名,非清静之名也。廟者,人所不舍,雖非文王,孰不清静?何獨文王之廟顯清静之名?以此,故不從賈氏之説也。"本《疏》又云:"象尊之貌,享祭之所,嚴其舍宇,簡其出入,其處肅然清静,故稱清廟。《詩·頌·清廟》者,祀文王之歌,故鄭玄以文王解之。此則廣指諸廟,非獨文王,故以清静解之。"此疑爲舊疏。先儒或有以文王説清廟者,故《疏》申賈義也。杜《注》"茅屋"云:"以茅飾室,著儉也。"《御覽》五百卅一引"室"作"屋",或賈《注》亦説茅屋,杜襲之。《疏》云:"《冬官·考工記》有葺屋、瓦屋,則屋之覆蓋,或草或瓦。《傳》言'清廟茅屋',其屋必用茅也。但用茅覆屋,更無他文。得有茅者,以茅飾之而已,非謂多用其茅,總爲覆蓋,猶童子垂髦及蔽膝之屬,示其存古耳。"按:《北史·宇文愷傳》:愷議明堂引胡伯始注《漢官》云:"古清廟,蓋以茅,今蓋以瓦。瓦下藉茅,以存古制。"是古制清廟用茅覆屋。《疏》説非。

"大路越席,

〔注〕服云:"大路,木路。"本《疏》。祀天車也。越席,結括草以爲席也。《史記·禮書集解》。大路,總名也,如今駕駟高車矣,尊卑俱乘之,其采飾有差。《續漢書·輿服志注》。

〔疏證〕《淮南子·主術訓》:"於是堯乃身服節儉之行,而明相愛之仁,以和輯之,是故茅茨不翦,采椽不斲,大路不畫,越席不緣,大羹不和,粢食不毇。"是大路以下,皆史臣述堯之辭,哀伯褘引之也。杜《注》:"大路,玉路。越席,結草。"《御覽》七百九:"服虔曰:'越席,結草爲席。'"服《注》別文,杜删去"爲席"二字,語意未完。《疏》云:"服虔云:'大路,木路。'杜不然者,以'大路越席',猶如'清廟茅屋',清廟之華,以茅飾屋示儉;玉路之美,以越席示質。若大路是木,則與越席各爲一物,豈清廟與茅屋又爲別乎?故杜以大路爲玉路,於玉路而施越席,是方可以示儉。故沈氏云:'玉路雖文,亦以越席示儉。'"按:大路、越席，顯爲二物，不得以清廟茅屋爲比。杜亦未言越席施於大路，《疏》乃援沈文阿説以傅合之，并非杜義也。《明堂位》：“大路，殷路也。”《注》：“大路，木路也。漢祭天，乘殷之輅也。今謂之桑根車。《春秋傳》曰：‘大路素。’”彼《疏》云：“按：桓二年《左氏》云：‘大路越席。’越席是祀天之席，則大路亦祭天之車。以祭天尚質，故鄭云‘大路素’。”《論語》：“乘殷之輅。”《集解》引馬曰：“殷車曰大輅。《左傳》曰：‘大路越席。’”馬、鄭之誼，皆同於服。《巾車》：“木路，前樊鵠纓。建大麾以田，以封蕃國。”《注》：“木路，不鞔以革，漆之而已。”《禮記疏》云：“大路，殷家祭天車也。”《郊特牲》：“乘素車。”《注》：“素車，殷路也。”《巾車》：“玉路，錫樊纓，十有再就，建太常十有二斿，以祀。”是周制以玉路祀天。哀伯所述乃殷禮，故服不用周禮也。《禮書正義》云：“括草，蒲草。”《淮南子》高誘《注》：“越，結蒲爲席也。”《禮運》：“與其越席。”《注》：“越席，翦蒲也。”《疏》云：“若依周禮，越席疏布是祭天之物。此《經》云‘君與夫人’，則宗廟之禮也。此蓋記者襍陳夏、殷諸侯之禮。故雖宗廟而用越席疏布也。”是越席本以祭天，故《傳》與大路連言也。焦循云：“《禮運》釋文：‘越音活，《字書》作趏。’趏蓋即适，适通於括。括，結也。”按：《梓材傳》：“越，遠也。”引申之有疏闊之義。越席以蒲爲之，其制疏闊而不密，故曰越席，猶疏布以疏爲義也。服意謂聚草而結，适爲席越，無結适義。焦説非也。李貽德云：“‘趏’當作‘秸’。《説文》：‘稭，禾藁。去其皮，祭天以爲席。’《玉篇》作‘秸，祭神席也’。括草即秸草。亦通。”[1]“大路，總名也”以下乃服通釋路制。李貽德云：“大路不得爲總名。大字疑衍。”是也。《巾車》：“王之五路。”《注》：“王在焉曰路。”《疏》：“路，大也。王之所在，故以大爲名。諸侯亦然。《左氏》義以爲行於道路，故以路名之。若然，則門寢之等，豈亦行於路乎？”《左氏》義疑指此注，或服謂“行於道路謂之路”，今佚之。服言今者，漢制也。漢制：駕駟高馬，尊卑同之，而采飾有差。詳《漢書》《後漢書》紀傳及《輿服》《禮儀》等志，以無關説經，悉不具。

“大羹不致，

〔疏證〕杜《注》：“大羹，肉汁，不致五味。”《御覽》八百六十一引《注》：“大羹，肉汁也，不致五味。禮不忘本也。”當是舊注，杜蓋用舊説。

---

[1] 林按：原稿以下行文順序與整理本有不同。

《淮南子》高誘《注》：“不和，不致五味。”《禮器》：“禮也者。物之致也。”《注》：“致之言至也，極也。”是不致謂不極五味也。《疏》云：“《郊特牲》：‘大羹不和，貴其質也。’《儀禮・士虞》《特牲》皆設大羹涪，鄭玄云：‘大羹涪，羹内汁也①。’是祭祀之禮，有大羹也。五味即《洪範》所云酸、苦、辛、鹹、甘也。”

“粢食不鑿，昭其儉也。

〔疏證〕《校勘記》云：“《淮南・主術訓》作‘粢食不毇’。《玉篇》鑿字下引《傳》作‘粢食不鑿’。陳云‘鑿爲毇，蓋古字假借’。”杜《注》云：“黍稷曰粢。不精鑿。”《疏》云：“《釋草》曰：‘粢，稷。’舍人曰：‘粢，一名稷。稷，粟也。’郭璞云：‘今江東人呼粟爲粢。’《士虞・記》云‘明齊’，鄭云：‘今文曰明粢。粢，稷也。’然則粢是稷之別名。《周禮・小宗伯》‘辨六粢之名物’，鄭玄云：‘六粢，謂黍、稷、稻、粱、麥、苽。’是諸穀皆名粢也，故云‘黍稷曰粢’。”如杜意，則粢即粢盛之粢也。《曲禮》：“食居人之左。”《注》云：“食，飯屬也。”《疏》云：“知食是飯者，《春秋左氏傳》‘粢食不鑿’。”按：《釋文》“食音嗣”，食對羹言，宜爲飯屬矣。《廣雅・釋詁》：“精、鑿、粺，小也。”王念孫云：“皆米之細名。鑿，通作毇。桓二年《左傳》‘粢食不鑿’，《淮南子・主術訓》作‘毇’，糒或爲糳。”《召旻箋》云：“米之率，糒十，粺九，鑿八，侍御七。”《正義》云：“《九章》粟米之法云：‘粟率五十，糒米三十，粺二十七，鑿二十四，侍御二十一。’言粟五升，爲糒米三升，以下則米漸細，故數益少也。”案：鄭《箋》言粺九鑿八，《九章算術》言粺二十七，鑿二十四，皆是鑿細於粺。《説文》以糒米一斛春九斗爲毇，八斗爲粺，則是粺細於毇。未知孰是。《一切經音義》引《三蒼》：“毇，精米也。今江南謂師米爲毇，音賴。”師，疑糒之別，故有賴音也。《禮部韻略》引《字林》云：“毇，春也。”

“袞、冕、黻、珽，

〔疏證〕鄭司農《周禮注》：“袞，卷龍衣也。”《釋名》：“畫卷龍於衣也。”杜《注》：“袞，畫衣也。”用《釋名》説。《疏》云：“畫衣，謂畫龍於衣。祭服玄衣纁裳，《詩》稱玄袞，是玄衣而畫以袞龍。袞之言卷也，

---

① 林按：“羹内汁”，《左傳正義》作“煮肉汁”。

謂龍首卷然。《玉藻》曰：‘龍衮①以祭。’知謂龍首卷也。”按：《益稷》：“日、月、星、辰、山、龍、華蟲作會。”會爲古繪字，即畫衣矣。《書》某氏《傳》：“冕，冠也。”宋衷《世本注》：“冕，冠之有旒者。”杜《注》：“冕，冠也。”用《書傳》說。《疏》云：“阮諶《三禮圖·漢禮器制度》云：‘冕制皆長尺六寸，廣八寸。天子以下皆同。’沈引董巴《輿服志》云：‘廣七寸，長尺二寸。’應劭《漢官儀》云：‘廣七寸，長八寸。’沈又云：‘廣八寸，長尺六寸者，天子之冕。廣七寸，長尺二寸者，諸侯之冕。廣七寸，長八寸者，大夫之冕。’但古禮殘缺，未知孰是，故備載焉。”《正義》所引沈說，爲沈文阿舊疏。舊注或及冕之長短廣狹，今不可考矣。《明堂位》“有虞氏服韍”《注》：“韍或作韠，冕服之韠也。”《白虎通》：“韍，蔽膝也。”《北堂書鈔》引雷氏《五經要義》云：“韠，裳前之蔽也。”杜《注》云：“韍，韋韠，以蔽膝也。”蓋用以上諸說。《左氏》作“韍”，《禮》作“韠”者，“韍”爲正，“韠”異文也。字亦作“芾”。毛《傳》：“芾，韠也。”鄭《箋》云：“芾，太古蔽膝之象也。冕服謂之芾，其他服謂之韠，以韋爲之。”此《疏》釋之云：“韍之與韠，祭服、他服之異名耳。”《瞻彼洛矣疏》云：“大夫以上祭服謂之韍，士朝服謂之韠。士祭服謂之韎韐。”其說韍、韠之別，尤分明。《士冠禮注》：“韍之制如韠。”《玉藻》云：“韠，君朱，大夫素。士爵韋。”是韍、韠對則異，散則通。傳文四者皆君之服飾，故但言“韍”也。《御覽》六百九十一引《五經異義》云：“韍者大帶之飾，非韠也。”陳壽祺《疏證》云：“《說文》：‘韠，韍也，所以蔽前。’‘市，韠也。上古衣蔽前而已，市以象之。’《御覽》所引《異義》，疑非叔重之言。或《異義》申引他家說。”按：陳說是也。《廣雅》：“珽，笏也。”杜《注》：“珽，玉笏也。”《玉藻》云：“笏，天子以球玉。”《管子》云：“天子執玉笏以朝日。”皆杜所本。《隋書·禮儀志注》云：“《五經異義》：‘天子笏曰珽，挺直無所屈也。’”未引鄭駁。按：《玉藻》：“天子搢珽，方正於天下也。”鄭《注》云：“珽之言挺然無所詘也。或謂之大圭，長三尺，于杼上又廣其首，方如椎。是謂無所屈。”鄭與許同。

“帶、裳、幅、舄，

〔疏證〕《玉藻》：“革帶博二寸。”鄭玄《注》云：“凡佩繫於革帶。”《白虎通》云：“男子有鞶帶者，示有金革之事。”杜《注》：“帶，革帶

---

① 科學本注：阮刻本作“龍卷”。

也。”用《玉藻》説。《疏》云：“下有鞶，是紳帶。知此帶爲革帶。”而又引《白虎通》，謂“示有革事①，故用革爲帶”。義殊近鑿《采菽》毛《傳》：“衣下曰裳，所以配衣也。”杜《注》：“衣下曰裳。”用毛説。《昭十二年傳》云：“裳，下之飾也。”《采菽》：“邪幅在下。”《傳》云：“邪幅，逼也，偪所自逼束也。”《箋》：“幅，邪幅，如今行縢也。偪束其脛，自足至膝，故曰在下。”彼《疏》云：“桓二年《左傳》曰‘帶裳幅舄’，《內則》亦單云偪，則此服名偪而已。”杜、鄭皆云今之行縢，據是則鄭之説《左氏》，亦以幅爲今之行縢，杜用之也。

《屨人》鄭《注》云：“複下曰舄，禪下曰屨。”故杜釋“舄”爲“複履”。彼《疏》云：“下謂底。複，重底。重底者名曰舄，禪底者名曰屨也。無正文，鄭目驗而知也。”《釋名》：“複其下曰舄。”與鄭同。鄭《注》又云：“天子諸侯，吉事皆舄。”赤舄者，冕服之舄。白舄者，皮弁之舄。黑舄者，玄端之舄。其士皆著屨。其鄉大夫服冕者，亦赤舄，餘服則以屨。

“衡、紞、紘、綖，昭其度也。

〔疏證〕《校勘記》云：“張平子《東京賦》‘衡’作‘珩’，李善引傳文及杜《注》同。按：‘珩’與‘衡’音義同。”《追師》：“爲副、編、次，追衡、笄。”《注》：“鄭司農云：‘衡，維持冠者。《春秋傳》曰：“衡、紞、紘、綖。”’玄謂王后之衡笄，皆以玉爲之。唯祭服有衡，垂於副之兩旁，當耳，其下以紞縣瑱。笄，卷髮者。”《疏》：“《春秋》云‘衡、紞、紘、綖’，則據男子之衡。引證此者，司農意男子、婦人皆有衡。《弁師》：王之笄以玉，故知后與王同用玉也。云‘惟祭服有衡’者，桓二年，臧哀伯云‘袞、冕、黻、珽，帶、裳、幅、舄，衡、紞、紘、綖’，并據男子之冕祭服而言。明婦人之衡，亦施於三翟矣。《傳》云‘衡、紞、紘、綖’，與衡連言，明紞爲衡設矣。笄既橫施，則衡垂可知。衡下乃以紞懸瑱也。”按：鄭君謂衡、笄二物，衡則下垂，異於先鄭。杜《注》謂“衡，維持冠者”，蓋沿先鄭之説。本《疏》并引先、後鄭説，而仍云“冠由此以得支立，故云‘維持冠者’”，蓋未達先、後鄭之異誼矣。

《字林》云：“紞，冠之垂者。”杜《注》用之。《疏》云：“紞者，懸瑱之繩，垂於冠之兩旁。”視杜《注》爲分明。《周禮疏》謂“紞爲衡而

---

① 林按：科學本“事”作“帶”，據《左傳正義》回改。

施"，則紞繫於衡也。《詩·著箋》云："充耳謂所以懸瑱者，或名爲紞，織之，人君五色，臣則三色。"是紞即充耳也。《詩□□①》毛《傳》："紘，纓之無綏者，從下仰屬於冠。"《魯語注》："冕曰紘纓。紘，纓之無綏者，從下而上不結。"杜《注》謂"紘，纓從下而上者"，蓋本之《士冠禮》。鄭《注》云："有笄者屈組爲紘，垂爲飾。無笄者纓而結其條。"是紘之制因於笄。笄即衡，蓋冕弁之飾矣。《玉藻》："前後邃延。"鄭《注》："延，冕上覆也。"彼《疏》云："延冕上覆②也者。以三十升之布，染之爲玄，覆於冕上，出而前後。冕，謂以板爲之，以延覆上。"杜《注》謂云"綖，冠上覆"，意蓋以延爲綖之本也。《疏》云："冕以木爲幹，以玄布衣其上，謂之綖。"與《禮疏》合。

"藻、率、鞞、鞛，

〔注〕服云："藻，畫藻。率，刷巾。""《禮》有刷巾。"本《疏》。

〔疏證〕藻率，《東京賦》作"藻繂"。《司几筵》"加繅席畫純"《注》："鄭司農云：'繅讀爲藻率之藻。'"《疏》："讀從桓二年臧哀伯云：'藻、率、鞞、鞛，鞶、厲、游、纓。'此蓋③取彼義也。"《典瑞》："繅藉五采五就。"《注》："繅有五采文，所以薦玉。木爲中幹。用韋衣而畫之。鄭司農云：'繅讀爲藻率之藻。'"《疏》："桓二年臧哀伯諫辭也。藻是水草之文，故讀從之也。"是先、後鄭皆以藻、率爲二物，與服同。杜《注》："藻率以韋爲之，所以藉玉。"《正義》云："杜以藻率爲一物者，以拭物之巾無名率者。服言《禮》有刷巾，事無所出。"阮氏《校勘記》云："孔冲遠誤也。依《説文》：'帥，佩巾也。'即帨字。古率、帥通。故《儀禮注》云：'古文帥作率。'服虔云：'《禮》有刷巾。'其語亦見《説文》。凡《儀禮》言帨者，即《左傳》之率也。"按：阮説是也。《樂師》故書"帥"爲"率"。《聘禮》古文"帥"皆作"率"，《采菽》"亦是率從"，《襄十一年傳》作"帥從"。《廣雅·釋器》："帥，巾也。"皆"率"得爲巾之義。《爾雅》："刷，清也。"《説文》："刷，括也。"又云："拭也。"杜以藻、率爲一物，禮制他無所徵。《正義》引《玉藻》"士練帶率下辟"，謂"以韋衣木繂積其邊"，非其義矣。《篤公劉》"鞞琫容刀"，毛《傳》："下曰鞞，上曰琫。"《詩疏》云："鞞者刀鞘之名，琫者鞘之上飾。下不言其飾，指

---

① 科學本注：原稿闕文，查當作"葛覃"。

② 林按：科學本作"服"，據《禮記正義》回改。

③ 科學本注：阮刻《注疏》"蓋"作"并"。

鞞之體，故云‘下曰鞞’。上則有飾可名，故云‘上曰琫’。”洪亮吉云：“‘琫’與‘鞛’同。杜《注》正與毛《傳》上下相反。疑誤。”按：洪説是也。《瞻彼洛矣》“鞞琫有珌”，毛《傳》云：“鞞，容刀鞞也。琫，上飾。珌，下飾。”《説文》：“鞞，刀室也。琫，佩刀上飾也。珌，佩刀下飾也。”許君用毛誼，視《公劉疏》尤分明矣。而此《疏》謂“鞞、鞛二名，明飾有上下，先鞞後鞛。故知鞞爲上飾，鞛爲下飾”乃望文生義之辭。劉炫規杜亦援《毛詩》而《疏》駁之，謂“鞞鞛或上或下，俱是無正文”，尤誤。

“鞶、厲、游、纓，昭其數也。

〔注〕服云：“鞶，大帶。厲是大帶之垂者。《禮記·內則疏》。纓如索裙，今乘輿大駕有之。”本《疏》。

〔疏證〕杜《注》云：“鞶，紳帶也，一名大帶。厲，大帶之垂者。游，旌旗之游。纓，在馬膺前，如索裙。”《疏》云：“賈、服等説鞶、厲皆與杜同，唯鄭玄獨異。”是賈氏亦與服同。《疏》但言賈、服説鞶、厲同於杜，然所引服之説“纓”，杜亦襲其“索裙”之義。疑此傳杜《注》全襲賈、服義也。《都人士》“垂帶而厲”《箋》云：“而厲，如鞶、厲。鞶必垂厲以爲飾。厲字當作裂。”《疏》：“謂如桓二年《左傳》云‘鞶、厲、游、纓’也。彼服虔以鞶爲大帶也，鄭意則不然。《內則》：‘男鞶革，女鞶絲。’鄭《注》云：‘鞶，小囊，盛帨巾者。男用韋，女用繒，有飾緣之則是鞶裂與？《詩》云“垂帶如厲”，紀子帛名裂繻，字雖今異，意則同也。’”彼《疏》云：“按：《傳》云‘鞶、厲’，鄭此注云‘鞶裂’，厲、裂義同也。祇謂鞶囊裂帛爲之飾，又引《詩》‘垂帶如厲’者，證厲是鞶囊裂帛之飾也。此詩是《小雅·都人士》之篇也。按：彼《注》云：謂彼都之士垂此紳帶，如似鞶囊之裂。是以厲爲裂也。”此是鄭康成之義。若如服虔、杜預，則以鞶爲大帶，厲是大帶之垂者。故服氏云：“鞶，大帶。”杜云：“紳，大帶。厲是大帶之垂者。”《詩》毛《傳》亦云：“厲，帶之垂者。”並與鄭異。是鄭讀“鞶厲”爲“鞶裂”《詩箋》《禮注》皆同其説，《左氏》亦當如此。

本《疏》引鄭《禮注》而駁之，謂：“鞶是帶之別稱，遂以鞶爲帶名，言其帶革、帶絲耳。鞶非囊之號也。”《疏》之駁鄭，蓋以杜不用鄭《箋》也。然杜言“紳帶”，又言“大帶”，又與服《注》微異。沈欽韓云：“《內則》：‘男鞶革。’《玉藻注》：‘凡佩繫於革帶。’按：大帶博四寸，以束體。革帶博二寸，以施佩。《易·訟》上爻‘或錫之鞶帶’，虞翻《注》引《內則》文，知此鞶、厲亦革帶也。《晉書·輿服志》：‘革帶，古之鞶帶也。’

《方言》：‘帶謂之厲①，革帶之餘爲厲，大帶之餘爲紳。’杜反以鞶厲爲紳帶，謬矣。”按：沈言革帶、紳帶極分明。本《疏》云：“上帶爲革帶，故云‘鞶紳帶’。”上帶指“帶、裳、幅、舄”句言，杜意以彼爲革帶，此爲紳帶耳。哀伯錯舉鞶，兩文不應同爲帶，鄭義爲長矣。

　　《校勘記》云：“《匡謬正俗》云：斿，旌旗之斿，字從扒，訓與旒同。《傳》云：‘鞶、厲、斿、纓。’按：《司几筵正義》《文選·東京賦注》引并作‘斿’。《易·訟卦》正義引作‘旒’。惠棟云：‘《説文》無斿字，有游字。云“旌旗之流”，從扒，汙聲，汙與汜同，上形下聲。按：斿之變爲游，省爲斿，俗爲旒，假借爲流，其實一也。’”《疏》云：“游是旒之垂者，旒之別名。《巾車》：‘王之五路：一曰玉路，建太常，十有二斿。’又《大行人》云：上公九斿，侯伯七斿，子、男五斿。其孤卿建旜，大夫士建物。其斿各如其命數。其鳥旟則七斿，熊旗則六斿，龜旐則四斿。故《考工記》云：‘鳥旟七斿以象鶉火，熊旗六斿以象伐，龜旐四斿以象營室。’是也。《巾車注》：‘鄭司農云：禮家説曰，纓當胸，以削革爲之。玄謂纓，今馬鞅。’”彼《疏》云：“纓是夾馬頸。故以‘今馬鞅’解之。”杜謂“纓在馬膺前”，蓋用先鄭説，而未詳其制。《巾車》：“木路，剪樊鵠纓。”鄭《注》云：“以淺黑飾韋爲樊，鵠色飾韋爲纓。”其説與先鄭“削革”同。束晳《近游賦》：“親里往來，服索裙服。”服蓋舉時制言之。《晉書·輿服志》：“乘輿繁纓，赤屬易茸，金就十有二。”《注》：“繁纓，馬飾纓，在馬膺前，如索裙。”亦與服説合。《疏》云：“漢魏以來，大駕之馬膺有索裙。是纓之遺象，故云‘如索裙’也。”索裙自爲人之下服，制如古之馬纓耳。《疏》説非。

“火、龍、黼、黻，昭其文也。”

　　〔疏證〕《考工記》：“火以圜，水以龍。”鄭司農《注》云：“爲圜形似火也。”後鄭《注》云：“玄謂形如半環然，在裳。龍，水物，在衣。”彼《疏》云：“畫水者并畫龍。”杜《注》云：“火，畫火。龍，畫龍。”蓋用《禮注》。《考工記》：“白與黑謂之黼，黑與青謂之黻。”《釋器》云：“斧謂之黼。”《書正義》引孫炎《注》云：“黼文如斧形，蓋半白半黑，似斧刃白而身黑。”顧歡《尚書注》：“黻取善惡相背。”《禮書》二引《白虎通·紱冕》佚文云：“黻，譬君臣可否相濟，見善改惡。”此黻文爲兩己相戾。杜

---

① 林按：沈欽韓《春秋左氏傳補注》引文此句作“厲謂之帶”。

《注》云："白與黑謂之黼，形若斧；黑與青謂之黻，兩己相背。"用以上諸説《疏》云："周世衮冕九章，《傳》①唯言'火龍黼黻'四章者，略以明義，故文不具舉。衣之所畫，龍先於火。今火先於龍，知其言不以次也。"

"五色比象，昭其物也。

〔疏證〕《益稷》："以五采彰施於五色。"《考工記》："畫繪之事，襍五色，東方謂之青，南方謂之赤，西方謂之白，北方謂之黑，天謂之玄，地謂之黃。青與白相次也，赤與黑相次也，玄與黃相次也。"《禮運》云："五色六章十二衣。"《疏》云："六章者，兼天玄也。"《周語》："文章比象。"《注》："黼黻錦繡之文章。比象，比文以象山、龍、華、蟲之屬。"此當爲《左氏》舊誼。杜《注》云："車服器械之有五色，皆以比象天地四方，以示器物不虛設。"按：杜説非也。臧氏諫詞，皆以類舉成文。此五色承"火龍黼黻"句，自係服章而言，不得泛指車服器械。

"錫、鸞、和、鈴，昭其聲也。

〔注〕服云："鸞在鑣，和在衡。"《史記集解》。

〔疏證〕杜《注》云："錫在馬額，鸞在鑣，和在衡，鈴在旂，動皆有鳴聲。"當全用服《注》。《疏》云："錫在馬額，鈴在旂。先儒更無異説。其鸞、和所在，則舊説不同。"以《疏》推之，先儒説錫、鈴同於服，其説鸞、和或異也。《巾車》鄭玄《注》云："錫，馬面當盧，刻金爲之，所謂鏤錫也。"《小戎》"鉤膺鏤錫"《箋》云："眉上曰錫，刻金飾之，今當盧也。"《釋天》："有鈴曰旂。"李巡曰："以鈴置旂端。"《廣雅·釋器》："鸞，鈴也；和，鈴也。"《經解》鄭玄《注》："鸞、和皆鈴也，所以爲車行節也。"《馴鐵疏》云："鸞、和所在，《異義》載《禮》戴、《詩》毛氏二説。謹案云：經無明文，且殷、周或異，故鄭亦不駁。"按：《大戴禮·保傅篇》："在衡爲鸞，在軾爲和，馬動而鸞鳴，鸞鳴而和應。"《異義》所稱《禮》戴説也。《蓼蕭》毛《傳》云："在軾曰和，在鑣曰鸞。"《異義》所稱《詩》毛氏説也。《續漢書·輿服志注》引："許慎曰：'《詩》云"八鸞鎗鎗"，則一馬二鸞。又曰"輈車鸞鑣"，知非衡也。'"《説文》："鸞，人君乘車。四馬鑣，八鸞鈴，象鸞鳥之聲，和則敬也。"鸞與鑾通，《説文》與《輿服志》合。許君從毛《傳》而不從戴《記》，戴《記》説"鸞和"

---

① 林按：《左傳正義》作"傳"，科學本誤作"詩"。

與韓、魯《詩》同。鄭君注《周官》《禮記》用韓、魯《詩》。而《烈祖箋》則云"鸞在鑣"，仍用毛《傳》，故於《異義》無駁也。服説"鸞"同於毛，而説"和"爲異。陳氏壽祺《異義疏證》云："和之所設，諸家皆云在軾。惟韓《詩》云在軾前。軾前則近衡矣。"此兼用韓、毛之説也，其説甚當。《釋器》云："鑣謂之鑴。"郭《注》："馬勒旁鐵。"《説文》："鑣，馬銜也。"《釋名》："鑣，苞也。在旁苞斂其口也。"《莊子·馬蹄釋文》："衡者，轅前橫木縛軛者也。"《論語》包《注》："衡，軛也。"

"三辰旂旗，昭其明也。

〔注〕服云："三辰，日月星也。謂之辰者，辰，時也。日以照畫，月以照夜，星則運行於天，民得取其時節，故謂之辰也。《詩·大明疏》。九旂之總名。"《儀禮·覲禮疏》。

〔疏證〕杜《注》："三辰，日月星也。畫於旂旗，象天之明。"與服義同。劉恭冕云："《詩疏》云云，金谿王氏、陽湖洪氏，皆取爲服《注》文。予案：《左傳》疏解三辰云：'謂之辰，辰，時也。日以照畫，月以照夜，星則運行於天，昏明遞匝而正，所以示民早晚，民得取爲時節。故三者皆爲辰也。'與《詩疏》略同，不言服義。然《疏》多乾没舊注，附識於此，以俟考焉。"劉蓋疑"謂之辰也"以下非服《注》之文。然"謂之辰"句，在《左氏》疏解，注宜亦爾。若《大明》傳箋無"辰"字，斷非疏解之文。嚴氏蔚《内傳古注輯存》亦定爲服《注》，今依之。《覲禮》載"大旗"疏："桓二年臧哀伯云：'三辰旂旗。'服氏《注》云：'九旂之總名'，'三辰，日月星。'"先言旂旗，後言三辰，亦節引之文，不得謂服《注》原如此。"九旂"上當有"旂旗"二字，《禮疏》省之也。《司常》"王建太常"，《疏》注云："'王畫日月，象天明也'者，聖人與日月齊其明，故旌旂畫日月象之。按：桓二年臧哀伯云：'三辰旂旗，昭其明也。'三辰，日月星，則此太常之畫日月者也。此直言日月，不言星者，此舉日月，其實兼有星也。"《春官》："凡以神仕者，掌三辰之法。"後鄭《注》云："日月、星辰，其著位也。"亦以日月星爲三辰。"《司常》掌九旂之物名，日月爲常，交龍爲旂，通帛爲旜，雜帛爲物，熊虎爲旗，鳥隼爲旟，龜蛇爲旐，全羽爲旞，析羽爲旌。"服云九旂，據此文。《爾雅釋文》："'旂'又作'旗'。"是旂、旗通也。

"夫德，儉而有度，登降有數，文、物以紀之，聲、明以發之，

〔疏證〕儉、度、數、文、物、聲、明，蒙上言之。

"以臨照百官。百官於是乎戒懼，而不敢易紀律。今滅德立違，

〔疏證〕臨照，今本作"照臨"，從宋本。《釋詁》："律，法也。"《周語》："以逞其違。"《注》："違，邪也。"《堯典》："静言庸違。"《論衡》作"庸回"。王念孫云："立違，謂立姦回之臣。'滅德立違'與'昭德塞違'正相反。"是也。

"而賓① 其賂器於大廟，以明示百官。百官象之，其又何誅焉？國家之敗，由官邪也；官之失德，寵賂章也。郜鼎在廟，章孰甚焉？

〔疏證〕《堯典》："平章百姓。"鄭《注》："章，明也。"

"武王克商②，遷九鼎於洛邑，

〔注〕服云："今河南有鼎中觀。"《書・召誥・序疏》。

〔疏證〕《召誥疏》："桓二年《左傳》云：'昔武王克商，遷九鼎於洛邑。'服虔《注》云：'今河南有鼎中觀。'云'九鼎'者，按：宣三年《左傳》王孫滿云：'昔夏之方有德也，貢金九牧，鑄鼎象物。'然則九牧貢金爲鼎，故稱九鼎，其實一鼎。按：《戰國策》顏率説齊王云：'昔武王克商，遷九鼎，鼎用九萬人。'則以爲其鼎有九。但游説之辭，事多虚誕，不可信用。然一鼎之上，備載九州山川異物，亦又可疑，未知孰是，故兩解之。"是九鼎説有二也。《周本紀》："太史公曰：'學者皆稱周伐紂，居洛邑，綜其實不然。武王營之，成王使召公卜居，居九鼎焉。而周復都豐鎬，至犬戎敗幽王，周乃東徙於洛邑。'"史遷於遷九鼎屬成王時事，蓋據宣三年成王定鼎於郟鄏。第彼言定鼎，此言遷鼎，非一事也。《大司徒》"以求地中"注③，鄭司農云："潁川陽城地爲然。"《疏》："按《春秋左氏》：'武王克商，遷九鼎於洛邑。'不在潁川地中者，武王欲取河洛之間形勝之所，洛都雖不在地之正中，潁川地中仍在畿内。"其説地中極明畫。《地理志》："河南縣，故郟鄏地也，武王遷九鼎，周公致太平，營以爲都，是爲王城。"《郡國志》："河南郡河南，東城門名鼎門。"劉昭《注》引《帝王世紀》："武王定鼎雒陽。西南雒水，北鼎中觀。"即服所稱"鼎中觀"也。

---

① 林按：原稿作"賓"，應作"賓"。

② 林按：原稿眉批："武王挽行。"

③ 科學本注：按：此注在"謂之地中"句下，不在"以求地中"句下。

《大事表》：“今河南府洛陽縣城内西偏，即王城故址。”傳文今本作“雒”，《釋文》云：“雒音洛，本亦作洛。”《校勘記》云：“《魏志》：‘黄初元年，幸雒陽。’裴《注》引《魏略》曰：‘詔以漢火行也。火忌水，故洛去水而加隹。魏於行次爲土。土，水之牡也。水得土而乃流，土得水而乃柔，故除隹加水，變雒爲洛。’則漢以前皆雒，非漢去水加隹也。”按：洛，從水各聲，漢以前自當作洛，《校勘記》説非。洪亮吉云：“今諸刊本并皆作‘雒’。此從孔《傳》及宋本改正。”

“義士猶或非之，

〔疏證〕杜《注》：“蓋伯夷之屬，《漢書·王貢兩龔鮑傳》：‘昔武王伐紂，遷九鼎於雒邑。伯夷、叔齊薄之。’”當爲古《左氏》説，杜《注》襲之。《疏》云：“檢《書傳》之説，非武王者，唯此人。故知伯夷之屬。”未達杜意有所承也。

“而況將昭違亂之賂器於大廟，其若之何？”公不聽。周内史聞之，曰：“臧孫達其有後於魯乎！君違，不忘諫之以德。”

〔疏證〕杜《注》：“内史，周大夫官也。”顧炎武云：“達，哀伯名。莊公十一年臧孫達是也。”

秋，七月，杞侯來朝，不敬。杞侯歸，乃謀伐之。

“蔡侯、鄭伯會於鄧”，始懼楚也。

〔疏證〕《地理志》：“南郡江陵，故楚郢都。楚文王自丹陽徙此。”杜《注》據以爲説，而謂楚武王始僭號稱王。按《世本》云：“楚鬻熊居丹陽，武王徙郢。”杜蓋依《世本》。《疏》云：“熊通始稱武王，武王之十九年，魯隱公之元年也。”以《疏》推之，桓之二年，爲楚武王之三十一年。

九月，入杞，討不敬也。

“公及戎盟于唐”，修舊好也。

“冬，公至自唐”，告于廟也。凡公行，告于宗廟，反行飲至，舍爵策勳焉，禮也。

〔疏證〕此稱凡公行例也。《疏》云：“凡公行者，或朝、或會、或盟、或伐，皆是也。《禮記·曾子問》曰^①‘諸侯適天子，必告於祖，奠於禰’，命祝史告於宗廟。‘諸侯相見，必告於禰’，命祝史告於五廟，‘反，必親告于祖禰，乃命祝史，告至於前所告者’。由此而言，諸侯朝天子，則親告祖禰，祝史告餘廟，朝隣國，則親告禰，祝史告餘廟。其路遠者，亦親告祖。故於其反也，言告於祖禰，明出時亦告於祖也。出時不言祖者，鄭玄云：‘道近，或可以不親告祖廟。’明道遠者亦親告祖廟矣。”《疏》詮禮意其晰，惟《禮》言“諸侯相見”，蓋兼朝、會、盟、伐之事，但舉朝鄰國言，疏矣。《襄十三年傳》：“公至自晉，孟獻子書勞於廟。”又十三年，“公至自伐鄭”。《傳》曰：“以飲至之禮，伐還告廟也。”皆與此《傳》所言合。高誘《釋文》^②：“舍，置也。”《呂覽注》：“爵，飲爵。”謂置酒於廟，以勞從行之臣，所謂飲至之禮也。《内史》“則策命之”，鄭司農《注》：“策，謂以簡策書王命。”《昭四年傳》：“孟孫爲司空，以書勳。”是策勳即書勳也。《仲尼燕居》：“田獵戎事失其策。”《注》：“策，謀也。”《淮南·主術訓》：“揄策於廟堂之上。”《注》：“策，謀也。”謀勳謂議勳也，議而後書之。漢《夏承碑》：“策薰著於王家。”策薰即策勳，薰爲《左氏》異文。

特相會，往來稱地，讓事也。

〔疏證〕《廣雅·釋詁》：“特，獨也。”《大射》“特升飲”《注》：“特，猶獨也。”杜《注》：“二人獨會，則莫肯爲主。”即讓事之義。又謂：“兩讓，會事不成，故但書地。”非《傳》旨。

自參以上，則往稱地，來稱會，成事也。

〔疏證〕杜《注》但云“成會事”，不及“參”義。案：《周語》：“王御不參一族。”《注》：“參，三也。”是自參以上，猶言三人以上也。“參”與“特”對言。

初，晉穆侯之夫人姜氏，以條之役生大子，命之曰仇。

〔疏證〕《晉世家》：“獻侯卒，子穆侯費王立。穆侯四年，取齊女姜氏爲夫人。七年伐條，生太子仇。”《索隱》云：“鄒誕本作弗王，或作潰王。”《世本》則云：“穆侯名弗生。”費與弗、潰，王與生，形相近而轉譌也。據《年表》，穆公伐條在周宣王二十三年，於魯當孝公二年。杜《注》：

---

① 科學本注：“曰”字上脱“孔子”二字。
② 林按：此句文字疑倒，当作“《釋文》……高誘《吕覽注》”。

“條，晉地。”未言所在。沈欽韓云：“條即鳴條。《紀年》：‘王師及晉穆侯伐條戎、奔戎，王師敗逋。’孔《傳》：‘地在安邑之西。’《方輿紀要》：‘鳴條岡在解州安邑縣北三十里。岡與夏縣接界①。’”如沈説，則條爲條戎也。“命之曰仇”，《五行志》作“名之曰仇”，《校勘記》：“名，即命也。《説文》云：‘名，自命也。’命、名古同聲同義。”《五行志》引此，師古《注》云：“條，晉地。蓋以敵來侵己，當戰時而生，故取仇忿之義以名子。”杜云“意取戰相仇怨”，略用顏注。今於顏注備引之，顏亦本舊注也。

其弟以千畝之戰生，命之曰成師。

〔疏證〕《晉世家》：“穆侯十年伐千畝，有功。生少子，名之曰成師。”據《年表》，千畝之役在宣王二十六年，當魯孝公之五年也。《五行志》引此，“畝”作“晦”。師古《注》云：“晦，古畝字也。千畝亦地名，意取能成其師衆也。”杜云：“意取能成其衆。”《祈父》毛《傳》：“姜戎爲敗。”《箋》云：“謂見使從軍，與姜戎戰於千畝而敗之時也。”《疏》：“《傳》言姜戎敗，不言敗處，故申之云：‘戰於千畝而敗也。’杜預云：‘西河介休縣②有地名千畝。’則王師與姜戎在晉地而戰也。”顧炎武曰：“穆侯時，晉地不得至界休。按：《史記·趙世家》：‘周宣王伐戎，至千畝，戰。’《正義》曰：‘《括地志》云：千畝原在晉州岳陽縣北九十里。’”如顧説，則千畝爲周地。按：《國語》云：“宣王不藉千畝，虢文公諫而不聽。三十九年，戰於千畝。”孔晁云：“宣王不耕藉田，神怒民困，爲戎所伐，戰於近郊。”則孔意天子藉田千畝，還在藉田而戰，則千畝在王之近郊，非是晉地。義或然也。沈欽韓云：“岳陽縣，今爲平陽府。”

師服曰：“異哉！君之名子也。

〔注〕賈云：“師服，晉大夫。”《晉世家集解》。

〔疏證〕杜《注》同賈。《晉世家》：“晉人師服曰：‘異哉！君之命子也。’”

“夫名以制義，義以出禮，

〔疏證〕《五行志》引此，“義”作“誼”。師古《注》云：“先制義理，

---

① 林按：沈欽韓《春秋左氏傳地名補注》無此句。

② 科學本注：阮刻《注疏》“縣”字下有“南”字。

然後立名。義理既定，禮之由出。"杜云："禮從義出。"

"禮以體政，政以正民。

〔疏證〕《五行志》引此。師古《注》云："政以禮成，俗所以正。"杜云："政以禮成。"

"是以政成而民聽，易則生亂。

〔疏證〕《五行志》引此。師古《注》云："反易禮義，則亂生也。"杜全同。

"嘉耦曰妃，怨耦曰仇，古之命也。

〔疏證〕《莊子·齊物論》："嗒然似喪其耦。"《釋文》："耦，匹也。"《釋詁》："妃，媲也，合也，對也，匹也。"《白虎通》："妃匹者何？謂相與爲偶也。"《説文》："仇，讎也。"《釋詁》："仇，匹也。"李巡《注》："仇，讎怨之匹也。"《五行志》引此，師古《注》云："本自①古昔而有此名。"洪亮吉云："《説文》引《虞書》云：'怨匹曰仇。'然則此二語，古書之辭。杜《注》亦以爲自古有此言②。"按：洪説是也。命與名通，《論語》正名□③注謂正言，此謂言，古之言也。

"今君命大子曰仇，弟曰成師，始兆亂矣。兄其替乎？"

〔疏證〕《晉世家》："大子曰仇。仇者，讎也。少子曰成師，成師大號，成之者也。名，自命也。物，自定也。今適庶名反逆，此後晉其能無亂乎？"亦叙師服之辭。其言"成師大號成之"，杜《注》謂："俱去④於戰爲名，所附意異。"是也。《年表》："晉穆公七年，以伐條生太子仇。十年以千畝戰生仇弟成師。二子名反。君子譏之。後亂。"云"二子名反"，亦謂名之義殊別也。其替，惠棟⑤云："《三體石經》作'其暜'。"洪亮吉云："暜乃隸省。依《説文》當作'暜'。"《説文》："暜，廢也。"《釋言》："暜，廢也。"李巡《注》："暜，去之，廢也。"《五行志》引此"乎"作

---

① 林按：科學本誤作"目"，據《汉书》顏師古《注》回改。
② 科學本注：原稿眉批："《容齋隨筆》亦同。"
③ 科學本注：原稿闕文。
④ 科學本注："去"字阮刻《注疏》作"取"。
⑤ 林按：洪亮吉《春秋左傳詁》作"惠士奇"，劉氏誤記。

"虜"。師古《注》亦訓"替"爲"廢"。

惠之二十四年，晉始亂，故封桓叔於曲沃。

〔疏證〕《石經》"二十"作"廿"。惠棟云："《石經》凡《傳》中二十字皆作'廿'，三十字作'卅'。此古文《春秋左氏傳》本文也。《說文》：'廿，二十并。卅，三十并也。古文省。'《說文》所以①謂古文，乃孔壁中文也。今九經二十、三十，字皆當從《石經》改正②。"《校勘記》云："按《說文》，廿字、卅字讀如入、如爨，唐人用廿代二十，用卅代三十，仍讀二十、三十，其讀不同，見《廣韻》注。"桓叔即成師也。《年表》："晉昭侯元年，封季弟成師於曲沃，號爲桓叔。"季弟，文侯之季弟也。故《晉世家》云："封文侯弟成師於曲沃。"是也。《年表》繫於魯惠公二十四年，與《傳》合。《五行志》引此，師古《注》云："昭侯國亂身危，不能自安，故封成師爲曲沃伯也。桓，謚也。昭侯叔父，故謂之叔。"杜亦云："昭侯元年，危不自安，封成師爲曲沃伯。"《郡國志》："曲沃在聞喜縣東北數里。"沈欽韓云："《水經注》：'涑水又西南逕左邑縣故城南故曲沃也。'《一統志》：'左邑故城，今絳州聞喜縣治。'"

靖侯之孫欒賓傅之。

〔疏證〕《謚法》："柔德安衆曰靖，恭己鮮言曰靖，寬樂令終曰靖。"杜《注》："靖侯，桓叔之高祖父。"《疏》引《晉世家》："靖侯生僖侯，僖侯生獻侯，獻侯生穆侯，穆侯生桓侯。靖侯是桓叔之高祖也。"按：《世家》又云："靖侯庶孫欒賓相桓叔。"是欒賓爲獻侯之弟，於桓叔爲季王父矣。《世家》"傅"作"相"，爲《左氏》異文。《世本》"欒叔賓父"，是"賓"爲欒叔之字也。《說文》："傅，相也。"《内則》："十年出就外傅。"《注》："外傅，教學之師也。"

師服曰："吾聞國家之立也，本大而末小，是以能固。

〔疏證〕《晉世家》云："君子曰：'晉之亂其在曲沃矣！末大於本，而得民心。不亂何待？'"《年表》："曲沃大於國。君子譏曰：'晉人亂自曲沃始矣。'"皆以師服語爲君子之辭。

---

① 科學本注："以"字疑衍。
② 林按：此句爲原稿眉批内容。

“故天子建國，諸侯立家，卿置側室，

〔疏證〕國、家皆常訓。杜《注》云：“側室，衆子也，得立此一官。”《疏》云：“《禮記·文王世子》云：‘公若有出疆之政，庶子守公宫，正室守太廟。’鄭玄云：‘正室，適子也。’正室是適子，故知側室是衆子。《文十二年傳》曰：‘趙有側室曰穿。’是卿得立此官也。”按：文十二年杜《注》：“側室，支子。”支子，猶衆子也[①]。彼《疏》云：“《世族譜》：‘穿，趙尺[②]之孫。’則是趙盾從父昆弟之子也。”

“大夫有貳宗，

〔疏證〕杜《注》云：“適子爲小宗，次子爲貳宗，以相輔貳。”《釋文》云：“‘爲小宗’，本或‘爲大宗’。誤。”《疏》云：“大夫身是適子，爲小宗，其次者爲貳宗。以相輔助爲副貳，亦立之爲此官也。杜知非大宗而云小宗者，以其大夫不必皆是大宗，據爲小宗者多，故杜言之。若大夫身爲大宗，亦止得立貳宗官耳。”如《疏》説，“貳”字於大宗、小宗隨便立文也。《疏》又引沈云：“適子爲小宗，是謂大夫之身爲小宗。次者謂大夫庶弟貳宗，與側室爲例[③]，皆是官名，與五宗別。”其説視杜《注》爲明晰。杜用舊注，於詞多所省矣。

“士有隸子弟，

〔注〕服云：“士卑，自以其子弟爲僕隸。”《儀禮疏》。

〔疏證〕杜《注》同服。《士昏禮》：“姑饗婦人送者，酬以束錦。”《注》：“婦人送者，隸子弟之妻妾。”《疏》：“《左氏傳》云‘士有隸子弟’，士卑無臣，自以其子弟爲僕隸。”《既夕禮》：“朔月，童子執帚。”《注》：“童子，隸子弟。若内竪寺人之屬。”《疏》：“按：桓二年《左傳》：‘士有隸子弟。’服《注》：‘士卑，自以其子弟爲僕隸。’禄不足以及宗，是以有隸子弟也。”文淇案：“禄不足以及宗”以下乃疏家推衍注意。《士昏禮》可證。洪氏、嚴氏以爲服《注》，誤也。《昭七年傳》：“輿臣隸。”服《注》：“隸，隸屬於吏也。”《周語》：“子孫爲隸。”隸，役也。隸音同

---

① 林按：原稿眉批：“查《文十二年疏》。”

② 林按：“尺”，《左傳正義》作“夙”。

③ 林按：《左傳正義》引此句，文字順序有不同，作“次者爲貳宗，謂大夫庶弟貳宗，以側室爲例”。

□①。《説文》："麗②，附著也。"子弟者，對父兄之辭。

"庶人、工、商各有分親，皆有等衰③。

〔疏證〕《晉書·傅玄傳》："玄上疏曰：'臣聞先王分士農工商以經制國事，各一其業，而殊其務。自士以上子弟，爲之立太學以教之，選明師以教④之，各隨其才優劣而授用之。故雖天下之大，兆庶之衆，無有一人游手。分數之法，周備如此。'"玄所言分數，即分親等衰也，第兼士言之，與《傳》意稍别。《文選·魯靈光殿賦注》引《爾雅》："分，次也。"《荀子·非十二子》："見端不如見本分。"⑤《注》："分，上下貴賤之分。"《禮運》："故禮達而分定。"《注》："分謂上下有分。"⑥是分親謂以上下之次相親也。《樂記》："然後立之學等。"《注》："等，差也。"《司勳》："以等其功。"《注》："等，猶差也。"《吕覽·召類》："土階三等。"《注》："等，級也。"杜《注》："衰，殺也。"又謂："庶人無復等卑，以親疎爲分别。"語殊不辭。

"是以民服事其上，而下無覬覦。

〔注〕服云："覬，謂舉足而視也。"《一切經音義》。

〔疏證〕服《注》"覬"與《傳》異字。洪氏定爲服本作"窺"，是也。《文選·勸進表》"狡寇窺歆"，《褚淵碑文》"窺窬神器"，字皆作"窺"。《褚碑》"覦"作"窬"，疑亦《左氏》古文也。《游俠傳序》引此，師古《注》云："覬，幸也。覦，欲也。"義與服異。《華嚴音義》引《珠叢》："歆，謂有所冀望也。"杜《注》："下不冀望上位。"但釋歆意，失之。按：覬亦通"闚"。《廣雅·釋詁》："闚，欲也。"王念孫云："覬，覦也。桓二年《左傳》'下無覬覦'，覬、闚、覦、欲聲相近。《漢書·武五子傳》：'廣陵王胥見上年少無子，有覬欲心。'即'覬覦'也。《説文》：'豈，欲也。'豈、闚聲亦相近。"

"今晉，甸侯也，而建國。本既弱矣，其能久乎？"

---

① 科學本注：原稿字體潦草不明，疑爲"麗"。故下引注文云："麗，附着也。"
② 科學本注：《説文》："劮，籀文附也；隸，去聲，音麗，近附也，屬也。"
③ 林按：手稿"衰"作"差"，誤。
④ 林按："教"，據《晉書》當作"訓"。
⑤ 科學本注：此句見《非相》篇。
⑥ 林按：此句不見于《注》文，《疏》文有"分謂尊卑之分"。

〔疏證〕《晉語》：“今晉國之方，偏侯也。”《注》：“方，大也。偏，偏方也。乃甸内偏方小侯也。《傳》曰‘今晉甸侯’是。”此可見舊注以甸侯以[1]爲甸内諸侯。杜《注》：“諸侯而在甸服者。”蓋用舊注。《説文》：“甸，天子五百里地。”

惠之三十年，晉潘父弑昭侯而納桓叔，不克。

〔疏證〕《石經》“三十”作“卅”，説具前。杜《注》：“潘父，晉大夫也。”《謚法》：“容儀恭美曰昭，昭德有勞曰昭，聖聞周達曰昭。”《晉世家》：“三十五年，文侯仇卒，子昭侯伯立。七年，晉大臣潘父弑其君昭侯，而迎曲沃桓叔。桓叔欲入晉，晉人發兵攻桓叔。桓叔敗，還歸曲沃。”《年表》：惠之三十年爲晉昭侯七年，“潘父殺昭侯，納成師，不克”。沈欽韓云：“《竹書紀年》：‘不克，晉人殺潘父。’”按：《晉世家》亦云誅潘父也。

晉人立孝侯。

〔疏證〕《謚法》：“五宗安之曰孝，慈惠愛親曰孝，秉德不回曰孝，協時肇惠曰孝。”《晉世家》：“晉人共立昭侯子平爲君，是謂孝侯。”《年表》云：“昭侯子立，是爲孝侯。”

惠之四十五年，曲沃莊伯伐翼，弑孝侯。

〔疏證〕《晉世家》：“孝侯八年，曲沃桓叔卒。子鱓代桓叔，是爲曲沃莊伯。孝侯十五年，曲沃莊伯弑其君晉孝侯於翼。”《年表》：惠之四十五年爲晉孝侯十六年，“曲沃莊伯殺孝侯”《年表》叙孝侯之弑與《世家》差一年，《年表》與《傳》合。莊伯之立，《年表》繫於九年，亦差一年也。

翼人立其弟鄂侯。鄂侯生哀侯。

〔疏證〕《晉世家》：“晉人攻曲沃莊伯，莊伯復入曲沃。晉人復立孝侯子郤爲君，是爲鄂侯。”《晉語》韋昭《注》：“哀侯，晉昭侯之孫，鄂侯之子，哀侯光也。”鄂侯之立，《世家》承昭侯十五年言之。《年表》繫於二十六年，“郤”作“郄”。《索隱》云：“有本‘郄’作‘都’者，誤也。鄂，邑。郤，其名，孝侯子也。”《謚法》：“蚤孤短折曰哀，恭仁短

---

① 科學本注：“以”字疑衍。

折曰哀。"

哀侯侵陘庭之田。

〔注〕賈云："翼，南鄙邑名。"《晉世家集解》。

〔疏證〕杜《注》："陘庭，翼南鄙邑。"用賈說。李貽德《輯述》引賈《注》，作"徑庭，翼南鄙名[①]"，釋之云："《傳》作'陘'，陘本字，徑假借字。"《集解》無"徑庭"二字，李氏或據誤本也。《元和志》："陘庭故城在絳州曲沃縣西北二十里。"江永云："翼，今平陽府翼城縣，東南七十五里有熒庭城。《志》云即陘庭也。又《水經注》：'紫谷水出白馬山，西逕熒庭城南，西入澮。'亦在翼城南。則陘庭即熒庭，亦即熒庭也。"《晉世家》："哀侯八年，晉侵陘廷。"

陘庭南鄙，啓曲沃伐翼。

〔疏證〕南鄙，翼，言賈知陘庭在翼南以此。

〔經〕 三年，春，正月，公會齊侯於嬴。

〔注〕賈云："不書王，弒君、易祊田、成宋亂，無王也。元年治桓，二年治督，十年正曹伯，十八年終始治桓。"本《疏》。

〔疏證〕《穀梁》："桓元年，春，王。桓無王，其曰王，何也？謹始也。其曰無王，何也？桓弟弒兄，臣弒君，天子不能定，諸侯不能救，百姓不能去，以爲無王之道，遂可以至焉爾。元年有王，所以治桓也。二年，春，王正月，戊申，宋督弒其君與夷。桓無王，其曰王，何也？正與夷之卒也。十年，春，王正月，庚申，曹伯終生卒。桓無王，其曰王，何也？正終生之卒也。"賈蓋用《穀梁》說也。惟《穀梁》"十八年春王正月"無《傳》。范氏《集解》云："此年書王，以王法終始治桓之事。"賈蓋兼用《穀梁》舊誼矣。本《疏》云："先儒多用《穀梁》之說。"是先儒取《穀梁》誼注此經，不止賈氏一人也。李貽德云："易祊田、成宋亂，皆無王之實，故兼言之。"[②]杜《注》云："經之首時必書'王'，明此曆天王之所頒也。其或廢法違常，失不班曆，故不書'王'。"本《疏》引劉炫《規過》云："然天王失不班曆，經不書王，乃是國之大事，何得傳無

---

① 林按：李貽德《春秋左氏傳賈服注輯述》此處作"邑名"，劉氏引述漏"邑"字。

② 林按：李說爲原稿眉批内容，劉氏引文與李原文文字有出入。

異文？又昭二十三年以後，王室有子朝之亂，經皆書王。豈是王室猶能
班曆？又按：《春秋》經之闕文甚多，其事非一。亦如①有氏無姜，有姜
無氏。及大雨霖、廥咎如潰之類是也。此無王者，正是闕文耳。"炫斥經
之無王爲闕文，與賈《注》異。《地理志》："泰山郡有嬴縣。"《一統志》：
"嬴縣故城在泰安府萊蕪縣西北四十里。"

夏，齊侯、衛侯胥命于蒲②。

〔注〕舊注："蒲，甯殖邑也。"《初學記》。

〔疏證〕《釋詁》："胥，相也。"《公》《穀》云："胥命者何？相命也。"
《大祝》"作六辭，三③曰會"《注》："鄭司農云：'會，謂王官之伯，命事
於會。胥命於蒲，主爲其命也。'玄謂：'會，謂會、同、盟、誓之辭。'"
《疏》："後鄭不從之者，按：《公羊傳》曰：'胥命者何？相命也。何言乎
相命？近正也。此其爲近正，奈何？古者不盟，結言而退。'胥命於蒲，
與會有異。今先鄭④胥命解會，於義不可，故不從先鄭。"所述當爲古《左
氏》義。疏《公羊》不盟結會而退，正謂胥命是會矣，何得胥命與會有
異？《學記》："大信不約。"《注》："謂若胥命於蒲，不盟約。"《疏》："按：
桓三年夏，'齊侯、衛侯胥命於蒲'。《左氏》云：'不盟也。'杜云：'不歃
血也。'按：彼直以言語相告命，非大信之事。引之者取其不盟一邊，而
與此不約相當，故引證。"鄭此注以不盟釋不約，亦未見與先鄭異義也。
洪亮吉云："徐堅《初學記》引《左傳》文，并注云：'蒲，甯殖邑也。'
或是賈、服舊注。"洪知爲賈服舊注者，以杜《注》未言甯殖邑。今從其
説，定爲舊注。其爲賈、服以⑤否，未敢肊定。《郡國志》："陳留郡長垣，
侯國，有蒲城。"《一統志》："故蒲城，今大名府長垣縣治。"

六月，公會杞侯于郕。

秋，七月，壬辰，朔，日有食之，既。無《傳》。

〔疏證〕《漢書·五行志》："劉歆以爲六月，趙與晉分。先是，晉曲
沃伯再弑晉侯。是歲，晉大亂，滅其宗國。"晉灼曰："周之六月，今之四

---

① 林按：此處引文漏"夫人"二字。
② 林按：原稿眉批："蒲有二：一浙一晉。"
③ 科學本注："三"應作"四"。
④ 科學本注："鄭"下脱"以"字。
⑤ 科學本注："以"疑爲"與"。

月，始去畢而入參。參，晉分也；畢，趙也。日行去趙邃入晉分多，故曰興。計二十八宿，分其次，度其月，及所屬，下皆以爲例。"臧壽恭云："案：以三統推，是年入甲申統九百三十四年，積月一萬一千五百五十二，閏餘二，積日三十四萬一千一百四十，小餘四十四，大餘四。正月甲子朔，大，小餘六；二月甲午朔，小，小餘四十九；三月癸亥朔，大，小餘十一；四月癸巳朔，小，小餘五十四；五月壬戌朔，大，小餘十六；六月壬辰朔，又置上積日，加積日一百四十八。以統法乘之，以十九乘，小餘十六，并之滿周天，除去之，餘二十四萬二千四百五十六，滿統法而一，得一百四十四度，命如法，合辰在參二度。《淮南·天文訓》以觜觿、參爲趙之分野。《漢書·地理志》以觜觿、參爲魏之分野，故曰趙與晉分。"案：臧氏推《春秋》朔閏全依三統術。《傳》云"秋，七月，壬辰朔"，臧推得"六月壬辰朔"者，依劉歆説也。成蓉鏡云："以術推之，八月朔入食限，《經》書'七月'者，《春秋》周正，劉歆以夏正説之，故與《經》恒差二月。襄公十有四年春，^①乙未朔，日有食之，歆以爲前年十二月。二十三年春王二月癸卯，日有食之，歆以爲前年十二月。此明徵也。"^②

《公羊傳》："既者何？盡也。"《穀梁傳》："既者，盡也，有繼之辭也。"《注》："盡而復生謂之既。"《釋言》："卒，既也。"杜《注》："既，盡也。"用《公》《穀》義。《南齊書·天文志》："按：舊説'日有五蝕'，謂起上下左右中央也。交會舊説，日蝕不從東始，以月從其西，東行及日，于交中，交從外入内者，先會後交，虧西南角；先交後會，虧西北角。日正在交中者，則虧於西，故不嘗蝕東也。若日中有虧，名爲黑子，不名爲蝕也。漢省尚書令黄香曰：'日食皆從西，月食皆從東，無上下中央者。'《春秋》魯桓公三年，日食貫中，上下竟黑，疑者以爲日月正等。月何得小而見日中？鄭玄云：'月正掩日，日光從四邊出，故言從中起也。'王逸以爲：'月若掩日，當蝕日西；月行既疾，須臾應過西崖，既過，當食東崖。今察日蝕，去日極遠，誰蝕月乎？'説者稱：'日有暗氣，天有虛道，常與日衡，月行在虛，則爲氣所弃，故月爲蝕也。雖時加夜半，日月當子午，正隔於地，猶爲暗氣所蝕，以天體大而地形小故也。暗虛之氣，如以鏡在日下，其光耀魄，乃見於陰中，常與日衡相對，故當星

---

① 科學本注："乙未"上脱"二月"兩字。
② 林按：成蓉鏡云云爲原稿眉批新加。

星亡，當日月蝕。'"① 案：《齊志》所稱日食有二説，虧常在西爲一説，虧從中起爲一説，即鄭氏説也。《五行志》云："京房《易傳》，以爲桓三年日食貫中央上下竟而黄，臣弑君不卒之形也。"《南齊》所稱貫中，上下竟黑，當本於京氏。杜《注》："食有上下者，行有高下，日光輪存而中食者，相掩密，故日光溢出。"即鄭氏所謂月正掩日，日光從四邊出，故言從中起也。本《疏》引《異義》云："月高則其食虧於上，月下則其食虧於下也。日月之體，大小正同，相揜密者，二體相近，正映其形，故光得溢出而中食也。相揜疏者，二體相遠，月近而日遠，自人望之，則月之所映者廣，故日光不能復見而日食既也。"未引鄭駁。陳氏壽祺《異義疏證》以《齊志》所引鄭説爲《駁異義》語，然許、鄭之誼，皆謂月奄日，無以見其異，陳氏説非也。本《疏》引張衡《靈憲》云："當日之衝，月常不合，是謂闇虚，在星則星微，遇月則月食。"與《齊志》所引先儒難王逸説同。

公子翬如齊逆女。

〔注〕賈云："使翬逆女，兼修艾之盟。"《釋例》。

〔疏證〕李貽德云："案：禮，諸侯當親迎，而使翬逆女者，《正義》謂有故得使卿，是也。艾之盟在隱六年。"案：杜《注》："禮，君有故則使卿逆。"李以爲《正義》説，誤。《魯世家》："三年，使揮迎婦於齊，爲夫人。"

九月，齊侯送姜氏于讙。

〔疏證〕讙，《説文》作"酄"。《郡國志》："濟北國蛇丘有下讙亭。"《一統志》："下讙城在泰安府肥城縣西南。"

公會齊侯于讙。無《傳》。

夫人姜氏至自齊。無《傳》。

冬，齊侯使其弟年來聘。

有年。無《傳》。

---

① 林按：劉氏引文與《南齊書·天文志》原文有别，整理中爲不影響原意，增加修改了個别字詞。如"名爲西子"改爲"名爲黑子"、"月行既吉"改爲"月行既疾"等。

〔注〕賈云：“恒惡而有年豐，異之也。言有非其所宜有。”本《疏》。劉、賈、許以爲經諸言有，皆不宜有之辭也。《釋例》。

〔疏證〕《説文》：“有，不宜有也。《春秋傳》曰：‘日有食之。’”許君用賈義也。《釋天》：“周曰年。”《注》：“年取禾一熟也。”杜《注》：“五穀皆熟，書‘有年’。”用《穀梁》說。本《疏》引賈説而駁之云：“案：《昭元年傳》曰‘國無道而年穀和熟，天贊之也’，是言歲豐爲佐助之非，妖異之物也。君行既惡，澤不下流，遇豐年，輒以爲異。是則無道之世，唯宜有大饑，不宜有豐年，非上天祐民之本意也。且言有不宜有，《傳》無其説。《釋例》曰：‘劉、賈、許因有年、大有年之《經》，有鸜鵒來巢，書所無之《傳》，以爲《經》諸言有，皆不宜有之辭也。’據《經》，螟、螽不書有，《傳》發於魯之無鸜鵒，不以有字爲例也。《經》書十有一年，十有一月，不可謂不宜有此年，不宜有此月也。螟、螽俱是非常之災，亦不可謂其宜有也。”李貽德云：“《周語》云：‘國之將興，其君齊明衷正，精潔惠和，其德足以昭其馨香；國之將亡，其君貪冒辟邪，淫佚荒怠，粗穢暴虐。其政腥臊，馨香不登。’是年之豐儉，係於主德之純否也。今桓以篡弑之人，而年穀豐登，是可怪矣。”案：李説是也。《穀梁》義爲杜《注》所取。《公羊傳》：“有年何以書？以喜書也。此其曰‘有年’何？僅有年也，僅有年亦足以當喜乎？恃有年也。”何《注》云：“若桓公之行，諸侯所當誅，百姓所當叛，而又元年大水，二年耗減，民人將去，國喪無日，賴得五穀皆有，使百姓安土樂業，故喜而書之，所以見不肖之君，爲國尤危。”何亦以桓惡，而有年爲異。然未言書“有謂不宜有”，則賈所稱爲《左氏》義，非《公羊》義也。《昭元年傳》“天贊”之義，亦謂其不宜有而有耳。螟、螽之災，五行家言謂爲貪暴之應，其不書“有”，正見其宜有。若年月盈十而書“有”，則干寶所稱“十盈則更始，以奇從偶”，故言有也。乃別一義，不得執以相難，《疏》説皆非。

〔傳〕 三年，春，曲沃武公伐翼，次于陘庭。韓萬御戎，梁弘爲右。

〔注〕服云：“韓萬，晉大夫，曲沃桓叔之子，莊伯之弟。”《詩·韓奕疏》。賈云：“韓萬，曲沃桓叔之子，莊伯弟。”《晉世家集解》。

〔疏證〕《晉世家》：“哀侯二年，曲沃莊伯卒，子稱代莊伯立，是爲曲沃武公。”《晉語》：“武公伐翼，殺哀侯。”《韓奕疏》又云：“晉大夫以韓爲氏，襄、昭之間有韓宣子，六國之韓王，是此韓萬之後也。”皆疏家之辭，洪氏、嚴氏以“晉大夫以韓爲氏”爲服語，非。賈《注》文略異於服，當分著之。或合賈於服，亦非。李貽德云：“二年《傳》曰：‘曲沃莊伯伐翼。’杜《注》：‘莊伯，桓叔子。’《世本》云：‘韓萬，莊伯弟。’是萬亦桓叔子也。”杜《注》：“御戎，僕也；右，戎車之右。”《疏》云：“《周禮》：‘戎僕，掌馭戎軍；戎右，掌戎車之兵革使。’”

逐翼侯於汾隰，

〔疏證〕《水經》：“汾水出太原汾陽縣北管涔山東南，過晉陽縣。”《爾雅》：“下濕曰隰。”《方輿紀要》：“汾水，南經平陽府城西，及襄陵縣、太平縣之東，又南逕曲沃縣西境，折而西，逕絳州，又西逕絳西，歷稷山縣、河津縣南，至榮河縣北而入於大河。”《晉世家》：“哀侯九年，伐晉之汾旁。”旁，猶隰也。

驂絓而止。

〔疏證〕《覲禮》鄭《注》：“騑馬曰驂。”《小戎箋》：“驂，兩腓[①]也。”《吕覽》：“兩馬在邊爲驂。”《衛策》：“拊驂，無笞服。”《注》：“兩旁曰驂。”《文選·陽給事誄注》：“在服之左曰驂，右曰騑。”杜《注》云：“驂，騑馬。”亦謂驂在兩旁。《疏》云：“《説文》云‘騑，驂，旁馬’，是騑、驂爲一也。初駕馬者，以二馬夾轅而已，又駕一馬，與兩服爲參，故謂之驂，故《説文》‘驂，駕三馬也’。《詩》稱‘兩驂如舞’，二馬皆稱驂。《禮記》稱‘説驂而賻之’，一馬亦稱驂，是本其初參，遂以爲名也。”按：《干旄傳》云：“夏后氏駕兩謂之麗，殷益以一騑謂之驂。”與《説文》合。《疏》説驂義是也。而又謂“兩旁二馬，遂名爲驂”，失之。《廣雅·釋詁》：“佻、抗、絓，縣也。”王念孫云：“《楚辭·九章》‘心絓結而不解兮’，王逸《注》云：‘絓，縣也。’”

夜獲之，及欒共叔。

〔疏證〕《晉語》：“止欒共子曰：‘苟無死。”《注》：“欒共子，晉哀侯大夫，共叔成也。”杜《注》云：“共叔，桓叔之傅鑾[②]賓之子也。”

“會於嬴”，成昏於齊也。

---

① 科學本注：阮刻本作“騑”。

② 林按：“鑾”，《左傳正義》作“欒”。

"夏，齊侯、衛侯胥命于蒲"，不盟也。

"公會杞侯于郕"，杞求成也。

"秋，公子翬如齊逆女。"修先君之好，故曰"公子"。"齊侯送姜氏①"，非禮也。

〔疏證〕《校勘記》云："《釋文》云：'齊侯送姜氏，本或作"送姜氏于讙"。'《水經注·汶水篇》引傳文，作'齊侯送姜氏於下讙'。"《士昏禮》："舅饗送者以一獻之禮。"《注》："送者，女家有司也。"《疏》："《左氏傳》云'齊侯送姜氏，非禮也。凡公女嫁於敵國'云云，以此而言，則尊無送卑之法，則大夫亦遣臣送之，士無臣，故知有司送之也。"《年表》："翬迎女，齊侯送女，君子譏之。"

凡公女，嫁於敵國，姊妹，則上卿送之，以禮於先君；公子，則下卿送之。於大國，雖公子，亦上卿送之。於天子，則諸卿皆行，公不自送。於小國，則上大夫送之。

〔疏證〕此送女例也。杜《注》云："公子，則下卿送。公子，公女。"《疏》云："昏以相敵爲耦，先以敵國爲文，然後於小國、大國，辨其所異。"

冬，齊仲年來聘，致夫人也。

〔疏證〕《曾子問疏》引服虔《注》云："季文子如宋致女，謂成昏。"當爲成九年《注》。以彼《注》例之，此致夫人，猶致女也。舊注當以致爲成昏。《隱八年傳》"先配後祖"，賈、服之誼謂三月廟見成昏，故秋逆而冬致也。杜《注》云："古者女出嫁，又使大夫隨加聘問，存謙敬，序殷勤也。在魯而出則曰'致女'，在他國而來則總曰'聘'，故《傳》以致夫人釋之。"杜不用舊說，又牽於書"致女"書"聘"之異，不知在魯書如某，在他國書來聘，其爲致女則同也。《疏》謂："成九年，'季孫行父如宋致女'，與此事同而文異。"亦非。詳成九年《疏證》。

芮伯萬之母芮姜，惡芮伯之多寵人也，故逐之，出居于魏。

〔疏證〕《世本》："芮、魏皆姬姓。"《桑柔箋》："芮伯，畿內諸侯，王卿士也，字良夫。"《疏》："《書叙》注云：'芮伯，周同姓國，在畿內。'

---

① 林按：楊本下有"于讙"二字。劉氏依據爲別本。

則芮伯，姬姓也。杜預云：‘芮國在馮翊臨晉縣。’則在西都之畿內也。”《地理志》：“馮翊臨晉芮鄉，故芮國。河東郡河北，《詩》魏國。”《一統志》：“芮城在同州朝邑縣南。”《方輿紀要》：“河北城，在解州芮城縣東北七里，一名魏城，故魏國城也。古芮城在縣西三十里，商時芮伯封此。春秋芮伯萬爲母所逐，出居於魏，謂即此城云。今名鄭邨。”

〔經〕 四年，春，正月，公狩于郎。

〔疏證〕《釋天》：“冬獵曰狩。”杜《注》：“周之春，夏之冬也。”《疏》云：“周之春，正月建子，即是夏之仲冬也。《周禮・大司馬》：‘中冬教大閱，遂以狩田。’是田狩從夏時也。”杜又云：“郎非國內之狩地，故書地。”《傳》無此意。

夏，天王使宰渠伯糾來聘。

〔疏證〕杜《注》云：“宰，官；渠，氏；伯糾，名。王官之宰，當以才授位，而伯糾攝父之職，出聘列國，故書名以譏之。”《疏》引：“《膏肓》何休以爲《左氏》宰渠伯糾‘父在，故名’，仍叔之子何以不名？又仍叔之子，以爲‘父在，稱子’，伯糾父在，何以不稱子？鄭箴之云：‘仍叔之子，譏其幼弱，故略言子，不名之。至於伯糾能堪聘事私觀，又不失子道，故名且字也。’”臧壽恭云：“鄭以渠爲名，以伯糾爲字，與杜以渠爲氏，以伯糾爲名異，蓋舊説。”按：臧説是也。鄭褒伯糾與杜異。《穀梁集解》：“宰，官也。渠，氏也。”杜用《穀梁》義説《左氏》，非也。此下缺秋、冬首月，杜《注》：“國史之記，必書年以集此公之事，書首時以成此年之歲。故《春秋》有空時而無事者，今不書秋、冬首月，史缺文。”《中庸疏》引賈、服之義，“若登臺而不視朔，則書時不書月，若視朔而不登臺，則書月不書時。若雖無事，視朔、登臺，則空書時月。”説詳《隱六年經》，以賈、服之義推之，則此秋、冬首月不具者，以無事且不視朔登臺也。

〔傳〕 四年，春，正月，公狩于郎。書時，禮也。

〔疏證〕杜《注》云：“郎非狩地，故書時，合禮。”《疏》云：“《公羊傳》云：‘常事不書，此何以書？譏。何譏爾？遠也。’《公羊》説諸侯游戲不得過郊，故有遠近之言。《左氏》無此義。要言遠者，亦是譏其失常地也。”杜《注》用《公羊》説，《疏》謂《左氏》無此義，是也。

夏，周宰渠伯糾來聘。父在，故名。

秋，秦師侵芮，敗焉，小之也。

〔疏證〕《世本》：“秦，伯益之後，附庸。”《詩譜》：“秦，隴西谷名。”江永曰：“今秦州清水縣，故秦城是也，屬鞏昌府。又鳳翔府隴州南三里有秦城。”《一統志》云：非子所封。按：此地本漢之汧源縣。

冬，王師、秦師圍魏，執芮伯以歸。

〔疏證〕《詩·魏譜》：“其與秦、晉鄰國，日見侵削，國人憂之。”《疏》：“魏國西接於秦，北鄰於晉。桓四年《左傳》曰：‘秦師圍魏’，是秦數伐之。”《汲郡古文》云：“取芮伯萬而東之。”

〔經〕 五年，春，正月，甲戌、己丑，陳侯鮑卒。

夏，齊侯、鄭伯如紀。

〔疏證〕《釋詁》：“如，往也。”

天王使仍叔之子來聘。

〔疏證〕杜《注》云：“仍叔，天子之大夫。”《節南山·序疏》云：“《雲漢序》云‘仍叔’，《箋》引桓五年‘仍叔之子來聘’。春秋時，趙氏世稱孟，智氏世稱伯，仍氏或亦世字叔也。自桓五年，上距宣王之卒七十六歲，若當初年，則百二十年矣。引之以證仍叔是周大夫耳，未必是一人也。”

葬陳桓公。

城祝丘。

〔疏證〕《地理志》：“東海郡即丘。孟康曰：‘古祝丘。’惠棟云：“司馬彪《郡國志》曰：琅琊即丘，春秋時曰祝丘。闞駰《十三州記》曰：即，祝魯之音。蓋字承讀變。”《一統志》：“即丘故城在沂州府蘭山縣東南。”

秋，蔡人、衛人、陳人從王伐鄭。

〔注〕服云：“言人者，時陳亂無君，則三國皆大夫也，故稱人。”《詩·衛風·伯兮疏》。

〔疏證〕李貽德云："按《傳》曰陳侯鮑卒，於是陳亂，民莫有鬭心。是時君猶未定，故知從王者爲大夫。陳既以大夫稱人，則三國皆大夫矣。《詩·載馳箋》：'許人，許大夫也。'《疏》：'大夫而曰人，衆詞。'"顧炎武云："《解》：'王師敗不書，不以告。'非也。改云：'王師敗，不書，不可書也，爲尊者諱。'"

大雩。

〔注〕賈云："言大，別山川之雩。蓋以諸侯雩山川，魯得雩上帝，故稱大。"本《疏》《穀梁疏》略同。服云："大雩，夏祭天名。"《續漢書·禮儀志注》。雩，遠也，遠爲百穀祈膏雨。言大，別山川之雩也。《月令疏》。一説，大雩者，祭於帝而祈雨也。《後漢書·禮儀志》。

〔疏證〕《月令》："仲夏之月，命有司爲民祈祀山川百源，大雩帝，用盛樂。"鄭《注》云："雩帝，謂爲壇南郊之旁，雩五精之帝，配以先帝也。"《月令》大雩即賈《注》雩上帝。侯國山川之雩，止以雩名，不得稱大雩。《穀梁·桓五年疏》云："賈逵云：'言大雩者，別於山川之雩。'《左氏》說不爲旱者亦稱大雩，則雩稱大者，或如賈言也。名之爲雩者，鄭玄云：'雩之言吁也，吁嗟以求雨。'服虔、杜預以爲雩之言遠，遠爲百穀祈膏雨也。未知二者誰當范言①。"按：杜《注》雩遠②，見五年"龍見而雩"《傳》。其稱《左氏》說不爲旱者，亦稱大雩，疑舊疏之辭。賈、服皆謂大雩，別於山川之雩也。《說文》："雩，夏祭，樂於赤帝，以祈甘雨也。"雩、遠雙聲。《傳疏》云："遠者，豫爲秋收言，意深遠也。穀之種類多，故《詩》每言百穀，舉成數也。雨之潤物，若脂膏然。"《釋訓》："舞號，雩也。"《注》："雩之祭，吁嗟而請雨。"《疏》："孫炎云：'雩之祭，有舞有號。'"下即引服、杜《注》。然《雅注》用鄭氏義，與服、杜不同。《後漢書·禮儀志》所引一說，亦服稱儒先之語，與賈雩帝說同，指旱雩也。李貽德云："旱雩當以吁嗟爲義，常雩當以遠祈爲義。"是也③。

螽。

〔疏證〕《釋蟲》："阜螽，蠜；草螽，負蠜；蜤螽，蜙蝑。"杜《注》但云"蜙蝑之屬"，是螽一蟲而三類。《說文》："蝗，螽也。"蔡邕《月令

---

① 林按："范言"二字疑爲衍文，《春秋穀梁傳注疏》引有下文。
② 科學本注：杜《注》稱："故祭天，遠爲百稿祈膏雨。"
③ 林按：原稿眉批："酌。"

章句》云："螽，蝗也。"明螽、蝗一物矣。《五行志》："桓五年秋，螽。劉歆以爲貪虐取民則螽，介蟲之孽也，與魚同占。"

冬，州公如曹。

〔注〕服云："春秋前，以黜陟之法進爵爲公。"

〔疏證〕《世本》："州國，姜姓。曹國，姬姓，文王子叔振鐸之後也。"《地理志》："濟陰郡定陶，故曹國，周武王弟叔振鐸所封。"杜《注》但云"爲下實來書"，不及州之封爵。沈欽韓云："鄭《王制注》云：'周世有爵尊而國小、爵卑而國大者。'爵尊國小，蓋指此。彼《疏》云：'張逸疑而不解，以問於鄭，鄭答之云：設今有五十里之國，爵尊而國小者，若虞、虢之君，爵爲公；地方百里，爵卑而國大者，侯四百里，伯三百里，子、男二百里，皆大於虞、虢。'按：鄭以殷制，大國不過百里。周初猶因殷之地，至周公始大其封，公五百里，至男百里，故爲此說。其實虞、虢之君，始封當不止百里，或是凌夷斥削，或爲戎狄并吞，故春秋漸微弱耳。《禮記・射義注》：'諸侯有慶者先進爵，有讓者先削地。'則爵易崇，地亦易削也。服云：'州公在春秋前，以黜陟之法，進爵爲公。'劉光伯難之，以爲爵得稱公，土亦應廣。知不然者，爵自王命，受於當陽之朝，土因世守，削於弁髦之代，若能保其舊，何至國危而不復乎？"按：沈說是也。劉光伯難服見本《疏》，《疏》謂"杜之所解，亦無明言"，故於服、劉說無駁難。

〔傳〕 五年，春，正月，甲戌，己丑，陳侯鮑卒，再赴也。於是陳亂，文公子佗殺太子免而代之。

〔疏證〕《年表》："陳桓公三十八年，弟佗[1]殺太子免。代立，國亂，再赴。"《索隱》："他，陳大夫五父，後立爲厲公。"《陳[2]杞世家》："桓公鮑三十八年正月，甲戌，己丑，桓公鮑卒。桓公弟佗，其母蔡女，故蔡人爲佗殺五父及桓公太子免而立佗，是爲厲公。"《集解》："譙周曰：'《春秋傳》謂佗即五父，《世家》與《傳》違。'"《索隱》："譙周曰'《春秋傳》謂佗即五父，與此違'者，此以佗爲厲公，太子免弟躍爲利公，而《左傳》以厲公名躍。佗立未踰年，無謚，故'蔡人殺陳佗'。又《莊

---

① 林按：應爲"佗"，底本誤作"他"。

② 林按：底本與科學本俱闕"杞"字，據《史記》增補。

二十二年傳》云：‘陳厲公，蔡出也，故蔡人殺五父而立之。’則佗與五父俱爲蔡人所殺。其事不異，是一人明矣。《史記》既以佗爲厲公，遂以躍爲利公，尋厲、利聲相近，遂以佗爲厲公，五父爲別人，是太史公錯耳。班固又以厲公躍爲桓公弟，又誤。”又《詩·陳譜疏》駁《世家》說，謂：“《桓六年經》‘蔡人殺陳佗’；《莊二十二年傳》‘蔡人殺五父’，則五父與佗一人。”按：《索隱》《集解》《詩疏》皆與《傳》合。杜《注》云：“佗，桓公弟五父也。稱文公子，明佗非桓公母弟也。”蓋本譙周說。

公疾病而亂作，

〔疏證〕鄭玄《論語注》：“病，謂疾益困也。”洪亮吉云：“按《白虎通·巡狩①篇》：‘甲戌之日亡，己丑之日死而得。有狂易之病，蜚亡而死，由不絕也。’據此，則鮑之病蓋狂易，甲戌日已亡，尚未絕；己丑日始盡死耳。”按：《白虎通》所述爲《公羊》義，其稱“狂易”，即《公羊》之“恑”也，《穀梁》則云“不得死之日”。彼《疏》云三《傳》異說是也，不當援《公羊》說《左氏》，洪說非②。

國人分散，故再赴。

〔疏證〕《陳杞世家》：“桓公病而亂作，國人分散，故再赴。”《索隱》：“陳亂，故再赴其日。”《正義》：“甲戌，己丑凡十六日。”再赴，止因國亂。《世家》用《左氏》說也。

夏，齊侯、鄭伯朝于紀，欲以襲之。紀人知之。

王奪鄭伯政，鄭伯不朝。

〔疏證〕杜《注》云：“奪，不使知王政。”《疏》云：“《隱公八年傳》曰：‘虢父忌父始作卿士於周。’《九年傳》曰：‘鄭伯爲王左卿士。’然則虢公爲右卿士，與鄭伯夾輔王也。此年王奪鄭伯政，全奪與虢。”《鄭世家》：“三十七年，莊公不朝周。”

秋，王以諸侯伐鄭，鄭伯禦之。王爲中軍；虢公林父將右軍，蔡人、衛人屬焉；周公黑肩將左軍，陳人屬焉。

---

① 科學本注：應作“考黜篇”。

② 科學本注：抄本眉批：“案：《白虎通》云：‘甲戌之日亡者，謂狂易亡走。乙丑之日死而得者，謂求得之而已死也。未絕，謂未得之時未敢遽以爲死。洪說失班意。”

〔注〕服云："黑肩，莊王弟子儀也。"《周本紀集解》。

〔疏證〕杜《注》云："虢公林父，王卿士；黑肩，周桓公也。"《常武疏》云："諸侯三軍分爲左右，可得有中軍焉。天子六軍而得有中軍者，亦當分之爲三，中與左右各二軍也。《春秋》桓五年，'蔡人、衛人、陳人從王伐鄭'。《左傳》曰：'王爲中軍，虢公林父將右軍，周公黑肩將左軍。'是天子之軍分爲左右之事也。"如《詩疏》，則伐鄭之役用六軍也[1]。《鄭世家》："周桓王率陳、蔡、虢、衛伐鄭。"

鄭子元請爲左拒，以當蔡人、衛人；爲右拒，以當陳人，

〔疏證〕子元已見。杜《注》："拒，方陳。"《淮南·齊俗》："拘罷拒折之容。"《注》："拒折，方也。"《大學》"絜矩"《釋文》："本亦作'拒'。"《宣十二年傳》"將右拒卒"《釋文》："本作'矩'。"是拒、矩古字通也。《北史·周文帝紀》："候騎[2]告齊軍至，帝召諸將謀。李弼曰：'彼衆我寡，不可平地置陣。此東十里，有渭曲，可先據以待之。'遂進至渭，背水東西爲陣，李弼爲右拒，趙貴爲左拒，命將士皆偃戈於葭蘆，聞鼓聲而起。日晡，齊軍至，望見軍少，萃於左，軍亂不成列。兵將交，帝鳴鼓，士皆奮起，于謹等六軍與之合戰，李弼等率鐵騎橫擊之，絕其軍爲二，遂大破之。"其先云東西爲陣，後云左拒、右拒，則拒爲方陳，係古《左氏》說也[3]。

曰："陳亂，民莫有鬭心。若先犯之，必奔。王卒顧之，必亂。蔡、衛不枝，固將先奔，既而萃於王卒，可以集事。"從之。

〔疏證〕《越語》："皆知其資財不足以支長久也。"《注》："支，猶堪也。"《周語》："天之所枝，不可壞也。"《注》："枝，柱也。"支與枝同。《戰國策注》："魏不能支。"高誘《注》："支，猶拒也。"《項羽傳》："莫敢枝梧。"如淳曰："猶枝杆也。"《易·象傳》："萃，聚也。"《楚語》："則三萃以攻其王族。"《注》："萃，聚也。"《黍苗》"我行既集"，鄭《箋》："集，猶成也。"

曼伯爲右拒，祭仲足爲左拒，原繁、高渠彌以中軍奉公，爲魚麗

---

① 林按：《常武疏》至此原稿爲眉批。

② 林按：底本及科學本俱誤作"侯紀"，據《北史》回改。

③ 科學本注：抄本眉批："李延壽在杜後，《北史》不足證古《左氏》說。宜酌。"

之陳，先偏後伍，伍承彌縫。

〔疏證〕《鄭世家》：“莊公與祭仲、高渠彌發兵自救。”《校勘記》云：“高渠彌，《秦本紀》引作‘高渠眯’。”又云：“魚麗，《後漢書·劉表傳注》引傳文作‘魚儷’。《集韻》云：‘魚麗，陣名，通作麗。’”是古本作“魚儷”，“麗”又“儷”之別也。《説文》：“麗，旅行也。鹿之性，見食急則必旅行。”《序卦傳》：“麗，離也。”《王制》：“郵罰麗於事。”《注》：“麗，附也。”《淮南子·兵略訓》：“是故爲麋鹿者，則可以置罘設也。爲魚鼈者，則可以網罟取也。爲鴻鵠者，則可以矰繳加也。”《注》：“麋鹿有兵，而不能以鬭，無術之軍也。魚鼈之兵，散而不集。鴻鵠之兵，高而無被。”是魚麗之陳，即魚鼈之兵也，取其散而不聚也。張平子《東京賦》：“鵝鸛魚麗，箕張翼舒。”薛綜《注》：“鵝鸛、魚麗，并陳名也，謂武士發於此而列行，如箕之張，如翼之舒也。”是魚麗陳形斜而長也。杜《注》引《司馬法》“車戰二十五乘爲偏”，謂“以車居前，以伍次之，爲魚麗陣法”。然《後漢書·蓋勳傳》：“時叛羌圍護羌校尉夏育於畜官，勳與州郡合兵救育，至狐槃，爲羌所破。勳收餘衆百餘人，爲魚麗之陣。羌精騎夾攻之，急，士卒多死。勳被三創。”勳所爲魚麗陣，自係古法，而無車前伍後之制，杜亦意爲之説也。沈欽韓云：“以偏爲正，以伍爲奇，伍承彌縫，即奇兵隊也。合即是隊，分則爲伍，意在彌縫策應，故以伍言之。”《方言》：“彌，合也。”《廣雅·釋詁》：“彌，縫，合也。”

戰於繻葛，

〔疏證〕杜《注》：“繻葛，鄭地。”《春秋地名考略》：“繻葛，或云即長葛也。”

命二拒曰：“旝動而鼓。”

〔注〕賈云：“旝，發石也，一曰飛石。飛石，《范蠡兵法》：‘飛石重二十斤，爲機發行二百步。’”本《疏》。

〔疏證〕《説文》云：“旝，建大木，置石其上，發其機，以追敵。”蓋用賈説。追，古文“硾”，《釋文》：“旝，古外反。又古活反，本亦作‘檜’。”而亦引建木發機之事。如《釋文》説，是又有作“檜”之本矣。《御覽》三百三十七引《春秋》舊説：“旝，發石車也。”與賈同，當亦《左氏》家説。《三國志》：“太祖爲發石車，擊袁紹。”《注》引《魏氏春秋》

曰："以古有矢石。又《傳》言'旝動而鼓'，説曰：'旝，發石也。'於是造發石車。"惠棟云："説者，即賈侍中説也。杜以'旝'爲'㫋'，蓋本馬融。"按：《説文》"旝"字下又引《詩》曰："其旝如林。"當係三家詩。馬融《廣成頌》云："㫋旝摻其如林。"惠氏謂杜本馬融以此，而《御覽》三百三十七引杜《注》："旝，旗也。"與今本"旝，㫋也"又異。《疏》但云"旝之爲㫋，事無所出，説者相傳爲然"。而引賈《注》駁之云："按：《范蠡兵法》雖有飛石之事，不言名爲旝也。發石非旌旗之比。《説文》載之於㫊部，而以飛石解之，爲不類矣。且三軍之衆，人多路遠，何以可見！而使二拒準之爲擊鼓候也。《注》以㫋説爲長，故從之。"嚴蔚云："《唐書·李密傳》：'造雲旝三百具，以機發石，爲攻城械，號將軍礮。'是則賈氏'旝爲發石'之説亦可云信而有徵矣。杜預每好爲臆説，旝爲㫋何據？而吠聲之。孔氏一意扶杜，乃云發石不可見，猶瞽者之道黑白，無足怪者。"按：嚴説是也。《晉書·卞壺傳》："與蘇峻戰，遂死之。朝議賜壺左光禄大夫尚書郎，郭弘納議曰：'賊峻造逆，壺戮力致討，身當矢旝，再對賊鋒。'"矢旝猶矢石矣。

蔡、衞、陳皆奔，王卒亂。鄭師合以攻之，王卒大敗。祝聃射王中肩，王亦能軍。

〔疏證〕王引之《經義述聞》云："杜《注》曰：'雖軍敗身傷，猶殿而不奔，故言能軍。'引之謹按：王已傷矣，尚安能殿？自古軍敗而殿，皆本臣爲之，不聞王侯身自爲殿。'亦'當爲'不'字，形相似而誤。此言王之餘師，不復能成軍耳。《宣十二年傳》'楚師軍於邲，晉之餘師不能軍'，正與此同。"按：王説是也。《鄭世家》："王師大敗，祝瞻射王中肩。"

祝聃請從之。公曰："君子不欲多上人，況敢陵天子乎！苟自救也，社稷無隕，多矣。"

〔疏證〕《漢書·谷永傳注》："上，猶加也。"《一切經音義》引《蒼頡》："陵，侵也。"《檀弓》："喪事雖遽不陵節。"《注》："陵，躐也。"《説文》："隕，從高下也。"《鄭世家》："祝瞻請從之，鄭伯止之曰：'犯長且難之，況敢陵天子乎？'乃止。"

夜，鄭伯使祭足勞王，且問左右。

〔疏證〕《鄭世家》："夜令祭仲問王疾。"杜《注》云："鄭志在苟免，王討之非也。”焦循云：“射中王肩，鄭不臣甚矣。勞王問左右，奸也。而杜預以爲王討之非，明爲高貴討司馬昭而發，幸祝聃射僅中肩，尚未至成濟之惡耳。自救之説，原是飾辭。《左氏》述之，非《左氏》以‘鄭志在苟免’也。預援寢生答聘之言，爲司馬昭作解已非，而乃直斥王討爲非，何謬戾至此[1]？”沈欽韓云：“杜以王討爲非，則鄭之拒戰，射王爲宜。苟有人心，必不至是。殆爲司馬昭懸解耳。《經》之不書王師敗，何也？曰：君失其政，臣無敢不盡其節，大經也。今鄭之待天王，若臨敵然，臨陳交鋒，志在必殺，此豈可以示天下後世哉！《後漢書·孔融傳》：‘荆州牧劉表不供職貢，多行僭僞，遂乃郊祀天地，擬斥乘輿。詔書班下其事。融上書曰：“劉表所爲不軌，罪不容誅。至於國體，宜且諱之。是以齊兵次楚，惟責包茅；王師敗績，不書晉人。前以露袁術之罪，今復下劉表之事，是使跋疐欲窺高岸，天險可得而登也。臣愚以爲宜隱郊祀之事，以崇國防。”’此《春秋》之意也。凌夷之漸，謹於其小，決壞之極，諱於所尊。杜預拘《傳例》，謂不以告，故不書。不知《傳例》自爲諸侯發，列國弄兵，蠻觸交爭，書之不可勝書，故定其例。至畿甸諸侯，天王問罪，師敗身夷，可書之事，蓋[2]有大於此，豈緣不告而不書哉？成元年，王師敗績於茅戎，書者以戎不足諱也。《傳》於此極言鄭莊之姦狡，而杜仞爲湔洗鄭惡，其於經傳皆憒憒而臆決者矣。”按：焦、沈説[3]是也。於杜之心迹，窺見至隱矣。

仍叔之子[4]，**弱也。**

〔疏證〕《唐石經校文》云：“之子，弱也。秋大，磨作‘之子來聘，弱也，秋大’。按：杜解舉傳文有‘來聘’，初刻非也，各本脱‘來聘’。”

“秋，大雩。”書，不時也。

凡祀，

---

[1] 科學本注：抄本眉批：“杜説妄，當規。然焦氏所論過縣，於經義爲駢枝，似宜刪削以就簡要。以後類此者甚多，似均宜酌。”

[2] 科學本注：沈書原文爲“寧”，劉氏原稿作“豈”。林按：底本作“蓋”，科學本辨認錯誤。

[3] 科學本注：原稿眉批：“惠引劉氏《權衡》，同沈、焦，未收。”

[4] 林按：此下當有“来聘”二字，原稿闕文。

〔注〕服云：“魯祭天以孟月，祭宗廟以仲月。”《王制疏》。

〔疏證〕本《疏》引《釋例》云：“凡祀，舉郊、雩、烝、嘗，則天神、地祇、人鬼之祭皆通，其他群祀不録可知也。”《王制》：“有田則祭，無田則薦。”《注》：“有田者既祭，又薦新，祭以首時，薦以仲月。”《疏》：“服虔注《桓五年傳》云‘魯祭天以孟月，祭宗廟以仲月’，非鄭云也。此薦以仲月，謂大夫、士也。既以首時祭，故薦用仲月，若天子、諸侯禮尊，物熟則薦之，不限孟仲季。故《月令》孟夏薦麥，孟秋薦黍，季秋薦稻是也。大夫既薦以仲月，而服注《昭元年傳》：‘祭，人君用孟月，人臣用仲月。’不同者非鄭義也。南師解云：‘祭以首時者，謂大夫、士也。若得祭天者，祭天以孟月，祭宗廟以仲月，其禘祭、祫祭、時祭亦用孟月，其餘諸侯不得祭天者，大祭及時祭皆用孟月。’既無所據，未知孰是，義得兩通，故并存焉。按：《春秋》桓八年，‘正月，己卯，烝’；‘夏，五月，丁丑，烝’，書者，《左氏》見其瀆。桓十四年八月‘乙亥，嘗’，書以‘御廩災’。《左氏》《公羊》以爲不應嘗。僖八年‘七月，禘’，鄭以爲公會王人于洮，故歸，七月乃禘。昭十五年二月，禘于武宮者，鄭《禘祫志》以十一年齊歸薨，十五年喪終之禘，不擇月。定公八年冬十月，順祀先公，以陽虎作亂，求福先公，特爲此祭，故不用常月。此皆不用孟月者，以春秋亂世，不能如禮，故參差不一，難以禮論也。”按：鄭但主宗廟祭薦，不及祭天，宜其與服異。第服注《昭元年傳》，又謂“祭用孟月”者，李貽德云：“昭元年十二月，烝，爲夏十月。是服此云‘以仲月’者，謂祭天之月不祭宗廟，其餘祭宗廟，亦用孟月也。”南師解與服此注合。此注泛舉祭月，不專釋郊天之時。李氏《輯述》定爲“啓蟄而郊”注，非也。

啓蟄而郊，

〔注〕服云：“一説郊，祀天，祈農事。雩，祭山川而祈雨也。”[①]劉昭《續漢書·禮儀志注》。

〔疏證〕杜《注》云：“啓蟄，夏正建寅之月，祀天南郊。”沈欽韓云：“《律曆志》：‘諏訾，初危十六度，立春，中營室十四度，驚蟄，今曰雨水。降婁，初奎五度，雨水，今曰驚蟄。’是古曆以驚蟄爲正月中氣。《淮南·天文訓》《周書·時訓》并以雨水爲正月中，是後人追改耳。”按：沈

---

① 科學本注：抄本眉批：“雩祭山川而祈雨也，乃服解下句之别一義，宜移入下句注中。”

説是也。《夏小正》“正月啓蟄”，《傳》云：“言始發蟄也。”夏以啓蟄爲正月中氣，以下文服注“龍見四月”，賈《注》“始殺孟秋”推之，則此傳賈、服《注》當亦云正月，或云孟春也。郊禮之用夏正者，《宋書·禮志》：“大明二年，尚書何偃議：‘鄭玄注《禮記》，引《易》説三王之郊，一用夏正。《周禮》，凡國之大事，多用正歲。《左傳》又啓蟄而郊。則鄭之此説，誠有據矣。衆家異議，或云三王各用其正郊天，此蓋曲學之辨，於禮無取。固知《穀梁》三春皆可郊之月，真所謂膚淺也。’”《南齊書·禮志》：“永明元年當郊，而立春在郊後，世祖欲遷，尚書令王儉啓：‘按：《禮記·郊特牲》云：“郊之祭也，迎長日之至也，大報天而主日也。”《易説》：“三王之郊，一用夏正。”盧植云：“夏正在冬至後。《傳》曰：啓蟄而郊，此之謂也。”然則圜丘與郊，各自行不相害也。’”何偃、盧植皆以起蟄而郊，證郊用夏正，當爲古《左氏》説矣。服誼當謂“啓蟄正月，祀天南郊”；其謂“郊，祀天祈農事”，乃別一説。《月令》：“是月也，天子乃以元日祈穀於上帝。”鄭《注》：“謂以上辛郊祭天也。《春秋傳》曰：‘郊祀后稷，以祈農事。是故啓蟄而郊，郊而後耕。’”《疏》：“按：襄七年《左傳》云：‘孟獻子曰：郊祀后稷，以祈農事。是故啓蟄而郊，郊而後耕。’彼祈農事者，則此祈穀也；彼云郊而後耕，此是祈穀之後，即躬耕帝藉，是祈穀與郊一也。”鄭説與服另一説同矣。《魏書·李業興傳》：“天平四年，使梁朱异問曰：‘魏洛中委粟山是南郊耶？’業興曰：‘委粟是圜丘，非南郊。’異曰：‘北間郊丘異所，是用鄭義。我此中用王義。’”《魏志》所謂梁用王義，蓋謂泰始之後用王肅説，改定南北郊祭，一地一天也。本《疏》：“夏正郊天，祭其所感之帝焉。周人木德，祭靈威仰也，曾無冬至之祭，惟祭靈威仰耳。惟鄭玄立爲此義，而先儒悉不然。”是鄭主魯祀靈威仰，與賈、服諸儒異也。然郊用夏正，鄭君亦無異議。惟《隋書·禮儀志》云：“梁天監三年，左丞吳操之啓稱：‘《傳》云“啓蟄而郊”，郊應立春之後。’尚書左丞何佟之議：‘今之郊祭，是報昔歲之功，而祈今年之福。故取歲首上辛，不拘立春之先後。周冬至於圜丘，大報天也。夏正又郊，以祈農事，故有啓蟄之説。自晉太始二年，并圜丘、方澤同於二郊，是知今之郊禋，禮兼祈報，不得限以一途也。’帝曰：‘圜丘自是祭天，先農即是祈穀，但就陽之位，故在郊也。冬至之夜，陽氣起於甲子，既祭昊天，宜在冬至。祈穀時可依古，必須啓蟄。在一郊壇，分爲二祭。’自是冬至謂之祀天，啓蟄名爲祈穀。”按：今以三統術推節氣，中氣啓蟄，無在立春後者，吳操之説誤。王肅云：“魯冬至郊天，建寅之月又郊穀。”何佟之議本王肅説，其謂“不拘立春之先後”，是未知夏正啓蟄在冬至後，疎於考曆耳。冬至祀天，啓蟄又郊，是有二郊，與先儒《左氏》説違。

龍見而雩，

〔注〕服云：“龍，角亢也，謂四月昏，龍星體見，萬物始盛，待雨而大，故雩祭以求雨也。”《續漢書注》。舊注：“龍，角亢星也，建巳月昏見東方。”《御覽》二十一。穎子容以龍見即是五月。《釋例》。

〔疏證〕杜《注》：“龍見，建巳之月。蒼龍，宿之體，昏見東方，萬物始盛，待雨而大，故祭天，遠爲百穀祈膏雨。”全襲服《注》及舊注，“遠爲百穀祈膏雨”句亦沿“大雩”服《注》也。舊注於“龍見”言建巳月，則“啓蟄”當云建寅月，“始殺”當云建申月，“閉蟄”當云建亥月。杜《注》惟建申月，可以意知也。《莊二十九年傳》“龍見而畢務”，《疏》：“東方之宿，盡①爲龍星。角即蒼龍角也。”《律書》云：“角者，言萬物皆有枝格如角也。亢者，言萬物亢見也。”《月令》：“仲夏之月，大雩帝。”鄭《注》以仲夏之祭爲非，雩祭當在孟夏。《月令》又云：“乃命百縣，雩祭百辟卿士有益於民者。”鄭《注》：“《春秋傳》曰‘龍見而雩’，雩之正，當以四月。”是鄭氏説《左氏》亦以雩當四月。《穀梁》：“成七年冬，大雩。”《疏》：“鄭《釋廢疾》去②冬及春夏。按：《春秋説考異郵》，三時雖有禱禮，無雩祭之事。惟四月龍星見，始有常雩耳。故因載其禱請山川辭云：‘方今天旱，野無生稼。寡人當死，百姓何依？不敢煩民請命，願撫萬民，以身塞無狀。’”③鄭氏所引《春秋説》，亦《左氏》古義。所云常雩，即《禮注》正雩之説也。李貽德云：“《夏小正》‘四月初昏，南門正’，南門者，亢上下之星也。角兩星相對觸。故《天官書》云：‘左角李，右角將。’亢四星，曲而長。故《天官書》云‘亢爲疏廟，其南北兩大星曰南門’，《小正》以識亢星所在也。”按：李説是也。唐《大衍日度議》：“周曆立夏日在觜觿二度，於軌漏昏角一度中蒼龍畢見。立夏爲夏四月節氣。”與服説合。《淮南·天文訓》：“四時之散精爲萬物。”《尚書大傳》云：“萬物非夏不長。”《説文》：“待，竢也。”本《疏》云：“穎子嚴以龍見即是五月。《釋例》曰：‘《月令》之書出自吕不韋。其意欲爲秦制④，非古典也。穎氏因之，以爲龍見五月。五月之時，龍星已過於見。此爲強牽天宿

---

① 林按：科學本作“書”，據《左傳正義》改。
② 林按：科學本作“云”，據《春秋穀梁傳》改。
③ 林按：《穀梁》此段文字原稿爲眉批。
④ 林按：科學本作“利”，據《左傳正義》回改。

以附會不韋之《月令》。非所據而據，既以不安，且又自違。《左氏傳》稱"秋，大雩。書，不時"。此秋即穎氏之五月，而忘其不時之文，而欲以雩祭。'是言《月令》不得與傳合也。"《釋例》之駁穎氏，悉用服義。然如鄭説，《月令》非指常雩。穎氏未必據《月令》爲説，今無以考矣。

始殺而嘗，

〔注〕賈、服：始殺，唯據孟秋。本《疏》。

〔疏證〕此賈、服説，當云謂七月或稱建申之月。"唯據孟秋"，乃疏家隱括之語，有其義而失其詞。"孟秋"下《疏》有"不通建酉之月"六字，乃疏家之詞，洪氏采爲賈、服語，非也。杜《注》云："建酉之月，陰氣始殺，故薦嘗於宗廟。"《疏》云："按：《月令》孟秋'農乃登穀，天子嘗新，先薦寢廟'，則似七月穀熟。天七月當嘗祭，而云建酉之月乃嘗祭者，以上下準之，始殺嘗祭，實起於建申之月。今云建酉者，言其下限。哀十三年，子服景伯謂吳太宰曰：'魯將以十月上辛有事於上帝先公。季辛而畢。'彼雖恐吳之辭，亦是八月嘗祭之驗也。"《疏》知嘗祭當在七月，而獨舉變禮言之。金鶚《禮説》云："杜於《釋例》引《詩》'白露爲霜'以證始殺之爲酉月，不知孟秋律中夷則，夷則即始殺之義也。《白虎通》云：'夷，傷也；則，法也，言萬物始傷，被刑法也。'《月令》：孟秋之月，'鷹乃祭鳥，用始刑戮。'又云：'戮有罪，嚴斷刑。天地始肅，不可以贏。'皆始殺之謂。故賈、服《注》并以始殺爲孟秋。"[①]李貽德云："杜謂建酉之月，與賈、服異。然杜於郊雩皆著孟月，此舉仲月以當之，斯不倫矣。"按：金、李説是也。杜《注》冬烝亦謂建亥之月。春、夏、冬皆孟月，而秋獨用仲月，又何解乎？《春秋繁露·四祭篇》謂："嘗者以七月，嘗黍稷。"公羊家亦主孟秋。

閉蟄而烝。

〔疏證〕《月令》："蟄蟲坏户。"《釋詁》："烝，衆也。"李貽德云："昭元年十二月，'晉侯烝'。服《注》云：'祭，人君用孟月。'周十二月爲夏十月，則彼云用孟月，謂夏孟冬之月。"按：李説是也。賈、服説雖佚，以彼《注》推之，當云建亥月，或云十月也。杜《注》："建亥之月，昆蟲閉户，萬物皆成。可薦者衆，故烝祭宗廟。"《疏》云："《傳》稱'火

---

① 林按：金鶚云云爲原稿眉批。

伏而後蟄者畢’。《周禮》：‘季秋内火。’則火以季秋入而孟冬伏，昆蟲以孟冬蟄，故知閉蟄是建亥之月也。”是杜用舊説也[1]。本《疏》又引：“《釋例》云：‘《傳》曰：“火伏而後蟄者畢。”此謂十月始蟄也。至十一月遂閉之，猶二月之驚蟄。既啓之後，遂驚而走出。始蟄之後，又自閉塞也。’是言啓蟄爲正月中，閉蟄爲十月中也。《注》以閉蟄爲十月，而《釋例》云十一月遂閉之者，以正月半蟄蟲啓户，二月初則驚而走出。十月半蟄蟲始閉，十一月初則遂閉之。《傳》稱四者皆舉中氣。”《疏》以内火證火伏，當矣。《釋例》謂閉蟄在十一月，則非《傳》義。《疏》强釋之，非也。金鶚《禮説》云：“《洛誥》云：‘王在新邑，烝祭歲。’其下文云‘在十有二月’，周十二月，夏十月。《月令》孟冬之月‘大飲烝’。《楚語》云：‘日月會於龍䮫，群神頻行。國於是乎烝嘗。’韋昭《注》：‘䮫，龍尾也。謂周十二月，夏十月也。烝，冬祭也。嘗，嘗百物也。’又《魯語》云：‘烝而獻功。’韋《注》：‘冬祭曰烝。烝而獻五穀、布帛之功。’《豳風·七月篇》云‘九月授衣’，又云‘十月納禾稼’，是知獻功必在十月，烝在孟冬，明矣。”

過則書。

〔疏證〕《釋例》云：“謂非其時、非其祀、不旱而雩[2]之類是也。”

冬，淳于公如曹，度其國危，遂不復。

〔疏證〕《地理志》：“北海郡淳于。應劭云：《春秋》‘州公如曹’，《左氏傳》云：‘淳于公如曹。’”臣瓚曰：“州，國名也。淳于公國之所都。”《方輿紀要》：“淳于城在青州府安丘縣東北三十里。”

〔經〕 六年，春，正月，寔來。

〔疏證〕沈欽韓云：“《釋詁》：‘寔，是也。’杜解寔爲實，非也。《韓奕箋》云：‘實當作寔。趙、魏之東，寔、實同聲。寔，是也。’《疏》云：‘凡言實者，已有其事，可後實之也。方説[3]所爲，不宜爲實，故轉爲寔。’以推此經，上年州公如曹，今年方來。‘寔來’者，‘於是乎來也’。《傳》作‘實’者，獨《毛詩》‘寔命不同’，即方俗聲同之誤。”按：《韓奕正

---

① 林按：以下原稿爲頁旁添加。

② 科學本注：抄本眉批：“不旱而雩，不甚近情。《愈愚録》有此條，宜補入。”

③ 科學本注：疏文“方説”上有“今此”二字。

義》云："《春秋》桓六年，州公'寔來'，《左氏》作'實來'。"惠氏棟
據之，謂寔當作實。錢大昕云："孔氏所據，乃服虔本，非杜本也。《覲禮》
'伯父實來'，《注》：'今文實作寔。'是'實'即'寔'之古文。《春秋公
羊》《穀梁》爲今文，《左氏》爲古文，故二《傳》作'寔來'，《左氏》作
'實來'。杜氏改從二《傳》，失之矣。"錢説足申惠氏之誼。沈説仍囿於二
《傳》者。《三國·魏志·華歆傳》："詔即拜歆豫章太守。孫策略地江東，
歆幅巾奉迎，待以上賓之禮。"《注》："孫盛曰：'昔許、蔡失位，不得列
於諸侯。州公寔來，魯人以爲深恥。方之於歆，咎孰大焉？'"字亦作寔，
或後人以杜本改耳。魯人恥州公，爲古《左氏》誼。

夏，四月，公會紀侯于成。

〔疏證〕《校勘記》云："陸德明《穀梁音義》曰：《左氏》作杞侯。陳
樹華云：三年書'公會杞侯於郕'，則此處亦當作杞侯，疑傳寫誤也。"文
淇按：成，《穀梁》作"郕"。杜《注》云："成，魯地，在泰山鉅平縣東
南。"《乾隆府廳州縣志》："成城在兗州府寧陽縣東北九十里，魯成邑。"

秋[①]，大閱。

〔注〕賈云："簡車馬於廟也。"《公羊疏》。

〔疏證〕《廣雅》："閱，數也。""比年簡徒[②]謂之蒐，三年簡車謂之大
閱，五年大簡車徒謂之大蒐。"《疏》云："知其年數者，漢禮猶然。"《注》
又云：《公羊注》："不地者，常地也。"《疏》云："蓋在郊內。而賈《注》
釋云'簡車馬於廟也'者，何氏不取。"本《疏》云："此不言地者，蓋在
國簡閱，未必田獵。昭十八年，鄭人簡兵大蒐在於城內。此亦當在城內。"
《疏》謂大閱在城內，用賈説，而没其廟中之義。李貽德云："《隱十一年
傳》：'授兵於大宮。'杜云'鄭祖廟'。授兵既在太廟，則大閱亦當在廟
明矣。"按：大閱止以簡車，與授兵異。杜以大閱是懼鄭忽而畏齊人，非
時簡車馬，三《傳》皆無此義也。

蔡人殺陳佗。

〔疏證〕《疏》云："殺陳佗，無《傳》。不言無《傳》者，以《傳》説

---

① 林按：此后當有"八月，壬午"，原稿闕文。

② 科學本注：抄本眉批："比年簡徒云云，何人注語，宜補明。"按：以下數語見
《公羊》桓六年注。

此事在莊二十二年，不是全無其事，故不言無。"《集解序》云："分經之年與《傳》之年相附，比其義類。"合《左氏傳》於《經》，始於杜預，則經文之"無《傳》"字，古本無之，預所加也。

九月，丁卯，子同生。

〔注〕賈云："不稱大子者，書始生。"《曾子問疏》。

〔疏證〕《曾子問》："君薨而世子生。"《疏》："《左傳》：桓六年，'子同生'。賈、杜《注》云：'不稱太子者，書始生。'"按：賈知不稱太子者，以《傳》舉以太子之禮知之。《內則》："書曰'某年某月某日某生'，而藏之。"《注》："《春秋》書桓六年'九月丁卯子同生'。"《疏》云："此既據卿大夫以下，而引《春秋》桓六年子同生者，欲證明子生年月日之事。彼謂諸侯也。"鄭義與賈同。《北史·魏澹傳》："澹別成《魏史》，與魏收多有不同，其一曰：'臣聞天子者，繼天立極終始絕名。故《穀梁傳》："太上不名。"《曲禮》："天子不言出，諸侯不生名。"諸侯尚不生名，況天子乎？若爲太子，必須書名，良由子者對父生稱。父前子名，禮之意也。至如馬遷，周之太子，并皆言名。漢之儲兩，俱沒其諱，以尊漢卑周，臣子之誼也。竊謂雖立此理，恐非其義。何者？《春秋》《禮記》太子必書名，天王不言出。此仲尼之褒貶，皇王之稱謂，非謂當時與異代遂爲優劣也。'"澹所述及《左氏》古義，與賈《注》合。《隋書·澹傳》略同。惟中引經傳及杜《注》申之云[1]："即位之日，尊成君而不名，《春秋》之義，聖人之微旨也。"尊成君而不名，亦古義矣。杜《注》謂："適夫人之長子，備用太子之禮，故史書之。"舊説無此義。

冬，紀侯來朝。

〔傳〕 六年，春，自曹來朝。書曰"寔來"，不復其國也。

〔疏證〕"寔"當作"實"。杜《注》云："變言寔來。"宋本"寔"作"實"，蓋不知《正義》用杜本而改之。

楚武王侵隨，

〔注〕賈云："隨，姬姓也。"《楚世家集解》。

---

[1] 林按：自"至如馬遷"至此，原稿爲眉批內容。

〔疏證〕《世本》：“隨，國名，姬姓。”賈《注》本之。《地理志》：“南陽郡隨，故國。”沈欽韓云：“今德安府隨州。”

使薳章求成焉。

〔疏證〕杜《注》云：“薳章，楚大夫。”洪亮吉云：“王符《潛夫論》：‘坓①冒生蒍章者，王子無鈎②也。令尹孫叔敖者，蒍章之孫也。’薳與蒍同，詳《僖二十七年傳注》。”

軍於瑕以待之，隨人使少師董成。

〔疏證〕《爾雅》：“董，正也。”杜《注》：“瑕，隨地。少師，隨大夫。”《春秋分地記》：“成十六年，楚師還及瑕，楚地也。今亳州蒙城縣。”

鬬伯比言於楚子曰：“吾不得志於漢東也，我則使然。我張吾三軍而被吾甲兵，

〔疏證〕杜《注》：“鬬伯比，楚大夫，令尹子文之父。”《韓奕》“孔修且張”，毛《傳》：“張，大也。”《周策》：“破秦以張韓、魏。”《注》：“張，强也。”《周勃世家》：“甲楯五百被。”《集解》引張晏曰：“被，具也。”

“以武臨之，彼則懼而協以謀我，故難間也。漢東之國，隨爲大。隨張，必棄小國。小國離，楚之利也。少師侈，請羸師以張之。”

〔疏證〕《公羊》成十年何《注》：“侈，大也。”《字林》：“侈，汰也。”《周語》：“此羸者，陽也。”《注》：“羸，弱也。”《楚語》：“民之羸餒。”《注》：“羸，瘠也。”《晉書·乞伏國仁傳》：“南安秘宜及諸羌虜來擊。國仁謂諸將曰：‘先人有奪人之心，不可坐待其至。宜抑其威，餌敵羸師以張之。軍法所謂怒我而怠寇也。’於是勒衆五千，襲其不意，大敗之。”

熊率且比曰：“季梁在，何益？”

〔疏證〕杜《注》：“熊率且比，楚大夫。季梁，隨賢臣。”按：季梁，《水經注》引作“季良”。

---

① 科學本注：“坓”，洪氏書作“坌”。
② 科學本注：抄本眉批：“按：王子蒍章，字無鈎，見《唐宰相世系表》。”按：《潛夫論》汪繼培箋云：“蒍章，《左傳》作薳章；鈎，舊作鈎。”

鬭伯比曰：“以爲後圖，少師得其君。”

〔疏證〕杜《注》：“言季梁之諫，不過一見從。隨侯卒當以少師爲計，故云以爲後圖。”

王毀軍而納少師。少師歸，請追楚師。隨侯將許之。季梁止之，曰：“天方授楚，楚之贏，其誘我也。君何急焉？臣聞小之能敵大也，小道大淫。所謂道，忠於民而信於神也。上思利民，忠也；祝史正辭，信也。今民餒而君逞欲，祝史矯舉以祭，臣不知其可也。”

〔疏證〕《説文》：“毀，缺也。”《廣雅·釋言》：“毀，虧也。”《太宰》：“六曰主，以利得民。”《注》：“玄謂利讀如上思利民之利，謂以政教利之。”《疏》：“此《左氏傳》隨季良之辭①。”鄭説利民當如此。《廣雅·釋詁》：“逞，快也。”又云：“苦、曉、恔，快也。”《方言》：“逞、苦、了，快也。自山而東或曰逞，楚曰苦，秦曰了。”又曰：“逞、曉、恔、苦，快也。自關而東或曰曉，或曰逞。江、淮、陳、楚之間曰逞。宋、鄭、周、洛、韓、魏之間曰苦。東齊、海岱之間曰恔。自關而西曰快。”《公羊》何《注》：“詐稱曰矯。”

公曰：“吾牲牷肥腯，粢盛豐備，何則不信？”

〔注〕服云：“牛羊曰肥，豕曰腯。”本《疏》。

〔疏證〕《説文》：“牲，牛完全。牷，牛純色。”《牧人》：“以供祭祀之牲牷。”司農《注》：“牷，純也。”康成云：“體完具。”《表記》：“牲牷禮樂齊盛。”《釋文》：“牷，本亦作‘全’。”《穀梁傳》：“全曰牲，傷曰牛，未牲曰牛。”是牲、牷皆謂牛也。《曲禮》：“豕曰腯肥。”《注》：“腯亦肥也。腯，充貌也。”《説文》：“牛、羊曰肥。豕曰腯。”與服説同。杜預《注》：“腯亦肥也。”蓋用鄭説。《正義》云：“重言肥腯者，古人自有複語耳。《禮記》：豚亦稱肥，非獨牛羊。”王念孫《廣雅疏證》云：“按：《傳》言備腯咸有，則腯亦不尚屬豕。”皆以服説爲非。然肥、腯對則異，散則通，服説亦自可通也。惠士奇②云：“《禹廟殘碑》作‘資盛’，《説文》作‘齋’，云：‘稷也，從禾齊聲。或作粢，從次。’”洪亮吉云：“《石經》、宋本皆

---

① 科學本注：抄本眉批：“疏語宜省。”
② 林按：阮元《校勘記》作“惠棟”。

作‘粢’。鄭注《周禮》云：‘齍讀爲粢。’”《校勘記》云：“凡經典言‘粢
盛’，皆‘粢盛’之誤。齋、齍、粢三字古通用，爲祭祀之黍稷。餈、粢
二字，同爲《周禮》之粉餈。不知何時淆亂，而莫有正之者。”如阮説，
則粢盛字非古文也。《毛詩》“以我齊明”，《注》：“器實曰齊，在器曰盛。”
何休《公羊注》：“黍稷曰粢，在器曰盛。”杜《注》用之。《釋草》：“粢，
稷。”《肆師》：“表齍盛，告絜。”《注》：“齍，六穀也。”《小宗伯》：“辨
六齍之名物。”《注》：“六齍謂六穀，黍、稷、稻、粱、麥、苽。”如鄭説，
是粢謂六穀。《公羊注》但舉黍稷耳。

對曰：“夫民，神之主也，是以聖王先成民，而後致力於神。故奉牲以告，曰‘博碩肥腯’，

〔疏證〕鄭玄《儀禮注》：“博，廣也。”《詩》毛《傳》：“碩，大也。”
《説文》：“肥，多肉也。”《秦策》：“而肥仁義之誠。”《注》：“肥猶厚也。”
杜於“奉牲”無注，《疏》亦無説。按：博碩肥腯，即古奉牲告神之辭。
知然者，《封人》：“歌舞牲及毛炮之豚。”《注》：“謂君牽牲入時，隨歌舞
之。言其肥香以歆神也。鄭司農云：‘封人主歌舞其牲，云博碩肥腯。’”
《疏》：“此左氏《桓公傳》隨季良之辭。彼云：‘奉牲以告，曰博碩肥腯。’
引之者證封人歌舞牲時有此辭也。”《充人》：“碩牲，則贊。”《注》：“贊，
助也。君牽牲入，將致之，助持之也。奉牲以告曰‘博碩肥腯’。”《疏》：
“言碩牲者，謂君牽牲入廟。卿大夫贊幣而從，皆云‘博碩肥腯’。”是奉
牲之禮，即歌舞牲碩牲，而其辭同爲“博碩肥腯”也。《後漢書·禮儀志》：
“正月，天郊，夕牲。”劉昭《注》：“《周禮》‘展牲’。干寶曰‘若今夕
牲’。又郊儀，先郊日未晡五刻夕牲。公卿京尹衆官悉至壇東就位，太祝
吏牽牲入。到榜，廩犠令跪曰：‘請省牲。’舉手曰：‘腯。’太祝令繞牲，
舉手曰：‘充。’”亦奉牲之遺意。

“謂民力之普存也，謂其畜之碩大蕃滋也，謂其不疾瘯蠡也，謂其備腯咸有也。

〔疏證〕《孟子》：“普天之下。”趙《注》：“普，博也。”《漢書·揚雄
傳注》：“普，徧也。”本《疏》：“博碩言其形狀大，蕃滋言其生乳多。”《詩
正義》引此，“謂”下多“其”字。按：以下二句例之，似當有“其”字①。

---

① 林按：“詩正義”至此，應爲洪亮吉《春秋左傳詁》内容。

《釋文》："瘯，本又作'蔟'。"朱駿聲云："瘯當作'蔟'，《尚書大傳注》[1]：'蔟，猶聚也。'"洪亮吉云："《釋文》稱《説文》'蠱'作'瘵'。按：《説文》無'瘵'字。'痤'字下注云：'小腫也，從疒坐聲，一曰族絫。'臣鉉等曰：'今别作瘯蠱。非是。'今考《玉篇》：'瘯蠱，皮膚病。《左傳》曰：不疾瘯蠱也。一作瘵。'按：《釋文》所引《説文》，疑屬《玉篇》之誤。又案：《説文》'痤'字《注》，既云'小腫'，而陸氏所引《説文》亦云'皮肥'，是族絫不過皮毛肥腫之病，故《玉篇》云然。杜《注》以疥癬當之。考《説文》：'疥，搔也'。'癬，乾瘍也。'恐非其義。"按：洪説是也。《廣雅·釋詁》："矲、㑾、睥、矬、矬、瘕，短也。"王念孫云："短謂之痤，小亦謂之痤。《説文》：'痤，小腫也，一曰族累病。'瘯蠱與族累同，急言之則爲痤矣。《聲類》云：'銼鑢，小釜也。'族累、銼鑢皆語之轉耳。"如王説，則瘯蠱當訓痤也。《校勘記》云："錢大昕云：'《説文·卢部》"瘵"字《注》："畜産疫病也。"'此'瘯蠱'之正字。蠱、瘵聲相近，故假借爲"蠱"耳。瘯亦俗字，當爲族。六畜之疫曰族瘵，或作族絫。絫、瘵亦聲相近。'"自"民力普存"以下，皆季梁之辭也。"奉牲曰'博碩肥腯'，奉盛則'絜粢豐盛'，奉酒曰'嘉栗旨酒'"，告神之辭止此。杜《注》謂："雖告神以博碩肥腯，其實皆當兼此四謂。"非是。本《疏》謂："季梁舉其告辭，解其告義。"是也。

"奉盛以告，曰'絜粢豐盛'，謂其三時不害，而民和年豐也。

〔疏證〕《詩·甫田正義》："言爲穀則絜清，在器則豐滿。"杜《注》："三時，春、夏、秋。"

"奉酒醴以告，曰'嘉栗旨酒'，

〔注〕服云："穀之初熟爲栗。"《生民疏》。

〔疏證〕《爾雅》："嘉，善也。"《生民》"實穎實栗"，毛《傳》："栗，其實栗栗然。"《箋》云："栗，成就也。"彼《疏》："桓六年《左傳》云：'奉酒醴以告曰：嘉栗旨酒。'服虔云：'穀之初熟爲栗。'是栗爲穀熟貌。"按：杜以栗爲敬謹，不用服義。本《疏》云："劉炫以栗爲穗貌，而規杜過。於理恐非。"是炫從服義也。祝辭三者皆舉祭物，此獨言與祭之誠，杜説爲短矣。朱駿聲云："栗疑粟之誤。粟者稻粱之屬，言以嘉穀爲酒也。"

---

① 科學本注：《尚書大傳輯校》："蒩"爲"蔟"之誤。

朱亦用服《注》，改字説經，失之。

"謂其上下皆有嘉德，而無違心也。所謂馨香，無讒慝也。

〔疏證〕《廣雅·釋言》："非，違也。"王念孫云："桓六年《左傳》云：'謂其上下皆有嘉德，而無違心也。'違心即非心。《玉藻》云：'非僻之心'，是也。"《民勞》"無俾作慝"，《傳》："慝，惡也。"本《疏》云："所謂馨香，總上三者。"

"故務其三時，脩其五教。

〔疏證〕《堯典》[①]："敬敷五教在寬。"馬融《注》："五品之教。"鄭康成《注》："五品，父、母、兄、弟、子也。"《鄭語》："史伯曰：'商契能合和五教，以保於百姓者也。'"韋《注》："五教謂父義、母慈、兄友、弟恭、子孝也。"《外傳》五教舊誼亦用古《尚書》説。杜《注》同《外傳注》。

"親其九族，以致其禋祀。

〔疏證〕杜《注》："九族謂外祖父、外祖母、從母子及妻父、妻母、姑之子、姊妹之子、女子之子，并己之同族，皆外親有服而異族者也。"本《疏》引《異義》："今《禮》戴、《尚書》歐陽説九族，乃異姓有親屬者，父族四：五屬之内爲一族，父女昆弟適人者與其子爲一族也，己女昆弟適人者與其子爲一族，己之女子子適人者與其子爲一族；母族三：母之父姓爲一族，母之母姓爲一族，母女昆弟適人者與其子爲一族；妻族二：妻之父姓爲一族，妻之母姓爲一族。"鄭駁云："婦人歸宗，女子雖適人，字猶繫姓，不得與父兄爲異族。《喪服小記》説別族之義曰：'親親以三爲五，以五爲九。'以此言之，知高祖至玄孫，昭然察矣。"本《疏》又云："此注以鄭玄駁云'女子不得與父兄爲異族'，故簡去其母，惟取其子。"則杜并不全主歐陽説矣。顧炎武云："孔氏《書傳》曰：九族，高祖至玄孫之親。"洪亮吉云："按：杜《注》九族，雖用戴、歐陽等説，然諸侯絶旁親，况下云'致其禋祀'，則非施於他姓可知。"沈欽韓云："助祭合食，惟同姓耳。當從'以三爲五，以五爲九'之義。"按：洪、沈説是也。鄭《駁異義》，本古《尚書》説，亦見《異義》所引謂"從高祖至玄孫凡九也"。《釋詁》："禋，敬也。"

---

① 科學本注：按：應作《舜典》。

"於是乎民和而神降之福，故動則有成。今民各有心，而鬼神乏主。

〔疏證〕洪亮吉云："《文選·□□①注》引'神'上有'後'字。"②《魯語》："民和而後神降之福。"韋《注》："降，下也。故民和而神乃降福。"《莊子·天地》："無乏吾事。"《釋文》："乏，廢也。"《周禮·服不氏》："以旌居乏而待獲。"《注》："乏讀爲'匱乏'之'乏'。"

"君雖獨豐，其何福之有？君姑修政而親兄弟之國，庶免於難。"隨侯懼而修德，楚不敢伐。

〔疏證〕《年表》："楚武王三十五年侵隨，隨爲善政，得止。"

夏，會於成。紀來諮謀齊難也。

〔疏證〕《校勘記》云："足利本後人紀云：'成作郕。'"《皇皇者華》"周爰咨諏，周爰咨謀"，毛《傳》："訪問於善爲咨，咨事之難易爲謀。"用《襄四年傳》義。彼《傳》作"咨難爲謀"。《説文》："謀事曰咨。""諮"俗字，當如《詩》作"咨"，謀也。

北戎伐齊，齊侯使乞師於鄭。鄭大子忽帥師救齊。六月，大敗戎師，獲其二帥大良、少良，甲首三百，以獻于齊。

〔疏證〕毛本"齊"下脱"侯"，《校勘記》據《石經》、宋本增。《年表》："齊釐公二十五年，山戎伐我。"《齊世家》："釐公二十五年，北戎伐齊。"《司甲注》："甲，今之鎧也。"《疏》："今古用物不同，其名亦異。古用皮謂之甲，今用金謂之鎧，從金爲字也。"杜《注》："甲首，被甲者首。"

於是諸侯之大夫戍齊，齊人饋之餼，

〔疏證〕陳樹華云："《説文》'氣'字下引'齊人來氣諸侯'。'餼'字下云'氣或從既'。'餼'字下云'氣或從食'。餼之爲氣，餼之爲既，皆古文也。杜子春云'字當爲餼'。失之。"《左氏》爲古文，如陳説則"餼"當作"氣"也。《論語》鄭《注》云："牲生曰餼。"杜《注》："生曰

---

① 科學本注：原稿闕文。林按：眉批有"《文選》注宜載篇名"，擬而未作。
② 林按：原稿爲眉批内容。

餼。”用鄭義。《釋文》：“牲腥曰餼。”

使魯爲其班，後鄭。

〔疏證〕鄭玄《儀禮①注》云：“班，次也。”杜《注》用之。而云：
“魯親班齊餼，則亦使大夫戍齊矣。經不書，蓋史闕文。”《疏》引劉炫云：
“‘十年説此云，北戎病齊，諸侯救之。’或可魯亦往救。但《傳》無魯事
之驗，魯必不救。不須解之。”據炫説，則先儒不謂魯戍齊也。

鄭忽以其有功也，怒，故有郎之師。

〔疏證〕杜《注》：“郎師在十年。”

公之未昏於齊也，齊侯欲以文姜妻鄭大子忽。大子忽辭。人問其故。大子曰：“人各有耦。齊大，非吾耦也。

〔疏證〕《校勘記》云：“《文選·沈休文〈奏彈王源〉注》引作‘人
各有偶’。按：耦、偶正俗字。”《有女同車疏》引《鄭志》張逸問：“《有
女同車序》云‘齊女賢’，經云‘德音不忘’，文姜内淫適人殺夫，幾亡
魯國②，故齊有‘雄狐’之刺，魯有《敝笱》之賦，何德音之有？”答曰：
“當時佳耳，後乃有過。或者早嫁，不至於此。作者據時而言，故序達經
義。”按：《小序》云：“太子忽嘗有功於齊，齊侯請妻之。”云“有功”，
自忽敗戎師以後。張逸、康成皆誤刡前後請妻，爲文姜一人也。《齊世家》：
“鄭使太子忽來救齊，齊欲妻之。忽曰：‘鄭小齊大，非我敵。’遂辭之。”
《鄭世家》：“齊侯求救。鄭遣太子忽將兵救齊，齊釐公欲妻之。忽謝曰：
‘我小國，非齊敵也。’”皆以忽初辭昏，加於敗戎師之時，不可從③。

“《詩》云：‘自求多福。’在我而已，大國何爲？”君子曰：“善自爲謀。”

〔疏證〕“自求多福”，《大雅·文王》文。彼《傳》云：“我長配天命
而行，爾庶國亦當自求多福。”《昭二十八年傳》：“仲尼聞其命賈辛也，以
爲忠：‘《詩》曰：“永言配命，自求多福。”忠也。’”《傳》褒鄭忽之忠，
杜《注》：“言獨絜其身，謀不及國”，非《傳》意。

---

① 科學本注：見《既夕禮》“明日以其班祔”句。
② 科學本注：此句原稿寫作“殺幾忘魯國”，據《注疏》改。
③ 林按：新引《鄭世家》内容爲原稿眉批新加。

及其敗戎師也，齊侯又請妻之，

〔疏證〕《有女同車疏》：“如《左傳》文，齊侯前欲以文姜妻忽，復以他女妻忽，再請之。此言齊女賢而忽不娶，謂復請妻者，非文姜也。此陳同車之禮，欲忽娶爲正妻也。按：隱八年《左傳》云：‘鄭公子忽如陳逆婦嬀。’則是已娶正妻矣。齊侯所以得請妻之者，春秋之世，不必如禮。或者陳嬀已死，忽將改娶。二者無文以明之。”杜《注》謂“以他女妻之”，與《傳疏》合。

固辭。人問其故，太^①子曰：“無事於齊，吾猶不敢。今以君命，奔齊之急，而受室以歸，是以師昏也。民其謂我何？”遂辭諸鄭伯。

〔疏證〕《投壺注》：“固之言如故也，言如故辭者，重辭也。”顧炎武曰：“邵氏曰娶妻必告父母，故告諸鄭伯而辭之。杜氏以爲假父之命，非。”

“秋，大閱”，簡車馬也。

“九月，丁卯，子同生。”以太子生之禮舉之：

〔注〕服云：“桓公之太子，莊公同。”《御覽》一百四十六。

〔疏證〕此節杜無注，《疏》亦無說。《漢書·賈誼傳》：“古之王者，太子乃生，因舉以禮，使士負之。有司齋肅端冕，見之南郊，見於天也。”師古曰：“迺，始也。”《北史·李彪傳》：“彪上封事曰：‘《禮》云：“冢子生，因舉以禮，使士負之。有司齋肅端冕，見於南郊。”明冢嫡之重，見於天也。’”皆古舉太子之禮。惟“士負之”，見於《大戴禮》，外此皆逸禮矣。《宋書·禮志》：“晉惠帝太安元年三月，皇太孫尚幼。秘書監摯虞議云：‘太子初生，舉以成人之禮，則殤禮除矣。太孫亦體君重，由位成而服全，非以年乜。天子無服殤之儀，絕期故也。’”是太子無殤禮也。服必稱“桓公之太子，莊公同”者，明嫡長之義。

接以太牢，

〔注〕服云：“接者，子初生接見於父。”《御覽》一百四十六。

〔疏證〕《釋詁》：“接，捷也。”《曾子問注》：“接祭而已。”《疏》：“接，捷也。”《公羊》：“鄭文公接。”《左氏》《穀梁》皆作“捷”，是《左

---

① 林按：原稿作“太”，通行本作“大”。下同。

氏》古文作"捷"矣。此或後人用《公羊》改。《內則》："國君世子生，告於君，接以太牢。"鄭《注》："接讀爲'捷'。捷，勝也，謂食其母，使補虚强氣也。"王肅曰："以太牢接待夫人。"杜此《傳注》云："以禮接夫人。"《內則疏》云①："王肅、杜預并以爲接待夫人以太牢。鄭必讀爲'捷'，爲'補虚强氣'者，以婦人之初産，必困病虚羸，當産三日之內，必未能以禮相接，應待負子之後。今在前爲之，故知補虚强氣宜速故也。"《釋文》："接如字。讀此者亦或捷音。"則鄭氏於此《傳》，讀當從"捷"矣。服《注》取《內則》爲義，與鄭君同。顧炎武引傅氏云："以太牢之禮接見太子。"則用服説也②。《瓠葉序》："雖有牲牢雎饌。"鄭《箋》云："繫養者曰牢。"本《疏》云："三牲，牛、羊、豕具爲太牢。"又云："《內則》：'接以太牢。'文在'三日負子'之上。則三日之內接之矣。"服知接爲接見於父者，主爲子接母。李貽德云："《內則》：'三月之末，擇日，妻以子見於父。'若然，則初生時，子惟接見於母，而不接父。而服不同者。《曾子問》：'君薨而世子生，三日，子升自西階，祝立於殯東南隅，祝聲三，曰：某之子某敢見。'鄭《注》云：'三日，負子日也。'《禮·中庸》曰'事亡如事存'，君薨之後，獨以三日見於殯。則父在之日，亦當以三日見於父也。《內則》不言，文不具也。"

卜士負之，士妻食之，

〔注〕賈云："《禮》：'世子生三日，卜士負之，射人以桑弧蓬矢射天地四方。'③桑者，木中之衆；蓬者，草中之亂。取其長大統衆而治亂。"本《疏》。

〔疏證〕《御覽》一百四十六引《大戴禮》曰："古之王者，太子生，使士負之，有司齊之。"《內則》云："三日始負子。"《注》："負之，謂抱之而使鄉前也。"又云："卜士之妻，大夫之妾，使食子。"《注》："食子不使君妾，適妾有敵義，不相褻以勞辱事也。士妻，大夫之妾，謂自有子。"《疏》："使其食子，須有乳汁，故知'自有子'者。皇氏云：'士之妻，大夫之妾，隨課用一人。'故桓六年《左傳》云'卜士負之，士妻食之'，不云有大夫妾者，文略也。"本《疏》引賈《注》"桑者木中之衆"云云，而不引《禮記》文，則辭無所附，賈必引《內則》文而申釋之。疏見杜《注》

---

① 林按：《內則》云云，原稿爲眉批内容。
② 林按：顧氏云云，原稿爲眉批内容。
③ 林按：此句原爲杜預《注》，劉氏輾轉爲説，认爲是賈義。

亦引《禮》文，故略之耳。《禮》鄭《注》云："桑弧蓬矢，本太古也。天地四方，男子所有事也。"服此注援射人爲支義而解桑蓬。義視鄭爲詳。

公與文姜、宗婦命之。

〔疏證〕《內則》："世子生三月，君、夫人沐浴於外寢。立於阼階，西鄉。世婦抱子升自西階，君命之，乃降。"《注》云："子升自西階，則人君見世子於路寢也，見妾子就側室。禮，子生皆就側室。"以其生於側室，見於路寢，故從外而升階也。按："世婦抱子"，蓋天子之禮。本《疏》云"公與夫人共命之，故使宗婦侍夫人"是也。命猶名也。《內則》："咳而名之。"桓公因有司告名子之禮，乃問名也。

公問名於申繻。對曰："名有五：有信，有義，有象，有假，有類。

〔注〕賈云："申繻，魯大夫。"

〔疏證〕《唐石經校文》云："'申繻對曰名有'磨改作'對曰名有'。按：當疊'申繻'，改刻非也。各本脱'申繻'。"《內則》："公庶子生，就側室。三月之末，其母沐浴，朝服見於君。擯①者以其子見。君有所賜②，君名之。衆子則使有司名之。"《注》："有司，臣有事者也。魯桓公名子，問於申繻也。"《疏》："引《春秋》問名於申繻者，證有司名之，一邊同耳，其實異也。《春秋》所云，謂世子也。"按：《禮疏》説是也。問名有司，非禮所有。衆子則有司名之，非由君問也。申繻論名，先陳五者之目。

"以名生爲信，

〔疏證〕《論衡·詰術篇》："以生名爲信。若魯公子生，文在其手，曰'友'也。""名生"作"生名"，下"德命"作"德名"，"類命"作"類名"。《校勘記》云："按：以生名，以德名，以類名，語言一例。《論衡》爲長。"是《左氏》古本當作"生名"也。杜《注》："若唐叔虞、魯公子友。"沈欽韓云："按：名生之字，所包甚廣。唐叔虞、公子友之事，其事偶然者。《白虎通》云：'殷以生日名子何？殷家質，故直以生日名子。以《尚書》道殷家太甲、武丁也。於臣民亦得以生日名子，以殷有臣巫

---

① 林按：科學本作"接"，據《禮記正義》回改。
② 科學本注："君有所賜"，《十三經注疏》作"君所有賜"。

咸、祖己①。’又云：‘或聽其聲，以律定其名。’此所謂名生爲信也。”此節服《注》不完。其存者多同於《論衡》義，則杜《注》“唐叔虞、公子友”，亦舊注也。《曲禮》：“不以日月。”《疏》謂：“不以日月者，不以甲、乙、丙、丁爲名。殷家得以爲名者，殷質。不諱名故也。”沈以生日解名生，與《禮疏》不合。

“以德命爲義，

〔注〕服云：“謂若太②王度德，命文王曰昌，文王命武王曰發。”本《疏》。

〔疏證〕《論衡·詰術篇》：“以德名爲義，若文王爲昌，武王爲發也。”杜《注》：“若文王名昌，武王名發。”即用服《注》。《周本紀》：“太王見季歷生昌，有聖瑞，乃言曰：‘我世當有興者，其在昌乎？’”《疏》引之以證“文王曰昌”義。又云“其度德命發，則無以言之。服虔云云”，似其有舊說也。舊說以爲文王見武王之生，以爲必發兵誅暴，故名曰發《疏》引舊說，今無考。

“以類命爲象，

〔疏證〕《論衡·詰術篇》：“以類名爲象，若孔子名丘也。”杜《注》：“若孔子首象尼丘。”蓋用舊說。此《傳》“不以國”疏云：“臣民之名，亦不以山川。而孔子魯人，尼丘魯山，得以丘爲名者。蓋以其有象，故特以類命。非常例也。”

“取於物爲假，

〔疏證〕杜《注》：“若伯魚生，人有饋之魚，因名之曰鯉。”《論衡·詰術篇》：“取於物爲假，若宋公名杵臼也。”此與杜《注》義別，疑杜不用舊注。

“取於父爲類。

〔疏證〕杜《注》：“若子同生，有與父同者。”《論衡·詰術篇》：“取於父爲類，有似類於父也。”

---

① 科學本注：此處沈氏《補注》節引《白虎通》文，據《叢書集成》本訂正。
② 林按：底本眉批：“疑作大王。”

"不以國，

〔疏證〕《曲禮》云："名子者不以國，不以日月，不以隱疾，不以山川。"此下所稱，與《禮》互見。杜《注》："國君之子，不自以本國爲名也。"顧炎武云："焉有君之子而自名其國者乎？改云：若定公名宋，哀公名蔣。"按：顧説是也。《疏》云："下云'以國則廢名'，以國不可易，須廢名不諱。若以他國爲名，則不須自廢名也。且春秋之世，晉侯周、衛侯鄭、陳侯吳、衛侯晉之徒，皆以他國爲名。以此知不以國者，謂國君之子，不得自以本國爲名。"傳文於命名之謹，皆爲名終將諱而設。即他國國名，如先君諱，亦有不宜稱於嗣君之前者。《疏》所舉晉、衛、陳略諸君命名以國，皆非禮也。

"不以官，

"不以山川，

〔疏證〕洪亮吉云："《大戴禮》及賈誼《新書·胎教篇》：'名無取於山、川、通谷。'"《北史·京兆王子推傳》："元恒，字景安，粗涉書史。恒以《春秋》之義，爲名不以山川，表求改名字。"

"不以隱疾，

〔疏證〕《曲禮》鄭《注》云："隱疾，衣中之疾也，謂若黑臀、黑肱矣。疾在外者，雖不得言，尚可指摘，此則無時可辟。俗語云：隱疾難爲醫。"彼《疏》云："按：宣二年，'晉使趙穿迎公子黑臀於周而立之'。《周語》單子云：'吾聞晉成公之生，夢神規其臀以黑，使有晉國。'此天所命也，有由而得爲名。昭元年，楚公子黑肱；昭三十一年，邾黑肱得爲名，或亦有由，或亂世而不能如禮。"杜《注》云："隱痛疾患，辟不祥也。"杜蓋不用鄭説，《疏》引《周語》黑臀而申之曰："此與叔虞、季友何以異，而云不得名也？且黑臀、黑肱本非疾病。"以證"隱疾，非其類矣"。杜謂"隱痛疾患"，無所指證。《疏》又引《詩》"如有隱憂"爲解，亦不詞，當從鄭説。

"不以畜牲，

〔注〕鄭衆、服虔皆以六畜爲馬、牛、羊、豕、犬、鷄。本《疏》。

〔疏證〕《庖人》："掌共六畜。"後鄭《注》云："六畜，六牲也。始養之曰畜，將用之曰牲。"《膳夫》："膳用六牲。"後鄭《注》云："六牲：

馬、牛、羊、豕、犬、鷄也。”《職方氏》：“其畜宜六擾。”後鄭《注》云：
“馬、牛、羊、豕、犬、鷄。”擾，亦畜也。後鄭亦與先鄭義同。杜《注》：
“畜牲，六畜。”本舊注也。

“不以器幣。

〔注〕服虔以爲俎豆、罍彝、犧象之屬，皆不可以爲名。本《疏》。

〔疏證〕《説文》：“器，皿也，象器之口，犬所以守之。”杜《注》云
“幣，玉帛”，不釋“器”字義。《疏》引《小行人》：“合六幣，圭以馬，
璋以皮，璧以帛，琮以錦，琥以繡，璜以黼。”而謂“以幣爲玉帛，則器
者非徒玉器”，則亦以杜義爲狹矣。服云“俎豆、罍彝、犧象”者，以下
文“以器幣則廢禮”知之。蓋辟禮器名也。其云皆不以爲名，蒙上六者而
言，“隱疾”以上，必皆有注。

“周人以諱事神，名，終將諱之。

〔疏證〕《釋文》：“‘名’字絶句，衆家多以‘名’字屬下句。”按：
《篤公劉疏》“王基云，周人以諱事神”，亦以“神”字絶句。《説文》：“諱，
誋也。”《曲禮》：“名子者，不以國。”《注》：“此在常語之中，爲後難
諱也。《春秋傳》曰：‘名，終將諱之。’”《疏》：“周人以諱事神者，謂
周人諱神之名而事神，其名終殁，爲神之後，將須諱之，故不可以爲名
也。”彼《疏》蓋以“名”字絶句。《淮南·氾論訓》：“故溺則捽父，祝
則名君，勢不得不然也。”[1]《注》：“祝則名君，周人以諱事神，敬之至
也。”如《淮南注》，蓋謂周人祝則名君，以他日所宜諱者事神，則“周
人以諱事神”絶句，“名”絶句，義尤明了。臧琳《經義雜記》云：“名，
終將諱之者，《曲禮》所謂卒哭乃諱也。”杜《注》但謂舍故諱新，未達
《傳》義。

“故以國則廢名，

〔疏證〕顧炎武云：“《解》：‘國不可易，故廢名。’非也。謂若秦莊
襄王名楚，改楚爲荆。”按：顧説是也。

“以官則廢職，

---

[1] 林按：原稿引《孟子》曰：“嫂溺而不拯是豺狼也，而況父兄乎？故溺則拯之。”
眉批：“閒文宜删。”

"以山川則廢主,

〔疏證〕杜《注》:"改其山、川之名。"《疏》云:"廢主,謂廢其所主山、川之名,不廢其所主之祭。漢文帝諱恒,改北嶽爲常山。諱名不廢嶽是也。"又引劉炫云:"廢主,謂廢其所主山、川,不復更得其祀,故須改其山、川之名。魯改二山,是其事也。"炫説必《述議》語,知舊説謂廢主不更得祀,與杜異。

"以畜牲則廢祀,

"以器幣則廢禮。

"晉以僖侯廢司徒,宋以武公廢司空,

〔注〕服云:"武公名司空,廢司空爲司城。"《檀弓疏》。

〔疏證〕杜《注》云:"僖侯名司徒,廢爲中軍。"其注"司空"同於服。朱駿聲云:"僖公時,晉文乃有中軍。然則武公以前,晉未有軍也。廢,直是廢其職。"按:朱説是也。《檀弓》:"陽門之介夫死,司城子罕入而哭之哀。"《注》:"宋以諱司空爲司城。"《疏》:"知爲司城者,春秋①之時,惟宋有司城,無司空。又《冬官·考工記》'匠人營國',是司空主營城郭。故知廢司空爲司城。"服虔、杜預注《傳》,皆以爲然。

"先君獻、武廢二山,

〔疏證〕《謚法》:"聰明睿知曰獻,知質有聖曰獻。"杜《注》:"具、敖也。魯獻公名具,武公名敖,更以其鄉名山。"本於《晉語》。《晉語》云:"范獻子聘於魯,問具、敖之山,魯人以其鄉對。獻子曰:'不爲具、敖乎?'對曰:'先君獻、武之諱也。'"

"是以大物不可以命。"公曰:"是其生也,與吾同物,命之曰同。"

〔疏證〕杜《注》:"物,類也,謂同日。"《魯世家》云:"桓公六年,夫人生子,與桓公同日,故名之曰同。"蓋亦《左氏》舊説。惠棟云:"物

---

① 林按:底本作"城",疑誤。

謂六物①，歲、時、日、月、星、辰是也。與桓公同日，故曰同物。古稱六物，唐稱禄命。"按：惠説是也。唐李虚中爲人言仍用六字，見韓昌黎所作《虚中墓志》。朱駿聲云："按：《莊三十二年傳》，'以其物享焉'，亦謂日也。"《風俗通》曰："不舉父同月子，俗云：妨父也。按：《左傳》桓公之子與父同月生，因名子同。漢明帝亦與光武同月生。"如《風俗通》説，則莊又與桓同月生矣。

冬，紀侯來朝，請王命以求成於齊。公告不能。

〔經〕 七年，春，二月，己亥，焚咸丘。

〔疏證〕《水經注》："黃水東逕咸亭北。桓七年'焚咸丘'者也。"洪亮吉云："孟子弟子有咸丘蒙，當即以地爲氏。《山東圖經》：'咸丘在鉅野縣南。'"臧壽恭云："是年不書秋、冬，説見四年。又何休《公羊注》云：'下去二時，桓公以火攻人君，故貶，明大惡。'《左氏》之説或亦同於《公羊》。"按：《疏》引沈氏云："《周禮》'仲春火弊'，謂夏之仲春，今周之二月，乃夏之季冬，故譏其盡物。"《疏》所引爲沈文阿舊疏。杜《注》云："譏盡物，故書。"當本舊注。沈氏取《公羊》焚邑之説，疑《左氏》義亦然也。

夏，穀伯綏來朝。

〔疏證〕《地理志》："南陽郡筑陽，故穀伯國。"《郡國志》："南陽郡筑陽，侯國。"劉昭《注》引《博物志》："穀國，今穀亭。"《地理志》又云："莽曰宜禾。"應劭曰："筑水出漢中房陵東入沔。"師古曰："《春秋》'穀伯綏來朝'是也。今襄州府有穀城縣，在筑水之陽。"是也。沈欽韓云："《元和志》：'襄州穀城縣，春秋時穀國，今縣北十五里，故穀城是也。'今屬襄陽府。"按：《方輿紀要》："穀，湖廣襄陽府穀城縣。"

鄧侯吾離來朝。

〔傳〕 七年，春，穀伯、鄧侯來朝。名，賤之也。

〔注〕服云："穀、鄧密邇於楚，不親仁善鄰以自固，卒爲楚所滅，無

---

① 科學本注：抄本眉批："六物，統上國、官、山川、畜牲、器、幣言。惠説乃別一義。"

同好之救。桓又有弒賢兄之惡，故賤而名之。"本《疏》。

〔疏證〕杜《注》："辟陋小國，賤之。禮不足，故書名。"《疏》引衛冀隆難杜云："傳曰：'要結外援，好事鄰國，以衛社稷。'又云：'服於有禮，社稷之衛。穀、鄧在南，地屬衡岳，以越棄彊楚，遠朝惡人，卒至滅亡，故書名以賤之。'杜駁論先儒，自謂一準丘明之傳，今辟陋之語，《傳》本無文，杜何所準馮，知其辟陋？《傳》又稱莒之辟陋，而《經》無貶文。穀、鄧辟陋，何以書名？此杜義不通。"秦道静釋云："杞桓公來朝，用夷禮，故曰子。杞文公來盟，《傳》云賤之，明賤其行夷禮也。然則穀、鄧二君地接荆蠻，來朝書名，明是賤其辟陋也。此則《傳》有理例，故杜據而言之。若必魯桓惡人，不合朝聘，何以伯糾來聘，譏其父在，仍叔之子，譏其幼弱？又魯班齊饋，《春秋》所善，美魯桓之有禮，責三國之來伐，而言'遠朝惡人'，非其辭也。"按：衛氏難杜，皆用服義。秦氏則一意祖杜者。杞之來朝，同盟書子，非書名，與此書法異。伯糾，仍叔之子，卿聘非君朝。魯班齊饋，《傳》無褒辭。以此難服，未見其可。《公羊》以名爲失地之君，《穀梁》以名爲失國，則服所稱，確爲《左氏》義矣。《文十二①年傳》："以陳、蔡之密邇於楚。"《注》："密邇，比近也。"親仁善鄰。《隱五年②傳》五父語。李貽德云："滅鄧事在莊十六年，滅穀於《傳》未聞。"

夏，盟、向求成於鄭，既而背之。

〔疏證〕盟、向，見隱十一年《傳疏》。

秋，鄭人、齊人、衛人伐盟、向。王遷盟、向之民於郟。

〔疏證〕《地理志》："河南郡河南，故郟鄏也。"《大事表》："郟鄏即郟山、北邙山也，在河南府洛陽縣城北二里。"

冬，曲沃伯誘晉小子侯殺之。

〔疏證〕《禮記》："天子未除喪曰'余小子'，生名之，死名之。"鄭玄曰："晉有小子侯，是取之天子也。"謂小子侯已命於天子。《北魏書·張普惠傳》："時靈太后父司徒胡國珍薨，贈相國太上秦公。普惠以前世后父無太上之號，表曰：'《春秋傳》曰：葬稱公，臣子辭。明不可復加上也。'

---

① 科學本注：按應作"十七"。
② 科學本注：按應作"六年"。

又云：‘晉有小子侯，尚曰僭之。’太后詔集王公、八座、卿尹及五品以上，博議其事。侍中崔光曰：‘張生表中引晉有小子侯，出自鄭《注》，非爲正經。’對曰：‘雖非正經之文，然述正經之旨。公好古禮，復固斯難。’”是此傳與鄭《注》與《禮注》同也。《晉世家》：“晉小子之四年，曲沃武公誘召晉小子殺之。”《年表》：“曲沃武公殺小子，周伐曲沃。立晉哀侯弟緡爲晉侯。”在桓六年，與《傳》異。

〔經〕 八年，春，正月，己卯，烝。

〔疏證〕杜《注》：“此夏之仲月，非爲過而書者，爲下五月復烝見瀆也。例在五年。”《疏》云：“衛氏難杜云：‘上五年閉蟄而烝，謂十月。此正月烝，則是過時而烝。’《春秋》有一貶而起二事者。若武氏子來求賻，一責[1]天王求賻，二責魯之不共。此正月烝，一責過時，二責見瀆，何爲不可？而云非爲過時者。秦氏釋云：‘按：《周禮》四時之祭，皆用四仲之月，此正月則夏之仲冬。何爲不得烝，而云過時也？又《傳》無過時之文，明知直爲再烝而瀆也。’”按：一責過時，二責見瀆，當是[2]服氏義。杜謂烝在夏十一月，與服異也[3]。

天王使家父來聘。

夏，五月，丁丑，烝。

秋，伐邾。

冬，十月，雨雪。 無《傳》。

祭公來，遂逆王后于紀。

〔疏證〕《周語注》：“祭，畿内之國，周公之後。”《圖經》：“祭城在鄭州城東北一十五里，周公第五子所封。”洪亮吉云：“按：隱元年有祭伯，而此云祭公，蓋伯係本爵，入爲天子三公，故又稱公也。”黃生《字詁》：“人主之配稱后，始見戰國時，三代未嘗有此。《曲禮》云‘天子之妃曰后’，此漢人抄撮之書，未必盡本周制也。”文淇按：此經云“遂逆

---

[1] 林按：底本作“則”，據内容與下文表述，知爲“責”字之誤。

[2] 林按：底本誤作“氏”，徑改。

[3] 林按：原稿粘有郭階信：“恭甫世兄大著安，世如弟郭階書。”表明這部分内容是劉壽曾整理，相應有郭階的審讀。

王后於紀”，則周時實有此稱。黃説非也①。《哀公問》：“冕而親迎，不已重乎？”《疏》：“《春秋公羊》説，自天子至庶人皆親迎。《左氏》説天子至尊無敵，故無親迎之禮。諸侯有故，則使上卿逆，上公臨之。許氏謹按：‘高祖時，皇太子納妃，叔孫通制禮，以爲天子無親迎。從《左氏》義。’玄駁之云：‘太姒之家“在渭之涘”，文王“親迎於渭”，即天子親迎明文也。’引《禮記》‘“冕而親迎，繼先聖之後，以爲社稷、宗朝之主”，非天子則誰乎？’如鄭此言，從《公羊》義也。又《詩》説云：‘文王親迎於渭，紂尚南面，文王猶爲西伯耳。’以《左氏》義爲長，鄭駁未定。”所稱爲《五經異義》語，本《疏》所引略同。《曲禮》：“納女於天子。”《疏》：“《左氏》説天子不親迎，使上卿逆之；諸侯亦不親迎，使上大夫迎。”《穀梁》桓八年：“祭公來，遂逆王后於紀。”《注》：“《春秋左氏》説曰：王者至尊無敵，無②親迎之禮。祭公逆王后，未致京師而稱后，知天子不行而禮成也。”此上三引《左氏》説，同謂天子無親迎禮，《異義》謂諸侯有故，則上卿逆，上公臨，是諸侯得親迎降殺之義。而《曲禮疏》謂諸侯亦不親迎，則《左氏》説又自有異也。《異義》所稱當爲賈君義矣。《晉書·禮志》：“王者昏禮，禮無其制。《春秋》：‘祭公逆王后於紀。’《穀梁》《左氏》説與《公羊》又不同，而自漢魏遺事，并皆闕略。武、惠納后，江左無復儀注。故成帝將納杜后，太常華恒始與博士參定其儀。據杜預《左氏傳》説，主昏是供其昏禮之幣而已。”按：《晉志》謂“祭公逆后，三《傳》不同”者，《穀梁》以天子當親迎，《公羊》③何《注》云：“時王者遣祭公來，使魯爲媒。”杜《注》遂云：“使魯來主昏，故祭公來受命而迎也。”杜用《公羊》義。

〔傳〕 八年，春，滅翼。

〔疏證〕《七年冬傳》“曲沃殺晉小子侯”，《經》承赴告之文也。

隨少師有寵。楚鬬伯比曰：“可矣。讎有釁，不可失也。”

〔疏證〕《定④十二年傳》：“觀釁而動。”服《注》：“釁，間也。”《晉語》：“久約而無釁。”《注》：“釁，瑕也。”《楚語》：“茍國有釁。”《注》：

---

① 林按：黃生云云，原稿爲眉批内容。
② 林按：底本作“體”，與句義不符，據科學本改正。
③ 林按：按《晉書》至此爲原稿眉批，紅色新注。
④ 科學本注：按：係“宣十二年”之誤。

"釁，隙也。"杜《注》："釁，瑕隙也。"本《國語注》。《年表》：魯桓公
六年，爲楚武王三十五年①。《楚世家》："三十五年，楚伐隨。隨曰：'我
無罪。'楚曰：'我蠻夷也。今諸侯皆爲叛相侵，或相殺。我有敝甲，欲以
觀中國之政，請王室尊吾號。'隨人爲之周請尊楚，王室不聽。還報楚。"
是楚讐隨之事也。

夏，楚子合諸侯於沈鹿。

〔疏證〕杜《注》："沈鹿，楚地。"《大事表》："沈鹿，今湖廣安陸府
鍾祥縣東六十里有鹿湖，池深不可測。"

黃、隨不會。

〔疏證〕《地理志》："汝南郡弋陽縣。"應劭曰："故黃國。"《一統志》：
"黃國故城在光州西四十里。"

使薳章讓黃。

〔疏證〕《説文》："讓，相責讓也。"《周語》："讓不貢。"《注》："讓，
譴責也。"

楚子伐隨，軍於漢、淮之間。

〔疏證〕《説文》："軍，圜圍也。四千人爲軍，從車從包省。"《閟宮
箋》："萬二千五百人爲軍。"《一切經音義》十八引《字林》："軍，圍也。"
《齊策》："軍於邯鄲之郊。"《晉語》："軍於盧柳。"《注》俱云："軍，屯
也。"沈欽韓云："《一統志》：'楚子城在德安府隨州東。'《紀要》：隨州
東南三十里。桓八年伐隨，因築此城以逼之。"《大事表》："隨州正當漢之
東，淮之南，故曰軍於漢、淮之間。"

季梁請下之："弗許而後戰，

〔疏證〕《吕覽·慎人》："讓賢而下之。"《注》："下，避。"《荀子·堯
問》："賜爲人下而不知也。"《注》："下，謙下也。"杜《注》："下之，請
服也。"

---

① 林按：原稿眉批："'《年表》魯桓六年'六字不誤否？下文引《年表》魯桓公八年
爲楚武王三十七年，與此異。"

"所以怒我而怠寇也。"少師謂隨侯曰："必速戰。不然，將失楚師。"隨侯禦之，望楚師。

〔疏證〕《晉語》："喜亂必怠。"《注》："怠，懈也。"《易·漸》："利用禦寇。"虞《注》："禦，當也。"《莊子釋文》："禦，距也。"杜《注》："遙①見楚師。"

季梁曰："楚人上左，君必左，無與王遇。且攻其右。右無良焉，必敗。偏敗，衆乃携矣。"

〔疏證〕杜《注》："君，楚君也。"顧炎武曰："君謂隨侯，王謂楚王。兩軍相對，隨之左，當楚之右。言楚師左堅右瑕，君當在左以攻楚之右師。李雲霈曰：'桓公五年，繻葛之戰，鄭子元請爲左拒，以當蔡人、衛人，爲右拒以當陳人。是以左當其右，右當其左之證也。'"按：顧、李説是也。惠棟曰："《戰國策》曰：'盼子復整其士卒，與王遇。'高誘云：'以與王遇。遇、敵也。'敵，猶當也。故少師以爲不當王。"

少師曰："不當王，非敵也。"弗從。戰于速杞。隨師敗績，隨侯逸。

〔注〕舊注："若用季梁謀，必勝矣。"《御覽》三百八引。

〔疏證〕杜《注》："速杞，隨地。"《彙纂》云："速杞，今地闕，當在湖廣德安府境。"《國語》韋《注》："逸，奔也。""弗從"，杜《注》："不從季梁謀。"《御覽》引"隨師敗績"《注》："若用季梁謀，必勝矣。"當爲舊注，此爲文外評騭之辭，體異詁經，疑非賈、服諸君誼。

鬬丹獲其戎車，與其戎右少師。

〔疏證〕杜《注》："鬬丹，楚大夫。"

秋，隨及楚平。楚子將不許，鬬伯比曰："天去其疾矣，

〔疏證〕杜《注》："去疾謂少師見獲而死。"未言少師死也②。

"隨未可克也。"乃盟而還。

---

① 林按：科學本与底稿俱作"望"，據《禮記正義》回改。

② 科學本注：抄本眉批："未言少師死。似駁難杜《注》之語。此處當有脱文。"

〔疏證〕《年表》：“魯桓公八年，爲楚武王三十七年，伐隨，弗拔，但盟罷兵。”《楚世家》：“三十七年，楚熊通怒曰：‘吾先鬻熊，文王之師也。蚤終，成王舉我先公，乃以子、男田令居楚，蠻夷皆率服，而王不加位，我自尊耳。’乃自立爲武王，與隨人盟而去。於是始開濮地而有之。”

冬，王命虢仲立晉哀侯之弟緡於晉。

〔注〕馬融云：“周武王克商，封文王異母弟虢仲於夏陽。”《晉世家正義》。

〔疏證〕杜《注》：“虢仲，王卿士虢公林父。”馬氏説當出《三傳異同説》。《晉世家》：“周桓王使虢仲伐曲沃武公。武公入於曲沃，乃立晉哀侯弟緡爲晉侯。”《校勘記》云：“《史記·十二諸侯年表》作湣。”馬《注》：“夏陽爲虢仲始封之邑。”《地理志》：“雍爲西虢是也。”《大事表》：“在陝西鳳翔府寶雞縣東六十里。”①

“祭公來，遂逆王后于紀”，禮也。

〔經〕 九年，春，紀季姜歸于京師。

〔疏證〕《喪服》：“妾不得體君，得爲其父母遂也。”《注》：“《春秋》之義，雖爲天王后，猶曰吾季姜。”《疏》引桓九年《左傳》云：“‘紀季姜歸於京師。’杜云：‘季姜，桓王后也。季，字。姜，紀姓也。書字者，申父母之尊。’”按：《公羊傳》：“其稱紀季姜何？自我言紀。父母之於子，雖爲天王后，猶曰吾季姜。”是申父母之尊。鄭、杜并用《公羊》義。此《左氏》古誼，無考，或同《公羊》②。

夏，四月。

秋，七月。

冬，曹伯使其世子射姑來朝。

〔注〕服云：“曹太子，桓公子，莊公射姑。”《御覽》一百四十八。

〔疏證〕本《疏》：“諸經稱‘世子’及‘衛世叔申’，《經》作‘世’字，《傳》皆爲‘大’，然則古‘世’之與‘大’義通也。”服義見《傳

---

① 林按：“馬《注》”云云係原稿紅筆注，疑上“馬氏説”云云當在此下。
② 林按：“此《左氏》古誼”係原稿用紫色筆加入。

疏》。

〔傳〕 九年，春，紀季姜歸于京師。凡諸侯之女行，唯王后書。

〔疏證〕此王后行例也。杜《注》云：“適諸侯，雖告，魯猶不書。”

巴子使韓服告于楚，請與鄧爲好。

〔疏證〕《地理志》：“巴郡，故巴國。”沈欽韓云：“《華陽國志》：‘武王既克殷，以其宗姬封于巴，爵之以子。古者遠國雖大，爵不過子。故吳、楚及巴皆曰子。’《一統志》：‘江州故城在重慶府巴縣西，本巴國。’”

楚子使道朔將巴客以聘于鄧，

〔疏證〕杜《注》：“道朔，楚大夫。巴客，韓服。”

鄧南鄙鄾人攻而奪之幣，

〔疏證〕洪亮吉云：“此即哀十八年巴人伐楚圍鄾之鄾。杜《注》云‘楚邑’，蓋楚滅鄧之後，鄾又爲楚邑也。《郡國志》：‘南陽郡有鄾聚。’《晉書·地理志》：‘襄陽郡鄾縣。’按：縣蓋晉置，後省。《圖經》：‘襄陽縣北有鄾城。’”文淇按：《水經注》曰：“淯水又南徑鄧塞東，又徑鄾城東，古鄾子國也。”《説文》：“鄧，曼姓之國。鄾，鄧國地也。《春秋傳》曰：‘鄧南鄙鄾人攻之。’”

殺道朔及巴行人。楚子使薳章讓于鄧。鄧人弗受。夏，楚使鬬廉帥師及巴師圍鄾，

〔疏證〕《唐石經》未磨本“楚”下有“子”字。杜《注》：“鬬廉，楚大夫。”《楚語注》：“若敖生射師廉，即鬬廉也。”

鄧養甥、聃甥帥師救鄾。三逐巴師，不克。鬬廉衡陳其師于巴師之中，

〔疏證〕二甥皆鄧大夫。《説文》：“逐，追也。”《五行志注》引晉灼曰：“競走曰逐。”《楚辭》“乘白黿兮逐文魚”，《注》：“逐，從也。”《廣雅》：“衡，橫也。”《玉人注》：“衡，古文橫，假借字也。”

以戰而北。

〔疏證〕《漢書·高祖紀》：“秦二年，田榮歸沛公，項羽追北。”《注》：

“服虔曰：‘師敗曰北。’韋昭曰：‘古背字也。背去而走也。’師古曰：‘北，
陰幽之處，故謂退敗奔走爲北。《老子》曰：“萬物向陽而負陰。”許慎《説
文解字》云：“北，乖也。”《史記・樂書》曰：“紂爲朝歌北鄙之音，朝歌
者不時，北者敗也，鄙者陋也。”是知北即訓乖，訓敗，無勞借音。韋昭
之徒，并爲妄矣。’”按：《廣雅・釋親》：“背，謂之胣。背，北也。”王
念孫云：“桓九年《左傳》‘以戰而北’，嵇康音‘背’。韋昭注《吳語》云：
‘軍敗奔走曰北。北，古之背字也。’”按：王説是也。嵇氏説見《釋文》，
爲古《左氏》音矣。

鄧人逐之，背巴師而夾攻之。鄧師大敗，鄾人宵潰。

〔疏證〕《楚辭》：“工祝招君，背行先些。”《注》：“背，倍也。”《小
星》“肅肅宵征”，毛《傳》：“宵，夜也。”

秋，虢仲、芮伯、梁伯、荀侯、賈伯伐曲沃。

〔疏證〕洪亮吉云：“《疏》據《僖十七年傳》，知梁爲嬴姓。”《世本》：
“荀、賈皆姬姓。”《説文》：“郇，周武王子所封國。”《校勘記》云：“應劭
班叔皮《北征賦注》引作‘郇侯’。”按：郇、荀古字同①。《地理志》：“左
馮翊夏陽縣，故少梁。右扶風，郇。”應劭曰：“‘畢、原、郿、郇，文之
昭也。’郇侯、賈伯伐晉是也。”臣瓚曰：“《汲郡古文》：‘晉武公滅荀，
以賜大夫原氏黯，是爲荀叔。’又云：‘文公城荀。’當在晉之界内，不得
在扶風界也。今河東有荀城，古荀國。”師古曰：“瓚説是也。”《郡國志》
劉昭《注》引《博物志》：“臨汾有賈鄉，賈伯邑。”沈欽韓云：“《方輿紀
要》：‘少梁城，在同州韓城縣南二十二里，周梁國。’《水經注》：‘汾水
又西逕荀城東，又西南逕長脩縣故城南。’在今絳州。宋次道《長安志》：
‘賈城在蒲城縣西南十八里。’蒲城今屬同州府。”

冬，曹太子來朝，賓之以上卿，禮也。

〔注〕服云：“曹伯有故，使其太子攝而朝。《曲禮》曰：‘諸侯之嫡子
攝其君，未誓於天子，則以皮帛繼子、男。’如諸侯之上卿，禮也。上卿
出入三積，食三牢，牽二牢，一享一食宴之也。”《御覽》一百四十六。

〔疏證〕“繼子、男”以上，皆《周禮・典命》文。李貽德云：“服引
《周禮・典命》文，而云《曲禮》者，《御覽》刊誤也。”《典命注》：“誓，

---

① 林按：此句按語應上接洪亮吉《春秋左傳詁》，整理時顛倒句序。

猶命也。言誓者，明天子既命以爲之嗣，樹子不易也《春秋》桓九年，‘曹伯使其世子射姑來朝’，行國君之禮，是也。公之子，如侯、伯而執圭，侯、伯之子如子、男而執璧，子、男之子與未誓者，皆次小國之君，執皮帛而朝會焉。其賓之，皆以上卿之禮焉。”《疏》：“以其稱‘朝’，是行國君之禮，引者證經誓于天子，攝其君事也，云‘賓之以上卿之禮’者，此亦約曹世子射姑來朝，賓之以上卿之禮而言之也。若行朝禮擯介依諸侯法，其饗餼饗一與卿同也。此《經》誓與未誓者，皆據父在而言。若父卒後得誓者，皆得與諸侯序，以無父得與正君同故也。是以《雜記》云：‘君薨，太子號稱子，猶待君也。’《注》引《春秋》之會，宋襄公稱子，而與諸侯序。又定四年二月，癸巳，陳侯吳卒。三月，公會劉子、晉侯、宋公、蔡侯、衛侯、陳子、鄭伯以下於召陵，陳子在鄭伯上，則是得誓者亦諸侯序也。若未誓，則亦當執皮帛也。”案：杜《注》全用服說，於引《典命》後，小變其文曰：“故賓以上卿，各當其國之上卿。”《南史·王儉傳》：“儉曰：‘《春秋》曹世子來朝，待以上公之禮，下其君一等。今齊公九命，禮冠列蕃，世子亦宜異數。’從之。”儉稱上公猶上卿也，亦《左氏》誼，而未言各當其國，則杜《注》不全用服義也。李貽德曰：“《大宗伯》云：‘孤執皮帛。’世子擬孤，而賓之以上卿者《典命》又云：‘公之孤四命。’鄭司農云：‘九命以上，得置孤卿一人。’若然，惟公有孤，諸侯不得有孤，則以上卿當之。故服云‘如諸侯之上卿也’。”按：李說是也。《掌客》：“子、男三積，飧三牢，牽二牢。壹饗、壹食、壹燕。”彼《注》云：“積皆視飧牽，謂所共如飧，而牽牲以往，不殺也。飧，客始至，致小禮也。公、侯、伯、子、男飧皆飪一牢。牽，生牢也。鄭司農說牽云：‘牲可牽行者也。故《春秋傳》曰：餼牽竭矣。’”服以《典命》世子攝官，繼子、男後，故以子、男實禮說之。其言“上卿出入”，猶言子、男出入也。《僖二十九年傳》曰：“在禮，卿不會公、侯，會伯、子、男可也。”《廣雅·釋詁》：“故，事也。”《經疏》云：“何休《膏肓》以爲《左氏》以人子安處父位，尤非衰世救失之宜，於義《左氏》爲短。鄭箴云：‘必如所言。父有老耄罷病，孰當理其政預王事也。’蘇云：‘誓於天子，下君一等，未誓，繼子、男，并是降下其君，甯是安居父位。’”浦鏜《正誤》“蘇”改作“所”。是嫡子攝君，鄭君同服誼矣。

享曹世子。初獻，樂奏而歎。

〔注〕服云：“初獻酒，如獻爵，樂奏，人上堂也。初獻爵，樂奏，太子歎而哀樂也。”《御覽》一百四十六。

〔疏證〕杜《注》云："酒始獻。"用服説。李貽德云："案：《聘禮》有醴賓之事。'宰夫實觶以醴'，然云送醴與獻酬禮異。此云'初獻酒'，蓋燕禮也①。《燕禮》'主人升，坐取觚，執冪者舉冪。主人酌膳，執冪者反冪，主人筵前獻賓'，即此'初獻酒'也。云'如獻爵'者，《燕禮》：'坐取觚②'。《注》曰：'獻不以爵，辟正主也。'賈《疏》曰：'此宰夫爲主人，非正主，故用觚，對《鄉飲酒》《鄉射》，是正主，皆用爵。'云'如'者，言此獻酒用觚，與《鄉飲酒》《鄉射》之獻爵同也。《燕禮》：'席工于西階上，少東。樂正先升，北面立于其西。小臣納工。工四人，二瑟。小臣左何瑟，面鼓、執越，内弦，右手相。入，升自西階，北面，東上坐。小臣坐授瑟，乃降，工歌《鹿鳴》《四牡》《皇皇者華》。'是燕禮樂奏也。服云'人上堂'者，人即工，堂即西階以東之位也。《説苑·修文》：'樂者，聖人之所樂也。'《仲尼燕居》：'行而樂之，樂也。'今太子聞樂而歎，是哀樂也。"

施父曰：

〔注〕服云："施父，魯大夫。"《御覽》一百四十六。

〔疏證〕杜《注》用服説。《世本》："施伯，魯惠公孫。"《齊語》："施父之子。"

"曹太子其有憂乎？非歎所也。"

〔注〕服云："古之爲享食，所以觀威儀、省禍福也。無喪而戚，憂必及焉。曹太子臨樂而歎，故曰：'其有憂乎？'父將死，兆故先見之也。"《御覽》一百四十六。

〔疏證〕《曲禮》："當食不歎。"《注》："食或以樂，非歎所。"《疏》："人君吉食則有樂，賤者則無，故云'或'也。"《禮》又云："臨樂不歎。"本《疏》引服《注》，與《御覽》引服《注》同，唯"及"作"讐"，"曹"作"今"，"故曰"二句，作"是父將死而兆先見也"。《御覽》引服全文，《疏》略矣。今從《御覽》。"古之爲饗食也，以觀威儀、省禍福也"，《成十四年傳》文，"饗"與"享"同。"無喪而戚，憂必及焉"，《僖七年》

---

① 科學本注：抄本眉批："李説據《燕禮》言，但《傳》明言享曹世子，豈享、燕禮同與？仍宜加考。"

② 科學本注：此"坐取觚"非上引之"坐取觚"，阮刻《注疏》與洗字連斷，至本節所引"坐取觚"句下無辟正主之注。

文，彼《傳》今本“及”作“讐”。服所見本或作“及”。《廣雅·釋詁》：
“觀，視也。”《襄三十一年傳》：“有威而可畏謂之威，有儀而可象謂之
儀。”《釋言》：“威，則也。”《説文》：“儀，度也。”《釋詁》：“省，察也。”
《荀子·天論》：“逆其類者謂之禍。”《賈子·道德説》：“安利謂之福。”《説
文》：“及，逮也。”《魏都賦》：“是以兆朕振古。”《注》：“兆，猶幾事之
先見者也。”

〔經〕 十年，春，王正月，庚申，曹伯終生卒。

夏，五月，葬曹桓公。<small>無《傳》。</small>

秋，公會衛侯于桃丘，弗遇。

〔疏證〕《郡國志》：“東郡燕，有桃城。”沈欽韓云：“《水經注》：馬
頰水又逕桃城東，即桃丘矣。”《大事表》：“泰安府東阿縣西五十里有桃城
舖，旁有一丘，高可數仞。”《名勝志》：“桃丘在東阿縣安平鎮東八十里。”

冬，十有二月，丙午，齊侯、衛侯、鄭伯來戰於郎。

〔傳〕 十年，春，曹桓公卒。

虢仲譖其大夫詹父於王。詹父有辭，以王師伐虢。

〔疏證〕杜《注》：“虢仲，王卿士；詹父，屬大夫。”《疏》云：“《周
禮》，每卿之下皆有大夫。《傳》言‘譖其大夫’，知是屬己之大夫，非虢
大夫。若虢國大夫，虢仲自得加罪，無爲譖之於王。”

夏，虢公出奔虞。

〔疏證〕《地理志》：“河東郡大陽，吳山在西，上有吳城，周武王封太
伯後於此，是爲虞公，爲晉所滅。”《大事表》：“虞，今山西解州平陸縣。”

秋，秦人納芮伯萬于芮。

初，虞叔有玉，虞公求旃。

〔疏證〕杜《注》：“虞叔，虞公之弟。”《陟岵》毛《傳》：“旃，之
也。”《采苓箋》：“旃之言焉也。”《小爾雅·廣訓》：“旃，焉也。”

弗獻。既而悔之，曰：“周諺有之：‘匹夫無罪，懷璧其罪。’

〔疏證〕《校勘記》云：“‘周諺有之’，李善《鷦鷯賦注》引作‘周任有言’。《唐石經》未磨本‘有之’下有‘曰’字。”《疏》云：“士大夫以上則有妾媵，庶人惟夫妻相匹。其名既定，雖單亦通。故《書傳》通謂之匹夫、匹婦也。”

“吾焉用此？其以賈害也。”

〔疏證〕《校勘記》云：“《鷦鷯賦注》引傳文作‘吾焉用之，以賈其怨’。”《爾雅》：“賈，市也。”《說文》：“賈，市也。”《晉語》：“以寵市怨，不以安賈貳。”《注》：“賈，市也。”

乃獻之。又求其寶劍。叔曰：“是無厭也。無厭，將及我。”遂伐虞公，故虞公出奔共池。

〔疏證〕《周語》：“不可厭也。”《注》：“厭，足也。”《御覽》三百四十二引“共池”作“洪池”。《注》：“洪池，地名。”《一統志》：“共池在解州平陸縣西四十里，與間田相距百步。”

冬，“齊、衛、鄭來戰於郎”，我有辭也。初，北戎病齊，諸侯救之。鄭公子忽有功，齊人餼諸侯，

〔疏證〕《說文》：“氣，饋食芻米也，從米，气聲。《春秋傳》曰：‘齊人來氣諸侯。’槩或從既；餼或從食。”《校勘記》云：“惠棟云‘或從既者，《禮記》既廩稱事’是也；或從食者，今通用也。古氣字作气，故气爲古‘餼’字，許氏引作‘氣’，所謂述《春秋傳》以古文也。”

使魯次之。魯以周班後鄭。鄭人怒，請師於齊。齊人以衛師助之，故不稱侵伐。

〔疏證〕《曲禮》：“班朝治軍。”《周語》：“班三之。”《注》俱云：“班，次也。”《文選·東京賦》“尊卑以班”，薛《注》：“班，位次也。”[1]

先書齊、衛，王爵也。

〔疏證〕杜《注》：“鄭主兵而序齊、衛下者，以王爵次之也。”

〔經〕 十有一年，春，正月，齊人、衛人、鄭人盟于惡曹。

---

[1] 林按：此處疏證內容底本多闕，據原稿補錄。

〔疏證〕杜《注》云："地闕。"沈欽韓云："惡曹，蓋'烏巢'之異文，在今衛輝府延津縣東南。"

夏，五月，癸未，鄭伯寤生卒。

秋，七月，葬鄭莊公。

九月，宋人執鄭祭仲。

〔疏證〕杜《注》云："祭，氏；仲，名。不稱行人，聽迫脅以逐君，罪之也。"按：《公羊疏》引賈逵《長義》云："《公羊》曰'祭仲之權'，是也。若令臣子得行，則閉君臣之道，啓篡弑之路。"《賈逵傳》："肅宗令逵出《左氏傳》大義長於二《傳》者，逵於是條奏之曰：'臣謹摘出《左氏》三十事尤著明者。斯皆君臣之正義，父子之紀綱。其餘同《公羊》者十有七八，或文簡小異，無害大體。至如祭仲、紀季、伍子胥、叔術之屬，《左氏》義深於君父，《公羊》多任於權術，其相殊固甚遠。'"以此證之，則杜用賈義也。《桓五年疏》引《釋例》云："說《左氏》者云鄭人嘉之，以字告，故書字。"此或先儒有以《公羊》說《左氏》者，非賈義也。本《疏》云："劉君以祭仲是字，鄭人嘉之，妄規杜氏。就如劉言，既云罪其逐君，何以嘉而稱字？"劉炫規杜，與《釋例》所引《左氏》說同。《年表》："宋公馮十年，執祭仲。"

突歸於鄭。鄭忽出奔衛。

〔疏證〕顧炎武云："《集解》'鄭人賤之，以名告'，非也。蓋未成君之辭。"

柔會宋公、陳侯、蔡叔盟于折。

〔疏證〕杜《注》云："折，地闕。"

公會宋公于夫鍾。

〔疏證〕杜《注》云："郕地。"沈欽韓云："今兗州府汶上縣界有夫鍾里。"

冬，十有二月，公會宋公于闞。

〔疏證〕《郡國志》："東平國東平陸有闞亭。"《一統志》："闞城在兗州府汶上縣南旺湖中。"

〔**傳**〕 **十一年，春，齊、衛、鄭、宋盟于惡曹。**

〔注〕服云："不書宋，宋後盟。"本《疏》。

〔疏證〕杜《注》："宋不書，《經》闕。"《疏》云："宋爲大國，《傳》處鄭下，是史文舊闕。《傳》先舉經之所有，乃以闕者實之，故後言宋耳。服虔以爲不書宋，宋後盟。宋若後盟，盟本無宋，《傳》不得言齊、衛、鄭、宋爲此盟也。《傳》之上下例，不虛舉經文，舉此盟者，爲經闕宋故也。"李貽德云："列宋爲衛、鄭之後，以其後至而盟，故列于下也。當來告時，止有三國，故史據書之，不及宋也。"按：李説是也。

楚屈瑕將盟貳、軫。

〔疏證〕王逸《楚辭注》："楚武王生子瑕，受屈爲客卿，因以爲氏。"杜《注》："貳、軫，二國名。"洪亮吉云："《國名記》：'貳，偃姓，在隨州南，楚滅之。軫亦偃姓，在楚東南，亦楚所滅。'"沈欽韓云："按：自來地志所不載，羅泌妄人臆造也。"①

鄖人軍于蒲騷，

〔疏證〕《釋文》："鄖，本亦作'䢵'，音云。"《地理志》："江夏郡雲杜。應劭曰：《左傳》'若敖取於鄖'，今鄖亭是也。"《通典》："應城縣有古蒲騷城。"洪亮吉云："安陸應城本春秋鄖子之國，鄖人蓋軍於己境也。"沈欽韓云："《一統志》：'鄖城在安陸府沔陽州境。'按：古鄖國，《括地志》《元和志》并以爲在安州。《水經注》以安陸縣爲古鄖城，而竟陵雲杜亦以爲故鄖國，諸説互異。《元和志》：'故浮城在安州應城縣西北三十五里，即古蒲騷城。'應城縣今屬德安府。"

將與隨、絞、州、蓼伐楚師。

〔疏證〕《釋文》："隨、絞、州、蓼，四國名。"洪亮吉云："《春秋地圖》：絞在漢水之北。《説文》：'鄝，地名，從邑，翏聲。'《釋文》：'蓼，或作鄝。'鄭氏《詩箋》亦引作'鄝'。《地理志》：'南陽郡湖陽，故廖國。'《郡國志》：'南陽郡棘陽有湖陽邑。'杜同此。《圖經》：'監利縣東三十里有州陵城，春秋時州國。'"沈欽韓云："《大事表》：鄖陽府治，西北爲絞

---

① 林按：沈欽韓《春秋左氏傳地名補注》列《文獻通考》《路考》等，然後説"恐涉附會也"。劉氏引文略以其意。

國地。蓼，杜以爲南陽之廖，誤也。《昭二十九年傳》作‘鬷’，非此蓼也。《前志》：‘六安蓼，故國，皋陶後。’《一統志》：‘蓼縣故城在光州固始縣東北，與穎州府霍丘縣接界。古蓼國，今有蓼城岡在縣東北七十里。’”

莫敖患之。

〔疏證〕杜《注》云：“莫敖，楚官名。即屈瑕。”《御覽》三百二十二引《注》：“莫敖，官名。”《五行志》作“莫囂”，師古曰：“莫囂，楚官名也。字或作敖。”沈欽韓云：“《淮陰侯傳》‘爲連敖’。李奇云：‘楚官。’張晏云：‘司馬也。’按：《楚策》：‘斷脰決腹以憂社稷者，莫敖大心也。’攷諸《定四年傳》，即左司馬沈尹戌，則莫敖爲司馬之官審矣。”案：《淮南·修務訓》：“吳與楚戰，莫囂大心撫其御之手。”《注》：“莫，大也；囂，衆也，主大衆之官。楚卿大夫大心，楚成得臣子玉之孫。”與《楚策》合，沈說是也。

鬬廉曰：“鄖人軍其郊，必不誠。且日虞四邑之至也。

〔疏證〕《説文》：“誠，敕也。”《荀子·強國》：“發誠布令而敵退。”《注》：“誠，教也。”杜《注》：“虞，度也。”洪亮吉云：“《廣雅》云：‘虞，望也。’按：言日望四邑之至也，較杜義爲長。”王念孫云：“虞、候皆訓爲望，故古守藪之官謂之虞候。昭二十年《左傳》：‘藪之薪蒸，虞候守之。’《正義》云‘立官使候望，故以虞候爲名’是也。”[1]

“君次於郊郢，以禦四邑。

〔疏證〕《疏》云：“《禮·坊記》云：‘大夫不稱君。’此謂屈瑕爲君者，楚僭王號，縣尹[2]稱公，故呼卿爲君。”[3]杜《注》：“郊郢，楚地。”沈欽韓云：“《方輿紀要》：‘紀南城，在荆州府北十里，即故郢城。’按：《楚世家》‘文王熊貲立，始都郢’，武王時猶都丹陽。丹陽，荆州府枝江縣，郢在所都之郭，故曰郊郢。”

“我以銳師宵加於鄖。鄖有虞心而恃其城，

〔疏證〕《説文》：“銳，芒也。”《廣雅·釋詁》：“銳，利。”《襄十三

---

① 林按：原稿眉批：“以此言，則宋之虞候乃鄖人。”

② 林按：“尹”，科學本作“令”，據《左傳正義》回改。

③ 林按：《疏》文内容爲原稿眉批。

年傳》：“君子稱其功，以加小人。”《注》：“加，陵也。”《周語》：“虞於宴樂。”《注》：“虞，安也。”《説文》：“恃，賴也。”

“莫有鬭志。若敗鄖師，四邑必離。”莫敖曰：“盍請濟師於王？”

〔注〕舊注：“何不請益師？”《御覽》三百二十三引。

〔疏證〕《説文》：“鬭，遇也。”《孝經釋文》：“二士對戰爲鬭[①]。”《廣雅·釋詁》：“離，去也。”《御覽》引《注》：“盍，何不也，何不請益師。”杜《注》云：“盍，何不也；濟，益也。”蓋襲用之。今取“何不請益師”句爲舊注。

對曰：“師克在和，不在衆。商、周之不敵，君之所聞也。

〔注〕舊注：“武王有亂臣十人，紂有億兆之衆。”《御覽》三百二十三引。

〔疏證〕《後漢書·杜詩傳》：“詩上疏曰：‘臣聞師克在和，不在衆。’”《注》：“《左傳》文。”杜《注》云：“商，紂也；周，武王也。《傳》曰：‘武王有亂臣十人，紂有億兆夷人。’”《疏》云：“《古文尚書·泰誓》曰：‘受有億兆夷人，離心離德。予有亂臣十人，同心同德。’《昭二十四年傳》引之云‘亦有離德’，已與□本小殊。此注改‘予’爲‘武王’，又倒其先後者，便文耳。雖言《傳》曰，非《傳》本文。劉炫云：‘欲以證商、周之不敵，故先少而後多。非便文[②]。’”文淇案：此舊疏也，後爲光伯《述議》語。云“非便文”，承舊疏之説，而駁正之。《御覽》三百二十二引《注》“武王有亂臣十人，紂有億兆之衆”，當是舊注[③]。舊疏蓋引《古文尚書》釋注也。《校勘記》云：“‘武王有亂臣十人’，叔孫穆子語，見《襄二十八年傳》。孔《疏》云引‘予’爲‘武王’者，非也。惟《襄二十八年》不引‘紂有億兆夷人’之句，而昭二十四年萇弘所引有之，杜《注》蓋隱括其辭耳。”此足破“《傳》曰”二字之疑，舊注必有“傳曰”字。舊疏故云“非傳本文”也，《御覽》引失之。

“成軍以出，又何濟焉？”莫敖曰：“卜之？”對曰：“卜以決疑。

---

① 科學本注：抄本眉批：“兩士對戰，乃鬥字形，非鬭字形也。《孝經音義》誤説，不當引。《説文》‘鬥’字《注》：‘兩士相對，兵杖在後。鬭則形聲字，非象形矣。”

② 科學本注：原稿眉批：“采《考正》。”想係指劉文淇的《左傳舊疏考正》一書而言。

③ 林按：原稿眉批：“此六朝人注，又在杜後，可不引。”

不疑，何卜？”遂敗鄖師於^①蒲騷，卒盟而還。

〔疏證〕《猗嗟》“儀既成兮”《箋》云：“成，猶備也。”杜《注》：“卒盟而還。”

鄭昭公之敗北戎也，

〔疏證〕杜《注》云：“在六年。”

齊人將妻之。昭公辭。祭仲曰：“必取之。君多内寵，子無外援，將不立。三公子皆君也。”弗從。

〔注〕服云：“言庶子有寵者多。”《鄭世家集解》。

〔疏證〕鄭忽辭昏，詳六年《疏證》。《鄭世家》云：“時祭仲與俱，勸使取之曰：‘君多内寵，子無大援，將不立。三公子皆君也。’”全引傳文。又云：“所謂三公子者，太子忽、其弟突、次弟亹也。”則史遷釋《傳》之文也。《索隱》云：“此文則數太子忽及突、子亹爲三，而杜預云不數太子，以子突、子亹、子儀爲三，蓋得之。”按：杜《注》云“子突、子亹、子儀^②之母皆有寵”，此節無疏。案：莊公娶於鄧，《鄭世家》謂鄧女生太子忽，則忽非庶子，以服《注》“庶子有寵”證之，則舊注釋三公子不數忽也。對忽言三公子，尤不當數忽。史遷説非。李貽德云：“語云‘母寵者子抱’，莊公多内寵，故庶子有寵者多。”

夏，鄭莊公卒。初，祭封人仲足有寵於莊公，

〔疏證〕《郡國志》：“陳留郡長垣，故祭城。”江永云：“當在中牟，不在長垣。”《索隱》云：“《左傳》稱祭仲足，蓋祭是邑，其人名仲，字足，故《傳》云‘祭封人仲足’是也。”《鄭世家》：“初，祭足甚有寵于莊公。”

莊公使爲卿。爲公娶鄧曼，生昭公。故祭仲立之。

〔疏證〕杜《注》：“曼，鄧姓。”《鄭世家》：“莊公使爲卿，公使娶鄧女，生太子忽，故祭仲立之。”

宋雍氏女於鄭莊公。曰雍姞，生厲公。

---

① 林按：底本無“鄖師於”三字，或爲抄寫遺漏。
② 林按：科學本此處少“子儀”，據《左傳正義》補。

〔注〕賈云：“雍氏，黃帝之孫，姞姓之後，爲宋大夫。”《鄭世家集解》。

〔疏證〕《堯典》：“女于時。”《僞孔傳》：“女，妻。”《疏》：“《左傳》稱‘宋雍氏女於鄭莊公’，‘晉伐驪戎，驪戎男女以驪姬’。以女妻人謂之女，故云‘女，妻也’。”《釋文》[①]：“女，尼慮反。”《說文》：“姞，黃帝之後。伯鯈姓也，后稷妃家。”《晉語》：“黃帝之子二十五宗，其得姓者十四人，爲十二姓，姬、酉、祁、己、滕、箴、任、苟、僖、姞、儇、依是也。”是姞姓爲黃帝之孫也。《周頌》“曾孫篤之”，《疏》云：“自曾孫以下，皆得稱孫。”《鄭世家》：“莊公又娶宋雍氏女，生厲公突。”

雍氏宗，有寵於宋莊公，

〔注〕服云：“爲宋正卿，故曰有寵。”《鄭世家集解》。

〔疏證〕李貽德云：“案：《傳》曰：‘并于正卿。’《晉語》祁午見范宣子曰：‘子爲正卿。’則正卿爲上卿矣。”《鄭世家》：“雍氏有寵於宋。”

故誘祭仲而執之，

〔疏證〕杜《注》：“祭仲之如宋，非會非聘。見誘，而以行人應命。”《疏》引劉炫云：“杜欲成不稱行人之義，故以行人言之。”案：杜貶祭仲用賈義，詳經文《疏證》。《疏》引劉炫，乃《述議》語，同杜也。《鄭世家》：“宋莊公聞祭仲之立忽，乃使人誘召祭仲而執之。”

曰：“不立突，將死。”亦執厲公而求賂焉。祭仲與宋人盟，以厲公歸而立之。

〔疏證〕《鄭世家》曰：“‘不立突，將死。’亦執突以求賂焉。祭仲許宋，與宋盟，以突歸，立之。”《宋世家》：“莊公九年，執鄭之祭仲，要以立突爲鄭君。祭仲許，竟立突。”

秋，九月，丁亥，昭公奔衛。己亥，厲公立。

〔疏證〕《鄭世家》：“昭公忽聞祭仲以宋要立其弟突。九月辛亥，忽出奔衛。己亥，突至鄭，立，是爲厲公。”“辛亥”與《傳》異。

〔經〕 十有二年，春，正月。

---

① 科學本注：抄本眉批：“《釋文》可不引。”

夏，六月，壬寅，公會杞侯、莒子盟於曲池。

〔疏證〕沈欽韓云："《續志》劉昭《注》：'《地道記》：臨淄縣西南門曰曲門，其側有池。'非也。《一統志》：'嶮河在兗州府曲阜縣東北五十里①。源出九龍山，東南流入洙水，其谿澗險隘。'即此曲池也。今此水常流不絕。"按：曲阜之水，未得曲池之名。江永云："《水經注》：'汶水逕國魯汶陽縣北，縣北有曲水池亭。'汶陽故城在今寧陽縣東北。"江說是也。

秋，七月，丁亥，公會宋公、燕人盟於穀丘。

〔疏證〕《水經注》："濮水又東與句瀆合，瀆首受濮水枝渠于句陽縣東南，逕句陽縣故城。《春秋》之穀丘，《左傳》以爲句瀆之丘矣。"沈欽韓云："《寰宇記》：'穀丘在宋州穀熟縣南二百步。'《方輿紀要》：'穀丘在歸德府商丘縣南四十里。桓十二年，盟於穀丘。是也。'"

八月，壬辰，陳侯躍卒。

〔疏證〕《世本》："躍爲厲公。"杜《注》云："厲公也，十一年與魯大夫盟于折。"

公會宋公于虛。

〔疏證〕杜《注》："虛，宋地。"沈欽韓云："《一統志》：'衛輝府延津縣東南有故虛城。'按：蘇代所云'決宿胥之口，魏無虛、頓丘'者也。"

冬，十有一月，公會宋公于龜。

〔疏證〕杜《注》："龜，宋地。"按：今地缺。

丙戌，公會鄭伯，盟於武父。

〔疏證〕杜《注》："鄭地，陳留濟陽縣東北有武父城。"沈欽韓云："《一統志》：'武父城在大名府東明縣西南。'"

丙戌，衛侯晉卒。 無《傳》。

〔疏證〕杜《注》："重書丙戌，非義例，因史成文也。"《疏》云："春

---

① 科學本注：沈書五十里下注有"《寰宇記》：縣北四十二里"一句。

秋之中，惟此重書日。"

十有二月，及鄭師伐宋。丁未，戰於宋。

〔傳〕 十二年，"盟于曲池"，平杞、莒也。

公欲平宋、鄭。秋，公及宋公盟于句瀆之丘。

〔疏證〕杜《注》："即穀丘也。"朱駿聲曰："句瀆之合音爲穀。"

宋成未可知也，故又會于虛。冬，又會於龜。宋公辭平，故與鄭伯盟于武父。

〔疏證〕杜《注》："宋公貪鄭賂，故與公三會而卒辭，不與鄭平。"按：宋受鄭賂，《傳》無此義，杜以《十三年傳》"宋多責賂於鄭"而言。

遂帥師而伐宋，戰焉，宋無信也。君子曰："苟信不繼，盟無益也。《詩》云'君子屢盟，亂是用長'，無信也。"

〔疏證〕《詩·巧言》文。《釋文》："屢，本又作'婁'。"《校勘記》云："《漢書》凡'屢'字俱作'婁'。"《巧言》毛《傳》云："凡國有疑，會同則用盟而相要也。"《箋》云："屢，數也。時見曰會，殷見曰同，非此時而盟謂之數。"杜《注》"數盟則情疏"，用鄭義。

楚伐絞，軍其南門。莫敖屈瑕曰："絞小而輕，輕則寡謀。請無扞采樵者以誘之。"

〔疏證〕《説文》："扞，忮也。"《周策》："而設爲王扞秦。"高《注》："扞，禦也。"《漢書·刑法志》："若手足之扞頭目。"《注》："扞，禦難也。"《説文》："樵，散木也。譑①相訹呼也，或從言、秀。"《樂記》："知誘於外。"《注》："誘，猶道也，引也。"

從之。絞人獲三十人。明日，絞人爭出，驅楚役徒於山中。楚人坐其北門，而覆諸山下。

〔疏證〕《説文》："堲，止也。從土，從留省，土所止也。此與留同意。坐，古文堲。"惠棟云："按：兵法有立陳、坐陳，見《尉繚子》。立陳，

---

① 科學本注：《説文》："羨，從厶從㳄。"《康熙字典》作羨。

所以行也。坐陳，所以止也。《傳》曰：‘裹糧坐甲。’又云：‘王使甲坐於道。’又云：‘士皆坐列。’《司馬法》云：‘徒以坐固。’《荀子》曰‘庶士介而坐道’，及此傳‘坐其北門’，皆坐陳。”洪亮吉云：“按：此則坐字當從《廣雅》訓爲止。杜《注》：‘坐，猶守也。’于訓詁爲不合矣。”

大敗之，爲城下之盟而還。

〔疏證〕《宣十五年傳》：“城下之盟，有以國斃，不能從也。”

伐絞之役，楚師分涉於彭。

〔疏證〕《楚世家集解》引服《注》：“水行曰涉。”非釋此傳之文。別見《宣三年傳》《説文》：“涉，徒行厲水也。”《吕覽·知分篇》：“還反涉。”《注》：“涉，度也。”《漢書·英布傳》：“使布先涉河。”《注》：“涉，謂無舟楫而度也。”因通謂度水者爲涉水，非徒行也。沈欽韓云：“《水經注》：‘沔水南逕筑陽縣東，筑水注之。杜預以爲彭水，水出梁州新城郡魏昌縣界。’《一統志》：‘筑水源出鄖陽府房縣西，古名彭水。’《方輿紀要》：‘魏昌城在房縣西南。’”

羅人欲伐之。

〔疏證〕《世本》：“羅，熊姓。”《周語》：“羅由季姬。”《注》：“羅，熊姓之國。”《地理志》：“南郡枝江，故羅國。又云魯國羅。”應劭曰：“楚文王徙羅子自枝江居此。”師古曰：“盛弘之《荆州記》云：縣北帶汩水，水原出豫章艾縣界，西流注湘。沿汩西北去縣三十里，名爲屈潭，屈原自沉處。”沈欽韓云：“《水經注》：‘夷水歷宜城西山東南，逕羅川城。’又《江水篇》：‘枝江地，故羅國，蓋羅徙也。羅故居宜城西山，楚文王又徙之於長沙，今羅縣是矣。’《方輿紀要》：‘羅縣城在岳州府平江縣南三十里。’最後徙者也。按：此年之羅，尚在襄陽府宜城縣也。《一統志》：‘羅川城在宜城縣西南二十里。’”[①]

使伯嘉諜之。三巡數之。

〔疏證〕杜《注》：“伯嘉，羅大夫。”《説文》：“諜，軍中反間也。”《晉語》“諜出曰”《注》：“諜，間候也。”又《晉語》“諜其將浴”《注》：“諜，候也。”《掌固》：“晝三巡之。”《注》：“巡，行也。”《説文》：“巡，

---

① 林按：原稿眉批：“兩引《一統志》，當刪前存後。”

視行貌。”杜《注》：“巡，遍也。”

〔經〕　十有三年，春，二月，公會紀侯、鄭伯。己巳，及齊侯、宋公、衛侯、燕人戰。齊師、宋師、衛師、燕師敗績。

〔注〕賈、服以爲衛惠公稱侯，譏其不稱子。《曲禮疏》。

〔疏證〕杜《注》：“衛宣公未葬，惠公稱侯，以接鄰國，非禮也。”是用賈、服説。僖九年《傳例》：“凡在喪，公侯曰子。”《曲禮》：“其在凶服，曰適子孤。”《注》：“凶服，亦謂未除喪。”彼《疏》云：“凡諸侯在喪之稱，其《左氏》《之義》，出會諸侯，未行即位之禮前稱子，其王事出會則稱爵。成四年，‘鄭伯伐許’是也。案：《桓十三年經》書衛惠公稱侯，《成十三年經》書①宋公、衛侯，此并先君未葬而稱爵者，賈、服《注》譏其不稱子。杜預云‘非禮也’。《疏》稱“王事出會稱爵”爲《左氏》義，見《五經異義》。則賈、服之譏衛侯不稱子，違於《左氏》家説矣。賈、服蓋亦用《公羊》説，詳成四年《疏證》。顧炎武云：“《春秋》諸侯踰年即位則得稱君。如宣十一年，‘楚子、陳侯、鄭伯盟于辰陵’，是時靈公被弑，賊未討，君未葬，已稱陳侯。是踰年稱君，古之常例也。燕獨稱人，其君不在師。”按：顧説是也。杜《注》：“或稱人、或稱師，史異辭也。”未得經義。

三月，葬衛宣公。

夏，大水。

秋，七月。

冬，十月。

〔傳〕　十三年，春，楚屈瑕伐羅，鬭伯比送之。還，謂其御曰②：“莫敖必敗。舉趾高，心不固矣。”

〔疏證〕《五行志》引《傳》，“敖”作“嚣”，“趾”作“止”。師古曰：“止，足也。”按《吕覽注》：“止，足也。”《麟之趾傳》：“趾，足也。”《易》虞翻《傳》亦云：“趾，足也。”《校勘記》云：“《士昏禮注》

① 林按：“書衛惠公稱侯，《成十三年經》書”十二字底本缺，據科學本補録。
② 林按：底本無“送之。還，謂其御”六字，據科學本增補。

云：‘古文“止”作“趾”。’《詩》：‘四之日舉趾。’《食貨志》作‘止’。
按：《説文》無‘趾’字，‘止’下云：‘下基也，象草木出有止，故以趾
爲足。’古文足趾多作止。”

遂見楚子，曰："必濟師！"

〔疏證〕《五行志》引《傳》，"遂"作"遽"。師古曰："遽，速也。"
或古文作"遽見"。

楚子辭焉。入告夫人鄧曼。鄧曼曰："大夫其非衆之謂，其謂君撫小民以信，訓諸司以德，而威莫敖以刑也。莫敖狃於蒲騷之役，將自用也，

〔疏證〕《周語》："息由陳嬀，鄧由楚曼。"《注》："鄧，曼姓。楚曼，
鄧女，爲楚武王夫人。"《説文》："撫，安也。"馬宗璉云："《爾雅》：‘狃，
復也。’《詩疏》引孫炎云：‘狃忕前事復爲也。’蒲騷之役在前，故云狃復
爲之。"

"必小羅。君若不鎮撫，其不設備乎！夫固謂君訓衆而好鎮撫之，

〔注〕服云："夫謂鬭伯比。"《襄二十三年①疏》。

〔疏證〕《廣雅》："鎮，安也。"杜於"夫"字無釋，蓋以爲語助也。
李貽德云："《説文》：‘夫，丈夫也。’《禮記·檀弓注》：‘夫夫，猶言此
丈夫也。’《詩·車攻疏》：‘夫，男子之總名。’此稱夫，猶此人云爾。非
發語辭。"

"召諸司而勸之以令德，

〔疏證〕《廣雅·釋詁》："召，呼也。"《楚辭·招魂序》："以言曰召。"

"見莫敖而告諸天之不假易也。

〔疏證〕杜《注》："言天不借貸慢易之人。"王念孫曰："假易，猶寬
縱也。天不假易，謂天道之不相寬縱也。《僖三十三年傳》曰：‘敵不可縱。’
《史記·春申君傳》：‘敵不可假。’《秦策》作‘敵不可易’。是假易皆寬
縱之意也。"按：《後漢書·安帝紀注》："假貸，猶寬容也。"王説是也。

---

① 科學本注：按此注見本《疏》。李貽德《輯述》亦云然。

"不然，夫豈不知楚師之盡行也？"楚子使賴人追之，不及。

〔疏證〕《地理志》："南陽郡隨，有厲鄉，故厲國。"杜《注》："賴國在義陽隨縣。"蓋本《漢志》。師古《注》云："厲讀曰賴。"《郡國志》："汝南郡襃信，有賴亭，故①國。"洪亮吉云："此賴國所在，當以《地理志》爲是。"按：洪説是也。賴在今隨州北，詳僖十五年《疏證》。

莫敖使徇于師曰："諫者有刑！"

〔疏證〕洪亮吉云："《説文》：'徇，行示也，從彳，匀聲。'《司馬法》：'斬以徇。'《廣雅》：'徇，巡也。'杜《注》：'徇，宣令也'，義亦本此。"按：《周語》："乃命其旅曰徇。"《注》："徇，行也。"

及鄢，亂次以濟，

〔疏證〕《釋文》："本或作'亂次以濟其水'。"杜《注》："鄢水，在襄陽宜城縣入漢。"洪亮吉云："按：《水經注》引《傳》，作'亂次以濟淇水'。攷'淯水與夷水亂流，東出謂之淇水，淯淇同，後轉寫誤耳。逕蠻城南城，在宜城南三十里'。杜預《釋例》：'羅在宜城縣西山中，後在南郡枝江縣。'自楚及羅，須渡此水。杜本因脫'淇水'二字，故注析不清。《釋文》'其'字又誤脫水旁，杜《注》以此《傳》之鄢爲水名，亦誤。攷鄢，楚縣名。昭十三年，王沿夏將欲入鄢。服虔云：'鄢，別都也。'此傳文'鄢'字，亦指楚縣而言，不指鄢水。杜《注》及《正義》皆誤。"按：洪説非也。《水經注》："夷水導源中盧縣界康狼山，山與荊山相陵，又謂之鄢水。"《方輿紀要》："蠻水源出郧陽府房縣界，經南漳縣至宜城縣南四十里，地名破河腦，入於漢江。本名鄢水，亦曰夷水。"洪謂"淇"之訛"淯"，近於臆決。此"及鄢"，謂鄢水也。《校勘記》云："《水經注·沔水》引作'以濟淇水'，乃轉寫'其'譌爲'淇'也。"

遂無次。

〔疏證〕《五行志》："師古曰：'無次，不爲次列也。'"

且不設備。及羅②，羅與盧戎兩軍之，

---

① 科學本注："故"下疑脫"賴"字。
② 林按：底本無"及羅"二字，據科學本增補。

〔疏證〕《釋文》："盧，一作'廬'。"《周語》："廬由荊嬀。"《注》："廬，嬀姓之國。"洪亮吉云："文十六年，楚使盧侵庸。《書·牧誓》微、盧、彭、濮人皆即指此。《史記》作'纑'，亦通。"惠棟云："習鑿齒曰：中盧是古盧戎也。"①馬宗璉云："《水經注》'夷水導源中盧縣界'，中盧即盧戎國，是盧戎本鄰國，故合謀以敗楚師。"沈欽韓云："《一統志》：'中盧故城，在襄陽府西南，古盧戎也。'"

大敗之。莫敖縊于荒谷，群帥囚於冶父。

〔疏證〕《説文》："縊，經也。"《釋文》："荒，本或作'𣹰'。"唐盧潘《冶父山辨》云："②按《圖記》，今冶父山在廬江東北，即《左氏》所謂'莫敖縊於荒谷，群帥囚於冶父'，兹山是也③。廬非盧戎之地，同食異振廩之所，安得復有冶父哉？後人妄加之，明矣。矧囚於城，豈囚於山乎④？余案：今冶父山，實有鐵冶，乃作此告縣，更名冶山不疑。"今本杜《注》但云"荒谷、冶父皆楚地"。盧氏所見杜《注》，與今本異。其駁冶父在廬江，則唐人有以盧戎爲廬江者矣。《御覽》引《荆州記》云："荒谷，今竹林是也。"《郡國志注》引《荆州記》云："江陵縣東三里餘，有三湖。湖東有水名長谷。又西北有小城名冶父。"《水經注·沔水》下："白湖等三湖合爲一水，東通荒谷，東岸有冶父城。"與《荆州記》同，長谷即荒谷也。《一統志》："冶父城在荆州府，江陵縣東南。"

以聽刑。楚子曰："孤之罪也。"皆免之。

宋多責賂於鄭。鄭不堪命，故以紀、魯及齊與宋、衛、燕戰。不書所戰，後也。

〔注〕服云："下日者，公至而後定戰日。"本《疏》。
〔疏證〕杜《注》云："公後地期而不⑤及其戰，故不書所戰之地。"

---

① 林按：此原稿眉批内容。
② 科學本注：抄本眉批："唐人不諳地望，故有此謬説。此處但節録數語駁之足矣，似不必引原文。盧氏未引杜《注》，何遽知爲與今本異耶？宜更考之。"
③ 科學本注：以下原稿有："余按：杜《注》及《地理志》《荆州記》皆云冶父城在荆州。荒谷西北小城即冶父城。'莫敖縊於荒谷，群帥囚於冶父'是也。"抄本刪去。今録注於此，以見劉氏前後意見之變化。
④ 林按：原稿眉批："查《全唐文》修改。"
⑤ 科學本注：杜《注》原無"不"字，參見本《疏》。

《疏》云：“服虔云：‘下日者，公至而後定戰日。’地之與日當同時設期，公既不及期地，安得及期日也？”“地之與日”云云，乃《疏》家駁服氏語。洪亮吉、嚴蔚皆引爲服《注》，又以“下日”爲“不日”，誤也。《疏》引劉炫云：“公會紀、鄭，告廟而行，始行即書會也，其戰之日，則戰罷乃告廟。史官雖連并其文，而存其本旨，己巳是戰日，故下日以附戰。”此是《述議》語，雖與服稍異，然説下日附戰之義則同。杜直謂“公不及其戰”，與經傳皆違。《疏》駁服説，謂“地與日當同時設期”，尤謬。李貽德云：“案：經順文，當云‘二月，己巳，公會紀侯、鄭伯’，今退日於鄭伯之下，是俟公至而後定戰日也。”

鄭人來請修①好。

〔經〕 **十有四年，春，正月②，公會鄭伯于曹。**

無冰。無《傳》。

夏，五，

〔疏證〕杜《注》：“不書月，闕文。”

鄭伯使其弟語來盟。

秋，八月，壬申，御廩災。

〔疏證〕《周語》：“廩於藉東南，鍾而藏之。”《注》：“御廩一名神倉。東南，生長之處。鍾，聚也，謂爲廩以藏王所藉田，以奉盛。”《廩人》“大祭祀則供其接盛”。鄭《注》云：“籍田之收藏於神倉者，不以給小用。”《月令》：“季秋之月，乃命冢宰，藏帝藉之收於神倉。”鄭《注》云：“重粢盛之委也。帝籍所耕千畝也，藏祭祀之穀，故曰神倉。”則廩猶倉也。《春秋考異郵》：“天火曰災。”《五行志》：“劉歆以爲御廩，公所親耕藉田，以奉粢盛者也。棄法度、亡禮之應也。”

乙亥，嘗。

冬，十有二月，丁巳，齊侯禄父卒。

---

① 林按：“修”，楊本作“脩”。
② 林按：底本無“正月”二字，據科學本增補。

〔疏證〕杜《注》："隱六年盟於艾。"

宋人以齊人、蔡人、衛人、陳人伐鄭。

〔傳〕 十四年，春，會於曹。曹人致餼，禮也。

〔疏證〕詳十年傳《疏證》。餼[①]，兼饋食芻米言。杜《注》："熟曰饔，生曰餼。"非。

夏，鄭子人來尋盟，且修[②]曹之會。

"秋，八月，壬申，御廩災。乙亥，嘗。"書，不害也。

〔注〕服云："魯以壬申被災，至乙亥而嘗，不以災害爲恐。"本《疏》。

〔疏證〕《淮南子·修務篇》："害，患也。"杜《注》："先其時，亦過也。既戒日致齋，御廩雖災，苟不害嘉穀，則祭不應廢，故書以示法。"又云："災其屋，救之則息，不及穀，故曰'書不害'。"與服《注》異。《疏》云："八月建未，未是始殺，壬申在乙亥之前三日，是致齋之初日也。"又引衛冀隆難杜云："若救之則息，不害嘉穀，則《傳》當有救火之文。若如宋災，《傳》舉救火，今直言不害，明知不以災爲害也。"按：衛說是也。《疏》又引秦道靜答云："《傳》所以不載救火者，《傳》指釋經文，略舉其要，所以不載救火。至於宋、鄭之災，彼由簡牘備載，詳略不等，不可相難也。"究是飾辭。《晉書·禮儀志》："苟或從劉劭議，曰食不却會。後蔡謨著議非之曰：'魯桓公壬申有災，而以乙亥嘗祭，《春秋》譏之。災事既過，猶追懼未已，故廢宗廟之祭。'"與服說合。《大戴禮》："禘於太廟，禮曰：'日用丁亥。'"《儀禮》"少牢饋食禮"《注》云："不得丁亥。則己亥、辛亥亦用之，無則苟有亥焉可也。"

冬，宋人以諸侯伐鄭，報宋之戰也。

〔疏證〕杜《注》："在十二年。"

焚渠門，入，及大逵。

〔疏證〕杜《注》："渠門，鄭城門。"《大事表》："鄭有渠門，其城東門，當即鄅門矣。"大逵，詳隱十年《疏證》。

---

① 林按：底本無"氣"字，眉批有"兼上當補餼字"，故補録。

② 林按："修"，楊本作"脩"。

伐東郊，取牛首。

〔疏證〕杜《注》："牛首，鄭邑。"沈欽韓云："《水經注》：'沙水又東南逕牛首亭東，宋人伐鄭取牛首者也，俗謂之車牛城。'《寰宇記》：'牛首城在開封府陳留縣西南十一里。'"

以大宮之椽歸，爲盧門之椽。

〔疏證〕《説文》："椽，榱也。周謂之椽，齊、魯謂之桷。"《釋文》："椽，榱也。圓曰椽，方曰桷。"杜《注》："大宮，鄭祖廟。"《吕覽·行論篇》："舍於盧門之闞。"《注》："盧門，宋城門；闞，扉也。"《郡國志》："睢陽有盧門亭。"昭二十一年，華氏居盧門以[①]叛，彼《傳》杜《注》云："宋東城南門。"

〔經〕 十有五年，春，二月，天王使家父來求車。

〔疏證〕《校勘記》云："《士冠禮注》引作'家甫'。"

三月，乙未，天王崩。無《傳》。

夏，四月，己巳，葬齊僖公。無《傳》。

五月，鄭伯突出奔蔡。

〔疏證〕沈欽韓云："《釋例》謂諸侯奔亡，皆迫逐而苟免，非自出也。《傳》稱：'衛孫林父、甯殖出其君，名在諸侯之策，此以臣名赴告之文也。仲尼之經，更没逐者主名，以自奔爲文，責其不能自安自固。'按：此與衛獻公出異。經之所書，或仍其赴告，何者？突本非嗣子，祭仲立之，徒以脅於宋人。突之出也，必不以臣逐君之事，播於鄰國，則突之出、突之歸，其得失係於一身，非有義例。若臣逐君，而更深責被逐之人，豈扶陽抑陰之義？《左氏》義深於君父，豈若此哉？"按：沈説是也。此經杜《注》亦謂"突不能倚任祭仲，反與小臣造賊盜之計，故以自奔爲文，罪之也"[②]焦循云："齊王芳不能倚司馬氏，而李豐、張緝謀廢師，則亦突使雍糾謀仲之比也。君苦權臣之逼，與忠義之士謀之，亦可憫矣。而預以爲造賊盜之計，是何言也？罪突即所以罪芳也。此説之尤悖者。"

---

① 科學本注："以"下脱"南里"二字。
② 科學本注：抄本附注："鄭伯突出奔蔡，杜云例在昭三年。"

鄭世子忽復歸於鄭。

〔疏證〕顧炎武云："《解》云'逆以太子之禮'，非也。忽未踰年而出奔，奔四年而復國，未即位不得成之爲君。曰'世子'者，當立之辭也。"按：顧説是也。《成十八年傳》："凡復其位曰復歸。"

許叔入於許。

〔疏證〕杜《注》云："叔本不去國，雖稱入，非國逆例。"《疏》云："入者自外之辭，本其所自之處，言其自許東偏而入於許國，非從外國入也。杜以《傳例》云：'凡去其國，國逆而立之，曰入。'嫌此亦爲國逆之例。《釋例》曰：'諸在例①外稱入，直是自外入内，紀事常辭，義無所取。賈氏雖夫人姜氏之入，皆以爲例，由先儒以爲國逆。'據去國而來，許叔本非去國，指其實事，有國逆之理，但非國逆正例耳。"據《疏》説，則先儒説："凡去其國，國逆而立之曰入。"杜泥於許叔未去國，依違其説，非也。《疏》又云："劉君不達此旨，妄規杜氏。"光伯規杜，經删削，不可考。

公會齊侯于艾。

邾人、牟人、葛人來朝。

〔疏證〕《地理志》："泰山郡牟縣，故牟國。"應劭曰："魯附庸也。"陳留郡寧陵縣。孟康曰："故葛伯國，今葛鄉是。"《方輿紀要》："牟城在泰安州萊蕪縣東二十里，葛城在歸德府寧陵縣北十五里，古葛伯國。"

秋，九月，鄭伯突入于櫟。

冬，十有一月，公會宋公、衛侯、陳侯于袤，伐鄭。

〔疏證〕《公羊》"宋公"上有"齊侯"。洪亮吉云："按：《説文》'袳'字《注》云：'《春秋傳》曰：公會齊侯於袳。'蓋'袳''袤'本一字，文之變耳。又據《説文》，則許氏所見本，有'齊侯'二字。"《郡國志》沛國相下引《傳》曰："'會于袤'，杜預曰在縣西南，一名犖。"《校勘記》云："'一名犖'三字，似杜《注》。"按："犖"別見《僖元年傳》，與袤非一地。沈欽韓云："袤亭在鳳陽府宿州西。"

---

① 科學本注："例"疑爲"侯"之誤，"在"與"侯"顛倒。

〔傳〕十五年，春，天王使家父來求車，非禮也。諸侯不貢車服，天子不私求財。

〔疏證〕杜《注》："車服，上之所以賜下，諸侯有常職貢。"《年表》："天王求車，非禮。"

祭仲專。鄭伯患之，使其壻雍糾殺之。

〔注〕賈云："雍糾，鄭大夫。"《鄭世家集解》。

〔疏證〕《周語》："夫榮公專利。"《注》："專，擅也。"《秦策注》："專，權重也。"《爾雅》："女子之夫爲壻。"《鄭世家》："祭仲專國政。厲公患之，陰使其壻雍糾，欲殺祭仲。"

將享諸郊。雍姬知之，謂其母曰："父與夫孰親？"其母曰："人盡夫也，父一而已，胡可比也？"

〔疏證〕杜《注》："婦人在室則天父，出則天夫。女以爲疑，故母以所生爲本解之。"《鄭世家》："糾妻，祭仲女也，知之，謂其母曰：'父與夫孰親？'母曰：'父一而已，人盡夫也。'"

遂告祭仲曰："雍氏舍其室，而將享子於郊。吾惑之，以告。"祭仲殺雍糾，尸諸周氏之汪。

〔疏證〕僖三十三年，公子瑕覆於周氏之汪。《春秋地名考略》據之，謂地在南郊，近桔柣之門。《一切經音義》引服虔《通俗文》："亭水曰汪。"《淮南·俶真訓》："四時未分，萬物未生，汪然平静。"《注》："汪，讀'矢諸周氏之汪'同。"是尸本一作"矢"也。《説文》："尸，陳也。"《晉語》："殺三郤而尸諸朝。"《注》："尸，陳也。"《御覽》引丘季彬《禮統》云："尸之爲矢也、陳也。"洪亮吉云："尸、矢皆陳也，義并通。"《鄭世家》："女乃告祭仲，祭仲反殺雍糾，戮之於市。"

公載以出，曰："謀及婦人，宜其死也。"夏，厲公出奔蔡。

〔疏證〕《説文》："載，乘也。"《鄭世家》："厲公無奈祭仲何，怒曰：'謀及婦人，死固宜哉。'"

六月，乙亥，昭公入。

〔疏證〕《鄭世家》："祭仲迎昭公忽。六月，乙亥，復入鄭即位。"

許叔入於許。

"公會齊侯於艾"，謀定許也。

秋，鄭伯因櫟人殺檀伯，而遂居櫟。

〔注〕服云："檀伯，鄭守櫟大夫。櫟，鄭之大都。"《鄭世家集解》。

〔疏證〕《吕覽·盡數篇》："因智而明之。"《注》："因，依也。"《説文》："因，就也。"《管子·心術上》①："舍己而隨物，故曰因。"杜《注》云："檀伯，鄭守櫟大夫。"用服《注》。《鄭世家》："夏，厲公出居邊邑櫟。"《集解》："宋忠曰：今潁川陽翟縣。"《索隱》："按：櫟音歷，即鄭初得十邑之歷也。"《水經注》引王隱曰："陽翟，本櫟也。"沈欽韓云："《一統志》：'陽翟故城，今禹州治。'禹州今仍屬開封府。"李貽德曰："知櫟爲鄭大都者，《昭十六②年傳》稱'五大不在邊'，又云'鄭京、櫟實殺子元'③，是櫟爲大都也。"《鄭世家》又云："秋，鄭厲公突因櫟人殺其大夫單伯，遂居之。"《索隱》云："依《左傳》作'檀伯'，此文誤爲'單伯'者，蓋亦有所因也。按：魯莊公十四年，厲公自櫟侵鄭事，與周單伯會齊師伐宋相連，故誤耳。""檀伯"之作"單伯"，或史公所見本異④。

冬，會于衷，謀伐鄭，將納厲公也，弗克而還。

〔疏證〕《鄭世家》："諸侯聞厲公出奔，伐鄭，弗克而去，宋頗與厲公兵，自守於櫟，鄭以故亦不伐櫟。"

〔經〕 十有六年，春，正月，公會宋公、蔡侯、衛侯于曹。

夏，四月，公會宋公、衛侯、陳侯、蔡侯伐鄭。

〔疏證〕《魯世家》："十六年，會於曹，伐鄭，入厲公。"杜《注》："蔡常在衛上，今序陳下，蓋後至。"《傳》無此義。

秋，七月，公至自伐鄭。

---

① 科學本注：原稿脱"注"字。
② 科學本注：應作"十一"，劉氏從《輯述》誤引。
③ 科學本注：應作"鄭京、櫟實殺曼伯"，劉氏從《輯述》誤引。
④ 科學本注：原注："厲公侵鄭，與周單伯會齊師伐宋事相連，故檀伯誤單伯，此一說也。史公所見本作單，不作檀，此又一說也。不得合爲一。後說是。"

冬，城向。

〔疏證〕杜《注》："《傳》曰'書，時也'，而下有十一月，舊説因謂傳誤。此城向亦是十一月，但本事異，各隨本而書之耳。"臧壽恭云："杜氏所稱舊説，蓋賈、服説也。"按：此十一月，當夏正十月。沈欽韓云："按：此冬城向，寔是十月。《唐·曆志》大衍日度議曰：'以歲差推之，周初霜降，日在星①五度，角亢晨見。立冬，火見營室中，後七日，水星昏正，可以興板幹。故祖沖之以爲定之方中，直營室八度。是歲九月六日霜降，二十一日立冬。十月之時，水星昏正，故《傳》以爲得時。杜氏據晉曆，小雪後定星乃中，季秋城向，似爲太早。引《詩》云"定之方中"，乃未正中之時。非是。'朱駿聲云："《春秋經》：'凡城皆不月，土功之始，以水昏正爲候。'"按：沈、朱説是也。《疏》引劉炫《規過》云："《周語》：'火見而清風戒寒。'火見是建亥之月，則建戌之月必無土功之理。杜以爲建戌之月得城向，非也。"是九月城向，乃杜一人之説。

十有一月，衞侯朔出奔齊。

〔傳〕 十六年，春，正月，會于曹，謀伐鄭也。

夏，伐鄭。秋，七月，公至自伐鄭，以飲至之禮也。

〔疏證〕"至"例，在《二年傳》。

"冬，城向。"書，時也。

初，衞宣公烝於夷姜，生急子，

〔注〕服云："上淫曰烝②。"《詩·雄雉疏》。

〔疏證〕《釋文》："急，《詩》作'伋'。"《校勘記》云："《史記》《漢書·古今人表》并同。"《邶風·雄雉正義》云："桓十六年《左傳》曰：'衞宣公烝于夷姜。'服虔云'上淫曰烝'，則烝，進也，自下進上而與之淫也。"杜《注》："夷姜，宣公之庶母也。上淫曰烝。"用服《注》。《説文》："烝③，火氣上行也。"則上行爲本義，引申則上淫亦爲烝也。《釋名》："淫，

---

① 科學本注：沈書及《新唐書》皆作"心"。
② 科學本注：按應作"烝"。《説文》："烝，折麻中榦也。"與"烝"字訓"火氣上行者"異。
③ 科學本注：應作"烝"，原稿誤。

浸也。”《宮正》：“去其淫怠。”《注》：“淫，放也。”《衛世家》：“初，宣公愛夫人夷姜，生子伋。”本《疏》云：“烝淫而謂之夫人，馬遷謬耳。”

屬諸右公子。爲之娶於齊，而美，公娶之。生壽及朔。

〔疏證〕《衛世家》：“以爲太子，右公子傅之。右公子爲太子娶齊女，未入室，而宣公見所欲爲太子婦者好，説而自取之，更爲太子娶他女。宣公得齊女，生子壽、子朔。”

屬壽於左公子。

〔疏證〕《衛世家》：“令左公子傅之。”杜《注》：“左右媵之子，因以爲號。”《疏》云：“此左右公子，蓋宣公之兄也。”

夷姜縊。

〔疏證〕《衛世家》：“太子伋母死。”

宣姜與公子朔構急子。

〔注〕服云：“構，會其過惡。”《二子乘舟疏》。

〔疏證〕《二子乘舟》毛《傳》：“朔與其母愬伋於公。”《疏》：“此言‘愬伋於公’，《傳》言‘構伋子’。服虔云‘構，會其過惡’，亦是愬之也。”杜《注》用服説。《晉語》：“逐之恐構怨諸侯。”《注》：“構，交構也。”《秦策》：“秦、楚之兵，構而不離。”《注》：“構，連也。”《詩·四月》：“我日構禍。”構，成也。《箋》：“構，猶合集也。”李貽德云：“《説文》：‘會，合也，從亼從曾省。曾，益也。’朔與宣姜合謀，增益急子之罪惡也。”《衛世家》：“宣公正夫人與朔共讒惡太子伋。”

公使諸齊，使盜待諸莘，將殺之。

〔注〕服云：“莘，衛東地。”《二子乘舟疏》。

〔疏證〕《詩·二子乘舟》毛《傳》：“公令伋之齊，使賊待于隘而殺之。”《疏》：“《傳》言‘使盜待諸莘’。服虔云：‘莘，衛東地。’則莘與隘一處也。”《郡國志》：“東郡陽平侯國有莘亭。”劉昭《注補》：“衛殺公子伋之地。”《水經注》：“漯水又北絕莘道，城之西北有莘亭。京相璠曰：今平原陽平縣北十里，有故莘亭，阨限蹊要，自衛適齊之道也。”其云“扼限蹊要”，即毛《傳》所稱隘也。李貽德云：“齊在衛東，故曰‘衛東地’。”沈欽韓云：“《元和志》：‘莘亭，在魏州莘縣北十三里。’”按：莘縣今屬東昌府。《衛世家》："宣公自以其奪太子妻也，心惡太子，欲廢之。及聞其惡，大怒，乃使太子伋於齊，而令盜遮界上殺之，與太子白旄，而告界盜，見持白旄者殺之。"

壽子告之，使行。不可，曰："棄父之命，惡用子矣。

〔疏證〕高誘《呂覽注》："惡，安也。"杜《注》同。《衛世家》："且行，子朔之兄壽，太子異母弟也，知朔之惡太子，而君欲殺之，乃謂太子曰：'界盜見太子白旄，即殺太子，可毋行。'太子曰：'逆父命求生，不可。'"①

"有無父之國則可也。"及行，飲以酒。壽子載其旄以先，

〔疏證〕《釋文》："以酒，一本'以'作'之'。"沈欽韓云："《春官·司常》職：'頒旗物，皆畫其象焉。官府各象其事，州里各象其名，家各象其號。'《注》：'事、名、號者，徽識，所以題別衆臣，樹之於位，朝各就焉。《覲禮》曰："公、侯、伯、子、男，皆載其旂而立。"此其類也。三者，旌旗之細也。'《疏》云：'《士喪禮》銘旌制亦如此。'又《大司馬注》云：'凡要號名者，徽識所以相別也。'《疏》云：'若某官、某姓、某甲之名放此。'按：壽子所載之旄，非斿車所載之旄，即是彼注所稱徽識，以表急子之名號。故賊見其旄，而壽子誤爲所殺。"《衛世家》："壽見太子不止，乃盜其白旄而先馳至界。界盜見其驗，即殺之。"

盜殺之。急子至，曰："我之求也，此何罪？請殺我乎！"又殺之。二公子故怨惠公。十一月，左公子洩、右公子職立公子黔牟，惠公奔齊。

〔疏證〕《校勘記》云："《古今人表》'洩'作'泄'。"《衛世家》："壽已死，而太子伋又至，謂盜曰：'所當殺乃我也。'盜并殺太子伋，以報宣公。宣公乃以子朔爲太子。十九年，宣公卒，太子立，是爲惠公。左右公子不平朔之立也。惠公四年，左右公子怨惠之讒殺前太子伋而代立，乃作亂，攻惠公，立太子伋之弟黔牟爲君。惠公犇齊，衛君黔牟立。"

---

① 林按：《衛世家》引文爲原稿眉批內容。

〔經〕 十有七年，春，正月，丙辰①，公會齊侯、紀侯盟于黃。

〔疏證〕《地理志》：“東萊郡黃縣。”沈欽韓云：“《方輿紀要》：‘黃城在東昌府冠縣南。’《括地志》：‘冠氏南有黃城，亦以黃溝爲名。’或是登州府黃縣東南，有故黃城其處。”

二月，丙午，公會邾儀父，盟于趡。

〔疏證〕《説文》：“趡，動也。《春秋傳》曰：‘盟于趡。’趡，地名。”

夏，五月，丙午，及齊師戰于奚。

〔疏證〕《校勘記》云：“《石經》、宋本無‘夏’字，與《序疏》合。”文淇案：《禮記·中庸疏》云：“桓十七年直云‘五月’，不云‘夏’。”無“夏”字是也②。沈欽韓云：“顧棟高《表》：‘今兗州府滕縣南奚公山下有奚邑。《水經注》：“夏車正奚仲之國。”’按：《水經注》祇云：‘漷水西逕薛縣故城北。’《地理志》曰：‘夏車正奚仲之國。’無奚邑之目。”

六月，丁丑，蔡侯封人卒。

〔疏證〕杜《注》：“十三年③，大夫盟于折。”《管蔡世家》：“二十年，桓侯卒。”

秋，八月，蔡季自陳歸于蔡。

〔疏證〕《管蔡世家》：“弟哀侯獻舞立。”

癸巳，葬蔡桓侯。

〔注〕劉、賈、許曰：“桓卒而季歸，無臣子之辭也。”《釋例》。

〔疏證〕杜《注》：“稱侯蓋謬誤。”《疏》引《釋例》曰：“‘葬蔡桓侯，獨不稱公。劉、賈、許曰：“桓卒而季歸，無臣子之辭也。”蔡侯無子，以弟承位，群臣無廢主，社稷不乏祀，故《傳》稱蔡人，嘉之，非貶之也。杞伯稱子，《傳》爲三發，蔡侯有貶，《傳》亦宜説。史書謬誤，疑在闕文。’是其疑之意也。”自“蔡侯無子”以下，杜氏駁劉、賈、許之辭，

---

① 林按：底本無“丙辰”二字，據楊本及科學本增補。
② 林按：《校勘記》至此爲補註。
③ 科學本注：應是十一年。

嚴蔚引至“疑在闕文”，爲劉、賈、許説，誤也。《傳》稱蔡人嘉之，乃嘉蔡季，無預葬桓之辭。李貽德曰：“桓卒三月，而季始歸，是喪無主，喪無主則猶之無臣子矣。”按：李説是也。何休謂：“稱侯，奪臣子辭。”徐邈謂：“蔡臣子失禮。”《公》《穀》兩家古誼，皆與《左氏》同。

及宋人、衛人伐邾。

冬，十月，朔，日有食之。

〔疏證〕《五行志》：“劉歆以爲楚、鄭分。”臧氏壽恭云：“案：是年入甲申統九百四十八年，積月一萬一千七百二十五，閏餘五。積日三十四萬六千二百四十九，小餘三十一，大餘四十九。正月癸酉朔，小，小餘七十四。二月壬寅朔，大，小餘三十六。三月壬申朔，小，小餘七十九。四月辛丑朔，大，小餘四十一。五月辛未朔，大，小餘三。六月辛丑朔，小，小餘四十六。七月庚午朔，大，小餘八。八月庚子朔，小，小餘五十一。九月己巳朔，大，小餘十三。十月己亥朔。置積日三十四萬六千二百四十九，加積日二百六十六，以統法乘之，以十九乘小餘十三，并之。滿周天除去之，餘三十九萬七千七十二，滿統法而一，得二百五十八度。命如法，合辰在軫十一度。鄭注《周官·保章氏》云：‘鶉尾，楚也。壽星，鄭也。’鶉尾之次，終於軫十一度。壽星之次，起於軫十二度。今合辰在軫，故曰楚、鄭分。”[1]沈欽韓云：“據《長曆》，是年冬十月庚午朔。《元史·曆志》：‘大衍曆推得在十一月交分入食限，失閏也[2]。’”

〔傳〕 **十七年，春，盟于黃，平齊、紀，且謀衛故也。**

“及邾儀父盟于趡”，尋蔑之盟也。

〔疏證〕杜《注》：“蔑盟在隱元年。”

“夏，及齊師戰于奚”，疆事也。

〔疏證〕《掌疆注》：“疆，界也。”《周語》：“修其疆畔。”《注》：“疆，境也。”

---

① 林按：臧壽恭云云原爲便簽粘貼於此，疑爲劉貴曾補證。
② 林按：底本無“午朔。《元史·曆志》……失閏也”二十三字，據稿本及科學本增補。

於是齊人侵魯疆，疆吏來告。公曰：“疆場之事，慎守其一，而備其不虞。

〔疏證〕惠棟云：“古文作‘畺易’。《周禮》有‘畺地’‘易地’。《楊統碑》云：‘畺易不爭。’《張公神道碑》云：‘畺界家靜。’《吕君碑》云：‘慎守畺易。’蓋用此文。《説文》：‘畺，界也，從畕，三其界畫也；或從彊土。’”《校勘記》云：“案：《食貨志》云：‘瓜瓠果蓏，殖於疆易。’又《禮樂志》：‘吾易久遠。’晉灼曰：‘易，疆易也。’”是古本無作“場”者，此俗師所改矣。《晉書·羊祜傳》：“會吳人寇弋陽、江夏，略户口，詔遣侍臣移詰祜不追討之意，并欲移州復舊之宜。祜曰：‘昔魏武帝置都督，類皆與州相近，以兵勢好合惡離。疆場之間，一彼一此，慎守而已，古之善教也。若輒徙州，賊出無常，亦未知州之所宜據也。’”祜以徙戍非慎守之計，得《傳》意。《隱公五年傳》：“不備不虞，不可以師。”

“姑盡所備焉，事至而戰，又何謁焉？”

蔡桓侯卒，蔡人召蔡季於陳。

秋，蔡季自陳歸于蔡，蔡人嘉之也。

“伐邾”，宋志也。

“冬，十月，朔，日有食之。”不書日，官失之也。天子有日官，諸侯有日御。

〔注〕服云：“日官，日御，典曆數者也。”《太史疏》。

〔疏證〕《太史》：“掌正歲年以序事，頒告朔於邦國。”《注》：“天子班朔於諸侯，諸侯藏之祖廟，至朔，朝於廟，告而受行之。鄭司農云：‘頒讀爲班。班，布也。以十二月朔，布告天下諸侯。故《春秋傳》曰：不書日，官失之也。’”《疏》：“《春秋》之義，天子頒曆於諸侯，日食書日；不班曆於諸侯，則不書日。其不書日者，由天子日官失之不班曆。”此《左氏》不書日古義矣。服《注》亦見《太史疏》，杜《注》襲之。《周語》：“百官御事。”《注》：“御，治也。”《崧高》“王命傅御”：“傅御，治事之官也。”《吕覽·孟春紀注》：“典，掌也。”唐李華《著作郎廳壁記》云：“周官宗伯之屬，有太史、小史、内史、外史，前志所載有左史記事，所典不同，其納君於善一也。《傳》曰：‘天子有日官’，則史逸、史伯是也；‘諸侯有日御’，則裨竈、子韋是也。”華所引當亦古《左氏》説。

日官居卿以厎日，禮也。

〔注〕服云：“是居卿者，使卿居其官以主之，重曆數也。”《周禮·太史疏》。舊注：“厎，致也。”《白帖》一引。

〔疏證〕本《疏》不載服《注》，洪氏引本《疏》誤。《太史》鄭《注》引此《傳》，解之云：“居猶處也，言建六典以處六卿之職。”《疏》引服《注》又云：“按：鄭《注》‘居猶處也’，言建六典以處六卿之職，與服不同。服君之意，太史雖下大夫，使卿來居之，治太史之職，與《堯典》云‘乃命羲和，欽若昊天，曆象日月星辰’，是卿掌曆數，明周掌曆數亦是日官。鄭意以五帝殊時，三皇異世，文質不等，故設官不同。五帝之時，使卿掌曆數，至周，使下大夫爲之，故云‘建六典處六卿之職’以解之。”杜《注》云：“日官，天子掌曆者，不在六卿之數，而位從卿，故言居卿也。”杜蓋用鄭說也。杜又云：“厎，平也。”《漢書·律曆志》引傳文，蘇林注曰：“厎，致也。”王引之云：“蘇說是也。”《周官·馮相氏》曰：“冬夏致日，春秋致月。”《考工記·玉人》曰：“土圭尺有五寸以致日。”是其證。《白帖》一：“《左傳》曰：‘日官以厎日。’厎，致也。”所引蓋古注。顧炎武云：“五經無‘厎’字，皆是‘厎’字。”洪亮吉云：“‘厎’與‘抵’古字通。《廣雅·釋詁》：‘抵，推也。’此‘抵日’猶言推日也。杜《注》‘平也’，似未諦。”按：王、洪說是也。《釋言》：“厎，致也。”舊注本之。

日御不失日，以授百官于朝。

〔疏證〕此即《太史》鄭《注》所稱“諸侯藏之祖廟，至朔朝于廟，告而受行之也”。《律曆志》引劉歆說，自“不書日，官失也”，全用傳文，惟於“朝”下有“言告朔也”四字。師古曰：“劉家本有此語。”

初，鄭伯將以高渠彌爲卿。昭公惡之，固諫，不聽。昭公立，懼其殺己也。辛卯，殺^①昭公而立公子亹。

〔疏證〕《校勘記》云：“子亹，按：《韓子·難篇》作子宣。”《鄭世家》：“昭公二年，自昭公爲太子時，父莊公欲以高渠彌爲卿，太子忽惡之，莊公弗聽，卒用渠彌爲卿。及昭公即位，懼其殺己，冬十月辛卯，渠彌與昭公出獵，射殺昭公于野。祭仲與渠彌不敢入厲公，乃更立昭公弟子

---

① 科學本注：阮刻《十三經注疏》作“弑”。《校勘記》云：“宋本作殺，非。”劉氏原稿作殺，當係據宋本。

亹爲君，是爲子亹也，無謚號。”

君子謂昭公“知所惡矣”。

〔疏證〕杜無注。《疏》云：“韓子以爲君子‘言知所惡’者，非多其知之明，而嫌其心之不斷也，曰知之若是其明也，而不如早誅焉，以及於死，故言‘知所惡’，以見其無權也。昭公知其惡而不能行其誅，致使渠彌含憎懼死以徼幸，故昭公不免於弒。戒人君使彊於斷也。”韓子所稱，當爲古《左氏》說。

公子達曰：

〔疏證〕杜《注》：“公子達，魯大夫。”《校勘記》云：“達，《韓子》作‘圉’。”

“高伯其爲戮乎！復惡，已甚矣。”

〔疏證〕《說文》：“戮，殺也。”《晉語注》：“陳尸爲戮。”杜《注》：“復，重也。”惠棟云：“《韓非子》‘復惡’作‘報惡’。鄭注《大司寇》云：‘復，猶報也。’杜訓爲‘重’，失之。”案：事見《韓非子·外儲篇》。《儀禮》：“復見之以其摯。”注亦云：“復，報也。”惠說是也。《釋文》：“復，一音‘服’，則乖注意。”可證杜《注》異舊說。

〔經〕 十有八年，春，王正月，公會齊侯于濼。

〔疏證〕《說文》：“濼，齊、魯間水也。”杜《注》：“濼水在濟南歷城縣西北入濟。”洪亮吉云：“案：宋陸友仁云：‘濟水自王莽時不能至河西，而濼之所入者，清河也。’杜《注》失之。”沈欽韓云：“《水經注》：‘濼水出歷城縣故城西南，泉源上奮，水湧若輪。《春秋》桓公十八年，“公會齊侯於濼”，是也，北爲大明湖。’《方輿紀要》：‘小清河在濟南府城北，即濼水也。’”

公與夫人姜氏遂如齊。

〔疏證〕杜《注》：“公本與夫人俱行至濼，既會而相隨至齊，故曰遂。”

夏，四月，丙子，公薨于齊。

丁酉，公之喪至自齊。無《傳》。

秋，七月。

冬，十有二月，己丑，葬我君桓公。無《傳》。

〔傳〕 十八年，春，公將有行，遂與姜氏如齊。

〔疏證〕《魯世家》同傳文。

申繻曰：“女有家，男有室，無相瀆也，謂之有禮。易此，必敗。”

〔疏證〕《管子·大匡篇》：“申俞諫曰：‘女有家，男有室。’”《注》：“女有夫之家，男有妻之室。”《隰有萇楚疏》：“‘男有室，女有家’，謂男處妻之室，女安夫之家，夫婦二人，共爲家室，故謂夫婦家室之道，爲室家也。”皆古《左氏》説。杜《注》“女安夫之家，夫安妻之室”，正用舊説也。《管子》申俞，“俞”“繻”聲通。《疏》引沈氏云：“卿大夫稱家，家者，内外之大名。户内曰室，但男子一家之主，職主内外，故曰家；婦人主閨内之事，故爲室也。”劉炫云：“《釋宮》云：‘宮謂之室，其内謂之家。’則家之與室，義無以異，欲見男女之別，故以室屬之。其實室、家同也。”此光伯《述議》語。劉引沈説而申之也。《昭二十六年傳》：“不可瀆也。”服《注》：“瀆，易也。”《表記》：“再三瀆。”《注》：“瀆之言褻也。”《集韻》：“黷通作瀆。”《説文》：“黷，握持垢也。”

公會齊侯于濼，遂及文姜如齊。齊侯通焉。

〔注〕服云：“旁淫曰通。”[1]《雄雉疏》。

〔疏證〕《魯世家》：“公不聽，遂如齊。齊襄公通桓公夫人。”《齊世家》：“齊襄公故嘗私通魯夫人。魯夫人者，襄公女弟也。自釐公時嫁爲魯桓公婦，及桓公來而襄公復通焉。”是其事也。《猗嗟疏》[2]：“《左傳》於桓十八年‘如齊’之下始云‘齊侯通焉’。《箋》知‘素與淫通’者，以姦淫之事生於聚居，不宜既嫁始然。故知未嫁之前，素與淫通也。但《左傳》爲‘公謫’張本，故於‘如齊’之下，始言齊侯通耳。”彼《疏》未知鄭《箋》據《齊世家》也。《雄雉疏》云：“《桓十八年傳》曰：‘文姜如齊，齊侯通焉。’服虔云：‘旁淫曰通。’言旁者，非其妻妾，旁與之

---

[1] 科學本注：脱“又曰凡淫曰通”一句。見《輯述》。

[2] 林按：應爲《南山疏》文，劉氏誤記。

淫。上下通名也。《牆有茨》云："公子頑通於君母。"《左傳》曰"孔悝之母與豎渾良夫通"，皆上淫也。齊莊公通於崔杼之妻，蔡景侯爲太子般娶於楚，通焉，皆下淫也。以此知通者總名。故服虔又云"凡淫曰通"也。"《疏》所引服《注》"凡淫曰通"，非此《傳注》。李貽德《輯述》繫於此《傳》，誤。

公謫之。

〔疏證〕《說文》："謫，罰也。"《周語》："必皆無謫。""謫，譴也。"《北門》："室人交徧謫我。"《傳》："謫，譴也。"《魯世家》："公怒夫人。"

以告。

〔疏證〕《魯世家》："夫人以告齊侯。"

夏，四月，丙子，齊侯享公。

〔注〕服云："爲公設享讌之禮。"《魯世家集解》。

〔疏證〕杜用服《注》。《御覽》七百七十二引《注》："公，魯桓公也。"疑非注文。

使公子彭生乘公，公薨于車。

〔疏證〕《獨斷》："乘，猶載也。"杜《注》："上車曰乘。"《魯世家》："公醉，使公子彭生抱魯桓公，因命彭生折其脅，公死於車。"《齊世家》："襄公使力士彭生，抱上魯君車。因摺殺魯桓公。下車則死矣。"《鄭世家》："子亹元年，齊襄公使彭生醉拉殺魯桓公。"洪亮吉云："《玉篇》'骭'字引《左氏傳》云'拉公骭而殺之'，云'以手拉折其骭'。今考《玉篇》誤以《公羊》爲《左氏傳》，下句即何休《注》也。《詩》毛《傳》又云：'搚殺之。'《說文》：'搚，捽也。'與'拉'字義亦通。"按：杜《注》"拉公幹而殺之"，用《公羊》說。今本《公羊》"拉"作"搚"。《釋①文》云："搚、摺、拉音義同也。"《晉書·諸葛長民傳》："劉裕潛入東府，伏壯士丁旿于幕中，引長民進語。素所未盡皆說焉。長民悦，旿自後拉而殺之。"亦用《公羊》義。

魯人告于齊曰："寡君畏君之威，不敢寧居，來修舊好。禮成而

---

① 林按：底本誤作"經"，據科學本改。

不反，無所歸咎。惡於諸侯，請以彭生除之。"

〔疏證〕《説文》："咎，災也。"《北山》"或慘慘畏咎"《箋》："咎，猶罪過也。"《魯世家》："魯人告于齊曰：'寡君畏君之威，不敢寧居，來修舊好。禮成而不反，無所歸咎。請得彭生，以除醜於諸侯。'"

齊人殺彭生。

〔疏證〕《魯世家》："齊人殺彭生以説魯。"杜《注》："不書，非卿。"

秋，齊侯師于首止。

〔注〕服云："首止，近鄭之地。"《鄭世家集解》。

〔疏證〕《郡國志》："陳留郡己吾有首鄉。"劉昭《注補》："《左傳》桓十八年，齊侯師於首止。"《方輿紀要》："首鄉在睢州東南。"劉恭冕云："杜《注》：'衛地。'然服言近鄭，固以首止爲衛地而近鄭也。"

子亹會之，高渠彌相。

七月，戊戌，齊人殺子亹，而轘高渠彌。

〔疏證〕《條狼氏》："誓馭曰車轘。"《注》："車轘，謂車裂也。"《御覽》六百四十五引《釋名》曰："轘也者，散也，支體分散。"

祭仲逆鄭子于陳而立之。

〔注〕服云："鄭子，昭公弟子儀也。"《出其東門疏》。

〔疏證〕洪亮吉云："《史記》作'召公子亹弟公子嬰于陳而立之，是爲鄭子'。按：《小司馬》云：'《左傳》以鄭子名子儀，此云嬰，蓋別有所見。'杜取服説。"陳樹華云："按：'儀'同'倪'，'倪'即'兒'，小兒也，故《左》作'儀'，《史》作'嬰'。"

是行也，祭仲知之，故稱疾不往。人曰："祭仲以知免。"仲曰："信也。"

〔疏證〕《鄭世家》云："鄭子亹往會，高渠彌相，從。祭仲稱疾不行。所以然者，子亹自齊襄公爲公子之時，嘗會鬭，相仇。及會諸侯，祭仲請子亹無行。子亹曰：'齊彊，而厲公居櫟，即不往，是率諸侯伐我，内厲公。我不如往，往何遽必辱，且又何至是！'卒行。於是祭仲恐齊并殺之，故稱疾。子亹至，不謝齊侯。齊侯怒，遂伏甲而殺子亹。高渠彌亡歸。"

是其事也。唯云"高渠彌亡歸"，與《傳》不合。杜云："仲以子亹爲渠彌所立，本既不正，又不能固位安民，宜其見除。故即而^①然譏者之言，以明本意。"杜未知祭仲之避仇不往齊，曲爲之説，非也。

周公欲弑莊王而立王子克，

〔注〕賈云："莊王弟子儀也。"《周本紀集解》。

〔疏證〕杜用賈《注》。《周本紀》："莊王四年，周公黑肩欲殺莊王而立王子克。辛伯告王，王殺周公，王子克奔燕。"與《左傳》同。

辛伯告王。

〔注〕賈云："辛伯，周大夫也。"《周本紀集解》。

〔疏證〕杜用賈《注》。

遂與王殺周公黑肩，王子克奔燕。

〔疏證〕《周本紀正義》引杜預曰："南燕，姞姓也。"今本無此注。

初，子儀有寵于桓王，桓王屬諸周公。辛伯諫曰："并后、匹嫡、兩政、耦國，亂之本也。"

〔疏證〕《文王有聲》"作豐伊匹"，《傳》："匹，配也。"《廣雅·釋詁》："兩，二也。"《越語》："乃必有耦。"《注》："耦，對也。"《莊子·齊物論》："嗒焉似喪其耦。"《注》："耦，配也。"杜注"并后"曰"妾如后"；注"匹嫡"曰"庶如嫡"；注"兩政"曰"臣擅命"；注"耦國"曰"都如國"。王引之曰："謹案：杜注'兩政'與上下文異義，非也。政，非政事之政，正卿也。《爾雅》：'正，長也。'正卿爲百官之長，故謂之正。《襄二十五年傳》齊人賂晉六正。杜彼《注》曰：'三軍之六卿。'是也。《閔二年傳》曰：'君與國政之所圖也。'賈逵注曰：'國政，正卿也。'《哀十五年傳》：'莊公害故政，欲盡去之。'杜彼《注》曰：'故政，輒之臣。'《史記·衛世家》作'莊公欲盡誅大臣'。《周語》：'昔先大夫荀伯，自下軍之佐以政'，'趙宣子未有軍行而以政。'韋《注》并曰：'升爲正卿。'是'正'與'政'通也。兩政者，寵臣之權，與正卿相敵也。曰并、曰匹、曰兩、曰耦，皆相敵之詞。《閔二年傳》曰'内寵并后'，即此所云并后也。曰'嬖子配適'，即此所云匹嫡也。曰'大都耦國'，即此所云耦

---

① 林按：原稿眉批："句有訛誤。"指"故即而"宜删。

國也。曰'外寵二政'，即此所云兩政也。政，正卿也。外寵之并於正卿，亦猶内寵之并后。嬖子之配適，大都之耦國。故曰：'并后、匹嫡、兩政、耦國，亂之本也。'《韓子・説疑篇》曰：'孽有擬適之子，配有擬妻之妾，廷有擬相之臣，臣有擬主之寵。凡此者，國之所危也。故曰：内寵并后，外寵貳政，枝子配適，大臣擬主，亂之道也。故《周記》曰："無尊妾而卑妻，無孽適子而尊小枝，無尊嬖臣而匹上卿，無尊大臣以擬其主也。"'此尤其明證。"按：王説是也。《晉書・載記・石季龍傳》："命石宣、石韜生殺拜除，皆迭日省决，不復啓也。申鍾諫曰：'太子，國之儲貳，朝夕視膳而不及政也。庶人邃往以聞政致敗，殷鑒不遠，宜革而弗遵。且二政分權，趐不及禍。周有子頹之釁，鄭有叔段之難，此皆由寵之不道，所以亂國害親。'"其云"二政"，亦謂"迭主政事"，匹嫡而又兩政也。

周公弗從，故及。

〔疏證〕《周本紀索隱》云："周公阿先王之旨，自取誅夷。辛伯正君臣之義，卒安王業。二卿優劣，誠可識也。"

莊 公

〔疏證〕《世本》："莊公名同。"《逸周書·謚法解》："勝敵克亂曰莊。"

〔經〕 元年，春，王正月。

三月，夫人遜于齊。

〔注〕賈逵、服虔皆以爲桓公之薨，至是年三月期而小祥，公憂思少殺，念及于母，以其罪重不可以反之，故書"遜于齊"耳。其實先在齊，并未歸也。服虔云："蓋魯桓之喪從齊來。"《詩·南山疏》。服以文姜爲二年始來。同上。

〔疏證〕《爾雅》："孫，遁也。"《廣雅》："孫，去也。"《史記·齊世家①》云："莊公母夫人因留齊，不敢歸魯。"是文姜本未歸也。洪亮吉云："杜《注》以夫人此時始出奔，非是。當以賈義爲長。"按：洪說是也。《詩·南山疏》："夫人久留於齊，莊公即位後乃來也。其來年月，三《傳》無文。《莊元年經》書：'三月，夫人遜于齊。'《公羊傳》云：'夫人固在齊矣。其言遜何？念母也。正月以存君。念母以首事。'何休及賈逵、服虔皆以爲桓公之薨云云。至二年，夫人會齊侯于禚，是從魯往之禚，則于會之前已反魯矣。服虔云'蓋魯桓之喪從齊來'，以文姜爲二年始來。杜預以莊元年歲首即位之時，文姜來。公以母出之故，不忍即位。文姜于齊感公意而來。既至，爲魯人所尤，故三月又孫于齊，謂文姜來而又去，非先在齊。二者說雖不同，皆是莊公即位之後乃來也。杜預創爲其說，前儒盡不然也。"《詩疏》引服《注》，疑有脫誤。其謂"蓋魯桓之喪從齊來"，下當云"夫人宜與同反"，蓋溯前年四月經文，以申夫人在齊未歸之義。"以文姜爲二年始來"句，亦非原文。《疏》家矖括其義耳。彼《疏》又云："鄭於《喪服小記》之注引《公羊》正月存親之事，則亦同於賈、服至二年乃歸也。"是賈君亦謂文姜二年始來也。《傳疏》云："《公羊》《穀梁》傳意，言文姜往年如齊。至此年三月猶尚不反。三月練

---

① 科學本注：按：應作"魯世家"。

祭，念及其母，乃書其出奔，非三月始從魯去也。《左氏》先儒，皆用此
説。杜不然者，史之所書，據實而録，未有虛書其事者也。夫人若遂不
還，則孫已久矣，何故至是三月始言孫于齊？公若念及其母，自可迎使
來歸，何以反書其孫？豈莊公召命史官使書其母孫乎？”《傳疏》申杜以
難賈、服，與《南山疏》同出一手，而牴牾如此。“期而小祥”，《禮記·問
傳》文，《荀子·禮論》：“喪禮之凡，久而平。”楊《注》：“久則哀殺
如平常也。”顧炎武云：“次年有會禚之文，則不久而從還於魯。其不書
‘還’，蓋夫子削之。”

夏，單伯送王姬。

〔疏證〕《公羊》《穀梁》“送”作“逆”。《御覽》一百五十二引“單伯
送王姬”，《注》：“王將嫁女于齊，命魯爲主，故單伯送。天子嫁女於諸侯，
使同姓諸侯主之。不親昏，尊卑不敵。”杜《注》用之，文視此爲詳，疑
此爲舊注。杜又云：“王姬不稱字，以王爲尊，且別於内女也。”舊注無其
文。《後漢書·荀爽傳》：“《春秋》之義，王姬嫁齊，使魯主之，不以天子
之尊加於諸侯。”與舊注義同，則杜氏所用爲《左氏》古義矣。本《疏》云：
“單氏世仕王朝，此及文公之世，皆云單伯。成公以下，常稱單子。知伯、
子皆爵也，此時稱伯，後降爲子耳。”《何彼穠矣疏》：“王姬者，王女而姬
姓。”

秋，築王姬之館于外。

〔疏證〕《白虎通》引作“築王姬觀於外”。洪亮吉云：“觀、館古字
通。”杜《注》云：“公在諒闇，慮齊侯當親迎，不忍便以禮接於廟。”本
《疏》云：“《穀梁傳》曰：‘築之外，變之正也。仇讐之人，非所以接昏姻
也，衰麻非所以接弁冕也。’其意言公與齊爲讐，又身有重服，不得與齊
侯爲禮，故築於外也。《左氏》先儒，亦用此爲説。杜謂諸侯之喪，既葬，
則衰麻除矣，不得以喪服爲言也。又讐除服釋，不敢逆王命。辭主昏，故
築舍於外。”沈欽韓云：“按：鄭以諒闇爲凶廬，預以諒闇爲心喪。子之於
父母，從無心喪之文。若如預意，則不共戴天之讐可釋，三年不祭之服已
除。參預嘉禮，本自無傷，但不忍純以吉禮，翻是①美莊公之得宜，悖亂
莫甚焉。善乎《穀梁》之言曰：‘仇讐之人，非所以接昏姻也；衰麻非所

---

① 林按：“是”字爲衍文。

以接弁冕也。'"按：沈説是也。其欲以《穀梁》誼正杜《注》之失，未知《左氏》古誼本同於《穀梁》也。

冬，十月，乙亥，陳侯林卒。無《傳》。

〔疏證〕《史記·陳世家》："利公立五月卒。立①中弟林，是爲莊公，莊公七年卒。"

王使榮叔來錫桓公命。無《傳》。

〔疏證〕杜《注》："榮叔，周大夫。錫，賜也②；命，爲追命桓公。若昭七年王追命衛襄之比。"彼《注》云："命如今之哀策。"《通典》七十二引《五經異義》："《春秋》《公羊》《穀梁》説：王使榮叔錫魯桓命，追襲死者，非禮也。死者功可追而錫，如有罪，又可追而刑耶？《春秋左氏》譏其錫篡弒之君，無譏錫死者之文也。"《詩·旱麓正義》引鄭《駁異義》："《王制》云：'三公，一命衮，若有功，則加賜。'衮，衣之謂與？'二曰衣服'是也。"此鄭駁文未完。許君駁《公》《穀》説，則鄭當從《公》《穀》説也。孔廣林云："諸侯即位而錫命，禮也。故《詩·韓奕》云'王錫韓侯'，其生有勳力於王室者，死必追錫之，若後世哀策。在古則高圉亞圉，死爲追命矣。於禮無乖，當從《左氏》。"按：孔説是也。杜亦用《左氏》説，而未及譏篡弒之義，非。《爾雅》："錫，賜也。"

王姬歸于齊。無《傳》。

齊師遷紀郱、鄑、郚。無《傳》。

〔疏證〕洪亮吉云："《地理志》：'琅邪郡鉼，梧城。'《水經注》作'鄑城'。《地理風俗紀》曰：'朱虛縣東四十里有郚亭城，故縣也。'應劭曰：'臨朐有伯氏駢邑。'按：'駢'即'鉼'也。郱、鉼、駢古字同。《郡國志》：'齊國臨朐有三亭，古郱邑。'《説文》：'鄑，宋、衛間地。'杜《注》'北海都昌縣西有訾城'，即此。'鄑''訾'音同。唐於都昌縣鄑城置訾亭縣，以此。"沈欽韓云："《一統志》：'鉼縣故城，在青州府臨朐縣東北。郚城故城在安丘縣西南崌山北，訾亭在萊州府昌邑縣西。'"本《疏》引蘇氏云："直取其地，不取其民。故云遷，不云取。"此引蘇寬《義疏》也。

---

① 林按：底本無"立五月卒立"五字，據《史記》及科學本增補。

② 林按：底本及科學本闕"賜也"，據《左傳正義》補録。

〔傳〕 **“元年，春”，不稱即位，文姜出故也。**

〔注〕服云：“文姜通於兄齊襄，與殺公而不反，父殺母出，隱痛深諱，期而中練，思慕少殺，念至於母。故經書‘三月，夫人孫于齊’。”《魏書·竇瑗傳》。

〔疏證〕杜《注》云：“莊公父弑母出，故不忍行即位之禮。”用服義也。《魏書·良吏·竇瑗傳》：“瑗上表曰：‘蒙班《麟趾新制》，臣伏讀至三公曹第六十六條：母殺其父，子不得告，告者死。輒以爲惑。知母將殺，理應告父。如其已殺，宜聽告官。今母殺父，而子不告，便是知母而不知父。聖化淳洽，梟獍猶變，脱下愚不移，事在言外，可臨時議罪，何用預制斯條。誠恐千載以下，以明明大朝，有尊母卑父之論。以臣管見，實所不取。乞付評議。’詔付尚書，三公郎封君義立判云：‘身體髮膚，受之父母。生我勞瘁，續莫大焉。子於父母，同氣異息。終天靡報，在情一也。今忽欲論其尊卑，辨其優劣，推心未忍，訪古無據。母殺其父，子復告母，母由告死，便是子殺。天下未有無母之國，不知此子將欲何之。按《春秋》莊公元年，不稱即位，文姜出故。服虔注云云，既有念母深諱之文，明無讎疾告列之理。且聖人設法，所以防淫禁暴，極言善惡，使知而避之。若臨事議刑，則陷罪者多矣。’瑗復難云：‘瑗尋注義，隱痛深諱者，以父爲齊所殺，而母與之，隱痛父死，深諱母出，故不稱即位，非謂諱母與殺也。是以下文以義絶其罪，不爲與殺明矣。《公羊傳》曰：“君殺，子不言即位，隱之。”朞而中練，父憂少衰，始念於母，略書“夫人遜於齊”。是内諱出奔，猶爲罪文。《傳》曰：“不稱姜氏，絶不爲親，禮也。”《注》云：“夫人有與殺桓之罪，絶不爲親，得尊父之義。善莊公思大義，絶有罪，故曰禮也。”以大義絶有罪，得禮之衷，明有讎疾告列之理。但《春秋》桓、莊之際，齊爲大國，通於文姜，魯公謫之，文姜以告齊襄。使公子彭生殺之。魯既弱小，而懼於齊。是時天子衰微，又無賢霸，故不敢讎之，又不敢告列，惟得告於齊曰：“無所歸咎，惡於諸侯，請以彭生除之。”齊人殺公子彭生。按即此斷，雖有援引，即以情推理，尚未遣惑。’事遂停寢。”按：封氏所引服《注》，至“夫人孫於齊”上，“既有念母”二句，乃申服《注》之義。嚴蔚、洪亮吉引爲服《注》，誤。李氏貽德謂二語似有駁難服氏之意，亦非也。封氏之意，謂莊公諱母與殺，證律則是，解經則非。竇氏謂“隱痛父死，深諱母出”，得服氏意矣。《喪服四制》“期而練”，《喪服小記》：“故期而祭練也。”《注》：“此謂練祭也。期則宜祭，天道一變，

哀惻之情益衰。"《大祝疏》："練謂十三月小祥練祭。"桓公以上年四月
薨，至是已期也。服氏不注經文，此解夫人孫於齊，而《魏書》引爲傳
注，亦一證。

三月，夫人姜氏孫于齊。不稱姜氏，絶不爲親，禮也。

〔注〕服云："夫人有與殺桓之罪，絶不爲親，得尊父之義。善莊公思
大義，絶有罪。故曰禮也。"《魏書·竇瑗傳》。

〔疏證〕此亦竇瑗引以定律。原文止稱注，而諸家定爲服《注》者，
以蒙"不稱即位"注知之。杜《注》云："於文姜之義，宜與齊絶，而
復奔齊。故於奔，去姜氏以示義。"蓋不用服說。《疏》云："《公羊傳》
曰：'夫人何以不稱姜氏？貶。曷爲貶？與弑公也。'《穀梁傳》亦云：
'不言氏姓，貶之也。'《左氏》先儒取二《傳》爲說。言傳稱'絶不爲
親，禮也'。謂莊公絶母，不復以之爲親。爲父絶母，得禮尊父之義，
故曰'禮也'。先儒謂莊公宜與母絶。杜意莊公宜與齊絶，故偏據莊公
爲文，所以排舊說耳。"如《疏》意，是先儒皆謂文姜與殺桓公，莊公
絶母合於禮，不止服氏一人之說矣。惠棟云："莊二十二年'肆大眚'，
然後書'葬我小君文姜'，則服氏之說爲有據矣。《說苑》曰：'絶文姜
之屬，而不爲不愛其母。'正與此同屬，謂'不稱姜氏'也。"沈欽韓云：
"文姜罪大，母子之義已絶，但子無出母之道。故《春秋》婉其文曰'孫
於齊'，見姜氏之自絶，去氏以貶之，於是焉莊公可以已矣。曰'此禮
也'。成乎其爲母子者，未有不稱氏也。故《凱風》曰'母氏'。"按：
惠、沈之說是也。

"秋，築王姬之館於外。"爲外，禮也。

〔疏證〕俞樾云："古于、爲二字通。'爲外，禮也'，猶曰'于外，禮
也'。"本《疏》引鄭《箴膏肓》云：'宮廟朝庭各有定處，無所館天子之
女，故宜築於宮外'是言須築之意也。鄭蓋箴傳文之不備。《曲禮》"非
有大故，不入其門"，《疏》："《公羊》以爲築宮當於宮外，非禮也。《左
氏》以爲築宮於外，禮也。鄭康成亦以爲築宮當於宮外，是也。"《禮疏》
蓋亦引《箴膏肓》說，其稱《左氏》以築館爲合禮則非。沈欽韓云："傳
意言'于外，禮也'。莊公之爲之，非禮也。杜預言齊已委罪於彭生，魯
不能讎齊。此蠻獠殺父，以狗償母之智也。"按沈說是也。本《疏》謂"此
言外者，謂城之外"，《傳》無此義。

〔經〕 二年，春，王二月，葬陳莊公。

夏，公子慶父帥師伐於餘丘。

〔疏證〕杜《注》："莊公時年十五，則慶父，莊公庶兄。"《疏》云："莊二十七年，《公羊傳》曰：'公子慶父、公子牙、公子友皆莊公之母弟也。'《左氏》先儒用此爲説，杜以不然，故明之。"又引《釋例》曰："'經書"公子慶父伐於餘丘"，而《公羊》以爲莊公母弟，計其年歲，既未能統軍，又無晉悼、王孫滿幼智之文。此蓋《公羊》之妄，而先儒曾不覺悟，取以爲《左氏》義。'今推案《傳》之上下文，羽父之弑隱公，皆諂謀於桓公，則桓公已成人也。《傳》曰'生桓公，而惠公薨'，指明仲子唯有此男，非謂生在薨年也。桓以成人而弑隱即位，乃娶於齊，自應有長庶，故氏曰孟，此明證也。公疾，問後於叔牙，牙稱慶父材，疑同母也。《傳》稱季友，文姜之愛子，與公同生，故以死奉般。情義相推，考之《左氏》，有若符契，是杜名其異母之意也。"《疏》之申杜如此。按：桓公實以惠公之薨年生，辨詳隱元年《疏證》。《疏》既疑慶父、叔牙同母，又以叔牙爲文姜之愛子，則與莊公非異母矣，是仍先儒母弟之説也，何又疑應有長庶？《疏》説皆非。《疏》又引劉炫云："蓋慶父自稱仲，欲同於正適。"亦用杜氏庶兄之説。《公》《穀》皆以餘丘爲邾之別邑。《左氏》無《傳》。杜《注》："於餘丘，國名也。"今地闕。

秋，七月，齊王姬卒。

〔疏證〕《檀弓》："齊穀王姬之喪。"《注》："王姬，周女，齊桓公之夫人。"《疏》："案：莊公十①年，王女共姬爲齊桓公夫人。知此王姬非齊桓公夫人者②，以桓公夫人經無卒文，是不告於魯。襄公夫人，莊二年，經書'王姬卒'，是告魯。此言齊告王姬之喪，故知是襄公夫人。"是鄭注此經，不用《檀弓》説也。本《疏》引《檀弓》，"穀"作"告"。《校勘記》云："《禮記》作'穀'，此從鄭讀改。"

冬，十有二月，夫人姜氏會齊侯于禚。

〔疏證〕《公》《穀》"禚"作"郜"，下四年，《公》《穀》并同。洪亮

---

① 科學本注：原作"十年"，據《桓公疏》增。

② 林按：底本脱此句，據科學本增補。

吉云："按：《論衡·書虛篇》亦引作'郜'。'禚''郜'音同。據此，則禚當即郜國。《説文》所云'周文王子所封國'也，與南郜、北郜本別，劉炫難杜亦然。"按：洪説是也。《校勘記》云："《玉篇》禾部'穛'云：'齊地名'。而示部'禚'字，不云地名。蓋顧希馮所據《春秋》，字從禾，《説文》無'禚'。"是《春秋》古文當作"穛"矣。今地闕。《春秋地名考略》云："或曰在山東濟南府長清縣境。"顧炎武云："杜《注》'夫人行不以禮，故還皆不書'，非也。夫人之禮降於君，故書行不書還，史之舊文。"

乙酉，宋公馮卒。

〔疏證〕《宋世家》："十九年，莊公卒，子湣公捷立。"

〔傳〕 二年，冬，**"夫人姜氏會齊侯于禚"。書，姦也。**

〔疏證〕《南山疏》："《左傳》於'會禚'之下，書'姦也'。於'會防'之下，言'齊志也'。杜預以爲意出於夫人，則云'書姦'；意出於齊侯，則云'齊志'。《傳》舉二端，其餘皆從之，則'祝丘'與'如齊'，姦由從夫人，'防''穀'，姦發於齊侯，鄭義或亦當然。"

〔經〕 三年，春，王正月，溺會齊師伐衛。

〔疏證〕杜《注》："溺，魯大夫。"

夏，四月，葬宋莊公。無《傳》。

五月，葬桓王。

秋，紀季以酅入于齊。

〔注〕劉、賈謂："紀季以酅奔齊，不言叛，不能專酅也。"本《疏》。賈逵以爲紀季不能兄弟同心以存國，乃以背兄歸讎，書以譏之。《後漢書·賈逵傳注》。

〔疏證〕洪亮吉云："《説文》：'酅，東海之邑。'杜《注》云：'紀邑。'蓋取《穀梁傳》説。《地理志》：'甾川國東安平。'孟康曰：'紀季以酅入於齊，今酅亭是也。'"馬宗璉云："《續述征記》云：'女水至安平縣城南，伏流一十五里，然後更流注北揚水城。城故酅亭也。'按：此是酅亭在齊國東安平縣南十餘里。"按：洪、馬説是也。《齊語》："南至於錡陰，西至於濟，北至於河，東至於紀。"鄭《注》："紀，故紀侯之國。酅，紀季之邑，以紀入於齊者。”則《外傳》舊説，亦謂酅爲紀邑。杜本之，非取《穀梁傳》説也。《一統志》：“酅邑在青州府臨淄縣東。”杜《注》又云：“齊欲滅紀，故季以邑入齊爲附庸。先祀不發，社稷有奉，故書字貴之。”《疏》引劉、賈説駁之曰：“《傳》稱‘紀侯不能下齊，以與紀季’。季非叛也。紀亡之後，叔姬歸於酅，明爲附庸，猶得專酅，故可歸也。是杜具説貴之意也。”按：杜貴之之義，用《公羊》賢紀季義，與劉、賈説不同。此《傳》無褒紀季之文。劉、賈謂不能專酅，明季之未據邑，亦非褒季之辭，止明經不書叛之義耳。《疏》駁非是。此經爲“紀侯大去其國”張本。《後漢書·賈逵傳》：“《左氏》義得於君父。《公羊》多任權變。”《注》云：“《左傳》以酅入於齊，紀侯大去其國。”下即引賈逵説。《漢書注》合經傳以明季之罪，爲古《左氏》説，異於《公》《穀》。焦循云：“《傳》言紀侯以與紀季，則非兄弟不同心，而季固未嘗背兄。杜依傳文，用違賈説，固賈氏所不及也。”焦氏用《公羊》説祖杜《注》，非也。

冬，公次于滑。

〔注〕賈氏以爲書次者，皆善之辭。本《疏》。

〔疏證〕《公》《穀》“滑”作“郎”。《傳例》：“凡師一宿爲舍，再宿爲信，過信爲次。”杜《注》云：“兵未有所加，所次則書之。”《疏》云：“兵未有所加，所次則書之，以示遲速。‘公次於滑’，‘師次於郎’，是也。先儒又言，書次者，皆善之辭。”又引《釋例》曰：“‘“叔孫救晉，次於雍榆。”《傳》曰“禮”者，善其宗助盟主，非以次爲禮也。“齊桓次於聶北救邢”，亦以存邢，具其器用。師人無私見，善不在次也。而賈氏皆即以爲善次。次之與否，自是臨時用兵之宜，非禮之所素制也。’言非素制者，非禮家制此次①，以爲善號也。”如《疏》説，則“書次”爲善辭，左氏先儒皆然，非僅賈氏誼矣。《傳例》皆本禮經，謂次非禮之素制，非。《公》《穀》“滑”皆作“郎”。《郡國志》：“陳留郡襄邑有滑亭。”《大事表》：“今河南歸德府睢州有滑亭。”

〔傳〕“三年，春，溺會齊師伐衛。”疾之也。

〔疏證〕杜《注》：“《傳》重明上例。”《疏》無説。沈欽韓云：“按：《傳》‘疾之’之義，雖不明言，然玩六年經云‘王人救衛’，又云‘齊人

---

① 林按：“次”，應作“名”。

來歸衛寶’，則莊公釋仇而與之比肩從事，同惡相濟。桓公身爲篡弑，而成宋亂；莊公身自忘義，而助衛惡。由其躬行不飭，致茲披猖。《傳》發明《經》意，‘疾之’者，疾莊公也。前此築王姬之館，爲齊主昏。猶曰‘王命’也。溺會齊師伐衛，孰使之乎？注家徒牽於前後之例，而昧是非之心。隱四年，翬率師，曰‘疾之’者，疾翬有無君之心，擅盜兵柄，爲篡殺之萌，非獨於帥師時貶也。終隱之世，翬不稱公子也。溺於莊公，初無疵戾，又會齊師伐衛，書法與翬不同，然則疾之之義通計五年、六年伐衛言之，其疾莊公者顯然矣。”

“夏，五月，葬桓王”。緩也。

〔疏證〕《禮記》：“天子七月而葬。”杜《注》：“以桓十五年三月崩，七月[1]乃葬，故曰緩。”

“秋，紀季以酅入于齊”。紀於是乎始判。

〔疏證〕《説文》：“判，分也。”謂紀分酅屬齊。

“冬，公次于滑”。將會鄭伯，謀紀故也，鄭伯辭以難。

〔疏證〕杜《注》：“厲公在櫟故。”

凡師，一宿爲舍，再宿爲信，過信爲次。

〔注〕賈氏云：“若魯公次乾侯之比。”《釋例》。

〔疏證〕此“次”例也。《有客》：“有客宿宿，有客信信。”毛《傳》：“一宿曰宿，再宿曰信。”《爾雅·釋訓》：“有客宿宿，言再宿也。有客信信，言四宿也。”郭《注》：“再宿爲信，重言之，則知四宿。”本《疏》謂“信者，住經再宿”，非信爲四宿，則五宿以上皆爲信。故言過信，不言再信也。杜《注》云：“言凡師，通君臣。”《疏》云：“但是師行，皆從此例。非師之次，則不在此例。《釋例》賈氏云：‘若魯公次乾侯之比，非爲用師，不應在例，而復例之，亦爲濫也。’”按：君行師從，賈舉公次乾侯，正謂非兵事亦得言次，《釋例》説非。

〔經〕 四年，春，王二月，夫人姜氏享齊侯于祝丘。無《傳》。

〔疏證〕《公》《穀》“享”皆作“饗”。《釋文》又云：“本或作‘會’。”

---

① 林按：底本及科學本少“七月”二字，據《左傳正義》補，更利於理解。

臧壽恭云：“按：凡饗燕字，古文多借用‘享’字。若今文則‘饗燕’之‘饗’作‘饗’，‘享獻’之‘享’作‘享’，截然不同。《左氏》爲古文，故凡饗燕字皆借用‘享’字。”鄭玄《儀禮注》：“大饗，謂享大牢以飲賓。”杜《注》云：“享，食也，兩君相見之禮，非夫人所用，直書以見其失。”

三月，紀伯姬卒。無《傳》。

〔疏證〕杜《注》：“隱二年裂繻所逆者。”

夏，齊侯、陳侯、鄭伯遇于垂。無《傳》。

紀侯大去其國。

〔疏證〕《年表》：“齊伐紀，去其都邑。”《齊世家》：“八年伐紀，紀遷去其邑。”《索隱》：“按《春秋》莊四年，‘紀侯大去其國’。《左傳》云‘違齊難’，是也。”

六月，乙丑，齊侯葬紀伯姬。無《傳》。

〔注〕賈、許以諸侯禮説。本《疏》。

〔疏證〕杜《注》云：“以紀國夫人禮葬之。”謂夫人禮，則從夫爵矣。杜用賈、許説。而《疏》云：“不書謚者，亡國之婦，夫妻皆降，莫與之謚。而賈、許方以諸侯禮説，又失之也。”葬禮從諸侯，不關謚之有無。《疏》駁未是。臧壽恭云：“賈蓋謂齊侯加禮於伯姬，《經》書‘葬伯姬’，與諸侯同。”

秋，七月。

冬，公及齊人狩于禚。無《傳》。

〔疏證〕杜《注》：“越竟與齊微者狩，失禮。”沈欽韓云：“按：莊雖無人心，何爲與齊之微者狩？尊卑上下，自有統紀。齊之微者，安能儼然與鄰國之君狩乎？‘人’者，齊侯也。莊公安之而書者爲愧之，從而微之。”按：沈説是也。

〔傳〕 四年，春，王三月，楚武王荆尸，授師子焉，以伐隨。

〔注〕舊注：“子，句子。”《冶氏疏》。

〔疏證〕杜《注》：“荆亦楚也。”楚之稱荆，此《傳》始見。詳十年經文《疏證》。《釋詁》："尸，陳也。"陳，古陣字。則尸猶言陣也。《冶氏》："是故倨句外博。"《疏》："按：莊公四年《左氏傳》：'楚武王荆尸，授師孑焉。'《注》云：'孑，句孑。'"此傳杜《注》："楊雄《方言》：'孑者，戟也。'"知"孑，句孑"爲舊注也。《廣雅·釋器》："鏔、孑、鏝胡、釨、戛、戈，戟也。"王念孫云："《方言》：'楚謂之釨，凡戟而無刃，秦、晉之間謂之釨，或謂之鏔；吴、揚之間謂之戈；東齊、秦、晉之間，謂其大者曰鏝胡，其曲者謂之鉤釨鏝胡。'孑與下釨字同。《方言注》：'釨取名於鉤釨也。'"按：《冶氏疏》云"秦晉之間謂之孑"，又云"其曲者謂之句釨曼胡"，則釨、孑字同。句孑猶言句釨。王説是也。沈欽韓云："《考工記》："兵車，戈、殳、戟、矛四等。"《六韜·軍用篇》："武衛大扶胥三十六乘，材士强弩矛戟爲翼。"傳言楚始用兵車也。《楚世家》："周召隨侯，數以立楚爲王。楚怒，以隨背己，伐隨。"

將齊，入告夫人鄧曼曰："余心蕩。"

〔疏證〕杜《注》："將授兵於廟，故齊。蕩，動散也。"《年表》："楚武王五十一年，王伐隨，告夫人心動，王卒軍中。"

鄧曼歎曰："王禄盡矣。盈而蕩，天之道也。先君其知之矣，故臨武事，將發大命，而蕩王心焉。

〔疏證〕《説文》："禄，福也；盈，滿器也。"《鵲巢》："維鳩盈之。"《傳》："盈，滿也。"大命，謂軍令也。杜《注》云："志意盈滿，臨齊而散。"《隋書·五行志》："陳禎明三年，隋師臨江，都官尚書孔範曰：'長江天塹，古以爲限隔南北。今日北軍豈能飛度耶？臣每患官卑，彼若度來，臣爲太尉矣。'後主大悦，因奏妓、縱酒，賦詩不輟。心腹之痾也，存亡之機，定之俄頃，君臣旰食不暇。後主已不知懼，孔範從而蕩之。天奪其心，曷能不敗？陳國遂亡。"按：《傳》稱"盈而蕩，天之道"，即《隋志》所謂"天奪其心"也。

"若師徒無虧，王薨于行，國之福也。"

王遂行，卒于樠木之下。

〔疏證〕洪亮吉云："《説文》：'樠，松心木。'杜《注》止云'木名'，故采《説文》補之。或《説文》本賈氏説也。高誘《淮南王書注》：'樠，讀如姓樠之樠。'《釋文》及《正義》俱云'有曼、朗二音'，疑非。

《正義》又疑樠木爲朗榆，亦不見《説文》之故。"文淇按：《莊子·人間世》"以爲門户則液樠，以爲柱則蠹，是不材之木也"。《釋文》："樠，亡言反；向、李，莫干反；郭，武半反。司馬云：液，津液也。樠謂脂出樠樠然也。崔云：黑液出也。"《説文》："樠，從木，㒼聲。"向、李、郭音皆是。《左傳釋文》音"曼"，同李音也，其又爲"朗"音者。段玉裁《説文注》云："舊有樠、柚二字，一㒼聲，一兩聲。《馬援傳》章懷注曰：'《水經注》：武陵樠溪，蠻土俗樠作朗。'是皆認樠爲柚，未別其字，而强説其音也。"竟陵縣武來山一名樠木山。《郡國志》："《左傳》楚武王卒於樠木之下，即此山。"《寰宇記》所引《郡國志》，今本江夏郡下無，或樂史[1]氏所見本有也。沈欽韓云："《明統志》：'樠地在湖廣德安府應城縣治南，楚武王卒於樠木，即此。'《一統志》：'樠木山在安陸府鍾祥縣東一里。'"安陸爲漢竟陵地，與《寰宇記》合，德安則漢江夏郡矣。《明統志》誤，沈氏連引失考。

令尹鬭祁、莫敖屈重，

〔疏證〕杜《注》無注。洪亮吉云："此屈重當係屈瑕之子。"

除道、梁溠，

〔疏證〕《説文》引《春秋傳》曰："修涂梁溠。"今本"修涂"作"除道"，疑舊注"修涂，除道"，寫者誤屬於傳文。《説文》："梁，水橋也。"《晉語》："亦爲君之東游津梁之上。"《注》："梁，橋也。"杜《注》云："更開直道。"則杜時本已與漢異。《説文》所據賈氏本也。《周禮·職方氏》："河南曰豫州，其浸波溠。"《注》："《春秋傳》曰'楚子除道梁溠，營軍臨隨'，則溠宜屬荊州，在此非也。"《説文》："溠水，在漢南，荊州浸也。"用鄭氏《禮注》説。《吕氏春秋·有始篇》："河漢之間曰豫州。"胡渭《禹貢錐指》據之，謂"溠水在漢北"。《水經注》："溠水出隨縣西北黃山。南逕厥西縣西，又東南逕隨縣故城西。《春秋》楚武王伐隨，除道梁溠，謂此水也。又南流注於㳔。"《元和郡縣志》："隨州唐城縣本下溠鎮。"《一統志》："溠水在德安府隨州西北，今名扶躬河。"《方輿紀要》："溠水在隨州西三十里。"

營軍臨隨。隨人懼，行成。

---

[1] 林按：底本誤作"之"，或爲誤抄，據科學本改。

〔疏證〕《黍苗》“召伯營之”《箋》：“營，治也。”

莫敖以王命入盟隨侯，且請爲會於漢汭，而還。

〔疏證〕杜《注》：“汭，内也，謂漢西。”鄭玄《尚書注》：“汭之言内也。”杜《注》本之。《説文》：“汭，水相入也”，亦同鄭義。《釋文》：“水曲曰汭。”顧棟高云：“漢汭乃襄陽以南至安陸之漢水也。自襄陽至安陸府七百里，自安陸至漢陽府沔陽七百里。安陸爲楚之郭郢，是時王卒於樠木之下，在安陸府治東一里。莫敖懼隨人邀襲，故以王命詣隨侯爲會於此。時楚尚未有漢，隨在漢東，楚在漢西，故杜解爲漢西。”按：顧説是也。

濟漢而後發喪。

紀侯不能下齊，以與紀季。

〔疏證〕詳三年經《疏證》。

夏，紀侯大去其國，違齊難也。

〔疏證〕韋昭《國語注》：“違，避也。”《曲禮》：“國君死社稷。”《疏》：“《異義》：‘《公羊》説，國滅君死，正也。’故《禮運》云‘君死社稷’，無去國之義。《左傳》説，昔太王居邠，狄人攻之，乃踰梁山，邑於岐山，故知有去國之義也。許慎謹案：‘《易》曰：“係遯，有疾厲，畜臣妾，吉。”知諸侯無去國之義也。’鄭不駁之，明從許君用《公羊》義也。然則《公羊》之説正禮，《左氏》是説權法，義皆通也。”是《左氏》古誼褒紀侯去國。

〔經〕 五年，春，王正月。

夏，五月，夫人姜氏如齊師。無《傳》。

〔疏證〕《疏》云：“於時齊無征伐之事，不知師在何處。蓋齊侯疆理紀地，有師在紀。”齊師説無考，《疏》亦意爲之説。

秋，郳犂來來朝。

〔疏證〕杜《注》：“附庸國也，犂來，名。”《世本》：“邾顏居邾，肥徙郳。”宋忠《注》云：“邾顏别封小子肥於郳，爲小邾子。”《疏》引《世族譜》云：“小邾，邾俠之後也。夷父顏有功於周，其子友别封爲附庸，居郳。曾孫犁來，始見《春秋》，附從齊桓，以^①尊周室，命爲小邾子。穆公之孫，惠公以下，《春秋》後六世，而楚滅之。"《譜》視《世本》爲詳。《疏》謂"《世本》言肥，杜《譜》言友，當是一人"，是也。沈欽韓云："于欽《齊乘》：'郳城在繒城南，土人云小灰城，即小邾之訛也。'《兗州府志》：'郳城在滕縣東一里，梁水之東，周八里。'"

冬，公會齊人、宋人、陳人、蔡人伐衛。

〔疏證〕《年表》："與齊伐衛，納惠公。"《衛世家》："衛君黔牟立八年，齊襄公率諸侯奉王命共伐衛，納衛惠公。"

〔傳〕 五年，"秋，郳犁來來朝。"名，未王命也。

〔疏證〕郳犁來，《公羊》曰"倪黎來"，《穀梁》曰"郳黎來"。《傳例》："未王命，故不書爵。"《疏》云："僖七年，經書'小邾子來朝'，知齊桓請王命命之。"

冬，伐衛，納惠公也。

〔經〕 六年，春，王正月，王人子突救衛。

〔疏證〕正月，《公》《穀》作"三月"。臧壽恭云："按：《漢書》引劉歆説云：'衛公子黔牟立，齊帥諸侯伐之，天子使使救衛。'據劉説，是伐與救相比。前年冬，公會齊人、宋人、陳人、蔡人伐衛。此年正月，王人子突救衛，事正相比，當從《左氏》作'正月'。二《傳》《釋文》不言與《左氏》異，疑今本二《傳》誤。"僖八年《公羊傳》："王人，微者。"《穀梁傳》："王人，卑者也。"杜《注》："王人，王之微官也。"《疏》云："杜意取彼爲説。"

夏，六月，衛侯朔入于衛。

〔疏證〕《衛世家》："惠公復立，惠公立三年而出亡。亡八年，復入。與前通年，凡十三年矣。"

秋，公至自伐衛。無《傳》。

〔疏證〕杜《注》："告於廟也。"

---

① 林按：底本無"附從齊桓以"五字，據科學本補錄。

螟。無《傳》。

冬，齊人來歸衛俘。

〔疏證〕俘，《公》《穀》經傳皆作“寶”，《左氏傳》亦作“寶”。杜《注》云：“疑經誤。俘，囚也。”《疏》引《釋例》云：“‘齊人來歸衛寶’，《公羊》《穀梁》經傳及《左氏傳》皆同。惟《左氏》經獨言‘衛俘’。考三家經、傳有六，而五者言‘保’。此必《左氏》經之獨誤也。按：《說文》：‘保，從人，保省聲，古文保不省。’然則古字通用，‘寶’或‘保’字，與‘俘’相似，故誤作‘俘’耳。’杜既以爲誤，而又解‘俘’爲囚，是其不敢正決，故且從之。”是《疏》亦以杜說爲非也。顏師古《匡謬正俗》云：“莊六年，經書‘齊人來歸衛俘’，傳言‘衛寶’，《公羊》《穀梁》經并爲‘寶’。杜預《注》云：‘疑《左氏》經誤。’按：《爾雅》云‘俘，取也’。《書序》云‘遂伐三朡，俘厥寶玉’，然則所取於衛之寶，而來獻之。經、傳相會，義無乖爽。豈必俘即是人？杜氏之說爲不通矣。”顏知杜說不通，而謂從“俘”爲俘取寶玉，義殊迂曲。惠棟云：“《周書·顧命》‘陳寶赤刀’，《說文》引作‘保’。李氏鏡銘‘明如日月，世之寶’，與‘保’同。”沈欽韓云：“《說文》：‘宋，藏也。’本‘寶’之正字。”按：惠、沈說是也。經傳古文當作“宋”，轉寫爲“寶”，又有作“保”之本，致誤爲“俘”也。杜已解作“俘，囚”，而注傳文云“文姜求其所獲珍寶”，進退無據。

〔傳〕 六年，春，王人救衛。

夏，衛侯入，放公子黔牟于周，放甯跪于秦，殺左公子洩、右公子職。

〔疏證〕《說文》：“放，逐也。”杜《注》：“甯跪，衛大夫。”丁晏云：“《世族譜》衛甯跪有二，一爲甯連之祖，即莊六年之甯跪；一列於雜人，則哀四年之甯跪也。”《衛世家》：“誅左右公子，衛君黔牟奔於周。”《年表》“齊立惠公，黔牟奔周”，繫於七年。

乃即位。君子以三①公子之立黔牟爲不度矣。夫能固位者，必度

---

① 科學本注：三，宋本、阮刻《注疏》本皆作“二”，因劉氏《疏證》有說，故存而未改。

其本末，而後立衷焉。

〔疏證〕“三”當作“二”，二公子洩、職也。杜《注》：“本末，終始也。”《疏》云：“度其本者，謂其人才德賢善，根本牢固；度其末者，謂其人終能保有邦家，蕃育子孫，知其堪能自固，而後立育衷焉。”又引劉炫云：“度其本，謂思所立之人，有母氏之寵，有先君之愛，有疆臣之援，爲國人所信服也；度其末，謂思所立之人，有度量，有知謀，有治術，爲下民所樂愛也。”《疏》說“本末”，當爲舊疏，光伯說與舊疏異。孔引之以駁舊疏也。沈欽韓云：“度其本者，其人於義當立①。度其末者，其人立後，能安固國家。”沈括舊疏爲説，是也。光伯説“度本”，止以寵、愛、疆、援爲言，非古誼。

杜《注》云：“衷，節適也。”焦循云：“《吕氏春秋·適音篇》：‘何謂適？衷音之適也。何謂衷？大不出鈞，重不過石，小大輕重之衷也。黄鍾之宫，音之本也，清濁之衷也。衷也者，適也，以適聽適，則和矣。’《考工記·弓人》：‘是故厚其液而節帤。’《注》：‘節，謂適也。’《淮南子·精神訓》：‘適情辭餘，以己爲度。’高誘《注》云：‘適，猶節也。’”

不知其本，不謀。知本之不枝，弗强。

〔疏證〕《説文》：“枝，木別生條也。”是此知本，本謂木本也。杜《注》云：“譬之樹木，本弱者其枝必披，非人力所能强成。”《疏》云：“若不能知其本之可立與否，則不當謀之。如似樹木，知其根本之弱，不能生長枝葉，以喻所立之人，材力劣弱，不能保有邦家，蕃育子孫，則不須自强立之。”蓋杜以勉强釋强也。顧炎武云：“不謀猶言失計，不知黔牟之不足與立，似不謀也。知其爲君之孤立而無助，則不能自强而有其國矣。”按：顧説不謀猶失計，是也。弗强，當如杜説，言不必强立之。

《詩》云：“本枝百世。”

〔疏證〕《大雅·文王篇》“枝”作“支”，毛《傳》云：“本，本宗也。支，支子也。”《詩》以天子世子、庶子言，《傳》斷章引之。

冬，齊人來歸衛寶，文姜請之也。

楚文王伐申，過鄧。鄧祈侯曰：“吾甥也。”

---

① 林按：科學本原有“以不”，據沈欽韓《春秋左氏傳補注》爲衍文，當删。

〔疏證〕《謚法》：“治典不殺曰祁。”《年表》：“楚文王元年始都郢，二年伐申，過鄧。”《釋親》：“謂我舅者，吾謂之甥。”杜《注》：“姊妹之子曰甥。”

止而享之。騅甥、聃甥、養甥請殺楚子。

〔疏證〕騅甥，《古今人表》作“駐”。杜《注》：“皆鄧甥，仕於舅氏者也。”

鄧侯弗許。三甥曰：“亡鄧國者，必此人也。若不早圖，後君噬齊[1]其及。

〔疏證〕《説文》：“噬，啗也，啄也。”洪亮吉云：“《玉篇》引《左傳》作‘臍’，‘臍’俗字，當作‘齊’。《釋名》：‘臍，劑也，腸端之所限制也。’”按：《説文》：“齎，從肉齊聲。”則古文當作“齎”也。諸本皆以“其及”合下文“圖之乎”爲句。《晉書·慕容垂傳》：“垂叛後，上表於苻堅，堅報曰：‘謂卿食椹懷音，保之偕老。豈意畜水覆舟，養獸反害，悔之噬臍，將何所及？’”《宋書·謝晦傳》：“太祖討晦，諸軍進路。尚書符荆州曰：‘夫轉禍爲福，後機則凶。遂使王師臨郊，雷電皆至，噬臍之恨，亦將何及？’”《晉》《宋》皆舉“噬臍何及”爲文，“其及”猶言“甯及”，讀如“一之謂甚，其可再乎”之“其”，通“噬齊”爲句，古義當如此。杜《注》亦云：“若齧腹齊，喻不可及。”則杜本猶未誤，唐《疏》失之。

“圖之乎？圖之，此爲時矣。”鄧侯曰：“人將不食吾餘？”

〔疏證〕食餘，杜《注》無説。《疏》云：“爲甥設享，而用享害之，人將賤吾，不肯噉吾之餘食也。”當是古義。

對曰：“若不從三臣，抑社稷實不血食，而君焉取餘？”弗從。

〔疏證〕《年表》：“鄧甥曰楚可取。鄧侯不許。”《楚世家》：“鄧人曰：‘楚王易取。’鄧侯不許也。”血食，謂牲牢也。《疏》云：“《膏肓》以爲楚、鄧彊弱相懸，若從三甥之言，楚子雖死，鄧滅曾不旋踵。若刳腹去疾，炊炭止沸，《左氏》爲短。鄭箴云：‘楚之彊盛，從滅鄧以後，於時楚未爲彊，何得云彊弱相懸？’”是鄭意予三甥也。據《楚世家》“文王十一年，齊桓

---

① 林按：楊伯峻此處斷句，“其及”與下文“圖之乎”連，似更在理。

公始霸，楚亦始大”，鄭説當矣。《疏》又引蘇氏云：“三甥既有此語，《左氏》因史記之文，録其實事，非君子之論，何以非之？”亦不用何休説。

還年，楚子伐鄧。

〔疏證〕杜《注》：“伐申還之年。”

十六年，楚復伐鄧，滅之。

〔疏證〕《楚世家》：“十二年，伐鄧滅之。”《年表》繫於魯莊十六年。杜《注》“魯莊十六年”，據《年表》也。《疏》云：“知非楚文十六年者，以文王莊五年即位，至十九年卒，惟十五年耳。”近臆測，非杜意。

〔經〕 **七年，春，夫人姜氏會齊侯于防。**

夏，四月，辛卯，夜，恒星不見。夜中，星隕如雨。

〔注〕鄭君曰：“衆星列宿，諸侯之象，不見者，是諸侯棄天子禮義法度也。”《穀梁集解》。

〔疏證〕杜《注》：“辛卯，四月五日。”案：周四月，夏二月。以三統術推之，二月丙戌朔，六日辛卯，杜説非是。四月乙酉朔，七日辛卯，亦非五日也。

秋，大水。無《傳》。

無麥、苗。

冬，夫人姜氏會齊侯于穀。無《傳》。

〔傳〕 **七年，春，文姜會齊侯于防，齊志也。**

夏，恒星不見，夜明也。星隕如雨，與雨偕也。

秋，無麥、苗，不害嘉穀也。

〔經〕 **八年，春，王正月，師次于郎，以俟陳人，蔡人。**無《傳》。

〔注〕賈云：“陳、蔡欲伐魯，故待之。”服虔云：“欲共伐郕。”本《疏》。

〔疏證〕《穀梁傳》云：“甲午，治兵，習戰也。治兵而陳，蔡不至矣。兵事以嚴終，故曰：善陳者不戰。”賈氏本《穀梁》説，杜用服氏説。洪亮吉云："此年夏，師及齊師圍郕，郕降于齊師。經文及《傳》皆不及陳、蔡，知魯無期陳、蔡共伐郕之事，當以賈説爲長。《正義》申杜又云：'陳、蔡與魯境絶路遥。春秋以來，未嘗搆怨，何因輒伐魯也？'按：既云'境絶路遥'，則魯無庸約遠國伐近國。若云二國可共約伐郕，則郕與魯接境，何爲獨不可伐魯乎？《正義》之説，可謂進退失據矣。"按：《疏》又云："又，俟者，相須同行之辭，非防寇拒敵之謂，若是畏其來伐，當謂之'禦'，不得稱'俟'，故知'期共伐郕'也。"《公羊》何《注》云："師出本爲伐盛。"盛即郕，服《注》用《公羊》誼，經以無《傳》，故師説多異也。

甲午，治兵。

〔疏證〕治，《公羊》作"祠"。杜《注》"治兵於廟"，據傳言之。《曲禮》："外事以剛日。"鄭《注》："《春秋傳》曰：'甲午祠兵。'"《疏》："鄭所引'甲午祠兵'，直取'甲午'，證用剛日事耳，其'祠兵'之文，鄭所不用，故《異義》：'《公羊》説以爲甲午祠兵。《左氏》説甲午治兵。'鄭駁之云：《公羊》字誤也。以治爲祠，因爲作説。引《周禮》四時田獵、治兵振旅之法，是從《左氏》之説，不用《公羊》也。"此引《異義》及鄭駁文未備。《肆師疏》："《公羊》説曰：'師出曰祠兵，入曰振旅。祠者，祠五兵，矛、戟、劍、楯、弓、鼓，及祠蚩尤之造兵者。'謹案：《三朝記》曰：'蚩尤，庶人之强者。'何兵之能造？"此《異義》文也。其駁蚩尤造兵，上文仍有脱誤。《穀梁傳》有五兵，許當援《穀梁》説駁之也。《大司馬疏》："鄭玄於《異義駁》不從《公羊》云'祠兵'，故云'祠兵，字之誤也，因而作説之'，亦不從《左氏》説治兵爲授兵於廟，云：'於《周·司馬職》云：仲夏教茇舍，仲秋教治兵。其下皆云如戰之陳，仲冬教大閲，修戰法。虞人萊所田之野，乃爲之。如是，治兵之屬，皆習戰，非授兵於廟，又無祠五兵之禮。'"此皆鄭君《駁異義》文也。《曲禮疏》謂鄭從左氏説，此謂鄭不用三《傳》説，是鄭駁未定。本《疏》云："劉云、沈云治兵之禮，必須告廟，告廟雖是内事，治兵乃是外事，故雖告廟，仍用甲午，且治兵則征伐之類，又爲圍郕。雖在郊内，亦用剛日。"此沈文阿《義疏》釋舊注。舊注當以剛日説甲午也。

夏，師及齊師圍郕。郕降于齊師。

〔疏證〕郕，《公羊》作"成"。杜《注》："二國同討，而齊獨納郕。"

秋，師還。

冬，十有一月，癸未，齊無知弒其君諸兒。

〔注〕賈云：“不稱公孫，殺君取國，故以國言之。”《釋例》。

〔疏證〕杜經注①：周十二月，夏十月，“以書十一月癸未，《長曆》推之，月六日也。《傳》云十二月，傳誤。”案：夏三統術推之，十月丁丑朔，七日癸未。杜說非。《年表》：“毋知殺君自立。”賈義詳隱四年經《疏證》，李貽德云：“與州吁例同也。”

〔傳〕八年，春，治兵于廟，禮也。

〔注〕舊注：“三年而治兵，與秋同名，兵將出，故曰治兵。”《大司馬疏》。

〔疏證〕洪亮吉云：“《周禮》大司馬之職，賈公彥《疏》引此《傳》‘治兵於廟，禮也’，又引《注》云：‘三年而治兵，與秋同名。兵將出，故曰治兵。’今杜《注》無之，則公彥所引，當係服說。”“三年而治兵”，《隱五年傳》文。《大司馬》“仲秋教治兵，遂以獮田”，此舉治兵之禮於春，故曰與秋同名也。《疏》引沈云“《周禮》‘中秋治兵’，《月令》孟春令云‘是月也，不可以稱兵’。所以甲午治兵者，以爲圍郕。故非時治兵，猶如備難而城，雖非時不譏”。沈說正釋舊注，服謂“欲共伐郕”，沈故謂治兵以圍郕也。洪氏定此注爲服說，是也。以無顯證，故題爲舊注。經文服氏注當在此。以本《疏》賈、服連引，故具釋於經。

“夏，師及齊師圍郕。郕降于齊師。”仲慶父請伐齊師。

〔疏證〕杜《注》：“齊不與魯共其功，故欲伐之。”

公曰：“不可。我實不德，齊師何罪？罪我之由。《夏書》曰：‘皋陶邁種德，德乃降。’

〔疏證〕今《書·大禹謨》文。杜《注》云：“逸《書》也。”某氏《書傳》：“邁，行也。”洪亮吉云：“《說文》：‘邁，遠行也。’按：《書傳》及《爾雅》等皆訓邁爲行。杜《注》：‘邁，勉也。’‘邁’字無勉義，恐非。”

---

① 科學本注：“杜經注”起十七字，不見於《注疏》，《校勘記》作“經書十一月癸未，《長曆》推之，月六日也。”係《傳》注文。

"姑務修德，以待時乎。""秋，師還。"君子是以善魯莊公。

〔疏證〕杜《注》："姑，且也。"善莊公爲《左氏》義，《公》《穀》皆異也。

齊侯使連稱、管至父戍葵丘，

〔注〕賈云："連稱、管至父，皆齊大夫。"《齊世家集解》。

〔疏證〕杜《注》用賈說，又云："戍，守也。臨淄縣西有地名葵丘。"《水經注》引京相璠云："'齊西五十里有葵丘。'若是，無庸戍之。僖公九年，齊桓會諸侯于葵丘。宰孔曰'齊侯不務修德而勤遠略'，明葵丘不在齊也。胡廣言河東汾陰葵丘，山陽西北葵城宜在此，非也。余原《左傳》連稱、管至父之戍葵丘，以瓜時爲往還之期。請代，弗許，將爲齊亂，故令無寵之妹候公於宮，因無知之絀，遂害襄公。若遠出無代，甯得謀及婦人，而爲公宮之亂乎？是以杜預稽《春秋》之旨，即傳安之，注於臨淄，而不得舍近托遠。苟成己異，於異可殊，即義爲負。然則葵丘之戍，即此地也。"沈欽韓云："《水經注》：'系水又西逕葵丘北。'《元和志》：'葵丘在青州臨菑縣西北二十里。'按：京相璠疑此爲近。雜引汾陰葵丘及山陽西北葵城。然考《續志》，河內郡山陽縣有葵城。劉昭云蔡叔所封。字作蔡，不爲葵。且汾陰、山陽，今之懷慶、蒲州，二府與齊地隔絕，胡用戍之？故酈氏定從臨淄之葵丘。"按：沈說是也。《齊世家》："十二年，初，襄公使連稱、管至父戍葵丘。"《索隱》引杜《注》，亦謂："杜意以戍葵丘，當不遠出齊境，故引臨淄西之葵丘。"

瓜時而往，曰："及瓜而代。"[①]

〔注〕服云："瓜時，七月。及瓜，謂後年瓜時。"《齊世家集解》。

〔疏證〕李貽德云："《夏小正》：'五月乃瓜。'夏五月，周七月。服云七月，據周正也。《豳風》'七月食瓜'，服不取以爲時者，以此瓜期，當指瓜之始生，非言蓄瓜之候也。《呂覽·長見篇注》：'後，來也。'後年，猶來歲。《周禮·肆師》：'泜卜來歲之稼。'後鄭《注》：'卜者問後歲稼所宜。'是也。"

期戍，公問不至。

---

① 林按：底本此處脫"曰"字，據楊本增補。

〔疏證〕洪亮吉云："《説文》：'問，訊也。'杜《注》：'問，命也。'恐非。"《齊世家》："往戍一歲，卒瓜時，而公弗爲發代。"

請代，弗許。

〔疏證〕杜無注。《尉繚子》曰："兵戍過一歲，遂亡，不候代者，法比亡軍。"是古兵戍一歲，得請代也。《齊世家》："爲請代，公弗許。"

故謀作亂。僖公之母弟曰夷仲年，生公孫無知，有寵于僖公，衣服禮秩如適。

〔疏證〕公孫無知，《古今人表》作"公子無知"。《吕覽・貴卒篇注》："公孫無知，僖公之弟夷仲年之子，故曰孫，於襄公爲從弟。"《管子・君臣篇》："選爲都佼，冒之以衣服，旌之以章旗，所以重其威也。"《注》："所立之嫡，必選其都雅佼好者，又以美衣麗服覆習之，章表旌幟旌異之，凡此皆所以重嫡子也。"是古適子之衣服、章旗與衆子、庶子異也。禮秩，禮之等威也。洪亮吉云："《説文》'秩'字下云：'積也。《詩》云："稺之秩秩。"''艶'字下云：'爵之次弟也。《虞書》曰："平艶東作。"'是二字文、義俱别，經典從省，借'秩'爲'艶'耳。"《年表》："釐公三十二年，毋知，釐公令秩服如太子。"《齊世家》："三十二年，釐公同母弟夷仲年死。其子曰公孫，釐公愛之，令其秩服奉養比太子。"

襄公絀之。

〔疏證〕洪亮吉云："《説文》：'黜，貶下也。'《廣韻》：'黜'亦作'絀'。按：'絀''黜'古字同。《文元年傳》：'黜乃亂也。'《史記》即作'絀'。"是"絀"猶"黜"矣。《年表》："魯桓公十五年，爲齊襄公諸兒元年，貶毋知秩服，毋知怨。"《齊世家》："三十三年，釐公卒，太子諸兒立，是爲襄公。襄公元年，始爲太子時，嘗與無知鬬。及立，絀無知秩服。無知怨。"《吕覽・貴卒篇》："齊襄公即位，憎公子無知，收其祿。"是其事也。

二人因之以作亂。

〔疏證〕杜《注》："二人，連稱、管至父。"《齊世家》："故此二人怒，因公孫無知作亂。"

連稱有從妹在公宮，

〔注〕服云："爲妾在宮也。"《齊世家集解》。

〔疏證〕李貽德云："據《傳》云'無寵'，又公孫無知使之閒公曰：'捷，吾以汝爲夫人。'明在公宮時，未爲夫人，則是爲妾也。"

無寵，使閒公。

〔注〕王肅云："候公之閒隙。"《齊世家集解》。

〔疏證〕杜《注》云："伺公之閒隙。"與王説同。《齊世家》："使之閒襄公。"《廣雅》："閒，覗也。"是"閒"猶言覗也。《孟子》："王使人覗夫子。"

曰："捷，吾以汝爲夫人。"

〔疏證〕毛《傳》："捷，勝也。"《齊世家》："事成以女爲無知夫人。"杜《注》："宣無知之言。"用《世家》説。

冬，十二月，齊侯游於姑棼，

〔注〕賈云："姑棼，齊地也。"《齊世家集解》。

〔疏證〕杜《注》用賈説。其《土地名例》："姑棼，地闕。"顧棟高云："姑棼即薄姑。"按：《郡國志》："樂安國傅昌有薄姑城。"劉昭《注》："《左傳》姑棼，杜預曰'薄姑地'。"是杜氏以姑棼即薄姑也。《方輿紀要》："薄姑城在青州府博興縣。"

遂田于貝丘。

〔疏證〕《齊世家》作"遂獵沛丘。"《索隱》云："《左傳》作'貝丘'。"則史公異文也。《水經注·淄水篇》："西歷貝丘。京相璠曰：'博昌縣南近瀙水，有地名貝丘，在齊西北四十里。《春秋》莊公八年，齊侯田于貝丘。'"又《河水篇》："大河故瀆，又東逕貝丘縣南。應劭曰：'《左氏》齊襄公田於貝丘是也。'余按：京相璠、杜預并言在博昌，即司馬彪《郡國志》所謂貝中聚者也。應注於此，事近違矣。"酈氏所引應劭説，見《地理志》"清河郡貝丘"注。洪亮吉云："酈元以應説爲疎。今者貝丘縣故城在今廣平府清河縣界，春秋時屬齊國，雖較博昌爲遠，然齊侯出田，本無定地。景公欲觀轉附、朝儛，遵海而南，又豈得以遠疑之乎？應説或當有據也。"文淇案：下文"傷足，喪屨，反即誅屨於徒人費"，則齊侯所

田之地，必不遠。沈欽韓亦以應説爲非。杜氏同京相璠説。《齊乘》：“貝
丘在益都府博興縣南五里。”

見大豕。從者曰：“公子彭生也。”公怒曰：“彭生敢見！”

〔注〕服云：“公見豕，從者乃見彭生，鬼改形爲豕。”《齊世家集解》。

〔疏證〕《五行志》：“劉向以爲近豕，禍也。”《齊世家》：“見豕，從
者曰‘彭生’。”服義蓋本史公。杜《注》：“公見大豕，而從者見彭生，皆
妖鬼。”用服説也。《説文》：“豕，彘也。”《繫辭》：“游魂爲變。”鄭《注》：
“游魂謂之鬼。”《廣雅·釋天》：“物神亦人鬼。”《御覽》七百七十七引
《注》：“公，齊襄公也。”在“公怒”下，公之爲襄公，不釋自明，疑非舊
注，今不取。

射之。豕人立而啼。

〔注〕服云：“啼，呼也。”《文選·蜀都賦注》。

〔疏證〕《水經·淄水篇注》引作“豕立而泣”。李貽德云：“《説文》：
‘嗁，號也。’啼與嗁同。《曲禮》釋文：‘呼，號叫也。’”

公懼，隊于車，傷足，喪屨。反，誅屨于徒人費。

〔疏證〕《論語》：“於予與何誅？”孔安國《注》：“誅，責也。”注同
孔説。王引之云：“‘徒’當爲‘侍’字之誤也。侍人即寺人，下文‘鞭
之見血’，與齊莊公鞭寺人賈舉相類。又曰：‘費請先入，伏公而出，鬬。’
明是侍人給事宮中者。《漢書·古今人表》作‘寺人費’，是其明證也。下
文石之紛如、孟陽皆侍人也。不言寺人者，蒙‘寺人費’之文而省也。若
作徒人，則文字相承之理不見。且徧考書傳，豈有徒人之官乎？《釋文》
出‘徒人費’三字。顔師古《漢書注》：‘寺人費，即徒人費也。’《元和
姓纂》列‘徒人’之姓，引《左傳》徒人費，皆據誤本《左傳》也。《管
子·大匡篇》作‘徒人費’，亦後人據《左傳》改之。”文淇案：王説是
也，下文費曰：“我奚御哉？”御即侍也。《齊世家》作“主屨者弗”，“弗”
與“費”古字通。費，蓋侍人之主屨者也。洪亮吉云：“費蓋宦者。”

弗得，鞭之見血。走出，遇賊於門，劫而束之。

〔疏證〕鄭玄《禮記注》：“劫，劫脅也。”《齊世家》：“反而鞭主屨者
三百。弗出宮，而連稱、管至父等聞公傷，乃遂率其衆襲宮，逢主屨弗，
弗曰：‘且無入驚宮，驚宮未易入也。’”

費曰：“我豈^①御哉！”袒而示之背，信之。

〔疏證〕《廣雅》：“袒，解也。”《齊世家》：“無知弗信。茀示之創，乃信之，待宮外。”

費請先入。伏公而出，鬪，死於門中。石之紛如死於階下。

〔疏證〕《齊世家》：“令茀先入。茀先入，即匿襄公户間。良久，無知等恐，遂入宮。茀反與宮中及公之幸臣攻無知等，不勝，皆死。”

遂入，殺孟陽于牀。曰：“非君也，不類。”見公之足于户下，遂弑之，而立無知。

〔疏證〕《説文》：“牀，安身之坐也。”杜《注》：“孟陽代公居牀。”《一切經音義》引《字書》“一扇户，户在于堂室曰户”。《齊世家》：“無知入宮，求公不得。或見人足於户間，發視，乃襄公，遂弑之。而無知自立爲齊君。”

初，襄公立，無常。

〔疏證〕《齊世家》：“初，襄公之醉殺魯桓公，通其夫人，殺誅數不當，淫於婦人，數欺大臣。”此《左氏》古義，謂改乎常度也。杜《注》：“政令無常。”非。

鮑叔牙曰：“君使民慢，亂將作矣。”奉公子小白出奔莒。

〔疏證〕《齊語》：“使鮑叔爲宰。”《注》：“鮑叔，齊大夫，姒姓之後，鮑敬叔之子叔牙也。”《齊世家》：“次弟小白奔莒，鮑叔傅之，小白母衛女也，有寵於釐公。”

亂作，管夷吾、召忽奉公子糾來奔。

〔疏證〕《世本》：“莊仲山產敬仲夷吾。”《齊語》：“若必治國家，則管夷吾乎？”《注》：“管夷吾，齊卿，姬姓之後，管嚴仲之子敬仲也。”嚴仲即莊仲，漢人避明帝諱改。《齊世家》：“諸弟恐禍及，故次弟糾奔魯，其母魯女也。管仲、召忽傅之。”《魯世家》：“八年，齊公子糾來奔。”與管仲俱避毋知亂。《荀子·仲尼篇》：“齊桓殺兄而爭國。”《莊子·盜跖篇》：

---

① 林按：“豈”，楊本作“奚”。

"小白殺兄。"《越絕書》:"管仲臣於桓公兄公子糾。"皆以糾爲兄,桓爲弟。《漢書·淮南厲王傳》:"薄昭與厲王書曰:'齊桓殺其弟以反國。'"韋昭曰:"子糾,兄也,言弟者,諱也。"次弟小白,蒙次弟子糾言之。杜《注》:"子糾,小白庶兄。"

初,公孫無知虐于雍廩。

〔注〕賈云:"渠丘大夫也。"《齊世家集解》。

〔疏證〕杜《注》:"雍廩,齊大夫。"用賈說。昭十一年,"齊渠丘實殺無知"。故賈知雍廩爲渠丘大夫。彼《傳疏》引鄭衆說,以渠丘爲無知之邑。洪亮吉、馬宗璉引賈說,"渠"作"葵",誤。《齊世家》作"游于雍林",以爲地名。沈欽韓云:"齊西門曰雍門。"《襄十八年傳》晉伐齊,伐雍門之荻,其處有林矣。洪亮吉云:"梁元帝《金樓子》與《史記》同。《古今人表》又作'雍稟人'。'稟''廩'古字通。《水經注》作'雝廩'。若據《史記》《金樓子》,則雍林地名;據賈逵注及《古今人表》,則雍廩人名。今細繹經傳,上云'虐於雍廩',下經云'齊人殺無知',《傳》又云'雍廩殺無知',則當以人名爲是。杜《注》亦取賈說。"文淇案:沈氏詮解《史記》極確,至《左傳》之爲人名,顯然可見。《左傳》與《世家》必不能强合,賈氏注《傳》,非注《史》也。《索隱》引賈氏說,謂雍林爲渠丘大夫,牽合爲一,不可通矣。《秦本紀》:"秦武公十三年,齊雍廩殺無知、管至父等,而立齊桓公。"則又雍廩爲人名。

〔經〕 九年,春,齊人殺無知。

〔疏證〕《年表》:"魯莊公九年,爲齊桓公小白元年,春,齊殺無知。"

公及齊大夫盟于蔇。

〔疏證〕蔇,《公》《穀》作"暨"。《郡國志》:"琅邪國繒有概亭。"在兗州府嶧縣東,故繒城北。《公》《穀》并作"暨",知"蔇""暨"通。

夏,公伐齊,納子糾。

〔注〕賈云:"不言公子[1],次正也。"本《疏》。

---

[1] 林按:科學本誤作"字"。

〔疏證〕《公》《穀》作"納糾"，無"子"字。杜無注。《疏》引賈説駁之云："《公羊》之説不可通於《左氏》。次正不稱公子，其事又無所出。案：今定本經文，'糾'之上且有'子'字。"臧琳《經義雜記》云："'子'字衍文，沿唐定本之誤。《正義》於此引賈逵云：'不言公子，次正。'又於後九月，'齊人取子糾殺之'下引賈逵云'稱子者愍之'，可證景伯本無'子'字。"按：臧説是也。《公羊》謂"不稱公子，君前臣名"，與賈氏"次正"之説異。賈氏非取《公羊》，《疏》説非。李貽德云："《管子·大匡篇》：'齊僖公生公子諸兒、公子糾、公子小白。'又曰：'諸兒長而賤。'是襄公本爲庶長，而子糾爲次正矣。《白虎通·封公侯篇》：'《春秋》經曰"齊無知殺其君"，貴妾子公子糾當立也。'亦以糾爲次正也。"《年表》："魯欲與糾入，後小白。"《魯世家》："魯欲内子糾於齊，後桓公。"

齊小白入於齊。

〔注〕賈、服以爲："齊大夫來迎子糾，公不亟遣，而盟以要之。齊人歸迎小白。"本《疏》。

〔疏證〕鄭興云："書'齊小白入齊'，不稱侯，未朝廟也。"《後漢·鄭興傳》。

〔疏證〕杜《注》云："二公子各有黨，故雖盟而迎子糾，當須伐乃得入，又出在小白之後。小白稱入，從國逆之文，本無位。"杜不用賈、服説。《疏》引賈、服之説，又推賈、服之意："謂迎小白者，疑①是盟葵大夫，故杜言各有黨以解之。"洪亮吉云："賈、服尋繹經文得之，使齊大夫樂從于盟，并有成約，則納子糾不須言伐。且下言'齊小白入于齊'，從國逆之文，明齊大夫不樂魯君要盟，因變計逆小白也。若如杜云'二公子各有黨'，迎小白者，又非盟葵之人，則小白之入，與者半，不與者半，又何得泛引'國逆而立曰入'例乎？又自矛盾矣。"按：洪説是也。《齊語》："桓公自莒反于齊。"韋《注》云："齊人逆子糾於魯，魯莊②公不即遣，而盟以要之。齊大夫歸，逆小白于莒，先入。"韋用服説。其云"齊大夫人歸"，謂盟葵之大夫也，可無疑於國逆之文矣。《後漢書·鄭興傳》："更始立，以司直李松行丞相事，先入長安，松以興爲長史，令還奉迎遷都。更始諸將皆山東人，咸勸留洛陽。興説更始曰：'《春秋》書"齊小白

---

① 林按：科學本句讀與此不同，"疑"誤作"還"。
② 科學本注：《國語》韋《注》因諱改爲"嚴"，今復正之，後做此。

入齊”，不稱侯，未朝廟故也。今議者欲先定赤眉，而後入關，是不識其本而爭其末。恐國家之守轉在函谷，雖卧洛陽，庸得安枕乎？’”按《興傳》，興爲《左氏條例》，其諫更始之詞，似《條例》中語也，嚴蔚録爲注，今依之。鄭意，未朝則尚未成爲君，故不稱爵。《公羊傳》：“曷爲以國氏？當國也。”蓋以成君爲言，自是《公羊》説。章懷注引以釋興語，非。

秋，七月，丁酉，葬齊襄公。

八月，庚申，及齊師戰於乾時，我師敗績。

〔疏證〕《地理志》：“千乘郡博昌，時水東北至鉅定入馬車瀆，幽州寑。”沈欽韓云：“《水經注》：‘時水又西逕高苑縣故城。’京相璠曰：‘今樂安博昌縣南界有時水，西通濟，其源上出般陽，北至高苑，下有死時，中無水。魯師敗處。’《方輿紀要》：‘時水在青州府臨淄縣西南二十五里，其地名矮槐樹，舊置郵亭於此。平地出泉，謂之彤，源淺易涸，亦名乾時。其色黑，俗又謂之烏河。’”《齊乘》：“時水之源，南近淄水。詳其地形水脈，蓋伏淄所發。《水經注》謂‘時水自西安城南石洋堰分爲二支津，西北合黄山之德會水，黄阜之南五里泉。至梁鄒入濟’，旱則涸竭。此乾時也，今不通矣。益都衆水，惟此通舟，未嘗淺涸。”

九月，齊人取子糾，殺之。

〔注〕劉、賈云：“稱子者愍之。”本《疏》。

〔疏證〕杜謂：“史惡齊志在譎以求管仲，非不忍其親，故極言。”杜不用賈説。《疏》引賈説駁之云：“案：定本上‘納子糾’已稱‘子’，則此言‘子’，非愍之也。沈云：‘齊人稱子糾，故魯史從其所稱，而《經》書子糾。知者，《傳》云：“子糾，親也，請君討之。”豈復是愍之乎？’劉與賈同。”洪亮吉云：“按：上經一本無‘子’，故於《傳》發稱‘子’。劉與賈同。”則子駿所見經亦無“子”字也。沈氏《義疏》駁賈説，則所據本亦有“子”字，異於賈本。《疏》執唐所定本以駁，非是。《一切經音義》三引《字詁》：“古文愍，今作閔。愍，憐也。”

冬，浚洙。無《傳》。

〔注〕服虔言：“洙水在魯城北，浚深之，爲齊備也。”《水經注》。

〔疏證〕杜《注》：“洙水在魯城北，下合泗，浚深之，爲齊備。”用服説。《水經注》云：“泗水又西南流，逕魯縣分，爲二流。水側有一城，爲二水之分會也。北爲洙瀆。京相璠、服虔并言：‘洙水在魯城北，浚深之，爲齊備也。’”京相璠與杜同時，其《土地名》惟釋地而不解經，“浚深之爲齊備”，乃服《注》語。《水經注》連引之，未分析也。“浚深備齊”，服用《公羊》説。洪亮吉云：“據此則京、杜皆用服説。”是也。

〔傳〕 九年，春，雍廩殺無知。

〔疏證〕《齊世家》：“齊君無知游於雍林，雍林嘗有怨無知，及其往游，雍林人襲殺無知。”史公説與《傳》異。

“公及齊大夫盟于蔇”，齊無君也。

夏，公伐齊，納子糾。桓公自莒先入。

〔疏證〕《魯世家》：“桓公發兵擊魯。”《齊世家》：“高、國先陰召小白於莒。魯聞無知死，亦發兵送公子糾。而使管仲別將兵遮莒道，射中小白帶鉤。小白佯死。管仲使人馳報魯，魯送糾者行益遲。六日至齊，則小白已入。高傒立之，是爲桓公。桓公之中帶鉤佯死，以誤管仲，已而載温車中馳行。亦有高、國内應，故得立，發兵距魯。”是其事也。《北魏書·張普惠傳》：“正光二年，詔遣楊鈞送蠕蠕主阿那瓌還國。普惠謂遣之將貽後患，上疏曰：‘阿那瓌投命皇朝，撫之可也。豈容困疲我兆民，以資天喪之虜。昔莊公納子糾，以致乾時之敗，魯僖以邾國而有懸胄之恥。’”是古《左氏》説以公伐齊納子糾爲非。

秋，師及齊師戰于乾時，我師敗績。公喪戎路，傳乘而歸。

〔疏證〕洪亮吉云：“《漢書·宣帝紀》‘得毋用傳’，謂傳舍。今考此‘傳乘’，亦謂乘驛傳以歸。杜《注》云‘乘他車’，恐誤。”按：《少儀》：“乘貳車則式，佐車則否。”《注》：“朝祀之副曰貳，戎獵之副曰佐。魯莊敗於乾時，公喪戎路，傳乘而歸。”疏：“若戎獵自相對，則戎車之副曰‘倅’，田獵之副曰‘佐’。故《周禮》：‘戎僕馭倅車，田僕馭佐車。’熊氏云：‘此云戎獵之副曰佐者，據諸侯禮也。故莊九年“公及齊師戰于乾時，公喪戎路，佐車授綏”是也。’”是諸侯戎獵有佐車，傳乘即佐車矣。佐車授綏爲古《左氏》説，洪説非。《齊世家》：“秋，與魯戰于乾時，魯兵敗走。”

秦子、梁子以公旗辟於下道，是以皆止。

〔疏證〕杜《注》："二子，公御及戎右也，以誤齊師。"杜知二子爲御、戎右者，以公喪戎車知。韋昭《國語注》："止，獲也。"《齊世家》："齊掩絕魯師道。"

鮑叔帥師來言曰："子糾，親也，請君討之。管、召，讎也，請受而甘心焉。"乃殺子糾於生竇。

〔注〕賈云："魯地句竇也。"《齊世家索隱》。"也"字據《集解》增。

〔疏證〕杜用賈説。《齊世家》："齊遺魯書曰：'子糾，兄弟，弗誅，請魯自殺之。召忽、管仲，讎也，請得而甘心醢之，不然，將圍魯。'"《傳》約書詞。《世家》又云："魯人患之，遂殺子糾於笙瀆。"笙、生異文。李貽德云："瀆、竇通。《周禮·大宗伯注》'四瀆'《釋文》'竇，本亦作瀆'，是也。"《索隱》云："又按：鄒誕生本作'莘瀆'。"莘、笙聲相近，莘如字，瀆音豆。《論語》作"溝瀆"，蓋後代聲轉而字異，故諸文不同爾也。是唐人本有作"莘竇"者，賈氏用何本，今無考。《地理志》："濟陰郡句陽。"應劭曰："《左氏傳》句瀆之丘也。"句瀆即句竇。應用賈説。朱駿聲云："生瀆即句瀆之丘，句瀆即穀之長言。"顧棟高云："生竇在曹州府曹縣東北三十里。"

召忽死之。

〔疏證〕杜無注。洪亮吉云："按：《論語》'自經於溝瀆'，即指召忽。襄十九年齊莊公執公子牙于句瀆之丘。'句竇''溝瀆'音同。據此則召忽之死，蓋自經也。《後漢書·應劭傳》載劭議，亦云'昔召忽死子糾之難，而孔子曰"經於溝瀆，人莫之知"'是也。"按：《中論·知行篇》："召忽伏節死難，人臣之美義也。仲尼比爲匹夫匹婦之爲，諒矣。"宋翔鳳《發微》據之，謂："漢儒皆以經於溝瀆爲召忽事。"洪説是也。《齊世家》："召忽自殺。"

管仲請囚，鮑叔受之，及堂阜而稅之。

〔注〕賈云："堂阜，魯北境。"《齊世家集解》。

〔疏證〕《校勘記》云："稅，《文選·解嘲注》引作'脱'。"杜《注》："堂阜，齊地。"不用賈説。洪亮吉云："《文十五年傳》'飾棺置諸堂阜'，明堂阜爲齊、魯交界。既至齊境，故即釋其縛也。"按：洪説是也。沈欽韓云："《一統志》：'堂阜在沂州府蒙陰縣西北三十里。'《釋詁》：'稅，赦舍也。'"《魯世家》："齊告魯生致管仲，遂囚管仲與齊。"《齊世家》：

“管仲請囚，鮑叔迎受管仲，及堂阜而脱桎梏。”又云：“桓公佯爲召管仲，欲甘心，實欲用之。管仲知之，故請往。”

歸而以告曰：“管夷吾治於高傒，

〔注〕賈云：“齊正卿高敬仲也。”

〔疏證〕杜《注》：“高傒，齊卿高敬仲也。”用賈説。惠棟云：“《宰相世系表》曰：‘齊太公六世孫文公赤，生公子高，孫傒，爲上卿，與管仲合諸侯有功。桓公命傒以王父字爲氏，食邑於盧，謚曰敬仲。’”疏據《管子·小匡篇》謂：“《管子》無‘治於高傒’之言。鮑叔之美管子，其言非一，説者各紀所聞，故不同耳。”案：《齊世家》：“桓公之立，發兵攻魯，心欲殺管仲。鮑叔牙曰：‘臣幸得從君，君竟以立。君之尊，臣無以增君。君將治齊，即高傒與叔牙足矣。君且欲霸王，非管夷吾不可。’”此傳稱“治於高傒”之説。

“使相可也。”公從之。

〔疏證〕《齊世家》：“齊祓而見桓公，桓公厚禮，以爲大夫，任政。”《魯世家》：“齊人相管仲。”

〔經〕 十年，春，王正月，公敗齊師于長勺。

〔疏證〕《傳例》：“敵未陳曰敗某師。”《魯語注》：“長勺，魯地也。”杜《注》同韋説。今地闕。《年表》：“齊伐我爲糾故。”

二月，公侵宋。無《傳》。

三月，宋人遷宿。無《傳》。

〔疏證〕遷宿，杜無注。江永云：“宿國本在東平州，今邳州宿遷縣，疑宋人所遷。又鳳陽府之宿州地，亦屬宋，豈後又遷之與？”

夏，六月，齊師、宋師次于郎。

公敗宋師於乘丘。

〔疏證〕《檀弓疏》：“乘丘，魯地。”杜《注》同。《地理志》：“濟陰郡乘氏。”應劭曰：“《春秋》‘敗宋師於乘丘’是也。”惠棟云：“應劭《地理風俗記》曰：‘濟陰乘氏縣，故宋乘丘。’杜以齊、宋次於郎，故指爲泰山之乘丘縣，但轉戰所及，追奔逐北，豈必盡屬魯地？杜氏望文生義，非遂實有所據。"洪亮吉云:"按:張華《博物志》亦云:'濟陰乘氏侯國,古乘丘。'杜《注》以爲泰山郡乘丘,恐非。小顏注《地理志》,亦取杜說,誤。"沈欽韓云:"《一統志》'乘丘故城在兗州府滋陽縣西北',又以爲漢濟陰之乘氏縣。'乘氏故城在曹州府鉅野縣西南。'按:《前志》'乘氏'《注》:'應劭曰"敗宋師於乘丘"是也。'《續志》劉昭《注》,亦曰'乘氏、古乘丘'。"按:惠、洪、沈說是也。馬宗璉云:"魯師自雩門竊出,則敗宋師必在魯之近郊。《括地志》云:'乘丘在瑕丘縣西北。'《水經·泗水注》:'泗水西南逕魯縣北,又西過瑕丘縣東。'瑕丘與魯縣接界。則乘丘爲魯近郊地,故元凱直斷爲魯地。"馬蓋以泰山之乘丘當之,而謂應劭未言魯敗宋師於濟陰乘丘,又斥小顏注不足據,則顛倒疏舛甚矣。江永用小顏說,又云:"公子偃自雩門竊出,蒙皋比先犯宋師,可知乘丘去魯城不遠。"傳題魯師所出之門,無由決宋師之遠近,江、馬說皆非。《宋微子世家》:"湣公十年,夏,宋伐魯,戰於乘丘。"徐廣曰:"乘,一作'勝'。"

秋,九月,荊敗蔡師于莘。

〔注〕賈云:"秦始皇父諱楚,而改爲荊州。"亦以其居荊州,故因諱而改之。亦有本自作"荊"者,非爲諱也。《春秋公羊》《穀梁》皆言州不若國,故以荊言之。《漸漸之石疏》。

〔疏證〕《經》書"楚"爲"荊",此年始見。《漸漸之石序》:"荊楚不至。"《箋》:"荊,謂楚也。"《疏》:"以楚居荊州,故或以州言。"下引《春秋經》賈氏《訓詁》文如此,又申之云:"彼自《春秋》之例,其外《書傳》或州或國,自從時便,非褒貶也。"今尋賈氏之意,謂《左氏》作"荊",多因秦人避諱改,與《公》《穀》"書荊以貶楚"例異。《詩疏》未得賈義也。《漢書·高帝紀注》:"賈逵曰:'秦莊襄王名楚,故改諱荊,遂行於世。'"亦以避秦諱爲言。杜不用賈說,《注》云:"荊,楚本號,後改爲楚。"《疏》云:"荊、楚,一木二名,故以爲國號,亦得二名。終莊公之世,經皆書荊。僖之元年,乃書楚人伐鄭,蓋於爾時始改爲楚,以後常稱楚也。"按:《桓二年傳》"始懼楚也",自後《傳》屢書"楚"。杜謂"荊,楚本號",恐未然。古今典籍避諱字多,有易代相承,刊落不盡者,荊楚亦其比矣。《疏》說未是。杜《注》:"莘,楚地。"梁履繩云:"在今汝甯府汝陽縣境。"

以蔡侯獻舞歸。

〔疏證〕舞,《穀梁》作"武"。《年表》："蔡哀侯十一年,楚虜我侯。"

冬,十月,齊師滅譚。譚子奔莒。

〔疏證〕《郡國志》:"濟南郡東平陵有譚城。"洪亮吉云:"《説文》:'鷣,國也,齊桓公之所滅。'按:《史記》作郯,蓋音同而誤。"沈欽韓云:"《一統志》:'故譚城在濟南府歷城縣東七十里,東平陵故城在縣東七十五里,譚國地。'"

〔傳〕 十年,春,齊師伐我。公將戰,曹劌請見。

〔疏證〕《魯語》:"長勺之役,曹劌問所以戰於莊①公。"《刺客列傳》:"曹沫者,魯人也。"《索隱》云:"沫,《左傳》《穀梁》并作曹劌。然則沫宜音'劌',沫、劌聲相近而字異耳。"

其鄉人曰:"肉食者謀之,又何間焉?"

〔疏證〕杜《注》:"肉食,在位者;間,猶與也。"《疏》云:"《昭四年傳》説頒冰之法云:'食肉之禄,冰皆與焉。'蓋位爲大夫,乃得食肉也。"

劌曰:"肉食者鄙,未能遠謀。"乃入見。問:"何以戰?"公曰:"衣食所安,弗敢專也,必以分人。"對曰:"小惠未徧,民弗從也。"

〔疏證〕《魯語》:"公曰:'余不愛衣食於民。'"《注》:"有惠賜也。"又引劌對曰:"惠以小賜,小賜不咸;不咸,民弗歸也。"《注》:"小賜,臨戰之賜。"是《外傳》衣食指賜戰士也。杜《注》:"分公衣食,所惠不過左右,故曰未徧。"非古誼。

公曰:"犧牲玉帛,弗敢加也,必以信。"

〔疏證〕《魯語》:"不愛牲玉於神。"《注》:"牲,犧牲;玉,圭璧。所以祭祀也。《詩》曰:'靡愛斯牲,圭璧既卒。'"杜《注》:"祝詞不敢以小爲大,以惡爲美。"

對曰:"小信未孚,神弗福也。"

---

① 林按:底本"莊"作"嚴",可能是避諱的原因,此處回改。

〔疏證〕虞翻《易注》："孚亦信也。"杜《注》："孚，大信也。"隨文生訓，未安。《魯語》："祀以獨恭，獨恭不優。不優，神弗福也。"與《傳》小異。

公曰："小大之獄，雖不能察，必以情。"

〔疏證〕《魯語》："公曰：'余聽獄，雖不能察，必以情斷之。'"《陳①書·儒林傳》："周宏正議曰：'凡小大之獄，必應以情，正言依準五聽，驗其虛實，豈可令恣考掠，以判刑罪。'"是舊説謂盡訟者之情也。無情者不得盡其詞。杜《注》謂"必盡己情"，非。

對曰："忠之屬也，

〔疏證〕《桓六年傳》："上思利民，忠也。"杜《注》引爲注。

"可以一戰，戰則請從。"公與之乘。

〔疏證〕《魯語》："是則可矣。"《注》："可者，未大備，可以一戰。"杜《注》："共乘兵車。"

戰於長勺，公將鼓之。劌曰："未可。"齊人三鼓。劌曰："可矣！"齊師敗績。公將馳之。劌曰："未可。"下視其轍，登軾而望之，

〔疏證〕《管子·兵法》："鼓，所以任也，所以起也，所以進也。"則三鼓定辭，下云"再衰""三竭"也。《説文》："馳，大驅也；轍，車迹也。"杜《注》："視車迹也。"《文選·七命注》引作"轍，車迹也"。是杜用《説文》。《輿人》："參分車廣，去一以爲隧；參分其隧，一在前，二在後，以揉其式，以其廣之半爲式崇。"鄭《注》："兵車之隧，四尺四寸。兵車之式，深尺四寸三分寸之二。兵車之式，高三尺三寸。"式猶軾也。本《疏》云："謂當車輿之內，去前軫一尺四寸三分寸之二，下去車板三尺三寸，橫施一木，名之曰軾。得使人立於其後，時依倚之。"

曰："可矣！"遂逐齊師。既克，公問其故。對曰："夫戰，勇氣也。一鼓作氣，再而衰，三而竭。

〔疏證〕《晉書·景帝紀》："文欽舉兵作亂，帝親征之。欽子鴦，年

---

① 科學本注：原稿《陳書》誤作《梁書》。

十八,勇冠三軍。謂欽曰:'及其未定,請登城鼓譟,擊之可破也。'既謀而行,三譟而欽不能應,鴦退相與引而東。帝謂諸將曰:'欽走矣。'命發銳軍以追之。諸將皆曰:'欽舊將,鴦少而銳,引軍而入,未有失利,必不走也。'帝曰:'一鼓作氣,再而衰,三而竭。三鼓,欽不應,不走何待?'"正用劌語料敵也。

"彼竭我盈,故克之。

〔疏證〕沈欽韓云:"《孫子·軍爭篇》:'三軍可奪氣,是故朝氣銳,晝氣惰,暮氣歸。善用兵者,避其銳氣,擊其惰、歸。此治氣者也。'《孫子》之言所本也。"文淇案:《宋書·張興世傳》:"劉胡自領水步二十六軍,平旦來攻,將士欲迎擊之。興世禁曰:'賊來尚遠,而氣盛,矢驟。驟既力盡,盛亦易衰,此曹劌所以破齊也。'"興世言氣盛易衰,猶劌論竭盈矣。

"夫大國,難測也,懼有伏焉。吾視其轍亂,望其旗靡,故逐之。"

〔疏證〕杜《注》:"恐詐奔。"《御覽》二百九十五引作"恐詐而奔也",疑是舊注。《說文》:"靡,披靡也。"

夏,六月,齊師、宋師次于郎。公子偃曰:"宋師不整,可敗也。

〔疏證〕杜《注》:"公子偃,魯大夫。"

"宋敗,齊必還。請擊之。"公弗許,自雩門竊出,

〔疏證〕杜《注》:"雩門,魯南城門。"《水經·泗水注》:"沂水北對稷門,亦曰雩門。門南隔水有雩壇,高三丈,曾點所欲風舞處也。"是雩門即稷門也。三十二年,稷門,杜《注》亦云:"魯南城門是也。"《廣雅·釋詁》:"竊、姦,私也。"王念孫云:"王逸注《離騷》云:'竊愛為私。'莊十年《左傳》'自雩門竊出',謂私出也。"

蒙皋比而先犯之。

〔注〕服虔云:"《樂記》曰:'倒載干戈,包之以虎皮,名之曰建皋。'"本《疏》。

〔疏證〕杜《注》:"皋比,虎皮。"《疏》云:"《僖二十八年》稱'胥臣蒙馬以虎皮',事與彼同,知皋比是虎皮也。"《疏》未言杜本於服,非。

《疏》又云："其名曰皋比，則其義未聞。《樂記》云：'倒載干戈，包之以虎皮，名之曰建櫜。'鄭玄以爲兵甲之衣曰櫜。櫜，韜也。而其字或作'建皋'，故服虔引以解此。"據此，則服虔所見《禮記》本作"皋"，故引以解"皋比"也。《集韻》"櫜"亦作"韝"，此又省爲皋也，而其字或作建皋，乃疏説。服《注》字作"皋"，嚴蔚《古注輯存》引爲服《注》，非也。

公從之。大敗宋師于乘丘。齊師乃還。

〔疏證〕朱駿聲曰："《檀弓》稱'馬驚曰敗績'，是魯敗，與《傳》不合。陳可大曰：'公車敗績，易車之後大勝，如韓原之戰，晉幾獲秦伯，而秦反獲晉侯也。'"

蔡哀侯娶於陳，息侯亦娶焉。息嬀將歸，過蔡。蔡侯曰："吾姨也。"

〔疏證〕《管蔡世家》："初，哀侯娶陳，息侯亦娶陳。"《周語》："息由陳嬀。"《注》："息，姬姓之國。陳嬀，陳女爲息侯夫人。"《釋親》："妻之姊妹同出爲姨。"杜《注》引之，少"同出"二字，非。《疏》又引孫炎云："同出俱已嫁也。"《吕覽·長攻篇》："蔡侯曰：'息夫人，吾妻之姨也。'"《注》："妻之女弟爲姨。"畢沅云："當女兄弟。"

止而見之，弗賓。

〔疏證〕《年表》："息夫人，陳女，過蔡，蔡不禮，惡之。"《管蔡世家》："息夫人將歸，過蔡，蔡侯不敬。"杜《注》："不禮敬也。"用史公説。

息侯聞之，怒，使謂楚文王曰："伐我，吾求救於蔡而伐之。"楚子從之。秋，九月，楚敗蔡師于莘，以蔡侯獻武歸。

〔疏證〕《年表》："楚伐蔡，獲哀侯以歸。"《管蔡世家》："息侯怒，請楚文王：'來伐我。我求救於蔡，蔡必來，楚因擊之，可以有功。'楚文王從之。虜蔡哀侯以歸，哀侯留九歲，死於楚。"

齊侯之出也，過譚，譚不禮焉。及其入也，諸侯皆賀，譚又不至。

〔疏證〕

冬，齊師滅譚，譚無禮也。譚子奔莒，同盟故也。

〔疏證〕《齊世家》："桓公二年，伐滅郯，郯子奔莒。初，桓公亡時，過郕，郕無禮，故伐之。”《集解》：“徐廣曰：‘一作譚。’”《索隱》：“據《春秋》，魯莊十年，‘齊師滅譚’是也。”

〔經〕 十有一年，春，王正月。

夏，五月，戊寅，公敗宋師于鄑。

〔疏證〕洪亮吉云：“按：即莊元年邢、鄑、郚之鄑。《說文》云：‘鄑，宋、魯間地。’杜直云魯地，亦誤。”

秋，宋大水。

冬，王姬歸于齊。

〔傳〕 十一年，夏，宋爲乘丘之役故，侵我。公禦之。宋師未陳而薄之，敗諸鄑。

〔疏證〕杜無注。《廣雅·釋詁》：“薄、迫，迫也。”王念孫云：“薄、迫古同聲。高誘注《淮南子·本經訓》云：‘薄，迫也。’莊十一年《左傳》：‘宋師未陳而薄之。’”

凡師，敵未陳，曰敗某師，

〔疏證〕此以下，師行例也。杜《注》：“通謂設權譎變詐以勝敵，彼我不得成列，成列而不得用。故以未陳獨敗爲文。”昭五年，叔弓敗莒師於蚡泉，《傳》曰：“莒未陳也。”再發例。

皆陳曰戰。

〔疏證〕杜《注》：“堅而有備，各得其所，成敗決於志力者也。”

大崩曰敗績，

〔疏證〕杜《注》：“師徒撓敗，若沮岸崩山，喪其功績，故曰敗績。”《釋文》：“岸崩謂之沮。”

得儁曰克，

〔疏證〕《釋文》：“儁，一作‘俊’。”《校勘記》：“《漢書·陳湯傳注》引作‘俊’。《玉篇》‘俊’同‘儁’也。”隱元年，“鄭伯克段於鄢”。《傳》曰：“如二君，故曰克。”《經》之書“克”，惟彼一見。杜《注》：“謂若太叔段之比，才力足以服衆，威權足以自固。進不成爲外寇强敵，退復狡壯。有二君之難，而實若二君，克而勝之，則不言彼敗績，但書所克之名。"杜全據彼《傳》義也。此師行例，惟下"取某師"，《疏》駁賈説，餘例未引。疑杜氏皆取先儒説也。

覆而敗之曰取某師，

〔注〕服云："覆，隱也。設伏而敗之，謂攻其無備，出其不意，敵人不知，敗之易，故曰取。"本《疏》。

〔疏證〕《晉語注》："伏，隱也。"伏，猶覆矣，"攻其無備，出其不意。"《孫子》文。《襄十二年傳》："凡書取，言易也。"再發例。服謂敵人"敗之易，故曰取"，用彼傳義也。杜《注》云："覆，謂威力兼備，若羅網所掩覆，一軍皆見禽制，故以'取'爲文。"蓋不用服説。《疏》駁服云："即如服言，與未陣何異？而別以爲例，謂之取也。荀吳敗狄於太原，於越敗吳於檇李，并攻其無備，出其不意，而《經》不言'取'。鄭二公子敗燕師於北制，鄭人大敗戎師，是設伏敗之，而《傳》不言'取'。服謂此爲'取'，何也？宋圍鄭師，疊合而哭，自知必敗，非敵人不知，而書'取'，何也？"按：《隱九年傳》"君爲三覆以待之"。杜《注》："覆，伏兵也。"是杜用此傳服義而注此傳，又異於服。杜止取哀九年，"宋皇瑗取鄭師於雍丘"爲義，彼取鄭師亦易，則與《傳例》無不合也。設伏敗敵，與未陣薄敵，兵機異用。荀吳之敗狄，於越之敗吳，傳皆明云未陣而薄之，故用敗某師例。隱五年，"鄭二公子以制人敗燕師於北制"。隱九年，"鄭人大敗戎師"，皆非經文，《傳例》爲《經》發。《傳》自寬於《經》耳，《疏》難服説皆非。

京師敗，曰王師敗績於某。

〔疏證〕《釋文》："京師敗，本或作'京師敗績'，非。"杜《注》云："王者無敵於天下，天下非所得與戰者。然春秋之世，據有其事，事列於經，則不得不因申其義。有時而敗，則以自敗爲文，明天下莫之得校。"《疏》云："此亦周公舊凡，杜解舊凡之意。得有王師敗績者，以周公制禮，理包盛衰，故《周禮》載大喪及王師不功之事，故舊凡例有敗績之文。杜以尊卑順逆言之，天王不應有戰敗之事，遂申説《凡例》，故云：'無敵於天下，天下非所得與戰者。然春秋之世，據有其事。'成元年，王師敗績於茅戎，是事列於經，丘明不得不因申舊凡之義。蘇氏之説，義亦如此。沈氏不解杜意，以京師敗績，非周公舊凡，是孔子新意。丘明爲傳，不得不因申孔子新意之例。劉炫亦不達杜旨，謂杜與沈氏意同。非也。"是舊説，一謂周公舊凡，蘇寬《義疏》主之；一謂孔子新意，沈文阿《義疏》主之。杜主周公舊凡，疏斥劉炫《述議》。杜與沈同之，非是也。《隱七年疏》[①]："先儒之説《春秋》者多矣，皆云丘明以意作傳，説仲尼之經，凡與不凡，無新舊之别。"是賈、服諸儒，以五十凡爲丘明所作。蘇、沈《義疏》皆未得先儒之旨。

秋，宋大水。公使弔焉，

〔注〕賈云："問凶曰弔。"《宋世家集解》。

〔疏證〕杜無注。《大宗伯》："以弔禮哀禍烖。"《注》："禍烖，謂遭水火。宋大水，魯莊公使人弔焉。"鄭引此説禮，與賈説同。《年表》："桓公十一年，臧文仲弔宋水。宋湣公九年，宋大水，魯使臧文仲來弔。"《宋世家》："湣公九年，魯使臧文仲往弔水。"是謂使者即文仲也。《史記》説不足信，詳見下《疏證》。

曰："天作淫雨，害於粢盛，若之何不弔？"

〔疏證〕《月令注》："淫，霖也，雨三日以上爲霖。"梁履繩云："案：先儒皆以淫雨爲霖，故《周禮·大宗伯疏》引隱九年《傳例》，作'雨三日以上爲霖'，是也。""若之何不弔"，鄭玄《周禮注》引作"如何不弔"，此使者述魯來弔意也。杜《注》"不爲天所愍弔"，非。

對曰："孤實不敬，天降之災，又以爲君憂，拜命之辱。"

〔疏證〕《年表》："公自罪。"《宋世家》："湣公自罪曰：'寡人以不能事鬼神，政不修，故水。'"

臧文仲曰："宋其興乎！禹、湯罪己，其興也悖焉。

〔疏證〕《説苑》："禹見罪人，下車泣而問之。左右曰：'夫罪人不順，故使殺焉。君王何爲痛之至此？'禹曰：'堯、舜之人，皆以堯、舜之心爲心。今寡人爲君，百姓各自以其心，是以痛之也。'"《説苑》又載湯桑林六事之祝曰："政不節耶？使人疾耶？苟且行耶？讒夫昌耶？宫室營耶？女謁盛耶？"惠棟引其曾王父樸庵先生説云："禹哭罪人，湯禱桑

---

① 林按：下段疏文爲《春秋序》疏，劉氏誤記。

林。皆罪己之事①。"是也。《疏》引《湯誥》:"其爾萬方有罪,在予一人。"
《後漢書·陳蕃傳》:"蕃上疏曰:'昔禹巡蒼梧,見市殺人,下車而弔之,
曰:"萬方有罪,在予一人。"故其興也勃焉。'"即用《左氏》義。《釋文》:
"悖,一作'勃'。"字正作"勃"。《五經文字》:"悖,俗作勃。非。"杜
《注》:"悖,盛貌。"文淇案:《爾雅·釋詁》:"浡,作也。"郭璞《注》云:
"浡然,興作貌。"邢《疏》引此《傳》作"浡然"。下文"忽"訓"疾",
則此作"浡然",正與"忽焉"相對。《廣雅》:"浡,盛也。"亦興意矣。

"桀、紂罪人,其亡也忽焉。

〔疏證〕《疏》引沈云:"桀殺關龍逄,是罪人也。"是古注未釋桀、
紂。《疏》又云:"《泰誓》數紂之罪曰'焚炙忠良、刳剔孕婦',是罪人
也。"《吕覽·論人篇》:"昔上世之亡主,以罪爲在人。故曰殺僇而不止,
以至於亡而不悟。三代之興,以罪爲在己。故曰功而不衰,以至於王。"
《注》:"亡主若桀、紂,是以罪爲在他人,故多殺僇,是滅亡之道也,而
不自覺知也。三代,禹、湯、文王也,日行其人民之功,不衰倦,以至於
王有天下也。"此爲《左氏》古説。《廣雅》:"忽,疾也。"

"且列國有凶,稱孤,禮也。

〔疏證〕《曲禮》:"庶方小侯自稱曰'孤',諸侯與民言,自稱曰'寡
人'。其在凶服,曰'適子孤'。"鄭玄云:"與臣言,亦自謂'寡人'。"
是宋公用有凶服之稱也。

"言懼而名禮,其庶乎!"

〔疏證〕《宋世家》:"臧文仲善此言。"

既而聞之曰:"公子御説之辭也。"

〔疏證〕《校勘記》云:"御,《史記》《漢書·古今人表》作'禦'。《釋
文》云:'本或作禦。'"是古本御、禦已異也。洪亮吉云:"《宋世家》此
言乃公子魚教滑公也。與《左傳》異。按:子魚即公子目夷,至僖八年始
見《左傳》,距此尚三十餘年。《史記》説非也,當以《左傳》爲是。"

---

① 科學本注:原稿眉批:"成孺《經學巵支》云:'《論語·堯曰篇》文勢與他篇不
類,疑即《古文尚書》逸文。萬方有罪,罪在朕躬,此湯之罪己也。'"

臧孫達曰：“是宜爲君，有恤民之心。”

〔疏證〕杜無注。惠棟曰：“《世本》：孝公生僖伯彄，彄生哀伯達，達生伯氏瓶，瓶生文仲辰。此傳先載文仲之言，不應後録哀伯之語。‘達’當爲‘辰’字之誤也。《桓二年傳》先稱臧哀伯，後云臧孫達，與此一例。”洪亮吉云：“哀伯此時當已久卒，故文仲世其職，明‘達’爲‘辰’字之誤。”沈欽韓曰：“‘達’字不誤，止‘文仲’誤耳。始言宋其當興，尚不審其詞令之人，後知御説，言宜爲君，則其時御説已爲君矣。文仲子此時尚幼小，若追論其事，不應不審御説之辭，又可知哀伯之言，亦非一時，《傳》括言之。伯氏瓶殆殁於哀伯之先，故無謚。文仲以孫繼祖耳。《韓詩外傳》三以爲孔子語。”按：哀伯以桓二年見於《經》，無由斥其已卒。文仲以莊二十八年見於《經》，以文十年卒，上距莊二十八年凡五十年，又上距此年凡六十八年。沈氏謂文仲於時幼小是也，惠、洪説皆非。《疏》云：“謂御説明年爲君之後，方始聞之，聞之時已爲君，故云是人宜其爲君也。”亦謂此言在御説爲君之後，而未及文仲之駁文，如沈説則前文仲當爲哀伯也。《傳》舉名、字、謚，多有參差。

冬，齊侯來逆共姬。

〔疏證〕洪亮吉云：“按：此則王姬，後謚爲共。與衛共姬同是齊侯之妃，有兩共姬矣。衛共姬見《僖十七年傳》。”

乘丘之役，公以金僕姑射南宮長萬，

〔注〕賈云：“南宮，氏；萬，名，宋卿。”《宋世家集解》。

〔疏證〕僕姑，《玉篇》作“鏷鏄”，云：“《春秋》僕姑。”吕忱《字林》亦作“鏷鉥”。《疏》云：“其義未聞。”洪亮吉云：“按：下年《經》書‘宋萬弑其君’，則萬本宋卿可知。杜《注》云‘宋大夫’，又云‘不書獲，萬時未爲卿’，則杜意以萬歸後始爲卿也。無論歸宋，爲時甚暫，未必以此時爲卿。且下年《傳》書‘萬殺大宰督於東宮之西’，督爲宋正卿，《經》亦不書。則此年不書獲萬，亦經文簡略。終當以賈説爲是。”梁履繩云：“下年《經》作‘宋萬’。《傳》稱‘南宮萬’，疑長是其字也。”

公右歂孫生搏之。

〔疏證〕杜《注》云：“搏，取也。不書獲，萬時未爲卿。”沈欽韓云：“按：審其此時不爲卿，則被獲贖歸，反以卿酬其功乎？以卿賞之，而又靳之，無是理也。計史以敗其師爲重，故略萬不書。」按：沈説是也。《宋世家》：「魯生虜南宮萬。」《疏》云：「《檀弓》云：『魯莊公及宋人戰於乘丘縣，賣父御，卜國爲右。』車右與此不同者，《禮記》後人所録，聞於所聞之口，其事未必實也。」

宋人請之。宋公靳之，

〔注〕服虔云：「恥而惡之曰靳。」本《疏》。

〔疏證〕杜《注》：「戲而相愧曰靳。魯聽其得還。」杜不用服説。《儒行》「以儒相詬病」，《注》：「遭人名爲儒，而以儒靳，故相戲。」《疏》：「莊十一年云『宋人靳之』。杜云：『戲而相愧曰靳。』」則杜用鄭義也。李貽德云：「《公羊傳》：『宋萬與閔公博，婦人皆在側。萬曰：「甚矣，魯侯之淑。魯侯之美也。」閔公矜此婦人，妒其言，曰：「此虜也，魯侯之美惡乎至。」』服氏尋《公羊傳》文，故知爲『恥而惡之』。若杜云『戲而相愧』，則『此虜也』之言，非戲言也。萬亦何至弑公？因事考義，服氏爲長。《正義》曰：『恥惡其人，不應爲之請魯。』不知靳之之由，因萬歸國後夸美魯侯而致，始則重其人而請，繼則妒其言而靳。前後固不相妨也。」李駁疏説甚辨。《疏》亦以《公羊》説證《傳》「靳之」，則舊疏或用《公羊》説也。宋公之靳萬，以當時情事考之，宋公不違衆人之請，許萬還國，而恥其喪師辱國。時形於言，觀下文「子囚也」之言可見。服義似如此，不必援《公羊》義證服《注》也。

曰：「始吾敬子。今子，魯囚也，吾弗敬子矣。」病之。

〔疏證〕《御覽》四百六十六引此《傳》，兩「敬」字俱作「愛」。《宋世家》：「十一年秋，湣公與南宮萬獵，因博爭行。公怒，辱之曰：『始吾敬若，今若魯囚也。』萬有力，痛此言。」

〔經〕 十有二年，春，王三月，紀叔姬歸于酅。無《傳》。

〔疏注〕杜《注》：「紀侯去國而死，叔姬歸魯。紀季自定於齊而後歸之。全守節義，以終婦道，故繫之紀，而以初嫁爲文，賢之也。」《疏》引《公》《穀》傳，謂「杜略取彼意爲説」。按：《隱公七年經》「叔姬歸於紀」，賈義以爲「刺紀貴叔姬」，則此經先儒説或異二《傳》，今無考。

夏，四月。

秋，八月，甲午，宋萬弑其君捷，及其大夫仇牧。

〔注〕賈云：“《公羊》《穀梁》曰‘接’。”《公羊疏》。“‘萬’不書氏者，未賜族。”本《疏》。

〔疏證〕《公羊釋文》：“《左氏》作‘捷’。”《疏》引賈《注》，則賈氏本正作“接”也。嚴蔚云：“今本《穀梁》亦作‘捷’，蓋未得爲元本也。”臧壽恭云：“據此，知賈氏所見本，《穀梁》與《公羊》同。”惠棟云：“‘捷’與‘接’古字通。《易·晉卦》‘晝日三接’。鄭《注》曰：‘接，勝也。’《禮·內則》：‘接以太牢。’《注》：‘接讀爲捷。捷，勝也。’音義并同。”杜《注》：“萬及仇牧皆宋卿。”杜意蓋以萬歸宋後始爲卿也。洪亮吉云：“《正義》譏賈云：‘《傳》曰南宮長萬，則爲已氏南宮，不得爲未賜族。’今考春秋時，族有不由君賜者，如士會之孥，處秦者爲劉氏；伍員之子，在齊爲王孫氏；《外傳》知果自別其族爲輔氏。則南宮之族，或因所居之地以自稱，非由君賜，亦未可知。即如襄仲居東門，故曰東門氏，亦非君賜，是其一證。又賈於前年乘丘之役，南宮長萬下即注云‘南宮，氏；萬，名’，是非不知萬氏南宮，而此云‘未賜族’者，蓋以南宮實非君所賜氏故耳。”文淇案：洪氏申賈難杜，其說極是。但所謂“《傳》曰南宮長萬，則爲已氏南宮”云云，乃《正義》引杜氏《釋例》駁賈之詞。洪氏以爲《正義》語，誤矣。《傳疏》引《釋例》云：“先儒旁采二《傳》，橫生義例，宋之蒙澤，楚之乾谿，俱在國內。閔公之弑，則以不書蒙澤國內爲義。楚弑靈王，復以地乾谿爲失所。”是先儒説此《經》不書《蒙澤》，以地在國內諱之，二《傳》均無此義，乃《左氏》古説。《釋例》謂先儒旁采二《傳》，非也。又按：杜《注》云：“仇牧稱名，不警而遇賊，無善事可褒。”焦循駁之云：“《公羊傳》：‘仇牧聞君弑，趨而至，遇之於門。手劍而叱之，萬背搣仇牧，碎其首，齒著於門闔。仇牧可謂不畏彊禦矣。’《左氏》雖不及《公羊》之詳，而亦未嘗有貶辭。而杜預則以稱名之故，而謂其‘無善事可褒’，又譏其‘不警而遇賊’。觀其‘趨而至，手劍而叱之’，千古之下，英氣猶存。其不勝而死，即李豐恨力劣，不能禽滅也。將以不能執賊，遂避匿觀望不出乎？牧之搣而死，亦豐之築於刀環也。家氏鉉翁曰：‘大夫死君之難，乃曰無善可褒，可乎？君前臣名，自是書法應爾。杜氏每以名字爲褒貶，曲爲之説，其病甚大。’”按：焦説是也。《年表》：“萬殺君，仇牧有義。”此褒仇牧，亦《左氏》古説矣。揚雄《反離騷》曰：“欽弔楚之湘纍。”李奇曰：“諸不以罪死曰纍，苟息、仇牧是也。”宋閔公不書葬，宋未告葬，故不書。杜以爲亂，故用《公羊》

"君弒賊不討不書葬"義也。《疏》謂《左氏》無此義。

冬，十月，宋萬出奔陳。

〔傳〕 十二年，秋，宋萬弒閔公于蒙澤。

〔注〕賈云："蒙澤，宋澤名也。"《宋世家集解》。

〔疏證〕《宋世家》："萬遂以局殺閔公於蒙澤。"蓋謂提博局弒之。《謚法》："在國遭憂曰愍，在國逢囏曰愍，禍亂方作曰愍。""愍"即"閔"也，《世家》作"滑"。愍、閔、滑，音義并同。《郡國志》："梁國蒙縣有蒙澤。"杜《注》同。沈欽韓云："《水經注》：'獲水東逕己氏縣南，東南流逕於蒙澤。'《十三州志》曰：'蒙澤在己氏縣東。'《寰宇記》：'蒙澤在宋州宋城縣北三十五里。'宋城今爲歸德府商丘縣。"

遇仇牧于門，批而殺之。

〔疏證〕洪亮吉云："《一切經音義》引此《傳》作'挮而殺之'。今考《説文》：'挮，反手擊也。'今本作'批'，非是。《公羊傳》：'萬臂摋仇牧，碎其首。'何休云：'側手曰摋。'則義與《説文》'反手擊'亦同。《玉篇》作'挮'，云：'手擊也。'"按：洪説是也。《釋文》："批，擊也。"《宋世家》："大夫仇牧聞之，以兵造公門。萬搏牧，牧齒著門闔死。"

遇太宰督于東宮之西，又殺之。

〔疏證〕《宋世家》："因殺太宰華督。"杜《注》："殺督不書，宋不以告。"惠士奇曰："督乃弒君之賊，豈可與仇牧同書？杜之謬也！"顧棟高曰："案：督相宋公兩世，爲國正卿，共二十八年。宋豈有不以告之理？其告亦必先於牧，自是仲尼削之也。督係弒君逆賊，得逭天討，至晚年乃見殺，幸矣！雖魯史書之，聖人當特削以明《春秋》之義。杜氏於督無貶，而反以仇牧爲貶，不亦誤乎？"按：惠、顧説是也。

立子游。

〔疏證〕《宋世家》："乃更立公子游爲君。"杜《注》："子游，宋公子。"

群公子奔蕭，公子御説奔亳。

〔注〕服云："蕭、亳，宋邑也。"《宋世家集解》。

〔疏證〕杜《注》同。《地理志》："沛郡蕭，故蕭叔國，宋別封附庸也。""山陽郡薄"，臣瓚曰："湯所都。"《郡國志》："梁國薄。"劉昭《注》引此傳。洪亮吉云："亳、薄古字通。"《玄鳥疏》："梁國自有二亳，南亳在穀熟之地，北亳在蒙地。"顧棟高云："蕭，今江南徐州府。蕭縣北十里有蕭城，亳在今河南歸德府商丘縣西北。"按：如顧説，則此亳爲北亳也。

南宮牛、猛獲帥師圍亳。

〔疏證〕杜《注》："牛，長萬之子；猛獲，其黨。"《宋世家》："萬弟南宮牛將兵圍亳。"則以牛爲萬弟，與杜説異。

冬，十月，蕭叔大心

〔疏證〕杜《注》："叔，蕭大夫名。"顧炎武云："按：大心當是其名，而叔其字，亦非蕭大夫也。二十三年'蕭叔朝公'，《解》曰：'蕭附庸國，叔名。'"按：《唐書·宰相世系表》云：'宋戴公生子衎，字樂父，裔孫大心。平南宮長萬有功，封於蕭，以爲附庸，今徐州蕭縣是也。'"按：顧説是也。杜謂"蕭大夫"，據此時未封附庸而言。《疏》云："以此年有功，宋人以蕭邑別封其人爲附庸。"與《唐書》合。

及戴、武、宣、穆、莊之族，

〔疏證〕杜《注》："宋五公之子孫。"

以曹師伐之。殺南宮牛於師，殺子游於宋，立桓公。

〔疏證〕《宋世家》："冬，蕭及宋之諸公子共擊殺南宮牛，弒宋新君游，而立湣公弟禦説。是爲桓公。"《年表》："宋桓公，莊公子。"

猛獲奔衛，南宮萬奔陳，以乘車輦其母，一日而至。

〔疏證〕《釋文》："南宮萬奔陳，本或作'長萬'，長，衍字也。下亦然。"高誘《呂覽注》："人引車曰輦。"杜《注》用高説。又云："宋去陳二百六十里，言萬之多力。"

宋人請猛獲于衛，衛人欲勿與。石祁子曰："不可。

〔疏證〕杜《注》："石祁子，衛大夫。"顧棟高云："石駘仲子石祁子。《禮記》鄭《注》：'駘仲，衛大夫石碏之族。'"

"天下之惡一也，惡於宋而保於我，保之何補？得一夫而失一國，與惡而棄好，非謀也。"

〔疏證〕杜《注》："宋、衛本同好國。"《晉書·載記·石勒傳》："祖逖牙門童建使降於勒。勒斬之，送首與逖曰：'天下之惡一也，叛臣逃吏，吾之深仇。將軍之惡，猶吾惡也。'"《梁書·蕭介傳》："太清中，侯景於渦陽敗走入壽陽，高祖勑防主韋黯納之。介聞而上表曰：'臣聞凶人之性不移，天下之惡一也。昔呂布殺丁原以事董卓，終誅董而爲賊。劉牢反王恭以歸晉，還背晉以搆妖。何者？狼子野心，終無馴狎之性。養獸之喻，必見飢噬之禍。'"皆用此傳義也。

衛人歸之。亦請南宮萬于陳，以賂。

〔疏證〕《宋世家》："宋萬犇陳，宋人請以賂陳。"杜無注。《疏》云："斷'以賂'爲句，言用賂請於陳也。"是舊說"以賂"斷句也。《釋文》："'亦請南宮長萬於陳，以賂'絕句。"

陳人使婦人飲之酒，而以犀革裹之。

〔注〕服云："宋萬多力，勇不可執，故先使婦人誘而飲之，酒醉而縛之。"《宋世家集解》。

〔疏證〕《宋世家》："陳人使婦人飲之醇酒，以犀革裹之，歸宋。"《說文》："縛，束也。"《釋名》："縛，薄也，使相薄著也。"

比及宋，手足皆見。

〔疏證〕顧炎武云："言萬力能決犀。"

宋人皆醢之。

〔注〕服云："醢，肉醬。"《宋世家集解》。

〔疏證〕杜用服說。《檀弓》："醢之矣。"《注》："醢之者，示欲啗食以怖衆。"《說文》："醢，肉醬。"則賈說亦同服也。《釋器》："肉謂之醢。"《宋世家》："宋人醢萬也。"

〔經〕 十有三年，春，齊侯、宋人、陳人、蔡人、邾人會于北杏。

〔疏證〕《穀梁》"齊侯"作"齊人"。《莊十六年經》："邾子克卒。"賈、服説"北杏之會，已得王命"。是賈、服解彼經書"卒"義也。洪亮吉《左傳詁》引爲此年注，非。又云："經書'邾人'始此。"杜《注》："北杏，齊地。"顧棟高云："當在今泰安府東阿縣境。"

夏，六月，齊人滅遂。

〔疏證〕《世本》："遂，媯姓。"《地理志》："泰山郡蛇丘隧鄉，故隧國。"隧、遂音同。杜《注》："遂國在濟北蛇丘縣東北。"《水經·汶水注》："京相璠曰：'隧在蛇丘東北十里。'杜預亦以爲然，然縣東北無城以擬之，今城在蛇丘西北。蓋杜預傳疑之，非也。"洪亮吉云："東北當作西北，杜《注》承京相璠之誤也。"沈欽韓云："《一統志》：'遂城在泰安府肥城縣南。'"

秋，七月。

冬，公會齊侯，盟于柯。

〔疏證〕沈欽韓云："《方輿紀要》：東阿故城，在兗府東平州東阿縣西四十里[1]，春秋時爲齊之柯邑。"《年表》："齊桓公五年，與魯人會柯。"《魯世家》："十三年，魯莊公與曹沫會齊桓公於柯。"按：《傳》不載曹沫事，史遷采二《傳》也。

〔傳〕 十三年，春，會于北杏，以平宋亂。

〔疏證〕杜《注》："宋有弒君之亂。"

遂人不至。

夏，齊人滅遂而戍之。

冬，盟于柯，始及齊平也。

〔疏證〕《年表》[2]："桓公五年，伐魯，魯將師敗。魯莊公請獻遂邑以平，桓公許與魯會柯而盟。"《傳》此年無齊伐魯之事，《史記》與《左氏》不合。《傳》謂自乘丘之役至是，魯方與齊平也。

---

① 林按：沈欽韓《春秋左氏傳地名補注》作"二十五里"，劉氏誤。
② 科學本注：原稿作"年表"，當作"齊世家"。

宋人背北杏之會。

〔經〕 十有四年，春，齊人、陳人、曹人伐宋。

〔疏證〕《宋世家》：“桓公二年，諸侯伐宋，至郊①而去。”

夏，單伯會伐宋。

〔疏證〕杜《注》：“單伯，周大夫。”又云：“既伐宋，單伯乃至。”《傳》無此義。

秋，七月，荆入蔡。

〔疏證〕《文十五年傳例》：“獲大城焉，曰入之。”

冬，單伯會齊侯、宋公、衛侯、鄭伯于鄄。

〔疏證〕杜《注》：“鄄，衛地。”洪亮吉云：“韋昭《齊語注》引作‘會於鄄’。《舊音》云《内傳》作‘甄’，《水經注》亦作‘甄’。《地理志》：‘濟陰郡有鄄城。’杜《注》云：‘今東郡甄城。’按：三國魏時甄城始移屬東郡。”沈欽韓云：“《一統志》：‘鄄城故城在曹州府濮州東二十里。’”按：據《國語舊音》，則古文“鄄”作“甄”也。

〔傳〕 十四年，春，諸侯伐宋，齊請師于周。

〔疏證〕《疏》云：“《經》書人而《傳》言諸侯，先儒以爲，如此輩，皆是諸侯之身。”又引《釋例》云：“諸侯在事，《傳》有明文，而《經》稱人者，凡十一條。丘明不示其義，而諸儒皆據按生意。”據《疏》説，是先儒説經書“人”，皆謂“諸侯身”也。杜《注》：“齊欲崇天子，故請師，假王命以示大順。”

夏，單伯會之，取成于宋而還。

〔疏證〕

鄭厲公自櫟侵鄭，及大陵，

〔疏證〕桓十五年，“厲公入櫟”。沈欽韓云：“《水經·濟水注》引京

---

① 林按：原稿作“郭”，據《史記》改。劉氏稿中多處“郊”誤作“郭”。

相璠曰：'潁川臨潁縣東北二十五里有故巨陵亭，即古大陵。'《一統志》：'在許州府臨潁縣北三十里。'"

獲傅瑕。

〔疏證〕杜《注》："傅瑕，鄭大夫。"《鄭世家》："故鄭亡，厲公使人誘劫鄭大夫甫假，要以求入。"《索隱》曰："《左傳》作'傅瑕'，此本多假借，亦依字讀。"是《左氏》作"傅瑕"，與《史記》異。

傅瑕曰："苟舍我，吾請納君。"與之盟而赦之。六月，甲子，傅瑕殺鄭子及其二子，而納厲公。

〔疏證〕《鄭世家》："假曰：'舍我，我爲君殺鄭子而入君。'厲公與盟乃舍之。六月甲子，假殺鄭子及其二子而迎厲公突，突自櫟復入即位。"

初，内蛇與外蛇鬪于鄭南門中，内蛇死。六年而厲公入。

〔注〕服云："蛇北方水物，水成數六，故六年而厲公入。"本《疏》。

〔疏證〕杜無注。《疏》引服説補之。服謂"蛇，北方水物"者，《五行大義》引蔡氏《月令章句》云："後玄武龜蛇之質。"《曲禮》："前朱雀而後玄武。"《疏》："玄武，龜也。"古人書後，皆北方也。玄武蓋兼龜蛇言之。《月令》："其數六。"鄭《注》："水生數一，成數六。言六者，亦舉其成數。"《疏》無釋。而"其數八"《疏》云："《尚書・洪範》云'一曰水'者，乾貞於十一月子，十一月一陽生，故水數一也。鄭注《繫辭》云：'天一生水於北，地六成水於北。'"是水之數七。鄭止舉成數也。《齊書》引蔡氏《月令章句》云："北方有水一，土五，故數六。"《月令疏》亦引皇氏云："以水數一得土數五，故六也。"與鄭君異説，服説同鄭。

《鄭世家》："初，内蛇與外蛇鬪于鄭南門中，内蛇死。居六年，厲公果復入。"又云："厲公初立四歲，亡居櫟，居櫟十七歲復入。"《年表》亦云："厲公亡後十七年復入。"此云"六年"，以蛇鬪之歲計之。《五行志》："劉向以爲近蛇孽。京房《易傳》曰：'立嗣子疑，厥妖蛇居國門鬪。'"厲、昭爭立，是嗣子疑也。《後漢書・楊賜傳》："熹平元年，青蛇見御坐，賜上封事曰：'《春秋》兩蛇鬪於鄭門，昭公殆以女敗。'"《注》："《洪範五行傳》曰：'初，鄭厲公劫相祭仲，而篡兄昭公，立爲鄭君。後雍糾之難，厲公出奔，鄭人立昭公。既立，内蛇與外蛇鬪鄭南門中，内蛇死。是時傅瑕仕於鄭，欲内厲公，故内蛇死者，昭公將敗，厲公將勝之象也。是時昭公宜布恩施惠以撫百姓；舉賢崇德，以勵群臣；觀察左右，以省姦謀。則内變不得生，外患不得起矣。昭公不察，果殺於傅瑕。二子死，而厲公入，此其效也。《詩》云：“惟虺惟蛇，女子之祥。”鄭昭公殆以女子敗矣。’”昭公以女子敗，其義未聞。又《漢書·武帝紀》：“太始四年，秋七月，趙有蛇從郭外入邑，與邑中蛇群鬬孝文廟下，邑中蛇死。”

公聞之，問于申繻曰：“猶有妖乎？”對曰：“人之所忌，其氣燄以取之。妖由人興也。

〔疏證〕洪亮吉云：“《漢書·藝文志》‘妖’并作‘訞’。按：《大戴禮·易本命》：‘訞孽數起。’《漢書·文帝紀》：‘除訞言之罪。’師古曰：‘訞同妖。’”阮元《校勘記》云：“燄，石經初刻作‘炎’，是也。改作‘燄’，大誤。《釋文》亦作‘炎’。按：《漢書·五行志》《藝文志》引傳文，并作‘其氣炎以取之’。師古《注》：‘炎讀與燄同。’”嚴可均《唐石經校文》云：“《釋文》‘炎音艷’。不載別本，改刻非也。”按：阮、嚴説是也。王符《潛夫論》引此傳亦作“其氣炎以取之”。沈欽韓云：“按：《後漢書·任光傳》‘光炎燭天地’，可知古止作炎。”又按：《藝文志》全引此《傳》。師古釋之曰：“炎，謂火之光始燄燄也，言人之所忌，其氣炎引致於災也。”杜《注》引《尚書·洛誥》“無若火始燄燄”，與師古説合，疑杜本舊注也。

“人無釁焉，妖不自作；人棄常，則妖興，故有妖。”

〔疏證〕《藝文志》“人棄常”二句在“人無釁焉”句上。“棄”作“失”。師古曰：“釁，瑕也。失常謂反五常之德也。”

厲公入，遂殺傅瑕。使謂原繁曰：“傅瑕貳，

〔疏證〕杜《注》：“有二心於己。”顧炎武云：“傅氏曰：‘如此則漢高祖之斬丁公也。在厲公當不然矣。’改云‘雖納我，仍有二心’。”文淇按：顧説是也。下文云：“納我而無二心者，吾皆許之上大夫之事。”又云：“社稷有主，而外其心，其何貳如之。”又云：“子儀在位十四年矣，而謀召君者，庸非貳乎。”是指既納之後，無二心者而言。則此自據既納仍有二心。杜説非。《鄭世家》作“而讓其伯父原”，無“繁”字。又謂先殺原繁，後殺傅瑕，亦與《傳》不合。

"周有常刑，既伏其罪矣。納我而無二心者，吾皆許之上大夫之事，吾願與伯父圖之。

〔注〕服虔云："諸侯稱同姓大夫長曰伯父，少曰叔父。"《詩·伐木疏》。

〔疏證〕杜《注》："上大夫，卿也。伯父謂原繁。"《伐木》"以速諸父"《傳》："天子謂同姓諸侯，諸侯謂同姓大夫，皆曰父，異姓則稱舅。"彼《疏》云："《左傳》隱公謂臧僖伯曰：'叔父有憾於寡人。'鄭厲公謂原繁曰：'願與伯父圖之。'諸侯則國有大小之殊，大夫惟以長幼爲異，故服虔《左傳注》云：'諸侯謂同姓大夫，長曰伯父，少曰叔父。'是也。"按：臧僖伯，孝公子，惠公弟，故隱公稱爲叔父，乃質稱之詞，與此厲公稱原繁異。服《注》當是釋此傳之文，杜用服《注》義，於《隱五年傳》失之。李貽德《輯述》亦繫服《注》於彼《傳》，非也。

"且寡人出，伯父無裏言。入，又不念寡人，寡人憾焉。"

〔疏證〕杜《注》"無裏言"曰"無納我之言"。王念孫曰："'無裏言'，謂不通內言於外，非謂'無納我之言'也。《襄二十六年傳》'衛獻公使讓大叔文子曰："寡人淹恤在外，二三子皆使寡人朝夕聞衛國之言，吾子獨不在寡人。古人有言曰：非所怨勿怨①，寡人怨矣。"對曰："臣不能貳，通外內之言以事君，臣之罪也。"'不通外內之言，即所謂'無裏言'也。"按：王說是也。《鄭世家》："厲公讓其伯父原曰：'我亡國外居，伯父無意入我，亦甚矣。'"

對曰："先君桓公命我先人典司宗祏。

〔疏證〕杜《注》："宗祏，宗廟中藏主石室。"《魏志·韓暨傳注》："《春秋傳》曰：'命我先人典司宗祏。'《注》曰：'宗廟所以藏主石室。'"當是舊注，杜《注》用之也。《說文》："祏，宗廟主也。《周禮》：'有郊、宗、石室。一曰大夫以石爲主。'""宝，宗廟主石也。"以許意推之，則賈《注》當用石室義矣。其謂"祏以石爲之"，則以大夫禮説侯國禮，非是。馬宗璉云："案：此宗祏是鄭宗廟之主，亦以石爲之，故字從石。鄭之桓、武，世有大功，得立厲王廟。《昭十八年傳》：'鄭大火，使祝史徙主祏於周廟。'周廟，厲王廟也，宗祏疑即厲王主，故言先君桓公，使其先人主之。桓公，厲王之子，立其父廟，宜也。"馬氏説鄭廟有厲王主是

---

① 林按：底本無"古人有言曰：非所怨勿怨"，據科學本增補。

也。本《疏》云：“慮有非常火災，於廟之北壁內爲石室，以藏木主。有事則出而祭之，既祭，納於石室。祐字從示，神之也。”是謂祐在廟之北壁也。《釋文》云：“祐，藏主石函也。”《疏》謂廟壁爲石室，則石室猶石函矣。《通典》禮①八云：“周制，《公羊》說主藏太廟室西壁中，以備火災。西方，長老之處，尊之也。魏代，或問高堂隆曰：‘昔受訓云，馮君八萬言《章句》，說正廟之主，各藏太室西壁之中。遷廟之主於太祖大室北壁之中。按：《逸禮》，藏主之處，似在堂上壁中。’答曰：‘《章句》但言藏太祖北壁中，不別堂室。愚意以堂上無藏主，當室之中也。’東晉太常賀循按：‘《漢儀》藏主於室中西牆壁堉中，去地六尺一寸。當祠則設坐於堉下。’又按：‘古禮，神主皆盛以石函。餘薦籍，文不備見。摯虞《決疑》云：“廟主藏於户之外，西墉之中，有石函名曰宗祐，函中笥以盛主。”’”陳壽祺《五經異義疏證》云：“《隸續·嚴訢碑》‘治嚴氏《春秋》，馮君《章句》’，然則此《公羊》說也。諸家言廟主所藏，或云西壁，或云北壁。據馮君《章句》，則藏西壁者正廟主也。藏北壁者，遷廟主也。《左氏正義》於宗祐言北壁，亦爲遷廟主耳。”按：陳說是也。《正義》謂祐在北壁，當爲《左氏》說。

“社稷有主，而外其心，其何貳如之？苟主社稷，國内之民，其誰不爲臣？臣無二心，天之制也。子儀在位，十四年矣。

〔疏證〕《鄭世家》：“原曰：‘事君無二心，人臣之職也。’”子儀以莊元年即位，至是十四年。

“而謀召君者，庸非貳乎？

〔疏證〕王引之《經傳釋詞》云：“庸，猶何也，安也，詎也。”下引此傳文。杜《注》：“庸，用也。”非。

“莊公之子，猶有八人。

〔疏證〕杜無注。《釋文》：“莊公子，《傳》唯見四人，子忽、子亹、子儀并死，獨厲公在。八人名字，紀傳無聞。”顧炎武云：“按：猶有八人者，謂除此四人外，尚有八人見在也。桓十四年，‘鄭伯使其弟語來盟’，《傳》稱其字曰‘子人’，亦其一也。”朱駿聲云：“後有子人九，蓋以字爲氏。”陳鱣《詩人考》云：“《鄭風·清人序》曰：‘公子素惡高充。’《正

---

① 林按：此處當增“禮”字，說明篇目，劉氏脱略。

義》云：‘文公有臣，鄭之公子名素者。’”按：公子素不見經傳，疑亦莊公之子。於文公爲叔父，亦八人中之一也。

“若皆以官爵行賂勸貳，而可以濟事，君其若之何？臣聞命矣。”乃縊而死。

〔疏證〕“官爵行賂勸貳”，對屬公許以上大夫之事語也。《宋世家》謂原自殺。

蔡哀侯爲莘故，繩息嬀以語楚子。

〔疏證〕《釋文》：“繩，《説文》作‘譝’。”洪亮吉云：“今《説文》本闕。《廣雅》云：‘譝，譽也。’《周書·皇門解》云：‘是陽是繩。’繩、譝古字同。《吕覽》：‘周公旦作詩以譝文王之德。’孔鮒[1]説曰：‘譝之，譽之也。’《表記》曰：‘君子不以口譽人。’鄭《注》：‘譽，譝也。’”按：洪説是也。繩，爲“譝”之假借。杜《注》：“繩，譽也。”用《表記》注。彼《疏》云：“繩可以度量於物。凡口譽於人，先須忖度，亦量之於心，故以譽爲繩也。”義殊迂曲。王念孫《廣雅疏證》云：“譝，亦稱也，方俗語轉耳。”

楚子如息，以食入享，遂滅息。

以息嬀歸，生堵敖及成王焉。未言。

〔疏證〕洪亮吉云：“《史記·楚世家》曰：‘熊囏立，是爲杜敖。’《索隱》云：‘杜，音側莊反。’《十二諸侯年表》作‘堵敖’[2]，劉音壯，此作杜敖。劉氏云亦作杜，杜、堵聲相近。又與《世家》乖，未知誰是。《古今人表》又作‘杜敖’。師古曰：‘即堵敖。’今考《索隱》云云，則《楚世家》杜敖當作‘莊敖’，莊亦杜傳寫誤也。”

楚子問之。對曰：“吾一婦人，而事二夫。縱弗能死，其又奚言？”楚子以蔡侯滅息，遂伐蔡。

〔疏證〕沈欽韓云：“《列女傳·貞順傳》：息君夫人自殺。”按：《列女傳》述息嬀事，與《傳》乖異。子政傳《穀梁》，息嬀事又不見於《穀梁》，或出《穀梁》外傳歟？

---

① 林按：科學本闕“鮒”字，意義不明，據洪亮吉《春秋左傳詁》補。

② 林按：“十二諸侯年表……”一句應置於“索隱”前。

秋，七月，楚入蔡。君子曰："《商書》所謂'惡之易也，如火之燎于原，不可鄉邇，其猶可撲滅'者，其如蔡哀侯乎？"

〔疏證〕此與《隱六年傳》引《商書》全同，詳彼傳《疏證》。楚伐息之役，由於蔡哀侯之止息嬀，兵連禍結，而殃及其國，如火之蔓易不可撲滅也。

"冬，會于鄄"，宋服故也。

〔經〕 十有五年，春，齊侯、宋公、陳侯、衛侯、鄭伯會于鄄。

夏，夫人姜氏如齊。無《傳》。

〔疏證〕《傳例》："夫人歸甯曰如某。"杜《注》："夫人文姜，齊桓公姊妹。父母在，則禮有歸甯，没則使卿甯。"《疏》云："《襄十二年傳》曰：'秦嬴歸於楚，楚司馬子庚聘於秦。爲夫人甯，禮也。'是父母没則使卿甯兄弟，不得自歸也。但不知今桓公有母以否，故杜不明言得失。"按：《穀梁傳》："婦人既嫁不踰竟，踰竟，非禮也。"是《穀梁》說夫人無歸甯禮，《公羊》無說。杜《注》與二《傳》異，當是古義。

秋，宋人、齊人、邾人伐郳。

〔疏證〕《公羊》"郳"作"兒"。洪亮吉云："《説文》：'郳，齊地。《春秋傳》曰："齊高厚定郳田。"'按：郳後爲齊所并，故曰齊地。"是此別一郳，非五年經之郳也，今地闕。杜云："宋主兵，故序齊上。"用《公》《穀》說。

鄭人侵宋。

冬，十月。

〔傳〕 十五年，春，復會焉，齊始霸也。

〔疏證〕承十四年會鄄而言，故曰"復會"。《年表》："齊桓公七年始霸，會諸侯於鄄。"《齊世家》："七年，諸侯會桓公於鄄，而桓公於是始霸焉。"皆與《傳》合。

秋，諸侯爲宋伐郳。

〔疏證〕杜《注》云："郳，附庸，屬宋。"或依《傳》爲說，他無所證。

鄭人間之，而侵宋。

〔經〕十有六年，春，王正月。

夏，宋人、齊人、衛人伐鄭。

秋，荆伐鄭。

〔疏證〕《年表》："鄭厲公二年，諸侯伐我。"

冬，十有二月，會齊侯、宋公、陳侯、衛侯、鄭伯、許男、滑伯、滕子同盟于幽。

〔疏證〕《公羊》"會"上有"公"字。《公》《穀》"許男"下皆有"曹伯"二字。杜《注》："滑國都費。"洪亮吉云："成公十三年，'殄滅我費滑'，即此。"沈欽韓云："《方輿紀要》：'緱氏城，在河南偃師縣南二十里。古滑國，亦曰費滑，即滑都也。'"按：洪、沈說是也。又按：杜《注》："幽，宋地。"梁履繩云："幽當在今河南歸德府考城縣境。"

邾子克卒。

〔注〕賈、服以爲北杏之會時已得王命。隱元年《傳疏》。

〔疏證〕克即儀父也。杜《注》："稱子者，蓋齊桓請王命以爲諸侯。"《疏》云："北杏之會，邾人在焉。今而稱子，故云齊侯請王命以爲諸侯。得爲子爵見經也。"是杜意以邾子克命爲諸侯，在北杏之會後也。文淇按：《隱元年傳》"公及邾儀父盟於蔑，邾子克也"。未王命，故不書爵。彼《疏》引此注，"賈、服以北杏之會，邾人在列，故謂北杏之會已得王命也"。彼《傳》杜《注》云："其後儀父服事齊桓，以獎王室，王命以爲邾。故莊十六年《經》書'邾子克卒'。"杜氏於彼傳，遠引"邾子克卒"，不引"北杏之會"，是不從賈、服之說。洪亮吉謂杜氏亦用賈、服舊說，誤。彼疏駁賈、服云："列與不列，在於主會之意，不由有爵與否。"按：附庸不得列於會盟，其得列於會盟者，皆以爵爲諸侯，《疏》說非也。賈、服謂"北杏會時已得王命"，是由後溯前之詞，隱元年《傳疏》引駁之，以申杜意。洪氏、嚴氏皆定爲彼《傳注》，誤，今依李氏《輯述》。

〔傳〕 十六年，夏，諸侯伐鄭，宋故也。

〔疏證〕承《十五年經》鄭人侵宋之文。《釋文》：“宋故也，本或作‘爲宋故’。”

鄭伯自櫟入，

〔疏證〕《十四年傳》：“鄭伯自櫟侵鄭。”

緩告於楚。秋，楚伐鄭，及櫟，爲不禮故也。

鄭伯治與於雍糾之亂者，

〔疏證〕《桓十四年傳》：“祭仲殺雍糾，厲公出奔蔡。”

九月，殺公子閼，刖强鉏。

〔疏證〕《釋文》：“案：隱十一年，鄭有公孫閼，距此三十五年，不容復有公子閼，若非‘閼’字誤，則‘子’當爲‘孫’。”《古今人表》：“有彊鉏。”案：《十四年傳》不載此二人。杜《注》：“二子皆祭仲黨。”《説文》：“刖，絶也。”《疏》引《爾雅》李巡《注》：“斷足曰刖。”杜《注》用之。

公父定叔出奔衛。

〔疏證〕杜《注》：“共叔段之孫。定，謚也。”下文服《注》：“定叔之祖共叔段。”則杜此注用服説。公父定叔亦與雍糾之亂者。

三年而復之，曰：“不可使共叔無後于鄭。”使以十月入，曰：“良月也，就盈數焉。”

〔注〕服云：“定叔之祖共叔段，有伐君之罪，宜世不長，而云‘不可使共叔無後于鄭’，言其制之偏頗。鄭厲公以孽篡適，同惡相恤，故黨于共叔，欲令其後不絶，《傳》所以惡厲公也。”本《疏》。

〔疏證〕三年復之，指公叔定父奔衛之後三年也。顧炎武云：“鄭厲公復公父定叔之位。使以十月入，曰‘良月也’。而顏師古注《漢書》‘李廣數奇’，以爲‘命隻不偶’。是則以雙月爲良，隻月爲忌。喜耦憎奇，古人已有之矣。”按：顧説是也。“就盈數焉”，盈數猶偶數也。杜《注》：“數滿於十。”非是。杜不釋定叔復位之是非。《疏》引服《注》無駁。《公》《穀》傳又不載此事，則服所稱爲《左氏》古誼矣。叔段伐君，見《隱元年傳》。

李貽德曰："《周語注①》：'父子相繼曰世。'叔段有罪，宜不世及也。'偏頗'，言刑失中也。《說文》：'頗，頭偏也。'《廣雅·釋詁》：'頗，衺也。'"

君子謂："强鉬不能衛其足。"

〔疏證〕杜《注》："言其不能早辟害。"

冬，"同盟于幽"，鄭成也。

王使虢公命曲沃伯，以一軍爲晉侯。

〔疏證〕《年表》：魯莊公十五年爲晉侯緡②二十八年，"曲沃武公滅晉侯緡，以寶獻周。周命武公爲晉君，并其地。"《晉世家》："晉侯緡二十八年，齊桓公始霸。曲沃武公伐晉侯緡，滅之，盡以寶器賂獻於周釐王。釐王命曲沃武公爲晉君，列於諸侯，於是盡并晉地而有之。曲沃武公已即位三十七年矣。自桓叔初封曲沃，以至武公滅晉，凡六十七歲，而卒代晉爲諸侯。"《史記》與《傳》合。曲沃武公以是年始受王命也。《揚之水疏》："晉是諸侯，不得以爵賜諸侯。桓叔、莊伯皆以字配謚。雖君其國，未有爵命。《左傳》每云曲沃伯，或自可稱伯也。"《大司馬》"小國一軍"《注》："鄭司農云：'《春秋傳》曰："王使虢公命曲沃伯以一軍爲晉侯。"此小國一軍之見於傳也。'"《疏》："以其新并晉國。雖爲侯爵，以小國軍法命之，故一軍。"是先鄭説此當引《禮》"小國一軍"。杜《注》："小國故一軍。"用鄭義也。

初，晉武公伐夷，執夷詭諸。

〔疏證〕杜《注》："夷詭諸，周大夫。夷，采地名。"此夷與隱元年紀人伐夷異地。彼《傳疏》云："《釋例·土地名》：'夷國在城陽壯武縣。'莊十六年晉武公伐夷。《土地名》注爲闕。則二夷別也。《世族譜》③於'夷詭諸'之下注云'妘姓'，更無夷國。則以二夷爲一。計壯武之縣，遠在東垂，不得爲周大夫之采地，而晉獲其地。是《譜》誤也。"江永云："此年晉伐夷，取其地。文六年，晉蒐於夷。即此地。"按：江説是也。杜但云："夷，采地名。"不釋以晉縣名。今地闕。

---

① 林按：劉氏底本與科學本俱闕"注"字，據李貽德《春秋左氏傳賈服注輯述》補。

② 科學本注：《年表》作"晉小子"。

③ 林按：底本無"譜"字，據科學本增補。

蒍國請而免之。

〔疏證〕杜《注》：“蒍國，周大夫。”

既而弗報，

〔疏證〕杜《注》：“詭諸不報施於蒍國。”

故子國作亂，謂晉人曰：“與我伐夷而取其地。”

〔疏證〕子國，即蒍國也。

遂以晉師伐夷，殺夷詭諸。周公忌父出奔虢。

〔疏證〕杜《注》：“周公忌父，王卿士，辟子國之難。”顧棟高云：“或云忌父宰周公孔弟，未知是否。”

惠王立而復之。

〔疏證〕疏云：“《史記·十二諸侯年表》：惠王元年，當魯莊十八年。即位在十八年，而此年《傳》說惠王之立者。杜云：‘《傳》因周公忌父之事而見惠王，惠王立在此年之末。’是杜以周公忌父此年出奔，至惠王立而得復。與《史記》不違。”按：《周本紀》：“釐王五年崩。子惠王閬立。”釐王五年當魯莊公十七年。杜謂惠王立在是年之末，非也。傳終事之辭。

〔經〕 十有七年，春，齊人執鄭詹。

〔疏證〕《公羊傳》“詹”作“瞻”。杜《注》：“詹爲鄭執政大臣，詣齊見執。”邵瑛云：“此鄭詹杜以爲執政大臣，或因《僖七年傳》‘叔詹、堵叔、師叔，三良爲政’之文之故。”按：《公羊》云：“鄭瞻何？鄭之微者也。”《穀梁》云：“鄭詹，鄭之卑者。”杜與二《傳》異，疑用《左氏》古誼也。

夏，齊人殲于遂。

〔疏證〕《地理志》引傳文，“遂”作“隧”。《釋詁》云：“殲，盡也。”《説文》：“殲，衆之盡也。”

秋，鄭詹自齊逃來。無《傳》。

冬，多麋。無《傳》。

〔疏證〕杜《注》："蝝多則害五稼，故以災書。"《五行志》："劉歆以爲毛蟲之孽爲災。"則杜用歆説也。沈欽韓云："京房《易傳》：'廢正作淫，爲火不明，則國多蝝。'蝝，陰類。故多蝝，記其異。張華《博物志》：'東陽縣多蝝，百千爲群，掘食草根，其處成泥，名曰"蝝畯"。民人隨此畯種稻，不耕而穫，其收百倍。'則蝝非害物之物。"沈謂多蝝記異，是也。蝝畯地土，偶不同，不能證經義。

〔傳〕 "十七年，春，齊人執鄭詹"，鄭不朝也。

〔疏證〕杜無注。疏亦無説。鄭玉云："同盟於幽，在去年之十二月，纔踰月耳，安得便責其不朝？當是以事來聘，應對失詞，或禮慢而見執耳。"沈欽韓云："按：鄭既行成，身不自朝，而使一介來往，故傳以不朝言之。"

夏，遂因氏、頜氏、工婁氏、須遂氏饗齊戍，醉而殺之，齊人殲焉。

〔疏證〕杜《注》："四族遂之强宗。"

〔經〕 十有八年，春，王三月，日有食之。無《傳》。

〔疏證〕杜《注》："不書日，官失之"。《疏》："《經》亦無朔字，當云'不書朔與日'，注不言朔，脱也。"《五行志》："劉歆以爲晦，魯、衛分。"臧壽恭云："是年入甲申統九百六十七年，積月一萬一千九百六十，閏餘五，積日三十五萬三千一百八十九，小餘十一，大餘二十九。正月癸丑朔，小，小餘五十四。二月壬午朔，大，小餘十六。三月壬子朔，小，小餘五十九。二十九日庚辰晦。又置上積日，加積日八十八，以統法乘之，以十九乘小餘五十九，并之，滿周天除去之，餘十二萬三千二百十。滿統法而一，得積度八十度，餘一千二百六十四。命如法。合晨在奎九度，奎與壁相比。《淮南·天文訓》：以營室東壁爲衛之分野，以奎婁爲魯之分野，故曰'魯、衛分'。"沈欽韓云："按：《隋·曆志》劉孝孫推是年食合壬子朔。《元史·曆志》：'大衍推是歲五月朔，交分入食限，三月不應食。以今曆推之，五月壬子朔，加時在晝，交分入食限。蓋誤五爲三。'"按：隋、元《曆志》是也。周三月夏正月，是年正月癸丑朔小，辛巳晦。壬子爲癸丑前一日也。《元志》謂"三月"當作"五月"，非。

夏，公追戎於濟西。

〔注〕服云：“桓公爲好，莊公獨不能修，而見侵濟西曹地。”《小司徒疏》。

〔疏證〕《小司徒》“以比追胥”《注》：“追，逐寇也。《春秋傳》：‘公追戎於濟西。’”《疏》引服《注》：“戎來侵魯，公逐之於濟水之西。”用服義也。《桓二年經》“公及戎盟於唐”，故服謂“桓公爲好”。《僖三十一年傳》“取濟西田，分曹地也”，服謂曹地本此。杜不注濟西所在。沈欽韓云：“此戎即伐凡伯之戎也。《水經注》：‘濟瀆自濟陽縣故城南，東逕戎城北。’”京相璠曰：“濟水自鉅野至濟北。”江永云：“此隱二年盟於潛之戎。戎城在曹縣濟水之西。”

秋，有蜚。

〔疏證〕《校勘記》云：“蜚，《漢書》引經文作‘蛢’。”《漢舊儀》云：“魃，鬼也。”魃、蛢古字通。

冬，十月。

〔傳〕 十八年，春，虢公、晉侯朝王，王饗醴，命之宥。

〔疏證〕沈欽韓云：“‘饗’當作‘享’。《聘禮》：‘賓執圭致命，公受玉。賓出，擯者出，請賓奉束帛，加璧，享庭實乘皮，公受幣。聘於夫人用璋，享用琮。擯者出請事，賓告事畢，奉束錦以請覿。擯者入告，出辭，請禮賓，公出迎賓。宰夫實觶以醴，薦脯醢。公用束帛，庭實，乘馬。’其享禮之次第，獻酬之儀物如此，若諸侯朝王，其次第亦同。《大行人職》：‘上公之禮，廟中將幣，三享王禮，再祼，三享。’即《聘禮》之加璧享，《覲禮》所謂三享，皆束帛加璧。庭實惟國所有也。再祼，即《聘禮》之禮賓也。前乎此者，致館，致餼。後乎此者，致饗餼，致饗食。《大行人》云：‘饗禮九獻，食禮九舉。’鄭《注》：‘饗，設盛禮以飲賓也。’醴賓之時，不名爲饗，以其但有脯醢，無牲牢也。杜云：‘王覲群后，始則行饗禮。’此目不見《禮經》《周禮》[①]者也。而欲注述一代大典難矣哉！‘宥’與‘侑’同，此當饗食之節也。《鹿鳴箋》云：‘飲之而有幣，酬幣也。’《掌客職》：‘上公，三饗、三食、三燕。若弗酌，則以幣致之。’《注》云：‘若弗酌，謂君有故，不親饗食燕也。不饗則以酬幣致之，不食則以侑幣

---

① 林按：劉氏引沈欽韓《春秋左氏傳補注》，《禮經》《周禮》二詞順序顛倒，其它文字詳略及用字不同所在多有。

致之。’《聘禮》云：‘若不親食，使大夫各以其爵朝服致之以侑幣。致饗以酬幣，亦如之。’此明饗食皆有幣。《聘禮注》云：‘幣所用未聞，禮幣束帛、乘馬。’勸飲食之幣，自然有殺而無加矣。若親饗食，則君自致之。《公食大夫禮》云：‘賓三飯，庭實設。公受宰夫束帛以侑。’《注》云：‘束帛，十端帛也。侑，猶勸也。主國君以爲食賓殷勤之意未至，復發幣以勸之，欲用深安賓也。’此禮本親飲食之，酬侑之幣，親逆之者也。”按：沈説是也。本《疏》但引《掌客》饗燕之文，是未知享禮先於饗禮也。其説侑幣，止引《聘禮》以證饗禮酬幣之同，亦疏。

皆賜玉五瑴，馬三匹。非禮也。

〔疏證〕《釋文》：“瑴亦作珏。”《倉頡篇》：“雙玉爲珏。”沈欽韓云：“《覲禮》：‘天子賜侯氏以車服，四馬亞之，重賜無數。’《注》：‘所加賜善物，多少由恩也。’按：加賜之物，則寶玉彝器之屬，此禮賓所用，非送爵相酬之玉幣也。《禮器》云：‘琥璜爵。’《注》云：‘天子酬諸侯，諸侯相酬，以此玉將幣也。’《疏》云：‘琥璜，非爵名。《經》云“琥璜爵”，故知琥璜送爵也。諸侯於聘賓，唯用束帛乘馬，皆不用玉。今琥璜送爵，故知是天子酬諸侯，及諸侯自相酬也。’今按：上云‘命侑’，此即侑之儀也，亦當有幣。《小行人職》：‘琥以繡，璜以黼。’言玉則幣可知。禮用乘馬，此唯三匹，亦非典也。”按：沈説是也。王引之云：“古無以三馬賜人，三當爲三，古四字，脱去一畫耳。”

王命諸侯，名位不同，禮亦異數，不以禮假人。

〔疏證〕杜《注》：“侯而與公同賜，是借人禮。”《疏》云：“虢公不知何爵。稱公，謂爲三公耳。”疏不以虢爲公爵，與杜説異。《大宗伯》：“以九儀之命，正邦國之位。”《注》：“每命異儀，貴賤之位乃正。《春秋傳》曰：‘名位不同，禮亦異數。’”是禮數同命數也。《漢書·韋玄成傳》：“太僕王舜、中壘校尉劉歆議曰：‘《春秋左氏傳》曰：“名位不同，禮亦異數。”自上以下，降殺以兩，禮也。’”舜、歆謂虢、晉異爵，禮當降殺以兩。其孰當降殺，無文明之。

虢公、晉侯、鄭伯使原莊公逆王后于陳。陳嬀歸于京師，實惠后。

〔疏證〕《年表》：“惠王元年，取陳后。”《周世家》[1]：“襄王母早死。

---

[1] 科學本注：《周世家》應爲《周本紀》。

後母曰惠后。”《周語》：“及惠后之難。”《注》：“惠后，周惠王之后，襄王繼母陳媯也。”此爲僖二十四年惠后事張本。杜《注》云：“虢、晉朝王，鄭伯又以齊執其卿，故求王爲援，皆在周，倡義爲王定昏。”《傳》無此義。

夏，公追戎于濟西。不言其來，諱之也。

〔疏證〕杜《注》：“魯人不知，去乃追之，故諱不言其來。”沈欽韓云：“戎狄爲中國之患，故諱言其來。喜其捍禦有素，故書追之。魯之疆場，猶能自保。若來而不知，侵而無備，則誰知之，而誰追之乎？杜之此解，同兒戲矣。”

秋，有蜮，爲災也。

〔注〕服氏云：“蜮，短狐，南方盛暑所生，其狀如鱉，古無今有。含沙射人，入人皮肉中，其瘡如疥。徧身中濩濩或或，故曰災。禮曰：惑君則有。”《蜮氏疏》。

〔疏證〕杜《注》：“蜮，短弧也，蓋以含沙射人爲災。”《釋文》：“短弧，本又作‘斷狐’。”是杜《注》亦作“短狐”，用服義也。《説文》：“蜮，短狐也，似鱉，三足，以氣䠶害人，從虫或聲。或又從國。”疑賈説亦同於服。《蜮氏》：“鄭司農云：‘蜮讀爲蟈，蟈，蝦蟇也。’玄謂蜮乃短狐。”《疏》引經文并服《注》，是後鄭亦同服義也。本《疏》引《洪範五行傳》云：“蜮如鱉，三足，生於南越。南越婦人多淫，故其地多蜮，淫女惑亂之氣所生也。”《五行志》：“莊公十八年秋，‘有蜮’。劉向以爲生南越。越地多婦人，男女同川，淫女爲主，亂氣所生，故聖人名之曰蜮。在水旁，能射人，南方謂之短弧。劉歆以爲蜮，盛暑所生，非自越來也。”劉歆但云盛暑生蜮，不云南越，此《左氏》義異於《穀梁》者。服《注》蓋兼用《穀梁》及《今文尚書》義矣。陸璣《毛詩草木蟲魚疏》云：“蜮，短狐也，一名射景，如鱉，三足，在江淮水中，人在岸上，景見水中，投人景則殺之，故曰射景。或謂含沙射人，入人皮肌，其創如疥。”陸《疏》與服《注》略同。如服義則蜮爲介屬，其名爲短狐者。洪亮吉云：“《説文》諸本‘狐’又作‘弧’，與《漢書·五行志》同。師古《注》：‘即射工也，亦呼水弩。’尋文義，是當作‘弧矢’之‘弧’。”按：洪説是也。《何人斯傳》：“蜮，短弧也。”含沙射人。射景，射工，皆弧義矣。惠棟據《説文》“螣”“蠈”。《唐公房碑》“蟘”“蚗”當作“蜮”，又據《呂覽》：“又無螟蜮。”高《注》：“蜮或作螣。”謂爲蟲害稼者。馬宗璉同惠説，皆疑短狐之非爲災，不知“狐”之當作“弧”也。服《注》：“徧身濩濩蜮蜮。”蜮蜮，本《疏》引作

"或或"。蝛、或聲相近，此狀蝛之詞，義無考矣。《禮》曰"惑君則有者"，逸《禮》也。《五行志》："蝛，猶惑也。"《公羊傳注》："蝛之猶言惑也。"京房《易傳》曰："忠臣進言君不試，厥咎國生蝛，故曰惑君則有也。"

初，楚武王克權，

〔疏證〕杜《注》："權，國名。"沈欽韓云："《一統志》：'權城在安陸府鍾祥縣西南。'按：《水經注》：'沔水又東，右會權口，出章山東南流，逕權城北，古之權國也。'權城當在安陸府荊門州東南。"

使鬬緡尹之。以叛，圍而殺之。

〔疏證〕杜《注》："鬬緡，楚大夫。"《釋文》："以'叛'絕句，本或作'畔'，俗字也。"

遷權於那處，

〔注〕賈逵云："文王子聃季之國也。"《國語注》。

〔疏證〕《釋文》："'那'，又作'郍'，同，乃多反。"洪亮吉云："按：《史記·管蔡世家》曰：'封季載於冉。'《索隱》曰：'冉或作郍。《國語》曰冉季鄭姬。賈逵云"文王子郍季之國"也。莊十八年，楚武王克權，遷於郍處，郍與郍皆音奴甘反。'"按：洪說是也。賈氏本"那"當作"郍"。《釋文》亦誤也。杜云："那處，楚地。"《水經注》："權城東南有那口城。"《方輿紀要》："那口城在荊門州東南。"

使閻敖尹之。

〔疏證〕杜《注》："閻敖，楚大夫。"

及文王即位，與巴人伐申，而驚其師。巴人叛楚而伐那處，取之，遂門于楚。

閻敖游涌而逸。

〔疏證〕盛弘之《荊州記》："夏首東二十餘里有涌口，所謂閻敖游涌而逸。"《水經·江水篇》："又江水東南當華容縣南，涌水入焉。"《注》："《春秋》所謂閻敖游涌而逸者也。"又云："涌水自夏水南通於江，謂之涌口。"沈欽韓云："《方輿紀要》：'涌水在荊州府監利縣東南，夏水支流也，從乾溪中涌出，俗名乾港湖。'"

楚子殺之，其族爲亂。冬，巴人因之以伐楚。

〔經〕 十九年，春，王正月。

夏，四月。

秋，公子結媵陳人之婦于鄄，遂及齊侯、宋公盟。無《傳》。

〔疏證〕杜《注》：“公子結，魯大夫。”此經《左氏》古義無考。杜謂“《公羊》《穀梁》皆以爲魯女媵陳侯之婦”。按：《公羊傳》詳姪娣之制。《穀梁》則曰：“陳人之婦，略之也。”二《傳》説已不同。杜謂《公》《穀》皆以爲“媵陳侯婦”，非也。齊、宋之盟，杜亦取二《傳》爲説。

夫人姜氏如莒。無《傳》。

〔疏證〕《穀梁傳》：“婦人既稼不踰竟。踰竟非正也。”杜用《穀梁》説，而曰：“非父母國而往，書姦。”則《穀梁》亦無此義也。《公羊》無《傳》。

冬，齊人、宋人、陳人伐我西鄙。無《傳》。

〔疏證〕韋昭《國語注》：“鄙，邊邑也。”杜《注》：“幽之盟，魯使微者會。鄄之盟，又使媵臣行，所以受敵。”文淇按：上《經》“公子結媵陳人之婦於鄄，遂及齊侯、宋公盟”。杜《注》云：“結在鄄聞齊、宋有會，權事之宜，去其本職，遂與二君爲盟，故備書之，本非魯侯意，而又失媵陳之好，故冬各來伐。”既云本非公意，此又云“鄄之盟，又使媵臣行”，前後矛盾。

〔傳〕 十九年，春，楚子禦之，大敗於津。

〔疏證〕承上年“巴人伐楚”言之。杜《注》：“津，楚地。或曰，江陵縣有津鄉。”沈欽韓云：“《水經注》：‘枝江縣西三里有津鄉。應劭曰南郡江陵有津鄉，今則無聞矣。郭仲産云尋楚禦巴人，枝江是其塗，便此津鄉殆即其地也。’按：《水經注》又云：‘江陵城南有馬牧城。燕尾洲始自枚迴，下迄於此，長七十餘里，洲上有奉城，故江津長所治，亦曰江津戍。戍南對馬頭岸，北對大岸，謂之江津口，江大自此始也。’尋此傳所稱津，正指江津爲通道，不必指一鄉爲名也。《一統志》：‘江津戍在荆州府江陵縣南二十里。’”按：沈説是也。杜引或説，即應劭説。

還，鬻拳弗納，

〔疏證〕鬻，《古今人表》作“粥”。《柏舟疏》引《箴膏肓》云：“鬻拳，楚同姓。”杜《注》：“鬻拳，楚大閽。”據下文釋之。

遂伐黄。

〔疏證〕《世本》：“黃，嬴姓。”《郡國志》：“汝南郡弋陽侯國有黃亭，故黃國，嬴姓。”《一統志》：“古黃國在河南光州定城廢縣西十二里。”

敗黄師於踖陵。

〔疏證〕踖陵，黃地。江永云：“當在今河南汝甯府光州西南境。”

還，及湫，有疾。

〔疏證〕沈欽韓云：“《一統志》：‘湫城，在安陸府鍾祥縣北。’顧棟高云：‘襄陽府宜城縣東南有湫城。’”

夏，六月，庚申，卒，鬻拳葬諸夕室。

〔疏證〕夕室，地名。沈欽韓云：“夕室非地名。《晏子·雜下》：‘景公新成柏寢之臺，使師開鼓琴，左撫宮，右彈商，曰“室夕”。公曰：“何以知之？”師開對曰：“東方之聲薄，西方之聲揚。”晏子曰：“今之夕者，周之建國。國之西方，以尊周也”。’《吕覽·明理篇》：‘常主爲主，而未嘗得主之實，此之謂大悲。是正坐於夕室也。’《注》云：‘夕室，以喻悲人也。’玩《吕覽》文，則死者之所，爲夕室。”文淇按：《釋文》特爲“夕”字作音，云“朝夕之夕”，殆如後世所謂夜臺。沈説是也。

亦自殺也，而葬於絰皇。

〔疏證〕《釋文》：“絰皇，闕也。”杜《注》云：“絰皇，冢前闕。生守門，故死不失職。”《宣十四年傳》：“屨及於窒皇。”彼傳杜《注》云：“寢門闕。”惠棟云：“絰與窒通。”沈欽韓云：“絰皇與窒皇同。”本《疏》云：《宣十四年傳》‘屨及於窒皇，劍及於寢門之外’。則窒皇近於門外，當是寢門闕。知此絰皇亦是冢前闕也。”馬宗璉云：“鬻拳爲大閽，是楚王守門之官。絰皇蓋楚寢門名。以《宣十四年傳》‘屨及於窒皇，在寢門之內’證之。可見‘葬於絰皇’，蓋葬于楚王墓闕前，象生時職守寢門之誼。

杜解未的。”按：馬説是也。

初，鬻拳强諫楚子。楚子弗從。臨之以兵，懼而從之。鬻拳曰：“吾懼君以兵，罪莫大焉。”遂自刖也。楚人以爲大閽，謂之大伯。

〔疏證〕《閽人》：“掌守王宮中門之禁。”鄭《注》：“閽人，司昏晨以啓閉者，刑人墨者使守門。”《掌戮》：“墨者使守門，刖者使守囿。”楚以刖者守閽，與周制異。《疏》云：“大伯，伯，長也，門官之長也。”沈欽韓云：“大閽，若漢之光禄勳也。《百官公卿表》如淳引胡廣曰：‘勳之言閽也。閽者，古主門官也。光禄主宮門。’《古文苑》揚雄《光禄勳箴》：‘經兆宮室，畫爲中外。廊殿門闈，限以禁界。’《艮卦》：‘九三，厲閽心。’虞翻曰：‘艮爲閽。閽，守門人。古閽作熏字。’則光禄勳之言閽審矣。杜云‘若城門校尉’，非也。”

使其後掌之。

〔注〕舊注：“其後，鬻拳子孫。”《御覽》四百五十一引。

〔疏證〕杜《注》：“使其子孫常主此官。”則《御覽》所引非杜《注》。

君子曰：“鬻拳可謂愛君矣！諫以自納于刑，刑猶不忘納君于善。”

〔疏證〕本《疏》引何休《膏肓》云：“人臣諫君，非有死亡之急，而以兵臨君，開篡弑之路。《左氏》以爲愛君，於義爲短。”又《柏舟疏》引鄭氏《箋》云：“楚鬻拳同姓，有不去之思。”杜《注》：“言愛君，明非臣法也。楚能盡其忠愛，所以興。”既曰愛君，何以又斥非臣法？《傳》無此意。《疏》謂“《注》言此以釋何休之難”，未得杜意，不引鄭語，非。《後漢書·孔融傳》：“時論者多欲復肉刑。融乃建議曰：‘雖忠如鬻權，信如卞和。’”以鬻拳爲忠，亦古《左氏》説。權、拳異文。

初，王姚嬖于莊王，生子穨。

〔疏證〕洪亮吉云：“穨，《釋文》及别本作‘頹’，誤。《石經》及宋本作穨，舊本《外傳》亦作‘穨’，與《説文》合。”《周世家》：“初莊王嬖姬姚，生子穨。”《索隱》云：“子穨，莊王子，釐王弟，惠王之叔父也。”《周語注》：“穨，莊王之少子，王姚之子，王姚嬖於莊王，生子穨。”

子頹有寵，蒍國爲之師。及惠王及位，

〔疏證〕《周世家[1]》："頹有寵。"《師氏》："以三德教國子。"鄭《注》："師氏教國子，而世子亦齒焉。"則蒍國爲師氏之官也。《世本》："惠王名毋京。"《周語注》："惠王，周莊王之孫，釐王之子，惠王毋涼也。"按：《周世家[2]》："釐王崩，子惠王閬立。"與《世本》《周語注》并異。"閬"長言之則曰"毋涼"，疑《世本》奪水旁。

取蒍國之圃以爲囿。

〔疏證〕《説文》："種菜曰圃。囿，園有垣也。"《哀十五年》服《注》："圃，園也。"與許稍異。《冢宰》"園圃毓草木"鄭《注》云："樹果蓏曰圃，園其樊也。"又《囿人》鄭《注》："囿，今之苑。"杜《注》："圃，園也。囿，苑也。"用服、鄭説。

邊伯之宮近于王宮，王取之。

〔疏證〕杜《注》："邊伯謂周大夫。"按：古者君臣所居，通謂之宮。《内則》："由命士以上，父子皆異宮。"

王奪子禽、祝跪與詹父田，而收膳夫之秩，

〔疏證〕杜《注》："三子，周大夫。膳夫，石速也。秩，禄也。"按：膳夫，掌王之食飲膳羞，以養王及后、世子。石速不在五大夫之列。故杜以爲膳夫，此他無所證。鄭玄《周禮注》："秩，禄廩也。"杜本鄭説。

故蒍國、邊伯、石速、詹父、子禽、祝跪作亂，因蘇氏。

〔疏證〕洪亮吉云："《外傳》'速'作'遨'。《説文》：'遨，籀文速。'《漢書·宣帝紀注》：'師古曰：遨，古速字。'"是《左氏》古文或作"石遨"也。杜《注》云："蘇氏，周大夫，桓王奪其十二邑以與鄭，自此以來遂不和。"十二邑見《隱十一年傳》。如杜説，則蘇氏爲蘇忿生也。

秋，五大夫奉子頹以伐王，不克，出奔温。

〔疏證〕《周本紀》："惠王即位，奪其大臣園以爲囿，故大夫邊伯等

---

① 科學本注：按：應作"本紀"。
② 科學本注：同前。

五人作亂，謀召燕、衛師伐惠王。惠王奔温，已居鄭之櫟。”詳史遷義，是五大夫爲邊伯、石速、詹父、子禽、祝跪，不數蒍國也，與《傳》違。杜《注》：“石速，士也，故不在五大夫數。”

蘇子奉子頹以奔衛。衛師、燕師伐周。

〔疏證〕杜《注》云：“燕，南燕。”《燕召公世家》：“莊公十六年，與宋、衛共伐周惠王。”《索隱》曰：“譙周云：據《左氏》，燕與衛伐周惠王，乃是南燕姞姓，而《系家》以爲北燕伯，故著《史考》云‘此燕是姞姓’。今檢莊十九年‘衛師、燕師伐周’，《二十年傳》云：‘執燕仲父。’三十年‘齊伐山戎’，《傳》曰：‘謀山戎，以其病燕故也。’據傳文及此記，元是北燕不疑。杜君妄説仲父是南燕伯，是北燕之大夫。且燕、衛俱是姬姓，故有伐周納王之事，若是姞燕與衛伐周，則鄭何以獨伐燕而不伐衛乎？”沈欽韓云：“北燕路遠，似非關究。《元和志》：‘滑州胙城縣，古燕國，漢爲南燕縣。’今省入衛輝府延津縣。胙城故城在府東南三十五里。”按：沈説是也，譙周以《世家》爲誤，《索隱》强爲之解耳。《二十年傳》：“執燕仲父。”《正義》云：“服虔亦云：‘南燕，伯爵。’”是服氏以此伐周者，爲南燕也，杜用服説。《衛世家》：“惠公怨周之容舍黔牟，與燕伐周。”不言子頹奔衛事，與《傳》異。

冬，立子頹。

〔疏證〕《年表》：惠王二年，“燕、衛伐王，王奔温，立子穨。”又“燕莊公十六年，伐王，王奔温，立子穨”。《周世家①》：“立釐王弟穨爲王。”《周語》：“惠王三年，邊伯、石速、蒍國出王，而立王子穨。”《注》：“三年，魯莊公十九年。”與《年表》差一年，《世家②》亦録於二年也。

〔經〕 二十年，春，王二月，夫人姜氏如莒。 <small>無《傳》。</small>

夏，齊大災。 <small>無《傳》。</small>

〔疏證〕宣十六年《傳例》：“天火曰災。”杜《注》：“來告以大，故書。”

秋，七月。

---

① 科學本注：按應作“本紀”。
② 科學本注：同前。

冬，齊人伐戎。無《傳》。

〔疏證〕《穀梁》作“伐我”。

〔傳〕 二十年，春，鄭伯和王室，不克。執燕仲父。

〔注〕服云：“南燕伯爵。”本《疏》。

〔疏證〕杜《注》：“燕仲父，南燕伯，爲伐周故。”杜用服說。《疏》既引服《注》，而又曰：“《譜》亦云南燕伯爵，不知所出。”《疏》未知《譜》亦用服說也。《水經·濮水注》：“二濮渠又東北逕燕城南。故南燕姞姓之國，有北燕，故以南氏。”此燕之爲南燕詳，上年傳《疏證》。

夏，鄭伯遂以王歸。王處于櫟。

秋，王及鄭伯入于鄔。

〔疏證〕《桓十一年傳》：“王取鄔、劉、蔿、邗之田於鄭。”此時鄔爲王邑。

遂入成周，取其寶器而還。

〔疏證〕杜無注。沈欽韓云：“《紀年》：‘子頹亂，王居於鄭。鄭人入王府，多取玉，玉化爲蜮，射人。’”是其事也。

冬，王子頹享五大夫，樂及徧舞。

〔注〕賈云：“徧舞，皆舞六代之樂。”《周本紀集解》。

〔疏證〕杜《注》：“皆舞六代之樂。”用賈說也。《周語》：“樂及徧舞。”《注》：“徧舞，六代之樂也，謂黃帝曰《雲門》，堯曰《咸池》，舜曰《大招》，禹曰《大夏》，殷曰《大濩》，周曰《大武》。一曰：大夫徧舞也。”韋當用賈義，此注亦當《疏》六者之目，引者失之。大夫徧舞，當亦《左氏》先儒說矣。《大司樂》：“有《大卷》。”鄭《注》謂亦黃帝樂。又《咸池》作《大咸》，《大招》作《大韶》，“韶”猶“招”也。《宋書·樂志》：“魏王肅議曰：‘說者以周家祀天唯舞《雲門》，祭地唯舞《咸池》，宗廟唯舞《大武》。似失其義矣。周禮賓客皆作備樂。《左傳》“五大夫樂及徧舞”，六代之樂也。然則一會之日，具作六代樂矣。天地宗廟，事之大者，賓客燕會，比之爲細。《王制》曰：“庶羞不踰牲，燕衣不踰祭服。”可以燕樂而踰天地宗廟之樂乎？’”王肅說徧舞亦同於賈。

鄭伯聞之，見虢叔曰：

〔注〕賈云：“鄭厲公突，虢公林父也。”《周世家集解》。

〔疏證〕杜《注》：“叔，虢公子。”子，宋本作字。則杜用賈說。《周語》：“鄭厲公見虢叔。”《注》：“厲公，鄭莊公之子，厲公突。虢叔，王卿士虢公林父也。”韋亦用賈說。《年表》：“立釐王弟積爲王，樂及偏舞，鄭、虢君怒。”

“寡人聞之：哀樂失時，殃咎必至。今王子頹歌舞不倦，樂禍也。夫司寇行戮，君爲之不舉，

〔疏證〕《周語》：“司寇行戮，君爲之不舉。”《注》：“不舉，不舉樂也。”杜《注》云：“去盛饌。”按：《膳夫》“王日一舉，以樂侑食。邦有大故，則不舉”，《注》：“殺牲盛饌曰舉。鄭司農云：‘大故，刑殺也。《春秋傳》曰：司寇行戮，君爲之不舉。’”《疏》：“《春秋傳》：‘夫司寇行戮，君爲之不舉。’不舉者，謂不舉樂，此經數事不舉。司農意，亦謂不舉樂，故引此爲證。但此《膳夫》云不舉在食科之中，不舉即是不殺牲。引司農意在下者，不舉之中含有不舉樂。”如彼疏說，則後鄭說不舉亦兼食、樂言之。杜止云“去盛饌”，用後鄭《禮注》義，未知康成亦取先鄭說也。本《疏》云：“《襄二十六年傳》曰：‘古之治民者，將刑，爲之不舉。不舉則徹樂。’是不舉者，貶膳食，徹聲樂也。”《疏》兼食、樂言，是也。

“而況敢樂禍乎！奸王之位，禍孰大焉？臨禍忘憂，憂必及之。盍納王乎？”虢公曰：“寡人之願也。”

〔疏證〕《莊子·天運》：“以奸者七十二君。”《釋文》引《三蒼》：“奸，犯也。”是“奸”猶“干”也。

〔經〕 二十有一年，春，王正月。

夏，五月，辛酉，鄭伯突卒。

〔疏證〕《鄭世家》：“七年秋，厲公卒。”與《傳》異。

秋，七月，戊戌，夫人姜氏薨。無《傳》。

〔疏證〕杜《注》：“薨寢祔姑，赴於諸侯，故具小君禮書之。”《疏》云：“經無所闕，禮備可知。杜爲此注者，以先儒之說使莊公絕母子之親，故於此明之，知母子不絕。”《疏》稱先儒說無考。《元年傳》服《注》：“善

莊公思大義，絕有罪。"《疏》所謂絕母子之親，或斥服彼注也。彼薨葬注
得禮則書，疑先儒不以爲褒貶。

冬，十有二月，葬鄭厲公。

〔傳〕二十一年，春，胥命于弭。夏，同伐王城。

〔疏證〕杜《注》："弭，鄭地。"顧棟高云："弭近鄭西鄙。在今許州
府密縣境。"又云："今河南府洛陽縣城內西偏即王城故址。自平王東遷至
景王十一世，皆居此。敬王遷成周。王城廢，至赧王復居之。"按：密縣，
今屬開封府。

鄭伯將王自圉門入。虢叔自北門入。杀王子頹及五大夫。

〔疏證〕杜無注。韋昭《國語注》："二門，王城門也。"沈欽韓云：
"《方輿紀要》：王城面有三門，凡十二門，南城曰圉門。"按：顧棟高云：
"圉門爲王城南門。"江永云："今按：洛陽東南有圉鄉，圉門其以此名
歟？"《年表》："周惠王二年，誅頹，入惠王。鄭厲公七年，救周亂，入
王。"《周世家》①："四年，鄭與虢君伐殺王頹，復入惠王。"《鄭世家》："厲
七年春，與虢叔襲殺王子頹而入惠王於周。"

鄭伯享王於闕西辟，樂備。

〔注〕潁容云："闕者上有所失，下得書之於闕。"《水經·穀水注》。"所
以求論譽於人，故謂之闕矣。"《御覽》□□□□。②服云："西辟，西偏也。"
本《疏》。

〔疏證〕《釋名》："闕在門兩旁，中央闕然爲道。"邵晉涵《爾雅正義》
云："闕，諸侯設於雉門，是以雉門謂之闕門。天子蓋設於應門。"則此謂
應門之闕也。杜《注》："闕，象魏也。"按：《太宰》"乃懸治象之法於象
魏"，《注》："象魏，闕也。故魯災，季桓子御公立於象魏之外，命藏象
魏，云舊章不可忘。"杜蓋用鄭説。彼《疏》云："周公謂之象魏，雉門之
外，兩觀闕高魏魏然。孔子謂之觀。《春秋》定二年夏五月，'雉門災及兩
觀'，是也。云觀者，以有教象可觀望。又謂之闕者，闕，去也。仰觀治
象，闕去疑事。或解闕中通門，是以莊二十一年云'鄭伯享王於闕西辟'。

---

① 科學本注：按：應作"本紀"。

② 科學本注：原稿闕文。

《注》：‘闕，象魏也。’”《疏》所引注，蓋即杜《注》，其云“闕中通門”，即《釋名》所謂“闕在門旁”也。鄭不解闕制，《疏》爲補之。其引此傳爲證，疑“闕中通門”亦《左氏》舊説也。《水經注》引潁説不完，以《御覽》所引補之[①]。潁氏謂設闕以求言，與《周禮》“懸書”之制不同，先儒説闕誼，蓋非一矣。本《疏》引服《注》釋之云：“當謂兩觀之内道之西也。”此《疏》解服西偏之義。洪亮吉引爲服《注》，非。《曲禮》：“辟咡詔之。”《釋文》：“辟，側也。”《淮南·説山注》：“辟，旁也。”《儀禮·覲禮》：“偏駕不入王門。”《注》：“在旁與己同曰偏。”是旁猶偏，故服以偏爲辟也。惠棟云：“《毀敦銘》云：‘繼治我東偏西偏。’”古無諸侯饗天子禮。《禮記·郊特牲疏》云：“春秋之時，則有諸侯饗天子。故莊二十一年，‘鄭伯享王於闕西辟，樂備’，亂世非正法也。”

王與之武公之略，自虎牢以東。

〔疏證〕杜《注》：“略，界也。”《地理志》：“河南郡成皋，故虎牢。”沈欽韓云：“《穆天子傳》：‘天子射鳥獵獸於鄭圃，七萃之士高奔戎，生捕虎，而獻之天子，命之爲柙，畜之東虢，是曰虎牢。’按：今在河南府氾水縣西。”按：沈説是也。虎牢屬東虢，則穆王時仍非鄭地。杜謂平王賜武公虎牢以東，説近之。

原伯曰：“鄭伯效尤，其亦將有咎。”

〔疏證〕杜《注》：“原伯，原莊公也，言效子頹舞徧樂。”

五月，鄭厲公卒。王巡虢守。

〔疏證〕《釋文》：“守，本作‘狩’。”《孟子》：“天子適諸侯曰巡守。巡守者，巡所守也。”守、狩通。

虢公爲王宮于玤，

〔疏證〕杜《注》：“玤，虢地。”顧棟高云：“玤在今河南府澠池縣界。”

王與之酒泉。

〔疏證〕杜《注》：“酒泉，周邑。”顧棟高云：“今陝西同州府澄城縣

---

① 科學本注：世界本《水經注》引至“闕矣”，《御覽》“穀”“闕”兩條皆無潁説。

有溫泉，西注於洛，又有甘泉出匱谷中，造酒尤佳，名曰酒泉。蓋虢地跨河東西，復入於晉。"江永云："周既東遷，關中之地非周有，此酒泉疑別一地。"

鄭伯之享王也，王以后之鞶鑑予之。

〔注〕服云："鞶鑑，王后婦人之物，非所以賜有功。"本《疏》。

〔疏證〕杜《注》："鞶，帶而以鑑爲飾。今西方羌胡猶然。"沈欽韓云："《淮南·主術訓》：'趙武靈王貝帶鵕鸃而朝。'高誘《注》：'以大貝飾帶。'《史記·佞幸傳》：'孝惠時，郎、侍中皆貝帶。'蓋胡服或以貝飾之，未必以鏡爲飾也。鞶、鑑自是二物。鄭解《內則》云：'鞶，小囊盛帨巾者。'《魏志·曹瞞傳》：'操佻易，自佩小鞶囊，盛手巾細物。'《東觀漢紀》'詔賜鄧遵虎頭鞶囊一'。鄭之詁經篤矣。"按：沈說是也。李貽德云："按：以鏡飾帶，則當名鑑鞶矣。服謂婦人之物，固謂以囊盛鏡耳。王以賜有功，是爲褻也。"李析鑑鞶、鞶鑑之異名甚核，其謂"以囊盛鏡"，則泥讀傳文，與杜同。

虢公請器，王予之爵。

〔注〕服云："爵，飲酒器，玉爵也，一升曰爵，爵人之所貴者。"本《疏》。

〔疏證〕杜《注》："爵，飲酒器。"用服說也。《太宰》："大朝覲會同贊玉爵。"《注》："玉爵，王禮諸侯之酢爵。"故服知爲玉爵也。《儀禮·特牲饋食禮》："實二爵。"《注》引舊說曰："爵一升。"《禮器》："爵人之所貴。"句與上文不相承。《鄭世家》云："惠王不賜厲公爵祿。"《索隱》曰："此言爵祿與《左氏》異說。"疑先儒或釋以爵祿，服兼取之。《疏》引服說有脫文耳。李貽德云："'貴者獻以爵'，故云人之所貴。"非。

鄭伯由是始惡于王。

〔注〕服云："言鄭伯以其父得賜不如虢公，爲是始惡于王，積而成怨。僖二十四年遂執王使，此爲彼張本。"本《疏》。

〔疏證〕杜《注》："爲僖二十四年鄭執王使張本。"《疏》云"鄭伯謂厲公子文公也"，下即引服《注》。洪亮吉、嚴蔚皆引至"積而成怨"止。李貽德《輯述》止取"鞶鑑""爵"注文，而不錄此注。劉恭冕云："玩其語意，似爲孔疏之文。"按：孔疏之例，凡杜注云爲某年某事張本者，皆無所釋，以注意已明也。今此《傳》引服《注》原文，未加刪節，尋其語意相承，非疏家解注之詞。洪、嚴節去末三句亦非也。今悉定爲服《注》。

冬，王歸自虢。

〔經〕 二十有二年，春，王正月，肆大眚。

〔注〕賈云："文姜爲有罪，故赦而後葬，以説臣子也。魯大赦國中罪過，欲令文姜之過因是得除，以葬文姜。"本《疏》。

〔疏證〕《公羊》"眚"作"省"。《堯典》："眚災肆赦。"某氏傳："眚，過；肆，緩也。"《北齊書①·閔帝紀》："元年八月詔曰：'朕甫臨大位，政教未乎，使我民衆多陷刑網。今秋律已應，將行大戮。言念群生，責在於朕，宜從肆眚，與其更新。其犯者宜降從流，流以下各降一等。不在赦條者，不在此降。'"《明帝紀》："武成元年詔曰：'比屢有糾發，官司赦前事。此雖意在疾惡。但先王制肆眚之道，令天下自新。若又推問，自新何由哉。'"右皆以大赦爲肆眚也。漢以後，肆眚多在改元，與春秋時不同。杜云："有時而用之，非制所常，故書。"是不用賈説。《疏》駁賈云："杜惟言有時用之，亦不知此時何以須赦。要文姜出奔之日，尚稱夫人。夫人之名，未嘗有貶。何須以赦除之？此赦必不爲文姜。但夫人以去年七月薨，十一月則當合葬，乃遲至此年正月，經七月始葬，如此遲緩，必是國家有事，須赦解之。但不知其所由耳。"沈欽韓云："按：莊公尚不讐齊，何有讐其母？普天曠蕩，崩夫人得同其例否？此晉武帝以調孫秀，非真有其事者。賈乃創之於前，徒見經文下即有葬文姜之事。強傅合之耳。"文淇案：莊公固不讐其母，但文姜得罪於先君，此時與先君合葬，臣子之心有所不安，故賈云："赦而後葬，以説臣子也。"洪亮吉云："文姜得罪先君，國人所知，非因肆赦，不可蕩滌。故賈云然耳。《正義》説非。"李貽德云："出奔書'夫人'者，魯史臣所以諱君惡也。葬文姜而先肆眚者，魯莊所以解公議也。"説皆得之。

癸丑，葬我小君文姜。無《傳》。

陳人殺其公子御寇。

〔疏證〕《公》《穀》"御"作"禦"，《陳世家》同。

夏，五月。

〔疏證〕李貽德云："此書'夏五月'而不繫事者，明登臺視朔備也。"李所舉爲賈、服義，詳《隱六年經》。顧炎武云："書五月，史闕誤。"用杜氏《釋例》説，非。

秋，七月，丙申，及齊高傒盟于防。

冬，公如齊納幣。無《傳》。

〔傳〕 二十二年，春，陳人殺其大子御寇。

〔疏證〕《陳世家》："宣公後有嬖姬生子款，欲立之，乃殺其太子御寇。"杜《注》："傳稱太子以實言。"惠士奇曰："陳殺御寇，猶莒殺意恢，皆公子也。稱人者，衆辭。《經》書公子，《傳》稱太子，必有一誤。舍《傳》從《經》可也。"杜預背經據傳，曲爲之説，妄也。或曰："御寇未誓於王，故《傳》稱太子，《經》書公子。"

陳公子完與顓孫奔齊①。

〔疏證〕《齊世家》："桓公十四年，陳屬公子完，號敬仲，來奔齊。田成子常之祖也。"《田敬仲世家》："陳完者，陳屬公他之子也，爲陳大夫。宣公十一年，殺其太子禦寇，禦寇與完相愛，恐禍及己，故奔齊。"《陳世家》同。《年表》："陳完自陳來奔，田常始此也。"

顓孫自齊來奔。

齊侯使敬仲爲卿。辭曰："羈旅之臣，

〔注〕賈云："羈，寄。旅，客也。"《陳世家集解》。
〔疏證〕《田敬仲世家》："完卒，謚爲敬仲。"杜《注》："羈，寄。旅，客也。"全用賈義。《遺人》："以待羈旅。"鄭《注》："羈旅，過行寄止者。"《廣雅·釋詁》："旅，客也。"

"幸若獲宥，及於寬政，

〔疏證〕杜《注》："宥，赦也。"

"赦其不閑於教訓，而免於罪戾，弛於負擔，

① 林按：原稿眉批："有脱誤，查。"

〔疏證〕《釋詁》：“閑，習也。”洪亮吉云：“鄭玄《周禮注》：‘弛，釋下之。’按：杜《注》：‘弛，去離也。’用鄭義。”《齊語注》：“背曰負，肩曰擔。”惠棟云：“按：《漢碑》負‘擔’字皆作‘儋’。《說文》曰：‘儋，何也。從人詹聲。’然則負儋猶負何也。”

“君之惠也。所獲多矣，敢辱高位，以速官謗？請以死告。

〔疏證〕《御覽》四百十九引作“敢以死告”，杜《注》：“以死自誓。”沈欽韓云：“《呂覽·贊能注》：‘告，白也。’《漢書·高紀注》：‘告者，請謁之言，謂請休耳。’”按：沈說是也。

“《詩》曰：‘翹翹車乘，招我以弓。豈不欲往？畏我友朋。’”

〔注〕服云：“翹翹，遠貌。”《漢廣疏》。

〔疏證〕杜《注》：“逸《詩》也。翹翹，遠貌。古者聘士以弓，言雖貪顯命，懼爲朋友所譏責。”《漢廣疏》：“莊二十二年，《左傳》引逸《詩》曰‘翹翹車乘’，即云‘招我以弓’，明其遠。故服虔云：‘翹翹，遠貌。’”是杜《注》用服說也。焦循云：“按：‘翹翹’見於《詩》者，《豳風》謂危也，《周南》爲薪貌。《正義》以爲‘高’，《廣雅》以爲‘衆’，此注本服虔以爲遠貌者。《爾雅·釋草》‘連，異翹’，《注》：‘一名連苕。’張仲景《傷寒論》作：‘連軺。’《釋名》：‘軺，遙也。遙，遠也。’陸璣《毛詩疏》云：‘苕，饒也，幽州人謂之翹饒。’《本草拾遺》謂之‘翹搖’，‘搖’通‘遙’，‘軺’通‘迢’，蓋讀‘翹翹’爲‘迢迢’‘遙遙’也。”

使爲工正。

〔注〕賈云：“掌百工。”《陳世家集解》。

〔疏證〕正，毛本作“政”，今從各本。《齊世家》：“陳厲公子完敬仲，來奔齊，齊桓公欲以爲卿，讓，於是以爲工正。”字亦作“正”也。洪亮吉云：“《漢大府陳球碑》云：‘公子完適齊，爲桓公功正。’按：古‘功’‘工’通。”杜《注》：“掌百工之官。”用賈說。李貽德云：“《考工記》：‘百工與居一也。’《注》：‘百工，司空事官之屬。司空，監百工者。’又‘以飭五材，以辨民器，謂之百工。’《注》：‘五材各有工，言百，衆言之也。’謂之正者，亦猶奚仲爲車正，闕父爲陶正也。《國語·齊語》：‘立五正。’《注》：‘正，長也。’”

飲桓公酒，樂。

〔疏證〕杜《注》：“齊桓賢之，故就其家會。”《正義》曰：“春秋之世，設享禮以召君者，皆大臣擅寵，如衛公叔文子、宋桓魋之徒始爲之耳。爲之非禮法也。敬仲，羈旅之臣，且知禮者也，必不召公臨己，知是桓公賢之，自就其家會也。”文淇案：《禮運》云：“大夫而饗君，非禮也。”是臣原不當召君，然春秋時不能如禮。《晏子·雜篇》亦有飲景公酒事，公叔文子與晏子皆非擅寵之臣，何知桓公自就敬仲乎？

公曰：“以火繼之。”對①曰：“臣卜其晝，未卜其夜，不敢。”

〔注〕服云：“臣將享君，必卜之，示戒慎也。”本《疏》。

〔疏證〕《曲禮》：“龜曰卜。”沈欽韓云：“按：飲酒有饗有燕。《彤弓》詩云‘一朝饗之’，所謂飲酒之節，朝不廢朝，暮不廢夕也。《燕禮》：‘閽人爲燭。’《詩》‘厭厭夜飲’，則燕固以火繼之。臣飲君有饗而無燕。《晏子·雜篇》：‘晏子飲景公酒，日暮，公呼具火。晏子辭曰：“嬰已卜其日，未卜其夜。”’上章云‘晏子飲景公酒，令器必新。家老曰：財不足，請斂于氓。’此又前期卜日之證也。”按：沈說是也。《疏》引服《注》駁之云：“此桓公自就其家，非敬仲發心請享，不得言將享必卜也。蓋桓公告其往日，乃卜之耳。”公已告日，安用卜爲？疏以杜《注》謂桓公就其家會，故曲爲杜解，以難服義，非也。《湛露》“在宗載考”《箋》云：“考，成也。夜飲之禮，在宗室同姓諸侯則成之，於庶姓其讓之則止。昔者，陳敬仲飲桓公酒而樂，桓公命以火繼之。敬仲曰：‘臣卜其晝，未卜其夜。’於是乃止。此之謂不成也。”《疏》：“飲桓公酒者，桓公至敬仲之家，而敬仲飲之酒，故《鄭志》答張逸云：‘時桓公館敬仲，若哀公館孔子之類。’杜預亦云：‘桓公賢敬仲之故，幸賢人之家。’是也。言卜晝、不卜夜者，服虔云：‘臣享君必卜，示敬慎也。’此燕諸侯，王爲之主。彼桓公飲酒，敬仲爲主，而得證此者，君適其臣，君爲主人，其進退在君所裁，敬仲之辭與諸侯之讓同，故得爲證也。”《鄭志》謂桓公館敬仲，則桓公授敬仲館舍，非如杜說自就其家矣。君適其臣，君爲主人，蓋亦《左氏》古誼矣。《詩疏》引服《注》與本《疏》小異。

君子曰：“酒以成禮，不繼以淫，義也。

〔疏證〕杜《注》：“夜淫②爲淫樂。”《御覽》八百四十三引《注》：“夜

---

① 林按：“對”，通行本作“辭”。
② 科學本注：阮刻本作“夜飲”，《校勘記》無說。

飲爲淫樂也。”則杜《注》“夜淫”是“夜飲”之譌。

“以君成禮，弗納於淫，仁也。”

初，懿氏卜妻敬仲。

〔疏證〕《陳世家》：“齊懿仲欲妻陳敬仲，卜之，吉。”則懿氏名仲，齊大夫。杜云“陳大夫”，非也。《田敬仲世家》亦云：“齊懿仲欲妻完，卜之，吉。”

其妻占之，曰：“吉。

“是謂‘鳳皇于飛，和鳴鏘鏘。有嬀之後，將育于姜。

〔注〕潁容云：“舜居西域。本曰嬀汭。”《御覽》一百六十八引。

〔疏證〕自此至“莫之與京”，皆繇辭也。《田敬仲世家》引同。《釋鳥》：“鷗，鳳。其雌皇。”《説文》：“鳳，神鳥也。從鳥，凡聲。鳳飛，則群鳥從之，以萬數，故古文鳳作朋字。”“鏘鏘”，鳴之聲也。《釋文》：“本又作‘將將’。”《吕覽·察賢》：“則萬物育矣。”《注》：“育，成也。”潁氏説當爲《釋例》語，以解“有嬀之後”句也。《地理志》：“漢中郡西城。”應邵曰：“《世本》嬀虛在西北，舜之居。”潁氏據當時郡縣言“西域”，當是西城之譌。《堯典》：“釐降二女于嬀汭。”《水經·河水注》：“河東郡南有歷山，舜所耕處也。有舜井，嬀、汭①二水出焉，南曰嬀水，北曰汭水。西逕歷山下。《尚書》所謂‘釐降二女于嬀汭’也。”其引《尚書》與今本“嬀潙”字異。《漢書·元后傳》：“舜起嬀、汭，以嬀爲姓。”《陳世家》：“昔舜爲庶人時，堯妻之二女，居于嬀、汭，其後因爲氏姓，姓嬀氏。”字皆從“嬀”。

“‘五世其昌，并于正卿。

〔注〕服云：“言完後五世與卿并列。”《陳世家集解》。

〔疏證〕《釋文》：“并于，本或作‘并爲’，誤。”李貽德云：“下文云‘陳桓子始大于齊’。《史記·田敬仲世家》：‘敬仲生稺孟夷，稺孟夷生湣孟莊，湣孟莊生文子須無，文子生桓子無宇。’正五世也。”按：服云“完後五世”，并敬仲計之。本《疏》云“并於正卿，位與卿并得爲上大夫也”。此舊疏説服“與卿并列”義。

---

① 科學本注：抄本眉批：“汭有内訓，當查補。似王伯申有説。”

"'八世之後，莫之與京。'"

〔注〕服云："京，大也。"《陳世家集解》。

〔疏證〕下文"成子得政"，《疏》引沈氏云："《世家》：'桓子生武子啓及釐子乞。乞卒，子常代之，是爲田成子。'是於敬仲爲七世，言八世者，據其相代在位爲八世也。成子弑簡公，專齊政，是莫之與大也。"沈氏所引爲《田敬仲世家》文，今本"啓"作"開"，"釐"作"釐"，詳"莫之與大"句。是釋此傳之文，《疏》引於"成子得政"下，非也。沈氏以武、釐爲二世。本《疏》云："五世、八世當是卜兆之間有其象。傳言其占之辭，不言其知之意，固非後學所能詳之。"是《疏》不用沈説也。"京，大。"《釋詁》文。杜用服説。《陳世家正義》云："按：陳敬仲八代孫，田常之子襄子盤也。而杜以常爲八代者，以桓子無宇生武子開，與釐子乞皆相繼事齊，故以常爲八代。"亦同沈説。

陳厲公，蔡出也，

〔疏證〕《釋親》："姊妹之子曰出。"《文十四年傳》[1]："接菑，晉出也。貜且，齊出也。"出猶言甥矣。

故蔡人殺五父而立之。

〔疏證〕詳桓六年《疏證》。

生敬仲。其少也，周史有以《周易》見陳侯者，陳侯使筮之，

〔疏證〕杜《注》周史："周太史。"《曲禮》："蓍曰筮。"《陳世家》："厲公二年，生子敬仲完。周太史過陳，陳厲公使以《周易》筮之。"與《傳》略同。厲公二年即桓公七年也。《年表》："厲公二年，生敬仲完。"《田敬仲世家》："完生，周太史過陳，陳厲公使卜完。"太史公曰："蓋孔子晚而喜《易》，《易》之爲術，幽明遠矣，非通人達材，孰能注意焉。故周太史之卦陳敬仲完，占至十世之後。"

遇《觀》之《否》，

〔注〕賈云："坤下巽上，觀。坤下乾上，否。觀爻在六四，變而之否。"《陳世家集解》。

---

① 林按：此處應注明爲《公羊傳》。

〔疏證〕《論衡·卜筮篇》：“卜曰逢，筮曰遇。”惠棟云：“按：‘之’字訓‘變’。漢高祖諱邦，荀悦曰之字國，惠帝諱盈，之字滿，亦此類。”沈彤《小疏》云：“此與哀九年趙鞅卜救鄭，遇水適火一例，‘之’亦‘適’也。《繫辭》云：‘惟變所適。’是變而後有所適也。”《疏》引沈云：“遇者，不期而會之名。筮者所得卦之吉凶，非有宿契，逢遇而已，故謂之遇。”此舊疏釋《遇》之辭，疑舊注不説《遇》也。杜《注》用賈氏説，疏謂“賈、服及杜并皆同焉”，則服《注》亦同於賈，其辭無徵。杜用賈説，而下文《注》云：“《易》之爲書，六爻皆有變象。”《疏》引劉炫《規過》云：“《觀》之《否》者，爲《觀》卦之《否》爻；《屯》之《比》者，爲《屯》卦之《比》爻，皆不取後卦之義。”《疏》舉閔元年《屯》之《比》，僖十五年《歸妹》之《睽》，昭五年《明夷》之《謙》，皆取前後二卦以占吉凶，劉駁杜六爻皆有變象之説，意主止占一爻。《疏》駁劉，未達劉意也。惠棟云：“筮法有三爻四爻，變止占一爻者，《觀》之《否》即《觀》之六四也；《否》《比》之卦，劉氏之説是也。不然，《左氏》所占卦數處，當時豈皆一爻變乎？二篇六十四卦，其中六爻有不變，有升有降，有剛柔易位。杜未通《易》理，概言之曰‘六爻皆有變象’，非也。”按：惠説是也。《疏》又云：“傳之筮者指取《易》義，不爲論卦，丘明不畫卦也。諸爲注者，皆言上體下體，若其畫卦示人，則當不煩此注，注亦不畫卦也。今書有畫卦者，當是後之學者，自恐不識，私畫以備遺忘，遂傳之耳。”如《疏》説，是《傳》有卦畫，隋唐間人始爲之，先儒注本并無也，今悉刊除。

曰：“是謂‘觀國之光，利用賓于王’。

〔疏證〕此《觀》卦六四爻辭，時獨占此爻，故引爻辭以説。

“此其代陳有國乎？不在此，其在異國；

〔疏證〕《周禮疏》引此“國”下有“乎”字。《田敬仲世家》作“而在異國乎”，張守節《正義》云：“六四變，內卦爲中國，外卦爲異國。”按：六四屬外卦也。

“非此其身，在其子孫。

〔疏證〕《田敬仲世家》“身”下有“也”字。張守節《正義》云：“內卦爲身，外卦爲子孫，變在外，故知爲子孫也。”

"光，遠而自他有耀者也。

〔疏證〕洪亮吉《左傳詁》改"耀"爲"燿"，謂《石經》刊本作"耀"，非。

"《坤》，土也。《巽》，風也。《乾》，天也。風爲天；於土上，山也。

〔疏證〕《説卦傳》："乾爲天，坤爲地，其於地也爲黑，爲大塗。巽爲風，艮爲山。"《泰卦》爻辭虞翻《注》："坤爲積土。"杜《注》："巽變爲乾，故曰風爲天，自二至四有艮象。"《疏》云："從二至四，互體有艮之象。"

"有山之材，而照之以天光，於是乎居土上。

〔疏證〕李氏《易傳》："艮爲山。"引宋衷曰："二陰在下，一陽在上，陰爲土，陽爲木，土積於下，木生於上，山之象也。"則山之材以艮言，照以天光謂外卦乾也。杜《注》："上有乾，下有坤，故言居土上，照之以天光。"

"故曰'觀國之光，利用賓于王'。

〔疏證〕自"光遠而自他有耀者也"句至此，皆釋"觀國之光"義也。杜云："四爲諸侯，變而之乾，有國朝王之象。"《疏》云："'庭實旅百'以下，方解'利用賓于王'，則上句'故曰觀國'之下，未須賓王之句，而再言'利用賓于王'者，蓋以'觀國之光'，即用朝王之事，直言觀光，以文不足，故連言賓王，但未解賓王之義，故於下更重言之。"按：劉用熙云"利用賓於王"五字爲衍文。是也。杜《注》望文生義，《疏》説更迂曲。

"庭實旅百，奉之以玉帛，天地之美具焉，故曰'利用賓于王'。

〔疏證〕杜不解"庭實"。《國語》韋《注》云："庭實，庭中之實；百，舉成數也。"《釋詁》："旅，陳也。"本《疏》云："《覲禮》：侯氏既見王，乃云：'四享皆束帛加璧，庭實惟國所有。'鄭玄云：'四當作三。《大行人職》曰：諸侯廟中將幣，皆三享，其禮差又無取於四也。初享或用馬，或用虎豹之皮；其次享，三牲魚腊，籩豆之實，龜也，金也，丹漆、絲纊、竹箭也，其餘無常貨。此地物非一國所能有，唯所有分爲三享，皆以璧帛致之。'《禮器》云：'大饗其王事與？三牲、魚、腊，四海九州之美味也。

籩豆之薦，四時之和氣也。内金，示和也。束帛加璧，尊德也。龜爲前列，先知也。金次之，見情也。丹漆、絲纊、竹箭，與衆共財也。其餘無常貨，各以其國之所有。則致遠物也。'《郊特牲》曰：'旅幣無方，所以別土地之宜，而節遠邇之期也。龜爲前列，先知也。以鍾次之，以和居參之也。虎豹之皮，示服猛也。束帛加璧，尊德也。'鄭玄《覲禮》之注，其言出於彼也。"據《疏》說，則舊注以庭實、玉帛爲諸侯貢享之物，故《疏》引《覲禮》證之也。《大行人》："五服貢品，有祀物、嬪物、器物、服物、材物、貨物。"鄭彼《注》云："祀物，犧牲之屬。嬪物，絲枲也。器物，尊彝之屬。服物，玄纁絺纊也。材物，八材也。貨物，龜貝也。"其言品物與《禮器》《郊特牲》略相合。故鄭據《禮記》釋經也。《小行人》："合六幣，圭以馬，璋以皮，璧以帛，琮以錦，琥以繡，璜以黼。"鄭《注》云："六幣，所以享也。五等諸侯皆有庭實。"則此"奉以玉帛"，指六幣言之。《疏》謂"執以致庭實"，是也。"天地之美具焉"，與《禮器》"四海九州之美味"，"四時之和氣"，義正同。《説卦傳》："艮爲門闕，乾爲金玉，坤爲布帛。"杜據以注此傳，而易"艮爲門庭"。《疏》云："杜以門内有庭，《傳》言庭實，故改言艮爲門庭耳。"庭實升庭由門闕，杜改卦象注《經》，失之。

"猶有觀焉，故曰：'其在後乎？'

〔疏證〕杜《注》："因《觀》文以博占，故言猶有觀。"《疏》云："觀，他視之辭。"

"風行而著於土，故曰：'其在異國乎？'

〔注〕服云："巽在坤上，故爲著土也。一曰巽爲風，復爲木，風吹木實落去，更生他土而長育，是爲在異國。"本《疏》。

〔疏證〕此承上文《坤》土《巽》風而言也。《晉語注》："著，附也。"杜無注，《疏》引服說，"一曰"以下，李貽德《輯述》未采，蓋疑爲疏家之辭。洪亮吉、嚴蔚本有之，今從洪、嚴本。服氏注多引異說也。《説卦傳》："巽爲木爲風。"李氏《易傳》引："宋衷曰：'陽動陰靜，二陽動於上，一陰安靜於下，有似於木也。'陸績曰：'風，土氣也。巽，坤之所生，故爲風。亦取靜於本，而動於末也。'"周史占辭，自以風行地上。其著廣遠，證異同之義，故服但謂"巽在坤上"，其義自明。一說謂"風吹木實落生他土"者，《觀》六四變《否》，則外卦爲《乾》。《説卦傳》："乾爲木果。"木果即木實也。《漸》爻辭："婦孕不育。"虞《注》："育，生也。"《傳》

不言木實，增義説經，不若服氏之慎。

"若在異國，必姜姓也。

〔疏證〕杜無注。《陳世家正義》云："六四變，此爻是辛未。《觀》上體《巽》，未爲羊，巽爲女，女乘羊，故爲姜。姜，齊姓，故知在齊。"六四近辛未者，《坤·象》虞氏《注》："二十九日消乙入坤。"《繫辭》虞《注》："十七日旦，《巽·象》退辛。"《火珠林》："《坤》初爻乙未，四爻癸丑，《巽》六爻皆直辛，内卦辛丑、辛亥、辛酉，外卦辛未、辛巳、辛卯。"又引李淳風云："《坤》主乙未、癸丑，乙爲陰之始，癸爲陰之終，丑爲陰辰之始，未爲陰辰之終。《坤》初爻在未，四爻在丑。《坤》主陰，故内主未而外主丑也。《巽》主辛丑辛未，《巽》爲長女，即《坤》之初六。乙與辛對，故巽主辛，以母授女，故主丑未，同於母也。"郭階云："辛爲納甲，未爲爻辰也[①]。《説卦傳》：'《巽》一索而得女，故謂之長女。'又云：'《巽》爲長女。'"

"姜，大嶽之後也。

〔疏證〕杜《注》："姜姓之先爲堯四嶽。"《周語》云："堯命禹治水，共之從孫四嶽佐之。胙四嶽國，命爲侯伯。"賈逵云："共，共工也。從孫，同姓未嗣之孫。四嶽，官名，大嶽也。主四嶽之祭焉。"賈氏注《内傳》"大嶽"當同於《外傳》。杜《注》亦用賈説也。《疏》引《國語》，謂"以其主嶽之祀尊之，故稱大嶽"。

"山嶽則配天。

〔疏證〕杜《注》："變而象艮，得大嶽之權，則有配天之功。"義殊迂曲。顧炎武云："《詩》云'崧高維嶽，峻極於天'，言天之高大，惟山嶽足以配之。"按：顧説是也

"物莫能兩大。陳衰，此其昌乎。"

〔疏證〕謂田齊當興也。《陳世家正義》云："周敬王四十一年，楚惠王殺陳潛公。齊簡公，周敬王三十九年被田常殺之。"

---

① 林按：原稿"六四近辛未者"至此處一段文字，原在上句内容。據其内容，置於此處爲是。

及陳之初亡也，陳桓子始大於齊。

〔疏證〕《傳》終言五世之後徵應。《陳世家》：“哀公三十四年九月，楚圍陳。十一月，滅陳。”《田敬仲世家》：“田桓子無宇有力，事齊莊公甚有寵。”按：陳哀公當齊景公之世，《傳》約言之也。

其後亡也，成子得政。

〔疏證〕《傳》終言八世之後徵應。《陳世家》：“湣公二十四年，楚惠王復國，以兵北伐，殺陳湣公，遂滅陳而有之。”據《田敬仲世家》，田常代田乞專齊政，在齊悼公四年，爲陳湣公十七年，《傳》亦約言之。

〔經〕 **二十有三年，春，公至自齊。**無《傳》。

祭叔來聘。無《傳》。

夏，公如齊觀社。

〔疏證〕《魯語》：“莊公如齊觀社。”《注》：“莊公如齊。二十三年，齊因祀社，蒐軍實，示軍容，公往視之。”《疏》引孔晁云：“聚民於社，觀戎器也。”韋《注》本孔説[1]。杜《注》：“齊因祭社蒐軍實，故公往觀之。”亦同孔、韋，疑內、外傳先儒説皆同也。二《傳》皆不言戎器軍實，則孔、韋所稱爲《左氏》義矣。《疏》云：“《襄二十四年傳》稱楚子使薳啓疆如齊，齊社蒐軍實，使客觀之。知此亦然，故公往視之。”沈欽韓云：“《墨子·明鬼篇》：‘燕之有祖，當齊之社稷，宋之有桑林，楚之有雲夢也，此男女之所屬而觀也。’又曰：‘王里國、中里徼二子者，訟三年，而獄不斷，乃盟齊之神社。’詳彼文，則齊之社固著聞矣。社稷當云稷社，稷即稷下也。”朱駿聲亦引《墨子》而釋之云：“此蓋如鄭之溱洧，上巳男女所合會。觀者，觀婦女也。”按：沈、朱説是也。公非以觀禮而往，故《傳》譏之。《魯語》引曹劌諫詞云：“祀又不法。”則社非祀社之正禮矣。《年表》：“公如齊觀社。”

公至自齊。無《傳》[2]。

荊人來聘。無《傳》。

---

① 科學本注：抄本眉批：“當從韋《注》，觀戎器。”
② 林按：底本無此一句，據楊本增補。

公及齊侯遇於穀。無《傳》。

蕭叔朝公。

〔疏證〕杜《注》：“蕭，附庸國。”疏云：“無爵而稱朝，知是附庸國也。邾儀父貴之，乃書字。此無所貴，知叔爲名也。”洪亮吉云：“《地理志》：‘沛郡，蕭，故蕭叔國。宋別封附庸也。’按：蕭，宋附庸。杜《注》以爲魯附庸，非。”

秋，丹桓宮楹。

〔注〕舊注：“丹，雕。桓宮，桓公廟。楹，謂之柱。”《御覽》四百五十一。

〔疏證〕杜《注》：“桓公廟也。楹，柱也。”《魯語》韋《注》亦同，蓋用舊注。嚴蔚《内傳古注輯存》以此爲服《注》，未知何據。《御覽》止稱注也。《字書》“丹”無訓“雕”者，此“彤”字之訛也。《吳語》：“皆赤常、赤旟、丹甲。”《注》：“丹，彤也。”《説文》：“楹，柱也。《春秋傳》曰：‘丹桓公楹。’”則賈《注》亦當訓楹爲柱矣。《魯語》：“莊公丹桓公之楹，而刻其桷。”韋《注》：“莊公娶於齊，曰哀姜。哀姜將至，當見於廟，故丹柱刻桷以誇之也。”《列女傳》：“莊公丹其父桓公廟宮之楹，刻其桷，以夸哀姜。”

冬，十有一月，曹伯射姑卒。

十有二月，甲寅，公會齊侯，盟于扈。

〔疏證〕杜《注》：“鄭地。”《郡國志》：“河南尹卷有扈城。”江永云：“今懷慶府原武縣。西北扈亭。”

〔傳〕二十三年，夏，公如齊觀社，非禮也。曹劌諫曰：“不可。夫禮，所以整民也。故會以訓上下之則，制財用之節；朝以正班爵之義，帥長幼之序；征伐以討其不然。

〔疏證〕此會、朝謂諸侯相接之禮也，征伐亦軍禮矣。《魯語》：“是故先王制諸侯，五年四王一相朝也。終則講於會，以正班爵之義，帥長幼之序，訓上下之則，制財用之節。”《注》：“賈侍中云：‘王，謂王事天子。歲聘以脩業，間朝以講禮。五年之間，四聘於王，而一相朝者，將朝天子先相朝也。’終，畢也。講，習也。班，次也。謂朝事畢，則習禮於會，以正爵位、次序、尊卑之義。帥，循也。謂牧伯差國大小，使受職貢

也。"《魯語》叙曹劌語，主朝畢乃會。《傳》則先會後朝，語有參互，義
則同。《疏》云："諸侯之序，以爵不以年。此言長幼，謂國大小也。"與
《國語注》同義。《疏》又引沈氏云："爵同者據年之長幼。故云帥長幼之
序。"則舊説長幼又以年言。

"諸侯有王，王有巡守，

〔注〕舊注："有王，朝于王。"《小行人疏》。

〔疏證〕《大行人》："凡諸侯之王事。"《注》："王事，以王之事來也。"
杜《注》："從王事。"用彼注義也。《商頌》："莫敢不來王。"鄭《箋》："世
見曰王。"《周語》："荒服者王。"皆以王爲王事。《小行人》："凡諸侯入
王，則逆勞於畿。"《注》："鄭司農云：'入王，朝於王也。'故《春秋傳》
曰：'宋公不王。'又曰：'諸侯有王，王有巡守。'"《疏》："隱九年，'宋
公不王'，不宗覲於王。莊二十三年，'諸侯有王'。《注》云：'有王，朝
於王。'"洪亮吉云："《周禮疏》引此傳文并注，疑是服《注》。"沈欽韓
云："讀如'終王'之'王'。"王念孫云："'諸侯有王，王有巡守'，猶
言諸侯有朝，王有巡守。上言'朝以正班爵之義、帥長幼之序'，謂諸侯
相朝也。此言'諸侯有王'，謂諸侯朝於天子也。故《魯語》載曹劌之
言曰：'先王制諸侯，使五年四王一相朝也。'"文淇案：賈逵《魯語注》
云："王。謂王事天子也。歲聘以志業，間朝以講禮。五年之間，四聘
於王，而一相朝者，將朝天子，先相朝也。"如賈説，則此有王，謂聘
於王。《魯語注》又引："唐尚書曰：'先王謂堯也，五載一巡守。諸侯
四朝。'昭謂以《堯典》相參，義亦似之。然此欲以禮正君，宜用周制。
《周禮》：'中國凡五服，内者五歲而朝。'《禮記》曰：'諸侯之於天子
也，比年一小聘，三年一大聘。'五年一朝謂此也。晉文公霸時，亦取於
此。"《禮》唐説"四朝"如韋説，則此"有王"謂五年一朝于王，與賈
説異。《下泉》："四國有王，郇伯勞之。"毛《傳》："諸侯有事，二伯述
職。"《箋》云："有王，謂朝聘於天子。郇侯，文王之子，爲州伯，有治
諸侯之功。"《疏》："昭五年《左傳》云：'小有述職，大有巡功。'服虔
云'諸侯適天子曰述職'，謂六年一會王官之伯，命事攷績述職之事也。
莊二十三年《左傳》曰：'諸侯有王，王有巡守。'是天子巡省諸侯。則
知有王是朝聘天子。"兼朝聘言，義乃備也。舊注顯言"有王，朝於王"，
則"巡守"亦當有注，今逸之。

"以大習之。

〔疏證〕杜《注》："大習，會朝之禮。"惠棟云："《管子·幼官篇》曰：'千里之外，二千里之内諸侯三年而朝，習命；二千里之外，三千里之内，諸侯五年而會，至，習命。'所謂大習者，蓋習會朝之教命也。"按：惠説是也。

"非是，君不舉矣。君舉必書，書而不法，後嗣何觀？"

〔疏證〕《魯語》："天子祀上帝，諸侯會之，受命焉。諸侯祀先王、先公，卿、大夫佐之，受事焉。臣不聞諸侯之相會祀也，祀又不法。君舉必書。"《注》："不法，謂觀民也；舉，動者。動則左史書之，言則右史書之。"杜注"君舉必書"云"書於策"。與韋説同。《後漢書·陸康傳》："時靈帝欲鑄銅人，而國用不足，乃詔調民田，畝斂十錢。康上疏諫曰：'《傳》曰："君舉必書，書而不法，後世何述焉？"'"所引"世""述"異文，又多"焉"字。

晉桓、莊之族偪，

〔疏證〕杜《注》："桓叔、莊伯之子孫彊盛，逼迫公室。"

獻公患之。士蒍曰："去富子，則群公子可謀也已。"

〔注〕賈云："士蒍，晉大夫。"《晉世家集解》。

〔疏證〕杜《注》用賈説。韋昭《國語注》云："士蒍，晉大夫，劉累之後，隰叔之子，子輿也。"杜《注》又云："富子，二族之富强者。"洪亮吉云："按：尋繹上下文義，疑富子爲群公子之一。非强族，即係多知術，能爲群公子謀畫者。譖而去之，則群公子失謀主矣。杜以富强解之，恐非。"

公曰："爾試其事。"士蒍與群公子謀，譖富子①而去之。

秋，丹桓宮之楹。

〔經〕 二十有四年，春，王三月，刻桓宮桷。

〔注〕舊注："桷，謂之榱；榱，椽也。"《御覽》四百五十一引。

---

① 林按：底本此處無"富子"二字，據楊本增補。

〔疏證〕《釋器》：“木謂之刻。”此注嚴氏、洪氏亦引爲服《注》，未知所據。“桷，謂之榱”，《釋宮》文。《魯語注》：“唐云：‘桷，榱頭也。’昭謂桷一名榱，今北土云亦然。《爾雅》曰：‘桷，謂之榱。’”唐、韋説與舊注同，其云“桷，榱也”者，《説文》：“桷，榱也，椽方曰桷。《春秋傳》曰：‘刻桓宫之桷。’椽，榱也。榱，秦名爲屋椽，周謂之榱，齊、魯謂之桷。”段玉裁云：“‘榱也’者，渾言之。下文‘椽方曰桷’者，析言之。桷之言棱角也，椽方曰桷，則知桷圓爲椽矣。《周易》‘或得其桷’。虞曰：‘桷，椽也，方者謂之桷。’《釋名》：‘椽，傳也，相傳次而布列也。’榱之言差次也，自高而下，層次排列，如有等衰也。”按：《釋文》引《字林》云：“齊、魯謂榱爲桷。”與《説文》合。

葬曹莊公。 無《傳》。

夏，公如齊逆女。 無《傳》。

秋，公至自齊。 無《傳》。

八月，丁丑，夫人姜氏入。

〔注〕賈云：“國逆而立之曰入。”《成十八年疏》。

〔疏證〕《成十八年傳》云：“國逆而立之曰入。”《正義》云：“賈氏雖夫人姜氏之入，皆以爲例。”是賈注此經，引“國逆之”也。杜《注》云：“《公羊傳》以爲姜氏要公，不與公俱入，蓋以孟任故。”《釋例》亦云：“莊公崇寵孟任，故即位二十三年乃取元妃。雖丹楹刻桷，身自納幣，而有孟任之嫌。故與姜氏俱反而異入。”按：《公羊傳》云：“與公有所約，然後入。”何《注》：“約，約遠媵妾也。”杜本何氏説，又附會於孟任，非《左氏》義。

戊寅，大夫宗婦覿，用幣。

〔注〕賈云：“宗婦，同姓大夫之婦。”《常棣疏》。

〔疏證〕《常棣疏》：“《春秋》莊二十四年，‘夫人姜氏入。大夫宗婦覿，用幣’。謂之宗婦，明是宗族之婦也。故賈、杜皆云：‘宗婦，同姓大夫之婦。’”是杜用賈説也。杜《注》既云“宗婦，同姓大夫之婦”，語已明了，而又云：“禮，小君至，大夫執贄以見，明臣子之道。莊公欲奢夸夫人，故使大夫、宗婦同贄俱見。”是又謂大夫與宗婦俱見夫人。與賈說異。沈欽韓云："按：禮有內宗、外宗。鄭云：'王同姓之女，謂之內宗；王諸姑姊妹之女，謂之外宗。'外宗又得兼母之黨。《雜記》：'外宗爲君夫人，猶內宗也。'鄭云：'謂姑姊妹、舅之女及從母皆是。'又有同姓大夫之妻。《喪大記》所謂'外命婦'也，又有外親之婦，亦通謂之外宗。《服問注》云：'外宗，君外親之婦也。'《經》言大夫、宗婦覿，則內外宗之嫁大夫者，及同姓大夫之妻覿耳，非謂大夫與宗婦雙雙而至也。尋傳文，并不言大夫見小君。其言男女同贄者，直謂婦人而用幣，是無別於男子，故志其非禮。杜既憒憒，《疏》欲强扶其説，又無證據，徒以謂小君與君同體，義亦當見，空疏無術，豈能撰《禮記正義》者？此真孔氏手筆矣。《列女傳·嬖孽》亦載此事云：'婦贄用幣，是男女無別也。'較《傳》語尤明。則杜預之謬，灼然矣。"文淇案：沈説是也。下《傳》云："公使宗婦覿，用幣。"《傳》不言大夫，則無大夫可知。杜《注》："《傳》不言大夫，惟舉非常。"非也。《魯語》："哀姜至，公使宗婦覿，用幣。"《注》："宗婦，同宗大夫之婦也。覿，見也，見夫人也。用幣，言與大夫同贄。"[1]《外傳注》釋宗婦，亦與賈説同。其謂"用幣"言與大夫同贄，是女用男贄，非男女同覿也。自杜預創爲是説，後世遂沿其謬。《梁書·徐摛傳》："是時臨城公納夫人王氏，即太宗妃之侄女也。晉、宋以來，初昏三日，婦見舅、姑，衆賓皆列觀。引《春秋》義云：'丁丑，夫人姜氏至。戊寅，公使大夫宗婦覿，用幣。'戊寅，丁丑之明日，故禮官據此，皆云宜依舊貫。太宗以問摛，摛曰：'《儀禮》云："質明贊見婦於舅、姑。"《雜記》又云："婦見舅姑，兄、弟、姊、妹皆立於堂下。"政言婦是外宗，未審嫺令，所以停坐三日，觀其七德。舅延外客，姑率內賓，堂下之儀，以備盛禮。近代婦於舅姑，本有戚屬，不相瞻看。夫人乃妃姪女，有異他姻，覿見之儀，謂應可略。'"是其事也。兄、弟、姊、妹，堂下之禮，本非宗婦之比，取例此《傳》覿見。晉、宋禮官已誤，徐摛語亦權詞解紛耳。

大水。無《傳》。

〔疏證〕《五行志》："《傳》曰：'簡宗廟，不禱祠，廢祭祀，逆天時，則水不潤下。'莊公二十四年，'大水'。劉歆以爲先是嚴飾宗廟，刻桷丹楹，以夸夫人，簡宗廟之罰也。"[2]

---

① 林按：原稿眉批："覿，疑係禮，查，於《魯語》下申説。"
② 林按：原稿眉批："歆説當非爲注。"

冬，戎侵曹。無《傳》。

曹羈出奔陳，赤歸于曹。無《傳》。

〔注〕賈云：“羈，是曹君也，赤是戎之外孫。故戎侵曹，逐羈而立赤。”本《疏》。

〔疏證〕《年表》莊二十四年爲曹釐公元年。《曹世家》釐公名夷。與《傳》不同。杜《注》：“羈，蓋曹世子也。赤，曹僖公也。蓋爲戎所納，故曰歸。”《疏》謂《世家》《年表》有舛誤，又引賈說駁之曰：“亦以意言之，無所據也。”李貽德云：“上經‘戎侵曹，羈出奔陳’，與‘赤歸於曹’連文，故賈云然。知‘赤爲戎之外孫’者，以非戎之自出，戎不逐羈而立赤也。與宋納鄭厲公同。杜云：‘蓋爲戎所納，故曰歸。’略同賈說。”

郭公。無《傳》。

〔疏證〕杜《注》：“蓋《經》闕誤也。自曹羈以下，《公羊》《穀梁》之說既不了，又不可通之於《左氏》，故不采用。”洪亮吉云：“按：郭公不見於《春秋》者，考僖二年，‘晉伐虢’，《公羊傳》作‘郭’，《戰國策》亦同。又昭元年，‘會於虢’，《穀梁》亦作‘郭’。《周書·王會解》‘郭叔掌爲天子隶幣焉’，孔晁《注》：‘郭叔，虢叔。’是‘虢’‘郭’音近意通。此郭公即虢公，虢爲公爵，書法亦合。虢公下必繫以事，而史闕之。否則虢公林父或於是年卒也。又按：士蒍使殺群公子而城聚都之，即在此後一年。考之《史記·晉世家》，於此年書‘群公子既亡奔虢’。夫云‘既亡’，則亡在此年之前可知。又云：‘虢以其故再伐晉，不克。’是此數年中，虢、晉正交兵，非無事可書，又甚明，但不敢懸斷，附記於此。”

〔傳〕 二十四年，春，刻其桷，皆非禮也。

御孫諫曰：“臣聞之：‘儉，德之共也；侈，惡之大也。’

〔疏證〕《釋文》：“御，本亦作‘禦’。”《校勘記》云《古今人表》作“禦”。杜《注》：“御孫，魯大夫。”《國語》作“匠師慶”。韋昭曰：“掌匠大夫御孫之名也。”馬宗璉云：“按：刻桷丹楹者，匠師之事，故御孫諫之。”梁履繩云：“按：匠慶見襄四年，相距百餘年，乃別是一掌匠者名慶耳。《世族譜》：‘公子結御孫。’則結是其名，未知孰是。”“儉，德之共也。”《弘明集》引作“儉者，德之恭”。《經義》：“‘共’‘恭’字通用。”

俞樾云：“共，當讀爲‘洪’。《釋詁》：‘洪，大也。’下文‘有共德’，猶云‘有大德’也。”《韓非·解老》：“多費謂之侈。”《集韻》引《字林》：“侈，汰也。”

“先君有共德，而君納諸大惡，無乃不可乎！”

〔疏證〕《魯語》：“匠師慶言於公曰：‘今先君儉，而君侈之，令德替矣。’”《注》：“先君，桓公也。”

秋，哀姜至。公使宗婦覿，用幣，非禮也。

〔疏證〕覿見哀姜，本無大夫。杜謂：“《傳》不言大夫，惟舉非常。”已誤會經傳之意。《疏》乃云：“大夫始見於君用羔、雁，始見夫人亦當然。然則大夫用幣亦非常，而以大夫爲常者，《禮》‘孤執皮帛’。大夫執帛，惟上借耳，其帛猶是男子所執。”曲傳杜義，彌支離矣。

御孫曰：“男贄，大者玉帛，小者禽鳥，

〔疏證〕“御孫曰”，《魯語》作“宗人夏父展曰”。《曲禮》：“贄，諸侯圭。”鄭《注》云：“贄之言至。”所執以自至也。《魯語》：“男贄玉帛禽鳥，以章物也。”韋《注》：“謂公執桓圭，侯執信圭，伯執躬圭，子執穀璧，男執蒲璧，孤執皮幣，卿執羔，大夫執雁，士執雉，庶人執鶩，工商執雞也。”“公執桓圭”以下皆《大宗伯》文。惟“孤執皮幣”，韋增之以説帛也。《典命》：“公之孤四命，以皮帛眂小國之君。”鄭《注》：“皮帛者，束帛而表以皮爲之飾。皮，虎豹皮。帛，如今璧色繒也。”杜云：“公、侯、伯、子、男執玉，諸侯、世子、附庸、孤卿執帛，卿執羔，大夫執雁，士執雉。”與韋《注》略同。禽鳥之贄，不及庶人工商。而《疏》引《大宗伯》鄭《注》云：“羔，取其群而不失其類。雁，取其侯時而行。雉，取其守介而死，不失其節。鶩，取其不飛遷。雞，取其守時而動。”則杜《注》本有“庶人執鶩，工商執雞”二語。故《疏》引鄭《注》説之，今本脱耳。

“以章物也。

〔疏證〕《魯語》韋《注》：“章，明也，明尊卑異物也。”

“女贄，不過榛、栗、棗、脩，

〔注〕先儒以爲：“栗，取其戰栗也；棗，取其早起也；脩，取其自脩也。”本《疏》。

〔疏證〕《曲禮》鄭《注》：“榛，實似栗而小。”洪亮吉云：“《說文》：‘亲，果實如小栗。《春秋傳》曰：“女贄不過亲、栗。”’《廣雅》云：‘亲，桌也。’按：榛，《說文》：‘木也，一曰荄也。’高誘《淮南王書注》：‘叢木曰榛。’此女贄之亲，當以《說文》《廣雅》爲是。唐玄度《九經字樣》引《傳》做‘亲’。以‘榛’作‘亲’，經典相承隸變。”按：洪說是也。《曲禮釋文》：“榛，古本又作‘亲’。”《說文》引《左氏》，皆從師説，則賈氏本作“亲栗矣”。《釋文》：“腶脯而加薑桂曰脩。”《腊人》鄭《注》：“薄析之曰脯，捶之而施薑桂曰腶脩。”本《疏》云：“先儒以爲栗，取其戰栗也；棗，取其早起也；脩，取其自脩也。唯榛無説，蓋以榛聲近虔，取其虔於事也。”《疏》引先儒，蓋賈、服諸儒説，三物義如此。其“榛取其虔”，則《疏》補先儒之誼也。《曲禮》：“婦人之贄，椇、榛、脯、脩、棗、栗。”疏：“所以用此六物者，椇訓法；榛訓至也；脯，始也；修，治也；棗，早也；栗，肅也。婦人有法，始至、脩身、早起、肅敬也。故后、夫人以下，皆以棗、栗爲贄，取其早起、戰栗、自正，必知以名爲義者，按：莊二十四年《左傳》云：‘女贄不過榛、栗、棗、脩，以告虔也。’見榛是虔義之名，明諸物皆取名爲義。按：《昏禮》婦見舅以棗、栗，見姑以腶脩。其榛、椇所用無文。”如《禮疏》，則榛取義於虔，不關聲近也。惠棟云：“亲與栗同義，故先儒不釋，亲音壯巾反。《正義》以爲榛聲近虔，失之。《外傳·魯語》云：‘夫婦贄不過棗、栗，以告虔也。’不及榛、脩，明亲不訓虔。”惠謂“亲”聲不近“虔”，是也；謂“亲”不訓“虔”，則非。

“以告虔也。

〔疏證〕《殷武》毛《傳》：“虔，敬也。”

“今男女同贄，是無別也。男女之別，國之大節也。而由夫人亂之，無乃不可乎！”

晉士蔿又與群公子謀，使殺游氏之二子。

〔疏證〕杜《注》：“游氏二子，亦桓莊之族。”

士蔿告晉侯曰：“可矣。不過二年，君必無患。”

〔經〕 二十五年，春，陳侯使女叔來聘。

〔疏證〕杜《注》：“女叔，陳卿。女，氏；叔，字。”《釋文》：“女，陳大夫氏。”當是舊説。

夏，五月，癸丑，衛侯朔卒。無《傳》。

〔疏證〕

六月，辛未，朔，日有食之，鼓，用牲於社。

〔疏證〕本傳杜《注》云：“《長曆》推之，辛未實七月朔，置閏失所，故致月錯。”如杜説是，此六月應作七月也。今以三統術推之，七月己亥朔，非辛未也。《五行志》：“劉歆以爲五月二日魯、趙分。”臧壽恭云：“按：是年入甲申統九百七十四年，積月一萬二千四十六，閏餘十六，正小滿。閏在五月後，積日三十五萬五千七百二十八，小餘六十四，大餘四十八。正月壬申朔，大，小餘二十六。二月壬寅朔，小，小餘六十九。三月辛未朔，大，小餘三十一。四月辛丑朔，小，小餘七十四。五月庚午朔，二日辛未。又置上積日，加積日一百十八，以統法乘之，以十九乘小餘七十四，并之，滿周天，除去之，餘十四萬三千五百二十，滿統法而一，得積度九十三度，餘三日九十三，命如法，得五月庚午朔，合辰在婁六度，二日辛未在婁七度，去胃五度《淮南・天文訓》以奎婁爲魯之分野，以胃昂畢爲趙之分野，故曰魯、趙分。”按：臧説是也。劉子駿謂“食在五月”，先儒注此年經，當同其説。知者，《傳疏》引劉炫云：“知非五月朔者，昭二十四年五月日有食之。《傳》云：‘日過分而未至。’此若是五月，亦應云過分而未至也。今言‘慝未作’，則是已作之辭。故知非五月。”是先儒有五月朔之説，光伯《述議》駁之也。“正月慝未作”，乃通言鼓牲之例，不足致難。《元史・曆志》：“大衍推之，七月辛未朔，交分入食限。”則與杜説同。然三統術視經傳恒上差一月或二月，無下差一月者，《元志》非也[①]。

杜《注》：“鼓，伐鼓也，用牲以祭社。”沈欽韓云：“《地官・牧人職》：‘凡外祭毀事，用厖可也。’《注》：‘厖謂雜色不純，毀謂副辜候禳，毀除殃咎之事。’即此所云用牲不以牷也。”胡三省《通鑑注》引《春秋大傳》曰：“天子之國有泰社，東方青，南方赤，西方白，北方黑，上方黃。故將封於東者取青土，封於南者取赤土，封於西者取白土，封於北者取黑土。各取其方土，裹以白茅，封以爲社。此始受封於天子者也。此之謂主

---

① 林按：原稿眉批：“月差再查，月食當查諸家。”

土。主土者，立社而奉之也。"此爲古《左氏》家説社之辭。洪亮吉、嚴
蔚取注此年《經》。以《經》始見魯社也。如《大傳》説，則社爲主土矣。

伯姬歸于杞。無《傳》。

秋，大水，鼓，用牲于社、于門。

〔疏證〕杜《注》："門，國門也。"《疏》云："《祭法》云：'天子立
七祀，諸侯立五祀，其門皆曰國門。'知此門亦國門，國門謂城門也。"

冬，公子友如陳。無《傳》。

〔注〕潁氏曰："臣無境外之交，故去弟以貶季友。"《釋例》。

〔疏證〕此經《公》《穀》皆無《傳》。何休《公羊注》："内朝聘言如
者，尊内也。"潁氏當爲《左氏》古誼也。

〔傳〕 二十五年，春，陳女叔來聘，始結陳好也。嘉之，故不
名。

夏，六月，辛未，朔，日有食之。鼓，用牲于社，非常也。

〔疏證〕杜《注》："非常鼓之月。"顧棟高云："《正義》云以前不應
置閏，誤使七月爲六月，不當伐鼓。故云非常鼓之月。此説非也。《傳》
謂'非常'者，以六月爲夏之四月。正陽之月，災異尤大，不比尋常之月
日食，故須伐鼓用幣以救之。所云'餘月則否'者，餘月即常月也。經文
於文十五年、昭十七年皆書'六月朔，日食'，而此爲首見，故須發例。
自莊元年至二十四年，凡九置閏，正合五歲再閏，十有九歲七閏之數，何
云置閏失所乎？"沈欽韓云："按：顧説是也。古曆本疎，杜與《大衍》所
推，亦未必悉合。《經》記其鼓用牲，正以儆懼天變，《傳》發明《經》意，
見常食不書鼓用牲，而此書之。義若以爲本非六月，不當鼓用牲，則當言
司曆之過。僅如杜解，傳文爲不辭矣。"按：顧炎武《補注》云："周之六
月，夏之四月，所謂'正月之朔'也。然則此其常也，而曰'非常'者
何？蓋不鼓於朝而鼓於社，不用幣而用牲，此所以謂非常禮也。杜氏不得
其説，而曰以《長曆》推之，是年失閏，辛未實七月朔，非六月也。此則
咎在司曆，不當責其伐鼓矣。"顧、沈之説，猶疑於非常斥日食，《補注》
惟主鼓、牲，其誼篤矣。《祭法疏》引何休《膏肓》云："《感精符》云：
'立推度以正陽，日食則鼓，用牲於社，朱絲營社，鳴鼓脅之。'《左氏》

用牲非常，明《左氏》說非夫子《春秋》，於義《左氏》爲短。"鄭箴之云：'用牲者，不宜用此《春秋》之通例。此讖説正陽、朱絲、鳴鼓，豈説用牲之義也。讖用牲於社者，取《經》完句耳。'"玩何、鄭之義，止辨伐鼓用牲之從違，不及此月應鼓牲以否，則杜《注》非古誼也。

唯正月之朔，慝未作，日有食之，於是乎用幣於社，伐鼓於朝。

〔疏證〕杜《注》云："正月，夏之四月，周之六月，謂正陽之月。慝，陰氣。"《正月》："正月繁霜。"鄭《箋》："夏之四月，建巳，純陽用事。"又鄭氏《周禮注》："慝，陰姦也。"杜用鄭義也。《鼓人疏》："此救日食用鼓，惟據夏四月陰氣未作，純陽用事。日又太陽之精，於此爲正陽之月。被食爲災，故有救日食之法。他月似無救理。《尚書》季秋九月日食，救之者，上代之禮。不與周同。諸侯用幣，伐鼓於朝，還自攻責。若天子法，則伐鼓於社。昭十七年，昭子曰：'日食之，天子伐鼓於社。'是也。如《禮疏》，則惟正陽月日食，乃用幣伐鼓也。"《晉書·禮儀志》："元帝太興元年四月合朔，中書侍郎孔愉奏曰：'《春秋》日有食之，天子伐鼓於社，攻諸陰也。諸侯伐鼓於朝，臣自攻也。按：尚書符若日之有變，使擊鼓於諸門。有違舊典。'詔曰：'所陳有正義，輒勅外改之。'"孔愉以伐鼓於朝爲諸侯禮，則與《禮疏》合。鼓，用牲於社，爲僭天子禮矣。杜《注》亦云："諸侯用幣於社，請救於上。公伐鼓於朝，退而自責。"自責，即愉所謂臣自攻也。顧炎武云："'惟正月之朔'以下，乃昭十七年季平之言，今載於此，或恐有誤。"

"秋，大水，鼓、用牲于社、于門"，亦非常也。

〔疏證〕沈欽韓云："《傳》以此章亦上'非常'，恐學者誤會，故著此句，見'亦'之義，與上條自別。上云'非常'，見必得用牲、伐鼓，此亦'非常'，見不必用牲、伐鼓。"按：沈説是也。杜《注》但云"非常"，不解"亦"字之義。疏遂云："《傳》言'亦非常'，亦上日食也，但日食之鼓非常月，伐鼓於社非常禮，大水用牲亦非常禮，俱是非常，故亦前也。"《疏》未會《傳例》之意，依杜爲説，非也。

凡天災，有幣，無牲。非日、月之眚，不鼓。

〔疏證〕此鼓、牲例也。杜云："天災，日、月食、大水也。祈請而已，不用牲。"《傳例》以災、眚分言，則天災不兼日、月食言。杜説非。《大司徒》："以荒政十二聚萬民，十有一曰索鬼神。"《疏》："按：《左氏·莊二十五年傳》云：‘天災，有幣無牲。’《詩》云‘靡愛斯牲’者，若天災之時，祈禱無牲；災成之後，即有牲體。故云靡愛斯牲。”如彼疏，則禳災非無災，此大水尚未成災，故例言有幣無牲耳。《祭法疏》：“人君初有水旱之災，先須修德，不當用牲。故天災有幣無牲。若水旱歷時，禱而不止，則當用牲。故詩《雲漢》云：‘靡愛斯牲。’”與《禮疏》説同。本《疏》亦引《雲漢》“靡愛斯牲”，謂爲旱禱祭皆用牲。又據《祭法》泰昭、坎壇、王宮、夜明、幽禜、雩禜用少牢，謂“祈禱之祭皆用牲”。足匡杜《注》之失。《鼓人》“救日、月則詔王鼓”。《注》：“救日、月食，王必親擊鼓者，聲大異。《春秋傳》曰：‘非日、月之眚，不鼓。’”“按：《太僕職》云：‘軍旅田役，贊王鼓。’鄭《注》云：‘佐擊其餘面。’又云：‘救日、月食亦如之。’太僕亦佐擊其餘面。按上解，祭日、月與天神同用雷鼓，則此救日、月亦宜用雷鼓八面。”是救日、月之眚事也。《國語注》：“眚，猶災也。”

晉士蔿使羣公子盡殺游氏之族，乃城聚而處之。

〔注〕賈云：“聚，晉邑。”《晉世家集解》。

〔疏證〕杜用賈説。沈欽韓云：“聚謂其所居之鄉。聚，非邑名也。《管子·乘馬》：‘方六里，命之曰暴。五暴，命之曰部。五部，名之曰聚。聚者有市。’《前漢·平帝紀》張晏曰：‘聚，邑落名也。’《後漢·劉平傳注》：‘小於鄉曰聚。’”按：沈説是也。此年傳云：“晉侯圍聚，盡殺羣公子。”下《二十六年傳》：“士蔿城絳，以深其宮。”《晉世家》：“士蔿使羣公子盡殺諸公子，而城聚都之，命之曰絳，始都絳。”如《史記》説，是聚本無名，都之始名之絳，則聚非邑名。賈言邑名者，要其終也。《方輿紀要》：“車箱城在絳州絳縣東南十里，《志》云晉侯處羣公子之所，東西形長如車箱。”

冬，晉侯圍聚，盡殺羣公子。

〔疏證〕《年表》：“晉獻公八年，盡殺故晉侯羣公子。”

〔經〕 二十有六年，春，公伐戎。無《傳》。

〔疏證〕《公羊》無“春”。

夏，公至自伐戎。無《傳》。

曹殺其大夫。無《傳》。

〔疏證〕《文七年傳》："書曰'宋人殺其大夫'，不稱名，衆也。且言非其罪也。"此疑與彼傳同例。

秋，公會宋人、齊人伐徐。 無《傳》。

〔疏證〕《地理志》："臨淮郡，徐故國，盈姓。至春秋時，徐子章禹爲楚所滅。"《方輿紀要》："徐城廢縣，在泗州西北五十里，古徐子國。"

冬，十有二月，癸亥，朔，日有食之。 無《傳》。

〔疏證〕《五行志》："劉歆以爲十月二日楚、鄭分。"臧壽恭云："按：是年入甲申統九百七十五年，積月一萬二千五十九，閏餘四，積日三十五萬六千一百十二^①。小餘五十六，大餘十二。正月丙申朔，大，小餘十八。二月丙寅朔，小，小餘六十一。三月乙未朔，大，小餘二十三。四月乙丑朔，小，小餘六十六。五月甲午朔，大，小餘二十八。六月甲子朔，小，小餘七十一。七月癸巳朔，大，小餘三十三。八月癸亥朔，小，小餘七十六。九月壬辰朔，大，小餘三十八。十月壬戌朔，二日癸亥，又置上積日加積日二百六十六，以統法乘之，以十九乘小餘三十八^②，并之，滿周天，除去之，餘四十萬七千四百六十四，滿統法而一，得積度二百六十四度，餘一千一百六十八，命如法，得十月壬戌朔，合辰在角一度。二日癸亥，在角二度，距軫一度。"《淮南・天文訓》以角爲楚之分野，軫爲鄭之分野。故曰楚、鄭分。

〔傳〕 **二十六年，春，晉士蔿爲大司空。**

〔疏證〕杜《注》："大司空，卿官。"沈欽韓云："《王制》：'大國三卿。'《正義》：'崔氏云："三卿者，依周制而言，謂立司徒兼冢宰之事，立司馬兼宗伯之事，立司空兼司寇之事。"《春秋傳》云："季孫爲司徒，叔孫爲司馬，孟孫爲司空。"此是三卿也。'按：晉、宋於後并著六卿之號，當獻公時，雖不審即備六卿以否，要士蔿新有功，由大夫升爲卿。循其名，則下卿也。加'大'字者，以晉別有司空，主功役之事，秩是大夫，故以'大'別之。"按：沈說是也。《疏》以司空是大夫，引"司空亞旅，皆受一命之服"爲證，則非卿官矣，亦未得杜意。

---

① 科學本注：原作"二十"，誤，應是"十二"，改之。
② 科學本注：原作"六"，誤，應是"八"，改之。

夏，士蒍城絳，以深^①其宮。

〔疏證〕《年表》："魯莊公二十六年爲晉獻公九年，始城絳都之。"
《詩·唐譜》："成侯南徙，居曲沃，近平陽焉。其孫穆侯又徙於絳。"彼疏
云："昭侯之時，分曲沃以封桓叔。則正都不在曲沃。明昭侯前已徙絳矣。
知穆侯徙者，蓋相傳云然。《地理志》云'晉武公自曲沃徙此'者，以桓
叔別封曲沃。武公既并晉國，徙就晉都，故云自曲沃徙此耳，非謂武公始
都絳也。莊二十六年，《左傳》稱晉獻公命士蒍城絳，'以深其宮'，明是
武公徙絳也。"《地理志》河東郡絳，江永云："今絳州之北平陽府太平縣
之南二十里。"

秋，虢人侵晉。冬，虢人又侵晉。

〔疏證〕《晉世家》："晉群公子既亡奔虢，虢以其故再伐晉，弗克。"

〔經〕 二十有七年，春，公會杞伯姬于洮。

〔疏證〕杜《注》云："洮，魯地。"沈欽韓云："《水經注》：'今鄄城
西南五十里有姚城，或謂之洮也。'《方輿紀要》：'洮城在濮州西南五十
里。'"按：沈說是也。江永云^②："杞國都淳于，莊公會杞伯姬，安得至濮
州會之？杜於'昭七年季孫與謝息桃'《注》云：'魯國卞縣東南有桃墟。'
蓋桃即洮也。卞縣今爲兗州府泗水縣。泗水在曲阜東，伯姬自杞來，故會
之。"鄄城正在魯境，無疑於遠。江說非。

夏，六月，公會齊侯、宋公、陳侯、鄭伯同盟于幽。

〔疏證〕監本、毛本"會"上脱"公"，從《唐石經》增。

秋，公子友如陳，葬原仲。

〔疏證〕杜《注》："原仲，陳大夫。原，氏；仲，字也。臣既卒不名，
故稱字。"《曲禮疏》引《異義》云："《公羊》說：臣子先死，君父猶名
之。孔子曰'鯉也死'，是已死而稱名。《左氏》說：既没，稱字而不名。
桓二年，'宋督弑其君與夷及其大夫孔父'。先君死，故稱其字。《穀梁》

---

① 林按：原稿眉批："深當疏。"
② 科學本注：抄本眉批："江説查'地道'再定。"

同《左氏》説。謹案①：同《左氏》《穀梁》説，以爲《論語》稱‘鯉也死’時，實未死，假言死耳。”又云：“鄭康成亦同《左氏》《穀梁》之義，以《論語》云：‘鯉也死，有棺而無槨。’是實死未葬以前也。故鄭駁許慎云：‘設言死，凡人於恩猶不然，況聖賢乎？’”鄭駁許慎《異義》，僅及伯魚之稱名在死後，其臣歿稱字而不名。鄭同古《左氏》説也，杜《注》亦用古《左氏》説。

冬，杞伯姬來。

莒慶來逆叔姬。無《傳》。

〔疏證〕杜《注》：“慶，莒大夫。叔姬，莊公女。”

杞伯來朝。無《傳》。

〔疏證〕杜《注》：“杞稱伯者，蓋爲時王所黜。”《疏》云：“於時周王當桓、莊、僖、惠，不知何王黜之。”

公會齊侯於城濮。無《傳》。

〔注〕賈云：“城濮，衛地也。”《晉世家集解》。

〔疏證〕杜用賈説。沈欽韓云：“《方輿紀要》：‘臨濮城在濮州南七十里，或曰即古城濮也，亦謂之小濮。’”

〔傳〕 二十七年，春，公會杞伯姬于洮，非事也。

天子非展義不巡守，諸侯非民事不舉，卿非君命不越竟。

〔疏證〕《廣雅·釋詁》：“展，舒也。越，遠也。”《大胥》“展樂器”《注》：“展謂陳數之。”《襄二十四年傳》：“越在他竟。”杜《注》：“越，遠也。”

夏，“同盟于幽”，陳、鄭服也。

〔疏證〕杜《注》：“二十二年，陳亂而齊納敬仲；二十五年，鄭文公之四年，獲成於楚；皆有二心於齊，今始服也。”

“秋，公子友如陳，葬原仲”，非禮也。原仲，季友之舊也。

“冬，杞伯姬來”，歸寧也。

---

① 林按：原稿眉批：“‘謹案’以下查。”

〔疏證〕《葛覃》：“歸寧父、母。”《傳》：“寧，安也。”杜《注》：“寧，問父、母安否。”用毛《傳》義。

凡諸侯之女，歸寧曰來，出曰來歸。

〔疏證〕此君夫人行例也。《葛覃》：“歸寧父、母。”毛《傳》：“父、母在，則有時歸寧耳。”《疏》：“此謂諸夫人及王后之法。《春秋》莊二十七年：‘杞伯姬來。’《左傳》曰：‘凡諸侯之女，歸寧曰來。’是父、母在，則歸寧也。父、母既没，則使卿寧于兄、弟。襄十二年《左傳》曰：‘楚司馬子庚聘於秦。爲夫人寧，禮也。’是父、母没，不得歸寧也。若卿大夫之妻，父、母没，猶得歸寧。《喪服傳》曰：‘爲昆弟之爲父後者，何以亦期也？婦人雖在外，必有歸宗。’言父、母雖没，有時來歸。故不降。爲父後者，謂大夫以下也。”是父、母在則歸寧，爲古《左氏》誼也。《釋例》云：“出者謂犯七出而見絕者也。歸者，有所往之稱，來者，有所反之言。故嫁謂之歸，而寧謂之來。見絕而出，則以來歸爲辭，來而不返也。”

夫人歸寧曰如某，出曰歸于某。

〔疏證〕此由本國言。《釋例》云：“如某者，非終安之稱。歸於某者，亦不反之辭。”

晉侯將伐虢，士蒍曰：“不可。虢公驕，若驟得勝於我，必棄其民。

〔疏證〕《晉世家》：“獻公十年，晉欲伐虢。士蒍曰：‘且待其亂。’”

“無衆而後伐之，欲禦我，誰與？夫禮、樂、慈、愛，戰所畜也。夫民，讓事、樂和、愛親、哀喪，而後可用也。

〔疏證〕杜《注》：“上之使民，以義、讓、哀、樂爲本，言不可力強。”焦循云：“循案：讓事、樂和，申言禮樂；愛親、哀喪，申言慈愛。《注》於‘讓’上增‘義’字。《司馬法·仁本篇》云：‘古者以仁爲本，以義治之之謂正。古者逐奔不過百步，縱綏不過三舍，是以明其禮也；不窮不能，而哀憐傷病，是以明其仁也；爭義不爭利，是以明其義也。’《天子之義篇》云：‘士、庶之義，必奉於父、母，而正於君長。故雖有明君，士不先教不可用也。古之教民，必立貴賤之倫，經使不相陵，德義不相踰，材能不相掩，勇力不相犯，故力同而意和也。’”按：《司馬法》言仁、言禮、言意，亦兼禮樂慈愛言，而增説以義治仁。《傳》所未及。杜加義字以解《傳》，非也。《疏》云：“禮尚謙讓，讓事，謂禮也；樂以和親，樂和，謂樂也；慈謂愛之深也，愛親，謂慈也；愛極然後哀喪，哀喪，謂愛也。”《疏》分説四者，視杜《注》爲明。

“虢弗畜也，亟戰，將饑。”

〔疏證〕謂弗畜禮、樂、慈、愛也。杜《注》：“言虢不畜義讓而力戰。”止言義讓，亦非。

王使召伯廖賜齊侯命，

〔疏證〕杜《注》：“召伯廖，王卿士。”《疏》云：“召康公之封召也，當在西都畿内。《釋例》曰：‘扶風雍縣東南有召亭也。春秋時召伯猶是召公之後，西都既已賜秦，則東都别有召地，不復知其所在。’”高士奇《春秋地名攷略》云：“在今絳州垣曲縣之召原。《寰宇記》：‘召原在王屋山下。’”《年表》：“惠王十年，賜齊侯命。”《周本紀》：“惠王十年，賜齊桓公爲伯。”

且請伐衛，以其立子頹也。

〔經〕 二十八年，春，王三月，甲寅，齊人伐衛。衛人及齊人戰，衛人敗績。

〔疏證〕杜《注》：“齊侯稱人者，諱取略而還，以賤者告。不地者，史失之。”沈欽韓云：“按：不地者，齊聲罪致討，已薄其國都，城門之外，即爲戰場，可不言地？非史失之。”

夏，四月，丁未，邾子瑣卒。無《傳》。

秋，荆伐鄭，公會齊人、宋人救鄭。

〔疏證〕《公羊》“宋人”下有“邾婁人”。

冬，築郿。

〔疏證〕《傳例》曰：“邑曰築。”《水經》：“濟水逕微鄉東。”《注》云：“即《春秋》之郿。京相璠曰：《公羊傳》謂之微。在東平壽張西北三十里，有故微鄉，魯邑也。”惠棟云：“《公羊釋文》云：‘築微。’《左氏》作‘麇’。麇，古文‘眉’。眉與微古今字。《特牲饋食禮》：‘眉壽萬年。’鄭

《注》：‘古文眉爲微。’”是眉、微字通。故《公羊》作“微”也。唐本《左傳》作“築鹿”，與今本異。沈欽韓云：“《一統志》：‘壽張故城在今兗州府壽張縣東南五十里。’微鄉在今縣南。”《路史》別引墦曰：“微子國”亦《土地名》逸文。洪亮吉云：“《水經》引杜《注》有‘微子冢’，今本無之。”此杜逸注。義亦本於京相。微鄉當以微子國得名。

大無麥、禾。

〔注〕服云：“陰陽不和，土氣不養，故禾、麥不成也。”本《疏》。

〔疏證〕《疏》引服《注》，以證此年不言水旱，而得無麥、禾之意。又云：“《傳》言饑，而《經》不書者，得齊之糴，救民之急，不致於饑。”乃疏家之辭。洪亮吉、嚴蔚并以爲服《注》，非也。《五行志·上》云：“劉向以爲水旱當書。不書水旱，而曰‘大無麥、禾’者，土氣不養，稼穡不成者也。是時夫人淫於二叔，內外無別。又因凶饑，一年而三築臺，故應是而稼穡不成。飾臺榭、內淫亂之罰也，遂不改寤，四年而死。禍流二世，奢淫之患也。”臧壽恭云：“案：劉向是《穀梁》說，與服虔同。是《左氏》舊說亦用《穀梁》說也。又案：《五行志》之例，凡劉向後不別出劉歆，及劉歆後不別出劉向者，皆向、歆同說。”案：臧說是也。杜《注》：“書於冬者，五穀畢入，計食不足，而後書之。”不用服說。年穀不順成，奚待年終計食知之？杜說未是。

臧孫辰告糴于齊。

〔注〕服云：“無庭實也。”《聘禮疏》。“不言‘如’，重穀急辭，以其情急於糴，故不言‘如齊告糴’。乞師則情緩於穀，故云‘如楚乞師’。”本《疏》。

〔疏證〕《世本》：“孝公生僖伯彄，彄生哀伯達，達生伯民銒，銒生文仲辰。”何休《公羊注》：“買穀曰糴。”《魯語》：“文仲以鬯圭與玉磬如齊告糴曰：‘不腆先君之敝器，敢告滯積，以紓執事。’齊人歸其玉而與之糴。”是《外傳》亦謂以鬯圭買穀也。《聘禮》：“若有言，則以束帛如享禮。”《注》：“有言，有所告請，若有所問也。《記》曰：‘有故則束帛加書以將命。’《春秋》臧孫辰告糴於齊，公子遂如楚乞師，晉侯使韓穿來言汶陽之田，皆是也。無庭實也。”彼《疏》云：“此三者皆見《春秋經》，引之者，證此有言以‘束帛加書’之事也。云‘無庭實也’者，以經直云‘束帛如享禮’，則除束帛之外，更無所有，故知無庭實也。《國語》云：‘臧孫辰以鬯圭者，是告糴之物。’服《注》云：‘無庭實也。’”彼《疏》

以服《注》與鄭君義同，故援以説。疑服《注》亦謂公子遂如楚乞師，無庭實也。故言“如”例，止舉“如楚乞師”，不再言公子遂也。《禮疏》所引非全文矣。杜《注》不及書法，《疏》引服説以補之。疏家無説。李貽德《輯述》止取“不言如，重穀急辭”爲服《注》，非也。

〔傳〕　二十八年，春，齊侯伐衛，戰，敗衛師。數之以王命，取賂而還。

晉獻公娶于賈，無子。

〔疏證〕《博物記》：“河東臨汾有賈鄉，賈伯邑。”

烝於齊姜，

〔疏證〕杜《注》：“齊姜，武公妾。”沈欽韓云：“《元和志》：‘晉齊姜墓在絳州正平縣南九里。’”

生秦穆夫人及太子申生。又娶二女于戎，大戎狐姬生重耳，

〔疏證〕《晉語》：“狐氏出自唐叔。狐伯行之子，實生重耳。”杜《注》用之。沈欽韓云：“蓋即大荔之戎也。《後漢書·西羌傳》：‘洛川有大荔之戎。’洛川在唐爲延慶鄜坊四州之地，今延安、慶陽二府及鄜州也。洛水出慶陽府合水縣北二十里白於山。鄜州東南六十里有洛川縣。《史記》秦厲公伐大荔，取其王城。蓋爲秦所滅《漢志》誤以馮翊、臨晉爲故大荔國。司馬彪、劉昭沿誤於後。故《元和志》云：‘大荔國在同州朝邑縣東三十步，故王城是也。’然不知洛川本在北地郡也。”

小戎子生夷吾。

〔疏證〕杜《注》：“小戎，允姓之戎。子，女也。”陸粲曰：“據《傳》云‘允姓之姦，居於瓜州。自惠公始誘以來’。則此非允姓，別一戎而子其姓也。”顧炎武、沈欽韓俱以陸氏説爲然。沈云：“蓋後爲陸渾之戎。”洪亮吉云：“《晉語》：‘狐氏出自唐叔，狐伯行之子，實生重耳。’按：《史記》又云：‘夷吾母，重耳母女弟。’又云：‘秦穆夫人爲太子申生同母女弟。’皆與此《傳》顯違，并不足據。”

晉伐驪戎，驪戎男女以驪姬。

〔疏證〕《周語》：“獻公卜伐驪戎。”《注》：“驪戎，西戎之別在驪山者也，其君男爵，姬姓也。秦曰驪邑，漢高帝徙豐民於驪邑，號曰新豐。”
按：《地理志》：“京兆尹新豐，驪山在南，故驪戎國。”杜《注》從之。沈
欽韓云：“《後漢書·西羌傳》：‘渭南有驪戎。’《水經》：‘戲水又北逕驪
戎城東。’《長安志》：‘麗戎故城在臨潼縣東二十四里，殷、周時麗戎國
城也。’按：驪戎入居此者，蓋幽王之亂所致，非殷、周之舊也。”洪亮吉
云：“按：《莊子·齊物論》：‘麗之姬，艾封人之子也。’麗、艾聲相近。”
按：沈、洪說是也。江永云：“今陝西西安府臨潼縣東二十四里有驪戎城。”
《蓼蕭疏》：“《曲禮》曰：‘其在東夷、北狄、西戎、南蠻，雖大曰子。’
是雖有大者，爵不過子也。大者曰子，小者曰男而已。《左傳》曰‘驪戎，
男’是也。”《堯典》：“女於時。”《傳》：“女，妻也。”《疏》：“《左傳》
稱‘宋雍氏女於鄭莊公’，‘晉伐驪戎，驪戎男女以驪姬’。以女妻人謂之
女，故云‘女，妻’也。”《晉語》：“以妹喜女焉。”《注》：“以女進人曰
女。”《晉世家》：“獻公五年，伐驪戎得驪姬、驪姬弟，俱愛幸之。”

歸，生奚齊。其娣生卓子。

〔疏證〕《晉語》韋《注》：“女子同生謂後生爲娣，於男則言妹也。”
《釋親》：“女子同出，謂先生爲姒，後生爲娣。”郭《注》：“同出謂俱
嫁事一夫。”引《公羊傳》“諸侯娶一國，以姪、娣從”之文以證。韋
《注》、《易》、《爾雅》“同出爲同生”，非也。《晉世家》：“獻公十二年，
驪姬弟生悼子。”《索隱》曰：“《左傳》作‘卓子’。”徐廣曰：“一作倬。”
洪亮吉云：“按：‘悼’‘倬’字形相近，傳寫誤耳。”

驪姬嬖，欲立其子，賂外嬖梁五與東關嬖五，

〔疏證〕杜《注》：“姓梁名五，在閨闥之外者。東關嬖五，別在關塞
者，亦名五。皆大夫，爲獻公所嬖幸，視聽外事。”王引之《經義述聞》
云：“外嬖對內嬖而言。驪姬，內嬖也；二五，外嬖也。‘外嬖’二字，統
二五言之。東關下不當復有‘嬖’字。梁五既稱其姓曰梁，東關五不應
獨略其姓。《廣韻》‘東’字《注》曰：‘漢複姓。《左傳》晉有東關嬖五。’
則東關爲姓矣。既以東關爲姓，則東關下愈不當有‘嬖’字矣。如梁五以
梁爲姓，而謂之‘梁嬖五’可乎？《漢書·古今人表》正作‘東關五’。
韋昭注《晉語》亦曰：‘二五，獻公嬖大夫梁五與東關五也。’是古本無嬖
字之明證。杜《注》皆失之。”按：王說是也。

使言於公曰：“曲沃，君之宗也；蒲與二屈，君之疆也；

〔疏證〕《晉語》韋《注》：“宗，本宗也。曲沃，桓叔之封，先公宗廟在焉，猶西周謂之宗周也。疆，竟也。二屈，有南北，今河東有北屈州也，則是復有南屈。”按：《地理志》：“河東郡有蒲子、北屈二縣。”韋昭彼《注》云：“蒲，今蒲坂；屈，北屈；皆在河東。”沈欽韓云：“《水經注》‘蒲川水南逕蒲城東，即重耳所奔邑也’。《汲郡古文》曰：‘魏襄王三十一年，翟章救鄭，次於南屈。’應劭曰：‘有南故稱北。’《一統志》：‘蒲城在隰州西北，北屈廢縣在吉州東北。’《紀要》：‘東北二十一里。’”是二屈指南屈、北屈也。南屈今地闕。洪亮吉云：“杜《注》‘二當為北’，誤。”文淇案：《晉世家》：“曲沃吾先祖宗廟所在，而蒲邊秦，屈邊狄，不使諸子居之，我懼焉。”所言約與傳同，唯以此為獻公語為異。

“不可以無主。宗邑無主則民不威，疆場無主則啓戎心。戎之生心，民慢其政，國之患也。若使太子主曲沃，而重耳、夷吾主蒲與屈，則可以威民而懼戎，且旌君伐。”

〔疏證〕《晉語》：“請使申生處曲沃以速縣[①]，重耳主蒲城，夷吾主屈，奚齊處絳。”韋《注》：“威，畏也。啓，開也。開戎侵盜之心。晉南有陸渾之戎，蒲接之。北有山戎，二屈接之。旌，章也。伐，功也。”洪亮吉曰：“《晉世家集解》引賈逵云：‘旌，表也。’則賈注此傳當亦同。《廣雅》亦云：‘旌，表也。’杜云：‘旌，章也。’蓋用韋昭《國語注》，下‘伐功’亦同。”按：洪所舉賈《注》，見《僖二十四年傳》“且旌善人”下。

使俱曰：“狄之廣莫，於晉為都。晉之啓土，不亦宜乎？”

〔疏證〕沈欽韓云：“按：此二五於言下，假設眾人夸美之詞，以聳動獻公。說士之常技如此。杜乃謂獻公不決，驪姬復使二五說之，則此三字於文為不辭，且上文語氣亦不了。杜於訓故名物，俱是鈍置。”文淇案：韋昭《國語注》云：“使俱者，使二五同聲也。”是杜說所本。然沈說較長。又彼《注》云：“廣莫，北狄沙漠也，下邑曰都，使如為晉下邑也。啓土，闢竟也。”案：《廣雅·釋詁》：“眇，莫也。”王念孫云：“《眾經音義》引此解之曰：‘言遠視眇莫，不知邊際也。’《楚辭·九章》云：‘路眇眇之默默。’莊二十八年，‘狄之廣莫’。”是廣莫猶廣眇也，非指沙漠。顧炎武云：“杜《解》謂‘遣二公子出，都之’。非也。都者，大邑之名。《隱元年傳》

---

① 林按：原稿眉批：“‘速縣’查。”

曰：‘大都不過參國之一。’是也。以狄地之曠絶，而在晉則爲都，其威遠樹，宜闢土之廣。”如顧説，則都非下邑矣，韋説皆非。

晉侯説之。夏，使太子居曲沃，重耳居蒲城，夷吾居屈。群公子皆鄙。

〔疏證〕《晉世家》：“於是使太子申生居曲沃，公子重耳居蒲，公子夷吾居屈。”《年表》：晉獻公十二年，“太子申生居曲沃，重耳居蒲城，夷吾居屈。驪姬故。”《年表》視《傳》差一年。

唯二姬之子在絳。二五卒與驪姬譖群公子，而立奚齊，晉人謂之“二五耦”。

〔疏證〕《考工記》：“二耜爲耦。”杜《注》據之云：“二耜相耦，廣一尺，共起一伐。言二人俱共墾傷晉室若此。”顧炎武云：“言相比爲奸也。古人共耕曰耦，共射亦曰耦。《僖九年傳》曰：‘耦俱無猜。’此《解》云：‘墾傷晉室’，太巧。”按：顧説是也。《韓非子·八姦篇》：“八姦者，何謂‘在旁’？曰：‘優笑侏儒，左右近習。此人主未命而唯唯，未使而諾諾，先意承旨，觀貌察色，以先主心者也。此皆俱進俱退，皆應皆對，一辭同軌，以移主心者也。’”耦之情狀當如韓非之言。《晉書·王濬傳》：“濬上表曰：‘今臣之信行，未若曾參之著，而讒構沸騰，非爲三夫之對，外内扇助，爲二五之應。’”扇助即耦義。《晉世家》：“獻公與驪姬子奚齊居絳，晉國以此知太子不立也。”

楚令尹子元，欲蠱文夫人，

〔疏證〕《楚語注》：“子元，楚武王子，文王弟，王子善也。”伏曼容《易注》：“蠱，惑亂也。”

爲館于其宮側，而振①《萬》焉。

〔疏證〕鄭玄《禮記注》：“振，動也。”杜本之。又云：“萬，舞也。”沈欽韓云：“《詩·簡兮箋》：‘萬舞，干舞也。’《文王世子》：‘春夏學干戈，秋冬學羽籥。’《注》：‘干戈，萬舞，象武也。羽籥，籥舞，象文也。’殷、周各有萬舞，以象湯、武之武功。《商頌》云：‘萬舞有奕。’《周頌序》云：‘維清奏象舞也。’《箋》云：‘象舞，象用兵時刺伐之舞。’下文夫人

---

① 林按：底本誤作“側”，據楊本改正。

云‘先君以是舞習戎備’，則楚亦自制萬舞。”按：沈説是也。宣八年《公羊傳》“萬舞”，何注以爲象武王以萬人伐紂。

夫人聞之，泣曰：“先君以是舞也，習戎備也。今令尹不尋諸仇讐，而於未亡人之側，不亦異乎？”

〔疏證〕《小爾雅》：“尋，用也。”《御覽》四百八十八引此傳文，“而”下有“置館”二字，是也，各本皆脱。杜云：“婦人既寡，自稱未亡人。”《公羊》宣元年《傳疏》：“初則判合，終成一體。是以寡妻之號，稱未亡人，言其事體先亡，遺餘半在爾。”

御人以告子元。

〔疏證〕杜《注》：“御人，夫人之侍人。”

子元曰：“婦人不忘襲讐，我反忘之。”秋，子元以車六百乘伐鄭，入于桔柣之門。

〔疏證〕《玉篇》：“闉閈，鄭城門。《左傳》作桔柣。”杜云：“此遠郊之門也。”《疏》云：“此已入一門矣。又云‘入自純門’，又是入一門矣。復言‘縣門不發’，則更有一門矣。不發是内城門，則知純門外郭門，桔柣遠郊門也。”顧棟高云：“哀二十七年，晉知伯伐鄭，入南里，門於桔柣之門。則此兩重門皆當在南，所云内城門，當係皇門矣。”

子元、鬬御彊、鬬梧、耿之不比爲斾，

〔疏證〕《世本》：“羋姓。鬬彊生班，因氏焉。”又别文云：“羋姓。若敖生鬬彊，因氏焉。”以兩文核之，則若敖生鬬彊，鬬彊生鬬班。此鬬御彊即鬬彊也。《釋天》：“緇廣充幅，長尋曰旐，繼旐曰斾。”郭《注》：“旐、帛全幅長八尺。斾、帛續旐末爲燕尾者。”本《疏》云：“軍行之次，斾最在先。故《宣十二年傳》稱：‘令尹南轅反斾。’是斾居前，而殿在後也。”

鬬班、王孫游、王孫喜殿。

〔疏證〕《采菽疏》：“軍行在後曰殿，取共鎮重之義。”

众車入自純門，及逵市。

〔疏證〕杜《注》：“純門，鄭外郭門也。逵市，郭内道上市。”《兔

置疏》云："《釋宮》云：'九達謂之逵。'郭璞云：'四道交出，復有旁通者。'《左傳》：'楚伐鄭，入自純門，及逵市。'杜預云：'逵并九軌。'案：《周禮》：'經涂九軌。'不名曰逵。杜意蓋以鄭之城內，不應有九出之道，故以爲并九軌，於《爾雅》則不合也。"案：彼《疏》引杜預說，今見宣十二年注，而引爲此傳注，則此注有脫文矣。逵非九軌，彼《疏》駁杜是也。沈欽韓云："《洛陽伽藍記》：洛陽東面有三門，一門有三道，所謂九逵。"如沈說，則純門亦有三門。

縣門不發。楚言而出。子元曰："鄭有人焉。"

〔疏證〕杜《注》："縣門施於內城門。鄭示楚以閒暇。"《疏》不釋縣門。《襄十年疏》云："編版廣長如門，施關機以縣門上，有寇則發機下之。"按：《淮南子·道應訓》："孔子勁杓國門之關。"《注》："杓，引也，古者縣門下，從上杓引之者，難也。"《墨子·備城篇》云："凡守城之法，備城門爲縣門。機①長二丈，廣八尺，謂之兩相如。"其縣門之制，視彼《疏》略同。朱駿聲云："縣門如今之閘板，發機自上下之。"嚴琪《擷左隨筆》云："襄二十六年，楚子門於師之梁，縣門發。可見鄭講守禦之法，疑每門皆設懸門。蓋即俗所謂閘門也。"

諸侯救鄭，楚師夜遁。鄭人將奔桐丘，

〔疏證〕《水經注》："洧水自鄢陵東逕桐丘。京相璠曰：桐丘，鄭地也。今國無而城見存，西南去許昌故城可三十五里，俗名之曰堤。其城南即長堤，因洧水之北防也。西南桐丘，其城邪長而不方，蓋憑丘之稱，即城之名矣。"沈欽韓云："《一統志》：'桐丘城在陳州府扶溝縣西二十里。'"

諜告曰："楚幕有烏。"乃止。

〔疏證〕杜《注》："諜，間也。"惠棟云："按：《周禮·環人》云：'搏諜賊。'《注》云：'諜賊，反間爲國賊。'郭璞云：'諜，今之細作也。'"《廣雅》："幕，帳也。"

冬，饑。"臧孫辰告糴于齊"，禮也。

〔疏證〕惠棟云："子惠子曰：《周書·糴匡解》：'大荒，君親巡方，

---

① 林按：《墨子》原文"機"前有"沈"字。

卿參告糴。’故《外傳》臧文仲曰：‘國有饑饉。卿出告糴，古之制也。辰也備卿，辰請如齊。’凡稱禮，皆周制也。”沈彤云：“《周禮·大司徒職》：‘大荒、大札，則令邦國移民、通財。’《小行人職》：‘若國凶荒，則令賙委之。’不聞有告糴之禮。《外傳》稱爲古制，其始於西周之衰乎？《周書·糴匡解》蓋亦記衰周之制。”按：沈説是也。

“築郿”，非都也。凡邑，有宗廟先君之主曰都，無曰邑。邑曰築，都曰城。

〔疏證〕此城築例也。《詩疏》引作“邑有先君之廟曰都”。《周禮》《禮記》疏引作“邑有先君之主曰都”，皆文不具。《周禮·都宗人》：“凡都祭祀，致福於國。”《注》：“王子弟則立其祖王之廟。其祭祀，王皆賜禽焉。”《疏》：“《左氏傳》莊二十八年云：‘邑有先君之主曰都。’明天子禮亦然，故知都內王子弟有祖王之廟也。”《家宗人注》：“大夫采地之所祀與都同，若先王之子孫亦有祖廟。”《疏》：“亦如上《都宗人》，但天子與諸侯禮異。諸侯之卿，大夫，同姓，邑有先君之主則曰都，無曰邑。天子之臣，同姓大夫，雖有先君之主，亦曰邑也。”如《禮疏》説，則有宗廟先君之主曰都，其禮爲王子弟及諸侯同姓卿、大夫所同。惟天子之臣同姓大夫異也。其異者以禮殺於王子弟也。《郊特牲疏》引《五經異義》：“左氏説曰：凡邑，有先君之主曰都，以其有先君之主也。公子爲大夫，所食采地，亦自立所自出宗廟，其立先公廟。準禮，公子得祖先君，公孫不得祖諸侯。”則但主諸侯及諸侯之同姓卿大夫言之也。疑《異義》所稱《左氏》説非全文。《小司徒職》：“九夫爲井，四井爲邑，四邑爲丘，四丘爲甸，四甸爲縣，四縣爲都。”杜《注》據之，謂：“宗廟所在，則雖邑曰都，尊之也。言凡邑，則他築非例。”此經《公羊》無説，《穀梁》譏不與民共。唐顧德章《東都神主議》云：“三《傳》異同，《左氏》爲短，何則？當春秋二百年間，魯凡城二十四邑，唯郿一邑稱築，城其二十二邑豈皆宗廟先君之主乎？執此爲建主之端，又非通論。”又云：“謹案：春秋二百四十年間，惟郿一邑稱築，如城郎、費之類，各有所因，或以他防，或以自固。謂之盡有宗廟，理則極非。”顧氏以後世都城之稱，惟繫帝王，未知古都之稱，自天子下達於大夫也，以此疑《傳》，未見其可。《北魏書·韓顯宗傳》：“既定建都。顯宗上書曰：‘按《春秋》之義，有宗廟曰都，無則謂之邑。此不刊之典也。況北代宗廟在焉，山陵託焉，王業所基，聖躬所在。其爲神鄉福地，實亦遠矣。’”亦以稱都爲天子之禮。《出車疏》云：“城是築之別名，《春秋》別大小之例，故城、築異文。散則城、築通。”

〔經〕 二十九年，春，新延良廄。

〔注〕劉、賈云：“言‘新’有故木，言‘作’有新木。延廄不書‘作’，所用之木，非公命也。”本《疏》。

〔疏證〕《廣雅·釋室》：“廄，舍也。”《釋名》：“廄，勼也。勼，聚也。牛、馬之所聚也。”本《疏》謂：“延是廄之名。名之曰延，其義不可知也。”則舊注延、廄無説。杜云：“《傳例》曰：書，不時。言新者，皆舊物不可用，更造之辭。”蓋不用劉、賈説。劉、賈謂延廄不書“作”，《疏》則云：“《傳》言‘新作延廄’，而經無‘作’字。僖二十年‘新作南門’，定二年‘新作雉門及兩觀’，皆言‘新作’。而此獨無‘作’，是作傳之後，轉寫闕文也。而劉、賈云云云。凡諸興造，固當有新，固當有因。今爲《春秋》微義，直記別此門此觀有新木故木，既已鄙近，且材木者，立廄之具也，公命立廄，則眾用皆隨之矣，焉有所用之木非公命也。此爲匠人受命立廄，而盜共其用。豈其然乎?”《疏》蓋以經文有“作”字，故力駁劉、賈之説。洪亮吉謂：“據劉、賈説，則經文缺‘作’字可知。”李貽德云：“《公羊傳》：‘新延廄者何? 修舊也。’修舊則有故木矣。”按：洪、李説是也。《公羊》何《注》云：“繕故曰新，有所增益曰作。”《穀梁傳》：“其言新有故也。”范甯《集解》曰：“言改故而新之。”是二《傳》誼與古《左氏》説同。

夏，鄭人侵許。

秋，有蜚。

〔疏證〕《御覽》九百四十九引作“有蜚”[①]。《後漢書》：“王莽地皇間，蜚蔽天至長安，入未央宫。莽發吏捕之。於是天下大亂，尋而莽敗見殺。”字亦作“蜰”，今二《傳》皆作“蜚”，則《左氏》古文或作“蜰”。《釋蟲》：“蜚，蠦蜰。”舍人、李巡注皆云：“蜚蠦，一名蜰。”郭《注》：“蜰，即臭蟲負盤。”《廣雅》：“負盤，蠟也。”《説文》云：“蠜，昌蠜也。蜰，盧蜰也。”蠜、盤一聲之轉，是一物三名。蜚、蜰乃異文。《五行志》：“劉歆以爲負蠜也。性不食穀。食穀爲災，介蟲之孽。劉向以爲蜚色青，近青眚也，非中國所有。南越盛暑，男女同川澤，淫風所生，爲蟲臭惡。時公娶淫女作夫人。”按：《穀梁集解》引《穀梁》説曰：“蜚者南方臭惡之氣

---

① 林按：原稿眉批：“查《廣雅·釋蟲》。歆説非爲注。”

所生也。"劉子政所稱爲《穀梁》説，與歆異。

冬，十有二月，紀叔姬卒。

城諸及防。

〔注〕賈云："言'及'，先後之辭。"本《疏》

〔疏證〕《地理志》："琅琊郡，諸。"沈欽韓云："《一統志》：'諸縣故城，在青州府諸城縣西南三十里。'"杜不注"及"義。《疏》云："此言'城諸及防'。文十二年，'城諸及鄆'。定十四年，'城莒父及霄'。《襄十年傳》'晉師城梧及制'，同時城二邑者皆言'及'。《穀梁傳》曰：'以大及小也。'何休云：'諸，君邑。防，臣邑。言及，別君臣之義。'賈逵云：'言及，先後之辭。'杜不爲注先後之辭是也。"按：二《傳》説"及"異於賈。賈所稱爲古《左氏》義也。

〔傳〕 二十九年，春，新作延廐。書，不時也。

凡馬日中而出，日中而入。

〔疏證〕此馬出入例也。杜《注》："日中，春秋分也。治廐當以秋分，因馬向入而修之。今以春作，故曰不時。"《疏》引《釋例》曰："春、秋分而晝、夜等，謂之日中。凡馬，春分百草始繁，則牧於坰野。秋分農功始藏，水寒草枯，則皆還廐。此周典之制也。今春而作廐，已失民時，又違馬節，故曰'書，不時也'。"按：《圉師》："春除蓐，釁廐。"《注》："蓐，馬茲也。馬既出而除之，新釁焉，神之也。《春秋傳》曰：'凡馬日中而出，日中而入。'"《疏》："《左氏》莊二十九年'新延廐。書，不時也'。延廐當於馬出時，故云：'凡馬日中而出，日中而入。'謂春分、秋分時，今之孟春新延廐，故云不時也。"《周禮》正謂春出馬治廐。鄭謂馬既出而除之，除即新也。彼《疏》云"孟春不時"，則治廐當在仲春矣。二至、二分皆在仲月。杜謂秋分馬入修廐，并非周典。又據彼《疏》，則《傳》止稱新延廐，無"作"字也。

"夏，鄭人侵許。"

凡師有鐘、鼓曰伐，

〔疏證〕此師行例也。杜《注》："聲其罪。"《大司馬》："賊賢害民則伐之，負固不服則侵之。"《疏》："按：《春秋公羊》《左氏》説，凡征戰有六等，謂侵、戰、伐、圍、入、滅。用兵麤觕，不聲鐘鼓，入境而已，謂之侵。侵而不服則戰之，謂兩陣交刃。戰而不服則伐，謂用兵精而聲鐘鼓。伐而不服則圍之，謂匝其四郭。圍而不服則入之，謂入其四郭，取人民不有其地。入而不服則滅之，謂取其君。”彼《疏》舉征戰之例六，皆本《傳例》引申之。戰、圍、滅、入例別見。

無曰侵，

〔疏證〕杜云：“鐘、鼓無聲。”即《禮疏》所謂“不聲鐘、鼓”也。杜用古《左氏》説。

輕曰襲。

〔疏證〕杜云：“掩其不備。”《疏》云：“襲者，重衣之名。若被衣然。”義殊迂曲。此侵、襲皆蒙有鐘、鼓之文，謂鐘、鼓聲輕耳。《周禮》九伐不及襲者，義統於侵。《疏》：“謂天子討罪，無掩襲之事，唯侵伐二名，與禮合。”

“秋，有蜚”，爲災也。凡物不爲災，不書。

〔疏證〕此災異例也。

冬，十二月，“城諸及防”，書，時也。凡土功，龍見而畢務，戒事也。

〔疏證〕此以下土功例也。《吕覽·季夏紀》：“不可以興土功。”《注》：“土功，築臺、穿池。合諸侯、造盟會也①。”《釋例》以土地專屬都邑非古誼。韋昭《國語注》：“辰角，大辰蒼龍之角。角者，星名也。見者，朝見東方，寒露節也。”杜《注》：“謂今九月，周十一月，龍星角、亢晨見東方。”蓋用韋説。《月令》：“季秋之月，日在房。”《律曆志》：“角十二，亢九，氐十五。”自角之初至房初三十六度。《説文》：“戒，警也。”本《疏》：“戒，謂令語之也。”

火見而致用②，

〔疏證〕杜《注》：“大火，心星，次角亢。”《月令》：“孟冬之月，日

---

① 科學本注：以上七字衍。

② 林按：原稿眉批：“火添釋。”

在尾。"《律曆志》："心五、尾十八。"自心初至於尾末二十三度。《淮南·天文訓》："故五月火正而水漏。"《注》："火正，火王也，故水滲漏。一説火星正中地。漏，濕也。"一説乃《左氏》説。

水昏正而栽，

〔疏證〕蔡邕《月令章句》引《傳》曰："水昏正而栽築。"惠棟曰："水即營室也。昏正者，昏中也。栽築者，栽木而始築也。"按：杜《注》："謂今十月，定星昏而中。"《釋天》："營室謂之定"，"定之方中。"鄭《箋》云："定星昏中而正，謂小雪時。"《周語》："營室之中，土功其始。"《注》："定謂之營室，謂建亥小雪之中。定星昏正於午，土功可以始也。"杜《注》用鄭、韋説，皆以水昏正在十月也。《周禮·天官》："辨方正位。"《疏》："案：《左氏》莊公傳云：'水昏正而栽。'知是十月始興土功。今《召誥》于三月爲洛邑者，《左傳》用十月，是尋常法。今建王城，遠述先君之志，是興作大事，不可以常法難之也。"《定之方中疏》云："'凡土功水昏正而栽，日至而畢'，則冬至以前皆爲土功之時。《箋》言定星中，小雪時，舉其常期耳。然則《左傳》所云，乃是正禮。而《召誥》於三月之下，營洛邑之事，於周之三月起土功，不依禮之常時者。《鄭志》答趙商云：'《傳》所言者，謂庸時也。周、召之作洛邑，因欲觀衆殷樂之與否。'則由欲觀民之意，故不依常時也。"《詩疏》與《禮疏》略同，皆以水昏正而栽爲正禮。《鄭志》稱《傳》所言，即此《傳》也。《淮南·天文訓》："十一月水正而陰勝。"《注》："水正，水王也，故陰盛也。一説營室正中於南方。"一説乃《左氏》説。《説文》："栽，築牆長板。"

日至而畢。

〔疏證〕杜《注》："日南至，微陽始動，故土功息。"

樊皮叛王。

〔疏證〕杜《注》："樊皮，周大夫。樊，其采邑。皮，名。"洪亮吉云："《郡國志》：河内修武有陽樊。服虔云：'樊，仲山之所居，故名陽樊。'按：漢鄧縣地亦有古樊城。樂史引郭仲産、摯虞等記云：'樊本仲山甫之國，即今襄陽樊城也。與南虢相去亦近。'"按：此樊即隱十一年王與鄭十二邑之一。服不以爲鄧縣之樊也。洪説非。

〔經〕 三十年，春，王正月。

夏，次于成。無《傳》。

〔疏證〕《公》《穀》作“師次於成”。《傳例》：“過信爲次。”此《經》當有佚字。杜謂：“將卑師少，故直言次。”非《傳例》所有。

秋，七月，齊人降鄣。無《傳》。

〔注〕劉、賈以爲“鄣，紀之遺邑”。本《疏》。

〔疏證〕二《傳》云：“鄣，紀之遺邑。”《説文》：“鄣，紀邑也。”即用賈説。杜《注》：“鄣，紀附庸國。東平無鹽縣東北有鄣城。”段玉裁《説文注》云：“東平距紀大遠，非許意也。古紀國在今青州府壽光縣西南三十里，紀城鄣邑當附近，即昭十九年《左傳》之紀鄣也。紀鄣者，本紀國之鄣邑，猶《齊語》紀鄭也。杜云：‘紀鄣在東海贛榆。’是也。莊三十年之鄣即此。杜分爲兩地，非。今江蘇海州贛榆縣北七十五里有故紀鄣城，亦曰紀城。”①案：段説是也。洪亮吉云：“紀在春秋時甚微，疑不得有附庸國。又紀侯去國至此已二十七年，不得有附庸獨存。杜《注》蓋非也。”文淇案：《釋例》云：“計紀侯去國至此二十七年。紀侯猶不堪齊而去，則邑不得獨存。此蓋附庸小國若邦、鄆者也。”洪氏用杜語以駁杜，不足以折杜。

八月，癸亥，葬紀叔姬。無《傳》。

九月，庚午，朔，日有食之。

〔疏證〕《五行志》：“劉歆以爲八月秦、周分。”臧壽恭云：“案：是年入甲申統九百七十九年，積月一萬二千一百八，閏餘十三，正小雪。閏在十一月後。積日三十五萬七千五百五十九，小餘五十七，大餘十九。正月癸卯朔，大，小餘十九。二月癸酉朔，小，小餘六十二。三月壬寅朔，大，小餘二十四。四月壬申朔，小，小餘六十七。五月辛丑朔，大，小餘二十九。六月辛未朔，小，小餘七十二。七月庚子朔，大，小餘三十四。八月庚午朔，又置上積日，加積日二百七，以統法乘之，以十九乘小餘三十四，并之，滿周天除去之，餘二十八萬七千四十。滿統法而一，得積度一百八十六度，餘七百八十六，命如法，合辰鬼二度，去柳二度。《淮

---

① 林按：原稿眉批：“紀境不得至今海州，查。”

南·天文訓》以東井、輿鬼爲秦之分野，以柳、七星、張爲周之分野，故曰周、秦分。”

鼓、用牲于社。無《傳》①。

冬，公及齊侯遇于魯濟。

〔疏證〕《釋例》曰：“濟水自滎陽卷縣東經陳留至濟陰，北經高平至濟北，東北經濟南至博昌縣入海。”沈欽韓云：“《水經注》：‘濟水東至乘氏縣西，分爲二，其一水東南流，其一水從縣東北流，南爲菏水，北爲濟瀆。東南流者菏水，分濟於定陶東北。又東南逕乘氏縣故城南，又東過昌邑縣北，又東過金鄉縣南，又東過東緡縣北，又東過方與縣北，又東過湖陸縣南，東入於泗水。’按：此菏水雖亦兼濟水之名，非《春秋》所謂濟也。‘其東北流者，入鉅野澤，逕乘氏縣，與濟渠、濮渠合，又北，右合洪水，又東北過壽張縣西界安民亭南，汶水注之，所謂清口也。又北過須昌縣西，又北過臨邑縣東，又北逕平陰城西’。自穀城以下，皆齊之濟矣。”馬宗璉曰：“《水經·濟水注》：‘濟水北逕微鄉，又北逕清亭東，又北過穀城西，又北逕周首亭西。’魯濟并在微鄉、清亭之間。微即莊二十八年冬所築郿也，清即公及宋公遇於清是也。此皆魯地濟水所經，故謂之魯濟。若過穀城，則謂之齊濟。”右皆詳魯濟水所經，馬説尤密矣。胡渭《禹貢錐指》曰②：“以今輿地言之，自東平會汶以下，東阿、平陰、長清、齊河、歷城、章丘、鄒平、長山、新城、高苑、博興、樂安諸縣界中，皆《禹貢》濟水入海所經也。”

齊人伐山戎。

〔注〕服云：“山戎，北狄，蓋今之鮮卑③也。”

〔疏證〕杜《注》：“山戎，北狄。”用服説。沈欽韓云：“《齊世家》：‘北伐山戎、離支、孤竹。’《管子·小問篇》：‘桓公北伐孤竹，未至卑耳之谿十里。’《韓非·説林上》：‘管仲、隰朋從於桓公而伐孤竹。’統上論之，皆即此年之役也。《方輿紀要》：‘永平府春秋時爲山戎、肥子二國地。令支城在府東北。’離支即令支之譌也。‘孤竹城在府南十五里。今古蹟已

---

① 林按：底本脱此句，據楊本增補。
② 科學本注：抄本眉批：“胡渭説删。”
③ 科學本注：抄本眉批：“鮮卑今地宜考。”

不可考。城或後人所築，而冠以故名云。'"按：沈説是也。《漢書·匈奴傳》："秦襄公伐戎至郊，始列爲諸侯。後六十五年而山戎越燕而伐齊。後四十四年而山戎伐燕。燕告急，齊桓公北伐山戎，山戎走。"

〔傳〕 三十年，春，王命虢公討樊皮。夏，四月，丙辰，虢公入樊，執樊仲皮歸于京師。

〔疏證〕杜無注。樊仲皮即樊皮也，此虢當是西虢。

楚公子元歸自伐鄭，而處王宮，

鬬射師諫，則執而梏之。

〔注〕服云："射師，若敖子鬬班也。"本《疏》。

〔疏證〕杜《注》："射師，鬬廉也。"《疏》云："杜此注與《譜》并以射師與鬬廉爲一人，不知何據也。服虔云：'射師，若敖子鬬班也。'射師被梏，不言舍之，何以得殺子元也？知射師與班必非一人也。杜《譜》以爲鬬射師，若敖子；鬬班，若敖孫。"李貽德云："子元伐鄭，《傳》在二十八年。歸處王宮，而射師諫之，當在是時。越至三十年秋，始殺子元，將及兩稘矣，豈猶梏而不舍乎？《傳》叙執梏事於此。以見子元見殺之由，非一時事也。其間不書'舍之'，蓋《傳》所略也。烏見殺子元者必非鬬班乎？"按：李説是也。《疏》謂："杜注射師、鬬廉爲一人，不知何據。"則《疏》知杜説無顯證矣。杜解"梏"云："足曰桎，手曰梏。"按：《掌囚》："上罪梏拲而桎，中罪桎梏，下罪梏。"《注》："鄭司農云：'拲者，兩手共一木也。桎梏者，兩手各一木也。'玄謂在手曰梏，在足曰桎。"杜用後鄭説。則先鄭注此《傳》，説或異也。《説文》："桎，足械也；梏，手械也。"與後鄭説同。《周禮疏》："以桎與梏同在手，則不可，故後鄭不從。"《襄六年傳》："以弓梏弱於朝。"弓梏則在手審矣。

秋，申公鬬班殺子元。

鬬穀於菟爲令尹，自毁其家，以紓楚國之難。

〔疏證〕杜《注》："鬬穀於菟，令尹子文也。"《漢書·叙傳》作"穀於檡"。洪亮吉云："《廣雅》：'毁，虧也。'杜《注》訓'減'，義亦同。俗本譌作'滅'。非。"《説文》："紓，緩也。"《廣雅·釋詁》："紓、挐，解也。"王念孫云："《方言》：'抒、㾓，解也。'莊三十年《左傳》'紓楚國之難'，紓與抒同，亦作舒。"

冬，“遇于魯濟”，謀山戎也，以其病燕故也。

〔疏證〕《地理志》：“廣陽國薊，故燕國。”江永云：“按：此北燕。今京城東偏，即其地也。”顧棟高云：“今直隸順天府大興縣是。”《年表》：“齊桓公二十三年伐山戎，爲燕也。”

〔經〕 三十有一年，春，築臺于郎。無《傳》。

〔疏證〕杜無注。江永云：“此郎當爲隱九年‘近魯郊’之郎。此郎臺，據《公羊傳》即泉臺。文十六年：‘有蛇自泉宮入於國，如先君之數。因聲姜薨，毀泉臺。’《公羊》云：‘泉臺者，郎臺也。未成爲郎臺，既成爲泉臺。’是郎臺即泉臺也。蛇自泉宮出而入國，則泉宮在郎，其地近國都可知。”

夏，四月，薛伯卒。無《傳》。

〔疏證〕杜《注》：“未同盟。”

築臺于薛。無《傳》。

〔疏證〕杜《注》：“薛，魯地。”沈欽韓云：“此在齊境內。《方輿紀要》：‘薛陵城在東平州陽穀縣西南。《史記·齊世家》：“威王七年，衛伐我，取薛陵。”又威王語阿大夫：“衛取薛陵，子不知。”蓋其地與阿近。’按：以下文‘築臺於秦’例之，莊公侈心遠略，必非滕縣之薛城也。”

六月，齊侯來獻戎捷。

〔疏證〕《玉府》：“凡王之獻金玉。”《注》：“古者致物於人，尊之則曰獻，通行則曰饋。《春秋》曰‘齊侯來獻戎捷’，尊魯也。”《疏》：“三《傳》皆不解獻義，今鄭引者，以齊大於魯，言來獻，明尊之則曰獻。未必要卑者於尊乃得言獻。”此鄭說經義存於《禮注》者。彼《疏》引申得鄭義矣。《傳》言“非禮”，止斥諸侯不相遺俘，非以斥獻。杜《注》：“獻，奉上之辭。齊侯以獻捷禮來，故書以示過。”非也。《疏》引《釋例》：“齊侯失辭稱獻。”亦誤。《説文》：“捷，獵也，軍獲得也。”《疏》云：“戰勝而有獲，獻其所獲。故以捷爲獲也。”“《春秋傳》曰：‘齊人來獻戎捷。’”臧壽恭云：“案：《公》《穀》經及杜注《左氏》經，皆作‘齊侯’，而許獨引作‘齊人’。蓋許君親從賈逵受古學，所據者乃賈氏經也。賈、服之例，凡《傳》言‘諸侯’而《經》書‘人’者皆是貶。此《傳》云‘齊侯來獻

戎捷，非禮也’，則《經》當書‘人’。故知許君所引乃賈經，非字之誤
也。”

秋，築臺于秦。<small>無《傳》。</small>

〔疏證〕《郡國志》：“東平國范有秦亭。”沈欽韓云：“《水經注》：‘河
水又東北逕范縣之秦亭西。《春秋》書築臺於秦者也。’《一統志》：‘古秦
亭在曹州府范縣南三里。’”

冬，不雨。

〔疏證〕《五行志》：“劉歆以爲是歲一年而三築臺，奢侈不恤民。”

〔傳〕 **三十一年，夏，六月，“齊侯來獻戎捷”，非禮也。凡諸
侯有四夷之功，則獻于王，王以警于夷。中國則否，諸侯不相遺
俘。**

〔疏證〕此獻捷例也。“諸侯不相遺俘”，謂諸侯伐人國不遺俘也。《襄
八年傳》：“鄭伯獻捷於會。”又曰：“獲司馬燮，獻於邢丘。”是遺俘之事，
亦非禮也。杜《注》：“雖夷狄俘，猶不以相遺。”未得《傳》義。

〔經〕 **三十有二年，春，城小穀。**

〔注〕賈云：“不繫齊者，世其祿。”本《疏》。

〔疏證〕《郡國志》：“東郡穀城，春秋時小穀。”沈欽韓云：“《水經
注》：‘濟水側岸有尹卯壘，南去魚山四十許里，是穀城縣界。故春秋之
小穀城。’《一統志》：‘今泰安府東阿縣治。’”按：《穀梁》云魯邑。顧炎
武云：“《春秋》有言穀不言小者。莊二十三年，‘公及齊侯遇於穀’。僖
二十六年，‘公以楚師伐齊，取穀’。文十七年，‘公及齊侯盟於穀’。成
五年，‘叔孫僑如會晉荀首於穀’。四書‘穀’而一書‘小穀’，別於穀也。
又《昭十一年傳》曰：‘齊桓公城穀而寘管仲焉，至於今賴之。’則知《春
秋》四書之‘穀’及管仲所封，在濟北穀城。而此之小穀，自爲魯邑爾。
況其時齊桓始霸，管仲之功尚未見於天下，豈遽勤諸侯以城其私邑哉？”
孫志祖云：“《春秋》之言穀者，除炎武所引外，尚有宣十四年，‘公孫歸
父會齊侯於穀’。襄十九年，‘晉士匄侵齊至穀’。又成十七年，‘齊國佐
殺慶克以，穀叛’。則齊地之名穀，而不名小穀也灼然矣。小穀應屬魯邑。
《左氏》不應謬誤若此。後讀《公羊疏》云：‘二《傳》作小穀，與《左

氏》異。'始悟《左氏》經本作'城穀'。此與申無宇所言'齊桓公城穀而實管仲焉'語正合。故杜《注》云'齊邑',又引'濟北穀城縣中有管仲井'以實之。今經傳及注俱作小穀者,乃後人據二《傳》之文,而誤加之《左氏》也。"文淇案:孫說是也。臧壽恭亦據《公羊疏》,謂《左氏》當作"城穀",而謂:"今本作'城小穀',乃杜氏改從二《傳》",非。《管子·大匡篇》:"吳人伐穀。桓公告諸侯未徧。諸侯之師竭至,以待桓公。"《注》:"穀,齊之下都,後以封管仲。"若魯之小穀,在曲阜,《圖經》"曲阜西北有小穀城"。桂馥云:"《水經注》所稱小城,正在曲阜西北。漢以項羽頭示魯人,而葬羽於小穀,其地去魯城當不遠。"賈氏謂"不繫齊",則賈亦以穀為齊邑。杜《注》:"大都以名通者,則不繫國。"蓋不用賈說。《疏》引吳滅州來、晉滅下陽為比,又駁賈說云:"然則彼不繫者,豈皆世其祿乎?"李貽德云:"如溫、原皆世祿之邑。《傳》稱'取溫之麥',及'晉人伐原',未嘗繫於周也。"

夏,宋公、齊侯遇于梁丘。

〔疏證〕《郡國志》:"山陽郡昌邑有梁丘城。"沈欽韓云:"《水經注》:'菏水東北逕梁丘城西。'《一統志》:'梁丘城在曹州府城武縣東北二十五里,與金鄉縣接界。'"

秋,七月,癸巳,公子牙卒。

〔疏證〕杜《注》:"牙,慶父同母弟僖叔也。"案:牙非慶父同母弟,詳隱元年、閔元年《疏證》。

八月,癸亥,公薨于路寢。

〔疏證〕《宮人》:"掌六寢之脩。"《注》:"六寢者,路寢一,小寢五,路寢以治事,小寢以時燕息焉。《春秋》書莊公薨於路寢,僖公薨於小寢,是則人君非一寢明矣。"《疏》:"天子六寢,則諸侯當三寢,亦路寢一、燕寢一、側室一。《內則》所云是也。"《喪大記》:"君夫人卒於正寢。"《疏》:"諸侯三寢,一正者曰路寢,餘二曰小寢。卒歸於正,故在路寢也。"莊二十三年,《公羊傳》何休《注》云:"天子諸侯皆有三寢,一曰高寢,二曰路寢,三曰小寢。孫從王父之寢。"案:《周禮》:"掌王之六寢之脩。"何休云:"天子三寢。"與《周禮》違,不可用。依《禮疏》,諸侯得有三寢,《左氏》古說,寢名當異於《公羊》。今無以考。杜《注》:"路寢,正寢也。"

冬，十月，己未，子般卒。

〔疏證〕“己未”，二《傳》作“乙未”①。《通典·凶禮十五》引“《五經異義》曰：‘未踰年之君，立廟不？《春秋公羊》説云：“未踰年，君有子，則書葬、立廟；無子，則不書葬，恩無所録也。”《左氏》説云：“臣之奉君，悉心盡恩，不得緣君父有子，則爲立廟；無子，則廢也。”或議曰。許君案：禮云：“臣不殤君，子不殤父。”君無子而不爲立廟，是背義棄禮，罪之大者也。’鄭玄駁云：‘未踰年君者，魯子般、子惡是也，皆不書公。書卒弗謚，不成於君也。廟者當序於昭穆，不成於君，則何廟之立？凡無廟者，爲壇祭之。近漢諸幼少之帝，尚皆不廟祭，而祭於陵。云罪之重者，此何故不罪？殤者，十九向下。未踰年之君未必未冠，引殤欲以何明也？’”案：《異義》所引《公羊》説，與莊三十二年《公羊傳》同。彼《傳》謂：“有子則廟，廟則書葬；無子則不廟，不廟則不書葬。”如《左氏》説則無子亦得立廟也。《或議曰》下有脱文。許君用《左氏》説，鄭主不立廟，用《公羊》説。

公子慶父如齊。 無《傳》。

狄伐邢。 無《傳》。

〔疏證〕《地理志》：“趙國襄國，故邢。”梁履繩云：“今直隸順德府邢臺縣。”

〔傳〕 **三十二年，春，城小穀，爲管仲也。**

齊侯爲楚伐鄭之故，請會於諸侯。

〔疏證〕《二十八年經》：“秋，荊伐鄭。”

宋公請先，見于齊侯。夏，遇于梁丘。

秋，七月，有神降于莘。

〔疏證〕韋昭《周語注》：“降，下也。下者，言自上而下，有聲象以接人。莘，虢地。”杜《注》：“有神聲以接人。莘，虢地。”蓋用韋説。《疏》引吳孫權時，有神自稱王表事。按：《晉書·張祚傳》：“時有神降於玄武殿，自稱玄冥，與人交語。祚日夜祈之，神言與之福利。祚甚信之。”《載

---

① 科學本注：抄本眉批：“查己乙之異，增説。”

記·慕容廆傳》：“曾孫暉，政無綱紀。有神降於鄴，曰湘女，有聲，與人相接，數日而去。後苻堅遣將伐鄴，禽暉。”皆神降之事，神自稱其名也。《北齊書·文苑傳》：“樊遜字孝謙，制詔問禍福報應。孝謙對曰：‘造化之理，既寂寞而無傳。報應之來，固難得而妄設。但秦穆有道，勾芒錫祥；虢公凉德，蓐收降禍。’”是舊説以神爲蓐收也。《周語》謂丹朱之神，與舊説異。沈欽韓云：“《方輿紀要》：‘莘原在陝川廢硤石縣，莊三十二年“有神降於莘”，即此。’”

惠王問諸内史過曰：“是何故也？”

〔疏證〕韋昭《國語注》：“内史，周大夫；過，其名。掌爵禄廢置，及策命諸侯、孤、卿、大夫。故，事也。”

對曰：“國之將興，明神降之，監其德也；將亡，神又降之，觀其惡也。故有得神以興，亦有以亡，虞、夏、商、周皆有之。”

〔注〕服云：“虞舜：祖考來格，鳳皇來儀，百獸率舞。”本《疏》。

〔疏證〕《後漢書·楊賜傳》：“光和元年，有虹蜺晝降於嘉德殿前。賜乃書對曰：‘臣聞之經傳，或得神以昌，或得神以亡。國家休明，則鑒其德；邪僻昏亂，則視其禍。’”《注》引《詩》“國之將興”六句，賜所述爲古義也。《周語》：“内史過曰：‘夏之興也，融降於崇山；其亡也，回禄信於聆隧。商之興也，檮杌次於丕山；其亡也，夷羊在牧。周之興也，鸑鷟鳴於岐山；其衰也，杜伯射宣王於鎬。’”《正義》據以釋傳。又云：“是夏、商、周之所有也，其虞則《國語》不言焉，未知其所謂也。”又引服説，駁之云：“案《虞書》，夔説舜樂所致，非神降也。必其傅會《尚書》，以爲得神以興，則虞舜得神以亡者，又安在也？”服氏此注，不完其説，夏、商、周疑亦用《國語》，“祖考來格”以下，《益稷》文，服意以“來格”當舜時神降之事。鳳凰百獸，隨文徵引，無關宏旨，傳文“皆有”亦爲統辭，不必求一，舜得神以亡事實之。

王曰：“若之何？”對曰：“以其物享焉，其至之日，亦其物也。”

〔疏證〕馬融《易傳》：“享，祭也。”杜《注》用之。又云：“若以甲乙日至，祭先脾，玉用蒼，服上青，以此類祭之。”按：上“其物”，讀如“與吾同物”之物，物謂日辰也。下“物”字謂牲玉之屬①。《北史·崔浩

---

① 科學本注：抄本眉批：“物義歧，酌。”

傳》："初，姚興死之前歲，太史奏熒惑在匏瓜星中，一夜忽然忘失，不知
所在。或謂下入危亡之國，將爲童謠妖言，而後行其災禍。帝乃召諸碩儒
與史官，求其所詣。浩對曰：'案《春秋左氏傳》說："神降於莘，其至
之日，各其物也。"請以日辰推之。庚午之夕，辛未之朝，天有陰雲。熒
惑之亡，當在此二日之内。庚與午皆主於秦，辛爲西夷。今姚興據咸陽，
是熒惑入秦矣。'"浩引《左氏傳》，"亦其物也"作"各其物也"，此異
文，謂各以其日星辰之物也。杜《注》用舊說，而未明顯。

王從之。内史過往，聞虢請命，

〔疏證〕《周語》："王使太宰忌父帥傅氏及祝、史奉犧牲玉鬯往獻焉，
内史過從至虢。"《注》："從，從太宰而往也。内史不掌祭祀，王以其賢，
使聽之。"杜《注》："聞虢請於神，求賜土田之命。"

反曰："虢必亡矣。虐而聽於神。"神居莘六月。

〔疏證〕本《疏》云："《國語》稱惠王十五年，神降於莘。《年表》：
惠王元年是魯莊公之十八年，則此年惠王十五年也。上云七月神降，則今
年七月降也。居莘六月，虢公使祝史享焉，則今年十二月也。内史過往，
已聞虢請命，則過至虢亦十二月也。《傳》先說王事使了，後論虢事，以
終内史之言，故文倒耳。"

虢公使祝應、宗區、史嚚享焉。神賜之土田。

〔疏證〕杜《注》："祝，太祝；宗，宗人；史，太史。應、區、嚚皆
名。"《五行志》："谷永曰：'昔虢公爲無道。有神降曰："賜爾土田。"言
將以庶人受土田也。諸侯夢得土田，爲失國之祥，而況王者畜私田財物爲
庶人之事乎？'"依谷氏說，是賜土田爲神語。

史嚚曰："虢其亡乎！吾聞之：國將興，聽于民；將亡，聽于神。神，聰明正直而壹者也，依人而行。

〔疏證〕本《疏》云："《國語》曰：'耳目，心之樞機也。故必聽和
而視正，聽和則聰，視正則明。'然則所謂聰明者，不聽淫辭，不視邪人
之謂也。《襄七年傳》曰：'正直爲正，正曲爲直。'言正者能自正，直者
能正人，曲而壹者言，其一心不二意也。依人而行，謂善則就之，惡則去
之。"

"虢多涼德，其何土之能得！"

〔疏證〕惠棟云："涼者，薄之別名。《説文》曰：'《爾雅》："㥦，薄也。"從氼京聲。'《廣雅》曰：'㥦，薄也。'曹憲曰：'良音。世人作㥦褲之㥦，水傍著京，失之矣。'褲即薄字。郭忠恕《汗簡》云：'㥦，力向切，見古《爾雅》。'"按：《説文》所引《爾雅》，今本無之。洪亮吉謂："㥦、涼，容古字假借也。"

初，公築臺，臨黨氏，

〔注〕賈云："黨氏，魯大夫，任姓。"《魯世家集解》。

〔疏證〕《魯世家》："初，莊公築臺，臨黨氏。"杜用賈説。沈欽韓云："《寰宇記》：'莊公臺在兗州曲阜縣西北二里。'賈昌朝《群經音辨》云：'黨，五百家，多莽切。黨氏，諸兩切。'郭忠恕《佩觿》云：'黨氏之黨，音之仰反，與鄉黨字別。'"文淇案：《釋文》："黨音掌。"朱駿聲云："案：即仉氏也。仉者爪字之俗，以掌爲爪，復以黨爲掌，皆同聲通借字也。"李貽德云："本字當作爪。《説文》：'爪亦乿也。'孟子母仉氏，仉即爪之異文。是魯有爪氏矣。黨，假借字也。知爲任姓者，以下云'見孟任'也。"

見孟任，

〔注〕賈云："黨氏之女。"《魯世家集解》。

〔疏證〕《魯世家》作"見孟女"，杜用賈説。《索隱》云："孟，長；任，字也，非姓。"不用賈説。梁履繩云："襄二十九年有黨叔，是其後也。《索隱》以任爲孟女之字，誤已。"

從之。

〔注〕賈云："從之，言欲與通也。"本《疏》。

〔疏證〕杜無注。《魯世家》："説而愛之。"

閟。

〔疏證〕杜《注》云："閟不從公。"未説閟字之義。《説文》："閟，閉門也。《春秋傳》曰：'閟門而與之言。'"《閟宫傳》："閟，閉。"《疏》："莊三十二年《左傳》稱'公見孟任，從之，閟'，謂閉户拒公，故閟爲閉也。"是舊説閟爲拒户也。

而以“夫人”言，許之。

〔疏證〕顧炎武云：“‘以夫人言’爲句，公語以立之爲夫人也，‘許之’，孟任許公也。”文淇案：顧説是也。杜《注》云：“許以爲夫人。”是謂孟任要立爲夫人，而公許之也，於情事不合。《魯世家》：“許立爲夫人。”約傳文而失其義。

割臂盟公。生子般焉。

〔注〕服云：“割其臂以與公盟。”《魯世家集解》。

〔疏證〕杜無注。《何人斯正義》：“盟者，人君用牛。此大事正禮所當用者耳。若臨時假用其禮者，不必有牲，故《左傳》孟任割臂以盟莊公。華元入楚師，登子反之牀，子反懼而與之盟，皆無牲也。”沈欽韓云：“《淮南·齊俗訓》：‘越人契臂。’高誘《注》：‘刻臂出血。’《列子》釋文引許慎《注》：‘契，刻臂出血。’”則割臂猶契臂也。《魯世家》：“割臂以盟，孟女生子斑。”斑、般異文。

雩，講于梁氏，女公子觀之。

〔疏證〕杜《注》：“雩，祭天也。講，肄也。”《水經注》：“稷門亦曰雩門，門南隔水有雩壇，壇高三丈。”沈欽韓云：“《方輿紀要》：‘魯雩壇在曲阜城東南二里，引龜山水爲池，至壇西曰雩水。雩水亦入嵫陽縣，注於泗水。’此蓋上年不雨，禱雨之祭，不必爲祭天也。《大宗伯職》：‘凡祀大神，治其大禮。’《注》：‘治猶簡習也，豫簡習大禮。’又《小宗伯職》：‘肄儀爲位。’《注》：‘肄，習也。若今時肄司徒府也。’《漢書·楊惲傳》：‘太僕戴長樂嘗使行事肄宗廟。’蓋長樂奉詔率百官肄丞相府也。”按：沈説是也。“雩，講於梁氏”，猶言習雩禮於梁氏矣。杜《注》：“梁氏，魯大夫。”洪亮吉云：“梁氏蓋居近雩門，故於此講肄也。《史記》曰：‘班長，説梁氏女。往觀，圉人犖自牆外與梁氏女戲，班怒，鞭犖。’《左傳》‘女公子’句，疑有脱文。杜《注》云：‘女公子，般妹。’亦屬臆解。《史記》所載似近情理，且女公子之稱，別無所見也。”[1]

圉人犖自牆外與之戲。

〔注〕服云：“圉人，掌養馬者，犖其名也。”《魯世家集解》。

〔疏證〕《公羊》作“僕人鄧扈樂”。惠士奇云：“圉，猶扈也，文異義同。”按：《抱樸子·疾謬》“扈舉之變”，舉、樂音亦同也。杜用服説。《楚語》：“魯圉人举殺子般於次。”《注》：“圉人，養馬者也。”本《疏》云：“《周禮·圉人》：‘掌養馬芻牧之事。’《昭七年傳》：‘馬有圉，牛有牧。’”

子般怒，使鞭之。公曰：“不如殺之，是不可鞭。犖有力焉，能投蓋於稷門。”

〔注〕服云：“能投千鈞之重，過門之上也。”《水經·泗水注》。

〔疏證〕《魯世家》：“斑怒鞭犖。莊公聞之曰：‘犖有力焉，遂殺之，是未可鞭而置也。’斑未得殺。”杜《注》：“蓋，覆也。稷門，魯南城門。走而自投，接其屋之角，反覆門上。”《疏》引劉炫《規過》云：“公言‘犖有力焉’，如杜此説，勁捷耳，非有力也。當謂投車蓋過於稷門。”洪亮吉、嚴蔚皆以杜《注》爲臆説。顧炎武云：“當從劉炫之説，以蓋爲車蓋。《正義》謂‘車蓋輕而帆風，非可投之物’，不知投重物易高，投輕物而使之高，則其人爲有力矣。《漢書·上官桀傳》：‘從武帝上甘泉，天大風，車不得行。解蓋授桀。桀奉蓋，雖風，常屬車。雨下，蓋輒御。’事亦類此。”沈欽韓云：“劉炫謂投車蓋過於稷門，尤比服義爲長，而孔氏必欲排之，豈有秉彝之好者？《紀要》：稷門，魯南城正門。僖公更名高門。”顧、沈皆用劉説，然如劉所稱能投車蓋，亦勁捷之證。焦循云：“如杜説‘投而蓋於稷門’，於辭不明，且自投接桷，可爲捷，不可爲力。服氏以蓋爲千鈞之重，必非指車蓋過門之上，亦非情理所有。竊謂‘投’如‘搏人以投’之‘投’，‘蓋’即‘闔’，謂門扇也。城門之闔，非一人所能勝。犖能持而投之，所以多力。闔即稷門之闔，故曰‘投蓋於稷門’，非投於門上也。《荀子·宥坐篇》：‘復瞻彼九蓋皆繼。’《注》云：‘蓋，户扇也。’此門扇之闔正作蓋。”朱駿聲云：“借蓋爲闔，聲義俱順。”按：焦、朱説是也。此服《注》不釋“蓋”字，但斥其重，服意或即以爲門扇也。惠棟云：“杜説鑿，劉説淺，服説近之。”李貽德云：“《説苑·辨物》：‘三十斤爲一鈞①。’《考工記·冶氏》：‘重三鋝。’《注》②：‘今東萊稱或以大半兩爲鈞。’二説不同，服云千鈞之重，未知用何説。”

公疾，問後於叔牙。對曰：“慶父材。”

---

① 科學本注：抄本眉批：“查算書鈞。”
② 科學本注：抄本眉批：“鄭《注》可從。”

〔疏證〕《魯世家》：“會莊公有疾。莊公有三弟，長曰慶父，次曰叔牙，次曰季友。莊公取齊女爲夫人，曰哀姜，哀姜無子。哀姜娣曰叔姜，生子開。莊公無適嗣，愛孟女，欲立其子斑。莊公病而問嗣於弟叔牙。叔牙曰：‘一繼一及，魯之常也。慶父在，可爲嗣，君何憂？’”《世家》謂慶父三人爲莊公母弟，杜《注》以“叔牙欲進其同母弟”，蓋以慶父爲莊公庶兄也，與《傳》違。辨詳隱元年《疏證》。

問於季友，對曰：“臣以死奉般。”

〔疏證〕《魯世家》：“莊公患叔牙欲立慶父，退而問季友，友曰：‘請以死立斑也。’”杜《注》云：“季友，莊公母弟，故欲立般。”亦與《世家》不合。

公曰：“鄉者牙曰‘慶父材’。”成季使以君命命僖叔，待于鍼巫氏，

〔疏證〕杜《注》：“成季，季友也。鍼巫氏，魯大夫。”《魯世家》：“莊公曰：‘曩者叔牙欲立慶父，奈何？’季友以莊公命命牙待於鍼巫氏。”

使鍼季酖之。

〔注〕服云：“鴆鳥，一名運日鳥。”《魯世家集解》。

〔疏證〕《説文》：“鴆，毒鳥也，一名運日。”《廣雅》：“鴆鳥，雄曰運日，雌曰陰諧。”《山海經·中山經》：“女几之山，其鳥多鴆。”郭《注》：“鴆，大如雕，紫緑色，長頸赤喙，食蝮蛇頭。雄名運日。”《疏》引《廣志》與郭《注》略同，又引《晉諸公贊》云：“鴆鳥食蝮，以羽翮擽酒水中，飲之則殺人。”李貽德云：“‘運’又作‘暉’。《淮南·繆稱》‘暉日知晏’。《注》：‘暉日，鴆鳥也。’或作‘鴝’。《名醫別録》云‘鴆鳥，一名鴝日’，又作‘雲’。劉逵《吴都賦注》：‘鴆鳥，一名雲日。’”按：運、暉皆從軍得聲。鴝、雲，皆運之轉也。

曰：“飲此，則有後于魯國，不然，死且無後。”飲之，歸及逵泉而卒。立叔孫氏。

〔疏證〕《魯世家》：“使鍼季劫飲叔牙以鴆，曰：‘飲此，則有後奉祀，不然，死且無後。’牙遂飲鴆而死。立其子爲叔孫氏。”《寰宇記》：“逵泉在曲阜東南十里，源出平澤，合沙溝，共流數里，以入於沂。名曰逵泉溝，一名連泉。”《一統志》：“逵泉在曲阜縣東南三里，水中石如伏龜怒鼈。”

八月，癸亥，公薨于路寢。子般即位，次于黨氏。

〔疏證〕《魯世家》："八月癸亥，莊公卒。季友竟立子斑爲君，如莊公命。侍喪，舍于黨氏。"《正義》云："未至公宮，止於舅氏。"顧炎武云："蓋適母家也。"

冬，十月，己未，共仲使圉人犖賊子般于黨氏。

〔疏證〕杜《注》："共仲，慶父。"高誘《呂覽注》："賊，殺也。"《魯世家》："先時，慶父與哀姜私通，欲立哀姜娣子開。及莊公卒，而季友立斑。十月己未，慶父使圉人犖殺魯公子斑于黨氏。"《年表》："莊公弟叔牙鴆死子般。"與《世家》異。

成季奔陳。

〔注〕服云："季友內知慶父之情，力不能誅，故避其難出奔。"《魯世家集解》。

〔疏證〕李貽德云："案：'知慶父之情'者，知其通於哀姜，而哀姜欲立之也。"

立閔公。

〔注〕服云："閔公於是年九歲。"《閔二年疏》。

〔疏證〕《魯世家》："慶父竟立莊公子開，是爲湣公。"杜《注》："閔公，莊公庶子，於是年八歲。"蓋不用服説。閔二年《注》亦云："公即位，年八歲。"彼《疏》云："閔公之年歲，傳文不明。服虔于莊三十二年《注》云：'閔公於是年九歲。'於此《注》云：'公即位時年九歲。'僖二年《注》云：'閔公死時年九歲。'杜知其不可，故於莊公之末注言'年八歲'以異之。嗣子位定於初喪，言即位者，亦謂初立之年也。"玩《疏》意，以服此注爲然。杜謂閔公即位年八歲，他無所證，特以服《注》之歧，移上一年以異之耳。服此注與閔二年注合，僖二年注疑有舛誤。

閔　公

〔疏證〕《世本》：“閔公，名啓方。”《魯世家》：閔公名開。《疏》云：“漢景帝諱啓。啓、開，因是而亂。”《謚法》：“在國逢難曰閔。”洪亮吉云：“閔公《記》作湣。《漢書·志》并作愍。”

〔經〕 元年，春，王正月。

齊人救邢。

夏，六月，辛酉，葬我君莊公。

秋，八月，公及齊侯盟于落姑。

〔疏證〕《公》《穀》作“洛姑”。《穀梁》釋文：“‘洛姑’，一本作‘路姑’。”臧壽恭云：“‘落’‘洛’‘路’三字皆從各得聲，古皆通用。”杜《注》：“落姑，齊地。”沈欽韓云：“顧棟高妄注以爲泰安府平陰縣界。按：落姑，即薄姑聲之緩耳，在青州博興縣東北十五里。”

季子來歸。

〔疏證〕杜《注》：“季子，公子友之字。”

冬，齊仲孫來。

〔疏證〕杜《注》：“仲孫，齊大夫。”

〔傳〕 “元年，春”，不書即位，亂故也。

狄人伐邢。

管敬仲言於齊侯曰：“戎狄豺狼，不可厭也；諸夏親暱，不可棄也；宴安酖毒，不可懷也。

〔疏證〕杜《注》：“敬仲，管夷吾。”《謚法》：“夙夜勤事曰敬。”《周語》：“翟，封豕豺狼，不可厭也。”韋《注》：“厭，足也。”《釋詁》：“暱，近也。”《釋文》：“宴，本又作晏。”

"《詩》云：'豈不懷歸，畏此簡書。'

〔疏證〕《出車》文。《箋》云："簡書，戒命也。鄰國有急，以簡書相告，則奔命救之。"《疏》："古無紙，有事書之於簡，謂之簡書以相戒。命之救急，故云'戒命'。"沈欽韓云："按：古者大事書之於策，小事書之於簡。簡，單札也。國有急難，不暇連簡爲策，單執簡往告，猶今之羽檄矣。《魏志·王凌傳注》：'凌遙謂太傅懿曰："卿直以折簡召我，我敢不至耶？"太傅曰："以卿非肯逐折簡者故也。"'是知倉卒便易，以簡施之矣。"

"簡書，同惡相恤之謂也。請救邢以從簡書。"齊人救邢。

〔疏證〕《出車疏》："知鄰國有難，以簡書相告者。閔元年，《左傳》引此詩，乃云：'簡書，同惡相邲之謂也。'言同惡於彼，共相憂念，故奔命相救，得彼告則奔赴其命救之。"

夏，六月，葬莊公。亂故，是以緩。

〔疏證〕杜《注》："十一月乃葬。"

"秋，八月，公及齊侯盟于落姑"，請復季友也。

齊侯許之，使召諸陳，公次于郎以待之。

"季子來歸"，嘉之也。

〔疏證〕杜無注。《曲禮》："大夫寓祭器於大夫，士寓祭器於士。"《疏》："必寄之者，冀其復還得用也。魯季友奔陳，國人復之《傳》曰'季子來歸'，是也。"《吳志·張昭傳注》："時應劭議，宜爲舊君諱。昭著論曰：'邾子會盟，季子來歸，不稱其名，咸書字者，是時魯人嘉之也。何解臣子爲舊君諱乎？'"是書"季子"爲魯人之詞，昭所說爲古誼也。

冬，齊仲孫湫來省難。

〔疏證〕杜《注》："湫，仲孫名。"

書曰"仲孫"，亦嘉之也。仲孫歸，曰："不去慶父，魯難未已。"

公曰："若之何而去之？"對曰："難不已，將自斃，

〔疏證〕《爾雅》："斃，踣也。"

"君其待之。"公曰:"魯可取乎?"對曰:"不可。猶秉周禮。周禮,所以本也。臣聞之:'國將亡,本必先顛,而後枝葉從之。'魯不棄周禮,未可動也。

〔疏證〕《詩·蕩》:"顛沛之揭。"《傳》:"顛,仆也。"《宋書·禮志》:"征西將軍庾亮在武昌開置學宮,教曰:'昔魯秉周禮,齊不敢侮;范會崇典,晉國以治。'"

"君其務寧魯難而親之。親有禮,因重固,

〔注〕服云:"重不可動,因其不可動,而堅固之。"本《疏》。舊注:"因重固者,因而成之。"《御覽》七百七十七。

〔疏證〕《書》:"萬邦咸寧。"《釋文》:"寧,安也。"《一切經音義》引《蒼頡》:"親,愛也,近也。"《説文》:"重,厚也。"杜《注》云:"能重能固,則當就成之。"與舊注略同,與服《注》異。《疏》駁服《注》云:"杜以此《傳》四句相類。'間携貳',携貳者皆間之。'覆昏亂',昏亂者皆敗之,知此重固皆因之,則非因重而固之。""因重固",蒙"親有禮"爲義,四句不相類,《疏》駁未允。李貽德云:"《襄十四年傳》:'因重而撫之。'即此意。"惠棟云:"《説文》引云:'植有禮,因重固。因,就也,從口、大,能大者衆圍就之。'杜氏從許君説。"洪亮吉云:"《説文》:'因,就也,從口、大。'惠棟稱《説文》,係徐鍇説,惠氏以爲《説文》,誤也。凡《説文》稱傳文皆云《春秋傳》,無云《左傳》者。"按:洪説是也。徐鍇蓋用舊注説,舊注不若服説之審。

"間携貳,覆昏亂,霸王之器也。"

〔疏證〕《周語》:"百姓携貳。"韋《注》:"携,離也。"《雨無正》:"覆出爲惡。"《傳》:"覆,反也。"

晉侯作二軍,公將上軍,太子申生將下軍。趙夙御戎,畢萬爲右,

〔疏證〕韋昭《國語注》:"王命晉武公以一軍爲晉侯,至此初作二軍,軍有上下。"《世本》:"公明生孟及趙夙,夙生成季衰、畢萬,萬生芒季,季生武仲州。"《晉語》:"趙衰,先君之戎御趙夙之弟也。"《趙世家》:"夙生共孟,孟生趙衰。"惠棟云:"《史記》以衰爲夙之孫,《晉語》以爲夙之弟,無緣繆戾至此。且夙與衰世次相懸,不應爲弟兄,必傳寫之譌。《史記》所見異詞,當以《世本》爲正。"焦氏《易林》云:"伯夙奏獻,衰續厥緒，則非兄弟明矣。”洪亮吉亦以惠説爲允。文淇案：《魏世家》“畢萬生武子”，亦與《世本》不合。本《疏》云：“州即蘤也。”杜《注》畢萬依《世本》，以趙夙爲衰兄，亦沿《國語》之誤。自此至“猶有令名”，《晉世家》與《傳》同。《魏世家》：“畢萬事晉獻公。獻公之十六年，趙夙爲御，畢萬爲右，以伐霍、耿、魏，滅之。”

以滅耿、滅霍、滅魏。

〔注〕服云：“三國皆姬姓，魏在晉之蒲坂河東也。”《晉世家集解》。

〔疏證〕《襄二十九年傳》：“霍、揚、韓、魏，皆姬姓也。”《管蔡世家》：“文王子霍叔處封於霍，其後晉獻公時滅霍。”韋昭《國語注》：“霍，周文王之子霍叔武之國也。”《魏世家》：“魏之先，畢公高之後也。畢公高與周同姓。”耿之爲姬姓，《傳》《記》無考。《地理志》：“河東郡河北，《詩》魏國，晉獻公滅之，以封大夫畢萬，曾孫絳徙安邑也。皮氏，耿鄉故耿國，晉獻公滅之，以賜大夫趙夙。崏，霍大山在東。”此服《注》但釋魏，文不具也，服以河東釋晉之蒲坂者，《地理志》又云：“河東郡蒲反，故曰蒲。”應劭曰：“秦始皇東巡見長坂，故加‘反’云。”孟康曰：“本蒲也，晉文公以略秦。後秦人返蒲，魏人喜，曰：‘蒲反矣。’謂秦名之，非也。”臣瓚曰：“《秦世家》云[①]：‘以垣爲蒲反’，然則本非蒲也。”師古曰：“應説是。依應劭説，是晉地有蒲，服言蒲坂者，以秦以後縣名釋耳。”《詩譜》：“魏者，虞舜所都之地。”彼《疏》引皇甫謐曰：“舜所營都，或云蒲坂，即河東縣是也。”與服《注》合。沈欽韓云：“《方輿紀要》：‘耿城在蒲州河津縣南十二里。’《一統志》：‘霍城在平陽府霍州西南十六里。’《元和志》：‘故魏城在陝州芮城縣北五里。芮城今屬解州。’《紀要》：‘河北城在縣東北七里。’”

還，爲太子城曲沃。賜趙夙耿，賜畢萬魏，以爲大夫。士蔿曰：“太子不得立矣，分之都城，

〔注〕服云：“邑有先君之主曰都。”《晉世家集解》。

〔疏證〕《年表》：晉獻公十六年，“伐魏取霍，始封趙夙耿、畢萬魏，始此。”服引《傳例》，見莊二十八年。杜無注。

“而位以卿，

---

① 林按：底本無文獻出處。“秦世家云”，科學本增。

〔注〕賈云："謂將下軍。"《晉世家集解》。

〔疏證〕杜《注》："位以卿，謂將下軍。"蓋用賈説。李貽德云："《周禮·大司馬》：'軍將皆命卿。'今申生將下軍，是位以卿也。"

"先爲之極，又焉得立?

〔注〕服云："言其禄位極盡于此也。"《晉世家集解》。

〔疏證〕《晉世家》作"先謂之極"。禄位，謂封曲沃，將下軍也。《晉語》："蚤處之，使知其極。"《注》："極，至也，分之都城，而位以卿，使自知其位所極至也。"

"不如逃之，無使罪至。爲吳大伯，不亦可乎?

〔注〕王肅云："大伯知天命在王季，奔吳不反。"《晉世家集解》。

〔疏證〕韋昭《晉語注》云："逃，去也。大伯讓季歷，遠適吳、越。後武王追封曰'吳伯'，故曰吳大伯。"《吳世家》云："吳大伯，弟仲雍，皆周大王之子，王季歷之兄也。季歷賢而有聖子昌，大王欲立季歷以及昌，於是大伯、仲雍二人乃奔荆蠻，以辟季歷。季歷果立，是爲王季。"此肅説所本，杜《注》亦與肅説同。惠士奇曰："《穆天子傳》云：'大王亶父之始作西土，封其元子吳大伯于東吳，詔以金刃之刑，賄用周室之璧。'上文'分之都城，而位以卿'，是以大伯之地處之。但曲沃在近地，故欲使逃之，以順父志也。"大伯封吳，堇見《穆天子傳》，與《吳世家》違。士蒍正勉申生學大伯之逃，惠説非。

"猶有令名，與其及也。

〔注〕王肅云："雖去，猶可有令名，何與其坐而及禍也?"《晉世家集解》。

〔疏證〕《晉語》："我義雖死，猶有令名焉。"《注》："有恭從之名也。"又"杜原款曰：'猶有令名。'"《注》："有孝名也。"是令名爲孝恭之名也。杜《注》："言雖去猶有令名，勝於留而及禍。"與王肅説同。《廣雅》："與，如也。"焦循云："'與其及也'，不如逃之，無使罪至，猶有令名。倒裝使肖口吻，《左氏》屬文之法也。《史記·晉世家》芟去下四字，《集解》引王肅曰云云，加'何'字未達。"按：《廣雅·釋詁》："易、與，如也。"王念孫云："凡經傳言'與其'者，謂'如其'也。"是王肅言"何與"，猶何如也。焦説非。

"且諺曰：'心苟無瑕，何恤乎無家？'天若祚太子，其無晉乎？"

〔疏證〕沈欽韓云："言天祚太子，終有晉國，勸其且逃，以待命。"
洪亮吉云："《左傳》凡'祚'字皆當作'胙'。"

卜偃曰：

〔注〕賈云："晉掌卜大夫郭偃也。"《晉世家集解》。

〔疏證〕杜《注》："卜偃，晉掌卜大夫。"韋昭《晉語注》："郭偃，晉大夫卜偃也。"亦用賈說。梁履繩云："《呂氏春秋·當染篇》：'晉文公染于咎犯、郤偃。'《太平御覽·治道部》一作'郭偃'，作'郤'者形近而譌。《墨子·所染篇》作'高偃'，乃'郭'音之轉耳。"

"畢萬之後必大。萬，盈數也；魏，大名也。

〔注〕服云："數起一至萬爲滿。魏喻巍。巍，高大也。"《晉世家集解》。

〔疏證〕《魏世家》"盈"作"滿"，杜無注。《御覽》七百五十引《風俗通》："十千謂之萬。"《淮南·俶真訓注》："巍巍高大，故曰魏闕。"《正義》云："以算法從一至萬，每十則改名，至萬以後稱一萬、十萬、百萬、千萬，萬萬始名億。從是以往，皆以萬爲極。是至萬則數滿也。《論語》云：'巍巍乎其有成功。'是魏爲高大之名。"皆舊疏釋服《注》語也。

"以是始賞，天啓之矣。

〔注〕服云："以魏賞畢萬，是謂天開其福。"《晉世家集解》。

〔疏證〕杜無注。《説文》："賞，賜有功也。"《釋名》："啓，開也。"《魏世家》"啓"作"開"。

"天子曰'兆民'，諸侯曰'萬民'。今名之大，以從盈數，其必有衆。"

〔疏證〕《楚語》："天子之田九畡，以食兆民。"《注》："九畡，九州之内有畡數也。食兆民，耕而食其中也。天子曰兆民。"《内則》："后王命冢宰，降德于衆兆民。"《注》："萬億曰兆，天子曰'兆民'，諸侯曰'萬民'。"《疏》："億之數有大小二法，其小數以十爲等，十萬爲億，十億爲兆也。其大數以萬爲等，數萬至萬，是萬萬爲億。又從億而數至萬億曰兆。鄭以此據天子天下之民，故以大數言之。"如彼《疏》説，則兆民有二説，鄭用大數也。《晉世家》説此事云："令名之大，以從盈數，其必有眾。”《魏世家》作“今命之大，以從滿數”，命即名也。今本《晉世家》作“令”，誤。

初，畢萬筮仕於晉，遇《屯》之《比》。

〔注〕服氏以爲“畢萬在周，筮仕于晉”。本《疏》。賈云：“《震》下《坎》上《屯》，《坤》下《坎》上《比》，《屯》初九變之《比》。”《晉世家集解》。

〔疏證〕筮仕，杜無注。服《注》蓋以畢萬爲周大夫。朱駿聲云：“在周時筮仕于晉，是也。”下“辛廖”，杜《注》謂：“廖，晉大夫。”則不用服説也。賈釋卜筮例，明上下卦。杜云：“《坤》下《坎》上，《比》。《屯》初九變而爲《比》。”用賈説。

辛廖占之，曰：“吉。

〔注〕賈云：“辛廖，晉大夫。”《晉世家集解》。

〔疏證〕本《疏》云：“杜云：‘辛廖，晉大夫。’則以畢萬筮仕，在晉國而筮。劉炫云：‘若以在晉國而筮，何得云“筮仕于晉”？又辛有、辛甲并是周人，何故辛廖獨爲晉大夫？’今知不然者，《傳》以畢萬是畢國子孫，今乃筮仕于晉，言‘於晉’以對畢耳，非謂筮時在他國也。案：《昭十五年傳》云：‘及辛有之二子董之晉，於是乎有董史。’《注》云：‘辛有，周人。二子適晉爲太史。’則辛氏雖出於周，枝流於晉。劉炫用服氏之説，又以晉國不得有姓辛，而規杜過，其義非也。”按：賈説與服異，杜用賈説。以上“畢萬”服《注》推之，則服當以辛廖爲周大夫，《規過》用服説。

“《屯》固《比》入，吉孰大焉？其必蕃昌。

〔疏證〕《晉世家》作“其後必蕃昌”。

“《震》爲土，車從馬，

〔疏證〕杜云：“《震》變爲《坤》，震爲車，坤爲馬。”按：《晉語》：“震，車也。”《注》：“《易》：坤爲大車，震爲動、爲雷。今云車者，車亦動，聲象雷，其爲小車乎？”杜謂“震爲車”，震無車象，韋《注》是也。

“足居之，兄長之，

〔疏證〕《説卦傳》：“震爲足，爲長男。”

"母覆之，衆歸之，

〔疏證〕《説卦傳》："坤爲母、爲衆。"

"六體不易，

〔疏證〕"震爲土"以下皆説《坤》《震》象也。體猶象也。杜謂"有此六義"，非。

"合而能固，安而能殺，公侯之卦也。

〔疏證〕杜《注》："《比》合《屯》固，坤安震殺，故曰'公侯之卦'。"《疏》云："震之爲殺，《傳》無明文。"顧炎武云："《國語》'車有震武也'，震有威武之象，故曰殺。"

"公侯之子孫，必復其始。"

〔疏證〕《魏世家》："魏之先，畢公高之後也。"杜《注》用《世家》説。洪亮吉云："馬融云：'畢、毛，文王庶子。'《史記》云畢公高與周同姓。而《左傳》富辰説文王之子十六國，有畢、原、豐、郇。《小司馬》亦言畢公是文王之子，與《史記》不同。"惠棟云："坤爲民，畢公高之子孫始仕于晉，爲民之象。復其始者，比互坤，坤變成，震爲復，震爲侯，復其始之爲侯也。"按：惠説是也。《疏》云："春秋之後，三家分晉，而魏爲諸侯，是其筮之驗也。"《後漢書·杜林傳》："林薨，帝親自臨喪送葬，除子喬爲郎。詔曰：'公侯子孫，必復其始。'"《注》："《左氏傳》晉大夫辛膠之言。"依彼注，則唐人所見本，"辛廖"作"辛膠"也。

〔經〕 二年，春，王正月，齊人遷陽。無《傳》。

〔疏證〕杜《注》："陽，國名。蓋齊人偪徙之。"洪亮吉云："《地理志》：東海郡都陽。應劭曰：'《春秋》"齊人遷陽"是。'城陽國陽都，應劭曰：'齊人遷陽，故陽國是。'按：城陽國陽都故城在今沂州府沂水縣西南都陽故城。《後漢書注》云：'在承縣南。'則亦在今嶧縣西南矣。二縣相去實不過二百里。《郡國志》瑯琊東有陽都，云'故屬城陽'。而東海之都陽已省，疑兩縣已并作一地，故應劭云然。錢大昕《考異》亦疑都陽侯國係城陽，戴王之子當日或即割陽都之鄉爲侯國，本非兩地也。今考都陽、陽都爲一爲二，尚未可知。而爲'齊人遷陽'之陽，則無疑義。杜既不注所在，而《正義》又云：'《世本》無有陽國，不知何姓。'按：《禮

記·坊記》：‘陽侯殺繆侯而竊其夫人。’《淮南書·氾論訓》‘繆侯’作
‘蓼侯’。高誘《注》：‘蓼侯，皋陶之後，偃姓之國。’鄭康成《注》既云
‘陽、繆同姓’，則陽侯亦偃姓可知。《正義》云‘不知何姓’，實亦未深考
也。”按：洪説是也。惠棟亦引《地理志》，謂：“一國兩屬，未詳孰是。”
蓋猶疑《漢志》之僞。馬宗璉云：“《地理志》：城陽陽都縣，已明言，此
故陽國，是爲陽之舊都，其後齊人遷之。是自城陽陽都遷於東海都陽。故
應《注》‘都陽’爲齊人所遷。酈道元《水經注》亦以陽都爲陽故國，‘齊
人利其地而還之’，與應説合。”

夏，五月，乙酉，吉禘于莊公。

〔注〕賈云：“禘者，諦也。審諦昭穆，遷主遞位，孫居王父之處。”
《王制疏》。

〔疏證〕《王制》：“天子犆、礿、祫禘、祫嘗、祫烝。”《注》：“魯禮，
三年喪畢，而祫於太祖。明年春，禘于群廟。自爾之後，五年而再殷祭，
一祫一禘。”《疏》云：“按：閔二年五月‘吉禘于莊公’，昭十五年‘禘于
武宮’，昭二十五年‘將禘于襄公’。禘皆各就廟爲之，故云群廟。云‘自
爾之後，五年而再殷祭’者，《公羊傳》文。云‘自爾’者，謂自三年禘
群廟之後，每五年之内，再爲殷祭，故鄭《禘祫志》云：‘閔公之喪，僖
三年禘，僖六年祫，僖八年禘。凡三年喪畢，新君二年爲祫。’新君三年
爲禘，皆祫在禘前。閔公二年五月‘吉禘于莊公’，則祫當在吉禘之前，
故《禘祫志》云：‘四月祫，五月禘。’不譏祫者，慶父作亂，國家多難。
故莊公既葬，經不入庫門，閔公早厭其亂，故四月祫，不譏，五月即禘。
比月而爲大祭，又于禮少四月，故書譏其速也。鄭《禘祫志》云：‘魯莊
三十二年八月公薨，閔二年五月吉禘。時慶父殺子般之後，公懼于難，不
得時葬。葬則去首絰于門外，乃入，務自尊成，以厭其禍。若已練然，免
喪又速。二年四月夏則祫。既祫，又即以五月禘于其廟。比月大祭，故譏
其速也。閔公之服，凡二十一月，於禮少四月，又不禫，言吉禘，譏其無
恩也。閔公以二年八月薨，僖二年除喪。始祫大廟，明年禘于本廟，自此
以後，五年再殷祭，六年祫，故八年禘。僖公以三十三年十二月薨，至
文二年七月間有閏，積二十一月，明月即祫。《經》云“八月有事于大廟，
躋僖公”，于文公之服，亦少四月，以其逆祀，故特譏之。文公十八年二
月薨，宣二年除喪而祫，三年禘于群廟。自此以後，亦五年再殷祭，與僖
同，六年祫，故八年禘。昭十一年五月，夫人齊歸薨。十三年平丘之會，
歸不及祫。冬，公如晉。昭十四年春，歸乃祫，故于十五年春乃禘。《經》

云："二月癸酉有事于武宮。"至十八年祫,二十年禘,二十三年祫。昭二十五年禘于襄公也。'此是鄭論魯之禘祫,鄭又云:'《明堂位》曰:魯王禮也,以此相推況可知。'是鄭以天子之禮與魯國①也。如鄭説,則祫在禘前,經所不書;又以禘爲即莊公之廟爲之。"彼《疏》又云:"若王肅、張融、孔晁,皆以禘爲大,祫爲小。故王肅論引賈逵説吉禘于莊公。禘者,諦②也,審諦昭穆,遷主遞位,孫居王父之處。又引禘于太廟,《逸禮》:'其昭尸、穆尸,其祝辭總稱孝子、孝孫。'則是父子并列。《逸禮》又云:'皆升合于太祖。'所以劉歆、賈逵、鄭衆、馬融等,皆以爲然。鄭不從者,以《公羊傳》爲正,《逸禮》不可用也。"依彼《疏》,則鄭不用《左氏》諸儒説。諸儒説禘,其禮行於太廟,非各就廟爲之。《王制疏》引賈《注》,非完義矣。《王制》又云:"《左氏》説及杜元凱皆以禘爲三年一大祭,在太祖之廟,傳無祫文,然則祫即禘也,取其序昭穆謂之禘,取其合集群祖謂之祫。"又《通典》九引賈逵、劉歆曰:"禘、祫,一祭二名,禮無差降。"可證《王制疏》之説。劉寶楠《論語疏》云:"禘大祫小,故《春秋》所紀,《爾雅》所載,俱有禘無祫。惟漢宗廟之祭,有祫無禘。故漢儒多以祫大於禘也。"劉説足袪學者之疑。大禘説至繁,然不外常禘、吉禘二者,常禘則三年一禘,或五年一禘之説也。《左氏》説主三年一禘,其説別詳。吉禘則此新主入廟之祭也,惟吉禘之時,《左氏》諸儒亦自異説。《漢書·韋玄成傳》:"劉歆以爲大禘則終王。"《通典》九:晉博士徐禪議引《春秋左氏傳》曰:"歲祫及壇墠終禘及郊宗石室。""許慎《舊説》曰:'終禘者,謂孝子三年喪終則禘於太廟,以致新死者也。'"《通典》別引袁準、虞喜議引《左氏》説同。僖三十二年,"烝、嘗、禘於廟",賈、服以爲三年終禘,遭烝、嘗則行祭禮,此謂吉禘,當在三年喪終,一説也。《王制疏》云:"按:《玄鳥箋》云'三年既畢,禘於其廟,而後祫祭於太祖'。更有禘於其廟之文。不同者,謂練時遷主遞廟。新死者,當禘祭於其廟以安之,故《邕人》云:'廟用修。'《注》云:'謂始禘時。'《左氏》説禘謂既期之後,然則禘於其廟,在於練時。而《玄鳥箋》云'喪三年既畢。禘於其廟'者,鄭將練、禘總就喪畢祫於太祖而言之,其實禘廟在練時也。"此以吉禘爲既期之祭。又一説也。準之於義,則三年喪畢,行祭爲不刊之典,鄭君亦主之。所異者,禘、祫之名,及禮行於大廟、群廟之別耳。鄭君以先儒有既期之説,故《禘祫志》謂此吉禘若已練然,《士虞

---

① 科學本注:《校勘記》"國"作"同"。

② 科學本注:《校勘記》"諦"作"遞"。

禮》亦謂練而後遷廟，其實乃未定之論。《閟人疏》爲鄭主練祭，非也。《宋書·禮志》：“孝武帝孝建元年十二月，國子助教蘇瑋生議：‘案：《禮》三年喪畢，然後祫於太祖。又云：“三年不祭，唯天地社稷，越紼行事。”且不禫即祭，見譏《春秋》，求之古禮，喪服未終，固無祼享之義。自漢文以來，一從權制，宗廟朝聘，莫不皆吉，雖祥禫空存，無縗縞之變，烝嘗薦祀，不異平日。殷祠禮既弗殊，豈獨以心憂爲礙。’太常博士朱膺之議：‘《虞禮》云“中月而禫，是月也吉祭猶未配”。謂二十七月既禫祭，當四時之祭日，則未以其妃配，哀未忘也。推此而言，未禫不得祭也。又《春秋》閔公二年，吉禘于莊公，鄭玄云：“閔公凡二十二月而除喪，又不禫。”明禫内不得禘也。案：王肅等言於魏朝云：今權宜存古禮，俟畢三年，舊説三年喪畢，遇禘則禘，遇祫則祫①。’”案：《宋志》亦用“三年喪畢”之説，故駁未禫而祭，王肅所稱乃《公羊》義，故與鄭君及《左氏》先儒皆不同也。《説文》：“禘，禘祭也。從示帝聲。”《白虎通》云：“禘之爲言諦，序昭穆、諦父子也。”故賈以“諦”訓“禘”。《廣雅·釋詁》：“遞，代也。”

秋，八月，辛丑，公薨。

〔疏證〕《年表》：“慶父殺緡公。季友自陳立申，爲釐公，殺慶父。”

九月，夫人姜氏孫于邾。

〔注〕賈、服之説，皆以爲“文姜殺夫罪重，故去姜氏；哀姜殺子罪輕，故不去姜氏”。本《疏》。

〔疏證〕《公羊》“邾”下有“婁”。杜《注》：“哀姜外淫，故孫稱姜氏。”《疏》云：“此决莊元年夫人孫于齊，不稱姜氏也，賈、服之説云云，故杜爲此言異之。”是《疏》以賈、服説爲然。李貽德云：“莊元年夫人孫于齊。《傳》曰：‘絶不爲親。’以文姜與弑桓公，故舍族以絶之，明其罪重也。”按：李説是也。僖元年書“夫人氏”，《公》《穀》謂去“姜”示貶，則賈、服此注，非用《公》《穀》義也。

公子慶父出奔莒。

冬，齊高子來盟。無《傳》。

---

① 林按：底本作“遇祫則祫，遇禘則禘”，兩句次序顛倒，據《宋書·禮志》改正。

〔疏證〕杜《注》："蓋高傒也，魯人貴之，故不書名。子，男子之美稱。"《曲禮》："于外曰子。"《注》："子，有德之稱。《魯春秋》曰：'齊高子來盟。'"《疏》："亦擯者辭，外謂在他國時，擯者稱其姓而曰子。"依《禮疏》，則舊説稱子爲擯者之辭，杜《注》非。

十有二月，狄入衛。

〔注〕賈云："《傳》言'滅'，《經》書'入'者，不與夷狄得志于中國。"《定之方中疏》。

〔疏證〕《定之方中疏》："《左傳》：'衛師敗績，遂滅衛。'《傳》言'滅'，《經》書'入'。賈逵云：'不與夷狄得志於中國。'"按：賈謂"不與夷狄"，蓋推"滅""入"異文知之，則"《傳》言'滅'，經書'入'者"二句，亦爲賈氏語，洪氏、嚴氏、臧氏輯本略去，非也。杜云："書'入'，不能有其地，例在襄十三年。"杜不用賈説。《衛世家》："懿公九年，翟伐衛。"《年表》："衛懿公八年，翟伐我。公好鶴，士不戰，滅我國。"《世家》與《經》年合，《年表》差一年。

鄭棄其師。

〔疏證〕此謂高克禦狄河上，棄師而歸也。陳奐《詩疏》云："此一役也，鄭可以霸，乃徒尋君臣之小忿，外爲救衛之師，内遂逐臣之怨。《春秋》譏其棄師，不啻自棄其國矣。"杜《注》謂："克自狀其事以告魯。"亦意爲之説。

〔傳〕 二年，春，虢公敗犬戎于渭汭。

〔注〕隊謂汭也。《水經·渭水注》。

〔疏證〕杜《注》："犬戎，西戎別在中國者。"《縣》："混夷駾矣。"《正義》引《書傳》"一年伐犬夷"證之，則犬戎即混夷也。《史記·匈奴傳》："周西伯昌伐畎夷氏。周道衰，而穆王伐犬戎。周幽王與申侯有郤，申侯怒而與犬戎共攻殺幽王於驪山之下，遂取周之焦穫，而居於涇渭之間。"顧棟高云："犬戎在今陝西鳳翔府境，即周之獫狁也。'渭水出隴西，東入河。水之隈曲曰汭'。"洪亮吉云："《水經注》引作'渭隊'。服虔云：'隊謂汭也。'據此，則服本作'隊'。《水經注》又曰：'杜本作汭。'按：鄭玄《尚書注》：'汭，隈曲中也。'王肅云：'汭，入也。'杜蓋本鄭説。"李貽德云："《穆天子傳》：'於是得絕鈃山之隊。'《注》：'隊謂谷中險阻道也。'谷中之險阻爲隊，崖岸之隈曲亦爲隊。汭、隊字別義通。"沈欽韓云："《水經注》：'渭水東入於河，《春秋》謂之渭汭也。'呂忱曰：芮者，水相入也。水會，即船司空所在矣。"顧棟高云："渭汭，虢之西境，在今陝西同州府華陰縣界。"

舟之僑曰："無德而禄，殃也。殃將至矣。"遂奔晉。

〔疏證〕《晉語》："舟之僑告諸其族。"《注》："舟之僑，虢大夫。"杜《注》用韋説。《廣雅·釋言》："殃，咎也。"又云："殃，害也。"

"夏，吉禘于莊公"，速也。

初，公傅奪卜齮田，公不禁。

〔注〕賈云："卜齮，魯大夫。"《魯世家集解》。服云："公即位時年九歲。"本《疏》。

〔疏證〕僖十年《公羊傳》何《注》："禮，諸侯之子八歲受之少傅，教之以小學，業小道焉，履小節焉。十五受太傅，教之以大學，業大道焉，履大節焉。"賈誼《新書·容經》略同，第未斥爲諸侯世子之禮，疑《左氏》古誼同於《公羊》也。杜《注》："卜齮，魯大夫也。"用賈説。又云："公即位年八歲，知愛其傅。"杜言閔公即位年與服小殊。辨詳莊二十三年《疏證》。

秋，八月，辛丑，共仲使卜齮賊公于武闈。

〔注〕賈云："宮中之門謂之闈。"《晉世家集解》。

〔疏證〕《魯世家》："湣公二年，慶父與哀姜通益甚。哀姜與慶父謀殺湣公而立慶父。慶父使卜齮襲殺公於武闈。"杜《注》"宮中小門謂之闈"，略同賈説。洪亮吉云："賈《注》用《爾雅·釋宮》文，《釋宮》又云：'其小者謂之閨。'今案：杜《注》於'門'上增一'小'字，是合二句爲一，於訓詁之道爲不通矣。"按：洪説是也。《爾雅》郭《注》以闈爲相通小門，誤與杜同。《説文》："闈，宮中門也。"許用賈説。《匠人》："闈門容小扃參个。"鄭《注》："小扃長二尺，參个六尺。"本《疏》云："名之曰'武'，則其義未聞。"

成季以僖公適邾。共仲奔莒。乃入，立之。

〔疏證〕《魯世家》："季友自陳與湣公弟申如邾，請魯求納之。魯人

欲誅慶父。慶父恐，奔莒。於是季友奉子申入立之，是爲釐公。”是其
事也。

以賂求共仲于莒，莒人歸之。及密，

〔疏證〕《魯世家》：“季友以賂如莒求慶父。慶父歸，使人殺慶父，
慶父請奔，弗聽。”杜《注》：“密，魯地，琅琊費縣北有密如亭。”沈欽韓
云：“《水經注》：‘沂水南逕東安縣故城東，而南合時密水，水出時密山。
春秋時莒地，共仲及密而死是也。’《一統志》：‘密如亭，在沂州府費縣
北。’”

使公子魚請。不許，哭而往。共仲曰：“奚斯之聲也。”

〔疏證〕杜《注》：“公子魚，奚斯也。”《魯頌》“奚斯所作”，《疏》
引此傳，謂“如傳文，蓋名魚而字奚斯”。按：玩杜意，亦以“奚斯”爲
字也。《魯世家》：“乃使大夫奚斯行哭而往，慶父聞奚斯音，乃自殺。”

乃縊。

〔疏證〕杜《注》：“季子推親親之恩，故略其罪，不書殺。”沈欽韓
云：“按：杜預於《公》《穀》二家，一例刊落，此獨襲《公羊》之謬說。
漢武帝責劉曲氂曰：‘丞相無周公之風矣。周公不誅管、蔡乎？’又責問
御史大夫曰：‘司直縱反者，丞相斬之，法也。大夫何以擅止之？’《檀弓》
曰：‘殺其人，壞其室，污其宮而豬焉。’然則慶父之罪至夷宗，豈得推恩
使從容自謀乎？季友於是失刑，於是忘忠矣。《春秋》不書‘殺’與‘卒’
者，內大惡諱也。有慶父爲元凶，國之恥也。”案：沈說是也。《公羊傳》：
“緩追逸賊，親親之道也。”故沈謂杜用《公羊》說。

閔公，哀姜之娣叔姜之子也，故齊人立之。共仲通于哀姜，哀姜欲立之。閔公之死也，哀姜與知之，故遜于邾。齊人取而殺之于夷，以其尸歸，僖公請而葬之。

〔疏證〕《魯世家》：“齊桓公聞哀姜與慶父亂以危魯，乃召之邾而殺
之。以其尸歸，戮之魯，魯釐公請而葬之。”是其事也。《年表》：桓公
二十七年，“殺女弟魯莊公夫人，淫故”。則繫於僖公元年。杜《注》：“夷，
魯地。”梁履繩云：“哀八年，公賓庚等與吳師戰于夷。‘明日，舍於庚宗’，
疑即在魯東境。”按：梁說是也。沈欽韓云：“《列女傳》：‘酖而殺之。’
夷非魯地。”《列女傳》異《左氏》說，未可取證。

成季之將生也，桓公使卜楚丘之父卜之。

〔疏證〕杜《注》："卜楚丘，魯掌卜大夫。"

曰："男也，其名曰友，在公之右；

〔疏證〕《魯世家》無"在公之右"四字。

"間于兩社，爲公室輔。

〔注〕賈云："兩社，周社、亳社也。兩社之間，朝廷執政所在。"《魯世家集解》。

〔疏證〕杜用賈説。《疏》云："魯是周之諸侯，故國社謂爲周社。哀四年，'亳社災'。是魯國有亳社。《周禮》：'小宗伯掌建國之神位，右社稷，左宗廟。'則諸侯亦當然。鄭玄考校禮文，以爲魯制三門，庫、雉、路，天子、諸侯皆三朝，圖宗人之嘉事，則有路寢庭朝，日出視朝，則在路門之外。其詢國危、詢國遷、詢立君。《周禮》朝士所掌外朝之位者，乃在雉門之外耳。雉門之外，左有亳社，右有周社。間於兩社，是在兩社之間，朝廷詢謀大事，則在此處，是執政之所在也。"按：《小宗伯》鄭《注》云："庫門内雉門外之左右。"故《疏》謂兩社在雉門之外。《太僕職》鄭《注》："燕朝，朝於路寢之庭。"又《司士職》鄭《注》云："此王日視朝事于路門外之位。"此皆《疏》所依據者也。而《朝士職》則云："外朝在庫門之外"，與《疏》所稱雉門之外不合，《疏》所稱外朝在雉門外，乃《小司寇》鄭《注》沿先鄭"天子雉門在庫門外"之誤也，當以《朝士注》爲定説。《朝士疏》云："閔二年，季友將生。卜人云：'間於兩社。'周社、亳社在大門内、中門外，爲外朝。"《公食大夫禮》："明日，賓朝服拜賜於朝。"《注》："朝謂大門外。"《疏》："閔二年《左氏傳》云：'間於兩社，爲公室輔。'《注》：'兩社，周社、亳社之間，朝廷執政所在。'但諸侯左宗廟，右社稷，在大門之內，則諸侯外朝不在大門內者，但外朝在大門外。兩社之間，遙繫外朝而言執政所在。"按：《禮疏》稱"大門"，即庫門也，"中門"即"雉門"也。依《朝士疏》，則兩社在雉門之外，然服云執政所在，當指治朝而非指外朝。《公食大夫疏》謂"遙繫外朝而言"，非也。江永《鄉黨圖考》云："此大約言周社、亳社中間有朝廷耳。其實治朝仍在中門之內。"是也。

"季氏亡，則魯不昌。"

〔注〕服云："謂季友出奔，魯弒二君。"本《疏》。

〔疏證〕杜無注。《疏》引服《注》駁之云："案《傳》子般既死，乃云'成季奔陳'；閔公既死，乃云'成季適邾'，皆君死乃出奔，非由出奔乃致君死。杜雖無注，義必不然，當謂季氏子孫與魯升降。"沈欽韓云："言與魯爲終始。《春秋》：'費爲季氏私邑。'《説苑·尊賢篇》：'魯人攻鄪，曾子辭于鄪君曰："請出，寇罷而後復來。"'則費君立國即在哀公孫越後矣。《孟子》有費惠公，趙氏云：'小國之君。'《吕覽·慎勢篇》：'以滕、費則勞，以鄒、魯則逸。'《楚世家》：'鄒、費、郯、邳者羅鸞也。'此四小國，頃襄王時尚存，蓋亦與魯同滅於楚矣。"按：沈説仍申《疏》義，不從服《注》也。《魯世家》述此事云："間於兩社，爲公室輔。季友亡，則魯不昌。"變"氏"言"友"，則言此專指季友，不指季氏子孫也。卜人之意，當以季友出亡，值魯之亂耳，服意亦當如此。

又筮之，遇《大有》之《乾》，

〔疏證〕《曲禮疏》云："《筮人》：'凡國之大事，先筮而後卜。'但春秋亂世，皆先卜後筮，不能如禮。"

曰："同復于父，敬如君所。"

〔疏證〕《説卦傳》："乾爲君父。"本《疏》云："離是乾子，遷變爲乾。故云'同復於父'，言其尊與父同也，國人敬之[①]。其敬如君之處所，言其貴與君同也。"

及生，有文在其手曰"友"，遂以命之。

〔疏證〕《魯世家》："及生，有文在掌曰'友'，遂以名之，號爲成季。其後爲季氏，慶父後爲孟氏也。"

冬，十二月，狄人伐衛。衛懿公好鶴，

〔疏證〕《衛世家》："惠公卒，子懿公赤立。懿公即位，好鶴、淫樂、奢侈。"張守節《正義》云："《括地志》：'故鶴城在滑州匡城縣西南十五里。俗傳懿公養鶴於此城，因名也。'"

鶴有乘軒者。

---

① 林按：底本無"國人敬之"四字，據科學本增補。

〔注〕服云："車有藩曰軒。"本《疏》。

〔疏證〕《廣雅·釋詁》："軒輡，車也。"王念孫云："軒之言扞蔽也。《説文》：'軒，曲輈藩車也。'王逸注《招魂》云：'軒，樓板也。'《周官·小胥疏》引《左傳注》云：'諸侯軒懸，闕南方，形如車輿。'皆扞蔽之意也。"按：王説是也。《文選·東京賦》薛《注》："屬車有藩曰軒。"《巾車注》："藩，今時小車藩，漆席爲之。"皆與服《注》合，字又作"輤"。《景帝紀》："朱兩輤。"應劭曰："車耳反出，所以爲之藩屏，擊塵泥也。以箪爲之，或用革。"《輿服志注》："車有輤者，謂之軒。"《通俗文》"車箱爲蕃"，則字又作"蕃"。服此《注》疑亦從"蕃"，後人改之。杜《注》："軒，大夫車。"蓋不用服説。《疏》引《定十三年傳》"齊侯斂諸大夫之軒"以證之，彼《傳》稱軒猶車矣，不爲大夫車之證。

將戰，國人受甲者皆曰："使鶴！鶴實有禄位，余焉能戰！"公與石祁子玦，與甯莊子矢，使守①，

〔疏證〕馬宗璉云："《禮記·檀弓》：'石祁子爲石駘仲之庶子。'鄭《注》：'駘仲，衛大夫，石碏之族。'"杜《注》："莊子，甯速也。"

曰："以此贊國，擇利而爲之。"

〔疏證〕《州長》"以贊鄉大夫廢興。"鄭司農《注》："贊，助也。"杜《注》："玦，示以當決斷。矢，示以禦難。"

與夫人繡衣，曰："聽於二子。"

〔疏證〕杜《注》："取其文章順序。"

渠孔御戎，子伯爲右；黄夷前驅，孔嬰齊殿。

〔疏證〕渠孔、子伯、黄夷、孔嬰皆未詳。杜無注。梁履繩云："孔達見文元年，嬰齊即其父也。杜《譜》列之雜人内，蓋誤。"

及狄人戰于熒澤，

〔疏證〕《水經·濟水注》："京相璠曰：'滎澤在滎陽縣東南。'旃然水既斷，民謂其處爲滎澤。狄人屠懿公，弘演報命納肝處也。"《地理志》師古《注》："滎，沇水洗出，即今滎澤是也。"洪亮吉云："《竹書紀年》

---

① 林按：底本無"使守"二字，據楊本增補。

作‘洄澤’，當作‘洄’。‘洄’‘滎’音同。”杜《注》：“此滎澤當在河北。”
沈欽韓云：“按：滎澤不當云在河北。《禹貢》：‘入於河，溢爲滎。’蓋濟
本在河北，自入河之後，方溢爲滎，滎在河南明矣。《元和志》：‘滎澤在
鄭州滎澤縣北四里，今濟水亦不復入也。’”按：《禹貢》：“滎波既豬。”
《疏》：“鄭云：‘今塞爲平地，滎陽民猶謂其處爲滎澤，在其縣東。’言在
滎澤縣之東也，鄭玄謂衛、狄戰在此地，杜預‘以衛敗方始渡河，戰處必
在河北’，蓋此澤跨河南北。此以滎澤爲在河北，但在河内多而得名耳。”
《定之方中疏》：“《禹貢》豫州，‘滎波既豬’，《注》云：‘沇水溢出河爲
澤，今塞爲平地，滎陽民猶謂其處爲滎澤，在其縣東。《春秋》閔二年，
衛侯及狄人戰於滎澤，此其地也。’如《禹貢》之《注》，則當在河南。時
衛都河北。狄來伐而禦之。既敗而渡河，在河北明矣，故杜預云：‘此滎
澤當在河北。’但沇水發源河北，入於河，乃溢爲滎。則沇水所溢，被河
南北，故河北亦有滎澤，但在河南多耳。”《書》傳疏皆駁杜《注》，其引
鄭《注》，與京相璠説合。

衛師敗績，遂滅衛。

〔疏證〕杜《注》謂：“經不書滅者，狄不能赴。衛之君臣皆盡，無復
文告，齊桓爲之告諸侯。”是以此滅爲滅國。《載馳序》：“衛懿公爲狄人所
滅。”鄭《箋》云：“滅者，懿公死也。君死於位曰滅。”鄭《箋》用《公
羊》説。《衛世家》：“衛懿公欲發兵，兵或畔。大臣言曰：‘君好鶴，鶴可
令擊翟。’于是遂入，殺懿公。”依《世家》説，則懿公先死，故鄭以滅衛
爲懿公死。閻百詩云：“下文狄入衛，方是入其國都。孔《疏》：《傳》言
‘滅’而經書‘入’，引《釋例》，爲從齊桓告諸侯之文。殊不然。”

衛侯不去其旗，是以甚敗。狄人囚史華龍滑與禮孔，以逐衛人。二人曰：“我，太史也，實掌其祭。不先，國不可得也。”

〔疏證〕杜不釋“去”字義。《釋文》：“去，藏也。一云除也。”惠棟
引胡渭生説云：“‘去，藏也。古人以藏爲去。’棟案：鄢陵之戰，乃納旌
於韣中。胡説是。”二人，華龍滑、禮孔也。《太史》：“大祭祀與執事卜日，
戒及宿之日，與群執事讀禮書而協事。祭之日，執書以次位常，辨事者考
焉，不信者誅之。”故曰“實掌其祭”。

乃先之。至則告守曰：“不可待也。”

〔疏證〕杜《注》：“守，石、甯二大夫。”

夜與國人出。狄入衛，遂從之，又敗諸河。

〔疏證〕《齊語注》："翟人攻衛，殺懿公，遂入衛，衛人出走。"杜《注》："衛將東走渡河，狄復逐而敗之。"

初，惠公之即位也少，

〔疏證〕杜《注》："蓋年十五六。"《疏》云："衛宣公以隱四年立，桓十二年卒，終始二十年耳。即位之後，乃納急子之妻，生壽及朔。朔既有兄，知其年蓋十五六也。"

齊人使昭伯烝於宣姜，不可，強之。

〔注〕服云："昭伯，衛宣公之長庶，伋之兄。宣姜，宣公夫人，惠公之母。"《牆有茨疏》。

〔疏證〕杜《注》："昭伯，惠公庶兄，宣公子頑也。"《牆有茨序》："衛人刺其上也。公子頑通乎君母，國人疾之，而不可道也。"由惠公之世言，故曰君母。

生齊子、戴公、文公、宋桓夫人、許穆夫人。文公爲衛之多患也，先適齊。及敗，宋桓公逆諸河，宵濟。

〔疏證〕杜《世族譜》云："齊，氏。齊子，昭伯子也。齊子無子，戴公以其子爲之後。"梁履繩云："齊子未詳其名，疑齊是其謚，後遂以爲氏。故昭元年齊惡亦稱齊子。"按：梁説亦近臆測。齊或其名矣，文公之適宋，蓋以桓夫人也。《齊語注》："宋桓公逆之河。"是。

衛之遺民，男女七百有三十人，益之以共、滕之民爲五千人，

〔疏證〕杜《注》云："共及滕，衛別邑。"而不著所在。《地理志》："共縣，故國。北山，淇水所出。"孟康曰："共伯入爲三公者。"蓋其地逼近衛都，故爲國而後并於衛也。沈欽韓云："共城，今衛輝府輝縣治。滕邑所在無考。"

立戴公以廬于曹。

〔注〕舊注："今白馬地，即曹邑。"《御覽》一百六十。

〔疏證〕杜《注》："廬，舍也。"《齊語》："翟人攻衛，衛人出廬於曹。"《注》："廬，寄也。宋桓公以衛之遺民立公孫申，以寄於曹，是爲戴公。”洪亮吉云：“《説文》：‘廬，寄也。’《詩》毛《傳》亦同。《釋文》：‘寄止曰廬。’按：《管子·中匡篇》：‘狄人攻衛，衛人出旅於曹。’則‘廬’字從本訓爲得。韋昭注《外傳》亦同。”按：洪説是也。曹，《定之方中》作“漕”。惠棟云：“《詩序》‘漕’字從水旁，《傳》作‘曹’，古文省也。”《校勘記》云：“按：《説文》：‘漕，水轉穀也。’地名字不必從水，今本《毛詩》鄭《箋》恐非。”鄭《箋》引此《傳》則作漕，《詩疏》引《鄭志》答張逸曰：“漕邑在河南。”案：杜但云：“曹，衛下邑。”不注所在。《疏》則云：“曹邑雖闕，不知其處，當在河東近楚丘也。”《御覽》所引當是舊注。白馬於漢屬東郡。顧炎武云：“今大名府滑縣南二十里有白馬故城是也。”沈欽韓云：“《方輿紀要》：‘白馬廢縣今滑縣治。’滑縣今屬衛輝府。”《年表》：“國怨，惠公亂，滅其後，更立黔牟弟。”《衛世家》：“懿公之立也，百姓大臣皆不服。自懿公父惠公朔之讒毀太子伋代立，至於懿公，常欲敗之，卒滅惠公[①]之後，而更立黔牟之弟昭伯頑之子申爲君，是爲戴公。戴公申元年卒。”又云：“初，翟殺懿公也，衛人憐之，思復立宣公前死太子伋之後，伋子又死，而代伋死者子壽，子壽又無子。太子伋同母弟二人：其一曰黔牟，牟嘗代惠公爲君，八年復去；其二曰昭伯。昭伯、黔牟皆已前死，故立昭伯子申爲戴公。”如《年表》《世家》前説，是懿公有子而國人殺之。

許穆夫人賦《載馳》。

〔疏證〕《載馳序》：“許穆夫人作也，閔其宗國顛覆，自傷不能救也。衛懿公爲狄所滅，國人分散，露於漕邑。許穆夫人閔衛之亡，傷許之小，力不能救。思歸唁其兄，又義不得，故賦此詩也。”彼《疏》云：“作、賦一也。以作詩所以鋪陳其志，故作詩名曰賦。《左傳》‘許穆夫人賦《載馳》’。是也。”

齊侯使公子無虧帥車三百乘、甲士三千人以戍曹。

〔疏證〕杜《注》：“無虧，齊桓公子武孟也。”

歸父乘馬，祭服五稱，牛、羊、豕、雞、狗皆三百，與門材。

〔注〕賈逵按：袍必有表，不單，衣必有裳，謂之一稱。《劉敬叔孫通傳索隱》。

---

① 林按：底本作“懿公”，誤，據《史記·衛世家》改正。

〔疏證〕《疏》云："歸者，不反之辭。"鄭君《駁異義》曰："《周禮·校人》'掌王馬之政，乘馬一師四圉'，四馬爲乘。"許君義無考，《校人》先鄭説"四匹爲乘"，與後鄭同。鄭注"二耦爲乘"，二耦猶四馬矣。《史記·劉敬叔孫通傳》："衣一襲。"《索隱》："按：《國語》謂之一稱。"下引賈逵語，今考《國語》無"一稱"之文。賈氏《注》無所繫屬。錢泰吉《史記校語》云："疑是閔二年《左傳》'祭服五稱'注文。"今依之。《喪大記》："袍必有表，不襌，衣必有裳，謂之一稱。"此賈所本。杜云："衣襌複具曰稱。"本賈義而失之。《掌舍》："爲壇壝宮，棘門。"杜子春云："棘門或爲材門。"《疏》："閔二年，衛文公奔楚丘，國家新立，齊桓公共門材，先令豎立門户。故知棘門亦得爲材門，即是以材木爲門也。"

歸夫人魚軒，

〔注〕服云："魚，獸名。"《出車》詩《疏》。

〔疏證〕《候人傳》："大夫以上赤帶乘軒。"《疏》："《閔二年傳》稱齊桓公遺衛夫人以魚軒。以夫人乘軒，則諸侯亦乘軒，故云大夫以上也。"杜《注》云："用魚皮爲飾。"玩杜意亦用服《注》，以爲魚爲獸名，而意不明晰。本《疏》云："'象弭魚服'。此云'魚軒'，則用魚爲飾。其皮可以飾器物者，惟魚獸耳。《采薇疏》引陸璣《疏》云：'魚獸似豬，東海有之。其皮背上斑文，腹下純青，今以爲弓鞬步叉者也。'"

重錦三十兩。

〔注〕服云："重，牢也。"本《疏》。

〔疏證〕杜云："重錦，錦之熟細者，以二大[①]雙行，故曰兩。三十兩，三十匹也。"《疏》："杜以遺夫人，貴美不貴牢，故以爲'錦之熟細者'。"按：今人織作以縷之疏密爲良窳，牢謂縷之密者耳。《説文》："重，厚也。"厚亦牢意矣，服説非不可通。《覲禮》："重賜無數，在車南。"《注》："重，善也。所以賜善物多少，由恩也。《春秋傳》曰：'重錦三十兩。'"《疏》"引《春秋》者，閔二年《左氏傳》云：'歸夫人魚軒，重錦三十兩。'鄭引之，證'重賜無數，在車南'也。"是鄭以重錦爲善錦，與服小異。《疏》又云："《雜記》曰：'納幣一束，束五兩，兩五尋。'八尺曰尋，則五尋四丈。謂之兩者，分爲兩段故也。謂之匹者，兩兩合卷，

---

① 林按：此處應爲"二丈"。

若匹偶然也。”

鄭人惡高克，使帥師次于河上，久而不召。師潰而歸，高克奔陳。鄭人爲之賦《清人》。

〔疏證〕《清人序》：“刺文公也。高克好利而不顧其君，文公惡而欲遠之，不能。使高克將兵而禦狄於境，陳其師旅，翱翔河上。久而不召，衆散而歸，高克奔陳。公子素惡高克，進之不以禮，文公退之不以道，危國亡師之本，故作是詩也。”鄭人，即公子素也。《古今人表》有公子素與鄭文公，高克列下上。杜《注》用序説，而不言清所在。沈欽韓云：“《詩疏》云：‘衛在河北，鄭在河南，恐其渡河侵鄭，故使高克禦之。’然熒澤之戰，狄已渡河南也。又按：《詩傳》：‘清，邑也。’《郡國志》：‘中牟縣有清口水。’《水經注》：‘清池水東北流逕清陽亭南東流，即故清人城也。’今在開封府中牟縣界。”按：沈説是也。

晉侯使太子申生伐東山皋落氏。

〔注〕賈云：“東山，赤狄別種。”《晉世家集解》。服云：“赤狄之都也。”《水經·河水注》。

〔疏證〕杜《注》：“赤狄別種也。皋落，其氏族。”蓋用賈説。本《疏》云：“赤狄在晉之東。”《晉語》：“皋落翟之朝夕窺我邊鄙。”注：“皋落，東山翟也。”亦以皋落爲翟。服以爲都，與賈説別種小異。沈欽韓云：“《水經注》：‘清水出清廉山，東流逕皋落城北。’《方輿紀要》：‘皋落城在絳州垣曲縣西北六十里。’劉昭引《上黨記》：‘東山在壺關城東南，晉申生所伐，今名平皋。’劉昭所引是單文孤證，當從《水經注》。”

里克諫曰：“大子奉冢祀、社稷之粢盛，

〔注〕賈云：“里克，晉卿里季也。”《晉世家集解》。

〔疏證〕李貽德云：“《晉語》韋昭《注》：‘里克，晉大夫里季也。’與賈同。蓋季爲克之字也。”杜《注》：“里克，晉大夫。”與賈、韋説同。邵寶云：“冢，大也。冢祀，宗廟之祀也。”《宋書·禮志》：“大明三年六月乙丑，有司奏：‘七月十五日，嘗祠太廟、章皇太后廟，輿駕親奉。而乘輿辭廟親戎，太子合親祠與否？’下禮官議正。太學博士司馬興之議：‘竊惟國之大事，在祀與戎。皇太子有撫軍之道，而無專御之義，戎既如之，祀亦宜然。案：《祭統》：“夫祭之道，孫爲王父尸。”又云：“祭有昭穆，所以別父子。”太子監國，雖不攝，至於宗廟，則昭穆實存，謂事不可亂。又云："有故則使人。"准此二三，太子無奉祀之道。'博士郁議：'案《春秋》，太子奉社稷之粢盛，長子主器，出可守宗廟，以爲祭主，《易·象》明文。監國①之重，居然親祭。'二議不同。尚書參議，宜以郁議爲允。"《北史·李彪傳》："彪上封事曰：'《易》稱："主器者莫若長子。"《傳》曰："太子奉冢嫡之粢盛。"然則祭無主，則宗廟無所饗，冢嫡廢則神器無所依。'"本議禮之文，皆據此《傳》爲說。其引《易》"長子主器"相例，疑先儒説此《傳》用《易》義也。李彪引《傳》，"冢祀"作"冢嫡"，爲《傳》異文矣。自此至"將安用之"，《晉世家》略同。

"以朝夕視君膳者也，

〔注〕服云："厨膳飲食。"《晉世家集解》。

〔疏證〕《文王世子》："文王之爲世子，食上，必在視寒煖之節。食下，問所膳。命膳宰，然後退。"《一切經音義》十五引《蒼頡篇》："厨，主食者也。"《膳夫》"卒食，以樂徹於造"。《注》："造，作也。鄭司農云：'造謂食之故所居處也。'"彼《疏》云："二鄭義同，皆謂造食之處即厨，是也。"《膳夫》又云："掌王之食飲膳羞。"《注》云："食，飯也。飲，酒漿也。膳，牲肉也。"服意膳兼飲食言。杜云："膳，厨膳。"失之。

"故曰冢子。君行則守，有守則從。

〔注〕服云："有代太子守，則從之。"《晉世家集解》。

〔疏證〕杜無注。李貽德云："《文王世子》：'公若有出疆之政，庶子以公族之無事者守於公宮，諸父守貴宮貴室，諸子、諸孫守下宮、下室。'即所云代太子守者也。"

"從曰撫軍，

〔注〕服云："助君撫循軍士。"《晉世家集解》。

〔疏證〕杜無注。《晉語》："君行，太子居以監國也。君行，太子從以撫軍也。"《注》："撫循軍士。"韋亦用服説也。《吳志·全琮傳注》："《江表傳》：'權使子登出征，已出軍，次於安樂。琮密表曰：古來太子未嘗偏征也，故從曰撫軍，守曰監國。今太子東出，非古制也。'"

① 林按：此處應爲"監國"，底本作"監方"，據《宋書·禮志》改正。

"守曰監國，古之制也。

〔疏證〕《公羊·昭二十年傳注》："古者諸侯師出，世子率輿守國"。《疏》云："輿，衆也。《左傳》云太子之法，'君行則守'是也。"

"夫帥師，專行謀，誓軍旅，君與國政之所圖也[1]**，**

〔注〕賈云："國政，正卿也。"《晉世家集解》。

〔疏證〕杜《注》："國政，正卿。"用賈說。政與正通。詳《桓十六年傳》"兩政耦國"《疏證》。

"師在制命而已，稟命則不威，專命則不孝，故君之嗣適，不可以帥師。君失其官，

〔疏證〕杜《注》："太子統師，是失其官也。"顧炎武云："失官人之道。"按：顧說是也，《傳》言"君失其官"，是失官斥君。

"帥師不威，將焉用之？且臣聞皋落氏將戰。

〔疏證〕杜無注。韋昭《國語注》云："言其不服，將與申生戰也。"《晉世家》無"臣聞皋落氏將戰"句。

"君其舍之。"

〔注〕服云："舍之，置申生勿使將兵也。"《御覽》一百四十六。

〔疏證〕杜無注。服以舍爲舍申生，明非謂舍皋落氏不伐。《晉語》："君其釋申生也。"

公曰："寡人有子，未知其誰立焉。"不對而退。

〔注〕服云："里克不對。"《御覽》一百四十六。

〔疏證〕杜無注。服稱"里克不對"，明非獻公不對帥師之可否。

見太子。太子曰："吾其廢乎？"對曰："告之以臨民，教之以軍旅，

〔注〕賈云："將下軍。"《御覽》一百四十六。

〔疏證〕杜用賈說。而"先友御戎"注謂"將上軍"，與賈異。《晉世

---

① 林按：楊本此後多"非大子之事也"句。

家》無"告之以臨民"句。

"不共是懼，何故廢乎？且子懼不孝，無懼弗得立，

〔注〕服云："不得立己也。"《御覽》一百四十六。

〔疏證〕《釋文》："'共'又作'供'。"杜無注。《晉語》作"夫爲人子者，懼不孝，不懼弗得。"《注》："賈、唐云：'不得，不得君心也。'昭謂不得，不得立也。"下引此《傳》，疑賈氏注《內傳》，與服異説。

"脩己而不責人，則免於難。"

大子帥師，公衣之偏衣，

〔注〕服云："偏衣，偏裻之衣。異色駮不純，裻在中，左右各異，故曰偏衣。"《御覽》一百四十六。

〔疏證〕杜《注》："偏衣，左右異色，其半似公服。"是亦用服説。《五行志》師古《注》同杜説，然服不言半似公服。杜以下文"衣身之偏"，而曲解之。《晉語》："衣之偏裻之衣。"《注》："裻在中，左右異色，故曰偏。"韋《注》多本賈《注》，賈或同於服也。《説文》："裻，新衣聲，一曰背縫。"此許君述賈氏義。"背縫"即韋所謂"在中"也。《趙世家》："孝成王夢衣偏裻之衣。"張守節《正義》亦云："裻，衣背縫也。"背縫爲衣中分處，偏裻則左右異色。惠棟云："裻即督也。《莊子》：'緣督以爲經。'"按：惠説是也。醫家言督爲背之䘖也。沈欽韓云："《春官·司服職》：'凡兵事，韋弁。'服《注》：'韋弁，以韎韋爲弁，又以爲衣裳。'按：此所謂均服也，衣與裳同色。《瞻彼洛矣箋》：'諸侯世子服韎韐之韠，爵弁，服紂衣纁裳。'則亦皆赤色。太子申生之服當倣此。若非將兵，亦不用純色，故朝服緇衣素裳。玄端服之裳，天子諸侯以朱，上士以玄，中士以黃，下士前玄後黃，不嫌褚色。《聘禮》云：'卿韋弁，歸饔餼。'《注》云：'韋弁，韎韋之弁。'蓋韎布以爲衣而素裳，彼非兵事入廟，不得純如兵服也。今太子出兵，乃用偏衣，上下異色，明非制也。"按：《傳》言偏衣，不及裳色，行兵不用均服，雖非制，猶用朝祭之服，罕夷謂"厖奇無常"，此偏衣直出戎服、禮服之外者，即金玦亦非德佩也。沈説非。

佩之金玦。

〔注〕服云："金玦以金爲玦也。"《御覽》一百四十六。

〔疏證〕杜用服説。《晉語》："佩之金玦。"《注》："玦如環而缺，以

金爲之。"《五行志》師古《注》："金玦，以金爲玦也。半環曰玦。"顏用
服説。"半環曰玦"，疑亦服《注》文也。顏注《漢志》，義詳於杜，其字
句又多與杜殊，疑皆舊注，故此下無賈、服説者，於《疏》內具列顏説。

狐突御戎，先友爲右，

〔疏證〕《晉語注》："狐突，晉同姓。唐叔之後，狐偃之父大戎伯行
也。先友，晉大夫，先丹木之族。右，車右也。"《五行志》師古《注》：
"狐突，晉大夫伯行，時爲太子御戎也。"杜云："申生以太子將上軍。"本
《疏》云："傳之上下諸言某御戎、某爲右者，謂國君自將。此太子亦然者，
攝君之事，故與君同文也。"依《疏》説，是太子將上軍，且罕夷以下軍
卿從矣。前服《注》"下軍"，或"上軍"之譌。

梁餘子養御罕夷，先丹木爲右。

〔疏證〕杜《注》："罕夷，晉下軍卿也。梁餘子養爲罕夷御。"按：
《廣韻》以梁餘爲複姓。

羊舌大夫爲尉。

〔疏證〕《晉語注》："羊舌大夫，羊舌職之父也。"杜云："羊舌大夫，
叔向祖父也。尉，軍尉。"本《疏》云："羊舌氏也，爵爲大夫，號曰'羊
舌大夫'，不知其名也。此人生羊舌職，職生叔向，故爲叔向祖父。"按：
《唐書·宰相世系表》："晉武公子伯僑生文，文生突，羊舌大夫也。"又云：
"晉之公族，食邑於羊舌。突生職，職五子：赤、肸、鮒、虎、季夙。"是
羊舌大夫名突矣。

先友曰："衣身之偏，

〔疏證〕《晉語》："衣躬之偏，而握金玦，令不偷矣。"《注》："偷，
薄也。偏，半也。分身之半以授太子。"此明先友權詞以勉太子之行，故
曰"分身之半"。杜直以"其半似公服"，非也。

"握兵之要，

《晉語》："中分而金玦之權，在此行也。"《注》："中分，分君之半也。
金玦，以兵決事。"注又云："握兵之要，金玦之勢也。金爲兵，玦所以圖
事決計也，故爲兵要。"杜云："謂佩金玦，將上軍。"

"在此行也，子其勉之！偏躬無慝，兵要遠災，

〔疏證〕《晉語注》：“慝，惡也。衣身之半，君無惡意也，握兵之要，欲令太子遠災害也。”

"親以無災，又何患焉！"狐突歎^①曰："時，事之徵也。

〔疏證〕《五行志》師古《注》：“徵，證也。”

"衣，身之章也。

〔疏證〕《五行志》師古《注》：“章，明也。”

"佩，衷之旗也。

〔疏證〕《五行志》師古《注》：“旗，表也。衣所以明貴賤，佩所以表中心。”按：《晉語注》：“衷，中也。”杜亦云：“所以表明其中心。”

"故敬其事，則命以始；

〔疏證〕《五行志》師古《注》：“賞以春夏。”杜同顏説。《晉書·載記·姚泓傳》：“封功臣十六人五等子、男。姚紹曰：‘陛下不忘報德，封之是也。古者敬其事，命之以始，可須來春議之。’乃止。”泓之欲封功臣，當在冬。紹據此《傳》止之，則賞以春、夏，爲古《左氏》義矣。

"服其身，則衣之純；

〔疏證〕《五行志》師古《注》：“壹其色。”杜云：“必以純色爲服。”與顏義同。

"用其衷，則佩之度。

〔疏證〕《五行志》師古《注》：“佩玉者，君子之常度。”杜作“佩玉者，士君子常度”。馬宗璉云：“《白虎通》曰：‘所以必有佩者，表德見所能也。循道無窮則佩環，能本道德則佩琨，能決嫌疑則佩玦。’申生太子當佩環、佩琨，方謂之度。命之佩玦，是使之決於嫌疑之際，而速之去也。故罕夷曰：‘金玦不復。’”沈欽韓云：“《玉藻》：‘世子佩瑜玉而綦組綬。’”按：《傳》止謂佩之度，則謚禮服所宜，不關表德。

沈説是也。

"今命以時卒，閟其事也。

〔疏證〕《五行志》應劭《注》："卒，盡也。閟，閉也。謂十二月盡時也。"杜云："冬十二月閟盡之時。"與應説同。

"衣之尨服，遠其躬也。

〔疏證〕《晉語注》："雜色曰尨。"《五行志》師古《注》："尨，雜色也，謂偏衣也。"杜亦云："尨，雜色。"按：《考工記》鄭《注》："尨，雜也。"

"佩以金玦，棄其衷也。

"服以遠之，時以閟之；

〔疏證〕"服"兼衣佩言，"棄衷"，猶遠躬也。

"尨，涼；

〔疏證〕《説文》："牻，白黑雜毛牛。㹁，尨牛也。《春秋傳》曰：'牻㹁。'"是許君所見本爲"牻㹁"。惠棟云："牛之雜色者不中爲犧牲。衣之不純者，不得爲太子。若以'尨'爲'㹁'，義無所取，古文省少，或借涼爲㹁。"沈彤云："按：《廣韻》：'㹁，牻牛，駁色。'蓋《説文》脱'駁色'二字。牻㹁謂牻服色駁也。蓋分織牻牛白黑毛爲之，下所謂'奇無常'也。"王念孫云："尨涼，冬殺，金寒，玦離，上字與下字義并相因。尨既爲雜，則涼亦爲雜也。"按：王説是也。㹁、涼通假，詁不當異。《五行志》師古《注》："涼，薄也。尨色不能純，故曰薄也。"是舊説以"涼"爲雜。沈以織牛毛爲衣，泥讀《説文》矣。

"冬，殺；

〔疏證〕《五行志》師古《注》又云："冬主殺氣。"按此申命以時卒義也。狐突以時、衣、佩三者錯綜成文。

"金，寒；玦，離，胡可恃也？

〔疏證〕《五行志》師古《注》："金行在西，是謂之寒；玦形半缺，故云離。"沈欽韓云："《荀子·大略篇》：'絶人以玦，反玦以環。'《白虎通·諫諍篇》：'臣待放於郊，君賜之環則反，賜之玦則去。明君子重恥也。’”按：沈説得顔義矣。《晉語》：“以厖衣純，而珪之以金銑者，寒甚矣，胡可恃也。”《注》：“珪，猶決①也。銑，猶洗②也。洗洗，寒貌，言於太子無溫潤也。”杜云：“寒、涼、殺、離，言無溫潤。”義非。

“雖欲勉之，狄可盡乎？”梁餘子養曰：“帥師者，受命於廟，受脤於社，

〔疏證〕《晉語》韋《注》：“將行告廟、受戒命也。脤，宜社之肉，盛以蜃器。”杜《注》：“脤，宜社之肉，盛以脤器。”杜用韋説，“脤”當作“蜃”，字之誤也。《縣箋》：“大社者，出大衆時所告而行也。《春秋傳》曰：‘蜃宜社之肉。’”《疏》：“三《傳》皆無此文而言《傳》曰，衍字也。閔二年，《左傳》曰：‘帥師者，受命於廟，受蜃於社。’成十三年，《左傳》曰：‘成子受蜃於社，不敬。’《箋》但取其意言。《左傳》所云蜃者是宜社之肉，無‘曰’字也。”依彼《疏》，是此《傳》古本當作“受蜃於社”。《校勘記》云：“按：據《説文》：‘祳，社肉也，以蜃爲器盛之。’則亦可謂肉爲脤，故《左傳》直云‘受蜃於社’也。此云‘受脤於社’，‘脤’乃‘祳’之俗字耳，其古本必作‘祳’，或作‘蜃’也。”

“有常服矣。不獲而厖，命可知也。

〔疏證〕《五行志》師古《注》：“軍之常服則韋弁。”杜《注》：“韋弁服，軍之常也。”與顔同。

“死而不孝，不如逃之。”

罕夷曰：“厖奇無常，

〔疏證〕《晉語》：“君賜之奇，奇生怪，怪生無常，無常生不立。”《注》：“奇，異也。不立，不得立。”《五行志》應劭《注》：“奇，奇怪非常意。”文淇案：《内小臣》：“奇服怪民不入宫。”《春秋傳》曰：“厖奇無常。”是舊説以厖爲奇怪非常之服也。沈欽韓云：“奇，讀如奇耦之奇。《續漢書·輿服志》：‘祀宗廟諸祀，皆服袀玄，絳緣領袖爲中衣，絳絝襪，示其赤心奉神也。’戎事亦貴一心致武于敵，故尚赤。今以偏衣，則示無常也。”如沈説，則不賜申生以袀服耳。未足言奇異，沈於“偏衣”不從先

儒異色之説，於此傳又改讀，非也。

"金玦不復，雖復何爲？君有心矣。"

〔疏證〕顧炎武云："人臣賜玦則去，故曰不復。"顧據《大戴禮·王度記》以説也。《五行志》應劭《注》："復，反也。金玦猶決，去不反意也。"師古《注》："有心，有害太子之心。"杜《注》同顏説。

先丹木曰："是服也，狂夫阻之。

〔注〕服云："阻，止也。方相之士蒙玄衣朱裳，主索室中毆疫，號之爲狂夫。止此服，言君與太子以狂夫所止之服衣之。"本《疏》。

〔疏證〕杜《注》："阻，疑也。言雖狂夫猶知有疑。"焦循云："《廣雅》：'猜，阻，疑也。'張楫生杜前，此訓不始杜矣。服虔訓'阻'爲'止'，'阻'之於'疑'，猶'止'之於'礙'。《説文》：'礙，止也，從疑聲。'"焦意蓋以服、杜意同，然服謂止此服，則杜非用服義也。《晉語》云："且是衣，狂夫阻之衣也，其言曰'盡敵而反'。"韋昭云："狂夫，方相氏之士也。阻，古詛字也。欲服是衣，必先詛之。《周禮》'方相氏，黄金四目，玄衣朱裳，執戈揚盾，以驅疫'也。言謂狂夫祭詛之言。"韋讀"阻"爲"詛"，服以"阻"爲"止"，其釋"阻"字雖異，而皆以狂夫爲方相之士，蓋古義也。本《疏》劉炫云："阻，疑，以意訓耳。今言猶云阻疑，是阻得爲疑也。言雖狂夫猶知於此服有疑也。"下引服《注》、韋《注》，又云："是由無正訓，各以意解。劉以爲方相氏狂夫所服玄衣朱裳，左右同色，不得爲偏衣也，當服此衣，非是意所止也。詛乃服之，文無所出。故杜別爲此解。"玩《疏》意，是"阻"之訓疑，杜別爲之，先儒皆不然。邵瑛云："案：光伯此條非規杜也。直駁服虔及《外傳》韋昭説耳。光伯謂'詛乃服之，文無所出'。據《外傳》'狂夫阻之衣'下有'其言曰：盡敵而反'，方相玄衣朱裳，左右同色，不得爲偏衣也。"按：邵説是也，然《疏》所引非《規過》語。自"劉炫云"下，皆光伯《述議》之文，詳《舊疏考正》。

"其言[①]曰'盡敵而返'，敵可盡乎？雖盡敵，猶有内讒，不如違之。"

〔疏證〕依服説，則"盡敵而返"乃狂夫毆疫之言，舉以例兵事也。

---

① 林按：楊本無"其言"二字。

杜不用服説，故《注》云：“曰，公辭。”《疏》謂：“原公之意，而爲之作辭。”彌迂曲矣。《谷風》毛《傳》：“違，去也。”

狐突欲行。羊舌大夫曰：“不可。違命不孝，棄事不忠。雖知其寒，惡不可取，子其死之。”

〔疏證〕杜《注》：“寒，薄也。”

太子將戰，狐突諫曰：“不可。昔辛伯諗周桓公，

〔疏證〕《説文》：“諗，深諫也。《春秋傳》曰：‘辛伯諗周桓公。’”《四牡傳》：“諗，念也。”《箋》：“諗，告也。”《疏》：“《左傳》‘辛伯諗周桓公’，是以言告周桓公，故知‘諗’爲‘告’也。”洪亮吉云：“按：《桓十八年傳》，本曰‘辛伯諫曰’，則‘諗’訓《説文》爲長。杜《注》：‘諗，告也。’雖本鄭《箋》，究當以《説文》爲是。”按：洪説是也。《釋文》引《説文》，“諫”作“謀”，誤。

“云：‘内寵并后，外寵二政，嬖子配適①**，大都耦國，亂之本也。’周公弗從，故及於難。今亂本成矣，立可必乎？**

〔疏證〕惠棟云：“二讀爲‘王貳于虢’之‘貳’，《韓非子》引此正作‘貳’。”按：“貳政”與“并后”，文正相儷，惠説是也。杜《注》云：“驪姬爲内寵，二五爲外寵，奚齊爲嬖子，曲沃爲大都。”《疏》引劉炫《規過》，但有駁語，而删去劉義，祇云：“嬖賤，不得爲二政；太子不以曲沃作亂，不得爲大都。”又云：“辛伯之語，先有成文，其内寵之徒不爲晉發。”此亦《規過》語。《疏》以删次亂之，詳《舊疏考正》。顧炎武云：“按：曲沃即申生所居，豈可謂其生亂乎？陸氏曰：‘古人引言，但取大意，不必事事符同。祇取内寵、嬖子二事。’今從之，改云：‘驪姬寵，奚齊嬖，亂之本也。’”按：顧説是也。光伯厪駁杜外寵、大都二事，義當與顧同。朱駿聲云：“大都句屬不爲晉而發，共太子固非鄭叔段比。”

“孝而安民，子其圖之！

〔疏證〕杜《注》：“奉身爲孝，不戰爲安民。”

---

① 林按：“適”，楊本作“嫡”。

"與其危身以速罪也。"

〔注〕服云："速，召也，疾也。言太子不去，自必危疾召罪。狐突知其難本既成，而太子拘於一節。不達至孝之義，與皋落雖戰勝而歸，猶不能免乎難，而使父有悖惑殺子之罪。故《傳》備載眾賢之言，以迹太子所以死也。《經》在僖五年'晉侯殺其太子申生'。"《御覽》一百四十六。

〔疏證〕杜《注》："有功益見害，故言孰與危身以召罪。"蓋用服説。自"狐突"以下，服説申生之事也。"難本"即亂本也。《晉語》："申生敗狄于稷桑而反，讒言益起。"服云："戰勝而歸。"據《外傳》也。其引《僖五年經》，蓋以證申生之死。劉恭冕謂非服《注》，非也。

成風聞成季之繇，乃事之，

〔注〕服云："繇，抽也，抽出吉凶也。"《易》釋文。

〔疏證〕杜《注》："成風，莊公之妾，僖公之母也。繇，卦兆之占辭。"洪亮吉云："《説文》卜辭本作'籀'，'繇'字作'𦅸'。今考《釋文》《石經》并作'繇'，姑仍之。"李貽德云："繇、抽聲相近。《説文》：'搰，引也，或從由。'《莊子·天地》釋文引李注，亦曰'抽，引'。'是抽猶言引也。《晉語》韋《注》云：'由也，吉凶所由而出也。'以"由"訓"繇"，與服説異。《魏志·文帝紀注》："《魏書》王見殷登，謂之曰：'昔成風聞楚丘之繇，而敬事季友。'"

而屬僖公焉，故成季立之。

僖之元年，齊桓公遷邢于夷儀。

〔疏證〕《齊語注》："邢，姬姓，周公之後也。夷儀，邢邑也。"《郡國志》："河內郡平皋縣。"應劭曰："邢侯自襄國徙此。當齊桓公時，衛人伐邢，邢遷於夷儀，其地屬晉，號邢丘。"《漢書》臣瓚《注》："《春秋》狄人伐邢，邢遷夷儀，不至此也。今襄國西有夷儀，去襄國百餘里，平皋是邢丘，非國也。"按：應説誤以定九[①]年齊伐晉夷儀，當此夷儀。《元和志》："故邢國，今邢州城內西南隅小城是也。夷儀故城，今龍岡縣界夷儀故城是也，在縣西一百四十里。"蓋亦誤用應劭説。馬宗璉云："郡國東郡聊城有夷陵聚，計邢國所都，止在聊城百里之內。臣瓚謂在襄國西是也。"

---

① 林按：底本作"四"，誤，據《左傳》改正。

沈欽韓云："愚按：邢之遷，以違狄難也。今其所遷，仍在順德府邢臺縣境，未遠于狄，豈便爲安？此夷儀實近齊、衛之交。《一統志》夷儀故城在東昌府聊城縣西南二十里①。"按：馬、沈説是也。

二年，封衛于楚丘。

〔疏證〕《齊語》韋《注》："楚丘，衛地，桓公遷於其國而封之。"按：《齊世家》："桓公二十八年，城楚丘。"《集解》引賈逵説："楚丘，衛地。"與《齊語注》同。《地理志》："山陽郡成武有楚丘，齊桓公所城，遷衛文公於此。子成公徙濮南。"則誤以曹之楚丘，當衛之楚丘矣。詳隱七年《疏證》。《定之方中疏》："《鄭志》：'張逸問："楚宮今何地？"答曰："楚丘在濟河間，疑在今東郡界中。然衛本在河北，至懿公滅，乃東徙渡河，野處漕邑，則在河南明矣。升漕虛望楚丘，楚丘與漕不甚相遠，亦河南明矣。故疑在東郡界中。"'"按：鄭説是也。《御覽》一百六十："衛文公自曹邑遷于楚丘。"《注》："今衛南縣也。"當是舊注。衛南爲隋縣名，當出隋以後人矣。衛南在河之南，説與鄭君合。沈欽韓云："《輿地廣記》：'開德府衛南縣本楚丘，衛文公自曹邑徙此。'今省入衛輝府滑縣。《一統志》：'衛南故城在滑縣東六十里。'"《年表》：齊桓公二十八年，"爲衛築楚丘，救戎狄伐衛"。文公二年，"齊桓公率諸侯爲我城楚丘"。

邢遷如歸，衛國忘亡。

〔疏證〕《史通·內篇·模擬》："'邢遷如歸，衛國忘亡'，言上下安堵，不失舊物也。"

衛文公大布之衣、大帛之冠，

〔注〕服云："戴公卒在於此年。"《定之方中疏》。

〔疏證〕《釋文》："'衛文公大布之衣'，本或作'衣大布之衣'，誤。"按：《定之方中疏》亦云"衣大布之衣"。《淮南·齊俗訓》："晉文衣大布之衣。"《注》："大布，麤布也。"杜《注》用之，而以大帛爲厚繒。按：《雜記》："大帛冠，緇布冠，皆不緌。②"鄭《注》："大白冠，太古之布冠也。《春秋傳》曰：'衛文公大布之衣，大白之冠。'"《疏》云："引《春秋左傳》證大白冠是布也。衛文公以國未道，故不充公服，自貶損，所以大

---

① 林按：沈氏作"十二里"。

② 科學本注："大帛冠"，阮刻《注疏》本作"大白冠"，"緌"作"蕤"。

白冠，大布衣也。”依彼注，則傳文“帛”，一作“白”。帛、白雖異字，而冠則以布爲之。《玉藻》：“年不順成，則君衣布，搢本。”《注》：“君衣布者，謂若衛文公大布之衣，大帛之冠是也。”《疏》：“按：閔二年，狄入衛後，‘衛文公大布之衣，大帛之冠’。爲國之破亂，與凶年同，故引之。”彼《注》及《疏》“大帛”皆當作“大白”，鄭《注》意與《雜記注》同也，又“大帛不緌”《注》云：“帛當爲白，聲之誤也。大帛，謂白布冠也。不緌，凶服去飾。”玩鄭意，亦以此《傳》證之。而《疏》云：“知‘帛當爲白’，以《雜記》云‘大白冠，緇布冠不緌’。彼‘大白’與‘緇布冠’連文，故知此‘大帛’爲白布冠也。《左傳》閔二年：‘衛文公大布之衣，大帛之冠。’白繒冠也，與大布相對，與此異也。”則未達鄭旨矣。沈欽韓云：“按：諸侯玄端，服用十五升布，爵弁用三十升布。皮弁、玄端衣皆用布，惟冕與爵弁用絲耳。今此衣制，蓋亦不殊。稍麤，沽以示儉也。冠本布，今以帛者，猶諸麻冕而易以紒也。”沈説大布之衣，則是其所謂大帛之冠。以絲爲之，則用杜《注》説，與鄭君誼遠。杜又云：“蓋用諸侯諒闇之服。”惠棟云：“此杜自造之語。服虔曰：‘戴公卒於是年。’故杜彌縫其説耳。”按：惠説是也。然疑服《注》“戴公卒於是年”下，或以此衣冠當喪服，故杜謂“諒闇之服”異之。《定之方中序箋》云：“戴公立一年而卒。”《疏》云：“杜預云‘衛文公以此年冬立’是也。戴公立未踰年而稱謚者，以衛既滅而立。不繫於先君，故臣子成其喪而爲之謚。爲之謚者，與繫世者異也。”

務材、訓農，通商、惠工，

〔疏證〕杜《注》：“加惠於百工，賞其利器用。”《疏》云：“務材在植材用也。訓農，訓民勸農業也。通商，通商販之路，令貨利往來也。惠工，加恩惠於百工，賞其利器用也。”

敬教、勸學，授方、任能。

〔疏證〕杜《注》：“方，百事之宜也。”《疏》云：“敬教，敬民五教也。勸學，勸民學問也。授方，授民以事，皆有方法也。任能，其所委任用能人也。”此八者疑舊注所不具，故《疏》特詳之。

元年，革車三十乘；季年，乃三百乘。

〔疏證〕《晉語》：“會其季年可也。”《注》：“季，末也。勸使文公適齊，會桓公季末之年可也。”是季年猶末年也。杜云：“季年，在僖二十五年。"《定之方中》"騋牝三千"《箋》:"國馬之制,天子十有二閑,馬六種,三千四百五十六匹。邦國六閑,馬四種,千二百九十六匹。衛之先君,兼邶、鄘而有之,而馬數過禮制。"《疏》:"言國馬,謂君之家馬也。其兵賦則《左傳》曰'元年革車三十乘,季年乃三百乘'是也。"

僖　公

〔疏證〕《魯世家》：“僖公名申，莊公之子。”僖公，《史記》《漢書》并作“釐公”。《謚法》：“小心畏忌曰僖。”

〔經〕 元年，春，王正月。

齊師、宋師、曹伯次于聶北，救邢。

〔注〕賈、服以爲：“此言‘次于聶北，救邢’，與襄二十三年‘叔孫豹救晉，次于雍榆’，二事相反。此是君也，進止自由；彼是臣也，先通君命。”本《疏》。《左氏》先儒言：“齊桓，君也。進止自由，故先次後救。叔孫，臣也。先通君命，故先救後次。”《莊三年疏》。

〔疏證〕曹伯，《石經》作“曹師”，是也。本《疏》：“此三國皆師多而大夫將，故名氏不見，并稱師。”可證唐本未誤。《校勘記》云：“《莊三年經》‘公次於滑’，《襄公二十三年傳》‘次於雍榆’，《正義》并作‘曹師’。”洪亮吉云：“《説文》：‘嵒，多言也。從品相連。《春秋傳》曰：“次於嵒北。”讀與聶同。’按：今本作‘聶’，因聲近而轉。”臧壽恭云：“嵒爲正字，聶爲假借字。許氏所引，蓋賈經也。”《郡國志》：“東郡聊城，有夷儀聚，有聶戚。”按：夷儀聚即下文邢所遷，聶戚即此聶北也。沈欽韓云：“《一統志》：‘聶城在大名府清豐縣東北。’《方輿紀要》：‘在縣北十里。《志》以爲“次於聶城救邢”，即此城也。’”賈、服謂聶北與雍榆二事相反者，蓋以書次，救先後爲義例。《莊三年疏》云：“次在事前，謂僖元年，‘齊師、宋師、曹師次於聶北，救邢’，是也。次在事後，謂襄二十三年，‘叔孫豹帥師救晉，次於雍榆’，是也。‘聶北’之下，《公羊傳》曰：‘曷爲先言次而後言救？君也。’‘雍榆’之下，《公羊傳》曰：‘曷爲先言救而後言次？先通君命也。’《左氏》先儒取彼爲説，言‘齊桓，君也，進止自由，故先次後救；叔孫，臣也，先通君命，故先救後次’。”其所稱先儒，即賈、服説，析言先後，文尤備矣。本《疏》引賈、服説，亦謂取《公羊》爲説。又駁之云：“杜以爲《傳》無此事，故不用其言。《釋例》云：‘或次在事前，或次在事後，皆隨事實，無義例也。’”按：《傳》於經文亦有不備。如杜説，則聶北、雍榆可一例書，無須回易其文矣。此《經》舊誼，《左氏》蓋同於《公羊》，《疏》謂先儒取《公羊》爲説，非也。

夏，六月，邢遷于夷儀。

〔疏證〕夷儀，二《傳》作“陳儀”，詳閔二年傳《疏證》。

齊師、宋師、曹師城邢。

〔疏證〕杜《注》：“一事而再列三國，於文不可言諸侯師故。”沈欽韓云：“并列三國，各著其勞也。《春秋》録纖芥之善，諸侯能帥師以救鄰國之患，以師爲重，故不書爵。”《傳》云“諸侯”，而杜決其爲“大夫”，舛矣。

秋，七月，戊辰，夫人姜氏薨于夷，齊人以歸。

〔疏證〕杜《注》云：“《傳》在閔二年。”洪亮吉云：“按：《唐石經》作‘齊人以尸歸’。‘尸’字是後人增入，不足據。”嚴可均云：“全《經》無用‘尸’字例。閔二年，‘齊人取而殺之於夷，以其尸歸’。唐末俗本涉彼《傳》而誤耳。”

楚人伐鄭。

〔疏證〕杜《注》：“荆始改號曰楚。”《檀弓》：“襄公朝於荆。”《注》：“楚言荆者，州言之。”《疏》：“《春秋》莊十年，‘荆敗蔡師於莘’，《公羊傳》曰：‘荆者何？州名也。州不若國，國不若氏，氏不若人，人不若名，名不若字，字不若子。’而《左氏》無此義。荆蓋楚之本號。魯莊之世，告命皆稱荆。至僖元年，始稱楚。”據彼《疏》所述，杜説蓋古誼也。

八月，公會齊侯、宋公、鄭伯、曹伯、邾人于檉。

〔疏證〕檉，《公羊》曰“朾”①。沈欽韓云：“《水經注》：‘澇波水②自陳城西北而東流，謂之谷水。東逕澇城北。王隱曰：“莘北有谷水。”是也。莘即檉矣。杜預謂“在陳縣西北”，非也。檉，小城，在陳郡西南。’《方輿紀要》：‘莘城在陳州西北。’”按：沈説是也。杜《注》以檉爲宋地。江永云：“檉在陳州，則其地當屬陳，非宋地。”

---

① 科學本注：沈欽韓《春秋左氏傳地名補注》作“澇水”，劉氏原稿增“波”字。
② 科學本注：《水經注》原句作“谷水注之，水源上承澇陂。陂在陳城西北，陂水東流，謂之谷水”。

九月，公敗邾師于偃。

〔疏證〕偃，《公羊》曰"纓"。杜《注》云："偃，邾地。"服氏注《傳》以爲魯地。今地闕。

冬，十月，壬午，公子友帥師敗莒師于酈，獲莒挐。

〔疏證〕酈，《公羊》曰"犁"，《穀梁》曰"麗"。挐，毛本、監本作"挈"，今從《石經》。

十有二月，丁巳，夫人氏之喪至自齊。

〔注〕賈逵云："殺子輕，故但貶姜。"本《疏》。

〔疏證〕《年表》："哀姜喪自齊至。"杜《注》："不稱'姜'，闕文。"《疏》云："齊人治哀姜之罪，取而殺之，故其①書於《經》。薨葬備禮，然既諱其殺，不宜有貶。《公羊傳》曰：'夫人何以不稱姜氏？貶。曷爲貶？與弒公也。'《穀梁傳》曰：'其不言姜，以其殺二子，貶之也。或曰：爲齊桓諱殺同姓也。'賈逵云：'殺子輕，故但貶姜。'然則姜氏者，夫人之姓，二字共爲一義，不得去姜存氏，去氏存姜。若其必有所貶，自可替其尊號，去一姜字，復何所明？於薨，於葬，未嘗有貶，何故喪至獨去一姜？故杜以《經》無'姜'字，直是闕文。《公羊》《穀梁》見其文闕，妄爲之說耳。"按：《閔二年經》，"夫人姜氏孫於邾"。賈、服《注》云："文姜殺夫罪重，故去姜氏；哀姜殺子罪輕，故不去姜氏。"則賈、服不援此《經》有氏無姜爲說，賈君一人之言，又自歧矣。或賈所注本異於服，今無文明之。

〔傳〕"元年，春"，不稱即位，公出故也。

〔疏證〕公出，謂公自陳立也。

公出復入，不書，諱之也。諱國惡，禮也。

諸侯救邢。

〔注〕先儒以爲"此役，諸侯身行"。本《疏》。

〔疏證〕杜《注》："實大夫而曰諸侯，總衆國之辭。"《疏》云："先

---

① 科學本注：阮刻《注疏》"其"作"具"。

儒以爲此役諸侯身行，故言此以異之。”是杜不用舊説也。惠棟曰：“家君
曰：‘實大夫也，何得稱爲諸侯，此預之妄也。’”

邢人潰，而出奔師。

〔疏證〕杜《注》云：“奔聶北之師也。”

師遂逐狄人，具邢器用而遷之，師無私焉。

夏，邢遷于夷儀，諸侯城之，救患也。

〔疏證〕《管子·大匡》：“狄人伐邢，齊桓公築夷儀而封之。”《齊語》
同。

凡侯伯，救患、分災、討罪，禮也。

〔疏證〕此救患、分災、討罪例也。杜但釋分災曰：“分穀帛。”按：
《大宗伯》：“以凶禮哀邦國之憂。”《注》：“哀，謂救患分裁。”《疏》：“此
據《左氏》僖元年引之者，證哀者從後往哀之義。哀言救患、分災、討罪
者，救患即邢有不安之患。諸侯城之，是救患也。分災，謂若宋災，諸侯
會於澶淵，謀歸宋財，是分災也。討罪，謂諸侯無故相伐，是罪人也。霸
者會諸侯共討之，是討罪也。”鄭《禮注》據《傳例》，彼《疏》所稱當是
舊説。

秋，楚人伐鄭，鄭即齊故也。盟于犖，謀救鄭也。

〔疏證〕杜《注》：“犖即檉也，地有二名。”

“九月，公敗邾師于偃”，虛丘之戍將歸者也。

〔注〕服云：“虛丘，魯邑。魯有亂，邾使兵戍虛丘。魯與邾無怨，因
兵將還，要而敗之，所以惡僖公也。”本《疏》。

〔疏證〕《説文》：“戍，守邊也。”杜《注》：“虛丘，邾地。邾人既送
哀姜還，齊人殺之，因戍虛丘，欲以侵晉。公以義求齊，齊送姜氏之喪。
邾人懼，乃歸，故公要而敗之。”《疏》引服説，駁之云：“邾之與魯，本
無怨惡。僖公奔邾，則爲之外主。國亂，則戍其内邑。無故而敗其師，亡
信背義，莫斯之甚，非僖公作頌之主所當行也。杜以爲不然，故別爲此
説，此説亦無所據，要其理當然也。”顧炎武云：“魯與邾之尋師多矣，詐
而敗其戍兵，不必爲哀姜故也。杜《解》鑿。”沈欽韓云：“按：服與杜同

爲意度，然服是從先師得之，杜則有心立異。學者可定其從舍矣。"顧棟高以偃與虚丘在費縣内，亦無可考。按：顧、沈説是也。"十二月，夫人之喪始至"，杜乃以此月爲已歸喪。《疏》亦疑之，而云"夫人以七月薨，公即求齊，齊既許之，邾聞許而將歸，魯將許而敗邾師耳"。曲祖杜説，不合傳文。

冬，莒人來求賂。

〔疏證〕杜《注》："求還慶父之賂。"杜據上年慶父奔莒爲説。

公子友敗諸酈，獲莒子之弟挐。非卿也，嘉獲之也。

公賜季友汶陽之田及費。

〔注〕賈云："汶陽、鄆，魯二邑。"《魯世家集解》。

〔疏證〕《魯世家》："釐公元年，以汶陽、鄆封季友。季友爲相。"《索隱》："鄆，今作費，音秘。"是"鄆"爲"鄆"之異文，省從費也。《史》謂以汶陽、鄆封季友，然《傳》析言汶陽之田，又加"及"以明之，則但與汶陽田，而不以縣封，與費異也。《方士》"掌都家"《注》："鄭司農云：'掌四百里至五百里，公所食，魯季氏食於都。'"《疏》："云'公所食'者，謂《載師》所云'大都任畺地'者也。引'魯季氏食於都'者，謂諸侯大都與三公同。後鄭不從。"如彼《疏》説，先鄭以二邑爲魯都邑矣。《地理志》："東海郡費，故魯季氏邑。"又云："高密國汶陽。應劭曰：'《詩》曰："汶水湯湯。"'師古曰：'即《左傳》所云"公賜季友汶陽之田"者也。'"誤志以汶陽爲高密之汶陽縣。《水經注》則云："汶水出泰山萊蕪縣西南，入濟。"沈欽韓云："《方輿紀要》：'汶水出泰安州萊蕪縣東北七十二里原山之南。《水經》所謂北汶也。《運河記》："汶水自泰安州經寧陽、汶上縣界，又西至東平州，注濟水，此故道也。"'應劭云：'水北爲陽，南爲陰。'蓋在今兗州府寧陽縣北。漢置汶陽縣，在曲阜縣東北四十里，非此汶陽也。"江永云："《水經注》：'蛇水出岡縣東北泰山西，流逕汶陽之田，齊所侵也。自汶之北，平暢極目，僖公以賜季友即此。'《元和志》：'汶陽故城，在龔丘縣東北五十四里，其城側土田沃饒，故魯爲汶陽之田。'龔丘即今寧陽也。"[1] 按：沈、江説是也。《一統志》："費縣故城在沂州府費縣西北二十里。"

---

[1] 林按："江永"云云原稿爲眉批内容，字迹潦草，疑爲劉師培增補。

夫人氏之喪至自齊。君子以齊人殺哀姜，爲已甚矣，女子從人者也。

〔疏證〕《傳》亦稱“夫人氏”，則賈氏貶姜之説爲有據矣。杜《注》：“言女子有三從之義，在夫家有罪，非父母家所宜討也。”《北魏書·刑罰志》：“神龜中，蘭陵公主駙馬都尉劉輝，坐與河陰縣民張智壽妹容妃、陳慶和妹慧猛姦亂耽惑，毆主傷胎。輝懼罪逃亡。門下處奏：‘各入死刑，智壽、慶和并以知情不加防限，處以流坐。’詔曰：‘容妃、慧猛恕死，髡鞭付宫，餘如奏。’尚書元修義以爲：‘昔哀姜悖禮於魯，齊侯取而殺之，《春秋》所譏。又夏姬罪濫於陳國，但責徵舒，而不非父母。明婦人外成，犯禮之愆，無關本屬。況出適之妹，豈及兄弟乎？’”是婦人外成，爲此《傳》舊説。杜《注》蓋用舊説。

〔經〕 二年，春，王正月，城楚丘。

〔注〕賈云：“楚丘，衛地。”《齊世家索隱》。

〔疏證〕楚丘，杜用賈説，詳閔二年傳《疏證》。《定之方中序》：“美衛文公也。文公徙居楚丘，始建城市而營宮室。”《箋》云：“魯僖公二年，齊桓公城楚丘而封衛。”《詩》“定之方中，作於楚宮”，《傳》：“定，營室也。方中，昏正四方。”《箋》云：“定星昏中而正，於是可以營制宮室，故謂之營室。定昏中而正，謂小雪時。”《疏》云：“鄭以爲文公於定星之昏正四方而中之時，謂夏之十月。”又云：“謂小雪時，小雪者，十月之中氣。十月立冬節，小雪中於此時，定星昏而正中也。此定之方中，小雪時，則在周十二月矣。《春秋》‘正月城楚丘’，建城在正月，則作室亦正月矣。而云‘得時’者，《左傳》曰：‘凡土功，水昏正而栽，日至而畢。’則冬至以前皆爲土功之時。以曆校之，僖二年，閏餘十七，則閏在正月之後。正月之初未冬至，故爲得時也。《箋》言定星中，小雪時，舉其常期耳，非謂作其楚宮，即當十月也。如此，則小雪以後方興土功。”按：《周語》：“營室之中，土功其始。”韋《注》：“建亥小雪之中，定星昏正於午，土功可以始也。”韋《注》用鄭《箋》説，《箋》以小雪爲十月中，自以作楚宮爲在十月。彼《疏》以此年閏在正月之後，則正月之初猶行夏正十月節氣。《箋》謂作楚宮在十月，義自可通，不必歧《箋》説爲二也。《宋書·曆志》：“祖冲之曰：‘法興謂臣所立法，楚宮之作，在九月初。按：《詩》傳、箋，皆謂定之方中者，室壁昏中，形四方也。然則中天之正，當在室之八度。臣曆推之，元年立冬後四日，此度昏中，乃自十月之初，又非寒露之日也。議者之意，蓋誤以周世爲堯時，度差五十，故致此謬。小雪之説，自信之談，非有明文可據也。’”《宋志》亦駁鄭説，其推較節氣，視鄭爲密，然亦主十月之説。

夏，五月，辛巳，葬我小君哀姜。無《傳》。

虞師、晉師滅下陽。

〔注〕服虔曰：“夏陽，虢邑也。在大陽東三十里。”《水經·河水注》《晉世家集解》。

〔疏證〕下陽，《公》《穀》曰“夏陽”。沈欽韓云：“《元和志》：‘下陽城在陝州平陸縣東北二十里。’今屬山西解州。”《水經·河水注》：“黢水又東南逕夏陽縣故城南。”下引服《注》：“夏陽，虢邑也。在大陽東三十里城南。”“里”下有“城南”二字，從戴震説删。《晉世家集解》“東”作“東北”，亦無“城南”二字也。朱氏謀瑋云：“《春秋》‘僖公二年，虞師、晉師滅下陽’。杜元凱云：‘下陽，虢邑，在河東大陽縣。’按：《漢志》‘弘農陝縣’《注》：‘故虢國在大陽東。’‘馮翊夏陽縣’《注》：‘故少梁龍門在北。’則下陽、夏陽兩地也。《公羊傳》‘下陽’作‘夏陽’，服因誤矣。”按：服氏本自作夏陽，非取《公羊》。臧壽恭云：“蓋服氏《經》與《公》《穀》同。”是也。服以夏陽在大陽東，與《漢志》合，非馮翊之夏陽也。《郡國志》“河東郡大陽”有“下陽城”。

秋，九月，齊侯、宋公、江人、黄人盟于貫。

〔注〕賈云：“江、黄稱人，刺不度德善鄰，恃齊背楚，終爲楚所滅。”本《疏》。

〔疏證〕貫，《公羊》曰“貫澤”。《地理志》：“汝南郡安陽。應劭曰：‘故江國，今江亭是。’”《括地志》：“安陽故城，在新息縣西南八十里。”江永云：“按：息縣今屬光州。”沈欽韓云：“《水經注》：‘汝水又東逕貫城南。俗謂之薄城。非也。闞駰《十三州志》以爲貫城在蒙縣西北。杜云：“貫，貫字相似。”貫在齊，謂貫澤也，非此矣。’《括地志》‘貫城今名蒙澤城’，與今歸德府商丘縣接界。《一統志》：‘蒙澤故城，在曹州府曹縣南十里，即古貫地。’”按：沈説是也。杜於江、黄稱人無注《疏》云：“《公羊》《穀梁》皆云‘江人、黄人，遠國之辭’。言其實皆君也，以其遠國，降而稱人。”下引賈説，釋之：“其意雖異，皆以江人、黄人爲國君親來。杜以諸侯之貶，不至稱人，則此稱人者，皆是其國之大夫耳。齊桓威德稍盛，遠國來服。齊桓謙以接遠，故與宋公會之。”按：此經傳杜《注》云：“江、黄，楚與國也，始來服齊，故爲合諸侯。”是杜取賈説，以爲江、黄國君親來。《疏》不知杜用賈説，而以杜謂江、黄大夫，非杜意也。“度德善鄰”，皆取傳文。《説文》：“恃，賴也。”《楚辭·惜誦注》：“背，違也。”十二年，楚滅黄。文四年，楚滅江。

冬，十月，不雨。

〔注〕劉歆以爲：“釐公二年，‘冬十月不雨’。三年春‘正月不雨，夏四月不雨，六月雨’。先是者，莊公夫人與公子慶父淫，而殺二君。國人攻之，夫人遜于邾，慶父犇莒。釐公即位，南敗邾，東敗莒，獲其大夫，有炕陽之應。”《五行志·中》。

〔疏證〕閔公二年及本年經傳爲説。

楚人侵鄭。

〔傳〕二年，春，諸侯城楚丘而封衛焉。

不書所會，後也。

晉荀息請以屈産之乘與垂棘之璧假道於虞，以伐虢。

〔注〕服氏謂“産爲産生”。《公羊疏》。賈云：“虞在晉南，虢在虞南。”《晉世家集解》。

〔疏證〕杜《注》：“荀息，荀叔也。”《晉語注》：“荀息，奚齊之傅。”洪亮吉云：“王符《潛夫論》作‘郇息’。按：此則息蓋晉大夫，食采於郇，因以爲氏。《説文》：‘郇，周武王子所封國，在晉地。’郇、荀古字通。”《公羊》本年《傳》：“荀息曰：‘請以屈産之乘。’”《注》云：“屈産，出名馬之地。”《疏》：“謂屈産爲地名，不似服氏謂‘産爲産生’也。”是《公羊》説與《左氏》説異。杜云：“屈地生良馬。”用服説也。《吕覽·權勳篇》：“荀息曰：‘請以垂棘之璧與屈産之乘，以賂虞公，而求假道焉，必可得也。’”《注》：“垂棘，美璧所出之地，因以爲名也。屈産之乘，屈邑所生。四馬曰乘，今河東北屈駿馬者是也。”彼《注》以屈産爲屈邑所生，與服説同。北屈即公子夷吾所居也。其説垂棘，疑亦舊説矣。垂棘今地闕。沈欽韓云：“屈即北屈縣，今之吉州。《寰宇記》：‘古稱此邑有駿馬。’”按：沈説是也。《地理志》：“河東郡大陽。”自注云：“吳山在西，上有吳城。”《一統志》：“吳山在解州安邑縣東南三十二里，跨夏縣、平

陸縣界，一名虞山，一名虞阪。晉假道於虞即此。”《方輿紀要》云：“中
條山之支阜也。”閻若璩《四書釋地》：“虞，山西之平陸縣也。虢，河南
之陝州也。名雖二省，而界相連。裴駰引賈逵《注》云：‘虞在晉南，虢在
虞南。’一宮之下，形勢瞭然。爾時爲晉獻公十九年，正都於絳。在太平縣
之南，絳州之北。”《晉世家》：“獻公曰：‘始吾先君莊伯、武公之誅晉亂，
而虢常助晉伐我，又匿晉亡公子，果爲亂。弗誅，後遺子孫憂。’乃使荀息
以屈産之乘假道於虞。”《晉語》：“伐虢之役，師出於虞。”《年表》：“晉獻
公二年，荀息以幣假道于虞以伐虢。”《疏》云：“《聘禮》云：‘若過他邦，
至於竟，使次介假道，束帛將命于朝，下大夫取以入告，出許。’是禮過他
國，必假道也。”

公曰：“是吾寶也。”對曰：“若得道于虞，猶外府也。”

〔疏證〕杜不釋“外府”。《説文》：“府，文書藏也。”《廣雅·釋宮》：
“府，舍也。”府，聚也。凡財賄、兵器文書皆藏之府。《論語》鄭《注》：
“藏貨財曰府。”《周禮·内府職》云：“掌受九貢、九賦、九功之貨財、良
兵、良器，以待邦之大用。凡四方之幣獻之金、玉、齒、革、兵器，凡良
貨財入焉。”又《外府》：“掌邦布及王、后、世子祭服。”是内府所藏爲財
賄、兵器，以示慎重。外府不得藏，故以外府譬之。

公曰：“宮之奇存焉。”

〔疏證〕《晉語注》：“宮之奇，虞大夫。”

對曰：“宮之奇之爲人也，懦而不能强諫。”

〔疏證〕《釋文》：“懦，又作‘糯’。”《廣雅·釋詁》：“懦，弱也。”

“且少長于君，君暱之，雖諫，將不聽。”

〔疏證〕少長猶少育也。

乃使荀息假道於虞，曰：“冀爲不道，入自顛軨，伐鄍三門。

〔注〕服虔謂“冀伐晉也。本《疏》。鄍，晉別都。”《郡國志注》。
〔疏證〕杜《注》：“前是冀伐虞至鄍。鄍，虞邑。”不用服説。《疏》云：
“服虔以‘冀爲不道’，‘伐鄍三門’，謂冀伐晉也；‘冀之既病’，‘亦唯君
故’，謂虞助晉也。將欲假道，稱前恩以誘之。案：《傳》，荀息以寶假道，
公尚慮虞不許。則晉之於虞，舊非與國。若其嘗經助晉，則是昔來通好，

何憂乎不許，而請進國之美寶，尚畏宮之奇諫乎？故杜以爲冀自伐虞，虞自報冀。以虞能報冀，晉不能報虢，言己弱以示其恥，言虞彊以説其心。此雖無文，理必然也。”

文淇案：《説文》：“郋，晉邑也。《春秋傳》曰：‘伐郋三門。’是也。”許用服説。顧炎武謂服説爲長。壽曾曰：傳文“冀爲不道”，“今虢爲不道”，文以相例見意。顛軨之役，指冀伐晉。服當得之，故書耳。沈欽韓云：“元吕思誠《圖經》：‘冀亭遺址在蒲州河津縣北十五里。’《水經注》：‘大陽縣，傅巖東北十餘里，即巔軨阪也。有東西絶澗，左右幽空，窮深，地壑中則築以成道，指南北之路，謂之爲軨橋也。大陽城北，對長坂二十許里，謂之虞坂。戴延之曰：“自上及下，七山相重。”’《元和志》：‘顛軨阪在陝州平陸縣東北七十里。’《穆天子傳》：‘天子南登于薄山寳軨之隥。’《寰宇記》：‘郋城在陝州平陸縣東北二十里。’《紀要》：‘其城周四里，亦謂郇城。’《元和志》：‘底柱山，俗名三門山。河出其間，有似於門，故亦謂之三門。’《紀要》：‘在解州平陸縣東南五十里。’”沈不解“郋”爲晉別都與否。顧棟高云：“絳州河津縣爲冀國地，解州平陸縣舊爲虞國地。”其釋“郋”則仍用杜説也。言《左氏》地輿者，多以郋爲虞邑。朱駿聲亦以爲虞地，又云：“《成二年傳》‘公會晉師於上郋’，杜《注》：‘地闕。’疑是晉地。”

“冀之既病，則亦唯君故。

〔注〕服云：“謂虞助晉也，將欲假道，稱前恩以誘之。”本《疏》。

〔疏證〕杜《注》：“言虞報伐冀使病，將欲假道，故稱虞強以説其心。”壽曾曰：《疏》駁服説，見上條。如服説，則“既病”，謂虞師援晉勝冀也。若虞自勝冀，其事無預於晉。杜説非。

“今虢爲不道，保於逆旅，以侵敝邑之南鄙。敢請假道以請罪於虢。”

〔疏證〕杜《注》：“逆旅，客舍也。虢稍遣人，分依客舍，以聚衆抄晉邊邑。”《荀子·榮辱篇》：“或監門、御旅、抱關、擊柝，而不自以爲寡。”《注》：“監門，主門也。御讀爲迓。迓旅，逆旅也。”以“監門”與“御旅”連言，則迓旅爲迓賓客之地。《荀子》所傳《左氏》字作“御”，與今本異。《尸子·勸學篇》：“農夫比粟，商賈比財，烈士比義，是故監門、逆旅、農夫、陶人皆得與焉。”則字已作“逆旅”矣。是“逆旅”訓“客舍”爲古《左氏》説，荀子所傳《左氏傳》作“御旅”矣。惠棟云：

"'御'與'迓'通,《尚書》'迓'字皆爲'御'。御,迎也,與逆通。"
《晉書·潘岳傳》:"時以逆旅逐末廢農,奸淫亡命,多所依湊,敗亂法度,
敕當除之。岳議曰:'謹案:逆旅,久矣其所由來也。行者賴以頓止,居
者薄收其直,交易貿遷,各得其所。語曰:"許由辭帝堯之命,而舍于逆
旅。"《外傳》曰:"晉陽處父過甯,舍于逆旅。"然則自堯到今,未有不得
客舍之法。'"《隋書·李諤傳》:"邳公蘇威以臨道店舍,乃求利之徒,事
業污雜,非敦本之義。遂奏高祖,約遣歸農,有願依舊者,所在州縣録
附市籍,仍徹毀舊店。并令遠道,限以時日。正值冬寒,莫敢陳訴。諤因
别使,見其如此,以爲四民有業,各附所安。逆旅之與旗亭,自古非同一
概,即附市籍,於理不可。且行旅之所依託,豈容一朝而廢,徒爲勞擾,
于事非宜。遂專決之,并令依舊。"《晉書》《隋書》皆以"逆旅"爲客舍
之名,則杜《注》爲古《左氏》説也。邵寶云:"逆旅,近晉南鄙之客舍
也,出則侵,退則保。"《疏》云:"觀其此語,則虢、晉接鄰。但向其都
邑,須過虞竟。"

虞公許之,且請先伐虢。

〔疏證〕《晉世家》:"虞假道,遂伐虢。"

宮之奇諫,不聽,遂起師。夏,晉里克、荀息帥師會虞師,伐虢,滅下陽。

〔注〕

〔疏證〕杜《注》:"晉猶主兵不信虞。"顧炎武云:"按:請先伐虢者,
爲之導也。晉以師會之,未見晉不信虞之意。"下陽,詳經文《疏證》。《晉
世家》:"取其下陽以歸。"

先書虞,賄故也。

"秋,盟于貫",服江、黄也。

齊寺人貂始漏師于多魚。

〔疏證〕洪亮吉云:"《國語》及《管子》《吕覽》、劉向《説苑》并作
'豎刁',《漢書》作'豎貂'。"杜《注》:"寺人,内奄官豎貂也。"《疏》
云:"《周禮》内宰之屬,寺人,王之正内五人,内豎倍寺人之數。鄭玄云:
'豎,未冠者之官名。'然則此人名貂,幼童爲内豎之官,以爲齊侯所寵,
後雖年長,遂呼爲'豎貂'焉。此時爲寺人之官,故稱'寺人貂'也。"

多魚，諸家無説。高士奇曰：“時爲貫澤之盟，蓋在宋境。或曰在今歸德府虞城界。”

虢公敗戎於桑田。

〔疏證〕沈欽韓云：“《方輿紀要》：‘稠桑驛，在陝州閿鄉縣東三十里，“虢公敗戎於桑田”，即稠桑。’”顧棟高云：“今河南陝州靈寶縣西二十五里稠桑驛，即其地。”

晉卜偃曰：“虢必亡矣。亡下陽不懼，而又有功，是天奪之鑒，而益其疾也。必易晉而不撫其民矣，不可以五稔。”

〔疏證〕《晉語》引“天奪其鑒，而益其疾”，以爲虢史嚚之言。《注》：“鑒，鏡也。鏡所以自省察。”又《吳語注》：“稔，熟也。”杜用韋説。

冬，楚人伐鄭，鬭章囚鄭聃伯。

〔疏證〕聃伯，杜無注。江永云：“聃當爲邑名[①]，爲文王子聃季之國。《國語》：‘聃由鄭姬。’蓋由鄭姬而亡，似鄭滅之以爲采邑。”按：此聃伯，無以聃爲邑名者。江説似鑿。

〔經〕 三年，春，王正月，不雨。夏，四月，不雨。

〔注〕賈逵取《穀梁》説：“歷時而言不雨，文不憂雨也。不憂雨者，無志于民也。言僖有憂民之志，故每時一書。文無憂民之志，是以歷時總書。”本《疏》。

〔疏證〕杜《注》：“一時不雨，則書首月。”蓋亦謂每時一書。文、僖書不雨之異，則不用賈説。《疏》云：“文二年，自十有二月不雨，至於秋七月。十三年，自正月不雨，至於秋七月。二者皆總書不雨，又不書得雨之月，與此年書不雨文異者《穀梁傳》曰：‘一時言不雨者，閔雨也。閔雨者，有志乎民者也。六月，雨。雨云者，喜雨也。喜雨者，有志乎民者也。’《文二年傳》曰：‘歷時而言不雨，文不憂雨也。不憂雨者，無志于民也。’言僖有憂民之志，故每時一書；文無憂民之志，是以歷時總書。賈逵取以爲説。杜既不注，或亦史異辭也。”《疏》謂賈取《穀梁》説，則賈注此取文二年《穀梁傳》也。《疏》無駁難。

---

① 林按：底本無此句，據科學本增補。

徐人取舒。

〔注〕《釋例》曰："舒有五名，舒庸、舒龍、舒州、舒鳩、舒城，其實一也。"《御覽》一百六十九。

〔疏證〕《地理志》："臨淮郡徐，故國，盈姓。廬江郡舒，故國。"杜《注》："徐國，在下邳僮縣東南。舒國，今廬江舒縣。"本《漢志》。沈欽韓云："《方輿紀要》：'舒城，今廬州舒城縣治。'《御覽》引潁子容説，蓋以五舒爲一地。"洪亮吉云："《玉篇》引傳文及《注》，并作'郐'。《説文》：'郐，地名。從邑，舍聲。'不言所在。知郐、舒古字同也。《彙纂》云：'《括地志》："徐城縣西四十里有大徐城，即古徐國也。"'今江南鳳陽泗州北八十里有徐城，相傳爲徐偃王所築。"江永云："泗州，今直隸江南，一説徐在泗州西北三十五里。"

六月，雨[①]。

秋，齊侯、宋公、江人、黃人會於陽穀。

〔疏證〕《郡國志》："東平國須昌有陽穀城。"沈欽韓云："《一統志》：'陽穀故城在兖州府陽穀縣東北三十里。'"

冬，公子友如齊涖盟。

〔疏證〕涖，《公羊》《穀梁》曰"莅"。臧壽恭云："案：《説文》無'莅''涖'字。在立部：'𡗓，臨也。'此其正字也。《周禮·小宗伯》[②]：'用牲于社宗，則爲位。'鄭《注》云：'故書"位"爲"涖"。杜子春云："涖當爲位，《書》亦或爲位。"'壽恭謂：據《周禮注》，知漢時隸書已變'𡗓'作'涖'，因'涖'又變爲'莅'。"

楚人伐鄭。

〔傳〕三年，春，不雨。夏，六月，雨。自十月不雨，至于五月，不曰旱，不爲災也。

〔疏證〕杜《注》："周六月，夏四月，於播種五稼無損。"沈欽韓云："得救災之道。《後漢書·黃瓊傳注》引《考異郵》曰：'僖公之時，雨澤

---

① 林按：底本無此句，據楊本增補。
② 科學本注：查當作"肆師之職"。

不澍。比于九月，公大驚懼，率群臣禱山川，以六過自讓，紬女謁，放下讒佞郭都之等十三人，誅領人之吏受貨賂趙祝等九人，曰：“辜在寡人。方今天旱，野無生稼。寡人當死，百姓何謗，請以身塞無狀也。’”壽曾曰：此爲《傳》之佚説。“比于九月”，猶比及九月也，自十月至於五月，凡八月，九以多數言。

“秋，會于陽穀”，謀伐楚也。

齊侯爲陽穀之會，來尋盟。冬，公子友如齊涖盟。

楚人伐鄭，鄭伯欲成。孔叔不可，曰：“齊方勤我，棄德不祥。”

〔疏證〕《釋詁》：“勤，勞也。”

齊侯與蔡姬乘舟于囿，蕩公。

〔注〕賈云：“蕩，搖也。”《齊世家集解》。

〔疏證〕王逸《楚辭注》：“囿，苑也。”《谷風正義》：“舟者，古名也，今名船。《易》曰：‘利涉大川，乘木舟虛也。’《注》：‘舟謂集板，如今木空。’”《蔡世家》：“繆侯以其女弟爲齊桓夫人。桓公與蔡女戲船中，夫人蕩舟。桓公止之，不止。”《齊世家》：“桓公與夫人蔡姬戲船中。蔡姬習水，蕩公。”皆與《傳》同。杜《注》“蕩，搖也”，用賈説。《樂記注》：“蕩，猶動也。”《廣雅·釋詁》：“搖，動也。”

公懼，變色。禁之，不可。公怒，歸之，未之絶也。蔡人嫁之。

〔疏證〕《石經》“之”在“絶”上，今據改。《校文》云：“監本、毛本誤作‘絶之’。”《齊世家》：“公懼，止之。不止。出船，怒，歸蔡姬，弗絶。蔡亦怒，嫁其女。”《蔡世家》：“公怒，歸蔡女，而不絶也。蔡侯怒，嫁其弟。”

〔經〕 四年，春，王正月，公會齊侯、宋公、陳侯、衛侯、鄭伯、許男、曹伯侵蔡。蔡潰。

〔注〕賈云①：“民逃其上曰潰。”《齊世家集解》②。

〔疏證〕杜用賈説。賈引文十三年《傳例》也。臧壽恭云：“此賈

① 科學本注：李貽德《賈服注輯述》作“服曰”。
② 林按：原稿眉批：“應作‘服曰’，《文十三年傳》云。”

《注》，‘民’字上當有‘傳曰’二字。”知賈《注》引五十凡，以釋初見之《經》。今於所不見者，皆引《傳例》補之。《齊世家》：“桓公怒而興師往伐。三十年春，齊桓率諸侯伐蔡，蔡潰。”《管蔡世家》：“齊桓公怒，伐蔡。蔡潰，遂虜繆侯。”《年表》：“齊桓公三十年，率諸侯伐蔡，蔡潰。”①

遂伐楚，次于陘。

〔疏證〕《郡國志》：“汝南召陵有陘亭。”杜《注》本《漢志》。馬宗璉云：“《爾雅》：‘山絶，陘。’郭《注》：‘連山中斷絶。’是山之中斷絶者，皆可謂之陘。”沈欽韓云：“《楚世家》作‘陘山’。《括地志》：‘山在鄭州西南一百十里。’《方輿紀要》：‘陘山在開封府新鄭縣南三十里。蘇秦説韓曰：“南有陘山。”説楚曰：“北有陘塞。”《史記》：“魏襄王十六年，伐楚，敗之陘山。”又：“秦攻陘，使人馳南陽之地。”徐廣曰：“陘，山絶之名。”今自陘山而②西，南達於襄、鄧，皆群山綿亘，故昔以陘山爲南北之險塞。’按：陘山延袤甚廣，注家注陘不一。徐廣曰：‘密縣有陘山。’杜預謂召陵之陘亭，或謂在許州郾城縣南，皆與傳文進‘次于陘’不合。《韓策》：‘秦攻陘，韓因割南陽之地。’是陘已近南陽，當在今汝州南。”按：沈説是也。《年表》：“齊桓公三十年，伐楚，責包茅貢。楚成王十六年，齊伐我至陘，使屈完盟。”

夏，許男新臣卒。

〔注〕賈云：“不言于師，善會主加禮，若卒於國。”本《疏》。

〔疏證〕杜《注》：“未同盟，而赴以名。”不用賈説。《疏》云：“成十三年，‘曹伯盧卒於師’。此不言‘于師’者，《穀梁傳》曰：‘諸侯死于國，不地。死於外，地。死于師，何爲不地？内桓師也。’《注》云：‘齊桓威德洽著，諸侯安之，雖卒于外，與其在國同。’賈逵云：‘不言于師，善會主加禮，若卒于國。’《左氏》無此義。《釋例》曰：‘若卒于朝會，或書師，或書地者，史之成文，非義所存。’然則或言于師，或不言于師，亦是史有詳略，無義例也。”壽曾曰：《穀梁》義在“内桓師”，非謂“會主加禮”。賈《注》非取《穀梁》爲説也，《疏》駁未是。李貽德云：“會

---

① 林按：《齊世家》云云皆爲眉批添加的内容，疑爲劉師培新注。

② 林按：底本無“伐楚，敗之陘山……今自陘山而”三十字，據科學本增補。

主，斥齊桓。加禮，即《傳》^①云：‘葬之以侯，禮也。’”

楚屈完來盟于師，盟于召陵。

〔注〕服虔取《公羊》説：“屈完者何？楚大夫也。何以不稱使？尊屈完也。曷爲尊屈完？以當桓公也。”服又云：“言來者，外楚也。嫌楚無罪，言來以外之。”本《疏》。

〔疏證〕杜《注》：“屈完，楚大夫。”《地理志》“汝南郡召陵”師古曰：“召讀爲邵，即齊桓公伐楚次于召陵者也。”《廣雅·釋詁》：“邵、亢，高也。”王念孫云：“《説文》：‘邵，高也。’《水經·汝水篇》：‘汝水枝津，東南逕召陵故城南。《春秋左傳》齊桓公師于召陵，即此處也。闞駰曰：召，高也。其地丘墟，井深數丈，故以名焉。’則‘召’義與‘邵’同也。”沈欽韓云：“《一統志》：‘召陵故城，在許州府郾城縣東三十五里。’”杜不用服説，謂“屈完覩齊之盛，因而求盟，故不稱使，以‘完來盟’爲文”。《疏》引《公羊》申之云：“其意言屈完，楚之貴者，尊之以敵齊侯。若屈完足以自專，無假君命，不爲楚子所使，故作自來之文。服虔取以爲説。”又駁服説云：“案：孔子曰：‘君使臣以禮，臣事君以忠。’此聖人之明訓也。今乃尊人之臣，犯義傷教，乃如《疏》所譏覬覦、專恣者，服氏無此説也。許其不爲君使，輕人之主，以爲不合使臣。是乃縱群下以覬覦，教强臣以專恣，約之以禮，豈當然乎？”壽曾曰：《公羊》何《注》云：“增陪使若得其君，以醇霸德，成王事也。”是《公羊》之義，謂屈完得君，無假君命自來之説。權在屈完，乃《穀梁》説，《公羊》無此義。《疏》欲駁服説，毋乃誣《公羊》乎？杜謂屈完覩齊盛而求盟，是不用君命。杜以“來盟”爲文，《疏》引服説，駁之云：“來者，自外之文，非別罪之所在。若以言來即爲罪楚，則仲孫、高子之來也，復外齊而罪之乎？且惡楚者，當惡其辟在蠻夷，負固不服。不服之日，容可外之，服而又外，欲何爲也。”壽曾曰：服用《穀梁》説也。《穀梁傳》云：“來者何，内桓師也。”李貽德云：“内桓師，則外楚矣。”李説得服義。“嫌楚無罪，言來以外之”，乃申外楚之説，亦服氏語。嚴蔚、李貽德《輯本》皆略之，非。

齊人執陳轅濤塗。

〔疏證〕轅，《公羊》《穀梁》曰“袁”。臧壽恭云：“《釋文》云：‘袁，

本多作轅。’此則陸氏所見《左氏》經亦作‘袁’，與《公》《穀》同。《説文·夊部》：‘爰，籀文以爲車轅字。’《史記》‘袁盎’，《漢書》作‘爰盎’。史游《急就》云：‘爰，展氏。’顔《注》云：‘爰氏之先，本與陳同姓。其後或爲轅字，又作袁字，本一族也。’洪适《隸釋》載《袁良碑》云：‘周之興，虞閼父典陶正，嗣滿爲陳侯，至玄孫濤塗，立姓曰袁。魯僖公四年，爲大夫。哀十一年，頗作司徒。袁生當秦之亂，隱居河洛。高祖破項，實從其册。’洪氏跋曰：‘班史以“袁生”爲“轅生”，古字通用也。’”洪亮吉云：“《史記·齊世家》作袁，《陳世家》作轅。”杜《世族譜》云：“轅濤塗，宣仲，申公九世孫。”疑出《世本》。

秋，及江人、黄人伐陳。

〔疏證〕杜《注》：“受齊命討陳之罪，而以與謀爲文者。時齊不行，使魯爲主。”沈欽韓云：“高氏曰：‘此書“及”者，非魯及之也。蒙上齊人執轅濤塗，乃齊及之耳。’案：杜預乃因《穀梁》内師之説，然預何以知齊不行也？”文淇案：《齊世家》云：“陳轅濤塗詐齊，令出東方，覺。秋，齊伐陳。”是齊師行。

八月，公至自伐楚。無《傳》。

葬許穆公。

冬，十有二月，公孫兹帥師會齊人、宋人、衛人、鄭人、許人、曹人侵陳。

〔疏證〕兹，《公羊》曰“慈”。《世本》：“桓公生僖叔牙，牙生戴伯兹。”[1]

〔傳〕 四年，春，齊侯以諸侯之師侵蔡。蔡潰。遂伐楚。楚子使與師言曰：“君處北海，寡人處南海，唯是風馬牛不相及也。

〔注〕賈、服云：“風，放也。牝牡相誘謂之風。”《費誓疏》、本《疏》。
〔疏證〕杜《注》：“楚界猶未至南海，因齊處北海，遂稱所近。”閻若璩《四書釋地》云：“《禹貢》：‘海岱惟青州。’故蘇秦説齊宣王，‘北有渤海’。司馬遷言：‘吾適齊，北被于海。’降至漢景帝，猶置北海郡於

---

[1] 林按：底本誤作“燕”，據《世本》改正。

營陵。營陵，舊營丘地。《左傳》云'君處北海'，是也。"又《潛丘劄記》云："楚在春秋，地雖廣，不濱於海。楚子曰：'寡人處南海。'南海，今廣州府治，爲當日百越地。雖未屬楚，要爲楚兵力之所及。鄭伯謂莊王'其俘諸江南，以實海濱'，亦見楚號令及於南海。"梁履繩云："《楚語》韋《注》云：'南海，群蠻也。'《文十六年傳》'庸人帥群蠻以叛楚'，則其前之服屬可知。閻說與韋正合。"壽曾曰：《荀子·王制篇》："北海則有走馬、吠犬焉，然而中國得而畜使之；南海則有羽翮、齒革、曾青、丹干焉，然而中國得而財之。"《注》："海謂荒晦絕遠之地，不必至海水也。"北海、南海，不必以實地證之。

　　賈、服訓"風"爲"放"，《書疏》、本《疏》文同，今合引之。《御覽》八百九十八引《注》"風，放"，亦賈、服義也。焦循云："《費誓》：'馬牛其風。'鄭《注》訓'風'爲'走逸'。《釋名》：'風，放也，氣放散也。'《詩·北山》'出入風議'，《箋》亦云：'風，猶放也。'故'風'爲放逸之名。馬牛各有羈繫，不越疆界。惟放縱走逸，則可越界而行。上云'君處北海，寡人處南海'，并不連疆接界。雖放馬牛，使之走逸，斷不相及。楚之馬牛雖逸，不能入齊地；齊之馬牛雖逸，不能入楚地，言其遠。故下云：'不虞君之涉吾地也，何故？'至因牝牡相誘而逸，此風之由耳。《呂氏春秋》：'乃合壘牛、騰馬，游牝於牧。'高誘《注》云：'皆將群游，從牝於牧之野風合之。''風合'亦當謂放之使合。杜以'馬牛風逸'，爲'末界微事'，未得《傳》意。二十八年，'晉中軍風于澤'，亦是馬走逸於澤。杜言因風而走，亦未是。"壽曾曰：焦駁杜說是也。其謂牛馬相誘由風，則與賈、服義不合。惠棟亦引《呂氏春秋》解之云："其說與賈侍中蓋同，漢儒相傳有是說也。《尚書》云：'馬牛其風。'"按：惠說是也。《北魏書·崔敬邕傳》："除管州刺史。庫莫奚國有馬百匹，因風入境。敬邕悉令送還。於是夷人感附。"因風入境，猶言因放入境。正用賈、服說。《廣雅·釋言》亦云："風，放也。"朱駿聲云："風讀爲放，聲之轉也。"杜《注》"馬牛風逸"，釋爲因風而走，其誤與焦同。蓋與"晉中軍風於澤"同說。黃生《義府》云："《左傳》楚子云：'唯是風馬牛不相及也。'言唯兩國比鄰，或有馬牛風逸越竟相責之事。今地勢遼遠，不虞何以見伐？見小釁亦無，何況大釁？"

"不虞君之涉吾地也，何故？"

　　〔疏證〕《齊世家》作"何故涉吾地"。

管仲對曰："昔召康公命我先君大公,

〔注〕服虔云："召公奭。"《齊世家集解》。

〔疏證〕《水經·渭水注》:"京相璠云:'召亭在周城南二里。'"此周城,鎬京也。顧炎武《宅京紀》云:"鎬,今陝西西安府咸陽縣西南。"杜《注》:"周太保召公奭也。"用服説。《燕世家》:"召公奭,與周同姓。"《集解》:"譙周曰:'周之支族,食邑於召。'"《白虎通·王者不臣篇》:"召公,文王子也。"《甘棠疏》引皇甫謐云:"邵公,文王庶子。"與《燕世家》異。《樂記》:"封黃帝之後於薊。"《釋文》:"薊,燕國之都也。孔安國、司馬遷及鄭皆云燕國郡邵公,與周同姓。案:黃帝姓姬,君奭蓋其後也。而皇甫謐以邵公爲文王之庶子,《記》《傳》更無所出。又《左傳》富辰之言,亦無燕也。"孫星衍《尚書今古文疏》云:"《傳》載文王之子,無名奭者。《史記集解》引譙周與《史記》同姓之説合。"按:孫説是也。惠棟《尚書古義》云:"《説文》曰:'奭,召公名。讀若郝,《史篇》名醜。'案:'奭'與'奭'相似。《説文》:'囧,古文以爲醜字。'皆從皿。故《史篇》以爲召公名醜。"則奭、醜異文也。《謚法》:"安樂撫民曰康。"太公,謂呂尚也。《齊世家》:"太公望呂尚者,東海上人也。西伯出獵得之,曰:'吾太公望子久矣!'故號之曰大公望。"梁履繩曰:"始封之君,子孫尊爲太公。《齊世家》文王稱'吾先君大公'《田敬仲完世家》亦稱田和爲太公,是也。望乃其名。《孟子》云'若太公望'可證。"

"曰:'五侯九伯,女實征之。

〔注〕賈、服云:"五等諸侯,九州之伯。"《大宗伯疏》。服云:"五侯,公、侯、伯、子、男。九伯,九州之長。掌司馬職,以九伐之法,征討邦國,故得征之。"《旄丘疏》。鄭玄以爲:"周之制,每州以一侯爲牧,二伯佐之。九州有九侯、十八伯。大公爲東西大伯中分天下者,當各統四侯半,一侯不可分,故言五侯,其伯則各有九耳。"本《疏》。

〔疏證〕杜《注》云:"五等諸侯,九州之伯,皆得征討其罪,齊桓因此命以夸楚。"蓋用賈、服説。本《疏》云:"大公爲王官之伯,得以王命征討天下。隨罪所在,各致其罰。故五等諸侯、九州之伯,皆得征討其罪。齊桓因大公有此王命,言己上世先公,得征伐有罪,所以夸楚也。"《疏》所稱"王官之伯",亦用服《注》"王官之長"義也。王引之云:"五侯九伯,其説有三。《史記·漢興以來諸侯年表》曰:'周封伯禽、康叔於魯、衛,地各四百里。太公於齊,兼五侯地。'《漢書·諸侯王表》作'太公於齊，亦五侯、九伯之地’。蓋謂齊國兼五侯、九伯之地。此一説也。《正義》曰：‘鄭玄以爲周之制，每州以一侯爲牧，二伯佐之。九州有九侯、十八伯，大公爲東西大伯中分天下者，當統四侯半。半不可分，故言五侯，其伯則各有九耳。’此一説也。《邶風・旄丘正義》引服虔《注》曰：‘五侯，公、侯、伯、子、男。九伯，九州之長。’杜預與服同。此又一説也。案：下文‘女實征之’，非謂滅其國而有之也。馬、班之説，殊非《傳》意。鄭君之説，則《正義》以爲校數煩碎，非復人情。服、杜以五侯爲公、侯、伯、子、男，九伯爲九州之長。案：《王制》曰：‘八州八伯。’《鄭志》答張逸問曰：‘九州而八伯何？’答曰：‘畿内之州不置伯。’然則方伯唯八州有之，不得言九伯也。今案：侯、伯謂諸侯之七命者。五等之爵，公、侯、伯、子、男。曰侯、伯者，舉中而言。天下之侯，不止於五，伯亦不止於九，而曰五侯、九伯者，謂分居五服之侯，散列九州之伯。若《堯典》‘五刑有服’，謂之五服；‘五流有宅’，謂之五宅。《禹貢》九州之山、川，謂之九山、九川也。侯言五，伯言九，互文耳。五服即九州也。又案：子長、孟堅言齊有五侯、九伯之地者，謂侯爵之國五、伯爵之國九，而齊兼有其地耳。其説五、九則非，其説侯、伯則是。蓋當時説《左傳》者皆不以侯爲諸侯，伯爲方伯也。”壽曾曰：五侯九伯，師説各異。王氏所舉《漢書・諸侯王表》非全文。《表》云：“昔周監於二代，三聖制法，立爵五等，封國八百，同姓諸侯五十有餘。周公、康叔建於魯、衛，各數百里。太公於齊，亦五侯、九伯之地。”臣瓚曰：“《禮記・王制》：‘五國以爲屬，屬有長。二百一十國以爲州，州有伯。’”師古曰：“五侯，五等諸侯。九伯，九州之長也。”《表》稱封國八百，齊之封域，侈於魯、衛，言齊得五侯、九伯之地也。觀下文述四至可明，此師説之最古者。臣瓚引《王制》以説，已非子長之意。小顏用賈、服説釋之更非矣。《史記・十二諸侯年表》齊、晉、秦、楚其在成周微甚，封或百里，或五十里，則與《漢興以來年表》魯、衛各四百里之説不相應，未可援以難此。《晉書・載記・劉曜傳》：“劉聰謂曜曰：‘卿勛格天地，國兼百城，當世祚太師。受專征之任，五侯九伯，得專征之者。卿之子孫，奈何言同諸藩國也。’”此亦以封域之廣爲言，用子長、孟堅義也。王氏申服、杜説，謂五九非定辭，深得服義。故謂征伐太侈之教。然推其意，以傳文有“夾輔”，則太公得征天下之半自明，與鄭説亦不甚徑庭也。《疏》以杜用賈、服誼，故無駁難。而駁鄭説云：“侯爲牧，伯佐之，言是周制。其事無所出也。且征者，征其所統之國，非征侯、伯之身。何當校計人數，以充五九之言？即如其言，使伯佐牧，二伯共佐治而已，非是分州之半，復安得佐九伯？

校數煩碎，非復人情，故先儒無同之者。"沈欽韓云："《詩·旄丘正義》①：
'漢張逸受《春秋異讀》："鄭云：五侯，侯爲州牧也；九伯，伯爲州伯也。
一州一牧，二伯佐之。太公爲王官之伯，二人共分陝而治。自陝以東，當
四侯半，一侯不可分，故言五侯。九伯則九人。若征五等諸侯、九州之伯，
是天子何異？何夾輔之有也？"鄭説如此。按：《周禮》八命作牧，《曲禮
下》云："九州之長，入天子之國曰牧，於外曰侯。"是牧爲侯爵，侯既爲
牧，其佐自然伯矣。'按：孔穎達本不知鄭學，此文雖引鄭説，乃有心排
抑。文理不分明，故復録之。貪常嗜瑣之徒，尋杜預解甚易關記，宜其以
鄭爲繁碎，不近俗人之情也。"沈持鄭義甚堅，然《旄丘序》云："旄丘，
責衛伯也。"《箋》："衛康叔之封，爵稱侯，今曰伯者，時爲州伯也。周
之制，使伯佐牧。《春秋傳》曰：'五侯九伯，侯爲牧也。'"《疏》引服虔
《注》而駁之云："司馬征伐，由王命乃行，不得云'汝實征之'。且'夾
輔'者，左右之辭也。"下即引張逸云云，以排之。是《詩疏》駁賈、服
説，用鄭説，非排抑鄭説也。杜用賈、服説，而止斥杜，皆未審矣。鄭
於注《禮》，亦以侯爲牧。《大宗伯》"九命作伯"《注》："上公有功德
者，加命爲二伯，得征五侯九伯者。"《疏》："僖四年《左氏傳》云：'五
侯九伯，汝實征之。'賈、服云：'五等諸侯，九州之伯。'若然，與天子
何殊？而爲夾輔乎？故鄭以爲五侯者，九州有九牧，牧即侯，但二伯不可
分，故二伯皆言五侯也。言九伯者，九州有十八伯，各得九伯，故云九伯
也。此二伯其有違逆者，各征半天下，故云'五侯九伯，汝實征之'。引
之者，證二伯得征半天下之事也。"《太宰疏》申其義云："周之法，使伯
佐牧，即僖公四年'五侯九伯'。五侯是州牧，九伯爲牧下之伯。"誼尤
明了，而《旄丘疏》又云："亦有侯爲伯，伯爲牧者，是以《雜問志》云：
'五侯、九伯，選州中諸侯以爲牧，以二伯爲之佐。'此正法也。若一州之
中無賢侯，選伯之賢者以爲牧是也。"是州無賢侯，則以伯爲牧，可補鄭
説所未及。故《王制疏》："《左傳》云'五侯九伯'，服、杜皆以爲五等
諸侯，九州之伯。《鄭志》云：'若征五等諸侯，九州之伯，何夾輔之有？
太公爲王官伯，分主自陝以東，不可分爲四侯半，故稱五侯。四州有八
伯，畿內有一伯，故爲九伯也。'案：《鄭志》注《尚書》爲八伯，張逸問
云：'九州而八伯者何？'鄭答曰：'畿內之州不置伯，皆鄉遂之吏主之。'
伯即牧也。故《周禮·太宰》云：'施典於邦國，建其牧，立其監。'是畿

---

① 科學本注：沈欽韓《春秋左傳補注》作"《詩·旄丘疏》"。

外邦國有牧，畿内不置也。畿内即不置牧，則應無牧下之伯。而云‘五侯九伯，畿内有一伯’，但比擬畿外應有而言之，其實無也。”彼《疏》亦以伯爲牧，明伯止有八，與《詩疏》引《鄭志》異，則鄭説又自不同也。《禮疏》於鄭説亦隨文詮之。《長發疏》云：“《左傳》説太公爲王官之伯云：‘五侯九伯，汝實征之。’是王官之伯，分主東西，得征其所職之方。”此亦用鄭説。

“‘以夾輔周室！’

〔疏證〕杜“夾輔”無注。沈欽韓云：“《詩正義》：‘夾輔者，左右之辭也。’《儀禮·既夕注》：‘在左右曰夾。’《穆天子傳》：‘左右夾佩。’《注》：‘夾佩，左右兩佩也。’①此言太公、周公分陝佐治也。‘夾’亦通‘俠’。《檀弓上》：‘則與賓主夾之也。’《釋文》：‘夾，本又作“俠”。’哀十三年《公羊傳注》：‘滕、薛俠轂而趨。’”壽曾案：沈釋“五侯九伯”用鄭説，故以夾輔爲分陝佐治。《齊世家》：“五侯九伯，若實征之，以夾輔周室。”《集解》云：“《左傳》曰：‘周公、太公，股肱周室，夾輔成王也。’”

“賜我先君履，東至于海，西至于河，南至于穆陵，北至于無棣。

〔注〕服云：“是皆太公始受封土地②，疆境所在也。”《齊世家索隱》。

〔疏證〕杜《注》：“穆陵、無棣，皆齊竟也。履，所踐履之界。齊桓又因以自言其盛。”亦同服説。杜、服皆不釋海、河所在。杜《釋例》詳晉時河海經流之地，本《疏》不用其説。杜之此言，據其晉時之河耳。《禹貢》：“又北播九河。”九河故道，徒駭最西，以次而東。《中候》云：“齊桓霸，遏八流以自廣。”計桓公之時，齊之西境，當在九河之最西。徒駭蓋是齊之西界。其東至海，當盡樂安，北海之東界也。顧棟高云：“今登、萊三面距海，當其東南者，大海也。桓公時，未能有登、萊之地，故曰東至于紀鄣。見《齊語》。後滅萊，則東盡於海矣。”壽曾曰：案：《疏》謂海盡樂安。樂安今在青州府博興縣北，地正當臨淄之東。顧氏謂登、萊之地，則在齊西矣《碩人疏》云：“西至於河。是河在齊西北流也。”而未舉其地。沈欽韓云：“西至於河，此東伯所至之界，蓋至河陽而止。”案：河陽在今河南懷慶府孟縣西三十里，正齊之西界也。穆陵、無棣，服氏亦未釋。《齊

---

① 林按：沈欽韓原書引文次序與此不同，《詩正義》引文在《儀禮·既夕注》後。

② 科學本注：劉氏原稿無“地”字，據李貽德《賈服注輯述》增入。

世家》："及周成王少時，管、蔡作亂，淮夷畔周。乃使召康公命太公曰：
'東至海，西至河，南至穆陵，北至無棣。'"《索隱》："舊説穆陵在會稽，
非也。按：今淮南有故穆陵關，是楚之境。無棣在遼西孤竹，服虔以爲太
公受封境界所至，不然也。蓋言其征伐所之之域也。"《索隱》引舊説"穆
陵在會稽"，疑亦京相璠語，其云在會稽，地道太遠，亦無他文可證。沈
欽韓云："《元和志》：'穆陵山在沂州沂水縣北百九十里。'此言征五侯、
九伯，所至不應近在封域。黄州麻城縣有穆陵關，在州北二百里，在縣西
北一百里。《一統志》：'木陵山，在黄州府麻城縣西北九十里，山上有穆
陵關。木，《唐書》作"穆"。鄂岳觀察使李道古討蔡州吳元濟，引兵出穆
陵關。'是也。太公所履當在此。復西則陝右所主，猶唐以襄漢爲山南道
矣。于欽《齊乘》以益都臨朐縣東南一百里大峴山爲穆陵關。顧棟高襲其説。
是讀經傳而不明其文句者也。①《通典》：'滄州鹽山縣，春秋無棣邑。'《水經注》：
'清河又東北，至無棣溝出，東逕南皮縣故城，南逕樂陵城西，東北逕鹽
山入海，蓋四履之所也。京相璠云："舊説無棣在遼西孤竹縣。"然管仲以
責楚，無棣在此，方之爲近。'按：陝東之伯，盡主東北境諸侯，非謂齊
分封之地也，在遼西者得之。"按：沈説是也。胡渭《禹貢錐指》亦謂穆
陵在麻城。高士奇、江永釋"無棣"皆用《水經注》説。梁履繩云："無
棣溝所逕郡縣非一，豈可盡指爲春秋之無棣？蓋後世取無棣以名水，宜酈
氏之傳疑也。"孤竹今屬直隸永平府。《齊世家》："昔召康公命我先君太公
曰：'五侯九伯，女實征之②，以夾輔周室。'賜我先君履，東至於海，西至
於河，南至於穆陵，北至於無棣。"③與《左傳》同。

"爾貢包茅不入，王祭不共，無以縮酒，寡人是徵。

〔注〕賈云："包茅，菁茅。包匭之也④，以供祭祀。"《齊世家集解》。

〔疏證〕《校勘記》云："《詩·伐木正義》、《後漢書·公孫瓚傳注》、
李善注《藉田賦》《册魏公九錫文》并作'苞茅不入'。《文選·六代論》
作'苞茅不貢'，高誘注《淮南子》同。茅作茆。按：作'苞'是也。《史

---

① 林按：括號内注釋于今存沈欽韓原書不存，内容不同，疑劉氏新見沈書與現行印
本不同。
② 科學本注：開明版《史記》作"若實征之"。
③ 科學本注：又"東至海、西至河、南至穆陵、北至無棣"均無"於"字。
④ 科學本注：《史記·齊世家》作"匭之也"，無"包"字。又查《賈服注輯述》有
"包"字，劉氏當係據《輯述》本也。

記·樂書》：‘苞之以虎皮。’字從艸，自《石經》始去艸頭。後人往往仍之。”壽曾按：杜《注》：“包，裹束也。”則杜所見本，苞已不從艸矣。《釋文》云：“苞，或作包。”則唐本仍未誤。杜《注》：“茅，菁茅也。”用賈說。《尚書》：“包匭菁茅。”孔氏《傳》謂：“‘菁’以爲‘菹’，茅以縮酒。”訓爲二物。《禹本紀》引鄭《注》：“菁茅，毛有刺者。匭，纏結也。給宗廟縮酒，重之，故包裹，又纏結也。”則鄭以菁茅爲一物，與賈同。段玉裁云：“古音篹、軌皆讀如九。匭，從匚，軌聲。古文簋字。簋，黍稷方器也，故從匚。鄭君於其同音得其義也。”李貽德云：“賈云‘包匭之’者，亦言包之而又匭之也。”杜謂：“茅之爲異，未審。”《釋例》謂：“辰州盧溪縣南有苞茅山。《武陵記》云：‘山際出茅，有刺三脊。’”按：《管子·輕重篇》：“江淮之間，一茅三脊，名曰菁茅。”《封禪書》同。則菁茅，三脊茅也。杜謂出盧溪，今湖南辰州府有瀘溪縣。而《水經注》引《晉書·地道志》曰：“泉陵縣有香茅，氣甚芬香。言貢之以縮酒。”《太平御覽》“百卉部”引盛弘之《荊州記》曰：“零陵郡有香茅，桓公所以責楚。”宋朱輔《溪蠻叢笑》云：“麻陽苞茅山，茅生三脊。孟康曰零茅，楊雄曰璚茅，皆三脊也。齊桓責楚苞茅不入，即此。”《晉書·地理志》泉陵屬零陵郡，零陵今屬永州府，麻陽今屬沅州府，則沅永之間，亦有菁茅矣。《説文》：“茜，禮祭束茅加于裸圭，而灌鬯酒，是爲茜，象神歆之也。《春秋傳》曰：‘爾貢包茅不入，王祭不共，無以茜酒。’”是《左氏》古文作“茜”也。《甸師》“祭祀共蕭茅”，《注》：“鄭大夫云：‘蕭字或爲茜，茜讀爲縮。束茅立之祭前，沃酒其上，酒滲下去，若神飲之，故謂之縮。縮，滲[1]也。故齊桓公責楚不貢苞茅，王祭不共，無以縮酒。’玄謂茅以共祭之苴，亦以縮酒，苴以藉祭。縮酒，沛酒也。醴齊縮酌。”文淇案：鄭興傳《左氏》學，許君受學於賈逵。《説文》所説，必賈氏亦用鄭大夫義也。杜預云：“束茅而灌之以酒，爲縮酒。”亦同鄭大夫説。《郊特牲》：“縮酌用茅，明酌也。”《注》：“謂沛醴齊，以明酌也。《周禮》曰：‘醴齊縮酌。’五齊醴尤濁，和之明酌。沛之茅，縮去滓也。《春秋傳》曰：‘爾貢包茅不入，王祭不共，無以縮酒。’酌猶斟也。酒已沛，則斟之以實尊彝。”鄭玄以縮酒爲沛酒，與鄭大夫義異。《齊世家》：“楚貢包茅不入，王祭不具，是以來責。”《韓非子·外儲説》云：“是時楚之菁茅不貢於天子三年矣。”《後漢書·公孫瓚傳》：“晉文爲踐土之會，伐荊楚以致菁茅。”則以

---

① 科學本注：阮刻《注疏》“滲”作“浚”。《校勘記》云：“諸本同《釋文》浚也。劉思順反浦鏜改‘浚’爲‘滲’，云‘滲’誤‘浚’，謬甚。浦鏜之書多不可據者。”

事屬晉文①。與《傳》乖異，然皆以此役爲責包茅。《後漢書·孔融傳》：“是時，荊州牧劉表不共職貢，多行僭僞，遂乃郊祀天地，擬斥乘輿。詔書班下其事。融上書曰：‘愚謂雖有重戾，必宜隱惡。是以齊兵次楚，唯責包茅；王師敗績，不書晉人。’”融以齊不責楚之僭王號爲隱惡，乃《左氏》古誼。

“昭王南征而不復，寡人是問。”

〔注〕服云：“周昭王南巡狩，涉漢，未濟，船解而溺昭王。王室諱之，不以赴，諸侯不知其故②，故桓以爲辭，責問楚也。”《齊世家集解》。舊説皆言漢濱之人以膠膠船，故得水而壞，昭王溺焉。本《疏》。

〔疏證〕惠棟云：“《唐石經》云：‘昭王南征，没而不復。’碑‘没’字後增，或據古本益之。高誘《吕覽注》引此《傳》，與《石經》同。”《漢書·賈捐之傳》：“捐之，賈誼之曾孫。其《罷珠厓對》曰：‘及其衰也，南征不還。’”師古曰：“謂昭王爲楚所溺也。”賈誼傳《左氏》學，捐之引《傳》，無“没”字。《齊世家》：“昭王南征不復，是以來問。”亦無“没”字。杜《注》：“昭王，成王之孫，南巡守，涉漢，船壞而溺。周人諱而不赴，諸侯不知其故，故問之。”全襲服《注》。顧炎武改杜説，謂“齊侯以爲楚罪而問之”，非也。《周本紀》：“昭王之時，王道微缺。昭王南巡守不返，卒於江上。其卒不赴告，諱之也。”服《注》蓋本之。惟江、漢文異。《穀梁傳》云：“我將問諸江。”彼《疏》云：“江、漢，水之相近者。”然《左氏》古誼，不言涉江，則史公之駁文也。《竹書紀年》：“昭王十九年，祭公、辛伯從王伐楚。天大曀，雉兔皆震，喪六師于漢。王陟。”不言王溺于水。《吕氏春秋·音初篇》：“周昭王親將征荆。辛餘靡長且多力，爲王右。還反涉漢。梁敗，王及蔡公抎于漢中。辛餘靡振王北濟，又反振蔡公。”高誘《注》引此《傳》爲證。本《疏》云：“由此言之，昭王爲没於漢，辛餘靡焉得振王北濟也。振王爲虚。”沈欽韓云：“振者，蓋出其屍也。”本《疏》引膠舟之説，疑亦舊注。《穀梁疏》引同。本《疏》謂：“不知本出何書。”按：《周本紀正義》引《帝王世紀》云：“昭王德衰，南征濟于漢。船人惡之，以膠船進王。王御船，至中流，膠液，船解。王及祭公俱没於水中而崩。其右辛游靡長臂且多力，游振得王。周人諱之。”皇

---

① 科學本注：按：《瓚傳》原文共四句，以齊桓、晉文、伐荆楚、誅曹衛互錯爲文。劉誤。

② 科學本注：劉氏原稿無“其故”二字，今據李貽德《賈服注輯述》增入。

甫謐語當本於古傳記。服《注》言船解，亦用膠舟説也，與《吕覽》梁壞説異。梁履繩云："《水經‧沔水注》云：'昔周昭王南征，船人膠舟以進之。昭王渡沔，中流而没。'檢諸書皆言涉漢。又《注》引如淳曰：'北方人謂漢水爲沔水。'故孔安國云：'漾水東流爲沔。'蓋與沔合也。至漢中爲漢水，是互相通稱。然據沔水所經，佐喪、大斂口、死沔諸地并以昭王得名。其爲沔溺無疑。杜氏云溺漢，特依舊説爾。"壽曾按：如淳及孔[1]氏《傳》説沔、漢通稱甚明，梁説泥矣。

對曰："貢之不入，寡君之罪也，敢不共給？昭王之不復，君其問諸水濱。"

〔疏證〕"敢不共給"，《吕覽注》引作"敢不共乎"。《齊世家》："楚王曰：'貢之不入，有之，寡人罪也，敢不共乎？昭王之出不復，君其問之水濱。'"以此對爲楚王之辭。《説文》："瀕，水厓，人所賓附，頻蹙不前而止。從頁從涉。"徐鉉曰："今俗作水濱，非是。"是《傳》字當作"瀕"也。杜《注》："昭王時，漢非楚境，故不受罪。"《疏》云："《楚世家》：'成王封熊繹於楚，以子、男之田，國居丹陽。'宋仲子云：丹陽，南郡枝江縣也。枝江去漢，其路甚遥。昭王時，漢非楚境，故不受罪也。"焦循云："《漢書‧地理志》'丹陽郡丹陽縣'《注》云：'楚之先熊繹所封。'然則《楚世家》'成王封熊繹於楚，國居丹陽'，在丹陽郡之丹陽縣。此《正義》引宋仲子，以丹陽在南郡枝江縣，與班氏異。杜佑《通典》又謂在'巴東郡秭歸'，皆非也。班《志》叙楚地云：'周成王時，封熊繹於荆蠻，爲楚子，居丹陽。'而南郡枝江，則《注》云'故羅國'。秭歸則《注》云'歸鄉，故歸國'。羅國在桓十三年尚能諜楚師而敗若敖，若爲楚初封之國，何以地没於羅？歸即夔。《史記集解》引服虔云：'夔，楚熊渠之孫，熊摯之後。'《鄭語》孔晁《注》云：'熊摯自棄於夔，王命爲夔子。'是時楚都正在丹陽。若秭歸即是楚都，摯何竄于此？且國於此耶？丹陽，今寧國。"

師進，次于陘。

〔疏證〕杜《注》："楚不服罪，故復進師。"不釋陘之所在。《楚世家》："齊桓公以兵侵楚，至陘山。"《蘇秦列傳》説楚曰："北有陘塞。"徐廣曰：

---

[1] 林按：劉氏原稿書"孔"時爲避諱起見，多作"某"，今改。

"《春秋》曰：'遂伐楚，次于陘。'楚威王十一年，魏攻楚陘山。"案：《文十六年傳》："先君蚡冒所以服陘隰也。"顧棟高云："陘山在今河南許州府郾城縣南。又新鄭亦有陘山，在縣南三十里。蓋陘塞綿亘甚遠。"

楚子使屈完如師。

〔疏證〕《齊世家》："楚王使屈完將兵扞齊。"《楚世家正義》："屈完，楚族也。"

師退，次于召陵。

〔疏證〕《齊世家》："師退，次召陵。"《水經·潁水注》："東南逕召陵縣故城南。闞駰曰：'召者，高也。其地丘墟，井深數丈，故以名焉。'"閻若璩《四書釋地》又續云："召陵故城在今開封郾城縣東四十五里。"梁履繩云："郾城今改屬許州。"

齊侯陳諸侯之師，與屈完乘而觀之。

〔疏證〕杜《注》："乘，共載。"《齊世家》："桓公矜屈完以其衆。"

齊侯曰："豈不穀是爲？先君之好是繼。與不穀同好，如何？"

〔疏證〕杜《注》："孤、寡、不穀，諸侯謙稱。"《疏》云："《老子》曰：'孤、寡、不穀，王侯之謙稱也。'《曲禮》云：'諸侯與民言，自稱寡人。庶方小侯自稱曰孤。其在四夷，雖大曰子；於內，自稱不穀。'《禮記》雖爲定例，事在臨時所稱。此齊侯自稱'不穀'，襄王出奔亦稱'不穀'，皆出當時之意耳。《爾雅》訓'穀'爲'善'，穀是養人之物，言我不似穀之養人，是謙也。"壽曾曰：《曲禮疏》[1]云："二伯稱'天子之老'，自敵以下曰寡人。僖四年，齊桓公對楚屈完稱不穀者，謙也。"此是《左氏》古誼，杜《注》用之。

對曰："君惠徼福於敝邑之社稷，辱收寡君，寡君之願也。"齊侯曰："以此衆戰，誰能禦之？以此攻城，何城不克？"

〔疏證〕沈欽韓云："徼，當作傲。毛居正《六經四誤》：'傲辛之傲，二堯反，從人。巡徼之徼，居嘯反，從彳。彳音斥。傳誤已久，不敢改也。'"

---

① 科學本注：指"自稱於諸侯"句。

對曰：“君若以德綏諸侯，誰敢不服？君若以力，楚國方城以爲城，漢水以爲池，

〔注〕服云：“方城山在漢南。”《齊世家集解》。又云：“方城，山也。漢，水名。皆是楚之隘塞耳。”《殷武疏》。

〔疏證〕《釋文》：“‘漢以爲池’，本或作‘漢水以爲池’，‘水’衍字。”臧琳云：“方城，山名。漢，水名。傳文漢不云水，猶之方城不言山也。”案：服《注》：“漢，水名。”則《傳》無“水”字審矣。《淮南子·墜形訓》：“何謂九塞？曰太汾、澠阨、荆阮、方城、殽阪、井陘、令疵、句注、居庸。”《注》：“荆阮、方城皆在楚。”《兵略訓》：“縣之以方城。”《注》：“縣，落也。方城，楚北塞也，在南陽葉。”不言在葉縣南北。《齊世家集解》：“韋昭曰：‘方城，楚北之阨塞。’杜預曰：‘方城山在南陽葉縣南。’是也。”《索隱》曰：“按：《地理志》葉縣南有長城，號曰方城。則杜預、韋昭説爲得矣。而服氏云在漢南，未知有何憑據。”按：韋昭但云楚北之阨塞，與《淮南注》同，與杜《注》不同，《索隱》合爲一説，非也。服以方城在漢南，《索隱》疑之者，蓋以杜《注》謂在葉縣南耳。《水經·潕水篇注》：“水出黃城山，東北逕方城。《郡國志》曰：‘葉縣有方城。’郭仲産曰：‘苦菜、于東之間，有小城名方城。尋此城致號之由，當因山以表名也。’苦菜即黃城也。及于東，通爲方城矣。世謂之方城山。盛弘之云：‘葉東界有故城，始犫縣東，至瀙水，達泚陽界。南北聯，聯數百里，號爲方城，一謂之長城云。酈縣有故城一面，未詳里數，號爲長城，即此城之西隅，其間相去有六百里。若南北雖無基築，皆連山相接，而漢水流其南，故屈完答齊桓公云：“楚國方城以爲城，漢水以爲池。”’”與服《注》漢南之説合。方城在葉縣之東，非縣南也。洪亮吉云：“杜《注》方城取服説。”非。又云：“《水經注》：‘汝水又東得澧水，澧水又屈而東北①流，逕葉縣故城北。《春秋》昭公十五年，許遷於葉是也。楚盛周衰，控霸南土，欲爭强中國，多築列城於北方，以逼華夏，故號此城爲萬城，或作“万”字。唐勒《奏土論》曰：我是楚也，世霸南土。自越以至葉，垂境萬里，故號曰萬城也。’按：此則‘方城’當作‘萬城’，或作‘万’，以字近，又訛作‘方’矣。臧琳《經義雜記》亦云：‘萬城與《傳》大城之説合。’”沈欽韓云：“此言因山爲城。《水經注》作‘萬城’，非也。‘方’與‘万’相似而誤。《元和志》：‘方城山在唐州方城縣東北五十里。’

---

① 林按：底本誤作“南”，據《水經注》改正。

方城縣，今南陽府裕州治。”按：沈説是也。《地理志》：“隴西郡氏道，《禹貢》養水所出，東至武都爲漢。”《水經》：“沔水出武都沮縣，至江夏沙羡縣入江。”杜《注》亦云：“漢水出武都，至江夏南入江。”用《水經》説。今漢水在湖廣境者，由鄖陽南歷均州光化之北、穀城之東。又東至襄陽，北折而東南，經宜城之東。又南經安陸之西、荆門之東，從東南出，經潛江之北、景陵之北。又東歷沔陽之北、漢川之南，至漢陽府城東北大別山下，合於大江。屈完以方城、漢水連言，則漢水當指今漢陽也。《殷武》“罙入其阻”《箋》：“冒入其險阻，謂踰方城之隘。”《注》即引服《注》以證之。《齊世家》：“屈完曰：‘君以道則可；若不，則楚方城以爲城，江、漢以爲溝，君安能進乎？’”①

“雖衆，無所用之。”屈完及諸侯盟。

〔疏證〕《齊世家》：“乃與屈完盟而去。”

陳轅濤塗謂鄭申侯曰：“師出於陳、鄭之間，國必甚病。

〔疏證〕杜《注》：“申侯，鄭大夫。”《江漢》“匪疚匪棘”《箋》云：“疚，病也。齊桓公經陳、鄭之間，及伐北戎，則違此言者。”《疏》：“經陳、鄭之間，取《左氏》説，是病害之。濤塗以齊侯所經之處，多有徵發。陳、鄭二國當其軍道，去既過之，來又過之，則民將困病，故欲詐之，使出於東方。是齊桓之兵病害人也。”如彼《疏》，則《傳》稱“甚病”，猶甚困也。

“若出於東方，觀兵於東夷，循海而歸，其可也。”

〔疏證〕《周語》：“先王耀德不觀兵。”《注》：“觀，示也。不示兵者，有大罪惡，然後致誅，不以小小而示威武。”杜《注》：“東夷，郯、莒、徐夷也。觀兵，示威。”亦以觀爲示。沈欽韓云：“按：其道當沿淮而下，由光州、六安州，東至鳳陽府泗州、海州，入山東沂州府，而至國也，大迂曲矣。”

申侯曰：“善。”濤塗以告齊侯，許之。

申侯見曰：“師老矣，若出於東方而遇敵，懼不可用也。若出於

---

① 林按：原稿眉批：“姚鼐説不采。”

陳、鄭之閒，共其資糧屝屨，其可也。"

〔疏證〕資，杜無注。《僖三十三年傳》："惟是脯資餼牽竭矣。"彼《注》云："資，糧也。"《傳》稱資糧，猶粮糧矣。本《疏》引《少儀》"致馬資於有司"，謂"諸所費用之物皆爲資"，非。《廩人》"則治其糧與其食"《注》："行道曰糧，謂糒也。"《公劉》"乃裹餱糧"。《釋文》："糧，餱也。"《方言》："屝，麤履也。"杜《注》變"麤"言"草"。《廣雅·釋器》："屝、屨，履也。"王念孫云："《釋名》：'齊謂草履曰屝。'僖四年《左傳》'共其資糧屝屨。'杜《注》：'屝，草屨也。'《喪服傳》：'菅屨者，菅菲也。''菲'與'屝'通。"則杜《注》當云："屝屨，草屨。"《疏》云："絲作之曰履，麻作之爲屝。"孫緬引《字書》曰："草曰屝，麻曰屨。"皆分屝、屨爲二。

齊侯悦，與之虎牢。

執轅濤塗。

秋，伐陳，討不忠也。

〔疏證〕《齊世家》："過陳，陳袁濤塗詐齊，令出東方，覺。秋，齊伐陳。"《陳世家》："齊桓公侵楚，還過陳。陳大夫轅濤塗惡其過陳，詐齊，令出東道。東道惡，桓公怒，執陳轅濤塗。"

許穆公卒于師，葬之以侯，禮也。

〔疏證〕杜《注》："男而以侯，禮加一等。"

凡諸侯薨于朝、會，加一等；

〔疏證〕《曲禮》："天子無事與諸侯相見曰朝。"《注》："事，謂征伐。"杜《注》："諸侯命有三等：公爲上等，侯、伯爲中等，子、男爲下等。"此《注》及前"葬之以侯"《注》，《御覽》皆引之，證以"死王事"條，蓋皆舊注，杜《注》用之。《舜典》"玉帛"《疏》："《掌客》《行人》自是周法，此及《王制》先代之禮。必知然者，以《周禮》侯與伯同。《公羊》及《左氏傳》皆以公爲上，伯、子、男爲下，是其異也。"如《書疏》，則公一等，侯一等，伯一等，子、男一等。按：《白虎通·爵篇》："殷爵三等，謂公、侯、伯也。所以合子、男從伯者何？王者受命，改文從質，無虛退人之義，故上就伯也。"則合伯於子、男，乃《公羊》說，非《左氏》說。

死王事，加二等。

〔注〕舊注：“死王事，謂朝天子，以命用師。”《御覽》五百五十三引。

〔疏證〕此諸侯薨於朝、會王事例也。《疏》引沈氏云：“朝、會亦王事。而別言死王事者，謂因王事或戰陳而死，故別其文也。”此舊疏釋《傳》語。杜云：“謂以死勤王事。”視舊注爲略。舊注，洪亮吉、嚴蔚、惠棟、李貽德皆引爲賈《注》，蓋以《御覽》此條前一則“改葬惠公”引賈《注》，此蒙上文，故亦以爲賈《注》也。《大宗伯》“時見曰會”，《注》：“時見者，言無常期，諸侯有不順服者，王將有征討之事。則既朝覲，王爲壇于國外，合諸侯而命事焉。”命事即舊注之“命用師”也。

於是有以袞斂。

〔注〕賈云：袞斂，上公九命服袞也。《御覽》五百五十三引。

〔疏證〕杜《注》：“袞衣，公服也。謂加二等。”用賈義，而不稱上公服，非也。《釋文》：“袞冕，上公服。”亦本賈《注》。《王制》：“三公一命卷，若有加，則賜也。”《注》：“卷，俗讀也，其通則曰袞，三公八命矣，復加一命，則服龍袞。《周禮》曰：‘諸公之服，自袞冕而下，則如王之服。’”《疏》：“三公八命，身著鷩冕。若加一命，則爲上公，而著袞冕。公之袞冕章數與王同，其就數則異。故鄭注《覲禮》云‘上公袞無升龍’，其旒則九，不十二也。”《説文》：“袞，幅一龍，蟠阿上嚮。”謂之升龍，惟天子有之。《覲禮疏》、《白虎通》引《傳》：“天子升龍，諸侯降龍。”則上公之袞，止有降龍也。許穆公男爵，葬以侯禮，則不得用袞斂，此《傳例》通説禮制。

冬，叔孫戴伯帥師會諸侯之師侵陳。陳成，歸轅濤塗。

〔疏證〕《謚法》：“愛民好治曰戴，典禮不寋曰戴。”杜《注》：“陳服罪，故歸其大夫。”

初，晉獻公欲以驪姬爲夫人，卜之不吉；筮之，吉。

〔疏證〕本《疏》：“《曲禮》：‘卜、筮不相襲。’《注》：‘卜不吉，則又筮，筮不吉，則又卜，是瀆龜筮也。晉獻公卜取驪姬，不吉，公曰筮之，是也。’《筮人》：‘凡國之大事，先筮而後卜。’《注》：‘當用卜者先筮之，即事漸也。於筮之凶，則止不卜。’而《傳》稱桓公卜季友，晉獻公卜驪姬，晉文公卜納王，趙鞅卜救鄭，皆先卜而後筮者，《周禮》言其正法耳。

春秋之世，臨時請問者，或卜或筮，出自當時之心，不必皆先筮後卜。”

公曰：“從筮。”卜人曰：“筮短、龜長，不如從長。

〔注〕馬融云：“筮史短，龜史長。”《占人疏》。

〔疏證〕《曲禮》：“卜、筮不相襲。”《疏》：“時晉獻公卜取女驪姬，不吉，更欲筮之。故太史史蘇欲止公之意，託言筮短、龜長耳，實無優劣也。若杜預、鄭玄因筮短、龜長之言，以爲實有長短。”《傳》稱卜人，彼《疏》言大史史蘇，當出舊説。鄭君説見《占人注》。《占人》“掌占龜”《注》：“占人亦占筮，言掌占龜者，筮短龜長，主於長者。”《疏》：“龜長者，以其龜知一、二、三、四、五天地之生數，知本。《易》知七、八、九、六之成數，知末。是以僖十五年韓簡云：‘龜，象也。筮，數也。物生而後有象，象而後有滋，滋而後有數。’故象長。如《易》歷三聖而成，窮理盡性。云短者，以其《易》雖窮理盡性，仍六經并列。龜之繇辭，譬若讖緯，圖書不見，不可測量，故爲長短。馬融云：‘筮史短，龜史長’者，非鄭義也。”按：杜《注》此《傳》，即引韓簡語，申之云：“龜象筮數，故象長筮短。”《曲禮疏》釋杜義云：“象所以長者，以物初生則有象，去初既近，且包羅萬形，故爲長。數短者，數是終末，去初既遠，推尋事數，始能求象，故以爲短也。”其釋長短不若《占人》之精。《月令》：“命太史釁龜筴占兆，審卦吉凶。”《注》：“審，省録之而不釁筮，筮短，賤于兆也。”亦與《占人注》同説。《管子·中匡篇》：“守龜不兆，握粟而筮者屢中。”《注》：“長者不告，而短者告，是德之不至。《傳》曰‘龜長筮短’。”《注》引《傳》即此傳文，“獻公卜取驪姬，不吉，筮之吉”，即彼《注》所稱“長者不告，而短者告”矣。馬融謂筮史、龜史，則以彼時主龜、筮之人言，容亦古義。鄭氏注《禮》不用師説，當以龜、筮之人，《傳》所不具也。《疏》既主杜説，而云：“聖人演筮以爲《易》，所知豈短於卜？卜人欲令公舍筮從卜，故云筮短，非是龜能實長。杜欲成‘筮短、龜長’之意，故引傳文以證之。若至理而言，卜、筮實無長、短。”其誤會《傳》意，與《曲禮疏》同。

“且其繇曰：‘專之渝，攘公之羭。

〔疏證〕《説文》：“渝，變也。攘，除也。”杜《注》用之。又云：“羭，美也。言變乃除公之美。”沈欽韓云：“《釋畜》：‘夏羊牡，羭。’《列子·天瑞篇》：‘老羭之爲猿也。’張湛《注》：‘羭，牡羊也。’[1]玩繇意，言專聽

---

① 林按：《列子》云云在提綱稿中劃去。

生奸，其變乃至，攘主人之羊。杜謂變乃攘公之美，不辭甚矣。”《爾雅疏》引《歸藏齊母經》曰：“瞿有，瓠宵梁爲酒，尊于兩壺。兩隃飲之，三日然後蘇。士有澤，我取其魚。”古今書從無以隃爲美者。按：沈說是也。杜以隃爲美者，《疏》謂美、善之字皆從羊。焦循謂：“《淮陰侯傳》‘褕衣’，《索隱》‘褕’訓‘美’。《說文》‘瑜’訓‘美玉’。從俞之字有美意，不必因羊。”[1]皆非《傳》義。

“‘一薰一蕕，十年尚猶有臭。’

〔疏證〕《校勘記》云：“按：鄭注《內則》作‘一薰一庮’，字雖別而音義并同。”杜《注》：“薰，香草。蕕，臭草。十年有臭，言善易消，惡難除。”《內則》：“牛夜鳴則庮。”鄭《注》：“庮，惡臭也。《春秋傳》曰：‘一薰一蕕，十年尚猶有臭。’”《疏》：“僖四年《左傳》文，論晉獻公卜娶驪姬，其繇曰：‘一薰一蕕，十年尚猶有臭。’薰謂香草，蕕謂臭草。薰、蕕一時相和，十年臭氣猶在，言善易銷，惡難除也。蕕比於驪姬之惡也。”彼《疏》不引杜《注》而義同，當是舊說。《廣雅·釋草》：“薰草，蕙草也。”王引之云：“僖四年《左傳》‘一薰一蕕’，杜《注》：‘薰，香草。’《西山經》云：‘浮山有草焉，名曰薰草，麻葉而方莖，赤華而黑實。臭如蘪蕪，佩之可以已癘。’古者[2]祭則煮之以祼。《周官·鬱人疏》引《王度記》云：‘天子以鬯，諸侯以薰，大夫以蘭芷。’是也。或以爲香燒之，是薰爲蕙草，可佩可煮，其或爲香燒之者。”洪亮吉云：“《漢書·龔勝傳》‘薰以香自燒’是矣。”按：《御覽》引蘇子“薰以香自燒，不能去其香”。香草用薰，有定稱。蕕則爲臭草，非一草也。《周禮》鄭《注》亦云：“蕕，惡臭也。”與《禮記注》同。本《疏》：“《月令》五時各言其臭。中央土云‘其臭香’。《易·繫辭》云：‘其臭如蘭。’則臭是氣之總名，元非善惡之稱。但既謂善氣爲香，故專以惡氣爲臭耳。‘尚猶有臭’，‘猶’則‘尚’之義重言之耳，猶《尚書》‘弗遑暇食’，‘遑’則‘暇’也。”[3]

“必不可。”弗聽，立之。生奚齊，其娣生卓子。及將立奚齊，既與中大夫成謀，姬謂太子曰：“君夢齊姜，必速祭之。”

〔疏證〕《韓非·外儲》：“中大夫，晉重列也。”又云：“晉國之法，上

---

[1] 林按：提綱稿未列焦循說。

[2] 林按：底本無“名曰薰草……古者”二十六字，據《山海經》補。

[3] 林按：提綱稿中未列洪亮吉之說。

大夫二輿二乘，中大夫二輿一乘，下大夫專乘。”①《晉世家》：“獻公十二年，驪姬生奚齊。獻公有意廢太子。太子申生，其母齊桓公女也，曰齊姜，早死。十九年，獻公私謂驪姬曰：‘吾欲廢太子，以奚齊代之。’驪姬泣曰：‘太子之立，諸侯皆已知之，而數將兵，百姓附之，奈何以賤妾之故廢適立庶？君必行之，妾自殺也。’二十一年，驪姬謂太子曰：‘君夢見齊姜，太子速祭曲沃，歸釐於君。’”《呂覽·上德篇》：“驪姬謂太子曰：‘往昔君夢見齊姜氏。’”《注》：“姜氏，申生母也。”杜《注》：“齊姜，太子母。”與《呂覽注》同。《晉世家》又云：“二十五年，驪姬弟生悼子。”與《傳》乖異。

太子祭于曲沃，

〔注〕服云：“齊姜廟所在。”《晉世家集解》。

〔疏證〕杜無注。《晉語》：“夫曲沃，君之宗也。”《注》：“宗，本宗也。曲沃，桓叔之封，先公宗廟在焉。”李貽德云：“《釋例》：‘內夫人卒。’《葬例》云：‘卒②哭而祔於祖姑。’故齊姜之廟在曲沃。”按：如《釋例》說，則齊姜當祔莊伯廟也，今無文考之。《晉世家》：“太子於是祭其母齊姜於曲沃。”

歸胙於公。

〔疏證〕洪亮吉云：“韋昭《國語注》：‘胙，祭肉也。’按：胙止可訓肉。杜《注》云：‘胙，祭之酒肉。’則于訓詁不通矣。下八年，‘賜齊侯胙’，即云‘祭肉’。與韋《注》同。”按：洪說是也。下文“毒而獻之”，杜《注》亦以爲毒酒，《傳》不言酒也。《祭僕》：“凡祭祀致福者，展而受之。”《注》：“臣有祭事，必致祭肉于君，所謂歸胙也。”《疏》：“按：《左氏傳》麗姬欲譖申生，曰齊姜欲食，使太子祭。祭訖，歸胙於公。是有歸胙之事也。”《晉世家》：“上其薦胙于獻公。”

公田，姬寘諸宮③六日，公至，毒而獻之。

〔疏證〕《呂覽》：“太子祠而膳于公，麗姬易之。”《注》：“膳，胙之也。易，猶毒也。”《晉世家》：“獻公時出獵，置胙於宮中。驪姬使人置毒

藥胙中。居二日，獻公從獵來還。宰人上胙獻公。"《索隱》云："《左傳》云'六日'，不同。"按：史遷依《傳》述《世家》，此文字小殊。杜《注》謂："毒酒經宿輒敗，而經六日，明公之惑。"案：《晉語》："公田，驪姬受胙，乃置酖於酒，實堇於肉。"此《外傳》異說，杜依以釋《傳》，非也。沈欽韓云："獻公至之日，姬加毒而進之，於事爲合。"

公祭之地，地墳。

〔疏證〕《呂覽》："公將嘗膳，姬曰：'所由遠，請使人嘗之。'"《注》："太子自曲沃歸膳，故曰'所由遠'。姬施酖於酒，實毒於肉，故先使人嘗之。"《晉語》："公至，召申生獻，公祭地，地墳。申生恐而出。"與傳文皆小異。《晉世家》云："獻公欲饗之，驪姬從旁止之，曰：'胙所從來遠，宜試之。'祭地，地墳。"《集解》引韋昭曰："將飲先祭，示有先也。墳，起也。"則祭地爲祭始爲飲食之人。杜無注，韋《注》當是舊說。

與犬，犬斃。

〔疏證〕《晉世家》"斃"作"死"。《晉語》："驪姬與犬肉，犬斃。"韋《注》："斃，死也。"《說文》："獘，頓仆也。《春秋傳》曰：'與犬，犬獘。'從犬敝聲，或作斃。"是賈氏本作"犬獘"，此從"斃"，當是唐本所改。《五經文字注》云："'獘'字見《春秋傳》，又作'斃'。"可證。

與小臣，小臣亦斃。

〔疏證〕"斃"當作"獘"。《晉世家》："與小臣，小臣死。"小臣，杜無注。《晉語》："飲小臣酒。"《注》："小臣，官名，掌陰事、陰命，閹士也。"按：《內小臣》："奄上士四人。"鄭注《燕禮》："內小臣奄人。掌君陰事、陰令。后、夫人之官也。"《疏》云："彼后之官，兼云夫人者，欲見諸侯夫人內小臣，亦與后之內小臣職同。"是韋《注》本鄭《禮注》說也。"陰命"當作"陰令"，字之譌。

姬泣曰："賊由太子。"太子奔新城。

〔疏證〕《晉世家》："驪姬泣曰：'太子何忍也？其父而欲弒代之，況他人乎？且君老矣，旦暮之人，曾不能待，而欲弒之！'謂獻公曰：'太子所以然者，不過以妾及奚齊之故。妾願子母辟之他國，若早自殺，毋徒使母子爲太子所魚肉也。始君欲廢之，妾猶恨之。至於今，妾殊自失於此。'太子聞之，奔新城。"《晉語》："申生奔新城。"韋《注》："新城，曲沃也，新爲太子城之。”杜《注》亦云：“新城，曲沃。”《彙纂》：“新城，今平陽府聞喜縣。”

公殺其傅杜原款。或謂太子：“子辭，君必辨焉。”

〔疏證〕杜無注。《晉語》：“公命殺杜原款。”《晉世家》：“獻公怒，乃誅其傅杜原款。或謂太子曰：‘爲此藥者乃驪姬也。太子何不自辭明之？’”是“子辭”，謂太子以辭自明。辨，猶別也。

太子曰：“君非姬氏，居不安，食不飽。我辭，姬必有罪。君老老矣，吾又不樂。”

〔疏證〕杜《注》：“吾自理則姬死，姬死則君必不樂，不樂，爲由吾也。”按：杜解“不樂”迂曲。“不樂”謂失愛於獻公也。《晉世家》：“太子曰：‘吾君老矣，非驪姬，寢不安，食不甘。即辭之，君且怒之。不可。’”

曰：“子其行乎？”太子曰：“君實不察其罪，被此名也以出，人誰納我？”十二月，戊申，縊于新城。姬遂譖二公子曰：“皆知之。”重耳奔蒲，夷吾奔屈。

〔疏證〕被此名，杜無注。文淇案：名，謂惡名也。《晉世家》：“或謂太子曰：‘可奔他國。’太子曰：‘被此惡名以出，人誰納我？’”是也。《世家》又云：“此時重耳、夷吾來朝。人或告驪姬曰：‘二公子怨驪姬譖殺太子。’驪姬恐，因譖二公子：‘申生之藥胙，二公子知之。’二子聞之，恐，重耳走蒲，夷吾走屈，保其城，自備守。”杜云：“二公時在朝。”用《世家》説也。《年表》：“晉獻公二十一年，申生以驪姬自殺。重耳奔蒲，夷吾奔屈。”《晉語》：“申生乃雉經於新城廟。”《呂覽·上德篇》：“太子遂以劍死。”乃異説。酈道元云：“蒲川水出石樓山，南逕蒲城東，即重耳所奔之處。羊求水出羊求川，西逕北屈縣故城南，城即夷吾所奔邑。”

〔經〕 五年，春，晉侯殺其世子申生。

〔疏證〕杜《注》：“書春從告。”《齊世家》：“桓公三十年，晉殺太子申生。”不從告之年。《世家》從《經》之年，是也。《經》用夏正。

杞伯姬來，朝其子。無《傳》。

〔疏證〕《釋文》：“‘杞伯姬來’絶句。來，歸甯。朝其子，猶言其子朝。"此古讀古義。《公羊注》[①]："書'朝'連'來'者，內辭也。"是《公羊》"來"不絶句。沈欽韓云："杜預云：'時子年在十歲左右。'按：《曲禮》：'問國君之子，長曰能從宗廟、社稷之事矣。'《春官·典命職》：'適子未誓，則以皮帛繼子、男。'度必堪其事，年在冠昏而後可也。未有十歲幼童，得行朝禮。預之此言不知何據。"按：《疏》引沈氏云："伯姬以莊二十五年六月歸于杞，假令後年生子，則其年十四矣。"此沈文阿舊疏説。《穀梁集解》云："伯姬以莊二十五年夏嫁，至今十三年。"沈用其説，或舊注不説伯姬子之年，沈《疏》補之。《疏》引沈説，而謂："杜云'十歲左右'者，以其從母言朝，故云'十歲左右'。"虛減其年，於義未安。伯姬所適爲杞成公。據《世本》，杞惠公生成公及桓公，桓代成立，是兄終弟及也。伯姬之子未立爲君。

夏，公孫茲如牟。

〔疏證〕《唐石經》"牟"作"牟"。嚴可均云："蓋隸省。"《公羊》"茲"曰"慈"。公孫茲，叔孫戴伯也。

公及齊侯、宋公、陳侯、衛侯、鄭伯、許男、曹伯會王世子于首止。

〔疏證〕首止，《公》《穀》曰"首戴"，下書盟同。杜《注》："首止，衛地。"沈欽韓云："《一統志》：'首鄉，在歸德府睢州東南。'"[②]

秋，八月，諸侯盟于首止。

鄭伯逃歸不盟。

〔疏證〕文三年《傳例》："在上曰逃。"

楚人滅弦，弦子奔黃。

〔疏證〕《地理志》："江夏郡西陽。"又"軑"下《注》云："本弦子國。"馬宗璉云："酈元曰：'江水東逕西陽郡南，即西陽縣也。《晉書·地道記》以爲弦子國。'《通典》：'光州光山縣，漢西陽縣也，春秋弦國之地。仙居縣，本漢軑縣，今縣東有弦亭。'據《水經注》《通典》，漢之西

---

① 林按：底本誤作"經"，據科學本改正。
② 林按：提綱稿未見沈説。

陽、軑縣皆弦子地。元凱第解弦國在軑縣東南，是乃《元和郡縣圖志》所云‘弦子之都’也。”沈欽韓云：“《水經注》：‘巴水南流注於江，謂之巴口。又東經軑縣故城南，故弦國也。’《方輿紀要》：‘軑縣城在黃州府蘄水縣西北四十里，故弦子國。弦城在光州西南。’”按：馬、沈説是也。滅弦蓋盡得其地，杜止及弦國都，非。

九月，戊申，朔，日有食之。無《傳》。

〔注〕劉歆以爲七月秦、晉分。《五行志》。

〔疏證〕臧壽恭云：“是年入甲申統九百八十八年，積月一萬二千二百二十，無閏餘。積日三十六萬八百六十七，小餘十三，大餘二十七。正月辛亥朔，小，小餘六十一。四月己卯朔，大，小餘二十三。五月己酉朔，小，小餘六十六。六月戊寅朔，大，小餘二十八。七月戊申朔，又置上積日，加積日一百七十七。以統法乘之，以十九乘小餘二十八，并之滿周天，除去之，餘二十七萬二千四十八。滿統法而一，得積度一百七十七度，餘二百六十一，命如法，合辰在井二十六度。《周禮·保章氏》鄭《注》以實沈爲晉分，以鶉首爲秦分。實沈終於井十五度，鶉首起於井十六度，故曰秦、晉分。”

冬，晉人執虞公。

〔疏證〕成十五年《傳例》：“凡君不道於其民，諸侯討而執之，則曰‘某人執某侯’。”《年表》：“晉獻公二十二年，滅虞、虢。”杜云：“晉侯修虞之祀，而歸其職貢於王，故不以滅同姓爲譏。”沈欽韓云：“按：《春秋》之義，有見于彼，而略於此者。于彼見一義，于此又見一義。滅同姓，惡之甚者也。于衛侯燬滅邢見之，則其例可以類推。此言晉人執虞公，則虞公之國亡身虜，有以自取。又別起一義，非以晉之罪爲可恕也。劫賊殺人，取財而分貨於上，罪亦可免乎？”按：沈説是也。

〔傳〕五年，春，王正月，辛亥，朔，日南至。

〔注〕劉歆曰：“《春秋》曰：‘舉正於中。’又曰：‘閏月不告朔，非禮也。閏以正時，時以作事，事以厚生，生民之道，于是乎在矣。不告閏朔，棄時正也，何以爲民。’故魯僖‘五年，春王正月辛亥朔，日南至。公既視朔，遂登觀臺以望。而書，禮也。凡分、至、啓、閉，必書雲、物，爲備故也’。至昭二十年二月己丑，日南至，失閏，至在非其月。梓慎望氛氣而弗正，不履端於始也。故《傳》不曰冬至，而曰日南至。極於牽牛

之初，日中之時，景最長，以此知其南至也。斗綱之端，連貫營室。織女
之紀，指牽牛之初，以紀日月，故曰星紀。五星起其初，日、月起其中。
凡十二次。日至其初爲節，至其中爲中，斗建下爲十二辰。視其建而知其
次，故曰：'制禮上物，不過十二天之大數也。'"《律曆志》。①

〔疏證〕杜《注》："周正月，今十一月。冬至之日，日南極。"不言
月朔，得冬至之故。《疏》云："日冬至者，十一月之中氣，中氣者，月半
之氣也。閏前之月，則中氣在晦；閏後之月，則中氣在朔。閏者，聚殘餘
分之月，其月無中氣，半屬前月，半屬後月。是去年閏十二月，十六日已
得此年正月朔大雪節，故此正月朔，得冬至也。"貴曾曰：以三統術求之，
四年閏十二月辛巳朔。《疏》謂去年十二月得閏，當是舊說。故《疏》具
其義也。劉歆引《春秋》，見文公元及□□□□年傳文，歆引之，以明上
年有閏。如歆說，則僖五年，至在正月，異於昭二十年之至，非其月也。
此年入統九百八十八年，以策餘八千八十乘之，盈統法一千五百三十九
而一。積大餘五千一百八十七，小餘二百四十七，積大餘，以六十除之，
餘二十七，得辛亥冬至。是年正月辛亥朔，故曰"正月辛亥朔，日南至"
也。然《律曆志》"釐公五年正月辛亥朔旦冬至，《殷曆》以爲壬子"，是
《殷曆》於《傳》差一日。《隋書·律曆志》："開皇十七年，張胄玄曆成，
奏之。劉暉與國子助教王頗等執舊曆術迭相駁難，與司曆劉宜援據古史，
駁胄玄云：'《命曆序》僖公五年天正壬子朔，旦日至。《左氏傳》：僖公
五年正月辛亥朔，日南至。張賓曆，天正壬子朔，冬至，合《命曆序》，
差《傳》一日。張胄玄曆，天正壬子朔，合《命曆序》，差《傳》一日。
三日甲寅冬至，差《命曆序》二日，差《傳》三日。成公十二年，《命曆
序》：天正辛卯朔，旦日至。張賓曆，天正辛卯朔冬至，合《命曆序》。
張胄玄曆：天正辛卯朔，合《命曆序》。二日壬辰冬至，差《命曆序》一
日。昭公二十年，《春秋左氏傳》二月己丑朔日南至，準《命曆序》庚寅
朔旦日至。張賓曆：天正庚寅朔冬至，并合《命曆序》，差《傳》一日。
二日辛卯冬至，差《命曆序》一日，差《傳》二日。宜按《命曆序》勘
《春秋》三十七食，合處至多，若依《左傳》，合者至少，是以知《傳》
爲錯。'"案：《唐書②·曆志》引《大衍術》："《中氣議》曰：曆氣始于
冬至，稽其實數③。蓋取諸晷景。《春秋傳》僖公五年正月辛亥朔，日南

---

① 林按：該注内容爲粘頁，疑爲劉文淇字迹。

② 科學本注：指《新唐書》，脱"新"字。

③ 科學本注：《新唐書》此句作"稽其實"。

至，以周曆推之，入壬子蔀第四章。以辛亥一分合朔冬至，《殷曆》則壬子蔀首也。昭公二十年二月己丑朔，日南至。魯史失閏，至不在正。《左氏》記之，以懲司曆之過。《周曆》得己丑二分，《殷曆》得庚寅一分。《殷曆》南至常在十月晦，則中氣後天也。《周曆》蝕朔差《經》或二日，則合朔先天也。《傳》所據者《周曆》也。《緯》所據者《殷曆》也。氣合于《傳》，朔合于《緯》，斯得之矣。又《命曆序》以孔子修《春秋》用《殷曆》，使其數可傳于後。考其蝕朔，不與《殷曆》合。及開元十二年，朔差五日矣，氣差八日矣。上不合於《經》，下不足以傳於後代。蓋哀平間治甲寅元曆者託之，非古也。"右《大衍術》謂曆氣取諸晷景，與劉歆日中之時景長説合。其以《命曆序》壬子朔爲推蔀之異尤精矣。《五經算術》引"推僖公五年正月辛亥朔旦冬至法"云："臣淳風等謹案術意，其間宜云：'一年二十四氣，氣有大餘十五三十二分之七，從周曆上元至僖公五年元餘有九百六十九算，度餘五日四分度之一，欲求此年朔旦冬至，及算此氣之法，其術如何？'曰：'辛亥朔術曰置前推月朔，積年九百六十九算，以餘數二十一乘之，得二萬三百四十九爲實，以度分母四除之，得五千八十七爲積日，不盡一爲小餘，以六十餘積日得八十四，棄之，取不盡四十七爲大餘，命以甲子算外，辛亥冬至，與正月朔同，故曰朔旦冬至。'謹案：朞三百六十五日四分日之一，今以六十除之，餘五日四分日之一。通之得二十一，故名餘數。即與四爲度法也。"此可證用周曆推此朔旦冬至於術合，不得以殷曆淆之也。杜氏不諳推步，故此《傳》注文簡略，而《長曆》則謂"僖元年閏十一月，此年閏十二月"，則以上年之閏，移於此年矣。《疏》云："閏之相去，曆家大率三十二月，杜於此閏相去凡五十月，不與曆數同者，杜推勘《春秋》月日上下置閏，或稀或概，自準春秋時法，故不與常曆同。"疏家明知杜氏之誤而仍祖之，杜不用常曆，將用何曆乎？其妄不待辨。

公既視朔，遂登觀臺以望，而書，禮也。

〔注〕服云："人君入太廟視朔告朔。天子曰靈臺，諸侯曰觀臺。"《玉藻疏》、《通典》四十四。賈、服云："靈臺在太廟、明堂之中。"《靈臺疏》。

〔疏證〕《釋文》："'臺以望'絕句，'而書'本或作'而書雲、物'，非也。"文淇案：書者，書雲、物也。《靈臺箋》："《春秋傳》曰：'公既視朔，遂登臺以望，而書雲、物，爲備故也。'"遂探下文引之。杜《注》：

"視朔，告朔也。觀臺，臺上構屋，可以遠觀者也。"①杜《注》"觀臺"不用
賈、服說，亦不言觀臺所在。《玉藻》："天子聽朔於南門之外，諸侯皮弁
以聽朔於太廟。"聽朔猶視朔，是諸侯視朔在太廟也。《御覽》五百三十八
引《五經異義》："古《春秋左氏》說，諸侯歲遣大臣之京師，受十二月
之正，還藏於太廟，月旦朝廟存神，有司因告曰：今月當行某政。"此古
《左氏》說告朔。逸《禮》亦謂在太廟之中。鄭君注《玉藻》云："天子廟
及路寢皆如明堂制。"《疏》引服氏此《注》，又引"文二年服氏云：'明
堂，祖廟。'并與鄭說不同。如鄭說，則大廟、明堂異地"。彼《疏》引服
《注》"諸侯曰觀臺"下有"在明堂之中"五字，《通典》亦同。文承靈臺、
觀臺之下，又舉明堂，略太廟。李貽德謂"辭意不明"是也。洪、嚴諸家
輯錄皆誤。今依李本別錄賈、服靈臺說。鄭氏既以太廟、明堂異地，乃
謂靈臺與辟雍同處，今證以賈、服說，知其不然。《靈臺疏》又引《五經
異義》："《左氏》說：'天子靈臺在太廟之中，雍之靈沼，謂之辟雍。諸
侯有觀臺，亦在廟中，皆以望嘉祥也。'鄭氏《駁異義》云：'玄之聞也，
《大雅·靈臺篇》之詩，有靈臺、靈囿，有靈沼，有辟雍。其如是也，則
辟雍及三靈，皆同處在郊矣。囿也、沼也，同言靈，於臺下爲囿、爲沼可
知。'"鄭蓋疑於辟雍得有靈臺，廟、學自別，不得同處。而古《左氏》說
則以廟、學爲一。知者，《靈臺疏》："穎子容《春秋釋例》云：'太廟有
八名，其體一也。肅然清靜，謂之清廟；行禘祫，序昭穆，謂之太廟；告
朔行政謂之明堂；行饗射，養國老，謂之辟雍；占雲物、望氣祥，謂之
靈臺；其四門之學，謂之太學；其中室謂之太室，總謂之宮。'賈逵、服
虔注《左傳》亦云：'靈台在太廟、明堂之中。'此等諸儒，皆以廟、學、
明堂爲一。"是穎氏說亦與賈、服同也。彼《疏》"皆以廟、學、明堂爲
一"，當作"皆以廟、學、明堂、靈臺爲一"。今《疏》本有脫文矣。鄭
以廟、學、明堂異地，本不與《左氏》先儒同。而彼《疏》又引袁準《正
論》："穎氏：'公既視朔，遂登觀臺。'其言遂，故謂之同處。夫遂者，遂
事之名，不必同處也。"袁氏蓋拘於鄭說。沈欽韓云："《尚書大傳》：'王
升舟入水，鼓鍾惡，觀臺惡。'《注》：'惡，讀爲亞。亞，次也。觀臺、靈
臺，知天時占候也。'《大雅·靈臺正義》引服《注》：'天子曰靈臺，諸侯
曰觀臺。'鄭說靈臺與辟雍同處，則魯之觀臺，亦在泮宮。《玉藻》：'皮弁
以聽朔於太廟。'公既視朔，遂登觀臺。袁準云：'遂，遂事之名，不必同

處。’”沈氏蓋亦拘於鄭説者。《大傳》“觀臺惡”不足證廟、學異地也。廟、學、明堂、辟雍爲一，亦不止潁氏説。《靈臺疏》引《五經異義》：“《韓詩》説：‘辟雍者，天子之學，立明堂於中。’”又引盧植《禮記注》曰：“明堂即太廟也。天子太廟，上可以望氣，故謂之靈臺。中可以叙昭穆，故謂之太廟。圓之以水，似璧，故謂之辟雍。”皆與賈、服、潁諸儒説合。盧植《注》謂靈臺在明堂、太廟之上。《淮南・本經訓》高誘《注》亦云：“告朔，朝曆，頒宣其令，謂之明堂；其中可以叙昭穆，謂之太廟；其上可以察氛祥，望雲氣，謂之靈臺。”則賈、服、潁諸儒所不言者。《北魏書・崔光傳》：“靈太后幸永甯寺，躬登九層佛圖。光表諫曰：‘《傳》云：“公既視朔，遂登觀臺。”其下無天、地、先祖之神，故可得而乘也。’”如崔光説，則《左氏》舊説靈臺不在明堂、太廟之上，故云“其下無天、地、先祖之神”也。賈、服云“靈臺在太廟、明堂之中”，最審。

凡分、至、啓、閉，必書雲物，爲備故也。

〔注〕舊注：“分，爲春、秋分。至，爲冬、夏至。啓，立春、夏也，陽氣用事爲啓。閉，立秋、冬也，陰氣用事爲閉。雲，五雲也。物，風、氣、日、月、星、辰也。分、至、啓、閉，天地之大節，陰陽之分也，故遂登觀臺望氣，以審妖祥變亂之氣，先見于八節。審其雲、物之形，言其所致，務爲之備也。”《御覽》八引。鄭衆云：“以二至、二分觀雲色，青爲蟲，白爲喪，赤爲兵荒，黑爲水，黄爲豐。”本《疏》。

〔疏證〕杜《注》：“分，春、秋分也。至，冬、夏至也。啓，立春、立夏。閉，立秋、立冬。雲、物，氣色災變也。”杜於分、至、啓、閉用舊注説。舊注《御覽》引止稱爲《注》，當是賈、服諸儒説。惠棟、洪亮吉輯本徑引爲服虔説，無文證之。《疏》云：“公既親行此視朔之禮，遂以其日往登觀臺之上，以瞻望雲及物之氣色，而書其所見之物，是禮也。凡八節之日，必登觀臺，書其所見雲、物氣色。若有雲、物變異，則是歲之妖祥。既見其事，後必有驗，書之爲豫備故也。”又云：“春之半、秋之半，晝夜長短極，極訓爲至，故冬、夏之半稱冬、夏至也。四時之氣，寒暑不同，春、夏生物，秋、冬殺物，生物則當啓，殺物則當閉，故立春、立夏爲啓，立秋、立冬爲閉。”此爲舊疏解舊注之文。舊注以雲爲五雲，物則分爲風、氣、日、月、星、辰六者。五雲，即五色雲也。《保章氏》：“以五雲之物，辨吉、凶、水、旱降豐荒之祲象。”《注》：“物，色也，視日旁雲氣之色。鄭司農云：‘以二至、二分觀雲色，青爲蟲，白爲喪，赤爲兵荒，黑爲水，黄爲豐。故《春秋傳》曰：“凡分、至、啓、閉，必書雲、物，爲備故也。"'"《疏》："云'青爲蟲'以下，蓋據陰陽書得知。"文淇案：二鄭俱以物爲色，杜《注》則謂："雲、物，氣色災變。"《疏》既謂"瞻望雲及物之氣色"，蓋從舊注説，而又云："雲、物，謂氣色災變也者，謂非雲而别有氣色。杜恐與雲相亂，故别云氣色也。"杜蓋以雲、物統言氣色災變，與舊注稍異。《疏》語乃益支離矣。《保章氏》不言分、至，而先鄭《注》云分、至，又引此《傳》爲證，則其注此《傳》當同，故引爲注。本《疏》云："衆之所言，蓋出占候之書。"與《禮疏》同。杜《注》又云："《傳》重申周典，不言公者，日官掌其職。"《疏》引劉炫説云："書雲、物，亦是公親爲之。但上文有'公既視朔'，故下文去'公'字耳。"《疏》駁劉説，謂："舊凡無'王''公'之文，故云日官掌其事。"邵瑛《持平》云："上已言'公既視朔'，此總分、至、啓、閉，斷無再用'公'字之文。杜云：'不言公者，日官掌其職。'上'日南至'，何嘗不是日官掌其職？而公必親視朔何也？"按：邵説是也，《規杜》謂"'書雲、物'，公親爲之"，則舊注不謂日官所掌。

晉侯使以殺申生之故來告。

〔疏證〕杜《注》："釋《經》必須告乃書。"馬宗璉云："璉案：申生死於四年冬，此《傳》用夏正之證。《經》書在五年春，此《經》用周正之證。閻百詩曰：'《春秋》之經爲聖人筆削，純用周正。《傳》則旁采諸國之史而爲之，故其間有雜以夏正而不能盡革者，使讀者猶可以意得之。'"朱駿聲云："按：申生之縊，《傳》記於四年冬，而《經》書在五年春者，《經》皆周正，《左氏》則雜用夏正，所采諸①之史不同也。此《傳》本之《晉乘》耳，其他經傳不符者，可以類推。"

初，晉侯使士蒍爲二公子築蒲與屈，不慎，寘薪焉。

〔疏證〕杜《注》："不謹慎。"本《疏》云："不謹慎，所爲多寘薪於中焉，若今桸木。"桸木，疑謂以支屋也。《晉世家》："初，獻公使士蒍爲二公子築蒲、屈城，弗就。"

夷吾訴之。公使讓之。

〔疏證〕杜《注》："譴讓之。"《晉世家》："夷吾以告公，公怒士蒍。"

---

① 科學本注：脱"國"字。

士蔿稽首而對曰：

〔疏證〕《大祝》：“辨九拜，一曰稽首。”鄭《注》：“稽首拜，頭至地也。”

“臣聞之：‘無喪而慼，憂必讐焉；

〔疏證〕杜《注》：“讐，對。”顧炎武云：“讐，應也。如《詩》言‘無言不讐’之讐。《漢書·律曆志注》：‘鄭德云：“相應爲讐。”’”

“無戎而城，讐必保焉。

〔疏證〕杜《注》：“保而守之。”《晉世家》：“邊城少寇，安用之？”乃括《傳》意。此“讐”與下文“寇讐”“固讐之保”同義。

“寇讐之保，又何慎焉！守官廢命，不敬；固讐之保，不忠。失忠與敬，何以事君？

“《詩》云：‘懷德維甯，宗子維城。’

〔疏證〕《板》七章文，彼《傳》云：“懷，和也。”《箋》云：“和女德無行酷虐之政，以安女國，以是爲宗子之城，使免於難。宗子，謂王之適子。”彼《疏》云：“以上言大宗謂同姓之適。此言宗子，嫌與上同，故辨之云：‘宗子，謂王之適子也。’”按：《板》六章“大宗維翰”《傳》：“王者，天下之大宗。”鄭說宗子與毛異。昭六年，宋逐華合比。華亥見於左師，左師曰：“女夫也，必亡。女喪，而宗室於人何有？人亦於女何有？《詩》曰：‘宗子維城，毋俾城壞，毋獨斯畏。’女其畏哉！”陳奐《毛詩傳疏》引此《傳》及彼傳文謂：“《左》兩引《詩》，并以宗子爲羣宗之子。”按：陳說是也。重耳、夷吾皆非適長，士蔿引《詩》之指，亦以宗子爲羣宗耳。

“君其修德而固宗子，何城如之？

“三年將尋師焉，焉用慎？”

《小爾雅·廣詁》：“尋，用也。”

退而賦曰：“狐裘尨茸，一國三公，吾誰適從？”

〔注〕服云：“蒙茸，亂貌。三公，言君與二公子。將敵，故不知所

從。”《晉世家集解》。

〔疏證〕今本傳文“厖茸”，服《注》：“蒙茸。”《釋文》：“厖音蒙。”則唐本無作“蒙”者。“厖”或杜所改與？李貽德云：“《詩》‘下國駿厖’，《荀子·榮辱篇》引作‘駿蒙’，‘厖’同‘尨’，得通‘蒙’也。”杜《注》：“厖茸，亂貌。公與二公子爲三。”即用服説《旄丘》“狐裘蒙戎”《傳》：“大夫狐蒼裘，蒙戎以言亂也。”陳奐《傳疏》云：“《玉藻》：‘君子狐青裘，豹褒，玄綃衣以裼之。’《注》：‘君子，大夫、士也。’《傳》云‘大夫狐蒼裘’，即‘君子狐青裘’，蒼，青也。《白虎通義·衣裳篇》‘大夫狐蒼’是也。”“蒙戎”猶“厖茸。”杜《注》：“士蒍自作詩也。”《梁書·武帝紀》：“高祖謂從舅張弘策曰：‘政出多門，亂其階矣。《詩》云：“一國三公，吾誰適從？”況今有六，而可得乎？’”高祖引《詩》不云士蒍，或是逸《詩》，士蒍賦之。《晉世家》引士蒍賦同傳文，下云“卒就城”。

及難，公使寺人披伐蒲。重耳曰：“君父之命不校。”乃徇曰：“校者，吾讐也。”

〔疏證〕杜無注。《晉世家》：“及申生死，二子亦歸保其城。二十二年，獻公怒二子不辭而去，果有謀矣，乃使兵伐蒲。蒲人之宦者勃鞮，命重耳促自殺。”又云：“獻公二十二年，獻公使宦者履鞮趣殺重耳。”《索隱》云：“即《左傳》之勃鞮，亦曰寺人披也。”《晉語》：“公令奄楚刺重耳，重耳逃於翟。”《注》：“奄，奄士也。楚謂伯楚，寺人披之字，於文公時爲勃鞮。”洪亮吉云：“按：披、勃同音，‘履鞮’急讀即爲‘披’。”按：洪説是也。惠棟《儀禮古義》曰：“勃鞮即披字，猶邾婁爲鄒，壽夢爲乘，後世反切之學出之。”《大戴·用兵篇》：“子曰：‘蜂蠆挾螫而生，見害而校，以衛厥身。’”包氏《論語注》：“校，報也。”《秦策四注》：“校，亢也。”

踰垣而走，披斬其袪。遂出奔翟。

〔注〕服云：“袪，袂也。”《晉世家集解》。

〔疏證〕《説文》：“袪，衣袂也。袪尺二寸。《春秋傳》曰：‘披斬其袪。’”則賈當與服同。杜用服説。《疏》云：“《禮·深衣記》云：‘袂之長短，反紲之至肘。’《喪服》云：‘袂屬幅。袪尺二寸。’幅謂衣之身也。

袂屬於幅，長於手，反屈至肘①，則從幅盡於袖口，總名爲袂。其袂近口，又別名袪。此斬其袪，斬其袖之末也。《詩·唐風·羔裘傳》云：‘袪，袂末。’鄭玄《玉藻注》云：‘袪，袂口也。’但袂是總名，得以袂表袪，故云袪袂。”按：《喪服注》：“袪，袖口也。”《檀弓注》：“袪，謂哀緣，袂口也。”《年表》：“晉獻公二十二年，重耳奔狄。”《晉世家》：“重耳踰垣，宦者追斬其衣袪。重耳遂出奔翟。使人伐屈，屈城守不可下。”《水經注》：“晉公子重耳出亡，及柏谷，卜適齊、楚，狐偃曰：‘不如之翟。’”

“夏，公孫兹如牟”，娶焉。

〔疏證〕《釋文》：“娶，本又作‘取’。”

會于首止，會王太子鄭，謀甯周也。

〔注〕服云：“惠王以惠后故，將廢太子鄭，而立王子帶，故齊桓帥諸侯會王太子以定其位。”《御覽》一百四十六引。

〔疏證〕杜《注》用服説，李貽德引作賈《注》，非。《二十四年傳》：“冬，王使來告難曰：‘不穀不德，得罪於母氏之寵子帶。鄙在鄭地氾。’書曰‘天王出居于鄭’，辟母弟之難也。”《周本紀》：“襄王母早死，後母曰惠后，生叔帶。”本《疏》云：“如彼傳文，則襄王與子帶俱是惠后所生。但其母鍾愛其少子，故欲廢太子而立之《周本紀》與《傳》不同，《史記》謬也。”按：服《注》：“惠王將廢太子鄭，而立王子帶。”《史記》亦無文。服説當出古記。《賈捐之傳》：罷珠厓，對曰：“及其衰也，齊桓捄其難。”師古曰：“謂襄王也。初爲太子，而惠王欲立王子帶，齊桓公爲首止之盟，以定太子之位。”顏亦用服説。

陳轅宣仲怨鄭申侯之反己於召陵，故勸之城其賜邑，

〔疏證〕反，猶誑也。賜邑，杜《注》：“謂齊桓所賜虎牢。”

曰：“美城之，大名也，子孫不忘。吾助子請。”乃爲之請於諸侯而城之，美。

遂譖諸鄭伯，曰：“美城其賜邑，將以叛也。”申侯由是得罪。

〔疏證〕馬宗璉云：“《周禮正義》云：‘三等采地，皆有城郭。’是大

---

① 林按：底本無“喪服云……反屈至肘”二十七字，據孔《疏》及科學本增補。

夫之私邑，皆有城郭。故南遺城費，申侯亦城其賜邑。"杜《注》："爲七年鄭殺申侯傳。"

秋，諸侯盟。王使周公召鄭伯，曰："吾撫女以從楚，輔之以晉，可以少安。"

〔疏證〕《釋文》："'秋，諸侯盟'。本或此下更有'于首止'三字，非。"杜《注》："周公，宰孔也。王恨齊桓定太子之位，故召鄭伯使叛齊也。晉、楚不服於齊，故以鎮安鄭。"此《注》承"定太子之位"爲説，疑亦服《注》，杜襲之。

鄭伯喜於王命，而懼其不朝於齊也，故逃歸不盟。孔叔止之，曰："國君不可以輕，輕則失親。失親，患必至。病而乞盟，所喪多矣。君必悔之。"弗聽，逃其師而歸。

〔疏證〕杜《注》："孔叔，鄭大夫。"顧炎武云："孔叔解已見三年，此重出。"《吕覽·貴信》："不能相親。"《注》："親，比也。"親爲黨援，即此意。

楚鬭穀於菟滅弦，弦子奔黃。於是江、黃、道、柏方睦於齊，皆弦姻也。

〔疏證〕《地理志》："汝南郡陽安。"應劭曰："有道亭，故道國。"西平，應劭曰："故柏子國也。"杜《注》："道國在汝南安陽縣南。柏，國，汝南西平縣有柏亭。"洪亮吉云："按：杜本'陽安'，今作'安陽'，蓋傳寫誤。汝南郡别有安陽縣。應劭曰：'故江國也。'"沈欽韓云："《元和志》：'道城在蔡州確山縣東北二十里。'"《大事表》："道，今河南汝甯府確山縣北二十里有道城。"《一統志》："柏亭在汝甯府西平縣西。"《釋親》："壻父曰姻。"《釋名·釋親屬》："壻之父曰姻。姻，因也。女往因媒也。"[1]

弦子恃之而不事楚，又不設備，故亡。

晉侯復假道於虞以伐虢。宫之奇諫曰："虢，虞之表也。虢亡，虞必從之。晉不可啓，寇不可翫。

〔疏證〕《廣雅》："翫，習也。"杜《注》用之。《晉世家》："獻公

---

[1] 林按：提綱稿有杜《注》而無應劭説。

二十二年，晉復假道於虞以伐虢。虞之大夫宮之奇諫虞君曰：‘晉不可假
道也。是且滅虞。’”

“一之爲甚，其可再乎？

〔疏證〕宋本“爲”作“謂”。《校勘記》：“齊召南云：‘爲’當作
‘謂’。”①杜《注》“謂二年假晉道滅下陽。”

“諺所謂‘輔車相依，脣亡齒寒’者，其虞、虢之謂乎。”

〔注〕服云：“輔，上頜車也，與牙相依。”《碩人疏》。
〔疏證〕顧炎武云：“二句一意，乃是諺語。”高誘《吕覽注》云：
“車，牙也。輔，頰也。”輔車相依憑，得以近喻也。杜《注》：“輔，頰輔。
車，牙車也。”從服虔、高誘義。《碩人》“巧笑倩兮”《傳》：“倩，好口輔
也。”《疏》引服義申之云：“是牙外之皮膚，頰下之別名也。”《廣雅·釋
親》：“輔，謂之頰。”“輔”字亦作“酺”。《玉篇》引《傳》作“酺車相
依”。《易》“咸其輔頰舌”，虞翻“輔”作“酺”。《説文》：“酺，頰也。頰，
面旁也。”“酺”或《傳》之異文矣。李貽德引《楚辭》《淮南》麗輔謂輔
頰，自外言之。又云：“服所云：‘上頜車’，謂上下持牙之骨。《釋名·釋
形體》云：‘頤或曰輔車，或曰牙車，或曰頜車，或曰頰車，或曰鰨車。’
《咸卦》：‘咸其輔頰舌。’虞《注》亦曰：‘上頰車。’凡此皆自内言之。”
段氏曰：“服注《左傳》謂之‘上頜車’，然則在下持牙，亦得曰‘下頜
車’矣。必云‘上頜車’者，言酺則言上是也。”李説服“上頜車”義極
確，至謂輔有内外，則用本《疏》輔車一處分爲二名之説，而誤會《疏》
意。杜《注》：“輔，頰輔。車，牙車。”義本於服。服當云：“輔，頰車，
上頜車也，與牙相依。”義乃完。傳寫有脱爛耳。服之意，以輔、車、脣、
齒四者一類，而賈《注》則異於服。知者，《説文》：“輔，《春秋傳》曰：
‘輔車相依。’”段玉裁云：“凡許書有不言其義，徑舉經傳者。此引《春
秋傳》僖公五年文，不言輔義者，義已具於傳文。《小雅·正月》：‘其車
既載，乃棄爾輔。’《傳》曰：‘大車既載，又棄其輔也。’‘無棄爾輔，員
於爾幅。’《傳》：‘員，益也。’《正義》又云：‘大車，牛車也。爲車不言
作輔。此云棄輔，則輔是可解脱之物。蓋如今人縛杖於輻，以防輔車也。’
今按：《吕覽·權勳篇》曰：‘宮之奇諫虞公曰：“虞之與虢也，若車之有

輔也。車依輔，輔亦依車，虞、虢之勢也。"'此即《詩》'無棄爾輔'之説也。合《詩》與《左傳》，則車之有輔信矣。引申之義，爲凡相助之稱。今則借義行，而本義廢，尠有知輔爲車之一物者矣。《春秋傳》'輔車相依'，許厠之於此者，所以説輔之本義也，所以説《左氏》也。謂輔與車必相依倚也。他家説《左》者，以頰與牙車釋之，乃因下文之唇齒而傅會耳。固不若許説之善也。小徐本着'人頰車也'四字於'從車聲甫聲'下，與上文意不相應。又無'一曰'二字以別爲一義，知後人妄謂引《傳》未詮而增之也。面部既有'酺，頰也'之文，則必不用借義爲本義矣。"按：段説是也。許君受學賈逵，則以輔爲車輔之輔，乃師説。故面部酺文不引此《傳》也。洪亮吉云："許君所見《左氏》本作'輔'是也。"沈欽韓云："《韓非·十過篇》：'宮之奇諫曰："虞之有虢，如車之有輔。輔依車，車亦依輔。"'義同《小雅》。"《説文》："唇，口耑也。齒，口齗骨也，象口齒之形。"《春秋元命包》："唇者，齒之垣。所以扶神設端。"《釋名·釋形體》："唇，緣也，口之緣也。"《冥氏》："則獻其皮、革、齒、須備。"《注》："齒即牙也。"《趙策》張孟談説韓、魏，《齊策》蘇秦説齊王皆云"唇亡則齒寒"。《韓非·存韓》《墨子·非攻》同，蓋用《傳》語。《莊子·胠篋》《淮南·説林》："唇竭則齒寒。"《吕覽·權勳》："先人有言曰：'唇竭則齒寒。'"《注》："竭，亡也。"是字作竭，亦訓亡。梁玉繩云："《韓策》尚靳謂秦王曰：'臣聞之，唇揭者其齒寒。'鮑彪《注》：'揭猶反。'與此義亦近。"文淇案："揭"字似勝"亡"字。

公曰："晉，吾宗也，豈害我哉？"對曰："大伯、虞仲，大王之昭也。大伯不從，是以不嗣。

〔疏證〕杜《注》："太伯、虞仲皆大王之子，不從父命，俱讓適吳。仲雍，支子，別封西吳，虞公其後也。"顧炎武云："不從者，謂太伯不在大王之側爾。《史記》述此文曰：'太伯、虞仲，太王之子也，太伯亡去，是以不嗣。'以亡去爲不從，其義甚明。杜氏誤以'不從父命'爲解，而後儒遂傅合《魯頌》之文，謂大王有翦商之志，太伯不從，此與秦檜之言'莫須有'者，何以異哉？"按：顧説是也。《吳太伯世家》："吳太伯，太伯弟仲雍，季歷之兄也。季歷賢，而有聖子昌，太王欲立季歷以及昌，於是太伯、仲雍二人乃犇荆蠻，文身斷髮，示不可用。"即《傳》所云"不從"也。又云："周武王克殷，求太伯、仲雍之後，得周章。周章已君吳，因而封之。乃封周章弟虞仲於周之北，故夏墟，是爲虞仲。"《索隱》云："《左傳》曰'太伯、虞仲，大王之昭'，則虞仲，太王之子必也。又《論語》稱‘虞仲、夷逸隱居放言’，是仲雍稱虞仲。今周章之弟亦稱虞仲者，蓋周章之弟字仲，始封於虞，故曰虞仲。祖與孫同號也。”《晉世家》：“虞君曰：‘晉，我同姓，不宜伐我。’”

“虢仲、虢叔，王季之穆也；

〔注〕馬融云：“虢叔，同母弟。虢仲，異母弟。虢仲封下陽，虢叔封上陽。”賈云：“虢仲封東虢，制是也。虢叔封西虢，虢公是也。”本《疏》。

〔疏證〕《晉世家》“穆”作“子”，上文“太王之昭”，亦改“昭”爲“子”。杜《注》：“王季者，太伯、虞仲之母弟也。虢仲、虢叔，王季之子，文王之母弟也。仲、叔皆虢君字。”《疏》云：“大伯、虞仲辟季歷，適荊蠻，若有適庶，不須相辟，知其皆同母也。《周本紀》云：‘古公有長子曰太伯，次曰虞仲。太姜生少子季歷。’如《史記》之文，似王季與太伯別母，馬遷之言疏繆耳。此言‘虢仲、虢叔，王季之穆’，《國語》稱‘文王敬友二虢’，故亦以爲文王母弟。母弟之言，事無所出。”是《疏》不以杜“二虢文王母弟”之説爲然。惟王季、太伯、虞仲同母，用杜説耳。《列女傳》云：“太姜，太王娶以爲妃，生太伯、仲雍、王季。”此杜説所本。《經典釋文》不載馬融《三傳異同説》之目，則《疏》所引馬融説當出舊疏。馬氏謂“虢叔同母弟”，則仲與文王同母也。謂“虢仲異母弟”，則仲與文王不同母也。馬説必有所授。《晉語》章《注》亦云：“二虢，文王弟虢仲、虢叔也。”是舊説無以二虢爲文王同母弟者。“下陽”，詳二年經《疏證》。杜不言二虢封邑所在。《疏》引馬氏、賈氏説，駁之云：“案：《傳》上陽、下陽同是虢國之邑，不得分封二人也。若二虢共處，鄭復安得虢國而滅之？雖賈之言亦無明證，各以意解，不可審知。”沈欽韓云：“按：《隱元年傳》明云‘虢叔死於制’，則虢叔爲東虢矣。《通典》：‘虢仲國，今陝州平陸縣。’《元和志》：‘虢有三：北虢，今陝州平陸縣；東虢，今滎陽縣；西虢，在今鳳翔扶風縣。’《方輿紀要》：‘上陽城在陝州城東南’，又‘虢城在鳳翔府城南三十五里。周文王弟虢仲所封，此是西虢。平王東遷，始徙於上陽，爲北虢。或曰非也。蓋虢仲之采邑，支子所封。’欽韓按：《秦本紀》：‘武公十一年，滅小虢。’當春秋莊公之世，則虢仲之封本在上陽。云隨平王東遷者，非也。《元和志》：‘鳳翔府虢縣，周文王弟虢叔所封，是曰西虢。’然虢叔封在滎陽，爲鄭所滅。雍地之虢非虢叔。謂支子所封者當是。”按：沈説是也。《隱四年傳》：“制，巖邑也，虢叔死焉。”彼《傳》杜《注》云：“虢叔，東虢君也。”是虢叔封東虢。彼《傳》稱“叔”，而此賈《注》言“仲”。《鄭語》：“濟、洛、河、潁之間虢、檜爲大。"《注》："虢，東虢，虢仲之後。"《鄭語》又云："西有虞虢。"《注》："虢叔之後，西虢也。"韋與賈合，而與《隱四年傳》違。仲叔之稱，《傳》《注》乖異，無文定之。依沈説，則虢仲所封爲上陽。虢仲封上陽，則虢叔當封下陽。馬注"上""下"字疑當互乙也。賈《注》："虢叔封西虢，虢公是也。"此虢公指虢公醜，因《傳》指證之。杜云："穆生昭，昭生穆，以世次計。"《酒誥疏》："《左傳》曰'太伯、虞仲，太王之昭'，言太王爲穆，而子爲昭。又曰'虢仲、虢叔，王季之穆'，亦王季爲昭，而子爲穆，與文王同穆也。"

"爲文王卿士，勳在王室，藏於盟府。

〔疏證〕《晉世家》："爲文王卿士，其記勳在王室，藏於盟府。"《司盟》："掌盟載之法，會同則掌其盟約之載。"杜《注》據之，謂盟府爲司盟之官。沈欽韓云："《周官·大聚解》：'乃召昆吾冶而銘之，金版藏府而朔之。'《周官·司約職》：'凡大約劑書於宗彝，小約劑書於丹圖。'《注》：'今俗語有鐵券丹書，此舊典之遺言。'又《司勳職》：'大功司勳藏其貳。'《注》：'貳猶副也。功書藏於天府，又副于此者，以其主賞。'按：《天府職》未見其事。"按：沈説是也。勳在王室，藏於盟府，自是司勳之掌。《疏》亦謂盟府"惟有會同之盟，不掌勳伐之事"。而引《檀弓》柳莊書棺及《功臣表》帶礪之盟爲證，謂其"盟要之辭，當藏於司盟之府"，語無所據，帶礪之銘，即周之金版、宗彝、丹圖矣，盟府職未云掌此。

"將虢是滅，何愛於虞？且虞能親於桓、莊乎？其愛之也，

〔注〕服云："愛之甚。"本《疏》。

〔疏證〕杜無注。《疏》云："愛之，謂愛虞也。虞豈能親於桓、莊乎？其當愛此虞也。服虔'其'作'甚'。《注》云：'愛之甚。'當謂愛桓、莊之族甚也。愛之若甚，何以誅之？且文勢不順，又改字失真，繆之甚也。""當謂愛桓、莊之族甚也"，乃《疏》申服義。嚴蔚取爲服説，非。洪亮吉云："按：服所據，當係古文，必非妄改。"李貽德云："'其''甚'二字，經典往往相亂。此語杜氏無解，則'甚'之爲'其'，或亂於六朝本乎？"文淇案：服意亦謂愛虞。《晉世家》："將虢是滅，何愛於虞？且虞之親，能親於桓、莊之族乎？"

"桓、莊之族何罪？而以爲戮，不唯逼乎？

〔疏證〕《莊二十三年傳》："晉桓、莊之族逼。"《二十四年傳》："晉

又與群公子謀，使殺游氏之二子。”《二十五年傳》：“晉士蔿使群公子盡殺
游氏之族。”《晉世家》：“桓、莊之族何罪，盡滅之。”

**“親以寵偪，猶尚害之，況以國乎？”公曰：“吾享祀豐潔，神必
據我。”**

〔疏證〕杜《注》：“據，猶安也。”洪亮吉云：“《詩》毛《傳》：‘據，
依也。’據，《玉篇》等亦同，蓋言神所據依。較杜訓安爲近。”王引之
云：“據，依也。《周語》曰：‘民無據依。’《晉語》曰：‘民各有心，無所
據依。’皆其證也。虞公謂‘神必依我’，故宮之奇對曰：‘鬼神非人實親，
惟德是依。’又曰：‘神所憑依，將在德矣。’”按：洪、王説是也。

**對曰：“臣聞之，鬼神非人實親，惟德是依。故《周書》曰：‘皇
天無親，惟德是輔。’**

〔疏證〕杜《注》：“《周書》，逸《書》。”今《書·蔡仲之命》孔氏
《傳》：“天之于人，無有親疏，惟有德者則輔佑之。”《疏》云：“杜不見古
文，故以爲逸《書》。”按：此《傳》三引《周書》，皆東晉僞古文。此亦
作僞書者，綴緝所本耳。杜云逸《書》，可明其不在三十四篇之中。凡後
杜云逸者倣此。

“又曰：‘黍稷非馨，明德惟馨。’

〔疏證〕今《書·君陳篇》文。《説文》：“香，芳也。《春秋傳》曰：‘黍、
稷馨香。’”杜《注》：“馨，香之遠聞。”疑傳文止作“黍、稷馨香”，後
人取東晉僞古文改《傳》也。杜不釋孔氏《傳》“明德”可證。《書》孔氏
《傳》：“芬芳，非黍稷之氣，乃明德之馨。”

“又曰：‘民不易物，惟德繄物。’

〔注〕服云：“繄，發聲也。言黍、稷、牲、玉不易，無德薦之，則不
見饗，有德則言饗。言物爲有德用也。”《洞酌疏》。

〔疏證〕今《書·旅獒》文，“繄”作“其”。《疏》云：“此《傳》與
《書》異者，‘其’作‘繄’，師授不同，字改易耳，其亦不異也。”《隱元年
傳》：“繄我獨無。”服云：“繄，發聲也。”與《注》此《傳》同。“言黍、稷”
以下，乃統釋《傳》三引《周書》。不易，言有常制也。“饗”上“言”字當
係衍文。杜《注》：“黍、稷、牲、玉，有德則見饗，言物一而異用。”文淇
案：杜亦襲用服説，而服義較顯。《書》孔氏《傳》：“物貴由人。”義與服殊。

“如是，則非德民不和，神不享矣。神所馮依，將在德矣。若晉取虞，而明德以薦馨香，神其吐之乎？”

〔疏證〕《周語》：“其德足以昭其馨香。”《注》：“馨香，芳香之升聞者。”吐，謂神不享也。

弗聽，許晉使。宮之奇以其族行，

〔疏證〕鄭玄《禮記注》：“行，去也。”杜《注》用之。《晉世家》：“虞公不聽，遂許晉。宮之奇以其族去。”《晉語》云：“宮之奇諫，不聽。出，謂其子曰：‘將亡矣。吾不去，懼及焉。’以其帑適西山。”韋《注》：“西山，國西界也。”

曰：“虞不臘矣。

〔注〕舊注：“臘，祭名也。日月會于龍尾，百物備合，國于是祭群神也。”《御覽》三十三引。

〔疏證〕洪亮吉云：“《獨斷》：‘臘，歲終大祭，縱吏民宴飲，非迎氣，故但送不迎。’應劭《風俗通》云：‘案：禮，夏曰嘉平，殷曰清祀，周曰大蜡，漢改曰臘。’《御覽》引舊注云：‘臘，祭名也。日月會于龍尾，百物備合，因[1]于是祭群神也。’今按：合之《禮記·月令》，孟冬‘臘門閭，臘[2]先祖五祀’，是臘祭三代有之，故宮之奇亦云然。宋儒朱子云：‘秦時始有臘祭。’吾一言以斷之曰：《史記·秦本紀》惠王十二年初臘。始皇三十一年改臘曰嘉平。如謂臘始於秦，則秦改臘爲‘嘉平’，亦云嘉平始於秦，可乎？又不待辨而明矣。”惠棟云：“蔡邕《月令章句》：‘夏曰清祀，殷曰嘉平，周曰蜡祭，秦曰臘。’是臘與嘉平皆三代祭名。朱子以秦始有臘祭，考之未審耳。”文淇案：洪、惠說是也。劉峻注《世說》，引《五經要義》云：“夏曰嘉平，殷曰清祀，周曰大蜡，總謂之臘。”《秦本紀》：“惠文王初臘。”《正義》云：“始效中國爲之。”亦不謂臘自秦始。《晏子春秋》：“景公令兵搏治，當臘，冰月之閒而寒。”亦春秋有臘祭之證。杜《注》：“臘，歲終祭群神之名。”用舊注説。舊注：“日月會於龍尾。”因下文童謠：“丙之晨，龍尾伏辰。”證臘之日也。詳後《疏證》。

“在此行也，晉不更舉矣。”

---

① 林按：“因”應爲“國”。（劉當引之洪本，洪本作“因”）
② 林按：底本作“及”，據科學本及《禮記》改正。

八月，甲午，晉侯圍上陽。

〔疏證〕《地理志》："弘農郡陝，故虢國。"洪亮吉云："酈道元云：
'昔周、召分伯，以陝城爲東、西之別，東城即虢[①]之上陽也。'"詳虢仲、
虢叔《疏證》。《五行志》："是時，虢爲小國，介夏陽之阨，怙虞之助，
亢衡于晉，有炕陽爲節，失臣下之心，晉獻伐之。"《二年經》"下陽"，服
虔本作"夏陽"。

問於卜偃曰："吾其濟乎？"對曰："克之。"公曰："何時？"

〔疏證〕《五行志》："問於卜偃曰：'吾其濟乎？'"《注》："師古曰：
'卜偃，晉大夫，主卜者。'"《晉語注》："卜偃，晉大夫郭偃也。"

對曰："童謠云：'丙之晨，龍尾伏辰，

〔疏證〕《律曆志》三統世經引《左傳》曰"丙子之晨"，《御覽》《五
行傳》同。惠士奇云："師法用辰不用日。丙，日也。子，辰也。言丙不
言子者，日在尾，故舉日不舉辰。辰爲客，時爲主人，故言丙之晨。"陳
瑑云："《晉語》韋解：'丙，丙子也。'是内外《傳》俱無'子'字。"按：
惠、陳説是也。《晉語》同傳文，韋《注》："童，童子。徒歌曰謠。丙，
丙子。晨，早朝也。龍尾，尾星也。伏，隱也。辰，日月之交會也。魯僖
五年冬，周十二月，夏十月丙子朔之朝，日在尾，月在天策。伏辰，辰
在龍尾，隱而未見也。"杜《注》略同，又云："日在尾，故尾星伏不見。"
項名達云："日、月同度曰合辰，合辰非在平旦，而在平旦之前，隱而未
見，故曰'伏'。本合於尾，月行疾至平旦，已至天策也。"

"'均服振振，

〔注〕賈、服等皆爲"均"。均，同也。《司几筵疏》。服虔云："袀服，
黑服也。"《文選·閒居賦注》。

〔疏證〕《律曆志》引三統世經作"袀服振振"。《五行志》同。《司几
筵》："設莞筵紛純。"《注》："鄭司農云：'純，讀如均服之均。純，緣
也。'"《疏》："按：僖五年《左傳》卜偃云：'均服振振，取虢之旗。'賈、
服、杜君等皆爲'均'。均，同也。但司農讀爲'均'，'均'即'準'，
音與'純'同。故云：'純，緣也。'"如彼《疏》説，是先鄭、賈、服、

---

① 林按："東城即虢邑之上陽也"，少"邑"字。（劉引之洪本，洪亦少"邑"字。）

杜皆爲"均"，何別云司農讀爲"均"？段玉裁云："賈、服、杜君等皆爲'袀'。袀，同也。今本《疏》'袀'字訛'均'。"按：段説是也。賈、服諸儒本皆爲"袀"，作"均"乃先鄭之誼。洪亮吉云："李善《閒居賦注》引《傳》作'袀'。《廣雅》云：'袀，戎衣也。'《左傳》：'袀服振振。'《吕覽·悔過篇》：'今袀服四建。'高誘《注》：'袀，同也。兵服上下無別，故曰袀。'今服虔《注》尚作'袀'，是漢時《左氏》本作'袀服'也。《釋文》亦云《字書》'袀'音同。劉逵《吴都賦注》引《傳》亦作'袀'。"杜《注》但云："戎事上下同服。"不言何色。《疏》引《司服》"凡兵事，韋弁服"，謂："在兵之服，皆韋弁。'均服'者，謂兵戎之事，貴賤上下均同此服也。"《疏》意蓋以袀服爲韋服。沈欽韓云："《獨斷》云：'袀，絳繒也。'①《士昏禮》：'女從者皆畢袗玄。'《注》：'古文袗爲袀，袀，同也。同玄者，上下皆玄也。'此均服者，亦謂衣裳皆絳也。"沈同《疏》説，《疏》謂韋弁服，亦杜所未言也。服《注》謂"袀服黑服"。《説文》："袗，玄服也。"袀讀若均。賈《注》當同於服。《五行志》師古《注》亦云："袀服，深衣。"《閒居賦》："服振振以齊玄。"《吴都賦注》："袀，皁服也。"皆用服《注》"黑衣"之訓。惠棟云："古戎服尚黑《戰國策》：'願令補黑衣之數。'《注》云：'黑衣，戎服。'《漢書·五行志》引《傳》作'袀'。《儀禮·士冠禮》曰：'兄弟畢袗玄。'鄭《注》：'袗，同也。古文袗爲袀。'司馬彪《輿服志》：'郊祀之服，皆以袀玄。'《淮南子》曰：'尸祝袀袨。'高誘曰：'袀，純服。袨，黑齊衣也。'袀袨猶袗玄，上下皆玄，故謂之黑服。謂'均服'爲'黑服'，失之。袀，古文皆作均。杜氏謂'戎事上下同服'，是也。《管子·大匡篇》：'四年，修兵，同甲十萬。'同甲，均服之謂也。"玩惠意，蓋不以服説爲然。其謂"袀"古文皆作"均"，蓋因《禮注》"古文袗爲均"。袗乃袀之譌也。後鄭以"袀"爲"均"，與先鄭同。胡培翬云："許釋'袀'爲玄服，而鄭不同者，許蓋禮家舊説也。《春秋左氏傳》'袀服振振'，賈、服、杜等皆爲袀服。賈云：'袀，同也。'《吴都賦注》亦引《左氏注》：'袀，同也。'杜注《左傳》云：'戎事上下同服。'此説袀皆同鄭也。服虔《注》：'袀服，黑服。'此説袀同許也。"按：胡説是也。惟許君亦云玄服，則賈説當不殊於服。就賈、服《注》合之，許君誼當云："袀，黑服也。讀若均。均，同也。"義乃完匝。其先、後鄭異者，止在以"袀"爲"均"，不云"黑服"耳。李貽德云："賈、服

各舉一義，其實互相成。”是也。《六月》“載是常服”，《疏》：“此載者，據將帥服耳。其餘軍士之服，下章言‘既成我服’是也。通皆韋弁，故《坊記注》云：‘唯在軍同服耳。’知者，僖五年《左傳》曰：‘均服振振，取虢之旂。’是同也。禮在朝及齊祭，君臣有同服多矣。鄭獨言在軍者，爲僕右服也。以君各有時服，僕右恒朝服。在軍則同[1]，故言唯耳，不通於他事。”此以祒服爲韋弁服，與本《疏》同。先、後鄭皆不言祒服之色，故《疏》別有爲說也。《月令》：孟冬，“乘玄路”。《注》：“今《月令》曰‘乘衫路’，似當爲‘祒’。”則鄭亦取服《注》矣。

“‘取虢之旂。

〔疏證〕《司常》：“交龍爲旂。”《注》：“凡九旗之帛皆用絳。”《司常》又云：“諸侯建旂。”《注》：“諸侯畫交龍，一象其升朝，一象其下復也。”《疏》云：“諸侯旗旂無日、月、星，故龍有升、降也。象升朝天子，象下復還國也。”《釋天》：“有鈴曰旂”。郭《注》：“懸鈴於竿頭，畫蛟龍於旒。”郭《注》蓋兼《司常》交龍言之。《晉語》：“交龍曰旂。”用《司常》義。杜《注》：“旂，軍之旌旗。”旗、旂有別。諸侯之旂，亦不止行軍乃用。

“‘鶉之賁賁，天策焞焞。火中成軍，虢公其奔。’

〔疏證〕《五行志》“奔”作“犇”。《晉語》韋《注》：“鶉，鶉火，鳥星也。賁賁，鶉火星貌也。天策，尾上一星，名曰天策，一名傅說。焞焞，近日月之貌也。火，鶉火也。中，晨中也。成軍，軍有成功也。按：《開元占經》引《石氏星經》曰：‘傅說一星在尾後。’《注》云：‘入尾十二度太，去極百二十度半，在黃道外十三度太。’”項名達云：“按：天策在析木之次，距鶉火約百度餘。今合言之者，就平旦時，一誌中星，一誌月離也。”杜《注》與韋說略同，其云：“天策，傅說星。”《疏》以《史記·天官書》之文，今本《史記》無之。杜又云：“近日，星微。焞焞，無光耀也。”焦循云：“此時日月會於尾，尾星伏不見，則尾上之星亦伏不見。故天策星以近日之故，不見星，而但見日光之明。《說文》：‘焞，明也。’《九歌·東君篇》：‘暾將出兮東方。’王逸《注》云：‘謂日始出東方，其容暾暾而盛也[2]。焞焞即暾暾，謂日光出於天策星之間而盛，非謂天策星近日而微。焞焞屬日，不屬星。杜以爲無光耀，非是。’”陳瑑云：“杜訓焞焞爲

---

① 林按：應爲“至在軍則同”，少“至”。

② 林按：底本缺“王逸注云謂日始出東方”十字，據科學本增補。

近日星，無光耀也。本《玉篇》爲説。韋則曰：‘煓煓，近日之貌也。’蓋星有見伏逆留，近日月則伏而無光矣。是亦以無光耀訓煓煓也。”按：陳説是也。《傳》言“天策煓煓”，則“煓煓”以星光言。韋《注》：“煓煓，近日月之貌。”亦謂尾星光近日月耳。《疏》云：“傅説之星，在尾之末，合朔在尾，故其星近日星微，煓煓然無光耀也。”火指鶉火。成軍，謂以軍往伐虢也。杜以成爲成功，非。

“其九月、十月之交乎！

〔疏證〕杜《注》：“以星驗推之，知九月、十月之交，謂夏九月、十月也。交，晦朔交會。”《晉語》韋《注》亦云：“交，晦朔之間也。”《疏》無説。項名達云：“按：九月、十月指夏時言，於周爲十一月、十二月。又案：魯僖五年，依三統術推算，自甲申統首，盡本年十一月，積日無小餘。十二月合朔在夜半，大餘五十二算外，命得丙子，積度三百二十四。牛初起算，合朔在尾十四度八十四分，與本《傳》合。解亦本此，然不可爲據。何也？《經》載本年九月戊申朔，日有食之。夫月朔遲早一日餘，恒不易覺，古術疏略，多有誤時。若日食在朔，則昭著於天，不容有誤。故九月朔的爲戊申。而以三統推之，則得丁未，先天一日。九月朔既先天，所推十二月朔之丙子，亦必先天。《大衍術議》曰：‘古術與近代密術相較，二百年氣差一日，三百年朔差一日。推而上之，久益先天；引而下之，久益後天。’自是確論。古術大都與三統相近。朔實大强，每不免先天之失。今本《授時》推得九月朔四十四日有奇，命得戊申，交分二十六日有奇，入食限，亦既密合於天矣。由是推十二月朔，計十三日有奇，命得丁丑[①]。經朔在未初二刻，定朔在丑初三刻，合辰於尾，於赤道當十六度十四分，於黄道當十六度二十三分，與本《傳》“龍尾伏辰”合。至平旦則日在尾十六度四十二分，月在尾十八度四十八分，古距尾止十八度，則尾、箕之間也。尾、箕間傅説一星，亦名天策，與《内傳》稱‘日在尾、月在策’合。惟較丙之晨則差一日。推丙子平旦日在尾十五度三十九分，月在尾五度六十二分，月距策尚十餘度，因思卜偃預占丙子非實驗於天，要由古術推算而得。古術既先天而差早合於丙子，必不合於戊申。然曰食實在戊申，則十二月朔，必非丙子而實丁丑矣。丁丑平旦張十度中，已值鶉火之末，始將西降，故曰‘賁賁’。是時天策尚在地平下，追出地平，則日

---

① 科學本注：原稿眉批：“無解於《傳》之‘丙子朔’。”

已晝而星無光，所謂‘焞焞’，亦虛擬之辭，非目覩也。”

“丙子旦^①，日在尾，月在策，鶉火中，必是時也。”

〔疏證〕杜《注》：“是夜日月合朔於尾，月行疾，故至旦而過在策。”《疏》云：“十月朔，丙子之日，平旦時，日體在尾星，月在天策星，鶉火正中於南方。”以三統術推之，此夜小餘盡，夜半合朔在尾十四度。錢大昕云：“當在尾十五度大强也。”貴曾曰：置是年積日三十六萬八百六十七，加十一月積日三百二十四，共得積日三十六萬一千一百九十二。以統法乘之，得五億五千五百八十七萬四千四百八十，滿周天去之，餘四十九萬九千九百二十八，盈統法而一，得積度三百二十四度，餘一千二百九十二，命如法，周十二月，合辰在尾十五度，加時在子，孔氏以爲尾十四度，非也。又按：是年入甲申統九百八十年，大餘二十七，小餘十三，加朔策十一月，得大餘五十二，無小餘，得周十二月丙子朔，置一日以日法通之，得八十一，以月周二百五十四乘之，得二萬五百七十四。盈統法而一，得十三度，度餘五百六十七，爲丙子夜半。至合朔，加時月所行之度，命如法，得丙子朔。合辰月在箕十度，箕即天策也。又依法推星始見，距十二月丙子朔一百九日，應順行十九度十一分度九，以十一分九與所推度，餘見月、日法，分一百八萬四千一百四十六，通分子母相并，推得星在星三度，二千六百七十九萬八千六百七分度之二千三百一萬二百七十九，入鶉火之次^②。

冬，十二月，丙子，朔，晉滅虢。虢公醜奔京師。

〔注〕《左氏》説：“周十二月，夏十月也，言天者從夏正。”《五行志》。

〔疏證〕杜《注》：“周十二月，夏之十月。”蓋用舊説。貴曾曰：以三統術推之，是年十月丙子朔，周十二月也。蓋《春秋》周正，三統夏正，故恒差二月。《律曆志》云：“‘夏數得天’，四時之正也。”故言天者必從也。趙子常云：“傳見三正，通於民俗。”閻若璩謂當時列國，惟晉用夏正。非。《晉世家》：“其冬，晉滅虢，虢公醜奔周。”

師還，館于虞，遂襲虞，滅之。執虞公及其大夫井伯，以媵秦穆姬。

---

① 林按：底本無“丙子旦”三字，據楊本增補。
② 林按：貴曾疏證内容原稿爲貼頁。

〔疏證〕杜不釋"井伯"。《晉世家》:"還,襲虞,虜虞公及其大夫井伯百里奚。"《正義》曰:"《南雍州記》云:'百里奚字井伯,宛人也。'"洪亮吉云:"梁劉峻《世説新語注》:'百里字井伯。'按:《古今人表》百里奚列上之下,井伯列中之下,則非一人也。"文淇案:《秦本紀》:"穆公四年,迎婦於晉。五年,晉獻公滅虞、虢,虜虞君及其大夫百里傒,以璧馬賂于虞故也。既虜百里奚,以爲秦穆公夫人媵於秦。"不及井伯,與《晉世家》又異。四年迎婦而五年媵夫人者,或待年於國,五年始歸秦也。《韓子·説難》《吕氏春秋·慎人》皆爲百里媵秦穆姬。《唐書·宰相世系表》:"虞之公族井伯奚媵伯姬于秦,受邑於百里,因號百里奚。"杜《注》:"秦穆姬,晉獻公女。"孫炎《爾雅注》:"送女曰媵。"杜《注》用之。黃生《字詁》:"《説文》:'媵,送也。'古者諸侯嫁女,本國及他國皆以大夫送之,謂之媵。俗以妾義專,故①從女,不從媵。《史記》:'伊尹爲有莘氏媵臣。'《左傳》:'晉執虞公及其大夫井伯,以媵秦穆姬。公子結媵陳人之婦于鄄,遂及齊侯、宋公盟。晉將嫁女于吳,齊侯使析歸父媵之。伯姬歸於宋,衛人來媵。凡諸侯嫁女,同姓媵之,異姓則否。'《公羊》:'諸侯娶一國,則二國往媵之,以姪娣從。'媵蓋送之名,非謂所送之女爲媵也。"如黃説,則《傳》古文"媵"當作"媵"。《説文》又引吕不韋曰:"有侁氏以伊尹媵女。"今見《吕氏春秋·本味篇》,亦古書作"媵"之證。《我行其野疏》:"《釋言》云:'媵,送也。'妾送嫡而行,故謂妾爲媵。媵之名不專施妾,凡送女適人者,男女皆謂之媵。《左傳》:'晉人滅虞,執其大夫井伯,以媵秦穆姬。'史稱伊尹有莘氏之媵臣,是送女者雖男亦名媵也。"媵不指妾。《公羊》"往媵之"下別稱"以姪娣從",文最分明。謂媵爲男女通稱,非。

而修虞祀,且歸其職貢於王。

〔注〕服云:"虞所祭祀,命祀也。"《晉世家集解》。

〔疏證〕惠士奇曰:"終宫之奇之言。"杜《注》:"虞所命祀也。"即用服説。《大宗伯》:"乃頒祀於邦國。"《大祝》②:"建邦國,禁督逆祀命者。"《注》:"督,正也。正王之所命,諸侯之所祀。有逆者則刑罰焉。"本《疏》云:"虞受王所命之祀,謂天子命虞,使祀其竟内山川之神也。既滅其國,故代虞祭之。"《疏》釋命祀,即本《大祝注》。如服意,則謂就虞國祭祀

---

① 林按:"俗以妾義專,故改從女,不從媵。"底本少"改"字。

② 林按:底本無篇名,據科學本增補。

之典，修其王所命祀也。删“祭祀”二字便不詞。

故書曰：“晉人執虞公。”罪虞，且言易也。

〔经〕 **六年，春，王正月。**

夏，公會齊侯、宋公、陳侯、衛侯、曹伯伐鄭，圍新城。

〔疏證〕新城即新密。《地理志》：“河南郡密，故國，有大騩山，溱水所出。南至臨潁入潁。”應劭曰：“密人不恭。密須氏，姞姓之國也。”臣瓚曰：“密，姬姓之國也。見《世本》。密須，今安定陰密是也。”師古曰：“應、瓚二說皆非也。此密即《春秋》‘圍新密’者也，蓋鄭地。而《詩》所云‘密人’，即《左傳》所謂‘密須之鼓’者，在安定陰密。”文淇案：瓚以密在河南，密須在安定。而師古以應、瓚二說皆非，是誤以瓚說同應劭也。此密自在河南。沈欽韓云：“《水經注》：‘密縣故城，《春秋》謂之新城。’《方輿紀要》：‘密城在開封府禹州密縣東南三十里，即《春秋》之新城。’”江永云：“密縣今屬許州府。”《年表》：“齊桓公三十二年，率諸侯伐鄭。”

秋，楚人圍許，

〔疏證〕杜《注》：“楚子不親圍，以圍者告。”文淇案：《傳》云：“楚子圍許以救鄭。”杜何以知其不親圍？且魯亦在伐許之列，楚必不來告也。

諸侯遂救許。

〔疏證〕杜《注》：“皆伐鄭之諸侯。”

冬，公至自伐鄭。無《傳》。

〔傳〕 **六年，春，晉侯使賈華伐屈。**

〔注〕賈云：“賈華，晉右行大夫。”《晉世家集解》。

〔疏證〕《晉語》：“令賈華刺夷吾，夷吾逃于梁。”文淇案：《晉世家》：“獻公二十二年，使人伐屈，屈城守，不可下。二十三年，獻公遂發賈華等伐屈，屈潰。”是前年晉已伐屈，此再伐也。杜《注》：“賈華，晉大夫。”用賈說。洪亮吉云：“賈據《僖十年傳》為文。”彼《傳》云“右行賈華”也。

夷吾不能守，盟而行。將奔狄，郤芮曰：

〔疏證〕杜無注。郤芮，《晉世家》作“冀芮”。《晉語注》：“冀芮，晉大夫，冀缺之父。”杜九年《注》：“郤芮，郤克祖父。”《成二年疏》引《世本》云：“郤豹生冀芮，芮生缺，缺生克。”乃韋、杜説所出。洪亮吉云：“《一切經音義》引《聲類》：‘郤鄉在河内。’按：此則芮食采于郤，後因以爲氏也。”按：據《世本》，芮父郤豹已以郤爲氏，不始於芮。《潛夫論》：“郤氏，姬姓，晉之公族也。”郄、郤同。

“後出同走，罪也。

〔疏證〕《晉語》韋《注》：“同走，嫌同謀也。”杜《注》：“嫌與重耳同謀而相隨。”從韋説。顧炎武云：“《史記》述冀芮之言曰：‘重耳已在矣，今往，晉必移兵伐翟，翟畏晉，禍且及。’《左氏》文簡，非此數語不明。杜《解》非。”

“不如之梁。梁近秦而幸焉。”乃之梁。

〔疏證〕《晉語注》：“梁，嬴姓之後，伯爵也。”《晉世家》：“‘梁近於秦，秦彊，吾君百歲後，可以求入焉。’遂奔梁。”《史》不采《傳》“而幸焉”義。《晉語》則云：“不若走梁，梁近於秦，秦親吾君。”《注》：“秦穆夫人，獻公之女，故親吾君也。”是《傳》之“幸”，謂秦與晉親。杜《注》：“秦既大國，穆姬在焉。”從韋説，而又云“以梁爲秦所親幸”，非《傳》意。《年表》：“晉獻公二十三年，夷吾奔梁。”

夏，諸侯伐鄭，以其逃首止之盟故也。

圍新密，鄭所以不時城也。

〔疏證〕杜《注》：“實新密，而《經》言新城者，鄭以非時興土功，齊桓聲其罪以告諸侯。”顧炎武云：“實‘密’，而《經》云‘新城’，故《傳》釋之，以爲鄭懼齊而新築城，因謂之‘新城’也。《解》云：‘鄭以非時興土功，齊桓聲其罪以告諸侯。’夫罪孰大於逃盟者？而更責其非時興土功，不亦細乎？且上文固曰‘以其逃首止之盟’，則不須添此一節矣。”按：顧説是也。《疏》引劉炫云：“先王之制，諸侯無故不造城，造城則攻其所造。《司馬法》曰‘産城，則攻其所産’是也。”炫與杜説同，則非《規過》，當是《述議》之詞。疑舊注謂齊以土功罪鄭，杜《注》用之。但舊注與《傳》違，今不取。

秋，楚子圍許以救鄭，諸侯救許，乃還。

冬，蔡穆侯將許僖公以見楚子於武城。

〔疏證〕杜《注》："楚子退舍武城。武城，楚地。"《郡國志》："南陽城宛有東武亭。"沈欽韓云："《一統志》：'武城在南陽府北，一名武延城。'《元統志》：'武延城在南陽縣北百里。'"江永云："《一統志》又云'楚受蔡侯降於此'，則誤。此受許男降，非受蔡侯降也。"

許男面縛，銜璧，大夫衰絰，士輿櫬。

〔疏證〕杜《注》："縛手於後，唯見其面，以璧爲贄，手縛，故銜之。"黃生《義府》云："《史記·宋世家》載微子'肉袒面縛'。解者以爲反縛向後，僅見其面。此說陋甚。凡縛者必反接，所以防他變。若微子則是自爲出降之禮。但縛手而不反接，故以'面'字著之。此古人用字之妙。從來爲陋解所晦，可恨也。又《項羽紀》[①]：'顧見漢騎司馬呂馬童："若非吾故人乎？"呂馬童面之，指王翳曰："此項王也。"'解者訓'面'爲'背'，亦誤。面之即諦視之謂。"文淇案：黃氏所駁爲《索隱》說。《索隱》云："面縛者，縛手於背，而面向前也。"蓋沿杜氏之誤。壽曾按：黃氏駁《索隱》則是，而以面爲諦視，則面縛當訓爲縛而面之，亦不詞。洪亮吉云："《廣雅》：'偭，偝也。'《漢書·賈誼傳》：'偭蟂獺以隱處兮。'王逸、應劭并云'偭，背也。'《項籍傳》：'馬童面之。'張晏曰：'背之也。'師古亦云：'面謂背之，不面向也。'偭、面古字同。按：杜《注》云'但見其面'，可謂臆說。"惠士奇亦引《項籍傳》釋云："面縛之，亦謂反偝而縛之。杜元凱以爲'但見其面'，非也。"按：洪、惠說是也。朱駿聲云："面之爲背，猶廢之爲置，徂之爲存也。"亦以背反訓之。《宋世家索隱》引劉氏云："'面即背也'。義亦稍迂。"此劉氏未知何人，容在裴氏之前，可以洪、惠未引可爲補證。馬宗璉云："銜璧，當即斂用含璧意，示不生也。《哀十一年傳》：'陳子行，命其徒具含玉。'即此意。杜《注》以璧爲贄，手縛故銜之。恐非是。"按：馬說是也。銜謂具此含玉耳。杜《注》又云："櫬，棺也。將受死，故衰絰。"《御覽》五百四十七引《注》："櫬，棺。"當是舊注。《說文》："櫬，棺也。《春秋傳》曰：'士輿櫬。'"則"櫬，棺"爲賈氏誼矣。《楚世家》："成王十八年，成王以兵北伐許，許君肉袒謝，乃釋之。"《年表》："楚成王十八年，伐許。許君肉袒謝，楚從之。"

---

① 林按：底本作"傳"，據《史記》與科學本改正。

楚子問諸逢伯，

〔疏證〕杜《注》："逢伯，楚大夫。"

對曰："昔武王克殷，微子啓如是。武王親釋其縛，受其璧而祓之，

〔疏證〕《宋世家》："微子開者，殷帝乙之首子，而紂之庶兄也。周武王伐紂克殷，微子乃持其祭器，造於軍門，肉袒面縛，左牽羊，右把茅，膝行而前以告。"《說文》："祓，除惡之祭也。"杜《注》："祓，除凶之禮。"用許說。《疏》云："襄二十九年，稱'公臨楚喪，使巫以桃茢先祓殯'，此亦當以桃茢祓之。"

"焚其櫬，禮而命之，使復其所。"楚子從之。

〔疏證〕杜無注。《振鷺疏》引此《傳》，又引《史記》云："'於是武王乃釋微子，復其位如故。'言復位以還爲微子也，但微國本在紂之畿内，既以武庚君於畿内，則微子不得復封於微也。但微子自囚，以見武王，武王使復其位，正謂解釋其囚，使復臣位，不是復封微國也。"按：使復其所，是自復微國之封。彼《疏》謂復臣位，虛無所指。《樂記》："投殷之後於宋。"《注》："投，舉徙之辭也。時武王封紂子武庚於殷墟，所徙者微子也，後周公更封而大之。"《疏》："初克時，微子復其故位。《左傳》云：'武王親釋其縛，使復其所。'是也。而暫時復所，武王即徙而居宋，故云'所徙者微子'。"謂復封微國爲暫時之事，後即徙宋，得之。

〔經〕 七年，春，齊人伐鄭。

夏，小邾子來朝。 無《傳》。

〔疏證〕《公羊》"邾"下有"婁"。杜《注》："邾之別封，故曰小邾。"小邾即郳也。詳莊六年《疏證》。

鄭殺其大夫申侯。

〔疏證〕杜《注》："申侯，鄭卿。專利而不厭，故稱名以殺，罪之也。例在文六年。"按：《文六年傳》[①]："九月，賈季使續鞠居殺陽處父。書曰

---

① 林按：底本無"按文六年"四字，據科學本增補。

‘晉殺其大夫’，侵官也。”彼《經》書大夫而不名，且罪賈季。與此《經》書法殊。杜説非。

秋，七月，公會齊侯、宋公、陳世子款、鄭世子華盟于甯母。

〔疏證〕《公羊》文同。《穀梁》“甯”作“寧”。《釋文》：“甯母，如字，又音無。”《公》《穀》釋文“母”亦兩音。《石經》、十行本作“毋”。《郡國志》：“山陽郡方與有泥母亭，或曰古甯母。”杜《注》謂泥音如甯。沈欽韓云：“《一統志》：‘泥母亭在兗州府魚臺縣東二^①十里。’”

曹伯班卒。無《傳》。

〔疏證〕班，《公羊》曰“般”。

公子友如齊。無《傳》。

〔疏證〕杜《注》：“罷盟而聘。”

冬，葬曹昭公。無《傳》。

〔疏證〕《年表》以僖公八年爲曹共公元年。

〔傳〕七年，春，齊人伐鄭。

孔叔言於鄭伯曰：“諺有之曰：‘心則不競，何憚於病？’

〔疏證〕孔叔，□□^②。《傳》：“競，強也。□□^③。”《箋》：“憚，病也。”杜《注》用之。《周書·樂遜傳》：“遜陳時宜曰：‘魏祚告終，天眷在德。而高洋稱僭，先迷未敗，擁逼山東，事切肘腋。國家雖強，洋不受弱。《詩》云：“德則不競，何憚於病。”唯德可以庇民，非恃彊也。’”按：遜本傳：“遜講《孝經》《論語》《毛詩》及服虔所注《春秋左氏傳》。”又云：“著《春秋序義》，通賈成説，發杜氏違，辭理并可觀。”“賈成”似“賈、服”之訛。古傳《左氏》學者無成氏也。遜引《傳》“諺”作“詩”，“心”作“德”，并與今本異，當是賈、服本。其稱“惟德可以庇民”蒙上引《詩》，“德”非誤。德強視心強，意尤美矣。《風俗通》“則”作“苟”，

---

① 林按：底本作“三”，據科學本改正。
② 科學本注：原稿闕文。
③ 科學本注：原稿闕文。

亦異今本。

“既不能强，又不能弱，所以斃也。

〔疏證〕樂氏説“惟德可以庇民”，則“不能强”謂不能用德自强也。

“國危矣，請下齊以救國。”公曰：“吾知其所由來矣。姑少待我。”

杜《注》：“欲以申侯説。”

對曰：“朝不及夕，何以待君？”

〔疏證〕杜無注。《北周書·賀拔岳傳》：“爾朱榮謀入匡，朝廷謂岳曰：‘計將安出？’岳對曰：‘古人云：“朝謀不及夕，言發不俟駕。”此之謂矣。’”用此《傳》意。舊説朝夕當以謀慮言。

夏，鄭殺申侯以説于齊，且用陳轅濤塗之譖也。

初，申侯，申出也，

〔疏證〕杜《注》：“姊妹之子爲出。”顧炎武云：“蓋楚女嫁於申所生。”案：顧説是也。杜《注》“姊妹”之文，無所傅。

有寵於楚文王。文王將死，與之璧，使行，曰：“唯我知女。女專利而不厭，予取予求，不女疵瑕也。

〔疏證〕杜《注》：“從我取，從我求，不以女爲罪釁。”是杜以“疵瑕”爲“罪釁”。《吕覽·長見篇》高誘《注》引此《傳》：“不汝玼瑕也。”《説文》：“玼，玉色鮮也。”鄭玄《禮記注》：“瑕，玉之病也。”不女玼瑕，猶然不女短長。杜本作“疵瑕”，故訓辭異。玼瑕，古文。

“後之人將求多於女，

〔疏證〕杜《注》：“謂嗣君也。求多，以禮義大望責之。”

“女必不免。我死，汝必速行，無適小國，將不女容焉。”

〔疏證〕《周書·樂遜傳》：“遜陳時宜曰：‘昔申侯將奔，楚子誨之曰：“無適小國。”言以政狹法峻，將不汝容。敬仲入齊，稱曰：“幸若獲宥，及於寬政。”然關東諸州，淪陷日久，人在塗炭，當慕息肩。若不布政優

優，聞諸境外，將何以使彼勞民歸就樂土。’”文淇案：遜爲服氏學，此
必服義也。杜《注》“政狹法峻”，即用服説。

**既葬，出奔鄭，又有寵於厲公。子文聞其死也，曰：“古人有言
曰：‘知臣莫若君。’弗可改也已。”**

〔疏證〕沈欽韓云：“《管子·大匡》：‘鮑叔曰：“先人有言曰：知子
莫若父，知臣莫若君。”’”文淇案：《齊世家》：“桓公問管仲曰：‘群臣誰
可相者？’管仲曰：‘知臣莫若君。’”是此爲古語，子文、管仲并引之。

“秋，盟于甯母”，謀鄭故也。

管仲言於齊侯曰：“臣聞之：招攜以禮，懷遠以德。

〔疏證〕《國語》韋《注》：“攜，離也。”杜《注》用韋説。《漢書·南
越傳贊》：“追觀太宗，填撫尉陀，豈古所謂‘招攜以禮，懷遠以德’者
哉？”師古《注》即引此《傳》，解之云：“攜，謂離貳者也。懷，來也。
言有離貳者，則招集之。恃險遠者，則懷來之也。”

“德、禮不易，無人不懷。”齊侯修禮於諸侯，諸侯官受方物。

〔疏證〕杜《注》：“諸侯官司，各於齊受其方所當貢天子之物。”
《疏》：“《大行人》：‘侯服貢祀物，甸服貢嬪物，男服貢器物，采服貢服
物，衛服貢材物，要服貢貨物。’鄭《注》云：‘祀貢者，犧牲之屬。嬪物，
絲枲也。器物，尊彝之屬。服物，玄纁絺纊也。材物，八材也。貨物，龜
貝也。’如彼《禮》文，諸侯所貢之物，皆以服數爲差。《尚書·禹貢》‘任
土作貢’，皆貢土地所生，而不計路之遠近。然則《周禮》雖依服數，亦
貢土地之所生，不宜遠求他方之物以貢王也。”

**鄭伯使大子華聽命於會，言於齊侯曰：“洩氏、孔氏、子人氏三
族，實違君命。**

〔疏證〕杜《注》：“三族，鄭大夫。”沈欽韓云：“洩氏，隱四年之洩
駕、僖二十年之洩堵寇是也。孔氏，上孔叔是也。子人氏，鄭厲公之弟，
桓十四年名語者也。”

“君若去之以爲成，我以鄭爲内臣，君亦無所不利焉。”

〔疏證〕洪亮吉云：“君若，諸本作‘若君’。今從《石經》、宋本

改正。"《唐石經校文》亦云:"各本'君若'誤作'若君'。"今依洪、嚴説刊正。成,猶求成也。杜《注》:"以鄭事齊,如封内臣。"封即附庸也。

齊侯將許之。管仲曰:"君以禮與信屬諸侯,而以姦終之,無乃不可乎?

〔疏證〕《公羊·宣十二年傳注》:"無乃猶得無。"

"子父不姦之謂禮,守命共時之謂信,

〔疏證〕杜《注》:"守君命,共時事。"

"違此二者,姦莫大焉。"

公曰:"諸侯有討於鄭,未捷。今苟有釁,從之,不亦可乎?"

〔疏證〕杜《注》:"子華犯父命,是其釁隙。"

對曰:"君若綏之以德,加之以訓辭①,而率②諸侯以討鄭,鄭將覆亡之不暇,豈敢不懼?若總其罪人以臨之,

〔疏證〕《石經》"總"作"惣"。孫惷曰:"此俗字,當作'總'。"杜《注》:"總,將領也。"惠棟云:"《戰國策》曰:'楚請道以臨韓、魏。'高誘曰:'臨,猶伐也。'《定二年傳》'以師臨我'同。"

"鄭有辭矣,何懼?

"且夫合諸侯,以崇德也。會而列姦,何以示後嗣?

〔疏證〕杜《注》:"列姦,用子華。"惠棟云:"用子華爲内臣。《昭四年傳》云'姬在列者',言姬姓爲君者也。子華欲以鄭屬齊,爲附庸之君。齊若許之,是列姦也,故下云:'記姦之位。'位,謂君位。杜下《注》云:'會位。'失之。如杜説,何以《經》仍書'鄭世子華'乎?必不然矣。"按:惠説是也。《疏》:"杜説位爲會位,故云鄭世子華已列於會矣。管仲方云:'會而列姦,何以示後世嗣?'桓公列之於會,直是列其身耳。管仲言'列姦'者,謂將用其姦謀,故杜云'列姦,用子華'也。"列身

---

① 林按:楊本"訓辭"兩字中斷句爲"訓,辭"(楊本斷句從武億《經讀考異》)。

② 林按:"率",楊本作"帥"。

與列姦謀爲二事，《傳》無此意，强生分别，以佐杜説。非。

"夫諸侯之會，其德、刑、禮、義，無國不記。記姦之位，君盟替矣。

〔疏證〕"位"爲君位，説見上。杜《注》："位，會位也。子華爲姦人，而列在會位，將爲諸侯所記。"管仲此言，止子華鄭爲内臣之請耳。子華以君命來會，烏得不記？杜説殊謬。惠棟云："替，《三體石經》作'㬱'。《説文》：'㬱，廢。一偏下也。從并，白聲。或從曰，或從炏從曰。'"洪亮吉云："《唐石經》作'替'。《詩》毛《傳》：'替，廢也。'"

"作而不記，非盛德也。

〔疏證〕杜《注》："君舉必書。雖使齊史隱諱，亦損盛德。"顧炎武云："《傳》云'無國不記'。杜乃云'齊史隱諱'，非也。不記，言不可記。"按：顧説是也。子華以子奸父之命，而以鄭屬齊，是以不可記也。顧説與惠説可互明。

"君其勿許！鄭必受盟。夫子華既爲大子，而求介於大國，以弱其國，亦必不免。

〔疏證〕《索隱》稱："《志林》：'介者，因也。'"

"鄭有叔詹、堵叔、師叔三良爲政，未可間也。"

〔疏證〕杜無注。《晉語注》："詹，鄭卿叔詹伯也。"按：堵叔，疑即洩堵寇。師叔，疑孔叔也。

齊侯辭焉。子華由是得罪於鄭。

〔注〕服云："鄭伯罪之也。"《御覽》一百四十六。

〔疏證〕杜無注。梁履繩云："案：此與五年'申侯由是得罪'義同。凡言得罪者，不先明正其罪，久乃誅之，故十六年鄭方殺子華。"

冬，鄭伯使請盟於齊。

閏月，惠王崩。襄王惡大叔帶之難，

〔疏證〕《春秋分紀·曆書》："《傳》於歲尾書閏月，蓋十二月也。《經》兩書閏，皆以歲末。此後世所以有歸餘於終之疑，蓋春秋閏法不正爾。"貴

曾曰：此說非也。《傳》次于“秋，盟于甯母”下。案：四年閏餘十四，以十二乘之，得一百六十八。加七者九，得二百三十一。盈章中①二百二十八而餘三。正處暑閏在八月後，是年閏八月。《周本紀》：“二十五年，惠王崩，子襄王鄭立。襄王母蚤死，後母曰惠后。惠后生叔帶，有寵於惠王，襄王畏之。”《年表》：“襄王立，畏太叔。”亦繫於二十五年。《集解》：“徐廣曰：‘皇甫謐云：二十四年惠王崩。’”據《傳》爲説。《本紀》《年表》從《八年經》也。

懼不立，不發喪，而告難於齊。

〔經〕 八年，春，王正月，公會王人、齊侯、宋公、衛侯、許男、曹伯、陳世子款盟於洮。

〔疏證〕《公羊》“陳世子款”下有“鄭世子華”。《校勘記》云：“《左氏》《穀梁》無‘鄭世子華’，故下‘鄭伯乞盟’。此蓋因《注》言‘甯母之盟，鄭遣世子’而誤衍。”《翟方進傳》：“會北地浩商爲義渠長所捕，亡，長取其母，與猴豬連繫都亭下。商兄弟會賓客，自稱司隸掾、長安縣尉，殺義渠長妻子六人，亡。丞相、御史請遣掾史與司隸校尉、部刺史并力逐捕，察無狀者，奏可。司隸校尉涓勳奏言：‘《春秋》之義，王人微者序在諸侯之上，尊王命也。臣幸得奉使，以督察公卿以下爲職。今丞相宣請遣掾史，以宰士督察天子奉使命大夫，甚悖逆順之理。’”案：翟方進爲《春秋左氏》學，其後舉奏涓勳，但斥其“輕謾宰相，賤易上卿”，而不及其稱引《春秋》之失，則謂所述，當爲《左氏》義也。《公羊傳》：“王人，微者，曷爲序乎諸侯之上？先王命也。”《穀梁傳》：“王人之先諸侯何也？貴王命也。朝服雖敝，必加於上；弁冕雖舊，必加於首；周室雖衰，必先諸侯。”是王人序諸侯之上，以尊王命，三《傳》説同也。杜《注》云：“王人與諸侯盟，不譏者，王室有難故。”《疏》：“《釋例》曰：‘未有臣而盟君，臣而盟君，是子可盟父。故《春秋》王世子以下，會諸侯者皆同會，而不同盟。’是言王臣正法，又與諸侯盟也。”《春秋》之義，始於君臣。王官涖盟，正以臣不可盟君，既同會矣，何不可同盟？杜説毫無根據。其注“踐土之盟”諸條，强《經》就《例》，自爲曲解。《疏》之引證，更多糾紛，今亦不辨。《疏》又云：“二十九年，翟泉之盟，於時諸侯輯睦，王室無虞。王子虎下盟列國，以瀆大典，故貶稱‘王人’。”則三《傳》無書“王人”爲貶之説也。洪亮吉云：“按：莊十七年杜《注》：‘洮，魯地。’

---

① 林按：底本無“二百三十一盈章中”八字，據科學本增補。

此《注》又云'曹地'。今考下《三十一年傳》，'分曹地自洮以南'，是
洮水在曹、魯之界。洮水南屬曹，洮水北屬魯也。"按：洪説是也。高士
奇云："今濮州西南五十里有洮城。"今濮州屬曹州府。

鄭伯乞盟。

夏，狄伐晉。

秋，七月，禘于太廟，用致夫人。

〔疏證〕杜《注》："禘，三年大祭之名。"與《左氏》舊説三年一禘
合。又云："太廟，周公廟。"禘禮説詳莊二十□①年《疏證》。《曾子問》：
"祭過時不祭。禮也。"《疏》②"過時不祭，謂四時常祭也。熊氏云：'若喪
祭及禘祫祭，雖過時，猶追而祭之。'故《禘祫志》云：'昭十一年，齊歸
薨。十三年會于平丘，冬，公如晉，不得祫。至十四年乃追而祫之，十五
年乃禘也。'又僖公八年春當禘，以正月會王人于洮，故七月而禘。故
《雜記》云'三年之喪既穎，其練祥皆行'，是追行前練祥祭也。"熊氏以
此禘于太廟，當禘而會洮，故禘在七月。蓋本鄭康成説。知者，《雜記》：
"七月而禘，獻子爲之也。"《疏》："僖八年，于時未有獻子。而七月禘者，
鄭答趙商云：'以僖八年③正月公會王人於洮，六月應禘，以在會未還，故
至七月乃禘。君子原情免之，理不合譏，而書之者，爲致夫人，故書"七
月禘"也。'"此鄭君説。此《經》禘在七月之説，熊氏以爲禘當在春。鄭
君以爲六月應禘者，鄭用《明堂位》"季夏六月，以禘禮祀周公于太廟"
也。《郊特牲》："春禘而秋嘗。"《祭義》："君子合諸天道，春禘秋嘗。"
故焦氏以爲春當禘。鄭注《郊特牲》云："禘當爲祠字之誤也。"則鄭君不
從春禘之説，故言禘當在六月也。杜又云："致者，致新死者之主於廟，
而列之昭穆。夫人淫而與殺，不薨於寢，於禮不應致，故僖公疑其禮。歷
三禘，今果行之，嫌異常，故書之。"《疏》云："僖公不爲哀姜作喪畢禘
祭。其禘自從閔公數之，二年除閔喪爲禘，至五年復禘。今八年復禘。姜
死已來，已歷三禘。今因禘祭，果復行之。"杜氏歷三禘之説，亦以三年
一禘計之也。鄭玉云："夫人無姓氏，遂至紛紜《左氏》以爲哀姜，《公羊》

---

① 科學本注：原稿闕文，查當作"閔二年"。
② 科學本注："《疏》"以下一百三十二字不見於《曾子問》。
③ 林按：底本無"于時未有獻子……以僖八年"二十字，劉氏《疏證》往往節取文
字，不全引。今據科學本補全。

以爲齊滕，《穀梁》以爲立妾之辭，而劉向以爲成風。又有以爲文姜，則權子之説。以今考之，若以爲齊滕，則僖公賢君必不以妾爲夫人，桓公伯主必不脅人以妾爲妻。若謂成風，則僖公豈宜有爲父立妾之理？成風既非始嫁，又非祔主，安可致于廟？若謂文姜，則事隔莊公一世，何緣至此方祔？惟以爲哀姜，則庶幾近之。"

冬，十有二月，丁未，天王崩。

〔疏證〕杜《注》："實以前年閏月崩，以今年十二月丁未告。"按：杜説非也。策書之例，必俟告乃書，此來告之日。

〔傳〕 八年，春，盟于洮，謀王室也。鄭伯乞盟，請服也。襄王定位，而後發喪。

〔疏證〕承上上年《傳》不發喪言之，至此位定乃喪。

晉里克帥師，梁由靡御。虢射爲右，以敗狄于采桑。

〔注〕服云："采桑，翟地也。"《晉世家集解》。

〔疏證〕杜《注》："《傳》言前年事也。"不注"御""右"。《淮南·氾論訓注》："梁由靡，晉大夫。"《十四年傳》杜《注》："虢射，惠公舅也。"用服《注》。《晉世家》："獻公二十五年，晉伐翟，翟以重耳故，亦擊晉於齧桑。晉兵解而去。"《年表》："獻公二十五年，伐翟，以重耳故。"皆以晉伐狄爲此年事。杜謂在前年，據下傳文"復期月"也。齧桑，采桑，《傳》與《史》異。《集解》："《左傳》作'采桑'。服虔曰：'翟地。'"《索隱》："裴氏云：'《左傳》作"采桑"。'按：今平陽曲南七十里河水有采桑津，是晉境。服虔云翟地，亦頗相近。然字作'齧桑'。齧桑，衛地。恐非也。"《集解》《索隱》皆云《左傳》作"采桑"，則服《注》無緣作"齧桑"。沈欽韓云："《水經注》：'河水逕北屈縣故城南，又南爲采桑津。里克敗狄于采桑是也。'《寰宇記》：'古北鄉城，在蒲州寶鼎縣北三十一步。汾陰北鄉城即采桑津也。'按：此説非也。《一統志》：'采桑津在吉州鄉甯縣西。'"

梁由靡曰："狄無恥，從之，必大克。"

杜《注》："不恥走。"①

---

① 科學本注：下脱"故可逐"三字。

里克曰：“懼之而已，無速衆狄。”

虢射曰：“期年狄必至，示之弱矣。”

〔疏證〕《釋文》：“期，本或作朞。”劉寶楠《論語正義》云：“《説文》：‘朞，復其時也。從禾，其聲。期，會也，從月，其聲。’訓義略同。會，合也。復其時，仍合於此月也。積月成年，故周年謂之期年，又謂之期月。言十有二月，至此一合也。”

夏，狄伐晉，報采桑之役也。復期月。

〔疏證〕期年，期月，互文也。復，即復其時之義。杜《注》：“明期年之言驗。”

秋，禘而致哀姜焉，非禮也。凡夫人不薨于寢，不殯于廟，不赴于同，不祔于姑，則弗致也。

〔注〕鄭康成以爲：“《春秋》變周之文，從殷之質，故殯于廟。”《檀弓疏》。服云：“不薨于寢，寢謂小寢。不殯于廟，廟謂殯宮。鬼神所在謂之廟。”《檀弓疏》《喪大記疏》。舊注：“寢，小寢。同，同盟。言諸侯夫人有罪，不以禮終，不當致。”《喪祝疏》。

〔疏證〕此致夫人例也。杜《注》：“據《經》哀姜薨、葬之文，則爲殯廟、赴同、祔姑。今當以不薨于寢，不得致也。”沈欽韓云：“《傳》意言哀姜，四事俱無，一朝入廟爲非禮。杜唯言哀姜不薨于寢，故不得致，顯與《傳》違。僖公請葬，棺自外來，豈得反殯于廟？若先已祔姑，今此又奚爲而致之？杜之不通，何所置喙？[①]”文淇按：《喪祝》：“及朝御柩乃奠。”《注》：“鄭司農云：‘朝，謂將葬。朝於祖考之廟而後行，則喪祝爲御柩也。《春秋傳》曰：“凡夫人不殯于廟，不祔於姑，則弗致也。”’”《疏》云：“‘凡夫人不殯于廟’者，此僖八年《左氏傳》。‘凡夫人，不薨于寢，不殯于廟，不赴于同[②]，不祔于姑，則弗致也。’《注》云：‘寢，小寢。同，同盟。’言諸侯夫人有罪，不以禮終，不得致。”《周禮疏》所引當是舊注。釋寢爲小寢，與服《注》同。而未釋殯廟者。《禮記疏》及《周禮疏》各節引之耳，故文不備。舊注謂“不以禮終”，謂哀姜無此四事也。

---

① 林按：劉氏引沈欽韓文，此句有大量改動。

② 林按：底本無“此僖八年……不赴于同”二十二字，據科學本補録。劉氏引《疏》文往往節取其義。

本《疏》云："不具此四事，皆不合致。"又云："據《經》哀姜薨、葬之文，知其赴同、祔姑可矣。亦知其殯于廟者，以元年十二月喪至，二年五月始葬，明至則殯于寢也。既殯於寢，自然葬當朝廟，故據葬文亦知殯廟。唯當以不薨于寢，不得致耳。"杜《注》止言哀姜殯廟，《疏》乃言殯于寢而朝廟。禮，諸侯喪柩自外至者，止有"毀廟垣"之文，而無"反殯于寢"之文。若哀姜殯于寢，則失禮之尤者，《經》何以不書？《疏》知申杜説，而忘其非禮典所有矣。

杜《注》"寢，小寢"，用服説。《喪大記》："男子不死于婦人之手，婦人不死於男子之手。君、夫人卒于路寢。"《注》："世婦以君下寢之上爲適寢。"《疏》："皇氏云：'君謂女君，而世婦以夫人下寢之上爲適寢。'熊氏云：'諸侯夫人、大夫妻及士之妻卒，皆於夫之正寢。'解此'世婦以君下寢之上爲適寢'者，夫人卒于君之正寢，世婦卒於君之下寢之上者，與皇氏異。雖卒夫寢，皆婦人供視之，是亦婦人不死于男子之手也。案：服虔注《左傳》義與皇氏同。夫人之卒，在于夫人路寢，比君路寢爲小寢。故僖八年夫人不薨于寢，則不得殯廟。服虔《注》：'寢，謂小寢也。'皇氏、熊氏，其説各異，未知孰是，故兩存焉。知死正寢者，案：《春秋》成公薨于路寢道也。僖公薨於小寢，譏即安，謂就夫人寢也。隱公薨不書地，失其所。文公薨於臺下，襄公薨于楚宫，宣公薨于高寢，皆非禮也。"如彼《疏》説，則服氏以夫人自有路寢，其稱小寢，別於君之路寢耳。《喪大記疏》又云："諸侯三寢，一正者曰路寢，餘二曰小寢，卒歸於正。夫人亦有三寢，一正、二小，亦卒正者也。"服義當如此。杜《注》："將葬，又不以殯過廟。"不用後鄭及服説。《檀弓》："殷朝而殯於祖，周朝而遂葬。"《疏》："以此言之，則周人不殯于廟。案：僖八年，'致哀姜'，《左傳》云：'不殯于廟，則弗致也。'則正禮當殯于廟者。服氏云：'不薨于寢，寢謂小寢。不殯於廟，廟謂殯宫。鬼神所在謂之廟。'鄭康成以爲：'《春秋》變周之文，從殷之質，故殯于廟。'杜預以爲不以殯朝廟。未詳孰是。"鄭君説他經注，未見其文。當是説《左氏》逸義矣。

孔廣森云："案：《周禮》無殯廟之事。殯廟者，魯禮也。魯禮何以殯廟？殷禮也。《定元年經》曰：'癸亥，公之喪至自乾侯。戊辰，公即位。'《公羊傳》曰'正棺於兩楹之間'，魯殯楹間，其用殷法可知。"此可證鄭君説"惟變周之文，從殷之質"，乃《公羊》家言。《左氏》無此義。故服氏不從其説也。惠棟云："服知周法不殯於廟，故以爲殯宫。"李貽德云："服知殯宫亦可稱廟者。《儀禮·士喪禮》云'巫止於廟門外'，其時尸在適寢也。《士虞禮》云'側亨於廟門外之右，東面'，其時亦迎魂反神在寢也，非廟而皆以稱廟。鄭注《士喪禮》云：‘凡宮有鬼神曰廟。’注《士虞禮》云：‘鬼神所在則曰廟。’《一切經音義》十四引《韓詩》，亦云‘鬼神所居曰廟’，是古説如是。”

　　壽曾曰：按：惠、李説是也。鄭君注《士喪》《士虞》説亦同服，其謂殯廟爲在祖廟，當是未定之説。先鄭注《喪祝》“朝”“柩”引此《傳》“不殯于廟”文，則當以殯廟爲朝廟。先、後鄭説又異也。杜《注》“以殯過廟”，用先鄭説。《疏》云：“殯過廟者，將葬之時，從殯宮出，告廟乃葬。非是殯尸於廟中也。”按：柩出朝廟，禮止言朝，不言殯。《曾子問》以“不遷於祖”與“不祔於皇姑”連文，後鄭《注》謂“遷朝廟是也”，亦不言殯廟。先鄭既於《喪祝》引此《傳》，則《注》此《傳》當別有説，惜其義無徵。邵寶云：“殯於廟，謂啓殯而朝祖也。凡柩行而止，皆謂之殯。”此可證先鄭説。然《傳例》當云“不朝於廟”矣。舊注“同”爲“同盟”，杜《注》用其説。《疏》云：“同者，同盟之國也。”據《傳例》，則夫人薨，有赴告同盟之禮。《定十五年傳》：“姒氏卒。不稱夫人，不赴，且不祔也。”《哀十二年傳》：“昭夫人孟子卒，昭公娶於吳，故不書姓。死不赴，故不稱夫人。不反哭，故不言葬小君。”皆以不赴爲文。不祔於姑，舊注及杜《注》皆無説，《疏》亦未釋。三十三年《傳例》云：“凡君薨，卒哭而祔，祔而作主，特祀於主。烝、嘗、禘於廟。”是祔則作主，主爲特祀之主，非合食於廟之主。國君如此，夫人亦當然。沈欽韓謂：“若先已祔姑，此又奚爲致之？”是疑祔禮即致夫人禮矣，非也。《曾子問》：“不祔於皇姑。”《疏》云：“言祔祭之時，又不得祔於皇姑廟也。此特祀不當稱廟。”《禮疏》亦未審，惟《傳例》爲分明。《喪祝疏》又云：“孔子發凡，言不薨於寢，不殯于廟，不赴于同，不祔于姑，則不致。正禮約殯於廟，發凡則是關異代。何者？孔子作《春秋》以通三王之禮。”文淇案：據此《疏》，則凡例又是孔子所發。

冬，王人來告喪。難故也，是以緩。

宋公疾，太子茲父固請曰：“目夷長且仁，君其立之。”

　　〔疏證〕茲父，《宋世家》作“茲甫”。杜《注》：“茲父，襄公也。目夷，茲父庶兄子魚也。”《士相見禮注》：“固，如故也。”《疏》云：“固爲堅固，堅固則如故。以再請如前，故云‘固，如故也’。”

公命子魚。子魚辭，曰：“能以國讓，仁孰大焉？臣不及也，且又不順。”遂走而退。

〔疏證〕杜《注》："立庶不順禮。"案:《世家》："三十年,桓公病,太子兹甫讓其庶兄目夷爲嗣。桓公義太子意,竟不聽。"《年表》："宋桓公三十年,公疾,太子兹父讓兄目夷賢,公不聽。"

〔經〕 **九年,春,王三月,丁丑,宋公御説卒。**

〔疏證〕《公》《穀》"御"曰"禦"。《宋世家》："三十一年春,桓公卒。太子兹甫立,是爲襄公。以其庶兄目夷爲相。"杜《注》："四同盟。"《疏》:"莊十六年盟于幽,十九年於鄄,二十七①年于幽,僖元年于檉,四年于召陵,五年于首止,七年于甯母,八年于洮,皆魯、宋俱在,是爲八同盟。不數②莊公之盟,檉盟《經》不書,亦不數,故云'四同盟'。劉君乃數莊公之盟,又不數召陵,以爲六同盟,而規杜。非也。"是劉炫數幽、鄄、檉、首止、甯母、洮也,然數凡七,《疏》以爲六,非。

夏,公會宰周公、齊侯、宋子、衛侯、鄭伯、許男、曹伯于葵丘。

〔注〕賈逵云:"漢法,三年祭地。汾陰方澤,澤中有方丘,故謂之方澤,即郊丘也。"《水經·汾水注》。《春秋古地名》云:"葵丘,地名,今鄴西三臺是也。"《水經·濁漳水注》。

〔疏證〕杜《注》："宰周公,宰孔也。"《晉語注》:"宰周公,王卿士宰孔也,爲冢宰,食采于周,故曰宰周公。"《年表》:"齊桓公三十五年,夏,會諸侯于葵丘。宋桓公三十一年,公薨,未葬,齊桓會葵丘。"《宋世家》:"桓公卒,未葬,而齊桓公會諸侯於葵丘,襄公往會。"本年《傳例》:"在喪,公、侯曰子。"故襄公稱子,不稱公也。《雜記》:"君薨,太子號稱子。"《注》引此《經》,《疏》:"其與諸侯序列,則宋襄公在喪稱子,自在本班。定四年,陳懷公稱子,進在鄭上。僖二十八年,陳共公稱子,降在鄭下。衛侯弟叔武稱子,亦序在鄭下。此皆春秋之時,霸者所次,不與此記同也。"是宋子次齊下衛上,惟此《經》爲合班制也。

《汾水注》引賈説,不及《左傳》葵丘,故諸家輯舊注者未采。按:本《疏》云:"或曰:河東汾陰縣爲葵丘。非也。"《疏》所引或説,當指賈《注》。而③其名郊、葵字異。《説文》:"郊,河東臨汾地,即漢之所祭

---

① 科學本注:原稿誤作"九",應作"七"。
② 科學本注:原稿誤作"書",應作"數"。
③ 科學本注:此字原稿字迹不明。

后土處。”漢法，三年祭汾陰。見《郊祀志》。如賈説，則葵丘，晉地也。
“春秋古地名”乃“春秋土地名”之譌。《土地名》，京相璠所著。據《水
經注》，鄴城之西北有三臺，皆魏武所起。中曰銅雀臺，南則金雀臺，北
曰冰井臺。如《土地名》説，則葵丘衛地也。杜《注》：“外黄縣東有葵
丘。”《釋例》以爲宋地。按：《郡國志》：“陳留郡外黄，有葵丘聚，桓公
會此。”與杜《注》合。杜亦不用賈及京相璠説。外黄乃開封杞縣東。沈
欽韓云：“三臺在彰德府臨漳縣西二十里，故鄴城内。汾陰睢丘，今蒲州
府榮河縣北十里。皆非此葵丘也。《水經注》：‘黄溝自城南，東逕葵丘。’
《元和志》：‘在曹州考城縣東南一百五十步。’《考城縣志》：‘葵丘東南
有盟臺，其地名盟臺鄉。’”按：沈亦不用杜説。全祖望《經史問答》云：
“葵丘有三，其一在齊，其一在陳留之外黄也，其一在晉。見於《水經
注》。然宰孔論桓公之盟，以爲西略，則似非陳留之外黄也。答云：杜預
以爲外黄，亦有以爲汾陰之葵丘者。而杜非之，以爲若是汾陰，則晉乃地
主。夏會秋盟，豈有不與之理？杜言亦近是。然愚則竊以爲宰孔明言西略，
而以爲陳留，則是仍東略地，則宜在汾陰。蓋當時不服桓公者楚，而晉
實次之。周惠王之言可驗也。故桓公特爲會於晉地以致之，亦霸者之用心
也。”按：全説是也。《傳》：“齊侯不務德，而尋遠略，西爲此會。”則會
地當距國都甚遠。陳留在大河之南，地亦非遠。上文南略非西略矣。鄴城
汾陰，在齊都之西。雖不限河，而越魯境方至鄴，再越衛境方至汾陰，與
西略之説合也。若曹州濱河，在齊之南，未可言遠。《疏》[①]賈説云：“《經》
書夏會葵丘，九月乃盟，晉爲地主，無緣不及盟也。”齊之蒞葵丘，或先
期未定盟地。觀宰孔“西略之不知”一語，可見晉侯赴盟遲期。依《齊世
家》謂“齊侯病”也，此不足難賈説。沈氏又云葵丘有四，其三則賈、京
相、杜説也，其一當指臨淄之葵丘也。《疏》已謂齊侯遠略，不必近在臨
淄矣。

秋，七月，乙酉，伯姬卒。無《傳》。

〔疏證〕此經《左氏》古義也。杜《注》：“《公羊》《穀梁》曰：‘未
適人，故不稱國。’”

九月，戊辰，諸侯盟於葵丘。

---

① 科學本注：“疏”下疑脱“引”字。

甲子，晉侯佹諸卒。

〔疏證〕《公羊》"子"曰"戌"，"佹"曰"詭"。《穀梁》"佹"曰"詭"。今《左氏》注疏本亦作"詭"。《校勘記》云："按：《穀梁釋文》云：'《左氏》作"佹諸"。'"則作"詭"，非也。今從《唐石經》。惠士奇云："《鄭固碑》云：'造膝佹辭。'是'佹'與'詭'通也。"杜《注》："未同盟而赴以名。甲子，九月十一日。戊辰，十五日也。書在盟後，從赴。"貴曾曰：三統術，七月乙卯朔，十四日戊辰，十□日甲子。《公羊》作"甲戌"，則七月二十日也。

冬，晉里克殺其君之子奚齊。

〔疏證〕殺，《公羊》曰"弒"。《年表》："晉獻公二十六年，公卒，立奚齊。里克殺之。及卓子。立夷吾。"

〔**傳**〕 九年，春，宋桓公卒。未葬而襄公會諸侯，故曰子。凡在喪，王曰小童，公、侯曰子。

〔疏證〕此嗣君在喪稱謂例也。杜《注》："在喪，未葬也。"此"在喪"二字，止爲稱謂發例。依舊說，既葬踰年，亦曰在喪。詳後《禮記疏》。杜又云："周康王在喪，稱'予一人釗'。禮稱亦不言小童。此謂王自稱之詞，非諸下所得書，故《經》無其事，《傳》通取舊典之文，以事相接。"《疏》云："周康王在喪，稱'予一人釗'。《尚書·康王之誥》也，《曲禮》：'天子未除喪，曰余小子。'是《禮》天子自稱，亦不言小童也。"此《疏》不以杜自稱之說爲然矣。而又云："此小童者，王謙自稱之辭，非諸下所得書，故《經》無其事。其'公、侯曰子'，乃是史書之文。二者非相類之事，而并爲一。凡是《傳》通取舊典之文，以事類相接耳。非言小童是策書之例也。"按：《傳》言："凡在喪，王曰小童，公、侯曰子。"以在喪發凡，自是一類之事，《傳》引策書之例，不必《傳》有其文乃具之。如"一宿爲舍，再宿爲信，過信爲次"，《經》止書次，而無舍、信之文，亦其證也。小童之稱，於策書當有所施。傳記殘佚，蓋無以考。杜氏執爲自稱之辭，則"公、侯曰子"，不關自稱。同凡異解，此何以說？《疏》既疑杜自稱之說爲非，而又附會其義，非也。杜又云："公、侯位尊，上連王者，下絕伯、子、男。"《疏》云："諸侯爵有五等，唯言'公、侯曰子'，以公、侯尊也。此既言王，即云公、侯，是其與王相連，特爲公、侯立稱，伯、子、男不得同之也。《春秋》無伯、子、男在喪之事，既不爲立稱，又不得成君，不知其當何所稱矣？”是《疏》已疑杜“下絕伯、子、男”之説爲未安。而又云：“桓十一年，鄭忽出奔衛。莊二十四年，曹羈出奔陳。杜云：‘先君既葬，不稱爵者，國人賤之，以名赴。’則既葬稱爵，未葬稱名也。”《疏》不知此年《傳例》爲會盟之稱而發，不爲嗣君出奔而發，未可指爲伯、子、男在喪稱名之證。公、侯曰子，言公、侯以賅子、男、伯也。如桓十三年，鄭伯伐許，以王事稱爵，如非王事，則當稱鄭子也。《釋例》謂：“列國之君在喪，或不得已而修盟會之事。惟公、侯特稱子以別尊卑。”禮不下庶人矣，未聞禮不下子、男也，其謬與此《注》同。杜云：“子者，繫父之辭。”杜既以在喪爲未葬，則稱子亦繫未葬爲説。按：《雜記》：“君薨，太子號稱‘子’，待猶君也。”《注》謂：“未踰年也。雖稱子與諸侯朝會如君矣。《春秋》魯僖公九年夏，葵丘之會，宋襄公稱子而與諸侯之序。”是鄭君以此《傳》稱爲未踰年之君。彼《疏》云：“案：《公羊傳》云：‘君存，稱世子；君薨，稱子某；既葬，稱子；踰年，稱公。’今宋襄公未葬君，當稱子某，而稱子者，鄭用《左氏》之義。未葬已前則稱子，既葬以後踰一年則稱公。故《僖九年傳》云：‘凡在喪，王曰小童，公、侯曰子。’是皆在喪之稱也。若杜元凱之意，未葬以前皆稱子，若既葬雖未踰年亦稱公。若未葬雖踰年猶稱子。”如彼《疏》説，則鄭君以稱子爲未踰年，諸侯五月而葬。葬無踰年者，既葬必踰年乃稱公，乃古《左氏》義。杜《注》之意，稱子、稱公止以未葬、既葬爲别，非《左氏》古義矣。《公羊》：“君薨稱子某，既葬乃稱子，踰年稱公。”三者惟既葬稱子，與《左氏》義殊。其君薨，稱子某，亦《左氏》古義。《曲禮》：“其在凶服曰‘適子孤’。”《疏》：“其《左氏》之義，君薨未葬，未行即位之禮前，稱子某，子般、子野是也。其出會諸侯，未葬之前稱子。故僖九年《左氏傳》云：‘凡在喪，王曰小童，公、侯曰子。’葵丘之會，宋襄公稱子；踐土之會，陳共公稱子，是也。葬雖未踰年則稱君，則‘晉里克弒其君卓’‘齊商人弒其君舍’也。文十八年，子惡卒，先君葬後稱子者，杜預云：‘時史畏襄仲，不敢稱名，故云子也。’”此述《左氏》在喪稱子某、稱子、稱君之義也。則君薨稱子某，不獨《公羊》義爲然。但稱子某、稱君止爲嗣君之薨而發，不關盟會也。以述稱子，連及之。彼《疏》又云：“其王事出會，則稱爵。成四年，‘鄭伯伐許’是也。案：桓十三年，《經》書衛惠公稱侯。成十三年書宋公、衛侯，此并先君未葬而稱爵者。賈、服譏其不稱子。杜預云：‘非禮也。’僖二十五年，‘會衛子，莒慶盟于洮’。時先君已葬，衛成公猶稱子者，杜預云：‘善其成父之志，故上繫於父，而稱子。’服虔亦云：‘明其不失子道。’成十年晉侯伐鄭，時屬公父景公患疾未薨，而屬公出會稱爵，譏其代父位不子也。”又云：“《公羊》以成四年鄭伯伐許非王事，未踰年而稱爵，譏之也。《左氏》則以鄭伯伐許爲王事，雖未踰年，得稱爵，當與《公羊》異。《左氏》未踰年，爲王事，皆稱爵。”此述《左氏》在喪稱爵之義也。以未踰年之君，出會稱爵。雖曰王事，亦爲非禮。故賈、服説又異。

夏，會於葵丘，尋盟，且修好，禮也。

〔疏證〕《齊世家》：“桓公三十五年，夏，會諸侯于葵丘。”與《年表》合。其賜胙之下，又書“秋，復會諸侯于葵丘”，則似夏、秋再會者，《左氏》夏會冬盟爲得其實。

王使宰孔賜齊侯胙，

〔注〕舊注：“胙，膰肉。《大宗伯疏》。周禮脤膰之禮，親兄弟之國，不以賜異姓。尊齊侯，客之若先代之後。”《大行人疏》《大宗伯疏》。

〔疏證〕《齊語注》：“宰孔，宰周公也。”杜《注》：“胙，祭肉。尊之，比二王後。”舊注“先代之後”亦指二王。則杜用舊注説。洪亮吉云：“按：此當是服《注》。杜亦本此立説。”是也。《大行人》：“歸脤以交諸侯之福。”《疏》：“按：《宗伯》云：‘脤膰本施同姓，尊二代之後。亦得之。’”即引此《注》爲證。又按：《大宗伯》：“以脤膰之禮，親兄弟之國。”《疏》：“此文雖主兄弟之國，至二王之後，及異姓有大功者，得與兄弟之國同。故僖九年夏，王使宰孔賜齊侯胙，曰：‘天子有事於文、武，使孔賜伯舅胙。’《注》云：‘胙，膰肉。’《周禮》以脤膰之禮，親兄弟之國，不以賜異姓。敬齊侯，比之賓客。”與《大行人疏》所引稍不同，然無甚異也。今有“胙，膰肉”三字，以補《大行人疏》所未及。此注《大宗伯》《大行人》皆引於“使孔賜伯舅胙”下。尋按其文，此句胙已先見，彼《注》止當釋伯舅耳。洪亮吉、嚴蔚皆定爲此句注文，今依用之。《大宗伯》鄭《注》：“脤膰，社稷宗廟之肉。”《疏》引《異義》：“《左氏》説：‘脤，社稷之肉，盛之以蜃。宗廟之肉名曰膰。’以此言之，則宗廟之肉曰膰，社稷之肉曰脤之驗也。而《公羊》《穀梁》皆云：‘生居俎上曰脤，熟居俎上曰膰。’非鄭義耳。”如《異義》説，則此膰肉，宗廟祭肉也。下文“有事文、武”可證。《僖二十四年傳》：“宋成公如楚，還，入於鄭。鄭伯將享之，問禮於皇武子。對曰：‘宋，先代之後也，於周爲客。天子有事，膰焉。’”舊注“先代之後”説本此。《大宗伯疏》亦云：“《大行人》直言‘歸脤交諸侯之福’，不辨同姓、異姓耳。”

曰：“天子有事于文、武，

〔疏證〕《齊語》：“余一人之命，有事於文、武。”《注》：“事，祭事也”。杜《注》：“有祭事也。”用韋説。《齊世家》：“賜桓公文、武胙，彤弓、矢，大路。”

“使孔賜伯舅胙。”

〔疏證〕《齊語注》：“天子稱王官之伯，異姓曰伯舅。”杜《注》：“天子謂異姓諸侯曰伯舅。”不云王官之伯。《疏》：“《曲禮》：‘五官之長曰伯，天子同姓謂之伯父，異姓謂之伯舅。’鄭玄云：‘謂爲三公者，周禮九命作伯。’齊桓是九命之伯，故以伯舅呼之。”《疏》釋“伯舅”，即韋《注》“王官之伯”義，鄭君義同於韋也。説隱元年《公羊傳》：[①]“異姓謂之伯舅、叔舅，同姓謂之伯父、叔父。”[②]《伐木》“以速諸父”《傳》：“天子謂同姓諸侯、諸侯謂同姓大夫皆曰父，異姓則稱舅。”《疏》引述《曲禮》曰：“‘五官之長曰伯，是職方。天子同姓謂之伯父，異姓謂之伯舅’，東、西二伯是也。又曰：‘九州之長，入天子之國曰牧，天子同姓謂之叔父，異姓謂之叔舅。’齊桓、晉文雖俱有霸功，天子賜命，皆本其祖。太公受二伯命，故還以二伯之禮賜桓公；唐叔本受州牧之命，故還[③]以州牧之禮命文公。故康叔、文公但稱叔父。《左傳》周景王謂籍談曰：‘叔父唐叔。’亦受州牧之禮，而稱叔父也。昭九年：‘王使詹桓伯辭于晉曰：“伯父惠公歸自秦。”’又謂晉侯爲伯父。以晉既大國，世作盟主，故變稱伯父耳。”毛公説受《左氏》學，而《詩傳》與《公羊》同説，則同姓稱父，異姓稱舅，《左氏》説亦然。齊之稱伯舅，則以太公二伯之命，故韋以爲“王官之伯”也。

齊侯將下拜。孔曰：“且有後命。天子使孔曰：‘以伯舅耋老，加勞，賜一級，無下拜。’”

〔注〕服云：“七十曰耋。”《射義疏》《車鄰疏》。

〔疏證〕《覲禮》：“侯氏降兩階之閒，北面再拜，稽首，升成拜。”《注》：“太史辭之降也。《春秋傳》曰：‘且有後命，以伯舅耋老，毋下拜。’

---

① 科學本注：此句下當有“仲子微也句注”六字。

② 林按：底本無“隱元年……叔父”二十二字，據科學本及孔《疏》增補。

③ 林按：底本無“以二伯之禮……故還”十八字，據科學本及孔《疏》增補。

此辭之類也。”

《疏》：“鄭引之者，證此太史述王辭，侯氏下拜亦如此。故鄭云：‘此辭之類也。’[1]但彼以齊侯年老，故未降已辭，此下拜禮也，故降拜乃辭之。彼齊侯不升成拜者，亦以年老故也。”是齊侯尚未行降階再拜之禮，宰孔已辭之於禮，則當俟降拜之後，乃辭升拜之禮也。“將下拜”者，“下”，謂降兩階間，“拜”，謂北面再拜也。《齊語注》：“且，猶復也。”《士相見禮》：“士見於大夫，終辭其贄。”《疏》：“按：禮有三辭，初辭，中辭，終辭。初辭之時，則云‘使某’。中辭云‘命某’，以辭在中者，傳言而已。然‘使某’是尊君卑臣之義，其心重。若云‘命某’者，尊君、卑臣，稍淺漸輕之義。故鄭云‘或言命某，傳言耳’。必知有此義者，按僖九年《左傳》曰：‘天子有事於文、武，使孔賜伯舅胙。以伯舅耋老，加勞，賜一級，毋下拜。’是尊君稱使，《傳》言命，有輕重之義。”如彼《疏》，則“使某”“命某”，皆是傳言，而詞有輕重。此“使孔”，則尊君卑臣之義也。鄭義見“某也使某，不敢爲儀”《注》，《注》云：“言使某，尊君也。或言命某，傳言耳。”鄭釋此《傳》，亦當以君命爲説。

《射義》：“耆耋好禮。”《注》：“耆、耋皆老也。”《疏》：“服虔注《僖九年傳》云：‘七十曰耋。’又毛《傳》云：‘八十曰耋。’大略言之，七十、八十皆謂之耋也。”《車鄰》“逝者其耋”《傳》：“耋，老也。八十曰耋。”《疏》：“僖九年《左傳》曰：‘伯舅耋老。’服虔云：‘七十曰耋。’此言‘八十曰耋’者，耋有七十、八十，無正文也。”陳奐《毛詩疏》云：“《傳》‘八十曰耋’，當謂‘七十曰耋’。《易·離》九三《釋文》引馬《注》云：‘七十曰耋。’鄭《注》謂‘年踰七十’，《經》言‘大耋’，即爲過耋之年，踰七十爲大耋。則鄭亦以七十爲耋，與馬《注》同。杜《注》僖九年《左傳》云：‘七十曰耋。’與服《注》同。何《注》宣十二年《公羊傳》：‘七十稱老。’徐彥《疏》云：‘七十稱老，《曲禮》文也。’按：今《曲禮》云：‘七十曰耋。’與此異也。徐彥見《曲禮》作‘七十曰耋’，今本《曲禮》作‘七十曰老’，疑老即耋之誤，奪去下‘至’耳。《曲禮》‘七十曰耋’，正爲毛《傳》所本。《説文》：‘年八十曰耋。’與此《傳》不同。而劉熙《釋名》，王肅注《易》，郭璞注《爾雅》皆主八十曰耋之説，後人遂以改易此《傳》。”按：陳説是也。本《疏》又引《釋言》舍人《注》云：“年六十稱也。”則又與郭《注》異。然毛公、馬融、後鄭義皆同於服，則《左氏》此《傳》當無異訓也。《釋言疏》：“耋，鐵也。孫炎曰：

---

① 林按：底本無“疏鄭引之者……此辭之類”二十七字，據科學本補錄。

老人面如鐵也。”亦耋之舊訓。

《管子·中匡篇》：“使宰孔致胙，且有後命曰：‘以爾自卑勞，實謂爾伯舅，毋下拜。’”《注》：“以爾自卑而勞弊。”《齊語》説此事云：“以爾自卑勞，實謂爾伯舅，無下拜。”是《傳》“加勞”承“耋老”言，謂年老而益以勞弊也。《管子》“無”爲“毋”。《觀禮疏》引《傳》亦爲“毋”，或古本作“毋下拜也”。鄭玄《禮記注》：“級，等也。”杜《注》用之。《疏》云：“法當下拜，賜之勿下，是進一等。”可證下拜爲降階再拜矣。《年表》：“天子使宰孔賜胙，命無拜。”

對曰：“天威不違顔咫尺，

〔注〕賈云：“八寸曰咫。”《魯語注》。

〔疏證〕《齊語注》：“違，遠也。顔，眉目之間，八寸曰咫。”《方言》：“顔，謂額也。”賈説見《魯語》“肅慎氏貢楛矢，長尺有咫”《注》。杜、韋皆用賈説。《説文》：“周制寸、尺、咫、尋，皆以人之體爲法。中婦人手長八寸，謂之咫，周尺也。”許君説“咫”，即用賈義。《漢書·師丹傳》：“丹上書言：‘臣聞天威不違顔咫尺，願陛下深思先帝所以建立陛下之意。’”師古曰：“言常若在前，宜自肅慎也。”顔《注》即釋此句意也。《北齊書·文宣紀》：“即皇帝位於南郊，升壇告天曰：猥以寡薄，託於兆民之上，雖天畏在顔，咫尺無遠，循躬自省，實懷祇惕。”以威爲畏，以違爲遠，皆舊説。

“小白余，敢貪天子之命無下拜？

〔疏證〕洪亮吉云：“岳氏本以‘白’字絶句。今考《釋詁》文，‘朕、余、躬，身也。’邢昺《疏》引此《傳》云‘齊侯曰小白余’，是當以‘余’字爲句。”案：洪説是也。本《疏》引《爾雅》舍人《注》：“余，卑謙之身也。”杜《注》：“小白，齊侯名。”用《爾雅》義。《齊語》云：“小白余敢承天子之命，曰‘爾無下拜？’”《注》：“承，受也。”是“貪”猶“承”也。

“恐隕越于下，以遺天子羞。

〔疏證〕《周語》：“昔先王之教，茂帥其德也，猶恐隕越。”《注》：“隕，墜也。越，失也。言勉帥其德，猶恐落墜。”杜《注》：“隕越，顛墜也。據天王居上，故言恐顛墜于下。”用韋《注》義。

"敢不下拜？"下，拜；登，受。

〔疏證〕杜《注》："拜堂下，受胙于堂上。"止釋登、受。《疏》引《覲禮》："侯氏降階再拜，是此'下拜'也。'升成拜'，是此'登受'。"《疏》解下拜最允，說詳上文。梁履繩以"下拜登受"爲"升成拜"，非也。《北魏書·李順傳》："延和初，復使涼州。蒙遜延順入，至庭中，而箕坐隱几，無動起之狀。順握節而出，蒙遜使楊定歸追順於庭曰：'太常既雅恕衰疾，朝庭有不拜之詔，是以敢自安耳。若太常曰："爾拜爾踞，而不祗命。"斯乃小臣之罪矣。'順益怒曰：'齊桓九合諸侯，一匡天下。周王賜胙，命曰伯舅無下拜。而桓公奉遵臣節，降而拜受。今君雖功高勳厚，未若小白之勤朝廷，雖相崇重，未有不拜之詔。如使偃蹇自大，此乃速禍之道，非圖久安之計。'"順援《傳》義，稱"降而拜受"，則下拜爲降階而拜，益可信矣。順言"拜受"，即《傳》"登受"也。《齊世家》："命無拜，桓公欲許之，管仲曰：'不可。'乃下拜受賜。"史公引《傳》簡略，不具降拜、升拜之文。

秋，齊侯盟諸侯于葵丘，曰："凡我同盟之人，既盟之後，言歸于好。"

〔疏證〕《孟子·告子》述葵丘之盟文同。

宰孔先歸，遇晉侯，曰："可無會也。

〔疏證〕《晉語》："葵丘之會，獻公將如會，遇宰周公。"《齊世家》："秋，復會諸侯於葵丘，益有驕色。周使宰孔會。諸侯頗有叛者。晉侯病，後，遇宰孔，曰：'齊侯驕矣，弟無行。'從之。"《晉世家》："晉獻公病，行後，未至，逢周之宰孔。"

"齊侯不務德而勤遠略，故北伐山戎，南伐楚，西爲此會也。東略之不知，西則否矣。

〔疏證〕山戎之役在莊三十一年，楚之役在四年。《齊語注》："東，東方也。其後會于淮是也。"杜《注》："言或向東，必不能西略。"

"其在亂乎！君務靖亂，無勤於行。"晉侯乃還。

〔疏證〕《水經注》引"在"作"有"，"有"義可通，形似而譌。《校勘記》云："李注《文選·三國名臣序贊》引'靖'作'静'，'勤'作'懃'。"鄭玄《禮記注》："在，存也。"杜《注》用之。又云："微戒獻公，言晉將有亂。”《傳》似無此意，謂齊將有亂，晉爲靖之也。《齊世家》：“宰孔曰：‘齊侯驕矣，弟無行。’從之。”《晉世家》：“宰孔曰：‘齊桓公益驕，不務德，而務遠略，諸侯弗平。君弟毋會，無如晉何。’”

九月，晉獻公卒。里克、丕鄭欲納文公，故以三公子之徒作亂。

〔注〕賈云：“里、丕，晉大夫。三公子：申生、重耳、夷吾。”《晉世家集解》。

〔疏證〕丕，《外傳》作“伾”，《晉世家》作“邳”。杜《注》全用賈《注》。《晉語》：“驪姬曰：‘吾欲作大事，而難三公子之徒。’”又“里克將殺奚齊，先告荀息曰：‘三公子之徒，將殺孺子。’”《注》：“徒，黨也。”

初，獻公使荀息傅奚齊。公疾，召之，曰：“以是藐諸孤，

〔疏證〕杜《注》：“其幼稚，與諸子縣藐。”顧炎武云：“藐，小也。”惠棟云：“案：呂忱《字林》云：‘藐，小兒笑也。’顧君訓‘藐’爲‘小’，亦未當。”王引之云：“杜以‘藐’爲縣藐，‘諸’爲諸子，‘以是懸藐諸子孤’，斯爲不詞矣。《文選·寡婦賦》：‘孤女藐焉始孩。’李善《注》：‘《廣雅》曰：“藐，小也。”《字林》曰：“孩，小兒笑也。”’是‘小兒笑’乃釋‘孩’字，非釋‘藐’字。俗本《文選注》脫‘孩’字，而惠遂以‘藐’爲‘小兒笑’，其失甚矣。顧訓‘藐’爲‘小’，是也，但未解‘諸’字。今案：‘諸’即‘者’字也。《郊特牲》曰：‘不知神之所在，於彼乎，於此乎？或諸遠人乎？’或諸，即或者。”按：王說是也。朱駿聲云：“‘藐’讀爲‘秒’，‘諸’讀爲‘者’。”用王說。洪亮吉云：“《方言》：‘眇，小也。’眇、藐古字通。按：惠氏譏顧氏訓‘藐’爲‘小’爲未當，不知實本《方言》。呂忱《字林》又云：‘藐，小兒笑也。’”洪引《方言》可證顧說，其引《字林》則誤與惠同。《晉書·列女傳》：“杜有道妻嚴氏，子植、女韡并孤藐。虞潭母孫氏，初適潭父忠，及忠亡，遺孤藐小，誓不改節。”《宋書·鄧琬傳》：“琬爲晉安王子勛傳檄京師曰：‘藐孤同氣，猶有十三。聖靈何辜？而當乏饗。’”藐孤，孤藐，遺孤藐小，皆謂藐小之孤也。《南史·垣閎傳》：“閎弟子曇深，以行義稱。劉楷爲交州，曇深隨楷，未至而卒。曇深妻鄭氏，時年二十，子文凝始生，告楷求還，曰：‘垣氏覊魂不反，而其孤藐幼。’”《南史·孝義傳》：“吉翂年十五，乞代父命，諸弟幼藐，惟囚爲長。”鄭氏以始生之子謂之藐幼。吉翂年過十五，而稱諸弟幼藐，尤可證‘藐’之訓‘小’矣。《陳書·世祖紀》：“高祖崩，皇后令曰：‘諸孤藐爾，反國無期，須立長主，以甯寓縣。’”劉孝標《絕交

論》曰："藐爾諸孤，朝不謀夕。"藐爾即藐諸。

"辱在大夫，其若之何？"

〔疏證〕《晉世家》："獻公歸，病甚，謂荀息曰：'吾以奚齊為後，年少，諸大臣不服，恐亂起，子能立之乎？'"杜《注》："欲屈辱荀息，使得保護之。"按：辱，□①也。

稽首而對曰："臣竭其股肱之力，加之以忠貞。其濟，君之靈也；不濟，則以死繼之。"公曰："何謂忠貞？"對曰："公家之利，知無不為，忠也。送往事居，耦俱無猜，貞也。"

〔疏證〕杜《注》不釋"公家"。沈欽韓云："公家，公朝也。《呂覽·貴卒》高誘《注》：'公家，公之朝也。'"杜《注》："往，死者。居，生者。送死事生，兩無所恨，所謂正也。"按：《宋書·徐羨之傳》："元嘉三年，詔曰：'徐羨之、傅亮、謝晦，實受顧托，任同負圖，而不能竭其股肱，憂其心力，送往無復言之節，事君缺忠貞之效。'"《謝晦傳》："晦奉表曰：'臣雖凡淺，感恩自厲，送往事君，誠貫幽顯。'"援用此《傳》，皆作"送往事君"，"事君"與"送往"連言，則君為新君，意自明。君、居形近而譌。玩杜《注》，則所據本譌為"居"，作"君"為古本矣。《梁書·武帝紀》："移檄京邑曰：'并受遺託，同參預命，送往事居，俱竭心力。'""事居"與今本同，或後人刊改耳。《廣雅》："耦，二也。猜，疑也。謂二者皆無疑也。"杜《注》："耦，兩也。"同《廣雅》。《晉語》："可以利公室，力有所能，無不為，忠也。葬死者，養生者，死人復生，生人不愧，貞也。"《外傳》"養生"，與《內傳》"事君"義殊。《韓非·難三》："死君復生，臣不愧，而後為貞。"沈欽韓引以説"貞"，《傳》無此意。《晉世家》："於是屬奚齊於荀息，息為相，主國政。"

及里克將殺奚齊，先告荀息曰："三怨將作，秦、晉輔之，子將何如？"荀息曰："將死之。"里克曰："無益也。"荀叔曰："吾與先君言矣，不可以貳。能欲復言而愛身乎？

〔疏證〕《晉語》："里克先告荀息曰：'三公子之徒將殺孺子。'"杜《注》："三怨，三公子之徒。"用《外傳》説。又云："荀叔，荀息也。復言，言可復也。"《疏》："欲使前言可反復而行之，得愛惜身命不死乎？"

① 科學本注：原稿闕文。眉批有"辱詁"二字。

顧炎武云："言欲踐其言，自不得愛其身。"意尤明了。《晉世家》："秋九月，獻公卒。里克、丕鄭欲內重耳，以三公子之徒作亂，謂荀息曰：'三怨將作，秦、晉輔之，子將如何？'荀息曰：'吾不可負先君之言。'"

"雖無益也，將安^①辟之？且人之欲善，誰不如我？我欲無貳，而能謂人已乎？"

〔疏證〕杜《注》："言不能止里克使不忠於申生等。"

冬，十月，里克殺奚齊于次。

〔疏證〕杜《注》："次，喪寢。"沈欽韓云："《士喪禮注》：'次，謂斬衰倚廬。'又云：'倚木爲廬，在中門外，東方北戶。'《疏》：'東方者，以中門內殯宮之哭位在阼階下，西面鄉殯。明廬在中門外，亦東方向殯。北戶倚東壁爲廬，一頭至北，取鄉陰。至既虞之後，柱楣翦屏，乃西鄉開戶也。'按：殯在路寢西階也。"文淇案：杜以"次"爲喪寢，非。次不在寢。沈指倚廬，是也。《晉世家》："里克殺奚齊于喪次，獻公未葬也。"

書曰："殺其君之子。"未葬也。

荀息將死之，人曰："不如立卓子而輔之。"荀息立公子卓以葬。十一月，里克殺公子卓于朝。荀息死之。君子曰："《詩》所謂：'白圭之玷，尚可磨也。斯言之玷，不可爲也。'荀息有焉。"

〔疏證〕《晉世家》："荀息將死之，或曰：'不如立奚齊弟悼子而傅之。'荀息立悼子而葬獻公。十一月，里克弒悼子於朝，荀息死之。君子曰：'《詩》所謂："白圭之玷，猶可磨也。斯言之玷，不可爲也。"其荀息之謂乎！不負其言。'"輔、傅，卓、悼，尚、猶，皆《傳》異文。《集解》："《列女傳》曰：'鞭殺驪姬於市。'"《傳》引《詩·大雅·抑》文，彼《傳》："玷，缺也。"杜《注》："《詩·大雅》言此言之缺，難治甚於白圭。"訓"玷"爲"刮"，亦用毛義。陳奐云："玷，俗'刮'字。《説文》：'刮，缺也。'引《詩》作'刮'。《緇衣》引《詩》作'玷'。《召旻》'曾不知其玷'，《箋》：'玷，缺也。''玷'行而'刮'廢矣。"

---

① 林按：安，楊本作"焉"。

齊侯以諸侯之師伐晉，及高梁而還，討晉亂也。

〔注〕服云："高梁，晉地也。"《齊世家集解》。

〔疏證〕杜《注》："高梁，晉地。"用服説。《吕覽·原禮①注》同。《郡國志》："河東郡揚有高梁亭。"劉昭《注》引《地道記》云："有梁城，去縣五十里，叔嚮邑也。"沈欽韓云："《水經注》：'汾水又南逕高梁故城西。'《紀年》：'晉出公十三年，智伯瑤城高梁。'《一統志》：'高梁城在平陽府臨汾縣東北。'"《齊世家》："桓公於是討晉亂，至高梁。"

令不及魯，故不書。

〔疏證〕《釋文》："令，本又作'命'。"《年表》："齊率我伐晉亂，至高梁而還。"與《傳》違。

晉郤芮使夷吾重賂秦，以求入，曰："人實有國，我何愛焉？入而能民，土於何有。"從之。

〔疏證〕《年表》："秦穆公九年，夷吾使郤芮賂求入。"《晉世家》："里克等已殺奚齊、悼子，使人迎公子重耳於翟，欲立之。重耳謝曰：'負父之命出奔，父死，不得修人子之禮侍喪，重耳何敢入！大夫其更立他子。'還報里克，里克使迎夷吾於梁。夷吾欲往，吕省、郤芮曰：'内猶有公子可立者而外求，難信。計非之秦，輔强國之威以入，恐危。'乃使郤芮厚賂秦，約曰：'即得入，請以晉河西之地與秦。'乃遺里克書曰：'誠得立，請遂封子於汾陽之邑。'秦穆公乃發兵，送夷吾于晉。桓公聞晉内亂，亦率諸侯如晉。秦兵與夷吾亦至晉。齊乃使隰朋會秦，俱入夷吾，立爲晉君，是謂惠公。"如《世家》説，則晉賂秦以河西之地也。

齊隰朋帥師會秦師，納②晉惠公。

〔疏證〕杜《注》："隰朋，齊大夫。"沈欽韓云："《潛夫論·志氏族》：'隰氏，姜姓。'"《齊世家》："使隰朋立晉君，還。"

秦伯謂郤芮曰："公子誰恃？"對曰："臣聞亡人無黨，有黨必有讎。

---

① 林按：《吕氏春秋》無《原禮》篇，《原亂》有相應的内容，疑劉氏誤。

② 林按：底本無"秦師納"三字，據楊本增補。

〔疏證〕《晉語》：“穆公問冀芮曰：‘公子誰恃于晉？’對曰：‘臣聞之，亡人無黨，有黨必有讎。’”《注》：“有與爲黨，必有與爲讎，言無黨則必無讎。”文淇案：郤芮言“亡人無黨”，正對“誰恃”之問。杜解“黨”“讎”與韋同，又云：“易出易入，以微勸秦。”《疏》：“由無黨，故往前易出；無讎，故此時易入。”非《傳》意。

“夷吾弱不好弄，能鬬不過，

〔疏證〕《爾雅》：“弄，玩也。”杜《注》：“弄，戲也。”戲、玩意近，通用《雅》訓。《晉語》：“不好戲弄，不過所復。”《注》：“不過差也。”惠棟云：“此即《外傳》所謂‘怒不及色’也。韋昭曰：‘無色過。’”案：棟説是也。能鬬不過，謂剛而無過。

“長亦不改，不識其他。”公謂公孫枝曰：

〔注〕服云：“秦大夫公孫子桑。”《秦本紀集解》。

〔疏證〕《秦本紀》“枝”作“支”，《正義》引《括地志》云：“公孫支，岐州人，游晉，後歸秦。”梁履繩云：“岐爲秦地，子桑蓋秦之公族也。”《吕覽·不苟論注》：“公孫枝，秦大夫子桑也。”杜《注》：“秦大夫公孫子桑也。”用服説。《論語》：“仲弓問子桑伯子。”鄭《注》：“子桑，秦大夫。”則鄭意以此《傳》“公孫枝”即仲弓所問“子桑”。仲弓舉前賢以問也，《傳》亦稱枝爲子桑兄。

“夷吾其定乎？”對曰：“臣聞之，唯則定國。

〔疏證〕《爾雅》：“則，法也。”《吕覽·權勳篇》：“中山之國有厹繇者，智伯欲攻之，而無道也。爲鑄大鍾，方車二軌以遺之。厹繇之君將斬岸堙谿以迎鍾。赤章蔓枝諫曰：‘《詩》云：“惟則定國。”’”畢沅云：“《左傳》公孫支對秦穆公曰：‘臣聞之，唯則定國。’下兩引《詩》，則知此語是逸《詩》也。”按：畢説是也。惠棟《左傳補注》引其父士奇説，亦據《吕覽》，指此字爲逸《詩》。洪亮吉説同。

“《詩》曰：‘不識不知，順帝之則。’文王之謂也。

〔疏證〕《大雅·皇矣》文，《傳》無説。《箋》：“天之言云：‘其爲人，不識古，不知今，順天之法而行之者。’”彼《疏》云：“言其意在篤誠，動順天法，不待知今識古，比校乃行耳，不謂人不須知古今也。”杜《注》：“帝，天也。則，法也。言文王闇行自然，合天之法。”蓋用鄭義。按：《墨子·天志中篇》亦引此《傳》，釋之云："帝善其順法則也，故舉殷以賞之，使貴爲天子，富有天下，名譽至今不息。"此疑爲先秦人說《詩》義，"善其順法"，語尤完粹。

"又曰：'不僭不賊，鮮不爲則。'無好無惡，不忌不克之謂也。"

〔疏證〕《大雅·抑》文。《傳》："僭，差也。"《箋》："女所行，不信不殘賊者少矣，其不爲人所法。"彼《疏》云："譖毀人者，是差貳之事，故云'僭，差也'。《箋》云'不信'，義亦同也。"依《疏》說，則《詩》作"不譖不賊"，故舉譖毀人是差貳。公孫枝引《詩》以證忌克，譖義尤近，疑《傳》或作"不譖不賊"，無它文證之。《呂覽注》："賊，害也。"與《箋》義同。"無好無惡"釋"不識不知"也；"不忌不克"釋"不僭不賊"。杜《注》："僭，差也。賊，傷害也。皆忌克也。"

"今其言多忌克，難哉！"

〔疏證〕杜《注》："既僭而賊。"

公曰："忌則多怨，又焉能克？是吾利也。"

〔疏證〕謂既僭差，則不能賊害人也。"是吾利"，言夷吾不能定難，授秦以隙也。杜《注》："秦伯慮其還害己，故曰是吾利也。"非。

宋襄公即位，以公子目夷爲仁，使爲左師以聽政，於是宋治。故魚氏世爲左師。

〔疏證〕杜無注。《宋世家》："襄公以其庶兄目夷爲相。"《年表》："宋襄公元年，目夷相。"

〔經〕 十年，春，王正月，公如齊。 無《傳》。

狄滅溫，溫子奔衛。

晉里克弑其君卓及其大夫荀息。

〔疏證〕《公羊》"卓"下有"子"字。杜《注》："獻公既葬，卓已免喪，故稱君也。"古說無既葬免喪之說，杜說非也。《坊記》："未沒喪，不稱君，示民不爭也。"《注》："沒，終也。《春秋傳》曰：'諸侯于其封內三年稱子。'至其臣子，踰年則謂之君矣。奚齊與卓子皆獻公之子也，獻公卒，其年奚齊殺，明年而卓子殺矣。"案：《九年經》書"晉里克弑其君

之子奚齊”，《公羊傳》：“此未踰年之君，其言弑其君之子奚齊何？弑未
踰年君之號也。”奚齊未踰年，稱子；則卓子已踰年，當稱君。鄭君不信
《公羊》，此引《春秋》乃《左氏》古義，與《公羊》同也。《傳》紀卓子
之弑在九年十一月，而鄭謂已踰者。顧棟高云：“晉之十一月爲周之正月，
是夏正、周正恒差兩月之明驗。《傳》從晉史，而《經》自用魯之簡牘爾。
《正義》從杜，謂晉赴以今年弑者，非也。”焦循云：“循按：晉假途伐虢，
全用荀息之謀，息非無遠謀者也。《左氏》稱公命息傅奚齊，息言竭股肱
之力，加以忠貞。三怨雖作，不食其言，引《白圭》之詩以美之，無譏辭
也。杜以爲‘從君於昏’，今千古忠臣義士，扼腕不申矣。《正義》云：‘息
稱名者，不知奚齊、卓子之不可立，又不能誅里克以存君。是雖欲復言，
本無遠謀也。’夫《經》書卓爲其君，則不以其不可立而不以爲君也。既
正其名爲君，則弑之者爲賊，而死之者爲忠矣。荀息之不能殺里克，猶毋
丘儉之不能殺司馬師也。習鑿齒引‘死者反生’‘生者不愧’兩語以美毋
丘儉。蓋儉之受顧命，亦息之受君命也。習氏引荀息以美儉，則預譏荀息
以例儉可知。”按：焦說是也。杜《注》又云：“荀息稱名者，雖欲復言，
本無遠謀，從君乃昏。”《疏》云：“文七年，宋人殺其大夫。《傳》曰：‘不
稱名，衆也，且言非其罪也。’死者不稱名，非其罪，故知稱知者，皆有
罪也。”《傳例》以大夫爲衆詞，無書名罪大夫之義。孔父之殺亦稱名也，
《疏》未得《傳例》意。

夏，齊侯、許男伐北戎。無《傳》。

〔疏證〕杜《注》：“北戎，山戎。”

晉殺其大夫里克。

〔疏證〕杜《注》：“奚齊，先君所命。卓子又以在國嗣位，未嘗無
道，而里克累弑二君，故稱名以罪之。”顧棟高云：“杜此解尤謬，倘若君
無道，弑君之賊將稱字以褒之乎？”《年表》：“晉惠公夷吾元年，誅里克，
背秦約。”

秋，七月。

冬，大雨雪。無《傳》。

〔疏證〕《公羊》“雪”曰“雹”。

〔傳〕十年，春，狄滅溫，蘇子無信也。蘇子叛王即狄，又不能於狄，狄人伐之，王不救，故滅。蘇子奔衛。

〔疏證〕杜《注》："蘇子，周司寇蘇公之後也。國於溫，故曰溫子。"梁履繩云："《晉語》曰：'殷辛伐有蘇，有蘇氏以妲己女焉。'蓋蘇黨惡於紂，必爲周所滅。司寇忿生疑即出自有蘇，以國爲氏，子孫因之。故莊十九年，蘇子亦稱蘇氏。成十一年，蘇忿生以溫爲司寇，或即以溫故國封之。隱十一年，王與鄭人蘇忿生之田，其一爲溫。莊十九年，蘇氏出奔溫。可見鄭仍不能有之。溫，其國名，故《春秋》書溫子。孔仲達謂國名爲蘇，與杜氏背矣。"按：梁説是也。隱三年，"取溫之麥"。賈《注》："溫，周地名，蘇氏邑也。"《莊十九年傳》："蔿國、邊伯、石速、詹父、子禽、祝跪作亂，因蘇氏。五大夫奉子頹以伐王，不克，出奔溫。"

夏①，周公忌父、王子黨會齊隰朋立晉侯。

〔注〕賈云："周公忌父，周卿士。"《晉世家集解》。

〔疏證〕杜《注》："周公忌父，周卿士。王子黨，周大夫。"疑皆用賈説。《晉世家》："周襄王使周公忌父會齊、秦大夫共禮晉惠公。"隰朋之納晉侯，事在九年，此不當再見，此或賜命。《晉世家》謂禮晉侯，可證。即謂晉用夏正，《傳》亦宜繫於春正二月，不得繫於夏也。《年表》："桓公三十六年，使隰朋立晉惠公。"亦是從晉史之年，不言夏。

晉侯殺里克以説。

〔疏證〕杜《注》："自解説不篡。"沈欽韓云："按：'以説'，謂示討惡之義。里克殺二子，夷吾本不在國，其入也，假大國之援，何嫌於篡？"按：沈説是也。《晉世家》："惠公以重耳在外，畏里克爲變，賜里克死。"

將殺里克，公使謂之曰："微子，則不及此。雖然，子弒②二君與一大夫，爲子君者，不亦難乎？"

〔注〕服云："奚齊、卓子、荀息也。"《晉世家集解》。

〔疏證〕二君一大夫，杜無注。服於此類易明者猶詳，則《注》之佚亡者多矣。洪亮吉云："'不亦難乎'，《公羊傳》作'不亦病乎'。《廣雅》：

---

① 林按：此處楊本有"四月"二字。
② 林按：楊本作"殺"，據宋本。劉據《唐石經》及阮刻本，作"弒"。

'病，難也。'"《晉世家》："微里子，寡人不得立。雖然，子亦殺二君一大夫，爲子君者，不亦難乎？"

對曰："不有廢也，君何以興？欲加之罪，其無辭乎？臣聞命矣。"伏劍而死。於是丕鄭聘于秦，且謝緩賂，故不及[①]**。**

〔疏證〕《晉世家》："里克對曰：'不有廢也，君何以興？欲誅之，其無辭乎？臣聞命矣。'遂伏劍而死。"

晉侯改葬共大子。

〔疏證〕《晉語》"大"作"世"。《釋文》："共，本亦作'恭'。"按：《檀弓》《晉世家》《五行志》皆作"恭"。《晉語注》云："共世子，申生也。獻公時，葬不如禮，故改葬之。"《謚法》："既過能改曰共。"國人告以此謚也。杜但釋共太子爲申生，不言謚共之故。"既過能改曰共"，《逸周書・謚法解》文。如韋説，則申生之稱共太子，乃國人私謚也。韋所稱，或《左氏》舊説。《五行志》："史記晉惠公時，童謠曰：'恭太子更葬兮，後十四年，晉亦不昌，昌乃在其兄。'是時惠公賴秦力得立，而背秦，內殺二大夫，國人不悦。及更葬其兄恭太子申生而不敬，故詩妖作也。"師古《注》："二人謂里克、丕鄭。"

秋，狐突適下國，

〔注〕服云："晉所滅國，以爲下邑。一曰曲沃，有宗廟，故謂之國；在絳下，故曰下國也。"《水經・涑水注》《晉世家集解》。

〔疏證〕服《注》二説，"一曰"以下，余蕭客、李貽德皆未引，蓋疑爲裴駰語。今從惠、洪、嚴氏輯本。杜《注》："下國，新城。"用後一説也。李貽德云："案：耿、霍、揚、魏、虞、虢，皆晉所滅之國，此'下國'未審其地。'以爲下邑'者，《廣雅・釋詁》：'邑，國也。'是'下邑'猶'下國'也。地已滅，而猶稱國者，猶《禮》所謂因國也。"案：下國爲曲沃，當是定説。《傳例》："凡邑有宗廟先君之主曰都。"都猶國也。曲沃爲晉舊都，故服云："有宗廟謂之國。"洪亮吉云："《説苑・立節篇》：'獻公卒，突即辭歸自殺。'蓋屬虛語。"

遇太子，大子使登僕，

---

① 林按：底本無"伏劍而死……故不及"十八字，據楊本增補。

〔疏證〕杜《注》：“孤突本爲申生御。”《論衡·死僞篇》引作“大子超登僕車”，與《傳》小異。《晉世家》：“遇申生，申生與載而告之。”

而告之曰：“夷吾無禮，

〔注〕賈云：“烝於獻公夫人賈君，故曰無禮。”馬融云：“申生不自明而死，夷吾改葬之。章父之過，故曰無禮。”本《疏》。

〔疏證〕杜無注。《疏》引賈、馬説，駁之云：“杜不爲注，當以鬼神之意難得而知。夷吾無禮，或非一事，不可指言，故不説也。”文淇案：《晉語》：“惠公即位，出共世子而改葬之，臭達於外。”韋《注》：“惠公烝於獻公夫人賈君，故申生臭達於外，不欲爲無禮者所葬也。唐以賈君爲申生妃，非也。”韋氏亦同賈説。惠公蒸於賈君，見《莊十五年傳》。服《注》：“上淫曰蒸。”則賈君必非申生妃，韋説是也。沈欽韓信唐固之説，謂于無禮更切，非。馬《注》測申生之心，尤藹然仁孝之言。

“余得請於帝矣，

〔注〕服云：“帝，天帝，謂罰有罪。”《晉世家集解》。

〔疏證〕杜《注》：“請罰夷吾。”用服説，而不釋“帝”。天帝，即上帝也。《舜典》“肆類於上帝”，馬《注》：“上帝，太乙神。”《君奭》：“格於上帝。”鄭《注》：“上帝，太微中其所統也。”《大宗伯》“以禋祀祀昊天上帝”，鄭《注》：“昊天上帝，冬至於圜丘所祀天皇大帝。”鄭、馬説“帝”與服同。《公羊》宣三年傳：“帝牲不吉。”《注》：“帝，皇天大帝。在北辰之中，主總領天、地、五帝、群神也。”何氏亦以帝爲皇天大帝。《廣雅·釋詁》云：“罰，伐也。”

“將以晉畀秦，秦將祀余。”對曰：“臣聞之，‘神不歆非類，

〔注〕賈云：“歆，貪也。”《國語注》。

〔疏證〕《生民》毛《傳》：“歆，饗也。”洪亮吉云：“《説文》：‘歆，神食气也。’義亦與賈同。杜《注》本《詩》毛《傳》。”《晉世家》：“‘將以晉與秦，秦將祀余。’狐突對曰：‘臣聞神不食非其宗。’”

“‘民不祀非族。’君祀毋乃殄乎？

〔疏證〕本《疏》：“《傳》稱‘非我族類，其心必異’，則族、類一也。”《新臺》毛《傳》：“殄，絶也。”杜《注》同。《晉世家》：“君其祀毋乃絶乎？”以“絶”代“殄”。

"且民何罪？失刑、乏祀，君其圖之。"

〔疏證〕杜無注。以晉界秦，則受災害，故曰失刑也。《七經孟子考文》引足利本，"乏祀"下有"乏祀謂無主祀也"七字，當是杜《注》，今本脫。

君曰："諾。吾將復請。七日，新城西偏，將有巫者而見我焉。"

〔疏證〕杜《注》："新城，曲沃也。將因巫以見。"《晉世家》："申生曰：'諾，吾將復請帝。後十日，新城西偏將有巫者見我焉。'""十日"與《傳》違，《集解》："《左傳》曰'七日'。"

許之，遂不見。

及期而往，告之曰："帝許我罰有罪矣，敝於韓。"

〔注〕賈云："敝，敗也。韓，晉韓原。"《晉世家集解》。

〔疏證〕《論衡》"敝"下有"之"字。傅遜云："有罪，謂烝於賈君。"蓋用"夷吾無禮"賈《注》義。《説文》："敝，頓仆也。"杜《注》："敝，敗也。"用賈説。《十五年傳》"戰於韓原"，應申生言，故賈以韓爲韓原。顧炎武云："三敗及韓，在涉河之後，此韓在河東，故曰'寇深矣'。《括地志》：'韓原在同州韓城縣西南。'非也。杜解但云：'晉地。'"按：賈以韓爲韓原[1]，自指涉河後事，顧説非[2]。顧棟高云："今陝西同州府韓城縣東南二十里。"《晉世家》："及期而往，復見，申生告之曰：'帝許罰有罪矣，弊於韓。'"

丕鄭之如秦也，言於秦伯曰："呂甥、郤稱、冀芮實爲不從，若重問以召之，臣出晉君，君納重耳，蔑不濟矣。"

〔疏證〕冀芮，郤芮也[3]。《晉世家》"甥"作"省"，異文。《郡國志》："河東郡，永安故彘。"《注》："《博物記》曰有呂鄉，呂甥邑也。"呂甥亦稱瑕甥，亦稱陰飴甥。瑕、陰皆其食邑。洪亮吉云："按：呂甥先又嘗食邑於虢。《竹書紀年》：'晉獻公十有九年，伐虢，滅下陽，命瑕父呂甥邑于虢。'"冀芮，即郤芮也。杜《注》："三子，晉大夫。不從，不與秦賂。"《晉語注》："問，遺也。以厚禮問遺此三人。"《曲禮》："凡以弓劍、苞苴、

---

① 林按：底本無"顧炎武云……賈以韓爲韓原"五十一字，據科學本增補。
② 林按：底本無"顧説非"三字，據科學本增補。
③ 林按：底本此處"冀芮，郤芮也"後有"杜《注》"云云，但用點劃去。

簞笥問人者。”鄭《注》云：“問猶遺也。”韋《注》本鄭説。杜以“問”
爲“聘問之幣”，《疏》未釋“幣”。沈欽韓云：“《聘禮》：‘賓朝服問卿，
庭實設四皮，賓奉束帛入。’此禮問也。”按：此問乃《聘禮》中之問禮。
沈説是也。《板》毛《傳》：“蔑，無也。”《秦本紀》：“晉使丕鄭謝秦，背
約，不與河西城，而殺里克。丕鄭聞之，恐，因與繆公謀曰：‘晉人不欲
夷吾，實欲重耳。今背秦約而殺里克，皆呂甥、郤芮之計也。願君以利急
召呂、郤，呂、郤至，更入重耳便。’”《晉世家》：“丕鄭説穆公，曰：‘呂
省、郤稱、冀芮實爲不從。若重賂與謀，出晉君，入重耳，事必就。’”

冬，秦伯使泠至報問，且召三子。

〔疏證〕杜《注》：“泠至，秦大夫也。”《風俗通》：“泠氏，黃帝時典
樂泠倫之後。”《晉語注》：“報問，報丕鄭之聘，且問遺呂甥之屬。”報問，
謂報秦之問也。《秦本紀》：“使人與丕鄭歸，召呂、郤。”則召謂召之來秦，
非止問遺也。

郤芮曰：“幣重而言甘，誘我也。”遂殺丕鄭、祁舉及七輿大夫，

〔注〕服云：“下軍之輿帥七人，屬申生者。襄二十三年，下軍輿帥七
人，往前申生將下軍。今七輿大夫爲申生報怨，欒盈將下軍，故七輿大夫
與欒氏。”本《疏》。

〔疏證〕《秦本紀》：“呂、郤等疑丕鄭有間，乃言夷吾殺丕鄭。”《晉
世家》：“三子曰：‘幣厚言甘，必郤鄭賣我於秦。’遂殺郤鄭及里克、郤
鄭之黨七輿大夫。”杜《注》：“祁舉，晉大夫。”高士奇云：“祁邑先以處
舉，後以賜奚。漢置祁縣，今屬山西太原府。即《爾雅》所謂昭餘祈矣。”
杜《注》：“侯伯七命，副車七乘。”杜用服説。《疏》引服《注》：三“下
軍”皆作“上軍”。《校勘記》云：“陳樹華云：‘上當作下。’按：《閔二
年傳》云：‘公將上軍，太子申生將下軍。’陳所訂是也。”“襄二十三年”
至“與欒氏”皆服氏語，引《傳》以證“七輿”之爲“下軍輿帥”也。李
貽德謂是《疏》語，非。《疏》雖引服《注》，而援《大行人》“侯伯七
命，貳車七乘”，謂每車一大夫主之，以證杜説。《疏》蓋以此“七輿大
夫”，仍注爲晉侯之貳車。又云：“炫謂服言是。”則劉光伯以《述議》取
服《注》，引以廣異説。洪亮吉云：“按：劉炫亦以爲服言是，不取杜説。”
是也。惠棟云：“服、杜二説皆非也。晉國之法，上大夫二輿二乘，中大
夫二輿一乘，下大夫專乘，專乘謂一輿。見《韓非子》。文公作三行，景公
時改爲三軍大夫，一司馬。三行爲六輿，司馬專乘，合七輿之數，後遂以

爲官名。故《襄廿三年傳》云：‘七輿大夫與欒氏。’蓋自文公以後，始有七輿，獻公時止有二行一尉，不得爲七輿，‘七’當爲‘五’，古‘五’字如‘七’，遂譌爲之。叔堅以下擧里、丕之黨，不必皆在七輿之數。杜以七人爲七輿，則右左行又何説歟？”韋昭《國語注》云：“七輿，申生下軍之衆大夫也。”韋亦用服説。沈欽韓云：“《韓非・外儲左》：‘苗賁皇曰：“晉國之法，上大夫二輿二乘，中大夫二輿一乘，下大夫專乘。”’是輿者大夫家卒乘之名。服以爲輿帥，是也。”沈與惠同引《韓非子》而《疏》解異。尙乘之官，蒙七輿之稱，此於他書無所證，乃惠氏意爲之説。《僖六①年傳》已書“與中大夫成謀”，有中大夫，則有上、下大夫，七輿之稱，當不在文公以後，不必改七輿爲五輿矣。沈説是也。嚴蔚云：“蔚案：服子愼説甚是，杜氏以臆説易之。”

左行共華、右行賈華、叔堅、騅歂、纍虎、特宮、山祁，皆里、丕之黨也。

〔疏證〕洪亮吉云：“此上七人，即七輿大夫之名。”按：《晉語》：“子帥七輿大夫以待我。”《注》：“左行共華，右行賈華、叔堅、騅歂、纍虎、特宮、山祁也。”洪説即本彼《注》。服以七輿爲輿帥七人，韋《注》即服義也。杜《注》亦云：“七子，七輿大夫。”則亦以七人當七輿也。《風俗通》：“纍氏，纍祖之後。山氏，烈山氏之後。”

丕豹奔秦，

〔疏證〕《晉語注》：“豹，丕鄭之子。”杜用韋説。《年表》：“秦穆公十年，丕鄭子豹亡來。”

言於秦伯曰：“晉侯背大主而忌小怨，民弗與也。伐之，必出。”

〔疏證〕杜《注》：“大主，秦也。小怨，里、丕。”《秦本紀》：“丕豹説繆公曰：‘晉君無道，百姓不親，可伐也。’”

公曰：“失衆，焉能殺？

〔疏證〕《晉語注》：“言晉君失衆，焉能使衆殺爾父及七輿大夫。”杜《注》：“謂殺里、丕之黨。”亦用韋説。《秦本紀》：“繆公曰：‘百姓苟不便，何故能誅其大臣？晉能誅其大臣，此其調也。’”

----

① 科學本注：查“六”當作“四”。

"違禍，誰能出君？"

〔疏證〕《晉語注》："違，去也。謂丕豹以禍故去其國，誰能出君乎？"《秦本紀》："秦不聽，而陰用豹。"

〔經〕 十有一年，春，晉殺其大夫丕鄭父。

〔疏證〕《校勘記》："《公羊疏》云：'《左氏》經無"父"字。'然則今諸本有'父'者，衍文也。"杜《注》："書春，從告。"按：此亦從晉曆書。

夏，公及夫人姜氏會齊侯于陽穀。無《傳》。

秋，八月，大雩。無《傳》。

冬，楚人伐黃。

〔疏證〕《年表》："楚成王二十三年，伐黃。"《楚世家》同①。

〔傳〕 十一年，春，晉侯始以丕鄭之亂來告。

天王使召武公、內史過賜晉侯命。

〔疏證〕《周語》："襄王使召②公過及內史過賜晉侯③命。"《注》："召公過，召穆公之後，召武公也。"杜《注》："召武公，周卿士。"用韋說。內史過即對"神降于莘"之人也。《周語注》又云："命，瑞命。諸侯即位，天子賜之命圭，以爲瑞節。"杜《注》云："諸侯即位，天子賜之命圭。"蓋用韋說。《五行志》師古《注》亦云："諸侯即位，天子則賜命圭以爲瑞。"皆承韋《注》之誤，詳下"受玉"《疏證》。沈欽韓云："《周語》：'襄王賜晉文公命，晉侯端委以入，大宰以王命命冕服。'韋昭云：'端委，士服也。諸侯之子未受爵命，服士服也。'《王制》：'諸侯世子未賜爵，視天子之元士，以君其國。'按：未賜爵，即謂未賜命者。《小雅箋》云：'諸侯世子除三年之喪，服士服而來，未遇爵命之時，時有征伐之事，使代卿士，將六軍而出。'《正義》云：'若已爵命，則當服諸侯之赤舄，不得服

---

① 科學本注：案：《楚世家》二十二年伐黃。
② 科學本注：《周語》"召"作"邵"。
③ 科學本注：《周語》本"侯"作"惠公"。

士服。世子雖服士服，待之同於正君。'《白虎通》：'世子上受爵命，衣士服何？謙不敢自專也。'蓋周之初，天子統御，諸侯畏威。外諸侯雖得世國，猶須王命方敢用其車服。《公羊傳》云：'錫者何？賜也。命者何？加我服也。'春秋時，諸侯不待天子之命，天子亦或賜或不賜，不以此爲輕重也。杜云所賜者命圭，舛矣。"朱駿聲云："杜解'賜之命圭'，非也。此謂策命。"按：沈、朱説是也。賜命見於《經》者，莊元年，"王使榮叔來賜桓公命"；文元年，"天王使毛伯來賜公命"；成八年，天子使召伯來賜公命。即位見於《傳》者，襄十四年，"王使劉定公賜齊侯命"，即位也；昭七年，"王使成簡公如衛弔，且追命襄公"，追命也。皆策命之禮，非賜命圭。杜於文元年、成八年皆以爲賜命圭，非。劉敞曰："賜命者，爵也。有加而賜，所謂賜命也。故王者則三公一命卷，若有加則賜也，不過九命；次國之君，不過七命；小國五命，故賜者謂有加也。"

受玉惰。

〔疏證〕《説文》："惰，不敬也。從心隋省。《春秋傳》曰'執玉惰'，或省自。"執、惰皆異文。《五行志注》："師古曰：'不敬其事也。'"杜於"受玉"無注，其注"賜命"，以爲"賜命圭"，則此"受玉"以爲受命圭矣。惠士奇云："命圭世世守之，未聞新君再賜。古禮，新天子輯瑞，諸侯覲，還圭。若國易一君，亦易一瑞，則古無是禮。"沈欽韓云："《玉人職》：'琬圭九寸而繅，以象德。'《注》'琬圭'：'亦王使之瑞節，諸侯有德，王命賜之，使者執琬圭以致命焉。'《疏》引'天王使毛伯來賜命'爲證，則此受玉者，受琬圭也。知非命圭者，以《玉人》之事云：'鎮圭尺有二寸，天子守之；命圭九寸，謂之桓圭，公守之；命圭七寸，謂之信圭，侯守之；命圭七寸，謂之躬圭，伯守之。'《注》：'命圭者，王所命之圭也。朝覲執焉，居則守之。'然則諸侯自始封以來，受諸天子，世世守之，惟朝覲執以見王。故《舜典》云：'輯五瑞。'又云：'班瑞于群后。'馬融云：'五瑞：公、侯、伯、子、男所執以爲瑞信也。堯將禪舜，使群牧斂之，使舜親往班之。'《覲禮》云：'侯氏坐取圭，升致命，王受之玉。'《尚書大傳》：'諸侯執所受珪朝于天子，無過行者，得復其圭，以歸其國。有過行者，留其圭，能改過者，復之。'故諸侯朝覲畢，王還其玉。馬融云：'卒乃復五玉，禮終則還之。'然則嗣君即位，朝于天子，正須執命圭以合瑞，不得易一君，復易一瑞也。其尋常聘問，亦別有玉。《典瑞職》云：'瑑圭璋璧琮以覜聘。'《聘禮》云：'使者受圭。'是也。聘時主君受玉，事畢亦還之。《聘禮》：'君使卿皮弁還玉於館。'《聘義》云：'已聘而還圭璋。'此輕財重禮之意也。"按：沈說是也。沈謂"受玉"爲"受琬圭"，非"命圭"，尤可證杜《注》之失。

過歸告王曰："晉侯其無後乎？

〔疏證〕《周語》："晉不亡，其君必無後。"《注》："後，後嗣也。"

"王賜之命，而惰於受瑞，先自棄也已，

〔疏證〕沈欽韓云："《聘禮》：'賓襲，執圭。擯者入告，出辭玉。納賓，賓升，西楹西，致命。公當楣再拜。'是鄰國之臣致其君之命，再拜方受。於天子之使致命，則降階再拜稽首，可知也。《晉語》說惠公受瑞事云：'晉侯執玉卑，拜不稽首。'則其惰而不共爲甚矣。瑞是玉之通稱。《典瑞職注》：'人執以見曰瑞，禮神曰器。瑞，符信也。'故珍珪以至琬圭，鄭通解爲瑞節，不獨命圭稱瑞也。韋昭、杜預等皆近見《尚書》五瑞之文，見此《傳》有受瑞，遂誤認爲命圭。《周語》：'襄王賜晉惠公命。'韋昭云：'命，瑞命也。諸侯即位，天子賜之命圭，以爲瑞節也。'下賜晉文公命，又云：'命，命服也。'同是賜命，而所解異辭，緣敘惠公事但言受玉，叙文公事但云受冕服。要諸致玉時并有冕服，致冕服時亦先有玉，但所舉各異，舉一見二，自可意會，而韋氏獨滯於彼，何怪乎杜說之淺學也？"按：沈說是也。杜於"賜命"，隨文生義，誤亦與韋同。

"其何繼之有？禮，國之幹也。敬，禮之輿也。不敬，則禮不行，禮不行，則上下昏，何以長世？"

〔疏證〕《注疏》本"其"作"而"，從宋本。杜無注。《五行志注》師古曰："無禮則國不立，故謂之幹。無敬則禮不行，故比之于輿。"《晉世家》："惠公二年，周使召公過禮晉惠公，公禮倨，召公譏之。"則此告王爲周召公之辭。

夏，揚、拒、泉、皋、伊、雒之戎，

〔疏證〕《後漢書·西羌傳》："伊、洛間有揚、拒、泉、皋之戎。當春秋時，伊、洛戎強，東侵曹、魯。後十九年，遂入王城，于是秦、晉伐戎以救周。"是揚、拒、泉、皋之戎，在伊、雒之間也。杜《注》："揚、拒、泉、皋皆戎邑，及諸雜戎居伊水、洛水之間。"亦用《後漢書》說。《鄭語注》："洛、泉，皆赤翟，隗姓也。"洛，即雒也，亦稱雒戎。文八年，公子遂及雒戎盟于暴。彼《疏》謂此陸渾未遷以前戎之先居伊、雒

者。① 本《疏》引《釋例》云：“諸雜戎居伊水、雒水之間者。河南雒陽縣西南有戎城。伊水出上雒盧氏縣熊耳山東北，至河南雒陽縣入雒。雒水出上雒縣冢領山東北，經弘農至河南鞏城入河。”《釋例》亦止明伊、雒之所在。四戎邑，杜但注泉邑云：“今伊闕北有泉亭。”按：《郡國志》：“河南郡雒陽有前亭。”與杜《注》合。洪亮吉云：“‘泉’‘前’古字通。”《彙纂》：“今河南府洛陽縣西南有前城，即泉亭也。”江永云：“昭二十二年，劉子奔陽。《彙纂》謂即此之揚，去偃師不遠。”拒、皋，今地無考。

同伐京師，入王城，焚東門，王子帶召之也。

〔疏證〕《年表》：“周襄王三年，戎伐我，太叔帶召之。”《周本紀》：“襄王三年，叔帶與戎、翟謀伐襄王。”《齊世家》：“桓公三十八年，周襄王弟帶與戎、翟合謀伐周。”

秦、晉伐戎以救周。

〔疏證〕《年表》：“齊桓公十一年，救王伐戎，戎去。”

秋，晉侯平戎於王。

〔疏證〕以十二年“齊使管夷吾平戎于王”例之，此亦當以卿行，《傳》不具。

黃人不歸楚貢。冬，楚人伐黃。

〔經〕 **十有二年，春，王三月，庚午，日有食之。**無《傳》。

〔注〕劉歆以爲：“三月齊、衛分。”《五行志》。

〔疏證〕杜《注》：“不書朔，官失之。”《隋志》：“推合庚午朔。”臧壽恭云：“案：是年入甲申統九百九十五年，積月一萬二千三百六，閏餘十一，積日三十六萬三千四百六，小餘六十六，大餘四十六。正月庚午朔，大，小餘二十八。二月庚子朔，小，小餘七十一。三月己巳朔，二日庚午，又置上積日，加積日五十九，以統法乘之，以十九乘小餘七十一，并之滿周天，除去之，餘六萬四千六百八十四，滿統法而一，得積度四十二度，餘四十六，命如法，得三月己巳朔，合辰在危十三度，二日庚

---

① 科學本注：按：文八年經傳疏無此句。

午在危十四度。危十五度爲玄枵之次，終危十六度爲諏訾之次。初十二次之分，玄枵，齊也；諏訾，衛也，故曰齊、衛分。”

夏，楚人滅黃。

秋，七月。

冬，十有二月，丁丑，陳侯杵臼卒。

〔疏證〕《公羊》“杵”曰“處”。《釋文》：“《左氏》作‘杵臼’。”《陳杞世家》：“四十五年，宣公卒，子款立，是爲穆公。”

〔傳〕 十二年，春，諸侯城衛楚丘之郛，懼狄難也。

〔疏證〕杜《注》：“爲明年狄侵衛傳。”《疏》：“衛以二年遷於楚丘，諸侯爲之築其城，至此爲之築其郛。諸侯不告，魯不與，故不書。”

黃人恃諸侯之睦於齊也，不共楚職，曰：“自郢及我九百里，焉能害我？”

〔疏證〕杜無注。閻若璩《四書釋地》云：“以《穀梁傳》所云：計今之六十二里，當古之百里，故《左傳》黃人謂‘自郢及我九百里’，今自江陵至光州僅七百里。邾子謂‘吳二千里，不三月不至’，今自蘇州至鄒縣僅一千五百里。”杜《注》：“郢，楚都。”

夏，楚滅黃。

〔疏證〕嚴可均《唐石經校文》云：“‘楚人’磨改作‘楚’，各本無‘人’。”洪亮吉云：“《史記·楚世家》作‘滅英’。徐廣曰：‘《年表》及他本皆作“英”，一本作“黃”。’《正義》曰：‘英國在淮南，蓋蓼國也，不知改名時。’今按：滅蓼在魯文公三年，時爲楚穆王四年，非此一時事。”按：洪説是也。《年表》今本皆作“滅黃”，“黃”“英”形近，徐氏所見蓋誤本也。

王以戎難故，討王子帶。秋，王子帶奔齊。

〔疏證〕《年表》：“周襄王三年，欲誅叔帶，叔帶奔齊。”《周本紀》同。繫於襄王三年，當僖十一年，與《傳》違異。

冬，齊侯使管夷吾平戎於王，使隰朋平戎於晉。

〔注〕服云：“戎伐周，晉伐戎救周，故和也。”《周本紀集解》。

〔疏證〕杜《注》：“平，和也。前年晉救周伐戎，故戎與周、晉不和。”即用服說。服意釋齊、晉之所以和，杜言戎與周、晉不和，未得服意。

王以上卿之禮饗管仲，管仲辭曰：“臣，賤有司也。有天子之二守國、高在，

〔疏證〕此“饗”謂饗賓客之大饗禮也。《大行人疏》：“若聘客，則皆一饗。其燕與時賜無數。”《宣十六年傳》：“王饗有體薦，宴有折俎，公當享，卿當宴，王室之禮也。”彼《疏》云：“若使卿來，雖爲設享，仍用公之燕法，亦用折俎，是王室待賓之禮也。”《周本紀》作“王以上卿禮管仲”。杜《注》：“國子、高子，天子所命爲齊守臣，皆上卿也。莊二十二年，高傒始見《經》。僖二十八年，國歸父乃見《傳》，歸父之父曰懿仲。高傒之子曰莊子，不知今當誰世？”梁履繩云：“案：鄭子產以父字子國，故爲國氏，疑齊國氏亦如此。”

“若節春秋，來承王命，何以禮焉？

〔注〕賈云：“節，時也。”王肅云：“春秋聘享之節也。”《周本紀集解》。

〔疏證〕杜用賈說。《王制》：“諸侯之於天子也，比年一小聘，三年一大聘。”《大行人》：“殷頫以除邦國之慝。”《注》：“殷頫，一服朝之歲也。一服朝之歲，五服諸侯皆使卿以聘禮來頫天子。”諸侯使卿聘皆有定期，故賈以節爲時，王肅申賈義耳。

“陪臣敢辭。”

〔注〕服云：“陪，重也。諸侯之臣於天子，故曰陪臣。”《周本紀集解》。

〔疏證〕杜《注》：“諸侯之臣曰陪臣。”用服說，而未得服義。《曲禮》：“列國之大夫入天子之國曰‘某士’，自稱曰‘陪臣某’。”彼《疏》云：“其君已爲王臣，己今又爲己君之臣，故自稱對王曰重臣。”是服《注》“諸侯之臣於天子”，謂諸侯已臣於天子，乃釋陪臣爲重臣之意也。

王曰：“舅氏，

〔注〕賈云：“舅氏，言伯舅之使也。”《周本紀集解》。

〔疏證〕杜《注》：“伯舅之使，故曰舅氏。”杜用賈說。《周本紀正義》：“武王取太公女爲后，故呼舅氏。”閻若璩《古文尚書疏證》云：“諸侯既

異姓，其臣雖與我同姓，且同出穆王之後，如管仲者，亦祇謂之舅氏。則同姓諸侯之臣之稱，從可知已。或伯父之使，則曰伯氏；或叔父之使，則曰叔氏。一以國之大小而分伯、叔，不以其人之字而伯氏、叔氏焉，斯協乎禮矣。”

“余嘉乃勳！應乃懿德，謂督不忘。往踐乃職，無逆朕命。”

〔疏證〕《周本紀》：“余嘉乃勳。”《正義》：“我善汝有平戎之勳。”惠棟云：“應，讀曰膺，言膺受女匡輔之美德也①。古人皆以應爲膺。”按：惠説是也。杜《注》不釋應。《疏》云：“應，當也。懿，美也。”《疏》以“當”訓“應”，亦受義。《廣雅·釋詁》：“紕、督，理也。”王念孫云：“《方言》：‘繹、督，理也。凡物曰督之，絲曰繹之。’郭《注》：‘督，言正理也。’僖十二年《左傳》云：‘謂督不忘。’《考工記·匠人注》：‘少②其督旁之修。’《疏》云：‘中央爲督，督者所以督率兩旁。’《説文》：‘裻，衣背縫也。’是凡言‘督’者，皆正理之意也。”顧炎武云：“按：此數語，與《書·微子之命》相類，從《書》作‘曰篤不忘’較明，古字通用，或傳譌，未可知也。”按：顧説非也③。閻若璩《尚書古文疏證》：“二十五篇書，《微子之命》純以《僖十二年傳》文爲藍本，而割湊充篇。且既易‘往踐乃職’爲‘往敷乃訓’，又曰‘往哉維休’。既易‘無逆朕命’爲‘無替朕命’，上已曰‘慎乃服命’，不太複乎？”如閻説，則不得執《尚書》以改此《傳》。杜《注》：“功勳美德，可謂正而不可忘者。”則杜氏所注本作“正”矣。杜又云：“不言位而言職者，管仲位卑而執齊政，故欲以職尊之。”古“職”“位”同訓，杜説非。《周本紀》載此事，自“齊桓公使管仲平戎於周”至“王曰舅氏”，與《左傳》同，唯此云“余嘉乃勳，無逆朕命”，無“應乃懿德”以下三句，蓋略引之也。

管仲受下卿之禮而還。

〔疏證〕《年表》：“齊桓公三十八年，使管仲平戎於周，欲以上卿禮，讓，受下卿。”

---

① 科學本注：按：惠棟《春秋左傳補注》無“匡輔之”三字。

② 科學本注：阮刻《注疏》本“少”作“分”。

③ 林按：底本無“顧炎武云……顧説非也”四十一字，據稿本及科學本增補。

君子曰："管氏之世祀也宜哉！

〔疏證〕杜《注》："管仲之後，於齊没不復見，《傳》亦舉其無驗。"顧炎武云："《史記索隱》曰：'《世本》云：莊仲山生敬仲夷吾，夷吾生武子鳴，鳴生桓子啓方，啓方生成子孺，孺生莊子盧，盧生悼子其夷，其夷生襄子武，武生景子耐步，耐步生微。'"惠棟云："《管仲列傳》曰：'子孫世禄於齊十餘世。'"按：《傳》稱君子，即丘明之辭。豈有自爲之辭？明其無驗。《疏》謂"遂不世祀，子孫絶滅，是行善無驗"，謬甚。

"讓不忘其上。《詩》曰：'愷悌君子，神所勞矣。'"

〔疏證〕《大雅·旱麓》文。《釋詁》："愷，樂也。悌，易也。"《旱麓箋》："勞，勞來，猶言佐助。"杜《注》："言樂易君子，爲神所勞來，故世祀也。"用《箋》意。

〔經〕 十有三年，春，狄侵衛。

夏，四月，葬陳宣公。無《傳》。

〔疏證〕《年表》："魯僖公十三年，陳穆公款元年。"

公會齊侯、宋公①、陳侯、衛侯、鄭伯、許男、曹伯于鹹。

〔疏證〕杜《注》："鹹，衛地。"《郡國志》："東郡濮陽有鹹城。"沈欽韓云："《續志》：'或曰古鹹國。'《一統志》：'鹹城在大名府開州東南六十里。'"按：文十一年之鹹乃魯地。顧祖禹《方輿紀要》謂是一地，非。

秋，九月，大雩。無《傳》。

冬，公子友如齊。無《傳》。

〔傳〕 十三年，春，齊侯使仲孫湫聘于周，且言王子帶。事畢，不與王言。

〔疏證〕《年表》："魯僖公十三年，爲齊桓公三十九年，使仲孫請王，言叔帶，王怒。"

---

① 林按：底本無"宋公"二字，據楊本增補。

歸復命曰："未可。王怒未怠，其十年乎？不十年，王弗召也。"

〔疏證〕《僖二十二年傳》："叔帶自齊復歸于京師，王召之也。"僖二十二年，當周襄王十四年，實符十年，仲孫之言驗也。

夏，會于鹹，淮夷病杞故，且謀王室也。

〔疏證〕杜無注。高士奇云："淮夷，東國，在淮浦。《禹貢》：'導淮自桐柏，東入於海。'其旁之民不盡爲夷。故辨之云：'淮夷，東國，在淮之厓浦，而爲東夷之行者也。'知在東國者，《禹貢》：'徐州，淮夷蠙珠。'則淮夷在徐州也。春秋時，淮夷病杞，齊桓公東會於淮以謀之。《左傳》謂之東略。是淮夷在東國。昭四年，楚子會諸侯于申，而淮夷與會，是淮夷爲國號，其君之名姓則書傳無文。《書·費誓》云：'徐夷并興，東郊不開。'則此夷在魯之東。昭二十七年，范獻子曰：'季氏甚得其民，淮夷與之。'即此。"顧棟高云："魯地盡江南海州沐陽縣，淮夷當在今淮安府山陽、安東之間。"

秋，爲戎難故，諸侯戍周，齊仲孫湫致之。

〔疏證〕《詩·揚之水》毛《傳》："戍，守也。"杜《注》同。致之，謂致諸侯之師也。

冬，晉薦饑，

〔疏證〕《文選注》引《傳》作"晉洊饑"。杜《注》："麥、禾皆不熟。"不解"薦"義。《疏》引《釋天》："穀不熟曰饑，仍饑爲薦。""李巡曰：'穀不成熟曰饑，連歲不熟曰薦。'"《晉語》："晉饑。"《注》即用李巡説。《釋言》："薦，再也。"《吳語》："都鄙薦饑。"《注》："薦，重也。"再、重猶仍也矣。《晉書·江統傳》："《徙戎論》曰：'水旱之害，薦饑累荒。'"是薦饑即仍饑之義，非指麥、禾皆不熟。杜説未是。洪亮吉謂杜本李巡説，非也。

使乞糴于秦。秦伯謂子桑："與諸乎？"對曰："重施而報，君將何求？重施而不報，其民必攜，攜而討焉，無衆，必敗。"

〔疏證〕子桑，即公孫枝也。《秦本紀》："晉旱，請粟。丕豹説繆公勿與，因其飢而伐之。繆公問公孫支，支曰：'飢穰更事耳，不可不與。'"

謂百里："與諸乎？"

〔注〕服云：“百里奚，秦大夫。”《晉世家集解》。

〔疏證〕杜《注》：“百里，秦大夫。”删一“奚”字，蓋不用服説。李貽德據誤本《史記》采服《注》，作“百里，秦大夫”，釋之曰：“百里，當是百里奚。三十二年《傳疏》據《世族譜》，謂百里爲姓。”李引服《注》脱“奚”字，而仍援杜説爲解，誤中之誤矣。百里奚爲秦大夫者，《五年傳》，“秦執虞公及其大夫井伯，以媵秦伯姬”，井伯即百里奚也。杜删服《注》之“奚”字，以此“百里”爲別一人。梁履繩云：“《傳》先云‘百里’，後云‘百里孟明視’，則百里者是孟明，而非百里奚也。杜《注》‘百里，秦大夫’，極有斟酌。史遷《秦本紀》繆以百里傒實之。《孟子》言奚去虞入秦，年已七十。攷僖五年，晉滅虞。至三十二年，秦襲鄭，奚尚在，在則年百歲矣。《商君傳》曰：‘相秦六七年。’蓋專指其爲相言之。”按：傳文止稱“百里”，服加“奚”字以釋之，《史記》多存古《左氏》説，未可疑爲謬。百里乃當別一人。杜亦未指孟明爲此《傳》之百里也。梁説非。

對曰：“天災流行，國家代有。救災恤鄰，道也。行道有福。”

〔疏證〕《秦本紀》：“問百里傒，傒曰：‘夷吾得罪于君，其百姓何罪？’于是用百里傒、公孫支言，卒與之粟。”《晉世家》：“穆公問百里奚，百里奚曰：‘天菑流行，國家代有，救菑恤鄰，國之道也。與之。’”“菑”“災”異文。

丕鄭之子豹在秦，請伐晉。秦伯曰：“其君是惡，其民何罪？”

〔疏證〕十年，丕豹奔秦。《晉世家》：“邳鄭之子豹曰：‘伐之。’穆公曰：‘其君是惡，其民何罪？’卒與粟。”

秦於是乎輸粟于晉，

〔疏證〕胡渭《禹貢錐指》云：“穀者，粟米之通稱，對舉則有殼者曰粟，無殼者曰米，單言粟，則粟亦是米。《春秋》定公五年，‘歸粟于蔡’。《左傳》僖公十三年，‘秦輸粟於晉’。昭公二十五年，‘晉令諸侯輸王粟於成周’。計其道里并阻且長，有殼者難於轉漕。其所謂粟，當即是米也。”

自雍及絳相繼，命之曰“汎舟之役”。

〔注〕服云：“雍，秦國都。絳，晉國都也。”《秦本紀集解》。

〔疏證〕杜《注》"雍""絳"用服説。《秦本紀》："以船漕、車轉，自雍相望絳。"《詩·秦譜》："至玄孫德公又徙于雍云。"《疏》云："《本紀》：'寧公二年，徙居平陽。德公元年，初居雍城。'徐廣云：'雍，今扶風雍縣也。'僖十三年《左傳》云：'秦輸粟于晉，自雍及絳。'昭元年《左傳》云：'秦后子享晉侯，自雍及絳。'是秦自德公以後，常居雍也。"按：秦之遷雍，當莊公十七年。顧棟高云："雍，今陝西鳳翔府治，鳳翔縣南七里，有古雍城。"杜《注》又云："從渭水運入河、汾。"《御覽》七百六十八引《注》作"泛渭水運入河、汾也"，與杜小異，或是舊注。本《疏》："秦都雍，雍臨渭。晉都絳，絳臨汾。渭水從雍而東，至弘農華陰縣入河。從河逆流而北上，至河東汾陰縣，乃東入汾，逆流東行，而通絳。"洪亮吉云："按：雍近渭，絳近河，以舟輸粟，故云'泛舟之役'也。"《晉語》："是故泛舟于河，歸糴于晉。"《注》："泛，浮也。"《釋名·釋州國》："國城曰都。都者，國君所居，人所都會也。"

〔經〕 十有四年，春，諸侯城緣陵。

〔疏證〕《管子·大匡篇》："宋伐杞，桓公築緣陵以封之。狄人伐邢，桓公築夷儀以封之。"《注》："緣陵，杞城。夷儀，邢城。"杜《注》："緣陵，杞邑。"同《管子注》説。《地理志》："北海郡營陵，或曰營丘。"應劭曰："師尚父封於營丘，陵亦丘也。"臣瓚曰："營丘即臨淄也。"師古曰："臨淄、營陵皆舊營丘地。營陵，《春秋》謂之緣陵。"沈欽韓云："《一統志》：'營陵故城在青州府昌樂縣南。'《紀要》云：'縣東南五十里。'"

夏，六月，季姬及鄫子遇於防，使鄫子來朝。

〔疏證〕鄫，《穀梁》曰"繒"。《釋文》云："本或作'繪'。"《穀梁集解》引《左傳》亦作"繒"，則《左氏》"鄫""繒"異文；《公羊》作"鄫"。《校勘記》謂《公》《穀》作"繒"，非。杜《注》："季姬，魯女，鄫夫人也。"《世族譜》則謂"莊公女鄫季姬"。孔廣栻云："據《公羊》家以為僖公女。則杜謂莊公女，乃《左氏》誼也。"《地理志》："東海郡繒，故國，禹後。"沈欽韓云："《一統志》：'鄫縣故城在嶧縣東八十里。防山在兗州府曲阜縣東三十里，周八里，高三里。孔子合葬於防，此是也。'"

秋，八月，辛卯，沙鹿崩。

〔注〕服云：“沙，山名。鹿，山足。林屬於山曰鹿。”本《疏》。《左氏》以爲：“沙鹿，晉地。沙，山名也。”《五行志》。

〔疏證〕杜《注》：“沙鹿，山名，在晉地。”服《注》：“沙，山名。林屬於山爲鹿。”皆《穀梁傳》文。彼《傳注》又引劉向説云：“鹿在山下平地。”亦“林屬於山”義。《水經・濁漳水注》：“應劭曰：‘鹿，林之大者也。’”與服説同。服意謂沙山之足也。《疏》引服《注》，謂“服取《穀梁》爲説”。案：《説文》：“麓，守山林吏也。一曰林屬於山爲麓。《春秋傳》曰：‘沙麓崩。’”許君用賈逵説，則賈義亦同於服。賈、服“鹿”“麓”字異者，《詩・旱麓》《周語》作“旱鹿”。《易・屯》“即鹿無虞”《釋文》“王肅本作麓。”洪亮吉云：“麓、鹿古字通。劉熙《釋名》：‘山足曰麓。麓，陸也，言水流順陸燥也。’與《穀梁》説微異。杜取《公羊》説。”案：《公羊傳》：“沙鹿者何？河上之邑也。”杜非取《公羊》説，洪説誤。杜之與服異者，服以沙爲山名，杜以沙鹿爲山名耳。《經》書“沙麓”，後人承用，即言沙麓，不舉沙山。本《疏》謂杜以沙麓爲山名，用《漢書・元后傳》義，則抑服説而失之者。《穀梁疏》：“《公羊》以沙鹿爲河上之邑。杜預注《左氏》以爲山名。此《傳》以鹿爲山足，三《傳》説異也。”彼《疏》止引杜《注》，未及服《注》，非三《傳》之異，乃杜異於服。此經《穀梁》《左氏》古誼并同。蓋以三川之震，例沙鹿之崩也。《傳》：“卜偃曰：‘期年將有大咎，幾亡國。’”而此謂不過十年者，不從卜偃之占也。《郡國志》：“魏郡元城墟，故沙鹿。”《漢書・元后傳》：“后祖翁孺自東平陵徙魏郡委粟里，今王翁孺徙正值其地，日月當之。元城郭東有五鹿之墟，即沙鹿地。”則沙鹿在元城，甚確。沈欽韓云：“《方輿紀要》：‘沙麓山在大名府東四十五里，亦名女姪丘。周穆王女叔姪曾居此。’”江永云：“此時晉之東境未能至元城，疑爲衛地。”按：沙麓之崩，晉史卜偃占之。古《左氏》説又以爲懷公之應，則沙鹿斷非衛地，江説非。《五行志》所稱爲古《左氏》説，稱《左氏》者，省文也。沙鹿晉地之説，杜用之。沙爲山名，與服《注》同。

狄侵鄭。無《傳》。

冬，蔡侯肸卒。無《傳》。

〔疏證〕《管蔡世家》：“蔡繆侯二十九年卒，子莊侯甲午立。”

〔傳〕 十四年，春，諸侯城緣陵而遷杞焉。不書其人，有闕也。

〔疏證〕杜《注》："闕，謂器用不具。城池未固而去，爲惠不終。澶淵之會，既曰無歸，大夫不書，而國別稱人，今此總曰諸侯，君臣之辭。"《疏》："凡諸侯盟會，不歷序其人，總言諸侯者，皆是譏之之辭。文十五年，諸侯盟于扈，《傳》曰：'書曰諸侯，無能爲也。'十七年會於扈，《傳》曰：'書曰諸侯，無功也。'是其總言諸侯，皆譏辭也。十六年會于淮，《傳》稱：'城鄫，役人病，不果城而還。'亦是爲惠不終，而淮會具書其人者，淮之會爲謀鄫，且東略，非爲城鄫而聚會。既會之後，乃欲城鄫而①不果。本意不城鄫，無可貶也。先儒以爲諸侯有過，貶而稱人。杜據澶淵之會與此傳文，知諸侯之貶，不至稱人。"如《疏》説，是此《傳》先儒之《注》，當與杜異，乃與貶而稱人之説無斛，杜没其文，舊誼遂亡佚無考。

鄫季姬來寧，公怒，止之，以鄫子之不朝也。

〔疏證〕嚴可均《唐石經校文》云："'怒'下闕'之''以'。《金石文字記》云：'公怒止之。"止"誤作"上"。'按：《石經》'怒、鄫'中間僅闕兩字。《穀梁》僖十四年，范解引《左傳》曰：'公怒之，以鄫子不朝。''怒、鄫'中間僅空'之、以'兩字，與《石經》正合。則無論不誤作'上'，并無'止'字矣。今各本作'公怒，止之，以鄫子之不朝也'，衍'止'字。"按：嚴説是也。杜《注》："來甯不書，而後年書歸鄫，更嫁之文也。明公絶鄫昏，既來朝而還。"沈欽韓云："《傳》言'止'，則但留而不遣，明非絶昏也。此年曰'止之'，明年曰'歸于鄫'，兩事互相發。"杜云"來朝而還"，亦《傳》無"止"字之證。沈説非。

夏，遇于防，而使來朝。

〔疏證〕言遇于防，則公未止季姬。

秋，八月，辛卯，沙鹿崩。晉卜偃曰："期年將有大咎，幾亡國。"

〔注〕《左氏》以爲："地震而麓崩，不書震，舉重者也。伯陽父所謂：'國必依山川，山崩川竭，亡之徵也。不過十年，數之紀也。'至二十四年，

---

① 林按：底本無 "《傳》稱城鄫……乃欲城鄫而"五十一字，實劉氏節取《疏》文，據科學本補全。

晉懷公殺於高梁。”《五行志》。

〔疏證〕此《左氏》説，與經《注》“沙麓，晉地。沙，山名也”文相承，今析引之。杜《注》：“國主山川，山崩川竭，亡國之徵。”即用舊説。舊説謂山崩必由地震，釋《經》不書地震之義也。《國語》：“幽王二年，西周三川皆震。伯陽父曰：‘昔伊、雒竭而夏亡，河竭而商亡。國必依山川，山崩川竭，亡國之徵也。’”前説引伯陽父説，蓋以三川之震例沙鹿之崩也。卜偃謂“期年將有大咎，幾亡國”，驗於惠公韓原之役。而舊説謂不過十年，遠舉懷公之事爲驗者，不從卜偃之占也。惠公之敗韓原，禍劣於懷公之被弑，舉其變異之大者。《疏》亦引《周語》釋之云：“卜偃明達災異，以山崩爲亡國之徵，知其將有大咎，不言知之意，非末學所得詳也。”杜雖用舊説，而略去“不過十年”之文，當以《傳》所未具，統而不言。然《釋例》則云：“天人之際，或異而無感，或感而不可知。沙鹿崩，因謂‘期年將有大咎’。梁山崩，則云‘山有朽壤而自崩’。此皆聖賢之讜言，達者所宜先識。”則并傳稱卜偃之言亦疑而不信，充其義類，則近於災異不足畏之讇言矣。先儒釋三《傳》災異，多於《傳》説之外別爲之詞，其足徵天人感應之理則一。此古《左氏》異説，亦其比矣。《漢書·元后傳》：“元城建公曰：‘昔春秋沙麓崩，晉史卜之，曰：陰爲陽雄，土火相乘，故有沙鹿崩。後六百四十五年，宜有聖女興。其齊田乎？’”此則改卜偃之詞，附會田齊之興。當是七國人語，顯與《傳》乖，蓋不足信。

冬，秦饑，使乞糴於晉，晉人弗與。慶鄭曰：“背施無親，幸災不仁，貪愛不祥，怒鄰不義。四德皆失，何以守國？”

〔疏證〕杜《注》：“慶鄭，晉大夫。”《晉語注》同，杜用韋説。貪愛謂拒乞糴，貪其所愛也。《晉世家》：“惠公五年，秦饑，請糴於晉。晉君謀之。慶鄭曰：‘以秦得立，已而倍其地約。晉饑而秦貸我，今秦饑請糴，與之何疑？’”

虢射曰：“皮之不存，毛將安傅？”

〔注〕虢射，惠公舅。《晉世家集解》。

〔疏證〕杜《注》：“虢射，惠公舅也。”用服《注》義。《晉語》：“秦饑，惠公命輸之粟，虢射請勿與。秦侵晉，至於韓，公謂慶鄭曰：‘寇深矣，奈何？’慶鄭曰：‘非鄭之所知也，君其訊射也。’公曰：‘舅所病也。’”服以射爲惠舅，本《晉語》也。虢射舉兩言，蓋古語。《淮南·説

山訓》："皮將弗覩，毛將何顧?"高《注》："皮盡則毛無所傅也。"《淮南》
説引字句有異同，高《注》則用《傳》義也。《新序·雜事二》："魏文侯
出游，見路人反裘而負芻。文侯曰：'胡爲反裘而負芻?'對曰：'臣愛其
毛。'文侯曰：'若不知其裏盡而毛無所恃也?'"亦用《傳》義。杜《注》：
"皮以喻所許秦城，毛以喻糴。"案：此謂秦之盟好不足恃也。

**慶鄭曰："棄信背鄰，患孰恤之? 無信患作，失援必斃。是則然
矣。"虢射曰："無損於怨，而厚於寇，不如勿與。"**

〔疏證〕慶鄭又申背施、怒鄰二者爲言也。《晉語注》："厚，猶彊也。"
杜《注》："言與秦粟，不足解怨，適足使秦强。"即用韋説。《秦本紀》：
"晉君謀之群臣。虢射曰：'因其飢伐之，可有大功。'晉君從之。"《晉世
家》："謀之虢射曰：'往年天以晉賜秦，秦不知取，而貸我。今天以秦賜
晉，晉其可逆天乎?'遂伐之。"

**慶鄭曰："背施幸災，民所棄也。近猶讎之，況怨敵乎?"弗聽。
退曰："君其悔是哉!"**

〔疏證〕慶鄭又申背施幸災之言也。救患分災，禮之大經。輸粟之役
施而無報，結怨最深，故慶鄭再申背施之意。《年表》："晉惠公五年，秦
饑，請粟，晉倍之。"《晉世家》："惠公用虢射謀，不與秦粟。"

国家社科基金
后期资助项目
GUOJIA SHEKE JIJIN HOUQI ZIZHU XIANGMU

春秋左氏傳舊注疏證

中

Chunqiu Zuoshi Zhuan Jiuzhu Shuzheng

（清）劉文淇　著

郭院林　等　整理

國家圖書館出版社

僖　公

〔經〕十有五年，春，王正月，公如齊。無《傳》。

〔疏證〕杜《注》：“諸侯五年再相朝，禮也。例在文十五年。”按：《文十一年經》“曹伯來朝”，《十五年經》“曹伯來朝”，《傳》曰：“禮也。諸侯五年再相朝，以修王命，古之制也。”《疏》引釋之云：“此十年，公如齊，至此則六年，非五年再相朝之事。杜引之者，以去朝歲亦五年，故引證之。劉炫云：‘杜云禮者，謂《文十五年傳》爲禮，此仍非禮也。’”《疏》引光伯説，但舉杜説非禮之意，其詞未終，光伯説當與杜異。杜以“如齊”爲非禮，則《疏》説非杜意矣。

楚人伐徐。

三月，公會齊侯、宋公、陳侯、衛侯、鄭伯、許男、曹伯盟于牡丘。

〔疏證〕杜《注》：“牡丘，地名。闕。”《方輿紀要》：“牡丘在東昌府聊城縣東北七十里。僖十五年‘盟于牡丘’。《齊語》：‘桓公築牡丘。’即此。”

遂次于匡。

〔疏證〕杜《注》：“匡，衛地。”《地理志》：陳留郡長垣有匡城。孟康曰：“《春秋》會于匡，今匡城是。”《郡國志》：“長垣侯國有匡城。”《注》：“《陳留志》曰：‘孔子囚此。’《左傳》僖十五年會牡丘，次于匡。”《方輿紀要》：“匡城在開州長垣縣西南十五里，春秋時衛邑。”長垣，今隸大名府。閻若璩《四書釋地》云：“今大名府長垣縣西南一十五里有匡城。”是也。江永云：“今按：徐國在泗州，當時諸侯畏楚，雖無志於救徐，而次師亦必稍近其地，長垣之匡去徐甚遠，何爲次于此？考河南歸德府睢州府西三十里有匡城，其城屬宋，距泗州稍近，次師或當在於此。”按：前、後《漢·地志注》皆以牡丘在長垣，確是衛地。《傳》云：“孟穆伯帥師及諸侯之師救徐，諸侯次于匡以待之。”則各國之師皆往，無疑于次舍之遠。江説非。

公孫敖帥師及諸侯之大夫救徐。

〔疏證〕杜《注》：“公孫慶父之子。”

夏，五月，日有食之。

〔注〕劉歆以爲：“二月朔，齊、越分。”《五行志》。

〔疏證〕臧壽恭云：“案：是年入甲申統九百九十八年，積月一萬二千三百四十三，閏餘十三。是歲有閏，積日三十六萬四千四百九十九，小餘三十七，大餘五十九。正月癸丑朔，小，小餘八十。二月壬子朔，又置上積日，加積日二十九，以統法乘之，以十九乘小餘八十，并之，滿周天除去之，餘一萬四千二百五十二[①]。滿統法而一，得積度九度，餘四百九十一，命如法，合辰在女二度，女七度爲星紀之次，經女八度爲玄枵之次。初十二次之分。星紀，吳、越也。玄枵，齊也。故曰‘齊、越分’。”

秋，七月，齊師、曹師伐厲。

〔疏證〕《地理志》：“南陽郡隨有厲鄉，故厲國也。”師古曰：“厲讀爲賴。”《郡國志》：“汝南褒信侯國，有賴亭，故國。”杜《注》：“義陽隨縣北有厲鄉。”蓋用《地理志》說。惠棟云：“案：《桓十三年傳》云：‘楚子使賴人追之。’杜《注》與此略同。《昭四年經》云：‘楚伐吳，遂滅賴。’《公羊傳》于此年‘賴’作‘厲’。《釋文》云：‘厲，如字。’《公羊》僖十五年《釋文》云：‘厲，舊音賴。’則知‘厲’與‘賴’本一國，古音通，故或作‘賴’也。《論語》云：‘未信則以爲厲己也。’康成《注》云：‘厲讀爲賴。’”如惠說，則此“厲”即《桓十三年傳》之“賴”也。洪亮吉云：“厲鄉在隨州北，今名厲山店。《太平寰宇記》：‘厲山在隨縣北一百里。’又引《荆州記》曰：‘隨地有厲鄉村，有厲山，下有一穴，是神農所生穴也。神農號厲山氏，蓋即以此。’賴爲楚與國，當以在此者爲是。惟司馬彪《郡國志》于‘汝南郡褒信侯國’下云：‘有賴亭，故國。’今考《後漢》褒信即《前漢》郾縣，屬潁川郡。春秋時爲楚召陵邑，非賴國地。且桓十三年，‘楚屈瑕伐羅，楚子使賴人追之’，羅又在賴國西北，故就近使追。若汝南之褒信，則去羅益遠，非事實矣。明褒信雖有賴亭，實非賴國，彪說誤也。厲、賴與郭、虢、歸、夔，并同聲字，又古字通。”洪以厲在隨州，主《地理志》說。沈欽韓云：“按：《續志》：‘汝南褒信侯國有

賴亭，故國。'今光州商城縣南賴亭，《志》以爲古賴國者也。《水經注》：'澬水北出大義山，南至厲鄉西。'亦云：'賴鄉，故賴國也。'即今隨州之厲山店。然酈氏以厲鄉爲烈山氏生處，'列''厲'古聲通用，'厲'又轉爲'賴'耳。此厲國當從彪《志》在光州。又歸德府鹿邑縣東亦有賴鄉，《史記·老子傳》作'厲鄉'。《正義》云：'厲音賴。'"沈蓋不取惠、洪説，然引《水經·澬水注》，與《荆州記》合。厲山、烈山以神農之生得名，此不足證厲之在光州，非隨州也。歸德之厲鄉無引以證《春秋》之厲者，又與司馬説異。沈説非也。《一統志》："厲鄉在隨州北，今名厲山店。"

八月，螽。 無《傳》。

〔疏證〕《公羊》"螽"曰"蝝"。《釋文》云："本亦作'蝝'。"則《左氏》與《公羊》字異。

九月，公至自會。 無《傳》。

季姬歸于鄫。 無《傳》。

〔疏證〕《穀梁》"鄫"曰"繒"。杜《注》："來甯不書，此書者，以明中絶。"如杜説，則季姬會防之後即歸鄫，此又以來甯歸也。《傳例》無諸侯女來甯而歸例，此書歸于某，與夫人之出同，辭未達也。

己卯，晦，震夷伯之廟。

〔注〕劉歆以爲："《春秋》及朔言朔，即晦言晦，人道所不及，則天震之。展氏有隱慝，故天加誅於其祖夷伯之後，以譴告之也。"《五行志》。

〔疏證〕《公羊》："晦者何？冥也。"《穀梁傳》："晦，冥也。"則二《傳》不以己卯爲晦日。《疏》引《長曆》"推己卯晦，九月三十日。《春秋》值朔書朔、值晦書晦，無義例"。《五行志》引劉歆説，亦云"值朔言朔，值晦言晦"，則以此晦爲晦朔之晦，乃《左氏》古義，杜用之也。杜以己卯晦爲九月三十日。貴曾曰：《經》疑於"九月公至自會"下指是年七月庚辰朔，大，己巳晦；八月庚戌朔，小，戊寅晦。晦日皆非己卯。九月己卯朔，亦非晦日。惟六月辛亥朔，小，己卯晦。經文疑有錯簡[1]。

冬，宋人伐曹。

---

[1] 林按：貴曾《疏證》原稿爲旁注。

楚人敗徐於婁林。

〔疏證〕《郡國志》：“下邳國徐縣有婁亭，或曰古婁林。”沈欽韓云：
“《一統志》：‘古婁亭在鳳陽府虹縣東北。’”

十有一月，壬戌，晉侯及秦伯戰於韓，獲晉侯。

〔疏證〕貴曾曰：三統術，十月己酉朔，十四日壬戌，是年閏在十月。
杜《注》：“壬戌，九月十三日。”案：九月己卯朔，無壬戌。又云：“《經》
書十一月壬戌。”《經》以是又設十一月爲己酉朔矣①。《晉語注》：“韓，晉
地，韓原也。”沈欽韓云：“《元和志》：‘同州韓城縣。《春秋》戰于韓原，
即此地。’《一統志》：‘韓原在同州韓城縣西南二十里。’《方輿紀要》：‘故
韓原當在河東，今山西芮城縣河北故城有韓亭，即秦、晉戰處。’”按：
《十年傳》“敗於韓”，服《注》：“韓，韓原。”定九年②《傳例》：“凡獲器
用曰得，得用焉曰獲。”《晉語》：“郤獻子伐齊，齊侯來，獻之以得隕命之
禮。”《注》：“獻，致饗也。獻籩豆之數，如征伐所獲國君之獻禮也。以得，
言不得也。伐國獲君，若秦獲晉惠，是爲隕命。今齊雖敗，頃公不見得，
非殞命也。故苗棼皇以郤克不知禮。《司馬法》曰：‘其有隕命，行禮如會
所，爭義不爭利也。’”是秦獲晉惠，行得隕命之禮，與《傳例》“得用焉
曰獲”合。《列女傳》説秦穆公語云：“埽除先人之廟，寡人將以晉君見。”

〔傳〕 十五年，春③，楚人伐徐。徐即諸夏故也。三月，盟于牡
丘，尋葵丘之盟，且救徐也。

孟穆伯帥師及諸侯之師救徐，諸侯次于匡以待之。

夏，五月，日有食之。不書朔與日，官失之也。

〔疏證〕《年表》：“僖十五年，五月，日有蝕之。不書，史官失之。”
《疏》云：“桓十五年已有例，此重發者。沈氏云：‘彼直不書日，今朔、
日皆不書，故重發之。’”

秋，伐厲，以救徐也。

---

① 林按：貴曾《疏證》多爲原稿添加。
② 林按：底本作“文十年”，據《左傳》及科學本改正。
③ 林按：底本無“春”字，據楊本增補。

晉侯之入也，秦穆姬屬賈君焉。

〔疏證〕杜《注》："賈君，晉獻公次妃。"惠棟云："案：獻公娶于賈，則是正妃，爲惠公之嫡母，何須穆姬之屬。唐尚書曰：'賈君，申生妃。'故《僖十年傳》'夷吾無禮'，此爲近之。"洪亮吉云："杜《注》：'賈君，晉獻公次妃。'既無明文，惟《左氏》云'獻公娶于賈'，則賈乃正妃。獻公即位二十六年而卒，若係正妃，則惠公即位，年齒已高，無由更爲所烝。唐固説賈君爲申生之妃，情事較合。"按：惠、洪説非也。僖十年，"夷吾無禮"。賈《注》："烝於獻公夫人賈君。"《晉語》韋《注》亦同。杜《注》用賈説也。本《疏》云："《莊二十八年傳》曰：'晉獻公取於賈。'則是正妃。杜言次妃者，蓋杜別有所見也。"詳《疏》意，杜《注》"次妃"，或亦舊説，次妃年當少於正妃。《莊十五年傳》"惠公烝於賈君"，非即位以後事。彼《傳》服《注》："上淫曰烝。"若賈君果爲申生妃，止得言通耳。唐固説異於賈《注》，今不取。

且曰"盡納群公子"。

〔疏證〕沈欽韓云："杜云：'武、獻之族。'按：獻公之子九人，申生之難，皆被逐者。《晉語》：'驪姬又譖二公子，盡逐群公子，乃立奚齊焉。'與武公無涉。"

晉侯烝于賈君，又不納群公子，是以穆姬怨之。

晉侯許賂中大夫，既而皆背之。

〔疏證〕杜《注》："中大夫，國內執政里、㔻等。"按：中大夫，晉官名也。《僖六年傳》："與中大夫成謀。"杜以中爲中外之中，非。《晉語》："夷吾謂秦公子縶曰：'中大夫里克與我矣，吾命之以汾陽之田百萬。㔻鄭與我矣，吾命之以負蔡之田七十萬。'"即許賂之事也。《晉語》又云："今晉侯即位而背內外之賂。"《注》："背外，不與秦也。背內，不與里、㔻之田。"

賂秦伯以河外列城五，東盡虢略，南及華山，內及解梁城，既而不與。

〔疏證〕杜《注》："河外，河南也。從河南而東盡虢界也。"《疏》云："列城五者，自華山而東盡虢之東界，其間有五城也。《傳》稱'許君焦、瑕'，蓋焦、瑕是其二，其餘三城不可知也。解梁城則在河北，非此河外五城之數也。”包慎言《河外考》云：“‘河北列城五’，蓋首舉其數，而下乃叙其疆域。東南皆據河外而言。《小爾雅》云：‘略，界也。’‘東盡虢略，南及華山’，言五城之地，東極於故虢界，南至華山而止耳。不言西北者，以西北爲秦地故也。河外當指河西，河自龍門至華陰，自北而南，晉都於絳，在河東，故以河西爲外。《秦本紀》叙此事云：‘穆公使百里傒送夷吾，夷吾謂曰：“誠得立，請割晉之河西八城與秦。”’史公約《左氏》之文，而改河外爲河西，此其顯證也。《晉世家》言獻公之季，‘晉疆，西有河西，與秦接境’。《正義》：‘河西謂同、華等州。’同州地望正西，華州在同州之南，虢州又在華州之東，故曰：‘東盡虢略，南及華山。’盡之云者，言五城之域，其東盡於此，非謂舉虢之疆域盡以與秦也。此《經》下云：‘內及解梁城。’內者，河內。及者，由彼至此之辭，蓋包有餘邑。《僖三十年傳》：‘鄭燭之武説秦伯曰：“許君焦、瑕，朝濟而夕設版焉。”’解梁於唐爲河中府之臨晉縣城，而臨晉西南之猗氏縣，有故郇瑕邑。《水經注》：‘以許君焦、瑕者也。’則焦、瑕與解梁皆在河東，不在五城之列。河西爲晉之邊邑，而焦、瑕隸河東，入晉腹心，故惠公朝濟而夕設版。杜預既誤以河外爲河南，而謂‘東盡虢略’，爲從河南而東盡虢界，則五城之地，自華山而東包陝州。如此，則《經》當云‘西及華山’，不當云‘南及’矣。其河西仍爲晉有，而此五城者，晉即與秦，果能越國以鄙遠乎？”按：包説是也。其謂焦、瑕不在五城之內，與江永説小異。江氏謂焦爲五城之一，瑕則在河東。詳三十年《疏證》。《郡國志》：“弘農郡陸渾西有虢略地。”《水經·河水注》：“虢略在陸渾縣西九十里。”與《漢志》合。《元豐志》：“自河南府，西南抵虢州界三百二十五里，稍南抵鄧州界六百里，皆高山深林，古虢略也。”《郡國志》：“弘農郡華陰有大華山，河東郡解有解城。”顧棟高云：“華山在今陝西同州府華陰縣南十里。”《彙纂》：“今平陽府蒲州臨晉縣東南十八里有解城。”江永云：“臨晉縣，今屬蒲州府。”

晉饑，秦輸之粟。秦饑，晉閉之糴，故秦伯伐晉。卜徒父筮之，吉：

〔疏證〕《晉世家》云：“晉用虢射謀，不與秦粟，而發兵且伐秦。秦大怒，亦發兵伐晉。”顧炎武云：“杜《解》‘卜人而用筮，不能通三易之占’，非也。卜徒父，秦之卜人，兼掌筮者。《周禮·大卜》：‘掌《三兆》《三易》《三夢》之法。’是古之筮皆兼掌於卜人也。”邵瑛云：“案：《周禮·筮人》：‘掌《三易》以辨九筮之名。’《疏》：‘卜用三龜，筮用《三

易》。故顧以太卜掌《三易》之法，證古之筮兼掌于卜。'而僖四年孔
《疏》引崔靈恩以爲筮必以三代之法，故大卜掌《三兆》《三易》。《儀
禮·特牲》《少牢》，筮皆旅占。"按：顧、邵説是也。卜人兼掌筮，則筮
亦用《三易》，杜又謂"徒父據所見雜占而言"。如《疏》引劉炫云："案：
成十六年筮卦遇《復》云：'南國蹙，射其元王，中厥目。'亦是雜占，不
必皆取《易》辭。"顧炎武云："并是夏、商之占，《連山》《歸藏》之類，
故不言《易》。"顧説是也。筮用《三易》，兼夏、商言。惠棟云："此與成
十六年其卦遇《復》，皆占七八，爲夏、商之《易》。"

"涉河，侯車敗。"詰之。

〔疏證〕《爾雅》："敗，覆也。"杜《注》："秦伯之軍涉河，則晉侯
車敗也。"《疏》引劉炫："侯者，五等總名，國君大號。以'涉河，車敗'
爲秦伯車敗。"顧炎武云："秦師及韓，晉尚未出戰，何得言晉侯車敗？當
是秦伯之車敗，故穆公以爲不祥而詰之耳。五字乃事實，非卜人之言也。
今特泥下文'不敗何待'之語，謂是晉車敗。不知古人用字，自不相蒙。"
顧以車爲秦伯車[①]，用劉説也。沈欽韓云："按：此亦占詞也。秦伯筮之，
既旅占以爲吉，而復有'涉河，侯車敗'之語，故疑其不吉而詰之也。秦
伐晉，則秦當渡河。下文'三敗及韓'，韓是晉地，故晉侯曰：'寇深。'
若謂秦涉河，晉侯之車已敗，則前後事俱不相屬。"按：沈説是也。"涉河，
侯車敗"，蒙上筮之吉而言，卜偃述占辭也。《疏》駁之説云："秦伯乍聞
車敗，謂敗在己。不達其旨，故復詰問也。"則《疏》以此五字爲占詞。
毛奇齡《春秋占筮書》云："《蠱卦》辭原曰'涉川'，而秦之入晉，又必
踰河，因曰涉河。涉河則兩軍相接，當占車乘。今《蠱》之三五，恰有互
震居其間，則震車也。"顧棟高云："侯當爲候，謂探候之車。"非。

對曰："乃大吉也。三敗，必獲晉君。其卦遇《蠱》，曰：'千乘三去，三去之餘，獲其雄狐。'

〔疏證〕杜《注》："巽下艮上，《蠱》。"杜以上"車敗"爲晉侯車敗。
《疏》謂："如杜此意，則下'千乘三去'，謂晉侯之乘車三度敗壞而去。"
意殊迂曲。惠士奇云："《上林賦》：'江河爲阹。'《注》：'遮禽獸爲阹。'
阹即去，實一字。"則去爲遮扞義，猶言千乘三驅矣。邵寶云："千乘，侯
國之車數。去，猶算法所謂除也。一除三百三十三，二除則六百六十六，三

---

① 林按：底本無"以車爲秦伯車"六字，據稿本及科學本增補。

除則九百九十九。三除之餘，所剩惟一，非君而何？”以去爲除，不煩改字，而占詞自明。惠、邵二説皆可通。惠棟《周易述》云：“《未濟》卦詞曰：‘小狐汔濟。’虞《注》云：‘否艮爲狐。’《春秋傳》曰：‘其卦遇《蠱》，曰獲其雄狐。’《蠱》上體艮爲狐，取其喙之黔也。”

“夫狐《蠱》，必其君也。

〔疏證〕杜《注》：“以狐《蠱》爲君，其象未聞。”毛奇齡云：“雄狐者，艮爲狐，艮之陽一爻，即雄狐也。《蠱》者，君父之惡。以陽狐而擅君父之惡，是狐而《蠱》者，故曰：‘必其君。’”惠棟云：“狐無喻君之理。《齊詩》有雄狐，謂襄公也。齊襄通于文姜，晉惠通於賈君，故以狐爲君。”朱駿聲云：“‘必’者，有據之詞。”

“《蠱》之貞，風也。其悔，山也。

〔疏證〕《晉語》：“得貞屯、悔豫皆八。”《注》：“内曰貞，外曰悔。”杜《注》：“内卦爲貞，外卦爲悔，巽爲風，秦象。艮爲山，晉象。”

“歲云秋矣，我落其實，而取其材，所以克也。

〔疏證〕杜《注》：“周九月，夏之七月，孟秋也。艮爲山，山有木。今歲已秋，風吹落山木之實，則材爲人所取。”杜知九月，據下文“九月，壬戌，戰於韓原”。毛奇齡云：“艮象無材，而曰材、曰實，以卦有互震，震爲木，而上連艮山，謂之山木，則山有材、實矣。此與《陳敬仲傳》‘有山之材’義同。”

“實落材亡，不敗何待？”

三敗及韓。

〔疏證〕杜《注》：“晉侯車三壞也。”《疏》引劉炫云：“此一句是史家敘事，充卜人之語。言秦伯之車三經敗壞，乃至于韓，而晉始懼。”按：韓是晉地，此謂三敗晉師及韓也。炫説非①。

晉侯謂慶鄭曰：“寇深矣。”②

---

① 林按：底本無“炫説非”三字，據稿本及科學本增補。
② 林按：楊本下有“若之何？”

〔疏證〕杜無注。《晉語注》：“深，入境深也。一曰：‘深，猶重也。’①”惠棟云：“《戰國策》：‘三國攻秦，入函谷，秦王謂樓緩曰：“三國之兵深矣。”’高誘曰：‘深，猶盛也。’”《晉世家》：“惠公謂慶鄭曰：‘秦師深矣，奈何？’”

對曰：“君實深之，可若何！”公曰：“不孫！”

〔注〕服云：“孫，順。”《晉世家集解》。

〔疏證〕孫，杜無注。《說文》：“愻，順也。”孫，愻之省也。《文王有聲》：“貽厥孫謀。”《傳》：“孫，順也。”《釋名·釋言語》：“順，循也。循其理也。”《晉世家》：“鄭曰：‘秦内君，君倍其賂。晉饑，秦輸粟。秦飢，而晉倍之，乃欲因其饑伐之，其深，不亦宜乎？’”②

卜右，慶鄭吉。弗使。

〔疏證〕《曲禮》：“卜筮不相襲。”《疏》引《筮人》云：“一曰筮更，謂遷都邑也。八曰筮參，謂筮御與右也。九曰筮環，謂筮可致師否。不卜而徒筮者，則用九筮。”則御、右當用筮，此筮亦卜人兼之，如上文“卜徒父筮之”之比。《晉世家》：“晉卜御、右，慶鄭皆吉。公曰：‘鄭不孫。’”是御、右必兩卜。慶鄭則御、右卜皆吉也，與《周禮》合。《晉語》：“卜右，慶鄭吉。公曰：‘鄭也不孫。’”《注》：“右，公戎車之右。”言不順不可以爲車右。

步揚御戎，家僕徒爲右。

〔注〕服云：“二子，晉大夫。”《晉世家集解》。

〔疏證〕《世本》：“郤豹生義，義生步揚，步揚生州。”州即讎也。杜《注》：“步揚，郤讎之父。”用《世本》說。《晉語注》：“御，御公車也。”《晉世家》：“乃更令步揚御戎，家僕徒爲右。”

乘小駟，鄭入也。

慶鄭曰：“古者大事，必乘其產。生其水土而知其人心，安其教訓而服習其道，唯所納之，無不如志。今乘異產以從戎事，及懼

---

① 林按：底本無“一曰”句，據稿本及科學本增補。
② 林按：底本無此處《疏證》內容，據稿本及科學本增補。

而變，將與人易①。

"亂氣狡憤，陰血周作。

〔注〕賈云："憤，盛也。"《一切經音義》引《國語注》。

〔疏證〕《樂記》："粗厲、猛起、奮末、廣賁之音作。"《注》："賁，讀爲憤。憤，怒氣充實也。《春秋傳》曰：'血氣狡憤。'"是鄭君所見《左傳》作"血"也。亂，杜無注。《疏》云："言馬之亂氣狡戾而憤滿。"或唐本作"亂氣"。沈欽韓云："《廣雅・釋詁》：'狡，健也。'古佼好之字，書俱混爲狡。《月令》：'養壯佼。'《詩・狡童傳》：'昭公有壯狡之志。'《山有扶蘇正義》：'孫毓云：此狡好之狡，謂有貌無實者也。'《樂記注》引此《傳》作'血氣狡憤'。《釋文》：'狡，本又作交。'《疏》云：'言馬之血氣狡作憤怒也。'《疏》亦從'交'字義，此'狡'宜作'交'。"洪亮吉云："王粲《登樓賦》：'氣交憤於胸臆。'李善《注》引杜云：'交，戾也。'是'交''佼'，'賁''憤'古字通。"按：沈、洪說是也。今本杜《注》作"狡，戾也"。李善所見本猶未誤，以諸義證之，則傳文當作"血氣交憤"也。賈注《外傳》以"盛"訓"憤"。洪氏又云："按：賈注此《傳》，亦當作盛滿解。"《漢書・貢禹傳》："禹奏言，人至相食，而廄馬食粟，苦其太肥，氣盛怒至，廼日步作之。"即怒氣盛滿義。

"張脈僨興，外彊中乾。進退不可，周旋不能，君必悔之。"弗聽。

〔疏證〕脈，通行本作"脉"，從《石經》改。《説文》："脈，血理分，衺行體中者。"杜《注》："僨，動也。"洪亮吉云："僨當爲賁，或作'濆'。《禮記・射義》：'賁軍之將。'鄭玄《注》：'賁，讀爲僨。'《穀梁傳》：'地賁。'范甯《注》：'沸起也。'又《管子・勢》：'以待天下之濆作也。'尹知章云：'動亂也。'陸氏《附注》以爲'僨'無動義，譏杜失之，是也。"

九月，晉侯逆秦師，使韓簡視師。

〔疏證〕《晉語注》："韓簡，晉卿韓萬之孫②。"杜《注》："韓簡，晉大夫韓萬之孫。"按：《世本》："萬生賕伯，賕伯生定伯簡，簡生輿，輿

---

① 科學本注：原稿此下留有《疏證》空白，但闕文未書。
② 科學本注：原稿闕"韓萬"二字，依《晉語注》增入。

生獻子厥。”杜《注》蓋從《世本》。《漢書·韓王信傳贊》：“韓氏自弓高後貴顯，蓋周烈近歟。”晉灼曰：“韓先與周同姓，其後苗裔事晉，封于韓原，姓韓氏，韓厥其後也。”臣瓚曰：“案：武王之子方于三代，世爲最近也。”師古曰：“《左氏傳》：‘邘、晉、應、韓，武之穆也。’據如此《贊》所云，則韓萬先祖，武王之裔，而杜預等以爲出於曲沃成師，未詳其義。”

復曰：“師少於我，鬭士倍我。”

〔疏證〕《晉語注》：“欲鬭者衆。”《晉書·載記·慕容暐傳》：“樂嵩曰：‘兵書之義，計敵能鬭，當以算取之。若冀敵不鬭，非萬全之道也。慶鄭有云：秦衆雖少，戰士倍我。衆之多少，非可問也。’”嵩所稱乃《傳》意，非舉其詞，古人引書多如此。

公曰：“何故？”對曰：“出因其資，

〔疏證〕《晉語注》：“在梁依秦。”杜《注》：“謂奔梁求秦。”

“入用其寵，

〔疏證〕《晉語注》：“爲秦所立。”杜《注》：“爲秦所納。”用韋説。

“饑食其粟，三施而無報，是以來也。

〔疏證〕《晉語》：“簡曰：‘以君之出也處己，入也煩己，饑食其糴，三施而無報。’”

“今又擊之，我怠秦奮，倍猶未也。”

〔疏證〕《晉语注》：“受其施而怠惰。”

公曰：“一夫不可狃，況國乎？”

〔疏證〕《爾雅》：“狃，復也。”郭《注》：“狃忕復爲。”孫炎《注》：“狃忕，前事復爲也。”《晉語注》：“狃，忕也。不擊而歸，秦必狃忕而輕我也。”即用《爾雅》訓復忕意同。杜《注》：“言辟秦則使忕來。”亦以“忕”爲“復”。顧炎武云：“《廣韻》：‘狃，相狎也。’言一夫尚不可狃，況以吾晉國之衆乎？”梁履繩云：“案：桓十三年，‘狃於蒲騷之役’，解與此同。《正義》云：‘狃，貫也。’郭璞云：‘貫，忕也。’今人惟知狃爲狎習矣。”按：梁説是也。顧以狃爲狎，狎亦復義。《晉書·儒林傳》：“韋諝字憲道，冉閔署爲光禄大夫。時閔拜其子胤爲大單于，而以降胡一千處之麾下。諝諫曰：‘古人有言：一夫不可忸，而况千乎？’”狃、忸文異。

遂使請戰，曰：“寡人不佞，能合其衆，而不能離也。

〔疏證〕成十三年服《注》：“佞，才也。不才者，自謙之辭也。”《晉語》：“公令韓簡挑戰。”《注》：“先挑敵求戰，言衆欲戰也。”

“君若不還，無所逃命。”秦伯使公孫枝對曰：“君之未入，寡人懼之；入而未定列，猶吾憂也。

〔疏證〕《晉語》説此事云：“君入而列未成，寡人未敢忘。今君既定而列成，君其整列，寡人將親見。”《注》：“列，位也。”按：如《晉語》，則位爲士卒之行列，謂能成師以出也。陸粲云：“位謂師之伍列。”杜《注》同韋。

“苟列定矣，敢不承命？”

韓簡退曰：“吾幸而得囚。”

壬戌，戰于韓原。

〔疏證〕《秦本紀》：“九月壬戌，與晉惠公夷吾合戰于韓地。”《疏》云：“以《經》書十一月壬戌，恐與《經》壬戌相亂，故顯言之。下《注》云‘十一月壬戌，十四日’是也。”

晉戎馬還濘①而止。

〔疏證〕鄭玄《禮記注》：“還，言便也。”《晉語注》：“濘，深泥也。止，戎馬陷焉。”杜《注》：“還，便旋也。濘，泥也。”用鄭、韋説。又云：“小駟不調，故墮泥中。”《晉世家》：“九月壬戌，秦繆公、晉惠公合戰韓原。惠公馬騺不行。”《秦本紀》：“晉君棄其軍，與秦爭利，還而馬騺。”

公號慶鄭。慶鄭曰：“愎諫、違卜，固敗是求，又何逃焉？”遂去之。

〔疏證〕《晉語注》：“號，呼也。”《吕覽》高《注》：“愎，戾也。”《晉

---

① 林按：“濼”，楊本作“濘”。劉氏稿本爲避諱原因，多用“甯”。

語注》又云："卜右，慶鄭吉，公廢不用。"《晉世家》："秦兵至，公窘，召慶鄭爲御。鄭曰：'不用卜，敗不亦當乎？'遂去。"

梁由靡御韓簡，虢射爲右，

〔疏證〕《晉語注》："由靡，晉大夫，爲簡車右。"依《晉語》，則"韓簡"絶句，韋必云"爲簡車右"者，明此爲韓簡之車也。《晉世家》："更令梁由靡御，虢射爲右。"則謂惠公改命梁由靡御戎矣。與《傳》違異，乃史公駁文。

輅秦伯，將止之。

〔注〕服云："輅，迎也。"《晉世家集解》。

〔疏證〕《晉語注》："輅，迎也。止，獲也。"杜《注》同。杜、韋皆用服説。《國語舊音》云："輅音迓。"《既夕》："賓奉幣，由馬西，當前輅。"《注》："輅，轅縛，所以屬引。"《疏》云："謂以木縛車轅上以屬引，於上而挽之。"若《左傳》梁由靡、虢射輅秦伯，及狂狡輅鄭人，皆謂車前相接，可以禽之。按：車前相接，即迎義。朱駿聲云："《吕覽》：'韓原之戰，晉人已環繆公之車矣，晉梁由靡已扣繆公之左驂矣，晉惠公之右路石奮投而擊繆公之甲。'虢射疑即路石，輅、路通。'輅'下疑有脱文。"按：《吕覽》"路石"，《韓詩外傳》則作"先輅"，均有奪誤。服《注》："輅訓迎。"則輅下無脱字，朱説非。

鄭以救公誤之，遂失秦伯。秦獲晉侯以歸。

〔注〕舊注："晉曲而怠，秦直而怒，所以勝也。"《御覽》三百八。

〔疏證〕《晉世家》："穆公壯士冒敗晉軍。晉軍敗，遂失秦穆公，反獲晉侯以歸。秦將以祀上帝。"與《傳》略同。《吕覽·愛士篇》云："昔秦穆公乘馬而車爲敗，右服失而埜人取之。見埜人方將食之於岐山之陽。穆公歎曰：'食駿馬之肉，而不還飲酒，恐其傷女也。'於是徧飲而去。處一年，爲韓原之戰。晉人已環穆公之車矣，晉梁由靡已扣繆公之左驂矣，晉惠公之右路石奮投而擊穆公之甲，中之者六札矣。埜人之嘗食馬肉於岐山之陽者三百有餘人，畢力爲穆公疾鬥於車下，遂大克晉，反獲惠公以歸。"《淮南·氾論訓》略同。《世家》所云："壯士冒敗晉軍。"即《吕覽》《淮南》所稱"三百餘人"也。可補傳文之闕。杜《注》："《經》書十一月。"乃夏正之異名耳。杜謂"從赴"，且以《傳》之壬戌爲九月十三日，《經》之壬戌爲十一月十四日，恐相亂，故顯言之，尤非也。豈有九月戰而以十一月敗者乎①？

晉大夫反首拔舍，從之。

〔注〕舊注："反首，亂頭髮。反，下垂也。拔舍，草止也。"《御覽》百七十九②。

〔疏證〕《甘棠疏》引《傳》，"拔"作"茇"。杜《注》："反首，亂頭髮下垂也。拔舍，草止。"用舊注説。"髮"下删"反"字，則是散髮非反首矣。舊注以"草止"釋"拔舍"，文自明，杜分訓亦非。沈欽韓云："《大司馬職》：'中夏教茇舍。'《注》：'茇讀如萊沛之沛。茇舍，草止也。軍有草止之法。'《詩傳》：'茇，草舍也。'《正義》：'草中止舍，故云茇舍。'字當從艸。《尉繚子·武議篇》：'吴起與秦戰，舍不平隴畝。樸樕蓋之，以蔽霜露。'此茇舍之事也。"依沈説，則《傳》之拔舍草，用《大司馬》文。拔、茇通也。洪亮吉云："《説文》：'废，舍也。從广发聲。《詩》曰：召伯所废。'按：此字當作'废'。跋、拔、茇古字通。"按：茇、废，《詩》之異字耳。傳文之異文止作"茇"，草中止舍，則云茇舍，行之露處亦爲茇舍。故其《注》云："草止也。"《隋書·王充傳》："突厥圍帝于雁門，充盡發江都人，將往赴難。在軍中，反首垢面，悲泣無度，曉夜不解甲，藉草而卧。帝聞之，愈以爲愛己，益信任之。"《充傳》"反首藉草"，即用此《傳》意。則"茇舍"謂藉草而卧矣。

秦伯使辭焉，曰："二三子何其感③也！寡人之從晉④君而西也，亦晉之妖夢是踐，豈敢以至？"

〔疏證〕感與戚通。妖夢，謂狐突見申生也。杜《注》："踐，厭也。"林堯叟云："豈敢以至，豈敢至於已甚。"

晉大夫三拜稽首曰：

〔疏證〕杜《注》不釋"三拜"。顧炎武《日知録》曰："九頓首出《春秋傳》，然申包胥元是三頓首，未嘗九也。韓之戰，秦獲晉侯，晉大夫三拜稽首。古但有再拜稽首，無三拜也。申包胥之九頓首，晉大夫之三拜

---

① 林按：原稿杜《注》内容爲顧棟高所引，但無按斷。
② 林按：科學本爲"百八十一"，底本有誤。
③ 林按：底本與科學本作"蹙"，據通行本及楊本回改。
④ 林按：底本無"晉"字，據楊本增補。

也。《楚語》：'湫舉遇蔡聲子，降三拜，納其乘馬。'亦亡人之禮也。"

"君履后土而戴皇天。皇天后土，實聞君之言。

〔疏證〕"君履后土而戴皇天"，《周禮》《禮記疏》并引作"戴皇天而履后土"。

"群臣敢在下風？"

〔疏證〕《楚策》鮑《注》："將迎之際，必有風焉。不敢當立，故言下風。"

穆姬聞晉侯將至，以太子罃、弘與女簡、璧，登臺而履薪焉。

〔疏證〕《釋文》："履如字，徐本作'屨'。"《疏》云："俗本作'屨'者，履是在足之服，故踐者亦稱屨，是以誤焉。定本作'履薪'。"杜《注》："罃，康公名。弘，其母弟也。簡、璧，罃、弘姊妹。古之宮閉者，皆居之臺以抗絶之。穆姬欲自罪，故登臺，而薦之以薪，左右上下皆履柴乃得通。"按：《列女傳》："秦遂興兵與晉戰，獲晉君以歸。秦穆公曰：'埽除先人之廟，寡人將以晉君見。'穆姬聞之，乃與太子罃、公子弘、女簡、璧，衰絰履薪以迎。"杜《注》蓋據此爲説。其言"宮閉"，於禮無聞。《疏》云："此言登臺履薪，是自囚之事。《哀八年傳》稱'邾子又無道，吳子囚諸樓臺，栫之以棘'。以此二文，知古之宮閉者，皆居之於臺以抗絶之。"《御覽》四百六十九引"秦穆夫人與太子罃、弘與女簡、璧，舍之靈臺，薦之以棘"，其引傳文以登臺爲舍晉侯之靈臺，"薦之以棘"，又《疏》語，非《傳》語也，蓋誤引耳。傅氏曰："履薪，示欲自焚。"

使以免服衰絰逆，且告，

〔疏證〕杜《注》："免、衰、絰，居喪之服。"《疏》不説免、衰、絰之義。沈欽韓云："《禮·問喪篇》：'冠，至尊也，不居肉袒之體也，故爲之免以代之。'《注》：'肉袒則著免，免狀如冠，而廣一寸。'又《士喪禮注》：'至小斂變服，衆主人免者，齊衰將袒，以免代冠。'此穆姬之服，當是齊衰期，蓋于惠公有宗子之誼。《喪服·期不杖》章：'女子子適人，爲其父母昆弟之爲父後者。'《傳》曰：'婦人雖在外，必有歸宗，曰小宗，故服期也。'惠公師喪身虜，雖未及死，而同于死。凡喪禮更事，須致哀則問，故《雜記》：'從柩及哭并免。'此聞晉侯將至，當袒而哭，故以免也。《玉藻注》：‘免，悲哀哭踊之時也。’”

曰：“上天降災，使我兩君匪以玉帛相見，而以興戎。若晉君朝以入，則婢子夕以死；夕以入，則朝以死。唯君裁之。”

〔疏證〕《釋文》云：“自‘上天降災’至此凡四十七字，檢古文皆無。尋杜《注》亦不得有，有，是後人加也。”《疏》云：“《左傳》本無此言，後人妄增之耳。何以知其然？《二十二年傳》曰：‘寡君之使婢子侍執巾櫛。’杜云：‘婢子，婦人之卑稱。’若此有婢子，不當舍此而注彼也。服虔《解誼》，其文甚煩。《傳》本若有此文，服虔必應多解，何由四十餘字不解一言？亦至二十二年始解婢字，明是本無之也。”洪亮吉云：“今按：《釋文》‘四十七字’，‘七’當作‘二’，蓋誤并‘乃舍諸靈台’五字數之耳。此後人校勘之疎。據孔《疏》，則服、杜本尚皆不誤，服、杜以後人妄增，今據削去。”案：《列女傳》云：“且告穆公曰：‘上天降災，使兩君匪以玉帛相見，乃以興戎。婢子娣姒不能相教，以辱君命。晉君朝以入，婢子夕以死。唯君圖之。’”沈欽韓云：“《列女傳》叙穆姬，從傳文，有此節。孔、陸之本，偶有褫奪耳。”按：沈説是也。《列女傳》視《傳》文字小異，即取《傳》文注訓之繁簡，不可例《傳》文之有無。案：《秦本紀》：“夷吾姊亦爲繆公夫人，夫人聞之，乃衰絰跣，曰：‘妾兄弟不能相救，以辱君命。’”亦隱括《傳》文，變服登臺，禮之大者，焉得無辭？洪氏《左傳詁》徑刪此四十二字，鹵莽甚矣！

乃舍諸靈台。

〔疏證〕《水經注》：“豐水又北逕靈臺西[①]。”《詩緯·含神霧》云：“作邑於豐，起靈臺。”《靈臺疏》：“僖十五年《左傳》云：‘秦伯獲晉侯以歸，乃舍諸靈臺。’秦是諸侯，而得有靈臺者，杜預云：‘京兆鄠縣，周之故臺是也。’哀二十五年《左傳》曰：‘衛侯爲靈台於藉圃。’言‘爲’，則是新造。其時僭名之也。”沈欽韓云：“《長安志》：‘周酆宮在鄠縣東三十五里。’《西安府志》：‘酆宮又東二十五里，即靈囿之地，中有靈台。’”

大夫請以入。公曰：“獲晉侯，以厚歸也；既而喪歸，焉用之？

〔疏證〕杜《注》：“若將晉侯入，則夫人或自殺。”《晉世家》：“穆公曰：‘得晉侯將以爲樂，今乃如此。’”《秦本紀》：“繆公曰：‘我得晉君以

---

① 科學本注：此句劉氏所據本與通行本有異。

爲功。今天子以爲請①，夫人是憂'。"

"大夫其何有焉？

〔疏證〕杜《注》："何有，猶何得。"

"且晉人慼憂以重我，天地以要我。不圖晉憂，重其怒也。

〔疏證〕杜以"慼憂"爲"反首拔舍"。《說文》"戚"下繫《傳》："晉人慼憂以重我。憂，近心之切也。"天地謂"戴皇天、履后土"之言。

"我食吾言，背天地也。

〔疏證〕杜《注》："食，消也。"《湯誓疏》："《釋詁》：'食，僞也。'孫炎曰：'食，言之僞也。'哀二十五年《左傳》云：'孟武伯惡郭重曰："何肥也？"公曰："是食言多矣，能無肥乎？"'然則言而不行，如食之消盡，後終不行。前言爲僞，故通謂僞言爲食言。"

"重怒難任，背天不祥，必歸晉君。"

〔疏證〕"重怒"，蒙"重其怒也"。《晉語注》："任，當也。"杜《注》用韋說。

公子縶曰：

〔疏證〕《晉語注》："縶，秦公子子顯也。"惠棟云："韋昭據《禮記》云：'縶，字子顯。'盧植曰：'古者名字相配，顯當爲鞙。'"按：盧植說見《檀弓下注》。梁履繩云："顯、鞙音同。《二十八年傳》'鞙靷鞅靽'，故與縶馬之義相配。《說文》作'驒'，無'鞙'字。其作'顯'者，文省耳。"

"不如殺之，無聚慝焉。"

〔疏證〕此謂無使歸而蓄慝也。杜《注》："恐夷吾歸復相聚爲惡。"非。

子桑曰："歸之而質其大子，必得大成。晉未可滅，而殺其君，祇以成惡。

---

① 林按：底本無此句，據《史記》及科學本增補。

〔疏證〕洪亮吉云："'祇'，刊本多誤作'祇'。《説文》：'緹，從系，是聲，或從氏。'今從《石經》定作'祇'字。《詩·何人斯》①毛《傳》：'祇，適也。'"杜《注》用毛説。

"且史佚有言曰：

〔疏證〕《文十五年傳》："史佚有言。"服《注》："周成王太史。"是也。按：《淮南·道應訓》："成王問政於尹佚。"故服以爲成王時人。《周語注》："史佚，周文、武時太史尹佚。"《曾子問疏》云："史佚，文王、武王時臣，故《國語》稱'訪於辛尹'，《尚書》稱'逸祝册'，是也。"此《禮疏》見宋本《疏》，今通行本并缺。《疏》以史佚爲文、武時人，與《周語》韋《注》合。則史佚歷文、武、成三朝，最老壽矣。杜《注》："史佚，周武王時太史，名佚。"與服、韋《注》并違。

"'無始禍，

〔疏證〕《吕覽·樂成》高《注》："始，首也。"

"'無怙②亂，

〔疏證〕杜《注》："恃人亂爲己利。"

"'無重怒。'重怒難任，陵人不祥。"乃許晉平。

晉侯使郤乞告瑕吕飴甥，

〔疏證〕《晉語注》："郤乞，晉大夫。"杜《注》用韋説，又云："瑕吕飴甥，即吕甥也。蓋姓瑕吕，名飴甥，字子金。"顧炎武云："吕，氏也。瑕，其邑名。如成元年'瑕嘉'之類，蓋兼食瑕、陰二邑，非姓也。"顧謂瑕非姓，可證杜誤。洪亮吉云："吕飴甥，《竹書紀年》作'瑕父吕甥'。考吕甥先食采於瑕，故稱曰'瑕父'。《郡國志》：'河東郡解有瑕城'。是也。後又食於吕，故人稱'瑕吕'。劉昭《補注》引張華《博物志》：'河東郡永安有吕鄉，吕甥邑也。'是瑕、吕皆所食采地。杜《注》云：'姓瑕吕，名飴甥。'非矣。下《傳》云'陰飴甥'，陰亦采邑名。"按：洪説是也。沈欽韓亦云："瑕，當爲其采邑，晉見有瑕城。吕甥誅後地空，使詹

---

① 林按：底本無篇名，據科學本增補。
② 林按：底本作"怗"，據楊本回改。

嘉處之。《傳》於下皆言呂、郤，明瑕非姓。”沈説與洪同，而不釋呂。其引呂、郤，蓋亦以呂爲姓。

且召之。子金教之言曰：“朝國人而以君命賞。且告之曰：‘孤雖歸，辱社稷矣！其卜貳圉也。’”

〔疏證〕杜不注“卜”。《坊記》：“孝以事君，弟以事長，示民不二也。故君子有君不謀仕，唯卜之日稱二君。”《注》：“卜之日，謂君有故而爲之卜也。‘二’當爲‘貳’。唯卜之時，辭得曰‘君之貳某’爾。晉惠公獲於秦，命其大夫歸擇立君，曰：‘其卜貳圉也。’”《疏》：“此謂世子對君自稱也。王肅不曉鄭旨，乃引《傳》云：‘太子之貳。’又云：‘子者，身之貳。’又以旁人稱貳而難鄭，非也。鄭以書傳無世子爲君卜稱貳之文，故引僖十五年《左傳》之文，以證君貳之事。與此經文不正相當，取其一邊耳。惠公命其大夫歸，立其子圉爲君，稱卜副貳之子圉令爲君。”《禮疏》“卜副貳之子圉”，當是舊説。《晉語》：“其改置以代圉。”韋《注》：“欲令更立他公子，以代子圉。言父子避位，以感動群下。”杜《注》：“貳，代也。”蓋本《外傳》。王引之云：“古無訓‘貳’爲‘代’者，‘貳’當爲‘貣’，貣與代古同聲。《五經文字》：‘貣，他代反。相承或借爲貳字。’《晉語》曰：‘其改置以代圉也。’此《傳》云：‘其卜貳圉也。’貳即代之借字也。”按：《傳》言惠公不能君國，卜立世子圉，非謂更立它公子也。杜用《外傳》，王氏乃改字曲證之，非也。惠棟《左氏補注》亦引《坊記》鄭《注》爲説，又云：“貳，副也。《周禮》有‘卜立君’之文。《外傳》云：‘其改置以代圉。’故杜《注》訓貳爲代，兩《傳》異文，似不必牽合。”按：惠、洪説是也。洪亮吉云：“鄭司農《周禮注》：‘貳，副也。’杜訓‘貳’爲‘代’，非。”《晉世家》：“晉侯亦使呂省等報國人曰：‘孤雖得歸，毋面目見社稷。卜日立子圉。’”亦以卜貳圉爲立世子圉。《禮疏》謂“卜副貳之子圉”，確不可易。

衆皆哭。晉於是乎作爰田。

〔注〕《外傳》“爰”作“轅”。賈云：“轅，易也，爲易田之法。賞衆以田，易者，易疆界也。或云：‘轅，車也，以田出車賦。’”《晉語注》。服虔、孔晁皆云：“爰，易也。賞衆以田，易其疆畔。”本《疏》。

〔疏證〕杜《注》：“分公田之税，應入公者，爰之於所賞之衆。”《疏》引服、孔説，釋之云：“杜言‘爰之於所賞之衆’，則亦以爰爲易，謂舊入公者，今改易與所賞之衆。”按：服、孔以易爲易田，故云：“易其疆畔。”

杜則以易税爲言。洪亮吉謂杜《注》取服虔説，非也。《晉語》："衆皆哭
焉，作轅田。"《注》引賈侍中云："轅，易也，爲易田之法，賞衆以田，
易疆界也。或云'轅，車也，以田出車賦'。昭謂此欲賞以悦衆，而言以
田出車賦，非也。唐云：'讓肥取磽也。'"《外傳》賈《注》爰、轅字雖
異，然賈、服皆訓爲易。服、孔所云"易其疆畔"，即賈所謂"以田易疆
界"也。其以轅爲車，乃引或説。惠棟云："爰田者，猶哀公之用田賦也。
下文作'州兵'者，猶成公之作丘甲也。《外傳》'爰'作'轅'，賈逵云：
'轅，車也，以田出車賦。'《説文》曰：'爰，籀文以爲車轅字。'《春秋左
傳》多古字古言，故以爰爲轅。服訓爰爲易，易田之法本是周制，何云
作也？《漢書・地理志》曰：'秦孝公用商君制轅田。'豈亦賞衆以田耶？
《外傳》所云'賞衆'，是一時之事。爰田、州兵，是當日田制、兵制，改
易之始，故特書之。其後文公作執秩，而官制又變。晉之所以彊者，未必
不由於此。"按：惠以爰田爲田出車賦，用《外傳》賈《注》或説，非賈、
服誼也。田出車賦，無涉賞衆，賈引之者，乃博異聞，非取其説。惠以賈
引或説爲賈説，非也。其引《説文》，止證爰、轅之通。其實爰、轅并爲
假借字，正字當作"趄"，知者，《説文》："爰，引也，籀文以爲車轅字。
趄田，易居也。"徐鍇《繫傳》云："爰、轅皆假借，此乃正字。"許君説
"趄"，似用賈氏《傳注》之義。杜氏注本，乃改"趄"爲"爰"耳。其引
《地理志》非完文。《地理志》："孝公用商君制轅田。"張晏曰："周制三年
一易，以同美惡。商君始割裂田地，開立阡陌，令民各有常制。"孟康曰：
"三年爰土易居，古制也。末世浸廢，商鞅相秦，復立爰田。上田不易，
中田一易，下田再易。爰自在其田，不復易居也。《食貨志》曰：'自爰其
處而已。'轅、爰同。"孟康説如張晏説，此作爰田，乃用周制三年一易之
法，廢而理舉之亦曰作。惠謂用周制不可云作，非也。如説，則古爰田又
必易居，與《説文》"趄田易居"合。賈、服但云易其疆界、疆畔，即孟康
所謂"爰自在其田，不復易居"矣。謂不易居，非由於商鞅，非也。嚴蔚
云："爰田，即周官之賞田也，秦用商君，亦作賞田。"嚴引賞田，可證賈、
服"賞衆"之説。李貽德謂"爰賞之後，復作爰田之制"，未得賈、服義。

吕甥曰："君亡之不恤，而群臣是憂，惠之至也，將若君何？"

〔疏證〕杜無注。《晉語注》："亡，謂在外。恤，憂也。憂謂改立君、
作轅田也。"

衆曰："何爲而可？"

〔疏證〕杜無注。《晉語注》："何所施爲，可以還君？"

對曰："征繕以輔孺子。

〔疏證〕《晉語注》："征，賦也。言當賦稅，以繕甲兵，輔子圉，以爲君援。"《廣雅》："繕，治也。"

"諸侯聞之，喪君有君，群臣輯睦，甲兵益多。好我者勸，惡我者懼。庶有益乎！"

〔疏證〕《校勘記》云："'群臣輯睦'，郭注《爾雅》引作'百姓輯睦'。"《高帝紀注》："師古曰：'輯與集同，謂和合也。《春秋左氏傳》曰："群臣輯睦。"'"

衆説。晉於是乎作州兵。

〔疏證〕《晉語注》："二千五百家爲州，使州長各帥其屬，繕甲兵也。"杜《注》本韋義。洪亮吉云："蓋亦改易兵制。或使二千五百家略增兵額，故上云'甲兵益多'，非僅修繕甲兵而已。杜《注》似非。"沈欽韓云："按：《周官》，兵器本鄉師所掌，州共賓器而已，今更令州作之也。"按：沈説是也。本《疏》云："《周禮》：'鄉大夫以歲時登其夫家之衆寡，辨其可任者。'州長則否。今以州長管人既少，督察易精，故使州長治之。"《傳》之稱兵，皆兵器之屬，不作兵卒解。杜《注》："使州長各繕甲兵。"未誤。洪氏謂"增兵額"，似非。顧棟高謂"增一州長爲將"，更無根據。

初，晉獻公筮嫁伯姬於秦，遇《歸妹》之《睽》。

〔疏證〕杜《注》："兑下震上，《歸妹》。兑下離上，《睽》。《歸妹》上六變而爲《睽》。"沈欽韓云："此占亦止就《歸妹》上爻變成《睽》象，與《觀》之《否》同。"

史蘇占之，曰："不吉。

〔疏證〕《晉語注》："史蘇，晉大夫，占卜之史也。"杜《注》用韋義。

"其繇曰：'士刲羊，亦無衁也。女承筐，亦無貺也。

〔注〕服虔以離爲戈兵，兑爲羊，震變爲離，是用兵刺羊之象也。三至五有坎象，坎爲血，血在羊上，故刺無血也。震爲竹，竹爲筐，震變爲離。離爲火，火動而上，其旋不下，故筐無實也。本《疏》。

〔疏證〕《釋文》：“眈，本亦作‘況’。”《歸妹》上六爻辭：“女承筐無實，士刲羊無血。”繇用彼爻辭爲義。自“士刲羊”至“猶無相也”，皆繇辭也。杜謂此句爲《歸妹》爻辭。《疏》云：“史蘇引爻辭，以‘血’爲‘衁’，‘實’爲‘眈’，惟倒其句，改兩字，而加二‘亦’耳。二句之外，皆史蘇自衍卦意而爲之辭。《易》之爻辭，亦名爲‘繇’。”按：爻辭名“繇”，義無所見。衁、眈、償、相皆用韻，非蘇初引爻辭，再衍其義也，杜説非。此《傳》服《注》存者甚好，而士、女、衁、眈獨無釋。《御覽》七百二十七引《注》云：“衁，血也。眈，賜也。刲羊，士之功。承筐，女之職也。離爲中女，震爲長男，故稱士女也。”與杜《注》略同。杜《注》“女之職也”，下有“上六無應，所求不獲，故下刲無血，上承無實，不吉之象也”五句。考《歸妹》上爻王弼《注》云：“處卦之窮，仰無所承，下又無應。爲女而承命，則筐虛而莫之與？爲士而下命，則刲羊而無血。刲羊而無血，不應所命也。”與杜《注》義正同。此五句義訓前後不相蒙，疑《御覽》所引爲先儒舊誼。杜用王弼義，加此五句也。輔嗣言《易》廢象，與漢《易》例異。杜不解家法，妄有增綴，殊乖説《經》之體。《疏》亦謂：“杜説與王輔嗣同。則不須變爲離卦，自有士女之義。今杜云‘離爲中女’，疑是據變之後，始有此承筐之象。既爲《離》卦，則上九有應，所以與《易·説卦》不同者，但《易》之所論，當卦爲義。此既用筮法，震變爲離，故以離、震雜説，其理與《易》不同。”《疏》謂用王説則不須變爲離卦，是矣。而拘於杜説，謂筮法與《易》不同，謬甚！《荀子·非相篇》：“婦人莫不願得以爲夫，處女莫不願得以爲士。”《注》：“士者，未娶妻之稱。《易》曰：‘老婦得其士夫。’”則士與女對文也。《歸妹釋文》引馬《注》云：“刲，刺也。”《廣雅·釋言》：“刲，刳也。”《説文》：“衁，血也。《春秋傳》曰：‘士刲羊，亦無衁也。’”《繫傳》：“心上血也。”衁從亡，取膏肓之肓爲義也。《詩·彤弓》毛《傳》：“眈，賜也。”“《離》爲中女，《震》爲長男”，皆《説卦傳》文。言離者，《歸妹》變《睽》，《睽》上卦《離》也。《御覽》引舊注取象之例，同于服《注》。沈欽韓云：“服之言象，與虞翻略同。”今考虞《注》與服義多合。沈説是也。虞翻之《易》出於梁丘，梁丘出京房，京房兼事田王孫，則翻之《易》，孟氏《易》也，今一以虞義解之。“離爲戈兵，兌爲羊”，皆《説卦傳》文。戈兵，虞翻説曰：“乾爲金，離火斷乾，燥而煉之，故爲戈兵也。”爲羊[1]，虞

翻説缺。張惠言云：“‘兑爲剛鹵’，鄭氏謂其言畜好剛鹵也。”用兵刺羊，以刺訓刲，服用馬融説。三至五有坎象者，《歸妹》三至五，互離體坎。其變爲《睽》，三至五互離體亦坎，《説卦傳》：“坎爲血卦。”虞翻説缺。張惠言云：“坤上六‘其血玄黄’，《文言》曰：‘猶未離其類也，故稱血焉。’坎正十一月，陰陽會于壬，牝坤生復，故坎爲血卦也。”使血在羊上者謂《睽》之下卦兑，兑爲羊，坎在兑上也。《説卦》云：“震爲蒼筤竹。”虞翻説逸象言云：“震、巽皆在東方，巽陽在上，下有伏震，故中實而爲木。震陽在下，中有伏巽，故中空而爲竹爲崔葦。《九家易》云：‘蒼筤，青也。’”爲筐，《易》象不見。《歸妹》上六爻辭，虞翻説云：“女謂應三兑也，自下受上稱承。震爲匡，以陰應陰。三四復位，坤爲虚，故無實。象曰：‘承虚筐也。’”“離爲火”，亦《説卦傳》文，虞翻説佚。荀爽曰：“陽，外光也。”崔憬曰：“取卦陽在外，象火之外照也。”張惠言補虞義曰：“離爲火、爲日、爲電，皆陽象也。”用荀、崔説。火動而上，動謂震也，上謂離也。火性炎上，不下施，謂承筐無貺也。繇詞言無貺，猶爻辭言無實也矣。此節《傳疏》、杜《注》之缺者，多引服《注》補之。李貽德止取“離爲戈兵，兑爲羊”爲服《注》。蓋取“震變爲離”以下爲《疏》語，非也。今從洪氏、嚴氏本。

“‘西鄰責言，不可償也。

〔注〕服虔以爲：“三至五爲坎，坎爲月，月生西方，故爲西鄰。坎爲水，兑爲澤，澤聚水，故坎責之澤。澤償水則竭，故責言不可償。”本《疏》。

〔疏證〕杜《注》：“將嫁女於西，而遇不吉之卦，故知有責讓之言，不可報償。”玩繇辭，羊、蠱、筐、貺、償、相一例韻語，杜不用服説，以此爲史蘇語也。《疏》云：“如杜此言，直以遇卦不吉，則知言不可償，不知其象何所出也。”則亦以杜《注》無所取象爲疑，而又引服説，駁之云：“此取象甚迂。杜言虚而不經，謂此類也。”案：服《注》“三至五爲坎”，以互體言。稱坎爲月爲水，兑爲澤，皆《説卦傳》文，何以斥其不經？若杜《注》繇辭未畢，而以遇卦不吉責讓爲言，衝決《傳》體，乃不經之甚者矣。《説卦》“坎爲水”，虞翻説云：“坤爲夜，以坎陽光，坤故爲月也。”虞不云“月生西方”。《祭義》云：“大明生於東，月生於西。”“生西方”，服用以釋“西鄰”，無涉卦義。毛奇齡謂：“兑，西方之卦，秦在西。”非服義也。“爲水”，虞説佚。宋衷云：“坎陽在中，内光明，有似於水。”張惠言難虞義曰：“水，北方之行也，象衆水并流，中有微陽之氣也。”即用宋氏義。“爲澤”，虞翻説云：“坎水半見，故爲澤。”《地官·序官注》：“澤，水所鍾。”李貽德云：“鍾，亦聚也。兑澤既托於坎水，故坎可責之澤。兑上坎下，其卦爲困。象曰‘澤無水，困’，是償之則困矣，故曰不可償。”按：李説是也。

“‘《歸妹》之《睽》，猶無相也。’

〔注〕服虔云：“兑爲金，離爲火，金火相遇而害，故無助也。”

〔疏證〕繇舉《歸妹》之《睽》，是明《歸妹》變《睽》之義。服但引兑離之象，以此二句止説《睽》耳。杜《注》乃云：“《歸妹》，女嫁之卦。《睽》，乖離之象，故曰無相。相，助也。”以相爲助，是用服義，其兼舉《歸妹》爲言，則未達繇辭之説矣。《疏》亦云：“不知其象所出。”《乾坤鑿度》：“兑金。”兑爲西方之卦，金王於秋也。《説卦傳》：“離爲火。”荀爽曰：“陽，外光也。”崔憬曰：“取卦陽在外，象火之外照也。”張惠言補虞氏義云：“離爲火。”亦用荀、崔説。《白虎通·五行篇》：“五行所以相害者，天地之性，精勝堅，故火勝金。”《生民》毛《傳》：“相，助也。”

“《震》之《離》，亦《離》之《震》。

〔疏證〕此二語，爲史蘇之詞。此下繇詞，皆以《震》《離》象言，故特明之。《震》之《離》，猶言《歸妹》之《睽》也。《釋詁》：“之，往也。”毛奇齡《春秋占筮書》以此爲“環占”：“張文楚曰：‘環占法，前畢萬筮仕，《傳》既占屯震之坤爲諸侯。又轉占比坤之震，亦爲諸侯①，謂之終復，其始法同。’”

“爲雷爲火，爲嬴敗姬。

〔注〕服云：“離爲日，爲火。秦，嬴姓，水位。三至五有坎象，水勝火，故曰‘爲嬴敗姬’。”本《疏》。

〔疏證〕此下至“高梁之墟”，亦繇辭。前有繇曰，《傳》不備舉，雷、火、震、離也。服不釋“爲雷”。杜云：“震爲雷。”見《説卦傳》。虞翻説云：“太陽火得水有聲，故爲雷也。”張惠言曰：“乾坤以坎離戰陰陽，交合於壬而生震，故云‘太陽火得水’也。”則繇辭爲雷，兼火言之。服當有説，《疏》以杜《注》已具，删之。“離爲日，爲火”，《説卦傳》文。繇辭不及日，而服引爲之者。《成十六年傳》：“姬姓，日也。”引爲日以喻

---

① 林按：底本無“又轉占比坤之震，亦爲諸侯”，據稿本及科學本增補。

晉。《秦本紀》："舜賜姓嬴氏。"《始皇本紀》："始皇推終始五德之傳，以爲周得火德。秦代周德，從所不勝，方今水德之始。"故服云："秦，嬴姓，水位也。""三至五互離"，例與"士刲羊"《注》同。服意縡辭雷、火皆主晉言，互體得坎水，乃有嬴敗姬之象。杜《注》則云："火動熾而害其母，女嫁反害其家。"則用震木生火之義。然《傳》不言爲本，杜説非。

"車説其輻①，火焚其旗，不利行師，敗於宗丘。

〔注〕服云："五至三，有坎爲水象。《震》爲車，車得水而脱其輻也。《震》爲龍，龍爲諸侯旗。《離》之《震》，故火焚其旗也。《震》，東方木。《兑》，西方金。木遇金必敗。韓有先君之宗廟，故曰宗丘。"本《疏》。

〔疏證〕車、火，震、離也。杜《注》："上六爻，在《震》則無應，故車脱輹。在《離》則失位，故火焚旗。"彼蓋不用服説。服釋此《經》，專以互體卦象言，不及應當位。杜雜取諸家，失之。服《注》"五至三"當作"三至五"，亦互體也。坎初見上。《説文》："輹，車軸縛也。"杜《注》："輹，車下縛也。"用許説。《廣雅·釋詁》："輹，束也。"王念孫引《小畜》九三"輿脱輹"，及此《傳》"車脱其輻"證之。馬融《易注》亦與杜《注》同，其形制則未詳。段玉裁《説文注》謂："以革若絲爲之，以固軸。"如段説，則輻以革絲縛軸，宜服謂"得水説其輻"矣。杜《注》與服《注》同。《疏》引子夏《易傳》，訓"輹"爲"車下伏兔"。《考工記》："加軫與輟焉。"先鄭以輟爲伏兔。《説文》："輟，車伏兔。"是伏兔名輟，非輹也。"《震》爲龍"，《説卦傳》文，虞翻義缺。張惠言補之云："乾爻六龍，震乾元，故爲龍。"《司常》："交龍爲旂。"又云："諸侯建旂。"鄭康成《注》云："諸侯畫交龍，一象其升朝，一象其下復也。""《離》之《震》"，取上文史蘇語。《離》爲火，故云："火焚其旗也。"《説卦傳》："震，東方也。兑，正秋也。"正秋猶言西方也。《白虎通·五行篇》："木在東方，金在西方。"又云："剛勝柔，故金勝木。"是木遇金必敗也。《漢書·魏相傳》："奏曰：'東方之卦，不可以治西方。春興兑，治則饑；秋興震，治則華。'"蓋亦以金木相克爲言。沈欽韓云："六爲宗廟，指《歸妹》上六，故云木遇金而敗于宗丘。"《説文》："四邑爲丘。"惠棟云："《曲禮注》'丘'與'區'同音，故與上姬、旗爲協。顏師古曰：'今江淮田野之人猶謂區爲丘，亦古之遺音也。'"是宗丘即宗區矣。毛奇齡云：

---

① 林按："輻"，楊本作"輹"。

"丘讀欺。《國風》:‘送子涉淇,至於頓丘。’欺、區一聲之轉耳。《傳例》曰:‘凡邑有宗廟先君之主曰都。’韓有晉先君宗廟,當出古輿地之書。"劉熙《釋名》:"宗丘,邑中所宗也。"與服説異。

"《歸妹》《睽》孤,寇張之弧。

〔注〕服云:"坎爲寇、爲弓,故曰寇張之弧。"本《疏》。

〔疏證〕《睽》上九爻辭:"上九,睽孤。見豕負塗,載鬼一車。先張之弧,後説之弧。匪寇,昏媾,往遇雨則吉。"繇辭但取寇張弧之義。杜《注》指爲《睽》上九爻辭,非也。此二句説《睽》孤之義,其曰"歸妹睽孤"者,猶言《歸妹》變《睽》之上也。杜《注》:"失位孤絶,故遇寇難。"不用服説。服稱坎亦互體。《説卦傳》:"坎爲盜。"盜謂寇也。虞翻曰:"水行潛竊,故爲盜也。"又云:"爲弓、輪。"虞翻曰:"可矯揉,故爲弓、輪。坎爲月,月在於庚爲弓,在甲象輪,故弓、輪也。"《繫辭》:"弦木爲弧。"虞翻曰:"坎爲弧。"《睽》爻辭,虞翻説云:"睽三頤五,故曰睽孤也。坎爲弧,離爲矢。張弓之象也。坎爲寇,之三歷坎,故匪寇。"與服《注》説義略同。

"姪其從姑,六年其逋。逃歸其國,而棄其家,

〔疏證〕此節服《注》缺。《御覽》五百十三引《注》云:"《震》爲木,《離》爲火,火從木生。《離》爲《震》妹,於火爲姑。謂我姪者,吾謂之姑。謂子圉質於秦也。"與杜《注》略同。以《注》"震,離之象"言,仍是服《注》家法,疑杜取服《注》,故《疏》未引服《注》也。"《離》爲《震》妹,於火爲姑",沈彤云:"火當爲兑。"是也。《説卦傳》:"震一索而得男,故謂之長男。離再索而得女,故謂之中女。兑三索而得女,故謂之少女。"用乾坤六子之説,則離爲震妹。兑之女爲離之姪矣,故云:"以兑爲姑。"《注》:"‘兑’下當有‘少女’二字也。"《釋親》:"父之姊妹爲姑。女子謂昆弟之子爲姪。"《周語》:"我皇妣大姜之姪伯公。"《注》:"昆弟之子,男、女皆曰姪。"穆姬爲子圉之姑,故言"姪其從姑"也。《廣雅》:"逋,亡也。""其國"指穆姬所往之國,"其家"以晉言之。

"明年,其死於高粱之虛。"

〔疏證〕杜《注》:"惠公死之明年,文公入,殺懷公於高粱。"《疏》云:"圉以二十二年歸,二十三年惠公死,二十四年二月殺懷公于高粱。

是爲惠公死之明年也。此筮之意，言六年逋，明年死，則是逃歸之明年。而云惠公死之明年者，以二月即死。據夏正言之，猶是逃歸之明年。但周正已改，故以惠公證之耳。"《郡國志》："河東郡楊有高梁亭。"《彙纂》："今臨汾縣梁墟是。"江永云："今案：高梁，當在洪洞縣，臨汾亦相近也。"杜《注》又云："凡筮者用《周易》，則其象可推，非此而往，則臨時占者，或取於象，或取於氣，或取於時日旺相，以成其占。若盡附會以爻象，則搆虛而不經，故略言其歸趣。他皆倣此。"以此《注》證之，則賈、服舊注，於占筮多言爻象，而杜或棄或取，更無定見。故"六年其逋"至"高梁之墟"，古義并亡。沈欽韓云："服之言象，略與虞翻同。真能變而通之者，橫爲空疏寡學之徒排退，故復録之。"

及惠公在秦，曰："先君若從史蘇之占，吾不及此夫。"韓簡侍，曰："龜，象也；筮，數也。物生而後有象，象而後有滋，滋而後有數。

〔疏證〕《天府》："以貞來歲之媺惡①。"《疏》："《易·繫辭》云：'精氣爲物，游魂爲變。'《注》云：'精氣謂七八，游魂謂九六。'則筮之神自有七八、九六成數之鬼神。《春秋左氏傳》云：'龜，象。筮，數。'則龜自有一、二、三、四、五生數之鬼神。"《禮》所引《易注》，不知出自何家。如彼《疏》説，則韓簡謂龜、筮皆有數，象即生數，筮即成數也，故申預象滋數遞生之義。杜《注》："言龜以象示，筮以數告，象數相因而生，然後有占。"謂象數相因而生，則非遞生意矣。《律曆志》引《傳》"龜，象也"以下五句，師古曰："物生則有象，有象而滋益，滋益而數起。"

"先君之敗德，及可數乎？

〔疏證〕杜《注》："先君敗德，非筮數所生。雖復不從史蘇，不能益禍。"顧炎武曰："杜以數爲象數之數，恐非。言先君之敗德，及今言之，其可悉數乎？雖有史蘇之占，而獻公心志昏亂，不從其言，亦何益也？是則敗亡之禍，人實爲之矣。"文淇案：《釋文》："'先君之敗德及'，絶句。一讀'及可數乎'。"洪亮吉云："'及可數乎'，蓋倒字法也。"

"史蘇是占，勿從何益②？

---

① 林按：底本作"鬼神號"，據《周禮》及科學本改正。
② 林按：底本無此句，據楊本及科學本增補。

“《詩》曰：‘下民之孽，匪降自天。僔沓背憎，職競由人。’”

〔疏證〕《小雅·十月之交》文。“僔”，今《詩》作“噂”。惠棟云：“按：《説文》：‘噂，聚語也。僔，聚也。’并引《詩·小雅》。僔、噂古字通。”毛《傳》云：“噂猶噂噂，沓謂沓沓。職，主也。”陳奐云：“《廣雅》：‘僔僔，衆也。’聚、衆義相近。然則僔沓，猶聚語也。由，從也。‘由人’與‘自天’對文。‘職競由人’，言不從天降，而主從人之欲爲惡也。”杜《注》：“僔沓面語，背相憎疾，皆人競所主作。”因與毛《傳》違。《箋》云：“僔僔沓沓，相對談語。”亦同毛義。

“震夷伯之廟”，罪之也，於是展氏有隱慝焉。

〔疏證〕杜《注》：“隱慝，非法所得。尊貴，罪所不加，是以聖人因天地之變，自然之妖，以感動之。知達之主，則識先聖之情以自屬。中下之主，亦信妖祥以不妄。神道設教，惟此爲深。”按：“震夷伯之廟”，《公》《穀》説異於《左氏》。杜《注》所稱，或舊誼也。

“冬，宋人伐曹”，討舊怨也。

〔疏證〕杜《注》：“莊十四年，曹與諸侯伐宋。”

“楚敗徐於婁林”，徐恃救也。

〔疏證〕杜《注》：“恃齊救。”

十月，晉陰飴甥會秦伯，盟于王城。

〔疏證〕“陰飴甥”，詳前“瑕吕飴甥”《疏證》。《晉語》：“穆公歸至于王城。”《注》：“王城，秦地。”《郡國志》：“左馮翊臨晉有王城。”劉昭注解“王城”爲大荔戎王之城[1]。全祖望曰：“大荔之戎，亦名芮戎，在北地。而芮伯之國在臨晉。其後大荔滅於秦，部落蓋有居臨晉者。漢人遂合芮戎、芮伯之國而一之。謂臨晉即大荔，是大謬也。”沈欽韓云：“按：《秦本紀》：‘厲共公十六年，塹河旁，以兵二萬伐大荔，取其王城。’此謂得戎王所居之城，自在北地，與塹河旁事不相屬。而徐廣就《班志》之誤文，釋王城爲臨晉，由是益爲經據。方輿諸家，靡不從之。殊不思僖、文之時，三見王城。晉、秦方强，大荔何從而擅王城之名乎？乃西周盛時所

---

[1] 科學本注：按《郡國志》及《西羌傳》均無此注。

築下邑耳。"按：全、沈説是也。杜《注》與《郡國志》同，謂今名武鄉。《一統志》："王城在同州朝邑縣東。"朝邑今屬同州府。

秦伯曰："晉國和乎？"對曰："不和。小人恥失其君，而悼喪其親，

〔疏證〕《晉語注》："謂韓之戰敗也。"杜《注》："痛其親爲秦所殺。"

"不憚征繕，以立圉也，曰：'必報讎，甯事戎狄。'君子愛其君，而知其罪，不憚征繕，以待秦命，曰：'必報德，有死無貳。'以此不和。"

〔疏證〕《晉世家》："秦穆問吕省：'晉國和乎？'對曰：'不和。小人懼失君亡親，不憚立子圉，曰："必報讎，甯事戎狄。"其君子則愛君而知罪，以待秦命，曰："必報德。"有此二，故不和。'"《正義》："君，惠公也。親，父母也。言懼失君國亂，恐亡父母，不憚立子圉也。小人言立子圉爲君之後，必攻秦，終不事秦，甯事戎狄耳。"

秦伯曰："國謂君何？"對曰："小人慼，謂之不免。君子恕，以爲必歸。小人曰：'我毒秦，秦豈歸君？'君子曰：'我知罪矣，秦必歸君。貳而執之，服而舍之，德莫厚焉，刑莫威焉。服者懷德，貳者畏①刑，此一役也，秦可以霸。

〔注〕服云："一役者，謂韓戰之役。"本《疏》。

〔疏證〕杜《注》"一役"不用服義。《注》云："言還惠公，使諸侯威服，復可當一事之功。"《疏》引服説駮之云："知不然者，吕甥之言，勸秦伯而納晉侯，假稱君子之意。若納晉君，可以更當一役之功，欲深勸秦伯。若直論韓戰之役，於秦未有深利，何肯納也？故杜別爲其説。劉炫以服義規之，雖於理亦通，未爲殊絶。"沈欽韓云："按：當從服解，杜《注》曲戾費解。吕甥對秦伯必不若此。"朱駿聲云："杜解一役連上德、刑讀。服《注》以下句連屬。是也。"按：《傳》稱一役，皆繫已往之事，沈、朱説是也。炫規杜之解無考。邵瑛《持平》云："孔氏亦不能以爲非，所以爲未能殊絶，以直截了當之文，而求殊絶，徒見其阿附矣。"

---

① 林按：底本此處作"懷"，據《左傳》及科學本改正。本段《疏證》文字底本也有脱略，不一一注出。

"'納而不定，廢而不立，以德爲怨，秦不其然。'"

〔疏證〕納，謂晉惠公爲秦所納也。

秦伯曰："是吾心也。"改館晉侯，饋七牢焉。

〔注〕賈云："諸侯雍餼七牢，牛一、羊一、豕一爲一牢。"《秦本紀集解》。

〔疏證〕改館，杜無注。《晉語注》："改，更也。初秦伯拘晉侯於靈臺，將復之，故更舍之於客館。"杜《注》："牛、羊、豕各一爲一牢。"《晉語注》："牛、羊、豕爲一牢。饗餼七牢，侯、伯之禮也。"皆用賈説。《大行人職》："諸侯七牢。"《掌客職》："饗餼七牢。"《聘禮》："歸饗餼。"《注》："特殺曰雍，生曰餼，雍即饗也。"

蛾析謂慶鄭曰："盍行乎?"

〔疏證〕杜《注》："蛾析，晉大夫。"《釋文》："蛾，或作'蟻'。析，本或作'皙'。"惠棟云："婁壽曰：'古蛾、蟻通。'《漢書》：'白蛾群飛，扶服蛾伏①。'《陳球後碑》：'蜂聚蛾動。'《仲秋下旬碑》：'蛾附。'皆與蟻同。析，《釋文》作'皙'，與《石經》異。"洪亮吉云："《廣韻》於歌部列晉大夫蛾析，似誤。"

對曰："陷君於敗，敗而不死，又使失刑，非人臣也。臣而不臣，行將焉入?"

十一月，晉侯歸。丁丑，殺慶鄭而後入。

〔疏證〕杜《注》："丁丑，月二十九日。"貴曾按：十月己酉朔，二十九日丁丑。

是歲，晉又飢。秦伯又餼之粟，曰："吾怨其君而矜其民，且吾聞唐叔之封也，箕子曰：'其後必大。'晉其庸可冀乎?

〔注〕服虔以箕子爲紂之庶兄。本《疏》。

〔疏證〕杜《注》："箕子，殷王帝乙之子，紂之庶兄。"洪亮吉云："杜取服説。《宋世家集解》、馬融、王肅皆以箕子爲紂諸父。《正義》、鄭玄皆以爲諸父。服、杜以爲紂之庶兄。"是服《注》與馬、鄭、王舊説異

---

① 林按：底本無此句，據科學本增補。

也。本《疏》云：“《宋世家》云：‘箕子者，紂之親戚也。’止云‘親戚’，不知爲父也、兄也。鄭玄、王肅皆以箕子爲紂之諸父。服、杜以爲紂之庶兄。既無正文，各以意言耳。”劉寶楠《論語正義》：“高誘注《淮南·主術訓》爲紂諸兄，而注《吕氏春秋·必已》《離謂》《遇理》等篇皆謂紂諸父。傳聞各異，未知孰是。”《晉世家》：“秦穆公曰：‘吾聞箕子見唐叔之初封，曰：“其後必當大矣。”晉庸可滅乎！’”

“姑樹德焉，以待能者。”於是秦始征晉河東，置官司焉。

〔疏證〕杜《注》：“征，賦也。”《晉語》：“秦始知河東之政。”《注》：“秦取河東地，而置官司，故知河東之政。”《秦本紀》：“歸晉君夷吾。夷吾獻其河西地，是時秦地東至河。”即龍門河也。是此河東即晉所獻河西之地也。《年表》：“秦穆公十六年，爲河東置官司。”是十六年事矣，《傳》終言之。

〔經〕 **十有六年，春，王正月，戊申，朔，隕石於宋，五。**

〔疏證〕《公羊》“隕”曰“霣”。《大司樂正義》引《左傳》作“霣石”，乃承寫之誤。《説文》：“磒，落也。《春秋傳》曰：‘磒石於宋，五。’”是賈君本作“磒”也。《爾雅》：“隕，落也。”《年表》：“宋襄公七年，隕五石。”洪亮吉云：“按：《御覽》引《水經注》云：‘睢陽有隕石水，一名漆溝。《左傳》曰：“隕石於宋，五，隕星也。”’故老云此水有時涸竭，五石存焉，故名隕石水。墜處爲津。’”按：睢陽，今河南歸德府商丘縣南。

是月，六鷁退飛，過宋都。

〔注〕《春秋考異郵》云：“鷁者，毛羽之蟲。生陰而屬於陽。”本《疏》。

〔疏證〕《校勘記》云：“《公》《穀》作‘六鶂’。《釋文》云：‘本或作“鶃”。’《説文》引《傳》亦作‘鶃’。《史記·宋世家索隱》引同。然則三《傳》皆作‘鶃’字。《説文》有‘鶃’無‘鷁’。”按：阮説是也。《宋書·謝靈運傳·山居賦》曰：“鳥則鷗、鴻、鶂、鵠。”自注：“鶂音溢。《左傳》‘六鶂退飛’字如此。”《説文》：“鶃，水鳥也。《春秋傳》曰：‘六鶃退飛。’”是賈君本作“鶃”也。惠棟謂“《説文》從二《傳》之文”，非。《埤雅（七）》引《三蒼》云：“鶃，蒼鶃也。善高飛，似雁。目相擊而孕，吐而生子，其色蒼白。”杜《注》：“鶃，水鳥。”《文選·西都賦注》引作“鶂，水鳥”。是杜本亦未誤。《唐石經》作“鷁”，故各本承誤耳。《洪範·五行傳》：“鶂者，陽禽。”與《考異郵》生陰屬陽説合。鶂，水鳥，故云生陰也。《終軍傳》：“蓋六鶂退飛，逆也。白魚登舟，順也。”張晏曰：“六鶂退飛，象諸侯畔逆，宋襄公霸道長也。”説異二《傳》，當亦古《左氏》説。《宋世家》：“六鶂退飛。”《年表》：“宋襄公七年，六鶂退飛，過宋都。”

三月，壬申，公子季友卒。無《傳》。

〔疏證〕杜《注》：“稱字貴之。”《疏》云：“季是其字，友是其名，猶如仲遂、叔肸之類，皆名、字雙舉。劉炫以季爲氏，而規杜過，非也。炫云：‘季友、仲遂，皆生賜族，非字也。’”邵瑛云：“《春秋五論》云：‘春秋之初，公之子爲大夫，則稱公子。公子之子爲大夫，則稱公孫。自僖公以後，則皆書族，且使之世世爲卿矣。’季友以立僖公之功，生而賜族，俾世其卿也。光伯説皆當。杜以季爲字，失之。”邵説是也。仲遂、叔肸亦皆賜族。《疏》謂季友、仲遂、叔肸名、字雙舉，謬甚[①]。

夏，四月，丙申，鄫季姬卒。無《傳》。

〔疏證〕《穀梁》“鄫”曰“繒”。

秋，七月，甲子，公孫兹卒。無《傳》。

〔疏證〕《公羊》“兹”曰“慈”。

冬，十二月，公會齊侯、宋公、陳侯、衛侯、鄭伯、許男、邢侯、曹伯于淮。

〔疏證〕《地理志》：“臨淮郡有淮浦、淮陰、淮陵諸縣。”杜《注》謂“臨淮郡左右”，未實其爲何縣。江永云：“晉臨淮郡治盱眙，今屬泗州。”

〔傳〕 十六年，春，“隕石于宋，五”，隕星也。

〔疏證〕《宋世家》：“襄公七年，霣星如雨，與雨偕下。”《集解》引此《傳》證之。《索隱》云：“《莊七年傳》文云：‘恒星不見，夜中，星霣如雨，與雨偕也。’且與雨偕下，自在別年，不與霣石、退鶂之事同。此史以霣石爲霣星，遂連恒星不見之時與雨偕爲文，故與《左傳》小不同也。”

---

① 林按：底本無“疏謂季友……謬甚”十四字，據稿本及科學本增補。

按：此史公誤采莊七年文也。《年表》但云：“隕五石。”與經傳合。朱駿聲云：“按：恒星大小有六等，其全徑皆大於地徑，第一等大於地一百餘倍，第六等亦大於地十七倍有奇。使真星隕，是無地矣，況五乎？莊七年書‘星隕如雨’尤奇，此皆古今來必無之事。或曰：隕石、隕星，俱在月輪，天下隕星者，衆星奔流，皆屬光氣。隕石者，星質如瑪瑙，譬若石之有渤，所墜者屑。亦求其說不得而爲之辭。”

“六鷁退飛，過宋都”，風也。

〔注〕劉歆以爲：“風發於它所，至宋而高，鷁高飛而逢之，則退。《經》以見者爲文，故記退蜚。《傳》以實應著，言風，常風之罰也，象宋襄公區霿自用，不容臣下，逆司馬子魚之諫，而與彊楚爭盟，後六年爲楚所執，應六鷁之數。”《五行志》。賈云：“風起於遠，至宋都高而疾，故鷁逢風卻退。”《宋世家集解》。

〔疏證〕《宋世家》：“六鷁退飛，風疾也。”於“風”下加“疾”字，增字釋《傳》之例。故劉子駿以爲“風發於他所”，賈《注》亦謂“風起於遠”也，《淮南□□①》：“風高者道遠。”劉、賈皆謂“至宋而高”矣。《爾雅·釋詁》：“逢，遇也。”《公羊傳》：“六鷁退飛，記見也。視之則六，察之則鷁，徐而察之則退飛。”子駿謂“《經》以見爲文，故記退飛”，則《左氏》誼與《公羊》同。《周語》：“以應成德。”《注》：“應，當也。”《廣雅·釋詁》：“著，明也。”“以實應著言”，謂於當明者求其實也。“常風”，即《洪範》之“恒風”也。《洪範》：“蒙，恒風若。”“蒙”，《五行志》引作“霿”，云：“言上不能寬大包容臣下，則不能居聖位。貌、言、視、聽，以心爲主，四者皆失，則區霿無識，故其咎霿也。雨、旱、寒、奧，亦以風爲本，四氣皆亂，故其罰常風也。”子駿釋此《傳》，用《古尚書》説。《説文》：“霿，天氣下，地不應曰霿。霿，晦也。”《宋世家》則作“霧”。霧、霿一聲之轉。《説文》：“區，踦區，藏匿也。”則區、霿皆蒙蔽義也。逆司馬子魚之諫，與楚爭盟，見二十二年。其年楚執宋襄公，正符六年之數，故云“應六鷁”也。《左氏》説宋襄與《公羊》異誼，賈《注》用子駿説。《廣雅·釋言》：“卻，退也。”《既夕注》：“卻，猶却也。”杜《注》：“六鷁遇迅風而退飛。”蓋用賈説。又云：“風高不爲物害，故不記風之異。”《傳》無此意。

---

① 科學本注：原稿闕文。

周内史叔興聘于宋。宋襄公問焉，曰："是何祥也？吉凶焉在？"

〔疏證〕《五行志》"焉在"作"何在"。杜《注》："祥，吉凶之先見者。"《宋書·臨川王義慶傳》："元嘉六年，加尚書左僕射。八年，太白星犯右執法，義慶懼有災禍，乞求外鎮。太祖詔譬之曰：'天道輔仁福善，謂不足橫生憂懼。兄與後軍，各受内外之任，本以維城，表裏經之，盛衰此懷，實有由來之事。設若天必降災，寧可千里逃避耶？既非遠者之事，又不知吉凶定所，若在都則有不測，去此必保利貞者，豈敢苟違天耶？'"《宋書》所云"不知吉凶定所"，即《傳》"吉凶焉在"意也。

對曰："今兹魯多大喪，

〔注〕劉歆以爲："是歲，歲在壽星，其衝降婁。降婁，魯分野也，故爲魯多大喪。"《五行志》。

〔疏證〕杜《注》："今兹，此歲。"惠棟云："《吕覽·任地》曰：'今兹美禾，來兹美麥。'高誘曰：'兹，年也。'此與襄二十八年：'今兹宋、鄭其饑乎？''兹'皆當訓爲'年'。"按：惠説是也。《五行志》引此《傳》云："是歲，魯公子季友、鄫季姬、公孫兹皆卒。"

"明年齊有亂，君將得諸侯而不終。"

〔注〕劉歆以爲："正月，日在星紀，厭在玄枵，齊分壄也。石，山物。齊大嶽後。五石象齊桓卒，而五公子作亂，故爲明年齊有亂。庶民惟星，隕于宋，象宋襄將得諸侯之衆，而治五公子之亂，星隕而鶂退飛，故爲得諸侯而不終。六鶂象後六年伯業始退，執于盂也。"《五行志》。賈云："石，山岳之物。齊，太岳之胤。而五石隕宋，象齊桓公卒，而五公子作亂。宋將得諸侯，而治五公子之亂。鶂退，不成之象，後六年霸業退也。鶂，水鳥，陽中之陰，象君臣之訟鬩也。"《穀梁疏》。

〔疏證〕劉、賈"嶽""岳"異字。《説文》："嶽，古文爲'岳'。"賈用古文也。《莊二十二年傳》："姜，太嶽之後也。"《五行志》師古《注》："齊，姜姓也。其先爲堯之四嶽，四嶽分掌四方諸侯。五公子，謂無虧也、元也、昭也、潘也、商人也。""庶民維星"，《洪範》文。莊十七年，齊桓公卒。十八年，齊立孝公，宋與四公子之徒戰于甗。故劉、賈謂"宋襄得諸侯，治五公子之亂"也。星隕、鶂退飛，皆不成之象。劉、賈皆以六鶂退飛爲後六年伯業退也。鶂，水鳥，陽中之陰，即《考異》鄭生陰屬陽之説。《繫辭》韓《傳》所《注》："陽，君道也。陰，臣道也。"《説文》："鬩，從鬥、兒。兒，善訟者也。"賈謂"君臣訟鬩"，當戰泓時，子魚之諫。《五行志》："明年，齊桓死，適庶亂，宋襄公伐齊行伯，卒爲楚所敗。"概如劉、賈義也。杜《注》："魯喪、齊亂、宋襄公不終，別以政、刑、吉、凶，他占知之。"蓋不用劉、賈說。《疏》引劉炫分疏政、刑、吉、凶，取《左傳》他事隸之，則《述議》亦不用古說。

退而告人，曰："君失問。是陰陽之事，非吉凶所生也。

〔注〕服云："鶂退，風咎，君行所致，非吉凶所從生。襄公不問己行何失，而致此變，但問吉凶焉在，以爲石隕、鶂退，吉凶所從而生，故云'君失問'。"本《疏》。

〔疏證〕杜《注》："言石隕、鶂退，陰陽錯逆所爲，非人所生。襄公不知陰陽，而問人事，故曰'君失問'。"杜云與服異者，服謂"鶂退，風咎，君行所致"；杜謂"石隕、鶂退，陰陽錯逆所爲"。《疏》引劉炫《述議》，逐句解杜《注》，而又云："《洪範》'咎徵，曰狂，恒雨若'之類，皆言人有愆失，乃致陰陽錯逆，而云陰陽錯逆，非人所生者。石隕、鶂飛，事由陰陽錯逆，陰陽錯逆乃是人行所致。襄公不問己行何失，致有此異，乃謂既有此異，將來始有吉凶，故答云：'是乃陰陽之事，非將來吉凶所生。'言將來若有吉凶，協此石、鶂之異耳，非始從石、鶂而出也。襄公不知陰陽錯逆爲既往之咎，乃謂將來吉凶出石、鶂之間，是不知陰陽而空問人事。"炫蓋取服義，而以服君行之義、杜陰陽之義，合爲一也。《疏》亦云："劉炫以服義爲說。"而駁服説云："陰陽錯逆，非由人事之失，故《傳》云：'是陰陽之事，非吉凶所生。'是吉凶不由石、鶂，石、鶂不由於人，則吉凶之來，別由人行得失耳。"服以石、鶂爲君行所致，即聖人畏天命之學，其義深微。傅遜云："言陰、陽、順、逆爲吉凶之兆，而非吉凶之所由生。吉凶由於人事善惡所感，必先有以感之，而後見於兆訊[1]。譏襄公不修人事，而徒問災變。"其中服義最允。杜以"陰陽錯逆"爲言，蓋用劉歆説，詳下。光伯合服、杜爲一説，《疏》不能別白之，而止知祖杜，非也。《梁書·元帝紀[2]》："尋而歲星在井，熒惑守心。帝觀之，慨然而謂朝臣文武曰：'吾觀玄象，將恐有賊。但吉凶在我，運數由天，避之何益？'"《晉書·摯虞傳》："《日食對策》曰：'其有日月之眚、水旱之災，則反聽內視，求其所由，遠觀諸物，近驗諸身，耳目聽察，推類

---

① 科學本注：原稿此字不明。

② 科學本注：查係《南史·梁本紀》。

以求其故，詢事考言，以盡其實，則天人之情，可得而見；咎徵之至，可得而救也。若推之于物則無忤，求之于身則無尤，萬物理順，内外咸宜，祝史正辭，言不負誠，而日月錯行，夭瘥不戒，此則陰陽之事，非吉凶所在也。期運度數，自然之分，固非人事所能供御，其亦振廩散滯，貶食省用而已矣。’”皆用杜説。

“吉凶由人。吾不敢逆君故也。”

〔注〕劉歆以爲：“民反德爲亂，亂則妖災生。言吉凶緜人，然後陰陽衝厭受其咎。齊、魯之災，非君所致，故曰：‘吾不敢逆君故也。’”《五行志》。

〔疏證〕惠棟云：“《漢書》‘由’作‘繇’，‘由’訓爲生，古文‘粤’字。吉凶生乎人，故云‘由人’。”洪亮吉云：“按：‘由’字當是古‘粤’字。《説文》：‘粤，木生條也。’又别有遙[1]云：‘遙，徑也。’假借作‘由’，古字多通。”此《傳》服義當謂修德可以禳災，“人”即指君身而言。杜《注》亦云：“積善餘慶，積惡餘殃，故曰：‘吉凶由人。’”《疏》云：“吉凶自由於君，不從石、鶂而出。”當是各《疏》之語。服謂“鶂退，風咎，君行所致”。劉謂“齊、魯之災，非石所致”。服并不用劉説，杜取劉説以注上文“陰陽之事，非吉凶所生”，而此《傳》又用服説，其亦進退無據矣。《傳》稱：“天反時爲災，地反物爲妖，人反德爲亂，亂則妖災生。”劉據以爲説，然服《注》“君行所致”，即用“人反德爲亂”義。石隕、鶂退，子駿亦取驗宋襄之事，而此乃云：“非君所致。”亦自矛盾。此“逆君”當借爲“逆諗”之“逆”，謂君推修人事以弭災異，不當逆諗後事之吉凶也。杜謂：“君問吉凶，不敢逆之，故假他占以對。”亦非。《五行志》云：“是歲，魯公子季友、鄫季姬、公孫兹皆卒。明年齊桓死，適庶亂，宋襄公伐齊行伯，卒爲楚所滅。”

夏，齊伐厲，不克，救徐而還。

秋，狄侵晉，取狐、厨、受鐸，涉汾，及昆都，因晉敗也。

〔疏證〕洪亮吉云：“按：狐，即狐突食邑；厨，即厨武子食邑；鐸，即鐸遏寇食邑。”沈欽韓云：“《水經注》：‘平陽水東逕狐谷亭北，狄侵晉，取狐、厨者也。’《一統志》：‘狐谷亭在平陽府襄陵縣西。’《方輿紀要》：

---

① 科學本注：《説文》作“遙”。

‘平陽府南有昆都聚。’”受鐸，地無考。《疏》云：“狐、厨、受鐸，皆在汾北，昆都在汾南。”

王以戎難告於齊，齊徵諸侯而戍周。

〔疏證〕《校勘記》：“《石經》無‘而’字，則‘而’衍文也。”《年表》：“晉僖十六年爲齊桓公四十二年，王以戎寇告齊，齊徵諸侯戍周。”《齊世家》：“戎伐周，周告急，齊合諸侯，各發卒戍周。”

冬，十一月，乙卯，鄭殺子華。

〔疏證〕杜《注》：“終管仲之言，事在七年。”

十二月，會于淮，謀鄫，且東略也。

〔疏證〕《魯頌譜疏》：“《僖十六年傳》：‘謀鄫，且東略。’如《傳》之意，以言此會主爲謀鄫，且東行略地。《僖九年傳》：‘東略之不知，西則否矣。’是謂征伐爲略也。”

城鄫，役人病，有夜登丘而呼曰：“齊有亂。”不果城而還。

〔疏證〕《釋丘》：“非人爲之丘。”《大司徒》鄭《注》：“土高曰丘。”

〔經〕 十有七年，春，齊人、徐人伐英氏。

〔疏證〕《地理志》：“六安國六，故國，皋陶後，偃姓，爲楚所滅。蓼，故國，皋陶後，爲楚所滅。”黃生《義府》云：“《史記·夏本紀》：‘封皋陶之後于英、六。’《索隱》引《地理志》：‘六安國六縣，偃姓所封國。英地闕，不知所在。’《正義》謂‘英即蓼’，此承杜預之誤，而傅會之。僖十七年，‘齊人爲徐伐英氏’，杜謂‘楚與國’，而不注所在。予謂英即偃，二字音相近而轉。舜妃女英，《大戴記》作‘女匽’。故皋陶之後，有英氏，又有偃氏。”按：黃説是也。洪亮吉云：“按：古英氏城，在今六安州英山縣東北，英山即《春秋》英氏地也。”

夏，滅項。

〔疏證〕洪亮吉云：“《釋名》：‘項，國名，魯滅之也。’二《傳》以爲齊滅。《地理志》：‘汝南郡項故國。’”沈欽韓云：“《寰宇記》：‘項國城在陳州項城縣北一里。’”江永云：“項城今屬陳州府。”

秋，夫人姜氏會齊侯于卞。

〔疏證〕《地理志》：“高密①國卞，泗水西南，至方與入沛，過郡三，行五百里，青州川。即《春秋》僖十七年，夫人姜氏會齊侯于卞者也。”沈欽韓云：“《一統志》：‘卞城故城，在兗州府泗水縣東五十里。’”

九月，公至自會。

冬，十有二月，乙亥，齊侯小白卒。

〔傳〕 十七年，春，齊人爲徐伐英氏，以報婁林之役也。

〔疏證〕《十五年經》：“冬，楚人敗徐於婁林。”

夏，晉大子圉爲質於秦，秦歸河東，而妻之。

〔疏證〕《秦本紀》：“夷吾使太子圉爲質于秦，秦妻子圉以宗女。”《晉世家》：“惠公八年，使太子圉質秦。”

惠公之在梁也，梁伯妻之。梁嬴孕，過期。

〔疏證〕《說文》：“孕，懷子也。”杜《注》：“過十月不產。”

卜招父與其子卜之。

〔疏證〕杜《注》：“卜招父，梁大卜。”

其子曰：“將生一男一女。”招曰：“然。男爲人臣，女爲人妾。”故名男曰圉，女曰妾。

〔注〕服云：“圉人，掌養馬官之賤者。不聘曰妾。”《晉世家集解》。舊注：“養馬曰圉。不聘曰妾。”《太宰疏》。

〔疏證〕杜《注》：“圉，養馬者。不聘曰妾。”是用服義。舊注見《大宰》“臣妾聚斂”《疏》，疑是賈《注》也。《說文》：“《春秋》云：‘女爲妾。’妾，不聘也。”亦賈君義矣。《大司馬·序官·圉師》：“乘一人，徒二人。”《校人》：“乘馬一師四圉。”先鄭《注》：“養馬爲圉。”圉師，又以士爲圉人，又爲圉師之屬，故云“官之賤”者。《內則》：“聘則爲妻，奔則爲妾。”“不聘”對妻之“聘”爲文也。《晉世家》：“初，惠公亡在梁，

① 科學本注：《漢志》作“魯”。

梁伯以其女妻之，生一男一女。梁伯卜之，男爲人臣，女爲人妾，故名男爲圉，女爲妾。"

及子圉西質，妾爲宦女焉。

〔注〕舊説："《左氏》晉惠公之女名妾，稱爲宦女，謂宦事秦公子，亦云宦女也。"《酒人疏》。

〔疏證〕杜《注》："宦，事秦爲妾。"語不分明。《酒人》："奚十人。"《注》："或曰：'奚，宦女。'"《疏》："按：《左氏》云云。"當是舊説，較杜《注》爲詳。今取爲注。"宦女"爲當時女奚之稱，鄭引或説，則舊注或以"女奚"釋"宦女"矣。徐鍇《説文繫傳》："宦，執事于中也。《春秋左傳》曰：'爲宦女。'"

師滅項。

淮之會，公有諸侯之事，未歸，而取項。齊人以爲討，而止公。

〔疏證〕淮之會，在十六年冬十二月。杜《注》："内諱執，皆言止。"

秋，聲姜以公故，會齊侯于卞。

九月，公至，書曰"至自會"，猶有諸侯之事焉，且諱之也。

〔疏證〕《傳例》："特相會，往來稱地，讓事也。自參以上，則往稱地，來稱會，成事也。"淮之會，爲自參以上之會，故書"公至會"。杜《注》："託會以告廟。"非《傳》意。

齊侯之夫人三，王姬、徐嬴、蔡姬，皆無子。

〔疏證〕《齊世家》："初，齊桓公之夫人三，王姬、徐姬、蔡姬，皆無子。"《索隱》："按：《世本》：'徐，嬴姓。'禮，婦人稱國及姓，今此言'徐姬'者，然姬是衆妾之總稱，故《漢禄秩令》云：'姬妾數百。'婦人亦總稱姬，姬亦未必盡是姓也。"按：王姬、蔡姬皆姬姓，《傳》於徐變文稱嬴，是也。其稱徐姬，乃史公之駁文，下文"葛嬴""宋華子"皆稱姓，可證。

齊侯好内，

〔注〕服云："内，婦官也。"《齊世家集解》。

〔疏證〕杜無注，《疏》亦無説。《内宰》："凡喪事，佐后使治外内命婦。”《注》：“内命婦，謂九嬪、世婦、女御。”未及諸侯卿官之制。《曲禮》：“天子有后，有夫人，有世婦，有嬪，有妻，有妾；公、侯有夫人，有世婦，有妻，有妾。”《注》：“貶於天子也，無后與嬪，去上、中。”《疏》云：“世婦者，夫人之姪、娣也。”按：天子、公、侯之妻、妾，皆以女御言，則諸侯得謂世婦、女御之官也。

多内寵，内嬖如夫人者六人：

〔疏證〕《校勘記》云：“多内寵，《漢書·五行志注》、李善《文選注》、范蔚宗《後漢書·皇后紀論》引無‘内’字。”洪亮吉云：“此‘内’字，蓋因後‘内寵’之文而衍，且服、杜皆舍此句而注下句，其意自明。但《石經》、宋本皆有此字，姑仍之。”按：洪説是也。《齊世家》與傳文同，或史公增字也。

長衛姬，生武孟；

〔疏證〕杜《注》：“武孟，公子無虧。”《齊世家》作“無詭”。

少衛姬，生惠公；

〔疏證〕衛姬有二，故以長、少別之。《齊世家》：“生惠公元。”

鄭姬，生孝公；

〔疏證〕《齊世家》：“生孝公昭。”

葛嬴，生昭公；

〔疏證〕以徐嬴例之，則嬴亦姓矣。《齊世家》：“生昭公潘。”

密姬，生懿公；

〔疏證〕沈欽韓云：“《周語》有‘密康公’。韋昭云：‘密，今安定陰密縣是也。康公，密君，姬姓。’《方輿紀要》云：‘陰密城在平涼府涇州靈臺縣西五十里。’《志》云：‘古密國。’《路史·國名紀》：‘《盟會圖》云：“密，周圻内國，宣王滅之。”’蓋今開封府密縣。然二國皆已滅，未審密姬所來國。”《齊世家》：“生懿公商人。”

宋華子，生公子雍。

〔注〕賈云：“宋華氏之女，子姓。”《齊世家集解》。

〔疏證〕杜《注》：“華氏之女，子姓。”即用賈説。李貽德云：“《成十五年傳》：‘二華，戴族也。’《殷本紀》：‘契，子氏，其後分封有宋氏。’是宋爲子姓，華出戴後，故曰華氏之女，子姓也。”

公與管仲屬孝公於宋襄公，以爲太子。

〔疏證〕杜無注。沈欽韓云：“《韓非·難三》：‘人有設桓公隱者，桓公不能射。管仲射曰：“三難，君老而晚置太子。”桓公曰：“善。”不擇日，而廟禮太子。’蓋即此事。”

雍巫有寵於衛共姬，因寺人貂以薦羞於公，

〔注〕賈云：“雍巫①，人名巫，易牙字。”《齊世家集解》。

〔疏證〕《釋文》：“共，本亦作‘恭’。”《齊世家》：“雍巫有寵於衛共姬，因宦者豎刁以厚獻于桓公。”《集解》引賈《注》。《索隱》云：“賈逵以雍巫爲易牙，未知何據。按：《管子》有‘棠巫’，恐與雍巫是一人也。”沈欽韓云：“《管子·小稱篇》云：‘臣願君之遠易牙、豎刁、堂巫、公子開方。’又《吕覽·知接篇》：‘桓公曰：“常之巫審于死生，能去苛病。”明年，公有病，常之巫從中出曰：“公將以某日薨。”易牙、豎貂、常之巫相與作亂。’如二書所言，堂巫、常之巫與此雍巫，決是一人。又有從中出之事，其有寵於衛共姬信矣，非易牙亦明矣。”按：杜《注》：“雍巫，雍人名巫，即易牙。”即用賈説。杜“人”上別出“雍”字，賈“牙”下別出“字”，當互補，賈《注》少一“雍”字，文義遂不明②。賈必言“雍人名巫”，慮誤仞爲巫覡之“巫”也。本《疏》云：“《周禮》掌食之官，有内雍、外雍。此人爲雍官，名巫，而字易牙也。”《索隱》引《管子》“棠巫”，即沈所引之“堂巫”，棠、堂皆齊地名，“常巫”誤文耳。《傳》之叙事，名氏字官，每多參錯不齊，此舉雍巫、寺人貂，下云易牙、寺人貂，文正相承，賈《注》即據《傳》爲説也。沈説非。衛姬有二，此衛共姬，不知誰指。

亦有寵。公許之立武孟。

〔疏證〕《齊世家》：“桓公許之，立無詭。”

管仲卒，五公子皆求立。

---

① 科學本注：原稿“巫”字下脱“雍”字。
② 科學本注：劉氏所據本似少“雍”字。

冬，十月，乙亥，齊桓公卒。

〔疏證〕杜《注》："乙亥，月八日。"貴曾云：《經》稱十二月，《傳》稱十月，《傳》用夏正，十月丁卯朔，九月乙亥。杜謂八日，非。《韓非子·十過》："桓公南游堂阜，豎刁率易牙、衛公子開方及大臣爲亂。桓公渴餒而死南門之寢，公守之室。"

易牙入，與寺人貂因內寵以殺群吏，

〔注〕服云："內寵，如夫人者六人。群吏，諸大夫也。"《齊世家集解》。

〔疏證〕洪亮吉云："易牙，賈誼《新書》作'狄牙'，《大戴禮記》《淮南王書》并同。"杜《注》："內寵，內官之有權寵者。"杜稱"內官"，即用服前《注》之"婦官"也，特變其文。《宮伯疏》："吏謂卿、大夫、士之總號。"

而立公子無虧。孝公奔宋。

〔疏證〕《齊世家》："立公子無詭爲君，太子昭奔宋。"

十二月，乙亥，赴。辛巳，夜殯。

〔疏證〕杜《注》："六十七日乃殯。"沈欽韓云："《長曆》：'十二月乙亥，九日。辛巳，十五日。'按：禮，殯于日出時。言夜殯，明其非常。"貴曾云：夏十二月丙寅朔，十日乙亥，十六日辛巳。殯日距卒日六十六日，杜謂"六十七日"，非。《齊世家》："冬，十月乙亥，齊桓公卒。五公子遂相攻，以故宮中空，莫敢棺。桓公尸在牀上六十七日，尸蟲出於戶。十二月乙亥，無詭立，乃棺赴。辛巳夜，斂殯。"亦謂乙亥至辛巳，"六十七日"誤也。《韓非·十過》則云："身死三月不收，蟲出於戶。"亦約言之。《晏子·諫上》："桓公身死乎胡宮而不舉，蟲出而不收。"

〔**經**〕 **十有八年，春，王正月，宋公、曹伯、衛人、邾人伐齊。**

〔疏證〕《公羊》"宋公"下有"會"字，邾曰"邾婁"。

夏，師救齊。無《傳》。

五月，戊寅，宋師及齊師戰于甗。齊師敗績。

〔疏證〕杜《注》："甗，齊地。"顧棟高云："在今山東歷城縣界。"案：歷城今屬濟南府。

狄救齊。無《傳》。

〔疏證〕杜《注》："救四公子之徒。"文淇案：二十年"齊人、狄人盟于邢"，齊孝公與狄無怨，此云"救四公子之徒"，似非。

秋，八月，丁亥，葬齊桓公。

〔疏證〕杜《注》："十一月而葬，亂故。八月無丁亥，日誤。"貴曾云：七月壬戌朔，二十六日丁亥。《年表》："魯莊十八年，齊孝公昭元年。"

冬，邢人、狄人伐衛。

〔傳〕 **十八年，春，宋襄公以諸侯伐齊。三月，齊人殺無虧。**

〔疏證〕《齊世家》："孝公元年三月，宋襄公率諸侯兵送齊太子昭而伐齊。齊人恐，殺其君無虧。"

鄭伯始朝于楚。

楚子賜之金，既而悔之，與之盟，曰："無以鑄兵。"故以鑄三鐘。

〔注〕舊注："金，銅"。《御覽》八百十三。

〔疏證〕杜《注》："楚金利故，古者以銅爲兵。"蓋用服《注》。《說苑·指武篇》："秦昭王歎曰：'夫楚劍利，倡優拙。'"惠棟云："楚金利，鄭刀良，故云'無以鑄兵'。《禹貢》：'荊、揚二州貢金三品。'鄭康成曰：'銅三色。'《考工記》云：'鄭之刀，遷乎其地，弗能爲良。'是也。《史記·秦本紀》：'始皇二十六年，收天下兵，聚之咸陽，銷以爲金人十二，重各千石。'應劭曰：'古者以銅爲兵。'杜氏之《注》本此。"按：惠說是也。《考工記》云："六分其金，而錫居一，謂之鍾鼎之齊。"

齊人將立孝公，不勝四公子之徒，遂與宋人戰。

〔疏證〕《齊世家》："齊人將立太子昭，四公子之徒攻太子，太子走宋，宋遂與齊人四公子戰。"

夏，五月，宋敗齊師于甗，立孝公而還。

〔疏證〕《齊世家》："宋敗齊四公子師，而立太子昭，是爲齊孝公。"

秋，八月，葬齊桓公。

〔疏證〕《齊世家集解》：“《皇覽》曰：‘桓公冢在臨淄城南七里所菑水南。’”《正義》：“《括地志》云：‘齊桓公墓在臨菑縣南二十一里牛山上，亦名鼎足山，一名牛首崗，一所二墳。’”

冬，邢人、狄人伐衛，圍菟圃。

〔疏證〕菟圃，杜無注。江永云：“當爲衛地。”高岱《春秋地名考補》：“或曰在直隸大名府長垣縣界。”

衛侯以國讓父兄子弟。及朝衆，曰：“苟能治之，燬請從焉。”

〔疏證〕賈誼《新書》：“衛侯朝于周，周行人問其名，答曰：‘衛侯辟疆。’周行人還之曰：‘啓疆、辟疆，天子之號，諸侯弗得用。’衛侯更其名曰‘燬’，然後受之。”杜《注》：“燬，衛文公名。”用賈誼説。

衆不可，而後師于訾婁。

〔疏證〕《元和志》：“訾婁城在滑州匡城縣西北十八里。”江永云：“《一統志》：‘訾婁城在舊長垣縣西北六十里滑縣。’”案：滑縣今屬衛輝府。

狄師還。

〔疏證〕杜《注》：“邢留距衛。”顧炎武云：“解非也。狄彊而邢弱，邢從于狄而伐者也。言狄師還，則邢可知矣。下年‘衛人伐邢’，蓋憚狄之彊不敢伐，而獨用師于邢也。解云：‘邢不速退，所以獨見伐。’亦非。”

梁伯益其國而不能實也，命曰新里，秦取之。

〔疏證〕杜無注。高士奇云：“新里，梁地，即秦新城。”沈欽韓云：“《一統志》：‘新城在同州澄城縣東北二十里，梁新里也。’”

〔經〕 十有九年，春，王三月，宋人執滕子嬰齊。

夏，六月，宋公、曹人、邾人盟于曹南。無《傳》。

〔疏證〕公，《公羊》曰“人”。邾，《公羊》曰“邾婁”。曹南，杜無注。《穀梁集解》：“曹南，曹之南鄙。”沈欽韓云：“《一統志》：‘曹南山在曹州府曹縣南八里。’”

鄫子會盟於邾。

〔疏證〕《公羊》作"鄫人會于邾婁"，《公羊石經》作"鄫子會盟於邾婁"。

己酉，邾人執鄫子用之。

〔疏證〕《公羊》"邾"作"邾婁"。

秋，宋人圍曹。衛人伐邢。

〔疏證〕杜《注》："伐邢在圍曹前，《經》書在後，從赴。"

冬，會陳人、蔡人、楚人、鄭人盟于齊。

〔疏證〕《公羊》"會"上有"公"。杜《注》："地於齊，齊亦與盟。"

梁亡。

〔傳〕 十九年，春，遂城而居之。

〔疏證〕杜《注》："承前年《傳》取新里，故不復言秦也。"

宋人執滕宣公。

夏，宋公使邾文公用鄫子於次睢之社，欲以屬東夷。

〔疏證〕《水經》："睢水出梁郡鄢縣，東流，當蕭縣南，入于陂。"沈欽韓云："《續志注》引《博物志》：'臨沂縣東界次睢，有大叢社，民謂之食人社，即此。'《一統志》：'在沂州府蘭山縣東北。'按：《水經注》：'睢水入泗，謂之睢口。'不至沂州也，恐傳說之誤。《方輿紀要》：'睢水至宿遷縣東南而合于泗水，亦曰睢口，亦曰小河口。'則次睢社當在徐州府境。"按：沈說是也。《郡國志》："琅琊沂有叢亭。"叢亭、叢社名同。《一統志》緣此致誤。杜《注》："此水次有妖神，東夷皆社祀之。"《御覽》五百三十二引同，"祀"作"祠"。杜《注》當用舊說。《疏》："次，謂水旁也。"

司馬子魚曰："古者六畜不相爲用，

〔疏證〕杜《注》："司馬子魚，公子目夷也。六畜不相爲用，謂若祭馬先，不用馬。"《疏》引沈氏云："《春秋說》天苑主牛，又有天鷄、天狗、天矢，以馬祖類之，此等各有其主。"據沈文阿説，則舊注當以祭馬祖不用馬，祭六畜不相爲用。杜《注》襲舊注也。《校人》："春祭馬祖。"鄭《注》："馬祖，天駟也。"

"小事不用大牲，

〔疏證〕杜無注。《疏》云："《雜記》言：'釁廟用羊。門、夾室皆用雞。'《隱十一年傳》稱鄭伯之詛：'使卒出豭，行出犬、雞。'如此之類，皆是不用大牲也。"則舊説"大牲"謂牛也。

"而況敢用人乎？祭祀，以爲人也。民，神之主也。用人，其誰饗之？齊桓公存三亡國，以屬諸侯，義士猶曰薄德。

〔疏證〕《風俗通》引"祭"下無"祀"，"民"下有"人"。顧炎武云："杜釋三亡國，魯、衛、邢，疑魯是大國，且特內亂，未嘗亡也。薄德言其德不若先王。傅遜曰：'三亡國，邢、衛、杞。'"按：《齊[①]語》："存亡國三，以示之施。"《注》："三亡國，魯、衛、邢也。"則杜《注》本韋説。三國惟衛爲狄滅，邢亦未嘗亡。《齊語》謂："魯有夫人、慶父之亂，二君弒死，國絶無嗣，桓公使高子存之。"是存魯之事也。傅、顧説非。

"今一會而虐二國之君，又用諸淫昏之鬼，

〔疏證〕二國之君，謂執滕子、鄫子也。杜《注》："六月而會盟，其月二十二日執鄫子。"據《經》己酉之文也。貴曾云：四月戊子朔，二十二日己酉。"虐"以執言，淫昏之鬼，睢社妖神也。《傳》明祭社不當用人，杜謂："非周社故。"非。

"將以求霸，不亦難乎？得死爲幸！"

〔疏證〕杜《注》："恐其亡國。"顧炎武云："得死，猶云考終。"

秋，衛人伐邢，以報菟圃之役。

〔疏證〕菟圃役在前年。杜《注》："邢不速退，所以獨見伐。"《傳》無此義，衛不伐狄，或以狄彊。

於是衛大旱，卜有事於山川，不吉。

---

① 科學本注：查當作"晉"。

甯莊子曰："昔周饑，克殷而年豐。

〔疏證〕杜氏無注。《周頌·桓》："綏萬邦，屢豐年。"《箋》云："誅無道，安天下，則亟有豐熟之年，陰陽和也。"《疏》："此安天下，有豐年，謂伐紂即然。僖十九年《左傳》云：'昔周伐殷而年豐。'是伐紂之後，即有豐年也。"

"今邢方無道，諸侯無伯，

〔疏證〕《爾雅》謂："伯，長也。"齊桓公方薨，故云"諸侯無伯"。

"天其或者欲使衛討邢乎？"從之。師興而雨。

"宋人圍曹"，討不服也。

〔疏證〕杜《注》："曹南盟，不修地主之禮故。"《傳》無此意，未知所據。

子魚言於宋公曰："文王聞崇德亂而伐之，軍三旬而不降，退修教，而復伐之，因壘而降。

〔疏證〕杜《注》："崇，崇侯虎。"《尚書大傳》："西伯既戡耆，紂囚之牖里，散宜生陳寶於紂之庭。紂曰：'非子罪也，崇侯也。'"又云："文王受命五年伐耆，六年伐崇，七年而崩。"杜《注》："復往攻之。"惠棟云："今《唐石經》及宋本皆云：'復伐之。'陸氏以'伐'爲衍字。"按：據杜《注》，則傳文無"伐"字。惠說是也。《詩·皇矣》："崇墉仡仡。"《疏》："僖十九年《左傳》曰：'文王聞崇亂而伐之，三巡不降，退修教而復伐之，因壘而降。'則是兵合不戰。此云壞城執訊者，凡所褒美，多過其實。此言訊、馘，必當戰矣。蓋知戰不敵，然後乃降。彼《左傳》子魚欲勸宋公修德，故隱其戰事，而告其降耳。"如《詩》詠壞城執訊，當指伐崇未退以前事。《疏》謂"子魚隱其戰事"，非也。三旬，三巡①異文。《後漢書·伏湛傳》："時彭寵反于漁陽，帝欲自征之，湛上疏諫曰：'崇國城守，先退後伐，所以重人命，俟時而動，故參分天下而有其二。'"正用《傳》說。《湛傳注》引此《傳》"修德"作"修政"，亦異文。《曲禮》："四郊多壘。"鄭《注》："壘，軍壁也。"

---

① 科學本注：阮刻《注疏》本作"旬"。

"《詩》曰:'刑于寡妻,至于兄弟,以御于家邦。'

〔疏證〕《思齊》二章文。毛《傳》:"刑,法也。寡妻,適妻也。御,迎也。"《晉語》:"刑于太姒,比于諸弟。《詩》云:'刑于寡妻,至于兄弟,以御于家邦。'"《注》:"刑,法也。太姒,文王妃。比,親也。諸弟,同宗之弟。《詩·大雅·思齊》之二章。寡妻,寡有之妻,謂大姒。御,治也。"韋《注》釋《詩》與毛《傳》殊。寡有之妻,"御"之訓"治",皆鄭《箋》說。杜《注》:"寡妻,適妻,謂太姒。刑,法也。"則用毛《傳》說。此《傳》與《注》當用毛義也。陳奐《毛詩說》云:"寡之爲言特也,適之爲言正也。寡謂之特,特謂之匹,適謂之妃,妃謂之匹,義并通也。天子之妻,適一,餘皆妾,故《詩》釋'寡妻'爲'適妻'。《爾雅》:'訝,迎也。'《説文》:'訝,相迎也。'訝,本字。御,假借字。迎于家邦,言文王之德見於天下家邦也。"

"今君德無乃猶有所闕,而以伐人,若之何?盍姑內省德乎?無闕而後動。"

〔疏證〕杜無注。

陳穆公請修①好於諸侯,以無忘齊桓之德。冬,盟於齊,修桓公之好也。

〔疏證〕杜《注》:"宋襄暴虐,故思齊桓。"按:《公羊傳注》:"因宋征齊有隙,爲此盟也。"杜《注》就用《公羊》義。

"梁亡",不書其主,自取之也。

〔疏證〕《穀梁疏》云:"《左氏》以爲秦滅梁,惡其自取滅亡之故,不以秦滅爲文。此《傳》如加力役焉,洫不足道也,則梁之土地必爲人所滅。但據自滅爲文少異耳。"則《穀梁》《左氏》同誼。

初,梁伯好土功,亟城而弗處,民罷而弗堪,則曰:"某寇將至。"乃溝公宮,

〔注〕賈云:"溝,塹也。"《晉世家集解》。

〔疏證〕《年表》:"秦穆公十九年,滅梁。梁好城,不居,民罷,相

---

① 林按:"修",楊本俱作"脩"。

驚。”《晉世家》：“十年，秦滅梁。梁伯好土功，治城溝，民力罷，怨。”
是其事也。《新序》：“梁伯湎于酒，淫于色，心惛而耳塞，好爲高城而不
居，民罷甚。”此劉子政説。湎酒淫色，心惛耳塞，乃《穀梁》説。好爲
土功，則《左》《穀》義同者。子政蓋取《左氏》説證《穀梁》。杜《注》：
“溝，塹。”用賈説。《説文》：“塹，坑也。”《莊子·外物釋文》：“塹，掘
也。”

曰：“秦將襲我。”民懼而潰，秦遂取梁。

〔疏證〕《晉世家》：“其衆數相驚，曰：‘秦寇至。’民恐惑，秦竟滅
之。”《地理志》：“河南郡梁，罷狐聚，秦滅西周，徙其君于此。”應劭曰：
“《左傳》秦取梁。梁，伯翳之後，與秦同祖。”臣瓚曰：“秦取梁，後改爲
夏陽，今馮翊夏陽是也。此梁，周之小邑，見于《春秋》。”師古曰：“瓚
説是也。”

〔經〕 二十年，春，新作南門。

〔注〕《春秋》説，皆以修舊曰新，改舊曰作。《閟宫疏》。

〔疏證〕《齊語》：“濫于泗淵。”《注》：“泗在魯城北，又曰南門。”則
南門近泗水，在魯北也。南門，舊注謂稷門，詳傳《疏證》。杜《注》：“言
新以易舊，言作以興事，皆更造之文也。”《閟宫》：“新廟奕奕。”《箋》：
“修舊曰新。”《疏》：“《春秋》有‘新作南門’‘新作雉門’，説者皆以修
舊曰新，改舊曰作。故鄭依用之。”《公羊①傳》：“作，爲也，有加其度
也。言新，有故也，非作也。”《穀梁②傳》：“門有古常也。”《公羊》主
新義，《穀梁》主作義③。《詩疏》所稱，當爲古《左氏》義，兼新、作也。
本《疏》：“劉、賈先儒皆云：‘言新有故木，言作有新木。’故爲此言以異
之。”《疏》所引劉、賈説，乃《莊二十九年經》“新延廐”《注》，與《詩
疏》引舊説義同。《詩疏》引於南門、雉門下，故亦爲此耳。《經》注、杜
《注》亦用劉、賈説，《疏》謂異之，非。

夏，郜子來朝。無《傳》。

〔疏證〕《説文》：“郜，周文王子所封國。”杜《注》：“郜，姬姓國。”

---

① 科學本注：應作“穀梁”。
② 科學本注：應作“公羊”。
③ 科學本注：以上二句《公羊》《穀梁》顛倒。

《二十四年傳》：“郜之初封，文王之子、聃季之弟。”許、杜皆據彼《傳》也。沈欽韓云：“《水經注》：‘黄溝又東北逕郜城。’《十三州志》：‘今城武縣東南有郜城，俗謂之北郜者也。’《一統志》：‘郜城故城在曹州府城武縣東南十八里，古郜國。’《縣志》：‘郜有二城，此爲北郜城，又南二里曰南郜城。’”

五月，乙巳，西宮災。無《傳》。

〔注〕《左氏》以爲西宮者，公宮也。言西，知有東。東宮，太子所居。言宮，舉區皆災也。《五行志》。

〔疏證〕《傳例》：“人火曰火，天火曰災。”臧琳云：“《班志》所引，當是解《左氏》者之言，如劉歆輩説。知西宮災，不特一西宮也。公宮，爲國君所居，既不可斥言。東宮，太子宮，國之本也，又不可言災，故舉西宮以概之。”按：臧説是也。《公羊傳》：“西宮者何？小寢也。小寢則曷爲謂之西宮？有西宮則有東宮矣。魯子曰：‘以有西宮，亦知諸侯有三宮也。’西宮災，何以書？記異也。”杜《注》：“西宮，公別宮也。”蓋用《公羊》“小寢”之説。古《左氏》義以西爲公宮，異於《公羊》公宮，蓋兼路寢、小寢言之。“舉區皆災”，謂公宮全災也。《穀梁傳》以西宮爲閔廟，則公宮確爲《左氏》説。

鄭人入滑。

〔注〕賈云：“滑，姬姓之國。”《周本紀集解》。

〔疏證〕《傳例》：“弗地曰入。”滑，已見《莊十六年經》，此賈《注》或當在彼《經》下。《周本紀》：“襄王十三年，鄭伐滑。”《集解》引賈《注》，故繫於是年。《成十三年傳》：“晉呂相曰：‘殄滅我費、滑，散離我兄弟。’”故賈以滑爲姬姓之國。

秋，齊人、狄人盟于邢。

冬①，楚人伐隨。

〔傳〕二十年，春，新作南門。書，不時也。

〔注〕舊注：“本名稷門，公更高之，改高門也。”《御覽》一百八十二。

---

① 林按：楊本無“冬”字。

〔疏證〕《御覽》傳文下引此《注》。文淇按：此當爲服《注》。服氏注《傳》而不注《經》，故《御覽》連《傳》引之。杜氏注《經》"新作南門"云："魯城南門也，本名稷門，僖公更高大之。今猶不與諸門同，故名高門。"即用服説。此南門乃國門，顧棟高《大事表》引王葆説："謂南門爲路門。"非江永云："《水經注》云：'其遺地猶在，地八丈餘，亦曰雩門。'"

凡啓塞從時。

〔注〕服云："闔扇，所以開。鍵閉，所以塞。《月令》：'仲春，修闔扇。孟冬，修鍵閉。'從時，從此時也。"本《疏》。舊注："門户橋道謂之啓，城郭牆塹謂之塞，皆開閉之急，不可一日而闕也。"《御覽》一百八十二。

〔疏證〕此啓塞例也。杜《注》："門户道橋謂之啓，城郭牆塹謂之塞，皆官民之開閉，不可一日而闕，故特隨壞時而治之。今僖公修飾城門，非開閉之急，故以土功之制譏之。《傳》嫌啓塞皆從土功之時，故別起從時之例。"杜《注》義即《御覽》所引舊注。文句不同，審非杜《注》，故定爲注文。《疏》引服《注》駁之云："《傳》既云'作門不時'，更發從時之例，則啓塞之事，當是城門之類，安得以爲闔扇、鍵閉細小之物乎？若是仲春、仲冬，《傳》何以不言春、冬，而直云'從時'？知從何時，豈丘明作《傳》不了，待《月令》而後明哉！故杜更爲別説。"按：如服説，此發凡不必與"新作南門"相蒙，因釋《經》"新作南門"，而旁及門、關、啓、塞之制。《疏》泥於啓塞，何於土功乃疑服説之誤。闔扇、鍵閉，亦王政之巨者。《疏》以爲細小之物，亦非。服引《月令》，正以記"啓塞從時"，出于周典。《疏》謂"丘明作《傳》，待《月令》而明"，亦倒置矣。《月令》鄭《注》云："用木曰闔，用竹葦曰扇，鍵牡，閉牝也。"《襄十八年傳》："以枚數闔。""闔"即門也。如鄭説，則有木、竹葦之別。鄭訓"鍵"不言何器。彼《疏》云："凡鑣器，入者謂之牡，受者謂之牝，若禽獸牝牡然。《漢書·五行志》'牝飛'及'牡亡'，謂失其鑣次，鑣次則牡也。"李貽德云："《説文》：'鍵，鉉也。鉉，所以舉鼎也。《易》謂之鉉，《禮》謂之鼏。'《鼎部》云：'鼏，以木貫橫鼎耳舉之。'蓋鼎即扃。《儀禮注》所謂古文'扃'爲'鉉'也。木貫鼎耳爲鍵，引伸之爲門鍵，亦當以木貫門扇矣。蔡邕《月令章句》云：'鍵，關牡也，所以止扇。'《説文》云：'以木橫持門户也。'若然，則鄭云'鍵牡，閉牝'者，鍵爲關牡，閉爲關牝矣。"按：李説是也。闔扇義主於開，鍵閉意主於閉，開閉則啓塞也。從時，從《月令》仲春、仲冬之時也。開以順陽氣，閉以順陰氣，陰陽消息，政之大經也。服氏注文，多廣異説。《御覽》所引舊注，或亦服氏《注》文，或是賈《注》。《疏》既駁服《注》，又云：“雖杜之言亦無明證。正以門户道橋，所以開人行路，故以爲啓；城郭牆塹，所以障蔽往來，故以爲塞。雖言無所據，而理在可通。此二事者，皆官民之所開閉，終當須之，不可一日而闕。言從時者，特從壞時而修之，不得拘以土功時月也。”《疏》蓋駁杜説無所據，然杜説實本舊注。《傳》謂“新作南門。書，不時”，故以啓塞必從時發例。門禁土功，義皆依此。舊注謂“無一日之闕”，謂先時籌之，不使廢缺，致不時而修也。杜用舊注，而失其意，《疏》説亦非。舊注：“門户橋道謂之啓。”“啓”原作“時”，今校改。

滑人叛鄭，而服於衛。夏，鄭公子士、洩堵寇帥師入滑。

〔疏證〕杜《注》：“公子士，鄭文公子。洩堵寇，鄭大夫。”

秋，齊、狄盟于邢，爲邢謀衛難也。於是衛方病邢。

〔疏證〕上年，衛人伐邢，齊蓋合狄、邢之交以伐衛也，爲二十一年狄伐衛張本。

隨以漢東諸侯叛楚。冬，楚鬭穀於菟帥師伐隨，取成而還。君子曰：“隨之見伐，不量力也。量力而動，其過鮮矣。善敗由己，而由人乎哉？《詩》曰：‘豈不夙夜，謂行多露。’”

〔疏證〕《召南·行露》文。《傳》云：“行，道也。豈不，言有是也。”杜《注》：“《詩·召南》，言豈不欲早暮而行，懼多露之濡己，以喻違禮而行，必有污辱，是亦量宜相時而動之義。”胡承珙《毛詩後箋》云：“《傳》謂有是早夜而行者，則可謂道中多露。《經》反言之，《傳》正言之。《左傳》僖二十年《傳》引《詩》，正以夙夜犯露爲不量力之喻，言豈有量力而動，猶至見伐乎？杜《注》、《箋》意，非《傳》意。”按：胡説是也。《箋》主昏期言，讀“豈不如”“豈不爾思”之句①與《傳》異。

宋襄公欲合諸侯。臧文仲聞之，曰：“以欲從人，則可；以人從欲，鮮濟。”

〔疏證〕杜《注》：“爲明年鹿上盟《傳》。”

---

① 科學本注：按：《行露》無此類句。

〔經〕 二十有一年，春，狄侵衞。無《傳》。

宋人、齊人、楚人盟于鹿上。

〔注〕京相璠：“謂鹿上在乘氏鹿城鄉。”《水經·濮水注》。

〔疏證〕《水經注》：“濮水又東北逕鹿城南，《郡國志》曰：‘濟陰郡乘氏有鹿城鄉。’《春秋》僖公二十一年，盟於鹿上。京、杜并謂此亭也。”洪亮吉云：“按：道元蓋誤記。今考杜《注》云：‘鹿上，宋地。汝陰有原鹿縣。’則與乘氏鹿城鄉非一地可知，劉昕《補注》是其證。蓋以爲在乘氏鹿城鄉者，第京相璠、司馬彪之説耳。究當以杜説爲長。”據洪説，則《水經注》誤引杜《注》，京相璠則指鹿上爲濟陰乘氏之鹿城鄉，與《續志》合。《宋世家索隱》：“按：汝陰原鹿，其地在楚。僖二十一年，‘宋人、楚人、齊人盟于鹿上’，是也。然襄公始求諸侯於楚，楚纔許之。詐未合，至汝陰鹿上。今濟陰乘氏縣北有鹿城，蓋此地也。”亦與京相説同。江永云：“按：《水經注》叙淮水逕原鹿縣，云即《春秋》之鹿上。叙濮水逕鹿城南，又引《後漢·郡國志》：‘濟陰乘氏縣有鹿城鄉，爲鹿上。’二説并存。以《傳》考之，宋人爲鹿上之盟，以求諸侯於楚。原鹿在宋之西南，於楚差近，而齊爲遠。乘氏在宋之東北，與齊差近，而楚爲遠。宋人既求諸侯於楚，必就其近楚之地，豈至乘氏以就齊乎？當以原鹿爲是。”如江説，則鹿上之爲乘氏原鹿，道元已不能定，其較量距楚遠近，以從杜説，亦無顯證，仍當二説并存。沈欽韓云：“《一統志》：‘原鹿廢縣，在潁州府阜陽縣南。《春秋》僖公二十一年盟于鹿上。’京、杜并謂此亭也。然杜預自指汝陰之原鹿，不謂乘氏也。《方輿紀要》：‘鹿城縣在曹州曹縣東北。’”

夏，大旱。

秋，宋公、楚子、陳侯、蔡侯、鄭伯、許男、曹伯會于盂。執宋公以伐宋。

〔疏證〕：“盂”，《公羊》曰“霍”，《穀梁》曰“雩”。范《集解》云：“雩或爲宇。《公羊疏》云：‘《左氏》作“盂”，《穀梁》作“雩”，蓋誤。或所見異。’”洪亮吉云：“雩、盂同音，古字亦通。《公羊》作‘霍’，又以‘雩’字近而誤也。”《一統志》：“盂亭在歸德府睢州界。”杜《注》：“爲諸侯所疾，故總見衆國共執之文。”沈欽韓云：“按：宋襄雖寡德，中夏之上公也。楚雖彊大，荆山之蠻夷也。若云楚執之，則爲禮樂之邦羞，俾彊梁之志逞。聖人扶陽抑陰，不與楚子之執宋公，故不言楚，此《公羊》之義，所宜擇而從，杜預于大義全然憒憒。”按：沈説是也。《年表》：“宋襄公十二年，召楚盟。”

冬，伐^①邾。無《傳》。

〔疏證〕《公羊》曰：“冬，公伐邾婁。”

楚人使宜申來獻捷。

〔疏證〕沈欽韓云：“《經》曰‘使’，則有使之者，非楚子乎？既來魯，豈有不稱君命者，杜謂：‘不稱君命，故曰楚人。’此閱鼠穴而昧康莊也。《經》不言楚子者，亦所以惡楚也。戎狄得志，矜誇上國，所謂上無明天子，下無賢方伯，以致此。”按：沈用《穀梁》義。

十有二月，癸丑，公會諸侯盟于薄，釋宋公。

〔疏證〕薄，即“亳”也。《荀子·議兵》：“湯以薄。”揚《注》：“薄與亳同。”《漢志》：“山陽郡薄縣。”臣瓚曰：“湯所都。”沈欽韓云：“《一統志》：‘薄縣故城，在歸德府商丘縣西北^②。’”《年表》：“楚成王三十三年，執宋襄公，復歸之。”^③

〔傳〕 二十一年，春，宋人爲鹿上之盟，以求諸侯于楚。楚人許之。公子目夷曰：“小國爭盟，禍也。宋其亡乎，幸而後敗。”

〔疏證〕《宋世家》：“襄公八年，齊桓公卒。宋欲爲盟會。十二年春，宋襄公爲鹿上之盟，以求諸侯於楚，楚人許之。公子目夷諫曰：‘小國爭盟，禍也。’不聽。”

夏，大旱。公欲焚巫、尪。

〔注〕《春秋傳》説：“在女曰巫，在男曰覡。”《檀弓注》。

〔疏證〕杜《注》：“巫尪，女巫也，主祈禱請雨者。或以爲尪非巫也。瘠病之人，其面向上，俗謂天哀其病，恐雨入其鼻，故爲之旱，是以公欲焚之。”巫尪之稱，杜《注》蓋兼存二説。《檀弓》：“吾欲暴尪，而奚若？”又云：“然則吾欲暴巫，而奚若？”鄭《注》：“尪者，面向天，覬天

---

① 林按：“伐”上楊本有“公”字。
② 科學本注：原稿眉批：“鄭君有説，詢仲儀。”
③ 科學本注：原稿眉批：“查《五經異義》。”

哀而雨之。巫主接神，亦覬天哀而雨之。《春秋傳》說‘巫’曰：‘在女曰巫，在男曰覡。’”如鄭說，則巫、尪二者各別。魯穆公所舉，乃魯舊俗。先言暴尪，後言焚巫，故鄭知巫、尪別耳。杜以爲巫尪爲巫，是指巫、尪爲一人。《疏》謂“女巫尪弱，故稱尪”，非。其存或説，乃鄭誼也。鄭引《春秋傳》說，當是此《傳》舊説。舊説但釋巫，則文可證巫、尪非一人，在女曰巫，故縣子謂“望之愚婦人”。《吕覽·君數篇》：“苦水所多尪與傴人。”《注》：“尪，突胸仰向疾也。傴，傴脊疾也。”則尪謂不能俯，傴謂不能仰也。

臧文仲曰：“非旱備也。修城郭①、

〔注〕服云：“國家凶荒，則無道之國乘而加兵，故修城郭爲守備也。”本《疏》。

〔疏證〕杜《注》不釋“城郭”，《疏》引服《注》補之。沈欽韓云：“民艱于食，故修土功，給其稍食，亦救荒之策。”《大司徒·荒政》：“所謂散利也。”文淇案：《雲漢》：“趣馬師氏”。毛《傳》：“師氏弛其兵。”《疏》：“《大司徒·荒政》，其十有二曰：‘除盜賊。’《注》云：‘除之者，飢饉則盜賊多，不可不除，則當用兵。’此言弛之者，弛，謂舍力不役之耳。其除盜賊之兵，不得廢也。故《春秋》僖二十一年旱，《左傳》稱臧文仲慮無道之國因凶加兵，勸僖公使修城郭，明凶年盜賊益預防之。彼以春秋之世，强弱相凌。文仲度時而言，勸修城郭，不是凶荒之年必須修城也。”《詩疏》所云：“慮無道之國因凶加兵。”即用服義。《文選·演連珠注》：“乘，猶因也。”

“貶食、省用、務穡、勸分，

〔疏證〕《曲禮》：“歲凶，年穀不登，君膳不祭肺，馬不食穀。”《傳》云：“貶食、省用。”指此類也。《校勘記》云：“務穡，《論衡·明雩篇》、李善注《册魏公九錫文》并作‘務嗇’。”洪亮吉云：“鄭玄《儀禮注》：‘收斂曰穡。’按：杜《注》：‘穡，儉也。’疑字近而誤。”按：洪説是也。《御覽》三十五引“省用、務嗇”，《注》：“儉也。”與杜《注》同，而引傳文作“嗇”，則舊本當作“務嗇”。《疏》謂：“穡是愛惜之意，故爲儉也。”則作《疏》時已誤“嗇”爲“穡”，《疏》强爲之説也。杜《注》：

---

① 林按：底本無“修城郭”三字，據楊本增補。

"勸分，有無相濟。"

"此其務也。巫、尪何爲？天欲殺之，則如勿生。若能爲旱，焚之滋甚。"公從之。是歲也，饑而不害。

〔疏證〕《晉書·天文志》："魏少帝八年，日有食之，詔群臣問得失。蔣濟上書曰：'齊侯問災，晏子對以布惠；魯君問異，臧孫答以緩役。塞變應天，乃實人事。'"

秋，諸侯會宋公于盂。子魚曰："禍其在此乎？君欲已甚，其何以堪之！"於是楚執宋公以伐宋。冬，會于薄以釋之。子魚曰："禍猶未也，未足以懲①君。"

〔疏證〕《宋世家》："諸侯會宋公于盂。目夷曰：'禍其在此乎？君欲已甚，其何以堪之！'于是楚執宋襄公以伐宋。冬，會于亳，以釋宋公。子魚曰：'禍猶未也。'"《楚世家》："宋襄公欲爲盟會，召楚。楚王怒曰：'召我，我將好往襲辱之。'遂行至盂。遂執辱宋公，已而歸之。"

任、宿、須句、顓臾，風姓也，實司太皞與有濟之祀，

〔注〕京相璠曰："須朐，一國二城兩名。蓋遷都須昌，朐是其本。"《水經·濟水注》。

〔疏證〕"風姓也"，《釋文》："本或作'皆風姓'。"《地理志》："東平任城，故任國，太昊後，風姓。"《郡國志》："東平國無鹽，本宿國，任姓。"《地理志》又云："東郡有須昌，故須句國，太昊後，風姓。"師古曰："句音劬。"《郡國志》："泰山縣南武陽有顓臾城。"杜《注》同《漢志》説。《水經注》釋"須句"，用京相璠説。又云："杜《注》：'在東平須昌縣西北。'非也。《地理志》曰：'壽張西北有朐城。'是也。"按：京相説止謂朐別一城，其遷國在須昌，亦與杜同説。京相本作"須朐"，與今本異。道元以杜《注》爲非，亦未審也。沈欽韓云："《方輿紀要》：'任城廢縣，今濟寧州治，春秋時任國。'宿，見隱元年。'須城廢縣，今東平州治，古須句國地。顓臾城，在沂州費縣西北八十里。東南十里曰南武陽城。'"沈釋今名未及朐城。按：壽張今山東泰安府東平州西南。《詩·羔裘》毛《傳》："司，主也。""皞"與"昊"通。《月令》："其帝太皞。"《釋文》："皞亦作昊。"杜《注》："太皞，伏羲。四國，伏羲之後，故主其祀。"

---

① 林按："懲"，楊本作"懲"。

《文王》："有周不顯。"《傳》："有周，周也。"《疏》："以'周'文單，故言'有'以助之，猶《左傳》謂'濟'爲'有濟'。"洪亮吉云："《水經》：'濟水與河合流，至乘氏縣，又分爲二。其一又東北過壽張縣西界，又北過須昌縣西。'是此上四國，皆近濟水，必當有濟水之祀，故世守其祀也。"

以服事諸夏①。

〔疏證〕朱駿聲云："杜解與諸夏同服王事。按：附庸事諸夏大國，供職貢，從時令也。"

邾人滅須句。須句子來奔，因成風也。

〔注〕賈云："但因成風來，不見公，故來奔。及反不書於《經》。"《釋例》。

〔疏證〕杜《注》："須句，成風家。"《二十二年經》注云："須句雖別國，而削弱不能自通，爲魯私屬，若顓臾之比。魯謂之社稷之臣。故滅、奔及反其君皆略不備書，惟書'伐邾，取須句'。"蓋不用賈説。按：此《傳》"因成風也"，則明不書須句子來奔反國之意。附庸國不書，《凡例》無文，杜説非。

成風爲之言於公，曰："崇明祀，保小寡，周禮也。

〔疏證〕《説文》："祀，祭無已也。"《詩·山有樞》毛《傳》："保，安也。"

"蠻夷猾夏，周禍也。

〔疏證〕"蠻夷猾夏"，《舜典》文。鄭《注》："猾夏，侵亂中國也。《大傳》'猾'作'滑'。"《周語注》："滑，亂也。"孫星衍《尚書今文疏》云："滑從㕚，蓋借譌字。後人訛從犬。《説文》：'夏，中國之人也。'"邾稱蠻夷，杜《注》引昭二十三年"邾又夷也"爲證，謂："迫近諸戎，雜用夷禮。"

"若封須句，是崇皞、濟，而修祀紓禍也。"

〔疏證〕杜《注》："紓，解也。"

〔經〕 二十有二年，春，公伐邾，取須句。

---

① 林按：底本無此句，據楊本及科學本增補。

〔疏證〕“須句”，《公羊》曰“須胊”。《五行志》《水經注》并同。

夏，宋公、衛侯、許男、滕子伐鄭。

秋，八月，丁未，及邾人戰于升陘。

〔疏證〕“邾”，《公羊》曰“邾婁”。“升陘”，《釋文》：“本又作‘登陘’。”洪亮吉云：“《玉篇》：‘郢，胡經切。鄉名，在高密。《左氏傳》曰：“戰于升陘。”’按：郢、陘古字通。《玉篇》蓋采舊説。”

冬，十有一月，己巳，朔，宋公及楚人戰于泓，宋師敗績。

〔注〕《左氏》以爲：“不用子魚之計，至於軍敗身傷，所以責襄公也。”《春秋考異郵》云：“襄公大辱，師敗於泓，徒信不知權譎之謀，不足以交鄰國、定遠疆也。”《大明疏》引《箴膏肓》。

〔疏證〕沈欽韓云：“《寰宇記》：‘泓水在宋州柘城縣西三十五里。’《金史·地理志》：‘柘城縣有泓水。’《舊統志》云：‘即渙水支流也。’”顧棟高云：“泓水，今河南歸德府柘城縣北三十里。《年表》：‘宋襄公十三年，泓之戰，楚敗公。[①]’”此《經》《左氏》譏宋襄，《公羊》褒襄公。《大明疏》引《箴膏肓》云：“僖二十二年，宋公及楚人戰於泓。”下引《左氏》説云云。“而《公羊》善之云：‘雖文王之戰，亦不過是。’《箴》曰：‘刺襄公不度德，不量力。’”引《考異郵》云云，“此是譏師敗也，《公羊》不譏，違《考異郵》矣”。按：《考異郵》與《左氏》古説義同，皆貶宋襄，故鄭君攷以爲説。

〔傳〕 二十二年，春，伐邾，取須句，反其君焉，禮也。

〔疏證〕《傳例》：“凡侯、伯救患、分災、討罪，禮也。”杜《注》：“得恤寡小之禮。”非。

三月，鄭伯如楚。

〔疏證〕《年表》：“鄭文公三十五年，君如楚。”

夏，宋公伐鄭。子魚曰：“所謂禍在此矣。”

〔疏證〕《年表》：“鄭文公三十五年，宋伐我。”《宋世家》：“襄公

---

① 科學本注：《史記·十二諸侯年表》作“楚敗之”。惟金陵本“之”作“公”。

十三年夏，宋伐鄭。子魚曰：‘禍在此矣。’”

初，平王之東遷也，辛有適伊川，見被髮而祭於野者，

〔疏證〕《周本紀》：“平王立，東遷於雒邑，辟戎寇。”《年表》：“平王元年，東遷雒邑。”當魯孝公之二十五年也。杜《注》：“辛有，周大夫。”《水經注》：“伊水出南陽蔓渠山，逕陸渾縣三塗山，下合涓水以東注虢略，其地即辛有所過者也。”此當爲《左氏》舊説。杜《注》“陸渾之戎”謂：“秦、晉誘而徙之伊川，至今爲陸渾縣。”與《水經注》合。江永云：“陸渾戎，今河南府嵩縣，古伊闕地。伊川，今河南汝州伊陽縣也。”《論語·憲問》：“吾其被髮左衽矣。”皇《疏》云：“被髮，不結也。”沈欽韓云：“野祭非禮。《蜀志》：‘諸葛亮初亡，百姓因時節私祭之于道陌上。步兵校尉習隆等上表曰：“蒸、嘗止於私門，廟像缺而莫立，使百姓巷祭，戎夷野祀，非所以存德念功，追述在昔者也。”’《周禮·太祝職》：‘九祭，二曰衍祭。’鄭司農云：‘衍祭，羨之道中，如今祭殤，無所主命。’又‘男巫掌望祀、望衍。’杜子春云：‘望衍，謂衍祭。’是野祭即古之衍祭。《漢書·武帝紀》：‘止禁巫祠道中。’”按：沈説是也。□□① “古不墓祭”，墓亦野矣。禮之衍祭、衍望皆如先鄭説，殤之無主命者，乃祭於野耳。

曰：“不及百年，此其戎乎！其禮先亡矣。”

〔疏證〕此年爲周惠王十四年，由平王元年至惠王十四年，實一百三十三年。平王在位最老壽，凡五十一年，辛有之言，或在平王中葉，故云“不及百年”。杜《注》：“《傳》舉其事驗，不必其年信。”非。

秋，秦、晉遷陸渾之戎於伊川。

〔疏證〕《匈奴傳》②：“初，襄王欲伐鄭，取翟女爲后，與翟共伐鄭。已而黜翟后，翟后怨。而襄王繼母曰惠后，有子帶，欲立之。于是惠后與翟后、子帶爲内應，開戎翟，翟以故得入，破逐襄王，而立子帶爲王。于是戎狄或居於陸渾，東至于衛，侵盜尤甚。”師古《注》：“今伊闕南，陸渾山川是其地。”此爲陸渾戎古説。小顏謂在伊闕，與《水經注》合。《漢書》不著陸渾之姓。杜《注》據《昭九年傳》，“允姓之姦居於瓜州”，謂：“允姓之戎居陸渾。”非也。瓜州爲漢敦煌，《疏》謂：“陸渾是敦煌之地名。”

---

① 科學本注：原稿闕文。
② 科學本注：所引與《史記·匈奴傳》原文多小異。

敦煌在西域，故得云“東至於衛”，地道不相通矣。《十一年傳》：“揚、拒、泉、皋、伊、雒之戎，同伐京師。”四戎即陸渾戎居伊、雒之間者，其時尚未遷伊川，詳彼傳《疏證》。《疏》據彼《傳》謂：“伊、洛先有戎。今之遷戎，始居被髮祭野之處。”則以陸渾部落距伊川太遠爲疑，惑於杜《注》瓜州之説耳。

晉大子圉爲質於秦，將逃歸，謂嬴氏曰：“與子歸乎?”

〔疏證〕杜《注》：“嬴氏，秦所妻子圉懷嬴也。”《晉世家》：“十三年，晉惠公病，內有數子。太子圉曰：‘吾母家在梁，今秦滅之。我外輕於秦而內無援於國。君即不起，病大夫輕，更立他公子。’乃謀與其妻俱亡歸。”《秦本紀》：“穆公二十二年，晉公子圉聞晉君病，曰：‘梁，我母家也，而秦滅之。我兄弟多，即君百歲後，秦必留我，而晉輕，亦更立他子。’”《本紀》《世家》述子圉歸晉意略同，可補《傳》闕。

對曰：“子，晉太子，而辱於秦。子之欲歸，不亦宜乎? 寡①君之使婢子侍執巾櫛，以固子也。從子而歸，棄君命也，不敢從，亦不敢言。”遂逃歸。

〔注〕服云：“《曲禮》曰：‘世婦以下，自稱婢子。’婢子，婦人之卑稱。”《晉世家集解》。

〔疏證〕《晉世家》：“秦女曰：‘子一國太子，辱在此。秦使婢子侍，以固子之心。子亡矣，我不從子，亦不敢言。’子圉遂亡歸晉。”《年表》：“晉惠公十二年，太子圉質秦亡歸。”杜《注》：“婢子，婦人之卑稱。”蓋用服説。按：《曲禮》：“世婦以下自稱曰婢子。”鄭《注》：“婢之言卑也，于其君稱此，以接見體敵，嫌其當。”《疏》：“嚮其夫，自稱言己卑。故《春秋》晉懷嬴謂公曰：‘寡君使婢子侍執巾櫛。’是也。《注》云‘接見體敵，嫌其當’者，爲其接見之時，暫有體敵，嫌若當夫人然也。”鄭、服説同。《説文》：“婢，女之卑者也。”

富辰言於王曰：“請召太叔。

〔注〕服云：“富辰，周大夫。”《周本紀集解》。

〔疏證〕杜用服説，王子帶以十二年奔齊。

---

① 林按：“寡”字科學本無，楊本有。

“《詩》曰：‘協比其鄰，昏姻孔云。’

〔疏證〕《小雅·正月》文。“協”，今《詩》作“洽”。《傳》云：“洽，合。鄰，近。云，旋也。是言王者不能親親以及遠。”杜《注》：“《詩·小雅》，言王者爲政，先和協近親，則昏姻甚相歸附也。鄰，猶近也。孔，甚也。云，旋也。”即用《傳》義。陳奐《詩疏》云：“昏姻，異姓之臣也。《説文》：‘云象回轉之形。’旋者，回轉之義。旋即還也。”

“吾兄弟之不協，焉能怨諸侯之不睦？”

〔疏證〕富辰釋《詩》義，以請召太叔也。陳奐《詩疏》云：“兄弟謂鄰，諸侯謂昏姻。”

王説。王子帶自齊復歸於京師，王召之也。

〔疏證〕《年表》：“周襄王十四年，叔帶復歸於周。齊孝公五年，歸王弟帶。”《周本紀》繫於周十二年，誤。杜《注》：“《傳》終仲孫湫之言也。”

邾人以須句故出師。公卑邾，不設備而禦之。

〔疏證〕《釋文》：“禦，本亦作‘御’。”杜《注》：“卑，小也。”

臧文仲曰：“國無小，不可易也。無備，雖衆，不可恃也。

〔疏證〕“衆”對“小”言之。

“《詩》曰：‘戰戰兢兢，如臨深淵，如履薄冰。’

〔疏證〕《釋文》：“兢，本或作‘矜’。”《小雅·小旻》文。《傳》云：“戰戰，恐也。兢兢，戒也。如臨深淵，恐墜也。如履薄冰，恐陷也。”杜《注》：“言常戒懼。”用《傳》義。《詩》詠恐戒以上位言，故文仲援以諫僖公。□□□①年《傳》，晉羊舌職引此《詩》，謂“善人在上”可證。《吕覽·慎大》：“賢主愈大愈懼，愈彊愈恐。《周書》曰：‘若臨深淵，若履薄冰。’以言慎事也。”《周書》與《詩》意同。

“又曰：‘敬之敬之！天惟顯思，命不易哉！’

〔疏證〕《周頌·敬之》文。《傳》云：“顯，見。”杜云：“顯，明也。”

---

① 科學本注：原稿闕文，查當作“宣十六”。

見、明義同。又云："思，猶辭也。"辭，謂語詞也。《傳》不釋"易"。陳奐《詩疏》，據此《傳》，文仲"無不難也"，謂"易"讀去聲，是也。《箋》謂："天命吉凶，不變易。"非。此《傳》引《詩》之旨。杜《注》："奉承其命甚難。"亦不用《箋》説。

"先王之明德，猶無不難也，無不懼也，況我小國乎！

〔疏證〕杜無注。此總釋兩引《詩》也。陳奐《詩疏》云："'無不難'解'不易'，此古義也。"依陳説，則"無不懼"指戰、兢、臨、履言。

"君其無謂邾小。蠭蠆有毒，而況國乎！"弗聽。

〔注〕服云："蠆，長尾謂之蠍，蠍毒傷人曰'蛆'。"《釋文》引《通俗文》。

〔疏證〕《釋文》："蠆，字或作'蜇'。"洪亮吉云："《説文》：'蠭，飛蟲螫人者也。蠆，毒蟲也。'近人疑《通俗文》出李虔，不知李虔所作係《續通俗文》。《唐·藝文志》分晰甚清。此書凡服虔《通俗文》悉皆錄入，以補服《注》之缺。蠆當從《説文》作'蠚'。"惠棟云：'《李翊夫人碑》亦作'蠭蠚'。"按：洪説是也。惠引漢碑，當是古文。

八月，丁未，公及邾師戰于升陘，我師敗績。邾人獲公胄，縣諸魚門。

〔疏證〕《校勘記》云："升陘，《玉篇》引傳文作'升郔'。"《説文》："胄，兜鍪，首鎧也。"杜《注》："魚門，邾城門。"《郡國志》："梁國睢陽有魚門。"劉昭《注》引此《傳》，以"邾"爲"宋"，非。

楚人伐宋以救鄭。

大司馬固諫曰①：

〔疏證〕《晉語注》："固，宋莊公之孫，大司馬固也。"杜《注》用韋説。顧炎武云："大司馬，即司馬子魚也。固諫，堅辭以諫也。隱三年言'召大司馬孔父而屬殤公焉'。桓二年言孔父嘉爲司馬，知大司馬即司馬也。文八年，上言'殺大司馬公子卬'，下言'司馬握節以死'，知大司馬即司馬也。定十年，'公若貌固諫'，知固諫之爲堅辭以諫也。"沈欽韓云："按：子魚爲左師，不爲大司馬，下'司馬曰'，杜解'子魚'，非也，即公孫固。《晉語》：'公子過宋，與司馬公孫固相善。'知大司馬、司馬一也。

---

① 林按：楊本此句前有"宋公將戰"四字。

杜與顧俱失之。"按：沈説是也。朱鶴齡據《史記·宋世家》謂"前後皆子魚之言"。惠棟謂"韋、杜皆據《世本》而言，《史記》疏略不足取證"，是也。然惠氏謂"稱大司馬，所以別下司馬也"，則不如沈説之確。顧以大司馬、司馬爲一人，與沈説同。傳文稱官必繫以人，即顧所舉孔父嘉、公子印皆其例，再舉或繫官、省人，正可按沈説。

"天之棄商久矣，君將興之，弗可赦也已。"弗聽。

〔疏證〕閻百詩《潛丘劄記》："不曰棄宋，而曰棄商者，此即下文'寡人雖亡國之餘'之意。"《釋詁》："赦，舍也。"杜《注》："言君興天所棄，必不可。不如赦楚，勿與戰。"顧炎武云："弗可赦，猶《書》言'不可逭'。傅氏曰：'言違天，天必不宥。'《注》以'赦'爲赦楚，非。"按：顧説是也。焦循讀"弗可"句，"赦也"句，"已"句，曲傳杜《注》，非是。《宋世家》："天之棄商久矣，不可。"

冬，十一月，己巳，朔，宋公及楚人戰於泓。宋人既成列，楚人未既濟，

〔疏證〕杜《注》："未盡度泓水。"按：既，猶盡也。《宋世家》："冬，十一月，襄公與楚成王戰于泓。楚人未濟。"

司馬曰："彼衆我寡，及其未既濟也，請擊之。"公曰："不可。"

〔疏證〕司馬，即公孫固也。杜謂子魚，非。《宋世家》："目夷曰：'彼衆我寡，及其未濟，擊之。'公不聽。"

既濟而未成列，又以告。公曰："未可。"既陳而後擊之，宋師敗績。公傷股，門官殲焉。

〔疏證〕杜《注》："門官，宋門者。"《小宗伯》："掌三族之別，以辨親疏。其正室皆謂之門子。"鄭《注》："正室，嫡子也。"《逸周書·皇門解》曰："會屏門。"又曰："大門宗子。"蓋言衆族姓也，則門子、舉門、大門，皆宗子之稱矣。惠士奇《禮説》曰："'宋襄公戰于泓，門官殲焉。'門官，軍之帥也。向戌稱盧門，合左師，華元亦居盧門，二族皆卿而爲軍帥，謂之門官。"沈欽韓云："門官，即門子也，卿大夫之子弟衛公者也。《襄九年傳》：'大夫門子，皆從鄭伯。'"按：惠、沈説是也。《釋詁》："殲，盡也。"《宋世家》："已濟，未陳，又曰：'可擊。'公曰：'待其已陳。'陳成，宋人擊之，宋師大敗。襄公傷股。"《楚世家》："射傷宋襄公。"

國人皆咎公。公曰："君子不重傷，不禽二毛。

〔注〕舊注："二毛，頭有二毛。"《御覽》三百七十二。

〔疏證〕《宋世家》"咎"作"怨"。《說文》："傷，創也。"鄭玄《禮記注》："創之淺者曰傷。"杜《注》："二毛，頭白有二色。"即用舊注義。《淮南子・氾論訓》："古之伐國，不殺黃口，不獲二毛。於古爲義，於今爲笑。"《注》："二毛，有白髮者。"亦杜《注》所本。

"古之爲軍也，不以阻隘也。寡人雖亡國之餘，不鼓不成列。"

〔疏證〕《宋世家》："國人皆怨公。公曰：'君子不困人於阨，不鼓不成列。'"阻隘，猶阨也。亡國，杜《注》謂"商紂之後"。《御覽》二百七十引《司馬法》："不窮不能，而哀憐傷痛，是以明其仁也。成列而鼓，是以明其信也。"成列而鼓，猶言鼓而成列，蓋古軍禮。《公羊傳注》亦云："軍法，以鼓戰，以金止，不鼓不戰也。不成列，未成陳。"謂不迫人於險。

子魚曰："君未知戰。勍敵之人隘而不列，天贊我也。

〔疏證〕《校勘記》云："李善注《辨亡論》《陽給事誄》《弔魏武帝文》引作'隘而不成列'，今諸本無'成'字。"《說文》："勍，彊也。《春秋傳》曰：'勍敵之人。'"《廣雅》："勍勍，武也。"杜《注》用《說文》。《周書・武帝紀》："建德五年，詔曰：'一鼓而蕩平陽，再舉而蕩勍敵。'"《賀拔岳傳》："岳曰：'醜奴擁岐、雍之兵，足爲勍敵。'"

"阻而鼓之，不亦可乎？猶有懼焉。

〔疏證〕即阻隘鼓行而前，猶有所懼。

"且今之勍者，皆吾敵也。

〔疏證〕杜無注。"二毛"下《注》云："今之勍者，謂與吾兢者。"

"雖及胡耇，獲則取之，何有於二毛？

〔疏證〕洪亮吉云："《周書・謐法解》：'彌年壽考曰胡。胡，大也。'《爾雅》：'耇，壽也。'"按：《詩・載芟》："胡考之寧。"《傳》："胡，壽也。考，成也。"《疏》："僖二十二年《左傳》曰：'雖及胡耇。'胡爲壽也。"按：洪說是也。《爾雅》、毛《傳》皆以"壽"訓"胡"。杜《注》："胡耇，元老之稱。"非。《釋詁》："耇，壽也。"《檀弓》："不獲二毛。"

《疏》：“此謂以至勝攻至暴，用兵如此。若兩軍相敵，則不然。《左傳》云：‘雖及胡耇，獲則取之。’太宰嚭特舉古之善，以駁吳師之惡。”

“明恥教戰，求殺敵也。

〔疏證〕杜《注》：“明殺刑戮，以恥不果。”惠棟曰：“按：吳子曰：‘凡制國治軍，必教之以禮，厲之以誼，使有恥也。夫人有恥，在大足以戰，在小足以守。’‘明恥以教戰’者，所以厲其勇。《周書》曰：‘明恥示教。’蓋當時之語。杜解迂回。”

“傷未及死，如何勿重？

〔疏證〕此指公不重傷之説，謂傷不與死例也。杜《注》：“言尚能害己。”非。

“若愛重傷，則如勿傷；愛其二毛，則如服焉。

〔疏證〕《公羊傳注》：“如，即不如。齊人語也。”“則如勿傷”，謂不如不戰也。“則如服焉”，《宋世家》所謂“必如公言，即奴事之耳”。今《疏》謂“不如早服之”是也。杜《注》謂：“本可不須鬬。”未釋“服”字義。

“三軍以利用也，

〔疏證〕顧炎武云：“利用猶云弧矢之利。《注》云：‘爲利興。’非。”

“金鼓以聲氣也。

〔疏證〕杜《注》：“鼓以佐士衆之聲氣。”顧炎武云：“聲如‘金聲玉振’之‘聲’。劉用熙曰：‘聲，宣也，宣倡士卒之勇氣。’”

“利而用之，阻隘可也；聲盛致志，鼓儳可也。”

〔疏證〕《廣雅·釋詁》：“儳，疾也。”洪亮吉云：“《説文》：‘儳，互不齊也。’蓋謂及其成列不齊鼓之。”按：洪説是也。杜《注》謂：“儳，巖，未整陣。”誤。《周語》：“戎狄冒没輕儳。”《注》：“儳，進退上下無列也。”無列，正所謂“儳，互不齊”。

丙子，晨，鄭文夫人芈①氏、姜氏勞楚子於柯澤。

---

① 林按：底本作“芊”，據通行本及楊本回改。

〔疏證〕《釋文》：“芈，楚姓也。”杜《注》：“柯澤，鄭地。”今名闋。

楚子使師縉示之俘馘。

〔疏證〕杜《注》：“師縉，楚樂師。”《釋詁》：“俘，取也。馘，獲也。”本《疏》引李巡《注》：“囚敵曰俘。”《毛詩·皇矣傳》：“殺而獻其首曰馘。”《説文》引作“俘聝”，云：“軍戰斷耳也。從耳，或聲，或從首。”惠棟云：“吕諶《字林》：‘截耳則作耳旁，獻首則作首旁。’杜云：‘馘，所截耳。’明當從耳旁。”洪亮吉説同。按：惠、洪説是也。《説文》作“聝”，當用賈君本。杜、賈本同。今本作“馘”者，或諸儒傳本異。《釋文》：“馘，戰所獲。”用《爾雅》義，或是舊説。

君子曰：“非禮也。婦人送迎不出門，見兄弟不踰閾，

〔疏證〕《魯語注》：“門，寢門也。”《釋宮》：“柣謂之閾。”本《疏》引孫炎曰：“柣，門限也。”杜《注》：“閾，門限。”用孫炎義。《後漢書·和熹鄧后紀》：“劉毅上書曰：‘上考《詩》《書》，有虞二妃，周室三母，修行佐德，思不踰閾。’”

“戎事不邇女器。”

〔疏證〕《詩·東門之墠》毛《傳》：“邇，近也。”《淮南子》高《注》：“器，物用也。”杜《注》：“言俘馘非近婦人之物。”傅遜曰：“戎事尚嚴，不近女子所御之物。況使婦人至軍中，又示以俘馘乎？”視杜爲明晰。《晉書·載記·慕容德傳》：“德徙于長安，堅拜爲奮威將軍。堅之敗也，堅與張夫人相失，慕容暐將護致之，德正色謂暐曰：‘昔楚莊滅陳，納巫臣之諫而棄夏姬。此不祥之人，惑亂人主。戎事不邇女器！秦之敗師，當由于此。宜掩目而過，奈何將衛之也。’”

丁丑，楚子入饗于鄭，

〔疏證〕饗，《石經》及宋本并作“享”，《宋世家》亦云。

九獻，

〔疏證〕《國語注》：“九獻，上公之享禮也。”杜《注》用韋義，謂“九獻酒而禮畢”。按：《大行人》又云：“上公之禮，廟中將幣，三享王禮，再祼而酢。饗禮九獻，食禮九舉。”秦蕙田《五禮通考》以爲天子享元侯之禮。鄭伯享楚子，乃兩君相見，不當用九獻，此鄭之失。《禮疏》

謂："楚實子爵，故鄭以極禮待之。"非也。饗禮已亡，九獻之節無考。《禮疏》云："王酌獻賓，賓酢主人，主人酬賓，酬後更八獻，是爲九獻。"按：《儀禮》："主人酌以獻賓，賓酢主人，主人又酌以酬賓。"本《疏》據之，以爲一獻之禮。《禮疏》當本以爲說。

庭實旅百，

〔疏證〕杜《注》："庭中所陳品數百也。"《國語注》："庭實，庭中之陳也。百，舉成數也。"《周禮》："上公出入五積，饗餼九牢，米百有二十筥，醯醢百有二十甕，禾十車，芻薪倍禾。"蓋據《掌客》爲說。《掌客》云："殺五牢，飪一牢，腥四牢，正鼎九。牛一、羊二、豕三、魚四、腊五、腸胃六、膚七、鮮魚八、鮮腊九。"九牢即九鼎也。《掌客》："王合諸侯，而饗禮則具十有二牢，庶具百物。"《注》："饗諸侯而用王禮之數者，以公、侯、伯、子、男盡在，是兼饗之，莫敵用也。"

加籩豆六品。

〔疏證〕《掌客》："上公豆四十。"鄭《注》："公四十豆，堂上十六，西夾、東夾各十二。"然籩數亦然。此云加六品，於八十之外有加也。

饗畢，夜出，文羋①送于軍。取鄭二姬以歸。

〔疏證〕杜《注》："二姬，文羋女也。"《宋世家》："楚成王已救鄭，鄭享之。去而取鄭二姬以歸。"《索隱》云："鄭夫人羋氏、姜氏之女，既是鄭女，故云'二姬'。"

叔詹曰："楚王其不沒乎！爲禮卒於無別，無別不可謂禮。將何以沒？"諸侯是以知其不遂霸也。

〔疏證〕"叔詹"，《史記·宋世家》作"瞻"，《呂覽》作"被詹"②。《宋世家》："叔瞻曰：'成王無禮，其不沒乎！爲禮卒於無別，有以知其不遂霸也。'"《正義》："無禮，謂取鄭二姬也。"杜《注》："言楚子所以師敗城濮，終爲商臣所弒。"

〔經〕 二十有三年，春，齊侯伐宋，圍緡。

---

① 林按：底本作"芊"，據通行本及楊本回改。
② 科學本注：以上二句劉稿紙破字脱，據《春秋左傳詁》填入。

〔疏證〕《穀梁》“緡”曰“閔”。杜《注》：“緡，宋地。”《地理志》：“山陽郡東緡。”師古曰：“《春秋》僖二十三年，‘齊侯伐宋，圍緡’，即此。”《郡國志》：“山陽郡東緡，春秋時曰緡。”沈欽韓云：“《水經注》：‘菏水東逕東緡縣故城北，宋之緡也。’《一統志》：‘東緡故城在兗州府金鄉縣東北二十三里。’”

夏，五月，庚寅，宋公茲父卒。

〔疏證〕“茲父”，《公羊》曰“慈父”。《年表》：“宋襄公十四年，公疾死泓戰。”《宋世家》：“子成公王臣立。”

秋，楚人伐陳。

〔疏證〕杜無注。《疏》云：“《釋例》：‘楚之初興，未閑周之典禮，告命之書，自生異同。’故成二年以上，《春秋》未以入例也。如杜彼言，楚不以得臣名告，故稱人耳。”文淇案：此稱人，古義無考，謂楚不以得臣名告，亦誤。

冬，十有一月，杞子卒。

〔疏證〕《陳杞世家》脫“成公一世，成公卒”。當是弟桓公姑容立，《世家》以桓公爲德公弟，非也。

〔傳〕 二十三年，春，齊侯伐宋，圍緡，以討其不與盟于齊也。

〔注〕服云：“魯僖公十九年，諸侯盟于齊，以無忘齊桓之德。宋襄公欲行霸道，不與盟，故伐之。”《齊世家集解》。

〔疏證〕《年表》：“齊孝公六年，伐宋，以其不同盟。”《十九年經》：“冬，同盟于齊。”《傳》曰：“陳穆公請修好於諸侯，以無忘齊桓之德。”服《注》據彼經傳也。杜《注》：“十九年盟于齊，以無忘桓公之德。而宋猶獨不會，復召齊人共盟鹿上，故今討之。”文淇案：杜用服義，雖有所增減，究不若服《注》之簡當。壽曾曰：齊之伐宋，《傳》第明“不與盟于齊”，與鹿上之盟何涉？杜《注》枝贅，非《傳》意。

夏，五月，宋襄公卒，傷於泓故也。

〔疏證〕《楚世家》：“楚成王北伐宋，敗之泓。射傷宋襄公，襄公遂病創死。”《宋世家》：“襄公十四年，夏，襄公病傷于泓而竟卒。”襄公之卒由病創。當楚舊說。

秋，楚成得臣帥師伐陳，討其貳於宋也。遂取焦、夷，城頓而還。

〔疏證〕焦，《水經注》引作"譙"。杜《注》："成得臣，子玉也。"《地理志》："沛郡譙。"惠棟云："焦、譙古通用。《小黃門譙敏碑》以'焦贛'爲'譙贛'，是也。"《郡國志》："汝南郡城父，故屬沛，春秋時曰夷。南頓，本頓國。"沈欽韓云："《一統志》：'譙縣故城，今亳州治，春秋時陳焦邑。'《方輿紀要》：'城父城在亳州東南七十里，春秋時陳夷邑。'《水經注》：'潁水東合谷水，東北逕南頓縣故城南。'《左傳》所謂'頓通於陳而奔楚'，自頓南徙，故曰南頓，今其城在頓南三十餘里，今陳州府商水縣治，即南頓故城。"

子文以爲之功，使爲令尹。叔伯曰："子若國何？"

〔疏證〕杜《注》："叔伯，楚大夫蒍呂臣也。"

對曰："吾以靖國也。夫有大功而無貴仕，其人能靖者與，有幾？"

〔疏證〕《釋文》："'與'字絕句。"此倒語也，若曰："其有幾人能靖者與？"

九月，晉惠公卒。

〔疏證〕杜《注》："《經》在明年後赴。"按：杜說非。詳二十四年《疏證》。《年表》："晉惠公十四年，圉立，爲懷公。"

懷公①命無從亡人，期，期而不至，無赦。狐突之子毛及偃從重耳在秦，弗召。

〔疏證〕《釋文》："下'期'亦作'朞'。"杜《注》："懷公，子圉。亡人，重耳。偃，子犯也。"《晉世家》："子圉立，畏秦之伐也，乃令國中諸從重耳亡者與期，期盡不到者，盡滅其家。狐突之子毛及偃從重耳在秦，弗肯召。"

冬，懷公執狐突，曰："子來則免。"

〔疏證〕此謂毛、偃及期不至，乃執狐突也。杜《注》："未期而執突，

① 林按：疑此處原稿脫"立"字，據楊本增補。

以不召子故。”非《傳》意。《晉世家》：“懷公怨，囚狐突。”

對曰：“子之能仕，父教之忠，古之制也。策名、委贄①，貳乃辟也。

〔注〕服云：“古者始仕，必先書其名於策，委死之贄於君，然後爲臣，示必死節於其君也。”《仲尼弟子列傳集解》。舊注：“貳，二心。辟，罪也。”《御覽》四百十八。

〔疏證〕《四月箋》云：“仕，事也。”《釋文》：“質，如字。”杜《注》：“屈膝而君事之。”《疏》云：“質，形體也。謁拜而屈膝，委身體於地也。”杜不用服義。《釋文》從杜《注》也。傅遜云：“質，古贄字。《管子》：‘令諸侯之子將委質者皆，以雙虎之皮。’凡言委質皆委贄也。”顧炎武云：“《孟子》‘出疆必載質，庶人不傳質爲臣’，皆是贄字。”惠棟云：“服讀質爲贄。《晉語》云：‘臣委質於翟之鼓。’韋昭曰：‘質，贄也。士贄以雉，委贄而退。’《尚書》稱‘二生一死贄’，故云委死之質。服說頗勝於杜。”沈欽韓云：“《春秋》交質之字并同致、置之音。《士相見禮》凡敵者，‘再拜，送贄’；卑者‘奠贄，再拜’，不親授；‘若始見於君，執質至下，容彌蹙’。所謂委質者，委贄於庭，不敢送於君前也。《聘禮》‘賓覿，北面奠幣，再拜稽首’，‘介入門右，東上，奠幣’，皆是奠諸地。杜以質爲形體，委爲屈膝，於典制毫無所知，鄙倍甚矣。”文淇案：傅、顧、惠、沈諸說是也。《晉語》：“臣聞之：委質爲臣，無有二心。委質而策死，古之法也。”下文即云：“君有烈名，臣無畔質。”“畔質”與上“委贄”相應，則物屈體可知。□②韋《注》：“言委質於君，書名於策，示必死也。”亦用服說。《荀子·大略篇》：“錯質之臣，不息雞豚。”《注》：“錯，置也，質讀爲贄。《孟子》曰：‘出疆必載質。’蓋古字通耳。置贄，謂執贄而置於君。《士相見禮》曰：‘士大夫奠贄於君，再拜稽首。’或曰‘置贄’，猶言委質也。言凡委質爲人臣，則不得與下爭利。”張湛前一說是也，後一說則似用杜之謬說。《荀子》“錯質”即《傳》之“委質”，或言“置質”。《呂覽·執一篇》：“吳起曰：‘今日置質爲臣，其主安重。’”置，猶委也。是置、錯義與委通。《後漢書·竇融傳》：“融上書曰：‘臣委質則易爲辭。’”《文苑傳》皇甫規《與趙壹書》曰：“企德懷風，虛心委質。”《吳志·諸葛瑾傳注》引《江表傳》權《報陸遜書》曰：“子瑜言：‘弟亮委質定分，義

---

① 林按：“贄”，楊本作“質”。

② 科學本注：此句疑有誤文。

無二心。'"《蜀志·劉璋傳注》："張璠曰：'張松、法正雖君臣之義未正，然固已委名附質。'"《晉書·李重傳》："重奏曰：'霍原行成名立，縉紳慕之，委以質。'"竇融、諸葛瑾、張璠所言，皆與服氏義近。古人相見皆以贄，不必□[1]臣，故皇甫規《與趙壹書》、晉人於霍原皆有委質之語。《後漢書·馮衍傳》："衍聞之，委質爲臣。"《注》引《左傳》以爲屈膝，□[2]杜氏之誤也。《北史·張褒傳》："蠕蠕王遣使來朝，抗敵國之禮，袞曾孫倫表以爲：'必其委質玉帛之辰，屈膝藩王之禮。'"《蜀志·後主傳》："既至洛陽，策命之曰：'公不憚屈身委質，以愛民全國爲貴。'"皆以委質與屈膝、屈身爲二事，則杜之謬審矣。洪氏亮吉謂："服訓質爲贄，贄、質古字通。"殊誤。杜《注》不釋"貳"，云："不可以貳。辟，罪也。"則《御覽》所引當爲舊注。"辟，罪"，《釋詁》文。《後漢書·賈逵傳》："逵奏：'《左傳》："委質策名，貳乃辟也。父教子貳，何以事君？"是崇君父、卑臣子也。'"策名、委質互倒，或賈氏本異。

"今臣之子，名在重耳，有年數矣。若又召之，教之貳也。父教子貳，何以事君？刑之不濫，君之明也，臣之願也。淫刑以逞，誰則無罪？臣聞命矣。"乃殺之。

〔疏證〕"名在重耳"，即服《注》稱"書名於策"也。《晉語》："從君而貳。"《注》："貳，二心也。"蒙上"貳乃辟也"言之。梁萬方《儀禮釋傳通解》："'誰則無罪'，無二罪之人也。言己之不召子，本無罪，而淫刑則亦罪之也。"《晉世家》："狐突曰：'臣子事重耳有年數矣，今召之，是教之反君也，何以教之？'懷公卒殺狐突。"

卜偃稱疾[3]不出，曰："《周書》有之：'乃大明服。'

〔疏證〕《周書·康誥》文。《康誥》此文承"敬明乃罰"，卜偃引以風懷公之刑罰之不中也。孫星衍《古文尚書疏證》云："有順是用刑者，乃大明服，言君大明而民服也。《荀子·富國篇》云：'誠乎上，則下應之如景響，雖欲無明達，得乎哉？《書》曰："乃大明服。"'楊倞《注》：'言君大明以服下。'"

---

① 科學本注：無原稿，抄本闕文，疑應作"爲"。
② 科學本注：無原稿，抄本闕文，疑應作"從"。
③ 林按：底本作"病"，據通行本及楊本回改。

"己則不明，而殺人以逞，不亦難乎？民不見德，而唯戮是聞，其何後之有？"

〔疏證〕《釋文》："'逞'，亦本作'呈'。"《北周書·武帝紀》："建德五年，大軍次并州，齊主自將輕騎走鄴。是日，詔曰：'棟梁骨鯁，翦爲仇讎。狐、趙緒餘，降成皂隸。民不見德，惟虐是聞。朕懷兹漏網，置之度外，正欲各静封疆，共紓民瘼也。'"引此《傳》，"戮"作"虐"，異文。

十一月，杞成公卒。書曰"子"，杞，夷也。

〔疏證〕惠棟云："譙周《古史考》云：'惠公生成公及桓公。'"惠氏所引譙周説，見《陳杞世家索隱》。《世家》："共公八年卒，子德公立。"《索隱》云："《系本》及譙周并作'惠公'。"又云："'惠公生成公及桓公。'"下引此年經傳爲證，謂"杞有成公，必當如譙周所説"。既引何休《膏肓》難《左氏》云："杞子卒，豈當用夷禮死乎？"鄭氏之箴詞無考。杜《注》："成公始行夷禮以終其身，故於卒貶之。"鄭氏義或當然。

不書名，未同盟也。凡諸侯同盟，死則赴以名，禮也。

〔疏證〕此赴告再例也，已見隱七年。

赴以名，則亦書之，不然則否，辟不敏也。

〔疏證〕杜《注》"赴以名，則亦書之，不然則否"："上句謂未同盟。下句謂同盟而不以名告。敏，猶審也。同盟然後告名，赴者之禮。承赴然後書策，史官之制也。"顧炎武云："疑此三句俱謂未同盟者，蓋恐不審其實而有誤，故不書名。史氏之禮也。"沈欽韓云："此謂未同盟之人，本不審其名，故不赴名不書也。若已同盟，雖不赴名，策書固已悉之。書其名，無不審之患也。考《經》中則有未同盟而書名，無同盟而不書名者。杜解此句，謂'同盟不以名告'，横生枝節，其謬顯然。"按：顧、沈説是也。洪亮吉云："《釋樂》：'商謂之敏。'《釋文》：'敏，審也。'高誘《吕覽注》：'審，實也。'按：'辟不敏'，蓋辟不實耳。"

晉公子重耳之及於難也，晉人伐諸蒲城。蒲城人欲戰，重耳不可，曰："保君父之命，而享其生禄，

〔疏證〕蒲城事在五年。《漢書》李奇《注》："保，恃也。"《疏》云：

"人以禄生，謂之生禄。"

"於是乎得人。有人而校，罪莫大焉。吾其奔也。"遂奔狄。

〔疏證〕包咸《論語注》："校，報也。"杜用包説。《晉世家》："獻公二十二年，重耳遂奔狄。狄，其母國也。是時重耳年四十三。"

從者狐偃、趙衰、顛頡、魏武子、司空季子。

〔注〕服云："司空季子，胥臣臼季也。"《晉世家集解》。

〔疏證〕狐偃已見服《注》。當及□①人。杜《注》："衰，趙夙弟。武子，魏犫。"注司空季子同服《注》，則趙、魏之注當亦用服説也。《晉語》韋《注》云："趙衰，晉卿公明之少子，成子衰也。季子，晉大夫胥臣臼季也，後爲司空。"韋注"趙衰"當是用服説。《晉世家》："晉文公重耳，自少好士。年十七，有賢士五人，曰：趙衰；狐偃咎犯，晉文公舅也；賈佗；先軫；魏武子。奔狄。從此五士，其餘不名者數十人。"《世家》述五士與《傳》異，杜《注》謂："時狐毛、賈佗皆從，而獨舉此五人，賢而有大功。"亦臆爲之説，《世家》亦不及狐毛也。

狄人伐廧咎如，

〔注〕賈逵云："赤狄之別種，隗姓。"《晉世家集解》。

〔疏證〕《唐石經》"廧"作"廧"。嚴可均《校文》云："'牆'作'廧'，隸變，各本作'廧'。毛居正《六經正誤》謂：'廧作廧。'誤。是宋本原作'廧'，後人依毛説改耳。《九經字樣》：'廧音牆。《左傳》廧咎如。'"按：嚴説是也。洪亮吉謂"《唐石經》作'廧'"，非。杜《注》用賈説。《疏》云："成三②年，晉郤克、衛孫良夫伐廧咎如。《傳》曰：'討赤狄之餘焉。'彼言赤狄之餘，知是赤狄之別種也。女曰叔隗、季隗，知爲隗姓也。"

獲其二女，叔隗、季隗，納諸公子。公子取季隗，生伯儵、叔劉。以叔隗妻趙衰，生盾。

〔疏證〕《釋文》："'儵'作'鯈'。"《晉世家》："得二女：以長女妻重耳，生伯儵、叔劉；以少女妻趙衰，生盾。"《索隱》引此《傳》云："則叔隗長而季隗少，又不同也。"按：此傳文二隗屢見，此史公駮文。

---

① 科學本注：無原稿，抄本闕文。

② 林按：底本作"二"，據《春秋左傳正義》改爲"三"。

將適齊，

〔疏證〕《晉世家》：“重耳乃謀趙衰等曰：‘始吾奔狄，非以爲可用興，以近易通，故且休足。休足久矣，固願徙之大國。夫齊桓公好善，志在霸王，收恤諸侯。今聞管仲、隰朋死，此亦欲得賢佐，盍往乎？’於是遂行。”是重耳適齊之事也。

謂季隗曰：“待我二十五年，不來而後嫁。”對曰：“我二十五年矣，又如是而嫁，則就木焉。請待子。”處狄十二年而行。

〔疏證〕《晉世家》略同，“待”作“犁”。《廣雅》：“遲，徐遲也。”王念孫云：“‘遲’與‘黎’通。凡言黎者，皆遲緩之意，字亦作‘犁’。僖公二十三年《左傳》：‘待我二十五年，不來而後嫁。’《史記·晉世家》‘待’作‘犁’，義相近。”按：王説是也。《左傳》古文或當作“遲”。《索隱》以“比”訓“犁”，非。《後漢書·耿純傳》：“純與從昆弟訢、宿、植共率宗族賓客二千餘人，老弱①者皆載木自隨。”《左傳》：“又如是而嫁，將就木。”木，謂棺也。此當是《左氏》舊説。杜《注》云：“將死入木，不復成嫁。”亦謂木爲棺矣。《晉世家》：“吾家上柏大矣。”乃采異説，非《傳》意也。《晉語》：“文公在翟十二年。”《注》：“文公遭驪姬之難，魯僖五年，歲在大火，自蒲奔狄。至十六年，歲在壽星，故在翟十二年。”

過衛，衛文公不禮焉。出於五鹿，

〔注〕賈云：“衛地②。”《晉世家集解》。

〔疏證〕《年表》：“衛文公二十三年，重耳從齊過，無禮。”杜《注》：“今衛縣西北有地名五鹿。陽平元城縣東亦有五鹿。”按：《水經·河水》：“京相璠曰：‘今衛縣西北有五鹿城。’”杜前一説用京相説也。《水經注》引京相説，五鹿下有“今頓丘縣”四字，乃鄭氏語。洪亮吉以爲京相説，非。沈欽韓云：“按：元城之五鹿當是沙鹿地，訛爲五鹿耳。司馬彪云：‘五鹿墟，故沙鹿。’《水經》於元城縣但引漢元后事，證沙鹿崩。而於衛縣下云：‘浮水故瀆，東經五鹿之野。晉文公受塊於野人，即此處。’又引京相璠云：‘今衛縣西北三十里有五鹿城。’以別元城之沙鹿非此五鹿，意甚明白。顧棟高反主在元城者，非也。《方輿紀要》：‘五鹿城在大名府開

---

① 科學本注：開明本《後漢書》作“老病”，《注》：“病恐死，故載木。”
② 林按：底本作“也”，據《晉世家集解》改爲“地”。

州南三十里。'"①

乞食於野人，野人與之塊。

〔疏證〕洪亮吉云："《漢書·律曆志》作'乞食於堲人，堲人舉凷而與之'。《説文》：'凷，墣也。從土，從一屈，象形。或從鬼。'是'塊'當依《漢書》作'凷'爲正。"按：洪説是也。塊，杜無辭《晉語注》："不見禮，故乞食。塊，墣也。"用許説。《晉世家》："飢而從野人乞食，野人盛土器中進之。"

公子怒，欲鞭之。子犯曰："天賜也。"

〔注〕舊注："得土爲天賜。"《御覽》八百四十七。

〔疏證〕杜《注》："得土，有國之祥，故以爲天賜。"用舊注説。《晉世家》："重耳怒。趙衰曰：'土者，有土也，君其拜受之。'"謂趙衰詞與《傳》異。

稽首受而載之。

〔疏證〕杜無注。《晉語注》："拜天賜，受塊而載之。"此與上《注》"得土爲天賜"文相承。疑韋氏亦用舊説。《荀子·大略篇》："平衡曰拜，下衡曰稽首，至地曰稽顙。""載"謂載於車中也。

及齊，齊桓公妻之，有馬二十乘。

〔疏證〕《晉世家》："至齊，齊桓公厚禮，而以宗女妻之，有馬二十乘。"《晉語》："齊侯妻之，甚善焉，有馬二十乘。"《注》："桓公以女妻之，遇之甚善。四馬爲乘，八十匹。"傅遜云："桓公與秦共納惠公，不欲復納重耳，尤忌其賢，而以計留之，故妻以女，富以馬。"

公子安之。從者以爲不可。將行，謀於桑下。

〔疏證〕《晉語》："桓公卒，孝公即位。諸侯畔齊。子犯知齊之不可以動，而知文公之安齊而有終焉之志也。欲行而患之，與從者謀於桑下。"《注》："從者，趙衰之屬。"《晉世家》："重耳至齊，二歲，而桓公卒，會豎刁等爲内亂，齊孝公之立，諸侯兵數至。留齊凡五歲。重耳愛齊女，毋去心。趙衰、舅犯乃於桑下謀行。"

---

① 科學本注：見開州鹹城注。《寰宇記》謂重耳乞食處爲五鹿墟。

蠶妾在其上，以告姜氏。姜氏殺之，

〔注〕懼孝公怒，故殺之以滅口。《晉世家集解》。

〔疏證〕杜用服説。《釋詁》：“滅，絕也。”《晉語》：“蠶妾在焉，莫知其在也。妾告姜氏，姜氏殺之。”《注》：“殺之以滅口也。時諸侯畔齊，壻又欲去，恐孝公怒，故殺妾以滅口。”《晉世家》：“齊女侍者在桑上，聞之，以告其主。主乃殺侍者。”

而謂公子曰：“子有四方之志，其聞之者，吾殺之矣。”公子曰：“無之。”姜曰：“行也！懷與安，實敗名。”公子不可。姜與子犯謀，醉而遣之。醒，以戈逐子犯。

〔疏證〕《禮記》引《傳》，“姜”下有“氏”，下亦同。杜《注》未釋“懷”“安”。《晉語》：“西方之書有之曰：‘懷與安，實疚大事。’”《注》：“西方，謂周也。《詩》云：‘誰將西歸？’又曰：‘西方之人。’皆謂周也。安，自安也。”則齊姜所稱，乃周之故言。《曲禮》：“安之而能遷。”《注》：“謂己今安此之安，圖後有害則當能遷。晉舅犯醉重耳而行，近之。”則鄭君亦以安爲自安矣。《晉世家》：“勸重耳趣行。重耳曰：‘人生安樂，孰知其他。必死於此，不能去。’齊女曰：‘子一國公子，窮而來此，數士者以子爲命。子不疾反國，報勞臣，而懷女德，竊爲子羞之。且不求，何時得功？’乃與趙衰等謀，醉重耳，載以行。行遠而覺，重耳大怒，引戈欲殺舅犯。”

及曹，曹共公聞其駢脅，欲觀其裸。浴，薄而觀之。

〔注〕服云：“腋下謂之脅。”《釋文》引《通俗文》。

〔疏證〕《釋文》：“欲觀，如字，絕句。一讀至裸字絕句。”《疏》云：“斷‘其裸’以上爲句。”與《釋文》一讀同。姚寬《西溪叢語》云：“‘聞晉公子駢脅欲觀’絕句，‘其裸浴’絕句。”按：三讀并通。《疏》以“其裸”絕句，當爲古讀。“浴”，亦當絕句也。《呂覽·上德篇》高誘《注》：“共公名襄，昭公之子。”“駢”應作“骿”。《説文》：“骿，并骨也。晉文公駢脅。”許似從賈氏本。骿訓并骨，疑亦賈義。《晉語注》：“骿脅，并幹也。”杜《注》：“駢脅，合幹。”合幹，猶并骨矣。《晉語》作“骿”，正與《説文》合。《論衡》作“比脅”，《金樓子》作“胼脅”，皆“骿”異文。《廣雅》：“脅幹，謂之肋。”則脅猶肋也。《晉語》孔晁《注》：“聞公子脅幹，是一骨。”《商君傳》：“多力而駢脅驂乘。”是駢脅主多力，不必爲貴徵。故共公疑而欲觀之也。《説文》《廣雅》并云：“嬴，袒也。”杜《注》：

"薄，近也。"洪亮吉云："《外傳》：'謀其將浴，設微薄而觀之。'按：'微薄'即'帷薄'也，音義并同。韋昭訓微爲蔽，訓薄爲迫。義較迂曲。又按：《釋文》引《國語》云：'薄，簾也。'當從賈逵《注》。《國語》下脱'注'字耳。高誘《淮南王書注》^①：'曹共公聞重耳駢脅，使袒而捕魚，設薄而觀之。'義亦同。杜《注》本韋昭説，亦訓爲迫，然究不若簾字解有實據。"沈欽韓云："垂帷薄以微窺，與闓然薄觀者較近人情。《淮南注》與《晉語》足相證明。"按：洪、沈説是也。《韓非子・十過篇》："昔者晉公子出亡，過於曹，曹君袒裼而觀之。"《晉世家》："遂行。過曹，曹共公不禮，欲觀重耳駢脅。"

僖負羈之妻曰："吾觀晉公子之從者，皆足以相國。若以相^②夫子，必反其國。

〔疏證〕《晉世家》"僖"作"釐"。《晉語注》："僖負羈，曹大夫。"杜讀"若以相"爲句，《注》云："若遂以爲傅相。"顧炎武云："當作至'夫子'爲句，夫子即公子。"洪亮吉云："按：《晉語》説此事云：'其從者皆相國也。以相一人，必得晉國。'用彼文相方，其義益明。"壽曾曰：顧、洪説是也。女子稱他人，無云夫子者。《御覽》四百七十六引作"公子必反其國"，只宋本正作"公子"，今本誤也。《淮南・道應訓》："晉公子重耳出亡，還曹，曹無禮焉。釐負羈之妻謂釐負羈曰：'君無禮於晉公子。吾觀其從者，皆賢人也。'"《注》："從者，狐偃、趙衰之屬也。"

"反其國，必得志於諸侯。得志於諸侯，而誅無禮，曹其首也。子盍早^③自貳焉。"

〔疏證〕《御覽》四百七十六引"反"上有"若"字。《晉語注》："貳，猶別也。"杜《注》："自貳，自別異於曹。"《晉世家》："曹大夫釐負羈曰：'晉公子賢，又同姓，窮來過我，奈何不禮。'共公不從其謀。"

乃饋盤飧，寘璧焉。

〔注〕服云："水澆飯曰飧。"《御覽》八百五十引《通俗文》。

〔疏證〕《説文》："飧，餔也。"《釋文》引《字林》云："飧，水澆飯

---

① 科學本注：道應訓。

② 林按：楊本此處爲"若以相，夫子必反其國"。

③ 林按："早"，楊本作"蚤"。

也。”與《通俗文》合。《晉語注》：“孰食曰飧。寘，置也，置璧於飧下。”
杜《注》亦云：“用盤藏璧飧中。”用韋《注》義。《晉世家》：“負羈乃私
遺重耳食，置璧其下。”韋《注》蓋又本《世家》也。《年表》：“曹共公
十六年，重耳過，無禮，僖負羈私善。”

公子受飧反璧。

〔疏證〕杜無注。《周禮·司儀》“致饔餼，還圭”《注》：“鄭司農云：
‘還圭，歸其玉也。故公子重耳受飧返璧。’”《疏》：“引之者，證還圭之
事。但彼反璧者，義取不貪其寶意，非還圭。故後鄭不從也。”《疏》言
“不貪其寶”，是《左氏》舊説。《晉世家》：“重耳受其食，還其璧。”

及宋，宋襄公贈之以馬二十乘。

〔注〕服云：“八十匹。”《宋世家集解》。

〔疏證〕《晉世家》：“宋新困兵于楚，傷於泓，聞重耳賢，乃以國禮
禮於重耳。”是其事也。杜“及齊，有馬二十乘”《注》：“四馬爲乘，八十
匹也。”用服《注》意。《檀弓》：“攝束帛乘馬。”《釋文》、《周①禮·校人》
“馬乘”《注》，皆以乘爲四馬。

及鄭，鄭文公亦不禮焉。

〔疏證〕《晉語注》：“文公，鄭厲公之子捷。”《年表》：“鄭文公
三十六年，重耳過，無禮。”《晉世家》：“乃去。過鄭，鄭文公弗禮。”

叔詹諫曰：

〔疏證〕《年表》：“叔詹諫。”杜無注。《晉語注》：“叔詹，鄭大夫。”
《晉世家》“詹”作“瞻”。

“臣聞天之所啓，人弗及也。晉公子有三焉，天其或者將建諸，君其禮焉。

〔疏證〕《晉語注》：“啓，闓②也。”闓有□③義。杜《注》訓“開”，
亦通。“三”，謂天之所啓有三也。“或者”，《疏》：“謂天意或當然也。”

---

① 科學本注：無原稿，抄本闕文。
② 科學本注：《叢書集成》本作“開”。
③ 科學本注：無原稿，抄本闕文。

“男女同姓，其生不蕃。晉公子，姬出也，而至於今，一也。

〔疏證〕《曲禮》：“娶妻不娶同姓。”鄭玄《周禮注》：“蕃，息也。”杜《注》：“大戎狐姬之子，故稱姬出。”

“離外之患，而天不靖晉國，殆將啓之，二也。

〔疏證〕《晉語注》：“靖，治也。”

“有三士，足以上人，而從之，三也。

〔疏證〕“三士”，《傳》不明何人。《晉語》：“僖負羈言於曹伯曰：‘卿才三人從之。可謂賢矣。’”《注》：“三人：狐偃、趙衰、賈佗。”《晉語》又云：“宋公孫固言於襄公曰：‘晉公子好善不厭，父事狐偃，師事趙衰，而長事賈佗。此三人者，實左右之。’”壽曾曰：韋《注》蓋取諸此。杜釋“三士”用韋説。《疏》乃云：“僖負羈言有卿才，公孫固説其名氏，知是一物，故并引之。”未知杜本韋説也。因《傳》□①晉文從者不及賈佗，叔詹所舉三人，不必盡同於公孫固。韋、杜皆意爲之説。

“晉、鄭同儕，

〔疏證〕《曲禮》鄭《注》：“儕，等也。”洪亮吉②：“《一切經音義》引舊説：‘儕，猶輩、類也。《左傳》：“晉、鄭同儕。”是也。’”按：鄭玄注《樂記》亦同。杜此《注》用鄭《曲禮注》。”壽曾曰：《音義》引舊説，或是《左氏》説也。《晉世家》：“叔瞻曰：‘鄭之出自厲王，晉之出自武王。’”即明“同儕”之義。

“其過子弟，固將禮焉。況天之所啓乎！”弗聽。

〔疏證〕《晉世家》引叔瞻諫辭，與《傳》少異。又③曰：“君不禮，不如殺之，且後爲國患。”乃采異説。

及楚，楚子享④之，

〔疏證〕《年表》：“楚成王三十五年，重耳過，厚禮之。”《晉語》：“楚

---

① 科學本注：無原稿，抄本闕文。
② 科學本注：疑脱“云”字。
③ 林按：“又”，底本作“人”，疑當作“又”。
④ 林按：“享”，楊本作“饗”。

成王以周禮享之，九獻，庭實旅百。"《晉世家》："重耳去之楚，楚成王以適諸侯禮待之，重耳謝不敢當。趙衰曰：'子亡在外十餘年，小國輕子，況大國乎？今楚大國而固遇子，子其毋讓，此天開子也。'遂以客禮見之。"

曰："公子若反晉國，則何以報不穀？"

〔疏證〕《晉語注》："《典禮》曰：'四夷之大國，於境內自稱不穀。'"則楚子猶不穀，正與禮合。□□□[1]援四年齊桓對屈完稱不穀□□[2]韋《注》非，詳四年《疏證》。

對曰："子女玉帛，則君有之。羽毛齒革，則君地生焉。其波及晉國者，皆君之餘也，其何以報君？"

〔疏證〕杜無注。《晉語注》："有之，楚自多也。子女，美女也。羽，鳥羽也，翡翠、孔雀之屬。旄，旄牛尾也。齒，象牙也。革，犀兕皮也。皆生於楚。波，滋也。"沈欽韓云："'波'與'禆'聲同。禆，益也。"《晉世家》："羽、毛、齒、革、玉、帛。"

曰："雖然，何以報我？"對曰："若以君之靈，得反晉國。晉、楚治兵，遇於中原，其辟君三舍。

〔注〕賈云："《司馬法》：'從遯不過三舍。'三舍，九十里也。"《晉世家集解》。

〔疏證〕《晉世家》"我"作"不穀"。《晉語注》："靈，神也。"《吳語》："以與楚昭王毒逐於中原。"《注》："中原，原中[3]也。"《晉語注》："治兵，謂征伐也。古者師行三十里而舍。三舍爲九十里。"下引《司馬法》曰："進退不過三舍，禮也。"與賈《注》所引文異。《御覽》二百七十引古《司馬法》："古者逐奔不過百步，縱綏不過三舍，是以明其仁也。"文亦異，當從《晉世家》"從遯"爲合。李貽德云："'從'，猶'韓厥從鄭伯'之'從'。'遯'，《說文》云：'逃也。''從遯不過三舍'者，師之進退不得踰三舍也。"壽曾曰：李說是也。韋《注》引《司馬法》，通用其義而改其字，"從遯"作"從綏"。"從"，古"縱"字。"綏"，誤文耳。杜

---

① 科學本注：無原稿，抄本闕文。
② 科學本注：抄本闕文，疑是"晉語"。
③ 科學本注：《叢書集成》本韋《注》："中原，原也。""中"字衍。

釋“三舍”爲“三退”，《疏》亦無説。《吕覽·不廣篇注》：“軍行三十里爲一舍。”《穆天子傳》：“五舍至於重璧之台。”《注》：“三十里爲舍也。”是一舍三十里也。《六月》“于三十里”《箋》：“日行三十里可以舍息。”服謂“三舍九十里”，不言“日行三十里”，與鄭君□①異。《晉世家》：“重耳曰：‘即不得已，與君王以兵車會平原廣澤，請辟王三舍。’”

“若不獲命，

〔疏證〕《晉語注》：“不獲楚師返之命。”

“其左執鞭、弭，右屬櫜、鞬，以與君周旋。”

〔注〕舊注：“櫜，受箭器。”《御覽》三百五十。

〔疏證〕杜未釋“鞭”。《晉語注》：“鞭所以擊馬。《傳》曰：‘雖鞭之長，不及馬腹。’”《釋器》：“弓有緣者謂之弓，無緣者謂之弭。”本《疏》引：“李巡曰：‘骨飾兩頭曰弓，不以骨飾兩頭曰弭。’孫炎曰：‘緣謂繳束而漆之，弭謂不以繳束、骨飾兩頭者也。’”繳、飾皆緣之意，《疏》謂“二説雖反，俱以弭爲弓末”，是也。杜《注》：“弭，弓末無緣者。”用韋《注》説。馬宗璉云：“《御覽》引《毛詩拾遺》云：‘《左傳》：“左執鞭、弭。”弭者，弓之别名。’”則不關有緣及與骨飾矣。杜又云：“櫜以受箭。”與《御覽》引《注》義同文異，則《御覽》所引當是舊注。《晉語注》：“櫜，矢房。”與□□②注同。《昭元年傳》：“伍舉請垂櫜而入。”杜彼《注》云：“示無弓。”則與此《傳注》義又殊。《疏》云：“《詩》云：‘載櫜弓矢。’則弓矢所藏俱名櫜也。以對文而分之耳。”《方言》云：“所以藏箭弩謂之箙，藏弓謂之鞬。《左氏傳》云：‘右屬櫜、鞬。’”引此《傳》以釋鞬，則鞬爲藏弓器，亦《左氏》舊義矣。《廣雅》：“櫜、鞴，弓藏也。”《晉語注》：“鞬，弓弢也。”《齊語》：“弢無弓，服無矢。”韋《注》亦云：“弢，弓衣。”“服”，即《方言》之“箙”矣。杜《注》：“鞬以受弓。”亦用韋《注》説。《禮記》鄭玄《注》：“屬，謂著也。”《晉語注》又云：“言以禮避君，君不從，乃敢左執弓，右屬手於房以取矢，共君周旋，相馳逐也。”如彼注□③，則此爲□□□④弓矢

---

① 科學本注：無原稿，抄本闕文。
② 科學本注：抄本闕文，疑爲“杜預”。
③ 科學本注：抄本闕文。
④ 科學本注：抄本闕文。

之狀。鞭、鞬皆殳以成。□□□①引《周語》孔晁《注》，乃云："馬鞭及弓分在兩手，欲辟'右帶韇、鞬'之文，故云'左執'。"非也。

子玉請殺之。

〔疏證〕《晉語注》："子玉，楚若敖之曾孫，令尹成得臣也。"《晉世家》："楚將子玉怒曰：'王遇晉公子至厚，今重耳言不孫，請殺之。'"此得《傳》意。杜《注》："畏其志大。"非。

楚子曰："晉公子廣而儉，文而有禮。其從者肅而寬，忠而能力。

〔疏證〕《晉世家》："成王曰：'晉公子賢而困於外久②，從者皆國器。'"

"晉侯無親，外內惡之。

"吾聞姬姓唐叔之後，其後衰者也，

〔疏證〕衰，杜無注。後衰猶言後亡也。洪亮吉云："此'衰'字當作'興'字解。如古訓'亂'爲'治'。與下文'將興'之'興'字互文。"義殊迂曲。

"其將由晉公子乎！天將興之，誰能廢之？違天，必有大咎。"乃送諸秦。

〔疏證〕《晉世家》："居楚數月，而晉太子圉亡秦，秦怨之。聞重耳在楚，乃召之。成王曰：'楚遠，更數國乃至晉。秦、晉接境，秦君賢，子其勉行！'厚送重耳。"

秦伯納女五人，懷嬴與焉。

〔疏證〕《年表》："秦穆公二十三年，迎重耳於楚，厚禮之，妻之女，重耳願歸。"《晉語注》："懷嬴，故子圉妻。子圉逃歸，立爲懷公，故曰懷嬴。與焉者，與爲媵也。"杜《注》用韋說。本《疏》引孫晁《注》："歸懷嬴，更以貴妾禮迎之。"故韋《注》言媵也。《秦本紀》："秦怨圉亡去，乃迎晉公子重耳於楚，而妻以故子圉妻。重耳初謝，後乃受。"《晉世家》："重耳至秦，秦繆公以宗女五人妻重耳，故子圉妻與往。重耳不欲受，司

---

① 科學本注：抄本闕文。
② 林按：底本缺"久"字，據《史記》補。

空季子曰：'其國且伐，況其故妻乎？且受以結秦親而求入，子乃拘小禮，忘大醜乎？'乃受。"

奉匜沃盥，既而揮之。

〔注〕賈云："揮，灑也。"潘安仁《懷縣詩注》引《國語注》。

〔疏證〕《説文》："匜，似羹魁，柄中有道，可注水。盥，澡手也。《春秋傳》曰：'奉匜沃盥。'"賈《注》或即以"盥"爲"澡手"。鄭玄《儀禮注》："匜，沃盥器也。"杜《注》用之。《内則》："敦、牟、卮、匜，非餕莫敢用。"《注》："卮、匜，酒漿器。敦、牟，黍稷器也。"《疏》云："卮，酒器也。匜，盛水漿之器。故《春秋傳》云：'懷嬴奉匜沃盥。'是也。"《南史·劉悛傳》："齊武帝嘗至悛宅，晝卧，悛自捧金澡罐，受四升水以沃盥，因以與帝。""澡罐"即"匜"矣。杜止釋"匜"，未言沃盥之禮。《晉語注》："《昏禮》：'嫡入於室，媵、御奉匜盥。'"案：《士昏禮》云："婦至，主人揖婦以入。及寢門，揖入，升自西階。媵布席於奥。夫入於室，即席。婦尊，西南面。媵、御沃盥交。"《注》："媵謂女從者，御謂婿從者。媵沃婿，盥於南洗。御沃婦，盥於北洗。"馬宗璉云："秦以文嬴妻文公，以懷嬴爲媵，令於入室時使沃婿盥於南洗也。"按：馬説是也。韋引《昏禮》以證媵有沃盥之事。《爾雅》郭《注》："揮，振去水。"何承天云："振去爲揮。"《晉語》韋《注》亦云："揮，灑也。"并用賈《注》，似"揮"爲就匜振水。《曲禮》："飲玉爵者弗揮。"《釋文》："何云：'振去餘酒曰揮。'"《疏》："《左傳》：'奉匜沃盥，既而揮之。'揮之，是振去餘水。"惠棟云："振去匜中之水，故曰揮。杜氏訓'揮'爲'湔'，《正義》謂'以濕手揮之，使水湔污其衣'，疑非。"案：□□[1]杜况當□[2]然□□[3]揮去餘水，未必致懷嬴之怒。《特牲》[4]："尸盥，匜水實於槃中，簞巾在門内之右。"《注》："設盥水及巾，尸尊不就洗，又不揮。"《疏》："揮，振去水，使手乾，今有巾，故不揮也。是以[5]《左氏傳》云：'公子重耳在秦，秦伯納女五人，懷嬴與焉。奉匜沃盥，既而揮之。懷嬴怒。'是

---

① 科學本注：抄本闕文。
② 科學本注：抄本闕文。
③ 科學本注：抄本闕文。
④ 科學本注：《儀禮·特牲·饋食禮》
⑤ 科學本注：阮刻《注疏》"以"下有"僖二十三年"五字，劉氏以事在僖二十三年，故省之耳。

也。”沈欽韓云：“此揮者，未授巾也。是未授巾之時，文公揮水自乾其手也。”説最近之。洪亮吉云：“懷嬴不欲，故以手揮灑此水。”義亦迂曲。

怒曰：“秦、晉匹也，何以卑我？”

〔疏證〕《晉語注》：“匹，敵也。卑，賤也。”杜《注》“匹”用韋説。

公子懼，降服而囚。

〔注〕服虔云：“申意於楚子，伸於知己。降服于懷嬴，屈於不知己。”本《疏》。

〔疏證〕《晉語注》：“懼嬴之訴。降服，徹上服，自囚以聽命也。”杜《注》：“去上服，自囚以謝之。”服《注》當亦釋“降服”，《疏》引文不具。《管晏列傳》：“越石父曰：‘吾聞君子屈於不知己，而信于知己。’”《索隱》曰：“信讀曰申。”服《注》本之。

他日，公享之。子犯曰：“吾不如衰之文也，

〔疏證〕《晉語注》：“文，文辭也。”杜用韋説。

“請使衰從。”公子賦《河水》。

〔疏證〕《晉語注》：“河當爲沔，字相似，誤也。其詩‘沔彼流水，朝宗於海’，言己返國當朝事秦。”按：《詩傳》：“沔，流滿也。水猶有所朝宗。”陳奐《毛詩傳疏》：“《匏有苦葉傳》：‘瀰，深水也。’沔、瀰聲相近。水喻諸侯。水有朝宗，喻諸侯有朝宗于王。海水外至，猶諸侯之外來。《玄鳥篇》：‘四海來假，來假祈祈。’即其義也。”陳氏《疏傳》與鄭異。鄭謂：“納水趨海，若《周禮》春夏朝宗也。”杜《注》：“《河水》，逸《詩》也。義取朝宗于海，海喻秦。”杜不用韋説，較舊説有異。“河水”，洪亮吉云：“杜云‘逸《詩》’，誤。劉炫規之，是矣。”按：賦《六月》有《規過》，此條無。洪説不知何據。

公賦《六月》。

〔疏證〕《晉語注》：“《六月》，《小雅》。道尹吉甫佐宣王征伐，復文、武之業。其《詩》云：‘王于出征，以匡王國。’其二章曰：‘以佐天子。’其三章曰：‘共武之服，以定王國。’此言重耳爲君，必霸諸侯，以匡佐天子。”杜《注》用韋説，謂：“喻公子還晉，必能匡王國。”則杜取首章爲義，與韋説小殊。杜又云：“古者禮，因古詩以見義，故言賦《詩》，斷章

也。其全稱《詩》篇者，多取首章之義，他皆放此。"《疏》因劉炫《規過》
云："案：《春秋》賦《詩》，有雖舉篇名，不取首章之義者。故襄二十七
年公孫段賦《桑扈》。趙孟曰：'匪交匪敖。'乃是卒章。又昭元年云：'令
尹賦《大明》之首章。'既特言首章，明知舉篇名者不是首章。"《疏》駁
炫説，謂："杜言多取首章，言多，則非是總皆如此。"邵瑛云："下文實
曰'君稱所以佐天子者命重耳'，'以佐天子'，實次章之言，不可爲首章
也。且'以匡王國'者，言出征獫狁，以正王國之封畿。'以佐天子'者，
言出征以佐其爲天子也。則於公子還晉之事，'以匡王國'，實不如'以佐
天子'之親切也。"壽曾曰：邵謂此賦《六月》有取二章，是也。然秦伯
稱《詩》意，是不止取二章。《晉語》："秦伯賦《六月》。子餘曰：'君稱
所以佐天子、匡王國者以命重耳。'"故韋備舉一章、二章、三章之詞。"定
王國"猶"匡王國"矣。邵氏不引《外傳》以證杜誤，而謂首章不親切，
非也。此《傳》篇説當與韋同，故杜稱取首章以異之。

趙衰曰："重耳拜賜。"公子降，拜，稽首，公降一級而辭焉。

〔疏證〕降拜，《晉語注》："降，下堂也。"杜《注》："下階一級，公
子稽首。"沈欽韓云："《公食大夫禮》：'公降一等。辭曰："寡君從子，
雖將拜，興也。"'《注》：'賓猶降。終其再拜稽首。'是禮賓主非敵，賓
必降拜，公必降辭也。辭者，辭其降拜，非辭其稽首，杜發言無不謬也。"

衰曰："君稱所以佐天子者命重耳，重耳敢不拜？"

〔疏證〕《六月》二章："王于出征，以佐天子。"《傳》："出征以佐其
爲天子。"毛用《傳》意。杜既謂"取首章"，而此《傳注》云："《詩》
首章言匡王國，二章言佐天子。故趙衰因通言之。"一簡之中，義乃矛盾。

〔經〕 二十有四年，春，王正月。

夏，狄伐鄭。

秋，七月。

冬，天王出居於鄭。

〔疏證〕《年表》："周襄王十六年爲魯僖公二十四年，王奔氾。氾，
鄭地也。"沈欽韓云："《公羊》言不孝。杜預反之，故謂其蔽于匹夫之孝，
自絕於周。然《傳》歷著富辰之諫，見其喜怒無常，動作失度，女禍作於

内，寇戎興於外，職其自取。書曰：'出居。'見萬乘之主，失據非常，自詒伊戚。非謂蔽於匹夫之孝也。先后如何之語，乃其飾詞耳，當時襄王力能殺帶乎？"

晉侯夷吾卒。

〔疏證〕杜《注》："文公定位而後告。"顧炎武云："疑此錯簡，當在二十三年之冬。《左傳》曰：'九月，晉惠公卒。'晉之九月，周之冬也。"文淇案：《晉語》："十月，惠公卒。十二月，秦伯納公子。"《注》："《內傳》：'魯僖公二十三年九月，晉惠公卒。'而此云十月，賈侍中以爲閏餘十八，閏在十二月後，魯失閏，以閏月爲正月。晉以九月爲十月而置閏也。秦伯以十二月始納公子，公子以二十四年正月入晉桑泉。"據□①世《經》，僖公五年入五十三章首，則二十三年入章十九年。依術推之，閏餘十二，以十二乘閏餘，得百四十四，加七者十二，盈章中而無餘分，應閏十二月。《傳》中謂閏在十二月後，是也。十二誤爲十八，傳寫誤耳。本年傳文二月甲午、辛丑、壬寅、丙午、丁未、戊申，定爲二十三年十二月，說見後。顧謂此《經》爲錯簡，其說是也。

〔傳〕 二十四年，春，王正月，秦伯納之。不書，不告入也。

〔疏證〕杜《注》："納重耳也。"《晉世家》："晉國大夫欒、郤等聞重耳在秦，皆陰來勸重耳、趙衰等反國，爲內應甚眾。於是秦繆公乃發兵與重耳歸晉。"

及河，子犯以璧授公子，曰："臣負羈②絏，從君巡於天下，

〔注〕服云："一曰'犬纚'曰'絏'，古者行則有犬。"本《疏》。

〔疏證〕《校勘記》云："絏，《說文》引作'緤'，《水經注》四引同。《石經》避廟諱偏旁作'紲'，則《傳》宜作'緤'也。"《晉語》："及河，子犯授公子載璧。"《注》："載，祀也。授，還也。"如韋說，則子犯掌祭祀之璧。將行，還璧於公子也。《韓非子·外儲》述文公及河事，有"令籩豆捐"之語。子犯以其棄祀，故還璧。《說文》："羈，馬絡頭也，從罒從馬，罒，絆也。羈或從革。緤，系也。《春秋傳》：'臣負羈緤。'"賈君《注》誼當亦然。杜《注》："羈，馬羈。絏，馬韁。"不用服說。《疏》："杜

① 科學本注：抄本闕文。

② 科學本注：宋本、阮刻《注疏》本皆作"羈"，閩本、監本、毛本作"羈"。

以緤爲馬韁者，緤是係之别名，係馬、係狗，皆得稱緤。彼對文耳，散則可通。巡于天下，用馬爲多。”《疏》蓋駁服説也。洪亮吉云：“《漢官儀》云：‘馬曰馬。’《少儀》曰：‘犬則執緤。’按：此則緤爲犬韁之證。韋昭《國語注》：‘從者爲羈緤之僕。’亦云：‘犬曰緤。’是矣。杜必改曰‘馬韁’，非是。”洪氏申服義，是矣。然服《注》此條亦非全文。李貽德云：“服氏出‘一曰’，上當有本義，今不存矣。杜所用者當爲服之本義。《正義》所引者爲服之或説耳。”按：李説是也。《説文》但明“緤”之爲“系”，賈《注》或亦以“緤”爲“馬繮”。李又□①犬繮爲賈説，非也。《晉書·王敦傳》：“敦上書曰：‘霸王之主，何嘗不任賢使能，共相終始。管仲有三歸反坫之譏，子犯有臨河要君之責，蕭何、周勃得罪囹圄，然後爲良佐。’”是舊説以子犯爲要君也。

“臣之罪甚多矣。臣猶知之，而况君乎？請由此亡。”

公子曰：“所不與舅氏同心者，有如白水！”投其璧於河。

〔疏證〕《校勘記》：“《檀弓正義》引《傳》，‘所’下有‘反國’二字。按：誓詞多云‘所不’。《襄二十五年傳》：‘所不與崔慶者。’《論語》：‘予所不者。’是也。《檀弓正義》‘反國’二字，疑後人妄加。”杜《注》：“子犯，重耳舅也。”《晉語》云：“所不與舅氏同心者，有如白水。”《注》：“因沈璧自誓爲信。”《晉世家》：“重耳曰：‘若反國，所不與子犯共者，河伯視之。’乃投璧河中，以與子犯盟。”蓋“所不與”二句，即盟辭也。《韓非子·外儲》：“解左驂而盟於河。”

濟河，圍令狐，入桑泉，取臼衰。

〔疏證〕《晉語》：“公子濟河，召令狐、臼衰、桑泉，皆降。”《注》：“三者皆晉邑。召，召其長也。”《水經注》引京相璠《春秋土地名》：“桑泉、臼衰并在解東南。”洪亮吉云：“按：杜《注》云：‘桑泉在解縣西。解縣東南有臼城。’張華《博物志》曰：‘臼，季邑，解縣西北。’今考解州西北三十里已至臨晉縣界，解故城在臨晉東南，則距解州界當不甚遠。臼城在州西北，雖不言里數，然尚在故縣東南。可知京、杜言臼城在解縣東南之説爲諦，《博物志》非也。”按：洪説是。杜用京相璠説。沈欽韓云：“《一統志》：‘令狐城在蒲州猗氏縣西十五里。桑泉城在蒲州府臨晉縣東北。《臨晉縣志》：“桑泉城，今亭東村南小蓋原是其處，其下爲泉子

---

① 科學本注：抄本闕文。

溝。'"顧棟高云："臼衰在今解州西北。"江永云："按：解州，今直隸
山西。"顧氏以臼衰在解西北，非，當作東南。

二月，甲午，晉師軍于盧柳。

〔疏證〕《晉語注》："甲午，二月六日。盧柳，晉地。軍，猶屯也。"
貴曾曰：依三統術，二十三年十二月辛卯朔，四月甲午，非六日也。是年
正月庚寅朔，亦有甲午。因三月己丑朔，推爲上年閏十二月。故此條定爲
二十三年十二月。盧柳，杜無注。賈氏注地，止稱某國，韋《注》當本賈
《注》也。沈欽韓云："《方輿紀要》：'蒲州猗氏縣北有盧柳城。'"

秦伯使公子縶如晉師。

〔疏證〕杜無注。如晉師之故，《傳》所不具。《晉世家》："晉聞秦兵
來，亦發兵拒之。然皆陰知公子重耳入也。唯惠公之故貴臣呂、郤之屬不
欲立重耳。"當是據《左氏》舊說。《傳》爲下文呂、郤謀弒文公張本。

師退，軍於郇。

〔注〕服虔云："郇國在解縣東。郇，瑕氏之墟也。"《水經·涑水注》。
〔疏證〕《說文》："郇，從邑，旬聲，讀若泓。在晉地。"《晉語注》：
"郇，晉地。退歸聽命也。"《地理志》《郡國志》解并屬河東。《續志》劉
昭《注》："《左傳》：'咎犯與秦、晉大夫盟于郇。'"然不言郇在解之何
方。杜《注》："解西北有郇城。"《水經注》："涑水又西逕郇城。"《注》
引服說。又云："案：《竹書紀年》云：'晉惠公十有四年，秦穆公率師送
公子重耳，圍令狐，桑泉、臼季皆降于秦師。狐毛與先軫禦秦，至於盧
柳，乃謂秦穆公使公子縶來與師言。退，舍次於郇，盟於軍。'京相璠
《春秋土地名》曰：'桑泉、臼衰并在解東南。'不言解，明不至解可知。
《春秋》之文與《竹書》不殊，今解故城東北二十四里有故城，在猗氏故
城西北，鄉俗名之爲郇。考服虔之說，又與俗符，賢于杜氏單文孤證矣。"
則京氏已不用杜說矣。洪亮吉云："按：《蒲州圖經》：'郇城在猗氏縣西
南。'正漢解縣之東。杜《注》云'在西北'，非也。"按：洪說非也。《方
輿紀要》："郇城在蒲州臨晉縣東北十五里。"

辛丑，狐偃及秦、晉之大夫盟于郇①。

---

① 林按：底本脱此句《傳》文，據楊本及科學本增補。

壬寅，公子入于晉師。丙午，入于曲沃。丁未，朝于武宫。

〔注〕賈云："文公之祖武公廟也。"《晉世家集解》。

〔疏證〕《晉世家》："壬寅，重耳入於晉師。丙午，入於曲沃。丁未，朝于武宫，即位爲晉君，是爲文公。"貴曾曰：依三統術，二十三年十二月十二日壬寅，十六日丙午，十七日丁未。武宫，杜《注》用賈説。《南齊書·禮志》："永泰元年，有司議應①廟見否。尚書令徐孝嗣議：'嗣君即位，并無廟見之文。蕃支纂業，乃有虔謁之禮。'左丞蕭琛議：'竊聞祗見厥祖，義見《商書》。朝於武宫，事書《晉册》。豈有正位居尊，繼業承天，而不虔覲祖宗，格於太室？《毛詩②·周頌》篇曰："《烈文》，成王即政，諸侯助祭也。"鄭《注》云："新主即政，必以朝享之禮祭於祖考，告嗣位也。"又《詩》曰："《閔予小子》，嗣王朝於廟也。"鄭《注》云："嗣王者，謂成王也。除武王之喪，將始即政，朝于廟也。"則隆周令典，焕炳經紀，體嫡居正，莫若成王。'"文淇案：蕭琛議謂無論體嫡居正及蕃支纂業，皆當朝廟。晉之文公、成公、悼公朝于武宫，皆以蕃支繼業者也。

戊申，使殺懷公于高梁。不書，亦不告也。

〔疏證〕《年表》："晉文公元年，誅子圉。"《晉世家》："懷公圉奔高梁。戊申，使人殺懷公。"貴曾曰：依三統術，二十三年十二月十八日戊申。《吕覽·原亂篇》："秦穆公起奉公子重耳，以攻懷公，殺之於高梁。"

吕、郤畏偪，將焚公宫而弑晉侯。

〔疏證〕《晉語》："于是吕甥、冀芮畏逼，悔納文公，謀作亂，將以己丑焚公宫。"《注》："此二子本惠公黨，畏見偪害，故謀作亂。己丑，魯僖公二十四年三月朔，時以爲二月晦。"焚宫以己丑，詳"公宫火"條。《晉世家》："懷公故大臣吕省、郤芮本不附文公。文公立，恐誅，乃欲與其徒謀燒公宫，殺文公。"是其事也。

寺人披請見。公使讓之，且辭焉，

〔疏證〕《釋文》："寺，本又作侍。"《晉世家》："履鞮知其謀，欲以

---

① 林按：底本作"令"，查《南齊書》改正。下文引用亦有幾處不同，意思不影響理解，不一一注明。

② 林按：底本作"傅"，查《南齊書》改正。

告文公，解前罪。求見文公，文公不見。"

曰："蒲城之役，君命一宿，女即至。

〔疏證〕宋本"役"作"伇"。《校勘記》云："《説文》：'古文'伇'從人。'"《韓非·外儲》述此事："公曰：'蒲城之役，君令一宿，而汝即至。'"杜《注》："即日曰至。"

"其後，余從狄君以田渭濱，

〔疏證〕《晉語注》："濱，涯也。重耳在狄，從翟君田于渭濱。"沈欽韓云："《韓非·難三》'渭濱'作'惠竇'。按：赤狄在潞安府，白狄在延安府，故鄜州境，與渭水皆遠，'惠竇'或是也。"壽曾曰：內外《傳》皆作"渭濱"，或狄中山水蒙渭名耳。

"女爲惠公來求殺余，命女三宿，女中宿至。雖有君命，何其速也？

〔疏證〕《釋文》："或無'至'字。"沈欽韓云："按：《韓非》亦無'至'字。"《晉世家》："其後，我從狄君獵，女爲惠公來求殺我。惠公與汝期三日至，而女一日至，何速也？"是其事。唯作"中宿"，《史記》爲"一日"，小異。中宿，謂第二日也。

"夫袪猶在。女其行乎！"

〔疏證〕《晉世家》："蒲城之役，女斬予袪。"

對曰："臣謂君之入也，其知之矣。

〔疏證〕《晉語》言："知爲君之道也。入，反國也。"杜《注》："知君人之道。"用韋説。

"若猶未也，又將及難。君命無二，古之制也。除君之惡，唯力是視。蒲人、狄人，余何有焉？

〔疏證〕《晉語》"是視"作"所及"。《注》："當獻公之世，君爲蒲人、狄人耳，二君之所惡，於我有何義，而不殺君乎？"杜用韋説。《韓非子·外儲》："寺人披曰：'君令不二。除君之惡，唯恐不堪。蒲人、翟人，余何有焉？'"《注》："當時，君爲蒲、翟之人，君臣之分，則何有焉？"如彼《注》，則"何有"指君臣之分也。韋説當本此。俞樾訓"有"爲"愛"，非。《後漢書·楊秉傳》："尚書召對秉掾屬曰：'公府外職，而奏劾近官，經典漢制有故事乎？’秉使對曰：‘趙鞅以晉陽之甲，逐君側之惡。《傳》曰：“除君之惡，唯力是視。”’”壽曾曰：依《秉傳》，則《左氏》古義以伐蒲之役例於晉陽之甲。

“今君即位，其無蒲、狄乎！

〔疏證〕杜無注。《疏》：“言有人在蒲、在狄，爲君猶是也。”語意未晰。《晉語注》：“獨無所畏惡，如蒲、翟者乎？”《晉世家注》[1]：“臣刀鋸之餘，不敢以二心事君倍主，故得罪於君。君已反國，其無蒲、翟乎？”毋、無通。

“齊桓公置射鉤，而使管仲相。

〔疏證〕射鉤事，《傳》不見。《齊世家》：“管仲別將兵遮莒道，射中小白帶鉤。小白佯死。”《管子·小匡篇》：“桓公曰：‘管夷吾親射寡人，中鉤，殆于死。今乃用之，可乎？’鮑叔曰：‘彼爲其君動也。’”《呂覽·貴卒篇》：“管仲扞弓射公子小白，中鉤。”《注》：“鉤，帶鉤也。”《晉語》：“乾時之役，申孫之矢集於桓鉤。”《注》：“申孫，矢名。鉤，帶鉤也。”杜《注》亦謂“乾時之役”。本《晉語》。《晉世家》：“且管仲射鉤，桓公以霸。”

“君若易之，何辱命焉？

〔疏證〕《晉語注》：“易，反也。”杜《注》：“言若反齊桓，己將自去，不須辱君命。”用韋説也。

“行者甚衆，豈唯刑臣？”

〔疏證〕《釋文》：“甚，一作‘其’。”王念孫云：“言君若念舊惡，則行者其衆矣。其者，將然之辭。此時尚未有行者，不得言甚衆也。”壽曾曰：王説是也。其衆，杜無説。《疏》云：“則出奔者甚衆多矣。”不從別本。《寺人[2]注》：“寺之言侍也。”《疏》：“此奄人也。知者，寺人披請見，曰：‘刑者甚衆，豈爲刑臣？’彼寺人披自稱刑人，明寺人，奄人也。”杜《注》：“披，奄人。”與《禮疏》説同。

公見之，以難告。三月，晉侯潛會秦伯於王城。己丑，晦，公宮

----

① 林按：據《晉世家》，疑“注”字多餘。
② 科學本注：《周禮·寺人》。

火。瑕甥、郤芮不獲公，乃如河上，秦伯誘而殺之。

〔疏證〕貴曾曰：正月，庚寅朔，大，己未晦。二月，庚申朔，小，戊子晦。三月，己丑朔，大，戊午晦。晦日皆非己丑，惟二十三年閏十二月，辛酉朔，小，己丑晦。疑傳文有錯簡，或置閏失所。杜《注》不釋"王城"。《晉語》："王城，晉河上邑。"蓋別於洛陽之王城也。《郡國志》："左馮翊臨晉有王城。"《晉世家索隱》引杜《注》："馮翊臨晉東有故王城，今名武鄉城。"今《注疏》各本并脱此《注》。顧棟高云："今朝邑縣西二里有故臨晉城，爲秦之王城。"洪亮吉云："吕甥蓋食采于瑕，故又稱瑕甥。"《晉語》："公懼，乘馹自下，脱會秦伯於王城。"《注》："馹，傳也。自，從也。下，下道也。脱會，遁行潛走，逃之言去。"《晉世家》："文公欲召吕、郤，吕、郤等黨多，文公恐初入國，二人賣己，乃爲微行，會秦繆公于王城。三月己丑，吕、郤等果反，焚公宫，不得文公。文公之衛徒與戰，吕、郤等引兵欲奔，秦繆公誘吕、郤等，殺之河上。"

晉侯逆夫人嬴氏以歸。

〔注〕服云："繆公女。"《秦本紀集解》。賈云："秦穆公女，文嬴也。"《晉語注》。

〔疏證〕杜《注》："秦穆公女文嬴也。"用賈、服説。《晉語》："元年春，公及夫人嬴氏至自王城。"《注》："文公元年，魯僖二十四年。賈侍中云：'是月失閏，故曰春，而不言其月。明四月爲春分之月也。嬴氏，秦穆公女文嬴也。'或云：'夫人辰嬴。'《傳》曰：'辰嬴賤，班在九人。'非夫人，賈得之。"壽曾曰：依三統術，是年四月己未朔。初四壬戌春分，故賈謂"四月春分之月也"。《晉世家》則云："夏，迎夫人於秦。秦所與文公妻者，卒爲夫人。"則承三月晦之文。增一"夏"字，與《外傳》違。其云："是月失閏。"當以三月己丑朔，不合於術矣。韋《注》"或云辰嬴"，當亦舊説，與賈、服異。

秦伯送衛于晉三千人，實紀綱之僕。

〔疏證〕高誘《淮南子注》："衛，猶護助也。"杜《注》："以兵衛文公。"蓋以衛爲兵衛之衛。惠棟云："《韓非子》曰：'穆公以疇騎二千輔公子重耳，入之于晉。'《禮記注》[①]曰：'漢律：民年二十，傅之疇官，各從

---

① 科學本注：原稿空。參下文填"注"字，或即"鄭注"。

其父學習騎射，故謂之疇騎。'即所謂紀綱之僕也。服虔《文七年注》云：'衞，從兵也。'"文淇案：《晉語》："秦伯納衞三千人，實紀綱之僕。"韋昭云："所以設國紀綱，爲之備衞。僕，使也。"杜謂"諸門户僕隸之事"，亦用韋説。杜以"衞"爲"兵"，用服説。如《禮注》，則紀綱之僕，必是秦兵子弟廩於官者之名。韋《注》"設國紀綱"，意未分明。《晉世家》："秦送三千人於衞，以備晉亂。"杜以"兵"訓"衞"，而謂"主門户僕隸之事"，亦非古義也。

初，晉侯之竪頭須，守臧①者也，

〔疏證〕《周禮·内竪》鄭《注》："竪，未冠者之稱。"杜《注》："頭須，一曰'里鳧須'。竪，左右小吏。"□："《史記》謂之'里鳧須'，與傳文不同。"臧，各本作"藏"。從《石經》及《釋文》。《禮樂志》顏師古《注》："古書懷藏之事，本皆作'臧'。"

其出也，竊臧以逃，

〔疏證〕《韓詩外傳》："晉文公亡過曹，里鳧須從，因盜重耳資而亡。重耳無糧，餒不能行，介子推割股肉以食重耳，然後能行。"

盡用以求納之。

〔疏證〕杜《注》："求納文公。"

及入，求見，公辭焉以沐。謂僕人曰："沐則心覆，心覆則圖反，宜吾不得見也。

〔疏證〕《晉語注》："覆，反也。沐低頭，故言心反也。"

"居者爲社稷之守，行者爲羈紲之僕，其亦可也，何必罪居者？國君而讎匹夫，懼者甚②衆矣。"僕人以告，公遽見之。

〔疏證〕《後漢書·寇榮傳》："榮上書曰：'國君不可以讎匹夫。讎之，則一國盡懼。'"《注》引此《傳》。榮書當是舊説。《釋文》："'懼者甚衆矣'，本或作'其衆'。"王念孫云："《晉語》作'懼者衆'，則作'其'者是也。"壽曾曰："甚衆"，亦複互之辭，義可。《晉語注》："遽，

---

① 林按：底本作"臧"，楊本爲"藏"，因《疏證》有分析，故不改。
② 林按："甚"，楊本作"其"。

疾也。”

狄人歸季隗于晉，而請其二子。

〔疏證〕杜《注》：“二子，伯儵、叔劉。”

文公妻趙衰，生原同、屏括、樓嬰。

〔疏證〕杜《注》：“原、屏^①三子之邑。”未述邑當何地。顧棟高云：“原即周襄王所賜邑。趙衰嘗爲原大夫，今河南懷慶府濟源縣西北十五里有原鄉。”惠士奇^②云：“《路史》：‘炎帝臣屏翳封屏國。’趙括采邑當在其處。又今山西永和縣南十里有樓山城。”

趙姬請逆盾與其母，子餘辭。

〔疏證〕杜《注》：“趙姬，文公女也。盾，狄女叔隗之子。”《注》：“子餘，趙衰字。”杜用韋説。

姬曰：“得寵而忘舊，何以使人？必逆之！”固請，許之。來，以盾爲才，固請於公，以爲嫡子，而使其三子下之，以叔隗爲内子，而己下之。

〔疏證〕《趙世家》：“趙衰既反晉，晉之妻因要迎翟妻，而以其子盾爲適嗣，晉妻三子皆下之。”與《傳》同，唯以“重耳在晉時，趙衰妻亦生趙同、趙括、趙嬰齊。後從重耳出亡奔翟，翟乃以長女妻趙衰”，與《傳》異。《雜記》：“内子以鞠衣、褒衣、素沙。”《注》：“内子，卿之適妻也。《春秋傳》曰：‘晉趙姬請逆叔隗于狄，趙衰以爲内子，而己下之。’是也。”杜《注》：“卿之嫡妻爲内子。”用《禮注》説。《魯語》：“卿之内子爲大帶。”韋《注》亦云：“卿之適妻爲内子。”《晉書·禮儀志》：“太康元年，東平王楙上言，相^③王昌父毖，本居長沙，有妻息。漢末使入中國，值吳叛，仕魏爲黃門郎。與前妻息死生隔絶，更娶昌母。今江表一統，昌聞前母久喪，當追成服，求平議。劉下議：‘毖在南爲邦族，於北爲羈旅，以此名分言之，前妻爲元妃，後婦爲繼室。何至王路既通，更當逐其今妻，廢其嫡子。不書姜氏，絶不爲親，以犯至惡也。趙姬雖貴，必推叔隗；

---

① 科學本注：抄本“屏”下脱“樓”字。
② 林按：底本誤，當是“高士奇”。
③ 林按：底本及科學本均作“祖”，據《晉書》改爲“相”。

原、同雖寵，必嫡宣孟。若違禮苟讓，何則《春秋》所當善也！’尚書八座以爲：‘兩后匹嫡，自謂違禮，不謂非常之事，而以常禮處之也。夫婦人牽夫，猶有所尊，趙姬之舉，禮得權通。故先史詳之，不譏其事耳。今昌之二母，各已終亡，尚無并主輕重之事也。昌之前母，宜依叔隗爲比。若亡在昌未生之前者，則昌不應復服。生及母存，自應如禮，以名服三年。’制曰：‘今議此事，稱引趙姬、叔隗者粗是也。然後狄與晉和，故姬氏得迎叔隗而下之。吳寇隔塞，愍與前妻，終始永絕。必義無兩嫡，則趙衰可以專制隗氏。昌爲人子，豈得擅替其母？昌故不應制服也。’大興初，著作郎干寶議之曰：‘同産者，無嫡側之別，而先生爲兄；諸侯同爵，無等級之差，而先封爲長。今二妻之入，無貴賤之禮，則宜以先後爲秩，順序意也。故《春秋》賢趙姬遭禮之變而得禮情也。今二母者，本他人也，以名來親，而恩否于時，敬不及生，愛不及喪，夫何追服之道哉！朝廷於此，宜導之以趙姬，齊之以詔命，使先妻恢含容之德，後妻崇卑讓之道，室人達少長之序，百姓見變禮之中。王昌兄弟相得之日，蓋宜祫祭二母，等其禮饋，序其先後，配以左右，兄弟肅雍，交酬奏獻。’”壽曾曰：干寶爲《左氏》學者，其稱“趙姬遭禮之變而得禮情”，當是古義。尚書八座議“趙姬之舉，禮得權通”，亦與干氏義同。《春秋》譏并后匹嫡，故《傳》許趙姬爲知禮也。議王昌禮時，昌前母已死，與後母未相見，故干氏謂不當制服。則原、括、嬰齊宜爲叔隗制服，即尚書八座所謂“生及母存”也。

《晉書·禮儀志》又云：“咸康二年，零陵李繁姊先適南平郡陳詵爲妻，産四子而遭賊，賊略將姊去。詵更娶嚴氏，生三子。繁後得姊消息，往迎還詵。詵籍注領二妻。及李亡，詵疑制服。王愆期議，略曰：‘詵有兩妻，非故犯法。詵雖不應娶妻，要以嚴爲妻，妻則繼室，本非嫡也。雖云非嫡，義在始終，寧可以詵不應二妻而己涉二庭乎？若能下之，則趙姬之義。若云不能，官當有制。先嫡後庶，有自來矣。’”愆期之議，亦以趙姬下季隗爲難，而於禮則季隗無嫡稱也。

“時吳國朱某娶妻陳氏，生子東伯。入晉，晉賜妻某氏，生子綏伯。太康之中，某已亡，綏伯將母以歸邦族。兄弟交愛敬之道，二母篤先後之序，雍雍人無間焉。及其終也，二子交相爲服，君子以爲賢。安豐太守程諒，先已有妻，後又娶，遂立二嫡。前妻亡，後妻子勳疑所服。中書令張華造甲乙之問曰：‘甲娶乙爲妻，後又娶丙，匿不説有乙，居家如二嫡，無有貴賤之差。乙亡，丙之子當何服？本實并列，嫡庶不殊。雖二嫡非正，此失在先人，人子何得專制析其親也。若爲庶母服，又不成爲庶。進退不知所從。'太尉荀顗議曰:'《春秋》并后匹嫡,古之明典也。今不可以犯禮,并立二妻,不別尊卑,而遂其失也。故當斷之以禮,先至爲嫡,後至爲庶。丙子宜以嫡母服乙,乙子宜以庶母事丙。'"右皆與趙姬、叔隗事同,則二姬非古禮所許①。

沈欽韓云:"按:以盾爲嫡子,固然以叔隗爲内子,則姬氏之意,特欲相推,而未必遂其事也。宣二年,趙盾稱趙姬爲'君姬氏',則固以趙姬爲嫡母矣。"按:沈説是也,然《傳》明趙姬之賢,二嫡□②衰之過舉不必以事之□□③耳。

晉侯賞從亡者,介之推不言禄,禄亦弗及。

〔疏證〕杜《注》:"介推,文公微臣。之,語助。"按:《大戴禮》作"介山之推",以地繫名也。《晉世家》:"文公修政,施惠百姓。賞從亡者及功臣,大者封邑,小者尊爵。未盡行賞,周襄王以弟帶難出居鄭地,來告急晉。晉初定,欲發兵,恐他亂起,是以賞從亡未至隱者介子推。推亦不言禄,禄亦不及。"

推曰:"獻公之子九人,唯君在矣。惠、懷無親,外内棄之。天未絕晉,必將有主。主晉祀者,非君而誰?天實置之,而二三子以爲己力,不亦誣乎?竊人之財,猶謂之盜,况貪天之功以爲己力乎?下義其罪,上賞其姦,

〔疏證〕王符《潛夫論》曰:"竊人之財,猶謂之盜,况偷天官以私己乎?"此或《左氏》舊説。俞樾云:"貪天之功,貪當讀爲探。《釋名》:'貪,探也。探取入它分也。'《後漢書·郭躬傳》:'捨狀以貪情。'李賢《注》曰:'貪與探同。'是貪、探聲近而義通《爾雅·釋詁》:'探,取也。'探天之功,取天之功也。《周語》:'而郤至佻天以爲己力。'韋《注》:'佻,偷也。'偷,亦取也。"按:俞説是也。"探天"與王符"偷天"義合。"下義其罪",謂以貪天功之罪爲義。□④《疏》釋"立君"之義,非。自此至"與汝偕隱",《晉世家》與《傳》同,唯"天實置之"作"天實開之",

---

"猶謂之盜"作"猶曰是盜","下義其罪"作"下冒其罪"。

"上下相蒙，難與處矣。"

〔注〕服云："蒙，欺也。"《晉世家集解》。

〔疏證〕杜用服説。李貽德云："昭元年，'又使圍蒙其先君'。八年，'甚哉！其相蒙也'。二十七年，'蒙王與令尹'。《傳》意皆以欺爲蒙。"

其母曰："盍亦求之？以死，誰懟？"對曰："尤而效之，罪又甚焉。且出怨言，不食其食。"

〔疏證〕其食，《晉世家》作"其禄"。

其母曰："亦使知之，若何？"

對曰："言，身之文也。身將隱，焉用文之？是求顯也。"其母曰："能如是乎？與汝偕隱。"

〔疏證〕《晉世家》重"文之"二字。□□①毛《傳》："偕，俱也。"杜用毛説。

遂隱而死。晉侯求之不獲，以緜上爲之田，

〔注〕賈云："緜上，晉地。"《晉世家集解》。

〔疏證〕《郡國志》："太原郡界休有緜上聚。"杜同。《水經注》："石桐水即緜水，出介休縣之緜山，北流逕石桐寺之西，即介之推之祠也。"沈欽韓云："《輿地廣記》：'汾州介休縣有緜上山，今謂之介山。'《一統志》：'介山在汾州府介休縣南四十里。'"顧炎武云："之推既隱，求之不得。未幾而死，乃以田禄其子耳。《楚辭·九章》云：'思久故之親身兮，因縞素而哭之。'明文公在時，之推已死。"文淇案：《越世家》："范蠡乘舟浮海以行，終不反。于是句踐表會稽山以爲范蠡奉邑。"與此事正同，顧説是也。《晉世家》："至死不復見。介之推從者憐之，乃懸書宮門曰：'龍欲上天，五蛇爲輔。龍已升雲，四蛇各入其宇，一蛇獨怨，終不見處所。'文公出，見其書，曰：'此介子推也。吾方憂王室，未圖其功。'使人召之，則亡。遂求所在，聞其入緜上山中。于是文公環緜上山中而封，以爲介之推田，號曰介山。"

---

① 科學本注：抄本從原稿闕文，查係《鄘風》"君子偕老"。

曰："以志吾過，且旌善人。"

〔注〕賈云："旌，表也。"《晉世家集解》。

〔疏證〕《保章氏》鄭《注》："志，古文'識'。識，記也。"惠棟云："《昭四年傳》'且曰志之'，《十三年傳》'歲聘以志業'，皆古文'識'。蔡邕《論語》曰：'賢者志其大者。'今作識。"如惠説，"志"爲古文也。《晉世家》"志"作"記"，以"志"訓"記"，改之。杜注"旌"用賈説。李貽德云："《説文》：'旌，所以精進士卒也。'引申爲表識之義。"

鄭之入滑也，滑人聽命。

〔疏證〕《鄭世家》："文公三十七年，鄭入滑，滑聽命。"

師還，又即衛。鄭公子士、洩堵俞彌帥師伐滑。

〔疏證〕杜《注》云："堵俞彌，鄭大夫。"洪亮吉云："按：岳本以'公子士'絶句。二十年《注》：'公子士，鄭文公子。泄堵寇，鄭大夫。'此《注》云'堵俞彌，鄭大夫'者，泄姓見前，不須更舉也。從岳本爲是。"按：洪説是也。《鄭世家》："已而反與衛，于是鄭伐滑。"

王使伯服、游孫伯如鄭請滑。

〔注〕賈云："二子，周大夫。"《周本紀集解》。

〔疏證〕杜用賈説。伯服，《鄭世家》作"伯犕"，《索隱》云："犕，音服。"惠棟云："'犕'與'服'古字通。"洪亮吉云："《後漢書·皇甫嵩傳》：'董卓謂嵩曰："義真犕未乎？"'《注》云：'犕音服。《説文》曰："犕牛乘馬。"'"如洪説，則犕、服通也。請滑，爲滑請援師也。《周語》："王使游孫伯請滑。"《周本紀》："王使游孫、伯服請滑。"

鄭伯怨惠王之入而不與厲公爵也，

〔注〕服云："惠王以后之槃鑑與鄭厲公，而獨與虢公玉爵。"《周本紀集解》。

〔疏證〕事見《莊二十一年》。《鄭世家》："鄭文公怨惠王之亡在櫟，而文公父厲公入之，而惠王不賜厲公爵禄，與虢爵。"有二説，詳彼傳《疏證》。

又怨襄王之與衛滑也，

〔注〕服云："滑，小國，近鄭，世世服而更違叛，鄭師伐之，聽命後，自愬于王，王以與衛。"《周本紀集解》。

〔疏證〕《二十年經》："鄭人入滑。"《傳》："滑人叛鄭而服於衛。"滑之叛鄭始見於□①年經傳，知前此服從於鄭，故服云"世世服而更違叛"也。《吕覽·必己篇》："此必愬我于萬乘之主。"《注》："愬，告也。"與衛滑，謂王以滑屬衛也。服謂"王以與衛"，得《傳》意。杜《注》："怨王助衛爲滑請。"非。

故不聽王命，而執二子。王怒，將以狄伐鄭。

〔疏證〕《釋文》："'而執二子'，本或作'而執其二子'，'其'，衍文也。"《周本紀》作"囚伯服"，《鄭世家》作"囚伯犕"，與《傳》"執二子"異。

富辰諫曰："不可！

〔注〕服云："富辰，周大夫。"《周本紀集解》。

〔疏證〕杜無注。《周語》韋《注》用服説。

"臣聞之：太上以德撫民，其次親親，以相及也。

〔疏證〕太上，杜無注。《曲禮》："太上貴德，其次務施報。"鄭《注》："'太上'爲帝皇之世，'其次'謂三王以來。"洪亮吉云："按：此亦當同。"洪氏意謂鄭氏注《左傳》，亦當如此也。《疏》亦引鄭《注》，謂："太上、其次爲時代之先後。"而又引《襄二十四年傳》："'太上立德，其次立功，其次立言。'則以人之賢愚爲上，非復年代之先後也。然則太上謂人之最。大上，上聖之人也，以德撫民，不□②親疏也。其次聖之人，則親其所親，以漸相及，爲下周公親親之事張本也。"壽曾曰：下文"封建"正胡周之"親親"，則鄭説"其次"爲三王以來，可信矣。此《傳》首説或與鄭同，故《疏》不用鄭説。而又云："周公亦是上聖，不以德而先親者，制法爲後，不獨爲身。聖人之身，不恃親也。"則知以其次屬周公，於誼未安，而曲爲之説，謂"周不恃親"，尤與《傳》意違。

"昔周公弔二叔之不咸，故封建親戚以蕃屏周。

---

① 科學本注：無原稿，抄本闕文。
② 科學本注：無原稿，抄本闕文，疑是"以"字。

〔注〕鄭衆、賈逵皆以“二叔”爲管叔、蔡叔，傷其不和睦而流言作亂，故封建親戚。本《疏》。賈云：“二叔，管、蔡。”《常棣疏》。馬融以爲夏、殷叔世。本《疏》。

〔疏證〕《匪風》毛《傳》：“弔，傷也。”杜《注》：“周公傷夏、殷之叔世，疏其親戚，以致滅亡，故廣封其兄弟。”《疏》引鄭、賈説，駁之云：“封建之中，方有管、蔡，豈傷其作亂，始封建之。馬融以爲夏、殷叔世，故杜用之。”文淇案：《常棣序》云：“閔管、蔡之失道。”鄭《箋》云：“周公弔二叔之不咸，而使兄弟之恩疏。”曹子建《表》云：“昔周公弔管、蔡之不咸。”是皆以“二叔”爲管、蔡也。《常棣疏》：“此《序》言‘閔管、蔡之失道’，《左傳》言‘弔二叔之不咸’，言雖異，其意同。弔，傷也。二叔，即管、蔡也。不咸，即失道也。實是一事，故鄭引之。先儒説《左傳》者，鄭衆、賈逵以二叔爲管、蔡，馬融以爲夏、殷之叔世，故《鄭志》張逸問：‘此《箋》云：周仲文以《左氏》論之，三辟之興，皆在叔世也。謂三代之末，即二叔宜爲夏、殷末也。’答云：‘此注《左氏》者亦云管、蔡耳。又此《序》子夏所爲，親受聖人，足自明矣。’問者以昭六年《左傳》曰：‘三辟之興，皆叔世也。’彼‘叔世’者，謂三代之末世也。則言二叔者，亦宜爲夏、殷之末世，不得爲管、蔡，故問之。鄭答‘注《左氏》者’，謂鄭、賈之説也。又《左傳》論‘周公弔二叔之不咸’而作《常棣》，此《序》言‘閔管、蔡之失道，故作《常棣》’，即《傳》言云二叔可知。”壽曾曰：《鄭志》主先鄭、賈、呂説，不用馬説。鄭、賈謂“傷其不和睦”，則訓“咸”爲“和”也。杜《注》：“咸，同也。”傷夏、殷叔世之不同，亦爲不辭。馬説“咸”或不如此，馬説亦師説之異者。

顧炎武云：“古人以末世謂之叔季。《國語》：‘史蘇以桀、紂及幽王爲三季之王。’”洪亮吉云：“《晉書·秦秀傳》：‘周公弔二季之陵遲。’秀與杜預同時，蓋亦主馬説。”李貽德謂：“‘叔世’必連文，去‘世’字不辭。”非也。朱駿聲云：“下文明云管、蔡，則此二叔非管、蔡可知。”鄭、賈之説正謂“管、蔡不咸，乃封建之”，此却不是駁鄭、賈説。《校勘記》：“李注《文選·求通親親表》《齊竟陵文宣王引狀》并作‘以藩屏周室’。”蓋所見本異。《疏》云：“蕃屏者，分地以建諸侯，使與京師作藩籬屏扞也。”《荀子·儒教篇》：“周公兼制天下，立七十一國，姬姓獨居五十三人，而天下不稱偏焉。”

“管、蔡、郕、霍、魯、衛、毛、聃、郜、雍、曹、滕、畢、原、

酆、郇，文之昭也。

〔注〕舊注："文昭，十六國也。"《御覽》一百九十九。穎容曰："《史記》不識畢公文王之子，而言與周同姓。"《御覽》六百十八。京相璠曰："今河內山陽西有故雍城。"《水經注》。

〔疏證〕《括地志》："鄭州管城縣外城，古管國城也，周武王弟叔所封。"《方輿紀要》："管城廢縣即鄭州治，管叔封于此。"王鳴盛曰："毛不詳。惟《路史》云：'毛，伯國，上邽籍水旁有毛泉。'上邽，今甘肅鞏昌府秦州地。毛泉，見《水經注》，并不言即毛伯國。《路史》或別有據。"沈欽韓云："按：《水經注》：'籍水又東，得毛泉，谷水又東，逕上邽城南。'苟可以傲佛古封，則酈氏先言之矣。羅泌妄人，不足據也。"顧棟高云："毛在今河南府宜陽縣境，聃即季載所封。"《路史》云："京兆今有聃亭。"沈欽韓云："《史記索隱》云：'冄，或作郍，即郍處，今荆門州之郍口城也。'"《續志》："河內山陽有雍城。"與京相璠說合。《一統志》："雍城在懷慶府河內縣東北。"《元和志》："畢原即京兆府咸陽縣所理，畢公所封即此也。"又"畢原在萬年縣西南二十八里。"《方輿紀要》："畢公高封畢原，在咸陽縣北五里。《志》又云：'畢原在涇陽縣南十里。'"顧棟高亦云："畢原在咸陽，謂在涇陽者，非。"文王作邑於豐。《竹書紀年》："成王十九年黜豐侯。"顧棟高云："今陝西西安府鄠縣東五里有酆城。"沈欽韓云："郇已見前。按：邠州又有栒邑，在三水縣東北二十五里。疑郇本國於此。"杜云："十六國皆文王子。"與《御覽》引舊注略同。《太宰》："以八則治都鄙。"《注》："都鄙，公卿大夫之采邑，王子弟所食邑。周、召、毛、聃、畢、原之屬在畿內者。"《疏》引此年《傳》爲證，又云："今鄭直云'周、召、毛、聃、畢、原之屬在畿內者'，其餘或在畿外，不盡言也。"

"邘、晉、應、韓，武之穆也。

〔注〕舊注："武穆，四國也。"《御覽》一百九十九。京相璠曰："今野王西北三十里有故邘城、邘臺是也。"《水經·沁水注》。

〔疏證〕《地理志》："河內郡懷王，太行山在西北。衛元君爲秦所奪，自濮陽徙此。莽曰：'平懷。'孟康曰：'故邘國也，今邘亭是也。'"京相璠用《漢志》說。顧棟高云："今河南懷慶府城西北三十里有邘臺村。"《地理志》："潁川郡父城，應鄉故國，周武王弟所封。"應劭曰："《韓詩外傳》：'周成王與弟戲，以桐葉爲圭，"吾以此封汝"。周公曰："天子無戲言。"王應時而封。故曰應侯鄉是也。'"臣瓚曰："《呂氏春秋》曰：'成王以戲授桐葉①爲圭，以封叔虞。'非應侯也。《汲郡古文》，殷時已自有應②國，非成王之所造也。"師古曰："據《左氏傳》：'邘、晉、應、韓，武之穆也。'是則應侯武王之子。又與《志》說不同。"梁履繩云："桐圭封應之說，見《史記·梁孝王世家》內。褚先生言之，蓋即應劭所本。然所引《韓詩外傳》，今本無之。《水經·滍水注》亦云《韓詩外傳》，其爲佚文審矣。"壽曾曰：梁說是也。應侯、叔虞，皆武王之子。桐圭封弟，相承異說，不得援傳文駁之。

《郡國志》："潁川郡父城有應鄉。"杜《注》謂："應國在襄陽城父縣西南。"據《晉志》，"襄陽"乃"襄城"之誤，又誤以"父城"爲"城父"，地道不相直矣。《方輿紀要》："應城在汝州寶豐縣東三十里，古應國。"江永云："韓，杜無注。似以十年之韓，十五年之韓原爲古韓國。彼《注》云：'晉地也。'《史記正義》引《括地志》云：'同州韓城縣南十八里爲古韓國。'說《詩·韓奕》者，亦以爲韓國在此。王肅則謂'今涿郡方城縣有韓侯城'。王符《潛夫論》曰：'昔周宣王時有韓侯，其國近燕。故《詩》曰："溥彼韓城，燕師所完。"'考《水經注》云：'聖水逕方城縣故城北，又東南逕韓侯城東。《詩》："溥彼韓城，燕師所完。"'又《魏書·地形志》亦云：'范陽郡方城縣有韓侯城。'方城今爲順天府之固安縣，在府西南百二十里，與《詩》之'王錫韓侯，其追其貊，奄受北國'者正相符。使韓國在關中，豈役燕師爲之築城，又何能受追貊北國乎？"按：江說是也。杜《注》謂："韓國在河東境界。"則誤以爲晉之韓矣。江氏說"杜無注"，非。杜云："四國皆武王子。"亦與《御覽》引舊注略同。

"凡、蔣、邢、茅、胙、祭，周公之胤也。

〔注〕舊注："周公胤六國。"《御覽》一百九十九。京相璠曰："今高平縣西三十里，有故茅鄉城者也。"《水經·洙水注》。

〔疏證〕"茅、胙"，王符《潛夫論》作"茆、祚"。《地理志》③："汝南郡期思有蔣鄉，故蔣國。"《一統志》："蔣鄉在光州固始縣東。"《郡國志》："高平國有茅鄉城。"《一統志》："茅鄉城在兗州府金鄉縣西南。"《郡國志》："東郡燕有胙城，故胙國。"《一統志》："胙城故城在衛輝府延津縣北三十五里。"杜《注》但釋"胤"爲"嗣"，未釋"周公之胤"。《漢書·王

---

① 林按："葉"，底本作"圭"，據《呂氏春秋》和科學本改正。

② 科學本注：《漢書·地理志》無"應"字。

③ 科學本注：此注出《後漢書·郡國志》，《漢書·地理志》祇云："期思故蔣國。"

莽傳》：“孫竦爲陳崇草奏曰：‘王曰：“叔父，建爾元子。”子父俱延拜而
受之。所謂不檢亡原者矣，非特止此六子有封。’”師古《注》：“周公六
子，伯禽之弟也。”《莽傳》又云：“群臣復奏言：‘成王廣封周公庶子六
子，皆有茅土。’”是六國皆周公庶子也。

“召穆公思周德之不類，故糾合宗族于成周而作詩。

〔注〕京相璠曰：“召亭在周城南十五里。”《水經·渭水注》。服云：“穆
公，召康公十六世孫。《詩·民勞·序疏》。召穆公，王卿士。”《詩·黍苗·序疏》。

〔疏證〕朱駿聲曰：“一説‘作’下脱一‘樂’字。”按：此“作”，
《傳》自指賦《詩》，不當增字。《燕世家索隱》：“召者，畿内采地。奭始
食於召，故曰召公。”《詩釋文》：“召在岐山之陽。扶風雍縣南有召亭。”
《水經·渭水注》“雍水東逕召亭南”下即引京相璠説。《明一統志》：“召
亭在鳳翔府岐山縣西八里。今名召公邨。”《民勞疏》引服《注》，下云：
“然康公與成王同時，穆公與厲王并世，而世數不同者，生子有早晚，壽
命有長短故也。”自是《疏》語，洪氏亮吉引以爲服《注》，非也。《世本》：
“召穆公，康公十六世孫。”服《注》用《世本》説。李貽德云：“《詩·黍
苗序》：‘卿士不能行召伯之職焉。’《疏》曰：‘言卿士不能行，則召伯時
爲卿士矣。’”《爾雅·釋詁》：“類，善也。”《周語》韋《注》：“糾，收
也。”顧炎武云：“《常棣》之詩序以爲周公之作，而此文則以爲召穆公，
蓋各有所傳，不必同也。”《周語》以《常棣》爲周文公之詩。韋《注》云：
“文公之詩者，周公旦之所作《常棣》之篇是也。所以閔管、蔡而親兄弟。
其後周室既衰，厲王無道，骨肉恩闕，親親禮廢，宴兄弟之樂絶，故召穆
公思周德之不類，而合其宗族於成周，復修作《常棣》之歌以親之。鄭、
唐二君以爲《常棣》穆公所作，失之矣。唯賈君得之。穆公，召康公之後
穆公虎也。去周公歷九王矣。”壽曾曰：韋《注》於賈氏之誼，雖未明引，
然謂“賈君得之”，則賈謂“《常棣》周公作，召穆公復修作《常棣》之
歌”。其説此《傳》意亦□[①]然。杜《注》：“召穆公于東都收會宗族，特
作此周公之樂歌。”亦用賈説也。《晉書·武帝紀》：“咸寧三年詔曰：‘宗
室戚屬，國之枝葉，欲令奉率德義，爲天下式。然處富貴而能慎行者寡。
召穆公糾合兄弟而賦《棠棣》之詩，姬氏所以本枝百世也。’”亦用賈君
説。

---

① 科學本注：無原稿，抄本闕文，疑是“不”字。

"曰：'常棣之華，鄂不韡韡。凡今之人，莫如兄弟。'

〔疏證〕此《常棣》首章也。毛《傳》："常棣，棣也。鄂，猶鄂鄂然，華外發也。韡韡，光明也。聞《常棣》之言爲今也。"《詩釋文》："常棣，棣也。本或作'常棣，栘'。"陳奐《毛詩傳疏》據《釋木》"唐棣，栘；常棣，棣"，謂："《詩》有唐棣、常棣二種。唐棣，白棣也。常棣，赤棣也。《説文》：'栘，棠棣也。''棠'乃'常'字之誤。毛《傳》：'常棣，棣也。'當從《釋文》或本作'常棣，栘'。"其疏《何彼穠矣》云："《爾雅》郭《疏》^①引陸機《義疏》：'許慎曰："白棣，樹也。"如李而小，如櫻桃正白，今官園種之。又有赤棣樹，亦似白棣，葉如刺榆而微圓，子正赤如郁李而小，五月始熟。自關西天水、隴西多有之。《小雅》之常棣、《七月》之鬱，皆即赤棣歟？'"按：陳説是也。杜《注》用毛《傳》義而申之云："不韡韡，言韡韡也。"《常棣正義》引王述之云："不韡韡，言韡韡也。"與杜義同。《正義》又引王述之曰："管、蔡之事已缺，而爲《常棣》之歌爲來今。"此正釋《詩》之"今"字。陳奐云："《常棣》之言，即《常棣》之詩也。周公弔二叔之不咸，以作此詩。則二叔不咸爲古，而周公作詩爲今也。召穆公思周德之不類，以歌此詩。則周公作詩爲古，而召公歌詩爲今也。所謂作樂，爲後世法也。"

"其四章曰：'兄弟鬩于牆，外禦其侮。'

〔疏證〕禦，今《詩》作"御"。侮，今《詩》作"務"。毛《傳》："鬩，很也。"《箋》："御，禁。務，侮也。兄弟雖内鬩而外禦侮也。"《釋言》："鬩，恨也。"孫炎本作"很"。《周語》："富辰諫曰：'人有言曰："兄弟讒很，侮人百里。"周文公之詩曰："兄弟鬩于牆，外禦其侮。"'"韋《注》："鬩，很也。禦，禁也。言雖相與很於牆室之内，然能外禦異族侮害己者。"用《傳》《箋》説。杜《注》："鬩，訟爭貌。"洪亮吉云："杜隨文生訓，究當從毛《傳》本訓爲是。"按：洪説是也。《詩疏》云："定本《經》'御'作'禦'，訓爲'禁'。《集注》亦然。俗本以傳爲'御''禦'，《爾雅》無訓，疑俗本誤也。"陳奐《詩疏》據段玉裁《小箋》説，以《箋》"禦禁"以下定爲毛《傳》："《正義》'禦''御'二字互誤。俗本《經》作'御'，《傳》作'禦'。當是古本傳文如是，御、禦，《邶·谷風》同。内外《傳》引《詩》皆作'禦'，故以'禦'釋'御'也。韋昭、杜

---

① 林按："郭疏"當爲"邢疏"。

預《注》：‘禦，禁。’後人因改此經傳作‘禦，禁’耳。‘務，侮’，《爾雅·釋言》文。《詩》作‘務’，內外《傳》引《詩》皆作‘侮’。‘侮’爲本字，‘務’爲假借字。故《傳》以‘侮’釋‘務’也。”如陳說，則毛《傳》用此《傳》之“禦”釋《詩》之“御”也。禦，杜無注。陳氏謂杜亦訓禦爲禁，非。

“如是，則兄弟雖有小忿，不廢懿親。

〔疏證〕《爾雅》：“懿，美也。”陳奐《詩疏》引此證毛《傳》，釋之云：“鬩牆爲小忿，外禦侮爲不廢親，此《傳》所本也。又昭元年《傳》：‘子皮賦《野有死麕》之卒章，趙孟賦《常棣》，且曰：“吾兄弟比以安，厖也可使無吠。”’亦取外禦侮之意。”

“今天子不忍小忿以棄鄭親，其若之何？

〔疏證〕小忿，謂“鄭執伯服、游孫伯”也。《周本紀》：“今以小怨棄之！”

“庸勳，親親，暱近，尊賢，德之大者也。

〔疏證〕《校勘記》云：“暱近，李注《文選·宣德皇后令》引作‘昵近’。”□□① 毛《傳》：“庸，用也。”孫炎《爾雅注》：“暱，親近也。”杜《注》用之。《周語》說此事云：“尊貴、明賢、庸勳、長老、愛親、禮新、親舊。”與《傳》異。《魏志·武文世王公傳注》：“宗室曹冏上書曰：‘臣聞古之王者，必建同姓以明親親，必樹異姓以明賢賢。故《傳》曰：“庸勳，親親，暱近，尊賢。”《書》曰：“克明俊德，以親九族。”《詩》云：“懷德惟寧，宗子惟城。”由是觀之，非賢無與興功，非親無與輔治。’”如冏表，則舊說以四者兼同姓、異姓之臣言。本《疏》云：“親、暱、尊是愛敬之辭也。”

“即聾，從昧，與頑，用嚚，姦之大者也。

〔疏證〕杜無注。以《傳》析四者在古文也。本《疏》云：“即，從、與，是依就之意也。‘即’，訓‘就’也。下文各以四事覆之。惟‘棄嬖寵而用三良’，是言鄭伯之賢，與上文倒，隨便言耳。”

---

① 科學本注：抄本從原稿闕文。按：係《王風·兔爰》。

"棄德崇姦，禍之大者也。

〔疏證〕《廣雅》："崇，聚也。"杜《注》用之。聚姦，即下文"四姦具矣"義。

"鄭有平、惠之勳，

〔疏證〕《周語》云："凡我周之東遷，晉、鄭是依。子穨之亂，又鄭之由定。"《周本紀》略同，是其事也。《周語》又云："鄭武莊有大勳力於平、桓。"《注》："王功曰勳。幽王既滅，鄭武公以卿士夾輔平王，東遷洛邑。桓王即位，鄭莊公爲之卿士，以王命討不庭，伐宋、入郕，在魯隱十年。唐尚書云：'王奪鄭伯政，鄭伯不朝，王伐鄭。鄭祝聃射王中肩，豈得爲功？'桓'當爲'惠'。《傳》曰："鄭有平、惠之勳。"'"按：唐説是也。杜《注》亦云："平王東遷，晉、鄭是依。惠王出奔，虢、鄭納之，是其勳也。"

"又有厲、宣之親，

〔注〕服云："宣王母弟。"《詩·鄭譜疏》。

〔疏證〕《鄭譜》："初，宣王封母弟友於宗周畿内咸林之地。"《疏》："僖二十四年《左傳》曰：'鄭有厲、宣之親。'以厲王之子而兼云宣王，明是其母弟也。服虔、杜預皆云'母弟'。"是杜用服説。按：杜《注》："鄭始封之祖桓公友，周厲王之子、宣王之母弟。"服《注》當略同，《詩疏》約，引文不具。

"棄嬖寵而用三良，

〔疏證〕杜《注》："七年，殺嬖臣申侯。十六年，殺寵子子華也。三良，叔詹、堵叔、師叔，所謂尊賢。"顧炎武云："解以殺子華，未當。古人只是大概言耳。又以用三良爲尊賢，亦未合。《正義》曰：'此見鄭伯之賢，王當尊之。'"按：顧説是也。《疏》亦謂："如杜此《注》，則謂鄭伯尊賢，與上文'尊賢'乖。"

"於諸姬爲近，四德具矣。

〔疏證〕鄭，畿内國。杜《注》："道近當暱之"。

"耳不聽五聲之和爲聾，目不别五色之章爲昧，心不則德義之經爲頑，口不道忠信之言爲嚚。狄皆則之，四姦具矣。

〔疏證〕《後漢書·鄭興傳》：“隗囂與諸將議自立爲王。興聞而説囂曰：‘《春秋傳》云：“口不道忠信之言爲嚚，耳不聽五聲之和爲聾。”’”壽曾曰：興治《左氏》學，其引《傳》與今本異，疑《傳》首以嚚、聾、昧、頑爲次。漢以後本乃據上文移之也。杜無注。《廣雅·釋訓》：“規儇、簍篨、侏儒、僬僥、瘖瘂、僮昏、聾瞶、矇瞍，八疾也。”王念孫云：“《晉語》：‘嚚瘖不可使言，聾瞶不可使聽。’按：《説文》：‘瘖，不能言病也。’《晉語》：‘嚚瘖不可使言。’則嚚、瘖皆不能言之疾。韋《注》：‘口不道忠信之言爲嚚。’非也。《廣雅》所列八疾，皆本《晉語》，唯‘嚚瘂’之‘嚚’作‘瘂’，音烏下反。疑《廣雅》本作‘嚚’，後人不解其義而改爲‘瘂’，且并改曹憲之音也。不能言謂之嚚，不能聽謂之聾，故口不道忠信之言亦謂之嚚，耳不聽五聲之和亦謂之聾。《左傳》僖二十四年，富辰所云者是也。”按：王説是也。

“周之有懿德也，猶曰‘莫如兄弟’，故封建之。

〔疏證〕《晉書·夏侯湛傳》：“作《昆弟誥》，曰：‘古人有言：“孝乎惟孝，友于兄弟。”“死喪之威，兄弟孔懷。”又曰：“周之有至德也，莫如兄弟。”’”其於傳文蓋約，“至”“懿”異文。

“其懷柔天下也，猶懼有外侮。扞禦侮者，莫如親親，故以親屏周。

〔疏證〕此申引《詩》“外禦其侮”義。

“召穆公亦云。

〔疏證〕《常棣疏》：“《左傳》：‘召穆公亦云。’明本《常棣》是周公之辭，故杜預云：‘周公作詩，召公歌之，故言“亦云”也。’”文淇案：《周語》韋《注》述賈《注》誼，謂“穆公後修作《常棣》之歌”，較杜《注》義猶完備，詳前《疏證》。

“今周德既衰，於是乎又渝周、召，以從諸姦，無乃不可乎?

〔疏證〕杜《注》：“變周、召親兄弟之道。”諸姦謂狄。

“民未忘禍，王又興之，其若文、武何?”

〔疏證〕杜《注》：“前有子穨之亂，中有叔帶召狄，故曰民未忘禍。”又云：“言將廢文、武之功業。”壽曾曰：此謂廢文、武以來之懿親也，與文昭、武穆、周胤文相承。杜説非。

王弗聽，使頹叔、桃子出狄師。

〔疏證〕《釋文》："桃，本或作'姚'。"杜《注》："二子，周大夫。"
《周本紀》："王降翟師以伐鄭。"

夏，狄伐鄭，取櫟。

〔疏證〕《鄭世家》："王怒，與翟人伐鄭，弗克。"

王德狄人，將以其女爲后。

〔疏證〕本《疏》："荷其恩者謂之爲德。古人有此語也。"

富辰諫曰："不可。臣聞之曰：'報者倦矣，施者未厭。'

〔疏證〕富辰蓋引古語。杜《注》："施，功勞也。有勞則望報過甚。"

"狄固貪惏，王又啓之。

〔疏證〕貪惏，杜無注。《楚辭・離騷》："衆皆競進以貪惏兮。"王逸
《章句》云："愛財曰'貪'，愛食曰'惏'。"此爲"貪惏"舊訓。《釋文》
引《方言》："殺人取財曰'惏'。"《説文》云："河内之北謂貪爲惏。"又
曰："婪，貪也，從女，林聲。杜林説，卜者黨相詐驗爲婪。讀若潭。"《文
選・馬汧督誄注》引《傳》亦作"婪"。是古本作"貪婪"。與《説文》合。
沈欽韓云："《一切經音義》：'婪又作惏、惏二形。'賈子《新書・傅職篇》：
'飢而惏。'《方言》：'晉、魏、河内謂惏曰殘，楚謂之貪。'惏即惏。"沈
引賈誼説"惏"，與王逸《章句》合，則此《傳》舊注"貪惏"有愛食、
愛財之別矣。"惏"以食言，引申又與貪爲轉注。故《説文》云："婪，貪
也。"變"惏"爲"惏"，更是後出之字矣。王念孫《廣雅疏證》謂："貪
婪亦愛財、愛食之通稱，不宜分訓。"非。

"女德無極，婦怨無終，

〔疏證〕杜《注》："婦女之志，近之則不止足，遠之則忿怨無已。終，
猶已也。"

"狄必爲患。"王又弗聽。

初，甘昭公有寵於惠后，

〔注〕京相璠曰：“今河南縣西南有甘水，北入洛。或云：‘甘水西山上，夷污而平，有故甘城，在河南城西二十五里。’”《水經·甘水注》。

〔疏證〕《周本紀索隱》云：“惠王子，襄王弟，封於甘，故《左傳》稱甘昭公。”張守節《正義》引《括地志》：“故甘城在洛州河南縣西南二十五里。《左傳》云甘昭公，王子叔帶也。《洛陽紀》云：‘河南縣西南二十五里，甘水出焉，北流入洛。山上有甘城，即甘公采邑也。’”與京相說合。《水經》：“甘水出弘農宜陽縣鹿蹏山東北，至河南縣南，北入洛。”《注》：“甘水發源東北流，北屈，逕一故城東，在非山上。”下引京相說。又云：“余按：甘水東一十許里，洛城南，有故甘城焉。北對河南故城，世謂之鑒洛城。鑒、甘聲相通，即故甘城也，爲王子帶之故邑矣。是以昭叔有甘公之稱焉。甘水又與非山水會，水出非山東谷，東流入於甘水。甘水又於河南城西北入洛。《經》言縣南，非也。故京相璠云：‘今河南縣西南有甘水，北入洛。’斯得之矣。”如酈氏說，則甘水一說在非山，故京相於“甘水西山”上加“或云”二字也。“夷污”本作“夢汁”，從戴震說校改。《春秋輿圖》：“甘在河南府洛陽縣西南二十五里。”

惠后將立之，未及而卒。昭公奔齊，王復之，

〔疏證〕事見十二年、二十二年《傳》。《後漢書·史弼傳》：“弼上封事曰：‘臣聞帝王之于親戚，愛雖隆，必示之以威；體雖貴，必禁之以度。如是，和睦之道興，骨肉之恩遂。昔周襄王恣甘昭公，孝景皇帝驕梁孝王。’”《注》引此《傳》，則舊說以襄王復叔帶爲非義也。

又通于隗氏。王替隗氏。

〔疏證〕杜《注》：“隗氏，王所立狄后。替，廢也。”《周語》：“王黜翟后。”韋《注》：“黜，廢也。”杜用韋說。《周本紀》：“王黜翟后。”

頹叔、桃子曰：“我實使狄，狄其怨我。”

〔疏證〕此謂狄以女來，由己謀於狄也，立爲后而又廢，故狄怨。

遂奉大叔以狄師攻王。王御士將禦之，

〔疏證〕杜《注》：“《周禮》：‘王之御士十二人。’”沈欽韓云：“《周官》：‘虎賁氏有虎士八百人。’御士，蓋即虎士也。如杜云‘十二人之御士’，禦狄何用？又，《周禮》本無御士之官。杜所指蓋太僕屬有御僕下士十二人耳。”

王曰：“先后其謂我何？寧使諸侯圖之。”

〔疏證〕杜《注》：“先后，惠后也。”

王遂出，及坎欲，

〔注〕服虔以爲鞏東邑名也。京相璠曰：“鞏東地名坎欲，在洞水東。”《水經·河水注》。

〔疏證〕《郡國志》：“河南尹鞏有坎堷聚。”欲、堷異文。《水經注》：“洛水又東北，洞水發南谿石泉，世亦名之爲石泉水也。”下引京、服説。又云：“今考厥文若狀焉，而不能精辨耳。《晉太康地記》《晉書·地道記》并言在鞏西，非也。”玩酈氏之義，蓋不取京、服説，而以鞏西之説爲然，“非”當作“是”。洪亮吉云：“杜《注》云：‘在縣東。’蓋承京、服之舊，實則聚在縣西南也。”按：洪説是也。《郡國志注》引《地道記》：“坎欲在鞏縣南。”與酈《注》所引當互相補。《春秋輿圖》：“坎欲在河南府鞏縣東南。”“東”亦“西”之誤。

國人納之[①]。

秋，穨叔、桃子奉大叔以狄師伐周，大敗周師，獲周公忌父、原伯、毛伯、富辰。

〔疏證〕原伯，《周語》作“譚伯”。《周本紀索隱》：“唐尚書據傳文讀‘譚’爲‘原’。”《周語》又云：“富辰曰：‘昔吾驟諫王，王弗從，以此及難。若我不出，王其以我爲懟乎？’乃以其屬死之。”《周本紀》所載與《周語》同。

王出適鄭，處于氾。

〔注〕京相璠曰：“周襄王居之，故曰襄城也。”《水經注》。

〔疏證〕《周本紀》：“翟人遂入周。襄王出犇鄭，鄭居王於氾。”《鄭世家》：“鄭文公居王於氾。”《周語注》云：“記[②]氾，地名。”不言屬鄭。下《傳》“鄙在鄭地氾”，是氾地在鄭矣。《郡國志》：“潁川郡襄城有氾城。”《水經注》：“襄城縣南對氾城。”下引京相説。京相説上當云“氾在襄城”，《水經》所引文不備也。《漢書·高祖紀》：“四年，大司馬咎

---

① 林按：底本無此句，據楊本及科學本增補。

② 林按：此“記”字疑爲衍文。

怒，渡氾水。”《注》：“張晏曰：‘氾水在濟陰界。’如淳曰：‘氾音祀。《左傳》曰：“鄫在鄭地氾。”’臣瓚曰：‘高祖攻曹咎于成皋，咎渡氾水而戰。今成皋東氾水是也。’師古曰：‘瓚説得之，此水不在濟陰也。“鄫在鄭地氾”，釋者又云在襄城，則非此也。舊讀音凡，今彼鄉人呼之音祀。’”如小顏説，則此《傳》之“氾”舊無“濟陰”之説。《一統志》：“氾城在開封府氾水縣南三十五里，今名周村。氾水在許州府襄城縣北七里，亦名七里河。”

大叔以隗后居于溫。

〔疏證〕《周本紀》：“子帶立爲王，取襄王所絀翟后，與居溫。”

鄭子華之弟子臧出奔宋，

〔疏證〕

好聚鷸冠。

〔疏證〕杜《注》：“鷸，鳥名。聚鷸羽以爲冠，非法之服。”未言鷸爲何鳥。《釋文》：“鷸，翠鳥也。”當是舊説。《釋鳥》：“翠鷸。”本《疏》引李巡云：“鷸，一名爲翠。其羽可以爲飾。”樊光云：“青羽出交州。”字皆作“鷸”。沈欽韓云：“《逸周書》曰：‘知天文者冠鷸。’《輿服志》有建華冠，《記》曰：‘知天者冠述，知地者履絇。’子臧鷸冠是也。《説苑·修文篇》：‘知天道者冠鉥。’《淮南·道應訓》：‘去其瞀而載之木。’《注》云：‘知天文者冠鶩。’按：‘木’爲‘述’之脱字，‘鶩’又‘鷸’之誤也。《史記》：‘趙武靈王欲胡服，曰：“卻冠秫絀，大吳之國也。”’亦‘述’之借。‘鷸’‘述’同聲，故省文耳。子臧之病在好聚，不爲非法之服。”文淇案：《莊子·天地篇》：“皮弁鷸冠，搢笏紳修，以約其外。”《釋文》：“鷸，尹必反。徐音述。本又作‘鵫’，音同，鳥名也。一名翠，似燕，細色，出鬱林，取其羽毛以飾冠。”則字又作“鵫”，其本字則當作“述”，或作“術”，秫、鵫乃後出之字。鷸，又由述聲而轉也。

壽曾曰：翠鳥之説出於《爾雅》。然《五行志注》：“張晏曰：‘鷸鳥，赤足，黃文，以其毛飾冠。’韋昭曰：‘鷸，今翠鳥也。’師古曰：‘鷸，大鳥，即《戰國策》所云啄蚌者也。天之將雨，鷸則知之。翠鳥自有鷸名，而此飾冠，非翠鳥也。《逸周書》曰：“知天文者冠鷸冠。”蓋以鷸鳥知天時故也。《禮圖》謂之術氏冠。’”如張説，則爲鷸，爲黃色鳥矣。《説苑》

《輿服志》皆謂"鷸冠爲知天者之冠"，與《逸周書》合。惠棟①曰："顏師古以爲子華好與術士游。然案下文'服之不衷'，則不必如顏説也。"按：《志》説是也，術氏之稱，蓋以鳥名官。知天乃冠鷸，子臧不當冠鷸，故杜謂"非法之服"。杜當本舊注。沈駁之，非。"聚"謂聚鷸毛羽爲冠矣。《吕覽·去私篇》："衣禁重。"《注》："不欲衣冠踰僭，若子臧好聚鷸冠是也。"按：子臧之聚鷸冠，以其華美，非《疏》僭國君之服。《輿服志》："建華冠，以鐵爲柱卷，貫大銅珠九枚，制似傅鹿。"《晉書·禮儀志》："《春秋左氏傳》：'鄭子臧好聚鷸冠。'謂建華是也。祀天、地、明堂，舞人服之。"則晉以後已爲賤者之服。春秋時亦止□術之士冠之②。《吕覽注》非。

鄭伯聞而惡之，

使盜誘之。八月，盜殺之于陳、宋之間。

〔疏證〕《五行志注》："師古曰：'已得罪出奔宋，故使盜殺之于陳、宋之間。'"

君子曰："服之不衷，身之災也。

〔疏證〕杜《注》："衷，適也。"

"《詩》曰：'彼己之子，不稱其服。'子臧之服，不稱也夫！

〔疏證〕引《詩·候人》之詞。己，今本作"其"。陳奐《詩疏》云："《禮記》引作'記'，其、己、記同。"《釋文》："'之服'，一作'之及'。"王念孫云："作'及'者，是也。及，謂及於難，言子臧之所以及於難者，由服之不稱也。但言不稱而不言服者，蒙上文'不稱其服'而省也。'子臧之及'，承上'身之災也'而言。下文'"自詒伊戚"，其子臧之謂矣'，承'子臧之及'而言。若作'子臧之服'，則非其指矣。'服'字右半與'及'相似，又涉上文兩'服'字而誤。"按：王説是也。

"《詩》曰'自詒伊戚'，其子臧之謂矣。

〔疏證〕引《詩·小雅·小明》之詞。《爾雅》："詒，遺也。"《毛詩》訓"戚"爲"憂"。陳奐《詩疏》云："戚，古'慽'字。《説文》：'慽，

---

① 林按：底本誤作"惠周惕"，據《左傳補注》回改爲"惠棟"。
② 科學本注：按：應作"亦止術氏冠之。"

憂也。伊，難也。'"

"《夏書》曰'地平天成'，稱也。"

〔疏證〕引《夏書》，今見《大禹謨》。杜《注》云："逸《書》。"疑
東晉古文以《傳》稱《夏書》□①於《大禹謨》也。《文十八年傳》："史克
曰：'堯舉八愷，使主后土，地平天成。'"不以爲《禹謨》文可證。孔氏
《傳》云："水土治曰'平'，五行叙曰'成'。"《傳》引書□②釋《詩》"不
稱"之意。

宋及楚平，宋成公如楚。還，入於鄭。

鄭伯將享之，問禮於皇武子。

〔疏證〕杜《注》："皇武子，鄭卿。"萬□□③云："皇武子疑即皇成
之謐。《世族譜》于皇氏下列爲二人，或傳寫有誤。"

對曰："宋，先代之後也，於周爲客。

〔疏證〕《白虎通義·王者不臣篇》："不臣二王之後者，尊先王，通
天下之三統也。"

"天子有事，膰焉。

〔注〕《左氏》説："宗廟之肉名曰膰。"《大宗伯疏》引《五經異義》。

〔疏證〕《釋文》："《周禮》又作'繙'字，音義同。"《説文》："繙，
宗廟火熟肉，從炙番聲。《春秋傳》曰：'天子有事，繙焉。'以饋同姓諸
侯。"許君引傳文，則賈君所見本字作"繙"。洪亮吉云："今考異姓，惟
二王後得與賜。"據許《書》義也。賈君義亦當然《大宗伯》鄭《注》："脈
膰，社稷宗廟之肉。"用《左氏》説，與許君同。《廣雅》："繙，肉也。"

"有喪，拜焉。

〔疏證〕《世婦》："凡王后有擈④事于婦人。"《疏》："僖二十四年：'天
子有事，膰焉。有喪，拜焉。'謂王喪，二王後來奔，嗣王拜之。明二王

---

① 科學本注：無原稿，抄本闕文。
② 科學本注：無原稿，抄本闕文。
③ 科學本注：無原稿，抄本闕文。
④ 科學本注：阮刻本《周禮》作"擈"（古"拜"字）。

後夫人來弔，后有拜法。”文淇案：《疏》云：“二王後來奔，嗣王拜之。”當是《左氏》舊説。杜《注》：“宋弔周喪，王特拜謝之。”於義未備，不如《周禮疏》説之善。壽曾曰：《喪大記》：“主人送于門外，拜稽顙。”《注》：“迎不拜，拜送者。拜迎，則爲君之答己。”《疏》：“案：僖二十四年有《傳》，‘宋，先代之後，于周爲客。有喪，拜焉’者，謂其餘諸侯來弔國喪，以其卑，王不拜之。若宋來弔，王用敵禮拜謝之，亦是主人拜賓之義也。”如《大記疏》，則二王之後弔周喪，主人當送於門外，拜稽顙也。《疏》止稱“宋弔周喪”，不言二王後，亦用杜説。沈欽韓云：“《喪大記》：‘君拜寄公、國賓，夫人亦拜寄公夫人於堂上。’是諸侯拜賓之法。知宋爲二王後，得以賓禮待之。嗣天子亦拜之也。”沈亦比列爲説，不及《周禮疏》之明顯也。

“豐厚可也。”鄭伯從之，享宋公有加，禮也。

〔疏證〕《釋文》：“‘享宋公有加’絶句。‘禮也’，一本無‘也’，讀則總爲一句。”

冬，王使來告難曰：“不穀不德，得罪于母弟之寵子帶，

〔疏證〕《校勘記》云：“宋本無‘弟’字。《考文提要》據僖五年《正義》，‘弟’作‘氏’，是也。”洪亮吉《左傳詁》據淳化本刪“弟”字。文淇案：《曲禮》：“踐阼，臨祭祀。”《疏》：“其謙虛卑退，或稱‘小子’，《湯誓》云‘非台小子’，是也。或曰‘不穀’，僖二十四年《左傳》云‘不穀不德，得罪于母弟之寵子帶’，是也。或曰‘寡人’，故《中候・洛予命》‘湯東觀于洛，云寡人慎機’，是也。”是“不穀”乃用諸侯之稱爲稱也。

“鄙在鄭地氾，

〔疏證〕杜《注》：“鄙，野也。”

“敢告叔父。”

臧文仲對曰：“天子蒙塵于外，敢不奔問官守？”

〔疏證〕杜《注》不釋“蒙塵”。杜《注》：“官守，王之群臣。”按：此不敢指斥天子，故云問於官守也。

王使簡師父告于晉，使左鄢父告于秦。

〔疏證〕杜《注》：“二子，周大夫。”《秦本紀》：“周王使人告難于秦、晉。”

天子無出，書曰“天王出居於鄭”，辟母弟之難也。

〔疏證〕《曲禮》：“天子不言出，諸侯不生名，君子不親惡。”《注》：“《春秋傳》曰：‘天王出居于鄭。’‘衛侯朔入于衛。’”《疏》云：“‘君子不親惡’者，謂策書，君子謂孔子書經，若見天子大惡，書‘出’以絕之。諸侯大惡，書‘名’以絕之。君子不親比惡人，故書‘出’、書‘名’，以罪之也。”《疏》稱“書‘出’以絕之”，當是《左氏》古義。《公羊》謂“不能乎母”，《穀梁》謂“鄭莫敢有”，則非二《傳》義也。杜《注》：“叔帶，襄王同母弟。”

天子凶服、降名，禮也。

〔疏證〕杜《注》：“凶服，素服。降名，稱不穀。”

鄭伯與孔將鉏、石甲父、侯宣多省視官、具于氾，而後聽其私政，禮也。

〔疏證〕杜《注》：“三子，鄭大夫。”石甲父，《廣韻注》引作“甲石父”。洪亮吉云：“此傳寫之誤。何焯以爲古本如是，惠氏校本輒據之，非也。”梁玉繩《漢書人表考》：“石癸始見《左》宣三，亦曰‘石甲父’。蓋甲父即癸之字。”其説它無所證。《隸釋八·金鄉長侯成碑》：“其先出自幽岐，周文之後，封于鄭。鄭共仲賜氏曰‘侯’，厥胤宣多，以功佐國。”碑出漢人，述侯之得氏，當可信。“省視官、具”，杜《注》：“省官司，具器用。”顧炎武云：“傅氏曰：‘官，官司。具，器具。’較明。”俞樾云：“傅氏未得‘官’字之義。《史記·孝文紀》：‘五帝官天下。’《索隱》曰：‘官猶公也。’然則‘官具’與‘私政’相對成義。先省視官具，而後聽私政，明先公而後私也。官、私對文，今時語猶然。”按：俞説是也。惠棟云：“《戰國策》曰：‘天子巡狩，諸侯避舍，納管鍵，攝衽、抱几，視膳於堂下，天子已食，而退聽朝也。’”沈欽韓云：“《周官·掌客職》：‘王巡守殷國，則國君膳以牲犢，令百官百牲皆具。’”皆以官物辭官具，可證俞説。

衛侯將伐邢，禮至曰：“不得其守，國不可得也。我請昆弟仕焉。”乃往，得仕。

〔疏證〕杜《注》：“禮至，衛大夫。守，謂邢正卿國子。”

〔經〕 二十有五年，春，王正月，丙午，衛侯燬滅邢。

夏，四月，癸酉，衛侯燬卒。無《傳》。

宋蕩伯姬來逆婦。無《傳》。

〔注〕賈氏以爲："《經》不書'歸'者，適世子故也。"《釋例》。

〔疏證〕杜《注》："伯姬，魯女，爲宋大夫蕩氏妻也。"嚴蔚云："宋桓公生公子蕩，其孫意諸始以蕩爲氏。此伯姬者，其即公子蕩之配也。"朱駿聲説亦同。賈謂女適世子逆婦，此《左氏》古義，異於《公羊》"三世内娶"之説也。僖二十五年爲宋成公王臣二年，繼成公者爲昭公杵臼。杵臼或謂襄公子，或謂成公少子，則此適世子未即位而亡也。《釋例》云："凡納女見《經》，而不書'歸'者，時史之闕漏。而賈氏皆以爲適世子故也。"按：杞桓公以僖二十三年即位，襄六年卒，凡在位七十一年。文、成之世，《經》書叔姬二人，一人卒，一人出，皆杞桓公夫人，而《經》皆不書"歸"，知雖正夫人，歸或亦有所不載，非唯適世子也。玩杜説，則賈氏意，凡書"逆婦"不書"歸"者，皆適世子矣。杞之叔姬，或自姪娣而爲夫人，故《經》不書"歸"，未可執以相難。此與《三十一年經》"杞伯姬來求婦"同文。賈氏於彼《經》，當亦以不書"歸"説之。《釋例》又謂"杞、蕩二伯姬皆自爲子來"，尤顯與賈説違。此《經》無《傳》。杜謂："稱婦，姑存之辭。"用《公羊》義。又謂："婦人越竟迎婦，非禮，故書。"用《穀梁》義。

宋殺其大夫。無《傳》。

〔疏證〕杜《注》："其事未見。於例爲大夫無罪，故不稱名。"

秋，楚人圍陳，納頓子于頓。

〔疏證〕《地理志》："汝南郡南頓，故頓子國。"又云："頓，姬姓。"應劭曰："頓，近於陳。其後南徙，故號南頓，故城尚在。"按：頓在今商水縣。杜《注》："子玉稱人，從告。"沈欽韓云："按：此亦賤楚而略其辭耳。至桓、文之伯歇，楚日駸駸，志陵①上國。則聖人亦不能不隨時事而詳其名位。《春秋》之法大易，消長之幾也。"

葬衛文公。

---

① 林按："志陵"，底本作"窺"，據科學本改。

冬，十有二月，癸亥，公會衛子、莒慶盟于洮。

〔注〕服云：“衛稱子者，明不失子道。”《曲禮疏》。

〔疏證〕杜《注》：“衛文公既葬，成公不稱爵者，述父之志，降名從，未成君，故書子以善之。”惠棟云：“杜預‘既葬除喪’之邪説，于此而窮，故作遁詞。”嚴蔚云：“杜既知書子以善之，則己之‘既葬除喪服’之説不善可知矣。”右皆駁杜‘既葬除喪’之説。宋儒孫覺則云：“衛侯稱子者，衛文公卒未踰年也。”顧炎武云：“衛文公已葬，成公稱子者，未逾年也。《春秋》之例，踰年即位，然後稱公。文十八年：‘六月，癸酉，葬我君文公。’‘冬，十月，子卒。’是稱爵、稱子，繫乎踰年、未踰年，而不在乎葬與未葬。”二説皆與服説合，足破杜降名稱子之謬。沈欽韓云：“杜預以《傳》有‘修衛文公之好’，故云‘述父之志’。夫述父之志，美事也，何以反稱子？是美之中反有貶爵之文。《春秋》杞、滕之降爵爲子，皆有善可稱者也？其支吾閃爍，不過欲自文其短喪之説耳。按：《白虎通》曰：‘父没稱子者何？屈于尸柩也。既葬稱子者，即尊之漸也。踰年稱公者，緣民臣之心，不可一日無君也。緣終始之義，一年不可有二君，故踰年即位，所以繫民臣之心也。三年然後受爵者，緣孝子之心，未忍安吉也。’以上《公羊》之説。按：《曲禮疏》：‘準《左傳》之義，諸侯薨而嗣子即位，凡有三時，一是始喪，即適子之位；二是踰年正月，即一國正君臣之位；三是除喪而見於天子，天子命之嗣，列爲諸侯之位。’是三《傳》諸家無既葬除喪之事也。”按：沈謂未踰年稱子，三《傳》説同，尤確。服謂“不失子道”，《白虎通》謂“即尊之漸”，各明一義也。杜《注》以洮爲魯地，《疏》：“八年盟于洮。杜《注》：‘曹地。’三十一年，魯始得曹田，此時不得爲魯地。《注》誤耳。”江永云：“《疏》説非也。《傳》云‘衛人平莒于我，且及莒平’，則此洮爲魯之内地，東近莒，即莊二十七年‘公會杞伯姬于洮’者也。當爲卞縣桃墟，在泗水縣。”

〔傳〕 二十五年，春，衛人伐邢，二禮從國子巡城，掖以赴外，殺之。

〔疏證〕二禮，杜無注。《二十四年傳》：“我請昆弟仕焉。”則一禮至，一禮至之弟也。掖以赴外，《詩·衡門疏》引作“持以赴外”。《校勘記》云：“《詩疏》作‘持’，以意改。段玉裁云：‘赴，當仆字之誤。謂兩持其臂脅，自城上投諸城下也。作“赴”則義未顯。’”按：阮説是也。掖，杜無注。《釋文》引《説文》：“以手持人臂曰掖。”今本《説文》云：“掖，以手持人臂投地。”與陸氏所引異。洪亮吉云：“今考‘掫’無投地之義，惟此《傳》‘掫以赴外’，可從此訓。疑《說文》本因《春秋傳》此文爲訓也。”壽曾曰：“掫”與“赴外”爲兩事，《說文》止當釋“掫”。今本“投地”二字，或後人妄加。本《疏》引《說文》，亦止云“掫，持臂也”。洪說非。《衡門疏》謂：“持其臂而投之城外也。”《後漢書・張衡傳注》：“掫，謂挾之而投於城外也。”訓最分明。

“正月，丙午，衛侯燬滅邢。”同姓也，故名。

禮至爲銘曰：“余掫殺國子，莫余敢止。”

〔疏證〕《後漢書・張衡傳》：“斐豹以獘督燔書，禮至以掫國作銘。”《注》：“《左傳》‘余掫殺國子’，禮至本衛人，仕邢爲大夫。”

秦伯師于河上，將納王。狐偃言於晉侯曰：“求諸侯莫如勤王。

〔疏證〕《年表》：“秦繆公二十五年，欲内王，軍河上。晉文公元年，咎犯曰：‘求霸莫如内王。’”《晉世家》：“文公二年，春，秦軍河上，將入王。趙衰曰：‘求霸莫如入王尊周。’”魯僖二十五年，當秦繆二十五年，晉文二年，《年表》繫咎犯語於元年，非。咎犯、趙衰，亦史公駮文。杜《注》：“勤，内王也。”

“諸侯信之，且大義也。

〔疏證〕《晉語》説此事云：“君盍納王以教之義。”《注》：“使知事上之義。”

“繼文之業，

〔疏證〕《晉語注》：“文，晉文侯仇也。平王東遷，文侯輔之，受圭瓚秬鬯。”杜《注》：“晉文侯仇爲平王侯伯，匡輔周室。”用韋説。

“而信宣於諸侯，今爲可矣。”

使卜偃卜之，曰：“吉。遇黃帝戰于阪泉之兆。”

〔注〕服云：“版泉，地名。”《五帝本紀集解》。

〔疏證〕《大戴禮・五帝德》：“黃帝與赤帝戰於阪泉之野。”《淮南子・兵略訓》：“黃帝嘗與炎帝戰矣。”又云：“炎帝爲火災，故黃帝擒之。”《注》：“炎帝，神農之末世也。”《五帝本紀》：“炎帝欲侵陵諸侯，諸侯咸歸軒轅。軒轅教熊、羆、貔、貅、貙、虎以與炎帝戰于阪泉之野。三戰，然後得志。”《帝王世紀》：“與神農戰於阪泉之野，三戰而克之。”《列子·黃帝篇》：“黃帝與炎帝戰於阪泉之野，帥熊、羆、狼、豹、貙、虎爲前驅，雕、鶡、鷹、鳶爲旗幟。此以力使鳥獸者也。”皆其事也。賈誼《新書·制不定篇》：“黃帝行道，而炎帝不聽，故戰涿鹿之野。”與諸書乖異。誼傳《左氏》學，不當戾傳文，阪泉、涿鹿地近，或通言之。高誘《淮南注》以炎帝爲神農末世，最爲分明。杜《注》亦云：“黃帝與神農之後姜氏戰于版泉之野。”用高説也。《封禪書索隱》云：“鄧展云：‘神農後子孫亦稱炎帝而登封者。’《律曆志》：‘黃帝與炎帝戰于阪泉。’豈黃帝與神農身戰乎？皇甫謐云：‘炎帝傳位八代也。’”《世紀》亦同高説。服未言阪泉當漢何地。《五帝本紀集解》引皇甫謐曰：“在上谷。”《正義》引《括地志》：“阪泉，今名黃帝泉，在嬀州懷戎縣，東出五里，至涿鹿東北，與涿水合。”《方輿紀要》：“嬀川在延慶州東十五里。《志》云即古之阪泉。”延慶州，今屬宣化府。《御覽》七十九引《歸藏》曰：“昔黃帝與炎神爭鬪涿鹿之野，將戰，筮于巫咸。巫咸曰：‘果哉，而有咎。’”此黃帝卜戰事也。謂“涿鹿之野”，亦通言之。本《疏》云：“黃帝將戰，卜得吉兆。今卜復得彼兆。”

公曰：“吾不堪也。”

對曰：“周禮未改，今之王，古之帝也。”

〔疏證〕周禮，謂周之典。韋、杜謂“周德雖衰，天命未改”。《傳》無此意。

公曰：“筮之。”筮之，遇《大有》之《睽》①**。**

〔疏證〕《曲禮》：“凡卜筮日。”《注》：“大事卜，小事筮。”《疏》：“天子既爾，諸侯亦然。故《春秋》僖二十五年，晉卜納襄王，得黃帝戰于阪泉之兆。又筮之，得《大有》之《睽》。哀九年，晉人伐宋，亦卜而後筮。是大事卜、筮并用也。但春秋亂世皆先卜後筮，不能如禮。”是古法，大事卜而不筮，晉文得卜而疑，故再筮也。杜《注》：“乾下離上，《大有》。兑下離上，《睽》。《大有》九三，變而爲《睽》。”

---

① 林按：底本、科學本作“睽”，據楊本改爲“睽”。

曰："吉。遇'公用享于天子'之卦。

〔疏證〕杜《注》："《大有》九三，爻辭也。三爲三公而得位，變而
爲《兑》，《兑》爲説，故能爲王所宴饗。"按：杜用舊注義也。虞翻《注》：
"天子，謂五。三，公位也。"張惠言云："爻位，三爲三公。"服氏説《傳》
占筮，與虞氏多同。此杜解三公，與虞《注》合。此或取服《注》矣。"變
而爲《兑》"者，謂下卦《乾》變《兑》也。"兑，説也"，《説卦》文。

"戰克而王饗，吉孰大焉？

〔疏證〕杜《注》："卜、筮協吉。"本《疏》云："卜遇黄帝吉兆，是
戰克也。筮得《大有》，是王饗也。"

"且是卦也，天爲澤以當日，天子降心以逆公，不亦可乎？

〔疏證〕杜《注》："方更總言二卦之義，不繫于一爻。《乾》爲天，
《兑》爲澤。《乾》變爲《兑》，而上當《離》。《離》爲日，日之在天，垂
曜在澤，天子在上，説心在下，是降心逆公之象。"按：《大有·大象》
曰："火在天上，《大有》。"《睽·大象》曰："上火下澤，《睽》。"張惠言
説《大有》曰："不曰日而曰火者，日中則盛如火，故曰'火在天上'。"
則"火在天上"，猶言日在天上也。《睽》之上火下澤，猶言上日下澤也，
日垂曜照澤，舊説亦當如此。"《乾》爲天""《兑》爲澤""《離》爲日"，
皆《説卦》文。

"《大有》去《睽》而復，亦其所也。"

〔疏證〕杜《注》："言去《睽》卦還論《大有》，亦有天子降心之象。
《乾》尊《離》卑，降尊下卑，亦其義也。"毛奇齡云："以《乾》天而下
《離》曰'降心'，亦然。"

晉侯辭秦師而下。

〔疏證〕《晉世家》："趙衰曰：'周、晉同姓。晉不先入王，後秦入之，
無以令于天下。'"此晉辭秦之意也。《晉語》："公以二軍下。"《注》："東
行曰下。"杜《注》："順流故曰下。"用韋説。

三月，甲辰，次于陽樊。

〔注〕服云："陽樊，周地。陽，邑名也，樊仲山之所居，故名陽樊。"

《晉世家集解》。

〔疏證〕《晉世家》："三月甲辰，晉乃發兵至陽樊。""樊"見隱十一年《疏證》。此服《注》專說"陽樊"也。《晉語》："倉葛曰：'陽人有樊仲之官守焉。'""樊仲"即"樊仲山"也。《周語》："樊仲山甫諫宣王。"《注》："食菜於樊。"《郡國志注》與服《注》合。《烝民》："生仲山甫。"仲山甫，樊侯字也。服謂"陽樊，周地"，則是畿內國。陳奐《毛詩傳疏》云："樊在東畿河北，故曰陽樊。在晉國之南，故又曰南陽。"義最分明。李貽德云："樊爲畿內國名，陽其食邑。"

右師圍溫，左師逆王。

〔疏證〕《晉語》："右師取昭叔于溫，左師逆王于鄭。"

夏，四月，丁巳，王入于王城。取太叔于溫，殺之于隰城。

〔疏證〕《晉語》："王入於成周，遂定王于郟。"《注》："成周東都。郟，王城也。"郟城即隰城，見隱十一年《疏證》。沈欽韓云："《水經注》：'河溝水又東逕隰城北，殺太叔于隰城是也。'"《周本紀》："襄王告急于晉，晉文公納王而誅叔帶。"《晉世家》："入襄王于周。四月，殺王弟帶。"

戊午，晉侯朝王。

王饗醴，命之宥。

〔疏證〕《唐石經》、宋本"饗"作"享"。《校勘記》云："作'享'爲正字。《左氏》多用正字。《新序》亦引作'享'。"沈欽韓云："《釋文》《石經》'饗'并作'享'。享禮爲初見時事，非食饗也。《大行人》《司儀》及《聘禮》本分明。後人因杜《注》混淆。俗本或改'享'爲'饗'。"洪亮吉云："'宥'，《晉語》作'侑'。按：'宥'與'右'同。《說文》及《字書》'右，助也'。鄭玄《周禮注》：'右讀爲侑，侑勸尸食而拜。'是'右'亦有勸意。杜蓋本此。下二十八年《傳》即作'侑'。"如沈、洪說，則饗、宥皆杜所改也。《晉語》："王饗醴，命之酢宥。"《注》："饗，設饗禮也。《傳》曰：'戰克而王饗。'饗醴，飲醴酒也。命，加命服也。宥，宥幣。謂既食，以束帛宥公。"杜《注》用韋說。但不釋"命"爲命服。壽曾曰：莊十八年，"虢公、晉侯朝王，王饗醴，命之宥"，與此傳文同。杜《注》亦約同此《傳注》。命之宥，謂王命酬幣。二十八年，"王享醴，命晉侯宥"，其禮亦同，不關加命服。韋《注》非。"饗醴""宥幣"，詳莊十八年《疏證》。

請隧，弗許。

〔注〕賈云："隧，王之葬禮，闕地通路曰隧。"《周語注》。

〔疏證〕《晉語》："公請隧。"《注》："三君注：'隧，王之葬禮。'"則虞、唐注《外傳》，亦同賈説也。《説文》："隧，兩阜之間也。"亦用賈"闕地"義。杜《注》："闕地通路曰隧，王之葬禮也。諸侯皆懸柩而下。"杜用賈説。其"諸侯懸柩而下"，則賈所未言也。本《疏》："天子之葬，棺重禮大，尤須謹慎。去壙遠而闕地通路，從遠處而漸邪下之。諸侯以下，棺輕禮小，臨壙上而直懸下之。"如《疏》説，則天子之制，不懸柩而下也。

沈欽韓云："《喪大記》：'凡封用綍。'《注》：'封，《周禮》作"窆"。窆，下棺也。禮，惟天子葬有隧。'《檀弓》：'公室視豐碑。'《注》云：'言視者，時僭天子也。豐碑，作大木爲之，形如石碑，於椁前後四角樹之，穿中于間爲鹿盧，下棺以綍繞。天子六綍四碑，前後各重鹿盧也。'如鄭此《注》，則天子亦用綍懸窆也。按：《周禮·遂人職》：'及葬，帥而屬六綍，及窆，陳役。'鄭司農云：'窆，謂下棺時。'《遂師職》：'及窆，抱磨。'鄭司農云：'抱磨，磨下車也。'按：磨，即鹿盧之轉也。玩《周禮》亦是懸窆，無隧道之事。故賈《疏》于《遂人》《鄉師》下并云：'陳役者，天子六綍四碑，背碑挽引而下。'蓋秦漢始有羨道，賈逵準時事言之。鄭注《喪大記》偶用賈説耳。韋昭謂：'隧，六隧也。《周禮》天子有六鄉、六遂。惟天子有隧，諸侯則無也。'"語雖不了，亦是一義。

文淇案：《周禮·冢人》："以度爲丘隧。"鄭玄《注》："隧，羨道也。"賈《疏》云："天子有隧道，諸侯以下有羨道。隧道則上有負土，羨道則無負土。若然，隧與羨別，而鄭云'隧，羨道'者，對則異，散則通。"《冢人》既爲"丘隧"，則闕地通路之説，非準秦漢之制，沈説非也。《司約》："若大亂，則六官辟藏。"《注》："大亂謂僭約，若吳、楚之君稱王，晉文公請隧以葬者。"《疏》："按：僖二十五年，晉文公納定襄王，乃請隧以葬。隧者，謂掘地通路，上有負土。諸侯以下，上無負土，謂之羨塗。天子有負土，謂之隧。文公欲行天子之禮，故對曰：'未有代德，而有二王。'不許之也。"與《冢人疏》説同，皆用賈"闕地通路"説也。洪亮吉云："隧則闕地通路，惟天子始克爲之，故云'王章'。若羨即不過築墓道，使通間隙。鄭注《考工記·玉人》云：'羨，猶延也。'《爾雅》：'延，間也。'郭《注》以爲間隙，亦可容人。《史記·衛世家》：'共伯入釐侯羨自殺。'可知諸侯有羨道矣。蓋隧道寬，羨道窄，一有負土，一無負土。"

壽曾曰：洪氏亦依《冢人》《司約》疏爲説，惟"負土"未加申説。

據《禮疏》“上有負土”，則隧道之上仍留土，故曰“負土”也。天子有隧道，亦有羨道。知然者，《檀弓·豐碑疏》：“案：《春秋》天子有隧，以羨道下棺。所以用碑者，凡天子之葬，掘地以爲方壙，《漢書》謂之‘方中’。又方中之內，先累椁，于方中南畔爲羨道。以蜃車載柩至壙，說而載以龍輴，從羨道而入。至方中，乃屬紼于棺之緘，從上而下，棺入于椁之中。于此之時，用碑綍也。”則天子羨道在隧道中，由羨道而入壙，故必用碑綍也。杜雖用賈說，其謂“惟諸侯懸棺”，與《周禮》違，賈所未言也。知天子葬亦用碑綍，則無疑於《喪大記》鄭《注》矣。

曰：“王章也。

〔疏證〕《周語注》：“章，表也，所以表明天子與諸侯異物。”杜用韋說。顧炎武云：“言天子之典章。”視韋、杜說尤明。《喪大記疏》：“僖二十五年《左傳》云：‘晉侯請隧，王弗許。曰：‘王章也。’’”是隧爲天子典章，與顧說合。《後漢書·趙咨傳》：“遺書勅子曰：‘法度衰毀，上下僭離，終使晉侯請隧，秦伯殉葬。’”

“未有代德，而有二王，亦叔父之所惡也。”

〔疏證〕惠棟云：“《周書》：‘芮良夫曰：“觀天下有土之君，厥德不遠，罔有代德。”’”洪亮吉云：“按：‘代德’二字始見此。”《周語注》：“國無二王。”

與之陽樊、温、原、欑茅之田。

〔注〕賈云：“晉有功，賞之以地。”《晉世家[①]正義》。

〔疏證〕《晉語》：“賜公南陽陽樊、温、原、州、陘、絺、鉏、欑茅之田。”《注》：“八邑，周之南陽地。”《傳》無州、陘、絺、鉏，文省略也。此四邑之田，即隱十一年與鄭人蘇忿生之田，詳彼年《疏證》。《晉世家[②]正義》引賈《注》，“以地”下有“陽樊、温、原、欑茅之田也”句，乃張引傳文，今不取爲賈《注》。《烝民》：“生仲山甫。”《傳》：“仲山甫，樊侯也。”《疏》：“僖二十五年《左傳》說晉文公納定襄王，王賜之樊邑，則樊在京都之畿內也。杜預云：‘經傳不見畿內之國稱侯者，天子不以此爵賜畿內也。’如預之言，畿內本無侯爵，《傳》言樊侯，未知何所按據。”壽曾曰：杜說

---

① 林按：“晉世家”應爲“周本紀”。

② 林按：“晉世家”應爲“周本紀”。

非也。樊仲山封於宣王時，其樊邑當在今西安，東遷後續封，乃此《傳》陽樊地。隱十一年，樊已爲蘇忿生田，則樊由侯國降爲邑久矣。

晉於是始啓南陽。

〔注〕馬融曰："晉地自朝歌以北，至中山爲東陽；朝歌以南，至軹爲南陽。"《水經·清水注》。

〔疏證〕杜《注》："在晉山南河北。"《御覽》一百六十一引《注》略同，蓋用馬説。《王風譜》："北得河陽，漸冀州之南。"《疏》："《僖二十五年傳》：'晉于是始啓南陽。'杜預云：'在晉山南河北，故曰南陽。'是未賜晉時爲周之畿内，故知北得河陽。"《周本紀》："襄王以河内地與晉。"河内即河北也。《吕覽·去私篇》："晉平公問於祁黄羊曰：'南陽無令，其誰可而爲之？'"《注》："南陽，今河内温、陽樊、州之屬皆是也。"又《不廣篇》："文公遂與草中之戎、驪土之翟定天子于成周。于是天子賜之南陽之地。"《注》："成周，今雒陽也。襄王賜之南陽之地，在河之北，晉之山南，故言南陽。今河内陽樊、温之屬皆是也。"高《注》與馬説合。南陽在漢爲河内郡。《地理志》："河内郡修武。"應邵曰："晉始啓南陽，今南陽城是也。秦改曰'修武'。"《水經注》："修武亦曰'南陽'。"下引馬説。沈欽韓云："《一統志》：'南陽城在衛輝府獲嘉縣北。'"朱駿聲曰："朝歌在今河南衛輝府淇縣，中山在今直隸正定府，軹在今河南懷慶府濟源縣。"

陽樊不服，

〔疏證〕《晉語注》："不肯屬晉。"

圍之。倉①葛呼曰：

〔疏證〕《晉語注》："倉葛，陽樊人。"杜用韋説。

"德以柔中國，邢以威四夷，宜吾不敢服也。此誰非王之親姻，其俘之也？"

〔疏證〕杜無注。《周語》："謂君其何德之布以懷柔之。"《注》："柔，安也。"兵者刑之一，謂陽樊不可以兵服。近畿之地，故多王之親姻。

乃出其民。

---

① 林按："倉"，楊本作"蒼"。

〔疏證〕《周語注》：“放令去也。”杜《注》：“取其土而已。”

秋，秦、晉伐鄀。

〔疏證〕《世本》：“鄀，允姓國。”《釋文》引《字林》云：“鄀，楚邑。”洪亮吉云：“按：鄀在秦、楚界上，與晉地懸隔，且晉文方啓南陽、圍樊、圍原，何暇會秦遠伐小國？《傳》中無一語及晉，可見‘晉’字爲衍文。杜《注》云：‘不復言晉，秦爲兵主。’此亦曲爲之解。”按：洪説是也。沈欽韓云：“《方輿紀要》：‘丹水城在南陽府鄧州內鄉縣西南百二十里，去丹水二百步，本古鄀國，又爲商密地。’”顧棟高云：“鄀國于商密，後遷于鄀。今湖廣襄陽府宜城縣東南九十里有鄀縣故城。文五年秦人入鄀，蓋自是南徙爲楚附庸。定六年遷郢於鄀，則楚已滅之爲邑矣。”

楚鬬克、屈禦寇以申、息之師戍商密。

〔疏證〕杜《注》：“鬬克，申公子儀。屈禦寇，息公子邊。”《楚語注》：“儀父、申公鬬班之子鬬克也。”杜用韋説。《郡國志》：“南陽郡丹水有章密鄉。”《水經注》：“丹水又逕丹水縣故城南。縣有密陽鄉，古商密之地，楚、申、息之師所戍也。春秋之三戶矣。”《方輿紀要》：“三戶城在南陽府鄧州內鄉縣西南。”

秦人過析，隈入而係輿人，以圍商密，昏而傅焉。

〔疏證〕《郡國志》：“析，故楚白羽邑。”《一統志》：“析縣故城在南鄉府內鄉縣西北。”杜《注》：“隈，隱蔽之處。”不説“隈入”義。文淇案：《弓人》[1]：“夫角之中，恒當弓之畏。”《注》：“玄謂讀爲‘秦師入隈’之隈。”《疏》：“案：僖二十五年秋，‘秦、晉伐鄀，秦人過析，隈入’。鄭以爲‘入隈’。”則鄭所見本，“隈入”作“入隈”也。《説文》：“隈，水曲。”高誘注《淮南子·覽冥訓》云：“隈，曲深處也。[2]”《廣雅·釋丘》：“阪、隅，隈也。[3]”王念孫云：“凡山曲、水曲通謂之隈。”沈欽韓云：“按：《玉篇》：‘隈，水曲也。’秦人過析，從丹水曲過師，以避戍兵之路。《紀要》有‘析隈山’，在鄧州南七十里。蓋俗人附會。”

---

① 科學本注：《周禮·弓人》。
② 科學本注：《覽冥訓》“漁者不爭隈”句。
③ 科學本注：《廣雅·釋詁》無此條，《釋丘》有“……阪、隅，隈也”句。

宵，坎血加書，僞與子儀、子邊盟者。

商密人懼，曰：“秦取析矣，戍人反矣。”乃降秦師。

秦師囚申公子儀、息公子邊以歸。

〔疏證〕今《注疏》本奪“秦師”，從《唐石經》、宋本補。

楚令尹子玉追秦師，弗及。

遂圍陳，納頓子于頓。

〔疏證〕殿本《注》云：“頓子時爲陳所迫，出奔在楚，故楚人圍陳而納之。”

冬，晉侯圍原，

〔疏證〕《晉語》作“伐原”，《注》：“原不服，故伐之。”《淮南子·道應訓》：“晉文公伐原。”《注》：“原，周邑。襄王以原賜文公。原叛，伐之。”

命三日之糧。原不降，命去之。

諜出，曰：“原將降矣。”

〔疏證〕《晉語注》：“諜，間候也。”杜《注》：“諜，間也。”亦同韋說。《廣雅·釋詁》：“間、觀、諜、郵、置、驛也。”王念孫云：“《爾雅》：‘間，倪也。’郭《注》：‘《左傳》謂之諜，今之細作也。’《説文》：‘諜，軍中反間也。’《大戴禮·千乘篇》云：‘以中情出，小曰間，大曰諜。’”①

軍吏以告②，公曰：“信，國之寶也，民之所庇也。

〔疏證〕《晉語注》：“庇，蔭也。”

“得原失信，何以庇之？所亡滋多。”

退一舍而原降。

〔疏證〕《晉語》説此事云：“乃去之。及盟門，而原請降。”《注》：

---

① 科學本注：抄本眉批云：“此與他本異。”但不知“此”何所指，遂附注於後。
② 林按：楊本此句爲：“軍吏曰：‘請待之。’”

"盟門，原地。請降，退一舍而請降。"則盟門去原三十里也。

遷原伯貫於冀。

〔疏證〕杜《注》："伯貫，周守原大夫也。"

趙衰爲原大夫，狐溱爲温大夫。

〔疏證〕杜《注》："狐溱，狐毛之子。"《年表》："晉文公元年，魏武子爲魏大夫，趙衰爲原大夫。"晉文元年當僖之二十四年，晉猶未得原，此史公駁文。

衛人平莒于我，十二月，盟于洮，修衛文公之好，且及莒平也。

〔疏證〕元年，敗莒師於酈，獲莒挐。

晉侯問原守於寺人勃鞮，

〔疏證〕杜《注》："勃鞮，披也。"朱駿聲云："勃鞮之合音爲披。"洪亮吉云："《後漢書·宦者傳》曰：'其能者則勃貂、管蘇，有功於楚、晉。'《注》：'勃貂，即寺人披，一名勃鞮，字伯楚。'李善《文選注》以'勃鞮'爲'履鞮'。"梁履繩云："履鞮，疑主履者，若周官之鞮鞻氏也。"

對曰："昔趙衰以壺飧從，徑，餒而弗食。"

〔疏證〕杜《注》："徑，行也。"《淮南·本經訓》："接徑歷遠。"《注》："徑，行也。"杜《注》用高説。《釋文》："一讀'以壺飧從'絶句，讀'徑'爲'經'，連下句，乖於杜意。"本《疏》："劉炫改'徑'爲'經'，謂經歷飢餒。下屬爲句，輒改其字，以規杜氏，非也。"則《釋文》"一讀"，謂劉炫讀也。《校勘記》云："經、徑，古多通用。如《楚詞·招魂》：'經堂入奧。'《注》：'經，一作徑。'《史記·高祖本紀》'夜徑'，《索隱》曰：'舊音經。'《隸辨·徐氏紀産碑》'雖直徑營'，即經營也。"按：阮説是也。焦循云："《説文》：'徑，步道也。'《史記·高帝紀》'夜徑澤中'，《注》云：'徑，小道也。'蓋衰本以壺飧從重耳，有時重耳行大道，衰由小道，亦餒而不食，謂不以相違而有私也。'從'字絶句，'徑'一字句，'餒而弗食'四字句。'徑'依《曲禮注》訓爲'邪行'。"俞樾云："'徑'字仍當上屬，謂以壺飧從小道也。猶《史記·欒布傳》所云'從間道'也。"壽曾謂：焦氏、俞氏不從炫讀，然説優於杜《注》，可備一解。《韓非·外儲説》"趙衰"作"箕鄭"，"挈壺殄而從，迷而失道，與公相失，飢而道泣，寢餓而不敢食。”《韓非》謂“失道而餓”，足爲焦説之證。

故使處原。

〔疏證〕《趙世家》：“趙衰爲原大夫，居原，任國政。”

〔經〕 二十有六年，春，王正月，己未，公會莒子、衛甯速盟于向。

〔疏證〕《公羊》“速”曰“遫”。杜《注》：“甯速，衛大夫莊子也。”

齊人侵我西鄙，公追齊師，至酅，弗及。

〔疏證〕《公》《穀》“酅”曰“巂”。《釋文》：“本又作‘巂’。”則三《傳》字同也。杜《注》：“濟北穀城縣西，有地名酅下。”焦循云：“魯在齊南，魯追齊至酅，則酅必近魯。杜《注》是也。《大事表》於此酅引趙氏云‘紀季之道’，非是。”沈欽韓云：“《一統志》：‘巂下聚在泰安府東阿縣西南。’”

夏，齊人伐我北鄙。

〔疏證〕馬宗璉云：“盧辯《大戴禮·保傅篇注》：‘齊在魯北。’”

衛人伐齊。

公子遂如楚乞師。

〔疏證〕《校勘記》云：“惠棟云：‘遂，《世本》作“述”。述與遂，古字通。’秦大夫西乞術，本亦作遂，是也。”杜《注》：“公子遂，魯卿也。”

秋，楚人滅夔，以夔子歸。

〔疏證〕《公羊》“夔”曰“隗”。《釋文》：“二《傳》作‘夔’。”惠棟云：“《古史考》云：‘滅歸。’《地理志》：‘南郡秭歸鄉，故歸國。’”洪亮吉云：“《水經·江水注》：‘《樂緯》曰：昔歸典叶聲律。’宋忠曰：‘歸即夔。’歸鄉，蓋夔鄉矣。按：夔、歸、隗音近，字可通假。夔是古文正字。”沈欽韓云：“《方輿紀要》：‘夔子城在歸州東二十里。’歸州今屬宜昌府，地名夔沱。”

冬，楚人伐宋，圍緡。

〔疏證〕《穀梁》"縛"曰"閔"。《年表》："宋成公三年，倍楚親晉。"《宋世家》："成公三年，倍楚盟親晉，以有德於文公也。"

公以楚師伐齊，取穀。

〔注〕劉、賈、許、穎取"晉人執季孫以歸"，"劉子、單子以王猛居于皇"，"尹氏、召伯、毛伯以王子朝奔楚"，隨示"以"義。又云："諸稱'以'，皆小以大、下以上，非其宜也。"本《疏》。

〔疏證〕本年《傳例》："凡師能左右之曰以。"《載芟箋》："《春秋》之義，能東西之曰'以'。"《疏》："僖二十六年《左傳》曰：'凡師能左右之曰"以"。'左右，即東西也。彼雖爲師發例，要以者，任其東西。"則鄭君說"以"，亦本《傳例》也。杜《注》："左右謂進退在己。"亦用《傳例》。而《疏》引《釋例》，則謂："變會及之文而曰'以'。施於匹敵相用者，若上行於下，非例所及也。"又引劉、賈、許、穎說，駁之云："尋按晉侯以季孫歸，又非下以上也，荊以蔡侯歸，亦非小以大也。"按：《疏》舉劉、賈、許、穎說，謂"隨示'以'義"，則諸儒舉三者，爲"公以楚師伐齊"例。小以大、下以上，止釋此四者書法，非通言之。知者，劉、單以王猛，尹、召、毛以王子朝，皆下以上也。晉以季孫，荊以蔡侯，《經》書"晉人"，或止書"荊"，不謂國君也。《疏》改《經》"晉人"爲"晉侯"，以駁諸儒說，非也。杜謂"以施於匹敵"，於書法尤窒。

公至自伐齊。無《傳》。

〔傳〕二十六年，春，王正月，公會莒茲㞱公、甯莊子盟于向，尋洮之盟也。

〔疏證〕杜《注》："茲㞱，時君之號。莒，夷，無謚，以號爲稱。"《文十八年傳》："莒紀公生太子僕。"杜《注》："紀，號也。莒，夷，無謚，故有別號。"襄三十一年："莒犁比公生去疾。"杜《注》："犁比，莒子密州之號。"文淇案：《詩·韓奕》："汾王之甥。"《箋》："厲王流于彘。彘在汾水之上，故時人以號之，猶言莒郊公、黎比公也。"《疏》："《左傳》于昭公之世，有莒郊公；襄公之世，有黎比公。《箋》先言郊公者，以其文單，令與莒相配，使黎比蒙莒文也。莒在東夷，不爲君謚，每世皆以地號公。此外猶有茲㞱公、著丘公之等。以二者足以明義，不復遍引也。"如《詩疏》說，則此莒茲㞱公亦以地號也。

"齊師侵我西鄙"，討是二盟也。

〔疏證〕杜無注。《魯語》："齊孝公來伐。"《注》："孝公，齊桓公之子，孝公昭也。魯僖公叛齊，與衛、莒盟于洮，又盟于向。故孝公伐魯，討二盟。"韋據此《傳》言，則舊説指洮、向也。

夏，齊孝公伐我北鄙。衛人伐齊，洮之盟故也。

公使展喜犒師，

〔注〕服云："以師枯槁，故饋之飲食勞苦，謂之勞也。"本《疏》。

〔疏證〕《晉語》："展禽使乙喜以膏沐犒師。"《注》："乙喜，魯大夫展喜也。"惠棟云："謹案：'犒'非古字，古文作'槀'，或作'槁'。張楫撰《廣雅》，始從牛旁高。洪氏《隸續》載漢碑，有'勞醙'之語。'醙'與'犒'同。《公羊注》云：'牛酒曰犒。'故其字一從牛，一從酉。漢隸皆然，非古文也。《周禮·小行人》云：'若國師役，則令犒檜之。'《注》云：'故書"槁"如"藁"。'鄭司農云：'"藁"當爲"槁"，謂犒師也。'先鄭不言字誤，明'犒'字本作'槁'，與服子慎'枯槁'説合。"壽曾曰：惠説是也。《地官·序官》"槀人"《注》："槀，讀爲犒師之犒，主冗食者，故謂之犒。"此亦故書"槁"爲"藁"之證。先鄭引"犒師"爲説，則其説此《傳》當同服義矣。《釋文》："犒，勞也。"服《注》"謂之勞也"，句無所承，疑服《注》謂"槁勞也"。"飲食勞苦"乃自釋"勞"字義，《疏》引不具耳。杜《注》："勞齊師。"用服説。《魯語注》："犒，勞也。以膏沐爲禮，欲以義服齊，不以賂免。"亦以"勞"訓"犒"，"膏沐"即服《注》"枯槁"之義。《廣雅·釋詁》："犒，勞也。"

使受命于展禽。

〔疏證〕高誘《淮南注》云："魯大夫展無傃之子，名獲，字禽。家有大柳樹，惠德，因號柳下惠。一曰'柳下，邑'。"《魯語注》："展禽，魯大夫展無傃之後，柳下惠也，字季禽。"

齊侯未入竟，展喜從之，曰："寡君聞君親舉玉趾，將辱於敝邑，使下臣犒執事。"

齊侯曰："魯人恐乎？"對曰："小人恐矣，君子則否。"

齊侯曰："室如縣罄，野無青草，何恃而不恐？"

〔注〕服云："言室屋皆發撤。榱椽在，如縣罄。"

〔疏證〕《釋文》：“‘罄’亦作‘磬’。”傅遜云：“《禮記》：‘磬於甸人。’《注》引此傳文，正作‘磬’。”《魯語》：“室如縣磬。”孔晁曰：“縣磬，但有桷，無覆蓋。”孔用服説。《素問注》：“發，謂散發也。”《華嚴音義》引《字書》：“撤，除也，去也。”《説文》：“榱，椽也。”韋昭云：“縣磬，言魯府藏空虛，但有榱梁，如縣磬也。”與服、孔義殊，然字皆作“磬”。程瑤田《通藝録》云：“《左傳》‘室如懸罄’，字從缶，從缶與從石同意。磬有房室中空之象，室無資糧，故曰‘如縣罄’也。《國語》作‘懸磬’，假借之。凡器中空謂之罄，如《詩》云‘瓶之罄矣’，是也。”壽曾曰：程説是也。“罄”字，引申之，有竭盡義。杜《注》：“如，而也。居室而資糧懸盡。”不用服説。然服、孔義謂發撤材木，以治守禦，室屋中空如罄，乃是比例之詞。本《疏》引服説，又引劉炫云：“‘如罄在懸，下無粟帛。’炫乃以服意規杜，非也。”其實炫説“如”字，用服意。“下無粟帛”，則是韋義，而杜亦取之者也。韋《注》：“野無青草，旱甚也。”當是舊説。杜《注》：“時夏四月，今之二月，野物未成。”經傳但言夏，未言四月，杜説非。

對曰：“恃先王之命。昔周公、大公股肱周室，夾輔成王。成王勞之，而賜之盟，曰：‘世世子孫，無相害也。’載在盟府，大師職之。

〔疏證〕《爾雅》：“職，主也。”杜《注》：“大公爲大師，兼主司盟之官。”顧炎武云：“大師，周之大師，主司盟之官。解云‘大公爲大師’，非。”按：太師主司盟，於禮亦無證。武億《本經義證》云：“‘師’當作‘史’，聲之誤。”

“桓公是以糾合諸侯，而謀其不協，彌縫其闕，而匡救其災，昭舊職也。

“及君即位，諸侯之望曰：‘其率桓之功。’

〔疏證〕《爾雅》：“率，循也。”

“我敝邑用不敢保聚，

〔疏證〕《唐石經》“用”下增“是”字，《讀本注》云：“不敢保聚，謂無詐無虞。”

“曰：‘豈其嗣世九年，而棄命廢職？其若先君何？君必不然。’

"恃此以不恐。"齊侯乃還。

東門襄仲、臧文仲如楚乞師。

〔疏證〕《檀弓注》："仲遂，魯莊公之子東門襄仲。"彼《疏》云："《世本》及《左傳》文也。"杜《注》："襄仲居東門，故以爲氏。臧文仲爲襄副使，故不書。"

臧孫見子玉而道之伐齊、宋，以其不臣也。

〔疏證〕杜《注》："言其不臣事周室，可以此罪責而伐之。"沈欽韓云："楚已僭號，豈復有尊周之心。此云不臣者，不肯尊事楚耳。"

夔子不祀祝融與鬻熊，

〔注〕服云："夔，楚熊渠之孫，熊摯之後。夔在巫山之陽秭歸鄉。"《楚世家集解》《水經·江水注》。

〔疏證〕鬻熊，《潛夫論》作"粥熊"。杜《注》："祝融，高辛氏之火正，楚之遠祖也。鬻熊，祝融之十二世孫。夔，楚之別封，故亦世紹其祀。"《楚世家》："楚之先祖出自帝顓頊高陽。高陽生稱，稱生卷章，卷章生重黎。重黎爲帝嚳高辛居火正，甚有功，能光融天下，帝嚳命曰祝融。帝誅重黎，而以其弟吳回復居火正，爲祝融。吳回生陸終。陸終生子六人，六曰季連，羋姓，楚其後也。其後中微，或在中國，或在蠻夷，弗能紀其世。周文王之時，季連之苗裔曰鬻熊，子事文王。其子曰熊麗。熊麗生熊狂，熊狂生熊繹。當周成王之時，舉文、武勤勞之後嗣，而封熊繹於楚。"此杜所本也。本《疏》云："自祝融至鬻熊，司馬遷不能紀其世。杜言十二世，不知出何書。故劉炫規杜云：'計其間出有一千二百年，略而言之，則百年爲一世，計父子爲十二世，何以近千二百年乎？'"據炫説，則鬻熊距祝融若干世，舊説所無也。《疏》駁炫説，謂："或兄、弟、伯、叔相及皆爲君，故年多而世少。"亦它無所證。《鄭語》："羋姓夔越，不足命也。"《注》："夔越，羋姓之別國也。"據《楚世家》，熊渠上距熊繹凡四世，熊渠中子紅爲鄂王，即熊摯也。服謂"夔，熊摯之後"，猶言子孫矣。夔地詳經文《疏證》。

楚人讓之。

〔疏證〕《司約》："治神之約爲上。"《注》："神約，謂命祀、郊社、群望及所祖宗也。夔子不祀祝融，楚人伐之。"《疏》云："謂其違約不祀，故伐之。事在僖二十六年。”如鄭説，則春秋有司約之官矣。

對曰：“我先王熊摯有疾，鬼神弗赦，而自竄于夔。

〔疏證〕杜《注》：“熊摯，楚嫡子，有疾不得嗣位，故別封爲夔子。”《楚世家》：“熊渠後爲熊毋康，毋康蚤死。熊渠卒，子熊摯紅立。摯紅卒，其弟弒而代立，曰熊延。”本《疏》據之，謂：“嫡子有疾，不得嗣位。《楚世家》無其事。”又引《鄭語》孔晁《注》云：“楚鬻熊玄孫曰熊摯，有惡疾，楚人廢之，立其弟熊延。摯自棄於夔，其子孫有功，王命爲夔子。”《疏》所引孔晁《注》，今《楚語》韋《注》全襲之，惟改“玄孫”爲“六世孫”。此可證本《傳》熊摯以疾遜位之事。然《史記》之説，則顯與《傳》違。《索隱》云：“譙周以爲：‘熊渠卒，子熊翔立；卒，長子摯有疾，少子熊延立’。此云‘摯紅卒，其弟殺而自立，曰熊延’。欲會此代系，則翔亦毋康之弟，元嗣熊渠者。毋康既蚤亡，摯紅立而被延殺，故《史考》言‘摯有疾’，而此言‘弒’也。”《史記志疑》云：“案：熊摯、熊紅爲兄弟，二人皆熊渠子也，安得稱熊摯紅哉？《左傳》孔《疏》引孔晁《注》，韋昭《國語注》同。但熊延繼紅而立，孔、韋兩《注》皆缺紅一代。惟韋改‘繹玄孫’爲‘繹六世孫’，與《世家》合。余疑熊渠有四子，長爲摯，次康，次紅，次執疵。《世家》稱熊渠生子三人，以康爲長子，紅爲中子，執疵爲少子。不數摯者，必因廢疾竄處，不復齒之耳。熊延當即執疵，既代立而改名也。史于《世表》《世家》俱合摯、紅爲一人，殊誤。且既云‘紅卒’，則非弒矣。而云‘弒’者，蓋弒其子，史有脱文耳。《索隱》引譙周，謂：‘熊渠卒，子熊翔立。’疑紅之改名。”按：梁説是也。《史記正義》引宋均注《樂緯》云：“熊渠嫡嗣曰熊摯，有惡疾，不得爲後，別居於夔，爲楚附庸，後王命曰夔子也。”謂摯爲嫡嗣，尤可證因疾遜位之事。

“吾是以失楚，又何祀焉？”

〔疏證〕杜《注》：“廢其常祀而飾辭文過。”沈欽韓云：“按：此夔之失辭也。禮，惟王者之後，不爲始封之君廟。《王制疏》：‘以其始封之君，非有功德，惟因先代之後以封之《左傳》“宋祖帝乙”是也。’欽韓案：二王後不祖始封之君，以封國之義，原爲主先代之祀。若以始封之君爲祖，則五世後王者之祀仍絶，故不爲始封之君廟也。若諸侯之支庶而有別封者，則用別子爲祖，無可疑也。《喪服傳》曰：‘公子不得禰先君，公孫不得祖諸侯。此自卑別於尊者也。’以夔之熊摯論之，雖居嫡長，而不傳重，則義同支庶，身不得以熊翔爲禰，其子亦不得以熊翔爲祖也。《喪服傳》又云：‘若公子之子孫有封爲國君者，則世世祖是人也，不祖公子。’以夔論之，熊摯本公子，又是始封，則夔之後世固世世以熊摯爲祖矣。於禮既不得旁祖楚之祖，又不當捨夔自立之祖，則夔之不祀祝融、熊繹，又何責焉？夔之對楚，反作慼辭，不能正誼引古以折之。蓋禮教廢絶，僻于荒憬，雖承其制，而莫能言其故矣。”

秋，楚成得臣、鬭宜申帥師滅夔，以夔子歸。

〔疏證〕杜《注》：“成得臣，令尹子玉也。鬭宜申，司馬子西也。”《楚世家》：“滅夔，夔不祀祝融、鬻熊故也。”

宋以其善於晉侯也，叛楚即晉。

冬，楚令尹子玉、司馬子西率師[1]伐宋，圍緡。

“公以楚師伐齊，取穀。”

凡師，能左右之曰“以”。

〔疏證〕此“以”例也。

寘桓公子雍於穀，易牙奉之以爲魯援。楚申公叔侯戍之。桓公之子七人，爲七大夫於楚。

〔疏證〕《楚世家》：“成王三十九年，魯僖公來請兵以伐齊。楚使申侯將兵伐齊，取穀，置齊桓公子雍焉。齊桓公七子皆奔楚，楚盡以爲上大夫。”是其事也。

〔經〕 **二十有七年，春，杞子來朝。**

夏六月，庚寅，齊侯昭卒。

〔疏證〕《年表》：“齊孝公十年，孝公薨。弟潘因衛子開方殺孝公子，立潘。”《齊世家》：“十年，孝公卒，孝公弟潘因衛公子開方殺孝公子而立潘，是爲昭公。昭公，桓公子也。”

---

① 林按：底本缺“宋以其善於晉侯也，叛楚即晉。冬，楚令尹子玉、司馬子西率師”諸字，據楊本及科學本增補。

秋，八月，乙未，葬齊孝公。_{無《傳》。}

乙巳，公子遂帥師入杞。

〔疏證〕杜《注》：“八月無乙巳。乙巳，九月六日。”

冬，楚人、陳侯、蔡侯、鄭伯、許男圍宋。

〔疏證〕《年表》：“楚成王三十九年，使子玉伐宋。”杜《注》：“書人者，恥不得志，以微者告。”沈欽韓云：“按：稱人者，猶賤之也。《傳》明云‘楚子’，杜《注》既謂楚主兵，赴告之體可稱其君微者歟？孫復曰：‘陳侯、蔡侯、鄭伯、許男不同貶者，四國之君，雜然從夷圍中國，其貶自見也。’”壽曾曰：鄭君《穀梁起廢疾》云：“時晉文爲賢伯，故譏諸侯不從，而信夷狄也。”孫説當本此，然恐非《左氏》義。

十有二月，甲戌，公會諸侯盟于宋。_{無《傳》。}

〔疏證〕《穀梁疏》：“《左氏》之意，公會諸侯盟于宋，宋不與盟。何休與范皆云：‘地以宋得與盟。’^①二《傳》以無晉救宋之文，故與《左氏》異也。”按：彼《疏》稱“宋不與盟”，當是古義。杜《注》亦云：“宋方見圍，無嫌於與盟，故直以宋地。”

〔傳〕 二十七年，春，杞桓公來朝，用夷禮，故曰子。

〔疏證〕杜《注》：“杞，先代之後，而通^②於東夷，風俗雜壞，言語、衣服，有時而夷，故杞子卒，《傳》言其夷也。今稱朝者，始于朝禮，終而不全，異於介葛盧，故惟貶其爵。”壽曾曰：案《大行人》：“九州之外謂之蕃國。”《注》：“《曲禮》曰：‘其在東夷、北狄、西戎、南蠻，雖大曰子。’《春秋傳》曰：‘杞，伯也，以夷禮，故曰子。’然則九州之外，其君皆子、男也。無朝貢之歲，父死子立，及嗣王即位，乃一來耳，各以其所寶貴爲摯，則蕃國之君無執玉瑞者，是以謂其君爲小賓，臣爲小客。所寶貴見《傳》者，若犬戎獻白狼、白鹿是也。”如鄭君説，則四夷之封爵止於子、男，無朝貢之事。杞用夷禮，故《春秋》用周舊典書之爲“子”，不關“惟貶其爵”也。《御覽》七百八十引杜《注》，無“故杞子卒”以下

---

① 科學本注：《十三經注疏》原文爲“地以宋，則宋得與盟”。
② 林按：《十三經注疏》原文爲“迫”。

三十一字①，疑前爲舊注，“故杞子卒”以下，杜所加耳。

公卑杞，杞不共也。

夏，齊孝公卒。有齊怨，

不廢喪紀，禮也。

〔疏證〕杜《注》：“弔贈之數不可廢。”

秋，入杞，責無禮也。

〔疏證〕《釋文》：“‘責無禮’，本或作‘責禮’也。”《唐石經》“杞”下闕四字，古文“楚”字亦闕，則《石經》亦作“責禮”也。洪亮吉云：“按：淳化本以下皆作‘責無禮’。”按：如《釋文》説，則唐本已作“責無禮”矣。杜《注》：“責不共也。”

楚子將圍宋，

使子文治兵於睽，終朝而畢，不戮一人。

〔注〕舊注：“睽，楚邑。自旦及食時爲終朝。”《御覽》六百三十。

〔疏證〕杜《注》：“子文時不爲令尹，故云‘使治兵’。”又云：“睽，楚邑。終朝，自旦及食時也。”句與《御覽》所引異，蓋用舊注也。睽，今地闕。

子玉復治兵於蔿，終日而畢，

〔注〕舊注：“子玉，楚令尹也。”《御覽》三百四十一。“蔿，楚邑。自旦及夕爲終日。”《御覽》六百三十。

〔疏證〕杜《注》：“子玉爲令尹故。”又云：“蔿，楚邑。”《御覽》所引《注》繫二十八年“子玉以若敖之六卒”下，當是舊注，今移於此。杜不釋“終日”。《御覽》所引非杜《注》，審矣。蔿，今地闕。《孟子·滕文公篇》：“吾爲之範我馳驅，終日不獲一；爲之詭遇，一朝而獲十。”此“終日”“終朝”異辭之證。

鞭七人，貫三人耳。

---

① 科學本注:《御覽》“故”字下作“言其夷也”而止。

〔疏證〕杜無注。《疏》云：“耳，助句也。”洪亮吉云：“按：《說文》
联字云：‘軍法，以矢貫耳也，從耳從矢。《司馬法》曰：“小罪联，中罪
刖，大罪剄。”’《正義》所解非是。”焦循云：“漢原涉犯罪，茂陵守令尹
公捕之急。諸豪說尹，欲使肉袒自縛、箭貫耳，詣廷門謝罪。則用箭貫耳
以示懲恐畏，非以意爲之耳。《正義》以‘耳’爲助句，失之。”按：洪、
焦說是也。

國老皆賀子文。子文飲之酒。蔿賈尚幼，後至，不賀。

〔疏證〕本《疏》：“國老者，國之卿、大夫、士之致仕者也。”杜
《注》：“蔿賈，伯嬴，孫叔敖之父。”洪亮吉云：“按：高誘《淮南王書注》
云：‘孫叔敖，楚大夫蒍賈伯盈子。’今考下《傳》作‘伯嬴’。‘蒍’‘蔿’，
‘盈’‘嬴’，古字通。《廣雅》：‘幼，少也。’”

**子文問之，對曰：“不知所賀。子之傳政於子玉，曰：‘以靖國
也。’**

〔疏證〕《二十三年傳》：“子玉伐陳，城頓而還，子文使爲令尹。叔
伯曰：‘子若國何？’對曰：‘吾以靖國也。’”本《疏》：“此舉其前言以非
之。”

**“靖諸內而敗諸外，所獲幾何？子玉之敗，子之舉也。舉以敗國，
將何賀焉？**

〔疏證〕舉，謂使爲令尹。

“子玉剛而無禮，不可治民，過三百乘，其不能以入矣。

〔疏證〕杜《注》：“三百乘，二萬二千五百人。”《疏》云：“若使爲
帥，過三百乘，其必不能入前敵矣。”沈欽韓云：“言決其敗死，不復再入
國門矣。孔穎達謂‘必不能入前敵’，非。”按：沈說是也。朱駿聲云：“猶
云吾見師之出而不見其入也。”與沈說同。

“苟入而賀，何後之有？”

冬，楚子及諸侯圍宋，宋公孫固如晉告急。

〔疏證〕杜《注》：“公孫固，宋莊公孫。”《御覽》二百七十二引同。
《年表》：“宋成公四年，楚伐我，我告急於晉。”《晉世家》：“楚成王及諸

侯圍宋，宋公孫固如晉告急。”

先軫曰：“報施救患，取威定霸，於是乎在矣。”

〔疏證〕《淮南子·人間訓》：“晉先軫舉兵擊之。”《注》：“先軫者，晉大夫。”杜《注》：“先軫，晉下軍之佐原軫也。”①《疏》引劉炫云：“下蒐于被廬，先軫始佐下軍，此時未爲下軍之佐。”《晉世家》：“先軫曰：‘報施定霸，於今在矣。’”

狐偃曰：“楚始得曹，而新昏於衛，若伐曹、衛，楚必救之，則齊、宋免矣。”

〔疏證〕本年《傳》：“出穀戍。”即免齊之事②。《晉世家》：“狐偃曰：‘楚新得曹，而初昏於衛，若伐曹、衛，楚必救之，則宋免矣。’”不言齊，文略。《年表》：“晉文公四年，救宋，報曹、衛恥。”

於是乎蒐於被廬，

〔疏證〕《刑法志》應劭《注》：“‘蒐’作‘搜’。”當是異文。《晉語注》：“被廬，晉地。”《春秋地名攷略》：“《呂覽·簡選篇》：‘吳闔廬東征，至于庫廬。’疑即此。”今地闕。杜《注》：“晉常以春蒐禮改政令，敬其始也。披廬，晉地。”《御覽》引同。

作三軍，

〔注〕王肅云：“始復成國之禮，半周軍也。”《晉世家集解》。

〔疏證〕杜《注》：“閔元年，晉獻公作二軍，今復大國之禮。”杜意舊二軍，今三軍也。《晉語注》：“唐尚書云：‘去新軍之上下。’昭謂此章述文公之初，未有新軍。”杜用韋説。復大國之禮，即王肅所謂“始復成國之禮”也。韋、王説并同。唐尚書説以此軍爲新軍，與《傳》違異。《晉世家》：“於是晉作三軍。”

謀元帥。

---

① 科學本注：眉批：“先軫，下軍之佐原軫也。報宋贈馬之施也。《御覽》二百七十二引。”

② 科學本注：眉批：“杜《注》：‘前年楚使申叔侯戍穀以逼齊。《御覽》引同，無‘侯’字。”林按：此兩條眉批字迹潦草，疑爲劉師培新批注。

〔疏證〕《晉語注》：“元帥，上卿。”杜《注》：“中軍帥。”《疏》：“晉以中軍爲尊。”下文郤縠將中軍，以上寵也。

趙衰曰：“郤縠可。臣亟聞其言矣，説禮、樂而敦《詩》《書》。《詩》《書》，義之府也。禮、樂，德之則也。德、義，利之本也。

〔疏證〕《釋文》：“‘縠’，本又作‘縠’。”《晉語注》：“郤縠，晉大夫。”杜無注。本《疏》：“説，謂愛樂之。敦，謂厚重之。”當是舊説。俞樾云：“敦，治也。猶言治《詩》《書》也。《詩·閟宮篇》‘敦商之旅’，鄭《箋》曰：‘敦，治也。’是其義。”按：《晉語》此事云：“守學彌惇。”惇，猶敦也，亦不作“治”解。《後漢書·鄭興傳》：“杜林薦之曰：‘竊見河南鄭興，執義堅固，敦悦《詩》《書》。’”《晉書·袁瓌傳》：“瓌上疏曰：‘古人有言：“《詩》《書》，義之府也；禮、樂，德之則也。”實宜留心經籍，闡明學義。’”皆用此詩①爲説。

“《夏書》曰：‘賦納以言，明試以功，車服以庸。’

〔疏證〕杜《注》：“《尚書·虞夏書》也。”《疏》：“此古文《虞書·益稷》之篇。漢、魏諸儒不見古文，因伏生之謬，從《堯典》至《胤征》，凡二十篇，總名曰《虞夏書》，以與禹對言，故《傳》通謂之《大禹謨》以下皆爲《夏書》也。”惠棟云：“按：《尚書》二《典》，皆夏史官所作，故總謂之《夏書》。此孔子删《書》之本也。故《墨子·明鬼篇》曰：‘尚者《夏書》，其次商周之《書》。’伏生增爲《虞夏書》。梅賾又改爲《虞書》，皆非孔氏之舊。孔穎達又以曲説扶之，雅所不取。《傳》引二《典》，皆稱《夏書》。惟文十八年云：‘《虞書》數舜之功。’此必有誤。”按：惠説是也。閻若璩《尚書古文疏證》猶疑《虞書》《夏書》之分自安國傳始，《傳》引《尚書》，猶在伏生以前，則不得執馬、鄭本目録概之也。今本《尚書》以“賦納以言”三句屬《益稷》篇，蓋承梅賾本之謬。《書疏》云：“馬、鄭、王合此篇於《皋陶謨》，謂其別有《棄稷》之篇。”又云：“《益稷》合於《皋陶謨》。伏生合之。”又《輿服志》：“永平二年，初詔有司采《周官》《禮記》《尚書·皋陶篇》，乘輿服從歐陽氏説，公卿以下從大小夏侯氏説。”孫星衍《尚書今古文注疏》據之，謂今文、古文皆爲一篇，是也。本《疏》云：“古本作‘敷納以言，明庶以功’。‘敷’作‘賦’，

---

① 科學本注：“詩”字疑是“語”字之誤。

'庶'作'試',師授不同,古字改易耳。"《疏》所説異字,即梅賾改本也,然梅賾以前本,"賦納"又作"傅納"。《漢書·孝宣紀》:"地節二年,令群臣得奏封事,以知下情。五日一聽事,自丞相以下各奉職奏事,以傅奏其言。"《注》:"應劭曰:'敷,陳也。各自奏陳其言,然後試之以官,考其功德也。'"成帝鴻嘉元年,詔曰:"古之選賢,傅納以言,明試以功,故官無廢事,下無逸民。"《叙傳》亦云:"時舉傅納,聽斷惟精。"《注》李奇説,亦引鴻嘉詔書。師古曰:"'傅'讀曰'敷'。敷,陳也。"則"賦""傅"是異字,梅賾乃改爲"敷"也。《説文》:"試,用也。"下引"明試以功",則梅賾本"明庶"非矣。《釋詁》:"庸,勞也。"杜《注》:"庸,功也。"孫星衍云:"車服以庸,謂命爲士。"

"君其試之。"

〔證疏〕此蒙"明試以功"爲説。

乃使郤縠將中軍,郤溱佐之;使狐偃將上軍,讓於狐毛,而佐之;

〔證疏〕《晉語》:"使郤縠將中軍,以爲大政,郤溱佐之。"《注》:"郤溱,晉大夫郤至之先。或云'溱即至',非也。"別《注》云:"毛,偃之兄也。"杜用韋説。《晉世家》:"趙衰舉郤縠將中軍,郤臻佐之。"又云:"使狐偃將上軍,狐毛佐之。"與《傳》小異,下軍將、佐及御戎、車右同。

命趙衰爲卿,讓於欒枝、先軫。

〔注〕賈逵云:"欒枝,欒賓之孫。"《晉世家集解》。

〔疏證〕《晉語注》:"卿,次卿。"杜《注》:"欒枝,貞子也,欒賓之孫。"惠棟云:"杜《注》本賈逵。"《晉語》:"欒枝貞慎。"《注》:"枝,晉大夫欒共子之子,貞子也。"與賈説可互明。欒賓見《桓二年傳》。

使欒枝將下軍,先軫佐之。

荀林父御戎,魏犨爲右。

〔證疏〕杜《注》:"荀林父,中行桓子。"用《世本》説。惠棟云:"《世本》:'晉大夫逝遨生桓伯林父。'按:僖二十八年,林父始將中行,故改中行氏。"洪亮吉云:"《説文》有'犫'字,無'犨'字。張有《復古篇》云:'俗作犨,非。'"如洪説,"犨"當作"犫"也。

晉侯始入而教其民，二年，欲用之。

〔疏證〕杜《注》："二十四年入。"《晉語注》："用，用征伐也。"

子犯曰："民未知義，未安其居。"

〔疏證〕《晉語注》："未知尊上之義。"杜《注》："無義則苟生。"

於是乎出定襄王，

〔疏證〕《晉語注》："天子避子帶之難，在鄭地氾。"《吕覽・原亂篇》"定襄王"，《注》："周襄王辟子帶之難，出居于鄭。文公納之，故曰'定'也。"

入務利民，民懷生矣。

〔疏證〕杜無注。《疏》引劉炫云："生既厚，民皆懷戀居處。"似是《述議》語。《論語・公冶長集解》："孔云：'懷，安也。'"俞樾云："言民安其生也。"《晉語》："棄責薄斂，施舍分寡；救乏振滯，匡困資無；輕關易道，通賈寬農；務穡勸分，省用足財；利器明德，以厚民性。"

將用之。子犯曰："民未知信，未宣其用。"

〔疏證〕杜《注》："宣，明也。"

於是乎伐原以示之信。

〔疏證〕《晉語注》："信，謂上令以三日之糧，糧盡不降，命去之。"

民易資者，不求豐焉，明徵其辭。

〔疏證〕杜《注》："不詐以求多，重言信。"

公曰："可矣乎？"子犯曰："民未知禮，未生其共。"

〔疏證〕《困學紀聞》："'生'，與《樂紀》'易、直、子、諒之心油然生矣'，《孟子》曰'樂則生矣'之'生'同。"

於是乎大蒐以示之禮，

〔疏證〕《晉語注》："蒐，所以明尊卑、順少長、習威儀也。"杜《注》："蒐，順少長、明貴賤。"用韋説。

作執秩以正其官。

〔疏證〕杜《注》：“執秩，主爵秩之官。”沈欽韓云：“《韓非子·南面篇》：‘郭偃之始治也，文公有官卒。’”如沈説，則“執秩”即“官卒”矣。《刑法志》：“齊威既没，晉文接之，亦先定其民，作被廬之法。”應劭曰：“搜于被廬之地，作執秩以爲六官之法，因以名之也。”是舊説即以執秩爲法令之書也。《志》又云：“總帥諸侯，迭爲盟主。然其禮已頗僭差，又隨時苟合，以求欲速之功，故不能充王制。”亦以制度言，則執秩非官名。

民聽不惑，而後用之。出穀戍，釋宋圍，

〔疏證〕《晉語注》：“穀，齊地也。魯僖二十六年，楚伐齊，取穀，使申公叔侯戍之。二十七年，楚圍宋，晉伐曹、衛以救之。二十八年，楚使申叔去穀，子玉去宋。避晉，畏其强也。”《吕覽·原亂篇》：“楚子圍宋，又使申公叔侯守齊之穀邑。晉文伐曹、衛，將平之。楚愛曹、衛，與晉俱成，解宋之圍，召穀戍而去之也。”

一戰而霸，文之教也。

〔疏證〕杜《注》：“謂明年戰城濮。”沈欽韓云：“《管子·幼官篇》：‘至善不戰，其次一之。’”《疏》云：“明年《傳》：‘君子謂晉於是役也，能以德攻。’《注》云：‘以文德教民而後用之。’”

〔經〕 二十八年，春，晉侯侵曹，晉侯伐衛。

〔疏證〕杜《注》：“再舉晉侯者，曹、衛兩來告。”與二《傳》説異，或古説。

公子買戍衛，不卒戍，刺之。

〔疏證〕杜《注》：“公子買，魯大夫子叢也。”洪亮吉云：“《説文》云：‘買，市也。’又：‘叢，聚也。從丵取聲。’按：取，非聲，當作‘從丵，聚省’。市買聚天下之貨，故買以‘叢’爲字。《司刺》：‘掌三刺之法，以贊司寇聽獄訟。一刺曰訊羣臣，再刺曰訊羣吏，三刺曰訊萬民。’《注》：‘訊，言也。’”鄭意□[①]，蓋以□□[②]，言於臣、吏、萬民也。杜《注》：“內

---

① 科學本注：無原稿，抄本闕文。

② 科學本注：同前。

殺大夫皆書刺，言用《周禮》三刺之法。”沈欽韓云：“《說文》：‘君殺大夫曰刺。刺，直傷也。’”許君說“刺”例，當是賈氏師說。杜《注》變文，曰：“内殺大夫皆書刺。”獨設此名，所以異於外也。杜用《公羊》内諱，故殺大夫謂之刺之文，非《左氏》義。又引蘇云：“公子買不卒戍者，告晉、楚之辭也。謂晉云：‘公子買比來戍衛，今不使終其戍事，是以殺之。’謂楚云：‘比令公子買爲楚戍衛，買不終戍事，是以殺之。’”此是舊疏之辭，舊說當亦謂據告晉、楚之辭書之。杜《注》云：“公實畏晉，殺子叢而誣叢以廢戍之罪，恐不爲遠近所信，故顯書其罪。”杜以《傳》不書告晉之辭，遂不用舊說。然《傳》云“公懼於晉，殺子叢以說”，則明明有告辭。《疏》既云：“魯殺子叢，本有兩意：謂楚云‘不卒戍’，謂晉云‘叢欲戍衛’。”則知□[1]《疏》之義可據矣，乃仍云：“心實畏晉，不敢宣露，故《傳》不書告晉之辭。”

楚人救衛。

三月，丙午，晉侯入曹，執曹伯，畀宋人。

〔疏證〕杜《注》：“畀，與也。”《疏》引劉炫云：“《公羊傳》曰：‘畀者何？與也。其言以畀宋人何？與使聽之。’何休云：‘宋稱人者，明聽訟必師斷，與其師衆共之。’《穀梁傳》云：‘畀，與也。其曰人，何也？不以晉侯畀宋公也。’《注》云：‘畀，上與下之辭，故不以侯畀公。’按：《傳》‘執曹伯，分曹、衛之田以畀宋人’，則田亦稱人，非斷獄，故稱人。若不使晉侯與宋公，自可改其畀名。何以名之爲畀，而使義不得與也？若與宋人，豈宋國卑賤之人，得獨受曹伯而治之乎？二《傳》之言皆不得合《左氏》，當以人爲衆辭，舉國而稱之耳。”文淇按：此光伯《述議》駁二《傳》以申《左氏》。《年表》：“晉文公五年，執曹伯。”

夏，四月，己巳，晉侯、齊師、宋師、秦師及楚人戰於城濮。楚師敗績。

〔疏證〕杜《注》：“子玉及陳、蔡之師不書，楚人恥敗，告文略也。”沈欽韓云：“按：子玉即是楚師，陳、蔡屬楚，故總言楚耳。楚能恥敗，晉獨不能夸勝乎？”本《疏》引劉炫《規過》，以爲晉人告略，或是舊說。邵瑛云：“此役楚師大敗，情尤非所樂告。而晉自獻公以來告命已通於魯。”

---

① 科學本注：同前。

《年表》：“齊昭公元年，會晉敗楚。秦穆公二十八年，穆公會晉伐楚。”

楚殺其大夫得臣。

〔注〕賈逵云：“不書族，陋也。”《隱四年疏》《釋例·氏族例》。

〔疏證〕杜《注》：“子玉違其君命以取敗，稱名以殺，罪之。”杜不用賈説。李貽德云：“《賈子·道術篇》：‘辭令就得謂之雅，反雅爲陋。’僖二十一年，楚之君爵始列於會，而其臣名氏猶多差錯。得臣書殺而不舉族，陋也。至成二年楚公子嬰齊始得具列。後殺子反亦書公子側矣。”

衛侯出奔楚。

〔疏證〕《年表》：“衛成公三年，晉伐我，取五鹿，公出奔。”

五月，癸丑，公會晉侯、齊侯、宋公、蔡侯、鄭伯、衛子、莒子，盟於踐土。

〔注〕賈逵云：“踐土，鄭地名，在河内。”《周本紀集解》。

〔疏證〕本《疏》云：“《定四年傳》稱踐土之盟，‘其載書云：“王若曰：晉重、魯申、衛武、蔡甲午、鄭捷、齊潘、宋王臣、莒期。”’其次與會不同者，會之班次以國大小爲序。及其盟也，王臣臨之，異姓爲後，故載書之次與會異也。”杜《注》：“踐土，鄭地。”用賈説。《周本紀》：“晉文公召襄王，襄王會之河陽、踐土。”《集解》引《括地志》：“‘滎澤縣西北十五里有王宮城’，城内東北隅有踐土臺，去衡雍三十餘里。”與賈《注》“河内”説合。李貽德云：“《魏世家》謂：‘無忌謂魏王曰：“有鄭地，得垣雍。”’《郡國志》：‘河南尹有垣雍城，或曰古衡雍。’是衡雍爲鄭地，踐土近衡雍，亦爲鄭地矣。”《晉世家》：“晉師還至衡雍，作王宮于踐土。”《集解》：“據此文，晉師還至衡雍，衡雍在河南也。故劉氏云踐土在河南。下文踐土在河北，今元城縣西有踐土驛，義或然也。”《索隱》所云“下文踐土”，指《晉世家》“朝王於踐土”句也。梁履繩云：“案：《傳》：‘五月，盟於踐土。冬，天王狩於河陽，公朝於王所。’《史記》乃云‘朝王于踐土’。故《索隱》云‘冬，朝於王，當合於河陽溫地，不合取五月踐土之文’。故於踐土在元城之説疑之。元城今屬直隸大名府，去衡雍太遠，於傳文難合。《周本紀集解》引賈逵曰：‘踐土在河内。’則河北之説爲謬也。”按：梁説是也。沈欽韓云：“《一統志》：‘王宮城在開封府滎澤縣西北。’”杜《注》：“《經》書癸丑，月十八日也；《傳》書癸亥，月二十八日。經傳必有誤。”

陳侯如會。無《傳》。

〔疏證〕杜《注》：“來不及會，故曰如會。”沈氏云：“八年，鄭伯‘乞盟’，此直云‘如會’者，彼及其盟，故云‘乞盟’。此則不及其盟，又陳侯不乞，故與彼文異。”杜《注》或用舊説。

公朝於王所。無《傳》。

〔疏證〕杜《注》：“王在踐土，非京師，故曰王所。”張雲□[①]云：“王所，即行在所也。”《周本紀》：“晉文公召襄王，襄王會之河陽、踐土。”《年表》：“魯僖公二十八年，公如踐土會朝。齊昭公元年，朝周王。晉文公五年，諸侯敗楚而朝河陽。秦穆公二十八年、陳穆公十六年、蔡莊侯十四年，朝周。”

六月，衛侯鄭自楚復歸于衛。

〔疏證〕成十八年《傳例》曰：“凡去其國，復其位曰‘復歸’。”

衛元咺出奔晉。

〔疏證〕杜《注》：“元咺，衛大夫。”宣十年《傳例》曰：“凡諸侯之大夫違，告於諸侯曰：‘某氏之守臣某，失守宗廟，敢告。’所有玉帛之使者則告，不然則否。”《年表》：“衛成公三年，會晉朝，復歸晉。”

陳侯款卒。無《傳》。

秋，杞伯姬來。無《傳》。

公子遂如齊。無《傳》。

冬，公會晉侯、齊侯、宋公、蔡侯、鄭伯、陳子、莒子、邾人、秦人于溫。

〔疏證〕《穀梁》無齊侯，《公羊》“邾”曰“邾婁”。“邾人”，《唐石經》作“邾子”。《校勘記》云：“《石經》是也。”嚴可均云：“監本、毛本誤作‘邾人’。”

天王狩於河陽。

---

① 科學本注：無原稿，抄本闕文。

〔注〕賈逵云：“河陽，晉之温也。”《周本紀集解》。服虔、賈逵曰：“河陽，温也。”《水經·河水篇注》。

〔疏證〕“狩”，《穀梁》曰“守”。《釋文》：“‘狩’又作‘守’。”《穀梁傳》：“水北爲陽，山南爲陽。温，河陽也。”此賈、服説所本。《晉語》：“温之會，晉人執衛成公，歸之於周。”《注》：“温，晉之河陽也。”亦用賈、服説。《水經注》又引郭緣生《述征記》曰：“踐土，今冶坂城，是河陽故城縣也，在冶坂西北，蓋晉之温地。”洪亮吉云：“今考冶坂，其下爲冶坂津，在今孟縣西南。而踐土在今滎澤縣西北王官城之内，故道元辨其非。”沈欽韓云：“《一統志》：‘河陽故城在懷慶府孟縣西三十五里。’”《年表》：“周哀王二十年，王狩河陽。”

壬申，公朝于王所。

〔注〕賈氏云：“欲上月，則嫌異會；欲下月，則嫌異月，故但書日。”《釋例》。

〔疏證〕杜《注》：“壬申，十月十日，有日而無月，史闕文。”不用賈説。按：《公羊》謂：“日何？録乎。”《穀梁》謂：“謹而日之。”則賈所説爲《左氏》。

晉人執衛侯，歸之于京師。

〔疏證〕成十五年《傳例》曰：“凡君不道於其民，諸侯討而執之，則曰‘某人執某侯’，不然則否。”杜《注》：“諸侯不得相治，故歸之京師。”案：《大司馬》：“賊殺其親則正之。”《注》：“正之者，執而治其罪。《王霸記》曰：‘正，殺之也。’《春秋》僖二十八年，冬，‘晉人執衛侯，歸之於京師’，坐殺其弟叔武。”《疏》：“京師，據洛邑而言。晉以衛侯有罪，諸侯不相治罪，遂執衛侯歸于京師。”如鄭説，則晉之執衛侯，用賊殺其親之罪罪之也。《疏》謂“諸侯不相治罪”，亦用杜説。《王制》：“賜鈇鉞，然後殺。”《疏》：“‘賜鈇鉞’者，謂上公九命得賜鈇鉞，然後鄰國臣殺君、子弒父者得專討之。晉文公雖受弓矢，不受鈇鉞。崔氏云：‘以不得鈇鉞，不得專殺，故執衛侯歸之于京師。’”崔靈恩説當是《左氏》舊義。

衛元咺自晉復歸于衛。

〔疏證〕洪亮吉云：“《元和姓纂》：‘其先食采於元，因氏焉。’今元城是。”

諸侯遂圍許。

曹伯襄復歸于曹，

遂會諸侯圍許^①。

〔傳〕 二十八年，春，晉侯將伐曹，假道于衛。

衛人弗許。還，自南河濟，

〔注〕服虔云：“南河，濟南之東南流河也。”《衛世家集解》。

〔疏證〕《衛世家》：“晉欲假道於衛救宋，成公不許。晉更從南河度。”杜《注》：“從汲郡南渡，出衛南而東。”按：此河非衛境也。《水經注》：“河水又逕東燕縣故城，河水于是有棘津之名，又謂之石濟，故南津也。《春秋》僖公二十八年，‘還，自南河濟’，即此。”則渡河之地仍在晉境矣。《彙纂》云：“棘津，衛輝府汲縣南七里。”《大事表》引華玉淳曰：“晉欲假道，而衛不許，故還自南河濟，則南河不屬衛可知。從汲郡南渡者，南河在汲郡也。若衛許假道，則從汲郡東渡矣。是時黃河東北流，今衛輝府東、南兩面皆河也。”華説可證服《注》。《晉世家》作“還自河南度”，核此傳文，旨尤明顯。

侵曹、伐衛。正月，戊申，取五鹿。

〔疏證〕《後漢書·公孫瓚傳》：“晉文爲踐土之會，伐荊楚以致菁茅，誅曹、衛以彰無禮。^②”《注》：“《左傳》‘晉侯侵曹、伐衛’，責其無禮也。”《年表》：“晉文公五年，侵曹、伐衛，取五鹿。”

二月，晉郤縠卒。原軫將中軍，胥臣佐下軍，上德也。

〔疏證〕《晉語》：“取五鹿，先軫之謀也。郤縠卒，使先軫代之。”《注》：“下軍之佐，超將中軍。《傳》曰：‘上德也。’”《晉語》又云：“胥臣佐下軍。”《注》：“代先軫也。”杜《注》：“先軫以下軍佐超將中軍。”用韋説。又云：“胥臣，司空季子。”同服説。詳前《二十三年傳》。

晉侯、齊侯盟於斂^③盂。

---

① 林按：底本無“諸侯遂圍許……遂會諸侯圍許”三句，據楊本及科學本增補。

② 科學本注：《後漢書》原文，“晉文”之上有“故齊桓立柯會之盟”一句。

③ 林按：“斂”，楊本及科學本作“歛”。

〔疏證〕杜《注》：“歛盂，衛地。”沈欽韓云：“《方輿紀要》：‘歛盂聚，在大名府開州東南。’”

衛侯請盟，晉人弗許。衛侯欲與楚，國人不欲，故出其君以説于晉。衛侯出居於襄牛。

〔注〕服虔云：“襄牛，衛地也。”《晉世家集解》。

〔疏證〕《晉世家》與傳文略同。杜用服《注》。《地理志》：“陳留郡襄邑，有服官，莽曰襄牛。①”應劭曰：“《春秋傳》曰：‘師于襄牛。’是也。”師古曰：“圈稱云襄邑，宋地。本承匡襄邑鄉也，宋襄公所葬，故曰襄陵。秦始皇以承匡卑濕，故徙縣于襄陵，謂之襄邑，縣西三十里有承匡城。然則應説以爲‘襄牛’，誤也。”

公子買戍衛，楚人救衛，不克。公懼於晉，殺子叢以説焉。

〔疏證〕《晉世家》：“公子買守衛。楚救衛，不卒。”徐廣曰：“一作‘勝’，此或《傳》異字。”洪亮吉：“按：上言公子買，下言子叢，則子叢自係買之字。《正義》以爲或字形相近而謬，非也。”高誘《淮南子注》：“説，解也。”

謂楚人曰：“不卒戍也。”

〔疏證〕《唐石經》、宋本并無“曰”。杜《注》：“詐告楚人，言子叢不終戍事。”則杜氏所見本有“曰”字。惠棟云：“‘曰’，衍文。”非。

晉侯圍曹，門焉，多死。

〔疏證〕杜《注》：“攻曹城門。”則“門焉”指攻門之人。

曹人尸諸城上。

〔疏證〕杜《注》：“磔晉死人於城上。”

晉侯患之，聽輿人之謀曰②：“稱舍於墓。”

〔注〕舊注：“言將發冢。”《御覽》一百五十九。

〔疏證〕鄭玄《周禮注》：“輿，衆也。”《疏》：“此‘謀’字或作

---

① 科學本注：按《漢書·地理志》“牛”作“平”。
② 林按：楊本無“曰”字，疑爲衍文。

'誦'，涉下文而誤耳。今定本作'謀'。"杜《注》："舍墓，爲將發冢。"未説"稱"義。《御覽》所引必舊注，杜襲之也。洪邁《容齋隨筆》："晉但舍於墓，陽爲若將發冢。"沈欽韓云："《周官·墓大夫職》：'令國民族葬。'《注》：'古者萬民墓地同處。'按：《史記》田單守即墨，亦用發墓之事，以激怒其衆。知戰國猶族葬也。"

師遷焉。曹人兇懼，

〔疏證〕《説文》："凶，擾恐也。從人在凶下。《春秋傳》：'曹人兇懼。'"是賈本作"兇"。《廣雅·釋詁》："訩、閧，鳴也。"王念孫云："《爾雅》：'訩，訟也。'《説文》作'讻'，或作'詾'。《易林》：'訟爭凶凶。'僖二十八年《左傳》：'曹人兇懼。'《荀子·解蔽篇》云：'掩耳而聽，漠漠而以爲哅哅。'并字異而義同。"洪亮吉云："按：《荀子·天論篇》：'君子不爲小人匈匈也輟行。'楊倞《注》：'匈匈，喧譁之聲。'"是"匈""兇"亦同義也。杜《注》："兇兇，恐懼聲。"與楊《注》義近。《後漢書·耿弇傳》："弇臨陣斬費邑，既而收首級以示巨里，城中兇懼。"《注》："兇，恐懼聲。"用杜説也。

爲其所得者，棺而出之。

〔疏證〕《日講解義》："欲加禮晉師，以免伐冢之禍。"

因其兇也而攻之。三月，丙午，入曹，數之，以其不用僖負羈，而乘軒者三百人也。

〔疏證〕《曹風·候人》詩："彼其之子，三百赤芾。"《序》曰："共公遠君子而好小人。"是其事也。毛《傳》："大夫以上赤芾乘軒。"三百人皆是共公好近小人之實據。《晉世家》："數之，以其不用釐負羈言，而用美女乘軒者三百人也。"與《傳》違異，乃史公采雜説。《曹叔世家》贊曰："余尋曹共公之不用釐負羈，乃乘軒者三百人，知唯德之不建。"則與《傳》同。"唯德不建"，或古《左氏》義也。

且曰"獻狀"。

〔疏證〕杜《注》："故責其功狀。"則蒙乘軒而言。惠棟云："'獻狀'謂'觀狀'，先責其用人之過，然後誅觀狀之辠，以示非惡報也。顏籀以爲：'先責不用負羈，而乘軒者衆，因曰："今我之來，獻骿脅容狀耳。"'斯蓋虐弄之言，猶言若云謂秦拜賜之師也。其説亦通。"沈欽韓云："按：

《晉語》：'文公誅觀狀以伐鄭。'《注》：'唐尚書云："誅曹觀狀之罪，還而伐鄭。"'按：謂曹觀公駢脅之狀。獻狀者，責其故，猶今言供罪也。杜連上言，非也。"按：沈説是也，惠氏先一説亦本《晉語》，小顏説迂曲。

令無入僖負羈之宮，而免其族，報施也。

〔疏證〕杜《注》："報殯璧之施。"《晉世家》："令軍毋入釐負羈宗家以報德。"《曹叔世家》："晉文公令軍毋入釐負羈之宗族間。"《韓非子·十過篇》："文公令人告釐負羈曰：'軍旅薄城，吾知子不違也。其表子之閭，寡人將以爲令，令軍勿敢犯。'曹人聞之，率其親戚而保釐負羈之閭者七百餘家。此禮之所用也。"

魏犨、顛頡怒曰："勞之不圖，報於何有？"

〔疏證〕杜《注》："二子各有從亡之功。"

爇僖負羈氏。

〔疏證〕《説文》："爇①，燒也。《春秋傳》曰：'爇①僖負羈。'"疑賈本無"氏"字。

魏犨傷於胸，

〔疏證〕《説文》："匈，膺。從勹，凶聲。又作胷。"《傳》"胸"，俗字。

公欲殺之，而愛其材。使問，且視之。病，將殺之。魏犨束胸見使者，曰："以君之靈，不有寧也。"

〔疏證〕杜《注》："言不以病故自安寧。"劉炫《規過》以"傷"爲寧，謂"不有損傷"。惠士奇②曰："古人多反語，如甘爲苦、治爲亂，皆是。以傷爲寧，亦有理。"朱駿聲云："按：寧讀爲愵，猶懤也，缺也，傷也，諱言傷胸。"與惠説可互明。

距躍三百，曲踊三百。

〔疏證〕杜《注》："距躍，超越也。曲踊，跳踊也。百，猶勱也。"杜解"距躍""曲踊"不分明。"百"之訓"勱"，《字書》亦無徵。《説文》：

---

① 林按："爇"，科學本作"羈"，據《説文》回改。
② 林按：科學本作"惠士奇"，實當爲"惠棟"。

"躍，迅也。踊，跳也。"則躍、踊意同。《漢書·甘延壽傳》："投石拔距。"張晏曰："拔距，超距也。"距躍，猶超距矣。邵寶云："躍、踊者皆絕地而起，所謂跳。距躍，直跳也。曲踊，橫跳也。橫跳必先直而後曲，故不曰橫而曰曲。'百'音'陌'，猶阡陌之陌。三陌蓋躍踊之度。大約有此。"按：邵說距躍爲直跳，是矣。以曲踊爲橫跳則非。曲踊猶倒行也。《隋書·沈光傳》："初建禪定寺，其中幡竿高十餘丈，適遇繩絕，非人力所及。光以口銜索，拍竿而上。繫繩畢，手足皆放，透空而下，以掌拒地，倒行數十步。觀者嗟異。"此距躍之距，以足言；曲踊之曲，則以手言。手踊不辭，故變文曰"曲踊"。凡倒行，其身不能甚直也。沈欽韓云："《呂覽·適威篇》：'東野稷以御見莊公，使之鉤百而少及焉。'司馬彪《莊子注》以'百'爲'百反'，非也。'鉤百'即仟陌之陌，猶諸盤馬蟻封，以此爲巧耳。"王引之《經義述聞》："百、陌古字通，陌者橫越而前。杜訓百爲勱，《正義》謂每跳皆勉力，并失之。"皆可證邵說。"三陌"謂其躍踊得陌之三也。江淮間俗語謂一箭地，與以陌計步同。《梁書·黃法氍傳》："少勁捷，有膽力，可行日三百里，距躍三丈。"以丈計躍，猶之以陌計也。洪亮吉謂："百、迫古字通，謂急遽無序。"則仍用本《疏》"勉力"之說。又云："《風俗通》：'涉始於足，足率長十寸，十寸即尺。躍三尺，法天、地、人，再躍則涉。''三百'或作當'三尺'，古人跳躍之法耳。"以"三百"爲"三尺"，義亦通。

乃舍之。

〔疏證〕《宋書·羊元傳》："吳郡褚胤，年七歲，碁入高品。父榮期與臧質同逆，胤應從誅。何尚之曰：'胤弈碁之妙，越古冠今。魏犨犯令，以才獲免。'"

殺顛頡以徇于師，立舟之僑以爲戎右。

〔疏證〕杜《注》："舟之僑，故虢臣。"《商子·賞刑篇》："晉文公將欲明刑以親百姓，于是合諸侯大夫于侍千宮，顛頡後至，請其罪，君曰：'用事。'遂斷顛頡之脊以徇。晉國之士稽焉皆懼曰：'顛頡之有寵也，斷以徇，況於我乎？'"

宋人使門尹般如晉師告急。

〔疏證〕《晉語》"般"作"班"。《注》："門尹般，宋大夫。"杜用韋說。門尹即門官，見二十二年。馬宗璉云："春秋時鄭卿之子，謂之門子。般，蓋宋卿，掌門尹之任，如桐門右師之類。《周禮》所謂‘帥以門名’者是也。楚圍急，故使重臣如晉乞師。”按：馬説是也。顧棟高以‘門尹’即《周禮》之司門，與杜《注》“門官爲守門”同誤。《晉世家》：“楚圍宋，宋復告急晉。”

公曰：“宋人告急，舍之則絶，

〔疏證〕《晉語注》：“舍不救宋，則宋降楚，與我絶也。”《晉世家》：“欲釋宋，宋嘗有德於晉，患之。”

“告楚，不許。

〔疏證〕《晉語注》：“告，謂請宋於楚，楚不許我。”

“我欲戰矣，齊、秦未可，若之何？”

〔疏證〕杜《注》：“未肯戰。”

先軫曰：“使宋舍我而賂①齊、秦，

〔疏證〕《晉語注》：“使宋置晉，獨賂齊、秦。”

“藉之告楚。

〔疏證〕《晉語注》：“藉與齊、秦之勢，使請宋於楚。”

“我執曹君，而分曹、衛之田以賜宋人。楚愛曹、衛，必不許也。

〔疏證〕《晉世家》：“先軫曰：‘執曹伯，分曹、衛地以與宋，楚急曹、衛，其勢宜釋宋。’”與《傳》義同。《晉語注》：“齊、秦本與晉俱伐曹、衛，今晉分其地，楚必不許齊、秦之請。”杜《注》：“楚不許齊、秦之請。”用韋説。《吳志·孫權傳》：“蜀遣使衛尉陳震慶權踐位。權乃參分天下，造爲盟曰：‘夫討惡翦暴，必聲其罪，宜先分裂，奪其土地，使士民之心，各知所歸。是以《春秋》代②衛，先分其田以畀宋人，斯其義也。’”如吳盟文，則伐國必分地，乃古義也。

“喜賂怒頑，能無戰乎？”

---

① 林按：楊本此處有“賂”字，疑脱。
② 林按：據《三國志》，疑“代”當爲“浅”。

〔疏證〕杜《注》："言秦喜得宋賂，而怒楚之頑，必自戰也。不可告請，故曰頑。"

公説，執曹伯，分曹、衛之田以畀宋人。

〔疏證〕《衛世家》："晉文公重耳伐衛，分其地予宋。討前過無禮，及不救宋患也。"

楚子入居於申，

使申叔去穀，使子玉去宋，曰："無從晉師！

"晉侯在外十九年矣，

〔疏證〕洪亮吉："按《史記·晉世家》，重耳出亡時年四十三，凡十九歲而得入，年六十二。杜《注》則本《晉語》，言：'晉侯生十七年而亡，十九年而反，凡三十六年，至此四十矣。'考夷吾爲重耳之弟，夷吾之子圉，以僖十七年出質於秦，秦即妻之，至小亦當年十五六。至二十八年，又及十二年，則懷公此時若在，亦當年近三十。安得重耳爲其伯父，年止四十也？明重耳之年，當以《晉世家》爲實。《晉語》及杜非也。況昭十三年，叔向言：'文公生十七年，有士五人。'是文公生十七年而能得士，非即以是年出亡也。杜又確指戰城濮之年，謂文公年正四十，可謂鑿而妄。"壽曾曰：懷公之少於文公十歲，伯父猶子多有之，不足爲文公年逾四十之證。《昭十三年傳》"生十七年"，正謂其出亡之年。杜本彼《傳》以説。閻若璩《四書釋地·三續》云："《史記》多妄説，不若《左傳》《國語》足信。《國語》：'僖負覊曰："晉公子生十七年而亡。"'案：此則文公入國甫三十六歲，即薨亦祇四十四耳。"

"而果得晉國。險阻艱難，備嘗之矣；民之情僞，盡知之矣。天假之年，而除其害。天之所置，其可廢乎？

〔疏證〕《晉世家》："楚王曰：'晉侯亡在外十九年，困日久矣，果得反國，險阨盡知之，能用其民，天之所開，不可當。'"《楚世家》："成王曰：'重耳亡居外久，卒得反國，天之所開，不可當。'"洪亮吉云："按：下'天假之年'，益可知文公此時，年齒必非壯盛。"按："假年"蒙"險阻艱難"言之，洪説非。杜云："獻公之子九人，唯文公在，故曰'天假之年'，除惠、懷、呂、郤。"

"《軍志》曰:'允當則歸。'又曰:'知難而退。'又曰:'有德不可敵。'此三志者,晉之謂矣。"

〔疏證〕杜《注》:"《軍志》,兵書。"杜止解"允當則歸"云:"無求過分。"《疏》引劉炫云:"此《志》三云者,情有淺深。'允當則歸',謂彼雖可勝,得當則還,言前人弱於己也。'知難而退',謂勝不可必,早自收斂,言前人與己敵也。'有德不可敵',謂必知彼彊,不須與競,言前人彊於己也。三者從弱至彊,總言'晉之謂矣',指言晉彊於己也。"文淇案:此光伯《述議》語,疑舊注,視杜《注》爲詳。

子玉使伯棼請戰,

〔疏證〕杜《注》:"伯棼,子越椒也,鬬伯比之孫。"

曰:"非敢必有功也,願以間執讒慝之口。"

〔注〕服虔云:"子玉非敢求有大功,但欲執蒍賈讒慝之口,謂子玉過三百乘不能入也。"《晉世家集解》。

〔疏證〕杜《注》用服説,惟以"間執"爲"塞"。洪亮吉云:"按:《詩》《釋文》引《韓詩》:'執,服也。'此'間執'義亦同。杜《注》非也。"李貽德云:"《釋名》:'執,攝也,使畏攝己也。'"《晉世家》:"子玉請曰:'非敢必有功,願以間執讒慝之口也。'"

王怒,少與之師,唯西廣、東宮與若敖之六卒實從之。

〔疏證〕《晉世家》:"王怒,少與之兵。"《楚語》:"唯東宮與西廣實來。"《注》:"東宮、西廣,楚軍營名。若敖氏,子玉同族。"杜《注》:"楚有左、右廣。又太子有宮甲。六卒,子玉宗人之兵六百人。"馬宗璉云:"西廣、東宮、六卒,疑是楚之軍政名。杜解'東宮'爲太子之卒,'若敖六卒'爲六百人,皆謬。"按:宣十二年,"其君之戎分爲二廣,廣有一卒,卒偏之兩",此楚有西廣之證。韋以東宮爲楚軍營名,則舊説不以爲太子宮甲也。"若敖六卒",杜用韋説。

子玉使宛春告於晉師曰:

〔注〕賈逵云:"宛春,楚大夫。"《晉世家集解》。

〔疏證〕洪亮吉云:"《唐石經》初刻'師'作'侯',後改'師',從定本。"杜無注。《晉語注》亦用賈説。梁履繩云:"《吕覽·分職篇》載衛靈公天寒鑿池，以宛春諫而罷役。《新序·刺奢篇》亦載之，蓋別一人。”
自此至“晉師退”，《晉世家》與《傳》略同。

“請復衛侯而封曹，臣亦釋宋之圍。”

〔疏證〕杜《注》：“衛侯未出竟，曹伯見執在宋，已失位，故言復衛
封曹。”《晉語注》：“釋，解也。”

子犯曰：“子玉無禮哉！君取一，臣取二，不可失矣。”

〔疏證〕《晉語注》：“臣，子玉也。君，文公也。二謂復曹、衛，一
謂釋宋圍。”杜用韋説。

先軫曰：“子與之。

〔疏證〕杜無注。《晉語注》：“與，許也。”

“定人之謂禮，楚一言而定三國，我一言而亡之。我則無禮，何以戰乎？不許楚言，是棄宋也。救而棄之，謂諸侯何？

〔疏證〕杜《注》：“言將爲諸侯所怪。”“我一言而亡之”，《晉世家》
“我”作“子”。

“楚有三施，我有三怨，怨讎已多，將何以戰？

〔疏證〕《晉語注》：“三，曹、衛、宋也。”

“不如私許復曹、衛以攜之，

〔疏證〕《晉世家》“攜”作“誘”。《晉語注》：“攜，離也。”杜用韋説。
又云：“私許二國，使告絕於楚，而後復之。”

“執宛春以怒楚，

〔疏證〕《晉語注》：“怒楚令決戰。”《孫武子》：“怒而撓之。”張預曰：
“彼性剛忿，則辱之令怒；志氣撓惑，則不謀而輕進，若晉文執宛春以怒
楚是也。”

“既戰而後圖之。”

〔疏證〕《晉語注》：“圖之，復曹、衛。”杜《注》：“須勝負決乃定
計。”

公説。乃拘宛春於衞，且私許復曹、衞，曹、衞告絶於楚。

子玉怒，從晉師。晉師退。

軍吏曰："以君辟臣，辱也。

〔疏證〕杜無注。《晉語注》："時楚王避文公之德，入於申，使子玉去宋。子玉不肯，固請戰，故云'避臣'。"

"且楚師老矣，何故退？"

〔疏證〕杜無注。《晉語注》："老，久也。圍宋久，其師罷病。"《晉世家》"何故"作"爲何"。

子犯曰："師直爲壯，曲爲老。豈在久乎？

〔疏證〕通本引"乎"作"矣"，從《石經》、宋本。杜無注。《晉語注》："若韓之戰，秦師少而鬬士衆，晉曲秦直，故能敗晉。"

"微楚之惠不及此，退三舍避之，所以報也。

〔疏證〕惠，謂文公過楚，成王享之也。《晉語注》："言在楚時，許退三舍。"杜《注》："一舍，三十里。"用《二十三年傳》賈《注》説，詳彼《疏證》文。

"背惠食言，以亢其讎，

〔疏證〕《書疏》引孫炎《爾雅注》："食，言之僞也。"《晉語》作"未報楚惠而抗宋"，與《傳》意同。韋昭《注》云："抗，救也。"文淇案："亢"與"抗"古字通。"讎"，謂宋也，宋爲楚之讎。杜《注》以"亢"爲"當"，"讎"謂"楚"，非。王念孫云："亢者，扞蔽之義。'亢其讎'，謂亢楚之讎也。楚之讎，謂宋也。亢楚之讎者，楚攻宋而晉爲之扞蔽也。《晉語》曰：'未報楚惠而抗宋。'是其明證矣。凡扞禦人謂之亢，爲人扞禦亦謂之亢，義相因也。《昭元年傳》曰：'苟無大害於其社稷，可無亢也。'又曰：'吉不能亢身，焉能亢宗？'《二十二年傳》曰：'無亢不衷，以獎亂人。'皆是扞蔽之意。"按：王氏以"讎"斥宋，是也；其釋"亢"義，仍未確。《服不氏》："賓客之事則抗皮。"《注》："鄭司農云：'謂賓客來朝聘，布皮帛者，服不氏主舉藏之。'抗，讀如'亢其讎'之亢。"《馬質》："綱惡馬。"《注》："鄭司農云：'綱讀爲"以亢其讎"之亢，書亦或爲亢。亢，御也，禁也。禁去惡馬不畜也。'"先鄭于《服不氏》引《傳》，讀從其音，其義仍爲抗舉。於《馬質》，則讀從其義，故云："亢，御也，禁也。""亢其讎"者，謂禁楚之讎宋也，亦猶《調人》"令勿讎"之"讎"。

"我曲楚直，其衆素飽，不可謂老。

〔疏證〕惠棟云："《周書·武稱》曰：'直勝曲，飽勝飢，武之勝也。'子犯言背楚之惠，則我曲楚直，且楚强，其衆又素飽，不可爲老也。杜訓'素'爲'空'，言'直氣盈飽'，恐非。"文淇案：《晉語》云"其衆莫不生氣""其衆素飽"之説也。本《疏》云："'素'訓爲'空'。"惠誤以《疏》説爲杜《注》。

"我退而楚還，我將何求？若其不還，君退臣犯，曲在彼矣。"退三舍。

〔疏證〕《晉世家》："文公曰：'昔在楚，約退三舍，可倍乎？'"未引以上子犯之辭。

楚衆欲止，子玉不可。夏，四月，戊辰，晉侯、宋公、齊國歸父、崔夭、秦小子憗次于城濮。

〔疏證〕杜《注》："國歸父、崔夭，齊大夫也。小子憗，秦穆公子也。"《晉世家》："楚師欲去，得臣不肯。四月戊辰，宋公、齊將、秦將與晉侯次城濮。"

楚師背酅而舍，

〔疏證〕杜《注》："酅，丘[①]陵險阻名。"《疏》："蓋所舍之處有丘陵名酅也。"馬宗璉云："《郡國志》：'東郡穀城有寪下鄉。'"

晉侯患之。

聽輿人之誦曰：

〔疏證〕杜《注》："恐衆畏險，故聽其歌誦。"是杜訓"輿"爲"衆"，前"輿人之謀"也。《後漢書·楊震傳》："河間男子趙騰詣闕上疏，'乞爲虧除，全騰之命，以誘芻蕘輿人之言'。"《注》："輿，衆也。《左氏傳》：

---

① 林按：科學本誤作"正"，據《春秋左傳集解》回改。

'聽輿人之誦。'""輿，衆也"，當是舊説。《北魏書·張白澤傳》："諫曰：'昔厲防民口，卒滅宗姬；文聽輿頌，終摧彊楚。'"《成淹傳》："淹曰：'昔文王詢芻蕘，晉文聽輿人之誦，臣雖卑賤，敢同匹夫。'"皆以"輿人"爲"衆人"。張白澤引《傳》"誦"作"頌"，或是異文。"頌"，古"誦"字。

"原田每每，舍其舊而新是謀。"

〔注〕舊注："廣平曰原。莓莓，美貌。《詩》曰：'周原莓莓，菫荼如飴。'舍其舊而謀新也，言仰楚舊惠爲利薄，謀楚之新機其利厚，衆欲之意也。"《御覽》四百四十二。

〔疏證〕杜《注》："高平曰原，喻晉軍美盛，若原田之草每每然，可以謀立新功，不足念舊惠。"惠棟云："《説文》云：'每，草盛土出，從屮每聲。'高印之田，草盛土出，故云'舍其舊而新是謀'。《周禮》三卜，一曰原兆。原兆，'兆之璺罅，有似原田'，故鄭《注》云：'原，原田也。'"馬宗璉又引《大卜》杜子春《注》："'原兆，有周之兆。'蓋晉之輿人爲卜，以決晉、楚之勝負，卜得原田之兆。是晉文可以定霸匡王，以輔佐周。舊謂楚，新謂周，舍舊强之楚，而謀新起之周也。"此可申惠説，然《傳》稱"輿人之誦"，蓋童謠之比，不關卜兆，惠、馬之説非也。"每每"，宜從《説文》作"苺苺"，或作"莓莓"。洪亮吉云："《廣雅》：'腜腜，肥也。''腜'通作'每'。按：'每每'亦當謂田之肥矣。杜《注》似采《説文》，以爲喻晉軍之美盛，則失之。"《廣雅·釋訓》："腜腜，肥也。"王念孫云："《魏都賦》：'腜腜坰野。'張載《注》云：'腜腜，美也。'引《大雅》'周原腜腜'，毛《傳》作'膴膴'，云：'膴膴，美也。'鄭云：'周之原也，膴膴然肥美。'膴與飴、謀、龜、時、兹爲韻，當讀如'梅'。《釋文》：'音武。'失之。又通作'每'。僖二十八年《左傳》'原田每每'，亦謂原田之肥美。杜《注》'原田之草每每然'，失之。'"按：《御覽》引《傳》亦作"莓莓"，所引舊注當是賈、服舊説，較勝杜《注》。

公疑焉。

子犯曰："戰也！戰而捷，必得諸侯。若其不捷，表裏山河，必無害也。"

〔疏證〕杜《注》："晉國外河而内山。"

公曰："若楚惠何？"欒貞子曰："漢陽諸姬，楚實盡之。思小惠

而忘大恥，不如戰也。"

〔疏證〕杜《注》："貞子，欒枝也。水北曰陽，姬姓之國在漢北者，楚滅之。"《楚世家》："武王三十五年，伐隨，於是始開濮地而有之。文王六年，伐蔡，楚彊，陵江漢間小國，小國皆畏之。十一年，楚始大，於是楚地千里。"

晉侯夢與楚子搏，楚子^①伏己而鹽其腦，

〔注〕服虔云："如俗語相罵云：'鹽汝腦矣。'"本《疏》。

〔疏證〕杜《注》："搏，手搏。鹽，鹽也。"《說文》："腦，頭髓也。從匕。匕，相比者也。"字當從腦，《傳》作"腦"，俗字。惠棟云："余仁仲曰：'"楚子伏，己而鹽其腦。"是本"伏"字絕句，岳本"伏己"讀。'據此，則'己'當音'以'。岳本則'己'當音'紀'，陸德明《音義》不云音'紀'，則知當以'楚子伏'爲絕句，而'己'作'以'音，不音'紀'。淳祐九經本亦用'伏己'絕句，更詳之。"惠氏雖以余說爲然，別引淳祐本，則亦未定之說。《潛夫論‧夢列篇》："晉文公於城濮之戰，夢楚子伏己而鹽其腦，是大惡也。及戰，乃大勝，此謂極反之夢也。"此是傳文古意。若"楚子伏"絕句，則楚大惡矣。《論衡》亦言"成王在上"，詳下《疏證》。洪亮吉謂："或以'伏'字絕句者，非。"是也。朱駿聲云："余仁仲說亦可通，但下文'我得天'三字，似無着落。"可申洪說。范守己曰："鹽者，苦鹽之名。《詩》云'王事靡鹽'，勉之使無爲苦也。晉侯夢楚子伏己而鹽其腦，當是以鹽鹽入腦，故子犯曰'我且柔之矣'。杜氏訓'鹽'爲'鹽'，非也。"顧炎武從其說。

按：以鹽入腦說殊迂曲。服氏此《注》非完文，其釋"鹽"義，今不可見。《注》以今曉古，非即以"鹽"爲"鹽"，杜氏訓"鹽"爲"鹽"，誤矣。本《疏》亦云："鹽之爲鹽，未見正訓。"焦循謂"鹽當讀爲蠱，如蠱蠹"，仍用杜《注》"鹽"義，非也。俞樾云："服氏蓋讀'鹽'如'餬'。餬，從胡聲。胡從古聲。鹽亦從古聲，故得通用。《說文》：'餬，寄食也。'實非達詁。《釋言》云：'餬，饘也。'隱十一年《正義》曰：'餬是饘粥別名。'饘謂之餬，而食饘亦謂之餬，古義引申有此。《傳》言餬其腦者，腦亦柔物，噉之與饘饘同，故亦言餬也，因假鹽爲之，而其義遂晦矣。"按：俞說未必是服義，然可備一說。服《注》之"鹽"，乃漢時方

---

① 林按：底本無"楚子"二字，據楊本及科學本增補。

言，古字當作"嚃"。嚴蔚云："《説文》'啑'作'嚃'。揚子《太玄》曰
'啑鉤'，謂須也。《荀子》曰：'鉤有須。'須鉤曲，故曰鉤。啑猶口。"李
貽德云："《一切經音義》八行①《字書》：'啑，喋也。書亦作歃，謂以口
微吸之也。'引漢時語以證鹽之狀也。"

是以懼。子犯曰："吉。我得天，楚伏其罪，吾且柔之矣。"

〔疏證〕杜《注》："晉侯上向，故得天；楚子下向地，故伏其罪。腦
所以柔物。"杜説"得天"，謂晉侯仰面上向也。焦循云："《素問·五藏別
論》：'腦、髓、骨、胍、膽、女子胞，此六者，地氣之所生也，皆藏於陰
而象于地。'《解精微論》：'腦者，陰也。'陰柔，故子犯言'吾且柔之'。
彼來鹽我用齒，齒，剛也。我以腦承之，是有以柔其剛，故云'柔之'。寓
柔遠人之義也。杜云'腦所以柔物'，未知所謂。"按：焦説是也。《論衡·卜
筮篇》："晉文公與楚子戰，夢與成王搏，成王在上而鹽其腦。占曰：'凶。'
咎犯曰：'吉。君得天，楚伏其罪。鹽君之腦者，柔之也。'"《論衡》"鹽"
皆"鹽"之誤，是以"柔之"申釋"鹽"字。杜謂"腦所以柔物"，非也。

子玉使鬪勃請戰，

〔疏證〕杜《注》："鬪勃，楚大夫。"

曰："請與君之士戲，

〔疏證〕杜無注。《説文》："戲，三軍之偏也。一曰兵也。"朱國楨曰：
"戲者，兵也。三軍之號，所云'戲下'是也。若云以兵見云耳。林堯叟
謂得臣輕用民命，便解作戲弄之戲。夫得臣亦英雄，豈有此失？"惠棟取
朱説，朱以戲爲兵，蓋用《説文》。朱駿聲云："《詩》'善戲謔兮'，單言
曰謔，重言曰戲謔。下文'馮軾而觀，得臣與寓目'，似與今俗以優爲戲
同意，然古無是訓，若從本字訓兵，則不詞。三軍之偏，實爲摩字之假
借，亦不詞。若爲謔浪之謔則可聽，不可觀。竊謂此處必有脱誤，不敢强
解。無已，甯讀爲'謔'。"壽曾曰："請與君之士戲"，即請戰之詞，宜從
《説文》，訓戲爲兵，無所謂不詞。朱國楨前一説是也。梁履繩云："《史
記》'戲下'，不得如字讀。"

"君馮軾而觀之，得臣與寓目焉。"

---

① 林按："行"，李貽德《春秋左氏傳賈服注輯述》作"引"。

〔疏證〕鄭氏《禮記注》云："寓，寄也。"

晉侯使欒枝對曰："寡君聞命矣。楚君之惠，未之敢忘，是以在此。爲大夫退，其敢當君乎？既不獲命矣，敢煩大夫謂二三子：

〔疏證〕杜《注》："煩鬬勃，令戒敕子玉、子西之屬。"

"'戒爾車乘，敬爾君事，詰朝將^①見。'"

〔疏證〕杜《注》："詰朝，平旦。"

晉車七百乘，韅、靷、鞅、靽。

〔疏證〕《説文》引作："纙，從革，㬎聲。"惠棟云："案：'㬎'，古文以爲顯，故《傳》作'韅'，從古文省。"杜《注》："在胸曰靷。"《釋文》："靷，以刃反。"《説文》云："引軸也。"《正義》曰："此《注》與《説文》不同，蓋以時驗爲解也。"王念孫云："'靷'，當爲'靳'。《説文》：'靳，當膺也。'與杜氏'在胸'之訓正合。《墨子·魯問篇》曰'鼓鞭於馬靳'，是也。靳、靷，草書相似，故'靳'誤作'靷'。《詩·小戎傳》：'游環，靳環也。'《釋文》：'靳，本又作"靷"。'沈重曰：'舊本皆作"靳"。'"段玉裁亦同其説。又案：《説文》："纙，箸亦鞁也。"段玉裁云："亦，人之臂亦也。箸亦鞁，謂箸於馬兩亦之革也。箸亦謂直者，當膺謂横者《史記·禮書》'鮫韅'，徐曰：'韅者，當馬腋之革。'若《釋名》云：'横經腹下。'杜注《左》云'在背曰韅'，皆異説也。""鞅"，《説文》云："頸鞁也。"段氏《注》云："《釋名》：'鞅，嬰也。喉下稱嬰，言嬰絡之也。'按：劉與許合，杜云'在腹曰鞅'，恐未然也。"《説文》："有絆無絆，絆，馬㺃也。"案：王説是也。《釋文》："靽，一云繫也。"《白駒》毛《傳》："縶，絆。"杜《注》："在後曰靽。"

晉侯登有莘之墟以觀師，

〔疏證〕杜《注》："有莘，故國名。"《吕覽》："伊摯，有莘之私臣。"高誘《注》云："侁，讀曰莘，在今河南陳留縣。"《括地志》："陳留縣東五里有莘城。"沈欽韓云："《方輿紀要》：'莘城在開封府陳留縣東北三十五里。或曰即莘墟也。'又，'莘城在曹州曹縣北十八里。《元和志》："古莘仲國也。"今爲莘仲集'。陳留之莘，去濮彌遠，曹縣之莘墟

---

① 林按：底本與科學本作"相"，據楊本改。

或近之。"按：沈説是也。江永亦云："陳留去曹縣頗遠，不得接界。"然江氏不知城濮在今濮州，乃疑莘仲集另一地，非。《檀弓疏》："凡舊居皆曰'墟'，故《左傳》有莘氏之墟，有昆吾之墟。"

曰："少長有禮，其可用也。"

〔疏證〕惠士奇[①]云："應前欲用其民。"

遂伐其木，以益其兵。

〔疏證〕杜《注》："伐木，以益攻戰之具，輿曳柴，亦是也。"《御覽》二百九十四引《注》："伐木以益攻戰之具，蓋亦示强也。"當是舊注。"輿曳柴"，別一事，杜《注》非。

己巳，晉師陳于莘北，

〔疏證〕杜無注。北，謂莘墟之北也。

胥臣以下軍之佐當陳、蔡。子玉以若敖之六卒將中軍，曰："今日必無晉矣。"子西將左，子上將右。

〔疏證〕子西，鬭宜申。子上，鬭勃。王念孫《周秦名字解詁》云："楚公子申字子西，魯曾申字西。《淮南·時則訓》：'孟秋之月，招搖指申，其位西方。'案：《左傳》：'齊懿公游于申池。'杜《注》：'齊南城西門名申門。'然則西之爲申，古之恒言也。"

胥臣蒙馬以虎皮，先犯陳、蔡。陳、蔡奔，楚右師潰。

〔疏證〕虎皮蒙馬以駭敵。杜《注》："陳、蔡屬楚右師。"

狐毛設二旆而退之。

〔疏證〕杜《注》："旆，大旗也，又建二旆而退，使若大將稍却。"

欒枝使輿曳柴而僞遁，

〔疏證〕杜《注》："曳柴起塵，詐爲衆走。"《御覽》三十七引《注》："曳柴起塵埃，詐言聚衆走。"當是舊注，杜《注》有所删也。《淮南子·兵略訓》："曳梢肆柴，揚塵起堨，所以營其目者，比善爲詐佯者也。"《注》：

---

① 林按：惠棟《春秋左傳補注》作"子惠子曰"。

"梢，小柴也。碣，埃。"則"曳柴"猶"曳梢"矣。

楚師馳之。原軫、郤溱以中軍公族橫擊之^①。

狐毛、狐偃以上軍夾攻子西，楚左師潰。

楚師敗績。子玉收其卒而止，故不敗。

〔疏證〕杜《注》："三軍惟中軍完。"《晉世家》："楚師大敗，得臣收餘兵去。"《年表》："宋成公五年，晉救我，楚兵去。"

晉師三日舘穀，及癸酉而還。

〔疏證〕杜《注》："舘，舍也，食楚軍穀三日。"本云："晉軍庚午、辛未、壬申三日舘食楚之軍穀。"《晉書·慕容皝傳》："宇文歸入寇安晉，爲段蘭聲援。皝擊之，蘭、歸皆遁。遣封弈率輕騎追擊，敗之，收其軍實，舘穀二旬而還。"則"穀"指軍實也。

甲午，至于衡雍，

〔疏證〕《晉世家》："甲午，還至衡雍。"《外傳》作"衡雝"。《呂覽·簡選篇》："尊天子於衡雍。"《注》："文公率諸侯朝天子於衡雍。衡雍、踐土，今之河陽。"如高誘説，則踐土即衡雍地也。杜《注》："衡雍，鄭地。"《郡國志》河南郡卷有垣雍城，《水經注》："《史記》所記韓獻秦垣雍是也。"沈欽韓云："《一統志》：'垣雍城在懷慶府原武縣西北五里，即衡雍也。'"

作王宮於踐土。

〔注〕服虔云："既敗楚師，襄王自往臨踐土，賜命晉侯，晉侯聞而爲之作宮。"《晉世家集解》。

〔疏證〕杜《注》："襄王聞晉戰勝，自往勞之，故爲作宮。"《郊人注》："以尊適卑曰臨。"《覲禮》："諸侯覲於天子，爲宮方三百步，四門。"《注》："宮，謂壝土爲埒，以象牆壁也。"《掌舍》："爲壇、壝宮、棘門。"《注》："謂王行止宿平地，築壇，又委壝土，起埒壝以爲宮。"踐土王宮，其制當如《周禮》所説，蓋襲服説。經文賈《注》："踐土，鄭地。"《晉語》："文公二十一年，以諸侯朝於衡雍，遂爲踐土之盟。"《注》："衡雍、

---

① 林按：底本脱此句，據楊本及科學本增補。

踐土，皆鄭地，在今河内温地。文公敗楚師，旋至衡雍，天子臨之，晉侯
以諸侯朝王。”韋謂踐土即衡雍，與前引《吕覽》高《注》合，蓋亦用賈
《注》也，餘詳《釋文疏證》。

鄉役之三月，

〔疏證〕《釋文》：“鄉，又作‘曏’。”《説文》：“曏，不久也。《春秋
傳》曰：‘曏役之三月。’”則賈本作“曏”。杜《注》：“曏，屬也。”非古
義。杜又云：“城濮役之前三月。”《讀本》云：“蓋作始於役前之三月，爲
襄王來勞己也。”

鄭伯如楚致其師。爲楚師既敗而懼，

〔疏證〕《晉世家》：“初，鄭助楚，楚敗，懼。”

使子人九行成于晉。

〔疏證〕杜《注》：“子人，氏。九，名。”馬宗璉云：“《正義》據桓
十四年‘鄭伯使其弟語來盟’，《傳》稱子人氏來盟，是子人氏爲語之後。
杜《譜》以九爲雜人，謬矣。”《晉世家》：“鄭使人請盟晉侯。”

晉欒枝入盟鄭伯。

五月，丙午，晉侯及鄭伯盟于衡雍。

〔疏證〕《晉世家》：“晉侯與鄭伯盟。”

丁未，獻楚俘于王：駟介百乘，徒兵千。

〔注〕服虔云：“駟介，駟馬被甲也。徒兵，步卒也。”《晉世家集解》。
〔疏證〕《晉語》“獻楚俘”作“獻楚捷”。《注》：“捷，勝也。勝楚所
獲兵衆。駟介百乘，徒兵千也。”《晉世家》：“五月，丁未，獻楚俘于周，
駟介百乘，徒兵千。”杜《注》：“駟介，四馬被甲。徒兵，步卒。”襲用
服《注》。李貽德云：“《清人》：‘駟介旁旁。’《傳》：‘介，甲也。’《箋》：
‘駟，四馬也。’《成四①年傳》：‘不介馬而馳之。’以‘不介馬’爲異，則
戰馬皆被甲矣。《干旄疏》引王肅説：‘夏后氏駕兩謂之麗。殷益以一騑，
謂之驂。周人又益一騑，謂之駟。’《説文》‘徒’作‘赴’，云：‘步行

---

① 林按：“四”，李貽德《春秋左氏傳賈服注輯述》作“二”。

也。’‘兵，械也。’顧氏炎武謂：‘古之言兵，謂五兵。秦、漢以下，始謂執兵之人爲兵。’然隱四年‘敗鄭徒兵’，襄元年‘敗鄭徒兵於洧上’，斷指步卒。若以兵爲器械，則不辭矣。《擊鼓·序疏》云：‘古者以戰器爲兵，兵者人所執，因號人亦曰兵。’斯爲通論矣。”《祭義》：“五十不爲甸徒。”《疏》曰：“徒謂步卒。”

鄭伯傅王，用平禮也。

〔疏證〕《廣雅》：“傅，相也。”杜《注》：“傅，相也。以周平王享晉文侯仇之禮享之。”“傅王”，《疏》無説。閻若璩《四書釋地·又續》云：“相天子之會同，上擯則大宗伯。《周禮》：‘朝覲會同，則爲上相。’鄭《注》：‘相，召王禮也。’是也。肆師爲承擯，小行人亦爲承擯，蓋一佐大朝覲，一將擯於四時常朝。至末擯、司空之屬，嗇夫爲之，見《覲禮》。又與諸侯曷與乎？當春秋時，禮不盡如古，故《僖二十八年傳》：‘鄭伯傅王，用平禮也。’蓋時能相禮者亦希，鄭伯素以知禮名，故用以相王，非合周制。若宣十六年定王享士會，‘原襄公相禮’。襄公，周大夫，豈屬五等諸侯哉？胡朏明曰：‘《傳》言用平禮，則周東遷以前未必然可知。’”按閻説，則周之朝覲，相禮屬大宗伯，非諸侯事矣。馬宗璉云：“《覲禮》‘四傳換[①]’，鄭《注》：‘四傳擯者，每一位畢，擯者以告，乃更陳列而升。其次，公也、侯也、伯也，各一位。子、男俠門而俱東上，亦一位也。至庭乃設擯，則諸侯初入門，王官之伯帥之耳。古文“傳”作“傅”。’按：此《注》正是侯、伯相王朝見諸侯之制。《尚書·堯典》：‘賓於四門。’鄭《注》：‘賓，擯，謂舜爲上擯以迎諸侯。’馬《注》：‘四門，四方之門。諸侯群臣朝者，舜賓迎之。’此舜爲牧伯率諸侯朝王之事。《哀十三年傳》：‘子服景伯對使者曰：“王合諸侯，則伯帥侯牧以見于王。”’《左傳》：‘周之東遷，晉、鄭焉依？’《書序》：‘王賜晉文侯秬鬯、圭瓚，作《文侯之命》。’是命晉侯爲牧伯之證。鄭與晉輔平王東遷，或亦命爲牧伯。鄭伯傅王以朝見諸侯，仍用平禮。”按：如馬説是也。鄭《注》謂“王官之伯，率諸侯入門”，與《堯典》“賓迎”之義合，此當出逸《禮》，不得謂周制無諸侯傅王禮也。

己酉，王享醴，命晉侯侑。

〔疏證〕宋本“侑”作“宥”。《校勘記》云：“《周禮》多用‘宥’爲‘侑’，古文假借字。”杜《注》：“既饗，又命晉侯助以束帛，以將厚意。”

---

① 林按：“換”，《儀禮》、馬宗璉均作“擯”。

是杜本"享"作"饗"。《彤弓》云:"彤弓弨兮,受言藏之。我有嘉賓,中心好之。鐘鼓既設,一朝饗之。"彼《疏》云:"王以賜弓爲重,故《經》先言賜弓,後言饗之事也。若僖二十八年《左傳》説晉文公敗楚於城濮,獻功于王。'王饗醴,命晉侯宥',下乃言'策命晉侯爲侯伯',賜之弓矢,似先饗後賜者。彼饗禮、命宥別行,饗禮非賜日之饗也,故丁未獻俘,己酉設饗,是先饗禮以勞其功,他日乃賜之弓矢,更加策命。其賜之日,別行饗禮,則此《經》所云,是與彼饗別也。莊十八年,'虢公、晉侯朝王,王饗醴,命之宥';僖二十五年,'晉侯朝王,王饗醴,命之宥'。于時不賜,特行饗醴,以此知城濮之言饗醴者非賜日之饗。賜之日實行饗禮,而《左傳》甯武子云'以覺報宴'者,杜預云:'歌《彤弓》者,以明報功宴樂,非謂賜時設饗禮。'"按:《詩疏》説是也。惟賜日又饗,《傳》無明文,據"以覺報宴"杜《注》,則賜日無饗。

王命尹氏及王子虎、内史叔興父策命晉侯爲侯伯,

〔注〕賈逵云:"王子虎,周大夫。"《晉世家集解》。

〔疏證〕"内史",前鄭《注》引《春秋傳》作"内史興父"。杜《注》:"尹氏、王子虎,皆王卿士也。叔興父,大夫也。"不謂王子虎爲大夫,異於賈説。《晉語》:"襄王使太宰文公及内史興賜晉文命。"《注》:"太宰文公,王卿士王子虎也。内史興,周内史叔興父。"此杜以王子虎爲卿士所本。《疏》云:"注《國語》者皆以爲太宰文公即王子虎也。今尹氏又在王子虎之上,故以爲皆卿士,唯叔興是大夫,或云'皆大夫','皆'字妄耳。"玩《疏》説,則《左氏》舊注於尹氏、王子虎、叔興父三人皆目爲大夫。賈《注》非完文。《疏》引或説,疑是指賈《注》也。《國語》未及尹氏,杜但以在王子虎之上,目爲卿士。其實王國卿、大夫亦是通稱。《吕覽·當貴篇》:"周内史興聞之曰:'晉侯其霸乎!'"《注》:"内史興,周大夫也。"與杜《注》以叔興爲大夫合。

沈欽韓云:"《周官》内史之職:'凡命諸侯及孤卿大夫,則策命之。'此命晉侯自其本職。所異於常者,本一卿、一大夫,今尹氏、王子虎兩卿并來也。"按:内史即右史,詳襄二十五年《疏證》。沈謂策命其本職,是也。其以王子虎爲卿,仍用杜《注》,非。《晉世家》:"天子使王子虎命晉侯爲伯。"則□[1]傳文而減省。杜《注》:"以策書命晉侯爲伯也。"《周

---

[1] 科學本注:無原稿,抄本闕文。

禮·内史》鄭《注》：“策，謂以簡策書王命。”杜本鄭説。沈欽韓云：“侯伯，以侯作方伯也。容有以公爲伯者，故異言之。”按：沈説是也。《荀子·仲尼篇》：“齊桓，五伯之盛者也。”《注》：“伯，讀爲霸。或曰伯，長也，爲諸侯之長。《春秋傳》曰‘王命内史叔興父策命晉侯爲侯伯’也。”此亦以伯爲方伯。杜《注》但云爲伯，無以别於五等之伯矣。《年表》：“晉文公五年，周命賜公土地。”

賜之大輅之服、戎輅之服，

〔注〕賈逵云：“大輅，金輅。”《晉世家集解》。又云：“大輅，諸侯朝服之車，謂金輅。”《齊語注》。

〔疏證〕《校勘記》：“按：《後漢書·袁紹傳注》‘輅’引作‘路’，是也，‘輅’乃俗字耳。”杜《注》：“大輅，金輅。戎輅，戎車。二輅各有服。”杜“大輅”用賈説，則“戎輅”之爲“戎車”，亦賈説也。《齊語注》《齊世家》亦引之，“輅”并作“路”，“謂”下有“之”。《内傳》不及天子賜齊桓大輅事，故賈於此年《傳》乃釋之也。《樂記》：“大輅者，天子之車也，所以贈諸侯。”蓋就贈賵典禮言之。《顧命》大輅。①鄭《注》：“大輅，玉輅也。”與賈殊者，大輅，本天子車之總名，玉輅亦在其列，故賈析言金輅也。《巾車》：“金輅，鉤，樊纓九就，建大旗，以賓，同姓以封。”同姓則指諸侯，此賈説所本。杜未釋二輅之服爲何服，《疏》據《司服》，謂所賜爲鷩冕。《司服》：“公之服，自袞冕而下如王之服；侯、伯之服，自鷩冕而下如公之服；子、男之服，自毳冕而下如侯、伯之服。”《晉語注》：“諸侯七命，冕服七章。”以常制言，晉侯宜賜鷩冕，然金輅既非諸侯常乘之車，則冕服當從之而異。

沈欽韓云：“《覲禮》：‘天子賜侯氏以車服。’《注》：‘賜車者，同姓以金路，異姓以象路。服則袞也、鷩也、毳也。’鄭此《注》約《巾車》及《司服》文言之，以侯氏中有同姓、異姓及公、侯、伯、子、男之異也。此大輅之服，則金路、袞冕。知袞冕者，以《雜記》云：‘復，諸侯以褒衣、冕服、爵弁服。’《注》：‘褒衣，始命爲諸侯及朝覲見加賜之衣也。褒，猶進也。’晉是侯，七命，本應鷩冕，今王所賜固在鷩冕之上。《王制》所謂：‘三公一命卷，若有加，則賜也。’謂侯、伯亦有服袞者，皆是加賜，非制也。孔《疏》謂文公所賜是鷩服，非也。”按：沈説是也。今《巾車》：“革路，龍勒，條纓五就，建大白，以即戎。”《司服》：“凡兵事，

---

① 科學本注：“顧命”“大輅”間疑有脱文。

韋弁服。”本《疏》據之，謂戎輅之服，當謂韋弁服也。沈欽韓云：“以晉侯有武功，兼賜戎輅，則革路韋弁服也。”

彤弓一、彤矢百，玈弓矢千，

〔注〕賈逵云：“彤弓，赤。玈弓，黑也。諸侯賜弓矢，然後征伐。”《晉世家集解》。服虔云：“玈弓以射甲革椹質，矢千則弓十矣。”《彤弓疏》。

〔疏證〕洪亮吉云：“韋昭《國語注》及《袁紹傳注》引《左傳》，并作‘玈弓十，玈矢千’，然考服《注》云云，則是本無‘十玈’二字矣。”文淇案：《釋文》云：“‘矢千’，本或作‘玈弓十，玈矢千’，後人專輒加也。”則韋昭、李賢并據誤加之本矣。段玉裁云：“《左氏》最多古文。《音義》云：‘玈，本或作旅字者，非。’按：此正古本之善。《魏三體石經》遺字，其翰、旅二文即盧弓、盧矢之盧字。玈之字，魏人隸體不用，則起於魏以後，昧於假借之指而改從玄旁也。《説文》無玈字。”如段説，則《傳》“玈弓”當作“旅弓”也。李貽德云：“‘玈’，《説文》新附有之，正字當作‘鑢’，省字當作‘盧’，假字當作‘旅’。”可與段説互證。

杜《注》：“彤，赤弓。玈，黑弓。弓一矢百，則矢千弓十矣。諸侯賜弓矢，然後專征伐。”杜全襲賈、服説。《説文》：“彤，丹色也。鑢，齊謂黑爲鑢也。”“賜弓矢，然後征”，《王制》文。彼《疏》云：“此弓矢則《尚書》‘彤弓一，彤矢百；盧弓十，盧矢千’。于《周禮》則當‘唐弓、大弓，合七而成規’者，故《司弓矢》云：‘唐弓、大弓以授使者、勞者。’《注》云：‘若晉文侯、文公受王弓矢之賜。’”賈君止援《王制》文以説賜弓矢。鄭君注《周禮》乃援此《傳》，以證爲唐弓、大弓，則賈君所未言也。服謂“玈弓以射甲革椹質”，《司弓矢》文。彼云：“王弓、弧弓以授射甲革椹質者。”《注》云：“甲革，革甲也。《春秋傳》曰：‘蹲甲而射之。’質，正也。樹椹以爲射正。射甲與椹，試弓習武也。故書椹爲鞎。鄭司農云：‘椹字或作鞎，非是也。《圉師職》曰：“射則充椹質。”’”服意蓋以玈弓當弧弓矣。《彤弓》：“彤弓弨兮。”《傳》：“彤弓，朱弓也，以講德習射。”《疏》：“言‘講德習射’，則彤弓《周禮》當唐弓、大弓，但唐、大者是其體彊弱之名，此彤、玈者爲弓色之異稱，玈弓與彤弓俱賜勞者，蓋亦當唐、大乎？服虔云：‘玈弓以射甲革椹質。’則以玈弓當《周禮》之弧。按：《傳》賜玈弓多，彤弓少，則體不得過之，而以彤爲學射，當唐、大，合七成規，玈弓爲王、弧，合九成規。準之《周禮》，非其差也。”

壽曾曰：“毛《傳》以彤弓爲講德習射，故《司弓矢》鄭《注》援此

《傳》以證爲唐弓、大弓；賈、服或用毛《傳》以説此《傳》彤弓。其義賴鄭君補之。□①《疏》□②毛《傳》非也。陳奐《詩疏》云：“《春秋傳》曰：‘盜竊寶玉、大弓。’定八年《穀梁傳》云：‘大弓者，武王之戎弓也，周公受賜，藏之魯。’是大弓爲我魯受諸先王所藏之弓，則彤弓之即大弓，此確證。《公羊傳》云：‘弓，繡質。’繡質即丹飾歟？服虔注《左傳》，以旟弓當《周禮》之弧弓，必有師據。”按：陳説是也。弧弓之從黑飾，今無以考，然必執《周禮》六弓之差，以定春秋時賜弓之差，宜其惑矣。《司弓矢》：“其矢箙皆從其弓。”《注》：“每弓一箙百矢。”與《傳》及服《注》“弓十矢千”合。《疏》引此《傳》釋之云：“雖是以賜之弓矢，射之弓矢略同之。”

秬鬯一卣，

〔注〕賈逵云：“秬，黑黍。鬯，香酒也。卣，器名。諸侯賜圭瓚，然後爲鬯。”《晉世家集解》。

〔疏證〕杜《注》：“秬，黑黍。鬯，香酒，所以降神。卣，器名。”襲用賈《注》。“秬，黑黍”，《釋草》文。本《疏》引李巡云：“黑黍一名秬黍。”《江漢》：“秬鬯一卣。”《傳》：“秬，黑黍也。鬯，香草也。築煮合而鬱之曰鬯。”《箋》：“秬鬯，黑黍酒也。謂之鬯者，芬香條暢也。”鄭與毛異，鄭《詩疏》引孫毓《異同》，許則從《箋》説。又注《春官·序官》云：“鬯，釀秬爲酒。”注《易》“不喪匕鬯”及《王制》并云：“鬯，秬酒也。”皆以鬯爲秬酒。此《傳》賈説蓋與毛同。

陳奐《詩疏》云：“鄭司農《鬯人注》：‘鬯，香草。’《肆師》：‘及果，築鬻。’《注》：‘築煮，築香草，煮以爲鬯。’《説文》：‘𦥅③，黑黍也，一稃二米以釀。或從禾作秬。鬯，以𦥅釀鬱草，芬芳攸服，以降神也。’先鄭及許并治毛《詩》，同毛義。《白虎通義·攷黜篇》：‘秬者，黑黍，一稃二米。鬯者，以百草之香鬱金合而釀之，成爲鬯。’班亦與毛不異。鄭康成泥周人鬯、鬱分官，以爲和香草者爲鬱鬯，不和香草者爲秬鬯，恐非是。”按：陳説是也。許君釋“𦥅鬯”以“𦥅釀”，當用賈氏師説。鄭之誤止在以鬯當秬酒，其實此酒以鬯合秬釀成之。毛《傳》《説文》義至明畫，

---

① 科學本注：無原稿，抄本闕文。
② 科學本注：同前。
③ 科學本注：陳奐先一“𦥅”字用《説文》“秬”字第一訓，後“𦥅”字用《説文》“鬯”字訓。

賈《注》“鬯，香酒”，當云“鬯，香草”，鬯不可以成酒也。

《江漢疏》引《禮緯》“有秬鬯之草”。《中候》亦云：“有鬯草生郊，即謂鬱金之草。”彼《疏》謂“古今書傳香草無稱鬯者”，非也。“卣，器也”，《釋器》文。本《疏》引李巡曰：“卣，鬯之罇也。”孫炎曰：“罇，彝爲上，罍爲下，卣居中也。”《鬯人注》：“卣，中尊，謂獻象之屬。”《江漢疏》：“《鬱人》：‘掌和鬱鬯，以實彝而陳之。’則鬯當在彝。而《詩》及《尚書》《左傳》皆云‘秬鬯一卣’者，當祭之時乃在彝，未祭則在卣。賜時未祭，故卣盛之。”“賜圭瓚，然後用鬯”，《王制》文。《鬱人疏》引《王度記》云：“天子以鬯，諸侯以薰，大夫以蘭芝，士以蕭，庶人以艾。”則晉未得圭瓚之賜時，止能用薰。

虎賁三百人，

〔注〕賈逵云：“天子卒曰虎賁。”《晉世家集解》。

〔疏證〕杜無注。《虎賁氏》：“虎士八百，掌先後王而趨以卒伍，軍旅、會同亦如之。舍則守王閑。”《注》：“不言徒，曰虎士，則虎士，徒之選有勇力者。王出，將虎賁士居前後，雖群行亦有局分。”鄭君不説“賁”義。《牧誓》孔氏《傳》：“虎賁，勇士稱也。若虎賁獸，言其猛也。”《續漢書·百官志注》：“‘虎賁’，舊作‘虎奔’，言如虎之奔也。”《國語》：“天子有虎賁，習武訓。”賈用《外傳》説。右周賜晉文公之禮，蓋與策命同時。《曲禮》：“三賜不及車馬。”《疏》：“《左傳》晉文公受大路、戎路、弓矢、秬鬯、虎賁，此皆九命之外，始有衣服、弓矢、秬鬯等之賜。”《旱麓傳》：“九命然後錫以秬鬯、圭瓚。”則此禮在九命之外。《禮疏》用毛説。《江漢傳》：“九命錫圭瓚、秬鬯。”意與《旱麓傳》同。毛言“九命”，指《傳》策命晉侯爲侯伯之類。《大宗伯》“九命作伯”是也。與《韓詩》説“九命”爲“九錫”者異。

曰：“王謂叔父：‘敬服王命，以綏四國，糾逖王慝。’”

〔疏證〕《曲禮》：“同姓謂之‘伯父’。九州之長入天子之國曰‘牧’。天子同姓，謂之‘叔父’。”《注》：“牧尊於大國之君，而謂之叔父，辟二伯也。”《疏》：“伯者，長大之名，父乃同姓重親之稱也。案：晉文公爲二伯，《左傳》僖二十八年云：‘王曰叔父。’不云伯者，以州牧之禮命之，故稱叔也。然晉既稱叔父，何以昭九年云：‘伯父惠公歸自秦，而誘以來。’又云：‘我在伯父，猶衣服之有冠冕。’晉稱伯父者，以晉既稱伯父，又以晉爲州牧，又爲二伯。若以州牧之禮稱之，則曰叔父；若以二伯之禮稱

之，則曰伯父。故晉或稱伯，或稱叔也。"按：《禮疏》與傳文同實異稱之
義。《內史注》引此《傳》，《疏》亦云："《曲禮》：'大國曰伯父，州牧曰
叔父。'晉既大國而云叔父者，王以州牧之禮命之之故也。"

《釋詁》："遏，遠也。"杜《注》同。又云："有惡於王者，糾而遠
之。"惠棟云："《衛彈碑》云'糾剔王慝'。按：《魯頌》'狄彼東南'，鄭
《箋》云：'狄當為剔。剔，治也。'遏與狄同，古文作遏，又與剔通。故
或訓為遠，或訓為治。此《傳》當從古文作遏，訓為治。"按：惠説是
也。此四句即策書之辭，知者，《內史》："凡命諸侯及孤卿大夫，則策命
之。""鄭司農説以《春秋傳》曰：'王命內史興父策命晉侯為侯伯。'策，
謂以簡策書王命。其文曰：'王謂叔父："敬服王命，以綏四國，糾遏王
慝"。晉侯三辭，從命，受策以出。'"先鄭説此《傳》義亦當如此。

晉侯三辭，從命，曰："重耳敢再拜稽首，奉揚天子之丕顯休命。"

〔注〕賈逵云："稽首，首至地。"《晉世家集解》。

〔疏證〕《晉世家》："晉侯三辭，然後稽首受之。"杜《注》"稽首"
用賈説。《大祝》："辨九攇，一曰稽首。"《注》："拜頭至地也。"《疏》："一
曰稽首，其稽，稽留之字，頭至地多時，則為稽首也。稽首，拜中最重，
臣拜君之拜。"□□[1]孔氏《傳》："丕，大也。休，美也。"

受策以出。

〔疏證〕杜無注。沈欽韓云："蔡邕《獨斷》：'策長二尺，下附篆書，
起年月日，稱皇帝曰，以命諸侯王三公。'按：古制大略亦如此也。《覲
禮》：'諸公奉篋服，加命書於其上。升自西階，東面，太史是右。侯氏升，西
面立。太史述命。侯氏降兩階之間，北面再拜稽首。升，成拜。太史加書
于服上，侯氏受。'是尋常覲賜皆有命書。今命晉為方伯，則有加策可知。
凡辭即內史讀之。"

出入三覲。

〔注〕舊注云："出入猶去來也，從來至去，凡三見王。上公廟中將
幣，三享，王禮再祼而酢。饗禮九獻，食禮九舉，三勞三問，出入三覲，
為行此禮。"《訝士疏》。

〔疏證〕上言"受策以出"，則覲禮已畢，此總言之。邵寶曰："始至

---

① 科學本注：抄本從原稿闕文。

而見，一觀也；已去而辭，二觀也；享禮、受策，三觀也。"顧氏炎武從之。沈欽韓云："邵説非也。當獻楚俘之時，覲禮裨冕，墨車以朝，一也。受策之後，拜命于王，二也。聘禮食饗之後，拜禮于朝，三也。其三享即在始覲。又天子親饗，意在待賓，不主於觀，皆不與焉。受策又于館，不于廟[1]也。"文淇案：享禮、受策，非一時事，沈駁邵説是也。《覲禮》："天子辭於侯氏，侯氏再拜稽首，升，成拜。降，出。"其辭禮與享同日，不得分去辭爲覲禮之一。邵説二觀亦非。《訝士》："邦有賓客，則與行人送逆之。入於國，則爲之前驅而辟。野亦如之。居館，則率其屬而爲之蹕，誅戮暴客者。客出入則道之，有治則贊之。"《注》："送迎，謂始來及去也。出入，謂朝覲于正時也。《春秋傳》曰：'晉侯受策以出，出入三觀。'入國、入野，自以時事。"《疏》："知出入是朝覲于王者，以其言出入，與晉侯稱出入同，故引晉侯事。案：僖二十八年，襄王策命晉侯爲侯伯，晉侯'受策以出，出入三觀'。注云云云，是出入爲朝覲。"彼《疏》所引，當是舊注。杜亦用其説，而删去"上公廟中將幣"以下。杜于典禮多不之講，舊注之引禮文多爲其删節，此其證也。

壽曾曰：據舊注"出入三觀，爲行此禮"，則三觀皆因饗禮而行，饗禮不在三觀之中。沈未援舊注，而義與闇合。"上公廟中將幣"至"三勞三問"，皆《大行人》文。彼職《注》云："廟，受命祖之廟也。饗，設盛禮以飲賓也。問，問不恙也。勞，謂苦倦之也。皆有禮，以幣致之，故書'祼'作'果'。鄭司農云：'三享，三獻也。祼讀爲灌。再灌，再飲公也。而酢，報飲王也。舉，舉樂也。'玄謂三享皆束帛、加璧，庭實惟國所有。王禮，王以鬱鬯禮賓也。九舉，舉牲體九飯也。"此《注》先後、鄭説"九舉"并彼《疏》云："此《經》'食禮九舉'，與'饗禮九獻'相連，故以'食禮九舉'如舉牲體。其實舉中可以兼樂。"又云："九獻者，王酌獻賓，賓酢主人，主人酬賓，酬後更八獻，是爲九獻。"考彼職"三問三勞"上有"出入五積"句，舊注未引，五積不饗禮，故略之。

衛侯聞楚師敗，懼，出奔楚，遂適陳，

〔疏證〕杜《注》："自襄牛出。"《衛世家》："晉救宋，徵師於衛，衛大夫欲許，成公不肯。大夫元咺攻成公，成公遂出奔陳。"

---

[1] 科學本注：沈書"廟"作"朝"。

使元咺奉叔武以受盟。

〔疏證〕杜《注》："奉，使攝君事。"

癸亥，王子虎盟諸侯于王庭，

〔注〕服虔云："王庭，踐土也。"《晉世家集解》。

〔疏證〕《晉世家》："于是晉文公稱霸。癸亥，王子虎盟諸侯于王庭。"杜《注》："踐土宮之庭。"襲服説。李貽德云："云是踐土者，以經文盟于踐土，故斥言其地，以別於京師。"

要言曰："皆獎王室，無相害也。有渝此盟，明神殛之，

〔疏證〕《釋文》："'殛'，本亦作'極'。"《校勘記》云："《小雅·菀柳》《魯頌·閟宮》《正義》引并作'極'，是'極'與'殛'通也。"《晉語注》："獎，成也。"杜《注》訓"獎"爲"助"，《疏》謂："勸獎者，佐助之義。"非古訓。《釋言》："殛，誅也。"杜不注"明神"。按：《司盟》："北面詔明神，既盟，則貳之。"《注》："明神，神之明察者，謂日、月、山、川也。《覲禮》加方明于壇上，所以依之也。詔之者，讀其載書以告之也。"《疏》："《覲禮注》引《宗伯職》曰：'以實柴祀日、月、星辰。'則燔柴祭天，謂祭日也。柴爲祭日，則祭地瘞者，祭月也。日月而云天地，靈之也。《王制》曰：'王巡狩至于岱宗，柴。'是王巡狩之盟，其神主日也。《春秋傳》曰'晉文公爲踐土之盟'，而《傳》云'山川之神'，是諸侯之盟，其神主山川也。月者，本陰之精，上爲天使，臣道莫貴焉，是王官之伯會諸侯而盟，其神主月歟？以此論之，故知明神是日、月、山、川也。"按：《禮疏》説，明神當用《左氏》舊説，晉以王官之伯莅明神，謂月①與山、川也。

"俾隊其師，無克祚國，及而玄孫，無有老幼。"

〔疏證〕《釋文》："'俾'，本亦作'卑'。"而各本誤，其從《石經》、宋本改。《閟宮》毛《傳》："俾，使也。"高誘《淮南王書注》："隊，隕也。"《釋言》："克，能也。"《穀梁·桓二年疏》："玄者，親之極。至來孫、昆孫之等，亦得通稱之，亦如《左傳》辅舅禱文王稱曾孫之類是也。"

---

① 科學本注："月"上疑脱"日"字。

君子謂是盟也信，謂晉於是役也，能以德攻。

〔疏證〕杜《注》："合信義①，以文德教民而後用之。"《晉語》："君子曰：'能以德勸。'"《注》："善先軫、子犯也。"

初，楚子玉自爲瓊弁、玉纓，未之服也。

〔注〕服虔云："謂馬飾。"《王制疏》。

〔疏證〕《釋文》："'弁'，本又作'玪'。"《説文》："璚，美玉也。《春秋傳》曰：'璚弁玉纓。'""瓊弁"，異文作"璚弁"，則賈君本也。洪亮吉云："毛《傳》：'瓊，玉之美者。'故轉作瓊。"杜《注》："弁，以鹿子皮爲之。瓊，玉之別名，次之以飾弁及纓。《詩》云：'會弁如星。'"杜不用服説，杜以瓊弁當皮弁。皮弁之飾玉，亦是禮冠之常，何至夢神來索？杜又不能言纓之制。《疏》云："其纓之飾，則無以言之，蓋以玉飾纓之末耳。"皮弁有纓，於禮制未聞，《疏》意已疑之矣。沈欽韓云："《獨斷》云：'金鑁者，馬冠也。高廣各四寸，如玉華形，在馬髦前。繁纓在馬膺前，如索裙。'按：《文選·西京賦》叙車馬事云：'天子乃駕彫軫，六駿駁，戴翠冒，倚金較，璚弁玉纓，遺光鰷燭。'薛綜《注》：'弁，馬冠也，又髦以璚玉作之。纓，馬鞅也，以玉飾之。'則璚弁即金鑁，在髦前，故云又髦。《續志注》：'徐廣曰：金爲馬叉髦。'《宋書·禮志》：'金爲叉髦，插以翟尾。'蓋或以金，或以玉，其飾不一也。漢人解此《傳》，不以爲皮弁，創自杜預耳。"按：沈説是也。張衡賦即用服説。惠氏、洪氏皆引張賦釋服《注》。沈謂"弁在髦前"，尤諦。《晉書·江統傳》："統上書曰：'及到末世，以奢失之。諸侯至于丹楹刻桷，饎徼百牢。大夫有瓊弁玉纓，庶人有擊鐘鼎食。亦罔不亡國喪宗，破家失身。'"子玉以玉爲馬飾，故江統斥其侈，亦用服説。

先戰，夢河神謂己曰："畀予！予賜女孟諸之麋。"

〔疏證〕江永云："孟諸澤，《禹貢》作'孟豬'，《周禮》作'望諸'，《史記》作'明都'。"洪亮吉云："聲轉字異，正是一地也。"《地理志》："梁國睢陽盟諸澤在東北，青州藪。"② 盟、孟亦雙聲字。《元和志》："孟諸澤在宋州虞城縣西北十里，周迴五十里，俗號盟豬澤。"《寰宇記》："虞城

---

① 林按：杜氏原書作"合義信"。
② 科學本注：見《春秋左傳詁》八。

孟諸澤，俗呼爲湄臺。”《方輿紀要》：“今歸德府虞城縣西北有孟諸臺，亦故澤地也。”諸書皆以孟諸在虞城。江永謂：“在今商丘、虞城間，屢被水，黃河衝決，今無存。”則以虞城西北界商丘也。《釋水》：“水草交曰湄。”《彼何人斯》作“麋”。毛《傳》：“水草交，謂之麋。”湄、麋古字通，故《寰宇記》稱“俗呼湄臺”也。

弗致也。大心與子西使榮黃諫，

〔疏證〕杜《注》：“大心，子玉之子。子西，子玉之族。子玉剛愎，故因榮黃。榮黃，榮季也。”

弗聽。榮季曰：“死而利國，猶或爲之，況瓊玉乎？是糞土也。而可以濟師，將何愛焉？”

〔疏證〕杜《注》：“因神之欲，以附百姓之願，濟師之理。”《疏》引劉炫云：“戰在河旁，河神許助。若子玉從神所求，則國人以爲神得所欲，必將助己。三軍之命，在茲一舉，猶尚愛惜此物，是無恤民之心。在軍之士，誰肯競勸，故云：‘因神之欲，以附百姓之願，是濟師之理也。’”右引炫説，是《正義》語，杜《注》疑本舊説。

弗聽。出告二子曰：“非神敗令尹，令尹其不勤民，實自敗也。”

〔疏證〕杜《注》：“無所愛惜爲勤。”按：不勤民，謂不以民事爲重也。杜説非。

既敗，王使謂之曰：“大夫若入，其若申、息之老何？”

〔疏證〕杜《注》：“申、息二邑子弟皆從子玉而死。”《晉世家》：“子玉之敗而歸，楚成王怒其不用其言，貪與晉戰，讓責子玉。”

子西、孫伯曰：“得臣將死。二臣止之曰：‘君其將以爲戮。’”

〔疏證〕杜《注》：“孫伯即大心，子玉子也。”按：“二臣”當指楚王使者。

及連穀而死。

〔疏證〕《文十年傳》：“城濮之役，王使止子玉曰：‘無死。’不及。”子西亦自殺，縊而縣絶，故得不死。杜《注》據彼《傳》，謂：“至連穀，王無赦命，故自殺也。王時別遣追前使。”《晉世家》謂子玉自殺，與《文

十年傳》合。《楚世家》則謂"王誅子玉"，駿[①]文也。杜云："連穀，楚
地。"高士奇云："'楚子入居於申。'杜《注》：'申在方城内，故曰入。'
子玉敗，'王使謂之曰："大夫若入，其若申、息之老何？"'蓋不欲其入
方城也。然則連穀乃方城外地。"按：連穀，今地闕。

晉侯聞之而後喜可知也。

〔疏證〕杜《注》："喜見於顏色。"顧炎武云："古人多以見爲知。《吕
氏春秋》：'文侯不説，知於顏色。'《注》：'知，猶見也。'"梁履繩云：
"《報更篇》：'齊王知顏色。'《注》：'知，猶發也。'義亦不殊。《淮南·修
務訓》：'奉一爵酒，不知於色。'是也。"《晉世家》："晉焚楚軍，火數日
不息，文公歎，左右曰：'勝楚而君猶憂，何？'文公曰：'吾聞能戰勝安
者唯聖人，是以懼。且子玉猶在，庸可喜乎？'子玉自殺，晉文公曰：'我
擊其外，楚誅其内。'於是乃喜。"

曰："莫予毒也已！蒍吕臣實爲令尹，奉己而已，不在民矣。"

〔疏證〕奉己，謂保己禄位，志不勤民。杜《注》："言其自守無大
志。"非。

或訴元咺於衛侯曰："立叔武矣。"其子角從公，公使殺之。咺不廢命，奉夷叔以入守。

〔疏證〕杜《注》："角，元咺子。"按：夷叔即叔武也。《謚法》："克
殺秉政曰'夷'，安民好静曰'夷'。"

六月，晉人復衛侯。

甯武子與衛人盟于宛濮，

〔疏證〕杜《注》："武子，甯俞也。"《地理志》："陳留郡封丘，濮渠
水首受沛，東北至都關，入羊里水。"《水經·濟水注》："酸瀆水又東南會
于濮，濮渠之側有漆城，或亦謂之濮莬亭。《春秋》甯武子與衛人盟于莬
濮。京相璠曰：'衛地也。'"莬、宛異文。《一統志》："宛濮亭在今大名
府長垣縣西南。"

曰：“天禍衛國，君臣不協，以及此憂也。

〔疏證〕杜《注》：“衛侯欲與楚，國人不欲，故不和也。”俞樾云：“《管子·大匡篇》：‘桓公使鮑叔識君臣之有善者。’《問篇》：‘君臣有位而未有田者幾何人？’王氏念孫謂‘君臣’即‘群臣’，此《傳》‘君臣不協’，君臣，亦即群臣也。”

“今天誘其衷，使皆降心以相從也。

〔注〕舊説皆以“衷”爲“善”。《皋陶謨疏》。

〔疏證〕《皋陶謨》：“同寅協恭，和衷哉！”僞孔《傳》：“衷，善也。”《疏》：“衷之爲善，常訓也。故《左傳》云‘天誘其衷’，説者皆以衷爲善。”《書疏》稱舊説，當是《左氏》舊注。《晉語注》：“衷，中也。”杜用韋説。

“不有居者，誰守社稷？不有行者，誰扞牧圉？

〔疏證〕《淮南子注》：“牧圉，養馬者。”杜《注》：“牛曰牧，馬曰圉。”《釋文》：“養牛曰牧，養馬曰圉。”

“不協之故，用昭乞盟于爾大神，以誘天衷。自今日以往，既盟之後，行者無保其力，居者無懼其罪。有渝此盟，以相及也。

〔疏證〕王引之云：“‘及’字之義不明，故杜增成其義曰：‘以惡相及。’然傳文但曰‘相及’，不言‘以惡’也。今按：‘及’，當爲‘反’字之誤也，相反謂相違。韋注《周語》曰：‘反，違也。’上文曰‘使皆降心以相從也’，‘從’與‘違’義正相對。上文曰：‘不協之故，用昭乞盟于爾大神。’相從則協，相反則不協矣。《僖五年傳》曰：‘陳轅宣仲怨鄭申侯之反己於召陵。’《宣十五年傳》：‘楚子使謂解揚曰：“爾既許不穀，而反之，何故？”’《哀二十七年傳》曰：‘知伯貪而愎，故韓、魏反而喪之。’《趙策》曰：‘趙使姚賈約韓、魏，韓、魏反之。’《淮南·詮言篇》：‘約束盟誓，則約定而反無日。’高《注》曰：‘反，背叛也。’義并與此同。”按：王説是也。

“明神先君，是糾是殛。”

〔疏證〕先君，謂康叔以下也。

國人聞此盟也，而後不貳。

衛侯先期入，

〔疏證〕杜《注》："不信叔武。"

甯子先，長牂守門，以爲使也，與之乘而入。

〔疏證〕杜《注》："長牂，衛大夫。甯子患公之欲速，故先入，欲安喻國人。"

公子歂犬、華仲前驅，

〔疏證〕杜《注》："二子，衛大夫。"按：前驅，謂出衛侯之前，杜謂"衛侯遂驅"，非。

叔武將沐，聞君至，喜，捉髮走出，前驅射而殺之。

〔疏證〕君，各本作"公"，從《唐石經》、宋本改。《説文》："捉，搤也。一曰'握'也。"《廣雅》："捉，持也。"

公知其無罪也，枕之股而哭之。

歂犬走出，公使殺之。

〔疏證〕杜《注》："手射叔武故。"

元咺出奔晉。

城濮之戰，晉中軍風于澤，

〔疏證〕《費誓》："馬、牛其風。"鄭《注》："風，走逸。"王鳴盛云："牝牡相誘爲風，因風而走逸者多也。"杜《注》："牛、馬因風而走，皆失之。"與鄭説同。《疏》引劉炫《規過》，以爲："放牛、馬於澤，遺失大斾左旃，不失牛、馬。"又致劉説云："若不失牛、馬，唯亡左旃，罪未至重，何須殺之以徇？"案："祁瞞奸命"，舊注但云："當此之事而不治。"則瞞止掌旌旗，非主牛、馬。與炫説合。炫蓋據舊説以規杜耳。邵瑛《持平》既從炫説，又據《釋名》訓"風"爲"放"，謂"牛、馬放散於澤，非因風而逸"，非也。炫不釋"風"，文略。

亡大斾之左旃。

〔疏證〕《釋天》："緇廣充幅，長尋曰旐，繼旐曰斾，因章曰旃。"本

《疏》引孫炎曰：“因其繒色以爲旗章，不畫之。”“旐”又通作“旝”。《司常》：“通帛爲旝。”《注》：“通帛謂大赤，從周正色，無飾。”與孫説合。本《疏》據《爾雅》，以旆爲旗之尾，又云：“今別名大旆，則此旆有異於常，故以大旆爲旗名。”杜《注》不釋“左”字。《疏》：“謂之左旐，蓋左軍所建者”。沈欽韓云：“《疏》非也。《車攻傳》云：‘褐纏旐以爲門。’《大司馬職》：‘以旌爲左右和之門，以叙和出。’《注》云：‘軍門曰和，立兩旌以爲之。叙和出，用次第出和門也。’大旆乃中軍所建，以大旆爲表，則司馬建旗於後表之中也，別以旐旁叙左右。今亡其左旐，還對中所樹表言之，故曰‘亡大旆之左旐’。”按：沈説是也。

祁瞞奸命，

〔注〕舊注：“當此之事而不治，爲奸事令也。”《御覽》三百四十七。

〔疏證〕杜《注》：“掌此二事而不修，爲奸軍令。”舊注“當此之事”，與杜《注》“掌二事”義異，舊注不云“二事”，與《規過》義合。

司馬殺之，以徇于諸侯，使茅茷代之。

〔疏證〕茅茷，杜無注。

師還。壬午，濟河。舟之僑先歸，士會攝右。

〔疏證〕杜《注》：“士會，隨武子，士蔿之孫。”《周語注》：“隨會，晉正卿，士蔿之孫，成伯之子士季武子也。食采於隨、范，故或曰‘隨會’，或曰‘范會’。”

秋，七月，丙申，振旅愷以入于晉。

〔疏證〕洪亮吉云：“《釋文》曰：‘旅凱。’劉逵《吳都賦注》引此，正作‘旅凱’。今《石經》及諸刊本并作‘愷’，蓋一本作‘愷’也。”沈欽韓云：“《釋天》：‘入爲振旅，反尊卑也。’《注》：‘尊老在前，復常儀也。’《大師樂》：‘王師大獻，則令奏愷樂。’”文淇案：《大師樂注》：“愷樂，獻功之樂。”《大司馬》：“愷樂獻于社。”《注》：“兵樂曰愷。”《司馬法》曰：“得意則愷樂，歌可喜也。”鄭司農于《大司樂》《大司馬》皆引此《傳》“振旅愷以入于晉”，知先鄭注此《傳》當用彼職文。《眠瞭》：“賓射，奏其鐘鼓，鼗、愷獻亦如之。”《注》：“愷獻，獻功愷樂也。”

獻俘、授馘，

〔疏證〕杜《注》：“授，數也，獻楚俘于廟。”俞樾云：“授當讀爲受，‘獻俘、受馘’，文異而實同。自下言之謂之獻，自上言之謂之受矣。”

飲至、大賞，

〔疏證〕賞，賞功也。《司勳》：“戰功曰多。凡有功者，銘書於王之太常。”

徵會、討貳。

〔疏證〕杜《注》：“徵召諸侯，將冬會于溫。”

殺舟之僑以徇于國，民於是大服。君子謂：“文公其能刑矣，三罪而民服。

〔疏證〕杜《注》：“三罪，顛頡、祁瞞、舟之僑。”

“《詩》云：‘惠此中國，以綏四方。’不失賞刑之謂也。”

〔疏證〕引《詩·大雅·民勞》文，《傳》：“中國，京師也。四方，諸夏也。”

冬，會于溫，討不服也。

〔疏證〕杜《注》：“討衛、許。”《晉語》：“溫之會，晉人執衛成公以歸之于周。”《注》：“溫，晉河陽也。”

衛侯與元咺訟，

〔疏證〕杜《注》：“爭殺叔武事。”《曲禮》：“分爭辨訟。”《疏》：“爭罪曰‘獄’，爭財曰‘訟’，對文異耳，散則通名。故《左傳》云：‘衛侯與元咺訟。’是爭罪亦曰‘訟’也。”

甯武子爲輔，鍼莊子爲坐，士榮爲大士。

〔疏證〕《小司寇》：“凡命夫命婦，不躬坐獄。”《注》：“不身坐者，必使其屬若子弟也。《春秋傳》曰：‘衛侯與元咺訟，甯武子爲輔，鍼莊子爲坐，士榮爲大理。’”鄭引《傳》“大理”，與今本異文。彼《疏》云：“元咺、甯子、鍼莊子皆大夫，得坐訟者，大夫身不得與士坐訟，若兩大夫，或代君，皆得坐，無嫌。以是衛侯不得坐，使莊子與元咺對坐也。”如《疏》説，則士榮士，而非大夫。杜《注》未及此，或是舊説。輔、坐二者在屬辭當有異，杜亦無説。輔□[1]如今干證矣。本《疏》云：“甯子為輔，輔莊子也。”洪亮吉云：“《廣韻》‘箴’字《注》引《風俗通》曰：‘有衛大夫箴莊子。’今考宣四年箴尹克黃，定四年鍼尹固。是‘箴’‘鍼’古字通。李善《文選注》：‘箴，古“針”字。’”杜《注》：“大士，治獄官也。”案：《大司徒》：“其附于刑者歸於士。”《注》：“鄭司農云：‘士謂主斷刑之官。《春秋傳》曰：“士榮為大士。”’”則先鄭注此《傳》當釋為刑官，杜用其説也。士榮在衛主刑獄，故與訟。沈欽韓云：“《晏子·內篇》：‘為夫婦獄訟之不正乎？則泰士子牛存矣。’此‘大士’當音‘泰’。”

衛侯不勝。

殺士榮，刖鍼莊子，謂甯俞忠而免之。

〔疏證〕杜無注。顧炎武云：“晉人殺之、刖之也。邵氏云：‘猶商子刑太子傅意。’”俞樾云：“‘刖’當作‘剕’，字之誤也。《尚書·康誥》《呂刑》并有劓剕之文。《康誥篇正義》引鄭康成説，以剕為臣從君坐之刑。所謂臣從君坐者，即據此《傳》為説，因鍼莊子為坐，而得剕刑，故云然。是鄭所見《左傳》作‘剕’也。”

執衛侯，歸之于京師，寘諸深室。

〔疏證〕惠棟云：“荀卿子云：‘公侯失禮則幽。’故寘諸深室。”文淇案：惠説是也。惠引《荀子》，見《王霸篇》。張湛《注》：“幽，囚也。”即引此《傳》“寘諸深室”以為證，則深室，獄名也。杜《注》：“深室，別為囚室。”

甯子職納橐饘焉。

〔注〕舊注：“饘，粥餅也。”《御覽》八百五十九。

〔疏證〕杜《注》：“橐，衣囊。饘，糜也。”洪亮吉云：“《爾雅》：‘橐，囊也。’《説文》《方言》：‘饘，糜也。’杜本此。案：橐衹可置食物，杜增一字，曰‘衣囊’，恐非。”《御覽》引舊注，則饘為乾餱之屬。顧炎武云：“蓋以饘置橐中。《宣二年傳》：‘為簞食與肉，寘諸橐以與之。’是也。”

元咺歸于衛，立公子瑕。

---

① 科學本注：無原稿，抄本闕文。

〔疏證〕杜《注》：“瑕，謂公子適也。”《年表》：“衛成公三年，立公
子瑕。”

是會也，晉侯召王，以諸侯見，且使王狩。

〔疏證〕杜《注》：“晉侯大合諸侯，而欲尊事天子。自嫌彊大，不敢
朝周，喻王出狩。”沈欽韓云：“案：晉侯召王之意，以爲朝于京師，不過
述職之常，不足以聳動諸侯，故欲假王靈以儆方岳。豈謂彊大自嫌，如王
敦、桓温引兵入朝，都下震駭之比乎？果令晉侯有避嫌之心，王有畏逼之
勢，則仲尼不僅謂‘臣召君不可以訓’也。杜預解《經》，苟非市儈鬼黠
之談，則亂世塵雜之心，貽誤後學多矣。古者延飲賓皆曰召。《漢書·司
馬相如傳》：‘卓王孫曰：“臨邛令有貴客，爲具召之。”并召令。’《賈誼
傳》：‘今富人大賈，嘉會召客。’《吕覽·分職篇》：‘今召客者酒酣。’
《注》：‘召，請也。’《鄉飲酒禮》：‘主人速賓。’《注》：‘速，召也。’淺
學之徒但知君命召之召耳。”按：沈駁杜《注》“自嫌强大”及説“召”
義，是也。其謂“述職之常，不足以聳動諸侯”，則非。《晉世家》：“晉
侯會諸侯于温，欲率之朝周。力未能，恐其有畔者，乃使人言周襄王狩
于河陽。壬申，遂率諸侯朝王於踐土。”史公所稱當是古《左氏》説，以
晉猶未能致諸侯朝王，故召王也。《穀梁傳》：“全天王之行也，爲若將狩
而遇諸侯之朝也。”則亦是不能致諸侯之義。《左氏》蓋同《穀梁》説。本
《疏》亦引《穀梁傳》，謂“是使王狩之意”。《公羊》何《注》亦云：“晉
文公上白天子曰：‘諸侯不可率致，願王居踐土。’”則三《傳》古義無甚
殊別。本《疏》乃引何《注》，駁之曰：“温去京師路無百里，晉侯已能
致之於温，何故不能致之於洛？何休妄造其辭事，非晉侯之意，故杜氏正
之。”《疏》駁《公羊》，乃與《穀梁》義違。杜氏自注《左氏》，《疏》不
必援《公羊》以駁，知《左氏》舊説與《公羊》同也。杜不注“狩”義，
邵寶云：“凡天子之出皆曰‘狩’，古之狩猶今之幸也，非田獵之狩也。”
本《疏》云：“舊史當依實而書，言晉侯召王，且使王狩。”則“晉侯召
王”二句，乃未修《春秋》之辭。

仲尼曰：“以臣召君，不可以訓。”故書曰：“天王狩于河陽。”言非其地也，

〔疏證〕《晉本紀》[①]：“孔子讀史記至文公，曰：‘諸侯無召王。“王狩河

---

① 科學本注：按：應作《晉世家》。

陽”者，《春秋》諱之也。’”《周本紀》：“晉文公召襄王，襄王會之河陽、踐土，諸侯畢朝。書諱曰：‘天王狩于河陽。’”皆用此《傳》義。本《疏》引蘇氏云：“明晉侯之德，没其召君。書‘天子之狩’，顯其失地，便是褒諸侯貶天子。所以然者，此亦假其失地之文，欲明王狩所在，非實貶也。若隱其召君，則全没不書，於義爲可。必書天王非地之狩者，若全没其文，無以明晉侯尊崇天子之德。故書‘天子出狩，諸侯往朝’。”蘇氏説出舊疏。□^①舊疏《左氏》□□^②當謂：“書天王非地之狩。”何等簡明！杜《注》衍之云：“使若天王自狩以失地，故書河陽。實以屬晉，非王狩地。”詞複而大義隱矣。《孔子世家》：“吳、楚之君自稱王，而《春秋》貶之曰‘子’；踐土之會實召周天子，而《春秋》諱之曰‘天王狩于河陽’：推此類以繩當世。貶損之義，後有王者舉而開之。《春秋》之義行，則天下亂臣賊子懼焉。”此史公論書法，亦是先儒舊説。

且明德也。

〔疏證〕據蘇氏説，明晉侯之德，則舊説明德屬晉言。杜《注》：“隱其召君之闕，欲以明晉之功德。”用舊説也。又云：“河陽之狩、趙盾之弑、泄冶之罪，皆違凡變例以起大義危疑之理，故特稱仲尼以明之。”《全唐文》七百六十五顧德韋《議東都太廟第二狀》：“丘明修《春秋》，悉以君子定褒貶。至‘陳泄以忠獲罪’‘晉文以臣召君’，於此數條，復稱君子獎評得失，特以宣尼斷之。《傳》曰：‘危疑之理，須聖言以明也。’”顧氏此奏非引杜《注》，意乃符合，必是《左氏》先儒舊説。其不引趙盾者，奏疏之體，有所嫌諱□^③之。詳其文義，“陳泄”句上當有“晉盾以不討賊”六字也。本《疏》云：“丘明爲《傳》，所以寫仲尼之意。凡所改易，皆是仲尼。而於河陽之狩、趙盾之弑、泄冶之罪，此三事特稱仲尼曰者，史策所書，皆書實事。晉侯召王使狩，而作自狩之文，是言不實也。凡例弑君稱君，君無道。靈公不君，而稱臣以弑，似君無過也。大夫無罪見殺，不書其名。泄冶忠諫而被殺，書名，乃罪合死也。此三事皆違凡典、變舊例，以起大義危疑之理，恐人不信，須聖言以爲證，故特稱仲尼以明之。”壽曾曰：顧氏奏云：“須聖言以明。”《疏》云：“須聖言以爲證。”而杜《注》未云聖言，則《疏》沿用舊疏之文，申釋之道隱然可見。

---

① 科學本注：無原稿，抄本闕文。

② 科學本注：同前。

③ 科學本注：同前。

壬申，公朝于王所。

丁丑，諸侯圍許。

〔疏證〕杜《注》：“十月十五日，有日無月。”

晉侯有疾，曹伯之豎侯獳貨筮史，

〔疏證〕杜《注》：“史，《晉史》。”按：《曲禮》①：“卜人師扶左，射人師扶右②。君薨以是舉。”本《傳》稱筮史，蓋侍疾用卜人之意，常在君側者。

使曰以曹爲解：

〔疏證〕爲解，猶爲辭也。杜《注》：“以滅曹爲解故。”非。

“齊桓公爲會而封異姓，今君爲會而滅同姓。

〔疏證〕顧炎武云：“邢、衛於齊爲異姓。”《曹叔世家》：“或説晉文公曰：‘昔齊桓公會諸侯，復異姓；今君囚曹君，滅同姓，何以令於諸侯？’”

“曹叔振鐸，文之昭也；

〔疏證〕《管蔡世家》：“曹叔振鐸者，周武王弟也。武王已克殷紂，封叔振鐸於曹。”《詩譜疏》引《曹叔世家》作“周武王母弟也”。是振鐸與武王同母。

“先君唐叔，武之穆也。

〔疏證〕《晉世家》：“晉唐叔虞者，周武王子而成王弟。武王崩，成王立。唐有亂，周公誅滅唐。於是遂封叔虞於唐。唐在河、汾之東，方百里，故曰唐叔虞。姓姬氏，字子于。”

“且合諸侯而滅兄弟，非禮也。

〔疏證〕《晉世家》：“曹，叔振鐸之後，合諸侯而滅兄弟，非禮。”

“與衛偕命，而不與偕復，非信也。

---

① 科學本注：按：應作《檀弓》。
② 林按：“卜人師扶左，射人師扶右”一句，《禮記·檀弓》作“卜人師扶右，射人師扶左”。

〔疏證〕杜《注》："私許復曹、衛。"

"同罪異罰，非刑也。

〔疏證〕杜《注》："衛已復故。"

"禮以行義，信以守禮，刑以正邪。舍此三者，君將若之何？"

公説，復曹伯，

〔疏證〕《晉世家》："晉侯説，復曹伯。"

遂會諸侯于許。

晉侯作三行以禦狄。

〔注〕服虔云："辟天子六軍，故謂之三行。"《晉世家集解》。

〔疏證〕杜《注》："晉置上、中、下三軍，今復增置三行，以辟天子六軍。三行無佐，疑大夫帥。"文淇案：大司馬之官屬有"行司馬、中士十有六人"，《注》："行，謂軍行列。晉作六軍而有三行，取名于此。"《疏》："《左氏》僖二十八年云：'晉侯作三行以禦狄。'《注》云：'晉置上、中、下三軍，今復增置三行，辟天子六軍之名。'以所加三軍者，謂之三行。"當是服《注》。《史記集解》節引之。惠棟《補注》亦引"行司馬"《注》以説"三行"。又云："案：獻公時已有左、右行，至此復立中行，後改爲三軍大夫。"惟"晉作六軍"，見《成六①年傳》，非此作三行時已有六軍。梁履繩云："鄭氏偶誤。"是也。

荀林父將中行，屠擊將右行，先蔑將左行。

〔疏證〕《晉世家》作"先縠將右行"。

〔經〕 二十有九年，春，介葛盧來。

〔疏證〕杜《注》："介，東夷國。"《地理志》："琅琊郡黔陬，故介國也。"《寰宇記》："東陬城在密州諸城縣東北一百十里，古介國也。"顧棟高云："今山東萊州府高密縣西有黔陬城，膠州南七十里有介亭，蓋高密與膠州連壤也。"江永云："黔陬有東西二城，州無。"沈欽韓云："《一統

---

① 科學本注：按："六"應作"三"。

志》：‘黔陬故城在萊州府膠州西南。’”

公至自圍許。 無《傳》。

夏，六月，會王人、晉人、宋人、齊人、陳人、蔡人、秦人盟于翟泉。

〔疏證〕《公羊》“翟”曰“狄”。《地理志》：“河南雒陽。”《注》：“周公遷殷民，實爲成周。《春秋》昭公二十二年[①]，晉合諸侯于狄泉，以其地大成周之城，居敬王。”《郡國志》：“河南雒陽，周時號成周，有狄泉，在城中。”《注》：“或曰本在城外。定元年，城成周，乃繞之。”漢之雒陽即晉之洛陽。杜《注》：“翟泉，今洛陽城内太倉西南池水也。”與《郡國志》合。然據兩《漢志注》，則春秋盟會時，翟泉自在城外。《郡國志》亦據東周以後言之。《郡國志》合[②]。沈欽韓云：“按：周是時都于王城，漢河南郡之河南縣也，故得盟于翟泉。迨敬王遷成周後，即漢之洛陽，翟泉在城中，非可爲會盟之地也。《水經注》：‘晉永嘉元年，洛陽東北步廣里地陷，有二鵝出，蒼色者飛翔冲天，白色者止焉。陳留孝廉董養曰：“步廣，周之翟泉，盟會之地。今色蒼，胡象矣。”後五年，劉曜、王彌入洛陽。陸機《洛陽記》曰：“步廣里在洛陽城内宫東。”是翟泉所在，不得于太倉西南也。’”按：沈説是也。《郡國志注》又引《帝王世紀》：“狄泉本殷之墓地，在成周東北。”與陸氏《洛陽記》合。《晉書·隱逸傳》言鵝出翟泉事，與《水經注》略同。董養語云：“昔周時所盟會狄泉，即此地也。”顧棟高云：“成周在今河南府洛陽縣城東二十里。”

秋，大雨雹。

〔注〕《左氏傳》曰：“聖人在上，無雹。雖有，不爲災。”説曰：“凡物，不爲災，不書。書大，言爲災也。凡雹，皆冬之愆陽，夏之過[③]陰也。”《五行志》。

〔疏證〕杜無注。《五行志》：“釐公二十九年，‘秋，大雨雹’。”下引劉向説，爲《穀梁集解》所采。此別題《左氏傳》，則劉歆之説也。其引

---

① 科學本注：百衲本及其他本《漢書·地理志》俱作“昭公二十二年”，考之《春秋左氏傳》，應作“昭公三十二年”。
② 林按：“《郡國志》合”四字爲衍文，应删。
③ 林按：“過”，《汉書·五行志注》作“伏”。

《左氏傳》，今傳文不見，蓋先儒説《左氏》古義亦題《傳》矣。"凡物，不爲災，不書"，莊二十九年《傳例》文。師古《注》："愆，過也。過陽，冬温也。過陰，夏寒也。"

冬，介葛盧來。

〔傳〕二十九年，春，介葛盧來朝，舍于昌衍之上。

〔疏證〕《孔子世家》："孔子生魯昌平鄉陬邑。"《索隱》云："昌平，鄉號。"《正義》引《括地志》："昌平山在泗水縣南六十里。"《一統志》："昌平城在兖州府曲阜縣東南八十里。"《周語》："猶其原隰之有衍沃也。"唐固曰："下平曰衍。"

公在會，饋之芻、米，禮也。

〔疏證〕本《疏》："《周禮·掌客》：'子、男饔餼五牢，禾三十車，米二十車。'《聘禮》：'卿饔餼五牢。'禾、米與子、男同。其附庸執帛與公之孤同，則饔餼亦五牢，禾三十車，米二十車，芻薪倍禾。則此'饋之芻、米'，芻六十車，米二十車。"

夏，公會王子虎、晉狐偃、宋公孫固、齊國歸父、陳轅濤塗、秦小子憖盟于翟泉，尋踐土之盟，且謀伐鄭也。

〔疏證〕杜《注》："《經》書'蔡人'，而《傳》無名氏，即微者。"《晉語》城濮戰下稱："文公誅觀狀以伐鄭，反其陴。鄭人以名寶行成，公不許。得叔詹，將烹，而舍之。"本《疏》引《晉語》，謂："《左傳》無伐鄭之事。蓋温會以後，已嘗伐鄭。鄭至今未服，故此會謀伐。明年遂與秦圍之。"

卿不書，罪之也。

〔疏證〕卿謂王子虎也。杜《注》："王子虎下盟列國，以瀆大典。"蓋據下文"卿不會公、侯"爲説。杜又云："諸侯大夫上敵公侯，虧禮傷教，故貶諸大夫，諱公與盟。"《傳》無此義。

在禮，卿不會公、侯，會伯、子、男可也。

〔疏證〕《昭二十三年傳》："叔孫婼曰：'列國之卿當小國之君，固周制也。'"與卿得會伯、子、男義合。在禮，蓋未遠禮。杜《注》："大國

之卿當小國之君，故可以會伯、子、男。諸卿之見貶，亦兼有此闕。故
《傳》重發之。”本《疏》：“劉炫以爲‘直責其敵公侯，不責其盟王使’，
以規杜氏。必如劉義，則是君盟王使乃爲有罪，臣盟王使翻無貶責，便是
君臣易位，尊卑失序。聖人垂訓，豈若是乎？”按：此《傳》以“卿不書”
發例，止就王子虎言，未及諸卿之與盟。炫謂“直責其故①公侯”是也。
杜於《傳》所不言者，每爲增説，故多支離之辭。邵瑛《持平》謂“諸卿
止可當小國之君”，以彌縫杜説，非。

秋，大雨雹，爲災也。

冬，介葛盧來。以未見公，故②復來朝。禮之，加燕好。

〔疏證〕杜《注》：“燕，燕禮也。好，好貨也。一歲再來，故加之。”

介葛盧聞牛鳴，曰：“是生三犧，皆用之矣，其音云。”問之而信。

〔注〕賈、服云：“言八律之音，聽鳥獸之鳴，則知其耆欲，生死可知。
伯益明是術，故堯、舜使掌朕虞，至周，失其道，官又在四夷。”《夷隸疏》。

〔疏證〕《夷隸注》：“鄭司農云：‘夷狄之人或曉鳥獸之言，故《春秋
傳》曰：“介葛盧聞牛鳴，曰：是生三犧，皆用之矣。”是以貉隸職掌與獸
言。’”《疏》引《注》，下云：“若周未失道，官本不在四夷，無解鳥獸之
語者。何周公盛明制禮，使夷隸、貉隸與鳥獸之言？然者，賈、服意誤，
不與禮合，故爲此説。”嚴蔚云：“《疏》但曰‘《注》云’，而知爲賈、服
《注》，以《注》下即云‘賈、服意誤’定之耳。”《秦譜疏》引賈逵，説伯
益曉是術。如《禮疏》説，則鄭衆注此《傳》，當止謂夷狄通鳥獸言，則
先儒注此《傳》已有二説。賈、服謂術出於伯益，先鄭則謂夷狄乃有是術
也。《大戴禮·易本命》：“律主禽鹿。”謂律師鳥獸之鳴聲。此賈、服以《論
語》皇《疏》“伯益能聽鳥語”，皆賈、服所據。《後漢書·蔡邕傳》：“伯
翳綜聲於語鳥，葛盧辨音於鳴牛。”以二事相佩，亦用賈説也。《列子》：
“東方介氏之國，其人多解六畜之語者，蓋偏知之所得。”張湛《注》：“夫
龜、龍，甲鱗之宗；麟、鳳，毛羽之長，爰逮蜎飛蠕動，皆鳴乎相聞，各
有意趣，共相制御，豈異於人？但人不能解，因謂禽獸之聲無有音章。是
以窮理備智，則所通萬途；因事偏達，偶識一條。《春秋左氏傳》曰：‘介

---

① 科學本注：應是“敵”之誤。
② 林按：楊本將“故”字上屬斷句。

葛盧聞牛鳴，曰：“是生四子，盡爲犧矣。”’”張《注》用先鄭説，其引
傳文與今本異。

〔經〕 三十年，春，王正月。

夏，狄侵齊。

秋，衞殺其大夫元咺及公子瑕。

〔疏證〕杜《注》：“瑕立經年，未會諸侯，故不稱君。”本《疏》：“瑕
若成君，當據周歂、冶廑爲文，書曰：‘衞弑其君瑕。’”

衞侯鄭歸于衞。

〔疏證〕成十八年《傳例》：“諸侯納之曰歸。”此從魯請爲文。《年表》：
“衞成公五年，周入成公復衞。”

晉人、秦人圍鄭。

〔疏證〕杜《注》：“各使微者圍鄭，故稱人。”沈欽韓引惠氏云：
“‘《傳》明言晉侯、秦伯。’《春秋闕疑》高閌曰：‘曷爲人之，非伯討
也。’”《年表》：“鄭文公四十三年，秦、晉圍我，以晉故。晉文公七年，
與秦圍鄭。”

介人侵蕭。無《傳》。

冬，天王使宰周公來聘。

公子遂如京師，遂如晉。

〔疏證〕賈、服《傳注》：“先聘晉，後聘周。”則《經》先書“如京
師”，承周使來聘書之。

〔傳〕 三十年，春，晉人侵鄭，以觀其可攻與否。狄間晉之有
鄭虞也，夏，狄侵齊。

晉侯使醫衍酖衞侯。

〔疏證〕杜《注》：“衍，醫名。”《大司馬》：“以九伐之法正邦國。賊
殺其親則正之。”《注》：“正之者，執而治其罪。《王霸記》曰：‘正，殺之
也。’《春秋》僖二十八年：‘晉人執衞侯，歸之于京師，坐殺其弟叔武。’”

本《疏》引彼《注》，謂："如鄭彼言，則衛侯合死。"按：二《傳》不載晉酖衛侯事，則鄭所稱或《左氏》古義。杜《注》謂："晉侯欲殺衛侯，而罪不及死。"不用鄭説。《魯語》："晉人執衛成公，歸之于周，使醫酖之。"

甯俞貨醫，使薄其酖，不死。

〔疏證〕《衛世家》："晉使人鴆衛成公，成公私于周主酖，令薄，得不死。"史公不言"甯俞貨醫"，與《傳》異。

公爲之請，納玉於王與晉侯，皆十瑴，王許之。

〔疏證〕《釋器》："雙玉爲珏。"《説文》："二玉相合爲一珏。珏或作瑴"。《魯語》："行玉二十瑴，乃免衛侯。"《注》："雙玉爲珏。"杜用韋説。周、晉各十瑴，故《外傳》言二十瑴也。杜又云："公本與衛同好，故爲之請。"文淇案：《魯語》："臧文仲言[1]於僖公曰：'今晉人酖衛侯不死，亦不討其使者，諱而惡殺之也。有諸侯之請，必免之。臣聞之，班相恤也，故能有親。夫諸侯之患，諸侯恤之，所以訓民也。君盍請衛君，以示親於諸侯，且以動晉？夫晉新得諸侯，使亦曰："魯不棄其親，其亦不可以惡。"'公説。"是文仲此謀乃欲求説於晉，非第謂與衛同好也。

秋，乃釋衛侯。

【疏注】《衛世家》："周爲請晉文公，卒入之衛。"與《傳》稱魯請又異。《年表》："晉文公七年，聽周，歸衛成公。"

衛侯使賂周歂、冶廑曰：

〔疏證〕洪亮吉云："《説文》：'歂，讀若車[2]輇。'《古今字詁》曰：'廑，古勤字也。'俗本誤作'廛。'"《釋文》："廑，人名也。"

"苟能納我，吾使爾爲卿。"

〔疏證〕杜《注》："恐元咺拒己。"

周、冶殺元咺，及子適、子儀。

---

① 林按：科學本作"書"，據《國語·魯語》回改。
② 林按："車"字據《説文》疑爲衍文。

〔疏證〕王念孫《周秦名字解故》云：“衛公子瑕，字子適。《管子·小問篇》①説玉云：‘瑕、適皆見，精也。’《荀子·法行篇》説玉云：‘瑕、適并見，情也。’楊倞《注》云：‘瑕，玉之病也。適，玉之美澤調適之處也。瑕、適并見，似不匿其情者也。’”杜《注》：“子儀，瑕母弟。”《衛世家》：“誅元咺，衛君瑕出奔。”《索隱》據此年《經》駁之。

公入，祀先君，周、冶既服，將命，

〔疏證〕杜《注》：“服卿服，將入廟受命。”

周歂先入，及門，遇疾而死。冶廑辭卿。

九月，甲午，晉侯、秦伯圍鄭，以其無禮於晉，且貳於楚也。

〔疏證〕《晉世家》：“晉文公、秦穆公共圍鄭，以其無禮於文公，亡過時及城濮時鄭助楚也。”

晉軍函陵，

〔疏證〕杜無注。《寰宇記》：“函陵在新鄭縣北十三里，洧水流遶其北，山形如函，故名。”《一統志》：“函陵在許州府新鄭縣北十三里，許州今屬開封府。”洪亮吉云：“函陵與東氾水甚近。余出使兩過其地，狹長如土衕，且旋轉屈曲，若行書函中，與閺鄉函谷無異，益信古人命名之諦也。”

秦軍氾南。

〔疏證〕《水經注》：“菀陵之役水枝津東派爲氾水。《左傳》‘秦軍氾南’，所謂東氾者也。”杜《注》：“此東氾也，在滎陽中牟縣南。”同《水經注》説。本《疏》云：“劉炫云：‘二十四年，“王出適鄭，處于氾”。《注》云：“鄭南氾也。”’《釋例·土地名》僖二十四年‘氾’下云：‘此南氾也。’周王出居于氾，楚伐鄭師于氾，襄城縣南氾城是也。此年‘氾’下云：‘此東氾也。’秦軍氾南，晉伐鄭師於氾，滎陽中牟縣南氾澤是也。杜考校既精，當不徒爾。尋討傳文，未見杜意。”文淇案：此光伯《述議》語，所謂“考校既精”云云乃規杜過。段氏玉裁疑此《疏》末四句有脱誤，非也。壽曾曰：炫意以杜説他《傳》之氾，皆云南氾，此獨主東氾爲

---

① 科學本注：按應作《水地篇》。

疑也。東氾在許州之北，去函陵最近，南氾在今襄城，則在許州之東。二軍相距，不得過遠，杜謂東氾是也。《一統志》："東氾水在新鄭縣東北，今涸。"

佚之狐言於鄭伯曰："國危矣。

"若使燭之武見秦君，師必退。"

〔疏證〕杜《注》："佚之狐、燭之武皆鄭大夫。"洪亮吉云："《水經注·洧水下》：'七里溝水又南歷燭城西，即鄭大夫燭之武之邑也。'按：此以邑名爲氏，然春秋時氏燭者實不止一人。齊景公時有燭雛，見《説苑》；吳有燭庸，晉有燭過，見《子華子》。"江永云："燭在新鄭縣。"沈欽韓云："燭城當在新鄭縣西南。"

公從之。辭曰："臣之壯也，猶不如人；今老矣，無能爲也已。"

公曰："吾不能早用子，今急而求子，是寡人之過也。然鄭亡，子亦有不利焉。"

〔疏證〕惠棟云："《唐石經》云'雖然鄭亡，云云。案：碑是書丹後改定，必有所據。"嚴可均云："各本脱'雖'。"

許之。夜，縋而出。

〔疏證〕《廣雅》："縋，索也。"《後漢書·張衡傳》："衡作應間曰：'燭武縣縋而秦伯退師。'"

見秦伯，曰："秦、晉圍鄭，鄭既知亡矣。若亡鄭而有益於君，敢以煩執事。

〔疏證〕杜《注》："執事，亦謂秦。"

"越國以鄙遠，君知其難也，

〔疏證〕《讀本》云："謂秦得鄭以爲鄙，須越晉國，是終不能有。"

"焉用亡鄭以陪鄰？鄰之厚，君之薄也。

〔疏證〕陪，諸本皆作"倍"，從《石經》、宋本改。錢大昕云："從阜爲正。"洪亮吉云："《新序》引《傳》亦作'陪'。"《廣雅》："陪，益也。"《秦本紀》："繆公助晉文公圍鄭。鄭使人言穆公曰：'亡鄭厚晉，於晉而得矣，而秦未有利。晉之强，秦之憂也。'"《晉世家》："鄭恐，乃間令使謂秦穆公曰：'亡鄭厚晉，於晉得矣，而秦未爲利。'"

"若舍鄭以爲東道主，行李之往來，共其乏困，君亦無所害。

〔注〕賈云："理，吏也，小行人也。"本《疏》引《周語注》。

〔疏證〕《晉世家》："君何不解鄭，得爲東道交？"史公以"交"代"主"，則"主"訓"主賓"之"主"也。《周語》："周之秩官有之，曰：'敵國賓至，關尹以告，行理以節逆之。'"《疏》引《周語》以證李、理異文。下引賈《注》，又引孔晁《注》，云："行李，行人之官也。"與賈説同。顧炎武云："古者謂行人爲行李，亦曰行理。此與襄八年'亦不使一介行李告於寡君'，并作'李'。昭十三年'行理之命，無日不至'，作'理'。漢李翕《析里橋郙閣頌》：'行理咨嗟。'"顧氏蓋謂李、理通也。朱駿聲云："李，讀爲使，或讀爲吏，假借字，形、聲俱近。"杜《注》："行李，使人。"用賈説。其注襄八年、昭十三年《傳》，亦用賈説。賈説，《周語》韋《注》亦取之。胡匡衷《侯國官制考》云："《周禮》：'大行人，中大夫二人；小行人，下大夫四人。'春秋列國皆有行人，而不言大小，則諸侯厪立行人之官，通掌其事明矣。韋《注》以行理爲小行人者，據《周禮》小行人掌迎賓客言之。其實行理與行人一也。"

"且君嘗爲晉君賜矣，許君焦、瑕，朝濟而夕設版焉，君之所知也。

〔疏證〕杜《注》："焦、瑕，晉河外五城之二邑。"按：《地理志》："陝縣有故焦城。"《水經注》："陝城中有小城，故焦國也。武王以封神農之後于此。"《元和志》："焦城在陝州陝縣東北百步。"洪亮吉云："焦城在今陝州南。"皆與杜謂焦在河外合。惟河外之瑕，則無證。江永云："杜以焦、瑕爲河外五城之二，非也。惠公略秦以河外列城五。東盡虢略，南及華山，内及解梁城，既而弗與。在河外者，焦固其一。然内及解梁城，則亦有河北之邑。《水經注》：'河東解縣西南五里有故瑕城，晉大夫詹嘉之故邑。'則瑕在今之解州，非河外也。此文於河外邑舉焦，内及解梁者舉瑕，以該所許之邑耳。瑕在解，與河南之桃林塞亦相近，故詹嘉處瑕，亦可守桃林之塞。又成六年，'晉人謀去故絳，諸大夫曰："必居郇、瑕氏之地。"'郇與瑕皆在解，杜并爲一地，亦非。又瑕吕飴甥亦曰陰飴甥，蓋飴甥嘗食采於瑕，兼食於吕，吕即陰，故曰瑕吕飴甥。杜以瑕吕爲姓，亦非。是皆不考解有瑕城而失之者也。河外無瑕。顧炎武求之不得，謂瑕有乎音，以漢宏農郡之湖縣爲瑕，謬矣。”按：江説是也。江所引《水經注》，見《涑水篇》京相璠説。解縣，今山西蒲州府臨晉縣東南十八里。

“夫晉，何厭之有？既東封鄭，又欲肆其西封。

〔疏證〕封猶言疆理也，即東略、西略之意。《廣雅》：“肆，申也。”

“不闕秦，焉①取之？

〔疏證〕各本“不”上有“若”，“焉”上有“將”。岳珂《沿革例》云：“諸本多無，建上諸本則有之。”惠棟云：“《新序》引云：‘不闕秦，將焉取之？’《唐石經》初刻云：‘不闕秦，焉取之。’《正義》：‘沈云：“不闕秦家，更何處取之？”’按：此則‘若’字、‘將’字皆衍文，俗儒從《石經》續刻增入，當删。”《校勘記》用惠説，又云：“惟宋本不誤。”本《疏》摘傳文亦云：“不闕秦，焉取之？”洪氏《左傳詁》删“若”“將”二字，今從之。顧炎武云：“闕，損也。”

“闕秦以利晉，惟君圖之。”

秦伯説，與鄭人盟，使杞子、逢孫、楊孫戍之，乃還。

〔疏證〕杜《注》：“三子，秦大夫，反爲鄭守。”《廣韻》：“複姓。《左傳》：‘秦大夫逢孫氏、秦下大夫楊孫氏。’”《年表》：“秦穆公三十年圍鄭，有奇言，即去。”

子犯請擊之。公曰：“不可。微②夫人之力不及此。

〔疏證〕杜《注》：“夫人，謂秦穆公。”

“因人之力而敝之，不仁；失其所與，不知；以亂易整，不武。吾其還也。”亦去之。

初，鄭公子蘭出奔晉，

〔注〕舊注：“公子蘭，鄭文公賤妾燕姞之子穆公。鄭逐群公子，故奔晉也。”《御覽》一百四十六。

〔疏證〕杜《注》：“蘭，鄭穆公。”視舊注略。此《注》并下條，《御

---

① 林按：楊本“焉”字上有“將”字。
② 林按：“微”，底本與科學本作“微”，據楊本回改。

覽》止題如《注》。余、洪、嚴三家輯本以爲服《注》，未知所據。今仍題舊注。"文公逐群公子，公子蘭奔晉"，見《宣三年傳》。

從於晉侯伐鄭，

請無與圍鄭。許之，使待命于東。

〔注〕舊注："晉善蘭不忘本國故也，待命於鄭東也。"《御覽》一百四十六。

〔疏證〕《御覽》引傳文，"使"上有"故"。杜《注》止云："晉東界。"亦視舊注爲略。惠氏以"晉善蘭不忘本國故也"爲服《注》，亦不知何據。《説文》："待，竢也。"顧炎武云："古人謂所事之國爲本朝。此云本國，亦其義也。"

鄭石甲父、侯宣多逆以爲太子，以求成於晉，晉人許之。

〔疏證〕杜《注》："二子，鄭大夫。"《鄭世家》："子蘭從晉文公圍鄭。時蘭事晉文公甚謹，愛幸之，乃私於晉，以求入鄭爲太子。晉文公欲入蘭爲太子，以告鄭。遂許晉，與盟，卒而立子蘭爲太子。"是其事也。詳宣三年《疏證》。

冬，王使周公閲來聘，

饗有昌歜、

〔注〕服云："昌歜，昌本之菹。"《邊人疏》。

〔疏證〕顧炎武云："'歜'字誤，《玉篇》作'歊'，徂敢切，菖蒲菹也。"洪亮吉云："《説文》'歊'字《注》：'歙歊也。從欠寉聲。'《玉篇》：'歊，子合、才六二切。鳴歊也，亦作踧。又俎敢切，菖蒲菹也。'蓋本作'歊'，傳寫訛作'歜'耳。"顧、洪皆以傳文"歜"當做"歊"。沈欽韓云："按：《釋文》作'歜'，《疏》亦疑之，引《説文》云：'"歜，盛氣怒也。"此"昌歜"之音，相傳爲在感反，不知其所由。'《玉篇》云云，則'歊'爲菖蒲菹亦非正文，'鳴歊'之字乃是'歊'耳。"如沈説，則歊爲菖蒲菹非正訓矣。黃承吉云："段氏《説文注》云：'言昌陽氣辛香，以爲菹，其氣觸鼻，故名昌歜。'其説至當。然又狃於《玉篇》'歊'字之音訓而云：'蓋古本《左傳》有作"昌歊"者，二字可相假借。'則非也。蜀之制字，其義本同於'觸'，故'觸'之字起於蜀。《説文》解'蜀'字，謂'葵中蟲，上目象蜀頭形'者，正是上觸之象，故加蜀以角則爲角之觸，加蜀以欠則爲氣之觸。《説文》解‘歊’爲‘盛氣怒’者，是氣觸之本字也。後經籍中一切引伸皆通用‘觸’字。因於氣觸，亦書爲‘觸’，而置‘歊’字不用，其實與‘觸’一字也。夫‘觸’字之音義皆如‘觸發’之‘觸’，觸向升而上，故昌歊之氣出取之。若‘歊’之音義，則皆如‘蹙縮’之‘蹙’，蹙反向内而向外，於昌歊何取焉？”

文淇案：此《傳》“昌歊”字，自《正義》謂“歊之音，相傳爲在感反”，而人不知“昌歊”之“歊”當音“觸”。自《玉篇》以“歡”爲昌蒲歊，而人不知“昌歊”之字本當作“歊”，不當作“歡”。黃説是也。壽曾曰：朱駿聲云：“按：‘歊’者，‘歓’之誤字，借歓爲歊也。歊，歊也。故‘歊’相承讀如諧音不誤。《玉篇》所引則又誤作‘歡’，歡字必無徂敢切之理。”朱氏駁《玉篇》是也。其謂作“歓”，又假爲“歊”，義轉迂曲，傳文審是“歓”字，則服《注》不必言“昌本之歊”矣。杜《注》：“昌歊，昌蒲歊。”用服説。《醢人》：“朝事之豆，其實昌本。”《注》：“昌蒲根也。”《公食大夫禮》：“醢醢昌本。”《注》：“昌本，昌蒲本歊也。”服以“昌本”釋“昌歊”，用《周禮》文。鄭君義亦與服同。《説文》：“歊，酢菜也。”《韓非子·難四》：“文王嗜菖蒲歊。”

白、黑、形鹽。

〔疏證〕《籩人》：“朝事之籩，白、黑、形鹽。”《注》：“鄭司農云：‘稻曰白，黍曰黑。築鹽以爲虎形，謂之形鹽，故《春秋傳》曰：鹽虎形。’”杜《注》：“白，熬稻。黑，熬黍。形鹽，鹽形象虎。”杜用先鄭説，惟“形鹽”不謂“築鹽”。先鄭《傳注》義當與《籩人注》同也。

沈欽韓云：“《籩人職》‘朝事’謂二祼後，尸入，王初獻，后亞獻，所薦之籩饗賓，無朝踐之名。以《少牢饋食》下篇準之。上篇三獻後，‘尸出。復出迎尸。主人酌，獻尸。婦贊者執白、黑以授主婦’《注》云：‘大夫無朝事而用之儐尸，亦豐大夫之禮。’然饗賓先用饋食之豆籩，至獻酬畢，復用朝事之豆籩優賓，如《特牲》《少牢》之次爾。熬稻、熬黍，蓋八珍之二也。《内則》：‘淳熬：煎醢加于陸稻上，沃之以膏，曰淳熬。淳母[①]：煎醢加於黍食上，沃之以膏，曰淳母。’《注》：‘淳，沃也。母讀曰模。模，象也。作此象淳熬。’蓋黍飯亦熬，亦沃膏，不可并名淳熬，故異稱曰淳母。知白、黑二籩即其物者，若使空是，稻、黍應入簠簋爲饌，

---

① 林按：“母”，沈氏及《禮記》均作“毋”。

不當在籩列。又以薦尸享賓，必是滋味之美。且此稻、黍，鄭注《儀禮》并云‘熬’者，故應是淳熬、淳母也。”按：沈説是也。本《疏》止云“穀之白、黑，惟稻、黍爲然”，未引《籩人》，甚觕略。《籩人》“形鹽”，後鄭與先鄭説異，後鄭云：“玄謂形鹽，鹽之似虎者。”《疏》：“《左傳》‘鹽虎形’，服云‘剞形’。非是築刻爲之，故後鄭不從也。以爲自然似虎形，此破先鄭築鹽爲虎形也。”《疏》別先、後鄭之異是□^①。然服謂“剞形”，正與先鄭同説，《疏》謂後鄭用服説，非也。杜《注》從後鄭。《鹽人》：“賓客供其形鹽、散鹽。”《注》：“形鹽，鹽之似虎形。”與《籩人注》同。

辭曰：“國君，文足昭也，武可畏也，則有備物之饗，以象其德。薦五味，羞嘉穀，鹽虎形，以獻其功。

〔注〕服云：“剞形。”《籩人疏》。舊注：“鹽，五味之將，故刻畫虎形，以象其武。”《御覽》八百六十五。

〔疏證〕服云“剞形”，謂剞鹽爲虎形也，與先鄭“築鹽”義同。李貽德云：“‘剞’與‘刻’通。魯顏刻《莊子·秋水篇釋文》‘刻’作‘剞’。《説文》：‘刻，鏤也。’”文淇案：《御覽》所引《注》亦是服《注》，《籩人疏》所引服《注》，蓋略舉其義耳。杜《注》謂：“嘉穀象文，鹽虎形象武。”知舊注“嘉穀”亦有説，杜并取之。

“吾何以堪之？”

東門襄仲將聘于周，遂初聘于晉。

〔注〕賈、服云：“先聘晉，後聘周。”本《疏》。

〔疏證〕杜《注》：“公既命襄仲聘周，未行，故曰‘將’。又命自周聘晉，故曰‘遂’。自入春秋，魯始聘晉，故曰‘初’。”《疏》：“《經》書實引之事，《傳》説將命之初，故云命之，將聘于周，未行，又命之，遂聘于晉。令其從周即去，更不迴也。賈、服不曉《傳》意，解爲‘先聘晉，後聘周’，故杜詳説之。”按：賈、服知“先聘晉，後聘周”者，以《傳》云“將聘于周”，與《經》先書“公子遂如京師”者不同，故據《傳》以釋《經》之疑，杜説非。

---

① 科學本注：無原稿，抄本闕文。

〔經〕 三十有一年，春，取濟西田。

〔疏證〕《地理志》：“濟陰郡定陶。”《疏》[1]：“曹都雖在濟陰，其地則踰濟北。”《詩·曹譜》：“曹在濟陰定陶。《春秋》僖三十一年，‘取濟西田’。《左傳》曰：‘取濟西田，分曹地也。’案：《禹貢》‘濟自陶丘之北，又東至于菏，又東北會于汶’，曹在汶南、濟東。據魯而言是濟西，是曹地，在濟北也。”《水經注·濟水》：“東北逕定陶縣故城南，又東至乘氏縣西。《春秋傳》僖公三十一年：‘分曹地，東傅于濟。’”《方輿紀要》：“濟水在曹州曹縣。”

公子遂如晉。

夏，四月，四卜郊，不從，乃免牲。

〔注〕《左氏》之說，魯郊常祀，不須卜可郊與否，但卜牲與日。惟周之三月爲之，不可在四月，雖三卜亦爲非禮。《曲禮疏》。

〔疏證〕《曲禮》：“卜筮不過三。”《注》：“求吉不過三。魯四卜郊，《春秋》譏之。”《疏》云：“王肅云：‘禮以三爲成也。上旬、中旬、下旬，三卜筮，不吉則不舉也。’鄭意‘不過三’者，謂一卜不吉而凶，又卜，以至于三。三者不吉，則止。若筮，亦然也。故魯有四卜之譏。”《疏》又云：“卜郊之事，或三、或四、或五，三《傳》之説參差不同。若《左氏》之説：‘魯郊常祀，不須卜可郊與否，但卜牲與日周之三月爲之，不可在四月，雖三卜亦爲非禮。’故僖三十一年《左傳》云：‘禮不卜常祀。’是常祀不卜也。襄七年《左傳》云：‘啓蟄而郊，郊而後耕。今既耕而卜郊，宜其不從也。’是用周之三月，不可至四月也。若《公羊》之義，所云卜者皆謂卜日，故僖三十一年《公羊傳》云：‘三卜，禮也。四卜，非禮也。’若鄭玄之義，‘禮不卜常祀’，與《左氏》同。故《箴膏肓》云：‘當卜祀日、月爾，不當卜可祀與否。’”如《禮疏》說，襄七年之五卜郊，《左氏》説謂卜指牲與日，又以郊在三月爲禮，在四月爲非禮。則此《經》舊説亦當然。杜《注》：“卜郊不吉，故免牲。”《疏》云：“桓五年《傳例》曰：‘凡祀，啓蟄而郊。’啓蟄，周之三月也。今於夏四月卜郊者，《傳》舉節氣，有前有卻，但使春分未過，仍得爲郊，故四月得卜郊也。僖公、襄公夏四月卜郊，但譏其非所宜卜，而不譏其四月不可郊也。”杜《注》

---

① 科學本注：“疏”字上疑有闕文。

但云"卜郊",是杜意以爲卜郊之^①與否,不用舊説。然杜不言四月得卜郊,《疏》乃力駁四月不可郊之説,則《疏》當引舊説四月不可郊。今但有駁,傳寫佚之。古《左氏》説,明四月不可郊,故謂周之三月爲之,然魯郊祭多異説。《郊特牲》:"周之始郊,日以至。"《注》:"郊天之月而日至,魯禮也。三王之郊,一用夏正。魯以無冬至祭天於圜丘之事,是以建子之月郊天,示先有事也。"《疏》云:"魯之郊祭,師説不同。崔氏、皇氏用王肅之説,以魯冬至郊天在建寅之月,又郊以祈穀,故《左傳》云:'啓蟄而郊。'又云:'郊祀后稷,以祈農事。'是二郊也。若依鄭康成之説,則異於此也。魯唯一郊,不與天子郊天同月,轉卜三正,故《穀梁傳》云:'魯以十二月下辛卜正月上辛;若不從,則以正月下辛卜二月上辛;若不從,則以二月下辛卜三月上辛;若不從,則止。'故《聖證論》馬昭引《穀梁傳》以答王肅之難,是魯一郊則止。或用建子之月郊,則此云'日以至',及宣三年正月'郊牛之口傷'是也;或用建寅之月,則《春秋左傳》云'郊祀后稷,以祈農事'是也。但《春秋》魯禮也,無建丑之月耳。若杜預不信《禮記》,不取《公羊》《穀梁》,魯唯有建寅郊天,及龍見而雩云。"古説魯郊,於鄭、王無所專主。鄭君説魯郊,雖主建子之月,然不用卜三正説。知者,《曲禮疏》又引鄭《駁異義》云:"以魯之郊天,唯用周正建子之月。牲數有災不吉,改卜後月。"故《駁異義》引《明堂位》云:"孟春正月,乘大路,祀帝于郊。"又云:"魯用孟春建子之月,則與天子不同明矣。魯數失禮,牲數有災不吉,則改卜後月。"如鄭之言,則與《公羊》《穀梁傳》^②卜三正不同也。"郊祀后稷,以祈農事",義皆違異。故《郊特牲》雖以子月、寅月兩解之,據此,則馬昭之引《穀梁》難王肅,非矣。鄭君謂"魯郊在建子之月",與"啓蟄而郊",然玩《曲禮》所引《左氏》説,言"卜牲與日",則郊月不必在建子。惟子不吉,則用寅月,二卜不吉,則止。故又云:"三卜亦爲非禮也。"本《疏》泥於《傳》不卜常祀之説,謂一卜亦非古義。此《經》古義,與《公》《穀傳》卜三正説異,亦與鄭君卜後月之説不同。假如鄭君卜後月之説,則建丑之月,亦得郊矣。《左傳》説主卜日,《公羊》亦説主卜日,然二《傳》意異。異者,《公羊》卜日不以三月爲止也,鄭君則謂兼卜日、月,觀《曲禮疏》所引《箴膏肓》可知。然《冢宰疏》又引《箴膏肓》云:"天子郊,以夏正上旬之日;魯之卜,三正下旬之日。"則又陰主《公》《穀傳》卜三正之説。其卜後月亦未定之論

---

① 科學本注:"之"字下疑有脱文。

② 林按:科學本誤作"博",據《禮記正義》回改爲"傳"。

也。《禮運》："魯之郊禘，非禮也。"《注》："非，猶失也。魯之郊，牛口傷，
觲鼠食其角，又有四卜郊不從，是周公之道衰矣，言子孫不能奉行興之。"
《疏》謂："子孫不能承奉興行周公之道，故使郊牛有害，卜郊不從。"鄭謂
"卜郊不從，爲周公道衰"，當亦《左氏》舊義。

猶三望。

〔注〕賈逵、服虔以爲：三望，分野之星，國中山川。本《疏》、《穀梁
疏》《小宗伯疏》。

〔疏證〕杜用賈、服説。本《疏》："《楚語》云：'天子徧祀群神品物，
諸侯、二王後^①祀天地三辰及其土之山川。'注《國語》者皆云：'諸侯、
二王後祀天地三辰，日、月、星也。非二王後祀分野星辰、山川也。'"則
賈注《外傳》説亦大同也。《大宗伯疏》引許氏《異義》，謹案云："《春
秋》'魯郊祭三望'，言郊天，日、月、星、河、海、山，凡六宗。魯下天
子，不祭日、月、星，但祭其分野星、國中山川，故言三望。"許君蓋用
賈氏師説也。其分野當祀何星則未言。本《疏》云："昭七年，'夏，四月，
甲辰，朔，日有食之'。於時夏之二月，日在降婁，《傳》稱'去衛地，如
魯地'，於十二次，豕韋衛地，降婁魯地。魯祭分野之星，其祭奎婁之神
也。"此是舊疏釋賈、服星辰之説，惟山川則未詳。

如許君《異義》説，則分野星之外，河、海、岱三者當有其二。鄭君
攷許分野星、山川之説無考。而《閟宮箋》引鄭《駁異義》云："昔者楚
昭王曰：'不穀雖不德，河非所獲罪。'言境内所不及則不祭也。魯則徐州
地。《禹貢》：'海、岱及淮惟徐州。'以昭王之言，魯之境内亦不及河，則
所望者海也、岱也、淮也。"《穀梁傳集解》亦引鄭君曰："望者，祭山川
之名也，謂海也、岱也、淮也，非其疆界則不祭。《禹貢》曰：'海、岱
及淮惟徐州。'徐，魯地。"《公羊疏》^②：鄭玄以爲："望者祭山川之名。諸
侯之祭山川，在其地則祭之，非其地則不祭。且魯境不及於河。《禹貢》：
'海、岱及淮惟徐州。'望徐即魯地^③。三望，惟淮、海、岱也。"右三則意
略同，皆主淮、海、岱爲三望，駁魯祭河之説，則許君師説三望中有河
可知。賈、服言山川，則岱必其一矣。是許君説三望爲分野星也、岱也、
河也。《公羊》説三望，謂大山、河、海，駁梁援鄭君説。則鄭説爲海、

---

① 科學本注：《四部叢刊》本《國語》無"二王後"三字。
② 林按：疑當爲"本《疏》"。
③ 科學本注："望徐即魯地"疑有誤文。

岱、淮，或出《穀梁》。先師許君所稱乃《左氏》説也。鄭君説三望既不用許説，其言四望又與先鄭異。《小宗伯》：“四望、四類亦如之。”《注》：“鄭司農云：‘四望：日、月、星、海。’玄謂四望，五嶽、四鎮、四瀆。”《疏》：“按：僖三十一年，‘夏四月，猶三望’。服氏云：‘三望，分野星、國中山川。’又上文先鄭云：‘四望，日、月、星、海。’後鄭必知望祭無天神者。案：襄①六年，楚昭王曰：‘三代命祀，祭不越望，江、漢、睢、漳，楚之望也。’《爾雅》又云：‘梁山，晉望。’又案：《尚書》云：‘望與山川。’則知望祭中無天神可知。若天神、日、月之尊，當入四類之内也。”據先鄭以四望爲日、月、星、海，蓋周制如此。《郊祀志》：“莽曰：‘四望，蓋謂日、月、星、海。’”是也。其説魯之三望義無考。

秋，七月。

冬，紀伯姬來求婦。 無《傳》。

狄圍衛。

十有二月，衛遷於帝丘。

〔疏證〕《昭十七年傳》：“衛，顓頊之虚也，故爲帝丘。”《地埋志》：“衛地，營室、東壁之分野也。今之東郡及魏郡黎陽，河内之野王、朝歌，皆衛分也。衛本國爲狄所滅，文公徙封楚丘，三十餘年，子成公，徙于帝丘。故《春秋經》曰：‘衛遷于帝丘。’今之濮陽是也。本顓頊之虚，故謂之帝丘。夏后之世，昆吾氏居之。”又云：“東郡濮陽，衛成公自楚丘徙此。故帝丘，顓頊虚。”《漢志》引《經》，“遷”作“罷”，與二《傳》異，當是古文。漢人以帝丘爲濮陽，杜《注》遂因之。《邶風疏》引《禹貢》兖州桑土，謂在濮水之上。又云：“濮陽在濮水之北也。”《御覽》一百六十引《注》：“今濮陽縣。”疑是舊注。《一統志》：“濮陽故城本古帝丘，在大名府開州西南二十里。”

〔傳〕 三十一年，春，“取濟西田”，分曹地也。

〔疏證〕《魯語》：“晉文公解曹地，以分諸侯。”《注》：“解，削也。晉文公誅無禮，曹人不服，伐而執其君，削其地，以分諸侯。”杜《注》引二十八年晉文討曹事，用《外傳》説。

---

① 林按：“襄”，《周禮注疏》作“哀”。

使臧文仲往，宿于重舘。

〔疏證〕《魯語注》：“重，魯地。舘，候舘也。《周禮》：‘五十里有市，市有候舘。’”《水經注》：“菏水東逕重鄉城南，《左傳》所謂臧文仲宿于重舘者也。”《一統志》：“重鄉在兗州魚臺縣西北十一里。”

重舘人告曰：

〔疏證〕《魯語注》：“人，守舘之吏也。”

“晉新得諸侯，必親其共。不速行，將無及也。”

〔疏證〕《魯語注》：“新爲伯也。”其共，杜《注》無説。《魯語》：“重舘人告曰：‘晉始伯而欲固諸侯，故解有罪之地以分諸侯。諸侯莫不望分而欲親晉，皆將爭先。晉不以故班，亦必親先者，吾子不可以不速行。魯之班長而又先，諸侯其誰望之？若少安，恐無及也。’”王念孫云：“‘共’字當是‘先’字之誤，‘先’字不煩音釋，故杜無注，陸亦無音。若是‘共’字，則不得無音釋也。”壽曾曰：“共”“先”形不相近，此“共”當讀如君，謂許不共之共，内外《傳》字不必相合。王説非。

從之。分曹地，自洮以南，東傅于濟，盡曹地也。

〔疏證〕洮，杜無説。《水經注》：“今甄城西南五十里有姚城，或謂之洮。”惠棟云：“甄城，漢屬濟陰。”洪亮吉云：“按：《春秋》莊十八年，‘公追戎于濟西’。服氏《注》云：‘濟西，曹地。’京相璠云：‘濟水自鉅野至濟北。’是魯與曹當以濟爲界。此云‘東傅于濟’，是也。”馬宗璉云：“《水經注》：‘菏水東逕重鄉城南，又東逕武棠亭，昔魯侯觀魚于棠，謂此也。’是曹與魯境相接，在荷、濟二水之間。今分曹田傅于濟，蓋過重鄉以南矣。”顧棟高云：“曹、魯分境之濟在鉅野、壽良、須昌之間。鉅野縣今分屬曹州府，壽良即今兗州府壽張縣，須昌在今泰安府東平州。今曹州府治即古曹國，與魯之東鄆、鉅野相接。所爭濟西田蓋在此。”

襄仲如晉，拜曹田也。

“夏，四月，四卜郊，不從，乃免牲”，非禮也。

“猶三望”，亦非禮也。

禮不卜常祀，必其时①。

〔疏證〕杜《注》："諸侯不得郊天，魯以周公故，得用天子禮樂，故郊爲魯常祀。"杜用舊説"不卜可祀與否"義。

而卜其牲、日，

〔疏證〕《表記》："是故不犯日月，不違卜筮。"《注》："所不違者，日與牲尸也。"《疏》："案：僖三十一年，'不卜其常祀，而卜其牲、日'。是有卜牲、日也。"杜《注》："卜牲與日。"用鄭説也。《疏》："卜其牲、日，則牲之與日，俱卜之也。"

牛卜日曰牲。

〔疏證〕《庖人》："掌共六畜、六獸、六禽。"《注》："六畜，六牲也，始養之曰畜，將用之曰牲。《春秋傳》曰：'卜日曰牲。'"杜《注》："既得吉日，則牛改名曰牲。"用鄭説。本《疏》："卜得吉日，則改牛爲牲。然則牛雖卜吉，未得稱牲，明知卜牛在卜日之前也。此言'免牲'，是已得吉日，牲既成矣。成七年，'乃免牛'，是未得吉日，牲未成也。"

牲成而卜郊，上怠、慢也。

望，郊之細也。不郊，亦無望可也。

秋，晉蒐于清原，作五軍以禦狄。

〔疏證〕《晉語》："以趙衰之故，蒐于清原，作五軍。"《注》："清原，晉地。晉本有上軍、有中軍、有下軍，今有五軍，新上、下也。"杜《注》："更爲上、下新軍。"用韋説。《水經注》："汾水西逕清原城北，故清陽亭也。晉侯蒐清原處。"《一統志》："清原城在絳州稷山縣東南。峨嵋嶺在縣南四十里，亦曰晉原，亦曰清原，長五十餘里。"

趙衰爲卿。

〔疏證〕《晉語》："公使原季爲卿。"又云："使趙衰將新上軍，箕鄭佐之。胥嬰將新下軍，先都佐之。"《注》："原季，趙衰也，文公三年，爲原大夫。卿，次卿也。"《晉語》又云："晉國飢，公問于箕鄭曰：'救饑何

---

① 林按：底本缺"必其時"三字，據楊本增補。

以？'對曰：'信。'公使爲箕。及新原之蒐，使佐新上軍。"《注》："箕鄭，晉大夫，爲箕大夫。"《外傳》述新軍將佐，可補《傳》缺。《後漢書‧馬融傳》："《廣成頌》曰：'采清原，嘉岐陽，登俊英，命賢良。'"即指趙衰爲卿事。

冬，狄圍衛，衛^①遷於帝丘，卜曰三百年。

〔疏證〕本《疏》："案：《史記‧衛世家》及《年表》，衛從此年以後，歷十九君，積四百二十年。"

衛成公夢康叔曰："相奪予享。"

〔疏證〕《夏本紀》："禹生啓，啓生太康及仲康，仲康生相。"沈欽韓云："《紀年》：'仲康七年，世子相出，居商丘，依邳侯。元年，戊戌，帝即位，居商丘。'《續志注》：'《帝王世紀》曰："顓頊自窮桑徙商丘。"'《括地志》以爲宋州，誤也。《寰宇記》：'濮州顓頊遺墟，古曰帝丘，亦曰商丘。'《方輿紀要》：'舊濮陽城東有商丘，蓋帝丘之譌。'以此《傳》證之，知商丘即帝丘矣。相因衛處其故墟，故求食。"按：沈說是也。《周禮》："祭人鬼曰享。"《易》馬融《注》："享，祭也。"

公命祀相。甯武子不可，

曰："鬼神非其族類，不歆其祀。

〔疏證〕《詩》毛《傳》："歆，饗也。"

"杞、鄫何事？

〔疏證〕《周語》："有夏雖衰，杞、鄫猶在。"《注》："杞、鄫二國，夏後也。"

"相之不享於此久矣，非衛之罪也。

"不可以間成王、周公之命祀，

〔疏證〕《魯語》："臧孫辰告糴于齊，云：'大懼殄周公、大公之命祀。'"《注》："賈、唐二君云：'周公爲大宰，大公爲大師，皆掌命諸侯之國所當祀也。'或云'命祀，謂命祀二公也'。昭謂：'《傳》曰：衛成

---

① 林按：原稿此處脱文"衛"字。

公祀夏后相。甯武子曰："不可以間成王、周公之命祀。"'如此，賈、唐
得之。"此《傳》"命祀"，賈君《注》亦當謂"成王、周公所命之祀"也。
杜《注》："諸侯受命，各有宜祀。"當是用賈説。

"請改祀命。"

〔疏證〕杜《注》："改祀相之命。"

鄭洩駕惡公子瑕，鄭伯亦惡之，故公子瑕出奔楚。

〔疏證〕杜《注》："瑕，文公子。洩駕，亦鄭大夫。隱五年洩駕，距
此九十年，疑非一人。"

〔經〕 三十有二年，春，王正月。

夏，四月，己丑，鄭伯捷卒。無《傳》[①]。

〔疏證〕《公羊》"捷"曰"接"。洪亮吉云："捷、接古字通。"杜
《注》："三同盟。"《疏》云："捷以莊二十二年即位，至此與魯十餘同盟。
言三同盟者，但杜數同盟不例。若同盟多者，唯數今君，或就今君之中數
其大會盟之顯著者。此言三同盟者，皆據王臣臨盟，則八年'盟于洮'、
九年'于葵丘'、二十八年'于踐土'是也。劉炫不尋杜意，而規其謬，
非也。"《疏》未引《規過》之辭，炫義無考，似以魯、鄭不止三盟爲説。
邵瑛云："鄭文與魯十二同盟，孔《疏》謂'據王臣臨盟'。然與魯同盟，
獨於鄭必有王臣臨盟者始合，亦不可解。"按：邵説是也。《傳》同盟赴以
名，以諸侯之身言，不計盟之多少。杜於《經》書諸侯之卒，必著若干同
盟，亦杜之謬，今悉不取。此《經》有《規過》，聊一出之。《年表》："鄭
文公四十五年，薨。"

衛人侵狄。

秋，衛人及狄盟。

〔疏證〕杜《注》："不地者，就狄廬帳盟。"沈欽韓云："按：狄既處
中國，自有土地，其所携氊幕能虛空安置乎？不地者，史偶失之。"

冬，十有二月，己卯，晉侯重耳卒。

---

① 林按：科學本爲"喪祝"二字，據楊本回改。

〔疏證〕《年表》：“晉文公九年，薨。”

〔傳〕 三十二年，春，楚鬬章請平于晉，晉陽處父報之，晉、楚始通。

〔疏證〕《晉語注》：“陽處父，晉大夫陽子也。”杜用韋説。江永云：“《一統志》：‘山西太原府太谷縣東十五里，有故陽城。漢爲陽邑縣，晉大夫陽處父邑。’今考文六年云：‘陽處父至自溫。’成十一年云：‘溫邑，狐氏、陽氏先處之。’則處父食邑先在陽，後在溫歟？”

夏，狄有亂。衛人侵狄，狄請平焉。

秋，衛人及狄盟。

冬，晉文公卒。

庚辰，將殯於曲沃。

〔注〕鄭玄云：“就宗廟，晉宗廟在曲沃，故曰：‘曲沃，君之宗也。’”《喪祝疏》。

〔疏證〕《説文》：“殯，死在棺，將遷葬柩，賓遇之。從歹，從賓，賓亦聲。”杜《注》：“殯，窆棺也。”《釋文》：“窆，一本作‘塗’。”《校勘記》云：“按：‘塗’字是也。殯用塗，不可云窆，葬乃云窆。”沈欽韓云：“按：窆是葬下棺之名，殯則菆塗西階，《釋文》是。”按：阮、沈説是也。《疏》引《鄉師》“及窆，執斧以涖匠師”。《昭十二年傳》：“日中而窆。”則孔氏所見杜《注》作“窆”，《疏》亦知“殯”不可訓“窆”，乃云：“殯則欑置於西序，亦是下棺於地，故殯爲窆棺。”非也。《喪祝》：“及朝，御匶，乃奠。”《注》：“鄭司農云：‘朝，謂將葬朝于祖考之廟而後行，則喪祝爲御柩也。’《春秋傳》曰：‘凡夫人不殯于廟，不祔于姑，則弗致也。’‘晉文公卒，將殯於曲沃’，就宗廟。晉宗廟在曲沃，故曰：‘曲沃，君之宗也。’”《疏》：“此《左氏》僖公三十二年：‘晉文公卒。庚辰，將殯于曲沃。’‘就宗廟’以下，鄭君解義語。晉宗廟在曲沃者，晉承桓叔之後，桓叔本在曲沃，故晉宗廟在曲沃。按：趙商問：‘周朝而遂葬，則是殯于宮，葬乃朝廟。按《春秋》“晉文公卒，殯於曲沃”，是爲去絳就祖殯，與《禮記》義異，未通其説。’答曰：‘葬乃朝廟，當周之正禮也。其末世諸侯國，何能同也？《傳》合不合，當解《傳》耳，不得難《經》。’何者？《既夕》：‘將葬，遷于祖，用軸。’《既夕》是周公正經，朝廟乃葬，故云‘不得難《經》’。孔子發凡，言不薨于寢，不殯于廟，不祔于姑，則不致。明正禮約殯于廟，發凡則是關異代。何者？孔子作《春秋》，以通三王之禮。先鄭引之者，欲見《春秋》之世，諸侯殯于廟，亦當朝廟乃殯。”[1]據此則先鄭說殯于曲沃，以曲沃有宗廟故。杜《注》“曲沃有舊宮”，正用先、後鄭說也。今取後鄭之說，補先鄭之義。如《鄭志》說，則春秋時“殯于廟”，違于周“葬乃朝廟”之禮矣。“何者”以下乃《禮疏》申後鄭之詞。其謂“朝廟乃殯”，於先、後鄭義皆未達，先、後鄭皆謂殯於廟耳。沈欽韓云：“禮，殯于路寢，而葬時朝廟。曲沃，宗廟所在，就使殯之，以便朝廟。”謂殯以便朝廟，得鄭義矣。《元和志》：“晉文公墓在絳州絳縣東二十里。”

出絳，柩有聲如牛。

〔疏證〕《曲禮》：“在棺曰柩。”《廣雅》：“柩，棺也。”如牛，呴聲。《五行志》引此《傳》云：“劉向以爲近鼓妖也。喪，凶事。聲如牛，怒象也。將有急怒之謀，以生兵革之禍。是時，秦穆公遣兵襲鄭而不假道，還，晉大夫先軫謂襄公曰：‘秦師過，不假途，請擊之。’遂要崤阨，目敗秦師，匹馬觭輪無反者。操之急矣。晉不惟舊，而聽虐謀，結怨彊國，四被秦寇，禍流數世，凶惡之效也。”文淇案：劉向雖習《穀梁》，其解“柩有聲如牛”，亦必《左氏》舊說也。

卜偃使大夫拜，曰：“君命大事，將有西師過軼我，擊之，必大捷焉。”

〔疏證〕高誘《淮南注》：“自後過前曰軼。”杜《注》：“卜偃聞秦密謀，故因柩聲以正衆心。”

杞子自鄭使告于秦，

〔疏證〕杜《注》：“三十年，秦使大夫杞子戍鄭。”洪亮吉云：“《高士傳》作‘祀子’，蓋字近而誤。”文淇案：《晉世家》：“是歲，鄭伯亦卒。鄭人或賣其國於秦。”不云“杞子”。《鄭世家》賣鄭者乃司城繪賀，亦與《傳》異。

曰：“鄭人使我掌其北門之管，

〔疏證〕《檀弓》：“所舉于晉國管庫之士。”《注》：“管，鍵也。”《疏》：

---

[1] 科學本注：以上引《傳》及鄭志疏文各段，見梁履繩《左通補釋》。

"案：《月令注》：‘管，鑰，搏鍵器’。鍵，謂鎖之入内者，俗謂之鎖須。管，夾取鍵，今謂之鑰匙。則是管、鍵爲别物，而云‘管鍵’者，對則細别，散乃大同，故云‘管鍵’。"案：《淮南·氾論訓》高《注》："管，壯籥也。"與鄭君《月令注》合。杜《注》："管，籥也。"用鄭説。

"若潛師以來，國可得也。"

穆公訪諸蹇叔。蹇叔曰："勞師以襲遠，非所聞也。

〔疏證〕杜《注》："蹇叔，秦大夫。"《李斯傳正義》引《括地志》："蹇叔，岐州人也。"洪亮吉云："《史記·秦本紀》曰：‘穆公問蹇叔、百里奚。’《史記·列傳》蹇叔語皆作‘二老曰’，《公》《穀》皆作‘百里子、蹇叔子’。"史公用《公》《穀》説，故與《傳》違。《吕覽·悔過篇》："秦穆公興師以襲鄭，蹇叔諫曰：‘不可。臣聞之，襲國邑，以車不過百里，以人不過三十里。’"《注》："軍行三十里一舍。"《吕覽》亦稱蹇叔語。百里、三十里，襲兵不宜遠也。

"師勞力竭，遠主備之，無乃不可乎？師知^①所爲，鄭必知之。勤而無所，必有悖心。

〔疏證〕顧炎武云："言師勞力竭而無所用，則所經之國必有背距之心。解云‘將害良善’，未當。"案：杜《注》"害良善"，固不合《傳》意。顧謂所經國背距，則《傳》已云"遠主備之"矣。悖心，似不屬他國言。沈欽韓云："若出師時，示以所爲之事，則鄭亦自有間諜傳告。患其漏洩，勞師于不知所往，則軍士必將怨潰。"朱駿聲云："所，處也。言若令我師知之，則鄭亦必知；若不令我師知之，則勞師而不知其處，士卒必有悖心。故下文云：‘且行千里，其誰不知？’謂我師與鄭實則斷無不知也。"沈、朱以悖心屬士卒，并得之。《秦本紀》約傳文云："徑數國千里而襲人，希有得利者。且人賣鄭，庸知我國不有以我情告鄭者乎？"是鄭必知之，不作間諜解。沈謂鄭亦自有間諜，非。

"且行千里，其誰不知？"

〔疏證〕杜無注。沈欽韓云："出師千里，必有爭闘，所過之處，大國不敢犯，小國不足貪，則鄭亦自知敵意在我也。《元和志》：‘鳳翔府東至

---

① 林按："知"，楊本作"之"。

東都一千一百里，東都東至鄭州二百八十里。'"

公辭焉。

〔疏證〕《秦本紀》："繆公曰：'子不知也，吾已決矣。'"《晉世家》："秦繆公發兵往襲鄭。"

召孟明、西乞、白乙，使出師於東門之外。

〔疏證〕杜《注》："孟明，百里孟明視。西乞，西乞術。白乙，白乙丙。"沈欽韓云："《吕覽·悔過篇》：'蹇叔有子曰申與視，與師偕行。'高誘曰：'申，白乙丙也。視，孟明視也。'按：《公》《穀》皆云百里奚與蹇叔哭其子，然則孟明視爲百里奚子。"沈以杜《注》"百里孟明"爲是也。《吕覽注》説與《傳》不合，詳下引洪氏説。本《疏》："《譜》云：'或以爲西乞術、白乙丙爲蹇叔子。'案：《傳》稱'蹇叔之子與師'，言其在師中而已。若是西乞、白乙，則爲將帥，不得云'與'也。或説必妄記異聞耳。"按：《疏》引《譜》乃杜氏《世①族譜》語，杜蓋從其説。《疏》以《注》所未采駁之，非。或説可證《吕覽注》之誤，當是舊注文也。《秦本紀》："遂發兵，使百里傒子孟明視、蹇叔子西乞術及白乙丙將兵。"杜《注》及或説所本也。

蹇叔哭之，曰："孟子，吾見師之出，而不見其入也。"

〔疏證〕《唐石經》初刻"孟子"作"孟兮"。《釋文》作"孟子"，云"本或作'孟兮'"。《校勘記》引臧琳云："按：作兮爲勝。兮者，語所稽也。子者，男子之美稱。蹇叔此語有傷痛之聲，不必以美稱加諸其子也。"臧釋"孟兮"義，是以孟明爲蹇叔子，則用《吕覽》説。洪亮吉云："《吕覽》以孟明視爲蹇叔子，今蹇叔哭孟子之後，始云其子與師，哭而送之，且稱爲孟子，明視非蹇叔子可知。《史記》以蹇叔子爲西乞、白乙，《正義》非之。今考三帥同出，蹇叔先哭孟子，不及二人，次乃云：'蹇叔之子與師，哭而送之。'則西乞、白乙或即爲蹇叔子。以其爲子，故哭有次第。又改稱'爾'，文法甚明。至變文言'蹇叔之子'，乃行文互見之法，《正義》譏之，非也。"

公使謂之曰："爾何知？中壽，爾墓之木拱矣。"

---

① 林按：底本作"氏"，據《十三經注疏》改正。

〔疏證〕“壽”，《三體石經》作“耇”。中壽，杜無注。《疏》云：“上壽百二十歲，中壽百，下壽八十。”洪亮吉云：“非也。攷李善《文選注》引《養生經》：‘黃帝曰：“中壽百年。”’又《莊子·盜跖篇》‘中壽八十’，《呂覽·安死篇》‘中壽不過六十’，《淮南·原道訓》‘凡人中壽七十歲’。此云‘中壽’，亦當在八十以下、六十以上也。”按：洪說是也。《周語》：“王曰：‘爾老耄矣。’”《注》：“八十曰耄。耄，昏惑也。”□□①年《傳》“諄諄然若八九十者”，古人狀老之詞，不云百年也。《小爾雅》：“兩手持爲拱。”《晉·載記·封孚傳》：“孚曰：‘行年七十，墓木已拱，唯求死所耳。’”孚七十而云墓木已拱，則中壽是七八十人也。《宋書·張茂度傳》述其謝罪太祖曰：“臣若不遭陛下之明，墓木拱矣。”則以墓木拱爲死亡別一説。

蹇叔之子與師，哭而送之，曰：

“晉人禦師必於殽。

〔疏證〕《釋文》：“殽，本又作崤。”《校勘記》云：“李注《西都賦》引《傳》作‘崤有二陵’。”《後漢書·龐參傳》云：“孟明視喪師於崤。”則殽、崤異文。《呂覽·悔過篇》：“晉若遏師，必於殽。”《注》：“殽，澠池縣西崤塞是也。”《淮南子·墜形訓》“澠阨”“殽阪”爲九塞之二，《注》：“殽阪，弘農郡澠池殽欽吟是也。”《晉語注》：“殽，晉地，在今弘農。”與《呂覽》《淮南》注合。《郡國志》：“弘農郡澠池有二崤，新安澗水出。”

“殽有二陵焉。

〔疏證〕《釋地》：“大阜曰陵。”《風俗通·山澤篇》：“殽在弘農澠池縣，其語曰‘東殽、西殽，澠池所高。’陵有天性自然者，今王公墳隴各稱陵也。”本《疏》：“殽是山名，俗呼爲土崤、石崤，其阨道在兩殽之間。”《大司徒》：“辨其山、林、川、澤、丘、陵、墳、衍、原、隰之名物。”《疏》：“‘土高曰丘，大阜曰陵。’陵與丘高下異稱，皆無石者。其有石者亦曰陵，故《左氏》僖三十二年云：‘殽有二陵。南陵，夏后皋之墓。其北陵，文王之所避風雨。’是有石者也。”彼《疏》稱二陵有石，當亦舊説。《水經·河水注》：“石崤山有二陵。”《元和志》：“二崤山，又名嶺釜山，在河南府永甯縣北二十八里。自東崤至西崤三十五里。東崤長阪數里，峻峰絕澗，車不得方軌。西崤全是石坂，十二里，險

絕不異東崤。"《明一統志》："在永甯縣北六十里。"則二陵爲石山，審矣。

"其南陵，夏后皋之墓也；

〔疏證〕南陵，西崤也。洪亮吉云："《史記·夏本紀》：'孔甲崩，子帝皋立。'《竹書紀年》作'帝昊'。沈約《注》：'昊亦作皋。'"

"其北陵，文王之所辟風雨也。

〔疏證〕杜《注》："南谷中谷深委曲，兩山相嶔，故可以辟風雨。古道由此，魏武帝西討巴、漢，惡其險而更開北山高道。"《通典》："文王避風雨處即東崤山，在夏后皋墓北十里許。漢時移道于嶺釜山南，在夏后墓南可五里。曹操更開北道，即復春秋時舊路也。"顧棟高云："春秋時秦師伐晉之道在南，故杜氏曰'南谷'。"則杜《注》當言北谷，如《通典》□①，則北陵即東崤也。杜《注》言南谷，與北陵不合，乃合《傳》紀，南北不當以秦師所由定之。

"必死是間，予收爾骨焉。"秦師遂東。

〔經〕 三十有三年，春，王二月，秦人入滑。

齊侯使國歸父來聘。

夏，四月，辛巳，晉人及姜戎敗秦師于殽。

〔疏證〕《公羊》無"師"，《穀梁》初刊本亦無"師"。杜《注》："晉侯諱背喪用兵，故通以賤者告。"惠棟云："君帥師而以賤者告，無是理也。"沈欽韓云："按：當從貶稱人之例。但《公》《穀》之説未善耳。高氏②曰：'秦興兵加中國，直書"敗秦"，所以惡。然晉背殯興師，結怨召寇，故貶稱人。'"案：沈既以《公》《穀》説爲善，所引高氏説"背殯興師"，即《公羊》"君在乎殯而用師"，《穀梁》"釋殯而主乎戰也"，似非《左氏》義。《聘禮》："若過邦至于境，使次介假道。"《注》："至境而假道，諸侯以國爲家，不敢直徑也。"《疏》："案：《左氏傳》僖三十三年，秦師襲鄭，不假道于晉，爲晉所敗，是其不假道，直徑過。"《秦誓疏》云："禮，征伐、朝聘，過人之國，必遣使假道。晉以秦不假道，故伐之。"

---

① 科學本注：無原稿，抄本闕文。

② 林按：檢閱沈書，未有引高氏之説者。

兩《疏》皆謂晉之敗秦，由不假道，可證史公所采爲《左氏》古義。《經》
於晉或無貶詞。《秦本紀》：“穆公三十三年，春，秦兵遂東，更晉地。”《晉
世家》：“文公九年，冬，文公卒。是歲，秦繆公發兵往襲鄭。十二月，秦
兵過我郊。”則秦伐鄭，未假道於晉也。其書“晉人”之義，則無考也。
又按：杜《注》云：“不同陳，故言‘及’。”顧炎武云：“及者，殊夷狄之
辭。”《襄十四年傳》戎子駒支曰：“謂我諸戎，四嶽之裔胄。”故杜《注》
姜戎爲姜姓之戎。《年表》：“晉襄公驩元年，破秦于殽。秦穆公三十三年，
襲鄭，晉敗我于殽。”

癸巳，葬晉文公。

狄侵齊。

〔疏證〕《年表》：“齊昭公六年，狄侵我。”

公伐邾，取訾婁。

〔疏證〕《公羊》“邾”曰“邾婁”，“訾婁”曰“叢”。《穀梁》“婁”
曰“樓”。《公羊釋文》：“二《傳》作‘訾樓’。”則《左氏》亦作“訾樓”。

秋，公子遂帥師伐邾。

〔疏證〕《公羊》“邾”曰“邾婁”。

晉人敗狄于箕。

〔疏證〕杜《注》：“郤缺稱‘人’，未爲卿。”《疏》引劉炫云：“案
《傳》晉侯親兵，先軫死敵，則將帥非郤缺也。稱‘人’者，晉諱，以微
者告。”沈欽韓云：“按：稱人不因郤缺，劉規之，是也。然敗狄何所用其
諱，《春秋》亦不必用其貶，自是史文缺也。”《郡國志》：“太原郡陽邑有
箕城。”《水經注》引京相璠云：“箕城在陽邑南，水北即陽邑縣故城也。”
《一統志》：“箕城在太原府太谷縣東十二里。”江永云：“今按：此年狄伐
晉，白狄也。白狄在西河，渡河而伐晉，箕地當近河。《成十三年傳》云：
‘秦入我河縣，焚我箕、郜。’是近河有箕。今山西隰州蒲縣，本漢河東郡
蒲子縣地，東北有箕城，隋初移治此，後改蒲縣，唐移今治，而箕城在縣
東北。晉人敗狄于箕，當在此。若太谷之箕，去白狄遠，別是一地。”按：
江説是也。

冬，十月，公如齊。

十有二月，公至自齊。

乙巳，公薨于小寢。

〔注〕賈氏云："月者，爲公薨。不憂隕霜，李梅實也。"《釋例》。

〔疏證〕杜《注》："小寢，内寢也。乙巳，十一月十二日，《經》書十二月，誤。"此下有"隕霜不殺草"，"李梅實"二事。嚴蔚云："杜云：'四事皆當共繫十二月，賈氏唯以二事繫月，此亂注記，詭惑後世。'試是言也。且賈氏注本杜未知見，況杜於此《注》云：'乙巳，十一月十日，《經》書十二月，誤。'或'公如齊'與'公至自齊'連牘，如《莊二十三年經》書'夏，公如齊觀社'，下即書'公至自齊'，而'伐許'繫于十二月亦未可知。若離《經》解說，景伯斷無此誤。"案：嚴氏所引杜說乃《釋例》之詞。李貽德云："案：十二公之薨，《經》無不繫月，至自及災異，或繫時不繫月。此十二月本爲公薨而繫，以'至自'在前，則併書之。'隕霜不殺草''李梅實'，異而不災，無是憂者，不因是而繫月。"按：李說是也。賈意"隕霜""李梅實"於例當繫於冬，其日之，則以公薨爲重，故退"隕霜""李梅實"於後也。故杜謂賈惟以二事繫月，伐許不在杜數四事之中，嚴氏未達賈義。

隕霜不殺草。

〔注〕劉歆以爲草妖也。《五行志》。

〔疏證〕《五行志》引此《經》繫于十二月，則劉歆本正同，亦同證杜十一月之謬矣，歆於此《經》不言徵驗。《韓子・内儲》："魯哀公問于仲尼曰：'《春秋》之記曰："冬十二月，隕霜不殺菽。"何爲記此？'仲尼對曰：'此言可以殺而不殺也。夫宜殺而不殺，桃、李冬實。天失道，草木猶犯干之，而況于人君乎？'"此當是《左氏》古義。《公》《穀》之義皆主臣干政，與《左氏》異也。顧炎武云："九月、十月之交，草木黄落之日。而'隕霜不殺草''李梅實'，此《洪範》所謂'恒燠'也。解曰：'霜當微而重，重而不能殺草。'非。"

李梅實。

〔注〕劉歆以爲屬草妖。《五行志》。

〔疏證〕劉歆未言徵驗。

晉人、陳人、鄭人伐許。

〔傳〕 三十三年，春，秦師過周北門，左右免冑而下，超乘者三百乘。

〔疏證〕江永云：“門名乾祭，見昭二十四年。”《周語注》：“周北門，王城門也。兵車驂乘，御在中央，故左右下也。冑，兜鍪也。免，脱也。脱冑而下，敬天王也。”杜《注》略同韋説，惟云“兵車非大將，御者在中”。按：《檀弓注》：“兵車參乘，射在左，戈盾在右，御在中央。”韋蓋本鄭説。彼《疏》云：“若非兵車參乘，則尊者在左。故《曲禮》：‘乘君之乘車，不敢曠左。’又《月令》載耒耜，措之于參保介之御間，君在左也。案：宣十二年《左傳》樂伯云‘左射以菆’，是射者在左。攝叔云‘右入壘，折馘執俘而還’，是戈盾勇力在右，自然御者中央。此謂凡常戰士也。若元帥，則在中央鼓下。”《禮疏》言“兵車左右”，可證此《傳》義。□□箋亦云：“兵車之法，左人持弓，右人持矛，中人御車。”與《禮注》同。《呂覽·悔過篇》：“秦師行過周，王孫滿要門而窺之，曰：‘過天子之城，宜橐甲束兵，左右皆下，以爲天子禮。今秨服回建，左不軾，而右之超乘者五百乘，力則多矣，然而寡禮，安得無疵？’”《注》：“回建者，兵車四乘也。左，君位也。君不載而車右之不軾。超乘，巨踊車上也。不下車爲天子禮，故曰力多而寡禮。”畢沅云：“‘君不載’以下，字多訛。竊疑‘右之超乘者五百乘’本連下爲句，高氏誤分之。時秦伯不自行，亦不當言‘左，君位也’。蓋將在左，御居中。御主車，不可下。今左并不軾，右既下，後超乘以上，與《左氏傳》微異。注‘巨踊’之巨，當從《左傳》‘距躍曲踊’之距。車中如何跳踊？《左傳》所載‘左右免冑而下’爲是。既下而即跳躍以上車，示其有勇。”按：畢説是也。《呂覽》：“左不軾，右超乘。”乃采異説，非本《左氏》。“巨踊”與“距踊”，字或通矣。《周語注》亦云：“超乘，跳躍而上車。”《晉世家》：“襄公元年，春，秦師過周，無禮，王孫滿譏之。”

王孫滿尚幼，觀之，

〔疏證〕《呂覽·悔過篇》高《注》：“王孫滿，周大夫。”《周語注》：“滿，周大夫王孫滿之名。”

言於王曰：“秦師輕而無禮，必敗。

〔注〕服云：“無禮，謂過天子門，不橐甲束兵而但免冑。”本《疏》。
〔疏證〕杜用服説，又云“超乘示勇”，或亦用服説。《周語》：“師

輕而驕。”《注》：“輕，謂超乘也。”服《注》“囊甲束兵”與《呂覽》同。《疏》亦引《呂覽》，謂：“古有此禮，或出《司馬兵法》。其書既亡，未見其本。”按：服《注》說兵制，間引《司馬法》，《疏》說是也。《彤弓傳》：“囊，韜也。”《說文》：“束，縛也。”

“輕則寡謀，無禮則脫。

〔疏證〕沈欽韓云：“‘脫’當爲‘侻’。《淮南·本經訓》：‘其行侻而順情。’《注》：‘侻，簡易也。’《晏子·內篇》：‘其動作侻順而不逆。’《魏志·王粲傳》：‘體弱通侻。’裴松之曰：‘通侻者，簡易也。’‘脫’乃‘侻’之假借。《史記·禮書》：‘凡禮，始乎脫。’《荀子·禮論》又訛爲‘梲’。”按：沈說非也。《小記》：“生不及祖父母、諸父、昆弟，而父稅喪，己則否。”《注》：“稅，讀如‘無禮則稅’之稅。稅喪者，喪與服不相當之言。”《疏》云：“《左傳》僖三十三年，王孫滿曰：‘輕則寡謀，無禮則脫。’今讀從之也。”是古本此《傳》作“無禮則稅”。彼《疏》引《傳》，則誤從今本作“脫”矣。稅亦脫意，謂與禮不相傳著耳。《周語注》：“脫，簡脫也，謂不敦旅整陣。”杜《注》：“脫，易也。”亦用韋說。

“入險而脫，又不能謀，能無敗乎？”

〔疏證〕《周語注》：“險，謂殽地。”

及滑，鄭商人弦高將市於周，遇之，以乘韋先，牛十二犒師，

〔疏證〕《太宰》：“六曰商賈。”《注》：“行曰商，處曰賈。”《傳》謂“將市於周”，則商人爲行者審矣。杜《注》：“商，行賈也。”乃互言之。又云：“乘，四。韋先，韋乃入牛。”沈欽韓云：“乘韋，猶《聘禮》之乘皮也。”杜未釋“犒”字。《牛人》：“軍事，共其犒牛。”《注》：“鄭司農云：‘犒師之牛。’”《疏》謂：“將帥在軍枯槁之賜牛，謂之犒牛也。《左傳》‘以乘韋先，牛十二犒師’，雖非己之軍師，亦是犒師之牛，故引以爲證也。”二十四年“展喜犒師”，服《注》云：“以師枯槁，故饋之飲食。”先鄭說《傳》之“犒師”，義同於服。《淮南子·氾論訓》：“鄭賈人弦高將西販牛，道遇秦師于周、鄭之間，乃矯鄭伯之命，犒以十二牛。”《注》：“牛羊曰犒，共其枯槁也。”與先鄭說同。《傳》之“犒”字，如服及先鄭說，皆當作“槁”。洪亮吉謂“古無‘犒’字”是也。又謂“《廣雅》之‘犒’，從此《傳》生義”，則非。《秦本紀》：“兵至滑，販賣賈人弦高，持十二牛，將賣之周，見秦兵，恐死虜，因獻其牛。”《鄭世家》：“繆公元年，春，繆公使三將將兵，欲襲鄭。至滑，逢鄭賈人弦高，詐以十二牛勞軍。"《年表》："鄭繆公元年，秦襲我，弦高詐之。"

曰："寡君聞吾子將步師出於敝邑，敢犒從者。不腆敝邑，爲從者之淹，居則具一日之積，行則備一夕之衛。"

〔疏證〕《方言》："腆，厚也。"《釋詁》："淹，久也。"杜《注》："積，芻米菜薪。"按：《掌客》作"米禾芻薪"，則杜《注》□①或有誤。《秦本紀》："弦高曰：'聞大國將誅鄭，謹修守禦備，使臣以牛十二勞軍士。'"

且使遽告於鄭。

〔疏證〕《釋言》："遽，傳也。"杜《注》："遽，傳車。"沈欽韓云："《管子・大匡篇》：'二②十里置遽委。'《注》：'今之郵驛也。'《續輿服志》：'驛馬三十里一置。'《吕覽・悔過篇》：'遽使奚施歸告。'《淮南・人間訓》作'蹇他'。《注》云：'弦高之黨。'"

鄭穆公使視客館，

〔疏證〕《二十年傳》："秦伯使杞子、逢孫、楊孫戍之。"杜《注》："視秦三大夫之舍。"

則束載、厲兵、秣馬矣。

〔疏證〕束載，謂縛物於車也。《吕覽・音律篇注》："厲，利其兵。"《説文》："秣，食馬穀也。"《釋文》："穀馬也。"

使皇武子辭焉，曰："吾子淹久於敝邑，唯是脯資、饩牽竭矣，

〔注〕服云："腥曰饩。"《聘禮疏》。舊注："饩，死牢。牽，生牢。"《掌客疏》。

〔疏證〕杜《注》："資，糧也。"沈欽韓云："'脯資'當爲'斧資'。《旅》：'九四，旅于處，得其資斧。'《九家易》曰：'資，財也。'王弼曰：'斧，所以斫除荆棘，以安其舍者。'故以此爲客館所須。下言'饩牽'，此不當及'脯'也。"按：沈説是也。《聘禮》："饩之以其禮。"《注》："凡賜人以牲，生曰饩。"《疏》："《春秋傳》云：'饩，臧石牛。'服氏亦

---

① 科學本注：無原稿，抄本闕文。
② 林按：劉誤，沈氏原作"三"，《管子》原文亦作"三"。

云‘生牲’，是凡牲，生曰餼。《春秋傳》僖三十三年，鄭皇武子云：‘餼牽竭矣。’服氏以爲‘腥曰餼’，以其對牽，故以餼爲腥。”是服釋□□□①《傳》之餼，以爲生牲，與此《傳注》異也。杜《注》“生曰餼”，乃不達此《傳》服義而妄易之。知者，《聘義》“致饗餼”，《疏》：“《聘禮注》：‘牲，殺曰饗，生曰餼。’按：《聘禮》餼既爲生。而《左傳》僖三十三年云‘餼牽竭矣’，服虔云‘死曰餼’者，以餼與牽相對，牽既爲生，餼則爲死。故《瓠葉篇》：‘牲牢饗餼。’鄭《注》云：‘腥曰餼。’以牲牢、饗餼相對，以牲牢既爲生，饗又爲熟，故以餼爲腥也。”玩彼《疏》説，引服《注》“腥曰餼”，別作“死曰餼”，其下句當云“生曰牽”，《疏》引文不具。《漢廣釋文》：“牲腥曰餼。”服《注》文異而意同。其□□②年《傳》，服又訓“餼”爲生，牲者生，乃對烹熟言之，與鄭君《聘禮注》“生曰餼”又異。杜改不達服義，於“餼”用鄭君説，而訓“牽”爲牛、羊、豕。本《疏》云：“餼是未殺。”則“餼”“牽”無別矣。《聘禮》之“饗餼”，如鄭君説，則謂此《傳》之“餼牽”，故《禮疏》謂牲牢、饗餼對文，訓隨文變，杜氏所不知也。《掌客》：“皆眡殄牽。”《注》：“鄭司農説‘牽’云：‘牲可牽行者也。故《春秋傳》曰：餼牽竭矣。’”《疏》：“《僖三十三年傳注》：‘餼，死牢。牽，生牢。’”先鄭説《掌客》之牽，即引此《傳》，則彼《疏》所引《注》，或即先鄭此《傳注》也。《宰夫》：“掌其牢禮、委積、膳獻、飲食、賓賜之殄牽。”《注》：“鄭司農云：‘牽牲，牢可牽而行者。’”

“爲吾子之將行也，

“鄭之有原圃，猶秦之有具囿也。

〔疏證〕《車攻》：“東有甫草。”《箋》：“鄭有圃田。”《地理志》：“河南郡中牟，圃田澤在西，豫州藪。”《水經注》：“濟水又東逕原武故城南，《春秋》之原圃也。”又云：“圃田澤西限長城，東極官渡，北佩渠水，東西四十許里，南北二百許里。”則魏以前之圃田當橫跨數縣之地，《漢志》舉中牟，亦就潴水多處言之。《元和志》：“圃田澤，一名原圃，在鄭州中牟縣西北七里。其澤東西五十里，南北二十六里。”中牟縣今屬開封府，則圃田即原圃也。具囿，地志多未明所在。杜《注》：“原圃、具囿，皆囿名。”本《疏》遂謂以地爲囿。《校勘記》謂“具囿”，宋本初刻作“具圃”，

---

① 科學本注：抄本從原稿闕文。按：應作“哀二十四年”。
② 科學本注：同前。應作“哀二十四”。

《初學記》諸書并作“圃”。然玩杜《注》，則晉時本已作“具圃”，承□^①久矣。《淮南子‧墜形訓》說九藪，有“秦之陽紆，鄭之圃田”。《注》：“陽紆蓋在馮翊池陽，一名具圃。圃田在今河南中牟。《傳》曰：‘鄭有原圃，猶秦之有具圃也。’”高誘說原圃所在，與《漢志》《元和志》合。洪亮吉云：“《爾雅‧十藪》：‘秦有陽陓。’郭璞《注》：‘在扶風汧縣西。’攷《地理志‧扶風》：‘汧，吳山在西。古文以爲汧山、雍州山北有蒲谷鄉弦中谷。’以地形按之，是周之焦護，即秦之楊紆，前後異名耳。池陽縣，漢屬馮翊，晉初屬扶風，故郭《注》與高《注》異也。《淮南》藪止有九，無周之焦護。《周禮》‘雍州澤藪曰弦蒲’，亦即此揚陓。‘陓’‘蒲’‘紆’‘瓠’，音并同。”按：洪說是也。《呂覽‧有始覽》九藪，陽陓作陽華。《注》：“陽華在鳳翔，或曰在華陰西。”“華”“誇”音亦同。沈欽韓亦謂具圃、陽紆、弦蒲爲一澤，而主在鳳翔之說，謂高誘注“池陽”爲誤。按：池陽在今西安府涇陽縣西北二里，《傳》以原圃例具圃，則具圃之占地亦廣。鳳翔、涇陽相距二百餘里，鳳翔其原，涇陽其委耳。若謂在華陰，則非。《方輿紀要》：“弦蒲藪在鳳翔府隴州西四十里。”

“吾子取其麋鹿，以間敝邑，若何？”

〔疏證〕杜《注》：“使秦戍自取麋鹿，以爲行資，以間敝邑，若何？”

杞子奔齊，逢孫、楊孫奔宋。

孟明曰：“鄭有備矣，不可冀也。攻之不克，圍之不繼，吾其還也。”滅滑而還。

〔疏證〕《秦本紀》：“秦三將軍相謂曰：‘將襲鄭，鄭已覺之，往無及已。’滅滑。滑，晉之邊邑也。”《淮南‧氾論訓》述弦高事云：“賓秦師而却之，以存鄭國。”此傳□^②弦高之功也。

齊國莊子來聘，自郊勞至于贈賄，禮成而加之以敏。

〔疏證〕《聘禮》：“賓至于近郊，張旃。君使下大夫請行，反。君使卿朝服，用束帛勞。”又云：“賓遂行，舍于郊。公使卿贈，如覿幣。受于

---

① 科學本注：無原稿，抄本闕文。
② 科學本注：無原稿，抄本闕文。疑是“稱”字。

舍門外，如受勞禮。大夫親贈，如其面幣。士送至于境。"《傳》蓋舉《聘禮》之始終言之，國子，齊卿，則郊勞、贈賄皆魯卿行也。杜《注》："迎來曰郊勞，送去曰贈賄。敏，審當於事。"

臧文仲言于公曰："國子爲政，齊猶有禮，君其朝焉。臣聞之，服于有禮，社稷之衛也。"

晉原軫曰：

〔疏證〕洪亮吉云："《僖二十八年傳》及此《傳》皆別云'原軫'，當係食采于原，故云。杜預《釋例》云'河内沁水縣西北有原城'，是矣。至先且居則稱霍伯，當亦以采地名。《郡國志·河東》：'永安縣有霍大山。'《水經注》'山側有霍城'，是也。然韋昭《國語注》又云：'先且居，先軫之子蒲城伯也。後受霍，爲霍伯。'則先且居前又食采蒲城，蒲城即重耳所居，在漢河東郡蒲子縣。大率晉大夫皆以采地爲氏。除趙、魏、韓之外，如吕、郤、荀、欒、胥、臾、狐、輔、虢、范、祁、邢、屏、樓、楊、鄔、賈、杜、陽、臼、隨、苗、温、冀、知、閻、瑕、疇、銅鞮、邯鄲等并是。"

"秦違蹇叔，而以貪勤民，天奉我也。

〔疏證〕《淮南·脩務訓注》："奉，助也。"杜訓"奉"爲"與"，非。《晉世家》："先軫曰：'秦伯不用蹇叔，反其衆心，此可擊。'"

"奉不可失，敵不可縱。縱敵，患生；違天，不祥，必伐秦師。"

〔疏證〕沈欽韓云："《説苑·敬慎篇》：'羞小恥以構大怨，貪小利以亡大衆。《春秋》有其戒，晉先軫是也。'蓋指此事。"

欒枝曰："未報秦施，而伐其師，其爲死君乎？"

〔疏證〕杜《注》："言以君死故忘秦施。"顧炎武云："死君，謂忘其先君，猶范鞅之言'死吾父'也。"王引之云："此欒祁語，非范鞅語，見襄二十一年。"惠棟云："其爲死君乎，猶言不爲死君乎？君在殯，故稱死君。顧以死其君爲解。案：成十三年，《絕秦書》曰：'穆爲不弔，蔑我死君。'則顧之説未盡然也。"王念孫云："顧説是，惠説非也。《晉語》荀息曰：'死吾君而殺其孤。'《吕氏春秋·悔過篇》：'先軫曰："不弔吾喪，不憂吾哀，是死吾君而弱其孤也。"'并與此死字同義。若成十三年，'蔑我死君’，則與此死字異義，不得以彼釋此也。”① 壽曾曰：顧、王説是也。下文“可謂死君”也，正謂“不死其君”。如惠説，義室矣。《晉世家》：“未報先君施於秦，擊之，不可。”

先軫曰：“秦不哀吾喪，而伐吾同姓，秦則無禮，何施之爲？

〔疏證〕顧炎武云：“滑者，晉之同姓。”《晉世家》：“先軫曰：‘秦侮吾孤，伐吾同姓，何德之報？’遂擊之。”

“吾聞之：‘一日縱敵，數世之患也。’謀及子孫，可謂死君乎？”

〔疏證〕《晉書·新野莊王歆傳》：“張昌作亂於江夏，孫詢謂歆曰：‘古人有言：一日縱敵，數世之患。’”《北周書·史甯傳》：“甯以未獲獠甘，密欲圖之。諸將思歸。甯曰：‘一日縱敵，數世之患，豈可捨將滅之寇，更煩再舉。’”皆引此《傳》，無“也”字。

遂發命，遽興姜戎。子墨衰絰，

〔注〕賈逵云：“墨，變凶。”《晉世家集解》。

〔疏證〕子，謂襄公也。《喪服》：“斬衰裳。”《傳》：“衰，三升。”記②曰：“凡衰，外削幅；裳，内削幅。幅三袧。負廣出於適寸。衰，長六寸，博四寸。衽，二尺有五寸。袂屬幅。衣，二尺有二寸。袪，尺二寸。”《傳》又曰：“苴絰大搹，去五分以爲帶。”杜云：“以凶服從戎，故墨之。”即用賈“墨，變凶”之説。《淮南·説山訓注》：“晉襄公與姜戎，子墨衰，敗秦師于殽，言其變凶服也。”與賈《注》合。梁履繩云：“戎事上下同服，尚黑，所謂袀服是也，故墨之。白則易識，不特爲兵家所忌。”李貽德亦引《説文》：“袀，玄服。”謂：“玄色黑，戎服所宜也。”《秦本紀》：“當是時，晉文公喪，尚未葬。太子襄公怒曰：‘秦侮我孤，因喪破我滑。’遂墨衰絰。”

梁弘御戎，萊駒爲右。

夏，四月，辛巳，敗秦師于殽，獲百里孟明視、西乞術、白乙丙以歸。

---

① 林按：此段疏證引自《經義述聞》，王氏父子名字先後次序有誤，王念孫在前，王引之在後。
② 科學本注：“記”字疑應作“又”。

〔疏證〕《晉世家》："四月，敗秦師于殽，虜秦三將孟明視、西乞秋、白乙丙以歸。""術"作"秋"，乃《傳》異文。《秦本紀》："晉發兵，遮秦兵於殽，擊之，大破秦軍，虜秦三將以歸。"

遂墨以葬文公，

〔注〕服虔曰："非禮也。"《晉世家集解》。

〔疏證〕李貽德云："案：《禮記·檀弓》：'弁絰葛而葬，與神交之道也。'《注》：'接神之道不可以純凶，天子諸侯變服而葬，冠素弁，以葛爲環絰。既虞，卒哭，乃服受服也。'《雜記》曰：'凡弁絰，其衰侈袂。'是禮於葬服有定。今墨以葬，是非禮也。"《晉世家》："遂墨以葬文公。"

晉於是始墨。

〔疏證〕杜《注》："後遂常以爲俗，記禮所由變。"顧炎武云："喪事有進無退，已墨則不復反，後遂以墨爲常，則失禮甚矣。"沈欽韓云："'晉於是始墨'者，謂自後喪葬，遇有兵戎、盟會之事，遂援此以墨衰從事，非謂居常不用衰麻也。'閔子要絰而服事'，故曰：'君使之，非也。臣行之，禮也。'晉雖失禮，不至如杜預所說也。顧說失之。"案：沈說是也。《昭十年傳》："晉平公卒，叔向曰：'孤斬焉在衰絰之中。'"可證晉未變墨縗。《襄二十三年傳》："公有姻喪，王鮒使宜子墨縗冒絰。"彼固非三年喪也。梁履繩謂"衰色雖變，衰制未改"，非。

文嬴請三帥，

〔疏證〕杜《注》："文嬴，晉文公初適秦，秦繆公所妻夫人，襄公嫡母。"《淮南子·人間訓》："三率相與謀。"《注》："三率，白乙、孟明、西乞。"此當亦用舊注，"帥""率"異文。

曰："彼實構吾二君，寡君若得而食之，不厭，君何辱討焉？使歸就戮于秦，以逞寡君之志，若何？"公許之。

〔疏證〕《秦本紀》："文公夫人，秦女也，爲三囚將請曰：'繆公之怨此三人，入於骨髓，願令此三人歸，令我君得自快烹之。'晉君許之，歸秦三將。"《晉世家》："文公夫人，秦女，謂襄公曰：'秦欲得其三將戮之。'公許，遣之。"

先軫朝，問秦囚。公曰："夫人請之，吾舍之矣。"

先軫怒曰："武夫力而拘諸原，婦人暫而免諸國。

〔疏證〕杜《注》："暫，猶卒也。"馬宗璉云："《説文》云：'突，犬從穴中暫出也。'是暫有倉卒疾奔之義，言婦人倉卒而令，以其突出以免難也。元凱訓'暫'爲'卒'，義未明晰。"

"墮軍實而長寇讎，亡無日矣！"

〔疏證〕《爾雅》："墮，毀也。"《北周書‧陸騰傳》："拜龍州刺史。州民李廣嗣、李武攻劫郡縣。騰率麾下，掩襲破之，執廣嗣等于鼓下。其黨有任公昕者，更聚徒衆，圍逼州城。乃語騰曰：'但免廣嗣及武，即散兵請罪。'騰謂將士曰：'吾若不殺廣嗣等，可謂隳軍實而長寇讎，事之不可者也。'"騰引《傳》可證"軍實"之義。軍實，猶軍政。"墮""隳"異文。《晉世家》："先軫聞之，謂襄公曰：'患生矣。'"

不顧而唾。

〔疏證〕唾，杜無注。朱駿聲云："案：'唾'讀爲'咅'，《説文》：'咅，相與語唾而不受也。'非洟唾之唾。"案：朱説是也。《北史‧魏毗陵王順傳》："道武好黃老，數召諸王及朝臣，親爲説之。在坐莫不祇肅，唯順獨坐寐，不顧而唾。帝怒，廢之。"《北史》言毗陵坐寐則唾，乃不應之義。

公使陽處父追之，及諸河，則在舟中矣。

〔疏證〕《晉世家》："軫乃追秦將，秦將渡河，已在船中。"史公以爲先軫追三帥，與《傳》異。

釋左驂，以公命贈孟明。

孟明稽首曰："君之惠，不以纍臣釁鼓，

〔注〕賈云："殺而以血塗鼓，謂之釁鼓。"《斯干疏》。
〔疏證〕《晉世家》："秦將頓首謝。"《廣雅》："纍，拘也。"杜用賈説。《雜記》："凡宗廟之器，其名者，成則釁之以豭豚。"《注》："宗廟名器，謂尊彝之屬。"鄭稱"尊彝之屬"，則鼓亦名器，宜釁也。

"使歸就戮于秦。寡君之以爲戮，死且不朽。

"若從君惠而免之，三年將拜君賜。"

秦伯素服郊次，

〔疏證〕杜《注》不釋素服。沈欽韓云："《司服職》：'大札、大荒、大裁素服。'《大司馬職》：'若師不功，則厭而奉主車。'鄭司農云：'厭，謂厭冠，喪服也，軍敗則以喪禮。'即引此《傳》。案：郊次，出舍于郊也。"文淇案：《司馬注》："玄謂：'厭，伏冠也。'"《疏》："按下《曲禮》云：'厭冠不入公門。'彼差次當緦小功之冠。以義言之，五服之冠皆厭，以其喪冠反吉。吉冠于武上向內縫之，喪冠於武下向上縫之，以伏冠在武後，故得厭伏之名。按：《檀弓注》：'厭冠，喪冠。其服亦未聞。'若然，先鄭引秦伯素服者，彼據在國向外哭，此則從外向內，不同，故云'其服未聞'。後鄭不破者，已有《檀弓注》。此從破可知。"據彼《疏》，則先鄭《注》此《傳》素服，當謂厭冠也。《曲禮注》："厭，猶伏也。喪冠厭伏。"與《大司馬注》同。然彼《疏》云："厭冠者，喪冠也。厭帖無耆彊，爲五服喪所著也。"未破厭爲伏，乃先鄭義也。《檀弓注》但云喪冠，與《大司馬》先鄭説同。《疏》謂亦從破，非。

鄉師而哭，曰："孤違蹇叔，以辱二三子，孤之罪也。"不替孟明①，"孤之過也。大夫何罪？且吾不以一眚掩大德。"

〔疏證〕替，《文選注》引作"廢"。不替，杜無注。沈欽韓云："不置孟明出師之役，爲己過。按：《後漢書·龐參傳》：'參于道爲羌所敗，徵下獄。馬融上書諫之曰："昔荀林父敗績于邲，晉侯使復其位；孟明視喪師于殽，秦伯不替其官。"'如融引《傳》，則'不替'謂不去孟明之官。'孤之過也'句，乃見引罪自責意。"沈説非。融書《傳》曰："眚，過也。"《秦本紀》："三將至，繆公素服郊迎，嚮三人哭曰：'孤以不用百里傒、蹇叔言，以辱三子，三子何罪乎？子其悉心雪恥，無怠。'遂復三人官秩如故。"

"狄侵齊"，因晉喪也。

公伐邾，取訾婁，以報升陘之役。

〔疏證〕二十二年，公及邾師戰于升陘，敗績。

邾人不設備。秋，襄仲復伐邾。

---

① 林按：楊本此處有一"曰"字，原稿脱。

狄伐晉，及箕。八月，戊子，晉侯敗狄於箕。

郤缺獲白狄子。

〔疏證〕昭十二年《穀梁注》："鮮虞，姬姓，白狄也。"《漢書·匈奴傳》："晉文公攘戎狄，居于西河圜水之間，號曰赤翟、白狄。"師古曰："圜水，即今銀州銀水是也。書本作'圁'。《春秋》所書晉師滅赤狄潞氏，郤缺獲白狄子者。"杜《注》："西河郡有白部胡。"即用《漢書》說。沈欽韓云："此漢末白波賊之遺，'波''部'聲轉耳。《史記·灌嬰傳》：'斬胡白題將一人。'服虔曰：'胡，名也。'符秦亦謂鮮卑爲白虜，今番苗亦有以白黑名者。"沈但解杜《注》白部，未言白狄今所在。江永云："今按：北狄西河之西，今陝西延安府地也。《傳》云'余從狄君，以田渭濱'，則其地南至渭水。又告秦人曰'白狄及君同州'，是與秦同在雍州也。"按：江說是也。小顏謂圜水在銀州，銀州今綏德州米脂縣西北境，米脂與延安府相距三百餘里。今之安塞、延川、延長、安定、青澗諸縣，皆白狄境也。

先軫曰："匹夫逞志於君，而無討，敢不自討乎？"

免冑入狄師，死焉。狄人歸其元，面如生。

初，臼季使，過冀，

〔疏證〕汾水經冀亭南，郤缺耨處。《晉語注》："臼季，胥臣也。冀，晉邑。"杜用韋說。《水經·汾水注》京相璠云："今河東皮氏縣有冀亭，古之冀國所都也。"《方輿紀要》："今蒲州河津縣東十五里，有如賓鄉，即其地也。"

見冀缺耨，其妻饁之。

〔疏證〕《晉語注》："冀缺，郤芮子也。"《易釋文》引馬《注》："耨，鋤也。"《釋器》："斫劚謂之定。"《廣雅》："定謂之耨。"《呂覽》："耨柄尺，其耨六寸。"《注》："耨，耘苗也。六寸，所以入苗間也。"《釋詁》："饁，饋也。"本《疏》引孫炎云："饁，野之饋也。"《說文》："饁，餉也。"

敬，相待如賓。

〔疏證〕杜無注。《晉語注》："夫婦相敬如賓也。"《隋書·潘徽傳》："隋遣魏澹聘于陳，徽接對之。澹將反命，爲啓于陳主曰：'敬奉弘慈。'

徽以‘敬奉’爲輕，却其啓而不奏。澹立議曰：‘宗廟、上天、君、父，咸同一敬，《五經》未有異文，不知以敬爲輕，意何所據？’徽難之曰：‘向所論敬字，本不全以爲輕，但施用處殊，義成通別。《禮》主于敬，此是通言。獨如男子“冠而字之”，注云“成人，敬其名也”。《春秋》有冀缺夫妻，亦云“相敬”。既于子則有敬名之義，在夫亦有敬妻之説，此可復并謂極重乎。’”如徽説，則此《傳》之敬與它敬字義別。

與之歸，言諸文公曰：“敬，德之聚也。能敬必有德。德以治民，君請用之。

“臣聞之：出門如賓，承事如祭，仁之則也。”

〔疏證〕《論語·顔淵》述孔子之言，作“出門如見大賓，使民如承大祭”，蓋古有此言。臼季、孔子皆引之，《論語》言“使民”，此《傳》言“承事”，亦稱述之異。《集解》引孔曰：“爲仁之道，莫尚乎敬。”用此《傳》義爲説。

公曰：“其父有罪，可乎？”

〔疏證〕《晉語注》：“文公元年，冀芮畏逼，與吕、郤謀弑公，焚公宫，秦伯殺之故也。”

對曰：“舜之罪也殛鯀，其舉也興禹。

〔疏證〕《洪範》：“鯀則殛死，禹乃嗣興。”鄭氏《注》引此《傳》，《堯典》馬融《注》：“鯀，臣名，禹父。殛，誅也。”《襄二十一年傳》：“鯀殛而禹興”。

“管敬仲，桓之賊也，實相以濟。

〔疏證〕敬，管仲謚。《晉語》：“齊桓親舉，管敬子其賊也。”

“《康誥》曰：‘父不慈，子不祗[1]，兄不友，弟不共，不相及也。’

〔疏證〕今《康誥》無此文。《疏》云：“此雖言《康誥》曰，直引《康誥》之意耳，非《康誥》之全文也。”惠棟云：“棟謂此《康誥》之闕文也。《法言》曰：‘《酒誥》之篇，俄空焉。’伏生引《酒誥》曰：‘王曰：

---

[1] 林按：楊本及通行本俱作“祗”，劉氏誤作“祇”，據楊本回改。

“封，惟曰若圭璧。’”今《酒誥》無此文。故《漢書·藝文志》云：‘《酒誥》脱簡一。’《梓材》‘今王惟曰’以下文義不屬，蓋《康誥》三篇皆有脱誤。孔以爲引其意而言之，非也。”按：惠説是也。《後漢書·章帝紀》元和元年，詔曰：“《書》云：‘父不慈，子不祗，兄不友，弟不恭，不相及也。’”《注》引《左傳》此文，謂與《康誥》事同文異。詔徑引《書》，可證《傳》非約引《書》意，《注》謂異文，非。《昭二十年傳》：“在《康誥》曰：‘父、子、兄、弟，罪不相及。’”亦是闕文。《晉書·東萊王蕤傳》：“弟同起義兵，趙王倫收蕤。祖納曰：‘罪不相及，惡止其身。此先哲之弘謀，百王之達制也。是故鯀既殛死，禹乃嗣興；二叔誅放，而邢、衛無責。’”祖氏之説全據此《傳》義。

“《詩》曰：‘采葑采菲，無以下體。’君取節焉可也。”

〔疏證〕《國風》首章文，杜不釋葑、菲之名。《詩傳》：“葑，須也。菲，芴也。下體，根莖也。”《箋》：“此二菜者，蔓菁與葍之類。”《釋草》：“須，葑從。菲，芴。”毛《傳》本《釋草》。《説文》：“葑，須從也。”倒乙①《釋草》“葑”，文非義異。“葑”，又作“蕢”，《方言》：“蕢蕘，蕪菁也。”本《疏》引《爾雅》孫炎《注》云：“菲，葍類也。”陸璣《義疏》云：“葑，蔓菁，幽州人或謂之芥也。菲似葍，莖麤，葉厚而長，有毛，三月中烝煮爲茹，滑美，又可以爲羹。幽州人謂之芴。”則毛、鄭義同也。陳奐《詩疏》引此《傳》，釋云：“取節，猶節取。《繁露·竹林篇》：‘取其一美，不盡其失。’亦引此《傳》。《坊記注》：‘言人之交，當取一善。’義并同。”《左傳》、毛意亦然也。

文公以爲下軍大夫。

〔疏證〕《晉語》：“公見之，使爲下軍大夫。”《注》：“在文公時，而於此言之者，以襄公能繼父志，用冀缺也。”

反自箕，襄公以三命命先且居將中軍，

〔疏證〕《晉語注》：“先且居，先軫之子蒲城伯也。”杜用韋説。沈欽韓云：“《王制》：‘大國之卿不過三命。’”

以再命命先茅之縣賞胥臣，曰：“舉郤缺，子之功也。”

---

① 科學本注：此二字疑應作“則是”。

〔疏證〕《晉語注》引《傳》曰："襄公以父命賞胥臣，曰：'舉郤缺，子之功。'"父命乃異文，或是用《左氏》舊說。如父命義，是先茅之賞，襄公以文公之命臨之。杜《注》："先茅絕後，故取其縣以賞胥臣。"

以一命命郤缺爲卿，復與之冀，

〔疏證〕沈欽韓云："《王制》：'大國下卿再命。'《典命職》：'公之卿三命，其大夫再命。'此云一命爲卿者，蓋以士秩試守也。漢制①太守二千石，亦有以六百石、八百石任之者。"

亦未有軍行。

〔疏證〕杜《注》；"雖登卿位，未有軍列。"沈欽韓云："以五軍帥見有人故。"

冬，公如齊朝，且弔有狄師也。

反，薨于小寢，即安也。

〔注〕舊注："小寢，夫人寢也。禮，男子不絕于婦人之手。今僖公薨于小寢，譏其近女室。"《既夕疏》。

〔疏證〕杜《注》："小寢，夫人寢也。譏公就所安，不終于路寢。"與舊注詞異。下僖公作主，賈《注》："生則致哀姜，終則小寢，以慢典常。"則舊注疑即賈君《注》也。"男子不絕于婦人之手"，□□②文。

晉、陳、鄭伐許，討其貳于楚也。

楚令尹子上侵陳、蔡。陳、蔡成，

遂伐鄭，將納公子瑕。

〔疏證〕瑕，奔楚，見《三十一年傳》。

門于桔柣之門，

瑕覆于周氏之汪，

〔疏證〕《通俗文》："亭水曰汪。"杜《注》："車傾覆池水中。"《傳》

---

① 林按：沈氏原文作"制"，劉氏誤作"志"，據原作回改。
② 科學本注：無原稿，抄本闕文。按：應作"既夕"。

不言車覆，杜説非。

外僕髡屯禽之以獻。

〔疏證〕崔憬《易注》："禽，古擒字。擒，猶獲也。"杜《注》："殺瑕以獻鄭伯。"謂《傳》不言髡屯殺瑕，杜蓋探下文葬鄶城爲説。

文夫人歛而葬之鄶城之下。

〔注〕服云："鄶城，故鄶國之墟。"《詩·鄭譜疏》。

〔疏證〕杜《注》："鄭文公夫人也。"《詩釋文》："檜，本又作鄶。"是子、男之國，後爲鄭武所并焉。《檜譜疏》："檜國在《禹貢》豫州外方之北，滎波之南，居溱、洧之間。妘姓。僖三十三年《左傳》稱'文夫人葬公子瑕於鄶城之下'，服虔云：'鄶城，故鄶國之墟。'杜預云：'鄶國在滎陽密縣東北。'新鄭在滎陽宛陵縣西南，是鄭非鄶都，故別有鄶城也。"案：彼《疏》蓋以杜《注》鄶在密縣爲是。其謂在新鄭者，或別一説。《元和志》："鄶城在鄭州新鄭縣東北三十二里。"可知古有新鄭之説也。服《注》不引密縣，其義遂無以考。《一統志》："古鄶城在密縣東北五十里，接新鄭界。"密，今屬河南府。

晉陽處父侵蔡，楚子上救之，

與晉師夾泜而軍。

〔疏證〕《地理志》："南陽郡魯陽魯山，滍水所出，東北至定陵入汝。"師古曰："滍音峙，又音雉。""滍""泜"同音，即泜水也。《水經注》："汝水又東南逕定陵縣故城北。水右則滍水左入焉。"與《漢志》同。沈欽韓云："泜，《漢志》及《水經注》俱作滍，非常山中丘縣之泜水也。彼泜音脂，《一統志》：'滍水源出汝州魯山縣西吴大嶺東，流逕寶豐縣南，又東入南陽府葉縣北，又東入許州府襄城縣界，入汝水。'"顧棟高云："定陵在今南陽府舞陽縣界。"

陽子患之，使謂子上曰："吾聞之：'文不犯順，武不違敵。'子若欲戰，則吾退舍，子濟而陳，遲速唯命。不然，紓我。

〔疏證〕杜《注》："欲辟楚，使渡成陳而後戰。"□□[①]《傳》："紓，

---

① 科學本注：無原稿，抄本闕文。按：應作"采菽"。

緩也。"

"老師費財，亦無益也。"

乃駕以待。子上欲涉，

大孫伯曰："不可。晉人無信，半涉而薄我，悔敗何及？不如紓之。"乃退舍。

陽子宣言曰：

〔疏證〕《釋□①》："宣，徧也。"

"楚師遁矣。"遂歸。楚師亦歸。

大子商臣譖子上曰："受晉賂而辟之，楚之恥也。罪莫大焉。"王殺子上。

葬僖公，緩作主，

〔疏證〕杜《注》："僖公實以今年十一月薨，并閏七月乃葬，故《傳》云'緩'。"劉敞云："杜讀'緩'以上爲句，非也。僖公以十二月薨，明年四月葬，凡五月，不得云緩。"洪亮吉云："繹下《釋例》所引賈氏説，則'緩'字亦當連下讀爲是。"案：劉、洪説是也。《文元年經》："四月，葬僖公。"杜據彼《經》，又謂當次在《經》僖公下，簡編倒錯。本《疏》乃云："杜以此年空説葬事，而其上無經文，元年空舉《經》，而其下無《傳》，故謂此年之《傳》當在彼《經》之下。"杜以《傳》譏緩葬，故欲繫此《傳》於文元年。然僖之作主，在文二年二月，明見於《經》。如杜説，簡編倒錯，則將□□②作主云云於文二年矣。顧炎武云："此《傳》《經》書'文二年二月丁丑，作僖公主'之義。"□③本云此《傳》爲文元年四月葬僖公，至二年二月始作主□④，非禮。劉炫云："以葬僖公後，積十月始作木主，是作主太緩也。"《傳》多附記之例，如閔公末年言成風事，又言邢、衞，皆非其年之事。杜預言此《傳》當在明年四月下，非也。論當在二年二月下，而彼自有文，知此自是附記，非錯誤。《讀本》

① 科學本注：同前。按：應作"釋言"。
② 科學本注：無原稿，抄本闕文。
③ 科學本注：同前。
④ 科學本注：同前。

之駁杜説，與下賈《注》"作主陵遲，上係《僖公》篇"義合。其引炫説見本《疏》。如炫説，則"緩"字亦屬下讀。

非禮也。

〔注〕賈氏以爲僖公始不順祀。生則致哀姜，終則小寢，以慢典常，故其子文公緣事生邪志，作主陵遲。于是文公復有夫人歸，嗣子罹咎。《傳》故上係此文于《僖公》篇。《釋例》。

〔疏證〕杜《注》："文二年乃作主，遂因葬文通譏之。"僖之葬及作主明是兩事，杜云"通譏"，則作主何譏之有？未得《傳》義。杜之句讀既與賈異，《釋例》引賈説，斥之爲迂，非也。李貽德云："案：不順祀自文公始，而云'僖始不順祀'者，《八年經》書：'禘于太廟，用致夫人。'《傳》稱'非禮'，是不順祀即致哀姜之事。是年《經》：'公薨于小寢。'《傳》謂'即安'，故譏其'終則小寢'也。《易·繫辭》：'既有典常。'虞翻曰：'其出入以度，故有典常。'慢典常者，慢其常度也。文公緣僖公之事而生邪志，作主緩至二年，故曰'陵遲'。《荀子·宥坐篇》云：'陵遲故也。'《注》：'陵遲，言丘陵之勢漸慢也。''夫人歸，嗣子罹咎'，謂文公夫人出姜大歸於齊，及子赤、子惡爲東門遂所殺。作主事當繫文，而繫于僖公之終篇，明僖有以啓之也。"

凡君薨，卒哭而祔，祔而作主，

〔注〕古《春秋左氏》説："既葬，反虞，天子九虞，九虞者以柔日。九虞，十六日也。諸侯七虞，十二日也。大夫五虞，八日也。士三虞，四日也。既虞，然後祔死者於先死者。祔而作主，謂桑主也。期年，然後作栗主。"《曲禮疏》引《異義》。

〔疏證〕《甸人疏》引《異義》《左氏》説，作"君薨，祔而作主"，蓋約傳文，其"卒哭"字當有也。杜《注》："既葬，反虞，則免喪，故曰'卒哭'。哭，止也。"沈欽韓云："《士喪禮》下篇：'卒哭，明日以其班祔。'《注》：'卒哭，三虞之後祭名。始朝夕之間，哀至則哭，至此祭止也。朝夕哭而已。祔，卒哭之明日祭名。'按：所謂卒哭者，止無時之哭，爲朝夕之限。以孝子思慕之心無窮，而一時之序已過，若復終日泣血，恐其不能勝喪也。杜預既創免喪之論，孔穎達附會之，而云'天子諸侯於此除喪，全不復哭'，則是周公之經獨爲士庶人設，忍矣哉！"按：沈説是也。鄭君説卒哭、祔，次第與《傳》合，惟《傳》不言虞。如鄭説，則虞祭在卒哭後，《傳》不言者，文省耳。

《曲禮》："措之廟，立之主曰'帝'。"《注》："同之天神。《春秋傳》曰：'凡君，卒哭而祔，祔而作主。'"《疏》："此是《左傳》僖三十三年之言也。天子七月而葬，九月而卒哭；諸侯五月而葬，七月而卒哭；大夫三月而葬，五月而卒哭；士三月而葬，是月而卒哭。卒哭者，是葬竟虞數畢後之祭名也。孝子親始死，哭，晝夜無時。葬後虞竟，乃行神事，故卒其無時之哭，猶朝夕各一哭，故謂其祭爲卒哭。卒哭明日而立主，祔於廟，隨其昭穆，從祖父食。"其釋卒哭，亦據《士喪禮注》義也。惟《公羊傳》虞用桑主，因虞立主，與《左氏》說異。彼《疏》又云："《檀弓》云：'重，主道也。'鄭《注》引《公羊傳》：'虞主用桑，練主用栗。'則似虞已有主。而《左傳》云'祔而作主'，二《傳》不同者。案：說《公羊》者，朝葬，日中則作虞主。若鄭君以二《傳》之文雖異，其義則同，皆是虞祭總了，然後作主。以作主去虞實近，故《公羊》上係之于虞，作主謂之'虞主'。又作主爲祔所須，故知《左》據祔而言，故云'祔而作主'。"下即引《異義》《左氏》說。又云："許慎謹案：《左氏》說與《禮記》同。鄭君不駁，明同許義。"《檀弓疏》亦云："'虞'與'祔'相近，故《公羊》云'虞主用桑'，謂虞祭之末也。《左傳》云'祔而作主'，謂用主之初，俱是喪主。其義不異。"下引《異義》《公羊》說"虞而作主"，又引《左氏》說，視《曲禮》所引爲略。又云："許慎案：《左氏》說與《禮》同。鄭氏不駁，則是從《左氏》之義，非是虞祭之日即作主也。"詳二《疏》之文，蓋以《公羊》與《左氏》義同。

沈欽韓云："孔穎達欲調停兩家之說，然《公羊》義非也。《檀弓》云：'葬日虞，是日也，以虞易奠。卒哭，曰成事。是日也，以吉祭易喪祭。'又云：'虞而立尸，有几筵。卒哭而諱，生事畢而鬼事始已。'蓋前此皆以生時養禮，至卒哭後始鬼神祭之，則知卒哭方作主，有主以象之，祭祀方成，故曰'成事'。自九虞以至士之三虞，卒哭通不用主，何得云'虞而作主'乎？"按：沈駁《公羊》"虞而作主"之說未核。古《左氏》說"既虞，然後祔死者於先死者"之義，虞然後祔，非即"虞而作主"乎？卒哭爲虞後之祭，鄭義自明。《檀弓》"以虞易奠"爲一事，"卒哭曰成事"又一事，次卒哭於虞之後，即《傳》之"卒哭而祔"也。沈說非。古《左氏》說，謂"既葬反虞"與《檀弓》"葬日虞"合。

謂"九虞者以柔日"者，孔廣林曰："以《士虞·記》始虞、再虞用柔日，三虞用剛日推之，九虞者，當八虞用柔日，第九虞則用剛日。此云九虞者以柔日，蓋有脫誤。"如孔說，則當作"凡虞者用剛日"，其稱九虞亦字誤，稱天子以下虞數日。陳壽祺《異義疏證》云："《雜記》：'士

三虞，大夫五，諸侯七。’‘禮，虞祭，天子九，諸侯七，大夫五，士三。’
是《公羊》說九虞以下尊卑之差，與《左氏》說、《禮記》并合也。”祔用
桑主，期年作栗主者，《晉語》①：“設桑主，布几筵。”《注》：“主，獻公之
主也，練主用栗，虞主用桑。禮，既葬而虞，虞而作主。”韋《注》說桑
主、栗主義，亦用古《左氏》說。其云“虞而作主”，猶言卒哭而作主矣，
詳《左氏》說。

　　桑主、栗主則非獨《公羊》義如此。沈欽韓謂：“桑主、栗主出於
《公》《穀》二家。《左氏》之義本無二主。”非。其引《檀弓》“殷練而祔，
周卒哭而祔”，謂“祔時不同，主當有異，故沿誤”，猶非。卒哭而祔，
《傳》自明②，《周禮》安得以殷練言之？又《曲禮疏》云：“大夫、士亦卒
哭而祔，而《左傳》惟據人君有主者言之，故云‘凡君’。鄭《注》《祭
法》云‘大夫、士之無主也’。此言‘凡君’，明不關士、大夫也。崔靈恩
云：‘大夫、士無主，以幣、帛祔。祔竟并還殯宮，至小祥而入廟。’”此
釋《傳》“凡君”義最明。《南齊書·禮志》引此傳文，并引先儒云：“特
祀于主者，特以喪禮奉新亡者，至于寢，不同于吉。”蓋用杜義，亦注謂
奉主於寢，與服《注》後主於寢義別。知特祀於主爲後主於寢者，《曲禮
疏》：“卒哭，主暫時祔廟，祔畢更還殯宮。至小祥作栗主入廟，乃埋桑
主於祖廟門左埋重處。故鄭云：‘虞而作主，至祔，奉以祔祖廟。既事畢，
反之殯宮。’”可□③服說。其謂桑主埋於廟門左，於禮無可考實。惟《檀
弓疏》又云：“案：《異義》：‘《戴記》及《公羊》說，虞主埋於壁兩楹之
間，一說埋之于廟北牖下。《左氏》說虞主所藏無明文。’鄭駁之云：‘案：
《士喪禮》重與柩相隨之禮，柩將出，則重倚于道左。柩將入于廟，則重
止于門西。虞主與神相隨之禮亦當然。練時作栗主，則入廟之時，祝奉虞
主于道左。練祭訖，乃出就虞主而埋之，如既虞埋重於道左云。’”則埋桑
主於廟門左，乃鄭君推《士喪禮》埋重得之。

特祀於主，

〔注〕服虔云：“特祀於主謂在寢。”《士虞禮疏》。

〔疏證〕《鬯人疏》引《左氏》說，作“特祀主於寢”，蓋增文以釋
《傳》義，明主在寢也。《士虞禮注》：“凡祔已，復於寢，如既祫，主反

---

① 科學本注：按：應作《周語》。

② 科學本注：以上九字疑有誤訛。

③ 科學本注：無原稿，抄本闕文。

其廟，練而後遷廟。"《疏》："《曾子問》云'天子、諸侯既祫祭，主各返其廟，今祔于廟，祔已，復於寢。如祫祭訖，主返廟相似，故引爲證也'。服《注》云：'特祀于主謂在寢。'若然，惟祔祭與練祭之在廟，祭訖，主返於寢，其大祥與禫祭自然在寢祭之。"玩《禮疏》釋服義，則服□①此特祀即祔也。杜《注》："以新死者之神祔之於祖，尸柩已遠，孝子思慕，故造木主，立几筵焉。特用喪禮，祭祀於寢，不同之於宗廟。"杜用服義。然詳服《注》，在寢謂祔廟禮成，復主於寢。杜《注》謂祭祀於寢，非也。

烝、嘗、禘于廟。

〔注〕服云："烝、嘗、禘于廟者，三年喪畢，遭烝、嘗，則行祭皆于廟焉。"《士虞禮疏》。《左氏》說："畢三時之祭，莃年，然後烝、嘗、禘于廟。"《啻人疏》。賈、服以爲："三年終禘，遭烝、嘗，則行祭禮。"《啻人疏》。

〔疏證〕《士虞禮注》："練而後遷廟。"《疏》引此年傳文，并引服《注》，申之云："遭烝、嘗乃于廟，則自三年以前，未得遷於廟而禘祭。此賈、服之義，不與鄭同。"如《疏》說，則賈、服義同。《啻人疏》連稱賈、服可證。《釋例》引舊說，以爲諸侯喪三年之後乃烝、嘗，亦括賈、服義也。沈欽韓云："按：《王制》云：'喪三年不祭，惟祭天、地、社稷，爲越紼而行事。'鄭注《曾子問》：'惟嘗禘宗廟俟吉也。'又《曾子問》云：'士之所以異者，緦不祭。所祭于死者，無服則祭。'然則三年之喪，天子諸侯不修時享可知矣。《通典·喪廢祭議》：'晉武帝咸甯五年，十一月，弘訓羊太后崩，宗廟廢一時之祭。賀循《祭議》云："喪者不祭，祭，吉事故也。其義不但施于生人，亦祖禰之情，同其哀戚，故云於死者無服則祭也。"'欽韓按：服其服，所以稱其情。孔子曰：'緦不祭，又何助于人？'緦之喪，至輕也，祭其祖禰，至重也，猶不許飾情而從吉。三年之喪，雖服有變除，然哀毀未復，衰絰未除，何能改莊敬之容，被弁冕之服，忘新哀而修舊禮乎？故服未終而不祭，不必爲祖禰措辭也，實生者所不堪爲也。故閔二年，'吉禘于莊公'，《傳》譏其速，《公》《穀》二《傳》譏其未畢三年而吉祭。此天下之通義，愚不肖所共知。獨杜預于此《傳》云：'既特祀于寢，則宗廟四時常祀自如舊也。三年禮畢，又大禘，乃皆同於吉。'夫宗廟常祀非吉祭乎？創此反常之說，孔穎達從而和之，故其疏《王制》'喪三年不祭'，勉強敷衍，而引杜預《釋例》云：'《禮記》

---

① 科學本注：無原稿，抄本闕文。

後儒所作，不正與《春秋》同。’是豈獨《王制》之言乎？將古來大聖大儒所危言苦口扶植世①道者一概抹殺，而獨奉杜說爲金科玉律。宋儒遂漫然曰：‘杜氏因《左氏》之失，遂有國君卒哭除之說。’然杜預事事與《左氏》乖違，預乃《左氏》之罪人，學者不察，并反脣《左氏》，祇自見其鸁惝也。觀服虔之解，則深得《左氏》之意，而《左氏》之書未可□□②矣。”按：沈之申服說是也。

《宋書·禮志》："有司奏：‘新安王服宣貴妃齊衰朞，心喪三年。未詳宣貴妃祔廟，應在何時？’太學博士虞龢議：‘《春秋傳》云："祔而作主，烝、嘗、禘于廟。"當爲吉祭之名，大祥及禫，未得入廟，應在禫除之後也。’左丞徐爰議以：‘禮有損益，古今異儀。雖云卒哭而祔，祔而作主，時之諸侯，皆禫終入廟。謂禫除之後，宜親執奠爵之禮。’參議，龢議大體與爰不異，宜以爰議爲允。"蓋用賈、服三年喪畢行祭之說也。《檀弓疏》云："其遷廟早晚，《左氏》以爲三年喪畢乃遷廟，故僖三十三年《左氏傳》云：‘烝、嘗、禘于廟。’杜、服皆以爲三年禫祭，乃遷此廟。鄭則以爲練時則不禘而遷廟主。故鄭注《士虞禮》‘以其班祔’之下云‘練而遷廟’。"此說賈、服三年行祭義最明，以禫祭言，猶可證《宋書·禮志》所稱也。其言杜、服同說則誤。鄭君"練而遷廟"之說，與賈、服義殊，然亦有所承。《匠人》"廟用修"，《注》："玄謂廟用修者，謂始禘時。"《疏》："謂練祭及遷廟時，以其宗廟之祭，從自始死以來無祭，今爲遷廟，以新死者木主入廟，特爲此祭，故云‘始禘時’也。以三年喪畢，明年春禘爲終禘，故云始也。鄭知義遷廟在練時者：案：文二年《穀梁傳》云：‘作主壞廟有時日，於練焉壞廟。壞廟之道，易檐可也，改塗可也。’爾時木主新入廟，禘祭之，是以《左氏》說，凡君薨，祔而作主，特祀主于寢，畢三時之祭，朞年然後烝、嘗、禘于廟。許慎云：‘《左氏》說與《禮》同。鄭無駁，明用此禮同，義與《穀梁傳》合。賈、服以爲三年終禘，遭烝、嘗則行祭禮，與前解違，非鄭義也。’"據彼《疏》引《左氏》說爲《異義》文，則朞年烝、嘗、禘亦《左氏》舊說。鄭君用以注《士虞禮》也。《士虞禮疏》亦引《穀梁》文二年傳，以證練而遷廟。

沈欽韓云："推《左傳》‘特祀于主’之義，則祔祭之後，三年喪未

---

①　科學本注："也"疑應作"而"。林按：劉文此句引自丁晏《左傳杜解集正》，"也"爲"世"字。

②　科學本注：無原稿，抄本闕文。林按：檢閱丁晏《左傳杜解集正》，此二字爲"厚誣"。

畢，蓋在正寢。而鄭注《虞禮》云：'練而後遷廟。'崔靈恩以此義入《三禮義宗》，孔、賈并援《穀梁》爲證。然楊士勛《疏》云：'此雖爲練作主，作主在十三月，壞廟在三年喪終，而《傳》連言之者，此主終入廟，入廟即易檐。以事相繼，故連言之，非謂作主、壞廟同時也。或以爲練而作主之時，則易檐、改塗，故此《傳》云"于練壞廟"，於傳文雖順，舊說不然，故不從之。'是說《穀梁》者，不謂練而遷廟。"李貽德亦援《穀梁疏》謂："此則練時未遽遷主，即以《穀梁傳》文言之，僅曰'壞廟'，不曰'遷廟'，則遷廟在三年喪畢之後。"沈、李之說皆主持賈、服義。不朞年烝、嘗、禘，亦《左氏》舊說，非僅《穀梁》之言也。

杜《注》直謂卒哭立主後，四時常祭如舊，於三年、朞年之說皆不取，蓋自爲其說，先儒無之。其《釋例》引襄十五年冬十一月，"晉侯周卒。十六年春，烝於曲沃"，乃違禮之事，何可據爲典要也？《南齊書》："宋泰豫元年，明帝崩。博士周洽議：'權制：諒闇之內，不親奉四時祠。'"尚能依據賈、服義。尚書令王儉採晉中朝《諒闇議》，則云："朝、聘、烝、嘗之典，卒哭而備行；婚、禘、蒐、樂之事，三載而後舉。"重禘而輕烝、嘗，已非禮經所有義。又云："《曾子問》：'天子崩，國君薨，則取群廟之主而藏諸祖廟。卒哭成事，而後主各反其廟。'《春秋左氏傳》：'烝、嘗、禘于廟。'先儒云：'烝、嘗、禘于廟者，卒哭成事，群廟之主，各反其廟。則四時之祭皆即吉也。三年喪畢，躋群主以定新主也。'"儉所引先儒說，即杜說。群主反廟，無關烝、嘗、禘之禮，此杜所未言者，乃引以傳其說，非。

文　公

〔疏證〕《魯世家》："文公，名興，僖公之子，夫人聲姜所生。"《謚法》："忠信接禮曰文，博聞多見曰文。"

〔**經**〕 **元年，春，王正月，公即位。**無《傳》。

二月，癸亥，日有食之。無《傳》。

〔注〕劉歆以爲正月朔，燕、越分。《五行志》。

〔疏證〕《公羊》"亥"下有"朔"。杜《注》："癸亥，月一日，不書朔，官失之。"李富孫云："《左》《穀》無'朔'字，或爲闕文。"臧壽恭云："《漢書·五行志》引《經》，亦無'朔'字。《楚元王傳注》引有'朔'字，蓋《穀梁經》也。案：是年入甲申統一千一十七年，積月一萬二千五百七十八，閏餘十三。是歲有閏，積日三十七萬一千四百三十九，小餘十七，大餘三十九。正月癸亥朔，又置上積日，以統法乘之，以十九乘小餘十七，并之，滿周天除去之，餘五十三萬一千二百七十四。滿統法而一，得積度三百四十五度，餘五百七十三。命如法，令辰在斗七度。"貴曾曰：案：是年積月一萬二千五百七十八，以二十三乘之，盈百三十五，去之，餘一百二十四，加二十三者一，得一百四十七，盈百三十五。又去之，餘十二，置加數一，命起十一月算外，得周二月有食。歆以爲正月，當再考。

天王使叔服來會葬。

〔疏證〕《五行志注》："師古曰：'叔，氏。服，字。'"與杜《注》同。《疏》："《傳》稱'內史叔服'，內史於《周禮》爲中大夫。天子、大夫例書字，知'叔，氏。服，字'也。"

夏，四月，丁巳，葬我君僖公。

天王使毛伯來賜公命。

〔注〕賈逵以爲："諸侯踰年即位，天子賜以命珪，合瑞爲信也。"《通典》八十引段暢議。

〔疏證〕賜，監本作"錫"。惠棟云："《唐石經》及宋本'錫'作'賜'。《釋文》同，云'本或作錫'。《覲禮》云：'天子賜舍。'《注》：'今文賜作錫。'"如惠説，則《左氏》古文作"賜"，今從《石經》正。《公羊傳》："錫者何？賜也。"彼經文異《左氏》。《五行志注》："師古曰：'毛伯，周之卿士也。賜命者，賜以命圭，爲瑞信也。'"即用賈説。杜《注》："天子賜以命圭。"知杜氏所見經文，亦作"賜公命"矣。《疏》："《大宗伯》：'侯執信圭。'《冬官·玉人》桓圭以下皆謂之命圭。魯是侯爵，當賜之以信圭也。"又云："僖十一年，'晉惠公新立，王賜之命'，此亦新立，是其比也。"按《詩·瞻彼洛矣箋》："此諸侯世子也。除三年之喪，服士服而來，未過爵命之時，時有征伐之事，天子以其賢，任爲軍將。"《疏》云："《春秋》之義，諸侯踰年即位，天子賜之以命圭，則天子遣使就國賜之矣。文元年，'天王使毛伯來錫公命'，是其事也。此言除三年之喪，自來受賜命者，天子命諸侯之禮也，亦無明文。《春秋》之義，言踰年錫命者，説者致之，非傳辭也。春秋之世，魯文公、晉惠公，即位而賜之。魯成公，八年乃賜之。齊靈公，天子將昏于齊始賜之。衛襄、魯桓，則既葬①乃賜之。是賜命時節無定限也。由此而□②，蓋踰年賜命，是其正。其不得命，則除喪自見天子。"《詩疏》謂"踰年即位賜命"，即據賈説。本《疏》引晉惠賜命爲比，杜無其義，蓋舊疏申賈《注》之辭矣。

晉侯伐衛。

〔疏證〕《年表》："晉襄公二年，伐衛，衛伐我。"

叔孫得臣如京師。

〔疏證〕《檀弓疏》引《世本》："桓公生僖叔牙，牙生戴伯兹，兹生莊叔得臣，得臣生穆叔豹。"杜《注》："得臣，叔牙之孫。"用《世本》説。

衛人伐晉。

〔疏證〕《年表》："衛成公九年，晉伐我，我伐晉。"

秋，公孫敖會晉侯于戚。

---

① 林按："葬"，《毛詩正義》作"薨"，似以"薨"爲是。
② 科學本注：原稿闕文，疑是"言"字。

〔疏證〕杜《注》：“公孫敖，魯大夫慶父之子。戚，衛邑。”顧棟高云：
“戚，今在直隸大名府開州北七里，有古戚城。”沈欽韓云：“《清豐縣志》：
‘戚城在縣南三十五里。’”按：清豐屬直隸大名府。

冬，十月，丁未，楚世子商臣弒其君頵。

〔疏證〕《楚元王傳注》引《經》“世”作“大”。《公》《穀》“頵”曰
“髡”。李富孫云：“《繁露·滅國》引同。《十二諸侯年表》《楚世家》《古
今人表》并作‘惲’。‘頵’‘髡’同部，‘惲’亦聲之轉。”宣四年《傳例》：
“凡弒君稱君，君無道也；稱臣，臣之罪也。”

公孫敖如齊。

〔傳〕 元年，春，王使內史叔服來會葬。

公孫敖聞其能相人也，見其二子焉。

叔服曰：“穀也食子，難也收子。

〔疏證〕杜《注》：“穀，文伯。難，惠叔。食子，奉祭祀供養者也。
收子，葬子之身也。”

“穀也豐下，必有後於魯國。”

〔疏證〕杜《注》：“豐下，蓋面方。”按：此明“穀也食子”義。

於是閏三月，非禮也。

〔疏證〕杜《注》：“於曆法，閏當在僖公末年，誤於今年三月置閏，
蓋時達曆者所譏。”杜謂上年當置閏，不析言當在何月。貴曾曰：案僖公
三十三年閏餘六，無閏，杜說非也[1]。案《律曆志》：“文公元年距僖五年辛
亥二十九歲，是歲閏餘十三，閏當在十一月後，而在三月，故《傳》曰：
‘非禮也。’”是舊說謂置閏當在此年，《魯曆》失其月。據《律曆志》，是
年閏餘十三，以十二乘之，得百五十六，加七者十一，盈章中二百二十八
而餘五，置加數十一，從冬至籌外，正小雪，閏應在十一月後。是年當閏
十一月，故《志》云閏當在十一月後也。甄鸞《五經算術》：“推文公元
年，歲在乙未，閏當在十月下，而失在三月法，臣淳風謹案：《術》意其

---

① 林按：劉貴曾疏證爲原稿眉批，字迹潦草。

問宜云：‘從《周曆》上元丁巳至魯文公元年，歲在乙未，積二百七十五萬九千七百九十八算，歲中十二閏餘七，問其年有閏以不[①]，若有閏，復在何月下？’曰：‘其年有閏，在十月下。’《術》曰：‘置《周曆》上元丁巳，至魯文公元年，歲在乙未，積二百七十五萬九千七百九十八算，以元法四千五百六十除之，得六百五，棄之，取不盡九百九十八；以章月二百三十五乘之，得二十三萬四千五百三十；以章歲十九除之，得一萬二千三百四十三，爲積月，不盡十三爲閏餘。’《經》云：‘閏餘十二已上，其歲有閏，今有十三，知文公元年有閏也。置章歲十九，以閏餘十三減之，不盡六；以歲中十二乘之，得七十二；以章閏七除之，得十。命從正月起算，外閏十月下而盡，閏三月者非也。’”詳甄、李氏推此年之閏，視《律曆志》先一月，蓋據《周曆》故，與《漢志》三統術異也。顧炎武云：“古人以閏爲歲之餘，凡置閏必在十二月之後，故曰‘歸餘於終’。考經文之書閏月者，皆在歲末。文公六年，‘閏月，必告朔，猶朝于廟’，哀公五年，‘閏月，葬齊景公’，是也。而《左傳》成公十七年、襄公九年、哀公十五年皆有閏月，亦并在歲末。是以經傳之文，凡閏不言其月者，言閏即歲之終，可知也。今魯改曆法，置閏在三月，故爲非禮。《漢書·律曆志》曰：‘魯曆不正，以閏餘一之歲爲蔀首。’是也。”顧氏不詳推閏法，其言閏必歲終，非。

先王之正時也，履端於始，舉正於中，歸餘於終。

〔注〕劉歆説：“《經》於四時，雖亡事，必書時、月。時，所以記啓、閉也；月，所以紀分、至也。啓、閉者，節也；分、至者，中也。節不必在其月，故時中必在正數之月，此先王之重閏也。”《律曆志》

〔疏證〕《曆書》“歸餘”作“歸邪”，《集解》：“邪音餘。”李富孫云：“《詩》‘其虛其邪’，《釋訓》作‘其徐’，徐、餘聲同。”《律曆志》引劉歆説下引此《傳》，釋云：“此先王之重閏也。”亦是歆語，今并裁爲《注》。然歆説疑不爲此年《傳》而發，知者，《桓十七年經》：“夏五月。”賈、服説：“若登臺而不視朔，則書時不書月；若視朔而不登臺，則書月不書時。若雖無事，視朔、登臺，則空書時、月。”賈、服所謂“空書時、月”，即歆説“雖亡事，必書時、月”也。歆因《春秋》無事必書時、月，知啓、閉、分、至關於節氣、中氣，以識此《傳》“舉正於中”之理，故

---

① 科學本注：原稿眉批：“不，猶否也。”

引《傳》釋之。《僖五年傳》："凡分、至、啓、閉，必書雲物。"《律曆志》引歆説亦用此《傳》"舉正於中"證之。又云："昭二十年二月己丑，日南至，失閏，至在非其月。梓慎望氛氣而弗正，不履端於始也。"亦舉此《傳》語爲説。杜《注》："舉中氣以正月，有餘日，則歸之於終。"用歆説也。《曆書》亦引此《傳》，《注》："韋昭曰：'謂正曆必先稱端始也，若十一月朔旦冬至也。舉正於中，則時日昏朔皆正也。餘，餘分也。終，閏月也。中氣在晦，則後月閏。在望，是其正中也。'"《律曆志》："師古曰：'履端於始，謂步曆之始，以爲術之端首也。舉正於中，謂分一朞爲十二月，舉中氣以爲十二月，舉中氣以正月也。歸餘於終，謂有餘日則歸於終，積而成閏也。'"韋、顏説詳略互明，疑皆此《傳》舊説。

履端於始，序則不愆。

〔疏證〕《天官書》"愆"作"偬"。《玉篇》："偬，俗字。"

舉正於中，民則不惑。

〔疏證〕本《疏》："閏後之月，中氣在朔，則斗柄月初已指所建之辰。閏前之月，中氣在晦，則斗柄月末方指所建之辰。故舉月之正在於中氣，則斗柄常不失所指之次。"

歸餘於終，事則不悖。

〔疏證〕《律曆志》"悖"作"誖"。李富孫云："《説文》：'誖，亂也。'或作'悖'，字同。"①

夏，四月，丁巳，葬僖公。

〔疏證〕杜《注》："《傳》皆不虛載經文，而此《經》孤見，知僖公末年《傳》宜在此下。"《讀本》云："此五月葬，常禮也。閏月不計，杜預并閏月計之爲六月。又以僖公卒，十二月無乙巳，當是十一月十二日，至此爲七月葬。因讀'緩作主'爲葬僖公緩。今檢《傳》云'緩作主'，不言葬緩，則閏月本不計。其十二月乙巳，日轉寫誤，非月轉寫誤也。杜言'《傳》皆不虛載經文'，此《傳》自與二年二月《傳》前後相引，非虛載經文。"按：《讀本》説是也。

---

① 林按：此句李富孫《春秋三傳異文釋》"悖"字後作"同籀文"。

王使毛伯衞來賜公命。

〔疏證〕顧炎武云："《石經》'錫'誤'賜'。"《校勘記》云："《經》與傳文往往不同，顧以作'賜'爲誤，非也。"洪亮吉云："顧炎武以《石經》爲誤，非①。經傳文往往不盡同，如《五年經》：'王使榮叔歸含且賵。'《傳》作'來含'，是也。又《公羊傳》云：'錫者何？賜也。'《左氏》作'賜'，正以釋《經》，今據改。"按洪説是也②。

叔孫得臣如周拜。

晉文公之季年，諸侯朝晉。

衞成公不朝，使孔達侵鄭，

〔疏證〕杜《注》："孔達，衞大夫。"《祭統疏》引《世本》："莊叔達生得閭叔穀，穀生成叔烝鉏，鉏生頃叔羅，羅生昭叔起，起生文叔圉，圉生悝。"

伐緜、訾及匡。

〔疏證〕江永云："緜、訾，杜無注。《傳》言'伐緜、訾及匡'，則緜、訾當與匡相近。匡在開州長垣縣。衞有訾婁故邑，見《僖十八年》，在今滑縣。而滑縣與長垣接界，則訾疑即訾婁。始爲邢人所取，後則屬之鄭耳。緜當別一地，亦近匡。"江氏説匡在今長垣，故以訾婁當訾，即平丘之匡亭也。《水經·渠水注》："今陳留長垣縣南有匡城。"此江説匡在長垣所本。《一統志》："匡城在陳州府扶溝縣西。"《水經·渠水注》又云："扶溝縣匡亭在匡城鄉，《春秋》'孔達侵鄭，伐緜、訾及匡'，即此地也。"《彙纂》同，皆用《水經注》説。江氏又云："此年之匡，非扶溝之匡也。八年，'晉侯使解揚歸匡、戚之田於衞'，《注》謂：'匡，本衞邑，中屬鄭，孔達伐，不能克。今晉令鄭還衞及取戚田，皆見元年。'按此，則匡與戚相近之邑也。《一統志》：'大名府開州長垣縣西南十五里有匡城，即《論語》"子畏於匡"之地。'隋嘗改長垣爲匡城，今長垣在開州南一百五十里。開州之帝丘，當時衞所都，而戚城即在開州城北七里，故匡與戚本皆衞邑。八年晉歸戚田，并令鄭歸匡田耳。若扶溝之匡，去衞遠，衞不能

---

① 林按：此句《春秋左傳詁》作"以《石經》爲非，誤"。

② 林按：洪説爲後來新添加。

有其地。杜《注》誤扶溝之匡爲鄭邑，見定六年。”按：江説是也。《方輿紀要》謂匡城在開封府洧川，沈欽韓從其説。洧川去訾、戚地皆絶遠，沈説非。

晉襄公既祥，

〔疏證〕本《疏》：“《禮》‘期而小祥’。晉文公以僖三十二年十二月卒，則三十三年十二月爲小祥。此云‘既祥’，謂小祥也。”

使告於諸侯而伐衛，及南陽。

〔疏證〕南陽見僖二十五年《疏證》。《秦本紀集解》應劭説①：“南陽又爲魏、鄭、衛三國之地，此南陽，衛所分地也。”

先且居曰：“效尤，禍也。

〔疏證〕杜《注》：“尤，衛不朝故伐。今不朝王，是效衛致禍。”

“請君朝王，臣從師。”

晉侯朝王于溫。

〔疏證〕惠士奇曰：“溫實京師，故王會諸侯於此，諸侯朝王亦於此。杜預謂晉侯自嫌强大，不敢朝周，其説尤悖。”

先且居、胥臣伐衛。五月，辛酉，朔，晉師圍戚。六月，戊戌，取之，

〔疏證〕貴曾曰：三月壬戌朔，二日辛酉；四月辛卯朔，八日戊戌。是年三月誤置閏故②。

獲孫昭子。

〔疏證〕杜《注》：“昭子，衛大夫，食戚邑。”《成十四年疏》引《世本》：“孫氏出於衛武公。”《世族》③謂：“孫昭子，武公四世孫。”用《世本》説。

---

① 科學本注：開明版二十五史《秦本紀》無應劭此説。
② 林按：貴曾《疏證》爲後來添加。
③ 科學本注：此處疑脱“譜”字。

衛人使告於陳。陳共公曰：“更伐之，我辭之。”

〔疏證〕杜《注》：“見伐求和，不競太甚，故使報伐，示己力足以距晉。”顧炎武云：“辭之者，爲之請平於晉。”

衛孔達帥師伐晉。

君子以爲古。古者越國而謀。

〔疏證〕杜《注》：“合古之道，而失今事霸主之禮，故國失其邑，身見執辱。”《疏》引劉炫云：“春秋之時，天子微弱，霸主秉德刑以長諸侯，諸侯從時命以事霸主，大字小，小事大，所以相保持也。晉之與衛，大小不同，而恥於受屈，望以彊獲免，明王在上，理在可然，度時之宜，則非善計。君子以爲合古之道，失當今之宜，亦不言其謀全非禮也。”此炫《述議》語，杜《注》或用舊説。

秋，晉侯疆戚田，故公孫敖會之。

〔疏證〕杜《注》：“晉取衛田，正其疆界也。”

初，楚子將以商臣爲太子，訪諸令尹子上。子上曰：“君之齒未也，而又多愛，黜乃亂也。

〔疏證〕黜，《楚世家》作“絀”。鄭玄《禮記注》：“齒，年也。”杜用鄭説。顧炎武云：“言君之春秋富而内嬖多，將來必有易樹之事，則亂從之矣。”按《楚世家》云：“而又多内寵。”則史公以愛爲内嬖，顧説是也。

“楚國之舉，恒在少者，

〔注〕賈云：“舉，立也。”《楚世家集解》。

〔疏證〕杜用賈説。李貽德云：“舉訓立者，引申之義。”[1] 文淇案：《昭十三年傳》：“叔向曰：‘芈[2] 姓有亂，必季實立，楚之常也。’”與此同意。

“且是人也，蠭目而豺聲，忍人也，

〔注〕服云：“言忍爲不義。”《楚世家集解》。

---

① 林按：李説爲後來添加。

② 林按：底本作“芊”，據通行本及楊本回改。

〔疏證〕《釋文》：“蠭，本又作‘蜂’。”杜《注》用服説。

“不可立也。”弗聽。

既又欲立王子職，而黜太子商臣。

〔注〕賈云：“職，商臣庶弟也。”《楚世家集解》。

〔疏證〕杜用賈説。

商臣聞之而未察，告其師潘崇曰：“若之何而察之？”

〔疏證〕杜無注。《通志·氏族略》：“潘氏，芈姓。楚之公族，以字爲氏。”未知何本。《楚世家》：“商臣聞而未審也，告其傅潘崇曰：‘何以得其實？’”

潘崇曰：“享江芈而勿敬也。”

〔疏證〕杜《注》：“江芈，成王妹，嫁於江。”《傳》稱江芈，杜故指爲成王妹。《楚世家》：“饗王之寵姬江芈而勿敬也。”《楚世家》述商臣事，與《傳》略同，惟以江芈爲王寵姬異。《集解》：“‘姬’，當作‘妹’。”然“寵妹”不詞，史公采異説耳。

從之。江芈怒曰：“呼，役夫！

〔疏證〕杜《注》：“呼，發聲也。”《釋文》：“好賀反。”王引之云：“呼，即吁字。《莊子·在宥篇》：‘鴻蒙仰而視雲將曰：“吁。”’《釋文》：‘吁，亦作呼。’《檀弓》：‘曾子聞之，瞿然曰：“呼！”’《釋文》‘呼’作‘吁’。’是吁、呼古字通也。吁乃驚怪之聲。《檀弓注》以爲虛憊之聲，亦非。”按王説是也。黃生《義府》云：“《曾子問》‘呼’讀爲‘吁’，非也。按：陽伯嵒《九經補韻》：‘《左傳》文元年“呼，役夫”，呼音賀。’此亦當從其音。”按：呼、賀雙聲，《補韻》亦從《釋文》讀。黃氏不釋“呼”義，仍用杜《注》發聲之訓，未得當時情事。杜《注》：“役夫，賤者稱。”惠棟云：“《管子》曰：‘處里爲下陳，處師爲下通，謂之役夫。’”沈欽韓云：“《列子·周穆王篇》：‘有老役夫筋力竭矣，晝則呻呼而爲僕虜。’則役夫爲執役於公之稱。”

“宜君王之欲殺女而立職也。”

〔疏證〕《校勘記》云：“《韓非子》作‘廢女’。劉知幾《史通·言語

篇》引同。”惠棟云：“上云‘絀商臣’，合作‘廢’。”洪亮吉云：“《傳》
上云‘黜商臣’，似作‘廢’字爲允。況既作‘殺’字，則潘崇下可無
‘能事諸乎’一語。”李富孫云：“上云王欲絀太子，則此作‘廢’字自
合。”文淇案：《年表》：“王欲殺太子立職。”與傳文合。《韓非》《史通》
皆異文也。壽曾曰：“殺女”乃甚之之辭。《楚世家》：“宜乎王之欲殺若而
立職也。”①

告潘崇曰：“信矣。”

潘崇曰：“能事諸乎？”

〔注〕服云：“若立職，子能事之？”《楚世家集解》。

〔疏證〕杜《注》：“問能事職否。”用服説。李貽德云：“案《周禮·内
小臣疏》：‘若，不定之辭也。’”

曰：“不能。”“能行乎？”曰：“不能。”“能行大事乎？”

〔注〕服云：“謂弑君。”《楚世家集解》。

〔疏證〕杜用服説。惠棟云：“服、杜皆以爲弑君。按高誘《戰國策注》
云：‘大事，兵事。《傳》所謂“國之大事，在祀與戎”也。’故下云：‘以
宮甲圍成王。’”

曰：“能。”冬，十月，以宮甲圍成王。

〔疏證〕杜《注》：“太子宮甲。僖二十八年，王以東宮卒從子玉，蓋
取此宮甲。”洪亮吉云：“《韓非子·内儲篇》：‘于是乃起宿營之甲，而攻
成王。’《楚世家》：‘商臣以宮衛兵圍成王。’”

王請食熊蹯而死。

〔注〕舊注：“熊蹯難熟，冀外救也。”《御覽》九百八。

〔疏證〕《説文》：“熊，獸，似豕，山居，冬蟄。”《釋獸》：“其足蹯。”
《説文》引作“其足蹞”，又云：“獸足謂之番，從采田，象其掌。”鄭玄
《周禮注》：“蹯，掌也。”杜《注》：“熊蹯難熟，冀久將有外救。”與《御
覽》所引《注》異，故定爲舊注。杜增益舊注爲説也。服《注》説“熊
蹯”，見《宣二年傳》。

---

① 林按：李富孫與劉貴曾云云係原稿後來添加。

弗聽。丁未，王縊。

〔疏證〕《楚世家》："丁未，成王自絞殺。"

謚之曰"靈"，不瞑；曰"成"，乃瞑。

〔疏證〕賀琛《謚法》佚"靈"字。《疏》云："亂而不損曰靈。"見《汲冢周書》。《周書》無"成"謚。琛《謚法》："佐相克終曰成，惇龐純固曰成。"《疏》所舉"安民立政曰成"，琛書列爲臣謚也。禮，葬而後謚。杜《注》："言其忍甚，未斂而加惡謚。"是也。謚"靈"不瞑，《傳》明楚成彊死，不承此謚也。《疏》泥杜《注》，謂特明商臣忍甚。又引桓譚説云："自縊而死，其目未合，尸冷乃合①，非由謚之善惡也。"此桓氏駁《左傳》語，引以説《傳》，尤非。

穆王立，以其爲大子之室與潘崇，

〔疏證〕杜無注。《疏》云："商臣今既爲王，以其爲太子之時所居室中財、物、僕、妾，盡以與潘崇，非與其所居之宮室也。"按：《年表》："穆王商臣元年，以其太子宅賜崇爲相。"《楚世家》："以其大子宮與潘崇。"不謂財、物、僕、妾也。《疏》未得《傳》意。

使爲太師，且掌環列之尹。

〔疏證〕《楚世家》："使爲太師，掌國事。"杜《注》："環列之尹，宮衛之官，列兵而環王宮。"沈欽韓云："若漢之衛尉矣。《唐六典》：'十二衛，大將軍掌統領宮庭警衛之法令。'"

穆伯如齊，始聘焉，禮也。

〔注〕鄭康成云："《周禮》：'諸侯邦交，歲相問，殷相聘，世相朝。'《左氏》合古禮，何以難之？"本《疏》引《箴膏肓》。

〔疏證〕杜《注》："穆伯，公孫敖。"《疏》引何休《膏肓》："三年之喪，使卿出聘，於義《左氏》爲短。"下引鄭氏箴辭。《大行人職》："凡諸侯之邦交，歲相問也，殷相聘也，世相朝也。"鄭君蓋本彼職文，取世相朝爲證也。彼《注》云："父死子立曰世。"朝、聘通言之。世相朝，則不以三年喪廢聘矣。

---

① 林按：《春秋左傳正義》作"尸冷乃瞑"。

凡君即位，卿出并聘，

〔疏證〕此即位聘例也。杜無注。王引之云：“并之言普也。并聘，言徧聘也。”按：《大行人》：“歲相問也。”《注》：“凡君即位，大國朝焉，小國聘焉。”《疏》：“案：文元年，‘公孫敖如齊’，《傳》曰：‘凡君即位，卿出并聘。’謂己卿往聘他，他卿來聘己，是總語也。云‘大國朝焉’者，己是小國，己往朝大國。‘小國聘焉’者，己是大國，使聘小國。”如彼《疏》說，則“并聘”當作“互聘”解，王說非也。沈欽韓云：“凡君即位，鄰國有來朝聘于我者，我國亦朝聘于鄰國，兼彼我二義也。”本《疏》：“即位者，既葬除喪，即成君之吉位也。唯以既葬爲限，不以踰年爲斷。”案：踰年改元，《經》書即位，不關既葬，《疏》說非。其謂既葬除喪，又誤沿杜預短喪之說。

踐修舊好，要結外援，

〔疏證〕《文選注》“外援”作“大援”①。杜《注》：“踐，猶履行也。②”俞樾云：“按：履行而修舊好，甚爲不辭。‘踐’當讀爲‘纘’。《詩·崧高篇》‘王纘之事’，《釋文》引《韓詩》作‘王踐之事’，是‘踐’與‘纘’古字通用。‘踐修舊好’，即纘修舊好。”按：俞說是也。

好事鄰國，以衛社稷，忠、信、卑讓之道也。

忠，德之正也；信，德之固也；卑讓，德之基也。

〔疏證〕《傳》因《聘禮》論交鄰之道。杜《注》：“《傳》因此發凡，以明諸侯諒闇，則國事皆用吉禮。”按：聘問爲即位常禮，五十凡皆本禮經，不關諒闇用吉，杜說謬甚。

殽之役，

〔疏證〕僖三十三年，秦師敗於殽。

晉人既歸秦帥，秦大夫及左右皆言於秦伯曰：“是敗也，孟明之罪也，必殺之。”

---

① 林按：《文選注》爲原稿補入。
② 科學本注：原稿眉批：“杜本鄭氏《禮注》解。”按《儀禮》“不足以踐禮”句下鄭《注》曰：“踐，行也。”

秦伯曰："是孤之罪也。

"周芮良夫之詩曰：'大風有隧，貪人敗類。聽言則對，誦言如醉。匪用其良，覆俾我悖。'

〔疏證〕《釋文》："俾，本亦作'卑'。"《國語注》："芮良夫，周大夫芮伯也。"引《詩·大雅·桑柔》文。《小序》："《桑柔》，芮伯刺厲王也。"《傳》："隧，道也。類，善也。覆，反也。"《箋》："西風謂之大風。類，等夷也。對，答也。貪惡之人，見道聽之言，則應答之；見誦《詩》《書》之言，則冥臥如醉。居上位而不用善，反使我爲悖逆之行，是形其敗類之驗。"毛、鄭訓"類"異杜《注》，貪人之敗善類用毛説。陳奐《毛詩疏》："善，謂善人，即上章所云'良人'也。"

"是貪故也，孤之謂矣。孤實貪以禍夫子，夫子何罪？"復使爲政。

〔疏證〕陳奐《毛詩疏》："《左傳》：'秦伯曰："孤實貪以禍夫子。"'正釋《詩》'貪人敗類'也。"按：秦伯以貪人自況，與《詩》旨異。《年表》："魯文公元年，如秦繆公三十四年，敗崤，亡將歸，公復其官。"

〔經〕 二年，春，王二月，甲子，晉侯及秦師戰於彭衙，秦師敗績。

〔疏證〕杜《注》："孟明名氏不見，非命卿也。"沈欽韓云："按：上《傳》云'復使爲政'，則孟明實正卿矣。不書其名者，秦僻在西戎，初交中國，《春秋》之記，由略而詳，故孟明晦於前，西乞著於後，不緣貴賤也。若謂非天子之命卿，則屈完、宜申詎是天子所命。若備卿禮乃成爲卿，秦之卿禮不備，自非浮屠氏得宿命者①，無由知之。"按：沈説是也。《地理志》："左馮翊衙。"《郡國志》："衙亦屬左馮翊。"《注》："《左傳》文二年，晉敗秦於彭衙。"《秦本紀》："武公元年，伐彭戲氏。"《正義》："彭戲，戎號也，即彭衙。"秦文公於其地置白水縣。《一統志》："衙縣故城在今同州府白水縣東北。"《衙縣志》："今縣東北四十里有彭衙堡。"

丁丑，作僖公主。

〔疏證〕《通典·吉禮七》引《五經異義》："《春秋左氏傳》曰：'凡

---

① 林按：劉氏"得"作"通"，據沈氏《春秋左氏傳補注》回改。

君薨，卒哭而祔，祔而作主，特祀於主，烝、嘗、禘於廟。'主之制，正方，穿，中央達四方。天子長尺二寸，諸侯長一尺，皆刻諡於背。"《曲禮疏》引《異義》，説主之狀略同。《通典》所引象《左傳》文，疑"主之制"以下爲《左氏》説。臧壽恭云："許氏受古學於賈逵，《異義》所述蓋《左氏》説。"按：臧氏説固覈。然《公羊解詁》《穀梁集解》説主制，皆與《異義》同，無"刻諡"句。《公羊疏》云："皆《孝經説》文也。"則《異義》所稱不敢定爲《左氏》説。《初學記》十三引《五經要義》，説木主之狀，與《異義》合。或三《傳》舊説同，不可審知矣。《異義》又云："惟天子諸侯有主，卿大夫無主。"故於主之制，但詳天子諸侯，而不及大夫以下。《公羊疏》："卿大夫以下，正禮無主，故不言之。云云之説，備在《左氏》。"是《異義》"卿大夫無主"爲《左氏》説也。

《御覽》五百三十一引鄭君説："大夫、士無昭穆，不得有主。"是鄭君同許，無駁。陳壽祺云："許、鄭皆以大夫、士廟無主，以《少牢》《特牲》二禮有尸不言主，《士虞禮》有重不言主也。"杜《注》："主者，殷人以柏，周人以栗。三年喪終，則遷入於廟。"《疏》："《論語》：'哀公問主於宰我。宰我對曰："夏后氏以松，殷人以柏，周人以栗。"'先儒舊解或有以爲宗廟主者，故杜依用之。案古《論語》及孔、鄭皆以爲社主，社爲木主者。古《論》不行於世，且社主，《周禮》謂之'田主'，無單稱主者。以張、包、周并爲廟主，故杜所依用。劉炫就此以規杜過，未爲得也。"《疏》引《規過》甚略，其云"就此以規"，則"古《論語》"至"無單稱主者"，皆炫辭也。《白虎通》引《論語》亦作"問主"。問主蓋《魯論》文，與古《論》異。《祭法疏》引《異義》："今《春秋公羊》説：'祭有主者，孝子之主繫心。夏后①以松，殷人以柏，周人以栗。'"《公羊》練用栗主，《解詁》同。是杜所舉爲《公羊》説，非《左氏》義。《左氏》義"祔而作主"，謂桑主也。期年然後作栗主，無三代用木之别。詳僖三十四年《疏證》。

三月，乙巳，及晉處父盟②。

夏，六月，公孫敖會宋公、陳侯、鄭伯、晉士縠盟于垂隴。

〔疏證〕垂隴，《公》《穀》曰"垂斂"。李富孫云："顧氏曰：'古侵韻

---

① 林按：《春秋公羊傳注疏》作"夏后氏"。
② 科學本注：眉批："沈引胡安國説謂責晉，不採。"按沈欽韓《左氏傳補注》"及晉處父盟"下有云："《傳》有明文，杜預之言，喞嘲無倫。胡安國曰：'去處父之族，非特爲魯諱，實責晉也。'"劉氏未採録，故眉批云云。

可入東，故“垂隴”《公》《穀》作“垂斂”。’戚氏學標曰：‘“韽韽鼓我”之“韽”變作“坎”。’其字從夆①，可證隴、斂音變。”《郡國志》：“滎陽有垂隴城。”《水經注》：“垂隴城，濟瀆出其北，世謂之都尉城。蓋滎陽典農都尉治，故變垂隴之名矣。京相璠云：‘垂隴，鄭地。今滎陽縣東二十里有故隴城，即此是也。’”《一統志》：“故隴城在開封府滎澤縣東北。”

自十有二月不雨，至于秋七月。

〔疏證〕《五行志》：“庶徵之恒陽。”下云：“文公二年，‘自十有二月不雨，至於秋七月’。文公即位，天子使叔服會葬，毛伯賜命。又會諸侯②于戚。公子遂如齊納幣。又與諸侯盟。上得天子，下③得諸侯，沛然自大。躋釐公主。大夫始顓事。”按：《公羊傳》：“日長而無災。”《穀梁傳》：“文不憂雨。”俱不言顓事之罰，《志》所稱爲《左氏》説矣。《志》又云：“不傷二穀，謂之不雨。”杜《注》：“不書旱，五穀猶有收。”

八月，丁卯，大事于太廟，躋僖公。

〔注〕《左氏》説曰：“太廟，周公之廟，饗有禮義者也。祀，國之大事也。惡其亂國之大事於太廟，故言大事也。躋，登也，登釐公於閔公上，逆祀也。”《五行志》。

〔疏證〕《宮正注》引作“有大事於太廟”。《五行志》“僖”作“釐”，引《左氏》説，又釋之曰：“釐雖閔之庶兄，嘗爲閔臣，臣、子一例，不得在閔上。又未三年而吉禘，前後亂賢父、賢祖④之大禮，內爲貌不恭而狂，外爲言不從而僭。故是歲自十二月不雨，至於秋七月。後年若是者三，而太廟屋壞矣。”《公》《穀》二《傳》皆以大事爲祫祭。《志》稱“未三年而吉禘”，則大事爲吉禘，乃《左氏》一家之説。杜《注》：“大事，禘也。躋，升也。僖公，閔公庶兄，繼閔而立，廟次宜在閔下，今升在閔上，故書而譏之。時未應吉禘，而於太廟行之，其譏已明，徒以逆祀，故特爲大其事，異其文。”杜蓋用古《左氏》説。其謂特大其事，《傳》無此義，與古説違。魯太廟祀周公爲太祖，故云“周公之廟”。“饗有禮義”，

---

① 林按：李富孫《春秋三傳異文釋》作“其字小羊聲”。
② 林按：《五行志》作“又會晉侯於戚”。
③ 林按：《五行志》作“外得諸侯”。
④ 林按：《五行志》作“賢父聖祖之大禮”。

謂饗祀之典必合禮義也。《成十三年①傳》："國之大事，在祀與戎。""躋，登"□□②文。"逆祀"，探《傳》意爲説。

冬，晉人、宋人、陳人、鄭人伐秦。

公子遂如齊納幣。

〔疏證〕《士昏禮》："納徵：玄纁、束帛、儷皮，如納吉禮。"胡培翬《正義》："納徵用幣，故又謂之納幣。"杜《注》謂公爲太子時已行納采、問名、納吉禮，亦意爲之説。諸侯之昏禮，容異於士。

〔傳〕 二年，春，秦孟明視帥師伐晉，以報殽之役。

〔疏證〕《年表》："秦繆公三十五年，伐晉，報殽。"《晉世家》："敗秦師於殽。後三年，秦果使孟明伐晉，報殽之敗。"

二月，晉侯禦之。先且居將中軍，趙衰佐之。

王官無地御戎，狐鞫居爲右。

〔疏證〕王官，地名，見《三年傳》。梁履繩謂"以邑爲氏"。杜《注》："鞫居，續簡伯。"六年《集解》："鞫居，狐氏之族。"閻若璩《潛丘劄記》："傅山先生問'鞫居'二字何義。余曰：'案成二年：'齊師乃止，次于鞫居。'杜氏止注'衛地'，惟劉昭於'兗州封丘縣'下引《陳留志》云：'有鞫亭，古鞫居。'蓋以地命名。"

甲子，及秦師戰于彭衙，秦師敗績。

〔疏證〕《年表》："晉襄公三年，秦報我殽，敗于汪。秦繆公三十五年，晉敗我于汪。"汪近彭衙，史公采異説。《晉世家》："秦取晉汪以歸。"與《傳》違。

晉人謂秦"拜賜"之師。

〔疏證〕杜《注》："以孟明言'三年將拜君賜'，故嗤之。"

戰於殽也，晉梁弘御戎，萊駒爲右。

---

① 科學本注：原稿闕"成十三年"四字。
② 科學本注：原稿闕文。

戰之明日，晉襄公縛秦囚，使萊駒以戈斬之。囚呼，萊駒失戈，狼瞫取戈以斬囚，禽之以從公乘，遂以爲右。

〔疏證〕沈欽韓云："瞫既斬囚，囚有迸逸，復追禽之，仍追從公車，言其趫捷①也。"按："以爲右"，代萊駒也。《戎右》："掌戎車之兵革使。"《注》："使，謂王使，以兵有所誅斬也。"下引此《傳》"襄公使萊駒斬秦囚"證之，則戎右有使之稱。

箕之役，先軫黜之，而立續簡伯。

〔疏證〕本《疏》："御與車右雖有常員，必臨戰更選定之。韓之戰，卜右，慶鄭吉，是其事也。自殽戰之後，狼瞫爲右。箕之役，將戰選右，先軫黜之。箕戰，先軫死焉，非既戰乃黜之也。"

狼瞫怒。其友曰："盍死之？"瞫曰："吾未獲死所。"

其友曰："吾與女爲難。"

〔疏證〕杜《注》："欲共殺先軫。"

瞫曰："《周志》有之，'勇則害上，不登於明堂'。

〔注〕服云："明堂，祖廟。"《通典》四十四。賈逵、服虔之說，皆以祖廟與明堂爲一。《靈台疏》、本《疏》。潁容云："明堂、太廟凡有八名，其體一也。《舊唐書·禮儀志二》。肅然清靜，謂之清廟；行禘祫、序昭穆，謂之太廟；告朔行政，謂之明堂；行饗射、養國老，謂之辟廱；占雲物、望氣祥，謂之靈台；其四門之學，謂之大學；其中室，謂之大室，總謂之宮。《靈台疏》。周公朝諸侯於明堂。《春秋》：'人君將出，告於宗廟，反行策勳，獻俘於廟。'"《初學記》十三。②

〔疏證〕□□③鄭司農《注》："志，謂記也。"杜《注》："《周志》，《周書》也。"《疏》："志者，記也。謂之《周志》，明是周世之書。不知其書何所名也。"《周書·大匡解》："惟十有三祀，王在管，用大匡。勇如④害上，則不登於明堂。"洪亮吉、沈欽韓皆引以爲證，杜以《周志》爲《周書》

---

① 林按："趫捷"，《春秋左傳補注》作"矯疾"。

② 林按：《初學記》內容在底本中重出。

③ 科學本注：原稿闕文。林按：據《周禮正義》當作"小史"。

④ 科學本注：《四部叢刊》本"如"作"知"。

是也，《疏》不能達其説。杜又云："明堂，祖廟也。"《疏》云："鄭玄以爲明堂在國之陽，與祖廟别處。《左氏》舊説及賈逵、盧植、蔡邕、服虔等皆以祖廟與明堂爲一，故杜同之。"《疏》引《左氏》舊説，以《靈臺疏》證之，即賈、服説，以别出盧、蔡，析言賈、服耳。《周書·作雒解》："乃位五宫：太廟、宗宫、考宫、路寢、明堂。"孔晁《注》："大廟，后稷廟[①]。二宫，祖考廟也。明堂，在國南者也。"鄭君説"明堂在國之陽"，本於《周書》。《舊唐書·禮儀志》引鄭説云："在國之陽，三里之外，七里之内，丙巳之地。"漢儒同鄭説者甚少。《靈臺疏》引盧植《禮記注》："明堂即大廟也。"蔡邕《明堂·月令論》："明堂者，天子大廟，所以崇禮其祖，以配上帝者也。"故《疏》稱盧、蔡説與賈、服同。然賈、服、盧、蔡止言明堂即太廟，穎容則謂明堂、廟、學一地。

　　《靈臺疏》引袁準《正論》云："明堂、宗廟、太學，禮之大物也，事義不同，各有所爲。而世之論者，合以爲一體，取《詩》《書》放逸之文、經典相似之語而致之，不復考之人情，驗之道理，失之遠矣。夫宗廟之中，人所致敬，幽隱清静，鬼神所居，而使衆學處焉，饗、射其中，人鬼慢黷，死生交錯，囚俘截耳，瘡痍流血，以干犯鬼神，非其理矣。是故明堂者，大朝諸侯、講禮之處。宗廟，享鬼神歲觀之宫。辟雍，大射養孤之處。大學，衆學之居。靈臺，望氣之觀。清廟，訓儉之室。各有所爲，非一體也。"袁氏蓋駁穎容説。

　　孫星衍《古合宫遺制考》云："明堂或稱合宫，稱衢室，稱總期，稱總街，以此諸名，知爲九室。有交道、重屋，其傳自古無疑也。必有九室、有交道，而後可施三十六户、七十二牖。有重屋，而九室明顯。有宫垣，而後可施四門。靈臺者，臺門在宫垣之南。辟雍者，水名，在宫垣之外。大學者，四門之學，在門堂。諸侯半天子之宫，故泮水不周，其北有大廟、大室，無元堂也。明堂，蓋行禮之宫，禮畢則虚其位，故宗祀則曰清廟，齋宿則曰路寢，教士則曰大學，養老則曰庠，始自東則曰東序，習射則曰泮宫。大饗、獻馘諸大禮皆於此宫。漢儒知之，後儒或又惑之。"此申穎容説也。

　　阮太傅《明堂論》："明堂者，天子所居之初名也。是故祀上帝則于是，祭先祖則于是，朝諸侯則于是，養老、尊賢、教國子則于是，饗、射、獻俘則于是，治天文、告朔則于是，抑且天子寢食恒于是。此古之明堂也。

---

① 科學本注：《四部叢刊》本《周書》無"廟"字。

洎夏、商、周三代，文治益隆。路寢之制，準郭外明堂四方之一，鄉南而
設，故路寢猶襲古號曰明堂。若夫祭昊天上帝，則有圜丘；祭祖考，則有
應門内左之宗廟；朝諸侯，則有朝廷；養老、尊賢、教國子、獻俘馘，則
有辟雍學校。其地既分，其禮益備，故城中無明堂也。然於近郭東南，別
建明堂，以存古制，藏古帝治法册典於此，或祀五帝，布時令，朝四方諸
侯，非常典禮，乃於此行之，此後世之明堂也。自漢以來，儒者惟蔡邕、
盧植實知異名同地之制，尚昧於上古、中古之分。後之儒者，執其一端，
以蔽衆説，分合無定，制度鮮通。二千年來遂成絶學。”按：阮説是也。
潁氏所稱，蓋上古明堂之制，用以釋《左氏》與經典，宜多扞格。袁氏駁
正，孫氏循守，皆未達矣。

　　賈、服止言明堂、祖廟爲一地，蓋指周東都之明堂，故潁氏謂周公朝
諸侯於明堂也。知者，汪中《明堂通釋》謂明堂有六，其三曰東都，釋云：
“東都之明堂，亦謂之清廟。故《大戴記・盛德篇》，或以爲明堂者，文王
廟也。又云：‘明堂以茅蓋屋。’而《春秋傳》曰：‘清廟茅屋。’蔡邕《明
堂論》引《檀弓》：‘王齋，禘于清廟明堂。’古《周禮》《孝經》説，以
明堂爲文王廟，皆其證也。《周書・洛誥》正言作洛事，而曰：‘戊辰，王
在新邑，丞①祭歲，周公曰：“今王即命曰：記功宗，以功作元祀。”’按
司勳之職，‘凡有功祭於大烝②’，故孔悝《鼎銘》：‘勤大命施於烝彝鼎。’
然則《洛誥》所言，正功臣從享大廟之禮。而《周書・大匡篇》云：‘勇
如害上，不登於明堂。’晉狼瞫引以爲未獲死所之證，明乎清廟之與明堂
爲一地也。周公既祀文王於明堂，又營清廟於東都，以其同爲祀文王之
地，故亦曰明堂。《詩序》曰：‘清廟，祀文王也。周公既成洛邑，朝諸
侯，率以祀文王焉。’凡特立廟皆異其名，故姜嫄曰閟宮，文王曰清廟。”
按：汪氏分析周明堂之別甚精。《周書・大匡》作於營洛之時，汪氏説《洛
誥》“功宗元祀”，以證此詩，則登於明堂，謂功臣大烝配食之典也。然狼
瞫引《周志》即受爵於廟，義不關大烝配食，觀潁氏説自明。本《疏》云：
“《祭統》‘古者明君必賜爵祿於太廟’，《傳》稱公行還告廟，舍爵策勳。
是明堂之中，所以策功序德，故不義之人不得升也。”即釋潁説也。《南齊
書》卷九引《五經異義》：“布政之堂，故曰明堂。明堂，盛貌也。”疑亦
《左氏》舊説，不主祖廟，言與賈、服、潁容説又異。

---

　　① 林按：“丞”，《明堂通釋》作“烝”。
　　② 林按：《明堂通釋》作“凡有功者祭于大烝”。

“死而不義，非勇也。共用之謂勇。

〔疏證〕杜《注》：“共用，死國用。”沈欽韓云：“《周書・寶典解》：‘死勇于武。’”

“吾以勇求右，無勇而黜，亦其所也。

“謂上不我知，黜而宜，乃知我矣。子姑待之。”

〔疏證〕沈欽韓云：“言始之黜，人謂我屈於上之不知也。今死而不義，則其見黜也宜。彼黜之者，真知我矣。”按：沈説是也。杜《注》：“言今見黜而合宜，則吾不得復言上不我知。”狼瞫方怒於黜右，杜説未合。

及彭衙，既陳，以其屬馳秦師，死焉。

〔疏證〕杜《注》：“屬，屬己兵。”

晉師從之，大敗秦師。君子謂：“狼瞫於是乎君子。

“《詩》曰：‘君子如怒，亂庶遄沮。’

〔疏證〕《小雅・巧言》文。《傳》：“遄，疾。沮，止也。”《箋》：“君子，斥在位者也。君子見讒人，如怒責之，則此亂庶幾可疾止也。”杜用《傳》説。《巧言》詩義，謂君子之怒讒人。《傳》斷章，謂君子怒能止亂。

“又曰：‘王赫斯怒，爰整其旅。’

〔疏證〕《小雅・皇矣》文。《傳》：“旅，師。”陳奐《傳疏》：“赫，盛怒之貌。斯，語詞。《傳》於《北山》《大明》，‘旅’爲‘衆’，而此‘旅’爲‘師’者。師，六師也。”杜《注》謂“整師旅以討亂”，用《傳》説。

“怒不作亂，而以從師，可謂君子矣。”

秦伯猶用孟明。

〔疏證〕《儀禮》□□①注：“猶者，守故之辭。”

孟明增修國政，重施於民。

〔疏證〕《秦本紀》：“三十六年，繆公復益厚孟明等。”繆三十六年當

---

① 科學本注：原稿闕文。

文三年，《本紀》以厚孟明下□^①者，爲王官之役，通言之。

趙成子言^②諸大夫曰：

〔疏證〕杜《注》：“成子，趙衰。”

“秦師又至，將必辟之。懼而增德，不可當也。

“《詩》曰：‘毋念爾祖，聿修厥德。’

〔疏證〕《大雅·文王》文。《傳》：“聿，述。”《箋》亦謂“述修祖德”。陳奐《詩疏》：“《爾雅》：‘聿，述也。’《詩》中‘聿’字皆語詞，惟此‘聿’爲述。”杜《注》用《傳》《箋》説。又云：“毋念，念也。”

“孟明念之矣。念德不怠，其可敵乎？”

〔疏證〕《讀本》：“引《詩》，言念德者，不可敵。”

“丁丑，作僖公主。”書，不時也。

〔疏證〕《讀本》云：“所謂‘緩作主，非禮也’，則《傳》明作主之緩，與葬禮無涉。”杜云：“過葬十月，故曰‘不時’。”杜讀《三十三年傳》“葬僖公緩”句，“作主”句，於此《傳》仍牽於前説，非。

晉人以公不朝來討，公如晉。

夏，四月，己巳，晉人使陽處父盟公以恥之。

〔疏證〕杜《注》：“《經》書‘三月乙巳’，經傳必有誤。”《讀本》云：“《經》‘三月乙巳’，《傳》稱‘四月己巳’，公當以三月適晉。”

書曰“及晉處父盟”，以厭之也。

〔疏證〕顧炎武云：“杜解‘厭，猶損也’，未是。傅氏曰：‘厭，臨也，以尊臨卑，如漢人所云“厭勝之”耳。’”按：傅説是也。洪亮吉用鄭氏《儀禮注》，以“厭”爲“伏”。此時魯屈於晉，未應言伏。

適晉不書，諱之也。

---

① 科學本注：原稿字似“係”字。
② 林按：楊本“言”與“諸”之間有“於”字。

公未至，六月，穆伯會諸侯，及晉司空士縠盟于垂隴，晉討衛故也。

〔疏證〕杜《注》："討元年衛人伐晉。士縠，士蔿子。"《疏》引沈云："非公命不書，此穆伯會諸侯，公未至而書者，此公既在外，命正卿守國，故守國之臣亦合告廟而行，故得書之也。"此《疏》引沈文阿説，或舊注謂穆伯告廟而行。

書"士縠"，堪其事也。

〔疏證〕《釋文》："書士縠，或作'書曰晉士縠'。"沈欽韓云："杜預謂'士縠非卿，以士縠能堪卿事，故書'。按莊二十六年，'士蔿爲大司空'，杜云'卿官'。此言司空，猶宋之大司馬、大司寇，亦單稱司馬、司寇。魯孟孫爲司空，于當時皆爲卿官，非一矣。晉之法，用三軍帥，皆以次升。六年夷之蒐，將使士縠將中軍。使士縠尚不爲卿[1]，何能越次爲中軍帥？《傳》言堪其事者，發士縠見于《經》之故，亦對上處父盟，言其事與處父異也。杜横加臆説以誣《傳》。"按：沈説是也。《讀本》云："縠，士蔿後，蓋世司空之官。"

陳侯爲衛請成于晉，執孔達以説。

〔疏證〕《元年傳》"衛孔達帥師伐晉"，陳共公之謀也，故陳爲衛請成于晉。杜《注》："陳始與衛謀，謂可以强得免。今晉不聽，故更執孔達以苟免也。"顧炎武云："此即上所謂'我辭之'者也。杜解不合。"

秋，八月，丁卯，"大事于太廟，躋僖公"，逆祀也。

〔注〕《左氏》説："逆祀，大惡也。"《禮器》引《異義》。

〔疏證〕杜《注》："僖是閔兄，不得爲父子。嘗爲臣，位應在下，今居閔上，故曰'逆祀'。"《疏》申之云："禮，父子異昭、穆。兄弟昭、穆同，故[2]僖、閔不得爲父、子，同爲穆耳。當閔在僖上。今升僖先閔，故云'逆祀'。二公位次之逆，非昭、穆亂也。"文淇案：《冢人》："先王之葬居中，以昭、穆爲左右。"《疏》云："兄死弟及爲君，則以兄、弟爲昭、穆，以其弟已爲臣，臣、子一例，則如父、子，故別昭、穆也。必知

---

① 林按：《春秋左傳補注》作"使士縠素非卿"，劉氏引述有節略。

② 林按："兄弟昭、穆同，故僖、閔不得爲父、子"，《左傳正義》作"兄弟昭穆故同"。

義然者，案文二年秋八月，‘大事于大廟，躋僖公’，謂以惠公當昭，隱公爲穆；桓公爲昭，莊公爲穆；閔公爲昭，僖公爲穆。今升僖公于閔公之上爲昭，閔公爲穆，故云‘逆祀’也。知不以兄、弟同昭、穆位，升僖公于閔公之上爲逆祀者，案《定公八年經》云：‘從祀先公。’《傳》曰：‘順祀先公而祈焉。’若本同倫，以僖公升于閔公之上，則以後諸公昭、穆不亂，何因至定八年始云‘順祀’乎？明本以僖、閔昭、穆別，故于後皆亂也。”如《冢人疏》，則閔、僖異昭、穆，當是舊説，駁杜兄弟同昭、穆之説也。

《禮器》：“夏父弗綦逆祀。”《疏》：“是時夏父弗綦爲宗伯典禮，佞文公云：‘吾見新鬼大，故鬼小。’使列昭、穆，以閔置僖下，是臣在君上爲逆祀，亂昭、穆。”則統言列昭、穆，仍承杜《注》同昭、穆之誤。彼《疏》又云：“案《外傳①》云：‘躋僖公。弗綦云：“明爲昭，其次爲穆。”’以此言之，終②文公至惠公七世，惠公爲昭，隱公爲穆；桓公爲昭，莊公爲穆；閔公爲昭，僖公爲穆。今躋僖公爲昭，閔公爲穆，自此以下，昭、穆皆違，故定八年，順祀先公，服氏云：‘自躋僖公以來，昭、穆皆逆。’是同《國語》之説，與何休義異。《公羊》董仲舒説躋僖公，逆祀，小惡也。《左氏》説爲大惡也。許君謹案：同《左氏》説。鄭駁之云：‘兄弟無相後之道，登僖公於閔公之上，不順，爲小惡也。’如鄭此意，正以僖在閔上，謂之爲昭，非爲穆也。”③

壽曾謂：閔當爲昭，僖當爲穆，與《冢人疏》同。其引定八年服《注》“自僖以來，昭、穆皆逆”，尤可證躋僖公爲躋於昭位，未躋之先，蓋是閔昭位矣。兄弟相後各爲昭、穆，此《左氏》義。《公羊傳》：“其逆祀奈何？先禰而後祖也。”《解詁》：“隱、桓與閔、僖當同北面西上。”是兄弟同昭、穆，爲《公羊》義。杜取《公羊》義説《左氏》，非也。《左氏》説以逆祀爲大惡，正謂兄弟相後，猶父子相繼，杜乃云閔是僖兄，不得爲父子，亦非。《疏》既引《魯語》“明者爲昭，其次爲穆”，是知僖昭、閔穆矣。顧云：“位次之逆如昭穆之亂，假昭、穆以言之，非謂異昭、穆也。”此徒附會杜説，不顧其安。禮文從實，豈有同昭、穆而云假昭、穆以言者？又云：“兄弟相代，即異昭、穆。設令兄弟四人，皆立爲君，則祖父之廟，即已從毀，知其理必不然。故先儒無作此説。”禮則止論其常。《疏》乃舉其變禮，強生辨駁，非也。昭、穆皆逆，見於定八年服《注》，何以云先儒無

---

① 林按：《禮記正義》作“是臣在君上爲逆亂昭穆”。
② 林按：《禮記正義》作“終”，劉氏誤作“從”。
③ 林按：《禮記正義》作“非昭穆也”。

此説乎？《晉書・禮儀志》：“穆帝崩，哀帝立。帝於穆帝爲從父昆弟。尚書僕射江霉等四人云：‘閔、僖兄弟也，而爲父子，則哀帝應爲帝嗣。’王述云：‘成帝不私親愛，越授天倫，康帝受命顯宗。社稷之主，已移所授，篡承之序，宜繼康皇。’”又云：“咸甯二年，安平穆王薨，無嗣，以母弟敦上繼獻王後，移太常問應何服？博士張靖答：‘宜依魯僖服閔三年例。’尚書符詰謂：‘穆王不臣敦，敦不繼穆，與閔、僖不同。’”詳江霉、張靖説，則閔、僖相後有父子之義，王述及尚書省駁議皆不謂閔、僖不得爲父子，則霉、靖説之爲舊誼可知，此亦閔、僖異昭、穆之證。

於是夏父弗忌爲宗伯，

〔疏證〕《古今人表》“弗忌”作“不忌”。《魯語》：“夏父弗忌爲宗。”《注》：“弗忌，魯大夫，夏父展之後也。宗，宗伯，掌國祭祀之禮。”杜《注》：“宗伯，掌宗廟昭、穆之禮。”用韋説。按：《春官》：“乃立春官宗伯。”《注》：“鄭司農云：‘宗伯主禮之官。《春秋》“祭于大廟，躋僖公”，而《傳》曰“夏父弗忌爲宗人”，又曰“使宗人釁夏獻其禮”。’”鄭仲師注此《傳》，當亦以宗伯爲主禮之官。彼《注》引《傳》作宗人，則異文也。《禮器》：“夏父弗綦逆祀。”鄭《注》：“文二年‘八月丁卯，大事于太廟，躋僖公’，始逆祀。是夏父弗綦爲宗人之官[①]也。”先、後鄭本疑皆作“宗人”。李富孫云：“《小宗伯職》‘掌辨廟祧之昭、穆’，魯三卿，司馬兼宗伯，諸侯不應有宗伯，夏父弗忌當爲小宗伯，則宜稱宗人也。”按：李説是也。《魯語》：“宗人夏父展。”“忌”“綦”亦異文。惠棟云：“《詩・大叔于田》云：‘叔善射忌，又良御忌。’鄭《箋》云：‘忌，讀如“彼己之子”之“己”。’案《曹詩・候人》‘彼己之己’作‘其’，‘其’可讀爲‘記’，則‘記’亦可讀爲‘其’，古‘基’字、‘期’字皆省作‘其’，與‘綦’同音。”

尊僖公，

〔注〕賈云：“將升僖公於閔公上也。”《魯語注》。

〔疏證〕《魯語》：“烝，將躋僖公。”《注》：“賈侍中云：‘烝，進也，謂夏父弗忌進言於公，將升僖公於閔公上也。’昭謂：此魯文公三年喪畢，祫祭先君於大廟，升群廟之主，序昭、穆之時也。《經》曰‘八月丁卯，大事于太廟，躋僖公’是也。凡祭，秋曰嘗，冬曰烝，此八月而言烝，用

---

① 科學本注：阮刻《禮記》“官”作“爲”，《校勘記》無説。

烝禮也。凡四時之祭，烝爲備。"《傳》不謂躋僖爲祫祭，韋説非，今止取賈"僖先於閔"説。

且明見曰："吾見新鬼大，故鬼小。

〔注〕服云："閔公死時年九歲。"本《疏》①。

〔疏證〕杜《注》："新鬼，僖公，既爲兄，死時年又長。故鬼，閔公，死時年少。弗忌明言其所見也。"杜謂閔死時年少，用服説。《疏》："劉炫以爲直據兄弟大小爲義，不須云死之長幼，以規杜氏。今删定知不然者，以《傳》云'新鬼大，故鬼小'，則大小之語，總賅諸事，非直獨據兄弟，明知亦據年時也。"

"先大後小，順也。躋聖賢，明也。

〔疏證〕此言躋僖以年、以德。杜《注》："又以僖公爲聖賢。"

"明、順，禮也。"君子以爲失禮。

〔疏證〕《疏》："《傳》有評論，皆托之君子。此下盡'先姑'以來，皆是一君子之辭耳。引《詩》②文於詩之下，各言君子者，君子謂作詩之人。此論事君子，又引彼作詩君子以爲證。"

禮無不順。祀，國之大事也，而逆之，可謂禮乎？

子雖齊聖，不先父食久矣。

〔疏證〕《五帝紀》："幼而徇齊。"《集解》："案：徇，疾。齊，速也。言聖德幼而疾速焉。"《索隱》："《書》曰：'聰明齊聖。'《左傳》曰：'子雖齊聖。'謂聖德齊速也。"是此《傳》之齊當訓速，猶言早聖也。杜《注》："齊，肅也。"非。焦循用《小宛傳》"齊正"之訓，俞樾用《祭統》説，以齊爲明，皆非《詩》意。

故禹不先鯀，湯不先契，文、武不先不窋。

〔注〕服云："周家祖后稷以配天，明不可先也，故言'不先不窋'。

---

① 科學本注：原稿眉批："本《疏》無服《注》，而各家皆引本《疏》，存查《閔公疏》。"按見閔二年《傳疏》。

② 林按：《左傳正義》作"引《詩》二文"。

禹、湯異代之祖①，故言‘不先鯀、契也’。”本《疏》。

〔疏證〕杜《注》②：“鯀，禹父。契，湯十三世祖。不窋，后稷子。”於《傳》舍后稷而及不窋，未釋其義。《疏》引服説駁之云：“然則文、武大聖，后稷賢耳，非是不可先也。下句引《詩》‘皇祖后稷’，不欲重文，故舉不窋以辟之。”傳文非如後世比偶之辭，豈緣引《詩》故辟其字？杜《注》非與服違，《疏》乃駁服説③，過矣！李貽德云：“后稷爲周始祖，今既舍以明尊，則契爲商始祖，亦當舍契，以其下當不窋。鯀爲禹父，今言文、武者，舍王季而上及不窋，則論禹者，亦當舍鯀而上溯鯀祖。乃於禹曰‘不先鯀’，於湯曰‘不先契’，與言文、武所不先異者，正以禹、湯異代，故約略言之，不妨參差也。”李説可申服義。然《傳》“子不先父食”，此父子字，兼祖孫言之，服以湯不先契，文、武宜不先后稷耳，鯀、契不一例。沈欽韓云：“此皆論合食位次。鄭注《王制》云：‘夏無太祖廟。’《疏》引《禮緯》云：‘夏無太祖，宗禹而已。’禹不先鯀者，鯀親未盡也。親盡，則鯀不在禘、祫之列矣。殷以契爲祖，湯固不先。周以后稷爲祖，不窋以下皆在合食之列，故文、武不得而先之。《疏》於此憒憒。”按：沈謂夏廟宗禹，不以鯀爲始祖，是也。殷祖契，周祖后稷，其禮正同。始祖皆不祧，何得以不窋合食例契？沈由未知服《注》“后稷配天，不可言先”之義也。然沈謂此論合食位次，則躋僖本是禘禮，故《傳》即以合食言之，其説可從。

《周語》：“我先王不窋，用失其官。”《注》：“失稷官也。周之禘祫，文、武不先不窋，故通謂之王。《商頌》亦以契爲玄王也。”是韋氏以此當禘祫之禮，沈説爲有徵矣。《特牲饋食禮疏》：“若祭無問一廟二廟，皆先祭祖，後祭禰，是以文二年《左傳》云：‘文、武不先不窋。’子不先父是也。若祭無問尊卑、廟數多少，皆同日而祭畢，以此及少牢，惟筮一日，明不別日祭。”詳彼《疏》説，則非禘祫亦一日而祭畢，故先後尤宜詳之。故此《傳》禹不先鯀，先儒甚多疑議。

權德輿《遷廟議》云：“有司誤引蔡謨征西之議，以獻祖居東向，懿祖爲昭，太祖爲穆，此誠乖疑倒置之大者也。議者或引《春秋》‘禹不先鯀，湯不先契，文、武不先不窋’以爲證。且湯與文、武皆太祖之後，理無所疑，至於禹不先鯀，安得説者非啓於太康之代，而左丘明因而記之

---

① 林按：“祖”，《左傳正義》作“王”。

② 林按：此處內容實多爲孔《疏》，底本誤記。

③ 科學本注：按：據上文，應作：“《疏》乃引服駁杜。”

耶?”又仲子陵《獻懿二祖遷祔議》:“今儒者乃援‘子雖齊聖,不先父
食’之語,欲令已祧獻祖,權居東嚮,配天太祖,屈居昭、穆,此不通之
甚也。凡在《左氏》‘不先食’之言,且以正文公之逆祀,儒者安知非夏
后廟數未足之數,而言‘禹不先鯀’乎?”權、仲兩説皆駁蔡謨議,其言
鯀廟雖有已祧、未祧之分,然於傳文鯀、契非一例,亦未能達其義。《宋
書·禮志》:“穆帝永和二年,領司徒蔡謨議:‘征西、豫章、潁川、京
兆四府君宜改築別室,若未展者,當入就太祖①之室。人莫敢卑其祖,文、
武不先不窋。殷祭之日,征西東面,處宣皇之上。其後遷廟之主,藏于征
西之祧,祭薦不絶。’博士張憑議:‘或疑陳于太祖者,皆其後毀主②。憑
按古義,無别前、後之文也。禹不先鯀,則遷主居太祖之上,亦可無疑
矣。’”蔡、張二議皆從《傳》説。張氏引“禹不先鯀”,以證遷主可居太
祖之上,則不謂此《傳》指鯀爲太祖也。

宋祖帝乙,鄭祖厲王,猶上祖也。

〔疏證〕杜《注》:“帝乙,微子父。厲王,鄭桓公父。二國不以帝乙、
厲王不肖而猶尊尚之。”是“上祖”猶尚祖也。唐孫平子《請祔孝和皇帝
封事》云:“昔‘禹不先鯀,湯不先契,文、武不先不窋’,故宋、鄭不以
帝乙、厲王不肖而猶尊尚之。”蓋用杜義。沈欽韓云:“宋,二王之後,不
以始封之君爲祖,故祖帝乙也。鄭始封在畿内。《周禮》:‘都宗人掌都祭
祀之禮。’《注》:‘王子弟則立其祖王之廟,其祭祀王皆賜禽焉。’賜禽見
《夏官·祭僕》。鄭因此有厲王之廟,遂③相沿失之。”沈謂宋不以始封之君
爲祖,未徵於禮。按:《王制》:“諸侯五廟,二昭二穆,與太祖之廟而五。”
《注》:“太祖,始封之君。王者之後,不爲始封之君立廟④。”《疏》云:
“必知然者,以經傳無文,云微子爲宋之始祖故也。而《左傳》云‘宋祖
帝乙’是也。”鄭氏謂王者不爲始封之君立廟,蓋據此《傳》義矣。《荀
子·成相篇》:“武王怒,師牧野,紂卒易鄉,啟乃下。武王善之,封之于
宋,立其祖。”《注》:“立其祖,使祭祀不絶也。《左傳》曰:‘宋祖帝乙。’”
亦據《傳》義以爲帝乙。鄭若以始封之君爲祖,則當祖桓公,今祖厲王,
與宋祖帝乙同例。故沈引《都宗人》鄭《注》爲説,鄭義蓋謂鄭以厲王爲

---

① 林按:“祖”,《宋書·禮志》作“廟”。
② 林按:“皆其後毀主”,《宋書·禮志》作“皆其後毀之主”。
③ 林按:《左傳補注》無“遂”字。
④ 林按:“君立廟”,《禮記正義》作“君廟”。

太祖，沈以爲相沿失之，非也。

《昭十八年傳》，鄭人救火，"使祝史徙主祏於周廟"。杜《注》："周廟，厲王廟。"《疏》引此《傳》爲證。《傳》云"周廟"，則鄭□[1]又別立厲王廟，不在五廟中矣。疑宋祖帝乙、鄭祖厲王，其初制皆以爲太祖，後有更革，別立廟，故鄭有周廟也。帝乙、厲王皆天子，其尸之服有疑。《喪服小記》："父爲天子、諸侯，子爲士，祭以士，其尸服以士服。"《注》："爲王者後，及所立爲諸侯者，祀其先君以禮卒者，尸服天子諸侯之服。如遂無所封立，則尸也，士也[2]，皆如士，不敢僭用尊者衣物。"《疏》："按《左傳》云：'宋祖帝乙。'帝乙是以禮卒者，而宋祀以爲社[3]，明其服天子之服。推此，則諸侯亦然。"如鄭彼《注》，則宋、鄭祀帝乙、厲王，其尸皆服天子之服也。

是以《魯頌》曰："春秋匪解，享祀不忒，皇皇后帝，皇祖后稷。"

〔疏證〕《魯頌·閟宫》文。《箋》："春秋，猶言四時也。忒，變也。皇皇后帝，謂天也。成王以周公功大，命魯郊祭天，亦配之以君祖后稷。"杜《注》用鄭説。又云："忒，差也。""差"亦"變"義。《明堂位》："是以魯君祀帝于郊，配以后稷，天子之禮也。"《注》："帝，謂蒼帝靈威仰也。昊天上帝，魯不祭。"《詩疏》據彼《注》，謂魯惟祭蒼帝。陳奐《毛詩傳疏》："《御覽·禮儀部》：《五經異義》引賈逵説：'魯無圜丘方澤之祭者，周兼用六代之禮樂，魯用四代。其祭天之禮，亦宜損於周。故二至之日，不祭天地也。'賈、鄭説同。《祭法》：'周人禘嚳郊稷。'魯不禘嚳而猶郊稷，故南郊祀天，亦配后稷。其實魯郊與周郊亦不盡同。魯南郊、祈穀爲一祭，故於郊爲祀后稷，而亦祈農事，在夏正，正月爲郊之正時。"按《襄七年傳》："孟獻子曰：'夫郊祀后稷，以祈農事也。'"魯郊兼祈穀，陳説得之。

君子曰禮，謂其后稷親而先帝也。

〔疏證〕后稷雖親，不先于上帝。杜《注》："先稱帝也。"

《詩》曰："問我諸姑，遂及伯姊。"

〔疏證〕《邶[4]風·泉水》文。《傳》："父之姊妹稱姑，先生曰姊。"《傳》

---

① 科學本注：原稿字不明，疑是"後"字。
② 林按：此句《禮記正義》作"尸也、祭也"。劉氏誤記。
③ 林按："社"，《禮記正義》作"祖"。
④ 科學本注：按：應作"邶"。

皆用《釋親》文。《箋》：“寧則又問姑及姊，親其類也。先姑後姊，尊姑也。”沈欽韓云：“按：《士虞禮》：‘卒哭，祭獻畢，未撤，乃餕尸。’《注》引《詩》‘出宿于泲，飲餞于禰’，鄭必不泛引生人之餞以塞文，蓋韓《詩》以爲祭祀之詩也。‘問我諸姑，遂及伯姊。’蓋宗子初主祭而未諳，故問其姑若姊，《傳》所以連類及之。”

君子曰禮，謂其姊親而先姑也。

〔疏證〕孫平子云：“禮爲其後伯姊而先諸姑者何也？尊其先也。弗忌故阿君，先其所親，亂國大事，故《傳》特引二詩，深責其意。”此與杜《注》略同。“尊其先也”句，杜《注》無之，疑孫用舊説也。顧炎武云：“言僖公於文有父之親，而閔公於僖有君之尊，《禮》不敢以其所親加之於尊，故引二詩爲證。”

仲尼曰：“臧文仲，其不仁者三，不知者三。

〔疏證〕《禮器注》：“文仲，魯公子彄之曾孫，臧孫辰也。”

“下展禽，

〔疏證〕杜《注》：“展禽，柳下惠也。文仲知柳下惠之賢，而使在下位。”惠棟云：“下，猶去也，見《周禮‧司民注》。《論語》：‘柳下惠爲士師，三黜。’”

“廢六關，

〔疏證〕“廢”，《家語》作“置”。王肅《注》云：“六關，關名。魯本無此關，文仲置之以税行者，故爲不仁。”惠棟云：“‘廢’與‘置’，古今通。《公羊傳》：‘去其有聲者，廢其無聲者。’鄭《志》答張逸曰：‘廢，置也。’以‘廢’爲‘置’，猶以‘亂’爲‘治’，‘徂’爲‘存’，‘故’爲‘今’，‘曩’爲‘曏’，‘苦’爲‘快’，‘臭’爲‘香’，‘藏’爲‘去’。郭璞所謂‘訓詁有反覆旁通，美惡不嫌同名’。杜氏云：‘六關，所以禁絶末游而廢之。’昧於義矣。”洪亮吉云：“《小爾雅》以‘廢’爲‘置’。《莊子‧徐無鬼篇》：‘于是調瑟，廢一於堂，廢一於室。’是古多訓‘廢’爲‘置’。”按：惠、洪説是也。《聘禮疏》：“置關税行者，故爲不仁。古者竟上爲關者，王城十二門，則亦通十二辰。辰有一門、一關，諸侯未知幾關。魯廢六關，半天子，則餘諸侯亦或然。”如彼《疏》説，則關有六也。杜《注》：“塞關、陽關之屬，凡六關。”與王肅説異。

"妾織蒲，

〔疏證〕"蒲"，《家語》作"席"。杜《注》："家人販席，言其與民爭利。"《史記·公儀休傳》："爲魯相，食茹而美，拔其園葵而棄之。見其家織布好，而疾出其家婦，燔其機，云'欲令農、士、工、女安所讎其貨乎？'"此孔子譏文仲"妾織蒲"之意。

"三不仁也。

"作虛器，

〔疏證〕"作"，《家語》作"設"。《論語》："子曰：'臧文仲居蔡，山節、藻梲，何如其知也？'"本《疏》引鄭《注》云："'節，栭也，刻之爲山。梲，梁上楹也，畫以藻文。'蔡爲國君之守龜。"杜《注》取《論語》爲説。又云："有其器，而無其位，故曰虛。"《家語》王肅《注》："蔡，天子之守龜，非文仲所宜畜，故曰'虛器'。"與杜説略同。其以蔡爲天子守龜，與鄭説異。全祖望《經史問答》云："居蔡是僭諸侯之禮，山節、藻梲是僭天子宗廟之禮，以飾其居。"

"縱逆祀，

〔疏證〕《禮器》："孔子曰：'臧文仲安知禮？夏父弗綦逆祀而弗止也。'"《注》："文仲，莊、文之間爲大夫，於時爲賢，是以非之，不正禮也。"弗止，即縱義。杜《注》："聽夏父，躋僖公。"

"祀爰居，

〔注〕賈云："爰居，雜縣也。"《文選·郭景純〈游仙詩〉注》引《國語注》。

〔疏證〕"爰居，雜縣"，《釋鳥》文。《釋文》引樊光云："似鳳皇。"《魯語》："海鳥曰'爰居'，止於魯東門之外三日，臧文仲命國人祭之。"《注》："爰居，雜縣也。文仲不知，以爲神也。"韋用賈説。

"三不知也。"

冬，晉先且居、宋公子成、陳轅選、鄭公子歸生伐秦，取汪及彭衙而還，以報彭衙之役。

〔疏證〕《釋文》："成，本或作'戌'。"《昭十年經釋文》："宋戌，讀《左傳》者音成。"則宜作戌矣。杜無注。《文七年傳》杜《注》："宋公子成，莊公子。"《讀本》云："轅，氏。選，名。濤塗之後。"《春秋分記》云："公子歸生，子家，或云靈公弟。"江永云："汪，當近彭衙。"《方輿紀要》："同州白水縣有汪城。一曰汪在澄城縣境。"汪士鐸曰："按彭衙既在郃陽西北，則汪當相近。"彭衙役在本年二月。

卿不書，爲穆公故，尊秦也，謂之崇德。

〔疏證〕杜無注。《讀本》云："四人皆卿而不書者，《傳》云尊秦。襄公八年，會于邢丘，齊、宋、衛、邾俱稱人。《傳》云：'尊晉侯。'左氏聞于舊史官有此例。"

襄仲如齊納幣，禮也。

〔注〕鄭康成云："僖公母成風主婚，得權時之宜。"《檀弓疏》引《箴膏肓》。

〔疏證〕杜氏經文《注》："僖公喪終此年十一月，則納幣在十二月也。"此《傳注》："謂諒闇既終，嘉好之事，通於外内。"顧炎武云："即以僖公之薨爲十一月，亦甫及大祥耳。未畢二十五月之數，何得云諒闇已終？"沈欽韓云："按：《傳》止言'納幣，禮耳'，不及文公之事。《傳》主爲《經》發凡。文公之得失，人自知之，故不置可否。劉敞橫譏《左氏》以喪娶爲禮，却是冒昧。杜預謂諒闇既終，又大謬也。"按：文公喪娶之說出於《公羊》。彼《傳》云："譏喪娶也。娶在三年之外，則何譏乎喪娶？三年之内不圖婚。"何氏《解詁》："僖公以十二月薨，至是未滿二十五月。"本《疏》云："何休據此作《膏肓》，以《左氏》爲短。"杜謂僖公薨于十一月，視何氏先一月者，杜謂十二月經文誤也。杜必欲以納幣爲已除服，故於僖公之薨移上一月，則得二十六月。顧氏謂未畢二十五月之數，非也。《檀弓》"孟獻子禫"《疏》："文公二年，冬，'公子遂如齊納幣'。是僖公之喪，至此二十六月。《左傳》云：'禮也。'"下引鄭《箴膏肓》說，其謂二十六月，與杜氏同，又不言僖公薨月之誤。此當是《左氏》舊說。舊說或計閏數之，知者，《南齊書・禮志》："左僕射王儉議：'三百六旬，《尚書》明義；文公納幣，《春秋》致譏。《穀梁》云"積分而成月"。《公羊》云"天無是月"。雖然，《左氏》謂告朔爲得禮。是故先儒咸謂三年喪，歲數没閏，大功以下，月數數閏。夫閏者，蓋是年之餘日，而月之異朔，所以吳商云："含閏以正期，允協情理。"'"王儉說雖謂三年喪没閏，然必當時禮家說《左氏》有三年喪計閏之說，乃據駁之。文公六年《穀梁傳》："閏月者，天子不以告朔，而喪事不數也。"則喪不數閏，乃《穀梁》説，《左》則異矣。文二年，閏三月，明見經傳，則不待杜移。僖公薨於十一月，由三十三年冬十二月數至此年十二月，已得二十六月矣，此可正《公羊》喪娶之誤。然雖已二十六月，哀思未忘，已行吉禮，故鄭以權時之宜釋之。成風，文公庶祖母也。

凡君即位，好舅甥，修昏姻，娶元妃以奉粢盛，孝也。孝，禮之始也。

〔疏證〕此諸侯娶夫人也。顧炎武云：“此《傳》通言娶夫人之禮。”杜《注》：“遣卿申好舅甥之國，修禮以昏姻也。元妃，嫡夫人，奉粢盛。”

〔經〕三年，春，王正月，叔孫得臣會晉人、宋人、陳人、衛人、鄭人伐沈。沈潰。

〔疏證〕《郡國志》：“汝南郡平輿有沈亭，故國，姬姓。”沈欽韓云：“《水經注》：‘汝水逕平輿縣故城南，舊沈國也。’《一統志》：‘平輿故城在汝寧府汝陽縣東南六十里。’”江永云：“汝陽縣今屬汝州。”顧棟高云：“平輿故城亦曰懸瓠城，汝水屈曲，形如懸瓠，故名。”本年《傳例》：“凡民逃其上曰潰。”

夏，五月，王子虎卒。

〔疏證〕杜《注》：“周王以同盟之例爲赴。”杜探《傳》義爲説。

秦人伐晉。

〔疏證〕沈欽韓云：“此惡秦也。杜預言‘晉以微者告’，則此魯史又據晉告書之，而不取於秦耶，前後牴牾。”《年表》：“晉襄公四年，秦伐我。”

秋，楚人圍江。

雨螽于宋。

〔注〕劉歆以爲螽爲穀災，卒遇賊陰，墜而死也。《五行志》。

〔疏證〕《五行志》：“文公三年，‘秋，雨螽于宋’。劉向以爲先是宋殺大夫而無罪，有暴虐賦斂之應。《穀梁傳》曰：‘上下皆合，言甚。’董仲舒以爲宋三世内取，大夫專恣，殺生不中，故螽先死而至。”下劉歆説，則三《傳》異説。賊陰，言陰氣也。《五行志》引《洪範》傳：“聽之不聰，厥罰恒寒。"又云："凡聽傷者，病水氣。"皆賊陰義也。《傳》云"墜而死也"，歆用《傳》義。顧炎武云："杜解：'宋人以其死爲得天祐，喜而來告，故書。'然則隕石退鷁，豈亦喜而來告乎？"

冬，公如晉。十有二月，己巳，公及晉侯盟。

〔疏證〕《年表》："三年，公如晉。"《魯世家》："三年，朝晉。"

晉陽處父帥師伐楚以救江。

〔疏證〕《公》《穀》無"以"。《年表》："楚穆王二年，晉伐我。"

〔傳〕 三年，春，莊叔會諸侯之師伐沈，以其服于楚也。沈潰。

〔疏證〕杜無注。《讀本》云："莊叔，得臣也。"

凡民逃其上曰潰，在上曰逃。

〔注〕賈、潁以爲舉國曰"潰"，一邑曰"叛"。本《疏》。

〔疏證〕此潰、逃例也。杜《注》："潰，衆散流移，若積水之潰，自壞之象也。在衆曰潰，在上曰逃，各以類言之。"杜依《傳例》爲説。《疏》引賈、潁説駁之，云："按《左氏》無此義也。《傳》曰：'陳侯如楚，慶氏以陳叛。'此則舉國，不必言潰也。叛者，舉城而屬他，非民潰之謂也。"按：《傳》止稱潰、逃，賈、潁爲補叛例，《公羊·僖四年傳》："國曰潰，邑曰叛。"賈、潁所本也。洪亮吉云："賈義本《公羊》，《正義》糾之，非也。"然《左氏》五十凡無叛例。賈、潁據《公羊傳例》補之，未計違於《左氏》，是賈、潁之偶疏也。本《疏》又引《釋例》云："例之潰、逃指爲一國、一軍、一邑。君民相須爲用，變文以別之也。鄭詹見囚於齊，自齊逃來，此爲逸囚。無不可逃，《春秋》指事而書，所謂民逃，非在上之逃。而賈氏復申以入例，亦不安也。"玩《疏》説，則賈氏既分潰、叛例爲二，又分逃及逃來例爲二也，其説今無以考。

衛侯如陳，拜晉成也。

〔疏證〕《讀本》："衛雖執孔達見辱，而二年之成，陳實爲請之。"

夏，四月，乙亥，王叔文公卒，來赴，弔如同盟，禮也。

〔疏證〕《讀本》："王子虎於周天王爲叔，謚曰文，其後爲王叔氏。"

秦伯伐晉，濟河焚舟，

〔疏證〕《秦本紀》：“繆公復厚孟明等，使將兵伐晉，渡河焚船。”

取王官及郊。

〔注〕服云：“皆晉地，不能有。”《秦本紀集解》。

〔疏證〕杜用服説。《秦本紀》：“大敗晉人，取王官及鄗，以報殽之役。”《集解》：“鄗，徐廣曰：‘《左傳》作“郊”’”。則“郊”非誤字也。李富孫云：“《宣十二年傳》：‘晉師在敖、鄗之間。’郊、鄗聲之轉。”《秦本紀正義》：“《括地志》云：‘王官故城在同州澄城縣西北九十里。’又云：‘南郊故城在縣北十七里，又有北郊故城，又有西郊古城。’《左傳》云：‘文公三年，秦伯伐晉，濟河焚舟，取王官及郊。’《括地志》云：‘蒲州猗氏縣南二里又有王官故城，亦秦伯取者。’上文云‘秦地東至河’，蓋猗氏王官是也。”詳《括地志》説，則王官有二，張氏以猗氏之王官當之。

沈欽韓云：“《元和志》：‘王官故城在同州澄城縣西北。’又云：‘王官故城在河中府虞鄉縣南二里。’又云：‘在澤州聞喜縣南[1]十五里。’按虞鄉、聞喜地相連，秦伯已濟河，不當在同州。”江永云：“《水經注》：河東左邑縣西有王官城，涑水逕其地[2]，故晉人絶秦之辭云：‘伐我涑川，俘我王官。’是王官近涑川也。左邑，今絳州聞喜縣。王官蓋在臨晉之東、聞喜之西。是時，秦師已渡河，則王官不得在河西。澄城之王官，名同而非其地。”則江氏亦不信同州之説。沈氏不取同州之説，與江氏同。其謂虞鄉、聞喜相連，則非。虞鄉在聞喜之西北，中隔解州、運城，凡百餘里。以今址考之，臨晉、猗氏、聞喜，壤地相接。江氏謂“臨晉之東、聞喜之西”，即猗氏也，與《括地志》後一説合。

顧棟高云：“今蒲州府臨晉縣東南七十里王官谷有廢壘，即王官城也。”《彙纂》云：“郊，當爲臨晉、平陽間小邑。”李貽德云：“知不能有者，王官、郊皆在河東，其濟茅津而還，未嘗設守，是不能有也。”

晉人不出。

〔疏證〕洪亮吉云：“按上年《傳》，趙成子曰：‘將必辟之。’故今用

---

① 科學本注：沈氏《左傳地名補注》無“南”字，實則無“南”字則十五里意不明。劉氏或有所本。

② 林按：“地”，江永《春秋地理考實》作“北”。

其言，不出師。”《年表》：“晉襄公四年，秦取王官，我不出。”又云：“秦繆公三十六年，伐晉，晉不敢出。”《秦本紀》：“晉人皆城守不敢出。”

遂自茅津濟，

〔疏證〕《郡國志·河東郡》：“大陽有茅津。”《秦本紀》：“繆公乃自茅津渡河。”《集解》：“徐廣曰：‘在大陽。’”《正義》：“《括地志》云：‘茅津在陝州河北縣、大陽縣也。’”《元和志》：“大陽故關在陝州陝縣西北四里，即茅津也。”皆與《漢志》合。閻若璩《四書釋地·又續》云：“河北、大陽，此漢二縣名，并今平陸縣。《秦本紀》：‘渡河，封殽中尸。’《正義》云：‘自茅津南渡也。’因悟初濟河是自西而東，及茅津濟河，則自北而南。案之輿圖，宛然如覩。”顧棟高云：“今山西解州平陸縣東南有茅城，河水經其南，即茅津也。南對陝州州治，據河僅三里，乃黃河津濟處。”按：閻、顧説是也。《秦本紀》：“繆公元年，自將伐茅津。”《正義》：“劉伯莊曰：‘戎號也。’”《水經注》：“陝城北對茅城，故茅亭。茅，戎邑也，津亦取名焉。”則茅津在繆公初仍爲戎邑，後乃有之。

封殽尸而還。

〔注〕賈云：“封識之。”《秦本紀集解》。

〔疏證〕《水經注》引《傳》，“殽”作“崤”。李貽德云：“《樂記》：‘封比干之墓。’《注》：‘積土爲封識。’讀爲‘故以其旗識之’之‘識’。《史記·孝武紀索隱》：‘識，猶表也。’”按：杜云：“埋藏之。”不用賈説。惠棟云：“殽尸多，不能用葬禮，故杜云‘埋藏之’。”朱駿聲云：“按殽敗在僖三十三年四月，封尸在文三年五月，閱三載之久，豈尚有可以埋藏之尸？惟表識其地而已。賈是，杜非。”按：朱説是也。《秦本紀》：“封殽中尸，爲發喪，哭之三日。”

遂霸西戎，用孟明也。君子是以知秦穆之爲君也，舉人之周也，與人之壹也；

〔注〕服云：“周，備也。”《秦本紀集解》。

〔疏證〕今本“穆”下有“公”，從《石經》省。《一切經音義》引賈逵《國語注》亦云：“周，備也。”則賈、服説同。杜釋“舉”，用服説。又云：“不偏以一惡棄其善。壹，無貳心。”《秦本紀》：“君子聞之，皆爲垂涕，曰：‘嗟乎！秦穆公之與人周也，卒得孟明之慶。’”

孟明之臣也，其不解也，能懼思也；子桑之忠也，其知人也，能舉善也。

〔疏證〕“解”猶“懈”。《讀本》：“懼思，謂孟明懼而脩德。”杜《注》：“子桑，公孫枝，舉孟明者。”

《詩》曰：“于以采蘩，于沼于沚。于以用之？公侯之事。”秦穆有焉。

〔疏證〕《召南·采蘩》文。《隱三年傳》：“苟有明信，澗、谿、沼、沚之毛，蘋、蘩、薀、藻之菜，筐、筥、錡、釜之器，潢、汙、行、潦之水，可薦于鬼、神，可羞于王、公。”與此《傳》引《詩》意同，已釋彼《傳》。毛《傳》之事，祭事也。杜《注》：“言沼、沚之蘩至藻，猶采以共公侯，以喻秦穆不遺小善。”

“夙夜匪解，以事一人”，孟明有焉。

〔疏證〕《大雅·烝民》文。《箋》：“夙，早。夜，莫。匪，非也。一人，斥天子。”杜云：“一人，天子也。”用鄭説。此斷章，以一人喻秦繆也。

“詒厥孫謀，以燕翼子”，子桑有焉。

〔疏證〕《大雅·文王有聲》文。《釋言》：“詒，遺也。”毛《傳》：“燕，安。翼，敬也。”《箋》：“詒，猶傳也。孫，順也。以之爲事，故傳其所以順天下之謀，以安其敬事之子孫。”杜釋詒、燕用毛《傳》，改訓翼爲安。又云：“美武王能遺其子孫善謀，以安成子孫。言子桑有舉善之謀。”按：《國語注》：“翼，成也。”杜本韋説。陳奐《詩疏》云：“《後漢書·班彪傳》：‘昔成王之爲孺子，出則周公、召公、太史佚，入則太顛、閎夭、南宮括、散宜生。左、右、前、後，禮無違者。故成王一日[1]即位，天下曠然大平。是以《春秋》“愛子教以義方，不納于邪。驕奢淫佚，所自邪也”。《詩》云：“貽厥孫謀，以燕翼子。”言武王之謀遺子孫也。’案：此引《詩》，似以得賢輔佐爲遺謀之事，與文三年《左傳》言子桑之忠，知人舉善，亦引此《詩》合。”

“秋，雨螽于宋”，隊而死也。

---

① 林按：“日”，劉氏原稿作“人”，據陳奐《詩毛氏傳疏》回改。

楚師圍江。晉先僕伐楚以救江。

〔疏證〕杜《注》："晉救江在'雨螽'下。"按:《傳》因周桓公、晉處父救江之師,因類記晉救江事。圍江不必在雨螽之後也。杜因晉書楚人圍江在雨螽前,强爲此説。

冬,晉以江故告于周。

王叔桓公、晉陽處父伐楚以救江,

〔疏證〕杜《注》："桓公,周卿士王叔文公之子。"《疏》:"衛有公叔文子,此人蓋以王叔爲氏。"

門於方城,遇息公子朱而還。

〔疏證〕杜《注》："子朱,楚大夫,伐江之帥也。"

晉人懼其無禮於公也,請改盟。

公如晉,及晉侯盟。

晉侯饗公,賦《菁菁者莪》。

〔疏證〕杜《注》："《菁菁者莪》,《詩·小雅》,取其'既見君子,樂且有儀'。"

莊叔以公降拜,

〔疏證〕《燕禮》:"賓降西階下,再拜稽首。"則公之降拜同《燕禮》,主人酬賓禮也。

曰:"小國受命於大國,敢不慎儀?君貺之以大禮,何樂如之?抑小國之樂,大國之惠也。"

〔疏證〕杜謂取"既見君子,樂且有儀",以《傳》知之。鄭《箋》:"既見君子者,官爵之而得見也。見則心既喜樂,又以禮儀見接。"惟莊叔以"既見君子"屬晉侯,此斷章也。陳奐《毛詩傳疏》引此《傳》釋之云:"莊叔釋《詩》樂,即《經》之樂,'慎儀'即《經》之'有儀'。'貺之以大禮',所謂'錫我百朋'也。《左傳》釋《詩》意'樂且有儀'句,就見君子者一邊説,'儀'當作'義'。《六月序》云:'《菁菁者莪》廢,則無禮義矣。'今字亦作'儀'。"按:大禮,謂饗禮也。

晉侯降辭，登成拜。

〔疏證〕《燕禮》：“公命小臣辭，賓升成拜。”《注》：“升成拜，復再拜稽首也。先時君辭之，於禮若未成然。”《燕禮》之降辭用小臣，此則主人自降辭。疑燕、饗禮異，以賦《詩》、降拜、降辭、登成拜，別爲節文也。杜《注》：“降階辭，讓公，俱還上，成拜禮。”

公賦《嘉樂》。

〔疏證〕杜《注》：“《嘉樂》，《詩·大雅》，取其‘顯顯令德，宜民宜人，受禄于天’。”

〔經〕 四年，春，公至自晉。無《傳》。

夏，逆婦姜于齊。

〔疏證〕杜《注》：“稱‘婦’，有姑之辭。”按：《傳》謂卿不行，貴聘而賤逆之。是《經》書“婦姜”之義，與二《傳》異說。《穀梁傳》曰：“婦，有姑之詞也。”杜用《穀梁》說《左氏》，非。

狄侵齊。無《傳》。

秋，楚人滅江。

〔疏證〕文十五年《傳例》：“凡勝國曰滅之。”《年表》：“楚穆王二[①]年，滅江。”

晉侯伐秦。

衛侯使甯俞來聘。

〔注〕賈氏云：“《公羊》曰甯速。”
〔疏證〕今本《公羊》與《左氏》同。彼《疏》云：“正本作‘速’字。”下引賈說。臧琳云：“賈氏所據《公羊》作‘甯速’，即徐所謂正本也。後人依《左》《穀》改之。”

冬，十有一月，壬寅，夫人風氏薨。

---

① 林按：“二”應爲“三”。《史記·十二諸侯年表》作“三”。

〔注〕故《春秋左氏》説："成風，妾，得立爲夫人，母以子貴，禮也。"《服問疏》引《異義》。

〔疏證〕杜《注》："僖公母，風姓也。赴同袝姑，故稱夫人。"《疏》："杜言此者，以成風本是莊公之妾，嫌其不成夫人，故明之也。"杜但以"赴同袝姑"爲言，未明所以尊爲夫人之故。《服問》："君之母非夫人，則群臣無服，唯近臣及僕、驂乘從服，唯君所服服也。"《注》："妾，先君所不服也。禮，庶子爲後，爲其母緦。言'唯君所服'，尊[1]君也。《春秋》之義，有以小君服之者。時若小君在，則益不可。"《疏》云："文公四年，'夫人風氏薨'，是僖公之母成風也。又昭十一年，'夫人歸氏薨'，是昭公之母齊歸也。皆亂世之法，非正禮也。按：《異義》云：'妾子立爲君，得尊其母，立以爲夫人否？今《春秋公羊》説：妾子立爲君，母得稱夫人。故上堂稱妾，屈於適也；下堂稱夫人，尊於國也。子不得爵命父妾，子爲君得爵命其母者，以妾本接事尊者[2]，有所因緣故也。《穀梁傳》曰：魯僖公之妾母成風爲夫人，是子爵于母，以妾爲妻，非禮也。故《春秋左氏》説：成風，妾，得立爲夫人，母以子貴，禮也。許君謹案：舜爲天子，瞽瞍爲士。起于士庶者，子不得爵父母也。至於魯僖公得尊母成風爲小君，《經》無譏文，從《公羊》《左氏》之説。'鄭則從《穀梁》之説，故《異義駁》云：'父爲長子三年，爲衆子期，明無二適也。女君卒，繼室攝其事耳，不得復立爲夫人。'"《服問》引鄭駁至此。《通典》七十二又引云："魯僖公妾母爲夫人者，乃緣莊公夫人哀姜有殺子般、閔公之罪，應貶故也。"按：五年，"葬我小君成風"。《公羊傳》："母以子貴。"《解詁》："禮，妾子立，則母得爲夫人。"故許君謂《公羊》《左氏》同説。鄭君所稱僖公妾母爲夫人，乃《穀梁》説。《穀梁·僖八年傳》，"秋七月，禘于太廟，用致夫人"，《集解》引劉向云："夫人，成風也，致之於太廟，立之以爲夫人。"《襄二年經疏》[3]："鄭玄以爲正夫人有罪廢，妾母得成爲夫人。"即據鄭《駁異義》爲説。

《左氏》以"致夫人"爲哀姜，與《穀梁》説異。杜《注》不援"母以子貴"義，但以"赴同袝姑"爲説。"赴同袝姑"《傳例》爲致夫人發，不關書薨之事。而《疏》引《釋例》則云："凡妾子爲君，其母猶爲夫人。雖先君不命其母，母以子貴，其適夫人薨，則尊稱得加於其子，内外之

---

① 科學本注：阮刻《注疏》"尊"作"伸"。
② 林按：《禮記要義》《禮記注疏》都爲"以妾立奉接於尊者"，劉氏引述有节略。
③ 林按："二"，底本誤作"四"，據《十三經注疏》改正并添加"經"字。

稱①皆如夫人矣。"則亦用古《左氏》説也。《宋書·徐廣傳》："李太后薨，廣議服曰：'陽秋之義，母以子貴。既稱夫人，禮服從正，故成風顯夫人之號，僖公服三年之喪。'"按：成風之薨，僖公已没，徐説誤。

〔傳〕 **四年，春，晉人歸孔達于衛，以爲衛之良也，故免之。**

〔疏證〕《二年傳》："陳侯爲衛請成于晉，執孔達以説。"至是，晉人歸之也。

夏，衛侯如晉拜。

〔疏證〕杜《注》："謝歸孔達。"

曹伯如晉會正。

〔疏證〕杜《注》："會，受貢賦之政也。"顧炎武云："會正，即朝正也。周之三月，晉之正月。襄二十二年，'隨于執事以會歲終'。杜氏解曰'朝正'是也。此解以'正'爲'政'，似因傳文'夏'字而曲爲之説。"按：如顧説，則此《傳》當在"夏，衛侯如晉拜"之前。

逆婦姜於齊，卿不行，非禮也。

〔疏證〕桓三年《傳例》："凡公女嫁于敵國，姊妹則上卿送之，禮于先君；公子則下卿送之。於大國，雖公子亦上卿送之。"敵國上卿送女，則逆女當然，故《傳》以"卿不行"爲非禮。下文"貴聘賤逆"，則大夫行也。

君子是以知出姜之不允於魯也。

〔疏證〕杜《注》："文公薨而見出，故曰'出姜'。"按：出姜無謚，因其大歸而爲稱也。《釋□②》："允，信也。"

曰："貴聘而賤逆之，

〔疏證〕《二年經》："公子遂如齊納幣。"

"君而卑之，立而廢之，

---

① 科學本注：《叢書集成》本《春秋釋例》"其"作"臣"，"内外之稱"作"而内外之禮"。

② 科學本注：原稿闕文，查應作"詁"。

〔疏證〕杜《注》：“君，小君也，不以夫人禮迎，是卑廢之。”

“棄信而壞其主，在國必亂，在家必亡。不允宜哉！

〔疏證〕杜《注》：“主，内主也。”按：杜意，内主謂君夫人，與下引《詩》之義不承。主即斥信也，讀如“主忠信”之主，猶言“棄信而壞其本”也。卿逆夫人，國之典禮，無禮則無信，故亂亡隨之。

“《詩》曰：‘畏天之威，于時保之。’敬主之謂也。”

〔疏證〕《周頌·我將》文。《箋》：“于，於。時，是也。早夜敬天，於是得安文王之道。”則鄭以“安”訓“保”。杜《注》：“言畏天威，於是保福祿。”亦用《箋》説。《十五年傳》亦引此《詩》，釋之云：“不畏于天，其何能保？”此言畏天而能保，得信之道也。

秋，晉侯伐秦，圍邧新城，

〔注〕服云：“秦邑，新所作城。”《晉世家集解》。

〔疏證〕《説文》：“邧，鄭邑。”與傳文違異。《繫傳》以爲傳寫之誤。杜《注》：“邧新城，秦邑也。”蓋用服説。惟杜以“邧新城”連言，江永《考實》遂析爲二邑。俞樾云：“新城疑即邧，非二邑也。蓋秦人新於邧邑築城，故謂之新城。《僖六年經》：‘伐鄭，圍新城。’《傳》曰：‘圍新密，鄭所以不時城也。’秦之新城，猶鄭新城矣。”按：俞説是也。《年表》：“晉襄公五年，伐秦，圍邧新城。”與傳文同。《晉世家》則云：“晉伐秦，取新城，報王官役也。”《世家》不舉邧，則邧新城爲一邑可知。顧棟高云：“新城即梁國之新里也，秦取之，謂之新城。”沈欽韓云：“按：邧，即元里也，在同州府東北。《魏世家》：‘文侯十六年，伐秦，築臨晉元里。’《方輿紀要》：‘新城在同州澄城縣東北二十里。’”

以報王官之役。

〔疏證〕《三年傳》：“秦取王官。”

楚人滅江，秦伯爲之降服，出次，不舉，過數。

〔疏證〕《僖三十三年傳》：“秦伯素服郊次。”杜《注》：“降服，素服也。”用彼《傳》以説。又云：“出次，辟正寢。不舉，去盛饌。鄰國之禮有數，今秦伯過之。”《疏》云：“‘鄰國之禮有數’，不知其數幾何，以言‘過數’，知其必有數耳。《哀十年傳》稱：‘齊人弑悼公，赴于師。吴子三日哭於軍門之外。’鄰國之數，蓋三日也。”

大夫諫。公曰：“同盟滅，雖不能救，敢不矜乎？吾自懼也。”

〔疏證〕杜《注》：“秦、江同盟，不告，故不書。”沈欽韓云：“《續志》：‘汝南安陽縣有江亭，故國，嬴姓。’按此，則江與秦是同姓，故秦伯矜之過數。同盟，猶言宗盟也。杜解非也。”

君子曰：“《詩》云：‘惟彼二國，其政不獲；惟此四國，爰究爰度。’其秦穆之謂矣。”

〔疏證〕本《疏》：“徧檢諸本，‘君子曰’下皆無‘《詩》云’，則傳文本自略也。”按：《石經》“曰”下有“詩”，缺“云”，亦用《正義》本也。洪亮吉云：“諸刻本下有此二字。”引《詩·大雅·皇矣》文。《傳》：“二國，殷、夏也。彼，彼有道也。四國，四方也。究，謀。度，居也。”杜《注》：“言夏、商之君，政不得人心，故四方諸侯皆懼而謀度其政事也。言秦穆亦能感江之滅，懼而思政。”杜用毛《傳》說。顧炎武云：“引《詩》蓋取上帝‘監觀四方，求民之莫’之義，言恐懼可以致福。”

衛甯武子來聘，公與之宴，

爲賦《湛露》及《彤弓》。

〔疏證〕《湛露序》：“天子燕諸侯也。”《彤弓序》：“天子錫有功諸侯也。”皆《小雅》篇。杜《注》：“非禮之常，公特命樂人以示意，故言‘爲賦’。”按《傳》言賦《詩》，皆自賦，非命樂人，杜說非。《疏》謂“自賦者，或全取一篇，或止歌一章，未有頓賦兩篇者”，亦强爲之說。《燕禮》：“工歌《鹿鳴》《四牡》《皇皇者華》。”若此，審是工歌，則當質言工歌《湛露》《彤弓》也。

不辭，又不答賦。

〔疏證〕《燕禮》：“工歌無答賦之事。”此可證是公自賦。《疏》謂：“非常之賦，宜有對答。”非。

使行人私焉。

〔疏證〕《大行人》：“掌大賓之禮，及大客之儀。”《小行人》：“掌使適四方，協九儀賓客之禮。”杜不釋“行人”。《魯語注》：“行人，官名，掌賓客之禮。"用《周禮》説。顧棟高云："行人見於《經》者六，是乃一時奉使，非尚官。"梁履繩云："魯叔孫氏以司馬而爲行人，鄭公孫黑以上大夫而世行，蓋是兼職出使者，不必皆專官也。"杜《注》："私，問之。"

對曰："臣以爲肄業及之也。

〔注〕賈云："肄，習也。"《文選·西征賦注》引《國語注》。

〔疏證〕杜釋"肄"同賈説。《釋文》："肄，字又作'肆'。"昭三年："若爲三師以肄焉。"《釋文》："肄，本又作'肆'。"王念孫云："肆者本字，肄者借也。"壽曾曰：《説文》："肆，陳也。從長聿聲。肄，習也，從聿彖聲。"許君用賈説。則傳文當從"肄"《魯語》説穆子聘晉之事云："臣以爲肄業及之。"《注》："肄，習也，以爲樂人自習修其業而及之，故不敢拜。"此《傳》賦《湛露》《彤弓》與"奏《肆夏》之三"誤同，不敢斥言公賦，故以樂人習學爲解。杜《注》："魯人失所賦。"非。其謂"甯武子佯不知，此其愚不可及"，尤謬。

"昔諸侯朝正於王，

〔疏證〕朝正，如本年"曹伯如晉會正"之"正"，以正月朝京師也。杜《注》："朝而受政教也。"非。

"王宴樂之，於是賦《湛露》，

"則天子當陽，諸侯用命也。

〔疏證〕《湛露》首章："湛湛露斯，匪陽不晞。"《傳》："露雖湛湛，見陽則乾。"杜《注》："言露見日而乾，猶諸侯禀天子命而行。"陳奐《詩疏》云："杜正用毛《傳》。詩上二句是興。陽，喻天子。露，喻諸侯。二章三章不言陽，末章并不言露，正互見其義。"按：陳説是也。《箋》以諸侯受爵爲説，與毛小異。然云"肅敬承命，有似露見日而晞也"，則亦以陽喻君也。顧炎武云："《湛露》之詩止是宴樂之意，取此爲興耳。天子當陽，言嚮明而治也。解太巧。"此"當陽"，自釋詩"匪陽不晞"義，顧説非。《董子·天辨在人篇》："天下之尊卑，隨陽而序。不當陽者，臣子是也。當陽者，君父是也。"此《傳》稱當陽之義。《晉書·張華傳》："賈后欲廢太子，左衛率劉卞謀欲奉太子廢后。華曰：'今天子當陽，太子，人子也。吾又不受阿衡之命，忽相與行此，是其無君父，而以不孝示天下也。’”亦以當陽屬君父言。

“諸侯敵王所愾，而獻其功，

〔疏證〕《説文》：“鎎，怒戰也。從金，氣聲。《春秋傳》曰：‘諸侯敵王所鎎。’”惠棟云：“許氏所據多古文，必得其實。”洪亮吉云：“今本作‘愾’，非。”按：《説文》：“愾，太息也。”此別一字。杜《注》：“愾，恨怒也。”與“鎎”訓怒戰合，則杜本亦作“鎎”矣。《廣雅》：“弸、愾，滿也。”王念孫云：“謂氣滿也。”氣滿即恨怒義。而字已作“愾”，張揖所據已同今本。《彤弓箋》引此傳文，《疏》云：“敵，當也。愾，恨也。謂夷狄戎蠻不用王命，王心恨之，命諸侯有德者使征之。諸侯于是以王命興師，以討王之所恨者，爲讎敵而伐之。既勝，而獻其所獲之功于王。王親授之。獻功者，伐四夷而勝則獻之。其伐中國，雖勝不獻。”

“王於是乎賜之彤弓一、彤矢百、玈弓矢千，以覺報宴。

〔疏證〕《石經》“玈弓”下旁增“十玈”。嚴可均云：“今各本無。”杜《注》：“覺，明也。王賜之弓矢，以明報功宴樂。”惠棟云：“覺，讀爲較。何邵公云：‘古者諸侯有較德也。’”按：惠説是也。《釋文》：“覺音角。”則舊注不訓，明此證較其德以報宴耳。《彤弓疏》：“王又設饗禮禮之，于是賜之弓矢也。其饗之日，先受弓矢之賜，後受獻醻之禮也。”獻醻，即謂《傳》之“報宴”。

“今陪臣來繼舊好，

〔疏證〕杜《注》：“方論①天子之樂，故自稱陪臣。”

“君辱貺之，其敢干大禮以自取戾？”

〔疏證〕《彤弓傳》：“貺，賜也。”薛綜《西京賦注》：“干，犯也。”《□□②傳》：“戾，罪也。”

冬，成風薨。

〔經〕 五年，春，王正月，王使榮叔歸含且賵。

---

① 林按：底本作“賜”，據《十三經注疏》及科學本改正。
② 科學本注：原稿闕文。

〔注〕賈、服云：“含、賵當異人，今一人兼兩使，故書‘且’以譏之。”本《疏》。鄭康成云：“禮，天子於二王後之喪，含爲先，襚次之，賵次之，賻次之；於諸侯，含之，賵之；小君亦如之，於諸侯臣襚之。諸侯相於，如天子於二王後；於卿大夫，如天子於諸侯；於士，如天子於諸侯臣。何休云‘尊不含卑是違禮’，非《經》意。其一人兼①二禮，亦是爲譏。”本《疏》引《箴膏肓》。

〔疏證〕《釋文》：“含，本又作唅。”《説文》：“唅，送終口中玉。”李富孫云：“經典通作含，俗作唅。”《荀子·大略篇》：“輿馬曰賵，玉貝曰含。”杜《注》用荀義，改“玉貝”爲“珠貝”。《公羊傳》：“含者何？口實也。”《解詁》：“天子以珠，諸侯以玉，大夫以碧，士以貝，春秋之制也。”彼《疏》云：“皆《春秋説》文，故云春秋之制也。”則杜《注》“珠貝曰含”乃《公羊》説。

《左氏》古説：“妙玉貝曰含也。”《穀梁傳》：“貝玉曰含。”與《左氏》説同。《隱元年經》：“天王使宰咺來歸惠公、仲子之賵。”賈氏以賵爲覆，已於彼《經》釋訖。本《疏》引賈、服説，駁之云：“案《禮·雜記》，諸侯相弔之禮，含襚賵臨，同日而畢，與介代有事焉，不言遺異使也。諸侯相於，則唯遺一使，而責天子於諸侯，必當異人，禮何所出，而非責王也？春秋之世，風教陵遲，吉凶賀弔，罕能如禮。王之崩葬，魯多不行。魯之有喪，甯能盡至？王歸含、賵二事而已。宰咺又賵而不含不至，全無所譏。不含又無貶責。既含且賵便責兼之不可。是禮備不如不備，行禮不如不行，豈有如此之理哉？《左傳》舉‘來含且賵’‘會葬’二事，乃云‘禮也’，則二事俱是得禮，無譏兼之之義。言‘且’者，見有二禮而已。”

李貽德云：“《禮記·雜記》：‘含者，執璧將命，上介賵，執圭將命。’是含、賵異人之證。今歸含、賵，惟使榮叔一人，是兼兩使矣。”洪亮吉云：“含、襚、賵、賻②，既有先後次第，則每事遺一使可知。《正義》云：‘春秋之世，吉凶賀弔，罕能如禮。’此依時勢立言，非制禮本義。《公羊》及賈、服并據常禮爲説。又經文著‘且’字，顯有禮文不備之意。《正義》以此譏賈，非也。”壽曾謂：李、洪之説，皆正《疏》説之非。《雜記》弔者、含者、襚者、上介賵，節次相承，含者有“降出反位”之文。鄭《注》云：“言‘降出反位’，則是介也。”《疏》申之云：“此弔者既爲

---

① 林按：底本此處誤衍“歸”，據《十三經注疏》及科學本改正。
② 科學本注：查洪氏書“贈”應是“賻”。

上客，則賵者是上介，則此含者、襚者當是副介、末介。"如彼《疏》説，則含、襚、賵皆異人，可補洪説所未及。然本《疏》已謂"與介代有事"，則《疏》知含、賵爲介者事，謂介不可當專使耳。洪氏謂"每事遣一使"，其文并於禮無徵，皆不足駁正《疏》説。《隱元年經》宰咺歸賵，《大行人疏》引服《注》"咺，天子宰夫。謂宰夫主賵、賵之事"，以證行人唯主弔法。如《禮疏》説，則天子歸賵，當使宰夫榮叔以行人攝其事，故賈、服以兼二使爲譏也。洪氏謂賈、服據常禮言，極是，宰夫之歸賵，亦常禮矣。《傳》稱"禮也"者，美歸含賵之得禮，不關兼使之事。《疏》據《傳》駁賈、服説，非也。

《公羊》："其言'歸含且賵'何？兼之。兼之，非禮也。"《穀梁傳》："含，一事也。賵，一事也。兼歸之，非正也。其曰'且'，志兼也。"且賵，三《傳》同説。杜不用賈、服説，故《注》中没而不言，《疏》之駁賈、服，非申杜説也。本《疏》又引何休《膏肓》，以爲："禮，尊不含卑，又不兼二禮。《左氏》以爲禮，於義爲短。"下引鄭《箴膏肓》説之云："如康成言'尊不含卑'，禮無其事。康成以爲譏一人兼二事，非《左氏》義也。"本《疏》蓋信鄭駁尊不含卑之説，而以譏兼使爲非。詳《公羊傳》，但稱兼使之非禮。《解詁》則云："以至尊行卑事。"與《膏肓》説同，或是古《公羊》家説，不可以概《左氏》。《穀梁疏》引鄭《廢疾》文略同本《疏》，無"何休"以下云云，又云："京師去魯千里，王室無事，三月乃含，故不言來以譏之。"何氏《廢疾》之文無考，以鄭釋推之，何氏蓋以駁《穀梁》不周事之説。《雜記疏》引鄭《釋廢疾》文亦同本《疏》，詞有顛倒異。彼《疏》又申之云："鄭知天子於二王後含、襚、賵者，爲約此《雜記》兩諸侯相敵，明天子於二王後亦相敵也。知諸侯亦然者，約《雜記》文。鄭知天子於諸侯含、賵者，約文五年'榮叔歸含且賵'，三《傳》但譏兼禮，不譏其數，是也。鄭知天子於諸侯臣襚之、賵之者，約《士喪禮》諸侯於士有襚、有賵，明天子於諸侯臣亦然。鄭知諸侯於卿大夫如天子於諸侯者，更無所尊。明尊此卿大夫含之、賵之也，凡此，於其妻亦如其夫。知者，約'宰咺來歸惠公、仲子之賵'，又約魯夫人成風之喪，'王使榮叔歸且含賵'，以外推此可知。"《禮疏》推説鄭義甚詳，今具録之。鄭譏兼歸二禮，與賈、服合。其箴詞"諸侯相如"，本《疏》誤爲"於相"，今從《釋廢疾》乙轉之。相於，謂相含、賵也。又賈氏説此《經》，謂："畿內稱王，以恩深加禮妾母，恩同畿內，故稱王。"詳成八年《疏證》。

三月，辛亥，葬我小君成風。

王使召伯來會葬。

〔疏證〕召伯，《穀梁》曰“毛伯”。彼《疏》云：“《左》《公》及徐邈本并云‘召伯’，此本作‘毛伯’，疑誤也。”杜《注》：“召伯，天子卿也。伯，爵也。”

夏，公孫敖如晉。 無《傳》。

秦人入鄀。

〔疏證〕十五年《傳例》：“獲大城焉，曰‘入之’。”《地理志》：“南郡若，本秦縣，楚昭王畏吳，自郢徙此，後復還郢。”師古曰：“《春秋傳》作鄀，其音同。”洪亮吉云：“《郡國志》作鄀，侯國。按：舊注亦不言鄀所在。今考《傳》云：‘鄀叛楚即秦。’是鄀國在秦、楚之間。故城在今宜城縣東南，去武關不遠，正秦、楚兩國界也。《玉篇》亦云：‘鄀，秦、楚界小國。’”

秋，楚人滅六。

〔疏證〕《帝王世紀》：“六，偃姓，子爵。皋陶次子甄，是爲仲甄，封於六。”《地理志》：“六安國六，故國，皋陶[①]後。”《水經·沘水注》：“沘水出沘山。沘字或作淠。淠水西北逕六安縣故城西。縣，故皋陶國也，夏禹封其少子，奉其祀。”酈氏謂皋陶少子封六，與《世紀》合。沈欽韓云：“《一統志》：‘六縣故城在六安州北。’”江永云：“六安州，今爲直隸州。”《年表》：“楚穆王四年，滅六、蓼。”按：蓼不書“滅”者，不以告。

冬，十月，甲申，許男業卒。 無《傳》。

〔傳〕 五年，春，王使榮叔來含且賵，召昭公來會葬，禮也。

〔疏證〕杜《注》：“天子以夫人禮賵之，明母以子貴。”用古《春秋左氏》説，《四年經》釋訖。

初，鄀叛楚即秦，又貳於楚。夏，秦人入鄀。

---

① 科學本注：乾隆四年本“陶”作“繇”。

六人叛楚即東夷。秋，楚成大心、仲歸帥師滅六。

〔疏證〕杜《注》："仲歸，子家。"

冬，楚公子燮滅蓼。

〔疏證〕各本脱"公"，從《石經》增。《釋文》："蓼，字或作'鄝'。"《地理志》："六安蓼，故國，皋陶後，爲楚所滅。"《淮南子·氾論訓》："陽侯殺蓼侯而竊其夫人，故大饗廢夫人之禮。"《注》："陽侯，陵國侯也。蓼侯，皋陶之後，偃姓之侯國也，今在廬江。"《彙纂》："今河南汝甯府固始縣東北有蓼城岡，其地即古蓼國，漢蓼縣。"江永云："按：固始縣今屬河南光州。"

臧文仲聞六與蓼滅，曰："皋陶、庭堅不祀忽諸。

〔注〕服云："諸，辭。"《柏舟疏》。

〔疏證〕《楚世家》："穆王四年，滅六、蓼。六、蓼，皋陶之後。"用此《傳》義。黃生《義府》："《左傳》'皋陶庭堅'，杜以庭堅即皋陶之字，故謂六、蓼皆皋陶後。然古人之語，無既舉其名復舉其字之理。羅泌《路史》辨皋陶爲少昊四世孫，庭堅則高陽氏之子。六，皋陶後。蓼，庭堅後。此爲得之。"顧炎武云："十八年，季孫行父所稱八凱有庭堅，杜氏以爲皋陶字。羅泌以爲六，皋陶之後。陸氏據《焦氏易林》：'龍降、庭堅爲陶叔後。'謂'二國皆皋陶後，而庭堅則或以支子別封，自爲其國之祖'，故文仲并舉之也。未詳孰是。"文淇案：羅泌多鑿空之談，黃氏從之，非也。《文十八年疏》引鄭玄注《論語》云："皋陶爲士師，號曰庭堅。"明皋陶、庭堅爲一人也。壽曾謂：陸氏以《易林》陶叔當皋陶，別無所徵。説此《傳》者，亦未聞以龍降當六也。《陳世家》："或封蓼、六。"《索隱》云："本或作英、六，皆通。然蓼、六皆咎繇之後。據《世本》，二國皆偃姓，故《春秋》文五年《左傳》云楚人滅六、蓼，臧文仲曰：'皋陶、庭堅不祀忽諸。'杜預曰：'蓼與六俱皋陶後。'又僖十七年，'齊人、徐人伐英氏'，杜預又曰：'英、六皆皋陶後，國名。'是有英、蓼，實未能詳，或者英後改爲蓼也。"《索隱》謂英即蓼國，非。英，今英山也。服《注》見《柏舟》"日居月諸"《疏》。李貽德云："按：辭，猶語助。"

"德之不建，民之無援，哀哉！"

〔疏證〕《水經·決水注》引《傳》"建"作"逮"。李富孫云："二字形近易淆，作‘逮’義亦通。”杜《注》：“傷二國之君不能建德，結援大國，忽然而亡。”顧炎武云：“‘德之不建’，言二國不能自強於爲善。‘民之無援’，言中國諸侯不能恤小寡。解非。”

晉陽處父聘於衛，反過甯，

〔疏證〕《晉語注》：“甯，晉邑，今河內脩武是也。”杜用韋説。顧棟高云：“今河南衛輝府獲嘉縣西北有修武故城，古甯邑，秦置縣。”江永云：“《韓詩外傳》：‘武王伐紂，勒兵于甯，改甯曰修武。’今懷慶府修武縣也。衛輝府之獲嘉縣，與之接境，亦修武地。漢武帝置獲嘉縣，東魏又置西修武，皆甯地。周既改甯爲修武矣，而獨稱甯，蓋後又復舊名也。衛有甯氏爲世卿，似食邑於此。獲嘉近衛，則甯當屬衛。”按修武、獲嘉二邑接壤，然獲嘉在河北。以今地考之，甯武子由晉都反衛，由修武而南，經修武可達衛都，不必迂道渡河至獲嘉也。《定元年傳》：“魏獻子卒於甯。”亦甯是晉邑之證。衛別有甯耳。《方輿紀要》：“甯城在懷慶府修武縣東。”

甯嬴從之。

〔注〕賈逵以甯嬴爲掌逆旅之大夫。本《疏》引《國語注》。

〔疏證〕杜《注》：“嬴，逆旅大夫。”《疏》云：“《晉語》説此事云：‘舍於逆旅甯嬴氏。’注《國語》者賈逵、孔晁皆以甯嬴爲掌逆旅之大夫，故杜亦同之。劉炫以甯嬴直是逆旅之主，非大夫。今删定知不然者，若是逆旅之主，則身爲匹庶，是卑賤之人，猶如重館人告文仲，重丘人罵孫蒯，止應稱人而已，何得名氏見《傳》？杜以《傳》載名氏，故爲逆旅大夫。劉炫以爲客舍主人，而規杜氏，非也。”賈注《國語》，以嬴爲逆旅大夫，其説《傳》義，亦當然。杜即取賈《内傳注》也。孔晁不注《左氏》，故留賈置孔。《晉語》韋《注》：“旅，客也。逆客而舍之。嬴，其姓。”韋氏蓋以嬴爲逆旅主人，與賈、孔異。朱駿聲云：“大夫不得外有其官，劉説是也。”按：《傳》正以甯嬴去官從處父爲異，故記之。《晉書·郭奕傳》：“初爲野王令，羊祜嘗過之，遂送祜出界數百里，坐此免官。”是古人有行之者。

及溫而還。

〔疏證〕《晉語》作“及山而還”，《注》：“山，河内溫山。”

其妻問之，嬴曰：“以剛。《商書》曰：‘沈漸剛克，高明柔克。’

〔疏證〕《尚書·洪範》文。《校勘記》云：“沈漸，《古文尚書》作沈潛。段玉裁云：'《漢書·谷永傳》"忘湛漸之義"，湛漸，即沈潛也。蓋《今文尚書》作漸，與《左氏》合。'"案：今在《周書》。本《疏》："箕子商人所説，故《傳》謂之《商書》。"全祖望《經史問答》云："《左傳》引《洪範》爲《商書》，何也？①"孫星衍《書疏》云："《左傳》《説文》引此《經》，皆云《商書》，經文亦稱歲爲祀。或武王命箕子陳言，示不臣之義。或此篇舊次在《微子》之前，如《漢書·儒林傳》云'《堯典》《禹貢》《微子》《金縢》諸篇'，不可知矣。"全、孫説與本《疏》合。

閻若璩《潛丘劄記》則謂《商書》爲夫子未刪前之《書》，則恐未然也。孔②氏《書傳》："沈潛謂地，雖柔亦有剛，能出金石。高明謂天，言天爲剛德，亦有柔克，不干四時。喻臣當執剛以正君，君亦當執柔以納臣。"其即據此《傳》"天爲剛德，猶不干時"爲説。杜《注》："沈漸，猶滯弱也。高明，猶亢爽也。言各當以剛柔勝己本性，乃成全也。"與孔氏説同。《宋世家》引馬融説："沈潛爲陰伏之謀，高明君子，亦以德懷。"《洪範疏》："鄭玄以爲人臣各有一德，天子擇使之。"鄭、馬説亦自不同，皆與《傳》引《書》之義不合。孫星衍《書疏》引此傳文及杜《注》，説之曰："此周人引《書》，即言治性，不言治人。蓋《書》古文説。杜氏所云，亦不同馬、鄭之説，意以沈漸地道近弱，當以剛勝之。高明天道近剛，當以柔勝之，乃成德也。此言君德之明證。《漢書·谷永傳》：'永説王音曰："意將軍忘湛漸之義，委曲從順，所執不彊。"'此亦用《洪範》'沈漸剛克'，班氏、谷永皆用今文《書》説，亦不與馬、鄭同也。"按：孫説是也。

"夫子壹之，其不没乎！

〔疏證〕壹之，壹於剛。

"天爲剛德，猶不干時，況在人乎？

〔疏證〕杜《注》："寒暑相順。"《洪範疏》："《左傳》云'天爲剛德，猶不干時'，是言天亦有柔德，不干四時之序也。地柔而能剛，天剛而能柔，故以喻臣當執剛以正君，君當執柔以納臣也。"用杜《注》義。

"且華而不實，怨之所聚也。

---

① 林按：底本約略原文，引文無"答：是蓋殷之遺民所稱，而後人因之者。蓋曰'惟十有三祀'，則雖以爲《商書》可也"三十字，今據原書添補。

② 林按：底本爲避諱，"孔氏"作"某氏"，今整理一律回改，不一一説明。

〔疏證〕《晉語》説此事云："夫兒，情之華也；言，兒之機也。身爲情，成於中。言，身之文也。言文而發之，合而後行，離則有釁。今陽子之貌濟，其言匱，非其實也。"是説"華而不實"之事也。杜《注》："言過其行。"亦取《外傳》爲説。

"犯而聚怨，不可以定身。

〔疏證〕《晉語注》："犯，犯人也。"杜《注》："剛則犯人。"用韋説。

"余懼不獲其利，而離其難，是以去之。"

〔疏證〕"離"與"罹"同。《襄二十一年傳》："子離於罪。"

晉趙成子、欒貞子、霍伯、臼季皆卒。

〔注〕賈云："欒貞子，欒枝也。霍伯，先且居也。"《晉世家集解》。

〔疏證〕杜云："成子，趙衰，新上軍帥、中軍佐也。貞子，欒枝，下軍帥也。霍伯，先且居，中軍帥也。臼季，胥臣，下軍佐也。"其釋人名同賈説。《晉世家集解》於賈《注》蓋節引矣。《年表》："晉襄公六年，趙成子、欒貞子、霍伯、臼季皆卒。"《索隱》："趙成子，名衰。欒貞子，名枝。霍伯，先且居也，封之霍。臼季，胥臣也。四大夫皆此年卒。"杜謂"趙衰中軍佐，霍伯中軍帥"者，以六年《傳》知之。彼《傳》賈《注》亦同。欒貞子下軍帥、臼季下軍佐，見僖二十八①年城濮之戰。本《疏》云："清原之蒐，趙衰、箕鄭將新上軍。"趙、欒、霍，地皆釋訖。《晉語注》："先且居，先軫之子蒲城伯，後受霍爲霍伯。"洪亮吉云："臼，亦以采地名。《郡國志·河東郡》：'解，有臼城。'劉昭《注》引《博物志》曰：'臼季邑在縣西北。'"按：解，今山西蒲城臨晉縣東南十八里。

〔經〕 六年，春，葬許僖公。

夏，季孫行父如陳。

〔疏證〕《世本》："公子友生齊仲，齊仲生無逸，無逸生行父，行父生夙。"《穀梁疏》引《世本》"齊仲"作"仲無佚"。梁履繩云："韋氏《周語注》：'季文子，齊仲無佚之子。'齊蓋其謚也。"杜《注》："行父，

----

① 科學本注：原稿闕"僖二十八"四字。

季友孫。”用《世本》説。“行父，季友孫”，宋本如此，今本作“季孫友子”，誤。洪亮吉①云：“《穀梁疏》范甯《注》：‘行父，季友生。’‘生’即‘孫’也。與杜《注》同。”《洪範序》：“立武庚。”鄭《注》：“武庚，字禄父。”孔氏《傳》：“武庚，一名禄父。”《疏》：“春秋之世，有齊侯禄父、蔡侯考父、季孫行父，亦是名，未必是字。故《傳》言：‘一名禄父。’”詳《書疏》，則舊説行父爲字，故駁正之。

秋，季孫行父如晉。

八月，乙亥，晉侯驩卒。

〔疏證〕《公羊》“驩”曰“讙”。李富孫云：“《晉世家》作‘歡’，《魯世家》作‘驩’。《檀弓》引《書》‘言乃讙’。《注》：‘喜説。’《孟子》：‘驩虞如也。’《音義》：‘丁云：義當作“歡娛”，古字通用。’古書多借‘驩’爲‘歡’。”

冬，十月，公子遂如晉，葬晉襄公。

〔疏證〕杜《注》：“卿共葬事，文襄之制也。”《疏》：“《昭三十年傳》：‘先王之制，諸侯之喪，士弔，大夫送葬。’《昭三年傳》：‘昔文、襄之霸也，其務不煩諸侯。君薨，大夫弔，卿共葬事。’是也。”按：《公羊》此經解謂：“禮，諸侯薨，使大夫弔，自會②葬。”《公羊》與《左氏》説不同。

晉殺其大夫陽處父。

晉狐射姑出奔狄。

〔疏證〕《穀梁》“射”曰“夜”。杜《注》：“射姑，狐偃子，賈季也。”《檀弓疏》：“賈季，即狐射姑也。”賈是采邑，季則其字。

閏月不告月，猶朝于廟。

〔注〕許慎從《左氏》説：“不顯朝廟告朔之異，謂朝廟而因告朔。”《玉藻疏》引《異義》。

〔疏證〕《公羊》“月”曰“朔”。本《疏》：“《經》稱‘告月’，《傳》

---

① 科學本注：按：應作“惠棟”。
② 林按：劉氏底本原作“含”，據《公羊傳正義》回改。

稱‘告朔’，明告月必以朔。”《釋文》云：“不告月，‘月’或作‘朔’，誤也。”文淇案：作“朔”者，乃古本也。《司尊彝》：“凡四時之間祀，追享、朝享。”《注》：“朝享，謂朝受政於廟。《春秋傳》曰：‘閏月不告朔，猶朝于廟。’”是鄭康成所見之本正作“告朔”，若作“告月”，實屬不辭。《玉藻》：“皮弁以聽朔于太廟。”《疏》云：“告朔，又謂之告月。”引文六年“閏月不告月”，并據杜本也。壽曾曰：詳鄭氏《禮注》“朝享謂朝受政於廟”，義止明朝廟之禮。其告朔應在何處，鄭所未言。彼《疏》云：“謂天子告朔于明堂，因即朝享。朝享，即《祭法》謂之月祭，故《祭法》云：‘考廟、王考廟、皇考廟、顯考廟、祖考廟，皆月祭之。二祧享嘗乃止。’諸侯告朔于太廟，因即朝享。《祭法》云：‘諸侯考廟、王考廟、皇考廟，皆月祭之。顯考、祖考，享嘗乃止。’告朔，天子用牛，諸侯用羊；月祭皆太牢也。”如彼《疏》說，則天子告朔於明堂，即明堂以朝；諸侯告朔於大廟，即廟以朝也。諸侯告朔、朝廟皆於廟，則其行禮爲一時事。然三《傳》中惟《左氏》說如此。知者，《玉藻》：“聽朔于南門之外。”《疏》：“《異義》：‘《公羊》說：每月告朔朝廟，至于閏月，不以朝者，閏月，殘聚餘分之月，無正，故不以朝。《經》書閏月猶朝廟，譏之。《左氏》說：閏以正時，時以作事，事以厚生。生民之道，于是乎在。不告閏朔，棄時政也。許君謹案：從《左氏》說，不顯朝廟、告朔之異，謂朝廟而因告朔。’鄭駁之，引《堯典》以閏月定四時成歲，閏月當告朔。又云：‘説者不本於《經》，所譏者異其是與非，皆謂朝廟而因告朔，似俱失之。’朝廟之經在《文六年》，冬，‘閏月不告朔，猶朝于廟’。辭與《宣三年》春，‘郊牛之口傷，改卜牛，牛死，乃不郊。猶三望’同。言‘猶’者，告朔然後朝廟，郊然後當三望。今廢其大，存其細，是以加‘猶’譏之。《論語》云：‘子貢欲去告朔之餼羊。’《周禮》有朝享之禮祭。然則告朔與朝廟祭異，亦明矣。如此言，從《左氏》說，又以先告朔而後朝廟。鄭以《公羊》‘閏月不告朔’爲非，以《左氏》‘告朔’爲是。二《傳》皆以先朝廟而因告朔，二者皆失。故鄭云：‘其是與非，皆謂朝廟而因告朔，二者皆失。’”案：《公羊傳》：“不告月者何？不告朔也。曷爲不告朔？天無是月也。”此《異義》所舉《公羊》說“殘聚餘分之月”義。《穀梁傳》：“不告朔，則何爲不言朔也？閏月者，附月之餘日也，積分而成於月者也。天子不以告朔，而喪事不數也。”二《傳》同說。許君所舉《左氏》說：“朝廟而因告朔。”其禮今無以考。《玉藻疏》：“二《傳》皆以先朝廟而因告朔。”云二《傳》當斥《公羊傳》說。彼傳《解詁》：“朝者，因視朔政爾，無政而朝，故加‘猶’。”是朝廟爲告朔而設。然其□^①次先朝廟後告朔，明告朔即在廟中，不必順經文之次也。《左氏》説亦當然。鄭謂告朔然後朝廟，非也。《太史》“頒告朔于邦”《注》：“天子頒朔于諸侯，諸侯藏之祖廟，至朔，朝于廟，告而受行。”則鄭亦謂先朝廟，後告朔矣。駁未定。杜《注》：“諸侯每月必告朔聽政，因朝宗廟。”亦不析告朔、告廟爲兩事，當是用古《左氏》説。其先言告朔，後言朝廟，仍違古説矣。《司尊彝疏》又云：“文公六年，《左氏傳》云：‘閏月不告朔，猶朝于廟。’若然，天子告朔于明堂，而云‘受政于廟’者，謂告朔，自是受十二月政令，故名明堂爲布政之宫。以告朔訖，因即朝廟，亦謂之受政，但與明堂受朔別也。《春秋》者彼譏廢大行小。引之者，見告朔與朝廟別，謂‘若不郊，猶三望’與郊亦別也。”此亦據鄭氏《駁異義》説，非《左氏》義。其謂譏廢大行小，與《傳》義合。但朝廟因告朔，於文不得云告朔朝廟也。本《疏》：“告朔、視朔、聽朔，朝廟、朝享、朝正，二禮各有三名，同日而爲之也。”

〔傳〕 六年，春，晉蒐于夷，舍二軍。使狐射姑將中軍，趙盾佐之。

〔注〕服云：“使射姑代先且居，趙盾代趙衰也。箕鄭將上軍，林父佐也。先蔑將下軍，先都佐也。改蒐于董，趙盾將中軍，射姑奔狄，先克代佐中軍耳。”本《疏》。

〔疏證〕《晉語注》：“初，晉作三軍。魯文五年，晉四卿卒。至六年，晉蒐于夷，舍二軍，頒放^②國之制。”按：作三軍乃晉文三年事，見《僖二十七年傳》。《僖三十一年傳》：“蒐於清原，作五軍。”韋《注》不言五軍，於事未明。杜《注》以“清原作五軍”爲説。又云：“今舍五^③軍，復三軍之制。”是也。《疏》云：“清原之蒐，五軍十卿，有先軫、郤溱、先且居、狐偃、欒枝、胥臣、趙衰、箕鄭、胥嬰、先都。箕之役，先軫死。彼歲趙衰、欒枝、先且居、胥臣卒。《八年傳》説此蒐之事，云‘晉侯將登箕鄭父、先都’，則郤溱、狐偃、胥嬰亦先卒矣。清原十卿惟有箕鄭、先都在耳，故蒐以謀軍帥。”《疏》考清原十卿，今止餘二，至爲明晰。杜《注》用服説，又云：“盾，趙衰子。”其上、下軍將、佐則没而不説。《七年傳》禦秦之役，“趙盾將中軍，先克佐之。荀林父佐上軍。先蔑將下軍，

---

① 科學本注：原稿字不明。

② 科學本注：《叢書集成》本“頒放”作“復成”。

③ 林按：“五”，《左傳正義》作“二”。

先都佐之。箕鄭居守"。服氏蓋據彼《傳》爲説，備三軍之制。彼《傳》杜《注》："箕鄭將上軍居守，故佐獨行。"服氏於此《傳》已明箕鄭將上軍，則杜彼《注》亦用服説也。易中軍將、佐，服探下文爲説，亦用《七年傳》。

陽處父至自溫，

改蒐于董，易中軍。

〔疏證〕《水經·涑水注》："董澤東西四里，南北三里，古池也。文六年：'蒐于董。'即此澤。"杜《注》："河東汾陰縣有董亭。"馬宗璉從酈氏説，謂："元凱汾陰之解誤，不若酈《注》之簡明易曉。"《郡國志》："河東臨汾縣有董亭。聞喜縣有董池陂，古董澤。"洪亮吉云："劉昭《注》兩處皆引此《傳》，雖本杜、酈二説，然非也。今攷董澤，當以涑水所經者爲是。杜《注》反舍此而從彼，失之。"如洪説，是謂董即是董澤矣。董澤、董亭非一地。沈欽韓云："酈氏與劉昭誤合爲一。杜《注》'汾陰'當作'臨汾'。《一統志》：'董亭在蒲州府榮河縣東。'"

陽子，成季之屬也，

〔疏證〕《趙世家》："趙衰卒，謚爲成季。"杜《注》："處父嘗爲趙盾屬大夫。"洪亮吉云："處父蓋嘗爲趙衰屬大夫《説苑》：'師曠對晉平公曰："陽處父欲臣文公，因咎犯三年不達，因趙衰三日而達。"'是處父由趙衰方得進用。杜《注》作'趙盾'，乃傳寫之誤。成季，趙衰謚《成八年傳》：'韓厥言於晉侯曰："成季之勳，宣孟之忠，而無後，爲善者其懼矣。"'杜《注》即云趙衰，故知此《注》傳寫失也。"按：洪説是也。

故黨於趙氏，且謂趙盾能，曰："使能，國之利也。"

〔疏證〕《高帝紀注》："師古曰：'能，謂材也。'"

是以上之。

宣子於是乎始爲國政，

〔注〕舊注："宣子，趙盾。"《御覽》六百二十二。

〔疏證〕杜《注》："宣，趙盾謚。"則《御覽》所引爲舊注也。《謚法》："聖善周聞曰宣。"《晉世家》："趙盾代趙衰執國政。"

制事典，

〔疏證〕《□□注》①："典，常也。"杜用鄭説。《疏》："正國之百事，使有常也。"

正法罪。

〔疏證〕杜《注》："輕重當。"《疏》："'正法罪'，謂準狀治罪，爲將來之法，若今之造律令也。"

辟獄刑，

〔疏證〕諸刊本"獄""刑"誤倒，從《石經》。《疏》述《傳》作"辟獄刑"可證。杜《注》："辟，猶理也。"《疏》："與上句所以異者，'辟獄刑'，謂獄有未決斷當時之罪，若昭十四年，'韓宣子命斷舊獄'之類是也。"

董逋逃②，

〔疏證〕《釋詁》："董，督正也。"

由質要③，

〔疏證〕《荀子·王霸篇》："質律禁止而不偏。"《注》："質律，質劑也。可以爲法，故言質律也。"下引此《傳》，又云："或曰質，正也。"則"質要"即質律。《後漢書·馬融傳》："《廣成頌》曰：'由質要之故業，率典刑之舊章。'"馬氏正用此傳文也。質要、典刑對文，則"質"不當訓"正"矣。杜《注》："由，用也。質要，券契也。"《疏》："《小宰》'七曰聽賣買以質劑'，《注》：'質劑，謂兩書一扎，同而別之。長曰質，短曰劑。'"

治舊洿，

〔疏證〕《釋文》："洿，本又作'汙'。"沈欽韓云："洿，濁水不流也。《一切經音義》：'《三蒼》云：停水曰洿。'"杜《注》："治理洿穢。"《疏》："國之舊政洿穢不潔，理治改正之也。"

本秩④禮，

---

① 科學本注：原稿"注"字上闕文。按《釋詁》"典"亦訓"常"。
② 科學本注：原稿眉批："逋逃詁。"是劉氏原擬詁逋逃而未作也。下同。
③ 科學本注：原稿眉批："查書商書"。
④ 科學本注：原稿眉批"秩詁"。

〔疏證〕杜《注》："貴賤不失其本。"《疏》："本其次秩，使如舊也。"

續常職，

〔疏證〕杜《注》："修廢官。"《疏》："任賢使能，令續故常也。"

出滯淹。

〔疏證〕杜《注》："拔賢能也。"

既成，以授大傅陽子與大師賈佗，

〔疏證〕《晉語》"佗"曰"它"。杜《注》不釋"太傅""太師"。《檀弓》："其陽處父乎？"《注》："陽處父，襄公之太傅。"《王制疏》云："其大夫之稱，亦得兼三公，故《詩》云'三事大夫'，謂三公也。上大夫卿亦稱孤也，故《春秋》陽處父爲太傅，《經》云'晉殺其大夫陽處父'，是也。"如《禮疏》說，則陽處父以大夫兼三公，賈佗之兼大師亦然也。本《疏》："《宣十六年傳》：'晉侯請于王，命士會將中軍，且爲太傅。'則太傅尊於中軍之將，與太師皆爲孤卿也。《周禮》：'上公之國有孤一人。'《王制》：'諸侯三卿。'晉，侯爵也，而有三軍六卿，復有孤二人者。晉爲霸主，多置群官，共時所須，不能如禮。"《疏》說晉有孤卿，是也。然不謂大夫兼官，則非。杜《注》："賈佗以公族從文公，而不在五人之數。"《晉語注》："賈佗，狐偃之子，太師賈季也。公族，姬姓，食邑於賈，字季佗。"與杜說異。洪亮吉云："賈佗與賈季是屬兩人。韋《注》賈佗即賈季，恐非。"按：洪說是也。全祖望《經史問答》云："晉故有賈氏，七輿大夫之中，右行賈華是也。蓋故是晉之公族，賈它在從亡諸臣之列。公孫固曰：'晉公子父事狐偃，師事趙衰，長事賈它。'則與咎犯等夷，非父子矣。狐氏雖亦姬姓，然戎種，非公族也。至咎犯之子始稱賈季，而其氏仍以狐，是猶之士會稱隨會也。襄公之世，趙盾將中軍，賈季佐之，而陽處父爲太傅，賈它爲太師，二賈同列，其時它爲老臣，而季新出，安得合爲一也？"

使行諸晉國，以爲常法。

〔疏證〕斥上九年事言之。《疏》："此謂所爲制作法式者，豫爲將來使案而遵行，臨時決斷者。"

臧文仲以陳、衛之睦也，欲求好於陳。

夏，季文子聘于陳，且娶焉。

秦伯任好卒，

〔疏證〕《年表》：“秦繆公三十九年，繆公薨。葬，殉以人，從死者百七十人。君子譏之，故不言卒。”此《左氏》舊說，《經》不書秦伯卒義。

以子車氏之三子奄息、仲行、鍼虎爲殉，

〔注〕服云：“子車，秦大夫氏也。殺人以葬，璇環其左右曰殉。”《黃鳥疏》。

〔疏證〕洪亮吉云：“《詩·黃鳥》云：‘子車奄息。’《正義》曰：‘《左傳》作“子輿”。“輿”“車”字異義同。’今《傳》仍作‘車’，當是傳寫之譌。孔氏所據乃古本也。《史記·秦本紀》亦作‘子輿氏’。”按：洪說是也。《校勘記》謂孔氏所據本不同。《詩》《左氏疏》皆孔氏撰，不當有異。知傳文作“車”，非孔氏舊矣。《釋文》：“‘仲’，本亦作‘中’。”《秦本紀》：“繆公三十九年，卒，葬雍。從死者百七十七人。秦之良臣子輿氏三人，名曰奄息、仲行、鍼虎，亦在從死之中。”是其事也。《正義》：“應劭云：‘秦穆公與群臣飲酒酣，公曰：“生共此樂，死共此哀。”於是奄息、仲行、鍼虎許諾。及公薨，皆從死。’”《黃鳥箋》亦謂“自殺以從死”。《漢書·匡衡傳》：“秦穆貴信而士多從死。”匡學《齊詩》，鄭用《齊》故也。是漢人有三良自殺之說。感恩自殺，國人不合哀之，與《詩》“臨穴惴栗”義不相應。服謂“殺人以葬”，則三良非自殺矣。杜《注》用服義。《黃鳥傳》：“子車，氏。奄息，名。”於仲行、鍼虎無釋，是仲行、鍼虎皆名矣。陳奐《詩疏》云：“仲，字也。行，名也。子車仲行，若鄭之祭仲足，祭氏，仲字，足名矣。《傳》以奄息爲名，則仲行、鍼虎皆名。仲行爲子車氏之第二字[①]，單名行，故詩人以此分章，不當兩稱名而一稱字。《箋》謂仲行字，恐非是。”李貽德云：“‘璇’與‘旋’同，‘環’與‘還’同。”《括地志》：“三良冢在岐州雍縣一里故城內。”沈欽韓云：“《秦本紀》：‘武公二十年卒，葬雍平陽。初以人從死，從死者六十六人。’按：穆公，武公之弟，德公之子，其殉葬已歷二世矣。”

皆秦之良也。國人哀之，爲之賦《黃鳥》。

〔疏證〕《黃鳥序》：“《黃鳥》，哀三良也。國人刺穆公以人從死，而

---

① 科學本注：按：應作“子”。

作是詩也。”《秦本紀》：“秦人哀之，爲作歌《黄鳥》之詩。”

君子曰：“秦穆之不爲盟主也，宜哉！死而棄民。先王違世，猶詒之法，而况奪之善人乎？

〔疏證〕洪亮吉云：“《史記·蒙恬列傳》：‘秦穆公殺三良而死，罪百里奚而非其罪也，故立號曰繆。’王充《論衡》：‘繆者，誤亂之名。文者，德惠之表。’‘晉文之謚，美於繆公。’按：此則‘穆’當讀曰‘繆’，所謂‘名與實爽曰繆’也。”按：洪説是也。《秦本紀》：“君子曰：‘秦繆公廣地益國，東服强晉，西霸戎夷，然不爲諸侯盟主，亦宜哉。死而棄民，收其良臣而從死。且先王崩，尚猶遺德垂法，况奪之善人良臣百姓所哀者乎？’”即衍《傳》意爲説。

“《詩》曰：‘人之云亡，邦國殄瘁。’

〔疏證〕《大雅·瞻卬》文。《傳》：“殄，盡。瘁，病也。”

“無善人之謂。若之何奪之？

“古之王者知命之不長，

“是以并建聖哲，

〔疏證〕此總下十一事也。王引之云：“言徧建聖哲也。”《魏志·程昱傳》：“孫曉爲黄門侍郎。時校事放横，曉上疏曰：‘《春秋傳》曰：“天有十日，人有十等。愚不得臨賢，賤不得臨貴。於是并建聖哲，樹之風聲。”’”則聖哲指庶人以上言之。杜《注》：“建立聖知，以司牧民。”蓋用古義。

“樹之風聲，

〔疏證〕此與《書·畢命》文同。孔氏《傳》云：“立其善風，揚其善聲。”杜云：“因土地風俗，爲立聲教之法。”不用孔氏《傳》説，知杜氏未見僞古文也。杜不釋“風”，云“因土俗”，《傳》亦無此義。《文選注》引《廣雅》：“風，聲也。”則風、聲互相訓。陸粲云：“樹立其風化聲教。”是也。王鳴盛《尚書後辨》云：“《畢命》‘樹之風聲，弗率訓典’，本之文六年《左傳》‘并建聖哲，樹之風聲，告之訓典’。”

“分之采物，

〔疏證〕杜《注》："旌旗衣服，各有分別①。"《疏》："《定四年傳》稱：'分魯公以大路、大旂'之類是也。"

"著之話言，

〔疏證〕《廣雅·釋□②》："話，善也。"杜《注》："爲作善言遺戒。"

"爲之律度，

〔注〕服云："隸氏爲鍾，各自計律，倍而半之。黃鍾之管長九寸，則黃鍾之鍾長二尺二寸半。餘鍾亦各自計律，倍而半之。度、量、衡，其本俱出於律。"本《疏》。

〔疏證〕杜《注》："鍾、律、度、量，所以治曆明時。"服以"度、量、衡皆出於律"，杜易以"鍾、律、度、量"，非服説律義矣。《隸氏》"爲鍾"《注》："鍾之大數以律爲度③。"彼《疏》云："按：《周語》云：'景王將鑄無射，問律於伶州鳩。對曰："律所以立均出度。古之神瞽，考中聲而量，量以制度④，度律均鍾。"'韋昭云：'均，平也。度律吕之長短以平其鍾，和其聲也。'據此義，假令黃鍾之律長九寸，以律計，身倍半爲鍾，倍九寸爲尺八寸。又取半得四寸半，通二尺二寸半以爲鍾。餘律亦如是。"詳彼《疏》，蓋用服義釋鄭《注》也。《堯典⑤》鄭《注》："度，丈尺。"度出於律，故《傳》言律度。服云："度、量、衡者，廣言之。"《律曆志》："推曆生律，莫不用焉。度、量、衡皆出於黃鍾之律也。度者，分、寸、丈、尺、引也，所以度長短也。本起黃鍾之長，以子穀秬黍中者，一黍之廣，度之九十分，爲黃鍾之長。一黍爲一分，十分爲寸，十寸爲尺，十尺爲丈，十丈爲引，而五度審矣。量者，龠、合、升、斗、斛也，所以量多少也。本起黃鍾之龠，用度數審其容，以子穀秬黍中者，千有二百實其龠，以井水準其概。合龠爲合，十合爲升，十升爲斗，十斗爲斛，而五量嘉矣。衡權者，權，重也。衡所以任權而均物，平輕重也。本起於黃鍾之重，一龠容千二百黍，重十二銖。兩之爲兩，二十四銖爲兩，十六兩爲斤，三十斤爲鈞，四鈞爲石。忖爲十八，《易》十有八變之象也。"皆與服義合。

---

① 林按："別"，《左傳正義》作"制"。
② 科學本注：原稿闕文。參看襄二年《疏證》。
③ 科學本注：按：此乃《疏》語，非《注》語。
④ 林按：《左傳正義》此句無此"度"字，作"考中聲而量之以制"。
⑤ 科學本注：按："同律度量衡"句見《舜典》。

"陳之藝極，

〔疏證〕《六經正誤》引傳文"藝"作"蓺"。藝，《廣雅·釋詁》："術、
臬，法也。"王念孫云："臬者，《説文》云：'臬，射準的也。'《漢書·司
馬相如傳》：'矢①分，蓺殪仆。'文穎《注》云：'所射準的爲蓺。'蓺與
臬通。文六年《左傳》：'陳之藝極。'杜《注》：'藝，準也。''藝'與
'臬'聲義并同。"按：王説是也。《越語》："用人無藝，往從其所。"《注》：
"藝，射的也。無藝，無常所也。"文穎説蓋本韋《注》，杜亦用韋説。《思
文》毛《傳》："極，中也。"

"引之表儀，

〔疏證〕《廣雅·釋□②》："引，道也。"杜《注》："表儀，猶威儀。"

"予之法制，

〔疏證〕杜無注。《疏》："法制謂王者身自制作，己之所有，故言'予
之'。"

"告之訓典，

〔疏證〕《畢命》："弗卒訓典。"孔氏《傳》："不循教道之常則。"杜
《注》："訓典，先王之書。"

"教之防利，

〔疏證〕杜《注》："防惡興利。③"

"委之常秩④，

〔疏證〕《文選注》引《倉頡篇》："委，任也。"

"道之禮則，

〔疏證〕諸本"禮"上有"以"。惠棟云："案《唐石經》無'以'字，
俗儒所加，後人遂以'則'字屬下句。"洪亮吉《左傳詁》亦從《石經》

---

① 科學本注："矢"字上有"弦"字，原稿闕文。
② 科學本注：原稿闕文，應作"詁"。
③ 科學本注：原稿眉批：此杜《注》非。
④ 科學本注：原稿眉批："秩詁。"擬而未作。

删"以"字。禮則，猶禮典也。

"使毋失其土宜，衆隸賴之，而後即命。

〔疏證〕□□[①]毛《傳》："即，就也。"《讀本》："'衆隸賴之'，謂人皆有所依守。"按：賴，賴聖哲也。

"聖王同之。今縱無法以遺後嗣，而又收其良以死，難以在上矣。"君子是以知秦之不復東征也。

〔疏證〕《秦本紀》作"是以知秦不能復東征也"。杜《注》："不能復征討東方諸侯爲霸主。"

秋，季文子將聘於晉，使求遭喪之禮以行。

〔疏證〕杜《注》："聞晉侯疾故。"《疏》引劉炫云："聘使之法，自須造遭喪之禮而行，防其未然也。非是聞晉侯有疾。"惠士奇云："杜預謂'聞晉襄有疾'，臆説也。《聘禮》遭喪其禮有五：一主國君之喪；二主國夫人、世子之喪；三聘君之喪；四私喪，謂使者父母之喪；五賓介之喪。其禮皆詳於《聘禮》。故曰：'豫備不虞，古之善教也。'人君出彊，必以椑從。人臣出聘，亦豫備遭喪之禮，古皆有之。後世以爲豫凶事而去之，則《周禮》不行於春秋，久矣。行父亦以其禮久不行，故又曰：'過求何害？'豈逆料晉襄之死而先爲之備乎？"《魏書·成淹傳》："文明太后崩，齊遣裴昭明、謝竣等來弔，欲以朝服行事。主客不許，昭明等執志不移。言：'不聽朝服行禮，義出何典？'淹言：'玄冠不弔，童儒共聞。昔季孫將行，請遭喪之禮，千載之下，猶共稱之。卿方謂義出何典，何其異哉！'"此可證文子求遭喪之禮，爲後世使臣所法。若審因聞疾，裴昭明等曷不援以難成淹？知聞疾乃杜一人之説，舊説不如此也。邵瑛云："季文子聘晉，求遭喪之禮以行。魯人以爲三思話柄，而不知實出禮經。孔穎達謂依《聘禮》，惟以幣物而行，無別齎遭喪之禮。然篇中既有遭喪名目，豈無齎備之禮？必謂臨時辦備，無此理也。"按：惠説是也。《疏》謂炫規杜，非其義。

其人曰："將焉用之？"

〔疏證〕杜《注》："其人，從者。"

---

① 科學本注：原稿闕文，疑指《詩·氓》。

文子曰：“備豫不虞，古之善教也。

〔疏證〕《隱五年傳》：“不備不虞，不可以師。”

“求而無之，實難。過求何害？”

〔疏證〕下《傳》襄公卒，《疏》不著所行禮。閻若璩《四書釋地·又續》云：“是禮也，即《聘禮》所載：‘聘遭喪，入竟則遂也。不郊勞、不筵几、不禮賓，主人畢歸禮，賓唯饗飧之受。不賄、不禮玉、不贈。’又曰：‘遭喪，將命于大夫，主人長衣練冠以受。’①”

八月，乙亥，晉襄公卒。靈公少，晉人以難故，欲立長君。

〔注〕服云：“晉國數有患難。”《晉世家集解》。

〔疏證〕杜《注》：“立少君，恐有難。”顧炎武云：“非也。謂連年有秦、狄之師，楚伐與國。”按：顧《注》與服義合。李貽德云：“數，屢也，此常訓。患難謂奚齊、卓子、惠、懷之難。”李所説皆襄公以前之事，顧舉秦、狄之師，是也。《年表》：“晉襄公卒，趙盾爲太子少，欲更立君。”《晉世家》：“襄公卒，太子夷皋少，晉人以難故，欲立長君。”

趙孟曰：“立公子雍。

〔疏證〕杜《注》：“趙孟，趙盾也。公子雍，文公子，襄公庶弟，杜祁之子。”《晉世家》：“趙盾曰：‘立襄公弟雍。’”《秦本紀》：“晉襄之弟名雍，秦出也。在秦，晉趙盾欲立之。”

“好善而長，先君愛之，且近於秦。秦，舊好也。置善則固，事長則順，立愛則孝，結舊則安。

〔疏證〕杜無注。“近於秦”，謂公子雍在秦也。俞樾云：“事，猶立也。《郊特牲》：‘信事人也。’鄭《注》：‘事，猶立也。’《昭二十六年傳》：‘立長則順。’文異而義同。”《晉世家》：“秦故好也。立善則固，奉愛則孝，結舊好則安。”皆異文。

“爲難故，故欲立長君。有此四德者，難必紓②矣。”

---

① 科學本注：原稿眉批：“改引百詩説較備。聘召之義，可不著也。”

② 林按：“紓”，楊本作“抒”。

〔注〕服云："紓，緩也。"本《疏》。

〔疏證〕申言立長之義。四德，固、順、孝、安也。服本作"紓"，杜本作"抒"，云："抒，除也。"《校勘記》："'紓'爲正字，'抒'爲假借字。"洪亮吉云："服作'紓'，《説文》同。杜《注》隨文生訓。"焦循云："《莊三十年傳》：'鬭穀於菟爲令尹，自毀其家，以紓楚國之難。'《注》云：'紓，緩也。'《成二年傳》：'我亦得地而紓於難。'《注》云：'齊服則難緩。'此《正義》引服虔作'紓'。紓、抒古通借耳。抒之爲除，亦猶舒之爲徐。"按：杜於莊三十年、成二年《傳》，皆未改服本，故亦訓"紓"爲"緩"。此《傳》獨改服本，非也。"紓，緩。"《釋言》文。

賈季曰："不如立公子樂。辰嬴嬖於二君，立其子，民必安之。"

〔注〕服云："辰嬴，懷嬴也。二君，懷公、文公。"《晉世家集解》。

〔疏證〕杜不釋賈季。《晉語》："期年，乃有賈季之難。"《注》："賈季，晉大夫，狐偃之子射姑也。食采於賈，字季它。"《檀弓疏》："《傳》云：'賈季怒陽子之易其班也。'賈季即狐射姑也。賈是采邑，季則其字也。"《禮疏》與《晉語注》同。杜用服説。李貽德云："案：始稱'懷嬴'者，《傳》以懷公之謚繫之，此稱'辰嬴'者，從其後謚也。"《晉世家》："賈季曰：'不如其弟樂。'"蒙公子雍爲文，則樂爲雍弟。

趙孟曰："辰嬴賤，班在九人，

〔注〕服云："班，次也。"《晉世家集解》。

〔疏證〕杜《注》："班，位也。"亦用服義。李貽德云："《楚辭·思古》：'宗鬼神之無次。'《注》：'第也。'言等第也。"沈欽韓云："諸侯一娶九女，辰嬴班在九人，所處爲末[①]。其外則皆賤妾給使令者矣。"按：《晉世家》作"班在九人下"，則辰嬴不在媵列矣。此史公異説。

"其子何震之有？

〔注〕賈云："震，威也。"《晉世家集解》。

〔疏證〕賈以"威"訓"震"者，探下"母淫子辟，無威"，"足以威民"言之。杜用賈説。《成二年傳》："畏君之震。"

---

① 科學本注：原稿眉批："一、□。二、偪姑。三、季隗。四、杜祁。五、□。六、□。七、□。八、□。九、辰嬴。九人之班，先君有説，當查補。"是又擬而未作。

"且爲二嬖，淫也。爲先君子，不能求大，而出在小國，辟也。母淫子辟，無威；陳小而遠，無援，將何安焉？

〔疏證〕《晉世家》"嬖"上有"君"，"安"作"可"，皆異文。朱駿聲云："《説苑‧建本篇》：'樂有寵于國，先君愛而仕之翟。'所傳訓①不同。"

"杜祁以君故，

〔疏證〕杜《注》："杜祁，杜伯之後。祁，姓也。"顧炎武云："君，謂襄公。"洪亮吉云："雍，杜祁子，《史記》以爲秦出，誤。"

"讓偪姞而上之；

〔疏證〕杜《注》："偪姞，姞姓之女，生襄公爲世子。"《疏》云："《譜》以偪爲國名，地闕，不知所在。"畢沅《晉書地理志補正》云："偪，或以爲即偪陽，非是。偪，姞姓。偪陽，妘姓。"

"以狄故，讓季隗而己次之，故班在四。

〔疏證〕杜《注》："以季隗是文公託狄時妻，故復讓之，然則杜祁本班在二。"

"先君是以愛其子，而仕諸秦，爲亞卿焉。

〔疏證〕杜《注》："亞，次也。"

"秦大而近，足以爲援；母義子愛，足以威民。立之，不亦可乎？"

〔疏證〕"大""近""義""愛"對"小""遠""淫""辟"言。

使先蔑、士會如秦逆公子雍。

〔疏證〕杜《注》："先蔑，士伯也。"《世本》："范氏，晉大夫隰叔之子，士蒍之後。蒍生成伯缺，缺生武子會，會生文子②燮，燮生宣叔匄，匄生獻子鞅，鞅生吉射。"杜以士會爲隨季，用《世本》説。焦竑曰："士縠、士會，士皆當作'土'。《傳》譌耳，讀爲杜。土，姓，杜伯之後。土即古杜字。"惠棟既廣引土、杜相通之證，以焦氏之言爲卓，又引《晉語》：

---

① 林按："聞"，朱氏原作"訓"。
② 林按：此句《左傳杜解集正》作"文叔燮"。

"昝祐曰：‘隰叔子違周難於晉國，生子輿，爲理。’韋昭曰：‘理，士官也。’班固亦言：‘晉主夏盟爲范氏，范氏爲晉士師。’是范氏先以官爲氏。以士爲杜，恐未然也。"壽曾曰：惠氏後一説是也。《晉世家》："使士會如秦迎公子雍。"《秦本紀》："使隨會來迎雍。"

賈季亦使召公子樂于陳，趙孟使殺諸郫。

〔疏證〕杜《注》："郫，晉地。"洪亮吉云："劉昭《郡國志注》，河東垣縣下引此傳文：‘賈季逆公子樂于陳，趙孟殺諸郫邵。’據此，則今《左傳》本脱‘邵’字。《襄二十三年傳》：‘戍郫邵。’劉昭垣縣下《注》復引《博物志》云：‘縣東九十里有郫邵之阨。’皆連言郫邵，則係晉之一邑可知。《傳》既脱‘邵’字，而杜《注》遂泛言‘郫，晉地’，可謂近而不察矣。"按：劉昭《注》未顯引傳文，無以定傳文之脱"邵"字。惠棟云："襄二十三年云‘戍郫邵’，此其地也。"但明郫與郫邵爲一地，是也。洪氏於"郫"下補"邵"，未可從。馬宗璉云："郫邵乃晉河内適河東之隘道。公子樂來自陳，故使人殺之於此。"沈欽韓云："按：殺諸郫者，賈季所使之人也。《一統志》：‘邵原廢縣在懷慶府濟源縣西一百二十里，古曰郫，亦曰郫邵，亦曰邵亭。《府志》今爲邵原鎮。’"《晉世家》："賈季亦使人召公子樂於陳。"

賈季怨陽子之易其班也，

〔疏證〕本年春，賈季爲中軍帥，改蒐于董，易中軍。

而知其無援於晉也，

九月，賈季使續鞫居殺陽處父。

〔疏證〕杜《注》："鞫居，狐氏之族。"洪亮吉云："《姓纂》：‘晉大夫狐鞫居食采于續，又姓續氏。’"

書曰"晉殺其大夫"，侵官也。

冬，十月，襄仲如晉，葬襄公。

〔疏證〕《晉世家》："十月葬襄公。"

十一月，丙寅，晉殺續簡伯。

〔疏證〕杜《注》："簡伯，續鞫居。十一月無丙寅。丙寅，十二月八

日也，日月必有誤。"貴曾曰^①

賈季奔狄。宣子使臾駢送其帑。

〔疏證〕《晉語注》："帑，妻、子也。"杜用韋義。《疏》："《詩》云：'樂爾妻帑。'文已有妻，故毛《傳》以帑爲子。帑者，細弱之號，妻、子皆得稱之。《説文》云：'帑，金幣所藏。'《字書》孥從子，經傳妻帑亦從巾。"《晉世家》："趙盾廢賈季，以其殺陽處父，賈季奔翟。"

夷之蒐，賈季戮臾駢，臾駢之人欲盡殺賈氏以報焉。

〔注〕舊注："人，臾駢從臣也。"《御覽》四百二十九。
〔疏證〕杜無注。《御覽》所引當是舊注。從臣，家臣也。

臾駢曰："不可。吾聞《前志》有之曰：'敵惠敵怨，不在後嗣。'忠之道也。

〔注〕服云："敵，當也。"《衛世家集解》。
〔疏證〕《楚語注》："志，記也，言在書籍所記。"杜《注》："敵，猶對也。"用服義。"敵，當"，《釋詁》文。

"夫子禮於賈季，我以其寵報私怨，無乃不可乎？

"介人之寵，非勇也；

〔疏證〕《晉世家·索隱》引《字林》："介，因也。"謂宣子寵己。

"損怨益仇，非知也；

〔疏證〕杜《注》："宣子將復怨己。"非。

"以私害公，非忠也。

"釋此三者，何以事夫子？"盡具其帑，與其器用財賄，親帥^②扞之，送致諸竟。

〔疏證〕杜《注》："扞，衛也。"

----

① 科學本注：以下原稿闕文，但有眉批："查《曆譜》補説。"
② 科學本注：原稿眉批："帥詁。"擬而未作。

閏月不告朔，非禮也。

〔疏證〕《五經算術》：“臣淳風等謹案術意，問宜云：‘從《周曆》上元至文公元年，元餘九百九十八算。問文公六年合有閏不？’曰：‘無閏。術曰：置文公元年算九百九十八，更加五，得一千三算。以章月二百三十五乘之，得二十三萬五千七百五算，以章歲十九除之，得一萬二千四百五爲積月。不盡十爲閏餘。《經》云：閏餘十二已上，其歲有閏。今止有十，即知六年無閏也。’”①

閏以正時，

〔疏證〕正時見《元年傳》，已釋訖。

時以作事，

〔疏證〕《校勘記》云：“《隋書·經籍志》引作‘時以序事’。”此即《元年傳》“事則不悖”義也。

事以厚生，

生民之道，於是乎在矣。

〔疏證〕《□□②注》引《傳》，“道”作“本”。

不告閏朔，棄時政也，

〔疏證〕《律曆志》“政”作“正”。“正”“政”古字通。

何以爲民？

〔疏證〕《讀本》：“言何以治民？”

〔經〕 七年，春，公伐邾。

〔疏證〕《公羊》“邾”曰“邾婁”。

三月，甲戌，取須句。

〔疏證〕《公羊》“句”曰“朐”。《五行志》同。襄十三年《傳例》：“書

---

① 林按：原稿眉批：“查曆譜核對。”

② 科學本注：原稿闕文。

'取'，言易也。"僖二十二年，"伐邾，取須句，而反其君"。杜《注》謂："僖公反其君之後，邾復滅之。"

遂城郒。無《傳》。

〔疏證〕《郡國志·魯國》："卞有郒鄉城。"《説文》："郒，東海縣，故紀侯之邑也。"《莊元年經》："齊師遷紀、邢、鄑、郒。"杜於彼《注》云："郒在朱虚縣東南。"此《注》云："郒，魯邑。卞縣城南有郒城。"沈欽韓云："《水經注》：'泗水西逕卞縣故城南，南有姑蔑城，水出二邑之間，西逕郒城北。'《一統志》：'郒縣故城在兗州府泗水縣東南。'"[1]

夏，四月，宋公王臣卒。

〔疏證〕《穀梁》"王"曰"壬"。《釋文》："王臣，本或作'壬臣'。"《穀梁釋文》："壬，或作'王'。"是《左》《穀》之本，"王""壬"互見也。《古今人表》作"王臣"。梁□□[2]云："宋成公名，譌'王'爲'壬'。襄五年，楚公子壬夫，《匡謬正俗》謂宜爲王夫，可證也。"《年表》：'宋成公十七年，公孫固殺成公。'

宋人殺其大夫。

戊子，晉人及秦人戰于令狐。

〔疏證〕沈欽韓云："趙盾立君大事，輕發其謀，中易其慮，晉國幾于亂，秦禍由此深。《春秋》書法：'爲謀國不臧者戒。'"

晉先蔑奔秦。

〔疏證〕《公羊》作"晉先昧以師奔秦"，《石經》同。《公羊釋文》："《左氏》作'蔑'。"李富孫云："《公羊經》衍'以師'二字。"按：《公羊釋文》不言《左氏》無"以師"，李説當是。

狄侵我西鄙。

秋，八月，公會諸侯、晉大夫盟于扈。

---

[1] 林按："《一統志》：'郒縣故城在兗州府泗水縣東南'。"原文作：《山東通志》：'……泗水城東北。'"

[2] 科學本注：原稿闕文。林按：據《春秋三傳異文釋》，此處當爲"李富孫"。

〔疏證〕《郡國志·河南郡》：“卷有扈城亭。”沈欽韓云：“《水經注》：‘河水東北逕卷之扈亭北。文七年盟于扈者。’是也。《竹書紀年》：‘晉出公十二年，河決于扈。’是也。《方輿紀要》：‘扈亭在開封府原武縣西北。’”

冬，徐伐莒。

公孫敖如莒涖盟。

〔傳〕 七年，春，公伐邾，間晉難也。

　　〔疏證〕①

三月，甲戌，取須句，寘文公子焉，非禮也。

　　〔疏證〕杜《注》：“邾文公子叛在魯，故公使爲守須句大夫也。絕太皞②之祀，以與鄰國叛臣，故曰‘非禮’。”《公》《穀》不云寘文公子，杜《注》當是舊説。

夏，四月，宋成公卒。

　　〔疏證〕《宋世家》：“成公十七年，卒。”與《傳》合，與《年表》稱“公孫固殺成公”違，此史公駁文。

於是公子成爲右師，

　　〔疏證〕杜《注》：“莊公子。”顧棟高云：“《春秋》官皆尚右，《傳》敘宋六卿皆先右師，是宋卿以左③師爲長。”

公孫友爲左師，

　　〔疏證〕杜《注》：“目夷子。”顧棟高云：“宋六卿自殤公以前，則大司馬執政。督殺司馬孔父，遂以太宰相。襄公即位，子魚以左師聽政，而傳文始終稱司馬子魚。疑是時始立左、右二師，而子魚以司馬兼左師，後遂爲專官也。”按：上文樂豫爲司馬。宋既立右師、左師，不以司馬爲執政官，此時子魚已不爲司馬也。顧説非。

---

　　① 科學本注：以下原稿闕文，但眉批有云“間詁”，擬而未作。
　　② 林按：“皋”，《左傳正義》作“皞”。
　　③ 林按：原文爲“以右師爲長”，劉氏原稿譌誤。

樂豫爲司馬，

〔疏證〕《世本》："戴公生樂甫術，術生碩甫澤，澤生李甫，甫生子僕伊與樂豫。"樂豫，杜《注》："戴公玄孫。"用《世本》説。《文十八年傳》："使樂吕爲司寇。"樂吕即樂豫。杜《注》："戴公之曾孫。"誤。

鱗矔爲司徒，

〔疏證〕《世本》："桓公生公子鱗，鱗生東鄉矔。"杜《注》："桓公孫。"用《世本》説。

公子蕩爲司城，

〔疏證〕杜《注》："桓公子也，以武公名，廢司空爲司城。"

華御事爲司寇。

〔疏證〕《世本》："華督子家，家子御事。"杜《注》："華元父也。"杜《世族譜》缺御事。《宋世家正義》："華元，華督之曾孫也。"與《世本》合。

昭公將去群公子，

〔疏證〕《年表》："宋昭公杵臼元年，襄公之子。"《集解》："徐廣曰：'一云成公少子。'"《索隱》從徐廣説，謂與《世家》合。《讀本》："昭公以成公新薨，公族多逼，欲去之。"

樂豫曰："不可。公族，公室之枝葉也。若去之，則本根無所庇蔭矣。葛藟猶能庇其本根，

〔疏證〕《釋文》："廕，本又作'蔭'。藟，本或作'蘽'。"廕，俗字，傳文當作"蔭"。《説文》："蔭，草陰地。""蘽"亦俗字也。此用《王風·葛藟》義。毛《傳》於葛藟無釋。《周南·樛木》："葛藟纍之。"《傳》："南土之葛藟茂盛。"《箋》："葛也，藟也，得纍而蔓之。""本根"以公室言。《晉書·庾翼傳》："叔向有言：'公室將卑，其枝葉先落。'公族，公室之本，而去之。"下引《解詁》爲約此《傳》之文，而誤樂豫爲叔向。《葛藟箋》亦云："葛也，藟也，生於河之厓。"是毛、鄭皆以葛、藟爲二物。杜《注》："葛之能藟蔓繁滋者，以本枝蔭庥之多。"焦循亦引《樛木》《葛藟》二箋，謂葛與藟異物，又云："班固《幽通賦》：'攬葛藟而授余

兮。’顏師古《注》：‘葛藟，葛蔓也。一説藟，葛屬，葛之與藟皆有蔓焉。’兼存二説。蓋《詩》言藟，又言虆，故分別上藟字爲葛類，下虆字爲蔓。《傳》言葛藟庇本根，則藟可爲葛之蔓耳。”按：《傳》援《詩》義，不當與《詩》異説。《詩・樛木》釋文引《義疏》云：“藟葉似艾，白色，其子赤，可食。”《易・困》釋文引《義疏》云：“藟，一名巨荒，似虆蕷，連蔓而生，幽州人謂之推蕀。”詳所説藟之形狀與葛異。顏□①後一説，是其兼言葛蔓，仍是牽於杜《注》。焦氏從杜説，非也。

“故君子以爲比，

〔疏證〕《葛藟》詩，興也，與《傳》言比異。杜《注》：“謂詩人取以喻九族兄弟。”《疏》：“此《傳》近取庇根，理淺，故以爲比。毛意遠取河潤，義深，故以爲興。由意不同，故比、興異耳。”陳奐《毛詩傳疏》云：“案：此詩因葛藟而興，又以葛藟爲比。故毛《傳》以爲興，《左傳》以爲比。凡全詩通例，《關雎》‘若雎鳩之有別’，《旄丘》‘如葛之曼延相連及’，《竹竿》‘如婦人待禮以成爲室家’，《齊・南山》‘國君尊嚴如南山崔崔然’，《山有樞》‘如山隰不能自用其財’，《綢繆》‘若薪芻待人事而後束’，《葛生》‘喻婦人外成于他家’，《晨風》‘如晨風之飛入北林’，《菁菁者莪》‘如阿之長莪菁菁然’，《卷阿》‘猶飄風之入曲阿’。曰‘若’，曰‘如’，曰‘喻’，曰‘猶’，皆比也。《傳》則皆曰興者。比者，比方于物。興者，託事於物。作詩者之意，先以託事於物，繼乃比方於物，蓋言興而比已寓焉矣。”

“況國君乎？

〔疏證〕《葛藟序》：“王族刺平王也。”《傳》言國君尤宜睦族。

“此諺所謂‘庇焉而縱尋斧焉’者也。

〔疏證〕“庇焉而縱尋斧焉”，諺句也。《晉書・庾翼傳》引叔向語，作“芘焉而縱尋斧柯者也”。《淮南子》高誘《注》：“縱，放也。”杜不釋“尋斧”。《讀本注》：“尋長八尺，所以量木。斧所以伐木。”《隋書・高祖紀贊》：“聽哲婦之言，惑邪臣之説，溺寵廢嫡，託付失所。滅父子之道，開昆弟之隙，縱其尋斧，翦伐本枝。”是前説尋斧皆以器言。

---

① 科學本注：原稿字迹不明。林按：查原書，當作“監”。

"必不可。君其圖之！親之以德，皆股肱也，誰敢攜貳？若之何去之？"

〔疏證〕《讀本注》："樂豫、華御事，戴族也。公子成、公孫固、公孫鄭，莊族也。公孫友、鱗矔、公子蕩，桓族也。"蓋僅舉見於《傳》者言。

不聽。穆、襄之族率國人以攻公，

〔疏證〕《讀本注》："時，穆、襄二族恐公殺之，乃先攻公。"與盾事較合。昭公所欲去者，不止穆、襄之族也。杜《注》："穆公、襄公之子孫，昭公所欲去者。"是昭公欲去者，惟穆、襄之族，非。

殺公孫固、公孫鄭於公宮。

〔疏證〕杜《注》："二子在公宮，故爲亂兵所殺。"《疏》云："六卿之外，有此二子，蓋是孤卿之官也。"《宋世家》："成公弟禦殺太子及大司馬公孫固而自立爲君。宋人共殺君禦而立成公少子杵臼。"《世家》此言，與《傳》乖異。《年表》又云："公孫固殺成公。"又自與《世家》違。《世家》謂禦殺太子，則是昭公兄矣。史公蓋采異説。

六卿和公室，樂豫舍司馬以讓公子卬。

〔疏證〕杜《注》："卬，昭公弟。"

昭公即位而葬。

書曰："宋人殺其大夫。"不稱名，衆也，且言非其罪也。

〔疏證〕《讀本》："《經》不書固、鄭二人，蓋文闕。"

秦康公送公子雍于晉，曰："文公之入也無衛，故有呂、郤之難。"乃多與之徒衛。

〔注〕服云："康公，秦穆公之子罃，晉出也。衛，徒兵也。呂、郤之難，呂甥、郤芮欲焚公宮也。"《御覽》一百四十六①。

〔疏證〕《渭陽序》："穆公納文公，康公時爲太子，贈送文公於渭之陽。"此因送公子雍，憶送文公時事也。《僖十五年傳》："穆姬聞晉侯將至，以太子罃、弘與女簡、璧，登臺而履薪焉。"《成十三年傳》："康公，我之

---

① 林按：底本多處誤作"一百四十八"，查原書與科學本改正。

自出。"故服以甥爲晉出。李貽德云:"《釋名・釋親屬》:'姊妹之子曰出。'出,謂姊妹出嫁而生子也。"《説文》:"衛,宿衛也。"《宮伯》:"掌王宮之士庶子。"鄭司農《注》:"宿衛之官。"蓋居則曰宿衛,行則曰徒衛,服以從兵爲説,兼居、行之衛言。吕、郤之難見《僖二十四年傳》。《晉世家》:"靈公元年四月,秦康公曰:'昔文公之入無衛,故有吕、郤之患。'乃多與公子雍衛。"

穆嬴日抱太子以啼于朝,曰:

〔注〕服云:"穆嬴,襄公夫人。太子,靈公也。"《御覽》一百四十六。

〔疏證〕杜《注》:"穆嬴,襄公夫人,靈公母也。"用服説。《晉世家》:"太子母繆嬴日夜抱太子以號泣於朝。"

"先君何罪? 其嗣亦何罪? 舍適嗣不立,而外求君,將焉寘此?"

〔注〕服云:"寘,置也。此,太子。"《御覽》一百四十六、《晉世家集解》。

〔疏證〕杜無注。《易・坎》:"寘於叢棘。"《釋文》:"張作'置'。"是"寘""置"古字通,故服以"置"訓"寘"。《晉世家》:"舍適而外求君,將安置此?"文正作"置"。

出朝,則抱以適趙氏,頓首於宣子,曰:

〔疏證〕惠棟云:"《少儀》曰:'婦人吉事,雖有君賜,肅拜。'《注》云:'婦人以肅拜爲正,凶事乃手拜耳。'孔《正義》曰:'言肅拜,婦人之常。《左傳》穆嬴頓首於宣子之門,有求於宣子,非禮之正也。'愚謂穆嬴有襄公之喪,以非喪次,故用吉拜而頓首也。"文淇案:《少儀注》云:"肅拜,拜低頭也。"《疏》云:"肅拜,婦人之常。而《昏禮》'婦拜扱地',以其新來爲婦,盡禮于舅姑。"下乃引:"頓首宣子,以見非禮之正。"則彼《疏》以此《傳》"頓首"爲拜扱地,用見舅姑之禮也,故云"非禮之正"。惠以當肅拜,非。《太祝》"九拜,二曰頓首。"鄭《注》:"頓,謂叩地。"叩地,即扱地也。《晉世家》:"出朝,則抱以適趙盾所。"

"先君奉此子也,而屬諸子,曰:'此子也才,吾受子之賜;不才,吾唯子之怨。'

〔注〕服云:"如子善爲教誨此子,使之有賢才,知人君之道也,則吾受子之賜。賜猶惠,才而受賜,美其教也。不才怨子,惡其教不至也。"《御覽》一百四十六。王肅云:"怨其教導不至。"《晉世家集解》。

〔疏證〕杜《注》："欲使宣子教訓之。"是用服義，而詞甚簡略。李貽德云："《大戴禮‧保傅篇》：'天下之命懸於天子。天子之善在於早諭教與選左右，心未疑而先教諭，則化易成也。夫開於道術，知義理之指，則教之功也。夫教得而左右正，左右正而天子正矣，天子正而天下定矣。'《保傅》言教太子，至國君世子亦猶是也。'善爲教誨'，即'早諭教'之道也。'使之有賢才'，即'開於道術'也。'知人君之道'，即'知義理之指'也。'賜猶惠'者，《荀子‧大略》：'賤者惠焉。'《注》：'惠，亦賜也。'是'賜''惠'義相輔也。'美其教'者，《保傅》所云'化與心成，中道若性'是也。'惡其教不至'者，《保傅》所云'其所以習導非其治'是也。"按：李説是也。《保傅篇》出於賈誼，誼傳《左氏》學，服氏《注》或傳賈誼緒言也。王肅《注》但釋"唯子之怨"，疑非完文。《晉世家》："此子材，吾受其賜；不材，吾怨子。"

"今君雖終，言猶在耳，

〔注〕服云："君殁未久，其言聲語氣尚在耳。"《御覽》一百四十六。

〔疏證〕杜《注》："在宣子之耳。"按：玩服下《注》，則統指顧命諸大夫言。杜説非也。言語有聲氣，故云"言聲語氣"。《晉世家》："今君卒，言猶在耳。"

"而棄之，若何？"

宣子與諸大夫皆患穆嬴，且畏偪，

〔注〕服云："言諸大夫患穆嬴以君顧命之言責己也，畏逼迫無置太子。一云：畏他公子徒來相迫矣。"《御覽》一百四十六。

〔疏證〕"皆患穆嬴"，杜無注。服以爲患顧命之言者，以《傳》蒙上文知之。李貽德云："《顧命》，《書》篇名。《史記集解》引鄭《書注》：'臨終出命，故謂之顧命，將去之意也。'迴首曰顧，顧命之名施於天子，而諸侯亦得稱顧命者，《禮‧緇衣》'葉公之顧命'是已，彼《注》云：'臨死遺書曰顧命。'今襄公顧命，即上'此子也才'數語。"按：李説是也。杜《注》："畏國人以大義來偪己。"於服兩説皆不用。顧炎武云："畏穆嬴之逼也，以君夫人之尊故。杜説非。"今詳服説，畏逼迫無置太子，則正蒙穆嬴言之。顧特未引服説。《晉世家》："趙盾與諸大夫皆患穆嬴，且畏誅。"《趙世家》："趙盾患之，恐其宗與大夫襲誅之。"與服引或説合。

乃背先蔑而立靈公，以禦秦師。

〔疏證〕《晉世家》：“乃背所迎而立太子夷皋，是爲靈公。發兵以距秦送公子雍者。”

箕鄭居守。

趙盾將中軍，先克佐之；

〔疏證〕《年表》：“晉靈夷皋元年，趙盾專政。”專政，指將中軍也。杜《注》：“克，先且居子。代狐射姑。”

荀林父佐上軍；

〔疏證〕杜《注》：“箕鄭將上軍居守，故佐獨行。”

先蔑將下軍，先都佐之。步招御戎，戎津爲右。

〔疏證〕杜《注》：“先蔑、士會逆公子雍前還晉，晉人始以逆雍出軍。卒然變計，立靈公，故車右、戎御猶在職。”沈欽韓云：“必如杜言，則晉之出軍，原是揚聲以逆雍爲名，秦人猶信其爲逆雍來，故受紿而敗。非是先立御右，後變計立靈公，倉卒不及替之也。御右自假設以逆君之計，爲紿秦之術。”

及堇陰。

〔疏證〕杜《注》：“堇陰，晉地。”《讀本》云：“當在今猗氏東。”顧棟高云：“堇陰，疑當在山西蒲州府榮河縣接潼關，與秦以大河爲限。”

宣子曰：“我若受秦，秦則賓也；不受，寇也。既不受矣，而復緩師，秦將生心。先人有奪人之心，軍之善謀也。逐寇如追逃，軍之善政也。”

〔疏證〕《釋文》：“‘有奪人之心’，本或此下有‘後人待其反’，誤。”宣子明速進兵之意。“先人有奪人之心”，“逐寇如追逃”，當出古軍志。

訓卒，利兵，

〔疏證〕“利”即“厲”。《校勘記》：“《論語》：‘必先利其器。’《漢書·梅福傳》作‘厲其器’。陳樹華云：‘古利、厲通用。’”惠棟《論語古義》：“《春秋傳》云‘利兵’，是利與厲同。”梁履繩云：“僖三十三年，厲兵，猶利兵也。”

秣馬，蓐食，

〔疏證〕杜《注》：“蓐食，早食於寢蓐也。”《漢書·韓信傳》：“亭長妻晨炊①，固已起矣，而云早食於寢蓐，云未起而牀蓐中食，義無取也。《方言》曰：‘蓐，厚也。’食之豐厚於常，因謂之蓐食。訓卒、利兵、秣馬、蓐食者，《商子·兵守篇》：‘壯男之軍，使盛食厲兵，陳而待敵。壯女之軍，使盛食負壘，陳而待令。’是其類也。《成十六年傳》：‘蓐食申禱。’《襄二十六年傳》：‘秣馬蓐食。’并與此同。”洪亮吉云：“此《傳》下云‘潛師夜起’，則夜食可知。成十六年，‘蓐食申禱’，其時楚軍亦曰‘雞鳴而起’。襄二十六年，‘秣馬蓐食’下亦有‘楚軍宵潰’之文。是張晏云‘牀蓐中食’，而杜從之，不爲無據。”案：《後漢書·廉范傳》：“范令軍中蓐食，晨往赴。”《度尚傳》：“尚敕令秣馬蓐食，明旦徑赴賊屯。”《三國志·太史慈傳》：“于是嚴行蓐食，須明，便帶鞭攝弓上馬。”《晉書·王如傳》：“遂夜令三軍蓐食待命，雞鳴而駕。”《隋書·王充傳》：“令軍秣馬蓐食，既而宵濟。”右皆以蓐食爲夜食。《傳》稱蓐食，乃狀食之時早。《南齊書·崔慧景傳》：“景等蓐食輕行，皆有饑饉之色。”尤早食之證。《傳》以晉軍早食，故言蓐食，此不必論其已起未起。洪説是也。

潛師夜起。

戊子，敗秦師于令狐，至于刳首。

〔疏證〕杜《注》：“令狐在河東，當與刳首相接。”未詳地之所在。顧炎武云：“《水經注》引闞駰曰：‘令狐即猗氏。刳首在西三十里。’後漢《衛敬侯碑陰文》：‘城惟解梁，地即刳首。山對靈足，谷當猗口。’刳字作‘鄈’。《玉篇》：‘鄈，口孤切，秦地，在河東②。’”顧棟高云：“令狐，今蒲州府猗氏縣地。《水經注》：‘刳首在西三十里。’當在今榮河、臨晉間也。”江永云：“榮河、臨晉，今皆屬蒲州府。”沈欽韓云：“《一統志》：‘刳首水在同州郃陽縣東南。’”《晉世家》：“趙盾爲將，往擊秦，敗之令

---

① 林按：底本缺“蓐食。張晏曰：‘未起而牀蓐中食。’杜用張義。王念孫《廣雅疏證》云：‘蓐，厚也。’蓐食，厚食也。王引之云：‘訓卒、利兵、秣馬，非寢之時矣。亭長妻晨炊”五十二字，據《漢書》及科學本增補。

② 林按：“河東”，《左傳杜解補正》作“河南”。

狐。"《秦本紀》："秦以兵送至令狐。晉立襄公子而反擊秦師，秦師敗。"則公子雍已至令狐也。

己丑，先蔑奔秦，士會從之。

〔疏證〕杜《注》："從刲首去也。"《晉世家》："先蔑、士會亡奔秦。"《秦本紀》："隨會來奔。"

先蔑之使也，荀林父止之，曰："夫人、太子猶在，而外求君，此必不行。子以疾辭，若何？不然，將及。

"攝卿以往，可也，何必子？

〔疏證〕謂使大夫攝卿往也。

"同官爲寮，吾嘗同寮，敢不盡心乎？"弗聽。爲賦《板》之三章，又弗聽。

〔疏證〕《釋文》："寮，本又作'僚'。"杜《注》："僖二十八年，林父將中行，先蔑將左行。"《魯語》："今吾子之教官寮。"《注》："唐云：'同官曰寮。'昭謂：'此景伯之屬，下僚耳，非同官之寮也。同官謂位同者也。'"杜取韋説。杜又云："《板》，《詩·大雅》。其三章，義取芻蕘之言，猶不可忽，況同寮乎？"按：林父進諫送帑，皆以同寮故。杜謂取《板》之芻蕘，非也。《讀本》云："《板》之三章言'我雖異事，及爾同寮'，謂同寮不得不盡言。"

及亡，荀伯盡送其帑及其器用財賄①於秦，曰："爲同寮故也。"

〔疏證〕杜《注》："荀伯，林父。"

士會在秦三年，不見士伯。

〔疏證〕杜《注》："士伯，先蔑。"《讀本》云："士會不見士伯，蓋惡其不義。"按：士會之不義士伯，事無可考。

其人曰："能亡人於國，

〔疏證〕杜《注》："言能與人俱亡於晉國。"

---

① 科學本注：原稿眉批："財賄詁。"擬而未作。

"不能見於此，焉用之？"

士季曰："吾與之同罪，非義之也，將何見焉？"

〔疏證〕《檀弓》："我則隨武子乎！"《注》："武子，士會也，食邑於隨、范，字季。"杜《注》："俱有迎公子雍之罪。"

及歸，遂不見。

〔疏證〕杜《注》："責先蔑爲正卿而不能匡諫，且俱出奔，惡有黨也。"文淇案：先蔑將下軍，非正卿。下《傳》："郤缺言于趙宣子曰：'子爲正卿，以主諸侯。'"《宣二年傳》："太史謂宣子曰：'子爲正卿，亡不越境，反不討賊。'"文六年，趙宣子始爲國政，蓋正卿始主國政。杜責先蔑爲正卿而不匡諫，非也。《檀弓》："謀其身，不遺其友。"《疏》："文七年，士會與先蔑俱迎公子雍，在秦三年，不見先蔑。及士會還晉，遂不見先蔑而歸，是遺其友。而云'不遺其友'者，彼謂共先蔑俱迎公子雍，懼其同罪，禍及于己，故不見之，非是無故相遺也。"壽曾曰：觀士會"非義之也"語，則平昔不與先蔑爲友。《檀弓疏》謂避禍，非。

狄侵我西鄙，公使告于晉。

趙宣子使因賈季問酆舒，且讓之。

〔疏證〕賈季在狄，故杜《注》："酆舒，狄相。讓其伐魯。"

酆舒問於賈季曰："趙衰、趙盾孰賢？"

〔疏證〕以賈季述盾之言，故問衰、盾。

對曰："趙衰，冬日之日也；趙盾，夏日之日也。"

〔疏證〕杜《注》："冬日可愛，夏日可畏。"

秋，八月，齊侯、宋公、衛侯、陳侯、鄭伯、許男、曹伯會晉趙盾盟于扈，晉侯立故也。

〔疏證〕《晉世家》："秋，齊、宋、衛、鄭、曹、許君皆會趙盾盟于扈，以靈公初立故也。"《世家》脫"陳"。

公後至，故不書所會。

〔疏證〕會盟不必同地，文公與盟而未及與會，故不書所會。

凡會諸侯，不書所會，後也。後至不書其國，辟不敏也。

〔疏證〕此會盟例。杜《注》：“不書所會，謂不具公、侯及卿、大夫。”《疏》引僖十四年“諸侯城緣陵”，十五年“諸侯盟于牡”，《十七年傳》“諸侯會于牡”以當之，又云：“總稱諸侯，皆是罪諸侯也。”則不書所會，謂不經。不書與會之人，渾言諸侯也。“後至不書其國”二句，亦凡例之辭。正釋此年會牡，不書魯國。杜乃云：“此《傳》還自釋凡例之意。”《疏》又云：“諱公罪而歸責於諸侯，若諸侯無功然。”杜以凡例當傳文已誤，《疏》謂魯推罪於諸侯，彌支離矣。顧炎武云：“公既不及於會，則不知班位之次序，故不書諸國，以辟不敏。”顧氏此說釋“不書所會”則是，然不當云“不書諸國，以辟不敏”。合二例而一之，蓋誤於杜《注》“《傳》還自釋凡例”之說耳。《讀本》云：“後至者，公及盟而不及會，故《經》不具書其國名。避不敏者，蓋謂此不周至之事，避之不復深言。”義最明畫。

穆伯娶于莒，曰戴己，生文伯；其娣聲己，生惠叔。

〔疏證〕杜《注》：“穆伯，公孫敖也。文伯，穀也。惠叔，難也。”

戴己卒，又聘于莒。莒人以聲己辭，則爲襄仲聘焉。

〔疏證〕杜《注》：“襄仲，公孫敖從父昆弟。”《讀本》：“穆伯老而更娶，莒人不肯，乃爲襄仲娶。”

冬，徐伐莒，莒人來請盟。

穆伯如莒涖盟，且爲仲逆。

及鄢陵，

〔疏證〕杜《注》：“鄢陵，莒邑。”沈欽韓云：“此別一鄢陵，應在城陽，非潁川郡之鄢陵也。顧棟高謂今沂州府沂水縣地。”

登城見之，美。

自爲娶之。仲請攻之，公將許之。

叔仲惠伯諫，

〔疏證〕《檀弓疏》引《世本》：“桓公生僖叔牙，牙生武仲休，休生惠伯彭，彭生皮，爲叔仲氏。”杜《注》：“惠伯，叔牙孫。”用《世本》說。

曰：“臣聞之：‘兵作於内爲亂，於外爲寇。寇猶及人，亂自及也。’今臣作亂，而君不禁，以啓寇讎，若之何？”

〔疏證〕穆伯、襄仲相攻，是兵作於内，謂内有兵，則外寇乘之。

公止之。惠伯成之，

〔疏證〕惠棟云：“《周禮·調人職》曰：‘凡有鬥怒者成之。’鄭衆曰：‘成之，謂和之也。猶今二千石以令解仇。’”文淇案：《調人職》云：“凡過而殺傷人者成之。”《注》：“成，平也。鄭司農云：‘以民成之，謂立證佐成其罪也。一説以鄉里之民共和解之。《春秋傳》曰：“惠伯成之。”’”《疏》：“先鄭雖爲兩説，後鄭以後説爲是。引《春秋》者，《左氏·文七年傳》，《注》云：‘平二子。’”據彼《疏》説，則先鄭以成爲和，正用此《傳》成之義。杜用先鄭後一説也。

使仲舍之，公孫敖反之，復爲兄弟如初。從之。

〔疏證〕杜《注》：“舍，不娶，還莒女也。”《讀本》云：“穆伯既淫亂，惠伯爲平其事，使襄仲不娶，穆伯亦還莒女也。言孟孫、叔孫二族相爲比謀。”

晉郤缺言于趙宣子曰：“日衛不睦，故取其地。

〔疏證〕杜《注》：“日，往日。”《元年經》：“晉侯伐衛。”《傳》：“晉師圍戚，取之，彊戚田。”

“今已睦矣，可以歸之。叛而不討，何以示威？服而不柔，何以示懷？非威非懷，何以示德？無德，何以主盟？子爲正卿，以主諸侯，而不務德，將若之何？

“《夏書》曰：‘戒之用休，董之用威，勸之以《九歌》，勿使壞。’

〔疏證〕杜《注》以《夏書》爲《逸書》。顧炎武云：“今《大禹謨》。”按：今《書》“勿使”作“俾勿”。孔氏《傳》：“休，美。董，督也。善政之道，美以戒之，威以督之，歌以勸之，使政勿壞，在此三者。”杜

《注》：“有休則戒之以勿休。董，督也。有罪則督之以威刑。”《逸書》晉時古誼尚具，故杜《注》與孔氏《傳》同也。今《大禹謨》上文云：“德惟善政，政在養民。水、火、金、木、土、穀惟脩，正德、利用、厚生惟和。九功惟叙，九叙惟歌。”王鳴盛《商書後辨》云：“《文七年傳》，‘晉郤缺言於趙宣子’，引《夏書》‘戒之用休，董之用威，勸之以《九歌》，勿使壞’。《書》詞止此。下云：‘九功之德皆可歌也，謂之《九歌》。六府三事，謂之九功。水、火、金、木、土、穀，謂之六府。正德、利用、厚生，謂之三事。’此郤缺釋《書》之言，非經文也。僞作《古文尚書》者，乃取其文盡入禹口中，可乎？《周禮·大司樂職》‘九德之歌’，鄭司農以《左傳》注之始明。而作《周禮》者，不明言也，足徵彼時其樂現存，人所共曉，則但言《九歌》而已。”按：王説是也。本《疏》亦謂“勿使壞”以上皆《大禹謨》正文。而又云：“郤缺令宣子修德行禮，使人歌樂，故先引‘勸之以《九歌》’，然後郤言六府三事。”此牽於僞古文之次第，強爲之説。《後辨》又云：“《離騷經》云：‘啓《九辨》與《九歌》。’《注》：‘啓，禹子也。’《天問》云：‘啓棘賓商，《九辨》《九歌》。’《注》：‘《九辨》《九歌》，啓所作樂也。’伏生《大傳·虞夏傳》：‘歌《大化》《大訓》《六府》《九原》，而夏道興。’鄭康成《注》：‘四章皆歌禹之功。’則《九歌》乃啓樂，非禹樂，明甚。”

“九功之德皆可歌也，謂之《九歌》。六府三事，謂之九功。

〔疏證〕郤缺先釋《九歌》，謂九功之德。再釋九功之爲六府三事，乃倒釋之文。今僞《大禹謨》先云水、火、金、木、土、穀，正德、利用、厚生，再云六府三事，非先網後目之義，補綴[1]痕迹顯然。

“水、火、金、木、土、穀，謂之六府。

〔疏證〕杜無注。《大禹謨疏》：“文七年《左傳》引此一經，乃言‘九功之德皆可歌也’，若水能灌溉，火能烹飪，金能斷割，木能興作，土能生殖，穀能養育。古之歌詠，各述其功。猶如漢魏已來樂府之歌，其功用是舊成辭。人君修治六府以自勸勉，使民歌詠之，三事亦然。”彼《疏》釋六府三事爲歌辭題目，當是舊説。

“正德、利用、厚生，謂之三事。

---

[1] 林按：原稿“緝”爲衍文，删。

〔注〕賈、服云：“正德，人德；利用，地德；厚生，天德也。”《大司樂疏》。

〔疏證〕《大司樂》：“九德之歌。”《注》：“鄭司農云：‘《春秋傳》所謂水、火、金、木、土、穀謂之六府，正德、利用、厚生謂之三事，六府三事，謂之九功，九功之德皆可歌也，謂之《九歌》也。’”《疏》：“此《文七年傳》，《注》云：‘正德，人德；利用，地德；厚生，天德。’此本《尚書·大禹謨》之言。賈、服與先鄭并不見《古文尚書》，故引《春秋》也。”此《傳》杜無注。據《大司樂疏》引《注》，則賈、服與先鄭説同也。其云不見《古文尚書》，斥先鄭注《禮》言之。如賈、服説，則三事猶三才也。

“義而行之，謂之德、禮。無禮不樂，所由叛也。

〔疏證〕行，行六府三事也。前引《夏書》，蒙上“務德”言之。《讀本》云：“以義行此德，則曰德禮。”杜以德爲正德，以禮爲制財用、厚民生，非。”本《疏》：“在上爲政無禮，則民不樂，是叛之所由。”

“若吾子之德，莫可歌也，其誰來之？

〔疏證〕杜《注》：“來，猶歸也。”

“盍使睦者歌吾子乎？”

宣子説之。

〔疏證〕杜《注》：“爲明年晉歸鄭、衛田張本。”《疏》：“言‘歸鄭、衛田’者，謂晉歸以鄭所取衛田。劉炫以爲歸鄭及歸衛田，怪傳文歸衛不歸鄭，而規杜氏，非也。”邵瑛云：“《文元年傳》：‘衛孔達侵鄭，伐緜、訾及匡。’八年，‘晉侯使解揚歸匡、戚之田于衛。’揆之文義，匡自應屬鄭，然杜《注》却不明言鄭地，而八年《注》轉有‘匡，本衛邑，中屬鄭’之文，宜劉炫怪傳文歸衛不歸鄭，而規杜氏也。”按：此《傳》杜《注》未及匡、戚田之別。本《疏》謂晉歸以鄭所取衛田，正謂鄭以取衛之匡田也。鄭歸匡田，未歸其邑，與戚田同，故杜云鄭、衛田耳。

〔經〕 八年，春，王正月。

夏，四月。

秋，八月，戊申，天王崩。

〔疏證〕《年表》："周襄王三十二年崩。"《周本紀》："襄王三十二年崩，子頃王壬臣立。"

冬，十月，壬午，公子遂會晉趙盾盟于衡雍。

乙酉，公子遂會雒戎，盟于暴。

〔疏證〕《公羊》"雒戎"曰"伊雒戎"。《釋文》："會雒戎，本或作'伊雒之戎'。此後人妄取傳文加耳。"杜《注》："暴，鄭地。"《十五傳①》："楚侵鄭及暴。"故杜以爲鄭地。沈欽韓云："暴，辛公所封邑②，在今懷慶府原武縣境。"

公孫敖如京師，不至而復。丙戌，奔莒。

〔注〕賈云："日者，以罪廢命，大討也。"《釋例》③。

〔疏證〕《公羊》無"而"。杜《注》未釋"丙戌"。《公羊傳解詁》："日者，嫌敖罪明則起君弱，故諱，使若無罪。"《穀梁傳》："其如，非如也。其復，非復也。唯奔莒之爲信，故謹而日之。"則賈所稱爲《左氏》義。敖不至京師而復，故曰廢命。

螽。無《傳》。

〔疏證〕《公羊》曰"蜤"。

宋人殺其大夫司馬。宋司城來奔。

〔傳〕 八年，春，晉侯使解揚歸匡、戚之田于衛，

〔注〕服云："解揚，晉大夫。"《晉世家集解》。

〔疏證〕李貽德云："揚，《晉世家》作'楊'。《注》引服義亦作'楊'，當是裴駰據史文所改。"按：《説苑·奉使篇》："霍人解揚，字子虎。"故後世言霍虎，字亦作"揚"。杜用服説。此謂以晉所疆之戚田，并鄭取於衛之匡田，皆歸於衛。詳七年傳《疏證》。杜謂晉令鄭還衛匡邑，非《傳》義。

---

① 科學本注：按：應作《成十五年傳》。
② 林按：劉氏引述文字有節略，沈氏原作"暴，辛公采地"。
③ 科學本注：原稿眉批："《釋例》未檢得。"

且復致公壻池之封，自申至于虎牢之境。

〔注〕服虔以爲致之于鄭。本《疏》。

〔疏證〕《韓非子・亡徵》："公壻公孫，與民同門。"是公壻蒙公爲稱也。杜《注》："公壻池，晉君女壻。又取衛地以封之，今并還衛也。申，鄭地。"本《疏》云："杜以上言'歸匡、戚之田于衛'，又言'且復致'，則晉亦致于衛。劉炫云：'服虔以爲致之于鄭。'以服言是規杜。"顧炎武云："傅氏曰：'自申至於虎牢，皆鄭田也。故杜于上年解云"爲晉歸鄭、衛田張本"，而此則專言歸衛。此杜氏之闕漏耳。'按：自申至于虎牢，鄭地，晉取之以封公壻池，今乃歸之。傳文不言鄭，言申、虎牢，則鄭可知矣。"按：顧説是也。傅氏謂上年杜《注》"鄭、衛田"，衛田即指此申、虎牢，非。《傳》不言田也，杜稱鄭田，自謂匡田，於此《傳》不用服《注》，非闕漏。洪亮吉云："按：杜《注》既言申，鄭地，則服説云'致之于鄭'，方得事實，豈以有鄭地轉致于衛者乎？劉炫以服説規杜，得之。"沈欽韓云："按：申與虎牢皆是鄭地。衛之國于帝丘，在東郡濮陽，安得其境至虎牢？《傳》言歸衛地，遂并及鄭，不言鄭者，以申、虎牢易明也。服虔謂致之于鄭者，是。"右二説皆申服誼。顧棟高云："申當在今氾水縣界。"按：虎牢亦在氾水境內，詳□□[1]年傳《疏證》。

夏，秦人伐晉，取武城，以報令狐之役。

〔疏證〕《年表》："晉靈公二年，秦伐我，取武城，報令狐之戰。"《秦本紀》："秦伐晉，取武成。"成，異文。江永云："漢馮翊郡有武城縣。顏師古云：'即秦伐晉取武城者也。'當在今陝西同州府境。"沈欽韓云："《史記正義》：'《括地志》："故武城一名武平城，在鄭縣東北十三里。"'《華州志》：'武平城在州東十七里。'"按：華州今屬同州府，江、沈説同。

秋，襄王崩。

晉人以扈之盟來討。

〔疏證〕七年扈之盟，公後至。

冬，襄仲會晉趙盾[2]，盟于衡雍，報扈之盟也，

---

① 科學本注：原稿闕文。按：應作"莊二十一"。

② 林按：楊本作"趙孟"。

遂會伊雒之戎。

書曰“公子遂”，珍之也。

〔疏證〕《文選·薛綜〈東京賦〉注》：“珍，貴也。”杜《注》：“大夫出竟，有可以安社稷、利國家者，專之可也。”杜用莊十九年《公羊傳》文。按：《僖三十年經》：“冬，公子遂如京師。”《傳》云：“大夫無遂事。”則《左氏》義不與大夫遂事。此《傳》“珍之”，古誼無考。杜用《公羊》義，非。

穆伯如周弔喪，不至，以幣奔莒，從己氏焉。

〔疏證〕杜《注》：“己氏，莒女。”據《七年傳》，穆伯三娶皆莒女，戴己時已卒，聲己尚存，其三娶之莒女爲襄仲聘者。反于莒時，聲己未必偕行，蓋從三娶之莒女也。

宋襄夫人，襄王之姊也，昭公不禮焉。

〔疏證〕杜《注》：“昭公適祖母。”

夫人因戴氏之族，以殺襄公之孫孔叔、公孫鍾離及大司馬公子卬，皆昭公之黨也。

〔疏證〕杜《注》：“華、樂、皇皆戴族。”孔叔、公孫鍾離、公子卬皆襄公孫。

司馬握節以死，故書以官。

〔疏證〕杜《注》：“節，國之符信也，握之以死，示不廢命。”宋大司馬之官異於《周禮·夏官·大司馬》，其節則無考。所效之節，當是符節。本《疏》：“《周禮·掌節》：‘守都鄙者用角節。’《小行人》云：‘守都鄙者用管節。’此司馬、司城或食采地，即都鄙之主，此節或是管節也。”亦是意爲之説。《司節》[①]：“門關用符節。”《注》：“其有商者，通之以符節，如門關。門關者，與市聯事，節可同也。”

司城蕩意諸來奔，效節於府人而出。

〔疏證〕《淮南子注》：“效，致也。”杜《注》：“意諸，公子蕩之孫。”杜於“府人”無釋，《疏》亦無説。《昭十八年傳》：“使府人、庫人各儆其

---

① 科學本注：“司節”係《小行人》之誤。

事。”彼《疏》引《周官》大府、内府、外府、玉府、天府、泉府。胡匡衷《儀禮・釋官》云：“案：春秋諸國有府人，而無大府、内府、外府之官，則諸侯府人兼彼數職可知矣。《周禮》大府爲府官之長，下大夫二人、上士四人、下士八人。諸侯之府人當士爲之。”

公以其官逆之，皆復之。亦書以官，皆貴之也。

〔疏證〕《昭七年傳》：“卿違，從大夫。”杜《注》據以爲説，云：“公賢其效節，故以本官逆之，請宋而復之。司城官屬悉來奔，故言‘皆復’。”《疏》：“請宋復之在十一①年。”

夷之蒐，晉侯將登箕鄭父、先都，而使士縠、梁益耳將中軍。

〔疏證〕《六年傳》：“春，晉蒐于夷。”杜《注》：“登之於上軍也。”《疏》云：“清原之蒐，箕鄭佐新上軍，先都佐新下軍。七年令狐之戰，箕鄭將上軍，先都佐下軍。先都不登，容可怨恨。箕鄭不失其登，而亦共作亂者，蓋先克之薦狐、趙，并亦請退箕鄭、先都。及狐射姑出奔，箕鄭位次宜佐中軍，而先克代射姑。箕鄭守其故職，蓋以此而恨也。”按：先克之請退箕鄭、先都，《傳》無其説，或夷蒐時，箕鄭未即將上軍，令狐之戰乃登之，傳文不具。《後漢書・梁統傳》：“安定烏氏人，晉大夫梁益耳即其先也。”《注》：“《東觀記》曰：‘其先與秦同祖，出於伯益，別封于梁。’”

先克曰：“狐、趙之勳，不可廢也。”從之。

〔疏證〕《六年傳》：“使狐射姑將中軍，趙盾佐之。”

先克奪蒯得田于堇陰。

〔疏證〕《風俗通》：“蒯氏，晉大夫蒯得之後。”②《七年傳》：“晉禦秦師，及堇陰。”杜《注》：“以軍事奪其田也。”

故箕鄭父、先都、士縠、梁益耳、蒯得作亂。

〔經〕 九年，春，毛伯來求金。

〔疏證〕杜《注》：“雖踰年而未葬，故不稱王使。”據《傳》而言。

---

① 科學本注：按：阮刻本《注疏》作“十六”。
② 林按：原稿眉批：“《風俗通》，查，此據《通志・氏族略》。”

夫人姜氏如齊。無《傳》。

〔疏證〕杜《注》：“歸甯。”

二月，叔孫得臣如京師。辛丑，葬襄王。

〔注〕《左氏》説：王喪，赴者至，諸侯既哭，問故，遂服斬衰，使上卿弔，上卿會葬。《經》書“叔孫得臣如京師，葬襄王”，以爲得禮。《王制疏》引《異義》。《左氏》之説，諸侯，藩衛之臣，不得棄其封守。諸侯，千里之内奔喪，千里之外不奔。四方不可空虛，故遣大夫也。《通典》引《異義》。

〔疏證〕杜《注》：“卿共葬事，禮也。”此蓋用《左氏》舊説。《王制疏》：“《異義》：‘《公羊》説：“天王喪，赴者至，諸侯哭。雖有父母喪，越紼而行事，葬畢乃還。”’”下引《左氏》説：“許慎謹案：‘易下邳侍其容説：“諸侯在千里内皆奔喪，千里外不奔喪。若同姓，千里之外猶奔喪，親親也。”容説爲近禮。’鄭駁之云：‘天子於諸侯無服，諸侯爲天子斬衰三年，尊卑有差。按魯夫人成風薨，“王使榮叔歸含且賵①”，又會葬，爲得禮，則是魯於天子，一大夫會，爲不得禮可知。又《左傳》云鄭游吉云：“靈王之喪，我先君簡公在楚，我先大夫印段實往，敝邑之少卿也。王吏不討，恤所無也。”豈非《左氏》諸侯奔天子之喪及會葬之明文？説《左氏》者云：諸侯不得棄其所守奔喪，自違其傳。同姓雖千里外猶奔喪，又與禮乖。’鄭之所駁，從《公羊》之義也。又以《左氏傳》諸侯亦奔喪，但説《左氏》者，自違其傳，云不奔喪。又難許慎云：‘千里外同姓猶奔喪，與禮乖也。’”按：鄭駁《左氏》説諸侯不得棄其所守奔喪義，《王制疏》未備引，以《通典》所引證之，則亦許君《異義》所有，鄭總據其義駁之。《左氏》説謂千里之内奔喪，千里之外不奔喪，與許君所引侍其氏説同。杜氏注《隱二②年傳》“同軌畢至”以下云：“赴弔各以遠近爲差，因爲葬節。”又《釋例》云：“萬國之數至衆，封疆之守至重，故天王之喪，諸侯不得越境而奔。修服於其國，卿共弔葬之禮。既葬，卒哭而除凶。魯侯③無故，而穆伯如周弔。此天子崩，諸侯遣卿弔葬之經傳也。”杜謂“卒哭除凶”，是其蔑禮之野言，自外皆用古《左氏》説。然玩《左

---

① 林按：底本無“召伯來會葬。《傳》曰：‘禮也。’‘襄王崩，叔孫得臣如周，葬襄王。’天子於魯，既含且賵”二十九字，據《五經異義》及科學本增補。

② 科學本注：按：應作“元年”。

③ 林按：“侯”，劉氏誤作“僖”，據《五經異義》回改。

氏》説，一謂"上卿弔葬"，一謂"諸侯千里之内奔喪"，則二説已自異。鄭駁《左氏》説，謂自違其傳，蓋據《昭三十年傳》"鄭簡公在楚，未弔靈王之喪"爲説。彼《疏》引鄭君説，以爲"簡公若在，君當自行"。本《疏》云："彼言由君在楚，上卿守國，故使少卿印段往耳，非言君當親行也。"此是《疏》駁鄭説。

　　壽曾謂：《左氏》於《經》書魯卿弔葬於周，通無譏文，是《左氏》異於《公羊》義。《穀梁傳》亦云："使大夫則不可。"然彼蒙魯有喪言之，亦與《公羊》説殊，皆與《左氏》説異。詳後説，諸侯千里内奔喪，則非謂不奔喪也。陳壽祺《異義疏證》引《顧命》"成王之喪，太保率西方諸侯入應門左，畢公率東方諸侯入應門右"，謂"《經》有諸侯奔喪之明文"。彼自是周盛時禮，且言東方、西方，不言南北，容指分陝東西千里侯國而言。沈欽韓云："按：《隱二①年傳》：'天子七月而葬，同軌畢至。'是諸侯會葬，《傳》有明文。此年《傳》但言'莊叔如周葬襄王'，不舉例者，正以五年有榮叔之含賵，召伯之會葬。信使交錯，其待諸侯之禮隆且渥如是。《經》書此遥遥相對，其失禮無疑矣。且以天子之喪，而卿士出求金，求者固非②。而藩衛之義，惟知有伯主，不知有天子，不愈顯侯國之怠慢乎？以求金之來而如京師共葬，雖遣得臣，亦非本意。《傳》意微而顯，而俗儒不察，創爲謬説。"沈亦據鄭駁爲説也。

晉人殺其大夫先都。

三月，夫人姜氏至自齊。無《傳》。

　　〔疏證〕杜《注》："告于廟。"本《疏》："蘇氏云：'夫人歸甯書"至"，唯有此耳。餘不書者，或禮儀不備，或淫縱不告廟也。'"按：如杜説，則《經》書夫人之至，如公行例。

晉人殺其大夫士穀及箕鄭父。

　　〔注〕賈云："箕鄭稱'及'，非首謀。"本《疏》。

　　〔疏證〕杜《注》："與先都同罪也。"不用賈説。《傳疏》："《傳》箕鄭先士穀，《經》士穀先箕鄭者，《經》以殺之先後，《傳》以位次序列。《傳》蒯得居下，知其以位次也。賈逵云：'箕鄭稱"及"，非首謀。'"按：

---

① 科學本注："二"應作"元"。

② 林按："求者固非"，《左傳補注》作"求者非禮"。

襄二十三年，‘陳殺其大夫慶虎及慶寅’。杜云：‘及，史異辭，無義例。’則此亦然也。”洪亮吉云：“按：箕鄭上軍將，士縠下軍將。傳文亦先箕鄭而後士縠。今顧於士縠下言‘及箕鄭’，明非首謀，故書法如此。《正義》糾賈，非也。《襄二十三年》，‘陳殺其大夫慶虎及慶寅’，亦同此例。”

楚人伐鄭。

〔疏證〕《年表》：“楚穆王八年，伐鄭，以其服晉。鄭穆公十年，楚伐我。”

公子遂會晉人、宋人、衛人、許人救鄭。

〔疏證〕《年表》：“晉靈公三年，率諸侯救鄭。”

夏，狄侵齊。無《傳》。

秋，八月，曹伯襄卒。

〔疏證〕《管蔡世家》：“曹共公襄立，三十五年卒，子文公壽立。”

九月，癸酉，地震。無《傳》。

〔疏證〕《周語》：“幽王二年，西周三川皆震。伯陽父曰：‘陽伏而不能出，陰迪①而不能蒸，於是有地震。’”《注》：“陰陽相迫，氣動乎下，故地震也。”本《疏》引孔晁云：“陽氣伏於陰下，見迫於陰，故不能升，以至於地動。”韋《注》用孔義。此《經》無《傳》，《左氏》義無以考。《外傳》采伯陽父説，則此《經》亦當陰陽爲言，與《公》《穀》説小異也。《内傳》“陰迪”，《史記》作“陰迫”，即孔晁所謂陽迫於陰也。杜《注》：“地道安静，以動爲異。”用《公羊》説。

冬，楚子使椒來聘。

〔疏證〕《穀梁》“椒”曰“萩”。《釋文》：“或作‘菽’。”《公羊釋文》：“椒，一本作‘萩’。”王引之曰：“萩、菽、椒古并通。”杜《注》：“椒不書氏，史略文。”

秦人來歸僖公、成風之襚。

---

① 科學本注：《叢書集成》本“迪”作“迫”。

〔疏證〕《釋文》："襚,《説文》作'祝',云'贈終者衣被曰祝'。以此,襚爲衣死人衣。""襚"下引《春秋傳》"公親襚",字正作"襚"。其云"贈終"及"衣死人衣",亦不知何以別。段玉裁謂:"祝,篆爲淺人所增也。"杜《注》:"衣服曰襚。"用隱元年《公羊傳》。又杜《傳注》云:"追贈僖公并及成風。"惠棟云:"非也。成風者,僖公之母,莊公之妾。母以子貴,故上《經》書'夫人風氏',母以子氏。故此《經》書'僖公、成風'。"按:惠用異義。古《左氏》説,詳四年經《疏證》。

葬曹共公^①。

〔傳〕 **九年,春,王正月,己酉,使賊殺先克。**

〔疏證〕蒙《八年傳》箕鄭等作亂而言,故不顯所使之人。

乙丑,晉人殺先都、梁益耳。

〔疏證〕杜《注》:"乙丑,正月十九日。《經》書二月,從告。"貴曾曰^②

毛伯衛來求金,非禮也。不書王命,未葬也。

〔疏證〕《年表》:"襄王崩,王使衛來求金以葬,非禮。"史公蓋謂求金即共葬事。

二月,莊叔如周葬襄王。

三月,甲戌,晉人殺箕鄭父、士縠、蒯得。

〔疏證〕本《疏》:"士縠書《經》,則是卿也。七年令狐之戰,三軍將佐無士縠。十二年河曲之戰,三軍將佐,杜《注》無代士縠者,而士縠得爲卿者,先蔑奔秦,《傳》無其代。十二年'欒盾將下軍'。《注》云'代先蔑'者,據《傳》成文言之耳,未必不是士縠代先蔑、欒盾代士縠也。"

范山言於楚子曰:"晉君少,不在諸侯,北方可圖也。"

〔疏證〕杜《注》:"范山,楚大夫。"萬氏^③《氏族略》:"案:楚邑芊尹無宇,亦稱范無宇。"《讀本》:"不在諸侯,謂志不及諸屬國。"

---

① 林按:楊本此處有"無傳"二字。
② 科學本注:原稿闕文,但眉批有云:"查譜添。"
③ 科學本注:原稿眉批:"萬氏名當查。"劉氏采自梁履繩《左通補釋》。

楚子師于狼淵以伐鄭。

〔疏證〕沈欽韓云："《水經注》：'潁陰城西南狼陂，南北二十里，東西①十里。《左傳》："師于狼淵。"'《寰宇記》：'狼溝在許州長社縣。'"《彙纂》："潁陰即今開封府許州。"江永云："許州今爲府，附郭設石梁縣。"

囚公子堅、公子尨及樂耳。

〔疏證〕杜《注》："三子，鄭大夫。"

鄭及楚平。

公子遂會晉趙盾、宋華耦、衛孔達、許大夫救鄭，不及楚師。卿不書，緩也，以懲不恪②。

〔疏證〕杜《注》："華耦，華父督曾孫。"

夏，楚侵陳，克壺丘，以其服於晉也。

〔疏證〕杜《注》："壺丘，陳邑。"顧棟高云："壺丘在今河南陳州府南境。"洪亮吉云："《水經注》：'汝水又東南逕壺丘城北，故陳地。《春秋左傳》文公九年，"楚侵陳，克壺丘"，是也。'"江永云："壺丘當時爲陳之南鄙，而地不在陳州。"沈欽韓云："《一統志》：'壺丘城在汝甯府新蔡縣東南。'"

秋，楚公子朱自東夷伐陳，

〔疏證〕杜《注》："子朱，息公也。"

陳人敗之，獲公子茷。陳懼，乃及楚平。

〔疏證〕此楚公子茷也。杜無注。顧炎武云："按：成十六年，鄢陵之戰，囚楚公子茷，距此四十四年，疑別是一人。"

冬，楚子越椒來聘，執幣傲。

〔疏證〕《校勘記》："《五行志》引傳文作'楚使越椒來聘'。"《釋文》：

---

① 林按：《春秋左氏傳地名補注》作"東西十里"。
② 科學本注：原稿眉批："'不恪'，查添。"

"傲，本又作'敖'。①"杜謂經文"椒不書氏，史略文"，疑《經》奪"越"也。杜《注》："子越椒，令尹子文從子。傲，不敬。"

叔仲惠伯曰："是必滅若敖氏之宗。傲其先君，神弗福也。"

〔疏證〕杜《注》："《十二年傳》曰：'先君之敝器，使下臣致諸執事。'明奉使皆告廟，故言傲其先君也。"杜據《聘禮》"賓授節之後，有朝服釋幣于禰之禮"，彼《注》："告爲君使也。"

秦人來歸僖公、成風之襚，禮也。

〔注〕鄭康成云："若以爲緩，按禮，衛將軍文子之喪，既除喪而越人來弔，子游何得善之？"《箴膏肓》。

〔疏證〕杜《注》："本非方嶽同盟，無相赴弔之制，故不譏其緩，而以結好爲禮。"《公羊傳》："其言'僖公、成風'何？兼之。兼之，非禮也。曷爲不言'及成風'？成風尊也。"本《疏》："何休《膏肓》云：'禮主於敬，一使兼二喪，又於禮既緩，而《左氏》以之爲禮，非也。'"下引鄭《箴》又云："是鄭不非其緩也。若譏一使兼二禮，《雜記》諸侯弔禮有'含、襚、賵、臨'，何以一使兼行，知休言非也。"《疏》説不譏秦襚之緩，全據鄭義，當是舊説。杜謂秦、魯本非方嶽同盟，不譏其緩，《傳》無其義。秦襚止歸成風，杜以爲"追贈僖公，并及成風"，亦用《公羊》"一使兼二喪"之説，辨詳經《疏證》。玩鄭義，亦不謂襚僖公也。又案：《雜記》"含者，坐委於殯東南。"《疏》云："文九年，秦人來歸僖公、成風之襚最晚，不譏者，《釋廢疾》云：'以其殽敗，兵無休時，君子原情，不責晚也。'"鄭説《穀梁》亦謂《經》無譏緩之文。

諸侯相弔賀也，雖不當事，苟有禮焉，書也，以無忘舊好。

〔疏證〕杜《注》："送死不及尸，故曰'不當事'。"沈欽韓云："當事，謂斂及啓殯而葬。"案：沈説是也。此秦人來襚文公受弔之服，諸家無説。《檀弓》："將軍文子之喪，既除喪而後越人來弔，主人深衣練冠，待於廟，垂涕洟。"《注》："深衣練冠，凶服變也。待于廟，受弔，不迎賓也。"《疏》："據此而言，禫後始來弔者，其服無文。除喪之後，亦有弔法，故《春秋》文九年，'秦人來歸僖公之襚'是也。"按：文公之受秦襚，在除喪之後，冠服必異平時，將文公之深衣練冠，當有所受，則古禮有除喪

後受弔之服也。

〔經〕 十年，春，王三月，辛卯，臧孫辰卒。_{無《傳》。}

夏，秦伐晉。

楚殺其大夫宜申。

〔注〕賈氏以爲：不書族，陋。《隱四年疏》。

〔疏證〕杜《注》：“宜申，子西也，謀弑君，故書名。”杜不用賈説。賈謂得臣、宜申皆辟陋，未賜族也。詳僖二十八年《疏證》。

自正月不雨，至于秋七月。_{無《傳》。}

〔注〕舊注：“周正月，今之十一月。周七月，今之五月。”《御覽》三十五。

〔疏證〕杜《注》：“義與二年同。”《疏》亦無説。《玉藻》：“至于八月不雨，君不舉。”《注》：“爲旱變也。此謂建子之月不雨，盡建未月也。《春秋》之義，周之春夏無雨，未能成災。至其秋秀實之時而無雨則雩。雩而得之，則書‘雩’，喜祀有益也。雩而不得，則書‘旱’，明災成也。”《疏》：“文公十年，‘自正月不雨，至于秋七月’。《傳》云‘不曰旱，不爲災’者，據周正言之。既言‘秋七月不雨’，云‘不爲災’，明八月不雨則爲災。此據文十年‘自正月不雨’，故云‘謂建子之月’也。按僖公三年《傳》云：‘自十月不雨，至于秋五①月。’此《經》直云‘至于八月不雨’，不云初不雨之月，鄭必知自建子之月者，以周之歲首，陽氣生養之初。又文十年有‘自正月不雨’之文，故據而爲説。”文淇案：文十年無《傳》，彼《疏》所引乃《僖二年傳》文。壽曾曰：鄭以《玉藻》八月不雨爲建未之月，與《御覽》所引舊注同説。舊注：“周七月，建午之月也。”《五行志》：“先是公子遂會四國而救鄭，楚使越椒來聘，秦人歸襚，有炕陽之應。”《穀梁傳》：“歷時而言不雨，文不閔雨也。不閔雨者，無志乎民也。”《公羊》無《傳》。《解詁》：“公子遂之所招。”則《五行志》所稱爲《左氏》義。

及蘇子盟于女栗。

---

① 林按：底本誤作“七”，據《十三經注疏》改正。

〔疏證〕杜《注》：“女栗，地名，闕。蘇子，周卿士。”按：《經》不顯魯何人與盟，疑有闕文。

冬，狄侵宋。無《傳》。

楚子、蔡侯次于厥貉。

〔疏證〕“厥”，《公羊》曰“屈”。《釋文》：“二《傳》作‘厥貉’。”惠棟曰：“《公羊》‘厥’字皆作‘屈’。”杜《注》：“厥貉，地名，闕。”《彙纂》：“當在陳州項城縣。”江永云：“今按：項城今屬陳州府。”

〔傳〕 十年，春，晉人伐秦，取少梁。

〔疏證〕《年表》：“晉靈公四年，伐秦，拔少梁。”《晉世家》：“靈公四年，伐秦，取少梁。”《地理志》：“左馮翊夏陽，故少梁。”《日知錄》：“桓九年，梁伯伐曲沃。郤芮曰：‘梁近秦而逼。’[1]是也。《水經注》乃曰：‘大梁，周梁伯之居也。梁伯好土功，大其城，號曰新里。後魏惠王自安邑徙都之。’是誤以少梁爲大梁，而不知大梁不近秦也。《後漢志》：‘河南尹，梁故國。’《注》[2]引《博物記》曰：‘梁伯好土功，今梁多有城。’亦誤。”按：顧說是也。□□□[3]《春秋輿圖》：“梁國在陝西同州府韓城縣南二十里，後入秦曰少梁。”

夏，秦伯伐晉，取北徵。

〔疏證〕《年表》：“取我北徵。”《晉世家》：“秦亦取晉之殽。”《索隱》云：“殽字誤也。”《地理志》：“京兆左馮翊徵。”師古曰：“即今之澄城縣是也。《左傳》所云‘取北徵’，謂此地耳。而杜元凱未詳其處。”沈欽韓云：“《元和志》：‘同州澄城縣，文十年秦取晉北徵，即此。’《一統志》：‘徵縣故城在澄城縣西南。’”按：澄城今屬陝西同州府。

初，楚范巫矞似

〔疏證〕《北魏書·陽固傳》：“著《演賾賦》云：‘識同命於三君兮，

---

① 林按：“逼”，《日知錄》作“幸”。

② 科學本注：按：此句應作：“《後漢書·郡國志》‘河南尹，梁故國，注城注。”

③ 科學本注：原稿眉批：“查何人。”按：應是顧棟高。所謂《春秋輿圖》即《春秋大事表輿圖》，下引文亦合。

兆先見於喬姒。’”似、姒異文。古之巫多女，疑陽氏所稱爲古本也。杜《注》：“喬姒，范邑之巫。”《讀本》：“巫能見鬼，喬姒蓋有所見。”

謂成王與子玉、子西曰：“三君皆將强死。”

〔疏證〕本《疏》：“强，健也。無病而死，謂被殺也。”

城濮之役，

〔疏證〕杜《注》：“在僖二十八年。”

王思之，故使止子玉曰：“毋死。”不及。止子西，子西縊而縣絶，王使適至，遂止之，

〔疏證〕《讀本》：“成王不欲二人强死。”

使爲商公。

〔疏證〕杜《注》：“商，楚邑。”《彙纂》：“隋改商州，今屬西安府。”《地理志》：“弘農郡商。”沈欽韓云：“《商州志》：‘楚商邑，今商洛鎮，在州東八十五里。’”皆承《漢志》爲説。江永云：“今按：商，契始封之地。商州，今直隸陝西。疑楚成王時楚地未能至商州，其使子西爲商公，或是商密之地。”按：江説是也。僖二十五年“商密”，杜《注》：“鄀別邑。”江氏謂在今内鄉，詳彼傳《疏證》。内鄉，今屬河南南陽府，界湖北之西，濱近漢水。其東南行，由今襄陽荆門以至荆州。與《傳》“沿漢泝江”合。《漢志》之商，不云楚邑，未可爲證。

沿漢泝江，將入郢。

〔疏證〕杜《注》：“沿，順流。泝，逆流。”《疏》：“商在漢水北，漢水東流而南入江。子西既至商邑，聞讒，不敢居商縣。沿漢水，順流下。至江，乃泝流逆上。”《疏》謂子西以聞讒而入郢，未知所據。顧炎武云：“將入郢[①]爲亂。”探下“懼而辭”爲説，是也。

王在渚宮，下，見之。

〔疏證〕杜《注》：“小洲曰渚。”用《釋水》文。不詳渚宮所在。《疏》云：“渚宮當郢都之南。”《水經·江水注》：“江陵縣城，楚船官地也，《春

---

① 林按：底本作“鄀”，顧書及科學本作“泝”。

秋》之渚官矣。"酈氏引《春秋》作"渚官",又蒙楚船官地爲文,疑作
"官"非誤,亦漢船司空之比。後人以宮室當之,非。沈欽韓云:"《紀要》:
'今荆州府治,楚之渚宮地。'"

懼而辭曰:"臣免於死,又有讒言,謂臣將逃,臣歸死於司敗也。"

〔疏證〕杜《注》:"陳、楚名司寇爲司敗。"顧棟高云:"陳近楚,設
官多相效。昭七年,楚芋尹無宇。哀十五年①,陳有芋尹蓋。"梁履繩云:
"案:唐有司敗,亦近楚也。"如顧炎武説,則畏讒來歸,爲子西歸辭。杜
《注》:"子西畏讒言,不敢之商縣。"非。

王使爲工尹,

〔疏證〕杜《注》:"掌百工之官。"

又與子家謀弑穆王。

穆王聞之,五月,殺鬭宜申及仲歸。

〔疏證〕杜《注》:"仲歸,子家。"則子家爲仲歸之字。

秋,七月,及蘇子盟于女栗,頃王立故也。

〔疏證〕杜《注》:"僖十年,'狄滅温,蘇氏奔衛'。今復見,蓋王復
之。"《謚法》:"敏以敬慎曰頃。"《讀本》:"魯不知何人與盟。"

陳侯、鄭伯會楚子于息。冬,遂及蔡侯次于厥貉,

〔疏證〕《經》不書陳侯、鄭伯。又下文"宋公逆楚子,麇子逃歸",
《經》亦不書宋麇。杜《注》:"宋、鄭執卑苟免,麇子恥之,遂逃而歸。
三君失位降爵,故不列於諸侯,宋、鄭猶然,則陳侯必同也。"《疏》云:
"劉炫以爲告文略,故不書陳、鄭、宋。"炫但明陳、鄭、宋之不書,不及
麇者。麇未與會,不當書也。《疏》謂:"宋、鄭二國爲楚僕役,猶如許、
蔡二君降乘楚軍。許、蔡既不書於《經》,故知宋、鄭失位不書也。炫規
杜氏,非也。"邵瑛云:"宋本楚、蔡所謀伐,宜其不會息也。"此駁《疏》
説,最爲分明。陳未失位,杜謂"陳侯必同",《傳》所不言,杜何以知?

①　林按:《春秋左傳正義》爲"哀十七年"。

炫謂告文略，義或然也。

將以伐宋。宋華御事曰："楚欲弱我也，先爲之弱乎？何必使誘我？我實不能，民何罪？"乃逆楚子，勞且聽命。

〔疏證〕杜《注》："御事，華元父。"按：誘謂楚挑兵釁，勞謂至厥貉勞楚師也。

遂道以田孟諸。

〔疏證〕孟諸，詳僖二十八年傳《疏證》。

宋公爲右盂，鄭伯爲左盂。

〔疏證〕杜《注》："盂，田獵陳名。"下"左司馬"《注》："將獵，張兩甄。"是以盂爲甄也。焦循云："《宋書·禮志》：'先獵一日，遣屯布圍，領軍將軍一人督右甄，護軍一人督左甄。'《晉書·周訪傳》：'使將軍李恒督左甄，許朝督右甄，訪自領中軍。'又《陶侃傳》：'侃擊杜弢，令兄子輿爲左甄。'又《朱伺傳》：'陶侃鎮江夏，署爲左甄。''兩甄'爲晉軍中之稱，杜氏舉當時事以證古耳。"沈欽韓云："'盂'取迁曲之義，蓋圓陳也。魏晉時謂之甄。《文選·海賦注》引鄭君云：'甄，表也。'"按：焦、沈說是也。《宋書·禮志》謂"大司馬居中，董正諸軍"。《梁書·裴邃傳》："魏衆五萬挑戰，邃勒諸將爲四甄以待之，直閣將軍李祖憐僞遁，四甄競發，魏衆大敗。"則甄爲偏師，或用以設覆，盂陳亦當然也。

期思公復遂爲右司馬，

〔疏證〕《地理志》："汝南郡期思。"沈欽韓云："《一統志》：'期思故城在光州固始縣西北。'"杜《注》："復遂，期思邑公。"

子朱及文之無畏爲左司馬。

〔疏證〕《讀本》："子朱，息公也。"《淮南·主術訓》："楚莊王傷文無畏之死于宋也，奮袂而起。"《呂覽·行論篇注》："無畏，申周，楚大夫也。"《潛夫論·志氏姓》："楚大夫申無畏者，又氏文氏。"《氏族略》："申舟稱文之無畏，疑是文族，楚文王之後也。"梁履繩云："文，蓋以謚爲氏者。申，其食邑。舟，字也。之，語辭。《淮南》稱文無畏可見。"杜《注》："將獵，張兩甄，故置二左司馬，然則右司馬一人當中央。"《疏》："宋公爲右盂，無畏爲左司馬，而抶①宋公之僕，自謂‘當官而行’，明無畏當右，子朱當左，是其張兩甄，故置二左司馬，使各掌一甄，自然右司馬一人當中央也。”

命夙駕載燧。

〔疏證〕夙駕，早駕也。《釋文》：“‘燧’，本又作‘㸐’。”杜《注》：“燧，取火者。”《周禮》鄭《注》：“金燧可取火于日。”杜本鄭義。案：《傳》稱夙駕，則是夜獵。《釋天》：“宵②田爲獠。”《注》：“即今夜獵載鑪照也。”載燧當是載火炬以照夜，杜《注》非。馬宗璉云：“蓋將焚林而田。”

宋公違命，

無畏抶其僕以徇。

〔疏證〕《廣雅·釋詁》：“抉、抶，擊也。”王念孫云：“《説文》：‘抶，笞擊也。’文十年《左傳》云：‘無畏抶其僕以徇。’杜無注。《十八年傳》：‘歂以朴抶職。’《注》：‘抶，擊也。’”

或謂子舟曰：“國君不可戮也。”子舟曰：“當官而行，何彊之有？

〔疏證〕杜《注》：“子舟，無畏字。”《晉書·劉喬傳》：“東海王越轉喬冀州刺史，以范陽王虓領豫州刺史，喬以非天子命，不受代。劉弘與喬牋曰：‘明使君受命本朝，列居方伯，當官而行，同獎③王室，橫見遷代，誠爲不允。’”《梁書·江淹傳》：“兼御史中丞，時明帝作相，因謂淹曰：‘君爲南司，足以震肅百僚。’淹答曰：‘今日之事，可謂當官而行，更恐才劣志薄，不足以仰酬明旨耳。’”劉氏、江氏引《傳》，皆以當官爲守官。何彊，謂不知何者爲彊也。

“《詩》曰：‘剛亦不吐，柔亦不茹。’

〔疏證〕《詩·烝民》文。傳文引倒，或所據本異。《箋》：“柔，猶濡毳也。剛，堅彊也。”按：《方言》：“茹，食也。”食與吐相反。《讀本》：“子

---

① 林按：“抶”，《左傳正義》爲“誅”。
② 林按：“宵”，《左傳正義》作“宮”。
③ 林按：底本引《晉書》文字與原書有別，據原書改正。底本多有此類現象，不一一注明。此處“劉弘”底本作“劉宏”，“獎”誤作“興”。

舟引《詩》，言不吐剛，不吞柔。”

“‘毋縱詭隨，以謹罔極。’

〔疏證〕《詩·民勞》文。首章《傳》：“詭隨，詭人之善、隨人之惡者。”《箋》：“謹，猶慎也。”又云：“罔，無。極，中也。無中，所行不得中正。”陳奐《詩疏》：“《説文》云：‘詭，責也。’詭人之善，即隨人之惡。詭隨，疊韻連語。《廣雅·釋詁①》：‘詭隨，小惡也。’《後漢書·陳忠傳》：‘自順帝即位，盜賊并起，郡縣更相飾匿，莫肯糾發。忠上疏曰：“臣聞輕者重之端，小者大之源，故隄潰蟻孔，氣洩鍼芒。是以明者慎微，智者識幾。《書》曰：‘小不可不殺。’《詩》云：‘毋縱詭隨，以謹無良。’蓋所以崇本絶末，鈎深之慮也。”’案：忠言欲禁盜賊，必先慎微。引《詩》上二句以爲謹小慎微之漸，最合《傳》意。”又云：“‘以謹罔極’，猶首章‘以謹無良’耳。”按：陳説是也。子舟引《詩》言：“宋公違命，雖是小惡，防無中之漸，未可縱也。”杜《注》用《箋》説。《疏》言：“小罪尚不赦，則大罪不敢。”是也。

“是亦非辟彊也。敢愛死以亂官乎？”

〔疏證〕《讀本》：“自明不敢辟彊以亂官。”

厥貉之會，麇子逃歸。

〔注〕穎容曰：“麇在當陽。”②《御覽》一百六十七。

〔疏證〕穎本“麇”與今通行本異。惠棟云：“麇，杜《注》不釋其地所在。按：盛弘之《荆州記》云：‘當陽本楚之舊。《左氏傳》云楚潘崇伐麇，至于錫穴。’”下引穎氏説。則惠以此《傳》當作“麇子”也。沈欽韓云：“《方輿紀要》：‘麇城在安陸府當陽縣東南六十里。’按：《文十一年傳》‘錫穴’之文，當在今鄖陽、興安二府界。”

〔經〕 十有一年，春，楚子伐麋。

〔疏證〕《公羊》“麋”曰“圈”。《釋文》：“二《傳》作‘麋’。”據穎氏本，則《左氏》作“麇”，又與《穀梁》異。洪亮吉云：“麋、麇字近音同。”

---

① 科學本注：應作“釋訓”。

② 科學本注：原稿眉批：“穎《注》再查《通鑑注》。”按：應作宋白《續通典通鑑音注》。（見《玉函山房輯佚書》穎容《春秋釋例》。）

夏，叔彭生會晉郤缺于成①匡。

〔注〕服云：“叔仲惠伯。”《魯世家集解》。

〔疏證〕各本“叔”下有“仲”。《釋文》云：“本或作‘叔彭生’，‘仲’衍字。”則陸氏已謂“仲”不當有。《石經》作“叔彭生”。《校勘記》：“按：《漢書·五行志》《水經·陰溝水注》并引作‘夏，叔彭生會晉郤缺於成匡’。”據阮説，則各本非也。洪亮吉云：“《經》衍‘仲’字，蓋因傳文而誤。服云‘叔仲惠伯’者，據《傳》言之。杜用服説。”李富孫云：“《傳》稱叔仲惠伯。叔，氏。仲，字。彭生，名。故《經》書叔彭生，而《傳》兼舉其字。”按：李説是也。服氏恐讀者疑叔仲惠伯别一人，故於《經》解作叔仲惠伯。匡，各本作“筐”。《説文》：“匡，或作筐。”則各本用或體。今從《石經》。《水經·陰溝水注》：“谷水首受奂水于襄邑縣東，東逕承匡城。”下引此年經傳文，引京相璠云：“今陳留襄邑西三十里，有故承匡城。”杜《注》：“承匡，宋地，在陳留襄邑縣西。”同京相説。惠棟云：“圈稱②云：‘襄邑本襄陵承匡鄉也，宋襄公所葬，故曰襄陵。縣西三十里有承匡城。’”沈欽韓云：“《方輿紀要》：‘承匡故城在歸德府睢州西三十里。’”

秋，曹伯來朝。

公子遂如宋。

狄侵齊。

冬，十月，甲午，叔孫得臣敗狄于鹹。

〔注〕服云：“魯地也。”《魯世家集解》。

〔疏證〕杜用服説。沈欽韓云：“《續志》：‘東郡濮陽縣有鹹城。或曰古鹹國。’與僖十三年同一鹹，非别地。”如沈説，則鹹在今開州。《春秋輿圖》謂在山東府曹縣境，不知何據。《年表》：“魯文公十一年，敗長狄于鹹而歸。”

〔傳〕 十一年，春，楚子伐麇。成大心敗麇師於防渚。

〔疏證〕杜《注》：“成大心，子玉之子，大孫伯也。”《地理志》：“漢

---

① 林按：“成”，楊本作“承”。
② 科學本注：原稿眉批：“圈稱説，不見《水經》。當查，是《陳留風俗傳》。”

中郡房陵。”洪亮吉云：“防即漢中郡之房陵。‘房’‘防’本一字。防渚蓋房陵縣之渚也。”沈欽韓云：“《元和志》：‘房州房陵縣。闞駰以爲防陵，即春秋時防渚。州之得名自此。’《方輿紀要》：‘房陵城，今鄖陽府房縣治。’”

潘崇復伐麇，至于錫穴。

〔疏證〕《校勘記》云：“按：《漢書·地理志》：‘錫縣屬漢中郡。’應邵曰：‘音陽。’師古曰：‘即《春秋》所謂錫穴。’而《後漢書·郡國志》又云：‘沔陽有鐵，安陽有錫，春秋時曰錫穴。’《釋文》又曰：‘錫，本或作錫，星歷反。’劉昭《郡國志補注》引傳文，亦作‘錫穴’，似作‘錫’字爲當。”沈欽韓云：“《一統志》：‘錫縣故城在興安州白河縣東。’《方輿紀要》：‘錫義山在鄖陽府西北百八十里。’”

夏，叔仲惠伯會晉郤缺于承匡，謀諸侯之從於楚者。

〔疏證〕杜《注》：“九年，陳鄭及楚平。十年，宋聽楚命。”

秋，曹文公來朝，即位而來見也。

襄仲聘于宋，且言司城蕩意諸而復之。

〔注〕服云：“反不書者，施而不德。”本《疏》。

〔疏證〕杜《注》：“八年，意諸來奔。歸不書，史失之。”《疏》云：“服虔云：‘反不書者，施而不德。’衛冀隆亦同服義，而難杜云：‘襄二十九年，樂氏施而不德，《春秋》所善。不書，意諸之歸則是施而不德。且《經》所不書，《傳》即發文。史失之，即“不書日，史失之”之類是也。此既無《傳》，何知史失？’”按：衛氏難杜，以史失之義，《傳》所未言，最爲分明。《疏》駁服說云：“諸侯之卿出奔而復歸者，宋華元、衛孫林父之徒，皆書其歸，則蕩意諸之歸，亦當書之。杜必以爲史失者，案衛侯鄭之歸于衛也，僖公納賂而請之；衛侯朔之入于衛也，莊公興師而納之；歸邾子益于邾，自我而歸之，皆受魯施，并書于《經》。何獨意諸施而不德？若意諸施而不德，彼何故施而德之？魯以不書爲是，則書者爲非，何以無貶責之文？定人之謂禮，存亡之謂義。未有禮義在可譏之意。”壽曾謂：《疏》之駁服，所引經文皆諸侯出而復歸之事。其書卿大夫反國，《左氏》舊誼容有不同。服氏此《注》“施而不德”，指襄仲言，故衛冀隆以樂氏施而不德爲例，則不得以魯君復鄰國之君臣比。李貽德云：“《晉語》：‘夫齊侯好示務施。’《注》：‘施，惠也。’僖二十四年《傳疏》：‘荷其恩者謂之爲德。’施而不德，惠而不自以爲恩也。”

因賀楚師之不害也。

〔疏證〕杜《注》：“往年楚次厥貉，將以伐宋。”《讀本》：“楚師不害，謂前年楚將伐宋，宋先下之，故不害。”

鄋瞞侵齊，

〔注〕服云：“鄋瞞，長翟國名。”《魯世家集解》。

〔疏證〕杜用服説。洪亮吉云：“《説文》：‘鄋，北方長狄國也，在夏爲防風氏，在殷爲汪芒氏。《春秋傳》曰：“鄋瞞侵齊。”’按：此則鄋爲國號，瞞或其君之稱，如酋稱豪之類。服、杜《注》并云：‘鄋瞞，國名。’疑非也。”文淇案：洪説非也。《傳》明云“鄋瞞由是遂亡”，則國名可知。壽曾謂：許君引《傳》鄋瞞釋鄋，知賈君亦同服説。杜又云：“防風之後，漆姓。”據《魯語》爲説。《魯語》：“仲尼曰：‘汪芒氏之君，守封、禺之山者也，爲漆姓。在虞、夏、商爲汪芒氏，於周爲長狄氏，今曰大人。’”與《説文》小異。《孔子世家》《説苑》并云“釐姓”。《校勘記》謂“‘漆’字當爲‘淶’之譌，‘釐’‘淶’聲近”，是也。《方輿紀要》：“鄋瞞，在山東濟南府北境。或云今青州府高苑縣有廢臨濟城，古狄邑，即長狄所居。”段玉裁云：“按：許以此篆厠涿郡北地之下，則許意謂其地在西北方，非在今山東也。”

遂伐我。

〔注〕服云：“伐我不書，諱之。”本《疏》。

〔疏證〕杜無注。李貽德云：“案：《經》書‘侵齊’，而‘伐我’不書，是史爲本國諱也。《楚辭·謬諫》：‘恐犯忌而干諱。’《注》：‘所隱爲諱。’”

公卜使叔孫得臣追之，吉。侯叔夏御莊叔，

〔疏證〕杜《注》：“莊叔，得臣。”

緜房甥爲右，

富父終甥駟乘。

〔注〕服云：“富父終甥，魯大夫也。”《魯世家集解》。

〔疏證〕杜《注》："駟乘，四人共車。"《周禮·大僕》："凡軍旅田役，贊王鼓。"《疏》："王與御者并戎右已有三人，今更有大僕，則駟乘。按：文十一年，'侯叔夏御莊叔，緜房甥爲右，富父終甥駟乘'。彼《注》云：'駟乘，四人共車。'與此同也。"彼《疏》未明引杜《注》，疑"四人共車"爲舊説也。

冬，十月，甲午，敗狄于鹹，獲長狄僑如。

〔注〕劉歆以爲人變，屬黄祥。《五行志》。舊注："狄長三丈。"《御覽》三百五十一。

〔疏證〕《釋文》："僑，本作'喬'。"《魯世家》："文公十一年十月甲午，魯敗翟於鹹，獲長翟喬如。"字正作"喬"。李富孫云："《成二年經》'叔孫僑如'，《漢·五行志》引作'喬'。二字古通。"杜《注》："僑如，鄋瞞國之君，蓋長三丈。"《御覽》引《注》係於"埋首子駒之北門"下，杜用舊注。《魯語》："仲尼曰：'僬僥氏長三尺，短之至也。長者不過十之[①]，數之極也。'"《注》："十之，三丈，則防風氏也。"本《疏》："仲尼所云，此十倍僬僥之長者，故云'蓋長三丈'。《魯語》言'不過十之'，是疑之言，故云'蓋'也。"《五行志》采此事屬"皇之不極"。劉向以爲近下人伐上之痾。歆與向説異，其云："人變，屬黄祥。"於《傳》當屬"思心之不睿"，彼《傳》黄祥未及人變之徵。《皇極傳》："一曰屬蠃蟲之孽。"此釋歆説，人變即蠃蟲孽也。《傳》又云："一曰天地之性，人爲貴，凡人爲變，皆屬皇極下人伐上之痾云。"此釋向説。

富父終甥舂其喉，以戈殺之。

〔注〕服云："舂，猶衝也。"《魯世家集解》。

〔疏證〕杜用服義，但服本作"舂"，杜本作"舂"。洪亮吉曰："《説文》無'舂'字，《史記》作'舂'。鄭玄《禮記注》'待其從容'云：'"從"，讀如"富父舂戈"之"舂"。'合以服《注》，是古本皆作'舂'，今從改正。"按：《梁書·元帝紀》："世祖下令曰：'舂長狄之喉，擊郅支之頸。'"字正作"舂"。洪説是也。今列經傳，一從《石經》。《學記》鄭

《注》云：“舂，撞擊也①。”鄭義亦同服。李貽德云：“《説文》：‘舂，擣粟也。’然則假借之，以器衝人，亦謂之‘舂’。”顧炎武云：“長狄，解云三丈者，未可信。《考工記》：‘戈柲六尺有六寸。’假如長三丈之人，富父終甥何由以戈舂其喉耶？”按：《疏》亦於戈制有疑，故云：“兵車之法，皆三人共乘。魯、宋與長狄之戰，車皆四乘，改其乘，必長其兵。謂之戈，蓋形如戈也。”詳《疏》意，謂戈不止六尺六寸也。人立於車，執戈末以舂人，其長當及二丈以外，長狄或是步戰，故戈可及也。顧説非。

埋其首於子駒之門。

〔注〕賈云：“子駒，魯郭門。”《魯世家集解》。

〔疏證〕《御覽》三百五十一引《傳》，“門”上有“北”。惠棟云：“王符《潛夫論》：‘魯之公族有子駒氏。’以人氏其門者，猶哀十一年‘黨氏之溝’。”《管子·度地》：“城外爲之郭。”沈欽韓云：“《山東通志》：‘魯郭門，北面三門，最西爲子駒門。’”壽曾謂：《通志》北面郭門與《御覽》引《傳》合。顧棟高云：“子駒之門，魯西郭門。”非。

以命宣伯。

〔注〕服云：“宣伯，叔孫得臣子喬如也。得臣獲喬如，以名其子，使後世旌識其功。”《魯世家集解》。

〔疏證〕杜《注》：“得臣待事而名其三子。”餘用服説。服《注》“喬如”，則服本“長狄僑如”亦作“喬”也。《疏》：“《襄三十年傳》説此事云：‘叔孫莊叔敗狄于鹹，獲長狄僑如及虺也、豹也，皆以名其子。’此三子未必同年而生，或生訖待事，或事後始生，欲以章己功，取彼名而名之也。”李貽德云：“《周禮·司勳》：‘凡有功者，銘書於王之大常。’《注》：‘生則書於王旌，以識其人與其功也。’今得臣以名其子，亦是表功之意，故服云‘旌識’也。”

初，宋武公之世，鄋瞞伐宋。

〔注〕服云：“武公，周平王時，春秋前二十五年。”《魯世家集解》。

〔疏證〕杜《注》：“在春秋前。”不用服二十五年説。《疏》：“《史記·十二諸侯年表》，宋武公即位十八年，以魯惠公二十一年卒。卒在春秋前二十六年，不知鄋瞞以何年伐宋也。”按：據《年表》宋宣公力即位

---

① 科學本注：以上四字據阮刻本應作：“舂容，謂重撞擊也。”

在魯惠公二十二年，由惠之二十二年數及四十六年，正符二十五年之數。明年，隱公元年入春秋矣。《疏》謂二十六年者，由宋武公之卒年計之，故與服差一年也。據《疏》說，則郳瞞伐宋之年，舊注空而不說。

司徒皇父帥師禦之。耏斑御皇父充石，

〔疏證〕《釋文》：“禦，本亦作‘御’。”《世本》：“皇父，戴公子。”《讀本》：“耏，氏。斑，名。”杜《注》：“充石，皇父名。”《疏》：“此人子孫以‘皇’爲氏，知皇父，字；充石，名。”按：《疏》知皇父子孫以“皇”爲字者。《襄九年傳》“皇郎”，服氏謂“皇父充石之後”也。杜謂充石爲皇父名，亦用服說。王念孫《周秦名字解故》云：“《說文》：‘充，長也，高也。’長與高，皆大也。《爾雅疏》引《尸子·廣澤篇》云：‘皇，大也。’《詩·大雅·皇矣傳》云：‘皇，大也。’”

公子穀甥爲右，司寇牛父馭乘，

以敗狄於長丘，

〔疏證〕杜《注》：“長丘，宋地。”不詳所在。《地理志》：“陳留郡封丘，濮渠水首受泲，東北至都關，入羊里水，過郡三，行六百三十里。”孟康曰：“《春秋傳》‘敗狄于長丘’，今翟溝是。”惠棟云：“張華《博物志》：‘陳留封丘有狄溝，《春秋》之長丘也。’”洪亮吉同惠說。則長丘即狄溝。沈欽韓云：“《水經注》：‘濟瀆又東逕封丘縣北，南燕縣之延鄉，在《春秋》爲長丘。’《方輿紀要》：‘長丘在開封府封丘縣東。’”高士奇云：“《近志》翟溝在封丘縣南八里，即白溝也，音轉爲翟。”梁履繩云：“縣今屬衛輝府。”按：《魯世家》說宋敗狄事與《傳》同。《年表》以宋敗長丘亦在魯文公十一年，誤。

獲長狄緣斯。

〔注〕賈云：“緣斯，僑如之祖。”《魯世家集解》。服云：“不言所埋，埋其身、首同處於戰地可知。”本《疏》。

〔疏證〕杜釋“緣斯”用賈說。李貽德云：“案：僑如、榮如，皆言埋其首，則身、首異處矣。於緣斯，不言首埋何地，是身、首同埋於戰地故也。”

皇父之二子死焉，

〔注〕賈逵云：“皇父與穀甥、牛父三子皆死。”鄭衆以爲：穀甥、牛

父死耳，皇父不死。馬融以爲：皇父之二子在軍爲敵所殺，名不見者，方道二子死，故得勝之。如令皆死，誰殺緣斯？服虔云：“殺緣斯者，未必三子之手，士卒獲之耳。下言‘宋公以門賞耏斑’，斑爲皇父御而有賞，三子不見賞，疑皆死。賈君近之。”本《疏》。

〔疏證〕杜《注》：“皇父與穀甥及牛父皆死，故耏斑獨受賞。”是杜用賈説。服説亦同於賈也。先鄭謂皇父不死，與賈、服異。由先鄭説，則傳文之二子蒙皇父而言，不謂皇父同死，於文爲不詞。或所據傳文與賈、服異。王引之《經傳釋詞》云：“之，猶與也。文十一年《左傳》：‘皇父之二子死焉。’二子者，公子穀甥、司寇牛父也。言皇父與此二子皆死也。”下引賈《注》爲證。又云：“《成十六年傳》：‘潘尫之黨。’《襄二十三年傳》：‘申鮮虞之傅摯。’謂潘尫與黨、申鮮虞與傅摯也。”王説最得賈、服意。《疏》以杜用賈、服，不加駁辭，而云：“如馬之言，於傳文爲順。”沈欽韓云：“按：馬説是也。若令右與驂乘俱死，則傳文當云‘皇父與二子死’，不當云‘皇父之二子’也。《傳》不言三人賞者，主記耏門事耳。”顧炎武云：“《傳》本云‘皇父之二子’，解乃云：‘穀甥、牛父。’誤。三大夫亦應有賞，《傳》特以耏門之名，追録其受賞之由，餘不及載耳。”沈氏未知“之”可訓“與”，其駁賈説未是。顧氏未明引馬説，義與馬同。其謂《傳》主記耏門之賞，則服義所已具也。服謂殺緣斯未必三子之手，乃申馬説，但不取馬“皇父之子”説。

宋公於是以門賞耏斑，使食其征，謂之耏門。

〔疏證〕杜《注》：“門，關門。征，税也。”《疏》：“《周禮·司關》：‘司貨賄之出入，掌其治禁與其征廛。國凶札，則無關門之征。’鄭玄云：‘征廛者，貨賄之税。’”如《疏》説，是“食其征”，謂食征廛也。《梁書·張纘傳》：“作《南征賦》，曰：‘陋文仲之廢職，鄙耏門之食征。’”洪亮吉云：“按：耏斑獨見賞，或殺緣斯者即耏班也，故以門爲耏門，所以旌其功。亦可備一説。”

晉之滅潞也，獲僑如之弟焚如。

〔疏證〕《魯世家》“潞”作“路”，“焚”作“棼”。杜《注》：“在宣十五年。”非。詳下文《疏證》。

齊襄公之二年，鄋瞞伐齊。齊王子成父獲其弟榮如。

〔注〕賈云：“王子成父，齊大夫。”本《疏》、《齊世家集解》。

〔疏證〕杜《注》：“魯桓公之十六年。榮如以魯桓公十八年死，至宣十五年，一百三歲，其兄猶在。《傳》言：‘既長且壽，有異於人。’”陸粲云：“《史記·魯世家》引此傳文作‘齊惠公之二年’。又《齊世家》曰：‘惠公二年，長翟來，王子成父攻殺之。’《十二諸侯年表》亦於齊惠公二年書‘王子城父敗長翟’。三文皆同。按：惠之二年，即魯宣公之二①年也，在晉滅潞之前僅十三年爾。此《傳》以惠公爲襄公，蓋傳寫之誤。”顧炎武從陸説。洪亮吉説略同，又云：“杜因有‘既長且壽’之説，失之不考也。”按：傳文以魯獲僑如，追述前此中國獲狄之事，杜必以滅潞爲宣十五年事，又以《傳》稱榮如爲焚如弟，乃云：“焚如後死而先説者，欲其兄弟伯季相次。”傳文錯綜，不必如杜説之泥也。然如陸説，則獲焚如、榮如皆在宣公之世，與傳文追叙之例不合。朱駿聲云：“按：《呂覽·審分篇》管子請桓公用王子成父爲大司馬。《説苑》：‘晏子曰：“桓公軍吏怠，戎士偷，則王子成父侍。”’蓋齊襄公舊臣，而桓用之者。計齊襄元年至齊惠二年，九十二載，則成父必已百歲上下，何能從軍？此《傳》追叙前事，以初字冠之，統三役而言。晉之滅潞，當亦在春秋前，非宣十五年之赤狄潞氏也。齊襄之二年，蓋魯桓之十六年也。‘鄋瞞由是遂亡’，是者，指文十一年冬而言。《史記》采《左傳》有誤。若果魯宣二年、十五年之事②，《左氏》亦應先叙荣如、簡如，復叙焚如，不应倒置矣。”按朱氏以王子成父之年核傳文齊襄之非誤，最確。以滅潞爲春秋前事，則無嫌於焚如後死而先説矣。《讀本》云：“《傳》言王子成父，自是襄、桓時人，不得謂齊惠時人。”是也。杜《注》“成父”用服説。

埋其首於周首之北門。

〔疏證〕《齊③世家》：“王子城父攻殺之，埋之於北門。”《水經·濟水注》：“京相璠曰：‘今濟北所治盧子城，故齊周首邑也。’”杜用京相義。沈欽韓云：“《一統志》：‘周首亭在泰安府東阿縣東北④。’”

衛人獲其季弟簡如。

---

① 林按：“二”，原作“一”。
② 林按：底本無“《左氏》亦應先叙……按朱氏以王子成父之年”二十九字，據朱書及科學本增補。“五”，原作“三”。
③ 科學本注：應作“魯”。
④ 科學本注：原稿脱“北”字。

〔注〕服云："獲與僑如同時。"《魯世家集解》。

〔疏證〕杜《注》："伐齊退走，至衛見獲。"則以獲簡如爲齊襄二年事，不用服説。服説當據故書，恐使讀者繫於齊襄時，故特明其與僑如同獲也。

鄋瞞由是遂亡。

〔疏證〕顧炎武云："杜云'長狄之種絶'者，亦非。《傳》云亡，特其國亡耳。"按：顧説是也。《疏》引蘇氏云："《國語》稱'今曰大人'者，但迸居四夷，不在中國，故云遂亡。"是舊疏不謂種絶，與杜異。《疏》乃謂："當時呼往前長狄爲'大人'，未必其時有之。"非。

邾太子朱儒自安於夫鍾，國人弗徇。

〔注〕服云："自安，猶處也。夫鍾①，邾邑。循，順也。"《御覽》一百四十六。

〔疏證〕杜用服義，但服本作"循"，杜本作"徇"。《説文》："循，行順也。"李貽德云："《漢書注》皆以'循'爲'順'。是循、順通也。"《讀本》："言自安處於外邑，國人亦不順之。"

〔經〕 十有二年，春，王正月，邾伯來奔。

〔疏證〕《公羊》"邾"曰"盛"。杜《注》："稱爵，見公以諸侯禮迎之。"據《傳》"公以諸侯逆之"義也。顧炎武、沈欽韓取劉原父説，謂："邾伯以去年卒，太子今即位，而不能自安，遂出奔。《左氏》誤以爲太子。"壽曾謂：《傳》繫邾伯之卒於本年春下，即云邾人立君，則邾太子非即位踰年之君矣。魯以諸侯逆，則《經》以諸侯禮書。劉説非也。本《疏》："公既尊之爲君，史遂從公之意。成十年：'晉侯有疾，立太子州蒲爲君，會諸侯伐鄭。'《經》即書爲'晉侯'。"

杞伯來朝。

二月，庚子，子叔姬卒。

〔疏證〕杜《注》："既嫁成人，雖見出棄，猶以恩録其卒。"《公羊》謂"未適人"，《穀梁》謂"許嫁以卒之"，則杜所稱爲《左氏》義。

---

① 科學本注：原稿眉批："'夫鍾'見桓十一年。"

夏，楚人圍巢。

〔疏證〕《地理志》："廬江郡居巢。"《注》："應劭曰：'《春秋》'楚人圍巢'。巢，國也。"杜用應説。沈欽韓云："《一統志》：'居巢故城在廬州府巢縣東北五里。'"

秋，滕子來朝。

秦伯使術來聘。

〔疏證〕《公羊》"術"曰"遂"。李富孫云："《月令》：'審端徑術。'《注》云：'術，《周禮》作"遂"。'《唐韻正》：''術'去聲，則音"遂"。'古'術''遂'二字通用。"杜《注》："術不稱氏，史略文。"《大行人》："凡諸侯之邦交。"《疏》："言諸侯邦交，謂同方岳者。但春秋之世，有越方岳相聘者，是以秦使術來聘，吳使札來聘，時國數少，故然，非正法也。"此以春秋諸侯相聘異於邦交，當是《左氏》古義。

冬，十有二月，戊午，晉人、秦人戰于河曲。

〔注〕服云："河曲，晉地。"《秦本紀集解》。

〔疏證〕《晉語》："河曲之役。"《注》："河曲，晉地。"用服説。《郡國志》："河東郡蒲坂有雷首山。"劉昭《注》："伯夷、叔齊隱於首陽山。馬融曰：'在蒲坂華山之北，河曲之中。'"杜《注》："河曲在河東蒲坂縣南。"與馬融説合。顧棟高云："今蒲州府永濟縣東南五里有蒲坂故城。"江永云："河南流至華陰曲而東流，河曲當在其間。《竹書紀年》：'秦穆公帥師送公子重耳，涉自河曲。'是也。"亦謂河曲在蒲州。沈欽韓云："《方輿紀要》：'河西經同州朝邑縣東，又南經華陰縣東北，東岸爲蒲州城西。又南過雷首山西，乃折而東，其地亦謂之河曲。'"[1]此説河曲不爲定地。然傳文叙河曲之戰，次取覊馬，下覊馬在今蒲州，則以河曲在蒲境爲合。

季孫行父帥師城諸及鄆。

〔疏證〕《公羊》"鄆"曰"運"。《地理志》："琅邪郡東莞。"師古曰："《春秋》'城諸及鄆'者。"[2]孟康曰："故鄆邑，今鄆亭是也。"《水經·沂

---

[1] 科學本注：以上一段未見於沈欽韓之《左傳地名補注》。

[2] 科學本注："師古曰"在"琅玡郡諸"下，"孟康曰"在"東莞"下。

水注》引京相璠曰："琅邪姑幕縣南四十里員亭，故魯鄆邑，世變其字，非也。"與孟康説異。杜《注》："城陽姑幕縣南有員亭。員即鄆也。"用京相璠説。沈欽韓云："非也。《郡國志》：'東莞有鄆亭。'今在團城東北四十里，猶謂之故東莞城。《山東通志》：'鄆亭城在沂水縣東北四十里。'《十三州記》云：'魯有東西二鄆。昭公所居爲西鄆，在東平。莒、魯所爭者爲東鄆，即此縣是也。'"按：沈説是也。《郡國志》與孟康説同。顧棟高亦謂此爲東鄆。

〔傳〕 十二年，春，邾伯卒，邾人立君。

〔注〕服曰："立君，改立君，不命於天子。"《御覽》一百四十六。[1]

〔疏證〕杜《注》："太子自安於外邑。"不説立君義。洪亮吉引服《注》作"改立君，不用太子也"。引《御覽》誤本，今不取。李貽德云："《周禮·典命》：'凡諸侯之適子，誓於天子。'《注》：'誓，猶命也。言誓者，明天子既命以爲之嗣，樹子不易也。'《國語·周語》：'魯武公以括與戲見王，王立戲。'《注》：'以爲太子。'今邾太子在外，而國人改立君。是既易受命之太子，則其君之立不順，故《傳》曰'邾人立君'，明國人衆立之，非命自天子也。"

太子以夫鍾與邾邦來奔。

〔注〕服云："邾邦，亦邑名也。一曰邾邦之寶圭。太子及身父[2]在而自安於夫鍾，國人以爲不順，故邾伯卒而更立君。太子以其國寶與地夫鍾來奔也。"《御覽》一百四十六。

〔疏證〕杜《注》："邾邦亦邑。"用服前一説。服云"亦邑名"者，蒙"夫鍾"言之。高士奇云："鄭穆公妾曰圭嬀，疑圭亦小國，邾并之而加邑爲邦。《左傳》繫之以邾曰成邦，所以別於秦武所伐之邦也。"江永云："邾國在兗州府鄒陽縣，二邑當近其地。"江以邾、邦爲二邑，與高説異。玩服《注》"亦邑名"，則以邾邦爲一邑，高説是也。惠士奇云："服虔以邾邦爲邾邦之家[3]寶圭，然則邦不從邑。"朱駿聲云："邾國在今山東鄒陽。《説文》'邽'下云：'隴西上邽也。'則在今甘肅秦州故戎地。《漢

---

[1] 科學本注：原稿眉批："《御覽》查，各家所引異也。"
[2] 科學本注：《太平御覽》一百四十六及李貽德《春秋左傳賈服注輯述》皆無"及身"二字。原稿先圈去"及身"後又舉出之，必有所本。
[3] 科學本注：服《注》一本有"家"字。

志》京兆又有下邽，師古曰：‘取邦戎之人而來爲此縣。’則在今陝西西安
府臨潼縣。當從後説，讀邦爲圭。”壽曾謂：服前説以郇邦爲邑，斷不指
甘肅之上邽、陝西之下邽也。朱駁非是。然服取或説郇邦爲郇國寶圭，又
申之云：“太子以其國寶與地夫鍾來奔。”則服意不以後説爲非矣。《説文》：
“圭，瑞玉也。”李貽德云：“古者器物之貴者，恒以國繫。如《顧命》稱
越玉、夷玉，《明堂位》稱崇鼎、貫鼎，《傳》稱紀甗、莒鼎，此郇圭，亦
其例也。”

公以諸侯逆之，非禮也。

〔疏證〕郇太子未爲君，不當以諸侯禮逆，《傳》意止如此。杜《注》：
“非公寵叛人。”非。

故書曰：“郇伯來奔。”不書地，尊諸侯也。

〔疏證〕不書地，謂不書夫鍾、郇邦。杜《注》：“既尊以爲诸侯，故
不復見其竊邑之罪。”

杞桓公來朝，始朝公也。

〔疏證〕本《疏》引劉炫云：“魯君新立，鄰國及時來朝，則曰‘公即
位而來見’，晚則云‘始朝公也’。諸侯自新立，來及時者，則云‘即位而
來見’，晚則云‘始見’。霸主即位，魯君往朝，則曰‘朝嗣君’。魯君新
立，往朝大國，則曰‘即位而往見’也。”按：此明《傳》釋來朝、往朝
之例，當是古説。

且請絶叔姬而無絶昏，公許之。

〔疏證〕杜《注》：“不絶昏，立其娣以爲夫人。不書來歸，未歸而
卒。”《讀本》：“成五年，又有杞叔姬來歸，是無絶昏之證。”《疏》引《釋
例》：“杞桓公以僖二十三年即位，襄六年卒，凡在位七十一年。文、成之
世，《經》書‘叔姬’二人，一人卒，一人出，皆杞桓公夫人也。”[1]

二月，叔姬卒。不言“杞”，絶也。

書“叔姬”，言非女也。

---

[1] 科學本注：原稿眉批：“啖説未妥。”按：啖叔佐説見顧炎武《左傳杜注補證》。

楚令尹大孫伯卒。成嘉爲令尹。

〔疏證〕杜《注》：“若敖曾孫，子孔。”

群舒叛楚。

〔疏證〕《世本》：“偃姓，舒庸、舒蓼、舒鳩、舒龍、舒鮑、舒龔。”《傳》稱“群舒”以此。《地理志》：“廬江郡舒。”《注》：“故國。”又“龍舒”，《注》：“應劭曰：‘群舒之邑。’”《郡國志》：“廬江郡有舒及龍舒侯國。”顧棟高云：“今江南廬州府舒城，其舒蓼、舒庸、舒鳩及宗四國約略在此兩城間。”

夏，子孔執舒子平及宗子，遂圍巢。

〔疏證〕杜《注》：“平，舒君名。宗、巢二國，群舒之屬。”《讀本》：“宗國在今舒城。”

秋，滕昭公來朝，亦始朝公也。

秦伯使西乞術來聘，且言將伐晉。

襄仲辭玉，曰：“君不忘先君之好，照臨魯國，鎮撫其社稷，重之以大器，寡君敢辭玉。”

〔疏證〕杜《注》：“不欲與秦爲好，故辭玉。”沈欽韓云：“按：《聘禮》：‘賓襲，執圭，擯者入告，出，辭玉。’《注》云：‘圭，贄之重者。辭之，亦所以致尊讓也。’《傳》言襄仲辭玉，正合禮文。杜乃以固陋之見亂之。”文淇案：沈説是也。《聘禮》：“擯者入告，出，辭玉。”鄭《注》：“擯者，上擯也。”襄仲辭玉，則襄仲爲上擯可知。彼《疏》引此《傳》而云：“彼主人無三辭者，文不具，亦當三辭。”按：《左傳》下文明云：“主人三辭。”賈《疏》誤。

對曰：“不腆敝器，不足辭也。”

〔疏證〕鄭玄《儀禮注》：“腆，善也。”杜《注》訓“腆”爲“厚”，非。敝器，對大器言之。

主人三辭。賓答曰：“寡君願傲福于周公、魯公以事君，

〔疏證〕杜《注》：“傲，要也。魯公，伯禽也。言願事君，以并蒙先君之福。”

"不腆先君之敝器，使下臣致諸執事，以爲瑞節。

〔疏證〕瑞，謂玉也。杜《注》："節，信也。出聘必告廟，故稱先君之器。"

"要結好命，所以藉寡君之命，結二國之好，是以敢致之。"

〔疏證〕聘問所以要結好命，故蒙好命析言之。杜《注》："藉，薦也。"《疏》："《聘禮》：'執圭所以致君命。'君命致，藉玉而後通。若坐之有薦席然。"

襄仲曰："不有君子，其能國乎？國無陋矣。"厚賄之。

〔疏證〕《聘禮·記》[1]："無行，則重賄反幣。"《注》："無行，謂獨來，復無所之也。必重其賄與反幣者，使者歸以得禮多爲榮，所以盈聘君之意也。反幣謂禮玉、束帛、乘皮，所以報聘君之享禮也。昔秦康公使西乞術聘于魯，辭孫而説。襄仲曰：'不有君子，其能國乎？'厚賄之。此謂重賄反幣者也。"《疏》云："秦伯使西乞術來聘。此特來，非歷聘。歷聘則吳公子札聘于上國，聘齊、聘魯是也。"詳鄭彼《注》，則襄仲厚賄西乞術，亦以無行加禮，不言反幣，文略。《吕覽·謹聽篇》："名不徒立，功不自成，國不虛存，必有賢者。"高誘《注》："惟賢者然後立名成功，而存其國。《傳》曰：'不有君子，其能國乎？'""名不徒立"四語，當是《左氏》舊説，故高氏引此《傳》證之。

秦爲令狐之役故，

〔疏證〕《七年經》："秦人、晉人戰於令狐。"《傳》："晉敗秦師於令狐。"

冬，秦伯伐晉，取羈馬。

〔注〕服云："羈馬，晉地也。"《秦本紀集解》。

〔疏證〕杜用服説。沈欽韓云："《元和志》：'羈馬故城在同州郃陽縣東北二十六里。'《寰宇記》：'在蒲州河東縣城南三十六里。'"未知孰是。《彙纂》："今蒲州南三十六里，有羈馬城，一名涉丘。"《讀本》："今永濟縣南六十里。"皆用樂史説。江永云："今按：《一統志》陝西同州郃陽縣，有羈馬城，謂秦取羈馬在此。非也。秦取晉邑，當在河東，故晉人禦之，

---

① 科學本注：原稿衍"記"字。

戰于河曲，韄馬不得在河西。《成十三年傳》云：‘俘我王官，翦我韄馬。’
蓋秦遷其民於河曲，是以澄城亦有王官，郃陽亦有韄馬耳。”按：江説是
也。《年表》：“晉靈公六年，秦取我韄馬。秦康公六年，伐晉，取韄馬。”
《秦本紀》：“康公六年，秦伐晉，取韄馬。”

晉人禦之。趙盾將中軍，荀林父佐之；

郤缺將上軍，臾駢佐之；

〔疏證〕杜《注》：“臾駢，趙盾屬大夫。”

欒盾將下軍，胥甲佐之。

〔疏證〕盾，杜《注》：“欒枝子。”甲，杜《注》：“胥臣子。”

范無恤御戎，

〔疏證〕沈欽韓云：“按：此晉君不出，而亦有御戎者，明是爲中軍之
御。七年之步招、戎津亦是中軍之御與右耳。”

以從秦師于河曲。

臾駢曰：“秦不能久，請深壘固軍以待之。”從之。

〔疏證〕本《疏》：“壘，壁也。軍營所處，築土自衛，謂之爲壘。深
者，高也。高其壘以爲軍之阻固。案：《覲禮》説‘爲壇深四尺’，鄭《注》
云：‘深，高也。’是其義也。”詳《疏》引《禮注》，證深之爲高，則
“壘，壁也”以下，疑是舊説。

秦人欲戰，

秦伯謂士會曰：

〔疏證〕《御覽》二百九十引《注》：“晉士會奔秦。”杜《注》“會”
下多“七年”二字，疑《御覽》所引爲舊注。

“若何而戰？”

對曰：“趙氏新出其屬曰臾駢[1]，必實爲此謀，將以老我師也。趙

---

[1] 科學本注：抄本鉛筆腳注：“杜《注》：‘臾駢，趙盾屬大夫。新出佐上軍。’《御覽》同。”

有側室曰穿，晉君之壻也，

〔疏證〕杜《注》："側室，支子。穿，趙夙庶孫。"《御覽》引《注》，"支"作"枝"。《疏》："《文王世子》云：'公若有出疆之政，庶子守公宫，正室守大廟。'鄭玄云：'正室，適子也。'正室是適子，知側室是支子，言在適子之側也。《世族譜》：'穿，趙夙①之孫。'則是趙盾從父昆弟之子也。盾爲正室，故謂穿爲側室。穿別爲邯鄲氏。"按：《疏》謂側室對嫡子言，是也。《趙世家索隱》引《世本》云："公明生共孟及趙夙，夙生成季衰，衰生宣孟盾。"以正《世家》"共孟生衰"之誤。《晉語注》："夙之孫趙盾從父昆弟，武子穿也。"與《世本》行輩合。杜謂"穿，趙夙庶孫"，正用韋說，則盾與穿爲從父昆弟。《疏》以穿爲盾從父昆弟之子，非②。

"有寵而弱，不在軍事，

〔疏證〕杜《注》："又未嘗涉知軍事③。"焦循云："按：在，察也，故云涉知。"

"好勇而狂，且惡臾駢之佐上軍也。

"若使輕者肆焉，其可。"

〔注〕舊注："肆，突。言使輕銳之兵，往驅突晉軍。"《環人疏》。

〔疏證〕杜《注》："肆，暫往而退也。"《御覽》引《注》，"退"上有"速"。惠棟云："《詩》云：'是伐是肆。'鄭《箋》云：'肆，犯突也。'杜謂肆爲暫往而退，此釋'輕'，非釋'肆'也。"案：《皇矣傳》："肆，疾也。"杜用毛誼。《箋》又云："《春秋傳》：'使勇而無剛者肆之。'"《疏》："《左傳》隱九年云：'使勇而無剛者，嘗寇而速去之。'文十二年《左傳》云：'若使輕者肆焉，其可。'其言皆不與此同。鄭以'輕者'與'勇而無剛'義同，故引之而遂謬也。"《疏》訂鄭謬，是也。測鄭意，當是引此年傳文，而誤合《隱九年傳》爲一。或是兼引，傳寫失之。《環人》"掌致師"《疏》引此《傳》及舊注，又引《隱九年傳》，亦其比也。舊注以肆爲突，與鄭《箋》同。惠氏、洪氏皆引爲服《注》。《禮疏》止稱注，別無所據。今不從。

---

① 林按："夙"，劉氏原稿誤作"尺"，據《左傳正義》回改。
② 科學本注：抄本鉛筆眉批："共孟一尺一武一穿 夙一衰一盾。"
③ 科學本注：抄本鉛筆旁注："弱，年少。又未嘗涉知軍之事（《御覽》）。"

秦伯以璧祈戰于河。

〔疏證〕《御覽》二百九十引《注》云：“禱河求勝也。”疑是舊注。杜《注》：“禱求勝。”删“河”字，非。

十二月，戊午，秦軍掩晉上軍。趙穿追之，不及。

〔疏證〕杜《注》：“上軍不動，趙穿獨追之。”《御覽》同①。

反，怒曰：“裹糧坐甲，固敵是求。敵至不擊，將何俟焉？”

〔疏證〕杜無注。《疏》：“甲者，所以制禦非常，臨敵則被之於身，未戰且坐之於地。”疑舊注以坐甲爲坐甲於地，《疏》説其義也。惠棟云：“《昭二十七年傳》云：‘吳王使甲坐於道。’《荀卿子》：‘庶士介而坐道。’故云坐甲。”《北周書·太祖紀》：“傳檄方鎮曰：‘裹糧坐甲，唯敵是俟。’”正用《傳》語。又《武帝紀》：“建德五年，伐齊，詔曰：‘贏糧坐甲，若赴私讐。’”

軍吏曰：“將有待也。”

〔疏證〕杜不注“軍吏”。《晉語》：“召軍吏而戒樂正。”《注》：“軍吏，主師旅。”杜《注》：“待可擊。”《御覽》同②。

穿曰：“我不知謀，將獨出。”乃以其屬出。

〔疏證〕穿之屬也。穿非軍帥，蓋其私屬。

宣子曰：“秦獲穿也，獲一卿矣。

〔疏證〕杜《注》：“僖三十三年，晉侯‘以一命命郤缺爲卿’，不在軍帥之數。然則晉自有散位從卿者。”③沈欽韓云：“以趙穿爲公壻，其貴重如卿，故以見獲爲憂。趙穿此時非卿。”按：沈説是也。

“秦以勝歸，我何以報？”乃皆出戰，交綏。

〔疏證〕杜《注》④：“《司馬法》曰：‘逐奔不遠，從綏不及。逐奔不遠

---

① 科學本注：以上三字係抄本上鉛筆增注。
② 科學本注：以上三句係抄本上鉛筆增注。
③ 科學本注：抄本鉛筆旁注《御覽》同”。
④ 科學本注：抄本鉛筆增注《御覽》同”三字。

則難誘，從綏不及則難陷。'然則古名退軍爲綏，秦、晉志未能堅戰，短兵未致爭而兩退，故曰'交綏'。"文淇案：《魏志》："曹公令曰：'《司馬法》："將軍死綏。"'"《注》引王沈《魏書》云："綏，却也。有前一尺，無却一尺。"①《疏》引魏武令，而謂"舊説綏，却也"指此。嚴蔚取以爲舊注，非也。又按：《司馬法·仁本篇》："古者，逐奔不過百步，縱綏不過三舍。"縱，即從也。《司馬法》以逐奔、從綏對言，則"綏"當訓"却"矣。俞樾云："綏與退古同聲，交綏即是交退。"沈欽韓云："《李衛公問對》：'綏者，御轡之索也。'"非古誼。《御覽》三百六十六引《注》："古名退軍爲交綏。"《晉志》——綏②。

秦行人夜戒晉師曰："兩君之士皆未憖也，明日請相見也。"

〔疏證〕洪亮吉云："《説文》：'憖，間也，謹敬也。一曰説也。一曰且也。《春秋傳》曰："兩君之士皆未憖。"'按：今本'間'誤'問'，'且'誤'甘'，從《玉篇》《廣韻》校改。哀十六年，'昊天不憖'③。杜《注》：'憖，且也。'正用《説文》，此《注》：'憖，缺也。'未知何據。余按此'憖'當與'間'同義。故《説苑》載此事云：'三軍之士皆未息。''息''間'義并通。又按：《方言》訓'憖'爲傷，與此《傳》義亦通。"壽曾案：戰事勞苦，當云未息。今甫出戰而交却，焉用息爲？李富孫云："《説苑》：'息，形近而譌也。'"洪氏以"間"訓"憖"，非。《疏》："憖者，缺之貌。今人猶謂缺爲憖也。"沈氏云："《方言》云："憖，傷。"傷即缺也。'下云'死傷未收'，則是已有死者，但未至大崩，未甚喪敗，故爲'皆未缺也。'"舊疏釋憖，亦以爲缺。杜《注》："憖，缺也。"《御覽》同（三百六十六引）④。

臾駢曰："使者目動而言肆，懼我也，

〔注〕服云："目動曰眴。"《一切經音義》引《通俗文》。

〔疏證〕杜《注》："目動，心不安。言肆，聲放失常節。"《説文》："旬，目摇也。"旬即眴。

---

① 科學本注：按：應作"寸"。

② 科學本注："《御覽》"以下三句係抄本上鉛筆增注。

③ 科學本注：《傳》文原應作"昊天不弔，不憖遺一老"。洪亮吉《左傳詁》節引，劉氏從之。

④ 科學本注："杜《注》"以下三句係抄本鉛筆增注。

"將遁矣。薄諸河，必敗之。"

〔疏證〕高誘《淮南注》："薄，迫也。"杜《注》同①。

胥甲、趙穿當軍門呼曰：

〔疏證〕《齊語》："執枹鼓立於軍門。"《注》："軍門，立旌爲門，若今牙門矣。"

"死傷未收而棄之，不惠也；不待期而薄人於險，無勇也。"乃止。

〔疏證〕不待期，謂秦請以明日戰。

秦師夜遁。復侵晉，入瑕②。

〔疏證〕洪亮吉云："《郡國志·河東郡》：'解有瑕城。'劉昭《注》：'秦侵晉及瑕，即此。'按：此陝州西南之瑕。昭《注》以爲解縣之瑕，非也。因爲秦所侵，故明年春即使詹嘉處瑕，以守桃林之塞。桃林及瑕皆屬漢弘農縣地。"按：洪説非也。《郡國志》釋"瑕"是。杜《注》謂此瑕在河東猗氏，亦非。詳僖三十年焦、瑕《疏證》。按：《年表》："晉靈公六年，與秦戰河曲，秦師遁。秦康公六年，晉怒，與我大戰河曲，遁。"皆與《傳》合《秦世家》③："秦伐晉，戰於河曲，大敗晉軍。"則史公駁文也。《晉世家》："大戰河曲，趙穿最有功。"

城諸及鄆。書，時也。

〔疏證〕《穀梁》："成九年，城中城。"《疏》："舊解以爲有難而修城，則是譏之者。若文十二年，季孫行父城諸及鄆是也。此涉《左氏》之説。"

〔經〕 十有三年，春，王正月。

夏，五月，壬午，陳侯朔卒。

〔疏證〕《穀梁疏》："《世本》是陳共公也。"《陳杞世家》："陳共公

---

① 科學本注：此句係抄本上鉛筆增注。
② 科學本注：原稿眉批："查，僖公三十年有焦、瑕。"
③ 林按："世家"當作"本紀"。

朔立，十八年卒。子靈公平國立。”

邾子蘧蒢卒。

〔疏證〕《公羊》“邾”曰“邾婁”。《公》《穀》“蘧蒢”曰“籧篨”。李富孫云：“案：《説文》云：‘籧篨，粗竹席也。’草部蘧、蒢爲二物，是經文當從竹。從草，隸體通。”杜《注》：“未同盟而赴以名。”《疏》：“蘧蒢，邾子瑣之子也。僖元年與魯同盟於犖。而云‘未同盟’，蓋據文公爲言。劉炫以犖盟規之，非也。”案：《傳例》同盟則訃以名，先君同盟，例無區別，杜説非。

自正月不雨，至于秋七月。

〔疏證〕《五行志》：“先是費①伯、杞伯、滕子來朝，郕伯來奔，秦伯使遂來聘，季孫行父城諸及鄆。二年之間，五國趨之。内城二邑，炕陽失衆。一曰不雨，而五穀皆熟，異也。文公時，大夫始顓盟會，公孫敖會晉侯，又會諸侯盟于垂隴，故不雨而生者，陰不出氣而私自行，以象施不由上出，臣下作福而私自成。一曰不雨，近常陰之罰，君弱也。”按：此《經》《公》《穀》無《傳》。《公羊解詁》“公子遂所致”，與《志》“大夫始顓盟”意同，則《志》兼《公羊》説。然《二年經》書“自十二月不雨，至于秋七月”，《志》：“以爲上得天子，下得諸侯，沛然自大。大夫始顓事。”與説此《經》略同。則大夫顓盟之説，《左氏》説與《公羊》同也。

大室屋壞。

〔注〕賈、服等皆以爲大廟之室也。本《疏》。服云：“太室，太廟之上屋也。”《北史·牛弘傳》。

〔疏證〕《公羊》“大室”曰“世室”。杜《注》：“太廟之室。”用賈、服説。《明堂位》：“以禘禮祀周公於太廟。”《注》：“周公曰太廟，魯公曰世室，羣公稱宮。”《疏》：“此《公羊》文。《十三年傳》曰：‘周公稱太廟，魯公稱世室，羣公稱宮。此魯公之廟也，曷爲謂之世室？世室，猶世世不毁也。’《左氏》經以爲太室屋壞，服氏云：‘太廟之室。’與《公羊》及鄭違，今所不取。”是謂鄭從《公羊》説也。然玩鄭引《公羊》，止明太廟、世室之别，未説此《經》之太室。《魯頌疏》：“文十三年，‘太室

---

① 科學本注：《五行志》作“曹”。

屋壞'。《傳》云：'書，不恭也。'《公羊》《穀梁》皆以太廟爲世室，謂伯禽之廟。服、杜皆以爲太廟之室。鄭無所説，蓋與《左氏》義同。"可知，鄭於此《經》之大室同賈、服説矣。服以大室爲太廟上屋，視賈爲詳。《月令》："天子居太廟太室。"《注》："大廟大室，中央室也。"《五行志》説此事云："太廟①，中央曰太室，屋其上曰重屋，尊高者也。"與鄭説合。其言"屋其上曰重屋"，即服所謂"上屋"矣。杜不用服"上屋"之説。《疏》云："此周公之廟壞也。不直言大廟壞，而云'太室屋壞'者，太廟之制，其簷四阿，而下當其室中，又拔出爲重屋。《明堂位》云：'大廟，天子明堂，復廟重簷，天子之廟飾。'鄭云：'復廟，重屋也。'是天子之廟上爲重屋。此是大廟當中之室，其上之屋壞，非太廟全壞也。"正説服氏上屋之制。《五行志》又云："象魯自是凌夷，將墮周公之祀也。"二《傳》以爲魯公世室，則《志》所稱爲古《左氏》説。

冬，公如晉。衛侯會公于沓。

〔疏證〕《公羊》"會"下無"公"。杜《注》："沓地闕。"

狄侵衛。無《傳》。

十有二月，己丑，公及晉侯盟。

〔疏證〕杜《注》："十二月無己丑。己丑，十一月十一日。"貴曾曰②

公還自晉，鄭伯會公于棐。

〔疏證〕《公》《穀》"還"上亦無"公"。《公羊》"棐"曰"斐"。臧壽恭云："棐、斐皆從非聲，故可通假。"洪亮吉云："《郡國志》：'河南菀陵縣有棐林。'劉昭《注》：'《左傳》宣元年，諸侯會于棐林。'杜預曰：'縣東有林鄉。'據此，則棐即棐林，或菀縣更有棐鄉矣。"沈欽韓云："《水經注》：'華水東逕棐城北，即北林亭也。'"與洪説合。《彙纂》："今開封府新鄭縣東二十里林鄉城是也。"

〔傳〕 十三年，春，晉侯使詹嘉處瑕，以守桃林之塞。

〔注〕舊注："桃林在靈寶縣。"《御覽》一百五十八。

---

① 科學本注：查《五行志》原文，"太廟"上脱"前堂曰"三字。
② 科學本注：以下原稿闕文。

〔疏證〕杜《注》："詹嘉，晉大夫。賜其瑕邑，令帥衆守桃林以備秦。桃林在弘農華陰縣東潼關。"杜於此《傳》不言瑕所在。顧炎武云："《水經·河水》：'又東逕湖縣故城北。'《注》云：'《晉書·地道記》《太康記》并言胡縣。漢武帝改作湖，其北有林焉，名曰桃林。'古瑕、胡二字通用。瑕轉爲胡，又改爲湖，今爲閿①鄉縣治。瑕邑即桃林之塞，而道元以爲郇瑕之地，誤矣。"顧氏以瑕在弘農，乃就杜說引申之。其謂湖、瑕同音，已爲江氏永所駁，見僖三十年焦、瑕《疏證》。顧氏之誤在從杜《注》"瑕在河外五城之一"，其謂瑕非郇瑕則是也。沈欽韓云："《續志》：'河東解縣有瑕城。'劉昭引前年'入瑕'傳，又於猗氏縣下引此年'詹嘉處瑕'傳，云：'在縣東北。'皆非也。《水經注》：'河水又東，菑水注之。西北逕曲沃縣城南。《春秋》文公十三年，晉侯使詹嘉守桃林之塞，處此以備秦。時以曲沃之官守之，故曲沃之名遂爲積古之傳。'按：《僖三十年傳》焦、瑕，杜預亦云'河外五城之二邑'。《史記·魏世家》：'襄王五年，秦圍我焦、曲沃。'《汲郡紀年》：'惠王後六年，秦歸我焦、曲沃。'《傳》以焦、瑕孿稱，而後此以焦、曲沃孿稱，則曲沃即瑕之變名，皆在弘農陝縣，于晉爲河外。而解與猗氏之瑕非秦所侵及，詹嘉所處明矣。杜預注此，橫分瑕與桃林爲二處，顯然背《傳》。苟令賜采邑於晉，《傳》又何云處瑕乎？"按：沈氏亦誤於杜《注》"瑕在河外"之說，故於《郡國志》說與京相璠說合者，目爲不然。其謂瑕即曲沃，前人亦無言者。謂焦、瑕、曲沃三者孿稱，目爲一地，尤非。焦自河外五城之一，不與瑕同地也。杜以瑕爲河外之城，故以桃林在華陰。考《元和志》："桃林塞自陝州靈寶縣以西至潼關皆是也。"《地理通釋》云："自潼關至函谷關，歷陝、華之地，俱謂之桃林塞。今陝西華陰縣以東，河南靈寶以西，皆是也。"則桃林之地甚廣。《郡國志》："弘農郡弘農有桃丘聚，故桃林。"《御覽》所引《注》謂在靈寶，與顧氏所引《地道記》在閿鄉，皆就一隅言之。顧棟高云："桃林今在河南陝州靈寶縣南十一里，即秦函谷關也。"江永云："今按：桃林即武王放牛之處，閿鄉今屬河南陝州。"壽曾謂：瑕在今蒲州，則桃林當在閿鄉。詹嘉所守，不必桃林全境也。

晉人患秦之用士會也，夏，六卿相見於諸浮。

〔疏證〕杜《注》："諸浮，晉地。"今地闕。《晉世家》："晉六卿患隨

---

① 科學本注：閿，今俗作"閡"。

會之在秦，常爲晉亂。”《秦本紀》：“晉人患隨會在秦爲亂。”

趙宣子曰：“隨會在秦，賈季在狄，難日至矣，若之何？”

〔疏證〕《六年經》：“狐射姑出奔狄。”

中行桓子曰：“請復賈季，

〔疏證〕杜《注》：“中行桓子，荀林父也。”

“能外事，且由舊勳。”

〔疏證〕杜《注》：“有狐偃之舊勳。”《疏》：“賈季是狐突之孫，狐偃之子。本是狄人，能知外竟之事。”

郤成子曰：“賈季亂，且罪大，

〔疏證〕杜《注》：“殺陽處父故。”

“不如隨會，能賤而有恥，

〔注〕服云：“謂能處賤，且又知恥，言不可汙辱。”本《疏》。

〔疏證〕邵寶云：“‘能’字句絕。能，言才也。”顧炎武云：“按：‘能’字仍當屬下句。能賤，猶云爲貴當可使復賤也。”沈欽韓云：“按：《後漢書·馬援傳》曰：‘凡人爲貴，當使可賤。’”皆與服《注》合。俞樾云：“能與耐古字通。《漢書·食貨志》：‘能風與旱。’《晁錯傳》：‘其性能寒。’師古《注》并曰：‘能，讀曰耐。’是也。能賤，猶曰耐賤。”李貽德云：“《廣雅·釋詁》：‘辱，污也。’二字轉相訓。”

“柔而不犯，

〔疏證〕杜《注》：“不可犯以不義。”

“其知足使也，且無罪。”

乃使魏壽餘偽以魏叛者，以誘士會，

〔注〕服云：“魏壽餘，晉之魏邑大夫。”《秦本紀集解》。

〔疏證〕杜《注》：“魏壽餘，畢萬之後。”李貽德云：“《詩·魏譜》：‘魏在《禹貢》冀州。’彼《疏》云：‘魏國西接於秦，北隣於晉。’故壽餘以魏叛入秦，於秦易信。”《晉世家》：“乃詳令魏壽餘反晉降秦。”《秦本紀》：“晉乃使魏讐餘詳反，合謀會。”壽、讐異文。

執其帑於晉，使夜逸。

〔疏證〕杜《注》：“帑，壽餘子。”洪亮吉云：“趙岐《孟子注》：‘帑，妻、子也。’韋昭《國語注》：‘妻、子曰帑。’則此執其帑，當亦兼妻、子而言。杜《注》止云‘壽餘子’，恐鑿。觀下《傳》士會云‘妻、子爲戮’，而秦伯即云‘所不歸爾帑’，是帑兼妻、子之一證。”按：洪説是也。

請自歸于秦，秦伯許之。

〔疏證〕杜《注》：“許受其邑。”

履士會之足於朝。

〔疏證〕杜《注》：“欲使行。”

秦伯師於河西，

〔疏證〕顧棟高云：“河西在今陝西同州府及華州境。秦初起岐、雍，未能以河爲界。晉强，跨河而滅西虢，兼舊鄭，以汾、澮爲河東，故以華陰爲河西。至僖九年，秦穆公援立夷吾。夷吾請割河外列城五，東盡虢略。河外即河之西。逮背約不與，而戰韓見獲。僖十五年，秦歸晉侯，始征晉河東，而河外五城不必言矣。十七年，晉太子圉爲質於秦，秦復歸晉河東，而河西五城大抵終爲秦有。秦孝公初立，下令曰：‘穆公東平晉亂，以河爲界。’此其證也。”

魏人在東。

〔疏證〕《讀本》：“魏在河東，今芮城縣。”

壽餘曰：“請東人之能與夫二三有司言者，吾與之先。”

〔疏證〕秦在晉西，故晉稱其國之人曰“東人”。《讀本》：“謂晉舊人爲河東人所信者。”

使士會。士會辭曰：“晉人，虎狼也。若背其言，臣死，妻、子爲戮，無益於君。不可悔也。”

秦伯曰：“若背其言，所不歸爾帑者，有如河！”

乃行。

〔疏證〕《晉世家》："秦使隨會之魏。"《漢書·司馬遷傳》："晉中軍隨會犇魏，而司馬氏入少梁。"《注》："如淳曰：'《左氏傳》晉僞使魏壽餘誘士會于秦，噪而還時也。'師古曰：'據《春秋》，隨會犇秦，其後自秦入魏而還晉。今此云隨會犇魏，司馬氏因入少梁，則似謂自晉出犇魏耳。但魏國在獻公時已滅爲邑，封畢萬矣。既非別國，不得言犇，未詳遷之所説。'"按：士會由魏歸晉，故史公以犇魏爲言。魏雖爲邑，其名自存，特言犇，則史公之駁文耳。

繞朝贈之以策，

〔注〕服云："繞朝以策書贈士會。"本《疏》。

〔疏證〕杜《注》："繞朝，秦大夫。策，馬撾。臨別授之以馬撾，并示己所策以展其情。"《疏》引服説，駁之云："杜不然者，壽餘請訖，士會即行，不暇書策爲辭，且事既密，不宜以簡贈人。《傳》稱'以書相與'，皆云'與書'。此獨不宜云'贈之以策'，知是馬撾。撾，杖也。"案：杜既説策爲馬撾，蓋不從服説。又云："并示己所策以展其情。"雖是探下爲言，然云"示己所策"，又若兼取服説，"所策"二字又不詞也。惠棟云："劉勰曰：'春秋聘繁，書介彌盛，繞朝贈士會以策，子家與趙宣以書。'蓋用服説。《韓非子》曰：'繞朝之言當矣。其爲聖人於晉，而爲戮於秦也，此不可不察。'是繞朝因贈策之言而戮也。《左氏》不載，似韓非據秦史而言。"惠引劉勰語見《文心雕龍·□□篇》[1]，引韓非見《説難[2]篇》。劉以贈策與書并稱，可破本《疏》之惑矣。《魯語》："臧文仲聞柳下季之言，使書之以爲三筴。"韋《注》："筴，簡書。三筴，三卿卿一通。"沈欽韓謂："三筴，古誥戒之辭。《荀子·大略篇》：'天子即位，上卿授一策，中卿授二策，下卿授三策。'此繞朝所贈，即下文二語戒厲之辭。秦人不察，以爲繞朝輸情於士會，故被戮。"如沈氏説，則策猶筴也。繞朝被戮，亦用《韓非》説。古人贈言，慮其遺忘，故書於筴。秦納魏邑亦大事。壽餘之來請，秦之議遣士會，士會之行必非一日中可竟，繞朝請留士會而不得，乃書策以詔之，何不暇書策之有？《疏》駁皆非。李貽德云："所贈之策，當即留會之言。"可備一説。

---

[1] 科學本注：按：應是《書記篇》。

[2] 科學本注：劉氏原稿從沈欽韓《左氏傳補注》作"説疑"，改之。

曰：“子無謂秦無人，吾謀適不用也。”

〔注〕舊注：“以有策而不用也。”《白帖》。

〔疏證〕此舊注與服《注》意相承。傅遜云：“蓋繞朝曾言於秦伯，請留之。”

既濟，魏人噪而還。

〔疏證〕《五行志注》：“群呼曰噪。”《年表》：“晉靈公七年，得隨會。秦康公七年，晉詐，得隨會。”《晉世家》：“因執會以歸晉。”《秦本紀》：“詐而得會，會遂歸晉。”

秦人歸其帑。

其處者爲劉氏。

〔疏證〕此《傳》賈、服説佚。杜《注》：“士會，堯後，劉累之胤。別族復累之姓。”案：《後漢書·賈逵傳》：“逵奏云：‘《五經》家皆無證圖讖明劉氏爲堯後者。而《左氏傳》有明文。’”則杜《注》所舉士會堯後，蓋取賈説。杜從賈説。杜於傳文無疑詞。范蔚宗《逵傳贊》言：“逵能附會文致，最差貴顯。”《疏》承范説，因云：“士會之帑在秦不顯。《傳》説處秦者爲劉氏，未知何意言此。討尋上下，其文不類，深疑此句或非本旨。蓋以爲漢室初興，捐棄古學，《左氏》不顯於世，先儒無以自申，劉氏從秦從魏，其源本於劉累，插注此辭，將以媚於世。”下引賈逵《疏》語，又云：“竊謂前世籍此以求道通，故後引之以爲證耳。”則頗疑此語爲賈君所加矣。洪亮吉云：“今考《左傳》襄二十四年、昭二十九年士匄之語叔孫、蔡墨之對獻子，其言范氏爲陶唐氏之後、劉累之裔，固已甚明，不必藉此語爲之佐證也。則疑賈氏增益傳文者，蓋習而不察耳。”按：洪説是也。《漢書·高祖贊》：“劉向云戰國時劉氏自秦獲于魏。秦滅魏，遷大梁，都於豐，故周市説雍齒曰：‘豐，故梁徙也。’是以頌高祖云：‘漢帝本系，出自唐帝。降及于周，在秦作劉。涉魏而東，遂爲豐公。’豐公，蓋太上皇父。其遷日淺，墳墓在豐鮮焉。及高祖即位，置祠祀官，則有秦、晉、梁、荆之巫，世祠天地，綴之以祀，豈不信哉？”《注》：“文穎曰：‘巫，掌神之位次者也。范氏世仕於晉，故祠祀有晉巫。范會支庶留秦爲劉氏，故有秦巫。劉氏隨魏都大梁，故有梁巫。後徙豐，豐屬荆，故有荆巫也。’”班氏引劉向頌語“在秦作劉”，皆與傳文合。祠祀官有晉、秦巫，又是漢初之制，則此語非賈氏所增，明甚。又《序傳》：“班彪《王命論》：

'是故劉氏承堯之祚，氏族之世著乎《春秋》。'"《注》："師古曰：'謂士會歸晉，其處者爲劉氏。'"彪爲固父，賈君與固同時。彪之年輩，在賈君先，其説亦與《傳》符。《疏》駁皆非。班書《高祖贊》亦云："魯文公世奔秦，後歸于晉，其處者爲劉氏。"正用此《傳》語。惠士奇云："處者爲留，謂留於秦者，遂以爲氏。漢人改爲劉，以合卯金刀之説。"則以此句傳文所有，漢人但易字也。《公羊傳》："鄭國處於留。"《地理志》以河南郡緱氏劉聚爲周大夫劉子邑。惠氏移以説此《傳》，非也。沈欽韓云："此句乃錯簡，當在《襄二十四年傳》范宣子曰'在周爲唐杜氏'下。"按：其處者承歸帑言，必非錯簡，沈説亦非。

邾文公卜遷于繹。

〔疏證〕《地理志》："高密①國驥。"《注》："故邾國，曹姓，二十九世爲楚所滅。嶧山在北。"應劭曰："邾文公卜遷於嶧者也。"應氏引《傳》作"嶧"。洪亮吉云："繹、嶧字同。京相璠曰：'嶧山在鄒縣北，繹邑之所依爲名也。'"洪引京相説見《水經·泗水注》。沈欽韓云："《山東通志》：'邾城在兗州府鄒縣東南二十五里，邾文公所遷，城周二十餘里，在嶧山之陽，俗譌爲紀王城。'"本《疏》："邾既遷都於此，竟內別有繹邑。宣十年，'公孫歸父帥師伐邾，取繹'，取彼之別邑也。"

史曰："利於民而不利於君。"

〔疏證〕本《疏》："史明卜筮，知國遷君必死。"

邾子曰："苟利於民，孤之利也。天生民而樹②之君，以利之也。民既利矣，孤必與焉。"

左右曰："命可長也，君何弗爲？"

邾子曰："命在養民。死之短長，時也。民苟利矣，遷也，吉莫如之！"

遂遷于繹。

五月，邾文公卒。君子曰："知命。"

---

① 科學本注：《地理志》作"魯"。

② 科學本注：原稿眉批："樹詁。"擬而未作。

〔疏證〕《後漢書·崔駰傳》：“祖篆爲建新大尹，所至之縣，獄犴填滿。遂平理，所出二千餘人。掾吏叩頭諫，篆曰：‘邾文公不以一人易其身，君子謂之知命。如殺一大尹，贖二千人，蓋所願也。’”按：“身”疑作“民”，此古説也。《北魏書·陽固傳》：“著《演賾賦》：‘文遷繹而身徂兮，景守節而災移。’”

秋，七月，大室之屋壞。書，不共也。

〔疏證〕杜《注》：“書以見臣子不共。”據《五行志》將隳周公之祀説，則此不共，責魯君也。

冬，公如晉，朝，且尋盟。

〔疏證〕《讀本》：“尋盟者，尋八年衡雍之盟。”

衛侯會公于沓，請平于晉。公還，鄭伯會公于棐，亦請平于晉。公皆成之。

〔疏證〕《讀本》：“公之成鄭，蓋在明年六月。《傳》終言之也。”案：成衛亦是明年六月事，即新城之盟也。

鄭伯與公宴于棐，

子家賦《鴻雁》。

〔疏證〕杜《注》：“子家，鄭大夫，公子歸生也。”案：《傳》之稱賦《詩》某篇，皆指首章也。《小雅·鴻雁》首章：“之子于征，劬勞于野。爰及矜人，哀此鰥寡。”《傳》：“之子，侯伯卿士也。劬勞，病苦也。矜，憐也。老無妻曰鰥，偏喪曰寡。”故杜云：“義取侯、伯哀恤鰥寡，有征行之勞。言鄭國寡弱，欲使魯侯還晉恤之。”全據毛義，故不謂賦指首章，《疏》引首章説之，亦未明《傳》稱賦《詩》例也。

季文子曰：“寡君未免於此。”

文子賦《四月》。

〔疏證〕《小雅·四月》首章云：“四月維夏，六月徂暑。先祖匪人，胡寧忍予？”杜《注》：“義取行役踰時，思歸祭祀，不欲爲還晉。”杜之所言，《傳》《箋》所不具，《序》亦不謂《四月》爲行役思祭詩。惟《詩疏》云：“此篇毛《傳》其義不明。王肅之説，自云述毛，於‘六月徂暑’

之下《注》云：‘詩人以夏四月行役，至六月暑往，未得反，已闕一時之祭，後當復闕二時也。’‘先祖匪人’之下又云：‘征役過時，曠廢其祭祀，我先祖獨非人乎？王者何爲忍不憂恤我，使我不得修子道？’”則杜用王肅説。沈欽韓云：“按：《王制》云：‘諸侯礿則不禘，禘則不嘗，嘗則不烝，烝則不礿。’《注》云：‘虞夏之制，諸侯歲朝，闕一時祭。’”沈乃申王肅“闕一時祭”之説。若然，則朝事闕祭，禮之所許。文公已朝晉而返，再往而缺祭，則非禮，故季文子據禮辭之也。陳奐《毛詩傳疏》云：“王説雖未得毛恉，然其言行役未嘗無據。徐幹《中論・譴交篇》以《四月》爲行役過時，刺怨而作。徐偉長爲漢靈帝末年人，其解《傳》已與王子雍合。文十三年《左傳》：‘文子賦《四月》。’或是取下國搆禍，望晉安集之意。杜預《注》用王子雍説。《序》云：‘搆禍怨亂。’歎行役亦在其中，此非《毛詩》序傳之正解，而義適足以兼晐爾。”按：陳説是也。以下文《載馳》服《注》證之，則先儒釋《傳》，每用三家《詩》，行役思祭當是三家《詩》説。

子家賦《載馳》之四章。

〔注〕服云：“《載馳》五章，屬《鄘風》。許夫人閔衛滅，戴公失國，欲馳驅而唁之，故作以自痛國小，力不能救。在禮，婦人父母既没，不得寧兄弟，于是許人不嘉，故賦二章以喻思不遠也。‘許人尤之’，遂賦三章。以卒章非許人不聽，遂賦四章，言我遂往，‘無我有尤’也。”《載馳疏》。

〔疏證〕杜《注》：“《載馳》，《詩・鄘風》。四章以下，義取小國有急，欲引大國以救助。”《疏》：“此義取小國有急，控告大國。文在五章，而《傳》言四章，故云‘四章以下’，言其并賦五章。”杜蓋不用服説。《載馳疏》亦云：“作、賦一也，以作詩所以鋪陳其志，故作詩名曰賦。《左傳》曰：‘許穆夫人賦《載弛》’也。此實五章，故《左傳》叔孫豹、鄭子家賦《載馳》之四章，四猶未卒，明其五也。然彼賦《載馳》，義取控於大國。今‘控於大邦’乃在卒章。言賦四章者，杜預云：‘并賦四章以下。賦詩雖意有所主，欲爲首引之勢，并上章而賦之也。’”下引《左傳》服虔《注》，又云：“服氏既云《載馳》之五章，下歷説惟有四章者，服虔以《傳》稱四章，義取控于大國，此卒章乃是《傳》之所謂四章也，因以差次章數以當之。首章論歸唁之事，總其所思之意。下四章爲許人所尤而作之，置首章於外，以下別數爲四章也。言許大夫不嘉，故賦二章，謂除首章，而更有二章，即此二章、三章是也。凡詩之作，首尾接連，未有除去首章，更爲次第者也。服氏此言，無所按據。正以《傳》有四章之言，故爲此釋，不如杜氏并賦之説也。”《詩疏》又駁服説，而申杜説。

文淇案：服氏章次，蓋據三家《詩》，本作《載馳》四章，屬《鄘風》，故爲此辭。後人見《毛詩》五章，故改爲五，謂服氏除去首章，殊失服意。《都人士》：“行歸于周，万民所望。”《疏》云：“襄十四年《左傳》引此二句。服虔曰：‘逸《詩》也。’《都人士》首章有之。《禮記注》亦言：‘毛氏有之，三家則亡。’今《韓詩》實無此首章。時三家列于學官，《毛詩》不得立，故服以爲逸。”是知服注《左傳》，必不用毛本矣。壽曾謂：《傳》之稱賦《詩》某章，皆一定之辭。杜謂“四章以下”，顯與《傳》異，其謬誤不待辨。大父以服氏章句用三家《詩》，《注》稱五章爲後人所改，則唐以來無人指出。今以服《注》覈之，首章章句與毛同，其云“許人不嘉，故賦二章以喻思不遠”，則合毛之二章、三章爲第二章。下云：“‘許人尤之’，遂賦三章。以卒章非許人不聽，遂賦四章。”卒章即四章矣。李貽德云：“卒章無許人不聽意，非許人不聽，即三章‘許人尤之，衆穉且狂’，‘卒’當爲‘三’字之誤也。”李説甚審。則服之三章，即毛之四章也。毛之五章云：“我行其野，芃芃其麥。控於大邦，誰因誰極？大夫君子，無我有尤。”則採“大夫君子”四句中之一句。此即子家所賦之四章也。杜《注》：“小國有急，控告大國。”爲説止得所賦之半。“大夫君子”，斥晉之諸臣，謂無尤過我君之謂。服意當如此。知服用三家《詩》，則不必以與毛乖異爲疑。陳奐《詩疏》用服《注》以改毛章句，甚非。且謂服氏章次亦是五章，謂服注四章、五章錯綜言之，尤非也。

文子賦《采薇》之四章。

〔疏證〕《小雅·采薇》之四章云：“彼爾維何？維常之華。彼路斯何？君子之車。戎車既駕，四牡業業。豈敢定居？一月三捷。”杜《注》：“取其‘豈敢定居？一月三捷’。許爲鄭還，不敢安居。”按：《傳》：“捷，勝也。”《箋》：“定，止也。將帥之志，往至所征之地，不敢止而居處自安也。”文子賦《詩》取此。

鄭伯拜，公答拜。

〔經〕 十有四年，春，王正月，公至自晉。

邾人伐我南鄙，叔彭生帥師伐邾。

〔疏證〕《公羊》“邾”曰“邾婁”。《讀本》云：“叔仲彭生也，《經》書叔彭生，蓋文闕。”

夏，五月，乙亥，齊侯潘卒。

〔疏證〕杜《注》：“乙亥，四月二十九日。書‘五月’，從赴。”貴曾曰

《年表》：“齊昭公二十年卒。”《齊世家》：“昭公十九年五月卒。”視《年表》差一年。《年表》與《經》合。

六月，公會宋公、陳侯、衛侯、鄭伯、許男、曹伯、晉趙盾。癸酉，同盟于新城。

〔疏證〕《郡國志》：“梁國穀熟有新城。”杜《注》同。沈欽韓云：“《水經注》：‘睢水又逕新城北，即宋之新城亭也。’《方輿紀要》：‘新城在歸德府城南。’”

秋，七月，有星孛入于北斗。

〔注〕劉歆以爲北斗有環域，四星入其中也。斗，天之三辰，綱紀星也。宋、齊、晉，天子方伯，中國綱紀。孛，所以除舊布新也。斗七星，故曰不出七年。至十六年，宋人弑昭公；十八年，齊人弑懿公；宣公二年，晉趙穿弑靈公。《五行志》

〔疏證〕杜《注》：“孛，彗也。既見而移入北斗。”顧炎武云：“非也。‘有’者，非常之辭。”按：《公羊傳》：“孛者何？彗星也。”歆以此《傳》“孛”爲“彗”，同《公羊》說。《年表》：“魯文公十四年，彗星入北斗。”亦以“孛”爲“彗”。杜用歆說。《釋天》：“彗星爲欃槍。”郭《注》：“妖星也。亦謂之孛，言其形孛。孛，似掃彗也。”則孛、彗異名同實。《晉書‧天文志》：“妖星一曰彗星。二曰孛星，彗之屬也。偏指曰彗，芒氣四出曰孛。”謂孛、彗微別也。歆說北斗有環域，用《穀梁》說。環域，猶言圍繞之界。《天官書》：“北斗七星，所謂‘旋、璣、玉、衡，以齊七政’。”《索隱》：“案：《春秋運斗樞》云：‘斗，第一天樞，第二旋，第三璣，第四權，第五衡，第六開陽，第七搖光。第一至第四爲魁，第五至第七爲標，合而爲斗’。徐整《長曆》云：‘北斗七星，星間相去九千里。其二陰星不見者，相去八千里也。’”如緯書、《長曆》說，則北斗之環域廣矣。《石氏星經》不列孛星，惟“文昌星”條有“若彗、孛流星入之”一語。《天官書》於歲星下云：“其失次舍以下，進而東北，三月生天棓，長四丈，末兌。進

而東南，三月生彗星，長二丈，類彗。退而西北，三月生天欃[①]，長數丈，兩頭兑。謹視其所見之國，不可舉事用兵。"《漢書·天文志》："歲星贏而東南，《石氏》'見彗星'，《甘氏》'不出三月乃生彗，本類星，末類彗，長二丈'。贏東北，《石氏》'見覺星'，《甘氏》'不出三月乃生天棓，本類星，末鋭，長四尺'。縮西南，《石氏》'見欃雲，如牛'，《甘氏》'不出三月，乃生天槍，左右鋭，長數丈'。縮西北，《石氏》'見槍雲，如馬'，《甘氏》'不出三月乃生天欃，本類星，末鋭，長數丈'。《石氏》'槍、欃、棓、彗異狀，其殃一也'。"《漢書》説歲星之數，與《史記》異。《史記索隱》："案：《天文志》：'此皆《甘氏星經》文。而《志》又兼載《石氏》，此不取石氏。'"[②]按：以《史》《漢》互校，甘、石之異同顯然，則今本《星經》孛星一條已佚。歆謂四星入其中，則孛四星，當是采《石氏經》也。《石氏經》云："天棓去北辰二十八度。"《唐書·□□[③]志》："李淳風算孛星行度謂此星在角，由枓入斗。是月自北而入，晉居北，齊、宋居晉之東，故三國當之。"《昭十七年傳》："申須曰：'彗，所以除舊布新也。'"歆用申須説。自本年至宣公三年，共八年，歆以近驗在十六年，故引叔服不出七年之説。

公至自會。 無《傳》。

晉人納捷菑于邾，弗克納。

〔疏證〕《公羊》"捷菑"曰"接菑"。《疏》："捷菑不言'邾'者，下有'于邾'之文。莊公伐齊納子糾，不言'齊'者，與此同也。"又引劉炫云："已去邾國，又非邾君，故不稱邾捷菑也。得國爲君，皆舉國言之。'齊小白入於齊'是也。"如炫説，則《經》不書邾，以捷菑已去邾，不關有"于邾"之文。子糾未成君，故不繫齊，亦不關有伐齊之文。

九月，甲申，公孫敖卒于齊。

齊公子商人弑其君舍。

---

① 林按：底本約引原文，無"長四丈，末兑。退而西南，三月生天槍"十四字，據《天官書》及科學本增補。

② 科學本注：《天官志索隱》原作"此皆不取。左氏名申，甘氏名德"。劉氏脱"皆"字，引止石氏亦不當。

③ 科學本注：原稿闕文。

〔疏證〕《年表》：“齊昭公二十年卒。弟商人殺太子①自立，是爲懿公。”杜《注》：“舍未踰年而稱君。先君既葬，舍已即位。”《疏》：“《公羊》之例，既葬稱‘子’，踰年稱‘公’。《左氏》則不然。僖九年九月，‘晉侯佹諸卒，冬，里克殺其君之子奚齊’。《傳》曰：‘書曰“殺其君之子”，未葬也。荀息立公子卓以葬。十一月，里克殺公子卓于朝。’《經》書‘里克殺其君卓’。是未葬稱‘子’，既葬稱‘君’，不待踰年始稱君也。杜以成君在於既葬，不以踰年爲限。此言‘未踰年’者，意在排舊説也。”玩《疏》説，則舊説容謂踰年乃稱君，其義無考。《公羊》未踰年以“成死而賤生”爲義。《穀梁》亦謂“重商人之弑”，似非舊説所據。

宋子哀來奔。

冬，單伯如齊。

〔疏證〕杜《注》：“單伯，周卿士。”

齊人執單伯。

齊人執子叔姬。

〔注〕服云：“子殺身執，閔之，故言‘子’，爲在室辭。”本《疏》。

〔疏證〕杜《注》：“叔姬，魯女，齊侯舍之母。”據《傳》爲説。又云：“不稱夫人，自魯録之，父母辭。”蓋用服義。本《疏》：“亦不知是何公之女，魯是其父母家，不言文公是其父。”下引服《注》，釋之云：“十二年‘子叔姬卒’，已被杞絶，是并在室也。”《疏》蓋以杞叔姬之書子爲例。

〔傳〕 十四年，春，頃王崩。周公閲與王孫蘇爭政，故不赴。

〔疏證〕《年表》：“周頃王六年崩。公卿爭政，故不赴。”《周本紀》：“頃王六年崩，子匡王班立。”

凡崩、薨，不赴，則不書；禍、福，不告，亦不書。懲不敬也。

〔疏證〕此赴告例也。杜《注》：“奔、亡，禍也。歸、復，福也。”杜説禍福，以出奔、來歸爲言。按：《檀弓》：“赴車不載櫜韔。”《注》：“兵

---

① 科學本注：原稿眉批：“《齊世家》：‘商人殺舍於墓上。’”

不戩，示當報也。以告喪之辭言之，謂還告于國。”《疏》：“案：《春秋左氏傳》，禍福稱‘告’，崩薨稱‘赴’，今軍敗應稱‘告’而稱‘赴’，故云‘以告喪之辭言之’。”如鄭説，則軍敗爲禍，戰勝爲福，與杜異。

邾文公之卒也，

公使弔焉，不敬。邾人來討，伐我南鄙，故惠伯伐邾。

子叔姬妃齊昭公，生舍。叔姬無寵，舍無威。

〔疏證〕《釋文》：“妃，本亦作‘配’。”李富孫云：“妃，正字；配，通假文。”《齊世家》：“舍之母無寵於昭公，國人莫畏。”顧炎武云：“案：《僖二十七年經》書‘齊侯昭卒’。今此昭公，即孝公之弟，不當以先君之名爲謚。而《經》不書葬，無可考正，疑《左氏》之誤。然《僖公十七年傳》曰：‘葛嬴生昭公。’前後文同，先儒無致疑者。”

公子商人驟施于國，而多聚士，盡其家，貸於公、有司以繼之。

〔注〕服云：“驟，數也。”《宣三年疏》。

〔疏證〕杜用服説，又云：“商人，桓公子。家財盡，從公及國之有司富者貸。”《齊世家》：“昭公之弟商人，以桓公死爭立而不得，陰交賢士，市愛百姓，百姓説。”

夏，五月，昭公卒，舍即位。

〔疏證〕《齊世家》：“昭公卒，子舍立，孤弱。”

邾文公元妃齊姜，生定公；二妃晉姬，生捷菑。文公卒，邾人立定公。捷菑奔晉。

〔疏證〕《讀本》：“元妃、二妃，諸侯有三宮夫人也，故又有下妃。”

六月，同盟于新城，從于楚者服，且謀邾也。

〔疏證〕杜《注》：“從楚者：陳、鄭、宋。”

秋，七月，乙卯，夜，齊商人弒舍而讓元。

〔疏證〕杜《注》：“書‘九月’，從告。七月無乙卯，日誤。”貴曾曰：《齊世家》：“商人即與衆十月即墓上殺齊君舍。”《釋文》：“弒，本又作‘殺’。”《校勘記》云：“按：傳文直書其事，作‘殺’是也。”《齊世家》

不采讓元事，其叙惠公之立云：“迎公子元於衛，立之，是爲惠公。惠公，桓公子也。”杜云：“元，商人兄。”

元曰：“爾求之久矣。我能事爾，爾不可使多畜憾。

〔疏證〕《釋文》：“蓄，本又作‘畜’。”今從《石經》初刻作“畜”。《釋文》又云：“憾，本又作‘感’，恨也。”《校勘記》云：“按：作‘感’者，古字。”杜《注》：“不爲君則恨多。”

“將免我乎？爾爲之！”

〔疏證〕杜《注》：“言將復殺我。”《疏》引劉炫云：“爾將免我爲君之事乎？”與杜異。案：復殺之慮已包於蓄憾，炫説得之。

有星孛入于北斗，周内史叔服曰：“不出七年，宋、齊、晉之君，皆將死亂。”

〔疏證〕《年表》：“周史曰：‘七年齊君、晉君[①]死。’”約此傳文而脱“宋”也。杜《注》：“後三年，宋弑昭公。五年，齊弑懿公。七年，晉弑靈公。”杜《注》用劉歆説，已釋於《經》。下又云：“史服但言事徵，而不謂其占，固非末學所得詳言。”蓋不取歆“斗爲紀綱星”及“宋、齊、晉天子方伯”之説。

晉趙盾以諸侯之師八百乘，納捷菑于邾。

〔疏證〕杜《注》：“八百乘，六万人。”《年表》：“趙盾以車八百乘納捷菑。”

邾人辭曰：“齊出貜且長。”

〔疏證〕杜《注》：“貜且，定公。”《讀本》：“明言齊出者，謂元妃之子。申言長者，謂嫡長。”

宣子曰：“辭順而弗從，不祥。”乃還。

周公將與王孫蘇訟于晉，

王叛王孫蘇，

---

① 科學本注：開明版二十五史據殿本作“齊、宋、晉君”。

〔疏證〕杜《注》：“叛，不與。”非也。惠棟云：“劉向《九歌》云：‘信中塗而叛之。’王逸《章句》曰：‘叛，倍也。’倍與背同。王初與王孫蘇，後復背之。《文七年傳》云：‘乃背先蔑。’此其類也。”《讀本》曰：“王叛者，時人之言。所謂名不正則言不順，《傳》特爲著之，與‘桓王貳于虢’，均爲險辭。”

而使尹氏與聃啓訟周公于晉。

〔疏證〕杜《注》：“尹氏，周卿士。聃啓，周大夫。”萬□□①云：“聃啓，疑聃季之後。”

趙宣子平王室而復之。

〔疏證〕《年表》：“趙盾平王室。”復，謂復改之所屬，仍歸王孫蘇也。杜《注》：“使復和親”，未得《傳》意。《讀本》：“時周弱，依晉自立。”

楚莊王立，

〔疏證〕《年表》：“魯文公十四年，楚莊王侶元年。”《楚世家》：“穆王十二年卒，子莊王侶立。”

子孔、潘崇將襲群舒，使公子燮與子儀守，而伐舒蓼。

〔疏證〕《楚語》：“昔莊王方弱，申公子儀父爲師，王子燮爲傅，使潘崇、子孔帥師以伐舒。”《注》：“子孔，楚令尹成嘉也。舒，群舒也。燮，楚公子。儀父，申公鬭班之子，大司馬鬭克也。”

二子作亂，城郢，而使賊殺子孔，不克而還。

〔疏證〕《楚語》：“燮及儀父施二帥而分其室。”

八月，二子以楚子出，將如商密。

〔疏證〕《楚語》：“師還至，則以王如廬。”與《傳》異。

廬戢梨及叔麇誘之，遂殺鬭克及公子燮。

〔疏證〕梨，今本“黎”。《地理志》：“南郡中廬。”《注》：“師古曰：‘在襄陽縣南，今猶有次廬村。以隋室諱忠，故改忠爲次。’”《郡國志》：

---

① 科學本注：原稿闕文。但眉批有云：“‘氏族略’或係‘萬氏《氏族略》云’。”

"南郡中廬侯國。"《注》："《襄陽耆舊傳》：'古廬戎也。'"江永云："《一統志》：'中廬城在襄陽府城南。'今城址在南漳縣東五十里。"《楚語》："廬戢黎殺二子而復王。"《注》："戢黎，廬大夫。"杜同韋説，又云："叔麋，其佐。"

初，鬬克囚于秦，

〔疏證〕《僖二十五年傳》："秦、晉伐鄀。秦師囚申公子儀、息公子邊以歸。"

秦有殽之敗，

〔疏證〕《僖三十三年經》："晉人及姜戎敗秦師于殽。"

而使歸求成。成而不得志，

〔疏證〕求成於楚也。殽役之後，秦與楚成。經傳不具。

公子燮求令尹而不得，故二子作亂。

穆伯之從己氏也，

〔疏證〕《八年傳》："穆伯如周，弔喪不至，以幣奔莒，從己氏焉。"

魯人立文伯。

〔疏證〕杜《注》："穆伯之子，穀也。"

穆伯生二子於莒，而求復。文伯以爲請。

襄仲使無朝聽命，復而不出，

三年而盡室以復適莒。

〔疏證〕盡室，指所從己氏及二子。

文伯疾，而請曰："穀之子弱，請立難也。"

〔疏證〕杜《注》："子，孟獻子，年尚少。難，穀弟。"

許之。文伯卒，立惠叔。

穆伯請重賂以求復，惠叔以爲請，許之。

將來，九月，卒于齊。

〔疏證〕自莒還魯過齊也。

告喪，請葬，弗許。

〔疏證〕杜云：“請以卿禮葬。”按：此請歸葬于魯，下《傳》飾棺至堂阜，知惟歸葬，尚不及望卿禮也。

宋高哀爲蕭封人，以爲卿。

〔疏證〕杜《世族譜》：“高哀，穆公曾孫。”此《傳注》云：“蕭，宋附庸。仕附庸還，升爲卿。”《疏》：“蕭，本宋邑。莊十二年‘宋萬弒閔公’，蕭叔大心者，宋蕭邑之大夫也。平宋亂，立桓公。宋人賞其勞，以蕭邑封叔爲附庸。莊二十三年‘蕭叔朝公’，是爲附庸，故稱‘朝’。”則杜《注》“宋附庸”，以《莊二十三年經》知之。經傳無“宋附庸”明文。

不義宋公而出，遂來奔。

〔疏證〕杜《注》：“出而待放，從放所來，故曰‘遂’。”

書曰：“宋子哀來奔。”貴之也。

〔疏證〕《公羊傳》：“無聞焉爾。”《穀梁傳》：“失之也。”與《左氏》異。杜《注》：“貴其不食污君之禄，辟禍遠也。”當是《左氏》舊誼。

齊人定懿公，使來告難，故書以“九月”。

〔疏證〕杜《注》：“齊人不服，故三月而後定。書以九月，明《經》日月皆從赴。”《疏》：“杜言此者，排先儒日月有褒貶之義。”按：據此，則先儒日月褒貶之説，多爲杜所删汰。其可考者，令各於《經》下説之。此《傳》明《經》書九月之義，義不繫褒貶。杜欲以概他經日月例，非也。

齊公子元不順懿公之爲政也，

〔疏證〕《年表》：“懿公不得民心。”《讀本》：“不順，不以爲順。”

終不曰“公”，曰“夫己氏”。

〔疏證〕杜《注》：“猶言某甲。”《疏》：“斥懿公之名也。劉云：‘甲、己俱是名，故云“猶言某甲”。’”《疏》以炫説證杜《注》也。然己非商人之名。炫所謂名者，十干之名。《疏》誤解杜意。孔廣森《經學巵言》云：
"蓋桓之六子，商人第六，以甲乙次之，而稱爲己。《僖十七年傳》敘懿公
于公子雍之上，以無虧與惠、孝、昭、懿皆嘗爲君，而公子雍未得立。又
五公子母皆諸侯公子，獨雍母爲宋大夫華氏女。雖云'如夫人者六人'，
傳家敘之，自有貴賤，故雍倒在末耳，非長幼之次。"焦循云："齊桓之子
六人，并見《僖七年》，爲武孟，即公子無虧；爲公子元，即惠公；爲公
子昭，即孝公；爲公子潘，即昭公；爲商人，即懿公；爲公子雍。以元稱
商人爲夫己氏，己於甲乙之次爲第六，蓋商人行六，故以己稱之。然則
《傳》敘公子雍于商人後，何也？雍不立，故後於五人。"焦説與孔同，皆
謂懿公行次居六，故稱夫己氏也。

　　洪亮吉引孔説，則云："桓公如夫人者六人，懿公母氏位次在第六，
故以甲乙之數名之。"焦[①]引孔説，與《巵言》不相合，且《傳》明輕懿公
之辭，亦無舍其子轉及其母位次之理。洪氏引孔説出於記憶，概不足據。
惟孔、焦説皆泥於十干之名，巧而近鑿。顧炎武云："夫己氏，猶言彼其
之子。"沈欽韓云："猶云夫夫也。己讀如'彼其之子'之其。《揚之水箋》：
'其，或作記，或作己，讀聲相似。'"按：焦[②]、沈説是也。

襄仲使告于王，請以王寵求昭姬於齊。

　　〔疏證〕杜《注》："昭姬，子叔姬。"

曰："殺其子，焉用其母？請受而罪之。"

　　〔疏證〕子，謂齊君舍也。

冬，單伯如齊請子叔姬，齊人執之。

又執子叔姬。

〔經〕 十有五年，春，季孫行父如晉。

三月，宋司馬華孫來盟。

　　〔疏證〕《傳》服《注》謂："華耦舉其官屬從之，空官廢職。"則
《經》書"司馬"，舊誼不以爲褒辭。杜《注》："華孫奉使鄰國，能臨事

---

① 科學本注：按：此"焦"字應作"洪"。
② 科學本注：抄本眉批有云："此'焦'字疑是'顧'字。"

制宜，至魯而後定盟，故不稱使。其官皆從，故書‘司馬’。”杜不用服義也。《疏》引劉炫云：“或以爲華耦貴之既深，故特書族。”詳炫説，非完義，其先一説當謂書族爲貶也。

夏，曹伯來朝。

齊人歸公孫敖之喪。

〔疏證〕杜《注》：“大夫喪還不書，善魯感子以赦父，敦公族之恩，崇仁孝之敬，故特録敖喪歸以示義。”按：《傳》云：“爲孟氏，且國故也。”杜用《傳》爲説。

六月，辛丑，朔，日有食之，鼓，用牲于社。

〔注〕劉歆以爲四月二日魯、衛分。《五行志》。
〔疏證〕《年表》：“魯文公十五年六月辛丑，日蝕。”[①]

單伯至自齊。

晉郤缺帥師伐蔡，戊申，入蔡。

〔疏證〕《年表》：“晉靈公九年，我入蔡。蔡莊侯三十四年，晉伐我。”

秋，齊人侵我西鄙。

〔疏證〕《年表》：“魯文公十五年六月，齊伐我。”侵伐例異，此史駁文。

季孫行父如晉。

冬，十有一月，諸侯盟于扈。

十有二月，齊人來歸子叔姬。

〔疏證〕杜《注》：“齊人以王故來送子叔姬。故與直出者異文。”《疏》：“《傳例》：‘出曰來歸。’是直出之文也。齊人以王之故來送叔姬，故與直出異文也。”

齊侯侵我西鄙，遂伐曹，入其郛。

---

① 科學本注：此下似有闕文。而眉批有云：“補臧説。查《莊二十二年》。”擬而未作也。

〔疏證〕《年表》：“曹文公六年，齊入我郛。”

〔傳〕 十五年，春，季文子如晉，爲單伯與子叔姬故也。

三月，宋華耦來盟，其官皆從之。書曰“宋司馬華孫”，貴之也。

〔注〕服云：“華耦爲卿，侈而不度，以君命脩好結盟，舉其官屬從之，空官廢職。魯人不知其非，反尊貴之。”本《疏》。

〔疏證〕杜《注》：“古之盟會，必備威儀，崇贄幣。賓主以成禮爲敬，故《傳》曰：‘卿行旅從。’春秋時率多不能備儀。華孫能率其屬，以從古典，所以敬事而自重。使重而事敬，則魯尊而禮篤，故貴而不名。”杜不用服說。《疏》引服《注》，申之云：“其意以爲貴之者，魯人貴之，非君子貴之。”又駁服說云：“案：《經》儀父與魯結好，子哀不義宋公，司城效節來奔，單伯自齊致命，《傳》皆言‘書曰，貴之’，實善而貴之也。此亦云‘書曰“司馬華孫”，貴之’，何故惡而貴之也？劉炫又難云：‘此爲不知其非，儀父豈亦不知其非而貴之乎？孔子脩《春秋》，裁其得失，定其褒貶，善惡彰於其篇，臧否示於來世。若魯人所善亦善之，所惡亦惡之，己無心於抑揚，遂逐魯人之善惡，筆削之勢，何勞施用？約之以理，豈其然哉？’‘其官皆從’，謂共聘之官無闕，當有留治政者，豈舉朝盡行而責其空官也？若以官從即責空官，聘禮官屬不少，豈周公妄制禮乎？’”《疏》之駁服，即用劉炫說。炫舉邾儀父，《疏》亦先舉儀父可證。《疏》又云：“《聘禮》之文有上介衆介至所聘之國，誓於其境，則史讀書，司馬執策。賈人拭玉，有司展幣，其從群官多矣。盟會禮重於聘。”《疏》說蓋以耦來盟從官之多。然傳文明云“其官皆從之”。其者，其司馬也，故服云“舉其官屬從之”，不得以聘禮執事之官相例。劉炫謂：“豈舉朝盡行而責其空官？”尤非服義。惟《傳》云“貴之”，不云“魯人貴之”。服謂“魯人不知其非”，似與《傳》義乖隔，非淺學所能達也。李貽德云：“《説文》：‘侈，一曰奢也。度，法制也。’《文元年傳》：‘凡君即位，卿出并聘，踐脩舊好，要結外援。’故服約以爲文。有位謂之官，任事謂之職。”

公與之宴，辭曰：“君之先臣督，得罪於宋殤公，名在諸侯之策。臣承其祀，其敢辱君？

〔疏證〕《桓二年經》：“宋督弑其君與夷。”策，謂簡策也。杜《注》：“耦自以罪人子孫，故不敢屈辱魯公，對共宴會。”

"請承命於亞旅。"

〔疏證〕杜《注》：“亞旅，上大夫也。”沈欽韓[1]云：“《尚書傳》云：‘亞，次也。旅，衆也。’謂之亞，則非上矣。按：“亞，次”，“旅，衆”，《釋詁》文。[2]《牧誓》：“司徒、司馬、司空、亞旅。”彼《傳》又云：“衆大夫其位次卿。”本《疏》亦據孔氏《傳》爲説。又云：“《成二年傳》，魯賜晉三帥三命之服，‘侯正、亞旅，受一命之服’。皆卿後即次亞旅，知是上大夫也。”按：彼年《傳》服《注》：“亞旅，大夫。”孔氏《傳》以亞旅爲衆大夫，與服《注》合。亞旅蒙卿爲文，不得僅以上大夫當之。沈説是也。

魯人以爲敏。

〔疏證〕杜《注》：“無故揚其先祖之罪，是不敏。魯人以爲敏，明君子所不與也。”本《疏》：“魯人，魯鈍之人。”朱駿聲云：“非杜意也。杜解明君子所不與，蓋言庸衆之人以爲敏耳。”《疏》以魯人爲魯鈍之人，蓋申杜意。朱氏以魯人爲庸衆之人，猶《疏》説也。《傳》稱魯人無釋爲魯鈍者。

焦循云：“《檀弓》云：‘容居，魯人也，不敢忘其祖。’容居爲徐國大夫，而自稱魯人，故《注》云：‘魯，魯鈍人也。’又‘叔仲皮死，其妻魯人也。’《注》亦云：‘言雖魯鈍，其於禮勝學。’此《正義》以魯人爲魯鈍之人，本《檀弓注》也。乃《檀弓》言魯人不止此。如云‘魯人欲勿殤重汪錡’，‘魯人曰非禮也’，‘魯人有朝祥而莫歌者’，皆指魯國之人。此《傳》在魯言魯，故曰魯國之人以爲敏。華耦之來，魯人固以其爲罪人之子孫，若自侈大，將有以譏之。耦先自言華督得罪於殤公，請承命於亞旅，此口給，故魯國之人以爲敏也。服虔云：‘魯人不知其非，反尊貴之。’亦謂魯國之人。”按：焦説是也。杜《注》及《疏》説皆非《傳》意。顧炎武云：“《傳》以華孫辭宴爲合於禮。解失之。”案：服義亦不以華孫辭宴爲合禮，顧説非。

夏，曹伯來朝，禮也。

諸侯五年再相朝，以脩王命，古之制也。

---

① 科學本注：沈氏《春秋左傳補注》祇謂：“亞旅，次大夫及賓群士也。”

② 科學本注：“亞，次也”，乃《釋言》文。

〔注〕鄭玄云：“古者據時而道前代之言。唐、虞之禮，五載一巡守。夏、殷之時，天子蓋六年一巡守，諸侯間而朝天子。其不朝者，朝罷朝，五年再朝，似如此制，禮典不可得而詳。”本《疏》及《王制疏》引《鄭志》。

〔疏證〕杜《注》：“十一年，‘曹伯來朝’。雖至此乃來，亦五年。”杜但明曹伯之來朝，符于五年相朝之禮，於《傳》“古之制也”無説。本《疏》：“《大行人》云：‘世相朝也。’鄭玄云：‘父死子立曰世。’《周禮》諸侯邦交，唯有此法，無五年再朝之制。此云‘古之制也’，必是古有此法。但禮文殘缺，未知古是何時。”下引《鄭志》，駁之云“然則古者據今時而道前世耳，不必皆道前代。《傳》稱‘古者越國而謀’，非謂前代之人有此謀也。‘古人有言’，非謂前代之人有此言也。《詩》云‘我思古人’，非思夏、殷之人也。此云‘古’者，亦非必夏、殷。鄭言夏、殷禮，非也。”按：《王制》：“諸侯之於天子也，比年一小聘，三年一大聘，五年一朝。”彼《疏》引此《傳》，又云：“案：《鄭志》孫皓問云：‘諸侯五年再相朝，不知所合典禮。’”下引鄭答，是鄭氏此條專釋此《傳》“諸侯五年再相朝”之義。本《疏》删去“唐、虞之禮，五載一巡狩”二句，又删“禮典不可得而詳”句，今從《王制疏》備引之。鄭必言“唐、虞五載一巡狩”者，見夏、殷之禮，已異唐、虞。彼《疏》云：“如鄭之意，此爲夏、殷之禮。而鄭又云：‘虞、夏之制，諸侯歲朝。’以夏與虞同，與《鄭志》乖者，以群后四朝，文在《堯典》。《堯典》是虞、夏之書，故連言夏，其實虞也。故《鄭志》‘唐、虞之禮，五載一巡守’，今知諸侯歲朝，唯指唐、虞也。其夏、殷朝天子，及自相朝，其禮則然。”彼《疏》謂鄭云“虞、夏歲朝見”，《王制注》此釋夏殷、唐虞之異最明。鄭必解《傳》“古之制”爲夏、殷禮者，以《周禮》無諸侯五年相朝之文，《疏》亦明知之，而云：“一世一朝，疏闊太甚，其於閒暇之年，必有相朝之法。五年再相朝，正是周禮之制，《周禮》文不具耳。文、襄之霸，其務不煩諸侯，以五年再朝，往來太數。更制三年一聘，五年一朝，所以説諸侯也。諸侯或從時令，或率舊章。此在文、襄之後，仍守舊制，故五年再相朝也。”按：昭三年《左傳》：“鄭子太叔曰：‘文、襄之霸也，其務不煩諸侯，令諸侯三歲而聘，五歲而朝。’”《疏》蓋本彼《傳》爲説。鄭注《王制》亦據之，謂：“此大聘與朝，晉文霸時所制也。”鄭既釋《王制》五年一朝爲文、襄時制，其周之朝禮，則闕而不言，亦以五年再朝，與世相朝之禮不相應耳。審如《疏》説，則文、襄以前，五年再朝之制仍存，五十凡例何以無説？由是尋求，則五年再朝，其非《周禮》明矣。

曹伯之來朝，合於古制，故《傳》特表著之。《王制疏》釋鄭説云：

“如《鄭志》之言，則夏、殷天子六年一巡守，其間諸侯分爲五部，每年一部來朝天子，朝罷還國，其不朝者，朝罷朝諸侯，至後年不朝者，往朝天子而還，前年朝者，今既不朝，又朝罷朝諸侯，是再相朝也，故鄭云‘朝罷朝也’。”鄭君“朝罷朝”之義甚爲隱滯，即彼《疏》義核之，比如此年甲往朝天子，則乙朝丙，丁朝戊。丙、戊皆不朝天子者，其後甲朝丙、乙朝丁、丙朝戊，皆如上法，所謂朝罷朝諸侯也。《王制疏》又云：“熊氏以爲虞、夏制法，諸侯歲朝，分爲四部，四年乃徧。”其説與鄭《禮注》異。然夏、殷六年一巡狩，諸侯分爲五部，則唐、虞五載一巡守，諸侯亦分爲四部矣。疑《鄭志》亦謂唐、虞諸侯間而朝天子，諸侯五年再相朝，惜無文明之。

又按：杜《注》於僖十五年公如齊即引此《傳》，明諸侯五年相朝。本《疏》乃云：“杜引此證彼，則是當時正法，非謂前代禮也。或人見僖公朝齊，杜引此爲證，遂言五年再相朝是事霸主之法。然則魯非霸主，曹伯何以朝之？”其謂或人之説，不顯姓名。《疏》又云：“昭十三年歲聘間朝，是周之諸侯朝天子之法。沈氏以爲諸侯再相朝及昭十三年皆爲朝牧伯之法。以‘間朝以講禮’與‘再朝而會’是三歲之朝與六年之朝。大率言之，是五年之内再相朝也。但魯非曹之伯國，而沈云朝牧伯之禮，又昭十三年朝盟主之法，亦無明證。沈氏之言，未可從也。”則所云或説，即沈文阿説也。沈説與《鄭志》合，知此《傳》五年再朝，舊説當同《鄭志》。沈欽韓云：“按：《傳》通論相朝之事，故云‘古制’，非專指朝魯。沈氏之言是也。”

齊人或爲孟氏謀，

〔疏證〕惠棟云：“魯三家，慶父、叔牙、季友。慶父之後當云慶氏，稱孟氏者，鄭康成《論語注》云：‘慶父靷死，時人爲之諱，故云孟氏。’杜云：‘慶父爲長庶，故或稱孟氏。’按：《公羊傳》：‘慶父曰：“吾不得入矣。”於是抗靷經而死。’《疏》云：‘鄭氏云慶父靷死者，正取此文。’又案：《禮緯·含文嘉》曰：‘文家稱叔，質家稱仲，嫡長稱伯，庶長稱孟。’杜依此爲説。”按：先儒謂慶父爲莊公母弟，詳莊三十二年①《疏證》。杜不用舊説，以爲莊公庶兄，故於此《注》鑿爲長庶之説。惠氏引《公羊》證之，過矣。鄭氏《論語注》見《檀弓疏》，諱稱孟氏，當是《左氏》舊説。

---

① 科學本注：原稿闕“莊三十二年”五字。

記事者從魯人之辭也。

曰："魯,爾親也。飾棺寘諸堂阜,

〔疏證〕杜《注》:"飾棺不殯,示無所歸。"《喪大記》鄭《注》:"飾棺者,以華道路及壙中,不欲使衆惡其親也。"舊説當同此。《疏》引《喪大記》:"'飾棺,大夫畫帷,畫荒,火三列,黼三列,素錦褚,纁紐二,玄紐二。'齊人教之飾棺,蓋依此大夫之制而爲之飾。沈氏云:'飾棺,即《雜記》"諸侯死於道,其輀有裧,緇布裳帷,素錦以爲屋而行。大夫死於道,以布爲輀而行"。'義或當然。"玩沈説,不援《喪大記》大夫飾棺之制,則《疏》引《喪大記》非舊注義也。彼自爲國中喪柩之制,齊人喪孟氏,當用大夫死於道之禮。沈説是也。杜以堂阜在齊、魯境上,已釋於莊九年杜《注》。彼年《傳》以爲齊地。按下文"卞人以告",則堂阜近卞也。

"魯必取之。"從之。卞人以告。

〔疏證〕杜《注》:"卞人,魯卞邑大夫。"《疏》:"治邑大夫,例呼爲人。孔子父爲郰邑大夫,謂之郰人,知此卞人是卞邑大夫。"

惠叔猶毀以爲請,

〔疏證〕杜《注》:"敖卒,則惠叔請之,至今期年而猶未已。毀,過喪禮。"《疏》引劉炫云:"'敖去年九月卒,至今年夏,據月未匝,不得稱期年。'今知非者,杜以《傳》云'惠叔猶毀',據日月之久,欲盛言其遠,故云期年。但首尾二年亦得爲期年之義,劉以未周十二月而規杜氏,非也。"敖喪未期年,傳文甚明。炫規杜無可置喙。杜持短喪之説,以惠伯之毀爲過,故謬云期年也。《疏》駁炫説更非。馬宗璉云:"《喪服小記》曰:'久而不葬者,惟主喪者不除。'穆伯踰年而不得葬,故惠伯猶服斬衰之服,而毀以爲請。按:《喪禮》,容貌稱其服,《傳》稱'猶毀',則服斬衰可知。"馬説深得《傳》義。沈欽韓云:"此'猶毀'者,未行卒哭、變除之禮。杜預不知而爲無稽之説。"沈氏亦謂惠叔未釋衰。

立於朝以待命。

〔疏證〕禮,斬衰不入公門。此蓋暫釋"服而往"。

許之,取而殯之。

〔疏證〕杜《注》:"殯於孟氏之寢。"《讀本》:"惠叔取殯,謂攢次於寝之西序。”

齊人送之。

書曰：“齊人歸公孫敖之喪。”爲孟氏，且國故也。葬視共仲。

〔疏證〕杜《注》：“制如慶父，皆以罪降。”

聲己不視，帷堂而哭。

〔疏證〕杜《注》：“聲己，惠叔母，怨敖從莒女，故帷堂。”《檀弓》：“曾子曰：‘尸未設飾，故帷堂，小斂而徹帷。’仲梁子曰：‘夫婦方亂，故帷堂，小斂而徹帷。’”《注》：“帷堂，爲人褻之。言‘方亂’，非也。”本《疏》引《檀弓》，申之云：“至大斂之節，又帷堂，以至於殯恒帷堂。《雜記》云：‘朝夕哭則不帷。’今聲己恨穆伯，故朝夕哭仍帷堂。《檀弓》又云：‘帷殯非古，自敬姜之哭穆伯始也。’與此相類也。”案：《雜記》“則不帷”，鄭《注》：“緣孝子之心，欲見殯舁也。”此朝夕哭不帷堂之義。《檀弓疏》引《鄭志》：“張逸答陳鏗云：‘敬姜早寡，晝哭以避嫌。帷殯或亦避嫌，表夫之遠色也。’”本《疏》謂“至於殯恒帷堂”，蓋取《鄭志》説。其云“大斂又帷堂”，則與《檀弓》“小斂徹帷”義乖，未知何據。沈欽韓云：“帷堂、帷殯，其事雖一，而聲己、敬姜，則爲二人，當緣穆伯之謚同，相傳者異耳。”按：《檀弓疏》云：“《春秋》文十五年，公孫敖之喪，‘聲己不視，帷堂而哭’。公孫敖亦是穆伯，此不云聲己之哭穆伯始者，聲己是帷堂，非帷殯也。聲己哭在堂下，怨恨穆伯，不欲見其堂，故帷堂。敬姜哭於堂上，遠嫌不欲見夫之殯，故帷殯。”是帷殯、帷堂，禮非一事。《檀弓》既稱帷殯非古，則古惟有帷堂之禮也行於小斂之初。公孫敖之喪自齊還，或用初喪禮，故《傳》稱帷堂，不稱帷殯。《雜記》所云“朝夕哭不帷”，則顯是帷殯，其禮在敬姜以後也。

襄仲欲勿哭，

〔疏證〕杜《注》：“怨敖取其妻。”馬宗璉云：“襄仲於穆伯，從父兄弟也，當服小功五月。今穆伯踰年未葬，則襄仲已以麻終小功五月之數。而除喪久矣，故以爲無服則勿哭。然本爲兄弟之親，且未葬者，雖時已除喪，及其葬也，反服其服，而可以勿哭乎？”勝杜説。

惠伯曰：

〔疏證〕杜《注》：“惠伯，叔彭生。”按：惠伯爲公孫兹之子，襄仲其從世父也。

“喪，親之終也。雖不能始，善終可也。

〔疏證〕親，指兄弟之親。不能始，謂敖取襄仲所聘莒女。

“史佚有言曰：

〔注〕服云：“史佚，周成王太史。”《玉藻疏》。

〔疏證〕杜不釋“史佚”。李貽德云：“知史佚爲周成王太史者，《書·洛誥》‘逸祝册’，《無逸篇》《大傳》，‘逸’作‘佚’。《大戴記·保傅》：‘常立於後，是史佚也。故成王中立而聽朝。’《史記·晉世家》：‘成王削桐葉爲珪，以與叔虞，曰：“此封若。”史佚因請擇日立叔虞。’皆史佚爲成王時人之證也。”

“‘兄弟致美①。救乏、賀善、弔災、祭敬、喪哀，

〔疏證〕惠伯引史佚之言，惟主祭、喪。本《疏》：“祭敬者，謂助祭於兄弟之家盡其敬也。喪哀者，謂兄弟死喪之事竭其衷也。”

“‘情雖不同，毋絶其愛，親之道也。’

〔疏證〕此上皆史佚之言。

“子無失道，何怨于人？”

〔疏證〕道，謂祭、喪之道。

襄仲説，帥兄弟以哭之。

〔疏證〕沈欽韓云：“《喪服傳》：‘小功以下爲兄弟。’《士喪禮》：‘始死，親者在室，衆兄弟堂下北面。’《注》：‘衆兄弟，小功以下。’又：‘既殯後，兄弟北面哭殯。兄弟出，主人拜送于門外。’《疏》云：‘大功容有同財、同門②，故《喪服》以小功以下爲兄弟。’襄仲與穆伯爲從父昆弟。既殯，則哭位在堂下也。”

---

① 科學本注：原稿眉批：“致詁，美詁。”擬而未作。
② 林按：“同財、同門”二詞，沈氏原書詞序不同，作“同門、同財”。

他年，其二子來，

〔疏證〕杜《注》：“敖在莒所生。”

孟獻子愛之，聞於國。

〔疏證〕《檀弓》：“孟獻子禫。”《疏》：“仲稱孟者，是慶父之後。”義已説於“齊人或爲孟氏謀”下。又“趨而就子服伯子于門右”，《疏》：“《世本》：‘獻子蔑生孝伯，孝伯生惠伯，惠伯生昭伯，昭伯生景伯。’”杜《注》：“獻子，穀之子仲孫蔑。”據《世本》也。《讀本》：“時惠叔難已終，文伯子獻子蔑繼立，獻子愛此二子。”按：二子，獻子之季父。

或譖之曰：“將殺子。”獻子以告季文子。

〔疏證〕譖詞謂二子將殺獻子也。季文子，獻子之從季父。

二子曰：“夫子以愛我聞，我以將殺子聞，不亦遠于禮乎？遠禮不如死。”

〔疏證〕此夫子，蓋大夫之稱。獻子輩下於二子，年或長之，故稱其官。

一人門於句鼆，一人門於戾丘，皆死。

〔注〕服云：“魯國中小寇，非異國侵伐，故不書。”本《疏》。

〔疏證〕《釋文》：“鼆，又作‘黽’。”杜《注》：“句鼆、戾丘，魯邑。有寇攻門，二子禦之而死。”用服説。服明《經》不書二子死事之義。《傳》云“他年，其二子來”，則非此年之事，《傳》終言之。句鼆、戾丘，今地闕。

六月，辛丑，朔，日有食之，鼓，用牲于社，非禮也。

〔疏證〕杜《注》：“得常鼓之月，而於社用牲爲非禮。”按：《莊二十五年傳》：“六月，辛未，朔，日有食之，鼓，用牲于社，非常也。”本《疏》引《釋例》曰：“‘文十五年與莊二十五年經文皆同，而更復發《傳》曰“非禮”者，明前《傳》欲以審正陽之月，後《傳》發例欲以明諸侯之禮，而用牲爲非禮也。此乃聖賢之微旨，而先儒所未喻也。’是解二《傳》不同之意。”按：據杜《釋例》之詞，則先儒説此《傳》“非禮”，與莊二十五年“非常”意同，皆以爲審正陽之月。杜謂此《傳》止譏用牲，非也。《疏》又云：“彼云‘六月’，實是七月。”亦仍杜《長曆》之謬。

日有食之，天子不舉，

〔疏證〕《膳夫》：“掌王之食飲膳羞，以養王及后、世子。王日一舉，鼎十有二，物皆有俎。天地有災則不舉。”《注》：“殺牲盛饌曰舉。”杜《注》：“去盛饌。”用鄭説。

伐鼓于社；

〔疏證〕□□□□① 杜《注》：“責群陰。”義詳莊二十五年“鼓，用牲於社”《疏證》。此明天子之常禮也。本《疏》：“孔安國《尚書傳》云：‘凡日食，天子伐鼓于社，責上公。’然則社以上公配食，天子伐鼓，責群陰，亦以責上公也。”

諸侯用幣于社，

〔疏證〕《莊二十五年傳》：“凡天災，有幣無牲。”則雖天子亦不得用牲。《傳》自明鼓、幣之異。杜《注》：“社尊于諸侯，故請救而不敢責之。”

伐鼓于朝，

〔疏證〕杜《注》：“退自責。”《莊二十五年傳》：“非日月之眚，不鼓。”則鼓合於禮。《傳》斥非禮，謂伐鼓于社，又用牲也。

以昭事神、訓民、事君，

〔疏證〕事神、訓民，斥天子諸侯。事君，斥諸侯，謂禮殺於天子也。

示有等威，古之道也。

〔疏證〕杜《注》：“等威，威儀之等差。”

齊人許單伯請而赦之，使來致命。

書曰：“單伯至自齊。”貴之也。

〔疏證〕單伯，王臣，爲魯請子叔姬。適齊被執，得請而還，故書其至以貴之。杜謂貴而告廟，則王臣不當用公行例。《傳》無其義，是妄

---

① 科學本注：原稿闕文。

説也。

新城之盟，蔡人不與。

〔疏證〕盟在十四年六月。

晉郤缺以上軍、下軍伐蔡，

〔疏證〕杜《注》：“兼帥二軍。”

曰：“君弱，不可以怠。”

〔疏證〕晉靈公以七年立，彼年《傳》：“穆嬴日抱太子以啼于朝。”至是年蓋十歲以外。《吕覽注》：“怠，懈也。”

戊申，入蔡，以城下之盟而還。

凡勝國，曰“滅之”；

〔疏證〕此滅例也。杜《注》：“勝國，絕其社稷，有其土地。”襄十三年重發例曰：“用大師焉曰‘滅’。”

獲大城焉，曰“入之”。

〔疏證〕此入例也。杜《注》：“得大都而不有。”大都別乎邑言之。襄十三年重發例曰：“弗地曰‘入’。”故杜謂“得而不有”。彼《傳例》主用師互相備。

秋，齊人侵我西鄙，故季文子告于晉。

冬，十一月，晉侯、宋公、衛侯、蔡侯、陳侯、鄭伯、許男、曹伯盟于扈，尋新城之盟，且謀伐齊也。

〔疏證〕杜《注》：“齊執王使，且數伐魯。”

齊人賂晉侯，故不克而還。

於是有齊難，是以公不會。

〔疏證〕《讀本》：“魯言有齊難者，秋方見侵，時國內未平。”

書曰：“諸侯盟于扈。”無能為故也。

凡諸侯會，公不與，不書，諱君惡也。

〔疏證〕此不與會不書例也。杜《注》："謂①國無難，不會義事，故爲惡。不書，謂不國別序諸侯。"詳杜意，義事當與而不與爲惡，不國，謂《經》不以國立文，別序他國諸侯也。《疏》云："七年'公會諸侯、晉大夫盟於扈'，《傳》曰：'公後至，故不書所會。'又發例云：'凡會諸侯，不書所會，後也。後至，不書其國，辟不敏也。'彼乃義事，而公後期，諱君之惡，故總稱'諸侯'。此亦總稱'諸侯'，不會，非公之罪。而經文相似，《傳》辨諸嫌，故更復發例，而以善形惡。凡諸侯爲義事聚會，而公不與，則不歷書諸國，諱君惡也。"按：《傳》爲公不與發例，與七年《傳例》無涉，其兼稱"與而不書"，推言之耳。杜氏尚達此意，故《注》文止云："無難，不會。"《疏》牽於七年《傳例》，以後至比較爲説，不與、後至，灼然二事。彼《傳》無諱惡之文，此《傳》又非爲七年扈盟而發。彼年《經》云"公會諸侯及晉大夫盟于扈"，亦不得云經文相似，《疏》説皆非。

與而不書，後也。

〔疏證〕此重發七年後至例也，蓋兼不書所會、不書其國二例言之。此《傳》發例專明公不與不書，不必蒙齊難不會之文。杜云："今貶諸侯，以爲公諱，故《傳》發例以明之。"扈盟以賄終，亦非義事，不得言爲公諱，杜説非。

齊人來歸子叔姬，王故也。

〔疏證〕《讀本》："齊雖畏晉，而終不肯以晉爲辭，故仍以王命爲辭，國史因記其故。"

齊侯侵我西鄙，謂諸侯不能也。

〔疏證〕晉受齊賂故。

遂伐曹，入其郛，討其來朝也。

〔疏證〕本年《經》："夏，曹伯來朝。"

季文子曰："齊侯其不免乎！

---

① 林按：底本此處誤作"小"，據《十三經注疏》及科學本改正。

“己則無禮，

〔疏證〕杜《注》：“執王使而討無罪。”

“而討於有禮者，曰：‘汝何故行禮？’

〔疏證〕本《疏》：“言‘曰’者，原齊侯之意而爲之辭也。責曹曰：‘女何故行禮？’謂責於朝魯也。”《讀本》：“齊惡魯，故并伐曹，責其事魯，非責其行禮，季文子憤辭周内之。”

“禮以順天，天之道也。己則反天，而又以討人，難以免矣。

“《詩》曰：‘胡不相畏？不畏於天。’

〔疏證〕《小雅·雨無正》文。《箋》：“何爲上下不相畏乎？上下不相畏，是不畏於天。”本《疏》：“胡，何也。”用《箋》説。陳奐《毛詩傳疏》：“胡，何也。不畏，畏也。‘胡不相畏，不畏于天’，言何不各相敬畏，畏於天也。文十五年《左傳》引《詩》，釋之云：‘君子之不虐幼賤，畏於天也。’《左》以‘不’爲語辭。”陳據《傳》爲説，故與鄭小異。

“君子之不虐幼賤，畏于天也。

〔疏證〕幼賤，猶言小弱，喻曹、魯也。

“在《周頌》曰：‘畏天之威，于時保之。’

〔疏證〕《周頌·我將》文。《箋》：“于，於。時，是也。早夜敬天，於是得安，文王之道。”杜《注》：“言畏天威，于是保福禄。”杜釋“保”與鄭異。陳奐《毛詩傳疏》：“保，讀‘天保定爾’之‘保’。保，安也。案：此言天常眷右我周，能保安天命之意。”陳説與《傳》“其何能保”義合。保安天命，即保福禄之謂也。

“不畏于天，將何能保？

〔疏證〕《孟子·梁惠王篇》：“樂天者保天下，畏天者保其國。”亦引《周頌》爲證，“畏天保國”，用《傳》義也。

“以亂取國，奉禮以守，猶懼不終；

“多行無禮，弗能在矣。”

〔經〕 十有六年，春，季孫行父會齊侯于陽穀，齊侯弗及盟。

〔疏證〕洪亮吉云："《石經》本脱'春'字，後旁增。"杜《注》："及，與也。"

夏，五月，公四不視朔。

〔注〕《左氏》以爲此獨書"公四不視朔"者，以表公實有疾，非詐齊也。《穀梁疏》。

〔疏證〕杜《注》："諸侯每月必告朔聽政，因朝于廟。"蓋據《六年經》"閏月不告月，猶朝于廟"爲説，又云："今公以疾闕，不得視二月、三月、四月、五月朔也。《春秋》十二公以疾不視朔，非一也。義無所取，故特舉此以表行事。因明公之實有疾，非詐齊。"與《穀梁疏》所稱《左氏》説同。彼《疏》不稱杜《注》，其詞又異，故定爲《左氏》舊説。告朔朝廟之禮，詳六年經文《疏證》。此《經》變稱視朔者，從其重者言之。本《疏》："告朔，謂告於祖廟；視朔，謂聽治月政。視朔由公疾而廢，其告朔，或有司告之，不必廢也。"《疏》釋告朔、視朔，至爲分曉。告朔可由有司行之，視朔當聽政，必公自臨。杜《注》直以告朔當視朔，非也。《疏》又引《釋例》云："史之所書，當於其始，不於二月書之，而以五月書者，二月公始有疾，未知來月瘳否，不得豫書其數。至六月公瘳，乃積前數之闕，故以五月書四也。"

六月，戊辰，公子遂及齊侯盟于郪丘。

〔注〕賈云："《公羊》曰'蒩丘'，《穀梁》曰'師丘'。"《公羊疏》。

〔疏證〕今本《公羊》作"犀丘"，彼《疏》云："正本作'蒩丘'。"《校勘記》："臧琳云：'《釋文》作犀丘，《穀梁音義》亦云《公羊》作犀丘，則唐以來本不作蒩字矣。《公羊疏》，唐以前人爲之，所據皆晉宋古書，故猶見正本，與賈景伯合也。'"《釋文》："郪音西"。李富孫云："犀與師音相近，師、蒩亦同部字。"杜《注》："郪丘，齊地。"未詳所在。顧棟高云："郪丘當在今山東泰安府東阿縣境。"江永云："郪丘，其地當近國都，豈遠在東阿而與之盟乎？"按：江説是也。沈欽韓云："《續志》：'宋公國，周名郪丘，漢改爲新郪，章帝徙宋公于此。'《方輿紀要》：'新郪城在潁州東八十里，有土阜，屹然高大，謂之郪城。'"

秋，八月，辛未，夫人姜氏薨。

〔疏證〕杜《注》："僖公夫人，文公母也。"

毀泉臺。

〔注〕服云："魯莊公築臺，非禮也，至文公毀之。《公羊》譏云：'先祖爲之而毀之，勿居而已。'"《羽獵賦》服《注》。

〔疏證〕杜《注》："泉臺，臺名。毀，壞也。"不明泉臺所在。《公羊傳》："泉臺者何？郎臺也。"郎臺，即莊三十一年春"築臺于郎"是也，故服云"魯莊公築臺"。彼《傳》又云："毀泉臺何以書？譏。何譏爾？築之譏，毀之譏。先祖爲之，己毀之，不如勿居而已矣。"服氏蓋約其文。按：《傳》："有蛇自泉宮出，入于國。"則泉宮不在魯都。《左氏》古誼，或謂即郎臺，與《公羊》同。《穀梁疏》："《公羊》以爲泉臺者，是莊公所築郎臺也。《左氏》與此《傳》并不顯言，或如《公羊》之説也。"然譏毀臺，自是《公羊》之説，《左氏》意不必爾。知者，服稱《公羊》譏，審是《左氏》譏毀泉臺，則服不引《公羊》也，以今服義已佚，取《羽獵賦注》綴此。

楚人、秦人、巴人滅庸。

〔疏證〕《年表》："楚莊王三年，滅庸。"

冬，十有一月，宋人弒其君杵臼。

〔疏證〕杵臼，《公羊》曰"處臼"，據十八年"莒弒其君庶其"《經》劉、賈、許義，此稱國，又稱人，則杵臼惡及國朝、國人，故稱宋人以弒。

〔傳〕 十六年，春，王正月，及齊平。

公有疾，使季文子會齊侯于陽穀。請盟。齊侯不肯，曰："請俟君間。"

〔疏證〕①

夏，五月，公四不視朔，疾也。

公使襄仲納賂于齊侯，故盟于郪丘。

---

① 科學本注：以下原稿闕文。眉批："間詁。"擬而未作。

有蛇自泉宮出，入于國，如先君之數。

〔注〕《五行志》引此《傳》："劉向以爲近蛇孽也。泉宮在囿中，母姜氏嘗居之，蛇從之出，象宮將不居也。《詩》曰：'維虺維蛇，女子之祥。'又蛇入國，國將有女憂也。如先君之數者，公母將薨之象也。"

〔疏證〕此自"泉宮"以下皆《左氏》舊說，惟蛇孽爲劉向、《穀梁》義。《穀梁》無泉宮、入國、如先人之數也，恐是歆義矣。以文未顯，仍列於《疏》中。杜《注》："伯禽至僖公十七君。"案：《春秋》自隱至僖五君，桓以上據《魯世家》，魯公伯禽、考公酋、煬公熙、幽公宰、魏公費、厲公躍、鄭公具、順公濞、武公敖、懿公獻、孝公稱、惠公弗皇，凡十二君，故杜云十七君也。

秋，八月，辛未，聲姜薨，毀泉臺。

〔疏證〕杜《注》："魯人以爲蛇妖所出，而聲姜薨，故壞之。"《五行志》："秋，公母薨，公惡之，乃毀泉臺。夫妖孽應行而自見，非見而爲害也。文不改行循正，共御厥罰，而作非禮以重其過。後二年薨，公子遂遂殺文公之二子惡、視，而立宣公。文公夫人大歸于齊。"此蒙上公母將薨爲言，疑亦《左氏》說，其云"作非禮"，即斥毀泉臺之事。明其徵驗，蓋謂《經》之書"毀泉臺"示譏。《疏》引《釋例》："書毀而不變文以示義者，君人之心，一國之俗，須此爲安，故不譏也。"非《傳》意。

楚大饑，戎伐其西南，至于阜山，

〔疏證〕杜《注》："戎，山夷也。"不釋阜山。沈欽韓云："《一統志》：'阜山在鄖陽府房縣南一百五十里。'"

師于大林。又伐其東南，至于陽丘，以侵訾枝。

〔疏證〕杜《注》："大林、陽丘、訾枝，皆楚邑。"未詳所在。洪亮吉云："《御覽》引伍瑞休《江陵記》曰：'城西北六十里有林城，《春秋》"至于阜山，師于大林"，即此城也。'"《彙纂》："湖廣荆門州西北有長林城。"江永云："今按：荆門州屬安陸府，舊有長林縣。以長林爲大林，未知是否。"按：《宋書·州郡志》："長林屬荆州武寧郡。"《彙纂》用《江陵記》說。長林即大林也。陽丘，今地闕。沈欽韓云："訾枝即《史記》所云：'蜀伐楚取茲方。'《正義》云：'《古今地名》："荆州松滋縣古鳩茲地即茲方。"'按：訾枝當是今荆州府枝江縣。"按：《春秋輿圖》謂訾枝在今鍾祥，鍾祥在荆門州西。與《傳》稱“伐其東南”，枝江正直楚都之東南。沈説是也。

庸人帥群蠻以叛楚。

〔疏證〕《説文》：“鄘，南夷。”唐盧潘《同食館辨》云：“楚莊王時都郢，郢即今之江陵。由郢而伐西北密邇之庸。”據此，則庸在楚西北也。《郡國志》：“漢中郡上庸，本庸國。”顧棟高云：“庸，今湖廣鄖陽府竹山縣東四十里，有上庸故城。群蠻在今湖廣辰州、沅州二府之境。”江永云：“今按：庸國，今鄖陽府竹山縣及竹谿縣也。”

麇人率百濮聚於選，將伐楚。

〔疏證〕《楚語注》：“濮，蠻邑。”杜《注》：“百濮，夷也。”惠棟云：“劉伯莊《史記地名》曰：‘濮在楚西南。’”沈欽韓云：“濮即僰也。《爾雅·釋地》：‘南至于濮鈆。’《周書·王會篇》：‘伊尹爲四方令曰：“正南百濮。”’《通典·邊防三》：‘諸濮之城皆出楛矢。《周書·王會》：“卜人丹砂。”《注》：“卜人，西南之蠻，丹砂所出。”今按：卜人蓋濮人也。’其名有尾濮、木綿濮、文面濮、折腰濮、赤口濮、黑僰濮。”按：沈説是也。濮乃西南夷種類，非有定地。《昭九①年傳》：“巴、濮、楚、鄧，吾南土也。”繫巴於濮可證。高士奇云：“百濮種族非一，約言其地，當在楚境之南而地西矣。”張平子《蜀都賦》：“於東則左綿巴中，百濮所充。”此漢時濮之所居。《疏》引《釋例》曰：“建甯郡南有濮夷，無君長總統，各以邑落自聚，故稱百濮。”則又晉時濮之所居也，皆不可證春秋之百濮。《春秋輿圖》：“選，在湖廣荆州府枝江縣南。”

於是申、息之北門不啓。

〔疏證〕杜《注》：“備中國。”《疏》：“申、息北接中國，有寇必從北來，故二邑北門不敢開也。”

楚人謀徙於阪高。

〔疏證〕杜《注》：“楚險地。”未詳。洪亮吉云：“《蜀志·張飛傳》：‘曹公追先主，一日一夜及於當陽之長阪。’今長坂在當陽南，北去江陵城百五十里，地形高險，或即楚人所欲遷也。《荆州記》亦云：‘當陽縣東有

---

① 科學本注：原稿闕“昭九”二字。

櫟林、長坂。'"沈欽韓同其説，引《輿地紀勝》："長坂在荆門軍當陽縣東北二十里。"按：當陽今屬荆門州。

蒍賈曰："不可。我能往，寇亦能往。不如伐庸。夫麇與百濮，謂我饑不能師，故伐我也。若我出師，必懼而歸。百濮離居，將各走其邑，誰暇謀人？"

〔疏證〕離居，猶言散處也。謀人，人斥戎也。

乃出師。旬有五日，百濮乃罷。

〔疏證〕《傳》終言百濮之事。

自廬以往，振廩①同食。

〔疏證〕洪亮吉云："此廬當即南郡中廬。"按：《十四年傳》"廬戢棃"下已釋。杜《注》："同食，上下無異饌也。"

次于句澨。

〔疏證〕杜《注》："句澨，楚西界也。"唐盧潘《同食館辨》引此《注》，作"楚境也"。顧棟高云："句澨當在襄陽府均州西。"

使廬戢棃侵庸，

〔疏證〕杜《注》："戢棃，廬大夫。"

及庸方城。

〔疏證〕江永云："此與僖四年方城異地。"沈欽韓云："《元和志》：'方城山在房州竹山縣東南三十里，頂上平坦，四面險固。山南有城周十餘里。'《一統志》：'方城亭在鄖陽府竹山縣東南方城山。'"

庸人逐之，囚子揚窻。

〔疏證〕杜《注》："窻，戢棃官屬。"

三宿而逸。曰："庸師衆，群蠻聚焉，不如復②大師，

---

① 科學本注：原稿眉批："振廩詁。"擬而未作。
② 科學本注：原稿眉批："復詁。"擬而未作。

〔疏證〕杜《注》：“還復句澨師。”

“且起王卒，合而後進。”

〔疏證〕是時楚子不在軍。

師叔曰：“不可。

〔疏證〕杜《注》：“師叔，楚大夫潘尪也。”

“姑又與之，遇以驕之。彼驕我怒，而後可克，

〔疏證〕《釋文》：“可克，或作‘可擊’。”

“先君蚡冒所以服陘隰也。”

〔疏證〕《古今人表》“蚡”作“蚠”。《楚①語注》：“蚡冒，楚季紃之孫，若敖之子熊率。”與《楚世家》世次異。《世家》作“季徇”，“季徇子熊咢，熊咢子熊儀，是爲若敖。若敖子熊坎，是爲霄敖。霄敖子熊眴，是爲蚡冒。”《索隱》：□音率②，則熊率即史之熊眴也。杜《注》：“蚡冒，楚武王父。”《疏》引劉炫云：“‘按：《楚世家》，蚡冒弟熊達弑蚡冒子而代立，是爲楚武王。則蚡冒是兄，不得爲父。’今知不然者，以《世家》之文多有紕繆，與經傳異者，非是一條。杜氏非不見其文，但見而不用耳。劉以《世家》而規杜，非也。”壽曾謂：韋《注》雖與《世家》異，却不言蚡冒爲武王父。《內傳》舊説當亦同。以爲武王父者，乃杜氏一人之説，妄不足據。今本《史記》“熊達”作“熊通”。通、達形近而歧。杜《注》：“陘隰，地名。”《疏》引《釋例》：“陘隰與僖四年‘次于陘’爲一地。‘潁川召陵縣南有陘亭’。楚自武王始居江漢之間，則蚡冒之時，未至中國，不應已能越申、息，遠服潁川之邑，疑非也。”《疏》蓋駁杜説。顧棟高云：“荊州府以東多山谿之險，因名。”

又與之遇，七遇皆北，

唯裨、儵、魚人實逐之。

〔疏證〕杜《注》：“裨、儵、魚，庸三邑。魚，魚復縣。”洪亮吉云：

---

① 科學本注：按：應作“鄭”。
② 科學本注：此句不見于《楚世家》。

“《郡國志》：‘巴郡魚復，古庸國。’”馬宗璉云：“《水經》：‘江水又東逕
魚復縣故城南。’酈元曰：‘故魚國也。’是魚乃群蠻之一，非庸地。劉昭
猶沿元凱之誤。”按：馬說是也。沈欽韓云：“《方輿紀要》：‘魚復故城在
夔州府奉節縣城東五里。’”禆、儵，今地闕。

庸人曰：“楚不足與戰矣。”遂不設備。

楚子乘馹，會師於臨品，

〔疏證〕馹，古“驛”字。《釋言》：“驛，傳也。”本《疏》引舍人曰：
“‘驛，尊者之傳也。’郭璞曰：‘傳車，驛馬之名也。’”《彙纂》：“臨品當
在襄陽府均州界。”

分爲二隊，

〔注〕服云：“隊，部也。”《文選·子虛賦注》。

〔疏證〕杜用服義。《廣雅·釋宮》：“羨、隊，道也。”王念孫云：“隊
爲羨道之通稱。襄十八年《左傳》‘夙沙衛連大車以塞隧’是也。《文十六
年傳》：‘分爲二隊，子越自石溪，子貝自仞，以伐庸。’隊與隧同，謂分
兩道以伐庸也。《哀十三年傳》‘越子伐吳爲二隧’是也。杜預以隊爲‘隊
伍’之隊，失之。”按：《傳》此言分兵，下言分道，服解未誤，故杜依用
之。王義可備一說。

子越自石溪，子貝自仞，以伐庸。

〔疏證〕《釋文》：“溪，本又作‘谿’。”杜《注》：“子越，鬬椒也。”
《彙纂》：“石溪、仞，當在均州界。”

秦人、巴人從楚師。群蠻從楚子盟，遂滅庸。

〔疏證〕《年表》：“楚莊王三年滅庸。”《楚世家》：“莊王即位三年，
遂滅庸。”

宋公子鮑禮於國人，

〔疏證〕杜《注》：“鮑，昭公庶弟文公也。”《宋世家》：“昭公無道，
國人不附。昭公弟鮑革賢而下士。”鮑革，異文。

宋饑，竭其粟而貸之。

〔疏證〕"貸"字杜不注。《説文》："貸，施也。"《廣雅・釋詁》："斂、欨、匃，與也。"王念孫引此《傳》爲證。

年自七十以上，無不饋詒也，時加羞珍異。

〔疏證〕《御覽》三十五"饋詒"引作"饋飴"。羞如"羞以含桃"之羞，養老禮也。《讀本》："謂加進珍品。"

無日不數於六卿之門。

〔疏證〕本《疏》："言參請不絶也。"

國之材人，無不事也；

親自桓以下，無不恤也。

〔疏證〕據《宋世家》，桓公卒，子襄公立。襄公卒，子成公立。成公卒，弟禦立。宋人殺禦而立昭公。由桓至昭凡四世，謂桓、襄、成之族也。

公子鮑美而艷，

襄夫人欲通之，

〔注〕服云："襄夫人，周襄王之娣[1]，王姬也。"《宋世家集解》。

〔疏證〕《八年傳》："宋襄夫人，襄王之娣也。"服據彼《傳》爲説。杜《注》："鮑適祖母。"《宋世家》："先，襄公夫人欲通於公子鮑。"

而不可，

〔注〕服云："不可，鮑不肯也。"《宋世家集解》。

〔疏證〕李貽德云："《釋詁》：'肯，可也。'此釋'可'爲'肯'，轉相訓。"

乃助之施。

〔疏證〕《宋世家》："乃助之施於國。"《正義》："襄夫人助公子鮑布施恩惠於國人也。"

昭公無道，國人奉公子鮑以因夫人。

---

① 林按："娣"，《史記》作"姊"。

於是華元爲右師，

〔疏證〕《世本》："華督生世子家，家生華孫御事，事生華元右師。"杜《注》："元，華督曾孫。"蓋據《世本》。《宋世家》作"因大夫華元爲右師"。《正義》："公子鮑因華元請，得爲右師。"此史公駁文，誤《傳》之"夫人"爲"大夫"也。鮑爲昭公弟，不假右師之官爲重。

公孫友爲左師，

華耦爲司馬，

〔疏證〕《八年傳》："襄夫人殺大司馬公子卬。"《十五年經》書"宋司馬華孫來盟"，則此《傳》記宋命官，非一時事。

鱗鱹爲司徒，

蕩意諸爲司城，

〔疏證〕《八年傳》："司城蕩意諸來奔。"其歸國不審在何年。

公子朝爲司寇。

初，司城蕩卒，公孫壽辭司城，

〔疏證〕《讀本》："司城蕩，公子蕩也。"杜《注》："壽，蕩之子。"按此溯八年前事。

請使意諸爲之。

〔疏證〕杜《注》："意諸，壽之子。"

既而告人曰："君無道，吾官近，懼及焉。

"棄官，則族無所庇。子，身之貳也，姑紓死焉。

〔疏證〕《卷耳傳》："姑，且也。"《□□①傳》："紓，緩也。"

"雖亡子，猶不亡族。"

既，夫人將使公田孟諸而殺之。公知之，盡以寶行。

---

① 科學本注：原稿闕文，查係《小雅·采菽》。

蕩意諸曰："盍適諸侯？"公曰："不能其大夫，至于君祖母，以及國人，

〔疏證〕杜《注》："君祖母，諸侯祖母之稱，謂襄夫人。"沈欽韓云："《喪服》適母爲君母[1]，則君祖母是適祖母之稱。杜預以爲'諸侯祖母之稱'，其不學如此。"[2]案：沈説是也。本《疏》："哀十六年，蒯瞶告周云：'得罪於君父君母。'謂母爲君母，則祖母爲君祖母矣。"以證杜説。然彼《傳》"君母"即指嫡母也。

"諸侯誰納我？且既爲人君，而又爲人臣，不如死！"

盡以其寶賜左右而使行。

〔疏證〕《廣雅·釋詁[3]》："行，去也。"

夫人使謂司城去公。對曰："臣之而逃其難，若後君何？"

冬，十一月，甲寅，宋昭公將田孟諸。未至，夫人王姬使帥甸攻而殺之。

〔疏證〕《檀弓疏》"帥甸"引作"甸師"。杜《注》："帥甸，郊甸之帥。"宋本"之帥"作"之師"，則杜本或亦作"甸師"。然《疏》引《載師》："'以公邑之田任甸地。'帥甸者，甸地之帥，當是公邑之大夫也。獨言帥甸，無以相明，故類言之，云'郊甸之帥'。"則唐本已作"帥甸"矣。沈欽韓云："《周禮》：'甸師之官，其徒三百人。'《文王世子》：'公族有罪，磐於甸人。'帥甸即此官也。"沈蓋以帥甸當甸師也。《年表》："襄夫人使衛伯殺昭公。"《宋世家》："昭公出獵，夫人王姬使衛伯殺昭公杵臼。"

蕩意諸死之。

〔疏證〕杜《注》："不書，不告。"

書曰："宋人弑其君杵臼。"君無道也。

---

① 科學本注：此似指"君母之父母從母"句《注》。

② 科學本注：沈氏《春秋左氏傳補注》此句作"非也"。

③ 科學本注：原稿闕"詁"字。

〔疏證〕宣四年《傳例》曰："凡弒君，稱君，君無道也；稱臣，臣之罪也。"詳彼年《疏證》。

文公即位，

〔疏證〕《年表》："弟鮑立。"《宋世家》："弟鮑革立，是爲文公。"

使母弟須爲司城。

華耦卒，而使蕩虺爲司馬。

〔疏證〕虺，意諸之弟。

〔經〕 十有七年，春，晉人、衛人、陳人、鄭人伐宋。

〔疏證〕《年表》："宋文公鮑元年，晉率諸侯伐我。"杜《注》謂："陳侯常在衛侯上，《傳》不言陳。公孫甯後至，甯位非上卿。"《疏》云："檢《春秋》上下，亦有後至無《傳》。而杜云後至者，則秦小子憖是也。案：彼則公孫甯未必非後至。"《疏》蓋駁杜説，則舊説不謂公孫甯非上卿也。

夏，四月，癸亥，葬我小君聲姜。

〔疏證〕《公羊》"聲"曰"聖"。

齊侯伐我西鄙。

〔注〕服虔以爲："再來伐魯，西鄙書，北鄙不書，諱仍見伐。"本《疏》。
〔疏證〕杜《注》："西當爲北，蓋《經》誤。"不用服説。《疏》引服説，駁之云："按：經十五年，'秋，齊人侵我西鄙'。冬，'齊人侵我西鄙'。僖二十六年，春，'齊人侵我西鄙'。'夏，齊人伐我北鄙'。皆仍見侵伐，書而不諱。此何獨諱而不書？凡諱者，諱國惡也。齊侯無道而伐我，我非有惡可諱，何以諱其仍伐？故知是一事，經文誤耳！知非《傳》誤者，魯求與平，即盟于穀。穀是濟北穀城縣也，穀在魯北，知北鄙是也。"壽曾謂：《十五年經》再書"齊人伐我西鄙"，下云："遂伐曹，入其郛。"或是齊師淹滯境上。《經》明伐曹之役，承西鄙之役也。《僖二十六年經》："春，齊人侵我西鄙。"下有"公追齊師至酅，弗及"之文，則齊師以敗去魯，故可更書"夏，齊人伐我北鄙"。服氏於此《經》稱"諱仍見伐"，必於彼《經》詳不諱之義，惜佚不可考。服知此年齊再來伐者，以《傳》於"葬聲姜"下有"有齊難，是以緩"之文也。《讀本》云："《經》書'西

鄲’，《傳》言‘北鄲’。服虔云‘再伐魯’也。四月葬聲姜前有齊難，則前曾來伐可知。”《疏》駁服說，非也。李貽德云：“《廣雅·釋詁》：‘仍，再也。’《漢書注》皆以‘仍’爲‘頻’。”《年表》：“齊伐我。齊懿公三年，伐魯。”

六月，癸未，公及齊侯盟于穀。

諸侯會于扈。

秋，公至自穀。 無《傳》。

冬，公子遂如齊。

〔傳〕 十七年，春，晉荀林父、衛孔達、陳公孫甯、鄭石楚伐宋，討曰：“何故弒君？”猶立文公而還。卿不書，失其所也。

〔疏證〕《宋世家》：“文公元年，晉率諸侯伐宋，責以弒君。聞文公定立，乃還。”則舊說謂此討宋之役，晉主之。杜《注》：“卿不書，謂稱人。”

夏，四月，癸亥，葬聲姜。有齊難，是以緩。

〔疏證〕上年秋八月，聲姜薨，至是已九月。杜《注》：“過五月之例。”

齊侯伐我北鄙，襄仲請盟。六月，盟于穀。

晉侯蒐于黃父，

〔疏證〕杜《注》：“一名黑壤，晉地。”顧棟高云：“宣七年，會于黑壤。《傳》云：‘盟于黃父。’杜《注》‘黃父’即‘黑壤’。蓋二名爲一地矣。後周宇文泰小字黑獺，諱之，改曰烏嶺。”沈欽韓云：“《方輿紀要》：‘烏嶺在澤州沁水縣西北四十里，即黃父，與平陽府翼城縣接界。’”

遂復合諸侯于扈，平宋也。

〔疏證〕《年表》：“晉靈公十一年，率諸侯平宋。”杜《注》：“《傳》不列諸國，而言復合，則如上十五年會扈之諸侯，可知也。”

公不與會，齊難故也。

〔疏證〕《讀本》：“魯有齊難，時公在穀也。”按：《傳》明齊之再伐魯。

書曰“諸侯”，無功也。

於是晉侯不見鄭伯，以爲貳於楚也。

鄭子家使執訊而與之書，以告趙宣子，

〔疏證〕子家，公子歸生也。《釋言》①：“訊，言也。”《正月傳》：“訊，問也。”杜《注》：“執訊，通訊問之官。”《讀本》：“言執物問訊宣子安否，即與執訊人書以告宣子。”

曰：“寡君即位三年，

〔疏證〕《年表》：“魯文公二年，爲穆公之三年。”

“召蔡侯而與之事君。九月，蔡侯入于敝邑以行。

〔疏證〕《年表》：“蔡莊侯之二十一年，謂將召蔡侯至鄭共朝晉。”②

“敝邑以侯宣多之難，寡君是以不得與蔡侯偕。

〔疏證〕《僖三十年傳》：“初，鄭公子蘭出奔晉，鄭石甲父、侯宣多逆以爲太子。”杜《注》：“宣多既立穆公，恃寵專權。”因彼《傳》爲説。

“十一月，克減侯宣多，而隨蔡侯以朝于執事。

〔疏證〕杜《注》：“減，損也。難未盡而行，言汲汲於朝晉。”王引之云：“上文云‘敝邑以侯宣多之難，寡君是以不得與蔡侯偕’，若難猶未盡，亦不能朝于晉矣。減，謂減絶也。《管子·宙合篇》曰：‘減，盡也。’《説文》：‘剗，減也。從刀尊聲。’《史記·趙世家》曰：‘當道者謂簡子曰：“帝令主君射熊與羆，皆死。”簡子曰：“是，且何也？”當道者曰：“晉國且有大難，帝令主君滅③二卿。”’是減爲滅絶也。甫減侯宣多，而即朝于晉，言不敢緩也。”案：王説是也。

“十二年六月，歸生佐寡君之嫡夷，

〔疏證〕杜《注》：“夷，太子名。”按：即靈公也。《年表》：“魯文公

---

① 科學本注：原稿“言”字闕文。
② 科學本注：原稿眉批：“查蔡、鄭《世家》。”
③ 科學本注：開明版二十五史作“滅”。

之十一年。”

“以請陳侯于楚，而朝諸君。

〔疏證〕《年表》：“陳共公之十六年。”

“十四年七月，寡君又朝以蔵陳事。

〔注〕賈、服云：“蔵，救也。”本《疏》。

〔疏證〕《年表》：“魯文公之十三年。”杜用賈、服義。本《疏》云：“蔵之爲救，無正訓也。先儒相傳爲然。”下引賈、服説。洪亮吉云：“晉以後諸本皆作‘蔵’。徧檢字書，并無‘蔵’字。《方言》《廣雅》‘蔵’字亦後人追改。今考字當爲‘苟’，通作‘蔵’，形相近而誤也。《説文》：‘苟，自急敕也。’正用賈義。”洪氏所云“苟”通作“蔵”，未申説其義。李貽德云：“《説文》無‘蔵’字，新附字有之。鈕氏樹玉曰：‘蔵，疑古作蔵。據《晉語》：“陽畢曰：厚戒蔵國以待之。”①韋《注》：“蔵，勑也。”’”此可證洪説。《方言》：“蔵，勑。戒，備也。”《玉篇》：“蔵，解也，備也。”《廣雅》：“蔵，飭，備也。”字誤而訓未誤。《傳》謂朝而戒備陳之朝事耳。王念孫云：“《説文》：‘勑，誠也。’鄭注《曾子問》云：‘戒，猶備也。’飭、勑、敕古通用。戒、誠古通用。”

“十五年五月，陳侯自敝邑往朝于君。

〔疏證〕《年表》：“魯文公之十四年，陳共公之十八年。”

“往年正月，燭之武往，朝夷也。

〔疏證〕往年，即文之十六年。杜《注》：“將夷往朝晉。”按：謂以夷之朝往也，“往”絶句。

“八月，寡君又往朝。

“以陳、蔡之密邇於楚，而不敢貳焉，則敝邑之故也。

〔疏證〕明陳、蔡之朝楚，鄭使之來。

“雖敝邑之事君，何以不免？

---

① 科學本注：劉氏據李貽德《春秋左傳賈服注輯述》引文。《叢書集成》本作“厚蔵戒圖以待之”。

“在位之中，

〔疏證〕猶言及位以來。

“一朝于襄，而再見于君。

〔疏證〕本《疏》：“鄭穆公以僖三十三年即位，晉襄公以文公六年卒。一朝于襄，三年十一月也。再見于君，十四年七月，往年八月也。或者十四年七月寡君又朝，勑成陳事。再見于君，謂往年正月燭之武往朝夷，八月寡君又朝也。”按：再見不數太子夷朝之事，《疏》前一説是。

“夷與孤之二三臣相及於絳。

〔疏證〕杜《注》：“孤之二三臣，謂燭之武、歸生自謂也。”《讀本》：“鄭二三臣前後相及，在晉絳都，言事晉恭。”本《疏》：“小國之君自稱曰孤。臣與他國之人言，稱己君爲寡君。此歸生對晉稱己君，當云寡君之二三臣。此言孤者，蓋鄭伯身自對晉，或自稱孤。歸生因即以孤言其君也。”

“雖我小國，則蔑以過之矣。今大國曰：‘爾未逞吾志。’敝邑有亡，無以加焉。

〔疏證〕言無以加於亡。

“古人有言曰：‘畏首畏尾，身其餘幾？’

〔疏證〕杜《注》：“言首尾有畏[1]，則身中不畏者少。”《淮南·説山訓》[2]：“皮將弗覩，毛將何顧？畏首畏尾，身凡餘幾？”《注》：“畏始畏終，中身不畏，凡有幾何？言常畏也。”惠棟云：“高《注》較杜《注》尤明晰。”文淇案：杜即用高義，特不若高之明顯耳。

“又曰：‘鹿死不擇音。’

〔注〕服云：“鹿得美草，呦呦相呼，至於困迫將死，不暇復擇善音。”本《疏》。

〔疏證〕杜《注》：“音，所茠蔭之處。古字聲同，皆相假借。”杜以

---

① 科學本注：原稿引此脱“有畏”二字。
② 科學本注：按：應作《説林訓》，《説山訓》中無此文。

音爲蔭，不用服説。《疏》：“杜意言鹿死不擇庇蔭之處，喻己不擇所從之國，欲從楚也。”下引服《注》，又以“劉炫從服説，以爲音聲，謂不擇音聲而出之而難杜。今知不然者，以《傳》云‘鋌而走險，急何能擇’，言走險，論其依止之處，以其怖急，得險則停，不能選擇寬靜茠蔭之所。傳文所論，止言其出處所在，不論音聲好惡，故杜不依服義。劉以爲音聲而規杜，非也”。顧炎武云：“‘鹿死不擇音’，言其鳴急切。《莊子》：‘獸死不擇音。’郭象《注》：‘野獸躡之窮地，意急情盡，則和聲不至。’是也。當從服虔之説。”洪亮吉亦引《莊子注》，又云：“劉逵《吳都賦》‘獸不擇音’，《注》：‘凡閒暇則有好音，逼急不擇音。凡獸皆然，非惟鹿也。’皆主音聲而言。杜《注》以‘音’作‘蔭’，義轉迂曲，而無所承，劉炫規之，最得。《正義》非也。”

文淇案：《後漢書·皇甫規傳》：“中外誣規貨賂群羌，令其文降，規懼不免。上書自訟曰：‘臣雖汙穢，廉潔無聞，今見覆没，恥痛實深。《傳》稱“鹿死不擇音”，謹冒昧略上。’”亦是讀從本字。顧、洪説是也。壽曾謂：《疏》駁服説，蓋據下文“挺而走險”，杜釋爲“如鹿赴險”，此爲杜氏新説，非古義所有。李貽德云：“‘鋌而走險’，是言‘困迫將死’之狀，非論其依止之處，《傳》明云走險，孔氏乃云‘得險則停’，更與《傳》意相違。”是也。《鹿鳴傳》：“鹿得苹，呦呦然而相呼。”服約《傳》意。

“小國之事大國也，德，則其人也；不德，則其鹿也，

“鋌而走險，急何能擇？

〔疏證〕杜《注》：“鋌，急走貌。”洪亮吉云：“《説文》：‘鋌，銅鐵樸也。挺，拔也。’按：此似當從手廷。高誘《吕覽注》：‘挺，猶動也。’蓋云動而走險耳。杜《注》非義訓。”文淇案：《皇甫規傳注》引《傳》正作“挺”，《説文》訓拔，亦動義。李貽德云：“‘急何能擇’，仍言‘不擇音’也。”

“命之罔極，亦知亡矣，

〔疏證〕杜《注》：“言晉命無極。”

“將悉敝賦以待於鯈。惟執事命之！

〔疏證〕杜《注》：“鯈，晉、鄭之境，今地闕。”

“文公二年六月壬申，朝于齊。

〔疏證〕杜《注》：“鄭文二年六月壬申，魯莊公二十三年六月二十四日。”顧棟高云：“魯莊二十三年六月是癸丑朔，壬申當是六月二十日。”貴曾曰[①]

“四年二月壬戌，爲齊侵蔡，

〔疏證〕杜《注》：“魯莊二十五年二月無壬戌，壬戌，三月二十日。”貴曾曰[②]

“亦獲成於楚。

“居大國之間，而從於强令，豈其罪也？

〔疏證〕沈欽韓云：“此追引鄭事。齊桓之時，鄭固從齊，而亦間成於楚，所以然者，介于兩大，急於救患也。齊于爾時未嘗見罪，晉胡爲苛求乎？”

“大國若弗圖，無所逃命！”

晉鞏朔行成於鄭，

〔疏證〕朔，即士莊伯。

趙穿、公壻池爲質焉。

〔疏證〕杜《注》：“趙穿，卿也。公壻池，晉侯女壻。”顧炎武云：“趙穿與池皆晉侯女壻，故以爲質。”朱駿聲云：“趙穿名池，一人也。若謂質兩壻，立文不順。”按：《文十二年傳》[③]：“趙有側室曰穿，晉君之壻也。”此顧説所本。朱駁未是。沈欽韓云：“《韓非·亡徵篇》：‘公壻、公孫，與民同門，傲暴其鄰。’此公壻之證。”[④]

秋，周甘歜敗戎于邧垂，乘其飲酒也。

〔注〕服云：“邧垂在高都南。”《水經·洛水注》。
〔疏證〕杜《注》：“甘歜，周大夫。”《讀本》：“蓋王子帶之後。”洪

---

① 科學本注：此下原稿闕。
② 科學本注：此下原稿闕。
③ 科學本注：原稿闕“文十二年”四字。
④ 科學本注：原稿眉批：“《文八年傳》：‘且復致公壻池之封。’”

亮吉云："《説文》無'邧'字。《廣韻》：'邧，沈字古文，國名，亦姓。本自周文王第十子聃季，食采于沈，即汝南平輿沈亭是也。'服虔云：'邧垂在高都南。'（《水經注》①）服説最諦。《郡國志》亦云：'新城縣有高都城。'今亭在城南七里。京相璠亦引舊説，言沈垂在高都南，而又以爲上黨有高都縣。此回遠之至，宜其爲道元所嗤矣。"按《水經·洛水注》："邧垂亭在高都城南七里，遺基存焉。"即用服説。《郡國志·新城注》即引此傳文。《春秋輿圖》："邧垂在河南汝州伊陽縣境。"

冬，十月，鄭太子夷、石楚爲質於晉。

〔疏證〕杜《注》："石楚，鄭大夫。"

襄仲如齊，拜穀之盟。

復曰："臣聞齊將食魯之麥。

〔疏證〕言將以來年夏侵魯也。

"以臣觀之，將不能。齊君之語偷。

〔疏證〕杜《注》："偷，猶苟且。"

"臧文仲有言曰：'民主偷，必死。'"

〔經〕 十有八年，春，王二月，丁丑，公薨于臺下。

〔疏證〕《讀本》："薨于台下，言非路寢。"《魯世家》："十八年二月，文公卒。"

秦伯罃卒。無《傳》。

〔注〕賈氏云："《穀梁傳》云：'秦伯偃。'"《公羊·昭五年疏》。

〔疏證〕《公羊》："昭八②年，秦伯卒。"《傳解詁》："據秦伯嬰稻名。"《疏》："今此'嬰'字者誤也。文十八年，'秦伯罃卒'之下，賈氏云：'《穀梁傳》云秦伯偃。'不道《公羊》曰'嬰'，知《公羊》與《左氏》同，皆作'罃'字矣。"按：賈氏於經文下例著"二《傳》異文"。今本《穀梁傳》作"罃"，乃後人以《左氏》改之，非賈氏所見之舊矣。

---

① 科學本注：劉氏原稿闕上二句，今據《春秋左傳詁》補入。

② 科學本注：按：應作"五"。

"鐅""偃"雙聲字。《秦本紀》："康公立，十二年卒。子共公立。"《索隱》："名猇"。

夏，五月，戊戌，齊人弑其君商人。

〔疏證〕《年表》："爲齊懿公之四年。"《齊世家》同。

六月，癸酉，葬我君文公。

秋，公子遂、叔孫得臣如齊。

冬，十月，子卒。

〔疏證〕杜《注》："先君既葬，不稱君者，魯人諱弑，以未成君書之。子，在喪之稱。"惠士奇云："杜預既葬稱君之説，至是而辭窮矣。"

夫人姜氏歸于齊。

季孫行父如齊。無《傳》。

莒弑其君庶其。

〔注〕劉、賈、許、潁以爲："君惡及國朝，則稱國以弑；君惡及國人，則稱人以弑。"《釋例》。

〔疏證〕杜《注》："稱君，君無道也。"不及書國之例。《疏》既引《釋例》，又云："《釋例》既不碎辨國之與人，而《傳》云：'莒紀公多行無禮於國，大子僕因國人以弑之。'《經》但稱國，不稱人，知國之與人，雖言別而事同也。"壽曾謂：劉、賈、許、潁知此稱國以弑者，正從《傳》稱"多行無禮於國"，鈎得書國、書人之例。杜引於《釋例》，蓋用其説。《疏》以《注》所未具駁之，非也。《宣四年傳》引劉、賈諸君説，亦謂國之與人，言別而事一，誤與此《傳疏》同。

〔傳〕 十八年，春，齊侯戒師期，而有疾。

〔疏證〕《讀本》："齊於春戒師期，蓋欲食魯之麥。"

醫曰："不及秋，將死。"

公聞之，卜，曰："尚無及期！"

〔疏證〕"卜"絶句。杜《注》："尚，庶幾也，欲令先師期死。"

惠伯令龜。

〔疏證〕沈欽韓云：“令龜，即命龜也。《周禮·大卜》：‘大祭祀眡高命龜。’《士喪禮》：‘宗人即席坐西南①，命龜。’按：卜法有六事：陳龜也，貞龜也，涖卜也，命龜也，眡高也，作龜也。其卜立君、卜大封事，更大於祭祀，則小宗伯命龜。故《小宗伯職》：‘國大貞，則奉玉帛以詔號。’鄭司農云：‘大貞，謂卜立君、卜大封也。’小宗伯尊於大卜。此惠伯命龜，亦因事大，以卿命卜史也。賈《疏》云：‘以大貞事大，故大卜身爲勞事。則大宗伯臨卜，其餘陳龜、貞龜，皆小宗伯爲之。’小事則大卜涖卜，卜師命龜也。”其命龜之辭，《曲禮》曰：“假爾泰龜有常。”

卜楚丘占之，曰：“齊侯不及期，非疾也；君亦不聞。令龜有咎②。”

二月，丁丑，公薨。

齊懿公之爲公子也，與邴歜之父爭田，弗勝。及即位，乃掘而刖之，

〔疏證〕《風俗通》：“邴歜，齊大夫。”《楚語注》亦以歜爲齊臣，與應劭説同。洪亮吉云：“《史記·齊世家》曰：‘與丙戎之父獵，爭獲不勝。’則田乃田獵。或以爲田邑，誤。”按：洪説是也。史公約傳文，以獵伐田，則釋田爲獵也。《世家》又云：“及即位，斷丙戎父足。”杜《注》：“斷其尸足。”杜以《傳》言“掘”，故云“斷尸足”也。邴、丙，歜、戎，異文。《衛世家》作“邴鄧”。《索隱》云：“《齊世家》作‘丙戎’者，蓋邴鄧掌御戎軍，故號邴戎。”李富孫云：“戎、歜一聲之轉，鄧、歜亦形近致異。”

而使歜僕。

〔注〕賈云：“僕，御也。”《齊世家集解》。

〔疏證〕杜用賈説。李貽德云：“《詩·正月箋》：‘僕，將車者。’《車攻傳》：‘御，御馬也。’古佐綏之人或稱僕，或稱御。《禮記·曲禮》：‘僕人執策。’《儀禮·既夕》：‘御者執策。’是也。”

納閻職之妻，而使職驂乘。

---

① 科學本注：按：《士喪禮》原文作“即席西面坐。”

② 科學本注：原稿眉批：“咎詁。”擬而未作。

〔疏證〕《齊世家》：“庸職之妻好，公内之宮，使庸職驂乘。”《索隱》：“《左傳》作‘閻職’，此言‘庸職’。不同者，《傳》所云閻，姓；職，名也。此言‘庸職’，庸非姓。蓋謂受雇織①之妻，史意不同，字則異耳。”文淇案：閻、庸一聲之轉。壽曾謂：詳《索隱》受雇織②之妻，則史公叙事作“庸織”，後人轉以傳文改之。《説苑・復恩篇》正作“庸織”，可證也。《後漢書・楊秉傳》秉奏事約此《傳》，“二人參乘”。參、驂異文。

夏，五月，公游于申池。

〔疏證〕杜《注》：“齊南城西門名申門。齊城無池，唯此門左右有池。疑此則是。”案：《水經・淄水注》：“時水出齊城西南，世謂之寒泉。東北流，直申門西。京相璠、杜預并言申門即齊城南面西第一門矣。今池無復髣髴，尚有竹木遺生。”詳酈氏引京、杜説，止辨申門所在。京氏亦未云此《傳》之申池即在申門。惠棟云：“杜氏依京相璠説，言申池在齊城南，非也。申池在海隅。齊之藪多竹木，故云納諸竹中。若近在城南，不須言歸舍爵也。”惠氏辨申池在海隅，最諦③。然誤認爲京、杜同説。馬宗璉云：“此齊海濱之藪。《淮南子》可證。酈元亦知焚申池之竹木，非在海隅，故其《淄水注》不言北極于海。惠定宇不知申池有二，專以京、杜之説爲書，未見明晰。”按：馬説是也，其以京《注》爲説，襄十八年之申門，尤確。杜乃誤會京説。《齊世家》：“五月，懿公游於申池。”《集解》、左思《齊都賦注》：“申池，海濱齊藪也。”此惠説所本。馬氏引《淮南子》，見《地形訓》。又案：《晉書・慕容德傳》：“德以晏謨從至漢城陽景王廟，謁庶老于申池北。登社首山，東望鼎足。因目牛山而歎曰：‘古無不死。’愴然有終焉之志。遂問謨以齊之山、川、丘、陵、賢、哲舊事。”此尤申池在海濱之證。

二人浴於池。歌以扑扶職。

〔疏證〕《釋文》：“扑字宜從手，作木邊，非也。”是唐已有作“朴”之誤本。杜《注》：“扑，筵也。扶，擊也。”段玉裁云：“扑者，《説文》攴字之變，才即又也。擊之曰扑，因名其器曰扑。”按：《小胥》：“巡舞列

---

① 科學本注：原稿作“顧織”。
② 科學本注：同前。
③ 林按：“齊之藪多竹木”至“最諦”一段三十三字，原底本爲眉批。

而撻其怠慢者。”《注》：“撻，猶抶也。抶以荆扑。”《疏》：“《左傳》：‘歜以扑抶職。’是抶爲撻。”據此，則抶、撻轉相訓。撻猶擊也。“抶，擊”，《廣雅·釋詁》文。

職怒。歜曰：“人奪女妻而不怒，一抶女，庸何傷？”職曰：“與刖其父而弗能病者何如？”乃謀弑懿公，納諸竹中。

〔疏證〕《年表》：“二人共殺公。”《齊世家》：“二人浴，戲。職曰：‘斷足子。’戎曰：‘奪妻者。’二人俱病此言，乃怨。謀與公游竹中，二人弑懿公車上，棄竹中而亡去。”史公謂游竹中而弑公於車，可補《傳》義。《後漢書·楊秉傳》：“秉奏：‘中常侍侯覽弟參貪殘元惡，自取禍滅。覽固知釁重，必有自疑之意。臣愚以爲不宜復見親近。昔懿公刑邴歜之父，奪閻職之妻，而使二人參乘，卒有竹中之難。《春秋》書之，以爲至戒。’”詳楊秉説，則古義以懿公之使二人參乘爲非，故秉引以證侯參不宜在帝側也。

歸，舍爵而行。

〔疏證〕杜《注》：“飲酒訖，乃去。”沈欽韓云：“告奠于廟而去也。定八年，‘子言辨舍爵于季氏之廟而出’，與此同。杜預謂‘飲酒訖’者，鄙詞也。”

齊人立公子元。

〔疏證〕《年表》：“立桓公子惠公。”《齊世家》：“懿公之立，驕，民不附。齊人廢其子，而迎公子元于衛，立之，是爲惠公。惠公，桓公子。其母衛女，曰少衛姬，避齊亂，故在衛。”

六月，葬文公。

秋，襄仲、莊叔如齊，惠公立故，且拜葬也。

〔注〕服云：“襄仲，公子遂。”《魯世家集解》。
〔疏證〕《齊①世家》引服《注》次“私事襄仲”下，於傳文宜繫此，分移之。杜《注》：“襄仲賀惠公立，莊叔謝齊來會葬。”《傳》無此意。

---

① 林按：據上注文出處，知此當作“魯”。

文公二妃。敬嬴生宣公。

〔疏證〕杜無注。《讀本》："二妃,敬嬴。元妃,哀姜也。"則二妃對元妃言之。然《傳》無元妃、二妃對文之例。《魯世家》："文公有二妃:長妃,齊女哀姜,生子惡及視;次妃敬嬴,嬖愛,生子俀。"史公隱括傳文,《傳》"敬嬴"上似有奪句。《傳》於此宣明惡、視所出也。

敬嬴嬖,而私事襄仲。

〔疏證〕私事,謂結襄仲為援也。此亦險辭,猶周、鄭交質,王叛王孫蘇也。《魯世家》："俀私事襄仲。"則謂宣公與襄仲親。《傳》意不如此。

宣公長,而屬諸襄仲。

〔疏證〕《讀本》："私事襄仲,故襄仲奉其屬。"

襄仲欲立之,叔仲不可。

〔注〕服云："叔仲,惠伯。"《魯世家集解》。

〔疏證〕杜用服説。據《世本》,惠伯名彭。《魯世家》："襄仲欲立之,叔仲曰:'不可。'"

仲見于齊侯而請之。齊侯新立,而欲親魯,許之。

〔疏證〕《魯世家》："襄仲請齊惠公,惠公新立,欲親魯,許之。"本《疏》："惡是齊甥,齊侯許廢惡者,惡以世適嗣立,不受齊恩,宣以非分得國,荷恩必厚,齊侯新立,欲親魯為援,故許①之。"此得當時情事。

冬,十月,仲殺惡及視,而立宣公。

〔疏證〕杜《注》:"殺②視不書,賤之。"沈欽韓云:"母弟豈為賤?"顧炎武云:"殺視及叔仲惠伯,不書,亦諱之耳。"壽曾謂:惡為嫡長,有君之道,宜書於《經》。《經》諱惡之被弒,則視亦不得書矣。顧説是也。《魯世家》:"冬,十月,襄仲殺子惡及視,而立俀,是為宣公。"

書曰"子卒",諱之也。

---

① 林按:劉氏原作"立",據《左傳正義》回改。
② 科學本注:原稿脱"殺"字。

仲以君命召惠伯，

〔疏證〕《讀本》：“詐子惡之命召惠伯。”按：子惡此時未成爲君，而言君命者，詞窮也。

其宰公冉務人止之，

〔疏證〕《廣韻》“公”字下，以公冉爲複姓。

曰：“入必死。”叔仲曰：“死君命可也。”公冉務人曰：“若君命，可死；非君命，何聽？”弗聽，

乃入，殺而埋之馬矢之中。

〔疏證〕沈欽韓云：“《説文》：‘蔺，糞也。’《韻會》云：‘通作矢。’《莊子·人間世》：‘夫愛馬者以筐承矢。’”杜《注》：“史畏襄仲，不敢書殺惠伯。”文淇案：殺惡既諱，則惠伯之死，自不得書。杜説非也。

公冉務人奉其帑以奔蔡，

既而復叔仲氏。

〔疏證〕《世本》：“桓公生僖叔牙，叔牙生武仲休，休生惠伯彭，彭生皮，爲叔仲氏。”

“夫人姜氏歸于齊”，大歸也。

〔疏證〕《傳例》：“出曰大歸。”杜《注》：“嫌與有罪出者異，故復發傳。”《魯世家》：“哀姜歸齊。”

將行，哭而過市，曰：“天乎！仲爲不道，殺適立庶。”市人皆哭。魯人謂之哀姜。

〔疏證〕《年表》：“襄仲殺嫡，立庶子爲宣公。”《魯世家》：“哀姜哭而過市曰：‘天乎！襄仲爲不道，殺適立庶！’市人皆哭。魯人謂之‘哀姜’。由是公室卑，三桓彊。”《索隱》：“此‘哀’非謚，蓋以哭而過市，國人哀之，謂之‘哀姜’。故生稱‘哀’。與上桓夫人別也。”按：上文“夫人姜氏”，杜《注》：“惡、視之母出姜也。”“出”亦非謚。夫人卒於齊，蓋不制謚。

莒紀公生大子僕，

〔疏證〕杜《注》：“紀，號也。莒夷無諡，故有別號。”紀是地名，詳成八年《疏證》。今地闕。

又生季佗，愛季佗而黜僕，

〔疏證〕《魯語注》引作“李它”。

且多行無禮於國。

僕因國人以弒紀公，以其寶玉來奔，

納諸宣公。公命與之邑，曰：“今日必授！”

〔疏證〕《讀本》：“納其寶玉，命與之邑。”《魯語注》：“授，予也。”

季文子使司寇出諸竟，曰：“今日必達！”

〔疏證〕朱駿聲云：“按：《説文》：‘達，行不相遇也。’自是古訓。《書·顧命》：‘用克達殷。’《吳語》‘寡人其達王於甬句東’，正與此‘達’字同放逐之意。《禮記·内則》：‘左右達爲夾室。’夾室所以相隔絶也，誼亦相近。”按：朱説是也。《魯語》：“里革遇之，而更其書曰：‘爲我流之于夷，今日必通。’”通即達義。《注》謂“疾之”，非。《讀本》：“季文子蓋矯公命。杜預云：‘未見公而①出之，故來不書。’恐非當日情事。”壽曾謂：《傳例》，“崩、薨不告則不書。禍、福不告亦不書。”莒未告魯以君弒，則不得書也。

公問其故。

季文子使大史克對曰：

〔疏證〕《魯語》謂：“里革易公命以逐莒僕，故季文子即使里革對公也。”韋《注》：“里革，魯太史克也。”

“先大夫臧文仲教行父事君之禮，行父奉以周旋，弗敢失隊，

〔疏證〕《後漢書·鄭興傳》：“興東歸葬，隗囂不聽。入見囂曰：‘興聞事親之道，生事之以禮，葬之以禮，祭之以禮，奉以周旋，弗敢失墜。’”《注》：“周旋，遵奉也。《左傳》季文子語。”按：興爲《左氏》學，

---

① 科學本注：按：杜《注》有“文子”二字，劉稿闕。

故引《傳》以對隗囂也。隊、墜異文，字當從隊。隊，古墜字。周旋，杜無注，章懷《注》或是舊説。

"曰：'見有禮於其君者，事之，如孝子之養父母也；見無禮於其君者，誅之，如鷹鸇之逐鳥雀也。'

〔疏證〕杜無注。《釋鳥》："鷹，鶆鳩。"《注》："鶆，當爲'爽'字之誤耳。《左傳》作'鶆鳩'，是也。"本《疏》引《釋鳥》"鶆"作"來"。《昭十七年傳》引樊光云："來鳩，爽鳩也。"《月令》："季夏之月，鷹乃學習。"鄭《注》："鷹學習，謂攫搏也。""孟秋之月，鷹乃祭鳥。"鄭《注》："鷹祭鳥者，將食之，示有先也，皆説鷹逐鳥雀義。"《釋鳥》又云："晨風，鸇。"《注》："鷂屬。《詩》曰：'鴥彼晨風。'"《晨風疏》引舍人云："晨風一名鸇，鷙鳥也。"又引陸璣《詩疏》云："鸇似鷂，青黄色，燕頷句喙，嚮風搖翅，乃因風飛急，疾擊鳩、鴿、燕、雀食之。"則鸇性亦鷙，故《傳》與鷹連言之。邵晉涵云："鸇爲鷹類。"是也。《漢書·翟方進傳》："奏曰：'昔季孫行父有言曰："見有善[1]於其君者愛之，如孝子之養父母也。見不善者誅之，若鷹鸇之逐鳥雀也。"翅翼雖傷，不避也。'"蓋據《傳》義爲説，"翅翼雖傷不避"句，乃翟氏説《傳》取喻之意。

"先君周公制《周禮》曰：

〔疏證〕《讀本》："《周禮》《誓命》，史克引者，今無其書。"

"'則以觀德，

〔疏證〕《魯語注》："則，法也。"杜用韋説，又云："合法則爲吉德。"

"'德以處事，

"'事以度功，

"'功以食民。'

〔疏證〕杜《注》："處，猶制也。度，量也。食，養也。"

"作《誓命》曰：

---

① 林按："禮"，《漢書·翟方進傳》作"善"。

〔疏證〕杜《注》：“誓，要信也。”《疏》云：“此非《周禮》之文，亦無《誓命》之書。在後作《九刑》者，記其《誓命》之言，著於《九刑》之書耳。”按：詳下文所稱誓命，蓋周公刑律之書。杜《注》、《疏》說皆非。

“‘毀則爲賊，掩賊爲藏。

〔疏證〕《魯語》：“臣聞之：‘毀則爲賊，掩則爲臧。’”《注》：“掩，匿也。”杜用韋說。黃生《義府》云：“藏字，杜不注。《疏》：‘主謂藏匿罪人之名。’按：藏乃臧之誤也。古藏、贜字皆作臧，後人轉寫誤加草耳。考《國語》正作‘臧’。掩賊爲臧，言得賊之物而隱庇其人，猶今窩主之謂，故曰：‘主臧之名，賴姦之用。’‘盜、賊、臧、姦俱爲凶德’，取本文讀之，其意自顯。作臧，則臧、贜二義皆具。作藏則義不備，意不明矣。”按：黃說是也。

“‘竊賄爲盜，盜器爲姦。

〔疏證〕杜《注》：“賄，財也。器，國用也。”《魯語》：“竊寶者爲軌[①]，用軌之財爲姦。”《注》：“亂在内爲軌，謂以子盜父財寶[②]也。《外傳》文與《内傳》異，義則同。盜器謂用盜之器。上賊、臧以人言，此盜、姦以物言，觀下文但舉臧與姦可明。”杜《注》既不了晰，《疏》遂云：“竊人財賄謂之爲盜，盜人器用謂之爲姦。”則此二句何別？

“‘主藏之名，賴姦之用，

〔疏證〕杜《注》：“以掩賊爲名。用姦器也。”其解“主藏”是，解“賴姦”非。賴姦之用，謂恃爲姦所得之財用也，猶今律窩主分贜矣。

“‘爲大凶德，有常無赦。

〔疏證〕杜《注》：“刑有常。”

“‘在《九刑》不忘。’”

〔注〕賈云：“正刑一，加之以八議。”《司刑疏》。服云：“正刑一，議刑八。小司寇以八辟麗邦法、附刑罰：一曰議親之辟，二曰議故之辟，三

---

① 科學本注：《叢書集成》本作“宄”。
② 科學本注：《叢書集成》本無“財寶”二字。

曰議賢之辟，四曰議能之辟，五曰議功之辟，六曰議貴之辟，七曰議勤之辟，八曰議賓之辟。"本《疏》。

〔疏證〕杜《注》："'誓命'以下皆《九刑》之書。《九刑》之書今亡。"不用賈、服説。惠棟云："《九刑》，謂《刑書》九篇也。"引《周書·嘗麥解》"太史筴《刑書》九篇，以升援大正"，謂"周作《九刑》之事"。惠氏蓋從杜説。杜説本《昭六年傳》："周有亂政，而作《九刑》。"《疏》據之，謂："此云周公作《誓命》，其事在《九刑》。"又駁服説云："此八議者，載於《司寇》之章，周公已制之矣。後世更作，何所復加？且所議八等之人，就其所犯正刑，議其可赦以否，八者所議，其刑一也，安得謂之八刑？杜知其不可，故不解之。"

壽曾謂：《傳》已引《誓命》，則"毀則爲賊"云云，皆《誓命》篇中語，不當以"九刑"爲書名。《傳》言"在九刑不忘"者，正申有常無赦之意，謂凡情罪似此者，正刑、議刑皆不赦也。賈、服之義止如此，未言以四者加於八議。《周禮》於八議，明言議某之辟，辟即刑也。何得謂不得名八刑？《疏》駁皆非。其引昭六年"周有九刑"，亦不足爲此《傳》九刑之證。知者，《司刑疏》："案：文十八年，史克云：'周公制禮，"則以觀德"，作《誓命》曰"毀則爲賊，竊賄爲盜，在九刑不忘"。'言九刑者，鄭注《堯典》云：'正刑五，加之流宥、鞭、朴、贖刑，此之謂九刑者。'賈、服以正刑一，加之以八議。《昭六年》云'周有亂政，而作《九刑》'，而云周公作者，鄭《志》云：'三辟之興皆在叔世。受命之王所制法度，時不行耳，世末政衰，隨時自造刑書，不合大中，故叔向譏之。作刑書必重其事，故以聖人之號以神其書耳。'若然，九刑之名，是叔世所作，假言周公，其實非周公也。"據此，則《昭六年傳》之九刑，非周公所制，不得用以釋此《傳》之九刑也。本《疏》引服《注》作："正刑一，議刑八。"又云："即引《小司寇》八議，議親、故、賢、能、功、貴、勤、賓之辟。"則服《注》本備列《小司寇》文，今爲補之，賈、服謂正刑者，今律所謂正條也。八議，鄭君《注》云："辟，瀇也。麗，附也。附，猶著也。議親之辟，鄭司農云：'若今時宗室有罪先請是也。'議故之辟，故謂舊知也。議賢之辟，賢謂有德行者。議能之辟，能謂有道藝者。議功之辟，謂有大勳力立功者。議貴之辟，鄭司農云：'若今時吏墨綬，有罪先請是也。'議勤之辟，謂憔悴以事國。議賓之辟，謂所不臣者，三恪、二代之後歟？"詳先、後鄭説，八議皆謂罪當減等。賈、服之義，謂四者之罪，不以八議減之。

"行父還觀莒僕，莫可則也。

〔疏證〕杜《注》："還，猶周旋。"

"孝、敬、忠、信爲吉德，盜、賊、藏、姦爲凶德。

〔疏證〕蒙上文"則以觀德"言。

"夫莒僕，則其孝敬，則弑君父矣；則其忠信，則竊寶玉矣。其人，則盜賊也；其器，則姦兆也。

〔疏證〕《釋言》[①]："兆，域也。"謂寶玉由莒來。

"保而利之，則主藏也。以訓則昏，民無則焉。

〔疏證〕此言魯不當納莒賄。"訓"與"馴"字通。訓，猶順也。《孝經》："以順則逆。"

"不度於善，而皆在於凶德，是以去之。

〔疏證〕《□□[②]傳》："度，居也。"《讀本》："言不居善而行凶，不可留也。"

"昔高陽氏有才子八人，

〔注〕先儒舊説皆以顓頊、帝嚳爲帝之身號。高陽、高辛皆國氏土地之號。高陽次少昊，高辛次高陽，堯承高辛之後。本《疏》。

〔疏證〕《五帝本紀》文同先儒舊説，即服氏説也。知者，下"少皞氏"服《注》："少皞，金天氏帝號。""帝鴻氏"服《注》："帝鴻，黃帝。"則此當云："高陽，顓頊也。"杜《注》："高陽，帝顓頊之號。八人，其苗裔。"即用先儒舊説。《疏》約舉其詞，又兼引譙周《考史》，故與下服《注》文異也。《五帝本紀》："帝顓頊高陽者，黃帝之孫而昌意之子也。"《索隱》："宋衷云：'顓頊，名。高陽，有天下號也。'張晏云：'高陽，所興地名也。'"《紀》又云："顓頊崩，而玄囂之孫高辛立，是爲帝嚳。帝嚳高辛者，黃帝之曾孫也。"《集解》："張晏曰：'少昊以前，天下之號象其德。顓頊以來，天下之號因其名。高陽、高辛皆其所興之地名。顓頊與嚳，

---

① 科學本注：原稿闕"言"字。

② 科學本注：原稿闕文。查係《詩·皇矣》。

皆以字爲號。上古質故也。’”《索隱》：“宋衷曰：‘高辛，地名，因以爲
號。嚳，名也。’皇甫謐云：‘帝嚳名夋。’”服《注》蓋取史公書爲説。諸
家又用服氏意説史公書也。身號，即名。上古名字之稱未定，其謂嚳名夋
者，廣異説耳。本説高陽、高辛，兼及少昊。高陽、高辛、堯之世次者，
《傳》錯舉其事，不次世之先後，因表明之。更當云“少皞次黄帝”，繫高
陽之上。今文佚矣。緇雲氏亦當然。洪亮吉云：“《史記索隱》引賈逵，亦
以《左傳》高陽才子八人，謂其後代而稱爲子。杜取賈義。”今考《索隱》
未引賈説，不知洪氏何所據①。

“蒼舒、隤敳、檮戭、大臨、尨降、庭堅、仲容、叔達，

〔注〕服云：“八人，禹、垂之屬也。”本《疏》。

〔疏證〕洪亮吉云：“隤敳，《索隱》作‘隤鎧’，王符《潛夫論》作
‘隤凱’。檮戭，王符作‘檮演’②，《古今人表》作‘檮戭’。尨降，王符作
‘龍降’。”皆異文。《廣雅·釋詁》：‘臨、巨，大也。”王念孫云：“《左傳》
‘高陽氏有才子八人’，自‘庭堅’以上，皆以二字爲名。《爾雅》：‘厖、
洪，大也。’‘洪’與‘降’古同聲。大臨、尨降或皆取廣大之義與。”杜
《注》：“此即垂、益、禹、皋陶之倫。庭堅即皋陶字。”杜於服《注》外
增出益、皋陶二人。《疏》申之云：“司馬遷采帝系《世本》以爲《史記》，
其《夏本紀》稱禹是顓頊之後③，《秦本紀》稱皋陶是顓頊之後，伯益則皋
陶之子。垂之所出，史無其文。舊説相傳，亦出顓頊，故云此即垂、益、
禹、皋陶之倫也。《五④年傳》：‘臧文仲聞六與蓼滅，云：“皋陶庭堅不祀
忽諸。”’知庭堅、皋陶爲一人，其餘則不知誰爲禹，誰爲益。”

壽曾謂：服謂垂、禹之屬。其垂、禹連言者，《書·堯典》：“帝曰：
‘俞，咨垂，汝共工。’”馬融《注》：“爲司空，共理百工之事。”據馬説，
則垂、禹同掌百工之事矣。杜增益皋陶，非服説所有。《水經·洛水注》
引《顯靈碑》，以“益”爲“即隤敳”，其説蓋不足據。惟庭堅之文有《五
年傳》可證。《古今人表》“庭堅”正作“咎繇”。班氏據彼《傳》改“庭
堅”爲“咎繇”也。本《疏》又云：“《古今人表》銓量古人爲九等之次，
雖知禹、益必在八愷，稷、契必在八元，不能識知其人，不得自相分配，

---

① 科學本注：案：《索隱》引賈在《五帝本紀》“少典之子”句下。

② 科學本注：原稿脱此句。

③ 科學本注：原稿“後”誤作“孫”字。

④ 科學本注：《十三經注疏》誤作“六年”。

故八元、八愷與皋陶、禹、稷并出其名，亦爲不知故也。”《疏》謂《人表》知八愷有禹、益，與服説異。疑舊説别有釋爲禹、益之屬者，杜但增皋陶耳。然《人表》以“咎繇”易“庭堅”，非并出其名。《疏》亦誤。

“齊、聖、廣、淵、明、允、篤、誠，

〔疏證〕《釋言》：“齊，中也。”《詩·小旻傳》[1]：“聖，通也。”《詩·燕燕傳》[2]：“淵，深也。”《釋詁》：“允，信也。篤，厚也。”

“天下之民謂之八愷。

〔注〕賈云：“愷，和也。”《五帝本紀集解》。

〔疏證〕杜用賈説。《疏》：“言其和於物也。愷訓爲樂，樂亦和也。”《五帝本紀》作：“世得其利，謂之八愷。”

“高辛氏有才子八人，

〔疏證〕《五帝紀》文同。高辛氏已説於上。此服《注》當云：“高辛，帝嚳也。”杜《注》：“高辛，帝嚳之號，八人亦其苗裔。”蓋用舊説。

“伯奮、仲堪、叔獻、季仲、伯虎、仲熊、叔豹、季貍，

〔疏證〕洪亮吉云：“伯奮，《古今人表》作‘柏奮’。伯虎，作‘柏虎’。仲熊，王符作‘仲雄’，《人表》作‘季熊’。”皆異文。惟《人表》‘季熊’下《注》：“師古曰：‘即《左氏傳》所謂季貍也。’”則《人表》“季貍”作“季熊”，洪説誤。此《傳》服《注》無考。《説文·人部》：“偰，高辛氏之子，爲堯司徒。”當是用賈君説。偰即契。杜《注》：“此即稷、契、朱虎、熊羆之倫。”前八愷《疏》：“《人表》雖知稷、契必在八元。”則《左氏》舊誼止稱稷、契之屬，其朱虎、熊羆爲杜所加。或舊説又自不同，如八愷之比也[3]。本《疏》：“契後爲殷，稷後爲周。《史記》稷、契皆爲帝嚳之子，而上句《注》云‘其苗裔’者，《史記》堯亦帝嚳之子，則稷、契，堯之親弟。以堯之聖，有大德之弟，久而不知，舜始舉用。以情而測，理必不然。且云‘世濟其美’，必應累世，不容高辛之下即至其身。

---

① 科學本注：原稿闕詩篇名。

② 科學本注：同前。

③ 林按：劉氏《疏證》原稿“前八愷《疏》”至此節略引述爲“《人表》雖知稷、契必在八元”一句。

馬遷《傳》聞於人，未必盡得其實。”

壽曾謂：《疏》駁《史記》者，以高陽氏才子。杜《注》謂“八人，其苗裔”，疑此《傳》亦當然。此《傳》杜《注》却不言苗裔，杜意以高辛次高陽，其子得爲舜舉耳。《疏》不能達杜意，乃謂稷、契非帝嚳之子。考稷爲嚳子，記載無異説。《生民疏》：“《大戴禮》以堯與契俱爲嚳子，劉歆、班固、賈逵、服虔、王肅、皇甫謐等皆以爲然。”則此《傳》舊説以稷、契爲即高辛氏之子。杜承其説，故不復云苗裔也。但八人之中不知誰爲稷、誰爲契矣。《疏》又云：“此言伯虎、仲熊，《尚書》有朱虎、熊羆。二者其字相類，《尚書》更有夔龍之徒，亦應有在元、愷内者，但更無明證，名字又殊，不知與誰爲一，故不復言之。”《疏》蓋釋杜朱虎、熊羆之義。但謂其字相類，則不以杜説爲諦。

“忠、肅、恭、懿、宣、慈、惠、和，

〔疏證〕《釋訓》：“肅①，敬也。”《釋詁》：“懿，美也。”《釋言》：“宣，徧也。”

“天下之民謂之八元。

〔注〕賈云：“元，善也。”《五帝本紀集解》。

〔疏證〕杜用賈説，《疏》：“善其善於事。《易·文言》曰：‘元者，善之長也。’”

“此十六族也，

〔疏證〕《五帝本紀》“也”作“者”。杜無注。《疏》：“謂之族者，以其各有親族。”《五帝紀索隱》云：“謂元、愷各有親族，故稱族也。”與《疏》説同。《疏》又引劉炫云：“各有大功，皆賜氏族，故稱族。”此劉氏《述議》語。則舊説謂有功賜族，《疏》説非。《古今人表》於八元、八愷外，別有禹、臯、垂、朱牯、柏譽、柏益、龍、夔。吳仁傑《兩漢刊誤補遺》云：“自禹至夔即《書》所謂九官者也。觀舜命九官之外，有殳牯、伯與、朱虎、熊羆，于殳牯、伯與加‘暨’字，而朱虎、熊羆不然者，殳、牯爲二人，伯與爲一人，朱、虎、熊、羆爲四人，則殳、牯、伯與、朱、虎、熊、羆爲七人，合九官之數，而爲十六。此所謂八元、八愷也。”可存備一説。

---

① 科學本注：《釋訓》文爲“肅肅也”。

"世濟其美，不隕其名。

〔疏證〕杜《注》："濟，成也。隕，隊也。"《五帝紀索隱》："言後代成前代也。"即釋杜"成"字義。《生民傳》："后稷之母配高辛氏帝焉。"《疏》云："若稷、契即是嚳子，則未嘗隔世。《左傳》之說八元，云'世濟其美'者，正以能承父業即稱爲世，不要歷數世也。其緯候之書及《春秋命曆序》，言五帝傳世之事爲毛說者，皆所不信。鄭云：'當堯之時，爲高辛之世妃。'謂其爲後世子孫之妃也。但以姜嫄爲世妃，則于《左傳》'世濟'之文復協，故《易傳》不以爲高辛之妃也。"據《詩傳》及彼《疏》說，則八元爲高辛氏親子。"世濟其美"蒙"十六族"爲文，則八愷亦高陽氏親子矣。杜以八愷、八元爲顓頊帝嚳苗裔，是由鄭說"高辛世妃"之說推得之，知高陽氏亦當然也。"高陽氏"下《疏》："《春秋緯命曆序》顓頊傳九世，帝嚳八世，典籍散亡，無以取信，要二帝子孫，至舜時始用，必非帝之親子。"即用鄭說。服《注》於八愷無苗裔之文，疑從毛《傳》也。

"以至于堯，堯不能舉。

〔疏證〕《五帝本紀》"不"作"未"，是史公意謂堯未及舉而已相舜也。

"舜臣堯，舉八愷，使主后土，

〔注〕王肅云："君治九土之宜。"《五帝本紀集解》。

〔疏證〕《堯典》："僉曰：'伯禹作司空。'"鄭君《注》："舜舉禹治水。"蓋用《傳》說。鄭君亦以禹在八愷中，與服《注》同也。杜《注》："后土，地官。禹作司空，平水土，即主地之官。"用鄭說也。《疏》："后，訓君也。天稱皇天，故地稱后土。"不從杜"地官"說。蓋舊疏辨王肅"九土"之詞，王說與杜異，九土謂九州也。《書·堯典》馬融說謂禹平水土置九州，舜分置并、幽、營也。君治九土之宜，謂度九州水土之宜而治之。

"以揆百事，莫不時序，地平天成。

〔疏證〕《釋言》："揆，度也。"《釋詁》："成，平也。""地官天成"，今僞古文《大禹謨》有此文，杜《注》不云逸《書》。

"舉八元，使布五教于四方，

〔疏證〕《堯典》：“帝曰：‘契，百姓不親，五品不遜，女作司徒，敬敷五教，在寬。’”《傳》言“布五教”者，“布，猶敷也”。鄭君《書注》：“五品，父、母、兄、弟、子也，《春秋傳》曰：‘舉八元，使布五教。’契在八元中。”杜《注》：“契作司徒，五教在寬，故知契在八元之中。”杜用鄭説。鄭説五品，謂父、母、兄、弟、子，即用下文“父義、母慈、兄友、弟共、子孝”義。五品，父、母、兄、弟、子。五教，義、慈、友、共、孝矣。《百官公卿表》：“卨作司徒，敬敷五教。”是事之大者，故舉以爲言，非是各令八人共主一事，故主土唯禹，主教唯契，餘當別有所主，或助而爲之。

“父義、母慈、兄友、弟共、子孝，内平外成。

〔疏證〕已説於上，内平外成，言家治而國亦治也。杜《注》：“内諸夏，外夷狄。”《傳》無其義。

“昔帝鴻氏有不才子，

〔注〕賈云：“帝鴻，黄帝也。不才子，其苗裔驩兜也。”《五帝本紀集解》。

〔疏證〕杜《注》：“帝鴻，黄帝。”用賈説。《大荒東經》：“帝俊生帝鴻。”郭《注》以帝俊爲帝舜。畢沅據《帝王世紀》，定爲帝嚳，與賈《注》皆不相應。以賈説證《山海經》，則帝俊，黄帝之父也。《五帝本紀索隱》云：“又據《左傳》，亦號帝鴻氏。”即用賈説。賈云“苗裔驩兜”者，《太玄·積注》：“玄孫之後稱苗裔。”杜《注》於“渾敦”下乃釋以驩兜。本《疏》云：“此《傳》所言説《虞書》之事。彼云四罪，謂共工、驩兜、三苗、鯀也。此《傳》四凶，乃謂之渾敦、窮奇、檮杌、饕餮。檢其事，以識其人。先儒盡然，更無異説，皆以行狀驗而知之也。”又《舜典疏》：“惟三苗之行，《堯典》無文，鄭玄具引《左傳》之文，乃云‘命驩兜、舉共工’，則驩兜爲渾敦也，共工爲窮奇也，鯀爲檮杌也，而三苗爲饕餮亦可知。是先儒以《書》《傳》相考，知三苗爲饕餮也。”據本《疏》及《書疏》，則《左氏》先儒及鄭君皆以《書》之四罪當《傳》之四凶。

“掩義隱賊，好行凶德，醜類惡物，頑嚚不友，是與比周，

〔疏證〕《五帝本紀》“德”作“慝”。《正義》：“言掩義事，陰爲賊害，而好凶惡。”俞樾云：“掩義與隱賊一律。掩，猶隱也。義，猶賊也。《大

戴禮·千乘篇》：'誘居室家，有君子曰義。'此《傳》'義'字正與彼同。
古書'義'字有作姦邪解者。《管子·明法解》：'雖有大義，主無從知之。'
是大義即大姦也。王氏念孫曰：'義與俄通。俄，衺也。'"按：俞説是也。
杜《注》："醜，亦惡也。"沈欽韓云："《釋草注》：'醜，類也。'言比類
惡事。杜預以醜爲惡，則此語不屬。杜解非。"《廣雅·釋詁》①："比，近也。"
《釋文》云："心不則德義之經爲頑，口不道忠信之言爲嚚。"蓋引《僖廿
四年傳》文。杜釋於"告之則頑，舍之則嚚"下，亦用彼傳文。《魯語注》：
"周，密也。"杜用韋説。本《疏》："《堯典》帝求賢人，驩兜舉共工應帝，
是與共工相比。《傳》述渾敦之惡，云'醜類惡物，是與比周②'，知渾敦
是驩兜也。"

"天下之民謂之渾敦。

〔注〕服虔以爲："驩兜人面馬喙，渾敦亦爲獸名。"本《疏》。大而無
形曰倱伅。《一切經音義》引《通俗文》。

〔疏證〕《五帝本紀》："天下謂之渾沌。"《正義》："一本云'天下之
民謂之渾沌'。"《玉篇·人部》引作"倱伅"，與《通俗文》同，則服氏
本作"倱伅"矣。渾、倱、敦、沌、伅皆字之異。朱駿聲云："驩兜即渾
敦之轉音，渾與驩、敦與兜，皆雙聲。"杜《注》："謂驩兜。渾敦，不開
通之貌。"蓋用服氏"大而無形"義。服氏《傳注》，《疏》以爲據《山海
經》。今本《山海經》無'驩兜人面獸身'之文，惟《西山經》云："有
神焉，其狀如黃囊，赤如丹穴，六足四翼，渾敦無面目，是識歌舞，實爲
帝江也。"畢沅云："江讀爲鴻。《春秋傳》曰：'帝鴻有不才子，天下之民
謂之渾沌。'此云帝江，猶言帝江氏子也。"案：惟《西山經》未以渾沌爲
獸，畢説甚諦。《神異經》云："崑崙西有獸焉，其狀如犬。有目而不見，
有兩耳而不聞，有腹無五藏，有腸直而不旋，食物經過。人有德行而往牴
觸之，有凶德則往依憑之，天使其然，名爲渾沌。"服以渾沌爲獸名，以
下服《注》檮杌、饕餮皆引《神異經》，則此下亦當引彼爲説。《莊子》：
"中央之帝曰渾沌。人皆有七竅以視、聽、食、息，此獨無有。"服氏"大
而無形"之説，蓋用《莊子》。

"少暭氏有不才子，

〔注〕服云："少暤，金天氏帝號。"《五帝本紀集解》。

〔疏證〕杜用服說。又云："次黃帝。"當亦是服《注》。"高陽氏"下，先儒說明諸帝之次，今不能條析矣《疏》云："金天，國號。少暤，身號。"亦是舊說，與先儒說高陽、高辛同例也。又引譙周云："金天氏能修太昊之法，故曰少暤也。"《疏》不明少昊年曆之次。《五帝本紀》："黃帝生二子，其後皆有天下。其一曰玄囂，是爲青陽。青陽降居江水。"《索隱》云："玄囂，帝嚳之祖。案：皇甫謐及宋衷皆云：'玄囂青陽即少昊也。'今此《紀》下云'玄囂不得在帝位'，則太史公意青陽非少昊明矣。宋衷又云：'玄囂青陽是爲少昊，繼黃帝立者，而史不叙，蓋少昊金德王，非五運之次，故叙五帝不數之也。'"

壽曾謂："高陽氏"下，先儒說高陽次少昊，與史公叙世次合。《帝王世紀》："少昊是爲玄囂，降居江水，邑于窮桑，以登帝位，都曲阜。"是少昊非不立爲帝，降居江水之後，乃登帝位矣。史公謂"不得在帝位"者，拘於五運之次耳。《律曆志》："少昊帝：《考德》曰少昊曰清。清者，黃帝之子清陽也。是其子孫名摯立。土生金，故爲金德，天下號曰金天氏。"師古曰："《考德》者，考五帝德之書也。"服以少昊爲金天氏，蓋取班說。《昭十七年傳》"我高祖少昊摯之立也"，則少昊名摯。班氏謂子孫名摯，與彼《傳》異。以帝鴻氏賈《注》例之，此下宜云："不才子，其苗裔共工也。"

"毀信廢忠，崇飾惡言；靖譖庸回，服讒蒐慝，以誣盛德，

〔注〕服虔以蒐爲隱，隱慝謂陰隱爲惡也。本《疏》。

〔疏證〕《五帝本紀》作"毀信惡忠，崇飾惡言"。盛德，《疏》作"成德"，云："成德，謂成就之德。定本'成德'爲'盛德'。"《校勘記》云："成、盛古字通，《公羊》皆以盛爲成。"《釋詁》："崇，充也。"《廣雅·釋詁①》："靖，安也。"□□②傳："庸，用也。"□□③傳："回，邪也。"《說文》云："□④邪也。"段玉裁《尚書撰異》："靖譖庸回，即靖言庸違也。古回、違

---

① 科學本注：原稿闕"詁"字。

② 科學本注：原稿闕文。

③ 科學本注：原稿闕文。按：當作《毛詩》。

④ 科學本注：原稿字迹不清，按：應作"貪"，即"回"之本字。段玉裁《說文解字注》云："回爲貪之假借。"

通用。”則斂亦違矣。《吕覽》高《注》：“服，行也。”亦□①。杜訓蒐爲隱，
用服説。《廣雅·釋詁》：“廖，隱也。”王念孫云：“《方言》：‘廖，隱也。’
文十八年《左傳》‘服讒蒐慝’，服虔《注》云：‘蒐，隱也。’蒐與廖通。”
本《疏》：“《堯典》帝言共工之行云：‘靖言庸違。’《傳》説窮奇之惡云：
‘靖譖庸回。’二文正同，知窮奇是共工也。”

“天下之民謂之窮奇。

〔注〕服云：“謂共工氏也，其行窮而好奇。”《五帝本紀集解》。

〔疏證〕杜用服説。《周語》：“昔共工棄此道也。”《注》：“賈侍中
云：‘共工，諸侯，炎帝之後，姜姓也。顓頊氏衰，共工氏侵陵諸侯，與
高辛爭而王也。’或云：‘共工，堯時諸侯，爲高辛所滅。’昭謂：言爲高
辛所滅，尚得爲堯諸侯？又堯時共工與此異也。”孫星衍《書疏》：“《左
傳》説窮奇爲少皞氏之不才子，少皞己姓，又非一人。”壽曾謂：此《傳》
賈《注》雖佚，疑不謂共工在高辛時，與《外傳注》異。《五帝本紀正義》：
“謂共工。言毁敗信行，惡其忠直，有惡言語，高粉飾之，故謂之窮奇。
案：常行終必窮極，好諂諛，奇異於人也。”此蓋張守節引舊説。今佚其
所出。舊説謂窮善行而毁敗之，惡言語則粉飾之。與服説小異。《正義》
則申服説也。《疏》云：“行惡終必窮，故云其行窮也。”未得服意。李貽
德云：“服釋渾敦、檮杌、饕餮，皆援獸名，此《注》疑已佚也。《西山
經》：‘邽山有獸焉，其狀如牛，蝟毛，名曰窮奇。音如獋狗，是食人。’
《海内北經》云：‘窮奇狀如虎，有翼。食人從首始，所食被髮，一曰從
足。’”案：李説是也。《正義》又云：“《神異經》云：‘西北有獸，其狀
似虎，有翼能飛，便剿食人。知人言語，聞人鬥輒食直者。聞人忠信，
輒食其鼻。聞人惡逆不善，輒殺獸往饋之。名曰窮奇。’案：言共工性似，
故號之也。”服或采以證《傳》，故《正義》備引之。“案：言共工”以下，
疑是服《注》。

“顓頊氏有不才子，

〔疏證〕杜無注。此服《注》當云：“顓頊，高陽也。不才子，其苗裔
鯀也。”

“不可教訓，不知話言；告之則頑，舍之則嚚，傲很明德，以亂

天常，

〔疏證〕《小爾雅》："話，善也。"頑嚚義"渾敦"條已説。《讀本》："言告以德義，不能入。置之則自造説以囂訟。"《疏》云："《堯典》言鯀行云：'咈哉！方命圮族。'《傳》説檮杌之罪，云：'告頑舍嚚，傲很明德。'即是咈戾圮族之狀。且鯀是顓頊之後，知檮杌是鯀也。"

"天下之民謂之檮杌。

〔注〕賈逵云："檮杌，凶頑無疇匹之貌，謂鯀也。"《五帝本紀集解》。服虔案："《神異經》云：'檮杌，狀似虎，毫長二尺，人面，虎足，豬牙，尾長丈八尺，能鬥不退。'"本《疏》。

〔疏證〕洪亮吉云："《説文》：'檮，斷木也。從木嚋聲。《春秋傳》曰'檮柮'。按：《説文》無'杌'字，當以作'柮'爲是。"李富孫云："《易》'干糒軏'，《説文》作'槷鼿'，是出聲與兀聲古通。"按：李説是也。杜用賈説。李貽德云："杌從兀，元從兀聲，頑從元聲。云'頑凶'，以同音字釋'杌'義也。檮，壽聲，疇亦壽聲。疇者，類也。云'無匹'，以同義字解'檮'字也。'檮杌'本獸名，無正訓，故賈以音義相近爲訓。"如李説，是凶頑爲檮，無疇匹爲杌。《五帝本紀正義》："檮杌，謂鯀也。凶頑而不可教訓，不從詔令，故謂之檮杌。案：言無疇匹，言自縱恣也。"詳《正義》。蓋申賈《注》，即以凶頑當檮杌，其無疇匹乃極凶頑之情狀，李説非。《正義》又云："《神異經》：'西方荒中有獸焉，其狀如虎而大，毛長二尺，人面，虎足，豬口牙，尾長一丈八尺，攪亂荒中，名檮杌，一名傲很，一名難訓。'言鯀性似，故號之也。"其引《神異經》，視服引爲詳，故備列之。"言鯀性似"云云，疑是服《注》。

"此三族也，世濟其凶，增其惡名，以至于堯，堯不能去。

〔疏證〕《五帝本紀》："此三族世憂之，至于堯未能去。"

"縉雲氏有不才子，

〔注〕賈云："縉雲氏，姜姓也，炎帝之苗裔，當黃帝時在縉雲之官也。"《五帝本紀集解》。服云："夏官爲縉雲氏。"本《疏》。

〔疏證〕《説文》："縉，帛赤色也。《春秋傳》曰：'縉雲氏。'《禮》有縉緣。"《釋文》："《字書》：'縉，赤繒也。'"是縉雲猶赤雲矣。《五帝本紀正義》："今括州搢雲縣，蓋其所封也。"杜《注》："縉雲，黃帝時官名。”蓋用賈説。《晉語》：“炎帝爲姜。”故賈云姜姓。《昭十七年傳》：“黄帝以雲名官，夏官縉雲氏。”服取彼《傳》爲説，此服《注》當及三苗之説。《堯典釋文》：“竄三苗於三危。”馬融《注》：“三苗，國名，縉雲氏之後，爲諸侯，饕餮也。”馬氏援此《傳》，蓋據服説矣。

“貪于飲食，冒于貨賄，侵欲崇侈，不可盈厭，聚斂積實，不知紀極，不分孤寡，不恤窮匱，

〔疏證〕杜《注》：“冒，亦貪也。”洪亮吉云：“《賈子·道術篇》：‘厚人自薄謂之讓，反讓爲冒。’正可作此‘冒’字訓解。杜《注》乃隨文生義耳。”按：洪説是也。《周語》：“國之將亡，其君貪冒。”《注》：“冒，抵冒也。”亦不讓義。《釋文》引鄭注《周禮》云：“金玉曰貨，布帛曰賄。”《淮南子注》：“實，財也。”此斥三苗之行，“渾敦”下已説。《疏》云：“《尚書》無三苗罪狀，既甄去三凶，自然饕餮是三苗矣。”

“天下之民以比三凶，

〔疏證〕謂以比渾敦、窮奇、檮杌也。杜《注》：“非帝王子孫，故別以比三凶。”《五帝本紀》作“天下惡之，以比三凶”，其上云“貪于飲食，冒于貨賄，天下謂之饕餮”。《正義》：“此以上四處皆《左傳》文。或本有并文，次相類四凶，故書之，恐本錯脱耳。”如張説，則《傳》當作“以比四凶”文在“饕餮”下。

“謂之饕餮。

〔注〕賈服云：“貪財爲饕，貪食爲餮。”本《疏》。服又案：“《神異經》云：‘饕餮，獸名，身如羊，人面，目在腋下，食人。’”本《疏》。

〔疏證〕《説文》引《傳》作“饕餮”。洪亮吉云：“按：‘餮’字本從‘殄’省，故亦可作‘餮’。《玉篇》亦云‘餮’與‘餮’同。”李富孫云：“餮，從殄省聲，今不省，後人加耳。”沈欽韓云：“高誘《淮南注》：‘一作叨餮。’”杜《注》：“貪財爲饕，貪食爲餮。”《疏》：“此無正文，先儒賈、服等相傳爲然。”則杜正襲賈、服説。《廣雅·釋詁》：“饕餮，貪也。”王念孫云：“《説文》：‘饕，貪也。’《多方》云：‘有夏之民，叨懫。’叨與饕同。《説文》‘餮，貪也’引《左傳》‘謂之饕餮’。案：《傳》曰：‘貪于飲食，冒于貨賄，侵欲崇侈，不可盈厭，聚斂積實，不知紀極，天下之民，謂之饕餮。’是貪財、貪食總謂之饕餮。饕、餮一聲之轉，不得分貪財爲饕、貪食爲餮也。《呂氏春秋·先識篇》云：‘周

鼎著饕餮，有首無身，食人未咽，害及其身。’蓋饕餮本貪食之名，故其字從食，因謂貪食無厭者爲饕餮也。僖二十四年《左傳》：‘狄固貪惏。’王逸《楚辭注》云：‘愛財曰貪，愛食曰惏。’貪惏亦愛財、愛食之通稱，不宜分訓也。”

壽曾謂：服以饕餮爲獸名，則不合分訓，此特明饕餮義，文或概舉，不與杜同，今無以考。《五帝本紀正義》：“謂三苗也，言貪飲食，冒貨賄，故謂之饕餮。”此説賈、服義最明。知賈、服取《傳》“飲食貨賄”爲説也。《正義》又云：“《神異經》云：‘西南有人焉，身多毛，頭上戴豕，性很惡，好息，積財而不用，善奪人穀物。强者奪老弱者，畏群而擊單，名饕餮。言三苗性似，故號之。’”此引《神異經》，與服所引詳略互相補。其所云積財、奪穀物，亦貪財之證，故賈、服兼貪財、食爲説也。李貽德云：“《北山經》云：‘鉤吾之山有獸焉。其狀如羊身人面，其目在腋下，虎齒人爪，其音如嬰兒，名曰狍鴞，是食人。’郭《注》：‘像在夏鼎，《左傳》所謂饕餮是也。’服亦以《山海經》之狍鴞爲饕餮，故所引即狍鴞狀。”

“舜臣堯，賓於四門，

〔疏證〕“賓于四門”，《堯典》文。《書疏》云：“鄭玄以‘賓’爲擯，謂‘舜爲上擯，以迎諸侯’。”《五帝本紀集解》引馬融《注》：“四門，四方之門。諸侯群臣朝者，舜賓迎之。”杜《注》：“賓禮衆賢。”用馬説。孫星衍云：“四方之門者，謂明堂宮垣四方之門也。古者朝諸侯必于明堂。《太平御覽》五百三十二引《明堂》：‘東應門、南庫門、西皋門、北雉門。’《周書·明堂解》及《禮記·明堂位》皆云：‘九夷之國，東門之外。八蠻之國，南門之外。六戎之國，西門之外。五狄之國，北門之外。’是馬氏所謂四門也。”如孫説，則四門即明堂之四門。杜《注》：“闢四門，達四聰。”《釋文》：“聰，本亦作‘窗’。”[1]段玉裁謂《古文尚書》本作“囪”。考明堂制四牖八窗，杜蓋用《古文尚書》説。則孫氏謂四門爲明堂之門，審矣。

“流四凶族，

〔疏證〕《五帝本紀》“流”上有“乃”。杜《注》：“按四凶之罪而流

---

① 科學本注：原稿眉批：“查窗。”

放之。"按：本《疏》引先儒説，以《書》之四罪當《傳》之四凶，已説於"帝鴻氏"下。杜此《注》亦用先儒説也。《淮南子·脩務訓》："放驩兜于崇山，竄三苗于三危。"高誘《注》："帝鴻之裔子渾敦，少昊之裔子窮奇，縉雲氏之裔子饕餮，三族之苗裔，故謂之三苗。"洪亮吉云："今考《孟子》：'舜流共工于幽州。'賈逵云：'窮奇，共工也。''放驩兜于崇山。'賈逵云：'渾敦，驩兜也。''殛鯀于羽山。'賈逵云：'檮杌，鯀。'以此《傳》及《孟子》證之，不當如高氏之説矣。然四凶獨缺饕餮，復闕西裔，則竄三危者當即指饕餮也。"文淇案：高《注》又云："一曰放三苗（國名）於三危。"則高説亦不定以前説爲然。壽曾謂：洪氏以饕餮爲三苗，用《疏》引先儒説，其不引《堯典》者，以《孟子》謂四凶流放，舜之事，與《傳》合也。《五帝本紀》："分北三苗。"《集解》引鄭《注》云："'流四凶者，卿爲伯、子，大夫爲男，降其位耳，猶爲國君'，故以'三苗爲西裔諸侯，猶爲惡，乃復分析流之'。"此鄭説流四凶族義。四凶流、放、竄、殛不同，《傳》獨言流者，約省其文也。

"渾敦、窮奇、檮杌、饕餮，

"投諸四裔，

〔注〕賈云："四裔之地，去王城四千里。"《五帝本紀集解》。

〔疏證〕《五帝本紀》作"遷于四裔。"《□□①傳》："投，棄也。"杜《注》訓"裔"爲遠。陸粲云："《説文》：'裔，衣裾也。'徐鍇云：'裾，衣邊也。故謂之四裔。'《傳》中言裔夷、裔子、裔胄之類，其義皆視此。"按：陸説是也。《方言》："裔，夷狄之總名。"《菀柳》："居以凶矜。"《箋》："居以凶危之地，謂四裔也。"《疏》："文十八年《左傳》曰：'投諸四裔，以禦魑魅。'是四裔之文，即羽山東裔、崇山南裔、三危西裔、幽州北裔是也。"詳《詩疏》"羽山東裔"云云，《堯典》馬《注》、偽孔《傳》皆有其文。彼《疏》不引《書注》，或是《左氏》先儒舊説。先儒既以四凶當《堯典》之四罪，則解四裔亦當用《堯典》文矣。江永説四裔援偽孔《傳》説，又云："案：《括地志》：'故龔城在檀州燕樂縣界，故老傳云舜流共工幽州在此地。'今順天府密雲縣東北塞外地。崇山舊在湖廣澧州慈利縣，慈利在州西一百六十里。慈利西一百八十里，明設永定衛，今改置永定縣，屬澧州，崇山在其縣。三危詳昭元年，三苗羽山

---

① 科學本注：原稿闕文。眉批"查詩"二字，查當作"巷伯"。

詳昭七年。”江氏不釋服《注》“去王城四千里”之説，故不顯三危、羽山所在。按：三危在今甘肅安西州燉煌縣，羽山在今山東登州府蓬萊縣。胡渭《禹貢錐指》云：“崇山、羽山與幽州、三危，皆在荒服之中。”胡氏指四者爲荒服最諦。知者，《皋陶謨》：“弼成五服，至于五千[①]。”《禹本紀》引作“輔成五服，至于五千里”。此安國古文説，與《異義》引今文歐陽、夏侯説謂中國方五千里者不同。《異義》引古文説，亦云：“五服旁五千里，相距萬里”。馬融《注》：“面五千里，爲方萬里。”亦是古文説。

鄭君説五服云：“堯制五服，服各五百里。要服之内，四千里曰九州。其外荒服，曰四海。此禹所受。”則是五服止二千五百里，除荒服，故云四千里。仍用古文方五千里説也。又云：“《地記書》曰：‘崑崙山東南五千里名曰神州者，禹弼五服之殘數，亦每服合五百里，故有萬里之界、萬國之封焉。去王城五百里曰甸服，其弼當侯服，去王城千里。其外五百里爲侯服，當甸服，去王城一千五百里。其弼當男服，去王城二千里。又其外五百里爲綏服，當采服，去王城二千五百里。其弼當衛服，去王城三千里。又其外五百里爲要服，與周蠻服相當，去王城三千五百里。四面相距爲七千里，是九州之内也。要服之弼，當其夷服，去王城當四千里。又其外五百里爲荒服，當鎮服。其弼當蕃服，去王城五千里，四面相距爲方萬里也。’”此鄭君以《職方氏》之九服説《禹貢》之五服。核其所説，乃是面五千里，與方五千里不同者。鄭君注《禹貢》云：“堯之五服，服五百里耳。禹平水土之後，每服更以五百里輔之。是五服服别千里，故一面而爲差至于五千也。”此可申五服殘數，亦每服合五百里之義。今文言主禹治水前言，古文主禹治水之後言，不妨歧説也。服《注》“四千里”，乃“五千里”之誤矣。斯時禹未治水，而五服得有千里之遠者，四凶罪重，屏逐於極遠之區，不以時制荒服爲限也。服氏不以四裔當堯荒服，正其釋言之審。

“以禦螭魅。

〔注〕賈、服云：“螭，山神，獸形，或曰如虎而噉虎。或曰魅，人面獸身而四足，好惑人，山林異氣所生，以爲人害。”《冢宗人疏》《五帝本紀集解》。

---

① 科學本注：見《益稷謨》。

〔疏證〕《五帝本紀》“禦”作“御”。《正義》：“案：御螭魅，恐更有邪諂之人，故流放四凶以禦之也，故下云‘無凶人’也。”如張説，則魅魅亦喻惡人，或是舊説。杜《注》：“使當螭魅之災。”疑未然也。李貽德云：“螭，《説文》作离，云：‘山神也，獸形。’《廣雅·釋天》：‘山神謂之离。’《説文》引歐陽喬説：‘离，猛獸也。’《書·牧誓》‘如熊如羆’，《史記》引作‘如財如離’，徐廣《注》：‘離與螭同，皆离字假借。’若然，則字當作离，本不從虫。從虫者，《説文》所云‘若龍而黃’者也[1]。魅，《説文》本作彲，云‘老精物也’，或作魅。《周禮[2]》‘致地示物魅’，《注》引《春秋傳》‘螭彲魍魎’，則此《傳》魅亦當作彲。《釋文》：‘魅，本作彲。’是也。”按：《説文》离、彲下皆不引《春秋傳》，疑賈氏本不作离、彲，离、彲皆異字矣。杜《注》又云：“魑魅，山林異氣所生，爲人害者。”即用賈、服説。《宣三年傳》“民入川澤山林，不逢不若”，賈、服據彼《傳》爲説也。其狀螭魅質性，它書無徵。洪亮吉云：“當亦《神異經》文。”《玉篇》：“惑，迷也。”

“是以堯崩而天下如一，同心戴舜，以爲天子，

“以其舉十六相，去四凶也。

〔疏證〕八元、八愷，謂之十六相。《讀本》：“史克稱十六族、三族俱以族氏言之，則八元、八愷、三凶及饕餮，非二十人也。先儒言禹在八愷之列。檮杌是鯀，鯀、禹父子，而八愷言‘世濟其美’，檮杌言‘世濟其凶’，子改父行，兩者俱非世濟，傳文以族言之，知此是二十族也。”

“故《虞書》數舜之功，曰‘慎徽五典，五典克從’，無違教也。

〔疏證〕此引《堯典》文。《詩·巷伯[3]傳》：“慎，誠也。”《書釋文》引馬《注》：“徽，善也。”《五帝本紀》：“乃使舜慎和五典。”《集解》引鄭《注》：“五典，五教也。蓋試以司徒之職。”孫星衍云：“五典五教者，《釋詁》云：‘典，常也。’五常之教，《春秋左氏·文十八年傳》云：‘父義、母慈、兄友、弟恭、子孝。’又引此《經》云：‘無違教也。’”如孫

---

① 科學本注：原稿眉批：“噉詰。”

② 科學本注：原稿脱“家宗人”未舉。

③ 科學本注：原稿闕“巷伯”篇名。

説，則鄭君取傳文以説《書》也。杜《注》："此八元之功。"用《傳》"八元敷五教于四方"義。本《疏》："'無違教也'，史克解《虞書》之意也。每引一事，以一句解之，故每事言曰。"

"曰'納于百揆，百揆時序'，無廢事也。

〔疏證〕亦《堯典》文。孫星衍云："《釋言》：'揆，度也。'《釋詁》：'叙，緒也。'叙與序同。按：《春秋左氏·文十八年傳》云：'使主后土，以揆百事。'《説文》：'癸，冬時水土可揆度也。'鄭既以'慎徽五典'爲'試以司徒之職'，此試以司徒①之職，司空總領百事，又兼冢宰也。《後漢·百官志注》引《古史考》曰：'"舜居百揆，總領百事。"説者以百揆堯初別置，於周更名冢宰。'王氏引之云：'時叙，猶承叙也。'承叙者，承順也。"孫氏以百揆爲百事，則"無廢事"，即斥百揆之政事。《傳》云："地平天成。"是其義也。杜《注》："此八愷之功。"用《傳》"以揆百事，莫不時序"義。

"曰'賓于四門，四門穆穆'，無凶人也。

〔疏證〕亦《堯典》文。《五帝本紀》："于是四門辟，言毋凶人也。""賓于四門"已説於上。《本紀》又云："賓于四門，四門穆穆，諸臣遠方賓客皆敬。"馬融《注》以爲諸侯群臣有美德。孫星衍云："史公以'穆'爲'敬'者，《釋訓》文。馬氏云'有美德'者，《釋詁》云：'穆穆，美也。'鄭上云'試以司徒②之事'，則此試以司馬之事也。劉昭注《百官志》引明帝詔曰：'謁者，堯之尊官，所以試舜。'下引此《經》也。"如孫説，則舜兼三公官矣。堯闢四門，賓迎有美德之人，意不主屏退惡類，史克援以説流四凶族，故云"無凶人"。

"舜有大功二十而爲天子，

〔疏證〕杜《注》："舉十六相，去四凶也。"

"今行父雖未獲一吉人，去一凶矣。

"於舜之功，二十之一也，庶幾免於戾乎！"

---

① 科學本注：應作"司空"。

② 科學本注：同前。

〔疏證〕《後漢書·李膺傳》:"應奉上書理膺曰:'昔季孫行父親逆君命,逐出莒僕,于舜之功二十之一。'"此東漢人稱述《傳》義,不以史克説爲非。本《疏》:"何休以爲孔子云:'蕩蕩乎堯之爲君,唯天爲大,唯堯則之。'今如《左氏》,堯在位數十年,久抑元、愷而不能舉,養育凶人以爲民害而不能去,則孔子稱堯虛言也。桀、紂爲惡,一世則誅,四凶歷數千歲而無誅放。《易》云'積不善之家,必有餘殃',虛言也。《左氏》爲短。"此何氏《膏肓》之辭,鄭《箴》今不可考,疑當舉《堯典》爲説。杜《注》:"史克激稱以辨宣公之惑,釋行父之志,故其言美惡有過辭,蓋事宜也。"恐鄭意不如此。

宋武氏之族道昭公子,將奉司城須以作亂。

〔疏證〕《釋文》:"宋武氏之族,本或作'武、穆之族'者,後人取下文妄加也。道即導也。"杜《注》:"文公弑昭公,故武族欲因其子以作亂。司城須,文公弟。"按:《宋世家》:"昭公子因文公母弟須與武、穆、戴、莊、桓之族爲亂。"是其事也。惟《傳》稱戴、莊、桓之族皆攻武氏者,不應同於作亂之列。此史公駁文。

十二月,宋公殺母弟須及昭公子,

〔疏證〕《宋世家》:"文公盡誅之。"

使戴、莊、桓之族攻武氏於司馬子伯之館,

〔疏證〕杜《注》:"戴族,華、樂也。莊族,公孫師也。桓族,向、魚、蕩、鱗也。司馬子伯,華耦也。"《讀本》:"戴族,皇、樂、華三氏。莊族,仲氏。桓族,向、魚、蕩、鱗四氏也。"視杜《注》爲核。

遂出武、穆之族。

〔注〕賈云:"出,逐也。"《宋世家集解》。

〔疏證〕《宋世家》:"出武、繆之族。"杜《注》:"穆族黨於武氏故。"《讀本》:"宋所以無武、穆、成、昭四公支族也。"

使公孫師爲司城。

〔疏證〕杜《注》:"公孫師,莊公之孫。"

公子朝卒,使樂吕爲司寇,以靖國人。

〔疏證〕杜《注》："樂吕，戴公之曾孫。"《疏》云："《世本》云：'戴公生樂甫術，術生碩甫澤，澤生夷父須，須生大司寇吕。'今云曾孫，誤也。"此《疏》駁杜説。梁履繩云："《禮記・檀弓下正義》引《世本》：'術生石甫釋，釋生夷父頃。'則文又不同。或傳寫之故，杜豈以命氏者爲祖，不數戴公乎？"按：《禮疏》視本《疏》所引，止文字小異，戴族自以戴公爲始祖，梁説非也。

宣　公

〔疏證〕《魯世家》：“文公次妃敬嬴生子俀，是爲宣公。”《集解》：“徐廣曰：‘一作“倭”。’”《謚法》：“善問周達曰宣。”

〔經〕 元年，春，王正月，公即位。無《傳》。

〔疏證〕《年表》：“魯立宣公。不正，公室卑。”

公子遂如齊逆女。

〔疏證〕《桓三年傳》：“於大國則上卿送之，故逆女亦卿行。”《文四年傳》：“逆婦姜於齊，卿不行，非禮也。”

三月，遂以夫人婦姜至自齊。

〔注〕服云：“古者，一禮不備，貞女不從。故《詩》云：‘雖速我訟，亦不女從。’宣公既以喪娶，夫人從，亦非禮，故不稱氏，見略賤之也。”本《疏》。

〔疏證〕杜《注》：“稱婦，有姑之辭。不書氏，史闕文。”不用服説。本《疏》引服説，駁之云：“杜不然者，女之出嫁，事由父母。夫來取之，父母許之，豈得問禮具否？拒逆婚姻之命，從夫喪娶，父母之咎，自可罪其父母，何以貶責夫人？若其貶責夫人，當去夫人之號，減一氏字，復何所明？夫人之稱姜氏，猶遂之稱公子也。舍遂之族而去子稱公可乎？亦知遂不可去子稱公，夫人復安可以去氏稱姜也？逆婦姜於齊，以卿不行，變文略賤。此《經》貶遂不稱公子，以成夫人之尊，非略賤之事也。《詩》責彊暴之男，行不由禮，陳其爭訟之辭，述其守貞之意，此豈是宣公淫掠，而欲令齊女守貞乎！”

壽曾謂：《疏》駁服説，謂《詩》責彊暴之男，用《毛詩·行露序》意。《韓詩外傳·曾子仕篇》：“夫《行露》之人許嫁矣，然而未往也。見一物不具，一禮不備，守節貞理，守死不往。君子以爲得婦道之宜，故舉而傳之，揚而歌之，以絶無道之求，防汙道之行乎？《詩》曰：‘雖速我訟，亦不爾從。’”《列女傳·貞順》：“召南申女者，申人之女也。既許嫁于鄰，夫家禮不備，而欲迎之，女不肯往。夫家訟于理，致之於獄。終以一物不具，一禮不備，守節持義，必死不往，而作詩曰：‘雖速我獄，室家不足。’”劉向傳《魯詩》，則服所據三家《詩》魯、韓說也。魯、韓《詩》不謂責彊暴，何得謂宣公淫掠，齊女守貞？古者婚姻之道，父母主之，其禮則女當守之。宣公喪娶，其爲不備禮大矣。不得以貶責夫人爲過也。《文四年經》“逆婦姜於齊”，據《傳》譏貴聘賤逆，則亦譏哀姜不待備禮而行。《疏》謂“變文略賤”是也。知哀姜之變文略賤，則此《經》婦姜非闕文可知。《經》書“夫人”，謂與書“公子”同例，則可謂“夫人之稱姜氏，猶遂之稱公子”，則文例初不相近。《疏》駁皆非。《公羊傳》：“夫人何以不稱姜氏？貶。曷爲貶？譏喪娶也。喪娶者，公也，則曷爲貶夫人？內無貶於公之道也。內無貶於公之道，則曷爲貶夫人？夫人與公一體也。”《穀梁傳》：“其不言氏，喪未畢，故略之。”二《傳》皆以去氏爲貶文。本《疏》引二《傳》，謂先儒取以爲說，則《左氏》古義如此，不止服氏一人之說矣。沈欽韓云：“婦姜是魯史之常稱，猶言王姬，不稱王姬氏也。”沈不取杜闕文之說，亦不取服說。按：夫人姜氏，乃是魯史常稱，去氏稱姜，去姜稱氏，賈、服等皆以爲書法。詳莊公二年、四年、五年、十五年、二十一年《疏證》。

夏，季孫行父如齊。

晉放其大夫胥甲父于衛。

〔疏證〕《五十凡》放例佚。《襄二十九年傳》：“齊公孫蠆、公孫竈放其大夫高止於北燕。書曰‘出奔’，罪高止也。”是書放、書出奔有異。本《疏》：“放者，緣遺者之意爲義。奔者，指去國之人立文。”

公會齊侯于平州。

〔疏證〕杜《注》：“齊地。”沈欽韓云：“《一統志》：‘平州城在泰安府萊蕪縣西。’”

公子遂如齊。

六月，齊人取濟西田。

〔疏證〕《年表》：“齊惠公元年，取魯濟西之田。”《僖三十一年經》：“取濟西田。”《傳》：“分曹地也。”蓋魯得於晉者，今以賂齊。

秋，邾子來朝。

楚子、鄭人侵陳，遂侵宋。晉趙盾率師救陳。

〔注〕服云：“趙盾既救陳，而楚師侵宋。趙盾欲救宋，而楚師解去。”本《疏》。

〔疏證〕《年表》：“楚莊王六年，伐宋、陳，以倍我服晉故。鄭穆公二十年，與楚侵陳，遂侵宋。宋文公三年，楚、鄭伐我，以我倍楚故也。晉靈公十三年，趙盾救陳、宋。”史公兼采經傳爲説。服氏以《經》但書晉救陳，故明救宋不及事。杜《注》：“《傳》言救陳、宋，《經》無宋字，蓋缺。”杜不用服説。本《疏》引服《注》，駁之云：“按：經傳皆言侵陳，遂侵宋。陳在宋南，是先侵陳，去陳乃侵宋也。若趙盾越宋而南救陳，猶及楚師，北迴救宋，安得不及楚也？若言欲救宋而楚師解去，則救陳之時，楚師已向宋矣，何以書救陳也？蓋以陳既被侵，方始告晉，晉人起師救陳，楚又移師侵宋。晉師北至于鄭，楚師既已去矣，故諸國會于棐林，同共伐鄭。棐林，鄭地。明晉始至鄭，不得與楚相遇，故竟無戰事。言救陳、宋者，皆是致其意耳！”李貽德云：“案：《傳》言‘晉趙盾率師救陳、宋’，而《經》但書‘救陳’，知楚師已去宋，晉師但及陳，未及宋也。《正義》譏之，非是。”案：李説是也。陳雖在宋南，然經文明云“楚、鄭侵陳，遂侵宋”，則越宋而侵陳矣。晉師救陳，當後於楚、鄭之師。楚、鄭北回侵宋，又先於晉師，宜其不及。《經》書兵事，皆從各國來告。救宋之役，宋以晉不及事，不以告，故不書於《經》。《疏》謂救“陳、宋，皆是致其意”，非也。

宋公、陳侯、衛侯、曹伯會晉師于棐林，伐鄭。

〔疏證〕《公羊》“棐”曰“斐”。《年表》：“鄭穆公二十年，晉使趙盾伐我，以倍晉故。”沈欽韓云：“《一統志》：‘棐城在鄭州東南。’《方輿紀要》：‘林鄉城在開封府新鄭縣東二十五里。’”[1]

冬，晉趙穿帥師侵崇。

〔疏證〕《釋文》：“崇，本亦作‘崈’。”李富孫云：“崈、崇字同。《漢·地理志》師古《注》：‘崈，古崇字。’《公羊》“崇”曰“柳”。臧壽恭云：“崇訓聚，柳亦訓聚，古以諧聲爲訓詁，是崇與柳音義皆同。”杜

---

[1] 科學本注：按：此句下脱“春秋之棐林”一語。

《注》：“崇，秦之與國。”沈欽韓云：“《詩地理考》[1]：‘《通典》崇國在京兆府鄠縣。《帝王世紀》鯀封崇伯，國在豐、鎬之間。周有崇國，晉趙穿侵崇。’”江永云：“今按：殷之崇侯虎，國在今陝西西安府鄠縣東。雖已滅，後又別封崇國也。”

晉人、宋人伐鄭。

〔傳〕元年，春，王正月，公子遂如齊逆女。尊君命也。

三月，遂以夫人婦姜至自齊。尊夫人也。

〔疏證〕《成十四年傳》：“宣伯如齊逆女，稱族，尊君命也。僑如以夫人至，舍族，尊夫人也。”與此《傳》説同。杜《注》云：“公子，當時之寵號，非族也。故《傳》不言舍族。”蓋依彼《傳》爲説。《傳》之重發例者，亦以公子非族之比。

夏，季文子如齊，納賂以請會。

〔疏證〕杜《注》：“宣公篡立，未列於會，故以賂請之。”壽曾謂：賂即斥濟西田。

晉人討不用命者，放胥甲父於衛。

〔疏證〕文十二年河曲之戰也。本《疏》：“按彼《傳》，胥甲與趙穿同罪，放胥甲而舍趙穿者，於時趙盾爲政，穿見[2]晉君之壻，或本罪輕於胥甲，故得無罪。”《讀本》：“不討趙穿者，十七年，穿質于鄭，當以是免。”壽曾謂：胥甲時將下軍，趙穿未有軍行也。

而立胥克。先辛奔齊。

〔疏證〕杜《注》：“克，甲之子。辛，甲之屬大夫。”

會于平州，以定公位。

〔疏證〕杜《注》：“篡立者，諸侯既與之會，則不得復討。臣子殺之，與弑君同。故公與齊會而位定。”沈欽韓云：“此非《傳》意也。春秋時，習見篡弑之禍，敵國以上，莫不棄已死之舊交，而貪建樹之私恩。于

---

① 科學本注：原稿眉批：“查《詩》‘既伐於崇’。”
② 科學本注：應爲“是”字。

是覷覦之徒以爲與于會盟，已結鄰援，國人亦斂怨降心，莫可誰何。此鄰國之罪也，與之會盟者有罪矣。篡竊之君，豈謂罪惡便可除乎？時無討惡之人，儼然目之曰公、曰侯，則《經》亦不能不書之曰公與侯也。非獨《經》多微辭也，左氏身爲魯史，記魯之事，亦不能不隱情以避禍。如宣公此事，豈教人爲惡而開以避罪之方哉！其深痛而概責之，可見矣。曹伯負芻之執，晉之討也緩，遂令曹人得藉口以乞哀。杜預執彼權辭，便成義例，其蔑《經》而誣《傳》多矣！"

東門襄仲如齊拜成。

六月，齊人取濟西之田，爲立公故，以賂齊也。

宋人之弑昭公也，

〔疏證〕《文十六年經》："宋人弑其君杵臼。"《傳》："文公即位。"

晉荀林父以諸侯之師伐宋，

〔疏證〕《文十七年經》："春，晉人、衛人、陳人、鄭人伐宋。"

宋及晉平，宋文公受盟于晉。

〔疏證〕《文十七年經》不書宋文公受盟之事。《傳》云："猶立文公而還。"即此《傳》受盟之事也。

又會諸侯于扈，將爲魯討齊，皆取賂而還。

〔疏證〕本《疏》："'取賂而還'，書本或云'取齊賂而還'。檢勘古本及杜《注》意，并無'齊'字。"是別本有"齊"無"皆"也。《文十七年經》："六月，諸侯會于扈。"《傳》："遂復合諸侯于扈，平宋也。"杜彼《傳注》云："《傳》不列諸國，而言復合，則如上十五年會扈之諸侯可知也。"故此《傳注》云："文十五年、十七年二扈之盟，皆受賂。"本《疏》："杜以《傳》言'皆取賂而還'，必有二事，乃得稱皆，故指二扈之盟以充皆義。劉炫云：'案：《傳》數晉罪，近發宋弑昭公前扈之盟，文所不及，何當虛指其事？言皆取賂，故謂宋及晉平，取宋賂，爲魯討齊，取齊賂也。'案：十七年會于扈，尋檢經傳，全無爲魯討齊之事，豈得違背經傳，妄指十七年乎？劉炫以傳文先後顛倒而規杜，非也。"邵瑛以炫説爲是。然引文十五年齊人賂晉侯之事，則炫所謂"前扈之盟，文所不及"也。壽曾謂：晉取宋賂，及爲魯討齊，取齊賂，皆文十七年事。

彼《傳》皆不載,《傳》中多有旁出補叙之文,此類是也。炫謂傳文顛倒,非。

鄭穆公曰:"晉不足與也。"遂受盟于楚。

〔疏證〕《文十七年傳》,伐宋之役,有鄭石楚。

陳共公之卒,楚人不禮焉。

〔疏證〕《文十三年經》:"夏,五月,壬午,陳侯朔卒。"不禮,謂會喪、會葬。

陳靈公受盟于晉。

〔疏證〕《文十四年經》:"夏,六月,公會宋公、陳侯、衞侯、鄭伯、許男、曹伯、晉趙盾。癸酉,同盟于新城。"是其事也。

秋,楚子侵陳,遂侵宋。

晉趙盾帥師救陳、宋。會于棐林,以伐鄭也。

楚蒍賈救鄭,遇于北林,

〔注〕服云:"北林,鄭南地也。"《水經·渠水注》。

〔疏證〕杜《注》:"滎陽中牟縣西南有林亭,在鄭北。"不用服"鄭南"之説。《水經·渠水注》引服説,又云:"京相璠曰:'今滎陽苑陵縣有故陵鄉,在新鄭北,故曰北林也。'余案:林鄉故城在新鄭東北如北[①]七十許里,苑陵故城在東南五十許里,不得在新鄭北也。考京、服之説,并爲疏矣[②]。林亭,今南去新鄭縣故城四十許里,蓋以南有林鄉亭故址,杜預據是爲北林,最爲審矣。"江永、沈欽韓皆從酈説。《春秋輿圖》:"北林在河南開封府中牟縣西南。"

囚晉解揚。晉人乃還。

〔疏證〕杜《注》:"解揚,晉大夫。"

晉欲求成於秦,

---

① 科學本注:查《水經》注疏,"北"字衍。劉氏蓋從趙改也。
② 科學本注:原稿眉批:"當查師行之道定之乃可。"

趙穿曰：“我侵崇，秦急崇，必救之。

〔疏證〕《釋文》：“‘秦急崇’絶句，本或作‘崇急，秦必救之’，是後人改耳。”

“吾以求成焉。”冬，趙穿侵崇。秦弗與成。

〔疏證〕《讀本》：“秦知穿謀，故但救崇而不與晉成。”

晉人伐鄭，以報北林之役^①。

於是晉侯侈，趙宣子爲政，驟諫而不入，故不競於楚。

〔疏證〕《將仲子疏》引《哀二十年傳》：“吳公子慶忌驟諫。”服《注》：“驟，數也。”《詩·抑傳》：“競，强也。”

〔經〕 二年，春，王二月，壬子，宋華元帥師及鄭公子歸生帥師，戰於大棘。宋師敗績，獲宋華元。

〔疏證〕《年表》：“鄭穆公二十一年，與宋師戰，獲華元。”《吕覽·察微篇》：“鄭公子歸生率師伐宋，宋華元率師應之大棘。”《注》：“大棘，宋邑，今陳留襄邑南大棘是也。”高氏以大棘爲宋邑，當是舊説。《郡國志》：“陳留己吾縣有大棘鄉。”則此《經》“大棘”，漢人有襄邑、己吾二説。顧棟高云：“今河南歸德府睢州西曲棘里有棘城。又寧陵縣西南七里有大棘城，亦與睢相近。”江永云：“今按：曲棘與大棘當是二地。《史記·梁孝王世家正義》引《括地志》‘大棘在寧陵縣西南七十里’，非七里。”按：江説是也。《經》稱“大棘”，則曲棘非蒙大棘而稱，當依《漢志》。《方輿紀要》：“大棘城在歸德府寧陵縣西南七十里。”《水經注》引《陳留風俗傳》曰：“大棘鄉，故安平縣也，其地爲楚莊所并。”此疑即《漢志》己吾之大棘，但陳留無安平縣，俟考。

秦師伐晉。

夏，晉人、宋人、衛人、陳人侵鄭。

秋，九月，乙丑，晉趙盾弑其君夷皋。

〔疏證〕皋，《公羊》曰“獳”。《年表》：“晉靈公十五年，趙穿殺靈

---

① 林按：原稿眉批：“查《釋文》。”

公。"

冬，十月，乙亥，天王崩。無《傳》。

〔疏證〕《年表》："周匡王六年，匡王崩。"

〔傳〕 二年，春，鄭公子歸生受命于楚伐宋，

〔疏證〕《釋文》無"受"字，云："本或作'命于楚'。"非也。臧琳云："《傳》本無'受'字。故《注》云：'受楚命。'若《傳》本作'受命于楚'，則文義已明，杜可無庸注矣。"洪亮吉云："今按杜《注》，不當有'受'字。"按：《宋世家》："文公四年春，鄭命楚伐宋。"亦無"受"字，與《釋文》合，可證臧、洪説"命楚"猶言"命于楚"也。阮氏《校勘記》云："《吕覽·察微篇》引作'受命于楚'。"

宋華元、樂吕御之。

〔疏證〕杜《注》："樂吕，司寇。"御，猶禦也。《宋世家》："宋使華元將。"

二月，壬子，戰於大棘，宋師敗績。囚華元，獲樂吕，

〔疏證〕《宋世家》："鄭敗宋，囚華元。"杜《注》："樂吕^①獲不書，非元帥也。獲，生死通名。《經》言獲華元，故《傳》特護之曰'囚'。以明其生獲，故得見贖而還。"壽曾謂：囚、獲對異散通，《傳》以《經》不書樂吕之獲，故不云獲華元、樂吕，特異其詞。杜又云："樂吕獲不書，非元帥也。"

及甲車四百六十乘，俘二百五十人，馘百人^②。

〔疏證〕《釋文》："馘百人，或'馘百者'，人，衍字。"甲車，杜無注。武億云："下文'宋人以兵車百乘'。案：《淮南子》高氏《注》：'馬被甲，車被兵，所以衝於敵城也。'故稱甲車。證兵車爲一。"

狂狡輅鄭人，

〔注〕輅，迎也。《僖十五年疏》。

---

① 林按：劉氏引文有節略，《左傳正義》此處有"司寇"。

② 林按：楊本少"人"字，有論證。

〔疏證〕杜《注》：“狂狡，宋大夫。輅，迎也。”杜釋‘輅’，用服説。
服蓋讀輅爲“以迓田祖”之迓。《讀本》：“輅鄭人，謂以戟迎擊鄭人。”

鄭人入於井。

倒戟而出之，獲狂狡。

〔疏證〕杜無注。邵寶云：“倒戟，猶倒戈也。坐此遲緩，反爲鄭人所
獲。”《讀本》：“鄭人入井，狡乃倒授戟柄接出之，而鄭人反獲狂狡。”沈
欽韓云：“《吳子·圖國篇》：‘長戟二丈四尺，短戟一丈二尺。’”沈引此
者，明戟長可接人於井。《御覽》三百三十九引邯鄲《五經析疑》駁云：
“矢絶於弦，不可追止。戟執在手，制之在人。”此當此①是疑傳文，狂狡
執戟，不當被獲，其義今無考。

君子曰：“失禮違命，宜其爲禽也。

〔注〕鄭康成云：“狂狡臨敵，拘于小仁，忘在軍之禮，譏之，義合於
譏。”《大明疏》引《箴膏肓》。

〔疏證〕《釋文》：“一本作‘宜其禽也’。”杜無注。“禮”即下文“果
毅”也。命，君命也。《大明疏》引此傳文，又云：“何休以爲狂狡近於古
道。”蓋《膏肓》之辭。下引鄭《箴》。鄭用《傳》義駁何。小仁，煦煦之
仁也。狂狡之仁，與宋襄公同。其謂“義合於譏”者，彼《疏》引《雒師
謀》説太公受兵鈐之法云：“‘踐爾兵革審權矩，應詐縱謀出無孔。’《注》
云：‘當親行汝兵革，審其權謀之法，應敵之變詐，縱己之謀，所謂出無
常道。’”鄭意謂《傳》譏狂狡不知行兵權謀。

“戎，昭果毅以聽之之謂禮。

〔疏證〕杜《注》：“聽，謂常存於耳，著於心，想聞其政令。”惠棟
云：“《大戴禮》論四代之政刑云：‘祭祀昭有神明，燕食昭有慈愛，宗廟
之事昭有義，率禮朝廷昭有五官，無廢甲胄之戒，昭果毅以聽。’戒當作
戎。然則‘戎’爲句，‘昭果毅以聽’，古語也。下四句，乃《左氏》益之
耳，杜《注》殊不的。”按：惠説是也。本《疏》：“昭，明也。”《讀本》：
“戎事當昭明果毅之命，而以聽從上令爲禮。”亦用《大戴記》爲説。《晉
書·劉琨傳》：“琨上書曰：‘臣聞晉文以郤縠爲元帥而定霸功，高祖以韓

---

① 科學本注：“此”字衍。

信爲大將而成王業。咸有敦詩閲禮之德，戎昭果毅之威。'"失其句讀，由杜《注》不分明耳。

"殺敵爲果，致果爲毅。易之，戮也。"

〔疏證〕《釋詁》："奢、犯、果、毅，勝也。"郭《注》："陵犯、夸奢、果毅，皆得勝也。《左傳》曰：'殺敵爲果。'"蓋謂果、毅皆訓勝，然在傳文有别。《皋陶謨》："强而毅。"《疏》："宣二年《左傳》'致果爲毅'，謂能致果毅殺敵之心，是謂强毅也。"此釋"致果"之義。本《疏》："能殺敵人是名爲果，致此果敢乃名爲毅。"與《書疏》義同。杜《注》："易，改易。"《讀本》："狂狡不殺敵，不致果，是改易軍禮、軍命。"沈欽韓云："《司馬法·定爵篇》：'居國惠以信，在軍廣以武，刃上果以敏。居國和，在軍法，刃上察。'"沈引此者，明居國、在軍不同，改之則爲戮。

將戰，華元殺羊食士，其御羊斟不與。

〔疏證〕杜此不釋"羊斟"。下文"叔牂"下《注》："叔牂，羊斟也。"用鄭衆説。《吕覽·察微篇》："將戰，華元殺羊饗士，羊斟不與焉。"《注》："與，及也。"以羊斟爲人姓名，此鄭、賈、服説所出。《淮南·繆稱訓》："羊羹不斟而宋國危。"此斟非人名。《注》："宋將華元與鄭戰，殺羊食士，不及其御。"亦止引《傳》説，不説"斟"字義。《張儀列傳》："厨人進斟。"《索隱》："斟，謂羹勺，故因名羹曰斟，故《左氏》'羊羹不斟'是也。"文淇案：《小司馬》殆因《淮南》語，誤屬《左氏》也。壽曾謂：《淮南》蓋采雜説，故不與傳文合。《宋世家》："華元之將戰，殺羊以食士，其御羊羹不及，故怨。"史公不顯羊斟姓名，故竄易傳文耳。《年表》亦云："華元以羊羹故，陷於鄭耳。"錢□□[1]云："《淮南》云：'羊羹不斟。'則斟爲斟酌之義，當以羊爲其御之名，'斟不與'三字爲句。"張文虎《舒藝室隨筆》用其説，謂斟爲分羹之器。後文兩"羊斟"，"斟"皆後人妄加。按：錢、張説與《左氏》舊注違，今不取。

及戰，曰："疇昔之羊，子爲政；今日之事，我爲政。"

〔疏證〕《檀弓》："疇昔之夜。"鄭《注》："疇昔，猶前日也。"杜《注》用鄭説。《吕覽·察微篇》："明日戰，怒謂華元曰：'昨日之事子爲制，

---

[1] 科學本注：原稿闕文。按：此係指錢大昕《十駕齋養新録》引《淮南子·繆稱訓》文。

今日之事我爲制。’”《注》：“今日之事，御事也。”洪亮吉云：“按：‘政’作‘制’，蓋因秦始皇名政而改也。”

與入鄭師，故敗。

〔疏證〕《淮南·繆稱訓注》：“及戰，御馳馬入鄭軍，華元以獲也。”《宋世家》云：“馳入鄭軍，故宋師敗，得囚華元。”下文“非馬也”，鄭衆《注》“謂羊斟趨①入鄭也”，皆用《淮南》説。《御覽》七百五十八引李尤《羹魁銘》曰：“羊羹不徧，馳馬長驅。”

君子謂：“羊斟非人也，以其私憾，敗國殄民，於是刑孰大焉？《詩》所謂‘人之無良’者，其羊斟之謂乎！殘民以逞。”

〔疏證〕《釋文》：“憾，本亦作‘感’。”杜《注》：“憾，恨也。殄，盡也。”“人之無良”，《小雅·角弓》文，“人”作“民”。《箋》：“良，善也。”杜又云：“《詩·小雅》。義取不良之人，相②怨以亡。”壽曾謂：此引《詩》斷章，以譏羊斟之挾私病國，不關《詩》刺骨肉相怨義。殘，猶殄也。《讀本》：“謂敗大軍而逞小恨。”《呂覽·察微篇》：“夫弩機差以米則不發。戰，大機也。饗士而忘其御也，將以此敗而爲虜，豈不宜哉？”蓋專責華元之不能治兵，雖與《傳》意不蒙，或是古説。

宋人以兵車百乘、文馬百駟以贖華元於鄭。

〔注〕賈云：“文，貍文也。”王肅云：“文馬，畫馬也。”《宋世家集解》。

〔疏證〕《説文》：“駁，馬赤鬣縞身，目若黃金，吉皇之乘，周成王時，犬戎獻之。從馬從文，文亦聲。《春秋傳》曰‘馮馬百駟’，畫馬也。西伯獻紂以全其身。”許君稱《春秋傳》，則賈氏本作“馮馬”矣。惠棟云：“《周書·王會》‘犬戎駁馬’，此馬當畫赤鬣縞身之形，非真吉黃之乘也。”然玩賈《注》，不謂畫馬。沈欽韓云：“按：《周本紀》：‘求驪戎之文馬。’《尚書大傳》：‘散宜生之犬戎氏，取美馬，駁身、朱鬣、雞目者。’若是，則借畫爲文，則不須遠求。”洪亮吉云：“叔重既言‘駁馬，赤鬣縞身，目若黃金’，又云‘畫馬也’，則意亦言馬之文采似畫耳。”沈、洪二説頗疑許君説駁馬，前後不相承，沈説尤辨。段玉裁云：“許引《春秋傳》當作‘文馬’，此言《春秋傳》之文馬，非《周書》之馮馬也。恐人惑，故

---

① 科學本注：阮刻《注疏》本作“驅”。

② 林按：底本引作“樹”，今據《十三經注疏》改。

辨之。”又云：“自《春秋傳》以下，恐皆非許語。”按：段氏後一說是也。知然者，賈君既以“貍文”訓文，是謂馬之文采似貍。丘光庭云：“文馬，馬之毛色有文采者。”蓋從賈說。李貽德云：“《禮記·檀弓》：‘貍首之斑然。’《三國志·管輅傳》：‘雖有文章，蔚而不明。非虎非雉，其名曰貍。’是貍，獸之有文章者。”李以文章釋貍，亦得賈君義。許君“朱鬣、縞身、金目”之說，亦謂馬有文章，正用師說。王肅訓“文馬”爲“畫馬”，杜《注》亦同。《說文》“《春秋傳》曰”以下乃後人取王、杜說竄入之，而不知與賈、許義違也。《宋世家》：“宋以兵車百乘、文馬四百匹贖華元。”

半入，華元逃歸，立於門外，告而入。

〔疏證〕《宋世家》：“未盡入，華元亡歸宋。”《讀本》：“鄭得賂而緩華元之囚，元因逃歸。”杜《注》：“告宋城門而後入。”①

見叔牂，曰：“子之馬然也？”對曰：“非馬也，其人也。”既合而來奔。

〔注〕賈逵云：“叔牂，宋守門大夫。華元既見叔牂，牂謂華元曰：‘子見獲于鄭者，是由子之馬使然也。’華元對曰：‘非馬自奔也，其人爲之也。’謂羊斟驅入鄭也。奔，走也。謂宋人贖我之事既和合，而我即來奔耳。”鄭衆云：“叔牂，即羊斟也，在先得歸。華元見叔牂，牂即詭之曰：‘奔入鄭軍者，子之馬然也，非我也。’華元曰：‘非馬也，其人也。’言是汝驅之耳。叔牂既與華元合語，而即來奔魯。”又一說：“叔牂，宋人，見宋以馬贖華元，謂元以贖得歸。謂元曰：‘子之得來，當以馬贖故然。’華元曰：‘非馬也，其人也。’言己不由馬贖，自以人事來耳。贖事既合，而我即來奔。”本《疏》。

〔疏證〕杜《注》：“叔牂，羊斟也。卑賤得先歸，華元見而慰之。叔牂知前言已顯，故不敢讓罪。叔牂言畢，遂奔魯。合，猶答也。”杜蓋以“子之馬然”爲華元之言，“非馬，其人”爲羊斟之言，於三說皆不取。本《疏》云：“服虔載三說，皆以‘子之馬然’爲叔牂之語，‘對曰’以下爲華元之辭。”下備引三說，又云：“杜以傳文見叔牂而即言‘曰’，則‘曰’下皆當爲華元之語，不得謂叔牂之辭。且以華元與賤人交語而稱‘對曰’，謂歸國而曰‘來奔’，皆於文不順。又羊斟與叔牂當是名字相配，故不從

①　科學本注：原稿眉批：“查軍敗入國門之禮。”

三家而別爲之説，采鄭氏來奔爲奔魯耳。”按：叔牂即羊斟，杜用先鄭説，不得謂止取奔魯之文。洪亮吉云：“以叔牂爲羊斟，始於鄭衆，而杜用之。又無別據，第云羊斟與叔牂當是名字相配。今考‘羊’當是氏，無緣作字與氏相配。又羊斟既明言‘今日之事我爲政’，則不得更以‘子之馬然’面誣華元。鄭衆之説非也。斟前既有言，則元亦不必反爲飾詞。杜説亦非。賈逵以叔牂爲宋守門大夫，其義最確。服虔載或一説，亦云‘叔牂，宋人’，與賈《注》合也。又按：《淮南·繆稱訓》：‘羊羹不斟而宋國危。’是斟又訓‘斟酌’之斟。‘其御羊斟不與’，謂御不與食羊羹也。高誘亦不以‘羊斟’爲人姓名，得之。”

文淇案：洪説誤矣。《左傳》明言羊斟非人，又言羊斟之謂，則固以羊斟爲人姓名矣。壽曾謂：此《傳》先儒異説，當并存古義。洪氏專主先鄭，非也。本《疏》謂服虔載三説，而不引服《注》，則服於此《傳》，亦第采先儒説，未下己意可知。又案：服《注》體例，今無以考。《疏》此條備舉三説，則《解誼》多仰述先儒，亦如鄭氏注《周禮》引先鄭、杜子春也。

宋城，華元爲植，巡功。

〔注〕舊注：“植，主。巡，行城也。”《御覽》八百九十八。

〔疏證〕杜《注》：“植，將主也。”《御覽》三百五十五引《注》，與杜《注》同。八百九十八引《注》，文異，今定爲舊注。《大司馬》“屬其植”《注》：“鄭司農云：‘植，謂部曲將史。故“宋城，華元爲植，巡功”。屬，謂聚會之也。’玄謂植，築城楨也。屬，賦丈尺與其用人數。”《疏》：“案：宣二年《左氏傳》云：‘宋城，華元爲植，巡功。’《注》：‘植，將主也。’先鄭云：‘植，謂部將曲將史。屬，謂聚會之。’後鄭不從。案：昭三十二年，‘晉士彌牟營成周，計丈數，揣高卑，度厚薄。仞溝洫’。又云：‘以令役於諸侯，屬役賦丈尺。’宣十一年，計慮用人功之數。以此知屬謂賦丈尺與人數也。”彼《疏》主後鄭説，杜從司農。沈氏欽韓謂當從後鄭。壽曾謂：先鄭訓“植”爲部曲將史，而引傳文爲證，則此舊注，當即先鄭説。本《疏》：“巡功，謂巡城檢作功也。”與舊注合。

城者謳曰：“睅其目，皤其腹，棄甲而復。

〔疏證〕《説文》：“睅，大目也。從目，旱聲。”《釋文》引《字林》同。杜《注》：“睅，出目。”恐非古訓。又云：“皤，大腹。棄甲，謂亡師。”

"于思于思，棄甲復來。"

〔注〕賈云："于思，白頭貌。"本《疏》。服虔以"于思"爲白頭貌。《瓠葉疏》。

〔疏證〕杜《注》："于思，多鬚之貌。"《御覽》三百五十五引《注》："鬚多貌。"又三百七十四引《注》："于思，多髯之貌。"《釋文》："于思，多鬚貌。"又云："鬚，脩于反。字又作'鬊'。"則唐本杜《注》作"鬚"，作"鬊"者誤。杜以"于思"爲多鬚，不用賈、服説。《疏》云："成十五年華元爲右師，距此三十二年，計未得頭白，故杜以爲多鬚貌，亦是以意言之耳。""鬊"亦當作"鬚"。《疏》駁賈説，亦不以杜《注》爲然。華元官右師，年數無考，曷以知此時頭未白也。洪亮吉云："杜以'于思'爲多鬚之貌，恐非。當以賈義爲長。"亦無所申證。惠棟云："按：《毛詩·瓠葉》云：'有兔斯首。'鄭《箋》云：'斯，白也。今俗語斯白之字作鮮，齊魯之間聲近斯。'《正義》曰：'服虔以"于思"爲白頭貌。'字雖異，蓋亦以思聲近鮮，故爲白頭也。《後漢書·朱儁傳》：'賊多髭者號于氏根。'《注》引杜《注》爲證。案：此則于爲須，思爲白，于思爲白須也。"按：惠氏兼取服、杜説，非古義。沈欽韓云："按：《説卦》：'巽爲宣髮。'虞翻曰：'爲白故宣。'宣、鮮聲同，故宣亦爲白。"此申惠氏"思"爲白之説，却與賈、服義合。竊謂《御覽》兩引《注》，皆與杜《注》小異，疑亦是舊注，白頭、多鬚髯，師説有異。

使其驂乘謂之曰："牛則有皮，犀兕尚多，棄甲則那？"

〔疏證〕《釋獸》："兕，似牛。犀，似豕。"《考工記》："函人爲甲，犀甲七屬，兕甲六屬。犀甲壽百年，兕甲壽二百年。"此謂取牛、犀、兕皮爲甲也。《疏》云："徧檢書傳，犀、兕二獸并出南方，非宋所有。假令波及宋[1]國，必不能多。言'尚多'者，苟以答謳者耳。"《釋詁》："那，於也。"《注》："《左傳》：'棄甲則那。'那，猶今人言那那也。"沈欽韓云："按：六朝多言阿那。"沈意謂阿那猶則那也，那既訓"於"，自爲歎辭。杜《注》："那，何也。"洪亮吉云："《廣雅》：'奈，那也。'按：那，猶言奈何也。"邵晉涵云："那者，奈何二字之合聲也。"武億云："案：兕亦不盡出南方。《詩·吉日篇》'殪此大兕'，《汲郡古文》'夷王六年，獲犀牛一以歸'，則東周畿內有之。《國語》：'叔向曰："昔吾先君唐叔，射

---

① 林按："宋"，底本誤作"晉"，據《十三經注疏》改正。

兇於徒林。殪，以爲大甲。"'則晉地有之。"

役人曰："從其有皮，丹漆若何？"

〔疏證〕制甲必施丹漆，謂如爾言有皮，而丹漆亦不易致。

華元曰："去之！夫其口衆我寡。"

〔疏證〕陳樹華云："林堯叟'夫'讀如字，一以'夫'字屬下，不如三字連文，'夫'作語助辭爲允也。"《校勘記》云："按：以下六字爲句是也。《左傳》凡云'夫己氏''夫先自敗也已'，言'夫'者，皆指其人言也。"按：阮説是也。

秦師伐晉，以報崇也，

〔疏證〕《元年經》："冬，趙穿率師侵崇。"

遂圍焦。

〔疏證〕《僖三十年傳》："取君焦、瑕。"江永云："實一地也。"

夏，晉趙盾救焦，遂自陰地，及諸侯之師侵鄭，

〔疏證〕杜《注》："陰地，晉河南山北，自上洛以東至陸渾。"顧棟高云："哀四年，蠻子赤奔晉陰地，即此。晉上洛，今陝西商州洛南縣。陸渾，今河南府嵩縣。其地南阻終南，北臨大河，所謂河南山北也。又陝州盧氏縣有陰地城，即命大夫屯戍之所，猶夫南陽爲河内之總名，而別有南陽城，則在修武也。"江永云："今按：盧氏今屬河南府陝州。陰地，當以盧氏陰地城爲是。哀四年，蠻子赤奔晉陰地。"又云："使謂陰地之命大夫士蔑，是陰自有其邑。"按：江説是也。沈欽韓云："《方輿紀要》：'陰地城在河南盧氏縣東北。'"

以報大棘之役。

〔疏證〕《讀本》："報今年春鄭伐宋也。"

楚鬭椒救鄭，曰："能欲諸侯，而惡其難乎？"遂次于鄭，以待晉師。

〔疏證〕杜《注》："鬭椒，若敖之族。自子文以來，世爲令尹。"

趙盾曰：“彼宗競于楚，殆將斃矣。姑益^①其疾。”乃去之。

〔疏證〕彼宗，斥若敖氏也。杜《注》：“競，强也。”

晉靈公不君：

〔注〕賈云：“不君，無君道也。”《御覽》五百三十八。

〔疏證〕杜《注》：“不君，失君道也。”用賈義。《吕覽·過理論》：“晉靈公無道。”此賈所本。《吴語》：“昔楚靈王不君。”《注》：“不得爲君之道。”亦以不君爲無君道。《趙世家》：“靈公立十四年，益驕。”《後漢書·王符傳》：“《潛夫論》曰：‘昔晉靈公多賦以彤牆，《春秋》以爲非君。華元、樂舉厚葬文公，以爲不臣。’”

厚斂以彤牆；

〔注〕賈云：“彤，畫也。”《晉世家集解》。

〔疏證〕彤，監、毛本作“雕”。《釋文》：“雕，本亦作‘彤’。”與賈《注》合。《晉世家》：“靈公壯，侈，厚斂以雕牆。”《讀本》：“厚斂，蓋在常賦之外。”杜《注》：“彤，畫也。”用賈説。李貽德云：“《説文》：‘彤，琢文也。’彤之本義，與珛玉之珛同。然從彡，‘彡，毛飾畫文也。’《詩·行葦》：‘敦弓既堅。’《傳》：‘敦弓，畫弓也。’”

從臺上彈人，而觀其辟丸也；

〔疏證〕杜無注。《晉世家》：“從臺上彈人，觀其逃丸也。”逃即辟意。《吕覽·過理論》與《傳》同，無“臺”字。然《注》云：“從高臺上引彈，觀其走而避丸，以爲樂也。”則正文宜有“臺”。沈欽韓云：“《元和志》：‘晉靈公臺在絳州正平縣西北三十一里。’”

宰夫胹熊蹯不孰，

〔注〕服云：“蹯，熊掌，其肉難熟。”《晉世家集解》。

〔疏證〕《校勘記》云：“《吕覽·過理篇》作‘臑熊蹯’。李善注魏文帝《名都篇》亦引作‘臑’。枚乘云：‘熊蹯之臑。’《注》引傳文亦然。然《説文》云：‘胹，爛熟也。’則作‘胹’者俗字，作‘臑’則更俗矣。”按：《晉世家》亦作“胹”。《説文》別有“胹”，云“爛也”。本《疏》引《字

書》：“過熟曰胹。”蓋同《説文》。《廣雅·釋詁》：“胹，熟也。”《方言》：
“自關而西，秦、晉之郊曰胹；徐、揚之間曰飪。”《趙世家》：“及食熊蹯，
胹不熟。”則“胹”有羹義。杜無注，蓋已釋於《文元年傳》。李貽德云：
“蹯，掌足通稱，故云‘熊掌’。”

殺之，寘諸畚，使婦人載以過朝。

〔疏證〕《説文》：“畚，蒲器，可以盛糧。”何休《公羊注》：“畚，草
器，若今市所量穀者也。齊人謂之鍾。”均不言畚之大小。《傳》謂用畚載
尸，則器亦非小。杜《注》謂似筥，非也。《吕覽·過理論》：“殺之，令
婦人載而過朝，以示威。”本《疏》：“過朝以示人，令眾懼己。”與《吕
覽》合。《吕覽》蓋古義也。《晉世家》：“靈公怒，殺宰夫，使婦人持其屍
出棄之，過朝。”《趙世家》：“殺宰人，持其尸出。”

趙盾、士季見其手，問其故，而患之。將諫，

〔疏證〕《釋文》：“其手，一本作‘首’。”《晉世家》：“已又見死人
手。”則史公所見本作“手”。杜《注》：“士季，隨會也。”

士季曰：“諫而不入，則莫之繼也。會請先，不入，則子繼之。”

〔疏證〕本《疏》謂盾貴卿、會卑卿，故會請先往諫。《晉世家》：“趙
盾、隨會前數諫，不聽。”又云：“二人前諫，隨會先諫。”案：盾、會前
數諫，不見於《傳》，史公蓋采他書。

三進，及溜，而後視之，

〔疏證〕杜《注》：“三進三伏，公不省而又前也。”杜不釋“溜”字。
《説文》：“霤，屋水流也。”《釋文》：“霤，屋霤也。”惠棟云：“熊氏《經
説》：‘霤者，屋有複穴，開其上以取明，雨則霤之，因名中庭曰中霤。’”
沈欽韓云：“溜即霤。有門内之霤，《燕禮》‘賓執脯，賜鍾人于門内霤’
是也。有階間之霤，《鄉飲酒記》‘磬，階間縮霤’是也。《傳》言‘三進，
及霤’，乃階間之霤也。按：《燕禮》‘小臣納卿大夫，卿大夫皆入門右，
北面東上’，此一進也；‘公降立于阼階之東南，南鄉。爾卿，卿西面北上；
爾大夫，大夫皆少進’，此二進也；‘始時[①]入門，繼而當庭，及至升階當
霤’，則三進矣。”

---

① 科學本注：沈氏《春秋左氏傳補注》“時”作“也”。林按：劉氏引沈氏文有節略。

曰：“吾知所過矣，將改之。”

稽首而對曰：“人誰無過？ 過而能改，善莫大焉。《詩》曰：‘靡
不有初，鮮克有終。’

〔疏證〕《大雅·蕩》文。《箋》：“民始皆幾於善道，後更化於惡俗。”
引者明改過之難。

“夫如是，則能補過者鮮矣。君能有終，則社稷之固也，豈惟群
臣賴之。”

又曰：“‘衮職有闕，惟仲山甫補之。’能補過也。君能補過，衮
不廢矣。”

〔疏證〕引《詩·大雅·烝民》文，今本“惟”作“維”。《傳》云：“有
衮冕者，君之上服也。仲山甫補之，善補過也。”杜《注》：“衮，君之上
服。”用毛義。陳奐《詩疏》云：“《經》言衮，《傳》言衮冕，衮爲衣，冕
爲垂九旒，是君之最上服也。”又引此《傳》釋之云：“案：晉靈公繼文、
襄之業，主盟中夏，爲周之上公，是靈有衮矣。故云‘能補過，衮不廢’，
《傳》所本也。衮職，謂臣職也。”

猶不改。

〔疏證〕自“衮不廢矣”以下[①]，隨會一人之辭。

宣子驟諫，公患之，

〔注〕賈云：“驟，疾也。”《衆經音義》引《晉語注》。
〔疏證〕宣子諫不與士季諫同時，《傳》言他日之事也。《吕覽·過理
論》：“趙盾驟諫而不聽，公惡之。”《趙世家》：“趙盾驟諫，公不聽。”與
《傳》同。杜無注。《哀十二年[②]傳》服《注》以“驟諫”爲“數諫”，則賈、
服説“驟諫”不同。《晉語注》：“患，疾也。”

使鉏麑賊之。

〔注〕賈云：“鉏麑，晉力士。”《晉世家集解》。

---

① 科學本注：“下”疑當作“上”。
② 科學本注：公子慶忌驟諫吳子係哀二十年事。

〔疏證〕鉏麑，《吕覽‧過理》作“沮麛”，《説苑‧立節》作“鉏之彌”①，《古今人表》作“鉏麑”。李富孫云：“沮、鉏形聲相近。”洪亮吉云：“‘鉏之彌’急讀即作‘鉏麑’。”杜用賈説。《吕覽》：“沮麛見之不忍賊。”《注》：“賊，殺也。”《晉世家》：“鉏麑刺趙盾。”刺，猶殺也。

晨往，寢門闢矣，

〔疏證〕《晉語》：“晨往，則寢門辟矣。”《注》：“辟，開矣。”《外傳》“辟”，古字。《晉世家》：“盾闥門開。”史公亦以辟爲開。

盛服將朝。尚早，坐而假寐。

〔疏證〕《晉語》：“盛服將朝，蚤而假寐。”《注》：“不脱冠帶而寐曰假寐。”杜用韋義。《晉世家》：“居處節。”括《傳》義爲詞。

麑退，歎而言曰：“不忘恭敬，民之主也。賊民之主，不忠；棄君之命，不信。有一於此，不如死也。”

〔疏證〕《晉世家》：“殺忠臣，棄君命，罪一也。”《晉語》：“賊民之鎮，不忠；受命而廢之，不信。享一名於此，不若死。”《外傳》易“主”爲“鎮”。杜亦不釋“主”②字。《吕覽‧過理論》説此事云：“不忘恭敬，民之主也。賊民之主，不忠；棄君之命，不信。一於此，不若死。”《注》：“大夫稱主，因曰‘民之主’。”高氏以“主”爲大夫之稱，當是舊説。高又云：“不忠、不信，若行之，必有其一也。”

觸槐而死。

〔疏證〕《晉世家》“槐”作“樹”。杜《注》：“槐，趙盾庭樹。”顧炎武曰：“退而觸槐，則非趙盾庭樹。”惠棟云：“《吕覽》：‘觸庭槐而死。’《外傳》云：‘觸廷之槐而死。’《周禮》：‘王之外朝三槐，三公位焉。’則諸侯之朝三槐，三卿位焉。此説得之，蓋當時麑退而觸靈公之廷槐者，歸死于君也。”馬宗璉云：“案：《晉語》：‘范獻子執董叔紡於庭之槐。’是槐爲三公之位，故晉卿執人於此，足證槐爲外朝之樹矣。”按：惠、馬説是也。洪亮吉從惠説，謂：“杜《注》以爲趙盾庭樹，非。”杜不釋“觸”，《吕覽》：“觸，畜也。”畢沅云：“畜，疑撞字之誤。”

---

① 科學本注：《説苑》“麛”作“彌”。
② 科學本注：原稿眉批：“主，查趙主父，可證”。

秋，九月，晉侯飲趙盾酒，伏甲，將攻之。

〔疏證〕《晉世家》：“九月，晉靈公飲趙盾酒，伏甲將攻盾。”

其右提彌明知之，

〔疏證〕杜《注》：“右，車右。”案：此謂趙盾之車右也。《釋文》云：“提，本又作‘祇’，上支反。”《校勘記》云：“《後漢·郡國志》引作‘祇’。《史記·晉世家》作‘示眯明’，《索隱》曰：‘鄒誕生音示眯爲祁彌，即《左傳》之提彌明。’蓋字異而音同。”李富孫云：“按：史公以示眯明即桑下之饑人，已而爲晉宰夫。與《左氏》異，遂合二人爲一人。非也。錢氏云：‘《説文》“眯”即提彌明之彌。’”按：李説是也。據《説文》，則《傳》宜作“提眯明”，其作“祁彌明”者，《公羊》宣六年傳，《公羊》字與《左氏》異。

趨登，曰：“臣侍君宴，過三爵，非禮也。”

〔疏證〕杜無注。臧琳以“趨登”爲登階而呼，詳下《疏證》。沈欽韓云：“《玉藻》：‘君若賜之爵，禮，已三爵而油油以退。’《疏》即引此《傳》爲證。《小雅箋》：‘三爵者，獻也，酢也，酬也。’按：此謂三爵則禮成可退。彌明應急之辭，非所論於説屨無算爵也。”壽曾謂：《小雅》三爵是燕禮。《玉藻》之三爵，據彼《疏》云：“言侍君小燕之禮，唯已止三爵，顔色和悦，而油油悦敬。故《春秋左氏傳》曰：‘臣侍君宴，過三爵，非禮也。’”則《玉藻》三爵非正燕禮。沈氏謂當有無算爵，彌明應急，不俟禮畢，非也。本《疏》：“此飲趙盾酒，是小飲酒也，非正燕禮。燕禮，獻酬之後，方脱屨升堂，行無算爵，非止三爵而已。”詳《疏》説，則舊説不謂正燕禮，《疏》亦引《玉藻》，謂三爵禮訖，自當退也。而又云：“提彌明言此之時，未必已過三爵，假此辭以悟趙盾耳。”亦意爲之説。《晉世家》：“恐盾醉不能起，而進曰：‘君賜臣，觴三行，可以罷。’欲以去趙盾，令先，毋及難。”

遂扶以下。

〔注〕服云：“趙盾徒跣而下走。”本《疏》。

〔疏證〕《釋文》：“遂扶，舊本皆作‘扶’。服虔《注》作‘跣’，云‘徒跣也’。今杜《注》本往往有作‘跣’者。”此《傳》杜無注，詳《釋文》，則杜本亦有作“跣”者。本《疏》：“服虔本‘扶’作‘跣’。”下引

服《注》，駁之云：“禮，脫屨而升堂，降階乃納屨，堂上無屨，跣則是
常，何須云遂跣而下？且遂者，因上生下之言，提彌明言訖而遂，不得爲
趙盾遂也。杜本作‘扶’，言扶趙盾下階也。”臧琳云：“案：‘遂跣’以
下，言雖降階，猶不暇納屨，故《公羊傳》宣六年云：‘躇階而走。’又
云：‘有起於甲中者，抱趙盾而乘之。’明盾雖已下階，猶未納屨，不能疾
走故也。‘遂跣’以下，正言匆遽之狀。若如杜本爲提彌明扶盾下階，一
何從容不迫乎？《公羊傳》：‘祁彌明仡然從乎趙盾而入，放乎堂下而立。’
又言：‘祁彌明自下呼之曰：“盾，食飽則出。”’據此則大夫侍宴君所，御
僕立於堂下。《左傳》所謂‘趨登’者，言登階而呼耳，不得竟上堂扶盾
也。”盧文弨云：“作‘跣’是也。襄三年，晉悼公懼魏絳之死，亦‘跣而
出’，皆是急迫不及納屨使然。趙盾飲未至醉，何暇於扶？明跣是也。”戴
望《謫麐堂文集》：“案：古禮，登坐於燕飲，侍坐於長者，無不脫屨而
跣。昔褚師聲子，襪而坐席，其君戟手而怒之，此其不跣者也。《文選‧東
都賦注》引《韓詩薛君章句》曰：‘飲酒之禮，下跣而上坐者，謂之宴。’
盾侍宴，本跣而上，及知有變，遂跣以下。”皆駁正《疏》說。案：《燕
禮》“賓及卿大夫脫屨升就席”，則就席乃脫屨。屨在堂上，不得謂堂上無
屨。臧、盧等說是也。《說文》：“跣，足親地也。”《少儀》：“凡祭於室中，
堂上無跣，燕則有之。”《注》：“燕則有跣爲歡也。”服《注》言“徒跣”，
本《少儀》爲説。

公嗾夫獒焉，明搏而殺之。

〔注〕服云：“嗾，噉也。夫，語辭。獒，犬名。公乃嗾夫獒，使之噬
盾也。”本《疏》。

〔疏證〕《釋文》：“嗾，服本作‘噉’。”本《疏》引服《注》仍作
“嗾”，宋本《疏》作“嗾，取也”。段玉裁云：“《正義》當云：‘服虔
本“嗾”作“取”。《注》云：“取，噉也。”’”段直以爲經文字誤。臧琳
云：“案：《釋文》噉即嗾字，噉讀若諏，與嗾聲相近，故文異。依《正
義》，則服本亦作‘嗾’，但訓‘嗾’爲‘噉’耳。《説文‧口部》：‘嗾，
使犬聲。從口，族聲。《春秋傳》曰：“公嗾夫獒。”’則《左氏》古文本作
‘嗾’，服本不當用俗字。《正義》是也。噉字，《説文》《玉篇》皆無，至
《集韻》始收。毛本《注疏》作‘取’，不從口，與《釋文》更乖。”洪亮
吉云：“服讀嗾爲噉，非改字。”按：臧、洪説是也。《集韻》噉亦爲“使
犬聲”。《釋畜》：“狗四尺爲獒。”《説文》：“獒，犬知人心可使者。”杜
《注》：“獒，猛犬也。”用服説。《晉世家》：“盾既去，靈公伏士未會，先

縱齧狗名敖。明爲盾搏殺狗。"作"敖",史公異文。

盾曰:"棄人用犬,雖猛何爲!"

〔疏證〕《晉世家》:"棄人用狗,雖猛何爲?"

鬪且出。提彌明死之。

初,宣子田於首山,

〔注〕馬融云:"在蒲坂華山之北,河曲之中。"《郡國志》劉昭《補注》引。

〔疏證〕《校勘記》云:"按:李善注《朱①叔元〈爲幽州牧與彭寵書〉》引《傳》,'田'作'畋'。"李富孫云:"田、畋古今字。"《地理志》:"河東郡蒲坂。"《注》:"有堯山、首山祠,有雷首山在南。"《郡國志》:"河東郡蒲反,有雷首山在南。"劉昭《補注》引《史記》"趙盾田首山"事,又云:"縣南二十里有歷山,舜所耕處。又伯夷、叔齊隱於首陽山。"下引馬融說。余蕭客《鉤沈》以爲融三《傳》異同說也。劉氏別出歷山、首陽山。《括地志》云:"雷首山,西起雷首,東至吳坂,數百里。隨地異名。"則不止蒲坂一縣所尙。《水經·河水注》云:"雷首山,北去蒲坂三十里,昔趙盾田首山,食祁彌明翳桑之下,即此。"《呂覽·有始注》:"首山在蒲坂之南。"與《水經注》北去蒲坂說合。又《報更覽》敘此事云:"趙盾將上之絳。"蓋宣子由蒲至絳,過出首山,則宣子所田首山,在蒲坂境内矣。沈欽韓云:"《一統志》:'雷首山在蒲州府永濟縣南四十五里。'"

舍於翳桑,

〔疏證〕翳桑,《呂覽·報更篇》作"骫桑",《淮南·人間訓》作"委桑"。畢沅云:"《後漢書·趙壹傳注》云:'骫,古委字。'"《晉世家》作"見桑下有餓人",又改《傳》"翳桑之餓人也"爲"我桑下之餓人",則史公以翳桑爲桑樹。杜《注》:"翳桑,桑之多蔭翳者。"馬宗璉云:"疑首山近地。杜《注》爲桑下意,本《史記》。王引之云:'翳桑,首陽近地。'此說是也。《公羊傳》云:'子某時所食活我於暴桑下者也。'案:《左氏》《公羊》傳聞各異,《公羊氏》云'暴桑下',謂桑樹下也。其《左氏》云'舍於翳桑',又云'翳桑之餓人也',皆但言'翳桑',不言'翳桑下',則翳桑似是地名。《史記·晉世家》用《左氏》文,而改'翳桑'爲'桑

---

① 林按:底本有"朱",《十三經注疏》無。

下’，則已誤以《公羊》之説爲《左氏》説矣。杜氏之誤，亦與《史記》同。”按：馬説是也。《趙世家》亦云“嘗所食桑下餓人”，亦采《公羊》説。江永云：“翳桑，當是首山間地名。”沈欽韓云：“《一統志》：‘哺飢坂在絳州北六里，即食翳桑餓人處。’”

見靈輒餓，問其病。

〔疏證〕《吕覽·報更篇》：“見骫桑下有餓人，卧不能起。宣孟止車爲之下。”杜《注》：“靈輒，晉人。”

曰：“不食三日矣。”

〔疏證〕《吕覽·報更篇》：“宣孟子問之曰：‘女何爲而餓若是？’對曰：‘臣宦於絳，歸而糧絶，羞行乞而憎自取，故至于此。’”

食之，舍其半。問之。

〔疏證〕《晉世家》：“盾與之食，食其半。問其故。”《世家》以餓者爲即示眯明，與《傳》異。其問答之辭，仍采傳文。

曰：“宦三年矣，

〔注〕服云：“宦，宦學士也。”《晉世家集解》《曲禮疏》。

〔疏證〕《晉世家》同，無“矣”字。《曲禮》：“宦學事師。”《疏》：“熊氏：‘宦，謂學仕宦之事。’宣二年《左傳》‘宦三年矣’。服虔云：‘宦，學也。’是學職事爲宦也。”熊氏釋服義，最爲分明。《禮疏》“學”下脱“士”字，服謂“學職事爲宦之士耳”。杜《注》：“宦，學也。”用服説而失服義。本《疏》釋《曲禮》遂謂：“宦者學仕宦，學者尋經義。”《禮記》説不如此。①

“未知母之存否，今近焉，請以遺之。”

〔疏證〕杜《注》：“去家近。”《晉世家》：“未知母之存不，願遺母。”

使盡之，而爲之簞食與肉，實諸橐以與之。

〔疏證〕本《疏》引鄭君《論語注》：“簞，笥也。”杜用鄭説。《疏》又云：“鄭玄《曲禮注》云：‘圓曰簞，方曰笥。’然則俱是竹器，方圓異

---

① 科學本注：原稿眉批：“查孔力堂《漢讀考》。”

名耳。"《讀本》:"橐,謂囊之無當者。"《晉世家》:"盾義之,益與之飯肉。"

既而與爲公介,

〔疏證〕《讀本》:"謂與爲公介士。"

倒戟以禦公徒,而免之。

〔疏證〕倒戟,猶迴戟也。《晉世家》:"已而靈公縱伏士出逐趙盾,示眯明反擊靈公之伏士,伏士不能進,而竟脱盾。"史公以《傳》靈輒事屬示眯明。"反擊",用《傳》"倒戟"意。《趙世家》:"盾素愛人,嘗所食桑下餓人,反扞救盾。"

問何故。對曰:"翳桑之餓人也。"

〔疏證〕《晉世家》:"盾問其故。曰:'我桑下餓人。'"

問其名居,不告而退,

〔注〕服云:"不望報。"《晉世家集解》。

〔疏證〕《晉世家》:"問其名,弗告。"杜《注》:"問所居。"林堯叟云:"問其名及所居也。"視杜義爲完。杜《注》"不告",用服義。《讀本》:"其後乃知其人名靈輒也。"

遂自亡也。

〔疏證〕《晉世家》:"明亦因亡去。"史公以出亡爲示眯明事,與《傳》言"提彌明鬬死"異。杜《注》:"輒亦去。"

乙丑,趙穿攻靈公於桃園。

〔疏證〕杜《注》:"乙丑,九月二十七日。"貴曾云:本《疏》引《世本》:"趙夙爲衰祖,穿爲夙之曾孫。"按:盾爲衰子,則穿於盾,爲從父昆弟。《趙世家》亦云:"夙生共孟,共孟生衰。"即用《世本》夙爲衰祖之説。茆泮林云:"《趙世家索隱》既引《世本》:'公明生共孟及趙夙,夙生成季衰,衰生宣孟盾。'後引《左傳》'趙衰,趙夙弟',均與夙爲衰祖之説不合。古籍流傳轉寫多誤。"

壽曾案:《晉語》:"趙穿攻靈公于桃園。"《注》:"趙穿,晉大夫,趙夙之孫,趙盾從父昆弟武子穿也。"杜《注》:"穿,趙盾之從父昆弟之

子。”蓋用韋説。韋、杜所見《世本》或未誤。衰兄夙弟,《晉語》亦與
《内傳》同。本《疏》及《索隱》兩引《世本》皆不足信也。《晉世家》:“乙
丑,盾昆弟將軍趙穿襲殺靈公於桃園。”稱爲盾昆弟,亦誤。桃園,《集
解》:“虞翻曰:‘園名也。’”此《外傳》舊注,舊注以桃園爲游觀之所,
不謂地名。《年表》:“趙穿殺靈公。”

宣子未出山而復。

〔疏證〕杜《注》:“晉境之山。”王引之云:“《晉語》:‘陽處父如衛,
反過甯,甯嬴從之。及山而還。’韋《注》曰:‘山,河内溫山也。《傳》曰:
“及溫而還。”’然則未出山,亦謂未出溫山也。《注》未詳考,且是時,晉
境南至河,而山在其内。《僖二十五年傳》,‘晉於是始啓南陽’,杜彼《注》
曰:‘在晉山南河北,故曰南陽。’據此,則出山尚未越竟,不得以爲晉竟之
山也。《家語·正論篇》作:‘未及山而還。’王肅《注》曰:‘山,晉之境。’
誤與杜《注》同。”按:王説是也。《晉世家》:“盾遂奔,未出晉境。”《晉
世家》:“盾復位。”《趙世家》:“趙盾復反,任國位。”則復謂復正卿位也。

太史書曰“趙盾弑其君”,以示於朝。

〔疏證〕《晉世家》:“晉太史董狐書曰:‘趙盾弑其君’,以視於朝。”
與《傳》同。示,今《注疏》本作“視”。惠棟引《鹿鳴》鄭《箋》:
“‘視,古示字。’《士昏禮注》:‘視,正字,今文作示,俗誤行之,謂視
爲古文。’”洪亮吉云:“《漢書·趙充國傳注》:‘師古曰:《漢書》多以視
爲示,古通用字。’《説文》列爲部首,則非俗字可知。”《北史·柳虬傳》:
“虬以史官密書善惡,未足懲勸,乃上疏曰:‘古者人君立史官,非但記事
而已,蓋所爲鑒戒也。動則左史書之,言則右史書之,彰善癉惡,以樹風
聲。故南史抗節,表崔杼之罪;董狐書法,明趙盾之愆。是知執筆於朝,
其來久矣。而漢、魏以來,密爲記注,徒聞後世,無益當時。非所謂將順
其美,匡救其惡者。且著述之人,密書縱能直筆,人莫知之。何止物生横
議,亦自異端互起。故班固致受金之名,陳壽有求米之論。著漢、魏者非
一氏,造晉史者至數家。後代紛然,莫知準的。伏惟諸史官記事者,皆當
朝顯言其狀,然後付之史閣。庶令是非明著,得失無隱,使聞善者日修,
有過者知懼。’事遂施行。”此説蓋釋“示諸朝”之義。

宣子曰:“不然。”對曰:“子爲正卿,亡不越竟,反不討賊,非子而誰?”

〔疏證〕《晉世家》：“盾曰：‘弑者趙穿，我無罪。’太史曰：‘子爲正卿，而亡不出境，反不誅國亂，非子而誰？’”《趙世家》：“君子譏盾爲正卿，亡不出境，反不討賊，故太史書曰：‘趙盾弑其君。’”皆用《傳》説。《趙世家》以董狐語爲君子之辭爲異。董狐責盾不討穿，以盾爲正卿，於義當討賊。知者，《檀弓》：“凡在官者殺無赦。”《疏》謂：“理合得殺，若力所不能，亦不責也。故《春秋》崔杼弑其君，而晏子不討崔杼，而不責晏子者。力能討而不討者則書之。《春秋》董狐書趙盾云‘子爲正卿，亡不出境，反不討賊’，書以弑君是也。”當是古《左氏》説。

宣子曰：“烏呼①！ ‘我之懷矣，自詒伊慼。’ 其我之謂矣。”

〔注〕王肅云：“此《邶風·雄雉》之詩。”《晉世家集解》。

〔疏證〕杜《注》：“逸《詩》。”惠棟云：“今《邶風》‘慼’作‘阻’，惟《小明》詩作‘慼’，而上句又異。王子雍或見三家之《詩》，據以爲衛《詩》。”按：惠説是也②。《雄雉傳》③：“詒，遺。伊，維。阻，難也。”《箋》云：“懷，安也。伊，當作緊，緊，猶是也。君之行如是，我安其朝而不去。今從軍旅，久役不得歸，此自遺以是患難。”如鄭君説，則宣子引《詩》，謂君德既荒，我安於卿位不去，自遺以憂也。毛《傳》以阻爲難，難指軍旅。此作“慼”，則非軍旅義矣。鄭君以阻爲患難，或采三家《詩》説，而不用其字。《詩疏》引此《傳》“伊慼”，作“緊戚”，釋云：“此云‘自詒伊阻’，《小明》云‘心之憂矣’，宣子所引，并與此不同者。杜預云‘逸《詩》也’，故文與此異。”

孔子曰：“董狐，古之良史也，書法不隱。

〔疏證〕杜《注》：“不隱盾之罪。”

“趙宣子，古之良大夫也，爲法受惡。

〔注〕服云：“聞義則服。”《晉世家集解》。王肅云：“爲書法受弑君之名。”

〔疏證〕《晉世家》作：“宣子，良大夫也。”惠棟云：“按：‘聞義則服’，《弟子職》文。”李貽德云：“《管子·任法注》：‘服，謂屈服。’”杜《注》：“善其爲法受屈也。”亦用服《注》義。王肅説蒙“書法不隱”

---

① 林按：原稿此處闕“《詩》曰”二字。
② 科學本注：原稿眉批：“王子雍説當查。趙、晉《世家》皆無之，惠定宇未著所出。”
③ 林按：傳，劉氏原稿作“詩”，據《毛詩正義》改。

而言①。

“惜也，越竟乃免。”

〔疏證〕《晉世家》“越竟”作“出彊”。杜《注》：“越竟，則君臣之義絕，可以不討賊。”本《疏》：“《哀八年傳》：‘公山不狃云：“君子違，不適讎國，未臣而有伐之，奔命焉，死之可也。”’”如彼傳文，雖則出奔，臣義未絕，此《注》云‘越竟，則君臣之義絕’者，以仲尼云‘越竟乃免’，出竟則免責，明其義已絕也。襄三十年，‘鄭人殺良霄’，《傳》曰：‘不稱大夫，言自外入也。’去國不爲大夫，是爲義絕之驗。不狃之言，謂己以他故出奔，非是君欲殺己，閔其宗國，宜還救之。昭二十一年，宋公子城以晉師救宋，是其事也。《襄二十七年傳》曰：‘崔氏之亂，申鮮虞來奔，僕賃於野，以喪莊公。’彼是公之寵臣，去國而行君服，豈復責無罪而將見殺、逃竄而得免死者，皆令反君服乎？”如《疏》説，則靈公欲殺盾，盾於義當去國，或舊説如此，《疏》申其義也。杜《注》但謂“越竟，則君臣之義絕”，不論以何事去國，非。《北史·濟陰王小新成附元顯和傳》：“顯和除徐州府②安東府長史，刺史元法僧叛，顯和與戰，被禽。執手，命與連坐。顯和曰：‘顯和與阿翁同源別派，皆是磐石之宗，一朝以地外叛，若遇董狐，能無慚德？’遂不肯坐。”顯和與法僧同在徐州，故以盾、穿事爲比，可證盾當去國之義。沈欽韓云：“言倉皇出奔他國，義不再返，乃可逃弑君之名。”亦謂盾當去國。

宣子使趙穿逆公子黑臀於周而立之。

〔疏證〕《晉語注》：“逆，迎也。黑臀，晉文公子、襄公弟、成公黑臀也。”杜《注》：“黑臀，晉文公子。”用韋説。按：《周語》：“單襄公云：‘吾聞成公之生也，其母夢神規其臀以墨，曰：“使有晉國。”故命之曰“黑臀”。’”洪亮吉云：“《説文》：‘屍，髀也。從尸下丌居几。屍，或從肉，或從骨，殿聲。’今作‘臀’，蓋又屍之省文也。”《年表》：“趙盾使穿迎公子黑臀于周，立之。”《晉世家》：“趙盾使趙穿迎襄公弟黑臀于周而立，是爲成公。成公者，文公少子，其母周女也。”《世家》明成公在周之故。

壬申，朝於武宮。

---

① 科學本注：原稿眉批：“王説見惠注引，查出處。”
② 科學本注：原稿衍“府”字。

〔疏證〕杜《注》："壬申，十月五日，既有日而無月，冬又在壬申下，明傳文無較例。"貴曾曰^①

初，驪姬之亂，詛無畜群公子，

〔注〕服虔云："驪姬與獻公及諸大夫，詛無畜群公子，欲令其二子專國。"本《疏》。

〔疏證〕杜《注》："詛，盟誓。"案：詛義已釋於隱十一年。《疏》引服《注》，駁之云："杜雖不注，義似不然。若驪姬身爲此詛，姬死即應復常，何得比至於今？國無公族，豈復文、襄之霸？遂踵驪姬法乎？蓋爲奚齊、卓子以庶篡適，晉國創其爲亂，不用復畜群公子。按：檢傳文及《國語》，文公之子雍在秦，樂在陳，黑臀在周，襄公之孫談在周，則是晉之公子悉皆出在他國，是其因行而不改，成公今始革之。故《傳》本其初也，則是國内因驪姬之亂，乃設此詛，非驪姬自爲詛也。若驪姬爲詛，不須言驪姬之亂，以言之亂，知其創驪姬也。"梁履繩云："《晉語》：'獻公盡逐群公子，乃立奚齊焉。始爲令，國無公族焉。'正與此《傳》相符。服虔本之。孔氏云：'爲奚齊、卓子，以庶篡適，晉國創其爲亂，不用復畜群公子。'此説極得。至云'因驪姬之亂，乃設此詛，非驪姬自爲詛'，殆未攷及《外傳》爾。"按：梁氏謂服取《外傳》爲是也。《疏》謂創其爲亂，不畜群公子，蓋不謂詛由驪姬，與服説違。《晉語注》："群公子，獻公之庶孽及先君之支庶也。《傳》曰：'獻公之子九人。'"韋氏亦用服説。

自是晉無公族。

〔注〕服云："公族大夫。"《晉世家集解》。

〔疏證〕杜《注》："無公子，故廢公族之官。"用服説。《晉世家》約傳文，止稱"賜趙氏爲公族"，《集解》繫服《注》於下。服解傳文，當從其先者，故移於此。《讀本》："其後因而不改，諸公子皆在異國，惟悼公弟楊干、子憗在晉，亦不成族，故無公族之官。"按：上"無畜群公子"《疏》所云"雍在秦，樂在陳，黑臀、談在周"，即群公子在異國之事。本《疏》："不畜群公子，故無公族。是公族之官，掌教公之子弟也。下《注》云：'餘子，適子之母弟，亦治餘子之政。'餘子屬餘子之官，則適子屬公族之官也。孔晁注《國語》云：'公族大夫掌公族及卿大夫子弟之官。'是

卿之適子屬公族也。”

壽曾謂：《傳》稱“自是晉無公族”，明獻公以前有公族大夫也。據孔晁義，則獻公以前止有公族大夫，公族適子、餘子、庶子皆掌之，故但云公族、卿、大夫子弟也。時別無餘子、公行之官。下稱“又宦其餘子，亦爲餘子，其庶子爲公行，晉於是有公族、餘子、公行”，明餘子、公行之官，成公所增也。《疏》謂適子屬公族，餘子屬餘子，此自成公立制後事，《疏》未分明。

及成公即位，

乃宦卿之適而爲之田，以爲公族。

〔疏證〕今《注疏》通行本“適”下有“子”。《釋文》出“之適”二字。《校勘記》云：“《昭二十八年正義》，《詩·汾沮洳箋》引作‘宦卿之適以爲公族’，亦無‘子’字。”洪亮吉云：“《一切經音義》引《左傳》作‘嫡’。《釋文》：‘適，本又作嫡。’當屬玄應所據本。適、嫡古字通。”□□① 注：“宦，仕也。”杜用鄭説，又云：“爲置田邑以爲公族大夫。”俞樾云：“杜不解‘爲’字之義，因加‘置’字以足成之，非也。爲，猶與也，爲之田，言與之田也。《襄二十三年傳》‘齊侯將爲臧紇田’，義與此同。”按：俞説是也。《傳》不言邑，此田謂采田也。

又宦其餘子，亦爲餘子；

〔疏證〕杜《注》：“餘子，嫡子之母弟也，亦治餘子之政。”則“爲餘子”，謂餘子之官。《疏》云：“主教卿大夫適妻之次子也。”沈欽韓云：“餘子，即《周禮》國子之倅，諸子掌之，于民在鄉爲羨卒，于遂爲餘夫也②。《書傳·略説》：‘餘子③，十三入小學，十八④入大學。’其《周傳》云⑤：‘適子⑥十五入小學，二十⑦入大學。’餘子之稱猶沿于後世。《吕覽·報更篇》：‘張儀，魏氏餘子也。’又《離俗覽》：‘齊、楚相與戰，平阿之餘

---

① 科學本注：原稿闕文，而眉批有云：“似係《曲禮》。”
② 科學本注：南菁書院刻沈氏《補注》作“其民在鄉爲義卒，在遂爲餘夫也”。
③ 科學本注：南菁本作“適子”。
④ 科學本注：南菁本作“二十”。
⑤ 科學本注：南菁本無“其《周傳》云”句。
⑥ 科學本注：南菁本作“餘子”。
⑦ 科學本注：南菁本作“十八”。

子亡戟得矛。’《説苑・立節篇》：‘佛肸用中牟畔，城北餘子田基獨後至。’
皆謂支子也。”沈氏亦謂餘子對適子言之。

其庶子爲公行。

〔疏證〕杜《注》：“庶子，妾子，掌率公戎行。”《汾沮洳》“殊異乎公
行”《箋》：“主君兵車之行列。”杜釋“公行”用鄭説。上文“餘子”《疏》
下云：“庶子爲公行，掌率公之戎車，則公行不教庶子。然則卿大夫之妾
子，亦是餘子之官教之矣。”按：公族之官教公族，餘子之官教餘子，則
公行之官當教庶子。觀下文“趙盾爲耗車之族”，則正掌庶子之政也。杜
《注》未晰言耳。《疏》説非。本《疏》又引《汾沮洳》公族、公路、公行
釋之云：“其公族、公行既同，公路似是餘子，但餘子不主路車，公路當
與公行爲一，主車行列，謂之公行。”

晉於是有公族、餘子、公行。

〔疏證〕括爲公族，盾爲公行，皆見於《傳》，惟餘子不詳。《讀本》：
“原同、樓嬰，殆仕爲餘子。”

趙盾請以括爲公族，

〔疏證〕杜《注》：“括，趙盾異母弟，趙姬之中子屏季也。”

曰：“君姬氏之愛子也。

〔疏證〕杜《注》：“趙姬，文公女、成公姊也。”沈欽韓云：“君姬氏，
猶言君母氏。自妾言之，謂之女君；自妾子言之，謂之君母。趙盾雖爲嫡
子，猶以姬氏爲君母。”按：沈説是也。下文亦云：“微君姬氏。”下“耗
車”《疏》：“原同長而使趙括者，沈氏云：‘以其君姬氏之愛子，故使之，
非正適也。’”此舊疏明不以原同爲公族。

“微君姬氏，則臣狄人也。”公許之。

〔疏證〕杜《注》：“盾，狄外孫也。”按：《僖二十四年傳》：“趙姬請
逆盾與其母，子餘辭。姬曰：‘得寵而忘舊，何以使人？必逆之。’固請，
許之。來，以盾爲才，固請於公，以爲嫡子，而使其三子下之，以叔隗爲
内子，而己下之。”

冬，趙盾爲旄車之族，

〔注〕服云：“輓車，戎車之倅。”《汾沮洳疏》。

〔疏證〕《釋文》：“一本作‘輓’。”《汾沮洳疏》引《傳》亦作“輓”。彼《箋》云：“公路，主君之輓車，庶子爲之。”彼《疏》：“趙盾爲輓車之族，趙盾既自以爲庶子，讓公族而爲公行，言爲輓車之族，明公行掌輓車。服虔云：‘輓車，戎車之倅。’”據此則服本作“輓”。杜《注》：“輓車，公行之官。”用《詩箋》説。服謂“戎車之倅”，《車僕》文。彼作：“戎路之萃。”《注》：“萃，猶副也。戎路，王在軍所乘也。《春秋傳》曰：‘公喪戎路。’”鄭謂戎路者，斥公在軍之車，此輓車謂副車也。杜又謂：“盾本卿適，其子當爲公族，辟屏季，故更掌旄車。”杜意謂盾自掌旄車，《疏》云：“自以身爲妾子，故使其子爲妾子之官。知非盾身自爲旄車之族，而云使其子者，旄車之族，賤官耳。盾身既爲正卿，無容退掌賤職。”按：盾蓋以正卿兼旄車，《傳》未言使其子也，《疏》説非。

使屏季以其故族爲公族大夫。

〔疏證〕杜《注》：“以其故官屬與屏季。”沈欽韓云：“按：故族，謂趙衰[1]以來之族屬也。大宗有收族之誼，故統率之，非謂趙盾室内之事。盾爲中軍帥，亦自爲小宗，何能以中軍官屬與室老貴臣益屏季乎？”按：沈説是也。《傳》止云故族，不云衰之官屬。《年表》：“趙氏賜公族。”《晉世家》：“成公元年，賜趙氏爲公族。”蓋《左氏》舊義，譏晉立卿族爲公族也。《讀本》：“趙氏使欲卿族强盛，乃請於成公，假公族之官以與卿族。”與古義合。

〔經〕 三年，春，王正月，郊牛之口傷，改卜牛。牛死，乃不郊。

〔疏證〕《僖三十一年傳》：“牛卜日曰牲。”杜《注》：“牛不稱牲，未卜日。”據彼《傳》説也。卜日，杜謂“卜郊之日”，考舊説，卜郊兼月、日言，已釋於《僖三十一年傳》。又按：《定四年經》“牛死，改卜牛”，則牛傷亦當改卜，則《經》不以改卜牛爲譏。

猶三望。

葬匡王。無《傳》。

〔疏證〕杜《注》：“四月而葬，速。”

---

① 林按：“衰”，沈氏原作“夙”。

楚子伐陸渾之戎。

〔疏證〕《公羊》"陸"曰"賁"，《公》《穀》"戎"上皆無"之"。《年表》："楚莊王八年，伐陸渾。"

夏，楚人侵鄭。

秋，赤狄侵齊。 無《傳》。

宋師圍曹。

〔疏證〕《年表》："宋文公五年，圍曹。曹文公十二年，宋圍我。"

冬，十月，丙戌，鄭伯蘭卒。

〔疏證〕《鄭世家》："繆公二十二年卒，子夷立，是爲靈公。"杜《注》："再與文同盟。"本《疏》："蘭以僖三十三年即位，文二年盟于垂隴，七年于扈，十四年于新城，魯、鄭俱在，當言三同盟，而云再者，以扈之盟，經文不序諸侯，故不數。劉炫規之，非也。"按：炫規過說無考。據《疏》，則謂魯、鄭三同盟也。

葬鄭穆公。 無《傳》。

〔疏證〕《公羊》"穆"曰"繆"。

〔傳〕 三年，春，不郊，而望，皆非禮也。

〔疏證〕杜《注》："前年冬，天王崩，未葬而郊者，不以王事廢天事。"按：《王制》："喪三年不祭，唯祭天、地、社稷，爲越紼而行事。"此杜所本。天王喪未葬，不廢郊，二《傳》無此義，則杜所述爲《左氏》古義也。

望，郊之屬也。不郊，亦無望可也。

〔疏證〕杜《注》："已有例，在僖三十一年。復發《傳》者，嫌牛死，與卜不從異。"

晉侯伐鄭，及延①。鄭及晉平，士會入盟。

---

① 林按："延"，楊本作"郔"。

〔疏證〕《晉世家》：“成公元年，伐鄭，鄭倍晉故也。”此史公采舊説。延，今通行本作“郔”。杜《注》：“郔，鄭地。”未詳其所在。江永云：“今按：十二年，‘楚子北師次于郔’。杜《注》：‘鄭北地。’與此一地也。近郔，在鄭州。”沈欽韓云：“郔，即廩延。《水經注》：‘廩廷邑，下有延津。’今滑縣。”嚴可均謂：“字當從‘延’。”又云：“鄭地之延，以延津得名。遍檢史傳，有延津，無郔津矣。”洪亮吉亦云：“郔，即廩延。”按：沈、嚴諸説是也。晉在鄭南，不當繞道出鄭北境，《十二年傳》之“郔”，當爲楚地，詳彼傳《疏證》。

楚子伐陸渾之戎，遂至於雒，

〔注〕服云：“陸渾在洛西南。”

〔疏證〕《僖十一年傳》“揚、拒、泉、皋、伊、雒之戎，同伐京師”，即陸渾戎居伊、雒之間者。《二十二年傳》“秦、晉遷陸渾之戎於伊川”，其部落蓋已東徙，故服謂“陸渾在洛西南”也。《地理志》：“客橐① 上洛。”《禹貢》：“洛水出冢嶺山，東北至鞏入河。”杜《注》用《漢志》説。江永云：“今按：上洛，陝西商州也。鞏縣屬河南府，古洛口在鞏縣，近世乃過開封之氾水縣，北入河。”據江説，則楚師所次，爲今河南府鞏縣也。《年表》：“楚莊王八年，伐陸渾，至雒。”《楚世家》：“伐陸渾戎，遂至洛。”

觀兵於周疆。

〔注〕服云：“觀兵，陳兵於②周也。”《楚世家集解》。

〔疏證〕杜不釋觀。據服説，則“觀”當訓“陳”。《讀本》：“觀，示也。觀兵，謂耀示兵衆。”《楚世家》：“觀兵於周郊。”史公蓋謂楚子觀兵於周近郊之地也。詳下《疏證》。

定王使王孫滿勞楚子。

〔注〕賈云：“王孫滿，周大夫。”《周本紀集解》。服云：“以郊勞禮迎之也。”《楚世家集解》。

〔疏證〕杜用賈説，不謂“勞”爲郊勞。按：天子遣人勞諸侯。今惟見《覲禮》，其朝、宗、遇三禮已亡。《大行人》：“上公之禮，三問三勞；侯、伯再問再勞；子、男一問一勞。”楚爲子爵，則宜一問一勞也。彼

---

① 林按：“客橐”，原書作“弘農”。
② 林按：“於”，《史記》作“示”。

《疏》云：“《司儀》：‘諸公相爲賓，主國五積三問。’《注》：‘間濶則問，行道則勞，其禮皆使卿大夫致之。’天子于諸侯之禮，亦當使卿大夫問之。三勞者，案《小行人》‘逆勞于畿’。《覲禮》：‘至于郊，王使人皮弁用璧勞。’《注》云：‘郊，謂近郊。’其遠郊勞無文，但近郊與畿，大、小行人勞，則遠郊勞，亦應使大行人也。”今詳《覲禮》，惟言使人郊勞，不詳往勞之官，彼《注》云：“郊，謂近郊，去王城五十里。《小行人職》曰：‘凡諸侯入王，則逆勞于畿。’則郊勞者，大行人也。”故《禮疏》謂近郊之勞屬《大行人》。胡培翬云：“竊謂近郊之勞，五等諸侯皆有之。《大行人》曰上公三勞，侯、伯再勞，子、男一勞。或侯、伯加以遠郊勞，上公加以畿勞。爵尊者，其勞遠；爵卑者，其勞近。禮宜然也。”如胡氏説，則王孫滿之勞楚子，在近郊也。《楚世家》：“周定王使王孫滿勞楚王。”

楚子問鼎之大小、輕重焉。

〔疏證〕《年表》：“楚莊王八年，問鼎輕重。”《楚世家》：“楚王問鼎大小輕重。”《周本紀》：“使人問九鼎。”江永云：“今按：《水經注》：‘王城東南門，名曰鼎門，蓋九鼎所從入也。故謂是地爲鼎中，楚子問鼎於此。’然則，楚子觀兵於周疆，而問鼎在王城東南鼎中之地，逼近王城矣。”按：江説是也。楚子問鼎在郊勞禮成之後，故近王城。

對曰：“在德不在鼎。

〔疏證〕《北齊書·文襄紀》：“侯景報書曰：‘輕重由人，非鼎在德。’”謂在德爲德之輕重。

“昔夏之方有德也，

〔疏證〕杜《注》：“禹之世。”沈欽韓云：“《墨子·耕柱篇》：‘夏后開使蜚廉採金于山川，而陶鑄之于昆吾，使翁難乙卜于目若士[1]之龜，兆之言[2]曰：“九鼎既成，遷于三國。”’金履祥《通鑑前編》曰：‘諸家多謂禹鑄九鼎，觀方有德之辭，似非指禹，當從《墨子》之説。’”孫星衍云：“夏之方有德，謂啓之世。杜《注》云禹，非也。啓鑄鼎事見《墨子》，是此鼎無疑。後人誤傳爲禹鑄。”文淇案：《楚世家》：“昔虞、夏之盛，遠方皆至，貢金九枚，鑄鼎象物，百物而爲之備，使民知神姦。”則仍當指

---

① 科學本注：南菁本沈書無“士”字。
② 科學本注：南菁本“言”作“由”。

禹。杜預之説，當有所本。壽曾按：《後漢書·孝明紀》：“永平三年，詔曰：‘昔禹收九牧之金，鑄鼎象物。’”亦以爲禹時事。

“遠方圖物，

〔疏證〕杜《注》：“圖畫山川奇異之物而獻之。”據“鑄鼎象物”賈《注》，此亦賈義。

“貢金九牧，

〔注〕服云：“使九州之牧貢金。”《楚世家集解》。

〔疏證〕杜用服義。《王制》“州有伯”，鄭《注》：“殷之州長曰伯，虞、夏及周皆曰牧。”《疏》：“按：《左傳》宣三年，‘昔夏之方有德也，貢金九牧’。是夏稱牧也。”案：《曲禮》：“九州之長入於天子之國曰牧。”《注》：“每一州之中，天子選諸侯之賢者，以爲之牧也。”《曲禮》言周制，故鄭君謂虞、夏、周稱牧。服與鄭義同。《郊祀志》：“禹收九牧之金。”《注》：“師古曰：‘九牧，九州之牧也。’”亦用服義。“牧”是統尹之稱。《荀子·解蔽篇》：“文王監于殷紂，故主其心而慎治之，是以能長用吕望，而身不失道，此其所以代殷王而受九牧也。”《注》：“養其民，則謂之九牧。”案：張氏望文生義，不足據也。李貽德云：“《禹貢》荆、揚二州，‘厥貢惟金三品’。《詩·泮水疏》引鄭《注》：‘三品者，銅三色也。’按：此之貢金，亦當是銅。荆、揚是常貢，此以鑄鼎之故，令九牧皆貢。”

“鑄鼎象物，

〔注〕賈云：“象所圖物，著①之于鼎。”《楚世家集解》。

〔疏證〕杜用服義。圖物，即謂山川奇異之物。《管子·立政注》：“著，標著也。”《郊祀志》叙此事云：“鑄九鼎，象九州。”則鼎數凡九也。畢沅云：“《山海經》海外海内經，周秦所述也。禹鑄鼎象物，使民知神姦。按其文，有國名，有山川，有神靈奇怪之所際，是鼎所圖也。鼎亡於秦，故其先時人，猶能説其圖，以著於册。”沈欽韓云：“今《山海經》所説形狀物色，殆鼎之所象也。”與畢説同。又云：“《吕氏·先識覽》：‘周鼎鑄饕餮，有首無身，食人未咽，害及其身，以言報更也。’更《審②勢篇》：‘周鼎著象，謂其理之通也。’又《離謂篇》：‘周鼎著倕而齕其指，先王有以

---

① 林按：“著”，《史記》作“鑄”。
② 林按：“審”，沈氏原作“慎”。

見大巧之不可爲也。’又《適威篇》：‘周鼎有竊，曲狀，甚長，上下皆曲，以見極之敗也。’又《達鬱篇》：‘周鼎著鼠，令馬履之，爲其不陽也。’所謂周鼎，即夏鼎也。觀其大略，則夏之鑄鼎，非獨燭照神姦，亦炯垂法戒矣。”

“百物而爲之備，使民知神姦。

〔疏證〕《後漢書·宣帝紀》詔書“民”作“人”，此唐人避諱改字。杜《注》：“圖鬼神百物之形，使民逆備之。”

“故民入川澤、山林，不逢不若。

〔疏證〕《文選·劉逵□□①注》引《傳》，作“使入山林藪澤”。惠棟云：“張衡《東京賦》云：‘禁禦不若，以知神姦。’《爾雅·釋詁》云：‘若，善也。’郭璞《注》：‘《左傳》云：“禁禦不若。”’今《左傳》作‘不逢不若’。案：下《傳》云：‘莫能逢之。’杜氏曰：‘逢，遇也。’既云不逢，又云莫逢，文既重出，且杜氏不應舍上句注下句。此晉以後傳寫之訛。當從張衡、郭璞本，作‘禁禦不若’。”按：惠説是也。《後漢書·宣帝紀》詔書云“不逢惡氣”，乃檃括傳文爲辭，或後人用漢詔改傳文矣。杜《注》：“若，順也。”

“螭魅罔兩，莫能逢之。

〔注〕服云：“螭，山神，獸形。魅，怪物。罔兩，木石之怪。”《以神仕者疏》。

〔疏證〕《説文》“鼎”字下引作“螭魅蝄蜽”。段玉裁云：“螭者，轉寫之訛字。《説文》此字在厹部，作离，云：‘山神，獸形。’”案：□□□②引《通俗文》：“山澤怪謂之螭魅，木石怪謂之魍魎。”字亦作“螭”。《釋文》：“魅，本又作‘彲’。兩，本又作‘蜽’。《神仕注》引《傳》作‘螭彲魍魎’。”李富孫云：“《説文》彲，或作‘魅’，字同。《説文》：‘蝄蜽，山川之精物也。’徐鉉曰：‘今俗別作魍魎，非是。’《傳》作罔兩，從省。”《周禮》：“凡以神仕者，以夏日至，致地示物彲。”《注》：“百物之神曰彲。《春秋傳》曰：‘螭彲魍魎。’”《疏》：“《左氏》宣公三年，服

---

① 科學本注：原稿闕文。

② 科學本注：原稿闕文。

氏《注》：‘螭，山神，獸形①。彪，怪物。魍魎，木石之怪。’文十八年
《注》：‘螭，山神，獸形。或曰：如虎而噉虎。或曰：魅，人面獸身而四
足，好惑人，山林異氣所生，爲人害。’如賈、服義，與鄭異。鄭君則以
螭彪爲一物，故云百物之神曰彪，引《春秋》螭彪以證之。《經》無魍魎，
連引之者，以《國語》‘木石之怪夔魍魎’，賈、服所《注》是也。”據彼
《疏》，則此《傳》賈、服義同。杜氏於螭彪用賈、服義。其解“罔兩”云：
“水神。”與賈、服異。《疏》云：“螭，山神，獸形。魅，怪物。先儒相傳
爲然。”亦賈、服同説之證。《疏》又云：“《魯語》仲尼云：‘木石之怪夔、
罔兩，水之怪龍、罔象。’則罔兩是木石之神。杜以爲水神者，《魯語》賈
逵《注》云：‘罔兩、罔象，言有夔、龍之形而無實體。’然則罔兩、罔象
皆是虛無，當總彼之義，非神名也。上句言山林、川澤，則螭魅罔兩四
神。《文十八年注》：‘螭魅，山林異氣所生。’螭魅既爲山林之神，則罔兩
宜爲川澤之神，故以爲水神也。”文淇案：《外傳》云“木石之怪”，則非
水神，韋《注》亦云：“蝄蜽，山精，好效人聲而迷惑人也。”與服《注》
同。《説文》引《淮南王》説：“蝄蜽，狀如三歲小兒，赤黑色，赤目，長
耳，美髮。”則非無形質。本《疏》曲爲之説，非也。《疏》又以螭魅罔兩
爲四神，亦非杜義。又按：《周禮疏》引《宣三年注》，顯言服氏。引《文
十八年注》，不言姓氏，而下承以如賈、服義，則《文十八年注》蓋賈
《注》也。以此例推之，《周禮疏》引《左傳注》，不言姓氏者，皆賈、服
説也。壽曾謂：《文十八年傳注》，《五帝本紀集解》正引作賈、服説，已
采，附於彼《傳》。逢之，張衡《東京賦》作“逢肵”。

“用能協于上下，以承天休。

〔疏證〕《周語》：“以承天休。”《注》：“休，慶也。”杜《注》：“謂
受天祐。”用韋義。

“桀有昏德，鼎遷于商，

〔疏證〕《楚世家》“昏”作“亂”。

“載祀六百。

〔注〕賈云：“載，辭也。祀，年也。商曰祀。”王肅云：“載祀者，猶

---

① 科學本注：阮刻本《周禮注疏》無“形”字，而有“彪”字。《校勘記》云：“閩
本同，監、毛本刪，今俗別作魍魎。”

言年也。”《楚世家集解》。

〔疏證〕杜《注》：“載、祀皆年。”杜用王説。《疏》：“載、祀皆年之别名，複言之耳。”武億云：“載，當記載之載，謂記年六百，與下‘卜世三十，卜年七百’句義同。賈逵以載爲辭，不云皆年義，可據。”按：武説是也。《釋天》：“商曰祀，周曰年。”《洪範》：“惟十有三祀。”箕子用商人，稱經傳多稱商書。

“商紂暴虐，鼎遷于周。

〔疏證〕《楚世家》：“商作殷。”

“德之休明，雖小，重也。其姦回昏亂，雖大，輕也。

〔疏證〕大小以鼎言，輕重以德言。《楚世家》：“德之休明，雖小，必重。其姦回昏亂，雖大，必輕。”

“天祚明德，有所底止。

〔疏證〕《釋言》：“底，致也。”段玉裁云：“底本訓柔石，經傳多借訓爲辭①。”

“成王定鼎于郟鄏，

〔疏證〕《地理志》：“河南，故郟鄏地。周武王遷九鼎，周公致太平，營以爲都，是爲王城，至平王居之。”《説文》：“鄏，河南縣直城門官陌地也。《春秋傳》曰：‘成王定鼎於郟鄏。’”《傳》言郟鄏，許君止釋鄏者，《水經·穀水注》：“京相璠云：‘郟，山名。鄏，地邑也。’”《楚世家索隱》：“按：《周書》：‘郟，雒北山名，音甲。鄏謂田厚鄏，故以名焉。’”與京相説合。《周本紀正義》引《帝王世紀》“王城西有郟鄏陌”，與《班志》稱“官陌”地合。沈欽韓云：“《續志》：‘河南縣東城門名鼎門。’《唐六典》：‘東都城南面三門：中曰定鼎。’《韓愈集·送鄭十校理序》：‘席定鼎門外。’《一統志》：‘郟鄏陌在洛陽縣西。’”江永云：“今洛陽縣西，河南故城是也。”高士奇云：“《河南府圖經》云：‘郟山在郡城西南，迤邐其城北二里，亦曰邙山。’”

“卜世三十，卜年七百，天所命也。

----

① 林按：“辭”，劉氏原作“致”，據段氏原書回改。

〔疏證〕本《疏》：“《律曆志》云：‘周三十六王，八百六十七年。’過卜數也。”古人卜世之禮，厪見此《傳》。《晉書·裴楷傳》：“武帝初登祚，探策以卜世數多少。”即用周卜世卜年意。

“周德雖衰，天命未改。鼎之輕重，未可問也。”

〔疏證〕自“成王定鼎”以下，《楚世家》文同。又云：“楚王乃歸。”《周本紀》：“王使王孫滿應說以辭，楚兵乃去。”《傳》不言楚師即去，史公采它書也。《梁書·處士[①]傳》：“何胤謂王果曰：‘鼎者神器，有國所先，故王孫滿斥言，楚子頓盡。’”

夏，楚人侵鄭，鄭即晉故也。

〔疏證〕鄭即晉，謂鄭附於晉。

宋文公即位三年，

〔疏證〕《讀本》：“宋文公以魯文十六年立。魯文十七年爲宋文元年，魯文十八年爲宋文二年，即位之三年也。”

殺母弟須及昭公子，武氏之謀也。使戴、桓之族攻武氏於司馬子伯之館，盡逐武、穆之族。

〔疏證〕事已見《文十八年傳》。攻武子，彼《傳》謂戴、莊、桓三族，此少莊族，佚文。

武、穆之族以曹師伐宋。

〔疏證〕《讀本》：“曹師伐宋，不知其年。《傳》追言之，以釋今伐曹也。”

秋，宋師圍曹，報武氏之亂也。

冬，鄭穆公卒。

初，鄭文公有賤妾曰燕姞，

〔注〕賈云：“姞，南燕姓。”《鄭世家集解》。

〔疏證〕杜用賈説。《説文》：“姞，黄帝之後。”李貽德云：“姞，或

---

① 林按：“處士”，劉氏原稿作“隱逸”，據《梁書》回改。

作吉。《詩·都人士》：‘謂之尹吉。’”南燕，已釋於《桓十八年傳》。《鄭世家》敘燕姞事於文公二十四年，當魯僖公十一年。

夢天使與己蘭，

〔注〕賈云：“蘭，香草名也。”《鄭世家集解》。

〔疏證〕杜用賈説，不釋“夢天使”義。《鄭世家》無“使”字。《疏》云：“夢言天者，皆非天也。此既言天使與己蘭，即云‘余爲伯鯈’，鯈即非天也。伯鯈不得自稱爲天，明是夢者恍惚之言耳。”又引《成五年傳》：“晉趙嬰夢天使謂己：‘祭余，余福女。’”謂：“或别有邪神，夢者不識而妄稱天耳。”如《疏》説，則此《傳》及成四年之“天使”，皆釋爲上帝。俞正燮云：“天使者，使讀去聲，世人泛言神道也。燕姞初夢一不識之神，繼乃自言伯鯈。趙嬰亦夢一不知誰何之神求祭，因而祭之，以爲此神殆天使也云爾。舊説以爲上天之使命，因以詆《左傳》，非也。《論衡·變虛篇》宋景公熒惑星事云：‘熒惑，天使也。’《龍虛篇》：‘以龍神爲天使。’《指瑞篇》云：‘或言天使之所爲也。其來神怪，若天使之，則謂天使矣。’是《左傳》之義也。《左傳》燕姞‘夢天使謂己’，《昭九年傳》①武王邑姜則云‘夢帝謂己’，即《左傳》天使非天帝之證。”按：俞説是也。《説文》：“蘭，香草也。從草，闌聲。”用賈義。《易·繫辭》：“其臭如蘭。”虞《注》亦以蘭爲香草，鄭君《注》同。《詩·澤陂》《溱洧》之“萌”，《傳》皆訓爲蘭。陸璣《義疏》云：“萌，即蘭，香草也。其莖葉似藥草。澤蘭廣而長節，節中赤，高四五尺。可箸粉中藏衣，箸書中辟白魚。”陸氏以《詩》所詠爲澤蘭。陳奐《詩疏》云：“《炮炙論》云大澤蘭，即蘭草；小澤蘭，即澤蘭。按：澤蘭有此兩種，與今之山蘭不同物。《本草綱目》以爲即今省頭草，是也。”

曰：“余爲伯鯈。余，而祖也。

〔注〕賈云：“伯鯈，南燕祖。”《鄭世家集解》。

〔疏證〕伯鯈，《説文》“姞”字《注》引作“伯� 鮌”，又“黃帝之後，姞姓”。洪亮吉云：“按：‘鯈’即‘鮌’，但移偏旁居上耳。惠氏譏《釋文》誤字，非也。”《鄭世家》“而”作“爾”。杜用賈説。李貽德云：“案：黃帝之子，得姓者十二，姞其一也。伯鯈當是受姞姓者。”

---

① 科學本注：按俞文引《昭元年傳》，“元”誤刻作“九”，劉稿從之。

"以是爲而子。

〔注〕王肅云："以是蘭也，爲汝子之名。"《鄭世家集解》。

〔疏證〕杜《注》以蘭爲女子名，與王肅義同。

"以蘭有國香，人服媚之如是。"

〔疏證〕國香，香甲於一國也，猶國工之稱矣。《思齊傳》："媚，愛也。"杜《注》："欲令人愛之如蘭。"

既而文公見之，與之蘭而御之。

〔疏證〕《鄭世家》："以夢告文公，文公幸之，而與之草蘭爲符。"如史公説，是燕姞告文公以夢蘭之事，乃賜以蘭而進御。

辭曰："妾不才，幸而有子。將不信，敢徵蘭乎？"

〔疏證〕《讀本》："'妾不才，幸而有子'者，言此得幸必有子。'將不信，敢徵蘭'者，蓋言其夢以文公又與蘭其事相符爲徵。杜言計賜蘭，爲懷子月數，是未幸而先有孕，亦近誣也。"

公曰："諾。"生穆公，名之曰蘭。

文公報鄭子之妃，曰陳媯，

〔注〕服云："鄭子，文公之叔父子儀也。報，復也，淫親族之妻曰報。《漢律》：'淫季父之妻曰報。'"《雄雉疏》。

〔疏證〕杜用服説。《雄雉疏》："《桓十六年傳》：'衛宣公烝於夷姜。'服虔云：'上淫曰烝。'則烝，進也，自進上而與之淫也。"下引此《傳》。此及服《注》，彼《疏》明烝、報詞有別。《廣雅·釋詁》："報，淫也。"王念孫云："案：報者，進也。《樂記》：'禮減而不進則銷，樂盈而不返則放。故禮有報，而樂有反。'鄭《注》：'報，讀曰褒。褒，猶進也。'報與烝皆訓爲進。上淫曰烝，淫季父之妻曰報，其義一也。"文淇案：《晉書·石勒傳》："下書禁國人報嫂。"嫂近尊屬，故與旁淫異辭。《讀本》："報陳媯、娶江、娶蘇，《史記》所謂三夫人。"

生子華、子臧。子臧得罪而出。

〔疏證〕《僖二十四年傳》："鄭子華之弟子臧，出奔宋。"未著其年。以子華事核之，亦僖十六年事也。

誘子華而殺之南里，

〔疏證〕《僖十六年傳》："十二月乙卯，鄭殺子華。"杜《注》："南里，鄭地。"《襄二十六年傳》："入南里，墮其城。"當是一地。《彙纂》："今新鄭縣南五里，有地名南里。"

使盜殺子臧於陳、宋之間。

〔疏證〕《僖二十四年傳》："鄭伯使盜誘之。八月，盜殺之陳、蔡之間。"

又娶於江，生公子士。朝于楚，楚人酖之，及葉而死。

〔疏證〕惠士奇云："楚滅江，惡其所出爲害，故酖之。"《地理志》："南陽郡葉，楚葉公邑也。"顧棟高云："今河南南陽府葉縣南三十里，有古葉城。"

又娶於蘇，生子瑕、子俞彌。

〔疏證〕《鄭世家》"瑕"作"瀊"。李富孫云："瑕與瀊亦音之轉。"

俞彌早卒。洩駕惡瑕，文公亦惡之，故不立也。

〔疏證〕《僖三十一年傳》："鄭洩駕惡公子瑕，鄭伯亦惡之，故公子瑕出奔楚。"《鄭世家》："文公竉子五人，皆以罪早死。"則子瑕奔楚後即死也。五人謂華、臧、士、瑕、俞彌。

公逐群公子，公子蘭奔晉，從晉文公伐鄭。

〔疏證〕《僖三十年傳》："九月甲午，晉侯、秦伯圍鄭。初，鄭公子蘭出奔晉，請無與圍鄭。許之，使待命于東。"蘭之奔晉，《傳》未明何年。《鄭世家》："公怒瀊，逐群公子。子蘭奔晉，從晉文公圍鄭。"瀊即子瑕，則蘭之奔晉，在瑕奔楚後。《左氏》叙子瑕奔楚於僖三十一年，未必其年事也。

石癸曰："吾聞姬、姞耦，其子孫必蕃。

〔疏證〕據《僖三十年傳》，石癸即石甲父，鄭大夫也。杜《注》："姞姓宜爲姬配耦。"

"姞，吉人也，后稷之元妃也。

〔疏證〕丘光庭曰：“石癸所言，是論‘佶’字之義。字當從人從吉。後代改之從女，安得吉人之語乎？”按：石癸明“吉”字之義，不言於文爲吉人，猶言祥女也，丘説非。杜《注》：“姞姓之女爲后稷妃，周是以興，故曰吉人。”《鄭世家》：“鄭大夫石癸曰：‘吾聞姞姓乃后稷之元妃，其後當有興者。’”

“今公子蘭，姞甥也，天或啓之，必將爲君，其後必蕃。

〔疏證〕《鄭世家》：“子蘭母，其後也。且夫人子盡以死，餘庶子無如蘭賢。”史公明《傳》必將爲君義。故詞與《傳》異。

“先納之，可以亢寵。”

〔疏證〕《廣雅·釋□》[①]：“亢，極也。”《鄭世家》：“今圍急，晉以爲請，利孰大焉？”

與孔將鉏、侯宣多納之，盟于太宮而立之，以與晉平。

〔疏證〕《僖三十年傳》：“鄭石甲父、侯宣多逆以爲太子，以求成於晉，晉人許之。”即此《傳》盟太宮立蘭事也。彼傳文略。杜《注》：“大宮，鄭祖廟。”《讀本》：“穆公即位在僖三十三年。”

穆公有疾，曰：“蘭死，吾其死乎！吾所以生也。”刈蘭而卒。

〔疏證〕《國語注》：“芟草曰刈。”又曰：“刈，鎌也[②]。”《讀本》：“穆公蓋愛蘭草，多植之。至此病將卒，乃刈蘭。”《説文繫傳》：“案：《本草》：‘蘭入藥。四五月采。’鄭穆公以十月卒。彼時十月，今之八月，非《本草》采用之時者，蓋常人候其華實成，然後刈取之也。”

〔經〕 四年，春，王正月，公及齊侯平莒及郯。莒人不肯。公伐莒，取向。

〔疏證〕《地理志》：“東海郡郯，故國，少昊後，盈姓。”盈即嬴也。沈欽韓云：“《一統志》：‘故郯國在沂州府郯城縣西南二十里，與江南邳州接界。’”《齊策注》：“肯，猶可也。”杜《注》：“向，莒邑。”

---

① 科學本注：原稿闕文，查係釋“詁”。
② 科學本注：原稿眉批：“是刈是濩。”查《注疏》，艾，本亦作“刈”。《韓詩》云：“刈，取也。”

江永云："向，本近莒之國。隱二年，莒人入向，遂爲莒邑。"詳彼經《疏證》。

秦伯稻卒。 _{無《傳》。}

〔疏證〕《穀梁疏》引《世本》："秦共公也。"《秦本紀》："共公立五年，卒。子桓公立。"《索隱》謂共公名稻。《年表》作和，皆與《經》異。李富孫云："和與稻，或字形相涉。"共公卒年，《年表》逸之。

夏，六月，乙酉，鄭公子歸生弑其君夷。

〔疏證〕《年表》："鄭靈公夷元年，公子歸生以黿故殺靈公。"取《傳》"稱臣，臣之罪"義。

赤狄侵齊。 _{無《傳》。}

秋，公如齊。公至自齊。 _{無《傳》。}

冬，楚子伐鄭。

〔疏證〕《年表》："楚莊王九年伐鄭。"

〔傳〕 四年，春，公及齊侯平莒及郯，莒人不肯。公伐莒，取向，非禮也。平國以禮，不以亂。伐而不治，亂也。以亂平亂，何治之有？無治，何以行禮？

〔疏證〕《典瑞》："穀圭以和難。"《注》："穀，善也，其飾若粟文然。難，仇讎，和之者，若《春秋》宣公及齊侯平莒及郯，晉侯使瑕嘉平戎於王。"如鄭君，則平莒及郯爲和難之禮。和難而繼以兵，故《傳》譏非禮也。

楚人獻黿于鄭靈公。

〔疏證〕《説文》："黿，大鱉也。"《淮南·時則訓》："漁人伐蛟取鼉，升龜取黿。"《注》："黿可作羹。《傳》曰：'楚人獻黿於鄭靈公。'"《吕覽·季夏覽注》亦云："黿可爲羹。"《鄭世家》："楚獻黿于靈公。"

公子宋與子家將見。

〔注〕賈云："二子，鄭卿也。"《鄭世家集解》。

〔疏證〕杜《注》："宋，子公也。子家，歸生。"《御覽》三百七十引同①。《讀本》：“《史記》言子公亦穆氏，則亦穆公子。”《鄭世家》：“子家、子公將朝靈公。”

子公之食指動，

〔注〕服云：“第二指。”《鄭世家集解》。“俗所謂嗟鹽指也。”本《疏》。

〔疏證〕杜《注》：“第二指。”用服說。《御覽》引同。《大射禮》：“右巨指鉤弦。”《注》：“右巨指，右手大擘也。”又曰：“設決，朱極三。”《注》：“極，猶放也，所以韜指，利放弦也，以朱韋爲之。三者，食指、將指、無名指。小指短，不用。”本《疏》據鄭說，謂：“手之五指之名，曰巨指、食指、將指、無名指、小指也。其食指者，食所偏用。”李貽德云：“巨指爲第一指，則食指爲第二指矣。《一切經音義》八引《字書》：‘嗟，喋也。’蓋漢時語也。”

以示子家，曰：“他日我如此，必嘗異味。”

〔疏證〕《鄭世家》：“謂子家曰：‘佗日指動，必食異物。’”

及入，宰夫將解②黿，相視而笑。

〔疏證〕《讀本》：“解黿，殺剥也。”《鄭世家》：“及入，見靈公進黿羹。子公笑曰：‘果然。’”

公問之，子家以告。

〔疏證〕《鄭世家》：“靈公問其笑，故具告。”

及食大夫黿，召子公而弗與也。

〔疏證〕食大夫黿，謂召大夫賜食也。《淮南·時則訓注》引《傳》：“靈公獨不與公子宋黿羹。”蓋說《傳》意。杜《注》：“欲使食指動無效。”《鄭世家》：“靈公召之，獨弗與羹。”

子公怒，染指於鼎，嘗之而出。

〔疏證〕《淮南·時則訓注》作：“公子宋怒。”《鄭世家》：“子公怒，染其指，嘗之而出。”

---

① 林按：底本無文獻出處，據科學本補。
② 科學本注：原稿眉批：“解詁。”擬而未作。

公怒，欲殺子公。子公與子家謀先。

〔疏證〕《鄭世家》文同。沈欽韓云：“《韓非·難四》：‘君不懸怒。懸怒則臣懼罪，輕舉以行計，則人主危。故靈台之飲，衛侯怒而不誅，故褚師作難；食黿之羹，鄭君怒而不誅，故子公殺君。’《注》：有怒不及^①行，謂之懸。”沈氏引此者，見《左氏》古義，以靈公怒子公而不誅爲非。《讀本》：“謀先，謂及公未發而作亂。”

子家曰：“畜老，猶憚殺之，而況君乎？”

〔疏證〕杜《注》釋“畜”爲六畜。《釋文》：“憚，難也。”

反譖子家。子家懼而從之。

〔疏證〕杜《注》：“譖子家於公。”《讀本》：“子公蓋近臣，日在左右。子家懼而從子公。”

夏，弑靈公。書曰“鄭公子歸生弑其君夷”，權不足也。

〔疏證〕此明《經》書子家弑君之義。《史記·太史公自序》：“爲人臣者，不可不知《春秋》。守經事而不知其宜，遭變事而不知其權。”杜《注》：“子家權不足以禦亂。”

君子曰：“仁而無武，無能達也。”

〔疏證〕此《傳》與上文不相蒙，責靈公之詞也。《韓非·外儲》：“子夏曰：‘《春秋》之記臣殺君、子殺父者，以十數矣，皆非一日之積也，有漸而至矣。凡姦者，行久而成積，積成而力多，力多則能殺，故明主蚤絕之。’”以前沈氏引《難四篇》“懸怒”之義，正與子夏之言相發。能誅臣，貴在蚤絕。不能蚤絕，即所謂“仁而無武”也。“達”謂申其罰。劉恭冕《春秋説》引《韓非》，謂《公》《穀》原出子夏，《左氏》弑例，《公》《穀》亦同。壽曾謂：以《韓非》斥靈公懸怒義證之，則子夏所稱，正《左氏》義也。《傳》將述君無道之義，以靈公用飲食細故，戲弄其臣，怒而不誅，無道之義未顯，故於《傳例》之先，明靈公不能察微見遠，無果決之斷，以致身弑名辱，是爲無道。杜《注》：“初稱畜老，仁也。不討子公，是不武也。故不能自通於仁道，而陷弑君之罪。”子家雖止子公之

① 林按：“及”，劉氏誤作“即”，據沈書回改。

弒，然以畜比其君，此謂韓厥況晉厲公以老牛何異？《左氏》安得尚許其
仁。杜説非《傳》意也。

凡弒君，稱君，君無道也；稱臣，臣之罪也。

〔疏證〕此書弒君例也。杜《注》："稱君，謂唯書君名而稱國以弒，
言衆所共絶也。稱臣者，謂書弒者之名。"杜釋稱君、稱臣義不誤。其稱
國以弒，則《傳例》所未及。劉、賈、許、潁説曰："君惡及國朝，則稱
國以弒；君惡及國人，則稱人以弒。"則書國、書人例，爲未弒君、不稱
臣而發，已釋於《文十八年經》。本《疏》："《晉語》云：'趙宣子曰："大
者天、地，其次君、臣。"'則君、臣之交，猶父、子也，君無可弒之理，
而云'弒君，君無道'者，弒君之人固爲大罪，欲見君之無道，罪亦合
弒，所以懲創將來之君，兩見其義，非赦弒君之人，以弒之爲無罪也。"
詳《疏》釋《傳例》意甚明晰，其云"懲創將來之君"，必是古《左氏》
義。而又引《釋例》云："天生民而樹之君，使司牧之，群物所以繫命也。
故《傳》曰：'君，天也，天可逃乎？'此人臣所執之常也。然本無父子
自然之恩，未有家人習翫之愛，高下之隔懸殊，壅塞之否萬端，是以居上
者，降心以察下，表誠以感之，然後能相親也。若亢高自肆，群下絶望，
情義圮隔，是謂路人，非君臣也。人心苟離，則位號雖存，無以自固。故
《傳例》曰：'凡弒君，稱君，君無道；稱臣，臣之罪。'稱君者惟書君名。
而稱國、稱人以弒，言衆之所共絶也。稱臣者，謂書弒者主[①]名，以垂來
世，終爲不義，而不可赦也。"

壽曾謂：杜氏此説，責君太重，責臣轉輕。雖終謂弒逆之罪不可赦，
然已謂君臣無父子之恩，例於路人，語意悖謬，致説《左氏》者，集矢
此例，謂出漢人附益，皆杜説所召也。《疏》謂"兩見其義"，語最無弊。
劉恭冕《春秋説》申其説云："《左氏傳》'凡弒君，稱君，君無道也；稱
臣，臣之罪也'，此《春秋》最要之義，而解者未明其義。故近世通儒，
若顧氏棟高、焦氏循，皆疑其悖理。實則《左傳》説不誤也。蓋無道者，
謂不知禮義，失其爲君之道也。《史記·太史公自序》云：'《春秋》之
中，弒君三十六，亡國五十二，諸侯奔走不得保其社稷者不可勝數。察
其所以，皆失其本也。故《易》曰："失之毫釐，差以千里。"故曰："臣
弒君，子弒父，非一旦一夕之故也，其漸久矣。"故有國者，不可以不知

---

① 林按："主"，劉氏原稿作"之"，據《左傳正義》回改。

《春秋》，前有讒而弗見，後有賊而不知。爲人臣者不可以不知《春秋》，守經事而不知其宜，遭變事而不知其權。爲人君父而不通於《春秋》之義者，必蒙首惡之名。爲人臣子而不通於《春秋》之義者，必陷篡弑之誅，死罪之名。'又云：'夫不通禮義之旨，至於君不君，臣不臣，父不父，子不子。君不君則犯，臣不臣則誅，父不父則無道，子不子則不孝。此四行者，天下之大過也。以天下之大過予之，則受而弗敢辭。故《春秋》者，禮義之大宗也。'史公此文，言弑君亡國之諸侯，皆失其本。又言人君不通《春秋》，蒙首惡之名。又言君不君則犯，父不父則無道，不即《左氏》'弑君，君無道'之旨乎？而此義又明見《易傳》，言'臣弑君、子弑父，由辯之不早辯'。皆是責爲人君、父之辭。辯者，辯乎禮義而已。早辯，是有道。不能早辯，即是無道。故史公引《易傳》，言'失之毫釐，差以千里'，失，亦謂失禮義也。既失禮義，不謂之無道得乎？《左氏傳》所載各凡，皆本禮經，即史公所言禮義也。若然，《春秋》之作，不獨治亂臣、賊子，而亦以戒爲人君、父當守禮義。然《孟子》但言亂臣、賊子懼，不言無道之君、父亦懼者，《孟子》自舉所重言之。蓋君、父雖無道，非臣、子所得加弑。《呂氏春秋·行論篇》：'父雖無道，子敢不事父乎？君雖不惠，臣敢不事君乎？'語最賅備。《禮》所謂君雖不君，臣不可以不臣者，此也。"按：劉說是也。史公以禮義責君、父、臣、子，即《疏》所謂"兩見其義"矣。所云爲人臣者，"遭變事而不知其權"，即此《經》書子家弑君之義。故《傳》以"權不足"譏之。子家書法，兼責君臣，故《傳例》在此年[①]。

鄭人立子良。

〔疏證〕杜《注》："穆公庶子。"《鄭世家》："鄭人欲立靈公弟去疾。"

辭曰："以賢，則去疾不足；以順，則公子堅長。"乃立襄公。

〔疏證〕《釋詁》："順，叙也。"《鄭世家》："去疾讓曰：'必以賢，則

---

① 科學本注：原稿眉批："引左盦《群經大義相通論》。案：《荀子·正論篇》云：'湯、武者，民之父母也；桀、紂者，民之怨賊也。今世俗之爲説者，以桀、紂爲君，而以湯、武爲弑，然則是誅民之父母，而師民之怨賊也。（又《議兵篇》曰："湯、武之誅桀、紂也，拱挹指揮，而强暴之國，莫不趨使，誅桀、紂若誅獨夫。故《泰誓》曰：'獨夫紂。'此之謂也。"）此即弑君稱君，君無道之義也。荀子之説，與孟子對齊宣王之説合。又襄十四年，晉師曠曰："天之愛民甚矣，豈可使一人以縱其上，以肆其淫。"亦爲荀子之説所本。而《左氏》此語，後儒集矢紛紜，抑獨何與。'"（案：左盦係劉師培之別號）

去疾不肖；必以順，則公子堅長。’堅者，靈公庶弟，去疾之兄也。於是乃立子堅，是爲襄公。”《世家》以襄公爲靈公庶弟。《集解》：“徐廣曰：‘《年表》云靈公庶兄。’”今本《年表》作“庶弟”，後人用《世家》改。

襄公將去穆氏，而舍子良。

〔疏證〕《讀本》：“《史記》言公子宋爲穆公子，故襄公欲去穆族，而獨舍置子良。”

子良不可，曰：“穆氏宜存，則固願也。若將亡之，則亦皆亡，去疾何爲？”乃舍之，皆爲大夫。

初，楚司馬子良生子越椒。子文曰：“必殺之！

〔疏證〕《傳》明若敖氏滅於越椒，先述椒生時事。子良、子文，皆鬭伯比子也。杜《注》：“子文，子良兄。”

“是子也，熊虎之狀而豺狼之聲；

〔疏證〕沈欽韓云：“《漢書·王莽傳》：‘時有用方技待詔黃門者，或問以莽形貌，待詔曰：莽，所謂鴟目、虎吻、豺狼之聲者也，故能食人，亦當爲人所食。’”沈引此者，以待詔言王莽狀同越椒，明凶人之不終。

“弗殺，必滅若敖氏矣。

“諺曰：‘狼子野心。’是乃狼也，其可畜乎？”

〔疏證〕《楚語》：“葉公子高曰：‘人有言曰：“狼子野心。”’”蓋楚人相傳有是言。

子良不可。子文以爲大慼。

及將死，聚其族，曰：“椒也知政，乃速行矣，無及於難。”

〔疏證〕子文之死，《傳》不著其年。據《莊三十年傳》，子文爲令尹。《僖二十三年》，乃授政子玉。其爲令尹，凡二十八年。至是年已老壽，其死或在僖公末矣。沈欽韓云：“《小爾雅·廣詁》：‘乃，汝也。’”

且泣曰：“鬼猶求食，若敖氏之鬼不其餒[①]而！”

---

① 科學本注：原稿眉批：“餒詁。”擬而未作。

〔疏證〕《樂記》：“幽則有鬼神。”《注》：“《五帝德》説黄帝德曰：‘死而民畏其神者百年。’《春秋傳》曰：‘若敖氏之鬼。’然則聖人之精氣謂之神，賢知之精氣謂之鬼。”《疏》：“言聖人氣强，能引生萬物，故謂之神。氣劣於神，但歸終而已，故謂之鬼。”據鄭君説，則鬼之精氣不如神之强，必求食也。杜《注》：“而，語助。”

及令尹子文卒，鬬般爲令尹，

〔疏證〕杜《注》：“般，子文之子子揚。”沈欽韓云：“般爲令尹，當繼子孔之後。《傳》言子文卒者，叙次相連及之。”按：沈説是也。據《傳》，子文以伐陳之功讓令尹於子玉，其後蔿吕臣、子上、大孫伯相次爲令尹。大孫伯卒，子孔乃爲令尹，中間相距凡二十五年。《漢書·叙傳》記子文虎乳之事，又云：“楚人謂虎班，其子以爲號。”《注》：“師古曰：‘子文之子鬬班，亦爲楚令尹。’”般、班異文。

子越爲司馬。蔿賈爲工正，

〔疏證〕《襄九年傳》：“使皇鄖命工正①出車。”彼《疏》云：“《周禮》司馬之屬，無主車之官。巾車、車僕，職皆掌車，乃爲宗伯之屬。《昭四年傳》云：‘夫子爲司馬，與工正書服。’是諸侯之官，司馬之屬，有工正主車也。”詳彼《疏》説，則宋之工正，爲司馬屬官，楚國亦當然。賈蓋越椒之屬，故同謀殺鬬般也。

譖子揚而殺之，子越爲令尹，己爲司馬。

子越又惡之，乃以若敖氏之族，圉伯嬴於轑陽而殺之，

〔疏證〕惠士奇云：“《月令》‘省囹圄’。蔡邕《章句》云：‘囹，牢也。圄，止也。所以止出入，皆罪人所舍也。’然則囹圄亦周時之獄。焦氏答崇精云：‘囹圄，秦獄。’恐未然。”按：《月令注》：“圄，所以禁守繫者，若今别獄也。”詳鄭君説，則圉猶爲輕繫，與圄異也。惠引焦氏説，乃《鄭志》之文，見《禮疏》。杜《注》：“圉，囚也。伯嬴，蔿賈也。轑陽，楚邑。”江永云：“漢武帝延和二年，封江喜爲轑侯，即此。”沈欽韓云：“《水經注》：‘滶水北出大義山，南至厲鄉西，又南逕隨縣，注安陸也。’《一統志》：‘滶水在德安府隨州東北。’《魏志·賈逵傳》‘屯滶口’，

---

① 科學本注：原稿眉批：“查莊二十二年工正。”擬而未作。

蓋其處矣。又有潦河,《一統志》:'源出南陽府西馬峙坪,南流至新野縣
合湍水。'《紀要》:'潦河在南陽府鎮平縣東四十里。'以下文'處烝野',
此是南陽之潦河也。"

遂處烝野,

〔疏證〕杜《注》:"烝野,楚邑。"沈欽韓云:"即南陽府之新野縣,
南至襄陽府一百十里。"

將攻王。王以三王之子爲質焉,弗受。

〔疏證〕《楚世家》:"相若敖氏。人或讒之王,恐誅,反攻王。"與
《傳》稱鬬由子越異。杜《注》:"三王:文、成、穆。"

師于漳澨。

〔疏證〕杜《注》:"漳澨,漳水邊。"沈欽韓云:"《水經注》:'漳
水出臨沮縣東荆山,東南過蓼亭,又東過章鄉南。'《方輿紀要》:'漳水
在安陸府當陽縣東北四十里,自南漳縣流入境,東南流經麥城東,又南
合于沮水。'"本《疏》:"《爾雅》水邊之名,唯有滙、涘、岸、滸,無
以澨爲水邊者。"按:澨,猶涘也。《説文》:"澨,埤增水邊土,人所止
者。"

秋,七月,戊戌,楚子與若敖氏戰于皋滸。

〔疏證〕杜《注》:"皋滸,楚地。"沈欽韓云:"《水經注》:'沔水東
逕萬山北。山下水曲之隈,云漢女昔游處也。張衡《南都賦》曰:"游女
弄珠於漢皋之曲。"漢皋,即萬山之異名也。'《名勝志》:'萬山在襄陽府
城西十里。'"據沈氏説,子越師行之路,蓋由今河南邊界進次安陸,南
出襄陽也。

伯棼射王,汰輈,

〔疏證〕李富孫云:"《襄二十六年傳》,'棼'作'賁'。"杜《注》:
"伯棼,越椒也。"《輈人》"爲輈"《注》:"輈,車轅也。"杜用鄭説。《輈
人》又云:"國馬之輈,深四尺有七寸。"《注》:"國馬,謂種馬、戎馬、
齊馬、道馬。"則鄭謂國馬指兵車也。《讀本》:"兵車前轅爲輈。"惠棟云:
"《説文》:'汰,滑也。從廾從水,大聲。'徐鉉云:'音他達切。今《左傳》
作汰,非。'"洪亮吉云:"《説文》又有𣲒字,云:'古文汰。'《説文》

‘大’字解云：‘天大、地大、人亦大，故大象人形。’據此，則汰從水，大聲，爲古‘泰’字之省文，音義亦通。”按：惠、洪説是也。杜《注》：“汰，過也。箭過車轅上。”杜訓汰爲過，亦是滑義。《昭二十六年傳》，齊子淵射洩聲子，“中楯瓦，繇胸汰輈，匕入者三寸”。杜彼《注》云：“汰，矢激。”激，猶滑也。

及鼓跗，著於丁寧。

〔疏證〕洪亮吉云：“著，當從竹。”杜不釋“鼓跗”，《疏》云：“車上不得置簨簴以縣鼓，故爲作跗，若殷之楹鼓也。”如《疏》説，則“鼓跗”謂鼓足。梁履繩云：“《吴語》：‘載常建鼓。’韋云：‘《周禮》：“將軍執晉鼓。”建，謂爲楹而樹之。’此鼓置車上，蓋即晉鼓也。”梁説可證本《疏》“楹鼓”之説。《晉語》：“戰以錞于、丁寧，儆其民也。”《注》：“丁寧，謂鉦也。”杜《注》用韋義。《廣雅·釋器》：“鉦、鐃，鈴也。”王念孫云：“《小雅·采芑篇》：‘鉦人伐鼓。’《傳》云：‘鉦以静之，鼓以動之。’《大司馬疏》引《司馬法》云：‘十人之長執鉦，百人之長執鐸。’鉦者，丁寧之合聲。”按：本《疏》：“《鼓人》‘以金鐲節鼓’。鄭玄云：‘鐲，鉦也。形如小鍾，軍行以爲鼓節。’鐲，即丁寧。故先儒皆以鐲爲鉦之别名。”則舊説或引《鼓人》之“鐲”以釋“丁寧”也。莊二十九年《傳例》：“凡師有鍾鼓曰伐，無鍾鼓曰侵。”古者師行，皆載鍾鼓。

又射，汰輈，以貫笠轂。

〔注〕服云：“笠轂，轂之蓋如笠，所以蔽轂上以禦矢也。一曰車轂上鐵也。或曰兵車旁幔輪謂之笠轂。”本《疏》。舊注：“兵車尊者，則邊人執笠依轂下，以禦寒暑。”《御覽》三百八引。

〔疏證〕《説文》：“轂，輻所湊也。”《輪人》：“轂也者，所以利轉也。”轂制在車輪之中。笠轂之稱，惟見此《傳》。笠制諸書不詳。服《注》三説，杜不承用，《注》云：“兵車無蓋，尊者則邊人執笠，依轂而立，以禦寒暑，名曰笠轂。此言箭過車轅，及王之蓋。”《御覽》所引舊注與杜義同，而文字小異，杜取舊注。《道右》：“王下則以蓋從。”《注》：“以蓋從，表尊。”《疏》：“蓋有二種，一者禦雨，一者表尊。”此舊注“邊人執笠”所本。《北周書·庾信傳》“《哀江南賦》‘居笠轂而典兵’”，即用“兵車尊者，邊人執笠”之義。本《疏》但引服《注》，無所申釋，而云：“杜以彼爲不安，故改之而爲此説，亦是以意而言，差於人情爲允耳。”[1]沈欽韓云：“按：服前後説是也。《吴子·圖國篇》：‘革車奄户，縵輪籠轂。’蓋兵車皆長轂，故須籠蔽防擊觸。杜預謂以笠爲蓋，然矢已汰軔，豈能上激貫蓋乎？”沈氏證服第三説甚諦，而於第一説止言其是，未加引申。

按：服謂“笠轂，轂之蓋如笠”，則已釋笠爲蓋，其與舊注不同者，服言“禦矢”，舊注言“禦寒暑”耳。轂在輪之中央，笠何所施？則服意亦以爲轂上而有人執蓋，以禦矢也。以是求之，則服《注》與舊注同説。杜正取服《注》矣。矢之力，可以激起，先汰軔，再貫蓋，於情事亦合。沈説非也。服氏注例，凡第一説皆其所取，其有別説，止附存。車轂傅鐵，言車制者所未及。李貽德云：“《史記·田單傳》：‘令其宗人，盡斷其車軸末，而傅鐵籠。’足證鐵籠之制，自昔兵戰時已有之。”按：軸所以持轂，非即轂。或説蓋謂以鐵護車輪之中心也。李氏又云：“‘或曰兵車旁縵輪’，縵輪當作縵轂。《考工記》：‘望其轂，欲其眼[2]也。進而眂之，欲其幬之廉也。’《注》：‘幬，縵轂之革也。’又曰：‘幬必負幹。’《注》：‘幬，負幹者，革轂相應，無贏不足。’”謂以革覆轂也。可備一説。

師懼，退。

王使巡師，曰：

〔疏證〕洪亮吉云：“《廣雅》：‘巡，徇也。’按：巡師，即徇師也。”

“吾先君文公克息，獲三矢焉，伯棼竊其二，盡於是矣。”

〔疏證〕《讀本》：“王假辭以安鎮之。”

鼓而進之，遂滅若敖氏。

〔疏證〕《年表》：“楚莊王九年，若敖氏爲亂，滅之。”《楚世家》：“王擊滅若敖之族。”

初，若敖娶于䢵，

〔疏證〕《釋文》：“䢵，本又作‘鄖’。”杜《注》：“䢵，國名。”未言

所在。《説文》："鄖，漢南之國，漢中有鄖關。"沈欽韓云："《前志》'江夏雲杜縣'，應劭曰：'若敖娶于鄖，今鄖亭是也。'《一統志》：'漢雲杜故城，在安陸府沔陽州西北。鄖城，今德安府安陸縣治。'邧、鄖同。"

生鬬伯比。若敖卒，從其母畜於邧，

〔疏證〕□□[①]《傳》："畜，養也。"

淫於邧子之女，生子文焉。

邧夫人使棄諸夢中。

〔疏證〕夢中，雲夢澤也。《漢書·叙傳》作"酇中"。《職方氏》亦曰"雲酇"。江永云："《書地理今釋》云：'《漢書·地理志》："南郡華容縣，雲夢澤在南，今[②]荆州藪；編縣有雲夢宫；又，江夏郡西陵縣有雲夢宫。"《水經注》："雲杜縣東北，有雲夢城。又夏水東逕監利縣南，縣土卑下，澤多陂陀[③]。西南自州陵東界，逕於雲杜、沌陽，爲雲夢之藪。"杜預云枝江縣、安陸縣有雲夢，蓋跨川互隔，兼包勢廣矣。《元和志》："雲夢澤在安陸縣南五十里。"又云："雲夢澤在雲夢縣西七里。"漢華容，今荆州府石首、監利二縣地。編縣，今安陸府荆門州。西陵，今黄州府蘄州及黄岡、麻城二縣。雲杜，今安陸府京山縣。州陵，今安陸府沔陽州。沌陽，今漢陽府漢陽縣。枝江，今屬荆州府。安陸、雲夢，今屬德安府。然則東抵蘄州，西抵枝江。京山以南，青草以北，皆爲古之雲夢。《正義》所謂"雲夢[④]一澤而每處有名者也"。'"右釋雲夢所在甚詳。其稱杜預枝江、安陸之説，安陸見本《傳注》，枝江見《昭[⑤]四年疏》引《土地名》。沈欽韓亦從《元和志》安陸之説，又云："《左傳》邧子之女，棄於夢中，無'雲'字；楚子濟江入雲中，無'夢'字，以此推之，則雲、夢二澤，本是别矣。《漢陽志》云：'雲在江之北，夢在江之南。今巴陵、枝江、荆門、安陸之境，皆云有雲夢。蓋雲夢本跨江南北，爲澤甚廣，而後世悉爲邑居聚落，故地之以雲夢名者非一處。而安陸之雲夢，尤最著云。'今澤

---

① 科學本注：原稿闕文，疑指"日月畜我不卒"句。

② 科學本注："今"字從原稿，衍。

③ 科學本注：科學出版社影印楊守敬《水經注疏》"陀"作"池"。學海堂本江書作"陁"。按：應從"池"。

④ 科學本注："夢"字江書作"漢"，疑誤刻。

⑤ 科學本注："昭"應作"定"，指"楚子涉睢濟江入於雲中"句。

已湮。”按：詳沈説，則云、夢之稱有別，然此《傳》之夢中在安陸，則是江北。《地志書》謂夢在江南，非也。雲夢統辭，不分江南北，詳昭三年《疏證》[1]。《一統志》：“雲夢縣北有於菟鄉，蓋棄令尹子文之處。”

虎乳之。邔子田，見之，懼而歸。夫人以告，遂使收之。

楚人謂乳穀，謂虎於菟，故命之曰鬭穀於菟。

〔疏證〕上“謂”，今通行本作“爲”，非。二“謂”意相比，“乳”“虎”絶句，今從宋本。《石經》作：“楚人謂乳爲穀，謂虎爲於菟。”《釋文》“乳”“穀”中間無“爲”字。洪亮吉謂“朱梁《補刻》，非《唐石經》”，是也。《漢書·叙傳》：“班氏之先，與楚同姓，令尹子文之後也。子文初生，棄於瞢中，而虎乳之。楚人謂乳穀，謂虎於檡，故名穀於檡，字子文。”《注》：“如淳曰：‘穀音構。牛羊乳汁曰構。’師古曰：‘穀讀如本字。又音乃苟反。檡，或作菟，并音塗。’”據《叙傳》，則班固所見《左傳》本，止“菟”作“檡”，餘與今本同也。如音穀爲構者，梁履繩云：“案：今黔、蜀人呼穀樹爲構樹，以樹汁如乳也，可知當時方音亦如是。”梁説證如音，甚確。然《廣雅·釋獸》作彀、於虦，《校勘記》云：“穀當爲彀。《説文·子部》云：‘彀，乳也。’”案：穀正音構，知字當作彀，無待以方音展轉證之。檡字，《玉篇》：“檡，樗棗也。”於稱虎無涉，或是借字，今不可詳。惠棟云：“《説文》：‘楚人謂虎爲烏虦。’《漢書》又作於檡。《方言注》云：‘今江南夷呼虎爲虦，音狗竇。’鄭康成《尚書注》曰：‘於者，烏聲。’則於爲古文烏。”洪亮吉曰：“今按：虦字係《説文》[2]新附，惠氏《補注》以爲《説文》，誤也。”按：新附取《廣雅》彀、於虦之文，或是相傳異字。菟，本從兔也。李富孫云：“菟、虦，古今字。”王引之曰：“於菟，虎文貌。《説文》：‘㹍，黃牛虎文。讀若塗。’菟、㹍聲義并同。虎有文謂之於菟，故牛有虎文謂之㹍。於菟云者，言其文之於菟然也。《説文》：‘虍，虎文。’於菟與虍聲近而義同，單言之，謂之虍；重言之，謂之於菟。”按：王説是也。於亦發聲，子文之名穀於菟，以其乳於虎。焦循據《義縱傳》“乳虎”，引《爾雅》“熊虎醜，其子狗”，《尸子》“虎豹之駒”，謂“從句之字，與穀聲相近”，證穀於菟爲小虎之稱，非《傳》意。

---

① 科學本注：“疏證”應作“傳注”，指“王以田江南之夢”句。
② 林按：“説文”，洪亮吉《春秋左傳詁》本作“徐鉉”。

以其女妻伯比。

實爲令尹子文。

〔疏證〕杜《注》："鬭氏始自子文爲令尹。"

其孫箴尹克黃使於齊。

〔注〕舊注："箴尹，官名。"《御覽》四百十八。

〔疏證〕杜《注》與《御覽》引《注》同，以《御覽》連其人注引，定爲舊注。《吕覽注》："楚有箴尹之官，諫臣也。"杜《注》："克黃，子揚之子。"

還及宋，聞亂。其人曰："不可以入矣。"

〔注〕舊注："其人，克黃從臣。"《御覽》四百十八。

〔疏證〕舊注蓋謂克黃家臣也。

箴尹曰："棄君之命，獨誰受之？君，天也，天可逃乎？"

遂歸，復命，而自拘於司敗[①]。

王思子文之治楚國也，

〔疏證〕惠棟云："《戰國策》曰：'穰侯之治秦也。'高誘曰：'治，猶相也。'"

曰："子文無後，何以勸善？"

使復其所，改命曰生。

〔疏證〕復其所，復箴尹之官。命，猶名也。杜《注》："易其名。"惠士奇云："劉向改名更生，本此。"

冬，楚子伐鄭，鄭未服也。

〔經〕 五年，春，公如齊。

夏，公至自齊。

---

① 科學本注：原稿眉批："司敗，見文十年。"

秋，九月，齊高固來逆叔姬。

〔疏證〕《公羊》作“子叔姬”。洪亮吉云：“按：以下《經》校之，此亦當有‘子’字，疑傳寫時脱也。”杜《注》：“高固，齊大夫。”《疏》據《僖五年經》“公孫兹如牟”，《傳》云“娶焉”，謂：“牟以聘爲文，此高固以逆爲文，不言聘者，從魯而出，私娶輕而君命重，故書聘不書逆；自外而來，則嫁女重而受聘輕，故書逆不書聘。”按：彼《經》高固不稱聘於某，此《經》亦不稱齊高固來聘，《傳》止以娶女、逆女爲内外之辭，不關聘禮，《疏》説非。

叔孫得臣卒。 無《傳》。

〔疏證〕《隱三年傳》：“衆父卒，公不與小斂，故不書日。”杜《注》：“不書日，公不與小斂。”據彼《傳》示例。

冬，齊高固及子叔姬來。

〔疏證〕本《疏》：“叔姬已適高氏，而猶言子叔姬者，以其新歸於夫，反馬乃成爲婦。”

楚人伐鄭。

〔疏證〕《年表》：“鄭襄公堅元年，楚伐我。”

〔傳〕 五年，春，公如齊。

高固使齊侯止公，請叔姬焉。

“夏，公至自齊。”書，過也。

〔疏證〕桓二年《傳例》：“凡公行，告於宗廟，反行飲至，舍爵策勳焉，禮也。”則公出入告廟，《經》乃得書。杜《注》：“公既見止，連昏於鄰國之臣，厭尊毁列，累其先君，而於廟行飲至之禮，故書以示過。”杜用《傳例》爲説，言不可告於廟也。

秋，九月，齊高固來逆女，自爲也。故書曰“逆叔姬”，卿自逆也。

〔疏證〕嫌爲齊侯逆，故析言之。

冬，“來”，反馬也。

〔注〕鄭康成云："《冠義》云無大夫冠禮，而有其昏禮，則昏禮者，天子、諸侯、大夫皆異也。據《士禮》，無反馬，蓋失之矣。此二句據《士昏禮疏》增。《士昏禮》云：'主人爵弁、纁裳、緇衣，從者畢玄端。五字據《士昏禮疏》增。乘墨車，從車二乘，執燭前馬。四字據《士昏禮疏》增。婦車亦如之，有裧。'二字據《士昏禮疏》《鵲巢疏》增。此婦車出於夫家，則士妻始嫁，乘夫家之車也。《詩·鵲巢》云：'之子于歸，百兩御之。'又曰：'之子于歸，百兩將之。'將，送也。國君之禮，夫人始嫁，自乘其家之車也。《何彼襛矣》篇曰：'曷不肅雍，王姬之車。'言齊侯嫁女，以其母始嫁之車遠送之。"何彼襛矣"以下據《士昏禮疏》增。則天子、諸侯嫁女，留其乘車可知也。高固，大夫也。來反馬，則大夫亦留其車也。禮雖散亡，以《詩》之義論之，大夫以上，其嫁皆有留車反馬之禮。留車，妻之道也；反馬，壻之義也。高固以秋九月來逆叔姬，冬，來反馬，則婦入三月，祭行乃反馬，禮也。"本《疏》引鄭《箴膏肓》，又《士昏禮疏》。

〔疏證〕杜《注》："禮，送女留其送馬，謙不敢自安，三月廟見，遣使反馬。"與鄭説同。惟杜云遣使，鄭義所不具。其所云禮，似出逸《禮》。然鄭云禮散亡，則反馬之禮，在漢時已無徵，杜氏安得據而引之？或杜所取義，更出康成之前，爲先儒説反馬義與？本《疏》云："《儀禮·昏禮》者，士之禮也，其禮無反馬，故何休據之作《膏肓》以難《左氏》，言禮無反馬之法。"下引鄭《箴》，其引《膏肓》之辭不詳。按：《士昏禮》："婦車亦如之。"《疏》："案：宣公五年，冬，《左傳》云：'齊高固及子叔姬來，反馬也。'休以爲禮無反馬，而《左氏》以爲得禮。禮，婦人謂嫁曰歸，明無大故，不反於家。《經》書'高固及子叔姬來'，故譏乘行匹至也。"據此，則休既謂禮無反馬，又譏叔姬之來，休蓋據《公羊》雙雙俱至之義。《公羊》義不與《左氏》同，第休謂《左氏》以爲得禮，則《左氏》舊説，止明反馬爲得禮，於高固、叔姬無譏辭。杜《注》乃云："高固與叔姬俱寧，故經傳具見以示譏。"則用《公羊》説，非《左氏》説。《傳》但言反馬，不云歸寧，杜於經《注》云："叔姬寧，固反馬。"亦非《傳》義。《疏》謂"法當遣使，不合親行"，此是杜義，鄭君亦不言當遣使也。

《儀禮疏》引鄭《箴》，視本《疏》有詳略，今互補其文，以成完義。《士昏禮疏》"譏乘行匹至"下有"士昏皆異"四字，亦鄭《箴》之詞，疑本《疏》所引"天子、諸侯、大夫皆異也"，"大夫"下有"士"字。據鄭君義，當通言士，以駁士無反馬也。鄭稱《士昏禮》，與今本同。惟"主人爵弁、纁裳、緇衣"，浦鏜據今本，改"衣"爲"袘"，《士昏禮疏》正作“絁”，是也。鄭引《士昏禮》，明士昏用夫家之車，連引服飾之文，不關證《傳》，今不具疏。《士昏禮注》云：“士妻之車，夫家共之。大夫以上嫁女，則自以車送之。”與《箋膏肓》義同。彼《疏》即引此《傳》爲證。鄭必謂士昏用夫家之車者，明士昏無反馬，非大夫以上禮，以駁何休也。鄭引《鵲巢》《何彼穠矣》者，《鵲巢序》“夫人之德也”。首章“之子于歸，百兩御之”，次章“之子于歸，百兩將之”。《傳》云：“諸侯之子嫁於諸侯，送御皆百兩。”《箋》云：“家人送之，良人迎之，車皆百乘，象有百官之盛。將，送也。”則毛氏亦謂百兩有送車，鄭君從之。《箋膏肓》亦用毛義。彼《疏》云：“夫人之嫁，自乘家車。”是也。《何彼穠矣序》謂美王姬下嫁於諸侯。首章“曷不肅雝，王姬之車”，《傳》於王姬車無説。《箋》云：“王姬往乘車也。言其嫁時始乘車，則已敬和。”鄭亦釋爲送嫁之車，與《箋膏肓》合。毛不言送車者，據諸侯嫁女，諸侯有送車，則王姬嫁於諸侯，得有送車可知。惟《毛詩》謂王姬下嫁，《箋》亦言王姬往乘車。《箋膏肓》別謂齊侯嫁女者，陳奐《毛詩疏》云：“《鄭志》答張逸以爲《魯詩》。是魯以此爲齊侯嫁女之詩。”據陳氏説，則鄭君《箋膏肓》用《魯詩》説。王姬、齊女，師説雖異，然皆可證大夫以上，嫁女自乘其車。鄭君箋《詩》，《箋》何歧其説耳？《鵲巢疏》引鄭《箋膏肓》，視本《疏》及《儀禮疏》爲略，又云：“故《泉水》云：‘還車言邁。’《箋》云：‘還車者，嫁時乘來，今思乘以歸。’是其義也。”按：《泉水序》：“衛女思歸也。嫁於諸侯，父母終，思歸寧而不得。”則亦大夫以上留車之證。留車，妻之道者，妻恐見出於夫，將乘此車以歸，杜《注》所謂“謙不敢自安”也。反馬，壻之義者，明無出之事也。鄭君以三月祭行，反馬爲禮，則反馬在三月以後。賈、服舊誼，皆謂大夫以上，三月廟見成昏，故大夫以上，反馬，以三月爲節，成昏乃反馬，與《士昏禮》“當夕成昏”不同。鄭謂三月祭行，用《士昏禮·記》“婦入三月，然後祭行”義。以大夫以上，三月廟見禮亡，即《士昏禮》祭行證之。彼《注》云：“謂助祭也。”故杜以三月廟見爲説。本《疏》：“杜言三月廟見，謂無舅姑者《曾子問篇》端[1]稱孔子曰：‘三月而廟見，稱來婦也。擇日而祭于禰，成婦之義也。’鄭玄云：‘謂舅姑没者也。’是舅姑没者，以三月而祭，因以三月爲反馬之節。舅姑存者，亦當以三月反馬也。”據《疏》説，則無論舅姑在否，禮皆有反馬。

---

[1] 科學本注：“端”字衍。

楚子伐鄭，陳及楚平。晉荀林父救鄭，伐陳。

〔疏證〕《年表》："鄭襄公元年，楚伐我，晉來救。陳靈公十年，楚伐鄭，與我平。晉中行桓子距楚，救鄭，伐我。晉成公三年，中行桓子荀林父救鄭，伐陳。"《鄭世家》："襄公元年，楚怒鄭受宋賂，縱華元，伐鄭。鄭背楚，與晉親。"《晉世家》："成公三年，鄭伯初立，附晉而棄楚。楚怒，伐鄭，晉往救之。"

〔經〕 六年，春，晉趙盾、衛孫免侵陳。

〔疏證〕《年表》："晉成公四年，與衛侵陳。衛成公三十二年，與晉侵陳。陳靈公九年，晉、衛侵我。"孫免，杜無注。免止見此年《經》，當是衛大夫。

夏，四月。

秋，八月，螽。無《傳》。

〔疏證〕《公羊》"螽"曰"蝝"。

冬，十月。

〔傳〕 六年，春，晉、衛侵陳，陳即楚故也。

〔疏證〕蒙上年《傳》"陳及楚平"而言。

夏，定王使子服求后于齊。

〔疏證〕杜《注》："子服，周大夫。"《讀本》："昏禮不稱主人，此則定王自命之。"

秋，赤狄伐晉，圍懷及邢丘。

〔疏證〕《韓詩外傳》："武王伐紂，到于邢丘，更名邢丘曰懷。"則懷、邢丘爲一地。《地理志·河內郡》："懷、平皋。"平皋下《注》："應劭曰：'邢侯自襄國徙此。當齊桓時，衛人伐邢，邢遷于夷儀，其地屬晉，號曰邢丘。'臣瓚曰：'《春秋傳》狄人伐邢，邢遷于夷儀，不至此也。今襄國西有夷儀城。邢是丘名，非國也。'"壽曾謂：瓚駁應說，是也。邢侯未遷夷儀之先，國于邢丘，應云自襄國徙邢丘，前後倒置。據《韓詩》說，則邢侯名國，即緣邢丘。瓚謂非國，亦誤。《水經·濟水注》引應、瓚二說，正之云：“余按：《春秋》宣公六年，赤狄伐晉，圍邢丘。昔晉侯送女，送之邢丘，即是此處也，非無城之言。《後漢·郡國志》縣有邢丘，‘故邢國，周公子所封’矣。”酈氏亦不取瓚注“非國”之説。顧棟高云：“懷，即周之懷邑。邢丘，今河南懷慶府河内縣東南七十里有平皋故城。”懷已説於《隱十一年傳》。梁履繩云：“懷爲今武陟縣，亦隸懷慶府，可知界固相連耳。”沈欽韓云：“《一統志》：‘平皋故城，在懷慶府温縣東。即古邢丘。’”按：《統志》與顧説小異。河内、温接壤，温尤近武陟，當從《統志》説。”

晉侯欲伐之。

中行桓子曰：“使疾其民，

〔證疏〕杜《注》：“爲民所疾。”沈彤云：“疾，害也，若《酒誥》‘厥心疾很’之疾。疾其民，謂重民賦役也。”俞樾云：“爲民所疾，不得言疾其民。疾其民，言病其民也。《象上傳》：‘出入無疾。’王弼《注》：‘疾，猶病也。’”

“以盈其貫。

〔證疏〕杜《注》：“貫，猶習也。”本《疏》：“盈其貫者，杜以爲盈滿其心，使貫習來伐。劉炫云：‘按：《尚書·泰誓》，武王數紂之惡云：“商罪貫盈。”言紂之爲惡，如物在繩索之貫，不得爲習也。’今知不然者，以《詩》稱‘射則貫兮’。先儒亦以爲習，故杜用焉，義得兩通。劉直以《尚書》之文而規杜過，非也。”杜以貫爲習，蓋據《猗嗟》鄭《箋》“盈其習”，豈可通乎？劉引“商罪貫盈”，出僞《泰誓》。朱駿聲云：“僞《書》蓋用《左傳》。”惠棟云：“劉光伯據梅賾《泰誓》，其説是也，而所據之書非也。案：《韓非子》曰：‘有與悍者隣，欲賣宅而避之。人曰：“是其貫將滿也。”或曰：“子姑待之。”答曰：“吾恐其以我滿貫也。”遂去之。’此説與劉合，可以規杜過矣。”沈欽韓云：“按：《説文》：‘貫，錢貝之貫。從毋、貝。’《一切經音義》：‘《蒼頡》云：貫，穿也。以繩穿物曰貫。’此字本訓也。故滿張弓亦謂之貫弓[1]，今滿貫之稱，雅俗通行，不得爲習也。此[2]謬顯然，而《疏》猶曲爲庇護，不知其何謬也？”按：惠、沈説是也。

“將可殪也。

---

[1] 科學本注：南菁本沈書無以上兩句。

[2] 科學本注：南菁本“此”字作“杜”。

〔疏證〕《釋詁》："殪，死也。"《説文》同，又云："古文作壹^①。"杜《注》："殪，盡也。"非古訓。顧炎武云："殪，殺也。"用《爾雅》義。

"《周書》曰'殪戎殷"，

〔疏證〕《康誥》文。杜《注》："義取周武王以兵伐殷，盡滅之。"如杜所注，戎訓爲兵，謂以兵伐殷，而殪盡也。"殪"字宜在下，以《周書》本文，故其字在上。沈欽韓云："《中庸》'壹戎殷'^②，鄭《注》云：'衣讀如殷，聲之誤也。齊人言殷聲如衣。壹戎殷者，壹用兵伐殷也。'杜《注》以殪爲盡，非也。文王^③豈盡殷之類哉？"壽曾謂：《釋詁》："戎，大也。"《康誥》之"戎"，不當訓爲兵。《疏》從杜説，知"盡兵殷"之解不詞，遂欲移易《康誥》之文，謬矣。

"此類之謂也。"

冬，召桓公逆王后于齊。

〔疏證〕杜《注》："召桓公，王卿士。"

楚人伐鄭，取成而還。

〔疏證〕杜《注》："九年、十一年《傳》所稱厲之役，蓋在^④此。"

鄭公子曼滿與王子伯廖語，欲爲卿。

〔疏證〕杜《注》："王子，鄭大夫。"惠士奇曰："王子，疑非鄭大夫。"文淇案：《漢書·五行志注》："師古曰：'曼滿、伯廖，皆鄭大夫。'"杜《注》"王"字，疑"二"字之誤。俞樾云："襄八年，鄭有王子伯駢見於《傳》。"

伯廖告人曰："無德而貪，其在《周易》《豐》之《離》，

〔疏證〕《傳》言占筮，多援《易》文或《繇詞》。此口語，非占筮比。然第舉《豐》之《離》，下"弗過""間一歲"之文無所蒙承，疑有軼脱。杜《注》："離下震上，《豐》。《豐》上六變而爲純離。《豐》上六曰：'豐

---

① 科學本注：查《説文》，殪，古文作，劉氏此字，不知所本。
② 科學本注：《中庸》"殷"字作"衣"。
③ 科學本注：南菁本沈書作"武王"。
④ 林按："在"，劉氏原稿作"如"。

其屋，蔀其家，闚其户，闃其無人，三歲不覿，凶。’”杜備引《易》文，知所據本與今本同矣。《五行志注》：“張晏曰：‘離下震上，《豐》。上六變而之離，曰：豐其屋，蔀其家也。’”與杜義同。其不引《易》三歲之義，非也。虞翻《豐》六三《注》：“《豐》，大。蔀，小也，三至上，體大壯屋象，故‘《豐》其屋’。謂四五已變，上動成家人。大屋見，則家人壞，故‘蔀其家’。闚，空也。四動時，坤爲闔。户闔，故‘闃其户’。坤爲空虛，三隱伏坎中，故‘闃其無人’。四五易位，噬嗑離月爲闚。闚人者，言皆不見。坎爲三歲，坤冥在上，離象不見，故‘三歲不覿，凶’。”服虔注《左氏傳》，《易》用孟氏，虞仲翔《易》出孟氏，故備列其文，以補服義。又按：《豐》上六爻辭：“豐其蔀，位不當也。”此伯廖稱《豐》之義，謂德不稱其位也。

“弗過之矣。”

〔疏證〕杜《注》：“不過三年。”

間一歲，鄭人殺之。

《釋文》：“間，間厠之間。”《五行志注》：“師古曰：‘間一歲者，中間隔一歲。’”

〔經〕 七年，春，衛侯使孫良夫來盟。

〔疏證〕此《經》及《成二年經》“孫良夫”，杜無注，良夫當是衛卿。

夏，公會齊侯伐萊。

〔疏證〕《禹貢》：“萊夷作牧。”《地理志》東萊郡《注》：“師古曰：‘即古萊子國也。’”屬縣有黄，班氏自注：“有萊山松林萊君祠。”則《春秋》之萊，漢爲黄縣。沈欽韓云：“《元和志》：‘故黄城，在登州黄縣東南二十五里，古萊子國。’《齊乘》：‘萊子城，地名龍門，居山峽間，鑿石通道，極爲險隘，俗名萊子關。’”按：如《元和志》説，即今登州府黄縣也①。梁履繩云：“萊入齊，亦謂之郲。”

---

① 科學本注：原稿眉批：“江氏《尚書疏》謂宣九年齊侯伐萊，服虔以爲東萊黄縣。查，疑有誤也。”（案所指係江聲《尚書集注音疏》）

秋，公至自伐萊^①。

大旱^②。

冬，公會晉侯、宋公、衛侯、鄭伯、曹伯于黑壤。

〔疏證〕黑壤即黃父，已釋於《文十七年傳》。

〔傳〕 七年，春，衛孫桓子來盟，始通。且謀會晉也。

〔疏證〕《讀本》：“公即位，今七年，衛始來，故曰‘始通’。謀，謂謀冬會。”

夏，公會齊侯伐萊，不與謀也。

〔疏證〕《讀本》：“不與謀，謂以兵從之，非本謀。”

凡師出，與謀曰“及”，不與謀曰“會”。

〔注〕劉、賈、許、潁以《經》諸“及”字爲例。《釋例》。

〔疏證〕此師行書及、書會例也。杜《注》：“與謀者，謂同志之國。相與講議利害，計成而行之，故以相連及爲文。若不獲已，應命而出，則以外合爲文，皆據魯而言。”杜釋《傳例》，謂“以相連及爲文”，則以《經》諸“及”字爲例，亦用劉、賈、許、潁説。本《疏》引《釋例》云：“公親會齊侯伐萊^③，而《傳》以師出示例，所以通卿大夫帥師者也。”此蓋補《傳例》義，然劉、賈、許、潁之義，杜稱引不完。今繹考其辭，蓋即據此《傳例》爲説。《例》云師出則書及、書會，皆繫於戰伐，劉、賈諸儒不當有異。《釋例》乃云：“《傳》以師出爲例，是惟繫於戰伐，而劉、賈、許、潁濫以《經》諸‘及’字爲義，本不在例，今欲彊合之，所以多相錯亂也。”杜以劉、賈諸儒説“及”字爲濫，不實引其文，今無以考。惟《莊二十九年經》：“城諸及防。”賈君云：“言及，先後之辭。”杜所説，或斥此類。然賈君於彼《經》之“及”，別爲説，不舉此《傳例》也。

赤狄侵晉，取向陰之禾。

---

① 林按：楊本此處有“無《傳》”二字。
② 同前。
③ 林按：“萊”，劉氏誤作“宋”，據《左傳正義》回改。

〔疏證〕杜《注》：“此無秋字，闕文。晉用桓子謀，故縱敵。”杜不說“向陰”。顧棟高云：“晉向，即周之向邑。”沈欽韓云：“蓋西河茲氏縣地。《方輿紀要》：‘向陽水在汾州府西三十里，一名縣泉水，泉①出向陽峽，下流合於原②公水，今涸。’”

鄭及晉平，公子宋之謀也，故相鄭伯以會。

冬，盟于黑壤。王叔桓公臨之，以謀不睦。

〔疏證〕杜《注》：“王叔桓公，周卿士。”《讀本》：“王叔桓公不書，但臨之，不與會盟也。”

晉侯之立也，公不朝焉，又不使大夫聘，

〔疏證〕襄九③年《傳例》：“凡諸侯即位，小國朝之，大國聘焉，以繼好結信，謀事補闕，禮之大者也。”是魯於晉不修朝聘之敬，非禮也。

晉人止公于會。

盟于黃父，公不與盟。以賂免。

〔疏證〕杜《注》：“黃父即黑壤。”

故黑壤之盟不書，諱之也。

〔經〕 八年，春，公至自會。

夏，六月，公子遂如齊，至黃乃復。無《傳》。

〔疏證〕江永説《桓十六④年經》：“公會齊侯、紀侯盟于黃。”據此年《經》謂“黃爲魯至齊所由之地，近青州府之博興”。按：博興在臨淄之北，非魯至齊所經。謂與齊、紀盟于齊都之北，以釋彼《經》可也。此《經》明言至黃乃復，則黃爲近魯地，不當繞出齊都北。沈欽韓云：“按：《史記正義》：‘黃城在魏州。’《方輿紀要》：‘黃城在東昌冠縣南。’”按：冠縣在魯之東南，由魯至齊，當西北行，非經由之路。下文“卒于垂”，

---

① 科學本注：南菁本沈書“泉”作“源”。
② 科學本注：南菁本沈書“原”下有“上”字。
③ 科學本注：按：“九”應作“元”。
④ 科學本注：按：“六”應作“七”。

垂，今爲泰安府平陰縣境，則黄當在平陰之西、臨淄之東，其地無考。江、沈説皆非也。沈氏又云："杜預云：'大夫受命而出，雖死，以尸將事，遂以疾還，非禮也。'按：以尸將事，謂至彼國而死，則有以柩造朝之事。若未通命，而疾瀕于殆，與其廢命失辭，不如還而擇堪其使者可也。《春秋》邦交又與平世修玉帛之好異。"

辛巳，有事於大廟，

〔疏證〕杜《注》："有事，祭也。"不言何等祭。按：《宫正》："凡邦之事蹕。"《注》："玄謂：'事，祭事也。《春秋傳》曰："有事于太廟。"又曰："有事於武宫。"'"鄭君舉武宫爲比，蓋謂此"有事"爲禘祭。本《疏》云："有事，祭也者，謂禘祭也。《釋例》以昭十五年，有事於武宫，《傳》稱'禘於武公'，則知此言有事，亦是禘也。"《釋例》用鄭説。禘在六月者，《雜記》："孟獻子曰：'正月日至，可以有事于上帝。七月日至，可以有事于祖。'"《注》："魯以周公之故，得以正月日至之後郊天，亦以始祖后稷配之。獻子欲尊其祖，以郊天之月，對月禘之，非也。魯之宗廟，猶以夏時之孟月爾。《明堂位》曰：'季夏六月，以禘禮祀周公於太廟。'"《疏》云："'魯之宗廟，猶以夏時之孟月爾'者，以《明堂位》稱季夏六月，以禘禮祀周公于太廟。周之季夏，即夏之孟月，建巳之月。又《春秋》宣八年'六月，辛巳，有事於太廟'，謂禘祭也。是用建巳之月。"案：《春秋》宣九年，獻子始見《經》。案：僖八年，于時未有獻子，而'七月禘'者，鄭答趙商云：'以僖八年正月，公會王人于洮。'六月應禘，以在會未還，故至七月乃禘。君子原情免之，理不合譏，而書之者，爲致夫人，故書'七月禘'也。獻子七月而禘，非時失禮。《春秋》之例，非時祭者，皆書于《經》，以示譏，獻子以後之禘，而用七月，不書於《經》，而不譏者，鄭《釋廢疾》云：'宣八年六月，"有事於太廟"，禘而云"有事"者，雖爲卿佐卒張本，而書有事，其實當時有用七月而禘，因宣公六月而禘得禮，故變文言有事。《春秋》因事變文，見其得正也。'"詳《禮疏》説，則鄭君以魯六月禘合禮，周六月，夏四月也，故《疏》云："夏之孟月。"《春秋》書禘禮，自此《經》外，無書六月者，故鄭據《明堂位》，以爲得禮也。《穀梁》此年傳未説禘月。《廢疾》軼不可考。詳鄭君之釋，豈何休以《僖八年經》"禘在七月"，此非禘月歟？餘詳僖八年《疏證》。

仲遂卒于垂。

〔疏證〕《檀弓》："仲遂卒於垂。"《注》："《春秋經》在宣八年。仲遂，魯莊公之子東門襄仲。先日辛巳，有事於太廟，而仲遂卒。”杜《注》：
“仲遂卒，與祭同日。”用鄭君説。又云：“不言公子，因上行還，間無異
事，省文，從可知也。”《疏》引衛氏難杜云：“‘其間有“辛巳，有事于太
廟”，何得爲間無異事？’秦氏釋云：‘“有事于太廟”，是爲仲遂卒起文，
只是一事，故云“間無異事”也。’”按：衛冀隆爲服氏學者，據其難杜
之辭，則服氏説仲遂，不書公子，不關省文，惜其義無考。《地理志》：“東
萊郡腄。”洪亮吉云：“按：腄、黄二縣皆齊地，遂自黄復，故卒於垂也。”
沈欽韓云：“垂，即隱八年‘遇於垂’之垂。”按：垂已釋於彼年《經》。

壬午，猶繹。萬入，去籥。

〔疏證〕《釋天》：“繹，又祭也。周曰繹，商曰肜，夏曰復胙。”本
《疏》引孫炎云：“祭之明日，尋繹又祭也。”杜《注》：“繹，又祭，陳昨
日之禮，所以賓尸。”用孫炎説。壬午爲辛巳次日。杜云：“賓尸者。”《絲
衣序》：“繹，賓尸也。”鄭君《箋》：“天子諸侯曰繹，以祭之明日；卿
大夫曰賓尸，與祭同日。”是繹不得當賓尸。然《楚茨》爲天子祭詩，彼
《傳》云：“繹而賓尸。”杜用毛義也。鄭君説《郊特牲》“繹、祊”云：“其
祭禮簡，而事尸禮大。”則天子、諸侯、卿大夫之繹，義皆主賓尸。《詩
箋》乃未定之説。《郊特牲》：“繹之於庫門内，祊之於東方，失之矣。”
《注》：“祊之禮，宜於廟門外之西室，繹又於其堂，神位於西也。此二者
同時，而大名曰繹。”是鄭君説繹當在廟門外西室之堂。《絲衣》“自堂徂
基”，《傳》：“基，門塾之基。”與鄭説廟門外異。陳奂《詩疏》云：“《有
司徹》：‘埽堂。’《注》：‘爲賓尸新之。’此繹祭賓尸事於堂也。《爾雅》：
‘門側之堂謂之塾。’一門凡四塾。門塾之基，廟門内塾之基也。焦循《宮
室圖》云：‘明日之祭在廟門内，繹在庫門之内爲失。失在庫門，不在門
内也。’案：祊在正日，繹在明日。祊必先索神於廟門内，繹不索神，故
先埽堂，而後及基。堂在内，基在外，鄭以祊、繹一祭，故《禮器》‘爲
祊乎外’，《注》引《詩》‘自堂徂基’。堂爲門堂，基爲堂基，堂、基指一
處，而箋詩亦然，非毛義也。”按：陳説是也。《絲衣疏》：“祊是接神之名，
繹是接尸之稱。”以祊、繹爲二祭，義尚明畫。又云：“凡祊有二種，一是
正祭之時，既設祭於廟，又求神于廟門之内。《詩·楚茨》云：‘祝祭於
祊。’二是繹祭之時，設饌于廟門外西室，亦謂之祊。”則牽於鄭君義，以
祊、繹爲一祭。又知祊、繹有正日、明日之別，析祊爲二，非也。《左氏》
先儒説繹，當據《絲衣》，故列毛義如此。

《簡兮》：“方將萬舞。”《傳》：“以干羽爲舞，用之宗廟山川。”彼

《疏》云：“萬者，舞之總名，干戚與羽籥皆是。”杜《注》：“萬，舞名。”
亦以萬爲干羽之舞，已釋於《隱三年傳》。《釋樂》：“大籥謂之産，其中
謂之仲，小者謂之箹。”《説文》：“籥，三孔。”《簡兮①傳》：“籥，六孔。”
《廣雅·釋樂》：“籥，七孔。”鄭君《禮注》、趙岐《孟子注》并云三孔，
郭璞《注》亦同，與《説文》合。據《爾雅》，籥之大小非一，孔之多少
隨之，故説各不同也。《簡兮》釋文謂籥長三尺，《經》稱“萬入，去籥”，
舍籥執翟也。

　　《經》書“猶”者，《檀弓》：“壬午猶繹，萬入，去籥。仲尼曰：‘非
禮也。卿卒不繹。’”《有司徹疏》云：“宣八年《左氏傳》：‘辛巳，有事
于大廟。仲遂卒於垂。’卿佐卒輕，于正祭不合廢，但繹祭禮輕，宜廢而
不廢，故譏之云‘壬午，猶繹’。”本《疏》又引沈氏云：“案：《曾子問》：
‘嘗禘郊社，簠簋既陳，天子崩。後之喪廢。’則卿喪不廢正祭。繹是又
祭，爲輕，故當廢之。”則《左氏》舊説，卿喪輕，廢繹，不廢正祭也。
杜《注》：“猶者，可止之辭也。魯人知卿佐之喪不宜作樂，而不知廢繹。”
當是舊説。《北魏書·禮志》：“房景先曰：‘君之於臣，本無服體，但恩誠
相感，致存隱惻。是以仲子卒垂，笙、籥不入，知悼在殯，杜賈明言。’”
則但以去籥爲合禮，非《經》書“猶”義。卿卒不繹，當出古禮經，故
孔子述之。彼《注》云：“‘明日而繹’，非也。”此鄭君釋“不繹”之義。
據卿卒不繹，則繹而去樂非矣。《昭十五年經》：“有事於武宮，籥入，叔
弓卒，去樂卒事。”與此繹失禮同。《公羊傳》：“其言‘去樂卒事’何？禮
也。”詳《檀弓》説，則《公羊》説非孔氏義矣。但繹祭輕於正祭，故孔
子言不繹，不言不祭。

戊子，夫人嬴氏薨。無《傳》。

　　〔疏證〕《公》《穀》“嬴”曰“熊”。段玉裁云：“熊、嬴二字雙聲。”
杜《注》：“宣公母也。”嬴姓，按：《公羊解詁》：“熊氏，楚女。”據杜
《注》，則《左氏》説爲秦女。

晉師、白狄伐秦。

　　〔疏證〕《年表》：“晉成公六年，與魯伐秦。秦桓公三年，晉伐我。”
《年表》“與魯伐秦”，據《傳》言之。《經》不書會晉師，其義未聞。

---

　　① 林按：“簡兮”，劉氏原稿誤作“碩人”，據《毛詩正義》回改。下一“簡兮”亦
同。

楚人滅舒蓼。

〔疏證〕《穀梁》“蓼”曰“鄝”。《年表》：“楚莊王十三年，滅舒蓼。”杜《傳注》云：“舒、蓼，二國名。”《疏》云：“舒、蓼二國名，蓋轉寫誤，當云一國名。劉炫以杜爲二國而規之，非也。”陸粲云：“羅泌云：‘蓼與舒蓼别。舒蓼，皋陶之後，偃姓。若舒又是一國，僖之三年滅矣。杜氏分舒、蓼爲二國名，孔氏遂以爲即文五年楚所滅之蓼，皆臆説也。’”文淇案：陸氏引羅泌之説，固未足信。然《正義》謂與文五年滅蓼同，滅後更復，楚今更滅之，説亦無據。壽曾曰：顧炎武亦引羅泌説，又引傅遜云：“此蓋群舒之一，如舒庸、舒鳩之屬。”傅氏以舒爲大名。潁容《釋例》謂舒有五名：舒庸、舒龍、舒蓼、舒鳩、舒城①。則傅説可據。此年《傳》云：“楚爲衆②舒叛故，伐舒蓼，滅之。”明舒蓼乃群舒之一也。杜於此《經》“舒蓼”，成十年“舒庸”，襄二十五年“舒鳩”，皆不明在何地。止文十二年“群舒叛楚”，釋爲“舒城”。而文十四年“舒蓼”，則注云“即群舒”，亦不能實指舒蓼在群舒中當晉③何地，但此經《注》謂二國，則非耳。江永云：“此舒蓼，與文五年之蓼不同。彼蓼在安豐，此舒蓼在舒城。《疏》合爲一，誤。”邵瑛云：“按：《文五年傳》，‘楚子燮滅蓼’，不冠以舒者，别自是蓼國，亦如文十六年滅庸，與舒庸無涉也。”按：江、邵説是也。江謂文五年之蓼在安豐，據杜《注》。顧棟高云：“安豐在今河南汝甯府固始縣東北，與吳越地懸隔。”又《桓十一年傳》之蓼，江氏亦謂在河南南陽府也。

秋，七月，甲子，日有食之，既。

〔注〕劉歆以爲十月二日，楚、鄭分。《五行志》。

〔疏證〕《年表》：“魯宣公八年七月，日蝕。”臧壽恭云：“是年入甲申統一千四十二年，積月一萬二千八百八十七，閏餘十七，正春分，閏在四月後，積日三十八萬五百六十四，小餘二十，大餘四十四。正月戊辰朔，

---

① 科學本注：原稿眉批：“潁容《釋例》有説五舒者，當查。梁氏説舒，當引入彼《傳》下。”按：潁容《釋例》云：“舒有五名：舒庸、舒龍、舒□、舒鳩、舒城，其實一也。（《太平御覽》一百六十九）”其説“舒有五名，其實一也”與他説異。參看梁履繩《左通補釋》卷十一。

② 林按：“群”，劉氏原稿作“衆”，據《毛詩正義》回改。

③ 科學本注：原稿字迹不清，抄本作“晉”，疑誤。

小，小餘六十三。二月丁酉朔，大，小餘二十五。三月丁卯朔，小，小餘六十八。四月丙申朔，大，小餘三十。閏月丙寅朔，小，小餘七十三。五月乙未朔，大，小餘三十五。六月乙丑朔，小，小餘七十八。七月甲午朔，大，小餘四十八。八月甲子朔，大，小餘二。九月甲午朔，小，小餘四十五。十月癸亥朔，二日甲子，又置上積日，加積日二百九十五，以統法乘之，以十九乘小餘四十五，并之，滿周天除去之，餘四十一萬三千八百十六，滿統法而一，得積度二百六十八度，餘一千三百六十四，命如法，得十月癸亥朔，合辰在角五度。二日甲子，在角六度，在鶉尾、壽星之間，十二次之分。鶉尾，楚也；壽星，鄭也，故曰楚、鄭分。①"

冬，十月，己丑，葬我小君敬嬴。

〔疏證〕《公》《穀》"敬嬴"曰"頃熊"。李富孫云："敬、頃音相近。"《謚法》："夙夜勤事曰敬。"

雨，不克葬。庚寅，日中而克葬。

〔疏證〕庚寅後己丑一日，雨，不克葬，士以上禮也。詳傳文《疏證》。杜《注》："克，成也。"②

城平陽。

〔疏證〕沈欽韓云："《地理志》③：'泰山郡東平陽。'《水經注》云：'河東有平陽，故此加東。晉武帝元康元年，改爲新泰縣。'《元和志》：'晉武帝太始中，鎮南將軍羊祜，此縣人也，表改爲新泰縣。'與《水經注》言元康者異。《一統志》：'平陽故城在泰安府新泰縣西北。'然此所城，未知其爲南平陽、東平陽也。南平陽在兗州府鄒縣西。"顧棟高云："此東平陽也。西平陽本邾邑，爲魯所取，見《哀二十七年》。"按：顧稱西平陽，即南平陽也，在曲阜南，顧云西，誤。

楚師伐陳。

〔疏證〕《年表》："楚莊王十三年，伐陳。陳靈公十三年，楚伐我。"

---

① 科學本注：原稿眉批："《元志》姜岌云：'十月甲子朔。'先於歆一日。查臧説補。"（按：此批指《元史·曆志二》。）
② 科學本注：原稿眉批："查禮日中。"
③ 林按：沈本《春秋左傳地理補注》中此處爲《漢志》。

〔傳〕 八年，春，白狄及晉平。夏，會晉伐秦。

晉人獲秦諜，殺諸絳市，六日而蘇。

〔疏證〕《秦本紀》：“桓公三年，晉敗我一將。”則此役敗秦之將也。《年表》：“晉成公六年，與魯伐秦，獲秦諜，殺之絳市，六日而蘇。秦桓公三年，晉伐我，獲諜。”采《傳》説。《晉世家》：“伐秦，虜秦將赤。”《索隱》曰：“赤即斥，謂斥候之人也。按：宣八年《左傳》：‘晉伐秦，獲諜，殺諸絳市。’諜即此赤也。晉成公六年爲魯宣公八年，故知然。”壽曾謂：以《秦本紀》證之，則晉獲秦將，又獲秦諜。《世家》兼言之。《釋文》：“諜，間也，今謂之細作。”

有事于太廟，襄仲卒而繹，非禮也。

楚爲衆舒叛，故伐舒蓼，滅之。

楚子疆之。

及滑汭，

〔疏證〕杜《注》：“滑，水名。”沈欽韓云：“今之丹陽湖。《元和志》：‘丹陽湖在溧陽西南二十八里，與當塗縣中流分界。’”當塗今屬太平府，如沈説，則楚既滅舒蓼，渡巢湖，由和、含而至當塗也。溧陽、當塗，在彼時屬吳境。下文“盟吳、越”，則楚師可至界上，惟丹陽湖未聞有滑水之名，俟考。

盟吳、越而還。

〔疏證〕《地理志》：“會稽郡吳，故國，周太伯所邑，具區澤在西，揚州藪。”又云：“會稽郡山陰，越王勾踐本國。”顧棟高云：“吳國於梅里，今江南常州府無錫縣東南三十里有太伯城。諸樊南徙吳，闔廬築大城都之，今蘇州府治是。越國于會稽，今浙江紹興府治山陰縣。”按：吳境接楚者，得至今當塗，越之北境，僅至今湖州。沈氏釋滑汭爲丹陽湖，則吳、楚盟於界上，越會吳而來盟也。《疏》引杜《譜》，謂：“吳壽夢元年，當魯成公之六年，越允常魯定公五年始伐吳。”《吳世家》於句卑世記晉滅虢之事，“句卑卒，子去齊立。去齊卒，子壽夢立”。晉滅虢在僖五年，僖五年至此已五十四年，疑當去齊之世矣。《越世家》於允常以前不紀其世，此主盟當何君，無以考也。

晉胥克有蠱疾，

〔疏證〕《讀本》：“胥克，胥甲之子。”《昭元年傳》：“晉侯求醫於秦，秦伯使醫和視之，曰：‘疾不可爲也。是謂近女室。疾如蠱，非鬼、非食，惑以喪志。’”其云“疾如蠱”[1]，則晉侯非蠱疾，與此《傳》言“有蠱疾”異。蠱疾之義，據彼《傳》“非鬼、非食”，則蠱爲鬼疾、食疾也。梁履繩云：“按：漢張仲景云：‘狐惑之病，狀如傷寒，默默欲眠，目不得閉，起卧不安。’此與今俗所云色暈相類。”按：梁説是也。狐惑猶鬼病矣。其蠱由食者，今有食蠱之稱。杜《注》但云“惑以喪志”，未分明。

郤克爲政。

〔疏證〕當即此年事。杜《注》：“代趙盾。”《世本》：“郤氏缺生克[2]。”杜《十二年傳注》云“郤缺之子”，用《世本》説。

秋，廢胥克，使趙朔佐下軍。

〔疏證〕杜《注》：“朔，盾之子，代胥克。”

冬，葬敬嬴，

旱，無麻，始用葛茀。

〔疏證〕本《疏》：“茀字，《禮》或作紼，或作綍。”《檀弓注》：“車曰引，柩曰紼。”杜《注》：“茀，所以引柩。”用鄭義。《釋名》：“從前引之曰紼。紼，發也，發車使前也。”《喪大記》：“君葬用四紼，減於遂人大喪六紼，則葬君夫人，茀亦四也。喪制尚麻，茀亦從之。”《七年經》“大旱”，民播穀，不種麻。《説文》：“葛，絺綌草也。”麻質韌，葛質脆。

雨，不克葬，禮也。禮，卜葬，先遠日，辟不懷也。

〔注〕《左氏》説“卜”作“士”，又云：“言不汲汲葬其親，雨不可行事，廢禮不行，庶人不爲雨止。”《王制疏》引《異義》。

〔疏證〕《王制》：“葬不爲雨止。”《疏》：“《異義》：‘《公羊》説：“雨不克葬，謂天子、諸侯也，卿、大夫臣賤，不能以雨止。”《穀梁傳》：“葬

---

① 科學本注：原稿眉批：“查皿蟲爲蠱義。”按：《昭元年傳》“皿蟲爲蠱”《注》云：“器受蟲害者謂之蠱。”

② 科學本注：原稿眉批：“郤克查，是郤□□否。”（原文書法不能辨識。）

既有日，不爲雨止。”《左氏》説：“士葬，先遠日，避不懷也，言不汲汲葬其親，雨不可行事，廢禮不行，庶人不爲雨止。”許慎謹按：《論語》云：“死，葬之以禮。”以雨而葬，是不行禮。《穀梁》説非也，從《公羊》《左氏》之説。’鄭氏無駁，與許同。”文淇案：據《異義》，則《左氏》舊本作“士”，不作“卜”。壽曾謂：《左氏》説先引傳文，其“不汲汲”以下，明士葬先遠日之義。先遠日，謂卜日有雨，先卜遠日也。士者，通天子、卿大夫言之，皆卜雨葬日，庶人則否，故言庶人不爲雨止也。則《左氏》古義，不獨與《穀梁》雨葬異説，亦與《公羊》説天子、諸侯之禮不同。

陳壽祺云：“《王制》曰：‘庶人縣封，葬不爲雨止。’與《公羊》《左氏》説合。鄭注《王制》‘雖雨猶葬，以其禮儀少’。此鄭從《左氏》説‘禮不行庶人’之義。而鄭《釋廢疾》又云：‘雖庶人，葬爲雨止。’與《公羊》《左氏》説異。”詳《異義》引《公羊》説。卿、大夫臣賤，不能以雨止，則不止謂庶人雨葬。陳氏謂《王制》與《公羊》説合，非也。鄭君不駁《異義》，而《釋廢疾》謂“雖庶人，葬爲雨止”者，《廢疾》之辭，今無考。何氏蓋據《公羊》天子、諸侯之禮，以駁《穀梁》。鄭君之辭，亦不取《穀梁》，却又違於《左氏》，非定論也。《既夕》“藳車載蓑①笠”，鄭君《注》謂“備雨服”。《穀梁》徐邈説據之，謂人君張設兼備，以證“不爲雨止”義，則鄭君又主《穀梁》説矣。《既夕》爲《士喪禮》記，《左氏》説蓋不取以釋《傳》也。《曲禮》“喪事先遠日”，《注》：“孝子之心，喪事，葬與練、祥也。”《疏》謂葬與二祥，是有哀之義也，非孝子之所欲，但制不獲已，故卜先從遠日而起，示不宜急，微伸孝心也。”鄭君説“葬先遠日”，即用《傳》義，與《左氏》説“不汲汲葬其親”義合。《釋詁》：“懷，思也。”

城平陽，書，時也。

陳及晉平。楚師伐陳，取成而還。

---

① 林按：“載蓑”，劉氏原稿作“戴笠”，據《禮記正義》回改。

国家社科基金
后期资助项目
GUOJIA SHEKE JIJIN HOUQI ZIZHU XIANGMU

春秋左氏傳舊注疏證

下

Chunqiu Zuoshi Zhuan Jiuzhu Shuzheng

（清）劉文淇　著

郭院林　等　整理

國家圖書館出版社

宣　公

〔經〕　九年，春，王正月，公如齊。<small>無《傳》。</small>

〔注〕《左氏》説：“妾子爲君，當尊其母，有三年之喪，而出朝會，非禮也。故譏魯宣公。”《通典》九十三引《五經異義》。

〔疏證〕此經，二《傳》無説。

公至自齊。<small>無《傳》。</small>

夏，仲孫蔑如京師。

齊侯伐萊。<small>無《傳》。</small>

秋，取根牟。

〔疏證〕《昭八年傳》：“大蒐於紅，自根牟至於商、衛，革車千乘。”即此根牟也。《郡國志》：“琅琊國陽都，有牟臺。”江永云：“在沂水縣南。《寰宇記》謂‘根牟國在安丘’。安丘在青州府東二百里，其地非屬莒，即屬齊，必非魯所取之國。大蒐陳車乘，亦必不能至此。樂史誤。顧炎武引樂史説，不能辨正，亦誤。”按：江説是也。沈欽韓云：“《一統志》：根牟城在沂州府沂水縣南。”

八月，滕子卒。

九月，晉侯、宋公、衛侯、鄭伯、曹伯會于扈。

〔疏證〕《晉世家》：“成公與楚莊王爭彊，會諸侯于扈。”晉、楚爭彊，史公採舊説。

晉荀林父帥師伐陳。

〔疏證〕《年表》：“晉成公七年，使桓子以諸侯師伐陳。”

辛酉，晉侯黑臀卒于扈。

〔疏證〕杜《注》：“九月無辛酉，日誤。”《疏》云：“九月無辛酉者，

下有十月癸酉，杜以《長曆》推之。癸酉是十月十六日，辛酉在前十二日耳。"貴曾曰^①

《年表》："晉成公七年薨。"《晉世家》："成公卒，子景公據立。"杜謂："四與文同盟。"本《疏》："晉侯二年始立，不于文公之世，而云四與文同盟，必是後寫之誤。蘇氏亦以爲然。劉炫以此規杜，非也。"詳《疏》説，則炫謂晉成不當文公之世也。五年盟黑壤，今年盟扈，蓋再同盟。杜又云："卒於竟外，故書地。"《疏》引劉炫云："襄七年，鄭伯髡頑卒於鄵。昭二十五年，宋公佐卒於曲棘，竟内亦書地，非竟外。"按炫規是也。諸侯非葬於國，訃皆以地。訃以地，則書之，不關竟内外也。《公羊傳》謂："未出其地。"《穀梁傳》謂："未踰竟。"則杜竟外之境，三《傳》皆無之。

冬，十月，癸酉，衛侯鄭卒。

〔疏證〕《衛世家》："成公鄭立三十五年，卒。子穆公遫立。"杜《注》："三與文同盟。"《疏》云："鄭父燬以僖二十五年卒，鄭代立，其年盟於洮，十六年于向，二十八年于踐土，文七年于扈，十四年於新城，惟二與文同盟，云三者，以二、三字體相近，轉寫之誤耳。若其不然，杜無容不委。劉炫以此規杜，非也。"據《疏》説，則炫以再與文同盟規杜。

宋人圍滕。

楚子伐鄭。

〔疏證〕《年表》："楚莊王十四年伐鄭。鄭襄公五年，楚伐我。"《漢書·賈捐之傳》："其罷珠崖，對曰：'及其衰也，南征不還，齊桓揪其難，孔子定其文。'"《注》："張晏曰：'孔子作《春秋》，夷狄之國雖大，自稱王者，皆貶爲子。^②'"文淇案，捐之爲賈誼曾孫，當是《左氏》舊説。

晉郤缺帥師救鄭。

〔疏證〕《年表》："楚莊王十四年，郤缺救鄭。鄭襄公五年，晉來救。"

陳殺其大夫洩冶。

〔疏證〕《公》《穀》"洩"曰"泄"。洪亮吉謂作"泄"，唐時避諱所

---

① 科學本注：以下原稿闕文，眉批："二弟補説。"當是壽曾囑貴曾意。

② 科學本注：原稿眉批："查楚子始見何年。"

改。案《釋文》不著二《傳》作"泄"，洪説或然也。

〔傳〕 九年，春，王使來徵聘。

〔疏證〕《周禮□□①注》："徵，召也。"杜《注》："言周徵也。"《讀本》："王使來，不書於《經》，蓋不成禮，又不顯致命。"

夏，孟獻子聘于周。王以爲有禮，厚賄之。

秋，取根牟，言易也。

〔疏證〕襄十三年《傳例》："凡書'取'，言易也。"又昭四年《傳例》："凡克邑，不用師徒曰'取'。"杜《注》："重發例者，以通叛而自來。"則書取，有兩例矣。根牟非通叛而來，則亦用師徒，故《傳》止云"言易也"。

滕昭公卒。

會于扈，討不睦也。

〔疏證〕杜《注》："謀齊、陳。"按晉之會扈，蓋卜諸侯向背之心，而討其不睦也？《晉世家》謂晉、楚爭彊，最得《傳》義。《傳》亦未斥不睦者何國。杜説非。

陳侯不會。

晉荀林父以諸侯之師伐陳。

〔疏證〕《晉世家》："陳畏楚，不會。晉使中行桓子伐陳。"杜《注》："不書諸侯師，林父帥之，無將帥。"

晉侯卒於扈，乃還。

冬，宋人圍滕，因其喪也。

陳靈公與孔寧、儀行父通於夏姬，

〔疏證〕《校勘記》云："按：鄭氏注《禮運》、賈氏疏《士喪禮》引《傳》'寧'作'甯'。"洪亮吉云："'儀'，高誘引作'義'。《周語注》：

---

① 科學本注：原稿闕文。

'靈公，恭公之子，靈公平國也。'孔寧、儀行父，陳之二卿。"按：《經》稱"陳殺其大夫"。《陳世家》："靈公與其大夫孔寧、儀行父皆通於夏姬。"則二子是大夫，非卿。洩冶諫辭"公、卿宣淫"者，公、卿猶言君、臣。韋《注》謂卿，非。杜用韋義。《列女傳》："陳女夏姬者，陳大夫夏徵舒之母，御叔之妻也。"《楚語注》："陳公子夏爲御叔，取鄭穆公少妃姚子之女夏姬。"杜謂鄭穆公女，據韋義。按：《傳》稱夏徵舒，則御叔食采於夏①，故稱夏姬也。《周語》："陳靈公與孔寧、儀行父南冠以如夏氏。"《注》："南冠，楚冠。"蓋君臣微行以往，故更其冠耳。

皆衷其衵服，以戲於朝。

〔疏證〕《説文》："衷，裏褻衣。《春秋傳》曰：'皆衷其衵服。'衵，日日所常衣。"此當是賈君説。衷爲裏褻衣之稱，別乎褻衣之在外者，謂以夏姬衵服，爲裏褻衣也。《釋文》亦引《説文》云："《字林》同。又云：婦人近身內衣也。"杜《注》："衵服，近身衣。"與《字林》説同。沈欽韓云："衵服，中帶之類也。衵與襗通。《詩·無衣箋》：'襗，褻衣，近污垢。'《釋名》：'汗衣，近身受汗垢之衣也。《詩》謂之澤，作之用六尺裁，足覆胸背。'"沈氏蓋謂衵即澤，澤即汗衣。據劉熙所説，衵即今之單半臂也。《陳世家》："衷其衣以戲於朝。"

洩冶諫曰："公卿宣淫，民無效焉，

〔疏證〕《□□②傳》："宣，示也。"《陳世家》："泄冶諫曰：'君臣淫亂，民何效也。'"

"且聞不令。君其納之！"

〔疏證〕《釋詁》："令，善也。"《文王》"令聞不已"《箋》同。此謂名聲不善也。杜《注》："納，藏衵服。"

公曰："吾能改矣。"

公告二子。

〔疏證〕洩冶之諫，蓋在他日，故二子初不聞也。《陳世家》："靈公

① 科學本注：原稿眉批："夏當考。"
② 科學本注：原稿闕文，疑當作《詩·鴻雁》。

以告二子。”

二子請殺之，公弗禁，遂殺洩冶。

〔疏證〕《陳世家》：“二子請殺泄冶。公弗禁，遂殺泄冶。”

孔子曰：“《詩》云：‘民之多辟，無自立辟。’其洩冶之謂乎！”

〔疏證〕《釋文》：“多辟，本又作僻。”引《詩·板》六章文。《傳》：“辟，法也。”杜《注》：“言邪僻之世，不可立法。國無道，危行言孫。”顧炎武云：“以上‘辟’爲邪，下‘辟’爲法。當時有此解。昭二十八年，晉司馬叔游引此詩，亦同。漢張衡《思玄賦》：‘覽蒸民之多僻兮，畏立辟以危身。’正用此也。”按顧説是也。杜《注》蓋用舊説。《傳》引孔子論洩冶，蓋惜其事非其主，非深貶之詞。杜《注》援《論語》“國無道，危行言孫”以明洩冶仕無道之國，不能明哲保身，意未甚誤。其於經文注云：“洩冶直諫於淫亂之朝以取死，故不爲《春秋》所貴而書名。”《疏》又引《釋例》云：“洩冶安昏亂之朝，慕匹夫之直，忘蘧氏可卷之德，死而無益。故《經》同罪賤之文。”則非孔子義矣。《春秋》五十凡無鄰國殺卿大夫書名示罪賤之例，此類書法，皆從告辭，不關褒貶。《傳》惟於文七年宋殺其大夫見例，曰：“不稱名，衆也，且言非其罪也。”又成十七年，“晉殺其大夫”，《傳》言貶胥童，蓋《傳》以不書名見例，非以書名見例也。此經《公羊》無《傳》，《穀梁》則云：“稱國以殺其大夫，殺無罪也。”杜説於三《傳》皆不合。自杜謂《經》罪賤洩冶，宋儒乃謂此非聖人之言，杜氏之罪也。知孔子惜洩冶者，《家語·□□①》：“子貢曰：‘陳靈公君臣宣淫於朝，洩冶諫而殺之，是與比干諫死同，可謂仁乎？’孔子曰：‘比干於紂，親則諸父，官則少師，忠②款之心，在於存宗廟而已，固當以必死爭之，冀身死之後，紂當悔悟本志，存於仁者也。洩冶之於靈公，位在大夫，無骨肉之親，懷寵不去，仕於亂朝，以區區之身，欲止一國之淫昏，死而無益，可謂狷矣。《詩》云：民之多辟，無自立辟。其洩冶之謂乎？’”《家語》雖爲王肅撰集之書，惟肅傳《左氏》學，又多見古籍，其紀孔子論洩冶事，即據此《傳》，不無附益。然不謂書名爲罪賤，於古義未遠，故録存之。沈欽韓云：“賈子《新書·雜事》曰：‘陳靈公殺洩冶，而鄧元去陳以族徙。’”沈引此者，以賈誼傳《左氏》，其嘉鄧元之

---

① 科學本注：原稿闕文，查當作“子路初見篇”。

② 林按：“忠”，劉氏原稿作“宗”，據《左傳正義》回改。

去，則惜洩冶之死。賈誼取此《傳》孔子論洩冶義。

楚子爲厲之役故，伐鄭。

〔疏證〕《十一年傳》：“厲之役，鄭伯逃歸。”杜彼《注》云：“蓋在六年。”按《六年傳》：“楚人伐鄭，取成而還。”未及會厲。鄭伯逃事，蓋補敘①於十一年也。《晉世家》：“成公三年，鄭伯初立，附晉而棄楚，楚怒，伐鄭。”

晉郤缺救鄭。鄭伯敗楚師于柳棼。

〔疏證〕《年表》：“晉成公七年，救鄭，楚莊王十四年，晉郤缺救鄭，敗我。鄭襄公五年，晉來救，敗楚師。”《鄭世家》：“襄公五年，楚復伐鄭，晉來救之。”詳傳文，晉師爲救鄭而出，不關伐楚。《年表》謂晉伐楚，非也。杜《注》：“柳棼，鄭地。”今地闕。

國人皆喜，唯子良憂，曰：“是國之災也，吾死無日矣。”

〔疏證〕《讀本》：“小國戰勝，是激大國之怒，故曰災。”《周語注》：“無日，無日數也。”

〔經〕 十年，春，公如齊。

公至自齊。無《傳》。

齊人歸我濟西田。

〔疏證〕《元年經》：“齊人取濟西田。”杜《注》：“不言來，公如齊，因受之。”用《穀梁》説，《傳》無在齊歸田義。

夏，四月，丙辰，日有食之。無《傳》。

〔注〕劉歆以爲二日，魯、衛分。《五行志》。

〔疏證〕《年表》：“魯宣公十年四月，日蝕。”臧壽恭云：“毛本《漢書》‘日’作‘月’，今從汪本。案是年入甲申統一千四十四年，積月一萬二千九百十二，閏餘十二，積日三十八萬一千三百二，小餘四十二，大餘二，正月丙戌朔，大，小餘四。二月丙辰朔，小，小餘四十七。三月乙酉朔，大，小餘九。四月乙卯朔，二日丙辰。又置上積日，加積日八十九，

---

① 林按：“補敘”，劉氏原稿作“祇□”，據《左傳正義》回改。

以統法乘之，以十九乘小餘九，并之，滿周天除去之，餘十二萬六十四，滿統法而一，得積度七十八度，餘二十二，命如法，得四月乙卯朔，合辰在奎七度；二月丙辰，在奎八度。”

己巳，齊侯元卒。

〔疏證〕《年表》：“齊惠公十年，公卒。”《齊世家》：“惠公卒，子頃公無野立。”

齊崔氏出奔衛。

〔疏證〕《年表》：“崔杼有寵，高、國逐之，奔衛。”又云：“衛穆公元年，齊高、國來奔”。“高、國”當云“崔杼”，此史公駁文。

公如齊。

五月，公至自齊。無《傳》。

〔注〕劉、賈、許云：“不書奔喪，諱過也。”《釋例》。

〔疏證〕李貽德云：“《傳》曰‘公如齊奔喪’，君親奔喪，非禮也。《經》祇書‘如齊’，所以諱其事。”

癸巳，陳夏徵舒弑其君平國。

〔疏證〕《年表》：“陳靈公十五年，夏徵舒以其母辱，殺靈公。”據《傳》，明年，楚立成公午，陳是年五月以後無君[①]。

六月，宋師伐滕。

公孫歸父如齊，葬齊惠公。

〔注〕服云：“歸父，襄仲之子。”《魯世家集解》。

〔疏證〕歸父初見於《經》，杜用服説。《周語注》：“東門子家，莊公之孫，東門襄仲之子，公孫歸父也。”

晉人、宋人、衛人、曹人伐鄭。

〔疏證〕《年表》：“晉景[②]公據元年，與宋伐鄭。”

---

① 科學本注：原稿眉批：“查《陳世家》。”
② 科學本注：原稿脱“景”字。查補。

秋，天王使王季子來聘。

〔疏證〕杜《注》用《公羊傳》，以爲王之母弟，字季子。按十七年《傳例》："凡大子之母弟，公在曰公子，不在曰弟。凡稱弟，皆母弟也。"季子審是周天子之弟，又非匡王之世，則宜書"天王使其弟季子來聘"，此王季子，據《傳》即劉康公，不知於宋王長幼之次若何。杜稱《公羊》，則《左氏》舊説不如此，蓋已佚也。《穀梁》以王季爲王子，與《公羊》又異。

公孫歸父帥師伐邾，取繹。

〔疏證〕《公羊》"邾"曰"邾婁"，"繹"曰"蘱"。杜《注》："繹，邾邑。"《疏》云："《文十三年傳》稱'邾遷于繹'，則繹爲邾之都矣。更別有繹邑，今魯伐取之，非取邾之都也。"馬宗璉云："此非邾文公所遷之繹，杜《注》非。"顧炎武云："蓋文公雖遷，後復還其故都耳。"《彙纂》："今嶧山在鄒縣東南二十里。蓋縣治徙山北也。'嶧'與'繹'通。"

大水。無《傳》。

季孫行父如齊。

冬，公孫歸父如齊。

齊侯使國佐來聘。

〔疏證〕僖九年《傳例》："凡在喪，王曰小童，公侯曰子。"無野未踰年之君，當稱齊子。先儒或有説。杜謂"既葬成君，故稱君命使"，非也。《周語注》："國佐，齊卿，國歸父之子，國武子也。"

饑。

楚子伐鄭。

〔疏證〕《年表》："鄭襄公六年，晉、宋、楚伐我。"

〔傳〕 十年，春，公如齊。齊侯以我服故，歸濟西之田。

夏，齊惠公卒。

崔杼有寵於惠公，

高、國畏其逼①**也，**

〔疏證〕杜《注》：“高、國二家，齊正卿。”

公卒而逐之，奔衛。

〔疏證〕《齊世家》文同。

書曰“崔氏”，非其罪也。

〔注〕鄭康成云：“公卿之世，立大功德。先王之命，有所不絕。”《文王疏》引《箴膏肓》。

〔疏證〕本《疏》：“何休《膏肓》以爲《公羊》譏世卿，而難《左氏》。蘇氏釋云：‘崔氏祖父名不見《經》，則知非世卿。且春秋之時，諸侯擅相征伐，尚不譏世卿，雖曰非禮，夫子何由獨責？’又鄭《駁異義》，引《尚書》‘世選爾勞’，又引《詩》刺幽王絕功臣之世。然則興滅繼絕，王者之常，譏世卿之文，其義何在？”案本《疏》但引《膏肓》，不引鄭《箋》，今據《詩疏》所引列爲注。鄭《箋》與《駁異義》説同。蘇氏説即鄭君義也。《公羊》於隱三年尹氏卒及此年《經》皆謂譏世卿，《穀梁》舊説亦同。《左氏》説則云：“卿大夫得世祿，不得世位。”詳《隱公八年傳》“官有世功”《疏證》。惠棟據《僖二十八年傳》有“齊崔夭”，以駁蘇氏説，是申《公羊》義，未達《左氏》無譏世卿文也。

且告以族，不以名。

〔疏證〕崔杼蓋以族行，故齊人以族行告。本《疏》云：“知法當以名告，而齊人誤以族告也。”非《傳》意。《讀本》：“其後崔杼還齊，不告，不書。”

凡諸侯之大夫違，

〔疏證〕《書□□》②傳：“違，奔亡也。”是違爲去國之通稱。杜《注》：“奔放也。”奔，謂身自行；放，見逐於其國。

告於諸侯曰：“某氏之守臣某，

---

① 林按：“逼”，楊本作“偪”。
② 科學本注：原稿闕文，查《尚書通檢》無奔亡義。《哀八年傳》“君子違不適讎國”。《注》：“違，奔亡也。”劉氏意或指此。

〔疏證〕杜《注》："上某，出者姓。下某，出者名。"本《疏》："若言崔氏之守臣杼也。守臣，言宗廟之臣也。《禮》謂族人爲庶姓，故云上某，出者姓，其實正是族也。"按《傳》云某氏，謂氏，非姓。《疏》謂族，是也。

"失守宗廟，敢告。"

〔疏證〕此告辭稱守臣意也。宗廟，謂大夫之家廟也。

所有玉帛之使者則告；

〔疏證〕杜《注》："玉帛之使謂聘。"本《疏》："杜意以爲奔者之身，嘗①有玉帛之使於彼國，唯告奔者嘗聘之國，餘不告也。劉炫以爲玉帛之使，謂國家有交好之國皆告，非指奔者之一身。"按《周語》："魯宣公卒，赴者未及，東門氏來告亂，子家奔齊。"《注》："來告，告周大夫也。東門子家謀去三桓，使如晉未返。宣公薨，三桓逐子家，遂奔齊也。諸侯大夫以君命使出，出必有禮贄、私覿之事，以通情結好，吉凶相告。子家常使於周，故以亂②告也。"杜以玉帛之使爲奔者之身，蓋用韋義。炫規杜之辭，《疏》無駁，則兼用炫説矣。邵瑛云："如蔡與魯未嘗交聘，而書其大夫出奔。"按邵説是也。《傳例》爲崔杼而發，杼亦未聘魯。

不然，則否。

〔疏證〕如劉炫説，則非交好之國不告也。右，大夫違其國告例。

公如齊奔喪。

〔疏證〕沈欽韓云："天王崩，終《春秋經》無奔喪之事，而宣公獨汲汲於齊，忘大義而顧私恩。《傳》出'奔喪'二字，著其無恥，此《傳》之顯於《經》者也。"

陳靈公與孔寧、儀行父飲酒於夏氏。公謂行父曰："徵舒似女。"對曰："亦似君。"徵舒病之。

〔疏證〕杜不釋夏氏。《論衡□□③》篇："夏氏，陳公族。"《周語注》：

---

① 林按：底本作"常"，據《十三經注疏》改正。下同。底本引書多誤，據原書改正。
② 林按："亂"，劉氏原稿作"禮"，據《左傳正義》回改。
③ 科學本注：原稿闕文。

"夏氏，陳大夫夏徵舒之家。"《陳世家》："靈公與二子飲于夏氏，公戲二子曰：'徵舒似女。'二子曰：'亦似公。'徵舒怒。"《世家》以公戲辭屬二子，與《傳》小異。杜《注》："徵舒已爲卿，年大，無嫌是公子。蓋以夏姬淫放，故謂其子多似以爲戲。"

公出，自其廏①射而殺之。二子奔楚。

〔疏證〕《陳世家》："靈公罷酒出，徵舒伏弩廏門，射殺靈公。孔甯、儀行父奔楚，靈公大子午奔晉，徵舒自立爲陳侯。"

滕人恃晉而不事宋，

六月，宋師伐滕。

鄭及楚平。

〔疏證〕《九年傳》："鄭伯敗楚師於柳棼，今結好也。"

諸侯之師伐鄭，取成而還。

〔疏證〕《經》首書晉人，晉主兵謀。

秋，劉康公來報聘。

〔疏證〕九年夏，仲孫蔑如京師。杜《注》："即王季子也。其後食采於劉。"

師伐邾，取繹。

季文子初聘于齊。

冬，子家如齊，伐邾故也。

〔疏證〕蓋遣使，告以伐邾之事。

國武子來報聘。

楚子伐鄭。

〔疏證〕以晉取鄭成也。

---

① 林按："廏"，楊本作"厩"。

晉士會救鄭，逐楚師於潁北。

〔疏證〕《地理志》：“潁川郡陽城陽乾山，潁水所出，東至下蔡入淮。”《水經·潁水篇》：“潁水，出潁川陽城縣西北少室山。又東南過陽翟縣北。”《注》云：“又逕上棘城西。《左傳》楚師伐鄭，城上棘以涉潁者也。潁水又逕陽翟縣故城北。”顧棟高云：“陽翟，今禹州。潁北，當在禹州之北。成十六年，諸侯師於潁上。襄十年，晉師與楚夾潁而軍，亦禹州之潁也。”

諸侯之師戍鄭。

鄭子家卒。鄭人討幽公之亂，

〔疏證〕《謚法》：“動静亂常曰幽。”

斲子家之棺，而逐其族。

〔疏證〕杜《注》：“斲薄其棺，不使從卿禮。”本《疏》：“《喪大記》：‘上大夫大棺八寸，屬六寸。’然則子家上大夫，棺當八寸。今斲薄其棺，不使從卿禮耳。不知斲薄之，使從何禮也。”《疏》蓋疑杜説非《傳》意。斲薄其棺，誠非典禮，杜《注》甚謬。然《疏》亦未明斲棺何解。案《三國·魏志·王凌傳》：“朝議咸以爲《春秋》之義，齊崔杼、鄭子家皆加追戮，陳尸斲棺，載在方策。凌、愚罪應如舊典。”《晉書·劉牢之傳》：“牢之喪歸丹徒，桓玄令斲棺斬首，暴尸于市。”《魏書·韓子熙傳》：“元義害清河王懌，子熙等上書，謂：‘成禍之末，良由劉騰，騰合斲棺斬骸，沈其五族。’遂剖騰棺。”詳《王凌傳》稱《春秋》之義，則此《傳》舊説，謂陳子家之尸，追戮之也。以陳尸而斲棺，斲謂剖也。《晉》《魏書》説斲棺皆同[1]。今律猶有戮尸之條。《鄭世家》：“子家卒，國人復逐其族，以其弑靈公也。”

改葬幽公，謚之曰“靈”。

〔經〕 十有一年，春，王正月。

夏，楚子、陳侯、鄭伯盟于辰陵。

〔疏證〕《穀梁》：“辰”曰“夷”。《水經·洧水注》：“洧水，東南逕

---

[1] 科學本注：原稿眉批：“《孔融傳》未采。”

辰亭東。《經》書：魯宣公十一年，楚子、陳侯、鄭伯盟于辰陵也。京相璠曰：‘潁川長平有故辰亭。’杜預云：‘長平縣東南有辰亭。’今此城在長平城西北，長平在東南。或杜氏不謬，《傳》書之誤耳。”詳酈《注》，杜用京相說，又云“陳地”。沈欽韓云：“《一統志》：‘辰亭在陳州府淮甯縣西六十里。’”洪亮吉從《穀梁》，謂當作“夷陵”，爲今宜昌府治當陽荊門之宛城，則非陳地矣。

公孫歸父會齊人伐莒。

秋，晉侯會狄于欑[①]函。

〔疏證〕杜《注》：“欑函，狄地。”沈欽韓云：“即攢茅之邑。”按：沈說是也。杜謂“晉侯往會之”，故用《穀梁》說，斥爲狄地。詳《傳》稱，晉大夫欲召狄，郤成子勸其勤，蓋晉與狄會境上，《傳》不謂狄地。

冬，十月，楚人殺陳夏徵舒。

〔疏證〕《年表》：“楚莊王十六年，率諸侯誅陳夏徵舒，立陳靈公子。”沈欽韓云：“二百四十二年之中，正弒君之罪，而得討賊之義者，楚莊一人而已，可爲中夏羞也。”

丁亥，楚子入陳。

〔疏證〕杜《注》：“楚子先殺徵舒，而欲縣陳，後得申叔時諫，乃復封陳，不有其地，故書入，在殺徵舒之後。”本《疏》引劉炫云：“楚子入陳，乃殺徵舒，《經》先書殺徵舒，後言入陳者，以楚子本意，止欲討賊，無心滅陳。及殺徵舒，滅陳爲縣，後得申叔時諫，乃復封陳，於例不有其地，‘入陳’之文，爲下納張本。昭八年，‘楚師滅陳，執公子招，放於越，殺陳孔奐’。彼心欲滅陳，此則主爲討賊，無心滅陳，而復封之。君子善其自悔，故退‘入陳’，於下隱其縣陳之過。”案此炫《述議》語，與杜《注》合，則杜《注》用舊說也。

納公孫甯、儀行父于陳。

〔注〕賈云：“二子不係之陳，絕于陳也。惡其與君淫，故絕之。善楚有禮也。”本《疏》。“稱納者，內難之辭。”本《疏》。

---

① 林按：底本誤作“攢”，據楊本改。

〔疏證〕杜《注》："二子，淫昏亂人也，君弑之後，能外託楚，以求報君之讎，内結强援於國，故楚莊得平步而討陳，除弑君之賊。於時陳成公播蕩於晉，定亡君之嗣，靈公成喪，賊討國復，功足以補過，故君子善楚復之。"壽曾謂：公孫寧、儀行父覆亂陳國，杜乃以賊討國復爲二子之功，非《經》書"納"之義。《晉書・刁協傳》："協悉心盡力，元帝甚信任之。王敦構逆，上書罪協。帝勸令避禍，協行至江乘，爲人所殺，送首于敦。敦平後，周顗等皆被顯贈。咸康中，協子彝，上疏訟之。丹陽尹殷融議曰：'王敦專偪之時，元帝慮深崇本，以協爲比，事由國計，蓋不爲私。昔孔寧、儀行父從君于昏，楚復其位者，君之黨故也。況協之比君，在于義順，謂宜顯贈，以明忠義。'時庾冰輔政，疑不能決。蔡謨《與冰書》曰：'《春秋》之義，以功補過。過輕功重者，得以加封；功輕過重者，不免誅絶；功足贖罪者，無黜。雖先有邪佞之罪，而臨難之日，黨於其君者，不絶之也。孔寧、儀行父親與靈公淫亂于朝，君殺國滅。由此二臣，而楚尚納之。《傳》稱有禮，不絶其位者，君之黨也。若刁令有罪，重於孔、儀，絶之可也。若無此罪，宜見追論。'"詳殷融、蔡謨所論，蓋用杜義，惟所云"楚復其位，以君之黨"，杜所未言。《公羊傳》："其言納何？納公黨與也。"何休《注》："本以助公見絶。"則殷、蔡所稱，《公羊》義也。賈謂"善楚有禮"，亦止謂楚納二子爲有禮，不謂二子有功於陳。杜不用賈説。《疏》引賈説，駁之云："案子糾、捷菑皆不繫國，自是例之常。賈説非也。"子糾、捷菑皆國君，不得與公孫寧、儀行父比例。《疏》駁非是。

沈欽韓云："按：賈謂二子之惡，絶於陳，是也。然納惡而謂楚有禮，則于義難通。杜又舉二子之功足以補過。夫身爲貴臣，朋淫妻豬，戮賢禍主①，雖寸磔不足蔽辜，何功之可補？害義傷教，若説②爲大矣！《傳》之稱義③有禮，謂入其國而不貪其土，豈自二豎子之出入哉！曰：莊王以義自克，何爲不殺而納之？納之寧得爲禮④？曰：陳，國小君弱，不有貴戚、世臣，何以立國？春秋時，世臣與其君，相輔而行者也。故臣有罪，絶其身，不絶其世，非若後來之政，臣新故相乘，不憂乏材。蓋積貴之繫於人心久矣。楚之納也，亦因陳所欲，擇利而權耳。若使恕二子之凶慝，是

---

① 林按："戮賢禍主"，沈氏原書作"殺直諫，貽君禍"。
② 科學本注：以上"教，若説"三字南菁本沈書作"理，莫斯"。
③ 科學本注：南菁本"義"作"楚"。
④ 林按："不殺而納之，納之寧得爲禮"，沈氏原作"不正二子之罪"。

飛廉、惡来之輩可逭武王之誅也。後儒深責楚莊，又不揣彼時之勢情矣。”沈氏既信賈《注》“絶二子於陳”之説，則賈説本不與杜同，駁杜而牽連賈説，非矣。《傳》稱楚有禮，兼復陳、納二子爲説，賈《注》未誤。沈謂無貴戚世臣，無以立國，積貴使然。即殷氏、蔡氏所引君黨之義，雖未引《晉書》，義闇合也。然是《公羊》義。賈止云“善楚有禮”，止用本《傳》意，不取《公羊》。洪亮吉云：“按《左氏》之義，賈爲得之。賈氏又説：‘納爲内難之辭。’本《疏》謂其依放，《穀梁》又云：‘言書有禮，不可言内難也。’詳《穀梁》云：‘納者，内弗受也。’此賈所本。”

〔傳〕 十一年，春，楚子伐鄭，及櫟。

子良曰：“晉、楚不務德而兵爭，與其來者可也。晉、楚無信，我焉得有信？”乃從楚。

夏，楚盟于辰陵，陳、鄭服也。

〔疏證〕《讀本》：“楚已盟于陳地，此年十月，始殺徵舒，知討亂非其本志。”

楚左尹子重侵宋，

〔疏證〕杜《注》：“子重，公子嬰齊，莊王弟。”王引之云：“案鄭罕嬰齊，字子齹，則嬰齊謂齒矣。《説文》：‘齹，齒參差。’參差，不齊也。差與重一聲之轉。重疊，亦不齊也。嬰、賏古字通。《説文》：‘賏，頸飾也，從二貝。’”

王待諸郔。

〔疏證〕洪亮吉云：“《説文》：‘郔，鄭地。’今考隱元年‘至於廩延’，杜《注》‘鄭邑’，此《注》復云‘楚地’。至後二年，‘楚子北師次於郔’。《注》又云：‘鄭北地。’前後不同如此。自當以《説文》爲正也。”武億云：“子重侵宋，楚莊留爲聲援，必不遽返歸於楚境。疑郔地幅員廣倍他邑，自鄭國城之北，以逮廩郔，皆爲其地，故有延名。下《文十二年傳》‘楚子北師次于郔’，蓋‘待諸郔’者，楚之南境。‘次于郔’，郔之北境也。一地而前後兩見，《傳》特以北師標之。杜氏不達其旨，《注》前郔爲楚地，非也。”按洪、武説是也。廩郔已詳於隱三年。

令尹蒍艾獵城沂，

〔注〕服云："艾獵，蔿賈之子、孫叔敖也。此年云'蔿艾獵'，明年云'令尹孫叔敖'，明一人也。"本《疏》。

〔疏證〕惠棟云："服、杜皆云：'蔿賈之子孫叔敖。'案《世本》，艾獵爲叔敖之兄，又《孫叔敖碑》云：'君名饒，字叔敖。'以艾獵爲叔敖名，此服、杜臆説。《襄十五年傳》'蔿子馮爲大司馬'，《注》云：'叔敖從子。'案《世本》，馮是艾獵之子，此明文可據者。"洪亮吉云："杜用服説。按《世本》，蔿艾獵爲叔敖之兄，今云艾獵即叔敖，未知何據？襄十五年杜《注》亦云'叔敖從子也'，明艾獵非即叔敖。杜《注》一依《世本》，一又取服《注》，可云前後失據。"沈欽韓云："漢邊韶《孫叔敖碑》出漢①人妄傳，不足信。諸子書但言其爲期思之鄙人②。《世本》云：'艾獵爲叔敖之兄。'"

惠、洪、沈駁服《注》，皆據《世本》叔敖兄之説。《世本》見本《疏》所引，《疏》云："《世本》多誤，本必不然。"則《疏》謂《世本》轉寫有失矣。其襄十五年所引《世本》"馮爲艾獵子"，則馮即叔敖子矣。《吕覽·情欲篇》："世人之事君者，皆以孫叔敖之遇荆莊王爲幸。"《注》："孫叔敖，楚令尹蔿賈之子也。"盧文弨云："《宣十二年傳》'蔿敖爲宰'，下'令尹南轅反旆'，是蔿敖即令尹孫叔敖，軍事皆主之。前一年令尹蔿獵城沂，比年之間，楚令尹不聞兩人。"又文弨《鍾山札記》云："《吕氏春秋注》：'蔿賈，蔿即蔿也。'《左氏》蔿敖一言，可以爲蔿氏之確證，與其信諸子也，不如信《傳》。"按盧氏蓋取服説。服亦以此年及十二年皆稱令尹，明蔿艾獵、孫叔敖爲一人也。漢人撰《孫叔敖碑》，不及艾獵名。顧炎武謂其人似不曾見《春秋》《史記》者，此説最諦。惠氏信之過矣。梁履繩云："叔敖本出蔿氏，更稱孫氏者，叔敖係王子蔿章之後，不忘故族，以孫爲氏，即王孫氏之意。"

杜《注》："沂，楚邑。"沈欽韓又云："《吴志·孫討逆傳注》：'劉勳乃投西塞至沂。'《通鑑》作'流沂'。《一統志》：'黄石城在武昌縣東二十里，一名流沂壘。'"

使封人慮事，以授司徒。

〔注〕舊注："封人，司徒之屬官。"《大司馬疏》。

〔疏證〕《大司馬》："大役與慮事。"《注》："大役，築城邑也。"鄭司

---

① 林按："漢"，沈氏原作"後"。
② 林按：此句沈氏《春秋左氏傳補注》無。

農云："國有大役，大司馬與謀慮其事也。"玄謂："慮事者，封人也。於有役，司馬與之。"《疏》："按：宣十一年，'楚令尹蒍艾獵城沂，使封人慮事，以授司徒。'《注》：'封人，司徒之屬官。'是封人慮事，司馬與在謀慮中也。"據彼《疏》，則後鄭說與《左氏》舊注同。杜《注》："封人，其時主築城者"，不取司徒屬官之說。按：《封人》："凡封國，封其四疆，造都邑之封域者亦然。"此城沂，蓋斥造都邑封域。封人官卑於司徒，而先慮事者，蓋如今土木之役，屬官估計工需，上於所司也。杜又云："慮事，無慮計功。"顧炎武云："慮，籌度也。解非。"惠棟引《大司馬》先鄭說，以釋"慮事"，杜釋"慮"爲無慮，用《十二年傳》"前茅慮無"義。詳彼傳《疏證》。

量①功命日，

〔疏證〕杜《注》："命作日數。"案：謂計三旬之日。

分財用，

〔疏證〕計財用之多寡也。築城工役，四面各有主之者，分財用，便於事也。杜謂"築作具"②，下板榦，畚築當之。杜說非。

平板榦，

〔疏證〕《說文》："榦，築牆木也。"《釋詁》："楨、翰、儀，榦也。"是榦即楨。杜《注》："榦，楨也。"用《釋詁》義。本《疏》引舍人曰："楨，正也。築牆所立兩木也。翰所以當牆兩邊鄣土者也。"舍人用許義，本《疏》以板當翰，云："板在兩旁，臥鄣土者也，即彼文翰也。"按：《費誓》："峙乃楨榦。"《魯世家集解》引馬融云："楨、榦皆築具。楨在前，榦在兩旁。"又析楨、榦爲二事，與舍人說不合。據舍人說，則板在兩旁，榦在兩頭，以榦束板，防土之傾也，今制猶然。《鴻雁傳》："一丈爲板。"本《疏》："平板榦者，等其高下，使城齊也。"

稱畚築，

〔疏證〕畚，釋於二年。此畚蓋以盛土。《周語》："其時儆曰：'收而場功，偫而畚挶。'"《注》："畚，器名，土籠也。具汝畚挶，將以築作

---

① 科學本注：原稿眉批："量詁。"擬而未作。

② 林按：底本無此句，據稿本及科學本增補。

也。”杜用韋義。本《疏》云：“築者，築土之杵。《司馬法》‘輦車所載二築’是也。稱畚築者，量其輕重，均負土與築者之力也。”

程土物，

〔疏證〕杜《注》：“爲作程限。”案：程限已賅於“量功命日”，杜説非《傳》意。土物，謂築城之土也，計城之丈尺，而稽土之數，猶今土方矣。本《疏》：“程土物，謂鍬、钁、畚、篑之屬，爲作程限備豫也。”上已云“稱畚築”，不當複舉，杜意亦不如此。

議遠邇，

〔疏證〕議城之廣袤也。杜《注》：“均勞逸。”非。

略基趾，

〔疏證〕杜《注》：“略，引①也；趾，城足。”案：此蒙上言之，遠近既定，乃得基趾所在。

具餱糧，

〔疏證〕《釋言》：“餱，食也。”《説文》：“餱，乾食也。”《公劉》“乃裹餱糧”《箋》：“乃裹糧食於橐囊之中。”

度有司。

〔疏證〕杜《注》：“謀監正。”《讀本》：“擇督視之人也。”

事三旬而成，不愆於素。

〔疏證〕杜《注》：“十日爲旬，不過素所慮之期也。”洪亮吉云：“《廣雅》：‘傃，經也。’素、傃同。鄭玄《儀禮注》：‘刑法定爲素。’”

晉郤成子求成於衆狄，

〔疏證〕顧棟高云：“衆狄，係白狄之種類。若鮮虞、肥、鼓之屬是也。”

衆狄疾赤狄之役，遂服於晉。

---

① 林按：“引”，《左傳正義》作“行”。

〔疏證〕杜《注》：“赤狄潞氏最强，故服役衆狄。”

秋，會於欑函，衆狄服也。

〔疏證〕顧棟高云：“晉蓋欲攜赤狄之黨。至十五年，遂滅潞氏。”

是行也，諸大夫欲召狄。

郤成子曰：“吾聞之，非德，莫如勤，非勤，何以求人？能勤，有繼。

〔疏證〕《釋詁》：“勤，勞也。”言無德以服遠，則當勞以求遠。杜《注》：“勤則功繼之。”

“其從之也。

〔疏證〕顧炎武云：“言往而會狄。”

“《詩》曰：‘文王既勤止。’

〔疏證〕《周頌·賚》文，《傳》訓“勤”爲“勞”。

“文王猶勤，況寡德乎？”

冬，楚子爲陳夏氏亂故，伐陳。

〔疏證〕《楚世家》：“莊王十六年伐陳。”《陳世家》：“成公元年冬，楚莊王爲夏徵舒殺靈公，率諸侯伐陳。”

謂陳人：“無動！將討於少西氏。”

〔疏證〕王引之云：“動，謂驚懼也。《史記·陳世家》作‘謂陳曰無驚。’是其證矣。”杜《注》：“少西，徵舒之祖子夏之名。”《疏》：“徵舒以夏爲氏，則《傳》稱少西氏，猶言徵舒家。”《陳世家》：“楚謂陳曰：‘無驚，吾誅徵舒而已。’”

遂入陳，殺夏徵舒，

〔疏證〕《楚世家》：“殺夏徵舒。徵舒弑其君，故誅之也。”

轘諸栗門。

〔疏證〕《説文》：“轘，車裂人也。《春秋傳》曰：‘轘諸栗門。’”許君當據賈氏義。《條狼氏》：“誓馭曰車轘。”《注》：“車轘，謂車裂也。”
上已云殺夏徵舒，則已殺而車分其尸也。□□□^①傳“轘觀起於四境”，亦
謂分其尸。杜《注》：“栗門，陳城門。”

因縣陳。

〔疏證〕杜《注》：“滅陳而爲楚縣。”惠士奇云：“《廣韻》：‘縣，郡
縣也。’《釋名》曰：‘縣，懸也，懸於郡也。’古作寰。楚莊王滅陳爲縣，
縣名自此始也。縣不見《周官》，似非自楚莊王始，然古文作寰，亦非無
本。而《説文》無寰字，似縣即寰也。《集韻》云：‘寰通作縣。’”按惠説
是也。下云“諸侯、縣公”，則楚有縣，不自莊王始。《楚世家》：“已破陳，
即縣之。”《陳世家》：“已誅徵舒，因縣城而有之。”《淮南·人間訓》：“莊
王以討有罪，遣戍陳。”蓋縣陳而戍守之。

陳侯在晉。

〔疏證〕《陳世家》：“靈公太子午奔晉”，繫於徵舒弑靈公之下，蓋亦
十年夏事也。傳文不具。

申叔時使于齊，

〔注〕賈云：“叔時，楚大夫。”《陳世家集解》。
〔疏證〕杜無注。

反，復命而退。

王使讓之，曰：“夏徵舒爲不道，弑其君，寡人以諸侯討而戮之，

〔疏證〕本《疏》：“《經》無諸侯，而云以諸侯討之，諸侯皆慶者，
時有楚之屬國從行也。十二年，邲之戰，《經》不書唐，而《傳》云‘唐
侯爲左拒’。昭十七年，長岸之戰，《經》不書隨，而《傳》云‘使隨人
守舟’，明此時亦有諸侯，但爲楚私屬，不以告耳。”按《淮南·人間訓》：
“莊王曰：‘陳爲無道，寡人起九軍以討之，征暴亂，誅罪人。’”用《傳》
以諸侯討義。

“諸侯、縣公，皆慶寡人，女獨不慶寡人，何故？”

---

① 科學本注：原稿闕文，查應作“襄二十二年”。

〔疏證〕《淮南·人間訓》：“陳大夫畢賀。”《注》：“楚僭稱王，守邑大夫皆稱公。”杜《注》：“楚縣大夫，皆僭稱公。”用高説。《楚世家》：“群臣皆賀。申叔時使齊來，不賀。王問。”《陳世家》文略同。《淮南·人間訓》：“群臣皆賀，而子不賀，何也？”

對曰：“猶可辭乎？”王曰：“可哉！”

〔疏證〕辭，猶言也；問猶可進言以否。

曰：“夏徵舒弑其君，其罪大矣；

“討而戮之，君之義也。

“抑人亦有言曰：‘牽牛以蹊人之田，而奪之牛。’

〔疏證〕《禮記□□①注》：“抑，辭也。”《楚世家》：“鄙語有之，牽牛徑人田，田主奪之牛。”《陳世家》：“鄙語曰：‘牽牛徑人田，人田主取之②。’”“蹊”并作“徑”。史公以“徑”詁“蹊”也。《緜》：“行道兌矣。”《傳》：“兌，成蹊也。”《疏》：“《説文》：‘蹊，徑也。’宣十一年《左傳》曰‘牽牛以蹊人之田’，則蹊者，先無行道，初爲徑路之名，兌是成蹊之貌。”《遂人》：“凡治野，夫間有遂，遂上有徑。”《注》：“徑容牛馬。”《疏》：“徑不容車軌，而容牛馬及人之步徑。是以《春秋》有‘牽牛蹊’，蹊即徑也。”皆以蹊爲徑。《李將軍傳》：“桃李不言，下自成蹊。”《唐書·李□③傳》：“李下無蹊。”亦謂樹木下之路爲蹊也。《淮南·人間訓》：“申叔時曰：‘牽牛蹊人之田，田主殺其人，而奪之牛。’”此因楚殺徵舒，以殺人取牛爲譬，非《傳》義所有。

“牽牛以蹊者，信有罪矣；而奪之牛，罰已重矣。

〔疏證〕《楚世家》：“徑者，則不直矣。取之牛，不亦甚矣？”《陳世家》：“徑則有罪矣，奪之牛，不亦甚乎？”史公以“不直”詁“有罪”。《淮南·人間訓》：“罪則有之，罰亦重矣。”

“諸侯之從也，曰討有罪也。今縣陳，貪其富也。以討召諸侯，

---

① 科學本注：原稿闕文，疑應指：“中庸，抑而强與”。
② 科學本注：《史記》原文作“田主奪之牛”。
③ 科學本注：原稿闕文。

“而以貪歸之，無乃不可乎？”

〔疏證〕《楚世家》：“且王以陳之亂，而率諸侯伐之，以義伐之，而貪其縣，亦何以復令於天下？”《陳世家》：“今王以徵舒爲賊弑君，故徵兵諸侯，以義伐之，已而取之，以利其地，則後何以令於天下？是以不賀。”

王曰：“善哉！吾未之聞也。反之，可乎？”

〔疏證〕未之聞，謂楚臣無以此説進者。

對曰：“吾儕小人所謂‘取諸其懷而與之’也。”

〔疏證〕《説文》：“儕，等輩也。《春秋傳》曰：‘吾儕小人。’”《樂記注》：“儕，猶輩類。”與許君説同。梁履繩云：“案：吾儕，猶今人云我輩也。”杜《注》：“叔時謙言小人意淺，謂譬如取人物於其懷而還之，爲愈於不還。”

乃復封陳。

〔疏證〕《楚世家》：“莊王乃復國陳。”《陳世家》：“莊王乃迎陳靈公太子午於晉而立之，復君陳如故，是爲成公。”

鄉取一人焉以歸，謂之夏州。

〔注〕舊注：“言取討夏徵舒。”《州長疏》。

〔疏證〕《州長》：“各掌其州之教治政令之法。”《注》：“鄭司農曰：‘二千五百家爲州。《論語》曰：“雖州里行乎哉？”《春秋傳》曰：“鄉取一人以歸，謂之夏州。”’”《疏》引《春秋傳》已下者，《左氏·宣公十一年傳注》云：“言取討夏徵舒之州。”蓋引《左氏》舊注。洪亮吉謂是服《注》，非。《鄉大夫注》：“萬二千五百家爲鄉。”杜云：“州，鄉屬。”用鄭君義，詳先鄭義。五州爲鄉也，楚蓋俘陳之民，鄉各一人，於楚地別立夏州，以旌武功也。惠士奇云：“車武子撰《桓温集》云：‘夏口城上數里有洲，名夏州。’盛宏之《荆州記》曰：‘《史記》：蘇秦説楚威王東有夏州，今江陵夏口城有州，名夏州。’”惠引《桓温集》見《蘇秦列傳集解》。沈欽韓云：“《一統志》：‘夏州在漢陽府漢陽縣北。’”江永云：“夏州蓋在北岸江漢合流之間，其後漢水遂有夏名。”

故書曰：“楚子入陳。納公孫甯、儀行父于陳。”書有禮也。

〔疏證〕《陳世家》：“孔子讀史記至楚復陳，曰：‘賢哉！楚莊王。輕千乘之國，而重一言。’”《家語□□①篇》略同。又云：“非申叔時之忠，不能建其義；非楚莊王之賢，不能受其訓也。”此《左氏》襃申叔時之義。《淮南·人間訓》：“申叔時教莊王封陳氏之後，而霸天下。”亦是舊説。

厲之役，鄭伯逃歸，

〔疏證〕厲役不見於經傳。杜《注》：“蓋在六年。”指《六年傳》楚伐鄭取成而言。

自是楚未得志焉。

鄭既受盟於辰陵，又徼事于晉。

〔疏證〕辰陵盟，在今年春。

〔**經**〕 **十有二年，春，葬陳靈公。**無《傳》。

楚子圍鄭。

〔疏證〕《年表》：“楚莊王十七年圍鄭。”

夏，六月，乙卯，晉荀林父帥師及楚子戰於邲，晉師敗績。

〔疏證〕《説文》：“邲，晉邑也。《春秋傳》曰：‘晉、楚戰于邲。’”疑是賈君説。杜《注》：“邲，鄭地。”與《説文》異。《淮南·人間訓》：“昔者，楚莊王既勝晉于河雍之間。”《注》：“莊王敗晉荀林父之師于邲。邲，河雍地也。”則高氏亦謂晉地。洪亮吉云：“《公羊傳》獨以爲邲水。今考《水經注》：‘扈亭水自亭東南流，注于濟；濟水於此，又兼邲目。《春秋》宣公十二年，晉、楚之戰，楚軍于邲，即是水也，音“卞”。’據此，則邲有‘卞’音，可補陸氏之缺。道元又引京相璠云：‘邲在敖北。’”按：敖謂敖山，即漢之敖倉也。沈欽韓云：“《元和志》：‘邲城在鄭州管城縣東六里。’管城縣，明初省入鄭州。”壽曾按：敖山在鄭州之西，舊屬河陰。《方輿紀要》：“邲城在鄭州東六里。”顧棟高云：“邲水亦名汴水，楚、漢時謂之鴻溝，三國時謂之官渡。”

① 科學本注：原稿闕文，查當作“好生”。

秋，七月。

冬，十有二月，戊寅，楚子滅蕭。

〔疏證〕蕭，已釋於莊十二年。杜《注》：“十二月無戊寅，戊寅十一月九日。”貴曾曰①

晉人、宋人、衛人、曹人同盟于清丘。

〔注〕賈氏、許氏曰：“盟載詳者，日月備；易者，日月略。”《釋例》。

〔疏證〕《公》《穀》有《經》無《傳》。賈、許所稱，《左氏》例也。以《經》次十二月之後，又不日，故云“日、月略”。杜《注》：“清丘，衛地。”《郡國志》：“東郡濮陽有清丘。”沈欽韓云：“《水經注》：‘瓠瀆又東南逕清丘北。’京相璠曰：‘在今東郡濮陽縣東南三十里。’《一統志》：‘清丘，在大名府開州東南七十里。’《方輿紀要》：‘丘高五尺，唐置清丘縣。’”

宋師伐陳，衛人救陳。

〔疏證〕《公羊》本年疏：“宋師伐陳者，按諸家《經》皆有此文。唯賈氏注者闕此一《經》，疑脱耳。”盧文弨云：“賈氏所闕，當并‘衛人救陳’亦闕，否則，救陳之文，何所承乎？”按：盧説是也。《公羊疏》稱缺此一經，則此經八字均脱。《年表》：“宋文公十四年伐陳。”

〔傳〕 十二年，春，楚子圍鄭。旬有七日，

〔疏證〕《楚世家》：“十七年春，楚莊王圍鄭。”《鄭世家》：“襄公八年，楚莊王以鄭與晉盟來伐，圍鄭。”

鄭人卜行成，不吉；

卜臨於大宮，

〔注〕賈云：“臨，哭也。”《御覽》四百八十。

〔疏證〕杜用賈説，又云：“大宮，鄭祖廟。”李貽德云：“《襄十二年傳》：‘吳子壽夢卒，臨于周廟。’以《檀弓》‘哭於寢門’例之，則臨亦哭也。”馬宗璉云：“鄭祖厲王，此祖廟蓋厲王廟。”

① 科學本注：以下原稿闕文。

且巷出車，吉。

〔注〕賈云：“巷出車，陳于街巷，示雖困不降，必欲戰也。”《御覽》四百八十。

〔疏證〕杜《注》：“示將見遷，不得安居。”不用賈説。惠棟云：“按：下鄭復修城，則賈説良是。”洪亮吉亦從賈説。李貽德云：“巷，《説文》作𨞡，里中道也，從𨛜共，皆在邑中所共也。古之巷，今之街，故賈以街、巷連文。經傳無‘街’字，疑即‘逵’之變文。《説文》：‘降，下也。’夊部有㚇，云：‘㚇，服也。’此正字，作降，通字也。《公羊·莊八年傳》：‘曷爲不言降吾師？’《注》：‘降者，自伏之[1]。’今出車，則示欲戰之狀，不肯爲自伏之計矣。”壽曾按：伏、服義通。

國人大臨，守陴者皆哭。

〔注〕賈云：“埤，城也。”《御覽》四百八十。

〔疏證〕《傳》“守陴”，據賈《注》作“埤”。《説文》：“陴，城上女牆俾倪也。埤，增也。”埤無城牆訓，許作“陴”是。《晉語》“反其埤”，亦後人所改。《御覽》三百十七《注》：“陴者，城上辟兒也。皆哭者，告楚窮也。”字正作“陴”。杜《注》略同，疑即賈《注》。四百八十引有脱字耳。杜《注》“辟兒”作“僻倪”。辟，古僻字；兒，古倪字。辟兒，即俾倪也。《一切經音義》引《埤蒼》：“俾倪，城上小垣也。”《廣雅》：“俾倪，女牆也。”《釋名·釋宮室》：“城上垣陴，於孔中俾倪非常也。亦同陴。陴，裨也，言裨助城之高也。”其釋“陴”，皆云“俾倪”，與《説文》同。《釋名》據本《疏》引，今本“俾倪”作“睥睨”。俾倪，看視意，從目，俗字。《墨子·備城門篇》：“俾倪廣三尺，高二尺五寸。”今制猶然。又云：“守法，五十步，丈夫十人，丁女廿人，老小十人。”《小司徒注》引《司馬法》“六尺爲步”。則每二陴以一人守之。《漢書·王莽傳》：“崔發言：‘《周禮》及《春秋左氏》，國有大災，則哭以厭之。’”師古曰：“《周禮》春官之屬女巫氏之職曰：‘凡邦之大災，歌哭而請。哭者，所以告哀也。’《春秋左氏傳》宣十二年‘楚子圍鄭，鄭人大臨，守陴者皆哭’，故發引之。”則鄭遇災而大臨，用《周禮》也。

楚子退師。鄭人脩城。進復圍之，三月，克之。

---

① 科學本注：李書“之”下有“文”字。

〔疏證〕《御覽》三百十七引《注》："哀其窮，故退師，尚不服，故復圍九十日。"杜《注》略同。以"守陴"注證之，疑亦是賈《注》，杜取之也。本《疏》："杜以'三月克之'，謂圍經三月，方始克之，故云'九十日'也。知非季春克之者，下云'六月晉師救鄭'，若是季春克之，不應比至六月，而晉人不聞，以此①三月非季春也。經傳皆言春圍鄭，不知圍以何月爲始。圍經旬有五日，爲之退師，聞其修城，進圍三月，方始克之。則從初以至於克，凡經一百二十許日。蓋以三月始圍，至六月乃克也。"此疏明舊注"圍九十日"之義。《楚世家》："三月克之。"《鄭世家》："三月鄭以城降。"史公以三月爲季春。惠棟云："時鄭石制爲内間，故楚得克鄭。"

入自皇門，

〔注〕賈云：皇門，鄭城門。《楚世家集解》《御覽》四百八十。

〔疏證〕杜不解"皇門"。《公羊》何休《解詁》："皇門，鄭郭門。"二《傳》說"皇門"異。高士奇云："皇，城南門也。諸侯國各以所向之地爲名。皇，周邑，蓋去王畿之道也。"

至於逵路。

〔疏證〕杜《注》："塗方九軌曰逵。"與說隱十一年"大逵"謬同。逵九達，非九軌也，詳彼傳《疏證》。惠棟云："杜以爲九軌，於《爾雅》不合。"

鄭伯肉袒牽羊以逆，

〔注〕賈云："肉袒牽羊，示服爲臣隸也。"《鄭世家集解》。

〔疏證〕《楚世家》文同。《鄭世家》作"肉袒擘羊以迎。"李富孫云："案：《易》'牽羊'，子夏《傳》作'擘'。《說文》：'擘，固也。'《三蒼》云：'擘亦牽字。'《說文》：'逆，迎也。關東曰逆，關西曰迎。'"杜《注》："示服爲臣。"用賈說。《廣雅·釋詁》："隸，臣也。"《年表》："楚莊王十七年圍鄭，鄭伯肉袒謝。"

曰："孤不天，

〔注〕賈云："不爲天所祐。"《楚世家集解》。

---

① 科學本注：原稿"此"下脫"知"字。

〔疏證〕杜用賈説。李貽德云："《易·大有》爻辭：'自天祐之，吉，無不利。'《繫辭》：'祐者，助也。天之所助者，順也。'鄭伯言不爲天所助。"

"不能事君，使君懷怒，以及敝邑，孤之罪也，

"敢不唯命是聽？

〔疏證〕《卷阿》疏："《左傳》言維命，皆謂受其節度，聽其進止。"據《詩疏》，則《傳》"唯"舊皆作"維"也。

"其俘諸江南，以實海濱，亦唯命；

〔疏證〕杜無注，《疏》亦無説。《釋文》："俘，囚也。"閻若璩《潛丘劄記》云："此句具有兩層義，楚文王滅羅，徙羅子於長沙，故長沙有汨羅。鄭若滅，得徙於楚之南徼，爲江南，此一義也；實海濱，《楚世家》作'賓之南海'，古以、與通用，言不得徙楚境内，即填實於百越之地，爲海濱之民，此又一義也。"高士奇云："楚徙郢都，在荆州府，居江北。自荆州以南，皆楚所謂江南也。楚遷羅於枝江，遷許於華容，在江南。鄭欲自比此屬耳。春秋時，未知有南海。屈完對齊桓公云：'寡人處南海。'不過漫爲侈大之辭，實非楚境。"按閻、高説同。據閻説，則以實海濱猶言與實海濱也。《楚·鄭世家》，皆删"以實海濱"句，非《傳》意。

"其翦以賜諸侯，使臣、妾之，亦唯命；

〔疏證〕《□□□①箋》："翦，割截也。"此謂分散其國衆。《僖十七年傳》："男爲人臣，女爲人妾。"

"若惠顧前好，

〔疏證〕《御覽》三百十七引《注》："世有盟誓。"當是舊注。杜《注》："楚、鄭世有盟誓之好。"

"徼福於厲、宣、桓、武，

〔疏證〕《鄭世家》："鄭桓公友者，周厲王少子，而宣王庶弟也。友初封於鄭，幽王治多邪，諸侯或畔之。於是桓公東徙其民雒東，而虢、鄶

---

① 科學本注：原稿闕文。

獻十邑，竟國之。二歲，犬戎殺幽王，并殺桓公。鄭人立其子掘突，是爲武公。"杜《注》："周厲王、宣王，鄭之所自出也。鄭桓公、武公，始封之賢君也。"杜用史公説。其謂桓、武皆始封之君，則未核。桓公所封之鄭，《索隱》謂："鄭，縣名，屬京兆。"此西鄭也。當桓公世，即遷雒東。《鄭語注》："今河南新鄭。"此東鄭也。桓公已由東鄭遷西鄭，不得以武公當東鄭始封之君。本《疏》云："桓公始封西鄭，武公始居東鄭。"亦與《鄭世家》違。楚、鄭《世家》記鄭伯語，均作"若君王不忘厲、宣王、桓、武公"，史公增王、公字以釋《傳》。

"不泯其社稷，

〔疏證〕《釋詁》："泯，滅也。"杜《注》："使社稷不滅。"楚、鄭《世家》作"哀不忍絕其社稷"，以絕訓泯。

"使改事君，

〔疏證〕楚、鄭《世家》："使復得改事君王。"改，謂舍晉從楚也。

"夷於九縣，

〔疏證〕《曲禮》："在醜夷不爭。"《注》："夷，猶儕也。"《御覽》三百十七引："楚滅九國以爲縣。"當是舊注。杜《注》用之，而不數九國之名。本《疏》："楚滅諸國見於《傳》者，《哀十七年傳》稱'文王縣申、息'；莊六年'楚滅鄧'；十八年稱'武①王克權'；僖五年'滅弦'；十二年'滅黃'；二十六年'滅夔'；文四年'滅江'，五年'滅六'。又'滅蓼'，十六年'滅庸'，凡十一國，見於《傳》。《僖二十八年傳》曰：'漢陽諸姬，楚實盡之。'則楚之滅國多矣，言九縣者，申、息是其二，餘不知所謂。蘇氏、沈氏以權是小國，庸先屬楚，自外爲九縣也。"據蘇□②、沈文阿説，則舊注九縣，謂申、息、鄧、弦、黃、夔、江、六、蓼也。《釋文》數十一國，與本《疏》同，云："此十一國，不知何以言九？"不主蘇、沈説。傅遜云："時楚適有九縣，故鄭願得比之，言服事恭謹，如其縣邑耳，非必遽記其所滅之國也。"

"君之惠也，孤之願也，非所敢望也。

---

① 林按：原稿"武"上衍"文"字，據《左傳正義》刪。
② 科學本注：原稿"蘇"下闕文，疑當據孔穎達《正義序》作"蘇寬"。

"敢布腹心，君實圖之。"

〔疏證〕《盤庚疏》："心以爲五藏之主，腹爲六府之總。《詩》曰'公侯腹心'，《左傳》云'敢布腹心'，是腹心足以表内。"

左右曰："不可許也，得國無赦。"

〔疏證〕《楚世家》："群臣曰：'王勿許。'"《鄭世家》："楚群臣曰：'自鄭至此，士大夫亦久勞矣。今得國舍之，何如？'"

王曰："其君能下人，必能信用其民矣，庸可幾乎！"

〔疏證〕《楚世家》"幾"作"絶"，杜無注。《釋文》："幾音冀。"本《疏》："庸，用也。幾讀如冀，言用可冀幸而得之乎？何必滅其國。"沈欽韓云："《檀弓》：'子張曰："吾今日其庶幾乎？"'《疏》云：'庶，幸也。幾，冀也。'其幸冀爲君子乎？"沈氏謂可幾作冀幸解。史公易"幾"爲"絶"，未得《傳》意。《鄭世家》："莊王曰：'所爲伐，伐不服也。今已服，尚何求乎？'"則仍用《傳》意。

退三十里，而許之平。

〔疏證〕《楚世家》："莊王自手旗，左右麾軍，引兵去三十里而舍，遂許之平。"《鄭世家》："莊王爲却三十里而後舍。"《年表》："鄭襄公八年，楚莊圍我，卑辭以解。"

潘尪入盟，

〔注〕賈云："楚大夫，師叔字也。"《御覽》四百八十。

〔疏證〕杜用賈説。洪亮吉引賈《注》，謂出《楚世家集解》，非，《集解》所引，乃杜《注》也，下"子良"注同。李貽德云："案：下文，欒武子曰：'師叔，楚之崇也。故知尪字師叔。'"

子良出質。

〔注〕賈云："子良，鄭公子。"《御覽》四百八十。

〔疏證〕杜《注》："子良，鄭伯弟。"案子良，穆公子去疾也。

夏，六月，晉師救鄭。

〔疏證〕《鄭世家》："晉聞楚之伐鄭，發兵救鄭。"《楚世家》："晉救鄭。"

荀林父將中軍，

〔疏證〕《八年傳》：“郤缺將中軍。”

先縠佐之；

〔疏證〕《晉世家》：“先縠，先軫子也。”《十二年傳》①：“荀林父佐中軍”。杜《注》：“彘季代林父。”《疏》云：“勘《譜》亦以彘子、彘季爲一人。劉炫云：‘傳文皆稱彘子，何以知是彘季。’以縠非彘季而規杜。知非然者，季之與子，是得通稱。”沈欽韓云：“彼誤以士魴之字爲先縠也。”朱駿聲説同。彘季見《成②八年傳》。

士會將上軍，

〔疏證〕《晉世家》“士”作“隨”。據《八年傳》，士會已代郤缺將上軍。

郤克佐之；

〔疏證〕《文十二年傳》：“臾駢佐上軍。”

趙朔將下軍，

〔疏證〕《文十二年傳》：“欒盾將下軍。”

欒書佐之。

〔疏證〕《八年傳》：“趙朔佐下軍。朔今爲帥，故書爲佐。”《晉語注》：“晉卿，欒枝之孫，欒盾之子。”

趙括、趙嬰齊爲中軍大夫，

〔疏證〕杜《注》：“括、嬰齊，皆趙盾異母弟。”《二年傳》：“趙盾請以括爲公族。”

鞏朔、韓穿爲上軍大夫，

〔疏證〕朔，釋於文十七年。穿，字謚無考，當是諸韓之族。

---

① 科學本注：原稿“十二年”上脱“文”字。
② 科學本注：案“成”下脱“十”字。

荀首、趙同爲下軍大夫。

〔疏證〕杜《注》："荀首，林父弟；趙同，趙嬰兄。"按《世本》，荀元與智氏同祖逝遨，逝遨生莊子首。

韓厥爲司馬。

〔注〕服云："韓萬玄孫。"本《疏》。

〔疏證〕杜用服説。本《疏》云："《韓世家》云：'韓之先事晉，得封韓原，曰韓武子。後三世，有韓厥。'《世本》云：'桓叔生子萬，萬生求伯，求伯生子輿，子輿生獻子厥。'《史記》所云武子，蓋韓萬也。如彼二文，厥是韓萬之曾孫。而服虔、杜預皆言'厥，韓萬玄孫'，不知何所據也。"洪亮吉云："《索隱》引《世本》一條云：'萬生賕伯，賕伯生定伯簡，簡生輿，輿生獻子厥。'所引與《世族譜》世次同，則知《史記》及孔《疏》所引《世本》皆脱一代，當以服氏所據之本爲是。知必有賕伯、定伯兩世者，僖十五年'韓簡視師'下杜《注》云：'簡，晉大夫，韓萬之孫。'韋昭《國語注》亦同。韋、杜皆當用服氏。服《注》雖無可攷，然亦必據《世本》可知。"案：洪説是也。《疏》引服《注》并杜《注》言之，非完文。《晉語注》："獻子，韓萬之玄孫，子輿之子厥。"《晉世家》書晉三軍之帥，與《傳》同，又云："郤克、欒書、先縠、韓厥佐之。若止書軍佐，不當及鞏、韓也。"

及河，聞鄭既及楚平，

〔疏證〕《鄭世家》："晉救鄭，其來持兩端，故此遲。比至河，楚兵已去。"

桓子欲還，

〔疏證〕杜《注》："桓子，林父。"

曰："無及於鄭而剿民，焉用之？

〔疏證〕《説文》："剿，傷也。《春秋傳》曰：'安用剿民？'"蓋許稱賈説，杜用之。許引《傳》義，非有異同。《廣雅·釋詁》："剿，屑，勞也。"

"楚歸而動，不後。"

〔疏證〕杜《注》："動兵伐鄭。"案不後，謂不後於事也。

隨武子曰："善。

〔疏證〕杜《注》："武子，士會。"

"會聞用師，觀釁可^①動。

〔注〕服云："釁，間也。"《釋文》。

〔疏證〕杜《注》："釁，罪也。"不用服説。本《疏》："釁訓爲罪者，釁是間隙之名，今人謂瓦裂、龜裂皆爲釁。既有間隙，故得爲罪也。"《疏》説間隙義，是舊疏釋服《注》者。服、杜説不能合一，《疏》謂有間隙得爲罪，非也。《晉語注》："釁，隙也。"李貽德云："《文選·東京賦》：'巨猾間釁。'釁即釁之俗字。薛《注》：'釁，隙也。隙、間義通。'"沈欽韓云："若武王觀兵孟津。"是也。當從服説。動，蒙上"楚歸而動"爲義。

"德、刑、政、事，典、禮不易，不可敵也，不爲是征。

〔疏證〕《傳》舉六事之目。《疏》云："不爲是六事，不易行征伐也。"

"楚君討鄭，怒其貳而哀其卑。叛而伐之，服而舍之，德、刑成矣。伐叛，刑也；柔服，德也，二者立矣。

〔疏證〕君，通行本作"軍"，非。《文選□□^②注》引《傳》，"舍"作"赦"。怒其貳而伐，刑也；哀其卑而舍，德也；伐叛、柔服，申"怒"與"哀"義。

"昔歲入陳，今兹入鄭，民不罷勞，君無怨讟，政有經矣。

〔疏證〕洪亮吉云："《説文》：'讟，痛怨也。《春秋傳》曰"民無怨讟"。'今本作'君無怨讟'，《昭元年傳》又作'民無謗讟'。杜《注》此云'謗也'，昭元年《注》又云'誹也'。"壽曾謂：《傳》明楚民役不告勞，於君無怨讟也。許君約引《傳》義，非有異同。《五行志注》："師古曰：'讟，痛怨之言也。'"杜以讟爲誹謗，亦謂民有怨言，與許君義合。杜又云："經，常也。"

---

① 林按：楊本此處作"而"。
② 科學本注：原稿闕文。

"荆尸而舉，

〔疏證〕《釋□①》：“尸，陳也。”杜《注》：“楚武王始爲此陳法，遂以爲名。”

"商、農、工、賈，不敗其業，

〔疏證〕杜無注。《疏》云：“《齊語》云：‘公曰：成民之事若何？管子對曰：四民者，勿使雜處。公曰：處士、工、商、公曰：農若何？管子對曰：昔聖王之制也，處士就閒燕，處工就官府，處商就市井，處農就田野。’彼四民謂士、農、工、商，此數亦四，無士而有賈者，此武子意。言舉兵動衆，四者不敗其業，發兵則以士從征，不容復就閒燕，故不云士，而分商、賈②爲二。行曰商，坐曰賈，雖同是販賣，而行坐異業。發兵征伐，四者皆不與，故總云不敗其業也。”

"而卒乘輯睦，

〔疏證〕《吕覽□□③注》：“步曰卒，車曰乘。”杜用高説。步卒蓋以護車。輯睦，謂和也。

"事不奸矣。

〔疏證〕杜《注》：“奸，犯也。”④

"蒍敖爲宰，擇楚國之令典；

〔疏證〕杜《注》：“宰，令尹；蒍敖，孫叔敖。”本《疏》：“《周禮》六卿，太宰爲長，遂以宰爲上卿之號。楚臣令尹爲長，故從他國論之，謂令尹爲宰。楚國仍別有太宰之官，但位任卑耳。《傳》稱太宰伯州犁是也。《釋詁》云：‘令，善也。’”

"軍行，右轅，左追蓐，

〔注〕舊注：“右者挾轅爲軍備，左者追草蓐爲宿備。”《御覽》三百四十。

---

① 科學本注：原稿闕文。案：當作“詁”。眉批：“查鄧曼事。”
② 科學本注：原稿眉批：“查焦《疏》商賈皆欲立于王堂也。”
③ 科學本注：原稿闕文。
④ 科學本注：原稿眉批：“奸詁。”擬而未作。

〔疏證〕杜《注》：“右”上加“在車之”，“軍”作“戰”，“左”上加“在”，“追”下加“求”①。以下文“前茅慮無”證之，則此亦舊注。杜又云：“《傳》曰：‘令尹南轅。’又曰：‘改乘轅。’楚陳以轅爲主。”此釋轅義，爲杜增也。《疏》云：“《司馬法》：兵車一乘，甲士三人，步卒七十二人。甲士在車，不共碎役，所云左右者，分步卒爲左右也。步卒被分在右者，當軍行之時，又分之使在兩廂，挾轅以爲戰備。其應在左者，追求草蓐，令離道求草，不近兵車也。蓐，謂卧止之草，故云‘爲宿備’也。此是在道時然。至對陳之時，則各在車之左右。”據《疏》説，則步卒七十二人，戰時當分左右，各三十六人。楚於軍行時，以車右之三十六人，分左右十八人，挾轅而行，以備不虞；以車左之三十六人爲樵兵也。

“前茅慮無，

〔注〕舊注：“如今斥候持絳及白幡，見騎賊舉絳旛，見步賊舉白幡，備不虞，有常處。茅，明也。或云：‘楚以茅爲旌幟也。’”《御覽》三百四十。

〔疏證〕杜《注》：“慮無，如今軍行，前有斥候蹋②伏，皆持以絳及白爲旛。見騎賊，舉絳旛；見步賊，舉白幡，備慮有無也。茅，明也。或曰：時楚以茅爲旌識。”蓋襲用舊注，删增之迹顯然。其與舊注異者，舊注但謂“斥候”，杜則兼“蹋伏”言之。“茅，明”，《釋言》文，郭《注》即引此《傳》。本《疏》引舍人云：“茅，昧之明也。”謂昧而使明也。沈欽韓云：“《雜記》云：‘御柩以茅。’謂以茅旌爲前導也。《新序》：‘鄭伯肉袒，左執茅旌。’《韓非·外儲説右上》：‘楚國之法，車不得至於茅門。天雨，庭中有潦，太子遂驅車至於茅門，廷理舉殳而擊其馬，敗其駕。’《説苑·至公篇》：‘楚莊王之時，太子車立于茅門之外，少師慶逐之。’然則，楚軍壘之法，以茅旌爲和門，如漢之旄頭在前，豹尾車在後，故太子車不得近之也。”沈釋“前茅”最諦，前茅猶前明，即茅旌。故舊注舉赤白幡爲説，其引或説，謂以茅爲旌幟，此不得茅之義，望文解之，不足據。

《曲禮》：“前有水，則載青旌；前有塵埃，則載鳴鳶；前有車騎，則

---

① 林按：底本約引杜《注》，意義不明，今據《十三經注疏》援引如下：“在車之右者挾轅爲戰備，在左者追求草蓐爲宿備。”

② 科學本注：“蹋”字《校勘記》作“蹋”，謂“《説文》無蹋字。”

載飛鴻；前有士師，則載虎皮；前有鷙獸，則載貔狼。"《疏》云："行宜警衛，善惡必先知之，故備設軍陳行止之法。軍陳卒伍，行則并銜枚，無喧嘩聲；若有非常，不能傳道。且人眾廣遠，難可周徧，故前有變異，則舉類示之。故《宣十二年傳》'前茅慮無'是也。"彼《疏》詳載旌之義，與舊注合。《通典》："《李靖兵法》曰：'移營當先使候騎前行，持五色旂，見溝坑揭黃，衢路揭白，水澗揭黑，林木揭青，野火揭赤，以鼓五數應之，令相聞。'"靖用候騎持旂，蓋師古人"載旌"之意，故舊注以"斥候"言之。斥候前行，正以告變異，故《注》以"備不虞"解之，"有常處"，言舉旌有一定之法也。

《兔罝箋》："於行攻伐，可用爲策謀之臣，使之慮無。"《疏》："慮無者，宣十二年《左傳》文，謀慮不意之事也。今所無，不應有此，即令謀之，出其奇策也。"鄭君以"慮無"爲慮事，故《疏》引傳文釋之。《禮運》："非意之也。"《注》："意，心所無慮也。"《疏》謂："於無形之處，用心思慮，即慮無也。《宣十二年左①傳》云：'前茅慮無。'是備慮無形之處。"鄭君説非意爲無慮，與《詩箋》説同。《詩疏》謂不意之事，《禮疏》謂無形之處，二文相足，皆詳鄭君義。《十一年傳》"使封人慮事"，《注》："慮事②，無慮計功。"彼《疏》云："築城之事，無則慮之。"用鄭君説也。

然"慮無"仍有一義。《廣雅·釋訓》："揚推、嫜椎、堤封、無慮，都凡也。"王念孫云："無慮，亦大數之名。宣十一年《左傳釋文》云：'無慮，如字，一音力於反。'無慮，疊韻字也。或作亡慮。總訓事物，謂之無慮；總度事情，亦謂之無慮，皆都凡之意也。今江淮間人，謂揣度事宜曰'無量'，即無慮之轉。"

文淇案：無慮，謂無則慮之，乃第一義；轉而爲都凡之訓，乃第二義。《禮運注》及《左傳》自當以初義訓之。壽曾謂：鄭君《禮注》及十一年杜《注》，皆不以慮無爲都凡，王氏《疏證》乃引以爲證，又駁《禮疏》及《十一年疏》，非也。前茅都凡，甚不詞矣。此《傳》舊注，未明釋"慮無"。杜《注》："慮有無也。"與鄭君説"慮無"合。沈欽韓以慮無爲夜中扦衛，蓋緣杜《注》"蹛伏"義。然杜稱"蹛伏"，乃增舊注"斥候"爲説，非以"慮無"爲"蹛伏"也。

---

① 林按：原稿作"冬"，據《左傳正義》回改。
② 林按：劉氏原稿脱此句，據《左傳正義》補。

"中權後勁。

〔疏證〕杜《注》：“中軍制謀，後以精兵爲殿。”《疏》無説。沈欽韓云：“《尉繚子·兵令》：‘常陳皆向敵，有内向，有外向，有立陳，有坐陳。夫内向，所以顧中也；外向，所以備外也；立陳，所以行也；坐陳，所以止也。坐立之陳，相參進止，將在其中。坐之兵劍斧，立之兵戟弩，將亦居中。’又《踵軍令》云：‘所謂踵軍者，去大軍百里，期于會地，爲三日熟食，前軍而行，爲戰，合之表，合表仍起。踵軍享士，使爲之戰勢。’”沈引《尉繚·兵令》，詳“中權”也；引《踵軍令》，釋“後勁”也。如《尉繚》説，則中權爲督坐陳、立陳之將。杜謂“中軍制謀”，非也。傅遜云：“右轅左追蓐，前茅慮無，中權後勁者，楚分其三軍爲五部，而使之各專其職。”

"百官象物而動，軍政不戒而備，

〔疏證〕杜《注》：“物，猶類也。”本《疏》：“類，謂旌旗畫物類也。”按：《御覽》三百四十引“象物而動”，則象物，即指雜帛之爲物。隱五年“昭文章”，服《注》引《大司馬》“中秋教治兵，辨旗物之用”爲説。已釋於彼傳《疏證》。《司常》仲冬教大閲，旗物與《大司馬》治兵旗物不同。本《疏》用鄭君説，謂治兵大閲，爲時不同，亦與彼《疏》合。據鄭君説，出軍之旗則如秋，則此《傳》“象物”，當謂用中秋治兵之旗物也。故《晉書·成帝紀》：“咸和八年，詔曰：‘九賓充庭，百官象物。’”

"能用典矣。

"其君之舉也，内姓選於親，外姓選於舊。

〔疏證〕本《疏》：“内姓，謂同姓也。”按親以支系之近言。舊，謂世臣也。

"舉不失德，

〔疏證〕杜無注。此謂無德而不舉者。本《疏》：“於親内選賢，於舊内選賢。”

"賞不失勞。

〔疏證〕無勞而不賞者。

"老有加惠,

〔疏證〕杜《注》:"賜老則不計勞。"本《疏》引劉炫云:"'老者,當有恩惠之賜,非勞役之限。但恩惠則賞賜之,以文連"賞不失勞"之下,故杜云"賜老則不計勞"。'劉炫以不計勞之文而規杜氏,一何煩碎。"邵瑛云:"此謂年老者,有加增恩惠。賈山所謂:九十者一子不事,八十者二筭不事。又《禮》所謂執醬、執爵、祝饐、祝鯁也。光伯《規過》蓋此意。"按:邵說是也,此與"賞勞"文不蒙。

"旅有施舍。

〔疏證〕《孟子》載葵丘之盟云:"三命曰:'無忘賓旅。'"趙《注》:"賓客羈旅,無忘忽也。"按:旅,謂它國之臣來朝聘,或寓公也。族以餼言,舍以館言。杜《注》:"施之以惠,舍不勞役。"亦誤。

"君子小人,物有服章。

"貴有常尊,賤有等威,

〔疏證〕杜《注》:"威儀有等差。"《後漢書·東平王蒼傳》:"蒼上疏曰:'臣聞貴有常尊,賤有等威,高卑列叙,上下以理。'"《注》:"《左傳》隨武子之辭也。等威,儀有差等也。"章懷說"等威"同杜《注》。馬宗璉云:"等威,如僚臣僕,僕臣臺之類。"

"禮不逆矣。

"德立、刑行、政成、事時、典從、禮順,

〔疏證〕總上六事言,上言德刑二者立,此云德立刑行者,屬辭之法。

"若之何敵之?

"見可而進,知難而退,軍之善政也。

〔疏證〕此疑出古兵家言。

"兼弱攻昧,武之善經也。

〔疏證〕《魏志·陳留王紀》:"詔曰:'夫兼時攻昧,武之善經。'"即用此《傳》。時、弱異文。惠棟云:"《周書·武稱解》:'攻弱而襲不正,武之善經也。'"洪亮吉、沈欽韓并引以為說。按《周書》襲不正即攻昧義。《廣雅》：“昧，冥也。”杜《注》：“昧，昏亂；經，法也。”

“子姑整軍而經武乎！

〔疏證〕《葛覃傳》：“姑，且也。”軍、武，蒙上言。

“猶有弱而昧者，何必楚？

“仲虺有言曰‘取亂侮亡’，

〔疏證〕《定元年傳》：“仲虺居薛，以爲湯左相。”《孟子‧盡心篇注》：“萊朱一曰仲虺。”《書序》：“湯歸自夏，至於大坰，仲虺作誥。”《書疏》引鄭君《注》云：“仲虺之誥亡。”此“取亂侮亡”，蓋逸文也。襄十四年，中行獻子引仲虺有言，作“亡者侮之，亂者取之”；《襄三十年傳》，鄭子皮引仲虺之志，作“亂者取之，亡者侮之”。此隨武子引，節約其文，故與彼二文異也。《魏志‧辛毗傳》：“毗對太祖曰：‘仲虺有言：“取亂侮亡。”今二袁不務遠略，而内相圖，可謂亂矣。居者無食，行者無糧，可謂亡矣。’”辛毗説亂亡之别，當是舊説。僞古文《仲虺之誥》：“兼弱攻昧，取亂侮亡。”閻若璩《疏證》云：“宣十二年，上引‘兼弱攻昧’成語，次即引《書》《詩》語以條釋之，可見‘兼弱攻昧’‘取亂侮亡’各有所出，非如今同出仲虺之誥也。”

“兼弱也。

〔疏證〕取、侮，皆兼義。

“《汋》曰‘於鑠王師！遵養時晦’，

〔疏證〕《詩‧酌序疏》：“酌，《左傳》作汋，古今字耳。”《酌傳》：“鑠，美；遵，率；養，取；晦，昧也。”《箋》：“養是闇昧之君，以老其惡。”鄭釋“養”與毛異。杜《注》：“言美武王能遵天之道，須惡積而後取之。”蓋兼毛、鄭説。然既以養爲惡積，則養不容再訓“取”。養之訓取，舊訓無徵。陳奐《詩疏》引《孟子‧告子篇》：“‘舍其梧檟，養其樲棘’，‘養其一指，而失肩背’，‘爲其養小以失大’，養與舍、失對文。”又云：“‘於己取之而已矣。’趙《注》：‘皆在己之所養。’養爲取，則取爲養。”按：陳説是也。毛《傳》率取時昧，隨武子引《汋》，證“耆昧”義。

“耆昧也。

〔疏證〕《武》："耆定爾功。"《傳》："耆，致也。"《釋言》："底，致也。"郭《注》見《詩傳》，則毛《傳》"耆定"或作"底定"。《釋文》："耆，老也。"非。杜《注》："耆，致也，致討於昧。"用毛義。致猶取也，與毛《傳》訓"養"爲取合。《疏》謂"養之使昧，然後討之"，用鄭《詩箋》説。陳奐《詩疏》云："耆昧即攻昧，《傳》訓晦爲昧，義本《左傳》。《韓詩外傳》兩引此詩，而釋之云：'言相養者之至於晦也。'《箋》當用《韓詩》義。"案：《疏》未達《毛詩》養取之訓，舍《傳》從《箋》，非。

"《武》曰：'無競維烈。'

〔疏證〕《武傳》："烈，業也。"杜用毛義。按：《執競》亦有"無競維烈"文，彼詩云："無競，競也。"釋"烈"同。則"無"，發聲。《烈文》詩傳："競，彊也。"詩美武王兵力之彊，以成大業。杜謂"成無疆之業"，非毛義。

"撫弱耆昧，以務烈所，可也。"

〔疏證〕撫弱，猶兼弱也。《釋文》："以務烈所，絕句。"陸粲云："烈所者，功烈之處所也，猶'民知義所'之所。"

彘子曰："不可。

〔注〕服云："食采於彘。"本《疏》。

〔疏證〕杜《注》："彘子，先縠。"《疏》引服《注》於上"先縠佐之"下，以辨彘子、彘季之異。然服氏自爲傳"彘子"而釋，今移於此。《禮運》："大夫有采，以處其子孫。"《地理志》："河東郡彘。"《郡國志》："永安，故彘。"《周語》："乃流王於彘。"《注》："晉地，漢爲縣，屬河東，今曰永安。"梁履繩云："案：先縠族滅後，士魴食邑於彘，故稱彘恭子，見成十八年。其子彘裘，即以邑爲氏，見襄十四年。服説是也。永安，今山西霍州。"

"晉所以霸，師武臣力也。

〔疏證〕師武臣，師中之武臣也，猶言師尚父。《疏》謂"軍師之武，群臣有力"，非。

"今失諸侯，不可謂力。有敵而不從，不可謂武。

〔疏證〕《晉世家》："彘子曰：'凡來救鄭，不至不可。'"括《傳》有敵不從義。

"由我失霸，不如死。

〔疏證〕謂自文、襄以來，晉霸諸侯。

"且成師以出，聞敵彊而退，非夫也。

〔疏證〕杜《注》："非丈夫。"

"命爲軍帥，而卒以非夫，唯群子能，我弗爲也。"
以中軍佐濟。

〔疏證〕杜《注》："佐，彘子所帥也。濟，渡河。"

知莊子曰："此師殆哉！

〔疏證〕《晉語注》："知莊子，荀首也。"杜用韋義。括《傳》有敵不從義。沈彤云："案：《後漢書·郡國志》引《博物志》：'河東解縣有智邑。'則氏於邑者也。"梁履繩云："解爲今山西解州。"惠棟云："案《世本》：'晉大夫逝遨，生桓伯林父及莊子首，本姓荀，自林父將中行，別中行氏。'知，邑名。《括地志》云：'故智城，在蒲州虞鄉縣西北四十里。'《古今地名》云：'解縣有智城。'蓋謂此也。《博物志》云：'河東解縣有智邑。'"

"《周易》有之，在《師》之《臨》，

〔注〕服云："坎爲水，坤爲衆。又互體震，震爲雷。雷、鼓類，又爲長子。長子帥衆，巡水而行，師之象也。臨，兌爲澤，坤爲地。居地而俯視于澤，臨下之義，故名爲臨。"本《疏》。

〔疏證〕杜《注》："坎下坤上，《師》。兌下坤上，《臨》。《師》初六變而之《臨》。"傳文占筮，服《注》之可見者，止明內外卦，杜多用之。此獨釋《師》《臨》內外卦之象者，知莊子引《易》説兵事，不關著龜，故爲明其取《師》《臨》之義也。坎爲水，坤爲衆，震爲雷，并《説卦》文。《師》二之四，互體震。雷爲鼓類者，《繫辭上》："鼓之舞之以盡神。"虞翻《注》："神，易也，陽息，震爲鼓。"張惠言云："雷聲動萬物，故以鼓言。"按：坤下震上，《豫》。《豫》象辭曰："雷出地奮。"《五行志》："雷以二月出，其卦曰《豫》。"孟氏《易》，《豫》《訟》《蠱》《革》《夬》，值三月。惠棟云："《豫》，内卦，主春分，二月中。"《説文》："鼓，郭也。春分之音，萬物郭皮革而出，故曰鼓。"則服氏謂"雷，鼓類"，用孟義也。虞氏學出孟氏，《師》六五爻辭"長子帥師"，虞翻云："長子謂二，震爲長子，在師中，故帥師也。"服又云"帥衆"，即《師》六五之帥師也。《師》二當坎之中，故服謂"巡水而行"。"兌爲澤，坤爲地"，亦《説卦》文。《臨》象辭："澤上有地。"虞義缺。張惠言云："地大容澤，澤大浸地，故曰《臨》。"張説不見《臨》下之義。荀爽曰："澤卑地高，高下相臨之象也。"服説與荀義合。

"曰：'《師》出以律，否臧，凶。'

〔疏證〕《師》初六爻辭，虞義已亡，《荀九家》曰："坎爲法律。"《釋言》："坎、律，銓也。"邵晉涵云："《晉書·郭璞傳》：'璞上書曰：坎爲法象，刑獄所奉。'是坎卦主法，《易》家之舊説也。"杜《注》："律，法。"用荀。張惠言補虞義云："《師》之《同人》，二下初息，復以坎爲震，震爲出，坎爲法律，故云'《師》出以律。'初失位不變，是不用律。"張以"同人"爲説者，《師》旁通《同人》也。又《注》："象辭曰：'初不正，二之五，坎象不見，是失律。'"《傳》明《師》初爻變。張又以二五爲言者，姚配中云："否臧凶，謂地初化爲兌，毀折，坎律壞，故凶。二者，軍之將，初當奉二而行，自化之正，是不從二也，故凶。二升居五，初乃可化，則知莊子説《易》之義，以二當荀林父，初當先縠。"□□注①："臧，善也。"

"執事順成爲臧，逆爲否。

〔疏證〕此分釋臧、否義，謂逆撓順也。杜《注》："今彘子逆命，不順成，故應否臧之凶。"

"衆散爲弱，

〔疏證〕杜《注》："坎爲衆，今變爲兌；兌柔弱。"《疏》云："《晉語》：'文公筮"尚有晉國"。司空季子占之，曰："震，雷也，車也；坎，水也，衆也。主雷與車，而尚水與衆。"'是坎爲衆也。"《傳》主《師》初爻言，故杜不引坤爲衆爲説。《疏》云："'兌爲少女'，故爲柔弱。"沈欽韓云："按：《説卦》：'兌於地爲剛鹵。'惠棟曰：兌剛鹵，非柔弱也。'《師》惟九二一陽爲帥，以統群陰，所謂毒天下而民從之。今初變九撓二

---

① 科學本注：原稿闕文，疑指《爾雅·釋詁》。

之權，則坤衆散而爲弱矣。二爲初撓，故下云‘有帥而不從’。”焦循云：
“上坤衆也，二行於五，則聚而爲强；二不行，故散爲弱也。”沈、焦説
同。

“川雝爲澤。

〔疏證〕《釋文》：“雝，本又作雍。”《説文》：“川①，害也。《春秋傳》
曰：‘川雝爲澤，凶。’”洪亮吉云：“今本作雝，非。”據許君引《傳》爲
雝，則賈氏本作“雝”，“澤”下又多“凶”字。杜《注》：“坎爲川，今
變爲兑。兑爲澤，是川見雝。”《疏》云：“《説卦》：‘坎爲溝瀆。’溝瀆即
是川也。”按：虞翻《注》：“《坎·象傳》云：‘坎爲川。’”虞氏逸象，受
於孟氏。孟《易》即據傳文。焦循云：“下坎川也，二行於五，則通而不
塞，二不行，而初來，成兑澤，故雝爲澤也。”

“有律以如己也，

〔疏證〕岳本“有律”句，律謂法，已釋於上。《釋詁》：“如，往也。”
焦循云：“五本陽位，二宜往者也。如己，謂自歸本位也。”杜《注》：“如，
從也；法行，則人從法；法敗，則法從人。”《疏》云：“往是相從之義。”
按：《傳》未及不從意，下文“律竭”，乃謂不從。杜説非。

“故曰律。否臧，且律竭也。

〔疏證〕岳本“故曰律”句。杜《注》：“竭，敗也。”傅遜云：“將帥
之貴於法律者，能使其下如己之志，故謂之律，所謂順成而臧也。否臧，
則律且竭而敗矣。”按：“故曰律”，乃申以己從律意，非謂使其下如己志。
傅氏未達杜意，又失句讀。《吕覽·音律注》：“且，將也。”焦循云：“二
不往，則五空虛，如隍之涸，故云竭。”

“盈而以竭，

〔疏證〕焦循云：“二先往，而後初來成屯爲盈，不成屯而成臨，故云
‘盈而以竭’。”

“夭且不整，所以凶也。

〔疏證〕杜《注》：“水過夭塞，不得整流，則竭涸也。”傅遜云：“夭，

---

① 科學本注：洪亮吉《左傳詁》作《《《，《説文大字典》作川。

屈也，言其法律如水之壅而盈，則必竭，屈而不伸，散而不整，故爲凶。"

"不行之謂《臨》，

〔疏證〕杜《注》："水變爲澤，乃成《臨卦》。澤，不行之物。"焦循云："《易》學至春秋時，淆於術士之附會，然遺義尚有存而可繹者，如知莊子舉《師》之《臨》是也。《師》二宜進五成比，而後《同人》四來之初成《屯》，則順《師》；《師》不出而之五，而《同人》四來之初則成《臨》。由於二不行，故云'不行之謂《臨》'。《臨》，大也，無不行之義，以二不行成《臨》，專就初之不從二明之，非釋《臨》之義也。"

"有帥而不從，臨孰甚焉？此之謂矣。

〔疏證〕焦循云："二行之五，則帥也。而初順從之，是從帥也。初不從二，而先來成《臨》，故云有帥而不從，臨孰甚焉？"

"果遇，必敗，

"彘子尸之。

〔注〕服云："主此禍也。《易·師卦》六五：'長子帥師，弟子輿尸，凶。''長子帥師，以中行也。弟子輿尸，使不當也。'佐之於元帥，弟子也，而專以師濟，使不當也，軍必破敗而輿尸。"本《疏》。

〔疏證〕《釋言》："尸，主也。"《韓策》："甯爲雞口，無爲牛後。"《顔氏家訓》引"雞口"作"雞尸"，謂雞中之主也。杜《注》："主此禍。"用服説，其下杜所不取。《疏》云："按下句云：'雖免而歸。'則謂彘子當在陳而死。《師卦》有'輿尸'之語，其言'尸之'，或容有此意。但'尸'字不可兩解，故杜略去之。"按：服氏《解誼》間存或説。《易·師卦》上當有"或曰"字，《疏》删之。"長子率師，弟子輿尸，凶。"《師》六五爻辭。今本"凶"上有"貞"，或服氏所據本異。虞翻云："長子謂二，震爲長子，在師中，故帥師也。弟子謂三，三體坎。坎，震之弟，而乾之子，失位乘陽，逆，故貞凶。"詳虞氏《易》有"貞"。沈欽韓謂服氏説《易》，多與虞翻合，則服所稱引，當有"貞"字，或奪佚也。

張惠言云："輿尸言貞，明三之《同人》折首。"按《師》六三："師或輿尸，凶。"虞翻云："坎爲尸，爲車，多眚。《同人》離爲戈兵、爲折首，失位乘剛，無應。尸在車上，故'輿尸，凶'矣。"張謂"三之同人折首"，用六三。虞義，長子謂二，弟子謂三，荀爽、宋衷義同。"長子帥

師，以中行也；弟子輿尸，使不當也”，《師》六五象辭。張惠言云：“震
爲行。”以師互體震言也。“佐之於元帥”以下，或説申《師卦》義。蓋以
荀林父爲長子，先縠爲弟子。以師濟謂先縠以中軍佐濟也。然知莊子謂
“在《師》之《臨》”，止舉《師》初爻爲説，《師》六五爻辭荀爽《注》：
“五處中，應二，受任帥師，當上升五。”姚配中所謂“二升居五，乃可
化”，實用荀義。荀義與知莊子合。服退輿尸義爲或説，則服意不謂先縠
應六三之弟子也。

“雖免而歸，必有大咎。”

韓獻子謂桓子曰：

〔疏證〕杜《注》：“獻子，韓厥。”

“彘子以偏師陷，子罪大矣。

〔疏證〕洪亮吉云：“《文選注》引作‘罪孰大焉’。”

“子爲元帥，師不用命，誰之罪也？

“失屬亡師，爲罪已重，不如進也。

〔疏證〕先縠爲中軍佐。屬，猶佐也。杜《注》：“今鄭屬楚，故曰失
屬。”非《傳》意。

“事之不捷，惡有所分。

〔疏證〕杜《注》：“捷，成也。”

“與其專罪，六人同之，不猶愈乎？”

〔疏證〕杜《注》：“三軍皆敗，則六卿同罪。”《讀本》：“韓厥以林父
不能禁止先縠，則不如以大衆渡河。”

師遂濟。

〔疏證〕《晉世家》：“將率離心，卒渡河。”《鄭世家》：“晉將率或欲
渡，或欲還，卒渡河。”

楚子北師次于郔。

〔疏證〕即十一年“王待諸郔”之郔。杜《注》：“郔，鄭北地。”

沈尹將中軍，

〔疏證〕杜《注》：“沈①或作寢。寢，縣也。”洪亮吉云：“《郡國志》：‘汝南郡固始，侯國，故寢也。’”惠棟云：“杜意以孫叔敖封於寢丘，故謂之寢尹。《吕覽·當染篇》：‘荆莊王染於孫叔敖、沈尹蒸。’《注》云：‘孫、沈，其二大夫。’則此沈尹也。”沈欽韓云：“按：叔敖爲令尹，無容不將中軍，而庶尹爲之。《墨子·所染篇》：‘楚莊染於孫叔沈尹。’似沈尹即孫叔敖也。又《吕覽·贊能》云：‘孫叔敖、沈尹莖相與友。’《察傳》云：‘楚莊問孫叔敖于沈尹筮。’《新序·雜事》作‘沈尹竺’。《説苑·雜言》：‘沈尹名聞天下，以爲令尹，而讓孫叔敖。’據諸文，則實有沈尹其人，異説難同，故并存之。”壽曾謂：《吕覽·尊師篇》：“楚莊王師孫叔敖、沈尹巫。”《注》：“沈縣大夫。”按蒸、莖、筮、竺、巫，文皆相近，據高《注》，則沈尹爲沈縣尹，非令尹矣。

子重將左，子反將右，

〔疏證〕杜《注》：“子反，公子側。”

將飲馬於河而歸。

〔疏證〕《晉世家》：“楚已服鄭，欲飲馬於河爲名而去。”

聞晉師既濟，王欲還，

嬖人伍參欲戰。

〔疏證〕武億云：“《孟子》：‘嬖人臧倉者。’《注》：‘嬖人，愛幸小人也。’案《外傳·魯語》：‘十行一嬖大夫。’《注》：‘十行，千人；嬖，下大夫也。’又子産謂子南曰：‘子晳上大夫，汝嬖大夫。’蓋此嬖人，當爲嬖大夫之屬。”據武説，則此嬖人，亦是嬖大夫，其位次於軍大夫矣。《潛夫論·氏姓》：“楚伍氏，芈姓也。”《古今人表》“伍”作“五”。李富孫云：“襄二十六年‘伍舉’，漢《叔敖碑》作‘五’。《昭十九年傳》：‘使伍奢爲之師。’《二十年傳》：‘伍尚歸。’《廣韻》十姥并作五。”杜《注》：“參，伍奢之祖父。”

令尹孫叔敖弗欲，

---

① 科學本注：原稿眉批：“沈在文三年。”

〔疏證〕《吕覽·知分》：“孫叔敖三爲令尹而不喜。”據顧棟高《楚令尹表》，孫叔敖爲令尹，始宣五年，終宣十八年。顧氏謂鬭椒誅於宣四年，叔敖當爲令尹，别無顯證。其三爲令尹，除罷之年，亦不可考。

曰：“昔歲入陳，今兹入鄭，不無事矣。

〔疏證〕不，猶非也。

“戰而不捷，參之肉其足食乎？”

參曰：“若事之捷，孫叔爲無謀矣。不捷，參之肉將在晉軍，可得食乎？”

〔疏證〕據武億説，則伍參爲下大夫，統千人，亦與戰事，故謂當死晉軍也。

令尹南轅，反旆，

〔疏證〕杜《注》：“迴車南鄉。旆，軍前大旗。”

伍參言於王曰：“晉之從政者新，未能行令。

〔疏證〕王應麟《困學紀聞》云：“謂荀林父也。”閻若璩云：“林父從政在本月。”

“其佐先縠剛愎不仁，未肯用命。

〔疏證〕《廣雅·釋□①》：“愎，狠也。”

“其三帥者，專行不獲。

〔疏證〕此總三軍之帥言。杜《注》：“欲專其所行而不得。”案謂三帥權力相侔，所謀扞格也。

“聽而無上，衆誰適從？

〔疏證〕衆，謂三軍之士也。軍士聽命於帥，三卿謀不齊一，是無上也。無上，則不知所從。杜謂“聽彘子、趙同、趙括，則爲軍無上令”，非《傳》意。

---

① 科學本注：原稿闕文，查當作“釋詁”。

“此行也，晉師必敗。

“且君而逃臣，若社稷何？”

〔疏證〕晉侯未親行。

王病之，告令尹改乘轅而北之，

〔疏證〕《鄭世家》：“楚王還擊晉。”

次于管以待之。

〔疏證〕《釋文》：“管城，管叔所封也。管或作菅，非也。”《郡國志》：“河南郡中牟有管城。”杜《注》：“滎陽京縣東北有管城。”與《漢志》合。《水經注》：“不家溝水自梅山北溪東北流逕管城西，故管國也。”顧棟高云：“管城，在今河南開封府鄭州北二里。”

晉師在敖、鄗之間。

〔疏證〕《書序》：“仲丁遷於囂。”《殷本紀》“囂”作“隞”。《車攻》：“薄狩①于敖。”《箋》：“敖，鄭地，今近滎陽。”《郡國志》：“滎陽有敖亭。”劉昭《注》：“‘晉師在敖、鄗之間’。秦立爲敖倉。”與鄭君説合。《水經·濟水注》：“濟水又東逕敖山北。《詩》所謂‘薄狩于敖’也。其山上有城，即殷帝仲丁之所遷也。”則囂隞、敖特音聲之轉。洪亮吉云：“《圖經》滎陽有碻、磝。《晉書》：‘劉裕留向彌守碻、磝即此。’按：碻磝，即敖鄗也”。洪意以磝當敖，以碻當鄗。據《水經·漯水注》：“河水北經碻磝城西。《述征記》曰：‘囂磝，津名也。’”城與津，蓋皆以山得名。囂磝即敖也。

詳輿地之書，多舉敖山，而不及鄗。杜《注》：“敖、鄗二山，在滎陽縣西北。”《釋文》：“鄗，山名。”陸以敖爲山名，書傳多有，弟明鄗也。《方輿紀要》：“敖山，在鄭州河陰縣西二十里。”河陰即滎澤縣析置。沈欽韓云：“《河陰縣志》：‘敖山沿河入境，約二里許，峰巒特起，兩岸壁立，中僅容輪蹄，蓋懷河之門户也。’”據沈引《縣志》，則敖山中有山路，鄗乃敖之支山矣。江永云：“鄗縣是邑名，非河陰縣。今并入開封府滎澤縣。”

鄭皇戌使如晉師，

---

① 科學本注：按“薄狩”各本皆作“搏獸”，劉稿別有所本。

〔疏證〕通行本"戌"作"戌",非。浦鏜云:"凡人名,除定十三年'公叔戌'外,并從'戌亥'之戌。"鄭之皇氏,《世本》無考,杜亦無注。

曰:"鄭之從楚,社稷之故也,未有貳心。

〔疏證〕從楚,鄭請與楚平也,言雖從楚,未有貳心於晉。

"楚師驟勝而驕,其師老矣,而不設備。

〔疏證〕驟勝,謂圍師久而勝也。楚以今年三月圍鄭,六月乃克,故曰"師老"。

"子擊之,鄭師爲承,楚師必敗。"

〔疏證〕《權輿傳》:"承,繼也。鄭許以邀擊楚師也。"《讀本》:"鄭使誘晉。"

彘子曰:"敗楚、服鄭,於此在矣。必許之。"

欒武子曰:

〔疏證〕杜《注》:"武子,欒書。"

"楚自克庸以來,

〔疏證〕《文十六年傳》:"庸人帥群蠻以叛楚,楚子滅庸。"

"其君無日不討國人而訓之,

〔疏證〕馬融《論語注》:"討,治也。"

"于民生之不易、禍至之無日、戒懼之不可以怠;

〔疏證〕《□□①箋》:"于,曰也。""民生"以下,楚君訓國人之辭。

"在軍,無日不討軍實而申儆之,

"于勝之不可保、紂之百克而卒無後,

〔疏證〕"勝之"以下,楚君申儆軍中之辭。杜不釋"百克"。《律書》:

---

① 科學本注:原稿闕文,疑指《詩·六月》篇"王于出征"句。

“夏桀、殷紂，手搏豺狼，足追四馬，勇非微也。百戰克勝，諸侯慴服，權非輕也。”是紂有戰伐之事，故引爲軍誡。《書傳》亡佚，今無以考。《竹書紀年》載紂伐有蘇事，僞書不足信也。

“訓之以若敖、蚡冒，

〔疏證〕杜《注》：“若敖、蚡冒皆楚之先君。”據《楚世家》，若敖爲蚡冒之祖，《文十六年傳》：“先君蚡冒。”杜以蚡冒楚武王父，與《史記》不合，已釋於彼《傳》。

“篳路藍縷，

〔注〕服云：“篳露，柴車，素木輅也。藍蔞，言衣敝壞，其蔞藍藍然。”《楚世家集解》本《疏》。

〔疏證〕杜《注》：“篳路，柴車；藍縷，敝衣。”杜用服説。篳路藍縷，《昭十二年傳》再見。《楚世家》采昭公《傳》，故《集解》引服義釋之，然注例多詳初見，此服《注》當在是年。本《疏》引服虔云：“言其縷破藍藍然。”即此年有服《注》之證。惟脱“敝壞”，“蔞”作“縷”，“縷”下有“破”。洪亮吉、嚴蔚、李貽德皆爲《昭十二年傳注》，今移此年。篳、露、藍、蔞，皆服本異字。本《疏》云：“以荆竹織門，謂之篳門。篳路亦以荆竹編車，故謂篳路爲柴車。”則唐本作“篳”，《疏》以“篳”從竹，强以荆竹釋之，故取服《注》“柴車”之文，不謂木路也。服本之從篳，義亦無考。《楚世家·集解》：“徐廣曰：‘篳一作暴。’”史公所見《左氏》本，又異於服氏。篳、暴雙聲，服稱篳露，疑即暴露義。其車無幨帷屏蔽，故謂柴車，其實路車也。《巾車》五路，五曰木路，《注》：“革路，鞔之以革而漆之，無他飾。至木路，則不鞔之以革，漆之而已。”服以木路無飾，故曰“素木路”，猶禮稱素車矣。《説文》：“綢謂之襤褸。襤，無緣也。”與《方言》合。服之作“蔞”者，蔞、褸音近，得假借。沈欽韓云：“《方言》：‘以布而無緣，敝而紩之，謂之襤褸。’又云：‘楚謂無緣之衣曰襤，紩衣謂之褸。’按：紩，謂縫也。”壽曾按，《方言》又云：“凡人貧衣破醜敝爲藍縷。”詳服“衣敝壞”，當兼“無緣”及“敝而紩”之義。李貽德云：“藍藍，當是漢時方言，服故以狀衣之縷破也。”李氏據《疏》引服，故釋“縷”爲“縷破”。縷破非古義。服《注》“其蔞”，指衣之紩者言之。

“以啓山林。

〔疏證〕《方言》引《傳》"啓"作"启"。《昭二十年傳》："以處草莽，跋涉山林。"

"箴之曰：'民生在勤，勤則不匱。'

〔疏證〕杜《注》："箴，誡。"王應麟《困學紀聞》云："生，如'生於憂患'之生。"梁履繩云："案：勤則不匱，即上年《傳》郤成子所謂'能勤有繼'也。"

"不可謂驕。

"先大夫子犯有言曰：'師直爲壯，曲爲老。'

"我則不德，而徼怨於楚。我曲楚直，

〔疏證〕杜《注》："徼，要也。"

"不可謂老。

"其君之戎，分爲二廣，

〔疏證〕《車僕》："掌戎路之萃，廣車之萃。"《注》："戎路，王在軍所乘也。廣車，橫陳之車也。《春秋傳》曰：'公喪戎路。'又曰：'其君之戎，分爲二廣。'則諸侯戎路，廣車也。"《疏》："以時楚雖僭號爲廣，故知餘諸侯兵車，并以廣車爲之。避天子不得以戎路也。據鄭君《注》及《疏》說，諸侯不得有戎路，但有廣車，楚雖僭王，止用廣車。顧炎武云："其君之戎，謂戎車。"是也。二廣，杜《注》謂"君之親兵"。傅遜云："以其親兵分左右二部，故曰二廣。"

"廣有一卒，卒偏之兩。

〔注〕服云："左右廣各十五乘，百人爲卒，廣有一卒爲承也。五十人爲偏，二十五人曰兩。廣既有一卒爲承，承有偏，偏有兩，故曰：'卒偏之兩。'"《大司馬疏》。或解云："兩屬於偏，云'偏之兩'者，謂偏家之兩。"本《疏》。

〔疏證〕杜《注》："十五乘爲一廣。《司馬法》：百人爲卒，二十五人爲兩，車十五乘爲大偏。今廣十五乘，亦用舊偏法，復以二十五人爲承副。"惠棟云："案：《禮說》言杜氏據《司馬法》以釋偏兩之法。司馬穰苴，齊湣王時人，其所論兵法，與周制異，且與《左氏傳》乖牾不合，當從服虔之說。"洪亮吉云："杜《注》據《司馬法》，與周制不合，當從服説。"

惠氏、洪氏但明服説當從，其杜説異於周制者，未晰言之。百人爲卒，二十五人爲兩，皆司馬序官文，服、杜所據同。《大司法①注》鄭司農云："百人爲卒，二十五人爲兩。"下即引本《傳》爲證。則先鄭説此《傳》，亦據《司馬序官》文也。杜以《周禮》無偏，故引《司馬法》"十五乘爲大偏"釋之。按《傳》，下云："楚子爲乘，廣三十乘，分爲左右。"則十五乘可釋廣，而不可釋偏。以十五乘爲大偏，此是春秋以後車制。若如此説，則《傳》稱"廣有卒百人"，再明廣爲古偏法，殊爲不詞。其尤異於服者，服謂"一卒爲承"，承訓副，謂此百人爲廣車之副，杜乃謂以二十五人承副，乃是承副卒。本《疏》云："兩廣之別，各有一卒之兵百人也。一卒之外，復有十五乘之偏，并二十五人之兩。既言'一卒'，又云'卒偏之兩'。言卒之，成辭婉句耳。"據杜意，偏即廣耳。《疏》謂卒之外，有十五乘之偏，更不分明；謂"之"字婉詞足句或可也。"卒"不與"之"一例。若如《疏》説，則《傳》止是偏兩二字，又釋爲廣兩可乎？《疏》又引劉炫云："兩廣之別，各有一卒百人；一卒外，復有偏。一兩二十五人從之。《兵法》：'十五乘爲偏，偏有一兩從之。'兩是偏家之物，故謂此爲'偏之兩'。其實一廣十五乘，有一百二十五人從之。"此炫説當是《述議》語，其謂"一卒外復有偏，一兩二十五人從之"，即杜《注》"二十五人爲承副"之説。《述議》語不知釋何家《注》。《疏》所引，或解兩屬於偏，似炫説即釋其義。然或解未別兩於偏之外，則仍與服説同。炫或誤會也。或解兩屬於偏，知兩即偏中之人，猶慮讀者不明，又申之云"云偏之兩者，謂偏家之兩"，可謂昭晰之至。《疏》牽於杜説，乃云："一廣之中，實有此偏，非是偏名爲兩。"語意茫昧。又駁之云："按成七年，'以兩之一卒'，亦云'之'字，豈又是兩家之卒？"沈彤云："卒偏之兩，謂卒爲偏法之兩也。兩之一卒，謂充兩法之一卒也。又卒偏之兩者，分其一卒，爲偏法之兩者，四也。偏兩之一，則一偏四兩中之一也。兩字皆指法，不指數，故此處文義當云：廣別有一卒，一卒又四分之，爲偏法之兩。如此而已。非謂一卒外，有二十五人之兩也。'廣有一卒，卒偏之兩'，與桓五年'鄭魚麗之陣，先偏後伍，伍承彌縫'者，數雖異，而法同。彼云先偏後伍，則此云先廣後兩也。彼云伍承彌縫，則此兩承彌縫也。陳用之《禮書》云：'先偏後伍，伍從其偏，卒偏之兩，兩從其偏。

---

① 科學本注："法"字從原稿，按當作"馬"。林按：底本此處缺。

先其車，足以當敵；後其人，足以待變。’亦以爲一法也。”按沈説，可解
《疏》引“兩之一卒”之疑，其駁杜説“卒之外有二十五人”，尤爲諦確，
惟未據服《注》五十人爲偏之義，故釋“偏”仍用杜説。既謂偏是法非數；
因謂兩亦指法，不指數。杜謂“二十五人爲兩”，則以兩爲數，杜與服同，
於服，杜兩無所據矣。且所云“一卒，四分之，爲偏法之兩”，既云四分，
非數乎？謂“與先偏後伍，數異法同”，非以數推較乎？沈説與服義合，
惟牽於偏之非數，致前後説小有矛盾也。

　　李貽德云：“卒百人外，復有偏五十人，偏外復有兩二十五人。一廣
十五乘，有一百七十五人從之。”其説甚誤。又云：“必云卒偏之兩者，猶
《文十一年傳》‘皇父之二子死焉’，以‘之’爲與也。”則深得服義，與
或解尤合。卒偏之兩，謂卒之中，有偏與兩之制耳。《傳》義非隱奧，誤
於杜《注》，致多糾紛。“之”訓爲“與”，見賈氏文十一年《注》。服虔
亦云：“賈君近之。”王引之據成十六年“潘尪之黨”，襄二十三年“申鮮
虞之傅摯”，二“之”字亦訓“與”。詳彼傳《疏證》。此左右廣，每廣用
卒百人，乃戰陳臨時所制，不能與出軍之人數合。知然者，《孔子閒居》：
“家富不過百乘。”《疏》：“諸侯成方十里，出賦之時，雖革車一乘，步卒
七十二人，其臨敵對戰之時，則同鄉法‘五人爲伍，五伍爲兩’之屬也。
故《左傳》云：‘邲之戰，楚廣有一卒，卒偏之兩。’又云：‘兩之一卒，
適吳。’”是臨軍對陣同鄉法也。《牧誓》云：“武王戎車三百兩。”孔《注》：
“一車步卒七十二人。”梁履繩謂《禮疏》説出賦，乃畿外邦國法，與畿内
異，則出軍法也。經云“千夫長”“百夫長”，謂對敵時也。《牧誓序疏》
視《禮疏》爲詳，《疏》云：“若鄉、遂不足，則徵兵于邦國。則《司馬法》
‘六十四井爲甸，計有五百七十六夫，共出長轂一乘，甲士三人，步卒
七十二人。’至於臨敵對戰，布陣之法，則依六鄉軍法，五人爲伍，五伍
爲兩，四兩爲卒，五卒爲旅，五旅爲師，五師爲軍。故《左傳》云：‘先
偏後伍。’又云：‘廣有一卒，卒偏之兩。’非直人數如此，車數亦然，故
《周禮》云：‘及會車之伍。’”鄭云：“車亦有卒伍。”《疏》引鄭説，見
《司右》“合其車之卒伍”《注》。彼《疏》引此《傳》釋之，又引《司馬
法》“二十五乘爲偏，以百二十五乘爲伍”。《注》：“伍重，故百二十乘，
是其車之卒伍也。”而《疏》稱五人爲伍，以下皆《小司徒》文：“六鄉法
者，謂伍當比，兩當閭，卒當族，旅當黨，師當州，軍當鄉，以家出一人
科算也。”據《書疏》，則楚廣止是在王左右之兵車，其全軍之兵車數，亦
用卒、偏、兩、伍之制，故云“謂車數亦然”，比如有車百乘，則亦分爲
五十，再分爲二十五，二十五之中，又分爲五，使各有統攝。若然，則五

乘爲伍。《司馬法》謂"一百二十五乘爲伍"者，亦是春秋以後軍制，其稱二十五乘爲偏，以服《注》五十爲偏例之，亦不合。

"右廣初駕，數及日中；

"左則受之，以至于昏。

〔疏證〕杜無注，後云："右廣雞鳴而駕，日中而説。左則受之，日入而説。"按：此謂駕車嚴備也。馬宗璉云："《五經要義》：'昏，闇也。日入後三刻爲昏。'"

"内官序當其夜，

〔疏證〕《釋文》："一本作'序當其次'。"李富孫云："案：杜《注》：'序，次也。'則作'其次'與上'序'字義複。"沈欽韓云："内官，若中射之士①，見《韓非子》。"邵寶云："若今宿直迓持更也。"

"以待不虞。不可謂無備。

"子良，鄭之良也；師叔，楚之崇也。

〔疏證〕杜《注》："師叔，潘尪，爲楚人所崇貴。"

"師叔入盟，子良在楚，楚、鄭親矣。

"來勸我戰，我克則來，不克遂往，以我卜也！

〔疏證〕勸戰，謂鄭皇戌之辭。卜，卜筮。《疏》云："猶人揲蓍，看卦善惡，而卜其去之與往也。"

"鄭不可從。"

趙同、趙括②曰："率師以來，唯敵是求。

"克敵得屬，

〔疏證〕杜《注》："得屬，服鄭。"

"又何俟？必從彘子！"

---

① 科學本注：沈書作"中射郎尹之屬"。

② 林按："趙同、趙括"二人順序，楊本與此顛倒。

知季曰："原、屏，咎之徒也。"

〔疏證〕杜《注》："知季，莊子也。原，趙同。屏，趙括。徒，黨也。"案：咎，殃咎也。知季先謂彘子雖免而歸，必有大咎。原、屏從彘子説主戰，故曰咎之徒。

趙莊子曰："欒伯善哉！

〔疏證〕杜《注》："莊子，趙朔。欒伯，武子。"

"實其言，必長晉國。"

〔疏證〕杜《注》："實，猶充也。言欒書之身行，能充此言，則當執晉國之政也。"朱駿聲云："杜讀長少之長，謂執國。按云晉國長安也。"按朱説是也。

楚少宰如晉師，

〔疏證〕杜《注》："少宰，官名。"

曰："寡君少遭閔凶，不能文。

〔疏證〕杜《注》："閔，憂也。"按：楚莊王爲穆王子。據《楚世家》，穆王立十二年而卒，莊王立三十一年乃卒，則莊王即位年甚少，故曰"少遭閔凶"。"不能文"謂無文德也。

"聞二先君之出入此行也，

〔疏證〕杜《注》："二先君，楚成王、穆王。"《疏》云："莊十六年，楚始伐鄭，文王之世也。二十八年，子元伐鄭，成王之初也。五年首止之會，鄭伯逃歸。自是以後，復從楚。成王以前，鄭未屬楚，故出入此行，唯成、穆耳。今之莊王，成王孫，穆王子，出入此行，猶往來於鄭。"按：行，指軍行也。

"將鄭是訓定，豈敢求罪於晉？

"二三子毋①淹久！"

〔疏證〕杜《注》："淹，留也。"

---

① 林按："毋"，楊本作"無"。

隨季對曰：“昔平王命我先君文侯曰：‘與鄭夾輔周室，毋廢王命！’

〔疏證〕文侯名仇，穆侯太子。《年表》：“晉穆侯二十七年，穆侯卒，弟殤叔自立，太子仇出奔。殤叔四年，仇攻殺殤叔，立爲文侯。”殤叔四年，當周幽王之元年；其十一年，當周平王之元年，亦鄭武公滑突之元年，文侯蓋與鄭武公同受策命也。

“今鄭不率，

〔疏證〕杜《注》：“率，遵也。”

“寡君使群臣問諸鄭，

“豈敢辱候人？

〔疏證〕《候人》：“若有方治，則率而致於朝。及歸，送之於境。”《候人傳》：“候人，道路迎送賓客者。”陳奐《詩疏》云：“《序官》：‘候人，上士六人，下士十有二人。’彼王朝之官，是上士、下士，則侯國之官。候人當在中士以下。”杜《注》：“候人謂伺候望敵者。”與《周禮》異。按此明不與楚以兵相見，則候人非偵敵之官，猶云不敢以兵力自處。

“敢拜君命之辱。”

彘子以爲諂[①]，

使趙括從而更之，曰：

〔疏證〕彘子以趙括主戰，與己同，故改使括對。

“行人失辭。

〔疏證〕士會上軍將，蓋攜行人之官如楚軍也。

“寡君使群臣遷大國之迹於鄭，

〔疏證〕杜《注》：“遷，徙也。”沈欽韓云：“《吴語注》：‘遷，轉退也。’言欲遷退楚師之迹，無在於鄭。遷或當作迁。《玉篇》：‘迁，且堅切，

———————————

① 林按：“諂”，楊本作“詔”。

行進也。'《佩觿辨證》曰：'《集韻》：撫謂之迁，一曰伺候也，進也，表也。'言使群臣候視大國之迹猶在鄭否。字與遷别，後人疑迁爲遷，改之。"按：沈説是也。杜謂徙迹，非使命之詞。

"曰：'無辟敵！'群臣無所逃命。"

楚子又使求成于晉，晉人許之，盟有日矣。

楚許伯御樂伯，攝叔爲右，以致晉師。

〔疏證〕楚師止書三軍帥。杜《注》云："單車挑戰。"則軍帥不親行，三子，軍大夫之屬矣。《環人》"掌致師"《注》："致師者，致其必戰之志。古者將戰，先使勇力之士犯敵焉。《春秋傳》曰：'楚許伯御樂伯，攝叔爲右，以致晉師。'"鄭未釋"致"字義。《後漢書·荀彧傳》："操與彧議，欲還許以致紹師。"《注》："致，猶至也。《兵法》曰：'善戰者致人，不致於人。'"則致晉師，謂使晉師至也。《魏志·陳留王紀》："詔曰：'致人而不致於人，兵家之上略。'"《晉書·蔡豹傳》："尚書令刁協奏曰：'書云：甯致人，而不致於人，宜頓兵所在，深壘固壁。'"則以守城爲致師，與《傳》言挑戰異。

許伯曰："吾聞致師者，御靡旌、摩壘而還。"

〔注〕旌，一作"斿"。舊注："摩，近也。摩斿，馳也。"《御覽》三百十一。

〔疏證〕《御覽》一百三十五①、三百十一引《傳》，"旌"作"斿"。李富孫云："《玉篇》斿同旌，當爲别體字。"杜《注》："靡旌，驅疾也。摩，近也。"杜本作"旌"，則《御覽》所引非杜説，杜取舊注，而改其字。舊注："靡斿，馳也。"當作"靡斿，馳驅疾也"。杜《注》文當互相補。焦循云："《莊十年傳》：'望其旗靡。'靡者，褒倚也，與此靡同。彼奔疾而旌自靡，此驅疾，自以旌靡之。"沈欽韓云："按：疾驅則轅稍偏，偏則馺，故旌似偃，謂之靡旌也。以《世説》王愷與石崇鬥車事知之。"沈説最得靡旌情事。《釋文》："近，附近之近。"亦是舊説。《廣雅·釋詁》："切、摩，近也。"王念孫云："摩者，宣十二年《左傳》：'摩壘而還。'杜《注》：'摩，近也。'《淮南子·人間訓》云：'物類之相摩近而異門户者，衆而難識也。'磨與摩同。馬融注《繫辭》云：'摩，近也。'鄭注《樂記》：'摩"

---

① 科學本注：卷數誤。

猶迫也。’義并相近。”按：《夏官·量人注》：“軍壁曰壘。”

樂伯曰：“吾聞致師者，左射以菆，

〔注〕舊説：“凡兵車之法，射者在左，御者中，戈、盾在右。菆，矢之善者。”《環人注①》。

〔疏證〕此服虔諸君説也。知然者，《環人注》引此《傳》：“楚許伯、樂伯至，皆行其所聞而復。”《疏》隨文解説，又云：“引之者，證致師之事。”《疏》以鄭君引此傳文，故引舊注釋之。其釋下“御下兩馬，掉鞅而還”，與杜《注》同。《疏》云：“服虔亦云。”梁履繩謂彼《注》并用服《注》，是也。特自“兩”“掉”義外，無服《注》顯證。惠棟、洪亮吉以此“凡兵車”以下四句爲服《注》，未合蓋闕之義。今止題舊説。杜《注》：“左，車左也。菆，矢之善者。”用舊説。舊説欲明車左司射，因并及御者、戈、盾之所在也。洪亮吉云：“鄭玄《儀禮注》：‘蒲菆，牡蒲根也。’按：此則蒲莖之可爲矢者。下《傳》云‘董澤之蒲’是也。杜《注》：‘菆，矢之善者。’蓋望文生訓。”按菆之爲蒲，詳下“董澤之蒲”疏證。此射以菆，猶言射以矢也。菆爲好箭。服、杜義并同。又“菆”，古文作“騶”，均詳下“每射抽矢菆”疏證。

“代御執轡，御下，兩馬、掉鞅而還。”

〔注〕服云：“兩，飾也；掉，正也。”本《疏》。鄭康成引“兩”爲“楴”。《環人注》。舊説：“楴，猶飾也。掉，猶正也。”《環人疏》。

〔疏證〕以御下車，故車左代御執轡。兩、掉，杜用服義。《疏》云：“兩，飾。掉，正。皆無明訓。服虔亦云：‘是相傳爲然也。’”惠棟②云：“鄭康成引作‘楴’。徐仙民曰：‘兩或作楴。’按此則‘兩’本‘楴’字，故服、杜訓爲飾。古文省，故作兩。邵寶以爲掉兩馬之鞅，非也。”案：惠謂鄭引作“楴”，即據《環人注》。徐仙民音見《釋文》，亦云“飾也”。《禮疏》引舊説作“楴”，則服本或與鄭同，《釋文》誤本“摘”作“楴”。《玉篇》“楴”訓松脂。《傳》字必非“楴”。然《説文》無“楴”字。《集韻》：“楴，整飾也。”用服義。《説文》：“飾，刷也。”《釋名·釋言語》：“飾，拭也。”《封人》：“飾其牛牲。”《注》：“飾，謂刷治潔清之也。”本《疏》：“謂隨宜刷刮。”是也。李貽德云：“掉爲正者，正即整。《説文》：‘整，從

---

① 林按：“注”，劉氏誤，查原文當作“疏”。

② 科學本注：惠氏《左傳補注》。

正，正亦聲。’整亦同振，故‘振旅’亦曰‘整旅’。《文選・西京賦》：‘振天維。’薛《注》：‘振，整理也。’”按《隋書・虞世基傳》：“陳主嘗于幕府山校獵，令世基作《講武賦》，于坐奏之曰：‘或掉鞅而直指，或交綏而弗傷。’”則《傳》“掉鞅而還”，謂正鞅而出，又還於軍也。

攝叔曰：“吾聞致師者，右入壘，折馘、執俘而還。”

〔注〕舊説：“死者取左耳曰‘馘’，生者曰‘俘’。執，取之。”《環人疏》。

〔疏證〕《釋詁》：“馘，獲也。俘，取也。”《皇矣》“攸馘安安”《傳》：“不服者，殺而獻其左耳曰‘馘’。”杜《注》：“折馘，斷耳。”用舊説。舊説本毛《傳》。杜不釋“俘”，則不謂馘、俘有死、生之別。《一切經音義》引《國語》賈《注》：“伐國取人曰‘俘’。”，則賈君以俘爲生者也。《殷武》釋文：“俘，囚也。”《泮水》：“在泮獻馘，在泮獻囚。”《傳》：“囚，拘也。”陳奐《詩疏》：“此囚訓拘者，囚與馘對文，馘謂已死，囚謂生者，生拘之，問其辭也。”如陳説，則馘、俘亦對文。

皆行其所聞而復。

〔注〕舊説云：“皆行其所聞之事，而後反。”《環人疏》。

〔疏證〕《環人注》引《傳》，“復”下有“之”，杜無注。據舊説，則復猶反也。許伯、樂伯、攝叔皆云：“吾聞致師。”則古兵家言有致師法。

晉人逐之，左右角之。

〔疏證〕三人致師，蓋一時事，已反其軍，晉人追之也。杜《注》：“張兩角，從旁夾攻之。”

樂伯左射馬，而右射人，

〔疏證〕以晉人從左右來，故左右射。

角不能進，

矢一而已。

〔疏證〕《讀本》：“矢盡，餘一矢。”

麋興於前，射麋麗龜。

〔注〕服云：“麗，著也。龜，背之隆高當心者。”本《疏》。

〔疏證〕杜用服義。《廣雅》："擐、藶，著也。"王念孫云："藶者，附之著也。《說文》：'藶，草木相附麗土而生也。'字通作麗，亦作離。"本《疏》謂："鼀之形，背高而前後下，此'射麋麗鼀'，謂著其高處。"但猶不如其射法之精也。《北史·斛律光傳》："羨及光并工騎射，每日令出田，還，即數所獲，光獲少，必麗鼀達腋。羨獲雖多，非要害之所。光恒蒙賞，羨或被捶。人問其故，云：'明月必背上著箭，豐樂隨處即下手，數雖多，去兄遠矣。'聞者服其言。"詳《光傳》義，凡獵獸必俯射，故以中背爲貴。

晉鮑癸當其後，使攝叔奉麋獻焉，

〔疏證〕癸逐樂伯，故云當其後，樂伯使攝叔下車奉麋。

曰："以歲之非時，獻禽之未至，敢膳諸從者。"

〔疏證〕《獸人》："夏獻麋。"此戰主六月，云"非時"者，以有戰事，非田獵時，獸人不獻禽也。與下"獸人不給於鮮"意同。膳，羞也。

鮑癸止之，曰："其左善射，其右有辭，君子也。"既免。

〔疏證〕止之，謂止其軍士也。杜《注》："止不復逐。"焦循云："既之言盡也，承上其左其右言之。其左善射宜免，其右有辭亦宜免，故盡免之也。'既免'二字，鮑癸止其衆之言。"

晉魏錡求公族，未得，

〔注〕服虔以爲犨子。本《疏》。

〔疏證〕杜《注》："錡，魏犨子。"用服說。《疏》云："《世本》以爲犨孫，《世本》多誤，未必然也。"杜又云："欲爲公族大夫。"

而怒，欲敗晉師。

請致師，弗許。請使，許之。遂往，請戰而還。

楚潘黨逐之，及熒澤，

〔疏證〕杜《注》以黨爲尫子，熒即滎也。《地理志》："河東郡垣，沇水東南至武德入河，軼出滎陽北地中。"案：武德，屬河內郡。又"河南郡滎陽"云："有狼湯渠，首受泲，東南至陳入潁。"《注》："師古曰：'泲，本濟水字。'"據《禹貢》："導沇水東流爲濟"，則沇入河後，乃得濟稱。《水經·濟水注》：“濟水出河東垣縣東。”又云：“又南當鞏縣北，入於河，與河合流，又東過成皋縣北；又東過滎陽縣北，又東至礫谿南，東出過滎澤北。”《注》又“索水”條下引京相璠云：“滎澤在滎陽縣東南與濟隧合。”是濟水在滎陽北境，轉流而東，乃爲滎澤。滎澤實在滎陽之東。胡渭《禹貢錐指》云：“《元和志》：‘滎澤在滎澤縣北四里。’恐誤。《括地志》云：‘滎陽故城，在滎澤縣西南十七里。’今治與隋治皆在其東北。故此澤舊在滎陽縣東。隋、唐至今，則在滎澤縣南也。自東漢時，已塞爲平地，故周徑里數，志家莫能言之。今滎澤南，相傳爲古滎澤，即此也。”案：胡説是也。滎澤縣今屬河南開封府，分滎陽地置縣。江永云：“澤今無水，滎陽人猶謂其地爲滎澤。”

見六麋，射一麋以顧獻，曰：

〔疏證〕錡爲潘黨逐，見麋，射而獻之，《傳》詳其事，不謂視樂伯有優絀。杜《注》：“見六得一，言其不如楚。”非《傳》意。顧，反顧也。

“子有軍事，獸人無乃不給於鮮？

〔疏證〕《獸人》：“掌罟田獸。”《益稷》孔氏傳：“鳥獸新殺曰鮮。”杜《注》同。

“敢獻于從者。”

叔黨命去之。

〔疏證〕杜《注》：“叔黨，潘黨。”

趙旃求卿未得，

〔疏證〕杜《注》：“旃，趙穿子。”

且怒於失楚之致師者。

請挑戰，弗許。

〔疏證〕杜無注。惠棟云：“李奇曰：‘挑身獨戰，不復須衆也。挑，音徒了反。’薛瓚曰：‘挑戰，擿嬈敵求戰，古謂之致師。’”惠所引，見《漢書·高帝紀注》，李、薛説不同。薛釋挑意是，但晉已行致師，則此撓戰，非致師也。洪亮吉云：“挑，撓也。一曰擸爭也。《廣雅》：‘誂，嬈也。’挑、誂、撓、嬈字并通。”洪用瓚説。《吳語》：“今夕必挑戰，以廣民心。”

《注》："挑晉求戰，以廣大民心，示不懼也。"《楚策》："一兵不如者，勿與挑戰。"則挑戰亦成軍以出，與致師以一乘往者不同。其謂獨戰爲挑戰，蓋楚、漢之際事矣。

請召盟，許之，

〔疏證〕召楚而爲盟也。

與魏錡皆命而往。

〔疏證〕《傳》已稱錡爲潘黨所逐，此稱同命而往，溯前而言。

郤獻子曰："二感①往矣，

〔疏證〕杜《注》："獻子，郤克。"通本"感"作"憾"，《釋文》亦作"憾"，皆後人改之，與宋本違。感，古憾字。《南史·武陵王紀傳》："初，楊乾運求爲梁州刺史，不得，紀以爲潼州刺史。楊法深求爲黎州刺史，亦不得，以爲沙州刺史。二憾不獲所請，各遣使通西魏。"

"弗備，必敗。"

彘子曰："鄭人勸戰，弗敢從也；楚人求成，弗能好也。

"師無成命，多備何爲？"

〔疏證〕成，猶一成不易之成。

士季曰："備之善。

"若二子怒楚，楚人乘我，喪師無日矣，

〔注〕賈云："乘，陵也。"《國語注》。

〔疏證〕杜《注》："乘，猶登也。"與賈異。惠棟云："陵，亦侵也。"洪亮吉云："杜《注》似非。"

"不如備之。

"楚之無惡，除備而盟，何損於好？若以惡來，有備不敗。且雖諸侯相見，軍衛不徹，警也。"

———————————

① 林按："感"，楊本作"憾"。

〔疏證〕此當出古諸侯相見禮。《禮經》已亡，其軍衛之制無攷。

彘子不可。

士季使鞏朔、韓穿帥七覆於敖前，

〔疏證〕士季，上軍將，故使其軍大夫。杜《注》："帥，將也。覆爲伏兵七處。"《水經·濟水注》："礫石谿水出滎陽城西南李澤，東北流，歷敖山南。《春秋》晉、楚之戰，設覆於敖前。"敖山，已釋於敖、鄗之間。

故上軍不敗。

趙嬰齊使其徒先具舟於河，故敗而先濟。

〔疏證〕據"使其徒"，則軍大夫各有所統。顧炎武云："《傳》因士季語，竟言之。"

潘黨既逐魏錡，

〔疏證〕杜《注》："言魏錡見逐而退。"案：錡之退，晉軍蓋未知，故下稱"以軘車逆二子"。

趙旃夜至於楚軍，

〔疏證〕錡已逐，不得達命，故惟明旃至楚軍之事。杜《注》："二人雖俱受命，而行不相隨。趙旃以後至。"非也。

席於軍門之外，使其徒入之。

〔疏證〕杜《注》："布席坐，亦無所畏也。"按：旃使其人入楚軍，達召盟之命。

楚子爲乘廣三十乘，分爲左右。

〔疏證〕此即上稱楚君之戎分爲二廣也。左、右廣各十五乘，與偏法無涉。傅粲云："兵法十五乘爲偏，今楚用舊法，而易其名。"蓋用杜《注》卒偏之兩義，非《傳》義。上疏證已具。

右廣雞鳴而駕，日中而說；

〔疏證〕《典路》"與其用說"《注》鄭司農云："說，謂舍車也。《春秋傳》曰：'雞鳴而駕，日中而說。'"杜《注》"說，舍也"，用先鄭義，猶上稱以至日中也。

左則受之，日入而説。

〔疏證〕猶上稱以至於昏也。

許偃御右廣，養由基爲右；

〔疏證〕班固《東都賦》“由”作“游”，《注》：“游與由同。”《淮南·説山訓》“基”作“其”。李富孫云：“《詩》‘夙夜基命宥密’，《孔子閒居》引作‘其命’，古從省，通。”案《淮南注》：“由其，楚王之臣，養姓。”《周策注》亦云：“養姓，由基名，楚之善射人也。”《水經·汝水注》引京相璠云：“襄城郟縣西南，有養水，由基之邑。”梁履繩云：“昭三十年，楚逆吳公子，使居養。疑由基即食邑於此，故以邑爲氏。襄十三年稱養叔，即其字。”梁氏蓋據京相説，與高誘以爲養姓異。

彭名御左廣，屈蕩爲右。

〔疏證〕杜《注》：“楚王更迭載之，故各有御、右。”

乙卯，王乘左廣以逐趙旃。

〔疏證〕乙卯，即趙旃至楚軍之夜也。楚史書其日，故《傳》據之。《讀本》：“楚王追趙旃時爲日入，乘左廣。”

趙旃棄車而走林，

〔疏證〕《讀本》：“趙旃以昏時走。”

屈蕩搏之，得其甲裳。

〔疏證〕《考工記疏》引《傳》，“得”作“棄”。杜《注》：“下曰裳。”未釋甲字義。《廣雅·釋器》：“錙、甲、介，鎧也。”王念孫云：“《釋名》：‘鎧，猶塏也。塏，堅重之言也。或謂之甲，似物有孚甲，以自禦也。’凡甲，聚衆札爲之，謂之旅。上旅爲衣，下旅爲裳。《考工記·函人》云：‘權其下旅，而重各一。’宣十二年《左傳》云：‘得其甲裳。’”按：王氏“聚札爲旅”義本《考工記疏》，《疏》云：“以札衆多，故言旅。”《隋書·虞世基傳》：“世基作《講武賦》曰：‘中小枝於戟刃，徹蹲札於甲裳。’”

晉人懼二子之怒楚師也，

〔注〕舊注：“魏錡，趙旃。”《御覽》七百七十二。

使軘車逆之。

〔注〕服云：“軘車，屯守之車。”本《疏》。

〔疏證〕《車僕》五戎無軘車。《説文》：“軘，兵車也。”杜用許説。《疏》云：“襄十一年，‘鄭人賂晉侯以廣車、軘車，淳十五乘，甲兵備’。甲兵從之，是兵車明矣。”《疏》蓋疑服“屯守”説非。然詳服意，亦以軘車爲兵車，但是守車，非戰車耳。李貽德云：“服以字從屯，故云‘屯守之車’，從指事之義。《文選·東都賦》：‘陳師按屯。’《注》：‘臣瓚引律説：勒民而守曰屯。’”

潘黨望其塵，

〔疏證〕惠棟云：“《孫子·行軍篇》：‘塵高而鋭者，車乘也。’”《讀本》：“旃夜至楚軍，謂將夜時，時猶見軘車之塵。”

使騁而告曰：“晉師至矣！”

〔疏證〕黨使人告楚王於左廣。

楚人亦懼王之入晉軍也，遂出陳。

孫叔曰：“進之！寧我薄人，無人薄我。《詩》云：‘元戎十乘，以先啓行’，先人也。

〔疏證〕引《詩·六月》文，《傳》云：“元，大也。夏后氏鉤車，先正也。殷曰寅車，先疾也。周曰元戎，先良也。”《箋》：“鉤，鉤鑿。行曲直有正也。寅，進也。二者及元戎皆可以先前啓突敵陣之前行。其制之異同未聞。”陳奐《詩疏》：“《史記·三王世家》裴駰①《集解》引《韓詩章句》：‘元戎，大戎，謂兵車也。車有大戎十乘，謂車縵輪，馬被甲，衡扼之上，盡有劍戟，名曰陷軍之車，所以冒突先啓敵家之行伍也。’《箋》云：‘先前啓突敵陣之前行。’鄭從《韓詩》義。”按：杜《注》：“元戎，戎車在前也。《詩·小雅》，言王者軍行，必戎車十乘，在前開道，先入爲備。”全用鄭義。陳氏明鄭用《韓詩》。詳《傳》以元戎爲先良，良即選鋒

---

① 林按：“駰”，劉氏誤作“細”，據陳奐《詩毛氏傳疏》回改。

之士。韓蓋與毛同。《傳》釋“先”爲先人，謂先敵人而啓突之。

“《軍志》曰‘先人有奪人之心’，薄之也。”

〔疏證〕杜《注》：“奪敵戰心。”

遂疾進師，車馳卒奔，乘晉軍。

〔疏證〕乘，猶陵也，如晉人乘我之乘。

桓子不知所爲，

鼓於軍中曰：“先濟者有賞！”

中軍、下軍爭舟，

〔疏證〕江永云：“今按《水經注》，爭舟之處在今卷縣北，卷縣故城在今懷慶原武縣北。”

舟中之指可掬也。

〔疏證〕《説文》：“在手曰匊，從勹米。”徐鉉等曰：“今俗作掬，非是。”據大徐説，則《傳》當從匊。杜《注》：“兩手曰掬。”非許義。《晉世家》：“晉軍敗，走河，爭度，船中人指甚衆。”

晉師右移，上軍未動。

〔疏證〕杜《注》：“言餘軍皆移去，唯上軍在。”本《疏》：“晉之三軍，上軍在左，中軍在中，下軍在右。言晉之中軍、下軍敗走，在上軍之右者皆移，唯上軍未動。”《疏》釋“右移”，視杜《注》爲分明。

工尹齊將右拒卒以逐下軍。

〔疏證〕《釋文》：“拒，本亦作矩。”杜《注》：“工尹齊，楚大夫；右拒，陳名。”案：據作“矩”之本，則右矩爲方陳也。此時晉中軍、下軍已亂，謂下軍者，以右移者言。

楚子使唐狡與蔡鳩居告唐惠侯，

〔疏證〕杜《注》：“二子，楚大夫。唐，楚之屬國。”按：《晉世家》：“周武王崩，成王立，唐有亂，周公誅滅唐。”《索隱》：“唐本堯後，封在夏墟。及成王滅唐之後，乃分徙之於許、郢之間，故春秋有唐成公。”據

《傳》，宜數此唐惠侯，裴氏之疏也。《地理志》：“南陽郡春陵縣，有上唐鄉，故唐國。”杜《注》：“義陽安昌縣東南，有上唐鄉。”與班《志》小異。江永云：“今按：晉義陽安昌縣，今河南南陽府鎮平縣也。又今南陽府唐縣，本唐之唐州，蓋亦古之唐國。”按：江説是也。《漢志》春陵在今襄陽府棗陽縣東。《一統志》：“故唐城在德安府隨州西北九十五里，唐侯國。”蓋今湖北之隨、棗，河南之新鄧，皆古唐國也。本《疏》云：“此未戰之前告。”

曰：“不穀不德而貪，以遇大敵，不穀之罪也。

“然楚不克，君之羞也。

“敢藉君靈，以濟楚師。”

〔注〕服云：“藉，借也。”《漢書□□□①注》

〔疏證〕杜《注》：“藉，猶假借也。”用服説。

使潘黨率游闕四十乘，

〔疏證〕《車僕注》引《傳》，“率”作“帥”，“游”作“斿”。斿，古游字。杜《注》：“游車補闕者。”惠棟云：“游、闕，游車，闕車也。《外傳》曰：‘戎車待游車之裂②。’《周禮·車僕》有‘闕車之倅’。”惠氏以游、闕爲兩種車，其引《外傳》，見《齊語》，彼《注》云：“游車，游戲之車。”韋義，他無所證。車不可蒙游戲之名，疑其不然。蓋游車，猶今游擊之師，臨陣有調發，以濟正軍之不足，故名游闕也。杜《注》用《周禮》“闕車”義。沈欽韓云：“《周禮·車僕注》：‘闕車，所用補闕之車。’《六韜·軍用篇》：‘大扶胥衝車三十六乘，螳螂武士共載，可以擊縱橫，敗強敵。’”沈氏謂游闕即闕車，是也。《晉書·載記·吕光傳》：“光伐龜兹，諸將咸欲每營結陣，案兵以距之。光曰：‘彼衆我寡，營又相遠，勢分力散，非良策也。’于是遷營相接，陣爲鉤鏁之法，精騎爲游軍，彌縫其闕。戰于城西，大敗之。”亦用杜義。

從唐侯以爲左拒，以從上軍。

〔疏證〕從，猶逐也。

---

① 科學本注：原稿闕文，查係《文帝紀》。
② 科學本注：“裂”字本亦作“袋”。

駒伯曰："待諸乎？"

〔疏證〕杜《注》："駒伯，郤克，上軍佐也。"惠棟云："郤錡，字駒伯，克之子也。大夫門子，得從父於軍。鄢陵之戰，范匄從文子於軍，此其證。"洪亮吉云："此亦不必遠引，即此《傳》知罃，知莊子之子，從其父在軍，爲楚所獲，又逢大夫與其二子乘，皆是顯證。杜氏以爲郤克，疏矣。"王引之云："'待諸'者，禦之也。時上軍未動，故郤克欲禦楚師。《魯語》：'帥大讎以憚小國，其誰云待之？'《楚語》：'其獨何力以待之？'韋《注》并曰：'待，禦也。'"按：王氏釋"待諸"，是也；其謂駒伯即郤克，仍沿杜《注》之誤。

隨季曰："楚師方壯，若萃於我，吾師必盡，

〔疏證〕杜《注》："萃，集也。"

"不如收而去之。分謗生民，不亦可乎？"殿其卒而退，不敗。

〔疏證〕王引之云："士會以寡不敵衆，故收兵而退也。"

王見右廣，將從之乘。屈蕩户之，

〔疏證〕户之，各本作"尸之"，非也。《校勘記》云："《漢書·王嘉傳注》《文選·范蔚宗〈宦者傳論〉注》引并作'户'。錢大昕《跋余仁仲校刻〈左傳〉本》云：'家藏《淳熙九經》及長平游御史本、巾箱小本，俱作户字。'"惠棟云："《爾雅》：'户，止也。'《昭十七年傳》：'扈民無淫。'是古皆訓户爲止也，淳熙《正義》亦作户也。"洪亮吉云："户、扈通用。"沈欽韓云："《王嘉傳》：'坐户殿門失闌免。'[1]蘇轍《欒城集·次子瞻石芝韻詩》亦引此《傳》'户之'，可知宋本不誤也。"顧炎武云："古人以守户之人，謂之户者，取其能止人也。《漢書·樊噲傳》：'詔户者無得入群臣。'《唐書·李紳傳》：'擊大毬，户官道，車馬不敢前。'"文淇案，《宋書·沈文季傳》："父慶之爲景和所殺，兵杖圍宅，收捕諸子。文季揮刀馳馬去，收者不敢户，遂得免。"亦以"户"爲止義。壽曾曰：杜《注》"户，止"，用《小爾雅》義。《説文繫傳·邑部》引作"扈"，則宋又有作"扈"之本，與《昭十七年傳》"扈民"字同。"扈，止"爲本義。户爲扈省。門户之户，引申義也。《説文》："户，護也。"朱駿聲云："户

----

[1] 林按："王嘉傳"此句見於沈欽韓所引。

所以限隔，故轉而訓止。"非。

曰："君以此始，亦必以終。"

〔疏證〕《文選·宦者傳論注》引作"必以此終"。杜《注》："軍中易乘，則恐軍人惑。"

自是楚之乘廣先左。

〔疏證〕終言之也。杜《注》："以乘左得勝故。"《疏》云："《桓八年傳》云'楚人尚左，君必左'者，謂置車尚左，故君在左，此言先左，謂乘廣先左耳。"

晉人或以廣隊，不能進，

〔疏證〕杜《注》："廣，兵車。"杜謂晉之兵車亦名廣也。《疏》云："下云'拔斾投衡'，蓋是晉人在軍之前載斾之車。"《説文》阜下引"隊"作"墜"，釋爲"廣車陷"，則賈君本作"墜"。《讀本》："時晉敗，軍有廣車墜陷者。"

楚人惎之，

〔疏證〕惠棟云："《説文》引作'楚人畁之'，云：'舉也。'黃顥説：'廣車陷，楚人爲舉之。'按此，則'惎'當爲'畁'，杜氏所據本與許所據不同。傅遜謂'楚人將毒害之，而晉人乃脱扃、拔斾、投衡而出'，非也。"按：惠説是也。《説文》："惎，毒也。"此傅遜説所出。顧炎武從傅説，引定四年"管、蔡啓商，惎閒王室"爲證。顧棟高亦云："惎字當依《説文》作'毒'字解。"皆不知舊本傳文是"畁"，非"惎"也。若審是毒害義，則下"不如大國數奔"之譴，意何取乎？許君所見本，既作"楚人畁之"，賈君本亦當然。黃顥説蓋出《左氏》先師矣。沈欽韓云："《玉篇·收部》：'畁，渠記、渠其二切，舉也。'"亦用許君訓。杜《注》："惎，教也。"本《小爾雅》。《疏》云："脱扃、拔斾，皆是教人之語，知惎爲教也。"詳《疏》意，則杜訓"惎"爲教，以意言，非用舊説。顧棟高謂"兩軍相敵，無教敵人出險之理"，是也。然詳黃顥説，則楚人助晉人舉其車，但無口語。杜氏以舊説有助舉車，遂謂脱扃、拔斾、投衡皆楚人教之。朱駿聲云"惎讀爲諅"，亦不察"惎"爲誤字。

脱扃。

〔注〕服云："扄，横木校輪間，一曰車前横木也。"《釋文》、本《疏》。

〔疏證〕杜《注》："車上兵蘭。"《疏》引服《注》云："扄，横木。有横木投於輪間。一曰扄，車前横木。"《釋文》單行本"投於"作"校"，義長，今依之。《注疏》本引《釋文》作"投輪間"，亦誤。沈欽韓云："《士昏禮注》：'扄，所以扛鼎。'張衡《西京賦》：'旗不脫扄。'薛綜《注》：'扄所以止旗。'①然此下有拔斾、投衡之事，則脫扄不得爲止旗之横木也。服云'輪間横木'，是也。"沈氏駁薛綜"止旗"之說，本《疏》正據之以說杜《注》"兵蘭"義。謂服《注》"各以意言，皆無明證"。又云："杜云兵蘭，蓋横木車前，以約車上兵器，慮其落也。隊坑，則横木有礙，故不能進。"則杜《注》蓋取服《注》後一說也。《疏》未分析，竟若杜自爲說。沈氏亦缺引。服《注》之例，凡稱"一曰"，多廣異聞。服義仍主"横木校輪"也。《曲禮》"入户奉扄"，《注》："奉扄，敬也。"鄭君不釋扄制，彼《疏》云："奉扄之說，事有多家。今謂禮有鼎扄，所以關鼎。今關户之木，與關鼎相似，亦得稱扄。"則關鼎、關户之木，皆謂之扄。車之有扄，義亦從之。沈氏引"鼎扄"爲證，是也。《說文》："關，以木横持門户也。"又云："横闌木也。"此校輪之木，《輿人》等職未詳。《雜記》："叔孫武叔朝，見輪人以其杖關轂而輠輪者。"禮譏其用杖。則關轂當有木。服言"校輪"，即關轂也。《小爾雅》："校，交也。"蓋交午之義。

少進，馬還，又惎之，

〔疏證〕杜《注》："還，便旋不進。"文淇案：惎亦當作"畁"。

拔斾投衡，乃出。

〔疏證〕黄承吉云："杜解拔斾投衡，謂拔斾投衡上，使不帆風，差輕。斾乃大旗，若使置臥衡上，則斾愈横長，拖逼馬首，勢更阻於帆風，豈能反便登陀？蓋拔斾、投衡，自是兩事，謂拔去斾，又拔去衡；投者，投之車外，與拔斾互文。拔者亦投，投者亦拔，去此兩物於車外，則車輕馬便，乃可得出。車陷而不能進，正須多人助力，移舉車上機礙重物，以爲釋卸輕便之地，即今道路陷車之情狀。或謂衡既投去，何從縛轅？按皇侃《論語疏》云：'即時車軶用曲木，駕于牛脰，仍縛扼兩頭著兩轅。古時先取一横木，縛著轅兩頭，又別取曲木爲扼，縛著横木，以駕牛脰。'是則無横木時，扼木亦可自轅上。皇侃又引鄭《注》云：'輗穿轅端著之，

---

① 林按：劉氏節引沈氏引文，原作"扄，關也。建旗車上，有關制之，令不動搖"。

軏因轅端著之。’是輗軏所以持衡，而皆在轅。蓋輗即可以牽貫輗軏，故是時雖去衡，而輗遂暫著於轅，俟既出，然後復衡耳。”

顧曰：“吾不如大國之數奔也。”

〔疏證〕《讀本》：“舉車出陷，此楚之愚人，蓋宋狂狡之比，而晉乃反謔之曰：‘出陷多智，大國數數奔逃乃如此。’”

趙旃以其良馬二濟其兄與叔父，

〔疏證〕范照藜云：“二人名皆不傳。”案：此旃已過左廣奔還晉軍時事，故下云“以他馬反”也。

以他馬反。遇敵不能去，棄車而走林。

〔疏證〕旃入楚軍後，《傳》已稱“棄車而走林”，《傳》欲明逢大夫二子死事，故再及。

逢大夫與其二子乘，

〔疏證〕杜《注》：“逢，氏。”

謂其二子無顧。

顧曰：“趙傁在後。”

〔疏證〕惠棟云：“傁與叟同，見《無極山碑》。《說文》作‘叜’、云‘叜’或作‘傻’。”《校勘記》云：“按：《五經文字》云：‘傻與叟同，見《春秋傳》。’”按《說文》：“叜，老也。”《孟子》趙《注》：“叟，長老之稱，猶父也。”

怒之，使下，指木曰：“尸女於是。”

〔疏證〕杜無注。《穀梁·僖三十三年傳注》：“尸女者，收女尸。”

授趙旃綏，以免。

〔疏證〕車乘載重，則不能馳，故下其子，而授旃綏，使登車。

明日，以表尸之，

〔疏證〕杜《注》：“表所指木，取其尸。”《後漢書·蓋勳傳》：“指木表曰：‘必尸我於此。’”《注》：“表，標也。”

皆重獲在木下。

〔疏證〕《大車》：“祇自重兮。”《傳》：“重，猶累也。”杜《注》：“兄弟累尸而死。”用毛義。焦循云：“按：獲之言得也，謂二子皆尋得在所表木下。加一‘重’字，明其尸相累，若曰皆得之，而重在木下，云‘皆重獲在木下’，古人屬文之奧也。《正義》以‘獲’爲‘被殺’之名，非。”按《□□①箋》：“獲，得也。”此焦氏所據。《定公九年傳》：“得焉曰獲。”

楚熊負羈囚知罃，

〔疏證〕杜《注》：“負羈，楚大夫；知罃，知莊子之子。”

知莊子以其族反之，

〔疏證〕杜《注》：“族，家兵。反，還戰。”朱駿聲云：“按：族，猶屬也，與《僖二十八年傳》‘中軍公族’，《成十六年傳》‘中軍王族’同。”俞樾云：“族者，部屬也，字從㫃、從矢。㫃，所以指麾也。矢，所自衛也。《楚語》曰：‘皆在中軍王族而已。’韋昭《注》曰：‘族，部屬也。’此説得之。《文二年傳》‘以屬馳秦師’，《宣十七年傳》‘請以私屬’，‘屬’皆‘族’之假借字。凡親屬，字皆當作屬，今相承作‘族’。部族，皆當作‘族’，今相承作‘屬’。”

厨武子御，下軍之士多從之。

〔疏證〕杜《注》：“武子，魏錡。”洪亮吉云：“按：厨，當屬武子采邑。《僖十六年傳》：‘秋，侵晉取狐厨。’杜《注》：‘平陽臨汾縣西北有狐谷亭。’則厨又別一地可知。彼《注》云：‘狐厨、受鐸、昆都，晉三邑。’亦以意定之，或不止三也。”

每射，抽矢菆，納諸厨子之房。

〔注〕服云：“菆，好箭。”《既夕·記疏》②。

〔疏證〕《廣雅》：“抽，拔也。”惠棟云：“《既夕注》：‘古文菆作騶。’《漢書·晁錯傳》云：‘材官騶發，矢道同的。’如淳曰：‘騶，矢

---

① 科學本注：原稿闕文，疑指《綠衣》“實獲我心”句。
② 科學本注：“記”字當作“禮”。

也。'小顔曰：'翳，謂善矢。《左氏傳》作萩字，其音同耳。'則知古萩字作'翳'。"《校勘記》云："翳，自是假借字。萩，正字。"文淇案：《既夕禮》云："御以蒲萩。"鄭《注》云："蒲萩，牡蒲莖也。"賈公彥云："據《左氏傳》，蒲非直得策馬，亦爲矢幹。"是鄭以萩爲矢幹。如淳依鄭説，是也。服、鄭義同。服《注》見《既夕禮》單疏本所引，毛本作杜《注》，下蒲《注》同。杜又云："房，箭舍。"

厨子怒曰："非子之求，而蒲之愛，

〔注〕服云："蒲，楊柳，可以爲箭。"《既夕·記注》[①]。

〔疏證〕杜用服説。沈欽韓云："《揚之水箋》：'蒲，蒲柳。'陸璣《疏》：'蒲柳有兩種，皮正青者，曰小楊；其一種皮紅者，曰大楊。其葉皆長廣似柳，皆可以爲箭幹，故《春秋》曰："董澤之蒲，可勝既乎？"'按：鄭《注》云'牡蒲'者，赤楊也，其幹尤堅直者。"沈引鄭説，見《既夕注》。《揚之水傳》云："蒲，草名。"陸璣《疏》以爲似柳，則亦以爲草名，惟服氏與鄭君合。

"董澤之蒲，可勝既乎？"

〔注〕舊注："董，澤名，在河東聞喜縣。"《御覽》三百五十。

〔疏證〕《郡國志》："河東郡聞喜，有董池陂，古董澤。"與舊注同。顧棟高云："今山西絳州聞喜縣東北三十五里，有董氏陂，中產楊柳，可以爲箭。又名絭龍池，即禹封董氏豢龍之所也。"據顧説，則蒲爲楊柳，以今地目驗者知之，與鄭君説合。葉隆禮《遼志》："西樓有蒲，瀕水叢生，一幹葉如柳，而長不過尋丈。用以作箭，不矯作而堅。《左氏傳》所謂'董澤之蒲'是也。"葉氏所稱，蓋非蒲而强名爲蒲，地壤又隔，不足證董澤。本《疏》云："重物不可舉者，謂之不勝，用之不可盡者，亦言不勝。史傳多有其事。"《疏》説"可勝"意不誤，其謂"既"爲"盡"，則用杜《注》。案《廣雅》："摡、扱，取也。"王念孫云："《玉篇》：'摡，許氣切。'引《召南·摽有梅》'傾筐摡之'，今本作'墍'。毛《傳》：'墍，取也。'宣十二年《左傳》：'董澤之蒲，可勝既乎。'杜預《注》：'既，盡也。'按既亦與摡通，言董澤之蒲，不可勝取也。"洪亮吉云："墍、既古字同。"王氏、洪氏皆謂"既"當訓取，則"可勝既乎"，猶言不勝取也。杜就"既"本字訓爲"盡"，非。胡渭云："董澤之蒲，中矢笴，禹時

---

① 科學本注：同前。林按："注"當作"疏"。

在甸服，故無貢。"

知季曰："不以人子，吾子其可得乎？

〔疏證〕謂知罃。

"吾不可以苟射故也。"

射連尹襄老，獲之，遂載其尸。

〔疏證〕《楚語注》："連尹，楚官名。"洪亮吉云："連，楚地，城名，襄老當爲此地之尹，故以官稱之也。《楚語》有雲連徒洲。《漢書·地理志》長沙國連縣，唐時爲連州。"

射公子穀臣，囚之。以二者還。

〔疏證〕《晉語》："獲楚公子穀臣與連尹襄老，以免子羽。"《注》："子羽，知莊子之子，罃之字也。"據《外傳》，則知罃以戰時逃歸，可補《傳》闕。

及昏，楚師軍於邲。晉之餘師不能軍，

〔疏證〕《晉世家》："鄭新附楚，畏之，反助楚攻晉。"《鄭世家》亦云："鄭反助楚。"傳文不具。

宵濟，亦終夜有聲。

〔疏證〕杜《注》："言其兵衆，將不能用。"顧炎武云："言其軍囂，無復部伍。杜解非。"

丙辰，楚重至於邲，

〔疏證〕杜《注》："重，輜重也。"《疏》云："輜重載器物糧食，常在軍後，故乙卯日戰，丙辰始至於邲也。"沈欽韓云："曹操《孫子注》：'革車，重車也。'杜牧曰：'革車，重車也。載器械、財貨、衣裝也。'按：軍行，輜重在後，故《孫子·軍爭篇》：'委軍而爭利，則輜重捐。'《尉繚子》所謂'興軍去大軍一倍其道'者也。"按：沈説是也。

遂次于衡雍。

〔疏證〕《楚世家》："晉救鄭，與楚戰，大敗晉師河上，遂至衡雍而

歸。”《鄭世家》：“楚大破晉軍於河上。”沈欽韓云：“《韓非子》：‘莊王
既勝，狩於河雍。’即衡雍也。《釋水》：‘水自河出爲灉。’邵晉涵《爾
雅正義》：‘楚莊之河雍，是莨蕩渠初出之灉也。’《水經注》：‘河水又東
逕卷縣北，晉軍爭濟，楚莊告河，即是處也。’”馬宗璉云：“衡雍在卷
縣，故酈道元云：‘祀于河，在卷縣北。’”案：卷縣在今河南懷慶府原
武縣北。

潘黨曰：“君盍築武軍，

〔疏證〕《翟義傳》：“莽下詔曰：‘蓋聞古者伐不敬，取其鯨鯢，築武
軍，封以爲大戮，于是乎有京觀，以懲淫慝。乃者反虜劉信、翟義詿逆作
亂于東，而芒竹群盜趙明、霍鴻①造逆西土，遺武將征討，咸伏其辜。惟
信、義等始發自濮陽，結姦無鹽，殄滅于圉。趙明依阻槐里環隉，霍鴻負
倚鼇屋、芒竹，咸用破碎，亡有餘類。其取反虜逆賊之鱷鯢，聚之通路之
旁。濮陽、無鹽、圉、槐里、鼇屋，凡五所，各方六丈，高六尺，築爲武
軍，封以爲大戮，薦樹之棘，建表木高丈六尺。書曰“反虜逆賊鱷鯢”，
在所長吏常以秋循行，勿令壞敗，以懲淫慝焉。’”據莽《詔書》，其築武
軍封，當采劉歆說。京觀即在武軍之上也。杜《注》：“築軍營以章武功。”
分武軍、京觀爲二，非古義。

“而收晉尸，以爲京觀？

〔疏證〕杜《注》：“積尸封土其上，謂之京觀。”按《漢書·翟義傳
注》師古曰：“京，高丘也。觀，謂如闕形也。”單言之，亦曰京。《吕
覽·不廣篇》：“齊攻廩丘，趙使孔青將死士而救之，與齊人戰，大敗之，
齊將死。得車二千，得尸三萬，以爲二京。”《淮南·覽冥訓》：“掘墳墓，
揚人骸，大衝車，高重京。”則京觀亦可止稱京。據杜《注》謂“積尸封
土”，《淮南》謂“掘墳墓、揚人骸”者。唐太宗令諸州剗削京觀，詔云：
“季葉馳競，恃力肆威，鋒刃之下，恣情翦馘，血流漂杵，方稱快意。尸
如亂麻，自以爲武。露骸封土，多崇京觀，徒見安忍之心，未宏掩骸之
禮。静言念此，憫歎良深。但是諸州有京觀處，無問新舊，宜悉剗削，加
土爲墳，掩蔽枯朽，勿令暴露。”是京觀之制，露骸封土也。杜《注》未
盡其義。

"臣聞克敵必示子孫，以無忘武功。"

楚子曰："非爾所知也。

"夫文，止戈爲武。

〔疏證〕杜《注》："文，字。"《説文》："武，楚莊王曰：'夫武，定功戢兵，故止戈爲武。'"段玉裁云："《宣十二年傳》文，此隐括楚莊王語，以解武義。莊王曰：'夫文，止戈爲武。'是倉頡所造古文也。祇取'定功戢兵'者，以合於止戈之義也。文之會意已明，故不言從止戈。"案：段以武爲會意字者，許君序云："會意者，比類合誼，以見指撝，武、信是也。"段氏又云："凡會意之字，曰'從人言'，曰'從止戈'，人言、止戈皆聯屬成文。"按《漢書·武五子傳》："是以倉頡作書，止戈爲武；聖人以武禁亂①整亂，止息干戈，非以爲殘而興縱之也。"全據此《傳》義。以武爲倉頡書，當是《左氏》舊説。《晉書·郄詵傳》："詵對策曰：'止戈而武，義實在文。惟任賢然，後無患耳。'"蓋取《傳》"禁暴戢兵"爲説。

"武王克商，作《頌》曰：'載戢干戈，載櫜弓矢。我求懿德，肆於時夏，允王保之。'

〔疏證〕《周頌·時邁》文，小序："巡狩告祭柴望也。"本《疏》："《詩序》云'頌者，以成功告於神明'，則頌詩功成乃作。此《傳》言'武王克商作頌'者，武王克商，後世追爲作頌，頌其克商之功，非克商即作也。《國語》引此，云'周文公之頌曰'，則此周公所作也。"據《疏》説，則是成王時，追頌武王克商之事。《後漢書□□□②》引《韓詩章句》，謂"美成王能奮舒文武之道而行之"。此三家詩異説。《書序》："武王伐殷，往伐歸獸，識其政事。"歸獸即歸狩，與《詩序》合。《周語》引此頌，與《内傳》同，《注》："載，則也；干，盾也；戈，戟也；櫜，韜也；言天下已定，聚斂其干戈，韜藏其弓矢，示不復用。懿，美也；肆，陳也；于，於也；時，是也；夏，大也；言武王常求美德，故陳其功德，于是夏而歌之。樂章大者曰夏。允，信也；信哉武王，能保此時夏之美也。"按：韋《注》"戢，聚""櫜，韜""夏，大"，用毛《傳》説。"載，則""懿，美""肆，陳""允，信"，用《鄭箋》説。杜用韋義，惟訓"肆"爲

---

① 科學本注：按：上"亂"字當作"暴"。
② 科學本注：原稿闕文，查當作李固傳注。

“遂”，與《鄭箋》違。陳奐《詩疏》云：“《昊天有成命傳》：‘肆，固也。’此‘肆’字亦當訓爲‘固’。時，是；于時，于是也。宣十二年《左傳》：‘夫武，禁暴、戢兵、保大。’又云：‘暴而不戢，安能保大？’《周語》：‘使務利而避害，懷德而畏威，故能保世以滋大。’保即‘永王保之’，大即‘肆於時夏’，故《傳》訓‘夏’爲‘大’，正本内外《傳》説。又《鹽鐵論·論功篇》：‘兵者，凶器也。甲堅兵利，爲天下殃；以母制子，故能久長；聖人法之，厭而不陽。’其下亦引此詩，陽與揚通，久長亦保世大之意。此皆西京舊説。”案：夏爲樂章，韋用《鄭箋》説，《傳》止訓“夏”爲“大”，此《傳》《箋》異者。杜云：“故遂大，而信王保天下”，亦不取《鄭箋》“樂章”義。又《箋》云：“王巡狩而天下咸服，兵不復用，我武王求有美德之士，而任用之。”據《傳》武王克商作頌之説。

“又作《武》，其卒章曰：‘耆定爾功。’

〔疏證〕《周頌·武》文。《疏》云：“頌皆一章，言‘其卒章’者，謂終章之句也。”據下引《賚》三爲《武》之三章；《桓》六爲《武》之六章，則此《武》爲《武》之卒章甚明。《疏》云“終章之句”，未諦。《傳》：“耆，致也。”又云：“言武王誅紂，致定其功。”《箋》：“耆，老也。”與毛異。

“其三曰：‘鋪時繹思，我徂惟求定。’

〔疏證〕《周頌·賚》文。今通行本“惟”作“維”。《校勘記》云：“按《傳》引《詩》《書》，多從‘忄’旁。”今依宋本。杜《注》：“其三，三篇。”《詩》“鋪”作“敷”。《廣雅》：“鋪，布也。”《箋》云：“敷，猶徧也。”則“敷”亦訓“布”。李富孫云：“《釋文》：‘鋪，徐音敷。’聲近字通。”毛《傳》：“繹，陳也。”杜用毛義。又云：“時，是也；思，辭也。”《箋》謂“敷是文王之勞”，杜用其訓。陳奐《詩疏》云：“《傳》云‘繹，陳’者，陳讀如《文王》‘陳錫哉周’之‘陳’。王肅云：‘文王能有布陳大利以賜予人。’與序言‘錫予善人’合。徂，往也，往伐殷也。定，安也，與‘武耆定爾功’之‘定’義同。”

“其六曰：‘綏萬邦，屢豐年。’

〔疏證〕《周頌·桓》文。杜《注》：“其六，六篇。”《詩》：“屢”作“婁”。惠棟云：“《説文》無‘屢’字，當從《毛詩》作‘婁’。今《詩》

亦有作‘屢’者，俗作之。”洪亮吉云：“《毛詩》《漢書》皆以婁爲屢。”
《箋》云：“綏，安也；婁，亟也。”“綏，安。”《釋詁》文。杜以“婁”爲
數武王“數致豐年”，不知何據？《箋》又云：“誅無道，安天下，則亟
有豐孰之年，陰陽和也。”與《傳》“和衆、豐財”義合。杜又云：“此三、
六之數，與今《詩·頌》篇次不同，蓋楚樂歌之次第。”《疏》云：“杜以
其三、其六與今《詩·頌》篇次不同，故爲疑詞。蓋楚樂歌之次第，言楚
之樂人歌《周頌》者，別爲次第。劉炫以爲其三、其六者，是楚子第三引
《詩》‘鋪時繹思’，第六引‘綏萬邦’，今刪定，知非者。此《傳》若是舊
文及《傳》家叙事，容可言楚子第三引‘鋪時繹思’，第六引‘綏萬邦’，
此既引楚子之言，明知先有三、六之語，故楚子引之，得有‘其三’‘其
六’。若楚子始第三引《詩》，第六引《詩》，豈得自言‘其三曰’‘其六
曰’？劉以‘其三’‘其六’爲楚子引《詩》次第，以規杜過，何辟之甚？
沈氏難云：‘襄二十九年，季札觀樂，篇次不同，杜云“仲尼未刪定”，此
亦不同，而云“楚樂歌之次”者。襄二十九年，雖少有篇次不同，大略
不甚乖越，故云“仲尼未刪定”。以前此之三、六全與《詩》次不同，故
云“楚樂歌之次第”。今《周頌》篇次，《桓》第八，《賚》第九也。’”按：
《疏》駁炫説是也。沈文阿亦難炫，而從杜“楚樂歌”説。胡承珙《毛詩
後箋》云：“杜謂‘楚樂歌次第’，亦未必然。楚子明言‘克商作《頌》’，
自必用當時《周頌》之次，其與後世不同，不必推及未刪定以前。即如
《左正義》引沈氏難云：‘今《周頌》篇次，《桓》第八，《賚》第九。’而
《周頌·譜疏》所次，則《桓》在二十九，《賚》在三十，是六朝篇次，又
與鄭《譜》不同，況未經秦火時乎？所可與觕論難與精悉者也。”詳胡氏
意，則三、六是當時《周頌》之次。洪亮吉云：“梁履繩謂：‘此蓋未經孔
子刪定。’似爲得之。”

“夫武，禁暴、戢兵、保大、定功、安民、和衆、豐財者也，

〔疏證〕杜《注》：“此武七德。”《疏》：“戢干戈，囊弓矢，禁暴，戢
兵也，時夏保之，保大也。耆定爾功，定功也。我徂求定，安民也。綏萬
邦，和衆也。屢豐年，豐財也。”

“故使子孫無忘其章。

〔疏證〕杜《注》：“著之篇章，使子孫不忘。”《疏》：“謂子孫不忘上
四篇之詩。必知然者，以文承‘武王克商作《頌》’之後，文連四篇詩義。
劉炫云：‘能有七德，故子孫不忘章明功業’，橫取下文‘京觀’爲無忘其

章明武功，以規杜過，非也。”按“無忘其章”，即《詩》“不愆不忘，率由舊章”義。炫謂“章明功業”是也。原不謂京觀武功，《疏》駁非。邵瑛云：“詳玩上下文義，光伯解義自確。”

“今我使二國暴骨，暴矣；觀兵以威諸侯，兵不戢矣；

〔疏證〕暴骨，謂“京觀”。《釋文》：“本或作‘曝’。”與下“暴”別。

“暴而不戢，安能保大？猶有晉在，焉得定功？

“所違民欲猶多，民何安焉？

“無德而强爭諸侯，何以和衆？

“利人之幾，而安人之亂，以爲己榮，何以豐財？

〔疏證〕《釋詁》：“幾，危也。”杜《注》：“兵動則年荒。”

“武有七德，我無一焉，何以示子孫？

“其爲先君宮，告成事而已，

〔疏證〕杜《注》：“祀先君，告戰勝。”《疏》云：“《禮記·曾子問》：‘古者師行，必以遷廟主行，載於齊車。言必有尊也。’‘爲先君宮’，爲此遷主作宮於此祀之。《禮·大傳記》云：‘牧之野，武王之大事也。’既事而‘奠於牧室’，亦是新作室而奠祭也。”據《疏》說，則楚以遷廟主行，諸侯五廟，若用《左氏》兄、弟異昭、穆義，當莊王得祀武王、文王、堵敖、成王、穆王。其蚡冒以上，已在遷主之列。《疏》別引《曾子問》無遷主、奉祖禰，義未合。

“武非吾功也。

“古者明王伐不敬，取其鯨鯢而封之，以爲大戮，

〔注〕大魚，喻不義吞食小國。《御覽》三百三十五。

〔疏證〕杜《注》：“鯨鯢，大魚名，以喻不義之人吞食小國。”與《御覽》所引小異。《御覽》引《注》，不出鯨鯢字，與杜《注》在“以懲淫慝”下不同，故定爲舊注。《說文》：“鱷，海大魚也。《春秋傳》曰：‘取其鱷鯢。’或從京。”則賈君本作“鱷鯢”，與今本異。《漢書·薛宣傳》曰：“古者明王伐不敬，取其鱷鯢。”小顏云：“鱷，古鯨字。”《王莽傳》：“莽下詔曰：‘古者伐不敬，取其鯨鯢，築武軍封，以爲大戮。’”字亦作“鱷”。《淮南·覽冥訓》：“鯨魚死而彗星出。”《注》：“鯨魚，大魚，長數里，死於海邊。”《衆經音義》引許慎《淮南子注》：“鯨，魚之王也。”與高《注》義同，疑《淮南》書作“鱷魚”，高、許《注》皆後人所改矣。《五經文字》并收“鯨鯢”二字，《注》云同。《廣雅·釋魚》：“鮒，鯢也。”本《疏》引裴淵《廣州記》：“鯨鯢，長百尺，雄曰鯨，雌曰鯢。”《北周書·庾信傳·哀江南賦》：“大則有鯨有鯢，小則爲梟爲獍。”皆用許君“大魚”訓。杜《注》：“鯨鯢，大魚名，以喻不義之人吞食小國。”《御覽》三百三十五引《注》：“大魚，喻不義吞食小國。”與杜《注》小異，或是舊注。《翟義傳注》師古曰：“鯨鯢，大魚爲害者也，以比敵人之勇桀者。”與杜《注》義又不同。《荀子·王霸篇》：“身死國亡，爲天下大戮辱也。”《注》引此《傳》“大戮”爲證，則鯨鯢喻不義之人，通君臣言之，非盡忠死綏之比，小顔“勇桀”義非。

“於是乎有京觀，以懲淫慝。

〔疏證〕杜無注。《翟義傳注》師古曰：“懲，創人也。慝，惡也。”

“今罪無所，

“而民皆盡忠，以死君命，

“又可以爲京觀乎？”

〔疏證〕通行本“可”作“何”，從宋本。洪亮吉云：“‘可’與‘何’通。《説文》‘誰何’之‘何’，本單作‘可’，其從人者，則爲‘儋何’之‘何’。此《傳》‘可’字，當訓作‘何’。諸本竟改爲‘何’，又誤。”《校勘記》云：“《石經》無‘觀’字，後旁增。《爾雅疏》引亦脱。”案：京觀可省言京，見上《疏證》。“又可以爲京乎”，或是古本如此，宋本有“觀”。

祀于河，

〔疏證〕謂祀衡雍之河。

作先君宮，告成事而還。

是役也，鄭石制實入楚師，

〔注〕入楚師，使楚師來入鄭。本《疏》。

〔疏證〕杜無注。《疏》引服説，又云："此石制引楚師入鄭。"按：《疏》未得服意。服謂石制入楚師，言其國可圖，故云"使楚師來入鄭"，楚師未興，而謀已泄。

將以分鄭，而立公子魚臣。

〔疏證〕本《疏》："將分鄭國，以半與楚。取半，立公子魚臣爲鄭君。"

辛未，鄭殺僕叔及子服。

〔疏證〕杜《注》："僕叔，魚臣也。子服，石制也。"王念孫《周秦名字解詁》："制、製古字通。襄公三十一年《左傳》：'子有美錦，不使人學製焉。'定公九年：'晳幘而衣狸製。'哀公二十七年：'成子衣製杖戈。'然則製，衣服之通稱也。"

君子曰："史佚所謂'毋怙亂'者，謂是類也。

〔疏證〕《釋言》："怙，恃也。"杜《注》："言恃人之亂以要利。"

"《詩》云：'亂離瘼矣，爰其適歸？'歸於怙亂者也夫！"

〔疏證〕引《詩·小雅·四月》文。《傳》："離，憂。瘼，病。適，之也。"《箋》："爰，曰也。今政亂，國將有憂病者矣。曰此禍其所之歸乎？言憂病之禍，必自之歸於亂。"《疏》："宣十二年《左傳》引此詩，乃云：'歸于怙亂者也。'是之歸於亂也。"據彼《疏》説，鄭君箋詩，即用《傳》"歸於怙亂"義。《疏》引《傳》脱"夫"字。杜《注》訓"爰"爲"於"，又云："言禍亂憂病，於何所歸乎？"與《傳》《箋》義皆不合。

鄭伯、許男如楚。

秋，晉師歸，桓子請死，

〔疏證〕《晉世家》："林父曰：'臣爲督將，軍敗當誅，請死。'"本《疏》："《檀弓》云：'謀人之軍，師敗則死之；謀人之邦，邑危則亡之。'今桓子將軍，師敗，故請死。"

晉侯欲許之。

子貞子諫曰："不可。

〔疏證〕杜《注》："貞子，士渥濁。"《説苑·尊賢》作士貞伯，與

《成五年傳》合。《晉世家》作隨會之辭，史公采異説也。

"城濮之役，晉師三日穀，

〔疏證〕事見《僖二十八年傳》夏四月事也。彼《傳》云："晉師三日館穀，及癸酉而還。"

"文公猶有憂色。左右曰：'有喜而憂，如有憂而喜乎？'

"公曰：'得臣猶在，憂未歇也。

〔疏證〕杜《注》："歇，盡也。"

"'困獸猶鬬，況國相乎？'

〔疏證〕《淮南·齊俗訓》："獸窮則搏。"時子玉爲令尹，故云國相，晉文憂子玉之詞，《僖二十八年傳》未及，此《傳》互補。

"及楚殺子玉，公喜而後可知也。曰：'莫予毒也已。'

〔疏證〕《僖二十八年傳》："得臣及連穀而死，晉侯聞之，而後喜可知也，曰：'莫予毒也已。'"文句略同，已釋於彼《傳》。惟《文十年傳》謂子玉自殺，此稱楚殺子玉者，《僖傳》謂楚成止子玉之入，雖自殺，意由楚成也。《晉世家》："昔文公之與楚戰城濮，成王歸，殺子玉。文公乃喜。"

"是晉再克，而楚再敗也，楚是以再世不競。

〔疏證〕杜《注》："成王至穆王。"

"今天或者大警晉也，

〔疏證〕杜《注》："警，戒也。"

"而又殺林父，以重楚勝，其無乃久不競乎？

〔疏證〕殺林父，則楚如再勝。《晉世家》："今楚已敗我師，又誅其將，是助楚殺仇也。"

"林父之事君也，進思盡忠，退思補過，

〔疏證〕杜無注。洪亮吉云："《孝經》有此二言，當屬古語。"按二語見《事君章》，鄭《注》已佚。《聖治章》：“進退可度。”《釋文》引鄭《注》：“難進而盡忠，易退以補過。”蓋以進思爲服官時，退思爲致政時。其注《事君章》，《注》義當亦如此。彼《疏》引韋《注》云：“進見於君，則思盡其忠節；退居私室，則思補其身過。”與鄭君言進退異。本《疏》引孔安國説，與韋義同，則韋《注》用隋人僞古文本也。《疏》又云：“或當以此二句，據臣心爲文。文既據臣，君在其上。施之於君，則稱進，內省其身，則稱退。盡忠者，盡己之心，以進獻於君；補過者，內脩己心，以補君愆失，故以盡忠爲進，補過爲退耳，非謂進見與退還也。”《疏》駁孔説，然以補過爲補君之過，義亦迂曲。當從鄭君説。

“社稷之衛也，若之何殺之？

“夫其敗也，如日月之食焉，何損於明？”

〔疏證〕《論語·季氏篇》：“子貢曰：‘君子之過也，如日月之食焉；過也，人皆見之；更也，人皆仰之。’”皆仰，即“何損於明”義。

晉侯使復其位。

冬，楚子伐蕭，

宋華椒以蔡人救蕭。

〔疏證〕《讀本》云：“蕭，宋附庸國。程公説云：‘閔子椒。’”

蕭人囚熊相宜僚及公子丙。

〔疏證〕梁履繩云：“案：哀十六年有‘熊宜僚’，彼以熊爲氏。此熊相是氏，特名同耳。昭廿五年‘熊相祺’，即其後。”

王曰：“勿殺，吾退。”蕭人殺之。

王怒，遂圍蕭。蕭潰。

〔疏證〕本《疏》：“實未潰，史以實王之意，故言潰。知者，下云：‘明日蕭潰。’是也。”顧炎武云：“此處疑衍。若此言‘蕭潰’，下便不得言‘遂傳於蕭’也。”洪亮吉云：“顧説是。《正義》殊屬曲説。”

申公巫臣曰：

〔疏證〕《荀子·堯問篇注》：“巫臣，楚申邑大夫也。”梁履繩云：“巫臣即屈巫，見成二年。巫字子靈，見襄二十六年。”

“師人多寒。”王巡三軍，拊而勉之，

〔疏證〕《文選·馬汧督誄注》引《傳》，拊作撫。《説文》：“拊，循也。撫，安也。”杜《注》：“拊，撫慰勉之。”

三軍之士皆如挾纊。

〔疏證〕《説文》：“纊，絮也。《春秋傳》曰：‘皆如挾纊。’或從光，作‘絖’。”“纊，絮”當是賈訓。洪亮吉云：“《水經注》引作‘皆同挾纊’。杜《注》：‘纊，綿也。’本《三倉》。”按絮、綿皆繭之通稱。《玉藻》：“纊如繭。”《注》：“纊，新綿也。”《淮南·繆稱訓》：“小人在上位，如寢關曝纊。”《注》：“纊，繭也。曝繭，蛹動搖不休，死乃止也。”《淮南》“曝纊”又一義，謂繭之未析爲絮者。繭絮，今謂之絲綿。

遂傅於蕭。

〔疏證〕杜無注。沈欽韓云：“傅，肉薄圍之也。《墨子·備蛾傅篇》：‘禽子曰：敢問適人强弱，遂以傅城，後上先斷，以爲泩程，斬城爲基，掘下爲室，前止不止，後射既疾，爲之奈何？’此傅城之事也。蛾同蟻，泩蓋法訛。《孫子·謀攻篇》：‘將不勝其忿，而蟻附之。’”

還無社與司馬卯言，號申叔展。

〔疏證〕還無社，蕭大夫；司馬卯、申叔展皆楚大夫也。無社素識叔展，故因卯呼之。《釋文》：“號，呼也。”

叔展曰：“有麥麴乎？”曰：“無。”“有山鞠窮乎？”曰：“無。”

〔注〕賈云：“麥麴、鞠窮，所以禦濕。”本《疏》。

〔疏證〕錢□□[1]云：“《説文》：‘营藭’，即鞠窮之異文。”《釋文》：“鞠起弓反。”則鞠有芎音，营、芎疊韻字。杜《注》：“麥麴、鞠窮，所以禦濕。欲使無社逃泥水中。無社不解，故曰無；軍中不敢正言，故謬語。”本《疏》：“‘麥麴、鞠窮，所以禦濕’，賈逵有此言，則相傳爲此説也。”《御覽》九百九十引《注》，與杜《注》同。無“無社不解”以下，則杜《注》“欲使無社逃泥水中”，疑亦用賈《注》也。賈君但謂“麥麴、鞠窮，

---

[1] 科學本注：原稿闕文。林按：查當作“大昕”。

禦濕”，未言二者是何藥品。本《疏》云：“《尚書·説命》：‘若作酒醴，爾惟麴蘖。’則麥麴，作酒之物。《本草》有芎藭者，是藥草之名。”説殊觕略。李貽德云：“麴，《説文》作籟，云：‘酒母也。鞠或從麥，鞠省聲。’故經傳皆作麴。麥麴即餅麴。《説文》：‘䴷、䴸、麳皆云餅籟。’蓋以麥堅築之成籟。《釋名·釋飲食》：‘麴，朽也，鬱之使生衣朽敗也。’鞠窮雙聲，《爾雅》：‘鞠、究，窮。’是也。《説文》：‘营藭，香草也。司馬相如説营從弓。’與鞠一聲之轉。”沈欽韓云：“《本草》：‘麴止痢。芎藭一名山鞠窮，此藥行上，專治頭腦之疾，并禦濕氣，出四川者爲川芎。’”李、沈説“麥麴、鞠窮”，視《疏》説爲詳。沈引《本草》，得證賈氏“禦濕”之義，痢亦濕疾也。賈《注》“禦濕”之説，當本漢人醫經。今藥品神麴之麴，即麴，南方卑濕，每焚川芎，禦止其氣。醫人治濕亦用之。則賈君説爲可信矣。

焦循云：“《神農本草》有芎藭，麥麴不見《神農本經》，二物皆不禦濕，《證類本草》引《春秋注》云：‘山芎藭能去卑濕風氣。’此不知何人之《注》。卑即指‘痛痺’，以痺由於溼，故連云痺溼，杜當本此，而删去‘痺’字。若麥麴則并不治痺，於禦濕尤無謂矣。梁簡文《勸醫論》云：‘胡麻、鹿藿，纔救頭痛之痾；麥麴、芎藭，反止河魚之疾。’胡麻、鹿藿未詳所本。麥麴、芎藭，正指《左氏》所言，出醫經藥性之外，故云反止。反之云者，本不止此疾也。然簡文所據，即由杜《注》，而千百年來，實無以麥麴、芎藭治濕者，則叔展之隱語，果如杜所測乎？蓋叔展取於聲音假借，非取義於藥性，還無社號叔展，欲其免己。叔展曰：‘有麥麴乎？’麥者，霾也；麴者，曲也，欲其隱霾而局曲也。無社曰‘無’者，言無處藏也，非不解也。叔展曰：‘有山鞠窮乎？’鞠窮言曲折，仍麥霾、麴曲之義，謂其宜藏匿曲蹙於山中，無社仍曰‘無’者，言山中無處可藏也，亦非不解也。麥麴、鞠窮，喻其屈身藏匿，庾其辭於藥疾之中，本非言藥、言疾，杜氏望文生意。”按：焦説甚新異，然又引《名醫別録》“麴，温，消穀止利”，則麥麴爲禦濕之藥已明，不得以《神農經》未載爲疑矣。考《證類本草》，宋人所編，金人宇文虚中跋稱：“於經史諸書中得藥名方論，集爲此書。”其引《春秋傳注》，又與賈、杜《注》異，則所引《注》或是古《注》。《神農本草》亦云：“芎藭主寒痺，筋攣緩急。”與古《注》合。焦氏謂麥麴、鞠窮不治濕，非也。叔展欲無社逃於泥水，其稱藥名已是隱語，若再以藥名寓隱霾曲局之義，轉嫌迂曲。詳簡文《醫論》，蓋六朝人説麥麴、芎藭，已與賈君異。簡文并非用杜説。

"河魚腹疾奈何?"

〔疏證〕奈,《石經》作"柰",從宋本。杜《注》:"叔展言無禦濕藥,將病。"尋杜意,謂無社兩答無,未解叔展意。故叔展再以河魚腹病喻入水也,入水又防濕疾,故以禦濕無藥爲疑。《疏》云:"如似河中之魚,久在水内,則生腹疾。無此二物,其奈濕何?"汪瑜云:"孔《疏》殊未明晰。河魚腹疾,言如河魚之腹大也。《内經·本神篇》云:'脾氣實則腹脹。'故以麥麴化水消滯,芎藭升清散鬱。"按:汪説是也。河魚腹疾,蓋當時有此疾名,猶今蘊濕中滿也。焦循云:"謂山無處藏,可曲蹙於水也。"傳文無"曲蹙"意,焦説非。沈欽韓云:"以上所謂隱語也。"《藝文志》:"雜賦家有《隱書》十六篇。《列女傳》:'臧文仲拘于齊,使人遺公書,恐得其書,乃謬其詞。'亦《六韜》所云陰書也。"

曰:"目於眢井而拯之。"

〔疏證〕《釋文》:"眢井,廢井也。"當是《左氏》舊注。杜氏謂"使叔展視虚廢井而拯之",亦用舊説。《廣雅·釋詁》:"蔫、菸、矮,慈也。"王念孫云:"《玉篇》慈,敗也;萎,慈也。《説文》:'眢,目無明也。'宣十二年《左傳》:'目於眢井而拯之。'《釋文》云:'眢,井無水也。'《唐風·山有樞》篇:'宛其死矣。'毛《傳》云:'宛,死貌。'義與慈并相通。"按:"眢,井無水也",是《釋文》引《字林》語。《傳》借目無明義當廢井,今人猶況井爲泉眼。杜《注》:"出溺爲拯。"洪亮吉云:"《方言》:'出休爲扜。''休'與'溺','扜'與'拯',古字并通。"沈欽韓云:"《元和志》:'眢井在徐州蕭縣北二百步。'"

"若爲茅経,哭井則己。"

〔疏證〕杜《注》:"叔展又教結茅以表井,須哭乃應以爲信。"《疏》云:"此亦叔展之言也。無社既解其意,令展視井拯己。但廢井必多,不可知處。故教無社令結茅爲経,置於井上,又恐無社錯應他人,更教之云,若號哭向井,則是我之己身。己,叔展自謂也。"詳杜《注》"須哭爲信",則杜讀與《疏》説異。《釋文》:"己,音紀,舊音已。"[①]

明日,蕭潰。申叔視其井,則茅経存焉,號而出之。

---

① 科學本注:"已"阮刻本作"以"。

〔疏證〕杜《注》：“號，哭也。《傳》言蕭人無守心。”

晉原縠、宋華椒、衛孔達、曹人同盟于清丘。

〔疏證〕杜《注》：“原縠，先縠。”《疏》云：“上文稱爲縠子，服虔以爲食采於縠。今復稱原，原，其上世所食也。於時趙氏有原同，蓋分原邑而共食之者也。”

曰：“恤病，討貳。”於是卿不書，不實其言也。

〔疏證〕杜《注》：“宋伐陳，衛救之，不討貳也。楚伐宋，晉不救，不恤病也。”《讀本》：“不實其言者，今年宋以陳貳討之，而衛救陳，則衛言不實。明年楚爲陳伐宋，而晉不救，則晉不實。”按晉、衛不實其言，故《經》書人，《經》不書宋卿者，與晉、衛同辭。《十三年傳》：“清丘之盟，惟宋可以免焉。”則《左氏》説宋卿書人非貶。

宋爲盟故，伐陳。

〔疏證〕杜《注》：“陳貳於楚故。”

衛人救之，孔達曰：“先君有約言焉。若大國討，我則死之。”

〔疏證〕杜《注》：“衛成公與陳共公有舊好，故孔達欲背盟救陳，而以死謝晉。”

〔經〕 十有三年，春，齊師伐莒。

〔疏證〕《公羊》“莒”曰“衛”。毛奇齡云：“伐莒有前事，伐衛則不知何事。不可考。”趙坦云：“莒與衛，古音部不通。《公羊》作衛，方音之轉。”

夏，楚子伐宋。

秋，螽。無《傳》。

〔疏證〕《公羊》“螽”曰“蜮”。

冬，晉殺其大夫先縠。

〔疏證〕《穀梁》“縠”曰“縠”。《釋文》云：“一本作縠。”

〔傳〕 十三年，春，齊師伐莒，莒恃晉而不事齊故也。

夏，楚子伐宋，以其救蕭也。

〔疏證〕《十二年傳》：“宋華椒以蔡人救蕭。”

君子曰：“清丘之盟，唯宋可以免焉。”

〔疏證〕杜《注》：“宋討陳之貳，今宋見伐。晉、衛不顧盟以恤宋，而《經》同貶宋大夫，《傳》嫌華椒之罪累及其國，故曰‘唯宋可免’。”邵寶云：“清丘，晉與宋、衛盟，既而衛背盟而救陳，晉背盟而不救宋，故曰‘唯宋可免’，責晉、衛也。”按：邵說是也。上年清丘之盟，三國之卿皆書人，《傳》明宋華椒書人，非貶之故。杜謂“嫌華椒累及其國”，《傳》無其義。《疏》云：“盟之不信，惟椒身合貶。”更非。

秋，赤狄伐晉。及清，先縠召之也。

〔疏證〕杜《注》：“清，一名清原。”清原已釋於僖三十一年。《晉世家》：“先縠以首計而敗晉軍河上，恐誅，乃奔翟，與翟謀伐晉。”

冬，晉人討邲之敗，與清之師，歸罪於先縠而殺之，盡滅其族。

〔疏證〕邲之敗，見前年。《晉世家》：“晉覺，乃族縠。”

君子曰：“惡之來也，己則取之，其先縠之謂乎！”

〔疏證〕此《傳》者引古語，證先縠之事，惡猶禍也。杜《注》：“晉滅其族，爲誅已甚。”《疏》云：“君子既嫌晉刑太過，又尤先縠自招。”按：《傳》無譏晉失刑義。

清丘之盟，晉以衛之救陳也，討焉。

〔疏證〕《讀本》：“清丘盟，言討貳。衛救陳，爲不討貳。”按：討謂遣使責問救陳之罪，非加兵也。

使人弗去，

〔疏證〕沈欽韓云：“晉使來責衛者，不肯去，欲得其要領也。”

曰：“罪無所歸，將加而師。”

孔達曰：“苟利社稷，請以我說，

〔疏證〕以我説，猶言以我爲解也。《釋文》：“説如字，又音悦。”杜《注》：“欲自殺以説晉。”故陸有二音。

“罪我之由。我則爲政，而亢大國之討，將以誰任？我則死之。”

〔疏證〕王念孫云：“亢，當也。大國之討，謂晉討衛之救陳也。言我實掌衛國之政，而當晉之討，不得委罪於他人也。十二年，宋伐陳，衛孔達救陳，曰：‘若大國討，我則死之。’是其證也。杜《注》訓亢爲禦，以亢大國之討，爲禦宋討陳，皆失之。”

〔經〕 十有四年，春，衛殺其大夫孔達。

夏，五月，壬申，曹伯壽卒。 無《傳》。

〔疏證〕《年表》：“曹文公二十三年，薨。”《管蔡世家》：“曹文公壽卒，子宣公彊立。”《索隱》：“按《左傳》，宣公名廬。”

晉侯伐鄭。

〔疏證〕《年表》：“晉景公五年，伐鄭。鄭襄公十年，晉伐我。”《晉世家》：“景公五年伐鄭，爲助楚故也。”《楚世家》：“莊王十年，晉來伐鄭，以其反晉而親楚也。”

秋，九月，楚子圍宋。

〔疏證〕《年表》：“楚莊王十九年，圍宋，爲殺使者。衛穆公十六年，殺楚使者，楚圍我。”

葬曹文公。 無《傳》。

〔疏證〕①

冬，公孫歸父會齊侯于穀。

〔傳〕 十四年，春，孔達縊而死。

衛人以説于晉而免。

〔疏證〕杜《注》：“以殺告。”

---

① 科學本注：原稿闕文。

遂告於諸侯曰：“寡君有不令之臣達，構我敝邑於大國，

〔疏證〕構，諸本作“搆”。嚴可均《石經校文》云：“搆，磨改作‘構’，岳本作‘構’①。”

“既伏其罪矣，敢告。”

衛人以爲成勞，

〔疏證〕杜以“成勞”爲“平國之功。”《疏》云：“《釋詁》以‘平’爲‘成’，則成亦平也。”馬宗璉云：“《戴記正義》云：‘《左傳》孔達無相衛成公復國之事。’璉案：孔悝《鼎銘》云：‘叔舅，乃祖莊叔，左右成公。成公乃命莊叔隨難於漢陽，即宮於宗周，奔走無射。’鄭《注》：‘莊叔，悝七世之祖，衛大夫孔達也。’據《鼎銘》，是孔達實有佐成公復國之勞。故衛人雖告其背盟之罪于諸侯，而復使其子得閒叔穀爲卿，杜《注》‘平國之功’，未詳佐成之事。夫亢大國之仇，豈反以爲功乎？”按：馬説是也。成勞，猶言佐成公而有勞。

復室其子，

〔疏證〕杜《注》謂“以女妻之”，《疏》云：“言衛侯以女妻之也。劉炫以爲傳文無衛侯之女爲孔達之妻，‘復室其子’，謂復以室家還其子。謂達既被誅，家當没入官，復以孔達財物家室還其子。今知非者，孔達忠於衛國，本實無罪，何得没其家貲？”《疏》蓋駁炫《規過》説。惠棟云：“《周禮·司勳》云：‘事功曰勞。’室，禄也。《周書》有‘一室之禄’，謂禄其子，襲父位，自一室至千室，卿之禄也。《周禮》謂之‘宅田’，《注》謂‘以女妻之’，非是。《世本》曰：‘莊叔達生得閒叔穀，穀生成叔蒸鉏，蒸鉏生項叔羅，羅生昭叔起，起生文叔圉，圉生悝。’其子，謂得閒叔穀也。”沈欽韓云：“《喪服》公卿大夫之貴臣曰室老。《襄十七年傳》：‘華臣弱皋比之室。’是卿大夫之家爲室也。”邵瑛云：“孔達絕不見爲成公壻之文，光伯説得之。《楚語》：‘爕及儀父施二師，而分其室。’韋《注》：‘室，家資也。’是也。”右三説皆得炫義。朱駿聲云：“復，還也。”

使復其位。

夏，晉侯伐鄭，爲邲故也。

---

① 科學本注：原稿眉批：“構詁。”擬而未作。

〔疏證〕杜《注》："晉敗於邲，鄭遂屬楚。"

告於諸侯，蒐焉而還。

中行桓子之謀也，

曰："示之以整，使謀而來。"

鄭人懼，使子張代子良于楚。

〔疏證〕杜《注》："子張，穆公孫。"高士奇云："公孫黑肱，字'子張'，亦曰'伯張'，子印子。"《十二年傳》："子良出質。"

鄭伯如楚，謀晉故也。

鄭以子良爲有禮，故召之。

〔疏證〕杜《注》："有讓國之舉。"

楚子使申舟聘於齊，

〔疏證〕《呂覽·行論篇》："楚莊王使文無畏于齊。"《注》："申舟，楚大夫。"《校勘記》云："按：舟、周古字通。"杜《注》："申舟，無畏。"

曰："無假道于宋。"

〔疏證〕《淮南·主術訓注》："不假道于宋。"

亦使公子馮聘于晉，不假道于鄭。

〔疏證〕《讀本》："楚不假道，志在伐宋、鄭，藉爲兵端。"

申舟以孟諸之役惡宋，

〔疏證〕《文十年傳》："楚子田孟諸，宋公爲右盂。宋公違命，無畏抶其僕以徇。"《呂覽·行論篇》："楚之會田也。故鞭君之僕。"

曰："鄭昭宋聾，

〔疏證〕馬融《尚書注》："昭，明也。"《説苑》："上無聞，則謂之聾。"《説文》："聾，無聞也。"與《説苑》訓合。《淮南·修務訓》："馬，聾蟲也。"《注》："聾，無知也。"無聞則無知，二義相足。杜《注》："聾，闇也。"與《淮南》高誘《注》合。洪亮吉謂"非義訓"，非也。申舟之意，謂鄭解事。宋不解事，故下云"晉使不害"也。《疏》云："鄭昭，言其目明，則宋不明也。宋聾，言其耳閣，則鄭不閣也。耳目各舉一事，而對以相反，言宋不解事，必殺我也。"《傳》謂昭聾相反，是。然《傳》不專主耳目言，亦不謂宋無目，鄭有耳。《疏》説太滯。

"晉使不害，我則必死。"

〔疏證〕《淮南·主術訓注》："無畏曰：'宋必襲殺我。'"

王曰："殺女，我伐之。"見犀而行。

〔疏證〕《淮南·主術訓注》："王曰：'殺女伐宋，見犀而行。'"杜《注》："犀，申舟子，以子託王，示必死。"

及宋，宋人止之。

華元曰："過我而不假道，鄙我也。鄙我，亡也。

〔疏證〕杜《注》："以我比其邊鄙，是與亡國同。"顧炎武云："鄙我，猶輕我。"文淇案，顧説非也。《呂覽·行論篇》："楚莊王使文無畏于齊，過于宋，不先假道，還反。華元言于宋昭公曰：'往不假道，來不假道，是以宋爲野鄙也。'"高《注》："欲以宋爲鄙邑。"是也。杜解爲邊鄙，亦非。壽曾謂：顧氏用陸粲説，見傅遜《辨誤》。陸云："鄙當作薄之意。《昭十六年傳》：'夫猶鄙我。'《注》云：'鄙，賤。'是也。"傅云："此當從杜無疑。下云'亡也'可見。"傅又引《呂覽》，謂"與杜説同"。按：傅駁陸説極諦。《呂覽》"鄙野"義，與杜《注》"邊鄙"義異。傅氏謂與杜説同，非也。《昭十七年①傳》："是晉之縣鄙也，何國之爲？"縣鄙即野鄙義，故高云"鄙邑"也，《傳》謂"申舟往齊，宋即止之"，《呂覽》謂"往不假道，來不假道"，是宋止申舟在聘齊還後。此別采異説。

"殺其使者，必伐我。伐我，亦亡也。亡一也。"乃殺之。

〔疏證〕《淮南·主術訓注》："'以兵殺其使者，亦亡也。'遂殺之。"《呂覽·引論篇》："華元請誅之，乃殺文無畏於楊梁之隄。"《宋世家》："文公十六年，楚使過宋，宋有前仇，執楚使。"

---

① 科學本注："七"查當作"九"。

楚子聞之，投袂而起。

〔疏證〕杜《注》："投，振也。袂，袖也。"洪亮吉云："《吕覽·行論篇》：'莊王方削袂，聞之曰："嘻！"投袂而起。'孔檢討廣森云：'削，裁也。投袂，投其所削之袂也。'較杜《注》爲長。"案：因削袂而投袂，此《吕覽》異文，不與《傳》合。孔、洪取之，非。《後漢書·朱浮傳》："浮上書曰：'昔楚、宋列國，俱爲諸侯。莊王以宋執其使，遂有投袂之師。'"投袂與《傳》同。《淮南·齊俗訓》："楚莊王裾衣博袍，令行乎天下，遂霸諸侯。"《注》："裾，袤也。衣，裾也。"衣袍袤博，臨事奮興，振袖而起。彼事情事如此。又《主術訓》云："楚莊王傷文無畏之死於宋也，奮袂而起。"奮袂，即用《傳》"投袂"意。《注》亦云："莊王聞之，怒，故投袂而起。"

履及於窒皇，

〔疏證〕《吕覽·行論篇》作"履及諸庭"。《宋書·毛修之傳》："修之表曰：'昔宋害申舟，楚莊有遺履之艱。'"則本亦作"履"也。《吕覽注》："窒作絰。"惠棟云："與莊十九年'絰皇'一也。"杜《注》："窒皇，寢門闕。"《疏》云："經傳通言兩觀爲闕，惟指雉門。名爲闕者，以其在門兩旁，而中央闕然爲道。雖則小門，亦如此耳。故杜於寢門、冢門，皆以闕言之。此作'窒'，彼作'絰'，字異音同。"《疏》不知古本作"絰皇"，然生人之居，未必襲墓闕之名。《吕覽》高《注》承寫之誤，杜《注》承高《注》而誤也。兩觀相距，遠不得以門之中央爲例。《疏》説太迂曲。

沈欽韓云："窒皇，蓋堂塗之名。寢門之間，安得有闕？杜謬也。"武億云："窒，古作'室'。見《漢韓勑碑後》'庫室中'。即是。窒皇即'室皇'，亦猶《漢書》：'坐堂皇上。'師古曰：'室無四壁曰皇。'是也。據楚子當時聞申舟被殺，必在路寢之室，投袂而起，故履及於室之皇。《吕氏春秋》：'履及諸庭。'庭即室之皇也。杜解謬。"沈、武皆用《吕覽》説，以窒皇爲庭。沈氏謂寢門無闕，尤諦矣。《梁書·皇后傳》："高祖丁貴嬪薨，張纘爲《哀策文》曰：'遺備物於營寢，掩重闕於窒皇。'"此亦窒皇爲寢庭之證。洪亮吉云："窒皇至蒲胥之市，皆由近及遠，則窒皇在寢門左近可知。《爾雅·釋言》：'窒，塞也。'《釋詁》：'隍，虛也。'皇、隍同。是窒皇蓋即今之擁①道，上實中虛，今乾清門陛下，擁道亦然。莊十九年

---

① 科學本注：洪書作"甬"，此從原稿，下同。

‘經皇’同。蓋經皇之在墓上，即隧道、羨道也。《正義》曰：‘經皇當是寢門闕。’言寢門近之，言闕非也。”洪氏知杜“寢門闕”之謬，而釋“窒皇”爲實虛，比于隧道、羨道，則仍用杜説，非。《釋文》：“窒皇，門闑也。”亦以杜説不安，改之，或是舊説，但“門闑”之訓，則經典無他證，俟考。

劍及於寢門之外，

〔疏證〕此寢庭外之門也。

車及于蒲胥之市。

〔注〕舊注：“怒也。”《御覽》三百四十二。

〔疏證〕惠棟云：“《吕覽》作‘蒲胥①之市’。胥、蔬古字通。”沈欽韓云：“《御覽》一百九十一引《郡國志》：‘鄀城内，有市名蒲胥，故南蠻校尉府也。’《一統志》：‘在荆州府江陵縣北鄀城内。’”舊注統釋此上三句也。邵寶云：“寢門之外，遠於窒皇，蒲胥之市，遠於寢門之外，屨人進屨，追及於窒皇，前此未及屨也。劍人進劍，追而及於寢門之外，前此未及劍也。車人駕車，追而及於蒲胥之市，前此未及車也。蓋興師之速如此。”桂馥云：“及者，追而及之也。楚子未納屨，未帶劍，未乘車，急遽而走，左右奉屨，追及于窒皇；奉劍，追及於寢門；御者駕車，而追及于蒲胥之市。此猶宋武帝往西州，幸徐羨之宅，便步出西掖門，羽儀絡繹追隨，已出西關矣。”

秋，九月，楚子圍宋。

〔疏證〕《吕覽·行論篇》：“遂舍于郊，興師圍宋。”《宋世家》：“莊王二十年，圍宋，以殺楚使也。”《宋世家》：“九月，楚莊王圍宋。”

冬，公孫歸父會齊侯于穀，

〔疏證〕《讀本》：“歸父，仲遂子也。”

見晏桓子，與之言魯，樂。

〔疏證〕杜《注》：“桓子，晏嬰父。”《寰宇記》：“□州□□②縣有晏

---

① 科學本注：原稿作“胥”，惠書作“蔬”。
② 科學本注：原稿闕文，查當作“齊州禹城。”

嬰城。”沈欽韓云：“《山東通志》：‘晏城在齊河縣西北二十五里，晏嬰采
邑。’”《疏》云：“樂，謂樂居高位也。”

桓子告高宣子。

〔疏證〕杜《注》：“宣子，高固。”

曰：“子家其亡乎！懷于魯矣。

〔疏證〕杜《注》：“子家，歸父字。懷，思也。”

“懷必貪，貪必謀人。謀人，人亦謀己。一國謀之，何以不亡？”

孟獻子言於公曰：“臣聞小國之免於大國也，聘而獻物，

〔疏證〕杜《注》：“物，玉帛皮幣也。”《疏》云：“《聘禮》：賓執圭
以致命，享用束帛加璧；夫人聘用璋，享用玄纁束帛加琮。其享幣，又有
皮馬。是聘所獻物，有玉帛皮幣也。”又引劉炫云：“聘而獻物，謂獻其國
內之物。”詳炫意，物指下文“庭實旅百”，與杜異。按：炫說是也。聘止
用圭璋，《疏》兼享禮之皮幣者，以杜釋庭實爲饔餼，故獻物即以賓事言。

“於是有庭實旅百。

〔疏證〕杜《注》：“主人亦設籩豆百品，實於庭以答賓。”《疏》引
《聘禮》“饔餼五牢”等事證之，又云“劉炫以爲皆是賓事”，以杜於此
《傳》謂主人享賓禮也。又引炫說云：“‘於是所獻之物，庭中實之有百品，
謂聘享之禮。龜、金、竹、箭之屬，有百品也。’炫以杜《注》莊二十二
年，‘庭實旅百，奉之以玉帛’，諸侯朝王，陳贄幣之象，則此聘陳幣，亦
實百品於庭，非謂主人也。”“炫以”已下，《疏》推炫義如此，則《疏》
亦知“庭實”非主人享賓矣。

沈欽韓云：“按：《禮器》所云三牲、魚腊、籩豆之薦，皆謂諸侯助祭
於天子所貢耳。庭實、車馬與皮也。旅百，所謂旅幣無方，各以其國所有
也。此賓所以享主人者，非主人之享賓。杜預謂‘主人亦設籩豆百品於庭，
以答賓’，非獨《禮記》未見，并此《傳》上文‘聘而獻物’，亦不曉其
義。”邵瑛云：“《傳》論小國之免於大國，而言朝聘，自當以賓爲重。”
按：沈、邵說是也。沈雖駁杜說，然謂《禮器》所稱品物，非指庭實，與
炫說小異。按：炫引《禮器》龜、金、竹、箭之屬，鄭君注《覲禮》亦據
之。《覲禮》云：“四享皆束帛加璧，庭實唯國所有。”此《覲禮》有庭實，

即享禮也。鄭君《注》：“四當作三。《聘禮》：‘賓裼奉束加璧享。’”又云：“庭實皮，則攝之。”江永《釋例》云：“此聘畢行享也。”胡培翬云：“凡聘覿，皆行享禮，諸侯使人於諸侯，但一享。”據江、胡説，則《聘禮》有享，但殺於《覿禮》之享。炫謂聘享之禮，是也。但止據《覿禮》，未晰言之。沈氏引《郊特牲》“旅幣無方”，亦是《覿禮》，非《聘禮》。據《聘禮》，惟有皮幣，有言則加束帛。此言庭實旅百者，春秋聘享之節，不必合於《周禮》。或以大國之尊，禮有加隆，百言其多，不必有百品也。下“獻功”《疏》“《成二年傳》云：‘侯伯克敵，使大夫告慶之禮。’”下云：“據此文，則聘賓有庭實。”此是舊疏語，上非所承。蓋有奪佚，未知據何文爲説。餘已釋於莊二十二年。

“朝而獻功，

〔疏證〕杜《注》：“獻其治國若征伐之功於牧伯。”《疏》云：“劉炫謂治國有功。”又別引炫説云：“朝而獻功，言治國有功，故土饒物產。”此當是《述議》語。據炫義，則功即通包下文“采章加貨”之事。《疏》又云：“劉炫云：‘《傳》稱朝以正班爵之儀，率長幼之序，則不名獻功。成二年，王禮鞏伯，“如侯伯克敵，使大夫告慶之禮”，則侯伯克敵，祇合使大夫告王征伐之功，何故親朝獻牧伯？禮，小朝大。小國不合專征，復有何功可獻？’”《疏》又云：“襄八年，鄭伯親獻蔡捷於邢丘，獻征伐之功於牧伯也。劉以諸侯親朝，無獻征伐之功，以規杜氏，違《經》背《傳》，於義非也。”《疏》再引炫説，皆《規過》之辭。其駁炫説之前，又云：“案《成二年傳》云：‘侯伯克敵，使大夫告慶之禮。’又君無獻征伐之功，何以知獻功於牧伯？”則同炫説。蓋舊疏之辭，失刪者也。然杜《注》有二義，本兼治國之功及征伐之功言，炫用其治國之義，規其征伐之説耳。

邵瑛云：“按：據魯而言朝，如僖二十八年，公朝於王所；壬申，公朝於王所。成十三年三月，公如京師。此其正也。其次則如公如齊，自僖十年春，至昭二十七年冬，凡十。又公如晉，自文三年冬，至定三年春王正月，凡二十一。又其次，則如楚，襄二十八年十有一月，昭七年三月，凡二。皆爲牧伯而朝也。車服文章，貨賂幣帛，無一非其土地之所出，未嘗不可見其治國之功。至征伐之功，則魯固小國，如《襄十九年傳》：‘季武子以所得於齊之兵，作林鍾而銘魯功，臧武仲以爲非禮，且曰：計功，則借人也。’言借晉力也。則魯實無征伐之功可獻也。故莊三十一年六月，獻戎捷，乃齊桓耳。僖二十一年，使宜申來獻捷，乃楚成耳，非小國之所敢與也。”按：邵説是也。諸侯以征伐相告，《經》止書“獻捷”，不云獻功，《疏》所舉“鄭獻蔡捷於齊”，亦是獻捷。此《傳》獻子之意，在賄楚謀免，故舉朝聘禮用財之事，不合稱征伐獻功，所謂言各有當也。

“於是有容貌、采章、嘉淑，而有加貨，

〔疏證〕杜《注》：“容貌，威儀容顏也。采章，車服文章也。嘉淑，令辭稱贊也。言往共，則來報亦備。”據杜“報備”義，則《傳》明主人報賓以禮。《疏》云：“炫謂采章、加貨，則聘享獻國所有，玄纁璣組，羽毛齒革，皆充衣服、旌旗之飾，可以爲容貌、物采、文章。嘉淑，謂美善之物。加貨，言賄賂之多，皆賓所獻，亦庭實也。於聘總言庭實，於朝指其所有，詳於君，略於臣也。”此亦是引《述議》語，指此爲朝禮之庭實，以賓事言，與杜異。

又云：“劉炫云：‘按：此勸君行聘，惟當論聘之義深，不宜言主之禮備，豈慮楚不禮，而言此也？君之威儀，無時可舍，豈待朝聘賓至，乃始審威儀、正顏色，無賓客則驕容儀？容儀非報賓之物，何言報禮備？’”此《疏》又引炫《規過》辭也。

《疏》又云：“按《莊二十二年傳》‘庭實旅百’，則朝者庭實，又‘庭實旅百’，與‘容貌采章’相對，杜何知‘庭實’‘容貌’之等，非是賓之所有，必爲主人之物？今知劉説非者，僖二十二年，‘楚子入享於鄭，庭實旅百，加籩豆六品’。又昭公五年，‘燕有好貨，飧有陪鼎’。僖二十九年，‘介葛盧來朝，禮之，加燕好’。此《傳》云：‘嘉淑，而有加貨。’故知‘加貨’‘庭實’之等，皆是主人待賓之物。《禮》傳賓之於主，無加貨之文，故杜爲此解。劉苟違杜義，以爲‘庭實旅百’，及‘容貌’‘采章’‘嘉淑’‘加貨’之等，并爲賓物。”

按《疏》，“今知劉説非者”以上，皆主炫説，又加“案”字，則非炫説，容是舊疏之辭。其據莊《傳》，謂“朝有庭實”，可補朝禮之闕。《疏》駁炫説，皆主燕享禮，《禮傳》不謂燕享也。秦蕙田云：“‘庭實旅百，容貌、采章’，以上下文義求之，劉説爲長。《疏》家曲護杜氏，殊未安。”朱駿聲説同。

“謀其不免也。

〔疏證〕本《疏》引劉炫云：“多獻賄賂，以謀其不免於罪也。”

“誅而薦賄，則無及也。

〔疏證〕《釋詁》：“薦，進也。”杜《注》：“見責而往，則不足解罪。”

"今楚在宋，君其圖之！"公説。

〔經〕 十有五年，春，公孫歸父會楚子于宋。

夏，五月，宋人及楚人平。

〔注〕賈云："稱人，衆辭，善其與衆同欲。"本《疏》。

〔疏證〕《穀梁傳》："人者，衆辭也。平稱衆，上下欲之也。"賈用《穀梁》義。杜《注》："平者，總言二國和，故不書其人。"不用賈説。《疏》駁賈云："然則彼不稱'人'者，豈惟國君欲平，而在下不欲平乎？"按：賈之取《穀梁》義者，以兩國書人，唯見此《經》。《疏》駁非[1]。

六月，癸卯，晉師滅赤狄潞氏，以潞子嬰兒歸。

〔疏證〕李富孫云："淳化本、足利本無'潞'，當爲脱誤。"惠棟云："潞，《漢書》《劉寬碑陰》作'路'。《三體石經》仍作'潞'。《説文》同。"杜《注》："潞，赤狄之別種。氏，國，故稱氏。子，爵也。"沈欽韓云："按：杜用《公羊》'州不若國，國不若氏'之語，《疏》謂其俗尚赤衣、白衣，故有赤、白，非也。赤狄、白狄，猶紀年之赤夷、白夷。今之花苗、紅苗、黑玀玀、白玀玀，各自其種類耳。《一統志》：'潞縣故城，在潞安府潞城縣東北。'"沈謂杜用《公羊》"國不若氏"，是也。《疏》："'胙之土而命之氏'者，即以國名爲氏，單國不復成文，故以氏配之。潞氏、甲氏、皋落氏皆是也。"《疏》不以書氏爲進狄，與杜異。此年潞子始見《經》。《漢書·景武昭宣元成功臣表》："昔《書》稱蠻夷率服。《詩》云'徐方既俅'，《春秋》列潞子之爵，許其慕諸夏也。"《注》："應劭曰：'潞子離狄内附，《春秋》嘉之，稱其爵，列諸盟會也。'"文淇案，《公羊傳》："離於夷狄，而未能合於中國。"《解詁》："疾夷狄之俗，而去離之，故曰子。"班、應似皆用《公羊》説。

秦人伐晉。無《傳》。

〔疏證〕《年表》："晉景公六年，秦伐我。"

王札子殺召伯、毛伯。

〔疏證〕杜《注》："王札子，王子札也。蓋經文倒札字。"《疏》云：

---

[1] 科學本注：原稿眉批："核例。"

“《傳》稱此人爲王子捷。捷、札一人。《公羊傳》曰：‘王札子者何？長庶之號也。’何休云：‘天子之庶兄也。’《左傳》言札爲王孫蘇所使，非是尊貴，不得爲王之庶兄。”此《疏》明《左氏》與《公羊》義異。札子文倒，杜亦意爲之說。三《傳》同辭異義者多矣。《古今人表》亦作“王札子”，杜《注》又云：“稱殺者名，兩下相殺之辭。”用《公羊》說。

秋，螽。 無《傳》。

〔疏證〕《公羊》“螽”曰“蜮”。

仲孫蔑會齊高固于無婁。 無《傳》①。

〔疏證〕《公羊》“無”曰“牟”。杜《注》：“無婁，杞邑。”沈欽韓云：“無婁，即牟婁，聲之轉也。”《彙纂》：“蓋即隱四年莒人伐杞所取之邑。此時已爲莒邑矣。杜《注》疑有誤。”

初稅畝。

〔疏證〕《年表》：“魯宣公十五年，初稅畝。”《食貨志》：“故魯宣公初稅畝，《春秋》譏焉。”此譏義三《傳》所同。《注》孟康引《穀梁》“履畝”，非《左氏》義。杜《注》：“公田之法，十取其一，今又履其餘畝，復十收其一。故哀公曰：‘二，吾猶不足。’遂以爲常，故曰初。”是初稅十二，自宣公始也。《傳》稱“穀不過藉”。《公羊傳》：“古者什一而藉。什一者，天下之中正也。多乎什一，大桀小桀；寡乎什一，大貉小貉。什一者，天下之中正也。什一行，而頌聲作矣。”《穀梁傳》亦云：“古者什一，藉而不稅。”二《傳》皆謂什一而藉，《傳》但稱藉，則亦是什一，與二《傳》同。什一爲稅正法，而《載師》云：“凡任地，近郊十一，遠郊二十而三，甸、稍、縣、都皆無過十二。漆林之征，二十而五者。”本《疏》云：“王畿之内所供多，故賦稅重。諸書所言十一，皆謂畿外之國。”據《疏》說，則自王畿以外，皆什一矣。

杜此《注》不詳授田之法，其《傳注》云：“周法，民耕百畝，公田十畝，借民力而治之，稅不過此。”則據《傳》“穀出不過藉”爲說。其云：“民耕百畝，公田十畝。”是別十畝於百畝之外。《孟子》云：“夏后氏五十而貢，殷人七十而助，周人百畝而徹，其實皆什一也。徹者，徹也；助者，藉也。”《傳》明周田制，當云“徹”，而云“藉”者，即《孟

---

① 林按：劉氏原稿無“無《傳》”二字，據通行本補。

子》"貢、助、徹，皆什一"之説所出，則《傳》謂用助法矣。《孟子》趙《注》云："民耕五十畝，貢上五畝。耕七十畝者，以七畝助公家。耕百畝者，徹取十畝以爲賦，雖異名，而多少同，故曰皆什一也。"趙氏釋"助"爲"七十畝之助法"，三《傳》之藉，則是百畝之助法，以趙氏説"助"義通之於"徹"，是每夫授田百畝，在百畝内，徹十畝爲公田也。本《疏》云："《孟子》曰：'方里而井，井九百畝，其中爲公田。八家皆私百畝，同養公田。公事畢，然後敢治私事。'《漢書·食貨志》取彼意而爲之文，云：'井田方一里，是爲九夫。八家共之，各授私田百畝，公田十畝，是爲八百八十畝，餘二十畝爲廬舍。'諸儒多用彼爲説。如彼所言，則家別一百十畝，是爲十外稅一也。鄭玄《詩箋》云'井稅一夫，其田百畝'，則九而稅一。其意異於《漢書》，不以《志》爲説也。"《疏》謂《漢志》取《孟子》之説，諸儒多用爲説，則《左氏》舊説，皆謂每夫授田一百一十畝，與趙《注》"每夫百畝"説異。《孝經疏》引劉熙《孟子注》云："家耕百畝，徹取十畝以爲賦也。"亦同趙《注》義，與《漢志》不合。《疏》引鄭君《箋》，見《甫田篇》，《箋》云："九夫爲井，井稅一夫，其田百畝，井十爲通，通稅十夫。其田千畝，通十爲成，成方十里，成稅百夫，其田萬畝。"

《疏》云："周制，有貢、有助。助者，九夫而稅一夫之田；貢者，什一而貢一夫之穀；通之二十夫而稅二夫，是爲什中稅一也。故《冬官·匠人注》廣引經傳而論之，云：'周制，畿内用夏之貢法，稅夫，無公田。邦國用殷之助法，制公田，不稅夫。貢者，自治其所受田，貢其稅穀。助者，借民之力，以治公田，又使收斂焉。諸侯謂之徹者，通其率，以什一爲正。《孟子》云："野，九夫而稅一；國中，什一。"是邦國亦異外、内之法耳。'是鄭解通率爲什一之事也。《孟子》又云：'方里而井。'云云，是説助法。井別一夫，以入公也；云別野人者，别野人之法，使與國中不同也。助法既言百畝爲公田，則使自賦者，明是自治其田，貢其稅穀也。助則九而助一，貢則什一而貢一，通率爲什一也。如鄭之言，邦國亦異内、外，則諸侯郊内貢、郊外助矣。而鄭正言畿内用貢①法，邦國用助法，以爲諸侯皆助者，以諸侯郊内之地少，郊外助者多，故以邦國爲助，對畿内之貢，爲異外、内也。史傳述助、貢之法，惟《孟子》爲明。鄭據其言，以什一而徹，爲通外、内之率，理則然者。而《食貨志》云云，其言取

---

① 林按：劉氏原稿誤作"夏"，據《毛詩正義》改爲"貢"。

《孟子》爲説，而失其本旨。班固既有此言，由是群儒遂謬。何休之注《公羊》，范甯之注《穀梁》，趙岐之注《孟子》，宋均之説《樂緯》，咸以爲然，皆義異於鄭，理不可通，何則？言井九百畝，其中爲公田，則中央百畝其爲公田，不得家取十畝也。又言八家皆私百畝，則百畝皆屬公矣。何得復以二十畝爲廬舍也？言同養公田，是八家共理公事，何得家分十畝自治之也？若家取十畝，各自治之，安得謂之同養也？若二十畝爲廬舍，則家二畝半亦入私矣，則家別私有二畝半，何得爲八家皆私百畝也？此皆諸儒之謬。鄭於《匠人注》云：‘野，九夫而稅一。’此《箋》云：‘井稅一夫，其田百畝。’是鄭意無別公田十畝，及二畝半爲廬舍之事。俗以鄭説同於諸儒，是又失鄭旨矣。”

詳《詩疏》論畿内邦國稅民之異，甚諦，亦與鄭君義合。本《疏》據《匠人》鄭君《注》，通其率以十一爲正義，謂言郭内、郭外相通，其率爲十稅一也。杜今直云“十取其一”，則又異於鄭，與《詩疏》説鄭義同。蓋以杜不別郭外、内爲《疏》也。魯是邦國，則郊外用殷之助法，故《傳》云：“穀不過藉也。”三代稅民制異，井田未改，助之異於徹者，助是通力合作，徹是各家分治其田，公田之在中央無異也。《詩疏》泥於助法合作之義，以家取十畝爲疑，非也。《信南山》云：“中田有廬。”《穀梁傳》：“古者公田爲居。井、竈、蔥、韭盡取焉。”此廬舍在公田中之證。廬舍二十畝，乃公田之給民者，是割公田所有，不得謂私。若謂家無二畝半之廬舍，則公田百畝，須十夫治之，不得謂八家矣。彼《疏》駁《漢志》，皆橫生瘡痏，不足爲據。《韓詩外傳》：“古者八家而井田，方里爲一井，廣三百步，長三百步爲一里，其田九百畝。廣一步，長百步爲一畝。廣百步，長百步爲百畝，八家爲鄰，家得百畝，餘夫各得二十五畝。家爲公田十畝，餘二十畝共爲廬舍，各得二畝半。八家相保，出入更守，疾病相憂，患難相救，有無相貸，飲食相召，嫁娶相謀，漁獵分得，仁恩施行，是以其民，和親而相好，《詩》曰：‘中田有廬，疆埸有瓜。’”右《韓詩》説，亦謂家授私田百畝，公田十畝，更在《漢志》之前。惟《小司徒》“九夫爲井”，《司馬法》亦云：“畝百爲夫，夫三爲屋，屋三爲井。”萬斯大《學春秋隨筆》據此二文，謂周人井九百畝，分之九夫，每夫百畝，中以十畝爲公田，與鄭君《甫田箋》：“九夫爲井，井稅一夫。”《匠人注》：“九夫而稅一。”似合。然據《漢志》“井田方一里，是爲九夫”，則九夫以地言之，獨言九百畝耳。鄭氏意亦當如此。本《疏》乃以“九而稅一”解鄭《甫田箋》義。其《甫田疏》亦然。致近儒謂鄭君義與《漢志》不合，《穀梁》則傳文《疏》云：“井田者，九百畝，公田居一。”《集解》

云："出除公田八十畝，餘八百二十畝，故井田之法，八家共一井。八百畝餘二十畝，家各二畝半爲廬舍。"則傳文已明家授一百十畝之制也。《甫田疏》謂何休、范甯、趙岐、宋均説同《漢志》，而不察爲《穀梁傳》文。趙岐《注》則謂"家耕百畝，徹取十畝爲公田"，與《漢志》不同，并爲一説，尤謬。此釋《公》《穀》"履畝"義，異於《左氏》。至授田之數，三《傳》并同《漢志》，未可駁也。特徹田視助法，法同而實異其制度，故《書》未詳。

倪思寬《讀書記》云："竊嘗據鄭旨核分畝，八家九百畝，而公田百畝，通公、私之率，無異家別一百十二畝半，於一百一十二畝半，抽其一十二畝半，則於九分之中而税其一分，正合九一之旨。其數甚明，不特持籌而知也。"據倪説，則鄭君九夫税一義，與《漢志》正合。《公羊解詁》云："聖人制井田之法，而口分之，一夫一婦，受田百畝，以養父、母、妻、子，五口爲一家。公田十畝，即所謂什一而税也。廬舍二畝半，凡爲田一頃十二畝半，八家而九頃，共爲一井。"按頃，百畝也，其謂家授一百十畝，此猶是《注》説。文田云："《周官·司稼》云：'巡行觀稼，以年之上下出斂法。'是知徹無常額，惟視年豐、凶，此其與貢異處。助法正是八家合作，而上收其公田之入，無須更出斂法。然其弊必有如何休所云'不盡力於公田者'，故周直以公田分授八夫，至斂時則巡野觀稼，合百一十畝通計之，而取其什一。其法亦不異於助，故《左傳》云：'穀出不過籍。'然民自無公私緩急之異，此其與助異處。至魯宣公，因其舊法而倍收之，是爲什而税二矣。"姚氏説徹，蓋括鄭君"通其率"之義，謂公田分授八夫，亦與《漢志》合。

冬，蝝生。

〔注〕劉歆以爲，蝝，蝮蠢之有翼者，食穀爲災，黑眚也。《五行志》。劉歆曰："蚍蜉子也。"《説文》《釋文》。

〔疏證〕杜《注》："蝝子以冬生，遇寒而死，故不成蝝。"與劉歆説異。《釋蟲》："蝝，蝮陶。"本《疏》引李巡説："蝝，蝗子也。"郭《注》："蝗子未有翅者。"用李説。本《疏》："劉歆以爲蚍蜉有翅者，非也。上云'秋，蝝'，秋而生子于地，至冬其子復生，遇寒而死，故不成災。《傳》稱'凡物不爲災，不書'。此不爲災而書之者，《傳》云：'幸之也。'此年既飢，若使蝝早生，更爲民害，喜其冬生，故書之。"杜以"蝝生"蒙"秋，蝝"爲文，《疏》述其義，而斥歆説爲非也。其引歆説，乃檃括之辭，故與《五行志》《釋文》小異。《五行志》："蝮蠢。"孟康曰："音蚍蜉。”《釋蟲》：“蚍蜉，大螘。”《説文》：“䖵蠹，大螘也。蠪，復陶也。”劉歆説：“蠪，蚍蜉子。”䖵省爲蠪，蠪又省爲蚍，許君爲正字也。許君謂“蠪即蚍蜉”。賈義或當。然《釋蟲》又云：“䘃，飛螘。”郭《注》：“有翅。”即用歆“有翼”之説，則蠪即䘃也。歆云：“食穀爲災。”則正以爲災而書，與《傳例》合。《疏》謂“不爲災而書”，非。黑眚者，《五行志》：“甚則異物生，謂之眚，自外來，謂之祥。”又云：“《傳》曰聽之不聰，是謂不謀。時則有黑眚、黑祥。”歆以飛螘爲黑眚者。螘色玄，《小正》：“十有二月，玄駒賁。玄駒，螘也。”歆厪釋“蠪”，未及徵驗。《五行志》又云：“董仲舒、劉向以爲蠪，螟始生也。一曰螽始生。”以蠪爲蝗，乃《公》《穀》義。杜舍歆、《左氏》説，而取《公》《穀》義，非也。《釋文》先引歆説，又引董仲舒云“蝗子”，明《左氏》與《公羊》異説。

饑。

〔疏證〕據劉歆義，則饑承蠪食穀言。杜《注》：“風雨不和，五稼不豐。”與歆義異。

〔傳〕 十五年，春，公孫歸父會楚子于宋。

宋人使樂嬰齊告急于晉，晉侯欲救之。

〔疏證〕杜無注。宋有樂氏。《晉世家》：“景公六年，楚伐宋，宋來告急。晉欲救之。”《鄭世家》：“十一年，楚莊王伐宋，宋告急於晉，晉景公欲發兵救宋。”

伯宗曰：“不可！

〔注〕賈云：“伯宗，晉大夫。”《晉世家集解》。

〔疏證〕洪亮吉云：“《元和姓纂》引《世本》：‘晉孫伯起生伯宗，因氏焉。’”

“古人有言曰：‘雖鞭之長，不及馬腹。’

〔疏證〕杜《注》：“言非所擊。”《北魏書·李冲傳》：“別詔安南大將軍元英、平南將軍劉藻，討漢中；召雍、涇、岐三州兵六千人，擬戍南鄭，剋城則遣。冲表諫曰：‘西道險阨，單徑千里。今欲深戍絶界之外，孤據群賊之口，敵攻不可卒援，食盡不可運糧。古人有言：雖鞭之長，不及馬腹。南鄭於國，實爲馬腹也。’”據李冲引《傳》意，馬腹喻宋，距晉遠，中隔大河、太行也。杜説非。

“天方授楚，未可與爭。雖晉之强，能違天乎？

〔疏證〕《晉世家》：“伯宗曰：‘楚，天方開之，不可當。’”《鄭世家》：“伯宗諫晉君曰：‘天方開楚，未可伐也。’”

“諺曰：‘高下在心。’

〔注〕舊注：“高下猶^①屈申也。”《御覽》四百九十五。

〔疏證〕惠棟以爲服虔説，未知何據。《魏志·王粲傳》：“何進召四方猛將，并使引兵向京城，欲以劫恐太后。琳進諫曰：‘今將軍總皇威，握兵要，龍驤虎步，高下在心。此行事，無異于鼓洪爐以燎髮。’”琳引傳文義，與舊注合。杜《注》：“度時制宜。”猶屈申義也。

“川澤納汙，

〔疏證〕《路温舒傳》上書引與“山藪”句互倒。《傳》又云：“温舒受《春秋》，通大義。”其上書連引傳文，則所受爲《左氏春秋》也，《章句》異此。《周禮》鄭《注》：“澤，水所鍾也。”杜以“納汙”爲受汙濁。《路温舒傳注》：“川澤之功廣大，則獨受于汙濁。”《隋書·長孫平傳》：“平進諫曰：‘川澤納汙，所以成其深。’”與《漢書注》“廣大”義合。

“山藪藏疾，

〔疏證〕《路温舒傳》“藏”作“臧”。按：“臧”，古“藏”字。杜《注》：“山之有林，毒害者居之。”《疏》云：“近山近澤，皆得稱藪。上既有‘川澤’之文，下別云‘山藪’之事，此藪近山。劉炫以爲‘澤旁之藪’，以規杜氏，非也。”邵瑛云：“《釋地》李《注》：‘藪，澤之別名也。’然藪、澤雖同而微異。大抵有水謂之‘澤’，無水則爲‘藪’，故《周語注》：‘澤無水曰藪。’《漢書·五行志注》：‘藪，謂澤之無水者。’劉炫謂‘澤旁之藪’，確不可易。而《傳》連山言之，曰‘山藪’，言山藪草木，毒螫之蟲所在，故曰‘山藪藏疾’。劉炫之意，亦是如此。而杜以爲‘山之有林藪’，孔穎達因謂此藪近山，未合也。”按：邵説是也。《路温舒傳注》：“言山藪之有草木，則毒害者居之。”山藪兼言，與杜《注》“山之林藪”異，當是舊説。《周禮》鄭《注》：“水希曰‘藪’。”鄭君亦

---

① 科學本注：“猶”鮑刻本作“相”字。

不謂藪近山。《後漢書・陳寵傳》：“寵子忠上疏曰：‘臣聞人君廣山藪之大，納切直之謀。’”《隋書・長孫平傳》：“山岳藏疾，所以就其大。”用《傳》義。藪、岳或亦異字。

“瑾瑜匿瑕，

〔疏證〕《路溫舒傳》“瑕”作“惡”。李富孫云：“惡與瑕不甚異。”《説文》：“瑾瑜，美玉也。瑕，玉小赤也。”玉以白爲尚，白而小赤，非玉之美。《聘義》：“瑕不揜瑜，瑜不揜瑕。”《注》：“瑕，玉之病也。”杜《注》以“瑕”爲“穢”，非。又云：“匿，亦藏也。”

“國君含垢，

〔注〕舊注：“含，忍也。垢，恥也。”《御覽》四百九十五。

〔疏證〕《釋文》：“垢，本或作‘詬’。”案：《路溫舒傳》作“含詬”，與《釋文》一本合。《説文》：“謑詬，恥也。”是詬亦恥也。《考工記》“燕無函”《注》：“鄭司農云：‘函，讀如國君含垢之含。’”《疏》：“彼勸晉侯忍不救宋之事，引之證函是含容之義也。”據彼《疏》説，則先鄭訓詩之“含”爲含容也，與舊注義合。舊注或即先鄭義矣。杜《注》：“忍垢恥。”用舊注義。惠棟云：“《淮南子》云：‘《老子》曰：“能受國之垢，是爲社稷主。”’”受亦含義。《路溫舒傳》：“人君之善御下，亦當忍恥病也。”皆[1]

“天之道也。君其待之！” 乃止。

〔疏證〕馬宗璉云：“時晉將圖赤狄，故休其兵力，而不救宋，託言楚強以止之，觀伯宗之謀伐潞可見。”

使解揚如宋，使無降楚，

〔注〕服云：“解揚，晉大夫。”《晉世家集解》。

〔疏證〕杜無注。洪亮吉云：“《史記・鄭世家》曰：‘乃求壯士，得霍人解揚，字子虎，誑楚，令宋無降。’《説苑》載此事，與《史記》略同。惠氏《補注》，舍《史記》而反引《説苑》，疏矣。”案：《晉世家》亦云：“乃使解揚，紿爲救宋。”

---

① 科學本注：以下原稿闕文。林按：此句當置於“杜《注》”云云之後，“用舊注義”之前。

曰：“晉師悉起，將至矣。”

鄭人囚而獻諸楚，

〔疏證〕《年表》：“鄭襄公十一年，佐楚伐宋，執解揚。”

楚子厚賂之，使反其言。不許。三而許之。

〔疏證〕《鄭世家》：“鄭與楚親，乃執解揚而獻楚，楚王厚賜與約，使反其言，令宋趣降，三要乃許。”《晉世家》：“鄭人執與楚，楚厚賜，使反其言，令宋急下。解揚紿許之。”

登諸樓車，

〔注〕服云：“樓車，所以窺望敵軍。兵法所謂雲梯也。”《鄭世家集解》。

〔疏證〕《御覽》三百三十六引“登諸樓車”，《注》：“所爲雲梯。”蓋節服《注》文。《說文》：“轈，兵車，高如巢，以望敵也。”此成公十六年“楚子登巢車”義。樓車疑與巢車類，皆以望敵。《六韜·軍略篇》：“若攻城圍邑，則有轒輼臨衝，視城中，則有雲梯、飛樓。”服引兵法，即《六韜》文。李貽德云：“兵法泛指兵家之言。《漢書·藝文志》云：‘張良、韓信，叙次兵法，凡八十二家，删取要用，定著三十五家。’是古來稱兵法，皆衆矣。”據《藝文志》“《太公兵》八十五篇”，則《太公書》得稱兵法。李說非也。《墨子·公輸篇》：“公輸般爲楚造雲梯之械成，將以攻宋。”未說雲梯之制若何。《列子》用其文，張湛《注》：“雲梯可以凌虛”，與《六韜》“視城中”義合。今之雲梯，爲傅城之械，蓋襲古名，異其實矣。杜《注》：“樓車，車上望櫓。”《漢書·劉屈氂傳注》：“櫓，望敵之樓也。”杜謂：“車上有樓。”《鄭世家》：“於是楚登解揚樓車。”《集解》兼引服、杜說，以服、杜說異。

使呼宋人而告之。

遂致其君命。

〔疏證〕《鄭世家》：“遂負楚約，而致其晉君命曰：‘晉方悉國兵以救宋，宋雖急，慎毋降楚，晉兵今至矣。’”《晉世家》：“卒致晉君言。”

楚子將殺之，使與之言曰：“爾既許不穀，而反之，何故？非我無信，女則棄之。速即爾刑！”

〔疏證〕《鄭世家》：“楚莊王大怒，將殺之。”《晉世家》：“楚欲殺之。”

對①曰：“臣聞之，君能制命爲義，臣能承命爲信，信載義而行之爲利。謀不失利，以衛社稷，民之主也。

“義無二信，信無二命。

〔注〕舊注：“義不行兩信，信不受二命也。”《御覽》七百七十七。

〔疏證〕舊注“信”下奪“信”字，今以意增。杜《注》：“欲爲義②者，不行兩信；欲行信者，不受二命。”用舊注義。

“君之賂臣，不知命也。

“受命以出，有死無霣，

〔注〕服云：“霣，隊也。”《鄭世家集解》。

〔疏證〕《鄭世家》：“受吾君命以出，有死則霣。”與《傳》作“霣”異。《集解》改服《注》爲“隕”，以合史公字也。李貽德云：“案：《説文》云：‘齊人謂雷爲霣。一曰：雲轉起也。’此別一義。服訓‘隊’者，謂霣爲隕之假借字。《爾雅·釋詁》：‘隕，落也。’《説文》：‘隕，從高下也。隊，從高隊也。’落，下皆墜也。”案：杜《注》：“霣，廢墜也。”墜，隊之俗，然“霣”不訓廢。杜用服《注》，增“廢”字，非。

“又可賂乎？

“臣之許君，以成命也。

〔疏證〕杜《注》：“成其君命。”《鄭世家》：“莊王曰：‘若之許我，已而背之，其信安在？’解揚曰：‘所以許王，欲以成吾君命也。’”則成命之辭，蓋答莊王語。信，《傳》略之。

“死而成命，臣之禄也。

〔疏證〕禄，猶言福也。

“寡君有信臣，

“下臣獲考死，又何求？”

---

① 林按：劉氏作“解揚”。
② 林按：“義”，劉氏原稿作“信”，據《左傳正義》回改。

〔疏證〕杜以"考"字絶句，云："成也。"沈欽韓云："當與下死字爲句。考死，猶考終命也。"案：《鄭世家》："將死，顧楚軍曰：'爲人臣，無忘盡忠得死者。'"得死，即"考死"義。

楚子舍之以歸。

〔疏證〕《鄭世家》："楚王諸弟皆諫王赦之。於是赦解揚，使歸晉，爵之，爲上卿。"《晉世家》："或諫，乃歸解揚。"《傳》略楚莊王納諫事。《年表》："晉景公六年，救宋，執解揚，有使節。"此《左氏》襃解揚義。

夏，五月，楚師將去宋。

〔疏證〕上年《經》："秋九月，楚子圍宋。"《宋世家》："文公十七年，楚以圍宋五月不解。"《楚世家》："圍宋五月。"史公以爲五閱月，皆駁文。杜《注》："在宋積九月，不能服宋。"是也。

申犀稽首於王之馬前，曰：

"毋畏知死，而不敢廢王命，王棄言焉。"

王不能答。

申叔時僕，

〔疏證〕杜《注》："僕，御也。"按謂王車之御。

曰："築室，反耕者，宋必聽命。"從之。

〔疏證〕杜《注》："築室於宋，分兵歸田，示無去志。王從其言。"按：築室反耕，當是古人圍師久留之法。《晉書·載記·石勒傳》："遣季龍討徐龕，龕堅守不戰。於是築室反耕，列長圍以守之。"《慕容儁傳》："慕容恪進圍廣固，諸將勸恪，宜急攻之。恪曰：'彼我勢均，且有强援，當羈縻守之，以待其斃。'乃築室反耕，嚴固圍壘。"《禿髮耨檀傳》："蒙遜圍樂都，三旬不剋，築室反耕，爲持久之計。"皆用申叔時之策也。

宋人懼，使華元夜入楚師，登子反之牀，

〔注〕舊注："華元若不因間，若不用謀，無由得入楚軍也。"《御覽》四百八十。

〔疏證〕《傳》説華元入楚軍，不謂由間謀。舊注推較事情知之。杜

《注》："《兵法》：'因其鄉人而用之，必先知其守將、左右、謁者、門者、舍人之姓名，因而利導之。'華元蓋用此術，得以自通。"惠棟云："此《注》皆見《孫子・用間篇》。曹公《孫子注》曰：'因敵鄉人，知敵表裏虛實之情，故舊而用之，可使伺候。'守，有官職在者。謁，告也，上告事者也。門者，守門者也。舍人，守舍之人也。又先知爲親舊，有急即呼之，則不呵止，亦因之以知敵情。"按：杜《注》義與舊注同，舊注非完文，當引《兵法》有閒諜，以證華元入楚師之事。杜《注》或即用舊注矣。《宋世家》："宋城中急，無食，華元乃夜私見楚將子反。"

起之，曰："寡君使元以病告，

〔疏證〕起之，謂呼子反使起也。

"曰：'敝邑易子而食，析骸以爨。

〔疏證〕此至"唯命是聽"，華元述宋文公之言也。《釋文》："骸，又作骨。"《呂覽・行論篇》云："析骨而爨之。"與《釋文》一本合。《宋世家》："子反告莊王，王問：'城中何如？'曰：'析骨而炊，易子而食。'"《楚世家》："圍宋五月，城中食盡，易子而食，析骨而炊。"字皆作"骨"，其改"爨"爲"炊"，因《公羊》字也。《廣雅》："爨，炊也。"

"'雖然，城下之盟，有以國斃，不能從也。

〔疏證〕杜《注》："寧以國斃，不從城下盟。"《御覽》二百九十二引此《傳》及《注》，"斃"皆作"敝"。按：國不可言斃，作"敝"是。《傳》寫失之。

"'去我三十里，惟命是聽。'"

子反懼，與之盟，而告王。

〔注〕服云："與華元私盟，許爲退師。若孟任割臂與魯莊公盟。"本《疏》。

〔疏證〕杜無注。《疏》引服説，又云："下云'盟曰'，是兩國平後共盟，而楚人爲此辭耳，非此華元、子反私盟之辭也。"此《疏》申服義。嚴蔚、洪亮吉引服《注》，皆至"與莊公盟"止，李貽德獨取"下云"以下，亦取爲服《注》，非。魯莊公與孟任盟，見莊公三十二年。服以此爲私盟，故以孟任割臂爲證，不以辭害義。傅遜云："華元登牀，乘其不虞，劫之與盟也。"邵寶云："子反懼華元之脅也，盟豈得已哉？"

退三十里，宋及楚平。

〔疏證〕《吕覽·行論篇》："莊王爲却四十里，而舍於盧門之闑。"《注》："盧門，宋城門。闑，扉也。"此盧門，當謂宋外郭門。《楚世家》："莊王曰：'誠哉言，我軍亦有二日糧。'以信故，遂罷兵去。"《宋世家》："宋華元出，告以情。莊王曰：'君子哉。'遂罷兵去。"《年表》："華元告子反以誠，楚罷。"又云："華元告楚，楚去。"

華元爲質。盟曰："我無爾詐，爾無我虞。"

〔疏證〕杜《注》："楚不詐宋，宋不備楚。"是杜解"虞"爲"虞度"。按：《廣雅·釋詁》："詐、僞、譁、膠、誣、詿、詑、調、突、虞，欺也。"王念孫云："《淮南子·繆稱訓》引《屯》六三：'即鹿無虞。'高誘《注》云：'虞，欺也。'《魏志·王粲傳》：'陳琳諫何進曰：《易》稱即鹿無虞，諺有掩目捕雀。夫微物尚不可欺以得志，況國之大事，其可以詐立乎？'高誘、陳琳皆以'無虞'爲無欺，蓋漢時師說如此。宣十五年《左傳》：'我無爾詐，爾無我虞。'謂兩不相欺也。'虞'與'詿誤'之'誤'，古聲義并同。"按：據王說，則杜《注》非古義。

潞子嬰兒之夫人，晉景公之姊也。

〔疏證〕嬰兒，潞君名。

酆舒爲政而殺之，

〔疏證〕洪亮吉云："《古今人表》《水經注》并作'豐舒'。"李富孫云："豐、酆，古今字。"惠棟云："王符引此'殺'作'虐'。"按：見《潛夫論□□①篇》。杜《注》："酆舒，潞相。"

又傷潞子之目。晉侯將伐之。

諸大夫皆曰："不可。酆舒有三儁才，

〔疏證〕杜《注》："儁，絶異也。"洪亮吉云："趙岐《孟子注》：'俊，

---

① 科學本注：原稿闕文。

美才出衆也。'俊、雋通。"本《疏》引《辨名記》云："五人曰茂，十人曰選，倍選曰雋；千人曰英，倍英曰賢；萬人曰桀，倍桀曰聖。"是雋謂才過二十人，不謂絕異也。《疏》又云："知其有才藝勝人者三事耳，不知三者何事也。"按：下云"恃才與衆"，則雋才謂酆舒身，故《疏》以三事言。

"不如待後之人。"

伯宗曰："**必伐之。**

"狄有五罪，雋才雖多，何補焉？

"不祀，一也。

〔疏證〕《文五年傳》："皋陶庭堅，不祀忽諸？"此不祀，亦謂不祀其先人。

"耆酒，二也。

"棄仲章而奪黎氏地，三也。

〔注〕服云："黎侯之國。"《旄丘疏》。

〔疏證〕杜《注》："仲章，潞賢人。黎氏，黎侯國。"杜蓋用服説。《御覽》六百四十一引《注》："仲章，潞賢人。黎氏，黎侯也。"當是舊注，或即服義矣。仲章事，無攷。《釋文》："黎，國名。"《地理志》："上黨郡壺關。"應劭曰："黎侯國也。"杜《注》據晉縣云："上黨壺關縣，有黎亭。"《旄丘》："匪車不東。"《箋》云："黎國在衛西，今所寓在衛東。"《疏》據杜《注》，謂黎國在衛之西。《疏》又云："宣公十五年《左傳》，伯宗數赤狄潞氏之罪云：'奪黎氏地，三也。'服虔云：'黎侯之國。'此詩之作，責衛宣公。宣公以魯桓十二年卒，至魯宣十五年百有餘歲，即此時爲狄所逐，後更復其國。至宣公之世，乃赤狄奪其地耳。"彼《疏》説黎寓衛之後，仍復其國，最爲分明。此黎在衛西，鄭君説與《漢志》合。

顧棟高云："今潞安府長治縣三十里，黎侯亭是也。"江永云："今按：潞安府之長治、壺關，皆黎國地，潞子奪之。又有黎城縣，在潞安東北，本漢潞縣地，隋始置縣。《一統志》云：'黎侯城在縣東北十八里，晉立黎侯即此。'"右皆用《漢志》説。其黎侯寓居之黎，據《漢志》，在東郡黎縣。《注》："孟康曰：'《詩》黎，侯國。今黎陽也。'臣瓚曰：'黎陽在魏郡，非黎縣。’師古曰：‘瓚説是。’”《水經注》：“瓠子河，東逕黎縣故城。”即《漢志》東郡之黎也。而酈氏於“河水過黎陽縣下”又云古黎侯國。《元和志》於“鄆州鄆城”下載黎丘，與《水經》黎縣合，而“衛州黎陽”下又云：“古黎侯國。”焦循辨之云：“魏郡之黎陽，以黎山得名。東郡之黎，以黎侯寓得名。黎陽既非本國，亦非寓地。酈道元、李吉甫之書兩繫之，殊惑人。”按：焦説是也。《詩疏》既謂此黎國非衛東之黎，則黎陽之説，歧出不足辨，恐後人疑惑，故删次焦説，附列之。

“虐我伯姬，四也。

〔疏證〕惠棟云：“上云酆舒爲政而殺之，此云虐者。案《尚書·吕刑》：‘惟作五虐之刑。’《墨子》引作‘五殺之刑’。《論語》‘不教而殺謂之虐’。又《十八年傳》云：‘凡自内虐其君曰弑。’皆以虐爲殺也。”

“傷其君目，五也。

“怙其儁才，而不以茂德，

〔疏證〕洪亮吉曰：“《爾雅》：‘怙，恃也。’定四年：‘無怙富同。’”

“滋益罪也。

“後之人或者將敬奉德義，以事神人，而申固其命，

〔疏證〕杜《注》：“審其政令。”沈欽韓云：“《詩傳》：‘申，重也。’言後人修德，則其命將毁而重固。”

“若之何待之？不討有罪，曰‘將待後’，

“‘後有辭而討焉’，毋乃不可乎？

“夫恃才與衆，亡之道也。

“商紂由之，故滅。

〔疏證〕杜《注》：“由，用也。”《疏》云：“《史記·殷本紀》：‘紂，賢辨捷疾，聞見甚敏，材力過人，手格猛獸，知足以拒諫，飾是非之端①，矜人臣以能，高天下以聲，以爲皆出己之下。’武王伐滅之，是由恃才儁，

———

① 林按：此句《左傳正義》作“言足以飾非”，劉氏引述有改動。

故滅也。"①詳史公義，兼才、衆言，《疏》止云"恃才雋"，誤。

"天反時爲災，

〔疏證〕杜《注》："寒暑易節。"按：時所眹，不止寒暑反時，如《經》書雩、旱、饑、日食、星變之類。

"地反物爲妖，

〔疏證〕《説文》："祆，地反物爲祆也。從示，芙聲。"則賈君本作"祆"。《後漢書·鄭興傳》引作"妖"，與賈君本異。杜《注》："羣物失性。"按如《經》書山崩川竭，螽、蜚、桃李華、李梅實之類。

"民反德爲亂。

〔疏證〕杜無注。本《疏》："民謂人也，感動天地，皆是人君感之，非庶民也。"據《後漢書·鄭興傳》作"人"，知先鄭本與唐本異。德，五常之德也。如《經》書臣弑君、子弑父及刑賞不中之類。

"亂則妖災生。

〔疏證〕反德則妖災生也。《後漢書·鄭興傳》："建武七年三月晦，日食。興上書，引'天反時'以下四句，釋之曰：'往年以來，譴咎連見，意者執事，頗有闕焉。夫國無善政，則譴見日月。變咎之來，不可不慎，其要在因人之心，擇人處位也。'"興與子衆，皆傳《左氏》學，其謂"變咎出人心"，用《傳》"亂則妖災生"義也。

"故文，反正爲乏。

〔注〕服云："言人反正者，皆乏絶之道。"本《疏》。

〔疏證〕杜《注》"文，字"，未説"乏"形義，故《疏》引服説補之。乏，經文當作𠂔，"乏"隸變字也。《説文》："𠂔，《春秋傳》曰：'反正爲𠂔。'"段玉裁曰："此説字形，而義在其中矣。不正則爲𠃊𠃊，二字相鄉背也。《禮》：'受矢者曰正，拒矢者曰𠃊。'以其禦矢謂之𠃊，以獲者所容身謂之容。"段氏説正、𠃊義見《射禮》。其乏取反正義，於射最諦。

黃生《字詁》云："正之爲字，本訓射的，文從一，從止。射者必^①以步揣其遠近之準，而施的焉，故從止。一爲指事，所以識其處也。丐爲避箭短牆，𠅀爲受矢之器。皆從反正會意。故知射的爲'正'本訓。射者必志正體直，然後發矢，不偏不激，正中其處，故借去聲爲邪之對。"據黃説，則反正有严、𠅀二文，《傳》止取严文。射的之正，爲平聲，借去聲爲正、邪字也。比正字，當如畫布曰正之正。李貽德云："乏絶，自釋字義。《周禮·服不氏》杜子春《注》、《車僕》鄭司農《注》并云：'乏，讀爲"匱乏"之"乏"。'反正，字之形；匱乏，字之義。"本《疏》云："妖災生，則國滅亡。是乏絶之道也。"蓋述服義。

"盡在狄矣。"

〔疏證〕本《疏》言："盡在狄矣，則狄皆有之。其'反德爲亂'，則五罪是也。天地災妖，《傳》不指斥，不知於時潞國有何災、何妖也。"

晉侯從之。

六月，癸卯，晉荀林父敗赤狄於曲梁，

〔疏證〕馬宗璉云："杜《注》：'曲梁在廣平。'蓋沿晉侯弟亂行於曲梁而誤。彼曲梁在廣平，有雞澤可證。此曲梁近潞，不得遠引廣平之曲梁爲據。"洪亮吉云："赤狄潞子國，即在潞縣。晉欲伐赤狄，必不反東走五六百里至廣平之曲梁。況又隔太行一山。杜《注》可云全不計道里矣。"皆駁杜説。惠棟云："杜《注》：'廣平曲梁縣。'迴遠，非也。劉昭《郡國志注》引《上黨記》曰：'潞，濁漳也。縣城臨潞。晉荀林父伐曲梁，在城西十里。今名石梁。'"沈欽韓云："曲梁當近潞城。若廣平之曲梁在山東，去潞遠矣。《元和志》：'斷梁城，在潞州銅鞮縣東北三十里，下臨深壑；東西三面阻澗，廣袤二里，俗謂之斷梁城。'疑即此處。"惠、沈皆謂曲梁在潞縣。按：潞縣，今山西潞安府潞縣東北。銅鞮，今山西沁州治，沁州在潞安東北。沈説與《郡國志》合。

辛亥，滅潞。

酆舒奔衛，

---

① 科學本注：指海本《字詁》作"故"。

衛人歸諸晉，晉人殺之。

王孫蘇與召氏、毛氏爭政，

〔疏證〕杜《注》："三人皆王卿士。"

使王子捷殺召戴公及毛伯衛，

卒立召襄。

〔疏證〕本《疏》："卒，終也。謂後終立之。"《讀本》："召襄，召戴公子也。"

秋，七月，秦桓公伐晉，次于輔氏。

〔疏證〕《晉語注》："輔氏，晉地。"杜用韋說。沈欽韓云："《一統志》：'輔氏城在同州朝邑縣西北三十里。'"

壬午，晉侯治兵于稷，以略狄土，

〔疏證〕杜《注》："壬午，十月二十七日①。"貴曾曰②

《郡國志·河東郡》："聞喜邑，有稷山亭。"《水經注》："汾水又逕稷山之③山東西二十里，南北三十里，西去介山十五里。山上有稷祠，山下稷亭。《春秋》'晉侯治兵于稷'，是也。"文淇案：《御覽》四十五引《隋圖經》曰："稷山在絳郡，后稷播百穀于此山，亦《左傳》謂'晉侯治兵于稷，以略狄土'，是也。"與酈氏說合。故杜云"晉地"也。沈欽韓云："《方輿紀要》：'稷神山，在絳州稷山縣南五十里。'"《廣雅·釋詁》："竊、略，取也。"王念孫云："略者，《方言》：'略，強取也。'宣十五年《左傳》：'晉侯治兵于稷，以略狄土。'杜《注》：'略，取也。'襄四年《左傳》：'季孫曰略。'《注》云：'不以道取曰略。'《齊語》：'犧牲不略。'韋《注》：'略，奪也。'"

立黎侯而還。

及雒，

---

① 林按：此句《左傳正義》作"七月二十九日"。
② 科學本注：以下原稿闕文。
③ 科學本注："之"當作"北"。

〔疏證〕杜《注》："雒，晉地。"沈欽韓云："《秦本紀》：'魏築長城，自鄭濱洛。'《方輿紀要》：'洛水在同州朝邑縣南。宣十五年，晉侯及雒，謂此。'"按：漢經師改"洛"爲"雒"也。

魏顆敗秦師于輔氏，

獲杜回，秦之力人也。

〔疏證〕《論衡·死僞篇》重"杜回"，《張衡傳注》引《左傳》同。

初，魏武子有嬖妾，無子。

〔疏證〕杜《注》："武子，魏犨，顆之父。"

武子疾，命顆曰："必嫁是。"

〔疏證〕《論衡》"是"下有"妾"字。《張衡傳注》同。《文選·陳情表注》引作"吾死嫁之"。

疾病，則曰："必以爲殉！"

〔疏證〕《釋文》："本或作'必以殉'。"《論衡》"疾病"作"病困"。《文選注》作"及困"。《論衡》"以"下有"是"。

及卒，顆嫁之，曰："疾病則亂，吾從其治也。"

〔疏證〕杜無注。顧炎武云："治，謂病閒之時，凡人病未昏，酒未醉，皆曰治。《列子》：'鄧析謂子產曰：子奚不時其治也。'謂伺其醒。"文淇案：《晉書·曹志傳》："志遭母憂，居喪過禮，因此篤病，喜怒失常。九年卒，奏以惡謚。崔褒歎曰：'魏顆不從亂，以病爲亂故也。今謚曹志，而謚其病，豈謂其病不爲亂乎！'"據崔褒說，則亂指疾病時，與治對，非謂病閒也。

及輔氏之役，顆見老人結草以抗[①]**杜回。**

〔疏證〕杜《注》："亢，禦也。"洪亮吉云："《廣雅》：'亢，遮也。'鄭玄《儀禮注》：'抗，禦也。'"按：杜《注》蓋本鄭義。然詳此傳文義，當從《廣雅》訓爲是。"

---

① 林按："抗"，楊本作"元"。

杜回躓而顛，故獲之。

〔疏證〕《説文》：“躓，跲也。《詩·蕩傳》：‘顛，仆也。’”

夜夢之曰：“余，而所嫁婦人之父也。

〔疏證〕《論衡》“而”作“是”。《文選注》作“乃”。李富孫云：“案：杜《注》：‘而，汝也。’《廣雅》：‘乃，汝也。’訓同。《論衡》作‘是’，亦通。”

“爾用先人之治命，余是以報。”

〔疏證〕《校勘記》云：“朱梁補刻《石經》，‘用’下有‘而’字。按《漢書·張衡傳注》《論衡·死僞篇》引《傳》無‘而’字。”李富孫云：“《文選·思玄賦注》引無‘而’字，淳化本、岳本同此，爲朱梁補刻。”按：阮、李説是也。洪亮吉據《石經》增“而”字，非。

晉侯賞桓子狄臣千室，

〔疏證〕狄臣，謂狄之俘也。男曰臣。杜《注》以千室爲千家。

亦賞士伯以瓜衍之縣，

〔疏證〕杜無注。《彙纂》：“山西汾州府孝義縣北十里，有瓜城。”

曰：“吾獲狄士，子之功也。微子，吾喪伯氏矣。”

〔疏證〕通行本“士”皆作“土”。顧炎武云：“誤作士。”李富孫云：“案《書》：‘有邦有土。’《周本紀》作‘有士’。”武億曰：“漢碑刻文，多以‘土’爲‘士’，是《石經》所依與古同。”十二年，晉師敗於邲，士伯諫殺桓子。杜《注》：“士伯，士貞子。”

羊舌職説是賞也，

〔疏證〕《説苑·善説篇》作“羊殖”。惠士奇云：“殖爲舌職合聲。”杜《注》：“職，叔向父。”惠棟云：“《宰相世系表》曰：‘晉武公子伯僑生文；文生突，羊舌大夫也。突生職，職五子：赤、肸、鮒、虎、季夙。’”

曰：“《周書》所謂‘庸庸祇祇’者，謂此物也夫。

〔疏證〕引《周書·康誥》文。《釋訓》："庸庸，勞也。"《釋詁》："祇，敬也。"《廣雅·釋訓》："祇祇、畏畏，敬也。"杜《注》訓"庸"爲"用"，用亦勞意。又云："物，事也。"王引之云："言《周書》所謂'庸庸祇祇'者，其謂此類也夫。前《六年傳》：'《周書》曰：殪戎殷，此類之謂也。'《十二年傳》：'史佚所謂毋怙亂者，謂是類也。'皆其證。"

"士伯庸中行伯，

〔疏證〕桓子將中行，故云中行伯。

"君信之，亦庸士伯，此之謂明德矣。

"文王所以造周，不是過也。

"故《詩》曰'陳錫載周'，能施也。

〔疏證〕引《詩·文王》文。《詩》"載"作"哉"。昭十年引《詩》，與此《傳》同。則《左氏》作"載"，與毛公不同。《傳》："哉，載。"用《左氏》字釋"哉"可證。《詩疏》："'哉'與'載'，古字通。"十行本改"載"爲"哉"，非也。《周語》："《大雅》曰'陳錫載周'，是不布利，而懼難乎？故能載周，以至于今。"《注》："《大雅·文王》之二章。陳，布也。錫，賜也。言文王布施賜利，以載陳周道。"《外傳》以"陳錫"爲"布利"，與《傳》"能施"義合。《詩箋》云："哉，始也，能敷恩惠之施，以受命造始周國。"是也。《疏》云："王肅云：'文王能布陳大利，以賜予人，故能載行周道，致有天下。'鄭以文王受命，創爲天子，宜爲造始周國。《昭十年傳》曰：'陳錫載周，能施也。'夫故知去恩惠之賜，以施予也。《宣十五年傳》亦引此詩，乃云：'文王所以造周，不是過也。'是造始周國也。"據彼《疏》引王子雍說，從内外《傳》，不依鄭君訓"哉"爲"始"，其說《左氏》亦當然。陳奐《詩疏》云："載見《傳》。載，始也。哉爲載，載又爲始，此一義之申。序云：'文王受命作周。'《左傳》云：'文王所以造周。'作、造皆始也。"如陳說，則毛、鄭皆用《傳》"造周"義。杜《注》："錫，賜也。《詩·大雅》言文王布陳大利，以賜天下，故能載行周道，福流子孫。"疑用王子雍說。

"率是道也，其何不濟？"

晉侯使趙同獻狄俘于周，不敬。

〔疏證〕《釋文》：“不敬，一本作‘而傲’。”

劉康公曰：“不及十年，原叔必有大咎。

〔疏證〕杜《注》：“劉康公，王季子也。原叔，趙同也。”

“天奪之魄矣。”

〔疏證〕《昭二十五年傳》：“心之精爽，是謂魂魄。魂魄去之，何以能久？”杜《注》據以爲説。

“初税畝”，非禮也。

穀出不過藉，以豐財也。

〔疏證〕藉，即助法。詳經《疏證》。《王制》：“古者，公田藉而不税。”《注》：“藉之言借也。借民力治公田，美、惡取於此，不税所自治也。”鄭君説可證“穀出不過藉”義一。《讀本》：“《傳》言不過藉，所以通古今之制，民足食，則賦役自供，所以財豐。”

“冬，蟓生，饑。”幸之也。

〔疏證〕杜《注》：“幸其冬生。”非劉歆義，歆義無攷。

〔**經**〕 **十有六年，春，王正月，晉人滅赤狄甲氏及留吁。**

〔疏證〕杜《注》：“甲氏、留吁，赤狄别種。”顧棟高云：“甲氏，在今直隸廣平雞澤縣境。”《水經注》：“絳水東經屯留故城南，即故留吁國也。”沈欽韓云：“《一統志》：‘純留故城，在今潞安府屯留縣南，春秋赤狄留吁邑。’”江永謂在縣南十三里。

夏，成周宣榭火。

〔注〕《左氏》説：“榭者，講武之坐屋。”《五行志》。服云：“宣揚威武之處。”本《疏》。

〔疏證〕成周，已釋於隱三年。《釋文》“榭”作“謝”，云：“本又作‘榭’。”惠棟云：“《説文》無‘榭’字。周《邘敦銘》曰：‘王格於宣射。’古文‘榭’字作‘射’。”洪亮吉云：“劉逵《吴都賦注》引《國語》曰：‘射不過講軍實。’今本作‘榭’，知‘射’即‘榭’也。《説文》‘榭’字，後人妄增。”與惠説同。李貽德云：“《儀禮·鄉射禮》：‘豫則鉤楹内。'鄭《注》：'豫，謂州學也。讀如'成周宣謝之謝'。若然，則'榭'本作'謝'。"李氏既據鄭君"宣謝"，字又引惠説，證以劉逵引《國語》，謂《左氏》古文作"宣射"，"榭"本以行射禮，故州學名之，則《經》字當作"射"矣。李富孫云："《詩·抑疏》引《楚語》，亦作'射'。"據諸説，則"宣射"爲古文。作"謝"或是鄭君本。今《公》《穀》通行本皆作"榭"，惟《公羊石經》作"謝"。其《穀梁釋文》云："本或作'謝'。"惠棟又云三《傳》皆作"謝"者，蓋據三《傳》《釋文》而言，其實《左氏》古文，與二《傳》異也。《公》《穀》火曰災。《五行志》引此傳文，釋之曰："榭者，講武之坐屋。"二《傳》皆以宣榭爲藏祭器之所，故定爲《左氏》説。杜《注》："宣榭講武屋。"用舊説。《釋宮》："閣謂之臺，有木者謂之榭。"此"榭"附於臺上。本《疏》引李巡云："臺上有屋謂之榭。"是也。郭《注》亦云："臺上起屋。"《經》之"宣榭"非此榭之制。《釋宮》又云："無室曰榭。"《禮記疏》引李巡云："但有大殿，無室，名曰榭。"《書疏》引孫炎云："榭，但有堂也。"郭《注》："今堂堭。"與《左氏》説"坐屋"義合。屋猶李、郭《注》之言殿、言堂也。屋而不室，其屋通連，不以室間隔。云坐屋，則別於寢室矣。今講武之廳，屋而不室，略同古制。杜《注》但引《爾雅》："無室曰榭。"尚爲分明。《疏》乃連引二文云："榭是臺上之屋，居臺而臨觀講武。"非杜意。服以宣榭講武，故以宣揚威武説之。《禮運注》："宣，猶揚也。"

秋，郯伯姬來歸。

冬，大有年。 無《傳》。

〔疏證〕洪亮吉云："《説文》：'秊，穀孰也。從禾，千聲。《春秋傳》曰："大有年。"'《孔廟碑》亦作'秊'。"

〔傳〕 十六年，春，晉士會帥師滅赤狄甲氏及留吁、鐸辰。

〔疏證〕《年表》："晉景公七年，隨會滅赤翟。"《晉世家》："晉使隨會滅赤狄。"杜《注》："鐸辰不書，留吁之屬。"顧棟高云："鐸辰，在潞安府境。"

三月，獻狄俘。

晉侯請於王。

戊申，以黻冕命士會將中軍，且爲太傅。

〔疏證〕杜《注》："黻冕，命卿之服。太傅，孤卿。"本《疏》："《論語》稱'禹惡衣服，而致美乎黻冕'。鄭玄云：'黻，祭服之衣。冕，其冠也。'此云'黻冕'，亦當然也。黻，蔽膝也。祭服謂之黻。其他服謂之韠，俱以韋爲之，制同色異。韠各從裳色，黻，則其色皆赤。尊卑以深淺爲異。天子純朱，諸侯黃朱，大夫赤而已。大夫以上，冕服皆有黻。此士會冕服，當是希冕也。"據《疏》說，則黻韠即韍，然又謂黻韠色異。

沈欽韓云："《典命職》：'公之孤四命，以皮帛眂小國之君。'《司服職》：'孤之服，自希冕而下，如子、男之服。'《注》云：'孤，朝聘天子及助祭之服。自祭家廟爵弁，其大夫皆玄冠，與士同。'按：黻與韍同《玉藻》：'三命赤韍。'《注》：'此玄冕、爵弁之韠。尊祭服，異其名耳。'《疏》云：'他服稱韠，祭服稱韍。'按：他服之韠，則《玉藻》所云：'韠，君朱、大夫素、士爵韋。'《注》謂：'玄端服之韠。凡韠以韋爲之，皮弁服皆素韠。'然則爵弁服以上，合自稱韍。鄭云'尊祭服，異名'者，以卿大夫惟助祭得用冕弁，方施韍。惟祭服爲然，故言尊之。其實韠、韍之制一也。"沈氏用《疏》"蔽膝"說，而釋韠、韍爲一，視《疏》爲覈。然杜《注》但云"黻冕，命卿之服"，未以黻爲蔽膝。金鶚《禮說》云："《禮器》云：'禮有以文爲貴者，天子龍袞、諸侯黼、大夫黻，士玄衣纁裳。'龍袞言衣，非言裳，則黼、黻亦皆言衣可知。孤、卿希冕，裳有黼、黻，孤、卿亦大夫，若謂黼、黻在裳，則不得言諸侯黼、大夫黻矣。《經》意言尊者文多，卑者文少，諸侯備有黼、黻，大夫有黻而無黼也。黼重於黻，文重於章。天子、諸侯皆有黼、黻，大夫但有黻與章。《王制疏》：'有孤之國，孤絺冕，卿、大夫玄冕；無孤之國，卿絺冕，大夫玄冕。'《禮器》所謂大夫，則統孤、卿、大夫稱之。服希冕者，刺粉米於中，而章在左，黻在右。服玄冕者，裳刺黻爲一章，衣亦有黻，衣裳既相稱，而黻爲黑青相配，與玄衣之色相似。大夫有黻與章，以黻爲重。又玄冕，但有黻無章，故曰大夫黻也。《左宣十六年傳》：'晉侯請於王，以黻冕命士會將中軍，且爲太傅。'所謂大夫黻也。此黻冕，與《論語》'禹致美黻冕'不同。禹之黻冕，乃袞冕之通稱，此則大夫之正服也。孔《疏》引《論語》'黻冕'解之，且以黻爲蔽膝，誤矣。"按：金說是也。《論語》鄭《注》："黻，祭服之衣。冕，其冠也。"亦未說爲蔽膝。《桓二年傳》："火龍黼黻。"與袞、冕、韍、珽并舉，則黻非韍矣。杜《注》："太傅，孤卿。"《疏》引《典命》："'公之孤四命。'鄭衆云：'九命上公，得置孤卿一人。'"晉爲上公，先鄭說此《傳》義當不異。《讀本》："中軍則爲政，太傅則近君。成十八年士渥濁，襄十六年羊舌肸，皆爲此官。蓋春秋時，晉主禮刑之近官，文六年太傅陽子，亦司法罪、刑獄、逋逃之事，此則中軍兼之。"

於是，晉國之盜，逃奔於秦。

羊舌職曰："吾聞之，'禹稱善人，不善人遠'，此之謂也夫。

〔疏證〕杜《注》："稱，舉也。"惠棟云："《玉篇》引云：'禹俼善人。'云'與"稱"同'。《爾雅》曰：'俼，舉也。'與杜訓同，當從人。"

"《詩》曰'戰戰兢兢，如臨深淵，如履薄冰'，善人在上也。

〔疏證〕引《詩·小旻》文。《釋文》："兢，本又作矜。"《傳》："戰戰，恐也；兢兢，戒也。""深淵"下云："恐墜也。""薄冰"下云："恐陷也。"陳奐《詩疏》云："宣十六年《左傳》引《詩》本亦作'矜矜'，《說文·兄部》云：'兢讀若矜。'章末三句，自言王者在上，進賢，退不肖，當有戒慎恐懼之意。《左傳》晉羊舌職引此詩，而釋之云：'善人在上。'《呂覽·慎大篇》：'賢主愈懼、愈彊、愈恐。'其下即引《周書》曰：'若臨深淵，若履薄冰，以言慎事也。'文義亦同。"

"善人在上，則國無幸民。

"諺曰'民之多幸，國之不幸也'，是無善人之謂也。"

"夏，成周宣榭火"，人火之也。

凡火，人火曰火，天火曰災。

〔疏證〕此火例也。《說文》："裁，天火災。從火，戈聲。或從灾。籀文灬。"則賈君本作"裁"也。本《疏》："人火，從人而起，故指火體而謂之爲火。天火則自然而起，不能本其火體，故以所害言之，謂之爲災。聖人重天變，故異其名。《春秋》書災多矣，惟此言火耳。"按：《公》《穀》經字作"災"，《疏》所述爲《左氏》舊義。

"秋，郯伯姬來歸"，出也。

爲毛、召之難故，王室復亂，

〔疏證〕十五年，"王子捷殺召公、毛伯"，杜《注》："毛、召之黨，欲討蘇氏。"

王孫蘇奔晉，晉人復之。

冬，晉侯使士會平王室。

定王享之。原襄公相禮。

〔疏證〕《周語注》："原公，周卿士。相，佐也。"杜用韋義。

殽烝。

〔疏證〕《周語注》："烝，升也，升折俎之殽。"杜用韋義。《曲禮》："左殽右胾。"《注》："殽在俎。"《疏》："《春秋》宣十六年：'王享士會殽烝。'下云：'宴有折俎。'是殽在俎也。"韋謂"折俎之殽"，本鄭君説。本《疏》："禮，升殽於俎，皆謂之烝也，故烝爲升也。切肉爲殽，乃升於俎，故謂之殽烝。"沈欽韓云："牲體不合升，直以體骨薦俎也。《曲禮注》：'殽，骨體也。'《疏》云：'熟肉帶骨而臠曰殽。'《禮運注》：'腥其俎，謂豚解而腥之，熟其殽，謂體解而爛之。'《疏》云：'豚解者，《士喪禮》：小斂之奠，載牲體，兩髀、兩肩、兩胉，并脊，凡七體也。《士虞禮》：主人不視豚解。《注》：豚解，解前後脛、脊、脅而已。是豚解七體也。體解，則《特牲》《少牢》所升于俎，以進神者。《特牲禮》九體：肩一、臂二、臑三、肫四、胳五、正脊六、横骨七、長脅八、短脅九。《少牢》則十一體，加以脡脊、代脅者，爲十一體也。'楊復《儀禮旁通圖》：'十一體，前脛骨三，肩、臂、臑也；後脛骨二，髆、胳也；脊有三分，前分爲正脊，次中爲脡脊，後分爲横骨。脅亦作三分，前分爲代脅，次中爲長脅，後分爲短脅。'按：豚解者，下云'享有體薦'；體解者，下云'宴有折俎'。"按：沈據《禮疏》，以殽爲體解，甚諦。本《疏》但云"切肉爲殽"，不别體骨之數，而於"宴有折俎"下引《特牲》饋食九體，《少牢》脡脊、代脅以爲十一體。又云："其宴飲殽烝，其數無文。若祭祀體解，其諸侯、天子無文，或同十一。"則《疏》亦以殽蒸體薦皆骨體矣。

武季私問其故。

〔疏證〕通行本"季"作"子"。《校勘記》云："山井鼎云：'今本後人"武子"上補足"季"字，所校諸本皆無。檢杜《注》"武，士會謚；季，其字"，不爲無據也。'陳樹[1]云：'杜氏爲下傳文季氏而出此《注》，

且内外傳文間稱“士季”，無有稱“季武子”者，山井鼎説非也。’”案：山井鼎《攷文》“‘武子’上補足‘季’字”，謂“子”上加“季”，非謂作“季武子”。作“武季”與宋本合。杜《注》并釋“季”以此，陳説非。《周語注》：“季，范子字。”杜用韋説。又云：“享當體薦而殽烝，故怪問之。”《讀本》：“私問相者。”

王聞之，召武子曰：“季氏，而弗聞乎？

〔疏證〕閻若璩《尚書疏證》云：“天子字諸侯，僅見《書·文侯之命》；降而字陪臣，惟春秋中葉後有之。宣十六年，王於士會曰季氏。成二年，王於鞏朔曰伯。昭十五年，王於荀躒曰伯氏。籍談曰叔氏，竟稱其五十字，較之僖十二年，王謂管仲舅氏者，已少不同。豈非世降，變禮之一端乎？”

“王享有體薦，

〔疏證〕《校勘記》云：“《詩·伐木》《禮·王制正義》引‘享’作‘饗’。”《周語》：“王公立飫，則有房烝。”《注》：“禮之立成者爲飫。房，大俎也。《詩》云：‘籩豆大房。’謂半解其體，升之房也。”杜《注》：“享則半解其體而薦之，所以示共儉。”杜用韋説。本《疏》云：“注《國語》者，皆云禘祭宗廟，郊祭天地，則有全其牲體，而升於俎，謂之全烝。王公立飫，即享禮也。禮之立成者，名爲飫。半解其體，而升於俎，謂之房烝。《傳》言體薦，即房烝也。”《疏》引《國語注》，視韋義爲詳，不知何人之注。以全烝屬郊禘，半體屬飫，甚爲分明。半體據《禮疏》，謂髀、肩、胳、脊，已釋於上。凌廷堪《禮經釋例·釋牲》云：“凡牲，前體謂之肱骨，肱骨三，最上者謂之肩；後體謂之股骨，股骨三，下謂之胳；胳下謂骹，骹中體謂之脊，肫上謂之髀。”按：此謂割牲留脊，而分爲兩，兩又三分之，并脊是爲七體。

“宴有折俎。

〔疏證〕《校勘記》云：“《詩·伐木正義》引作‘燕以折俎’。”《周語》：“親戚宴饗，則有殽烝。”《注》：“殽烝，升體解節折之俎，謂之折俎也。”杜云：“體解節折，升之於俎，物皆可食，所以示慈惠。”按：杜用韋説。“享以訓共儉，宴以示慈惠”，《成十二年傳》文，杜據以説此享、宴也。本《疏》云：“注《國語》者皆云親戚宴享，則宴享禮同，皆體解節折，乃升於俎，謂之殽烝。”與韋義略同，亦不知爲何人之《注》。據彼《注》，則折俎、殽烝，對同散異。《疏》又云“宴享禮同”者，謂此宴享之享，與親戚宴享之享，同用體解也。體解之十一體，內有七體之肩、胳、脊而無髀，又皆尚右。則肩、骼止當二體，脊、脅各三，當六體。沈氏已具說於上，惟臂、臑、肫未詳。凌廷堪《禮經釋例·釋牲》云：“肩下謂之臂，臂下謂之臑，股骨最上謂之肫。”合之肩、胳及三脊、三脅，故爲十一體也。本《疏》於此《傳》備列《周語》之文，謂此《傳》與《國語》略同。故杜取《國語注》解之。其實杜用《國語注》解《左傳》者甚多，不止此也。

“公當享，卿當宴。王室之禮也。”

〔疏證〕杜《注》：“公謂公侯。”本《疏》：“言諸侯親來，則爲之設享，又設宴也。享用體薦，燕用折俎。若使卿來，雖爲設享，仍用公之燕法，亦用折俎。是王室待賓之禮也。”按：《王制》：“有虞氏以燕禮，夏后氏以饗禮。”《疏》：“盧氏云：‘燕禮，脫屨升堂。’崔氏云：‘燕者，殽烝折俎，行一獻之禮，坐而飲酒，以至於醉。’皇氏云：‘一是諸侯來朝，天子饗之，則《周禮·大行人職》云：上公之禮，其饗禮九獻。是也。其牲則體薦，體薦則房烝，故春秋宣十六年《左傳》云：饗有體薦。二是王親戚及諸侯之臣來聘，王饗之禮，亦有飲食及酒者，親戚及賤臣不須禮隆，但示慈惠，故并得飲食之也。其酌數亦當依命數，其牲折俎亦曰殽烝也。故《國語》云：親戚宴饗，則有殽烝。謂以燕禮而饗，則有之也。又《左傳》宣十六年云：饗有體薦，宴有折俎，公當饗，卿當宴，王室之體也。定王享士會而用折俎，以《國語》及《左傳》，故知王親戚及諸侯之大夫來聘者，皆折俎饗也。其饗朝廷之臣，亦當然也。’”本《疏》用皇侃説。皇説當本《左氏》古義。其引《傳》，“享”作“饗”，“禮”作“體”，皆異文。

武子歸而講求典禮，以修晉國之法。

〔疏證〕杜《注》未説脩法。《國語》説此事云：“歸乃講聚三代之典禮，於是乎脩執秩，以爲晉法。”《注》：“三代，夏、殷、周也。秩，常也。可奉執以爲常法者，晉文公蒐於被廬，作執秩之法，自靈公以來，闕而不用，故武子脩之，以爲晉國之法。”則法謂政事條格也。

〔經〕 十有七年，春，王正月。庚子，許男錫我卒。無《傳》。

〔疏證〕子靈公甯立。《成二年傳》叙楚救齊之事云：“蔡景公爲左，許靈公爲右，二君弱，皆强冠之。”則靈公即位時，年甚幼。

丁未，蔡侯申卒。無《傳》。

〔疏證〕《年表》：“蔡文侯二十年薨。”《管蔡世家》：“蔡文侯申立，二十年卒，子景侯同立。”據《成二年傳》，蔡景公立，年亦幼也。杜《注》：“丁未，二月四日。”貴曾云①

夏，葬許昭公。無《傳》。

葬蔡文公。無《傳》。

六月，癸卯，日有食之。無《傳》。

〔注〕劉歆以爲三月晦朓，魯、衛分。又云：“春秋食晦日朓者一，侯王展意顓事，臣下促疾，故月行疾也。”《五行志》。

〔疏證〕《年表》：“魯宣公十七年，日蝕。”杜《注》：“不書朔，官失之。”杜以食在六月，其違於三統術，謬不待辨。即據大衍術②，六月甲辰朔，交分已過食限也。歆謂三月晦朓者，《五行志》云：“晦而月見西方，謂之朓。朔而月見東方，謂之仄慝。仄慝則侯王其肅，朓則侯王其舒。劉歆以爲舒者，侯王展意顓事，臣下促疾，故月行疾也。肅者，王侯縮朒不任事，臣下弛縱，故月行遲也。當春秋時，侯王率多縮朒不任事，故食二日仄慝者十八，食晦日朓者一，此其效也。”右《漢志》“晦而月見”以下四句，當是古術。歆以《左氏》說證之。今裁約其文爲《注》。本年晉侯徵會於齊，執晏弱、蔡朝、南郭偃；十八年，邾人戕鄫子於鄫，魯逐東門氏，子家奔齊，皆侯王展意顓事，臣下促疾之事也。臧壽恭云：“案：是年入甲申統一千五十一年，積月一萬二千九百九十九，閏餘四；積日三十八萬三千八百七十一，小餘五十七，大餘五十一。正月乙亥朔，大，小餘十九；二月乙巳朔，小，小餘六十二；三月甲戌朔，大，癸卯晦，小餘二十四，又置上積日，加積日八十八，以統法乘之，以十九乘小餘二十四，并之。滿周天，除去之。餘十二萬五千三百三十七，滿統法而一，得積度八十一度，餘六百七十八。命如法，合辰在奎十度。”

---

① 科學本注：以下原稿闕文。
② 科學本注：原稿眉批：“引大衍合否，二弟核之。”似是壽曾囑貴曾語。

己未，公會晉侯、衛侯、曹伯、邾子，同盟于斷道。

〔疏證〕《公羊》“邾”曰“邾婁”。杜《注》：“斷道，晉地。”顧棟高云：“今山西沁州東，有斷梁城。”沈欽韓云：“《傳》云：‘盟于卷楚。’疑斷道、卷楚一地也。《方輿紀要》：‘卷城，在開封府原武縣西北七里。’”案：傳《注》云：“卷楚即斷道。”沈本杜説。沁州在絳西北二百餘里，開封在絳南四百餘里，且是沈、蔡地，晉侯徵盟，不得遠涉沈、蔡。顧説是也。

秋，公至自會。

冬，十有一月，壬午，公弟叔肸卒。

〔傳〕十七年，春，晉侯使郤克徵會于齊。

〔疏證〕《晉語》：“郤獻子聘于齊。”《注》：“獻子，晉卿，郤缺之兄子克也。”杜《注》：“徵，召也。欲爲斷道會。”

齊頃公帷婦人使觀之。郤子登，婦人笑于房。

〔疏證〕《晉語》：“齊頃公使婦人觀而笑之。”《注》：“郤子跛。”杜《注》：“跛而登階，故笑之。”杜用韋義。本《疏》：“沈氏引《穀梁傳》云：‘魯行父禿，晉郤克跛，衛孫良夫眇，曹公子首僂，故婦人笑之。’是以知郤克跛也。《穀梁》定本作‘郤克眇，衛孫良夫跛’。”按：今通行本從定本。據沈氏引作“郤克跛”，用古本，《左氏》舊説與《穀梁》同，故沈氏《疏》引《穀梁》也。《年表》：“齊頃公七年，晉使郤克來齊，婦人笑之。晉成公八年，使郤克使齊，婦人笑之。”與《傳》説同。婦人，泛指之辭。《晉世家》：“成公八年，使郤克於齊。齊頃公母從樓上觀而笑之。所以然者，郤克僂，而魯使蹇，衛使眇，故齊令人如之以導客。”以笑者爲頃公之母，用《公》《穀》説。按：《成二年傳》：“晉人曰：‘必以蕭同叔子爲質。’”蓋報笑郤克之隙。三《傳》皆以婦人爲頃公母也。《齊世家》：“頃公六年，春，晉使郤克於齊，齊使夫人帷中而觀之，郤克上，夫人笑之。”以婦人爲頃公夫人，史公蓋采雜説，其作頃公六年，亦誤。

獻子怒，出而誓曰：“所不此報，無能涉河！”

〔疏證〕杜《注》：“不復渡河而東。”按：郤克謂非以師至，不再渡

河也。《齊世家》："郤克曰：'不是報，不復涉河。'"《晉世家》："郤克怒
歸，至河上，曰：'不報齊者，河伯視之。'"

獻子先歸，使欒京廬待命于齊，曰："不得齊事，無復命矣。"

〔疏證〕杜《注》："欒京廬，郤克之介，使得齊之罪，乃復命。"按：
杜説非也。郤克未致徵會之命而行，故留介待命。事，即謂會之事《年表》：
"克怒歸。"

郤子至，請伐齊。晉侯弗許。請以其私屬，又弗許。

〔疏證〕杜《注》："私屬，家衆也。"《晉世家》："郤克至國，請君欲
伐齊。景公問其故，曰：'子之怨，安足以煩國。'"《齊世家》："歸請伐
齊，晉侯弗許。"

齊侯使高固、晏弱、蔡朝、南郭偃會。

〔疏證〕杜《注》："晏弱，桓子。"按：四子皆齊大夫。

及斂盂，高固逃歸。

夏，會于斷道，討貳也。盟于卷楚，

辭齊人。

〔疏證〕《讀本》："晉以正使逃，辭齊，不與會。"

晉人執晏弱于野王，執蔡朝于原，執南郭偃于溫。

〔疏證〕沈欽韓云："《方輿紀要》：'野王縣，今懷慶府河内縣治。'"

苗賁皇使，見晏桓子。

〔疏證〕洪亮吉云："《外傳》作'苗棼皇'。《説苑》：'蓬伯云："蠦
蚩黃生楚，走之晉，治七十二縣。"'疑即苗賁皇。"李富孫云："蠦讀爲
門，與苗聲相近。蚩、棼同聲通假。"《晉語注》："賁皇，晉大夫，楚鬬伯
棼之子也。"杜《注》："賁皇，楚鬬椒之子，楚滅鬬氏而奔晉，食邑於苗
地。"用韋説。馬宗璉云："《唐書·宰相世系表》云：'河南軹縣南，有
苗亭。'案：《郡國志》河内有野王、溫、軹三縣，軹有原鄉。賁皇，爲苗
邑大夫。時自軹縣往野王，見晏桓子，歸乃言於晉侯。自是河内歸河東。"
江永云："《水經注》：'瀑水，出王屋西山，南逕苗亭西。亭，故周之苗

邑。’今瀁水在濟源縣西，是苗亭在縣西也。”按：濟源，今屬懷慶府。

歸，言於晉侯曰：“夫晏子何罪？

“昔者諸侯事吾先君，皆如不逮，

〔疏證〕先君，晉先君也。《釋言》：“逮，及也。“

“舉言群臣不信，

〔疏證〕杜《注》：“舉，亦皆也。”

“諸侯皆有貳志。

〔疏證〕貳於晉。

“齊君恐不得禮，

〔疏證〕杜《注》：“不見禮待。”

“故不出，而使四子來。左右或沮之，

〔疏證〕《詩・巧言》①傳：“沮，止也。”

“曰：‘君不出，必執吾使。’故高子及斂盂而逃。

“夫三子者曰：‘若絕君好，寧歸死焉。’爲是犯難而來。

“吾若善逆彼，

〔疏證〕俞樾云：“若，猶當也，言吾當善逆彼，以懷來者也。‘若’與‘如’同義。《宋策注》：‘如，當也。’”杜《注》：“彼，三人。”

“以懷來者。吾又執之，以信齊沮，

〔疏證〕本《疏》：“使沮者之言信也。”

“吾不既過矣乎？過而不改，而又久之，以成其悔，何利之有焉？

〔疏證〕傅遜云：“言三子見執，齊人必悔，有遣使之心。今又久之，

---

① 林按：底本缺篇名，據科學本增補。

必將背晉。"按：傳説是也。《疏》謂"晏桓子等恨齊侯之使"，非。

"使反者得辭，

〔疏證〕杜《注》："反者，高固，謂得不當來之辭。"

"而害來者，以懼諸侯，將焉用之？"

晉人緩之，逸。

〔疏證〕杜《注》："緩，不拘執，使得逃去也。"武億云："於時晏弱、蔡朝、南郭偃三子，皆被執，逸者惟弱一人，以苗賁皇首爲之言，故先得逸去。下《傳》齊侯、晉侯盟於斷，以公子彊爲質於晉，晉師還。蔡朝、南郭偃逃歸，不及晏弱，知弱得脱久矣。"按：武説是也。傳文此句承上晏桓子言。《齊世家》："齊使至晉，郤克執齊使者四人河内，殺之。"與《傳》違異。

秋，八月，晉師還。

〔疏證〕惠士奇云："晉未嘗出師，而云晉師還者，豈斷道討貳之師歟？似有闕文。"

范武子將老，

〔疏證〕《晉語注》："武子，晉正卿士會也。"杜《注》："老，致仕。初受隨，故曰隨武子，後更受范，復爲范武子。"顧棟高云："今山東曹州府范縣東三里，有士會墓。季氏《私考》疑濮州衛地，晉不應以封其大夫。愚攷狄嘗滅衛，士會以宣十六年與滅狄之功，晉得狄土以爲賞邑耳。士會於《十二年傳》稱隨武子，于十七年請老，稱范武子，以後終春秋之世，稱范不稱隨。"

召文子曰："爕乎！

〔疏證〕《晉語注》："爕，武子之子。"杜用韋説。

"吾聞之，喜怒以類者鮮，易者實多。

〔疏證〕《後漢書·寇恂傳論》："《傳》稱'喜怒以類者鮮矣'。夫喜而不比，怒而思難者，其惟君子乎？"不比、思難，皆釋"類"義。此古説，范蔚宗引之。沈欽韓云："《詩傳》：'類，善也。'言喜怒不妄施者尠也。"沈謂喜怒不妄施,與范蔚宗引《傳》義合,則易者兼喜怒言,謂輕於喜怒也。杜云:"易於遷怒。"非。

"《詩》曰:'君子如怒,亂庶遄沮。君子如祉,亂庶遄已。'

〔疏證〕《小雅·何人斯》文。《傳》:"遄,疾。沮,止也。祉,福也。"杜用毛説。陳奐《詩疏》云:"《孟子·梁惠王篇》:'嬖人有臧倉者沮君,君是以不果來也。曰:行或使之,止或尼之。行止,非人所能爲也。'是沮爲止也。《魯語》:'慶其喜而弔其憂。'韋《注》云:'喜猶福也。'是福亦喜也。遄已,猶遄沮也。《左傳》:'君子之喜怒,以已亂也。''喜'詁'祉',與毛《傳》'福'詁'祉'義同。《箋》云:'君子見讒人,如怒責之,則此亂庶幾可疾止也。福賢者,謂爵禄之也。如此,則亂亦庶幾可疾止也。'此鄭申毛也。"

"君子之喜怒,以已亂也。

"弗已者,必益之。郤子其或者欲已亂於齊乎?

〔疏證〕洪亮吉云:"高麗宋本作'欲已於亂乎'。"

"不然,余懼其益之也。

"余將老,使郤子逞其志,

〔疏證〕《晉語》:"武子曰:'郤子之怒甚矣,不逞於齊,必發諸晉。'"《注》:"逞,快也。"杜《注》:"欲使郤子從政,快志以止亂。"用韋説。

"庶有豸乎?

〔疏證〕豸,《石經》本作"鳩",改刻作"豸"。《釋文》:"豸,本又作鳩。"《校勘記》云:"按:《群經音辨》引作'庶有鳩乎',云:'今文作豸。'《集韻·四紙》引同,云:'徐邈讀通作豸。'據阮説,則作"鳩"非誤。杜《注》:"豸,解也。"杜從今文,用《方言》訓。洪亮吉云:"解廌,《字林》等皆作'解豸'。'豸''解'音同。故杜以'解'訓'豸'也。"然"鳩"無"解"訓。《群經音辨》:"鳩,辭也,音豸。"當是舊説。《定四年傳》:"若鳩楚竟。"杜《注》:"鳩,安集也。"別是一義,不可釋此《傳》。

"爾從二三子，唯敬。"

〔疏證〕杜《注》："二三子，晉諸大夫。"

乃請老。郤獻子爲政。

〔疏證〕《讀本》："郤克自斷道歸，士會不能平其怒，乃老，而授克政。"

"冬，公弟叔肸卒"，公母弟也。

〔疏證〕《讀本》："叔肸後爲嬰齊，其後爲叔氏。"

凡大子之母弟，公在曰公子，不在曰弟。

〔疏證〕此適妻子稱謂繫公、不繫公例也。本《疏》："前'凡'明稱母弟之人，適子及妾子之等。劉炫云：'前凡據適妻子爲文。'"按：《傳例》明云"太子之母弟"，則以適長爲義，不及妾子。炫説是也。

凡稱弟，皆母弟也。

〔注〕先儒説："稱弟皆謂公子，不爲大夫者，得以君爲尊。"潁氏又曰："臣無竟外之交，故去弟以貶季友。子招樂憂，故去弟以懲過。"《釋例》。

〔疏證〕此妾子爲君，君弟亦得稱弟例也。本《疏》："後'凡'明策書稱弟者，皆母弟之義。劉炫云：'後"凡"嫌妾子爲君，母弟不得稱弟，故更言"凡"也。'"《疏》義與炫説同，而略妾子爲君，再發"凡"之義，非。杜《注》："此策書之通例也，庶弟不得稱公弟，而母弟或稱公子。若嘉好之事，則仍舊史之文。惟相殺害，然後據例以示義，所以篤親親之恩，崇友于之好。"杜氏於前後"凡"，不加別析，統以策書通例釋之，其云"庶弟不得稱公弟"，正與後"凡"義相反。且如杜説，嘉好之事，自庶弟外，或稱弟，或稱公子，皆仍舊史之文，則《左氏》無煩立此例。其云"惟相殺害"，據例示義，《疏》舉鄭段、魯公子友、衛叔武，實母弟而不稱弟爲證。右經文三事，皆不書弟之例，非稱弟之例。杜意亦不如此。《釋例》引秦鍼、陳黃、衛鱄、陳招、宋辰之事，明殺害，謂存弟以示兄曲，即《注》所謂據例示義也。此與潁氏貶季友、子招義相發。其引先儒説，稱弟皆謂非大夫，意不謂然，因并潁氏貶季友、子招之説，亦不依之。

然稱弟皆謂非大夫，亦潁氏説。知者，杜題"潁氏又曰"文承先儒，則先儒説即頴氏説矣。"先儒説"下有"母弟善惡襃貶，既多相錯涉"，此杜氏語。頴氏説"懲過"下有"鄭段去弟，唯以名通"，亦杜氏語。洪亮吉總取爲舊説，非也。杜駁"稱弟皆非大夫"説，云："莒挐非卿。非卿則不應書。今嘉獲，故特書。特書猶不稱弟，明諸書弟者皆卿也。"又云："按：《傳》莒挐非卿，乃法所不書，書而不言弟，非得以君爲尊也。凡聘享嘉好之事，於是使卿，故夷仲年之聘，皆以卿稱弟而行，此《例》所謂凡稱弟皆母弟，《左氏》明文而自違之。"詳杜氏兩稱"莒挐"，則頴氏"稱弟皆非大夫"之説，蓋據《僖元年傳》"獲莒子之弟挐，非卿也"爲例。杜既知莒挐非卿，法所不書，則夷仲年之非卿可知。惟其非卿，故書弟，示以君爲尊之義，非其人已爲卿，而以君尊稱弟也。書弟乃策書之例，杜謂以卿稱弟而行，甚爲不辭。杜《釋例》又曰："秦伯之弟鍼適晉，女叔齊曰：'秦公子必歸。'此公子亦國之常言，得兩通之證也。"亦駁頴説。按："秦伯之弟鍼"，《經》之書法，"秦公子必歸"，《傳》之叙事例以釋《經》，不爲《傳》而發也。杜駁頴氏貶季友、子招説，云："鄭段去弟，唯以名通，故謂之貶。今此二人皆稱公子。公子者，名號之美稱，又非所貶也。"按：《莊二十五年經》："公子友如陳。"頴氏所謂"臣無竟外之交，故去弟以貶季友"也。昭元年："叔孫豹會陳公子招于虢。"頴氏所謂"子招樂憂，故去弟以懲過"也。頴氏之意，以季友爲魯莊母弟，子招爲陳哀母弟，未列爲大夫，例當稱弟。《經》不稱弟，稱公子者，有所貶也。既爲大夫，書公子，從爵命之實；未爲大夫，書公子，奪君尊之義。各有取爾。杜駁之，非。

〔經〕 十八年，春，晉侯、衛世子臧伐齊。

　　〔疏證〕《年表》："晉景公九年伐齊。齊頃公八年，晉伐敗我。"

公伐杞。無《傳》。

夏，四月。

秋，七月，邾人戕鄫子于鄫。

　　〔注〕賈云："使大夫往殘賊之。"本《疏》。

　　〔疏證〕邾，《公羊》曰"邾婁"。鄫，《穀梁》曰"繒"。杜《注》："邾大夫就殺鄫子。"用賈説。《疏》云："杜以會盟之例，卿則書名氏，大夫則稱人，故云邾大夫耳。"賈釋"戕"爲"殘賊"者，《大司馬》："放弒其君，則殘之。"《注》："殘，殺也。《王霸記》云：'殘滅其爲惡。'"《疏》：

“《尚書·梓材》云：‘戕敗人宥。’《注》：‘戕，殘也。’又云：‘無胥戕，無胥虐。’《注》云：‘無相殘賊，無相暴虐。’是戕爲殘賊也。《異義》鄭君以爲《左氏》宣十八年秋七月，‘邾人戕鄫子于鄫’，《傳》曰：‘凡自虐其君曰弑，自外曰戕。’即邾人戕鄫子，是也。‘自内殺其君曰弑’者，‘晉人弑其君州蒲’是也。雖他國君，不加虐，亦曰殺。若加虐殺之，乃謂之戕，取殘賊之意也。若自上殺下，及兩下自相殺之等，皆曰殺。”據《禮疏》引鄭君《尚書注》，訓“戕”爲“殘”，與賈君同。彼《疏》引鄭《駁異義》，以“戕”爲“加虐殺之”，義尤明了。杜云“就殺”，用賈説，而非賈義也。《公羊傳》：“戕鄫子于鄫者何？殘而殺之也。”《穀梁傳》：“戕，猶殘也，挩殺也。”二《傳》亦明加虐之義，與《左氏》説同。其許君《異義》説佚，或謂戕、殺義同，不據三《傳》也。

甲戌，楚子旅卒。

〔疏證〕旅，《穀梁》曰“吕”。《年表》《楚世家》作“侣”。臧壽恭云：“按：《説文》：‘膂，篆文吕，從肉、旅聲。’是吕爲古文，膂爲篆文。旅即膂之省文。”李富孫云：“旅、吕音義同，侣又形聲之亂。”按：臧、李説是也。《年表》：“楚莊王二十三年，薨。”《楚世家》：“莊王侣立，二十三年卒。子共王審立。”《坊記》：“《春秋》不稱楚、越之王喪。禮，君不稱天，大夫不稱君，恐民之惑也。”《注》：“楚、越之君，僭號稱王，不稱其喪，謂不書‘葬’也。《春秋傳》曰：‘吳、楚之君不書葬，辟其僭號也。’”《疏》：“引《春秋傳》者，宣公十八年：楚子旅卒。《公羊傳》曰：‘吳、楚之君不書“葬”，辟其號也。’”又云：“春秋越子卒，經傳全無其事，但記者，據越稱王之後追言之，非當時之事也。”據《疏》説，鄭君説楚、越之君不書葬，用《公羊》義。杜《注》：“吳、楚之葬，僭而不典，故絕而不書，同之夷蠻，以懲求名之僞。”蓋用鄭君説。本《疏》：“諸侯之葬，魯不會則不書。知吳、楚之葬爲僭不書者，《襄二十九年傳》稱葬楚康王，公親送葬。《經》亦不書，故知其不爲魯不會也。”據《疏》義，則楚葬雖會不書，《左氏》義亦同《公羊》也。

公孫歸父如晉。

〔注〕服云：“歸父，襄仲之子。”《魯世家集解》。
〔疏證〕杜《傳注》用服説。李貽德云：“襄仲，公子遂也。”

冬，十月，壬戌，公薨于路寢。

〔疏證〕《魯世家》：“十八年，宣公卒。”

歸父還自晉，至笙，遂奔齊。

〔疏證〕笙，《公羊》《穀梁》作“檉”。《釋文》：“本作檉，又作杠。”臧壽恭云：“笙、檉同音，得通假。”李富孫云：“《僖元年經》：‘會于檉。’《公羊》作‘杠’，皆音近字。”杜《注》：“魯竟外。”江永云：“今按：莊九年，殺子糾於生竇。《史記》作‘笙瀆’，賈逵曰：‘句瀆也。’今曹州府北有句陽古城，笙地其在此歟？”

〔傳〕 十八年，春，晉侯、衛太子臧伐齊，至于陽穀。

〔疏證〕《年表》：“齊頃公八年，晉伐敗我。”

齊侯會晉侯盟于繒，以公子彊爲質于晉。晉師還。

〔疏證〕繒，今地闕。《釋文》：“邾人戕鄫子于鄫。”《穀梁》“鄫”作“繒”，疑《傳》之“盟繒”，即“鄫”也。《年表》：“質子彊，兵罷。”《齊世家》：“晉伐齊，齊以公子强質晉，晉兵去。”

蔡朝、南郭偃逃歸。

夏，公使如楚乞師，將欲以伐齊。

〔疏證〕通行本脱“將”，從《石經》。杜《注》：“不書，微者行。”

秋，邾人戕鄫子于鄫。

凡自内虐其君曰弑，自外曰戕。

〔疏證〕此書弑、書戕例也。通行本脱“内”字。惠棟云：“《唐石經》云：‘自内虐其君。’《正義》同。今本皆脱‘内’字。”《校勘記》云：“《大司馬職正義》、李善《魏都賦注》引《傳》并有‘内’字。”《易·文言》：“臣弑其君，子弑其父，非一朝一夕之故，其所由來者漸矣。由辨之不早辨也。”杜《注》：“弑、戕皆殺也，所以别内外之名。弑者，積微而起，所以相測量，非一朝一夕之漸。戕者，卒暴之名。”此《經》，《公》《穀》無《傳》。杜所稱，當是《左氏》舊説。舊説用《易》“非一朝一夕”義也。《説文》：“弑，臣殺君也。《易》曰：‘臣弑其君。’”賈君説此《傳》，或亦援《易》。杜云“戕爲卒暴”者，由弑義推之。《釋名》：“下殺上曰弑。弑，試也，伺也，伺閒而後得施也。”本《疏》：“弑者，試也，言臣下伺

候閒隙，試犯其君。戕者，殘也，言外人卒暴而來，殘賊殺害也。"《疏》
說"弒"義，用《釋名》說"戕"之訓，殘用賈君"殘賊"說，已詳經
《疏證》。

楚莊王卒，楚師不出。既而用晉師，

〔疏證〕杜《注》："成二年戰於鞌。"是。

楚於是乎有蜀之役。

〔疏證〕杜《注》："在成二年冬。"杜《注》："魯地。"顧棟高云：
"蜀亭，爲泰安府接境。"沈欽韓云："《一統志》：'蜀亭在泰安府泰安縣
西。'"俞樾云："此二十一字，乃錯簡也。本在上文'夏公使如楚乞師，
欲以伐齊'下，編次者因《經》書'甲戌，楚子旅卒'，在'邾人戕鄫子
于鄫'之後，遂割傳文，而綴諸此，使《經》事相次耳。非《左氏》之
舊。"按：楚子之卒，《經》繫於秋七月甲戌，《傳》爲《經》楚子卒，而
終楚師不出之事，不必與魯乞師文相承，俞說非也。

公孫歸父以襄仲之立公也，有寵，

〔疏證〕《魯世家》："襄仲立宣公，公孫歸父有寵。"

欲去三桓，以張公室。

〔注〕服云："三桓，魯桓公之族，仲孫、叔孫、季孫。"《魯世家集解》。
〔疏證〕杜《注》："時三桓彊，公室弱，故欲去之，以張大公室。"
當亦服義。魯有三桓，猶鄭有七穆。

與公謀，而聘於晉，欲以晉人去之。

〔疏證〕《魯世家》："宣公欲去三桓，與晉謀伐三桓。"史公以去三桓
爲宣公，意與《傳》小異。

冬，公薨。

季文子言於朝曰："使我殺適立庶，以失大援者，仲也夫！"

〔注〕服云："援，助也。仲殺適立庶，國政無常，鄰國非之，是失大
援助也。"《魯世家集解》。
〔疏證〕事見《文十八年經》《傳》。襄仲殺惡及視。惡，適長。殺適，

指惡也。《魯世家》："使我殺適立庶，失大援者，襄仲。"又云："會宣公卒，季文子怨之。"怨之，謂怨襄仲也。杜《注》："子惡，齊外甥，不能堅事齊、晉，故云失大援。"嚴蔚云："《經》書宣公如齊凡五，齊亦以公服故，歸濟西之田。杜解'失大援'爲'不能堅事齊、晉'，謬矣。"嚴氏駁杜説，未及"大援"斥何國。沈欽韓云："按：'失大援'之語，行父之詭詞欺衆耳。宣公數如齊，且奔喪，其事齊甚勤，齊以公故，反其所略，所以援之者甚力。傳文分明，何可厚誣？"案：沈説是也。服云"鄰國非之"，亦知"失大援"非斥齊國，而未達行父詭辭之義。《讀本》："宣公實齊所立，今魯與齊惡，季氏誣稱舊事，以欺朝臣。"

臧宣叔怒曰：

〔疏證〕杜《注》："宣叔，文仲子，武仲父。"

"當其時不能治也，後之人何罪？

"子欲去之，許請去之。"

〔疏證〕杜《注》："許，其名也。時爲司寇，主行刑。"

遂逐東門氏。

〔疏證〕杜《注》："襄仲居東門，故曰東門氏。"

子家還，及笙，

〔疏證〕杜《注》："子家，歸父。"

壇帷，復命於介。

〔疏證〕杜《注》："除地爲壇而張帷。"焦循云："《釋文》：'壇，音善。'讀壇爲墠也。《金縢》：'三壇同墠。'《祭法》：'一壇一墠。'是除地爲墠，封土爲壇。二字自別，而壇、墠音近，得相通借。《詩·東門之墠》亦作'壇'。毛《傳》解爲'除地町之'，則'墠'是而'壇'借，與此《傳》借'壇'爲'墠'同。"沈欽韓云："《曲禮》：'大夫、士去國，踰竟。爲壇位，鄉國而哭'，此去國之儀，本自有壇也。《聘禮》：'聘，君若薨于後，歸，執圭復命於殯。升自西階，不升堂。辯復命如聘，子臣皆哭，與介入，北鄉哭。出，袒括髮，入門右，即位踊。'此出使君喪，復命之禮。歸父既被逐，不得復命於殯，故使介復命也。"

既復命，袒，括髮，即位哭，三踊而出。

〔疏證〕惠棟云："《士喪禮》曰：'主人髺髮袒。'鄭《注》云：'古文髺爲括。'是'括'爲古文'髺'也。"沈欽韓云："《奔喪禮》：'至于家，入門左，升自西階，殯東。西面坐，哭盡哀，括髮袒。降，堂東即位，西鄉哭，成踊。襲絰于序東，絞帶，反位，拜賓成踊。於又哭，括髮袒，成踊。於三哭，猶括髮袒，成踊。三日成服。奔母之喪，皆如奔父之禮。於又哭，不括髮。'按：臣爲君斬衰，似三哭皆括髮。《奔喪》又云：'聞喪不得奔喪，乃爲位。凡爲位者壹袒。'然今歸父惟壹袒也。又云：'大夫哭諸侯，不敢拜賓。'《注》：'謂哭其舊君。'未知歸父之哭宣公，爲舊君以否。此即位者，即哭位也。鄭云：'位有鄭列之處，如于家朝夕哭位矣。'"

遂奔齊。書曰："歸父還自晉"，善之也。

成 公

〔疏證〕《魯世家》：“成公名黑肱，宣公之子。”《謚法》：“安民立政曰成。”

〔經〕 元年，春，王正月，公即位。無《傳》。

二月，辛酉，葬我君宣公。無《傳》。

無冰。無《傳》。

三月，作丘甲。

〔注〕服云：“《司馬法》云：‘九夫爲井，四井爲邑，八字據《孔子閒居疏》[①]。四邑爲丘，有戎馬一匹，牛三頭，是曰：“匹馬丘牛。”四丘爲甸，甸六十四井，出長轂一乘，馬四匹，牛十二頭，甲士三人，步卒七十二人，戈楯具備，謂之乘馬。’”《信南山疏》《孔子閒居疏》。

〔疏證〕九夫爲井，四井爲邑，四邑爲丘，四丘爲甸，皆《小司徒職》文。服據《司馬法》者，以穰苴六國時人，其説軍制與春秋世相接耳。《信南山》《孔子閒居》兩《疏》引服《注》互有詳略，今兼取之。本《疏》引鄭注《論語》云“《司馬法》‘成方十里出革車一乘’”，與服《注》所據不同。《信南山疏》引《論語》鄭《注》“成”上有“井十爲通，通十爲成”，釋之云：“是據成方十里，出車一乘也。”又引此服《注》，釋之云：“是據甸方八里，出車一乘也。二者事得相通，故各據一焉。”按：《小司徒》鄭《注》云：“方十里爲成，緣邊一里治溝洫。實出税者方八里，六十四井。”詳鄭君説，則成與甸乃互名，計溝洫謂之成，除溝洫謂之甸。故《詩疏》云：“二者事得相通也。”杜《注》即用服説，惟杜謂：“此甸所賦，今魯使丘出之。”此杜以己意言也。

顧炎武云：“周制四丘爲甸，旁加一里爲成，共出長轂一乘，步卒七十二人，甲士三人，則丘得十八人，不及一甲。今作丘甲，令丘出二十五人，一甸之中共出百人矣。解云‘兵出甸賦’，驟增三倍，恐未必

---

① 科學本注：按《孔子閒居》無此疏，《坊記》“故制國不過千乘”句下有之。

然。”又云：“其實爲益兵，向之四丘共出三甲者，今使每丘出一甲爾。非若杜氏所謂丘出一甸之賦。”沈欽韓云：“按：顧説是矣，而不得其證。蓋一甸之中，本出甲士三人，今令出甲士四人，則丘出一甲也。知者，以杜牧引《司馬法》云：‘一車甲士三人，步卒七十二人，炊家子十人，固守衣裝五人，廄養五人，樵汲五人，輕車七十五人，重車二十五人，故二乘兼一百人爲一隊。’《李衛公問對》引《曹公新書》同。然古制惟七十五人，其厮輿之役皆在步卒七十二人之中。如《司馬法》百人爲一隊，則丘出二十五人，當一丘而一甲也。車兼輕重，則一甸又出二乘也。《司馬法》本于穰苴，是春秋之中，皆用丘甲之法，而晉、楚諸國可知也。《李衛公問對》：‘楚二廣之法，每車一乘用士百五十人，比周制差多。’是丘出甲又不止一矣。”按：顧、沈説是也。服引《司馬法》而無釋，此可補服義。《孔子閒居》①：“故制國不過千乘。”《疏》“其諸侯計地出軍”下引《司馬法》文，又云：“故成元年作丘甲。”服、杜俱引此文以釋之，此未知服、杜雖同據《司馬法》，意各不同也。

　　朱駿聲云：“此加兵非加賦，加甲士非加步卒，古四丘出甲士三人，今四丘出甲士四人。每車御一人，射一人，擊刺二人。如《文十一年傳》之馴乘也。”與沈説合。本《疏》又云：“案：鄭注《小司徒》又引《司馬法》云：‘成出革車一乘，甲士十人，徒二十人。’與此‘車一乘，甲士三人，步卒七十二人’不同者。《小司徒》辨畿内都鄙之地域，謂公卿大夫畿内采地之制，此之所謂諸侯邦國出軍之法，故不同也。案此一車，甲士、步卒總七十五人。《周禮·大司馬》：‘五人爲伍，五伍爲兩，四兩爲卒，五卒爲旅，五旅爲師，五師爲軍。’大數不同者，《大司馬》所云，謂鄉、遂出軍及臨時對敵布陳用兵之法；此甲士三人，步卒七十二人，謂徵課邦國出兵之時所徵之兵。既至臨陳，還同鄉遂之法。必知臨敵用鄉、遂法者，以桓五年‘戰于繻葛’，‘先偏後伍’，又宣十二年‘廣有一卒，卒偏之兩’，及《尚書·牧誓》云‘千夫長、百夫長’，是臨時對敵皆用卒、兩、師、旅也。長轂、馬、牛、甲兵、戈楯，皆一甸之民同共此物。各鄉、遂所用車、馬、甲兵之屬，皆國家所共。知者，以一鄉出一軍，則是家出一人，其物不可以私備故也。此言四丘爲甸，并據上地言之。若以上、中、下地相通，則二甸共出長轂一乘耳。”右以《周禮》之制説《司馬法》，疑皆舊疏釋服《注》之文，故備列之。

---

① 科學本注：按當作“坊記”。

《刑法志》：“二伯之後，寖以陵夷，至魯成作丘甲，哀公用田賦，搜狩、治兵、大閲之事皆失其正，《春秋》書而譏之，以存王道。”此是古《左氏》誼。《注》約引《司馬法》文釋之云：“今乃使丘出甸賦，違常制也。”又曰：“一説別令人爲丘作甲也。士、農、工、商四類異業，甲者非凡人所能爲，而令作之，譏不正也。”臧壽恭以顔《注》所引前一説爲服《注》，又云：“案：顔《注》所稱‘一説’云云，此二《傳》説。然服氏注《傳》每稱‘一説’，疑服氏兼取二《傳》。”案：顔《注》“使丘出甸賦”，用杜説，臧氏指爲服説，非。則“一説”亦非服引矣。杜止言丘出甸賦，不用二《傳》説。本《疏》據《穀梁》謂“杜以爲丘作甸甲”，尤誤。

夏，臧孫許及晉侯盟于赤棘。

〔疏證〕杜《注》：“晉地，今地闕。”

秋，王師敗績于茅戎。

〔疏證〕《公》《穀》“茅”曰“貿”。惠士奇云：“齊、魯諸儒讀‘茅’爲‘貿’。”李富孫云：“案：茅、貿，聲之轉。”《校勘記》云：“按茅、貿，古音皆讀如茅。”杜《注》：“茅戎，戎之別種也。”沈欽韓云：“按：茅戎蓋西羌之入居中國者。《鄭·角弓箋》：‘髳，西夷別名。’《括地志》：‘岷、洮等州以西爲古羌國，以南爲古髳國，今疊、宕以西，松、當、悉、静等州以南皆是。’于今爲松潘廳及疊溪營地。茅、髳同。”沈氏蓋説茅戎國所在。又云：“《方輿紀要》：‘大陽津在陝州西北三里，黃河津濟之處。’《志》云：‘津北對茅城，古茅邑也。’”則即茅邑對岸言之。高士奇云：“《水經·河水注》：‘大陽縣有茅亭，故茅戎邑也。’《括地志》：‘茅城在河北縣西二十里，今之平陸縣界。’此晉邑也，蓋戎人亦附晉邑而居。”江永云：“平陸今屬解州。”

冬，十月。

〔傳〕 元年，春，晉侯使瑕嘉平戎于王。

〔疏證〕惠棟云：“《周禮·典瑞注》引作‘假嘉’。蓋古文止作假，讀爲遐也。今本亦作瑕。惟陸氏《周禮釋文》猶存古字。”李富孫云：“案《檀弓》：‘公肩假。’《古今人表》作‘肩瑕’，是瑕、假同，音通，假讀爲遐，古文從省。”杜《注》：“平文十七年邲垂之役，詹嘉處瑕，故謂之瑕嘉。”

單襄公如晉拜成。

〔疏證〕《周語注》：“單襄公，王卿士單期也。”杜用韋義，又云：“謝晉爲平戎。”

劉康公徼戎，將遂伐之。

〔疏證〕杜《注》：“康公，王季子也。”

叔服曰：

〔疏證〕杜《注》：“叔服，周内史。”

“背盟而欺大國，此必敗。

“背盟，不祥；欺大國，不義；

“神、人弗助，將何以勝？”

不聽，遂伐茅戎。

三月，癸未，敗績于徐吾氏。

〔疏證〕杜《注》：“徐吾氏，茅戎之别也。”《疏》：“是茅戎内部聚落之名，王師與茅戎戰之處。”

爲齊難故，作丘甲。

〔疏證〕《宣十八年傳》：“夏，公使如楚乞師，欲以伐齊。楚莊王卒，楚師不出。”至是懼齊發難。

聞齊將出楚師，夏，盟于赤棘。

〔疏證〕杜《注》：“與晉盟，懼齊、楚。”

秋，王人來告敗。

冬，臧宣叔令修賦、繕完、具守備，

〔疏證〕《讀本》：“繕完，繕甲兵、完城郭也。”

曰：“齊、楚結好，我新與晉盟，

“晉、楚爭盟，齊師必至。

“雖晉人伐齊，楚必救之，是齊、楚同我也。

〔疏證〕《讀本》：“同我，謂害魯。”①

“知難而有備，乃可以逞。”

〔疏證〕《方言》：“逞，解也。”

〔經〕 二年，春，齊侯伐我北鄙。

夏，四月，丙戌，衛孫良夫帥師及齊師戰於新築，衛師敗績。

〔疏證〕杜《注》：“四月無丙戌。丙戌，五月一日。”貴曾曰：杜《注》：“新築，衛地。”不言所在。沈欽韓云：“《方輿紀要》：‘葛築城在大名府魏縣西南二十里，趙成侯及魏惠王遇于葛築，即此城。今其地又有築亭。’顧棟高直以爲新築。按《趙世家》作葛孽。《紀要》又云：‘葛孽城在廣平府肥鄉縣西。’《寰宇記》作葛築，地與衛遠。”據沈説，則新築非葛築、葛孽地，地闕。

六月，癸酉，季孫行父、臧孫許、叔孫僑如、公孫嬰齊帥師會晉郤克、衛孫良夫、曹公子首及齊師戰于鞌，齊師敗績。

〔注〕服云：“鞌，齊地名也。”《齊世家集解》。

〔疏證〕《公》《穀》“首”曰“手”。臧壽恭云：“案：手，古首字。《襄二十五年傳》：‘授手予我。’手亦首之古文。聲同，古通用。”杜《注》：“鞌，齊地。”用服《注》，不言所在。閻若璩《潛丘劄記》云：“秀水徐善敬問余：‘成二年，鞌之戰，杜《注》止云齊地，《穀梁傳》則云去國五百里，恐非。以下文有華不注山，山下有華泉證之，鞌似去此不遠，當屬今歷城縣地。’余曰：‘《通典》“濟州平陰縣”注云：“《左傳》齊晉戰鞌，故城在縣東。”《括地志》《寰宇記》同。蓋唐世鞌故城尚存，故杜以爲據。余意鞌在今平陰東四五十里，其去華不注山亦一百三四十里。朝戰于鞌，勝而逐之一百三四十里之山下，且三周焉。蓋古駟駕一車，車僅三人，御復得其法，故取道致遠，而氣力有餘。’”

江永云：“自始合以至齊敗，止爲一日之事，華不注在濟南城北，去

---

① 科學本注：原稿眉批：“同詁。”擬而未作。

平陰二百三十里，何以一奔而遽至乎？近《志》云鞌即古之歷下，似爲得之。”錢大昕云：“古人車戰，師行日三十里，即逐利遄行，必無一日行百四五十里之事。《穀梁》云：‘鞌去齊五百里。’指齊都臨淄而言。歷城非齊都，亦不必疑其道里之不合。”按：江、錢皆駁閻説，謂鞌在歷城，惟説華不注距平陰道里有差。據《方輿紀要》，平陰故城在東平州東北六十五里，州在濟南府西北百五十里，華不注山在府東北十五里。即師行有捷出之徑，平陰之去華不注山，亦在二百里以外，則鞌定不在平陰也。沈欽韓云：“鞌地，志所不載。《沂水雜記》‘沂水縣西北一百里有將軍峴，峴西南有鞌山’，非此鞌也。鞌地當在濟南府歷城縣西北十里鞌山下。”與徐説合。《年表》：“與晉伐齊。”又云：“晉景公十一年，與魯、曹敗齊。衛穆公十一年，與諸侯敗齊。齊頃公十年，晉郤克敗公于鞌。”

秋，七月，齊侯使國佐如師。

〔疏證〕《周語注》：“國佐，齊卿。國師父之子，國武子也。”《環人》：“訟敵國。”《注》：“敵國兵來，則往之與訟曲直，若齊國佐如師。”此鄭君説“如師”義。

己酉，及國佐盟于袁婁。

〔疏證〕袁婁，《穀梁》曰：“爰婁。”臧壽恭云：“袁、爰通。”杜《注》：“《穀梁》曰：‘袁婁去齊五十里。’”引作“袁”，誤。杜不能定袁婁所在，故引《穀梁》約言之。《疏》引《釋例·土地名》亦云：“鞌與袁婁并闕。”馬宗璉云：“《博物記》：‘臨淄縣西有袁婁。’”沈欽韓云：“《一統志》：‘爰婁在青州府臨淄縣西。’”顧棟高云：“或曰在臨淄縣境。”案淄川屬濟南府。

八月，壬午，宋公鮑卒。

〔疏證〕《宋世家》：“文公二十二年卒，子共公瑕立。”《世家》稱文公名“鮑革”，與《經》異。

庚寅，衛侯速卒。

〔疏證〕《公羊》“速”曰“遬”。《衛世家》同。《世家》：“穆公十一年卒，子定公臧立。”

取汶陽田。

〔疏證〕《年表》：“齊歸我汶陽。”

冬，楚師、鄭師侵衛。

〔疏證〕《年表》：“楚共王二年，冬，伐衛。衛穆公十一年，楚伐我。”

十有一月，公會楚公子嬰齊于蜀。

丙申，公及楚人、秦人、宋人、陳人、衛人、鄭人、齊人、曹人、邾人、薛人、鄫人盟于蜀。

〔注〕不書楚公子嬰齊，舊説惡蠻夷得志。本《疏》。

〔疏證〕《穀梁》“鄫”曰“繒”。杜《注》：“《傳》曰：‘卿不書，匱盟也。’然則楚卿于是始與中國準。自此以下，楚卿不書，皆貶惡也。”《疏》引《釋例》曰：“楚之尹臣，最多混錯。舊説亦隨文强生善惡之狀，混潰無已。其不能得辭，則皆言惡蠻夷得志。”據《釋例》引舊説，則《經》書楚人，不書楚公子嬰齊，舊説以爲惡蠻夷得志，今用爲《注》。其“不書楚公子嬰齊”七字，繹舊説增之也。《釋例》又云：“當齊桓之盛，而《經》以屈完敵之，若必有貶，非抑楚也。此乃楚之初興，未閑周之典禮，告命之書，自生同異，故《經》稱‘荊敗蔡師’，‘荊人來聘’，從其所居之稱，而總其君臣。至于魯僖，始稱楚人。僖二十一年，當楚成王之世，會于盂，楚之君爵始與中國列。然其臣名氏猶多參錯。至魯成二年，楚公子嬰齊始乃具列。《傳》曰：‘卿不書，匱盟也。’兼爲楚臣示例也。自此以上，《春秋》未以入例。自此以下，褒貶之義，可得而論之也。”按：杜謂《經》書屈完以敵齊桓，非《春秋》尊攘之意，楚未閑周典禮告命之説，策書或沿之。《春秋》經孔子筆削，不得謂《梁書》之誤也。杜乃謂成二年以前，書楚事無褒貶，尤謬也。臧壽恭云：“《左氏》舊説以《傳》云‘匱盟’專指秦、宋、陳、衛、鄭言，《傳》云：‘畏晉，而竊與楚盟，故曰匱盟。’然則楚固未嘗畏晉也，嬰齊之不書，非爲匱盟可知。”按：臧説是也。

〔傳〕 二年，春，齊侯伐我北鄙，圍龍。

〔疏證〕《校勘記》云：“《史記·魯世家》《晉世家》‘龍’并作‘隆’。《索隱》云：‘劉氏云：隆即龍也。’”按：《年表》：“春，齊取我隆。”惟繫于元年爲異。《齊世家》亦作“隆”，《索隱》又云：“鄒誕生及別本作‘侚’字，‘侚’當做‘鄆’。文十二年，‘季孫行父帥師城諸及生鄆’，‘鄆’

即‘佾’也，字變耳。”洪亮吉云：“按：字書無‘佾’字，疑誤。”詳《索隱》説，作佾者，《史記》本異文，非《經》字之異。《郡國志》：“泰山郡博有龍鄉城。”《水經·汶水注》：“汶水南經博縣故城東，又西南逕龍鄉故城南，《春秋·成公二年》齊侯圍龍者也。”江永云：“博縣在今泰安府泰安縣。”張雲璈云：“今泰安縣東南五十里有龍鄉城。”梁履繩云：“今大汶口東十餘里有城基，俗云‘鄉城縣也’。”

頃公之嬖人盧蒲就魁門焉。

〔疏證〕《水經·汶水注》作“盧蒲就”[1]。杜《注》：“攻龍門也。”

龍人囚之。

齊侯曰：“勿殺！吾與而盟，無入而封。”[2]

弗聽，殺而膊諸城上。

〔疏證〕《掌戮》：“掌斬、殺賊諜而搏之。”《注》：“搏當爲‘膊諸城上’之膊，字之誤也。膊謂去衣磔之。”杜《注》：“膊，磔也。”用鄭義。《説文》：“膊，薄脯，膊之屋上。”段玉裁云：“當作‘薄之屋上’。薄，迫也。《釋名》：‘膊，迫也。薄，椓肉，迫著物使燥也。’説與許同。《方言》：‘膊，暴也。燕之外郊，朝鮮洌水之間，凡暴肉、發人之私、披牛羊之五臟，謂之膊。’《左傳》：‘膊諸城上。’《周禮》：‘斬賊諜而膊之。’皆謂去衣磔其人，如迫脯于屋上也。”按：段説是也。洪亮吉謂：“或訓磔，或訓曝，隨文爲訓。”非。《廣雅》：“磔，張也。”張，亦暴露義。

齊侯親鼓，

〔疏證〕《清人疏》：“將居鼓下，雖人君親將，其禮亦然。《夏官·太僕職》云：‘凡軍旅田役贊王鼓。’《注》云：‘王通鼓，佐擊其餘面。’是天子親鼓也。成二年《傳》云：‘齊侯親鼓之。’是爲將乃然，故云：‘將居鼓下。’”

士陵城。三日，取龍。

〔疏證〕《魏書·房崇吉傳》：“領太原太守，戍升城。未幾而白曜軍至，

---

① 科學本注：劉氏所見本脱“魁”字。
② 科學本注：原稿眉批：“而詁，封詁。”擬而未作。

乃遣衆陵城。"①

遂南侵，及巢丘。

〔注〕賈云："殺盧蒲就魁，不與齊盟，以亡其邑，故諱不書耳。"本
《疏》。

〔疏證〕江永云："巢丘，杜無注，當近龍，在泰安縣界。"杜《注》：
"取龍，侵曹丘不書，其義未聞。"本《疏》引賈説，駁之云："案楚子滅
蕭，嬰齊入莒，皆殺楚人，而《經》不變文以加罪，此何當改文以諱惡
也。哀八年，'齊人取讙及闡'，以淫女見取，猶尚書之，此殺敵見取，何
以當諱？知諱義不通，故不從也。"洪亮吉云："按：賈義蓋因内諱不書之
例推之，《正義》譏賈，乃引'楚子滅蕭，嬰齊入莒'以例，失其旨矣。
當以賈義爲長也。"按：洪説是也。哀八年，讙、闡之役，晉未殺齊將，
又釁由卿族之女。例無内諱，《疏》駁皆非。

衛侯使孫良夫、石稷、甯相、向禽將侵齊，與齊師遇。

〔疏證〕杜《注》："良夫，孫林父之父。石稷，石碏四世孫。甯相，
甯俞子。"《衛世家》："穆公十一年，孫良夫救魯伐齊。"則侵齊之師，爲
救魯而來。

石子欲還。

孫子曰："不可。以師伐人，遇其師而還，將謂君何？

"若知不能，則如無出。今既遇矣，不如戰也。"

夏，有。

〔疏證〕杜《注》："闕文，失新築戰事。"案《年表》《衛世家》皆云
"反侵地"，則新築戰事之上，當更有取巢丘之文，史公據《傳》書之。

石成子曰：

〔疏證〕杜《注》："成子，石稷也。"

"師敗矣。子不少須，衆懼盡。

〔疏證〕杜《注》："衛師已敗，而孫良夫復欲戰，故成子欲使須救。"

---

① 科學本注：原稿眉批："陵詁。"

俞樾云："按：須之言待也。《詩·匏有苦葉》《儀禮·士昏禮》鄭君《箋》《注》并云：'須，待也。''子不少須'者，子不少待也。詳其文義，蓋未戰之前，孫良夫欲戰；既敗之後，又懼而欲先歸，故石成子以此言止之。"石子欲孫子以所將之卒爲殿。

"子喪師徒，何以復命？"

皆不對。

〔疏證〕俞樾云："三子莫肯爲殿。"

又曰："子，國卿也。隕子，辱矣。

〔疏證〕《説文》："扽，有所失也。《春秋傳》曰：'扽子，辱矣。'"是賈氏本作"扽"。惠棟云："《戰國策》：'齊宣王曰："唯恐夫扽之。"'《墨子·天志》曰：'扽失社稷。'《廣雅》亦云：'扽，失也。'案《吕覽·季夏紀》云：'昭王扽于漢中。'高誘曰：'扽，墜。音曰顛隕之隕。'知'扽'與'隕'通。扽，古字也。隕，今字也。"洪亮吉云："《説文》：'隕，從高下也。《易》曰："有隕自天。"'扽、隕二字古通，惠氏似誤。"按：惠氏知"扽"爲古字者，以賈逵作"扽"，許君於"隕"下不引《傳》也。李富孫云："扽，本字；隕，同音字。"沈欽韓云："《楚策》：'莊辛云："黃鵠折清風而扽矣。"'扽即隕也。"

"子以衆退，我此乃止。"

且告車來甚衆。

〔疏證〕杜《注》："新築人救孫桓子故，并告令軍中。"按：杜以下文仲叔于奚事，知車爲新築之車。

齊師乃止，

次于鞫居。

〔疏證〕杜《注》："鞫居，衛地。"沈欽韓云："《續志注》引《陳留志》：'封丘縣有鞫亭，古鞫居。'封丘，今屬開封府。"

新築人仲叔于奚救孫桓子，桓子是以免。

〔疏證〕杜《注》："于奚，守新築大夫。"《疏》云："大夫守邑，以

邑冠之，呼曰某人。孔子父，鄹邑大夫，《傳》稱鄹人紇。《論語》謂孔子
爲鄹人之子，即此類也。”

既，衛人賞之以邑，辭，

請曲縣、

〔注〕舊注：“諸侯軒縣，闕南方，形如車輿，是曲也。”《小胥疏》。

〔疏證〕《小胥》：“正樂縣之位，王宮縣，諸侯軒縣，卿大夫判縣，
士特縣。”《注》：“鄭司農云：‘宮縣四面縣，軒縣去其一面，判縣又去其
一面，特縣又去其一面。四面象宮室，四面有牆，故謂之宮縣。軒縣三
面，其形曲，故《春秋傳》曰“請曲縣、繁纓以朝”，諸侯之禮也，故曰：
惟器與名不可以假人。’”先鄭《注》軒縣，引《傳》“曲縣”説之，其爲
《傳注》，亦當引《小胥職》。彼《疏》引成二年《左傳注》義，與先鄭同。
先鄭不言闕南方，今止稱舊注。鄭君注《小胥》云：“軒縣去南面，辟王
也。”與舊注合。《家語·正論篇》：“請曲縣之樂。”王肅《注》：“軒縣，
闕一面。”亦不明所闕之方，蓋用先鄭説。杜《注》：“《周禮》：‘天子樂，
宮懸，四周。諸侯軒縣，闕南方。’”全取舊注爲文。軒縣必闕南方者，《泮
宮疏》：“諸侯樂用軒縣，去其南面，泮宮之水則去北面者，樂爲人君而
設，貴在近人，與其去之，寧去遠者？泮水自以節觀，故留南方。各從其
宜，不得同也。”此軒縣闕南方義。《小胥》鄭君《注》又云：“判縣左右
之合，又空北面。特縣縣於東方，或於階間而已。”是判縣視軒縣又去北
面，特縣視軒縣又去西面也，形如車輿者，《説文》：“輿，車底也。”車
上受物處必空一面，以喻曲縣有闕。阮太傅《考工·車制解》云：“輿者，
軫、輈、軹、轛之總名。”按：車底以軫爲率，後軫前式，皆稍斂輒又侈
出，非五方，故云曲也[①]。

繁纓以朝。

〔疏證〕《釋文》“繁纓”亦作“樊纓”。《巾車》：“掌王之五路：玉路，
樊纓，十有再就，以祀；金路，樊纓九就，同姓以封；象路，樊纓七就，
異姓以封；革路，條纓五就，以封四衛；木路，前樊鵠纓，以封蕃國。”
字正作“樊”，《注》：“樊讀如鞶帶之鞶，謂今馬大帶也。鄭司農云：‘禮
家説曰：纓，當胸，以削革爲之。’玄謂：‘今馬鞅。’”是後鄭以繁、纓爲

二物，其説樊不引先鄭者，明先鄭亦同。彼《疏》云：“‘樊讀如鞶帶之鞶’者，按《易·訟卦》上九云‘或錫之鞶帶’，《注》云：‘鞶帶，佩鞶之帶。’但《易》之鞶謂鞶囊，即《内則》云‘男鞶革’是也。此鞶謂馬大帶，音字同，故讀從之。”此説繁讀如鞶之義也。

本《疏》云：“樊，即鞶也。字之異耳。”鞶謂鞶囊，見後鄭《内則注》，是鞶帶與鞶異。然桓二年，“鞶厲游纓”，服《注》云：“鞶，大帶。”則鞶得稱帶矣。先鄭謂“纓當胸”，彼《疏》云：“後鄭明纓是夾馬頸。”此先、後鄭異説，賈、服則同先鄭説。知者，《巾車疏》：“賈、馬亦云：‘鞶纓，馬飾，在膺前，十有二帀，以毛牛尾，金塗十二重。’”此賈氏《周禮注》逸文，其《左氏》注義亦當然。字作“鞶纓”，則又後鄭改讀所本矣。桓二年，“鞶厲游纓”。服《注》：“纓如索裙，今乘輿大駕有之。”《晉書·輿服志》：“乘輿繁纓，赤罽易茸，金就十有二。”《注》：“繁纓，馬飾纓，在馬膺前，如索裙。”《晉志》即用服説，則賈、服皆謂纓在馬膺前，膺即胸也。彼先、後鄭分釋樊、纓，賈氏止稱鞶纓，詳賈義不以爲二物，又謂在膺前，則與先鄭當胸説又小異。按：賈説是也。《釋名》：“鞅，嬰也。喉下稱纓，言纓絡之也。其下飾曰樊纓。”其不别樊纓爲二，最爲明析。膺前則近頸，故云喉下。《汪士鐸文集·後釋車》云：“頸下當膺大帶謂之勒，勒謂之鞶。鞶，樊也，帶下懸者謂之纓。”可申賈氏“纓在膺前”之義。

杜《注》：“繁纓、馬飾，皆諸侯之服。”亦析繁、纓爲二，不用賈説也。杜氏不説纓之制。鄭君《巾車注》云：“玉路之樊及纓，皆以五采罽飾之十二就。就，成也。”彼《疏》云：“按：《爾雅·釋言》云：‘氂，罽也。’郭氏云：‘毛氂所以爲罽。’如是，罽，染毛爲之。《典瑞》：‘鎮圭繅五采五就。’繅藉五采，即云五就，則一采一帀爲一就。樊、纓就數雖多，亦一采一帀爲一就，如《玉藻》十二就然。”按：賈《注》謂“十有二帀以毛牛尾”，與鄭君用罽説合。蓋染氂五色，分爲十二帀。賈謂“金塗十二重”者，一帀之端，以金塗之，塗謂飾。王肅《家語》云：“纓當馬膺以索群，銜以黄金爲飾也。”此即金塗之義。其《晉志》謂“赤罽易茸”，則不施五采，此制度之異。今制馬纓皆赤罽矣。本《疏》云：“《巾車》又云：‘孤乘夏篆，卿乘夏縵，大夫乘墨車，士乘棧車。’其飾皆無樊纓，是樊纓爲馬之飾，諸侯之服也。案《儀禮·既夕》‘士薦馬纓三就’，又諸侯之卿，有受革輅、木輅之賜，皆有繁纓。而云‘諸侯之服’者，以與‘曲縣’相對。又于奚所請，故云‘諸侯之服’。且諸侯之卿特賜乃有大輅。《士喪禮》爲送葬設盛服耳，皆非正法所有。”右《疏》説杜《注》“諸侯之服”義。

許之。

仲尼聞之曰：

"惜也，不如多與之邑。

"唯器與名，不可以假人，

〔疏證〕杜《注》："器，車服。名，爵號。"《吕覽·審分篇》："夫名多不當其實，而事多不當其用者，故人主不可以不審名分也。"《注》："名，虚實爵號之名也。分，生殺與奪之分也。《傳》曰：'唯器與名，不可以假人。'"杜以名爲爵號，即用高氏説。《吕覽》以虚實對文，則爵土亦該其中，與此《傳》異，故杜以器當車服也。《堯典》："車服以庸。"《後漢書·劉玄傳》："李淑上書諫曰：'唯名與器，聖人所重。今以所重加非其人。'"淑以"加非其人"釋"假人"，義最諦。本《疏》云"不可以借人也"，則假即借義。《鄭興傳》："隗囂遂廣置職官，以自尊高。興復説囂曰：'孔子曰："唯器與名，不可以假人。"'"亦以置官非人爲説。

"君之所司也。

〔疏證〕《吕覽·審分篇注》引作"君之所慎也"，《後漢書·來歙傳》："王遵諫隗囂曰：'愚聞爲國者慎器與名，爲家者畏怨重禍。'"則舊本"司"作"慎"，或脱爛，誤爲"司"。李富孫云："作'慎'字義長。"

"名以出信，

〔疏證〕《易·説卦》虞《注》："出，生也。"

"信以守器，

"器以藏禮，

〔疏證〕《吕覽·圜道篇注》："藏，潛也。"本《疏》："言禮藏於車服之中也。"

"禮以行義，

"義以生利，

"利以平民，

〔疏證〕《擊鼓箋》："平，成也。"本《疏》同。

“政之大節也。

“若以假人，與人政也。

“政亡，則國家從之，弗可止也已。”

〔疏證〕此以上皆孔子之言也。《北史·清河王懌傳》：“高肇又錄囚徒，以立私惠。懌言於宣武曰：‘臣聞唯器與名，不可以假人。是故季氏旅泰山，宣尼以爲深譏；仲叔軒縣，丘明以爲至戒。’”懌推《傳》引孔子説之義，故以爲《左氏》語。

孫桓子還於新築，不入，

遂如晉乞師。

臧宣叔亦如晉乞師，皆主郤獻子。

〔疏證〕《齊世家》：“頃公十年，齊伐魯、衛。魯、衛大夫如晉請師，皆因郤克。”郤克怒齊，見《宣十七年傳》，其言曰：“所不此報，無能涉河。”故魯、衛乞師主之。杜《注》：“孫桓子、臧宣叔皆不以國命，故不書。”按：孫桓子乞晉師義，不得見於《經》。

晉侯許之七百乘。

〔疏證〕杜《注》：“五萬二千五百人。”蓋以乘七十五人計之，即用賈説。詳下《疏證》。

郤子曰：“此城濮之賦也。

〔疏證〕《僖二十八年傳》叙城濮之戰云：“晉車七百乘。”

“有先君之明，

〔疏證〕此“君”謂文公。

“與先大夫之肅，故捷。

〔疏證〕顧炎武云：“先大夫謂原軫、狐偃、欒枝之類。”馬宗璉云：“先大夫指晉郤縠，縠悦禮樂而敦詩書，故曰‘先大夫之肅’。亭林説猶未備。”

“克於先大夫，無能爲役，

〔疏證〕“役”，當作“君子行役”之“役”。《少儀》：“謂之社稷之役。”言役，謙若僕隸也。《讀本》：“言視其時將帥才遜之。”

“請八百乘。”許之。

〔注〕賈云：“六萬人。”《晉世家集解》。

〔疏證〕杜用賈說。《齊語》：“有革車八百乘。”《注》：“賈侍中云：‘謂一國之賦八百乘也。乘七十五人，凡甲士六萬人。’昭謂：此周制耳。齊法，五十人爲小戎，車八百乘，有四萬人。又上管仲制齊爲三軍，軍萬人。下又云‘君有處士三萬人，以方行於天下’，而車數多者，其副貳陪從之車乎？或者‘八’當爲‘六’。”此韋氏說齊車乘人數異於周制也。賈氏注內外《傳》，蓋皆以七十五人爲一乘。晉、齊車乘之制無考，故通以周制說之。服氏“作丘甲”，《注》：“據《司馬法》一乘，甲士三人，步卒七十二人。”則此《傳》服《注》當與賈義同。李貽德云：“每百乘計七千五百人，以七八五六、五八四乘之，八百乘合六萬人矣。”

郤克將中軍，

〔疏證〕據《宣十七年傳》“郤獻子爲政”，則其時已將中軍，《傳》再發之。

士燮佐上軍，

〔疏證〕通行本“佐”作“將”，從宋本。《校勘記》云：“按《四年傳》尚云‘士燮佐上軍’，至《十三年傳》始云‘士燮將上軍’，此時不得爲將明矣。”按：阮說是也。杜《注》：“范文子代荀庚。”詳《宣十二年傳》：“士會將上軍，郤克佐之。”《十六年傳》：“士會將中軍。”傳文之可據者僅此□①年上軍之將及□②尚佐何人，《傳》所不說，惟《三年傳》：“荀庚來聘。”《傳》稱“中行伯之於晉也，其位在三”，杜彼《注》云：“下卿。”杜意以此時荀庚由上軍佐爲上軍將，故云：“士燮代荀庚。”則杜本字亦作“佐”矣。《齊世家》作“士燮將上軍”，亦誤。將佐除授，非軍事則不見。本《疏》推考宣十二年以來，晉三軍將佐，惟說此年中軍之佐爲荀首，有傳文“知罃之父新佐中軍”可證，餘皆臆測之辭，今不取。

---

① 科學本注：原稿字迹不明。
② 科學本注：原稿字迹不明。

欒書將下軍，

〔疏證〕《晉語注》：“武子，晉卿欒枝之孫，欒盾之子書也。”杜《注》：“代趙朔。”《宣十二年傳》：“趙朔將下軍，欒書佐之。”本《疏》云：“邲戰以來，趙朔無代。今欒書將下軍，則趙朔卒矣。故知欒書代趙朔，不知此時誰代欒書佐下軍也。”

韓厥爲司馬，

〔疏證〕《宣十二年傳》：“邲之戰，韓厥已爲司馬。”《傳》以厥斬人，再著其職。

以救魯、衞。

〔疏證〕《齊世家》：“晉使郤克救魯、衞伐齊。”《晉世家》：“晉乃使郤克、欒書、韓厥與魯、衞共伐齊。”

臧宣叔逆晉師，且道之。季文子率師會之。

〔疏證〕道，謁而導也。

及衞地，韓獻子將斬人，

〔疏證〕《晉語注》：“將斬人，以戮罪在可赦之者。”

郤獻子馳將救之。至，則既斬之矣。

郤子使速以徇，

〔疏證〕《說文》：“徇，行示也。”《司馬法》：“斬以徇。”洪亮吉云：“按：《集韻》云：‘或作徇、夐。’是以‘徇’乃‘徇’本字也。”

告其僕曰：“吾以分謗也。”

〔疏證〕《晉語注》：“言欲與韓子分謗共非也。言能如此，故從事不乖。”杜用韋義。

師從齊師于莘。

〔疏證〕杜《注》：“莘，齊地。”高士奇云：“桓十六年，衞公子伋使于齊，盜待諸莘。或謂即此，今之莘縣也。蒙上文晉師自衞來，理亦相近。但杜《注》一云衞地，一云齊地，豈莘地原跨兩境，齊、衞皆得有之乎？考是役齊侯親逆晉師，而莘去鞏四百餘里，既遇於境上，即當遏勿使進，何爲不戰引退，縱敵深入四百餘里，至鞏而始戰也？由是推之，莘亦當爲近鞏之地耳。”按：高氏不言鞏之所在，而云莘去鞏四百餘里，今以鞏在平陰、在歷城兩説校之，平陰距莘東百餘里，歷城距莘東二百餘里，無四百餘里之遠。莘之齊師，當是游軍，無戰事，齊侯逆晉師，在師次靡笄之後，不得以晉師不戰深入爲疑也。沈欽韓云：“此衛之莘也。杜説謂齊地，非。今東昌府莘縣。”與高氏引或説合。

六月，壬申，次于靡笄之下。

〔注〕賈云：“靡笄，山名也。”《齊世家集解》。

〔疏證〕《齊世家》：“六月，壬申，與齊兵合靡笄下。”《集解》徐廣曰：“靡，亦作摩。”《索隱》：“靡笄山在濟南，與代地靡笄山不同。”顧棟高謂：“靡笄山在今濟南府治歷城縣南十里。”《晉世家》：“平公元年，伐齊，齊靈公與戰靡下。”《集解》徐廣曰：“靡，一作歷。”《索隱》：“即靡笄也。”《方輿紀要》據之，謂：“歷山在濟南府南五里，或以爲即靡笄山。靡與歷相近。”二説雖道里小殊，然有與鞏一地之疑，校之傳文所引次第不合。江永云：“今按：戰于鞏，鞏在歷城。《傳》云：‘六月，壬申，師次于靡笄之下。癸酉，師次于鞏。’則靡笄與鞏非一地。《史記》‘戰于靡下’，當作‘歷下’，然遂以靡笄爲歷山，恐非。《金史》云：‘長清有劘笄山。’劘笄當即靡笄，長清縣在濟南府西南七十里，山在其縣。晉師從西來，正與壬申、癸酉差一日相合。當以《金史》爲是。”按：江説是也。

齊侯使請戰，曰：“子以君師辱於敝邑，不腆敝賦，詰朝相見。”

〔疏證〕杜《注》：“詰朝，平旦。”[①]

對曰：“晉與魯、衛，兄弟也，來告曰：‘大國朝夕釋憾[②]於敝邑之地。’

〔疏證〕通行本“憾”作“憾”，從宋本。

“寡君不忍，使群臣請於大國，無令輿師淹於君地。

〔疏證〕《魯語》：“敢犒輿師。”《注》：“輿，衆也。”杜用韋義。《釋

---

① 科學本注：原稿眉批：“詰詰。”
② 林按：“憾”，楊本作“憾”。

詁》：“淹，久也。”

“能進不能退，君無所辱命。”

〔疏證〕杜《注》：“言自欲戰，不復須君命。”

齊侯曰：“大夫之許，寡人之願也；若其不許，亦將見也。”

齊高固入晉師，

桀石以投人，

〔疏證〕杜《注》：“桀，擔也。”洪亮吉云：“《説文》：‘桀，磔也。’《廣雅》：‘揭，擔也。’按：桀、揭、擔并舉也。杜《注》本《廣雅》。”王念孫云：“《説文》：‘竭，負舉也。’《禮運》：‘五行之動，迭相竭也。’揭、竭、桀并通。”焦循云：“桀與揭，音義同。《廣雅》：‘檐、揭皆訓舉，檐即擔字。’《楚辭·哀時命》：‘負檐荷以丈尺兮。’王逸《注》云：‘背曰負，荷曰檐。’檐、揭皆舉義。故杜讀‘桀’爲‘揭’，而以‘擔’訓。桀石以投人，即舉石以投人也。”

禽之，而乘其車，

繫桑本焉，以徇齊壘，

〔疏證〕《御覽》三百八十六引，“本”作“木”。按繫桑樹以揚塵也。

曰：“欲勇者賈余餘勇。”

〔疏證〕①

癸酉，師陳于鞌。

〔疏證〕洪亮吉云：“《史記》作‘戰于靡下’，徐廣曰：‘靡，一作歷。’蓋戰于歷下耳。據此，則鞌在歷下可知。”按：洪氏謂鞌在歷下，與江永、錢大昕説合，已詳經文《疏證》，惟“戰于靡下”，見《晉世家》，乃平公元年事，非此役。

邴夏御齊侯，逢丑父爲右。

---

① 科學本注：原稿闕文。眉批：“賈詁。”擬而未作。

〔注〕賈云："齊大夫。"《齊世家集解》。

〔疏證〕《齊世家》："逢丑父爲齊頃公右。"下引賈《注》："《世家》未説邴夏爲御事。"疑賈《注》統謂齊大夫也，杜無注。

晉解張御郤克，鄭丘緩爲右。

〔疏證〕萬□□①云："鄭丘，氏；緩，名。故下《傳》單稱緩。"

齊侯曰："余姑翦滅此而後朝食。"

〔疏證〕《校勘記》云："按《説文繫傳》引'翦滅'作'揃滅'，似不可爲典要。"李富孫云："《莊子》'揃搣可以休老'，《急就篇》'沐浴揃搣'，文異義同。"宋本無"後"字。洪亮吉云："《方言》《廣雅》：'揃，盡也。'揃、翦聲近義同。薛綜《西京賦注》亦云：'翦，盡也。'"《齊世家》："頃公曰：'馳之，破晉軍會食。'"

不介馬而馳之。

〔疏證〕杜《注》："介，甲也。"《讀本》："戰馬皆甲。《詩》曰：'駟介陶陶。'是也。"②

郤克傷於矢，流血及屨，未絶鼓音，

〔疏證〕《齊世家》："射傷郤克，流血至屨。"杜《注》："中軍將自執旗鼓，故雖傷，而擊鼓不息。"

曰："余病矣！"

〔疏證〕《齊世家》："克欲還入壁。"本《疏》："郤克欲有退軍之意。"

張侯曰：

〔疏證〕《晉語注》："張侯，晉大夫解張也。"杜用韋義。

"自始合，而矢貫余手及肘，

〔疏證〕《齊世家》："其御曰：'我始入，再傷。'"。據史公"再傷"義，則手、肘中兩矢也。下言"左輪"，傷在左。

---

① 科學本注：原稿闕文。眉批："查《氏族略》。"
② 科學本注：原稿眉批："查《駟介旁旁》傳箋。"

"余折以御。左輪朱殷,

〔疏證〕《廣雅·釋□①》:"朱,赤也。"王逸《楚辭章句》:"朱,赤色也。"杜《注》:"朱,血色,血色久則殷。殷音近煙,今人謂赤黑爲殷色,言血多汗車輪。"據杜説,"殷"爲黑色。《廣雅·釋器》:"䴢、涅,黑也。"王念孫云:"成二年《左傳》:'左輪朱殷。'殷、䴢,并音於間反。"按:殷、烟同部字,故杜謂:"殷音近煙。"

"豈敢言病? 吾子忍之!"

〔疏證〕《齊世家》:"不敢言疾,恐懼士卒,願子忍之。"

緩曰:"自始合,苟有險,余必下推車,

〔疏證〕推車非車右之職,緩以涉險攝之,詳下《疏證》。

"子豈識之? 然子病矣!"

張侯曰:"師之耳目,在吾旗鼓,進退從之。

〔疏證〕杜無注。《晉語注》:"張侯曰:'三軍之心在此車矣,其耳目在於旗鼓。'"耳聽鼓音,目視旗表,車表鼓音,進退異數。惠棟云:"孫子引《軍政》曰:'言不相聞,故爲之金鼓;視不相同,故爲之旌旗。夫金鼓、旌旗,所以一人之耳目也。人既專一,則勇者不得獨進,怯者不得獨退,此用衆之法也。'荀卿子云:'將死鼓,御死轡。'"文淇案:惠氏引《荀子》,見《議兵篇》。楊倞《注》云:"死,謂不棄之奔亡也。《左傳》曰:'師之耳目,在吾旗鼓。'"則"將死鼓"爲《左氏》古誼。

"此車一人殷之,可以集事。

〔疏證〕《詩·采菽》:"殷天子之邦。"《傳》:"殷,鎮也。"《黍苗》:"我行既集。"《箋》:"集,猶成也。"

"若之何其以病敗君之大事也?

〔疏證〕《釋文》:"病絶句。"

"擐甲執兵,

---

① 科學本注:原稿闕文,查當作"釋器"。

〔注〕賈云：“擐衣甲也。”《一切經音義》十七引《國語注》。

〔疏證〕《吳語》：“乃令服兵擐甲。”《一切經音義》蓋引彼《注》。《説文》：“擐，貫也。《春秋傳》曰：‘擐甲執兵。’”許君引《傳》據賈君義，如此則《外傳》賈《注》當云：“擐，貫衣甲也。”玄應引失之。《吳語》韋《注》：“擐，貫也。”即據賈義。杜《注》同。《淮南子·要略訓》：“武王繼文王之業，用太公之謀，悉索薄賦，躬擐甲冑。”高《注》：“擐，貫著也。”《廣雅·釋詁》：“擐、麗，著也。”則“擐”又訓“著”。

“固即死也。

〔疏證〕《詩·氓》鄭《箋》：“即，就也。”

“病未及死，吾子勉之！”

左并轡，右援枹而鼓。

〔疏證〕《釋文》：“枹，本亦作桴。”《校勘記》云：“按：李善《注》，孫子荊《爲石仲容與孫浩書》引作‘桴’。《禮記》云：‘蕢桴而土鼓。’玄應書引《詔定古文官書》云：‘枹、桴二字同體。’”。李富孫云：“桴，枹之借字。《別雅》：‘古字包、孚一聲之轉。’”此左、右謂手也。左并轡，謂轡在兩手者，併於左手執之，讓右手以援桴也。鼓是中軍將之事，以郤克傷，故御攝鼓、援桴。杜無注。本《疏》云：“《説文》：‘援，引也。枹，擊鼓杖也。’”《釋文》：“桴，鼓槌也。”《字林》云：“擊鼓柄也。”按：《淮南子·兵略訓》：“維枹綰而鼓之。”《注》：“綰，貫。枹繫于臂，以擊鼓也。”是枹有索綰之。焦循謂：“枹本在郤克手，張侯以手持而牽引之使擊。”非。

馬逸不能止，師從之。

〔疏證〕《晉語注》：“逸，奔也，轡縱，故馬逸。”

齊師敗績。

逐之，三周華不注。

〔疏證〕《晉語》：“逐之，三周華不注之山。”《注》：“周，匝也；華，齊地；不注，山名。”杜《注》：“華不注，山名。”與韋義稍異。洪亮吉云：“按：合下華泉觀之，華泉蓋華地之泉。杜《注》以‘華不注’三字合爲山名，非也。”洪氏以華爲地名，用韋説。又云：“伏琛《齊地記》‘不’

讀如‘跗’，‘跗注’與成十六年‘韎韋之跗’注義同。”按：洪引伏琛説非完文，故不、跗之同義未顯。伏云：“‘不’音跗，與《詩》‘鄂不韡韡’之‘不’同，謂花蒂也，言此山孤秀如華跗之著於水也。”詳其説，則山如花蒂，故以花鄂之不狀之。成十六年“韎韋之跗注”，賈、服説：“跗謂足跗，注，屬也。”以跗爲足，人足猶花蒂矣。鄭《志》引彼傳文，“跗注”作“不注”，云“不讀如跗”。伏琛析鄭君説爲音也。詳彼傳《疏證》。《水經·濟水注》：“華不注山，單椒秀澤，不連丘陵以自高。虎牙桀立，孤峰特拔以刺天。青崖翠發，望同點黛。”與伏琛説山形合。沈欽韓云：“‘單椒秀澤，不連丘陵’，此晉所以得逐之三周也。《元和志》：‘華不注山在齊州歷城縣東北十五里。’”梁履繩云：“案：縣今屬山東濟南府。”

韓厥夢子輿謂己曰：

〔疏證〕杜《注》：“子輿，韓厥父。”

“旦辟左右。”

〔疏證〕通行本“旦”作“且”，從《石經》淳化本。錢大昕云：“夢必在夜，則作‘旦’義爲長。”沈欽韓云：“旦日當戰，預於一夕夢其父使之辟左右，其夢必不在戰之日也。作‘且’誤。”

故中御而從齊侯。

〔疏證〕杜《注》：“居中代御者，自非元帥。御者皆在中，將在左。”本《疏》：“韓厥爲司馬，亦是軍之諸將也。”據杜義，則韓厥宜在車左，以代御而居中也。《曲禮》：“左必式。”《疏》：“乘車，則君皆在左。若兵、戎、革、路，則君在中央，御者在左。故成二年，韓厥代御居中，杜云云。以此而言，則元帥及君宜在中也。”按：《禮疏》謂兵、戎、革、路，君亦在中，不獨元帥，與杜義小異。知君亦在中者，《檀弓》：“朝不坐，燕不與。”《注》：“兵車參乘，射者在左，戈盾在右，御在中央。”《疏》云：“案宣十二年《左傳》云：‘楚許伯御樂伯，攝叔爲右。’于時樂伯主射，樂伯云：‘左射以菆。’是射者在左。攝叔云：‘右入壘，折馘、執俘而還。’是戈盾勇力在右，自然御在中央。此謂凡常戰士也。若是元帥，則在中央鼓下，御者在左，戈盾亦在右。故成二年鞌之戰，于時郤克爲中軍將，時‘流血及屨，未絶鼓音’，是將居鼓下也。解張御郤克，解張云：‘矢貫余手及肘，余折以御，左輪朱殷。’是御者在左，自然戈盾在右。若天子、諸侯親爲將，亦居鼓下，故《戎右》云：'贊王鼓。'成二年，齊侯圍龍，齊侯親鼓之，是也。若非元帥，則皆在左，御者在中。故成二年，韓厥自其車左居中代御，而逐齊侯，故杜預云：'兵車自非元帥，御皆在中。'故熊氏以爲雖非元帥，上軍、下軍之將亦居鼓下。故成十六年鄢陵之戰，'子重將左'，而云'子重鼓之也'。故爲將皆在鼓下也，以其親鼓，故以爲鼓下。按《周禮》'諸侯執賁鼓，軍將執晉鼓，師帥執提，旅帥執鼗'，豈皆居鼓下也？其義恐非也。"《禮疏》從皇氏説，以駁杜預謂"兵車非元帥，御皆在中"之説。文淇案：《詩·清人疏》："將居鼓下，雖人君親將亦然。"不獨元帥始居鼓下矣。韓厥爲司馬，本非將，故不在中，而以夢故，代御居中也。

邴夏曰："射其御者，君子也。"

公曰："謂之君子而射之，非禮也。"

〔疏證〕邴夏見韓厥狀似君子，欲射而意未決，齊侯因其言折之。杜《注》謂："齊侯不知戎禮。"非《傳》意。

射其左，越于車下。

〔疏證〕①

射其右，斃于車中。

〔疏證〕②

綦毋張喪車，

〔疏證〕杜《注》："綦毋張，晉大夫。"

從韓厥，曰："請寓乘！"

〔疏證〕《方言》："寓，寄也。"

從左右，皆肘之，使立於後。

〔疏證〕《説文》："肘，臂節也。"謂不言而肘退之。

---

① 科學本注：原稿以下闕文。眉批："越詁。"擬而未作。
② 科學本注：原稿以下闕文。眉批："斃詁。"

韓厥俛，定其右。

〔疏證〕杜《注》："俛，俯也。右被射仆車中，故俯安隱之。"《疏》："言此者，爲下'丑父與公易位'，由厥之俯，故不覺其易。綦毋張蓋助厥定右，故并不見之。"

逢丑父與公易位。

〔疏證〕馬宗璉云："《御覽》引《五經要義》：'國君及元率戎車，將在中央當鼓，御者在左，勇力之士，執戈在後。'丑父易位，蓋居中而使公爲御。"按：馬氏引《要義》，可證"將居鼓下"之説。丑父爲御，宜在左，而《傳》云右者，或當時之制不同。戈盾在後，亦是古法，春秋時不取也。《齊世家》："齊急，丑父恐齊侯得，乃易處，頃公爲右。"《晉世家》："頃公乃與右易位。"云易右者，皆據《傳》"逢丑父爲右"文。《讀本》："自居公處，以誘敵而逃公。"

將及華泉，

〔注〕京相璠云："華泉，華不注山下泉水也。"《水經·濟水注》。

〔疏證〕杜無注。《水經注》："華不注山下有華泉，即華水也。北絶聽瀆二十里，注於濟。"又引傳文及京相説，《魏書·地形志》"濟南郡歷城"《注》："有黄臺、華不注山、華泉。"則華泉亦屬今歷城境。《傳》以下頃公"如華泉取飲"，明所止之地。

驂絓於木而止。

〔疏證〕《齊世家》"驂"作"車"。《正義》："絓，止也，有所礙也。"杜《注》："驂，馬絓也。"疑有奪誤①。

丑父寢於轏中，

〔疏證〕洪亮吉云："《説文》：'竹木之車曰棧。'《字林》曰：'卧車也。'按：'轏'當爲'棧'。杜《注》：'轏，士車。'蓋取《周禮·巾車》'士乘棧車'之義，非本訓也。《詩》'有棧之車'，《傳》曰：'棧車，役車也。'亦與《説文》義通。"按：洪説是也。齊侯兵車已止，故改乘棧車而走，取其輕速，此車亦佐車之類。

---

① 科學本注：原稿眉批："驂絓當考。"

蛇出於其下，以肱擊之①，

傷而匿之，故不能推車而及。

〔疏證〕顧炎武云：“在軍中不敢言病，故匿其傷。”沈欽韓云：“御車非右之事，云‘不能推車’者，即上文鄭丘緩所云‘苟有險，余必下推車’者，蓋御者止執策循軌。其險阻陷輪，則須勇力之士扶輪，故樂鍼爲右，掀公出淖。《周禮·旅賁氏》：‘掌執戈盾，夾王車而趨，左右各八人，車止則持輪。’《宋史·輿服志》：‘大駕有持輪將軍，皆以助推車者也。’杜《注》：‘爲韓厥所及。’”

韓厥執縶馬前，

〔疏證〕《説文》：“馽，馬絆也。”引《傳》作“韓厥執馽前”，“讀若輒。縶，馽或從系執聲”。臧琳云：“古文《左氏》本作‘韓厥執馽前’，‘馽’即‘縶’正字，今本訛爲‘馬’。又別出‘縶’字，‘縶’當爲衍文。”按：臧説是也。段玉裁亦謂：“古本作‘執馽前’，改易誤衍耳。”錢坫説同。朱駿聲云：“與襄二十五年‘子展執縶而見’同，加‘馬’字則不詞。”杜《注》：“執之，示修臣僕之禮。”《齊世家》：“晉小將韓厥伏齊侯車前。”

再拜稽首，奉觴加璧以進，

〔注〕服云：“《司馬法》：‘其有殞命，以行禮，如會所用儀也。若殞命，則左結旗，司馬授飲，右持苞壺，左承飲以進。’”

〔疏證〕杜《注》：“進觴璧，亦以示敬。”《疏》：“蓋古者有此禮。彼雖敗績，猶是國君，故戰勝之將，示之以臣禮事之，不忍即加屈辱，所以申貴賤之義。《晉語》云：‘靡筓之役，郤獻子伐齊。齊侯來，獻之以得殞命之禮也。’服虔引《司馬法》云云，杜不引之者，蓋彼此不甚相當故也。”《疏》所引，蓋服氏《外傳注》。《疏》亦用服説，以爲殞命之禮，以杜不同，故斥其不甚相當。彼《傳》韋《注》：“伐國獲君，若秦獲晉惠，是爲殞命。”杜不用服説者，以齊頃公未被獲，與晉惠之已獲者不同。然詳《外傳》，齊來獻之，則敵國君在軍而敗，無論已獲、未獲，皆當殞命之禮。知者，襄二十五年鄭公孫舍之帥師入陳，《傳》曰：“陳侯免，擁社。子展執縶而見，再拜稽首，承飲而進獻。”彼《傳》無獲陳侯文。子展之見陳侯禮，如韓厥之見齊侯，唯無璧，文不具耳。沈欽韓云：“古之軍禮

---

① 科學本注：原稿眉批：“肱詁。”擬而未作也。

想當如此。"是也。李貽德云："言'如會所用儀'者，《晉語注》亦引《司馬法》曰：'其有殞命，行禮如會所，爭義不爭利也。'若'殞命'以下，言所用儀，《曲禮》'武車綏旌'《注》：'盡飾也。武車，亦兵車。'今以殞命，不必盡飾，故結旗。司馬，即《周禮》之軍司馬、輿司馬，在列國，則《晉語》云中軍司馬、上車司馬也。飲者，《周禮·膳夫注》曰：'酒漿也。'《曲禮注》：'苞苴，或以竹、或以葦。'《釋文》：'苞，裹也。'《周禮·挈壺氏注》：'壺所以承飲，言持苞裹之壺以進。'"壽曾謂：韓厥職爲軍司馬，則授飲是其職，蓋右手持壺，左手持觴注酒。故云："右持苞壺，左承飲以進。"李説未晰。

曰："寡君使群臣爲魯、衛請，曰：

〔疏證〕《齊世家》："寡君使臣救魯、衛。"

"'無令輿師陷入君地。'

〔疏證〕通行本"帥"作"師"，從《石經》。李富孫云："按：上《釋文》云：'師，如字，一音所類反。'《地官注》：'師之言帥也。'義通。"《魯語》："敢犒輿師。"《注》："輿，衆也。"

"下臣不幸，屬當戎行，

〔疏證〕《晉語注》："屬，適也。"

"無所逃隱。

"且懼奔辟，

〔疏證〕《釋文》："辟，音避。服氏，扶赤反。"此服虔音之文，然漢人無翻切，當是讀如例。陸氏改之。李貽德云："此辟讀闢，《周禮·閽人》：'則爲之闢。'《釋文》：'闢，本又作辟，避也。'"按：李説是也，所引乃《周禮釋文》。服氏音存義止，不列爲《注》。

"而忝兩君。

〔疏證〕杜《注》："若奔辟，則爲辱晉君，并爲齊侯羞，故言二君。"

"臣辱戎士，敢告不敏，攝官承乏。"

〔疏證〕《檀弓》："冉子攝束帛乘馬而將之。"《注》："攝，猶貸也。"

攝官承乏，謂以戎士行殞命禮。杜《注》："言欲以己不敏，攝承空乏，從君俱還。"非《傳》義。

丑父使公下，如華泉取飲。

〔疏證〕《齊世家》："丑父使頃公下取飲。"

鄭周父御佐車，

〔疏證〕杜《注》："佐車，副車。"《疏》無説。《檀弓注》[①]："朝祀之副曰貳，戎車之貳曰佐。"彼《疏》云："案：《周禮》：'戎僕掌倅車之政，道僕掌貳車之政，田僕掌佐車之政。'則戎車之貳曰'倅'。此云'佐'者，《周禮》相對爲文有異，若散而言之，則田獵兵戎俱是武事，故同稱'佐車'。《少儀注》：'戎獵之副曰佐。'是也。"熊氏以爲此皆諸侯法，據彼《疏》説，則佐車即戎僕之倅車。

宛茷爲右，

載齊侯以免。

〔疏證〕《齊世家》："頃公因得亡，脱去，入其軍。"

韓厥獻丑父，郤獻子將戮之，

〔疏證〕《年表》："齊頃公十年，晉虜逢丑父。"《齊世家》："晉郤克欲殺丑父。"

呼曰："自今無有代其君任患者，有一於此，將爲戮乎?"

〔疏證〕《齊世家》："丑父曰：'代君死而見僇，後人臣無忠其君者矣。'"按有一於此，言尚有一人能如此也。

郤子曰："人不難以死免其君，我戮之，不祥。赦之，以勸事君者。"乃免之。

〔疏證〕《齊世家》："克舍之，丑父遂得亡歸齊。"

齊侯免，求丑父，三入三出。每出，齊師以帥退。入于狄卒，

---

① 科學本注：佐車授綏句。

〔疏證〕杜《注》："三入晉軍求之。齊師大敗，皆有退心，故齊侯輕出其衆，以帥厲退者，遂迸入狄卒。狄卒者，狄人從晉討齊者。"本《疏》云："劉炫以齊侯三入齊軍，又三出齊軍，以求丑父。每出之時，齊之將帥敗而怖懼，以師而退，不待齊侯，致使齊侯入於狄卒。今知不然者，以傳文三入在前，三出在後。若用此説，齊侯先在晉軍，今入齊軍，得以三入在前。今齊侯既先在齊軍，欲出求丑父，應先出後入，不應先入後出。且初時二出，容有二入，在後之出，遂入狄卒，有出無入，何得云三入？又以傳文師、帥兩字分明，故杜以爲齊侯每出齊，即以帥①厲退者，每出之文，別自爲義，不計上之三出。劉君不達此旨，妄規杜失，非也。"王引之《經義雜記》云："三入三出，當從劉光伯説。齊侯本在陳與晉戰，因敗而下如華泉取飲以免，此一入齊軍也。丑父不可得，而仍入於齊，方入而又出求之，此二入二出也。丑父終不可得，故三入齊軍，然必欲求免之，因三出齊軍，而忽誤入於狄卒，遂不得復入矣。劉氏三入三出，一主齊軍言之，既於傳文爲順，而出入之數又合。若杜以爲三入晉軍，則第三次入晉軍，即入於狄卒，不得復出，止有二出矣。若謂入於狄卒之前已有三出，則當有四入矣。孔氏不知杜《注》之失，反誤解劉説爲二入三出，因爲杜《注》作疏故也。又據劉光伯説，則下《傳》本作'齊帥以師退'，言齊之帥以衆兵退也。杜改作'齊師以帥退'，則權不在元帥，而在士卒矣。"沈欽韓云："按：劉説是也。齊侯破膽之後，豈敢復入晉軍？晉軍方憤於丑父之紿，既入其軍，豈肯輕縱如狄、衛之容情乎？劉氏所解皆明通，遠過杜預。"按王、沈説皆申炫説甚諦。

狄卒皆抽戈、楯冒之。以入于衛師，衛師免之。

〔疏證〕杜《注》："狄、衛畏齊之强，故不敢害齊侯，皆共免護之。"沈欽韓云："《説文》：'覓，突前也。'《一切經音義》引賈逵《周語注》：'覓没，猶輕觸也。'沿作冒。韋昭《注》：'冒，抵觸也。'狄與齊無素，故以戈楯抵觸之。齊侯乃逸入衛師也。冒，《釋文》音亡報反，非也。"

遂自徐關入。

〔疏證〕通行本"徐"作"齊"，誤，從宋本。《校勘記》云："按：作'徐'即《十七年傳》云'國佐以穀畔，齊侯與之盟于徐關'。作'齊'非

---

① 林按：底本引孔《疏》內容稍有出入，據《十三經注疏》改正。

也。"沈欽韓云:"《一統志》:'徐關在濟南府淄川縣西。'"

齊侯見保者,曰:

〔疏證〕保者,杜無注。《淮南子‧説山訓》云:"保者不敢畜噬狗。"《注》:"保,城郭居也。保饒人也。""饒"疑"境"之誤。

"勉之!齊師敗矣。"

辟女子。

〔疏證〕杜《注》:"使辟君也。齊侯單還,故婦人不辟之。"《御覽》二百二引《注》"不辟之"作"不知之也"。疑杜用舊注。惠棟云:"下云乃奔,則辟當讀爲趨,與五年'伯宗辟重'同。《周禮‧大司寇》云:'使其屬趨。'康成曰:'故書趨作避。杜子春云:"避當作辟。"玄謂趨,止行也。'古趨字有作辟,杜《注》訓爲避,非也。"洪亮吉云:"按:辟讀作闢。《孟子》:'行辟人。'趙岐《注》:'辟除人,使卑辟尊也。'"沈欽韓云:"按:文不必讀爲蹕。《鄉士》云:'爲之前趨爲辟。'《朝士》:'以鞭呼趨且辟。'是辟有辟止行人義也。《釋文》'音避',非。"文淇案:《釋文》:"一音扶赤反。"是有闢音。

女子曰:"君免乎?"曰:"免矣。"

曰:"鋭司徒免乎?"曰:"免矣。"

〔疏證〕杜《注》:"鋭,司徒主鋭兵者。"杜意以鋭爲選降之兵。沈欽韓云:"《尚書‧顧命正義》:'鄭云:"鋭,矛屬。"'"孫星衍《書疏》云:"鋭,當從《説文》作鈗,云'侍臣所執兵也。《周書》曰:"一人冕,執鈗。"讀若允。'"

曰:"茍君與吾父免矣,可若何?"

〔疏證〕通行本"何"作"乎",從宋本。杜《注》:"言餘人不可復如何。"

乃奔。

齊侯以爲有禮。

既而問之,辟司徒之妻也。

〔疏證〕杜《注》："辟司徒，主壘壁也。"沈欽韓云："如漢大將軍下有軍司空官。《淮南·兵略訓》：'處軍輯、井竈通，此司空之官也。'"

與^①之石窌。

〔疏證〕《郡國志》："濟北國盧。"《注》："成二年封銳司徒女石窌。"杜《注》："石窌，邑名。濟北盧縣東有地名石窌。"與劉昭説同。沈欽韓云："《元和志》：'石窌故城在齊州長清縣南四十里。'"案：長清縣今屬濟南府。

晉師從齊師，

入自丘輿。

〔疏證〕《御覽》七百五十七引作"丘舉"。杜《注》并下"馬陘^②"皆以爲齊邑。顧炎武《日知録》云："成公二年，'晉師入自丘輿'，《注》云：'齊邑。'三年，鄭師禦晉，'敗諸丘輿'，《注》云：'鄭地。'哀十四年，'阮氏葬諸丘輿'，又是魯地。是三丘輿爲三國地也。"顧棟高云："丘輿當在今山東青州府治益都縣界。"沈欽韓云："《一統志》：'在沂州府費縣西。'按：與司馬牛葬丘輿者同。"案：顧説是也。丘輿、馬陘并在益都之西，詳下《疏證》。費縣西之丘輿是魯地，去益都二百餘里。沈説非。

擊馬陘。

〔注〕賈云："馬陘，齊地也。"《齊世家集解》。

〔疏證〕《齊世家》："於是晉軍追齊至馬陵。"《集解》："徐廣曰：'一作"陘"。'"下引賈《注》，則賈本作"陘"。梁履繩云："高士奇以地有二名。愚謂陘、陵聲近而譌。馬陵自是衛地，見七年。"案：賈以馬陘爲齊地，則上丘輿當亦云齊地，杜用賈義也。洪亮吉云："于欽《齊乘》：'馬陵一作馬陘。'虞喜《志林》：'馬陵在濮州鄄城縣東北六十里。'今考華泉、徐關并在齊州，與馬陵爲近，當是此矣。"洪氏謂馬陘在齊州，以駁《志林》濮州之説。濮，乃衛地也。沈欽韓云："《水經注》：'淄水逕萊蕪谷又北逕馬陵。'俗名長谷道。《一統志》：'長峪在青州府西南，亦名馬陘，

---

① 林按："與"，楊本作"予"。
② 林按：劉氏原稿作"陘"，據《左傳正義》回改。

亦名夆中峪，亦名萊蕪谷。’”顧棟高云：“馬陘在益都縣西南。”

齊侯使賓媚人賂以紀甗、玉磬與地。

〔疏證〕杜《注》：“媚人，國佐也。”《疏》云：“《經》書‘齊侯使國佐如師’，故知賓媚人即國佐也。杜《譜》云：‘國佐，賓媚人，武子，三事互見於經傳，不知賓媚人是何等名號也。’”按：國佐，齊卿，據《環人》“訟敵國”《注》引“國佐如師”，則賓媚人必齊國使命之官，國佐以卿攝行也。杜又云：“甗，玉甑，皆滅紀所得。”《疏》云：“‘下云子得其國寶。’知甗亦以玉為之。傳文‘玉’在‘甗’‘磬’之間，明二者皆是玉也。”洪亮吉云：“《説文》：‘甗，甑也。一曰穿也。’鄭眾注《考工記》云：‘甗，無底甑。’按：杜《注》：‘甗，玉甑。’非是。《正義》申杜更非。且《竹書紀年》明言紀公之甗，則非玉可知。”《齊世家》：“齊侯請以寶器謝。”

“不可，則聽客之所為。”

〔疏證〕此齊侯命使之詞。

賓媚人致賂。

晉人不可，

曰：“必以蕭同叔子為質。

〔注〕賈云：“蕭，附庸，子姓。”《齊世家集解》。干寶説：“蕭同叔子，惠公之妾，頃公之母。”《搜神記》。

〔疏證〕《齊世家》：“必得笑克者蕭桐叔子。”《晉世家》：“郤克曰：‘必得蕭桐姪子為質。’”字并作“桐”，或《左氏》異文。《晉世家》作“姪子”，據二《傳》。杜不釋“蕭”。馬宗璉云：“賈《注》：‘蕭，附庸，子姓。’當謂蕭，宋之附庸，與宋同姓。蕭叔大心即蕭之先，附庸蓋以叔為稱，蕭叔朝公是也。”按：馬説是也。《帝王世紀》：“周封子姓之別為附庸也。”亦與賈説合。洪亮吉云：“按：今徐州蕭縣，古蕭叔之國。干寶説據《傳》‘寡君之母’文。”杜《注》：“同叔，蕭君之子，齊侯外祖父。子，女也。難斥言其母，故遠言之。”

“而使齊之封内盡東其畝。”

〔注〕服云：“欲令齊隴畝東行。”《齊世家集解》。

〔疏證〕杜《注》："使輦畝東西行。"用服義，服無"西"字。朱鶴齡云："'西'字衍文。"《校勘記》云："《注》謂作由西達東之路耳。"文淇案：《韓子·外儲説》："晉文公伐衛，東其畝。"《吕覽·簡選篇》："晉文公造五兩之士五乘，鋭卒千人，先以接敵，諸侯莫之能難。反鄭之埤，東衛之畝。"高《注》："反，覆。覆鄭城埤而取之，使衛耕者皆東畝，以遂晉兵也。與此正相似。"壽曾謂：據高誘義，則服《注》無"西"字，杜不達服義，增之。陳奂《信南山詩疏》引《韓非》《吕覽》説釋之云："齊、衛皆在晉東，故晉使東畝。"與服義合。《齊世家》："令齊東畝。"《索隱》云："隴畝東行，則晉車馬東向齊行易也。"亦據服義。

對曰："蕭同叔子非他，寡君之母也。

"若以匹敵，則亦晉君之母也。

〔疏證〕《齊世家》："對曰：'叔子，齊君母。齊君母亦猶晉君母，子安置之？'"杜不注"匹敵"。《廣雅·釋詁》："黨、敵、儷，匹也。"王念孫云："《方言》：'臺，敵匹也。敵，耦也。'《爾雅》：'儲、敵，匹也。'郭璞《注》云：'儷，猶儔也。'成二年，《左傳》云：'若以匹敵。'"

"吾子布大命於諸侯，

"而曰必質其母以爲信，其若王命何？

"且是以不孝令也。

"《詩》曰：'孝子不匱，永錫爾類。'

〔疏證〕《大雅·既醉》文。《傳》初引於隱元年，已釋於彼年《疏證》。杜《注》："言孝心不乏者，又能以孝道長賜其志類。"即用鄭《箋》"長以與女之族類"義。

"若以不孝令於諸侯，其無乃非德類也乎？

〔疏證〕《讀本》："非德類者，不能以孝道錫同類也。"

"先王疆理天下，

〔疏證〕《大司徒》："制其畿疆，而溝封之。"《注》："疆，猶界也。《春秋》曰：'吾子疆理天下。'"《疏》："彼《傳》云：'先王疆理天下。'又云：'吾子疆理諸侯。'不同者，鄭以意言之，非正文也。"洪亮吉云："鄭

《注》蓋涉下文而誤。”壽曾謂：據鄭君義，疆理猶界理。《後漢書·史弼傳》：“先王疆理天下，畫界分境。”《注》引《左傳》“先王疆理天下”，蓋舊説疆理謂畫界分境也。杜《注》：“疆，界也；理，正也。”

“物土之宜，而布其利。

〔疏證〕杜《注》：“物土之宜，播殖之物，各從土宜。”顧炎武引陸桀説曰：“如《昭三十二年傳》‘物土方’之物，謂相土之所宜。”惠棟云：“物讀如《既夕禮》‘冢人物土’之物，鄭《注》：‘物，猶相也。’《大司徒職》云：‘以土宜之法，辨十有二土之名物。’《周書·大聚》曰：‘因其土宜，以爲民資。’”

“故《詩》曰：‘我疆我理，南東其畝。’

〔疏證〕《小雅·信南山》文。《傳》釋“南東其畝”云：“或南或東。”杜《注》：“或南或東，從其土宜。”用毛義。《疏》不説“南東”。陳奐《詩疏》云：“或南或東者，或之爲有也。或南者，有南其畝者也；或東者，有東其畝者也。程瑶田《通藝録·阡陌考》云：‘阡陌，田間之道也。訓故家釋阡陌者皆言南北曰阡，東西曰陌，惟應劭《風俗通》具二義，曰：“南北曰阡，東西曰陌；河東以東西爲阡，南北爲陌。”諒哉應氏之説，得古人物土宜之義矣。天下之川皆東流，故川橫則澮縱，洫又橫，溝又縱，遂又橫，遂橫者其畎必縱，而畝陳於東。是故東畝者，天下之大勢也，遂上有徑，當百畝之間，故謂之陌。其徑東西行，故曰東西曰陌也。遂上之徑東西行，則溝上之畛必南北行，畛當千畝之間，故謂之阡，而曰南北曰阡也。然則南北曰阡，東西曰陌，此阡陌之通義，以其義出於東畝。然有東畝者，亦有南畝者。天下之川，大勢雖皆東流，而河東之川獨南流。河爲川之大者，而或南流，則其畝必南陳，而爲南畝矣。南畝畎橫，則遂縱，徑亦縱，而爲南北行，豈不南北爲陌乎？溝橫，畛亦橫，而爲東西行，豈不東西爲阡乎？由是洫又縱，澮又橫，而川則縱而南流矣。河東之川，天下之大川也，而獨南流，故特舉之。以爲東西爲阡，南北爲陌，必具二義，而不知者，乃是此非彼，蓋亦勿思矣。河至大伾又北流，則畫畝之法，與河東川之南流者，同爲南畝，而晉人乃欲齊之境内盡東其畝，此賓媚人所以有無顧土宜之斥也。’奐案：《詩》云：‘畝有南東。’則阡陌亦必南東。程説足以證三代定畝之至意。天下之川，東西流者，畝必東；南北流者，畝必南，其大較也。河東之川南流，豳、岐、豐、鎬，在大河之西，其川與河東之川同是南流，其畝必南陳，故《七月》

《甫田》《大田》《載芟》《良耜》等篇皆云‘南畝’。此篇言‘疆理天下’，故云南東畝，是立文之義矣。”按：如程、陳說，則齊在大河之東，其田并是南畝，蓋以東西爲阡，南北爲陌矣。《傳》引《信南山》，亦明齊畝必南陳義。

“今吾子疆理諸侯，而曰‘盡東其畝’而已，

“唯吾子戎車是利，

〔疏證〕杜《注》：“晉之伐齊，循壟東行易。”

“無顧土宜，

〔疏證〕土宜，即物土之宜，謂川、澮、洫、溝、遂、畎之宜也。

“其無乃非先王之命也乎？

“反先王則不義，何以爲盟主？

“其晉實有闕。

〔疏證〕《齊語注》：“闕，失也。”杜用韋義。

“四王之王也，

〔疏證〕杜《注》：“禹、湯、文、武。”據下“五伯”《注》，則此亦服義。按：四王兼舉文、武，與古說不同。《白虎通·號篇》：“三王者，何謂也？夏、殷、周也。《詩》云：‘命此文王，于周于京。’此改號爲周，易邑爲京也。”《風俗通·皇霸篇》：“《禮號謚紀》説：‘夏禹、殷湯、周武王是三王也。’《尚書》説：‘文王作罰，刑兹無赦。’《詩》説：‘有命自天，命此文王。文王受命，有此武功。儀刑文王，萬邦作孚。’《春秋》説：‘王者孰謂？謂文王也。’謹案：《易》稱：‘湯、武革命。’《尚書》：‘武王戎車三百兩，虎賁八百人，擒紂于牧之野。惟十有三祀，王訪于箕子。’《詩》云：‘亮彼武王，襲伐大商。勝殷遏劉，耆定武功。’由是言之，武王審矣。《論語》：‘文王率殷之叛國，以服事殷。’時尚臣屬，何緣便得列三王哉？《經》美文王三分天下有其二，王業始兆于此耳。”則舊說三王，或列文王，或列武王。應氏則據《禮緯》釋以爲當列武王，其四王兼列文、武之義無考。

“樹德而濟同欲焉；

〔疏證〕《淮南子》“□□”①《注》：“樹，立也。”杜用韋義，又云：
“濟，成也。”

“五伯之霸也，

〔注〕服虔云：“五伯謂夏伯昆吾，商伯大彭、豕韋，周伯齊桓、晉文
也。”《詩譜疏》。

〔疏證〕杜用服義。案：服知五伯爲昆吾、大彭、豕韋、齊桓、晉文
者，據《鄭語》“昆吾爲夏伯矣，大彭、豕韋爲商伯矣”爲説。彼《注》
云：“昆吾，祝融之孫，陸終第一子，名樊，爲己姓，封于昆吾。昆吾，
衛是也。其後夏衰，昆吾爲夏伯，遷于舊許。昭十二年《左傳》云‘楚
之皇祖伯父昆吾，舊許是宅’是也。陸終第三子曰籛，爲彭姓，封于大
彭，謂之彭祖，彭城是也。豕韋，彭姓之別，封于豕韋者也。殷衰，二國
相繼爲商伯。”《外傳》明伯始于夏、商，爲春秋以前之三伯。其以齊桓、
晉文通爲五伯，亦不始于服氏。知者，《白虎通·號篇》：“五霸者，何謂
也？昆吾氏、大彭氏、豕韋氏、齊桓公、晉文公是也。昔三王之道衰，五
霸存其政，帥諸侯朝天子，正天下之化，興復中國，攘除夷狄，故謂之霸
也。昔昆吾氏，霸于夏者也。大彭、豕韋，霸于殷者也。齊桓、晉文，霸
于周者也。”《白虎通》多采《公羊》家言，言五霸數昆吾、大彭、豕韋，
與《外傳》合，則《左氏》與《公羊》誼同。然又云：“或曰：‘五霸謂齊
桓公、晉文公、秦穆公、楚莊王、吳王闔廬也。’或曰：‘五霸謂齊桓公、
晉文公、秦穆公、宋襄公、楚莊王也。’”《風俗通·皇霸篇》：“《春秋》
説，齊桓、晉文、秦繆、宋襄、楚莊是五霸也。”與《白虎通》末一説同。
其云《春秋》，以《外傳》證之，必非《左氏》義。《孟子》：“五伯，三
王之罪人也。”趙岐《注》亦據《白虎通》末一説。顧炎武《日知録》云：
“五伯之稱有二，有三代之五伯，有春秋之五霸。據國佐對晉人言，其時
楚莊之卒甫二年，不當遂列爲五，亦不當繼此無伯而定于五也，其通指
三代無疑。《國語》：‘昆吾爲夏伯，大彭、豕韋爲商伯。’《莊子》：‘彭祖
得之，上及有虞，下及五伯。’是知國佐以前有五伯之名久矣。若《孟子》
所稱五伯，而以桓公爲盛，則止就東周以後言之。如嚴安所謂‘周之衰亦
三百餘年，而五伯更起’者也。”詳顧氏説，則五伯之稱，與時回易也。

《風俗通》雖引《春秋》説，以齊桓、晉文、秦繆、宋襄、楚莊爲五
霸，而駁之云：“謹案：《春秋左氏傳》，夏后太康，娛於耽樂，不循民事，

---

① 科學本注：原稿闕文。林按：經查，當作“本經訓”。

諸侯僭差，於是昆吾氏乃爲盟主，誅不從命，以尊王室。及殷之衰也，大彭氏、豕韋氏復續其緒，所謂王道廢而霸業興者也。齊桓九合一匡，率成王室，責彊楚之罪，復青茅之貢。晉文爲踐土之會，修朝聘之禮，納襄冠帶，翼戴天子。孔子稱‘民到于今受其賜’，又曰：‘齊桓正而不譎，晉文譎而不正。’至于三國，既無歡譽一言，而穆公受鄭甘言，置戍而去，違黃髮之計，而遇殽之敗，殺賢臣百里奚，以子車氏爲殉，《詩·黄鳥》之所爲作也，故諡曰‘繆’；襄公不度德量力，慕名而不綜實，六鶂五石先著其異，覆軍殘身，終爲僇笑；莊王僭號，自下摩上，觀兵京師，問鼎輕重，恃彊肆忿，幾亡宋國，易子析骸，厥禍亦巨：皆無興微繼絶、尊事王室之功。世之紀事者不詳察本末，至書於竹帛，同之伯功，或誤後生，豈不暗乎？”應劭説五伯與服《注》同，以劭攷《春秋》説，故備列其辭，以明所攷非《左氏》義。應説甚辨，然不若顧氏三代春秋各有五伯之説爲確。《吕覽·先己篇》：“五霸先事而後兵。”《注》同服説。此三代之五伯也，其《當務篇》“六王五霸”《注》則云：“齊桓、晉文、秦穆、宋襄、楚莊也。”以承六王爲文，故舉《春秋》之五霸説之，言各有當，不嫌歧出。其《白虎通》中一説，退宋襄而進闔廬。《荀子·王霸篇》又退秦穆而進句踐。知春秋、戰國五霸，又自異説。無關《傳》義，乃不備《疏》。

“勤而撫之，以役王命。

〔疏證〕《吕覽》高《注》：“役，事也。”

“今吾子求合諸侯，以逞無疆之欲，

〔疏證〕杜《注》：“疆，竟也。”

“《詩》曰：‘布政優優，百祿是遒。’

〔疏證〕《商頌·長發》文。《校勘記》云：“《詩》作‘敷政’。鄭玄《儀禮注》云：‘今文“布”作“敷”。’”然則今文作“敷”，古文作“布”。《傳》：“優優，和也；遒，聚也。”陳奐《詩疏》云：“優優，和。《爾雅·釋訓》文：‘遒讀爲揫。’《説文》引《詩》作‘揫’，云‘束也’。《爾雅》：‘揫，聚也。’揫即揫。《破斧箋》：‘遒，斂也。’斂亦聚也。”杜《注》用毛義。本《疏》：“《詩·商頌》，成湯布政優優然而寬，故百種福祿於是聚歸之。”

"子實不優，而棄百祿，諸侯何害焉？

〔疏證〕質其母，束其畝，皆非優和之政。杜《注》："言不能爲諸侯害。"

"不然，

"寡君之命使臣，則有辭矣，

"曰：'子以君師辱於敝邑，不腆敝賦，以犒從者。

〔疏證〕杜《注》："戰而曰犒，爲孫辭。"按：僖二十六年，"公使展喜犒師"，服《注》："以師枯槁，故饋之飲食。"本《疏》："士卒之勞於外，師衆枯槁，以酒食勞之。"則此《傳》"犒從者"，舊說亦謂因枯槁而饋食，故《疏》云然也。

"'畏君之震，師徒橈敗。

〔疏證〕杜《注》："震，動。橈，曲也。"洪亮吉云："《漢書·高帝紀》：'與酈食其謀橈楚權。'服虔云：'橈，弱也。'服虔注此《傳》當亦同。杜訓曲，似迂遠。"文淇案：《長發》："有震且業。"《箋》云："震，猶盛也。《春秋傳》曰：'畏君之震，師徒橈敗。'"《釋文》："橈，女教反，一音女卯反。亂也。"此當是《左氏》舊說，杜訓"震"爲"動"，訓"橈"爲"曲"，非。

"'吾子惠徼齊國之福，不泯其社稷，使繼舊好，

"'唯是先君之敝器、土地不敢愛。

"'子又不許，

"'請收合餘燼，

〔疏證〕杜《注》："燼，火餘木。"洪亮吉云："《說文》：'聿，火餘也。一曰薪也，從火聿聲。'杜《注》增一'木'字，即與訓詁之義乖。《玉篇》：'燼同聿。'"文淇案：《吳語》："安受其燼。"《注》："燼，餘也。"蓋燼爲火餘，省言之，即訓"燼"爲"餘"。

"'背城借一。

〔疏證〕杜《注》："欲於城下，復借一戰。"案：禦敵兵於城下，故曰背城。《北周書·武帝紀》：“建始五年，詔曰：‘收合餘燼，背城抗敵。’”

“‘敝邑之幸，亦云從也；況其不幸，敢不唯命是聽。’”

〔疏證〕杜《注》：“言完全之時，尚不敢違晉。今若不幸，則從命。”《疏》云：“劉炫以為齊人請戰，言敝邑脫或有幸戰勝，亦云從也。”沈欽韓云：“按：方舉戰事，不得遠言平昔完全。”顧炎武云：“言即幸而勝，亦從晉命，況於不幸。”邵瑛云：“言即幸而勝，亦從晉命，都是虛縣未然之事。”文淇案：炫説是也。《昭十八年傳》：“子產對晉邊吏曰：‘幸而不亡，猶可説也。不幸而亡，君雖憂之，亦無及也。’”語意相類。

魯、衛諫曰：

〔疏證〕杜《注》：“諫郤克也。”

“齊疾我矣！其死亡者，皆親暱也。

“子若不許，讎我必甚。唯子，則又何求？

“子得其國寶，

“我亦得地，

〔疏證〕杜《注》：“齊歸所侵。”按：齊取魯龍，侵曹丘，云“得地”，當指此。惟衛未失地，蓋統言之。

“而紓於難，

〔疏證〕①

“其榮多矣！

“齊、晉亦唯天所授，豈必晉？”晉人許之，

對曰：“群臣帥賦輿，

〔疏證〕杜言：“賦輿，猶兵車。”

“以爲魯、衛請。

———

① 科學本注：原稿闕文，眉批：“紓詁。”

"若苟有以藉口而復於寡君,

〔注〕服云:"今河南俗語:'治生求利,少有所得。'皆言可用藉手矣。"本《疏》。

〔疏證〕杜《注》:"藉,薦也。"不用服説。洪亮吉云:"杜訓'薦',反回遠。"沈欽韓云:"藉,借也。杜解'藉,薦',迂遠。"沈訓"藉"爲"借",用服義,洪亦據服駁杜。本《疏》言:"無物則空口以爲報,少有所得,則與口爲藉。"釋服義也。《疏》兼存服義,故無駁。李貽德云:"服引俗語'藉手',以明藉口之義。"《禮記·曲禮》:"顧有復也。"《注》:"復,白也。"

"君之惠也。敢不唯命是聽?"

〔疏證〕此上皆國佐之詞也。《少儀》:"會同主詡。"《注》:"詡謂敏而有勇,若齊國佐。"《疏》云:"詡謂敏大言語,會同之時,貴在敏捷勇武自光大。《成二年傳》:齊、晉戰于鞌,齊國佐陳辭以拒晉師,是敏而有勇也。"國佐敏而有勇,鄭君當據古《左氏》説。

禽鄭自師逆公。

〔疏證〕杜《注》:"禽鄭,魯大夫。歸逆公會晉師。"

秋,七月,晉師及齊國佐盟于袁婁^①。

使齊人歸我汶陽之田。

〔疏證〕《齊世家》:"令反魯、衛之侵地。"衛地,《傳》失書。龍、曹丘當亦歸魯,《傳》不具。

公會晉師於上鄵^②。

〔疏證〕杜《注》:"上鄵,地闕。公會晉師不書,史闕。"高士奇云:"此齊、衛境上邑,或曰在陽穀縣。"按:陽穀屬山東兗州府。

賜三帥先路三命之服。

〔疏證〕杜《注》:"三帥,郤克、士燮、欒書。已嘗受王先路之賜,

今改而易新，并此車所建、所服之物。”《疏》云：“案《釋例》‘先路者，革路，若木路。或云先，或云次，蓋以就數爲差。其受之于王則稱大’者，鄭子蟜、叔孫穆子受之於王皆稱大，是也。革、木是卿大夫車之尊者，故云大路。金路是諸侯車之尊者，亦稱大。則定四年大路、大旂是也。玉路，天子車之尊者，亦稱大，故《顧命》云‘大路在賓階面’是也。”此光伯《述議》引《釋例》文，《釋例》謂“受之于王則稱大”，明不稱大者皆非王賜。《疏》又云：“劉炫以爲既言‘先路’，則是晉君之賜。杜云‘受王先路之賜’，非其義也。今知不然者，杜以穆叔、子蟜嘗受王路，故杜據而言之。《釋例》應云‘受王大路之賜’。言‘先路’者，順《傳》‘先路’之文故也。劉炫以爲嘗受晉君賜而規杜氏，非也。”“劉炫以爲”，“劉”字乃唐人所增，《釋例》未言受王先路之賜。《疏》駁劉説内《釋例》二字乃杜《注》之誤，《左傳舊疏考證》備論之。光伯《述議》即據《釋例》“受之於王稱大”駁此《注》“受王先路之賜”也。

沈欽韓云：“《尚書·顧命》《郊特牲》俱有先路、次路之文。鄭《注》：‘先路，象路。次路是象路之貳也。’《禮記疏》：‘先路亦殷路也，對次，故稱先也。’然此先路亦卿之正車，謂夏篆、夏縵之等。杜預云：‘嘗受王先路之賜，今改而易新。’是不曉先路之義，而妄爲説。按諸侯之卿車服，不必皆受於王，非有大功若士會、子蟜者，王亦不輕賜，故《傳》特著於彼以爲異數。今此三卿，何能同時受王賜？且計校於新舊乎？”沈謂先路，卿之正車，非賜於王，最諦。惟止言象路，義未備《襄十九年疏》云：“革路、木路，路之卑者，亦得稱大路者，以受王殊賜，皆舉其總名。若受之於君，或稱先，或稱次。”是受之于王，乃稱大。受之於君，則稱先、稱次也。此革路、木路亦可稱大路之證。朱駿聲云：“三帥賜先路，正與襄二十六年鄭賜子展同。”本《疏》云：“《周禮·典命》：‘公之孤四命，其卿三命，其大夫再命，其士一命。侯伯之卿、大夫、士亦如之。’此三帥皆卿也，本國三命，故魯賜以‘三命之服’。”又云：“言‘所建、所服之物’者，《周禮·巾車》：‘革路，建大白以即戎。’《司服》云：‘凡兵事，韋弁服。’《巾車》又云：‘木路建大麾以田。’《司服》又云：‘凡田，冠弁服。’然則此車所建或是大白、大麾，所服或是韋弁、冠弁。”

司馬、司空、輿帥、候正、亞旅皆受一命之服。

〔疏證〕杜《注》：“晉司馬、司空皆大夫，輿帥主兵車，候正主斥堠，亞旅亦大夫也。”《淮南子·兵略訓》：“夫論除謹，動静時，吏卒辨，兵甲治，正行伍，連什伯，明鼓旗，此尉之官也。前後知險易，見敵知難易，發斥不忘遺，此候之官也。隧路堙，行輴治，賦丈均，處軍輯，井竈通，此司空之官也。收藏於後，遷舍不離，無淫輿，無遺輴，此輿之官也。”高《注》：“軍尉，所以尉鎮衆也。發，有所見；斥，斥度候視也。軍候，候望者也。軍司空，補空修繕者。輿，衆也。候領輿衆，在軍之後者。”高氏《注》較杜爲詳，惟未釋輿帥①。《吕覽》不及司馬、亞旅，據高《注》以司空爲軍司空，則司馬亦軍司馬也。《周禮》大司馬之屬，有軍司馬，下大夫四人，職闕。《牧誓》：“亞旅師氏。”孔氏《傳》：“亞，次。旅，衆也。衆大夫其位次卿。”《疏》：“此及《左傳》皆卿下言亞旅，知是大夫，其位次卿而數衆，故以亞旅名官。”案：杜知司馬以下皆大夫者，以《傳》稱“一命之服”。《襄十九年傳》：“公享晉六卿于蒲圃，賜之三命之服。軍尉、司馬、司空、輿尉、候奄皆受一命之服。”與此《傳》言命數同。本《疏》云：“司馬、司空、輿帥、候正、亞旅，皆大夫。本國一命，故皆受一命之服，於卿言賜，於大夫言受，互相是也。《周禮》大夫再命，此司馬、司空等一命者，春秋之時，其事已異於《周禮》，故大夫一命。”

八月，宋文公卒，始厚葬，

〔疏證〕《宋世家》：“文公卒，子共公瑕立，始厚葬。”

用蜃、炭，

〔疏證〕《釋文》“蜃”作“蜄”。《月令注》：“大蛤曰蜃。”杜《注》：“燒蛤爲炭，以瘞壙。”《疏》云：“劉炫以爲用蜃炭者，用蜃復用炭。知不然者，杜以《傳》用蜃炭共文，故知燒蛤爲炭。劉君以爲用蜃復用炭而規杜氏，非也。”按《掌蜃》：“掌斂互物蜃物，以共闉壙之蜃。”《注》：“闉猶塞也。將并槨，先塞下以蜃，禦濕也。”鄭君不云燒蜃爲炭，惟《赤友氏》“以蜃炭攻之”，《注》：“蜃，大蛤也。擣其炭以坋之。”鄭君彼《注》以治牆屋搏而塈之，亦不謂燒。《吕覽·節喪篇》：“題湊之室，棺槨數襲，積石積炭，以環其外。”《注》：“石以其堅，炭以禦濕。”則古人葬禮自用炭，非燒蜃爲炭也。蜃炭、車馬相對爲文，炫説是也。《掌蜃注》又云：“鄭司農説《春秋傳》‘始用蜃炭’，言僭天子也。”《疏》：“引《春秋》者，是成公二年，‘宋文公卒，始厚葬，用蜃炭’。雖二王之後，不得純如天子

---

① 科學本注：原稿闕“帥”字。

亦用蜃，故被譏。引之者，證天子之宜也。”鄭衆謂用蜃炭爲天子禮，其説《左氏》亦當然。《疏》謂二王之後用蜃，亦是古《左氏》説。

益車、馬，

〔疏證〕杜《注》：“多埋車馬。”本《疏》：“《禮·檀弓記》曰：‘塗車芻靈，自古有之。’鄭玄云：‘芻靈，束茅爲人馬。謂之靈者，神之類也。’不解塗車，當是用泥爲車也。《傳》言‘益車馬’者，謂用此塗車茅馬，益多於常。”①

始用殉，

〔疏證〕閻若璩《尚書古文疏證》：“古未有以人從死者。有之，自秦始，乃戎法也。《秦本紀》曰：‘二十年，武公卒，初以人從死。’降及穆公，以三良爲殉。波及晉國，魏武子欲以嬖妾爲殉。至成公二年八月，宋文公卒，《書》曰‘始用殉’，蓋傷中國而亦然也。”

重器備。

〔疏證〕杜《注》：“重，猶多也。”本《疏》：“多爲明器也。《士喪禮》下篇陳明器云：‘用器：弓矢、耒耜、敦、杅、槃匜；役器：甲胄、干笮；燕器：杖、笠、翣。’其器有共用之器，有備禦之器，故言器備。”

槨有四阿，

〔疏證〕杜《注》：“四阿，四注槨也。”《疏》云：“《周禮·匠人》云：‘殷人四阿重屋。’鄭玄云：‘阿，棟也。四角設棟也，是爲四注槨也。’”《疏》蓋以屋制例槨之四阿，推今本鄭君《注》作“四阿若今四注屋”，與《疏》所引異。金鶚《禮説》云：“阿不可訓棟，棟在屋正中，不在四角，亦非可設棟也。”金氏止據《疏》引鄭《注》，未核原文，其謂阿非棟，是也。《疏》引鄭《注》有舛誤。

《疏》又云：“《士喪禮》下篇陳明器云‘抗木橫三縮二’，謂於槨之上設此木，從二橫三以負土，則士之槨上平也。今此槨上四注而下，則其上方而尖也。禮，天子槨題湊，諸侯不題湊，不題湊則無四阿。”《疏》謂天子槨題湊，據《喪大記》“君殯用輴，欑至于上，畢塗屋”文。沈欽韓云：“《檀弓》：‘天子柏槨，以端長六尺。’《注》：‘以端，題湊也。’《喪

---

① 科學本注：原稿眉批：“查《禮記》送葬車馬之數。”

大記注》：‘天子之殯，居棺以龍輴，欑木題湊象槨，上四注如屋以覆之，盡塗之。諸侯欑不題湊象槨。’《疏》云：‘題，頭也；湊，鄉也，謂以木頭相湊鄉内也。諸侯雖不象槨，亦中央高似屋形，但不爲四注。’按：彼論殯事，其實天子葬時用槨，亦如屋簷四垂，諸侯亦三面也。孔晁《逸周書》：‘廟四下曰阿。’按：《喪大記疏》：‘成二年《左傳》云“宋文公卒，槨有四阿”，是僭天子禮。’則槨有四阿，天子之制，《疏》以《禮》無明文，故舉殯禮之題湊例之。其舉《士喪》之抗木爲證，則非抗木無阿之名也。”沈氏説四阿以屋簷四垂爲喻，與鄭君“四注屋”説合，則四阿謂槨之蓋四垂也。金鶚《禮説》云：“天子之屋四隅，高起謂之四阿，槨象之。”非。

棺有翰、檜。

〔疏證〕杜《注》：“翰，旁飾；檜，上飾。”《疏》云：“《釋詁》云：‘楨、翰，幹也。’舍人曰：‘翰，所以當牆兩邊，障土者也。’翰在牆之旁，則知此翰亦在旁也。”按《廣雅·釋親》：“幹謂之脅。”王念孫云：“幹亦兩旁之名也。《史記·魯世家集解》引馬融《柴誓注》云：‘楨在前，幹在兩旁。’成二年《左傳》：‘棺有翰、檜。’杜《注》云：‘翰，旁飾。’義并與脅幹同。”《疏》又云：“《詩》云：‘會弁如星。’鄭玄云‘會謂弁之縫中’，言其際會之處也。會在弁之上，知此檜亦在上。”詳《疏》説，則傳文舊作“翰會”。杜釋“翰檜”，厪言“旁飾”“上飾”。其飾用何物，今無以考。

君子謂：“華元、樂舉，於是乎不臣。

〔疏證〕洪亮吉云：“王符《潛夫論》：‘華元、樂昌厚葬文公，《春秋》以爲不臣。’昌當作吕，以字近而誤。《魏志·文帝紀》又作樂莒。《宣二年傳》樂吕爲鄭所獲，不應尚存。或其時宋贖華元，樂吕亦同歸也。據此，則宣二年囚華元，獲樂吕。‘囚’‘獲’義皆互通。杜《注》似分囚爲生獲，獲爲死得，誤矣。”按《吕覽·安死篇》亦作“樂吕”，《宋世家》：“君子不譏華元不臣矣。”不及樂舉，文略。

“臣，治煩去惑者也，是以伏死而爭。

“今二子者，君生則縱其惑，

〔疏證〕杜《注》：“謂文十八年，殺母弟須。”

"死又益其侈，

"是棄君於惡也，

〔疏證〕《魏志》：“黃初二年，詔曰：‘宋公厚葬，君子以爲棄君於惡。’”用《傳》説，杜無注。《吕覽·安死篇》：“夫有所愛、所重，而令姦邪盜賊寇亂之人，卒必辱之，此孝子忠臣親父交友之大事。”當是《左氏》“棄君於惡”古義。又云：“故宋未亡而東冢抇，齊未亡而莊公冢抇。”《注》：“東冢，文公冢也。文公厚葬故冢被發也。冢在城東，因謂之東冢。”則盜發宋文公冢，容在《左氏》之前，故論其事以爲至戒。

"何臣之爲？"

〔疏證〕杜《注》：“若言何用爲臣。”《疏》云：“劉君以爲不成臣，與杜義無別。”邵瑛云：“劉君以爲不成臣，即上文所云‘君子謂華元、樂舉於是乎不臣’者也。大致同而異。”

九月，衛穆公卒，

晉三子自役弔焉，

哭於大門之外。

〔疏證〕杜《注》：“師還過衛，故因弔之。未復命，故不敢成禮。”《疏》云：“‘哭於大門之外’，謂大門外之西，東面。”又引沈氏云：“《雜記》：‘弔者即位於門西，東面，主孤西面。相者受命曰：孤某使請事。客曰：寡君使某，如何不淑。相者入告，出曰：孤某須矣。弔者入，主人升堂西面。弔者升自西階，東面致命。’此臣奉君命行弔之禮，今三子師行經衛竟，不敢成禮，故於大門之外。”《疏》謂門西，東面，即據《雜記》説。然此平常鄰國臣奉君命來弔之禮，不得爲此《傳》之證。沈文阿舊疏雖據《雜記》，然不謂三子即行此禮可知。舊注不援《雜記》門西東面爲説。

沈欽韓云：“此蓋臨葬前載柩南向時也。《既夕禮》：‘乃祖，婦人降即位于階間。’《疏》云：‘以柩還鄉外，階閒空，故婦人從堂上降在階。’又云：‘賓入者拜之，賓出，主人送於門外。’是賓來弔哭，猶入門東，東階下，其他國來者入門西，西階下也。據《士喪禮》，無事時，賓位繼外兄弟，在門外，北上。其朝夕哭位，‘主人堂下直東序，西面。兄弟皆即位，如外位。卿、大夫在主人之南，諸公門東，少進。他國之異爵者門西，少進’。《注》云：‘賓皆即此位，乃哭，盡哀，止。主人乃右還拜之，上言賓，此言卿、大夫，明其亦賓爾。少進，前於列。’今異國來哭，不就門西少進之位，其非禮可知。”按：沈據下“遂常以葬”文，謂在祖奠之時，最諦。其時賓尚有門内弔位，則不當哭於大門之外矣。

衛人逆之，

〔疏證〕杜《注》：“逆，於門外設喪位。”《疏》云：“謂大門外之東西面，各從賓主之位。”按：門外喪位，《禮經》無之，《傳》明變禮，《疏》稱門東西面，以平時賓初至之位而言。其實《傳》無明文，其位之所向無考。如沈欽韓説，則衛人因柩已祖奠，故就大門外行禮也。《檀弓》[①]：“曾子弔於負夏，主人既祖填池，推柩而反之，降婦人而後行禮，從者曰：‘禮與？’曾子曰：‘夫祖者，且也，且胡爲其不可以反宿也？’”據鄭君《注》，負夏即衛地，蓋衛人於既祖載受賓弔，久行門外設位之禮，主人疑其不安，故反柩以受弔。又載子游説，明反柩之非禮者，子游以祖門内，自有弔位。

婦人哭於門内。

〔疏證〕杜《注》：“喪位，婦人哭於堂，賓在門外，故移在門内。”《疏》云：“謂門内之西東面，以堂上在西東面故也。”又云：“《喪大記》云：‘君之喪，夫人坐於西方，内命婦、姑、姊、妹、子姓立于西方，外命婦率外宗哭於堂上北面。’又曰：‘婦人迎客、送客不下堂。’是‘喪位，婦人哭於堂’。”按：據《既夕禮》“婦人即位於階間”，與平時哭於堂不同，衛人變婦人立於庭，故云門内。

送亦如之。

〔疏證〕此謂賓退時婦人亦哭於門内也。《疏》謂送時位亦如之，非。

遂常以葬。

〔疏證〕杜《注》：“至葬行此禮。”《疏》云：“自此有鄰國弔者，常行此禮，以至於葬。”顧炎武云：“以葬禮有進無退。”皆謂自後平日受賓弔行此禮。沈欽韓云：“知此常爲祖載時，非始死及既殯後事者，以諸侯五月而葬。五月以内來弔哭者非一，不可盡在大門内行禮，惟祖廟正柩

---

① 林按：劉氏原作《曾子問》，據下文内容回改爲“檀弓”。

爲時無多，故得援晉人之例，亦因中庭陳器較陋故也。鄭注《既夕》云：
'其上士二廟，則既夕哭先葬前三日。'《疏》云：'以其一廟則一日期，二
廟則二日期，故葬前三日，中間容二日。若然，大夫三廟者葬前四日，諸
侯五廟者葬前六日，天子七廟者葬前八日，差次可知。'按：還柩外向爲
行始，當在祖廟最後一日者也。"按：沈説是也。《傳》謂"遂常以葬"，
明此謂既夕弔禮，故不云"遂常以弔"也。

楚之討陳夏氏也，

〔疏證〕《宣十一年經》："楚人殺陳夏徵舒。"

莊王欲納夏姬。

〔疏證〕宣十一年："楚子入陳之役，楚蓋以夏姬歸。"傳文不具。

申公巫臣曰：

"不可。君召諸侯，以討罪也。

"今納夏姬，貪其色也。

"貪色爲淫，淫爲大罰。

"《周書》曰'明德慎罰'，

〔疏證〕杜《注》："《周書·康誥》。"今本"明"上有"克"。《尚
書大傳》引子夏説，謂"三王錯刑遂罰"，非此《傳》引《書》之旨。疑
《傳》不據《康誥》文也。《周語》："先王之令有之，曰：'天道賞善而罰
淫。'"

"文王所以造周也。

〔疏證〕①

"明德，務崇之之謂也；慎罰，務去之之謂也。

〔疏證〕去之，謂遠於罰。

"若興諸侯，以取大罰，非慎之也。

---

① 科學本注：原稿闕文。眉批："造詰。"擬而未作。

“君其圖之！”王乃止。

子反欲取之，

巫臣曰：“是不祥人也。

“是夭子蠻，

〔疏證〕杜《注》：“子蠻，鄭靈公，夏姬之兄，殺死無後。”沈欽韓云：“杜預謂夏姬之兄鄭靈公。按：兄弟何與其事？子蠻當是先許嫁在御叔前者。《列女傳》無此句。”

“殺御叔，

〔疏證〕《楚語》：“昔陳公子夏爲御叔取於鄭穆公女，生子南。”《注》：“御叔，陳公子夏之子，靈公之從祖父，嬀姓也，爲御叔娶鄭穆公少妃姚子之女夏姬也。”

“弒靈侯，

〔疏證〕陳靈公爲徵舒所弒，而云夏姬弒之者。徵舒弒君，夏姬外淫激成之。

“戮夏南，

〔疏證〕夏南，夏徵舒也。《株林箋》：“徵舒，字子南。”《楚語注》以氏配字，謂之夏南。王引之《周秦名字解詁》：“徵、懲古字通。《詩·魯頌》：‘荆、舒是懲。’懲舒，蓋以時事名之也。如《定公八年傳》苦越名子曰‘陽州’之類。”案：舒在陳之南，王謂徵舒字南以此。

“出孔、儀，

〔疏證〕孔寧、儀行奔楚，故云出。

“喪陳國，

〔疏證〕據《宣十二年傳》：“楚已縣陳，而復封之。”故云喪陳國。

“何不祥如是？人生實難，其有不獲死乎？

“天下多美婦人，何必是？”

子反乃止。

王以予連尹襄老。

襄老死於邲，不獲其尸。

〔疏證〕《宣十二年傳》："知季射連尹襄老獲之，遂載其尸。"

其子黑要烝焉。

〔疏證〕杜《注》："黑要，襄老子。"

巫臣使道焉，

曰："歸，吾聘汝。"

〔疏證〕使道，謂使人語導之也。杜《注》："道夏姬使歸鄭。"《疏》："《禮記·內則》云：'聘則謂妻，奔則爲妾。'道之云：'女歸鄭國，吾依禮聘女以爲妻也。'"

又使自鄭召之，曰：

〔疏證〕使從鄭來。

"尸可得也，必來逆之。"

姬以告王。

王問諸屈巫。

〔疏證〕杜《注》："屈巫，巫臣。"是巫臣屈氏也。

對曰："其信！

"知罃之父，成公之嬖也，而中行伯之季弟也，

〔疏證〕杜《注》："知罃父，荀首也。中行伯，荀林父也。"《宣十二年傳》："楚熊負羈囚知罃，知罃囚而逃歸。"詳彼年《疏證》。

"新佐中軍，

〔疏證〕代士燮。

"而善鄭皇戌，甚愛此子。

〔疏證〕杜《注》："愛知罃也。"

"其必因鄭而歸王子與襄老之尸，以求之。

〔疏證〕杜《注》："王子，楚公子穀臣也。"《宣十二年傳》："知季射公子穀臣囚之。"

"鄭人懼於邲之役，

〔疏證〕宣十二年："楚子圍鄭。"邲之戰因晉救鄭，故云懼邲之役。

"而欲求媚於晉，其必許之。"

王遣夏姬歸。

將行，謂送者曰："不得尸，吾不反矣。"

〔疏證〕沈欽韓云："《御覽》六百四十：'董仲舒《決獄》曰："甲夫死未葬，法無許嫁，以私爲人妻者，當棄市。"'按《漢律》：夫喪未葬而嫁爲不道。夏姬將適巫臣，故詭求襄老之尸。"

巫臣聘諸鄭，鄭伯許之。

及共王即位，將爲陽橋之役，

〔疏證〕探①下楚伐魯至陽橋事也。彼《傳》杜《注》："魯地。"沈欽韓云："《方輿紀要》：'陽橋在泰安州西北。陸澄曰："博縣有陽橋，蓋地名，無橋也。"'"

使屈巫聘于齊，且告師期。

巫臣盡室以行。

申叔跪從其父，將適郢，遇之，

〔疏證〕杜《注》："叔跪，申叔時之子。"

曰："異哉！夫子有三軍之懼，

"而又有《桑中》之喜，

〔疏證〕《衛風·桑中》："期我乎桑中，要我乎上宮。"《傳》云："桑

---

① 科學本注："探"疑係"按"之誤。

中、上宮，所期之地。"《禮記·樂記》："桑間濮上之音。"《注》："桑間
在濮陽南。"《郡國志》："東郡濮陽。"劉昭《注》引《博物記》："桑中在
其中。"高士奇云："地在今河南衛輝府淇縣。"

"宜將竊妻以逃者也。"

及鄭，使介反幣，

〔疏證〕杜《注》："介，副也。"按：《聘禮》："使者歸，及郊，請
反命。乃入，陳幣于朝，西上。上賓之公幣、私幣皆陳，上介公幣陳，他
介皆否。束帛各加其庭實，皮左。公南鄉。"使者反命，是反幣使者之事，
介不得爲之。巫臣既聘齊，及鄭而留，使介歸楚，攝反幣之禮。

而以夏姬行。

將奔齊，齊師新敗，

〔疏證〕謂鞌之戰。

曰："吾不處不勝之國。"

遂奔晉，而因郤至，

〔疏證〕《周語注》："郤至，犨之弟子温，昭季子也。"本《疏》引
《世本》："郤豹生冀芮，芮生缺，缺生克。"又云："豹生義，義生步陽，
步陽生蒲城鵲居，居生至。"杜《注》："至，郤克族子。"用《世本》説。
《疏》云：《成十一年疏》引《世本》"步楊生州"。梁履繩云："州即犨
也。"則蒲城鵲居爲州之弟，如《世本》克是豹之曾孫，至是豹之玄孫，
於克爲二從兄弟也。

以臣於晉。

〔疏證〕《年表》："楚共王二年，秋，申公巫臣竊徵舒母奔晉。"《晉
世家》："楚申公巫臣盜夏姬以奔晉。"《吳世家》："楚之亡大夫申公巫臣
怨楚將子反而奔晉。"此巫臣告晉之飾説，吳史據以書之，史遷未刊改者。

晉以爲[①]**邢大夫。**

---

① 林按："以爲"，楊本作"人使爲"。

〔注〕賈云："邢，晉邑。"《晉世家集解》。

〔疏證〕杜用賈説，此邢即宣六年之邢丘也。李貽德云："邢即故邢國。衛滅之，後入晉爲邑。哀四年，齊國夏伐晉，取邢，即此。"

子反請以重幣錮之。

〔疏證〕《説文》："錮，鑄塞也。"杜《注》："禁錮勿令仕。"謂塞其仕進也。《後漢書·章帝紀》："元和元年，詔曰：'往者妖言大獄，所及廣遠，一人犯罪，禁至三屬，莫得垂緌仕宦王朝。如有賢才而没齒無用，朕甚憐之。諸以前妖惡禁錮者，皆蠲除。'"《注》引此《傳》及杜《注》。

王曰："止！

〔疏證〕《吕覽·知士注》："止，禁止也。"

"其自爲謀也，則過矣。

"其爲吾先君謀也，則忠。

"忠，社稷之固也，

"所蓋多矣。

〔疏證〕《小爾雅》："蓋，覆也。"

"且彼若能利國家，雖重幣，晉將可乎？

"若無益於晉，晉將棄之，何勞錮焉？"

晉師歸，范文子後入。

武子曰："無爲吾望爾也乎？"

〔疏證〕杜《注》："武子，士會，文子之父。"《晉語注》："文子時佐上軍。兵，凶事，文子後入，故武子憂望也。"

對曰："師有功，國人喜以逆之，

"先入，必屬耳目焉，

〔疏證〕《晉語》："則國之人屬耳目焉。"《注》："屬，猶注也。"

"是代帥受名也。

〔疏證〕帥，謂郤克。

"故不敢。"

武子曰："吾知免矣。"

〔疏證〕《釋文》云："一本無'知'字。"《晉語注》："知免於咎。"杜《注》："知其不益己禍。"義迁曲，不若韋《注》之明顯。

郤伯見，

〔疏證〕杜《注》："郤伯，郤克。"

公曰："子之力也夫！"

〔疏證〕《晉語注》："力，功也。"

對曰："君之訓也，二三子之力也，臣何力之有焉？"

范叔見，

〔疏證〕范叔，士燮。

勞之如郤伯。

對曰："庚所命也，克之制也，燮何力之有焉？"

〔疏證〕杜《注》："荀庚將上軍，時不出，范文子上軍佐，代行，故稱帥以讓。"按：上軍亞於中軍，故云克之制。

欒伯見，

〔疏證〕《周語注》："欒伯，欒書也。"

公亦如之。

對曰："燮之詔也，士用命也，書何力之有焉？"

〔疏證〕杜《注》："欒書，下軍帥，故推功上軍。"①

宣公使求好于楚，

---

① 科學本注：原稿眉批："詔詁。"

〔疏證〕《宣十八年傳》：“夏，公使如楚乞師，將欲以伐齊。”魯因乞師而求好。

莊王卒，宣公薨，不克作好。

公即位，受盟于晉，

〔疏證〕《元年經》：“夏，臧孫許及晉侯盟于赤棘。”

會晉伐齊。衛人不行使于楚，

而亦受盟于晉，從於伐齊。

〔疏證〕衛與赤棘之盟，傳文不具。

故楚令尹子重爲陽橋之役以求齊。

將起師，

子重曰：“君弱，

〔疏證〕杜《注》：“《傳》曰：‘寡人生十年，而喪先君。’共王即位，至是三年，蓋十二三矣。”

“群臣不如先大夫，

〔疏證〕時子重爲令尹，言不如越椒、蒍艾獵諸人也。《晉書·慕容廆傳》：“與太尉陶侃箋曰：‘區區楚國，子重之徒，猶恥君弱，群臣不及先大夫，厲己戒衆，以服陳、鄭。’”

“師衆而後可。

“《詩》曰：‘濟濟多士，文王以寧。’

〔疏證〕《文王》文。《傳》：“濟濟，多威儀也。”陳奐《詩疏》：“《爾雅》：‘濟濟，止也。’止，容止也。多威儀即容止之義。”杜《注》：“言文王以衆士安。”

“夫文王猶用衆，況吾儕乎？

〔疏證〕陳奐《詩疏》：“成二年《左傳》云：‘夫文王猶用衆。’是釋《經》‘多士’之義。”杜《注》：“儕，等。”

"且先君莊王屬之曰：'無德以及遠方，莫如惠恤其民，而善用之。'"

〔疏證〕通行本，"用"上有"其"，據宋本。

乃大戶，

〔疏證〕杜《注》："閱民戶口。"

已責，

〔疏證〕杜《注》："棄逋責。"①

逮鰥②，

救乏，

赦罪。

悉師，

王卒盡行。

彭名御戎，

〔疏證〕杜《注》："王卒盡行，故王戎車亦行。"《疏》："諸言'御戎'，皆御君之戎車，此云'彭名御戎'，知王戎車亦行也。若君在車，則君當車中，御者在左，勇力之士在右，故御戎、戎右常連言之。此王車雖行，王身不在，故不立戎右，使御者在中。"按：兵車通制，將居中央鼓下，御者在左，君在戎車亦然。詳前"中御而從齊侯"《疏證》。

蔡景公爲左，許靈公爲右。

〔疏證〕杜《注》："雖無楚王，令二君當左右之位。"《疏》云："若夾衛王然。"沈欽韓云："《曲禮》：'乘君之乘車，不敢曠左。'故以蔡景公當其處。"按：沈意以御者宜居左，而中御，故嫌曠左。其戈盾在右，則兵車、戎車所同，蓋以許靈公當戈盾之位矣。

---

① 科學本注：原稿眉批："已詰。"
② 科學本注：原稿眉批："逮詰。"

二君弱，皆强冠之。

冬，楚師侵衛，遂侵我師于蜀。

使臧孫往，

〔疏證〕杜《注》：“臧孫，宣叔也。”

辭曰：“楚遠而久，固將退矣。

“無功而受名，臣不敢。”

楚侵及陽橋，

孟孫請往賂之

〔疏證〕杜《注》：“孟孫，獻子也。”

以執斲、執鍼、織紝，皆百人，

〔注〕服云：“織紝，織繒帛者。”《采蘋疏》。

〔疏證〕《釋文》“紝”作“袵”。《校勘記》云：“按：《説文》云：‘紝，或從任，作絍。’”杜《注》：“執斲，匠人。執鍼，女工。織紝，織帛者。”用服義。《匠人職》所掌城郭、道涂、宮室、溝洫之事，與執斲不合。《曲禮》“木工”《注》：“輪、輿、弓、廬、匠、車、梓也。”此七者皆任斧斤之事，故以執斲該之，非官名也。《内則》：“婦事舅姑，如事父母，右佩箴、管、線、纊。”《説文》：“箴，綴衣箴也。”箴即古鍼字。女工以鍼成衣裳，故云執鍼。《内則》：“織紝組紃。”《采蘋疏》：“織紝組訓者，紝也，組也，紃也，三者皆織之。服虔注《左傳》曰：‘織紝，織繒帛者。’則紝，謂繒帛者也。”

公衡爲質，

〔疏證〕杜《注》：“公衡，成公子。”沈欽韓云：“成公縱有子，尚幼少，不任爲質，當是成公弟。”

以請盟。楚人許平。

十一月，公及楚公子嬰齊、蔡侯、許男、秦右大夫説、宋華元、陳公孫甯、衛孫良夫、鄭公子去疾及齊國之大夫，盟于蜀。

〔疏證〕李富孫云：“去疾，《古今人表》作‘棄疾’。”沈淑《經玩》

云："右大夫，秦官名。襄十一年，有右大夫詹。"杜《注》："齊大夫不書其名，非卿也。"

卿不書，匱盟也。

〔疏證〕"卿"指秦、宋、陳、衛、鄭之卿。"不書"，謂統書人也。杜《注》："匱，乏也。"俞樾云："匱固訓乏。然與畏晉竊盟之義不合。《廣雅‧釋訓》：'讀，欺也。'疑即'匱盟'之匱，畏晉而竊與楚盟，故爲欺也。《晉語》曰：'其言匱。'義與此同。"朱駿聲云："按：《左氏》雜采各國之書以成《傳》，此'匱盟'二字非《左氏》自言，故下文釋之。匱讀爲讀，譎詭權詐之意，不訓乏。"按：俞、朱說是也。沈欽韓訓"匱"爲"空"，謂空爲是盟，亦非。

於是乎畏晉，而竊與楚盟，故曰"匱盟"。

〔疏證〕《疏》云："私竊爲盟，盟終不固。""不固"解杜《注》"匱，乏"，《傳》無此義。又云："楚之彊盛，恒與晉敵。非是畏晉，卿亦貶者。楚既彊盛，應顯然作盟。今私竊受盟，不敢宣露，亦是畏晉之義。且成晉爲霸，事須貶楚。"按：畏晉而竊與楚盟，皆據魯言之，楚豈畏晉者？貶楚之義，亦不繫匱盟。詳《釋文》疏證。

蔡侯、許男不書，乘楚車也，謂之失位。

〔疏證〕杜《注》："卿不書，則稱人。諸侯不書，皆不見《經》。"《疏》云："舊說諸侯之貶，亦書爲'人'。杜意謂諸侯之貶不至於'人'，故因此而又明之。"按：不書與稱人例異，詳□□□①年疏證。

君子曰："位其不可不慎也乎！

"蔡、許之君，一失其位，不得列於諸侯，況其下乎？

"《詩》曰：'不解于位，民之攸墍。'

〔疏證〕《假樂》文。《傳》："墍，息也。"《箋》："不解於其職位，民之所以休息由此也。"杜《注》："攸，所也。"用鄭義。按此引以儆失位，與《詩》本義不相比附。

---

① 科學本注：原稿闕文。

“其是之謂矣。”

楚師及宋，

公衡逃歸。

臧宣叔曰：“衡父不忍數年之不宴，

〔疏證〕《説文》：“宴，安也。”

“以棄魯國，國將若之何？

“誰居？

〔疏證〕杜《注》：“居，辭也。”惠棟云：“《檀弓・何居注》云：‘居，讀爲姬姓之姬，齊、魯間語助也。’《列子・黄帝篇》云：‘關尹謂列子曰：“姬，魚語女。”’張湛云：‘姬音居，魚當作吾。’是居、姬互訓，蓋古音同也。”

“後之人必有任是夫！國棄矣。①”

是行也，晉辟楚，畏其衆也。

君子曰：“衆之不可以已也。

“大夫爲政，猶以衆克，

〔疏證〕大夫，謂子重。

“況明君而善用其衆乎？

“《大誓》所謂‘商兆民離，周十人同’者，衆也。”

〔疏證〕此檃栝《太誓》文。知者，《昭二十四年傳》，萇弘引《太誓》曰：“受有億兆夷人，離心離德。予有亂臣十人，同心同德。”東晉僞古文取彼《傳》也。兆民、十人皆詳彼傳《疏證》。

晉侯使鞏朔獻齊捷于周。

王弗見，使單襄公辭焉，

---

① 科學本注：原稿眉批：“任詁。”

曰："蠻夷戎狄，不式王命，

〔疏證〕《釋言》："式，用也。"

"淫湎毀常，王命伐之，

"則有獻捷。

"王親受而勞之，所以懲不敬、勸有功也。

"兄弟甥舅，侵敗王略，

〔疏證〕杜《注》："兄弟，同姓國。甥舅，異姓國。略，經略法度也。"惠棟云："案：略，封也。《昭七年傳》曰：'天子經略。'天子謂之略，諸侯謂之封。"洪亮吉云："《説文》：'略，經略土地也。'《昭七年傳》云'天子經略'，定四年'吾子欲復文、武之略'并同。杜《注》云'法度'，失之。"

"王命伐之，告事而已，不獻其功，

〔疏證〕杜《注》："告伐事而不獻俘囚。"

"所以敬親暱、禁淫慝也。

"今叔父克遂，有功于齊，

〔疏證〕叔父，謂晉侯。《釋言》："克，能也。"

"而不使命卿鎮撫王室，

"所使來撫余一人，而鞏伯實來，

〔疏證〕沈欽韓云："而，汝也。實當爲寔，是也。"

"未有職司於王室，

〔疏證〕杜《注》："鞏朔，上軍大夫，非命卿。"

"又奸先王之禮。

〔疏證〕奸，干也。

"余雖欲於鞏伯，

"其敢廢舊典以忝叔父？

"夫齊，甥舅之國也，

〔疏證〕杜《注》："齊世與周昏，故曰甥舅。"

"而大師之後也，

〔疏證〕《齊世家》："大公望爲文、武師。"

"寧不亦淫從其欲以怒叔父，

〔疏證〕《釋文》："從，亦作縱。"《玉篇》："縱，恣也，放也。"

"抑豈不可諫誨？"

〔疏證〕謂即得罪於晉，亦可諫誨，不當即構兵。

士莊伯不能對。

〔疏證〕杜《注》："莊伯，鞏朔。"

王使委於三吏，

〔疏證〕杜《注》："委，屬也。"《曲禮》："其擯于天子也，曰天子之吏。"《注》："《春秋傳》曰：'王命委之三吏。'三吏，謂三公也。"此必《左氏》舊説，"命""之"皆異文。于時王不見鞏朔，委付三公接對之，故云"委之三吏"。杜《注》："三吏，三公也。"蓋用舊説。《釋文》："三吏，三公也。三公者，天子之吏也。"舊説當如此。

禮之如侯伯克敵使大夫告慶之禮，

〔疏證〕告慶禮亡。

降於卿禮一等。

〔疏證〕據《傳》義，則告慶之禮，以卿行，或以大夫行。

王以鞏伯宴，而私賄之。

〔疏證〕宴有贈賄，告慶之禮無賄，故云私賄。

使相告之曰："非禮也，

〔疏證〕《讀本》："相，相禮者。"

"勿籍。"

〔疏證〕《説文》："籍，簿書也。"讀書、籍、策也。古者禮成，則書於策。

〔經〕 三年，春，王正月，公會晉侯、宋公、衛侯、曹伯伐鄭。

〔注〕賈、服云："宋公、衛侯先君未葬而稱爵，譏其不稱子。"《曲禮疏》。

〔疏證〕《年表》："成公三年，會晉、宋、衛、曹伐鄭。晉景公十二年，率諸侯伐鄭。曹宣公七年，伐鄭。"杜《注》："宋、衛未葬，而稱爵以接鄰國，非禮也。"用賈、服義。僖九年《傳例》："凡在喪，公、侯曰子。"此賈、服所據也。《穀梁注》："宋、衛未葬，而自同於正君，故書公、侯以譏之。"此《經》《左氏》《穀梁》說同。《二年經》："八月，壬午，宋公鮑卒。庚寅，衛侯速卒。"至是僅六月，諸侯五月而葬。《疏》云："知非踰年得成君者，文八年八月，天王崩。九年，春，毛伯來求金。《傳》曰：'不書王命，未葬也。'彼王既踰年矣，猶不得稱王命臣。知諸侯雖則踰年，但是未葬，不得稱爵以接鄰國。"按：《疏》申賈、服義，其古《左氏》說，則未踰年以王事出，得稱爵，與賈、服異。詳四年"鄭伯伐許"《疏證》。

辛亥，葬衛穆公。無《傳》。

〔疏證〕《公羊》"穆"曰"繆"。

二月，公至自伐鄭。無《傳》。

〔注〕賈云："還至不月，此書二月者，爲下甲子書也。"□□□□①
〔疏證〕杜無注。《公羊疏》："二月者，爲下甲子出也。"蓋采賈説。

甲子，新宮災。三日哭。無《傳》。

〔疏證〕此《經》《左氏》舊説無考。《公羊》："新宮者何？宣公之宮也。"《穀梁》："禰宮也。"杜《注》："宣公神主新入廟，故謂之新宮。"

---

① 科學本注：原稿闕文。

《疏》謂杜依用二《傳》。又云：“宣公以其十八年冬十月薨，至二年十月而大祥，祥而禘祭，神主新始入廟，故謂之新宫。”宣十六年《傳例》曰：“人火曰火，天火曰災。”《檀弓》：“有焚其先人之室，則三日哭。故曰：‘新宫火，亦三日哭。’”《注》：“火，人火也。”新宫火在魯成三年，鄭引《傳例》，以火爲人火，則經文疑作“新宫火”，然火、災之稱，惟《左氏》例別，《檀弓》亦隨便言之。鄭君執《傳例》以説，非也。本《疏》云：“三家經傳有五字，皆爲災。鄭玄以爲人火，雖非其義，要天火、人火，其哭皆當三日，是其善得禮也。”亦疑鄭君引《傳例》爲非其義。鄭説“先人之室”云：“謂人燒其宗廟。哭者，哀精神之有虧傷。”則“新宫災，三日哭”，義亦當然。

乙亥，葬宋文公。無《傳》。

夏，公如晉。

鄭公子去疾帥師伐許。

〔疏證〕《公羊》“帥”曰“率”。

公至自晉。無《傳》。

秋，叔孫僑如帥師圍棘。

〔疏證〕《公羊》“帥”曰“率”。杜《傳注》：“僑如，叔孫得臣子。”《郡國志》“濟北國蛇丘”《注》：“《左傳》有棘地，成公三年，叔孫僑如所圍。”江永云：“蛇丘今在泰安府肥城縣南。《水經注》：‘汶水又西，溝水注之，溝水西南流逕棘亭南。’引此年‘圍棘’云：‘棘亭南去汶水六十里。’”按：江説是也。《方輿紀要》：“棘故城在兖州府寧陽縣北。”按：寧陽在肥城之北，中隔汶水，與《水經注》“南去汶水六十里”之説不合。

大雩。無《傳》。

晉郤克、衛孫良夫伐廧咎如。

〔疏證〕廧咎如，《公羊》曰“將咎如”，《穀梁》曰“牆咎如”。臧壽恭云：“‘將’爲‘牆’之假借字，‘廧’即‘牆’之隸變，凡隸書爿皆作广。”杜《注》：“赤狄別種。”據《傳》“討赤狄之餘”説之，詳僖廿三年及本年傳《疏證》。

冬，十有一月，晉侯使荀庚來聘。

〔疏證〕《讀本》：“荀庚，林父之子。”

衛侯使孫良夫來聘。

丙午，及荀庚盟。

丁未，及孫良夫盟。

〔疏證〕本《疏》：“上言來聘，盟又不地，盟于國都。”與晉、衛盟之人，《傳》所不説，今無以考。《疏》謂“公親與盟”，《傳》無其義。

鄭伐許。無《傳》。

〔注〕賈云：“鄭小國，與大國爭諸侯，仍伐許。不稱將帥，夷狄之，刺無知也。”本《疏》。

〔疏證〕杜《注》：“不書將帥，告辭略。”《疏》引賈説駁之，云：“此年夏，鄭公子去疾帥師伐許。明年冬，鄭伯伐許。先後并無貶責，何獨此伐偏刺之？”按：夏，鄭公子去疾帥師伐許，《傳》云：“許恃楚而不事鄭，鄭子良伐許。”此役爲再伐。賈謂“鄭與大國爭諸侯”，大國，即斥楚也。是賈氏據《傳》義。前役書將帥者，時鄭與楚爭許之事未顯白，故《傳》但云“許不事鄭耳”。至是再伐，乃變文貶責之。《疏》攻皆非。賈謂“夷狄之”者，謂例之夷狄相伐。此《經》二《傳》皆無傳。《公羊解詁》云：“謂之鄭者，惡鄭襄公與楚同心，數侵伐諸夏。自此之後，中國會盟無已，兵革數起，夷狄比周爲黨，故夷狄之。”《穀梁集解》云：“鄭從楚而伐衛之喪，又叛諸侯之盟，故狄之。”賈君蓋用二《傳》舊説。

〔傳〕 三年，春，諸侯伐鄭，

次于伯牛，

〔疏證〕杜《注》：“伯牛，鄭地。”今地闕，據下“遂東侵鄭”，則伯牛在鄭西。

討邲之役也。

〔疏證〕宣十二年：“邲之戰，楚敗晉師。”《年表》：“鄭襄公十七年，晉率諸侯伐我。”則此伐鄭之役晉主之，故云討邲之役。

遂東侵鄭。

鄭公子偃帥師禦之，

〔疏證〕杜《注》：“偃，穆公子。”

使東鄙覆諸鄤，

〔疏證〕東鄙，鄭東鄙也。杜《注》：“覆，伏兵也。鄤，鄭地。”江永云：“諸侯東侵鄭，鄭公子偃使東鄙覆諸鄤，則鄤在鄭之東。《水經注》成皋有鄤水。成皋在鄭之西北，宜非此鄤地。”按：鄤，今地闕。

敗諸丘輿。

〔疏證〕杜并上“鄤”釋爲“鄭地”，今地闕。

皇戌如楚獻捷。

夏，公如晉，拜汶陽之田。

〔疏證〕《二年經》：“秋，取汶陽田。”

許恃楚而不事鄭，鄭子良伐許。

晉人歸楚公子穀臣與連尹襄老之尸于楚，以求知罃。

於是荀首佐中軍矣，

〔疏證〕杜《注》：“荀首，知罃父。”

故楚人許之。

王送知罃，曰：“子其怨我乎？”

對曰：“二國治戎，臣不才，不勝其任，

“以爲俘馘。

〔疏證〕《説文》：“俘，軍所獲也。”“馘，軍斷耳也。”俘、馘二文下并引《春秋傳》曰：“以爲俘馘。”“從耳或聲，馘或從首”，是聝爲馘之或體。賈君本作聝也。《皇矣傳》：“馘，獲也，不服者殺而獻其左耳曰馘。”《泮水》“在泮獻馘”《箋》：“馘，所格之左耳。”與許君説同。俘乃生得之稱，與馘之殺格而取耳者異。《詩》兼言馘者，避不成辭。

"執事不以釁鼓,

〔疏證〕杜《注》:"以血塗鼓爲釁鼓。"按:《漢書·高祖紀》:"秦二世元年,高祖乃立爲沛公,祠黄帝,祀蚩尤於沛庭,而釁鼓。"《注》:"應劭曰:'釁,祭也。殺牲以血塗鼓呼爲釁。'臣瓚曰:'《禮記》及《大戴禮》有釁廟之禮,皆無祭事。'師古曰:'許慎云:"釁,血祭也。"然即凡殺牲以血祭者皆爲釁,安在其無祭事乎?又古人新成鐘鼎,亦必釁之,豈取釁呼爲義?應氏之説亦未允也。'"據顏説,則釁是祭名。然應氏"釁呼"之義,瓚及顏氏皆未説。《孟子·梁惠王篇》:"將以釁鐘。"趙《注》:"新鑄鐘,殺牲以血塗其釁郤,因以祭之,曰釁。《周禮·大祝》曰:'墮釁,逆牲,逆尸,令鐘鼓。'《天府》:'上春,釁寶鐘,及寶器。'"是趙氏以釁爲郤也。焦循《孟子正義》謂應劭"釁呼"説:"呼同罅,釁罅猶言釁隙。今人以瓦器有裂迹者爲璺,讀若悶,即釁也。以木之有裂縫者爲罅,讀若呵。呵,呼音之轉也。《太祝》鄭氏《注》云:'謂薦血也,凡血祭曰釁。'《疏》引賈氏云:'釁,釁宗廟。'馬氏云:'血以塗鐘鼓。'鄭不從。然則血祭之釁,與釁器之釁,自是兩事。趙氏合爲一事,而應劭同。"詳焦氏説,則釁器與血祭不同,許君訓釁爲血祭,謂釁廟也。《定四年傳》:"君以軍行,祓社釁鼓。"祓是祖道之祭,因祓而釁鼓,則釁鼓、釁鐘之類皆非祭名。

"使歸即戮,君之惠也。

"臣實不才,又誰敢怨?"

王曰:"然則德我乎?"

〔疏證〕本《疏》:"荷恩爲德。《論語》:'以德報德。'《傳》稱:'王德狄人。'皆是也。"

對曰:"二國圖其社稷,

"而求紓其民,

〔疏證〕《詩·魚麗傳》:"紓,緩也。"

"各懲其忿,以相宥也。

〔疏證〕《齊語注》:"宥,赦也。"

"兩釋纍囚，以成其好。

〔疏證〕沈欽韓云："晉釋穀臣，楚釋知罃，所謂兩釋。"《禮記注》："纍，猶繫也。"杜用鄭義。《後漢書·公孫瓚傳》："瓚表袁紹罪曰：'紹爲勃海，當討董卓，而默選戎馬，不告父兄，至使太傅一門纍然同斃。'"《注》："《左傳》'兩釋纍囚'。"杜預曰："纍，繫也。"《前書音義》曰："諸不以罪死曰纍。"按：《傳》稱"纍囚"，謂罪不至死也，猶下言"纍臣"，當從《漢書》音義。

"二國有好，臣不與及，其誰敢德?"

王曰："子歸，何以報我?"

對曰："臣不任受怨，君亦不任受德，

"無怨無德，不知所報。"

王曰："雖然，必告不穀。"

對曰："以君之靈，纍臣得歸骨於晉，

"寡君之以爲戮，死且不朽。

〔疏證〕即上歸以即戮意。

"若從君之惠而免之①，

"以賜君之外臣首；

〔疏證〕杜《注》："稱於異國君曰外臣。"《北魏書·劉昶傳》："高祖詔昶與劉彧書，爲兄弟之戒。彧不答，責昶以母爲其國妾，宜如《春秋》荀罃對楚稱外臣之禮。"按：知罃執於楚，猶是晉臣，與昶之已仕魏者異。宋明帝以昶宜自處於異國之臣比例爲説。

"首其請於寡君，而以戮於宗，亦死且不朽。

"若不獲命，而使嗣宗職，

〔疏證〕杜《注》："嗣其祖宗之位職。"洪亮吉云："宗職，父職也。

---

① 科學本注：原稿眉批："從詁。"

荀首之父未爲卿，故罃止言嗣宗職。杜《注》疑誤。”沈欽韓云：“宗職，言宗子之事。下‘次及於事’，乃是以次序而當晉之事。杜預言‘嗣祖宗之位職’，非也。”按：此時荀首方佐中軍，未請老，不得言嗣父職，沈説是也。

“次及於事，而帥偏師，以修封疆。

“雖遇執事，其弗敢違，

〔疏證〕杜《注》：“違，辟也。”①

“其竭力致死，無有二心，

“以盡臣禮，所以報也。”

王曰：“晉未可與爭。”重爲之禮而歸之。

〔疏證〕《晉世家》：“智罃自楚歸。”

秋，叔孫僑如圍棘，取汶陽之田。棘不服，故圍之。

〔疏證〕二年，秋，取汶陽田，《傳》明圍棘之故。《讀本》：“棘，汶陽田之邑。”

晉郤克、衛孫良夫伐廧咎如，討赤狄之餘也。

〔疏證〕杜《注》：“宣十五年，晉滅赤狄潞氏。其餘民散入廧咎如，故討之。”《疏》：“來就咎如之內，討彼赤狄餘黨。然廧咎如容赤狄餘民，則咎如亦赤狄矣。劉炫以爲廧咎如之國，即是赤狄之餘。今知不然者，以赤狄之國種類極多，潞氏、甲氏、鐸辰皋落氏等皆是其類，并爲建國。假令潞氏、甲氏、鐸辰皋落雖滅，自外猶存，則是不滅者多，止應言討赤狄之類，不得稱‘餘’。”《疏》謂咎如即赤狄，未誤。潞氏之滅，見宣十三年。甲氏、鐸辰之滅，見宣十六年。其役并滅留吁，《疏》失數之。惟伐皋落氏見《閔公二年傳》，未言其滅，自後經傳不見，或已滅而失書。《疏》言假令潞氏等滅，爲疑辭，非也。赤狄種類已②，自有廧咎如外，止此數國。《疏》云“自外猶存”，未知何據言之。惠棟云：“《僖二十三年傳》：

---

① 科學本注：原稿眉批：“違詁。”
② 科學本注：原稿“已”字下有脱文。

‘狄人伐廧咎如。’賈逵云：‘赤狄之別種，隗姓。’杜《注》亦同。赤狄種類已盡，惟廧咎如猶在，故復討其餘。劉炫以爲廧咎如之國即是赤狄之餘，杜以爲餘民散入其國，豈其然乎？成十三年，杜《注》云：‘季隗，廧咎如赤狄之女也。’是杜自相矛盾。”邵瑛亦同惠説。

廧咎如潰，上失民也。

〔疏證〕杜《注》："此《傳》釋《經》之文，而《經》無‘廧咎如潰’，蓋《經》闕此四字。"按：潰例在文三年。《疏》引《釋例》："復發《傳》者，嫌夷狄異於中國。"

冬，十一月，晉侯使荀庚來聘，且尋盟。

〔疏證〕《元年經》："夏，臧孫許及晉侯盟于赤棘。"

衛侯使孫良夫來聘，且尋盟。

〔疏證〕《宣七年經》："春，衛侯使孫良夫來盟。"

公問諸臧宣叔曰：

"中行伯之於晉也，

〔疏證〕中行伯謂荀庚。《晉語》："趙文子冠，見中行宣子。"《注》："宣子，晉大夫中行桓子之子荀庚也。"

"其位在三；

〔疏證〕杜《注》："下卿。"沈欽韓云："荀庚，上軍帥，於六卿位在三也。"按：沈説是也。《傳》不謂荀庚爲下卿，杜據下文"小國之上卿當大國之下卿"爲説，彼自説通制。

"孫子之於衛也，位爲上卿，

"將誰先？"

對曰："次國之上卿，當大國之中，中當其下，下當其上大夫。小國之上卿，當大國之下卿，中當其上大夫，下當其下大夫。

〔疏證〕杜《注》於"次國"下云"降一等"，於"小國"下云"降大國二等"，此據《傳》上、中、次國推之，未言其禮施於何事。《王制》

采此文，於兩“當大國”上加“位”字，彼《注》云：“此諸侯使卿大夫頫、聘并會之序也。其位爵同，小國在下；爵異，固在上耳。”鄭君謂頫、聘、會者，即據此傳文晉、衛之卿并來聘爲説。彼《疏》云：“經文既稱大國、小國，大小并在，則非是特來，故知使卿大夫頫、聘并會也。位爵同，小國在下。”此班次定制，鄭君必言之者，爲爵異在上而發，蓋補《王制》之義。彼《疏》云：“必知‘爵異，小國在上’者，以其卿執羔，大夫執雁。又卿絺冕，大夫玄冕，故知小國之卿，不得在大國大夫之下也。”又案：《周語》：“其貴國之賓至，則以班加一等，益虔。”《注》：“貴國，大國也。班，次也。”是大國之賓，中卿得視上卿，下當視中卿，上大夫得視下卿，中視其下，下視其中，則次國之上卿可當大國之下卿，小國之上卿可當大國之上大夫矣。中、下并以此推。

“上下如是，古之制也。

〔疏證〕杜《注》：“古制，公爲大國。侯、伯爲次國。子、男爲小國。”

“衛在晉，不得爲次國。

〔疏證〕《後漢書·王符傳》：“《潛夫論》曰：‘是故亂殷有三仁[1]，小衛多君子。’”《注》：“《左傳》：‘衛于晉，不得爲次國。’”在、于異文。據王氏説，則衛爲小國。杜《注》：“春秋時以强弱爲大小，故衛雖侯爵，猶爲小國。”當用舊説。《疏》：“春秋之世，彊凌弱，大吞小，爵雖不能自改，地則以力升降。諸侯聚會，宋公在齊侯之下，許男在曹伯之上，不復計爵之尊卑。衛地狹小，比于晉不過當五六分之一耳，故不得爲次國。其爲次國者，當齊、秦乎？”

“晉爲盟主，其將先之。”

丙午，盟晉；丁未，盟衛，禮也。

十二月，甲戌，晉作六軍。

〔注〕賈云：“初作六軍，僭王也。”《晉世家集解》。

〔疏證〕《年表》：“晉景公十二年，始置六卿。”《晉世家》：“始作六卿。”《集解》引賈《注》，亦作“六卿”。李貽德云：“古者軍將皆命卿。天子六軍，則六卿領之。諸侯大國三軍，則三卿領之。此《傳》‘六軍’，

———————

① 林按：“仁”，劉氏原稿作“人”，據《後漢書》回改。

《晉世家》作‘六卿’，《齊世家》亦云‘晉初置六卿’。疑賈注《左傳》本作‘六軍’，《集解》依《史記》之文改作‘六卿’耳。”按：僖二十七年，文公蒐于被廬，作三軍。郤縠將中軍，郤溱佐之。狐毛將上軍，狐偃佐之。欒枝將下軍，先軫佐之。此晉有中軍之始，三軍各有佐。僖二十八年：“晉侯作三行以禦狄。荀林父將中行，屠擊將右行，先蔑將左行。”此已備六軍之制，惟有將無佐耳。至三十一年，“蒐于清原，作五軍以禦狄”，謂罷三行爲上新軍、下新軍也，新軍將佐乃備。文公六年，“蒐于夷，舍二軍”，謂舍上、下新軍，仍用三軍也。晉軍制，將皆卿爲之，其佐非卿。知者，《僖二十七年傳》，“命趙衰爲卿，讓於欒枝”，下云“欒枝將下軍”。《三十一年傳》，“晉作五軍以禦狄，趙衰爲卿”，謂趙衰爲新上軍將也。當作三行之時，軍將皆以卿爲之，則晉有六卿，不始於此年。《年表》、齊晉《世家》以六軍爲六卿，涉《傳》下文新軍卿六人而誤，賈《注》作“卿”亦係誤字，今正之。杜《注》：“爲六軍，僭王也。”用賈説。

韓厥、趙括、鞏朔、韓穿、荀騅、趙旃皆爲卿，賞鞌之功也。

〔疏證〕《齊世家》：“賞鞌之功。”惠棟云：“《世本》：‘騅，謚文子。’”杜《注》：“韓厥爲新中軍，趙括佐之。鞏朔爲新上軍，韓穿佐之。荀騅爲新下軍，趙旃佐之。晉舊自有三軍，今增此，故爲六軍。”《疏》云：“下《六年傳》云：‘韓厥將新中軍’，故杜依名配其將佐。”

齊侯朝于晉，將授玉。

〔疏證〕《年表》：“齊頃公十一年，頃公如晉，欲王晉，晉不敢受。”《晉世家》：“景公十二年冬，齊頃公如晉，欲上尊晉景公爲王，景公讓不敢。”《齊世家》：“齊頃公朝晉，欲尊王晉景公，晉景公不敢受。”《索隱》：“王劭按：張衡曰：‘禮，諸侯朝天子執玉，既授而反之。若諸侯自相朝，則不授玉。’齊頃公戰敗朝晉而授玉，是欲尊晉侯爲王，太史公探其旨而言。今按：此文不云‘授玉’。王氏之説，復何所依？聊記異耳。”《索隱》蓋不取張衡説。劭、衡云“授玉”，據《傳》而言。惠士奇云：“司馬子長謂齊欲尊晉爲王，蓋晉作六軍擬於王矣，故齊欲尊之，猶戰國東帝、西帝之例也。古文不可見，存之以備異説。”惠棟云：“棟按：古玉字皆作王。《左氏傳》多古字古言，故玉從王。西漢劉子駿治《左氏》，始改王爲玉。《史記》以授玉爲尊晉爲王。”又云：“諸侯相朝授玉，此僭禮也。”二惠氏皆立史遷説。其微別者，小惠氏仍謂字當作“玉”，其授玉即尊王之禮。

杜《注》但云“行朝禮”，不用史遷説。《疏》引《齊》《晉世家》駁之云："此時天子雖弱，諸侯并盛。晉文不敢請隧，楚莊不敢問鼎。又齊弱於晉，所較不多，豈謂一戰而勝，便即以王相許？準時度勢，理必不然。竊原馬遷之意，所以有此説者，當讀此《傳》'將授玉'爲'將授王'，遂飾成爲此謬辭耳。"《疏》駁其辨，然未説朝禮之應授玉與否。洪亮吉云："今按：春秋時，諸侯相朝亦皆授玉。成六年，'鄭伯如晉拜成，授玉於東楹之東'；定十五年，'邾隱公來朝，執玉高，公受玉卑'，皆諸侯相朝授玉之證。太史公尊王之語，本不足憑，《正義》駁之是矣。"沈欽韓云："按《史記》，齊欲尊晉爲王，其《傳》謬如《正義》所駁。若王劭所稱，兩君相朝不授玉，亦無稽之談也。朝禮，如聘修玉帛之好，無不執玉也。《典瑞》云：'公、侯、伯、子、男執圭璧以朝王，諸侯相見亦如之。'鄭司農云：'亦執圭璧以相見。'是明證也。玉字，《説文》作王，三畫勻。王字，中畫近上。"按：洪、沈説是也，惠棟雖主史遷尊王説，而別引《六年傳》"鄭伯授玉"，以駁張衡"諸侯相朝不授玉"之説，蓋亦知史遷説爲未安。家學所授，不敢顯立異同也。《晉語》："郤獻子伐齊。齊候來。"《注》"齊侯以靡笄之役，故服而朝晉"是也。《外傳》舊説，亦但云"朝晉"，不云"尊晉爲王"。杜《注》"行朝禮"，用韋説。

郤克趨進曰：

〔疏證〕沈欽韓云："郤克爲上擯相君也，必趨進者，《晏子·雜篇》云：'兩楹之間，君臣有位焉。君行其一，臣行其二。君之來遨，是以登階歷、堂上趨以及位也。'遨，古速字。《燕禮疏》：'歷階謂從下至上，皆越等，無連步。'"

"此行也，君爲御人之笑辱也，

〔疏證〕各本"御"誤"婦"，從《石經》。嚴可均校文云："按《左氏》以蕭同叔子爲齊君母，今既朝晉，自不宜面斥，故遜其詞曰'御人'，猶稱國君爲執事耳。上《傳》'婦人笑於房'，是記事，此'御人'是面語，不當涉彼改此也。"

"寡君未之敢任。"

晉侯享齊侯。

齊侯視韓厥。

韓厥曰："君知厥也乎？"

齊侯曰：“服改矣。”

〔疏證〕杜《注》：“戎、朝異服也。”《疏》：“《周禮·司服》：‘凡兵事，韋弁服。’《玉藻記》云：‘諸侯皮弁以聽朔，朝服以日視朝。’《聘禮》：‘賓皮弁聘，公皮弁迎賓。’迎聘客尚皮弁，迎朝賓必皮弁矣。在朝君臣同服，公當皮弁，則韓厥于時亦皮弁也。皮弁之服，十五升白布衣棄，積以爲裳。”

韓厥登，舉爵曰：

〔疏證〕登，謂登席①。

“臣之不敢愛死，爲兩君之在此堂也。”

〔疏證〕《讀本》：“韓厥言願二國和好，救郤克之狂。”

荀罃之在楚也，

鄭賈人有將寘諸褚中以出。

〔疏證〕杜《注》及《正義》皆不言褚爲何物。王引之云：“《玉篇》：‘褚，裝衣也。’字或作袮。《一切經音義》引《通俗文》曰：‘裝衣曰袮。’《説文繫傳》曰：‘褚，衣之囊也。’《集韻》曰：‘褚，囊也。褚可以裝衣，亦可裝衆物。’《説文》：‘𥄂，幬也，所以盛米。’《繫傳》曰：‘𥄂，囊也。’《莊子·至樂篇》曰：‘褚小者不可以懷大，綆短者不可以汲深。’《賈子·春秋篇》曰：‘囊漏貯中。’褚、袮、貯、𥄂，并字異而義同。褚可以裝物，亦可以裝人，故鄭賈人欲置荀罃於褚中以出。哀六年《公羊傳》：‘陳乞以巨囊載公子陽生。’事與此相類也。”按：《漢書·南越傳注》：“褚，衣囊也。”與《通俗文》“裝衣”訓合。服氏《傳注》或亦謂褚以裝衣矣。《南史·隱逸傳》：“張孝秀仕州從事，遇州刺史陳伯之叛，孝秀與州中士大夫謀襲之。事覺，逃于盆水側。有商人寘諸褚中，展轉入東林。”

既謀之，未行，而楚人歸之。

賈人如晉，荀罃善視之，如寘出己。

賈人曰：“吾無其功，敢有其寘乎？

---

① 科學本注：原稿眉批：“查補饗禮。”

"吾小人，不可以厚誣君子。"遂適齊。

〔經〕 四年，春，宋公使華元來聘。

三月，壬申，鄭伯堅卒。

〔疏證〕堅，二《傳》今本皆同。《公羊釋文》："臤，本或作堅。"彼《疏》云："《左氏》作堅字，《穀梁》作賢字，今定本亦作堅字。"惠棟《公羊古義》云："棟案：《公羊》作臤，《穀梁》作賢，本一字也。《説文》云：'臤，古文以爲賢字。'漢《潘乾校官碑》云：'親臤①寶智。'《國三老袁良碑》云：'優臤之寵。'今文《大誓》云：'優賢揚歷。'是優臤即優賢也。臤亦爲古堅字，堅又與賢通。《東觀漢記》云：'陰城公主名賢得。'《續漢書·天文志》作'堅得'。疑古堅字、賢字皆省作臤。《公羊》從古文作臤，《穀梁》以爲賢，《左氏》以爲堅，師讀各異故也。"按：惠説是也。《年表》："鄭襄公十八年薨。"《鄭世家》："公子堅，靈公庶弟。"是爲襄公十八年，襄公卒，子悼公濆立。杜《注》："壬申，二月二十八日。"貴曾曰②

杞伯來朝。

夏，四月，甲寅，臧孫許卒。無《傳》。

公如晉。

葬鄭襄公③。

秋，公至自晉。

冬，城鄆。無《傳》。

〔注〕京相璠曰："《公羊》作'運'字。今東郡廩丘縣東八十里有故鄆城，即此城也。"《水經·瓠子河注》。

〔疏證〕《公羊》"鄆"曰"運"。鄆，杜無注。顧棟高云："魯西鄆。成四年，'城之'。昭二十六年，'齊取之，以居公者'。"臧壽恭云："按：此爲西鄆。昭二十五年齊侯圍鄆；二十六年齊取鄆，公至自齊，居於鄆；

---

① 林按："臤"，劉氏原稿作"賢"，據《九經古義》回改。

② 科學本注：以下原稿闕文。

③ 林按：楊本此處有"無《傳》"二字。

二十九年，鄆潰；定三年，齊取鄆以爲陽虎邑；六年，季孫、仲孫圍鄆；十年，齊人歸鄆田，皆是也。”按：顧氏、臧氏言西鄆者，別於文十二年“城諸及鄆”之東鄆。《十六年傳》：“公還，待於鄆。”亦是西鄆，臧氏漏數。彼《傳》杜《注》：“魯西邑。東郡廩丘縣東有鄆城。”即取京相璠説。諸家輯述古《注》，繫京相説於十六年，今移此。此年《經》杜無注者，杜蓋以此鄆爲西鄆。知然者，《傳》云：“公欲求成於楚而叛晉。”故杜以城鄆備晉爲説。晉在魯之西，不得東備沂水也。江永云：“廩丘，隋省入鄆城，今改屬曹州府之濮州。”按：曹州爲西境，故得西鄆之稱。備晉於西，道里亦合。沈欽韓云：“《方輿紀要》：‘鄆城舊縣在兗州府鄆城縣東十六里。’”

鄭伯伐許。

〔注〕《左氏》説：“諸侯未踰年，在國內稱子，以王事出，則稱爵。詘於王事，不敢伸其私恩，鄭伯伐許是也。”《春秋》不得以家事辭王事，諸侯、蕃衛之臣，雖未踰年，以王事稱爵是也。《通典》九十三引《五經異義》。

〔疏證〕此《經》杜無注，《疏》亦無説。《通典》引《五經異義》：“《公羊》説：‘諸侯未踰年，不出境，在國中稱子；以王事出，亦稱子。非王事而出會同。安父位，不稱子。鄭伯伐許，未踰年，以本爵，譏不子也。’”下引《左氏》説。“春秋”以下皆許君語也，奪“謹案”二字。又引鄭玄駁云：“昔武王卒父業，既除喪出，至孟津之上，猶稱太子者，是爲孝也。今未除喪而出稱爵，是與武王義反矣。《春秋》僖九年：‘春，三月，丁丑，宋公御説卒。夏，公會宰周公、齊侯、宋子、衛侯、鄭伯、許男、曹伯于葵丘。’宋子即未踰年君也。出與天子、大夫會，是非王事而稱子耶？”按：此《經》《公羊》無《傳》。何休《解詁》云：“未踰年君稱伯者，時樂成君位。親自伐許，故如其意以著其惡。”則鄭君所據何氏義也。《曲禮》：“其在凶服，曰‘適子孤’。”《疏》：“《公羊》：‘凡以王事出會，未踰年，皆稱子。’《左氏》之義：‘凡在喪，王曰小童，公、侯曰子。’宋襄公、陳共公稱子是也。其王事出會，則稱爵，鄭伯伐許是也。”又云：“《公羊》以成四年‘鄭伯伐許’非王事，未踰年而稱爵，譏之也。《左氏》則以‘鄭伯伐許’爲王事，雖未踰年，得稱爵。”此約《異義》所稱二《傳》説。又云：“鄭《駁異義》從《公羊》義，以鄭伯伐許爲非禮，及《公羊》未踰年爲王事，皆稱子，即宋襄公稱子、陳共公稱子是也。《左氏》未踰年爲王事，皆稱爵。鄭《駁異義》引宋襄公稱子，從《公羊》説，以爲稱子，禮也。”此約引鄭君《駁異義》。據彼《疏》，則宋襄公、陳共公稱子，二《傳》所同。其異者，《公羊》在國、出會皆稱子，《左氏》則在國稱子，出會當稱爵。彼《疏》於宋襄、陳共外，又引定四年召陵之會，陳懷公稱子。

陳壽祺《異義疏證》云：“僖九年，葵丘之會，時宋桓公未葬。二十八年，踐土之會，時陳穆公未葬。定四年，召陵之會，時陳惠公未葬。成四年，鄭伯伐許，時鄭襄公已葬。”如陳説，則未葬，以王事出，稱子；已葬，以王事出，當稱爵也。彼《疏》又云：“案：桓十三年，《經》書衛惠公稱侯。成三年，《經》書宋公、衛侯，時宋文公、衛穆公未葬。此并先君未葬而稱爵者。賈、服《注》譏其不稱子。僖二十五年，會衛子、莒慶於洮。時先君已葬，衛成公猶稱子。服虔云：‘明不失子道。’”此陳氏説所本。然以此從《左氏》説證之，則桓十三年敗燕，成三年伐鄭之役，宋、衛稱爵合于王事之義。洮之會，衛不稱爵，非矣。賈、服諸君説蓋又與古《左氏》説異。《雜記》：“君薨，太子號稱子，待猶君也。”《注》：“未踰年也。雖稱子，與諸侯朝會，待如君矣。《春秋》魯僖公九年夏，葵丘之會，宋襄公稱子而與諸侯序。”彼《疏》云：“鄭用《左氏》之義，未葬以前則稱子，既葬以後，踰年則稱公。”鄭君此《注》，義同賈、服，其云“未踰年待如君”，則駁《異義》，説猶未定。

〔傳〕 四年，春，宋華元來聘，通嗣君也。

〔疏證〕杜《注》：“宋共公即位。”《文元年經》：“公孫敖如齊。”《傳》：“始聘焉，禮也。”通嗣君，即始聘之義。

杞伯來朝，歸叔姬故也。

〔疏證〕杜《注》：“將出叔姬，先修禮朝魯，言其故。”

夏，公如晉。

晉侯見公，不敬。

〔疏證〕《年表》：“公如晉，晉不敬。晉景公十三①年，魯成公來，不敬。”《晉世家》：“成公如晉，晉景公不敬。”

季文子曰：“晉侯必不免。

---

① 林按：“三”，劉氏原稿作“二”，據《史記》回改。

〔疏證〕杜《注》：“言將不能壽終也。”

“《詩》曰：‘敬之敬之！天惟顯思，命不易哉！’

〔疏證〕《周頌·敬之》文，《僖二十二年傳》已見。彼《傳》曰：“先王之明德，猶無不難也，無不懼也。”無不難即不易之義。杜《注》：“言天道顯明，受其命甚難，不可不敬以奉之。”亦取彼《傳》爲説。鄭《箋》：“其命吉凶不變易也。”非《傳》引《詩》義。

“夫晉侯之命在諸侯矣，可不敬乎！”

秋，公至自晉，欲求成於楚而叛晉。

〔疏證〕《晉世家》：“魯欲背晉合于楚。”

季文子曰：“不可。晉雖無道，未可叛也。

“國大臣睦，而邇於我，

〔疏證〕杜《注》：“邇，近也。”

“諸侯聽焉，未可以貳。

〔疏證〕杜《注》：“聽，服也。”

“《史佚之志》有之曰：

“‘非我族類，其心必異。’楚雖大，非吾族也，

〔疏證〕杜《注》：“與魯異姓。”顧炎武云：“謂蠻夷也。”文淇案：顧説是也。族，猶類也，不必指同姓。《大司徒》：“二曰族墳墓。”《注》：“族，猶類也。”《疏》：“按《左氏傳》云：‘非我族類，其心必異。’族類是一，故云族猶類也。”彼《疏》蓋用古《左氏》説。

“其肯字我乎？”

〔疏證〕《詩·生民》毛《傳》：“字，愛也。”

公乃止。

〔疏證〕《晉世家》：“或諫乃不。”

冬，十一月，鄭公孫申帥師疆許田。

〔疏證〕三年，春，鄭公子去疾伐許。冬，鄭伐許，蓋得其邊邑。

許人敗諸展陂。

〔疏證〕杜《注》：“展陂亦許地。”高士奇云：“展陂，今在河南許州西北。”

鄭伯伐許，取鉏任、泠敦之田。

〔疏證〕高士奇云：“鉏任及泠敦亦在許州境。”

晉欒書將中軍，

〔疏證〕杜《注》：“代郤克。”

荀首佐之，

〔疏證〕《三年傳》：“於是荀首佐中軍矣。”

士爕佐上軍，

〔疏證〕荀庚將上軍未行，故止書佐。

以救許伐鄭，

取氾、祭。

〔疏證〕杜《注》：“氾、祭，鄭地。成皋有氾水。”《疏》：“知非中牟、襄城之氾，而以成皋有氾水者，以《傳》爲晉伐鄭，取氾、祭。既爲晉人所取，當是鄭之西北界，即今之氾水也。《字書》水旁巳爲氾，水旁巳爲汜。字相亂也。”顧棟高云：“此爲二邑。氾即成皋之氾，祭即中牟之祭亭，今俱屬開封府。”江永云：“氾本音凡，今氾水縣音祀矣。此祭疑是管城之祭。”按：江說是也。氾非東汜，則祭亦不在中牟矣。沈欽韓云：“《括地志》：‘故祭城在鄭州管城縣東北十五里。’”《年表》：“鄭襄公十八年，晉欒書取我氾。”《晉世家》：“晉伐鄭，取氾。”不言祭，文略。

楚子反救鄭，

〔疏證〕《年表》：“楚共王四年，子反救鄭。”

鄭伯與許男訟焉，

皇戌攝鄭伯之辭。

〔疏證〕《讀本》："攝，代也。"

子反不能決也，

曰："君若辱在寡君，寡君與其二三臣共聽兩君之所欲，成其可知也。

"不然，側不足以知二國之成。"

〔疏證〕杜《注》："側，子反名。"

晉趙嬰通於趙莊姬。

〔注〕莊姬，賈、服先儒皆以爲成公之女。《八年疏》。

〔疏證〕《晉語》稱莊姬爲孟姬。《注》："孟姬，趙盾之子趙朔之妻，晉景公姊也。"杜《注》："趙嬰，趙盾弟。莊姬，趙朔妻。朔，盾之子。"用韋說。韋、杜皆不明姬之所出。《八年傳》："武從姬氏畜於公宮。"杜《注》："莊姬，晉成公之女。"彼《疏》云："《史記·趙世家》云：'趙朔娶晉成公姊以爲夫人。'案《傳》，趙衰適妻是文公之女，若朔妻成公之姊，則亦文公之女。父之從母，不可以爲妻。且文公之卒，距此四十六年，莊姬此時尚少，不得爲成公姊也。賈、服先儒皆以爲成公之女，故杜從之。"案：莊姬初見於《傳》，賈、服《注》當在此年。熊□□①《經說》云："晉有二趙姬，亦曰姬氏也。其一趙衰妻，文公之女，成公之姊。其一趙莊姬者，趙盾長子朔之妻，趙武之母，成公之女也。《史記》誤以朔妻爲成公姊。"梁履繩云："朔謚莊子，故妻稱莊姬。"

〔**經**〕　五年，春，王正月，杞叔姬來歸。無《傳》。

〔疏證〕《莊廿七年傳》："出曰來歸。"本《疏》："杞既出之，猶稱杞者，《雜記》曰：'諸侯出夫人，夫人比至于其國，以夫人之禮行。至，以夫人入。'鄭玄云：'行道以夫人之禮者，棄妻致命其家，乃義絕不用，此爲始。'"

仲孫蔑如宋。

---

① 　科學本注：原稿闕文，疑指熊朋來《五經說》。

夏，叔孫僑如會晉荀首于穀。

〔疏證〕《公羊》"首"曰"秀"。臧壽恭云："首、秀同音相假。"杜《注》："穀，齊地①。"已見莊七年《疏證》。

梁山崩。

〔注〕劉歆以爲："梁山者，晉望也。崩，弛崩也。古者，三代命祀，祭不越望，吉凶禍福，不是過也。國主山川，山崩川竭，亡之徵也。美、惡周必復。是歲歲在鶉火，至十七年復在鶉火，欒書、中行偃殺厲公而納悼公。"《五行志》。

〔疏證〕"梁山，晉望"，《釋山》文，《晉語注》同。《韓奕》"奕奕梁山"《傳》："禹治梁山，除水災。"《地理志》："左馮翊夏陽，故少梁。《禹貢》梁山在西北。"杜《注》："梁山在馮翊夏陽縣西北。"用《漢志》説也。胡渭《禹貢錐指》云："夏陽，故少梁，秦地也。《左傳》文十年：'晉人伐秦，取少梁。'梁山由是入晉。下逮戰國，少梁猶屬魏。故梁山雖在雍域，而實爲晉望。雍州有二梁山，一在韓城縣西北，《詩》所云'奕奕梁山'者，《禹貢》之梁山也；一在乾州西北，西南接岐山縣界，屬鳳翔府，即《孟子》所云'太王居邠，逾梁山'者，非《禹貢》之梁山也。"胡氏説梁山，謂在今韓城，用杜説。其兼言鳳翔之梁山者，明雍有二梁山耳。顧棟高云："梁山，在今陝西同州府韓城縣西北九十里。"與胡氏説同。則《禹貢》之"梁"、《韓奕》之"梁山"，即此《經》之"梁山"也。

然《韓奕》毛《傳》不謂梁山在韓境，惟《箋》云："梁山於韓國之山最大，爲國之鎮，所望祀焉。"與毛義異。僖二十四年："邘、晉、應、韓。"杜無注。十年："敗于韓。"杜《注》："韓，晉地。"十五年："戰於韓原。"杜《注》："古韓國。"江永云："《史記正義》引《括地志》云：'同州韓城縣南十八里爲古韓國。'説《詩·韓奕》者，亦以爲韓國在此。王肅則謂：'今涿郡方城縣有韓侯城。'王符《潛夫論》曰：'昔周宣王時有韓侯，其國近燕，故《詩》云"溥彼韓城，燕師所完"。考《水經注》云：'聖水逕方城縣故城北，又東南逕韓侯城東，《詩》"溥彼韓城，燕師所完"。'又《魏書·地形志》亦云：'范陽郡方城縣有韓侯城。'方城，今順天府之固安縣，在府西南百二十里。與《詩》之'王錫韓侯，其追其貊，奄受百國'者正相符。使韓國在關中，豈役燕師爲之築城？又何能受

追、貉百國乎？或又以梁山在韓城爲可據，然而燕地亦自有梁山。《水經注·鮑丘水》：‘過潞縣西，高梁水注之，水首受灤水於戻陵堰，水自堰枝分，東逕梁山南。’按：潞縣，今之通州，其西有梁山，正當固安縣之東北也。禹治冀州水，恒、衛既從，則燕地之山固其所賓處者，近韓城有梁山，名偶同耳。”按：江説是也。北燕於時尚存望祭之山，蓋在界上矣。《禹貢》“壺口，治梁及岐”之“梁”則當在夏陽，如《漢志》之説。江氏説《韓奕》之“梁山”在燕，乃併《禹貢》之“梁”亦移於燕，非也。

　　《説文》：“崩，山壞也。”《曲禮注》：“自上顚壞曰崩。”“弛”亦顚壞義。《五行志注》：“師古曰：‘言漸解散也。’”“三代命祀，祭不越望”，爲諸侯言之。《王制》“諸侯祭名山大川之在其地者”，□□①天子之祭天下名山大川也。“吉凶禍福，不是過也”者，以人事言。《魏書·崔光傳》：“光表曰：‘臣聞災異之見，皆所以示吉凶。明君覩之而懼，乃能招福；闇主視之彌慢，所用致禍。《詩》《書》《春秋》，秦、漢之事多矣。’”即用歆説。“國主山川，山崩川竭，亡之徵也”者，據《傳》及《外傳》爲説，以起下“美、惡周必復”義。周，謂歲星一周天也。復，兼美、惡言，謂災祥徵應。故云：“是歲歲在鶉火，至十七年復在鶉火。”五年至十七年得十二年，周天之數也。臧壽恭云：“案：置元年定次三，次餘八十一，各加四，得積次七，次餘八十五。置積次，命如法，得歲在鶉火。”欒書、中行偃殺厲納悼事見《十七年傳》，歆謂其應在彼也。杜《注》：“記異也。”用《公羊》義。

秋，大水。無《傳》。

冬，十有一月，己酉，天王崩。

　　〔疏證〕《年表》：“定王二十一年崩。”《周本紀》：“定王崩，子簡王夷立。”

十有二月，己丑，公會晉侯、齊侯、宋公、衛侯、鄭伯、曹伯、邾子、杞伯同盟于蟲牢。

　　〔疏證〕《春秋繁露》“蟲”作“蠱”，或是《公羊》異文。《郡國志》：“陳留郡封丘有桐牢亭，或曰古蟲牢。”沈欽韓云：“《寰宇記》：‘桐牢亭在開封封丘縣北二里。’《一統志》：‘今俗謂之桐渦。’”

---

① 科學本注：原稿字迹不清晰，似是“擬於”字。林按：當作“殺於”。

〔傳〕 五年，春，原、屏放諸齊。

〔疏證〕杜《注》："放趙嬰也。原同、屏季，嬰之兄。"沈欽韓云："《列女·貞順傳》：'卿大夫外淫，放。'"

嬰曰："我在，故欒氏不作。我亡，吾二昆其憂哉！

〔疏證〕欒書將中軍，中軍最貴，執國兵柄。二昆，謂原同、屏季。

"且人各有能，有不能，

〔疏證〕杜《注》："言己雖淫，而能令莊姬護趙氏。"

"舍我何害？"弗聽。

嬰夢天使謂己："祭余，余福女。"

〔疏證〕《讀本》："天使，《文三年傳》有之，蓋夢神言，而莫名其神，故謂之天使。"

使問諸士貞伯，貞伯曰："不識也。"

既而告其人

〔疏證〕沈欽韓云："按：其人，嬰齊所使之人，自以私意告之，亦如衛出公問於子貢，而子貢乃私于使者。古人使問之禮如此。杜預謂'自告貞伯從人'，謬。"

曰："神福仁而禍淫。淫而無罰，福也。祭，其得亡乎？"

〔疏證〕杜《注》："以得放遣爲福。"

祭之之明日而亡。

孟獻子如宋，報華元也。

〔疏證〕《四年經》："春，華元來聘。"

夏，晉荀首如齊逆女，

故宣伯餫諸穀。

〔疏證〕《説文》："野饋曰餫。"賈君説亦當然。杜用許義，又云："運

糧饋之。"《釋詁》云："餼，饋也。"本《疏》引孫炎曰："'餼，野之饋
也。'彼言野饋，饋田農在野之人，此言野饋，饋在野行路之人。"

梁山崩，

晉侯以傳召伯宗。

〔疏證〕《穀梁》"宗"曰"尊"。《晉語》："梁山崩，以傳召伯宗。"
《注》："傳，驛也。伯宗，晉大夫孫伯糾之子。"

伯宗辟重，曰："辟傳！"

〔疏證〕《釋文》："辟，本又作僻。"杜《注》："重載之車。"止釋
"重"義。《晉語》："遇大車當道而覆，立而譬曰辟傳①。"《注》："大車，
牛車也。辟，使下道避傳車。"《讀本》："辟重者，謂開闢傳前重車。曰
'辟傳'者，使辟傳車也。"與韋義合。

重人曰：

〔疏證〕《讀本》："重人，御重車者。"

"待我，不如捷之速也。"

〔疏證〕待我，謂待其推車下道。《晉語》："不如捷而行。"《注》："旁
出爲捷。"杜《注》："邪出。"亦用韋義。

問其所。曰："絳人也。"

〔疏證〕《晉語》："問其居，絳人也。"《注》："絳，晉國都。"

問絳事焉。

曰："梁山崩，將召伯宗謀之。"

問："將若之何?"

曰："山有朽壤而崩，可若何?

〔疏證〕杜氏無注。《晉語》："山有朽壤而自崩。"《注》："朽，腐也。
不言政失所爲，而稱朽壤，言遜也。"

———————————

① 科學本注：《叢書集成》據士禮居本作"立而辟之曰避傳"。

"國主山川，

〔疏證〕《晉語注》："主，爲山川主也。孔子曰：'夫顓臾爲東蒙主。'"杜《注》："主，謂所主祭。"用韋義，而未明韋不謂主祭也。《周語》："夫國必依山川。"《注》："依其精氣利澤也。"

"故山崩川竭，

〔疏證〕《晉語》作"川涸山崩"。《注》："涸，竭也。"《周語》："山崩川竭，亡之徵也。川竭則山崩。"《注》："水泉不潤，枯朽而崩。"據《周語》義，則此《傳》亦謂山崩由於川竭，與《外傳》文有倒順耳。

"君爲之不舉、

〔疏證〕《周禮·膳夫注》："殺牲盛饌曰舉。"杜《注》"不舉"謂"去盛饌"，用鄭義。《晉語注》："不舉，不舉樂也。"文淇案：《國語》無徹樂之文，故韋以"不舉"爲"不舉樂"。

"降服、

〔疏證〕《晉語注》："降服，縞素也。"杜《注》："損盛服。"不用韋義。沈欽韓云："《司服職》：'大札素服。'《注》云：'君臣素服縞冠，若晉伯宗哭梁山之崩。'按：韋說與《周禮》合，杜《注》非也。"沈說是也。鄭君既引此哭梁山爲文，則《左氏》舊説亦以降服爲素服縞冠。《僖三十三年傳》，秦伯以師敗于殽，"素服郊次"。

"乘縵、

〔疏證〕《説文》："縵，繒無文也。"《晉語注》："縵，車無文也。"杜用韋義。洪亮吉云："《周禮·巾車》：'卿乘夏縵。'此車蓋以繒爲車帷，取其無文。鄭玄《注》：'夏縵，亦五采畫，無琭耳。'疑非。杜《注》蓋取《説文》，然改'繒'爲'車'，亦失本訓。"按：韋、杜變許君訓，誠如洪氏所譏，然不云乘縵即卿之夏縵，猶云施縵之車耳。《疏》知夏縵五采畫，不得謂無文。故云："乘縵，車無文，蓋大夫墨車也。《覲禮》：'侯氏乘墨車乃朝。'彼爲適王，尚乘墨車，明此山崩降服，亦乘墨車也。"侯氏墨車朝王，不得例於遇災貶乘，義殊迂曲。沈欽韓云："縵，非無文之謂，以君而降從卿之乘車，則自貶之義。"沈以《疏》縵當墨車未安，故逕謂用卿車，然與許君義亦未合。《廣雅·釋詁》："曼、莫，無也。"王念孫云：“任氏幼植《釋繒》云：‘《説文》：“縵，繒無文也。”’《管子・霸形篇》：‘君何不發虎豹之皮文錦以使諸侯，令諸侯以縵帛鹿皮報？’《左氏・成五年傳》：‘乘縵。’《注》：‘車無文。’是凡物無文者謂之縵，義與曼同也。”王氏釋“縵”，不引《巾車》“夏縵”，最諦。

“徹樂、

〔疏證〕《晉語注》：“《周禮》：‘四鎮五嶽崩，命去樂。’”韋據《大司樂》文，杜用韋義。

“出次，

〔疏證〕《晉語注》：“出次，次于郊也。”杜用韋義。

“祝幣，史辭以禮焉。

〔疏證〕祝以幣，史以辭，禮山、川也。杜分爲三事，非。《晉語》記重人之言，有降服、出次、乘縵、不舉四事，其多於《内傳》者，“策於上帝，國三日哭”也。

“其如此而已。

“雖伯宗，若之何？”

伯宗請見之。不可。

〔疏證〕《晉語》：“請以見，不許。”《注》：“以見於君。”

遂以告，而從之。

〔疏證〕《晉語》：“伯宗及絳，以告，而從之。”《注》：“以車者之言告君，君從之。”《年表》：“伯宗隱其人，而用其言。”用《穀梁》“攘善”義，非《左氏》説。

許靈公愬鄭伯于楚。

〔疏證〕《鄭世家》“許”作“鄦”。李富孫云：“《説文》：‘鄦讀若許，許，聽也。’今通假讀若字。”三年鄭再伐許。四年，鄭伐許。

六月，鄭悼公如楚訟，不勝，

〔疏證〕《年表》：“鄭悼公費元年，公如楚訟。楚共王五年，伐鄭，倍我故也，鄭悼公來訟。”案：本年楚無伐鄭之役，史公據他書。《鄭世家》：“鄵公惡鄭於楚，悼公使弟睔於楚自訟，訟不直。”《世家》不謂悼公自如楚，與《傳》異。

楚人執皇戌及子國。

〔疏證〕上年，鄭與許訟于楚，皇戌攝鄭伯之辭。至是，皇戌又從鄭伯至楚也。杜《注》：“子國，鄭穆公子。”《鄭世家》：“楚囚睔。”亦與《傳》異。

故鄭伯歸，使公子偃請成于晉。

秋，八月，鄭伯及晉趙同盟于垂棘。

〔疏證〕《鄭世家》：“於是鄭悼公來與晉平，遂親。”《晉語注》：“趙同，盾弟，晉大夫原同也。”杜《注》：“垂棘，晉地。”沈欽韓云：“《一統志》：‘三垂山在潞安府潞城縣西南二十里，又有臺壁在縣北。’蓋即垂棘之訛。”

宋公子圍龜爲質于楚而歸，

〔疏證〕杜《注》：“圍龜，文公子。蓋宣十五年，宋、楚平後，華元使圍龜代己爲質。”按：圍龜質楚事，傳文不具，杜據下“習攻華氏”説之。

華元享之。

請鼓噪以出，鼓噪以復入，

〔疏證〕《讀本》：“擊鼓而噪，軍聲也。”

曰：“習攻華氏。”

宋公殺之。

冬，“同盟于蟲牢”，鄭服也。

諸侯謀復會，

宋公使向爲人辭以子靈之難。

〔疏證〕《釋文》：“一本無‘之難’二字。”李富孫云：“案文義，當有此二字。”十五年，杜《注》以向爲人爲桓族。彼《疏》引《世本》“桓公生向父胖”，則向出於桓，據《世本》也。杜《注》：“子靈，圍龜也。宋公不欲會，以新誅子靈爲辭。”

十一月，己酉，定王崩。

〔疏證〕杜《注》：“《經》在蟲牢盟上，《傳》在下，月倒錯。衆家《傳》悉無此八字，或衍文。”按《公》《穀》此《經》無《傳》，不得爲此《傳》比。杜稱衆家《傳》，謂諸家《傳注》本也。

〔經〕 六年，春，王正月，公至自會。無《傳》。

二月，辛巳，立武宫。

〔注〕服云：“鞌之戰禱武公以求勝，故立其宫。”本《傳疏》。

〔疏證〕杜《注》：“魯人自鞌之功，至今無患，故築武軍，又作先君武公宫，以告成事。”杜謂“作先君武公宫”，用服説。其云“築武軍”，非服義，又不取服“禱武宫”之説，而以“告成事”爲言，皆異於服。案：《傳》不言“築武軍”，杜於《傳注》云：“宣十二年，潘黨勸楚子立武軍，楚子答以武有七德，非己所堪。其爲先君宫，告成事而已。今魯倚晉之功，又非霸主，而立武宫，故譏之。”玩杜《傳注》義，又止引楚立先君宫，爲此立武宫之比，不謂“魯築武軍”。杜經傳二《注》自相歧錯。本《疏》云：“劉炫以爲直立武公之宫，不築武軍。今知不然者，以下《傳》云：‘不可以立武。立武由己，非由人也。’是丘明譏魯立武以章武功，明非徒築宫而已。”《傳》云“立武”，不云“築武軍”，立武泛言立威武，并非斥武宫之武，豈涉于築武軍乎？

朱駿聲云：“魯無築武軍事。”邵瑛云：“武公謚武，想在宣王時，南征北伐，佐王師有功。至成公時，與齊戰鞌，於廟受命出師，如季孫行父等，必有私禱而祈請者，功成則爲之立宫，亦理之所必有也。至武軍，其事固不見於經傳，惟於宣十二年，楚潘黨有其言而不行。而杜以武軍、武宫，其事相類，竟似魯立武宫，必築武軍者，其説誕矣。”邵氏申炫義甚確，其謂季孫私禱即據服説。

服氏“禱武公”説，杜所不取，故《傳疏》駁之云：“案《定元年傳》：‘昭公出故，季平子禱于煬公。立煬宫。’此若爲禱而立，何以不言禱也？無驗之説，故不可從。”李貽德云：“按：《十六年傳》：‘伯州犁曰：“戰禱也。”’是將戰而禱，行軍之常，《傳》何必贅言乎？若季平子逐君而懼，私自禱祠，故《傳》特顯言之，以發其伏。事有同異，故文有詳略也。杜氏于此《注》云：‘作先君武公宮，以告成事。’則泥於楚子‘作先君宮，告成事’之言。楚子所謂‘作先君宮’者，蓋師行則載主以從，因於野次張幕爲宮，設主其中，以告戰勝。今距鞌戰已四易歲，何于四易歲後始告成事乎？師還告廟，飲至策勳。今四易歲而始告成事，則飲至諸典盡曠不行乎？且告成事，告廟而已，何必遠立已毀之廟乎？凡此皆説之不通者也。《哀二[1]年傳》曰：‘鐵之戰，衛大夫蒯瞶禱曰：“曾孫蒯瞶，敢昭告皇祖文王、烈祖康叔、文祖襄公。”’是軍中有禱事也。蒯瞶得禱於文王、康叔，故魯亦得禱於武公。”按：李説是也。

服據《明堂位》“武公之廟，武世室也”，故以武宮爲武公廟。彼《注》云：“武公，伯禽之玄孫也，名敖。”彼《疏》引《世本》云：“伯禽生煬公熙，熙生弗，弗生獻公具，具生公敖。”是伯禽玄孫名敖，與《魯世家》世次合。諸侯立五廟，成公上距武公已十世，武公又非始封之君，其廟久在毀祧之列，故《穀梁集解》據《明堂位》駁之，云：“言世室，則不毀也，義與此違。”《公羊疏》云：“《明堂位》之作在此文之後。記人見武公之廟已立，欲成魯之善，故言此，非實然。”據《公羊傳》，以立武宮爲臧孫許事，雖與《左氏》異，然三《傳》皆不言武宮即武世室，則世室之稱在後也。沈欽韓云：“以《明堂位》證之，武宮或是武公之廟，玩《傳》中‘立武’之語，或作宮於他所，美其名曰‘武宮’，未必廟也。”沈氏不從服説。按《韓子·外儲》：“宋王與齊仇也，築武宮。謳癸倡，行者止觀，築者不倦，王聞，召而賜之。”則宋之武宮非廟，可證沈説。然《傳》稱武宮與煬宮一例，不得援宋事爲證[2]。

取鄟。

〔疏證〕洪亮吉云：“按：《玉篇》《字書》并云：‘鄟，邾婁邑。’杜云‘魯附庸’，恐誤。”按《公羊傳》：“鄟者係邾婁之邑也。”《玉篇》等書據《公羊》説。《穀梁》則云“國也”，杜云“附庸”，或是《左氏》舊説。惟不言鄟所在。顧棟高云：“鄟在沂州府郯城縣東北。”畢沅《晉書地理志補正》云：“昭二十六年，盟于鄟陵，鄟陵即鄟國。”凌氏曰：“鄟在兗州府境。”江永《考實》亦疑鄟陵即鄟，謂“在魯之東鄙，近鄆”，則凌氏兗州之説近之。

---

① 林按：劉氏原稿此處原衍“十”字，據李貽德《春秋左氏傳賈服注輯述》刪。

② 科學本注：原稿眉批：“查宮添證。”

衛孫良夫帥師侵宋。

〔疏證〕《公羊》“帥”曰“率”。

夏，六月，邾子來朝。無《傳》。

〔疏證〕《公羊》“邾”曰“邾婁”。

公孫嬰齊如晉。

〔疏證〕杜《注》：“嬰齊，叔肸子。”

壬申，鄭伯費卒。

〔疏證〕《年表》：“鄭悼公二年薨。”《鄭世家》：“悼公潰卒，立其弟睔，是爲成公。”潰、費異文。

秋，仲孫蔑、叔孫僑如帥師侵宋。

〔疏證〕《公羊》“帥”曰“率”。

楚公子嬰齊帥師伐鄭。

〔疏證〕《公羊》“帥”曰“率”。《年表》：“鄭悼公二年，楚伐我。”《鄭世家》：“悼公二年，楚伐鄭。”

冬，季孫行父如晉。

晉欒書帥師救鄭。

〔疏證〕《公羊》“救”曰“侵”。《校勘記》云：“侵字誤。嚴杰云：‘上文“鄭伯費卒”，《注》云：“楚伐鄭喪，諸侯不能救，晉又侵之。”然則《公羊》作侵鄭，與《左》《穀》異也。’”《年表》：“晉景公十五年，使欒書救鄭。鄭悼公二年，晉使欒書來救。”《鄭世家》：“晉兵來救。”

〔傳〕 **六年，春，鄭伯如晉拜成，**

子游相，

〔疏證〕杜《注》：“子游，公子偃。”

授玉于東楹之東。

〔疏證〕杜《注》：“禮，授玉兩楹之間。鄭伯行疾，故東過。”沈欽韓云："《聘禮》：'賓升，西楹西，東面。賓致命，公當楣再拜，側襲受玉於中堂與東楹之間。'《注》：'中堂，南北之中也。東楹之間，亦以君行一、臣行二也。'《疏》云：'兩楹之間，爲賓主處中，今乃于東楹之間，更侵東半間，故云君行一、臣行二也。'按：鄭伯以兩君相見而降同大夫聘禮，其志在過恭。士貞伯譏其行速，謂失其常度耳。其實鄭伯降心于晉者深也。"

士貞伯曰："鄭伯其死乎！自棄也已。

"視流而行速，

〔疏證〕杜《注》："視流，不端諦。"

"不安其位，宜不能久。"

二月，季文子以鞌之功立武宮，非禮也。

聽於人以救其難，不可以立武。

〔疏證〕人謂晉。武，威武也。

立武由己，非由人也。

"取鄟"，言易也。

三月，晉伯宗、夏陽説、衛孫良夫、甯相、鄭人、伊雒之戎、陸渾、蠻氏侵宋，

〔疏證〕杜《注》："夏陽説，晉大夫。"萬□□[1]《氏族略》云："夏陽説以邑爲氏，晉滅虢下陽，二小傳作夏陽，蓋説食采於此。"《郡國志》："河南郡新城有鄤聚，古鄤氏，今名蠻中。"又"新城"下《注》引《文十七年傳》"周敗戎于邧垂"，則蠻氏即邧垂之戎也。江永云："今按：汝州西南有蠻中聚，即戎蠻子國。"顧棟高謂"蠻氏一名矛戎"，非。詳元年《疏證》。

以其辭會也。

〔疏證〕謂五年冬"蟲牢"之盟。

---

[1] 科學本注：原稿闕文。林按：據《左通補釋》當作"光泰"。

師于鍼。

〔疏證〕①鍼，杜無注。高士奇云："衛成公時，鍼莊子食邑於此。"

衛人不保。

〔疏證〕杜《注》："不守備。"

説欲襲衛，

曰："雖不可入，多俘而歸，有罪不及死。"

伯宗曰："不可。

〔疏證〕馬宗璉云："'鍼'疑作'鹹'。《郡國志》：'東郡濮陽有鹹城，或曰古鹹國。'以下言'師在其郊'，則惟鹹地近濮陽也。"

"衛唯信晉，故師在其郊而不設備。

〔疏證〕郊，謂衛之郊。

"若襲之，是棄信也。

"雖多衛俘，而晉無信，何以求諸侯？"乃止。

師還，衛人登陴。

〔疏證〕《晉語注》："陴，城上女垣。"杜《注》："聞説謀故。"

晉人謀去故絳，

〔疏證〕杜《注》："晉復命新田爲絳，故謂此爲'故絳'。"按莊二十六年"士蔿城絳，以深其宮"，即此《傳》"故絳"也。絳爲今絳州之北境，平陽府太平縣之南境。杜彼《注》謂"在平陽絳邑"，非。詳彼年疏證。何□□②《讀書記》："晉因梁山崩而懼，故遷都以厭之。"

諸大夫皆曰："必居郇、瑕氏之地，

〔疏證〕洪亮吉云："《説文》：'郇，周武王子所封國，在晉地。'按：即郇瑕氏之地。杜《注》：'郇瑕，古國名。'不知'郇瑕'即郇國也。僖

---

① 林按："〔疏證〕"，原脱，今據本書體例補。
② 科學本注：原稿闕文。林按：據《左通補釋》當作"焯"。

二十四年，‘咎犯與秦、晉大夫盟于郇’。文十二年，‘秦侵晉及瑕’。郇、瑕二地相接，亦可作一地。司馬彪《郡國志》：‘解縣有瑕城。’杜《注》：‘解縣西北有郇城。’《水經注》引京相璠曰：‘故瑕城在解縣西南。’是其證也。二地通稱，春秋時多有，如解梁、郇瑕等，皆取便俗耳。《水經注》：‘古水又西徑郇城東北，古郇國也。’《汲郡古文》：‘晉武公滅郇，以賜大夫原氏。’”按：《僖二十四年傳》：“師退，軍于郇。”洪氏引誤。洪氏於彼《傳》據《水經》及《蒲州圖經》，謂郇城在猗氏縣西南，當漢解縣之東，以正夫杜《注》解縣西北之誤，極諦。“此乃沿杜誤”，非也。其文十二年之瑕，洪氏以爲在陝州，此《傳》謂在解縣西南，是僖三十年“許君焦、瑕”，亦即此瑕。詳僖二十四年、三十年、文十二年《疏證》。郇、瑕二邑，皆在今蒲州臨晉縣境。

“沃饒而近鹽，

〔注〕服云：“土田而有漑曰沃。鹽，鹽池也。”《水經·涑水注》。

〔疏證〕《説文》：“沃，灌漑也。”《周語注》：“有漑曰沃。”即用服義。杜《注》：“鹽，鹽也，猗氏縣鹽池是。”按：《鹽人》：“祭祀，供其苦鹽、散鹽。”《注》：“杜子春以‘苦’讀爲‘鹽’，謂出鹽直用，不涑也。”故杜以“鹽”訓“鹽”。然據服氏義，鹽即地名。知者，《穆天子傳》：“至于鹽。”《説文》：“鹽，河東鹽池。袤五十一里，廣七里，周百十六里，從鹽省，古聲。”又《水經·涑水注》引呂忱曰：“河東鹽池謂之鹽。”皆以鹽爲地名。服訓“鹽”爲鹽池，義亦如此，杜用服義而失之，《水經注》引《傳》作“近鹽”，誤。《貨殖傳》：“猗頓用鹽鹽起。”史公亦以鹽爲地名。《集解》：“以興富於猗氏，故曰猗頓。”《正義》：“按：猗氏，蒲州縣也。”按：蒲州府在臨晉之東，又據《地理志》：“河東郡安邑，鹽池在西南。”《方輿紀要》：“鹽池在解州東三里。”即安邑鹽池也。安邑亦在臨晉之東，則近郇、瑕之鹽池非一。

“國利君樂，不可失也。”

韓獻子將新中軍，

且爲僕大夫，

〔疏證〕杜《注》：“兼大僕。”

公揖而入。

〔疏證〕杜無注。沈欽韓云："僕大夫如王之太僕，掌內朝之事。公揖，則《司士職》之特揖、旅揖、三揖也。入者，入內朝。"

獻子從。公立於寢庭，

〔疏證〕杜《注》："路寢之庭。"《疏》："《禮·玉藻》：'君日出而視朝，退適路寢聽政。'沈氏云：'《大僕職》云："王視燕朝，則正位，掌擯相。"'鄭《注》云：'燕朝，朝於路寢之庭。'韓獻子既爲僕大夫，故知寢庭、路寢之庭也。"此沈文阿舊疏説。顧炎武《日知録》云："僕大夫者，君之親臣，故獨令之從公而入寢庭也。"沈欽韓云："公入內朝，諸大夫皆退矣。太僕從，入路寢，正君位，乃却立于庭，以待群臣之復逆。"顧、沈皆據《大僕職》，説獻子得入路寢。惟內朝之稱，沈即以當路寢，未核。知然者，《疏》又引沈舊疏云："凡人君內朝二，外朝一。內朝二者，路門內外之朝也。外朝一者，庫門外之朝也。若諸侯三門皋、應、路，外朝則在應門外。魯之三門庫、雉、路，則外朝在雉門外。"據沈舊疏，則內朝有二，不得僅目路寢爲燕朝。

閻若璩《釋地·三續》云："汪武曹云：'以魯制言之，庫門之內爲外朝，雉門之內爲治朝，路門之內爲燕朝，治朝與燕朝皆可謂之內朝。《文王世子》"公族朝於內朝"，謂燕朝也。《玉藻》"朝服以日視朝於內朝"，謂治朝也。然以治朝對燕朝言之，則亦曰外朝。《文王世子》"外朝以官"是也。路寢即燕朝。《周禮》："王眡燕朝。"《注》："王圖宗人之嘉事，則燕朝。"《疏》云："君燕群臣，則在寢。燕亦有朝，但因燕而朝。燕禮已有成文，故鄭必以王圖宗人嘉事爲燕朝。"以此合之公族朝於內朝之文，益知異姓之臣，不得常在燕朝也。'余案：成六年：'韓獻子將新中軍，且爲僕大夫，公揖而入。獻子從。公立於寢廷。'足見韓厥卿也，得從景公入至燕朝，以兼大僕故。"按：汪氏言諸侯三朝之别最核，故閻氏據以説此《傳》"寢廷"之爲燕朝，其謂"外朝在庫門内"，與沈舊疏説異。外朝之外，無涉《傳》義，今不説。金鶚《禮説》云："庭者，堂下之地。凡言庭者，皆廟、寢堂下也。若治朝、外朝皆無堂，則亦無庭。而名之曰廷，所謂朝廷也。'庭'與'廷'字有別。《説文》：'庭，宮中也。廷，朝中也。'庭有堂，故其文從广；廷無堂而但爲平地，故其文從廴。"

謂獻子曰："何如？"

〔疏證〕晉景公於治朝議遷都事，韓獻亦與其列，退入燕朝而私問之。

對曰："不可。

"郇、瑕氏土薄水淺，

　　〔疏證〕《讀本》："郇瑕當大河之濱。"

"其惡易覯。

　　〔疏證〕杜《注》："惡，疾疢。覯，成也。"顧炎武引陸粲曰："言垢穢易見。"不從杜説。武億云："惡非訓爲疾疢。據傳文'沈溺腫腄之疾'，下乃言之，則惡當與'有汾、澮以流其惡'爲對，惡屬垢穢，仍屬地氣使然，於義爲近。又《爾雅》訓'覯'爲'見'，杜易作'成'，故違古訓，亦不可從。"按：武説即用陸氏義。惠棟於"有汾、澮以流其惡"下引《周書》曰："地有五行，不通曰惡。"按：見《武順解》。此"惡"亦即《周書》之"惡"，地脈不通，故垢穢易積也。俞樾同武説。《四月》："我日構禍。"《傳》："構，成也。"杜以"構"當"覯"，訓爲"成"，非。□□□①："覯，遇也。""遇"亦"見"義。

"易覯則民愁，

"民愁則墊隘，

　　〔疏證〕洪亮吉云："《説文》：'墊，下也。《春秋傳》曰墊隘。'隘，陋也。又《説文》：'霠，寒也。或曰早霜，讀若《春秋傳》曰墊阸'。阸、隘古字通。按杜《注》：'墊隘，羸困也。'于訓詁爲不通。鄭玄《尚書注》：'墊，陷也。''陷'與'下'義并同。"按：洪説是也。據許君引《傳》"墊阸"，則賈氏本作"阸"，亦當訓"墊"爲"下"。墊隘，謂民之志慮卑狹，不以地言。杜氏既誤以惡爲疾疢，故於墊隘亦强説爲疾也。《方言》："墊，下也。"與許君義同。《疏》亦引《方言》，而云"地之下濕狹隘，猶人之羸瘦困苦"，義更迂曲。

"於是乎有沈溺重腄之疾。

　　〔疏證〕《埤蒼》引《左傳》作"膇"，云與"腄"同。李富孫云："案《玉篇》'腄或作膇'，當爲俗字。"杜《注》："沈溺，濕疾。重腄，足腫。"杜意以有此二種疾。汪瑜云："《内經・太陰陽明論》云：'清溼襲虛，則

────────────

①　科學本注：原稿闕文。林按：據《毛詩正義》，當作"《草蟲》傳"。

病起於下。’《平人氣象論》云：‘足脛腫曰水。’言沈溺溼氣侵入，而爲重
腿之病。”是因沈溺而重腿，一疾也。洪亮吉云：“《衆經音義》引《釋名》：
‘下重曰瘃。’今《釋名》無此語，玄應不知何所本。”按：此或《左氏》
舊説。杜云“足腫”，據“下重”義。“重”，古“腫”字。

“不如新田，

〔疏證〕杜《注》：“今平陽絳邑縣是。”江永云：“按晉既遷新田，又
命新田爲絳。《水經注》謂之絳陽，‘在絳、澮之陽。南對絳山，面背二
水’。《括地志》：‘新田在絳州曲沃縣南二里。’今之曲沃縣南也。近世太
原閻若璩考之曰：‘余親往其地，土人呼王官城，距故晉城五十里。杜氏
長於地志之學，乃於莊二十六年城絳及此年新田皆注云平陽絳邑縣。豈
竟爲一地乎？果爲一地，不應將遷新田之時名獻公所居曰故絳。’此説
是。今考晉之絳縣，其故城在今曲沃縣南。昭八年杜《注》‘虒祁宮在絳
西四十里，臨汾水’，今虒祁在曲沃縣西，則新田在晉時之絳邑。此年
《注》本不誤，誤在莊二十六年之《注》未確耳。又按：閻氏謂‘土人呼
王官城’，此‘王官’與文三年、成十三年之‘王官’不同。”按：江説
是也。沈欽韓云：“《一統志》：‘絳邑故城在平陽府曲沃縣西南，晉新田
地。’”

“土厚水深，居之不疾，

“有汾、澮以流其惡，

〔疏證〕《水經》：“汾水出太原汾陽縣北。”又云：“南過臨汾縣東，
又屈從縣南西流。”《注》云：“汾水又經絳縣故城北，《竹書紀年》：‘梁
武王二十五年，絳中地㙙，西絕於汾。’汾水西逕虒祁宮北，橫水有故梁，
截汾水中。又西徑正橋，澮水入焉。”《水經》又云：“澮水出河東絳縣
東，澮交東高山，西過其縣南，又西南過虒祁宮南，又西至王橋，注於汾
水。”《注》云：“宮在新田絳縣故城西四十里，背汾面澮，西則兩川之交
會也。《竹書紀年》曰‘晉出公五年，澮絕於梁’，即是水也。”《水經》及
《注》説汾、澮之在新田者，極明澮發源於故絳，酈氏恐讀者誤認虒祁宮
亦在故絳，故曰：“宮在新田絳縣。”可證江氏之説。以今地考之，汾自太
原陽曲縣來，南入平陽境，由臨汾折而西流，徑曲沃，出絳縣之北。澮自
平陽翼城西流，經曲沃而出絳縣之南。虒祁宮在絳縣西，據“背汾面澮”
之文，則汾、澮所會之王橋亦在虒祁宮之西矣。《一統志》：“汾河在平陽

府曲沃縣西三十五里。"《方輿紀要》："絳水在絳縣西北二十里。""絳"即
謂"汾"。

"且民從教，

〔疏證〕杜《注》："從教，謂無災患。"顧炎武云："言馴習於上之教
命。"

"十世之利也。

〔疏證〕本《疏》："十者，數之小成。"

"夫山、澤、林、鹽，國之寶也。

"國饒，則民驕佚。

〔疏證〕《魯語》："敬姜曰：'沃土之民不材，逸也。'"同此《傳》
義。《疏》謂"激發之辭"，非。

"近寶，公室乃貧。

〔疏證〕杜《注》："近寶，則民不務本。"《疏》云："棄本逐末，廢
農爲商，貧富兼并，貧多富少，貧者無財以共官，富者不可以倍稅。賦稅
少，則公室貧也。"

"不可謂樂。"

公説，從之。

夏，四月，丁丑，晉遷於新田。

六月，鄭悼公卒。

子叔聲伯如晉，

命伐宋。

〔疏證〕三月，晉侵宋，宋未服，故杜《注》："晉人命聲伯。"

秋，孟獻子、叔孫宣伯侵宋，晉命也。

楚子重伐鄭，鄭從晉故也。

〔疏證〕三月，晉侵宋，鄭人會師。杜《注》："前年從晉盟。"非。

冬，季文子如晉，賀遷也。

晉欒書救鄭，與楚師遇於繞角。

〔疏證〕《年表》："晉景公十五年，使欒書救鄭。"杜《注》："繞角，鄭地。"沈欽韓云："《方輿紀要》：'繞角城在汝州魯山縣東。'"江永云："當是蔡地，非鄭地。"

楚師還。

晉師遂侵蔡。

〔疏證〕《年表》："晉景公十五年，侵蔡。蔡景公七年，晉侵我。"

楚公子申、公子成以申、息之師救蔡，

禦諸桑隧。

〔疏證〕杜《注》："汝南朗陵縣東有桑里，在上蔡西南。"沈欽韓云："《一統志》：'桑里亭在汝寧府確山縣東。'"

趙同、趙括欲戰，請於武子，武子將許之。

〔疏證〕杜《注》："武子，欒書。"

知莊子、范文子、韓獻子諫曰：

〔疏證〕杜《注》："荀首，中軍佐；士燮，上軍佐；韓厥，新中軍將。"

"不可。吾來救鄭，楚師去我，吾遂至於此，

〔疏證〕《讀本》："因楚師還而遂至蔡地。"

"是遷戮也。戮而不已，又怒楚師，戰必不克。

"雖克，不令。成師以出，而敗楚之二縣，

〔疏證〕杜《注》："六軍悉出，故曰'成師'。"按二縣謂申、息①。

"何榮之有焉？

"若不能敗，爲辱已甚，不如還也。"乃遂還。

---

① 科學本注：原稿眉批："令詁。"

於是軍帥之欲戰者衆，

或謂欒武子曰：

"聖人與衆同欲，是以濟事，子盍從衆？

〔疏證〕《禮記·檀弓注》：“盍，何不也。”

"子爲大政，將酌於民者也。

"子之佐十一人，

〔注〕服云：“是時欒書將中軍，荀首佐之。荀庚將上軍，士燮佐之。郤錡將下軍，趙同佐之。韓厥將新中軍，趙括佐之。鞏朔將新上軍，韓穿佐之。荀騅將新下軍，趙旃佐之。”本《疏》。

〔疏證〕晉六軍各有將佐，此稱佐十一人者，晉中軍之將總兵事，自外皆其佐也。李貽德云：“案：《四年傳》：‘欒書將中軍，荀首佐之，士燮佐上軍，以救許。’《三年傳》云：‘晉侯使荀庚來聘，公問諸臧宣叔曰：“中行伯之于晉也，其位在三。”’《正義》曰：‘於時荀庚將上軍。’故知欒書、荀首爲中軍將佐，荀庚、士燮爲上軍將佐矣。郤錡承克後，宜爲軍將。中、上既有人，則錡當爲下軍將，趙同在佐之中而請戰，則佐下軍矣。至韓厥以下六人爲新軍將佐次第，知者，以《三年傳》：‘晉作六軍，韓厥、趙括、鞏朔、韓穿、荀騅、趙旃皆爲卿。’此年《傳》云：‘韓獻子將新中軍。’韓厥居新軍之首，故《三年傳》先列其名，則以下五人所將、所佐可循序知也。”按：李氏據三年、四年《傳》，證服氏所説中、上軍、新軍將佐皆確，惟“郤錡將下軍，趙同佐之”，《傳》所不具，服氏或別據他書。

"其不欲戰者，三人而已。

"欲戰者可謂衆矣。

"《商書》曰：‘三人占，從二人。’

〔疏證〕《尚書·洪範》文，今在《周書》。作“三人占，則從二人之言”，此約引《傳》稱《商書》，已説於文五年疏證。《士喪禮疏》、《宋世家集解》引鄭君《注》：“卜筮各三人，太卜掌三兆、三易。”據《士喪禮》：“命筮者反之，東面旅占。”鄭彼《注》云：“旅，衆也。反與其屬共占之，謂掌《連山》《歸藏》《周易》者。”又“卜葬日，占者三人”，鄭彼《注》云：“占者三人，掌玉兆、瓦兆、原兆。”王鳴盛、孫星衍皆謂：
“鄭君説卜筮各三人，謂卜則掌三兆者各一人，筮則掌三易者各一人也。
三兆、三易，鄭君皆據《太卜》文爲説。杜子春以玉、瓦、原三兆爲帝顓
頊、堯、周之兆，又云：‘《連山》宓義，《歸藏》黃帝。’鄭君用子春説。
而《易贊》則曰‘夏曰《連山》，殷曰《歸藏》’，與《周禮注》違異。”
今以《傳》假卜筮之理論兵，非涉卜筮，不具疏解。

“衆故也。”

〔疏證〕《洪範》鄭君《注》又云：“從二人，從其多者。蓍龜之道，
幽微難明，慎之深。”即據此《傳》爲説。《韓子·内儲説》：“晏嬰子聘魯，
哀公問曰：‘語云：“莫三人而迷。”今寡人與一國慮之，魯不免於亂，何
也？’晏子曰：‘古之所謂“莫三人而迷”者，一人失之，二人得之，三
人足以爲衆矣。故曰：莫三人而迷。今魯國之群臣以千百數，一言于季
氏之私，數非不衆，所言者一人也，安得三哉？’”嬰子謂“三人足以爲
衆”，與《傳》義同。

武子曰：“善鈞，從衆。

〔疏證〕《淮南王書注》：“鈞，等也。”

“夫善，衆之主也。

〔疏證〕《讀本》：“若有偏不善，則當從善，不以衆寡論。”

“三卿爲主，可謂衆矣。

〔疏證〕杜《注》：“三卿，皆晉之賢人。”

“從之，不亦可乎？”

〔經〕 七年，春，王正月，鼷鼠食郊牛角，改卜牛。鼷鼠又食
其角，乃免牛。無《傳》。

〔疏證〕《釋獸》：“鼷，鼠。”郭《注》：“有螫毒者。”本《疏》引李
巡曰：“‘鼱鼩鼠，一名鼷鼠。’孫炎曰：‘有螫毒者。’蓋如今鼠狼。”邵晉
涵云：“《説文》：‘鼷，小鼠也。’郭止云‘有螫毒者’，以鼷至微，與鼠
狼不相似也。《玉篇》云：‘鼷鼠，小鼠也。螫毒食人及鳥獸，皆不痛。今
之甘鼠也。’《釋文》引《博物志》云：‘鼠之最小者，或謂之耳鼠。’按：

今俗傳鼷鼠能入人耳，甘而不知痛，其爲螫毒，不特牛有其害矣。"邵氏所稱鼷鼠入人耳，或是浙東俗譌，江淮間無之。

《全唐文》八百二十一程晏《齊司寇對》云："君不聞鼷鼠之牙乎？食人與百類，雖齧盡而不痛，俗謂之甘口氣也。魯國之牛聞食其角矣，請以是諷焉。牛之寢齕，有蚊蚋撓其膚毛，必知鼓耳搖尾以揮。及鼷鼠食之，即不知痛也。鼠之一牙，豈不甚於蚊蚋千嚼乎？以其口甘，雖貫心徹骨而不知也。"程晏謂鼷鼠口甘，可證《玉篇》甘鼠之説，疑《釋文》所引《博物志》"耳鼠"亦"甘鼠"之譌。甘、耳字形近也。《僖三十一年傳》："牛卜日曰牲。"杜《注》："稱牛，未卜日。"據彼《傳》説，又云："免，放也。"

吳伐郯。

夏，五月，曹伯來朝。

不郊，猶三望。無《傳》。

〔疏證〕與宣三年義同。

秋，楚公子嬰齊帥師伐鄭。

〔疏證〕《公羊》"帥"曰"率"。《年表》："楚共王七年伐鄭。鄭成公元年楚伐我。"

公會晉侯、齊侯、宋公、衛侯、曹伯、莒子、邾子、杞伯救鄭。

八月，戊辰，同盟于馬陵。

〔疏證〕《公羊》"邾"曰"邾婁"。《魏世家》："太子與齊戰，敗于馬陵。"《集解》徐廣曰："在元城。"《隋書·地理志》："元城，後齊廢。開皇六年復，又置馬陵縣，大業初廢入焉。"顧棟高云："馬陵，今直隸大名府元城縣東南十五里。"

公至自會。

吳入州來。

〔疏證〕杜《注》："楚邑。"馬宗璉云："《爾雅·釋丘》：'淮南有州黎丘。'郭《注》：'今在壽春縣。'古'來''黎'同音，'州黎'即'州來'也。"邵晉涵説同。《地理志》："沛郡下蔡，故州來國，爲楚所滅，後吳取之，至夫差遷昭侯於此。後四世侯齊竟爲楚所滅。"按：哀二年，蔡昭侯自新蔡遷於州來。《漢志》據彼《傳》爲説。沈欽韓云：“《方輿紀要》：‘下蔡城在壽州北三十里，古州來也。’”李兆洛《鳳臺縣志》：“州來即今下蔡鎮。”顧棟高云：“州來，阻淮爲固，吳畏楚上流出兵，多從淮右北道，壽州是其要害。”

冬，大雩。

衛孫林父出奔晉。

〔傳〕 七年，春，吳伐郯，郯成。

季文子曰：“中國不振旅，

〔疏證〕李奇《上林賦注》：“振，整也。”

“蠻夷入伐，而莫之或恤。

“無弔者也夫！

“《詩》曰‘不弔昊天，亂靡有定’，

〔疏證〕《節南山》文。《箋》：“弔，至也。至，猶善也。定，止。不善乎昊天，天下之亂無有止之者。”杜《注》：“刺在上者不能弔愍下民，故號天告亂。”杜以“弔”爲弔愍，非《箋》意。《傳》引《詩》，亦以“弔”爲“善”也。

“其此之謂乎！

〔疏證〕此斥今之世。

“有上不弔，其誰不受亂？

〔疏證〕杜《注》：“上，謂霸主。”王引之《經義述聞·通説》云：“此言‘蠻夷入伐，而莫之或恤’，皆由中國之無善君也。善君，謂霸主也。《昭十六年傳》曰：‘齊君之無道也，興師而伐遠方，會之有成而還，莫之亢也，無伯也夫。’語意與此相似。上文有‘上不弔，其誰不受亂’，亦謂中國無善君，則諸侯皆受其亂也。”

“吾亡無日矣！”

君子曰：“知懼如是，斯不亡矣。”

〔疏證〕丘明嘉季文子之能懼。

鄭子良相成公以如晉，見，且拜師。

〔疏證〕六年，晉欒書帥師救鄭。

夏，曹宣公來朝。

秋，楚子重伐鄭，師于氾。

諸侯救鄭。

鄭共仲、侯羽軍楚師，

〔疏證〕杜《注》：“二子，鄭大夫。按軍楚師，謂以兵入楚師也。”

囚鄖公鍾儀，獻諸晉。

〔疏證〕《釋文》：“鄖，本又作員，邑名。”李富孫云：“《定四年傳》：‘鄖公卒。’《古今人表》作員。師古《注》：‘員讀曰鄖。’是員從省通。”

八月，同盟于馬陵，尋蟲牢之盟，且莒服故也。

〔疏證〕五年蟲牢之盟無莒。杜《注》：“莒本屬齊，齊服，故莒從之。”按蟲牢之盟有齊侯，自五年至此，晉與齊無釁，杜言“齊服”，非《傳》義。

晉人以鍾儀歸，囚諸軍府。

〔疏證〕杜《注》：“軍藏府也。”《讀本》：“藏軍實及俘獲。”

楚圍宋之役，

〔疏證〕《宣十四年經》：“夏，楚子伐宋。”《傳》：“秋，楚圍宋。”

師還，子重請取於申、呂以爲賞田。

〔疏證〕杜《注》：“分申、呂之田以自賞。”王應麟《地理通釋》云：“《國語》：‘史伯曰：“當成周者，南有申、呂。”’《漢·地理志》：‘南陽宛縣，申伯國。’《詩》《書》及《左氏》解不言呂國所在。《史記正義》引《括地志》云：‘故呂城在鄧州南陽縣西。’徐廣云：‘呂在宛縣。’《水經注》亦謂‘宛西呂城，四嶽受封’。然則申、呂，漢之宛縣也。”顧炎武、江永皆取王説。江永云：“按：宛縣即今南陽府。”高士奇云：“今河南南陽府城西三十里有呂城，俗名董呂村。”亦用王説。

　　沈欽韓云：“按《續志》：‘汝南新蔡有大呂亭。’《注》引《地道記》
曰：‘故呂侯國。’《水經注》：‘新蔡縣東青陂之東，對大呂亭，西南有小
呂亭。’《方輿紀要》：‘在汝寧府新蔡縣北。’”沈氏謂呂在今新蔡，與顧、
江等説異。江氏於《隱元年傳》“武公取於申”下引此《傳》“此申、呂所
以邑”，云：“呂亦在南陽，故合言之。”又云：“汝寧府信陽州，漢之平氏
縣，後周及唐皆以爲申州。豈申之始封在此歟？”江氏謂申始封在今汝寧，
則新蔡之呂，亦申始封時之呂，非春秋時之申、呂也。沈説非。

王許之。

申公巫臣曰：“不可。

“此申、呂所以邑也，

　　〔疏證〕《釋文》：“一本作‘所邑也’。”李富孫云：“杜《注》‘言申、
呂賴此田成邑耳’，無‘以’字亦通。”

“是以爲賦，

　　〔疏證〕《讀本》：“申、呂皆楚方城外邑，赴中國要道。”

“以御北方。

　　〔疏證〕謂晉、鄭也。《讀本》：“有其田，則可出賦備北方。”

“若取之，是無申、呂也，

“晉、鄭必至于漢。”

　　〔疏證〕南陽，在楚都江陵之北。

王乃止。

子重是以怨巫臣。

子反欲取夏姬，巫臣止之，遂取以行，

　　〔疏證〕見《二年傳》。

子反亦怨之。

及共王即位，

〔疏證〕《吕覽·權勳篇》"共"作"龔"。杜《注》："楚共王以魯成公元年即位。"按：此下所説，皆巫臣奔晉時事，巫臣奔晉在《二年傳》，明事在共王即位後，不謂在共王元年也。

子重、子反殺巫臣之族子閻、子蕩及清尹弗忌

〔疏證〕杜《注》："皆巫臣之族。"《晉世家》："楚將子反怨巫臣，滅其族。"

及襄老之子黑要，

〔疏證〕黑要蒸於夏姬故。

而分其室。

子重取子閻之室，

使沈尹與王子罷分子蕩之室，

子反取黑要與清尹之室。

巫臣自晉遺二子書，

〔疏證〕杜《注》："子重、子反"。《晉世家》："巫臣怒，遺子反書。"與《傳》異。

曰："爾以讒慝貪惏事君，

〔疏證〕惠士奇云："《方言》云：'貪，殺也。楚謂之貪。惏，殘也。'又云：'殺人而取其財曰惏。'二子殺巫臣之族而分其室，故曰'貪惏'。"惠引《方言》"殺人而取其財曰惏"，據《僖二十四年傳》《釋文》及《疏》，今《方言》云："惏，殺也。晉魏河内之北謂惏爲殘，楚謂貪。"戴震《疏證》云："惏、惏古通用。《説文》：'河内之北謂貪曰惏。'與此小異。"案惏、惏之通，當如戴説。《方言》又別出"惏"字，云"殘"也。殘、殺義通。

"而多殺不辜，

"余必使爾疲於奔命以死。"

〔疏證〕杜無注。《後漢書·光武紀注》："聞命奔赴，故謂之'奔命'。"《吳世家》："必令子疲於奔命。"

巫臣請使於吳，

〔疏證〕《晉世家》：“乃請使吳。”《吳世家》：“王壽夢二年，楚申公巫臣自晉使吳。”

晉侯許之。

吳子壽夢説之。

〔疏證〕杜《注》：“壽夢，季札父。”《年表》：“吳壽夢元年當魯成公之六年。”《吳世家》：“王壽夢二十五年卒。”《索隱》：“《襄十二年經》曰：‘秋，九月，吳子乘卒。’《左傳》曰‘壽夢’，計從成六年至此，正二十五年。”《年表》與《世家》合。

乃通吳於晉，

以兩之一卒適吳，舍偏兩之一焉。

〔疏證〕杜《注》：“《司馬法》：‘百人爲卒，二十五人爲兩。車九乘爲小偏，十五乘爲大偏。’蓋留九乘車及一兩二十五人，令吳習之。”按：杜引《司馬法》與《宣十二年傳》“廣有一卒，卒偏之兩”《注》文同，惟添引“車九乘爲小偏”句。《疏》云：“‘以兩之一’，謂將二十五人也。又言‘卒’，謂更將百人也。言‘之’者，婉句耳。凡將一百二十五人適吳也。‘舍偏’，謂舍偏一偏之車九乘也。‘兩之一焉’，又舍二十五人也，凡舍九乘車二十五人與吳矣。發首言‘兩之一’者，爲舍此‘兩之一’，故先言之。又言‘卒’者，見巫臣所將非唯有一兩也。”

據《疏》説，則杜讀“兩之一”句、“卒”句、“適吳”句、“舍偏”句、“兩之一焉”句，詳《司馬法》“二十五人爲兩”。若如杜讀，則《傳》稱“以兩適吳”，意已明晰，何必言“兩之一”？司馬穰苴在春秋後，所云大偏十五乘，小偏九乘，自是爾時兵制，《傳》不言小偏，杜何以知爲車九乘？偏改爲九乘矣。又別“兩”於“偏”之外，謂留二十五人，則九乘之車用二十五人，如何分隸？説皆難通。

顧炎武引傅遜云：“古人一車謂之一兩。《詩》：‘百兩御之。’《孟子》：‘革車三百兩。’非‘二十五人爲兩’之‘兩’也。蓋楚廣之制，本用一卒，故云‘用兩之一卒’。其云‘舍偏兩之一’者，車之半邊爲偏，五十人，今留二十五人也。”據《宣十二年傳》“卒偏之兩”，則“兩”非是一車之稱，傅説非也。沈欽韓云：“桓五年‘先偏後伍’，偏亦卒伍之數，當留步卒五十人、甲士二十五人，偏、兩各一也。"沈氏知"偏"非車乘之數，而云留七十五人，亦與宣十二年"卒偏之兩"以兩繫偏義不合，沈説亦非也。

今按：宣十二年："廣有一卒，卒偏之兩。"服《注》："百人爲卒，五十人爲偏，二十五人爲兩。"不取《司馬法》大偏、小偏之説，其注此《傳》亦當然。"以兩之一卒適吳"句、"舍偏兩之一焉"句，兩、偏是法而非數，彼《疏》釋"卒偏之兩"，亦以"之"爲婉辭足句，并引此《傳》"以兩之一卒"駁服説，云："豈又是兩家之卒？"沈彤云："'兩之一卒'，謂充兩法之卒也。"其説最諦。今即其説申之，則"舍偏兩之一"，謂舍充偏法之"兩"也。巫臣以卒百人至，而留其一兩，則留者止二十五人也。

《疏》又云："《傳》唯言留一偏，不見元將車數，不知去時幾乘車也。丘明爲《傳》，辭皆易解，此獨蹇澀，或誤本文。蘇氏云：'舍九乘車，以六乘車還。'則去時十五乘車。"《疏》無疑《傳》之例，此是劉炫《述議》語，因杜説而集矢傳文，可謂謬矣。據《宣十二年傳》："廣有一卒。"則卒百人當車一乘之數，安得又留九乘之車也？《疏》又引沈氏云："聘使未有將兵車者，今此特將兵車，爲方欲教吳戰陳，故與常不同。"此舊疏釋巫臣"以卒適吳"義。

與其射御，

教吳乘車，

教之戰陳，

〔疏證〕射、御皆車戰之事。《晉世家》："教吳乘車用兵。"

教之叛楚。

〔疏證〕《年表》："晉景公十六年，以巫臣始通於吳，而謀楚。吳壽夢二年，巫臣來，謀伐楚。"

寘其子狐庸焉，

〔疏證〕寘狐庸於吳。

使爲行人於吳。

〔注〕服云："行人，掌國賓客之禮籍，以待四方之使，賓大客，受小客之幣辭。"《吳世家集解》。

〔疏證〕《吳世家》：“巫臣令其子爲行人。”服據《小行人職》，説行人之所掌，約取其文，非涉同異。“賓”是“擯”之訛。鄭君彼《注》云：“禮籍，名位尊卑之書。使者，諸侯之臣使來者也。擯而見之王，使得親言也。受其幣者，受之以入告其所來之事。”李貽德云：“《周禮》有大行人、小行人。服以侯國行人，不能以當大行人，故舉小行人説之。”

吳始伐楚、伐巢、伐徐。

〔疏證〕《晉世家》：“吳晉始通，約伐楚。”杜《注》：“巢、徐，楚屬國。”

子重奔命。

馬陵之會，吳入州來，

子重自鄭奔命。

〔疏證〕杜《注》：“因伐鄭而行。”

子重、子反於是乎一歲七奔命。

〔疏證〕《傳》總言此年之事。楚、巢、徐、州來奔命凡四，下言吳取楚屬之蠻夷，蓋楚又有援救之兵，故云“七”也。

蠻夷屬於楚者，吳盡取之，

是以始大，通吳於上國。

〔疏證〕杜《注》：“上國，諸夏。”《吳世家》：“吳於是始通於中國。”

衛定公惡孫林父。

〔疏證〕杜《注》：“林父，孫良夫之子。”

冬，孫林父出奔晉。

衛侯如晉，晉反戚焉。

〔疏證〕杜《注》：“戚，林父邑。”《讀本》：“晉人因衛侯之來而反之。”

〔經〕 八年，春，晉侯使韓穿來言汶陽之田，歸之於齊。

〔疏證〕《二年經》：“八月取汶陽田。”

晉欒書帥師侵蔡。

〔疏證〕《年表》：“晉景公十七年侵蔡。蔡景公九年，晉侯伐我。”

公孫嬰齊如莒。

宋公使華元來聘。

夏，宋公使公孫壽來納幣。

〔注〕服云：“不稱主人，母命不通，故稱使。婦人無外事。”《士昏禮疏》。

〔疏證〕杜《注》：“公孫壽，蕩意諸之父。”據《傳》，聘共姬也。嚴蔚云：“稱使，謂稱宋公使也。”服氏此《注》總釋上文。按：《士昏禮》：“宗子無父，母命之。親皆没，己躬命之。”《注》：“親命之，則‘宋公使公孫壽來納幣’是也。”彼《疏》引服《注》以證鄭君說，然鄭君據《禮》“父母殁，則親命”，與服氏“母雖在，命不通’義異。彼《疏》又引宋均《注》云：“禮，婦人無外事，但得命諸父兄師友以行耳。母命不得達，故不得稱母通使文，所以遠別也。”考《隋書·經籍志》《唐書·藝文志》及《釋文·序録》，無宋均說《左氏》之書。《後漢書·均傳》載均說武陵蠻事云：“夫忠臣出竟，有可以安國家，專之可也。”則均治《公羊》家言者。《公羊》隱二年，“紀履緰來逆女”，《傳》：“宋公使公孫壽納幣，則其稱主人者何？辭窮也。辭窮者何？無母也。然則紀有母乎？曰：有。有則何以不稱母？母不通也。”何休《解詁》與《禮疏》所引宋均《注》同，則何氏用宋義也。宋公無母，爲《公羊》義。宋、何說雖與服同，然彼自據紀伯有母，不謂宋公有母，則服謂宋公有母，《左氏》義也。李貽德云：“《昏禮·記》是士禮，故母得命之。若國君之母，不得以命達境外。”是也。

晉殺其大夫趙同、趙括。

〔疏證〕杜《注》：“《傳》曰：‘原、屏，咎之徒也。明本不以德義自居，宜其見討，故從告辭而稱名。’”顧棟高云：“同、括爲莊姬所譖而死，無以爲之辭，乃推究邲戰事。所謂欲加之罪，何患無辭也？”

秋，七月，天子使召伯來賜公命。

〔注〕賈云：“諸夏稱天王，畿內曰王，夷狄曰天子。王使榮叔歸含且賵，以恩深加禮妾母，恩同畿內，故稱王。成公八年，乃得賜命，與夷狄同，故曰天子。”本《疏》。服云：“夷狄曰天子。”《曲禮疏》。

〔疏證〕“賜公命”，《公羊》《穀梁》曰“錫公命”。賈説天王、王，天子之異稱，已説於隱元年“天王使宰咺來歸惠公仲子之賵”下。《五經異義》許、鄭説違，亦詳彼傳《疏證》。據《曲禮疏》引服説，則賈、服説同也。杜《注》：“天子、天王，王者之通稱。”不用賈、服説。《疏》引賈説駁之云：“《左氏》無此義。故杜不①從之。”按：《穀梁傳》：“曰天子何也？曰見一稱也。”《集解》：“天王、天子，王者之通稱。”杜用《穀梁》義。其《公羊傳》亦云：“其稱天子何？元年，春，王正月，正也，其餘皆通矣。”《公羊》義與《穀梁》同。《解詁》謂“進勉幼君”，則賈、服所稱爲《左氏》説，與二《傳》不同。《獨斷》：“王，畿内之所稱，王有天下，故稱王。天王，諸夏之所稱，天下之所歸往，故稱天王。天子，夷狄之所稱，父天母地，故謂天子。”蔡説與賈、服同，蓋同一師説。《疏》謂“《左氏》無此義”，非也。“王使榮叔歸含且賵”，見《文五年經》。賈説不□□②條下者，以此説名稱總證之。妾母，謂僖公之母成風也。隱元年服《注》：“賵，覆也。天王所以覆被臣子。”即賈氏“恩深加禮”義。李貽德云：“《周禮·職喪》：‘掌諸侯之喪。凡國有司以王命有事焉，則詔贊主人。’《疏》：‘言諸侯者，謂畿内王子母弟得稱諸侯者。’又《注》：‘有事，謂含、襚、贈、賵之屬。詔贊者，以告主人，佐其受之。’是畿内諸侯有喪，得有含、襚、贈、賵之屬。今成風以外侯妾母亦歸含且賵，是於禮有加恩，比畿内，故稱王以見其近也。”按：李説是也③。十二公惟桓、文、成三公書賜命。桓公在既薨後，文公在元年。賈氏彼《經》注云：“諸侯逾年即位，賜以命珪，合瑞爲信也。”則賈氏謂賜命當在“踰年即位”後。成公八年，乃得賜命，則周不以諸夏禮待魯，同於夷狄也。據《莊元年經》“王使榮叔來錫桓公”，以是返命，與“賵成風恩深加禮”同，故從畿内例。《文元年經》：“天王使毛伯來賜公命。”從諸夏例。三書“賜命”，惟文公得正。

冬，十月，癸卯，杞叔姬卒。

晉侯使士燮來聘。

叔孫僑如會晉士燮、齊人、邾人伐郯。

---

① 林按：底本作“又”，據《十三經注疏》改正。
② 科學本注：原稿字跡不清晰。林按：經辨析，當爲“當係”二字。
③ 科學本注：原稿眉批：“李説不得已而來，仍求證。”

〔疏證〕邾，《公羊》曰"邾婁"。

衛人來媵。

〔疏證〕杜《注》："魯將嫁伯姬於宋，故衛來媵之。"《穀梁疏》："《公羊》賢伯姬也。《左氏》雖無其説，蓋以來至於魯，然後與嫡行，故書之。"此杜《注》所未及，疑是舊説。

〔傳〕 八年，春，晉侯使韓穿來言汶陽之田，歸之於齊。

〔疏證〕惠棟云："《聘禮》云：'若有言，則以束帛，如享禮。'《注》引此《傳》爲證。又云：'無庭實。'"文淇案：《曲禮》："使者自稱曰某。"《疏》："《玉藻》又云：'大夫私事使，私人擯則稱名。'《注》：'私事使，謂以君命私行，非聘也。若晉韓穿來言汶陽之田。'彼以私事使，稱名。"《禮疏》蓋説此《經》不書聘之義也。

季文子餞之，

〔疏證〕杜《注》："餞，送行飲酒。"洪亮吉云："《説文》：'餞，送去食也。'按：餞字本訓當依《説文》。《文選》注《韓詩薛君章句》：'送行飲酒曰餞。'《毛詩箋》：'祖而舍軷，飲酒於其側曰餞。'杜《注》蓋本薛、鄭義。薛《章句》是因《詩》'飲餞於禰''飲'字，隨文爲義。《毛詩箋》是因'顯父餞之，清酒百壺'，隨文爲義，皆非'餞'字本訓也。"

私焉，

〔疏證〕杜《注》："私與之言。"

曰："大國制義，以爲盟主，

〔疏證〕本《疏》："義者，宜也。事得其宜之爲義。"

"是以諸侯懷德畏討，無有二^①心。

"謂汶陽之田，敝邑之舊也，

"而用師於齊，使歸諸敝邑。

〔疏證〕鞌之戰在二年。

---

① 林按："二"，楊本作"貳"。

"今有二命，曰：'歸諸齊。'

"信以行義，義以成命，小國所望而懷也。

〔疏證〕本《疏》："懷，歸也。"①

"信不可知，義無所立，

"四方諸侯，其誰不解體？

〔疏證〕杜《注》："言不復肅敬於晉。"本《疏》："謂事晉之心皆疎慢也。"《後漢書·楊彪傳》："操奏收下獄。孔融往見操，曰：'《周書》父子兄弟罪不相及。今橫殺無辜，則海內觀聽，誰不解體？'"詳融引《傳》，則"解體"爲"涣散"義。杜説非②。

"《詩》曰：'女也不爽，士貳其行。士也罔極，二三其德。'

〔疏證〕《衛風·氓》文。《傳》："爽，差也。極，中也。"陳奐《詩疏》："《詩述聞》云：'貳當爲貳之譌。貳音他得切，即忒字之借字也。《爾雅》："爽，差也。爽，忒也。"鄭注《豫卦·彖傳》曰："忒，差也。"是爽與忒同訓爲差也。"女也不爽，士貳其行"，言女也不差，士則差其行耳。《爾雅》説此詩曰："晏晏、旦旦，悔爽忒也。"郭《注》曰："傷見絶棄，恨士失也。"然則悔爽忒者，正謂恨士之爽忒其行。據《爾雅》所釋，《詩》之作"貳"明矣。《箋》解"女"字爲"汝"，"貳"字爲"二"，皆失之。'奐按：成八年《左傳》引《詩》作'貳'，蓋依《箋》改也。罔，無也。無中即是二三之謂。"按：杜釋"爽""極"據《毛》義。又云"《衛風》婦人怨丈夫不一其行"，則用《箋》説。晉時本已改"貳"爲"貳"矣。

"七年之中，一與一奪，

〔疏證〕二年秋，取汶陽田於晉，至是七年。

"二三孰甚焉！

"士之二三，猶喪妃耦，

〔疏證〕釋《詩》“二三其德”義。

“而況霸主？霸主將德是以，

〔疏證〕杜《注》：“以，用也。”①

“而二三之，將何以長有諸侯乎？

“《詩》曰：‘猶之未遠，是用大簡。’

〔疏證〕《大雅·板》文。《傳》：“猶，圖也。”陳奐《詩疏》云：“《爾雅》：‘猷，圖也。’猷與猶同。《常棣》傳：‘圖，謀也。’《襄二十八年傳》：‘榮成伯曰：“遠圖者忠也。”’”簡，《詩》作“諫”。杜《注》：“簡，諫也。”洪亮吉云：“簡、諫古義通。《周禮》鄭司農《注》亦同。”

“行父懼晉之不遠猶而失諸侯也，是以敢私言之。”

〔疏證〕本《疏》：“私布其言，即是大諫也。”

晉欒書侵蔡，

遂侵楚，獲申驪。

〔疏證〕杜《注》：“申驪，楚大夫。”

楚師之還也，

〔疏證〕杜《注》：“謂六年遇於繞角時。”

晉侵沈，獲沈子揖②，

〔疏證〕獲沈之君，沈不以告，故不書。

初從知、范、韓也。

〔疏證〕杜《注》：“繞角之役，欒書從知莊子、范文子、韓獻子之言，不與楚戰，自是常從其謀。”

君子曰：“從善如流，宜哉！

---

① 科學本注：原稿眉批：“以詁。”
② 林按：楊本連下文“初”斷句。

〔疏證〕《説文》：“瀄，水行也，從林充。充，突忽也。”杜《注》：“如流喻速。”用許義。

“《詩》曰：‘愷悌君子，遐不作人。’

〔疏證〕《大雅·旱麓》文。陳奐《詩疏》云：“《棫樸傳》：‘遐，遠也。遠作人也。’不，爲語助。成八年《左傳》引《詩》曰：‘愷悌君子，遐不作人。’杜《注》：‘遐，遠也。作，用也。言文王能遠用善人。不，語助。’杜《注》正本毛《傳》。今《棫樸傳》於‘遠’下誤加‘不’字矣。”按：陳説是也。《旱麓·箋》：“遐，遠也，言大王、王季之德近於變化，使如新作人。”與毛《傳》同。

“求善也夫！作人斯有功績矣。”

〔疏證〕《讀本》：“言愷樂悌易之人必能用人。”

是行也，鄭伯將會晉師，

門於許東門，大獲焉。

〔疏證〕鄭襲許也。許不以告，故不書。

聲伯如莒，逆也。

〔疏證〕杜《注》：“自爲逆婦，不書者因聘而逆。”

宋華元來聘，聘共姬也。

〔疏證〕杜《注》：“穆姜之女，成公姊、妹爲宋共公夫人。”

夏，宋公使公孫壽來納幣，禮也。

〔疏證〕杜《注》：“納幣應使卿。”

晉趙莊姬爲趙嬰之亡故，譖之于晉侯，

〔疏證〕五年，原、屏放趙嬰於齊。

曰：“原、屏將爲亂。”欒、郤爲徵。

〔疏證〕杜《注》：“欒氏、郤氏亦徵其爲亂。”案：如杜説，“徵”當訓“證”，謂證成原、屏之將爲亂也。

六月，晉討趙同、趙括。

〔疏證〕《晉世家》：“景公十七年，誅趙同、趙括，族滅之。”

武從姬氏，畜於公宮。

〔疏證〕杜《注》：“趙武，莊姬之子。”沈欽韓云：“按：宣二年趙盾以括爲公族而主趙宗，今括誅，其田邑宗祀廢矣，故韓厥有無後之言。前之姬氏依于括家，宗子收族之誼固然。括已滅，無歸，故從姬氏，畜公宮也。”按：沈説是也。《晉世家》説趙武事與《傳》異。

以其田與祁奚。

〔疏證〕洪亮吉①云：“《史記·晉世家》作‘祁徯’，《大戴禮》作‘祁徯’，《吕覽》作‘祈奚’。”《晉語注》：“祁奚，晉大夫高梁伯之子也。”《吕覽·開春篇注》：“祈奚，高梁伯之子祈黄羊也。”又《去私篇注》：“黄羊，晉大夫祈奚之字。”韋《注》本高説。奚始食邑於祁也，祈與祁通。奚字黄羊，僅見於此。梁履繩云：“高梁亦其食邑。”詳僖十年傳《疏證》。

韓厥言於晉侯曰：

“成季之勳，宣孟之忠，

〔疏證〕《晉語注》：“成季，趙衰。宣孟，趙盾。”杜用韋義。《趙世家》：“晉襄公之六年，而趙衰卒，謚爲成季。晉景公時，而趙盾卒，謚爲宣孟。”則成、宣皆謚也。

“而無後。

〔疏證〕《晉語》：“以定晉國而無後。”《注》：“無後，謂無子孫在顯位者。”韋據朔有子武，故以“無後”爲無顯位。《晉世家》：“韓厥曰：‘趙衰、趙盾之功豈可忘乎？奈何絶祀！’”

“爲善者其懼矣。

“三代之令王，皆數百年保天之禄。夫豈無辟王，賴前哲以免也。

---

① 林按：洪亮吉《春秋左傳詁》該條僅有《吕覽·去私篇》本文及注，與劉氏所引有出入。

〔疏證〕《釋文》"哲"作"喆"。杜《注》："言三代亦有邪辟之君。"本《疏》："此趙同、趙括，嗣天禄之父祖，若桀、紂之輩雖邪辟，子孫賴禹、湯之功而食天禄。"據《疏》義，舊注當以辟王爲桀、紂。

"《周書》曰：'不敢侮鰥寡，

〔疏證〕《康誥》文。《説文》："侮，傷也。傷，輕也。"立趙氏後，繼絶之義，故獻子以不輕鰥寡爲比。

"'所以明德也。'"

〔疏證〕杜《注》："言文王不侮鰥寡，而德益明。欲使晉侯之法文王。"

乃立武，而反其田焉。

〔注〕舊注："終説之耳，非此年也。"《晉世家集解》。

〔疏證〕《年表》："晉景公十七年，復趙武田邑。"《晉世家》："乃復令趙庶子武爲趙後，復與之邑。"亦係於晉景公十七年，與《年表》合。《趙世家》："晉景公疾，卜之，復與趙武田邑如故。"《集解》："徐廣曰：'推次，晉復與趙武田邑，是景公之十七年也。而乃是《春秋》成公八年《經》書"晉殺大夫趙同、趙括"，《左傳》於此説立趙武事者，《注》云"終説之耳，非此年也"。'"據徐廣説，則史公《晉》《趙世家》説互異。《趙世家》謂"復與趙武田邑"，在景公十九年疾將薨之際，《集解》"九"誤"七"，其引《左傳注》與史公同。

秋，召桓公來賜公命。

晉侯使申公巫臣如吴，

假道于莒。

與渠丘公立於池上，

〔疏證〕杜《注》："渠丘公，莒子朱也。池，城池也。渠丘，邑名，莒縣有蘧丘里。"本《疏》："十四年，莒子朱卒。知渠丘公即是朱也。渠丘，莒之邑名。夷不當有謚，或作別號，此朱以邑名爲號，不知其故何也。"案：《韓奕》"汾王之孫"《箋》云："汾王，厲王也。厲王流于彘，彘在汾水之上，故時人因以號之，猶言莒郊公、黎比公也。"彼《疏》云：

“莒在東夷，不爲君謚，每世皆以地號公。此外猶有兹丕公、著丘公之等，以二者足以明義，不復遍引之也。”彼《疏》以郊公、兹丕公、著丘公皆以地爲號，則渠丘公義當亦然。《文十八年傳》：“莒紀公生大子僕。”杜彼《注》謂“紀”爲別號，非也。

《郡國志》：“北海安丘有渠丘亭。”《注》引《地道記》“有渠丘城”，與杜《注》言渠丘在莒縣者異。《山東通志》：“渠丘亭在青州府安丘縣南。”據《續志》説。江永云：“此莒之渠丘，與齊渠丘異地。九年楚子重伐莒，圍渠丘，即此渠丘也，非安丘之渠丘。”高士奇云：“安丘莒縣，地自相隣。”沈欽韓云：“按：莒縣不在北海，巫臣自晉之吳，亦道出琅琊，不由北海，《續志》誤也。《一統志》：‘渠丘里在沂州府莒州北。’”

曰：“城已惡！”

〔疏證〕《釋文》：“已，猶大也。本或作‘城已惡矣’。”

莒子曰：“辟陋在夷，其孰以我爲虞？”

〔疏證〕杜《注》：“虞，度也。”

對曰：“夫狡焉，

〔疏證〕杜以“狡焉”絶句，謂“狡猾之人”。陸粲云：“‘狡焉’當屬下爲句。”案：《北魏書·古弼傳》：“弼曰：‘今北狄孔熾，南虜未滅，狡焉之志，闚伺邊境，是吾憂也。’”與杜讀同。《吕覽·尊師注》：“狡，猾也。”

“思啓封疆以利社稷者，

〔疏證〕《校勘記》云：“李善《潘岳·關中詩注》引《傳》，‘封’上有‘其’字。”

“何國蔑有？

“唯然，故多大國矣。

〔疏證〕《釋文》：“唯，本或作雖，後人改也。”本《疏》：“俗本‘唯’作‘雖’，定本作‘唯’。”案：“唯然”，猶今人云“信如此”。

“唯或思或縱也。

〔疏證〕杜《注》：“世有思開封疆者，有縱其暴掠者，莒人當唯此爲命。”陸粲云：“有思開封疆者，有縱弛而不設備者，故多兼併以成大國。”
案：陸説是也。或思或縱，猶言彼思此縱。

“勇夫重閉，況國乎？”

〔疏證〕洪亮吉云：“《釋文》：‘閉，一音户旦反。’今考‘閉’字無
此音，當是本又作‘閈’，故有此反，傳寫脱誤耳。”洪謂《釋文》脱“本
又作閈”也。重閉，杜無注，《疏》亦無説。《月令》：“仲冬之月，令奄尹
謹房室，必重閉。”《注》：“重閉，内外閉也。”《吕覽·節喪篇》：“以生
人之心爲死者慮也，莫如無動，莫如無發。無發無動，莫如無有可利，則
此之謂重閉。”《注》：“無有可利，若楊王孫倮葬，人不發掘，不見動摇，
謂之重閉也。”重閉，謂宫室墳墓之閉固，此是本義。《淮南·泰族訓》：“聖
人見禍福於重閉之内。”則謂閉固而能見，喻義也。重閉，蓋周、秦間語，
言巫臣之意謂雖一夫之勇，猶當持重閉固以禦侵犯我者，況在國家？《隋
書·樊子蓋傳》：“帝謂子蓋曰：‘朕遣越王留守東都，示以皇枝盤石；社
稷大事，終以委公。特宜持重，戈甲五百人而後出，此亦勇夫重閉之義
也。無賴不軌者，便誅鋤之。凡可施行，無勞形迹。’”《衛玄傳》：“楊玄
感圍逼東都，與宇文述等合擊破之。還鎮京師，帝謂之曰：‘關右之任，
一委于公。公安，社稷乃安；公危，社稷亦危。出入須有兵衛，坐卧恒宜
自牢。勇夫重閉，此其義也。今特給千兵，以充侍從。’”皆以“重閉”爲
持重義，蓋舊説如此。

冬，杞叔姬卒。來歸自杞，故書。

〔疏證〕《五年經》：“杞叔姬來歸。”《九年傳》：“杞叔姬卒，爲杞故
也。”申説此説“來歸自杞”義①。

晉士爕來聘，言伐郯也，以其事吴故。

公賂之，請緩師。文子不可，

〔疏證〕杜《注》：“文子，士爕。”

曰：“君命無貳，失信不立。禮無加貨，事無二成②。

---

① 科學本注：此句疑有衍文。
② 科學本注：原稿眉批：“成詰。”

"君後諸侯，是寡君不得事君也。

〔疏證〕後，謂緩師。

"變將復之。"

季孫懼，使宣伯帥師會伐郯。

衛人來媵共姬，禮也。

凡諸侯嫁女，同姓媵之，異姓則否。

〔注〕《膏肓》以爲媵不必同姓，所以博異氣。十年，"齊人來媵"，鄭康成《箋》云："禮稱納女於天子云'備百姓'，於國君直此字據《穀梁疏》。云'備酒漿'，不得云'百姓'，是不博異氣也。何得有異姓在內？此七字據《穀梁疏》。齊是大國，今來媵我，得之爲榮，不得貶也。"本《疏》。

〔疏證〕此媵女例也，《疏》引《膏肓》以爲"媵不必同姓，所以博異氣，今《左傳》'異姓則否'，十年'齊人來媵'，何以無貶刺之文？《左氏》爲短"。下引鄭《箋》，《疏》繫於此年下，則《膏肓》即據此《傳例》爲説也。鄭君引《禮·曲禮》文，彼《注》云："姓之言生也。天子皇后以下百二十人，廣子姓也。"據《昏義》"古者天子后立六宮、三夫人、九嬪、二十七世婦、八十一御妻"，計自后外一百二十六人。鄭君言百二十人，舉成數，或其中有攝職，如三公分主六卿矣。"於國君曰備酒漿"，今《曲禮》文同。《穀梁》引鄭《箋》"國君"作"諸侯"，誤。《白虎通·嫁娶》："《春秋公羊傳》曰：'諸侯娶一國，則二國往媵之，以姪娣從，不娶兩娣，博異氣也。娶三國女何？廣異類也。恐一國血脈相似，俱無子也。'"是《公羊》舊説止謂博異氣、廣異類，異氣以姪娣言，異類以二國來媵言。不云同姓不得媵也。疑《公羊》《左氏》義同，何氏强生分別耳《傳例》言禮之常，故鄭君不以齊人來媵爲例。杜《注》："必以同姓者，參骨肉至親，所以息陰訟。"用鄭説。

〔經〕 九年，春，王正月，杞伯來逆叔姬之喪以歸。

公會晉侯、齊侯、宋公、衛侯、鄭伯、曹伯、莒子、杞伯，同盟于蒲①。

---

① 科學本注：原稿眉批："蒲見桓三年。《志》：'陳留郡晉垣有蒲城。'"

公至自會。無《傳》。

二月，伯姬歸于宋。

〔疏證〕杜《注》："宋不使卿逆，非禮。"按：宋之聘共姬，且以華元來，逆女之以卿可知，經文不具耳。《穀梁集解》云："逆者非卿。"非《左氏》義。

夏，季孫行父如宋致女。

〔注〕鄭康成云："致之使孝。"服云："謂成昏。"《曾子問疏》。

〔疏證〕伯姬以二月歸宋，及夏而致女使行，距歸宋已三月。《曾子問》："三月而廟見。"《疏》："熊氏云：'如鄭義，則從天子以下至於士，皆當夕成昏。'舅姑没者，三月廟見。故成九年，季文子如宋致女，鄭云'致之使孝'，非是始致於夫婦也。又隱八年，鄭公子忽先配而後祖，鄭以祖爲祖道之祭，應先爲祖道，然後配合。乃先爲配合，而後乃爲祖道之祭。如鄭此言，是皆當夕成昏也。若賈、服之義，大夫以上，無論舅姑在否，皆三月見祖廟之後，乃始成昏，故譏鄭公子忽先爲配匹，乃見祖廟。故服虔《注》云：'季文子如宋致女，謂成昏。'是三月始成昏，與鄭義異也。"據《禮疏》引鄭、服説，皆蒙"季文子如宋致女"爲文，則鄭、服説皆釋此年《經》也。鄭君以"致女"謂"致之使孝"，致孝據"致女"爲義。其注《曲禮》"納女"則云："納女，猶致女也。壻不親迎，則女之家遣人致之，此其辭也。"彼《疏》云："知壻不親迎，嫁女之家使人致女者，以成九年二月'伯姬歸于宋'，時宋公不親迎，故季孫行父如宋致女也。"則鄭君又以致女爲納女。據鄭"不親迎而致女"義，則致女之使不待三月後矣。《疏》知鄭據此年《經》者，《坊記》："昏禮，壻親迎，見於舅姑，舅姑承子以授壻，恐事之違也。以此坊民，婦猶有不至者。"《注》："不至，不親夫以孝舅姑也。《春秋》：'成公九年，春，二月，伯姬歸于宋。夏，五月，季孫行父如宋致女。'是時宋共公不親迎，恐其有違，而致之也。"《疏》謂宋公不親迎，蓋據鄭此《注》。

按：《隱二年經》："紀裂繻來逆女。"《傳》曰："卿爲君逆也。"是《左氏》無譏不親迎文。本年《穀梁傳》引徐邈云："宋公不親迎，故伯姬未順爲夫婦，故父母使卿致伯姬，使成夫婦之禮。"則因不親迎而致女乃《穀梁》家舊説，鄭君據之也。據徐説，致女爲成昏，與服氏同，惟謂"不親迎乃致女"爲異。《列女·貞順傳》："恭公不親迎，伯姬迫于父母之命而行。既入宋，三月廟見，當行夫婦之道，伯姬以宋公不親迎，故不肯從命。魯使大夫季文子如宋致命。”此徐説所本。劉向傳《穀梁》也。范《集解》以致女爲致敕戒之言，不用徐説。此自彼傳師説之異。何氏《公羊解詁》則云：“古者婦人三月而後廟見稱婦，擇日而祭於禰，成婦之義也。父母使大夫操禮而致之，必三月者，取一時足以別貞信。貞信著，然後成婦禮，所以彰其潔。”彼《疏》云：“重得父母之命，乃行婦道，故曰彰其潔。”則何氏亦以致女爲成昏，與服説同。則三《傳》舊説皆以致女爲成昏也。鄭君不與服同者，《葛屨疏》引鄭《駁五經異義》云：“昏禮之暮，枕席相連。”是其當夕成昏也。鄭君不用賈、服三月廟見成昏之説，故説此《經》不與服同。

然《坊記注》訓“不至”以“不親夫孝舅姑”爲言，又云恐違而致之，則亦謂成昏。其説此《經》乃未定之論。杜《注》：“女嫁三月，又使大夫隨加聘問，謂之致女，所以致成婦禮，篤昏姻之好。”其云“致成婦禮”，即用服説。沈欽韓云：“服説非也。《士昏禮》‘主人入，親説婦之纓，燭出’，是當夕成昏矣。鄭云‘致之使孝’，范甯本之以訓《穀梁》，似亦未允。女臨嫁時，施衿結縭，父母申戒之矣。豈待成婦三月，更施父教于夫黨哉？以禮推之，昏姻之好，壻家有反馬之禮，女家亦當有聘問之使，謂之致女。《玉篇》：‘餞，餽女也。’《集韻》：‘女嫁後三日餉食，爲餞女。’此俗間所行，則邦國可知。”沈氏不用賈、服“三月廟見成昏”義，又駁鄭君説，兩無所主，乃以餞女俗禮當之，非《經》義矣。《春秋》致女之文，惟此《經》一見。又《桓三年經》：“九月，夫人至自齊。冬，齊侯使其弟年來聘。”《傳》：“齊仲年來聘，致夫人也。”致夫人即致女。彼《經》不書致女者，内外辭之別，故《傳》特釋爲致夫人。此年經傳無説者，以已發於桓三年也。本年《穀梁傳疏》云：“《左氏》無説，蓋以使卿則書，餘不書者，或不致，或不使卿也。”

晉人來媵。

〔疏證〕杜《注》：“媵伯姬也。”按：晉媵後至，其義未聞。

秋，七月，丙子，齊侯無野卒。無《傳》。

〔疏證〕《年表》：“齊頃公十七年薨。”《齊世家》：“頃公卒，子靈公環立。”杜《注》：“丙子，六月一日。書七月，從赴。”沈欽韓云：“杜預既以丙子爲六月朔，豈有赴從七月，而追書死日於其下。史官記事，必不若此不近情理。齊與魯接壤，亦不至歷一月有餘而赴，蓋《長歷》誤推

也。”貴曾曰^①

晉人執鄭伯。

〔疏證〕《年表》：“晉景公十八年，執鄭成公。鄭成公三年，公如晉，執公。”十五年《傳例》曰：“凡君不道於其民，諸侯討而執之，則曰某人執某侯，不然則否。”

晉欒書帥師伐鄭。

〔疏證〕《年表》：“晉景公十八年伐鄭。鄭成公三年，晉伐我。”

冬，十有一月，葬齊頃公。無《傳》。

楚公子嬰齊帥師伐莒。

庚申，莒潰。

楚人入鄆。

〔疏證〕《公羊》“鄆”曰“運”。杜《注》：“鄆，莒別邑。”本年《穀梁傳疏》：“蓋從《左氏》爲莒邑，大都以名通，故不繫莒。”杜謂“莒別邑”，用《左氏》舊說，舊說繫莒，別於魯之鄆也，今地闕。

秦人、白狄伐晉。

〔疏證〕《年表》：“秦桓公二十二年伐晉。晉景公十八年，秦伐我。”

鄭人圍許。

城中城。

〔疏證〕杜《注》：“魯邑，在東海廩丘縣西南。”顧棟高云：“《晉書》東海郡無廩丘縣。考《後漢書·志》當作‘厚丘’。《注》云‘《左傳》城中城。杜預曰：“縣西南有中鄉城。”’廩丘是齊邑，與魯無預。”據顧說，則杜《注》“南”下脫“有中鄉城”四字也。《校勘記》同顧說，又云：“《水經·沭水注》云：‘又南徑東海厚丘縣。’則‘廩’當是‘厚’字之誤。”沈欽韓云：“《一統志》：‘中城在海州沭陽縣西。’按厚丘城在沭陽縣北四十六里。”

---

① 科學本注：以下原稿闕文。

〔傳〕 九年，春，杞桓公來逆叔姬之喪，請之也。

〔疏證〕謂歸喪由魯請，伯①姬之爲杞出，蓋無大惡，故魯請而杞逆其喪以歸。杜《注》：“叔姬已絕於杞，魯復强請杞，使還取葬。”杜用《公羊》“脅而歸之”及《穀梁》“夫無逆出妻之喪”義，非《左氏》義也。

杞叔姬卒，爲杞故也。

〔疏證〕《八年傳》：“來歸自杞。”故書此，更申其義。

逆叔姬，爲我也。

〔疏證〕《釋文》：“本或無爲字。”杜《注》：“既棄而復逆其喪，明爲魯故。”

爲歸汶陽之田故，

〔疏證〕七年春，晉使韓穿來言歸汶陽田於齊，蓋其年，魯已以田歸齊。

諸侯貳於晉。

晉人懼，會於蒲，以尋馬陵之盟。

〔疏證〕七年八月，晉與諸侯盟于馬陵。

季文子謂范文子曰：“德則不競，

〔疏證〕《詩·抑》毛《傳》：“競，彊也。”

“尋盟何爲？”

范文子曰：“勤以撫之，寬以待之，堅彊以御之，明神以要之，

“柔服而伐貳，德之次也。”

〔疏證〕言不能專行德，亦德之亞。

是行也，將始會吳，

吳人不至。

———

① 科學本注：“伯”字從原稿，按應作“叔”。

二月，伯姬歸于宋。

楚人以重賂求鄭，

鄭伯會公子成于鄧。

〔疏證〕《年表》：“鄭成公三年，與楚盟。”《鄭世家》：“成公三年，楚共王曰：‘鄭成公孤有德焉。’使人來與盟。成公私與盟。”

夏，季文子如宋致女，復命，

公享之。

〔疏證〕馬宗璉云：“《儀禮·燕禮》鄭《注》云：‘諸侯無事，若卿大夫有勤勞之功，與群臣燕飲以樂之禮也。’文子有如宋致女之勤勞，故用《燕禮》享之。”

賦《韓奕》之五章。

〔疏證〕《韓奕》，《大雅》，其五章云：“蹶父孔武，靡國不到。爲韓姞相攸，莫如韓樂。”又云：“慶既令居，韓姞燕譽。”文子賦詩，當取此數句。《傳》：“姞，蹶父姓也。”《箋》：“相，視。攸，所也。慶，善也。蹶父既善韓之國土，使韓姞嫁焉而居之。韓姞則安之，盡其婦道，有顯譽。”杜《注》：“文子喻魯侯有蹶父之德，宋公如韓侯，宋土如韓樂。”用《傳》《箋》義。陳奐《詩疏》引此《傳》，釋云：“此大夫致女反馬，復命而賦詩者，即取慶居、燕譽之義也。”案：陳説是也，善居而有顯譽，謂已成昏而安其室家。杜但取“相攸”“韓樂”義，非。

穆姜出于房，

〔疏證〕杜《注》：“穆姜，伯姬母。”案：《燕禮》：“宰具官，饌于寢東。”彼《疏》云：“寢，路寢。”張惠言《儀禮圖》云：“鄭氏言‘人君左右房，大夫、士東房西室。’案：《禮》‘房俎’鄭氏《注》云：‘上下兩間，有似房堂。’蓋凡房之制，皆爲兩間，而無北壁，有北壁則謂之室。《尚書大傳》云：‘天子、諸侯，東房、西房、北堂。’蓋人君東、西房皆有北堂。唯有北堂，故夫人得由北階而入房中。”張氏通説天子、諸侯宮室，其云“夫人由北階入房”者，據《特牲》《少牢》諸篇而言。廟、寢制同也。穆姜當由此階而出于房。據《燕禮》在路寢東，則所出爲東房矣。

再拜，曰："大夫勤辱，

"不忘先君，以及嗣君，

〔疏證〕先君，謂宣公。沈欽韓云："納采、問名，稱先君之遺體，故穆姜猶稱先君。"

"施及未亡人，

"先君猶有望也！

〔疏證〕杜《注》："言先君亦望文子之若此。"

"敢拜大夫之重勤。"

又賦《緑衣》之卒章而入。

〔疏證〕《釋文》："緑，本又作褖。"《校勘記》云："陸氏'又作'之説從鄭《箋》也。"杜《注》："《緑衣》，《詩·邶風》也。取其'我思古人，實獲我心'，喻文子言得己意。"按：《詩傳》云："古之君子，實得我之心也。"杜據《傳》斷章爲説，然謂"文子得己意"，識殊淺短，非古人賦《詩》喻意之例。《魯語》："公父文伯之母欲室文伯，饗其宗老，而爲賦《緑衣》之三章。"《注》："《緑衣》，《詩·邶風》也。其三章曰：'我思古人，實獲我心。'以言古之賢人，正其室家之道，我心所喜①也。"韋氏説敬姜之賦《緑衣》，蓋本舊説，與杜説穆姜之賦《緑衣》義異。敬姜饗室老，在文伯請期之先，已用正室家之道爲言。文子如宋致女，既賦《韓奕》，言伯姬善居顯譽，明已成昏禮。穆姜之答賦，宜及成昏。有不可顯言者，故賦《緑衣》，取"正其室家之道，我心所喜"爲義，與敬姜之賦《緑衣》同而異也。此《傳》舊説亦當如此，杜説非。

晉人來媵，禮也。

秋，鄭伯如晉，

晉人討其貳於楚也，

執諸銅鞮。

---

① 林按：劉氏原稿作"喜"，《毛詩正義》作"善"，下一"喜"亦同。

〔疏證〕《鄭世家》：“秋，成公朝晉，晉曰：‘鄭私平於楚。’執之。”
《郡國志》：“上黨郡銅鞮。”劉昭《注》引《上黨記》曰：“晉別宮墟闕
猶有北城，去晉宮二十里，羊舌所邑。”案：襄三十一年，子産曰：“銅
鞮之宮數里。”昭二十八年，滅羊舌氏，“樂霄爲銅鞮大夫”。《上黨記》
據《左傳》也。杜《注》：“晉別縣。”據羊舌食采後而言。此年銅鞮當
是別宮，或俘鄭伯而執之。沈欽韓云：“《一統志》：‘銅鞮故城在沁州
南。’”

欒書伐鄭，

鄭人使伯蠲行成，

〔疏證〕伯蠲，杜無注，當是鄭大夫。

晉人殺之，非禮也。

兵交，使在其間可也。

〔疏證〕《後漢書·來歙傳》：“王遵曰：‘古者列國兵交，使在其間，
所以重兵貴和而不任戰也。’”

楚子重侵陳以救鄭。

〔疏證〕《年表》：“楚共王九年，救鄭。”

晉侯觀於軍府，

見鍾儀。問之曰：“南冠而縶者，誰也？”

〔注〕服云：“南冠，楚冠。”《御覽》六百八十五。
〔疏證〕杜用服説。《淮南·主術訓》：“楚文王好服獬冠，楚國效之。”
高誘《注》：“獬鷹之冠，如今御史冠。”《後漢書·輿服志》：“法冠，一
曰柱後。高五寸，以纚爲展筩，鐵柱卷，執法者服之，侍御史、廷尉正監
平也。或謂之獬豸冠。獬豸，神羊，能别曲直，楚王常獲之，故以爲冠。
胡廣説曰：‘《春秋左氏傳》有南冠而縶者，則楚冠也。秦滅楚，以其君服
賜執法近臣御史服之。’”案：胡廣説亦見《獨斷》，《疏》引應劭《漢官
儀》亦同。應、蔡并據胡廣説。□□□①引司馬彪《莊子注》：“縶，拘也。”

---

① 科學本注：原稿闕文。

據胡廣説①。

有司對曰："鄭人所獻楚囚也。"

〔疏證〕《七年傳》："晉人以鍾儀歸，囚諸軍府。"

使税之。

〔疏證〕杜《注》："税，解也。"

召而弔之。再拜稽首。

問其族。

〔疏證〕《吕覽·異寶篇》："五員至江上，丈人度之。絶江，問其名族，則不肯告。"《注》："族，姓。"

對曰："泠人也。"

〔疏證〕《釋文》："泠，依字作伶。"《校勘記》云："《五經文字》云：'泠，樂官，或作伶，訛。'"《簡兮序》："衛之賢者，仕於伶官。"《箋》云："伶官，樂官也。泠氏世掌樂官而善焉，故後世多號樂官爲伶官。"杜《注》："泠人，樂官。"用鄭説。《疏》引《簡兮序》《箋》，"伶"字皆作"泠"。鄭謂"泠氏世掌樂官"者，《吕覽·古樂篇》："昔黃帝令伶倫作爲律。"《古今人表》作"泠淪"，《律曆志》作"泠綸"，則泠氏命族始於黃帝時矣。昭二十一年，景王鑄無射，泠州鳩非之。亦在春秋以前。晉侯問鍾儀之姓，而以泠人對。泠人，猶言泠氏也。若泠人徑是樂官之稱，則下文不煩以能樂問矣。泠人與泠官義别，杜説非。

公曰："能樂乎?"

對曰："先父之職官也,

〔疏證〕《魯語注》："殁曰先。"

"敢有二事?"

使與之琴，操南音。

---

① 科學本注：此句疑衍。

〔疏證〕杜《注》：“南音，楚聲。”《文選·吴都賦》：“操南音。”劉淵林《注》：“《晏子春秋》曰：‘桀作東歌，南音。’南音，徵引也，南國之音也。《左氏傳》曰鍾儀在晉，‘使與之琴，操南音’。商、角、徵、羽各有引。鍾儀，楚人，思在楚，故操南音。《吕氏春秋》：‘禹行水，見塗山氏之女。乃令其妾往候禹于塗山之陽，女乃作歌，曰：“候人兮猗。”實始作爲南音。周公、召公取風焉。’”劉氏亦以南音爲楚聲，杜《注》或本舊説。其引《晏子》見《內篇·景公夜聽新樂篇》，引《吕覽·音初篇》云“商、角、徵、羽皆有引”者，釋《晏子》以南音爲徵引也。《晏子》《吕覽》皆謂南音始於夏。《晉書·張寔傳》：“寔叔父肅曰：‘狐死首丘，心不忘本；鍾儀在晉，楚弁南音。’”

公曰：“君王何如？”

對曰：“非小人之所得知也。”

固問之。

對曰：“其爲太子也，師、保奉之，以朝于嬰齊而夕于側也。

　　〔疏證〕杜《注》：“嬰齊，令尹子重。側，司馬子反。”

“不知其他。”

公語范文子。

文子曰：“楚囚，君子也。

“言稱先職，不背本也；

“樂操土風，不忘舊也；

“稱太子，抑無私也；

　　〔疏證〕杜《注》：“舍其近事，而遠稱少小，以示性所自然。”《讀本》：“無私，非私頌揚。”

“名其二卿，尊君也。

　　〔疏證〕杜《注》：“尊晉君也。”

“不背本，仁也；不忘舊，信也；無私，忠也；尊君，敏也。

〔疏證〕《晉語注》："敏，達也。"

"仁以接事，信以守之，忠以成之，敏以行之。

"事雖大，必濟。

"君盍歸也^①，使合晉、楚之成。"

〔疏證〕八年，晉侵蔡、侵楚、侵沈，蔡、沈皆楚屬，至是始議求成。

公從之，重爲之禮，使歸求成。

冬，十一月，楚子重自陳伐莒，

圍渠丘。渠丘城惡，衆潰，奔莒。

戊申，楚入渠丘。

莒人囚楚公子平。

楚人曰："勿殺，吾歸而俘。"

莒人殺之。

楚師圍莒。莒城亦惡，

庚申，莒潰。

〔疏證〕杜《注》："月十八日。"貴曾曰^②

楚遂入鄆，

莒無備故也。

君子曰："恃陋而不備，罪之大者也；

"備豫不虞，善之大者也。

〔疏證〕《隱公五年傳》："不備不虞，不可以師。"

"莒恃其陋，而不修城郭，

---

① 林按："也"，楊本作"之"。
② 科學本注：原稿以下闕文。

"浹辰之間，而楚克其三都，

〔疏證〕杜《注》："浹辰，十二日也。"《疏》云："從子至亥爲十二辰。"按：戊申，楚入渠丘。庚申，莒潰，楚遂入鄆。是入鄆即庚申日之事，戊申至庚申凡十三日，故云"浹辰"也[①]。

"無備也夫！

"《詩》曰：'雖有絲、麻，無棄菅、蒯；

〔疏證〕李富孫云："菅、蒯，《玉篇・草部》引作菅蔽，蒯同。按：《説文》云：'蔽，艸也。'無蒯字，則蒯爲俗體。"按：《校勘記》引《玉篇》作"無棄蔽蒯"，非，"菅"無異文。古者木棉之利未具，麻與絲皆衣裳所用，故以絲、麻對文。菅蒯者，《釋草》："白華，野菅。"《小雅》："白華菅兮。"《傳》："白華，野菅也。"用《釋草》文。"東門之池，可以漚菅"，《疏》引陸璣云："菅，似茅而滑澤無毛，根下五寸中有白粉者，柔韌宜以爲索，漚乃尤善矣。"據陸説，則菅中爲索。程瑤田《通藝録》："菅有二種，小者五月秀，歙人謂之荻芒，江北人謂之芭芒。未秀時拔之，亦可爲繩作屨。大者八月始秀，歙人謂之蘆芒，江北人謂之家芒，未秀皆可取爲繩作屨也。"據程説，菅未秀時中爲索屨，可補陸説。本《疏》云："蒯與菅連，亦菅之類。《喪服》'疏屨'者，《傳》曰'藨，蒯之菲也'，可以爲屨，明朋如菅。"惠棟云："李登《聲類》曰：'蒯，草，中爲索。'"則蒯亦中爲索、爲屨，其與菅形狀之别未聞。《淮南・説林》："有羅紈者必有麻、蒯。"用《傳》引《詩》義，以麻、蒯并稱者，漢時已尚羅紈，以麻爲疏惡也。

"'雖有姬、姜，無棄蕉萃。

〔疏證〕《校勘記》云："《漢書・文帝紀注》引亦作'蕉萃'。按：《詩・東門之池正義》引作'憔悴'。《後漢書・應劭傳注》云：'蕉萃、憔悴古通用。'"李富孫云："《史記・吕后紀》索隱引作'顦悴'。案：《説文》云：'顦，顦顠也。'心部無憔字，是蕉萃爲借字。錢氏曰：'《説文》"顦顠"即"蕉萃"之異文。'"杜《注》："姬、姜，大國之女。蕉萃，陋賤之人。"據杜説，姬姜、蕉萃以貴賤言。《淮南・説林》："有榮華者必有憔悴。"亦用《傳》引《詩》義。榮華猶言姬、姜也，知者，《東門之池》

---

① 科學本注：原稿眉批："浹詁。"

“彼美淑姬”《疏》云：“美女而謂之姬者，以黄帝姓姬，炎帝姓姜，二姓之後，子孫昌盛，其家之女美者尤多，遂以姬、姜爲婦人之美稱。”成九年，《左傳》引逸《詩》云：“雖有姬、姜，無棄憔悴。”是以姬、姜爲婦人美稱也。《詩》疏所稱，當是《左氏》舊説。《衡門》：“豈其取妻，必齊之姜。”《桑中》：“彼美孟姜。”與《東門之池》稱“彼美淑姬”同義。舊説姬姜、憔悴，以女色之盛衰言，與《淮南》合。《吴語》：“而日以憔悴。”《注》：“憔悴，瘦病也。”杜説非。

“‘凡百君子，莫不代匱。’

〔疏證〕杜《注》：“逸《詩》也。”未説“代匱”義。沈欽韓云：“言衆材當乏人之時，無不可器使。”按：沈説是也。《後漢書》：“應劭刪定律令，奏之曰：‘《左氏》實云雖有姬姜、絲麻，不棄憔悴、菅蒯，蓋所以代匱也。是用敢露頑才，厠于明哲之末。’”應氏奏疏，以代匱爲承乏，是舊説本如此。

“言備之不可以已也。”

秦人、白狄伐晉，諸侯貳故也。

鄭人圍許，示晉不急君也。

是則公孫申謀之，

曰：“我出師以圍許，

“爲[①]**將改立君者，**

〔疏證〕《釋文》：“爲將，本或作‘僞將’。”段玉裁云：“《左傳》‘爲’讀“僞”者不一，蓋事涉於作爲則曰僞。”

“而紓晉使，

〔疏證〕杜《注》：“紓，緩也。勿亟遣使詣晉。”

“晉必歸君。”

“城中城”，書，時也。

---

① 林按：“爲”，楊本作“僞”。

〔疏證〕顧棟高云："案：先儒云：'魯城中城，因楚伐莒，莒潰，以無備故，故懼而城之。'"按：顧引先儒説，未知何人之説，《傳》無其義。

十二月，楚子使公子辰如晉，報鍾儀之使，請修好結成。

〔疏證〕晉歸鍾儀，即以將求成之命，故云"報鍾儀之使"。《年表》："楚共王九年，冬，與晉成。"

〔經〕 十年，春，衛侯之弟黑背帥師侵鄭。

〔疏證〕《公羊》"帥"曰"率"。《襄二十六年疏》："成十年傳，衛子叔黑背侵鄭。是黑背字子叔，即以子叔爲族。"

夏，四月，五卜郊，不從，乃不郊。無《傳》。

〔疏證〕《曲禮疏》引古《左氏》説："魯郊常祀，不須卜可郊與否，但卜牲與日。"又説襄七年"五卜郊"義云："今既耕而卜郊，宜其不從也。是用周之三月，不可至四月也。"襄七年之"五卜郊"與此《經》同，則此《經》古説亦當然也。杜《注》："卜常祀，不郊，皆非禮。"云不卜常祀，用古説。古説惟據郊在三月，卜牲日庶可再卜，則四月卜郊、卜郊至五，皆非禮矣。杜説未賅備，已疏於僖三十一年。本《疏》："《曲禮》：'旬之外曰遠某日，旬之内曰近某日。'則卜者每旬一卜。此云'五卜'者，當是三月三卜，四月二卜。"

五月，公會晉侯、齊侯、宋公、衛侯、曹伯伐鄭。

〔注〕《左氏》之義，時屬公父景公患未薨，而屬公出會稱爵，譏其生代父位，不子也。《曲禮疏》。

〔疏證〕《年表》："鄭成公四年，晉率諸侯伐我。"杜《注》："晉侯，太子州蒲也。稱爵，見其生代父居位，失人子之禮。"用舊説。舊説知伐鄭役爲屬公非景公者，《傳》："夏，四月，晉侯有疾。五月，晉立太子州蒲以爲君，而會諸侯伐鄭。"則景公未薨，屬公已立也。據四年，"鄭伯伐許"，未踰年出會稱爵，《左氏》舊説以爲禮。其賈、服説三年"宋、衛伐鄭"，則以未葬而來會，猶不當稱爵。屬公生代父位，而出會師，於典禮無稱，故云不子。《傳例》："凡在喪，公侯曰子。"屬公出會即稱子，已死其父，況稱爵乎？本《疏》謂杜《注》"州蒲"爲"州滿"之誤，詳《傳》"立太子州蒲"《疏證》。

齊人來媵。無《傳》。

〔疏證〕杜《注》：“媵伯姬也。”案：伯姬歸宋在九年二月，齊媵當是待命父母國，至此乃行。

丙午，晉侯獳卒。

〔疏證〕《晉世家》：“景公十九年，夏，景公病，立其太子壽曼爲君，是爲厲公。後月餘，景公卒。”杜《注》：“據《傳》，丙午，六月七日，有日無月。”貴曾曰[①]

秋，七月，公如晉。

冬，十月。

〔疏證〕《公羊》無此三字。洪亮吉云：“《禮記·中庸疏》：‘成十年，不書“冬十月”。’此有者，當是後人增入。”洪氏知《中庸疏》所稱即《左氏》經者，據賈、服義。臧壽恭云：“《中庸》正義云：‘成十年不書“冬十月”。賈、服以爲不視朔登臺。’是《左氏》經本無‘冬十月’三字，今本有者，衍。”《公羊》何氏《注》：“如晉者，冬也。”《釋文》不言與《左》《穀》異。按：賈、服義見隱六年經《疏證》。

〔傳〕 十年，春，晉侯使糴茷如楚，報太宰子商之使也。

〔疏證〕《集韻》引《傳》“糴”作“耀”。《説文》：“耀，《春秋傳》曰‘晉耀茷’。”則賈君作“耀”也。杜《注》：“糴茷，晉大夫。子商，楚公子辰。”

衛子叔黑背侵鄭，晉命也。

鄭公子班聞叔申之謀。

〔疏證〕《九年傳》：“公孫申謀之曰：‘我出師以圍許，爲將改立君者。’”則叔申謀出緩晉，非實欲改立。杜《注》：“改立君之謀。”非。

三月，子如立公子繻。

〔疏證〕《鄭世家》：“成公四年，春，鄭患晉圍，公子如乃立成公庶

---

① 科學本注：原稿以下闕文。

兄繻爲君。"據《世家》，則自九年春，晉欒書伐鄭，未還師也。《索隱》引鄒氏曰："繻，一作繡"。

夏，四月，鄭人殺繻，立髡頑①。

〔疏證〕髡頑，《公》《穀》曰"髡原"。洪亮吉云："《鄭世家》作'惲'。《索隱》云：'《左》作髡原。'或因《公》《穀》本而誤也。"李富孫云："頑、原，音相近。頑、惲亦聲之轉。"杜《注》："髡頑，鄭成公太子。"按：《鄭世家》："成公卒，子惲立。"不及殺繻後立髡頑之事。

欒武子曰："鄭人立君，我執一人焉，何益？

"不如伐鄭而歸其君，以求成焉。"

〔疏證〕《鄭世家》："其四月，晉聞鄭立君，乃歸成公。鄭人聞成公歸，亦殺君繻，迎成公。晉兵去。"史公謂鄭人殺繻，在晉許歸成公後，蓋采他書，與《傳》違異。

晉侯有疾。

五月，晉立太子州蒲以爲君，

〔疏證〕《釋文》："州蒲，本或作州滿。"《經》"伐鄭"《疏》引應劭《舊名諱議》云："'昔者周穆王名滿，晉厲公名州滿，又有王孫滿，是同名不諱。'則此爲州滿，或爲州蒲，誤耳。今定本作蒲。"惠棟云："劉子玄曰：'州滿，今《左氏》本皆作州蒲，誤也，當爲州滿。事見□□□□□②。'王氏當據仲遠説。"武億云："蒲宜作滿，字形之訛也。《史記·晉世家》：'立其太子壽曼爲君。'壽、州，曼、滿，聲相近。應劭《議》可據。定本作蒲，誤。"洪亮吉云："壽曼、州滿，聲之轉。"皆用應劭説。

而會諸侯伐鄭。

鄭子罕賂以襄鐘，

〔疏證〕杜《注》："子罕，穆公子。襄鐘，鄭襄公之廟鐘。"

---

① 林按：楊本此處下有"子如奔許"句。
② 科學本注：惠棟《春秋左傳補注》此處闕文。原稿眉批："查廣州經解。"《守山閣叢書》本闕處作"王劭《續書志》"。

子然盟于修澤，

〔疏證〕杜《注》："滎陽卷縣東有修武亭。"沈欽韓云："《水經注》：'北濟自滎澤東逕卷縣之武修亭南，《春秋左傳》"成公十五年，鄭子然盟于修澤"者也[①]。'按：《水經注》引杜預此注，亦作'武脩'。《一統志》：'武修亭在懷慶府原武縣東，亦名脩魚。'"按：沈說是也。酈《注》引《傳》作"十五年"誤[②]。

子駟爲質。

〔疏證〕杜《注》："子然、子駟皆穆公子。"

辛巳，鄭伯歸。

晉侯夢大厲，

〔注〕服虔又以爲公明之鬼。本《疏》。

〔疏證〕《祭法》"王爲群姓立七祀"，有泰厲；"諸侯爲國立五祀"，有公厲；"大夫立三祀"，有族厲。《注》："《春秋傳》曰：'鬼有所歸，乃不爲厲。'"泰厲，謂古帝王無後者也。公厲，古諸侯無後者也。族，衆也。大夫衆多，其鬼無後者衆，故言族厲。惠棟引李頤《莊氏解》云："死而無後曰厲。"用《祭法》義也。杜《注》："厲，鬼也。趙氏之先祖也。"杜以厲爲趙氏之先祖，與服說亦同。而《疏》駁之，云："凡爲疫厲之鬼，皆妖邪之氣，未必真是彼人，故杜不復指斥。"然詳《疏》引服說，於"以爲"上加"又"字，則服《注》當亦云趙氏先祖。其斥爲公明之鬼，乃廣異說也。洪亮吉云："《索隱》引《世本》云：'公明生共孟及趙夙，夙生成季衰。'而宣二年《左傳正義》引《世本》又云：'夙爲衰祖。'至《晉語》則云：'趙衰，趙夙之弟。'一人而世次不同，且分作三代，疑《世本》傳寫有誤。今詳傳文及服氏所言，則公明當屬括之祖，與《晉語》合。"案：洪氏所云"《索隱》引《世本》"，見《趙世家》。《世家》云："趙夙生共孟，共孟生趙衰。"與《世本》又乖異。然本《疏》引《世本》止云"公明生趙夙"，不云更生共孟。李貽德云："共孟，當即公明，字異聲相近。《書》'被孟豬'，《夏本紀》作'明都'，是其證。《世本》以公明、

共孟爲父子，非也。夙、衰同時，衰不得爲夙孫。《晉語》‘衰爲夙弟’，當得其實，共孟當從《世本》爲夙父。史反以爲夙子者，史遷言世系，往往牴牾也。趙氏先祖，其人非一，而服以爲‘公明之鬼’者，以趙夙始受封邑，雖不逮事景公，有故臣之義，不得仇君。公明在武、獻前，所事之君當是昭、哀，與景公無君臣之分，故得爲厲，此服以意斷之也。”

被髮及地，

〔疏證〕《後漢書・靈帝宋皇后紀》：“許永曰：‘昔者，晉侯失刑，亦夢大厲，被髮屬地。’”則“及”，猶“屬”也。

搏膺而踊，曰：

〔疏證〕《讀本》：“搏膺，自槌胸。”①

“殺余孫，不義。

〔疏證〕杜《注》：“八年，晉侯殺趙同、趙括。”據服《注》，以“大厲”爲公明，則當釋“孫”爲同、括。杜用服義也。

“余得請於帝矣！”

壞大門及寢門而入。

〔疏證〕《釋文》：“一本無‘及’字。”

公懼，入于室。又壞戶。

公覺，召桑田巫。

巫言如夢。

〔疏證〕沈欽韓云：“《趙世家》：‘晉景公疾，卜之，大業之後，不遂者爲祟。’即此事。”

公曰：“何如？”

曰：“不食新矣。”

〔疏證〕杜《注》：“言公不得及食新麥。”《讀本》：“食新者，此五月，

---

① 科學本注：原稿眉批：“膺詁。”

夏正三月，計後新穀、麥也。”

公疾病，

求醫於秦。

秦伯使醫緩爲之。

〔疏證〕杜《注》：“緩，醫名。爲，猶治也。”

未至，

公夢疾爲二豎子，

〔疏證〕《讀本》：“疾化二豎子，氣衰神亂之徵。”

曰：“彼，良醫也，

〔疏證〕邵晉涵《爾雅疏》云：“良醫，猶《周禮》所云‘上醫’也。”

“懼傷我，焉逃之？”

〔疏證〕《釋文》：“‘懼傷我’絶句。‘焉’，徐于虔反，一讀如字，屬上。‘逃之’絶句。”洪亮吉云：“按：‘焉’字屬下句爲允，《釋文》一讀非。”

其一曰：“居肓之上，膏之下，若我何？”

〔注〕賈云：“肓，鬲也。心下爲膏。”本《疏》。

〔疏證〕杜用賈説。洪亮吉云：“《説文》：‘肓，心上鬲下也。《春秋傳》曰：“病在肓之下。”’尋按賈義及《説文》，應云‘居肓之下，膏之上’，今本‘上’‘下’字疑有脱亂。《釋文》引《説文》作‘心下鬲上’，誤。”俞正燮《癸巳類稿·持素脈篇》：“《靈樞經脈》云：‘心主乎厥陰心包絡之脈，起於胸中，出屬心包絡，下隔，歷絡三焦。’案：心主所謂肓，《説文》‘肓’云：‘心上鬲下也。《左傳》云：“病在肓之下。”’《道藏》隱字《千金方》、《白帖》疾部、《容齋三筆》皆引《左傳》‘膏之上，肓之下’，《東醫寶鑑》引《醫法入門》，亦作‘膏之上，肓之下’，蓋依《説文》所引。肓下即心，心下乃膏。先言膏者，如卦畫自下而上。《正義》云：‘古今傳文皆以爲膏之下，賈、服、何休諸儒皆以爲然。’其意以爲二童子一居心上肓上，一居心下膏下，遂與《説文》本異。《説文》《春秋左傳》用賈逵，不應賈逵本有異。又醫緩言：‘攻之不可，達之不及，藥不至焉。’明二豎同居心中，知今本《左傳》誤也。《素問・刺禁》言：‘鬲肓之上，中有父母。’謂血、氣二脈，鬲間始爲心包與心。此云‘屬心包’，又云‘下膈，歷絡三焦’，下膈乃統中、下二焦言之。心在肓下，則肓爲心主，仍居上焦。心主肓，亦謂之膻中。知者，《素問・靈蘭秘典論》云：‘膻中者，臣使之官，喜樂出焉。’《靈樞經脈》云：‘心包絡脈動甚，則喜笑不休。’是膻中即心包絡也。《史記・扁鵲列傳》云：‘胃膻緣，中經維絡，別下於三焦、膀胱。’即此心主脈，下絡三焦，衆文皆合。”按：洪、俞説是也。俞氏通醫經，説膏上、肓下爲心包絡，尤諦。

　　汪瑜云：“此是痰證，病在心包絡，故不治也。”與俞説合。《説文》以肓爲“心上鬲下”，又引傳文證之，則“心上鬲下”必是賈氏説。賈《注》當云：“肓，鬲也，心上爲肓。”上、下、肓、膏，字易淆亂。又傳文上、下字誤倒，後人用《傳》之誤本而改賈《注》。段氏玉裁《説文注》轉用《左傳》釋文，改許君説爲“心下鬲上”，非也。《隋書[1]・藝術傳》：“許智藏，高陽人也。高祖使詣揚州，會秦孝王俊有疾，上馳召之。俊夜夢其亡妃崔氏泣曰：‘本來相迎，如聞許智藏將至，其人若到，當必相苦，爲之奈何？’明夜，俊又夢崔氏曰：‘妾得計矣，當入靈府中以避之。’及智藏至，爲俊診脈，曰：‘病已入心，即當發癇，不可救也。’果如言，俊數日而薨。”秦孝王得疾怪異，與晉景公同，疾入心而發癇，可證俞氏“病在心包絡”之説。惟本《疏》謂“古今傳本皆以爲‘膏之下’，賈、服、何休諸儒皆以爲膏”者，蓋駁劉炫規杜，改《傳》“膏”爲“鬲”，故又云：“雖凝者爲脂，解者爲膏，其實凝者亦曰膏。故《內則》云‘小切狼臅膏’，則此膏謂連心脂膏也。”亦是駁炫“連心之脂不得稱膏”之説。俞氏誤以疏文“亦皆以爲膏”句“膏”作“然”[2]，遂指爲賈、服釋“肓上膏下”之意，則其疏也。嚴蔚采“雖凝者爲膏”以下四句爲賈、服説，尤誤。

醫至，曰：“疾不可爲也。

　　〔疏證〕《廣雅・釋詁》：“爲，已，愈也。”王念孫云：“爲，已者。成十年《左傳》云：‘疾不可爲也。’《列子・周穆王》篇：‘疾可已也。’是爲、已皆愈也。”文淇案：杜氏無注。《淮南・原道訓注》：“爲，治也。”

---

① 科學本注：原稿《隋書》誤爲《魏書》，今改正。

② 科學本注：此句依照原稿字迹。

當從高氏訓"治"。《晉語》："秦伯使醫和視之，曰：'疾不可爲也。'"韋《注》："爲，治也。"與高氏同。

"在肓之上，膏之下，

〔疏證〕當作"在肓之下，膏之上。"

"攻之不可，達之不及，

〔疏證〕《瘍醫》："凡療瘍，以五毒攻之。"《注》："攻，治也。"杜《注》："達，針。"按：緩言病已深入，非外治所能療①。

"藥不至焉，不可爲也。"

公曰："良醫也。"厚爲之禮而歸之。

六月，丙午，晉侯欲麥，

〔疏證〕杜《注》："周六月，今四月，麥始熟。"

使甸人獻麥，

〔疏證〕杜《注》："甸人，主爲公田者。"沈欽韓云："《周禮·甸師職》：'主耕耨籍田。'按：《祭義》：'諸侯籍田百畝。'"

饋人爲之。

〔疏證〕《春秋分記》："饋人，掌飲食之人，如王朝庖人之類。"《讀本》："謂以麥爲熟食。"

召桑田巫，示而殺之。

將食，張，如廁，陷而卒。

〔疏證〕杜《注》："張，腹滿也。"洪亮吉云："《玉篇》稱《左氏》云：'將食，脹，如廁。'云：'脹，痛也。'或係舊注。案：'脹'即'張'之俗字。"文淇案：《呂覽·盡數篇》："鬱處頭則爲腫、爲風，處耳則爲挶、爲聾，處目則爲䁾、爲盲，處鼻則爲鼽、爲窒，處腹則爲張、爲疛。"則張爲腹滿，古義如此。壽曾謂：《廣雅·釋詁》："疰、痕，疛也。"王念

---

① 科學本注：原稿眉批："查《素問》攻鍼義。"

孫云：“痕者，成十年《左傳》：‘將食，張。’《靈樞經·脹論》云：‘夫脹者，皆在于藏府之外，排藏府而郭胸肋，張皮膚，故命曰脹。’”王氏亦以“張”爲“滿”。《讀本》：“入厠後，陷泄而氣絶也。”

小臣有晨夢負公以登天，

及日中，負晉侯出諸厠，遂以爲殉。

〔疏證〕杜《注》：“小臣以言夢自禍。”

鄭伯討立君者，

戊申，殺叔申、叔禽。

〔疏證〕杜《注》：“叔禽，叔申弟。”

君子曰：“忠爲令德，非其人猶不可，况不令乎？”

〔疏證〕杜《注》：“言叔申爲忠，不得其人，還害身。”陸粲云：“非其人，謂叔申本非賢者，雖欲效忠，不見信於君，適以自害耳。”沈欽韓云：“叔申與鄭國之政，君既囚執，不謹修事大之禮，以紓其君，更造異謀，遂有公子繻之事。此其不令也。非其人者，言迹涉嫌疑，須伊尹、周公之聖爲之也。”沈氏蓋取陸説，以謀改立君爲異謀，視陸説加甚。

惠棟云：“陸氏此言，是教人慎勿爲善，非君子之言也。《吕覽》曰：‘賢主之所説，不肖主之所誅。’高誘引此《傳》以爲證，杜氏之説未可非也。”文淇案：惠説是也，其引《吕覽》，詞未賅備。《吕覽·至忠篇》：“至忠逆于耳、倒于心，非賢主其孰能聽之？故賢主之所説，不肖主之所誅也。”高《注》：“賢主説忠言也，不肖主反之。《春秋傳》曰：‘忠爲令德，非其人則不可，况不令之尤者乎？’故被不肖主之所誅也。”此必《左氏》舊説。杜《注》蓋用其義。陸、沈説非。壽曾謂：《後漢書·竇融傳》：“融與隗囂書曰：‘融聞爲忠甚易，得宜實難。憂人太過，以德取怨。’”《注》引此《傳》，融亦自謂效忠非其人，與高誘注義合。又《隋書·張衡傳·贊》：“夫忠爲令德，施非其人，尚或不可，况託足邪徑，而又不得其人者歟！故語曰：‘無爲權首，將受其咎。’又曰：‘無始禍，無召亂。’張衡既召亂源，實爲權首，動不以順，其能不及于此乎？”張衡大逆，不可以叔申之事相例。《隋書》必引此《傳》者，正明衡之“託足邪徑”，非叔申之爲忠而不得其人之比也。

秋，公如晉。

晉人止公，使送葬。

於是糴茷未反。

〔疏證〕杜《注》：“晉謂魯貳於楚，須糴茷還，驗其虛實。”按：杜探十一年《傳》言之。

冬，葬晉景公。

公送葬，諸侯莫在。

魯人辱之，故不書，諱之也。

〔疏證〕謂不書晉葬景公。《年表》：“十年，公如晉，送葬，諱之。”《魯世家》：“成公如晉，晉景公卒，因留成公送葬，魯諱之。”

〔經〕 十有一年，春，王三月，公至自晉。

〔疏證〕臧壽恭云：“賈氏之例，還至不月。此月者，當別有義例，或爲下己丑月，今不可考。”

晉侯使郤犨來聘，己丑，及郤犨盟。

〔注〕服虔云：“郤犨，郤克從祖昆弟。”本《疏》。

〔疏證〕犨，《公羊》曰“州”。臧壽恭云：“犨、州，同音相假。”李富孫云：“《潛夫論·志氏姓》作犫，犫又犨之譌。”本《疏》：“《世本》：‘郤豹生冀芮，芮生缺，缺生克也。’又云：‘豹生義，義生步揚，揚生州，州即犨也。’如彼文，則犨與克俱是豹之曾孫，當爲從祖昆弟。服虔以爲‘從祖昆弟’，杜云‘從父昆弟’，或‘父’當是‘祖’字誤耳。”洪亮吉云：“據《世本》，則犨與克共曾祖，故服云‘從祖昆弟’，杜改云‘從父’，誤矣。”

夏，季孫行父如晉。

秋，叔孫僑如如齊。

冬，十月。

〔傳〕 十一年，春，王三月，公至自晉。

晉人以公爲貳於楚，故止公。

公請受盟，而後使歸。

郤犨來聘，且涖盟。

〔疏證〕公請受盟，故使大夫來臨之。

聲伯之母不聘，

〔疏證〕《釋文》：“聘，本或作娉。”杜《注》：“聲伯之母，叔肸之妻。不聘，無媒禮。”案：《曲禮》：“聘則爲妻，奔則爲妾。”據下“吾不以妾爲姒”，則聲伯之母本是妾。

穆姜曰：“吾不以妾爲姒。”

〔注〕賈、鄭云：“兄弟之妻相謂爲姒。”本《疏》。

〔疏證〕杜用賈説，又云：“穆姜，宣公夫人。宣公、叔肸，同母昆弟。”則聲伯之母，宣公之弟妻也。本《疏》：“世人多疑娣、姒之名，皆以兄妻呼弟妻爲娣，弟妻呼兄妻爲姒，因即惑於傳文，不知何以爲説。今謂母婦之號隨夫尊卑；娣、姒之名，從身長幼，以其俱來夫族，其夫班秩既同，尊卑無以相加，遂從身之少長。《釋親》云：‘長婦謂稚婦爲娣婦，娣婦謂長婦爲姒婦。’止言婦之長稚，不言夫之大小。今穆姜謂聲伯之母爲姒，昭二十八年，叔向之嫂謂叔向之妻爲姒，二者皆呼夫弟之妻爲姒，豈計夫之長幼乎？《釋親》又云：‘女子同出，謂先生爲姒，後生爲娣。’孫炎云：‘同出謂俱嫁事一夫也。事一夫者，以己生先後爲娣、姒。’則知娣、姒以己之年，非夫之年也。故賈逵、鄭玄及此《注》皆云‘兄弟之妻相謂爲姒’，言兩人相謂，謂長者爲姒。知娣、姒之名，不計夫之長幼也。”《疏》以娣、姒從身長幼爲説。

邵晉涵《爾雅正義》云：“《儀禮》孔氏之説非也。婦人‘三從’之義，既嫁從夫，若娣姒之名，從身之少長，不計夫之長幼，則從夫之義謂何矣？‘女子同出，謂先生爲姒，後生爲娣’，此謂俱事一夫者也，所謂媵也。此云‘長婦謂稚婦爲娣婦，娣婦謂長婦爲姒婦’，此謂各事一夫者也。夫年有長稚，故婦從夫而有長婦、稚婦。孔氏以女子之俱事一夫者，率合於昆弟之妻，則不達於雅訓矣。孔氏所據者，《左傳》之稱弟妻爲姒耳，殊不知古之稱娣姒者，猶今人稱妯娌也。兄妻稱弟妻曰妯娌，弟妻亦稱兄妻曰妯娌。蓋晰言之，則兄妻爲姒，弟妻爲娣；合言之，則昆弟之妻統稱爲娣姒；約言之，則但稱爲姒。娣姒、姒娌，先後俱可連稱。知娣姒之可連稱，則《左傳》之稱姒者，不過稱謂之間偶從其省，不得因此而致疑于兄妻爲姒，弟妻爲娣。"以上皆邵氏説姒、娣稱謂之義也。《廣雅·釋親》："姒娌、娣姒，先後也。"王念孫引邵説申之云："按：二雲説是也。《郊特牲》云：'婦人無爵，從夫之爵，坐以夫之齒。'明婦人不以己之齒爲坐次也，何獨至于稱謂之間，但計己之長幼，不計夫之長幼乎？兄長而弟幼也①。故婦從其夫，而亦有長幼之稱。女子同出，以長者爲姒，幼者爲娣，故婦從其夫之長幼，而亦有'娣姒'之稱。男子先生爲兄，後生爲弟，故婦從其夫之長幼，而亦有先後之稱也。先後即長幼也。"沈氏用"坐以夫之齒"義，説姒娣從夫之年，尤爲明諦。《喪服·小功章》："娣姒婦報。"《傳》曰："弟長也。"鄭《注》："娣、姒婦者，兄、弟之妻相名也。長婦謂稚婦爲娣婦，娣婦謂長婦爲姒婦。"鄭君本《釋親》爲説。彼《疏》云："假令弟妻年大，稱之曰姒；兄妻年小，稱之娣。"引此《傳》穆姜之言爲證。《檀弓》："婦人倡踊。"《疏》引《儀禮》及鄭君《注》説之，謂"據婦年之長幼，則不據夫年之大小"，并引此《傳》穆姜之言爲證。似鄭君説與賈異，故本《疏》亦引《喪服·小功章》，謂弟長即娣姒。然長婦、稚婦據婦年之長幼，并是疏家之言，鄭君初無其説。《爾雅》舊疏引鄭君説，與賈氏説同。即説此《傳》之義，其禮注"娣姒婦"爲"兄弟之妻相名"，猶言兄弟之妻相稱爲姒也。沈欽韓云："兄弟之妻本非親串，同自外來，則互相敬爲姒。"李貽德云："兄弟之妻相稱爲姒者，時俗之稱也。蓋其各由母族共事夫家，居娣道以明謙，相推曰姒。《傳》亦就當時稱謂書之于册耳。"沈、李説同，皆與邵説合。

生聲伯而出之，

嫁于齊管于奚，

〔疏證〕《讀本》："管仲之後。"

生二子而寡，

以歸聲伯。

〔疏證〕謂由齊大歸於魯。

---

① 科學本注：此句疑有衍文。

聲伯以其外弟爲大夫，

〔疏證〕杜《注》：“外弟，管于奚之子，爲魯大夫。”

而嫁其外妹於施孝叔。

〔疏證〕杜《注》：“孝叔，魯惠公五世孫。”朱鶴齡云：“此外弟、外妹是謂出母之子女，與舅之子曰外兄弟不同。”

郤犨來聘，求婦於聲伯，

聲伯奪施氏婦以與之。

婦人曰：“鳥獸猶不失儷。

〔疏證〕《儀禮注》：“儷，耦也。”

“子將若何？”

曰：“吾不能死亡。”

〔疏證〕杜《注》：“言不與郤犨婦，懼能忿致禍。”

婦人遂行。生二子於郤氏。

郤氏亡，晉人歸之施氏。

施氏逆諸河，沈其二子。

婦人怒曰：“己不能庇其伉儷而亡之，

〔疏證〕《儀禮·燕禮注》：“伉，敵也。”

“又不能字人之孤而殺之，

〔疏證〕《詩·生民》毛《傳》：“字，愛也。”

“將何以終？”遂誓施氏。

〔疏證〕杜《注》：“誓約不復爲之婦也。”

夏，季文子如晉報聘，且涖盟也。

〔疏證〕杜《注》：“郤犨、文子交盟魯、晉之君，其意一也。故但書來盟，舉重略輕。”《疏》云：“遣使爲輕，君親爲重，故郤犨書‘聘’，又書'盟'。文子直書'如晉',略言其聘而已。衛冀隆難以爲,他卿來敵魯君,《春秋》所諱;魯卿出敵他國,顯書名氏。則應郤犫來聘爲輕,行父盟晉爲重。今書郤犫之盟,則是舉輕略重,何得云舉重略輕?"據《疏》引衛氏難杜,則服氏義謂經書及郤犫盟,不云公親盟,諱之,略重。季文子出聘,則顯書名氏,不侔舉輕也。杜《注》與服義正相反。

周公楚惡惠、襄之逼也,

〔疏證〕顧棟高云:"楚,周公閱曾孫。"杜《注》:"惠王、襄王之族。"

且與伯與爭政,

〔疏證〕《釋文》:"與,本亦作輿。"杜《注》:"伯與,周卿士。"

不勝,怒而出。及陽樊,

王使劉子復之,

盟于鄄而入。

〔疏證〕杜《注》:"鄄,周邑。"今地闕。

三日,復出奔晉。

秋,宣伯聘于齊,以修前好。

〔疏證〕杜《注》:"犟以前之好。"

晉郤至與周爭鄇田,

〔疏證〕馬宗璉云:"《説文》:'鄇,晉之溫地。'周賜晉文溫田,後爲郤氏私邑。王符曰:'郤至食采于溫,號曰溫季。'周溫地未盡賜晉,故云與郤至爭鄇田。杜預以鄇爲溫之別邑,不若叔重解字之精。"案:馬説是也。許君説當是賈義。沈欽韓云:"《一統志》:'鄇人亭在懷慶府武陟縣西南十五里。'"

王命劉康公、單襄公訟諸晉。

郤至曰:"溫,吾故也,故不敢失。"

〔疏證〕杜《注》:"言溫,郤氏舊邑。"未得《傳》義。郤至爭鄇田而非爭溫。本《疏》：“郤氏既已得溫，則謂從溫而分出者亦宜從溫而屬郤氏。”據《疏》說，則郤氏食溫，“溫，吾故”者，猶言“溫，吾所故有”，非謂舊邑，下“而後及子”可證。

劉子、單子曰：“昔周克商，

“使諸侯撫封，

〔疏證〕《文王世子》：“西方有九國焉，君王其終撫諸。”《注》：“撫，猶有也。”《廣雅·釋詁》云：“撫，有也。”王念孫云：“撫爲‘奄有’之有。撫、方一聲之轉，方之言荒，撫之言憮也。”

“蘇忿生以溫爲司寇，與檀伯達封于河。

〔疏證〕杜《注》：“蘇忿生，周武王司寇蘇公也，與檀伯達俱封于河內。”杜知蘇忿生爲周武王司寇者，據《立政》“司寇蘇公”文。顧棟高云：“檀，伯爵。蓋在今河南懷慶府濟源縣境。”

“蘇氏即狄，又不能於狄而奔衛。

〔疏證〕《僖十年經》：“狄滅溫，溫子奔衛。”《傳》：“狄滅溫，蘇子無信也。蘇子叛王即狄，又不能於狄，狄人伐之。王不救，故滅。蘇子奔衛。”

“襄王勞文公而賜之溫，

〔疏證〕襄王獎晉文公勤王功，與之陽樊、溫、原、欑茅之田。見《僖二十五年傳》。

“狐氏、陽氏先處之，

〔疏證〕杜《注》：“狐溱、陽處父先食溫地。”

“而後及子。

“若治其故，則王官之邑也，子安得之？”

晉侯使郤至勿敢爭。

宋華元善於令尹子重，

又善於欒武子，

〔疏證〕《吕覽·貴公注》：“善，猶和也。”

聞楚人既許晉繼茷成，而使歸復命矣。

冬，華元如楚，遂如晉，合晉、楚之成。

〔疏證〕《宋世家》：“華元善楚將子重，又善晉將欒書，兩盟晉、楚。”

秦、晉爲成，

將會于令狐。晉侯先至焉。

秦伯不肯涉河，次于王城，

使史顆盟晉侯于河東。

〔疏證〕杜《注》：“史顆，秦大夫。”

晉郤犨盟秦伯于河西。

〔疏證〕杜《注》：“就盟王城。”《年表》：“秦桓公二十四年，與晉侯夾河盟。”《秦本紀》：“晉厲公初立，與秦桓公夾河而盟。”《晉世家》：“厲公元年初立，欲和諸侯，與秦桓公夾河而盟，歸而秦倍盟。”

范文子曰：“是盟也何益？

“齊盟，所以質信也。

〔疏證〕《詩·抑傳》：“質，成也。”①

“會所，信之始也。始之不從，其可質乎？”

秦伯歸而背晉成。

〔疏證〕《年表》：“秦桓公歸倍盟。”《晉世家》：“歸而秦倍盟。”

〔經〕 **十有二年，春，周公出奔晉。**

夏，公會晉侯、衛侯于瑣澤。

〔疏證〕《釋文》“瑣”作“璅”，云：“依字宜作瑣。”按：今依《石

---

① 科學本注：原稿眉批：“齊詁。”

經》。杜《注》：“地闕。”江永云：“《公羊》作沙澤。定七年‘盟于沙’，
《傳》作瑣，《公羊》亦作沙澤，與此年同。則瑣澤即沙也。”臧壽恭云：
“案：瑣、沙聲轉相通。《公羊》釋文云：‘二《傳》作瑣澤。定七年同。’
案：今本《左氏》經，定七年作‘沙’，與陸氏所見本異。”據臧説，則
《左氏》定七年亦作“瑣澤”也。定七年，杜《注》謂沙在元城，元城今
屬直隸大名府，是晉地。沈欽韓云：“《方輿紀要》：‘瑣侯亭在開封府新
鄭縣苑陵城西，亦曰瑣澤。’”與江、臧説異，蓋據《路史》説，謂即襄
十一年，鄭之瑣也。《傳》謂“鄭伯如晉聽成”，則瑣澤非鄭地甚明。

秋，晉人敗狄于交剛。

〔疏證〕杜《注》：“地闕。”顧棟高云：“成九年，秦與白狄伐晉，故
此年晉敗狄而旋即伐秦也。是時赤狄之種盡絶，故中國通名白狄爲狄。”
江永云：“此年之狄，白狄也。交剛，當在河東之地，與河西延安府相近。”

冬，十月。

〔傳〕 十二年，春，王使以周公之難來告。

書曰“周公出奔晉”，

凡自周無出，周公自出故也。

〔注〕鄭康成云：“凡自周無出者，周無放臣之法，罪大者刑之，小則
宥之。”本《疏》引《答孫皓》。

〔疏證〕此奔例也。杜《注》：“天子無外，故奔者不言‘出’。周
公爲王所復而自絶於周，故書‘出’以非之。”杜謂“奔者不言出”，據
《傳》“周公自出”爲説，亦用鄭君“周無放臣之法”義。本《疏》不達
其義，引鄭説申之，云“以爲實無出法”。又駁之云：“案《書》‘流宥五
刑’，則宥者流之，非不出也。舜放四罪，投之四裔，安得不出畿乎？若
如《周禮》無流放之文，即云‘周無放臣之法’。禮：三諫不從，待放于
郊。然則周臣三諫不從，終是不蒙王放，欲令諫者何所措身？《左傳》發
凡，自是書策之例，因即以爲周制，謂其實無出者，執文害義，爲蔽何
甚！”案：《堯典》“流宥五刑”，馬融説：“流，放。宥，寬也。一曰幼少，
二曰老耄，三曰蠢愚，其輕者或流放之，四罪是也。”據馬説，則流宥者，
五刑減輕之罰。周律無放之條，三諫不從待放者，待放猶待罪之意。鄭所
據者，《周禮》無流放之文，不得據《傳》疑《經》也。即如本《疏》所

舉，昭二十六年，"尹氏、召伯、毛伯以王子朝奔楚"，止書奔，不書出，仍是此《傳》周公自出義，例可互明。其僖二十四年，"天王出居於鄭"，君父臣子書例不同，此《傳例》亦不爲彼《經》而發。

宋華元克合晉、楚之成。

夏，五月，晉士燮會楚公子罷、許偃。

〔疏證〕杜《注》："二子，楚大夫。"

癸亥，盟于宋西門之外，

曰："凡晉、楚無相加戎，好惡同之，

"同恤菑危，備救凶患。

"若有害楚，則晉伐之；

"在晉，楚亦如之。

"交贄往來，

〔疏證〕杜《注》："贄，幣也。"《疏》："聘禮，賓執圭以通命，執幣以致享，故知贄是幣。"

"道路無雍；

〔疏證〕雍，從《石經》、宋本，各本作"壅"。惠棟云："棟案：古'壅'字皆作'雍'，無從土者。《說文》作'雝'。"

"謀其不協，而討不庭。

〔疏證〕杜《注》："討背叛不來在王庭者。"洪亮吉云："《爾雅》：'庭，直也。'"

"有渝此盟，明神殛之，

〔疏證〕《釋文》："殛，本又作極。"《釋言》："殛，誅也。"

"俾隊其師，

〔疏證〕《釋文》作"卑隊"，云："本亦作俾。"《詩·閟宮箋》："俾，使也。"《楚語注》："隊，失也。"杜用韋義。

"無克胙國。"

鄭伯如晉聽成，

〔疏證〕《□語①注》："聽，受也。"杜《注》："晉、楚既成，鄭往受命。"

會于瑣澤，成故也。

狄人間宋之盟以侵晉，而不設備。

秋，晉人敗狄于交剛。

晉郤至如楚聘，且涖盟。

楚子享之，子反相，

爲地室而縣焉。

〔疏證〕杜《注》："縣鐘鼓也。"按：地室縣樂，非古制所有，據下"郤至將登"，又云"驚而走出"，則地室即在堂矣。

郤至將登，

〔疏證〕杜《注》："登堂。"案：《燕禮》："賓入及庭，公降一等揖之，公升就席，賓升自西階，主人亦升自西階。"享禮亦當然。

金奏作於下，

〔疏證〕《鐘師》："掌金奏。"《注》："金奏，擊金以爲奏樂之節。金，謂鐘及鎛也。"杜《注》："擊鐘而奏樂也。"用鄭義。杜未釋"作於下"。沈欽韓云："下，堂下也。凡升歌在堂上，鐘磬之等并在堂下，故《皋陶謨》'下管鼗鼓，合止柷敔，笙鏞以間'，《郊特牲》'歌者在上，匏竹在下'是也。《燕禮·記》：'若以樂納賓，則賓及庭，奏《肆夏》。'《注》云：'《肆夏》，樂章，以鐘鎛播之，鼓磬應之，所謂金奏也。'此郤至登時，其金奏即是《肆夏》。郤至之驚，蓋如晉享穆叔，金奏《肆夏》之三，不拜，曰'三夏，天子所以享元侯也，使臣不敢與聞'之義。孔《疏》不解鐘、磬本在堂下，因謂作於地室，故驚郤至，非。"按：本《疏》亦引

---

① 科學本注：原稿："語"字上闕文，查《國語》無此注，惟《國策·周策》有之。

《燕禮·記》"賓及庭，奏《肆夏》"，謂"朝賓入門而奏樂，聘客則至庭乃奏樂"，其說朝、聘賓用樂之地極爲分明。郤至聘賓，則及庭奏樂，與《聘禮·記》合。而又云："燕享聘客，皆當入門奏《肆夏》，若燕己之群臣，則有王事之勞者，乃得以樂納賓。"《疏》知燕己群臣奏《肆夏》者，據《聘禮·記》鄭《注》："卿、大夫有王事之勞者，則用此樂。"詳鄭君義，以《肆夏》納賓，乃燕聘客之禮。其燕己群臣，亦得用《肆夏》，乃推言之。《疏》誤會"及庭，奏《肆夏》"止屬燕己群臣，遂謂"聘客亦入門奏《肆夏》"，前後矛盾。其《郊特牲》"賓入大門而奏《肆夏》"，主朝賓言。鄭君謂賓朝聘者，兼聘賓言，與《燕禮·記》不合。沈氏以金奏爲《肆夏》，據下"兩君相見，何以代此"爲說，極諦。惟下指地室，《疏》據《傳》，未可駁。地室既非禮所有，則樂縣亦不必依古制。

驚而走出。

〔疏證〕《肆夏》用以納賓，疑與兩君相見樂音節有異，故驚。

子反曰："日云莫矣，寡君須矣，

〔疏證〕《釋文》："莫，本亦作暮。"《讀本》："須，待也。"

"吾子其入也！"

賓曰："君不忘先君之好，施及下臣，

"貺之以大禮，

〔疏證〕洪亮吉云："韋昭《國語注》：'貺，賜也。''貺'當作'況'。"案：禮謂享禮。《大宗伯》："以饗燕之禮親四方之賓客。"彼《疏》云："饗，烹太牢以飲賓，獻依命數，在廟行之。"

"重以之備樂。

〔疏證〕謂奏《肆夏》，《疏》云："卒聞地下鐘聲，因即飾辭辭樂，匿其驚走之意。"非。

"如天之福，兩君相見，何以代此？下臣不敢。"

〔疏證〕據穆叔說，三夏，天子以享元侯。此謂兩君相見，當謂金奏《肆夏》，無《繁》《遏》《渠》也。其納賓奏《肆夏》，或不以鐘鎛節之。杜《注》："此言兩君相見之禮。"亦以享禮無考，約言之。《疏》引《仲尼燕居》“入門而縣興”，謂“是賓入門作樂，爲兩君相見之禮”。《傳》明言郤至將登，乃聞金奏，則非入門而作樂。

子反曰：“如天之福，兩君相見，

“無亦唯是一矢以相加遺，

〔疏證〕本《疏》：“其相見之時，唯當用是一矢以相加陵、相遺與耳。”按：《邶風·北門》篇：“政事一埤遺我。”《傳》：“遺，加也。”

“焉用樂？

“寡君須矣，吾子其入也！”

賓曰：

〔疏證〕賓即郤至。杜《注》：“傳，諸交讓得賓主辭者，多曰賓主以明之。”《疏》：“《文十二年傳》稱西乞術爲賓，并稱‘主人曰’之類是也。”

“若讓之以一矢，禍之大者，其何福之爲？

“世之治也，

“諸侯間于天子之事，則相朝也，

〔疏證〕杜《注》：“王事間缺，則脩私好。”案：《文十五年傳》：“諸侯五年再相朝，以修王命，古之制也。”杜據以爲説，詳彼傳《疏證》。

“於是乎有享、宴之禮。

“享以訓共儉，

〔疏證〕《釋文》：“享，本亦作饗。”《儀禮·燕禮疏》引“享”作“饗”。《詩·卷耳正義》同。《校勘記》云：“依《左傳》字例作‘享’，《周禮》《儀禮》字例作‘饗’，二禮《疏》引《傳》宜作‘享’，而申明之曰‘享與饗同’。輒改《左傳》之字爲饗，未善也。”杜《注》：“享有體薦，設几而不倚，爵盈而不飲，肴乾而不食，所以訓共儉。”杜據《宣十六年傳》《昭五年傳》聘義爲説。《疏》云：“聘禮即是享聘賓之禮。”

“宴以示慈惠。

〔疏證〕杜《注》：“宴則折俎，相與共食。”案：折俎，杜據《宣十六年傳》。

“共儉以行禮，

“而慈惠以布政。

“政以禮成，民是以息。

“百官承事，朝而不夕。

〔疏證〕杜《注》：“不夕言無事。”本《疏》：“旦見君，謂之朝；莫見君，謂之夕。”按：《士冠禮》：“玄端，玄裳，黃裳、雜裳可也。”《注》：“此暮夕于朝之服。”《疏》：“朝禮備，夕禮簡，故以夕言之也。若卿大夫暮夕於君，當亦朝服矣。按：《春秋左氏傳》成十二年，晉郤至謂子反曰：‘百官承事，朝而不夕。’此云莫夕者，無事則無夕法，若夕有事，須見君，則夕。故昭十二年，子革云夕；哀十四年，子我亦云夕者，皆是有事見君，非常朝夕之事也。”詳鄭君説，則周有常朝夕禮，春秋時或廢夕不行，有事乃夕。《禮疏》援此《傳》，謂“無事則無夕法”，以説周制，非。梁履繩云：“《鄉飲酒義》云：‘朝不廢朝，暮不廢夕。’乃是常禮。”是也。

“此公侯之所以扞城其民也。

〔疏證〕引《詩》在後，説義在前。下引《詩》作“公侯干城”，此改字説義。《詩·傳》：“干，扞也。”《箋》云：“此兔罝之人，有武力，公侯可任以國守，扞城其民。”亦訓“干”爲“扞”。陳奐《詩疏》云：“毛《傳》‘干’訓‘扞’，義本《爾雅》。其實本《左傳》爲訓，言武夫之能爲公侯扞城其民也。”按：陳説是也。《箋》亦據《左傳》“扞城”義。杜《注》：“扞，蔽也，言享宴結好鄰國，所以蔽扞其民。”洪亮吉云：“《漢書集注》：‘扞蔽，猶言藩屏也。’”

“故《詩》曰：‘赳赳武夫，公侯干城。’

〔疏證〕《釋文》：“干，本亦作扞。”似從上‘扞城’改，失《傳》義。《詩·兔罝》首章文，《傳》：“赳赳，武貌。”據《釋訓》義。《説文》：“赳，輕勁有才力也。”杜《注》：“言公侯之與武夫，止於扞難而已。”本《疏》：“不侵伐他國也。”

“及其亂也，諸侯貪冒，侵欲不忌，

"爭尋常以盡其民，

〔疏證〕杜《注》："八尺曰尋，倍尋曰常。言爭尺丈之地以相攻伐。"《疏》云："《周禮·考工記》云：'人長八尺，殳長尋有四尺，崇於人四尺。車戟常崇於殳四尺。'是八尺曰尋，倍尋曰常。"按：《疏》引《考工記》"人長八尺"，乃鄭君注文，誤引爲《經》。鄭君云："人長八尺，與尋齊。"是尋止八尺也。《疏》既誤引鄭君語，又云"崇於人四尺"，則尋長十二尺矣。《疏》所引《考工記》，惟"殳長尋有四尺"是經文，其云"車戟常崇於殳四尺"，當作"車戟常，酋矛常有四尺"，文字淆亂，今爲正之。洪亮吉云："《小爾雅》：'四尺謂之仞，倍仞謂之尋，倍尋謂之常。'"洪意以杜《注》用《小爾雅》。按：《考工記》鄭君《注》，止云"八尺曰尋，倍尋曰常"，杜用鄭義。《小爾雅》僞書，即取鄭義也。

"略其武夫，以爲己腹心、股肱、爪牙。

〔疏證〕《方言》："略，强取也。"《廣雅·釋言》："略，取。"杜《注》："言世亂，則公侯制禦武夫，以從己志，使侵害鄰國，爲搏噬之用無已。"據杜意，則郤至謂亂世公侯以武夫爲腹心，不與《詩》義合。《傳》所云"亂則反之"，是也。

"故《詩》曰：'赳赳武夫，公侯腹心。'

〔疏證〕《兔罝》三章文，《詩》傳："可以制斷公侯之腹心。"杜《注》："舉《詩》之正以駁亂義。《詩》言治世則武夫能合德公侯，外爲干城，內制其腹心。"杜探下"制其腹心"爲説，用毛義。《疏》云："美公侯能以武夫制己腹心。"是也。

"天下有道，則公侯能爲民干城，而制其腹心。

〔疏證〕此總申上兩引《詩》義。陳奐《詩疏》云："《左傳》言制，毛《傳》本之，以益其義。云制斷者，謂制斷其貪冒侵欲也。'公侯腹心'，謂武夫能爲公侯制斷其腹心，則'公侯干城'，亦謂武夫能爲公侯扞城其民矣，皆就賢者一邊説。"

"亂則反之。

〔疏證〕杜《注》："略其武夫，以爲己腹心、爪牙。"杜據上《傳》爲説，"爪牙"上脱"股肱"。《疏》云："乃以武夫從己腹心。"亦據毛

《傳》“制斷腹心”義反言之。陳奐《詩疏》云：“桓寬《鹽鐵論·備胡篇》：‘賢良曰：“匈奴如中國之麋鹿耳。好事之臣求其義，責之禮，使中國干戈至今未息，萬里設備。此《兔罝》之所刺，故小人非公侯腹心、干城也。”’此言小人用事，上不能制君腹心，下不能爲民干城，適見刺于《兔罝》耳。桓釋《詩》正與毛訓合。”

“今吾子之言，亂之道也，不可以爲法。

“然吾子主也，至敢不從？”

遂入，卒事。

歸以語范文子。

文子曰：“無禮，必食言，吾死無日矣夫！”

〔疏證〕《釋文》：“夫，本亦無此字。”杜《注》：“言晉、楚不能久和。”本《疏》：“以一矢爲辭，是無禮也。食言是其將背盟也。”

冬，楚公子罷如晉聘，且涖盟。

〔疏證〕杜《注》：“報郤至。”

十二月，晉侯及楚公子罷盟于赤棘。

〔經〕 十有三年，春，晉侯使郤錡來乞師。

三月，公如京師。

〔疏證〕《周語》：“簡王八年，魯成公來朝。”《注》：“成公將與周、晉伐秦而朝。”杜《注》：“伐秦道過京師，因朝王。”杜用韋義。其但書“如京師”，不書“朝王”，杜無説。《疏》云：“公本爲伐秦，道過京師，因往朝王。不稱‘朝’而言‘公如京師’者，以明公朝于王所，王不在京師，故指言王所。據王言之，不得不稱‘朝’。此則王在京師，京師是國之總號，不斥王身，不可稱朝，故依尋常朝聘鄰國之文，稱‘如’而已。”文淇案：此舊疏原文。舊疏謂“公朝王所”，以王不在京師，與此書“公如京師”，王在者異。知爲舊疏者，《疏》又引劉炫云：“魯朝聘皆言‘如’，不果彼國，必成其禮，或在道而還。如者，書其始發，言往而已。言公朝王所者，發國不爲朝王，至彼遇王朝之，朝訖乃書，故稱朝也。此過京師，亦宜稱朝，言如者，發雖主爲伐秦，即有朝王之意，書其初發，故言如也。"此光伯《述議》語，與舊疏異。壽曾謂：據韋、杜義，此發國不爲朝王，故但書"如京師"，不稱"朝"。舊疏謂"公本爲伐秦，道過京師，因往朝王"，是也。《述議》謂"發有朝王之意"，非。

夏，五月，公至自京師，遂會晉侯、齊侯、宋公、衛侯、鄭伯、曹伯、邾人、滕人伐秦。

〔注〕賈氏以晉直秦曲，無辭不得敵有辭，故不書戰。《釋例》。

〔疏證〕各本脱"至"，從《石經》。石經《穀梁》亦有"至"，《公羊》無。據《傳例》，稱"至自"，則公反行告廟，乃會晉伐秦。《傳》云："公及諸侯朝王，遂從劉康公、成肅公會晉侯伐秦。"則中間無反行告廟事，"至"字或是唐人所加矣。《公羊》"邾"曰"邾婁"。賈謂"晉直秦曲，無辭不敵有辭"者，據"呂相絶秦"而言。《公》《穀》皆不以伐見例，則"不書戰"爲《左氏》舊説。《年表》："魯成公十三年，會晉伐秦。秦桓公二十六年，晉率諸侯伐我。"

曹伯盧①卒于師。

〔疏證〕《釋文》："盧，本亦作廬。"按：二《傳》皆作廬②。《公羊》釋文云："本亦作盧。"《管蔡世家》："曹宣公彊十七年卒，弟成公負芻立。"史公以盧爲彊，與三《傳》異，以負芻爲成公弟，用《公羊》説，又與《左氏》異。

秋，七月，公至自伐秦。無《傳》。

冬，葬曹宣公。

〔傳〕 **十三年，春，晉侯使郤錡來乞師，**

將事不敬。

〔疏證〕杜《注》："將事，致君命。"

孟獻子曰："郤氏其亡乎？

"禮，身之幹也；敬，身之基也。

---

① 科學本注：阮刻《注疏》及《四部叢刊》本均作"盧"。《校勘記》無説，劉氏所據本異。
② 科學本注：《公》《穀》實均作"廬"。

〔疏證〕杜無注。本《疏》：“幹，以樹木爲喻。基，以牆屋爲喻。人身以禮、敬爲本。”《五行志注》：“師古曰：‘無禮則身不立，不敬則身不安也。’”當是舊説。

“郤子無基。

〔疏證〕無基，謂不敬。

“且先君之嗣卿也，

〔疏證〕杜《注》：“郤錡，郤克子，故曰嗣卿。”

“受命以求師，將社稷是衛，

“而惰，棄君命也，

“不亡何爲？”

三月，公如京師。

宣伯欲賜，請先使。

〔疏證〕《周語》：“魯成公使叔孫僑如先聘，且告。”《注》：“先修聘禮，且告周以成公將朝也。”杜《注》：“欲王賜也。”

王以行人之禮禮焉。

〔疏證〕《周語》：“王使私問諸魯，魯人云：‘請之也。’王遂不賜，禮如行人。”《注》：“如使人之禮，無加賜。”本《疏》引孔晁云：“行人，使人也。以使人之禮，禮之不從聘者之賜禮也。”韋用孔説。杜《注》：“不加厚。”未解行人、聘者之别。

孟獻子從。王以爲介，而重賄之。

〔疏證〕《周語》：“魯侯至，仲孫蔑爲介。王厚賄之。”《注》：“在賓爲介。介，上介，所以佐相禮儀。”杜《注》：“介，輔相威儀者。”用韋説。沈欽韓云：“《聘禮》：‘賓舍於郊，公使卿贈，如覿幣。下大夫贈上介，亦如之。’是介有贈賄之禮也。”

公及諸侯朝王，

遂從劉康公、成肅公會晉侯伐秦。

〔疏證〕杜《注》：“劉康公，王季子。”《五行志注》：“師古曰：‘劉康公、成肅公皆周大夫也。’”

成子受脤于社，不敬。

〔注〕《左氏》説：“脤，社祭之肉，盛之以蜃。宗廟之肉名曰膰。”《大宗伯疏》引《五經異義》。服云：“脤，祭社之肉也，盛以蜃器，故謂之脤。”《五行志注》。

〔疏證〕《大宗伯》：“以脤、膰之禮，親兄弟之國。”《注》：“脤、膰，社稷、宗廟之肉。”《疏》：“鄭總云‘社稷、宗廟之肉’，是以成十三年：‘公及諸侯朝王，遂從劉康公、成肅公會晉侯伐秦。成子受脤于社，不敬。’《注》云：‘脤，宜社之肉也，盛以蜃器，故曰脤。’劉子曰：‘國之大事，在祀與戎。祀有執膰，戎有受脤。’《注》：‘膰，祭肉。’又案：《異義》：‘《左氏》説：脤，社祭之肉，盛之以蜃。宗廟之肉名曰膰。’以此言之，則宗廟之肉曰膰，社稷之肉曰脤之驗也。而《公羊》《穀梁》皆云‘生居俎上曰脤，熟居俎上曰膰’，非鄭義耳。對文脤爲社稷肉，膰爲宗廟肉。其實宗廟、社稷器皆飾用蜃蛤，故《掌蜃》云‘祭祀共蜃器之蜃’。《注》云：‘飾祭器。’是其祭器皆飾以蜃也。”

據《異義》，許君從《左氏》説，鄭君《禮注》與許同，無駁。彼《疏》引本《傳注》，未顯何人之注，其文與杜《注》同。杜用服義，惟“祭社”作“宜社”，又解宜名云：“宜，出兵祭社之名。”案：服《注》當作“宜社”，傳寫失之。知者，《五行志注》先引服《注》，又引師古説云：“脤，讀與蜃同，以出師而祭社謂之宜。脤者，即宜社之肉也。蜃，大蛤也。”師古謂祭社有宜，脤即宜社之肉，乃申服義。杜云：“宜，出兵祭社之名。”亦是服説可知。本《疏》云：“《釋天》：‘起大事、動大衆，必先有事於社而後出，謂之宜。’孫炎云：‘有事，祭也。宜，求見祐也。’”陳壽祺《異義疏證》云：“《説文・示部》：‘祳，社肉，盛以蜃，故謂之祳，天子所以親遺同姓《春秋傳》曰：“石尚來歸祳。”’此用《左氏》説，而字作‘祳’，蓋古文也。”據陳説，則賈君説此《傳》與服同，字則作“祳”。“石尚來歸祳”，定十四年經文，今本作“蜃”。本《疏》引彼年《經》鄭衆説“蜃可以白器，令色白”，則此《經》鄭、賈、服并以“脤”爲“蜃”。

劉子曰：“吾聞之：民受天地之中以生，所謂命也。

〔疏證〕杜無注。本《疏》：“‘天地之中’，謂中和之氣也。民者，人也。言人受此天地中和之氣以得生育，所謂命也。命者，教命之意，若有所禀受之辭。"又引劉炫云："命者，冥也。言其生育之性得之於冥兆也。"按：《律曆志注》："師古曰：'中，謂中和之氣。'"《五行志注》同，與《疏》説合。歆氏①蓋據舊説。炫以命爲冥，當是《述議》語，與舊説異。舊説以命爲教命，舊疏據之。知者，下"以定命也"。劉歆説："事舉其中，以作事厚生。"正謂教命，非天地之道。惠棟云："以五行言，則五六爲天地之中；以爻位言，則二五爲天地之中；以四時言，則春秋爲天地之中。天地之中，命也，民受之以生，即所謂性也。性爲中，情爲和。《中庸》之中和，即天地之中也。故曰：'天命之謂性。'《易》曰：'各正性命，保合太和。'在《易》又謂之利貞，故曰：'利貞者，情性也。'"按：惠説是也。其以春秋爲天地之中，亦用劉子駿説，與舊疏"教命"義合。《廣雅·釋詁》："休、祥、衷、佳，善也。"王念孫云："成十三年《左傳》：'民受天地之中以生。'中與衷通。"詳王説，則中即《書·湯誥》"降衷有恒性"之衷。《孔氏傳》："衷，善也。"

"是以有動作禮義威儀之則，以定命也。

〔注〕劉歆説："故列十二公二百四十二年之事，以陰陽之中制其禮。故春爲陽中，萬物以生；秋爲陰中，萬物以成。是以事舉其中，禮取其和。曆數以閏正天地之中，以作事厚生，皆所以定命也。"《律曆志》。

〔疏證〕《律曆志》《五行志》引《傳》，"禮義"皆在"動作"上。《律曆志》"義"作"誼"。杜無注。知《志》所稱爲歆説者，《志》注云："師古曰：'此以下，皆班氏所述劉歆之説也。'"《志》引《傳》至"不能者敗以取禍"，尋按歆説，"以陰陽之中制其禮"，則其意專説傳文"動作禮義威儀以定命"義，不涉下"養""敗"，故次此。歆意以禮生於天地之中。《隱元年傳》初顯《傳例》，即云"謂之禮經"。以陰陽之中制其禮，猶言法陰陽之中以成《春秋》也。《隱元年疏》引賈逵《序》云："取法陰陽之中，春爲陽中，萬物以生；秋爲陰中，萬物以成。欲使人君動作不失中也。周禮盡在魯矣，史法最備，故《史記》與周禮同名。"賈氏即用歆説。詳賈序《疏證》。"事舉其中"者，謂舉春秋以賅冬夏；"禮取其和"者，謂《春秋》制名，取於和陰陽、順四時；"曆數以正天地之中"者，"月所以紀分、至也。分、至者，中也。"《文元年傳》云："先王之正時也，舉

---

① 科學本注："氏"字衍。林按："歆"當作"顔"，"氏"不衍。

正於中。"又云："舉正於中，民則不惑。"謂舉中氣以正月，亦法天地之中也。《春秋》之義，閏月雖無事必書，以作事厚生者，謂授時以勸民事。右皆教命之事，人君用陰陽之中，布教命於民，故總曰："皆所以定命也。"賈云："人君動作不失中。"即《傳》"定命"義。動作，包禮義威儀言之。

"能者養之以福，不能者敗以取禍。

〔疏證〕《校勘記》云："《漢書·五行志》《律曆志》、《漢酸棗令劉熊碑》均作'養以之福'，與下'敗以取禍'文正相對。按：顏氏注《漢志》云：'之，往也。往就福也。'段玉裁云：'作養以之福，謂將身向福也。'亦與《漢志》合。"壽曾謂：杜《注》："養威儀以致福。"致即躬致之之意，杜本尚未誤。阮氏引顏《注》見《律曆志》，其《五行志注》亦云："之，往也。能養生者，則定禮義、威儀，自致於福；不能者，則喪之以取禍亂。"本《疏》云："故人有能者，養其威儀禮法，以往適於福。"又云："之，往也。'養之以福'，謂將身向福也；'敗以取禍'，謂禍及身也。"段氏即據《疏》意正《疏》之字。《後漢書·荀爽傳》："爽對策曰：'昔者聖人建天地之中而謂之禮，所以興福祥之本，而止禍亂之源也。人能枉欲從禮，則福歸之；順情廢禮，則禍歸之。推禍福之所應，知興廢之所由來也。'"荀氏所稱"枉欲從禮""順情廢禮"，當是此《傳》古義，顏氏以"養"爲養生，非。

"是故君子勤禮，小人盡力。

"勤禮莫如致敬，盡力莫如敦篤。

〔疏證〕《五行志》"敦"作"惇"。

"敬在養神，

"篤在守業。

〔疏證〕皆謂納身於禮。養神，即上文"養之以福"也；守業，謂安業而不遷。《疏》云："朝廷百官，事神必敬；草野四民，勿使失業。"下文"在祀與戎"，乃明事神之節。《疏》說非。

"國之大事，在祀與戎。

〔疏證〕《周語》："民之所急，在於大事。"《注》："大事，戎事也。"

"祀有執膰,

〔疏證〕《五行志注》:"張晏曰:'膰,祭肉也。'"詳僖公二十四年《疏證》。

"戎有受脤,

"神之大節也。

〔疏證〕《五行志注》:"師古曰:'交神之節。'"

"今成子惰,棄其命矣,

"其不反乎!"

〔疏證〕《五行志》"乎"作"虖"。

夏,四月,戊午,晉侯使呂相絕秦,

〔注〕賈云:"呂相,晉大夫。"《晉世家集解》。

〔疏證〕杜《注》:"呂相,魏錡子。"《晉世家》:"厲公三年,使呂相讓秦。"

曰:"昔逮我獻公及穆公,

〔疏證〕杜《注》:"晉獻公、秦穆公。"

"相好,勠力同心,

〔疏證〕各本作"戮力",誤。從《石經》、宋本。杜無注。《說文》:"勠,并力也。"《吳語》:"今伯父曰:'戮力同德。'"《注》:"戮,共也。"《後漢書·劉虞傳》:"虞曰:'諸君各據州郡,宜共勠力。'"《注》:"《左傳》:'勠力同心。'"據許、韋說,勠力即并力、共力義,劉虞用《傳》語,失其義。惠棟曰:"《戰國策》曰:'勠力同憂。'高誘曰:'勠力,勉力也。其字從力。'《詛楚文》又作'繆力',蓋古字假借。"

"申之以盟誓,

〔疏證〕秦穆、晉獻盟事,《經》不書,蓋不告也。

"重之以昏姻。

〔疏證〕杜《注》:"穆公夫人,獻公之女。"《魯語》:"重之以昏姻,申之以盟誓。”《注》：“申，重也。”

“天禍晉國，

“文公如齊，

“惠公如秦。

〔疏證〕僖五年，重耳奔翟。《六年傳》：“夷吾奔梁。”杜《注》：“不言狄、梁，舉所恃大國。”按：文公如齊之年，《傳》無明文。《僖二十三年傳》：“處狄十二年而行，過衛，及齊。”則以僖十七年如齊也。後于獻公即世凡八年。又據《傳》，惠公由梁略秦以求入，并未如秦，《傳》皆約言之。

“無禄，

〔疏證〕《晉語》：“又重之以寡君之不禄。”《注》：“士死曰不禄。禮，君死，赴于他國，曰‘寡君之不禄’也。”則“無禄”即不禄義，赴詞通稱。

“獻公即世。

〔疏證〕《越語》：“先人就世，不穀即位。”《注》：“就世，終世也。”此即世猶言就世。《僖九年經》：“九月，甲子，晉侯佹諸卒。”

“穆公不忘舊德，

“俾我惠公用能奉祀于晉。

〔疏證〕《僖九年傳》：“冬，齊隰朋帥師會秦師納晉惠公。”杜《注》：“僖十年，秦納惠公。”非。

“又不能成大勳，而爲韓之師。

〔疏證〕《僖十五年經》：“冬，十有一月，壬戌，晉侯及秦伯戰于韓，獲晉侯。”

“亦悔于厥心，用集我文公，

〔疏證〕《小爾雅》：“集，成也。”《僖二十三年傳》：“晉公子重耳及楚，楚送諸秦。”二十四年，“秦伯納之”。

“是穆之成也。

“文公躬擐甲胄，

“跋履山川，

〔疏證〕《載馳傳》：“草行曰跋。”

“踰越險阻，

“征東之諸侯，虞、夏、商、周之胤而朝諸秦，

〔疏證〕此事《傳》未見，諸家紀載亦未及。

“則亦既報舊德矣。

“鄭人怒君之疆埸，

〔疏證〕各本作“疆場”，誤，從《石經》，宋本。

“我文公帥諸侯及秦圍鄭。

〔疏證〕《僖三十年經》：“秋，晉人、秦人圍鄭。”《傳》：“九月，甲午，晉侯、秦伯圍鄭，以其無禮於晉，且貳於楚也。”杜《注》：“晉自以鄭貳於楚，故圍之。鄭非侵秦也，晉以此誣秦。”按：杜據彼《傳》爲説，明晉師非爲鄭侵秦而往。

“秦大夫不詢于我寡君，擅及鄭盟。

〔疏證〕《釋詁》：“詢，謀也。”《僖三十年傳》：“秦伯與鄭人盟，乃還。子犯請擊之。公曰：‘不可。’”是與鄭盟，非晉志也。杜《注》：“盟者秦伯，謙言大夫。”

“諸侯疾之，將致命于秦。

〔疏證〕杜《注》：“致死命而討秦，時無諸侯，蓋諸侯遙致此意。”《疏》云：“劉炫以爲誣秦。”邵瑛云：“秦、晉圍鄭事，時并無諸侯疾秦。光伯以爲誣秦，洵屬誣也。杜過信吕相之言矣。”

“文公恐懼，綏靜諸侯，

“秦師克還無害，則是我有大造于西也。

〔疏證〕鄭《易注》：“造，成也。”

“無禄，文公即世，

〔疏證〕《僖三十二年經》：“冬，十有二月，己卯，晉侯重耳卒。”

“穆爲不弔，

〔疏證〕杜《注》：“不見弔傷。”本《疏》：“《曲禮》云：‘知生者弔，知死者傷。’《注》：‘弔、傷皆謂致命辭也。’”

“蔑死我君，

〔疏證〕《釋文》：“本或以‘我’在‘死’上。”馬宗璉云：“案下文‘寡我襄公’，此别本‘我’在‘死’上爲是。古人比事屬辭，其義如是。”惠棟云：“《僖三十三年傳》：‘欒枝曰：“其爲死君乎？”’尋文義，當爲‘蔑我死君’。鄭康成《易注》：‘蔑，輕慢也。’”杜無注。本《疏》：“輕蔑文公，以爲死無知矣。”

“寡我襄公，

〔疏證〕《吕覽·□□①注》：“寡，少也。”杜《注》：“寡，弱也。”弱、少義同。本《疏》：“謂襄公寡弱，而陵忽之。”

“迭我殽地，

〔疏證〕杜無注。《文選·顔延年〈陽給事誄〉注》：“‘迭我殽地’，迭與軼，古字通。”當是舊説。《校勘記》云：“按：迭者，軼之假借。凡侵突而過者曰軼。”朱駿聲云：“按：迭，讀爲軼，突也。”沈彤云：“迭，與隱九年‘侵軼’之軼同，故《釋文》并云‘直結反，又音逸’也。杜云：‘軼，突也。’《玉篇》云：‘車相過也。’”按：沈引杜《注》，見隱九年。僖三十二年：“杞子自鄭使告於秦曰：‘若潛師以來，國可得也。’秦師遂東。”據《秦本紀》，秦伐鄭，不假道於晉，故云“迭我殽地”也。

“奸絶我好，

“伐我保城，

〔疏證〕杜《注》：“伐保城，誣之。”本《疏》：“於時輕行襲鄭，不得在道用兵，故知是誣之也。”高士奇云：“保城，非地名，猶言‘焚我郊保’耳。”

“殄滅我費滑，

〔疏證〕杜《注》：“滑國都於費，今緱氏縣。”《水經·洛水注》：“休水逕延壽縣南，緱氏縣治，故滑費也。”用杜説。本《疏》：“春秋之時，更無費國。秦惟滅滑，不滅費，知費即滑也。國、邑并舉，以圓文耳。”滑見莊三年《疏證》。

“散離我兄弟，

〔疏證〕杜《注》：“滑，晉同姓。”按《僖二十年經》：“鄭人入滑。”賈《注》：“滑，姬姓之國。”杜用彼《經》賈説。

“撓亂我同盟，

〔疏證〕《廣雅·釋詁》：“撓、恩，亂也。”王念孫云：“撓，擾也。成十三年《左傳》云：‘撓亂我同盟。’《莊子·天道篇》云：‘萬物無足以鐃心者。’鐃與撓通。”案：同盟，謂鄭。

“傾覆我國家。

“我襄公未忘君之舊勳，

〔疏證〕杜《注》：“納文公之勳。”

“而懼社稷之隕，

“是以有殽之師。

〔疏證〕《僖三十三年經》：“夏，四月，辛巳，晉人及姜戎敗秦師於殽。”

“猶願赦罪於穆公。

“穆公弗聽，而即楚謀我。

〔疏證〕《文十四年傳》：“初，鬬克囚于秦，秦有殽之敗，而使歸求成。”所述非當年事，蓋即在秦敗於殽之後也。

"天牖^①其衷，成王殞命，

〔疏證〕《呂覽·順民篇》："越王曰：'願一與吳徼天下之衷。'"高《注》："徼，求。衷，善。"畢沅云："'下'字疑衍。"則"牖衷"即"徼衷"義。《吳語》："天舍其衷，楚師敗績。"《注》："衷，善也。言天舍善于吳。"亦訓"衷"爲"善"。《文元年經》："冬，十月，楚世子商臣弒其君頵。"

"穆公是以不克逞志于我。

〔疏證〕杜《注》："逞，快也。"

"穆、襄即世，康、靈即位。

〔疏證〕《文六年經》："八月，晉侯驩卒。"秦穆之卒，《經》不書。據《傳》，亦在六年夏。穆卒，子康公罃立；襄卒，子靈公夷皋立，故總言之。

"康公，我之自出，

〔疏證〕杜《注》："晉外甥。"《讀本》："秦康爲晉伯姬所生。"

"又欲闕翦我公室，

〔疏證〕本《疏》："闕，謂缺損；翦，謂滅削。"《釋文》："闕，其月反。徐如字。"梁履繩云："案：孔氏如字解，若從其月反，則與掘同義。"

"傾覆我社稷，

"帥我蝥賊，

〔疏證〕《釋蟲》："食根，蝥；食節，賊。"杜《注》："謂秦納公子雍。"按《文六年傳》："八月，晉襄公卒。使先蔑、士會如秦逆公子雍。"《七年傳》："秦康公送公子雍于晉。宣子與諸大夫乃背先蔑而立靈公，以禦秦師。"呂相以公子雍未立，故斥爲蝥賊。《疏》云："彼晉自召雍，非秦罪也。"

"以來蕩搖我邊疆，

"我是以有令狐之役。

〔疏證〕《文七年經》："夏，四月，戊子，晉人及秦人戰於令狐。"

---

① 林按："牖"，楊本作"誘"。

"康猶不悛，

〔疏證〕《方言》："悛、懌，改也。自山而東或曰悛，或曰懌。"《廣雅·釋詁》："悛、懌，更也。"

"入我河曲，

〔疏證〕河曲，見文十二年。據彼《傳》，秦入河曲，在取羈馬後。

"伐我涑川，

〔疏證〕《郡國志》："河東郡聞喜邑有涑水。"沈欽韓云："《元和志》：'涑川在陝州夏縣北四十里，川東西三十里，南北七里。'夏縣今屬聞喜①。《一統志》：'涑水源出絳州絳縣陳邨峪，伏流至柳莊復出，西入聞喜界。'"顧棟高云："今蒲州府城東北二十六里有涑水城，即秦所伐之涑川也。《水經注》：'涑水出聞喜縣東山，至周陽與洮水合。'"江永云："蒲州今爲府，附郭置永濟縣。"

"俘我王官，

〔注〕舊注："王官，今在澄城。"《御覽》一百六十四。

〔疏證〕杜無注。《文三年傳》："取王官及郊。"《元和志》《括地志》皆謂王官在猗氏，兼云在澄城。江永、沈欽韓謂秦師已渡河，必非澄城之王官，詳彼傳《疏證》。此舊注是唐、宋地志所據也。王官之役止見文三年，其十三年河曲之戰，無伐涑川、俘王官事。

"翦我羈馬，

〔注〕舊注："羈馬，今在郃陽。"《御覽》一百六十四。

〔疏證〕杜無注。《文十二年傳》："冬，秦伐晉，取羈馬。"《元和志》謂在郃陽，蓋取舊注。江永據此《傳》"入我河曲"，謂羈馬不得在河西，此別一羈馬，詳彼傳《疏證》。

"我是以有河曲之戰。

〔疏證〕《文十二年經》："冬，十有二月，戊午，晉人、秦人戰于河曲。"

---

① 林按：沈氏原文作"今屬解州"。

"東道之不通，則是康公絶我好也。

"及君之嗣也，

〔疏證〕杜《注》：“君，秦桓公。”案：秦康公以文十二年卒，子共公立。宣四年，秦共公卒，子桓公立①。

"我君景公引領西望曰：

〔疏證〕《楚語》：“緬然引領南望。”《注》：“領，頸也。”按：晉靈公以宣二年被弑，子成公立。宣十年，晉成公卒，子景公立。秦共公、晉成公之世，兩國無兵事，故略不具。

"‘庶撫我乎！’

"君亦不惠稱盟，

〔疏證〕杜《注》：“不肯稱晉望而共盟。”未釋“惠”義。《讀本》：“秦不順顧，俯稱晉望。”沈欽韓云：“《詩傳》：‘惠，順也。’”

"利吾有狄難，

〔疏證〕《宣十五年經》：“夏，六月，癸卯，晉師滅赤狄潞氏，以潞子嬰兒歸。”

"入我河縣，

〔疏證〕河縣，疑河曲之變文。

"焚我箕、郜，

〔疏證〕江永云：“今按：箕，説見僖公三十二年。郜，杜無注。《姓氏書》：‘郜分南北，南後入晉，當是此郜，地當近河。’”按：《方輿紀要》：“郜城在太原府祁縣西七里。《左傳》：‘焚我箕、郜。’謂此郜城。”與江説“近河”異。高士奇云：“今太原府祁縣有郜城，或謂之鵠城，其地名高城村，蓋音譌。攷是役，秦次于輔氏。襄十一年，秦伐晉，‘濟自輔氏’。其爲濱河之邑無疑。本《傳》未嘗言深入，或者但見箕在太谷，

_____

① 科學本注：按《春秋經》及《史記·年表》，秦康公以文十八年卒，秦共公以宣四年卒，桓公以宣六年始稱元年。

遂謂郜在祁縣，與蒲津相去數百里，秦師何由至此乎？”按：高説是也，江氏説僖三十二年箕城，在今隰州蒲縣，箕非太谷，則郜亦不在祁縣矣。沈欽韓云：“按：魏收《地形志》：‘平陽郡禽昌縣有郭城。’‘郭’蓋‘郜’之譌也。郭城在平陽府浮山縣西南十里。”

“芟夷我農功，

〔疏證〕《隱六年傳》：“芟夷藴崇之。”此謂毀傷其禾稼。《釋文》：“夷，本亦作痍。”李富孫云：“《説文》：‘痍，傷也。’古省作夷，音義同。”按：《小爾雅》：“夷，傷也。”

“虔劉我邊垂，

〔疏證〕《釋詁》：“劉，殺也。”杜《注》：“虔、劉，皆殺也。”按：《司刑注》：“《書傳》曰：‘降畔、寇賊、劫略、奪攘、矯虔者，死。’”《疏》：“《吕刑》‘奪攘、矯虔’《注》云：‘有因而盜曰攘，矯虔謂撓擾。《春秋傳》“虔劉我邊垂”，謂劫奪人物以相撓擾也。’”彼《疏》所引是鄭君《書注》，鄭以《傳》“虔劉”之虔，當《書》矯虔，訓爲撓擾，不訓殺，則杜説非古義。《方言》：“虔，殺也。秦晉之北鄙、燕之北郊、翟縣之郊謂賊爲虔。”杜或取彼爲説。垂，各本作陲，從《石經》、宋本。《校勘記》云：“《説文》：‘垂，遠邊也。陲，危也。’其義各别。”

“我是以有輔氏之聚。

〔疏證〕《晉語注》：“聚，衆也。”杜用韋義。《疏》：“謂聚衆以拒秦也。”《宣十五年傳》：“秋，七月，壬午，晉侯治兵于稷，以略狄土。立黎侯而還。及雒，魏顆敗秦師于輔氏，獲杜回。”

“君亦悔禍之延，

〔疏證〕《釋詁》：“延，長也。”

“而欲徼福于先君獻、穆，

“使伯車來命我景公，

〔疏證〕杜《注》：“伯車，秦桓公子。”

“曰：‘吾與女同好棄惡，

"'復修舊德，以追念前勳。'

"言誓未就，景公即世，

〔疏證〕《十年經》：“夏，五月，丙午，晉侯獳卒。”

"我寡君是以有令狐之會。

〔疏證〕杜《注》：“申屬公之命，宜言寡人，稱君，誤也。”《疏》云：“劉炫以爲，呂相雖奉君命，兼有己語，稱‘寡君’正是其理。杜何知宜爲‘寡人’，稱‘君’爲誤？今删定知劉説非者，以呂相奉屬公之命，而往絶秦，則皆是屬公之言，不得兼有己語。”如《疏》説，則“秦大夫不詢於我寡君”句，“蔑死我君”句，“寡君不敢顧昏姻”句，於屬公之口辭皆礙。陸粲云：“上文‘我是以有令狐之役’，‘我是以有河曲之戰’，‘我是以有輔氏之聚’，此準上例，疑‘寡君’爲衍字。”顧炎武云：“一篇之中，稱‘寡君’者三，‘我君’者一，‘寡人’者五，當是屬文之時，未曾參訂。然古人之文，亦往往不拘，如《文十七年傳》，鄭子家與趙宣子書，前稱‘寡君’，後云‘夷與孤之二三臣’，亦其類也。”按：顧説是也。馬宗璉云：“案：自‘昔逮我獻公’至‘寡君不敢顧昏姻’，皆呂相使臣之辭。自‘君有二心于狄’至‘實圖利之’，乃呂相代晉屬公詰秦之辭，故稱‘寡人’。”亦可備一説。《十一年傳》：“秦、晉爲成，將會于令狐。晉侯先至焉。秦伯不肯涉河，次于王城，使史顆盟晉侯於河東。晉郤犫盟秦伯于河西。”是此役兩君未相見，不得言會。言令狐之會者，據擬盟之地言之。

"君又不祥，背棄盟誓。

〔疏證〕杜《注》：“祥，善也。”《十一年傳》：“秦伯歸而背晉成。”

"白狄及君同州，

〔疏證〕杜《注》：“及，與也。”《疏》云：“《周禮·職方氏》‘正西曰雍州’，皆秦地。白狄，蓋狄之西偏，屬雍州也。”舊説當以州爲雍州，故《疏》述其義，已釋於僖三十二年①“郤缺獲白狄子”下。

"君之仇讐，而我昏姻也。

〔疏證〕各本“我”下有“之”，從《石經》、宋本。杜《注》：“季隗，

---

① 科學本注：應爲僖三十三年。

廧咎如赤狄之女也。白狄伐而獲之，納諸文公。”按：白狄之獲季隗，《傳》無其説。杜於《成十三年傳》“季隗”下，亦止云“廧咎如赤狄之女也”。此欲明晉與白狄昏姻，不得其證，強爲之説。本《疏》云：“此辭欲親狄以曲秦，故引狄爲昏姻耳。晉人自數伐狄，寧復顧昏姻也？杜以《傳》有季隗之事，引之以證昏姻，未必晉於白狄處無昏姻。”《疏》亦不信杜説。

“君來賜命曰：‘吾與汝伐狄。’

“寡君不敢顧昏姻，

“畏君之威，而受命於吏。

〔疏證〕吏，謂將命行人。

“君有二心於狄，

“曰：‘晉將伐女。’

“狄應且憎，是用告我。

〔疏證〕《周語》：“其叔父實應且憎，以非余一人。”《注》：“應，猶受。憎，惡也。言晉文雖當私賞，猶非我一人。”《晉語》：“若以君官從子之私，懼子之應且憎也。”《注》：“外應受我，内憎其非。”《外傳》二文與此《傳》同。杜《注》：“言狄雖應答秦，而心實憎秦無信。”即用韋義。

“楚人惡君之二三其德也，

“亦來告我曰：‘秦背令狐之盟，而來求盟于我，

“‘昭告昊天上帝、

〔疏證〕杜無注。本《疏》：“禮，諸侯不得祭天，其盟不主天神。鄭玄《覲禮注》云：‘巡守之盟，其神主日；諸侯之盟，其神主山川。’襄十一年亳城北之盟，其載書云：‘司慎、司盟，名山、名川。’《注》云：‘二司，天神。’唯告天之别神，不告昊天上帝。此秦、楚爲盟，告天帝者，春秋之時，不能如禮，且此辭多誣，未必是實。”按：《疏》引襄十一年“司慎、司盟”《注》“二司，天神”，即杜《注》。然鄭君《覲禮注》又云：“王官之伯，會諸侯而盟，其神主月。”秦、楚之盟，或用王官之伯禮，不主山、川。又彼《疏》謂覲禮即盟之禮。《覲禮》：“加方明於其上。”鄭君云：“方明者，上下四方之神也。”則古盟禮亦告昊天上帝。

“‘秦三公、楚三王，

〔疏證〕杜《注》：“三公，穆、康、共。三王，成、穆、莊。”按：此年當秦桓公二十六年，楚共王之十三年，故據秦、楚禰廟以上言之。

“‘曰：“余雖與晉出入，余唯利是視。”

〔疏證〕杜《注》：“出入，猶往來。”

“‘不穀惡其無成德，是用宣之，以懲不壹。’

“諸侯備聞此言，

“斯是用痛心疾首，暱就寡人。

〔疏證〕《釋文》“暱”作“昵”。何休《公羊注》：“疾，痛也。”《釋□》①：“暱，親也。”

“寡人率以聽命，唯好是求。

“君若惠顧諸侯，矜哀寡人，

“而賜之盟，則寡人之願也，

“其承寧諸侯以退，豈敢徼亂？

〔疏證〕杜《注》：“徼，要也。”

“君若不施大惠，

“寡人不佞，

〔注〕服云：“佞，才也。不才者，自謙之辭也。”本《疏》、《論語·公冶長疏》。

〔疏證〕杜無注。《疏》引服説補之，又云：“《論語》：‘焉用佞？禦人以口給，屢憎於人。’則佞非善事。而以不佞爲謙者，佞是口才捷利之名，本非善惡之稱，但爲佞有善有惡耳。爲善敏捷是善佞，爲惡敏捷是惡佞。”《疏》以服《注》與《論語》“禦人以口給”義異，故别佞有善惡。《論語》孔《注》：“佞人口辭捷給，數爲人所憎惡。”皇《疏》亦云“佞，

---

① 科學本注：原稿闕文，查當作《釋詁》。

口才”，皆即“禦人以口給”一邊言，故與服異。邢《疏》知佞之稱非一，故襲用此《傳》疏義，亦引服《注》爲佞有善惡之證，非駁孔、皇説。沈欽韓云：“《論語·雍也》：‘仁而不佞。’皇侃等并誤解。”非也。服以“才”訓“佞”，所包非一，不止口辭，然經傳相承，單言佞者，屬口辭爲多。《説文》：“佞，巧讇高材也。”《曲禮釋文》：“口才曰佞。”并以佞爲口辭，兼善惡爲説，與本《疏》合。李貽德云：“《十六年傳》：‘諸臣不佞。’《昭二十年傳》：‘臣不佞。’《魯語》：‘寡君不佞。’《晉語》：‘夷吾不佞。’并以不佞爲謙，則佞爲才矣。此古訓也。《論語》：‘遠佞人。’《晉語》：‘佞之見佞。’此《鹽鐵論·刺議》所謂‘以邪導人謂之佞’，是猶苦爲快、亂爲治、香爲臭，佞之變義也。”

“其不能以諸侯退矣。

“敢盡布之執事，俾執事實圖利之。”

秦桓公既與晉厲公爲令狐之盟，而又召狄與楚，欲道以伐晉，諸侯是以睦於晉。

〔疏證〕《秦本紀》：“桓公二十四年，與翟合謀擊晉。”據秦桓之二十四年當魯成之十一年，《傳》溯書其事。杜《注》：“晉辭多誣秦，故《傳》據此三事以正秦罪。”

晉欒書將中軍，荀庚佐之；

〔疏證〕杜《注》：“庚代荀首。”

士燮將上軍，郤錡佐之；

〔疏證〕杜《注》：“代荀庚、士燮。”

韓厥將下軍，荀罃佐之；

〔疏證〕杜《注》：“代郤錡、趙同。”

趙旃將新軍，郤至佐之。

〔疏證〕杜《注》：“代韓厥、趙括。”

郤毅禦戎，欒鍼爲右。

〔疏證〕杜《注》：“郤毅，郤至弟。欒鍼，欒書子。”

孟獻子曰：“晉帥乘和，

〔疏證〕杜《注》：“帥，軍帥。乘，車士。”按：軍佐亦在帥列，乘謂戎右也。”

“師必有大功。”

五月，丁亥，晉師以諸侯之師及秦師戰于麻隧。

〔疏證〕《晉世家》：“晉因與諸侯伐秦。”《秦本紀》：“桓公二十六年，晉率諸侯伐秦。”杜《注》：“麻隧，秦地。”不詳所在。沈欽韓云：“《一統志》：‘麻隧在西安府涇陽縣北。’”

秦師敗績，

獲秦成差及不更女父。

〔疏證〕《年表》：“晉厲公三年，伐秦至涇，敗之，獲其將成差。”《晉世家》：“晉至涇，敗秦於麻隧，虜其將成差。”杜《注》：“不更，秦爵。”《疏》云：“《漢書》稱商君爲法於秦，其四不更，十左庶長，十一右庶長。商君，秦孝公之相。案：此《傳》有不更女父。襄十一年有庶長鮑、庶長武。春秋之世，已有此名，非是商君盡新作也。其名之義，難以知耳。”按：《疏》引《漢書》，見《百官公卿表》。彼《注》引師古曰：“不更，言不豫更卒之事也。”又《續漢書·百官志》劉昭《補注》引劉劭曰：“《爵制》：‘秦自一爵以上至不更四等，皆士也。’”又曰：“不更爲車右，不復與凡更卒同也。”則不更在春秋時爲秦車右之名。庶長，見襄十一年《疏證》。杜《注》又云：“戰績不書，蓋經文闕漏，傳文猶存。”

曹宣公卒於師。

〔疏證〕《檀弓》：“曹桓公卒於會。”《注》：“魯成公十三年，‘曹伯盧卒于師’是也。盧謚宣，言桓，聲之誤也。”

師遂濟涇，

〔疏證〕《秦本紀》：“秦軍敗走，追至涇而還。”《地理志》：“安定郡涇陽，開頭山在西。《禹貢》涇水所出，東南至陽陵入渭。”杜《注》：“涇水出安定，東南經扶風、京兆高陸縣入渭。”用《漢志》説。顧棟高云：“涇水出今平涼府平涼縣開頭山，東至西安府高陵縣西南入渭水，高陸即高陵也。《寰宇記》涇陽有睢城渡，即諸侯濟涇，秦人毒涇上流處，舊爲漢、唐之通津。”沈欽韓云：“按《元和志》，魏文帝改高陵爲高陸。”據顧、沈説，則秦師濟涇處，在今西安府高陵縣界。《方輿紀要》：“渭水在高陵縣西南二十里，涇水亦在縣西南二十里，自涇陽縣東南流，合於渭水。”

及侯麗而還。

〔疏證〕杜《注》：“侯麗，秦地。”未詳所在。顧棟高云：“侯麗在今涇陽縣境。”案：涇陽今屬西安府。

迓晉侯于新楚。

〔疏證〕《釋文》：“迓，本又作訝。”李富孫云：“《釋詁》：‘迓，迎也。’《周禮》有訝士。”杜《注》：“新楚，秦地。”未詳所在。《彙纂》：“當在西安府同州朝邑縣境。”江永云：“今按：朝邑，今屬同州府。”

成肅公卒于瑕。

〔疏證〕杜《注》：“瑕，晉地。”江永云：“今按：《水經注》：‘河東解縣西南有故瑕城。’解縣，今解州。”馬宗璉云：“瑕，即解縣瑕城。詳僖三十年傳《疏證》。”

六月，丁卯，夜，鄭公子班自訾求入于大宮，

〔疏證〕杜《注》：“訾，鄭地。大宮，鄭祖廟。十年，班出奔許，今欲還爲亂。”馬宗璉云：“訾，疑即鞏縣東訾聚，雖爲周地，近鄭。”高士奇云：“此即周之訾也。”馬、高皆以訾爲周地。江永云：“今按：鄭公子班奔許，而自求入，則訾當在鄭南，別一地，非文元年縣訾之訾。”

不能，殺子印、子羽，

〔疏證〕杜《注》：“子印、子羽，皆穆公子。”案：《世族譜》：“公子睔悼子子印，穆公子。子羽輦，穆公之子。”梁履繩云：“鈔本《世族譜》‘睔’作‘倫’，鄭成公名睔，疑作‘倫’是。”襄二十六年《正義》曰：“非行人子羽公孫揮也。《世族譜》以公孫揮爲雍人。”

反軍于市。

己巳，子駟率國人盟于大宮，

〔疏證〕杜《注》："子馹，穆公子。"

遂從而盡焚之，

殺子如、子馹、孫叔、孫知。

〔疏證〕杜《注》："子如，公子班。子馹，班弟。孫叔，子如子。孫知，子馹子。"《疏》云："子如即是子班，據《傳》可知。以外無文，見其同時被殺，必是近親，相傳爲此説耳。"據《疏》説，則此《傳》舊無注，杜以意言之。

曹人使公子負芻守，

使公子欣時逆曹伯之喪。

〔注〕賈、服曰："廬之庶子。"《公羊·昭二十三年疏》。

〔疏證〕欣時，《公羊》曰"喜時"，《新序·節士》同。《釋文》："欣時，徐云或作'歁'。"《古今人表》作"曹刾時"，師古曰："即曹欣時也。"李富孫云："欣、喜，音近義同。刾，別體字。疑'歁'乃'刾'之譌。"洪亮吉云："按：《詩》毛《傳》：'時，善也。'欣時字子臧，即此義。"杜《注》："二子皆曹宣公庶子。"負芻爲宣庶子，疑杜亦用賈、服説。李貽德云："《公羊傳》何休《注》：'喜時，曹伯廬弟。'與賈、服違，《疏》以爲所見本異。"

秋，負芻殺其太子而自立也。

諸侯乃請討之。

晉人以其役之勞，請俟他年。

冬，葬曹宣公。

既葬，子臧將亡，

〔注〕服云："子臧，負芻庶兄。"《吳世家集解》。

〔疏證〕杜《注》："子臧，公子欣時。"用服説。負芻爲宣公子，《左氏》異於《公羊》，服故明子臧爲負芻庶兄。

國人皆將從之。

成公乃懼，

告罪，且請焉。

〔疏證〕杜《注》："請留子臧。"

乃反，而致其邑。

〔疏證〕杜《注》："還邑於成公。"

〔經〕 十有四年，春，王正月，莒子朱卒。無《傳》。

〔疏證〕即渠丘公也，赴告始見於《經》。

夏，衛孫林父自晉歸于衛。

秋，叔孫僑如如齊逆女。

〔疏證〕《經》不書"納幣"，杜《注》云："文闕絶。"

鄭公子喜帥師伐許。

九月，僑如以夫人婦姜氏至自齊。

冬，十月，庚寅，衛侯臧卒。

〔疏證〕《年表》："衛定公十二年薨。"《衛世家》："定公臧十二年卒，子獻公衎立。"

秦伯卒。無《傳》。

〔疏證〕《年表》闕。《秦本紀》："桓公立二十七年，卒。子景公立。"《集解》："徐廣曰：《世本》：'景公名后伯車也。'"

〔傳〕 十四年，春，衛侯如晉，

晉侯强見孫林父焉。

〔疏證〕《釋文》"强"作"彊"。《七年經》："衛孫林父出奔晉。"杜《注》："强見，欲歸之。"

定公不可。

夏，衛侯既歸，

晉侯使郤犨送孫林父而見之。

衛侯欲辭，

定姜曰："不可。

〔疏證〕杜《注》："定姜，定公夫人。"

"是先君宗卿之嗣也，

〔疏證〕杜《注》："同姓之卿。"惠棟云："國之宗臣，故曰宗卿，《書》曰記宗功是也。宗臣兼同異姓，故漢之蕭、曹亦爲宗臣。"按：《疏》云："《世本》：'孫氏出於衛武公，至林父八世。'是同姓也。"據《疏》説，則杜據《世本》，以林父爲衛同姓，惠説非。

"大國又以爲請。不許，將亡。

"雖惡之，不猶愈於亡乎？君其忍之！

"安民而宥宗卿，不亦可乎？"

衛侯見而復之。

〔疏證〕杜《注》："復林父位。"案：《七年傳》："衛侯如晉，晉反戚焉。"戚爲林父邑，復兼爵、邑言。據下"孫文子不敢舍其重器於衛，盡寘諸戚"，則此時已以戚賜之。

衛侯饗苦成叔，

〔疏證〕《校勘記》云："《漢書·五行志》引'饗'作'享'字。案：《左傳》多作'享'，此作'饗'，爲僅見。"杜《注》："成叔，郤犨。"不釋"苦"。惠棟云："王符曰：'郤犨食采於苦，號苦成叔。'又曰：'苦城，城名也，在河東鹽池東北。'"惠引王符説，見《潛夫論·志氏姓》。沈欽韓云："羅泌《路史·國名紀》：'解州有苦城。'按：'苦'與'鹽'同聲。"按：沈説是也。據《潛夫論》，則傳文或作"苦城叔"。

甯惠子相。

〔疏證〕杜《注》："惠子，甯殖。"

苦成叔傲。

〔疏證〕《釋文》："傲，本又作敖。"與《五行志》合。洪亮吉云："師古曰：'敖，讀曰傲。'則此字古當作'敖'。"

甯子曰："苦成家其亡乎！

〔疏證〕《石經》"成"下旁增"叔"。嚴可均云："《藝文類聚》卷三十九、《初學記》卷十四引有'叔'，今各本脱。"《校勘記》云："《石經》與《初學記》所引合，然非唐刻，不敢從也。"

"古之爲享食也，以觀威儀、省禍福也，

〔疏證〕《采菽》："言觀其旂。"《箋》："諸侯來朝，王使人迎之，因觀其衣服車乘之威儀，所以爲敬，且省禍福也。"《疏》："成十四年《左傳》曰：'古之爲享食也，以觀威儀、省禍福也。'彼雖云享，理可相通，故《箋》據而言之。"按：據鄭君説，"威儀"爲衣服車乘。

"故《詩》曰：'兕觥其觩，旨酒思柔。

〔疏證〕并下皆《桑扈》文。今《詩》"觩"作"觩"。洪亮吉云："《説文》：'觩，兕牛角，可以飲者也。從角，黃聲。其狀觩觩，故謂之觩。觩，俗觩。'按此，則《石經》字亦未從俗，間有勝《釋文》處也。"據洪説，則《傳》作"觩"爲正字。《周禮·小胥》"觩其不敬"者，字亦作"觩"。《詩·卷耳》《七月》《絲衣》《泮水》作"觩"，并俗字也。本《疏》引《異義》："《韓詩》説：觩五升，所以罰不敬也。觩，廓也，著明之貌。君子有過，廓然明著。《詩》毛《傳》説'觩大七升'，許慎云：'觩罰有過。一飲七升爲過多，當謂五升。'故不從《毛詩》'七升'之説。"兩疏皆未引鄭駁。據《桑扈·箋》："兕觩，罰爵也。古之王者與群臣燕飲，上下無失禮者，其罰爵徒觩然陳設而已。其飲美酒，思得柔順中和，與共其樂。"鄭君以兕觩爲罰爵，亦用《韓詩》説，與許君同，故《異義》無駁詞。《五行志》引此《傳注》："張晏曰：'兕觩，罰爵也。飲酒和樂，無失禮可罰，罰爵徒觩然而已。'"當是舊説，舊説用《箋》義。

杜《注》："言君子好禮，飲酒皆思柔德。"亦用《箋》義。又云："雖設兕觩，觩然不用。觩，陳設之貌。"杜以"觩"爲陳設貌，與《箋》義不同。洪亮吉云："按《詩·良耜》'有觩其角'，則觩是角貌。故范甯《穀梁·成七年傳》'展觓角而知傷'亦云：'觓，觩觩然，角貌。'杜《注》云：'陳設之貌。'失之。觓、觩古字通。"洪氏謂觩與觓通，據《穀梁注》。其實《桑扈釋文》已云："觩或作觓。"陳奐《毛詩疏》云："觩爲觓之誤。《説文》：'觓，角貌。'引《詩》'有觓其角'。今《良耜》作'捄'，

爲六書假借字。而《絲衣》《泮水》之‘觲’，《釋文》皆作‘觓’字，當不誤也。‘思柔’與‘其觓’對文，則‘其’與‘思’皆爲語辭。”案：陳說是也。

據《穀梁注》：“觓，觲觲然，角貌”，則《桑扈・箋》“觲然”乃解“觓”，非《經》字作“觲”。《校勘記》亦據《説文》“有觓其角”，惟徑云引《詩》“觲”作“觓”，則似《説文》有“兕觥其觓”之文，今附正之。《傳》明享禮，而稱《詩》“兕觥罍爵”者，《卷耳》“我姑酌彼兕觥”《箋》：“饗燕所以有之者，禮，自立司正之後，旅酬必有醉而失禮者，罍之，亦所以爲樂。”《疏》：“知饗有觥者，《七月》：‘朋酒斯饗，稱彼兕觥。’成十四年《左傳》‘衛侯饗苦成叔’，甯惠子引《詩》云：‘兕觥其觲，旨酒思柔。’故知饗有觥也。饗以訓恭儉，不應醉而用觥者。饗禮之初示敬，故酒清而不敢飲，肉乾而不敢食，其末亦如燕法。鄉飲酒，大夫之饗禮亦有旅酬，無算爵，則饗末亦有旅酬，恐其失禮，故用觥也。知燕亦有觥者，昭元年《左傳》鄭人燕趙孟、穆叔、子皮及曹大夫，‘興拜，舉兕爵’，是燕有兕觥也。”據彼《疏》說，則鄭君《卷耳・箋》“明饗禮有觥”，即據此《傳》，與《桑扈・箋》惟據《燕禮》者異。

“‘彼交匪傲，萬福來求。’

〔疏證〕今《詩》“傲”作“敖”。《箋》：“彼，彼賢者也。賢者居處恭，執事敬，與人交必以禮，則萬福之禄，就而求之，謂登用爵命，加以慶賜。”杜《注》：“彼之交於事而不惰傲，乃萬福之所求。”用《箋》説。按：《五行志》引《傳》，作“匪傲匪傲”，《注》：“應劭曰：‘言在位者不傲訐、不倨傲也。’師古曰：‘傲，謂傲倖也。萬福，言其多也。謂飲酒者不傲倖、不傲慢，則福禄就而求之也。’”《漢志》引《傳》，與杜本異。應、顔說《詩》義，又與鄭《箋》、杜《注》異。臧琳《經義雜記》：“《左傳》襄二十七年，公孫段賦《桑扈》，趙孟曰：‘“匪交匪敖”，福將焉往？’‘匪’與‘彼’音相近，故轉‘匪’爲‘彼’。《論語》‘惡徼以爲知者’，《釋文》云：‘徼，鄭本作絞。’是傲、絞古通。《毛詩》作‘交’，蓋‘絞’之省借，故《漢書》作‘徼’。鄭《箋》依字訓爲交接，恐非。《漢志》所載《左傳》爲古文，今本出之杜氏，未足深信。況趙孟引《詩》，作‘匪’不作‘彼’，與《漢書》正同，尤爲明證乎？《漢志》‘匪傲’，當從應仲援說，爲‘不傲訐’。師古改爲‘傲倖’，非是。”胡承珙《毛詩後箋》云：“臧說是也。匪、彼二字，古雖通用，此《詩》義當作‘匪’。《絲衣》：‘兕觥其觲，旨酒思柔。不吳不傲，胡考之休。’與此《詩》四句文義相同。此

‘匪交匪傲’，當與彼‘不吴不傲’一例耳。”

“今夫子傲，取禍之道也。”

〔疏證〕傲則禮亡，禮亡則禍至。《桑扈序》：“君臣上下，動無禮文焉。”陳奂《毛詩疏》：“案：不交敖爲求福之道，《左》兩釋《詩》同意，與《毛詩》序傳合。”

秋，宣伯如齊逆女。稱族，尊君命也。

八月，鄭子罕伐許，敗焉。

戊戌，鄭伯復伐許。

庚子，入其郛。

許人平以叔申之封。

〔疏證〕《四年傳》：“冬，十一月，鄭公孫申帥師疆許田。許人敗諸展陂。鄭伯伐許，取鉏任、冷敦之田。”則鄭雖敗於許，已取許田。杜云：“四年，不得定其封疆，今許以所封田，求和於鄭。”據杜説，則鄭雖取許田，不如叔申所疆之廣，今乃依其疆界歸之。

“九月，僑如以夫人婦姜氏至自齊。”舍族，尊夫人也。

〔注〕《膏肓》以“襄二十七年，‘豹及諸侯之大夫盟’，何所尊而舍族”難《左氏》。鄭《箴》云：“《左氏》以豹違命，故貶之而去族。今僑如無罪，而亦去族，故以爲尊夫人也。《春秋》有事異文同，則此類也。”本《疏》。

〔疏證〕杜《注》：“舍族，謂不稱叔孫。”《疏》云：“宣元年，已發尊君命、尊夫人之例。今復發者，彼以喪娶，嫌非正禮，且公子非族，故重明之。何休《膏肓》難《左氏》叔孫僑如舍族爲尊夫人。案：襄二十七年，‘豹及諸侯之大夫盟’，復何所尊而舍族？《春秋》之例，一事再見者，亦以省文耳，《左氏》爲短。”下引鄭《箴》。案：《襄二十七年經》：“叔孫豹會晉趙武、楚屈建、蔡公孫歸生、衛石惡、陳孔奂、鄭良霄、許人、曹人于宋。”《傳》云：“季武子使謂叔孫以公命曰：‘視邾、滕。’既而齊人請邾，宋人請滕，皆不與盟。叔孫曰：‘邾、滕，人之私也；我，列國也，何故視之？宋、衛，吾匹也。’乃盟。故不書其族，言違命也。”鄭君謂“《左氏》以豹違命，貶而去族”，據彼《傳》爲説。

故君子曰："《春秋》之稱①，

"微而顯，

"志而晦，

〔疏證〕杜《注》："志，記也。晦，亦微也。"洪亮吉云："《衆經音義》引《字詁》：'識，記也。'識、志字同。杜本此。《詩》毛《傳》：'晦，昧也。'杜《注》非義訓。"

"婉而成章，

〔疏證〕洪亮吉云："《詩》毛《傳》：'婉，順也。'杜《注》：'婉，曲也。'非義訓。"

"盡而不汙，

"懲惡而勸善。

〔疏證〕杜《注》："善名必稱，惡名不滅，所以爲懲勸。"下云："修史策成此五者。"則以此句亦屬稱列。《讀本》："持此四者，書善惡，示勸懲。"是也。

"非聖人誰能修之？"

〔疏證〕《讀本》："此《經》爲微而顯。"

衛侯有疾，使孔成子、甯惠子立敬姒之子衍以爲大子。

〔疏證〕杜《注》："成子，孔達之孫。敬姒，定公妾。衍，獻公。"

冬，十月，衛定公卒。

夫人姜氏既哭而息，

見大子之不哀也，不內酳飲，

歎曰："是夫也，將不唯衛國之敗，其必始於未亡人。

"烏呼！天禍衛國也夫！吾不獲鱄也使主社稷。"

---

① 科學本注：原稿眉批："此關大義，當別疏之。杜《注》不可靠。"

〔疏證〕杜《注》："鱄，衎之母弟。"

大夫聞之，無不聳懼。

孫文子自是不敢舍其重器於衛，

〔疏證〕杜《注》："寶器。"

盡寘諸戚，

〔疏證〕□□① 傳："寘，置也。"

而甚善晉大夫。

〔疏證〕杜《注》："備亂起，欲以爲援。"

〔**經**〕十有五年，春，王二月，葬衛定公。無《傳》。

三月，乙巳，仲嬰齊卒。無《傳》。

〔疏證〕杜《注》："襄仲子，公孫歸父弟。宣十八年，逐東門氏，既而又使嬰齊紹其後，曰仲氏。"本《疏》云："杜之此注，其言不明，當以爲襄仲、歸父本以東門爲氏，及命嬰齊紹歸父之後，改之曰仲氏也。"此應《疏》説。劉炫云："仲遂受賜爲仲氏，故其子孫稱仲氏耳。"此炫《述議》駁舊疏，謂襄仲已受賜爲仲氏，不待嬰齊乃稱仲也。沈欽韓云："仲遂生時已稱仲，則是仲存日已得此氏也。若待嬰齊爲後而曰仲氏，則何能以子之氏，逆加其父乎？"朱駿聲云："按：魯有兩公孫嬰齊，一東門氏襄仲之子，襄仲，莊公子也；一子叔氏叔肸之子，叔肸，文公子也，皆見如《經》。此仲氏即紹襄仲之子，以父氏爲氏者，較子叔聲伯爲疏遠，故書仲，不書公孫。"沈、朱并從炫説。

癸丑，公會晉侯、衛侯、鄭伯、曹伯、宋世子成、齊國佐、邾人同盟于戚。

〔疏證〕《公羊》"成"曰"成"，"邾"曰"邾婁"。

晉侯執曹伯歸于京師。

---

① 科學本注：原稿闕文，查當作《詩·卷耳》。

〔疏證〕《公羊》“歸”下有“之”。彼《傳》僖公二十八年，以“歸之于”“歸于”見例。《左氏》不以爲例。本年《傳例》曰：“凡君不道於其民，諸侯討而執之，則曰‘某人執其侯’，不然則否。”杜謂“不稱人以執者，曹伯罪不及民”，據《傳例》爲説。《疏》云：“曹伯稱侯以執，從‘不然’之例。”《年表》：“曹成公二年，晉執我公以歸。”《管蔡世家》附曹事：“成公三年，晉厲公伐曹，虜成公以歸。”不言“歸于京師”，與《傳》異。

公至自會。無《傳》。

夏，六月，宋公固卒。

〔疏證〕《年表》闕。《宋世家》：“共公瑕十三年卒。”

楚子伐鄭。

秋，八月，庚辰，葬宋共公。

宋華元出奔晉。

宋華元自晉歸于宋。

〔疏證〕杜《注》：“華元欲挾晉以自重，故以外納告。”本《疏》云：“魚石自止華元于河上，元始至河，本未至晉。既書‘奔晉’，又書‘自晉歸’者，華元與欒書相善，布懼桓族，欲挾晉以自重，以晉納告于諸侯。《春秋》從而書之，以示元之本情故也。”惠棟引蔣杲説云：“魚石以華元有平晉、楚之功，懼以晉討，爲復之，故書法亦曰‘自晉’，著其所自復耳。”《年表》：“宋共公十三年，宋華元奔晉，復還。”

宋殺其大夫山。

宋魚石出奔楚。

〔疏證〕杜《注》：“公子目夷之曾孫。”梁履繩云：“按：目夷字子魚，故以字爲氏。”

冬，十有一月，叔孫僑如會晉士燮、齊高無咎、宋華元、衛孫林父、鄭公子鱃、邾人會吳于鍾離。

〔注〕服云：“鍾離，州來西邑也。”《吳世家集解》。

〔疏證〕《公羊》“邾”曰“邾婁”。《年表》：“魯成公十五年，始與吳通，會鍾離。吳壽夢十年，與魯會鍾離。"《地理志》："九江郡鍾離。"
《注》："應劭曰：'鍾離，子國。'"杜《注》："楚邑，淮南縣。"用服説。
《吳世家》引服《注》於"王僚九年"下，即昭二十四年滅鍾離之役也，
今移係於此。顧棟高云："今鳳陽府鳳陽縣東四里有鍾離城。"沈欽韓云：
"《一統志》：'鍾離故城舊有東西二城，濠水流于其中。'"按：服云："州
來西邑。"州來，今鳳臺下蔡鎮，在鳳陽之東。

許遷于葉。

〔疏證〕《年表》："楚共王十五年，許畏鄭，請徙葉。"杜《注》："葉，
今南陽葉縣。"沈欽韓云："《一統志》：'故城在南陽府葉縣南三十里舊縣
鎮。'"

〔傳〕 十五年，春，會于戚，討曹成公也。

〔疏證〕《十三年傳》："負芻殺太子而自立，諸侯請討之。"至是乃會
師討其罪。

執而歸諸京師。書曰"晉侯執曹伯"，不及其民也。

凡君不道於其民，

諸侯討而執之，則曰"某人執某侯"，

不然則否。

〔疏證〕此執例也。杜《注》："稱人，示衆所欲執。"又云："謂身犯
不義者。"杜意，君不義，止於己身，則不從衆執之文，以釋不然例。

諸侯將見子臧於王而立之。

子臧辭曰："《前志》有之曰：

〔疏證〕《讀本》："《前志》，古書。"

"'聖達節，次守節，下失節。'

〔疏證〕本《疏》："舜、禹受終，湯、武革命，是言達節者也。得而
不取，與而不受，子臧、季札、衛公子郢、楚公子閭，如此之類，皆守節
者也。取非其理，干犯亂常，州吁、無知之等，皆失節者也。"疑舊説類
舉其人爲證，故《疏》具釋之。洪亮吉云："'下失節'，劉向《新序》引

作‘下不失節’，誤。"

"爲君非吾節也。

"雖不能聖，敢失守乎？"

遂逃，奔宋。

夏，六月，宋共公卒。

〔疏證〕《五行志》引《傳》，"共"作"恭"。

楚將北師，

〔疏證〕杜《注》："侵鄭、衛。"

子囊曰："新與晉盟而背之，無乃不可乎？"

〔疏證〕《楚語注》："子囊，恭王弟。"杜《注》："子囊，莊王子公子貞。"用韋説。《十二年傳》："夏，五月，晉士燮會楚公子罷、許偃。盟于宋西門之外。"

子反曰："敵利則進，何盟之有？"

申叔時老矣，在申，

〔疏證〕杜《注》："老歸本邑。"

聞之，曰："子反必不免。

"信以守禮，禮以庇身。

"信、禮之亡，欲免得乎？"

楚子侵鄭，及暴隧。

〔疏證〕杜無注，已説於文八年"盟于暴"。高士奇據《路史·國名紀》謂："暴，新公采邑，一名暴隧"。恐未然，今地闕。

遂侵衛，及首止。

鄭子罕侵楚，取新石。

〔疏證〕杜《注》："新石，楚邑。"《彙纂》："當在南陽府裕州葉縣境。”

欒武子欲報楚。

韓獻子曰：“無庸，

〔疏證〕□□□①傳：“庸，用也。”按：杜《注》亦云：“庸，用也。”

“使重其罪，民將叛之。無民，孰戰？”

秋，八月，葬宋共公。

於是華元爲右師，

魚石爲左師，

〔疏證〕《宋世家》：“共公卒，華元爲右師，魚石爲左師。”

蕩澤爲司馬，

〔疏證〕《世本》：“公孫壽生大司馬虺，虺生司馬澤也。”杜《注》：“蕩澤，公孫壽之孫。”

華喜爲司徒，

〔疏證〕《世本》：“督生世子家，家生季老，老生司徒鄭，鄭生司徒喜也。”杜《注》：“華父督之玄孫。”

公孫師爲司城，

〔疏證〕《世本》：“莊公生右師戌，戌生司城師也。”杜《注》：“莊公孫。”

向爲人爲大司寇，

鱗朱爲少司寇，

〔疏證〕《世本》：“桓公生公子鱗，鱗生東鄉矔，矔生司徒文，文生大司寇奏，奏生小司寇朱也。”杜《注》：“鱗，矔孫。”

向帶爲大宰，

---

① 科學本注：原稿闕文，查當作“《詩·兔爰》”。

〔疏證〕《釋文》作"𢃛"，云："本又作帶。"《校勘記》云："按：《説文》無'𢃛'字，今從宋本。"

魚府爲少宰。

蕩澤弱公室，殺公子肥。

〔疏證〕杜《注》："肥，文公子。"《宋世家》："司馬唐山攻殺太子肥，欲殺華元。"唐山即蕩澤也。洪亮吉云："唐、蕩音同。"李富孫云："唐、蕩一聲之轉。"《宋書·徐羡之傳》："文帝討羡之詔曰：'昔子家從弒，鄭人致討；宋肥無辜，蕩澤爲戮。'"按：《傳》云"公子肥"，史公改曰"太子肥"，又叙立少子平公於殺肥後，則肥爲共公嗣嫡，未成君而被弒，與杜説異。宋詔以子家弒君爲比，二《傳》無蕩澤殺肥文，與史公合。當是《左氏》舊説。

華元曰："我爲右師，君臣之訓，師所司也。

"今公室卑，而不能正，吾罪大矣。

"不能治官，敢賴寵乎？"乃出奔晉。

〔疏證〕《晉書·梁孝王肜傳》："永康二年薨。蔡克議諡曰：'愍懷之廢，不聞一言之諫；淮南之難，不能因勢輔義；趙王倫篡逆，不能引身去朝。宋有蕩氏之亂，華元自以不能居官，曰："君臣之訓，我所司也。公室卑而不正，吾罪大矣。"夫以區區之宋，猶有不素餐之臣，而況帝王之朝，而有苟容之相，此而不貶，法將何施？宜諡曰"靈"。'肜親黨稱枉，克重議曰：'趙盾入諫不從，出亡不遠，猶不免於責，況肜不能去位，北面事僞主乎？'"按：蔡克謂華元不素餐，當是《左氏》舊説。其重議以趙盾比司馬肜，則華元出奔爲合於義。

二華，戴族也；

〔疏證〕杜《注》："華元、華喜。"梁履繩云："戴公，《史記》名不著。《唐書·宰相世系表》：'宋戴公白。'"

司城，莊族也；

六官者，皆桓族也。

〔疏證〕杜《注》："魚石、蕩澤、向爲人、鱗朱、向帶、魚府皆出桓公。”

魚石將止華元。

魚府曰：“右師反，必討，是無桓氏也。”

〔疏證〕蕩澤，桓族，故懼華元盡討桓氏。桓族四：蕩、魚、向、鱗也。戴、莊二族不在討列。杜《注》謂“討蕩并及六族”，誤甚。

魚石曰：“右師苟獲反，雖許之討，必不敢。

〔疏證〕杜《注》：“言畏桓族强。”

“且多大功，國人與之，

〔疏證〕杜《注》：“華元克合晉、楚之成，劫子反以免宋圍。”

“不反，懼桓氏之無祀於宋也。

〔疏證〕謂華元得國人心。不反，則國人怨，桓族或將有禍。

“右師討，猶有戌在，

〔疏證〕杜《注》：“向戌，桓公曾孫。言其賢，華元必不討。”

“桓氏雖亡，必偏。”

〔疏證〕杜《注》：“偏，不盡。”

魚石自止華元於河上。

〔疏證〕《宋世家》：“華元犇晉，魚石止之，至河乃還。”

請討，許之，乃反。

使華喜、公孫師帥國人攻蕩氏，殺子山。

〔疏證〕杜《注》：“喜、師非桓族，故使攻之。”洪亮吉云：“子山，即蕩澤。”

書曰“宋殺其大夫山”，言背其族也。

〔疏證〕《傳》明舍族之義。《宋世家》：“誅唐山，乃立共公少子成，是爲平公。”

魚石、向爲人、鱗朱、向帶、魚府出舍於睢上，

〔疏證〕杜《注》："睢，水名。"未指所在。《水經·睢水》："出梁郡鄢縣，東過睢陽縣南。"《注》云："睢水出陳留縣西蒗蕩渠。《經》言出鄢，非矣。又東逕橫城北，又逕新城北，又東逕高鄉亭北，又東逕亳城北，南亳也。又東逕睢陽故城南，周武王封微子啓于宋以嗣殷後，爲宋都也。"馬宗璉云："《御覽》引《九州要紀》：'睢陽水在宋城西。'"按：馬引《九州要紀》説與《水經注》合。五人由宋都出舍，則睢上即睢陽水也。江永云："今按：在歸德府。《一統志》：'睢水自河南開封府杞縣流入，經睢州北，又東逕寧陵縣南，又東逕歸德府城南，又東經夏邑縣北，又東南經永城縣北。'"

華元使止之，不可。

冬，十月，華元自止之，不可，乃反。

魚府曰："今不從，不得入矣。

"右師視速而言疾，有異志焉。

"若不我納，今將馳矣。"

登丘而望之，則馳。

〔疏證〕《釋文》："'登丘而望之則馳'，絶句。"

騁而從之，則決睢澨，閉門登陴矣。

〔疏證〕《吕覽□□①注》："決，溢也。"胡渭《禹貢錐指》云："《説文》：'澨，埤增水邊土，人所止也。'《詩·汝墳傳》：'墳，大防也。''淮濆'《傳》：'濆，涯也。'《水經·泲水注》以'澨'爲'水側之濆'，是知濆與墳，字别而義同。《左傳》'華元決睢澨'，睢則睢水，澨則其防也，故曰決。"

左師、二司寇、二宰遂出奔楚。

〔注〕服云："魚石，卿，故書。"本《疏》。

〔疏證〕《疏》引服説，又云："以爲四人非卿，故不書。"申服意也。

────────────

① 科學本注：原稿闕文，疑指《淮南子·天文篇》。

洪亮吉以爲服《注》誤。杜《注》：“四大夫不書，獨魚石告。”不用服説。
《疏》駁服云：“向爲人爲大司寇，亦是卿也。若五人皆告，爲卿則書，向
爲人亦當書之，何以獨書魚石？”李貽德云：“宋自殤公以前，執政皆大
司馬，華督以太宰相，變例也。《僖九年傳》：‘以公子目夷爲仁，使爲左
師聽政。’魚石爲子魚曾孫，而爲左師，當與華元共聽宋政。元復石奔，
《經》書之者，以其執政故也。向爲氏非執政卿。”

華元使向戌爲左師，

老佐爲司馬，

〔疏證〕杜《注》：“老佐，戴公五世孫。”

樂裔爲司寇，

以靖國人①。

晉三郤害伯宗，譖而殺之，及欒弗忌。

〔注〕賈云：“三郤，郤錡、郤犨、郤至。”《晉世家集解》。

〔疏證〕《晉世家》：“厲公五年，三郤讒伯宗，殺之。”三郤之稱，初
見於《傳》，杜無注，略。《晉語》：“及欒弗忌之難，諸大夫害伯宗，將
謀而殺之。”以殺欒弗忌在殺伯宗之前，與《內傳》異。彼《注》云：“欒
弗忌，晉大夫，伯宗之黨也。”杜《注》：“欒弗忌，晉賢大夫。”用韋義。

伯州犂奔楚。

〔疏證〕《論衡·逢遇（篇）》作“白州犂”②。《晉語》：“畢陽實送州犂
於荆。”《注》：“州犂，伯宗子。”杜用韋義。

韓獻子曰：“郤氏其不免乎！

“善人，天地之紀也，

〔疏證〕《後漢書·蔡邕傳》：“王允收邕付廷尉。馬日磾告人曰：‘王
公其不長世乎？善人，國之紀也。’”謂善人能紀綱國家，與《傳》言

---

① 科學本注：原稿眉批：“靖詁。”劉氏擬而未作。
② 科學本注：《論衡·逢遇篇》無此。洪亮吉《左傳詁》稱：“《潛夫論》作‘伯州
黎’。”疑劉氏記誤。

"天地之紀"同義。《襄三十年傳》："善人，國之務也。"

"而驟絶之，不亡何待?"

〔疏證〕①

初，伯宗每朝，其妻必戒之曰：

"'盜憎主人，民惡其上。'子好直言，必及於難。"

〔疏證〕惠士奇云："'盜憎主人，民怨其上'，周廟金人銘也。其詞曰：'古之慎言人也，無多言，多言多敗。'故云'子好直言，必及於難'。"洪亮吉云："《家語》載金人銘有此二語。《説苑》作'盜怨主人，民害其貴'。"文淇案：《後漢書·馬援傳》："援上疏曰：'實欲導之于善，非敢謅以非義。而嚚自挾姦心，盜憎主人，怨毒之情遂歸于臣。'"《注》引此《傳》。《晉語》："伯宗飲諸大夫酒。其妻曰：'諸大夫莫子若也。然而民不能戴其上久矣。'"《注》："戴，奉也。上，賢也，才在人上也。"此《傳》與《國語》同，意謂民惡才之在己上也。《年表》："三郤讒伯宗，殺之。伯宗好直諫。"《晉世家》："伯宗以好直諫得此禍，國人以是不附屬公。"皆明《傳》著伯宗妻言之義。

十一月，會吳於鍾離，始通吳也。

〔疏證〕《魯世家》："始與吳王壽夢會鍾離。"

許靈公畏偪于鄭，

請遷于楚。

辛丑，楚公子申遷許于葉。

〔經〕 十有六年，春，王正月，雨木冰。

〔注〕劉歆以爲上陽施不下通，下陰施不上達，故雨，而木爲之冰，霧氣寒，木不曲直也。《五行志》。

〔疏證〕《五行志》用歆説，列於木不曲直。劉向則以爲"常雨之罸"，與歆異。《公羊》《穀梁》并云："雨而木冰也。"歆亦云："故雨，而木爲

---

① 科學本注：原稿以下闕文。眉批："驟詰。"

之冰。”則三《傳》説并謂雨著而成冰。杜《注》：“記寒過節，冰封著樹。”不云冰之由雨，非。據歆説，則上陽下通、下陰上達爲天地之正，上施而不下通、下施而不上達，陰陽之氣鬱遏，乃雨而木冰也。《信南山》：“雨雪雰雰。”《傳》：“雰雰，雪貌。”《素問·六元正紀大論》：“寒雰結爲霜雪。”《注》：“寒雰曰氣也。”《廣雅·釋訓》：“雰雰，雪也。”則雰是凍雨結爲霜雪，故歆以雰氣當木冰也。沈欽韓云：“《舊唐書·讓皇帝憲傳》：‘開元二十九年冬，京城寒甚，凝霜封樹。時學者以爲《春秋》‘雨木冰’即此，是亦名樹介，言其象介冑也。憲見而歎曰：‘此俗謂樹稼者也。諺曰：“樹稼，達官怕。”必有大臣當之。’”

夏，四月，辛未，滕子卒。

〔疏證〕滕文公也，名佚。

鄭公子喜帥師侵宋。

〔疏證〕杜《注》：“喜，穆公子子罕也。”

六月，丙寅，朔，日有食之。無《傳》。

〔注〕劉歆以爲四月二日，魯、衛分。《五行志》。

〔疏證〕臧壽恭云：“按：是年入甲申統一千六十八年，積月一萬三千二百九，閏餘九，積日三十九萬七十三，小餘十五，大餘十三。正月丁酉朔，小，小餘五十八。二月丙寅朔，大，小餘二十。三月丙申朔，小，小餘六十三。四月乙丑朔，二日丙寅，又置上積日，加積日八十八，以統法乘之，以十九乘小餘六十三，并之，滿周天除去之，餘十一萬五千八百十六。滿統法而一，得積度七十五度，餘三百九十一。命如法，得四月乙丑朔，合辰在奎四度，二日丙寅，日在奎五度。”

晉侯使欒黶來乞師。

〔疏證〕杜《注》：“將伐鄭。黶，欒書子。”本《疏》：“十八年，悼公之入，黶尚爲公族大夫，此時欒書尚在。黶未爲卿，蓋以攝卿行。”

甲午，晦，晉侯及楚子、鄭伯戰於鄢陵。楚子、鄭師敗績。

〔注〕服云：“鄢陵，鄭之東南地也。”《晉世家集解》。

〔疏證〕李富孫云：“鄢陵，《漢書·五行志》作鄢陵，《淮南·人間》引作鄔陵，《氾論》又作陰陵，注同。《水經·渠水注》引作傿陵。按：《説文》無隖字，此亦別體。隖、陰、傶皆以字形相近而亂。"按：鄢由"鄔、劉"之鄔而誤。趙匡謂鄢即鄔，不足據，已説於隱元年。《地理志》："潁川郡鄢陵縣。"《郡國志》："潁川郡傶陵，春秋時曰隖。"劉昭《補注》："春秋鄭共叔所保，故曰'克段于鄢'。又成十六年，晉敗楚于傶陵。"《晉語》："遂與荆人戰於鄢陵，大勝之。"《注》："鄢陵，鄭地。"杜《注》："鄢陵，鄭地，今屬潁川郡。"用《漢志》及韋《注》義。

洪亮吉云："按：晉、楚戰之鄢陵，與克段之鄢本兩地，杜《注》失于彼而得于此。若劉昭注司馬彪《志》，合兩地爲一，非也。"《地理志》陳留郡别有傶，即隱元年克段之傶，與此别。按：洪説是也。服云鄭謂鄭都，鄭都在今河南開封府新鄭縣。李貽德云："服以爲鄭東南地者，伐鄭禦楚，則越鄭而東，而東南與楚遇，當在鄭東南地矣。"沈欽韓云："《方輿紀要》：'鄢陵舊城在開封府鄢陵縣西北四十里。'"今鄢陵在新鄭之西，與服《注》不合。據《傳例》"大崩曰敗績"，杜以楚師未大崩，謂"楚子傷目而退，故曰'楚子敗績'"。《疏》引泓之戰，證"師敗君傷，唯書師敗"之事，乃劉炫《述議》語，詳《左傳舊疏考證》。壽曾謂：據《述議》，則舊説亦以經書楚子見義，然敗不稱師，王痍也，乃《公羊》義。《年表》："晉厲公六年，敗楚鄢陵。"《晉世家》："楚兵敗於鄢陵。"

楚殺其大夫公子側。

〔疏證〕杜《注》："側，子反。"

秋，公會晉侯、齊侯、衛侯、宋華元、邾人于沙隨，不見公。

〔疏證〕《公羊》"邾"曰"邾婁"。洪亮吉云："《水經·汳水注》：'汳水又東逕寧陵縣之沙陽亭，故沙隨國矣。'"沈欽韓云："《方輿紀要》：'沙隨城在歸德府甯陵縣北六里。'"

公至自會。

公會尹子，晉侯、齊國佐、邾人伐鄭。

〔疏證〕《公羊》"邾"曰"邾婁"。杜《注》："尹子，王卿士。子，爵。"沈欽韓云："按畿内固有封爵如蘇子者，若公、卿、大夫，但有八命、六命、四命之差，而無公、侯、伯、子、男之次。且尹子爲卿士，若其出封，當加一等爲侯、伯，不當爲子、男也。蓋京師之王官，尊之則曰公，通稱則曰子，若單、劉者，亦曰子，亦曰公，不獨尹氏。"《年表》：

“鄭成公十年，倍晉盟楚，晉伐我，楚來救。”

曹伯歸自京師。

〔疏證〕《十五年經》：“晉侯執曹伯歸于京師。”

九月，晉人執季孫行父，舍之于苕丘。

〔注〕賈氏以爲書執行父，舍于苕丘，言失其所。不書至者，刺晉聽讒執之，示己無罪也。《釋例》、本《疏》。

〔疏證〕《公羊》“苕”曰“招”。臧壽恭云：“苕、招同音相假。”杜《注》：“苕丘，晉地。”今地闕。杜又云：“舍之苕丘，明不以歸，不稱行人，非使人。”杜但明不稱行人義。本《疏》：“昭十三年，晉人執季孫意如，意如得釋而歸，書‘意如至自晉’。此行父得釋，不書‘至’者，《釋例》曰‘賈氏以爲’云云。按：《傳》囚之苕丘，以別晉都，無義例也。公待于鄆，與行父俱歸，厭于公尊，故不書行父至耳。若欲示無罪，則宜於執見義。今既直書其執處，絕不書至，乃所以示終於見執，非示無罪也。《穀梁》以行父至不致者，爲公在故，與杜義合也。”據《疏》説，則杜用《穀梁》“公在”義以駁賈説。賈知行父以無罪執者，李貽德云：“昭十四年，‘季孫意如至自晉’。《傳》曰：‘尊晉罪己也。’二十四年，‘叔孫婼至自晉’。《傳》曰：‘尊晉也。’此歸而不書‘至’，可證行父以非理見執，無可罪。”按：李説深得賈義。《年表》：“宣伯告晉，欲殺季文子，文子得以義脱。”《魯世家》：“宣伯告晉，欲誅季文子。文子有義，晉人弗許。”史公褒行父有義，當是古《左氏》説，賈所據也。《漢書·朱博傳》：“諫大夫龔勝等十四人以爲：‘《春秋》之義，姦以事君，常刑不赦。叔孫僑如欲顓公室，譖其族兄季孫行父於晉，晉執囚行父以亂魯國，《春秋》重而書之。’”龔勝等亦以此《經》書“執”，爲重行父，與賈義合。

冬，十月，乙亥，叔孫僑如出奔齊。

〔疏證〕《五行志》“僑”作“喬”。

十有二月，乙丑，季孫行父及晉郤犨盟于扈。

〔疏證〕《公羊》“犨”曰“州”。

公至自會。無《傳》。

乙酉，刺公子偃。

〔疏證〕《釋文》：“刺，本又作㓨。”杜《注》：“魯殺大夫皆言刺，義取《周禮》三刺之法。”按：《司刺注》：“刺，殺也。三訊罪定，則殺之。”杜用鄭義。

〔傳〕 十六年，春，楚子自武城使公子成以汝陰之田求成于鄭。

〔疏證〕杜《注》：“汝水之南，近鄭地。”顧棟高云：“楚文王封畛於汝，楚地止於汝水之南。田蓋在河南汝州郟縣及裕州葉縣間。”梁履繩云：“按：縣屬南陽府。”

鄭叛晉，子駟從楚子盟于武城。

〔疏證〕《年表》：“鄭成公十年，背晉盟楚。”《晉世家》：“厲公六年春，鄭倍晉與楚盟。”《鄭世家》：“背晉盟，盟于楚。”

夏，四月，滕文公卒。

鄭子罕伐宋，

〔疏證〕杜《注》：“滕，宋之與國。鄭因滕有喪而伐宋，故《傳》舉滕侯卒。侵、伐，經傳異文，《經》從告，《傳》言實。”沈欽韓云：“大國有喪，或可乘間以侵小國，滕小宋大，有喪何妨宋事，而因滕喪伐宋乎？杜以傳文不虛出，而强傅其事，殊不思道理也。”

宋將鉏、樂懼敗諸汋陂。

〔疏證〕杜《注》：“樂懼，戴公六世孫。將鉏，樂氏。汋陂，宋地。”《疏》云：“樂懼是戴公六世孫，《世本》有文也。將鉏爲樂氏之族，不知所出。杜《譜》於樂氏之下樂鉏、將鉏爲一人。《傳》無樂鉏之文，不知其故何也。”據《疏》說，則《世本》有樂懼，無將鉏。馬宗璉云：“《水經·泄水》：‘出博安縣，北過芍陂。’酈元曰：‘芍陂在壽春縣南八十里。’《御覽》引《壽春圖經》曰：‘芍陂在安豐縣。’《豫州記》曰：‘陳縣地有芍陂湖。’周□□①附論：‘汋陂，即芍陂也，今在安徽鳳陽府壽州境。’”

退，舍於夫渠，不儆。

〔疏證〕杜《注》：“夫渠，宋地。宋師不儆備。”梁履繩云：“夫渠，

---

① 科學本注：原稿闕文，查當指周宣武《左傳附論》。

疑即渠水也。《水經注》二十二云：'渠水右合五池溝，溝上承澤水，下流注渠，謂之五池口。魏嘉平三年，司馬懿帥中軍討太尉王淩，自彼而還。'"

鄭人覆之，敗諸汋陵，

〔疏證〕杜《注》："汋陵，宋地。"沈欽韓云："《元和志》：'汋陵在宋州寧陵縣南二十五里。'宋州，今歸德府。《春秋輿圖》：'汋陵在河南歸德府寧陵縣南二十五里。'"

獲將鉏、樂懼。宋恃勝也。

衛侯伐鄭，至於鳴雁，

〔疏證〕《郡國志》："陳留郡陳留有鳴雁亭。"杜《注》："鳴雁，在陳留雍丘縣西北。"用《漢志》説。焦循云："《續漢志》'陳留'《注》：'杜預云：在縣西北。'又雍丘本杞國，杞遷於緣陵，雍丘遂爲宋地。宋地既至雍丘，則鳴雁爲鄭地，自在雍丘之西。雍丘，今之杞縣，在陳留東南。鳴雁在雍丘之西北，而實屬於陳留。劉昭引杜預，以鳴雁在陳留縣西北，誤以陳留國爲陳留縣耳。"按：焦説是也。《水經注》："汳水逕小黃縣故城南，又東逕鳴雁亭，《春秋》衛侯伐鄭，至于鳴雁是也。今俗人尚謂之白雁亭。"顧棟高云："今開封府杞縣北四十里有白雁亭。"

爲晉故也。

晉侯將伐鄭。

范文子曰："若逞吾願，諸侯皆叛，晉可以逞。

〔疏證〕《晉語》："范文子曰：'若以吾意，諸侯皆叛，則晉可爲也。'又，'唯厚德者能受多福，稱晉之德，諸侯皆叛，國可以少安。'"《注》："宜諸侯皆叛，不復征伐，還自整修，則國可以少安。"杜《注》："晉厲公無道，三郤驕。故欲使諸侯叛，冀其懼而思德。"用韋義。

"若唯鄭叛，晉國之憂，可立俟也。"

欒武子曰："不可以當吾世而失諸侯，

"必伐鄭。"乃興師。

〔疏證〕《年表》："鄭成公十年，晉伐我。"《晉世家》："晉怒，乃發兵。"

欒書將中軍，士燮佐之；

〔疏證〕杜《注》："代荀庚。"本《疏》："《晉語》云：'鄢陵之役，晉伐鄭，荆救之。欒武子將上軍，范文子將下軍。'與此異者。彼孔晁《注》云：'上下，中軍之上下也。《傳》曰："欒書將中軍，士燮佐之。"又曰："欒、范以其族夾公行。"'引此爲證。是彼謂分中軍爲二，將將上而佐將下。"

郤錡將上軍，荀偃佐之；

〔疏證〕杜《注》："代士燮、郤錡。偃，荀庚子。"

韓厥將下軍；郤至佐新軍。荀罃居守。

〔疏證〕杜《注》："荀罃，下軍佐。於是郤犨代趙旃將新軍，新上下軍罷矣。"《正義》："《十三年傳》云：'韓厥將下軍，荀罃佐之。'又此年末《傳》云：'知武子佐下軍，郤犨將新軍。'是其文也。三年作六軍，其新三軍，將佐六人，死亡不復補，至此唯有韓厥在耳。郤至佐新軍，不言中、下，是新軍唯一。"

郤犨如衛，遂如齊，皆乞師焉。

欒黶來乞師，

〔疏證〕《晉語》："且使苦成叔及欒黶興齊、魯之師。"《外傳》不言乞衛師，略。

孟獻子曰："①有勝矣。"

〔疏證〕《石經》"曰"下旁增"晉"，各本無。杜《注》："卑讓有禮，故知其將勝楚。"

戊寅，晉師起。

〔疏證〕《晉世家》："厲公自將。"《鄭世家》："晉厲公怒，發兵伐鄭。"

---

① 林按：楊本此處有"晉"字。

鄭人聞有晉師，使告于楚，姚句耳與往。

〔疏證〕杜《注》：“句耳，鄭大夫。與往，非使也。”

楚子救鄭。

〔疏證〕《年表》：“鄭成公十年，楚來救。”《楚世家》：“共王十六年，晉伐鄭。鄭告急，共王救鄭。”《鄭世家》：“共王救鄭。”

司馬將中軍，

令尹將左，

右尹子辛將右。

〔疏證〕杜《注》：“子反、子重、公子壬夫。”

過申，

子反入見申叔時，

曰：“師其何如？”

對曰：“德、刑、詳、義、禮、信，戰之器也。

〔疏證〕《正義》：“詳者，祥也，古字同。《釋詁》：‘祥，善也。’”杜《注》：“器，猶用也。”《疏》言：“有此六事，乃可以戰。”

“德以施惠，

“刑以正邪，

“詳以事神，

“義以建利，

“禮以順時，

“信以守物。

〔疏證〕《正義》：“自‘德以施惠’至‘信以守物’，辨六事施用之處也。”

“民生厚而德正，

"用利而事節，

"時順而物成，

"上下和睦，周旋不逆，

"求無不具，

"各知其極。

"故《詩》曰：'立我烝民，莫匪爾極。'

〔疏證〕《思文傳》："極，中也。"杜《注》："《詩·頌》，言先王立其衆民，無不得中正。"用毛義。《周語》："芮良夫曰：'夫王人者，將導利而布之上下者也，使神人百物，無不得其極。'"亦引此《詩》，與申叔時引《詩》意同。

"是以神降之福，時無災害，

"民生敦厖，和同以聽，

〔疏證〕《北門傳》："敦，厚也。"《釋詁》："憮、厖，有也。"《疏》："成十六年《左傳》云'生民敦厖'，言人生聚豐厚大有也。"當是舊説。杜《注》："厖，大也。"亦據《釋詁》文。本《疏》："其人生厚大，則心和而聽上命。"

"莫不盡力以從上命，

"致死以補其闕，

〔疏證〕杜《注》："闕，戰死者。"陸粲云："軍國之事有所缺乏。杜《注》非也。"

"此戰之所由克也。

〔疏證〕本《疏》："自'民生厚'至'所由克'，言能用六事得戰勝之意也。"又謂："'民生厚而德正'，覆上'德以施惠'；'用利而事節'，覆上'義以建利'；'時順而物成'，覆上'禮以順時'。自'上下和睦'以下至'莫非爾極'，即包上'刑以正邪'，'信以守物'。'是以神降之福'二句，覆上'詳以事神'。"《疏》言"覆上"，或言"包上"，謂申説六事也。服於下文分疏六事，則《疏》所稱或亦舊説。

"今楚內棄其民，而外絶其好；瀆齊盟，而食話言；奸時以動，而疲民以逞。

〔注〕服以"外絶其好"爲刑不正邪，"食話言"爲義不建利，"疲民以逞"爲信不守物。本《疏》。

〔疏證〕洪亮吉云："崔憬《易注》曰：'瀆，古黷字。'《傳》皆以瀆爲黷。按：虞翻《易注》：'瀆，亂也。'"如洪説，則《傳》古文亦作"瀆"也。杜以"內棄其民"爲"不施惠"，"外絶其好"爲"義不建利"，"瀆齊民"爲"不詳事神"，"食話言"爲"信不守物"，"奸時以動"爲"禮不順時。周四月，今二月，妨農業"，"疲民以逞"爲"刑不正邪，而苟快意"。《疏》云："自'今楚內棄其民'至'疲民以逞'，言楚不行六事也。"又云："此六句言楚無此六事，隨便而言，故與上不次。服虔以'外絶其好'爲刑不正邪也，'食話言'爲義不建利也，'疲民以逞'爲信不守物也。杜以'食話言'是言之不信也，快意征伐是刑之失所也，故不從舊説。"文淇按：《疏》所言，唯舉杜之異於服者，其餘三句，杜皆用服説矣。《疏》謂"此六句隨便而言，與上不次"，亦足明服虔解此六句，依上六事之次矣。

"民不知信，進退罪也。

〔疏證〕本《疏》："'民不知信'以下，言楚必敗之意也。"

"人恤所厎，其誰致死？

〔疏證〕《祈父傳》："厎，至也。"

"子其勉之！吾不復見子矣。"

〔疏證〕《釋文》："一本無'復'字。"

姚句耳先歸，

子駟問焉。

〔疏證〕問楚師之彊弱。

對曰："其行速，過險而不整。

"速則失志，不整喪列。

"志失列喪,將何以戰?

"楚懼不可用也。"

五月,晉師濟河。聞楚師將至,

　　〔疏證〕《晉世家》:"五月度河,聞楚兵來救。"

范文子欲反,

曰:"我僞逃楚,可以紓憂。

　　〔疏證〕俞樾云:"范文子欲反,則真逃楚矣,何僞之有?僞,當作'爲'。爲,猶如也。"

"夫合諸侯,非吾所能也,以遺能者。

"我若群臣輯睦以事君,多矣。"

　　〔疏證〕《石經》"若"下旁增"退","矣"下旁增"又何求",各本無。《釋文》:"輯,又作集。"《晉世家》:"范文子請公欲還。"

武子曰:"不可。"

　　〔疏證〕《晉世家》:"郤至曰:'發兵誅逆,見彊辟之,無以令諸侯。'"

六月,晉、楚遇於鄢陵。

　　〔疏證〕《鄭世家》:"晉、楚戰鄢陵。"

范文子不欲戰,

郤至曰:"韓之戰,惠公不振旅;

　　〔疏證〕《僖十五年經》:"冬,十有一月,壬戌,晉侯及秦伯戰于韓,獲晉侯。"是其事也。《晉語》:"昔韓之役,惠公不復舍。"

"箕之役,先軫不反命;

　　〔疏證〕《僖三十三年經》:"秋,晉人敗狄于箕。"《傳》:"先軫免冑入狄師,死焉。"是其事也。

"邲之師，荀伯不復從，

〔疏證〕《宣十二年經》：“夏，六月，晉荀林父帥師及楚子戰于邲，晉師敗績。”是其事也。《晉語》：“箕之役，先軫不復命。”《注》：“晉人敗狄于箕，先軫死之，故不反命於君。”杜用韋說。杜《注》：“荀林父奔走，不復故道。”顧炎武云：“非也，謂不復從事于楚。”沈欽韓云：“按：‘不復從’者，謂晉之餘師不能軍，或說荀罃爲楚師所獲，不復從軍而歸。”文淇按：《晉語》作“邲之役，三軍不振旅”，與此小異。壽曾謂：《晉語注》：“師敗衆散，故不能振旅而入。”杜於韓之役《注》云：“衆散，敗也。”誤用此邲役。韋說“復從”義難解。俞樾云：“王念孫曰：‘從，蓋徒字之誤。邲之敗，徒衆不反者多，故云不復徒。’然‘不復徒’之語，亦爲不辭。從，疑役字之誤。復者，反也。《襄三年傳》曰：‘反役，與之禮食。’《定十年傳》曰：‘反役，晉人討衛之叛。’此云‘復役’，義亦同耳。”按：如俞說，則荀伯當斥荀罃。

"皆晉之恥也。

"子亦見先君之事矣。

"今我辟楚，又益恥也。"

〔疏證〕以上，《晉語》以爲欒武子語。

文子曰："吾先君之亟戰也，有故。秦、狄、齊、楚皆彊，

"不盡力，子孫將弱。

"今三彊服矣，

〔疏證〕杜《注》：“齊、秦、狄。”

"敵楚而已。

"惟聖人能外内無患。自非聖人，外寧必有内憂，盍釋楚以爲外懼乎？"

〔疏證〕《晉語》：“范文子曰：‘且惟聖人能無外患，又無内憂。詎非聖人，必偏而後可。盍姑釋荊與鄭，以爲外患乎？’”《注》：“釋，置也。”

甲午，晦，楚晨壓晉軍而陳。

〔疏證〕《晉語》："鄢陵之役，荆壓晉軍。"《注》："壓，謂壓其不備也①。"引《傳》亦作"厭"。杜《注》："壓，笮其未備。"用韋義。

軍吏患之。范匄趨進，

〔疏證〕《釋文》："匄，本又作丐。"李富孫云："《吕覽·開春注》《晉世家》音義并同。《説文》：'匄，乞也。'丐，俗字。"《晉語注》："匄，范文子之子宣子也。爲公族大夫。"杜《注》："匄，士燮子。"用韋説。

曰："塞井夷竈，陳於軍中，

〔注〕賈云："夷，毀也。"《一切經音義》引《國語注》。

〔疏證〕《晉語》："夷竈堙井，非退而何？"《注》："夷，平也。使晉軍平塞井竈，示必死，不復飲食。"杜無注。下"將塞井夷竈而爲行也"，《注》："夷，平也。"用韋義。按：《外傳》不云陳軍中，故韋止謂"示不飲食"。《讀本》："楚壓晉軍，戰道已隘，取井竈之地以陳師。"與《傳》義合。

"而疏行首。

〔疏證〕杜《注》："疏行首者，當陳前決開營壘爲戰道。"按：上云"陳於軍中"，則戰道已包上文，此謂軍之行列也。惠棟云："《司馬法》曰：'凡陳，行惟疏。'《淮南子》曰：'疏隊而擊之。'高誘曰：'疏，分也。'"沈欽韓云："行首，即領隊者也。《吳語》：'陳士卒，百人以爲徹行，百行。行頭皆官師，擁鐸拱稽。'此在壘中整陳之事也。行頭，即行首。"

"晉、楚惟天所授，何患焉？"

文子執戈逐之，曰：

"國之存亡，天也，童子何知焉？"

欒書曰："楚師輕窕，

〔疏證〕杜無注。《廣雅·釋詁》："猥、佻，疾也。"王念孫云："《方言》：'佻，音耀。'《韓子·詭使篇》云：'躁佻反覆謂之智。'成十六年《左傳》：'楚師輕窕。'窕與佻通。《史記·荆燕世家》：'遂跳驅至長安。'跳驅，謂疾驅也，義亦與佻同。"沈欽韓云："《漢書·周亞夫傳》：'楚兵

---

① 科學本注：《叢書集成》據士禮居本此"壓"字作"掩"。

輕窕，難與爭鋒。’”

“固壘而待之，三日必退。

“退而擊之，必獲勝焉。”

郤至曰：“楚有六間，不可失也。

〔疏證〕《晉語注》：“間，隙也。”

“其二卿相惡，

〔疏證〕杜《注》：“子重、子反。”

“王卒以舊，

〔疏證〕杜《注》：“罷老不代。”《晉語》無此二間。

“鄭陳而不整，

〔疏證〕《晉語》：“夫楚與鄭陳，而不與整，三間也。”《注》：“雖俱陳，不整齊也。”杜《注》：“不整列。”用韋義。《外傳》“陳”兼楚言，與《傳》異。

“蠻軍而不陳，

〔疏證〕《晉語》：“夫南夷與楚來，而弗與陳，二間也。”《注》：“不與陳，不欲戰也。”杜《注》：“蠻夷從楚者不結陳。”用韋義。此楚所屬蠻也。《後漢書·南蠻傳》：“今長沙武陵蠻是也。平王東遷，蠻遂侵暴上國。晉文侯輔政，乃率蔡共侯擊破之。至楚武王時，蠻與羅子共敗楚師，殺其將屈瑕。莊王初立，民饑兵弱，復爲所寇。楚師既振，然後乃服，自是遂屬於楚。鄢陵之役，蠻與共王合兵擊晉。”《注》引此《傳》。

“陳不違晦，

〔疏證〕《晉語》：“夫陳不違忌，一間也。”《注》：“違，避也。晦，陰氣盡，兵亦陰，故忌之。”杜《注》：“晦，月終，陰之盡，故兵家以爲忌。”用韋義。

“在陳而囂，合而加囂。

〔疏證〕□□①注："唈，譁也。"《晉語》："且其士卒，在陳而譁，四間也。夫衆聞譁則必懼，五間也。"《注》："譁，囂也。"囂、譁互相訓。杜《注》："囂，喧嘩也。"用韋説。

"各顧其後，莫有鬭心；

〔疏證〕蒙上"鄭陳""蠻軍"二句言。《晉語》："鄭將顧楚，楚將顧夷，莫有鬭心，不可失也。"

"舊不必良，

〔疏證〕蒙上"王卒以舊"言。杜無注。《淮南·氾論訓》："苟利于民，不必法古；苟周于事，不必循舊。"高《注》："舊，常也。《傳》曰：'舊不必良。'"高氏取此《傳》古説。

"以犯天忌，

〔疏證〕蒙上"陳不違晦"。

"我必克之。"

楚子登巢車，以望晉軍。

〔疏證〕《九經字樣》"登"作"桀"。《釋文》："巢，《説文》作轈。"洪亮吉云："《説文》：'轈，兵車，高如巢，以望敵也。《春秋傳》曰："楚子登轈車。"'《廣雅》：'巢，高也。'按：今本作巢。杜《注》：'巢車，車上爲櫓。'今考《説文》：'櫓，澤中守草樓也。'杜合轈、櫓爲一，恐非。"按：洪説是也。許書作"轈"，則賈、杜本異。惟《廣雅·釋詁》："嶤、巢，高也。"洪引誤。王念孫云："《小爾雅》：'巢，高也。'《爾雅》：'大笙謂之巢。'孫炎《注》云：'巢，高大也。'"據王説，則巢之訓高，由《釋樂》之"巢"生訓，《傳》宜作"轈車"，作"巢"，亦後出字。沈欽韓云："《通典》：'以八輪車，上樹高竿，竿上安轆轤，以繩挽板屋，止竿首，以窺城中。板屋方四尺，高五尺，有十二孔，四面列布。車可進退，圍城而行，於營中遠視，亦謂之巢車。如鳥之巢，即今之板屋也。'"

子重使太宰伯州犂侍于王後。

---

① 科學本注：原稿闕文。《周禮》"衒枚氏掌司囂。"《注》："察囂讙者，與譁同。"但無譁字解。

〔疏證〕杜《注》：“州犂，伯宗子。”《十五年傳》：“晉三郤害伯宗，州犂奔楚。”

王曰：“騁而左右，何也？”曰：“召軍吏也。”

〔疏證〕洪亮吉云：“王逸《楚辭章句》：‘騁，馳也。’杜《注》：‘走也。’義亦同。”

“皆聚於中軍矣。”曰：“合謀也。”

“張幕矣。”曰：“虔卜於先君也。”

〔疏證〕《廣雅·釋詁》：“虔，敬也。”朱鶴齡云：“可證古者出師，必載遷廟之主以行。”

“徹幕矣。”曰：“將發命也。”

“甚囂，且塵上矣。”曰：“將塞井夷竈而爲行也。”

“皆乘矣，左右執兵而下矣。”曰：“聽誓也。”

〔疏證〕杜《注》：“左，將帥；右，車右。”此將帥指一車之將，非元帥也。釋於《元年傳》“中御而縱齊侯。”

“戰乎？”曰：“未可知也。”

“乘而左右皆下矣。”曰：“戰禱也。”

〔疏證〕此“左右”亦指車之將及車右。杜《注》：“禱，請於鬼神。”①

伯州犂以公卒告王②。

苗賁皇在晉侯之側，亦以王卒告。

〔疏證〕杜《注》：“賁皇，楚鬭椒子。宣四年奔晉。”按：苗賁皇，《宣十七年傳》始見，其以宣四年奔晉，它無所記。杜據宣四年楚殺鬭椒而言。

皆曰：“國士在，且厚，不可當也。”

---

① 科學本注：原稿眉批：“查吉日。”
② 科學本注：杜《注》：“公，晉侯。”

〔注〕服云：“賁皇、州犁皆言曰，晉、楚之士，皆在君側，其陳厚，不可當。”本《疏》。

〔疏證〕杜《注》：“晉侯左右皆以伯州犁在楚，知晉之情，且謂楚眾多，故憚合戰。與苗賁皇意異。”不用服説。《疏》云：“以爲州犁言晉彊，賁皇言楚彊，故云‘皆曰’也。”此《疏》申服意。洪亮吉引爲服説，非。《疏》又云：“若如服言，賁皇既言楚不可當，何故復‘請分良以擊其左右’？故杜不用其説。晉侯左右，皆爲此言，以憚伯州犁耳。”李貽德云：“上文‘伯州犁以公卒告王，苗賁皇在晉侯之側，亦以王卒告’，此‘皆曰’者，指告之言。賁皇惟以國士在楚軍中，故先‘請分良擊其左右’，則以中軍不可敵，挫其左右以動之也，與上文不相礙。服止言君側之士不可當，非謂楚概不可當。若從杜意，則《傳》當曰‘晉、楚之左右皆曰’，以別上文，不得僅云‘皆曰’矣。陳即陣。《御覽·兵部》引諸葛亮《軍令》曰：‘連衡陳者狹而厚。’當，猶敵也。”按：李説是也。惠棟云：“皆曰，皆晉、楚之人也。晉以楚有州犁，楚以晉有苗賁皇，故云‘國士在’。”惠解“國士”爲敵國之士，與服、杜皆異，可備一説。

苗賁皇言於晉侯曰：“楚之良，在其中軍王族而已。

〔疏證〕杜無注。《楚語》：“在中軍王族而已。”韋氏以“族”爲“部屬”，詳下“欒、范以其族夾公行”《疏證》。

“請分良以擊其左右，

“而三軍萃于王卒，必大敗之。”

〔疏證〕杜氏訓“萃”爲“集”，而不解“三萃”。《襄二十六年傳》：“吾乃四萃於其王族，必大敗之。”彼《疏》云：“《楚語》：‘三萃以攻其王族，必大敗之。’韋昭云：‘萃，集也。時晉有四軍，言三集者，中軍先入，而上下及新軍乃三集以攻之。’韋昭見彼爲‘三’字，故説之使通耳。蓋二文不同，必有一誤。”王引之云：“‘三軍萃於王卒’，‘三萃以攻其王族’，三當爲三。《説文》：‘三，籀文四。’鄭注《覲禮》：‘古書作三、四。或皆積畫，字相似，由此誤也。’晉之四軍，合而攻楚之中軍，故曰‘四軍萃於王卒’，又曰‘四萃於其王族’，不得言三也。學者多見三，少見三，故三字誤作三。幸有襄二十六年‘四萃’之文足以證之耳。”

公筮之。史曰：“吉。其卦遇《復》，

〔注〕服云："《復》，反也。陰盛於上，陽動於下，以諭小人作亂於上。聖人興道於下，萬物復萌，制度復理，故曰復也。"本《疏》。

〔疏證〕杜《注》："震下坤上，《復》，無變。"服説占筮例，明内外卦，此亦杜襲服語"無變"之卦義，主象卦辭。《復·象》曰："剛反動而以順行。"虞《注》云："剛從艮入坤，從反震，故曰'反動'。坤順震行，故'而以順行'。陽不從上來反初。"張惠言云："《謙》，艮也。艮有反震象。"是虞氏以《復》爲艮反震，故云"陽不從上反初也"。服《注》："《復》，反也。"此虞義所出。又卦辭云："反復其道，七日來復，利有攸往。"虞《注》云："剛來反初，陽息臨成乾，小人道消，君子道長。"即用服《注》"小人作亂於上，聖人興道於下"義。"萬物萌，制度理"，謂利攸往也。《大象》虞《注》云："復爲陽始，遘則陰始，天地之始，陰陽之首。"

"曰：'南國蹙，

〔疏證〕杜《注》："《復》，陽長之卦。陽氣起子，南行推陰，故曰南國蹙也。"《復·象》："七日來復，天行也。"張惠言云："陽生於子，消於午，天之大數七也。"則"南國蹙"謂陽氣消午，杜説未備。杜不解"蹙"字義，據下服《注》"陽氣射出"，則服以"南國"爲陽氣，杜用服説。顧炎武云："《易》以外卦爲南。《明夷》之九三曰'明夷於南狩'是也。《復》，一陽浸長而至于乾，有南國蹙之象。"《召旻傳》："蹙，促也。"《廣雅·釋詁》："蹙，緵，縮也。"王念孫云："《説文》：'縮，蹙也。'《小雅·節南山篇》：'蹙蹙靡所騁。'成十六年《左傳》：'南國蹙。'《哀公問》云：'孔子蹵然辟席而對。'《論語·鄉黨篇》：'踧踖如也。'并字異而義同。"據王説，則蹙謂土地削小。

"'射其元王，中厥目。'

〔注〕服虔以爲陽氣觸地射出，爲射之象。本《疏》。

〔疏證〕杜《注》："南國勢蹙，則離受其咎。離爲諸侯，又爲目。陽氣激南，飛矢之象。"《疏》引服説，又云："二者無所依憑，各以意説，得失終於無驗，是非無以可明。"惠士奇云："此與僖十五年'千乘三去，三去之餘，獲其雄狐'，皆夏、商之《易》也。或據《周易》以解之，皆不得其義。蓋夏、商占七八，《周易》占九六，其辭義各有異同，不可强解。"按：惠説是也。《復》無離象，杜云"離受其咎"，又云"離爲諸侯爲目"者，《復》卦辭："出入無疾，朋來無咎。"虞《注》："出震成乾，入巽成坤。"惠言云："震、巽、兑、艮，皆可見離象。"杜謂《復》有離象，據虞義。服云“陽氣觸地”，地謂坤，其云“陽氣”，或亦指離。杜、服同説，《疏》強以爲異。焦循謂：“《復》《姤》旁通，《姤》上之《復》三成《明夷》。三上爲戰伐之象，三即南國之王。”詳服、杜説，皆不以爻占，若審占三爻，則《傳》當云“《復》之《明夷》”，焦説非也。

“國蹙、王傷，不敗何待？”

公從之。

〔疏證〕杜《注》：“從其言而戰。”

有淖於前，

〔疏證〕洪亮吉云：“《説文》：‘淖，泥也。’《一切經音義》引《倉頡》：‘淖，深泥也。’”

乃皆左右相違於淖。

〔疏證〕《晉語注》：“違，辟也。”杜用韋義。

步毅御晉厲公，欒鍼爲右。

〔疏證〕杜《注》：“步毅，即郤毅。”

彭名御楚共王，潘黨爲右。

石首御鄭成公，唐苟爲右。

欒、范以其族夾公行。

〔疏證〕杜《注》：“二族強，故在公左右。”《疏》云：“劉炫云：‘族者，屬也。屬謂中軍，以中軍夾公耳，非謂宗族之兵。’今知非者，杜云‘二族’者，順《傳》之文，無妄言宗族之事。劉誣杜以爲宗族，妄規其過，非也。”文淇按：杜雖未明言宗族，然云“二族強，故在公左右”，語意似以爲宗族，劉炫規之，是也。且以族爲宗族，杜蓋本唐固説。《楚語》：“在中軍王族而已。”《注》：“唐云：‘族，親族，同姓也。’昭謂：‘族，部屬也。’《傳》曰：‘欒、范以其族夾公行。’時二子將中軍，中軍非二子之親也。”韋義與唐異。杜若以族爲部屬，則《注》當明言之矣。

陷於淖。

欒書將載晉侯。

鍼曰："書退！

〔疏證〕杜《注》："在君前，故子名其父。"《曲禮》："君前臣名。"《注》："對至尊，無大小皆相名。"杜用鄭義。彼《疏》引此傳文，又云："鍼是書之子，對晉侯而稱書，是于君前臣名其父也。"

"國有大任，焉得專之？

〔疏證〕杜《注》："大任，謂元帥之職。"按：大任，猶言大事。欒書將中軍，已是元帥。杜説非。

"且侵官，冒也；

〔疏證〕杜《注》："載公爲侵官。"按：謂侵御戎之事。《晉書·庾勇傳》："武帝以博士不答所問，答所不問，大怒，事下有司。尚書朱整、褚䂮奏：'勇等侵官離局，迷罔朝廷。'"

"失官，慢也；

〔疏證〕杜《注》："去將而御。"

"離局，姦也。

〔注〕舊注："局，部也。"《後漢書·袁紹傳注》。

〔疏證〕《後漢書·袁紹傳》："《討曹操檄》曰：'時冀州方有北鄉之警，未遑離局。'"《注》引《左傳》曰："局，部也。杜預《注》曰：'遠其部曲爲離局。'"按所引杜《注》與今本同，則"局，部也"當是舊説，引者脱"注"字耳，今定爲舊注。

"有三罪焉，不可犯也。"

乃掀公以出於淖。

〔疏證〕杜《注》："掀，舉也。"《釋文》："徐言反，云捧轂舉之，則公掀起也。一曰掀，引也。胡根反。"文淇按：《説文》："掀，舉出也。《春秋傳》曰：'掀公出于淖。'"此必《左氏》舊説，杜《注》本此。

癸巳，潘尫之黨

〔疏證〕杜《注》：“黨，潘尪之子。”《釋文》：“之黨，一本作‘潘尪之子黨’。按《注》‘黨，潘尪之子’也，則傳文不得有‘子’字。古本此及襄二十三年‘申鮮虞之傅摯’，皆無‘子’字。”李富孫云：“按：《正義》云：‘潘尪之子，其名爲黨。申鮮虞之傅摯，辭與此同，古人爲文略言耳。’是舊本無‘子’字，後人從而增益之。”

與養由基蹲甲而射之，

〔注〕京相璠曰：“在襄城郟縣西南。養，水名也。”《水經·汝水注》。

〔疏證〕《淮南·説山訓》：“楚王有白猨，使養由基射之。”《注》：“由基，楚王之臣，養姓。”馬宗璉云：“由基蓋以地爲氏，高誘以養爲姓，疑非。”洪亮吉云：“按：養，蓋所食采地。《郡國志》：‘潁川郡襄，有養陰里。’《水經注》稱京相璠曰：‘在襄城郟縣西南。養，水名也。’”按：襄城，在今河南府襄城縣治。杜《注》：“蹲，聚也。”惠棟云：“蹲，古文作竣。蹲，猶立也。《群經音辨》云：‘蹲，才丸反。鄭康成讀。’”據惠説，則《傳》謂立甲而射之，不用杜説。按：《廣雅·釋詁》：“蓴、槮，聚也。”王念孫云：“《説文》：‘蓴，叢草也。傅，聚也。噂，聚語也。’成十六年《左傳》：‘蹲甲而射之。’蹲與蓴亦聲近義同。”則杜意蹲與蓴、傅通，不必改訓爲立。《釋文》：“蹲，在尊、在損、才官三反。”“才官”即據鄭音。

徹七札焉。

〔疏證〕杜《注》：“一發達七札。”未詳“七札”義。惠棟云：“七札，一甲之度也。揚雄《太玄》曰：‘比札爲甲。’《周禮疏》云：‘一葉爲一札。’《呂覽·愛士篇》云：‘韓原之戰，晉惠公之右路石奮投而擊繆公之甲，中之者已六札矣。’言六札者，惟一札未陷耳，知甲以七札爲數也。徹七札者，猶言貫甲也。”惠引《周禮疏》，見《考工記·函人注》“革堅者札長”下。洪亮吉云：“《廣雅》：‘札，甲也。’按：徹七札，言徹七重甲，能陷堅也。”與惠説同。《隋書·虞世基傳》：“嘗於莫府山校獵，令世基作《講武賦》曰：‘中小枝於戟刃，徹蹲札于甲裳。’”亦以札爲甲葉。

以示王，曰：“君有二臣如此，何憂於戰？”

王怒曰：“大辱國！詰朝爾射，死藝。”

〔疏證〕杜《注》：“詰朝，猶明朝，是戰日。”

呂錡夢射月，中之，退入於泥。

〔疏證〕《晉語注》："吕錡，厨武子也。"杜《注》："吕錡，魏錡也。"
按：吕是錡采邑。

占之，曰："姬姓，日也；異姓，月也，必楚王也。

〔疏證〕杜《注》："周世姬姓尊，異姓卑。"

"射而中之，退入於泥，亦必死矣。"

及戰，射共王，中目。

〔疏證〕《晉世家》："癸巳，射中楚共王目。"《楚世家》："晉敗楚，
射中其王目。"

王召養由基，與之兩矢，

使射吕錡，中項，伏弢。

〔疏證〕《説文》："弢，弓衣。"《晉語》："弢無弓。"《注》同。

以一矢覆命。

郤至三遇楚子之卒，

見楚子，必下，

免胄而趨風。

〔疏證〕《晉語注》："免，脱之爲障耳。"杜《注》："疾如風。"焦循
云："按：風亦如'馬牛其風'之風，謂免胄而趨走也。"

楚子使工尹襄問之以弓，

〔疏證〕《晉語注》："工尹，楚官。襄，其名。問，遺也。"杜《注》：
"問，遺也。"用韋義。《穀梁·隱元年傳》："聘弓鍭矢不出竟。"《疏》："糜
信云：'聘，問也。'古者以弓矢相聘問，故《左傳》云楚子問郤至以弓。"
糜氏蓋取《左氏》舊説。聘用弓矢者，軍中禮也。《曲禮》："以弓劍、苞
苴、簞笥問人者。"《注》："問，猶遺也。"《疏》："問，謂因問有物遺之
也。問者，或自有事奉人，或聞彼有事而問之，問之悉有物表其義。"本
《疏》："遺人以物謂之問。"與《禮疏》義同。

曰："方事之殷也，

〔疏證〕《晉語注》："事，戎事也。殷，盛也。"杜用韋義。鄭玄《儀禮注》亦云："殷，盛也。"

"有韎韋之跗注，君子也。

〔注〕鄭本作"不注"，説云："不，讀如跗。跗，幅也。注，屬也。幅有屬也，以淺赤韋爲弁，又裁韋如布帛之幅，而連屬以爲衣，而素裳白爲也。"《六月疏》引《雜問志》。先儒云："韎，絳色，今時伍伯衣。"《宋書·禮志》。鄭後司農説以爲："韎，茅蒐染也，韎聲也。"《晉語注》。賈云："一染曰韎。"本《疏》、《晉語注》。賈、服云："跗，謂足跗。注，屬也。袴而屬于跗。"《司服疏》。

〔疏證〕《瞻彼洛矣》"韎韐有奭"《傳》："韎韐者，茅蒐染草也。一入曰韎韐，所以代韠也。"《箋》："韎韐者，茅蒐染也。茅蒐，韎韐聲也。"《校勘記》及陳壽祺、陳奐皆以毛《傳》"韎"下"韐"爲衍文。王引之《經義述聞》云："毛《傳》原文本作'韎，染韋也'，今本'韎'下有'者茅蒐'三字，此涉鄭《箋》'韎者，茅蒐染'而誤衍也。蓋毛以染韋一入之色爲韎，故曰：'韎，染韋也。'《晉語》'韎韋之跗'《注》，韋《注》曰：'三君云：一染曰韎。鄭後司農説以爲"韎，茅蒐染也"。'云鄭以爲'茅蒐染'，則毛不以爲'茅蒐染'明矣。三君皆從毛義，故但言'一染曰韎'，而不言'茅蒐'也。《説文》：'韎，茅蒐染韋也。一入曰韎。''茅蒐'二字亦後人依誤本毛《傳》加之也。賈景伯《注》成十六年《左傳》及《晉語》，并云：'一染曰韎。'賈、許皆治《毛詩》，故以一入爲韎，至康成始以茅蒐爲韎。茅蒐爲韎與一入爲韎，二者各爲一義，不可强同也。"按：王説是也。

賈君注内外《傳》，并用毛《傳》。《内傳注》："易染爲入者，染、入義通。"本《疏》："《釋器》云'一染謂之縓'，謂一入赤爲淺赤色也。"陳奐《詩疏》云："《玉藻注》：'緅，赤黄之間色。'所謂韎也。《士冠禮注》：'凡染絳，一入謂之縓。'緅與縓古聲同，韎即縓也。《説文》：'韎，從末聲，不從未聲。'"陳説即賈君義也。鄭不説韎，異於賈、服。《外傳注》引其説，止言"韎"，《詩箋》兼言"韎韐"，又自不同，當以《外傳注》爲是。知者，《詩箋》"韎韐"，"韐"衍文。本《疏》引鄭玄《詩箋》云："韎，茅蒐染也。韎，聲也。"無"韐"可證。陳奐《詩疏》謂"韎韋"即"韎韐"，非。《瞻彼洛矣疏》引《駮異義》云："韎，草名，齊、魯之間言韎韐，聲如茅蒐，字當作韎，陳留人謂之蒨。"亦無"韐"字。《異義》文佚，以鄭駮推之，則許君當以韎爲染韋矣。《晉語注》既引三君、後鄭説，又云："昭謂：'茅蒐，今絳草也。急疾呼，茅蒐成韎也。凡染，一入爲纁。'"韋氏兼用鄭、賈説。

陳壽祺《異義疏證》云："許君《説文》謂韎即纁，以色言之。《異義》亦當云爾。鄭謂韎即茅蒐，以聲言之。"其剖析許、賈、鄭之義尤核。韋氏合賈、鄭爲一義，非。其説"跗注"云："兵服，自要以下注於跗。"與《司服》所引賈、服説合。杜《注》亦云："戎服，若袴而屬於跗，與袴連。"韋、杜并用賈、服説。李貽德云："《説文》：'綺，脛衣也。'賈、服云：'袴而屬於跗。'非以脛衣當之，謂若袴之連于跗，舉袴以擬其狀。杜云：'若袴而屬於跗。'蓋即用賈、服舊注。《周禮疏》引賈、服《注》，脱'若'字耳。"按：李説是也。《司服》："凡兵事，韋弁服。"《注》："韋弁，以韎韋爲弁，又以爲衣裳。《春秋傳》曰'晉郤至衣韎韋之跗注'是也。"《疏》："《左傳》成十六年，'楚子曰："韎韋之跗注，君子也。"使工尹襄問郤至以弓。'"下引賈、服等説。又云："若據鄭《雜問志》，則以跗爲幅，注亦以爲屬，以韎韋幅如布帛之幅，而連屬以爲衣，而素裳。既與諸家不同，又與此注裳亦用韎韋有同者、有異者。鄭君兩解此注，與賈、服同，裳亦用韎韋也。至彼《雜問志》裳用素者，從白舄之義。"按：鄭君《禮注》説韎，兼衣裳言，賈、服等説稱袴而屬於跗，則韎韋是下服，非衣非裳。《禮疏》謂"鄭《注》與賈、服同，裳亦用韎韋"，則似賈、服説謂韎韋爲裳，又似賈、服説韎韋兼衣裳言，分析殊未審。其鄭《志》之異於賈、服者，賈、服以跗爲足，鄭以跗爲幅；賈、服以韎韋爲下服，鄭以韎韋爲上服。鄭既以韎爲上服，裳色無所據，故稱"素裳白舄"。據《聘禮》"君使卿韋弁，歸饔餼"《注》："其服蓋韎布以爲衣而素裳。"則鄭君以聘服當軍服矣。《聘禮疏》又別引鄭《志》文，約與《六月疏》同。又云："謂制韋如布帛之幅，而連屬爲衣及裳。"無"素裳白舄"之文，又與《周禮注》"韎韋以爲衣裳"合，則鄭君於此《傳》"韎韋"無定論，其弟子各隨所聞記之。止據《禮疏》所引鄭《志》，則鄭君異於賈、服者，惟跗幅之訓及韎韋近衣色言二事耳。

沈欽韓云："杜《注》乃賈、服説。按彼所指，乃漢、魏以下戎服，所謂袴褶也。《隋書·儀禮志》：'袴褶，近代服以從戎。今纂嚴，則文武百官咸服之。車駕親戎，則縛袴不舒散也。中官紫褶，外官絳褶，腰皮帶以代鞶革。'"《方言》："大袴謂之倒頓。"郭云："今電袴也。"隋、唐武官皆著大口袴褶，蓋本趙武靈王胡服所始，周時無此制也。當依鄭《志》。沈氏謂賈、服等以韎爲袴褶，明與鄭《志》不同。然鄭君《禮注》同於賈、服，《禮疏》所説甚明，則鄭君亦以韎爲袴褶，不必依鄭《志》未定之論。沈説非。

《宋書·禮志》:“《周禮》:‘革路以即戎。’又曰:‘兵事韋弁服。’以韎韋爲弁,又以爲衣裳。《春秋左傳》:‘戎服將事。’又云:‘晉郤至衣韎韋之跗注。’先儒云:‘韎,絳色,今時伍伯衣。’説者云:‘五霸兵戰,猶有綏紱、冠纓、浸胡,則戎服非袴褶之制,未詳孰是。”《宋志》引《周禮》説,即鄭君《禮注》義,其引《左傳》先儒説,與《司服》鄭《注》略同。伍伯爲漢隸人稱,則亦是漢人《左氏》舊説。稱“衣”不與“裳”對文,據其駁語,則此先儒説,亦以袴褶當之,與賈、服説及鄭君《禮注》同。鄭君《禮注》引《傳》字作“跗注”,與賈、服本同,而鄭《志》作“不跗”者,惠棟云:“‘不’與‘跗’古字通,見《詩箋》。以‘跗注’爲‘不注’者,鄭所授《春秋》異讀也。”臧玉琳云:“不,假借字。《左氏》正文必作不,故賈、服讀爲跗。”按:臧氏誤以鄭讀爲賈、服讀。本《疏》云:“鄭以跗當爲幅,謂裁韋若布帛之幅相屬。”即約鄭《志》語,則鄭氏所據,又作“跗”之本矣。

“識見不穀而趨,無乃傷乎?”

〔疏證〕惠棟云:“識,當爲適。《外傳》作‘屬’,訓爲適。”按:《外傳注》又云:“傷,恐其傷也。”杜用韋説。

郤至見客,免胄承命,曰:

“君之外臣至,從寡君之戎事,

“以君之靈,間蒙甲胄,

〔疏證〕杜《注》:“間,近也。”《釋文》:“近,一本作與,音預。”王念孫云:“訓間爲近,於義無取。一本作‘與’是也。言以君之靈,得與蒙甲胄也。”洪亮吉云:“莊九①年、昭二十六年杜《注》并云:‘間,與也。’則此《傳》亦宜訓‘與’爲是,謂與于甲胄之事耳。又高誘《淮南注》:‘間,遠也。’則‘間’無近義可知。”據洪説,則“間”訓“與”,不煩改字。《晉語注》:“蒙,被也。”

“不敢拜命。

---

① 科學本注:按:“九”當作“十”,劉氏從洪書,誤。

〔疏證〕杜《注》："介者不拜。"用《曲禮》説。

"敢告不寧，君命之辱。

〔疏證〕杜《注》："以君辱賜命，故不敢自安。"《疏》："劉炫以爲：'楚王云：'無乃傷乎？'恐其傷也。答云：'敢告不寧。'告其身不傷耳。魏犨云：'不有寧也。'以傷爲寧。此與魏犨相似。"又駁炫説云："彼云'不有寧'，謂不有損傷。此直云'不寧'，既無'有'字，又先無被傷之狀，與魏犨不同也。按檢杜《注》，'敢告不寧君命之辱'宜連讀之。"按：炫義謂此不寧，即《僖二十八年傳》之"不有寧"，"有"爲助辭，不關同異。《疏》説太迂。

邵瑛云："此云'敢告不寧'，直告其身無不寧耳。若如杜《注》'不敢自安'，與'無乃傷乎'之問不相應。"沈欽韓云："《漢書·高帝紀注》李斐曰：'寧，休謁之名，吉曰告，凶曰寧。'又《哀帝紀注》：'寧謂處家持喪服。'是寧有死喪之義。古治亂、愛憎之字皆互訓，劉説是也。"朱駿聲云："按：寧之爲傷，蓋讀爲㦷。《方言》：'㦷，傷也。'按：猶齾也，缺也。此對上'毋乃傷乎'而言，劉説通。"

"爲事之故，敢肅使者。"

〔疏證〕杜《注》："言君辱命來問，以有軍事不得答，故肅使者。"王念孫云："杜以事爲軍事，非也。事，謂楚子使人來問之事。《晉語》曰：'爲使者故，敢三肅之。'是其明證矣。"按：《外傳注》云："禮，軍事肅拜。肅拜，下手至地也。"《大祝》："九曰肅拜。"《注》："鄭司農云：'肅拜，但俯下手。今時擅是也。介者不拜，故曰："爲事之故，敢肅使者。"'"《疏》："成十六年，'郤至見客，免胄承命。'又云：'不敢拜命。'《注》云：'介者不拜。'軍中有此肅拜。"據先鄭引《傳》證禮之肅拜，則注此《傳》，亦謂肅爲俯下手。杜《注》亦云："肅，手至地，若今擅。"韋、杜并云先鄭説，《禮疏》引上文"拜命"者，明肅異於拜。本《疏》："《説文》：'擅，舉首下手也。'其勢如今揖之小別。《晉宋儀注》：'貴人待賤人，賤人拜，貴人擅。'"

三肅使者而退。

〔疏證〕《晉語》："爲使者故，敢三肅之。君子曰：'勇以知禮。'"

晉韓厥從鄭伯，

〔疏證〕《□□^①傳》："從，逐也。"

其御杜溷羅曰：

"速從之！其御屢顧，不在馬，可及也。"

韓厥曰："不可以再辱國君。"乃止。

〔疏證〕《二年傳》："韓厥中御而從齊侯，公墜絓於木而止。"

郤至從鄭伯，

其右茀翰胡曰：

〔疏證〕《校勘記》曰："茀，韋昭《國語注》引作'弗'。宋庠云：'古字通。'"

"諜輅之，

〔疏證〕杜《注》："欲遣輕兵單進，以距鄭伯。"按：諜，軍中細作人。桓十二年已見。《釋文》："輅，五稼反。"是舊讀輅爲迓，故杜以"進"訓"輅"也。《疏》云："此欲令諜迎鄭伯，遶鄭伯之前。"又云："輕兵獨出其間，亦諜之類，故翰胡得以諜言之。"《疏》明杜謂輕兵以追敵，非諜之事。焦循云："循按：《廣雅》諜與置、郵同訓驛。置郵疾速，謂從間道迎之，取其輕疾，故以輕兵解諜字。細作出入於敵中，亦以其輕疾，故名諜也。"可申杜義。

"余從之乘，而俘以下。"

〔疏證〕此"從"亦訓"逐"，謂逐鄭侯車也。杜《注》："自後登其車以執之。"

郤至曰："傷國君有刑。"亦止。

石首曰："衛懿公唯不去其旗，是以敗於熒。"

〔疏證〕《閔二年傳》："衛懿公及狄人戰於熒澤，敗績。衛侯不去其旗，是以甚敗。"

---

① 科學本注：原稿闕文，疑指《詩·還篇》。

乃内旌於弢中。

〔疏證〕杜無注。沈欽韓云：“《鄉射·記注》：‘旌，總名也。’《釋天注》：‘旌首曰旌。’”本《疏》：“是空建鳥羽者也。但九旗竿首，皆有析羽，故旌謂之總名。故此《傳》鄭伯與子重所建，皆以旌言之。”用鄭君義。又云：“鄭伯所建，當是交龍之旗，弢是盛旌之囊也。”

唐苟謂石首曰：

“子在君側，敗者壹大。我不如子，子以君免，我請止。”

〔疏證〕杜《注》：“敗者壹大，謂軍大崩也。言石首亦君之親臣而執御，與車右不同。故首當御君以退，己當死戰。”顧炎武云：“敗者壹大，恐君之不免也。我不如子，子之才，能以君免也。杜解非。”

乃死。

楚師薄於險，

〔疏證〕《小爾雅》：“薄，迫也。”

叔山冉謂養由基曰：

〔疏證〕《古今人表》作“叔山舟”。洪亮吉云：“傳寫誤。《莊子·德充符》：‘魯有叔山無趾。’叔山，其氏也。”

“雖君有命，爲國故，子必射。”

乃射，再發，盡殪。

叔山冉搏人以投，中車，折軾。晉師乃止。

囚楚公子茷。

〔疏證〕《晉語》：“既戰，獲王子發鉤。”《注》：“發鉤，楚公子茷也。”本《疏》：“蓋一名一字也。”

欒鍼見子重之旌，請曰：“楚人謂夫旌，子重之麾也，彼其子重也。

〔疏證〕本《疏》：“子重所建，當是熊虎之旗。”沈欽韓云：“楚之俘囚告其旌爲子重大將之麾，子重必在是麾之下。”

"日臣之使於楚也，

〔疏證〕沈欽韓云：“《列子·湯問》：‘日與偕來。’《注》：‘日，謂別日。’《後漢書·竇融傳注》：‘日者，往日也。’”

"子重問晉國之勇，

"臣對曰：‘好以衆整。’

"曰：‘又何如？’

〔疏證〕杜《注》：“又問其餘。”

"臣對曰：‘好以暇。’

〔疏證〕惠棟云：“《唐石經》初刻無‘以’字。”杜《注》：“暇，閒暇。”

"今兩國治戎，行人不使，不可謂整；

"臨事而食言，不可謂暇。

"請攝飲焉。"

〔疏證〕《周禮□□①注》：“攝，持也。”杜用鄭義。又云：“持飲，往飲子重焉。”按：攝飲當是軍禮所有。

公許之。

使行人執榼承飲，

〔疏證〕沈欽韓云：“《説文》：‘榼，酒器也。椑，圜榼也。’《孔叢·儒服篇》：‘子路嗑嗑，尚飲十榼。’”按：《□□②箋》：“承，奉也。”

造於子重，曰："寡君乏使，使鍼御持矛，

〔疏證〕《廣雅·釋□③》：“御，侍也。”

"是以不得犒從者，使某攝飲。"

---

① 科學本注：原稿闕文，查《周禮》“攝其君”，字義不合。劉稿恐誤引洪亮吉《左傳詁》“鄭玄《儀禮注》”一語。按：洪當指《士喪禮》“橫攝之”句。

② 科學本注：原稿闕文，疑指《詩·鹿鳴》篇。

③ 科學本注：原稿闕文，查當作“釋言”。

子重曰：“夫子嘗與吾言於楚，必是故也，不亦識乎？”

〔疏證〕邵寶云：“識，記也。能記往日好整好暇之言。”

受而飲之，免使者而復鼓。

〔疏證〕《□①語注》：“免，脱也。”杜用韋義。

旦而戰，見星未已。

〔疏證〕周□□②云：“言曉星在天，其光未盡也。義如《詩》‘白露未已’。”

子反命軍吏察夷傷，

〔注〕服云：“金創爲夷。”本《疏》。

〔疏證〕杜《注》：“夷，亦傷也。”《疏》駁服云：“杜以戰用五兵，惟殳無刃。所言傷者，皆刃傷也，何須於此獨辨金木？故知夷亦傷也。”李貽德云：“《説文》：‘刃，傷也，從刃從一。剏或從倉。’今字作創，又剏之變，金傷爲創，則夷是金創矣。《月令》：‘命理瞻傷察創。’《注》：‘創之淺者曰傷。’”據李説，則夷、傷有别。沈欽韓云：“《漢書·揚雄傳》：‘《長楊賦》：金鏃淫夷。’”沈亦從服説。《衆經音義》引《通俗文》：“體創曰痍。”朱駿聲云：“夷，痍之借字。”

補卒乘，

繕甲兵，

〔疏證〕《衆經音義》引《三蒼》：“繕，治也。”

展車馬，

〔注〕賈云：“展之言整也。”《司市疏》引賈《周禮注》。

〔疏證〕杜《注》：“展，陳也。”與賈説小異。《司市》鄭《注》：“展，整也。”同賈説。

雞鳴而食，唯命是聽。

晉人患之。

---

① 科學本注：原稿闕文，查當作“晉語”。
② 科學本注：原稿闕文，查係“周宣武”。

〔疏證〕《晉世家》："子反收餘兵，拊循欲復戰。晉患之。"

苗賁皇徇曰：

"蒐乘補卒，

〔疏證〕《釋□①》："蒐，聚也。"

"秣馬利兵，

"修陳固列，

〔疏證〕《□□②傳》："固，堅也。"

"蓐食申禱，

〔疏證〕《釋□③》："申，重也。"

"明日復戰。"乃逸楚囚。

〔疏證〕④

王聞之，召子反謀。

穀陽豎獻飲於子反，

〔疏證〕李富孫云："《呂覽・權勳》《淮南・人間》《説苑・敬慎》并作'豎陽穀'。"《楚語》："穀陽豎愛子反之勞也，而獻飲焉。"《注》："穀陽豎，子反之内豎也。"杜用韋義。《楚世家》："共王召將軍子反，子反嗜酒，從者豎陽穀進酒。"《晉世家》："共王召子反，其侍者豎陽穀進酒。"字亦作"陽穀"，與内、外《傳》異。

子反醉而不能見。

〔疏證〕《年表》："楚共王十六年，子反醉，軍敗。"《晉世家》："子反醉，不能見。"

---

① 科學本注：原稿闕文，查當作"釋詁"。
② 科學本注：原稿闕文，查當作"詩・天保"。
③ 科學本注：原稿闕文，查當作"釋詁"。
④ 科學本注：原稿以下闕文。眉批："逸詁。"

王曰："天敗楚也夫！余不可以待。"

乃宵遁。

〔疏證〕《年表》："楚共王十六年，救鄭，不利。"《楚世家》："遂罷兵歸。"《晉世家》："楚共王遂引兵歸。"

晉入楚軍，三日穀。

〔疏證〕《釋文》："三日穀，本或作'三日館穀'。"《晉語注》："食其穀也。《傳》曰：'晉師三日館穀。'"杜用韋義。《校勘記》謂："韋據《釋文》所謂或作之本。"

范文子立於戎馬之前，

〔疏證〕《晉語注》："公戎車馬前也。"

曰："君幼，

〔疏證〕《釋文》："君幼，本或作'君幼弱'。"

"諸臣不佞，

〔疏證〕《晉語注》："佞，才也。"

"何以及此？君其戒之！

〔疏證〕《晉語注》："戒備也。"杜《注》："戒，勿驕。"

"《周書》曰'惟命不于常'，有德之謂。"

〔疏證〕引《書·康誥》文。"有德之謂"，文子釋《書》詞也。《襄二十三年傳》："君子謂：'慶氏不義，不可肆也。'"下亦引此《書》。德，猶義也。杜《注》："言勝無常命，惟德是與。"誤作二句皆《書》詞，非。《晉世家》："晉由是威諸侯，欲以令天下求霸。"并未能用文子之言。

楚師還，及瑕，

〔注〕京相璠云："瑕，楚地。"《水經·陰溝水注》。

〔疏證〕杜用京相説。《水經·陰溝水注》："肥水逕山桑縣故城南，又東積而爲陂，謂之瑕陂。又東南逕瑕城南。《春秋》：'楚師還，及瑕。'即此城也。"馬宗璉云："按：酈《注》瑕地在下邳淮陵縣境。"顧棟高云："山

桑，漢縣，在今江南潁州府蒙城縣北。”江永云：“今按：楚師自鄢陵還荆
州，不當迴遠由今之蒙城。《水經注》誤也。桓六年，‘楚武王侵隨，使薳章
求成，軍于瑕以待之’，當是此瑕邑，蓋在今德安府隨州。”按：江説是也。

王使謂子反曰：“先大夫之覆師徒者，君不在。

〔疏證〕先大夫，子玉也。杜《注》：“謂子玉敗城濮時，王不在軍。”

“子無以爲過，不穀之罪也。”

子反再拜稽首曰：“君賜臣死，死且不朽。

“臣之卒實奔，臣之罪也。”

子重使謂子反曰：“初隕師徒者，而亦聞之矣。盍圖之？”

〔疏證〕而，汝也。杜《注》：“聞子玉自殺，終二卿相惡。”

對曰：“雖微先大夫有之，

〔疏證〕本《疏》：“微，無也。”

“大夫命側，側敢不義？

〔疏證〕杜《注》：“言以義命己。”

“側亡君師，敢忘其死？”

王使止之，弗及而卒。

〔疏證〕《年表》：“楚共王十六年，殺子反歸。”《楚世家》：“共王怒，
射殺子反。”《吕覽·權勳》：“共王斬司馬子反以爲戮。”皆謂楚王殺子反，
與《傳》異。《晉世家》：“楚共王怒，讓子反，子反死。”蓋采傳文。

戰之日，齊國佐、高無咎至于師，

〔疏證〕杜《注》：“無咎，高固子。”

衛侯出於衛，

公出于壞隤。

〔疏證〕杜《注》：“壞隤，魯邑。”顧棟高云：“據《傳》云：公待於
壞隤，申宫儆備，設守而後行，意其地當去公宫不遠。又服公之喪，送者

自壞隤而反，當在曲阜縣境内。"

宣伯通于穆姜，

〔注〕服《注》："宣伯，叔孫僑如。"《魯世家集解》。

〔疏證〕杜《注》："穆姜，成公母。"

欲去季、孟而取其室。

〔疏證〕杜《注》："季文子、孟獻子。"

將行，

〔疏證〕據《經》"六月，丙寅，朔，晉使來乞師"，不必即在丙寅。甲午戰日，距丙寅凡二十九日。甲午公已至壞隤，則公之行當在甲午前三日。

穆姜送公，而使逐二子。

公以晉難告，

曰："請反而聽命。"

姜怒，公子偃、公子鉏趨過，

〔疏證〕杜《注》："二子，公庶弟。"《疏》引沈氏云："以刺公子偃，不云弟故也。"按：沈明《經》不書弟之義，《傳例》："凡稱弟，皆母弟也。"

指之曰："女不可，是皆君也。"

〔疏證〕杜《注》："言欲廢公，更立君。"

公待於壞隤，

申宫儆備，

〔疏證〕《校勘記》云："《文選》李注《豪士賦》引'儆'作'警'，《説文》引作'儆官'，文異。"李富孫云："警、儆字通。"按：《説文》："儆，戒也。"據杜《注》："申敕宫備"，則杜本作"宫"。《説文》作"官"，或用賈本。

設守而後行，是以後。

〔疏證〕杜《注》："後晉、楚戰期。"

使孟獻子守于公宮。

秋，會于沙隨，謀伐鄭也。

宣伯使告郤犨曰：“魯侯待於壞隤，以待勝者。”

郤犨將新軍，且爲公族大夫，以主東諸侯。

〔疏證〕杜《注》：“主齊、魯之屬。”《讀本注》：“齊、魯、邾、莒諸國。”

取貨于宣伯，而訴公于晉侯。

〔疏證〕洪亮吉云：“馬融《論語注》：‘愬，譖也。’訴、愬同。”

晉侯不見公。

曹人請于晉曰：“自我先君宣公即世，

〔疏證〕《十三年經》：“曹伯廬卒于師。”杜《注》：“在三十年，傳寫之誤。”①

“國人曰：‘若之何？憂猶未弭。’

〔疏證〕洪亮吉云：“《詩》毛《傳》：‘弭，止也。’按：杜《注》：‘息也。’義亦同。”《周語》：“自我先王厲、宣、幽、平，而貪天禍，至于今未弭。”《注》：“弭，止也。”與此《傳》“未弭”同。杜又云：“既葬，國人皆將從子臧，所謂憂未息。”顧炎武云：“謂君薨，太子殺。”按：顧說是也。

“而又討我寡君，

〔疏證〕《十五年經》：“晉侯執曹伯歸于京師。”

“以亡曹國社稷之鎮公子，

〔疏證〕《十五年傳》：“諸侯將見子臧而立之，子臧逃奔宋。”

“是大泯曹也。

---

① 科學本注：劉氏所據本有此訛，阮刻《注疏》本無之。

〔疏證〕《詩□□①疏》引李巡《爾雅注》："泯，没之盡也。"

"先君無乃有罪乎？

"若有罪，則君列諸會矣。

〔疏證〕杜《注》："諸侯雖有篡弑之罪，侯伯已與之會，則不復討。前年會于戚，曹伯在列，盟畢乃執之，故曹人以爲無罪。"按：篡弑之人與會則不討，《傳》無其説。十五年，晉侯爲戚之會，有曹成公者，乃誘於會而執之，故彼《傳》云："會于戚，討曹成公也。"以討曹見義，不以盟戚見義。曹人此言，明既有罪，而列于會，乃强辭相詰。杜執爲討例，非也。《疏》引"宣元年，會于平州，以定公位"爲證。按：齊以妨晉討魯爲會，示有②魯有聲援，彼《傳》亦不謂列會不復討也。

"君唯不遺德、刑，

〔疏證〕杜《注》："遺，失也。"

"以伯諸侯，豈獨遺諸敝邑？取私布之。"

〔疏證〕杜《注》："爲曹伯歸不以名告傳。"按：《傳》明《經》書曹伯得歸之由例，《經》以歸見例，見成十八年，《傳》無以名告、不以名告之別，杜説非。《疏》亦云："諸侯被執，及歸，或名或否，雖從告辭，《傳》不爲例。"則已知杜説之誤。而又云："但諸侯尊貴，不斥其名。彼告者亦量其事之善惡。"又引《釋例》云："蔡侯般弑父自立，楚子欲顯刑誅，以章伯業，誘而殺之。蔡人深怨，故稱名以告，《春秋》從而書之。"按：《昭十一年經》："楚子虔誘蔡侯般，殺之于申。"於歸國告以名，絶不相涉。《疏》引説此《傳》，尤謬。

七月，公會尹武公及諸侯伐鄭。

將行，姜又命公如初。

〔疏證〕杜《注》："復欲使公逐季、孟。"

公又申守而行。

---

① 科學本注：原稿闕文，查當作"桑柔"。
② 科學本注：上"有"字疑衍。

諸侯之師次于鄭西。

我師次於督揚，不敢過鄭。

〔疏證〕杜《注》：“督揚，鄭東地。”《御覽》八百四十七引注作“鄭地”。沈欽韓云：“即襄十九年盟于督揚之地，杜臆説也。”按：襄十九年督揚，杜謂即祝柯，詳彼傳《疏證》。

子叔聲伯使叔孫豹請逆于晉師，

〔注〕服虔以爲叔孫豹先在齊矣，此時從國佐在師，聲伯令人就齊師使豹，豹不忘宗國，聞白國佐，爲魯請逆。本《疏》。

〔疏證〕《魯語注》：“子叔聲伯，魯大夫。宣公弟叔肸之子公孫嬰齊也。”杜《注》：“豹，叔孫僑如弟也。僑如於是遂作亂，豹因奔齊。”不用服“豹先在齊”之説。《疏》云：“此時七月也，至十月而僑如奔齊。”又引服説駁之云：“杜不然者，若豹以前在齊，則非復魯臣，聲伯正可因之以請，不得云聲伯使豹，聲伯安得專使背叛之臣也？又聲伯豈無魯人可使？而崎嶇艱險，遠使他國之人乎？今《傳》言聲伯使豹，明在魯軍，得爲聲伯使耳。下云聲伯‘食使者而後食’，不言食豹，而言食使者，明豹因請逆，遂即不還。還者，豹之介耳。於時魯師在鄭，從鄭向齊，塗出於魯，豹必過魯乃去，故得宿於庚宗。彼《傳》因言宿於庚宗，遂説娶於國氏，生二子耳。二子之生，必在僑如奔後。豹之還魯，雖無歸年，而襄二年始見於《經》，豎牛已能奉雉，故杜以爲此年去，彼年歸，故下《注》云：‘《傳》因言其終。’”《疏》執杜説甚堅。

惠士奇云：“玩下‘召豹於齊’及《昭四年傳》，則服説爲長。”洪亮吉云：“按：豹奔齊後生二子，魯乃召之，則服義爲長。”惠、洪皆從服説，然未暢其義。李貽德云：“按：知豹先在齊者，以此年《傳》云‘僑如奔齊’，‘召叔孫豹于齊而立之’。又《昭四年傳》：‘穆子去叔孫氏，及庚宗，遇婦人。適齊，娶于國氏，生二子。’繼之曰：‘及宣伯奔齊，饋之。宣伯曰：“魯以先子之故，必召女。召女，何如？”曰：“願之久矣。”’是生二子在宣伯奔齊之前，叙次甚明。且曰‘願之久矣’，則望歸本國已非一日，則宣伯奔前，豹已在齊娶妻生子，故服知先在齊也。如杜云：‘僑如作亂，豹因奔齊。’孔氏謂‘二子之生，必在僑如奔後’，是顯與《昭四年傳》牴牾矣。豹之去，當以知穆姜、僑如之事，適齊避禍，與背國出奔者有別，故聲伯使之請逆，仍以魯臣待之。孔氏加以背叛之目，尤與《傳》意相違矣。豹始見於《襄二年經》，亦因事見名，其實歸即在僑如奔

後也。下文十月，'僑如奔齊'，十二月'季孫及郤犨盟于扈。歸，刺公子
偃，召叔孫豹于齊而立之'，可知是一時事。杜云'《傳》于此言其終'，
違傳文以就己説。孔反執杜難服，習非而逐迷者也。"

爲食於鄭郊。師逆以至。

〔疏證〕謂爲食以待所逆晉師也。杜謂："聲伯戒叔孫須逆師至乃食。"
非。

聲伯四日不食以待之，食使者而後食。

〔疏證〕《釋文》："而後食，一本作'聲伯而後食'。"此使者，謂聲
伯之使於豹者。杜《注》："使者，豹之介。"非。

諸侯遷於制田。

〔疏證〕杜《注》："滎陽宛陵縣東有制澤。"梁履繩云："按：鄭之
制地最廣，汜水縣西者爲制，即虎牢。在鄭州北者爲北制。此名制田者，
《水經・渠水注》云：'宛陵縣有二城，二城以東悉多陂澤，即古制澤也。'
蓋引水開田，因得斯稱耳。"梁説與杜《注》合。顧棟高云："制田，在今
開封府新鄭縣東北。"

知武子佐下軍，

〔疏證〕杜《注》："武子，荀罃。"

以諸侯之師侵陳，

至於鳴鹿。

〔疏證〕杜《注》："陳國武平縣西南有鹿邑。"洪亮吉云："《寰宇記》：
'亳州鹿邑縣有鳴鹿臺，在城内。'"沈欽韓云："《明統志》：'鹿邑故城
在今歸德府鹿邑縣西六十里。'"顧棟高云："今河南歸德府鹿邑縣西十三
里，有古鹿邑城。"

遂侵蔡。未反，

〔疏證〕侵陳、蔡不書，公不與。

諸侯遷於潁上。

〔疏證〕杜無注。江永云：“潁水之上也。今江南潁州府有潁上縣，隋置。”

戊午，鄭子罕宵軍之，

宋、齊、衛皆失軍。

〔注〕服虔以失軍爲失其軍糧。本《疏》。

〔疏證〕杜《注》：“將主與軍相失。”不用服説。《疏》駁服云：“《傳》稱‘諸侯遷於潁上，子罕宵軍之’，則軍諸侯之營，不軍其輜重，安得爲失軍糧也？故杜以爲‘將主與軍相失’，謂夜裏迸散相失耳。”李貽德云：“按：據服説，疑服本‘軍’作‘餫’。《説文》‘餫’下云：‘野饋曰餫。’段《注》：‘《黍苗箋》云：“營謝轉餫之役，有負任者，有輦輂者，有將車者，有牽傍牛者。”可證“餫”爲運糧。’愚按：餫，從食，車聲，故服云‘軍糧’。若本作‘軍’字，則糧爲贅文矣。”按：李説是也。杜又云：“宋、衛不書，後也。”

曹人復請于晉。

晉侯謂子臧：“反，吾歸而君。”

〔疏證〕《管蔡世家索隱》引《左傳》：“曹人請于晉，晉人謂子臧：‘反國，吾歸而君。’”視傳文小異。杜《注》：“以曹人重子臧故。”

子臧反，曹伯歸。

〔疏證〕杜《注》：“子臧自宋還。”《管蔡世家》附曹事：“晉厲公虜成公以歸，已復釋之。”《索隱》引《左傳》：“子臧反晉，於是歸負芻。”亦與傳文異。

子臧盡致其邑與卿而不出。

宣伯使告郤犫曰：

“魯之有季、孟，猶晉之有欒、范也，政令於是乎成。

“今其謀曰：‘晉政多門，不可從也。

〔疏證〕《讀本》：“多門，謂專政者多，不由君出也。”

“‘寧事齊、楚，有亡而已，蔑從晉矣。’

〔疏證〕杜《注》：“蔑，無也。”

“若欲得志於魯，請止行父而殺之，

〔疏證〕杜《注》：“行父，季文子也。”

“我蔑蔑也，

〔疏證〕杜《注》：“蔑，孟獻子，時留守公宮。”

“而事晉，蔑有貳矣。

“魯不貳，小國必睦。不然，歸必叛矣。”

〔疏證〕《校勘記》：“《漢書·朱博傳注》引作‘畔矣’。”

九月，晉人執季文子于苕丘。

公還，待于鄆，

使子叔聲伯請季孫于晉，

〔疏證〕《魯語》：“子叔聲伯如晉，謝季文子。”《注》：“郤犨之妻，聲伯之外妹也，故使聲伯如晉謝之，且請之。”

郤犨曰：“苟去仲孫蔑而止季孫行父，吾與子國，親於公室。”

〔疏證〕杜《注》：“親魯甚於晉公室。”沈欽韓云：“言親聲伯甚於魯也。若如杜言，郤犨顯露其背慢之迹於敵國之使，不辭其矣。”

對曰：“僑如之情，子必聞之矣。

“若去蔑與行父，是大棄魯國，而罪寡君也。

“若猶不棄，而惠徼周公之福，使寡君得事晉君，

“則夫二人者，魯國社稷之臣也。

“若朝亡之，魯必夕亡。

〔疏證〕本《疏》：“‘魯必夕亡’，謂亡屬他國也。”

“以魯之密邇仇讎，亡而爲讎，治之何及？”

〔疏證〕杜《注》：“仇讎，謂齊、楚。言魯屬齊、楚，則還爲晉讎。”

郤犫曰：“吾爲子請邑。”

〔疏證〕《魯語》：“郤犫欲與之邑。”《注》：“以妻故，親聲伯，故欲爲請邑以予之。”

對曰：“嬰齊，魯之常隸也，

〔疏證〕杜《注》：“隸，賤官。”

“敢介大國以求厚焉！

〔疏證〕①

“承寡君之命以請，

〔疏證〕②

“若得所請，吾子之賜多矣，又何求？”

范文子謂欒武子曰：“季孫於魯，相二君矣。

〔疏證〕杜《注》：“二君，宣、成。”

“妾不衣帛，馬不食粟，可不謂忠乎？

“信讒慝而棄忠良，若諸侯何？

“子叔嬰齊奉君命無私，

〔疏證〕杜《注》：“不受郤犫請邑。”沈欽韓云：“按：‘無私’通言聲伯之爲人耳。郤犫之私于聲伯者，何至即時宣布？”

“謀國家不貳，

〔疏證〕杜《注》：“謂四日不食，以堅事晉。”

“圖其身不忘其君。

---

① 科學本注：原稿以下闕文。眉批：“介詁。”
② 科學本注：原稿以下闕文。眉批：“承詁。”

〔疏證〕聲伯危身奉上，不可謂“圖其身”，“圖”疑誤。杜《注》：“辭邑、不食，皆先君而後身。”可證杜本不作“圖”。

“若虚其請，是棄善人也。

“子其圖之！”乃許魯平，赦季孫。

冬，十月，出叔孫僑如而盟之。僑如奔齊。

〔疏證〕杜《注》：“諸大夫共盟，以僑如爲戒。”洪亮吉云：“此蓋言諸大夫皆盟，獨出叔孫僑如，使不在盟之列也。”莊述祖云：“《襄二十三年傳》：‘盟叔孫氏也，曰：“毋或如叔孫僑如，欲廢國常，蕩覆公室。”’即其事。故云‘出叔孫僑如而盟之’。”

十二月，季孫及郤犨盟于扈。

歸，刺公子偃，

〔疏證〕杜《注》：“偃與鉏俱爲姜所指，而獨殺偃，偃與謀。”此經《公羊》無《傳》，《穀梁傳》：“先刺後名，殺無罪也。”杜稱“偃與謀”，當是《左氏》舊説。

召叔孫豹于齊而立之。

〔疏證〕杜《注》：“近此七月，聲伯使豹請逆於晉，聞魯人將討僑如，豹乃辟其難，先奔齊，生二子。而魯乃召之，故襄二年，豹始見《經》，《傳》於此因言其終。”按：據服虔説，《傳》記本年之事，非言其終。杜《注》與前後經傳違，已説於“請逆”下。

齊聲孟子通僑如，

〔疏證〕杜《注》：“聲孟子，齊靈公母，宋女。”

使立于高、國之間。

〔疏證〕杜《注》：“位比二卿。”

僑如曰：“不可以再罪。”

奔衛，亦間於卿。

〔疏證〕惠棟云：“案：《石經》曰：‘遂奔衛。’今本皆脱‘遂’字。”

《校勘記》："《石經》旁增不可據。"

晉侯使郤至獻楚捷於周，

與單襄公語，驟稱其伐。

〔疏證〕《周語》："晉使郤至告慶於周，郤至見召桓公，與之語。召公以告單襄公。"與《內傳》異。本《疏》謂："先賢或以爲《國語》非丘明所作，爲其或有與《傳》不同。"按：《周語》："召公曰：'今夫子見我，以爲晉國之克也，爲己實謀之，曰："微我，晉不戰矣。楚有五敗，晉不知乘，我則強之。背宋之盟，一也；薄德而以地賂諸侯，二也；棄壯之良而用幼弱，三也；建立卿士而不用其言，四也；夷、鄭從之，三陳而不整，五也。皋不由晉，晉得其民，四軍之帥，旅力方剛，卒伍治整，諸侯與之，是有五勝也：有辭，一也；得民，二也；軍帥彊禦，三也；行列治整，四也；諸侯輯睦，五也。有一勝猶足用也，有五勝以伐五敗，而避之者，非人也。不可以不戰。欒、范不欲，我則彊之。戰而勝，是吾力也。且夫戰也微謀，吾有三伐：勇而有禮，反之以仁。吾三逐楚軍之卒，勇也。見其君必下而趨，禮也。能獲鄭伯而赦之，仁也。若是而知晉國之政，楚、越必朝。"'"此上皆郤至稱伐之詞也。《注》："伐，功也。"杜用韋義。

單子語諸大夫曰："溫季其亡乎！

〔疏證〕《周語》："柯陵之會，郤至見。"《注》："郤至，溫季昭子也。"杜《注》："溫季，郤至。"用韋義。又《周語》："襄公曰：'人有言曰："兵在其頸。"其郤至之謂乎？'"又曰："以吾觀之，兵在其頸，不可久也。"

"位于七人之下，

〔疏證〕杜《注》："佐新軍，位在八。"本《疏》："此時欒書將中軍，士燮佐之；郤錡將上軍，荀偃佐之；韓厥將下軍，荀罃佐之；郤犨將新軍，郤至佐之。是位在七人之下也。"

"而求掩其上。

〔疏證〕蒙上"稱伐"言，故杜云："稱己之伐，掩上功。"《周語》："召公以告單襄公曰：'王叔子譽溫季，以爲必相晉國。'"又述答郤至之言曰："子則賢矣。抑晉國之舉也，不失其次。吾懼政之未及子也。""謂我曰：‘夫何次之有？昔先大夫荀伯自下軍之佐以政，趙宣子未有軍行而以政，今欒伯自下軍往。是三子也，吾又過於四之無不及。若佐新軍而升爲政，不亦可乎？將必求之。’”《傳》稱“求掩其上”，兼郤至求政言也。

“怨之所聚，亂之本也。

“多怨而階亂，何以在位？

“《夏書》曰：‘怨豈在明？不見是圖。’

〔疏證〕《書》僞古文《五子之歌》取此文，僞孔《傳》無訓。杜以爲逸《書》，又云：“不見細微也。”按：《晉語》：“《夏書》有之曰：‘一人三失，怨豈在明？不見是圖。’”《注》：“明，著也。不見，未形也。”韋義勝杜。

“將慎其細也。

〔疏證〕謂慎於怨未形之時。

“今而明之，其可乎？”

〔**經**〕 十有七年，春，衛北宮括帥師侵鄭。

〔疏證〕括，《公羊》曰“結”。帥，《公羊》曰“率”。臧壽恭云：“括、結，聲轉相通。”李富孫云：“《説文》：‘捪，絜也。’《挈壺氏疏》：‘絜，即結也。’《廣韻》：‘括，結也。’二字音近義同。”杜《注》：“括，成公曾孫。”

夏，公會尹子、單子、晉侯、齊侯、宋公、衛侯、曹伯、邾人伐鄭。

〔疏證〕邾，《公羊》曰“邾婁”。

六月，乙酉，同盟于柯陵。

〔疏證〕洪亮吉云：“《淮南子·人間訓》作‘嘉陵’，柯、嘉音同。”《周語》“柯陵之會”《注》：“柯陵，鄭西地名。《經》書‘公會尹子、單子、晉侯、齊國佐、邾人于柯陵，以伐鄭’，在魯成十七年。”據韋説，則柯陵之會，即上伐鄭之人，其引《經》與今本微異。《本義》引唐陸希聲《春秋通例》：“不重言諸侯，見尹子、單子與盟。”《公》《穀》無其義，當

是《左氏》舊説，視韋義又異。杜《注》："柯陵，鄭西地。"用韋説。應
劭《風俗通・山澤》引《國語》："周單子會晉厲公于加陵。"加陵，晉地
也。今《國語》無其文。應氏或以盟由於晉，指爲晉地，不足據。韋説是
也。沈欽韓云："《方輿紀要》：'柯城在大名府内黄縣東北。'"

秋，公至自會。無《傳》。

齊高無咎出奔莒。

九月，辛丑，用郊。

〔注〕賈逵以二《傳》爲説，諸書用者，不宜用也。本《疏》。劉、賈
以爲諸言用，皆不宜用，反于禮者也。《釋例》。

〔疏證〕杜《注》："書用郊，從史文。"不用劉、賈等説。按：《公羊
傳》："用者何？用者，不宜用也。九月非所用郊也。"《穀梁傳》："夏之始，
可以承春，以秋之末，承春之始，蓋不可矣。九月用郊，用者，不宜用
也。"故《疏》謂賈以二《傳》爲説。《疏》駁劉、賈云："施之於郊，似
若有義。至於用幣、用鄫子，諸若此，皆須書用，以别所用者也。若不言
用，則事叙不明。所謂辭窮，非聖人故造此用以示義也。且諸過祀三望之
類，奚獨皆不書用邪？按《左氏傳》，用幣於社，《傳》曰'得禮'。冉有
用矛於齊師，孔子以爲義，無不宜用之例也。"

按：《經》書"用郊"，惟此年一見。李貽德云："諸書'用'者，如
莊二十四年，'大夫、宗婦覿，用幣'。《傳》曰：'非禮也。'二十五年，
'鼓，用牲于社于門'，皆曰'非常也'。僖十九年，'邾人執鄫子，用
之'，《傳》：'子魚曰："小事不用大牲，而況敢用人乎？"'是《經》書
'用'者，皆不宜用也。"李氏所舉，皆劉、賈取證用郊爲不宜用者，非關
書"用"以别所用。過則書，是傳文，《經》但據其月書之，不以用見例。
不郊猶三望，《經》以猶見例，亦不以用見例。《文十五年經》："六月，辛
丑，朔，日有食之。鼓，用牲于社。"《傳》曰："非禮也。日有食之，天
子不舉，伐鼓于社；諸侯用幣於社，伐鼓于朝，古之道也。"《疏》稱用幣
爲得禮，蓋據彼《傳》。然彼《經》書用牲爲不宜用，故《傳》明諸侯惟
有用幣、伐鼓禮，無用牲禮。《疏》未達《傳》義，其"冉有用矛入齊師"，
傳文，非經文，不爲用郊之證。《疏》駁皆非。洪亮吉云："按：賈義本二
《傳》，較杜《注》爲長。"

晉侯使荀罃來乞師。無《傳》。

冬，公會單子、晉侯、宋公、衞侯、曹伯、齊人、邾人伐鄭。

十有一月，公至自伐鄭。無《傳》。

壬申，公孫嬰齊卒於貍脤。

〔注〕《左氏》舊説："壬申，十月十五日。貍脤，魯地也。"《釋例》。

〔疏證〕貍脤，《公羊》曰"貍軫"，《穀梁》曰"貍蜃"。李富孫云："案：脤、軫、蜃、辰皆一聲之轉。"杜《注》："十一月無壬申，日誤也。貍脤，闕"。《疏》云："杜《長曆》推十一月丁亥朔，六日壬辰，十六日壬寅，二十六日壬子，十日丙寅，二十二日戊申。不知壬申二字，何者爲誤。《長曆》云：《公羊》《穀梁傳》及諸儒皆以爲十月十五日也。十月庚午圍鄭，十三日也，推至壬申，誠在十五日。然據《傳》曰'十一月諸侯還自鄭。壬申，至貍脤而卒'。此非十一月[①]，分明誤在日也。以下有十二月丁巳朔，逆而推之，故諸舊説皆以壬申爲十月十五日也。"此《疏》據杜《長曆》以駁舊説也。《疏》知十一月無壬申，十月有壬申，而未達諸儒舊説必云十月之義。

臧壽恭云："案：《公羊傳》云：'非此月日也。曷爲以此月日卒之？待君命然後卒大夫。'何休《注》云：'據下丁巳朔，知壬申在十月。'《穀梁傳》云：'十一月無壬申，壬申乃十月也。致公而後録，臣子之義也。'范甯《注》云：'嬰齊實以十月壬申卒，而公以十一月還，先致公而後録其卒，故壬申在十一月下也。嬰齊從公伐鄭，致公然後伐鄭之事畢，須公事畢，然後書臣卒，先君後臣之義也。'《公羊》以爲'待君命然後卒'，《穀梁》以爲'致公而後録臣子'，二《傳》説各不同。先儒蓋兼取二《傳》，然二《傳》但言壬申在十月，不定爲十五日；定爲十五日，《左氏》説也。"又云："按：下十有二月丁巳朔，劉歆以爲九月朔，則此壬申，劉歆以爲七月十五日也。是年入甲申統一千六十九年，積月一萬三千二百二十一，閏餘十六，閏在六月前，積日三十九萬四百二十七，小餘四十五，大餘七。正月辛卯朔，大，小餘七。二月辛酉朔，小，小餘五十。三月庚寅朔，大，小餘十二。四月庚申朔，小，小餘五十五。五月己丑朔，大，小餘十七。閏月己未朔，小，小餘六十。六月戊子朔，大，小餘二十二。七月戊午朔，十五日壬申，是月小，小餘六十五。八月丁亥朔，大，小餘二十七。九月丁巳朔。説《左氏》者，以壬申爲十月十五。

---

① 科學本注：阮刻《注疏》本作"十月"。

據魯曆言之也。”按：臧説是也。貍脤，今地闕^①。

十有二月，丁巳，朔，日有食之。

〔注〕劉歆以爲九月，周、楚分。《五行志》。

〔疏證〕臧壽恭云：“案：置是年積日三十九萬四百二十七，加積日二百六十六，以統法乘之，以十九乘小餘二十七，并之，滿周天除去之，餘三十七萬七百六十，滿統法而一，得積度二百四十度，餘一千四百，命如法，合辰在翼十二度，距張十一度，張爲周之分星，翼爲楚之分星，故曰周、楚分。”^②

邾子貜且卒。無《傳》。

〔疏證〕《穀梁疏》《世本》：“邾定公也。”邾，《公羊》曰“邾婁”。杜《注》：“五同盟。”《疏》舉宣十七年斷道、成二年蜀、五年蟲牢、七年馬陵、九年蒲、十五年戚，并此年柯陵，凡七同盟。又“沈以杜數同盟之例，但有君盟者，不數大夫之盟。此二年盟蜀、十七年盟柯陵，皆邾之大夫，故不數之。劉炫并數二盟以規其過，非也。”文淇案：此唐人引沈文阿説以難光伯也。光伯語經删削，無以審知。壽曾謂：據沈説，則光伯謂七同盟，數蜀、柯陵也。邵瑛云：“于戚，《經》稱邾人，《傳》亦不見邾君。于蒲，《經》與《傳》并不見邾人，杜氏誤也。”

晉殺其大夫郤錡、郤犫、郤至。

〔疏證〕犫，《公羊》曰“州”。

楚人滅舒庸。

〔傳〕 十七年，春，王正月，鄭子駟侵晉虛、滑。

〔疏證〕杜《注》：“虛、滑，晉二邑。滑，故滑國。”不言虛所在。顧棟高云：“河南府偃師縣東南有虛城。”按：僖三十三年：“秦人入滑。”本《疏》謂：“《經》書‘入’，是滅而不有。此時屬晉耳。”滑，見彼《疏證》。

---

① 科學本注：原稿眉批：“沈説未采。”
② 科學本注：原稿眉批：“沈説未采。”

衛北宮括救晉，侵鄭，至于高氏。

〔疏證〕《郡國志》：“潁川郡陽翟有高氏亭。”沈欽韓云：“《一統志》：‘亭在許州府禹州西南。’”

夏，五月，鄭大子髡頑^①、侯獳爲質於楚，

〔疏證〕杜《注》：“侯獳，鄭大夫。”

楚公子成、公子寅戍鄭。

公會尹武公、單襄公及諸侯伐鄭，

自戲童至于曲洧。

〔疏證〕戲童，杜無注。顧棟高云：“《水經注》：‘汜水出浮戲之山。’在今開封府汜水縣南四十九里。襄九年，諸侯盟于戲，即此。”杜《注》：“今新汲縣治曲洧城，臨洧水。”洪亮吉云：“《水經》：‘洧水出河南密縣西南馬領山下，入于潁。’杜《注》本此。酈道元《注》：‘洧水又東逕新汲縣故城北，縣置于許之汲鄉曲洧城。’按：即春秋時曲洧。”按：《地理志·潁川郡注》：“宣帝神爵二年，置新汲，以河内有汲，故加新也。”新汲之名，由漢至元未改，金始改洧川。沈欽韓云：“《方輿紀要》：‘新汲城在開封府洧川縣南，春秋時曲洧也。’”

晉范文子反自鄢陵，

使其祝宗祈死，

〔注〕舊注：“祈，請也。”《御覽》四百九十。

〔疏證〕《晉語》：“反自鄢，范文子謂宗、祝曰：‘凡吾宗、祝，爲吾祈死。’”《注》：“宗，宗人。祝，祝史也。祈，求也。”杜《注》：“祝宗，主祭祀祈禱者。”與韋說小異。顧棟高云：“昭二十五年，叔孫昭子使祝宗祈死，即《周禮》所云家宗人也。”梁履繩云：“家亦有祝，見襄二十七年。”據顧、梁說，則祝宗，謂宗人而爲祝史者。

曰：“君驕侈而克敵，

〔疏證〕《校勘記》云：“李善注干寶《晉紀總論》引作‘君無禮而克

---

① 科學本注：阮刻《十三經》本斷在“髡”。

敵’。非。”

“是天益其疾也。難將作矣！

“愛我者唯祝我，使我速死，無及於難，范氏之福也。”

六月，戊辰，士爕卒。

〔疏證〕杜《注》：“《傳》言厲公無道，故賢臣憂懼，因禱自裁。”焦
循云：“劉光伯以爲士爕、昭子之卒，適與死會，非自殺。是也。觀其云
‘愛我者惟祝我，使我速死，無及於難’，則是因有疾，而家禱之，而文子
轉使禱者祈死耳。若自殺，則自殺而已，何必先祈死？”朱駿聲云：“古人
極信鬼神之事，《左氏》已言‘祈死’而得死。劉炫云‘適與死會’，是。”
按：焦、朱説是也。

炫説見本《疏》引。《疏》又云：“‘祝我，使我速死’，是其欲死之
意。叔孫昭子心懷憂懼，亦與此同。身皆并卒，故知自裁。《春秋》之內，
唯有兩人願死何得身死者皆與相當。故杜斟酌傳文，以爲自殺。何休《膏
肓》以爲人生有三命：有壽命以保度，有隨命以督行，有遭命以摘暴。未
聞死可祈也。”《疏》駁炫説，蓋據《膏肓》，其所引《膏肓》亦非完文。
《公羊·襄二十九年疏》：“未聞死可祈也。”下云：“昔周公之隆，天不出
妖，地不出孽，陰陽和調，災害不生。武王有疾，周公植璧秉珪，願以身
代。武王疾愈，周公不夭。由此言之，死不可請，偶自天禄欲盡矣，非果
死。今《左氏》以爲果死，因著其事以爲信然，於義《左氏》爲短。”何
休不信《左氏》祈死之説，故舉人有定命，周公祈死不死，以駁《左氏》。
然《公羊》亦不謂士爕自殺。《疏》引《膏肓》以證杜説，非杜之義也。
鄭《箴》今佚，其義無以審知。

乙酉，同盟于柯陵，尋戚之盟也。

〔疏證〕十五年，戚之盟，有晉、衛、曹、宋、齊、邾。

楚子重救鄭，師于首止。諸侯還。

齊慶克通于聲孟子，

〔疏證〕杜《注》：“慶克，慶封父。”

與婦人蒙衣乘輦而入于閎。

〔疏證〕杜《注》："蒙衣，亦爲婦人服，與婦人相冒。"《讀本》："人挽車曰輦。"《釋宫》："宫中衖謂之壺，衖門謂之閎。"本《疏》引孫炎云："衖，舍間道也。"李延曰："閎，衖頭門也。"據孫、李説，則閎是夾道之門也。《説文》："閎，巷門也。"

鮑牽見之，以告國武子。

〔疏證〕杜《注》："鮑牽，鮑叔牙曾孫。"

武子召慶克而謂之。慶克久不出，

〔疏證〕杜《注》："慙卧於家，夫人所以怪之。"

而告夫人曰："國子謫我！"

〔疏證〕使人告夫人也。《齊語注》："謫，譴責也。"杜用韋義。

夫人怒。

國子相靈公以會，

〔疏證〕杜《注》："會伐鄭。"

高、鮑①處守。

〔疏證〕杜《注》："高無咎，鮑牽。"

及還，將至，

閉門而索客。

〔疏證〕杜《注》："蒐索，備姦人。"②

孟子訴之曰："高、鮑將不納君，而立公子角。

〔疏證〕杜《注》："角，頃公子。"

"國子知之。"

秋，七月，壬寅，刖鮑牽而逐高無咎。

---

① 科學本注：原稿作"居"，據阮刻《十三經》改之。
② 科學本注：原稿眉批："索詰。"

無咎奔莒。

高弱以盧叛。

〔疏證〕杜《注》：“弱，無咎子。盧，高氏邑。”未云何地。《地理志》：“泰山郡盧。”《郡國志》：“濟北國盧。”沈欽韓云：“盧，戰國時謂之博陽，在博周南也。項羽封田安爲濟北王，都博陽，即此。”《方輿紀要》：“盧城在濟南府長清縣西南二十五里。”

齊人來召鮑國而立之。

〔疏證〕《魯語注》：“鮑國，鮑叔牙之玄孫，鮑文子也。”杜用韋説。

初，鮑國去鮑氏而來爲施孝叔臣。

〔疏證〕孝叔，魯公族，見《十一年傳》。

施氏卜宰，

〔疏證〕杜《注》：“卜立家宰。”各本作“冢宰”，誤。顧炎武云：“施氏之家臣也。如《論語》‘仲弓爲季氏宰’之‘宰’，解‘冢宰’，非。”《校勘記》云：“炎武未見舊本故也。”

匡句須吉。

〔疏證〕惠棟云：“應劭《風俗通》曰：‘匡，魯邑，句須爲之宰，其後氏焉。’”

施氏之宰有百室之邑。

〔疏證〕謂家宰應有采矣。

與匡句須邑，使爲宰，

〔疏證〕據應説，則施氏使句須爲匡宰。

以讓鮑國而致邑焉。

〔疏證〕讓國爲家宰，又致邑。

施孝叔曰：“子實吉。”

對曰：“能與忠良，吉孰大焉！”

鮑國相施氏忠，故齊人取以爲鮑氏後。

仲尼曰："鮑莊子之知不如葵，葵猶能衛其足。"

〔疏證〕杜《注》："葵傾葉向日，以蔽其根。"焦循云："《淮南子·説林訓》云：'聖人之於道，猶葵之與日也。雖不能終始哉，其鄉之誠也。'高誘《注》：'鄉，仰也。'葵之向日，始見於此。曹植《求通親親表》云：'若葵藿之傾葉太陽，雖不爲回光，終向之者，誠也。'陸機作《圓葵詩》乃云：'朝榮西北傾，夕隱西南晞。'竟似隨日而指者，然與衛足之説不相涉。至杜此《注》，則以衛足由於向日，而向日由其傾葉矣。《齊民要術》言：'葵有紫莖、白莖二種，種別復有大小之殊，又有鴨脚葵。蓋大者謂蜀葵，小者謂錦葵，鴨脚謂黃葵。其種法，春必畦種，水澆，三掐，更種之。六月一日，種白莖秋葵，秋葵堪食，仍留五月種者取子，於此時，附地翦却春葵，令根上枒生者，柔輭至好，仍供常食，美於秋菜。掐秋菜，必留五六葉。凡掐，必待露解。'此所言甚詳。蓋冬葵，蜀葵也。秋葵，夏種秋華，至冬即枯。蜀葵，八月後種，經冬至春，而華於四五月，春夏亦可種，古以此爲蔬。不令其老，故掐之，令生嫩枒，其根存，則明年仍生。故古詩云：'探葵不傷根，傷根葵不生。'觀《要術》稱'三掐'，又云'令根上枒生'，肥嫩供食尤美。是葵能自衛其根。孔子謂'葵猶能衛其足'，此也。然此葵無所謂向日。曹植與藿并言，藿即菽，今驗塍中豆華，必當正午時盛開。因推之秋葵之華，日出則舒，日没則合，其未舒，苞直向上，舒則傾側，故一名側金錢。曹云'傾葉'，葉指華之瓣，傾即其舒而言也。然則所謂向日葵者，就華之榮萎言，此專指秋葵言之也。向日與衛足，自是兩事，杜合爲一，失之。"

冬，諸侯伐鄭。

十月，庚午，圍鄭。

楚公子申救鄭，師于汝上。

〔疏證〕杜無注。《釋例》謂："汝出南陽，東北入淮。"未説此"汝上"當何地。高士奇云："汝水出河南汝州魯山縣，東北經伊陽至汝州南，又東南經寶豐、郟縣，南入南陽之裕州，歷開封之襄城、郾城，南入汝寧西平境。又東南至潁州南而至于淮。十六年，楚以汝陰之田求成于鄭，蓋鄭、楚之界也。"按：楚師在今郟、虢，直寶豐對岸也。

十一月，諸侯還。

初，聲伯夢涉洹，

〔疏證〕《水經·洹水》：“洹水出上黨泫氏縣，至内黄縣北，東入于白溝。”《注》：“謂之洹口也。許慎《説文》、吕忱《字林》并云洹水出晉、魯之間。”據酈氏説，洹出泫氏。泫氏，今山西澤州高平，則是晉境。杜《注》：“洹水出汲郡林慮縣，東北至魏郡長樂縣，入清水。”洪亮吉謂：“與郭璞《山海經注》同。”惠棟云：“《御覽》：《隋圖經》：‘洹水出隆慮縣西北，俗謂安陽河，即聲伯夢涉之所，源出林慮山東平地。’”按：杜、郭及《隋圖經》説洹源與酈氏異者，林慮即隆慮，在今河南彰德府境，與澤州接壤。許君、吕忱所謂晉、魯之間是也。沈欽韓云：“《方輿紀要》：‘安陽河在彰德府北四里，本名洹水，出林縣西北林慮山中，東流經府境，又經臨漳縣西南，達直隸成安縣界，至内黄縣界永和鎮入衛水。’”江永云：“今按：後周分臨漳界，置洹水縣，後省入大名成安。今大名府魏縣，古洹水也。”

或與己瓊瑰，食之，

〔疏證〕《説文》：“瓊，赤玉也。”“瑰，玫瑰，一曰珠圜好。”杜《注》：“瓊，玉。瑰，珠也。”用許説。又云：“食珠玉，含象。”據服氏義。知者，服説下“懼不敢占”，謂“惡瓊瑰贈死之物也”。《疏》：“含者用玉，或用珠，故夢食珠玉爲含象也。《詩》毛《傳》：‘瓊瑰，石而次玉。’《禮緯》：‘天子含用珠，諸侯用玉，大夫用碧。’此聲伯得有瓊瑰者。按：天子含用玉，則《禮緯》之文，未可全依，或可珠玉兼有。”《疏》明聲伯大夫，含亦得用珠，故疑《禮緯》未可依也。按：《檀弓》“飯用貝”《疏》：“其含，天子用璧。卿大夫無文。案：成十七年：‘公孫嬰齊夢贈瓊瑰。’《注》云：‘食珠玉，含象。’則卿大夫蓋用珠也。何休注《公羊》云：‘天子以珠，諸侯以玉，大夫以璧，士以貝。’又《禮緯稽命徵》：‘天子飯以珠，含以玉。諸侯飯以珠，含以璧。卿大夫飯以珠，含以貝。’此等或是異代禮，非《周禮》也。”右《禮疏》據《士喪》含止用貝，故疑聲伯大夫不當用玉。杜言珠玉，此以瓊瑰爲珠，與杜異，當是舊説。其引《稽命徵》，與本《疏》引《禮緯》亦異，不據爲周禮者，以於《禮經》別無所徵也。

又《雜記》：“天子飯九貝。”《疏》：“案《禮》戴説，天子飯以珠，含以玉。諸侯飯以珠，含以璧。大夫、士飯以珠，含以貝。此等皆非周禮，并夏、殷之法。《左傳》成十七年，子叔聲伯夢食瓊瑰。哀十一年，齊陳子行，‘命其徒具含玉’。此等皆是大夫，而以珠玉爲含者，以珠玉是所含之物，故言之，非謂當時實含用珠玉也。”此引《禮》戴説，與《檀弓疏》引《稽命徵》略同，故亦不據爲周禮。其謂此《傳》瓊瑰，及哀十一年齊陳子含玉，皆以所含之物言，非是珠玉。此知杜《注》珠玉之未諦，而未達傳文顯言瓊瑰，不得虛以含物説之也。《禮緯》、《禮》説雖不足據，然并疑此《傳》“瓊瑰”非含物則未可，不若《檀弓疏》説之確也。

知《檀弓疏》“卿大夫含用珠”爲舊説者，李貽德云：“按：古者含惟用玉石，天子用玉，見《典瑞》。士用貝，見《士喪禮》。何休謂‘天子以珠’，珠亦當以玉爲之。《詩·渭陽傳》：‘瓊瑰，石而次玉。’《説文》：‘玫瑰連文乃爲珠。’此瓊瑰連文，則必當爲似石之玉。洪亮吉《釋珠》云：‘考珠字從玉，皆以玉爲之。《周禮·玉府》“掌供王之服玉、佩玉、珠玉，若合諸侯則用珠槃、玉敦”是也。《續漢書·輿服志》：“永平二年初，詔有司采《周官》《禮記》《尚書·皋陶篇》，乘輿服從歐陽氏説，公侯以下，從大、小夏侯氏説，冕皆廣七寸，長尺二寸，前垂四寸，後垂三寸，係白玉爲十二旒。三公、諸侯七旒，青玉爲珠。卿大夫五旒，黑玉爲珠。”所謂白玉珠、青玉珠、黑玉珠，皆以玉石之白、青、黑爲之。歐陽、夏侯皆承周秦以來先儒舊説，明三代之制冕旒所垂之珠，皆琢玉爲之，非是蚌珠。’由此推之，則天子所含，《周禮》言玉舉其質，《禮緯》言珠舉其形，其必以玉爲珠，所以別于諸侯所含之璧形而小耳。杜氏分瓊瑰爲珠玉，不明于古之珠即以玉爲之也。”案：李説是也。瓊瑰非美玉，故琢珠以爲含。舉瓊瑰即是含珠，此《左氏》稱“瓊瑰”之義。

泣而爲瓊瑰，盈其懷，

〔疏證〕淚下似珠，故謂泣而化珠。杜謂“淚下化爲珠玉”，非。王逸《楚辭章句》：“在袖曰懷。”

從而歌之曰：

〔疏證〕《廣雅·釋□①》：“從，就也。”

“濟洹之水，贈我以瓊瑰。歸乎！歸乎！瓊瑰盈吾懷乎！”

懼不敢占也。

---

① 科學本注：原稿闕文，查當作“釋詁”。

〔注〕服云："聲伯惡瓊瑰贈死之物，故畏而不言也。"《渭陽疏》。

〔疏證〕杜無注。李貽德云："聲伯夢食瓊瑰，合其所含之等，故惡之也。占謂占夢，《周官》有占夢是也。但占必言夢而始占之，聲伯不敢占，故服以爲不敢言也。"

還自鄭。

壬申，至于貍脤而占之，

曰："余恐死，故不敢占也。

"今衆繁而從余三年矣，無傷也。"

〔疏證〕《□□①傳》："繁，多也。"

言之，之莫而卒。

〔疏證〕《校勘記》云："《詩·渭陽正義》引作'言之至莫而卒'。"

齊侯使崔杼爲大夫，使慶克佐之，帥師圍盧。

〔疏證〕杜《注》："討高弱。"

國佐從諸侯圍鄭，以難請而歸。

遂如盧師，殺慶克，以穀叛。

齊侯與之盟于徐關而復之。

十二月，盧降。使國勝告難于晉，

〔疏證〕杜《注》："勝，國佐子。齊侯欲討國佐，故留其子於外。"

待命於清。

〔疏證〕本《疏》："欲遣國勝告難，故令待進止之命在于清地，非是使還待命。"此《傳》舊説，當謂國勝待進止之命，舊疏申其説也。杜《注》："清，陽平樂縣。"江永云："清爲齊之東境邑。"沈欽韓云："按《漢志》，清屬東郡。《續漢志》：'樂平，故清，章帝更名。'《晉志》屬陽平郡。"杜預《注》、諸本皆脱一"平"字。《一統志》："清縣故城在東昌

---

① 科學本注：原稿闕文，查當作"詩·正月。"

堂邑縣東南。”

晉厲公佻，多外嬖。

〔疏證〕杜《注》：“外嬖，愛幸大夫。”《晉世家》：“厲公多外嬖姬。”則史公説外嬖，謂厲公淫於外。《傳》稱外嬖，皆佞倖之徒。史公蓋采異説。

反自鄢陵，

〔疏證〕《釋文》作“反自鄢”，云：“一本作‘自鄢陵’。”李富孫云：“按：《唐石經》初刻似無‘陵’字，後人增入。”

欲盡去群大夫而立其左右。

〔疏證〕《晉世家》：“厲公歸，欲盡去群大夫，而立諸姬兄弟。”

胥童以胥克之廢也，怨郤氏，

〔疏證〕胥童，《韓非·内儲》作“胥僮”《晉語》作“胥之昧”，《注》：“胥之昧，胥童也。”洪亮吉云：“《晉語》：‘童昏不可使謀。’是童有昧義，故胥童字之昧也。”《宣八年傳》：“晉胥克有蠱疾，郤缺①爲政，廢胥克。”《晉世家》：“厲公寵姬兄曰胥童，嘗與郤至有怨。”杜《注》：“童，胥克之子。”

而嬖於厲公。

郤錡奪夷陽五田，五亦嬖於厲公。

〔疏證〕夷陽五，宋本作“羊五”，與下文作“夷羊五”合。《晉語》作“夷羊五”，《古今人表》作“羊魚”。萬□□②云：“疑夷陽以邑爲氏。《周語》：‘商之亡也，夷羊在牧。’命氏之由，豈取諸此乎？”《晉語注》：“胥童、夷羊五，皆厲公嬖臣。”

郤犨與長魚矯爭田，

〔疏證〕矯，《晉語》作“蟜”。

---

① 科學本注：原稿作“克”，誤，改之。

② 科學本注：原稿闕文。梁履繩《左通補釋》作“萬氏《氏族略》”。林按：據《左通補釋》知當作“光泰”。

執而梏之，

〔疏證〕杜《注》：“梏，械也”

與其父、母、妻、子同一轅。

〔疏證〕杜《注》：“繫之車轅。”

既，矯亦嬖於厲公。

欒書怨郤至，以其不從己而敗楚師也，欲廢之。

〔疏證〕《晉語》：“欒書是以怨郤至。”《注》：“怨其反己，專其美也。”《晉世家》：“欒書又怨郤至不用其計，而遂敗楚。”《集解》：“《左傳》曰：‘欒書欲待楚師退而擊之，郤至云：“楚有六間，不可失也。”’”

使楚公子茷告公曰：“此戰也，郤至實召寡君，

〔疏證〕《十六年傳》：“晉、楚遇於鄢陵，囚公子茷。”《晉世家》：“乃使人間謝楚，楚來詐厲公曰：‘鄢陵之戰，實至召楚。’”史公不謂使茷告厲公，采異説。

“以東師之未至也，

〔疏證〕杜《注》：“齊、魯、衛之師。”《晉語》：“及齊、魯之未至也。”《注》：“晉乞師於齊、魯，時尚未至。”《外傳》不數衛師，故杜不用韋説。

“與軍帥之不具也，

〔疏證〕杜《注》：“荀罃佐下軍居守，郤犨將新軍乞師，故言不具。”按：杜謂荀罃以下軍佐居守是矣，其云新軍將郤犨以乞師不至軍，《傳》無明文。《十六年傳》止云“郤至佐新軍”，此云“不具”，謂下軍佐未行，新三軍將佐亦不具也。詳彼傳《疏證》。

“曰：‘此必敗！

〔疏證〕《晉語注》：“言晉可敗也，此假郤至之辭。”

“‘吾因奉孫周以事君。’”

〔疏證〕《晉語》①："晉孫談之子周，事單襄公。"《注》："談，晉襄公之孫，惠伯談也。周者，談之子，晉悼公之名。晉自獻公用麗姬之讒，詛不畜群公子，故孫周適周，事單襄公。"《晉世家》："悼公周者，其先祖父捷，晉襄公少子也，不得立，號爲桓叔，桓叔最愛。桓叔生惠伯談，談生悼公周。"與《外傳》合。杜《注》："晉襄公曾孫悼公。君，楚王也。"杜據《外傳》《晉世家》，以周爲襄公曾孫。案《年表》厲公上距襄公已四世，悼爲厲之從孫，故稱孫周，猶《外傳》之稱孫談也。《晉世家》又云："至欲作亂，内子周立之。"於例不當稱子，史公駁文。《晉語》又云："戰敗，將納孫周。"與《内傳》同。《外傳》述周復國之辭云："大父、父皆不得立，而辟難於周，客死焉。今大夫不忘文、襄之意，而惠立桓叔之後。"則桓、孫談皆適周，及悼公三世矣。

公告欒書。書曰："其有焉！不然，豈其死之不恤，而受敵使乎？

〔疏證〕《晉世家》："厲公告欒書，欒書曰：'其殆有矣。'"《十六年傳》："郤至見楚子，必下，楚子使工尹襄問之以弓，至免胄承命。"故曰"受敵使"。

"君盍嘗使諸周而察之？"

〔疏證〕《晉語》："且君若使之於周。"《晉世家》："願公試使人之周。微考之。"《集解》："虞翻曰：'周，京師。'"據虞説，則孫周在京師也。

郤至聘于周，欒書使孫周見之。公使覘之，信。

〔疏證〕《説文》："覘，窺也。《春秋傳》曰：'公使覘之，信。'"許君引《傳》，與唐本合。《繫傳》引作"公使窺視之"，非。《晉語注》："覘，微視之。"杜《注》："覘，伺也。"用韋義。《晉世家》："果使郤至於周，欒書又使公子周見郤至，郤至不知見賣也。厲公驗之，信然。"

遂怨郤至。

〔疏證〕《晉世家》："厲公遂怨郤至，欲殺之。"

厲公田，與婦人先殺而飲酒，後使大夫殺。

〔疏證〕《晉語注》："婦人，愛妾也。"杜《注》："《傳》言厲公無道，

---

① 科學本注："晉語"誤，當作"周語"。

先婦人而後卿佐。”沈欽韓云：“《王制》：‘天子殺，則下大綏。諸侯殺，則下小綏。大夫殺，則止佐車。佐車止，則百姓田獵。’先殺者，君之禮也，不爲無道。以婦人而與田獵，則非禮度耳。”《晉世家》：“厲公獵，與姬飲。”

郤至奉豕，寺人孟張奪之，

〔疏證〕杜《注》：“寺人，奄士。”《晉世家》：“郤至殺豕奉進，宦者奪之。”

郤至射而殺之。公曰：“季子欺余。”

〔疏證〕杜《注》：“季子，郤至，公反以爲郤至奪孟張豕。”《晉世家》：“郤至射殺宦者，公怒，曰：‘季子欺余。’”

厲公將作難，

胥童曰：“必先三郤，族大，多怨。去大族，不偪；

〔疏證〕《呂覽·驕恣篇》：“胥童謂厲公曰：‘必先殺三郤，族大多怨，去大族不逼。’”《注》：“三郤：錡、犫、至也。不逼迫公室。”杜《注》：“不逼公室。”用高《注》義。

“敵多怨，有庸。”①

公曰：“然。”

郤氏聞之，郤錡欲攻公，曰：“雖死，君必危。”

〔疏證〕《晉世家》：“郤錡欲攻公，曰：‘我雖死，君亦病矣。’”

郤至曰：“人所以立，信、知、勇也。

“信不叛君，知不害民，勇不作亂。失茲三者，其誰與我？死而多怨，將安用之？

〔疏證〕至言失信、知、勇，則人以弒君怨我。杜《注》：“言俱死，無用多其怨咎。”非。《晉世家》：“郤至曰：‘信不反君，智不害民，勇不作亂。失此三者，誰與我？我死耳。’”

––––––––––––––––

① 科學本注：原稿眉批：“庸詁。”

"君實有臣而殺之，其謂君何？

"我之有罪，吾死後矣！

"若殺不辜，將失其民，欲安，得乎？

"待命而已！

〔疏證〕命，君命也，

"受君之祿，是以聚黨。

〔疏證〕《晉語》："夫利君之富，富以聚黨。"《注》"利君寵祿以得富，得富故有徒黨。"

"有黨而爭命，罪孰大焉！"

〔疏證〕此命，亦謂君命。爭命，猶拒命也。杜以命爲死命，非。

壬午，胥童、夷羊五帥甲八百將攻郤氏。

〔疏證〕杜《注》："八百人也。"《晉語》："是故使胥之昧與夷羊五刺郤至、苦成叔及郤錡。"《注》："胥之昧，胥童也。"《晉世家》："十二月壬午，公令胥童以兵八百人襲攻殺三郤。"

長魚矯請無用衆，

〔疏證〕矯意不用甲。

公使清沸魋助之，

〔疏證〕杜《注》："沸魋，亦嬖人。"

抽戈結衽，

〔疏證〕《說文》："衽，衣䘳也。"《禮□□①注》："衽，裳際也。"杜用鄭義。洪亮吉云："《傳》云'結衽'，則訓當以《說文》爲是。《倉頡解詁》亦云：'衽，裳際。'或云：'衣襟也。'"

而偽訟者。

---

① 科學本注：原稿闕文，查當作"深衣。"

〔疏證〕杜《注》："偪與清沸魋訟。"

三郤將謀於榭，

〔疏證〕杜《注》："榭，講武堂。"用宣十六年"榭"舊説，詳彼經《疏證》。本《疏》："《傳》言'將謀於榭'，似仍未至榭，猶在塗也。下云'殺駒伯、苦成叔於其位'，位，所坐處，則已至榭矣。"又云："三郤慮公殺己，謀欲自安，未及謀而已死，故云'將'耳，非謂未至榭也。"又云："或可'將謀於榭'，是未至榭，故杜云：'位，所坐處也。'謂當隨便所坐之處，故長魚矯得偪訟而殺之。若已至榭，不應就榭偪訟。"案：《疏》文不承接，杜以下文"位"爲所坐處，非榭位，則以偪訟及殺二郤皆在塗事，與《疏》前二説不合，《疏》蓋引舊説駁之。舊説，一以偪訟爲在塗，殺二郤爲在榭；一説謂偪訟、殺三郤皆在榭，以下文長魚矯追郤至車證之，則偪訟時，三郤已至榭也。

矯以戈殺駒伯、苦成叔於其位。

〔疏證〕杜《注》："駒伯，郤錡。苦成叔，郤犨。"案：位，榭之坐處。

溫季曰："逃威也。"遂趨。

〔疏證〕杜《注》："郤至本意欲稟君而死，今矯等不以君命而來，故欲逃凶賊爲害，故曰威，言可畏也。或曰'威'當爲'藏'。"沈欽韓云："'威'當爲'畏'。《檀弓》：'死而不弔者三：畏、厭、溺。'《注》：'人或時以非罪攻己，不能有以説之死之者。'《吕覽・勸學篇注》：'畏，猶死也。'《通典・喪禮》引盧植《注》：'畏，兵刃所傷。'又王肅云：'犯法獄死謂之畏。'《白虎通・喪服》：'畏者，兵死也。'此作'威'者，畏、威文義相通。《考工記注》：'古書畏作威。'《皋陶謨》：'天明畏。'《釋文》：'馬本作"威"。'《吕刑》：'德威惟畏。'《墨子・尚賢下》：'德威惟威。'是畏、威古通也。"

矯及諸其車，以戈殺之。

皆尸諸朝。

〔疏證〕《晉語》："殺三郤而尸諸朝。"《注》："尸，陳也。"杜用韋義。《檀弓》："則將肆諸市朝而妻妾執。"《注》："肆，陳尸也。大夫以上於朝，士以下於市。"鄭君説朝、市有别。三郤皆大夫，故《傳》稱"尸諸朝"。《襄二十二年傳》："楚王殺子南於朝。"子南亦大夫。惠棟云："康成《論語注》曰：'大夫於朝，士於市。'昭十四年，'尸雍子與叔魚於市'。《正義》曰：'晉殺三郤，皆尸於朝。此尸於市者，以其賤故也。'棟案：《論語》：'尸諸市朝。'《孟子》：'若撻於市朝。'《索隱》謂'市之行列有如朝位，故曰市朝'，《王制》謂'刑人於市'，則此'尸諸朝'，疑即市朝，或云朝，或云市，隨文言之，非有二所。"梁履繩云："於朝于市，亦以分罪大小，如崔杼上卿也，而尸於市。子晢，上大夫也，而尸於衢。皆不於朝者，蓋貶同士庶。"

胥童以甲劫欒書、中行偃於朝。

矯曰："不殺二子，憂必及君。"

〔疏證〕《晉語注》："言二子懼誅，必將圖君。"《韓非・説儲》："胥童、長魚矯又諫曰：'夫同罪之人偏誅而不盡，知懷怨而借之間也。'"以爲童、矯二人之言。《晉世家》："胥童因以劫欒書、中行偃于朝，曰：'不殺二子，患必及公。'"以爲胥童一人之言，皆與《傳》異。

公曰："一朝而尸三卿，余不忍益也。"

〔疏證〕惠棟云："《韓非子》載屬公語曰：'吾一朝而夷三卿，予不忍盡也。'《周禮・凌人》：'大喪共夷槃冰。'鄭氏云："夷之言尸也。尸之槃，曰夷槃。'古夷字作厇，與尸相近，故或從尸，或從厇也。"按：《韓非》"益"作"盡"，亦異文。《晉語》："一旦而尸三卿，不可益也。"《晉世家》："公曰：'一旦殺三卿，寡人不忍益也。'"并與《傳》同。

對曰："人將忍君。

〔疏證〕杜《注》："人，謂書與偃。"

"臣聞亂在外爲姦，在内爲軌。御姦以德，御軌以刑。

〔疏證〕《釋文》："軌，本又作宄。"《校勘記》云："軌，《書・盤庚正義》引作'宄'。宄，正字。軌，假借字。"《司刑注》："《書傳》曰：'降畔、寇賊、劫略、奪攘、撟虔者，其刑死。'"《疏》："《舜典》云：'寇賊姦軌。'鄭《注》云：'强聚爲寇，殺人爲賊，由内爲姦，起外爲軌。'案成十七年，長魚矯曰：'臣聞亂在外爲姦，在内爲軌。御姦以德，御軌以刑。’鄭與《傳》不同，鄭欲見在外亦得爲軌，在內亦得爲姦，故反覆見之，或後人轉寫誤，當以《傳》爲正。”彼《疏》不用鄭君説，鄭君説外、內與《傳》違，不知何據。《廣雅‧釋詁》：“姦、宄、竊，盜也。”王念孫云：“《説文》：‘姦，私也。宄，姦也。外爲盜，內爲軌，盜自中出曰竊。’文十八年，‘竊賄爲盜，盜器爲姦’。《魯語》云：‘竊寶者爲軌，用軌之財者爲姦。’成十七年《左傳》及《晉語》并云：‘亂在外爲姦，在內爲軌。’軌與宄通，姦、宄、竊、盜，訓雖不同，理實相貫，學者不以辭害意可也。”據王説，則姦、軌統辭，外內隨便言之。《晉語》説姦、軌與《傳》同，下云：“禦軌以德，禦姦以刑。”與矯勸殺二卿意不合。

“不施而殺，不可謂德。臣偪而不討，不可謂刑。

“德、刑不立，姦、軌并至。臣請行。”遂出奔狄。

〔疏證〕杜《注》：“行，去也。”

公使辭於二子曰：

〔疏證〕杜《注》：“辭，謝書與偃也。”

“寡人有討於郤氏，郤氏既伏其辜矣，大夫無辱，其復職位。”

〔疏證〕杜《注》：“胥童劫而執之，故云辱也。”《晉世家》：“公弗聽，謝欒書等以誅郤氏罪：‘大夫復位。’”

皆再拜稽首曰：“君討有罪，而免臣於死，君之惠也。二臣雖死，敢忘君德﹖”乃皆歸。

公使胥童爲卿。

公游於匠麗氏，

〔注〕賈云：“匠麗氏，晉外嬖大夫在翼者。”《晉世家集解》。

〔疏證〕盧文弨云：“《大戴禮‧保傅篇》作‘匠黎’。《史記》作‘匠驪’，則麗當讀平聲。”洪亮吉云：“麗，讀如‘酈食其’之‘酈’。”按《周語注》引作“匠酈”，亦讀作平聲。杜《注》：“匠麗，嬖大夫家。”馬宗璉云：“杜未全本賈説，與下葬翼東門外不貫。”案：《晉語》：“國人勿觸，遂弒諸翼。”又曰：“欒成子、中行獻子圍公于匠麗氏。”賈知在翼者，采《外傳》説。《呂覽‧禁塞篇》：“晉厲知必死于匠麗氏，陳靈知必死於

夏徵舒，宋康知必死於溫，吾未知其爲不善之至於此也。"《注》："匠麗
氏，晉大夫家也。"《吕覽》以夏徵舒、溫并言，此古說，溫未詳。其舉死
於夏徵舒爲例，蓋屬公外淫，如夏姬之事也。《晉世家》："閏月乙卯晦，
屬公游匠麗氏。"史公以《傳》殺胥童之日，爲公游匠麗氏之日，《傳》中
隔舒庸人伐楚，非同日事，未知史公所據。

欒書、中行偃遂執公焉。

〔疏證〕《晉世家》："欒書、中行偃以其黨襲捕屬公，執之。"

召士匄，士匄辭。

召韓厥，韓厥辭，曰："昔吾畜於趙氏，

〔疏證〕《晉語注》："畜，養也。韓獻子見成養於趙盾。"杜用韋說。

"孟姬之讒，吾能違兵。

〔疏證〕孟姬，即莊姬也。《□□□①傳》："違，去也。"《四年傳》："晉
趙嬰通於趙莊姬。"五年，"原、屏放諸齊"。《八年傳》"晉趙莊姬爲趙嬰
之亡，故譖之于晉侯。六月，晉討趙同、趙括"，故云"孟姬之讒"也。
《晉語注》："時獻子能違兵難，卒存趙氏，未可脅與殺君也。"杜《注》：
"晉將討趙氏，而厥去其兵，示不與黨。"

"古人有言曰：'殺老牛，莫之敢尸。'

〔疏證〕《釋詁》："尸，主也。"《晉語注》同。杜用韋義。莫敢主，謂
畏刑律。知者，《淮南子·説山訓》曰："'殺麗牛可以贖良馬之死，莫之
爲也。殺牛，必亡之數，以必亡贖不必死，未能行之者矣。'"《注》："牛
者所以植穀者，民之命，是以王法禁殺牛。民犯禁殺之者誅，故曰'必亡
之數'。"據《淮南》説，則漢法殺牛如殺人抵罪，承舊律文。《隋書·虞
愷傳》："周武帝在雲陽宮，敕諸屯簡老牛，欲以享士。愷進諫曰：'昔田
子方贖老馬，君子以爲美談。向奉明敕，欲以老牛享士，有虧仁政。'"

"而況君乎？二三子不能事君，焉用厥也？"

舒庸人以楚師之敗也，

---

① 科學本注：原稿闕文。眉批"查傳"，查爲"殷其靁。"

〔疏證〕杜《注》：“舒庸，東夷國人。”江永云：“今按：此亦群舒也。蓋在今廬州府。”詳文十二年“群舒”《疏證》。

道吳人圍巢，伐駕，圍釐、虺，

〔疏證〕杜《注》：“巢、駕、釐、虺，楚四邑。”江永云：“今俱在廬州府境。”顧棟高云：“巢，即遽啓疆城之以備吳者，今爲江南廬州府巢縣。襄三年，吳伐楚，取駕。駕，良邑也。駕、釐皆在無爲州境，虺在廬江縣境，俱屬廬州府。”

遂恃吳而不設備。楚公子櫜師襲舒庸，滅之。

〔疏證〕李富孫云：“《石經》‘櫜’下旁注‘帥’字，此後人妄加。”

閏月，乙卯，晦，欒書、中行偃殺胥童。

民不與郤氏，胥童道君爲亂，故皆書曰：“晉殺其大夫。”

〔疏證〕杜《注》：“謂從國討文。”《疏》引劉炫云：“杜正謂不書盜，書盜即無罪也。”此《述議》申解杜説。

〔經〕 十有八年，春，王正月，晉殺其大夫胥童。

〔疏證〕杜《注》：“《傳》在前年，《經》在今春，從告。”

庚申，晉弑其君州蒲。

〔疏證〕《校勘記》云：“按：‘蒲’字當作‘滿’。”《年表》：“晉厲公八年，欒書、中行偃殺厲公，立襄公孫爲悼公。”

齊殺其大夫國佐。

〔疏證〕杜《注》：“國武子也。”

公如晉。

夏，楚子、鄭伯伐宋。宋魚石復入于彭城。

〔疏證〕本年《傳例》：“以惡曰‘復入’。”杜《注》：“彭城，宋邑。”《地理志》：“楚國彭城。”顧棟高云：“彭城，徐州府銅山縣，爲春秋時吳、楚往來之通道。”

公至自晉。

晉侯使士匄來聘。

秋，杞伯來朝。

八月，邾子來朝。

〔疏證〕《公羊》“邾”曰“邾婁”。

築鹿囿。

〔疏證〕杜《注》：“築牆爲鹿苑。”

己丑，公薨于路寢。

〔疏證〕《年表》：“十八年，成公薨。”

冬，楚人、鄭人侵宋。

〔疏證〕《年表》：“楚共王十八年，爲魚石伐宋彭城。鄭成公十二年，與楚伐宋。宋平公三年，楚伐彭城。”

晉侯使士魴來乞師。

〔疏證〕士魴，《公羊》曰“士彭”。洪亮吉云：“按：《毛詩》‘祝祭于祊’，《説文》作‘彭’，知祊、彭古字通也。《説文》乃云：‘彭，或從方。’”臧壽恭云：“魴、彭同聲相假。”

十有二月，仲孫蔑會晉侯、宋公、衛侯、邾子、齊崔杼同盟于虛杅。

〔疏證〕《公羊》“邾”曰“邾婁”。杜《注》：“虛杅，地闕。”《晉語》：“使合諸侯于虛杅以救宋。”《注》：“虛杅，宋地。”沈欽韓云：“兗州泗水縣，漢卞縣之地，即春秋之虛杅也。《一統志》：‘虛杅邑，今泗水縣治。’”

丁未，葬我君成公。

〔傳〕 十八年，春，王正月，庚申，晉欒書、中行偃使程滑弒厲公，

〔疏證〕《校勘記》云：“李善注劉孝標《辨命論》，引‘弒’作‘殺’。”

杜《注》：“程滑，晉大夫。”洪亮吉云：“《呂覽·驕恣篇》：‘厲公游于匠
麗氏，欒書、中行偃劫而幽之，三月而殺之。’按：自十二月至正月，內
有閏月，故云三月也。《淮南·人間訓》同。《晉語》亦稱厲公三月殺。”
壽曾謂：《晉語》：“三月厲公殺。”《注》：“魯成十七年十二月，長魚矯奔
翟。閏月，欒、中行殺胥童。十八年正月，厲公殺。”洪說蓋據韋《注》。
《晉世家》：“悼公元年正月庚申，欒書、中行偃弑厲公。厲公囚六日死。”
則謂自執至弑，僅六日。此史公駁文，與《傳》不合。《周本紀》：“簡王
十三年，晉殺其君厲公。”洪亮吉云：“賈誼《書·禮容篇》：‘厲公弑于東
門。’按：即翼東門也。”

葬之于翼東門之外，以車一乘。

〔疏證〕《晉語注》：“翼，晉別都也。‘葬之於翼東門之外’，不得同
於先君也。禮，諸侯七命，遣車七乘。以車一乘，不成喪。”杜《注》：“不
以君禮葬，諸侯葬，車七乘。”用韋義。本《疏》：“《周禮·大行人》：‘上
公貳車九乘，侯、伯七乘，子、男五乘。’謂生時副貳之車也，其送葬亦
當如之。今唯一乘，是不以君禮葬也。以晉是侯爵，故指言侯禮七乘耳。
《襄二十五年傳》齊人葬莊公，‘下車七乘’。杜彼《注》云：‘齊舊依上公
禮，九乘。’以齊嘗爲侯伯，因而用九，九非侯之正法，故以此正言之。”

使荀罃、士魴逆周子于京師而立之，

〔疏證〕杜《注》：“悼公周也。”《晉語》：“欒武子使知武子、彘恭子
如周迎悼公。”《注》：“知武子，荀罃也。彘恭子，士魴也，食邑於彘。”

生十四年矣。

〔疏證〕《晉世家》：“周之立，年十四矣。”

大夫逆于清原。

〔疏證〕《晉語注》：“清原，晉地。”已説於僖三十一年。《晉世家》：
“厲公死十日，庚午，智罃迎公子周來，至絳。”據下云“庚午，盟而入”，
如史公説，則逆于清原、盟大夫皆一日事。

周子曰：“孤始願不及此。雖及此，豈非天乎！

〔疏證〕《晉語》：“孤之始願不及此，孤之及此，天也。”《注》：“及，
至也。引天以自重。”

"抑人之求君，使出命也，立而不從，將安用君？二三子用我今日，否亦今日，共而從君，神之所福也。"

〔疏證〕《晉語注》："悼公承篡殺之後，嫌臣下不從，故以此約屬焉。"杜《注》："《傳》言其少有才，所以能自固。"

對曰："群臣之願也，敢不唯命是聽。"

庚午，盟而入，

館于伯子同氏。

〔疏證〕杜《注》："晉大夫家。"《晉世家》："刑雞與大夫盟而立之。"

辛巳，朝于武宫。

〔注〕服虔本"辛巳"作"辛未"。本《疏》。

〔疏證〕本《疏》："《晉語》亦作'辛巳'。孔晁云：'以辛未盟入國，辛巳朝祖廟，取其新也。'按：《晉語》稱'庚午，大夫逆于清原'。《傳》云：'庚午，盟而入。'逆日即盟，非辛未也。《傳》與《晉語》皆云'辛巳，朝于武宫'。服本自誤耳。孔晁強欲合之，非也。"臧琳云："庚午既盟而入，故明日辛未即朝于始祖廟，服本是也。若作辛巳，則與盟而入之日，相去十有二日，久而不朝，何也？故知《周語》作'巳'字誤，而杜本《左傳》同之，何耶？據孔注《國語》，知孔氏所見《左傳》與服本同作'辛未'，特孔氏不知《國語》'巳'字為誤，而強欲通之為非耳。《正義》謂'逆日即盟'，是也。至以服本為誤，則偏袒之失。"李貽德云："僖二十四年，叙文公之入，云：'丙午，入于曲沃。丁未，朝于武宫。'是入國而後，翌日朝廟，具有成例。"按：臧、李說是也。《晉世家》："辛巳，朝武宫。二月乙酉，即位。"史公作"辛巳"，亦沿《外傳》之誤。

逐不臣者七人。

〔疏證〕杜《注》："夷羊五之屬也。"

周子有兄而無慧，

〔疏證〕《文選·辨命論注》引作"無惠"。惠棟云："按《大戴禮》曰：'慧種生聖，癡種生狂。'故昌邑王'清狂不惠'。惠與慧古字通。"杜《注》："不慧，蓋世所謂白癡。"杜據當時俗諺。

不能辨菽麥，故不可立。

〔疏證〕《小宛箋》：“菽，大豆也。”杜《注》：“豆、麥殊形易別，故以爲癡者之候。”

齊爲慶氏之難故，

〔疏證〕杜《注》：“前年國佐殺慶克。”《注》在“難”下。《校勘記》云：“宋本、岳本皆以‘難’字爲句，非。按：《注》當入‘故’字之下。”

甲申，晦，齊侯使士華免以戈殺國佐于內宮之朝。

〔疏證〕杜《注》：“華免，齊大夫。”《疏》：“士者，爲士官也。士官掌刑，故使殺國佐也。於夫人之宮，有朝群妾之處，故云‘內宮之朝’。蓋召入與語，而殺之也。”

師逃於夫人之宮。

〔疏證〕杜《注》：“伏兵內宮，恐不勝。”《讀本》云：“師逃者，衆散而出。”

書曰“齊殺其大夫國佐”，棄命、專殺、以穀叛故也。

〔疏證〕杜《注》：“《傳》明言其三罪。”按：棄命，謂棄圍鄭之命。

使清人殺國勝。

〔疏證〕《十七年傳》：“國佐使國勝告難于晉，待命于清。”

國弱來奔。

〔疏證〕杜《注》：“弱，勝之弟。”

王湫奔萊。

〔疏證〕杜《注》：“湫，國佐黨。”

慶封爲大夫，慶佐爲司寇。

〔疏證〕杜《注》：“封、佐皆慶克子。”

既，齊侯反國弱，使嗣國氏，禮也。

二月，乙酉，朔，晉悼公即位于朝。

〔疏證〕杜《注》：“朝廟五日而即位也。”《疏》云：“辛巳距乙酉五日，先定所修之政，待朔旦而後施之，故五日也。《晉語》云：‘正月乙酉，公即位。’孔晁云：‘二月即位，言正月者，記者誤也。’”壽曾謂：據服本，辛未朝于武宮，辛未至乙酉，凡十五日，則朝廟五日而即位，非舊說。杜據誤本說之。杜又云：“厲公殺絕，故悼公不以嗣子居喪。”《疏》云：“《釋例》曰：‘厲公見殺，悼公自外紹立，本非君臣，無喪制也。’若然，《禮·喪服小記》云：‘與諸侯爲兄弟者服斬。’鄭玄云：‘謂卿大夫以下也，與尊者爲親，不敢以輕服服之。言諸侯者，明雖在異國，猶來爲三年也。’計厲是文公之曾孫，悼是文公之玄孫，有緦麻之親，法當服斬。而云‘無喪制’者，悼之父、祖去晉適周，與本親隔絕，無往來恩義，厲既見殺，悼即被迎，迎之以爲晉君，即與厲公體敵。且葬厲公以一乘，國内尚不以爲君，不可責悼公以服斬也。縱使當爲之斬，絕而別立，亦非嗣矣。”《疏》據《喪服小記》鄭君說，謂悼當爲厲服斬，是也。國君被弒，繼統者自外入，不用嗣君喪先君禮，《禮經》無其文，《傳》亦未言悼不喪厲。杜預主短喪，此則謂嗣統者不居喪，謬甚。《疏》知悼當服斬，而仍祖杜不居喪之說，非也。

始命百官，

〔疏證〕《晉語》：“定百事，立百官。”《注》：“議定百事，而立其官使主之，謂改其舊時之非者。”杜《注》：“始爲政。”用《外傳》“定百事”義。其實《傳》但云“命官”，韋謂“立官主其事”，是也。

施舍、已責，

〔疏證〕《晉語》：“棄責”“施舍。”《注》：“棄責，除宿責也。施，施惠也。舍，舍罪也。”杜《注》：“施恩惠，止逋責。”與韋義同，唯以“舍”爲“舍勞役”，與韋異。

逮鰥寡，

〔疏證〕《晉語注》：“逮，及也。惠及之也。”杜《注》：“惠及微。”用韋義。

振廢滯，

〔疏證〕《晉語注》：“振，起也。謂本賢人，以小罪久見廢，起用之。”杜《注》：“起舊德。”用韋義。

匡乏困，

〔疏證〕杜《注》：“匡，亦救也。”

救災患，

禁淫慝，

薄賦斂，

宥罪戾，

〔疏證〕《昊天有成命傳》：“宥，寬也。”

節器用，

〔疏證〕杜《注》：“節，省也。”洪亮吉云：“《賈子·道術篇》：‘費弗過竇謂之節。’”

時用民，

欲無犯時。

〔疏證〕此蒙上文，謂不奪民時也。杜《注》：“不縱私欲。”非。《晉世家》：“修舊功，施德惠，收文公入時功臣後。”檃栝“命百官”以下《傳》意。

使魏相、士魴、魏頡、趙武爲卿；

〔疏證〕杜《注》：“相，魏錡子。魴，士會子。頡，魏顆子。武，趙朔子。此四人，其父、祖皆有勞於晉國。”《晉語》：“使呂宣子佐下軍，使彘共子將新軍，使令狐文子佐之。以趙文子能恤大事，使佐新軍。”本《疏》云：“彼言呂宣子，魏相也。彘共子，士魴也。令狐文子，魏頡也。”洪亮吉云：“彘共子，蓋以采地爲氏。”

荀家、荀會、欒黶、韓無忌爲公族大夫，

〔疏證〕《晉語》：“欒伯請公族大夫，公曰：‘荀家惇惠，荀會文敏，黶也果敢，無忌鎮静。’”《注》：“荀家，晉大夫。荀會，荀家之族。無忌，韓厥之子公族穆子也。”杜《注》：“無忌，韓厥子。”用韋説。《晉語》又云：
“韓獻子老，使公族穆子受事于朝，辭曰：‘屬公之亂，無忌備公族，弗能
死。’”本《疏》引孔晁云：“備公族大夫，則韓無忌先爲公族大夫，今言
使爲之者，悼公始命百官，更改新授之。”

使訓卿之子弟共儉孝弟。

〔疏證〕《釋文》：“弟，本亦作‘悌’。”

使士渥濁爲太傅，使脩范武子之法；

〔疏證〕《晉語》：“君知士貞子之帥志博聞，而宣惠于教也，使爲太
傅。”《注》：“士貞子，晉卿士穆子之子。”杜《注》：“渥濁，士貞子。武
子爲景公太傅。”

右行辛爲司空，使脩士蒍之法。

〔疏證〕《晉語》：“知右行辛之能以數宣物定功也，使爲司空。”《注》：
“右行辛，晉大夫賈辛也。司空掌邦事，謂建都邑、起宮室、經封洫之類。”
杜《注》：“辛將右行，因以爲氏。士蒍，獻公司空也。”本《疏》：“僖
二十八年，晉作三行，三十一年即罷之，以爲五軍。彼云‘屠擊將右行’，
未知此人即屠擊之子孫也，爲是其祖，代屠擊也。正以荀林父將中行，遂
以中行爲氏，故謂此人之先將右行，因以爲氏耳。”梁履繩云：“僖十年有
右行賈華，即六年伐夷吾於屈者。僖十年，已有左行、右行，其二十八年
作三行者，特增置中行。《疏》謂二十八年作之，非。”《疏》又云：“范武
子爲太傅，孤也。士蒍爲司空，卿也。皆前世能者，其法可遵，故使二大
夫居其官而脩其法也。二人皆是大夫，非孤、卿也。”據《疏》説，是士
渥濁、右行辛以大夫守孤、卿之官。

弁糾御戎，校正屬焉，

〔疏證〕《釋文》：“弁，本又作卞。”李富孫云：“弁，即籀文或體弅之
變。卞，又隸變俗字。”《晉語》：“知欒糾之能御，以和於政也，使爲戎
御。”《注》：“弁糾，晉大夫，御公戎車也。”杜《注》：“弁糾，欒糾也。
校正，主馬官。”本《疏》：“校正，當《周禮》校人，校人掌王馬之政。
《襄九年傳》曰‘命校正出馬’，知是主馬之官也。《周禮》校人不屬大御，
此蓋諸侯兼官，或是悼公新法。”胡匡衷《侯國職官表》云：“校正，蓋校
人之長。”

使訓諸御知義。

〔疏證〕杜《注》："戎士尚節義也。"本《疏》："此'訓諸御'，謂'諸'是御車之人。設令國有千乘，乘有一御，皆令此官教之。《周禮》校人主養馬耳，不知御車。此言'校正屬焉'，乃云訓御，蓋令校正助御戎訓御。"

荀賓爲右，司士屬焉，

〔注〕服虔以爲司士主右之官，謂司右也。本《疏》。

〔疏證〕《晉語》："知荀賓之有力而不暴也，使爲戎右。"《注》："荀賓，晉大夫。右，公戎車之右。"杜《注》："司士，車右之官。"杜雖用服説，而但云車右官，未達服義。本《疏》："《周禮》：'司士掌群臣之版，以詔王治。'其職非車右之類。《周禮》有司右，上士也，掌群右之政。凡國之勇力之士，能用五兵者屬焉。其下更有戎右，中大夫；齊右，下大夫；道右，上士。此三右或官尊於司右，而司右掌其政令。春秋之世，車右爲尊，此司士蓋《周禮》司右之類，故爲車右屬官。"按：《疏》所稱當爲舊疏解服《注》説。知者，服已説司士爲主右官，更云謂司右者，以《傳》之司右與《周官》職掌不合，故《疏》引《司士職》證之。司士於《傳》初見，或悼公始立此名，蒙《周官》篇稱，以士爲軍士。

使訓勇力之士時使。

〔疏證〕杜《注》："勇力，皆車右也。勇力多不順命，故訓之以共時之使。"本《疏》："設令周有千乘，乘有一右，總使此官訓之。"

卿無共御，立軍尉以攝之。

〔疏證〕杜《注》："省卿戎御，令軍尉攝御而已。"本《疏》："卿，謂軍之諸將也。若'梁餘子養御罕夷'，'解張御郤克'之類，往前恒有定員，掌共卿御，今始省其常員，唯立軍尉之官，臨有軍事，使兼攝之，命軍御兼卿御也。"又云："此一句爲'祁奚爲中軍尉'胤緒也。"

祁奚爲中軍尉，羊舌職佐之，

〔疏證〕《晉語》："公知祁奚之果而不淫也，使爲元尉。知羊舌職之聰敏肅給也，使佐之。"

魏絳爲司馬，

〔疏證〕《樂記疏》引《世本》"絳"作"降"。《晉語》："知魏絳之勇而不亂也，使爲元司馬。"《注》："魏絳，魏犨之子莊子也，爲中軍司馬。"杜用韋説。

張老爲候奄。

〔疏證〕《晉語》："知張老之智而不詐也，使爲元候。"《注》："張老，晉大夫張孟也。元候，中軍候奄也。"馬宗璉云："王符曰：'河東解縣有張城。'張老或以邑爲氏耶？"梁履繩云："成二年，晉有候正。候奄之名，蓋即悼公所定。"本《疏》："《晉語》言'元尉''元司馬''元候'者，此皆中軍之官。元，大也。中軍尊，故稱大也。"

鐸遏寇爲上軍尉，

〔疏證〕《晉語》："知鐸遏寇之恭敬而信彊也，使爲輿尉。"《注》："遏寇，晉大夫。輿尉，上軍尉也。"

籍偃爲之司馬，

〔疏證〕《晉語》："知籍偃之惇率舊職而供給也，使爲輿司馬。"《注》："偃，晉大夫，籍季之子籍游也。輿司馬，上軍司馬也。"杜《注》："偃，籍談父。"按：《昭十五年疏》引《世本》："襄生司功大伯，伯生候季子，子生籍游，游生談。"洪亮吉云："韋《注》、杜《注》蓋皆取《世本》。知偃即籍游者，孔子弟子言偃字子游是也。"本《疏》："《晉語》'輿尉''輿司馬'者，皆上軍官也。輿，衆也。官與諸軍同，故稱衆也。"又云："此惟有中軍、上軍，無下軍之官者，蓋時下軍無闕，不別立其官故也。"

使訓卒乘，親以聽命。

〔疏證〕本《疏》："從車者爲卒，在車者爲乘。"杜《注》："相親以聽上命。"

程鄭爲乘馬御，

〔疏證〕《晉語》："知程鄭端而不淫，且好諫而不隱也，使爲贊僕。"《注》："程鄭，晉大夫，荀驩之曾孫。贊僕，乘馬胥[1]也。"杜《注》："程鄭，荀氏別族。"用韋義。本《疏》："荀氏別族，《世本》有文。"《世本》

---

① 科學本注：劉氏所見本作"胥"，別本作"御"。

即韋所引矣。韋據《内傳》，“胥”當爲“御”之譌。此乘馬御，悼公新設官。杜云：“乘馬御，乘車之僕也。”《疏》云：“《周禮》：‘齊僕，下大夫，掌馭金路以賓，朝、覲、宗、遇、饗食，皆乘金路。’杜言‘乘馬御，乘車之僕’，則當彼齊僕也。《晉語》謂之‘贊僕’，當時之官名耳。”胡匡衷《侯國官制考》云：“按：《周禮》御有大馭、戎僕、齊僕、道僕、田僕、馭夫，右有戎右、齊右、道右。春秋諸國之官可考見者惟有戎車之御，謂之御戎，其右謂之戎右而已。乘車，則惟晉有乘馬御，餘無徵也。《周禮》戎右，中大夫，戎僕亦中大夫。諸侯御戎、戎右，當下大夫爲之。”按：胡氏以御戎、戎右爲下大夫，意以乘車之僕亦當然，蓋申《疏》説。其實金路駕齊馬，故稱齊僕。此乘馬御，則統六騶。邦國六閑四種兼齊馬、道馬、駑馬，晉特設此官，其秩或高於齊僕。

六騶屬焉，

〔疏證〕杜《注》：“六騶，六閑之騶。《周禮》：‘諸侯有六閑馬。’”本《疏》云：“《周禮》掌馬之官，無名騶者。《襄二十三年傳》稱豐點爲孟氏之御騶，則騶亦御之類。《月令》：‘命僕夫七騶咸駕。’鄭玄云：‘七騶謂趣馬，主爲諸官駕説者也。’《周禮》：趣馬，下士，掌駕説之頒。是騶爲主駕之官，駕車以供御者。程鄭爲乘馬御，御之貴者，故令掌駕之官亦屬之。《校人職》云：‘良馬三乘爲皂，皂一趣馬，趣馬下士。三皂爲繫，繫一馭夫，馭夫中士。六繫爲廐，廐一僕夫，僕夫下士。天子十有二閑，邦國六閑。’鄭玄云：‘每廐爲一閑，閑有二百一十六匹。’如彼計之，每廐有趣馬十八人，六閑之騶，有一百八人，皆屬程鄭，而使總領之也。”又云：“天子良馬五種，各有四百三十二匹，合二千一百六十匹。駑馬三之，合三千四百五十六匹。邦國六閑，則千二百九十六匹。”

使訓群騶知禮。

〔疏證〕杜《注》：“乘車尚禮容。”本《疏》：“令教馬進退，使合禮法也。”

凡六官之長，皆民譽也。

〔疏證〕杜《注》：“大國三卿，晉時置六卿爲軍帥，故總舉六官，則知群官無非其人。”本《疏》云：“當時晉置六卿，爲三軍之將佐，於是晉又更置新軍，凡有四軍八卿，但新軍或置或廢，故《傳》不更數之耳。‘六官之長’，非獨卿身，凡爲人之長者，皆有民之美譽。”按：《疏》以六官兼將佐言，此時新命者止四卿。據《晉語》，魏相下軍佐，士魴新軍將，魏頡、趙武新軍佐。顧棟高《晉中軍表》列欒書爲中軍將，又云：“是年冬，士魴來乞師。臧武仲曰：‘今彘季亦佐下軍。’蓋相於是年卒，魴代相佐下軍也。又按《晉語》：‘呂宣子卒，使趙文子佐新軍。’是魏相卒後，士魴升佐下軍，頡代魴將新軍，趙武佐之也。”顧説此年將佐甚核，則《傳》非不數新軍。《傳》稱“六官之長”，猶言將佐，不必泥“六官”文謂無新軍，《疏》説非。杜謂“群官無非其人”者，指御戎、司士之屬。《疏》謂“凡爲人之長者”，亦未得杜意。

舉不失職，

〔疏證〕本《疏》：“所舉用者皆堪其官。”

官不易方，

〔疏證〕杜《注》：“官守其業，無相踰易。”《襄九年傳》：“官不易方。”杜《注》：“方，猶宜也。”王引之云：“方，常也。《恒·象傳》曰：‘雷風恒，君子以立不易方。’謂不易常也。《周語》：‘官不易方。’韋《注》：‘方，道也。’‘道’與‘常’義相近。《晉語》：‘官方定物。’《注》：‘方，常也。物，事也。立其常官，以定百事。’”

爵不踰德，

〔疏證〕惠棟云：“荀卿子曰：‘爵賞不踰德，是以爲善者勸。’”

師不陵正，旅不逼師，

〔疏證〕王引之云：“經傳言‘師旅’者，有二義：一爲士卒之名，一爲群有司之名。其大小之差，則旅卑於師，師又卑於正，故八職、師旅在正之下。《成十八年傳》：‘師不陵正，旅不逼師。’言小不加大也。《襄二十五年傳》‘百官之正長、師旅’，先正長而後師旅也。《楚語》：‘天子之貴也，唯其以公侯爲官正，以伯子、男爲師旅。’言公侯之統伯子、男，猶官正之統師旅也。乃杜《注》‘師不陵正，旅不逼師’，曰：‘師，二千五百人之帥也。旅，五百人之帥也。’《注》‘官之師旅’，曰：‘師旅之長’《注》‘百官之正長、師旅’，曰：‘師旅，小將帥也。’韋《注》‘伯子、男爲師旅’，曰：‘帥師旅也。’皆不知師旅爲群有司之名，而誤以爲帥師旅者。夫帥師旅者，豈遂得謂之師旅乎？至韋《注》‘周室之師旅’，曰：‘周室之師衆。’則又誤以爲人衆之名矣。又按《宰夫》之‘一曰正’，

《左傳》之‘師不陵正’‘百官之正長’，《楚語》之‘官正’，亦謂‘群有司’
也。”

民無謗言，所以復霸也。

〔注〕《膏肓》以霸不過五，不許悼公爲霸。鄭《箋》云：“天子衰，
諸侯興，故曰霸。夏有昆吾，商有豕韋、大彭，周有齊桓、晉文，此最彊
者也，故《書傳》通謂彼五人爲五霸耳。但霸是彊國爲之，天子既衰，諸
侯無主，若有彊者，即營霸業，其數無定限也。何休以鄉曲之學，足以忿
人。”本《疏》。

〔疏證〕杜無注。《晉語》：“於是乎始復霸。”《注》：“繼文公後，故
曰復霸。”本《疏》引鄭玄説，核以下引何休，知是《箋膏肓》，今移之。
鄭君説五霸，與服氏同，詳十四年《疏證》。本《疏》又云：“《傳》稱文、
襄之霸，襄承文後，紹繼其業，以後漸弱，至悼乃彊，故云復霸。”此
《疏》説《傳》稱“復霸”之義。

公如晉，朝嗣君也。

夏，六月，鄭伯侵宋，及曹門外。

〔疏證〕杜《注》：“曹門，宋城門也。”顧棟高云：“侯國各以所向之
地爲名，此蓋走曹之道，曹在宋西北，則亦西北門矣。”

遂會楚子伐宋，取朝郟。

〔疏證〕朝郟及下城郜、幽丘，杜皆以爲宋邑。高士奇云：“朝郟當在
今河南夏邑縣。”梁履繩云：“按：縣屬歸德府。”

楚子辛、鄭皇辰侵城郜，取幽丘。

〔疏證〕顧棟高云：“城郜、幽丘，在江南徐州府蕭縣界。”

同伐彭城，

〔疏證〕《年表》：“宋平公三年，楚伐彭城，封魚石。”《宋世家》：“平
公三年，楚共王拔宋之彭城，以封宋左師魚石。”

納宋魚石、向爲人、鱗朱、向帶、魚府焉，

〔疏證〕《十五年傳》：“左師、二司寇、二宰遂出奔楚。”杜《注》：

"獨書魚石,爲帥告。"按:《十五年經》止書"魚石出奔楚",服氏謂:"魚石,卿,故書。"此《經》之"獨書魚石",義亦當然。

以三百乘戍之而還。

書曰"復入"。

〔疏證〕下《傳例》:"以惡曰'復入'。"杜《注》:"惡其依阻大國,以兵威還。"用《傳例》意。

凡去其國,

〔疏證〕本《疏》引《釋例》云:"凡去其國,通謂君、臣及公子、母弟也。"

國逆而立之,曰"入";

〔疏證〕此入例也。杜《注》:"謂本無位,紹繼而立。"

復其位,曰"復歸";

〔疏證〕此"復歸"例也。杜《注》:"亦國逆。"本《疏》引《釋例》:"國逆而立之,本無位,則稱入;本有位,則稱復歸。齊小白入于齊,無位也;衛侯鄭復歸于衛,復其位也。侯獳愛君以請,故曹伯有國逆之辭;許始復國,故許叔有國逆之文,此皆時史因周典以起時事之情也。"杜稱曹共、許穆,以證有位而出。《疏》又引沈氏云:"國逆而立之曰入,唯謂國君。知不兼臣者,以臣而無位,本賤不書,故知臣無國逆之例也。"文淇按:沈謂"臣無國逆之例",而本《疏》引《釋例》,謂"公子友忠於社稷,國人所思,華元實國逆"。其意謂公子友、華元本當書"入",一似臣有國逆之例者,與此《注》國逆唯謂無位之言不合。沈氏蓋申明杜《注》,而不從《釋例》也。壽曾謂:此《疏》但駁賈氏說"歸""自",餘三條,疑杜用賈義,故無駁。《釋例》之言又別爲說耳。

諸侯納之,曰"歸";

〔注〕賈氏以爲諸歸國稱所自之國,所至之國有力也。又以爲稱"納"者,內難之辭。《釋例》。

〔疏證〕此歸例也。杜《注》:"謂諸侯以言語告請而納之,有位、無位皆曰歸。"本《疏》引《釋例》云:"諸侯納之,有位、無位皆曰歸,衛孫林父、蔡季是也。"又云:"韓、魏有耦國之彊,陳、蔡有復國之端,故晉趙鞅、楚公子比皆稱歸,從諸侯納之例,非晉、楚所能制也。"此正用賈《注》"所至之國有力"義。而又引賈《注》駁之云:"按:楚公子比去晉而不送,是無援於外,而《經》書自晉。陳侯吳、蔡侯盧皆平王所封,可謂有力,而不言自楚,此既明證。"按:楚公子比既自晉歸,則資晉力,不得以去晉不送爲無援於外,杜說自相矛盾。又云:"賈氏又依放《穀梁》,云'稱納者,內難之辭',因附會諸納爲義,至於納北燕伯于陽,《傳》稱因其衆窮不能通,乃云時陽守距難,故稱納,此又無證。《經》書'楚人圍陳,納頓子于頓',則頓國之所欲也。北燕伯,《傳》有因衆之文,不可言內難也。又書'納公孫甯、儀行父于陳',陳縣而見復,上下交驛,二人雖有淫縱之闕,今道楚匡陳,賊討君葬,威權方盛,《傳》稱有禮,理無有難,此皆先説之不安也。"據杜駁,則書"納"不關內難。惟此《傳》明歸例,非明納例。玩賈説,疑不繫於此年,或見"納北燕伯于陽"下。"納北燕伯于陽""納頓子于頓",文正一例,故賈云"陽守距難"。至陳靈君弑國亂,安得謂非內難?《傳》稱有禮,指楚子救患討罪而言,不關書"納"義,《疏》、杜駁皆非。

以惡曰"復入"。

〔注〕賈氏雖夫人姜氏之入,皆以爲例。《釋例》。

〔疏證〕《釋文》:"本或作'以惡入曰復入'。"此復入之例也。杜《注》:"謂身爲戎首,稱兵入伐,害國殄民也。"本《疏》引《釋例》云:"身爲戎首,則曰復入,晉欒盈是也。"又引沈氏云:"其復入唯謂臣,知者,以君雖不君,臣不可不臣,君若入國,臣無違拒之法。且杜云身爲戎首,稱兵入伐,是戎首指臣爲文,故知不得兼君也。"據沈説,則上三條兼君臣爲文。此條專指臣爲文。《疏》又引《釋例》云:"諸在例外稱入,直是自外入內,記事者常辭,義無所取。而賈氏雖夫人姜氏之入,皆以爲例,如此甚多。"按:夫人之入非國逆,玩杜説,則戎首稱兵,亦是賈義。賈釋上四例既竟,復及例外之書入,舉夫人姜氏之入例也。

宋人患之。

西鉏吾曰:"何也?

〔疏證〕杜《注》:"西鉏吾,宋大夫。"

"若楚人與吾同惡,以德於我,吾固事之也,不敢貳矣。

"大國無厭，鄙我猶憾。

〔疏證〕《釋文》："猒，於鹽反。"《校勘記》云："古書'猒'字，淺人多改爲'厭'，不知其義不同也。如此條正當作'猒'。"杜《注》："言已事之，則以我爲鄙邑，猶恨不足。"

"不然，而收吾憎，使贊其政，

〔疏證〕顧炎武云："林氏曰：'吾憎，謂吾所憎之人。'"按：憎，猶惡也，皆謂魚石[①]。

"以間吾釁，亦吾患也。

"今將崇諸侯之姦而披其地，

〔疏證〕杜《注》："崇，長也。披，猶分也。"洪亮吉云："《廣雅》：'崇，聚也。'杜《注》似回曲。《説文》：'披，散也。'分、散義略同。"

"以塞夷庚。

〔疏證〕杜《注》："夷庚，吳、晉往來之要道。"本《疏》："夷，平也。《詩序》：'夷，平也。'《詩序》'由庚，萬物得由其道'，是以庚爲道也。吳、晉往來，路由彭城。杜《土地名》不得指其所在。"惠棟云："繁欽《辨惑》曰：'吳人以船檝爲輿馬，以巨海爲夷庚。'臧榮緒《晉書》曰：'司徒王謐議曰："夷庚未入，乘輿旋館。"'陸機《辨亡論》曰：'旋皇輿於夷庚。'《小爾雅》：'庚，通也。'然則夷庚者，通謂車馬往來之大道，以其在彭城，故屬之吳、晉也。"洪亮吉云："古字'庚'與'迶'通。薛綜《西京賦注》：'迶，道也。'《廣雅》亦同。夷庚，通謂車馬往來之平道。杜《注》乃云：'吳、晉往來之要道。'則似實有其地，非也。"按：惠、洪説皆據本《疏》義。"魚石封彭城"，據以説夷庚在彭城，亦自可通。洪謂無其地，非。惠所引繁欽、王謐説見《文選·辨亡論》李善《注》轉引。李善以"夷庚"爲"藏車之所"。沈欽韓云："按《疏》引《詩序》'由庚'，則夷庚，王道蕩平之義耳。李善以爲藏車之所，非也。然此夷庚，恐是宋通道，又非由庚之義。"沈意以夷庚爲宋新開之道，與惠、洪説異。

"逞姦而攜服，

---

① 科學本注：原稿眉批："贊詁。"劉氏擬而未作。

〔疏證〕杜《注》："攜，離也。"

"毒諸侯而懼吳、晉，

〔疏證〕杜《注》："隔吳、晉之道，故懼。"

"吾庸多矣，非吾憂也。

"且事晉何爲？晉必恤之。"

公至自晉，晉范宣子來聘，且拜朝也。

君子謂晉於是乎有禮。

秋，杞桓公來朝，勞公，且問晉故。

公以晉君語之。

〔疏證〕杜《注》："語其德政。"

杞伯於是驟朝于晉，

〔疏證〕本《疏》："《詩》云'載驟駸駸'，驟是疾行之名。從魯即疾朝于晉也。"

而請爲昏。

〔疏證〕《讀本》："晉悼夫人，杞女。"

七月，宋老佐、華喜圍彭城，老佐卒焉。

〔疏證〕杜《注》："言所以不克彭城。"

八月，邾宣公來朝，即位而來見也。

〔疏證〕《聘禮疏》："君薨踰年，嗣子即位，鄰國朝聘，以吉禮受之於廟，故《成十七年經》書'邾子貜且卒'，十八年，'邾宣公來朝'，《傳》云'即位而未見'，踰年可以朝他國。他國來朝，亦得以吉禮受之於廟矣。雖踰年而未葬，則不得朝人。人來朝己，亦使人受之廟。"

"築鹿囿"，書，不時也。

"己丑，公薨于路寢"，言道也。

〔疏證〕杜《注》："在路寢，得君薨之道。"

冬，十一月，楚子重救彭城，伐宋。

宋華元如晉告急。

韓獻子爲政，

〔疏證〕杜《注》："於是欒書卒，韓厥代將中軍。"

曰："欲求得人，必先勤之，

"成霸安彊，自宋始矣。"

晉侯師于台谷以救宋。

〔疏證〕杜《注》："台谷，地闕。"高士奇云："或曰在今山西澤州府境。"

遇楚師於靡角之谷，楚師還。

〔疏證〕杜《注》："靡角，宋地。"顧棟高云："按：彭城之役，晉、楚遇於靡角之谷，晉將遁矣。用雍子謀，楚師宵潰，晉降彭城而歸諸宋，則靡角之谷當爲近彭城地。"顧説蓋據《襄二十六年傳》。

晉士魴來乞師。

季文子問師數於臧武仲，

〔疏證〕杜《注》："武仲，宣叔之子。"

對曰："伐鄭之役，知伯實來，下軍之佐也。

〔疏證〕杜《注》："知伯，荀罃。"

"今彘季亦佐下軍，

"如伐鄭可也。

〔疏證〕《十七年經》："晉荀罃來乞師，魯會師之數。"傳文不具。

"事大國，無失班爵而加敬焉，禮也。"從之。

十二月，孟獻子會于虛杅，謀救宋也。

宋人辭諸侯而請師以圍彭城。

孟獻子請于諸侯，而先歸會葬。

"丁未，葬我君成公"，書，順也。

〔疏證〕杜《注》："五月而葬。"本《疏》："薨葬獨發《傳》者，得道順禮，惟成公耳。"

襄　公

〔疏證〕《魯世家》：“襄公名午，成公之子，定姒所生。”《諡法》：“因事有功曰襄，辟土有德曰襄。”

〔經〕 元年，春，王正月，公即位。 無《傳》。

〔疏證〕杜《注》：“於是公年四歲。”本《疏》：“《九年傳》曰：‘會于沙隨之歲，寡君以生。晉侯曰：十二年矣。’知於是公年四歲。”

仲孫蔑會晉欒黶、宋華元、衛甯殖、曹人、莒人、邾人、滕人、薛人圍宋彭城。

〔疏證〕《公羊》“邾”曰“邾婁”。《年表》：“魯襄公元年，晉悼公元年，衛獻公五年，圍宋彭城。”

夏，晉韓厥帥師伐鄭。

〔疏證〕《公羊》“厥”曰“屈”。

仲孫蔑會齊崔杼、曹人、邾人、杞人次于鄫。

〔疏證〕《公羊》“邾”曰“邾婁”，“鄫”曰“合”。趙坦云：“鄫，古省作曾。‘曾’與‘合’篆文相近。”臧壽恭云：“《正義》引賈逵云‘齊、魯、曹、邾、杞次于鄫’，則賈《注》本《左氏》經作‘鄫’，與今本同。”杜《注》：“鄫，鄭地。”江永云：“今歸德府睢州故鄫城在州南。”沈欽韓云：“《一統志》：‘鄫城在歸德府柘城縣北。’《方輿紀要》：‘在睢州東南。’皆本杜預《注》。”按：《傳》所言疑是鄫國也。

秋，楚公子壬夫帥師侵宋。

〔疏證〕《匡謬正俗》：“楚公子王夫，字子辛。今之學者以其字子辛，遂改爲‘壬夫’。”《校勘記》云：“顏説非也。《石經》以下皆作‘壬’，《漢書·古今人表》亦作‘公子壬夫’。《穀梁音義》：‘壬，音而林反。’”《年表》：“楚共王十九年，侵宋，救鄭。”

九月，辛酉，天王崩。無《傳》。

〔疏證〕杜《注》："辛酉，九月十五日。"貴曾曰
《年表》："簡王十四年崩。"《周本紀》："簡王崩，子靈王泄心立。"

邾子來朝。

〔疏證〕《公羊》"邾"曰"邾婁"。杜《注》："邾宣公"。

冬，衛侯使公孫剽來聘。

〔疏證〕杜《注》："剽，子叔黑背子。"

晉侯使荀罃來聘。

〔傳〕 元年，春，己亥，圍宋彭城。

〔疏證〕杜《注》："下有二月，則此己亥爲正月。正月無己亥，日誤。"貴曾曰①

非宋地，追書也。

〔疏證〕《成十八年傳》："楚伐彭城，納魚石焉，以三百乘戍之而還。"杜《注》據彼文云："成十八年，楚取彭城以封魚石，故曰'非宋地'。夫子治《春秋》，追書繫之宋。"本《疏》："《成十八年傳》：'西鉏吾曰崇諸侯之姦而披其地。'不言取爲楚邑，而云披地長姦，是《左氏》之意，亦爲楚以彭城封魚石爲國。既列爲國，非復宋地。《傳》言追書，是仲尼新意。其地已非宋有，追來使屬宋耳，非爲在後追前。"按：《傳》明追書之意，據成十八年以後，"彭城非宋地"而言，正謂在後追前，《疏》説非。

於是爲宋討魚石，故稱宋，

〔疏證〕杜《注》："不與其專邑叛君，故使彭城還繫宋。"杜探下文"不登叛人"義爲説。本《疏》又引《釋例》云："楚人棄君助臣，削正興僞，故追書繫宋，不與楚之所得。"是杜謂不與魚石，又不與楚也。不與楚，杜用《公羊》"不與諸侯專封"義，《傳》無其説。

---

① 科學本注：以下原稿闕文。

且不登叛人也，

〔疏證〕《釋詁》：“登，成也。”叛人斥魚石。《後漢書·袁紹傳》：“紹檄曹操曰：‘操躬破于徐方，地奪于呂布。彷徨東裔，蹈據無所。幕府惟强幹弱枝之義，且不登叛人之黨，故復援旌擐甲，席卷赴征。金鼓響振，布衆破沮。’”紹《檄》用《傳》義，亦訓“登”爲“成”。

謂之宋志。

〔疏證〕杜《注》：“稱宋，以成宋志。”按：《隱元年傳》：“謂之鄭志。”服《注》：“公本欲養成其惡而加誅。”杜《注》用服義云：“鄭伯志在於殺。”則此《傳》古義當謂宋公志在於討魚石，兵力不逮，諸侯爲成其志。杜用古義，而辭不明晰。本《疏》：“宋人志在攻取彭城。”是也。

彭城降晉，

〔疏證〕《年表》：“宋平公四年，晉誅魚石，歸我彭城。”《宋世家》：“平公四年，諸侯共誅魚石，而歸彭城於宋。”誅魚石，史公采異説。

晉人以宋五大夫在彭城者歸，寘諸瓠丘。

〔疏證〕《成十八年傳》：“鄭、楚同伐彭城，納宋魚石、向爲人、鱗朱、向帶、魚府焉。”故《傳》稱“宋五大夫”。杜《注》：“瓠丘，晉地。河東東垣縣東南有壺丘。”按：《水經·河水篇》云：“清水又東南逕陽壺城東，即垣縣之壺丘亭，晉遷宋五大夫所居也。”陽壺即壺丘。高士奇云：“即崤谷之北岸也。”沈欽韓云；“《一統志》：‘陽壺城在絳州垣曲縣南一里。’《注》云：‘東垣縣。’按：《漢》《晉志》，河東之垣縣皆無‘東’字，《續志》：‘河東郡垣縣有壺丘亭。’東垣乃真定也。”按：沈説是也。惠棟云：“‘壺’與‘瓠’通，見毛公《傳》。”

齊人不會彭城，晉人以爲討。

二月，齊太子光爲質於晉。

〔疏證〕杜《注》：“光，齊靈公太子。”《年表》：“齊靈公十年，我不救鄭，晉伐我。使太子光質於晉。”《齊世家》：“是年爲靈公十年，齊令公子光質晉。十九年，立子光爲太子。”此《傳》及《表》言太子者，據後言之。《年表》以質子繫於伐鄭之役，與《傳》異。

夏，五月，晉韓厥、荀偃帥諸侯之師伐鄭，入其郛。

〔注〕賈云："韓厥、荀偃帥諸侯之師，謂帥宋、衛、滕、薛伐鄭。齊、魯、曹、邾、杞次于鄫，故諸侯之師不序也。入郛不書者，晉人先以鄭罪令于諸侯，故書'伐鄭入郛'。既敗鄭，不復告，故不書。"本《疏》。

〔疏證〕杜《注》："荀偃不書，非元帥。"本《疏》："《傳》唯言諸侯之師，不見諸侯之國，未知諸侯之師是何國師也。'於是東諸侯之師次于鄫，以待晉師'，則次鄫之師，皆不與伐鄭。此諸侯之師必無齊、魯、曹、邾、杞①也。"此以上疑舊疏釋賈《注》之辭。《疏》又云："按：上圍彭城，除此五國以外，猶有宋、衛、莒、滕、薛。下云'晉侯、衛侯次于戚，以爲之援'，則衛師從伐明矣。明年戚之會，知武子云：'滕、薛、小邾之不至，皆齊故。'於戚之會，始怪滕、薛不來。明此時伐鄭，滕、薛在矣。東諸侯皆次于鄫，莒在齊之東，若其在此，當與東人同次。前圍彭城，亦無小邾，此時或無莒與小邾耳。諸侯之師，當是宋、衛、滕、薛也。"此以上是唐人釋舊疏辭。按：圍彭城之役有莒，賈君不數莒，或是相承文脱。小邾亦與彭城之役，經文甚明。《疏》謂"前圍彭城無小邾"，非也。李貽德云："《傳例》：'聲罪致討曰伐。'鄭從楚同伐彭城，晉士魴來乞師，孟獻子會虛打，雖爲救宋，實先以伐鄭之故令之諸侯矣。及入郛敗鄭，略而不告，故不書於《經》。"

敗其徒兵②於洧上。

〔注〕服云："洧，水名。"《鄭世家集解》。

〔疏證〕《地理志》："潁川郡陽城。"自注："陽城山，洧水所出，東南至長平入潁。"《水經·洧水篇》："洧水出河南密縣西南馬嶺山，又東南過其縣南，又東過鄭縣南。"《注》云："洧水又東逕新鄭故城中。《左傳》襄公元年，'晉韓厥、荀偃帥諸侯之師伐鄭，入其郛。敗鄭徒兵於洧上'，是也。"《鄭世家正義》引《括地志》云："洧水在鄭州新鄭縣北。"顧棟高云："昭十九年，龍鬬於時門之外洧淵。蓋古鄭城在今新鄭縣治西北。溱水在北，洧水在南，亦鄭環衛國都之水也。"按：新鄭今屬開封府。《年表》："鄭成公十三年，晉伐敗我，兵於洧上。"《鄭世家》："成公十三年，晉悼公伐鄭，兵於洧上。鄭城守，晉亦去。"史公言"鄭城守"者，據《傳》

---

① 科學本注：阮刻本無"杞"字，劉稿增入爲是。
② 科學本注：原稿眉批："徒兵見僖廿八年。"

"入郛"文。

於是東諸侯之師次于鄫，以待晉師。

〔疏證〕杜《注》："齊、魯、曹、邾、杞。"用服説也。

晉師自鄭以鄫之師侵楚焦、夷，及陳。

〔疏證〕杜《注》："於是孟獻子自鄫先歸，不與侵陳、楚，故不書。"本《疏》："若獻子從師，則書不待告。然不知獻子何以先歸，《傳》既不言，未測其故也。今贊云則'先歸'者，以前年虚杅會，獻子先歸會葬。今公雖即位，年又幼小，君既新立，故獻子先歸。"文淇按："今贊"即義贊，此"贊"字之未删者，舊疏謂獻子先歸，不知其故，唐人以爲君既新立，故獻子先歸。壽曾謂：據舊疏義，則舊注謂"獻子先歸"，杜用舊注。

晉侯、衛侯次于戚，以爲之援。

〔疏證〕援入郛之師也。

秋，楚子辛救鄭，侵宋呂、留。

〔注〕鄭君《發墨守》云："留在陳、宋之東。"《大司徒疏》。

〔疏證〕《年表》："楚來救。"《地理志》："楚國呂、留。"《郡國志》："彭城國呂、留。"《水經·泗水篇》："過彭城縣東北，又東南過呂縣南。"《注》云："呂，宋邑也。《春秋》襄公元年，晉師伐鄭及陳，'楚子辛救鄭，侵宋呂、留'，是也。"又《濟水篇》："過沛縣東北，又東南過留縣北。"《注》云："留縣故城，翼佩泗、濟，宋邑也。《春秋左傳》所謂'侵宋呂、留'也。"酈氏以留爲宋邑，與鄭君説合。鄭君義別詳□□□[①]年。沈欽韓云："《方輿紀要》：'呂城在徐州東五十里，留城在沛縣東南五十里。'"

鄭子然侵宋，取犬丘。

〔疏證〕《年表》："宋平公四年，楚侵我，取犬丘。"杜《注》："譙國酇縣東北有犬丘城，迂迴，疑。"據此説，則犬丘在今亳州境。洪亮吉云："按：'犬丘'當作'太丘'，傳寫誤疑點在上。《爾雅》'宋有太丘'。《漢書·郊祀志》'周顯王四十一年，宋太丘社亡'，是也。"高士奇云："犬丘

---

① 科學本注：原稿闕文。

地不近鄭，故杜以爲疑。然是時楚方侵宋之呂、留，鄭蓋爲楚取也。漢爲敬丘縣，後漢曰太丘，今有太丘集，在河南歸德府永城縣西北三十里，與夏邑接界。"按：洪説是也。高氏徑以太丘當犬丘，非。

九月，邾子來朝，禮也。

冬，衛子叔、晉知武子來聘，禮也。

凡諸侯即位，

小國朝之，大國聘焉，

〔疏證〕《校勘記》云："《大行人注》引作'大國朝焉，小國聘焉'，賈《疏》同。《王制正義》引《周禮》鄭氏《注》同。孔自引《左傳》仍作'小國朝之'。《儀禮·聘禮》賈《疏》凡兩見，俱作'小國朝焉'。"據阮説，則鄭君本大小朝聘與杜本互異。鄭君引《傳》乃傳寫誤文。故疏家仍以"小國朝，大國聘"爲説。知者，《王制》"五年一朝"《疏》："鄭知久無事而相聘者，按：昭九年《左傳》稱'孟僖子如齊，殷聘禮也'。知'凡君即位，大國朝焉，小國聘焉'者，以襄元年'邾子來朝'，'衛子叔、晉知武子來聘'。《左傳》云：'凡諸侯即位，小國朝之，大國聘焉。'邾是小國，故稱朝。衛、晉是大國，故稱聘。若俱是敵國，亦得來聘朝。故《司儀》云'諸侯相爲賓'，是也。若己初即位，亦朝聘大國。故文公元年，'公孫敖如齊'，《左傳》云：'凡君即位，卿出并聘。'若己是小國，則往朝大國。故文十一年，'曹伯來朝'，《左傳》云：'即位而來見也。'"詳彼《疏》説，則《左氏》舊説正以邾子來朝爲小國朝即位禮，衛、晉來聘爲大國聘即位禮。《傳》以"小國朝，大國聘"發例，不得謂"大國朝，小國聘"也。杜《注》："小事大，大字小。"

以繼好、結信、謀事、補闕，禮之大者也。

〔疏證〕此君即位，他國來朝聘例也。《晉[1]語注》："闕，缺也。"杜《注》："闕，猶過也。"

〔經〕 **二年，春，王正月，葬簡王。**無《傳》。

鄭師伐宋。

---

① 科學本注：原稿闕"晉"字，補之。

夏，五月，庚寅，夫人姜氏薨。

〔疏證〕宣公夫人。

六月，庚辰，鄭伯睔卒。

〔疏證〕《穀梁》“庚辰”曰“庚寅”。李富孫云：“上五月有庚寅，不得六月又有庚寅。”杜《注》：“庚辰，七月九日，書六月，《經》誤。”貴曾曰①

《年表》：“鄭成公十四年薨。”《鄭世家》：“十四年，成公卒，子惲立，是爲釐公。”按：《傳》作“髡頑”。史公采異説。

晉師、宋師、衛甯殖侵鄭。

〔疏證〕《年表》：“晉悼公二年，率諸侯伐鄭。”鄭成公十四年：“晉率諸侯伐我。”

秋，七月，仲孫蔑會晉荀罃、宋華元、衛孫林父、曹人、邾人于戚。

〔疏證〕《公羊》“邾”曰“邾婁”。

己丑，葬我小君齊姜。

〔疏證〕杜《注》：“齊，謚也。”本《疏》：“夫人齊女，嫌齊非謚，故此須明之。”《謚法》：“執心克莊曰齊。”

叔孫豹如宋。

冬，仲孫蔑會晉荀罃、齊崔杼、宋華元、衛孫林父、曹人、邾人、滕人、薛人、小邾人于戚，遂城虎牢。

〔注〕説《左氏》者，以爲虎牢已屬晉，故不繫鄭。《穀梁疏》。

〔疏證〕《公羊》“邾”皆曰“邾婁”，二《傳》皆以虎牢爲鄭邑。《穀梁疏》引《左氏》説，明其異也。本《疏》：“虎牢是鄭舊邑，此時屬晉。而不繫晉者，莊三十二年《注》云：‘大都以名通者，則不繫國。’此以名通，故不繫晉也。十年②戍鄭虎牢，繫於鄭者，《傳》曰：‘非鄭地也，言

---

① 科學本注：以下原稿闕文。

② 林按：底本作“五”，據《十三經注疏》改正。

將歸焉。’彼爲將歸鄭，而繫之鄭也。或當虎牢雖已屬晉，晉人新得，不爲已有，故不繫晉也。”此《疏》釋舊説虎牢屬晉義，其謂大都以名通，乃杜氏城小穀不繫齊義。彼《經》服謂“不繫齊者也，世其□①”，與杜異。此虎牢屬晉而不繫晉。魯襄公二年，會晉城虎牢，其義無考。《疏》謂大都名通，義或當然。其謂晉新得，不爲已有，非。《年表》：“晉悼公二年，城虎牢。”

楚殺其大夫公子申。

〔傳〕 二年，春，鄭師侵宋，楚令也。

〔疏證〕通行本“師”誤作“伯”，從《石經》。杜《注》：“以彭城故。”

齊侯伐萊。

萊人使正輿子賂夙沙衛以索馬牛，皆百匹，

〔疏證〕《釋文》：“‘輿’，本亦作‘與’。”惠士奇云：“《荀子》：‘萊不用子馬而齊并。’楊倞云：‘或曰正輿氏②字子馬。’”梁履繩云：“《説苑·正諫篇》作‘子猛’，蓋聲轉耳。”杜《注》：“夙沙衛，齊寺人。索，簡擇好者。”洪亮吉云：“‘索’無柬擇之義。惟《説文》云：‘擇，揀選也。’索、擇同音，容古字通。”壽曾謂：《王制》“大夫以索牛”《注》：“索，求得而用之。”求得有擇義，杜用鄭説。

齊師乃還。

君子是以知齊靈公之爲“靈”也。

〔疏證〕《謚法》：“亂而不損曰靈。”此丘明追論之辭。

夏，齊姜薨。

初，穆姜使擇美檟，

〔疏證〕《釋木》：“梧，山榎。”《注》：“今之山楸。”又云：“槐，小葉曰檟。”《注》：“槐當爲楸。《左傳》曰：‘使擇美槚。’”與《傳》作“檟”異。李富孫云：“《釋文》：‘槚，舍人本作檟。’古通用。”《説文》：“榎，

---

① 科學本注：原稿字不明。林按：當爲“禄”。
② 科學本注：惠棟《春秋左傳補注》作“子”，不作“氏”。

楸也。"郭以山檟爲山楸，用許君説。杜《注》："檟，梓之屬。"與許君異。《考工記·梓人注》："梓，榎屬。"《釋木》："椅，梓。"《注》："即楸。"故杜以檟爲梓屬。《釋木》："大而皵，楸；小而皵，榎。"本《疏》引舍人云："大，老也。皵，楷皮也。小，少也。"是楸、檟之別在樹大小也。

以自爲櫬

〔疏證〕《説文》："櫬，棺也。"杜用許義。《終南》："有條有梅。"《傳》："條，槄也。"彼《疏》引陸璣《詩疏》："槄，皮葉白，色亦白，材理好，宜爲車板。能濕，又可爲棺木。"陸據《傳》"檟爲櫬"而言也。《四年傳》："使樹六檟於蒲圃。"亦以爲棺。本《疏》："《禮記·檀弓》曰：'天子之棺四重，水兕革棺一，杝棺一，梓棺二。'鄭玄云：'杝，椴也，所謂椑棺也。梓棺二，所謂屬於大棺也。'《檀弓》又云：'君即位而爲椑。'鄭玄云：'椑謂杝棺，親尸者。'《喪大記》云：'君大棺八寸，屬六寸，椑四寸。'如彼《記》文，諸侯之棺三重，親身之棺名之爲椑，椑即櫬是也。《記》唯言'即位爲椑'，不言椑所用木。鄭玄據天子之棺其椑用杝，即云'椑爲杝棺也'。天子之椑自用杝，諸侯不必然。據此傳文，諸侯之椑必用梓也。"

與頌琴，

〔疏證〕杜《注》："頌琴，琴名，猶言雅琴也。"本《疏》："琴瑟必以歌《詩》。《詩》有《雅》《頌》，故以'頌'爲琴名。"沈欽韓云："《藝文志》：'《樂》家有《雅琴趙氏》七篇，《雅琴師氏》八篇，《雅琴龍氏》九十九篇。'却無頌琴，故杜以雅琴爲比。然二琴形制不同。《三禮圖》云：'雅瑟長八尺，廣一尺八寸，二十三弦。頌瑟長七尺二寸，廣尺八寸，二十五弦。'其他雅塤、頌塤、雅箎、頌箎、雅簫、頌簫，并雅侈于頌，則雅琴長於頌琴矣。《文獻通考》頌琴在俗樂部，'十三弦，柱如箏'。此後來改作，非古之頌琴也。"據沈説，則頌琴長、廣、弦數今無以考。顧湄《咫聞錄》："頌琴，明器之屬，即《既夕》'燕樂器'、《周官》'廞樂器'、《檀弓》'琴瑟張而不平'是也。"

季文子取以葬。

君子曰："非禮也。

"禮無所逆。婦，養姑者也。

〔疏證〕沈欽韓云："《檀弓》：'主婦入于室，反諸其所養也。'《注》：'親所饋食之處。'"

"虧姑以成婦，逆莫大焉。

〔疏證〕杜《注》："穆姜，成公母。齊姜，成公婦也。"

"《詩》曰：'其惟哲人，告之話言，順德之行。'

〔疏證〕《大雅·抑》文，《傳》："話言，古之善言也。"《箋》："語賢知之人以善言，則順行之。"陳奐《詩疏》云："'話'當爲'詁'字之誤也。《釋文》引《說文》作'告之詁言'，云：'詁，故言也。'是陸所見《說文》據《詩》作'詁言'，可據以訂正。毛以'古之善言'釋'詁'，許以'故言'釋'詁'。古、故、詁三字同義也。《烝民》：'古訓是式。'《傳》：'古，故也。'古訓即故訓，猶詁言也。襄二年《左傳》引《詩》'告之話言'，字亦誤。"按：陳說是也。杜《注》："哲，知也。話，善也。""哲，知"，《釋言》文。"話"訓"善"，他無所徵，疑舊說作"詁，善言也"，杜承之，今本奪誤。

"季孫於是爲不哲矣。

〔疏證〕《釋文》："一本作'不爲哲矣'。"《傳》引《詩》斥季孫不知。杜《注》："言逆德。"非。虧姑成婦爲逆，義已賅上。

"且姜氏，君之妣也。

〔疏證〕杜《注》："襄公適母，故曰君之妣。"本《疏》："《曲禮》曰：'生曰父、曰母，死曰考、曰妣。'襄公是成公之妾定姒所生，齊姜是其適母，故曰君之妣也。"

"《詩》曰：'爲酒爲醴，烝畀祖妣，以洽百禮，降福孔偕。'①"

〔疏證〕《周頌·豐年》文，《傳》："皆，徧也。"《箋》："烝，進也。畀，予也。"《載芟箋》："洽，合也。"《釋言》："孔，甚也。"《說文》："皆，俱辭也。"《詩疏》云："既黍稻之多，故以之爲酒，以之爲醴，而進與先祖先妣，以會其百衆之禮。謂牲、玉、幣、帛之屬，合用以祭。故神又下與之福，甚周徧矣。"杜《注》用《傳》《箋》說，又云："敬事祖妣，

---

① 科學本注：《詩》作"孔皆"，《左傳》引作"孔偕"。

則鬼神降福。”按:《傳》稱《詩》斷章義,主先妣降福。本《疏》云:“今事妣失禮。”是也。

齊侯使諸姜、宗婦來送葬,

〔疏證〕杜《注》:“宗婦,同姓大夫之婦。”本《疏》:“諸姜,同姓之女也。宗婦,同姓之婦也。夫人齊姜是齊國之女,故使其宗親之婦女來會葬也。齊爲姜姓,歷世多矣,不可姜姓之女、姜姓之婦,令其皆來魯國。莊二十四年,‘大夫、宗婦覿用幣’者,宗婦是同姓大夫之婦。知此宗婦亦是同姓大夫之婦。然則諸姜是齊同姓之女,嫁與齊大夫之爲妻者也。”按:據《疏》說,則舊注謂“諸姜,同姓女;宗婦,同姓婦”,“齊爲姜姓”以下,蓋《疏》駁舊注之詞,又奪注家姓氏。知者,《常棣疏》:“《春秋》莊二十四年,‘夫人姜氏入。大夫、宗婦覿,用幣’。謂之宗婦,明是宗族之婦也,故賈、杜皆云:‘宗婦,同姓大夫之婦。’《襄二年傳》曰:‘葬齊姜,齊侯使諸姜、宗婦來會葬。’諸姜,謂齊同姓之女。宗婦,謂齊同姓之婦。是同姓之婦名爲宗婦。”彼《疏》謂:“諸姜,同姓女。宗婦,同姓婦。”與本《疏》所引駁者合,明是舊注也。杜不用舊說,故《疏》駁之。審如杜說,則《傳》宜止稱“宗婦”。“諸姜”二字爲贅矣。杜又云:“婦人越疆送葬,非禮。”

召萊子。萊子不會,

〔疏證〕本《疏》:“《世族譜》不知萊國之姓。齊侯召萊子者,不爲其姓姜也。以其比鄰小國,意陵蔑之,故召之,欲使從送諸姜、宗婦來向魯耳。萊子以其輕侮,故不肯會。”按:齊召萊子使送諸姜、宗婦來魯,《傳》無其意,《疏》說不知何據。此疑因伐萊之役,萊以賂請成,齊更召之,使來朝耳,不蒙上文。

故晏弱城東陽以偪之。

〔疏證〕《郡國志》:“泰山南城有東陽城。”顧棟高云:“齊東陽,今山東青州府臨朐縣東有東陽城。”《讀本》:“萊在今黃縣東南二十里,于東陽爲近,故城以偪之。”

鄭成公疾,

子駟請息肩於晉。

〔疏證〕《淮南·氾論訓注》:“肩,負擔之勤也。”杜《注》:“欲辟楚役，以負擔喻。"

公曰："楚君以鄭故，

"親集矢於其目，

〔疏證〕《成十六年傳》："楚子求成於鄭。鄭叛晉，晉伐鄭，楚子救鄭。晉、楚遇於鄢陵，呂錡射共王中目。"本《疏》："《説文》云：'鳥之短尾者，總名爲隹，隹在木上爲集。'集是鳥止之名。矢有羽似鳥，故亦稱集也。"

"非異人任，寡人也。

〔疏證〕《釋文》："'非異人任'絶句，一讀至'人'字絶句。"

"若背之，是棄力與言，其誰暱我?

〔注〕服本作"棄功"。《釋文》。

〔疏證〕本《疏》："棄其助鄭之力，與盟誓之言，他人其肯親我乎？"是唐本作"棄力"。臧琳云："當從服本作'功'，言楚有功於鄭也。"

"免寡人，唯二三子。"

秋，七月，庚辰，鄭伯睔卒。

於是子罕當國，

〔疏證〕杜《注》："攝君事。"本《疏》："蓋成公顧命之際使之當國。"又引沈氏云："魯襄四歲，國家無虞。今僖公年雖長大，爲逼於晉、楚，故令子罕當國也。"《疏》稱成公顧命，用舊疏説。

子駟爲政，

〔疏證〕杜《注》："爲正卿。"

子國爲司馬。

晉師侵鄭。

諸大夫欲從晉。

子駟曰："官命未改。"

〔疏證〕杜《注》："成公未葬，嗣君未免喪，故言未改，不欲違先君意。"陸粲云："官命猶言公命。"與杜説合。本《疏》："十六年，晉侯改服修官。先君未葬，皆因舊事不得建官命臣，故云'官命未改'。"以官命爲官職之命，非。

會于戚，謀鄭故也。

孟獻子曰："請城虎牢以偪鄭。"

〔疏證〕杜《注》："虎牢，舊鄭邑，今屬晉。"用古《左氏》説虎牢已屬晉義。

知武子曰："善。鄶之會，吾子聞崔子之言，今不來矣。

〔疏證〕杜《注》："元年，孟獻子與齊崔杼次于鄶。崔杼有不服晉之言，獻子以告知武子。"本《疏》："元年，伐鄭，次于鄶，唯有韓厥、荀偃。於時武子未必在軍，當是此會始告之耳。"按：會鄶雖無知罃、崔杼之言，當韓、荀告知。此謂孟獻子與聞其言耳。杜《注》、《疏》説皆非。

"滕、薛、小邾之不至，皆齊故也。

〔疏證〕三國，齊之屬。

"寡君之憂不唯鄭。

"罃將復於寡君，而請於齊。

〔疏證〕杜《注》："以城事白晉君，而請齊會之。"

"得請而告，吾子之功也。

"若不得請，事將在齊。

〔疏證〕杜《注》："將伐齊。"

"吾子之請，諸侯之福也。

"豈惟寡君賴之。"

穆叔聘于宋，通嗣君也。

冬，復會于戚，齊崔武子及滕、薛、小邾之大夫皆會，知武子之言故也。

遂城虎牢，鄭人乃成。

〔疏證〕《水經・河水注》：“魯襄公二年七月，晉悼公與諸侯會于戚，遂城虎牢，以偪鄭求平也。”鄭求平，當是舊説。

楚公子申爲右司馬，

多受小國之賂，以偪子重、子辛。

〔疏證〕杜《注》：“偪，奪其權勢。”

楚人殺之。

故書曰：“楚殺其大夫公子申。”

〔疏證〕杜《注》：“言所以致國討之文。”

〔經〕 三年，春，楚公子嬰齊帥師伐吳。

〔疏證〕《年表》：“楚共王二十一年，使子重伐吳。吳壽夢十六年，楚伐我。”

公如晉。

夏，四月，壬戌，公及晉侯盟於長樗。

〔疏證〕杜《注》：“晉侯出其國都，與公盟於外。”本《疏》：“近城之地。”按：今地闕。

公至自晉。

六月，公會單子、晉侯、宋公、衛侯、鄭伯、莒子、邾子、齊世子光。己未，同盟於雞澤。

〔疏證〕《公羊》“邾”曰“邾婁”。《晉語》：“諸侯會於雞丘。”《注》：“雞丘，雞澤。”《郡國志》：“魏郡曲梁侯國，故屬廣平，有雞澤。”《元和志》：“雞澤在洺州永年縣西南十里，其澤魚、鼈、菱、茨，州境所資。”顧棟高云：“今曲梁故城在直隸廣平府治永年縣東北，即《國語》所謂雞丘。若今雞澤縣，乃隋析廣平縣所置，非春秋雞澤也。”按：顧氏用《元和志》説，與《漢志》合。江永謂在今廣平府雞澤縣，非。杜《注》：“周靈王新即位，使王官伯出與諸侯盟。”

陳侯使袁僑如會。

〔疏證〕杜《注》："非本召會而自來。"

戊寅，叔孫豹及諸侯之大夫及陳袁僑盟。

〔疏證〕杜《注》："諸侯既盟，袁僑乃至，故使大夫別與之盟。據《傳》，盟在秋。《長曆》推戊寅七月十三日，《經》誤。"貴曾曰[①]

秋，公至自會。無《傳》。

冬，晉荀罃帥師伐許。

〔傳〕 三年，春，楚子重伐吳，

爲簡之師。

〔疏證〕杜《注》："簡，選練。"

克鳩茲，至于衡山。

〔疏證〕杜《注》："鳩茲，吳邑，在丹陽蕪湖縣東，今皋夷也。衡山，在吳興烏程縣南。"《郡國志》："吳郡烏程。"劉昭《注》引杜説，又云："或云：'丹陽縣之橫山，去鳩茲不遠，子重所至也。'"顧炎武云："疑即丹陽縣之衡山，今名橫山，去鳩茲不遠。"用劉昭説。顧棟高云："鳩茲城在今江南太平府蕪湖縣東三十里，烏程爲今浙江湖州府附郭。時吳都尚在無錫，從無錫至湖州尚三四百里，楚兵不應反過吳都也。當塗縣東北六十里有橫山，橫與衡古通，俱在太平府。"沈欽韓云："按《一統圖》，烏程在吳都西南，子重不能越吳而至彼。祝穆《方輿勝覽》：'太平州橫望山在當塗縣東北六十里。'《建康志》：'橫山在江寧縣東南百二十里，接太平州界。周八十里，高二百丈。其山四面望之皆衡，故又名衡望山。'《一統志》：'山在溧[②]水縣西三十里，周百里，跨上元縣及太平府當塗縣界。'按：《方輿紀要》廣德州又有橫山，在州西五里。或當日楚兵取道由蕪湖南至廣德，而抵湖州。元兵滅宋，道亦由此。"按：沈氏後一説謂橫山在廣德，近之。楚在吳之上游，由蕪湖、廣德進兵伐吳，視取道當塗、溧水爲捷也。《年表》："楚共王二十一年，伐吳，至衡山。"

---

① 科學本注：以下原稿闕文。
② 科學本注：原稿、抄稿誤作"漂"，顯誤，改之。

使鄧廖帥組甲三百、被練三千，

〔注〕賈逵云：“組甲，以組綴甲，車士服之。被練，帛也，以帛綴甲，步卒服之。凡甲所以固者，以盈竅也。帛盈竅而任力者半，卑者所服。組盈竅而盡任力，尊者所服。”本《疏》。服云：“以組綴甲。”《初學記》二十七。馬融曰：“組甲，以組爲甲裏，公族所服。被練，以練爲甲裏，卑者所服。”本《疏》、《文選·吳都賦》《魏都賦》、謝玄暉《登孫權故城詩》注。

〔疏證〕杜《注》：“組甲，漆甲成組文。被練，練袍。”不用賈、服諸説。惠棟云：“謹按《禮》説，稱賈氏義爲長。《少儀》曰：‘國家靡敝，則甲不組縢。’《逸周書》曰：‘年不登，甲不纓縢。’孔晁曰：‘纓繩甲不以組。’蓋組甲之工，靡于被練，故凶歲不組縢，所以節財也。《考工·函人》云：‘凡察革之道，眡其鑽空，欲其惌也。’空惌則堅，竅滿則固，帛粗故任者半，組細故盡任力。《吕覽·有始①篇》曰：‘邾之故法，爲甲裳以帛②。公息忌謂邾君曰：“不若以組甲。凡甲之所以爲固，以滿竅也。今竅滿矣，而任力者半耳。且組則不然。竅滿則盡任力矣。”邾君以爲然。’高誘曰：‘以帛綴甲。’即被練是也。組甲，以組連甲，賈氏之説蓋本于此。”文淇按：惠申賈説也。《吕覽·吾尤③篇》又云：“邾君曰：‘將何以得組也？’公息忌對曰：‘上用之，則民爲之矣。’邾君曰：‘善。’下令官爲甲必以組。公息忌知説之行也，因令其家皆爲組。人有傷之者曰：‘公息忌之所以欲用組者，其家多爲組也。’邾君不悦，于是復下令，令官爲甲無以組。”此亦組甲工費貴於被練之證。

壽曾謂：惠氏據《吕覽》以證服《注》“盈竅”義最諦，且得組練貴賤之别。惟引《函人》“眡其鑽空，欲其惌也”，鄭司農彼《注》云：“惌，小孔貌。”彼《疏》云：“革惡則孔大，革善則孔小。”先鄭訓惌爲孔，孔固可以訓竅。然《函人職》察革，此孔謂革之毛孔，孔小材堅，孔大材窳，與服《注》稱“盈竅”爲已成之甲義異。馬宗璉引許慶宗説曰：“《管子·四時④篇》房《注》‘組甲’謂：‘以組貫甲也。’《韓非子·過秦》：‘得韓之都，而驅其鍊甲。’鍊甲即被練也。《孟子》：‘有布縷之征。’趙岐《注》：‘縷，綖鎧甲之縷也。’《典枲》賈《疏》：‘縷用麻之物。’是凡

① 科學本注：按：當作“去尤”。
② 科學本注：此句下原注有“高誘曰：‘以帛綴甲。’即被練是也。”十二字。劉稿移在后面。
③ 科學本注：按：仍是“去尤”。
④ 科學本注：按：當作“五行”。劉稿仍馬、許之誤。

甲皆以麻貫之，此組以帛貫之，尤爲精貴矣。”許氏知分組甲、練甲爲二，而云“組以帛貫”，殊未分明。其以組爲貫甲之物，得之。惠氏引《周書》孔《注》，亦謂：“組以貫甲。”其引《少儀》“甲不組縢”，未申其義。沈欽韓補之曰：“《少儀》‘甲不組縢’，《注》：‘組縢，以組飾之及紟帶也。’《疏》云：‘謂以組連甲及爲甲帶。言紟帶，解經縢字，縢是縛約之名。’《釋文》云：‘紟，結也。’如鄭義，亦以組連甲，因以爲飾。”據沈説，則服《注》與鄭君合。其甲帶以連甲之上旅，下旅別是一物。惟賈《注》“盈竅”，竅在甲之何處，惠、沈諸君皆未釋。李貽德云：“《函人》：‘犀甲七屬，兕甲六屬，合甲五屬。’《注》：‘屬謂上旅、下旅札續之數也。’《疏》云：‘一葉爲一札。上旅之中，續甲①七節、六節、五節，下旅之中亦有此節。’《函人》又云：‘權其上旅與其下旅，而重若一。’《疏》云：‘謂札葉爲旅者，以札衆多，故言旅，旅即衆也。’然則凡甲，聚衆札爲之。鄭讀‘屬’如灌注之‘注’，謂其相連注也。賈、服皆云‘以組綴甲’。《説文》：‘綴，合著也，從叕、系。’《内則》：‘織紝、組、紃。’《疏》曰：‘組、紃俱爲絛也，薄闊爲組，似繩者爲紃。’若然，組綴甲謂以薄闊如絛者施諸縫中耳。‘被’當從《説文》作‘綯’，《説文》：‘綯，絛屬，讀若被。’又云：‘練，湅繒也。’湅繒即《考工記》之‘湅帛’是已。湅之帛謂之練，此蓋以練爲綯，而以綴甲。”李氏説甲制甚晰，則賈所謂“盈竅”，“竅”謂札相比空隙之處也。“帛盈竅而任力半，組盈竅則盡任力”者，札是散材，力謂札相比處牽貫之力。惠氏謂：“帛粗任力半，組細盡任力。”深得賈義。李氏訓“力”爲“功”，以功之精粗言，非也。

組練用以連甲，札皆在甲裏。馬氏謂組爲甲裏、練爲甲裏，與賈氏説同。惟賈謂車士組甲，步卒被練，馬謂組甲公族，被練卑者，爲異。《楚語》：“在中軍王族而已。”則公族亦得與軍事。據賈、馬説，則組甲貴，故數少，被練賤，故數多。《晉書·王敦傳》：“明帝下詔討錢鳳曰：‘朕親御六軍，被練三千，組甲三萬，總統諸軍，討鳳之罪。’”則以被練爲貴，組甲爲賤，與賈、馬説違。本《疏》引賈、馬説駁之。其駁賈云：“然則甲貴牢固，組、練俱用絲也。練若不固，宜皆用組，何當造不牢之甲，而令步卒服之？豈欲其被傷，故使甲不牢也。若練以綴甲，何以謂之‘被’也？”其駁馬云：“又組是縧繩，不可以爲衣服，安得以爲甲裏？”又申杜説云：“杜言‘組甲，漆甲成組文’，今時漆甲有爲文者。被練，文不言

甲，必非甲名。被是被覆衣著之名，故以爲練袍，被於身上。雖并無明證，
而杜要愜人情。"沈欽韓云："漆如何成條文？袍是有著之稱，非戰所用。
被練若非甲，則被練三千，免者三百，既非甲士，是何物也？以練袍爲戰
服，妄矣！且賈云'盈竅'，杜既不明，孔亦不疏，好爲臆説，撥棄先儒，
不好學如是乎①？"嚴蔚説與沈略同。李貽德云："孔氏以文不言甲，必非
甲名，則文不言袍，杜何由知此是練袍乎？《韓非子》：'驅其練甲。'此
不稱甲，以已舉組甲，則此可不煩明指。"右皆駁正《疏》説。洪亮吉、朱
駿聲亦皆以杜説爲非。按：《疏》雖引馬融説，而不知馬説同於賈氏。馬明
云"組練爲裹"，《疏》乃云："縧繩不可以爲衣服。"則於馬説亦未審核。

以侵吳。

吳人要而擊之，獲鄧廖。其能免者，組甲八十、被練三百而已。
子重歸，既飲至，三日，

〔疏證〕《□②年傳》："凡公行，告於廟。反行，飲至，舍爵，策勳
焉。"據《詩·六月》："來歸自鎬"，則勞還師亦有飲至之禮。

吳人伐楚，取駕。

駕，良邑也。

鄧廖，亦楚之良也。

君子謂："子重於是役也，所獲不如所亡。"

〔疏證〕杜《注》："當時君子"。本《疏》："《傳》諸言君子論議往事，
多是丘明自言，託之君子。此《傳》君子謂子重亡多於獲，楚人以君子之
言咎責子重，不得爲後世君子，故云當時君子。"按：《傳》稱君子，皆是
丘明之辭，楚人咎子重，即在失帥與邑，不必因君子之言。丘明之論，若
在"心疾而卒"下，於文非便，故置於此，杜説太泥。

楚人以是咎子重，

子重病之，遂遇心疾而卒。

〔疏證〕汪瑜云："《靈樞經·藏府病形篇》云：'愁憂恐懼則傷心。'"

---

① 科學本注：以上二十六字不見於沈氏《左傳補注》。
② 科學本注：原稿闕"桓公二"三字。

公如晉，始朝也。

夏，盟于長樗。

孟獻子相，

〔疏證〕杜《注》：“相，儀也。”

公稽首。

〔疏證〕稽首，已說於僖二十三年。按：哀十七年：“公會齊侯盟于蒙，孟武伯相。齊侯稽首，公則拜。齊侯怒，武伯曰：‘非天子，寡君無所稽首。’”可證此《傳》“公稽首”，用諸侯于天子禮。

知武子曰：“天子在，而君辱稽首，寡君懼矣。”

孟獻子曰：“以敝邑介在東表，密邇仇讎，

〔疏證〕《讀本》：“介，攝也。”杜《注》：“仇讎，謂齊、楚與晉爭。”

“寡君將君是望，敢不稽首？”

晉爲鄭服故，且欲修吳好，

〔疏證〕《二年傳》：“冬，復會于戚，鄭人乃成。”

將合諸侯。

使士匄告于齊曰：“寡君使匄，以歲之不易，不虞之不戒，

〔疏證〕杜《注》：“不易，多難也。”《文王傳》：“虞，度也。”《說文》：“戒，警也。”《曾子問注》：“戒，猶備也。”

“寡君願與一二兄弟相見，

〔疏證〕杜《注》：“列國國君相爲①兄弟。”

“以謀不協。請君臨之，使匄乞盟。”

齊侯欲勿許，而難爲不協，

乃盟于耏外。

---

① 科學本注：阮刻本作“謂”。

〔疏證〕杜《注》：“耏，水名。”本《疏》：“齊侯與盟，其盟不離城之左右。”江永云：“《水經注》：‘時水出齊城西南二十五里，平地出泉，即如水也。澅水出管城東北，逕博昌南界，入時水，自下通謂之澅。又東北至廣饒故城北，入淄水。《齊乘》又名耏水。又京相璠曰：今臨淄唯有澅水，西北入沛①。即《地理志》如水。耏、如聲相似，然則澅水即耏水。蓋以澅與時合，得通稱矣。’”江氏引《水經注》見《水經·瓠子水②篇》，又云：“時，即耏水也，音而。《春秋》襄公三年，齊、晉盟于耏者也。”下引京相說。惠棟亦用江說。馬宗璉云：“《左傳》‘歃如忘’，服《注》：‘如，而也。’星隕而雨，即星隕如雨也。京相璠以‘耏、而聲相似’是也。《孟子》：‘宿於晝。’③《史記注》引劉熙《注》：‘晝，齊西南近邑。’”按：馬氏以晝邑即澅水也。《讀本》：“時水出青州府臨淄縣西南二十五里，伏淄所發，經博興縣南，與小清河會，至樂安縣，從馬車瀆入海。”蓋用《水經》釋以今地。據《疏》說，則耏水即在今臨淄縣境。餘見《莊九年傳》“乾時”下。

祁奚請老，

〔疏證〕杜《注》：“老，致仕。”《晉語注》：“祁奚既老，平公元年復爲公族大夫。”韋據《外傳》爲說。晉平元年當魯襄之十六年，祁奚仍再出仕，蓋甚老壽也。范宣子與鰤大夫爭田，宣子欲攻之，問於祁奚。祁奚曰：“公族之不恭，公室之有回，内事之邪，大夫之貪，是吾罪也。”

晉侯問嗣焉。

〔疏證〕杜《注》：“嗣，續其職位者。”

稱解狐，其讐也，

〔疏證〕本《疏》：“讐者，相負挾怨之名。”馬宗璉云：“《韓非子·外儲説篇》：‘解狐薦其讐於簡子，以爲相。’”按：此解狐別是一人，馬説非。

將立之而卒。

〔疏證〕杜《注》：“解狐已卒。”

---

① 科學本注：按“沛”字係“濟”字之訛。
② 科學本注：“水”字係“河”字之訛。
③ 科學本注：馬氏讀“晝”爲“晝”。

又問焉。對曰："午也可。"

〔疏證〕杜《注》："午，祁奚子。"

於是羊舌職死矣，

晉侯曰："孰可以代之？"對曰："赤也可。"

〔疏證〕《晉語注》："羊舌赤，職之子，銅鞮伯華也。"杜《注》："赤，職之子伯華。"用韋説。《大戴禮·將軍文子篇》①："祁奚曰：'其爲人之淵泉也，多聞而②誕也，大③内辭足以没世，國家有道，其言足以生，國家無道，其默足以容，蓋銅鞮伯華之子也。'"

於是使祁午爲中軍尉，羊舌赤佐之。

君子謂："祁奚，於是能舉善矣。

"稱其讐，不爲諂；

〔疏證〕《説文》："諂，諛也。"《鬼谷子·權篇》："諂，先意承欲者也。"杜《注》："諂，媚也。"本《疏》："設令他人稱其讐，則諂以求媚也。"

"立其子，不爲比；

"舉其偏，不爲黨。

〔疏證〕杜《注》："偏，屬也。"本《疏》："軍師屬己，分之別行，謂之偏師。"

"《商書》曰：'無偏無黨，王道蕩蕩。'

〔疏證〕《洪範》文。鄭《注》："黨，朋黨。"《吕覽·貴公》亦引此二句，《注》："蕩蕩，平易也。《詩》：'魯道有蕩。'"杜《注》："蕩蕩，平直無私。"

"其祁奚之謂矣。

---

① 科學本注：原稿從馬宗璉《春秋左傳補注》。"將軍"上脱"衛"字。
② 科學本注：原稿"而"下脱"難"字。
③ 科學本注：《四部叢刊》用明刻本，"大"作"不"。

〔疏證〕《晉世家》："悼公問臣何用者，祁傒舉解狐。解狐，傒之仇。復問，舉其子祁午。君子曰：'祁傒可謂不黨矣！外舉不避[1]仇，內舉不隱子。'"史公約丘明論祁奚意也，不言伯華，文略。

"解狐得舉，祁午得位，伯華得官，

〔疏證〕杜《注》："未得位，故曰得舉。"本《疏》："官、位一也，變文相辟耳。"

"建一官而三物成，

〔注〕服云："所舉三賢，各能成其職事。"本《疏》。

〔疏證〕杜《注》："一官，軍尉。物，事也。"不用服說。本《疏》："尉、佐同掌一事，故爲'建一官'也。三事成者，成其得舉、得位、得官也。"下引服說，駁之云："按：解狐得舉而死，身未居職，何成事之有？"按：《□□[2]傳》："物，事也。"故服、杜并訓爲"事"。解狐雖未居職，然舉當其才，有成事之望，故《傳》與午、赤并論之，《疏》駁非。

"能舉善也夫。

〔疏證〕《釋文》："'夫'絶句，一讀以'夫'爲下句首。"

"[3]唯善，故能舉其類。

"《詩》云：'惟其有之，是以似之。'

〔疏證〕《裳裳者華》文。《傳》："似，嗣也。"陳奐《詩疏》云："《傳》讀'似'爲'嗣'者，言古君子有是美德，是以嗣爲世官也。"下引此《傳》爲證。又云："按：此上文言問嗣，其下即引此《詩》，則《詩》之'似'正訓作'嗣'，以美祁奚能舉善嗣其官，即是不廢世祿之類。毛《傳》實本《左傳》以立訓也。"按：陳說是也。杜《注》："言唯有德之人，能舉似己者。"以"似"爲肖，似非古訓。

"祁奚有焉。"

---

① 科學本注：開明版二十五史作"隱"字。
② 科學本注：原稿闕文。眉批"查詩"，疑指《詩·烝民》"有物有則"句。
③ 林按：楊本此處多"夫"字。

六月，公會單頃公及諸侯。

〔疏證〕杜《注》："單頃公，王卿士。"

己未，同盟于雞澤。

晉侯使荀會逆吳子于淮上，

〔疏證〕高士奇云："此淮上當在臨淮泗州之境。"

吳子不至。

楚子辛爲令尹，侵欲於小國，

陳成公使袁僑如會求成。

〔疏證〕杜《注》："袁僑，濤塗四世孫。"《世族譜》："轅僑，桓子。"

晉侯使和組父告于諸侯。

〔疏證〕高士奇云："和組父，雍子。"梁履繩云："雍子，故楚人，見襄二十六年。高氏以爲一人，未知所據。"

秋，叔孫豹及諸侯之大夫及陳袁僑盟，陳請服也。

晉侯之弟揚干亂行於曲梁，

〔注〕賈云："行，陳也。"《晉世家集解》。

〔疏證〕杜《注》："行，軍次。"用賈説。《晉語注》亦云："行，行列也。"李貽德云："《夏官·序官》'行司馬'《注》：'行，謂軍行列。'陳，亦列也。"按：《士師》："大師率其屬而禁逆軍旅者與犯師禁者而戮之。"《注》："犯師禁，干行陳也。"《疏》："干犯軍之行陳。按：昭元年，晉荀吳敗狄于太原，將戰，魏舒曰：'請皆卒，自我始。'荀吳之嬖人不肯即卒，斬以徇。襄三年，雞澤之盟，晉侯之弟揚干亂行于曲梁，魏絳戮其僕，絳曰：'軍事有死無犯爲敬。'此二者是反將命於行陳之事也。"反將命，謂不用將帥命，當是《左氏》古義。《晉語》："趙宣子言韓獻子于靈公以爲司馬。河曲之役，趙孟使人以其乘車干行，韓獻子執而戮之。"與此事相類。《晉世家》："悼公弟揚干亂行。"杜不釋"曲梁"。《晉語注》："梁，晉地。"江永云："按：即雞澤地。"

魏絳戮其僕。

〔注〕賈云：“僕，御也。”《晉世家集解》。

〔疏證〕杜用賈義。本《疏》：“以車亂行，是御者之罪，故戮其僕也。《周禮》司寇之屬有掌戮之官，鄭玄云：‘戮，猶辱也。既斬殺，又辱之。’則此言戮者，乃殺之以徇於軍。成二年，韓獻子既斬人，‘郤子使速以徇’。此戮即彼徇之謂也。文十年，楚申舟抶宋公之僕以徇。或曰：‘國君不可戮也。’彼抶以徇，亦稱爲戮。下云‘至于用鉞’，當是殺之乃以徇也。”按：《年表》：“晉悼公三年，魏絳辱揚干。”史公據魏絳行法之意書之，下亦云：“揚干爲戮。”

晉侯怒，謂羊舌赤曰：“合諸侯以爲榮也。揚干爲戮，何辱如之？必殺魏絳，無失也！”

〔疏證〕羊舌赤爲中軍佐，蓋掌軍之政令，故悼公命以殺魏絳。《魏世家》：“悼公怒曰：‘合諸侯以爲榮，今辱吾弟。’將誅魏絳。”

對曰：“絳無貳志，事君不辟難，有罪不逃刑，

〔注〕服云：“謂敢斬揚干之僕，是不辟獲死之難。”本《疏》。

〔疏證〕杜無注。本《疏》：“此言絳之宿心舊行耳，非獨爲此事言也。”下引服説，駁之云：“然則斬僕，依軍法也，豈是絳之罪，而得謂之‘有罪不逃刑’乎？”壽曾謂：服意亦以“不辟難、不逃刑”爲絳之宿心舊行，故止以“斬僕”釋“不辟難”，舉本事以證平日也，故“不逃刑”則無説。《疏》駁太泥。《表記》：“事君，軍旅不辟難。”與《傳》義同。《後漢書·李膺傳》：“收捕鉤黨，鄉人謂膺曰：‘可去矣。’膺曰：‘事不辟難，罪不逃刑，臣之節也。’”《注》：“《左傳》：絳‘事君不辟難，有罪不逃刑’。”是舊説以“不辟難、不逃刑”爲人臣之大節。

“其將來辭，何辱命焉？”

〔疏證〕杜無注。《晉語①注》：“辭，陳其辭狀也。”按：謂將以辭來，即下云“授僕人書”也。

言終，魏絳至，

授僕人書，

---

① 科學本注：原稿脱“語”字，補之。

〔疏證〕《晉語注》：“僕人，掌傳命。”杜《注》：“僕人，晉侯御僕。”用韋説。《御僕》“掌群吏之逆及庶民之復”，《注》：“鄭司農云：‘逆謂受下奏。復謂奏事。’”韋云：“傳命。”用先鄭義也，絳授僕人書是“受下奏”。

將伏劍。士魴、張老止之。

〔疏證〕《晉語注》：“聞公怒，欲自殺。”本《疏》：“謂仰劍刃身，伏其上而取死也。”

公讀其書，曰：“日君乏使，使臣斯司馬。

〔疏證〕《晉語注》：“日，前日也。”杜《注》：“斯，此也。”黄生《義府注》：“斯，讀爲‘廝役’之‘廝’，謙言爲役于司馬耳。”俞樾云：“‘使臣此司馬’甚爲不辭。斯，疑‘廁’字之誤。《晉語》：‘使臣狃中軍之司馬。’狃亦廁也。《廣雅·釋詁》曰：‘粗，廁也。’粗、狃義通。”

“臣聞‘師衆以順爲武，

〔疏證〕《晉語注》：“順，順令也。”杜《注》：“順莫敢違。”用韋義。

“‘軍事有死無犯爲敬’。

〔疏證〕杜《注》：“守官行法，雖死不敢有違。”惠棟云：“韋昭云：‘有死其事，無犯其令，是爲敬命。’按：韓獻子爲司馬，趙孟使人以其乘車干行，獻子執而戮之，宣子召而禮之，曰：‘夫軍事無犯，犯而不隱，義也。’韋説頗勝於杜。”

“君合諸侯，臣敢不敬？

〔疏證〕《晉語注》：“敢不盡奉其職。”

“君師不武，執事不敬，罪莫大焉。

“臣懼其死，以及揚干，無所逃罪。

“不能致訓，至于用鉞。

〔疏證〕洪亮吉云：“《説文》：‘戉，斧也，從戈乚聲。’‘鉞，車鑾聲也，從金戉聲。《詩》曰：“鑾聲鉞鉞。”’按：以鉞爲‘斧戉’之戉，經典承訛已久，難以改正。”杜《注》：“用鉞斬揚干之僕。”

"臣之罪重，敢有不從以怒君心？

〔疏證〕杜《注》："從，謂從揚干罪名。言不敢不從戮。"

"請歸死於司寇。"

〔疏證〕歸死，請歸命也。杜《注》："致尸於司寇，使戮之。"非。

公跣而出，曰：

〔疏證〕《晉語注》："跣，徒跣也。"《讀本》："不屨而行曰跣。古者，脫屨於戶外，出則屨之。晉侯急見魏絳，故未及屨而出也。"

"寡人之言，親愛也。吾子之討，軍禮也。

"寡人有弟，弗能教訓，

〔疏證〕《曲禮》："教訓正俗。"《疏》："熊氏云：'教，謂教人師法。訓，謂訓説義理。'"

"使干大命，寡人之過也。

"子無重寡人之過，敢以爲請。"

〔疏證〕杜《注》："請使無死。"

晉侯以魏絳爲能以刑佐民矣，

反役，與之禮食，

〔疏證〕《晉語注》："反役，自役反也。禮食，公食大夫之禮。"杜《注》："群臣旅會，今欲顯絳，故特爲設禮食。"群臣旅會，猶言饗食，即公食大夫禮也。杜以"禮食"爲旅會，與韋説同。《御覽》八百四十一引《注》："群臣旅會，禮食也。""今欲顯絳，故特爲設此。"疑是舊注，杜用之，而删移其文已。本《疏》："'與之禮食'者，若公食大夫禮，以大夫爲賓，公親爲之特設禮食。"則與韋義合。馬宗璉云："《禮記正義》云：'凡正饗，食在廟。'晉悼公以公食大夫禮，而饗莊子於廟，因以爵禄告諸先君，而策命之，使佐新軍。"

使佐新軍。

〔注〕服虔云："於是魏頡卒矣，使趙武將新軍，代魏頡，升魏絳佐新

軍，代趙武也。"本《疏》。

〔疏證〕杜無注，故《疏》引服《注》無駁，又云："《世族譜》魏
顆、魏絳俱是魏犨①之子，顆長，生頡，則絳是頡之叔父。《魏世家》武子
生悼子，悼子生絳，則絳是犨孫。計其年世，孫應是也。先儒悉皆不然，
未知何故。"據《疏》，則賈、服諸儒皆以絳爲犨子，杜依用之。李貽德云：
"按《晉語》言悼公即位，'使呂宣子佐下軍，郤恭子將新軍，使令狐文子
佐之'。《注》云：'文子，魏顆之子魏頡也。'又云：'呂宣子卒，公以趙
文子爲文也而能恤大事，使佐新軍。'據《國語》所云，魏絳直代魏頡，
而魏頡未嘗離新軍佐也。今以服意推之，知《國語》文不具也。魏頡始爲
新軍佐，及呂宣子卒，郤恭子以新軍將升佐下軍，頡以佐升將，故趙文子
得佐新軍也。及魏頡卒，則趙武升爲將，而魏絳代趙武爲佐矣。《九年傳》
云'魏絳多功，以趙武爲賢，而爲之佐'者也。"按：李説是也。《晉語》：
"公乃以魏絳爲不犯，使佐新軍也。"

張老爲中軍司馬，

〔疏證〕《晉語》："使張老爲司馬。"《注》："代魏絳也。"

士富爲候奄。

〔疏證〕《晉語》："使范獻子爲候奄。"《注》："代張老。候奄，元候
也。獻子，范文子之族昆弟士富也。"杜《注》："士會別族。"用韋義。惠
棟云："是范氏有兩獻子矣。"

楚司馬公子何忌侵陳，陳叛故也。

〔疏證〕《年表》："陳成公二十九年，倍楚盟，楚侵我。楚共王二十一
年，使何忌侵陳。"《陳世家》："成公二十八年，楚莊王卒。二十九年，陳
倍楚盟。三十年，楚共王伐陳。"

許靈公事楚，不會于雞澤。

冬，晉知武子帥師伐許。

〔經〕 四年，春，王三月，己酉，陳侯午卒。

---

① 科學本注：原稿爲"讎"，誤，改之。

〔疏證〕杜《注》：“三月無己酉，日誤。”貴曾曰^①

《年表》：“陳成公三十年薨。”《陳世家》：“成公三十年卒，子哀公弱立。”

夏，叔孫豹如晉。

秋，七月，戊子，夫人姒氏薨。

〔疏證〕《公羊》“姒”曰“弋”。臧壽恭云：“按：《説文》無‘姒’字，當作‘以’。‘以’與‘弋’同音相通。”杜《注》：“成公妾，襄公母。姒，杞姓。”按：《解詁》：“莒女。”此《公羊》家異説。《穀梁集解》與杜同。本《疏》：“據《傳》匠慶之言，知是襄公之母。以子既爲君，故得稱夫人而言薨也。於時諸國，杞、鄶之徒，皆姒姓。據大者言之，故云‘姒，杞姓’，疑是杞女，而未審故也。”詳《疏》説，則定姒容非杞女。趙佑云：“《公羊》於鄶世子巫如晉，《傳》有‘舅出’之文，則定姒蓋鄶女。杞、鄶皆姒姓。”此不用《解詁》“莒女”説，義或然也。

葬陳成公。無《傳》。

八月，辛亥，葬我小君定姒。無《傳》。

〔疏證〕《公羊》“姒”曰“弋”。《謚法》：“純行不爽曰定。”杜《注》：“赴同、祔姑、反哭成喪，皆以正夫人禮，母以子貴。”按：母以子貴，《左氏》《公羊》家説并同，已説於□□□^②年。本《疏》：“舊説：妾子爲君，其母不得成爲夫人，故杜詳言之。”詳《疏》引舊説，當亦是《左氏》説，師説不同。《疏》又云：“季孫初議，欲不成定姒之喪。君子謂之‘多行無禮’，則季孫初議是無禮也。既季孫議爲無禮，明知於禮得成，是知妾母成尊，是爲正法。但尊無二上，適母若在，君尚不得盡禮於其母，臣民豈得以夫人之禮事之哉？適母既薨，則君得盡禮。君既盡夫人之禮事其母，臣民豈得以妾意遇之哉？故適母薨，則妾母尊也。哀姜既薨，成風乃正。出姜既出，敬嬴乃正。齊姜既薨，定姒乃正。襄公一世無夫人，故齊婦得正也。鄭玄以爲正夫人有以罪廢，妾母得成爲夫人也。哀姜雖被齊殺，僖公請而葬之。按：《經》薨葬備文，安得以罪黜也？又齊姜非以罪黜，定姒薨葬成，尊成風、定姒，并無譏文，故知其法得成也。”詳《疏》意，

與《左氏》説"母以子貴"義合。鄭君説^①"正夫人罪廢，妾母得成夫人"者，止據哀姜、成風而言，已詳彼經《疏證》。

冬，公如晉。

〔疏證〕《年表》："公如晉。"

陳人圍頓。

〔傳〕 四年，春，楚師爲陳叛故，

猶在繁陽。

〔疏證〕杜《注》："繁陽，楚地。"《郡國志》："汝南郡宋公國，周名郪丘，誤改爲新郪，有繁陽亭。"《一統志》："繁陽亭在河南汝寧府新蔡縣北。"

韓獻子患之，言於朝曰：

"文王帥殷之叛國以事紂，唯知時也。

〔疏證〕惠棟曰："《周書·程典》曰：'維三月，既生魄，文王合六州之侯，奉勤于商。'孔晁曰：'三分天下有其二，以服事殷也。'"文淇按：《後漢書·西羌傳》："及文王爲西伯，西有昆夷之患，北有獫狁之難，遂攘戎狄而戍之，莫不賓服。乃率西戎，征殷之叛國以事紂。"《注》引此《傳》，據率西戎之文，則叛國在西方。壽曾謂：《詩譜》以六州爲雍、梁、荊、豫、徐、揚，彼《疏》云："其餘冀、青、兖屬紂。"此稱叛國，當在六州中，如雍、梁皆西方也。

"今我易之，難哉！"

〔疏證〕杜《注》："晉力未能服楚，受陳爲非時。"按：易之謂受陳速也。

三月，陳成公卒。

楚人將伐陳，聞喪乃止。

〔疏證〕《十九年傳》："晉士匄侵齊，至穀，聞齊侯卒，乃還。"《傳》曰："聞喪而還，禮也。"

---

① 科學本注：原稿眉批："鄭君説升爲注。"

陳人不聽命。

〔疏證〕杜《注》："不聽楚命。"按：杜説未晰。蓋楚班師而召盟，陳不聽命也。

臧武仲聞之，曰："陳不服於楚，必亡。

"大國行禮焉，而不服，在大猶有咎，而況小乎？"

夏，楚彭名侵陳，陳無禮故也。

〔疏證〕《年表》："楚共王二十二年伐陳。陳成公三十年，楚伐我。"

穆叔如晉，報知武子之聘也。

〔疏證〕《元年經》："晉侯使荀罃來聘。"

晉侯享之，

〔疏證〕《魯語》："晉悼公饗之。"《注》："以饗禮見也。"

金奏《肆夏》之三，不拜。

〔疏證〕《魯語注》："金奏，以鐘奏樂也。《肆夏》一名《繁》，《韶夏》一名《遏》，《納夏》一名《渠》，此《三夏》曲也。禮有《九夏》，《周禮·鐘師》：'掌以鐘鼓奏《九夏》。'鄭司農云：'《九夏》皆篇名，《頌》之類也，載在樂章。樂崩亦從而亡，是以《頌》不能具。'"韋引鄭君説，見《鐘師注》。《鐘師》："凡樂事，以鐘鼓奏《九夏》：《王夏》《肆夏》《昭夏》《納夏》《章夏》《齊夏》《族夏》《祴夏》《驁夏》。"《昭夏》即韋所稱《韶夏》也。彼《注》："杜子春云：'《肆夏》，詩也。'"下引此《傳》。又云："《肆夏》與《文王》《鹿鳴》俱稱三，謂其三章也。以此知《肆夏》詩也。《國語》'《肆夏·繁》①《遏》《渠》'，所謂三夏矣。吕叔玉云：'《肆夏·繁》《遏》《渠》皆《周頌》也。《肆夏·繁》，《時邁》也。《遏》，《執競》也。《渠》，《思文》也。'玄謂以《文王》《鹿鳴》言之，則《九夏》皆《詩》篇名，《頌》之族類也，載在樂章，樂崩亦從而亡，是以《頌》不能具。"詳鄭君以《文王》《鹿鳴》爲例，定爲《詩》篇名，即據此《傳》。又廣杜子春説，以爲《頌》之逸篇。其吕叔玉説，鄭所不用。知鄭用杜子

---

① 科學本注："繁"本或作"樊"，阮刻《注疏》則前後混用。

春説者，《鐘師疏》："吕叔玉説是子春引之者，子春之意與叔玉同。"據彼《疏》，則子春亦以《三夏》爲《時邁》諸詩。然尋玩注文，子春不析分《肆夏・繁》《遏》《渠》，非用吕説。鄭君異子春者，止在以《九夏》爲逸《頌》，其以爲逸《詩》則同。

杜《注》："《肆夏》，樂曲名。《周禮》以鐘鼓奏《九夏》，其二曰《肆夏》，一名《繁》。三曰《韶夏》，一名《遏》。四曰《納夏》，一名《渠》。"杜蓋用韋《注》。然韋引鄭君説以證《三夏》，鄭君據本《傳》，以《九夏》爲逸《詩》，而不以《繁》《遏》《渠》分隸《肆夏》以下。其分隸者，韋氏一人之説。知者，杜子春止引《國語》"《肆夏・繁》《遏》《渠》"，吕叔玉乃分《肆夏》爲一、《樊遏》爲一、《渠》爲一，與韋、杜皆不同也。沈欽韓云："吕叔玉説，鄭所不取，杜預復分《樊遏》爲二，徒形其陋。"按：沈説是也。本《疏》下云："'《三夏》，天子所以享元侯。'三者皆名爲《夏》，知是其次二《夏》并《肆夏》爲三也。《周禮》謂之《肆》《韶①》《納》，《魯語》謂之《繁》《遏》《渠》，故杜以爲每夏有二名。"此《疏》申杜説也。《疏》又備引《鐘師》杜、吕、鄭説而總之云："數家之説，各以意言，經典散亡，無以取正。"此當是舊疏之詞。舊疏舉杜《注》及吕、鄭諸説，而謂"各以意言，無所取正"，雖不顯言杜失，亦不謂杜説必不可從。

其下則云："劉炫云：'杜爲此解，頗允《三夏》之名，而分字配篇，不甚愜當。何則？《文王》之三即《文王》是其一，《大明》《緜》是其二。《鹿鳴》之三，則②《鹿鳴》是其一，《四牡》《皇皇者華》是其二。然則《肆夏》之三，亦當《肆夏》是其一，《樊遏》《渠》是其二，安得復以"樊"爲《肆夏》之別名也？若"樊"即是《肆夏》，何須重舉二名？雖恥習前蹤，亦未蹓先哲。'今删定知不然者，以此文云'《肆夏》之三'，是自《肆夏》以下有三，故爲《韶夏》《納夏》。若《國語》直云'金奏《繁》《遏》《渠》'，則《三夏》之名没而不顯，故於'繁'字之上特以'肆夏'冠之。《國語》舉其難明，以會左氏《三夏》之義。劉不曉杜之深意，遂欲妄從先儒。先儒二説，何所馮準？先儒以'繁''遏'二字共爲《執競》，以'渠'之一字，獨爲《思文》。分字既無定限，文句多少任意，則杜以'繁'共'肆夏'爲句，何爲不可？"此自"劉炫"以下皆光伯《述議》語，"今删定"以下乃唐人駁炫之語。據炫説，亦謂"《肆夏》是

---

① 科學本注："韶"本或作"昭"。
② 科學本注："則"疑係"即"之誤。

其一,《樊遏》《渠》是其二”,又云:“雖恥習前蹤,亦未踰先哲”,則炫所稱確爲《左氏》古義。杜子春注《國語》:“《肆夏》《樊遏》《渠》,所謂《三夏》矣。”與古《左氏》説合。竊疑《鐘師》“九夏”如《詩》稱某之什,《九夏》皆什之首篇,舉《肆夏》之三,則《樊遏》《渠》可賅。析“《肆夏》《繁遏》《渠》”爲三,此吕氏之誤。韋《注》以“肆夏繁”連文,則尤誤矣。炫説與杜子春同,與鄭康成小異而大同,與吕叔玉、韋昭不同。本《疏》不察炫説與先儒説從違,惟據吕氏分字之例以袒杜《注》,則惑之甚者也。

《繁遏》《渠》爲二詩,作何分析,師説軼亡,今無以考。杜以《肆夏》爲樂曲名,與杜子春、鄭君稱爲《詩》者異,蓋用先鄭説。《大司樂[①]》:“行以《肆夏》,趨以《采薺》。”《注》:“鄭司農云:‘《肆夏》《采薺》皆樂名,或曰皆逸《詩》。’”彼《疏》云:“按:襄四年,‘金奏《肆夏》’,杜亦云:‘《肆夏》,樂曲名。’按:《鐘師注》:‘《九夏》皆《詩》之大者,載在樂章。’以此言之,《肆夏》亦《詩》篇名。先鄭云‘或曰皆逸《詩》’,得通一義也。”又云:“杜子春之意,《九夏》皆不言詩,是以解者不同,故杜注《春秋》云‘《肆夏》爲樂曲名’。今云《肆夏》詩,則《九夏》皆詩,後鄭從之。”據彼《疏》,則先鄭説《肆夏》兼樂曲、逸《詩》而言,其推杜子春意,《九夏》皆不言詩,詩是樂訛,杜子春説顯云:“《肆夏》,詩也。”《肆夏》以詩入樂,兼二義乃備。宋本《疏》云:“肆,遂也。夏,大也。言遂於大位,謂王位也。”此是“肆夏”舊説。

工歌《文王》之三,又不拜。

〔疏證〕《魯語注》:“《文王》《大明》《緜》,《大雅》之首,《文王》之三也。”杜《注》:“工,樂人也。”餘用韋説。

歌《鹿鳴》之三,三拜。

〔疏證〕《魯語》:“樂及《鹿鳴》之三,而後拜樂三。”《注》:“悼公先爲穆子作《肆夏》《文王》各三篇而不拜,至《鹿鳴》三篇,而後拜樂三也。”杜《注》:“《小雅》之首:《鹿鳴》《四牡》《皇皇者華》。”《詩譜》:“天子饗元侯,歌《肆夏》,合《文王》。於[②]諸侯,歌《文王》,合《鹿鳴》。”《疏》云:“《傳》言‘金奏《肆夏》’,此云歌者,凡樂之初作,皆

---

① 科學本注:“大司樂”當作“樂師”,原稿誤引。

② 科學本注:原稿脱“於”字。

擊金奏之。《論語》：‘始作，翕如也。’鄭云：‘始作，謂金奏。’又《左傳》云：‘歌鐘二肆。’是歌必以金奏之。其實《文王》《鹿鳴》亦金奏，《肆夏》亦工歌，互言之也。”

韓獻子使行人子員問之，

〔疏證〕本《疏》：“此言‘韓獻子使行人問’，《魯語》云‘晉侯使行人問’者，彼孔晁《注》云：‘韓獻子曰晉侯使行人問也。’”

曰：“子以君命，辱於敝邑。

“先君之禮，藉之以樂，

〔疏證〕《士虞禮》“藉用葦席①”《注》：“藉猶薦。”杜用鄭説。

“以辱吾子。吾子舍其大，而重拜其細。

〔疏證〕《魯語》：“吾子舍其大而加禮于其細。”《注》：“大，謂《肆夏》《文王》也。細，謂《鹿鳴》也。”

“敢問何禮也？”

對曰：“《三夏》，天子所以享元侯也，使臣弗敢與聞。

〔疏證〕《魯語注》：“元侯，牧伯也。”杜用韋説，則《傳》稱“元侯”，異於群諸侯。本《疏》：“《周禮·大宗伯》云：‘八命作牧，九命作伯。’鄭玄云：‘牧，謂侯伯有功德者。加命得專征伐於諸侯也。伯，謂上公有功德者，加命爲二伯，得征五侯九伯者也。’鄭司農云：‘牧，一州之牧也。伯，長諸侯爲方伯也。’然則牧是州長，伯是二伯。”

“《文王》，兩君相見之樂也，使臣不敢及。

〔疏證〕《魯語注》：“此三篇皆美文王、武王有盛德，天所輔祚，其徵應符驗，著見於天，乃天命，非人力也。周公欲昭先王之德於天下，故兩君相見得以爲樂也。”杜《注》：“及，與也。《文王》之三，皆稱文王之德，受命作周，故諸侯會同以相樂。”用韋説。本《疏》：“《詩序》：‘《文王》，言文王受命作周。《大明》，言文王有明德，故天復命武王②。《緜》，言文王

---

① 科學本注：以上七字原稿闕文。

② 科學本注：阮刻本“武王”下有“伐紂”二字始爲句。

之興本由太王。'是《文王》之三，皆稱文王之德，能受天命，造立周國，故諸侯會同，歌此以相燕樂耳。朝而設享，是亦二君聚會，故以會同言之。"

"《鹿鳴》，君所以嘉寡君也，敢不拜嘉？

〔疏證〕《魯語》："夫《鹿鳴》，君所以嘉先君之好也，敢不拜嘉？"《注》："嘉，善也。《鹿鳴》曰：'我有嘉賓，德音孔昭。'是爲嘉善先君之好也。"杜《注》："晉以叔孫爲嘉賓，故歌《鹿鳴》之詩，取其'我有嘉賓'也。"用韋説。又云："叔孫奉君命而來，嘉叔孫，乃所以嘉魯①君。"與韋説"嘉善先君之好"義異。按：《傳》云"嘉寡君"，則是嘉魯襄，與《外傳》"嘉先君之好"者不同。《鹿鳴》二章："我有嘉賓，德音孔昭。"《箋》云："德音，先王道德之教也。嘉賓，語先王德教甚明②。"韋稱"爲嘉善先君"者，據鄭君説。然鄭君《燕禮注》則云："德音，嘉賓之明德。"與箋《詩》又自異。《鹿鳴序》："燕群臣嘉賓也。"杜以叔孫爲嘉賓，用《序》説。按：《鹿鳴》爲燕禮通用之樂，杜謂以叔孫嘉賓歌《鹿鳴》，非。

"《四牡》，君所以勞使臣也，敢不重拜？

〔疏證〕《詩序》："《四牡》，勞使臣之來也。"《魯語》："《四牡》，君之所以章使臣之勤也，敢不拜章？"《注》："言臣奉命勞勤於外，叙述其情，以歌樂之，所以著其勤勞也。"杜《注》："《詩》言使臣乘四牡，騑騑然行不止。勤，勞也。"用韋説。又云："晉以叔孫來聘，故以此勞之。"此與説《鹿鳴》誤同，備疏於後。

"《皇皇者華》，君教使臣曰：

〔疏證〕《詩序》："《皇皇者華》，君遣使臣也。"首章《傳》："皇皇，猶煌煌也，忠臣奉使，能光君命。"韋、杜并用毛説。按：《傳》下述詩義非引詩句，故云"君教使臣"，文例自別。本《疏》："此《詩》本意，文王教出使之臣，今晉君歌此以寵穆叔，穆叔執謙，以爲晉侯所教。"

"'必諮於周。'

〔疏證〕《魯語》："'每懷靡及'，諏、謀、度、詢，必咨於周。"《注》："訪問於善爲咨，忠信爲周，言諏、謀、度、詢，必當咨之於忠信之人。"

---

① 科學本注：原稿作"寡"。
② 科學本注：以上九字疑衍。

《外傳》以忠信爲周，當六德之一，故韋據之。杜《注》："言必於忠信之人，諮此四事。"用韋説。《皇華》："周爰咨諏，周爰咨謀，周爰咨度，周爰咨詢。"毛《傳》引《外傳》"忠信爲周"釋"周"字。陳奐《詩疏》云："諮，俗字。"

"臣聞之：'訪問於善爲咨，

〔疏證〕《説文》："謀事曰咨。"杜《注》："問善道也。"

"'咨親爲詢，

〔疏證〕《釋□①》："詢，謀也。"《皇華傳》："親戚之謀爲詢。"《魯語注》用毛義。杜《注》同。

"'咨禮爲度，

〔疏證〕《釋□②》："度，謀也。"《魯語》："咨義爲度。"《皇華傳》："咨禮義所宜爲度。"兼《外傳》爲訓。韋《注》亦云："咨禮義爲度。"杜《注》："問禮宜。"

"'咨事爲諏，

〔疏證〕《釋□③》："諏，謀也。"《説文》："諏，聚謀也。"《魯語》："咨才爲諏。"《注》："才，當爲'事'。"《皇華傳》引《傳》同。陳奐《詩疏》："按：'才'即'事'之假借字。韋《注》依《内傳》改《外傳》，非也。"杜《注》："問政事。"

"'咨難爲謀。'

〔疏證〕《魯語》："咨事爲謀。"《注》："事，當爲'難'。"亦依《内傳》改。《皇華傳》："咨事之難易爲謀。"杜《注》："問患難。"不用毛義。《皇華疏》："唯'難'一事，杜爲'患難'，不同。然患難之事，亦須訪其難易，理亦不異。"陳奐《詩疏》云："《傳》'易'字當衍。《左傳》：'咨難爲謀。'《説文》：'慮難曰謀。'桓六年《左傳》：'會於成，紀來諮，謀齊難也。'諮謀即咨謀，皆無'易'字可證。"據陳説，則《毛詩》亦作"患難"解。

---

① 科學本注：原稿闕文，當作"詁"。
② 科學本注：同前。
③ 科學本注：同前。

"臣獲五善，敢不重拜？"

〔疏證〕《皇華傳》："兼此五者，雖有中和，當自謂無所及，成於六德。"《箋》："五者，咨也、諏也、度也、謀也、詢也，雖得此于忠信之賢人，猶當云已將無所及于事，則成六德。言慎其事。"杜《注》："五善，謂諮、詢、度、諏、謀。"本《疏》："教之咨人，即得一善，故并咨爲五。"《疏》以"教之咨人"爲一善，其實"臣聞之"以下，顯釋五善，咨在五善之列，不關教之咨人，《疏》未得杜義也。

杜數五善，用《傳》《箋》義。《傳》《箋》云"六德"者，《魯語》："君既使臣以大禮，重之以六德，敢不重拜。"《注》："六德，謂諏也、謀也、度也、詢也、咨也、周也。"韋以"周"當六德之一。陳啓源《毛詩稽古編》云："《春秋》内外《傳》說此詩有五善、六德，咨、諏、謀、度、詢爲五善，《内傳》本文自明。《外傳》六德，韋所注於五善之外，取周以備數，與毛《傳》不合。《外傳》云：'懷和爲每懷，咨才爲諏，咨事爲謀，咨義爲度，咨親爲詢，忠信爲周。'據此文義，則所謂六德即上六語矣。'忠信爲周'，言咨於忠信之人，即《内傳》之'訪問於善爲咨'。周、咨一義，韋分兩德，誤也。'懷和爲每懷'，在五善之外，雖有中和，自謂無及，以備六德之一，與《外傳》正相符。"按：陳說是也。周、咨一義，毛《傳》正如此。知者，《皇華》"周爰咨諏"《傳》："忠信爲周，訪問於善爲咨，咨事爲諏。"亦采《外傳》。陳奐《詩疏》云："内外《傳》互明，《内傳》之所謂善，即《外傳》所謂忠信也，'訪問於善'，此即'必咨於周'之義。《内傳》以咨列五善，數咨即數周也，故《外傳》六德不數咨。内外《傳》皆出《左氏》，非有異也。此毛氏兼用内外《傳》說。周、咨并舉，其實諏、謀、度、詢皆連咨言，皆是訪問於善。咨字一義，領下四事意，亦數周不數咨也。斯爲善承《左氏》之學矣。"此亦用《稽古編》說。又云："《傳》列周、咨、諏、謀、度、詢，凡六事，而云'兼此五者'，則合周、咨爲一矣。周、咨合一，諏、謀、度、詢各一，爲五善，從《内傳》說。以五善而加懷和，則謂之六德，從《外傳》說。"按：本《疏》引《外傳》孔晁說云："既有五善，又自謂無及，成爲六德。"是《外傳》舊說以懷和爲一德，韋氏以周爲六德之一，與孔說違。二陳氏皆從孔說也。

杜《注》謂歌《鹿鳴》，爲叔孫奉召命而來；歌《四牡》，爲晉勞叔孫；歌《皇皇者華》，據《詩序》爲遣使臣，詳《傳》。又按：稱"晉侯享之"，是晉於穆叔用享禮，享禮今亡，其用樂僅見於此《傳》。《燕禮》"工歌《四牡》《皇皇者華》"，與穆叔所拜合，然彼自爲《燕禮》之樂。沈欽韓云："《詩譜》：'其用於樂，國君以《小雅》，天子以《大雅》，然而享、賓或上取，燕或下就。何者？天子享元侯，歌《肆夏》，合《文王》。諸侯歌《文王》，合《鹿鳴》。諸侯於鄰國之君，與天子於諸侯同。天子、諸侯燕群臣及聘問之賓，皆歌《鹿鳴》，合鄉樂。'彼《疏》云：'鄉飲酒、燕禮合樂皆降于升歌，歌《鹿鳴》，合鄉樂。則知歌《文王》者當合《鹿鳴》，歌《肆夏》者當合《文王》也。'其於諸侯升歌《大雅》，合樂《小雅》。歌在堂上，合樂在堂下。由在堂下輕，故降升歌一等，此上取也。諸侯以《小雅》燕群臣及賓，而合鄉樂。天子以《大雅》燕群臣及賓，歌《小雅》而合鄉樂，是皆爲下就也。此用樂之差，謂升歌合樂爲例。其舞，則《燕禮》云：'若舞，則《酌》。'是諸侯於臣得用《頌》，與此異也。《郊特牲》《大射》《燕禮》皆云大夫賓奏《肆夏》，及杜子春《周禮注》'賓來奏《納夏》'，皆謂賓始入及庭未行禮之時，與升歌、合樂別也。按：賓入奏《肆夏》，蓋用其節而不取其聲詩，杜預解《鹿鳴》以下，更說新義，不知燕、饗之禮爲常用之樂，是《燕禮》等篇彼生平未之見也。"按：沈説是也。

《鄉飲酒》"乃合樂《周南・關雎》"，《注》："鄉樂者，風也。《小雅》爲諸侯之樂，《大雅》《頌》爲天子之樂。《鄉飲酒》升歌《小雅》，禮盛者可以進取也。燕合鄉樂，禮輕者可以逮下也。《春秋傳》曰：'《肆夏》《繁遏》《渠》，天子所以享元侯也。《文王》《大明》《緜》，兩君相見之樂也。'然則諸侯相與燕，升歌《大雅》，合《小雅》。天子與次國、小國之君燕亦如之。與大國之君，升歌《頌》，合《大雅》。其笙間之篇未聞。"此鄭君説《燕禮》用樂，與《詩譜》義燕禮用此同。其云"禮盛進取"即《詩譜》"上取"，云"禮輕逮下"即《詩譜》"下就"。《郊特牲》"賓入大門而奏《肆夏》"，《疏》："皇氏云：襄四年《左傳》云：'《三夏》，天子所以享元侯。《文王》《大明》《緜》，兩君相見之樂也。'《燕禮》歌《鹿鳴》，合鄉樂。凡合樂，降於升歌一等。王享燕元臣，升歌《三夏》，即《頌》，合樂降一等，即合《大雅》也。元侯自相享，亦歌《頌》，合《大雅》。故《仲尼燕居》兩君相見，歌《清廟》是也。侯、伯、子、男亦^①歌《文王》，合《鹿鳴》也。準約元侯，則天子享燕侯、伯、子、男，亦歌《文王》，合《鹿鳴》也。諸侯燕臣子，歌《鹿鳴》，合鄉樂，燕禮是也。其天子燕在朝臣子，工歌《鹿鳴》，合鄉樂，故鄭作《詩譜》云'天子、諸侯燕群臣及聘問之賓，皆歌《鹿鳴》，合鄉樂'，是也。"此皇氏申鄭君説也，惟

---

① 科學本注：阮刻本"亦"字作"相見既"。

鄭君所據皆燕禮，此《傳》則稱享禮。《鐘師注》亦引此《傳》及《外傳》
爲説，彼《疏》亦全據《詩譜》《鄉飲酒注》義爲説，又云：“天子享臣
子，歌《小雅》，合鄉樂。諸侯享臣子，亦與天子享臣子同。燕之用樂與
享同，故燕禮燕臣子，升歌《鹿鳴》等三篇。《襄四年傳》，晉侯享穆叔，
爲之歌《鹿鳴》，云‘君所以嘉寡君’，是享、燕同樂也。”《詩譜疏》又
云：“天子、諸侯于國君皆云饗，于臣皆云燕，其實國君與臣饗、燕皆有。
《左傳》曰：‘穆叔如晉，晉侯饗之。’《聘禮》曰：‘公於賓，再饗，一
燕。①’是諸侯於聘問之賓，饗、燕俱有也。《左傳》曰：‘季文子如宋致女，
復命，公饗之。’《燕禮》②，是諸侯自於群臣，饗、燕俱有也。其用樂由尊
卑爲差，不由饗、燕爲異。”此亦享禮、燕禮同樂之證，享與饗通。

秋，定姒薨。

不殯于廟，無櫬，不虞。

〔疏證〕杜《注》：“季孫以定姒本賤，既無器備，欲殯不過廟，又不
反哭。”本《疏》：“議其喪制，欲如此耳。《檀弓》：‘君即位而爲椑。’夫
人尊與君同，亦當生已有櫬。《檀弓》又曰：‘喪之朝也，順死者之孝心也。
殷朝而殯於祖，周朝而遂葬。’《士喪禮》‘朝而遂葬’，與《記》正同。知
周法不殯於廟，而此及《僖八年傳》皆云‘不殯于廟’，以爲非禮，知其
將葬之時，不以殯過廟耳，非是殯尸於廟中也。葬訖，日中反虞於正寢，
謂之反哭。”

匠慶謂季文子曰：

〔疏證〕杜《注》：“匠慶，魯大匠。”李富孫云：“《莊子·達生》作
‘梓慶’，《考工》有梓人、匠人，《孟子》梓匠并稱，故亦曰梓。”

“子爲正卿，而小君之喪不成，不終君也。

〔疏證〕杜《注》：“慢其母，是不終事君之道。”按：不終君，謂不
能終事先君之道。

“君長，誰受其咎？”

---

① 科學本注：阮刻本作“公於賓，壹食再饗。燕與羞，俶獻無常數。”
② 科學本注：《詩·大小雅》譜疏，“燕禮”下有“燕己之臣子”五字，劉稿脱。

初，季孫爲己樹六檟於蒲圃東門之外，

〔疏證〕曹堅云："樹六檟者，合六木爲棺也。今俗謂之六段。"杜《注》："蒲圃，場圃名。"江永云："定八年，陽虎將享季氏于蒲圃，即此。"沈欽韓云："《一統志》：'蒲圃在曲阜境。'"

匠慶請木，

季孫曰："略。"

〔疏證〕《廣雅·釋詁》："廢、略，求也。"王念孫云："《方言》：'挍、略，求也。秦晉之間曰挍，就室曰挍，於道曰略。略，强取也。'"沈欽韓云："《漢律》所云'略人財物''略賣人'是也。《唐律·賊盜律注》：'不和爲略。'"按：不和，即强取也。杜《注》："不以道取曰略。"亦謂强取也。惠棟云："匠慶請用蒲圃之木，故季孫曰略。《正義》言令匠慶略他木，失之。"按：匠慶請木，自當請官府所儲之木，季孫不從，乃用季孫所自樹者。竊疑季孫雖無禮，然以君母之喪，而教匠作强取他人之木，亦非人情。馬宗璉云："孔安國《論語集解》曰：'簡，略也。'是略乃簡略之謂，故君子謂之'多行無禮'。杜解太迂。"如馬説，則季孫言略者，謂喪禮可簡略，不須美木也，似勝杜説。

匠慶用蒲圃之檟，

季孫不御。

〔疏證〕《淮南子·□□①注》："御，止也。"杜用高説。不止，謂不敢止也。杜又云："遂得成禮，故《經》無異文。"本《疏》："不反哭，則不得書葬。今定姒薨葬備文，則因匠慶之言，遂得每事成禮。"

君子曰："《志》所謂'多行無禮，必自及也'，其是之謂乎！"

〔疏證〕無禮必有殃咎，故云"自及"。《疏》云："被匠慶略木，是自及也。"非《傳》義。

冬，公如晉聽政。

〔疏證〕杜《注》："受貢賦多少之政。"

---

① 科學本注：原稿闕文，疑指《時則訓》"天子乃儺，以御秋氣"句。

晉侯享公，

公請屬鄫。

〔疏證〕《地理志》：“東海郡繒，故國。”杜用《漢①志》。《旄丘序》：“衛不能修方伯連率之職。”《疏》云：“‘連率’者，即‘十國以爲連，連有帥’是也。不言屬、卒者，舉其中也。《王制》雖殷法，周諸侯之數與殷同，明亦十國爲連。此詩周事，有連率之文。《左傳》曰：‘晉侯享公，公請屬鄫。’是周亦有連、屬。”詳彼《疏》，則魯請鄫，用十國爲連之制，此舊誼也。杜《注》：“欲得使屬魯，如須句、顓臾之比，使助魯出貢賦。公時年七歲，蓋相者爲之言。”本《疏》：“春秋之世，小國不能自通，多附於大國。二十七年，齊人請邾，宋人請滕。邾、滕猶尚附人，況鄫又小也。”據《疏》説，則鄫屬魯出鄫子意。

晉侯不許。

孟獻子曰：“以寡君之密邇於仇讎，而願固事君，無失官命。

〔疏證〕杜《注》：“晉官徵發之命。”本《疏》：“二年，鄭子駟以君初喪，云‘官命未改’。此魯以國小賦重，恐失官命。二者官命雖同，而主意有異。故杜彼以未葬解之，此以徵發解之，觀文爲説。”按：此“官命”，猶言公命也，謂無敢失晉君意，與二年“官命”義同。下乃言貢賦，杜説非。

“鄫無賦於司馬，

〔疏證〕杜《注》：“晉司馬又掌諸侯之賦。”

“爲執事朝夕之命敝邑，

“敝邑褊小，闕而爲罪，

〔疏證〕杜《注》：“闕，不共也。”

“寡君是以願借助焉！”晉侯許之。

楚人使頓間陳而侵伐之，故陳人圍頓②。

---

① 科學本注：原稿眉批：“鄫似已見。”按：已見僖十四年及襄元年。
② 科學本注：原稿眉批：“頓似已見。”按：已見僖二十五年。

〔疏證〕杜《注》：“間，伺間缺。”

無終子嘉父使孟樂如晉，

〔疏證〕《地理志》：“右北平郡無終，故無終子國。”《晉語注》：“無終，山戎之國，今爲縣，在北平。子，爵也。”杜《注》：“山戎，國名。”用韋説。顧炎武《日知録》云：“玉田，漢無終縣。《史記》：‘項羽封韓廣爲遼東王，都無終。’《水經注》：‘藍水出北山，東屈而南流，逕無終縣東。故城，無終子國也。《魏土地記》曰：右北平城西北百三十里有無終城。’無終之爲今玉田，無可疑者。然《左傳》襄公四年，‘無終子使孟樂如晉，請和諸戎’。昭公元年，‘晉中行穆子敗無終及群狄于太原’。《漢書·樊噲傳》：‘擊陳豨，破，得綦母卬、尹潘軍於無終、廣昌。’則去玉田千有餘里，豈無終之國先在雲中、代郡之境，而後遷于右北平歟？”江永云：“按：顧氏此説是也。廣昌，即今之廣昌縣，漢屬代郡，唐爲蔚州飛狐縣，明復改廣昌，屬大同府蔚州，今改屬直隸保定府易州，去玉田之無終遠，而史合言之，蓋舊無終之地近廣昌也。晉自中行吳敗狄之後，漸擴代北之地，其後趙氏盡得代地，而無終之國乃在右北平。猶昭十二年，晉滅肥，爲漢之真定肥累縣。而遼西復有肥如縣。應劭云：‘晉滅肥，肥子奔燕，燕封于此。’無終，亦此類耳。”按：顧、江説是也。順昌，今直隸易州屬縣。梁履繩云：“按：玉田縣屬直隸遵化州。《史記·匈奴列傳正義》引《括地志》云：‘幽州漁陽縣，本北戎無終子國。’漁陽縣，今爲順天府密雲縣。蓋戎地遼闊，兼入密雲境也。”沈欽韓云：“《一統志》：‘無終故城，今順天府薊州治。’”右皆説右北平之無終也。《晉語注》：“嘉父，名。孟樂，嘉父之臣。”杜《注》：“孟樂，其使臣。”

因魏莊子納虎豹之皮，以請和諸戎。

〔疏證〕《晉語注》：“莊子，魏絳也。和諸戎，諸戎欲服從於晉也。”按：納使謂修聘禮。

晉侯曰：“戎狄無親而貪，不如伐之。”

〔疏證〕《晉語》：“戎狄無親而好得。”《注》：“無親，無恩親。”

魏絳曰：“諸侯新服，陳新來和，

〔疏證〕三年，陳叛楚。

"將觀於我。我德則睦，否則攜貳。

"勞師於戎，而楚伐陳，必弗能救，是棄陳也。諸華必叛。

〔疏證〕《晉語》："勞師于戎，而失諸華。"《注》："諸華，華夏也。"杜《注》："諸華，中國。"用韋義。《書》孔氏《傳》："冕服采章曰華。"彼《疏》云："冕服采章對被髮左衽，則爲有光華。"又《苕之華疏》："諸夏本亦名諸華。夏，大也。以其中國有禮義之華，可嘉大也。"此華夏古説。

"戎，禽獸也。獲戎失華，無乃不可乎？

"《夏訓》有之曰：'有窮后羿。'"

〔疏證〕惠棟云："《玉篇》引作窮。《説文》曰：'窮，夏后時諸侯夷羿國也。從邑，窮省聲。'"杜《注》："《夏訓》，《夏書》。有窮，國名。"《夏訓》非即《夏書》。東晉《僞古文·五子之歌》取此《傳》，衍爲太康尸位，有窮后羿距河事。《水經·河水篇》："大河故瀆逕平原鬲縣故城西。"《注》："鬲，津也，故窮后國也。"閻氏若璩《尚書古文疏證》取以補蔡《傳》，謂"今德州安德縣也"。是閻氏以漢鬲縣即有窮氏地。其《四書釋地》引《地記》云："河南有窮谷，蓋本有窮氏所遷。"與《古文疏證》異。閻意謂有窮國于鉏也。又續駁酈元説云："酈《注》此不可從，《左氏》襄四年傳，'靡奔有鬲氏'，則此地當后相八歲寒浞殺羿，靡來奔時，正爲皋陶之孫有鬲氏國，豈得羿舊國于此？"則閻謂有窮在安德，乃未定之論。《路史·國名紀》："今壽之安豐有窮谷、窮水，即窮石。"按：據本《傳》，有窮、窮石斷非一地。《水經·□①水注》："窮水出于安豐。"昭二十七年，"楚與吳遇於窮②"，此羅氏所據。江永云："此窮水、窮地偶與有窮同名耳，非后羿之國也。"下亦引《晉地記》，則謂有窮在河南，與閻氏同。高士奇云："安豐在今英山縣境。"英山屬六安州，□③疑此亦疑有窮不得在安豐也。本《疏》："羿居窮石之地，故以窮爲國名。"與《傳》稱"由鉏遷窮石"不合。鉏、窮石見下《疏證》。《淮南·原道注》："羿，古諸侯有窮之君也。"杜《注》："后，君也。羿，有窮君之號。"用高説。

---

① 科學本注：原稿闕文，應作"淮"。

② 科學本注：以上四句原稿據江永《春秋地理考實》所引《彙纂》節文，與《水經注》原文有出入。

③ 科學本注：原稿字不明。

杜不以羿爲名字，用賈《注》"射官"説，亦詳下《疏證》。

公曰："后羿何如？"

〔疏證〕杜《注》："怪其言不次，故問之。"東晉《僞古文》"有窮后羿"下續"因民弗忍，距于河"二句，閻若璩《尚書古文疏證》云："纔引《夏訓》，隔以他語。'有窮后羿'下，其語不可得知。"

對曰："昔有夏之方衰也，

〔疏證〕閻若璩《尚書古文疏證》："魏絳不便復引《夏訓》，止據其事以對。"《夏本紀》："禹生啓，啓生太康。"《書序》："太康失邦。"

"后羿自鉏遷于窮石，

〔疏證〕杜《注》："鉏，羿本國名。"未言所在。《郡國志》："東郡濮陽有鉏城。"閻若璩《四書釋地》："金仁山《前編》：'晉魏絳曰："昔有夏方衰，后羿自鉏遷于窮石。"'《注》云：'鉏，在今澶州衛南縣，即《元和郡縣志》故鉏城，在滑州衛南縣東十五里，《左氏》后羿本國是也。'又云'窮石不知所在'，闕疑最是。蓋時夏都安邑，鉏去夏都僅千里，計窮石又近於安邑，方能因夏民以代夏政。若如朱子注《騷經》'夕歸次于窮石兮'云：'窮石，山名，在張掖，即后羿之國。'則去夏都三千里，遠在西北天一隅，縱恃其射，豈能及夏？當別有窮石爲國名者，但不可考。"按：閻説是也。《夏本紀正義》引《帝王世紀》，亦謂"帝嚳封羿於鉏"。《一統志》："鉏城在衛輝府滑縣東。"《方輿紀要》云："鉏城在滑縣東十五里。"沈欽韓云："窮石，故《記》皆謂删丹，蓋以《淮南子》弱水出窮石山，在張掖删丹，似太遼隔。按：《紀年》：'太康元年，羿入居斟鄩。'則斟鄩即窮石也。《方輿紀要》：'平度州濰縣西南五十里有斟城，故斟尋國①。'"沈以窮石即斟尋，可備一説。

"因夏民以代夏政。

〔疏證〕《夏本紀》："太康崩，弟仲康立。仲康崩，子相立。"不言羿、浞事。杜《注》："太康失國，夏人立其弟仲康，仲康亦微弱。仲康卒，子相立，羿遂代相，號曰'有窮'。"東晉《僞古文·胤征》："惟仲康肇位

---

① 科學本注：沈欽韓《左氏傳地名補注》引《山東通志》稱"斟亭在萊州府濰縣西南五十里"。

四海。"孔氏《傳》："羿廢太康，立其弟仲康爲天子。"與杜《注》稱"夏人立仲康"異。此亦《古文》晚出之證。本《疏》："《哀元年傳》稱'有過澆殺斟灌以滅后相'，相依斟灌，故澆滅之。是相立爲天子，乃出依斟灌。則相之立也，蓋亦羿立之矣。此《傳》言羿代夏政，云'不修民事'；寒浞殺羿，言取其國家，則羿必自立爲天子也。當是逐出后相，羿乃自立。相依斟灌、斟尋，夏祚猶尚未滅，蓋與羿并稱王也。及寒浞殺羿，因羿室而生澆，澆已長大，自能用師，始滅后相。相死之後，始生少康。少康生杼，杼又年長，已堪誘豷，方始滅浞，而立少康。計太康失邦，及少康紹國，向有百載，乃滅有窮。據此傳文，夏亂甚矣。"《疏》述夏太康以後事，多據傳文，其云相亦羿所立，明仲康即羿所立，蓋誤信《僞古文》説。王鳴盛《尚書後案》云："金履祥、鄒季友輩謂仲康非羿所立，蓋夏都安邑，在河北。太康爲羿所距，遂居河南陽夏。然則仲康之立亦在河南，非羿奉之于安邑故都也。"

"恃其射也，

〔注〕賈云："羿之先祖，世爲先王射官，故帝嚳賜羿弓矢，使司射。"本《疏》。

〔疏證〕杜《注》："羿善射。"不用賈説。然上文"有窮后羿"《注》云："羿，有窮君之號。"則亦用賈"先世射官"説。《説文》："羿，帝嚳射官，夏少康滅之。羿亦諸侯也。"許君用師説。字别作羿、羿者，段玉裁云："羿與羿，古蓋同字。"《海内經》："帝俊賜羿彤弓素矰，以扶下國。"郭《注》："有窮后羿慕羿射，故號此名也。"據《初學記》引《帝王世紀》："帝嚳生而自言其名曰夋。"則夋即帝嚳也。賈《注》蓋本《海内經》。李富孫云："作羿，是從羿省。"《夏本紀正義》："《帝王紀》云：'帝羿有窮氏，未聞其姓何，先帝嚳以上世掌射正。至嚳，賜以彤弓素矢，封之于鉏，爲帝司射。歷虞、夏。羿學射於吉甫，其臂長，故以善射聞。'"此是皇甫謐引《左氏》古説，視賈君尤詳。知爲《左氏》説者，先言封鉏、司射，後言夏羿善射，與傳文次第合。《疏》據賈説無駁難，惟引《淮南子》堯時羿射日等事，謂："嚳時有羿，堯時亦有羿，羿是善射之號，非復人之名字。"則《疏》亦以賈説爲然。《淮南·氾論訓》："羿除天下[1]之害而死爲宗布。"《注》："羿，古之諸侯。此堯時羿，非有窮后羿。"又《原道

---

[1] 科學本注：原稿闕"下"字。

訓》：“重之羿，逢蒙子之巧。”《注》：“羿，古諸侯，非①有窮之君也。”
高氏兩《注》矛盾，其辨有窮非堯時之羿最覈。既遷窮石，乃得有窮之號
也。《五帝本紀》堯爲帝嚳子，其嚳賜弓矢之羿與堯時之羿爲一人、爲二
人，《書傳》無説。洪亮吉云：“羿非定名，善射者皆謂之羿。”與賈《注》
“世官司射”義不合。

“不修民事，而淫于原獸，

〔疏證〕《風俗通》引“修”作“循”。杜《注》：“淫放原野。”

“棄武羅、伯困②、熊髡、龙圉。

〔疏證〕《古今人表》作“柏因”。《夏本紀正義》引《世紀》作“柏
姻”。《古今人表》作“庬圉”，《潛夫論·五德》作“龍圉”。《文選·桓
温〈薦譙秀表③〉注》引《傳》亦作“龍圉”。杜《注》：“四子皆羿之賢
臣。”沈欽韓云：“《世本》：‘夏時有武羅國。’《中山經》：‘青要之山神，
武羅司之。’”

“而用寒浞。寒浞，伯明氏之讒子弟也，

〔疏證〕《古今人表》作“韓浞”。《水經·巨洋水注》同。《潛夫論》
作“柏明氏”。《世本》：“寒，邗姓。”《郡國志》：“北海國平壽有寒亭，
古寒國，浞封此。”顧棟高云：“今山東萊州府濰縣東北三十里有寒亭。”
杜《注》：“伯明，其君名。”

“伯明后寒棄之，

〔疏證〕《潛夫論》引作“柏明氏惡而棄之”。本《疏》：“后，君也。
伯明君此寒國之時，而棄不收采也。”按：謂伯明既爲君，浞去之也。《疏》
説微誤。

“夷羿收之，

〔疏證〕杜《注》：“夷，氏。”本《疏》：“此《傳》再稱夷羿，故以
夷爲氏也。”

---

① 科學本注：原稿“非”字衍。
② 林按：楊本作“伯因”。
③ 科學本注：原稿闕“表”字。

"信而使之，以爲己相。

"淫行媚於内，

"而施賂於外。

〔疏證〕杜《注》："内，宫人。"按：内謂婦寺之屬，外謂家臣也。

"愚弄其民，

〔疏證〕杜《注》："欺罔之。"按：謂淫竊羿威權，以收人心①。

"而虞羿于田。

〔疏證〕杜《注》："樂之以游田。"洪亮吉云："按：李善《羽獵賦注》：'虞與娱，古字通。'"

"樹之詐慝，以取其國家，

〔疏證〕杜《注》："樹，立也。"

"外内咸服。

"羿猶不悛，

〔疏證〕《方言》："悛，改也。"

"將歸自田，家衆殺而亨之，

〔疏證〕家衆，杜無注。本《疏》："家衆，謂羿之家衆人。"馬宗璉云："此家衆蓋亦其親兵。如宣十七年，'郤子至，請伐齊，晉侯弗許，請以其私屬。'《注》：'私屬，家衆也。'《疏》不引此，而因文解之，非也。"按：馬②説是也。本《疏》又引《孟子》"逢蒙殺羿"，謂"家衆"即逢蒙。《釋名》："煮之於鑊曰烹，若烹禽獸之肉也。"沈欽韓云："《紀年》：'帝相八年，寒浞殺羿。'《淮南·詮言訓③》：'羿死於桃棓。'《天問》：'何獻蒸肉之膏，而后帝不若。'王逸《章句》：'言羿射獵封豨，以其肉膏祭天帝。

---

① 科學本注：原稿眉批"愚弄詁"，擬而未作。
② 科學本注：馬説不見於所著之《春秋左傳補注》。
③ 科學本注：原稿脱"訓"字，補之。

天帝①猶不順羿之所爲也。’按：即此《傳》殺羿烹食事，沿説之誤也。”

“以食其子，其子不忍食諸，死于窮門。

〔疏證〕杜《注》：“殺之於國門。”

“靡奔有鬲氏。

〔疏證〕《水經注》引作“逃於有鬲氏。”杜《注》：“靡，夏遺臣事羿者。有鬲，國名。”顧炎武云：“今按：此文亦未見靡之事羿，蓋夏后相之將亡，而靡乃出奔耳。古人之文，或以二事連屬言之。”惠棟云：“《汲郡古文》曰：‘帝相二十八年，寒浞使其子澆弑帝，伯靡出奔鬲。’杜氏以爲‘夏遺臣事羿者’。按：羿死於帝相八年，言夏遺臣是也，言事羿非也。”洪亮吉云：“惠氏以爲靡未嘗事羿，是也。”按：《傳》明羿死時靡已先奔鬲，爲靡之滅浞張本。顧説尤覈。《郡國志》：“平原郡鬲，侯國。夏時有鬲君滅浞，立少康。”《注》：“應劭云：‘鬲，偃姓，咎繇後。’”全祖望云：“有鬲是夏之同姓，應氏以爲偃姓，恐非。”沈欽韓云：“《一統志》：‘鬲縣故城在德州北。’《紀要》：‘在德平縣東十里。’”

“浞因羿室，

〔疏證〕杜《注》：“就其妃妾。”沈欽韓云：“《天問》：‘浞娶純狐，眩妻爰謀。’王逸《章句》：‘言浞娶于純狐氏女②，眩惑愛之，遂與浞謀殺羿也。’按《傳》，則純狐③本羿妻也。”壽曾謂：王逸非用《傳》説。

“生澆及豷；

〔疏證〕惠棟云：“澆，《説文》引作‘敖’，《論語》作‘奡’。《尚書》云：‘無若丹朱傲’，劉向作‘敖’。《管子》云：‘若敖之在堯。’《説文》引《書》作‘奡’，云‘讀若敖’。《論語》：‘奡盪舟。’是‘敖’與‘奡’通。今《傳》作‘澆’者，敖、澆音相近，師讀各異故也。”按：《尚書》“丹朱傲”之“傲”，與《傳》之“澆”，非一人，以異文作“奡”，致諸儒説《論語》者多以澆、奡之時代爲疑。按《説文》“豷”下云：“《春秋傳》曰：‘生敖及豷。’”此賈君本作“敖”之證，與惠氏所引《管子》、

---

① 科學本注：原稿脱後“天帝”二字，補之。
② 科學本注：原稿脱“女”字，補之。
③ 科學本注：原稿脱“則純狐”三字，補之。

劉向、《尚書》義無涉。《説文》“㒤”下云：“嫚也。”下引《書》“丹朱㒤”，云“讀若傲”，明㒤即慢，非以《書》之㒤爲浞子。下引“㒤蕩舟”，乃明《論語》異文，《集解》孔《注》“寒浞因羿室而生㒤”，乃據此《傳》爲説。惠氏説異字未分明，謹爲正之。李富孫云：“《潛夫論》獮作獥，俗體。”《宋書·高祖紀》：“衆推高祖爲盟主，移檄京邑，曰：‘夏后之罹浞、獥，有漢之遭莽、卓，方之於玄，未足爲喻。’”

“恃其讒慝詐僞，而不德于民，

“使澆用師滅斟灌及斟鄩氏。

〔注〕賈云：“斟灌、斟鄩，夏同姓也。”《吳世家正義》。

〔疏證〕《夏本紀》“灌”作“戈”，“鄩”作“尋”。《古今人表》亦作“尋”。李富孫云：“戈、灌，音相近。”《哀元年傳》：“昔有過澆殺斟灌以伐斟尋。”《吳世家正義》蓋引彼《傳》賈《注》文，以二斟注，當先發彼《傳》爲再見也，節引於此。杜《注》：“二國，夏同姓諸侯，仲康之子后相所依。”用賈説。據《哀元年傳》，后相以是役被弑。《地理志》：“北海郡斟，故國，禹後。”“壽光”《注》：“應邵曰：‘古斟灌，禹後，今灌亭是。’”“平壽”《注》：“應邵曰①：‘古斟尋，禹後，今斟城是也。’”臣瓚曰：“斟尋在河南，不在此地也。《汲郡古文》云：‘太康居斟尋，羿亦居之，桀亦居之。’《尚書序》②云：‘太康失邦，昆弟五人，須于洛汭。’此即太康所居，爲近洛也。又吳起對魏武侯曰：‘昔夏桀之居，左河濟③，右太華，伊闕在其南，羊腸在其北。’河南城爲值之。又《周書·度邑解》曰：‘武王問太公曰：“吾將因有夏之居，南望過于三塗，北瞻望于有河。”’有夏之居，即河南是也。”師古曰：“應氏止云斟尋本是禹後耳，何豫夏國之都乎？瓚説非也。斟音斟。”按：杜用應氏説，誤。平壽分斟立縣。《紀年》謂“太康居斟尋”，與《書傳》乖異，顏説是也。斟乃斟別體。錢大昕云：“草書尋作乚，與土相似，故斟或作斟，師古不能辨。”沈欽韓云：“《紀年》：‘帝相二十六年，寒浞使其子澆帥師滅斟灌。二十七年，澆與斟尋大戰于濰，覆其舟，滅之。’《齊乘》：‘斟灌城在益都府壽光縣東四十里，今爲斟灌店。’又青州府觀城縣，本古觀國。《紀要》云：‘或謂之斟觀。’”

---

① 科學本注：原稿作“古”，誤，改之。

② 科學本注：按：當作《尚書·夏書·五子之歌》，劉氏誤記。

③ 科學本注：原稿作“洛”，今據《漢志》改。

《讀本》：“斟尋國，在濰縣西南五十里。”按：濰，今萊州府。

“處澆于過，

〔疏證〕《郡國志》：“東萊郡有過鄉。”沈欽韓云：“《山東通志》：‘過亭在萊州府掖縣北境。’”

“處豷于戈。

〔疏證〕杜《注》：“戈在宋、鄭之間。”本《疏》：“《哀十二年傳》：‘宋、鄭之間有隙地焉，曰嵒、戈、錫。’是也。”

“靡自有鬲氏，收二國之燼，

〔疏證〕二國，謂斟灌、斟鄩也。《小爾雅》：“燼，餘也。”杜《注》：“燼，遺民也。”本《疏》：“澆所殺死亡之餘，遺脫‘之民’也。思報父兄之讐，故靡得收而用之。”按：此引下文靡佐少康中興之事。

“以滅浞而立少康。

〔疏證〕《夏本紀》：“相崩，子少康立。”據《哀元年傳》：“相崩後，夏統中絕。史公約言之。”

“少康滅澆于過，后杼滅豷于戈，

〔疏證〕杜《注》：“后杼，少康子。”

“有窮由是遂亡，失人故也。

〔疏證〕顧炎武云：“解云：‘浞因羿室，不改有窮之號。’非也。哀元年稱‘有過澆’矣。此特承上‘死於窮門’而言，以結所引《夏訓》之文爾。”本《疏》：“謂浞亡也。武羅、伯因、熊髡、龙圉，本羿棄之，浞亦不用。失人是國之大患，故言之以規悼公也。”

“昔周辛甲之爲大史也，

〔疏證〕杜《注》：“辛甲，周武王太史也。”本《疏》：“《晉語》稱文王訪于辛、尹。賈逵以爲辛甲、尹佚。則辛甲，文王之臣，而下及武王。但文王之時，天命未改，不得命百官，官箴王闕，故以爲武王時太史也。”據《疏》引《外傳》，賈《注》以辛甲爲文王臣，其注《內傳》亦當然。《外傳》韋《注》：“辛甲，周太史。”韋以辛甲爲太史，亦用賈《內傳》

注義。按：《藝文志》道家有“《辛甲》二十九篇”，云：“紂臣，七十五諫而去，周封之。”《周本紀集解》引劉向《別錄》云：“辛甲，故殷之臣，事紂。蓋七十五諫而不聽，去至周，召公與語，賢之，告文王，文王親自迎之，以爲公卿，封長子。”此即《藝文志》所據，皆以辛甲爲文王臣也。

“命百官，官箴王闕。

〔疏證〕杜《注》：“闕，過也。使百官皆爲箴辭，戒王過。”本《疏》：“若箴之療疾，故名箴焉。”沈欽韓云：“夏、商皆有箴，見《逸周書》。《呂覽·謹聽篇》引周箴曰：‘夫自念斯學，德未暮。’蓋亦辛甲之餘言也。”按：《晉書·潘尼傳》：“乘輿箴曰：‘自虞人箴以至于百官，非唯規其所司，誠欲人主斟酌其得失焉。《春秋傳》曰：“命百官，官箴王闕。”則亦天子之事也。’”按：尼稱百官規其所司，如揚雄十二《牧箴》之類。《傳》稱“官箴王闕”，則意主舉職掌以諷諫也。

“於《虞人之箴》

〔疏證〕《山虞》：“大田獵，則萊山田之野。”《澤虞》：“大田獵，則萊澤野。”

“曰：‘芒芒禹跡，畫爲九州，

〔疏證〕杜《注》：“芒芒，遠貌。畫，分也。”按：《玄鳥》：“宅殷土芒芒。”毛《傳》：“芒芒，大貌。”《疏》：“襄四年《左傳》‘芒芒禹跡，畫爲九州’，是芒芒爲大貌也。”《淮南子注》：“芒芒，廣大之貌。”與毛《傳》同義。芒芒不訓遠。本《疏》：“畫，分，言畫地分之以爲竟也。《禹貢》：‘惟冀州帝都不言竟界，八州各言竟界。’”

“‘經啓九道。

〔注〕舊注：“九道，九州之道也。啓，開也。”《御覽》五百八十八。
〔疏證〕杜《注》：“啓開九州之道。”用舊注。

“‘民有寢廟，獸有茂草，

“‘各有攸處，德用不擾。

〔疏證〕《釋文》：“攸處，本或作‘攸家’。”杜《注》：“人、神各有所歸，故德不亂。”朱駿聲云：“按：神者，獸之誤。”

“‘在帝夷羿，冒于原獸，

〔疏證〕杜《注》：“冒，貪也。”

“‘忘其國恤，而思其麀牡。

〔疏證〕《釋文》：“麀，鹿牡也。”

“‘武不可重，

〔注〕服云：“重，猶大也，言武事不可大任。”本《疏》。

〔疏證〕杜《注》：“重，猶數也。”本《疏》：“杜讀‘重’爲‘重累’之‘重’，故爲數也。”下引服《注》。杜意止謂武不可黷。《疏》以義未備，故兼引服《注》補之。李貽德云：“按：《呂覽·貴生篇》：‘天下，重物也。’高《注》以大訓重。大任，言大用也。”

“‘用不恢于夏家。

〔疏證〕《廣雅·釋詁》：“豐、恢，大也。”王念孫云：“恢者，《說文》云：‘恢，大也。’襄四年《左傳》云：‘用不恢于夏家。’‘恢’與‘恢’通。”杜《注》：“雖有夏家而不能恢大也。”用許義。

“‘獸臣司原，敢告僕夫。’

〔疏證〕沈欽韓云：“《賈子·禮篇》：‘虞者，囿之司獸者也。’”杜《注》：“獸臣，虞人。告僕夫者，不敢斥尊。”

“《虞箴》如是，可不懲乎？”

於是晉侯好田，故魏絳及之。

〔疏證〕杜《注》：“及后羿事。”本《疏》：“魏絳本意主勸和戎，忽云有窮后羿，以開公問，遂説羿事以及《虞箴》，與初言不相應會，故《傳》爲此句以解魏絳之意。”按：魏絳所稱《夏訓》“有窮后羿”之下，當是和戎之事。晉侯以其稱后羿不倫，亟問后羿。魏絳意移於諫田獵，因問而改其辭，《傳》特筆明之。“及之”者，謂非説和戎本意也。

公曰：“然則莫如和戎乎？”

〔疏證〕此蒙“獲戎失華，無乃不可乎”爲答。

對曰："和戎有五利焉：

"戎狄荐居，貴貨易土，土可賈焉，一也。

〔注〕服云："荐，草也。言狄人逐水草而居，徙無常處。"本《疏》。

〔疏證〕《晉語》："戎狄荐處。"《注》："荐，聚也。"杜用韋義。本《疏》："劉炫按：'《莊子》云："麋鹿食荐。"即荐是草也。'服言是。"文淇案：此光伯以服義規杜也，孔漏駁耳。今本《莊子》作"食薦"。《釋文》："薦，司馬云：'美草也。'崔云：'甘草也。'郭璞云：'《三蒼》云："六畜所食曰薦。"'"此光伯所據。《漢書·景帝紀》："元年，詔曰：'或地饒廣，薦草莽，水泉利，而不得徙。'"《注》："如淳曰：'莊周云："麋鹿食曰薦。"一曰草稠曰薦，深曰莽。'"《終軍傳》："隨畜薦居。"蘇林曰："薦，草也。"師古曰："薦讀如荐。荐，屢也。言隨畜牧屢易故居，不安住也。《左傳》'狄戎荐居'者也。"《晉語》"戎翟荐處"之上云："雖有功，猶得獸而失人也。"是以獸喻之。韋、顏說俱非。沈欽韓云："《漢書》所謂匈奴逐水草而居①是也。杜預以爲'荐，聚'，則同於城郭②土著，何易土之有？"壽曾謂：《説文》："薦，獸之所食草。"《管子·八觀篇》："荐草多衍，則六畜易繁也。"《注》："荐，茂草也。"《問篇》："其就山藪林澤食荐幾何。"《注》："薦，草之美者。"《韓非子·説儲》："文子曰：'如臣者，猶獸鹿也，唯薦草而就。'"《注》："獸鹿就薦草，人臣歸厚賞。"皆以荐爲美草。荐、薦義同。《晉語注》："貴，重也。易，輕也。"杜亦用韋義。"土可賈焉"，杜無注。顧炎武云："《國語》曰：'與之貨而獲其土。'"顧意謂戎貪利而市其土地也。

"邊鄙不聳，民狎其野，穡人成功，二也。

〔疏證〕杜《注》："聳，懼。狎，習也。"按：《晉語》："邊鄙耕農不儆。"謂可即戎田以屯田。

"戎狄事晉，四鄰振動，諸侯威懷，三也。

〔疏證〕《晉語》："四鄰莫不震動。"《注》："震，懼也。"

---

① 科學本注：沈氏《春秋左氏傳補注》原句爲"《漢書》匈奴逐水草遷徙，無城郭常居。"

② 科學本注：沈書無"城郭"二字。

"以德綏戎，師徒不動，甲兵不頓，四也。

〔疏證〕《淮南子·□□①注》："頓，罷也。"杜《注》："頓，壞。"用高義。本《疏》："今俗語委頓是也。"

"鑒于后羿，而用德度，遠至邇安，五也。

"君其圖之。"公説，

使魏絳盟諸戎，修民事，田以時。

〔疏證〕《年表》："晉悼公四年，魏絳説和戎狄，狄朝晉。"

冬，十月，邾人、莒人伐鄫。

臧紇救鄫，侵邾，敗于狐駘。

〔疏證〕杜《注》："臧紇，武仲也。鄫屬魯，故救之。狐駘，邾地。魯國番縣東南有目台亭。"惠棟云："狐駘，《禮記》作'臺駘'。《淮南子·墜形》曰：'沂出臺、駘、術。'篆文臺、壺字相似，壺又與狐通，故《傳》作'狐駘'。杜氏以爲即番縣之目台山。按：目台即《淮南子》目駘山，淄水所出。杜説非也。"惠引杜《注》作"目台山"，據《郡國志》劉昭《補志》。馬宗璉云："《淮南子·墜形訓》曰：'時、泗、沂出臺、台、術。'高誘《注》：'臺、台、術皆山名。'《水經·泗水》：'出魯卞縣北山。'璉按：酈元《注》：'邾姑蔑城在卞縣南。'是魯卞縣爲邾、魯接境之地。臧孫與邾戰，敗于狐駘，爲目台山，即魯卞縣北山也。惠定宇援《淮南》'淄出目駘'，證狐駘爲淄水所出之山。按：《水經·淄水》：'出泰山萊蕪縣原山，東北過臨淄縣東。'非邾、魯接境。惠説不如杜《注》之確。"按：馬説是也。顧棟高云："哀二十七年，越子使舌庸來聘，言邾田，封于駘上，即此。今狐駘山在山東兖州府滕縣東南二十里。"顧氏釋今地括杜《注》。卞縣在今山東兖州府泗水縣東五十里。酈氏謂"狐駘在卞南"，已入今滕境也。

國人逆喪者皆髽，

〔注〕鄭衆以爲枲麻與髮相半結之。馬融以爲屈布爲巾，高四寸，著於額上。鄭玄以爲去纚而紒。本《疏》。

---

① 科學本注：原稿闕文，疑指《脩務訓》"頓兵挫鋭"句。

〔疏證〕杜《注》：“髽，麻、髮合結也。遭喪者多，故不能備凶服，髽而已。”本《疏》引先鄭、諸儒説，而駁馬、後鄭説，云：“《檀弓記》稱：‘南宫縚之妻，孔子之兄女也。縚母喪，孔子誨之髽，曰：“爾毋從從爾，爾毋扈扈爾。”’鄭玄云：‘從從謂大高，扈扈謂大廣。’若布高四寸，則有定制，何至慮其從從、扈扈而誨之哉！如鄭玄去纚而空露其紒，則髮上本無服矣。《喪服》：‘女子在室，爲父髽衰三年。’空露紒髮，安得與衰共文，而謂之髽衰也？魯人逆喪皆髽，豈真露紒迎喪哉？凶服以麻表。髽字從髟，是髮之服也。杜以鄭衆爲長，故用其説。言麻、髮合結，亦當麻髮半也。”

沈欽韓云：“言不爲始死之服，即用小斂時之髽者，著禮變也。《問喪》：‘親始死，雞斯徒跣。’《士喪禮》：‘主人髻髮袒，婦人髽于室。’《注》：‘始死，婦人將斬衰者去笄而纚，將齊衰者骨笄而纚。今言髽者，亦去笄、纚而紒也。’纚之異于髻髮者，既去纚而以髮爲大紒。如今婦人①露紒其象也。《喪服》：‘女子子在室爲父髽衰。’《注》：‘髽，露紒也，亦用麻。蓋以麻自項而前，交于額上，却繞紒，如著幓頭焉。’按：《小記》：‘男子冠而婦人笄，男子免而婦人髽。’以髽當免，此對《士喪禮》衆主人之免者也。孔于彼《疏》云：‘男之免乃有兩時，而惟一種。婦人之髽則有三别，以麻髽對男括髮時，以布髽對男子爲母免時，以露紒髽當《喪服》之女子在室髽衰三年。’又云：‘《喪服》所明皆是成服後，既不論男子之括免，則不論女子未成服之麻布髽也②。既言髽衰三年，益知恒髻是露紒也。’孔氏于《小記》既明三種之髽，復主鄭氏露紒之義爲三年恒服，是不違正經，于義得矣。杜預本不喜爲父母執喪三年③，故于此《注》云：‘遭喪者多，不能備凶服，髽而已。’魯雖衰替，不應至此盡廢凶服。若然，《傳》當譏云：‘魯于是始不成服。’古禮本有髽，安得僅云‘始髽’乎？孔穎達亦不喜《禮》文④，故于此快然攻鄭‘露紒’之説，而不復尋鄭《喪服注》用麻之義。”文淇按：沈説甚核，然《禮疏》以皇侃爲本，《左傳疏》以劉炫爲本，皆非孔氏之筆。故二《疏》往往歧異，非獨此爲然也。壽曾謂：《禮書》百四十九“皇氏以麻髽、布髽、露紒爲三髽”，陳氏時皇《疏》未佚，此尤《小記疏》出於皇氏之證。惟陳氏謂麻髽、布髽皆露紒，則誤會

---

① 科學本注：原稿脱“婦人”二字。
② 科學本注：此句沈氏《左傳補注》引孔《疏》原文爲：“則不容説女子之未成義也。”劉氏摘另句實之。
③ 科學本注：此句不見于沈氏《左傳補注》，乃劉氏所論。
④ 科學本注：此句亦非沈氏所論。

禮制，詳《小記疏》無三髽皆露紒義。《説文》：“髽，喪結。女子髽衰，弔則不髽。魯臧武仲與齊戰于狐駘，魯人迎喪者，皆髽。”許君以“邾”爲“齊”，駁文。其云“髽衰”，則是以髽爲恒髻、露紒。賈君説當與後鄭同。

魯于是乎始髽。

〔疏證〕本《疏》：“言‘魯於是乎始髽’者，自此以後遂以髽爲弔服。雖有吉者，亦髽以弔人。”沈欽韓云：“《檀弓》：‘魯婦人之髽而弔也，自敗于臺駘始也。’《注》：‘禮，婦人弔服，大夫之妻錫衰，士之妻則疑衰與？皆吉笄無首，素總。’《喪服·記注》云：‘笄有首，若今時刻鏤摘頭矣。’按：弔服用吉笄而無首，同于女子子爲父母卒哭後歸夫家而著吉笄折其首也。魯習見。狐駘之役去笄纚以髽，此失之過重。而杜預以爲凡爲喪者皆惟髽而無服也。”

國人誦之曰：

〔疏證〕沈欽韓云：“《樂師職》鄭司農《注》云：‘奏爾悲誦。’此國人之誦，所謂悲誦也。”

“臧之狐裘，敗我於狐駘。

〔疏證〕杜《注》：“臧紇時服狐裘。”按：《召南·羔羊疏》：“若兵事既用韎韋衣，則用黃衣狐裘及貍裘，象衣色故也。”下引此《傳》爲證。則狐裘，戎服也。

“我君小子，朱儒是使。朱儒朱儒，使我敗於邾。”

〔疏證〕《釋文》：“朱，本或作‘邾’。”杜《注》：“襄公幼弱，故曰‘小子’。臧紇短小，故曰‘朱儒’。”沈欽韓云：“《抑》之詩‘實虹小子’‘於乎小子’，皆稱屬王也。《箋》云：‘天子未除喪，稱小子。’按：晉有小子侯。襄公在定姒之喪，匠慶謂定姒小君也①。”按：沈説是也。《王制注》：“侏儒，短人也。”彼《疏》云：“侏儒，謂容貌短小。”杜用鄭説。《廣雅·釋詁》：“侏儒，短也。”王念孫云：“《晉語》：‘侏儒不可使援。’韋昭《注》云：‘侏儒，短人也。’襄四年《左傳》云：‘朱儒是使。’朱與侏通。”梁履繩云：“按：侏儒本短柱。鄭氏《明堂位注》謂即梲也。故以況短人。”壽曾謂：朱儒不止短小之稱。《管子·立政》：“國適有患，則優

---

① 科學本注：按：此句不見于沈氏《左傳補注》。

倡侏儒起而議國事矣。"《韓非子·八姦》："優笑侏儒，左右近習。"《注》："優笑者，謂俳優能啁笑者。侏儒，短人也。"則侏儒兼俳優言之。

〔經〕 五年，春，公至自晉。

夏，鄭伯使公子發來聘。

〔疏證〕杜《注》："發，子産父。"

叔孫豹、鄫世子巫如晉。

〔疏證〕《穀梁》"鄫"曰"繒"。

仲孫蔑、衛孫林父會吳于善道。

〔疏證〕善道，《公羊》《穀梁》曰"善稻"。臧壽恭云："《説文》：'稻，禾也。'道即稻之省，與稻同音相通。"杜《注》："善道，地闕。"洪亮吉云："《御覽》引《南兗州記》：'盱眙，本春秋時善道也。'"沈欽韓云："范甯《注》：'吳地。'《一統志》：'盱眙故城，在今泗州盱眙縣東北，春秋時吳善道邑。'"

秋，大雩。

楚殺其大夫公子壬夫。

公會晉侯、宋公、陳侯、衛侯、鄭伯、曹伯、莒子、邾子、滕子、薛伯、齊世子光、吳人、鄫人于戚。

〔疏證〕邾，《公羊》曰"邾婁"。鄫，《穀梁》曰"繒"。

公至自會。無《傳》。

冬，戍陳。

楚公子貞帥師伐陳。

〔疏證〕《年表》："楚共王二十三年，伐陳。"

公會晉侯、宋公、衛侯、鄭伯、曹伯①、齊世子光救陳。

---

① 林按：楊本"曹伯"下有"莒子、邾子、滕子、薛伯"。

〔疏證〕《公羊》"曹伯"下有"莒子、邾婁子、滕子、薛伯",《穀梁》同,"邾婁"作"邾"。臧壽恭云:"按:《左氏傳》云:'九月,丙午,盟于戚,會吳,且命戍陳也。冬,諸侯戍陳,子囊伐陳。十一月,甲午,會于城棣以救之。'據《傳》,戍陳之諸侯即會吳于戚之諸侯。惟鄫屬于魯,不與戍陳。救陳之諸侯即戍陳之諸侯。疑《左氏》經當與《公》《穀》同作'公會晉侯、宋公、衛侯、鄭伯、曹伯、莒子、邾子、滕子、薛伯、齊世子光救陳'。今本《左氏》經無'莒子、邾子、滕子、薛伯'八字,蓋傳寫譌奪。故三《傳》釋文皆不標異同。"

十有二月,公至自救陳。無《傳》。

〔注〕賈云:"月爲下卒,起其義也。"《公羊·襄五年疏》。

〔疏證〕此《經》二《傳》不說月,則賈《注》爲《左氏》義,明公至不以月見例。

辛未,季孫行父卒。

〔疏證〕《年表》:"魯襄公五年,季文子卒。"

〔傳〕 五年,春,公至自晉。

王使王叔陳生愬戎於晉,

〔疏證〕杜《注》:"王叔,周卿士也。"

晉人執之。

士魴如京師,言王叔之貳於戎也。

夏,鄭子國來聘,通嗣君也。

〔疏證〕杜《注》:"鄭僖公初即位。"

穆叔覿鄫大子于晉,以成屬鄫。

〔疏證〕《釋詁》:"覿,見也。"

書曰"叔孫豹、鄫太子巫如晉",言比諸魯大夫也。

〔疏證〕杜《注》:"豹與巫俱受命於魯。"《穀梁傳》"爲我事往也"。彼《疏》:"徐邈注此,取《左氏》爲説,云:'爲我事往者,謂請鄫于晉,以助己出賦。'"爲古《左氏》説。

吴子使壽越如晉，

〔疏證〕杜《注》："壽越，吴大夫。"

辭不會于雞澤之故，

〔疏證〕《三年傳》："六月，公會單頃公及諸侯。己未，同盟于雞澤，吴子不至。"杜《注》："今來謝之。"

且請聽諸侯之好。

晉人將爲之合諸侯，使魯、衛先會吴，

且告會期。

故孟獻子、孫文子會吴于善道。

秋，大雩，旱也。

〔疏證〕杜《注》："雩而獲雨，故書。雩而不書，旱。"用《穀梁》義。

楚人討陳，叛故，

〔疏證〕杜《注》："討，治也。"按：楚以諸侯戍陳。

曰："由令尹子辛實侵欲焉。"

〔疏證〕此謂子辛索賂於陳。《傳》不具。

乃殺之。

書曰"楚殺其大夫公子壬夫"，貪也。

君子謂："楚共王於是不刑。

〔疏證〕以下引《詩》證之。《左氏》以四年楚伐陳聞喪而止，復失信伐陳，今諉罪子辛而殺之，故曰"不刑"。陳叛楚在三年。杜云："陳叛之日，擁其罪人，興兵致討。"是指四年楚人使頓間陳而侵伐之之事。《傳》無此意。

"《詩》曰：'周道挺挺，我心扃扃。講事不令，集人來定。'

〔疏證〕杜《注》：“逸《詩》也。”《廣雅·釋詁》：“侹，繩直也。”王念孫云：“《爾雅》：‘頲，直也。’襄五年《左傳》‘周道挺挺’，《曲禮》‘鮮魚曰脡祭’，鄭《注》：‘脡，直也。’并字異而義同。”又《釋訓》：“烔烔，光也。”王念孫云：“《説文》：‘烔，光也。’重言之，則曰‘烔烔’。襄五年《左傳》‘我心扃扃’，杜《注》：‘扃扃，明察也。’《楚辭·哀時命》云：‘夜烔烔而不寐兮。’《九思》云：‘神光頴頴。’并字異而義同。”按：《釋訓》：“斤斤，察也。”邵晉涵云：“斤斤，又通作‘扃扃’。”洪亮吉云：“斤與扃義亦同。杜《注》略本《爾雅》。”皆與王説同。杜《注》又云：“講，謀也。言謀事不善，當聚致賢人以定之。”俞樾云：“杜以扃扃爲明察，與下文‘講事不令，集人來定’義不相蒙。扃扃，猶耿耿也。《詩·柏舟》篇‘耿耿不寐’，《傳》：‘耿耿猶儆儆也。’《廣雅·釋訓》：‘耿耿、警警，不安也。’此《詩》之旨，言我心耿耿然不敢自安，故思聚賢人以定之也。作‘扃’者，假字耳。《説文》耳部：‘耿，從耳，烔省聲。’故‘耿’與‘烔’古通用。”按：《詩》意道平直，心明察，猶必謀於賢人而後定，虛懷集益之意。俞説非。

“己則無信，而殺人以逞，不亦難乎？

〔疏證〕杜《注》：“殺子反、公子申及壬夫。”不釋引《詩》之意。顧炎武云：“共王不謀於衆，背晉之盟，以亡師於鄢，遂失諸侯，不知自反。八年之中，戮殺三卿，是失刑也。”

“《夏書》曰：‘成允成功。’”

〔疏證〕杜《注》：“亦逸《書》也。允，信也。”顧炎武云：“今《大禹謨》。”

九月，丙午，盟于戚，會吳，且命戍陳也。

穆叔以屬鄫爲不利，使鄫大夫聽命于會。

〔疏證〕杜《注》：“鄫與莒有忿，魯不能救，恐致譴責，故復乞還之。《傳》言鄫人所以見於戚會。”

楚子囊爲令尹。

〔疏證〕杜《注》：“公子貞。”

范宣子曰：“我喪陳矣。

"楚人討貳而立子囊，必改行，

〔疏證〕杜《注》："改子辛所行。"

"而疾討陳。陳近於楚，民朝夕急，能無往乎?

"有陳，非吾事也；無之而後可。"

〔疏證〕杜《注》："言晉力不能及陳。"

冬，諸侯戍陳。子囊伐陳。

十一月，甲午，會於城棣以救之。

〔疏證〕杜《注》："城棣，鄭地。陳留酸棗縣西南有棣城。"沈欽韓云："《水經注》：'濮水故瀆東北逕南北二棣城間，襄五年會于城棣者也。'《元和志》：'南棣、北棣二城在鄭州陽武縣北十里。今屬懷慶府。'"

季文子卒。大夫入斂，公在位。

〔疏證〕杜《注》："在阼階西鄉。"本《疏》："《喪大記》：'大夫之喪，將大斂，既鋪絞、紟、衾，君至，主人迎，先入門右。巫止於門外。君釋菜。祝先入，升堂。君即位于序端。'《士喪禮》：'君若有賜焉，則視斂。既布衣，君至，君升自阼階，西鄉。'以君臨士喪西向，知臨大夫之喪，即位于序端者，亦西鄉也。劉炫又引《記》云：'君既即位于序端，卿、大夫即位于堂廉楹西，北面東上，主人房外南面，主婦尸西東面，遷尸，卒斂，宰告。主人降，北面于堂下，君撫之。主人拜稽顙。君降，升主人馮之，命主婦馮之。士之喪，將大斂，君不在，其餘禮猶大夫也。'"光伯引《記》，明大殮公在位之禮，其阼階西鄉，於杜無駁。

宰庀家器爲葬備，

〔疏證〕《□□①注》："庀，具也。"朱駿聲云："按：'庀'之字當作'比'，校次之也。"

無衣帛之妾，無食粟之馬，

無藏金玉，無重器備，

---

① 科學本注：原稿闕文。眉批："查《周禮》。"疑指《大胥》"比樂官"句。

　　〔疏證〕《魯世家》："季文子卒，家無衣帛之妾，廄無食粟之馬，府無金玉。"杜《注》："器備，謂珍寶甲兵之類。"按：珍寶當釋"金玉"，《注》疑有脱文。

君子是以知季文子之忠於公室也："相三君矣，而無私積，可不謂忠乎？"

　　〔疏證〕《魯世家》："以相三君。君子曰：'季文子廉忠矣。'"杜不釋"三君"。本《疏》："季孫行父以文六年見《經》，則爲卿久矣。宣公之初，襄仲執政。宣八年，仲遂卒，後始文子得政，故至今爲相三君也。"